하이데거 극장

존재의 비밀과 진리의 심연

A Theater of Heidegger : Secret of Being and Abyss of Truth

by Ko Myoung Sub

Published by Hangilsa Publishing Co. Ltd., Korea, 2022

하이데거 극장

존재의 비밀과 진리의 심연

고명섭 지음

하이데거 사상의 숲속으로
• 추천의 글

    하이데거는 20세기를 통틀어 가장 위대한 형이상학자의 반열에 드는 철학자입니다. 그리고 이후의 많은 철학자들이 직접·간접으로 그의 영향을 받았습니다. 그런 만큼 현대 서양 철학을 온전히 이해하려는 사람은 누구도 하이데거를 피해 갈 수 없습니다.

    하지만 우리가 하이데거에게 관심을 가지는 이유가 단지 그가 철학의 역사에서 중요한 사람이라거나, 우리가 철학에 대한 지식을 얻으려면 그를 알아야 하기 때문만은 아닙니다. 사실, 우리가 철학을 필요로 하는 이유가 지식의 모자람 때문은 아닙니다. 철학은 지식에 대한 사랑이 아니라 지혜에 대한 사랑입니다. 하이데거의 철학이 특별한 의미를 지니는 까닭도 그가 우리에게 다른 과학자들처럼 우리가 모르는 지식을 주기 때문이 아니라, 우리를 어떤 지혜로 인도해주기 때문입니다.

    모든 지혜는 물음에서 시작됩니다. 하이데거가 평생 물은 물음은 이른바 존재의 의미에 대한 물음이었습니다. 우리는 눈앞에 펼쳐진 모든 것들이 있다는 것을 일종의 자명한 사실로서 이해하고 있습니다. 나 자신이 있다는 것은 더 말할 것도 없습니다. 마찬가지로 어떤 것은 지금 있지 않다는 것, 즉 없다는 것도 어렵지 않게 이해합니다. 있는 것을 있다고 말하는 것은 참말이지만 없는 것을 있다고 말하거나 있는 것을 없다고 말한다면, 그것은 거짓말이라는 것도 잘 압니다. 있는 것이 없는 것이고 없는 것이 있는 것이라고 말한다면, 그것은 명백한 모순으로서 있을 수 없는 일이라고 생각할 것입니다. 이런 모든 것을 가리켜 '존재 이해'라고 부를 수 있겠습니다.

그런데 모든 있는 것은 머무르는 것을 의미합니다. 만약 어떤 것이 머무르지 않는다면, 우리는 그것이 있다고 말하지 못할 것입니다. 그런데 머무른다는 것은 시간을 전제합니다. 그래서 모든 있는 것들은 시간 속에서 머무릅니다. 하지만 시간 속에서 머무른다는 것은 무엇을 의미하는 것입니까? 머무르기 위해서는 시간이 흘러야 하는데, 시간은 끊임없이 흘러가는 강물과 같아서, 그 흐름 속에서는 아무것도 머물러 있지 않습니다. 그래서 헤라클레이토스는 "모든 것은 사라진다, 그리고 아무것도 머무르지 않는다"($\pi\acute{\alpha}\nu\tau\alpha$ $\chi\omega\varrho\epsilon\hat{\imath}$ $\kappa\alpha\grave{\imath}$ $o\grave{\upsilon}\delta\grave{\epsilon}\nu$ $\mu\acute{\epsilon}\nu\epsilon\iota$.)고 말했던 것입니다.(플라톤, 『크라틸로스』, 402 A) 시간 속에서 어떤 것이 존재한다는 것은 한편에서는 시간 속에서 머무른다는 뜻이지만 다른 한편에서는 머무르지 않고 사라진다는 뜻이기도 합니다. 하지만 어떤 것이 시간 속에서 머무르면서 동시에 머무르지 않고 사라진다는 것은 명백한 모순입니다. 네모난 삼각형이 있을 수 없듯이, 모순은 있을 수 없는 일입니다. 그런데도, 있음 그 자체가 모순 속에 있는 것을 우리가 어떻게 이해할 수 있겠습니까? 있음이 있음이 아니고 없어짐이며, 없어짐이 그냥 없음이 아니고 있게 됨이니, 있음은 없음을 통해서만 머무르고 없음은 있음을 통해서만 없어집니다. 그런 의미에서 있음과 없음은 분리되지 않고 붙어 있습니다. 하지만 이것을 어떻게 이해할 수 있겠습니까? 누구도 이것을 감히 이해한다고 자부할 수 없겠지만, 그럼에도 불구하고 이것은 우리가 부인할 수 없는 존재의 근원적 사실입니다. 그래서 그것을 가리켜 우리는 존재의 신비라고 부를 수밖에 없습니다. 하이데거가 평생 물었던 것이 바로 이, 존재의 신비였습니다. 그러므로 우리가 하이데거와 만난다는 것은 그가 마주했던 존재의 신비와 만난다는 것과 같습니다.

하지만 그의 언어는 마치 그가 평생을 거닐었던 슈바르츠발트의 숲처럼 깊고 어두워, 손쉬운 접근을 허락하지 않습니다. 그래서 어쩔 수 없이 우리는 하이데거라는 거대한 사유의 숲에서 길을 잃지 않도록 이끌어줄 길잡이를 필요로 합니다. 그런 필요에 따라 하이데거의 철학에 대해, 많은 책이 씌어졌습니다. 좋은 평전도 있고, 그의 사상을 전체로서 조감하는 책들도 많이 있습니다. 하지만 그 많은 책들 가운데서 하이데거를 성실하게 읽으려는 사람을 위해 '이 책이다!'라고 권할 만한 책은 별로 없습니다. 어떤 책은 주변적인 상황을 알려주기는 하지만 정작 사유의 숲속으로 우리를 인도해주지 않고, 반대로 또 어떤 책은 우리를 숲속으로 이끌기는 하지만 울창한 숲길 속에서 우리가 어디를 걷고 있는지 알려주지 않습니다.

그런 사정을 생각하면, 고명섭 선생의 『하이데거 극장』은 특별한 책입니다. 이 책은 하이데거 철학을 이해하기 위해 필요한 시대적 · 사회적 배경을 비교적 충실히 소개하면서도, 과도한 배경 설명을 자제하고 독자를 하이데거의 사상의 숲속으로 바로 안내합니다. 그런 점에서 이 책은 흔한 평전이 아니고 대단히 철저하게 씌어진 학술서적입니다. 그런데 다른 많은 학술적인 책과 달리 이 책은 하이데거의 사상을 놀랄 만큼 상세하게 분석하면서도, 독자들을 추상적 개념의 포로로 만들지 않습니다. 그래서 이 책을 읽을 때, 우리는 눈앞에 펼쳐지는 숲속의 풍경을 세밀하게 살피면서도 동시에 내가 지금 전체 숲속에서 어디쯤 걷고 있는지를 명징하게 자각하게 됩니다. 그런 점에서 이 책은 이런 종류의 책들 가운데 달리 비교 대상이 없을 정도로 독보적인 가치를 지닌다고 감히 말할 수 있습니다.

그런데 이 책이 독자들로 하여금 나무와 숲을 동시에 살필 수 있도록 최선의 안내자 역할을 할 수 있는 까닭은 다른 무엇보다 이 책의 저자가 스스로 묻고 스스로 생각하는 자이기 때문입니다. 저자는 하이데거 사상에 대해 독자를 거만하게 가르치려 들지 않습니다. 그는 도리어 겸손하게 하이데거에게 질문하고 하이데거의 답을 스스로 검토하고 음미합니다. 그리고 새롭게 생겨나는 물음을 다시 묻습니다. 그리고 새로운 답을 찾고 그 대답을 다시 숙고합니다. 저자가 던지는 물음은 사사로운 감정에서 비롯된 물음이 아니라, 우리 모두가 직면하고 있는 존재의 신비에 뿌리박고 있는 물음이므로, 이 책을 읽을 때, 우리 역시 자연스럽게 저자의 물음에 참여하게 됩니다. 그리고 물음에서 물음으로 이어지는 저자의 생각에 동참하게 됩니다. 그런 '같이-생각함'(Mit-Denken) 속에서 우리는 하이데거의 사상에 조금씩 친숙해집니다. 그리고 바로 그런 점 때문에 이 책은 하이데거를 성실하게 읽으려는 사람은 물론이거니와, 하이데거와 이미 친숙하다고 생각하는 사람들에게도 의미 있는 자극과 깨달음을 줍니다. 왜냐하면 어떤 철학에 친숙하다고 해서 그 철학을 정말로 이해하고 있다고 말할 수는 없기 때문입니다. 이 책은 겸손한 질문을 통해 스스로 안다고 자부하는 사람들의 교만을 깨우칩니다.

저는 많은 책을 읽어왔지만, 한 사람의 철학사상에 대해서 이토록 정직하고, 이토록 치열하게 질문하는 책을 읽은 적은 없습니다. 아무런 허세도, 정신의 허영도 없이, 오직 존재의 신비에 한 걸음이라도 가까이 다가가려는 겸손한 탐구자로서, 어떤 철학자의 사상을 이리도 깊이 천착하는 저자의 모습은 오랫동안 철학을 연구하고 가르쳐온 저를 돌아보게 만듭니다. '나는 어떤 철학자를 이 책의 저자처럼 그렇게 철저하게 연구한 적이 있었던가?' 그러면서 저는 동시에, 이 책이 지난 백여 년 한국의 서양 철학 연구의 어떤 성과를 보여준 다는 점에서 우리에게 자부심을 느끼게 해주는 책이기도 하다 생각 합니다. '이제 우리도 서양 철학에 대해 이런 책을 쓸 수 있는 단계에 이르렀구나' 하는 생각을 하면서, 저는 저자에게 감사하는 마음을 가 지게 됩니다. 그리고 더 나아가 저자가 앞으로 걸어갈 철학적 사유의 길에 대해 기대하는 마음도 가지게 됩니다. 그런 의미에서 저는 이 책을 고명섭 선생의 철학적 출사표로 읽었습니다. 그렇게 새롭게 시 작될 한 사상가(Denker)의 사유의 길이 어디로 어떻게 이어질지 저 는 가늠할 수 없습니다. 그러나 저자가 지금까지 걸어온 사유의 길에 비추어, 그가 앞으로 걸어갈 사유의 길이 다른 무엇보다 사유의 성실 함과 정직함으로 우리 시대에 하나의 모범이 되리라는 것은 믿어 의 심치 않습니다.

지금 우리는 주위 담을 겨를도 없이 허공에 흩어지는 부박한 말의 홍수 속에 삽니다. 그러나 말들이 공해가 되어버린 시대에도, 자신의 언어에 생명을 부여하고, 의미를 담아내기 위해 고뇌하는 정신이 있 습니다. 이 책은 그런 성실하고 진지한 정신의 맥이 이 어두운 시대 에도 끊어지지 않고 이어지고 있다는 것을 보여주는 눈물겨운 증거 입니다. 그러나 진리는 독백이 아니라 만남 속에서만 살아 숨 쉬는 법입니다. 부디 이 책이 많은 독자를 만나, 독자들의 마음 속에 새로 운 사유의 길을 열어나가는 출발점이 되기를 바랍니다.

2022년 8월
김상봉 전남대 철학과 교수

"부름은 내 안에서 나와서 나를 덮치며 나를 향해 말한다."
• 『존재와 시간』

"오직 자신에게 진실로 짐을 지워줄 수 있는 사람만이 자유롭다."
• 『형이상학의 근본개념들』

하이데거 극장
존재의 비밀과 진리의 심연

❶

제1부 ◇ 메스키르히의 마법사

하이데거 극장
존재의 비밀과 진리의 심연

❷

제6부 ◇ 숲속의 은자

일러두기

하이데거 저작은 한국어판을 기본으로 하여 영어판과 독일어판을 함께 참조했다. 본문에 인용한 하이데거 글의 쪽 번호는 한국어판을 기준으로 삼았으며, 한국어판이 없을 경우 독일어판의 쪽 번호를 썼다. 『존재와 시간』도 독일어판 쪽 번호를 기재했다. 자세한 내용은 참고문헌을 볼 것.

무의 바다를 밝히는 존재와 진리의 드라마

• 프롤로그

1

분쇄해야 할 하이데거?

"여기 브레히트와 내가 주도하는 매우 긴밀한 비판적 독서 모임에서 여름에 하이데거를 분쇄할 계획을 세웠다네. 그러나 유감스럽게도 브레히트는 건강이 나빠진 탓에 곧 여행을 떠날 것 같고 나는 혼자서 그 일을 할 생각이 없네."[1]

1930년 발터 벤야민(Walter Benjamin, 1892~1940)은 친구 게르숌 숄렘(Gershom Scholem, 1897~1982)에게 이런 내용이 담긴 편지를 썼다. 그 얼마 전 알게 된 극작가 베르톨트 브레히트(Bertolt Brecht, 1898~1956)와 독서 모임을 만들었는데 하이데거의 저작 『존재와 시간』을 분쇄의 타깃으로 삼았음을 친구에게 알리는 편지였다. 도대체 어떤 철학이기에 분쇄해야 할 대상이 된 것일까? 도대체 얼마나 강력하고 위압적이면 분쇄라는 말을 쓴 것일까? 하워드 아일런드(Howard Eiland, 1948~)와 마이클 제닝스(Michael Jennings)가 쓴 벤야민 전기를 보면 분쇄 작업은 시작도 못하고 끝난 것 같다. 벤야민이 쓴 대로 브레히트의 건강이 나빠진 탓이었는지는 모르지만 독서모임은 『존재와 시간』을 열어보지도 못한 채 해체됐다.[2] 이 에피소드가 알려주는 것은 당시 독일 지식인들에게 하이데거의 『존재와 시간』이 난데없이 나타난 거대한 절벽처럼 길을 막아섰다는 사실이다. 『존재와 시간』 앞에 선 사람들에게 그 책은 정체를 알 수 없는 기이하고 아득한 수직의 성벽이었다. 극소수의 독자들에게만 그 책은 신비로운 빛을 퍼뜨리는 알프스의 설경처럼 다가와 탄성을 끌어냈다. 하지만 경탄하는 사람에게든 두려워하는 사람에게든 하이데거 철학은 헤어나기 어려운 마력 같은 힘으로 들이닥쳤다. 사람들은 『존재와 시간』을 무심한 태도로 모르는 체하거나 익숙한 풍경을 대하듯 스쳐 지나갈 수 없었다. 길을 계속 가려면 그 거대한 것을 넘어서든 돌파하든 하지 않으면 안 됐다. 멀찍이 돌아가는 사람에게 하이데거는 그림자처럼 따라붙어 발길을 잡아끌었다. 『존재와 시간』은 시대의 강박이 됐다. 사람들은 그 낯선 책에 쫓기고 가위눌렸다.

"철학은 향수, 어디서나 고향을 만들려는 충동"

"철학은 향수요 어디서나 고향을 만들려는 충동이다." 하이데거는 1929년 겨울학기 프라이부르크대학 강의를 독일 시인 노발리스(Novalis, 본명: 하르덴베르크Friedrich von Hardenberg, 1772~1802)의 말로 시작했다. '철학' 하면 저 먼 겨울 나라에 사는 냉정한 여왕이 떠오를 법도 한데, 그 낭만주의 시인에게 철학은 저물녘 햇살처럼 따뜻한 색조로 물들어 가는 그리움이었다. 시인을 이끈 철학의 손은 순수이성의 차가운 손이 아니라 고향을 향해 뻗은 노스탤지어의 손이었다. 향수야말로 우리 안에서 철학을 불러일으키는 저항할 수 없는 충동이었다. 그런데 철학과 향수를 이렇게 나란히 놓아도 되는 것일까? 하이데거는 노발리스의 말에 반문한다. '향수! 그런 것이 오늘날 도대체 남아 있기라도 한가? 향수 따위는 벌써 오래 전에 폐기돼 버리지 않았는가?' 그러나 노발리스의 말이 아무리 시대착오적으로 들리더라도, 향수가 가리키는 것이 '어디서나 고향을 만들려는 충동'이라면 그 말을 함부로 넘겨버릴 수는 없다. 향수는 떠나온 고향을 향한 그리움이다. 그 고향이 그저 떠나온 곳이 아니라 오래 전에 잃어버린 곳이고 이제 다시는 찾아갈 수 없는 곳이라면 그땐 어떻게 해야 하는가? 고향 아닌 곳에 고향을 세우는 수밖에 없다. 그리움이 충동이 돼 어디서나 고향을 세우려는 것, 그것이 바로 철학이다. 어디서나 고향을 세운다는 것은 우리가 어느 곳에 있든 그곳을 고향처럼 우리를 품어주는 곳으로 바꾼다는 뜻이다. 모든 곳, 다시 말해 세상 전체를 고향으로 바꾸어 그 전체 안에 존재하는 것, 그것이 노발리스의 향수가 가리키는 사태다. '전체 안에 존재함'이 바로 노발리스가 향수라는 말로 그려내는 꿈이다. 우리의 근원적인 그리움이 충족되려면 우리는 전체 안에 존재해야 한다. 고향의 품에 안기듯 존재자 전체의 품 안에 깃들어야 한다. 이 '존재자 전체의 품'이 하이데거가 '존재'(Sein)라는 말로 지칭하는 것이다. 존재자 전체, 세계 전체가 고향이 되는 것이야말로 우리의 가장 근원적인 열망이다.

왜 우리는 무언가를 열망하는가? 하이데거는 우리가 '유한성'에 갇혀 있기 때문이라고 말한다. 인간은 유한한 존재자다. 유한한 존재자라는 것은 무한을 향해 나아가는 길 위에 있는 자라는 뜻이다. 신과 동물 사이에 난 길 위에 서 있는 자가 인간이다. 신은 무한한 전체여서 이미 스스로 충만하기에 길을 떠나지 않는다. 반대로 동물은 실존의 결핍을 알지 못하기에 전체를 보지 못하고 전체를 보지 못하기에 길을 떠날 이유가 없다. 오직 인간만이 실존의 결핍을 결핍으로 느끼기에 그 결핍이 일으키는 열망에 휩싸여 전체를 향해 나아간다. 향수는 충동을 낳고 충동은 열망을 낳는다. 전체를 향한 열망이 바로 철학이다. 그렇다면 우리의 열망이 향하는 그 전체, 다시 말해 고향은 아득히 멀리 있어 아라비아 사막을 건너듯 건너가 만나야 하는 것인가? 그렇지 않다는 것을 하이데거의 다른 글이 알려준다. 1930년대에 하이데거는 어느 강연에서 독일 시인 횔덜린(Friedrich Hölderlin, 1770~1843)의 시 「귀향―친지에게」의 시구를 인용했다. "그대가 찾는 것, 그것은 가까이 있고 이미 그대와 만나고 있다." 길을 떠나 멀리 돌아온 자는 이미 고향에 이르렀다. 하지만 아직 '고향의 본질'에 다다른 것은 아니다. "도착한 자는 아직도 찾고 있는 자다. 그것은 가까이 있다. 그러나 찾고 있는 것은 아직 발견되지 않았다." 「귀향―친지에게」 『횔덜린 시의 해명』 20쪽 여기서 하이데거가 '고향의 본질'이라고 한 것이 바로 '존재자 전체와 하나 됨'이다. 길 떠난 자는 벌써 고향에 와 있지만 아직 전체와 하나가 되지 못한 것이다. 우리는 고향 안에서 고향을 찾고 있는 셈이다. 그 고향을 찾을 때까지 전체를 향한 열망은 그치지 않을 것이다.

"우리는 이미 철학 안에 들어서 있다"

철학은 논리적 이성을 동원해 걸어 올라야 할 지식의 계단이 아니다. 산을 정복하듯 정복해야 할 개념의 축조물이 아니다. 철학은 그리움이라는 근본 기분 속에서 일어나는 정신의 활동이고 전체를 향해 나아가는 사유의 움직임이다. 철학은 명사가 아니라 동사다. 철학(Philosophie)은 철학함(Philosophieren)이다. 하이데거는 프라이부르크대학에 부임한 첫해 겨울학기 강의를 다음과 같은 말로 시작했다.

"우리는 결코 철학 '밖에' 서 있지 않다. 이것은 우리가 철학에 대한 어떤 지식을 지니고 있기 때문에 그런 것이 아니다. 우리가 철학에 대해 아무것도 알지 못해도 우리는 이미 철학 안에 들어서 있다. 왜냐하면 철학은 우리 안에 있으며 우리 자신에게 속하기 때문이다. 이것은 우리가 항상 이미 철학하고 있다는 뜻이다. 철학에 대해서 아무것도 모르고 '철학하지' 않아도 우리는 철학하고 있다. 우리는 가끔 철학하는 것이 아니라 우리가 인간으로 실존하는 한 언제나 필연적으로 철학한다. 인간으로서 존재한다는 것은 철학한다는 것을 의미한다."「철학 입문」 15쪽

철학함은 전체를 향해, 다시 말해 존재자 전체의 존재를 향해 길을 떠남을 뜻한다. 그러므로 우리는 이미 철학 안에, 철학함 안에 들어서 있다. 인간은 길을 떠나지 않을 수 없다. 길을 떠나 길 위에 있지 않을 수 없는 자가 인간이다. 우리는 철학하고 있다. 우리가 철학에 대해 아무것도 알지 못해도 우리는 항상 철학하고 있다. 인간으로 존재한다는 것은 철학한다는 뜻이다. 철학은 세상과 담쌓은 소수의 지식인만이 하는 것이 아니다. 인간이라면 누구나 인간으로 있는 한 철학하지 않을 수 없다. 철학이야말로 인간 실존의 근본 조건이며 근본 방식이다. 하이데거는 다시 신과 동물을 끌어들여 철학함의 고유한 성격을 강조한다.

"동물은 철학할 수 없다. 그리고 신은 철학할 필요가 없다. 신이 철학한다면 그 신은 신이 아닐 것이다. 왜냐하면 철학의 본질은 유한한 존재자의 유한한 가능성이기 때문이다. 인간 존재는 이미 철학함을 의미한다. 인간 현존재 자체는 그 본질상 우연이든 아니든 철학 안에 들어서 있다."「철학 입문」 15쪽

철학한다는 것은 복잡한 논리적 사유를 할 줄 안다는 뜻이 아니라 인간이 어떤 가능성으로 존재하며 그 가능성을 향해 나아간다는 뜻이다. 동물은 현재 상태를 넘어 미래의 가능성을 향해 도약하지 않는

다. 신은 처음부터 전체로 있기에 가능성을 향해 새삼스레 자신을 던질 이유가 없다. 오직 인간만이 다르게 존재할 가능성을 향해 자신을 던질 수 있다. 그렇게 가능성을 향해 자신을 던지고 가능성을 향해 나아가는 것이 철학이다. 철학은 다른 말로 하면 형이상학이다. 형이상학(Metaphysik)이라는 말은 그 근원을 살펴보면 '우리를 둘러싼 현실 세계'(Physis)를 '넘어섬'(Meta)을 뜻한다. 눈앞에 존재하는 것들을 넘어서 미래를 향해 물음을 던지고 새로운 가능성을 향해 나아감이 형이상학이다. 철학한다는 것은 바로 이 형이상학을 한다는 뜻이다. 고향을 잃어버린 세계에 머물러 있지 못하고 전체를 향해 나아감이 바로 철학함이고 형이상학 함이다. 형이상학적 물음을 묻는다는 것은 물음의 방식으로 이 현실 세계를 넘어선다는 뜻이다. 현실세계를 넘어선다는 것은 현실 세계를 부정하고 더 나은 세계의 가능성을 본다는 뜻이다. 우리의 눈은 언제나 미래로 향해 있다. 과거를 돌아볼 때도 현재를 주시할 때도 우리의 눈은 미래의 가능성으로 향해 있다. 그렇게 미래를 보는 눈으로 우리는 과거를 보고 현재를 본다. 그러므로 우리는 우리가 알지 못하는 중에도 형이상학 안에 있다. "우리가 실존하는 한 우리는 이미 형이상학 안에 들어서 있다." 「형이상학이란 무엇인가」 「이정표1」 173쪽 철학 곧 형이상학은 실존의 모험이다. 왜 모험인가? 가능성을 향해 우리를 던지는 일이기 때문이다. 우리가 우리 실존의 가장 큰 가능성을 향해 우리를 던진다면. 그때 철학 곧 형이상학은 우리 실존의 가장 큰 모험, 가장 큰 사건이 될 것이다.

경이에서 경악으로, 경악에서 경외로

우리가 형이상학 안에 있다는 것은 다른 말로 하면 이 세계의 모든 존재자들을 향해 '왜?' 하고 물으면서 존재한다는 것을 뜻한다.

그것은 철학이 처음으로 탄생하던 순간에 물은 물음이기도 하다. 이 세계가 존재한다는 사실에 놀라면서 '아무것도 존재하지 않을 수도 있는데 왜 이 모든 것이 존재하는 걸까'라는 물음과 함께 철학이 탄생했다. 그 물음 속에 담긴 놀람을 아리스토텔레스는 타우마제인(thaumazein, θαυμάζειν, 경이)이라고 불렀다. 이 경이야말로 철학을 탄생시키고 철학을 이끌어 간 근본 기분이었다. 철학한다는 것은 이 경이에 사로잡혀 '왜?'라는 물음을 멈추지 않는 것이다. 이 우주 만물이 존재한다는 사실이 주는 경이로움 앞에서 '왜 도대체 아무것도 없지 않고 이 세계가 있는가' 하고 물은 것이야말로 철학의 시작이었다. 그래서 하이데거는 "모든 존재자들 가운데 오직 인간만이 모든 경이로움 중에서 최고의 경이로움인 '존재자가 존재한다'는 경이로움을 경험한다"고 말한다.「'형이상학이란 무엇인가'의 나중말」『이정표1』 180쪽 인간만이 존재자 전체 곧 우주 만물이 존재한다는 사실이 주는 놀라움을 경험한다. 그러기에 인간만이 경이 속에서 철학할 수 있다.

그러나 철학은 경이 속에만 머물지 않는다. 존재하는 것 전체가 어느 순간 '무'로, 무의미로 무너져버리는 것을 인간은 때때로 겪는다. 이 존재하는 세계 전체가 아무런 의미도 없어 텅 빈 허공이 되고 만다. 어디서 오는지 알 수 없고 정체가 무엇인지 설명할 수 없는 두려움에 사로잡힐 때, 이 세계 전체가 무의미로 흩어져버리고 텅 빈 무로 꺼져버린다. 그런 사태를 화가 에드바르트 뭉크(Edvard Munch, 1863~1944)는「절규」라는 그림에서 보여주었다.「절규」를 그리고 나서 뭉크는 이렇게 썼다. "두 친구와 함께 산책을 나갔다. 햇살이 쏟아져 내렸다. 그때 갑자기 하늘이 핏빛처럼 붉어졌고 나는 한 줄기 우울을 느꼈다. 친구들은 저 앞으로 걸어가고 있었고 나만이 공포에 떨며 홀로 서 있었다. 마치 강력하고 무한한 절규가 대자연을 가로질러 가는 것 같았다." 바로 이 알 수 없는 두려움 속에서 인간은 무를 경험한다. 그렇게 무를 경험하게 하는 근본 기분을 하이데거는 '불안'(Angst)이라고 불렀다. 불안이란 어떤 위협적인 존재자 앞에서 느끼는 구체적인 두려움이 아니라 '아무것도 없음' 앞에서 느끼는 규정할 길 없는 두려움이다. 이 무의 두려움 속에서 인간은 경악한다. 경이가 경악으로 뒤바뀐다. 이 세계가 존재한다는 사실 앞에서 느꼈던 경이가 불안과 함께 모든 존재하는 것들이 무로 꺼져버리는 사태에 소스라치는 경악으로 바뀐다.

그 경악 속에서 우리는 다시 '왜?' 하고 묻지 않을 수 없다. 왜 이 모든 것이 무의미로 흩어져버리는 것일까? 왜 세계 전체가 텅 비어 무만 남는 것일까? 이 텅 빈 무는 도대체 무엇을 의미하는 것일까? 그런 물음 끝에 번개가 치듯 그 '아무것도 없음'으로부터 이 세계 전체가 다시 전모를 드러낸다. 무로 꺼져버렸던 그 세계 전체가 환한 빛 속에 자신의 존재를 드러낸다. 그 순간에 우리는 형언할 길 없는 놀라움을 느끼며 이 세계가 존재한다는 사실 앞에서 경외감에 젖어든다. 존재자 전체 앞에서 느끼는 그 경외의 마음은 존재자 전체가 존재한다는 사실에 감사하는 마음이다. 바로 그때가 우리가 우리를 둘러싼 모든 것과 참되게 만날 수 있는 순간이다. 길가에 핀 민들레 한 송이에도 감사를 느끼고 그렇게 느끼는 마음으로 이 세계 전체, 우주 만물을 향해 경외심을 품게 된다. 그때 드러난 세계 전체는 이전에 당연하게만 여겼던 세계와는 전혀 다른 세계다. 하이데거의 철학은 이렇게 경이에서 경악으로 다시 경악에서 경외로 나아가는 우리 정신의 모험에 관한 이야기다. 무와 허무의 깊은 늪에 빠져들어 죽음과도 같은 두려움을 견뎌낸 사람만이 경이와 경외의 드넓은 창공으로 날아오를 수 있다. 고향을 잃어버렸다는 사실에 경악하는 사람만이 고향을 되찾으려 분투할 수 있고 되찾은 고향 안에서 감사와 경외를 느낄 수 있다. 존재자 전체가 사라져버리는 극한의 상황을 경험한 사람만이 존재자 전체가 존재한다는 사실 앞에서 놀라움을 느낄 수 있고 감사의 마음을 간직할 수 있다.

<h1 style="text-align:center">2</h1>

마법 같은 강의, 미쳐버린 아리스토텔레스

『존재와 시간』이 발간되기 한참 전 프라이부르크대학 철학 강사 시절부터 하이데거는 특별한 강의법으로 이름이 알려졌다. 수강생들을 사로잡는 마법 같은 강의였다. 너무도 친숙하고 자명했던 것들이 말할 수 없이 낯설고 이상한 것이 되는 경험을 안겨주었기에 하이데거에게 처음 붙여진 별명은 '메스키르히의 작은 마법사'였다. 알라딘의 조그만 요술 램프에서 거대한 요정이 불려나오듯이, 교탁이나 분필 같은 사소한 것에서 '존재자 전체의 존재' 같은 헤아릴 수 없이 큰 것이 불려나왔다. 하이데거의 강의는 엄격하면서도 격렬했다. 그 엄격한 격렬함 속에서 하이데거는 이 세계 전체를 무로 돌려버리고 다시 세계 전체를 새로이 불러냈다. 제자 한스 게오르크 가다머(Hans-Georg Gadamer, 1900~2002)는 하이데거 강의가 안긴 충격을 이렇게 증언했다. "한 세기의 붕괴로 산산이 부서진 세대는 완전히 새롭게 시작하기를 원했다. 그 세대는 이전에 타당하다고 주장해온 그 어떤 것도 계속 유지하려 하지 않았다. 정말이지 그 세대의 개념들에서 엿보였던 독일어의 격렬함 속에서 하이데거의 사유는 이전 철학이 의미했던 것과의 그 어떤 비교도 거부하는 듯이 보였다." 죽었던 철학이 다시 살아나 생동했고 학생들의 혈관에는 피톨과 함께 사유가 돌았다.

하이데거의 강의는 로고스와 파토스의 기이한 결합이었다. 로고

1920년경의 하이데거.
하이데거는 프라이부르크대학의 젊은 강사 시절부터
특별한 강의법으로 학생들을 사로잡았다. 엄격함과 격렬함이
교차하는 강의는 죽었던 철학을 생동하게 했고, 학생들을
혼몽 속에 몰아넣으면서도 맑은 정신으로 깨어나게 했다.

스의 날카로운 칼날이 사태를 헤집고 들어가다 보면 파토스의 피가 끓는 심장에 닿았다. 마치 바위를 뚫어 찾아낸 수원에서 물이 솟구치는 것과 같았다. 파토스로 물들어가는 로고스, 로고스로 이루어진 파토스라고 할 만한 것이 하이데거의 강의였다. 하이데거는 파도를 헤치고 나아가는 선장처럼 강의를 이끌었다. 아르놀트 폰 부겐하겐 (Arnold von Buggenhagen)은 이렇게 기억했다. "존재론적 주제를 이야기할 때 하이데거의 모습은 교수의 이미지보다는 선장의 이미지에 가까웠다. 거대한 함선조차 유빙으로 침몰할 위험이 있는 시대에 선교에서 대양의 항해를 지휘하는 선장의 이미지." 강의실의 학생들은 하이데거의 말을 따라가며 차가운 두뇌가 어느 순간 뜨거운 격정으로 뒤집히는 것을 느꼈다. 가파른 로고스의 길을 따라 올라 드넓은 평원의 풍경 앞에 설 때 차오르는 감격으로 끝나는 것이 하이데거의 강의였다.

하이데거의 말은 환각제이자 각성제였다. 강의실의 수강자들을 혼몽 속에 몰아넣음과 동시에 맑은 정신으로 깨어나게 했다. '명징한 광기'라고 표현할 수밖에 없는 하이데거의 언어는 차가운 것과 뜨거운 것, 엄격한 사유와 들끓는 열정의 통일이었다. 말들의 먹구름이 몰려와 구름 사이로 번개를 내리쳤고 천둥과 함께 무덤 속에 오래 잠들었던 철학의 미라가 깨어나 포효했다. 어떤 학생은 하이데거의 격렬한 강의를 듣다가 그 철학자가 혹시 '미쳐버린 아리스토텔레스'가 아닐까 하는 생각을 하기도 했다. 앎의 모세혈관을 세밀하게 추적하면서 동시에 철학사 전체를 포괄하는 장대한 사유를 펼쳐내고, 한 편의 드라마를 상연하듯 격렬한 몸짓을 보이는가 하면 청중을 대답하기 어려운 물음 한가운데로 몰아넣고, 아득히 먼 시대의 이야기에서 메스를 끄집어내 오늘의 부박한 현실을 해부했다. 해석학과 현상학의 개념 미로를 따라가다보면 어느 순간 당대 현실의 퇴락한 삶이 적나라하게 드러나는 광장에 이르렀다. 낯설고도 강력한 말이 뇌리를 파고들었고, 강의실의 학생들은 사유를 흔들어 깨우는 언어의 사나운 힘을 느꼈다.

하이데거의 강의실에는 뒷날 철학계를 이끌어 갈 젊은 철학도들이 있었다. 가다머가 있었고 마르쿠제(Herbert Marcuse, 1898~1979)가 있었고 호르크하이머(Max Horkheimer, 1895~1973)가 있었다. 하이데거 강의의 무서운 힘을 훗날 한나 아렌트(Hannah Arendt, 1906~75)는 이렇게 기억했다. "강의를 할 때 하이데거가 보여준 기교의 탁월한 점은 이 사람이야말로 플라톤의 사상과 이데아론을 1천 년이나 묵은 낡은 이론이 아니라 오늘의 현실적인 문제로 떠오르도록 이끌어준다는 데 있었다. … 그는 아마도 사람들이 사유를 배울 수 있었던 유일한 스승이었으리라. 그러므로 그는 분명히 이 세상 사람이었으나 한편으로는 이 세상에 숨어 있는 사상계의 은밀한 제왕이었기에, 사람들은 그가 도대체 실존하는 인물인지 아닌지조차 정확히 알 수 없었다. 그런데도 그를 추종하는 사람들은 믿을 수 없을 정도로 많았다." 아마도 하이데거 말고 이런 말을 들을 수 있는 사람은 동시대의 철학자 가운데 루트비히 비트겐슈타인(Ludwig Wittgenstein, 1889~1951)이 유일할 것이다.

화산 폭발처럼 위압적으로 다가온 사상가

유례를 찾기 어려운 하이데거의 새로운 언어와 강의는 흉내 낼 수 없는 하이데거 스타일로 굳어졌고, 하이데거가 강의하는 대형 강의실은 언제나 수강생과 청강생으로 북적였다. 1929년 프라이부르크 대학 교수 취임강연 「형이상학이란 무엇인가」를 들었던 하인리히 비간트 페체트(Heinrich Wiegand Petzet, 1909~97)는 무의 심연에서 세계 전체를 이끌어내는 하이데거의 마법을 보고 이렇게 썼다. "어둡게 걸린 하늘을 거대한 번개가 두 조각으로 가르는 것만 같았다. 고통스러움마저 느끼게 하는 그 광휘가 세상의 사물을 밝게 드러내주었다. 강의실을 나설 때 나는 할 말을 잃은 상태였다. 마치 한순간에 세계의 근거를 엿본 것만 같았다." 강의 중의 하이데거는 마성의 힘을 휘두르는 데몬을 떠올리게 했다. '청중에게 하이데거는 사상가로서 자연의 사건처럼, 화산의 폭발처럼 강력하고 위압적으로 다가왔다. 하이데거가 던지는 물음의 비상한 힘에 압도당해 학생들은 마치 쇠사슬에 묶여 급류 속을 떠내려가는 것 같았다.'3) 그러나 압도감은 해방감을 동반하는 것이었기에 하이데거의 언어는 특별한 체험을 안겼다. 그런 경험을 한 사람 중에 프랑스 철학자 장 보프레(Jean Beaufret, 1907~82)도 있었다. 보프레가 하이데거를 체험한 것은 1944년 6월 6일 연합군이 노르망디에 상륙하던 날이었다. 이날 처음으로 하이데거 철학의 세계를 가렸던 장막이 찢겨 나가고 하이데거 철학 언어가 보프레의 가슴속으로 깊숙이 들어왔다. 보프레에게 그날의 하이데거 체험은 모든 것을 제압할 정도로 커서 프랑스 해방에 대한 기대감마저 넘어설 지경이었다. 그 체험을 안고 보프레는 하이데거에게 편지를 썼다. "그렇습니다. 단호히 일체의 상투성에서 벗어나고 그 존엄의 본질성을 지닌 철학은 당신과 함께 있습니다." 보프레의 체험은 보프레만의 것이 아니었다. 수많은 하이데거 독자들이 보프레와 유사한 경험, 철학의 거대한 형체가 떠오르는 순간에 환희의 빛에 휩싸이는 경험을 했다.

3

영감의 번개에 얻어맞은 사람

1955년 겨울학기 프라이부르크대학 강의 중에 하이데거는 모차르트(Wolfgang Amadeus Mozart, 1756~91)가 쓴 편지 한 구절을 읽었다.

"마차로 가는 여행길에서 또는 좋은 식사 시간 뒤나 산보 중에 또는 잠 못 이루는 밤에 생각이 폭풍처럼 나에게 다가온다. … 이후에 나는 그것을 마치 아름다운 그림이나 멋있는 사람처럼 정신 속에서 한눈에 개관한다. 나는 그것을 나중에 도달한 것처럼 이후에 상상 속에서 듣는 것이 아니라 방금 일어난 것처럼 모든 것을 함께 듣는다. 이것은 하나의 축제다! 발견하고 만드는 모든 일이 이제 내 안에서는 아름답고 강한 꿈처럼 지나간다. 그러나 모든 것을 종합하여 개괄적으로 듣는 것이 최고의 것이다."『근거율』171~172쪽

모차르트의 편지는 하이데거 사유의 비밀로 들어가는 문과도 같다. 하이데거에게 사유는 고심하여 짜내는 논리의 직물이 아니라 예기치 못한 곳에서 들이닥치는 폭풍 같은 것이었다. 사유가 폭풍처럼 밀려왔기에 강의도 폭풍처럼 휘몰아쳤다. 하이데거의 강의를 들었거나 하이데거와 대화했던 사람들은 사유가 하이데거를 덮쳐오는 듯했다고 증언한다. 게오르크 피히트(Georg Picht, 1913~82)는 하이데거를 '번개 치는 마을에 사는 사람'으로 묘사했다. 만년의 하이데거와 가까워진 한스 피셔-바르니콜(Hans Fischer-Barnicol, 1930~99)은 이렇게 말했다. "내 눈에는 사유가 이 늙은 남자를 영매로 삼아 지배하고 있는 것만 같았다. 사유가 그 사람을 통해서 말했다." 하이데거는 가까운 사람들에게 가끔 이렇게 털어놓았다. "그것이 내 안에서 생각한다. 나는 그것에 저항할 수 없다." 하이데거의 이런 발언은 앞 시대 철학자 프리드리히 니체(Friedrich Nietzsche,

1844~1900)가 '영감'(Inspiration)이라고 부른 것을 떠올리게 한다. 니체는 자서전에 이렇게 썼다.

"조금이라도 미신을 믿는 사람이 있다면 실제로 자기가 압도적으로 강력한 힘의 단순한 화신, 단순한 입, 단순한 매체에 지나지 않는다는 생각을 거의 물리치지 못할 것이다. 돌연 입으로 말할 수 없을 정도의 확실함과 정묘함으로, 깊은 내면에서부터 뒤흔들리고 뒤엎는 어떤 것이 눈에 보이게 되고 귀에 들리게 된다고 하는 의미에서 '계시'라는 개념은 겉으로 드러난 사실을 서술하고 있을 따름이다. 생각은 듣는 것이지 탐구하는 것이 아니다. 받는 것이어서 누가 주는지 묻지 않는다. 번개처럼 필연성을 지닌 하나의 생각이 갑자기 번득인다. 나는 한 번도 선택하지 않았다. 그 엄청난 긴장이 눈물의 강으로 터져버리고, 발걸음이 자기도 모르게 격렬해졌다가 늦추어졌다가도 하는 황홀경, 대단하고도 미묘한 한기를 가장 명료하게 의식하면서도 그 한기에 발가락마저도 오싹해지는 무아지경, … 모든 것이 정말로 내 의지와는 상관없이 일어나지만, 마치 자유로운 느낌, 무조건성, 힘 그리고 신성함의 도도한 흐름 속에서 일어나는 것 같다. … 이것이 영감에 대한 내 경험이다."

시인 휠덜린은 이 영감을 '하늘의 불', '성스러운 파토스'라고 불렀다. 휠덜린 자신이 '아폴론 신이 나를 내리쳤다'고 고백하기도 했다. 영감의 번개가 휠덜린의 정신을 꿰뚫었다는 얘기다. 휠덜린은 이 번개에 얻어맞고 2년 동안 폭포수 같은 창작의 시기를 보냈다. 하이데거가 일생을 통해 가장 열성을 쏟아 강의한 사람이 바로 휠덜린과 니체였다는 사실이 말하는 것은 무엇일까? 하이데거 자신이 이 두 사람처럼 영감의 번개에 얻어맞은 사람이었다는 것을 증명하는 것이 아닐까? 하이데거의 내면은 '성스러운 파토스'로 넘실거렸다. 그 파토스가 가장 직접적으로 드러나는 곳이 강의실이었다. 하이데거가 쓴 글은 이 파토스를 로고스의 촘촘한 그물로 덮어 눌러놓은 듯했다. 그러나 그렇게 억눌린 파토스는 마그마처럼 글의 표면 아래서 끓어올랐고, 로고스의 그물을 헤치고 들어간 사람들은 그 끓어오르는 파토스의 열기에 휩싸였다. 사유의 엄격함과 치밀함을 '아폴론적인 것'이라고 부르고 타오르는 영감의 파토스를 '디오니소스적인 것'이라고 부른다면, 하이데거의 사유는 아폴론적인 것과 디오니소스적인 것의 오묘한 통일이라고 할 만한 것이었다.

아폴론적 로고스와 디오니소스적 파토스의 통일

하이데거 사유에서 나타나는 이런 통일은 그대로 하이데거 문체의 특성으로 이어진다. 프랑스 사회학자 피에르 부르디외(Pierre Bourdieu, 1930~2002)는 하이데거의 특별한 문체에 주목하면서 이렇게 말한다. "문체의 '고결함'은 철학 담론을 장식하는 부수적 특성이 아니다. 왜냐하면 담론은 문체의 높이를 통해 권위 있는 담론으로 선언되기 때문이다."[4] 하이데거 문체의 비할 바 없는 독특성은『존재와 시간』에서 그 전형을 보여주었다. 이 책에서 하이데거는 자신의 글에 나타나는 문체의 특성을 플라톤의『파르메니데스』와 아리스토텔레스의『형이상학』에 견주었다. 그러면서 플라톤과 아리스토텔레스의 글을 동시대 그리스 역사가 투키디데스의『펠로폰네소스 전쟁사』와 비교해보라고 말했다. "그러면 그리스 철학자들이 그리스인들에게 강요한 표현법이 전대미문의 것이었음을 알게 될 것이다."『존재와 시간』 39쪽 하이데거는 자신의 글이 지닌 '표현의 어색함과 매끄럽지 못함'을 인정하면서 이런 말을 했지만, 이 고백에서 오히려 두드러지는 것은 그리스 철학자들의 표현법이 '전대미문의 것'이었다는 언급이다. 여기서 하이데거가 전대미문의 문체로 철학서를 쓰고

자 했음을 직감할 수 있다. 요컨대 하이데거가 지향한 문체는 '아폴론적 로고스'와 '디오니소스적 파토스'의 통일이었다. 그것은 니체의 문체가 '디오니소스적인 도취'와 '아폴론적인 절도'의 통일이었던 것과 유사하다. 하이데거는 '디오니소스적인 것'과 '아폴론적인 것'의 대립을 기회가 날 때마다 강조했다. 그 상반되는 두 힘의 대립을 가장 명료하게 문제화한 사람이 니체였다. 니체는『권력의지』의 한 구절(1050번)에서 이렇게 말했다.

"그리스인의 영혼 속에 깃들어 있는 디오니소스적인 것과 아폴론적인 것 사이의 이런 대립이 내가 그리스인의 존재를 대면하면서 매혹됐던 커다란 수수께끼 가운데 하나다. 내가 알아내려고 애썼던 것은 근본적으로 다른 것이 아닌 이것이다. 어찌하여 디오니스적인 토양에서 하필이면 그리스적 아폴론주의가 자라날 수밖에 없었는가."

여기서 디오니소스적인 것이란 '무시무시한, 제어할 길 없는 삶의 충동'이다. 아폴론적인 것이 가리키는 것은 '절도와 규칙과 질서'다. 그리스인들은 위험하기 짝이 없는 디오니소스적인 생의 힘을 아폴론적인 규범과 형식과 질서로 제어함으로써 '아름다움'을 쟁취했다고 니체는 말한다. 그러나 니체보다 먼저 두 힘의 대립과 통일을 사유한 사람이 횔덜린이었다. 횔덜린은 디오니소스적인 것을 '하늘의 불'로, 아폴론적인 것을 '표현의 명료성'으로 제시하면서 두 힘의 통일을 이루어내는 것이야말로 당대 독일인의 과제라고 말했다. 하이데거는 1930년대 '니체 강의'에서 '두 힘이 통일된 문체'에 특별히 주목했다. "디오니소스적인 것과 아폴론적인 것의 대립 그리고 성스러운 파토스와 냉정한 표현의 대립이 독일인들의 역사적 사명의 은닉된 양식 법칙(Stilgesetz)이며 언젠가는 우리가 그 법칙을 형성할 각오를 해야 한다."『니체 Ⅰ』126쪽 이 두 힘의 통일이라는 '양식 법칙'을 자신의 글로써 구현한 사람이 니체였다. 니체와 마찬가지로 하이데거도 자신의 글에서 이 두 힘의 통일을 이루어내려고 분투했다. 겉면을 보면 하이데거는 냉철한 철학자로서 사태를 엄밀하고도 차가운 이성의 칼날로 절개하고 분석하는 것처럼 보인다. 다시 말해 아폴론적인 냉정함이 압도적으로 강해 보인다. 그러나 내면으로 들어가면 마음 저 깊은 곳에서 디오니소스적인 용암이 끓고 있음을 직관할 수 있다. 하이데거의 내부에서는 성스러운 파토스가 망아적인 황홀경 속에 타오른다. 하이데거는 이 디오니소스적인 파토스를 아폴론적인 냉정한 언어로 표현하려 했다.

여기서 하이데거와 니체의 차이가 불거진다. 니체는 위대한 스타일리스트로서 디오니소스적인 영감의 분출하는 힘을 극한의 언어로 표현해냈다. 반면에 하이데거의 글에서는 아폴론적인 냉정함이 전면에 드러나 있고 디오니소스적인 파토스는 단단한 문장 아래서 소리 없이 끓어오른다. 니체의 문체가 '아폴론을 품은 디오니소스'라고 한다면, 하이데거의 문체는 '디오니소스를 품은 아폴론'이라고 할 수 있다. 이때의 문체(Stil, style)는 날카로운 정신의 표현이지 손끝에서 흘러나오는 글재주가 아니다. 스타일의 말 뿌리를 이루는 라틴어 '스틸루스'(stilus)는 '뾰족하고 날카로운 것'을 뜻한다. 글을 쓰는 데 쓰이는 날카로운 펜이 스틸루스다. 그 펜은 글씨의 모양 곧 필체를 가리키고 필체는 다시 글의 특성 곧 문체를 가리킨다. 날카로운 정신의 소산만이 진정한 스타일을 이룬다. 형식은 내용의 소산이다. "사람들은 모든 비예술가들이 '형식'이라고 부르는 것을 내용으로 즉 '사태 자체'로 느끼지 않으면 안 된다."『권력의지』 818번 니체의 이 말은 하이데거에게도 그대로 적용된다. 요컨대 거장다운 거장이 되려면 '모순된 것'을 통일하는 내적인 힘을 지녀야 한다. 디오니소스적인 내용과 아폴론적인 형식은 서로 반대 방향으로 치닫는 힘이다. 이 두 힘을 한데 끌어모아 통일하는 데서 거장의 문체가 탄생한다. 하이데거의 문체가 지향하는 것이 바로 이 통일이다. 그러기에 하이데거는 니체의 주장을 받아 이렇게 말한다. "자신의 가장 첨예한 대립자를 자기 아래 굴복시킬 뿐만 아니라 그것을 자신 안에서 변화시키는 것만이 진정으로 위대하다. 그러나 동시에 위대한 것은 자신의 대립자가 소멸하지 않고 자신의 본질을 전개하게 하는 방식으로 그것을 변화시킨다."『니체1』160쪽 내용을 조금도 손상시키지 않은 채 대립하는 것을 통일적 형식으로 표출해낼 때 진정으로 위대한 것이 탄생한다.

4

철학자, 우울증을 앓는 창조자

인간을 철학함으로 이끄는 마음의 움직임을 하이데거는 '근본 기분'(Grundstimmung)이라고 불렀다. 불안·향수·권태가 하이데거가 근본 기분으로 거명한 것들이었다. 근본 기분이 인간을 덮침으로써 인간은 철학함으로 뛰어들지 않을 수 없게 된다. 그렇다면 하이데거의 철학함을 규정한 가장 근원적인 기분은 무엇이었을까? 하이데거 삶 전체를 조망해보면 그 기분이 '우울'(Schwermut, 무거운 마음)이었음을 짐작할 수 있다. 우울증이야말로 하이데거를 철학으로 이끌고 간 근본 기분이었다. 1929년 겨울학기 프라이부르크대학 강의를 하던 중 하이데거는 맥락도 없이 우울증을 이야기의 소재로 꺼내들었다.

"자유는 오직 짐을 떠맡는 곳에만 존재한다. 창작에서는 이런 짐이 각기 그때마다 창작의 양식에 따라서 일종의 여유이며 일종의 절박함인데, 인간은 그런 여유와 절박함을 부담스러워하고 그래서 인간의 마음은 무겁기만 하다. 모든 창작 활동은 다 우울 속에 존재한다.

그 점을 창작 활동이 명확히 알든 모르든, 그 점에 관해 창작 활동이 장황하게 이야기를 늘어놓든 늘어놓지 않든, 아무튼 사정은 그렇다."
『형이상학의 근본 개념들』 306쪽

　창작은 자유의 짐을 떠맡는 일인데, 그 창작에는 여유와 절박함이 조건으로 따른다. 다시 말해 창작을 하려면 심리적·시간적 여유가 있어야 함과 동시에 절박한 창작의 동기가 있어야 한다. 그런 창작의 짐을 떠맡은 인간의 마음은 무거울 수밖에 없다. 그래서 창작 활동은 우울 속에 존재한다. 하이데거는 창작과 우울의 연관을 일찍이 알아본 사람으로 아리스토텔레스를 지목한다. 아리스토텔레스는 이렇게 말했다. "철학에서든 정치학에서든 시문에서든 조형예술에서든 뛰어난 업적을 세운 사람들이 모두 하나같이 우울병자(멜랑콜리코이, μελαγχολικοί)라는 것은 무슨 까닭인가?" 아리스토텔레스는 우울병자의 사례로 엠페도클레스, 소크라테스, 플라톤을 거명한다. 고대 그리스의 그 위대한 사상가들은 모두 우울증의 압박 속에서 창조적 작업을 했다. 아리스토텔레스는 멜랑콜리아(μελαγχολία, 우울증)를 '자연적인 멜랑콜리아'와 '정신적인 멜랑콜리아'로 구분하기도 했다. 단순한 질병으로서 우울증이 아니라 정신 활동 속에서 나타나는 우울증이 창조의 원천을 이루는 근본 기분이다.

　"인간 현존재의 창조적인 본질적 활동으로서 철학은 우울이라는 근본 기분 속에 서 있다." 『형이상학의 근본 개념들』 306쪽

　철학은 인간의 창조적 활동 가운데 하나다. 그러므로 우울증은 철학함을 일으키는 근본 기분으로 작용한다. 하이데거 주변 사람들의 증언을 보면, 하이데거가 평생 이 우울증을 앓았음을 알 수 있다. 우울증이야말로 하이데거를 이끌어 간 근본 기분이었고, 이 근본 기분 속에서 불안이나 향수 같은 기분도 피어올랐다. 철학자는 우울증을 앓는 창조자다.

자명성을 거부하도록 이끄는 사람

하이데거는 철학자가 어떤 사람인지 자신의 강의에서 자주 밝혔다. 플라톤의 『국가』에 나오는 '동굴의 비유'를 강의하던 중에 하이데거는 플라톤이 한 말을 빌려 필로소포스(philosophos, φιλόσοφος), 곧 철학자를 이렇게 규정했다. "철학자는 존재자의 존재를 끊임없이 생각하면서 그 존재의 통찰 안에 머물러 있는 사람이다. 그가 서 있는 그 자리의 밝음 때문에 알아보기가 결코 쉽지 않은 사람이다. 왜냐하면 대다수 사람들의 영혼의 눈은 신적인 것을 응시하는 일을 견뎌낼 수 없기 때문이다."『진리의 본질에 관하여』 91쪽 하이데거는 '동굴의 비유'에서 이데아의 빛을 경험한 사람이 동굴 안의 어둠 속으로 되돌아가는 대목을 이야기하는 중에 이 말을 한다. 철학자는 먼저 빛을 본 사람으로서 동굴로 되돌아가 사슬에 묶인 죄수들을 해방하려는 사람이다. 필로소포스 곧 철학자는 '지혜'(소피아)의 '친구'(필로스)다. 그러나 철학자는 지혜의 친구로 머물지 않는다. 진리를 보았기 때문에 어둠에서 사람들을 구해내려고 동굴로 되돌아간다. 어둠의 동굴이란 '자명성'이 지배하는 곳이다. 다시 말해 '지금 여기 눈앞에 존재하는 것'이 언제나 타당하고 올바르고 자연스러운 것이라고 믿는 사람들이 지배하는 곳이다. 사슬에 묶여 그림자만 보고 사는 삶이 자연스럽고 올바르고 타당한 삶이라고 믿는 곳이다. 지혜의 친구는 자명한 것이 자명한 것이 아님을 안다. 철학자는 자명성이 지배하는 곳으로 돌아가 자명한 것이 자명한 것이 아님을 폭로함으로써 자명성에 안주하는 삶을 거부하도록 이끄는 사람이다.

후기에 하이데거는 철학자라는 말 대신에 사상가(Denker, 사유하는 사람)라는 말을 썼다. 니체 강의에서 하이데거는 자신이 생각하는 사상가가 어떤 사람인지 간명하게 이야기했다.

"'사상가'라는 명칭으로 우리가 가리키는 것은 존재자 전체에 대한 유일한 사상을 사유하라는 사명을 받은 사람들이다. 모든 사상가는 오직 유일한 사상만을 사유한다."『니체 Ⅰ』456쪽

　"사상가들 중에서도 본질적인 사상가는 유일한 최고의 결단을 준비하는 방식으로든, 그런 결단을 확고하게 수행하는 방식으로든 그런 결단을 향해 사유하는 유일한 사상을 지닌 사람이다."『니체 Ⅰ』457쪽

　이를테면 니힐리즘(허무주의)을 끝까지 사유한 니체가 하이데거가 생각하는 '본질적인 사상가' 가운데 한 사람이었다. 사상가는 시대의 부름을 받아 그 시대가 요구하는 것을 그 본질의 뿌리까지 사유하는 사람이다. 하이데거는 자신이야말로 그런 사상가라고 생각했다. 그때의 사상가는 '필로소포스'와 다른 사람이 아니다. 필로소포스 곧 철학자는 철학이라는 학문 분야를 가르치는 사람이 아니라 시대의 요구를 사람들에게 일깨우는 사람, 그런 의미에서 '지혜의 친구'인 사람이다. 그런 사상가−철학자는 자명한 것에 붙들려 있는 사람들에게 필경 적대감을 불러일으킨다. 사상가−철학자는 시대에 안주하는 사람들을 들쑤셔 일으켜 세우려고 하기 때문에 분노를 부르고 죽임을 당할 위험에 처할 수 있다. 이를테면 아테네 시민을 화나게 해 사형 선고를 받은 소크라테스가 그런 사람이었다. 사상가−철학자는 해방자로서 동굴의 어둠에 붙들려 있는 사람들을 진리의 빛으로 이끌려고 폭력에 가까운 강압을 쓰는 것도 마다하지 않는다.『진리의 본질에 관하여』95쪽 이런 말을 할 때 하이데거는 격렬한 투사에 가까워진다.

독일 남부 가난한 종지기 아들

　하이데거의 성격적 특성을 잘 보여주는 철학적 에피소드를 찾으라

면 1929년 봄 스위스 알프스 산정에서 벌어진 '다보스 논쟁'을 떠올려봄직하다. 다보스대학이 마련한 토론회에서 하이데거는 당대 문화철학의 거두 에른스트 카시러(Ernst Cassirer, 1874~1945)와 만나 '형이상학 대결'을 벌였다. 두 사람은 철학적 사유 내용의 차이만큼이나 외모와 성격에서도 확연한 차이를 보였다. 그 논쟁 현장을 목격한 사람이 다음과 같은 기록을 남겼다.

"하이데거와 카시러의 논쟁은 우리에게 인간적으로도 아주 깊은 인상을 심어주었다. 한편에는 운동을 좋아하고 스키를 잘 타며 에너지가 넘치고 단호한 용모를 한 거무스름한 작은 사람, 자신이 도덕적으로 진지하게 제기한 문제에 혼신을 다해 몰두하는 끈질기고도 완고한 사람이 있었다. 다른 한편에는 겉모습에서나 내면으로나 품격을 갖춘 백발의 위인, 표정은 명랑하고 태도는 침착하며 생기와 융통성을 잃지 않는 남자, 그리고 귀족적인 기품이 넘치는 인물이 있었다."

카시러는 독일 북부 유대인 부호의 아들이었고 하이데거는 독일 남부 가난한 종지기의 아들이었다. 똑같이 명망 높은 철학 교수라는 지위에 올랐어도 두 사람의 태도와 외관은 전혀 달랐다. 시골에서 올라온 평민의 아들 하이데거는 다보스 그랜드호텔의 호화로운 실내에서 펼쳐지는 부르주아적인 회합의 분위기에 줄곧 어색함을 느꼈다. 다보스 행사 기간 중에 하이데거는 알프스 산정으로 스키 여행을 다녀온 뒤 스키복 차림 그대로 실내에 들어서기도 했다. 스키는 어린 시절 하이데거가 즐겨 타던 산골 아이들의 놀이였다. 카시러는 관대하고 온화하고 여유롭고 기품 있는 진보적 자유주의자였다. 하이데거는 격렬하고 투쟁적이고 래디컬한 급진주의자였다. 하이데거와 카시러의 철학 대결은 성격의 대결이기도 했고 이념의 대결이기도 했다.

다시 태어난 헤라클레이토스

젊은 날 투사 같던 그 철학자는 후년에 이르러 조금 더 부드럽고 경건한 사람이 됐다. 이 후년의 하이데거를 떠올리게 하는 사람이 고대 그리스의 식민도시 에페소스의 철인 헤라클레이토스(Heraclitus, 기원전 540~480)다. 나이 든 하이데거 자신이 자주 헤라클레이토스를 논의의 장으로 끌어들였다. 전후에 쓴 「휴머니즘 편지」에서 하이데거는 헤라클레이토스를 이렇게 묘사했다. '헤라클레이토스가 이방에서 온 손님들에게 해준 말이 사람들 입에 오르내린다. 헤라클레이토스의 집에 도착한 손님들이 화덕 곁에서 불을 쬐고 있는 남자를 보았다. 손님들은 그 사람이 헤라클레이토스라는 걸 알고 소스라치게 놀라 그 자리에 멈추어 섰다. 그러자 헤라클레이토스는 이렇게 말했다. 여기에도 신들이 현존한다오.'

헤라클레이토스는 숲속 오두막에 은거해 살았다고 전해진다. 헤라클레이토스의 명성을 듣고 찾아온 이방의 방문자들은 무언가 대단하고 특별한 만남을 기대했다. 그러나 사유의 대가는 오두막의 화덕 곁에 앉아 불을 쬐고 있었다. 궁핍한 생활이 그대로 드러나는 모습에 방문자들은 놀랐다. 그런 손님들에게 헤라클레이토스는 화덕이라는 평범한 공간에도 신들이 현존한다고 알려주었다. 이 헤라클레이토스의 모습은 후년의 하이데거 모습과 겹치는 데가 있다. 1969년 독일 공영방송이 80세를 맞은 하이데거를 인터뷰했다. 이때 대담자로 마인츠대학 교수 리하르트 비서(Richard Wisser, 1927~2019)가 참여했다. 비서는 하이데거를 처음 만나고 받은 인상을 이렇게 기록했다. "위대한 사람이 신체적으로 그렇게도 왜소할 수 있을까 하는 생각이 들었다. 그 모습은 소박하고 겸손하여 눈에 띄지 않는, 그냥 손님을 접대하고 손님과 앉아서 묻고 듣는 평범한 인상의 소유자였다."

화덕 앞에 쭈그려 앉은 옛 그리스의 은자와 그리 다르지 않은 모습이다. 헤라클레이토스는 '어두운 사람'(Der Dunkle), 그리스어로 '호 스코테이노스'(ho skoteinos, ὁ σκοτεινός)라고 불렸다. 헤라클레이토스의 '어두움'에 관해 하이데거는 이렇게 말한다.

"헤라클레이토스의 저술의 통일성이 유래하는 중심은 거의 추정될 수 없고 사유하기가 항상 어렵기 때문에 이 사상가는 우리에게도 진정 '어두운 사람'이다. 이 별명이 본디 무엇을 의미하느냐 하는 것 자체가 어둡다."「알레테이아」 『강연과 논문』 346쪽

이 문장은 그대로 하이데거 자신을 가리켜 보인다. 하이데거 독자들이 하나같이 하는 말은 하이데거 사유가 어디에서 발원하는지 그 중심을 잡아내기 어렵다는 것이다. 헤라클레이토스의 사유가 그렇듯이 하이데거 사유가 비롯하는 곳은 어둠 속에 묻혀 있다. 그러나 동시에 하이데거는 헤라클레이토스가 '밝은 사람'이었다고 말한다.「알레테이아」 『강연과 논문』 347쪽 헤라클레이토스는 진리의 밝은 빛으로 세상을 밝히기에 '밝은 사람'이었다. 후년의 하이데거야말로 세상을 밝히는 진리의 빛과 그 빛의 배후에 깃든 깊은 어둠을 집요하게 사유한 사람이었다. 하이데거는 자신을 다시 태어난 헤라클레이토스라고 생각했을지도 모른다.

5

존재를 둘러싼 거대한 싸움

일생을 통틀어 하이데거 철학을 규정한 사태를 한마디로 줄이면 '존재와 존재자의 구별', 하이데거의 다른 용어로 하면 '존재와 존재자의 존재론적 차이'였다. '존재자 전체'를 존재하게 하는 '존

재 자체'를 규명하는 것이 하이데거 철학의 궁극적 관심사였다. 그 관심사는 『존재와 시간』에서 처음 주제로 제시됐다. 그 주제를 하이데거는 플라톤이 『소피스트』에서 한 말을 따라 '기간토마키아'(gigantomachia, γιγαντομαχία) 곧 '신들과 거인들의 싸움'이라고 표현했다. 플라톤과 아리스토텔레스를 숨 가쁘게 몰아댄 물음, '도대체 존재가 무엇이냐'라는 물음을 놓고 벌이는 거대한 싸움을 다시 일으켜보겠다는 것이 하이데거의 야심이었다. 이 '존재와 존재자의 구별'을 하이데거는 니체 강의에서 '극한의 구별'이라고도 표현했다.「니체 I」 457쪽 왜 극한의 구별인가? '신들과 인간, 세계와 대지를 포함한 존재자 전체'와 '존재'의 구별을 통해서 존재 자체가 드러나고 그리하여 그 존재 자체를 통해서 존재자의 존재가 결정되기 때문이다. 하이데거는 이 구별을 '존재자가 우월한가, 존재가 지배하는가'라는 물음으로 바꾸어 묻기도 했다. 이 두 물음 사이에서 결단하는 것이야말로 '최고의 결단'이다.「니체 I」 457쪽 왜 이 결단이 최고의 결단인가? 이 결단을 통해서 인간이 무엇인지 결정할 수 있고 신이 무엇인지 결정할 수 있기 때문이라고 하이데거는 답했다. 존재를 구명하는 것이 신과 인간을 포함한 모든 존재자를 구명하는 데 바탕이 되는 것이다. 그러므로 하이데거에게는 존재자 전체를 넘어서 존재 자체를 해명하는 것이야말로 일생일대의 과제였다.

하지만 하이데거의 이 과제가 가리키는 사태 곧 '존재와 존재자의 구별'은 우리의 통상적인 감각에는 잡히지 않는다. 그 잡히지 않는 것을 잡아보려고 하이데거는 숲과 나무의 비유를 끌어들이기도 했다. 1929년 겨울학기 강의에서 하이데거는 이렇게 말했다.

'우리는 숲을 그 자체로서 보아야 할 뿐만 아니라 그 숲이 무엇이며 그 숲이 어떻게 존재하고 있는지를 말해야 한다. 결정적으로 중요한 것은 이것이다. 즉 숲은 개개의 나무들이나 이 나무들의 모임과는 다른 것이다. 그러나 그렇게 다르다고 해서 숲이 나무의 모임 바깥에 따로 있는 것은 아니다. 나무와 다른 그 숲에서부터 수많은 나무들이 숲에 속하는 것이다.'『형이상학의 근본 개념들』 558쪽

여기서 하이데거가 말하는 숲과 나무가 바로 존재와 존재자를 가리킨다. 숲이라는 존재와 나무라는 존재자는 구별된다. 숲은 나무라는 존재자를 떠나서 존재하지 않는다. 마찬가지로 나무도 숲을 떠나서 나무로 있지 않다. 나무라는 존재자는 숲이라는 존재 안에서 그 존재에 속한 채로 나무로 있다. 숲은 나무라는 존재자가 드러나는 바탕이다. 우리의 일상적 감각은 나무들에 파묻혀 숲 자체를 보지 못한다. 다시 말해 순전히 존재자에만 골몰할 뿐이고 존재 자체는 보지 못한다. 하이데거에게 중요한 것은 존재자를 존재자로서 드러나게 해주는 존재 자체를 보는 것이었다.

나무꾼과 산지기의 숲길

이 숲의 비유를 하이데거는 전후에 펴낸 책『숲길』에서도 활용했다. 1930년대 이후에 쓴 논문을 모은 그 책의 서두에 하이데거는 다음과 같은 짧은 글을 올려놓았다.

"수풀(Holz)은 숲(Wald)을 지칭하던 옛 이름이다. 숲에는 대개 풀이 무성히 자라나 더는 걸어갈 수 없는 곳에서 갑자기 끝나버린 길들이 있다. 그런 길들을 숲길(Holzwege)이라고 부른다. 길들은 저마다 뿔뿔이 흩어져 있지만 같은 숲속에 있다. 종종 어떤 길은 다른 길과 같은 것처럼 보인다. 그러나 그렇게 보일 뿐이다. 나무꾼과 산지기는 그 길들을 잘 알고 있다."『숲길』 13쪽

숲은 존재 자체를 가리키는 은유다. 그러므로 숲길은 존재 안에서 존재를 찾아가는 길이라고 할 수 있다. 숲길은 하나만 있는 것이 아

니고 여러 갈래로 나뉘어 있다. 그런데 그 길 중에는 '풀이 무성히 자라나 더 걸어갈 수 없는 곳에서 갑자기 끝나버리는 길들'이 있다고 하이데거는 말한다. 하이데거 자신이 존재 사유의 길을 가는 도중에 더 나아갈 수 없는 막다른 길에 부닥친 적이 여러 번 있었다는 얘기다. 이를테면 『존재와 시간』도 그런 길 가운데 하나였다. 하이데거는 '존재의 의미를 해명하는 것'을 『존재와 시간』의 궁극 목표로 삼았지만 책은 그 목표에 이르지 못하고 중간에서 멈춰버렸다. 『존재와 시간』은 거대한 미완성이었다. 하이데거는 그 뒤로 몇 년 동안 『존재와 시간』의 과제를 완수해보려고 분투했지만 끝내 목표를 이루지 못하고 막다른 곳에 다다르고 말았다. 그런 사정을 1932년 지인 엘리자베트 블로흐만(Elisabeth Blochmann, 1892~1972)에게 보낸 편지가 알려준다. 거기서 하이데거는 『존재와 시간』이 어느새 자신에게서 멀어졌고 당시 들어선 길이 이제는 수풀만 무성해져 더는 걸어갈 수 없을 것 같다고 고백했다.

단순하고도 광활한 존재의 풍경

크게 보면 하이데거가 걸어간 길은 존재를 향해 나아가는 한 길이었다. 그러나 그 길은 샛길로 빠지기도 했고 중도에 끊기기도 했다. 하이데거는 거의 모든 글과 강의에서 확고한 목소리로 자신의 생각을 밝혔지만 내심으로는 길을 잘못 든 것이 아닌지 불안해했다. 1953년 일본인 학자와 나눈 대화에서 하이데거의 흔들리는 마음을 읽을 수 있다.

"나는 언제나 단지 불분명한 길의 흔적만을 따랐을 뿐이다. 그러나 나는 어쨌든 그 길의 흔적을 따랐다. 그 흔적은 거의 알아들을 수 없는 약속과 같은 것이었다. … 그것은 어떤 때는 어둡고 혼란스러웠다

숲속을 산책하는 하이데거.
하이데거에게 숲은 존재 자체를 가리키는 은유다.
그러므로 숲길은 존재 안에서 존재를 찾아가는 길이다.

가 어떤 때는 번갯불처럼 갑작스럽게 자신을 드러냈다. 그러고 나서는 오랫동안 … 다시 자신을 감추고는 했다." 「언어에 관한 대화로부터」, 「언어로의 도상에서」, 184쪽

길이 보이지 않을 때 하이데거는 우울한 어둠에 휩싸였을 것이고 번갯불이 번쩍여 길이 밝아졌을 때는 환한 기쁨을 느꼈을 것이다. 그러다가 다시 길이 사라졌다. 하이데거에게 존재를 향해 길을 내며 걷는 일은 순탄한 여정이 아니었다. 여정이 순탄치 않았다는 것은 하이데거 사유가 여러 번 난관에 부닥쳤고 걸어온 길이 하이데거 자신에게도 의혹을 남기는 길이었다는 뜻이다. 그렇다면 길-사유를 따라가는 하이데거의 글들도 그만큼 많은 난관과 곤경을 품고 있을 수밖에 없을 것이다. 존재 자체는 존재자가 아니어서 사물처럼 눈에 보이거나 귀에 들리거나 손에 잡히지 않는다. 존재 자체를 보려면 마음의 눈이 열려야 한다. 그런데 존재는 존재로서 유일한 것이지만 그것이 드러나는 양상은 수없이 다양하다. 그 다양함을 펼쳐놓으면 광대한 넓이를 포괄한다. 그리하여 하이데거의 존재 사유는 존재라는 단 하나의 것만 붙들었는데도 그 결과는 존재하는 거의 모든 것을 아우르는 아스라한 지평을 이루었다. 이 단순함과 광활함이야말로 하이데거 사유가 열어 보이는 독특한 풍경이다.

하이데거가 말하는 존재는 때로는 너무나 가까워서 존재를 사유하는 인간 자신보다 가깝고 때로는 너무나 멀어서 무의 창공처럼 아득하기까지 하다. 들꽃처럼 소박하고 단순한 존재, 심해처럼 어둡고 심오한 존재, 태양처럼 밝고 선명한 존재, 들불로 번지며 타오르는 존재, 천둥을 울리고 번개를 내리치는 존재, 침묵 속에서 속삭이며 다가오는 존재, 민중의 함성으로 울려 퍼지는 존재, 역사의 거대한 물결로 밀어닥치는 존재, 우주 만물을 아우르며 비밀 속에 거주하는 성스러운 존재…. 하이데거의 존재는 그토록 넓고도 다면적이다. 그 모

든 존재를 마음의 눈으로 보았을 때에야 우리는 하이데거가 말하는 존재를 안다고 할 수 있다. 하이데거의 저작은 모두 그 존재의 어떤 모습에 주목한 것들이다. 그러므로 길로 따지면 그것은 존재를 향해 나아가는, 그러나 미처 목적지에 다다르지 못한 채 끊어져버리는 숲길들이다. 그런 까닭에 하이데거는 만년의 『슈피겔』인터뷰에서 이렇게 말했던 것이리라. "오늘날의 우리들에게 사유해야 할 것의 크기는 너무 크다. 우리는 아마 그런 사태로 이끄는, 멀리까지 이르지 못하는 좁은 오솔길이라도 내려고 노력할 수 있을 것이다." 102권에 이르는 하이데거의 전집은 바로 그 존재로 향해 나아가는 수많은 길들을 보여준다. 그런 이유로 하이데거는 자신의 전집에 '길들'(Wege)이라는 이름을 붙이고자 했다.

하이데거의 사유는 역설의 사유다. 하이데거는 존재 하나만을 사유했지만 그 사유의 길은 광대한 범위에 걸쳐 있다. 하이데거의 사유 전체를 조망하려면 그 넓이에 도달해야 한다. 이 사태는 하이데거가 니체 사상에 관해 말한 것과 다르지 않다. 하이데거는 니체 강의에서 이렇게 말했다.

"니체 사상을 철저히 사유하는 사람은 없다. 니체 사상을 철저하게 사유하는 것은 매우 까다로워서, 사유하는 자가 사유돼야 할 사상을 … 초월하여 사유하려고 노력할 경우에만 성공한다. 오직 그렇게 해서만 니체를 철저하게 사유하는 것은 자체 안에 사로잡히지 않고 출구를 찾게 된다." 『니체 Ⅰ』 356쪽

하이데거 사유도 마찬가지다. 하이데거 사유를 넘어서려면 하이데거 사유를 전체로서 조망하고 그 내적 질서를 파악해야 한다. 니체의 사상이 겉으로 보기에 수미일관성을 결여한 사상이듯이, 하이데거의 사유도 중간 중간 끊기고 수없이 갈라지는 길의 사유다. 그러므로 하이데거를 넘어서려면, 아니 그 이전에 하이데거 사유에 근접하기

라도 하려면 그 길 전체를 조망하는 시야가 필요하다. 다시 말해 그 길 전체를 한눈에 볼 수 있는 지도가 필요하다. 그 지도를 들고 하이데거와 함께 하이데거가 걸은 길을 찬찬히 밟아보아야 하고 그렇게 밟은 길들을 다시 모아 하나의 시야 안에 펼쳐 보여야 한다. 그렇게 할 때에만 하이데거 사유 전체가 눈에 들어오고, 어디에서 길이 갈리며 어디에서 길이 끊기는지를 볼 수 있다. 여기서 명확히 해둘 것이 있다. 우리가 사상가의 사상을 파고드는 것은 그 사상가의 추종자가 되려는 것이 아니다. 추종하는 자는 안주하는 자다. 추종자로 머물러서는 사상가의 사유 세계를 넘어서지 못하고 자기 사상에 이르지 못한다. 하이데거가 니체를 철저히 사유해 니체를 넘어갔듯이 하이데거를 철저히 사유할 때에만 우리는 하이데거를 넘어서 더 멀리 나아갈 수 있다.

6

낯설고 기이한 '화성인의 언어'

『존재와 시간』은 출간과 함께 천둥처럼 울렸다. 하이데거 사유의 독창성과 언어의 새로움에 수많은 독자들이 충격을 받았다. '철학적 인간학'의 거두 막스 셸러(Max Scheler, 1874~1928)는 유고로 남은 책 『'존재와 시간'(1927)에 대한 소고들』에서 그 책을 두고 "우리가 현대 독일 철학에서 소장하고 있는 가장 독창적인 작품이고 철학적 전통으로부터 가장 독립적이고 가장 자유로운 작품이며 최고의 철학 문제에 대한 가장 근원적이고 엄격한 학문적 비판서"라고 평가했다. 하이데거 철학의 비판자인 위르겐 하버마스(Jürgen Habermas, 1929~)도 『존재와 시간』이 '헤겔 이후 독일 철학의 최대 성과'라고 인정했다. 하지만 실상을 보면 『존재와 시간』을 이해하며 빠져든 사람보다는 무슨 말인지 몰라 당혹감을 느낀 사람이 훨씬 많았다. 하이데거의 독특한 서술과 전례 없는 문체가 난해성을 높이는 데 한몫 했지만, 더 근원적인 이유는 사유해야 할 사태 곧 존재 자체가 쉬운 이해를 허락하지 않았다는 데 있었다. 에밀 슈타이거(Emil Staiger, 1908~87)는 『존재와 시간』을 처음 읽었던 때를 이렇게 기억했다. "뮌헨에 묵고 있던 1928년 여름학기에 나는 처음으로 『존재와 시간』을 읽어보았다. '존재'에 관한 물음이 머리말에서 그렇게 명료하게 다루어졌는데도, 이 저서를 처음으로 읽던 당시에 나는 이 저서의 본래적 문제였던 그 물음을 전혀 파악하지 못했다. 대다수 독자들이 그러하듯이 나 역시 '세인'의 호기심, 염려, 죽음에-다가가고-있음, 불안, 던져져-있음을 다루어 나가는 이 저서의 논의를 따라가면서 어렴풋이 압도해 오는 언어의 힘에 완전히 사로잡히고 말았다."

스위스의 정신과 의사 메다르트 보스(Medard Boss, 1903~90)도 『존재와 시간』을 읽고 거대한 장벽에 부닥친 듯한 경험을 했다. 뒷날 보스는 하이데거와 정신의학자들의 정기적인 세미나를 마련했는데, 첫 만남을 "화성인이 처음으로 지구인들을 방문해 자신을 이해시키려 하는" 것과 같았다고 기록했다. 참석자들은 세미나를 시작하고 4년이 지나서야 하이데거 언어 속으로 들어갈 수 있었다. 발터 비멜(Walter Biemel, 1918~2015)이 하이데거 전기에서 밝힌 대로 『존재와 시간』은 비범하고 독특한 언어로 쓰인 것이었기에 그 시대 사람들에게는 낯설고 기이하게 여겨질 수밖에 없었다. 이런 사정은 『존재와 시간』에만 한정되지 않는다. 하이데거의 거의 모든 저술이 뚫고 나가기 어려운 난관을 품고 있다. 젊은 날 하이데거와 가장 가까운 친구였던 카를 야스퍼스(Karl Jaspers, 1883~1969)는 하이데거 저작을 읽다가 '하이데거의 생각을 이해하지 못하겠다'는 메모를 적어놓곤

했다. 하이데거 제자 카를 뢰비트(Karl Löwith, 1897~1973)의 다음 문장을 옮겨 적으며 동의를 표하기도 했다. "하이데거가 말하는 존재, 이 비밀이 대체 무엇인지 학문적으로 이해했다고 주장할 수 있는 사람은 사실 전혀 없다." 프랑스의 하이데거 사도라고 할 장 보프레도 어느 인터뷰에서 '이제 조금만 더 노력하면 하이데거를 이해하게 되겠지 하는 희망 속에 살아왔지만 언제나 예기치 않은 새로운 난관을 만난다'고 고백했다.

하이데거의 사유가 어려운 것은 하이데거가 들여다본 그 사유의 바탕을 구체적인 말로 상세히 설명하지 않기 때문이다. 그것을 하이데거의 신비주의 전략으로만 볼 수는 없다. 하이데거도 강의나 강연에서 자신이 말하는 존재가 이해하기 쉽지 않음을 자주 털어놓았다. 이를테면 「예술 작품의 근원」에는 이런 말이 나온다. "만일 독자가 이 글의 논의를 그저 피상적으로만 읽어 나간다면, 아무리 오랜 시간이 흘러가더라도 사태를 '원천 영역'에서부터 해석하지 못한 채 회피하기 힘든 곤경 속에 남아 있게 될 것이다." 하이데거는 이 원천 영역을 자세히 묘사하거나 서술하지 않았다. "존재의 진리를 경험하고 사유하는 길의 여러 지점을 적절한 언어로 말한다는 것"이 하이데거 자신에게도 "무척이나 힘겨운 일"이었기 때문이다.「예술작품의 근원」,「숲길」 127쪽

존재는 차근차근 단계를 밟아 논리적으로 설명해준다고 해서 이해될 수 있는 것이 아니다. 존재자 전체와 구별되는 존재, 그 존재는 전체를 포괄하는 '하나'이자 수없이 다른 모습으로 드러나는 '다수'다. 그 존재는 계산하듯 따져서 이해할 대상이 아니고 마음의 눈으로 단번에 직관해야 할 사태다. 존재를 아는 것은 선불교의 깨달음과 유사하다. 깨달음을 통해 존재의 시야가 열리면, 마치 눈앞에 세상 전체가 드러나듯 존재가 드러난다. 그래서 볼프강 슈태그뮐러(Wolfgang

Stegmüller, 1923~91)는 이렇게 말한다. "누군가 하이데거와 함께 (사유의) 전향을 이루어내는 데 성공한다면 그 사람은 근본적으로 새로운 봄의 방식을 깨닫게 될 것이며, 이런 봄의 방식에 철저히 사로잡힘으로써 마침내 여태까지 모든 철학적 업적을 능가하는 어떤 것을 바라볼 수 있게 될 것이다." 우주 만물을 포함한 존재자 전체는 존재의 바다에서 일어나고 스러지는 파도와 같다. 그 바다와 파도를 구분하는 것이 하이데거가 말하는 '존재와 존재자의 구별'이다. 존재는 전체로서 하나다. 그러나 그 존재는 여러 모습을 지녔다. 존재를 대륙에 비유하면, 그 대륙에는 사막이 있고 밀림이 있고 늪지대가 있다. 만년설로 덮인 산맥이 있고 한파가 몰아치는 극지대가 있다. 이 대륙을 탐험하려는 사람에게는 튼튼한 사유의 근육이 있어야 하고 방향을 잡아주는 정신의 감각이 있어야 한다.

시인 횔덜린과 철학자 니체 사이에서

1930년대에 하이데거는 나치 운동에 참여해 자신의 철학을 현실에서 구현해보려 했다. 그러나 하이데거의 정치적 관여는 참담한 실패로 끝나고 말았다. 나치 참여에 실패한 뒤 하이데거는 상한 마음을 부둥켜안고 시인 횔덜린과 철학자 니체를 동반자로 삼아 생각의 길을 개척해나갔다. 공교롭게도 횔덜린과 니체 모두 사유의 극한에서 광기에 휩쓸려 삶을 끝마친 사람들이었다. 같은 동반자라고 해도 동반의 성격은 아주 달랐다. 니체는 니힐리즘의 완성자로서 하이데거가 극복해야 할 사상의 적수였고, 횔덜린은 니힐리즘을 극복해 새로운 시대를 여는 데 함께할 사상의 모범이었다. 하이데거가 니체와 벌인 대결은 일생일대의 혈전이었다. 니체라는 가파른 산을 넘어가는 도정은 좌우로 낭떠러지가 있는 위험과 모험의 연속이었다. 니체를 넘어가는 길은 그대로 서양 형이상학을 넘어가는 길이었고 서양 형이상학이 키운 니힐리즘을 넘어가는 길이었다. 니체라는 무시무시한 마성과 벌인 싸움은 하이데거 후기 사유의 최대 장관을 이루었다. 니체가 '니힐리즘'이라고 규정한 시대를 횔덜린은 '세계의 밤'이라고 불렀다. 옛 신들은 사라졌으나 새로운 신들은 오지 않았기에 어둠이 지속되는 시대였다. 신들이 사라져버린 밤의 시대를 횔덜린은 '궁핍한 시대'라고도 했다. 세계의 밤, 궁핍한 시대야말로 니힐리즘이 극에 이른 시대였다.

하이데거는 횔덜린을 '시인들의 시인'이라고 칭했다. 시인이 무엇을 하는 사람인지 시로 지어 밝힌 시인이라는 뜻이었다. 횔덜린은 시인을 두고 이렇게 노래했다. "신의 뇌우 아래 맨머리로 서서 아버지의 불빛을 제 손으로 붙잡아 노래로 감싸 민족에게 건네준다."「마치 축제일처럼…」 신의 뇌우 곧 번개 치는 폭풍우 속에서 맨머리로 서서 그 번개에 맞아 희생당하는 사람이 바로 횔덜린이 생각하는 시인이었다. '뇌우와 섬광'은 '신들의 언어'다. 시인은 신이 보내주는 언어를 붙잡아 땅 위의 사람들에게 보내주는 사람이다. 그래서 시인은 신과 인간 사이의 중간자, 신과 인간을 이어주는 반신(Halbgott)이다. 그렇다면 신들의 언어란 무엇을 뜻하는가? 하이데거에게 신들의 언어는 바로 '존재의 소리'다. 존재의 소리를 직접 듣는 것은 광기의 불 속에 떨어질 위험이 있는 일이다. 시인은 그 위험을 무릅쓰고 존재의 소리를 시로써 붙잡아 인간들에게 전해준다. 그렇다면 철학자-사상가란 어떤 사람인가? 바로 시인이 전해주는 이 신들의 언어, 존재의 소리를 인간의 언어로 바꾸어 알려주는 사람이다. 신들의 언어, 존재의 소리를 인간이 알아들을 수 있는 말로 옮겨놓은 것이 철학의 언어다. 존재의 소리를 사이에 놓고 하이데거와 횔덜린은 동맹관계를 맺었다. 하이데거는 횔덜린의 시에서 하늘이 주는 메시지를 읽었다. 신들이 사라졌고 세계가 황폐해졌으며 세계의 밤이 깊어지고 궁핍한 시대가 지속되리라는 메시지였다. 하이데거는 그 어두운 시대를 '존재가 떠나버린 시대'라고 불렀다. 존재가 떠났다는 것은 세상의 모든 존재자에게서 성스러움이 사라졌다는 뜻이다. 다른 말로 하면 인간이 존재를 망각했다는 뜻이고, 인간이 고향을 잃어버렸다는 뜻이다. 그 떠남과 상실과 망각의 사태를 니체는 '신은 죽었다'는 간명한 말로 표현했다. 하이데거는 니체가 겪은 신의 죽음, 다시 말해 고향 상실(Heimatlosigkeit)과 존재 망각(Seinsvergessenheit)이 세계의 운명이 됐다고 생각했다. 그렇다면 어떻게 우리는 이 잃어버린 고향, 잊어버린 존재를 되찾을 수 있을까? 어떻게 하면 니힐리즘의 밤을 넘어 새로운 시대의 아침놀을 맞이할 수 있을까?

7

인간에서 역사로, 역사에서 자연으로

하이데거의 사유는 통상 '전기'와 '후기'로 나뉜다. 조금 더 세분하면 '전기'와 '과도기'와 '후기'로 나눌 수 있다. 시기를 이렇게 둘 또는 셋으로 나누더라도 '존재가 무엇인지 해명한다'는 하이데거의 궁극적 관심사는 일생을 관통했다. 그러나 시기마다 관심이 향하는 곳은 조금씩 달랐다. 전기 사유가 응집된 『존재와 시간』에서 하이데거는 '현존재'(Dasein) 곧 인간을 탐구함으로써 존재로 나아가는 길을 찾을 수 있을 것이라고 보았다. 그래서 현존재 분석에 관심을 집중했다. 그러나 '후기'의 하이데거는 현존재에서 존재 자체로 사유의 방향을 틀어 존재에서부터 존재를 해명하고자 했다. 이렇게 방향을 크게 전환하던 때를 과도기라고 부를 수 있는데, 1930년대가 그 시기에 해당한다. 이 시기에 하이데거의 관심이 쏠린 곳 가운데 하나가 '역사'였다. 전환이 완료된 전후에 하이데거는 '자연'(피시스)을 사유의 주요한 대상으로 삼았다. 그러므로 하이데거의 사유 도정을 투박하게 요약한다면 인간에서 역사로, 다시 역사에서 자연으로 이어졌다고 할 수 있다. 하이데거에게 '역사'란 역사책에서 확인할 수 있는 사건의 연속이라는 의미의 역사(Historie)가 아니라 역사책의 표면 아래로 흐르는, 존재의 운명이 펼쳐지는 심층 역사(Geschichte)다. 하이데거는 이 시기에 존재가 어떤 섭리 속에 역사적으로 변화하면서 시기마다 자신을 다르게 드러낸다는 인식에 이르렀다. 서양 심층 역사에서 존재는 그리스 초기에 피시스로 나타났다가 플라톤 이후 형이상학적 존재로 전개됐으며 마침내 니힐리즘의 극한에 이르러 형이상학을 극복하고 본래의 모습으로 나타나기 시작한다. 이 사유의 '과도기'에 하이데거는 인간의 역사적 투쟁에 주목했고 그 투쟁을 통해서 존재가 자신을 드러내 보인다는 데로 시선을 모았다. 그리하여 삶의 대지에서 벌이는 인간의 집단적 투쟁을 통해서 존재의 역사를 앞으로 밀고 나갈 수 있으리라고 기대했다. 다시 말해 인간의 집합적 노력으로 '세계의 밤'을 극복하고 새로운 시대를 불러들일 수 있으리라고 희망했다. 짧게나마 하이데거가 나치 운동에 투신한 것도 인간들의 집합적 투쟁에 그런 희망을 걸었기 때문이었다.

카이로스, 결단의 순간

역사란 인간이 집단적으로 경험하는 거시적 시간이다. 존재가 역사로 드러난다는 것은 존재가 시간으로 드러난다는 것과 다르지 않다. 하이데거는 존재와 시간의 관계, 존재와 역사의 관계를 철학자로서 이력을 시작하던 때부터 숙고했다. 1920년대 초반 프라이부르크대학 강사 시절의 강의에서 역사적 시간에 대한 하이데거 사유의 초기 모습을 엿볼 수 있다. 강의 중에 하이데거는 사도 바울이 테살로니카 기독교 공동체에 보낸 편지 구절을 읽었다. "교우 여러분, 그 때와 시기에 대해서는 여러분에게 더 쓸 필요가 없습니다. 주님의 날이 마치 밤중의 도둑같이 온다는 것을 여러분이 잘 알고 있기 때문입니다. 사람들이 태평세월을 노래하고 있을 때에 갑자기 멸망이 그들에게 들이닥칠 것입니다. 그것은 마치 해산할 여자에게 닥치는 진통과 같아서 결코 피할 도리가 없습니다."「종교 현상학 입문」,『종교적 삶의 현상학』 97쪽

초기 기독교인들은 역사적 시간을 살아갔다. 다시 말해 예수의 재림을 기다리는 시간을 살았다. 하이데거는 여기서 시간의 두 차원, 곧 크로노스(chronos, χρόνος)와 카이로스(kairos, καιρός)를 구분한다. 크로노스란 연대기적 시간이다. 과거에서부터 현재를 거쳐 미래로 흘러가는 시간, 우리가 잘 알고 있는 달력과 시계의 시간이다. 카이로스는 '때가 됐다' 할 때의 그 때, '열매가 익을 시기가 됐다' 할 때의 그 시기, '지금 이때가 아니면 안 된다' 할 때의 그 기회를 가리킨다. 초기 기독교인들에게 카이로스의 시간은 예수 재림이라는 미래의 사건을 기다리는 시간이었다. 그 재림을 기다리면서 초기 기독교인들은 살아온 삶을 되새기며 언제 올지 모르는 재림에 대비해 눈을 뜨고 현재를 주시했다. 재림은 '밤중의 도둑같이' 예기치 않게 들이닥친다. 그러므로 정신을 바짝 차리고 오늘 현재를 살아가야 한다. 바로 그런 의미에서 카이로스의 시간은 현재를 주시하는 시간, 요컨대 '순간'(Augenblick)이다. 순간으로서 카이로스는 초기 기독교인의 삶을 '날카로운 칼날 위에 세워 이것이냐 저것이냐 결단하도록' 촉구했다. '이렇게 살 것이냐 저렇게 살 것이냐'를 결단하는 칼날의 날카로움이 카이로스다. 카이로스는 결단의 순간이다. 그렇게 결단함으로써, 다시 말해 순간순간을 결단하는 자세로 삶으로써 초기 기

독교인들은 예수의 재림을 준비했다. 진정한 삶은 시간이 흘러가는 대로 사는 크로노스의 삶이 아니라 미래에서부터 거슬러 올라와 현재를 결단하는 카이로스의 삶이다.

본래적 가능성을 실현해가는 역사적 투쟁

하이데거의 이 시간에 대한 사유는 1927년 출간된 『존재와 시간』으로 그대로 이어진다. 인간이 본래적 실존을 획득하려면 먼저 죽음을 향해 앞질러 달려감으로써 죽음에 맞부딪쳐 '어떻게 살 것인가'를 결단해야 한다. 이렇게 결단할 때 살아온 삶의 관성이 끊어지고 그 삶 속에 잠복해 있던 본래적 실존의 가능성이 현재화하게 된다. 다시 말해 본래적 실존이 지금 여기의 삶으로 솟아나게 된다. 모든 것을 무로 돌려버리는 죽음이라는 장래의 사건을 향해 미리 달려가봄으로써 삶을 결단의 칼날 위에 세우고 본래적 실존의 현재를 열어 밝히는 것이다. 그 결단의 칼날로 살아온 삶의 관성을 끊어버리고 본래적 실존으로 나아가는 것이 바로 인간의 근원적인 자유다. 하이데거는 『존재와 시간』에서 이렇게 시간을 개별 인간의 시간으로 파악했다. 이 개별 인간의 시간은 1930년대에 이르러 집단적 시간 곧 역사적 차원의 시간으로 전환한다.

"역사라는 것은 우리에게 과거만을 의미하지 않는다. 그렇다고 해서 역사를 단지 현재에 일어나는 일로만 여기는 것도 타당하지 않다. 일어남(Geschehen, 사건)이라는 의미에서 역사(Geschichte)는 미래로부터 규정되며 '지나간 일'(과거)을 넘겨받아 현재를 통해서 그 지나간 일을 다룸으로써 고통을 이겨나가는 것을 말한다." 『형이상학 입문』 82~83쪽

하이데거가 1930년대에 독일과 유럽의 현실을 염두에 두고 사유

한 '역사'는 초기 기독교인들이 예수 재림을 마음에 품고 살았던 카이로스의 시간과 구조상 동일하다. 역사를 본질적으로 규정하는 것은 미래다. 미래로부터 역사는 규정되며 과거와 현재는 이 미래의 빛 속에서 재해석된다. 다시 말해 민족의 차원이든 인류의 차원이든 미래에 실현될 목표에 따라 과거가 규정되고 그 규정 속에서 현재와 맞붙어 싸워나가는 것이 역사다. 그렇게 미래에서부터 역사를 볼 때 과거는 우리가 싸워서 극복해야 할 것이자 실현해야 할 가능성을 품은 채 현재로 이어지는 것으로 드러난다. 또 이렇게 미래에서부터 역사를 봄으로써 현재는 집단적인 결단의 시간으로 드러난다. 과거의 나쁜 유산과 단절함으로써 가장 본래적인 가능성을 실현해나가는 것이 바로 역사적 결단이다. 우리가 올바르게 결단하지 못한다면 현재는 오류를 되풀이하는 시간이 되고 말 것이다.

그런 역사적 시간을 통해 드러나는 것이 바로 존재다. 달리 말하면 이 역사적 시간 속에서 거대한 가능성으로 드러나는 것이 존재다. 이 가능성을 실현할 길을 찾아 인간은 투쟁한다. 존재를 사유한다는 것은 '우리를 둘러싼 현실의 존재자들'과 '실현해야 할 가능성으로서 존재'를 날카롭게 구별한다는 것을 뜻한다. 존재하고 있는 것들 곧 존재자들을 긍정하고 거기에 안주할 것이 아니라 그 존재자들을 거부하고 부정함으로써 '가능성으로서 존재'를 실현하는 것이 인간의 집단적인 역사적 투쟁이다. 부정과 거부와 항거의 방식으로 인간은 역사적 투쟁을 벌인다. 그 투쟁은 여러 양상으로 나타날 테지만 특히 정치적 영역에서 가장 분명하게 나타날 것이다. '어떤 나라를 세울 것인가' 하는 물음 속에서 낡은 나라를 거부하고 새로운 나라를 만들어가는 것이 바로 정치적 투쟁이다. '존재와 존재자의 구별'은 단순히 관념 속의 막연한 개념적 구별이 아니라 변혁의 열망 속에서 벌이는 역사적 투쟁의 지침이다. 우리를 둘러싼 존재자들을 무로 돌려버리고 새로운 존재 가능성을 이 세계에 불러들이는 것, 그것이 바로 역사적 투쟁이며 이 역사적 투쟁 속에서 존재가 자신을 드러내는 것이다. 1930년대의 하이데거는 바로 이런 의미의 '역사적 존재'에 대한 사유 속으로 깊이 들어갔다. 그리고 그런 사유 속에서 헤라클레이토스가 말한 '폴레모스'(πόλεμος) 곧 '투쟁'(Streit)에 주목했다. 투쟁이야말로 존재를 부르는 인간의 집합적 몸짓이다. 하이데거는 이 투쟁을 이끄는 창조적인 사람들로 시인, 사상가와 함께 위대한 정치가를 꼽았다. 새로운 나라를 세우는 집단적 투쟁의 선봉에 서서 이 투쟁을 이끄는 사람이 바로 위대한 정치가다. 하이데거는 나치 참여 실패로 큰 상처를 입은 뒤 이 창조적인 사람들의 목록에서 '위대한 정치가'를 빼버렸다. 하지만 역사적 투쟁의 현실적 양상을 깊이 생각한다면 '위대한 정치가'를 재해석해 다시 숙고해볼 여지는 없지 않다.

예언자적 문명 비판의 사유

역사에 대한 하이데거의 관심은 전후에 '자연', 그리스어로 말하면 '피시스'(φύσις)로 전환했다. 그러나 이때의 자연은 우리 주위에서 흔히 볼 수 있는 자연 풍광을 뜻하는 것이 아니라 하늘과 땅, 신과 인간을 포함한 존재자 전체의 존재를 가리킨다. 노자 『도덕경』에서 말하는 본디의 자연 곧 '스스로 그러함'이라는 의미의 자연 또는 그 자연의 오묘한 질서인 '도'에 가깝다. 역사의 격류를 거쳐온 후기의 하이데거는 투쟁보다 '내맡김'(Gelassenheit)을 앞세운다. 인간이 무언가를 창출하려고 주동적으로 싸우기보다는 존재의 역사적 운명에 순응하면서 그 존재가 들려주는 소리에 귀를 기울이는 태도가 내맡김이다. 말하자면 내맡김은 경외의 자세다. 하이데거는 '경이'에서

'경악'을 지나 '경외'에 다다랐다. 그리고 이 시기에 이르러 인간도 역사적 결단을 내리는 투사라기보다는 존재의 집에 거주하며 존재의 부름에 응답하는 '존재의 목자'로 드러난다. 인간이 투쟁하지 않는 것은 아니지만, 인간의 투쟁은 어디까지나 존재의 부름에 응답하는 방식의 투쟁이어야 한다. 그러나 존재가 부르는 소리는 인간이 들으려고 할 때에만 들린다. 인간이 들으려 하지 않으면 존재의 소리는 인간의 가청권 안에 들어오지 못한다.

하이데거의 사유는 초기의 현존재에 대한 관심에서 역사에 대한 관심을 거쳐 자연에 대한 관심으로 나아갔다. 하지만 후기에도 인간은 현존재(Da-sein)라는 지위, 다시 말해 '존재(Sein)가 자신을 드러내는 터전(Da)'이라는 특별한 지위를 잃지 않는다. 존재가 자신을 드러낼 곳은 인간의 마음 또는 인간의 사유 말고 달리 없기 때문이다. 인간은 존재의 터전으로서 현존재다. 그러나 후기의 인간은 전기의 인간보다 훨씬 겸손한 자리에 놓인다. 인간이 존재의 터전이라고 하더라도 그때의 인간은 모든 것을 주도하는 주인 혹은 주체가 아니다. 인간이 존재가 드러나는 터전이라는 의미에서 중심인 것은 사실이지만, 그때의 중심은 주도자의 중심이 아니라 존재가 드러나도록 자신을 비워낸 '빈 중심'이다. 인간은 자신의 욕망과 의지를 비워버림으로써 존재가 존재로서 드러날 터가 되는 것이다. 그렇게 빈 중심이 될 때 인간은 존재의 소리를 더 잘 들을 수 있고, 그럼으로써 기술 문명의 폭주에 무너진 고향을 다시 세우는 '존재의 파수꾼'이 될 수 있다. 기술 문명을 극복해 황폐해진 세계를 참된 고향으로 만드는 새 역사의 시작이 바로 하이데거가 말하는 제2의 시원이다. 존재자 전체를 장악하여 강탈하는 기술 문명의 니힐리즘을 넘어설 때 열리는 것이 제2의 시원이다. 이 제2의 시원에서 존재자 전체는 스스로 온전한 '피시스'로 되돌아올 것이고 인간은 이 피시스와 함께 새로운 역사를 써나갈 수 있을 것이라고 하이데거는 전망한다. 그러나 그런 시대를 불러오려면 인간은 존재를 향해 길을 닦아 나가는 사람이 돼야 한다. 길, 곧 도를 닦는 사람들의 집합적인 역사적 행동은 존재자 전체를 제압해 강탈하려는 기술 문명 속 인간들의 집단적 행동과는 아주 다른 행동일 것이다. 기술 문명의 폭주하는 지배 의지 속에서 미증유의 전 지구적 위기가 닥쳐왔다면, 그 위기를 극복하려는 인류의 집합적 대응은 인간이 세상을 마음대로 주무를 수 있다는 오만을 내려놓은 도 닦는 마음의 행동일 것이다. 노년에 이르러 하이데거는 예언자적인 문명 비판의 눈으로 시대를 진단하고 미래를 전망했다.

8

마르크스와 하이데거의 만남

후기 하이데거의 존재 사유는 앞 시대 철학자 카를 마르크스(Karl Marx, 1818~83)의 자본주의 비판 사상과 비교해볼 만하다. 두 사상의 사유 구조는 겉보기와 달리 친연성이 있다. 하이데거는 1946년에 쓴 「휴머니즘 편지」에서 마르크스주의와 연대할 가능성을 내비쳤다. 하이데거가 주목한 것은 마르크스의 '소외론'이었다. "마르크스가 헤겔에 입각해 본질적이고도 중요한 의미에서 인간의 소외로 인식했던 것은 그것의 뿌리에서 보자면 근대적 인간의 고향 상실로까지 거슬러 올라간다."「휴머니즘 서간」「이정표 2」154쪽 마르크스가 통찰한 인간 소외의 뿌리가 근대 기술 문명 속에서 심화한 존재 망각과 고향 상실에 있다는 진단이다.

"고향 상실은 정확히 말하자면 존재의 역사적 운명으로부터 형이상학의 형태로 초래된 것인데, 이 형이상학을 통해서 고착되고 동시에 형이상학으로 인해 은폐된다. 마르크스는 소외를 경험함으로써 역사의 본질적 차원에 다다르기 때문에 마르크스주의 역사학은 다른 역사학보다 우월하다."「휴머니즘 서간」, 『이정표 2』 154쪽

후기 하이데거는 인간의 소외를 낳은 근대 기술 문명이 존재의 역사적 운명에서 비롯한 것이라고 말한다. 이 형이상학적 운명은 인간이 마음대로 바꿀 수 있는 것이 아니다. 하이데거는 고향 상실이 형이상학적 차원에서 준비되고 실현된 것이라고 보기에 그 형이상학적 차원의 근본적 변혁을 통해서만 고향 상실 곧 인간 소외가 극복될 것이라고 생각한다. 마르크스가 프롤레타리아 혁명을 통해서 인간 소외를 극복할 수 있다는 전망을 내놓는 것과 성격상 유사하다.

하이데거의 존재역사적 사유와 마르크스의 역사유물론적 사유의 유사성은 이것만이 아니다. 마르크스의 역사유물론은 '인간의 의식이 존재를 규정하는 것이 아니라 사회적 존재가 의식을 규정한다'고 말한다. 사회적 존재란 사회적 차원의 생산관계나 계급관계를 뜻한다. 그런 의식 외부의 것이 인간의 의식을 규정한다는 점에서, 존재가 인간에 대해 우위를 차지하는 하이데거의 존재 사유와 통하는 면이 있다. 하이데거는 인간을 현존재라고 부르면서 그 현존재가 존재의 규정을 받는다고 말한다.

또 역사유물론은 역사의 발전 단계를 설정한다. 이를테면 원시 공산제 사회가 있었고 고대 노예제 사회가 있었으며 중세 봉건제 사회가 있었고 근대 자본제 사회가 있다. 이 마지막 자본제 사회를 극복하면 미래의 공산제 사회가 열린다. 원시 공산제 사회가 한층 높은 차원에서 도래하는 것이 미래의 공산제 사회다. 하이데거는 고대 그리스에서 수립된 '첫 번째 시원'이 미래에 '두 번째 시원'으로 되돌아올 것이라고 전망했다. 후천개벽이라고 부를 만한 새로운 역사가 펼쳐지는 것인데, 그것은 고대 그리스에서 처음 개시된 '인간과 존

정원에 있는 하이데거(1964년경).
하이데거에게 자연은 하늘과 땅, 신과 인간을 포함한
존재자 전체의 존재를 가리킨다. 하이데거는 예언자적 문명 비판의
눈으로 시대를 진단하고 미래를 전망했다.

재의 화합'이 한층 높은 차원에서 반복되는 것이다. 더 나아가 마르크스는 역사 발전단계를 인간이 마음먹은 대로 뛰어넘을 수 있는 게 아니라는 것도 강조한다. 마르크스주의 유물론의 틀에서는 근대 자본주의 사회를 생략하고 중세 봉건제 사회에서 미래의 사회주의-공산주의로 나아가는 것은 거의 불가능한 일이다. 생산력 발전에 생산관계가 조응하는 방식으로 단계적으로 역사가 전진할 수밖에 없다고 보기 때문이다. 그러므로 인간의 노력만으로 역사 발전 단계를 뛰어넘기는 어렵다. 이런 마르크스주의의 역사관은 존재의 운명과 무관하게 인간이 마음대로 역사를 창조할 수 없다는 하이데거의 후기 사상과 겹치는 지대가 있다. 마르크스주의에서는 사회의 전면적 변혁은 생산력과 생산관계의 객관적 발전과 여기에 조응하는 계급의 조직화를 통한 인간의 대응이 함께함으로써 일어난다. 하이데거의 사상에서도 존재의 시대적 요구에 인간이 집단적으로 응답함으로써 존재의 근본 변화와 함께 새로운 세계가 열린다. 나아가 두 사상은 모두 새로운 미래의 도래를 예견하는 변혁적이고 종말론적인 사유라는 공통점이 있다.

생태-사회주의 해방 사상

그러나 두 사상 사이에는 차이점도 분명히 있다. 하이데거는 마르크스주의 혁명 운동이 만들어낸 현실 공산주의 국가를 니힐리즘의 극단, 근대 기술 문명의 극단이라고 비판했다. 마르크스주의가 기술 문명의 재앙을 깊이 사유하지 않는다는 비판이다. 하이데거는 말년의 텔레비전 대담에서 마르크스의 '포이어바흐 테제'를 거론하며 이 테제의 문제점을 지적하기도 했다. '철학자들은 세계를 다양하게 해석했지만 중요한 것은 세계를 변혁하는 것이다.' 하이데거는 마르크스의 이 테제가 이미 '세계에 대한 해석'을 전제로 삼고 있다고 말한다. 마르크스 자신이 '특정한 세계 해석'에 발을 딛고 서 있다는 사실을 무시한 채 그 세계를 어떻게 변혁할 것인가에만 관심을 집중하고 있다는 얘기다. 하이데거에게 더 중요한 것은 이 세계 해석 자체다. 세계를 어떻게 해석하느냐에 따라서 세계를 어떻게 변혁할 것이냐는 실천적 지침이 나올 뿐만 아니라, 더 근원적으로 보면 세계 해석 자체가 가장 큰 실천 행위이기 때문이다. 하이데거의 시야에서 보면 마르크스의 혁명 사상은 근대 기술 문명 안에 있는 사상이지 진정으로 기술 문명을 넘어서는 사상은 아니다. 그렇다면 마르크스주의가 목표로 하는 인간 소외 극복을 참되게 실현하는 길은 공산주의 혁명 운동만으로는 마련될 수 없다는 결론이 나온다. 분명한 것은 마르크스 사상도 하이데거 사상도 인간 소외, 다시 말해 존재 망각과 고향 상실을 극복하고자 한다는 것이다. 그렇다면 두 사상이 공동 전선을 펼 가능성도 분명히 있다고 할 것이다. 마르크스주의에 내장된 기술 문명에 대한 맹신을 걷어내고 하이데거 사상에 스며들어 있는 협소한 언어 민족주의 틀을 벗어버리면 생태-사회주의 또는 생태-공산주의라는 해방의 사상으로 하이데거-마르크스주의를 구성할 수도 있는 것이다. 오늘의 탈자본주의적 생태주의 운동은 인류가 이런 방향으로 나아가는 것이 불가능하지 않음을 보여준다.

9

존재란 무엇인가, 진리란 무엇인가

하이데거는 평생 존재 하나만을 사유했다. 하이데거에게 '존재란 무엇인가' 하고 묻는 것은 '진리란 무엇인가' 하고 묻는 것과 다르지 않다. 존재를 묻는 일이 서양 철학 전체와 벌이는 대결이었듯이, 진리를 묻는 일도 서양 철학 전체와 벌이는 대결이었다. 하이데거에게 존재는 모든 것을 아우르는 하나이자 그 모든 것 각각을 그 자체로 빛나게 해주는 바탕이다. 이 존재는 진리와 다른 것이 아니다. 존재는 진리와 불일불이의 관계를 이룬다. 왜 존재와 진리는 다른 것이 아닌가? 하이데거는 '진리'를 해석하는 지침을 그리스인들의 말 '알레테이아'($\dot{\alpha}\lambda\acute{\eta}\theta\epsilon\iota\alpha$)에서 가져왔다. 통상 알레테이아는 진리(Wahrheit)로 번역한다. 하지만 하이데거는 알레테이아의 본디 말뜻을 그대로 살려 비은폐성(Unverborgenheit)으로 옮겼다. 비은폐성이란 '감추어져 있지 않음', '숨겨져 있지 않음'을 의미한다. 왜 알레테이아가 비은폐성인가? 알레테이아는 그 어원을 따져보면 '아-레테이아'($\dot{\alpha}$-$\lambda\acute{\eta}\theta\epsilon\iota\alpha$)로 분철할 수 있다. '아'($\dot{\alpha}$-)는 인도유럽어에서 '결여 또는 부정'을 뜻하는 접두사이고, '레테'($\lambda\acute{\eta}\theta\eta$)는 '망각 또는 은닉'을 뜻한다. 망각돼 있지 않고 은닉돼 있지 않음이 바로 알레테이아다. 바로 이 어원에 입각해 하이데거는 알레테이아를 비은폐성으로 옮겼다. 진리란 알레테이아고 비은폐성이다. 그런데 하이데거에게는 알레테이아로서 진리가 가리키는 것이 바로 존재 자체다. 왜 진리가 존재인가? 존재란 다른 것이 아니라 존재자의 '드러나 있음', '밝혀져 있음'이기 때문이다. 한발 더 들어가서 말하면, 존재는 존재자 전체가 드러날 수 있는 훤히 열린 드넓은 터를 뜻한다. 이 훤히 열린 터에 존재자 전체가 드러난다. 훤히 열린 터는 더 정확히 말하면, '훤히 열려 있음'이다. 이 '훤히 열려 있음'이 가리키는 것이 바로 비은폐성 곧 '감추어져 있지 않음'이다. 그러므로 존재는 진리와 다르지 않다. 후기 하이데거는 이 존재와 진리의 구조를 해명하는 데 사유를 집중했다.

진리는 알-레테이아 곧 비-은폐성이다. 다시 말해 '은닉(레테)을 내장한 비은폐성'이다. 진리는 아무것도 감추지 않고 백일하에 모든 것이 드러난 상태를 뜻하는 것이 아니라 '무언가를 깊이 간직한 채로 드러나 있음'을 뜻한다. 진리는 알-레테이아 곧 '레테(은닉)를 내장한 알레테이아'다. 우리가 세상의 비밀을 캐들어간다고 해보자. 그때 캐들어가 밝혀낸 것이 진리다. 그러나 모든 것을 전부 다 밝혀냈을 때에만 진리라고 부르는 것은 아니다. 우리가 아무리 깊이 밝혀들어가도 여전히 밝혀내지 못한 것들이 있다. 그러므로 진리는 언제나 감추어진 것을 배후에 둘 수밖에 없다. 마찬가지로 존재는 자신의 전모를 일거에 다 드러내지 않고 언제나 자신의 비밀을 깊숙이 감춘 채로 드러낸다. 우리 인간의 존재를 예로 들면, 우리는 우리 내면의 존재를 모두 다 드러낼 수 없다. 우리 자신도 우리의 내면을 다 알지 못하기 때문에 우리가 아무리 우리 내면을 있는 그대로 모조리 드러내려고 해도 그렇게 할 수 없다. 드러난 존재는 언제나 빙산의 일각과 같다. 존재 자체는 자신을 드러내지만 언제나 거대한 어둠을 간직하고 있다. 그 어둠 위로 드러난 것이 비은폐된 존재, 드러난 존재다. 존재 자체는 자신의 전모를 드러내지 않은 채 어둠으로 있다. 밝은 표면 아래 잠긴 어둠이 존재 자체의 모습이다.

어둠의 대양과 그 위에서 일어나는 파도

앞에서 이야기한 '대양과 그 위에서 일어나는 파도'의 비유를 떠올려보자. 거대한 어둠의 바다, 그것이 바로 감추어진, 은닉된 존재다. 바다의 표면에서 일어나는 파도는 은닉에서 벗어난, 밝게 드러난 존재다. 그리고 그 파도가 만들어내는 형상이 존재자다. 파도가 일어나면 존재가 비은폐돼 존재자의 형상으로 드러난다. 그러나 그때에도 존재 자체는 드넓은 어둠의 바다로 파도 아래 잠겨 있다. 파도는 때에 따라서 다른 모습으로 일어난다. 그것은 존재 자체가 역사적으로 달리 드러난다는 뜻이다. 파도의 모양이 달라질 때마다 존재자 전체의 모양이 달라진다. 이를테면 고대 그리스 시대에 자연은 스스로 피어나 머무르다 사라지고 다시 돌아오는 '피시스'였다. 그러나 중세 시대에 자연은 '신의 피조물', 곧 신이 창조한 사물로 나타났다. 근대가 열린 뒤로 자연은 인간이 개발하고 수탈할 수 있는 '자원'이 됐다. 그렇게 존재가 드러나는 양상은 시대마다 달라지고 또 그렇게 존재가 다르게 드러남으로써 존재자 전체의 성격이 달라진다. 그러나 어느 시대에도 존재 자체는 어둠의 대양으로 파도 아래 잠겨 있다. 이렇게 역사적 시기마다 다르게 드러나는 존재가 바로 진리다. 자연이란 무엇이냐 하고 물을 때 고대 그리스인이 '피시스'라고 답했다면, 그렇게 피시스로 드러난 존재가 고대 그리스인들의 진리였다. 중세 유럽인들에게 똑같은 물음을 묻는다면 '신이 창조한 것'이라고 답했을 것이다. 근대인들에게 묻는다면 '인간에게 쓸모 있는 자원'이라고 답할 것이다. 그렇게 시대마다 달리 드러나는 존재가 바로 각각의 시대를 규정하는 진리다.

그러나 그 진리는 자기 안에 거대한 어둠을 내장하고 있다. 대양의 파도치는 표면이 '드러난 진리'라면, 대양의 어두운 심연은 '감추어진 진리'다. 존재가 어둠을 간직한 채로 드러나듯이, 진리도 어둠을 간직한 채로 드러난다. 존재는 비밀을 품고 있고 진리도 마찬가지로 심연을 품고 있다. 하이데거 후기 사유가 마지막까지 파고 들어간 것은 바로 이 존재의 거대한 비밀과 진리의 아득한 심연이었다. 존재의 비밀이 곧 진리의 심연이다. 이런 하이데거의 사유에는 우리 인간이 '드러난 진리', '드러난 존재'만 보고 모든 것을 알았다고 거들먹거려서는 안 된다는 경고가 담겨 있다. 우리는 어둠과 심연 앞에서 겸허해져야 한다. 다시 말해 존재 자체의 헤아릴 길 없는 깊이 앞에서 경외감을 느껴야 한다. 자연과 인간을 포함한 존재자 전체가 알수 없는 깊이를 지닌 것으로 다가온다면 우리는 세상 만물을 함부로 대할 수 없을 것이다. 이 비밀과 심연의 차원을 숙고하는 것, 다시 말해 '밝힐 수 없는 존재의 비밀'과 '가 닿을 수 없는 진리의 심연'을 숙고하는 것이 우리 시대에 주어진 사유의 과제라고 하이데거는 생각했다.

10

먼 길 떠나 집에 돌아온 '탕자'?

하이데거는 독일 남부 메스키르히의 성 마르틴 성당 관사에서 종지기 아들로 태어났다. 하이데거에게 가톨릭은 모태 신앙이었고 어린 시절을 감싼 문화적 공기였다. 하지만 성인이 된 뒤로 하이데거는 가톨릭을 떠나 개신교에 가까워졌고 나중에는 개신교와도 거리를 두었다. 중년의 하이데거는 종교적 신앙을 아주 포기하지는 않았지만 '신은 죽었다'는 니체의 말을 시대 인식으로 받아들였다. 그러다 말년에 이르러 "오직 하나의 신만이 우리를 구원할 수 있다"고 고백했다. 『슈피겔』 인터뷰에서 한 그 말은 사후에 알려져 하이데거가 지상에 남긴 최후의 유언이 됐다. 하이데거의 장례도 성 마르틴 성당에서 가톨릭 방식으로 치러졌다. 하이데거는 먼 길을 떠나 마침내 집에 돌아온 '탕자'였던가? 하이데거는 니체를 두고 '마지막까지 신을 찾은 사람'이라고 했는데 이 말은 하이데거 자신에게 더 들어맞는 말이었다.

하이데거가 '신은 죽었다'는 니체의 말을 받아들였을 때 그 죽은 신은 전통 형이상학의 신, 초월적 존재자로서 신이었다. "초월자란 초감각적 존재자다. 초감각적 존재자는 모든 존재자의 제1원인이라는 의미에서 최고의 존재자로 간주된다. 신은 이런 제1원인으로 사유된다."「휴머니즘 서간」, 『이정표 2』 165쪽 하이데거가 거부한 것은 바로 이런 전통의 신이었다. 세상 만물을 창조했다는 의미의 '제1원인의 신'을 두고 하이데거는 이렇게 말했다. "이런 신에게 인간은 기도할 수 없고 제물을 바칠 수 없다. 자기 원인 앞에서 인간은 경외하는 마음으로 무릎을 꿇을 수도 없고 또 이런 신 앞에서 음악을 연주하거나 춤을 출 수도 없다."「형이상학의 존재-신-론적 구성틀」, 『동일성과 차이』 65쪽 모든 것의 원인이 되는 '자기 원인'이라는 의미의 형이상학적 신에게는 성스러움이 없다. 하이데거는 그런 신을 신으로 받아들이기보다는 차라리 '신 없는 사유가 신다운 신에 더 가까이 있다'고 생각했다. 신의 존재를 논리적으로 증명할 수 있다는 생각이야말로 신성모독이다.

그렇다면 하이데거가 생각한 '신다운 신'은 어떤 신일까? 하이데거의 '신다운 신'은 중세 기독교 신비주의 신학자 마이스터 에크하르트(Meister Eckhart, 1260~1327)가 말한 '신을 넘어선 신'에 가까웠다. 에크하르트는 '신을 떠나게 해달라고 신에게 기도한다'고 고백한 바 있는데, 에크하르트가 떠나고자 했던 신이 형이상학의 신이라면, 에크하르트가 기도하던 신이 바로 '신을 넘어선 신'이었다. 그 신은 존재의 성스러움 안에 깃든 신이었다. 하이데거는 「휴머니즘 편지」에서 그 신에 관해 이렇게 말했다. "성스러움의 본질에 입각해서만 비로소 신성의 본질이 사유될 수 있다. 신성의 본질의 빛 안에서야 비로소 신이라는 낱말이 무엇을 명명해야 하는지가 사유될 수 있고 말해질 수 있다." 존재의 성스러움 안에 신성이 깃들어 있고 이 신성에서 신이 신으로서 나타날 수 있다고 생각한 것이다.

존재의 아득한 심연에 거주하는 신

분명한 것은 하이데거에게 신은 '존재자'가 아니라는 사실이다. 신은 '존재'의 영역에 깃들어 있다. 존재는 존재자가 아니므로 볼 수 없고 들을 수 없고 만질 수 없다. 그렇게 잡히지 않는 존재의 비밀스런 심연에 신이 깃들어 있다. 하이데거는 이 신을 '궁극의 신'이라고 불렀다. 비밀과 심연을 간직한 신성의 신이 하이데거가 궁극에 만난 신이다. 이 신은 횔덜린이 생각한 '도래할 신'이기도 했다. 횔덜린은 자신의 시대가 '옛 신들은 떠나버리고 새로운 신은 오지 않은' 시대라고 말했다. 횔덜린의 그 말을 하이데거는 '형이상학의 신은 죽었지만 존재의 성스러움 안에 깃든 신성의 신은 아직 오지 않았다'고 해석했다. 그 신을 불러오려면 인간이 먼저 신을 맞이할 준비를 해야한다. 신은 인간이 부를 때에만 신으로서 나타난다. 하이데거는 신전이 세워짐으로써 비로소 그 신전에 신이 깃들듯이 인간이 참된 신을 부를 때에만 신이 신으로서 도래한다고 생각했다.

그 신은 이 세계 너머에 따로 존재하는 초월적 존재자가 아니다. 신은 이 세계 안에 내재한다. 그러나 동시에 그 신은 존재의 아득한 심연에 거주한다. 그 심연은 인간의 이성으로는 꿰뚫고 들어갈 수 없는 비밀의 영역이다. 그렇게 인간이 닿을 수 없는 영역에 있기에 신은 초월적이다. 신은 이 세계에 내재하지만 동시에 심연의 비밀을 간직한 신으로서 인간을 초월해 있다. 그런 의미에서 하이데거의 신은 '내재적 초월의 신'이다. 그 신은 성스러운 존재의 인격화라고 부를 수 있다. 그 신이 신으로 나타나려면 그 신을 신으로서 알아보고 맞이할 새로운 인간이 필요하다고 하이데거는 생각했다. 인간이 이 신을 맞을 준비를 마침으로써 신이 도래하는 때가 바로 새로운 역사의 시원, 제2의 시원이 열리는 때다. 하이데거가 『슈피겔』 인터뷰에서 말한 '하나의 신'이 바로 그 신이다. 이 신만이 인간을 구원할 수 있다고 하이데거는 생각했다. 인간이 존재자 전체를 아우르는 존재의 성스러움을 알아보고 그 성스러움을 신의 성스러움을 받아들여 경외할 때에만 인류에게 들이닥친 위험을 이겨낼 수 있고 인류가 스스로 구원에 이를 수 있다고 생각했다.

하이데거의 신은 현대 신학의 '범재신론'(Panentheism)의 신과 유사하다. 범재신론은 인간과 세계를 포함한 존재자 전체의 성스러움 속에서 신을 보는 모든 고등 종교의 신앙을 아우른다. 하이데거의 신은 톨스토이의 신, 마하트마 간디의 신과 다르지 않다. 전통 기독교의 관점에서 보면 하이데거의 신은 신이라고 부를 수 없는 신이다. 그런데도 하이데거 사상은 20세기 신학에 막대한 영향을 주었다. 루돌프 불트만(Rudolf Bultmann, 1884~1976), 파울 틸리히(Paul Tillich, 1886~1965), 카를 라너(Karl Rahner, 1904~84), 하인리히 오트(Heinrich Ott, 1929~2013) 같은 신학자들이 하이데거의 사상에서 결정적인 통찰을 얻었다. 카를 라너는 자신이 스승이라고 부를 수 있는 유일한 사람이 하이데거라고 고백했고, 불트만은 하이데거의『존재와 시간』을 토대로 삼아 '실존 신학'을 구축했다.

11

무의 바다 위에서 펼쳐지는 드라마

하이데거는 니체를 강의하던 중 '극장'이라는 비유를 꺼내 니체 사상의 세계를 묘사했다. "세계라는 극장의 무대 장치는 한동안 옛날 그대로일지 모르지만 거기서 상연되는 연극은 이미 다른 것이다."「니체 II」 37쪽 세계는 연극이 상연되는 극장이다. 니체가 세운 이 극장의 무대에 오른 것은 니힐리즘이라는 이름의 연극이다. 니힐리즘이 주인공으로 등장해 자신을 해방의 이념으로 선포하고 사람들의 환영 속에 진리로서 지배권을 획득한다는 것이 연극의 줄거리다. 니체의 삶과 사유 세계를 극장이라고 부를 수 있다면, 하이데거의 삶과 사유 세계도 극장이라는 이름을 얻지 못할 이유가 없다. '극장'(Theater)의 어원을 이루는 그리스어 '테아트론'(θέατρον)은 '테오레인'(θεωρέιν)이라는 동사와 말뿌리가 같다. 테오레인은 '보다, 구경하다, 관찰하다, 인식하다'를 뜻한다. 극장이란 보는 곳이다. 봄은 봄으로 끝나지 않고 관객에게 어떤 인식을 안겨준다. 하이데거의 극장에서 상연하는 연극은 '존재'의 연극이다. '존재' 자체는 보이지 않지만 그 존재를 인격화한다면 우리는 그 존재가 이끌어가는 드라마를 얼마든지 감상할 수 있다. 하이데거 극장에서 펼쳐지는 존재의 드라마는 2천 년이 넘는 장대한 시간을 가로지르는 역사 드라마다. 거기서 존재의 패권을 둘러싸고 '기간토마키아', 신들과 거인들의 전쟁이 벌어진다. 플라톤의 동굴이 무대를 채우기도 한다. 동굴의 벽면 스크린에 펼쳐지는 그림자놀이에 죄수들은 정신이 팔려 있다. 사슬에서 풀려나 동굴 밖 세상의 빛을 경험한 사람이 동굴로 돌아와 죄수들을 동굴 밖으로 이끌고 가려 한다. 죄수들은 자신들을 끌고 나가려는 사람을 죽여버리겠다고 아우성친다. 동굴 안 익숙한 자리를 떠날 생각이 없는 죄수들에게 해방자는 침탈자로만 여겨진다.

막이 바뀌면 존재의 드라마가 상연되는 무대에 땅과 하늘이 들어서고 신들과 사람들이 어우러진다. 그러나 이 모든 것은 조명의 밝은 빛이 쏟아지는 무대 전면에서 펼쳐지는 이야기일 뿐이다. 조명은 무대 앞쪽만을 비춘다. 무대 뒤쪽으로 아득히 깊은 어둠이 있다. 하이데거 극장은 배경이 한없이 어두워지는 극장이다. 그 심연처럼 깊은 어둠을 배경으로 삼아 존재의 드라마가 이어진다. 그 어둠을 찬찬히 응시하면 북극 밤하늘의 오로라처럼 성스러운 기운이 스치듯 지나간다. 그 배후의 깊은 어둠이 존재의 비밀이고 진리의 심연이다. 밝은 조명 아래 펼쳐지는 드라마는 존재의 드라마이고 진리의 드라마다. 그 드라마는 배후에 거대한 어둠을 두고 있다. 하이데거 극장에서 상연되는 연극은 바로 그 어둠의 심연, 무의 바다 위에서 펼쳐지는 드라마다. 그 어둠 속 비밀스런 심연까지 들여다볼 때 드라마의 감추어진 의미가 온전히 드러난다.

하이데거의 일생은 그 존재와 진리의 드라마를 쉼 없이 써내 무대에 올리는 드라마투르기의 역사였다. 하이데거의 제자이고 연인이었던 한나 아렌트는 여든 살 생일을 맞은 하이데거를 플라톤에게 견주어 이렇게 말했다. "하이데거 사유에서 불어오는 폭풍은 플라톤의 작품에서 불어오는 폭풍과 마찬가지로 이 세기에서 유래한 것이 아니다. 폭풍은 태고로부터 불어와 어떤 완성된 것을 뒤에 남기며, 모든 완성된 것이 그러하듯 태고로 돌아간다." 1976년 5월 26일 하이데거가 세상을 떠났을 때 『프랑크푸르터 알게마이네 차이퉁』은 다음과 같이 썼다. "이 사람 안에 세계 철학사의 모든 지혜가 집결해 있으며 … 그가 남겨 놓고 간 어마어마한 작품은 지금까지 그 모든 철학적 문헌들이 할 수 있었던 것보다 더 깊이 독자들을 물음의 심연으로 휘몰아 넣을 것이다." 이 추도사대로 그리고 아렌트의 말대로 하이데거의 사상이 일으킨 폭풍은 20세기 사유 세계를 덮쳐 너무도 많은 정신과 두뇌를 휩쓸고 지나갔다. 그 폭풍은 앞으로도 오래 쉬지 않고 불 것이다. 이제 하이데거가 일으킨 그 폭풍 속으로 들어가보자.

제1부

◇

메스키르히의 마법사

1 어린 시절

하이데거는 부지런하고 반듯한 모범생이었다.
시간을 허투루 쓰지 않는 성실성을 하이데거는 이때
몸에 익혀 평생토록 지켰다. 그 시절 급우들이 지적 유행에
예민하게 반응했던 것과 달리 하이데거는 시대의 변화에
역행한다고 할 정도로 새로운 조류를 멀리했다.
지식이든 감각이든 현대풍은 하이데거의 정서와
어울리지 않았다. 김나지움을 졸업하고 나면
예수회에 들어가 가톨릭 사제가 되겠다는 생각 말고
다른 생각은 하지 않았다.

66

그리하여 젊은 마음과 꿈, 기도 그리고 놀이를 통해,
알 수 없는 '어떤' 울림이 끊임없이 퍼져나갔다.

어머니의 말없는 근심은 모든 존재를 보호하는 것 같았다.

99

1889년 1월 3일 19세기 마지막 독일 철학자 프리드리히 빌헬름 니체가 이탈리아 토리노의 광장에서 정신을 잃었다. 이날 아침 하숙집을 나온 니체는 광장 맞은편에서 채찍질당하는 말을 보고 미친 듯이 뛰어가 말 모가지를 붙잡고 흐느껴 울다 쓰러졌다. 그 순간 푸른 불꽃처럼 타오르던 정신이 허약한 육체를 떠났다. 그해 9월 26일 마르틴 하이데거(Martin Heidegger, 1889~1976)가 독일 서남부 바덴주 메스키르히(Meßkirch)의 오래된 성당 옆에서 태어났다. 하이데거가 태어나기 다섯 달 전인 4월 26일 메스키르히에서 그리 멀리 떨어지지 않은 오스트리아 수도 빈에서 루트비히 비트겐슈타인이 첫울음을 울었다. 뒷날 분석철학의 태두가 돼 하이데거와 함께 20세기 철학을 양분할 그 비트겐슈타인이었다. 하이데거와 비트겐슈타인은 니체가 20세기를 향해 던진 물음에 응답한 두 철학자로 기록된다.[1]

이해에 철학의 두 씨앗 사이에서 정치적 광기의 씨앗도 싹이 텄다. 비트겐슈타인이 태어나기 엿새 전 독일 국경에 가까운 오스트리아의 작은 도시 브라우나우에서 아돌프 히틀러(Adolf Hitler, 1889~1945)가 세상에 나왔다. 뒷날 히틀러는 원대한 망상 속에서 유럽과 세계를 대재앙의 불길 속으로 몰아넣었다. 히틀러가 일으킨 재앙의 불길은 두 철학자의 삶에도 깊은 화상을 남겼다. 그러므로 당시엔 아무도 예견하지 못했겠지만, 1889년은 20세기 철학사의 '양자 요동' 같은 기원이 되는 해로 기록될 만하다. 그 기원에서 시작한 미세한 파동이 훗날 유럽을 잿더미로 만들고 그 잿더미 위로 다시 사유의 불꽃을 피워 올렸다.

조그만 농촌 메스키르히

하이데거가 태어난 메스키르히는 주민 2,000명이 흩어져 사는 조그만 농촌 지역이었다. 주민 대다수는 농사꾼이거나 수공업자였다. 시간이 느리게 흘러가는 이 조용한 지역을 감싼 문화적 공기는 가톨릭 보수주의였다. 개신교 루터파가 지배하던 독일 북부의 개방적인 자유주의 도시 문화와는 분위기가 확연히 달랐다. 거의 모든 주민이 가톨릭의 품안에 있었다. 가톨릭 신앙은 오랜 세월 주민들의 삶에 배어든 유전인자와도 같았다. 마르틴 하이데거의 정신이 처음 뿌리를 내린 곳도 가톨릭이라는 대지였다. 메스키르히 들판의 흙이 내준 자양분은 어린 마르틴의 혈관 속을 헤모글로빈처럼 흘러 다녔다. 후에 세상의 지혜에 눈떠 가톨릭을 거부하게 된 뒤에도 하이데거의 의식과 감각의 깊은 곳은 어린 시절의 신앙 안에 잠겨 있었다. 차가운 머리는 가톨릭에 저항했지만, 마음은 가톨릭의 품이 남긴 온기를 잊지 못했다.

메스키르히를 둘러싼 서남부 지역은 독일과 유럽의 젖줄이라 할 도나우강과 라인강이 시작되는 곳이다. 도나우강은 유럽의 남쪽을 가로질러 흑해에 이르고 라인강은 독일을 남북으로 종단하여 북해로 나아간다. 나중에 하이데거는 휠덜린의 시를 빌려 도나우강과 라인강에 대한 사랑을 고백한다. 두 강에 대한 하이데거의 찬사는 메스키르히에 대한 찬사이기도 했다. 고향으로 향하는 하이데거의 마음은 그 지역 방언에 대한 각별한 사랑으로도 나타났다. 하이데거는 평생 고향의 억양을 혀에서 씻어내지 못했고, 방언의 뿌리에 깃든 의미를 그 혀로 음미해 철학 언어로 재구성했다. 메스키르히는 행정구역 상으로는 바덴주에 속했지만, 전통적으로 '슈바벤'과 '알레만'이라고 부르는 두 지역의 경계 지대에 펼쳐져 있었다. 하이데거에게 고향이란 우선 메스키르히를 중심으로 하여 양쪽으로 펼쳐진 알레만과 슈바벤이었다. 알레만 지역이 낳은 시인 가운데 요한 페터 헤벨(Johann Peter Hebel, 1760~1826)이라는 시인이 있다. 뒷날 하이데거는 헤벨을 기리는 글을 여러 편 썼고, 그때마다 헤벨의 언어이기도 한 고향의 방언을 사랑하는 마음을 감추지 않았다.

"방언은 성장해온 모든 언어의 비밀로 충만한 원천이다. 언어의 정신이 자기 안에 간직하고 있는 일체의 것은 이 원천으로부터 우리에게 흘러나온다. … 언어의 정신이 자기 안에 간직하고 있는 것은 모든 것을 철저히 다스리는 지고한 것이다. 일체 만물은 이 지고한 것에 자신의 유래를 둠으로써 저마다 소중한 가치를 지닌 채 풍성해진다. … 시인 헤벨은 이것을 아주 분명히 알고 있었다." 「요한 페터 헤벨의 책」
「사유의 경험으로부터」 163쪽

하이데거에게 헤벨보다 한층 더 위대한 인물은 슈바벤 출신의 시인 프리드리히 횔덜린이었다. 하이데거는 1934년 프라이부르크대학 총장에서 물러난 뒤 몇 년 동안 횔덜린의 시를 주제로 삼아 강의하고 여러 편의 긴 글을 썼다. 괴로움과 외로움이 몰아칠 때 횔덜린의 시가 상처 난 철학자의 마음을 달래주었다. 하이데거가 걸어간 사유의 길에는 많은 사상가들이 함께했지만 횔덜린이야말로 여정의 마지막까지 하이데거 곁을 지킨 사유의 벗이었다. 하이데거는 동향의 이 시인이 펼친 시의 세계에서 자신의 정신세계를 발견했다.

메스키르히 주민들에게 신앙의 중심 구실을 한 것은 성 마르틴 성당이었다. 하이데거의 아버지 프리드리히 하이데거(Friedrich Heidegger, 1851~1924)는 이 성당을 관리하는 성당지기였다. 성당

하이데거의 아버지 프리드리히와 어머니 요하나.
부모의 수입으로는 상급학교 진학이 어려울 정도로
하이데거는 가정 형편이 어려웠다.

일만으로는 생계를 꾸려나가기 어려웠던 프리드리히 하이데거는 남는 시간에 술통을 만들어 파는 일을 부업으로 삼았다. 하이데거가 태어난 집은 이 성당에서 안뜰을 가로질러 30미터쯤 떨어진 조그만 성당 관사였다. 어린 하이데거에게는 성 마르틴 성당과 그 주위 세계가 세상의 전부였다. 프리드리히 하이데거는 이웃마을에 살던 요하나 (Johanna Kempf Heidegger, 1858~1927)와 결혼해 세 자녀를 두었다. 첫째가 마르틴이었고, 그 아래로 다섯 살 어린 남동생 프리츠(Fritz Heidegger, 1894~1980)가 있었다. 뒤이어 태어난 막내 여동생은 어려서 죽었다. 동생 프리츠는 형과 달리 평생 고향을 떠나지 않았고 형이 도시에서 대학 교수로 살던 시절에 메스키르히의 작은 은행에 다녔다. 그 집안에서 고향 밖으로 이름이 난 사람은 하이데거가 유일했다.

술통 만드는 성당지기의 아들

하이데거 가족의 살림은 여유롭지 못했다. "1903년 당시 기본 자산은 2,000마르크였고 소득세 견적은 960마르크였던 것으로 보아 중산층 중하위에 속했다. 그 정도면 한 식구가 먹고살기에 충분했지만 자식들을 상급학교에 보낼 만큼 넉넉하지는 않았다."[2] 하층민의 생활을 갓 벗어난 수준이 하이데거의 어린 시절 집안 형편이었다. 그런 빈곤한 중하층 세계에서 철학 교수가 나왔다는 것, 그것도 독일과 유럽을 뒤흔든 대철학자가 나왔다는 것은 당대의 통상적인 문화에서는 확실히 이례적인 사건에 속한다.

그 시절 대학 교육을 받고 학자가 된 사람들은 거의 예외 없이 부르주아 집안 출신이었다. 집안의 문화자본이 도움을 주지 않으면 학자의 소양을 키우기 어려웠고, 설혹 소양을 갖추었더라도 경제력의 뒷받침이 없으면 학자의 길을 걷기가 쉽지 않았다. 그런 시대 분위기에 비추어볼 때 하이데거는 당대의 지배적인 정신문화 세계에 난데없이 끼어든 이질적인 존재에 가까웠다. 메스키르히의 젊은 철학자는 출신성분상 내세울 것 없는, 바닥에서 올라온 사람이었다. 그러나 자긍심 강한 사람들이 대개 그러하듯이, 하이데거도 보잘것없는 빈궁한 배경을 자기만의 고유한 사상을 지피는 연료로 바꾸었다. 그렇다고 해서 훗날의 하이데거가 자신의 출신을 자랑스럽게 떠벌린 것은 아니었다. 사정은 오히려 반대다. 철학자로서 이름이 난 뒤에도 하이데거는 자신이 자란 집안에 관해 말을 아꼈다. 그런 은폐에서 어떤 열등감의 흔적을 찾아내는 것도 어려운 일은 아니다. 하이데거는 평생 100권이 넘는 엄청난 양의 글을 썼지만, 부모를 기억하며 쓴 것은 거의 찾아볼 수 없다. 하이데거가 예순 살에 쓴 「들길」이라는 글에서 어린 시절의 아버지 모습을 엿볼 수 있는 희소한 문장을 만날 수 있다.

"때로 숲에서 도끼질에 떡갈나무가 쓰러지면, 아버지는 곧바로 덤불숲을 가로질러 와 햇살이 잘 드는 숲속의 빈터에서 자신에게 지정된 양의 장작과 땔감을 구하곤 했다. 거기서 아버지는 신중하게 나무를 다루었는데, 대개는 성당 봉사 일을 마치고 휴식하는 시간에 그 일을 했다. 아버지는 교회 탑의 시간에 맞추어 종을 치는 일을 했다. 그 교회 탑의 시계와 종은 시간과 시간성에 대한 그 자신만의 고유한 관계를 간직하고 있었다." 「들길」 「사유의 경험으로부터」 128쪽

이 글에서 하이데거의 아버지가 성당지기로서 종 치는 일을 했고 성당 일을 마치고 남는 시간에 떡갈나무로 술통을 만들었음을 미루어볼 수 있다. 이 글은 유년의 하이데거가 무슨 놀이를 하고 시간을 보냈는지도 슬쩍 알려준다. "한편 아이들은 떡갈나무의 껍질을 잘라 배를 만들어놓았는데, 이 배는 노를 젓는 좌석과 방향키를 갖추고 있

었다. 아이들은 그 배를 실개천이나 교정의 샘터에 띄워놓고는 세계를 항해하는 놀이를 즐겼다."「들길」「사유의 경험으로부터」 128쪽 이 문장에 이어 어머니가 어떤 사람인지 짐작하게 하는 묘사가 등장한다. "어머니의 눈과 손은 아이들의 놀이 세계에 일정한 경계를 정해두었다. 어머니의 말없는 근심은 모든 존재를 보호하는 것 같았다."「들길」「사유의 경험으로부터」 128쪽 어머니에 대한 묘사도 아버지의 경우처럼 간결하고 단순하다. 이 묘사만 보면 하이데거의 어머니는 걱정이 많았던 사람 같이 느껴지지만, 실제의 어머니는 쾌활하고 강단 있는 데다 자존심이 강했다. 반대로 아버지는 아주 과묵한 사람이어서 며칠씩 아무 말도 하지 않고 지냈다. 전체로 보면 하이데거의 부모는 근면하고 정직하고 신앙심 깊은 농촌 사람이었다. 아버지는 하이데거가 철학자로서 막 뛰어오르기 시작하던 1924년에 세상을 떠났다. 어머니도 3년 뒤 아버지 뒤를 따랐다. 하이데거가 대표작 『존재와 시간』을 펴내고 얼마 지나지 않은 때였다. 동생 프리츠는 후에 이렇게 회상했다. "형은 어머니께서 암으로 석 달 동안 투병하다가 돌아가시기 8일 전에 다시 한번 와서 아주 특별히 제본된 『존재와 시간』을 어머니 병상에 놓았다. 그때 어머니께서 도대체 이게 무엇이냐고 물었다. 그것이 형의 주저인지 몰랐다."3) 자신이 쓴 위대한 작품을 어머니에게 드리는 것, 이것이 어머니의 사랑에 보답하는 하이데거의 방식이었다.

성당의 종을 치는 아이

어머니와 관련된 어린 시절의 정경 하나를 훗날 하이데거는 친구들에게 가끔 이야기했다. 유년의 하이데거는 초저녁이면 어머니에게서 불붙인 양초를 건네받았다. 하이데거는 바람을 손으로 막으면서 마당을 가로질러 성당으로 들어가 제단 위에 양초를 세웠다. 그러고 나서 양초가 더 오래 탈 수 있도록 흘러내린 촛농을 손으로 다시 밀어 올렸다.[4] 어린 하이데거는 양초를 제단에 올려놓는 일만 도운 게 아니었다. 하이데거가 동생과 함께 가장 많이 한 일은 아버지를 대신해 시간에 맞춰 종을 치는 일이었다. 「들길」에서 그 장면을 찾아볼 수 있다. "줄을 당겨 종을 치던 어린아이의 두 손을 뜨겁게 달군 저 오래된 종은 때를 알리는 추의 타종 속에 울려 퍼진다. 험상궂으면서도 우스꽝스럽게 생긴 이 추의 모습을 아무도 잊을 수 없으리라."「들길」,「사유의 경험으로부터」 131쪽 그 종이 울리는 소리를 「종탑의 비밀」이라는 다른 글에서 더 찬찬히 들을 수 있다. 여기서 노년의 하이데거는 성탄절에 울리던 종에 대한 기억을 더 상세하고 명료하게 복원해놓았다.

"성탄절 새벽 3시 반경에 종 치는 아이들이 성당의 복사실 안으로 들어왔다. 거기서 복사(服事, 미사를 거행할 때 사제를 보조하는 봉사자)를 돌보는 어머니는 아이들에게 우유커피와 과자를 간식거리로 식탁 위에 차려놓았다. 식탁은 전나무로 만든 성탄절 장식 나무 옆에 놓여 있었다. 거룩한 밤, 초롱불로 장식된 성탄절 나무의 향기가 따스한 방 안에 퍼져 있었다. 1년 내내 준비한 것은 아니었지만 종 치는 아이들은 몇 주 전부터 복사실 안에서 그 시간을 고대해왔다. 아이들을 사로잡은 마력은 어디에 숨어 있는 것일까? 겨울밤 아주 이른 새벽에 방으로 들어온 아이들의 '미각을 자극했던' 간식거리에 있었던 것은 분명히 아니다. 아이들 대다수는 차라리 집에서 더 좋은 것을 기대할 수 있었을 것이다. 종을 치면서 축제일 자체를 고대하는 것이야말로 아이들에게는 더없이 기이한 순간의 경이롭고 놀라운 사건이었다. 아이들이 매우 흡족해하면서 성당 현관 안으로 들어와 제등에 불을 붙일 때, 흥분은 바로 복사실 안에서 고조되기 시작했다. 제등은 여분으로

하이데거의 고향 메스키르히 풍경.
가운데 성 마르틴 성당도 보인다. 신앙심 깊은
소년 하이데거는 종탑에서 울려퍼지는 종소리에
알 수 없는 '존재의 소리'를 들었을 것이다.

남아 있던 제단의 촛불로 환히 빛났다. 제단의 촛불은 복사가 성직자 제의실 서랍에 모아둔 것이었다. 복사 아이들이 손수 '우리'의 제단을 밝히기 위해 서랍에서 '양초'를 꺼내왔고, 우리는 그 제단에서 비록 한갓된 놀이에 불과한 것이었지만, 아주 엄숙하게 '미사를 올렸다.' 모든 제등을 가지런히 정돈한 뒤 아이들은 눈을 헤치며 힘찬 걸음으로 성당 꼭대기에 있는 종으로 다가가 교회 탑 속으로 사라졌다. 커다란 종을 비롯해 모든 종들이 거의 동시에 타종실 안에서 울려 퍼졌다. 이루 말할 수 없이 흥분이 고조됐다. 특히 아름답게 예술적으로 장식된 커다란 종의 추는 밧줄에 고정돼 있었는데, 밧줄을 풀자 그 추는 비로소 종을 내리쳤다. 그러자 커다란 종들이 먼저 '흔들리기' 시작했고, 이윽고 종들은 완전한 흔들림 속에서 울려 퍼져나갔다. 하나의 종이 옆에 있는 종을 건드리고, 그 종이 또 그 옆에 있는 종을 건드리면서 각각의 종이 모두 함께 울리도록 설치돼 있기에 일어나는 일이었다. 그래서 종들이 그때마다 '올바로' 울려 퍼지고 있는지는 오로지 많은 경험을 축적한 귀만이 제대로 식별할 수 있었다."「종탑의 비밀」,「사유의 경험으로부터」 159~160쪽

어린 하이데거는 종탑의 종을 치면서 거기서 울려나오는 소리를 들으며 형언하기 어려운 흥분을 느꼈다. 그 종소리가 아득히 멀리 퍼져 나가 성년의 하이데거에게 '존재의 소리'로 돌아왔음을 이 글의 마지막 문단에서 읽어낼 수 있다.

"교회의 여러 축제와 대축제일의 나날들, 그리고 4계절의 진행 과정과 모든 나날들의 아침 점심 저녁 시간들이 서로 비밀스럽게 이어져 갔고, 그리하여 젊은 마음과 꿈, 기도 그리고 놀이를 통해, 알 수 없는 '어떤' 울림이 끊임없이 퍼져나갔다. 비밀로 충만한 이런 조화는 분명 교회 탑의 가장 신비롭고 가장 거룩하며 가장 영속하는 여

러 비밀 가운데 하나를 '함께' 간직하고 있는데, 그것은 존재의 산맥 (Gebirg, 은닉처) 속으로 마지막 종소리가 울려 퍼질 때까지 언제나 변화하면서도 반복할 수 없는 방식으로 비밀을 증여하기 위한 것이 었다."「종탑의 비밀」『사유의 경험으로부터』 162쪽

축제날마다 종탑에서 퍼져 나가던 종소리가 하이데거의 마음 깊숙한 곳에 간직된 원형적인 기억이었음을 이 글에서 엿볼 수 있다. '존재의 비밀'을 품은 이 종소리는 뒷날 하이데거에게 '존재의 일어남과 도래함'에 관한 가장 선명한 이미지로 다가오게 된다. 기억 속에서 울리는 종탑의 소리에 귀를 기울임으로써 하이데거는 육신의 눈과 귀로는 볼 수 없고 들을 수 없는 '존재의 소리'를 들었다.

신앙심 깊은 소년, 반듯한 모범생

어린 하이데거를 품어준 그 성당의 뒤쪽으로 16세기에 세워진 퓌르스텐베르크 성이 맞붙어 있다. 성의 거대한 정문을 지나면 넓은 정원이 나왔고 정원을 가로지르면 성의 반대편 끝에 이르렀다. 그 뒤로 들판이 펼쳐졌고 들판 사이로 들길이 이어졌다.

"들길은 대정원(Hofgarten)의 문에서 엔리트(Ehnried) 숲 쪽으로 뻗어 있다. 정원의 나이 많은 보리수들이 성벽 너머로 들길을 바라본다. 들길은 부활절 즈음이면 피어나는 새싹들과 소생하는 목초들 사이에서 밝게 빛나고, 성탄절 즈음에는 눈보라에 가려 가장 가까운 언덕 뒤로 사라진다."「들길」『사유의 경험으로부터』 127쪽

이 들길 너머 저 멀리 펼쳐진 세계로 나아가는 길이 어린 하이데거에게 처음 열렸다. 여섯 살 하이데거는 초등학교에 입학했다. 영민한 소년은 학교에서 최우등 자리를 지켰다. 가난한 부모는 자식이 자기들이 살아온 삶보다 더 나은 삶을 살기를 바랐다. 4년 뒤 하이데거

프라이부르크 대주교를 지낸 콘라트 그뢰버.
30대 젊은 사제 시절 그뢰버는 총명한 학생 하이데거에게
지적 자극을 준 인물이었다.

는 메스키르히의 '시민학교'로 옮겼다. 다시 4년이 지난 1903년 열네 살 하이데거는 메스키르히에서 50킬로미터쯤 떨어진 보덴 호수 옆 도시 콘스탄츠의 가톨릭 신학생 기숙학교로 옮기고 콘스탄츠 김나지움(인문계 중등학교)에 입학했다. 이 기숙학교는 장차 가톨릭 사제가 될 소년들에게 숙식을 제공하고 가르침을 베푸는 학교였다. 하이데거 부모의 보잘것없는 수입으로는 외부의 도움 없이 아들을 상급학교에 보낼 수 없었다. 이런 사정을 안 교구 신부 카밀로 브란트후버(Camillo Brandhuber, 1860~1931)가 콘스탄츠 신학생 기숙학교 사감 신부로 있던 콘라트 그뢰버(Conrad Gröber, 1872~1948)와 함께 지역 가톨릭 재단의 후원을 받게 해주었다. 이 후원에는 하이데거를 가톨릭 사제로 키운다는 조건이 따랐다. 브란트후버는 하이데거에게 라틴어도 가르쳐주었다. 부모는 교회가 아들을 거두어준 것을 자랑스러워했다.[5] 하이데거는 이때부터 학업을 마치는 1916년까지 13년 동안 가톨릭교회로부터 장학금을 받았다. 그러나 그런 도움은 하이데거를 가톨릭 세계에 붙들어 두는 일이기도 했다. 부모의 품과도 같은 가톨릭 안에서 안정과 감사를 느끼는 마음 한편에서 가톨릭의 체계에 몸과 마음이 묶여 있는 데 대한 저항감도 자라났다. 압박감에 눌리던 하이데거는 마지막에 가톨릭 세계와 단절하기에 이르렀다. 그러나 그 일은 먼 훗날에나 일어날 일이다. 신학생 기숙학교에 갓 들어간 하이데거에겐 가톨릭 말고 다른 것을 생각할 겨를도 이유도 없었다.

열네 살 하이데거는 신앙심 깊은 소년이었다. 하이데거가 발을 들여놓은 그 기숙학교는 성 콘라트 학교, 간략하게 '콘라디하우스'라고 불렸다. 규율이 엄격한 생활이었지만 하이데거는 콘라디하우스의 꽉 짜인 틀에 어렵지 않게 적응했다. 뒤에 철학 교수가 된 하이데거는 1928년 기숙학교 시절 저학년 담당 사감이었던 마테우스 랑

(Matthäus Lang)에게 편지를 썼다. "저는 콘라디하우스에서 학업을 시작했을 무렵을 즐겨 회상하며, 그럴 때면 감사의 마음을 갖게 됩니다. 또 제 모든 시도가 고향의 대지에 얼마나 강하게 연결돼 이뤄진 것인지를 점점 더 분명하게 느낍니다. 당시 신임 사감이셨던 선생님을 제가 깊이 신뢰했으며 변함없는 그 신뢰 덕분에 제 기숙학교 생활이 즐거웠다는 사실은 지금도 제 기억에 분명히 남아 있습니다."[6]

콘스탄츠의 기숙학교와 김나지움을 3년 다닌 하이데거는 1906년 더 큰 도시 프라이부르크의 주교 직할 학교인 성 게오르크 신학생 기숙사로 옮기고 프라이부르크에서 이름 높은 베어톨트 김나지움으로 전학했다. 더 좋은 학교로 올라간 셈이었다. 이때도 그뢰버와 브란트후버가 도움을 주었다. 두 신부는 하이데거가 가톨릭 장학금을 계속받을 수 있도록 해주었다. 하이데거는 1909년 가을 졸업할 때까지 프라이부르크의 김나지움에서 3년 더 공부했다. 교실에서나 기숙사에서나 하이데거는 부지런하고 반듯한 모범생이었다. 시간을 허투루 쓰지 않는 성실성을 하이데거는 이때 몸에 익혀 평생토록 지켰다. 그 시절 급우들이 지적 유행에 예민하게 반응했던 것과 달리 하이데거는 시대의 변화에 역행한다고 할 정도로 새로운 조류를 멀리했다. 지식이든 감각이든 현대풍은 하이데거의 정서와 어울리지 않았다. 김나지움을 졸업하고 나면 예수회에 들어가 가톨릭 사제가 되겠다는 생각 말고 다른 생각은 하지 않았다. 가톨릭이라는 환경이 정해준 길을 자신의 길로 알고 걸어갈 참이었다.

이 시기에 하이데거는 김나지움 학생이 알아야 할 교양을 쌓음과 동시에, 조숙한 학생들이 대개 그러하듯 스스로 더 많은 앎을 찾아 앞으로 나아갔다. 또 가톨릭 사제가 되는 데 필요한 지식의 기초도 다지기 시작했다. 1915년 교수 자격 논문 제출 때 작성한 이력서에서 하이데거는 김나지움 시절에 받은 지적 자극을 이렇게 열거했다.

"김나지움 7학년의 수학 수업에서는 단순한 문제풀이 대신 이론적 접근이 좀 더 강조됐다. 그러자 이 과목에 대한 내 단순한 애호가 정말로 진지한 관심으로 변했고, 머지않아 이런 관심은 물리학으로도 이어졌다. 더 나아가 종교 수업에서 자극을 받은 나는 생물발생설에 관해서도 폭넓은 독서를 하게 됐다. 졸업반이던 9학년 때에는 플라톤 수업 덕분에 … 비록 이론적 엄밀함은 아직 갖추지 못했지만 좀 더 의식적으로 철학적 문제를 파고들게 됐다."[7]

이 이력서에서 얼핏 드러나는 대로 김나지움 졸업에 가까워지면서 하이데거의 관심은 철학 쪽으로 옮겨가기 시작했다. 철학에 눈뜨는 계기를 마련해준 사람은 하이데거의 진학에 도움을 준 콘라트 그뢰버였다. 메스키르히 출신인 그뢰버는 하이데거의 아버지와도 아는 사이였다. 훗날 프라이부르크 대주교가 되지만 그때는 30대의 젊은 사제였다. 하이데거는 1907년 여름방학을 맞아 메스키르히 집에 돌아와 있을 때 그뢰버를 만났다. 그뢰버는 총명한 학생에게 지적 자극이 될 만한 얘기를 많이 해주었다. 그때의 일을 후년의 하이데거는 일본인 학자와 대화하던 중에 이렇게 밝혔다.

"김나지움의 마지막 시절에, 정확히는 1907년 여름인데 후설의 스승인 프란츠 브렌타노의 박사 학위 논문에서 제기된 존재에 대한 물음이 나를 사로잡았습니다. 그 논문의 제목은 '아리스토텔레스에게서 존재자의 다양한 의미에 관하여'였고, 1862년에 나온 것이었습니다. 당시 제 부친의 친구이자 같은 고향 사람이었고 훗날 프라이부르크의 추기경이 된 콘라트 그뢰버 박사님이 저에게 그 책을 선물로 주셨지요. 그 시절 그분은 콘스탄츠시에 있는 삼위일체교회의 주임 신부였습니다."「언어에 관한 대화로부터」『언어로의 도상에서』124쪽

브렌타노 독서, 최초의 날갯짓

그날 그뢰버와 하이데거는 퓌르스텐베르크 성의 정원을 지나 언덕으로 뻗어나간 들길을 걸으며 열여덟 살 김나지움 학생의 미래를 놓고 많은 이야기를 했다. 신실한 하이데거는 김나지움을 졸업하면 신학교에 가겠다는 뜻을 밝혔다. 그뢰버는 하이데거에게 청년 시절엔 성직자로서 정절을 지키기 어렵다는 것, 건강을 지키는 것이 중요하다는 것, 고향 사람들의 양심을 이끌 책임감을 지녀야 한다는 것 따위를 자상하게 이야기해주었다. 그뢰버와 하이데거의 대화는 신학적인 문제로 향했다. 그뢰버는 신학의 길을 걷고자 한다면 철학 안에서 적절한 훈련을 받는 것이 중요하다고 말했다. 또 가톨릭 신학의 체계를 세운 토마스 아퀴나스(Thomas Aquinas, 1225~74)의 신학을 알아야 하며, 토마스 신학을 깊이 이해하려면 토마스에게 결정적인 영향을 준 아리스토텔레스의 형이상학을 공부해야 한다고 일렀다. 그뢰버는 그날 하이데거에게 책 한 권을 건넸다. 바로 훗날의 하이데거가 일본인과 한 대화에서 이야기한 프란츠 브렌타노(Franz Brentano, 1838~1917)의 박사 학위 논문 『아리스토텔레스에게서 존재자의 다양한 의미에 관하여』였다. 그뢰버는 브렌타노의 삶에 관해서도 들려주었다.

철학자이자 가톨릭 신부였던 브렌타노는 1870년 '교황 무오류 교리'가 선포되자 이 도그마를 놓고 상급자들과 갈등을 빚은 끝에 가톨릭을 떠났고, 1874년 오스트리아 빈대학 교수가 됐다. 가톨릭과 멀어졌지만 여전히 공식적으로는 성직자 신분이었던 브렌타노는 1879년에는 독일 시민권을 얻어 라이프치히에서 약혼자와 결혼했다. 오스트리아 법률이 성직자의 결혼을 금지했기 때문이었는데, 오스트리아 시민권을 포기한 데 따른 여파로 브렌타노는 빈대학 교수

1880년경 빈 시절의 프란츠 브렌타노. 하이데거는
브렌타노 책을 통해 '존재 물음'이라는 일생의 과제
속으로 첫발을 내디뎠다.

직도 내려놓아야 했다. 빈대학에서 가르치던 시절 브렌타노는 뛰어난 교수법으로 수많은 학생들을 끌어들였다. 그 중에는 훗날 현상학의 길을 놓게 되는 에드문트 후설(Edmund Husserl, 1859~1938)과 정신분석학의 창시자가 되는 지그문트 프로이트(Sigmund Freud, 1856~1939)도 있었다.

그뢰버는 브렌타노가 성직을 버린 사람이긴 하지만 박사 학위 논문은 가톨릭을 떠나기 전에 쓴 것이라고 알려주었다. 또 하이데거 앞에서 책을 펼쳐 들고 아리스토텔레스 형이상학에 대한 토마스 아퀴나스의 '주석'이 길게 인용된 대목을 보여주었다. "토마스가 없었다면 아리스토텔레스는 벙어리이리라"라는 르네상스 시대 이탈리아 인문주의자 피코 델라 미란돌라(Pico della Mirandola, 1463~94)의 논평이 인용된 대목도 짚어주었다.[8] 토마스 아퀴나스의 위대한 신학이 있었기에 비로소 아리스토텔레스의 철학이 제 목소리를 낼 수 있었으리라는 얘기였다. 브렌타노는 중세 스콜라철학의 용어인 '지향성'이라는 말을 후설에게 전해줌으로써 현상학의 핵심 개념이 탄생하는 데 직접적인 자극을 준 사람이었다. 후설은 브렌타노를 '철학에서 단 한 사람의 스승'이라고 불렀다.

브렌타노의 그 논문은 19세기 후반에 아리스토텔레스와 토마스 아퀴나스의 형이상학에 대한 학문적 관심의 불길이 타오르는 데 밑불이 됐다는 점에서도 철학사적 의미가 큰 저작이었다. 요컨대 브렌타노의 책은 두 방향으로 난 길의 한가운데 있었다. 하나는 과거로 거슬러 올라가 고대의 형이상학, 곧 '존재자란 무엇인가'라는 아리스토텔레스의 물음에 이르는 길이었다. 다른 하나는 브렌타노의 영향 속에서 '지향성'을 발견하고 '현상학'을 창시하게 되는 후설로 난 길이었다. 나중에 하이데거는 천재적 역량을 발휘해 이 두 방향으로 난 길을 하나로 다시 모으게 된다.[9] 18세 하이데거는 틈이 날 때마다 그뢰버가 준 책을 읽었다. 그러나 아직 여물지 못한 학생의 두뇌는 브렌타노의 책 속에서 쉬 길을 잃고 허우적거렸다. 방학이면 하이데거는 고향으로 돌아가 브렌타노라는 숙제를 안고 씨름했다. 「들길」에 그때의 경험이 드러나 있다.

"들길은 숲 주변을 지나면서 거기에 서 있는 높은 떡갈나무에게 인사를 한다. 떡갈나무 밑에는 거칠게 만들어진 긴 의자가 있다. 그 의자 위에는 가끔 위대한 사상가들의 이러저러한 글이 놓여 있었고, 젊은 시절 나는 곤경에 빠져 서툴게나마 그 글에 담긴 수수께끼를 풀어보려고 애를 썼다. 수수께끼들이 꼬리를 물고 밀려들어 아무런 출구도 보이지 않을 때 들길이 도와주었다." 「들길」, 『사유의 경험으로부터』 127쪽

하이데거의 인생 전체를 놓고 보면 브렌타노 독서는 웅장한 비상을 예고하는 최초의 날갯짓이었다. 브렌타노 책을 통해 하이데거는 '존재 물음'이라는 일생의 과제 속으로 첫발을 내디뎠다. 그 책을 막 받아들었을 때 18세 김나지움 학생은 앞으로 사태가 그런 방향으로 나아가리라고는 짐작도 하지 못했을 것이다. 시간이 지나 존재의 사상가로 올라선 뒤 하이데거는 그 책이 자신의 삶에 얼마나 큰 영향을 주었는지 뚜렷이 기억했다. 일본인과 나눈 그 대화에서 하이데거는 브렌타노의 책을 처음 만났던 때를 이야기하고 난 뒤, 마치 옛날의 그뢰버가 그랬듯이 바로 그 자리에서 책을 꺼내 상대방에게 보여주었다.

"보시다시피 여기에 그 책이 있는데, '김나지움 시절 그리스 철학을 관통해나가는 첫 번째 길잡이'라고 적어놓은 글을 읽으실 수 있을 것입니다. 제가 요즘도 여전히 묻고 있는 모든 것을 어쩌면 그 당시에 이미 알고 있었는지도 모른다는 생각을 일깨우려고 일일이 당신에게 설명하고 싶지는 않습니다." 「언어에 관한 대화로부터」, 『언어로의 도상에서』 125쪽

그러고 나서 하이데거는 일본인 학자에게 횔덜린의 송가 「라인강」

에 나오는 구절, "왜냐하면 그대가 시작했던 그대로 그대는 머무를 것이므로"를 들려준다. 브렌타노의 책이 바로 하이데거 '존재 사유'의 시작이었고, 그 뒤로 오랜 세월에 걸쳐 아주 먼 곳까지 나아갔지만 돌아보면 그 출발점에 머물러 있었다는 얘기다.

1909년 졸업을 앞두고 하이데거는 또 하나의 철학책을 만났다. 신학자 카를 브라이크(Carl Braig, 1852~1923)가 쓴 『존재에 관하여 — 존재론 개요』였다. 브라이크가 프라이부르크대학 신학부 대우교수로 있던 1896년에 출간한 책이었다. 하이데거는 그 책을 만난 일을 만년에 쓴 글 「현상학에 이르는 나의 길」에서 따로 지면을 할애해 비교적 상세히 밝혔다. 그렇게 각별히 기억할 만큼 그 책은 젊은 하이데거에게 깊은 영향을 주었다. 어떤 면에서 보면 브라이크가 준 영향은 브렌타노의 책을 능가할 정도로 컸다. 브라이크 책에 박힌 글자들이 어떤 식으로 젊은이의 영혼에 침투했는지는 하이데거가 대학에 입학한 뒤에 드러난다.

하이데거는 1909년 가을 프라이부르크의 김나지움을 졸업했다. 기숙학교 교장은 졸업증서에 이렇게 썼다. "이 학생은 재능 있고 근면하며 품행이 올바르다. 이 학생은 성품 또한 이미 상당히 성숙해 있으며, 학업에서도 자기 주도적이다. 때로는 다른 과목을 게을리할 정도로 독일 문학에 관심이 많고, 이 분야에서 박식함을 보인다. 이 학생은 신학과 관련된 직업을 선택할 것이 분명하고 수도회 생활에 관심이 있으므로 필시 예수회에 입회 신청을 할 것이라 생각된다."[10] 하이데거가 문학에 깊은 관심을 보인다는 지적이 눈길을 끈다. 하이데거는 앞으로 철학과 함께 문학 특히 시를 사유의 동반자로 삼게 될 것이다. 그러나 지금은 교장이 쓴 대로, 예수회에 들어가 수사의 길을 걷는 것이 눈앞에 닥친 미래였다. 그 미래가 문을 열고 스무 살 하이데거를 불렀다.

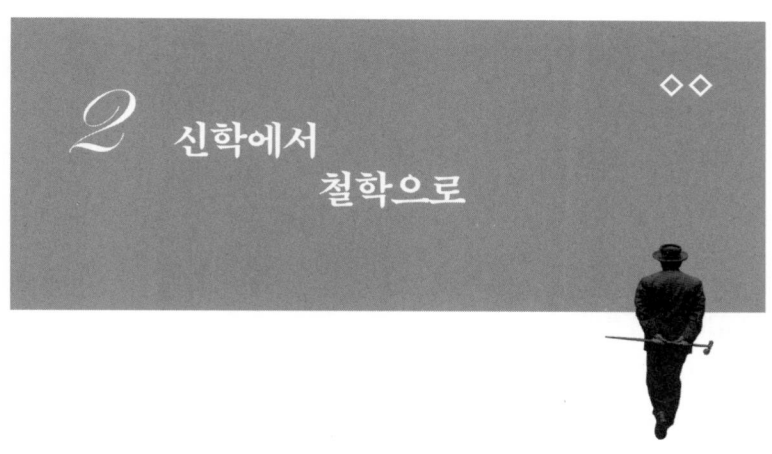

2 신학에서 철학으로

하이데거는 가톨릭이라는 옷을 입고서 철학의 왕국에 들어섰다.
그러나 가톨릭이 하이데거에게 큰 영향을 준 것은 사실이지만,
가톨릭의 영향이 하이데거의 정신을 일방적으로 지배할 만큼
압도적인 것은 아니었다. 철학적 사고의 기초를 닦던
시기에도 하이데거의 생각은 결코 한 곳에 갇히지 않았고,
촉수를 여럿 거느린 생물처럼 동시에 여러 방향으로 뻗어나갔다.
그것이 하이데거 정신의 고유한 특성이었다.
하이데거는 평생토록 '존재' 하나만을 사유한 존재의
사상가였지만, 그 하나는 모든 것을 포괄했다.

“

나의 학문 연구는 1909년~1910년 겨울학기
프라이부르크대학교 신학부에서 시작됐다.
그러나 신학 전공은 곧 그 교과 과정에 속해 있는
철학을 탐구하기에 안성맞춤이었다.

”

베어톨트 김나지움을 졸업한 하이데거는 예정된 대로 1909년 9월 30일 오스트리아 펠트키르히 인근 티지스에 있는 예수회 수련원에 수련 수사로 들어갔다. 그러나 하이데거의 수련은 얼마 가지 못해 중단되고 말았다. 문을 열고 들어간 곳이 너무 어두웠던 탓일까. 하이데거는 2주 동안의 예비 수련을 끝낸 뒤 예수회 신부가 되기엔 적합하지 않다는 판정을 받았다. 수련 기간 내내 심장 통증을 호소하자 수련원에서 집으로 돌려보냈다. 심장 이상은 2년 뒤에도 다시 나타나 하이데거를 사제의 길에서 아주 돌려놓는다. 하이데거 전기를 쓴 뤼디거 자프란스키(Rüdiger Safranski, 1945~)는 "아마도 머리의 계획에 마음이 반기를 든 것이리라"라고 추정하는데,[11] 설득력이 있는 말이다.

하이데거는 젊은 날 몇 차례 일어난 심장 이상 말고는 나머지 인생에서 심장 질환으로 고통을 겪은 적이 없었다. 하이데거는 운동을 즐겼고 스키 타기를 좋아했다. 심장이 보통 사람처럼 작동하지 않는다면 불가능한 일이었다. 그런 사실을 감안하면 하이데거가 너무 엄격한 수련 분위기 탓에 일시적으로 심장이 조여드는 심인성 협심증을 겪었을 가능성이 있다. 더구나 하이데거는 김나지움 시절에 시작한 철학 공부에 막 빠져들었던 터였다. 머릿속에서 필로소피아(philosophia), 곧 '앎을 향한 사랑'이 폭발하듯 솟구치는데, 그 사랑을 억누르는 수련 생활을 계속해야 한다는 것이 정신을 감옥에 억지로 밀어넣는 듯한 압박감을 주었을지도 모른다. 순명과 정결을 극도로 강조하는 예수회 수련 생활의 하중이 정신을 거쳐 심장에 타격을 가한 것이라고 보아도 될 것이다. 자유로운 생각의 공기를 마시고 싶다는 무의식의 욕망이 예수회 신부가 되겠다는 의식 표면의 의지를 치받았으리라.

프라이부르크대학 신학부 입학

부적합 판정을 받은 하이데거는 어쩔 수 없이 예수회 수련원에서 집으로 돌아왔지만, 가톨릭 사제가 되겠다는 뜻을 거두지는 않았다. 예수회 신부가 될 수 없다면 일반 신부가 되는 길도 있었다. 하이데거는 발길을 돌려 이해 겨울학기에 프라이부르크대학 신학부에 입학했다. 신학을 선택한 데는 경제적인 이유도 한몫했을지 모른다. 하이데거가 김나지움 시절부터 받은 장학금은 신학 공부를 한다는 조건이 달린 것이었다. 집안 형편상 장학금 없이는 대학을 다닐 수 있는 상황이 아니었다. 예수회를 포기한 터에 가톨릭 장학금을 받으려면 신학을 선택하는 것 말고 다른 길이 없었다. 하지만 새로 시작한 신학 공부는 2년을 채 넘기지 못했다. 프라이부르크대학 신학생 기숙사에 살며 3학기 동안 신학을 공부하고 난 뒤 다시 심장에 이상 증세가 나타났다. 하이데거는 요양이 필요하다는 기숙사 의사의 진단을 받고 1911년 2월 메스키르히의 고향 집으로 돌아왔다. 이제 어찌해야 할까. 하이데거가 1911년 3월에 쓴 짧은 시 「감람산 예배 시간」은 어둠에 갇힌 청년의 암울한 마음을 들여다보게 해준다.

내 인생의 감람산 예배 시간
침침한 빛 속에서

겁먹고 낙심한 나를
너희들은 자주 보았겠지.

내 눈물 어린 울부짖음은 결코 헛되지 않았네.
내 청춘은 지쳐 탄식하며
오직 천사의 '은총'만을 믿었네.「사유의 경험으로부터」 18쪽

감람산의 겟세마네 동산은 예수가 로마 병사들에게 체포되기 직전에 괴로움 속에 기도를 드렸던 곳이다. 할 수만 있다면 이 잔을 거두어달라고 하늘을 향해 외치는 예수에게 하이데거는 자신의 처지를 투영했다. 갈 길을 찾지 못하는 젊은이의 내면이 드러나 보이는 시다. '은총'이라는 단어를 따옴표로 싸 강조한 것은 그때의 하이데거가 얼마나 절실하게 길이 열리기를 바랐는지 짐작하게 해준다. 하이데거는 그해 여름 내내 고향 집에 머물며 고심을 거듭하다 사제의 길을 포기하고 철학으로 방향을 돌리기로 마음을 먹었다. 일생일대의 결심이었다. 훗날 쓴 「들길」의 표현을 빌리면 이 결정이 하이데거 인생의 "첫 번째 선택"이었다.

하이데거 연구자 존 카푸토(John D. Caputo, 1940~)는 하이데거가 신학 전공을 중단한 이유로 성직 훈련에 밴 '독단적인 경직성과 편협성'을 든 비니프리트 프란첸(Winfried Franzen, 1943~)의 주장에 동의하면서 이렇게 말한다. "이 젊은이의 마음 상태에 관해 우리가 알고 있는 모든 것에 비추어볼 때 내게는 이런 주장이 매우 그럼직하다. 경직성과 독단론은 하이데거의 내부에서 움직이고 있던 철학적 정신과는 정반대되는 것이었다."12) 가톨릭 사제가 되려면 가톨릭이 짜놓은 신학적 체계에 자신의 생각을 맞춰야 하는데, 이미 자유의 공기를 마신 하이데거의 정신은 그런 비좁은 체계를 견디지 못했다

김나지움 졸업 시절의 하이데거.
심장 이상 증세로 예수회 수련 과정을 포기하고,
프라이부르크대학 신학 공부마저 도중에 그만둔 하이데거는
암울한 시간을 보냈다. 이 시기 고심을 거듭하다가
사제의 길을 포기하고 철학으로 방향을 돌렸다.

는 추정이다. 하이데거가 당시 가까운 친구였던 에른스트 라슬로브스키(Ernst Laslovski)와 주고받은 편지는 이 선택이 육체의 질병 때문이 아니었음을 알려준다. 하이데거는 그 편지에서 신학을 계속 공부할지, 철학으로 방향을 바꿀지, 교직을 전공해 교사가 될지를 놓고 고심하고 있음을 내비쳤다.[13] 결국 하이데거는 철학을 전공함과 동시에 교직 전공 분야로 수학도 공부하기로 마음을 굳히고 이 결정에 따라 1911년 겨울학기에 등록했다.

철학을 향한 일생일대의 결심

그러나 하이데거가 이때 한 결심은 가톨릭 사제가 되는 것을 포기한다는 것이었지, 신학 공부를 아예 그만둔다거나 더 나아가 기독교 신앙을 내버린다는 뜻은 아니었다. 하이데거는 이후에도 철학과 함께 신학 공부를 계속한다. 더 나아가 하이데거 사유의 출발점, 곧 신을 찾는 일은 평생토록 하이데거를 떠나지 않았을 뿐만 아니라, 사실상 하이데거 철학의 궁극 목적으로 남았다. 이런 사실을 하이데거는 뒷날 일본인 학자와 나눈 대화에서 밝혔다.

"신학적 유래가 없었다면 나는 사유의 길에 전혀 도달할 수 없었을 것입니다. 그러나 유래하는 것은 언제나 도래하는 것으로 머무르고 있습니다."「언어에 관한 대화로부터」, 『언어로의 도상에서』, 129쪽

신학 혹은 신학에서 추구하는 신은 출발점이지만 결국 도착점이기도 하다는 것을 하이데거 특유의 어법으로 얘기하는 대목이다. 후년의 하이데거는 '끝은 시작 안에 있다'고 되풀이하여 강조했다. 1921년에도 하이데거는 제자였던 철학자 카를 뢰비트에게 보낸 편지에서 자신은 철학자라기보다는 오히려 "기독교 신학자"이며 "나의 철학은 신을 기다리는 것"이라고 고백했다.[14] 하이데거에게 신학

전공의 중단은 신 찾기를 포기하는 것이 아니었다. 그러나 하이데거가 찾은 신이 전통 형이상학의 자장 안에 있는 형이상학적 신, 우리가 '신' 하면 흔히 떠올리는 그런 이미지의 신, 미켈란젤로가 그린 시스티나 천장화 속의 수염 달린 신이 아니었음은 두말할 필요가 없다.

신학을 공부하던 시기에 하이데거가 발표한 짧은 글 「아브라함 아 산크타 클라라」에서도 '끝'을 품은 사유의 '시작'을 찾아볼 수 있다. 1910년 8월 15일 고향 메스키르히의 이웃 지역 크렌하인슈테텐에서 열린 아브라함 아 산크타 클라라(Abraham a Sancta Clara, 1644~1709) 기념비 제막식에 다녀온 뒤에 쓴 글이었다. 크렌하인슈테텐에서 태어난 아브라함 아 산크타 클라라는 아우구스티누스회 신부였고 명망 높은 궁정 설교사였다. 하이데거는 기념비 제막식에 관한 글을 뮌헨에서 발행되는 가톨릭 주간신문 『알게마이네 룬트샤우』에 기고했다.

"자연스럽고 싱싱하고 건강하며 때로는 거칠기도 한 억양이 이 사건에 그만의 특색을 부여한다. 강건하고 자부심 강하며 조금은 별난 성격의 주민들이 모여 살고 있는 수수한 촌락 크렌하인슈테텐은 잠에 취한 듯 나른히 낮은 분지에 자리 잡고 있다. 교회 탑조차도 조금은 별나 보인다. … 제막식 축제는 그처럼 소박하고 맑고 참다운 모습으로 진행됐다."「아브라함 아 산크타 클라라」, 「사유의 경험으로부터」 13쪽

글머리에 등장하는 '강건하고 자부심 강하며 조금은 별난 성격'이라는 말에서 이 지역 사람들에게 투사된 하이데거 자신의 성격을 읽어낼 수 있다. 제막식을 소재로 삼은 하이데거의 글은 아브라함 아 산크타 클라라의 '민중 정신'을 드높이면서, 이 민중의 건강한 정신 맞은편에 당대 문화의 '데카당스'를 세워놓고 신랄하게 비판한다.

"외적인 문화와 속도가 지배하는 우리 시대는 그럴수록 더욱더 뒤돌아보면서 앞을 살펴보아야 하리라! 지반을 무너뜨리는 새로운 것

아브라함 아 산크타 클라라(17세기 후반).
그는 아우구스티누스회 신부였고 명망 높은 궁정 설교사였다.
하이데거는 신학을 공부하던 초기에 그의 '민중 정신'을
드높이는 글을 썼다.

에 대한 광기, 삶과 예술의 심오한 영적 내용을 (무시하고) 뛰어넘는 광적인 도약, 계속 번갈아가면서 이어지는 순간의 자극을 추구하는 현대적 삶의 의미, 온갖 양식의 현대 예술이 그 안에서 움직이고 있는, 때로는 숨 막힐 정도의 답답한 불안, 이런 것은 퇴폐(Dekadenz), 다시 말해 삶의 피안적 가치와 건강을 상실한 서글픈 쇠락을 가리키는 요소들이다."「아브라함 아 산크타 클라라」, 『사유의 경험으로부터』 15~16쪽

이 글에서 젊은 하이데거의 반근대주의, 특히 문화적 반근대주의의 강도를 느낄 수 있다. 새로운 것을 미친 듯이 뒤쫓는 도시 문화와 현대 예술, 피안의 가치를 외면하는 세속적인 부르주아 삶에 대한 반감이 격한 문장 속에 드러나 있다. 동시에 자신의 고향 사람들이 속한 농촌의 단순하고 소박한 세계를 한없이 따뜻한 시선으로 품어 안으려는 자세가 두드러진다. 보수주의와 정신주의, 민중주의와 향토주의의 이 편안한 동석은 아직 무르익지 않은 하이데거 정신세계의 윤곽을 흐릿하게나마 보여준다. 하이데거는 이 초기의 글에 담긴 생각의 알을 부화시켜 뒷날 아득할 정도로 높이 나는 사상으로 키워낼 것이다. 다른 한편으로 이 글은 당대 독일 지역에 퍼져 나가던 '반근대적 문화 비판'에 하이데거가 의식적으로든 무의식적으로든 합류했음도 뚜렷이 보여준다. 이 글을 쓴 직후에 하이데거는 가톨릭 청년운동의 엄격한 반근대주의 분파인 성배동맹(Gralbund)에 가입했다.[15] 근대 문명 비판은 하이데거 사유의 시작과 끝을 관통했다.

카를 브라이크와 만나다

하이데거는 프라이부르크대학에서 신학 강의를 듣는 동안 자신의 반근대주의적인 생각을 지지하고 부추기는 신학자를 만났다. 카를 브라이크였다. 하이데거는 이 신학자의 책을 김나지움 졸업을 앞두

고 이미 읽은 적이 있었다.

"나는 김나지움 졸업을 얼마 앞두고 그 당시 프라이부르크대학에서 교리론을 강의하던 카를 브라이크 교수의 저서 『존재론에 관하여—존재론 개요』를 접하게 됐다. … 큰 단원들로 구성된 이 저서는 각 단원 끝부분마다 아리스토텔레스, 토마스 아퀴나스 그리고 프란시스코 수아레스(Francisco Suárez, 1548~1617)의 긴 텍스트를 그대로 인용하고 있었고, 그 외에도 존재론적인 근본 개념을 풀이한 어원집을 수록하고 있었다." 「현상학에 이르는 나의 길」 「사유의 사태로」 180쪽

아마도 하이데거는 앞서 그뢰버에게서 선물로 받은 브렌타노의 『아리스토텔레스에게서 존재자의 다양한 의미에 관하여』가 불러일으킨 혼란을 이겨내려고 분투하던 중에 브라이크의 책을 만났을 것이다. 대학에 들어간 뒤 하이데거는 강의실에서 브라이크의 육성을 들었고 이 신학자의 압도하는 힘에 매혹됐다.

"1911년 이후에도 나는 신학 강의, 특히 브라이크 교수에게서 교리론 강의를 들었다. 사변적 신학에 대한 관심, 다시 말하면 특히 그가 강의 시간마다 생생하게 보여주었던 치밀한 사유 방식이 나를 사로잡았다. 가끔 그와 함께 거닐던 산책길에서 나는 그에게서 처음으로 스콜라 철학의 이론 체계와는 구분되는 셸링과 헤겔의 사변적 신학의 의미에 대한 이야기를 들었다. 이렇게 하여 존재론과 사변적 신학 사이에 가로놓인 긴장이 형이상학을 구성하는 골격으로 나의 연구 시야에 들어오게 됐다." 「현상학에 이르는 나의 길」 「사유의 사태로」 181쪽

젊은 하이데거가 사유의 틀을 구축하는 데 끼친 브라이크의 영향은 이 압축적인 문장이 암시하는 것보다 훨씬 컸다. 특히 훗날 『존재와 시간』에서 꽃피게 될 존재론의 기초 개념들 가운데 상당수가 그 수원을 찾아 거슬러 올라가면 브라이크의 책에 이르렀다.

『존재론에 관하여—존재론 개요』 서론에서 브라이크는 모든 학문

중에서 '존재에 관한 학문'이 가장 높은 곳에 있다고 강조했다. 이것은 하이데거가 후에 『존재와 시간』 제3절에서 '존재 물음의 존재론적 우위'를 거론하는 것을 떠올리게 한다. 브라이크는 존재야말로 모든 개념의 뿌리가 되는 근본 개념이라고 주장했는데, 카푸토는 젊은 하이데거가 여기서 '존재'에 대한 아이디어를 얻었을 것이라고 단언한다.[16] 브렌타노의 책은 아리스토텔레스에게서 발견되는 '존재자의 다양한 의미'에 관한 것이었지, '존재 자체'를 표적으로 삼아 논구한 책은 아니었다. 훗날의 하이데거를 예고하는 듯한 브라이크의 주장은 여기서 그치지 않는다. 브라이크는 이런 말도 했다. "존재에다 개념적인 규정을 부여하려는 모든 시도는 결함이 있고 모순적이다."[17] 존재는 정의할 수 없다는 말이다. 존재를 정의하려는 온갖 시도는 결국 실패하고 만다. 왜냐하면 아무리 시도를 되풀이해도 '존재 그 자체'를 규정하는 특징은 결코 발견해낼 수 없기 때문이다. 우리는 존재자의 이런저런 속성을 규정할 수는 있지만 존재 자체를 정의할 수는 없다. 존재를 정의하려는 시도는 언제나 존재자의 속성을 규정하는 것으로 끝나고 만다. 존재를 향해 쏜 화살은 언제나 과녁을 빗나간다. 존재는 오직 비-존재, 곧 '존재하지 않음'(무)을 마주 세웠을 때에만, 그 비-존재를 배경으로 삼아 윤곽이 잡힌다. 브라이크의 주장을 나열한 뒤 카푸토는 이렇게 말한다. "하이데거의 성숙한 견해에 그토록 가까이 근접해 있는 브라이크의 이런 견해가 젊은 하이데거에게 … 영향을 끼쳤으리라고 생각하기는 어렵지 않다."[18]

나아가 브라이크는 그 '존재'와 구분되는 것으로 개별자들 곧 '존재자'를 내세웠다. 그러면서 브라이크는 이 둘 곧 '존재'와 '존재자'가 구별되면서도 서로를 배제하지 않는다고 강조했다. '존재'와 '존재자'는 서로 나뉘면서도 떨어져 있지 않은 것이다. 존재자 곧 '존재하는 것'은 존재하기 때문에 존재자라고 불린다. 존재하지 않는다면 존재자라로 불릴 이유가 없다. 존재와 존재자는 서로 겹치면서 구분된다. 심지어 브라이크는 '존재론적 차이'(der ontologische Unterschied)라는 말을 쓰기도 했다. 하이데거의 후기 철학에서 수없이 반복될 '존재와 존재자의 존재론적 차이'의 예고편인 셈이다.

물론 두 사람 사이에는 차이도 있다. 브라이크에게 존재론적 차이가 놓이는 곳은 '하나의 존재자와 다른 하나의 존재자' 사이인 데 반해, 하이데거의 존재론적 차이가 놓이는 곳은 '존재와 존재자' 사이다.[19] 브라이크와 하이데거 사이에 그런 차이가 있다는 것은 분명하다. 그렇다고 하더라도 브라이크의 핵심 용어 가운데 상당수가 변형을 거쳐 하이데거의 사유 속으로 흘러든 것을 부정할 수는 없다. 두 사람 사이의 유사성을 거론한 뒤 카푸토는 이렇게 말한다. "나는 젊은 하이데거가 이런 사태로 인해 … 흥분했으리라고 감히 추측해보려 한다."[20]

브라이크의 책은 하이데거가 「현상학에 이르는 나의 길」에서 밝힌 대로, 각 절의 말미에 아리스토텔레스, 토마스 아퀴나스 그리고 프란시스코 수아레스의 책에 등장하는 문장들도 가져다 놓았다. 수아레스는 중세 스콜라 철학과 근대 데카르트 철학 사이에 다리를 놓은 16세기 에스파냐의 예수회 신학자·철학자였다. 수아레스를 포함한 그 철학자들의 인용문 가운데 흥미로운 것이 토마스 아퀴나스의 『진리론』과 아리스토텔레스의 『형이상학』에서 발췌한 글이다. 발췌된 문장에서 아리스토텔레스는 존재를 여러 방식으로 말할 수 있다고 말한다. 브라이크는 이 절에 '존재 개념의 다중적 의미에 관하여'라는 제목을 붙였는데, 김나지움 시절의 하이데거를 존재론의 세계로 안내한 브렌타노의 책 『아리스토텔레스에게서 존재자의 다양한 의미에 관하여』와 연결되는 지점이다.

더 눈길을 끄는 것은 이 '존재'(Sein) 동사의 어원을 분석해가는 대목이다. 이 동사는 잘삶(well-being)이라는 의미를 지닌 산스크리트어 낱말 'as'로 소급된다. 독일어의 기본 동사가 인도유럽어의 고대 형태로 이어지는 것이다. 독일어 '존재' 동사의 3인칭 단수형 'ist'는 또 다른 산스크리트어 낱말 'athmen'으로 소급되는데, 이 낱말은 '숨 쉬다'를 뜻하고 더 나아가 '삶'을 뜻한다. 그러므로 'as'와 'athmen'은 모두 "평안한 호흡, 한결같이 계속되는 실존"을 암시한다. 브라이크는 '정돈하다'라는 뜻의 산스크리트어 단어 'ar'로부터 라틴어 단어 '라티오'(ratio, 이성)가 나오고, '모으다'를 뜻하는 그리스어 단어 '레고'(lego, λέγω)로부터 '로고스'(logos, λόγος, 이성)가 나온다는 것도 알려준다. 언어의 뿌리를 찾아들어가는 이런 설명은 나중에 하이데거가 강의와 저서에서 무수히 되풀이하게 될 어원 분석을 미리 보여주는 것이나 다름없다. 언어의 뿌리에 대한 관심이 왜 중요한지를 하이데거는 브라이크의 책에서 처음 깨달았을 것이다.

  브라이크의 책에 등장하는 많은 표현들이 하이데거의 독특한 문체를 연상시킨다는 점도 눈길을 끈다. 하이데거가 가장 즐겨 사용하는 '존재'와 '존재자'가 브라이크의 책에서 끝없이 등장한다는 점은 말할 것도 없고, '~임'(~sein)이라는 낱말을 활용해 '무엇임'(Was-sein, 본질 존재), 사실임(Dass-sein, 사실 존재), 하나임(Einsein), 다름(Andersein)과 같은 단어들을 불러낸다. 심지어 브라이크는 '본질'(Wesen)을 동사적 의미로 사용해 '존재자 안에서 현성하는 것'(das Wesende im Seiende)이라는 표현도 사용하는데, 이 '본질의 동사화'가 하이데거의 고유한 인장이 찍힌 말로 통한다는 것을 생각하면, 하이데거가 브라이크의 문체와 생각에서 얼마나 깊은 영향을 받았는지 짐작할 수 있다. 브라이크는 심지어 '자기-자신에게-이를 수 있음'(das Zu-sich-selbst-kommenkönnen)과 같이 연결선으로 이어 긴 구절을 한 단어처럼 쓰기도 한다. 나중에 하이데거의 저작에서 수없

가톨릭 신학자이자 사제 카를 브라이크.
하이데거는 프라이부르크대학에서 그의 교리론 강의를 들었다.
그뢰버처럼 브라이크 역시 젊은 하이데거를 철학으로,
형이상학과 존재론의 세계로 이끌어주었다.

이 발견될 문체적 특성이다.

물론 브라이크의 책이 하이데거의 존재론과 일직선으로 이어지는 것은 아니다. 브라이크의 견해는 하이데거가 훗날 '존재자-신-논리학' 혹은 '존재-신-론'이라고 부르는 종류의 형이상학적 사유에 속한다는 것은 부정할 수 없다.[21] 하이데거의 존재 사유는 전통 형이상학의 존재-신-론을 부정하고 넘어서는 사유다. 이런 사실을 고려해 볼 때, 브라이크의 책이 하이데거가 극복하고자 한 '형이상학의 한계' 안에 머물러 있다는 것은 분명하다. 그러나 젊은 하이데거가 브라이크의 책 속에서 존재론의 가장 근본적인 어휘에 익숙해지는 훈련을 받고 그 가르침을 오래 간직했으며 거기서 더 높은 단계로 나아갈 발판을 마련했으리라는 것을 짐작하기는 어렵지 않다.

브라이크는 가톨릭 사제이자 가톨릭 신학자였고, 하이데거에게 브렌타노를 처음 알려준 그뢰버도 브라이크처럼 가톨릭 사제였다. 가톨릭의 두 사제, 그뢰버와 브라이크는 젊은 하이데거를 철학으로, 형이상학과 존재론의 세계로 이끌어주었다. 하이데거는 가톨릭이라는 옷을 입고서 철학의 왕국에 들어섰다. 그러나 가톨릭이 하이데거에게 큰 영향을 준 것은 사실이지만, 가톨릭의 영향이 하이데거의 정신을 일방적으로 지배할 만큼 압도적인 것은 아니었다. 철학적 사고의 기초를 닦던 시기에도 하이데거의 생각은 결코 한 곳에 갇히지 않았고, 촉수를 여럿 거느린 생물처럼 동시에 여러 방향으로 뻗어나갔다. 그것이 하이데거 정신의 고유한 특성이었다. 하이데거는 평생토록 '존재' 하나만을 사유한 존재의 사상가였지만, 그 하나는 모든 것을 포괄했다. 하이데거의 사유는 존재를 동심원으로 삼아 사방으로 퍼져 나갔고, 다시 존재라는 동심원으로 돌아왔다.

책상머리에 놓인 후설 '논리 연구'

브라이크의 책과 강의가 하이데거를 매혹했지만, 앞에서 말한 대로 하이데거는 거기에만 머물러 있지 않았다. 이 젊은 신학생이 대학 입학 직후부터 가장 많은 시간과 정력을 쏟아 공부한 것은 후설의 현상학이었다. 70대의 하이데거가 쓴 「현상학에 이르는 나의 길」(1963)은 자신을 현상학이라는 낯선 철학 세계로 이끌어준 제1의 스승 후설에 대한 긴 헌사라고 해도 좋을 글이다. 이 글 첫머리에서 하이데거는 후설이 1900년과 1901년 잇따라 출간한 『논리 연구』(Logische Untersuchungen) 제1권과 제2권에 얼마나 몰입했는지 이야기한다.

"나의 학문 연구는 1909~1910년 겨울학기 프라이부르크대학교 신학부에서 시작됐다. 그러나 신학 전공은 곧 그 교과 과정에 속해 있는 철학을 탐구하기에 안성맞춤이었다. 그래서 신학교 기숙사에 자리 잡은 나의 책상머리에는 첫 학기 이래로 줄곧 에드문트 후설의 『논리 연구』 두 권이 펼쳐져 있었다. 그 두 권의 책은 대학 도서관에서 빌린 것이었다. 내가 대출 기간을 언제나 계속해 연장할 수 있었던 것은 이 책들을 학생들이 별로 이용하지 않았기 때문이었다." 「현상학에 이르는 나의 길」, 『사유의 사태로』 179쪽

『논리 연구』는 이해하기 까다롭고 두꺼운 책이었기 때문에 그 책에 관심을 보이는 학생이 많지 않았다. 그래서 하이데거가 몇 년 동안 그 책을 대출받아 공부할 수 있었던 것이다. 그런데 이렇게 까다로운 책이 스무 살 하이데거의 관심 영역에 들어오게 된 까닭은 무엇일까? 바로 브렌타노의 박사학위 논문이었다. 브렌타노의 책이 불러일으킨 의문, 다시 말해 존재자를 다양한 의미로 말할 수 있다면 그 주된 근본 의미는 어떤 것이며 또 존재란 도대체 무엇을 말하는 것인

지 같은 의문들이 이 초심자의 마음을 어지럽혀 "갈피를 잡지 못하게" 했던 것이다. 후설의 『논리 연구』 제2권에 브렌타노가 언급돼 있었기 때문에 아마도 하이데거는 『논리 연구』를 통해 브렌타노가 말하려는 것을 명료하게 이해할 수 있으리라 기대했을 것이다. 그러나 결과만 보면 후설의 『논리 연구』는 하이데거를 더 큰 의문과 혼란 속으로 몰아넣고 말았다. 그렇게 물음의 덫에 걸려 허우적거리는 와중에도 후설의 책이 지닌 마력은 하이데거를 사로잡아 그 책의 중력장에서 벗어나지 못하게 했다. 하이데거는 그때의 상황을 이렇게 고백했다. "나는 나를 사로잡았던 문제점을 충분히 통찰하지 못한 채 후설의 저서에 매혹돼 그 후에도 그 저서를 탐독했다. 그 저서에서 풍겨 나오는 매력은 문장뿐만 아니라 책표지에 이르기까지 배어 있었다."「현상학에 이르는 나의 길」『사유의 사태로』180쪽

　이렇게 하이데거의 젊은 날을 사로잡은 후설은 20세기 벽두에 현상학이라는 새로운 철학 운동으로 혁신의 바람을 일으킨 사람이었다. 애초 수학에서 학문을 시작한 후설은 1891년 첫 번째 저서로 『산술의 철학』(Philosophie der Arithmetik)을 펴냈다. 이 첫 책은 당시 유행하던 '심리학주의'에 기반을 두고 수학의 근거를 해명해가는 책이었다. 심리학주의란 수학이나 논리학의 원리를 심리학으로 설명할 수 있다는 믿음을 가리킨다. '2+2=4'이라는 덧셈식을 예로 들어보자. 심리학주의는 '2에 2를 더하면 4가 된다'는 이 수식의 진리가 인간과 무관하게 처음부터 진리로 있는 것이 아니라, 인간의 심리 곧 마음속에서 반복되는 경험을 통해 얻어진 결론에 지나지 않는다고 주장했다. 모든 학문의 기초가 되는 진리 명제는 그렇게 인간의 심리적 경험을 분석함으로써 이해할 수 있다는 것이 심리학주의의 가정이었다. 『산술의 철학』에서 후설은 이런 심리학주의의 가정을 받아들여 수학의 기초를 해명하려고 했다.

그러나 출간되고 얼마 지나지 않아 『산술의 철학』은 비수 같은 날카로운 비판에 직면했다. 독일 수학자 고틀로프 프레게(Gottlob Frege, 1848~1925)가 수학의 심리적 구성설이 얼마나 불합리한 것인지 통렬하게 지적한 것이다. '2+2=4'가 인간 심리 안에 축적된 경험과 습관에서 뽑아낸 후천적 법칙일 뿐이라면 '2+2'의 값이 언제 어디서나, 누구에게나 '4'라는 사실은 입증하기 어려워진다. 사람마다 경험이 모두 다를 뿐더러, 정신질환을 앓아 단순한 계산에도 혼동을 일으키는 사람에게는 다른 결론이 나올 수도 있다. 프레게는 '수와 수학적 진리는 인간의 심리와 상관없이 객관적으로 존재한다'는 '객관주의 학설'을 제시했다. 피타고라스 정리는 피타고라스 시대에만 참인 것이 아니라 언제 어디서나 모든 사람에게 참인 것이다. 『산술의 철학』은 프레게의 비수에 치명상을 입었다.

후설은 학문의 진리를 따르는 정직한 학자였다. 이 겸허한 철학자는 심리학주의를 논파한 프레게의 비판을 받아들여 『산술의 철학』 제2권을 낼 계획을 접고 방향을 완전히 바꾸어 새로운 연구에 뛰어들었다. 그 연구 끝에 1900년에 나온 것이 『논리 연구』 제1권이었다. '순수 논리학의 서론'이라는 부제가 붙은 이 책은 심리학주의의 잘못된 전제를 비판하고 논리학의 법칙이 인간 심리와 무관하게 참이라고 주장했다.

"참인 것은 절대적이며 '그 자체로' 참이다. 다시 말해서 진리는 이것을 판단하면서 파악하는 것이 인간이든 초인간이든 천사든 신들이든 동일한 하나다. 논리 법칙은 인종·개인·체험의 실재적 다양체에 대립해 이런 이념적 통일체로서 진리에 관해 이야기하며, 우리가 상대주의적 혼란에 빠지지 않는다면 우리 모두는 이념적 통일체로서 진리에 관해 이야기한다."[22]

프레게의 비판을 전폭적으로 받아들인 것이다. 이어 1년 뒤에 퍼낸 『논리 연구』 제2권에서 후설은 『논리 연구』 제1권의 탐구를 발판 삼아 자신의 고유한 관심사를 파고들었다. 이 제2권의 부제('현상학 과 인식론 연구')에서 처음으로 '현상학'(Phänomenologie)이라는 말 이 등장했다. 현상학이란 우리가 인식 대상 곧 '현상'을 지각하고 기 억하고 판단할 때 우리의 의식이 어떻게 작용하는지를 기술하는 학 설이다.

예를 들어 내가 어떤 커다란 반얀 나무를 통째로 파악하고자 한다 고 해보자. 그때 나는 그 나무의 둘레를 한 바퀴 돌아보면서 나무를 차례로 정면에서, 오른쪽에서, 뒤에서, 왼쪽에서 지각하고 난 뒤 나 의 의식 안에서 이렇게 지각한 것을 결합한다. 나무가 너무 크기 때 문에 우리는 나무를 한눈에 다 파악할 수 없고, 걸어서 한 바퀴 돌아 보고 난 뒤에 그 전체를 우리 의식 안에서 짜 맞추는 수밖에 없는 것 이다. 만약 우리의 의식이 이 짜 맞추기를 하지 않는다면, 우리는 나 무 둘레를 한 바퀴 돌면서 새로운 면을 볼 때마다 마치 전혀 다른 나 무를 보고 있는 듯한 착각에 빠질 수 있다. 다행히도 우리의 의식은 지각한 것을 바르게 연결하기 때문에, 우리는 그런 오류에 걸려들지 않고 나무를 있는 그대로 파악하게 된다. 의식은 모든 나타남을 연결 해 우리가 보는 그 나무를 있는 그대로 지각할 수 있도록 손을 써준 다. 우리 의식의 결합 능력 덕분에 우리는 언제 어디서나 눈앞의 나 무를 있는 그대로 그 나무로 인식할 수 있다. 그리고 그런 의식의 결 합 능력은 뇌에 특별한 하자가 없다면 누구에게나 있다. 바로 그런 의식의 과정을 설명하는 것이 현상학이다.[23)]

후설은 이 제2권에서 브렌타노에게서 넘겨받은 '지향성'(Intentionalität) 이라는 낱말을 해명하는 데 관심을 기울였다. 지향성이란 우리의 의 식이 '항상 어떤 것으로 향하고 있음'을 뜻하는 말이다. 의식할 때 우 리는 항상 무언가를 지향한다. 의식은 언제나 지향적 의식이다. 나무를 의식할 때 우리는 나무를 지향하고 있고, 그 지향성 속에서 그 나무는 우리의 의식 안에 '있는 그대로' 현상한다. 후설의 현상학은 바로 이 의식의 지향적 구조를 연구하는 학문이다.

그런데 우리의 의식 구조를 해명한다는 것은 또다시 심리학주의의 오류로 빠져드는 일은 아닐까? 후설이 말하는 의식은 심리학주의에서 말하는 개별 인간의 경험적 심리와는 다른, 경험 이전의 보편적 의식 구조를 가리킨다. 그러므로 심리학주의와 후설의 현상학은 근본적으로 다르다. 하지만 인간 의식에 주목한다는 점에서 언뜻 둘 사이에 겹치는 면이 있어 보인다. 그런 이유로 후설이 『논리 연구』 제2권에서 심리학주의로 후퇴한 것 아니냐는 의문이 불거졌다. 그래서 후설은 1920년 『논리 연구』 제2권의 '제6 연구'를 다시 출간할 때 새로 쓴 머리말에 이런 오해를 거론하며 탄식하듯 말했다. "내가 이 책 제1권에서 심리학주의를 준엄하게 거부한 뒤 제2권에서 심리학주의로 되돌아가 전락했다는 … 기이하고 우스꽝스러운 비난은 이 책이 얼마나 피상적으로 읽혔는지를 보여준다."[24] 하이데거 자신도 이런 오해에 휘말렸음을 「현상학에 이르는 나의 길」에서 솔직하게 털어놓았다.

"1900년에 출간된 후설의 『논리 연구』 제1권은 사유와 인식의 이론이 심리학에 근거할 수 없다는 사실을 논증함으로써 논리학의 심리학주의를 반박하고 나왔다. 그러나 이에 반해 그해에 곧이어 출간된, 더구나 그 양이 3배나 되는 제2권은 인식을 구성하는 본질적인 의식 작용을 서술하고 있었다. (그때의 내가 보기에) 이런 서술은 일종의 심리학을 그대로 답습하고 있었다. … 결국 후설은 의식의 현상을 현상학적으로 기술함으로써 예전에 반대하던 심리학주의 입장으로 다시 돌아가고 말았다. 그렇게 크나큰 과오가 후설의 저작에서 기인하는 것이 아니라면, 의식 작용을 현상학적으로 기술한다는 것은 무엇을 의미하는가? … 나는 이런 여러 가지 물음들에 휩싸여 어찌할 줄 몰랐을 뿐만 아니라 이미 언급한 물음마저도 거의 분명하게 파악할 수 없었다." 「현상학에 이르는 나의 길」, 「사유의 사태로」 182~183쪽

현상학을 둘러싼 혼란과 오해

하이데거가 이렇게 혼란에 빠진 것은 후설 자신의 잘못도 전혀 없지 않았다. 후설은 『논리 연구』 제2권을 '기술의 심리학'이라고 지칭했던 것이다. '심리학'이라는 말이 혼란을 부추긴다는 것을 깨달은 후설은 2년 뒤 이 용어를 뺀 채로 재판을 간행했다. 차츰 혼란을 극복한 하이데거는 뒷날 마르부르크대학의 1925년 겨울학기 '논리학' 강의에서 후설 『논리 연구』의 의의, 특히 '심리학주의 오류의 폭로'를 이렇게 설명했다.

"『논리 연구』는 순수 수학을 철학적으로 해명하려는 노력의 결실이다. 본래 수학자였던 후설은 수학의 근본 개념들과 근본 법칙들을 원칙적으로 숙고하게 됐고, 우리 시대의 논리학이 실제의 학문에 필적하지 못한다는 것, 따라서 논리적 숙고의 원칙적 수단들이 학문들, 특히 수학의 근본 개념들에 훨씬 뒤떨어져 있다는 것을 알게 됐다. … 후설은 수학적 사유의 심리학적 분석을 통해서 수학적 대상성의 특수한 구조의 배후에 도달하려고 했다. 그러나 그는 즉시 원칙적 어려움을 발견했다. 이 어려움은 다음 물음으로 집약할 수 있다. 즉 '심리학적 숙고를 통해서, 다시 말해 심리학이라는 사실적 학문의 논구를 통해서 전혀 사실적 인식이 아닌 학문(즉 수학·논리학)에 대해 원칙적인 것을 만들어주는 일이 도대체 어떻게 가능한가?' 이런 근본 문제와 대결함으로써 후설은 심리학이 수학의 구조와 그 대상들에 대한 문제들을 논구하는 데 도움을 줄 수 있는 학문의 자격을

전혀 갖추지 못하고 있다는 것을 인식하게 됐다. 이런 주도적인 문제들을 연구함으로써 후설은 마침내 새로운 연구 양식을 갖추게 됐다. 후설은 이런 양식을 후에 현상학이라고 불렀다."『논리학―진리란 무엇인가?』 40~41쪽

이어 이 강의에서 하이데거는 후설 현상학이 '사태 자체'를 밝혀 보이려는 것임을 강조했다.

"결정적인 것은 '현상학적 원리'라고 불리는 저 연구의 원리다. 이런 원리는 전체적으로 보자면, 전혀 새로운 것이 아니라 철학의 많은 자명한 것들 중 하나다. … 현상학은 사태 자체로 파고들려는 경향이다. 즉 앞선 견해들과 전통적 위장들 그리고 선입견들에 의해 성급하게 채색된 문제들에 맞서서 사태 자체를 밝혀 보이려는 경향이다. '사태 자체로!'(Zu den sachen Selbst!)가 현상학의 본래적 경향이다."
『논리학―진리란 무엇인가?』 41쪽

하이데거에게 현상학이란 철학적 문제에서 전통적인 선입견을 걷어내고 사태 자체를 밝혀보려는 것을 뜻한다. 그리하여 하이데거는 후설 현상학의 두 방향, 즉 의식 자체로 들어가 그 구조를 밝혀보려는 경향과 '사태 자체'를 있는 그대로 드러내 보이려는 경향 가운데 뒤의 것을 자신의 좌표로 삼는다. 현상학은 하이데거에게 '사태 자체', 특히 철학에서 문제가 되는 사태 자체를 있는 그대로 해명하는 학문이었다. 장차 하이데거는 '사태 자체'라는 말로 '인간 현존재의 현사실적 삶'을 주목하게 된다.

『논리 연구』를 출간한 뒤로 후설이 주창한 현상학은 빌헬름 딜타이(Wilhelm Dilthey, 1833~1911)와 젊은 철학자들의 열렬한 지지를 받으며 '현상학 운동'으로 번져 나갔다. 1913년에는 이런 운동에 힘입어 현상학 기관지『철학과 현상학 연구 연보』가 창간됐다. 후설은 『논리 연구』 출간 이후 그 연구서 제2권에서 시작한 '의식 구조 분

석'을 계속 진척시켜 1913년『순수현상학과 현상학적 철학의 이념들』제1권을 이 기관지의 첫 호에 발표했다. 의식이 현상을 구성하는 방식을 해명하는 것이 이 연구의 초점이었다. 후설은 이 의식 활동의 해명 작업을 '선험적 현상학'이라고 불렀다.

앞에서 언급한 것을 다시 끌어들여 요약하면, 후설의 현상학은 '지향적 체험'을 바탕에 두고 두 방향으로 나아간다. 하나는 '사태 자체'를 열어 밝히는 '현상학적 봄(Sehen)'을 주시하는 작업이다. 다른 하나는 방향을 정반대로 바꿔 그 사태 자체가 우리의 '의식'에서 구성되는 방식을 해명하는 작업이다.『논리 연구』의 후속 작업에서 후설은 바로 이 의식 구조를 해명하는 쪽으로 연구를 밀고 나갔다. 하이데거는 이 작업이 담긴『순수현상학과 현상학적 철학의 이념들』제1권을 출간 즉시 읽고 그때까지 자신을 사로잡고 있던 혼란이 풀리는 것을 느꼈다. 그러나 여전히 해결되지 않는 문제들이 남아 있었고, 결국 후설이 프라이부르크대학에 부임한 1916년 이후 후설과 만나 가까이에서 배우면서 혼란의 마지막 찌꺼기를 걷어냈다.

눈길을 끄는 것은 하이데거처럼 명민한 학자가 너무도 오래 후설 현상학을 어떻게 이해할 것인가를 놓고 혼란을 겪었다는 사실이다. 이런 혼란은 후설 자신이 현상학을 정립해 나가는 과정에서 혼란스러운 행보를 보였기 때문이기도 하지만, 더 깊은 이유는 후설의 관심 방향과 하이데거의 관심 방향이 근본적으로 달랐다는 데 있다. 앞에서 말한 대로 후설은 연구를 의식 곧 주관의 구조를 해명하는 쪽으로 진전시켰다. 다시 말해 개별 경험에 앞서 선험적으로, 우리의 주관이 객관을 구성하는 방식을 밝히는 것이 후설의 근본 관심사였다. 그러나 하이데거에게 현상학의 핵심은 '사태 자체'로 나아가는 '현상학적 봄'을 실제로 수행하는 데 있었다. 현상학적 봄이란 바로 사태를 있는 그대로 보게 해주는 일종의 방법론이었다.[25] 하이데거의 관심은 후설 현상학의 본래 주제인 '의식 체험의 선험적 구조'에 있었던 것이 아니라, '현상학적 봄이라는 방법론'에 있었던 것이다. 바로 그런 관심의 차이 때문에 하이데거는 『순수현상학과 현상학적 철학의 이념들』과 같은 저작에 주의를 기울이기보다는 후설이 남기고 떠나버린 『논리 연구』의 문제의식을 더 깊숙이 파고드는 쪽을 택했다. 그런 관심의 차이가 하이데거를 동요와 혼란 속으로 밀어 넣었음을 「현상학에 이르는 나의 길」은 이렇게 밝힌다.

"『순수현상학과 현상학적 철학의 이념들』이 출간된 이후에도 나는 포기할 수 없는 마력에 사로잡혔는데, 그 마력은 『논리 연구』에서 생겨난 것이었다. 이런 마력은 그 고유한 근거를 알 수 없는 동요를 새롭게 일으켰다." 「현상학에 이르는 나의 길」 「사유의 사태로」 187쪽

요컨대 하이데거의 관심은 김나지움 시절 이후로 브렌타노와 브라이크의 책에서 촉발된 존재 물음, 곧 존재론으로 향해 있었던 데 반해, 후설의 관심은 선험적 의식 구조의 해명, 곧 근대 철학의 전통인 '의식 철학'으로, '인식론'으로 기울어져 있었던 것이다. 바로 그런 이유로 하이데거에게 『순수현상학과 현상학적 철학의 이념들』은 『논리 연구』에서 시작된 현상학의 진전이 아니라 후퇴로, '이득'이 아니라 '손실'로 여겨졌던 것이다.[26]

후설은 1913년 『논리 연구』 재판을 출간할 때, 애초에 한 권 분량으로 들어 있던 제2권의 마지막 장('제6 연구')을 자신의 논지에 맞지 않는다는 이유로 빼버렸다. 하지만 바로 그 장이야말로 하이데거에게는 관심이 응결된 곳이었다. 그 장을 통해 체득한 '감성적 직관과 범주적 직관의 구별'이 '존재자의 다양한 의미'를 규정하는 데 밑받침이 됐던 것이다. 「현상학에 이르는 나의 길」 「사유의 사태로」 186쪽 바로 그런 이유로 후설의 조교로 있던 시절에 하이데거는 『논리 연구』 제2권의 그 마지막 장을 다시 출간하기를 후설에게 간청했고, 후설은 마지못해

자료를 검토하고 있는 에드문트 후설(1920년대).
하이데거는 후설을 현상학이라는 낯선 철학 세계로 자신을
이끌어준 제1의 스승이라 여겼다.

1920년 그 장을 복간했다. 복간된 책의 머리말에 "나는 애독자의 열망에 따라 그 결론 부분을 적어도 출판될 당시의 옛 형태로 다시 접근할 수 있도록 결정해야 했다"고 쓴 것은 그런 사정에 따른 것이었다.[27] 이 애독자가 하이데거를 가리킨다는 것은 의심의 여지가 없다.

하이데거는 그렇게 복원된 책을 놓고 학생들과 세미나를 하면서 자신만의 현상학을 만들어나갔다. "후설은 내가 어떻게 나의 강의 시간과 연습 시간 이외에 특별한 학습 서클에서 매주 『논리 연구』를 고학년 학생들과 함께 철저히 연구하는가를 관대하게, 그러나 근본적으로는 부정적인 시선으로 지켜보았다."「현상학에 이르는 나의 길」『사유의 사태로』187쪽 그렇게 하이데거는 '존재 물음'의 길에 들어섰고, 현상학적 방법을 접안렌즈로 삼아 존재 물음에 대한 해답을 찾아나가기 시작했다. 그러나 후설을 만나기 전 대학생 시절의 하이데거에게 이 물음은 아직은 안개에 휩싸인 듯 모호하고 불투명하기만 했다.

신칸트학파의 자장 속으로

신학에서 철학으로 방향을 전환하던 시기에 하이데거의 철학적 수련을 규정한 또 하나의 힘은 '신칸트학파'였다. 신칸트학파를 주도한 사람은 마르부르크대학의 헤르만 코엔(Hermann Cohen, 1842~1918)과 파울 나토르프(Paul Natorp, 1854~1924), 서남독일학파를 이끈 빌헬름 빈델반트(Wilhelm Windelband, 1848~1915)와 하인리히 리케르트(Heinrich Rickert, 1863~1936)였다. 이 네 사람 가운데 리케르트는 당시 프라이부르크대학 철학과의 좌장으로서 이 대학의 학풍을 이끌고 있었다. 신칸트학파의 형성과 부상은 19세기 중반 이후 헤겔 관념론이 무너진 뒤 그 빈자리를 채운 자연과학주의와 긴밀하게 연동돼 있었다. 자연과학의 질주와 승리는 전통 철학의 위상을 바닥으로 떨어뜨렸고 자연과학과 동맹을 맺은 '조악한 유물론'이 위세를 떨칠 기반을 마련해주었다. 19세기 말의 유물론이 그려낸 세계에는 인간의 고귀한 정신이 들어설 자리가 없었고 눈에 보이지 않는 가치가 인정받을 공간이 없었다. 세상에 존재하는 모든 것은 화학과 물리학과 생물학의 틀 안에서 설명됐다. "생성과 존재의 세계, 그것은 분자의 이합집산과 에너지의 변화 외에 아무것도 아니었다. 그것은 바로 원자론과 데모크리토스의 세계였다. 더는 아낙사고라스의 '누스'(νοῦς, 지성)와 플라톤의 이데아(ἰδέα)는 필요하지 않으며, 기독교의 신과 스피노자의 '실체'도 필요하지 않고, 데카르트의 '코기토'(cogito)와 피히테의 '자아', 그리고 헤겔의 '정신'도 필요하지 않다. 인간 안에 거주하는 정신이란 뇌의 기능에 지나지 않는다. 사유와 뇌의 관계는 담즙과 간, 소변과 신장의 관계와 같다."[28]

인간의 정신과 문화가 고유한 무게와 깊이를 잃어버린 이런 상황에서 한 무리의 학자들이 칸트 철학의 부활을 꾀하고 나섰다. 이들은 전통 철학이 이미 힘을 잃었다는 것을 인정하면서도, 조악한 유물론의 세계 해석에만 모든 것을 맡겨두어서는 인간의 정신적 삶이 더 깊이 추락하는 것을 막을 수 없다고 생각했다. 그러나 과학이 이미 대세가 된 마당에 철학이 할 수 있는 일이 무엇이란 말인가? 칸트 학자들은 철학으로 과학을 제압하는 것은 이미 불가능한 일이 됐다고 인정하면서, 과학의 지배 아래서 철학이 할 수 있는 일을 찾으려 했다. 과학에 철학적 근거를 마련해주는 것, 이것이 신칸트주의자들이 우선 생각해낸 것이었다. 파울 나토르프는 1909년 철학이 해야 할 일을 이렇게 정의했다. '철학의 과제는 자기투명성을 얻으려는 과학의 방법론적 노력 말고 다른 것이 아니다. 철학에서 과학은 자신의 고유한 원리와 방식과 가치 방향을 깨닫는다.'[29]

나토르프는 『철학과 교육학』에서 체념조로 얘기했다. "최초의 철학은 모든 과학의 배아를 품고 있었다. 철학은 그 과학들을 출산하고 유아 상태의 그들을 모성으로 돌봤으며, 그 보호 아래서 그들은 성장했다. 이제 철학은 다 자란 과학들이 넓은 세상으로 나가 세상을 정복하는 것을 꺼려하지 않는다. 철학은 변함없는 배려의 마음으로 잠시 그들의 뒷모습을 바라보며 이따금 나지막한 경고의 말도 던지겠지만, 그런 말은 이제 막 그들이 획득한 자립성을 속박하려는 것이 아니며 그럴 수도 없다. 그러나 철학은 마침내 노인의 뒷방으로 묵묵히 돌아갈 것이며, 어느 날 거의 이목도 끌지 않고 별다른 아쉬움도 남기지 않은 채 세상에서 사라질 것이다."[30] 중세에 철학이 신학의 시녀 노릇을 했듯이 과학이 대세를 장악한 시대에 철학은 과학의 시녀 노릇을 해야 한다고 선언하는 것이나 다름없는 말이었다.

그러나 이렇게 전망이 비관적이라고 해서 두 손 들고 있을 수는 없다고 철학자들은 생각했다. 할 수 있는 한 적극적으로 철학이 할 일을 찾아야 한다. 철학의 옛 영광에 비하면 빈약하기 그지없지만 철학의 고유한 영토가 없는 것은 아니었다. 신칸트주의자들은 철학이 과학을 넘어설 수는 없지만 과학의 양심 노릇은 할 수 있을 것이라고 생각했다. 그 양심은 이중적이었다. 하나는 과학에 방법론적 투명성을 제공하는 '방법상의 양심'이었고, 다른 하나는 '윤리상의 양심'이었다.[31] 신칸트주의는 칸트의 선험 철학을 개조해 자연과학을 포함한 모든 과학의 인식론적 토대를 놓고자 했다. 그것이 '방법상의 양심'이다. 다른 한편으로 신칸트주의자들은 칸트 철학으로부터 '가치'라는 보이지 않는 힘을 끌어냈다. 인간 삶의 모든 영역, 특히 문화의 영역은 '가치'의 영토였다. 예컨대 어떤 조각상의 물질적 실체는 물리학이나 화학으로 분석할 수 있지만, 그렇다고 해서 그 조각상이 무엇인지가 파악되는 것은 아니다. 조각상을 돌덩이가 아닌 조각상으로 만들어주는 것은 의미이기 때문이다.[32] 이 의미가 말하자면 신칸트주의자들이 말하는 '가치'였다. 가치를 찾아내는 것은 과학의 과제가 아니라 철학의 과제라고 신칸트주의자들은 주장했다. 하이데거가 속한 프라이부르크대학의 리케르트가 그 가치 철학의 대표자 가운데 한 사람이었다. 하이데거는 리케르트가 이끄는 신칸트학파의 자장 안에서 철학적 훈련 기간을 보냈다. 그러나 얼마 지나지 않아 하이데거는 신칸트학파의 소극적이고 수세적인 철학적 태도를 거부하고 신칸트학파의 지배적 지위에 맞서 자신의 철학적 전망을 제시하게 된다.

'반대되는 것의 일치'를 향한 운동

젊은 하이데거는 대학 시절에 신칸트학파와는 사뭇 다른 조류에도 몸을 실었다. 19세기 말 이후 부활의 기지개를 켜기 시작한 '신스콜라철학'이었다. 중세 스콜라 철학의 부흥은 신칸트학파의 경우보다 훨씬 범위가 좁은 가톨릭 신학계 안에서 벌어진 일이었지만, 신학으로 학문을 시작한 하이데거에겐 그 중요도가 신칸트주의에 못지않았다. 앞에서 보았듯이 카를 브라이크가 스콜라 철학의 부활이라는 새로운 흐름을 대변하는 이 가운데 한 사람이었다. 신스콜라철학 연구자들의 탐구 대상은 아리스토텔레스, 토마스 아퀴나스, 프란시스코 수아레스였고 이 학자들의 태도는 칸트주의자들과는 근본적으로 달랐다. 칸트주의자들에게 우리가 알 수 있는 것은 의식에 떠오른 현상뿐이었고 '사물 자체'는 우리가 인식할 수 있는 것의 경계 너머에 있었다. 그러므로 칸트주의자들에게 중요한 것은 현상을 구성하는 인식의 선험적 조건을 이해하는 것, 곧 선험론이었다. 반면에 스콜라 철학 연구자들은 실재론자였다. 신이 만든 세계는 우리의 의식과는 무관하게 실재하는 세계이고 원칙적으로 우리가 알 수 있는 세계라고 스콜라철학 연구자들은 생각했다. 하이데거의 철학적 수련은 이 신스콜라철학의 실재론과 신칸트주의의 선험론이 서로 밀고 당기는 힘의 한복판에서 이루어졌다. 그리하여 하이데거의 내부에서는 한편으로 스콜라 철학의 강력한 실재론에 이끌리면서도 다른 한편으로 칸트주의의 선험론을 저버리지 않는 사유의 벡터가 형성됐다.[33] 그것은 '반대되는 것의 일치'(coincidentia oppositorum)를 향한 운동이었다고도 할 수 있다.

이런 운동은 당시 하이데거가 알게 된, '지향성을 두고 대립하는 두 견해'를 화해시키려는 모습으로도 나타났다. 즉 후설 현상학의 지향성(Intentionalität)과 스콜라 철학의 지향성(intentio)을 하나로 묶으려 했던 것이다. 이 문제와 관련해 카푸토는 이렇게 말한다. "하이데거는 스콜라적 지향성 이론을 수정하기를 원했다. 왜냐하면 스콜라적 지향성 이론은 의식의 주관적인 삶에 대한 충일하게 발전된 감각을 결여하고 있기 때문이다. 동시에 하이데거는 후설의 관념론적 경향성들을 변형하기를 원했다. 후설 현상학에 대한 하이데거의 각색은 현상학의 혈관 속에 실재론적인 흐름을 주입하는 데 놓이게 될 것이다. … 1916년 후설을 만나기 전에 하이데거는 이미 이런 화해를 … 이루는 도상에 있었다."[34]

이 시기 하이데거 안에서 벌어지고 있던 운동은 장차 대가가 될 사람의 내면에서 싹트는 독창성의 운동으로 볼 수도 있다. 새로운 사유 세계를 개창할 사람은 이미 수련을 시작할 때부터 막연하기는 하지만 한 곳에 갇히지 않는 큰 틀로 세계를 본다. 다만 그 틀이 너무 흐릿하고 그 틀을 채울 내용이 너무 빈약하기 때문에 그 자신은 어둠 속을 헤매는 것처럼 느낀다. 수련자는 세계를 보는 법을 가르쳐주는 통찰력 있는 지식을 찾아다니지만 그 어떤 것도 완전한 충족감을 주지는 않는다. 어떤 학설이든 그 안으로 들어가보면 약점과 빈틈이 크게 바스처럼 입을 벌리고 있다. 그 모든 지식을 답사해 그 너머로 나아간 뒤에야 어둠을 지우는 새벽의 박명처럼 자신만의 고유한 언어와 세계가 서서히 떠오른다. 바로 그 시기가 오기까지는 방황과 혼란이 계속될 수밖에 없다. 하이데거에게는 1910년대 말까지가 그런 시기였다고 할 수 있다. 대학생 하이데거는 출구를 찾아 이리저리 헤매는 혼란의 복판에 이제 막 들어섰을 뿐이었다.

1913년 철학 박사 논문, 심리학주의 근절

하이데거는 철학으로 진로를 바꾸고 얼마 지나지 않은 1912년 첫 논문 「근대 철학에서 실재성 문제」를 발표했다. 하이데거 안에서 벌어지던 사유의 운동이 논리적 서술의 형태로 처음 얼굴을 내민 것이라고도 할 수 있다. 이 논문은 당시 중요한 철학자로 인정받고 있던 '비판적 실재론자' 오스발트 퀼페(Oswald Külpe, 1862~1915)의 저작에 대한 논평의 성격을 띤 것이었다. 당시 하이데거는 스콜라 철학의 실재론을 지지하고 있었지만, 아무 조건 없이 지지한 것은 아니었다. 하이데거가 논평의 대상으로 삼은 퀼페가 스콜라 철학을 그대로 대변하는 학자가 아니라는 것부터가 하이데거의 관심 방향을 가리켜 보여준다. 하이데거의 입장은 '비판적 실재론'이라고 부를 만한 것이었다. 하이데거는 이렇게 쓴다. "언제나 실재론적으로 사유한 아리스토텔레스-스콜라 철학은 이런 새로운 인식론적 운동(비판적 실재론)을 간과하지 않을 것이다. 그 철학은 이 운동을 진척시키는 적극적인 작업에 관심을 가져야만 한다."「초기 저술」 15쪽[35] 하지만 뒤에 쓴 교수 임용 자격 논문에서 하이데거는 이 비판적 실재론도 넘어서게 된다. 교수 임용 자격 논문에서 하이데거는 비판적 실재론이 인간의 주관성이 행하는 본질적 역할을 간과함으로써 오류에 빠졌다고 비판한다. 왜냐하면 대상이 실제로 대상이 되는 것은 대상을 대상으로 규정하는 판단 주체를 거쳐서만 가능하기 때문이다.[36] 하이데거는 주관성의 역할을 강조하는 쪽으로 이동해 간다. 실재론과 주관론을 아우르려는 이런 사유의 움직임은 뒷날 『존재와 시간』에서 전례를 찾아보기 어려운 종합으로 표출될 것이다.

철학으로 방향을 틀고 2년이 지난 1913년 여름 하이데거는 철학 박사 학위 논문으로 「심리주의에서 판단의 이론」을 제출한다. 하이데거는 7월 26일 '숨마 쿰 라우데'(summa cum laude) 곧 최우수 성적으로 박사 학위를 받았다. 당시 박사 학위 지도 교수는 가톨릭철학 정교수인 아르투어 슈나이더(Arthur Schneider, 1876~1945)다. 슈나이더가 그해 여름 슈트라스부르크대학으로 자리를 옮기기로 결정되자, 후임을 놓고 하이데거는 신학과 강사 엥겔베르트 크렙스(Engelbert Krebs, 1881~1950)와 경쟁하게 된다. 하이데거는 크렙스를 찾아갔다. 크렙스는 하이데거와 처음으로 대화하고 나서 이렇게 썼다. "예리한 두뇌, 겸허하지만 행동에는 자신감이 넘친다." 크렙스는 이 대화에서 깊은 인상을 받아 슈나이더의 계승자로 하이데거가 더 적임자라고 생각했다.[37] 이후 두 사람은 가까운 사이가 되고, 크렙스는 하이데거의 열렬한 옹호자가 된다.

하이데거의 박사 학위 논문은 후설의 『논리 연구』의 깊은 영향 아래 있었다. 이 논문에서 하이데거는 논리학을 심리학이라는 토대 위에 정초하려는 심리학주의를 통렬하게 비판했다. 앞에서 본 대로 심리학주의는 논리의 원천이 인간 마음 안에 있는 것이지 마음 밖에 따로 있는 것이 아니라고 주장했다. 하이데거는 이런 심리학주의가 논리학에서 '판단'의 의미나 기능에 대한 우리의 이해를 어그러뜨리는 바, 심리학주의의 이런 '비철학'(Unphilosophie)을 근절하는 것이 연구의 목표라고 밝혔다.[38] 후설이 『논리 연구』로 심리학주의라는 논리학의 기초를 철거했지만, 이 잘못된 견해는 여전히 이 분야에서 영향력을 발휘하고 있었다. 하이데거는 심리학주의가 논리학의 대상을 오해하는 수준을 넘어 아예 알지도 못한다고 비난했다. 심리학주의는 논리학의 대상을 심리 안에서 찾을 뿐만 아니라 논리학의 대상이 심리 안에서 발생한다고 주장한다. 심리학주의는 논리적인 것을 심리적인 것과 구별하지 못한다. 박사 학위 논문에서 하이데거는 '심리학주의 판단 이론들'의 대표자로 빌헬름 분트(Wilhelm Wundt, 1832~1920), 하인리히 마이어(Heinrich Meyer, 1867~1933), 프란츠 브렌타노, 테오도어 립스(Theodor Lipps, 1851~1914)를 꼽고 이 학자들의 이론을 하나하나 논파했다.

10여 년 뒤 1925년 겨울학기의 '논리학' 강의에서 하이데거는 심리학주의가 지닌 본질적 문제를 상세하게 다룸으로써 박사 학위 논문의 심리학주의 비판의 요지를 다시 드러내 보인다. 하이데거는 논리학을 "올바르게 사유하기 위한 규범들에 관한 학문"이라고 정의한다. 이어 이 논리학을 심리학을 통해 설명하려 하는 심리학주의의 근본 오류를 후설의 비판을 소개하는 방식으로 하나하나 짚어 나간다.

"심리학주의는 논리적 원칙들을 사실들에서부터 증명하려고 시도하거나 … 이성의 진리들 즉 개념적 진리들을 사실의 진리들을 통해서 떠받치려고 한다."『논리학—진리란 무엇인가?』53쪽

하이데거는 심리학주의의 근본적 오류를 입증하는 방편으로 '모순율'을 거론한다. 모순율 곧 'A=~A는 성립할 수 없다'는 모순 법칙은 우리의 일상적인 심리 작용에서 일어나는 실제적인 것이 아니라 우리의 관념 곧 이성적 사유 속에서 발견되는 이념적인 것이다. 모순율의 법칙적 성격은 실제의 법칙성이 아니라 이념적 법칙성이다. 모순율과 같은 논리학의 법칙들은 자연법칙과 같은 현실의 법칙을 따르지 않는다. 다시 말해 모순율과 같은 이념의 법칙은 중력의 법칙과

같은 자연법칙처럼 우리의 현실에서 찾을 수 있는 것이 아니다. 또 모순율은 우리의 심리 작용과도 무관하다. 모순율이 심리 작용의 영향을 받는다면, 마음이 반듯할 때는 모순율이 성립하지만 마음이 비뚤어졌을 때는 모순율을 성립하지 못하는 일이 일어날 수도 있다. 그러나 모순율은 마음 상태와는 아무런 관련이 없고 언제 어디서나 성립한다. 모순율은 자연법칙과도 다르고 심리 작용의 영향을 받지도 않는다.

"자연법칙은 그 의미상 사실에 관련되기에 이 법칙의 근거 제시는 … 사실에 대한 관찰과 조망을 통해서만, 즉 귀납을 통해서만 가능하다. 모든 자연법칙, 예컨대 중력의 법칙과 같은 가장 보편적인 법칙조차 그것의 타당성과 관련해서 볼 때 근본적으로는 개연적이다. 자연법칙은 실제의 법칙으로서 추정적 성격을 띤다. … 그러나 사유함의 원칙들은 무조건적인 법칙들이다. … 모순율은 그 자체로 타당하며 따라서 그 타당성은 '얼마나 많은 사람들이 그것을 인정하고 수행하느냐'하고는 무관하다. … 모순율의 타당성은 인간의 심리적 조직 체계에 영향 받지 않으며 영향 받을 수도 없다. 왜냐하면 이 원칙 자체는 이런 조직 체계의 어떤 것도 자체 안에 포함하고 있지 않기 때문이다."『논리학─진리란 무엇인가?』54~55쪽

이 강의에서 하이데거는 심리학주의가 범하는 근본적인 잘못도 지적한다. 심리학주의는 심리적인 것, 곧 시간 속에서 변화하는 심리적인 사건들로부터 인식의 도움을 받아 명제들의 타당성에 근거를 제공하려고 한다. 그런데 실제적인 것들 곧 현실에서 발견되는 사실들에 대한 인식은 그것이 아무리 확실하다고 하더라도 개연적일 뿐이다. 실제적인 것이 지닌 확실성의 성격은 '필연성'이 아니라 '개연성'이다. 그러나 사유의 근본 법칙은 무조건적이고 절대적으로 타당하다. 그것은 반박을 허용하지 않는 '필증적 확실성'이다. "따라서 개

연적 사실 인식의 확실성, 즉 '단언적 확실성'은 절대적으로 타당한 명제들과 '필증적 확실성'의 통찰을 위해서는 불충분한 것이다."「논리학—진리란 무엇인가?」 55쪽

이렇게 하이데거는 '필증적 확실성'과 '단언적 확실성'을 끌어들여 이념적 법칙과 실제적 법칙을 설명한다. 논리학의 법칙과 같은 이념적 법칙은 필증적인(apodiktisch) 것, 다시 말해 반론을 허용하지 않는 자명한 것인 데 반해, 실제적 법칙은 단정적인(assertorisch) 것, 다시 말해 경험적이고 추정적이며 귀납적인 것일 뿐이다. 논리학의 법칙은 이렇게 사실을 통해서 입증될 수 있는 것이 아니라, 우리의 관념 안에서 순수하게 이성적으로 입증되는 것이기에, 심리적 경험을 통해서 증명할 수 있는 것이 아니다. 논리학의 모순 법칙은 반론을 허용하지 않는 것이어서, 현실에서 발견되는 경험적 사실들을 통해서 입증하거나 반증할 수 없다는 얘기다.

수학적 논리도 마찬가지다. 2+2=4라는 명제는 현실의 경험을 통해서 그 타당성이 입증되는 것이 아니다. 또 많은 사람이 그렇게 믿기 때문에 타당한 것도 아니다. 계산하는 사람이 설령 없다 하더라도 2+2=4라는 수식은 언제 어디서나 타당할 수밖에 없다. "사유함의 근본 법칙들은 어떤 사실도 의미하지 않기 때문에 사실을 통한 어떤 확증이나 반증도 불가능하다."「논리학—진리란 무엇인가?」 55쪽

심리학주의는 우리의 관념 속에서 발견되는 이념적인 것을 관념 바깥의 현실에서 발견되는 실제적인 것, 경험적인 것과 혼동했다. 더구나 이념적 영역의 논리 법칙은 반론의 여지가 없는 '필증적인 것'인 데 반해, 현실적 영역의 사실 법칙은 개연적으로만 확실한 '단언적인 것'에 지나지 않는다는 것을 알지 못했다. 추정적인 것에 불과한 심리적 경험을 통해서 자명하게 타당한 논리적 법칙을 보증하려고 한 것에 심리학주의의 근본 오류가 있는 것이다.

하이데거는 이 '논리학' 강의에서 실제적인 것과 이념적인 것을 '시간'을 근거로 삼아 구분하기도 한다. 우리의 심리적 판단 행위를 포함한 실제적인 것들은 모두 시간 안에서 시간의 흐름에 따라 일어난다. 반면에 논리적인 것, 이념적인 것은 시간의 흐름과는 무관한 초시간적인 것이다. 낮이든 밤이든, 고대의 세계에서든 현대의 세계에서든 가리지 않고 타당하다. 우리가 논리적 판단을 할 때, 그 구체적인 판단의 수행은 시간 안에서 마음의 흐름 속에서 이루어진다. 이차 방정식 문제를 앞에 두고 계산을 하다가 예기치 않은 일로 방해를 받으면 그 계산을 중단할 수도 있다. 그러나 그런 판단 수행을 통해 드러난 판단 내용, 곧 논리적·수학적 명제는 그런 마음의 흐름과는 무관하게 초시간적으로 타당하다.

그렇다면 이런 판단 내용 곧 수학적·논리적 명제는 어디에 있는가? 눈앞을 아무리 둘러봐도 찾을 수 없다. 그것은 우리의 정신 안에 관념으로, 이념으로 있을 뿐이다. 그러나 그것이 현실 세계에서 보이지 않는다고 해서 없다고 할 수는 없다. 그 보이지 않는 수학 법칙과 논리 법칙에 따라서 우리는 세상을 살아가고 복잡한 기계를 만들어내고 지구 바깥으로 우주선을 쏘아 올리기도 하기 때문이다.

심리학주의자들은 '존재자가 다양하다는 것'을 근본적으로 알지 못했다. '실제적 존재자'들만 있는 것이 아니라, 논리 법칙과 같은 '이념적 존재자'도 있다는 것을 알지 못했다. 이것이 하이데거가 박사 학위 논문에서 제시한 심리학주의 비판이다. 이로써 하이데거는 심리학주의를 거부하는 후설 노선을 걷는 철학도임을 분명히 드러냈다. 그러나 이렇게 후설의 노선을 걷는 동안에도 하이데거는 다른 한편으로 아리스토텔레스와 중세 스콜라 철학을 향한 관심의 끈을 놓지 않았다. 박사 학위 지도 교수로 가톨릭 철학자 슈나이더를 택한 것으로 볼 때, 어떤 면에서는 고대 —— 중세 존재론에 더 큰 비중을 두

고 있었음이 드러난다. 하이데거는 결코 한 곳에 자신의 모든 것을
걸지 않았다.

제1차 세계대전 발발, 징집 유예 판정

박사 학위를 받고 난 뒤 하이데거는 곧바로 교수 임용 자격(하빌리
타치온, Habilitation) 논문 준비에 들어갔다. 논문의 주제로는 중세 스
콜라 철학을 선택했다. 처음엔 논리학 연구를 계속할 생각도 했지만,
슈나이더의 자리가 비었기 때문에 가톨릭 철학 전공 교수직을 노려
볼 만했고, 그러려면 이 분야의 논문을 써야 했다. 더구나 1913년부
터 받게 된 장학금은 '성 토마스 아퀴나스의 명예를 위한 재단'이 지
급하는 것이어서 수혜자에게 가톨릭에 대한 헌신을 요구했다. 하이
데거는 1916년 여름학기까지 3년 동안 이 장학금을 받아 생활비를
댔다. 그러나 그런 수혜는 하이데거의 정신적 자유를 제약하는 일이
기도 했다.

1913년 8월에 하이데거는 프라이부르크 주교좌 교회참사회에 장
학금 신청서를 냈다. "이 지극히 순종적인 종복은 고귀하신 교회참
사회에 … 장학금 수여라는 보잘것없는 청원을 감히 제출하는 바입
니다. 이 지극히 순종적인 종복은 기독교 철학에 헌신하여 학자로서
경력을 시작하고자 합니다. 이 종복은 너무나 부족한 형편에서 생활
하고 있기에 그렇게 해주신다면 고귀하신 교회참사회에 진심으로
감사드릴 것입니다."[39] 1915년 12월 세 번째로 장학금을 청원하면
서 이렇게 썼다. "이 지극히 순종적인 종복은 기독교─가톨릭적 생
의 이상을 실현하는 장래 정신적 투쟁에 보탬이 되기 위해 스콜라 철
학에 내재된 정신적 자산을 유동화하는 작업에 학문적 생을 바칠 것
이며, 그렇게 해서 교회참사회가 보여주신 소중한 신뢰에 최소한이

나마 감사드릴 수 있을 것이라 믿습니다."[40]

신청서의 이런 내용은 장학금을 받으려는 목적으로 자신의 계획을 가톨릭교회의 입맛에 맞추어서 표현한 것인가? 그렇게 볼 여지가 없는 것은 아니지만 그것이 전부는 아니다. 하이데거의 다른 글들과 이후의 행보를 두루 보면, 이 시기에 하이데거에게 가톨릭 철학자로서 학문의 길을 가겠다는 뜻이 있었음이 분명하다.

하이데거가 교수 임용 자격 논문 준비를 시작하고 얼마 지나지 않아 제1차 세계대전이 터졌다. 1914년 7월 28일 오스트리아가 세르비아에 전쟁을 선포했고, 연쇄반응처럼 동맹국과 연합국으로 묶인 나라들이 개전을 선언했다. 오스트리아와 동맹을 맺은 독일이 참전했고, 여기에 맞서 러시아·영국·프랑스가 포문을 열었다. 제1차 세계대전은 이상한 흥분 속에서 시작됐다. 당시 독일과 유럽의 수많은 지식인들이 전쟁에 열광했다. 전쟁이 낡은 유럽을 쓸어버리고 새로운 유럽을 탄생시키리라는, 막연하지만 강렬한 믿음이 들불처럼 번졌다. 그러나 당시의 하이데거에게 중요한 것은 전쟁이 아니었다. 하이데거의 글 어디에서도 전쟁에 대한 열정이나 민족주의적 열광을 발견할 수 없다.

하이데거의 이런 태도는 뒷날 20세기 철학의 다른 한 축이 될 비트겐슈타인의 행보와 아주 다르다. 비트겐슈타인은 징집 면제 대상이었는데도 자원하여 오스트리아 군대에 들어갔고 동부전선 최전방에서 러시아군과 싸웠다. 포연 속에서 비트겐슈타인은 대표작 『논리철학논고』의 주요 내용을 수첩에 적어 나갔다. 조국 오스트리아에서 징집을 피해 독일 뮌헨으로 도망쳐 와 있던 히틀러는 전쟁이 나자 게르만 민족주의의 거대한 일렁임 속에서 독일 군대에 제 발로 들어갔다. 연락병 히틀러는 서부전선에서 포탄 구덩이 사이를 뛰어다녔다. 하이데거에겐 비트겐슈타인처럼 죽음이 어른거리는 전투 현장의 한계 상황에서 생을 체험하고 싶다는 갈망이나 독일 민족주의 파토스의 강물에 몸을 던지는 히틀러의 격정이 없었다. 하이데거의 마음속에서 민족주의 열정이 끓어오르기 시작한 것은 전쟁이 끝나고도 한참 뒤의 일이다. 제1차 세계대전 기간 내내 하이데거의 마음에 주둔한 것은 전쟁이 아니라 철학이었다.

그러나 이런 마음에는 아랑곳없이 하이데거에게도 징집영장이 날아왔다. 하이데거는 1914년 10월 10일 소집돼 160센티미터의 왜소한 체구로 훈련을 받았다. 이때 또다시 심장 발작 증세가 도졌다. 예수회 수련원에서 나타났던 그 증세였다. 하이데거는 결국 '제한적 복무'에만 적합하다는 판정을 받고 징집 유예 처분을 받는다. 하이데거는 학교로 돌아와 중단했던 교수 임용 자격 논문을 다시 써내려간다.

하이데거가 교수 임용 자격 논문의 주제로 삼은 것은 중세 스콜라 철학의 거두 요한네스 둔스 스코투스(John Duns Scotus, 1266~1308)의 '사변 문법'이었다. 스코틀랜드 출신의 프란체스코회 수도사였던 이 철학자는 놀라울 정도로 날카로운 사유로 사태를 미세한 곳까지 파고들었기 때문에 '명민한 박사'(doctor subtilis)라고 불렸다. 둔스 스코투스는 중세 가톨릭 신학의 체계를 세운 토마스 아퀴나스의 '신 존재 논증'에 반대해 신의 존재는 이성으로 직접 포착할 수 없다고 주장했다. 하이데거는 이 철학자의 저작으로 알려진 『사변 문법(Grammatica Speculativa) 또는 의미의 양태에 관하여』를 연구의 텍스트로 삼아 논문 「둔스 스코투스의 범주론과 의미론」을 완성했다. 『사변 문법』은 뒤에 둔스 스코투스 학파의 토마스 폰 에어푸르트(Thomas von Erfurt, 14세기 활동)가 쓴 것으로 드러나 위작이라는 판정을 받았다.[41] 하지만 텍스트 내용이 둔스 스코투스의 사상을 충실히 따르고 있기에 이 저작을 둔스 스코투스의 것으로 본다고 하더라도 크게 문제될 것은 없다는 것이 학계의 정설이다.

하이데거가 주목한 둔스 스코투스는 '온건한 유명론'의 주창자다. 유명론이란 언어로 나타나는 개념이라는 것은 실재하는 것이 아니라 이름일 뿐이라는 주장이다. 존재하는 것은 현실의 사태이며, 개념은 그 사태를 가리키는 한낱 명칭에 지나지 않는다. '유명론'의 반대편에 있는 것이 '개념 실재론'이다. '개념 실재론'은 개념이 단순히 명칭에 지나지 않는 것이 아니라 실제로 존재한다고 주장한다. 온건한 유명론자로서 둔스 스코투스는 개념은 실재하는 것이 아니라고 단언하는 '급진적 유명론'도 거부하고, 개념은 단적으로 실재하는 것이라는 '개념 실재론'도 거부했다. 둔스 스코투스의 생각에, 개념은 현실에 존재하는 개별적 존재자들처럼 실재한다고 볼 수는 없지만 그렇다고 해서 아예 실재하지 않는다고 단언할 수도 없는, 어떤 중간 상태에 있는 것이었다. 개념은 실재가 없는 단순한 이름이 아니라 사태 자체를 가리키는 것으로서 나름의 실재성을 지녔다는 것이 둔스 스코투스의 생각이었다.

둔스 스코투스의 학설과 관련해 더 중요한 것은 '사태'가 무엇이냐 하는 것이다. '사태'라는 말로 둔스 스코투스가 생각한 것은 '신'과 '세계'였다. 신과 세계가 어떻게 연결되느냐 하는 문제를 해명하는 것이 이 철학자의 궁극적 관심사였다. 둔스 스코투스에게 신과 세계는 '같은 것이라고도 할 수 없고 다른 것이라고도 할 수 없는' 그런 관계에 있다. 신은 세계와 동일한 것이라고 할 수 없다. 신과 세계가 동일하다면 신은 이 세계에 갇혀 있을 것이다. 그러나 신이 세계와 다르다고도 할 수 없다. 왜냐하면 세계는 신이 창조한 것이고 신에게서 나온 것이기 때문이다. 신은 세계로부터 완전히 동떨어진 별개의 것도 아니고 세계와 그 자체로 일치하는 것도 아니다. 세계가 신 자체는 아니기 때문에 우리는 세계 안에서 곧바로 신을 알 수는 없다.

하지만 신이 세계와 분리돼 있는 것도 아니기 때문에 우리는 세계를 통해서 신에게 다가갈 수 있다.

둔스 스코투스는 주막집 간판에 그려진 포도주 그림을 예로 든다. 주막집 간판의 그림은 그 주막집에서 파는 포도주를 가리킨다. 간판의 그림이 이 세계라면, 그림이 가리키는 포도주가 신이다. 둔스 스코투스에게는 간판 곧 세계는 현실적이지만 포도주 곧 신은 더 현실적이다.[42] 이런 유비 관계는 개념과 사태 사이에도 통한다. 간판은 개념이고 포도주는 그 개념이 가리키는 사태다. 간판은 마실 수 없다는 점에서 포도주처럼 현실적으로 존재하는 것은 아니다. 그러나 간판이 걸려 있으므로 포도주가 있다는 것을 우리는 알 수 있다. 그런 점에서 보면 간판도 포도주만큼은 아니지만 나름의 실재성을 지녔다고 할 수 있다.

이렇게 둔스 스코투스는 개념 실재론과 급진 유명론을 모두 부정하고 넘어서면서 둘 사이에 다리를 놓는다. 인간은 개념 실재론자들이 믿는 것처럼 개념을 통해 직접 신을 파악할 수는 없다. 그러나 그렇다고 해서 급진적 유명론자들처럼 개념은 한갓 명칭일 뿐이어서 사태와는 아무런 관련도 없다고 말할 수도 없다. 우리는 개념이 가리키는 방향을 따라 사태 자체로 나아갈 수 있고 신에게 다가갈 수 있다. 간판을 포도주처럼 마실 수 없듯이 개념으로 곧바로 신을 잡을 수는 없다. 분명히 신은 개념 너머에 있다. 그러나 개념은 신을 가리킨다. 교수 임용 자격 논문이 그려낸 둔스 스코투스의 사상은 뒷날 하이데거가 신이라는 문제를 어떤 식으로 사유하게 되는지 그 윤곽을 앞서 보여주었다.

하이데거는 이 논문에서 둔스 스코투스가 사용한 '하이케이타스'(haecceitas)라는 말에 특별히 주목했다. 라틴어 단어를 조합해 만든 '하이케이타스'는 '지금 여기 이것임'(thisness)을 뜻하는 말이다. 개

중세 스콜라 철학의 거두 둔스 스코투스.
하이데거는 교수 임용 자격 논문의 주제로 그의 '사변 문법'을 택했다.

체를 고유한 그 개체로 만들어주는 '개체화 원리'가 하이케이타스다.[43] 지금 여기에 있는 이 구체적인 개별자의 개별성이 바로 하이케이타스다. 하이데거는 이 하이케이타스를 염두에 두고 "참으로 실존하는 것은 개별자다"라고 말한다.[44] 신 자체에 모든 관심이 집중돼 있는 토마스 아퀴나스의 사상과 비교해볼 때, '현실의 구체적인 삶'에 대한 둔스 스코투스의 관심이 분명히 드러나는 대목이다. 하이데거가 하이케이타스에 주목한 것은 '절대자는 개별자를 통해서만 드러난다'는 생각에 근거한 것이었다. "개별적인 삶의 의미는 하이데거에게 여전히 절대자, 신이다. 그러나 절대자는 개별자를 넘어선 사변적 사유에서 접근할 수 있는 것이 아니라 개별적으로만 접근할 수 있다. 하이데거가 '다가감'이라고 말하는 절대자에 대한 경험은 '개별자 안에' 근거하고 있다."[45]

하이데거에게 둔스 스코투스의 사상은 절대자를 신성한 피안으로 옮겨놓으려는 시도일 뿐만 아니라 동시에 절대자를 가까이에서 즉 직접적이고 구체적인 현실에서 느끼려는 시도이기도 하다. 저 피안의 절대자를 만나는 길은 구체적인 '지금 이곳'의 이 개별자, 훗날의 용어로 말하면 '단순하고 소박한 것들'을 통해 난 길이다. 그러나 이 절대자와 개별자가 어떻게 연결되느냐 하는 문제를 포함한 하이데거의 사태 이해는 아직 뚜렷하지 못했다. 다만 이런 생각의 방식이 미래의 성숙한 사상으로 가는 방향을 가리키고 있다는 것만큼은 분명하다. 또 하이데거가 가톨릭 체계를 구축한 토마스 아퀴나스에 대항했던 둔스 스코투스를 논문 주제로 삼았다는 데서, 당시 마음 저 깊은 곳에서 점차 커져가고 있던 가톨릭 체계에 대한 반발심을 감지하는 것도 어려운 일은 아니다.

교수 임용 자격 논문, 중세 철학과의 비판적 대결

교수 임용 자격 논문에서 눈에 띄는 것 가운데 하나는 하이데거가 낡은 중세 스콜라 철학을 오늘의 철학으로 끌어냈다는 점이다. 『사변 문법』이 토마스 폰 에어푸르트의 저작임을 밝혀낸 마르틴 그라프만(Martin Grabmann, 1875~1949)은 하이데거의 논문을 이렇게 평가한다. "하이데거는 「둔스 스코투스의 범주론과 의미론」에서 … 『사변 문법』을 현대의 빛 안으로 끌어들였다. 그는 그 속에 전개된 사유의 과정을, 비교될 만한 현대 사유 속의 문제점과 긴밀히 연관시켰고 중세 원문의 틀에, 살아 있는 현대 철학의 살과 피를 주었다."[46] 그라프만의 말대로 하이데거는 이 중세의 텍스트를 현대 철학의 빛으로 조명했다. 그것은 훗날 『존재와 시간』에서 하이데거가 '형이상학 역사의 해체(Destruktion)'라고 다소 과격한 용어로 가리켰던 것의 선구적 작업에 해당한다.[47] 하이데거는 스콜라 철학과 비판적인 자세로 대화하고자 했던 것이다.

그런 비판적 대화의 자세가 뚜렷이 드러나는 곳이 논문의 결론이다. 여기서 하이데거는 스콜라 철학의 '실재론'과 후설 현상학의 '선험론'을 통일하는 것을 목표로 제시한다. 스콜라 철학의 실재론과 후설 현상학의 선험론을 넘어서서 이 양자를 통일하는 『존재와 시간』의 지평을 미리 앞서 가리켜 보인 셈이다. 이 단계의 하이데거는 스콜라 철학의 실재론의 근본 취지를 여전히 받아들인다. 즉 세계는 인간의 마음의 산물이 아니라고 보는 것이다. 그러나 동시에 이 실재론은 선험론의 관점에 순응해야 한다고 하이데거는 생각한다. 주관의 작용을 통해서만 세계가 세계로서 출현할 수 있다는 것이 선험론의 관점이다. 이 둘은 종합돼야 한다. 실재론과 선험론은 협동 작업을 해야 한다. 세계 없는 주관도 없고 주관 없는 사물 자체도 없다.[48]

다시 말해 우리의 선험적 주관이 없다면 세계는 세계로 나타날 수 없고, 또 사물 자체가 없다면 우리의 주관은 세계를 세계로 드러나게 할 수도 없다. 후설이 『순수현상학과 현상학적 철학의 이념들』제1권에서 밝힌 대로 하자면, 노에시스(Noesis, 인식 작용)가 없다면 노에마(Noema, 인식 대상)는 존재할 수 없다. 둘은 서로 뗄 수 없는 관계에 놓여 있는 상관자들이다. 후설 현상학의 선험론과 스콜라 철학의 실재론을 통일하려는 젊은 하이데거의 이런 철학적 분투의 결과는 10여 년 뒤 『존재와 시간』으로 나타난다.

하이데거의 교수 임용 자격 논문에서 또 하나 주목할 만한 것이 중세 신비주의와의 만남이다. 하이데거는 스콜라 철학의 형이상학을 파고들면서도 '삶의 충일'과 '살아 있는 정신'이라는 문제를 잊지 않았다. 형이상학이라는 것이 현실을 떠나 관념의 창공을 날아다니는 듯 보이지만 그 뿌리에는 '우리 삶의 체험'이 있다. 이 사실이 왜 하이데거가 둔스 스코투스에게 특별히 관심을 기울였는지를 설명해준다. 앞에서 본 대로 둔스 스코투스는 '하이케이타스' 곧 지금 이곳의 개별적인 삶을 중요시했고, 그 생생한 구체적 삶 안에서 절대자 곧 신의 자취를 발견하고자 했다. 여기서 엿볼 수 있는 것이 구체적인 삶의 체험과 신비주의 사이의 연결 고리다.

둔스 스코투스는 논리적으로 치밀하게 사유했지만 단순한 합리주의자는 아니었다. 중세 스콜라 철학의 형이상학적 교설은 한낱 강단 철학의 개념이 아니라 "중세인의 체험 세계에 대한 표현이고 신에 대한 영혼의 초월적인 근원 관계에 닻을 내린, 일정한 내적 실존 형식에 대한 개념적 표현이다." 『초기 저술』409쪽[49] 중세인은 감각적 세계에 빠져 있는 것이 아니라, 오히려 이 세계를 언제나 더 고차적인 존재자 곧 신과 관련시키고 그 존재자에 의존하는 것으로 본다. 반대로 현대인은 감각적인 흐름에, "불안정과 방향 상실"에 사로잡혀 있다. 『초기 저술』

409쪽[50] 이런 하이데거의 발언에서 근대를 비판하고 중세의 삶을 더 높이 평가하는 반근대주의적 사고를 읽어내기는 어렵지 않다.

하이데거는 중세인의 삶의 체험을 시야에 두고 중세의 신비주의를 들여다본다. 하이데거가 보기에 신비주의자들이야말로 중세의 체험이 최고조에 이른 사람들이었다. 교수 임용 자격 논문 서론에서 하이데거는 "사람들이 중세 스콜라 철학(Scholastik)의 삶 속에서 살아 있는 것"을 찾고자 한다면 "신비적이고 도덕신학적이고 금욕적인 중세 스콜라 철학 문헌에 대한 철학적인, 더 정확히는 현상학적인 철저한 연구가 특히 절박하다"고 밝힌다.『초기 저술』205쪽[51]

이어 결론에서 하이데거는 다시 이렇게 말한다. "중세의 세계에서 스콜라 철학과 신비주의는 본질적으로 함께 속한다."『초기 저술』410쪽 '스콜라 철학=합리주의', '신비주의=비합리주의'라는 등식은 성립할 수 없다. 왜냐하면 스콜라 철학은 신비주의가 체험하는 것을 개념의 수준에서 표현하기 때문이다.[52] '합리주의적 신비주의', 이것이 중세 철학의 특징이며, 하이데거가 근본적으로 관심을 품고 있는 것이 바로 이 합리주의적 신비주의의 영역이다. 그리하여 하이데거는 단호하게 말한다.

"생으로부터 분리된 합리주의 철학은 무력하다(machtlos). 이에 비해 비합리주의적인 신비주의는 맹목적이다(ziellos)."『초기 저술』410쪽

이런 진술은 '극한의 논리적 사고'와 '논리를 뛰어넘는 신비주의'가 기이하게 결합되는 뒷날 하이데거의 존재 사유를 예고한다고 할 것이다. 나아가 이런 사유 지향은 이 단계에서 하이데거가 이미 독자적인 정신을 소유한 학자라는 것을 보여준다. 이 시기의 하이데거를 신칸트학파 철학자라고 부를 수 없듯이, 똑같은 이유로 이 시기의 하이데거를 스콜라학파 철학자라고 부를 수도 없다. 하이데거는 두 세력 사이, 아니 더 정확히 말하면 여러 철학적 세력 사이 어디에선가

자신의 길을 열어가고 있었다.

에크하르트의 신비주의와 만나다

하이데거의 이런 사유 경향은 이 교수 임용 자격 논문에서 중세를 대표하는 신비주의 사상가 마이스터 에크하르트를 언급할 때 다시 한번 드러난다. "나는 이것(주관과 객관의 상관성)으로부터 그리고 계속해서 이하에서 언급된 진리 문제의 형이상학과 관련해서, 어떻게 에크하르트적인 신비주의(Mystik)가 비로소 그 철학적 해석과 평가를 얻게 되는지를 다른 기회에 보여줄 수 있기를 바란다."「초기 저술」 402쪽[53] 하이데거는 1918~1919년 겨울학기에 에크하르트 사상을 포함한 중세 신비주의를 강의하려고 했지만, 강의 초안만 작성해 두고 실제 강의는 하지 못했다. 이어지는 사유의 여정에서 칸트나 헤겔처럼 에크하르트가 따로 주제로 잡혀 상세히 논의되지는 않았다. 하지만 하이데거는 철학적 논의 곳곳에서 에크하르트를 호명했다. 특히 후기 사유의 핵심 개념 가운데 하나인 '내맡김'(Gelassenheit)이라는 말은 에크하르트의 신비주의 사상에서 직접 가져온 것이었다. 에크하르트로 집결되는 중세 신비주의 사상은 하이데거가 긴 사유 여정의 끝에 이르기까지 손을 놓지 않은 동행자였다.

젊은 하이데거가 중세 신비주의에 쏟은 관심의 크기를 카푸토는 다음과 같은 말로 가늠한다. "하이데거가 삶의 이 단계에서 굳게 주장하는 것은 '중세 형이상학은 만약 그것이 중세 신비주의 속에서 표현되고 있는, 생기를 주는 정신으로부터 떨어진다면 빈껍데기로 드러날 것'이라는 것이다."[54] 중세 사상을 탄생시킨 종교적 체험에서 그 사상만 따로 떼어내 고립시킬 경우, 중세 사상은 오해의 벼랑으로 떨어질 수밖에 없다는 얘기다. 중세 스콜라 철학은 신비주의적 종교 체험과 서로 떨어져 있지 않았다. 이것은 하이데거의 사유에도 거의 그대로 들어맞는다. 다수의 하이데거 연구가 하이데거 사상의 한 측면인 엄격한 철학적 사유에 기울어져 있다는 사실을 감안하면, 이 사실을 특별히 강조해 두는 것도 좋을 것이다.

1915년 교수 임용 자격 논문을 완성한 하이데거는 그 논문을 하인리히 리케르트에게 제출했다. 당시 리케르트는 프라이부르크대학 교수 사회에서 영향력이 큰 인물이었고, 신칸트학파의 거두였다. 리케르트는 칸트 철학을 새로이 세우는 데 골몰해 있었기 때문에, 낡은 중세 철학을 파고드는 젊은 연구자의 논문에 관심을 둘 만큼 여유가 없었다. 하이데거는 리케르트의 관심권 안으로 들어가지 못했다. 리케르트의 눈에 하이데거는 가톨릭철학이라는 변방에 속한 사람이었다.[55] 리케르트는 하이데거를 흘려보냈다. 1915년 7월 27일 교수 임용 자격 논문 심사에서 하이데거는 '역사과학에서 시간 개념'이라는 주제로 시범 강의를 했고 이로써 심사가 끝났다. 하이데거는 이제 배우는 학생이 아니라 가르치는 강사로 신분이 바뀌었다. 교수 임용 자격 논문 심사를 마친 뒤 1915년 가을 하이데거는 또다시 군대의 소집 명령을 받았다. 하지만 이번에도 심장 이상 징후가 나타나 바덴주 뮐하임 군병원에 4주 동안 입원했다. 퇴원한 하이데거는 예비전력 일원으로 프라이부르크 우편물 검열국에 배속돼 1918년 초까지 비교적 순탄하게 복무했다. 남는 시간은 연구와 강의에 바쳤다. 1916년 7월 몇 년 동안 공석으로 있던 가톨릭철학 교수 자리가 뮌스터대학 교수 요제프 카이저(Joseph Kaiser, 1869~1948)에게 돌아갔다. 그 자리를 바라고 준비했던 하이데거로서는 실망스러운 결말이었다. 그 뒤로도 7년여 동안 하이데거는 강사 생활을 계속했다. 20대 청년이 교수로 임용되는 경우는 흔하지 않았으므로 임용 탈락이 하이데거에게 아주 굴욕적인 경험이라고 할 수는 없는 일이었다.

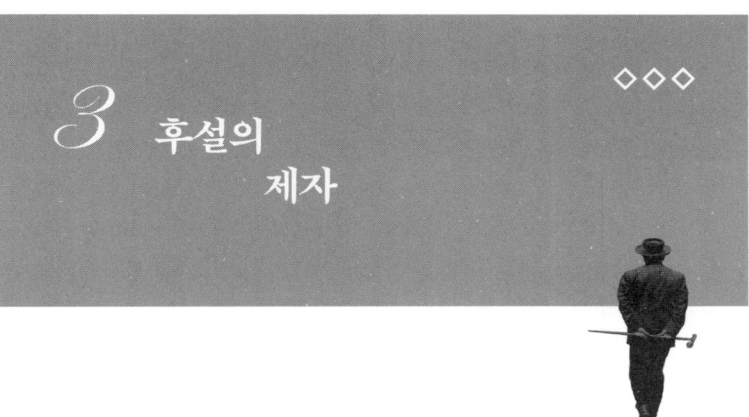

3 후설의
  제자

◇◇◇

프라이부르크로 귀환한 하이데거는 1919년 후설의
연구조교가 됐다. 이후 5년 가까이 하이데거는 후설 밑에서
현상학을 속속들이 공부한다.
후설은 당시 "현상학, 그것은 하이데거와 나다"라고
공개적으로 이야기할 정도로 하이데거를 아꼈고,
하이데거가 자신을 이어 현상학의 후계자가 되리라 기대했다.
그러나 후설 밑에서 공부하던 이 시기에 벌써 하이데거는
후설의 길과는 사뭇 다른 길로 접어들었고,
하이데거가 프라이부르크대학을 떠난 뒤에는
후설의 길에서 더욱 멀어졌다.

"

내가 후설을 연구실에서 개인적으로 만나
알게 된 뒤로 해결할 수 없었던 점들이 나에게서
서서히 사라져갔고 혼란도 점차 가시게 됐다.

깊은 마음속 진실한 곳에서 생생하고 절박하게 체험하는 것,
그런 체험을 같은 뜻을 품은 사람들에게 표현하는
것이 우리의 의무가 돼야 합니다.

"

매혹적인 여학생 엘프리데 페트리

1915년 가을 우편물 검열국에 배치된 하이데거는 낮 시간 동안 병영으로 가는 편지들을 읽었다. 전선에 있는 병사들의 사기를 떨어뜨리는 내용이 있으면 배송에서 제외했다. 이 이상한 일을 아침부터 오후 늦게까지 했으므로 막 강사가 된 하이데거는 자신의 강의를 저녁 시간으로 옮겨야 했다. 하이데거 강의 수강생 중에는 엘프리데 페트리(Elfriede Petri, 1893~1992)라는 여학생도 있었다. 짧은 콧수염을 기른 젊은 철학 강사와 매력을 발산하는 네 살 아래 수강생은 이해 가을부터 친밀해지기 시작했다. 엘프리데를 만나기 반 년 전에 하이데거는 슈트라스부르크의 하급 세관 직원의 딸과 약혼했다가 파혼한 적이 있었다. 그 여성이 심한 폐결핵을 앓았던 것이 이유였던 것으로 보인다.

엘프리데는 프라이부르크대학에서 국민경제학을 전공하는 학생이었다. 대학을 다니는 여성이 흔하지 않았고 더구나 국민경제학을 전공하는 여학생은 더 보기 힘든 시절이었다. 엘프리데는 프라이부르크에서 북동쪽에 있는 작센 지방 프로이센 장군의 딸이었다. 메스키르히 성당지기의 아들과는 신분 차이가 컸다. 두 사람을 키운 문화적 성분의 차이는 더 컸다. 엘프리데는 북부 개신교 루터파에 속하는 해방된 여성이었고 자유주의 여권 운동에도 관심이 많았다. 반면에 하이데거는 남부의 보수적인 가톨릭 문화에서 자란 사람이었다. 엘프리데는 1913년 시작된 자유독일청년운동에도 참여했다. 자유독일청년운동은 자기책임과 자기결정에 따라 내적 진실성을 구현하는 것을 삶의 목표로 하는 개혁 운동이었다. 하이데거를 감싸 키운 문화와 엘프리데가 들이마신 문화는 차이가 컸다. 그러나 신분과 문화의 차이는 두 사람이 결합하는 데 큰 장애가 되지 않았던 것으로 보인다. 하이데거가 보수적인 가톨릭 문화 속에서 자랐다고 해도 사회생활과 인간관계에서까지 낡은 관념에 젖은 것은 아니었다. 게다가 하이데거는 지적인 영역에서 자신감이 넘치고 학자로서 성공할 가능성이 큰 철학 강사였다. 어쩌면 하이데거 내부에는 상층 문화의 에토스가 몸에 밴 세련되고 개방적인 여성에 대한 동경이 있었을지도 모른다. 엘프리데와 비교하면 하이데거는 도회풍의 감각적 세련미와는 거리가 있는 농촌 출신 청년이었다. 하지만 이 젊은 철학자의 넓고 깊은 지식에서 번득이는 통찰력과 독특하고 강렬한 언어에서 배어나오는 카리스마는 수강생의 마음을 잡아끌었다. 서로 가까워진 두 사람은 엘프리데의 친구들과 함께 이듬해 여름 독일 남부 보덴 호수에 있는 라이헤나우 섬으로 여행 가서 며칠을 보냈다. 풍광과 유적이 아름다운 섬이었다. 거기서 보낸 시간을 추억하며 지은 시 「라이헤나우 섬의 저녁 산책」을 하이데거는 약혼자가 된 엘프리데에게 바쳤다. 100여 년 전 선배 철학자 헤겔이 젊은 약혼자에게 사랑의 시를 써 보낸 것을 모방한 것일까. 어쨌거나 이 시에는 당시 하이데거의 마음이 은근하게 드러나 있다.

> 은빛 등대불이 저 멀리 어스름한 둑길 쪽
> 호구로 흘러나가고
> 나른한 여름 저녁 이슬 맺힌 정원에는

하이데거와 엘프리데 페트리(1916).
두 사람은 1917년 3월에
뮌스터대학의 교회에서 결혼식을 올렸다.

조심스런 구애의 말처럼 밤이 내린다.
오래된 옥탑 지붕에서 들려온
마지막 새 울음소리가
하얀 달빛 받은 박공 사이에 걸린다.
환한 여름날이 내게 마련해준 것은
주렁주렁 과실을 맺었으니
영원의 세월에서 온
황홀한 화물이
아주 소박한
잿빛 황무지의 내게 전해진 것.「사유의 경험으로부터」 7쪽

　시어가 가리키는 이미지로 보건대, 그 즈음 남자는 조심스럽게 사랑을 고백했을 것이고 여자는 남자의 구애를 기쁘게 받아들였을 것이다. 영원의 세월을 건너온 황홀한 선물 같은 여자의 응답이 잿빛 황무지 같은 남자의 마음을 등대의 불빛처럼 밝혔을 것이다. 마르틴 하이데거와 엘프리데 페트리는 1917년 3월에 결혼식을 올렸다. 결혼식은 뮌스터대학 안에 있는 교회에서 한때 하이데거의 경쟁자였던 신학자이자 가톨릭 신부인 엥겔베르트 크렙스의 주례로 매우 간소하게 치러졌다. 전시의 결혼식이어서 신부 드레스도 없었고 연회나 하객도 없었다. 신부와 신랑의 부모도 축하 편지만 보내고 참석하지 않았다. 크렙스 앞에서 두 사람은 아이를 낳으면 가톨릭 방식으로 키우겠다고 서약했다. 두 사람 사이에서는 1919년과 1920년 잇따라 두 아들이 태어났다.

후설 "내 힘이 닿는 한 기꺼이 자네를 지원하겠네"

엘프리데와 가까워져 생활세계에 변화가 예고되던 1916년에 하이데거의 학문 세계에도 변화를 가져올 또 하나의 사건이 일어났다. 후설의 등장이었다. 1915년 10월 서남독일 신칸트학파를 이끌던 빌헬름 빈델반트가 세상을 뜨자, 이듬해 하인리히 리케르트가 빈델반트의 자리를 이어받으려고 프라이부르크대학을 떠나 하이델베르크대학으로 갔다. 이때 리케르트의 후임으로 프라이부르크대학에 부임한 사람이 바로 괴팅겐대학 교수 에드문트 후설이었다. 대학 입학 직후부터 후설의 『논리 연구』와 후속 저서를 탐독했던 하이데거에게는 이제야말로 현상학의 창시자 밑에서 직접 배울 기회가 온 셈이었다.

후설은 학문 연구에서 한 치의 거짓이나 타협도 허용하지 않는 정직하고도 신실한 사람이었지만, 일상생활에서는 고루하고 가부장적인 면모가 있는 데다 자기 세계에만 갇혀 다른 일을 돌보지 않는 보수적인 사람이었다. 수업 중에도 한번 생각에 빠지면 멍한 눈으로 허공을 응시하면서 혼잣말을 하고는 했다. 그럴 때면 오른손 가운뎃손가락을 왼손으로 쥐고 빙글빙글 돌리는 버릇이 있었다. 생각에 몰두한 후설은 학생들이 입을 다문 채 선생만 바라보고 있다는 것을 느끼지도 못했다. 어느 날 한 학생이 참다못해 불평을 하자 강의를 마친 뒤 "오늘 수업은 정말 토론이 활발했다"고 얘기할 정도로 주변 사정에 어두운 사람이었다. 후설은 제자들이 자신과는 다른 곳에 살고 있다는 것, 다른 문제에도 관심이 있다는 것을 이해하지 못했다.[56)]

후설의 탁월성을 만나려면 '현상학'의 문을 열고 들어가야 한다. 의식의 세계를 파고드는, 송곳처럼 날카롭고도 엄밀한 현상학 탐구의 정신에서만 후설이 학자로서 우러름을 받는 진정한 이유가 드러난다. 후설의 현상학은 모든 일상적·학문적 선입견을 배제하고 '사

슈바르츠발트에서 후설(왼쪽)과 하이데거(1921).
후설은 프라이부르크대학에 부임한 지 1년이 지나서야
제자 하이데거의 비범함을 발견했다.
1917년 9월 24일 하이데거에게 보낸 편지에서 후설은 이렇게 썼다.
"내 힘이 닿는 한 기꺼이 자네 연구를 지원하겠네."

태 자체로' 나아가 사태가 자기를 드러내는 대로 그 본질을 기술하는 것을 목표로 삼았다. 이때 현상학이 기술하려는 사태는 '의식의 사태', 곧 의식에 드러난 외부 세계의 사태였다. 더 근본적으로 따져 들어가면, 그 외부 세계를 인식하는 의식 자체가 바로 현상학이 발견해야 할 사태였다. 의식 자체가 투명하게 해명된 뒤에야 의식에 들어온 외부 세계도 명확하게 이해될 수 있었다. 이 의식이라는 미지의 대륙을 감싼 농무를 걷어내고 의식의 체험 구조를 선명하게 밝히는 것, 이것이 현상학이 요구하는 '명증성'이었다. 이렇게 환히 드러난 의식의 체험 구조 위에다 외부 세계를 탐구하는 모든 학문의 기초를 세우는 것, 다시 말해 현상학을 모든 학문이 뒤따라야 할 '엄밀한 학문'으로 세우는 것, 이것이 현상학의 목표였고 후설의 유일한 목표였다. 마치 300년 전 프랑스 철학자 르네 데카르트(René Descartes, 1596~1650)가 모든 지식의 의심할 수 없는 토대를 '사유하는 정신'에서 찾아냈듯이, 인간이 생각할 수 있고 알 수 있는 모든 앎의 궁극적 토대를 인간 의식 안에서 찾아내는 것, 그것이 현상학의 야심이었다. 후설에게는 이 현상학의 원대한 꿈을 실현하는 것 말고는 다른 아무런 꿈도 없었다.

후설을 만나기 오래 전부터 현상학 방법론에 매혹돼 있던 하이데거는 후설이 프라이부르크대학으로 오자 이 현상학의 아버지에게 다가가 몇 차례 문을 두드렸다. 하지만 현상학에만 정신이 팔린 후설은 가톨릭 철학 연구자로 알려진 젊은 강사에게 눈길을 주지 않았다. 전임 신칸트학파의 거두 리케르트가 보인 반응과 다르지 않았다. 후설이 하이데거라는 두뇌를 발견한 것은 부임하고 1년이 지난 1917년 가을이었다. 그제야 후설은 하이데거가 철학 세계의 변방에 숨어서 홀로 빛나는 보석임을 알아보았다. 후설은 1917년 9월 24일 하이데거에게 편지를 썼다. "내 힘이 닿는 한 기꺼이 자네 연구를 지원하겠네."⁵⁷⁾ 이해 겨울 내내 두 사람은 많은 철학적 대화를 나누었고 그 대화를 통해 하이데거 안에 오랫동안 남아 있던 현상학에 관한 의문들이 씻겨 나가기 시작했다. "내가 후설을 연구실에서 개인적으로 만나 알게 된 뒤로 해결할 수 없었던 점들이 나에게서 서서히 사라져 갔고 혼란도 점차 가시게 됐다." 「현상학에 이르는 나의 길」, 「사유의 사태로」 186쪽

1차 세계대전 말기, 서부전선의 기상관측병

1818년 봄 후설 밑에서 연구조교를 하며 온갖 뒤치다꺼리를 하던 폴란드 출신 여성 철학도 에디트 슈타인(Edith Stein, 1891~1942)이 후설을 떠났다. 후설은 후임으로 하이데거를 생각했다. 그러나 하이데거가 후설 연구실에서 조교 생활을 하려면 한참을 더 기다려야 했다. 전황이 급변하고 있었기 때문이다. 1918년에 들어와 전쟁이 막바지로 치닫자 독일 정부는 후방에 남아 있던 예비 병력까지 재소집해 전방으로 투입했다. 우편물을 검열하던 하이데거는 이해 초 다시 한번 징병검사를 받았다. 이번에는 '전쟁터에 복무할 수 있음'이라는 판정이 나왔다. 하이데거는 프라이부르크를 떠나 고향 메스키르히 근처 호이베르크 군단 훈련소에서 훈련을 받았다. 후설은 병영에 있던 하이데거와 자주 편지를 주고받았다. 유대인이면서도 애국심이 강했던 후설은 1916년 막내아들을 전쟁터에서 잃은 터였다. 둘째 아들도 이해 가을 머리에 총상을 입고 군 병원에 입원했다. 독일이 승리할 것이라는 희망을 거두지 않던 후설은 하이데거에게 보낸 편지에 아들을 대하는 아버지 같은 마음을 내보이며 철학은 잠시 잊어버리라고 썼다. 수학 지식이 많았던 하이데거는 기상관측 부대에 배속됐고 7월에 베를린으로 파견돼 기상학 교육을 받은 뒤 8월 말에

서부전선에 투입됐다. 독가스 공격 부대에 기상관측 정보를 제공하는 것이 하이데거가 맡은 일이었다. 하이데거가 복무하던 프랑스 북서부 아르덴주 스당은 1차 세계대전 중 가장 참혹한 살육전이 벌어진 베르됭에서 얼마 떨어지지 않은 곳이었다.

하이데거는 전쟁이 끝날 때까지 서부전선에 머물면서 여러 사람과 편지를 주고받았다. 그중에는 아내 엘프리데의 대학 친구인 엘리자베트 블로흐만도 있었다. 세 살 연하인 블로흐만은 하이데거를 존경심 어린 눈으로 우러러보았고 하이데거는 블로흐만을 철학적 인도자 같은 태도로 대했다. 하이데거가 전선에서 블로흐만에게 쓴 편지에는 후설에게 보낸 편지에서는 드러나지 않는, 자신의 내밀한 생각과 감정이 담겨 있었다. "깊은 마음속 진실한 곳에서 생생하고 절박하게 체험하는 것, 그런 체험을 같은 뜻을 품은 사람들에게 표현하는 것이 우리의 의무가 돼야 합니다."1918년 10월 2일[58] '절박한 체험'을 강조하는 이 편지에서 하이데거가 세계대전의 거대한 화염을 타고 번지고 있던 '생철학'의 언어에 익숙해졌음을 눈치 챌 수 있다.

생철학의 선도자는 그 얼마 전 세상을 떠난 철학자 빌헬름 딜타이였다. 하이데거는 전쟁의 무시무시한 폭력과 광기를 통과하면서 존재론이나 현상학 같은 건조한 철학의 울타리를 넘어 대학 바깥에서 시대의 유행이 된 생철학 흐름에도 눈을 돌리기 시작했다. 이 편지보다 몇 달 앞서 블로흐만에게 쓴 편지에는 다른 의미에서 주목할 만한 구절이 들어 있다. "우리에게 정신적 삶은 참으로 현실적인 삶이 됐습니다. … 정신적 삶이 형성되고 귀감으로 제시되려면 그런 삶을 함께 살아가는 사람들이 가장 본래적인 실존에서 그 삶에 직접 사로잡혀야 합니다. … 자신의 소명이 지닌 고유한 가치에 대한 믿음이 참되게 살아 있을 때, 우연적인 주변 세계의 모든 무가치한 것들이 내면으로부터 영원히 극복될 것입니다."1818년 6월 15일[59]

이 편지에서 눈에 띄는 것이 '본래적 실존'이라는 말이다. 본래적 실존은 하이데거가 나중에 『존재와 시간』에서 '비본래적 실존'에 맞세워 우리가 획득해야 할 실존의 방식으로 제시하게 될, 하이데거 철학의 핵심 개념 가운데 하나다. 하이데거에게 『존재와 시간』의 그 용어는 특수한 철학적 어휘이기 이전에 일상적인 어휘였으며, 하이데거는 그 어휘를 『존재와 시간』을 집필하기 오래 전부터 사용하고 있었다. 이 편지는 '본래적 실존'이라는 말이 실존주의적 분위기에 젖은 하이데거의 일상 세계에서 태어나 엄밀한 의미를 품은 철학적 용어로 올라선 것임을 알려준다.

1918년 11월 11일 연합군의 진격에 밀린 독일이 마침내 무릎을 꿇었다. 전선의 하이데거는 4년 동안 유럽과 독일의 젊은이 수백만 명을 죽음의 수렁으로 내던진 제1차 세계대전의 최후 상황을 지켜보았다. 전쟁이 끝나기 나흘 전에 블로흐만에게 쓴 편지에는 '종말'의 의미를 생각하는 병사——철학자의 모습이 드러나 있다. "종말은 도래할 수밖에 없고 또 그것만이 우리의 유일한 구원입니다. 하지만 그 종말 이후의 삶이란 게 어떤 모습일지는 분명치 않지요. ··· 분명하고 확고부동한 것이 있다면, 그것은 참으로 정신적인 사람들에게 주어지는 요구입니다. ··· 비록 외적인 것들이 결핍되고 몇 가지 것은 포기해야 하는 상황이 임박해 있지만, 사실 내게는 살고자 하는 의욕이 있습니다. 오로지 내면이 빈곤한 탐미주의자들, 그리고 아직까지도 '정신적인' 인간들, 달리 말해 다른 이들이 돈과 여흥에 빠지듯 정신과 더불어 유희만 벌이는 인간들, 그런 인간들만이 이제 몰락하여 속절없이 절망을 거듭하게 될 것입니다."1918년 11월 7일[60]

이 임박한 '종말' 앞에서 하이데거의 눈이 가 있는 곳은 '정신'의 영역이다. 하이데거는 이 종말이 화려한 껍데기로 내면의 빈곤을 감춘 인간들, 참된 정신을 망각한 채 정신이라는 말의 유희에만 골몰하는 인간들을 몰락으로 던져버리고 진정으로 정신다운 정신이 일어날 순간을 마련해주기를 갈망한다. '정신의 몰락 속 정신의 부활', 그것이 지금 하이데거가 그려보는 막연하지만 강렬한 전망이다. 하이데거 사유 안에서 긴 세월을 두고 점점 더 깊은 의미를 띠게 될 '몰락을 통한 새로운 시작'이라는 전망이다. 전쟁터에서 돌아온 하이데거가 '종교현상학' 강의에서 보여줄 초기 기독교인들의 '종말론적 삶'의 의미를 미리 엿보게 해주는 전망이기도 하다. 하이데거가 강조하는 '살고자 하는 의욕'에서 이 새로운 시작을 정신의 힘으로 이끌어보겠다는 젊은 철학자의 의지를 읽어내는 것도 어려운 일은 아니다.

"현상학, 그것은 하이데거와 나다"

프라이부르크로 귀환한 하이데거는 1919년 후설의 연구조교가 됐다. 이후 5년 가까이 하이데거는 후설 밑에서 현상학을 속속들이 공부한다. 후설은 당시 "현상학, 그것은 하이데거와 나다"라고 공개적으로 이야기할 정도로 하이데거를 아꼈고, 하이데거가 자신을 이어 현상학의 후계자가 되리라 기대했다.[61] 그러나 후설 밑에서 공부하던 이 시기에 벌써 하이데거는 후설의 길과는 사뭇 다른 길로 접어들었고, 하이데거가 프라이부르크대학을 떠난 뒤에는 후설의 길에서 더욱 멀어졌다.

앞에서 본 대로 후설을 만나기 전부터 하이데거의 눈은 현상학 창시자의 눈이 보는 방향과는 다른 방향을 보고 있었다. 후설에게는 의식의 체험 구조로 들어가 그 구조를 현상학적으로 해명하는 것이 일차적 과제였지만, 하이데거에게 현상학이란 의식을 넘어 '사태 자체로' 나아가는 것이었다. 그리고 이 사태 자체가 가리키는 것은 우선은 인간의 현실적인 삶이었다. 방향의 차이가 뚜렷해질수록 두 사람

사이 거리도 멀어졌다. 그러나 종전 직후의 젊은 하이데거에게 아직 후설 연구실은 자신의 사유에 햇빛과 양분을 주는 온실이었다.

　주목할 것은 이 온실에서 하이데거가 후설의 공개되지 않은 원고들을 읽고 연구할 기회를 얻었다는 사실이다. 후설의 미간행 원고는 후설이 타계하고 한참 지난 뒤에야 출간되기 시작했는데, 그 원고에서 후설이 '의식의 선험적 구조 해명'이라는 익히 알려진 연구 방향과는 아주 다른, 다시 말해 '생활세계에 대한 현상학적 탐구'라는 방향으로도 집요하게 관심을 보이고 있음이 드러났다. 후설 원고 연구가 이 시기 하이데거의 사유 방향에 작지 않은 자극을 주었음이 이로써 분명해진다.

　후설의 조교가 됨과 동시에 하이데거는 1919년 초에 개설된 임시 학기에 전후 처음으로 공개 강의를 시작했다. 무대는 프라이부르크 대학 제2강의실이었고, 강의의 주제는 '철학의 이념과 세계관의 문제'였다. 여기서 하이데거는 오래 숙련한 현상학 방법론에 따라 우리의 사물 체험을 생생하게 묘사했다. 제2강의실 강단에 놓인 교탁을 바라보는 단순하고도 소박한 체험에서 시작해 하이데거는 '아무것도 없지 않고 무언가가 있다'는 사실이 주는 경이감, 더 나아가 교탁을 보는 내가 존재하며 나를 포함한 이 세계가 존재한다는 사실이 주는 경이감 속으로 수강생들을 몰아갔다. 난쟁이들이 사는 작은 토굴에서 시작해 거대한 세계로 나아가는 『반지의 제왕』의 톨킨처럼, 하이데거의 강의는 학생들을 지극히 사소한 것에 눈길을 모으게 한 뒤 그 작은 것을 통해 무언가 거대하고 근원적인 것을 통찰하는 순간의 놀라움으로 이끌었다. 얼마 지나지 않아 하이데거는 이런 마술 같은 강의로 학생들에게서 '메스키르히의 작은 마법사'라는 별명을 얻게 된다. 스승 후설의 따분하고 느리기만 한 강의와는 전혀 다른, 수수께끼에 얽혀든 뒤 그 수수께끼에서 풀려나는 놀라운 경험이 펼쳐지는 강의였다.

가톨릭 탯줄을 자르다

이 임시학기 강의를 하던 시기에 하이데거는 삶과 사유의 행로에 중대한 전환점이 되는 결정을 내렸다. 가톨릭이라는 탯줄을 스스로 잘라버린 것이다. 1919년 1월 9일 하이데거는 결혼식 주례를 봤던 크렙스에게 편지를 썼다. 크렙스는 그 사이에 프라이부르크대학 신학부 교리신학 교수가 돼 있었다.

"나는 지난 2년 동안 내 철학적 입장을 원칙적으로 해명하려 애썼고 … 여기서 어떤 결론에 이르렀습니다. … 역사적 인식의 이론을 포괄하는 인식론적 통찰에 근거할 때, 나는 '가톨릭주의 체계'가 문제가 있으며 받아들일 수 없는 것이라 생각하게 됐습니다. 하지만 기독교와 형이상학 자체를 그렇게 생각한다는 것은 아닙니다. 물론 이제는 새로운 의미의 기독교와 형이상학이긴 하지만 말입니다. 나는 일찍이 내가 중세 가톨릭에 어떤 가치들이 간직돼 있는지 강하게 느꼈다고 믿습니다. … 철학자로 살기는 쉽지 않습니다. 자기 자신과 가르침을 받는 사람 모두에게 내적 성실성을 유지하려면 희생과 단념과 투쟁이 요구됩니다. 학문의 수공업자들이야 끝내 그런 건 모르겠지만 말입니다. 나는 내게 철학에 대한 내적 소명이 있다고 믿습니다. 그리고 연구와 가르침을 통해 이 소명에 응하는 중이며 내적 인간의 영원한 사명을 위해서, 오직 그것을 위해서만 최선을 다하는 중이라고 믿습니다. 또 나는 그런 식으로 내 존재와 활동을 신 앞에서 정당화하는 중이라고 믿습니다."[62]

하이데거가 이 편지를 크렙스에게 보낸 것은 2년 전에 했던 약속 때문이었다. 결혼식 때 하이데거는 아이들을 낳으면 가톨릭 식으로 세례를 받게 하겠다고 서약했던 터였다. 그런데 엘프리데가 임신하고 나서 부부는 아이에게 가톨릭 세례를 받게 하지 않기로 합의한 것이다. 그 사실을 크렙스에게 알려 양해를 구해야만 했다. 도대체 그 사이에 무슨 일이 있었던 것일까? 크렙스가 뒤에 전해준 이야기는 이렇다. 개신교 루터파였던 엘프리데는 애초 하이데거와 결혼하면 가톨릭으로 개종할 뜻이 있었다. 하지만 엘프리데를 가톨릭 신앙으로 이끌려고 설득하다가 하이데거가 먼저 자신의 신앙에 확실한 토대가 없음을 깨달았다.[63] 하지만 이것은 표면적인 이유에 지나지 않았을 것이다. 하이데거 안에서 오랫동안 커져가던 가톨릭에 대한 회의가 마침내 비등점에 이르러 끓어오른 것이라고 보는 것이 더 타당할 것이다. 크렙스에게 보낸 편지에서 하이데거는 '가톨릭주의 체계'라는 말에 손으로 직접 밑줄을 그어 강조했는데, 바로 이 말에서 가톨릭과 결별한 근본적인 이유를 찾아낼 수 있다. 하이데거는 박사학위를 받고 교수 임용 자격 논문을 쓰던 시기에 벌써, 시대의 변화를 따르지 못하는 가톨릭의 경직된 형이상학적 체계에 답답함을 느끼기 시작했다. 하이데거의 날카로운 지성은 여러 철학 흐름을 통과해 나아갔고, 그렇게 여러 흐름을 거칠수록 가톨릭주의 체계가 주는 압박감도 커졌다. 특히 크렙스에게 보낸 편지에서 언급한 대로 '역사적 인식의 이론', 다시 말해 딜타이의 역사주의적 관점이 하이데거가 생각을 바꾸는 데 직접적인 영향을 주었다. 딜타이의 역사주의 관점은 '진리들에도 역사성이 있다'는 사실에 눈뜨게 해주었다. 진리들은 역사를 초월해 절대적으로 참된 것이 아니다. 딜타이의 이런 역사주의 관점은 역사와 시간을 초월해 무조건 옳은 형이상학적 진리관과 충돌할 수밖에 없었다. 이 충돌을 겪으며 하이데거는 딜타이의 생각으로 기울었고 거기서 앞으로 오래도록 간직할 자기 자신의 역사주의적 관점을 발견했다. 사정이 이렇게 되니 낡은 형이상학 체계

하이데거와 아내 엘프리데와 두 아들(1924).
부부는 아이들을 낳으면 신앙 안에서 키우겠다고 서약했지만,
가톨릭에 대한 하이데거의 회의는 점점 커져갔다.

를 강요하는 가톨릭에 더는 머물러 있을 수 없게 됐던 것이다.

하이데거는 크렙스에게 보낸 편지에서 자신이 가톨릭주의 체계는 버렸지만 '기독교와 형이상학'까지 버린 것은 아님도 분명히 밝혔다. 다시 말해 가톨릭이라는 특정 교파의, 시대에 맞지 않는 완고한 교리 체계는 포기했지만 기독교라는 종교와 그 종교를 떠받치는 형이상학은 여전히 받아들인다는 고백이었다. 물론 여기에도 '새로운 의미'라는 한정을 덧붙이기는 했다. 그렇다고 해도 하이데거가 기독교 신앙 자체를 거부한 것이 아님은 확실하다. 하이데거는 가톨릭과 결별한 뒤에도 여전히 기독교를 따르는 신앙인이었다. 이런 사실은 스승 후설이 가톨릭 포기를 선언한 하이데거를 '종파에서 자유로운 개신교도'로 간주한 데서도 확인할 수 있다. 하이데거 사상의 변화를 가리키는 말로 '전회'(Kehre)라는 용어가 자주 쓰이는데, 이 말을 그대로 가져오면 이 시기에, 그러니까 1916년에서 1918년 사이에 하이데거의 사유에서 최초의 전회, 곧 '종교적 전회'가 일어났다고 할 수 있다.[64] 이 전회와 함께 『존재와 시간』이라는 위압적인 저작에서 정점에 이르는 '전기 하이데거'의 사유가 시작된다. 가톨릭과 결별한 뒤 하이데거는 개신교의 개창자 마르틴 루터(Martin Luther, 1483~1546)의 신학 사상을 철저하게 연구했고 이 연구에 기반을 두고 1920년대 초에 '종교 현상학' 강의를 했다. 또 그 강의에서 『존재와 시간』을 구축하는 데 쓰일 개념의 초석 상당수를 마련했다. 이런 사실들을 고려하면, 엘프리데를 만나 아내로 맞은 것이 하이데거의 생활세계를 바꾸었을 뿐만 아니라 종교 사상, 나아가 철학 사상의 변화에도 영향을 주었다고 봐야 할 것이다.

니체와 딜타이의 생철학

　제1차 세계대전은 유럽의 정치와 문화를 전쟁 이전과 이후로 나누었다. 하이데거가 속한 철학계도 예외가 아니었다. 생철학과 실존철학이 시대의 주류로 등장했다. 니체와 딜타이와 베르그송(Henri Bergson, 1859~1941)과 키르케고르의 물결이 강단 밖 지식 세계를 휩쓸었다. 생을 찬양하는 철학의 새 조류는 어둡고 비좁은 연구실에 갇힌 낡은 관념론을 탄핵함과 동시에 영혼을 부정하고 정신을 하찮게 여기는 급진적 유물론도 거부했다. 당시 강단 철학을 지배하던 신칸트학파는 이런 새로운 철학 조류와 진지하게 대화할 생각이 없었다.[65] 신칸트학파의 좌장 하인리히 리케르트가 딜타이의 생철학을 허황한 '유행 철학'이라는 말로 일축했던 것이 이런 사정을 잘 보여준다.[65] 리케르트는 생철학을 이렇게 정리했다. "연구자로서 우리는 생을 개념적으로 지배하고 고정해야 하며, 따라서 한갓 생동적인 버둥거림에서 벗어나 체계적인 세계 질서로 나아가야 한다."[66]

　신칸트학파의 중력장을 이겨내고 강단 철학의 새 강자로 떠오르던 현상학도 강단 밖 철학을 무시했다는 점에서는 신칸트학파와 다르지 않았다. 후설에게 생철학이나 실존철학은 인간 의식에 대한 냉철한 분석을 결여한 토대 없는 철학에 지나지 않았다. 스승들의 영향 속에서 또 가톨릭 철학에 대한 관심 속에서 젊은 하이데거도 처음에는 이런 조류에 거리를 두었다. 하지만 전쟁이 일으킨 폭풍은 하이데거의 생각도 저만치 옮겨놓았다. 자신을 지탱해주던 가톨릭 세계관이 허물어진 것도 생각의 변화를 재촉했다. 하이데거는 결국 '삶 자체로부터 삶을 이해하라'고 외치는 빌헬름 딜타이의 생철학, 그리고 '불안과 절망'이 피워 올린 쇠렌 키르케고르(Søren Kierkegaard, 1813~55)의 실존철학이라는 강단 밖의 철학 흐름에 합류해 들어갔다.

딜타이와 키르케고르는 기존의 형이상학이 인간의 삶의 본질적인 물음에 응답하는지 추궁했다. 하이데거가 이 철학자들에게 반응한 지점도 바로 이곳이었다. 하이데거 연구자 오토 푀겔러(Otto Pöggeler, 1928~2014)는 이 시기에 하이데거 내부에서 거세게 일어나던 생각의 물결을 이렇게 요약한다.

"그런데 서양철학, 즉 존재에 관한 이론으로서 형이상학은 삶의 이런 현사실성과 역사성을 볼 수 있었던가? 존재 물음을 받아들였고 자신의 사유를 현사실적인 역사적 삶에서 시작한 청년 하이데거에게는 형이상학이 도대체 현사실적 삶을 올바르게 다루었는지가 문제가 돼야 했다. … 하이데거의 물음은 서양의 전통 전체에 대해 공격을 감행했던 사상가의 영향 속에서 나왔다. … 우선 하이데거는 딜타이의 사유와 키르케고르 같은 믿음의 증언에서 나오는 자극을 받아들였다. 딜타이의 작품은 다음과 같은 물음을 던졌다. 형이상학적 사유는 단 한 번도 완전한 역사적 삶을 올바르게 다루어본 적이 없기 때문에 종말을 고해야 하지 않는가? 키르케고르의 외침은 다음 물음을 제기한다. 사유는 믿음이 인도하는 삶의 깊이에 도달할 수 있는가?"[67)]

이 시기의 하이데거에게 딜타이가 역사적 감각, 다시 말해 모든 문제를 역사적 지평에 올려놓고 보게 하는 역사주의의 시야를 주었다면, 키르케고르는 '신앙이란 무엇인가'라는 근본적인 물음을 다시 묻게 하는 계기를 주었다. 특히 하이데거의 신앙이 가톨릭 체계를 벗어나 개신교 쪽으로 나아가던 때여서 키르케고르 연구가 낳은 파장은 자못 컸다. 뒤에 하이데거는 키르케고르에게서 얻은 실존에 대한 통찰을 후설에게서 배운 현상학적 탐구 방법과 결합해 '인간 현존재의 실존론적 분석'의 토대로 삼게 된다. 또 딜타이의 역사적 감각이 펼쳐놓은 시간적·역사적 지평 위에 서서 인간의 실존을 '시간 속의 실존'으로 바라보게 된다.

키르케고르 "객관적 진리가 무슨 소용이 있는가?"

여기서 젊은 하이데거를 자극한 키르케고르의 삶과 사상을 간략히 살펴보는 것이 좋겠다. 키르케고르는 덴마크 코펜하겐의 부유한 상인의 아들이었다. 키르케고르의 아버지는 첫째 부인이 죽고 난 뒤 하녀와 재혼해 일곱 남매를 두었는데, 쉰일곱 살 때 얻은 막내가 뒤에 실존철학의 아버지로 이름을 남길 키르케고르다. 성년이 된 키르케고르는 어느 날 술 취한 아버지에게서 비밀스런 이야기를 듣고 큰 충격을 받았다. 키르케고르는 그 사건을 '대지진'이라고만 표현하고 내막에 관해서는 입을 닫았는데, 후대 연구자들은 그 사건이 첫째 부인이 살아 있을 때 아버지가 하녀를 범한 일이었을 것으로 추측했다. 말하자면 키르케고르는 아버지가 저지른 죄악의 자식이었다. 늙은 아버지의 발설에서 시작된 대지진은 신실한 신앙인이던 키르케고르의 실존을 뒤흔들어 죽음과도 같은 어둠 속으로 몰아넣었다. 키르케고르는 아버지에게서 물려받은 우울증과 죄의식의 끝 모를 나락에 빠져 절망을 거듭하는 가운데 기독교 신앙에서 구원의 동아줄을 찾았다. 그리하여 키르케고르의 철학은 실존을 후려치는 절망과 그 절망을 이겨내는 믿음이라는 문제로 집결했다.

키르케고르 철학의 윤곽을 그리라면, 키르케고르 자신이 적수로 여겼던 앞 시대의 헤겔 철학과 대비해보는 것이 좋다. 헤겔 철학은 보편적인 것과 영원한 것을 존재자의 본질로 보는 서양 철학의 총화다. 헤겔의 절대정신은 개별적인 인간 정신을 넘어서 역사 속에서 자기를 구현하는 절대자의 영원하고도 보편적인 자기 인식을 가리킨다. 키르케고르는 보편과 무한으로 나아가는 헤겔 철학에 단호히 반대한다. 객관성이니 보편성이니 하는 것이 아무리 우아한 철학적 체계의 옷을 입고 있다 해도 '나는 죽는다'라고 하는 개별자의 근원적인 실존 문제는 조금도 해결해주지 못한다. 키르케고르가 대학생 시절인 1835년에 쓴 글은 이런 생각을 가장 명료하게 보여준다.

"이른바 객관적 진리를 발견한다 한들 그것이 무슨 소용이 있다는 말인가? 철학의 모든 체계를 탐구하고 그것을 모두 개관하고 개개의 체계 속에 깃든 불합리를 지적한다고 한들 그것이 무슨 소용이 있다는 말인가? 국가에 대한 이론을 전개하고 모든 세목을 하나로 정리하여 세계를 구성한다고 한들 그것이 무슨 소용이 있다는 말인가? 그 속에서 내가 살고 있는 것이 아니지 않은가? … 내 사상 전개의 기본이 되는 것이 내게는 결여돼 있다. 그 기본이란 이른바 객관적인 것과는 다르다. 객관적인 것은 결코 내 본래의 것이 아니다. 내 실존의 가장 깊은 뿌리와 관계가 있는 것, 말하자면 그것을 통해서 내가 신적인 것과 깊이 접하고 있는 것, 설사 온 세계가 무너져버리더라도 내가 꽉 붙들고 놓지 않는 것, 이런 것이 내게는 부족하다. … 그 어떤 것보다 소중한 것은 인간의 이런 신적 측면이요 내적 행위이지 지식의 양이 아니다. 이것만 있으면 많은 지식은 저절로 생기고, 초점 없는 축적으로 끝나지 않는다. … 그렇지 않고서는 인간은 아이러니하게도 참으로 행복하다고 하는 순간에 도리어 절망의 심연 속에 빠지고 만다. 그것은 마치 폐병 환자가 최악의 상태에 있을 때 도리어 최상의 상태에 있다고 착각하는 것과 같다. 아무리 수영에 능하더라도 사람이 물보다 가볍다는 절대적 신념이 없이는 거친 바다 위에 뜰 수 없는 것과 마찬가지로, 내면이 확립돼 있지 않고서는 인생의 거친 바다에서 몸을 지켜낼 수 없다."[68]

스물두 살의 청년은 '온 세계가 무너져버리더라도 꽉 붙들고 놓지 않는 것'이 자신에게 부족하다는 것을 절감한다. 헤겔의 철학이 아무리 보편과 영원을 감싸는 절대정신의 웅장한 세계를 구축했다고 해도 그것으로 개별 인간의 본질적인 문제, 곧 '나의 죽음'이라는 문제는 풀리지 않는다. "나 자신에게 하나뿐인 진리, 그걸 위해 죽고 살기를 바라는 그런 관념을 발견해야 한다."[69] 키르케고르는 불안과 절망 속에서 신 앞에 단독자로 설 수밖에 없다는 결론에 이른다. 키르케고르가 대표작 『죽음에 이르는 병』에서 자아라는 개념을 들고 연구한 것이 바로 이 '개별성의 구조'다. 『죽음에 이르는 병』은 이렇게 시작한다.

"인간은 정신이다. 그렇다면 정신이란 무엇일까? 그것은 자아다. 그러면 자아는 뭐란 말인가? 자아는 자기 자신과 관계하는 하나의 관계다. 즉 그것은 관계 속에서 이 관계가 내면으로 방향을 트는 것을 의미한다. 인간은 무한과 유한, 일시적인 것과 영원한 것, 자유와 필연의 종합, 요컨대 하나의 종합이다. 종합이란 그 두 용어 간의 관계다."[70]

유한과 무한, 일시적인 것과 영원한 것은 헤겔의 경우에서처럼 변증법을 통해 순조롭게 종합될 수 있는 것이 아니다. 유한과 무한, 곧 인간과 신은 무한한 질적 차이로 분리돼 있다.[71] 그 차이를 넘어 하나가 되려면 목숨을 건 도약이 필요하다. 그것은 절망의 강을 건너는 일이다. '죽음에 이르는 병'이란 인간의 근원적인 절망을 가리킨다. 키르케고르가 이 절망의 몸부림 속에서 발견한 것이 개별 인간의 '실존'이다. 인간의 구체적인 삶, 구체적인 실존을 구하지 못한다면 거대한 철학 체계가 다 무슨 소용이 있는가? 하이데거는 키르케고르와 함께 그렇게 묻는다. 그런 물음 속에서 하이데거는 키르케고르의 사유를 받아들여 자기 것으로 소화하고 그렇게 소화한 사유를 긴 시간 동안 숙성시켜 『존재와 시간』에서 존재론적 탐구와 결합한다.

실존철학의 기수 야스퍼스와 의기투합

이렇게 생철학과 실존철학이라는 아카데미즘 바깥의 조류에 몸을 담금으로써 하이데거는 다른 어떤 철학자보다 치열하고도 치밀하게 아카데미즘을 실천하면서도 아카데미즘의 완고한 폐쇄성에 갇히지 않는 독특한 철학적 위상을 확보했다. 나중에 후설은 하이데거의 이런 이중적인 모습, 다시 말해 자신의 제자가 생철학이나 실존철학처럼 후설 자신이 보기에 합리성을 결여한 철학 조류와 어울리는 모습에 깊이 실망한다. 하지만 후설 밑에서 조교로 있던 이 시기에 아직 하이데거는 후설의 두터운 신임과 지지를 받고 있었다. 바로 그 시절에 하이데거 삶에서 긴 세월에 걸쳐 자취를 남기게 될 철학적 투쟁의 동지가 등장했다. 독일 실존철학의 새 기수로 떠오르기 시작한 카를 야스퍼스였다. 1920년 현상학에 관심이 있던 야스퍼스가 후설의 집에서 열린 생일 파티에 참석한 것이 계기가 돼 두 사람은 처음 만났다. 야스퍼스는 이때의 만남을 뒷날 쓴 『철학적 회고록』에 이렇게 밝혔다.

"1920년 봄, 아내와 나는 며칠간 프라이부르크에 머물렀다. … 후설의 생일 파티가 있었다. 꽤 많은 사람들이 커피 테이블 주위에 몰려 있었다. 후설의 아내가 하이데거를 가리켜 '현상학의 총아'라고 불렀다. 나는 내 여제자 아프라 가이거(Afra Geiger, 1896~1945)이야기를 꺼냈다. 인품이 탁월한 학생이었는데 후설에게 배우려고 프라이부르크로 왔으나 후설이 학생 지도 규정에 근거해 가이거를 받아들이지 않았다는 이야기를 했다. 그러고는 후설이 학생의 인품을 보지 않고 대학의 형식주의에 얽매였기에 그 자신과 학생 모두에게 좋은 기회를 놓쳤다는 말도 덧붙였다. 하이데거가 끼어들어 내 입장을 열렬히 옹호했다. 경직된 대학 규정에 맞서 두 젊은이의 연대 같은 것이 형성

젊은 시절의 야스퍼스(1911).
『정신병리학 총론』『세계관의 심리학』를 펴내며
당대 유명세를 떨친 야스퍼스조차 하이데거의 깊이를 인정했다.
"동시대인들 중에서 가장 큰 자극을 주는 사상가,
거만하고 저항하기 어려우며 신비스런, 그러나 늘 우리를
빈손으로 남게 하는 사상가."

된 것이다. … 그날 오후의 분위기는 그다지 좋지 않았다. 나는 인간 대 인간의 자유로운 교류와 정신적인 교감을 결여한 소시민적이고 편협한 분위기를 느꼈다. 내게는 하이데거만이 달라 보였다. 후에 나는 그를 방문했고 그의 조그만 방에 둘이 앉아 얘기를 나누었다. 그때 그가 루터에 관심을 쏟고 있으며 연구에 열중하고 있음을 알았다. 나는 간략하면서도 정확하고 힘 있는 그의 말투에 호감을 느꼈다."[72]

하이데거보다 여섯 살 연상이었던 야스퍼스는 하이데거를 만나기 얼마 전에 『세계관의 심리학』이라는 저서를 펴내 명성이 높아지고 있었다. 야스퍼스의 출발점은 철학이 아니라 의학이었다. 베를린대학과 괴팅겐대학을 거쳐 하이델베르크대학에서 정신의학을 전공했다. 1913년 모두 네 권으로 된 『정신병리학 총론』을 발간해 학자로서 이름을 알리기 시작했고, 1916년 이 대학의 심리학과 교수가 됐다. 그 뒤 야스퍼스는 심리학에서 철학으로 방향을 돌렸다. 그 전환기에 나온 것이 1919년 발간한 『세계관의 심리학』이었다. 스스로 '최초의 실존철학 저작'이라고 부른 이 책에서 야스퍼스는 인간의 '한계상황'(Grenzsituation)에 주목했다.

한계상황이란 인간이 부닥칠 수밖에 없고 달리 어찌해볼 수 없는 상황을 가리킨다. 한계상황은 일반적인 한계상황과 특수한 한계상황으로 나눌 수 있다. 나의 선택과는 무관하게 나에게 주어진 것, 가령 특정한 부모 사이에서 태어났다든가, 남자로 또는 여자로 태어났다든가, 어느 특정한 시대에 어느 특정한 나라에서 태어났다든가 하는 운명과도 같은 우연성이 야스퍼스가 말하는 일반적인 한계상황이다. 야스퍼스는 특수한 한계상황으로 죽음·고뇌·투쟁·죄 네 가지를 거론했다. 이 한계상황이 실존의 유한성을 깊이 깨닫게 하며 실존을 각성케 하는 근본 계기가 된다고 야스퍼스는 주장했다.[73] 나중에 『철학』이라는 대저에서 만개하게 될 야스퍼스 실존철학이 『세계관의 심리학』에서 싹을 틔우기 시작했다. 이 책으로 야스퍼스는 철학자로서 널리 알려졌고 철학 박사 학위가 없는데도 1921년 하이델베르크대학 철학 교수로 초빙됐다. 정통 철학 교수들은 야스퍼스를 아웃사이더로 여겼으나 야스퍼스는 그런 평가에 마음을 두지 않았다.

첫 만남에서 서로 호감을 느낀 두 사람은 이후 1년여 동안 편지를 주고받으며 신뢰를 쌓았다. 그 사이에 하이데거는 야스퍼스의 『세계관의 심리학』에 대한 서평을 완성해 1921년 7월에 야스퍼스에게 보내기도 했다. 하이데거가 쓴 원고는 서평치고는 긴 분량이었기 때문에 『괴팅겐학자신문』에는 축약본이 실렸다. 하이데거는 이 서평에서 야스퍼스 저서의 성취를 두루 높이 평가했다. "야스퍼스는 지금까지 그렇게 고찰된 적이 없었던 현상들을 가지런히 정리하여 제시함으로써 실존 문제를 매우 집중적으로 주시하면서 이와 병행하여 심리학의 문제를 한층 더 원칙적인 차원으로 끌어들였는데, 바로 이런 점이 그의 연구 작업이 이루어낸 뛰어난 측면이다." 「야스퍼스의 '세계관의 심리학'에 대한 서평」 『이정표 1』 51쪽

하이데거는 야스퍼스의 실존에 대한 탐문을 긍정적으로 소개하면서 동시에 자신이 생각하는 실존의 모습도 비교적 상세히 피력했다. "나 자신을 되찾는 근본 경험은 아무렇게나 마련될 수 있는 것이 아니며, 또 세인(세상사람)의 보편적인 경험을 바탕으로 삼아 '나'를 목적으로 추구하는 그런 경험도 아니다. 오히려 나의 '존재'의 특수한 의미를 참답게 자기 것으로 수용하는 가운데 그 의미를 전적으로 경험할 수 있어야만 한다. … 이런 경험은 '나'의 과거를 향해 본래적으로 뻗어나가는 역사적 요소를 지니고 있다. 여기서 나의 과거는 내가 떠맡을 수밖에 없는 짐이 아니라, 자기 스스로 자기 앞에 놓은 미래적 지평 위에서 이런 짐을 역사적으로 경험하는 동시에 그 짐을 자기

것으로 만들어 나가는 그런 '나'의 과거로서 경험되는 것이다."『야스퍼스의 '세계관의 심리학'에 대한 서평』『이정표 1』 69~70쪽 나는 내 과거를 짐으로 떠맡아 그 짐을 내 앞에 놓인 미래적 지평 위에서 자기 것으로 만들어 나가야 한다. 이런 발언에서 하이데거가 후에『존재와 시간』에서 탐구할 '시간성', 다시 말해 인간 현존재의 실존론적 분석을 통해 도달할 '시간성'의 초기 형태를 발견할 수 있다.

하이데거는 이 서평에서 조심스럽게 야스퍼스 주장이 품고 있는 약점도 비판했다. 야스퍼스가 '삶은 끝없이 흘러가는 전체이지만 개념은 이런 삶을 고정하는 형식이므로 삶을 본래적으로 파악할 수 없다'고 한 데 대해 하이데거는 가르치듯 이렇게 말했다. "그러나 여기에서 결정적으로 중요한 물음은 과연 어떤 개체적 개념이 개념적인 표현의 문제의 기초에 있는가 하는 물음이다. 사람들은 흔히 '개체는 표현될 수 없다'고 말하곤 하지만 이제는 이런 말을 그냥 새롭게 반복할 것이 아니라 그 '말'이 의미하는 바가 과연 무엇인지 또 이런 말의 밑바탕에 개체를 파악하는 특정한 방식이 깃들어 있는 것은 아닌지 진지하게 물어보아야 한다."『야스퍼스의 '세계관의 심리학'에 대한 서평』『이정표 1』 78~79쪽 이 발언에서 하이데거와 야스퍼스의 차이가 확연히 드러난다. 막스 뮐러(Max Müller, 1906~94)는 두 사람의 차이를 이렇게 요약한다. "'한계상황'이라든가 그것에 상응하는 '한계경험' 그리고 '초월'에 대한 야스퍼스의 매우 의미심장한 사상을 여기서 상술할 필요는 없을 것이다. 우리에게 중요한 사실은 야스퍼스의 철학이 … 하이데거처럼 궁극적인 경험을 언어로 표명하고 개념적으로 파악하는 것을 시도하지 않는다는 것이다. 오히려 하이데거와는 반대로 야스퍼스에게는 이런 궁극적인 경험에서는 언표 가능한 어떤 것도 더는 경험되지 않는다. 이런 경험에서는 … 단지 인간이 초월에 직면해 자신의 좌절을 받아들일 뿐이며 초월을 이런 그 좌절의 본래적인 근거로서 받아들일 뿐이다. … 야스퍼스의 '실존철학'은 결코 객관적으로 타당한 진술일 수는 없고 모든 개인이 그의 최고의 것으로 즉 파국으로 나아가는 것을 가능하게 하는 것 이외의 것일 수 없다."[74]

하이데거와 야스퍼스의 '투쟁 공동체'

야스퍼스가 말로 설명할 수 없는 것이라고 생각한, 인간의 궁극적인 경험을 하이데거는 철학적 언어로 포착해야 한다고 생각했던 것이다. 철학적 언어 곧 개념으로 포착할 수 없다면 그런 궁극적 경험과 인간의 실존은 철학의 대상이 될 수 없다는 것이 하이데거의 생각이었다. 이렇게 두 사람 사이에 차이가 드러나고 또 여섯 살 어린 하이데거가 더 우월한 곳에서 야스퍼스를 지도하는 듯한 태도를 취했지만, 두 사람의 관계는 시간이 갈수록 더 밀접해졌다. 그렇게 될 수 있었던 결정적인 이유는 야스퍼스가 하이데거에게 배울 것이 많다고 생각한 데 있을 것이다. 하이데거 쪽에서도 대학 강단의 따분한 철학, 특히 신칸트학파의 압박에 맞서 철학을 혁신하는 데 야스퍼스와 같은 아웃사이더와 손을 잡는 것이 필요하다고 느꼈을 것이다.

1922년 여름 하이데거는 야스퍼스에게 대학의 아카데미즘, 더 좁히면 신칸트학파의 지배에 대항하는 '투쟁 공동체'를 만들자고 제안했다. 야스퍼스는 즉각 동의했다. 그해 여름 야스퍼스는 하이데거에게 하이델베르크의 자기 집에 와서 며칠 같이 지내자고 제안했다. "며칠 동안 우리가 적절한 시간에 만나 함께 철학을 하면서 우리의 '투쟁 공동체'를 시험하고 강화하면 좋을 듯합니다."1922년 9월 6일 편지 하이데거는 야스퍼스의 초대를 흔쾌히 받아들여 하이델베르크로 갔다. 두 사람은 함께 지내는 동안, 그 뒤로 오래 잊지 못할 '강렬한 경험'을 했다. 프라이부르크로 돌아온 뒤 하이데거는 야스퍼스에게 편지를 보냈다. "당신 집에서 보낸 그 8일은 여전히 내게서 지워지지 않고 있습니다. 갑작스럽게 찾아온 그 며칠은 겉으로 보면 아무 대단한 일도 없는 시간이었습니다. … 감상 따위는 없는 신랄한 행보와 함께 우리에게 우정이 찾아왔지요. 우리 두 사람 모두 확신하는 투쟁 공동체가 점점 더 확실해졌고요. 이 모든 것이 내게는 기이하게 여겨집니다. 세계와 삶이 철학자에게 기이한 것과 같은 의미에서 말입니다."1922년 11월 19일[75]

야스퍼스는 하이데거에게 두 사람이 공동으로 집필하는 철학 잡지를 창간하자는 제안도 했다. 하지만 하이데거가 아직 강사 신분이었기 때문에 교수가 된 뒤에 하기로 미루었다. 교수가 된 뒤에도 그 철학 잡지는 창간되지 않았다. 하이데거와 야스퍼스의 차이가 점점 더 벌어져 나중에는 야스퍼스가 따라잡을 수 없는 지경이 됐다는 점도 약속 불이행의 한 이유가 됐을 것이다. 하이데거 철학의 강도와 비교하면 야스퍼스의 철학은 확실히 무른 편이었다. 하이데거 철학의 눈이 들여다본 그 깊이에 야스퍼스 철학이 미치지 못했다고도 할 수 있다. 야스퍼스는 자신의 비망록에서 하이데거를 이렇게 묘사했다. "동시대인들 중에서 가장 큰 자극을 주는 사상가, 거만하고 저항하기 어려우며 신비스런, 그러나 늘 우리를 빈손으로 남게 하는 사상가."[76] 야스퍼스의 이 기록은 하이데거가 끝없이 자극을 주면서도 그 실체가 손에 잡히지 않는다는 고백임과 동시에 매혹과 신비를 내장한 하이데거 사유의 본질적인 면모를 야스퍼스답게 묘사한 것이기도 하다.

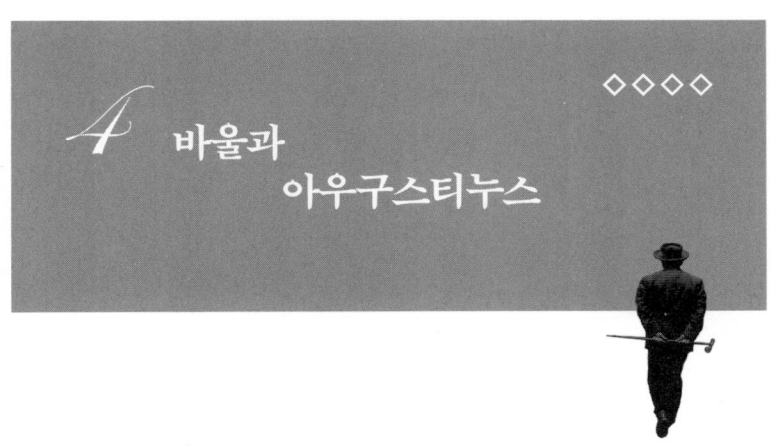

4 바울과 아우구스티누스

아우구스티누스는 철학적 사유 체계에서는
신플라톤주의에 붙들려 있었지만, 동시에 사도 바울과
마찬가지로 기독교 신앙의 진리가 드러나는 현사실적 삶의
경험 세계 속에서 불안을 체험했고 이 불안의 현상을
깊이 사유했다. 하이데거가 긍정적으로 주목하는 것이
바로 이 대목, 불안의 체험이다.

철학에 이르는 길의 출발점은 현사실적 삶의 경험이다.

내가 철학자로서 종교적 인간으로 존재할 수 있다 하더라도,
나는 철학함에서 종교적으로 처신하지는 않는다.

경건한 두려움은 무엇인가? 그것은 네가 선한 것을
잃어버릴지도 모른다는 것에 대한 두려움이다

성숙기의 하이데거 철학은 신 없는 사유라고 할 수 있다. 철학적 물음에서 신이 배제돼 있기 때문에 프랑스 철학자 장 폴 사르트르 (Jean-Paul Sartre, 1905~80)는 하이데거를 '무신론적 실존주의자'에 포함시키기도 했다.[77] 그러나 이렇게 신 없는 사유를 끝까지 밀고나 갔는데도 하이데거의 철학은 20세기 그 어떤 철학보다 강력한 힘으로 신학자들을 끌어들였다. 하이데거가 없었다면 20세기 신학은 지금보다 훨씬 더 빈곤해졌을 것이다. 20세기 최고의 신학자로 꼽히는 루돌프 불트만부터가 하이데거의 『존재와 시간』의 직접적 영향 속에서 자신의 신학을 구축했다. 불트만의 제자인 하인리히 오트의 저작 『사유와 존재』도 하이데거 철학이 전면에 등장하는 작품이다. 첫 문장에서부터 오트는 신학의 대화 상대로 하이데거의 철학을 내세운다. "신학과 철학은 … 부단한 대화를 계속할 뿐만 아니라 필연적으로 대화를 하고 있다. 우리의 동시대인 마르틴 하이데거의 사유를 뒤따라 사유하려는 우리의 노력은 이렇게 항구적인 대화의 범위 안에 속한다."[78]

오트의 이 책은 처음부터 끝까지 하이데거 철학과 나누는 대화로 이루어져 있을 뿐만 아니라 사실상 하이데거 철학의 신학적 해설서라고 부를 수 있다. 이렇게 하이데거 철학이 신학에 심대한 영향을 주었다면, 그것은 하이데거 자신이 겉으로 아무리 부정하더라도 하이데거 철학이 신학과 깊은 내적 관련을 맺었기 때문일 것이다. 하이데거가 만년에 "유래는 미래다"라는 말로 자신의 신학적 유래가 미래의 철학으로 이어졌음을 고백했지만, 이 신학적 기원은 하이데거 사유의 초기에만 한정된다고 볼 수 없다. 하이데거는 제1차 세계대전 기간 동안 가톨릭에서 멀어졌고 가톨릭 철학에서도 멀어졌지만, 그렇다고 해서 기독교 자체를 부정하거나 기독교에 대한 철학적 탐구를 멈춘 것은 아니었다. 종전 뒤, 그러니까 1919년 이후로 몇 년 동안 하이데거는 딜타이와 아리스토텔레스를 주제로 한 강의와 함께 '종교 현상학'이라는 이름으로 바울·아우구스티누스·루터의 신학적 사유를 파고드는 강의를 여러 차례 했다.

에크하르트 신비주의에 대한 관심

눈에 띄는 것은 하이데거가 종교 현상학 강의의 첫 번째 주제로 생각한 것이 교수 임용 자격 논문에서 언급한 마이스터 에크하르트의 신학을 포함한 중세 신비주의였다는 사실이다. 1919년 겨울학기 강의 제목을 '중세 신비주의의 철학적 토대'로 공고해놓고 하이데거는 그해 8월 10일 강의 초안을 써나가기 시작했다. 그러나 강의안 쓰기는 닷새 만에 갑자기 중단됐다. 8월 30일 하이데거는 철학과에 강의 변경을 부탁했다. "지금 상황에서 공고된 강의 '중세 신비주의의 철학적 토대'에 필요한 자료들을 엄격한 요구를 만족시킬 만큼 철저하게 정리하는 것이 불가능합니다."[79] 결국 하이데거는 예고된 강의를 포기하고 '현상학의 근본 문제'라는 제목의 강의로 대체했다. 이 강의에서도 하이데거는 기독교와 아우구스티누스를 현상학 이해의 사례로 삼아 거론했다.

하이데거가 중세 신비주의 강의를 포기한 이유는 무엇일까? 하이데거가 포기의 이유로 제시한 '엄격한 요구'라는 것은 무엇을 뜻하는 것일까? 당시 하이데거는 철학 강의를 시작한 지 얼마 되지 않았기 때문에 강의안을 작성하는 데 능숙하지 못했을 가능성이 있다. 강의안을 써나가다가 어떤 장벽에 부딪혔을지도 모른다. 그렇다면 그 장벽이란 무엇이었을까. 하이데거 자신이 세운 나름의 강의 원칙이 장벽이 됐던 것은 아닐까? 2년 뒤 아리스토텔레스 강의를 할 때 하이데거는 종교와 신앙의 문제에 관한 자신의 강의 원칙을 밝힌다. "내가 철학자로서 종교적 인간으로 존재할 수 있다 하더라도, 나는 철학함에서 종교적으로 처신하지는 않는다."『아리스토텔레스의 현상학적 해석』 197쪽[80]) 이것이 종교와 신앙을 강의할 때 철학자로서 하이데거가 채택한 원칙이었을 것이다. 물론 하이데거는 이 원칙을 아리스토텔레스 강의에서 처음으로 명확히 밝혔지만, 신학자가 아닌 철학자로서 그 이전부터 이 원칙을 심중에 두고 있었을 것이다.

하이데거는 이 원칙을 그 아리스토텔레스 강의에서 '탈-신론적'(a-theistisch) 태도라고 밝히기도 했다. 탈-신론적 태도란 '철학은 오직 자기 자신에 의지해 스스로 제기하는 극단적인 물음의 과정에 원칙적으로 충실해야 하며, 외람되게 신을 소유하거나 규정하려는 부질없는 태도에서 벗어나야 한다'는 것이다.『아리스토텔레스의 현상학적 해석』 197쪽[81]) 이런 원칙을 강의안에서 끝까지 밀고 나가는 데 어려움을 겪은 것이 에크하르트와 중세 신비주의를 강의한다는 계획을 무너뜨렸을지도 모른다. 하이데거는 가톨릭의 체계와 제도를 떠났지만 여전히 신을 마음에 품고 있었다.

그렇다면 당시 하이데거가 마음에 품고 있던 신은 어떤 모습이었을까? 그 신의 모습을 찾아들어가는 데 도움이 될 만한 실마리를 이 시기에 쓰다 만 강의 초안에서 찾아볼 수 있다. '마이스터 에크하르트의 비합리성'이라는 소제목 아래 하이데거는 이렇게 쓴다. "근원대상(Urgegenstand) 즉 절대자는 아직 규정될 수 없는 것과 아직 규

정되지 않은 것이 아니라 본질적으로 무규정적인 것 자체다."『종교적 삶
의 현상학』 381쪽 절대자는 어떤 규정도 허락하지 않는 '무규정적인 것'이
라는 이 언명이야말로 중세 신비주의자가 생각한 신 관념이다. 신은
우리가 탐구하고 공부해서 이성적 사유로 규정할 수 있는 대상이 아
니라 본래부터 인간의 규정 너머에 있는 '근원적 대상'인 것이다. 이
에크하르트의 원칙은 하이데거의 원칙이기도 했다. 하이데거가 마
음에 품었던 신은 그 사유의 최후까지 이런 '무규정적인 신'이라는
성격에서 벗어나지 않았다. 하이데거에게 신은 그 모습을 드러내 보
이지도 않고 우리 인간이 직접 다가갈 수도 없는 신이다. 그래서 언
제나 어떤 손짓이나 눈짓으로만 자신의 존재를 암시할 뿐이다.

　그런 신에 대해서 사유한다는 것은 어떤 역설을 감내하는 일이라
고도 말할 수 있다. 논리와 이성으로 다가갈 수 없는 신에 대해 논리
와 이성으로 사고한다는 것은 확실히 역설적이다. 종교와 신앙의 문
제를 대할 때 하이데거는 이런 역설을 자주 떠올렸다. 이 역설은 이
시기에 하이데거의 종교 사유에 깊은 영향을 준 키르케고르가 모범
적으로 보여준 것이기도 했다. 우리는 불안에서 벗어나려고 신을 믿
지만 신을 믿음으로써 오히려 더 불안에 빠진다.[82] 고독의 심연에서
확실한 것이라고는 이 불안뿐이다. 불확실성에 대한 불안 말고는 그
어떤 것도 확실하지 않다. 키르케고르에게 신앙은 이렇게 불안에 찬
확신 속에 있다.[83] 믿음이란 이 역설 속에서 역설을 딛고 도약하는
일이다. 키르케고르가 말한 이 '역설의 변증법'이 이 시기의 하이데
거에게 신앙과 종교의 문제를 숙고하는 데 지침이 될 만한 것들을 주
었으리라고 보아도 무리한 일은 아니다.

사도 바울과 초기 기도교인들의 삶

하이데거의 종교 현상학은 1년 뒤 1920년 겨울학기 강의에서 그 분명한 모습을 드러냈다. 이때 하이데거는 '종교 현상학 입문'이라는 제목으로 사도 바울의 사상과 함께 바울 시대 기독교인들의 삶을 현상학적으로 살펴 들어갔다. 여기서 하이데거가 초기 기독교인들의 삶의 경험을 포착하는 말로 되풀이하여 쓰는 것이 '현사실적 삶' (das Faktische Leben)이라는 말이다. 이 무렵 하이데거 강의에 처음 등장한 이 말은 금세 널리 퍼져서 하이데거 강의를 들은 대학생들 사이에 유행어가 됐다. 현사실성(Faktizität, 사실성)이란 낱말은 애초 신칸트주의의 문맥에서 나오는 논리성(Logizität)에 대립하는 개념으로 사용됐다. 논리적인 것이 항상적이고 필연적이고 보편적이고 초시간적인 것을 가리킨다면, 현사실성은 일회적이고 우연적인 것, 상대적이고 시간적인 것, 개인적이고 역사적인 것을 가리킨다. 전통 철학은 이 현사실적인 것을 극복해 절대적이고 규범적인 것 곧 영원히 타당한 논리적인 것을 찾았다.

하이데거는 신칸트학파의 이 개념을 빌려와 거기에 자신만의 독특한 색을 입혔다. 곧 동물·식물·무생물 같은 인간 이외의 모든 사물의 사실성(Tatsächlichkeit)과 구별되는 인간 현존재의 실존적 사실성을 가리켜 현사실성이라고 불렀다. 그러므로 현사실적 삶이란 시간 속에서 펼쳐지는 우연적이고 일회적이며 반복할 수 없는 삶을 가리킨다. 우리 인간이 살아가는 삶이 바로 현사실적 삶이다. 이 현사실적 삶의 생생한 전형을 하이데거는 사도 바울이 이끌던 초기 기독교인들의 삶에서 발견했다. 이 초기 기독교인들의 현사실적 삶을 현상학의 눈으로 살펴 들어가 그 삶의 성격을 해명한 것이다. 이 현사실적 삶이야말로 모든 철학함의 근본 바탕이라고 하이데거는 이 강의의 출발점에서 강조한다. "철학에 이르는 길의 출발점은 현사실적 삶의 경험이다." 「종교 현상학 입문」 「종교적 삶의 현상학」, 25쪽

하이데거는 이 강의에서 사도 바울이 보낸 서신들을 가져와 초기 기독교인들, 그러니까 예수가 죽고 난 뒤 20여 년이 지난 시점에 이제 막 생겨나기 시작한 기독교 공동체 사람들의 삶의 상황을 그려 보였다. 하이데거가 여기서 거론한 바울 서신은 『신약 성서』 가운데 초기에 쓰인 문헌인 「데살로니카인들에게 보낸 첫째 편지」다. "교우 여러분, 그 때와 시기에 대해서는 여러분에게 더 쓸 필요가 없습니다. 주님의 날이 마치 밤중의 도둑같이 온다는 것을 여러분이 잘 알고 있기 때문입니다. 사람들이 태평세월을 노래하고 있을 때에 갑자기 멸망이 그들에게 들이닥칠 것입니다. 그것은 마치 해산할 여자에게 닥치는 진통과 같아서 결코 피할 도리가 없습니다." 5장 1~3절 이 문구를 하이데거는 현상학적으로, 다시 말해 사태 자체로 다가가 해석하려고 한다. 이렇게 초기 기독교인의 종교적 경험을 해석하려 할 때 하이데거가 주목하는 것이 다음 두 가지 명제다. "첫째, 초대 기독교의 종교성은 초대 기독교적인 삶의 경험에 놓여 있으며, 이런 삶의 경험 그 자체다. 둘째, 현사실적 삶의 경험은 역사적이다. 기독교적 종교성은 시간성 그 자체를 살아간다." 「종교 현상학 입문」 「종교적 삶의 현상학」, 97쪽 이 두 가지가 하이데거가 초기 기독교인들의 종교성이라는 것을 현상학적으로 해석할 때 중심으로 삼는 원칙이다.

카이로스 '결단의 시간'

초기 기독교인들의 삶의 경험이란 다른 것이 아니라 '시간을 살아가는 것'이다. 시간을 사는 것을 두고 하이데거는 '역사적'이라고 표현한다. 초기 기독교인들이 역사적으로 살았다는 것은 시간성 자체

서신을 쓰고 있는 사도 바울(발랑탱 드 불로뉴, 1618~1620).
하이데거는 바울의 사상과 초기 기독교인들의 삶의 경험을
포착하는 말로 '현사실적 삶'을 강조했다.

를 살았다는 것을 뜻한다. 도대체 어떤 시간을 살았다는 것인가? 초기 기독교인들은 예수의 재림(파루시아, παρουσία)을 기다리는 시간을 살았다. 여기서 하이데거가 구분하는 것이 크로노스(chronos, χρόνος)와 카이로스(kairos, καιρός)라는 시간의 두 가지 성격이다. 크로노스란 연대기적 시간이다. 과거에서부터 현재를 거쳐 미래로 흘러가는 시간, 우리가 잘 알고 있는 달력과 시계의 시간이다. 카이로스는 이렇게 마냥 흘러가는 시간이 아니다. 카이로스는 '때가 됐다' 할 때의 그 때, '열매가 익을 시기가 됐다' 할 때의 그 시기, '지금 이때가 아니면 안 된다' 할 때의 그 기회의 순간을 가리킨다. 초기 기독교인들에게 우선 그 카이로스의 시간은 예수의 재림이라는 미래의 사건이 일어날 때를 가리킨다. 그 재림을 기다리면서 초기 기독교인들은 살아온 삶을 되새기고 언제 올지 모르는 재림에 대비해 눈을 뜨고 현재를 주시했다. 재림은 예기치 않게, '밤중의 도둑같이' 들이닥친다. 그러므로 정신을 바짝 차리고 오늘 현재를 결단의 자세로 살아야 한다.

크로노스가 '양적인 시간'(Zeit), 곧 일정한 속도로 흘러가는 시간이라면 카이로스는 '질적인 시간'(Augenblick), 무언가 급박한 변화가 일어나는 시간이다. 그 질적 변화의 순간이 카이로스다. 이 카이로스의 시간은 초기 기독교인들의 삶을 "날카로운 칼날 위에 세워 이것이냐 저것이냐 결단하도록" 촉구했다.[84] 시간이란 그저 과거에서부터 현재를 거쳐 미래로 하염없이 흘러가는 것이 아니다. 언제 들이닥칠지 알 수 없는 미래의 사건, 종말과 구원의 때를 기다리며 깨어 있는 사람에게 현재는 '이렇게 살 것이냐 저렇게 살 것이냐'를 결단해야 하는 순간으로서 다가온다. 언제 올지 알 수 없지만 '해산할 여자에게 닥치는 진통처럼' 오고야 말 재림의 순간이 카이로스이며, 이 재림의 순간을 준비하며 늘 깨어서 현재를 살아갈 때 그 현재는 그냥 흘러가는 대로 살아가는 현재가 아닌, 결단의 순간으로서 카이로스가 된다. 카이로스는 언젠가 들이닥칠 재림의 때이자 그 재림의 때를 기다리며 깨어 있는 지금 여기의 시간 곧 현재다. 초기 기독교인들은 '주님의 날'이라는 미래의 때를 현재 안에서 살았다. 그리하여 그들이 살아간 현재는 늘 깨어서 결단하는 칼날 위의 현재, 카이로스의 현재였다.

주의할 것은 예수의 재림이라는 종말론적 사건을 천년왕국설과 혼동하지 않는 것이다. "바울은 재림의 시기에 대해서 말하지 않는다. 그는 시기에 대해 말하기를 아예 거부한다. 예를 들어 재림을 천년왕국설을 지지하는 사람들이 말하는 천년에 고정해서는 안 된다. 바울은 재림의 '돌발성'에 관해서만 말한다."[85] 예수 재림의 그 때와 시기를 알 수 없기 때문에 카이로스의 시간은 누구도 지배할 수 없고 계산할 수도 없는 시간이다. 언제 도래할지 알 수 없기에 그 '때'를 객관화할 수 없는 것이 카이로스다. 카이로스의 시간은 역사적인 삶을 살아가는 현사실적 실존 속에서만 본래적으로 일어난다.

이렇게 미래의 날에서부터 시간을 돌이켜 현재를 결단의 순간으로서 사는 삶이야말로 초기 기독교인들이 살아간 현사실적 삶이었다. 초기 기독교인들이 살았던 삶의 시간성에 대한 이런 현상학적 해석은 『존재와 시간』에서 드러날 인간 실존의 시간적 구조를 앞서 보여주는 것이기도 하다. 크로노스의 시간이 아니라 카이로스의 시간, 결단하는 순간으로서 현재를 사는 것이야말로 본래적인 실존의 모습이다. 하이데거는 초기 기독교인들의 삶의 시간성을 통해서 『존재와 시간』에서 펼쳐 보일 본래적 실존의 시간 구조를 예고했다.

이 강의가 그려준 카이로스의 순간이라는 것이 무엇을 의미하는지에 대한 좀 더 생생한 설명을 하이데거가 1919년 5월 1일 엘리자베트 블로흐만에게 보낸 편지에서 발견할 수 있다. 하이데거는 아주 진지한 어조로 '순간'이라는 말을 반복한다. "우리는 의미로 충만한 삶의 지극히 팽팽한 집중성을 기다릴 수 있어야 합니다. 그리고 우리는 그런 순간의 연속성을 지켜나가야 합니다. 그런 순간을 향유하기보다는 생으로 편입시켜야 하는 거지요. 생의 진행 중에 그런 순간을 계속 획득하고 그것을 모든 도래할 생의 리듬에 맞춰가야 하는 것입니다. … 자기 자신을 이해하며 소유한다는 것, 그것은 진정으로 살아 있는 것일 때에만, 다시 말해 동시에 하나의 존재일 때에만 참된 것일 수 있습니다."[86]

순간은 한번 지나가면 끝나는 그런 찰나가 아니라 삶의 과정에서 연속해서 지켜나가야 하는 '의미로 충만한 삶의 지극히 팽팽한 집중'이다. 자신의 존재를 망각하지 않고 늘 깨어 있는 가운데 자기 삶의 의미에 집중할 때의 그 현재를 가리키는 말이 '순간'이다. 이것이냐 저것이냐를 결단하는 칼날의 날카로움이 바로 깨어 있는 순간의 날카로움이다. 이 순간의 집중성을 지켜나가는 것, 그것이 본래적 실존의 모습이며 예수의 재림을 기다리는 초기 기독교인들이 살던 삶의 모습이다. 초기 기독교인들은 카이로스의 시간을 살았다.

그러나 바울의 서신에 나타난 이런 종말론적 시간, 카이로스의 시간은 바울 시대를 넘어 오래 살아남지 못했다. 1세기 말, 그러니까 바울이 죽고 한 세대가 지난 시점에 이르면 종말론적 시간관은 기독교인들 사이에서 은폐돼 사라지고 말았다. 이런 망각 탓에 그 뒤에 나타난 기독교의 모든 개념은 오해를 짊어질 수밖에 없었다. 강의에서 하이데거는 그런 역사적 사실을 지적한 뒤 다음과 같이 강조한다. "이 문제들은 중세에도 근원적으로 파악되지 못했다. 플라톤-아리스토텔레스의 철학이 기독교 안으로 밀려 들어오고, 신에 관해 말하는 오늘날 우리의 사변에 침투한 결과로 혼란은 더욱 심해졌다."「종교현상학 입문」「종교적 삶의 현상학」 124쪽 강단 위에서 하이데거는 이렇게 초기 기독교인들의 현사실적 삶을 사례로 삼아 현상학적 해석의 본보기를 보여주었다. 더 나아가 초기 교인들이 카이로스의 시간을 살아갔음을 손에 잡힐 듯이 생생하게 이야기해줌으로써 강의를 듣는 학생들에게 어떤 삶을 살 것인가 하는 근본적인 실존적 물음도 함께 던졌다. 바로 이런 강의 방식이 학생들을 지식 습득에 뒤따르는 단순한 기쁨을 넘어 실존 경험이 주는 놀라움 속으로 몰아넣었다.

아우구스티누스의 '고백록'

그 다음 학기, 그러니까 1921년 여름학기에 하이데거는 '아우구스티누스와 신플라톤주의'를 주제로 삼았다. 이 강의는 초대 기독교인들의 삶을 다룬 '종교 현상학 입문'의 후속편이었다. 여기서 하이데거는 『고백록』 제10권에 나타난 아우구스티누스 사상과 대결했다. 로마 제국 말기에 북아프리카 히포의 주교였던 아우렐리우스 아우구스티누스(Aurelius Augustinus, 354~430)는 중세 기독교 사상의 널따란 길을 닦은 사람이다. 그리스 철학의 신학적 재해석이 아우구스티누스 신학의 본령을 이루었다. 아우구스티누스는 현세주의 경향이 강한 아리스토텔레스 철학보다는 이데아의 세계를 동경한 플라톤 철학에서 자신의 신학적 토대를 발견했다. 특히 신플라톤주의가 해석한 플라톤 철학이 아우구스티누스 사유의 바탕이 됐다. 플라톤은 우리의 오감으로 지각할 수 있는 물질적 세계는 유한하지만 지성으로만 파악할 수 있는 이데아 세계는 영원하고 불변한다고 보았다. 플라톤 사상 안에서 우리 눈에 보이는 현상계의 사물들은 이데아의 세계를 모사한 것에 지나지 않는다.

이 플라톤의 이원론을 이어받아 신플라톤주의의 초석을 놓은 사

서재의 성 아우구스티누스(산드라 보티첼리, 1480).
하이데거는 아우구스티누스의
신플라톤주의 체계를 날카롭게 비판했다.

람이 3세기 철학자 플로티노스(Plotinos, 205~270)다. 플로티노스는 태양에서 세상을 밝히는 빛이 흘러나오듯이, 이데아계의 일자(하나)에서 모든 것이 흘러나온다고, 다시 말해 존재로 가득 찬 일자로부터 만물이 유출돼 나온다고 생각했다. 모든 것을 산출하는 그 '하나'가 바로 신이며 신에게서 세상에 존재하는 모든 것들이 생겨 나오는 것이다. 플로티노스는 이렇게 신에게서 유출돼 나오는 사물들이 신에게 가까이 있느냐 멀리 있느냐에 따라 등급이 달라진다고 보았다. 태양에서 나온 빛이 광원에서 멀어질수록 점차 광도가 약해져 마침내 어둠 속으로 사라지듯이, 일자에게서 나오는 것들도 일자에서 멀어질수록 존재의 강도가 약해지는 것이다. 플로티노스는 신 곧 일자에서부터 먼저 지성(누스, νοῦς)이 유출돼 나오고 이어 영혼(프시케, ψυχή)이 유출돼 나오며 마지막으로 이 현상계의 사물들이 유출돼 나온다고 보았다. 영혼을 소유한 인간은 저급한 사물의 세계 안에서 살다가 그 원천인 일자로 돌아간다.

플라톤 철학에 대한 이런 정교한 재해석을 거쳐 수립된 것이 신플라톤주의다. 아우구스티누스는 플로티노스와 신플라톤주의를 초석으로 삼아 자신의 신학적 체계를 세웠다. 그렇다고 해서 아우구스티누스 사상이 신플라톤주의 체계로 모조리 해소되는 것은 아니다. 아우구스티누스 사상의 출발점은 신플라톤주의 자체가 아니라, 어떤 경우에도 거부할 수 없는 기독교 신앙의 체험이었다. 신플라톤주의 체계는 아우구스티누스가 체험한 기독교 신앙이라는 질료를 담는 그릇이었다. 그러므로 『고백록』에는 신플라톤주의 사상만 들어 있는 것이 아니라, 신실한 종교인으로서 아우구스티누스가 겪은 종교적 경험의 정직한 고백도 들어 있다.

하이데거는 아우구스티누스에게서 발견되는 이 두 모습에 모두 주목했다. 직전 학기 강의에서 다루었던 초대 기독교인들의 현사실적 삶의 경험이 300여 년 뒤에 아우구스티누스에게서도 발견된다는 사실을 강조한 것이다. 동시에 하이데거는 아우구스티누스가 자신의 삶의 경험을 신플라톤주의적인 형이상학적 체계 속에 욱여넣음으로써 그 경험의 실상을 훼손했다고 비판했다. 아우구스티누스는 기독교 신앙을 현사실적 삶의 경험에서 이해한 사람이었지만, 스스로 의식하지 못한 채로 신플라톤주의 체계에 사로잡혀 삶의 의미를 왜곡한 사람이기도 했다. 이것이 하이데거가 아우구스티누스를 보는 관점이었다. 개별 인간의 현사실적 실존이 형이상학적 체계 속에서 해석될 경우엔 그 삶의 구체적인 시간성과 역사성이 은폐되고 만다는 데 주목한 것이다. 바울 시대 기독교인들의 삶에서 드러났던 대로 현사실적 삶의 경험이란 시간성과 역사성을 사는 것인데, 이 생생한 삶의 실상이 형이상학적 체계 아래서는 사라져 보이지 않게 되는 것이다.

이런 오류는 아우구스티누스가 '신을 향유함'(프루이티오 데이, fruitio Dei)이라는 신플라톤주의적 용어를 사용해 '행복한 삶'(Vita beata)을 규정할 때 분명하게 드러난다. 가장 행복한 삶, 가장 축복받은 삶이란 최고선으로서 신을 향유하는 삶이다. 그런데 이런 생각에는 눈에 보이는 감각적인 세계 곧 이 세상과, 보이지 않는 초감각적인 세계 곧 저 세상 사이의 존재론적 구별이 들어서 있다.

아우구스티누스는 이 두 세계의 차이를 설명하는 데 '우티'(uti)와 '프루이'(frui)라는 말을 끌어들였다. 우티란 쓰는 것, 사용하는 것, 이용하는 것을 가리킨다. 다시 말해 특별한 목적에 수단으로 사용하는 것이 우티다. 프루이는 바로 그 특별한 목적을 누리고 향유하는 것을 가리킨다. 이 세상에서 눈에 보이는 사물들은 모두 우티의 대상이고, 보이지 않는 초감각적인 것 곧 저 세상의 것은 목적으로서 프루이의 대상이다. 여기서 나오는 것이 '프루이티오 데이' 곧 '신을 향유함'이라는 생각이다. 이 세상의 것들은 오직 저 세상의 보이지 않는 목적을 향유하는 데 사용돼야 한다. 그러지 않고 그 관계가 뒤집혀 이 세상의 것이 향유의 대상이 되면 두 세계 사이에 가치의 전복이 일어나 삶이 왜곡된다는 것이 아우구스티누스의 생각이다. 여기서 '보이지 않는 이데아 세계'와 '눈에 보이는 현실 세계'를 둘로 나누어 가치에 차이를 두는 신플라톤주의의 사고방식이 드러난다.

하이데거는 이런 이원론적인 세계관이 인간의 현사실적인 삶의 경험을 파괴한다고 비판한다. 아우구스티누스에게서 초기 기독교인들이 생생하게 겪었던 삶의 경험이 신플라톤주의 철학에 눌려 은폐되고 망각되는 모습이 목격되는 것이다. 더 나아가 아우구스티누스의 '신을 향유함'이라는 관념에 '정적주의'의 요소가 깔려 있다는 점도 하이데거는 지적한다. 정적주의란 『고백록』에서 아우구스티누스가 "당신 안에서 쉬기까지 우리 마음은 편할 날이 없습니다" 하고 털어놓는 데서 명확하게 드러나듯이, 불안과 고통이 범람하는 현사실적 삶의 세계에서 벗어나 고요한 마음 안에서 신의 최고선을 묵상하고 누리는 것을 말한다. "이런 정적주의 속에서 신은 현사실적 삶의 부단한 동요로부터 멀어지게 되고 신앙인은 초대 기독교의 근원적 신앙을 그 자체로 경험하지 못할 위험 앞에 놓이게 된다."[87] 이렇게 아우구스티누스는 신을 최고선으로 간주하는 형이상학적 사유의 존재 질서와 가치 체계 아래서 현사실적 삶의 세계를 이해하고자 했다. 초기 기독교의 신앙과는 전혀 다른 사유가 앞을 가려 삶을 그 자체로 보지 못하게 한 것이다.

이 대목에서 아우구스티누스가 신플라톤주의의 세례를 받은 눈으로 신을 인식한다는 사실에 한 번 더 주목할 필요가 있다. 이때의 '눈'이 뜻하는 것은 개별 사물들을 지각하는 육체의 눈이 아니라 보이지 않는 신을 인식하는 마음의 눈이다. 그 마음의 눈으로 보는 신의 존재는 영원히 지속하는 현존성(Anwesenheit, 현존함)으로 이해된다. 현존성이란 현재 눈앞에 있음을 뜻한다. 신의 '현존함'이란 영원한 현재 속에 머물러 있음이다. 이 현존성이야말로 고대 그리스 철학이래로 서양 형이상학이 '존재' 곧 '있음'을 이해하는 방식이었다. 서양 형이상학은 '존재'를 '현재'의 관점에서, 그것도 '지속적으로 현재함', 다시 말해 '지속적으로 현존함'이라는 관점에서 이해했다. 무언가가 참으로 존재한다는 것은 영원히 현존함을 뜻하며, 그 영원한 현존은 우리 마음의 눈으로 파악된다. 그렇게 영원히 현존하는 것이 바로 참으로 존재하는 것이라고 서양 형이상학은 이해한 것이다.

그러므로 플라톤 철학의 경우를 사례로 들어서 보면, 우리의 맨눈에 보이는 현실의 사물들은 영원한 현존 속에 있지 않기 때문에 참으로 존재한다고 할 수 없다. 반면에 마음의 눈으로 볼 수 있는 초감각적인 이데아들은 영원히 현존하는 것으로 받아들여진다. 그 이데아들만이 참으로 존재한다고 할 수 있는 것이다. 나아가 마음의 눈으로 볼 수 있는 사물의 '본질'은 지속적으로 현존하는 것이지만, 그 사물의 현실적인 모습은 시간이 흐름에 따라 변해서 사라지고 마는 것이기 때문에 진정으로 존재한다고 할 수 없다. 아우구스티누스에게는 바로 이런 의미에서 신의 존재야말로 참된 현존으로 이해되며, 반대로 개별 인간들이 이 세상에서 겪는 삶의 경험은 유한한 시간 속에 사라져버리는 것으로 이해된다.

그러나 이렇게 존재를 '영원히 지속하는 현존'으로 이해하게 되면, 바울의 서신에서 드러난 초기 기독교인들의 생생한 삶의 경험은 망실될 수밖에 없다. 초기 교인들은 재림의 날을 고대하며 그 미래의 시간에서부터 현재를 살았고 순간순간을 잠들지 않고 깨어 있는 결단의 삶을 살았다. 영원히 지속하는 시간을 산 것이 아니라 밤중의 도둑같이 들이닥칠 미래를 대비하며 깨어 있는 시간을 산 것이다. 이렇게 사는 삶의 시간은 '영원히 지속하는 현재'와는 전혀 다른 시간이다. 때가 되면 모든 것이 뒤바뀔 것이라고 믿는 사람들에게 현재가 영원히 지속되리라는 발상은 떠오를 수가 없다. 아우구스티누스의 신플라톤주의적 사고방식에는 초기 기독교인들의 삶의 시간이 들어설 여지가 없다. 남는 것은 영원한 현재 속에 머물러 있는 저 세상의 신에게 다가가 신의 선함을 향유하는 것뿐이다.

청년 루터의 '십자가 신학'에 주목하다

이 강의에서 또 하나 주목할 것은 청년기 마르틴 루터가 하이데거에게 끼친 영향이 확연히 드러난다는 사실이다. 하이데거는 아우구스티누스의 신플라톤주의 체계를 반박하는 차원에서 루터가 서른다섯 살 때 발표한 '하이델베르크 명제'를 끌어들인다. 종교개혁 초기인 1518년에 쓴 '하이델베르크 명제'는 모두 28항목으로 이루어져 있는데, 이 명제 가운데 하이데거는 특히 19번째, 20번째, 21번째, 22번째 명제를 주시했다. 그 내용을 보면 다음과 같다.

> 19번째 명제. "보이지 않는 신의 것들을 창조된 것에서 지각할 수 있다고 여기는 사람은 신학자라고 불릴 가치가 없다."
> 20번째 명제. "오히려 세상으로 향한 신의 존재를 (예수 그리스도의) 수난과 십자가를 통해 파악하여 믿음으로 받아들이는 사람이 신학자라고 불릴 자격이 있다."
> 21번째 명제. "영광의 신학자는 악을 선이라고 말하고 선을 악이라고 말한다. 반면에 십자가의 신학자는 그것(악과 선)을 실제 그대로 말한다."
> 22번째 명제. "보이지 않는 신의 것들을 그의 작품에서 보는 지혜는

우리를 거만하게 하고 우리를 장님으로 만들며 우리의 마음을 완고하게 만든다."[88]

루터가 제시한 이 네 가지 명제는 아우구스티누스의 정신에 들어선 신플라톤주의의 체계와 신관을 겨냥한다. 네 명제는 사실상 동일한 내용을 말하고 있다. 여기서 루터는 신플라톤주의가 아우구스티누스 같은 교부 철학자들과 중세 스콜라 철학자들을 거쳐 당대 기독교에 깊숙이 들어박혔다고 보고 이것을 격퇴하려고 한다. 신플라톤주의는 신에게서 유출돼 나온 것들을 거슬러 그 기원으로 올라감으로써 신에게 이를 수 있다고 생각했다. 나아가 신의 보이지 않는 본성은 신의 작품 곧 신이 창조한 세상의 것들을 통해서 인식할 수 있다고 보았다. 신이 창조한 것들은 '신의 영광'을 드러낸다.

루터는 바로 신플라톤주의의 이런 관점을 정면으로 거부한다. 신은 인간의 지성으로는 알 수 없고 우리 지성의 눈으로는 볼 수 없다. 그렇게 알 수도 없고 볼 수도 없는 신을 알 수 있고 볼 수 있다고 하는 사람들은 올바른 신학자가 아니라고 루터는 단언한다. 루터에게는 '창조된 사물들', 이 현실의 사물들을 통해 신을 인식할 수 있다고 말하는 '영광의 신학자'가 아니라, 신의 존재를 예수 그리스도의 십자가 수난 속에서 파악해 믿음으로 받아들이는 '십자가의 신학자'가 진정한 신학자다.

루터가 반박한 신플라톤주의 신학에 성서적 근거가 전혀 없는 것은 아니다. 신플라톤주의 신학은 사도 바울이 「로마인들에게 보낸 편지」1장 20절에서 말한 것을 정당화의 근거로 삼았다.[89] 바울은 여기서 신의 보이지 않는 본성, 곧 신의 능력과 신성이 신의 작품 곧 신의 창조물에서 드러날 수 있다고 말한다. "하느님께서는 세상을 창조하신 때부터 창조물을 통하여 당신의 영원하신 능력과 신성과 같

AETHERNA IPSE SVAE MENTIS SIMVLACHRA LVTHERVS
EXPRIMIT·AT VVLTVS CERA LVCAE OCCIDVOS

M·D·XX

아우구스티누스회 수도사 마르틴 루터(루카스 크라나흐, 1520).
루터는 신플라톤주의에 물든 가톨릭 신학을 거부했다.
하이데거는 청년 루터만이 전통의 모든 은폐에 맞서 기독교 신앙을
근원적으로 다시 이해했다고 평가했다.

은 보이지 않는 특성을 나타내 보이셔서 인간이 보고 깨달을 수 있게 하셨습니다." 신플라톤주의의 영향 속에 있던 교부 철학과 스콜라 철학은 바로 이 구절을 전거로 삼아 그리스 형이상학의 사유를 받아들이는 것을 성서의 가르침에 위배되지 않는 것으로 여겼다.

그러나 청년 루터에게 이런 생각은 알 수 없는 신을 인간의 지성의 힘으로 알 수 있다고 자만하는 것에 지나지 않는다. 루터는 오히려 바울의 다른 서신 「고린토인들에게 보낸 첫째 편지」 1장 21~22절을 들어 신의 본성을 그 창조물에서부터 이해하는 '세상의 지혜'는 '어리석은 것'이라고 공박한다. 바울은 이 서신에서 이렇게 강조했다. "하느님께서 이 세상의 지혜가 어리석다는 것을 보여주시지 않았습니까? 세상이 자기 지혜로는 하느님을 알 수 없습니다. 이것이 하느님의 지혜로운 경륜입니다. 그래서 하느님께서는 우리가 전하는 소위 어리석다는 복음을 통해서 믿는 사람들을 구원하시기로 작정하셨습니다." 바울이 말하는 '세상의 지혜'는 당시에 유행하던 '그리스 철학'을 가리킨다. 물론 그 시절에는 플로티노스도 신플라톤주의도 없었지만, 그 원류에 해당하는 플라톤 철학은 널리 퍼져 있었고, 바울도 그 내용을 알고 있었다. 바울은 바로 그런 세상의 지혜 곧 그리스 철학으로는 신을 알 수 없다고 못 박고 있는 것이다. 이 구절을 들어 청년 루터는 신플라톤주의에 물든 가톨릭 신학을 거부했다.

이 강의에서 하이데거는 청년 루터만이 전통의 모든 은폐에 대항하여 기독교 신앙을 다시 근원적으로 이해했다고 평가하고 종교 개혁 초기의 루터에게 적극적으로 동조하는 태도를 보였다. 이런 모습에서 가톨릭 체계에서 벗어나 개신교 쪽으로 옮겨가는 하이데거의 종교적 전회가 뚜렷이 드러난다. 그러나 하이데거가 루터의 모든 주장에 동조하는 것은 아니다. 하이데거는 이 강의에서 1520년 종교개혁에 성공한 뒤의 루터와는 분명하게 거리를 두었다. 후기의 루터가 다시 전통의 제물이 됐으며 '새로운 스콜라화'에 박차를 가했다고 보는 것이다. 이 강의에서 하이데거는 신을 이성과 지성으로 파악할 수 있다는 모든 신학적 주장에 단호하게 반대한다. 이런 태도가 인간 지성의 힘으로는 신을 알 수 없다고 생각하는 중세 신비주의에 귀를 기울이는 데로 이어진다는 것은 두말할 필요가 없다.

1921년 여름학기 강의에서 하이데거는 이렇게 아우구스티누스의 신플라톤주의 체계를 날카롭게 비판했다. 하지만 아우구스티누스를 비판만 한 것은 아니다. 하이데거는 아우구스티누스의 생각에서 긍정적인 면도 함께 찾아냈다. 아우구스티누스는 철학적 사유 체계에서는 신플라톤주의에 붙들려 있었지만, 동시에 사도 바울과 마찬가지로 기독교 신앙의 진리가 드러나는 현사실적 삶의 경험 세계 속에서 불안을 체험했고 이 불안의 현상을 깊이 사유했다. 하이데거가 긍정적으로 주목하는 것이 바로 이 대목, 불안의 체험이다. 불안이라는 현상을 숙고했다는 점에서 보면 아우구스티누스는 불안을 실존의 근원 문제로, 신앙의 본질 문제로 이해한 19세기 기독교 철학자 키르케고르의 선배라고 할 수 있다. 이 시기에 하이데거는 『불안의 개념』을 포함한 키르케고르의 저작을 깊이 읽고 거기서 중요한 실존론적 개념을 얻었다. 또 종교적 삶을 현상학적으로 탐구할 때도 키르케고르의 개념에서 도움을 받았다.

노예의 두려움과 경건한 두려움

아우구스티누스는 '공포'와 '불안'을 대비한다. 더 정확히 말하면 '노예의 두려움'과 '경건한 두려움'을 구분한다. 하이데거는 이 두 가지 두려움이 어떻게 다른지 아우구스티누스의 말을 그대로 인용해 보여준다. "경건한 두려움은 무엇인가? 그것은 네가 선한 것을 잃어버릴지도 모른다는 것에 대한 두려움이다. 주의하라! 그분이 너를 마귀와 함께 지옥으로 던져버리지 않을까 하여 하느님을 두려워하는 자가 있고, 그분이 너를 돌보지 않고 버리지 않을까 하여 하느님을 두려워하는 자가 있다."「아우구스티누스와 신플라톤주의」,「종교적 삶의 현상학」 355쪽 노예의 두려움(timor servilis)은 신에게 벌을 받지 않을까 하는 두려움이다. 반면에 경건한 두려움(timor castus)은 신의 사랑을 잃어버리지 않을까 하는 두려움이다. 아우구스티누스는 바로 이 경건한 두려움에서 불안의 본래적 현상을 보았다.[90]

일상의 사건이나 사물 앞에서 느끼는 공포(Furcht)와 달리 불안(Angst)이라는 현상은 신의 사랑, 곧 진정한 선을 갈망하는 삶 안에서 피어오른다. 후에 『존재와 시간』을 쓸 때 하이데거가 아우구스티누스에게서 종교적 색채를 걷어낸 뒤 이 불안과 공포를 실존의 문제로 받아들였다는 것을 쉽게 알아볼 수 있다. 하이데거 연구자 푀겔러도 이 강의에서 해석한 아우구스티누스의 불안이 『존재와 시간』의 불안 분석으로 이어진다고 말한다. "여기서 불안은 이런저런 존재자 앞에서 느끼는 공포가 아니라 세계-내-존재의 본래적인 불안이다. … 불안은 종국에는 죽음의 불안이다. …『존재와 시간』에서 전개되고 있듯이 현사실적 실존은 죽음을 향한 존재의 극단에서, 즉 본래적 불안에서 양심의 결정적인 부름을 들을 수 있다."[91] 이런 사정을 고려하면 하이데거가 성숙기에 펼쳐 보이는 실존론과 존재론의 뿌리가 형이상학 전통뿐만 아니라 기독교 신학 전통에도 닿아 있음이 분명해진다.

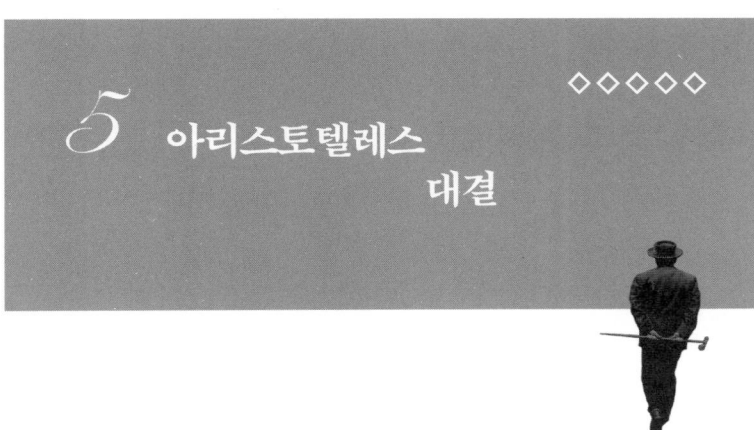

5 아리스토텔레스
　　　대결

◇◇◇◇◇

존재론의 토대가 될 수 없다고 여겨온 삶이라는
유동체를 존재론의 토대로 삼겠다는, 진정으로 하이데거다운
철학적 전망이 드러나기 시작한 것이다.
서양 존재론의 출발점에 있는 아리스토텔레스로 거슬러 올라가
'삶의 존재론'의 토대를 찾아내는 것이 바로 그런 전망을
여는 작업이었다. 그 작업이 이 시기에 프라이부르크대학에서
강의한 '아리스토텔레스의 현상학적 해석'이었고, 그 강의를
응집한 것이 마르부르크대학의 나토르프에게 보낸
「아리스토텔레스 입문」이라는 이름의 원고였다.

"

철학은 삶에서 어떤 '보편성'과 임의로 정립한
원리를 고안해내는 작업이 아니라, '묻는 인식' 즉 탐구로서
삶의 근본적인 운동에 대한 해석의 경향을 지닌
명백하면서도 진정한 수행일 뿐이다.

철학의 문제는 현사실적 삶의 존재와 관계한다.
이런 관점에서 볼 때, 철학은 근본적인 존재론이다.

"

하이데거는 '종교 현상학' 강의에 이어 1921년 겨울학기에 아리스토텔레스로 거슬러 올라갔다. 이어 이듬해 여름에도 아리스토텔레스는 한 차례 더 하이데거 강의 주제에 올랐다. 잇따른 아리스토텔레스 강의는 자신감의 소산이기도 했다. 1907년 김나지움 시절 이래 십여 년 동안 숙고한 끝에 이제야말로 아리스토텔레스를 독자적인 목소리로 불러낼 수 있게 됐다는 자신감이었다. 하이데거의 이런 마음을 만년에 쓴 「현상학에 이르는 나의 길」에서 읽어낼 수 있다.

"후설의 가르침은 현상학적 '봄'(Sehen)을 단계적으로 수행해나가는 방식으로 이루어졌는데, 동시에 그런 봄은 검증되지 않은 철학적 인식의 사용을 배제하도록 요구했고 또 위대한 사상가의 권위를 대화의 방패로 삼으려는 노력을 포기하도록 요구했다. 그래서 내가 현상학적 봄을 신뢰하면서 아리스토텔레스의 저서를 더욱 분명히 해석해 낼수록 나는 아리스토텔레스와 그리스 사상가들에게 그만큼 더 친근해질 수 있었다."「사유의 사태로」186쪽

아리스토텔레스 '해체', '알레테이아'의 발견

이 고백은 하이데거의 철학하기에서 일어난 내적인 변화를 알려준다. 후설 현상학을 속속들이 공부함으로써 얻은 자신감으로 그때까지 권위를 누려온 해석에 주눅 들거나 사로잡히지 않고 현상학의 방

법론을 적용해 사태 자체로 직진해 들어가는 데 익숙해진 것이다. 바로 그런 자세로 하이데거는 아리스토텔레스라는 서양 철학의 거인과 맞붙었고, 이렇게 대결하는 가운데 종래의 아리스토텔레스 해석을 거스르거나 변경하는 재해석을 감행했다. 전통의 권위에 눌리지 않는 새로운 아리스토텔레스 해석, 현상학의 눈으로 사태 자체를 봄으로써 기존 해석이 보지 못한 더 깊은 의미를 읽어내는 비판적 재해석을 하이데거는 이 시기에 '해체'(Destruktion)라는 용어로 표현하기 시작했다. 훗날 현대 철학의 한 조류가 된 '해체주의'가 자신이 도입한 그 용어에서 시작되리라는 것을 그때의 하이데거는 예감도 하지 못했을 것이다.

후설 현상학을 깊이 이해하면 이해할수록 하이데거의 머릿속에서 아리스토텔레스 텍스트에 담긴 의미가 그만큼 더 명료해졌고 저 먼 고대의 사상가가 하이데거 가까이로 다가왔다. 가장 현대적인 철학 방법론으로 가장 오래된 철학을 읽어냄으로써 고대의 철학적 문제가 고대만의 문제가 아니라 오늘의 문제라는 것이 드러났다. 시대를 거슬러 올라가 옛 문헌에서 오늘을 읽어내는 이런 연구 방식은 앞서 초기 기독교 사상을 연구할 때부터 본격화한 것이었다. 아리스토텔레스 연구에 이르러 이런 학문 태도는 이제 하이데거 스타일이라고 불릴 만한 것으로 굳어졌다. 아무리 오래된 철학도 하이데거의 사유를 통과하면 지금 이 시대의 문제를 진단하는 오늘의 철학으로 살아났다. 하이데거의 재해석을 거쳐 고대의 사상은 이제까지 보던 것과는 아주 다른 얼굴, 심지어는 그 정체를 알아보지 못할 정도로 아주 다른 얼굴로 나타났다.

「현상학에 이르는 나의 길」에서 하이데거가 아리스토텔레스 철학에 관해서 서술한 다른 대목도 주목할 만하다. 바로 그 시기에, 그러니까 아리스토텔레스를 강의하던 1920년대 초에 하이데거가 '알레테이아'(aletheia, ἀλήθεια)의 독자적 의미에 도달하기 시작했음을 이 대목에서 알 수 있다. 그리스어 알레테이아는 하이데거가 평생을 두고 탐구한 사태의 한가운데 놓인 낱말이다. 하이데거 철학에서 '존재'에 버금가는 중요성을 지닌 핵심어 가운데 하나가 알레테이아다. 아리스토텔레스를 강의하면서 하이데거는 알레테이아를 그동안 모든 문헌들이 번역어로 채택해왔던 '진리'(Wahrheit)라는 말로 옮기지 않고, '비은폐성'(Unverborgenheit)이라는 새로운 낱말로 옮겼다. 이런 번역은 알레테이아를 '아'(ἀ-)와 '레테이아'(-ήθεια)로 나누어 해석한 데 따른 것이었다. 다시 말해 은닉 또는 망각을 뜻하는 '레테'(λήθη)와 인도-유럽 언어에서 부정 또는 결여의 의미로 쓰이는 접두사 '아'(ἀ-)가 합쳐져, '비은폐성' 곧 '은폐돼 있지 않음', '감추어져 있지 않음'을 뜻하게 된 것으로 이해한 것이다. 알레테이아에 대한 이런 해석은 하이데거 사유에 심대한 영향을 주었을 뿐만 아니라, 진리라는 사태를 새로운 차원에서 이해하는 데 결정적인 도약의 발판이 됐다.

이런 재해석에 따라 하이데거는 알레테이아의 동사형인 '알레테우에인'(ἀληθεύειν)도 '진실 또는 진리를 말하다'라는 통상의 의미로 옮기지 않고, '감춰진 것을 드러내다', '탈은폐하다'라는 새로운 뜻으로 번역했다. 진리란 알레테이아로서 '감춰져 있지 않음'이며, 그 동사형인 '알레테우에인'은 '감춰져 있는 것, 은폐된 것을 드러내다'를 뜻하게 된 것이다. 그렇다면 이제 진리는 서양 철학에서 이해해온 대로 주관적 인식과 객관적 대상의 일치, 명제와 사태의 일치를 뜻하는 것이 아니라, 명제적 진술이나 주관적 인식 이전에 '사태 자체의 드러나 있음'을 뜻하게 된다. 알레테이아 곧 진리에 대한 이런 새로운 이해는 현상학에 대한 하이데거의 이해와 맞물려 있었다. 그런 사실이 「현상학에 이르는 나의 길」 한 대목에 드러나 있다.

아리스토텔레스 대리석 흉상(기원전 2세기).
하이데거는 현상학적 방법으로 아리스토텔레스의
'알레테이아'(진리) 개념을 새롭게 해명했다.

"그때 나는 논거에 의한 충분한 통찰을 통해서가 아니라 오히려 일종의 예감을 통해서 다음과 같은 사실을 경험했다. 즉 의식 작용의 현상학에서 현상들이 자기 자신을 고지하는 것으로서 수행되고 있는 바로 그것이 더 근원적으로는 아리스토텔레스에게서 … 알레테이아로 사유됐다는 것을 경험했다." 『사유의 사태로』 188쪽

하이데거의 다소 복잡한 문장이 가리키는 바는 명확하다. 당시 아리스토텔레스 연구를 하면서 깨닫게 된 알레테이아 곧 '은폐돼 있지 않음'이라는 것이 결국은 현상학에서 말하는 '현상의 나타남'과 다르지 않은 것이라는 얘기다. 후설 현상학에서 '현상'은 '사태 자체'와 다르지 않다. 그러므로 비은폐성으로서 진리는 '사태 자체의 드러나 있음'이 되는 것이다. 이렇게 해서 후설 현상학이 말하는 현상 곧 사태 자체가 아리스토텔레스를 비롯해 그리스 사상가들이 말하는 '알레테이아'와 다르지 않다는 것을 예감으로나마 알게 됐다고 하이데거는 여기서 고백하는 것이다. 그리하여 진리는 알레테이아이고 알레테이아는 '사태 자체의 감추어져 있지 않음'을 뜻한다는 것이 하이데거의 사유의 그물에 걸려들게 됐다. 이렇게 해서 하이데거는 아직은 충분하지 않지만, 후설의 현상학적 통찰을 아리스토텔레스 사유와 결합하는 경지에 다가섰다.

하이데거 강의, 로고스와 파토스의 결합

1921년 겨울학기 아리스토텔레스 강의는 학문의 내용에서 이룬 도약과는 또 다른 차원에서 하이데거에게 일종의 도약이 된 강의였다. 여기서 다른 어떤 강의에서도 보기 어려운 하이데거의 독자적인 강의 스타일이 뚜렷한 모습을 갖추기 시작했다. 물론 이전에도 하이데거 강의에는 학생들을 흡인하는 독특한 매력이 적지 않았지만 아

직 명확한 형식을 갖춘 것은 아니었다. 1921년 겨울학기 아리스토텔레스 강의에 이르러 누구도 흉내 내기 어려운 하이데거의 고유한 강의 스타일이 확립됐다. 강의 시간의 시작과 끝을 관통한 하이데거 스타일은 한마디로 하면 로고스와 파토스의 독특한 결합이었다. 로고스의 날카로운 칼날이 사태를 헤집고 들어가다 보면 파토스의 피가 끓는 심장에 닿았다. 아리스토텔레스의 알레테이아를 해명해 들어가는 논리적·개념적 사유의 날카로움이 단적인 사례라고 할 수 있다. 논리와 개념으로 사태를 해명하고 나면 거기서 강렬한 정서적 감흥이 솟아올랐다. 마치 바위를 뚫어 찾아낸 수원에서 물이 솟구치는 것과 같았다. 파토스로 물들어가는 로고스, 로고스로 이루어진 파토스라고 할 만한 것이 하이데거의 강의였다.

강의실의 학생들은 하이데거의 말을 따라가며 차가운 이성이 뜨거운 감성으로 뒤집히는 경험을 했다. 그것은 무지의 장막을 걷어내고 들어간 곳에서 전혀 예상하지 못한 진리가 보석처럼 환히 빛나는 것을 목격했을 때 느끼는 놀라움 같은 것이었다. 강의실의 학생들은 하이데거 언어의 세례를 받으며 처음으로 사유의 눈이 뜨이는 듯한 경험을 했다. 앞 시대 철학자 니체가 자주 사용한 비유를 들어 말하자면, 하이데거 강의 스타일은 아폴론적인 것과 디오니소스적인 것의 결합이라고도 할 만한 것이었다. 니체의 글이 서로 반대되는 쪽으로 내달리는 두 힘의 통일이었듯이, 하이데거의 강의에서도 아폴론적인 냉정한 로고스 아래서 디오니소스적인 격렬한 파토스가 들끓었다. 둘 사이에 다른 점이 없는 것은 아니었다. 니체의 경우엔 차가운 로고스 위로 뜨거운 파토스가 넘쳐흘러 니체다운 문체를 이루었다면, 하이데거의 강의에서는 로고스의 칼이 파토스의 피보다 더 강렬한 빛으로 번득였다. 가파른 로고스의 길을 따라 올라 드넓은 고원의 풍경을 마주볼 때 차오르는 감격으로 끝나는 것이 하이데거의 강의였다.

삶의 현사실성을 포착하는 하이데거 개념어 가운데 상당수가 그런 파토스를 내장한 것들이었다. 이를테면 이 시기에 처음으로 등장한 염려(Sorge, 관심)라는 말이 파토스와 로고스의 결합 양상을 보여주는 낱말이다. 하이데거에게 염려는 삶의 세계에서 인간이 내보이는 다음과 같은 태도를 총괄한다. "어떤 것을 중요하게 여기다, 어떤 것을 걱정하다, 어떤 것을 보살피다, 어떤 것을 의도하다, 어떤 것의 이상 유무를 확인하다, 어떤 것을 다룰 줄 알다, 어떤 것을 알아내고자 하다."[92] 염려는 이렇게 우리가 살아가면서 우리 자신을 대하는 마음을 가리키며 더 나아가 우리 바깥에서 만나는 사물이나 사람에게 내보이는 마음을 두루 가리킨다. 삶이란 요약하자면 염려다. 염려는 나중에 『존재와 시간』에서 인간 현존재의 실존 양상을 규정하는 가장 근본적인 개념이 된다.

이 염려라는 말의 결정적인 의미를 알아보려면 거기에 깃든 시간 성격을 들여다보아야 한다. 염려하는 인간은 언제나 장차 다가올 미래를 생각하며 살아온 삶을 재해석하는 방식으로 현재를 살아간다. 이를테면 '종교 현상학' 강의에서 초기 기독교인들이 재림의 그날을 기다리며 칼날 위에 선 것처럼 현재를 살아가는 모습에서 발견할 수 있는 마음의 자세와 다른 것이 아니다. 염려는 인간의 삶이 시간의 흐름에 맡겨져 과거에서 미래로 흘러가는 것이 아니라 미래를 생각하는 가운데 오늘을 살아가는 것임을 가리키는 하이데거의 고유한 용어다. 인간은 미래를 향해 앞서 나아가면서 살아온 삶을 반추하고 되풀이하며 현재를 살아간다.

이 염려라는 낱말은 고려(Besorgen)나 배려(Fürsorge)라는 낱말과 세트를 이룬다. 고려가 염려하는 인간 현존재를 둘러싼 사물들을 대하는 태도를 가리킨다면, 배려는 그 인간 현존재가 다른 인간 현존재를 대하는 태도를 가리키는 말이다. 고려와 배려를 뜻하는 독일어 단어 안에 염려(Sorge)가 들어 있는 데서 짐작할 수 있듯이, 고려도 배려도 염려의 양상이다.

하이데거의 학기 강의는 철학이란 무엇인가를 묻고 그 답을 찾는데서 시작하는 경우가 적지 않았다. 철학이 무엇인지, 왜 철학을 하는지, 어떻게 철학을 해야 하는지를 먼저 이야기함으로써 강의를 듣는 이들에게 철학으로 들어가는 문을 열어주는 것이다. 이 아리스토텔레스 강의에서도 하이데거는 철학 자체를 물음의 대상으로 삼았다. 하이데거가 여기서 강조한 것 가운데 하나가 철학적 사유와 '현사실적 삶'이 어떤 관계를 맺어야 하느냐 하는 물음이었다. 하이데거는 철학하는 사람은 현사실적 삶에 '대해' 사유해서는 안 되며 현사실적 삶 '에서부터' 사유해야 한다고 단호하게 요구했다. 다시 말해 삶이라는 것을 우리에게서 떨어져 있는 외부의 사물 대하듯 대상화해서는 안 되고, 우리가 살아가는 삶 안에서부터 그 삶을 향해 사유해 들어가야 한다는 것이었다.

이 주문은 특별히 하이데거다운 철학적 주문이었지만, 선례가 없는 것은 아니었다. 이 물음의 방식에 관한 한, 생철학자 딜타이가 하이데거의 선구자였다. 딜타이에게 철학적 고투의 최종 목표는 "삶을 삶 자체로부터 파악하는 것"이었다.[93] 하이데거는 딜타이가 제시한 목표를 가져와 자신의 고유한 목표로 내걸었다. 딜타이는 '우리는 삶의 배후로 거슬러 올라갈 수 없다'는 말도 했는데, 삶의 배후를 뒤져 삶을 해명해줄 더 근본적인 이념이나 관념을 찾아낼 수 없다는 뜻이었다.[94] 삶은 삶 자체로서 해명해야 삶을 해명해줄 다른 수단을 구해선 안 된다는 것이 딜타이의 생각이었다.

하이데거는 그 무렵에 쓴 야스퍼스의 『세계관의 심리학』에 대한 서평에서도 똑같은 주장으로 야스퍼스의 철학함을 비판했다. 야스퍼스는 실존함에 '대해서만' 썼을 뿐이지 자신의 성찰을 이 실존함 '안에' 세우지는 못했다는 것이 비판의 요지였다. 야스퍼스는 우리가 실존함에 대해서가 아니라 실존함으로부터 철학해야 한다는 하이데거의 주장이 무엇을 뜻하는 것인지 충분히 납득하지 못했다.[95] 하이데거에게 철학은 인간 현존재의 표현이자 현존재의 기관이었다. 철학과 삶은 따로 떨어져 있는 별개의 것이 아니다. 철학은 우리 삶의 표현이어야 하고 우리 삶을 투명하게 들여다보는 창이어야 한다. 그것이 하이데거가 이 시기에 확립한 원칙이었다.

마르부르크대학으로 가는 길

아리스토텔레스 강의를 하던 1922년은 대학 교수라는 안정된 자리를 얻으려는 하이데거에게 중대한 변화가 일어난 해이기도 했다. 프라이부르크대학 강사였던 하이데거가 마르부르크대학 교수로 가는 길이 바로 그해에 열렸다. 1922년 초부터 마르부르크대학의 파울 나토르프와 프라이부르크대학의 에드문트 후설 사이에 하이데거를 마르부르크대학 교수로 초빙하는 문제를 두고 편지가 오고갔다. 리케르트와 함께 당시 신칸트학파의 또 다른 대표자로 꼽히던 나토르프가 정년을 맞아 후배 니콜라이 하르트만(Nicolai Hartmann, 1882~1950)에게 자신의 자리를 물려주게 되자 하르트만의 자리를 채울 사람이 필요했던 것이다. 이때 나토르프의 심중에 떠오른 사람이 하이데거였다. 하이데거는 현상학 운동의 중심인 후설의 총애를 받고 있었다. 또 당시 하이데거는 현상학적 방법을 아리스토텔레스나 중세 철학 같은 철학사에 적용하는 강의로 독일 대학가에 벌써 이름이 알려져 있었다. 프라이부르크대학까지 와 하이데거의 강의를 직접 들은 다른 대학 학생들이 퍼뜨린 말은 하이데거에 대한 외부 세계의 궁금증을 더 키웠다. 소문은 마르부르크에 있던 나토르프의 귀에까지 닿았다.

나토르프는 1922년 1월 29일 후설에게 편지를 써서 하이데거 초빙과 관련한 문제를 상의했다. 나토르프의 걱정은 하이데거에게 현상학자로서 내세울 만한 저서가 없다는 것이었다. 편지에서 나토르프는 이 문제를 거론함과 동시에 하이데거가 학자로서 독자적인 방향성을 갖추고 있는지, 관심사가 너무 협소한 건 아닌지 하는 걱정도 솔직하게 밝혔다. 편지를 받자마자 후설은 하이데거는 다른 사람을 추종하거나 한 곳에 집착하는 사람과는 정반대 유형이라며 나토르프의 의구심을 풀어주는 답장을 썼다.

"하이데거는 아주 독창적인 성격을 지니고 있으며 대결을 통해 자신에게 고유한 양식을 추구하고 그것을 창출해내고 있습니다. 그는 현상학적으로 찾으면서 연구하는 자신의 고유한 방식과 관심 분야를 지니고 있습니다. 그중 어떤 것도 나에게 전수받은 것은 없고, 그 자신의 근원성에 기반을 두고 있습니다. 그는 선생으로서 내 옆에서 완전히 독자적인 영향력을 행사하고 있으며, 이후에는 아마도 더 강한 영향력을 발휘할 것입니다."[96]

당시 하이데거의 강의와 관심사에 대한 정확한 평가일 뿐만 아니라 제자에 대한 사랑과 기대가 담긴, 더할 나위 없이 좋은 추천서라고 할 만한 답장이었다. 그러나 하이데거에 대한 소문과 후설의 강력한 추천만으로 교수 임용이라는 중대 사안을 결정하기는 쉽지 않았다. 가장 큰 장애물은 나토르프가 걱정했던 대로 현상학자로서 출판물이 없다는 사실이었다. 하이데거는 교수 임용 자격 논문과 논문 제출 때 했던 시범 강의를 1916년에 출간한 뒤로 더는 책으로 낸 것이 없었다.

나토르프는 후설을 통해 하이데거에게 앞으로 출판할 원고라도 보

신칸트학파의 대표 철학자 파울 나토르프.
그는 하이데거의 마르부르크대학 교수 초빙 문제를 후설과 상의했고,
그 과정에서 하이데거의 「아리스토텔레스 입문」 원고를
가장 먼저 읽고 깊은 인상을 받았다.

내달라고 요청했다. 결국 1922년 9월에 하이데거는 그 무렵 프라이부르크에서 했던 아리스토텔레스 강의의 초안을 서둘러 정리해 「아리스토텔레스 입문」이라는 이름으로 나토르프에게 보냈다. 또 당시 하이데거 임용에 관심을 보이던 괴팅겐대학에도 사본 한 부를 따로 보냈다. 괴팅겐대학은 하이데거를 뽑지 않고 다른 경력 많은 학자를 임용하는 '안전한' 결론을 내렸다. 하이데거의 실망은 얼마 지나지 않아 기쁨으로 바뀌었다. 나토르프의 입김이 강했던 마르부르크대학이 그해 12월 12일 하이데거를 '첫 번째 후보'로 지명했다. 이어 이듬해 6월 18일 하이데거를 '정교수 지위와 권리를 지닌 원외 교수'로 초빙한다고 발표했다. 하이데거는 1923년 겨울학기부터 마르부르크대학 철학과 교수로 강의를 시작한다.

하이데거 청강생이 된 가다머

하이데거가 이렇게 마르부르크대학 철학 교수로 채용되는 데 결정적인 기여를 한 것이 바로 나토르프에게 보낸 「아리스토텔레스 입문」이었다. 타자로 쳐 깨끗하게 제본한 이 원고에는 하이데거가 두 학기에 걸쳐 한 아리스토텔레스 강의의 핵심이 응집돼 있었다. 이 원고의 내용은 나토르프에게 깊은 인상을 넘어서는 충격을 주었다. 나토르프는 서른세 살 젊은 철학자가 보여준 "비범한 독창성, 심원함, 엄밀함"에 놀랐다.[97]

하이데거 원고를 두 번째로 읽은 사람은 훗날 해석학의 대가가 되는 한스 게오르크 가다머였다. 당시 나토르프 아래서 박사 과정을 밟고 있던 가다머는 하이데거의 원고를 먼저 읽은 나토르프가 거기서 '천재의 기획'을 발견한 것을 의아하게 여겼다. 그 원고에 쓰인 문장은 다른 학자의 글에서는 본 적이 없는 '낯설고 이상한' 문장이었다.

그 기이한 문장이 가다머에게 당혹감을 안겼다. 오늘날 하이데거 독자들이 하나같이 느낄 수밖에 없는 것이 하이데거의 고유하고도 특이한 문체, 처음 읽으면 도대체 무슨 말을 하려는 것인지 감을 잡기 어려운 독특한 문체다. 똑같은 상황에 당시 가다머도 빠져들었던 것이다. 철학자로서 온갖 이력을 겪은 나토르프만 단번에 하이데거의 그 낯선 문장을 뚫고 들어가 번득이는 천재성을 알아보았던 것이다. 가다머는 원고를 몇 차례 읽고 나서야 하이데거의 비범함을 눈치 챘고, 그 길로 프라이부르크로 달려가 하이데거의 청강생이 됐다. 이 경험이 가다머를 나토르프의 제자가 아닌 하이데거의 제자로 만들었다. 프라이부르크에서 하이데거 강의와 대면한 가다머는 나토르프의 평가가 틀리지 않았음을 확인했고, 하이데거의 아리스토텔레스 해석에서 자신의 철학을 세우는 데 초석이 될 영감을 얻었다.[98]

그렇다면 이 시기에 하이데거가 아리스토텔레스 강의에 집중한 이유는 무엇일까? 애초 하이데거는 브렌타노의 박사 학위 논문에서 출발한 '아리스토텔레스적 물음' 곧 '존재자의 다양한 의미에 대한 물음'에서 철학을 시작해 후설 현상학의 뒤를 밟았다. 그러다가 시대의 격변을 통과하던 중에 생철학과 실존철학이라는 새로운 철학 흐름에 뛰어들었고 인간 삶의 문제를 근원적으로 해명하는 데로 관심을 돌렸다. 하지만 생철학과 실존철학에는 존재론적 토대가 허약하다는 치명적인 약점이 있었다. 생철학이나 실존철학은 삶을 삶 자체로서 해명한다는 목표를 내세웠지만, 삶을 해명하는 토대로 삼기에는 삶 자체가 존재론적으로 튼튼하지 못했다. 삶이란 시간 속에서 흘러가는 가변적이고 상대적인 것일 뿐인데, 존재론이 성립하려면 지속적이고 필연적이고 항상적인 존재에 대한 탐구가 필수적이었다. 이것이 존재론에 대한 전통 철학의 이해 방식이었다. 이 전통의 눈으로 보면 삶에는 존재론이 들어설 여지가 없었다. 딜타이의 생철학이

'상대주의'라는 비판을 받은 것도 그 때문이었다. 더구나 딜타이에게는 삶을 보편적 토대 위에서 해명한다는 존재론적 문제의식이 뚜렷하지도 않았다.

　존재론 결여라는 사정은 실존철학에서도 다르지 않았다. 하이데거가 깊은 영향을 받은 키르케고르의 철학 어디에서도 보편적 존재론에 대한 탐구 노력은 찾아볼 수 없었다. 마찬가지로 하이데거가 1920년을 전후한 시기에 집중했던 '종교 현상학'도 초기 기독교인의 삶의 체험을 생생하게 제시하기는 했지만, 그 삶의 체험을 존재론의 토대 위에 세우는 데까지는 이르지 못했다.[99] 바로 이 지점에서 하이데거는 자신의 사유를 철학적으로 튼튼한 근거 위에 놓으려면 존재론을 통과하지 않으면 안 된다는 판단을 내렸다. 하이데거가 서양 존재론의 원류인 아리스토텔레스로 거슬러 올라가게 된 이유를 거기서 찾을 수 있다.

　그런 경유지를 거쳐 하이데거의 관심은 삶을 삶으로써 해명하되 존재론의 토대 위에서 해명한다는 쪽으로 모였다. 그러자 삶과 존재론을 어떻게 만나게 할 것이냐 하는 것이 문제로 떠올랐다. 전통 철학에서 존재론은 시간을 초월해 지속하고 불변하는 존재를 해명하는 것인 데 반해, 삶이라는 것은 근본적으로 일회적이고 상대적이며 시간 속에서 변화하는 것이 아닌가. 물과 기름처럼 서로 어울리지 못하는 이 둘을 어떻게 하나로 묶어내느냐 하는 것이 사유의 과제가 된 것이다.

　여기서 하이데거는 발상을 바꾸었다. 다시 말해 삶의 근본 사실에서 존재론을 정립하고 그로써 새로운 철학을 세운다는 역발상에 도전했다.[100] 존재론의 토대가 될 수 없다고 여겨온 삶이라는 유동체를 존재론의 토대로 삼겠다는, 진정으로 하이데거다운 철학적 전망이 드러나기 시작한 것이다. 서양 존재론의 출발점에 있는 아리스토텔레스로 거슬러 올라가 '삶의 존재론'의 토대를 찾아내는 것이 바로 그런 전망을 여는 작업이었다. 그 작업이 이 시기에 프라이부르크대학에서 강의한 '아리스토텔레스의 현상학적 해석'이었고, 그 강의를 응집한 것이 마르부르크대학의 나토르프에게 보낸 「아리스토텔레스 입문」이라는 이름의 원고였다.

이 원고에서 하이데거의 당시 관심 방향이 뚜렷하게 드러난다. 하이데거는 철학이란 다른 것이 아니라 바로 존재론이라고 밝힘으로써 존재론을 앞세우면서도 그 대상을 전통 존재론과 달리 인간의 삶, 곧 인간 현존재로 삼는다. 그리하여 현존재의 존재 의미를 밝히는 것이 철학 곧 존재론의 본래 주제임을 강조한다. 현존재의 존재 의미는 시간 속에서 드러난다. 이때의 시간이라는 것이 과거에서 미래로 단순히 흘러가는 크로노스의 시간이 아니라는 것은 두말할 필요가 없다. 이미 종교 현상학 강의에서 명확하게 밝혔듯이, 시간을 산다는 것은 미래를 염두에 두고 과거를 반복하면서 현재를 사는 것, 카이로스적 순간으로서 현재를 사는 것을 말한다. 이 삶의 현사실성 위에 존재론을 구축하는 것이 이 시기에 하이데거가 아리스토텔레스를 통해서 이루려는 목표였다. 다만 하이데거의 강의와 원고는 그 목표를 가리켜 보이는 지점에서 그쳤고, 그 목표에 도달하려면 아직 시간이 더 필요했다. 하이데거는 이제 막 초입에 들어섰을 뿐이다.

그런데 이런 존재론의 재구축은 아리스토텔레스 철학을 단순히 반복해서는 이룰 수 없고 그 철학을 새로운 눈으로 다시 해석해야 한다. 아리스토텔레스와 대결해 그 철학을 비판적으로 다시 해석하는 작업이 하이데거가 '해체'라고 부른 그 작업이다. 해체란 그러므로 전수된 철학을 분해해서 제거하는 것이 아니라, 그 철학을 오늘의 관심 속에서 재해석해 오늘의 것으로 살려내는 것이다. "역사적-철학적 탐구는 전통을 시원으로까지 소급해 추적함으로써 전통에 있는 근본 개념들의 독립성을 허무는 것이다. 하이데거는 이런 방식을 해체라고 명명한다. 그에게서 이 해체는 모든 철학적 작업에서 구속력을 지닌다. … 시원에까지 이르는 전통이 해체됨으로써 사람들은 전승되는 개념들에 사로잡힘으로부터 해방될 수 있게 된다."[101]

"철학, 삶의 가능성을 통찰하는 존재론"

하이데거는 나토르프에게 보낸 「아리스토텔레스 입문」 원고에서도 '철학이란 무엇인가'라는 근본 물음을 물었다. 이 물음에 대한 하이데거의 답은 두 가지였다. "첫째, 철학은 삶에서 어떤 '보편성'과 임의로 정립한 원리를 고안해내는 작업이 아니라, '묻는 인식' 즉 탐구로서 삶의 근본적인 운동에 대한 해석의 경향을 지닌 명백하면서도 진정한 수행일 뿐이다."「아리스토텔레스에 대한 현상학적 해석」 37쪽 철학은 종래의 철학이 그래왔듯이 보편적 원리를 자의적으로 세우는 것이 아니다. 삶의 근본적인 운동, 다시 말해 우리가 삶을 살아가는 근본적인 방식을 해석하는 그 삶의 수행이 철학이다. 이것이 당시 하이데거가 생각한 철학의 첫 번째 모습이었다.

하이데거가 더 강조하는 철학의 성격은 두 번째 규정에서 나타난다. "둘째, 철학은 현사실적 삶을 그 결정적인 존재 가능성에서 통찰하고 파악하는 것으로 이해해야 한다. 다시 말해, 철학은 세계관적 경영에 한눈팔지 않고, 근본적이며 명료한 방식으로 현사실적 삶을 그 고유한 현사실적 가능성에서 이끌어내 그 자신에게 되돌려주는 것이다."「아리스토텔레스에 대한 현상학적 해석」 37쪽 철학이란 인간의 현사실적 삶을 '존재 가능성'에서 통찰하고 파악하는 것이다. 존재 가능성이란 다른 것이 아니라 '존재할 수 있음' 곧 '장차 어떤 것이 될 수 있음'이다. 그러므로 미래에 닥칠 삶의 가능성을 통찰하는 것이 철학이다. 우리의 현사실적 삶을 그 고유한 가능성에서 이끌어내 그 삶에 되돌려주는 것이야말로 하이데거가 생각하는 철학이다. 철학이란 우리의 실제 삶을 그 미래적 가능성에서 파악해 이해하게 해주는 것이다. 이것이 하이데거가 새롭게 정립한 철학의 모습이었다. 철학은 결코 우리의 삶을 떠나지 않는다. 우리의 삶 안에서 우리의 삶을 그 가능성에서 통찰하고 해석하여 우리의 현재 삶으로 돌려주는 것이 철학이다. 하이데거가 제시한 철학은 딜타이의 생철학에서 아이디어를 얻어온 것이었지만, 그 아이디어는 하이데거의 엄밀한 재구축 작업을 거쳐 다른 철학자에게서는 들어보기 어려운 신선하고도 유혹적인 철학으로 변화했다.

하이데거는 한 걸음 더 들어가 철학을 존재론이라고 규정했다. "철학의 문제는 현사실적 삶의 존재와 관계한다. 이런 관점에서 볼 때, 철학은 근본적인 존재론이다." 『아리스토텔레스에 대한 현상학적 해석』 39쪽 하이데거는 철학이 현사실적 삶의 존재와 관계한다는 의미에서 근본적인 존재론이라고 명확하게 말한다. 존재론이라는 말로 철학에서 이야기해오던 것을 하이데거는 사물의 본질이나 세계의 본성에 대한 탐구로 보지 않고, 현사실적 삶의 존재를 해명한다는 의미의 존재론으로 새롭게 규정한 것이다. 현사실적 삶의 존재를 파악하고 해명하는 것이야말로 하이데거가 마음속에 그린 존재론이다. 바로 이 지점이 하이데거가 딜타이의 생철학을 이어받으면서도 딜타이와 달라지는 곳이다. 딜타이에게 생 곧 삶은 인식론의 영역이지 존재론의 영역이 아니었다. 삶에는 존재론적 토대가 놓일 수 없다고 딜타이는 생각했다. 그러나 하이데거는 단호하게 철학을 '존재론'이라고 규정하고 이 명제를 삶 자체에 적용했다. 유동하고 변화하는 삶을 존재론으로 묶어세우는 것, 이것이야말로 하이데거의 독창적인 작업이었다.

하이데거는 한발 더 들어가, 바로 이 근본적인 삶의 존재론 위에 다른 영역의 존재를 해명하는 '영역 존재론'을 정립할 수 있다는 생각도 내놓았다. "나아가 개별적으로 규정돼 있으면서도 세계와 연관돼 있는 영역적 존재론은 현사실성의 존재론으로부터 문제의 근거와 문제의 의미를 얻는다."『아리스토텔레스에 대한 현상학적 해석』 39쪽 영역 존재론은 우리를 둘러싸고 있는 세계와 연관된, 여러 존재자들의 영역을 해명하는 존재론이다. 그런데 이런 다양한 영역을 해명하는 존재론은 우리 삶의 현사실성의 존재론으로부터 근거와 의미를 얻는다. 우리의 현사실적 삶의 존재론, 곧 나중에 하이데거가 '기초 존재론'이라고 부르게 될 그 존재론이 바탕이 돼, 거기에서부터 세계의 존재에 대한 해명이 이루어진다는 이야기다. 전통 철학은 대체로 세계의 존재로부터 우리 인간의 삶을 해명하려고 했다. 하이데거는 이런 전통적인 생각을 거부하고 우리의 삶에 대한 존재론적 해명에서부터 시작해 세계의 존재에 대한 해명으로 나아가야 한다고 본 것이다. 하이데거가 이미 자신만의 철학 세계로 진입했음이 이 '입문'에서 분명히 드러난다.

「아리스토텔레스 입문」에서 하이데거는 논리학이라는 전통적인 이름도 현사실성의 존재론과 연관 지어 이해했다. 논리학이란 다른 것이 아니라 '현사실성의 존재 양상을 해석하는 것'을 뜻한다. 논리학은 삶과 동떨어진 어떤 논리 규칙을 따지는 작업이 아니라, 삶 자체의 존재 구조를 해석하는 작업이라는 얘기다. 그러므로 존재론과 논리학은 현사실성이라는 문제 상황 위에서 근원적으로 통일돼야 한다. 존재론은 곧 논리학이다. 다시 말해 현사실성의 존재론은 현사실성의 논리학이다.

하이데거는 이 존재론과 논리학이 바로 '현사실성의 현상학적 해석학'이라는 이름의 탐구 작업임도 강조한다. 현사실성의 존재론-논리학은 '현사실성의 현상학적 해석학'과 다르지 않다는 말이다. 여기서 하이데거가 후설로부터 이어받은 현상학과 딜타이로부터 이어받은 해석학을 삶을 해명하는 근본 방법론으로 종합했음이 드러난다. 현상학에서 얻은 눈으로 사태 자체 곧 인간의 현사실적 삶의 존재 양상을 해석하는 것이 '현사실성의 현상학적 해석학'이고, 이 현상학적 해석학으로써 정립한 것이 바로 '현사실성의 존재론'이라는 얘기다. 하이데거는 '현상학적 해석학'이 무엇을 뜻하는지를 이 대목에서 한 번 더 밝힌다.

"해석학은 현상학적이다."『아리스토텔레스에 대한 현상학적 해석』 40쪽

이 말은 현사실적 삶이 철학적 탐구에서 '현상'으로 여겨진다는 것을 뜻한다. 현상학의 대상은 다른 것이 아니라 우리의 삶이다. 그 삶이 우리의 의식에 떠오르는 대로, 다시 말해 현상하는 대로 그 사태를 보고 그것을 사태에 맞게 해석하는 것, 그것이 바로 현상학적 해석학이다. 그런 현상학-해석학의 시야에서 보면 우리의 삶의 근본 성격은 바로 '염려함'(Sorgen)으로 파악된다고 하이데거는 말한다. 여기서 염려함이란 우리가 시간 속에서 시간과 함께 살아감을 뜻한다. 미래를 걱정하고 과거를 기억하면서 현재를 살아갈 수밖에 없는 것이 우리의 삶이라는 얘기다. 바로 그 염려함에서부터 우리 삶의 근본 운동을 해석하는 것이 '현사실성의 현상학적 해석학'이며 이것을 다른 말로 하면 '현사실성의 존재론'이 된다.

이렇게 현사실성에 대한 현상학적 해석학은 인간 자신의 현사실적 삶의 상황에서 출발한다. 그런데 여기서 하이데거는 우리 삶의 현사실적 상황이 아무런 전제 없이 덩그러니 홀로 놓여 있는 것이 아니라 어떤 역사적 해석의 지평 안에서 움직이고 있다는 데 각별히 주목한다. 이 역사적 해석 지평에 대한 하이데거의 생각을 요약하면 다음과 같다. 우리는 우리의 삶을 아무런 역사적 전제 없이 사는 것이 아니다. 우리는 과거로부터 전수받은 해석의 틀 안에서 그 해석의 틀에

따라 삶을 해석하며 산다. 그런데 이렇게 전수받은 해석의 틀을 우리는 통상 '자명한 것'으로 받아들일 뿐이고 더 따져 들어가볼 생각을 하지 않는다. 아니, 그 해석의 틀 자체가 의식되지도 못한 채 우리의 삶을 규정하기조차 한다. 그렇게 우리 삶을 보이지 않게 지배하고 있는 이 '해석의 틀'을 거리를 두고 상대화해서 보는 것이 필요하다. 이 대목에서 하이데거는 우리 삶을 해석하는 사고의 틀을 근원적으로 규정하는 것이 바로 철학임을 특별히 강조한다.

"오늘날의 상황에서 철학은 대부분 비본래적으로 그리스적 개념, 즉 다양한 해석의 고리를 관통하고 있는 그리스적 개념 안에서 움직이고 있다."「아리스토텔레스에 대한 현사실적 해석」 44쪽

하이데거는 당대 서양의 정신과 삶을 규정하는 철학이 그리스 철학에 대한 전통적 해석 속에서 이해됐으며, 그럼으로써 그 근본 개념의 본래적 의미가 망실됐다고 지적한다. 하이데거가 여기서 강조하는 것은 그리스 철학의 개념 위에서 확립된 기독교 이념의 지배다.

"현사실성의 문제에 대한 관점에서 간단하게 말한다면, 오늘날의 상황에서 모든 것을 집어삼킬 정도로 존재 성격의 구성에 결정적인 영향력을 행사하는 것은 그리스적-기독교적 삶의 해석이라고 할 수 있다."「아리스토텔레스에 대한 현상학적 해석」 46쪽

기독교적 이상이 인간의 삶을 규정하고 지배하고 있다는 말이다. 하이데거는 그리스 철학에 반대하고 기독교 이념을 거부하는 사상들도 사정은 다르지 않다고 강조한다. 그리스-기독교를 부정하는 사상 경향도 그것이 그리스 철학과 기독교 이념 안에서 탄생해 성장한 것이므로 근본적으로는 그리스-기독교와 동일한 시선 방향과 해석 방식에 머물러 있다는 것이다. 이 그리스-기독교적 삶의 해석을 극복하지 않으면 안 된다. 하이데거는 자신이 제시한 '현사실성의 현상학적 해석학'을 통해서 바로 이 지배적 해석을 뚫고 나가 원천으

로 거슬러 올라갈 수 있다고 말한다. 그 작업이 바로 '해체'다. 여기서 하이데거는 자신을 전통 기독교 이념에 대항하는 자로 명확히 세운다.

아리스토텔레스에 대한 이중적인 시선

이 대목에서 눈여겨볼 것은 하이데거가 아리스토텔레스를 이중적인 시선으로 바라보고 있다는 사실이다. 한편으로 하이데거는 자신의 존재론을 구축하는 데 아리스토텔레스 철학을 끌어들인다. 동시에 하이데거는 아리스토텔레스 철학을 해체하고 극복해야 할 대상으로 지목한다. 오늘날 서양의 삶과 정신을 규정하고 있는 기독교 이념의 바탕에 바로 아리스토텔레스 철학이 있기 때문이다. 먼저 중세 가톨릭 체계를 세운 토마스 아퀴나스의 경우를 보면, 이 신학의 철학적 뿌리와 몸통을 이루는 것이 바로 아리스토텔레스의 자연학·영혼론·윤리학·존재론이다. 토마스 아퀴나스 신학은 19세기에 신스콜라주의 가톨릭 철학으로 다시 일어나 가톨릭 세계를 지배하고 있다.

그런가 하면 개신교 세계를 연 마르틴 루터의 신학에서 아리스토텔레스가 발휘하는 힘도 가볍게 볼 수 없다. 루터는 토마스 아퀴나스의 신학을 비판하고 아우구스티누스의 신학을 받아들였다. 아우구스티누스 신학은 근본적으로는 플라톤 철학을 중추로 삼는다. 하지만 거기에는 아리스토텔레스 철학에서 나온 요소도 깊이 박혀 있다. 루터의 신학도 아리스토텔레스 철학의 영향 아래 있는 셈이다. 그렇게 본다면 가톨릭이든 개신교든 아리스토텔레스 철학에 젖줄이 닿아 있음을 부정할 수 없다. 그러므로 서양의 정신과 삶을 지배하고 있는 기독교 이념을 극복하려면 그 뿌리에 놓인 아리스토텔레스 철학을 해체해 극복하는 것이 필수적일 수밖에 없다.

하이데거의 이런 논의에서 두드러지는 것은 자신이 오랫동안 몸 담았고 여전히 그 안에 머물러 있는 기독교 이념에 대한 의식적인 거리 두기다. 하이데거는 이런 거리 두기를 '탈-신론적'(a-theistisch) 태도라고 말한다. 이때의 '탈-신론적'이라는 말을 '무신론적'이라는 말로도 번역할 수 있지만, 하이데거의 관심이 무신론 자체에 있는 것이 아님은 「아리스토텔레스 입문」에 쓴 각주에서 찾아볼 수 있다. 하이데거는 이렇게 말한다. "유물론 또는 그와 같은 이론적인 의미에서 '무신론'이 아님." 「아리스토텔레스에 대한 현상학적 해석」 37~38쪽 유물론은 '신은 존재하지 않는다'는 의미의 무신론을 단호하게 주장한다. 하이데거 자신이 말하는 '탈-신론'은 유물론에서 주장하는 그런 무신론과는 다르다는 고백이다. 이어 하이데거는 다음과 같은 의미심장한 말을 덧붙인다.

"종교적으로 말해 (이런 행위는) 신에 대한 저항이라는 것을 알아야 한다. 그렇게 될 때에만 철학은 진지해질 수 있다. … 여기서 탈-신론적이라는 것은 유혹하듯이 종교성만을 강조하는 데서 자유로워지는 것을 의미한다." 「아리스토텔레스에 대한 현상학적 해석」 38쪽

하이데거의 탈-신론적 태도는 신은 없다는 무신론적 태도와는 다르다. 하이데거가 강조하려는 것은 철학을 철학답게 하려면 신을 전제해서는 안 된다는 것이다. 말하자면 데카르트가 세상 만물의 '의심할 수 없는 확실한 토대'를 찾아내려고 모든 것을 의심하는 '방법론적 회의주의'를 감행했듯이, 하이데거는 현사실적 삶의 배후에 신을 놓지 않고 삶을 삶 자체에서부터 인식하려는 의도에서 '방법론적 무신론'을 도입했다고 보아야 한다. 이런 방법론적 무신론은 신이라는 문제를 괄호로 묶어서 일단 배제해놓고 삶을 삶 자체로 이해하는 방식이라고도 할 수 있다. "하이데거가 신에 관해서 말하는 방식은 후설이 의식 바깥의 현실에 관해 말하는 방식과 유사하다. 후설은

현실을 괄호로 묶고, 하이데거는 신을 괄호로 묶는다. 후설은 괄호로 묶기를 통해 순수 의식의 영역을 획득하고자 하며, 이 영역이 자체 안에서나 밖에서나 이미 무수히 다양한 현실성을 포함하고 있음을 입증하려 한다. 하이데거는 세계의 순수 세계성을 포착하려고 신을 괄호로 묶으며, 세계 안에서 신의 대용품을 창조하려는 일체의 경향을 멀리한다."[102]

후설은 『데카르트적 성찰』에서 "우리가 보편적 자기 성찰을 통해 세계를 다시 획득하려면 우선 세계를 상실해야 한다"고 말하는데, 하이데거도 똑같은 태도를 신의 문제에서 보이고 있는 것이다. 하이데거는 이렇게 신을 의도적으로 괄호로 묶어 삶의 사태에서 배제하는 것을 '신에 대한 저항'이라고 표현한다. 그러나 그런 저항은 신 앞에 다시 서려고 하는 것이지 신을 아주 떠나버리겠다는 태도는 아니다. 아리스토텔레스 철학을 다루는 이 글에서도 하이데거가 여전히 신의 문제를 진지하게 고민하고 있음을 알 수 있다. 바로 이런 사정을 알아본 가다머는 하이데거의 이 「아리스토텔레스 입문」 원고를 '하이데거의 신학적인 청년기 저작'이라고 규정했다.[103] 하이데거 안에 있던 관심사를 제대로 포착한 규정이라고 해야 할 것이다. 이렇게 아리스토텔레스로 거슬러 올라가 삶의 현사실성을 현상학적으로 해석하는 작업을 하는 중에도 이 시기의 하이데거에게는 여전히 종교와 신앙이 중대한 문제로서 심중에 들어앉아 있었다. 하이데거는 철학의 순수성을 보존하고 구현하려는 차원에서 신앙의 문제를 철학 바깥으로 밀쳐냈을 뿐이며, 삶의 마지막 순간까지 신의 문제를 무의미한 것으로 간주해 거부하거나 외면하지 않았다. 신이라는 문제는 또 다른 차원에서 하이데거 사유의 과제였다.

6 딜타이와 해석학

인간은 언제나 이미 자기 자신을 해석하면서 살아간다.
해석이라는 것은 삶의 내적인 과정 자체다. 마치 우리가 삶을
체험하면서 살아가듯이 우리는 언제나 우리 자신과 우리 밖의
현실을 해석하면서 살아간다. 우리의 삶과 해석은 동떨어져
있지 않고 우리의 삶 속에 해석은 언제나 함께한다.
우리는 해석을 살아간다.

> "
>
> 나의 탐구 동반자는 젊은 루터였고, 모범은 그가
> 미워했던 아리스토텔레스였다. 동기는 키르케고르가 주었고,
> 나의 눈을 뜨게 한 것은 후설이었다.
>
> 현존재는 나무토막과 같은 물건이 아니며
> 식물과 같은 것도 아니다. 그것은 또한 체험으로 이루어져
> 있는 것도 아니고, 나아가 객관에 맞서 있는 주관도 아니다.
> 현존재는 말 그대로 본래적으로 '거기 있는' 한,
> 대상이 아닌 뛰어난 존재자다.
>
> "

하이데거는 1923년 여름학기에 프라이부르크대학에서 마지막 강의를 했다. 이 강의가 끝나면 마르부르크로 갈 참이었다. 이 마지막 강의에서도 하이데거는 앞에 했던 아리스토텔레스 강의를 이어받아 '현사실적 삶의 현상학적 해석학'을 주제로 삼았다. 애초 하이데거는 강의 제목을 '논리학'으로 하려고 했으나, 다른 교수가 '논리학'이라는 제목을 쓰자 급히 마음을 바꿔 '존재론'으로 공고를 냈다. 하지만 제목이 마음에 들지 않았던지 강의 첫 시간에 '존재론'이라는 이름이 지닌 결함을 지적했다. 존재론이라고 하면 통상 우리 외부 세계의 존재자들을 다루는 이론을 떠올리는데, 이런 뜻으로 사용되는 존재론은 '현존재' 곧 인간의 삶을 논의의 대상에서 배제해버린다는 약점이 있다. 당시 하이데거에게 결정적으로 중요한 문제는 인간의 삶을 존재론적으로 해명하는 것이었지만 전통 존재론은 이런 문제에 관심이 없었다. 하이데거는 존재론의 이런 결함을 지적하고 난 뒤 강의의 실질적인 제목으로 '현사실성의 해석학'을 제시했다. 그래서 나중에 강의록이 하이데거 전집에 묶여 나올 때는 책의 제목이 『존재론: 현사실성의 해석학』이 됐다.

철학의 숨은 왕, 하이데거와 비트겐슈타인

이 강의는 젊은 철학자 하이데거가 후설이라는 둥지에서 나와 날개를 활짝 펴고 날아오르는 독립의 순간을 보여준다. 더구나 하이데거는 마르부르크대학 교수로 초빙된 터였다. 더는 스승 밑에서 배우는 사람이 아니었다. 이 시기에 하이데거가 야스퍼스에게 보낸 편지는 하이데거 안에서 솟아오르는 자신감을 선명하게 보여준다.

"나는 책들과 잡다한 문헌들을 세상에 넘겨주고 그 대신에 젊은이들을 취합니다. '취한다'는 것은 단단히 붙든다는 뜻입니다. 그 결과로 젊은이들은 한 주일 내내 '압박 속에' 있게 됩니다. 일부는 견뎌내지 못합니다. 가장 간단한 선발 방식이지요. 일부 학생은 어째서 내가 아무것도 허용하지 않는지, 어째서 그 어떤 게으름, 그 어떤 얕파함, 그 어떤 속임수, 그 어떤 상투적 문구도 허용하지 않는지 깨닫기까지 두세 학기나 걸립니다. … 나의 가장 큰 기쁨은 이곳에서 내가 모범을 보임으로써 변화를 이끌 수 있다는 점, 그리고 이제 내가 자유롭다는 점입니다."1923년 7월 14일

자신의 시야에 철학의 전 역사를 품고 자신의 손아귀로 그 철학의 뿌리와 몸통을 틀어쥔 채 자신의 고유한 목소리로 철학의 본질을 이야기할 수 있게 됐다는 그 자신감이 이 젊은 철학자에게 '자유'를 느끼게 해주었을 것이다. 내부의 깊은 곳에서 솟아나는 그 목소리로 하이데거는 강의실에 모인 학생들의 머리와 심장을 사로잡았다. 엄격하고 단단한 로고스로 사태를 파고들어 삶의 비밀 가까이로 학생들을 데려감으로써 몰랐던 세계의 문이 열리는 순간의 전율로 강의실을 채웠다. 이 강의를 책으로 편집한 케테 브뢰커-올트만스(Kate Brocker-Oltmanns)는 문자로 옮겨진 하이데거 강의가 "그것을 들었을 청강자들이 체험한 황홀한 매력"을 재현하지 못한다는 데 안타까움을 토로한다.[104] 로고스의 메스로 삶의 심장을 절개해 보여줌으로써 파토스를 분출시키는 기예로 하이데거는 이제 '메스키르히의 작은 마법사'를 넘어 '철학의 비밀스런 왕'으로 통하기 시작했다.

동시대인 가운데 철학자로서 이런 칭호를 얻을 만한 사람을 한 명 더 꼽으라면, 몇 년 뒤 바다 건너 케임브리지대학을 흔들어놓을 비트겐슈타인을 떠올릴 수 있다. 비트겐슈타인은 제1차 세계대전 중에 전선에서 자신이 생각하는 철학적 문제를 수첩에 써내려간 뒤 전후에 그 수첩-원고를 책으로 펴냈다. 1921년에 나온 『논리철학논고』는 당대의 논리실증주의자들과 언어철학자들의 두뇌에 일대 충격을 안겼다. 하이데거가 철학 강사로 이름을 알리기 시작하던 바로 그때였다. 그 사이 비트겐슈타인은 철학의 모든 문제를 해결했다고 믿고 초등학교 교사 자격증을 따 오스트리아 산골 마을로 들어갔다. 저자가 살았는지 죽었는지조차 불분명한 상태에서 비트겐슈타인이라는 이름만 입에서 입으로 번져나갔다. 프라이부르크의 하이데거가 숨은 왕으로 알려지던 시기에 비트겐슈타인이야말로 그 존재를 확인할 길 없는 철학의 숨은 왕이었다. 몇 년 뒤 자신의 철학이 미완성이라는 자각에 이른 비트겐슈타인은 다시 철학 연구로 돌아왔고 1929년 살아 있는 신처럼 케임브리지대학에 입성해 미해결 문제를 푸는 일에 진력했다.

비트겐슈타인의 철학 강의는 극도로 엄격한 분위기에서 진행되는 두려운 제식과도 같았다. 강의라는 이름의 의식에 입회한 학생들은 마치 신탁을 기다리듯 비트겐슈타인의 입에서 나오는 말을 기다렸고, 머릿속 사유의 산도를 힘겹게 비집고 나오는 비트겐슈타인의 말을 받아 안았다. 처음으로 철학이 태어나는 순간을 목격하는 듯한 경험이었다. 비트겐슈타인의 제자 노먼 맬컴의 회상록은 당시 비트겐슈타인이 어떤 식으로 강의를 이끌었는지 알려주는 생생한 기록이다.

"강의를 할 때나 사적인 대화를 할 때나 비트겐슈타인은 항상 단호하고 명확한 어조로 말했다. … 유창한 달변은 아니었지만 말에는 강

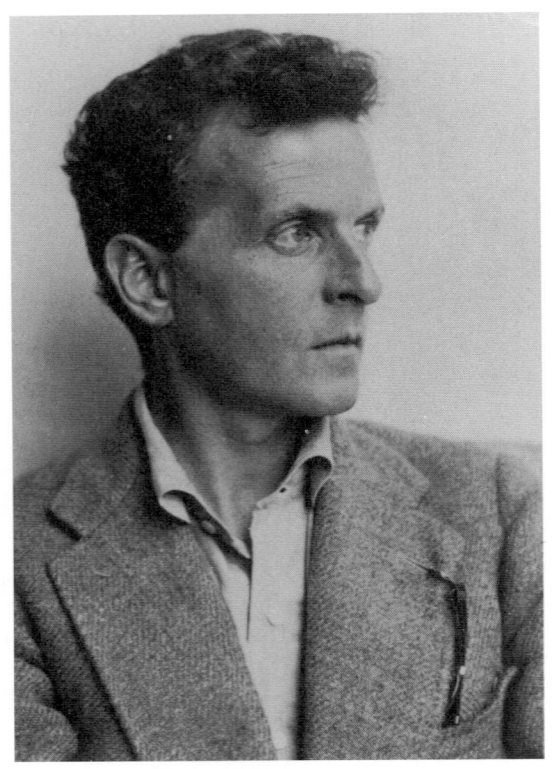

루트비히 비트겐슈타인(1930).
하이데거와 함께 '철학의 비밀스런 왕'이라
칭할 만한 유일한 철학자이다.

한 힘이 실려 있었다. 그의 말을 들어본 사람은 그가 비범한 인물이라는 것을 금세 알 수 있었다. 이야기를 할 때면 얼굴 표정이 놀라울 정도로 풍부해졌다. 눈은 깊었고 눈빛은 때로 매우 강렬했다. 그의 성격은 지배적이었고 심지어 도도할 정도였다."[105]

야스퍼스가 하이데거를 처음 만나고 난 뒤 기록한 하이데거의 모습과 겹치는 데가 많다. 비트겐슈타인은 언제나 밝은 회색 바지에 목단추를 푼 모직 셔츠를 입었고 벌목꾼 작업복 같은 겉옷을 입고 다녔다. 맬컴은 "정장을 입고 넥타이를 매거나 신사 모자를 쓴 비트겐슈타인을 상상하기 힘들다"고 썼는데, 프라이부르크 강사 시절부터 독일 남부의 농부 복장으로 다닌 하이데거를 그대로 떠올리게 한다. 두 사람 모두 당시 대학교수의 옷차림과는 거리가 먼 옷을 입고 강의를 하고 학생들을 만났다. 비트겐슈타인의 강의 방식에 대한 맬컴의 기억도 이 예외적인 인간의 모습을 눈앞에 그리게 해준다.

"비트겐슈타인은 일주일에 두 번, 오후 5시에서 7시까지 두 시간짜리 강의를 맡았다. 그는 정시에 시작하기를 원했기 때문에, 누가 2분이라도 늦게 들어오면 화를 냈다. 교수가 되기 전에는 주로 학교에 있는 그의 친구들 방에서 모임을 열었는데, 그 뒤로는 트리니티 칼리지의 휴얼관에 있는 그의 방에 모였다. 강의를 듣는 사람들은 손수 의자를 가져오거나 바닥에 앉아서 들었다. 때로는 방이 미어터질 정도였다. … 비트겐슈타인은 방 한가운데 있는 평범한 나무 의자에 앉았다. 여기에서 그는 자신의 사유를 붙들고 청중 앞에서 분투했다. … 흔히 모임은 대화로 진행됐다. 그가 어떤 생각을 끄집어내려고 할 때는 단호하게 제지하는 듯한 손짓을 취함으로써 질문이나 발언을 하지 못하게 했다. 때로는 비트겐슈타인의 간헐적인 중얼거림과 청중의 숨죽인 시선 외에는 아무 소리도 들리지 않는 긴 침묵이 이어지기도 했다. 이런 침묵 가운데서 비트겐슈타인은 극도로 팽팽한 긴장 속에서 활발하게 사유했다. 그의 눈은 한 곳을 응시했고 표정은 살아 있었으며 두 손은 눈에 띄는 손짓을 했고 표정은 근엄했다. 그때 우리는 극도의 진지함과 몰입 그리고 지적인 힘 앞에 있다는 사실을 깨달았다. … 비트겐슈타인은 강의 중에 꽤 무서운 사람이었다. 그는 참을성이 별로 없었고 쉽게 화를 냈다. … 비트겐슈타인에 대한 두려움 때문에 우리는 극도로 주의를 집중해서 들었다. 이것은 문제들이 극히 난해했고, 그것을 고찰하는 비트겐슈타인의 방법도 이해하기기 무척 어려웠기 때문에 값진 결과를 가져왔다. 그의 사유를 따라가려면 정신적으로 전력을 다해도 모자라다는 것을 나는 항상 의식하고 있었다. 두 시간 동안의 고도의 정신 집중은 내가 버틸 수 있는 한계를 넘어선 것이었다."[106]

하이데거의 철학 용어가 독일 학생들 사이에 유행어가 됐듯이 케임브리지의 학생들도 비트겐슈타인이 탄생시킨 말들을 비트겐슈타인의 독특한 말투와 함께 그대로 흉내 냈다. "비트겐슈타인의 개성은 이 모임을 지배했다. 그중 단 한 사람이라도 어떤 식으로든 그의 영향을 받지 않은 사람이 과연 있었는지 의심스럽다. 그의 버릇이나 제스처, 억양 및 감탄사를 따라하지 않았던 사람은 거의 없었다."[107] 그렇게 하이데거는 동시대의 비트겐슈타인과 함께, 서로 멀리 떨어진 채로 철학이라는 신전의 제사장이 되고 젊은이들을 철학의 신도로 끌어들였다. 1923년 여름학기 '존재론' 강의실에도 뒷날 철학계의 성좌에 오를 젊은이들이 여럿 참석해 사유의 세례를 받았다. 20세기 해석학의 거두가 된 한스-게오르크 가다머 말고도, 프랑크푸르트 학파의 비판이론을 이끈 막스 호르크하이머, 프로이트주의와 마르크스주의를 엮어 신좌파 운동의 철학적 기수가 된 헤르베르트 마르쿠제, 생태철학자로서 뚜렷한 족적을 남긴 한스 요나스(Hans Jonas, 1903~93)가 그 제식의 입회자 가운데 일부였다.

루터, 아리스토텔레스, 키르케고르, 후설

이 열성적인 청강생들을 앞에 두고 하이데거는 강의의 서두에 걸어온 날을 되돌아보듯 자신의 길을 열어가는 데 길잡이가 된 사유의 스승들을 거명했다. "나의 탐구 동반자는 젊은 루터였고, 모범은 그가 미워했던 아리스토텔레스였다. 동기는 키르케고르가 주었고, 나의 눈을 뜨게 한 것은 후설이었다."『존재론: 현사실성의 해석학』 22쪽 중세 스콜라 철학의 형이상학적 신관을 깨부순 청년 마르틴 루터와 함께 사유의 길을 걸었고, 아리스토텔레스를 모범으로 삼아 존재론이라는 철학의 토대에 다가갔으며, 키르케고르의 가혹하고도 정직한 실존 물음에서 철학을 해야 할 절실한 이유를 보았고, 후설이 제시한 현상학의 가르침을 통해 사태 자체를 알아볼 눈을 얻었다는 고백이다.

하이데거는 이렇게 자신의 사유를 키워준 사람들의 이름을 부르고 난 뒤에 다음과 같은 말을 덧붙였다. "역사적인 영향을 고려했을 때에만 무엇인가를 '이해한다'고 하는 사람들에게 이런 사실은 호기심을 만족시키는 사이비 이해로 변질된다."『존재론: 현사실성의 해석학』 22쪽 누구에게서 어떤 영향을 받았는지 확인하는 것으로 그 사람의 철학을 다 알았다는 듯이 여기는 것은 '사이비 이해'가 될 뿐이라고 경고하는 말이다. 하이데거 자신의 철학이 지닌 독자성에 집중해야만 강의 내용이 제대로 이해될 수 있을 것이라는 지적이기도 하다. 이렇게 사이비를 단호하게 배격하는 발언에서도 하이데거의 자신감은 뚜렷이 드러난다.

강의 서두에 하이데거가 사유의 스승으로 직접 거명하지는 않았지만 이 명단에 빠져서는 안 될 사람이 있음을 이어지는 강의는 알려준다. 바로 빌헬름 딜타이다. 딜타이야말로 후설과 함께 '현상학적 해석학'이라는 방법론으로 삶의 현사실성을 해명하는 데 결정적인 지침을 준 사람이었다. 하이데거는 이 강의의 제1부에서 바로 딜타이가 세운 해석학을 주제로 삼아 자신의 철학을 펼쳐나간다. 이어 제2부에서 후설의 현상학을 끌어들인 뒤 현상학과 해석학의 종합으로 나아간다. 이 종합을 통해 규명하려는 것이 바로 '삶의 현사실성'이었다. 이렇게 후설과 딜타이의 종합을 목표로 삼았지만 강의의 무게중심은 후설보다 딜타이 쪽에 놓여 있었다. 제목부터가 '현사실성의 해석학'이었다. 해석학을 주요한 통로로 삼아 '삶의 현사실성'에 다가가겠다는 것이 하이데거의 구상이었다.

현대 해석학의 개창자, 딜타이

딜타이는 현대 해석학의 개창자였고 하이데거에게 해석학의 세계로 가는 문을 열어준 사람이었다. 하지만 하이데거가 딜타이 철학에서 난생처음으로 해석학이라는 학문을 알게 된 것은 아니었다. 해석학은 신학 연구에서 성서 해석 방법론으로 태어나 이어져 내려오고 있었다. 하이데거는 자신이 신학생 시절에 이 해석학 방법론을 처음 만났다고 뒷날 일본인과 나눈 대화에서 밝혔다.「언어에 관한 대화로부터」, 『언어로의 도상에서』 129~130쪽 하지만 해석학이 하이데거 철학의 내부 깊숙한 곳으로 들어온 것은 딜타이를 알게 된 뒤의 일이다. 처음에는 딜타이의 생철학이, 그 다음에는 해석학이 하이데거의 마음을 잡아끌었다.

1833년 독일 개혁파 목사의 아들로 태어난 딜타이는 하이데거가 그랬듯이, 신학에서 공부를 시작해 철학으로 옮겨 간 사람이었다. 딜타이가 생전에 출간한 저작은 『슐라이어마허의 생애』 『정신과학 서설』 『체험과 시』 세 권뿐이었다. 딜타이가 생철학자로만 알려진 것도 이렇게 주요 저작이 미간행 상태에 있던 데도 이유가 있었다. 1911년 딜타이가 세상을 떠나고 난 뒤 1914년부터 유고를 포함한 전집이 간행되기 시작해 모두 20권으로 출간됐다. 하이데거의 딜타이 연구는 이 유고 출간과 함께 궤도에 올랐다. 딜타이의 철학적 연구는 여러 영역에 넓게 펼쳐져 있었지만, 사후에 지속된 학문 영향사의 관점에서 보면 '해석학' 연구가 단연 돋보이는 분야였다.

하이데거와 마찬가지로 딜타이도 초기 신학을 공부하던 시절에 근대 해석학의 초석을 세운 프리드리히 슐라이어마허(Friedrich Schleiermacher, 1768~1834)를 통해 해석학에 입문했다. 하지만 이 분야에 전력투구한 것은 훗날의 일이다. 딜타이의 학문 영역은 '생철학' 혹은 '삶의 철학'(Lebensphilosophie)과 함께 처음 열렸다. 생철학이야말로 딜타이가 여러 연구 주제를 가로지르면서도 평생토록 놓지 않은 사유의 토대였다. 삶을 삶 자체로부터 이해한다는 명제가 딜타이의 모토였다. 삶을 이해하게 해줄 형이상학적 근거가 삶 바깥에 따로 있지 않다는 신념이었다. 이 신념 위에서 정신과학의 기초를 확립하는 것이 딜타이의 학문적 목표였다.

그 목표에 이르는 과정은 이마누엘 칸트(Immanuel Kant, 1724~1804)가 세운 선험철학의 맞은편에 자신의 독자적인 사유의 건축물을 세우는 과정이기도 했다. 칸트가 『순수이성비판』으로 수학과 물리학 같은 자연과학의 철학적 토대를 닦았듯이, 딜타이 자신은 자연이 아닌 '자유'의 영역, 다시 말해 인간 활동의 영역에 필요한 철학적 토대를 세우겠다는 뜻을 품었다. 칸트가 규명한 '순수 이성'은 자연의 필연적 영역만 설명할 수 있을 뿐이며 인간 자유의 영역은 해명해주지 못한다고 본 것이다. 자연의 영역은 정태적이고 무시간적인 법칙의 세계인 데 반해, 인간 삶의 영역은 내적 체험 속에서 피어나는 '의미'와 연관된 세계였다. 이 자연 세계를 대상으로 삼는 것이 자연과학이듯이, 인간 활동을 대상으로 삼는 것이 바로 정신과학이다.

정신과학은 요즘의 학문 분류법으로 하면 인문학과 사회과학을 통칭하는 말이다. 학문·예술·문학과 같은 인문적 활동 영역뿐만 아니라 법률·국가·종교 같은 사회적 활동 영역을 두루 포괄해 탐구하는 것이 정신과학이다. 이런 인간의 모든 활동은 인간의 내적인 체험의 표현이며 이 내적인 체험은 역사적 상황 속에서 시간과 더불어 이루어진다는 것이 딜타이의 믿음이었다. 바로 이런 관점 위에서 딜타이는 정신과학의 기초를 확립하는 작업을 '역사 이성 비판'이라고 불렀다. 무시간적인 자연을 대상으로 삼는 칸트의 '순수 이성 비판'에 대응하는 작업인 셈이다. 초기에 딜타이는 이 '역사 이성 비판' 작업, 곧 정신과학의 기초를 세우는 작업을 심리학을 통로로 삼아 진전시키려 했다. 하지만 이 방법이 큰 성과를 내지 못하자 1890년대부터 해석학에 몰두하기 시작했다. 해석학이야말로 정신과학의 토대가 될 수 있으리라는 믿음이 비로소 선 것이다.

체험, 표현, 이해의 해석학

이때 딜타이에게 해석학의 기초를 이루는 핵심 범주로 등장한 것이 '체험'과 '표현'과 '이해'다. 딜타이는 이 세 범주가 자연과학의 대상과는 질적으로 다른 인간의 삶과 활동을 파악하는 데 관건이 된다고 생각했다. "정신과학이란 바로 삶(체험), 표현, 이해의 연관에 기초하고 있다. 바로 여기서 정신과학과 자연과학 사이를 가르는 아주 명료한 특징이 발견된다."[108] 이 '체험-표현-이해'야말로 딜타이 해석학의 공식이다.

체험(Erlebnis)이란 무엇인가? 우리가 삶에서 겪는 모든 것이다. 그림을 그리는 것, 사랑에 빠지는 것, 책을 쓰는 것이 모두 체험에 속한다. 다만 이 체험들을 흩어진 상태로 내버려두어서는 과학적 이해의 대상이 될 수 없으므로 체험마다 단일한 통일성이 이루어져야 한다. 그림을 그리든 책을 쓰든 사랑에 빠지든 그 행위가 시작돼 완료되기까지 지속되는 체험의 과정 전체가 하나로 묶여 단일한 '의미'의 단위가 될 때 이것을 가리켜 체험이라고 부르는 것이다. 딜타이는 이 체험이 시간 속에서 이루어진다는 점을 특별히 강조한다. 체험은 언제나 미래를 생각하고 과거를 회상하는 가운데 이루어진다. "체험은 정태적인 것이 아니라 역동적인 것이다. 체험은 그 의미의 통일성 속에서 과거의 회상뿐만 아니라 미래에 대한 예기를 '의미'의 총체적 맥락으로 포괄한다. 의미는 미래를 예기함이 없이는 존재할 수 없으며 과거의 자료에도 의존하지 않을 수 없다. 그러므로 과거와 미래는 모두 체험의 현재성과 구조적 통일을 이루며, 이런 시간 연관은 현재의 모든 지각이 해석되는 지평이라고 할 수 있다."[109]

미래를 마음에 품고 과거를 떠올리면서 현재를 마주보는 이 체험의 시간성, 미래와 과거가 현재에 연결돼 있다는 이 시간성의 발견은 딜타이가 하이데거에게 준 가장 중요한 가르침이라고 할 수 있다. 하이데거는 『존재와 시간』에서 현존재의 시간성을 바로 이 딜타이가 제시한 시간성에서부터 재구성하게 된다. 체험의 의미는 이렇게 본질적으로 시간적이다. 딜타이는 이 시간성을 다른 말로 역사성이라고 부르기도 했다. 역사성이란 역사책에서 발견되는 과거 사건을 가리키는 말이 아니라, 우리의 체험이 이 미래와 과거라는 시간성의 지평에서 이루어진다는 것을 강조하는 말이다. 인간은 그저 순간순간 닥치는 대로 사는 것이 아니라 역사적으로 살아간다. 다시 말해 미래와 과거를 가슴에 품고 현재를 살아간다. 이 체험의 역사성을 해명하는 것이 해석학의 과제라고도 할 수 있다.

더 나아가 딜타이가 말하는 '역사성'이라는 인간 규정에는 인간의 본성이 고정된 것이 아니라는 뜻도 담겨 있다. 딜타이는 다른 생철학자 니체의 의견에 동조한다. 니체는 인간이란 '아직 결정되지 않은 동물', 곧 자신의 본질이 무엇인지와 관련해 아직 아무것도 결정되지 않은 동물이라고 보았다. 그런 점에서 보면 "인간은 건조된 배의 조타수라기보다는 오히려 배 자체를 만드는 조선공이다."[110] 인간은 인간이라는 완성된 배를 조종하는 사람이 아니라 인간이라는 배 자체를 만드는 사람이다. 인간은 형성 중에 있는 존재이며 완성을 향해 가는 도중에 있는 존재다. 그러므로 인간의 본질은 앞으로 올 역사를 통해서 결정된다. 그렇게 미래를 향해 나아가면서 과거의 유산을 받아들여 자신의 존재를, 자신의 본질을 만들어가는 것이 인간이다. 바로 그런 의미로 인간은 역사적 존재라고 딜타이는 주장했다.

딜타이가 제시한 해석학의 두 번째 범주 곧 '표현'(Ausdruck)은 인간의 내부에서 일어나는 것들을 밖으로 표출함을 뜻한다. 감정의 표출도 일종의 표현이다. 그러나 표현은 이런 직접적인 정서의 드러냄만 뜻하는 것이 아니다. 우리가 삶 속에서 겪은 체험을 객관적인 형태로 드러내면 모두 표현이라고 할 수 있다. 요컨대 우리 정신의 외화가 표현이다. 그렇게 표현된 것들이 바로 정신과학의 대상이 된다. 이 정신과학의 대상 가운데 딜타이가 각별히 주목하는 것이 예술 작품이다. 예술 작품이야말로 인간의 내면적 체험이 가장 충만하게 표현된 것이기 때문이다. 예술 작품은 우리의 표층 의식이 도달할 수 없는 깊은 곳에서 우러나온다. 이것이 예술 작품의 고유한 특성이다. 예술 작품은 분명히 예술가 자신의 체험이 드러난 것이지만 동시에 예술가의 개인적 체험을 넘어선 것이기도 하다. 딜타이는 말한다.

"위대한 예술 작품에서 정신적 내용은 그것을 만든 시인이나 화가 혹은 작가와 독립돼 있다. … 진정으로 위대한 예술 작품은 그 작가에 관해서 이야기하는 것이 아니라 진실 그 자체에 대해서 말한다."[111]

위대한 예술 작품은 작가의 깊은 체험에서 우러나오는 것이지만,

그 정신적 내용은 작가에게 온전히 귀속될 수 없는 어떤 보편적인 진실을 이야기한다. 딜타이의 이런 생각은 훗날 하이데거가 '예술 작품의 근원'을 사유하거나 횔덜린의 시를 깊이 파고들 때 지침이 됐을 만한 생각이다. 딜타이에게 예술 작품은 가장 확고하고 지속적이며 풍부한 결실을 맺을 수 있는 정신과학의 대상이었다. 그리하여 해석학은 단순히 텍스트를 해석하는 이론을 넘어 작품 속에서 삶이 스스로 어떻게 드러나고 표현되는가를 알려주는 이론이 된다.[112)]

딜타이 해석학의 세 번째 범주는 '이해'(Verstehen)이다. '이해란 한 사람의 정신이 다른 사람의 '정신'(Geist)을 파악함을 가리킨다.[113)] 이해는 수학 문제를 풀거나 자연법칙을 아는 것과 같은 정신 능력을 가리키는 것이 아니라 삶이 삶 안에서 삶을 파악하는 것을 뜻한다. 딜타이는 '이해'를 '설명'과 대비한다. '우리는 순수하게 지적인 과정을 통해 자연을 설명하지만, 정신을 이해할 때는 우리의 모든 정신적 능력들을 결합해 이해한다.' 딜타이는 이해와 설명의 차이를 간략히 다음과 같은 정식으로 표현했다. '우리는 자연을 설명하지만, 인간은 이해해야 한다.' 자연은 설명의 영역에 속하지만 인간은 이해의 영역에 속한다. 자연의 현상과 법칙은 관찰이나 실험을 통해 설명하면 되지만, 인간의 삶과 체험은 외부의 도구를 빌리지 않고 그 자체로 이해해야 한다. 우리의 삶을 삶으로부터 이해하는 것이 바로 이해다.

딜타이는 우리가 다른 사람을 이해할 때 어떤 경로를 밟는지도 이야기한다. 타자가 삶 속에서 겪은 내적 체험을 이해하려면 우리는 우리 자신을 그 타자의 자리에 놓아야 한다. 타자 안으로 들어가 그 안에서 타자가 겪은 것을 따라 겪어야 한다. 이것을 딜타이는 '추체험'이라고 부른다. 그런 추체험을 통해서 우리는 타자 안에서 우리 자신을 발견한다. "이해는 '너' 안에서 '나'를 재발견하는 것이다."[114)] 이것이야말로 삶으로써 삶을 이해하는 것, 체험으로써 체험을 이해하는 것이다. 그런 이해를 통해 우리는 타자의 비밀스런 인격 속으로 들어갈 수 있다. 이렇게 타자의 인격을 만나게 해준다는 점에서 이해는 단순한 앎의 수단을 넘어 그 자체로 삶의 목적이 된다.

전체와 부분의 '해석학적 순환'

딜타이가 축조한 해석학에서 또 하나 주목할 것은 '해석학적 순환'이라는 원리다. 해석학적 순환이란 전체는 부분으로부터 이해되고 역으로 부분은 전체와 관련해서만 이해될 수 있다는 것을 뜻한다. 이 전체와 부분의 해석학적 순환 속에서 '의미'가 획득된다. 해석학적 순환은 애초 '텍스트 해석'이라는 문제를 해명하는 과정에서 등장한 말이다. 텍스트야말로 전체와 부분의 상호작용을 보여주는 적실한 사례다. 텍스트의 전체 의미는 텍스트를 구성하는 부분들의 의미에서 얻어진다. 마찬가지로 텍스트 전체의 의미는 텍스트 안의 부분, 즉 문장의 뜻을 명료하게 이해하게 해준다. 우리는 부분 곧 문장의 뜻을 이해해 감으로써 텍스트 전체의 의미에 도달하고, 역으로 텍스트 전체의 의미를 파악함으로써 문장의 뜻을 더 뚜렷하게 이해하게 된다. 이렇게 문장과 텍스트 사이를 오고가는 순환의 과정을 거치면서 텍스트 전체의 의미는 더 분명해지고 깊어진다.

딜타이는 바로 이 텍스트 이해의 원리를 삶에 적용했다. 삶의 부분과 전체에도 같은 원리가 통용되는 것이다. 삶의 전체 의미는 부분들의 의미로부터 얻어진다. 개별 사건이나 체험은 삶 전체의 의미에 영향을 주게 되고, 역으로 삶 전체의 의미는 각각의 사건이나 체험의 의미를 규정한다. 이렇게 삶의 전체 의미는 우리의 체험들을 통해서 형성되고, 이렇게 형성된 전체 삶은 우리의 체험들과 사건들에 의미

현대 해석학의 개창자 빌헬름 딜타이.
후설과 함께 '현상학적 해석학'이라는 방법론으로 삶의
현사실성을 해명하는 데 결정적인 지침을 주었다.

를 주게 된다. 이렇게 의미는 삶의 역사 속에서 형성되고 삶의 전체 의미는 개별적인 체험들의 의미를 규정하게 된다. 우리는 어떤 특정한 사건을 겪고 난 뒤 우리 삶의 전체 의미가 완전히 달라지는 것을 경험하기도 하고, 반대로 우리 삶의 전체 의미 속에서 과거를 되돌아보면서 어린 날의 어떤 사건의 의미를 재규정하기도 한다. 의미는 이렇게 개인의 삶에서 해석학적 순환을 거쳐 형성된다. 마찬가지로 인간 집단의 경우에도 역사적인 차원에서 해석학적 순환을 통해 의미가 결정되거나 변경된다. 과거의 어떤 역사적 사건이 100년 전에 지녔던 의미가 100년 뒤의 오늘의 관점에서 다른 의미로 규정되기도 하는 것이다. 해석은 이렇게 항상 해석하는 자가 처해 있는 상황 속에서 이루어진다.

딜타이는 이렇게 해석학을 인간 삶의 영역을 과학적으로 해명해주는 방법론적 기초로 삼았다. 하이데거는 딜타이가 세운 이 해석학을 후설에게서 배운 현상학과 종합해 인간 실존의 존재론적 해명이라는 자신의 과제를 수행하는 데 길잡이로 끌어들였다. 그리하여 『존재와 시간』에 이르러 하이데거는 철학을 "현존재의 해석학에서 출발하는 보편적인 현상학적 존재론"『존재와 시간』 38쪽이라고 간명하게 규정하게 된다. 『존재와 시간』은 1927년 출간되지만 그 초고는 1923년 말경부터 작성되기 시작한 것으로 알려져 있다. 그런 사정을 감안하면 1923년의 '존재론' 강의는 『존재와 시간』의 저 철학 규정에 이르는 도정의 출발점이라고도 할 수 있다.

해석이란 삶의 자기 해석이다

이 강의에서 하이데거는 해석학을 인간 현존재가 스스로 자기 이해에 도달하도록 해주는 것, '각기 고유한 현존재를 이 현존재 자체에 다가서도록 해주는 것'이라고 풀이한다. 인간에게 인간 자신은 해석을 통해 이해해야 할 일종의 과제다. "해석학에서 우리가 해석하고자 하는 존재자는 그 자체가 해석하는 존재자다. 즉 바로 그 존재 자체를 해석하는 존재자, 따라서 자기와 교섭하는 다른 존재자들과 자기를 둘러싼 세계를 해석하는 존재자다."[115]

우리는 모두 자기를 해석하는 존재자이고 이런 점에서 바위나 식물이나 동물과 다르다. "이런 것들(바위·식물·동물)은 단순히 거기에 있는 존재자들이다. 바위가 단순히 거기에 있다면, 우리의 '거기에 있음'은 해석 가능성, 의문 가능성 속에서 흔들린다. 우리는 우리의 존재의 해석을 문제 삼는 존재자, 우리의 존재를 의문시하는 존재자다."[116] 우리는 우리의 존재를 문제로 삼는 존재자이며 그 존재를 떠맡아 완수하는 것을 과제로 안은 존재자다. 그러기에 우리는 우리의 삶, 우리의 존재를 끊임없이 해석하지 않으면 안 된다. "해석학은 우리의 존재로부터 우리의 존재를 '읽어내고' 그것을 설명하는 것이다."[117] 우리가 우리의 삶을, 우리의 세계를, 세계 안에서 우리의 '더불어 있음'을 해석하는 것, 그것이 이 강의에서 하이데거가 말하는 해석학의 내용이다.

다시 요약하자면, 해석학이란 인간의 자기 해석이다. 그런데 해석에서 생겨나는 인간의 자기 이해는 객관적이고 중립적인 사실의 인식이 아니다. 이 강의에서 하이데거는 인간의 자기 이해를 "자기 자신에 대한 현존재의 '깨어 있음'"이라고 규정한다. 인간이 해석을 통해서 자기를 이해한다는 것은 자기 자신을 깨어나게 하는 것과 다르지 않다. 자기 이해가 자기 자신에 대한 '깨어 있음'이라는 것이 무엇을 뜻하는지 알려면, 초기 기독교도들이 살았던 카이로스적 삶, 언제 닥칠지 알 수 없는 재림에 대비하며 깨어 있는 상태로 현재를 주시하던 삶을 생각해보면 된다. 여기서 하이데거가 해석학을 메마른 학문

방법론의 차원에서 적용하는 것이 아니라 어떤 삶을 살 것인가 하는 관심 속에서 실존의 문제로 불러내고 있음을 알아볼 수 있다.

여기서 한 번 더 분명히 해두어야 할 것이 해석학은 삶을 '대상'으로 삼아 해석하는 것이 아니라는 사실이다. "해석학은 호기심이 발동하여 현존재를 강제적으로 분석하고 인위적으로 꾸미는 방식이 아니다. 해석학과 현사실성 사이의 관련은 대상 파악과 파악된 대상 사이의 관련이 아니다."『존재론: 현사실성의 해석학』 38쪽 인간의 현사실적 삶은 해석학이 멀찍이 떨어져 인식해야 할 '대상'이 아니라는 얘기다. 자연을 관찰하듯이 삶을 대상화해 관찰하는 것은 하이데거가 이야기하는 해석학과 관련이 없다.

하이데거는 딜타이가 말하는 '삶의 자기 해석'이라는 관점을 더 철저히 밀어붙인다. "해석이야말로 현사실성의 존재 성격의 뛰어난 방식이다."『존재론: 현사실성의 해석학』 38쪽 해석이라는 행위는 현존재 바깥에서 현존재를 해석하는 것이 아니라 현존재 안에서 현존재를 해석함을 뜻한다. 인간은 언제나 이미 자기 자신을 해석하면서 살아간다. 해석이라는 것은 삶의 내적인 과정 자체다. 마치 우리가 삶을 체험하면서 살아가듯이 우리는 언제나 우리 자신과 우리 밖의 현실을 해석하면서 살아간다. 우리의 삶과 해석은 동떨어져 있지 않고 우리의 삶 속에 해석은 언제나 함께한다. 우리는 해석을 살아간다.

그러므로 마치 식물학이 식물을 대상으로 삼아 분석하는 것처럼 해석학이 우리의 현사실성을 대상으로 삼아 해석한다고 생각하면 안 된다. 식물은 식물학에서 자라날 수 없지만, 우리 삶은 해석 속에서, 다시 말해 우리 자신의 해석 행위 속에서 자라난다. 그렇게 우리는 우리 자신을 해석하면서 살아간다. 이렇게 살아가는 현존재가 해석학이 해명해야 할 주제다. "해석학적 연구의 주제는 각기 고유한 현존재, 즉 자신에 대해 근본적으로 깨어 있음을 발전시키려는 의도에서 그의 존재 성격에 기초해 해석학적으로 심문되는 자로서 현존 재다."『존재론: 현사실성의 해석학』 38쪽

하이데거는 이 현사실적 삶의 존재, 곧 우리의 존재가 자기 자신에 대해 '가능 존재'라는 존재 방식으로 있다는 사실을 특별히 강조한 다. '가능 존재' 곧 '장차 무언가가 될 수 있음'이야말로 우리 현사실 적 삶이 식물이나 동물 같은 다른 존재자들의 존재와 다른 특별한 점 이다. 우리의 현존재가 자신의 고유한 가능성 곧 '무언가가 될 수 있 음'이라는 성격에서 파악될 때 그것을 '실존'이라고 부른다고 하이 데거는 말한다. 우리 삶을 그 가능성에서 포착한 말이 실존이다. 실 존이란 우리가 장차 무언가가 될 수 있다는 그 가능성에서 파악한 삶 의 양상이다. 해석학의 연구 주제는 바로 그런 의미에서 실존이다.

실존을 특징짓는 '가능성'이라는 것이 미래라는 시간을 염두에 둔 것임을 고려하면, 우리 삶의 자기 해석이 시간 속에서 이루어지는 해 석임을 짐작하기는 어렵지 않다. 우리의 자기 해석은 언제나 미래와 과거로 열린 시간 속에서 이루어진다. 이 인간 실존을 해석하는 범주 로 여기서 처음 제시되는 것이 '실존범주'(Existenzialien)라는 말이 다. 하이데거는 그 전까지 '삶의 근본 범주'라는 딜타이의 용어를 그 대로 가져와 쓰다가 이 강의에 이르러 '실존범주'라는 자신의 고유 한 용어를 쓰기 시작했다. 실존범주란 간단히 말해서 인간 현존재의 실존 방식을 가리킨다.

"삶=현존재, 삶 속에서 삶을 관통하여 있음"

실존범주와 함께 이 강의에서 두드러지게 사용되는 낱말이 '현 존재'(Dasein)라는 용어다. 하이데거는 1921년 겨울학기 아리스토 텔레스 강의 때 현존재를 인간 삶을 가리키는 말로 쓰기 시작했다.

"삶=현존재. 삶 속에서 삶을 관통하여 '있음'."「아리스토텔레스에 대한 현상학적 해석」 85쪽 현존재란 다른 것이 아니라 인간의 삶이다. 하이데거는 1925년까지는 삶과 현존재를 섞어서 쓰다가 점차 현존재라는 말로 단일화한다. 1923년의 이 강의에서도 하이데거는 현존재를 인간의 현사실적 삶이라는 의미로 사용하고 있다. 그러나 현존재라는 표현은 『존재와 시간』과 비교하면 아직 충분히 성숙하지 못한 상태에 있었다. 하이데거는 '삶의 현존재'(Lebensdasein)라는 표현도 함께 썼으며, 현존재를 인간 삶뿐만 아니라 세계의 존재에도 적용했다.

그러나 전체적으로 보면 인간이나 인간의 삶을 현존재로 대체해 의도적으로 쓰려는 노력이 분명히 드러난다. 왜 굳이 인간이라는 익숙한 용어를 피하고 현존재라는 낯선 표현을 끌어들인 것일까? 하이데거는 전통적인 인간 규정이 인간을 바르게 이해하지 못하도록 방해한다고 생각한다. 인간이라는 말 속에 그 전통적 규정이 너무 깊이 스며들어 있어 인간이라는 말을 쓰면 곧바로 그 전통적 규정이 솟아올라 개념 전체를 지배한다고 보는 것이다.

하이데거는 인간에 대한 전통적 규정의 대표적인 사례로 '이성적 동물'을 든다. 이성적 동물이라는 표현은 라틴어 '아니말 라티오날레'(animal rationale)에서 온 말이다. 그러나 이 말은 인간에 대한 본디 규정에서 멀리 벗어나 있다는 것이 하이데거의 생각이다. '아니말 라티오날레'는 고대 그리스에서 인간 규정으로 쓰이던 '조온 로곤 에콘'(zoon logon echon, ζῷον λόγον ἔχον)을 로마인들이 자신들의 언어로 번역한 말이다. '조온 로곤 에콘'은 본디 말뜻 그대로 옮기면 '로고스를 소유한 생명체'가 된다.

여기서 '로고스'(λόγος)는 일차로 말, 언어를 뜻한다. 인간이란 언어를 소유한 생명체, 그래서 언어로써 세계와 만나는 생명체, 말을 사용해 인간과 대화하고 소통하는 생명체다. 본디 그리스인이 생각한 인간은 이렇게 말로써 세계와 만나고 타자와 소통하는 그런 인간이었다. 그러나 이 그리스어 표현이 라틴어로 옮겨지는 과정에서 로고스가 라티오(ratio)로 해석돼 '아니말 라티오날레'로 번역됐고, 그 결과로 인간 규정이 '언어를 소유한 생명체'에서 '이성적 동물' 곧 '이성을 소유한 동물'이 되고 말았다. 그리고 그런 라틴어 번역어가 그대로 독일어를 포함한 근대 유럽어로 이어졌다.

하이데거가 보기에 이렇게 바뀐 라틴어의 인간 규정은 극히 협소하여 인간의 실상을 제대로 드러내지 못한다. 인간은 이성을 사용하는 존재자이기도 하지만 이성 말고도 다른 여러 기능을 사용하면서 삶을 총체적으로 살아가는 존재자다. 인간은 이성적으로 사유하기만 하는 것이 아니라 이성을 사용하기 이전에 기분에 젖어서, 다시 말해 걱정하거나 슬퍼하거나 기뻐하면서 살아간다. 그도 아니면 이런저런 생각에 빠지거나 특별한 생각 없이 무심하게 살아간다. 이런 삶의 현사실성을 드러내려면 '이성적 동물'이라는 규정의 지배 아래 있는 '인간'이라는 표현 대신에 '현존재'라는 표현을 쓰는 것이 낫다는 것이 하이데거의 생각이다.

더구나 이런 이성적 동물이라는 규정이 배어든 인간 개념에 머무르다 보면, 이성을 중심에 놓고 인간을 보게 되고 그럼으로써 이성과 서로 통하는 '자아', '주체', '의식', '인격'과 같은 말들로 인간을 바라보게 된다. 그런 표현은 우리의 고유한 현존재를 파악하는 데 방해가 될 뿐이다. "드러난 것이든 숨겨져 있어 드러나지 않은 것이든 인간 존재에 대해 이미 규정하고 있는 이념으로 방향을 잡아선 안 된다."『존재론: 현사실성의 해석학』 61쪽 삶의 통상적인 상황에서 인간은 자아나 주체나 의식으로 있는 것이 아니다. 어떤 특정한 경우에만, 이를테면 '나는 누구인가' 하고 물을 때에만 우리는 우리 자신을 '자아'니 '주체'니 '의식'이니 하는 것으로 인식하게 된다.

세인, '아무도 아닌 자'

그렇다면 현존재는 일상에서 어떤 모습으로 살아가는가? 삶의 현사실성을 있는 그대로 이해하려 할 때 하이데거에게 가장 중요하게 다가오는 것이 '시간성'이다. 삶의 현사실성은 시간성 속에서 드러난다. 다시 말하면, 인간은 시간을 산다. 어떤 시간을 사는가? 우리가 평균적으로 살아가는 시간성을 하이데거는 '그때그때 머물러 있음'(Jeweiligkeit)라고 명명한다. 통상 인간이란 '그때그때 닥치는 시간에 머물러' 삶을 살아간다는 뜻이다. 이렇게 그때그때 닥치는 대로 지금 여기의 오늘을 살아가는 사람들을 하이데거는 '세인'(das Man, 일상인·세상사람)이라고 부른다. 이 세인의 평균적 존재 방식은 나중에 『존재와 시간』에서 밀도 높게 서술되지만, 이 1923년 강의에서도 그 세인의 윤곽은 비교적 뚜렷한 모습으로 그려져 있다.

하이데거는 이 세인이 살아가는 방식을 '공공성'(Öffentlichkeit)에서 찾는다. 이 독일어 단어는 '공공연함', '널리 알려져 있음', '공개돼 있음', '공동성', '세상', '대중' 따위의 의미를 아울러 품고 있다. 그러므로 이 말은 '공동체 안에 널리 퍼져서 누구나 그렇게 알고 있음'을 뜻한다. 평균적인 수준의 여론이 이런 공공성의 사례라고도 할 수 있다. 하이데거는 이 공공성의 모습으로 우리의 현재 곧 오늘이 해석돼 있다고 지적한다. 현존재는 '우선' '대개' 평균적인 세인으로서 이렇게 널리 알려져 있는 이해 방식 속에 해석된 오늘을 살아가고 있다.

그런 이해 방식 속에 있는 세인의 대화는 '잡담'(Gerede)을 넘어서지 못한다. 잡담 곧 뒷말이나 빈말이 현존재의 일상에서 오고가는 대화다. 누구나 다 아는 상투적이고 상식적인 해석이 이 잡담을 지배한다. 이렇게 평균적으로 해석된 오늘의 상황 속에서 사람들은 말하고 설명하고 기대하고 찬성하고 반대한다. "잡담은 누구의 것도 아니며, 세인이 잡담을 했다고 해서 책임을 묻지도 않는다."『존재론: 현사실성의 해석학』 64쪽 이렇게 무책임한 뒷말과 빈말이 건전한 지식이나 상식으로 통하는 것이 세인의 평균적 세계다. 하이데거가 이런 말로써 가리키려는 것은 그 시대에 막 번져가고 있던 대중사회의 모습이라고도 할 수 있다. 신문과 잡지는 온갖 말을 쏟아내면서 그 말로써 당대의 모든 것에 대한 해석을 제시한다. 그러나 그렇게 쏟아낸 말을 아무도 책임지지 않는다. 이 대중사회에 대한 하이데거의 가시 돋친 비판은 여기서 멈추지 않는다.

"심지어 세인은 소문으로 알게 된 것으로 책을 쓴다. 이 '세인'은 유령처럼 현사실적 현존재로 떠다니는 '아무도 아닌 자'(Niemand)이며, 모든 현사실적 삶이 공물을 바쳐야 하는 현사실성에 속한 불운의 한 특정한 방식이다."『존재론: 현사실성의 해석학』 64쪽

인간의 평균적인 삶의 모습인 세인은 심지어 소문으로 들어 알게 된 것을 확인 절차도 거치지 않고 책으로 써내기도 한다. 여기서 무책임성은 극한에 이른다. 하이데거는 이 세인을 '아무도 아닌 자'라고 부른다. 세인으로 번역된 독일어 '만'(Man)은 특정한 사람을 가리키지 않는 '주인 없는 주어', '신원을 알 수 없는 주어'다. 언어와 행위의 명백한 주체가 아니라 없어도 그만인 그런 사람이다. 우리가 흔히 '사람들이 그러더라'고 할 때의 그 '사람들'이 바로 '만'이다. 그 사람들, 그 세인은 누구라도 될 수 있고 누가 되든 아무 상관이 없다. 그러므로 세인은 실상은 '아무도 아닌 자' 곧 '니만트'(Niemand)이며 영어의 노바디(nobody)에 해당한다. 존재하되 존재하지 않는 자, 유령이다. 이 알지 못할 유령들이 오늘의 해석을 장악하고 있으므로 누구라도 그 오늘의 해석에 참여하려면 '평균성'이라는 공물을 바쳐야 한다. 다시 말해 평균화돼야 한다. 그러니 세인이 돼 평균화

화가로서의 고흐 자화상(1887~1888).
하이데거는 '본래적인 현존재'를 구현한 사람으로 고흐를 들었다.
하이데거는 혼신의 힘을 다해 그림을 그리다 미쳐버린 고흐의
파토스를 불러내 강의실을 뜨겁게 채웠다.

한 삶을 살아야 하는 삶은 불운할 수밖에 없다.

아마도 하이데거가 이렇게 이야기하는 대목에서 청강생들은 감전된 듯한 전율을 느꼈을 것이다. 해석학과 현상학의 개념 미로를 거쳐 당대 현실의 퇴락한 삶이 적나라하게 드러나는 순간에, 낯설고도 강력한 개념의 번갯불이 지적 욕구가 강렬한 젊은이들의 뇌리에 들어와 꽂히는 바로 그 순간에, 강의실의 학생들은 잠들었던 삶을 흔들어 깨우는 사유의 놀라운 힘을 느꼈을 것이다. 가다머도 마르쿠제도 호르크하이머도 강의에 빠져들어 하이데거야말로 철학의 숨은 왕이라는 것을 절감했을지 모른다.

현존재는 평균적으로 해석된 현재 안에서 불안을 감추려고 '가면'을 쓰고 살아간다. 이 가면이라는 말에는 위장과 거짓과 자기기만이라는 뜻이 담겨 있다. 하이데거는 이렇게 가면을 쓰고 살아가는 세상 사람들의 삶에 빈센트 반 고흐의 삶을 마주 세운다.

"빈센트 반 고흐는 그가 자신의 고유한 현존재를 찾던 어려운 시기에 동생에게 다음과 같은 편지를 써서 보낸 적이 있다. '대학을 통해 그것을 준비하기보다는 차라리 나는 자연스럽게 죽겠다…'(1879년 10월 15일) 이 말을 여기서 하는 것은 오늘날 도처에서 들려오는 학문의 역량 부족에 대한 불만 섞인 한숨소리에 더 큰 지지를 보내려는 것이 아니다. 오히려 물어야 할 것은 그 뒤 고흐에게 어떤 일이 일어나는가 하는 것이다. 그는 혼신의 힘을 다해 그림을 그렸고, 현존재와 대결하던 중 미쳐버렸다." 『존재론: 현사실성의 해석학』 65쪽

하이데거는 대학이 지성의 전당으로서 제 역할을 못 한다느니 대학생들의 수준이 날로 떨어지고 있다느니 하는 당시 흔하게 들려오던 말들을 세인의 빈말 가운데 하나로 간주한다. 이런 말들 속에서 드러나는 '한 시대의 교양 의식'을 두고 하이데거는 '공공적이고 평균적인 정신의 잡담'이라고 일축해 버린다. 그런 평균적 삶을 넘어

진실로 본래적인 현존재를 구현한 사람이 고흐였고, 고흐는 바로 그런 삶을 찾았기 때문에 혼신의 힘을 다해 그림을 그리다 미쳐버렸다. 우리가 세인의 비본래적인 실존 양상을 뛰어넘어 진정으로 본래적인 실존을 찾아보려면 바로 그렇게 살다가 죽은 고흐를 보아야 한다. 이렇게 하이데거는 날카로운 철학적 개념의 가시덤불을 헤쳐 나가던 중에, 미쳐버린 고흐의 파토스를 불러내 강의실을 채웠다.

하이데거는 강의의 주제가 '현존재'임을 다시 상기시킨다.

"우리의 과제는 이 현존재에 주안점을 두어, 그 현존재 자체에서 그 존재의 근본 성격들이 드러날 수 있는 방식으로 현존재를 이해하는 것이다. 현존재는 나무토막과 같은 물건이 아니며 식물과 같은 것도 아니다. 그것은 또한 체험으로 이루어져 있는 것도 아니고, 나아가 객관에 맞서 있는 주관도 아니다. 현존재는 말 그대로 본래적으로 '거기 있는' 한, 대상이 아닌 뛰어난 존재자다."「존재론: 현사실성의 해석학」 92쪽

현존재(Dasein)는 글자 그대로만 보면 '거기에(Da-, 여기에) 있음(-sein)'이다. 하이데거는 인간의 삶과 인간 자체를 현존재라고 부르면서 동시에 그 현존재의 의미를 '거기 있음' 혹은 '여기 있음'으로도 이해한다. 우리 삶의 현장에 있음, 세계 안에 있음이 바로 우리 현존재다. 그렇게 세계 안에 있는 현존재의 현사실적 존재 구조를 밝히는 것이 현사실성의 해석학이다.

현상학 방법이 지닌 치명적인 약점

이어지는 강의 제2부에서 하이데거는 해석학과 현상학을 종합해 삶의 현사실성을 해명하는 길을 찾아 나간다. 1부에서 해석학을 답파한 하이데거는 2부에서 현상학으로 초점을 옮겨 현상학이 무엇

인지 규정하는 데서 이야기를 시작한다. 현상학은 탐구의 한 방식이다. 탐구의 한 방식으로서 현상학은 대상들을 직관을 통해 현전화(Vergegenwärtigen)하는 것, 다시 말해 눈앞에 생생하게 그려 보이는 것을 뜻한다. 직관을 통해 눈앞에 나타난 것을 나타난 그대로 기술하는 것이 바로 현상학이다.

그러나 현상학의 이런 원칙이 현상학적 직관에서 정말 그대로 관철되는가? 하이데거는 이 2부 강의에 이르러서야 현상학 방법이 지닌 치명적인 약점을 거론한다. 현상학은 대상들이 그 자체에서 스스로 나타나는 대로, 다시 말해 우리의 주시함(Hinsehen, 바라봄)에서 보이는 대로 그 대상들을 취한다고 주장한다. 하지만 실상은 전혀 그렇지 않다고 하이데거는 반박한다. 왜냐하면 우리의 주시하는 눈이 우리가 모르는 사이에 이미 어떤 해석에 물들어 있어서 그 해석 속에서 사태를 보기 때문이다. 현상학의 눈은 아무런 '앞선 규정' 없이 있는 그대로 대상을 보는 것이 아니다. 현상학의 그 보는 시선은 이미 우리가 몸담고 있는 전통의 규정 아래, 그 전통의 해석 아래 놓여 있다. 현상학은 현상학의 시선이 아무런 전제도 없이 오직 사태 자체가 스스로 나타나는 그대로 사태를 취한다고 주장하지만, 이미 전통의 해석이 개입해 그 시선을 왜곡하고 있는 바에야 그 주장은 성립할 수 없다. 이렇게 전통의 해석에 붙들려 있는 한, 현상학이 말하는 봄은 순순한 봄일 수 없고 그런 봄을 통해 드러난 사태는 본래적인 사태일 수 없다. 현상학은 의기양양하게 현상학적 직관이 사태 자체를 드러낸다고 단언하지만, 그 사태를 보는 눈이 보이지 않는 전통적 해석의 힘에 규정돼 있는 이상, 그런 눈으로 본 사태가 사태 자체일 수는 없는 것이다. 현상학의 직관은 사태를 있는 그대로 드러내는 직관이 아니라 오히려 사태 자체를 은폐하는 직관이다. 그러므로 현상학의 직관이 본래 목표로 하는 '사태 자체에 대한 투명한 봄'에 이르려면, 그 눈을 왜곡하고 있는 전통을 해체하는 작업이 필요하다.

"출발점을 벗어나 은폐로부터 자유롭게 사태를 포착해야 한다. 그렇게 하려면 은폐의 역사를 해명하는 것이 필요하다. 철학적 물음의 전통을 사태의 근원에까지 역추적해봐야 한다. 전통은 해체돼야 한다." 『존재론: 현사실성의 해석학』 138쪽

현상학의 시선을 앞서 규정한 전통적 해석을 해체해 그 시선을 전통에서 해방하는 작업이 필요하다. 바로 여기가 하이데거가 현상학에 해석학을 도입하는 것이 피할 수 없는 일임을 이야기하는 대목이다. 사태를 덮고 있는 전통이라는 은폐의 베일을 벗겨내는 작업은 해석학이 하는 일이다. 현상학의 직관마저 왜곡하는 철학 전통을 해체해야 하는 것이다. "오늘날 이것은 근본적인 역사 비판을 통해서만 가능하다. 이 비판은 편안하게 역사적으로 예증하는 단순한 과제가 아니라 철학 자체의 근본적인 과제다." 이렇게 말하고는 곧바로 하이데거는 현상학에 통렬한 일격을 가한다. "그것(역사 비판)을 얼마나 안일하게 수행하고 있는지를 현상학의 무역사성이 보여준다." 『존재론: 현사실성의 해석학』 139쪽

현상학을 둘러싼 상황을 규정하고 있는 그 철학 전통에 현상학이 무지하다는 것, 그것이 바로 현상학의 무역사성이다. 이 무역사성을 극복하지 않으면 안 된다. 그러려면 철학 전통을 해체하는 작업이 필수적이다. 바로 그 과제를 감당하는 것이 딜타이가 보여준 해석학이다. 하이데거가 딜타이 해석학을 조건 없이 승인하는 것은 물론 아니다. 딜타이 해석학이 현존재의 존재를 존재론적으로 문제 삼지 않는다는 한계가 있다는 것은 부정할 수 없다. 하지만 딜타이 해석학에는 "철학함을 위한 … 혁신적인 돌파구"가 있다. 이 사실을 주목해야 한다. 그러므로 해석학의 도움을 받을 때에야 현상학은 '사태 자체를 있는 그대로 직관한다'는 본래의 목표에 도달할 수 있다.

"자기 은폐와 자기 위장의 방식으로 존재하는 것이 철학의 대상 즉 존재의 존재 성격에 속한다는 사실을 이제 인정한다면, 참으로 현상의 범주를 신중하게 여겨야 한다."「존재론: 현사실성의 해석학」140쪽

자기 은폐와 자기 위장을 걷어내고 사태 자체를 끌어내는 것이 현상학이 해야 할 일이다. 바로 그것이 "현사실성의 해석학이 하고자 하는 일"이다.「존재론: 현사실성의 해석학」140쪽 삶의 현사실성을 현상학이 목표로 하는 수준에서 현상으로 끌어내려면 해석학의 도움을 받지 않으면 안 된다는 것, 이것이야말로 '현사실성의 해석학'이라는 말이 가리키는 것이다. 하이데거가 이 강의에서 마지막까지 입증하려 한 것이 바로 그것이었다. 후설의 현상학은 딜타이의 해석학과 종합돼야 한다.

현사실성의 해석학이란 무엇인가

하이데거는 이 강의에서 현사실성의 해석학이 무엇을 뜻하는지를 구체적인 사물, 그러니까 집 안의 거실에 놓인 탁자를 예로 들어 설명해 보이기도 한다. 먼저 하이데거는 우리가 거실의 탁자를 아무런 선입견 없이 현상학적으로 본다는 통상의 현상학적 관점을 이야기한다.

'거실에 탁자가 놓여 있다. 우리는 그 탁자를 공간 안에 있는 사물로서 만난다. 공간 사물로서 그것은 물질적인 것이다. 그것은 이러저러한 무게를 지니고 있고 이러저러한 색깔이 칠해져 있으며 위에는 사각 판이 깔려 있다. 그 탁자는 부서질 수도 있고 불에 탈 수도 있으며 분해될 수도 있다. 탁자를 보는 사람에 따라 그 탁자는 항상 한쪽 면만을 보여준다. 사물을 보는 사람이 주위를 돌 때에 다른 면들이 새롭게 드러난다. 위에서 아래로 볼 때 다르게 나타나고 밑에서 위로

올려다볼 때 또 다른 모습으로 나타난다. 탁자의 모습은 그것을 바라보는 사람의 위치에 따라 계속 달라진다. 조명의 밝기에 따라서도 달라진다. 더 들여다보면 탁자는 돌과 같은 자연물을 넘어선 존재자다. 탁자는 공간을 차지하는 물질적 사물일 뿐만 아니라 가구이고 장식품이다. 따라서 탁자는 두 영역, 곧 자연 사물과 가치 사물로 나눌 수 있다. 가치 사물은 자체 안에 근본층으로서 자연 사물을 지닌다.'

하이데거는 탁자를 그렇게 기술하고 난 뒤 말한다. "이런 기술은 참인 것처럼 보이지만 겉으로만 그럴 뿐이다."『존재론: 현사실성의 해석학』 154쪽 의미를 지닌 사물을 이렇게 기술하는 것은 올바른 현상학적 기술이 아니다. 그런 식으로 탁자의 존재를 그려내는 것은 현사실적 삶 속에 놓인 탁자의 존재 방식을 전혀 보지 못함을 실토하는 것일 뿐이다. 그렇다면 어떻게 보아야 현사실적 해석학에 들어맞는 봄이 될 수 있을까? 하이데거가 제시하는 두 번째 봄의 방식은 다음과 같다.

'거실에 탁자가 놓여 있다. 그 탁자에 앉아 사람들은 쓰고 먹고 바느질하고 논다. 탁자는 책상으로도 쓰이고 식탁으로도 쓰이고 바느질용 탁상으로도 쓰인다. 사람들은 탁자를 바로 그렇게 만난다. 탁자가 거실에 있다는 것은 이런저런 일에 사용된다는 것을 뜻한다. 그 탁자는 군데군데 자국이 나 있다. 아이들이 놀다가 그 탁자에 그런 자국을 내놓았다. 저녁에 부인은 책을 읽으려고 그 탁자에 앉는다. 예전에 우리는 그 탁자에 앉아 토론을 했다. 당시 친구와 거기서 어떤 결정을 했고 거기에서 나는 어떤 책을 썼으며 파티를 열기도 했다. 그 탁자는 일상의 시간성 안에 현존한다. 그 탁자는 세월이 많이 흐른 뒤에 낡아서 지하실 창고로 들어갈 수 있다. 거기에서 유년 시절에 내가 가지고 놀던 것, 이제는 닳아서 사용할 수도 없는 것들 옆에 놓일 수도 있다. 지하실 구석에 낡은 스키 한 쌍이 있다. 그중 한 짝이 부러져 있다. 그것은 그 옛날 누군가와 아슬아슬하게 경주를 했

식탁 앞에 앉아 있는 하이데거.
하이데거는 현사실성의 해석학이 무엇인지 거실에 놓인
탁자를 예로 들어 설명하기도 했다.

던 그 스키다. 그 옆에 있는 낡은 책은 누군가에게서 선물로 받은 책이다….'

바로 이렇게 기술할 때 비로소 탁자는 우리 삶의 현사실성과 관련해 의미를 띤 것으로 나타난다. 이 두 번째 해석이 보여주는 것을 정리하면 다음과 같다. 첫째, 하나의 해석 층위를 넘어서 있는 순수한, 해석되지 않은 사실이란 존재하지 않는다. 처음부터 우리에게 주어진 것은 순수한 사실이 아니라 탁자이고, 그것은 일하거나 먹거나 노는 장소로서 등장한다. 둘째, 그 탁자는 고립된 사물이 아니라 총체적이면서도 서로 연결돼 있는 체계에 속하는 전체의 한 부분이다. 탁자는 해석적 체계에 속해 있고 그것을 떠나서는 이해될 수 없다. 그것들은 부분과 전체의 '해석학적 순환'을 이룬다. 셋째, 탁자는 우리를 탁자를 만든 목수, 우리를 방문한 이웃과 연결한다. 우리는 세계-내-존재로서 항상 그리고 이미 다른 사람과 함께하는 존재자다.[118]

이렇게 해석된 탁자가 현사실성의 해석학에서 만나는 탁자다. 그 탁자가 부서져 다시 수리해야 할 경우에만 일시적으로 그 탁자는 다른 해석의 시선 아래서 자연 사물로서, 다시 말해 특정한 모양과 크기와 강도를 지닌 사물로서 등장한다. 그러나 탁자를 고쳐 제자리에 놓게 되면 탁자는 다시 일상의 해석학 안으로 들어오게 된다. 하이데거는 후에 『존재와 시간』에서 이 탁자를 '망치'로 바꾸어, 망치라는 도구의 존재 성격을 상세히 분석한다.

중요한 것은 이런 '현사실성의 해석학' 속에서 우리의 삶이 생생하게 드러난다는 사실이다. 바로 이런 해석학적 태도로 현사실적 삶을 만나려면 우리는 우리의 현상학적 눈을 지배하고 있는 전통의 해석을 걷어내야 한다. 현상학은 전통의 해체라는 과제를 과제로 인식하지 못했다. 그러므로 현상학은 해석학의 도움을 받을 때에만 현상학이 본래 노리는 목표에 이를 수 있다. 이것이 하이데거가 프라이부르크의 마지막 강의에서 입증하려 한 것이었다. 여기서 하이데거가 후설의 현상학을 떠나 저만치 멀리 가 있음을 감지하기는 어렵지 않다. 하이데거는 후설의 하이데거를 극복하고 하이데거의 하이데거가 됐다.

하이데거의 딜타이 해석학에 대한 관심은 마르부르크대학으로 옮겨간 뒤에도 계속됐다. 마르부르크대학 취임 직후에 딜타이와 요르크 백작 사이에 오고간 서신이 출간되자 하이데거는 그 서신에 자극받아 1924년 「시간 개념」이라는 논문을 썼고, 거기에서 딜타이 해석학을 상세히 고찰했다. 이어 1925년에는 카셀에서 딜타이 해석학을 소개하는, 모두 10회에 이르는 강연을 했다. 특히 1924년의 논문은 『존재와 시간』의 초기 판본으로 읽힐 수 있다는 점에서 각별한 주목을 받을 만하다. 이 논문에서 하이데거는 요르크 백작이 딜타이에게 끼친 영향을 주시함과 동시에 딜타이의 철학에 남아 있는 '형이상학적 한계'도 지적했다. 하이데거는 이 논문을 거의 수정하지 않은 채로 『존재와 시간』 말미에 끼워 넣었다. 딜타이 해석학이 하이데거 철학에서 차지하는 비중이 얼마나 큰지 짐작할 수 있는 대목이다. 하이데거는 이렇게 딜타이 철학을 탐구하던 시기에 벌써 『존재와 시간』 집필을 시작했다. 『존재와 시간』은 흔히 후설 현상학의 압도적 영향 아래서 저술된 것이라고 알려져 있다. 하이데거 자신이 그 책을 후설에게 헌정하고 후설의 가르침에 감사하는 마음을 특별히 밝혔다는 점에서 그렇게 보는 것은 온당하다. 하지만 그런 평가와 함께 딜타이의 해석학이 후설 현상학과 나란히 『존재와 시간』을 떠받치는 주요한 축을 이루었음도 기억해야 한다.

제2부

신들과 거인들의 전쟁

1 마르틴과
한나 I

하이데거의 생활 세계 안으로 들어갈 수 없는
아렌트는 자신이, 존재하지만 존재하지 않는 '그림자'에
지나지 않는다고 느꼈다.
비밀의 숲에 갇힌 아렌트의 사랑은 강렬한 희열과 함께
그 희열을 넘어서는, 상처로 욱신거리는 고통을 동반했다.
두 사람의 내밀한 만남에서 아렌트를 향한
하이데거의 태도는 어떤 모습이었을까.

> 깊은 겨울밤 오두막 산장을 내리치는 사나운
> 폭설이 맹위를 떨치면서 모든 것을 뒤덮고 감춰버릴 때,
> 바로 그때 철학의 지고한 시간은 피어오른다. 바로 그때 철학의
> 물음은 필히 단순하고 본질적인 것이 된다.

1923년 가을 하이데거는 독일 중부 헤센주의 작은 도시 마르부르크로 이사했다. 안정된 지위와 자리를 얻은 철학 교수는 이해 겨울학기부터 마르부르크대학 철학과에서 강의를 시작했다. 훗날 하이데거는 "가장 큰 흥분의 도가니 속에서 모든 정신을 집중했던, 결실이 풍성한 시기였다"고 마르부르크에서 보낸 5년을 회고했다. 프라이부르크 도제 시절에 심은 철학의 묘목이 마르부르크에서 커다란 나무로 자라났다. 하이데거의 최대 작품인 『존재와 시간』이 마르부르크대학의 첫 강의와 함께 영글어가기 시작했다. 하이데거의 마르부르크 시기는 『정신 현상학』을 낳은 헤겔의 예나대학 시기, 『순수이성비판』을 완성한 칸트의 쾨니히스베르크대학 초기 10년에 견줄 만한 것이었다. 철학에 준 충격의 크기로 보아도 『존재와 시간』은 『순수이성비판』과 『정신 현상학』에 버금가는 저작이라고 부를 만했다.

토트나우베르크의 작은 산장, 하이데거 사상의 산실

마르부르크로 이사하기 얼마 전에 하이데거는 아내 엘프리데의 도움을 받아 프라이부르크에서 가까운 슈바르츠발트(Schwarzwald)의 토트나우베르크(Todtnauberg) 산자락에 조그마한 산장 하나를 지었다. 전기도 수도도 들어오지 않는 이 숲속의 오두막은 이후 50여 년 동안 하이데거 사상의 산실이 됐다. 하이데거는 1933년 가을 베를린대학 교수 초빙을 두 번째로 거절한 뒤 「창조적 풍광: 왜 우리는 시골에 머무르는가」라는 글을 발표했는데, 여기서 하이데거 자신이 묘사하는 토트나우베르크 산장과 주위의 풍광을 엿볼 수 있다.

"독일 남부 슈바르츠발트의 구릉진 높은 산골짜기 가파른 비탈, 고도 1,150미터 지점에는 조그마한 스키 오두막 산장이 하나 서 있다. 그 오두막 산장의 평면 길이는 어림잡아 6~7미터 정도다. 나지막한 지붕이 방 세 개(거실 부엌과 침실 그리고 연구실)를 덮고 있다. 좁은 산골짜기 아래에는 농가가 드문드문 떨어져 있고, 마찬가지로 가파른 반대쪽 비탈에는 커다란 지붕이 드리워진 농가들이 널리 가로누워 있다. 산비탈을 거슬러 오르면 풀밭과 목초지가 수령이 오래돼 높이 치솟은 어둑한 전나무 숲속에 이르기까지 펼쳐진다. 이 모든 것 위에 해맑은 여름 하늘이 빛나고, 빛을 방사하는 창공에는 매 두 마리가 높이 비상하면서 넓은 원을 그리며 맴돈다. 이것이 여름 피서를 즐기는 자와 손님의 관찰하는 눈에 비친 나의 작업 세계다. 나 자신은 원래 풍경을 전혀 관찰하지 않는다. 나는 피어나고 저물어가는 네 계절의 위대한 흐름 속에서 시간마다 밤낮으로 변화하는 풍광을 경험한다. 산들의 중압감과 원시 암석의 견고함, 전나무의 의젓한 성장과 꽃피는 풀밭의 수수하게 빛나는 찬란함, 그리고 깊어가는 가을밤에 계곡의 시냇물이 흘러가는 거친 물소리, 엄동설한에 눈이 가득 덮인 벌판의 단순 소박함, 이 모든 것이 서로 떠밀고 몰아대면서 저 높은 곳에서 매일같이 펼쳐지는 일상의 현존재를 통해 춤추듯 변전해간다."「사유의 경험으로부터」 21~22쪽

바로 이곳에서 하이데거는 강의가 없는 주말이나 방학을 이용해 사유와 저술에 몰두했다. 하이데거의 글은 이렇게 이어진다.

"깊은 겨울밤 오두막 산장을 내리치는 사나운 폭설이 맹위를 떨치면서 모든 것을 뒤덮고 감춰버릴 때, 바로 그때 철학의 지고한 시간

은 피어오른다. 바로 그때 철학의 물음은 필히 단순하고 본질적인 것이 된다. 모든 생각을 철저히 숙고하여 완성하는 일은 엄격하고 예리하지 않을 수 없다. 높이 치솟은 전나무가 폭설에 저항하듯, 언어로 생각을 각인하는 노고도 그와 같다. 학문 작업은 세상과 동떨어진 기인의 노고로 진행되는 것이 아니다. 그 작업은 농부들이 하는 일 한가운데 속해 있다. 젊은 농부가 뿔 모양을 한 무거운 썰매를 비탈길 위로 끌고 가, 그 위에 너도밤나무를 잘라 만든 땔감 더미를 높이 실은 채 위험을 무릅쓰고 출발하여 농장으로 끌고 올 때, 목동이 깊은 생각에 잠겨 천천히 걸으면서 자신이 돌보는 가축들을 비탈길 위로 몰아갈 때, 농부가 자신의 방에서 부지런히 짚을 이어 지붕을 덮을 이엉을 만들어 나갈 때, 마치 그때처럼 나의 작업도 이와 같은 양식으로 존재한다. 거기에는 농부들에게 바로 귀속해 있는 모종의 친근성이 뿌리내리고 있다. … 나의 모든 작업은 이 산과 이곳에 거주하는 농부들의 세계에 의해 지탱되고 인도되고 있다. 이제 저 높은 곳에서 하는 작업은 때로는 오랫동안 이곳 아래에서 행해지는 토론과 담론 혹은 강연차 떠나는 여행이나 강의 활동으로 인해 중단되기도 한다. 그러나 내가 다시 위로 올라와 오두막 산장에 들어서는 순간부터 이전에 내가 사로잡혔던 물음들의 세계 전체가 내가 그것을 떠났던 그대로 나에게 몰려온다."「사유의 경험으로부터」 22~24쪽

하이데거는 이 글에서 농부의 세계를 옹호하면서 도시인의 삶을 가시 돋친 말로 비판하기도 한다. 『존재와 시간』에서 이야기하는 '세인의 퇴락'이 바로 도시인의 일상적인 삶의 모습임을 짐작하게 하는 구절이다.

"사람들은 밖에서 신문과 잡지를 뒤적거리는 가운데 '유명 인사'가 될 수도 있다. 그것은 언제나 여전히 각자의 가장 고유한 욕구가 오해로 퇴락하여 근본적으로 급히 망각 속으로 빠져드는 가장 확실

토트나우베르크의 하이데거 산장(위)과
그 앞 우물가에서 물을 긷는 하이데거(1968).
전기도 수도도 없는 산장의 소박한 생활에서 하이데거의
깊은 정신의 삶을 엿볼 수 있다. 그는 이곳에서
사유와 저술에 몰두했다.

한 길이다. 이에 반해 농부의 생각은 단순하고 더욱 안정적이며 태만하지 않는 신뢰를 가지고 있다. … 도시인의 세계는 부패한 그릇된 마음에 푹 빠져 이에 안주하는 위험 속으로 치닫고 있다. 매우 소란하고 매우 분주하며 매우 향락적으로 거들먹거리는 (도시인의) 교만은 농부의 세계와 그의 현존재에 대해 자주 걱정하는 것처럼 보인다. … 농부는 이런 도시의 친절을 전혀 필요로 하지도 않고 원하지도 않는다. 그가 필요로 하고 원하는 것이 있다면 그것은 그의 고유한 본질과 독자성에 대하여 (도시인들이) 조심스럽게 예의를 갖추는 것이다. … 우리는 겸손을 가장한 모든 교만한 접근 태도와 진실하지 못한 국민적 근성을 내려놓고, 저 높은 곳에서의 소박하고 강인한 현존재를 진지하게 받아들여 배워야 할 것이다. 그때 비로소 그것은 다시 우리에게 말할 것이다.』「사유의 경험으로부터」 24~25쪽

이 글에서 드러나는 하이데거의 반도시적인 민중주의 성향은 마르부르크대학 교정 안에서 입고 다니던 복장으로도 나타났다. 여름이면 하이데거는 로덴 재킷과 무릎 아래에서 여미는 반바지를 입었다. 학생들은 하이데거의 옷차림을 '실존 복장'이라고 불렀는데, 1897년 시작돼 퍼져 나간 '반더포겔'(Wandervogel) 운동의 복장이었다. 철새를 뜻하는 '반더포겔'은 독일의 대지와 산하를 걸어서 다니며 심신을 다지고 체험을 쌓아 정신의 성장을 꾀하고 자연과 조국에 대한 사랑을 키우는 자발적인 청년 운동이었다. 반더포겔 복장은 마르부르크의 화가 오토 우벨로데(Otto Ubbelohde, 1867~1922)가 디자인한 것이었는데, 일요 예배에 참석하러 나온 시골 남자의 복장과 비슷했다. 그래서 하이데거를 모르는 교직원들은 농부 복장을 한 남자를 학교 일꾼으로 착각하기도 했다. 겨울이면 하이데거는 스키 복장을 한 채 강의실에 나타나기도 했다. 옷차림으로도 신임 교수는 대학 사회의 관행과 전통에 역행했다.

신학자 루돌프 불트만과 만나다

하이데거는 마르부르크 시절에 여러 학자들과 만났다. 그 가운데 가장 주목할 만한 사람이 20세기 개신교 신학의 거두 루돌프 불트만이었다. 불트만은 하이데거가 임용되기 2년 전인 1921년 마르부르크대학 신약학 교수로 초빙돼 은퇴할 때까지 30여 년 동안 이 대학 교수를 지냈다. 독일 북부 올덴부르크의 개신교 목사 아들로 태어난 불트만은 카를 야스퍼스와 함께 올덴부르크 김나지움을 다니기도 했다. 야스퍼스가 몇 년 선배였다. 1920년대 초에 불트만은 하이델베르크대학 교수로 있던 야스퍼스를 방문하기도 했다. 야스퍼스가 『세계관의 심리학』을 펴내고 얼마 지나지 않은 때였다. 두 사람의 만남은 아무런 성과도 없이 끝났다. 야스퍼스는 불트만과 통한다는 느낌을 전혀 받지 못했다.[1] 불트만은 야스퍼스가 아닌 하이데거에게서 진정한 철학적 동지를 발견했다.

불트만의 신학은 '성서 해석의 탈신화화'와 '실존론적 신학'을 뼈대로 삼았다. 불트만은 기독교 성서의 신화적 내용을 역사적 사건으로 받아들이지 않고 신화적인 이야기로 이해함으로써 오히려 성서가 가르치는 본질적 내용으로 들어갈 수 있다고 생각했다. 탈신화화 방법을 통해 성서를 다시 읽고 그 내용을 실존론적으로 해석하는 데 불트만 신학의 핵심이 놓여 있다. 바로 이 실존론적 해석의 지도를 그려준 것이 하이데거의 철학이었다. 마르부르크대학에서 불트만은 하이데거의 강의를 열심히 들었고, 하이데거도 불트만의 철학 모임에 참석했다. 두 사람의 우정은 평생 지속됐지만, 영향 관계로만 놓고 보면 불트만이 일방적으로 가르침을 받는 쪽이었다.

하이데거는 철학과 신학 사이에 명확한 선을 그어놓고 철학을 철학 자체로만 이야기하려 했다. 1924년 불트만의 요청을 받아 마르부르크대학 신학자들 앞에서 한 '시간 개념' 강의가 그런 경우였다. 이 강의에서 하이데거는 신이나 신학에 관해서는 한마디도 하지 않고, 죽음을 향해 있는 인간 현존재의 시간성에 대해서만 이야기했다. 그러나 그렇게 구축된 철학은 신학적 문제의 자물쇠를 푸는 데 딱 맞는 열쇠 구실을 했다. 불트만은 이렇게 말했다. "실존철학은 나 자신의 실존에 관한 물음에 답하지 않으며, 그렇게 해서 나 자신의 실존을 내 개인의 책임에 맡긴다. 그리고 실존철학은 그렇게 함으로써 나를 성경 말씀에 열어놓는다."[2]

불트만의 신학은 특히 하이데거가 『존재와 시간』에서 장대하게 보여준 인간 실존 분석에 결정적인 영향을 받았다. 불트만은 하이데거가 말하는 '죽음을 향해 있음'이라는 실존의 문제가 기독교 복음을 통해 극복될 수 있다고 보았다. '죽음을 향해 있음'이라는 실존의 한계상황을 신앙으로 극복할 수 있고 그런 극복이 바로 '부활'이라고 본 것이다. 이렇게 불트만의 신학은 하이데거의 전기 철학 곧 『존재와 시간』에 서술된 철학을 방법론적 거점으로 삼았고, 하이데거의 사유가 『존재와 시간』을 떠나 멀리 나아간 뒤에도 마지막까지 『존재와 시간』을 붙들었다.[3] 하이데거는 『존재와 시간』이 출간된 직후인 1927년의 '현상학과 신학' 강연에서 신학과 철학의 다름을 이렇게 강조했다.

"실증적인 모든 학문은 철학과 상대적으로 구분되는 것이 아니라 절대적으로 구분된다. 따라서 이제 우리의 논제는 다음과 같다. 신학은 실증적 학문이며, 따라서 실증적 학문으로서 신학은 철학과 절대적으로 구분된다. 그러므로 이제 신학이 철학에 대하여 절대적으로 구분될 경우에 신학이 철학과 어떻게 관계하고 있는지 우리는 묻지 않을 수 없다. 실증적 학문으로서 신학은 철학과 가깝다기보다는 오히려 화학이나 수학과 더 가깝다는 사실이 이 논제로부터 즉시 귀결

된다."「이정표 1」 89쪽

"따라서 기독교적인 철학이라고 말할 수 있는 것은 (이 세상 어디에
도) 존재하지 않는다. 만약 이런 것이 있다면 그것은 '나무로 된 철'
과 같은 것이다."「이정표 1」 109쪽

하이데거는 '신학과 철학이 모두 인간의 삶과 세계라는 동일한 영
역을 주제로 삼되, 다만 신학은 신앙의 원리에 따라 파악하고 철학은
이성의 원리에 따라 파악한다'는 통상의 견해를 '통속적인 견해'라
고 몰아붙였다.「이정표 1」 89쪽 하이데거에게 신학은 신이라는 존재자를
주제로 삼은 실증적 학문인 데 반해, 철학은 존재자의 근거로서 존재
를 해명하는 학문이었다. 그렇다고 해서 하이데거가 신학을 적대하
거나 신앙을 부정하는 것이 아니었음은 두말할 필요가 없다. 하지만
이 강연을 기점으로 하여 하이데거는 점차 개신교 신학과도 거리를
두게 되고 자신만의 신을 찾아 더 깊은 곳으로 들어가게 된다.

환각제같이 스며드는 강의

하이데거가 마르부르크대학에 부임했을 때 이곳 철학과의 좌장은
니콜라이 하르트만이었다. 신칸트학파의 주관주의에서 출발한 하르
트만의 철학은 '인식이 대상을 산출하는 것이 아니라 인식 이전에
세계가 절대적 사실로 있다'는 '실재론적 존재론'으로 나아갔다. 하
르트만은 늦은 밤의 인간이었다. 정오쯤에 일어나 자정쯤에 활기를
찾았다. 하르트만의 집에서 자주 열린 토론 모임은 새벽까지 이어지
기 일쑤였다. 반면에 하이데거는 이른 아침의 인간이었다. 하이데거
는 하르트만이 잠든 이른 시간에 강의를 시작했는데, 두 학기 만에
150명이 하이데거의 강의를 들었다. 하르트만의 강의를 듣던 학생
들이 앞다퉈 하이데거의 강의실로 옮겨간 것이었다. 가다머는 이렇

게 증언했다. "마르부르크로 온 하이데거가 아침 7시에 강의를 시작했고, 그것만으로도 두 사람 사이의 갈등은 피할 수 없는 일이 됐다. 우리는 하르트만 모임의 한밤중 시간을 더는 중요하게 여기지 않았다."[4] 결국 2년 뒤 하르트만은 쾰른대학에서 초빙하겠다는 뜻을 알려 오자 즉각 그 제안을 받아들였다. 강의실을 장악하는 하이데거의 힘을 하르트만은 도저히 따라잡을 수 없었다.

이 시기에 하이데거에게서는 거부하기 어려운 매력이 풍겨 나왔고, 이 매력은 강의실을 채운 학생들에게 환각제같이 스며들었다. 하이데거의 강의를 듣고 "어떤 사람은 눈이 열렸으며" "어떤 사람은 아리스토텔레스 전체가 그야말로 몸에 착 달라붙다시피" 했고 "칠흑같은 문장의 구름들이 함께 몰려와서 그 구름 사이로 번개가 번뜩이며 이 번개는 우리를 반 혼수상태로 만들어버렸다."[5] 하이데거 강의를 들었던 아르놀트 폰 부겐하겐은 세미나 중의 하이데거 모습을 이렇게 묘사했다. "하이데거는 노트 같은 것은 보지 않고 높지도 낮지도 않은 목소리로 말했다. 그의 말은 비범한 지성이 넘쳤으나, 그보다 더 돋보이는 것은 이야기의 방향을 규정하려는 의지의 힘이었다. 특히 이야기의 주제가 위험한 것으로 넘어가면 그런 힘이 강하게 표출됐다. 존재론적 주제를 이야기할 때 그의 모습은 교수의 이미지보다는 선장의 이미지에 가까웠다. 거대한 함선조차 유빙으로 침몰할 위험이 있는 시대에 선교에서 대양의 항해를 지휘하는 선장의 이미지 말이다."[6]

하이데거의 강의는 압도하는 박학으로 가득 차 있었지만 하이데거는 그런 지식을 대단치 않게 여기는 듯한 태도를 보였다. 강의하는 모습의 하이데거는 어떤 학생에게는 "화려한 날갯짓으로 하늘을 나는 독수리"처럼 보였고 또 어떤 학생에게는 "격분한 사람"처럼 보였다. 부겐하겐은 강의 중에 이런 생각이 들었다고 한다. "이 철학자는

니콜라이 하르트만과 루돌프 불트만.
하이데거가 마르부르크대학에서 만난 대표적인 두 학자이다.
20세기 개신교 신학의 거두 불트만은 하이데거를 진정한
철학적 동지로 여겼고, 당시 철학과의 좌장이었던 하르트만은
하이데거의 인기에 밀려 쾰른대학으로 자리를 옮겼다.

미쳐버린 아리스토텔레스가 아닐까?"[7] 가다머는 「하이데거의 길」
이라는 글에서 자기 스승에게 "모든 청중을 사로잡는 거의 드라마틱
한 모습, 화술 능력, 강연 집중도"가 있었다고 회고했다. 하이데거의
강의를 통해 아리스토텔레스가 미라와 같은 모습에서 생동하는 현
실의 인간, 말을 거는 동시대인으로 변모했다.[8] 같은 글에서 가다머
는 하이데거가 안긴 충격을 이렇게 요약했다. "한 세기의 붕괴로 산
산이 부서진 세대는 완전히 새롭게 시작하기를 원했다. 그 세대는 이
전에 타당하다고 주장돼온 그 어떤 것도 계속 유지하려 하지 않았다.
정말이지 그 세대의 개념들에서 엿보였던 독일어의 격렬함 속에서
하이데거의 사유는 이전 철학이 의미했던 것과의 그 어떤 비교도 거
부하는 듯이 보였다." "그것은 기독교적 서양의 모든 운동과 대항 운
동에 비견될 만큼 그 뿌리부터 새로운 어떤 것을 제시하는, 미지로
스며드는 새로운 여명과도 같았다."[9] 지식의 모세혈관을 세밀하게
추적하면서 동시에 철학사 전체를 포괄하는 장대한 사유를 펼쳐내
고, 한편의 드라마를 상연하듯 격렬한 몸짓을 보이는가 하면 청중을
대답하기 어려운 물음 속으로 몰아넣고, 아득히 먼 시대의 이야기에
서 메스를 끄집어내 오늘의 부박한 현실을 해부하는 하이데거의 강
의에 거의 모든 학생들이 빨려들었다. 바로 이 시기에 하이데거를 만
난 한나 아렌트는 하이데거의 강의가 일으킨 파동과 열광을 50년 가
까운 세월이 지난 뒤 다음과 같이 장대하게 기록했다.

한나 아렌트 "하이데거, 사상계의 은밀한 제왕"

"1927년 『존재와 시간』이 출간되기 오래 전부터 하이데거의 명성
은 나 있었다. 하이데거의 이런 초기 명성은 드문 경우인데, 아마도
1920년대 초에 있었던 카프카의 명성이나 … 비상한 영향을 끼쳤던

당대의 브라크, 피카소의 명성보다도 더욱 드문 경우였을 것이다. … 그 당시에는 거의 이름밖에 없을 정도였으나 그 이름은 신비로운 임금님의 소문처럼 독일 전 지역으로 퍼져나갔다. 그것은 게오르게 학파처럼 대가 한 사람을 중심으로 하여 통합되는 모임과는 완전히 다른 것이었다. 대중에게 잘 알려진 그런 모임은 이른바 그 회원들만이 알고 있는 묘한 분위기로 인해 다른 모임과는 구별됐다. 그러나 여기서는 그 어떤 비밀도 없었고 그 어떤 회원들의 모임도 없었다. 그들은 모두 학생들이었기에 그저 주변에서 그러한 소문이 무성하게 떠돌고 있다는 사실만을 잘 알고 있는 형편이었다. 간혹 그들 사이에 우정이 돈독해져 여기저기서 모임이 형성되기도 했으나 그런 모임은 어떤 학파의 형성이 아니었기에 결코 밀교적 성격을 띠지 않았다. … 처음에는 프라이부르크대학의 사강사들 사이로, 그 뒤에는 마르부르크대학으로 옮겨 다니던 그 풍문이란 후설이 이미 선포한 그 사태를 실제로 면밀히 다루는 사상가가 현존하고 있다는 것이었다. 그 사람은 자신이 다루는 그 사태가 대학에서 취급하는 학문적 관심사가 아니라 사유하는 인간의 관심사라는 사실을 잘 알고 있었다. 특히 그 학문적 관심사라는 것은 어제 오늘의 일이 아니고 이미 오래 전부터 있어 온 것이어서, 그는 과감히 전통의 오랏줄을 끊어 버리고 새로이 과거를 밝혀 내고자 하였다. 강의할 때 그가 보여주었던 기교의 탁월한 점은 이 사람이야말로 플라톤의 사상과 이데아론을 단순히 설명하는 데 그치지 않고 한 학기 동안 …철저히 토론을 벌여 그 사상이 결코 천년이나 묵은 낡은 이론이 아니라 오히려 최근의 현실적인 문제로 떠오르도록 이끌어준다는 데 있었다. … 사유는 다시 생동하게 되었고 소멸한 줄 알았던 과거의 보고가 새로이 논의됨으로써 사람들이 불신하던 것과는 아주 다르게 부각돼 나타났다. 그는 아마도 사람들이 사유를 배울 수 있었던 유일한 스승이었으리라. 그러므로 그는 분명히 이 세상 사람이었으나 한편으로는 이 세상에 숨어 있는 사상계의 은밀한 제왕이었기에, 사람들은 도대체 그가 실존하는 인물인지 아닌지조차 정확히 알 수 없었다. 그런데도 불구하고 그를 추종하는 사람은 믿을 수 없을 정도로 많았다. …"10)

에로스와 에로스, 소피아와 소피아의 결합

아렌트가 이 글에서 묘사한 그 철학자를 처음 만난 것은 1924년 늦가을이었다. 이 해 가을에 아렌트는 마르부르크대학 철학과 학생이 됐다. 이제 막 18세가 된 여학생은 짧은 머리와 최신 복장으로 사람들 눈에 바로 띄었다. 녹색 원피스를 자주 입고 다녔기 때문에 학생들은 아렌트를 '녹색의 여인'이라고 불렀다. 아렌트는 독립적이고 도전적이었다. 불트만의 세미나에 참여할 학생을 선발하는 면담에서 유대인 아렌트는 불트만에게 "반유대주의적 언사가 있어서는 안 된다"고 단도직입적으로 말했다. 불트만은 침착하고 친절한 태도로 만약 반유대주의적인 언사가 있다면 "이 문제를 어떻게 처리할 것인지에 관해 우리 두 사람이 약속한 것이나 다름없다"고 다짐해주었다.11)

그 무렵 아렌트는 하이데거를 따라 프라이부르크에서 마르부르크로 옮겨온 한스 요나스와 친구가 됐고 평생 우정을 간직했다. 훗날 요나스는 다른 학생들이 아렌트를 '예외적인 현상'으로 여겼다고 술회했다. 학생들은 아렌트에게서 "어떤 격렬함과 목표의식, 질적으로 수준 높은 것에 대한 감각, 본질적인 것에 대한 탐구심 그리고 심오함을 발견했으며 사람을 사로잡는 마력을 느꼈다."12) 1920년대에 아렌트와 한동안 사귀었던 베노 폰 비제(Benno von Wiese, 1903~87)

어머니 마르타와 여섯 살 한나 아렌트(1912).
어린 한나는 책과 글자에 집요한 관심을 보였고,
지적으로 조숙했다.

는 젊은 날의 아렌트를 이렇게 기억했다. "가장 눈에 띄는 것은 검은 눈빛이 발하는 도발적인 힘이었다. 그 눈을 보면 빠져들 수밖에 없었고 다시 헤어나지 못할까 봐 두려움이 일었다."[13] 1924년 겨울, 강렬하기는 하지만 아직 여물지 않은 철학적 아니마(anima)가 이제 막 사유가 비상하기 시작한 철학적 아니무스(animus)를 만났다. 철학사에 유례를 찾아보기 어려운 에로스와 에로스, 필리아와 필리아, 소피아와 소피아의 결합이었다.

칸트를 읽는 열여섯 살 영민한 소녀

어떤 이유로 한나 아렌트는 먼 발트해의 고향을 떠나 마르부르크까지 오게 된 걸까. 아렌트의 부모는 19세기에 러시아에서 건너와 독일 영토 쾨니히스베르크에 정착한 유대인의 후손이었다. 아버지 파울 아렌트는 쾨니히스베르크대학에서 공학을 공부한 아마추어 학자였다. 쾨니히스베르크대학은 100여 년 전 칸트가 철학 교수를 지낸 그 대학이다. 파울 아렌트의 서재는 그리스어와 라틴어로 된 고전으로 가득 차 있었다. 아렌트의 어머니 마르타 아렌트는 파리에서 프랑스어와 음악을 몇 년 배운 뒤 고향으로 돌아와 파울과 결혼했다. 두 사람 모두 부르주아 집안 출신이었다. 한나 아렌트는 1906년 10월 14일 독일 하노버 교외 린덴에서 태어났다. 아버지 파울이 다니던 전기회사가 거기에 있었다. 아렌트가 태어나고 1년 반쯤 지났을 때 파울은 가족과 함께 고향 쾨니히스베르크로 돌아왔다. 젊었을 때 앓은 적 있던 매독성 진행 마비가 재발해 직장을 더 다닐 수 없었던 것이다. 파울은 한나가 일곱 살 되던 해에 세상을 떠났다.

한나는 어머니 곁에서 어린 시절을 보냈다. 어머니 마르타는 딸이 태어났을 때부터 한나의 성장을 일기 형식으로 꼼꼼히 기록했다. 한

나가 유치원에 들어갔을 때는 이런 기록을 남겼다. "딸에게는 예술적 재능이 없는 것 같고 손재주도 없는 것 같다. 그러나 지적으로 조숙함은 있는 것 같다." 어린 한나는 책과 글자에 집요한 관심을 보였다.[14] 한나는 학교에서 특출한 아이였다. 1917년에는 디프테리아에 걸려 10주나 결석했는데도 "학교의 시간표에 따라 책으로 라틴어 학습을 잘했기 때문에 학교로 복귀했을 때 최고 점수를 받았다."[15] 청소년기를 통과하던 아렌트는 지적으로 성숙한 어른다움과 그 나이또래의 어린애다움을 동시에 내보였다. 라틴어에 이어 열두 살에 그리스어 공부를 시작해 몇 년 뒤 대학에 들어갈 때에는 그리스어와 라틴어를 능숙하게 구사했다.

아렌트의 어머니는 사회주의자였고 혁명가 로자 룩셈부르크(Rosa Luxemburg, 1871~1919)를 존경했다. 로자 룩셈부르크와 카를 리프크네히트가 이끌던 스파르타쿠스단이 1919년 1월 반란을 일으켰을 때 어머니 마르타는 딸에게 '이 역사적인 사건'을 주시하라고 다그쳤다. 아버지 파울도 죽기 전까지 열렬한 사회주의자였다. 아렌트의 정치적 관심과 성향은 부모에게서 물려받은 것이었다. 아렌트가 열네 살 되던 해에 청소년기 정서를 헝클어놓는 사건이 일어났다. 어머니 마르타의 재혼이었다. 어머니의 새 남편은 두 딸이 있는 부유한 유대인 금융업자였다. 아렌트는 새 가정에 적응하지 못하고 반항적이고 도전적인 모습을 보였다. 반항은 앎에 대한 지칠 줄 모르는 열정으로도 나타났다. 아렌트는 "닥치는 대로 읽었다." 아렌트가 읽은 것들 중에는 "철학, 시, 특히 괴테의 시, 다수의 독일·프랑스 낭만주의 소설, 그리고 토마스 만을 포함하여 학교 당국이 젊은이들에게 부적절하다고 여긴 현대 소설들"이 들어 있었다.[16]

열다섯 살 아렌트는 학교에서 '무분별함으로 악명이 높았던' 젊은 선생에 맞서 수업 거부를 주도했고 이 일로 결국 퇴학 처분을 받았다. 학교에서 쫓겨난 아렌트는 움츠러든 것이 아니라 더 자유로워졌다. 아렌트는 베를린으로 떠나 두 학기 동안 베를린대학 청강생으로 그리스어·라틴어 수업을 받고 기독교 신학 강의도 들었다. 또 기독교 실존주의자들과 만나 가깝게 지내며 키르케고르의 저작을 읽었다. 이 시기의 아렌트를 또래 친구들과 구별해준 것은 지적 열정, 특히 철학을 향한 미친 듯한 열정이었다. 40여 년 뒤 아렌트는 저널리스트 귄터 가우스가 진행하는 독일 텔레비전방송 대담 프로그램에 나와 철학을 공부하게 된 계기를 다음과 같이 밝혔다.

가우스: 당신은 마르부르크와 하이델베르크, 프라이부르크에서 하이데거 교수와 불트만 교수, 야스퍼스 교수 밑에서 공부했습니다. 철학이 전공이고 신학과 그리스어가 부전공이었죠. 이런 과목들은 어떻게 선택하게 됐나요?

아렌트: 나도 어쩌다 그렇게 됐는지 종종 생각해보고는 해요. 내가 장차 철학을 공부할 거라는 사실을 늘 알고 있었다는 말밖에는 할 말이 없네요. 열네 살 때 이후로 쭉 그랬어요.

가우스: 왜죠?

아렌트: 칸트를 읽었거든요. 왜 칸트를 읽었느냐고 물을지도 모르는데, 내 입장에서 그 질문에 대한 답은 왠지 이런 것 같아요. 내게 그건 철학을 공부하거나 물에 몸을 던지거나 하는 양자택일의 문제였다고요. 그렇다고 내가 목숨을 사랑하지 않았다는 말은 아니에요! 전혀 그렇지 않아요! 앞서 말했듯 나한테는 세상을 이해하고 싶은 욕구가 있었어요…. 그 욕구가 무척 어린 나이에도 있었어요. 우리 집 서재에는 온갖 책이 다 있었죠. 읽고 싶은 책을 책장에서 꺼내기만 하면 됐어요.[17]

아렌트는 열네 살 때 이미 야스퍼스의『세계관의 심리학』을 읽었고 열여섯 살 때에는 칸트의『순수이성비판』과『이성의 한계 안의 종교』를 읽었다. 다른 학생들과 비교해 유난히 돋보이는 지적 조숙성이었다. 아렌트는 베를린대학에서 두 학기를 보내고 다시 고향으로 돌아왔다. 1년 동안 준비한 끝에 고등학교 졸업 자격 시험을 치렀고 다른 학생들보다 한 해 먼저 시험에 통과했다. 아렌트는 베를린대학에서 청강하던 시절에 하이데거라는 '철학의 숨은 왕'에 관한 소문을 들었던 터라 철학을 공부하려면 하이데거가 있는 마르부르크로 가야 한다고 생각했다. 1924년 가을 아렌트는 마르부르크로 향했다. 바로 그해 겨울학기에 하이데거는 플라톤의『소피스트』를 강의했고 아리스토텔레스의『니코마코스 윤리학』제6권을 강독했다. 아렌트가 처음 들은 것이 이 강의였다. 거기서 아렌트는 나중에『존재와 시간』의 서두를 장식하게 될 문장, 그러니까『소피스트』에 나오는, '존재의 의미를 둘러싼 당혹감'을 이야기하는 문장을 읽었다.

하이데거는 아리스토텔레스 강의에서 "아리스토텔레스는 태어났고 살아갔으며 죽었다"는 말로 고대 그리스 철학자의 삶을 요약한 바 있는데, 아렌트도 강의 첫 시간에 하이데거의 그 간명한 말을 들었을지 모른다. 그 전까지 철학 강의는 대개 철학자의 사유와 개념을 설명하는 것으로 시작해 그것으로 끝났지만, 하이데거는 철학이란 삶에서 시작해 삶을 해명함으로써 본질적인 것으로 나아가는 것임을 이 단순한 문장으로 알려주었다. 아무리 복잡하고 심오한 아리스토텔레스 철학도 아리스토텔레스라는 인간의 실존을 떠난 것이 아니라는 것을 그 단순한 문장이 가리켰다. 그 강의에서 하이데거는 자신이 '비은폐성'이라고 해석한 '알레테이아'(ἀλήθεια, 진리)라는 말을 관문으로 삼아 아리스토텔레스의 세계로 학생들을 이끌고 들어갔다. 이 모든 것이『존재와 시간』이라는 광대하고도 울창한 사유의 숲의 일부를 이룰 터였다.

반항적이고 독립심 강한 유대인 여학생

아렌트는 당돌하다고 해야 할 정도로 반항적이고 독립심이 강했지만 동시에 남 앞에 서기를 꺼리는 소녀처럼 수줍음을 타기도 했다. 조숙함과 순진함의 기묘한 혼합체가 젊은 날의 한나 아렌트였다. 아렌트는 1924년 겨울학기 플라톤 강의를 담당하던 교수에게 당연히 받아야 할 개인 면담을 신청하지 않았다. 어쩌면 전설처럼 떠돌던 철학의 숨은 왕을 직접 눈앞에 보고 있다는 사실이 아렌트의 마음속 수줍음을 깨어나게 했는지도 모른다. 당시 하이데거는 막 서른다섯 살이 된 젊은 교수였다. 아렌트보다 열일곱 살이 많았지만, 소문을 듣고 상상했던 원숙한 학자의 모습과는 사뭇 달랐다. 아렌트가 면담 요청을 하지 않자 하이데거가 먼저 아렌트에게 면담하러 오라고 일렀다.

강의가 시작되고 두 달쯤 지난 뒤 아렌트는 벨벳으로 만든 챙 없는 종 모양의 최신 유행 모자를 쓰고 레인코트를 입고 교수 연구실을 찾아갔다. 이어 1925년 2월 10일 하이데거는 "친애하는 아렌트 양에게"라는 공적인 인사말로 시작하는 첫 편지를 보냈다. 이 편지에서 하이데거는 아렌트의 정신과 영혼을 칭찬하고 아렌트가 스스로 충실한 사람이 되는 데 도움을 주고 싶으니 허락해달라고 말했다. 젊은 이의 마음을 잘 아는 하이데거 자신이 아렌트의 불안을 잠재워줄 수 있을 것이며, 반대로 아렌트는 오직 학문적 목표만을 추구하는 한 남자의 무서운 외로움을 분명하게 이해하게 될 것이라는 말도 했다.[18] 첫 편지 후 나흘 만에 두 번째 편지가 이어졌고 편지는 "친애하는 한나"로 시작했다. 다시 2주 뒤 하이데거가 아렌트에게 보낸 편지는 두 사람의 관계가 육체적 거리감이 없는 친밀성의 차원으로 올라섰다는 것을 보여주었다.[19] 이렇게 시작한 두 사람의 만남은 1년 동안 계속됐다. 하이데거가 기혼자인 데다 사회적 평판이 중요한 지위에 있었기에 두 연인은 아무도 알지 못할 은밀한 방식으로 만났다. 아렌트가 세 들어 살던 곳은 대학 근처의 다락방이었다. 이 방으로 아렌트는 가까운 친구들을 자주 초대해 철학적 토론을 벌였다. 바로 그 다락방에서 두 사람은 만났다.

후에 하이데거는 첫눈에 아렌트를 알아보았다고 말했다. 첫 시간에 강의실에 앉은 명민하고도 매혹적인 여성이 눈에 들어와 박혔던 것이다. 아렌트에게 하이데거는 만나기 전부터 이미 뿌리칠 수 없는 매력을 뿜는 사람이었다. 하이데거의 날카롭고도 격정적인 강의는 총명하고 도전적인 영혼의 저 깊은 곳을 뒤흔들었다. 하이데거의 말은 정신을 맑게 깨어나게 함과 동시에 철학적 황홀경 속으로 빠뜨렸다. 아렌트는 압도당한 상태에서 하이데거를 연인으로, 친구로, 스승으로, 보호자로 받아들였다. 두 사람만이 입회한 그 다락방에서 하이데거와 아렌트는 베토벤의 음악을 들었다. 음악을 들으면서 하이데거는 아렌트를 '나의 그리스'라고 불렀다. 하이데거에게 그리스는 철학의 시원이었고 사유의 고향이었다. 아렌트에게 가는 길은 잃어버린 고향을 찾아가는 길이었다.

하이데거와 아렌트의 이 사랑을 어디에 견줄 수 있을까? 하이데거가 동질감을 느꼈고 나중에는 극복하려고 분투했던 프리드리히 니체의 경우에 견줄 수 있을까? 니체는 열일곱 살 어린 루 살로메(Lou Salomé, 1861~1937)를 사랑했고 그 사랑이 남긴 견딜 수 없는 쓰라림 속에서 『차라투스트라는 이렇게 말했다』를 썼다. 하지만 니체와 살로메의 사랑은 육체 없는 사랑, 영혼의 떨림만 있는 사랑이었다. 하이데거와 아렌트의 사랑은 정신의 교감이자 육체의 향연이었다.

플라톤의 『심포시온』에 등장할 법한, 소피아를 갈구하는 에로스의 사랑이었다. 그것은 하이데거의 철학에도 어울리는 사랑이었다. 실존은 정신의 실존이기만 한 것이 아니라 육체의 실존이기도 했다. 육체를 떠난 정신이 따로 있을 수 없었다.

그 정신과 육체가 하나가 된 사랑 속에서 하이데거는 『존재와 시간』을 써 나갔다. 훗날 하이데거는 아렌트가 없었다면 그 저작을 쓰지 못했을 것이라고 털어놓았다. 아렌트의 존재는 하이데거의 사유를 선동하는 뮤즈의 노래였다. 마찬가지로 아렌트는 뒷날 자신의 대표작 『인간의 조건』(1958)을 출간한 뒤 하이데거에게 보낸 편지에서 "모든 면에서, 실제로 모든 것을" 하이데거에게 빚졌다고 밝혔다.1960년 10월 28일 하이데거가 아니었다면 자신의 철학에 이르지 못했을 것이라는 고백이다. 하지만 현실에서 아렌트에게 그 사랑은 공공연한 일상을 함께할 수 없는 반쪽짜리 사랑, 그래서 더 가슴을 아프게 찔러 오는 사랑이었다. 아렌트는 1925년 여름방학 때 하이데거가 머물며 『존재와 시간』을 집필하던 토트나우베르크의 산장으로 편지를 보내고 하이데거에게 바치는 자화상 같은 글 「그림자」를 부쳤다. 이 시기에 아렌트는 하이데거와 자신의 관계를 떠올리게 하는 시를 쓰기도 했다.

> "당신은 왜 나에게 손을 내미나요?
> 부끄럽게, 그것이 비밀이라도 되나요?
> 당신은 우리의 포도주를 알지 못할 만큼
> 먼 나라에서 온 사람인가요?"[20]

아렌트는 하이데거라는 육신으로 현현한 철학을 향해 몸을 던졌고, 그 살아 있는 철학을 죽을 힘을 다해 사랑했다. 하지만 그 철학,

다시 말해 철학의 육화와도 같은 남자는 현실의 삶을 살아가는 인간이기도 했다. 일상인으로서 하이데거에겐 집이 있고 가족이 있었다. 하이데거는 그 일상의 규칙과 질서를 포기할 생각이 없었다. 아렌트를 향한 하이데거의 사랑은 아무도 알아서는 안 되는, 언제까지나 비밀로 남아 있어야 하는 사랑이었다. 하이데거의 생활 세계 안으로 들어갈 수 없는 아렌트는 자신이, 존재하지만 존재하지 않는 '그림자'에 지나지 않는다고 느꼈다. 비밀의 숲에 갇힌 아렌트의 사랑은 강렬한 희열과 함께 그 희열을 넘어서는, 상처로 욱신거리는 고통을 동반했다.

두 사람의 내밀한 만남에서 아렌트를 향한 하이데거의 태도는 어떤 모습이었을까. 그해 겨울학기 '논리학' 강의에서 하이데거는 '타인과 더불어 있음'에 관해 자신의 철학 언어로 이야기했다.

"타인들과 '더불어 있음' 즉 배려(Fürsorge)라는 '근본적인 관계'에서 우리는 한 가지를 구별하고자 한다. 즉 배려가 관계하는 방식은 타인의 염려를 덜어주고 타인의 입장에 서고 타인을 대신해서 뛰어드는 것이다. 이때 타인은 자신을 포기한 채 뒤로 물러서서, 고려된 것을 넘겨받거나 아니면 그것을 던져버린다. 이런 배려에서 염려를 받는 자는 의존자이고 피지배자이다. 지배는 암묵적일 수 있으며 또 명시적으로 경험될 필요도 없다. 이런 배려를 우리는 '뛰어들어 대신하고 덜어주며 지배하는 배려'라고 부른다. 이런 배려와 대비되는 배려, 곧 타인과 '더불어 있음'은 타인의 상황과 과제로 뛰어들어 (그 타인의 염려를) 덜어주는 것이 아니라, 오히려 타인 앞으로 주의 깊게 뛰어가 그 타인의 가장 고유한 염려를 타인 자신에게 돌려준다. 이런 배려는 지배하는 배려가 아니라 자유를 되돌려주는 배려다. 배려의 이런 양태가 본래성의 양태다. 왜냐하면 이런 양태에서 현존재는 자기 자신이 될 수 있고 가장 고유하고 본래적인 현존재가 되기 때문이

한나 아렌트와 마르틴 하이데거(1930년대).
1924년 35세의 원숙한 학자와 18세의 총명한 학생은
서로에게 깊은 영감을 주는 연인 관계로 나아갔다.
하지만 아렌트를 향한 하이데거의 사랑은 아무도 알아서는 안 되는,
언제까지나 비밀로 남아 있어야 하는 사랑이었다.

다. 반면에 첫 번째로 언급된 배려의 양태에서 타인은 무(ein Nichts)로, 즉 현존재의 무로 다루어진다. 다시 말해서 타인은 이런 배려에서 고유한 현존재로서 거기에 있는 것이 아니라 비본래적인 현존재로서, 즉 현존재의 일을 관철해나가지 못하는 눈앞의 사물처럼 거기에 있는 것이다. 우리는 여기서 배려의 두 극단적인 양태를 본래적인 배려와 비본래적인 배려로 특징지을 것이다."『논리학: 진리란 무엇인가?』 228~229쪽

요약하자면 타자와 만나고 타자를 배려할 때, 지배하는 방식의 배려가 있고 자유를 주는 방식의 배려가 있다. 앞의 배려 곧 비본래적인 배려는 타자의 일에 뛰어들어 타자를 대신해 그 일을 해결해줌으로써 타자를 무력화하고 예속시키는 배려다. 뒤의 배려 곧 본래적인 배려는 자기 자신이 먼저 모범을 보임으로써 타자의 염려를 타자에게 맡기고 타자가 스스로 자기 일을 해결하도록 해주는 배려다. 하이데거가 이 강의에서 말하는 '배려'는 우선은 가르치고 배우는 사제 관계를 염두에 둔 것이라고 할 수 있다. 가르치는 사람이 배우는 사람의 일을 모두 다 해주는 것은 그 배우는 사람의 내적인 성장을 돕는 것이 아니라 그 성장을 막고 배우는 사람을 예속화한다. 진정한 배려는 배우는 사람이 고통 속에서 자신의 길을 찾아 나가도록 참고 보아주며 모범으로서 길을 안내한다.

그러나 이런 배려가 사제 관계로만 그칠 수는 없다. '더불어 있음' 곧 공동존재(Mitsein)의 가장 긴박하고 격렬한 형태가 사랑의 관계다. 그렇다면 하이데거와 아렌트의 관계에서도 이 '더불어 있음'의 배려는 어떤 형식으로든 나타났을 것이다. 하이데거는 본래적인 배려를 했던 것일까, 아니면 지배하는 방식의 배려를 했던 것일까? 겉에서 보면 하이데거가 모든 것을 주도하고 아렌트는 거기에 철저히 맞추어 뒤따라갔으므로 하이데거의 배려는 틀림없이 지배하고 예속

시키는 배려였다고 할 수 있다. 그러나 뒷날의 아렌트의 고백 어디를 보아도 두 사람의 사랑에 관한 한, 상대방을 비난하거나 원망하는 표현은 등장하지 않는다. 그런 사실을 고려하면, 두 사람의 배려 관계가 한쪽이 일방적으로 지배하기만 하는 비본래적 관계였다고 단정하기는 어렵다.

두 사람의 관계는 지배하는 배려와 자유를 주는 배려 사이 어디쯤에 있었을 것이다. 더 정확히 말하면 본래적인 배려와 비본래적인 배려가 뒤섞인 관계였다고 해야 할 것이다. 앎으로 이끄는 사람으로서 하이데거는 너그러웠지만 연인으로서 하이데거는 냉정했을지도 모른다. 실제로 하이데거는 그 겨울학기 강의에서도 배려의 양태에는 본래적인 것과 비본래적인 것 사이에 다양한 혼합 형태가 있다고 덧붙여 말했다. 이런 말을 할 때 어쩌면 자신과 아렌트의 관계를 생각했을지도 모른다. 하이데거는 철학의 순수 정신이 아니라 일상의 삶을 살아가는 일상인이었다. 일상인으로서 본래성을 지향하는 것, 그것이 인간이라는 유한자가 살아가는 모습이다. 하이데거의 배려에 관한 이 강의 내용은 거의 그대로 『존재와 시간』으로 들어가 세인의 삶을 분석하는 대목에서 반복된다.

하이데거를 떠나 야스퍼스에게로

지하 조직원들의 비밀 접선과도 같은 두 사람의 밀회는 아렌트를 견디기 어려운 심리적 한계상황으로 몰아갔다. 마르부르크에서 1년을 보낸 아렌트는 도피하듯이 에드문트 후설이 있는 프라이부르크 대학으로 갔다. 거기서 연구 학기를 보내고 난 뒤에도 아렌트는 마르부르크로 돌아오지 않았다. 너무나 뜨거워서 견딜 수 없는 사랑의 열기 속에서는 학위 논문을 쓸 수 없었다. 아렌트가 하이데거에게 대학을 옮기겠다는 뜻을 밝히자 스승 아니, 연인은 하이델베르크대학으로 가서 야스퍼스의 지도를 받으라고 권했다. 아렌트는 하이데거가 자신을 붙잡기를 바랐을까. 어쨌든 아렌트는 하이데거의 권고를 받아들였고 1926년 봄 하이델베르크로 가 야스퍼스 밑에서 공부하기 시작했다.

하지만 거리가 멀어졌다고 해서 두 사람의 사랑이 식은 것은 아니었다. 거리에 아랑곳하지 않고 하이데거와 아렌트의 만남은 1928년까지 이어졌다. 처음에 아렌트는 하이데거에게 하이델베르크의 집 주소를 알려주지 않았지만, 하이데거는 아렌트와 가깝게 지내던 제자 한스 요나스에게 물어 주소를 알아냈다. 아렌트는 하이데거가 자신을 찾아내기를 바랐던 것으로 보인다. 다시 두 사람 사이에 편지 교환이 시작됐고 두 사람의 만남은 첩보 작전을 하듯 한층 더 비밀스러운 것이 됐다. 아렌트는 사랑 곁에 머무르려는 마음과 사랑으로부터 도망가려는 마음을 똑같은 강도로 느꼈다. 하이데거가 찾으면 언제든 달려갔지만 동시에 하이데거에게서 멀어지려고 다른 일에 마음을 쏟았다. 불덩어리 앞에 다가갔다가 뜨거움을 못 견디고 물러서기를 되풀이했다. 하이데거를 잊어보려고 아렌트는 하이델베르크에서 알게 된 베노 폰 비제와 한동안 사귀었다. 그러고도 하이데거의 존재를 떨쳐내지 못했다. 뒷날 아렌트는 하이데거에게 보낸 편지에서 자신이 마르부르크를 떠난 것은 순전히 하이데거에 대한 사랑 때문이었다고 밝혔다.[21] 하이데거를 향한 사랑이 너무나 컸기 때문에 마르부르크에 계속 있다가는 하이데거에게 해가 갈 일을 벌이고 말지도 모른다는 두려움이 아렌트를 하이델베르크로 떠밀었던 것이다.

아렌트가 하이델베르크의 야스퍼스에게 갔을 때, 야스퍼스는 자신의 인생이 걸린 3부작 『철학』을 준비하고 있던 터였다. 그러고 보면

18세부터 22세까지 몇 년 동안 사랑의 포로로서 아렌트는 한없이 불행했지만, 정신의 모험가로서 아렌트는 다른 어떤 사람도 얻기 어려운 행운을 누렸다. 하이데거에게서 야스퍼스로 이어지는 그 몇 년 동안 아렌트는 완숙기에 도달한 당대 독일의 가장 위대한 두 철학자가 자신들의 가장 중요한 저작을 산출해가는 과정에 함께했던 것이다. 하이데거는 아렌트라는 열정의 도움을 받아 『존재와 시간』을 썼고, 야스퍼스는 친구의 책이 나오고 5년이 지난 뒤 대작 『철학』을 출간했다. 야스퍼스는 하이데거와 같은 뜨거운 사람이 아니었고 40대의 원만한 인격자였다. 아렌트는 야스퍼스에게서 따뜻하고 신뢰감 주는 철학적 안내자를 찾아냈고 이 안내자의 도움을 받아 1928년 박사 학위 논문 「아우구스티누스의 사랑 개념」을 완성했다. 아렌트와 야스퍼스의 신뢰 어린 관계는 스승이 숨질 때까지 변함없이 지속됐다.

아우구스티누스의 사랑 개념

아렌트의 박사 학위 논문은 하이데거의 영향을 직접적으로 보여주지는 않는다. 오히려 겉으로 드러나는 것을 보면 하이데거 철학에 역행하는 듯하기까지 하다. '사랑'이라는 개념부터가 하이데거 철학에는 낯선 것이었다. 『존재와 시간』에 사랑이라는 말은 각주에 딱 한 번 등장할 뿐이다.『존재와 시간』 139쪽 아렌트는 하이데거가 멀리했던 '사랑'이라는 개념을 일부러 끌어안은 것일까. 그렇게 볼 수도 있다. 야스퍼스는 하이데거에 관해 쓴 '비망록'에서 "하이데거 철학은 사랑이 빠져 있으며 따라서 사랑할 수 없는 양식으로 존재한다"고 썼다. 야스퍼스의 이런 평가가 정당한지는 꼼꼼히 검토해봐야 할 문제다. 하이데거가 사랑 개념을 피했다고 해서 그것이 곧바로 '사랑할 수 없음', '사랑의 무능력'을 입증하는 것이라고 볼 수는 없기 때문이다. 어쩌면 하이데거는 사랑이라는 말이 통속성에 너무나 깊이 오염돼 있어서 새로운 사유의 언어로는 부적당하다고 생각했을 가능성이 있다. 『존재와 시간』에서는 '인간'이라는 말조차 부적절하다고 보고 '현존재'로 바꿔 쓰지 않던가. 하이데거의 철학 속으로 깊이 들어가보지 못했던 야스퍼스가 사랑의 부재를 사랑의 불가능으로 오독했을 가능성이 있다.

그런 가능성이 있다고 하더라도, 하이데거 철학에 사랑이라는 개념이 실종되다시피 한 것은 확실히 눈에 띄는 사실이다. 하이데거 사상 전체를 놓고 보건대 하이데거의 철학적 관심사는 인간의 사랑에 있었던 것이 아니라 그 사랑보다 더 근원적이고 더 매혹적인 '존재'에 있었다고 해야 할 것이다. 그렇다면 아렌트와 만나던 시기에도 하이데거의 진정한 관심은 아렌트의 사랑이 아니라 그 사랑 너머의 어떤 것이었을지 모른다. 하이데거에게 사랑은 존재의 사상가가 존재를 향해 나아가는 가운데 찾은 휴식처 같은 것이었다고 보아도 아주 부당하지는 않을 것이다. 아렌트처럼 쉬지 않고 활동하는 독보적인 정신이 또 다른 독보적인 정신이 다가오기를 하염없이 기다리기만 하는 휴식처 노릇을 오래 하기는 어려웠을 것이다.

하이데거는 『존재와 시간』에서 '죽음을 향해 있음'이라는 인간 실존의 현사실성을 분석의 초점으로 삼았다. 그러나 아렌트는 박사 학위 논문에서 하이데거가 소홀히 한 '탄생'에 오히려 더 주목했다("인간을 의식하고 기억하는 존재로 확정짓는 결정적인 요소는 출생 혹은 '탄생성' 즉 우리가 출생을 통해 세계로 들어왔다는 사실이다"[22]). 탄생이 없다면 죽음을 향해 가는 삶도 없을 것이기 때문이다. 그런 점에서 보면 아렌트의 논문은 하이데거 사유를 거슬러 올라간 것이라고도 할 수 있다. 하지만 죽음이든 탄생이든 인간 존재의 시간성을 보여주는 사태라는 점에서 다르지 않다는 사실을 떠올리면, 두 사람 사이에 내적인 연속성을 찾아내는 것도 얼마든지 가능하다.

이런 연속성이 암시하듯이 두 사람의 교류가 표면상 완전히 단절돼 있던 시기에도 내밀한 감정의 혈관은 끊기지 않았다. 1928년 4월 22일 아렌트는 하이데거에게 쓴 편지에서 마지막 만남 뒤로 날마다 갑작스럽게 가슴을 찔러 오는 설명할 길 없는 고뇌로 고통받고 있다고 말했다. 하이데거가 이제 더는 아렌트를 만날 수 없다고 이야기했기 때문이었을 것이다. "나는 당신을 사랑해요. 내가 당신을 처음 만난 날 그랬던 것처럼. 당신은 이 사랑을 이미 알고 있었어요. 나도 언제나 알고 있었어요." 아렌트는 엘리자베스 배럿 브라우닝(Elizabeth Barrett Browning, 1806~61)의 다음과 같은 시구를 빌려와 편지를 맺었다. "신의 뜻에 따라 나는 죽음 이후에 당신을 더 사랑하게 되리라."[23]

라헬 파른하겐, 한 유대인 여성의 삶

아렌트의 그런 고통스러운 사랑 경험이 짙게 스며든 작품을 찾으려면 아우구스티누스에 관한 박사 학위 논문이 아니라 1930년대에 쓴 『라헬 파른하겐: 한 유대인 여성의 삶』을 보아야 한다. 라헬 파른하겐(Rahel Varnhagen, 1771~1833)은 독일 사회에서 유대인 여성으로는 처음으로 지적·정치적 입지를 인정받은 사람이었다. 18세기 말~19세기 초에 베를린의 자기 집에 살롱을 열어 훔볼트 형제 (Wilhelm & Alexander von Humboldt), 프리드리히 슐레겔(Friedrich Schlegel, 1772~1829), 슐라이어마허를 비롯해 당대의 일급 작가·예술가·정치가들과 교류했다. 라헬 파른하겐은 300여 명과 주고받은 편지 6,000여 통을 남겼는데, 거기서 철학·음악·정치를 아우르며 통찰력 있는 지성을 보여주었다. 유대인 여성으로서 특별한 두뇌를 소유했을 뿐만 아니라 우정을 소중히 여기고 많은 지식인들과 교류한 아렌트의 닮은꼴이었다.

아렌트에게 라헬 파른하겐이라는 인물을 알려준 사람은 10대 시절부터 가까웠던 친구 안네 멘델스존(Anne Mendelssohn)이었다. 안네 멘델스존은 고서적상에게서 라헬 파른하겐의 편지와 일기를 모은 전집을 모두 사들여 탐독했고 아렌트를 라헬의 삶으로 이끌었다. 처음에 아렌트에게 라헬은 그다지 주목할 만한 사람이 아니었다. 그러다가 박사 학위 논문을 마친 뒤 라헬에게서 '사람에 대한 깊은 관심, 열정적인 성품과 결합한 독창적이고 단정하며 인습에 매이지 않은 지성'을 발견했다.[24] 아렌트는 1933년 히틀러 정권 등장으로 망명하기 전까지 라헬 파른하겐 전기의 전체 13장 중 11장을 쓰고 나머지 두 장을 1938년 프랑스 망명지에서 썼다. 아렌트의 그 전기 작품은 1958년에야 출간됐다.

아렌트가 라헬에게 관심을 품게 된 것은 그 여성의 예외적인 삶에서 자신의 삶을 보았기 때문이었다. 라헬이 자신의 집 다락방에 살롱을 연 것은 스물두 살 때였다. 라헬은 그 살롱에서 수많은 지식인들과 만났다. 열여덟 살 때 마르부르크의 다락방에 친구들을 불러들여 철학적 토론을 했던 아렌트를 떠올리게 한다. 라헬이 카를 폰 핑켄슈타인(Karl von Finckenstein) 백작을 만나 사랑에 빠진 곳도 그 다락방 살롱이었다. 라헬과 카를의 사랑은 5년 만에 상처를 남긴 채 끝나고 말았다. 아렌트는 전기 앞부분에서 이 사랑을 가슴 저리게 묘사했고 그 묘사에 하이데거와 함께한 시간을 투영했다. 유대인인 라헬은 핑켄슈타인이 살롱뿐만 아니라 가족 앞에서도 자신을 인정해주기를 바랐고 백작의 세계의 당당한 일원이 되기를 원했다. 하지만 핑켄슈타인은 라헬의 마음을 확실하게 받아주지 않았다. 라헬은 불안과 고통에 시달렸다.

"그녀(라헬)는 구속력 있고 명확한 인정을 원했다. 그래서 그(핑켄 슈타인)가 미래에 대한 희망이라는 말로 그녀를 회피하자 화를 냈다. … 그는 이 세계에서 자신의 삶이 어떠하리라는 것을 사전에 알고 있었다. 그에게는 세계가 자신을 부인하지 않으리라는 충분한 확신이 있었다. 그러나 라헬은 이 세계에 자신을 위한 자리를 갖기 못했기에 의심스러워했고 희망을 바보스러운 것으로 여겼다. 그가 그녀를 사랑했는지 말하기는 어렵다 … 진실로 그는 그녀가 자신을 사랑하기를 원했지만 자신이 요구하는 것이 무엇인지는 알지 못했다."[25] 라헬은 백작과 결별했다. 그런 사랑을 겪은 뒤로 라헬은 "우산 없이 맞이하는 폭풍처럼" 삶이 자신에게 들이닥치도록 삶에 자신을 드러내는 데 전력을 쏟았다고 아렌트는 썼다.[26] 라헬은 온갖 것을 경험해 그 경험에서 자신의 운명의 의미를 찾아냈고 자신의 삶을 예술 작품으로 만들었다. 그렇게 라헬의 삶과 마음을 추적하면서 아렌트는 자신이 유대인임을, 유대인 여성임을 자각해 가기 시작했다.

아렌트가 하이데거를 떠나 만난 남자들은 하이데거 철학의 숭배자들이었다. 박사 학위 논문 작성을 끝낸 뒤 아렌트는 베를린으로 거처를 옮겼다. 거기서 마르부르크에서 알고 지내던 귄터 슈테른(Günther Stern, 1902~92)을 다시 만났다. 슈테른은 당시 후설의 지도 아래 철학 박사 학위를 받고 마르부르크대학의 하이데거 밑에서 교수 임용 자격 논문을 준비하고 있었다. 두 사람은 1929년 가을 결혼했다. 하지만 그 결혼은 아렌트 쪽에서 보면 도피의 성격이 강한 것이었기에 오래 가지 못했다. 1933년 아렌트와 슈테른이 파리로 망명한 뒤로 두 사람의 결혼 생활은 사실상 끝났다. 아렌트와 슈테른은 1937년 공식 이혼 뒤에도 좋은 관계를 유지했다.

아렌트가 하이데거에게 마지막으로 편지를 보낸 것은 히틀러가 권력을 장악하던 1933년 초, 하이데거가 프라이부르크대학 총장으

한나 아렌트와 첫 번째 남편 귄터 슈테른(1929년경).
아렌트에게 도피성 성격이 강한 결혼이었기에
두 사람의 관계는 오래가지 못했다.

로 임명되기 직전이었다. 아렌트는 하이데거가 유대인 학생들을 세미나에서 배제하고 있다는 소문을 듣고 괴롭다고 토로했다. 하이데거는 단호하게 그 소문을 부인하고 그동안 유대인들에게 베풀었던 호의를 열거했다. 자신은 작업을 방해받으면서까지 시간을 할애해 유대인 학생들을 응대했고 그들이 월급을 받을 수 있도록 해주었으며 함께 논문을 토론해주었다는 것이었다.[27] 아렌트는 1933년 8월에 독일을 떠났고 망명지 파리에서 만난 하인리히 블뤼허(Heinrich Blücher, 1899~1970)와 결혼해 1941년 미국으로 이주했다. 블뤼허는 로자 룩셈부르크와 카를 리프크네히트가 이끌던 스파르타쿠스단에 가담한 적이 있고 한때 독일 공산당에 몸담았던 사람이었다. 그러면서 동시에 하이데거의 철학에 깊은 경의를 품고 있었다. 블뤼허는 후에 미국에서 독학으로 공부해 철학 교수가 됐다. 아렌트에게 블뤼허는 날카로운 지성을 갖춘, 마음이 따뜻한 동료이자 연인이었다. 파리로 망명한 뒤 아렌트는 1950년 다시 만날 때까지 17년 동안 하이데거와 아무런 서신 교환도 하지 않았다. 그것은 활화산이 잠시 휴지기에 들어간 것과 같은 일이었다.

세인의 호기심 대상이 된 비밀스런 연애

하이데거와 아렌트의 비밀스런 연애는 두 사람이 세상을 떠난 뒤에야 알려지기 시작했다. 두 사람 다 20세기 철학에서 빼놓을 수 없는 거인이었던 데다 두 사람이 나이 차이가 많은 사제 관계로 만나 연인이 됐으며, 한 사람은 유대인 여성이고 다른 한 사람은 유대인을 탄압한 나치 체제에 가담한 적이 있다는 사실이 말 그대로 '세인의 호기심'을 불러일으키기에 더없이 좋은 소재가 됐다. 그리하여 두 사람의 관계를 흥밋거리로 소개하는 글과 책이 쏟아졌다.

하이데거와 아렌트의 사랑을 처음 알린 사람은 아렌트의 제자로서 아렌트 철학을 이어받은 엘리자베스 영-브루엘(Elisabeth Young-Bruehl, 1946~2011)이었다. 영-브루엘은 1982년에 출간한 『한나 아렌트 전기』에서 두 사람의 알려지지 않은 연애의 내막을 아렌트의 공개되지 않은 편지를 살펴 가며 비교적 절제된 언어로 알렸다. 하지만 그 뒤에 출간된 엘즈비에타 에팅거(Elzbieta Ettinger, 1924~2005)의 『한나 아렌트와 마르틴 하이데거』는 하이데거와 아렌트의 지지자들을 모두 격분시켰다. 에팅거는 두 사람 사이에 오고간 편지들에 담긴 기초적인 사실들에다 자신의 상상과 평가를 덧붙여 아렌트를 가혹한 사랑의 포로가 된 불쌍한 희생자로 묘사했다. 영-브루엘은 2006년에 출간한 책에서 에팅거의 서술을 격렬하게 비판했다.

"엘즈비에타 에팅거라고 하는 메사추세츠공대(MIT) 교수는 상당히 수위가 높은 사건을 일으켰다. 용케도 에팅거는 미출간된 아렌트-하이데거 서신들을 읽고 앞서 내가 쓴 전기와 내용이 중첩되는 짧은 전기에서 아렌트 쪽 것들만 인용하도록 허락을 받아냈던 것이다. 1995년에 에팅거의 책이 나왔을 때 사람들은 내가 전기에서 이미 그 사실을 폭로했던 터라 아렌트와 하이데거가 1920년대에 연인 사이였다는 사실을 알고 있었다. … 에팅거의 책은 그것이 비록 아렌트-하이데거 서신에 근거하고 있다고 할지라도 공상적인 이야기에 불과하다. 그게 아니면 아렌트가 1971년 펜타곤 문서들에 관한 소논문에서 '하나의 이미지'라고 불렀던, 사실과 거의 관계가 없는 허구다. 에팅거는 순진하고 어찌할 도리가 없는 유대인 여학생과 매력적이지만 무정한 기혼의 가톨릭 교수가 열정적인 무모함과 배신, 그리고 배신당한 정부 쪽의 노예적인 충성심이 뒤따르는 … 한 편의 드라마를 연출했다고 묘사했다. 에팅거의 한나 아렌트는 결코 그 로맨스 속 인물 이상이 될 수 없다. 아렌트는 '의문의 여지가 없는 충절'을 지니고 피학적인 태도로 자신의 남자 곁을 지킨다."[28]

이 책에서 영-브루엘은 에팅거가 아렌트를 형편없는 판단력의 소유자로 만들어냈다고 격분을 토했다. 영-브루엘의 분노는 에팅거 책의 전체 서술의 기조를 볼 때 타당성이 있다. 하이데거의 삶은 아렌트와 얽힌 내밀한 연애 사건뿐만 아니라 1930년대 나치 참여라는 더 큰 논란을 일으킨 사건과도 얽혀 있다. 이런 문제들을 어떻게 볼 것인가 하는 것은 하이데거의 인격뿐만 아니라 철학 자체의 성취를 판단하는 데도 영향을 줄 수밖에 없다. 철학 밖의 삶과 철학 안의 사유가 어떤 관계를 맺고 있는가 하는 문제는 냉정한 숙고와 판단을 요구한다. 하이데거의 삶과 철학 전체를 통관하려면 철학 자체의 어려움을 꿰뚫고 지나가야 할 뿐만 아니라 이런 철학 밖의 문제들이 뒤엉킨 늪을 함께 헤쳐 나가야 한다.

아렌트가 곁을 떠난 뒤에도 하이데거는 『존재와 시간』을 쓰느라 철학적 분투를 계속했다. 1925년 하르트만이 쾰른대학으로 옮겨간 뒤 그 자리가 비었고 하이데거가 정교수 자리를 얻으려면 교육부가 인정할 만한 저서가 있어야 했다. 하이데거에겐 여전히 저서다운 저서가 없었으므로 『존재와 시간』의 완성을 서두를 수밖에 없었다. 마침내 1926년 4월 24일 하이데거는 야스퍼스에게 『존재와 시간』의 집필이 끝나고 인쇄에 들어갔음을 알렸다. "4월 1일 내 논저 『존재와 시간』의 인쇄를 시작했습니다. … 일은 잘 진행되고 있으며, 새 학기와 이제 다시 주변을 감쌀 속물적 공기를 생각하면 짜증이 날 뿐입니다. … 이미 한밤중입니다. 산 위에서 폭풍이 몰아치고, 오두막의 대들보가 삐거덕거립니다. 생은 영혼 앞에 순수하고 단순하고 위대하게 있습니다. 저 아래서 그처럼 기이한 역할을 할 수 있다는 게 더는 이해되지 않을 때가 종종 있습니다."[29]

머잖아 『존재와 시간』은 그 속물적 공기를 쓸어내버리는 철학적 폭풍이 돼 휘몰아칠 터였다. 1927년 2월 『존재와 시간』이 『철학과 현상학 연구 연보』 특별호로 출간됐다. 그러고 나서야 베를린 교육부는 하이데거를 마르부르크대학 철학과 정교수로 승진시켰다.

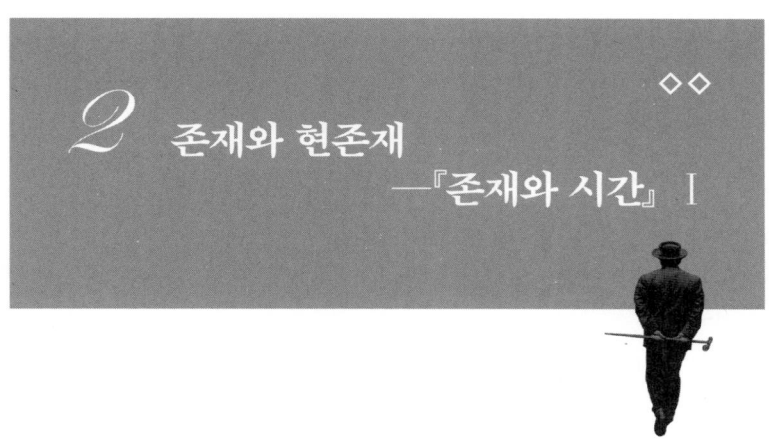

2 존재와 현존재
─『존재와 시간』 I

인간이란 정신도 아니고 의식도 아니고 주관도 아니고,
존재가 드러나는 자리 곧 현-존재인 것이다. 그렇게 존재가
드러나는 장소이기에 인간은 존재하는 것들을 대상으로 삼아
살피는 의식이나 주관이나 정신이 될 수 있는 것이다.
더 쉽게 말하면, 현-존재란 인간의 마음을 가리킨다고 할 수 있다.
인간의 마음이야말로 존재가 드러나는 장소인 것이다.

66

존재자에 대해 이야기하고 보고하는 것과
존재자를 그 존재에서 파악하는 것은 전혀 다르다.
존재를 파악하는 데서는 대개의 경우 합당한 단어가
없을 뿐만 아니라 그보다 먼저 '문법'이 없다.

99

하이데거가 38세가 되던 1927년의 『존재와 시간』(*Sein und Zeit*) 출간은 120년 전인 1807년의 헤겔 『정신 현상학』 출간 이후 서양 철학사의 일대 사건으로 기록될 만한 일이다. 20세기를 통틀어 가장 큰 영향을 끼친 철학 저작의 탄생을 알리는 일이기도 하다. 하이데거는 이 저작에서 1907년 프란츠 브렌타노의 박사학위 논문을 읽고 존재론에 입문한 이래로 20년 동안 쌓은 철학적 사유의 성과를 모두 쏟아부었다. 『존재와 시간』은 하이데거 '전기 사상'의 가장 높은 봉우리였다. 제목에서부터 하이데거는 존재하는 모든 것을 아우르고 떠받치는 철학적 기틀을 제시하겠다는 야심을 감추지 않았다. 충천하는 자신감이 없으면 이런 제목으로 책을 쓴다는 것은 생각하기 어려운 일이다. 그런 기세에 어울리게 책은 첫 쪽에 전체를 압축하는 짧은 도입문을 플라톤의 『소피스트』에 등장하는 구절과 함께 시작했다.

"왜냐하면 '존재한다'는 표현을 쓸 때 여러분이 본디 의미하려는 바를 이미 오래 전부터 알고 있었음이 분명하기 때문입니다. 우리도 전에는 그것을 이해한다고 믿고 있었습니다. 그러나 지금 우리는 당혹감에 빠져 있습니다."『존재와 시간』 1쪽[30]

이 인용문은 '존재한다'(seiend)라는 말의 의미에 대한 물음이 서양 형이상학의 전체 역사만큼이나 오래됐음을 암시한다. 이 문장에 이어 하이데거는 곧바로 묻는다. "오늘날 우리는 '존재한다'라는 말의 본디 의미가 무엇인가 하는 물음에 대답할 수 있는가?" 하이데거는 "전혀 그렇지 않다"고 답한다. 플라톤 시대와 마찬가지로 오늘날에도 존재의 의미는 어둠에 묻혀 있다는 진단이다. 그렇다면 '존재의 의미에 대한 물음'을 새롭게 물을 필요가 있지 않겠는가. 하지만 하이데거가 보기에, 플라톤 시대에는 존재의 의미에 대한 물음에 답하지 못한다는 것에 당혹감이라도 느꼈지만, 오늘날에는 그런 당혹감마저 사라지고 없다. "그렇다면 다른 모든 것에 앞서 이 물음의 의미에 대한 이해를 다시 일깨우는 것이 필요하다." 이렇게 '존재의 의미에 대한 물음'을 다시 묻는 것이 가장 중요한 철학적 과제라고 제시한 뒤에 하이데거는 간명하게 이 책의 의도를 밝힌다. "'존재'의 의미에 대한 물음을 구체적으로 수행하는 것이 아래 논문의 의도다."

이어 이 책의 목표를 마찬가지로 간명하게 밝힌다. "'시간'을 존재 이해의 지평으로 해석하는 것이 이 논문의 당면 목표다." 이 문장은 하이데거의 논의가 이제까지 모든 형이상학의 논의와는 다른 차원의 것이 될 것임을 예고한다. 서양 전통 형이상학은 존재를 다룰 때 가능한 한 시간을 배제하고서, 무시간적인 영원의 틀 안에서 논의를 펼쳤다. 시간이라는 것은 덧없는 것이고 지나가는 것이고 사라지는 것이므로 참다운 존재를 포착하려면 시간을 배제해야 한다고 보았다. 하이데거는 이런 전통 형이상학을 거꾸로 뒤집어 시간 자체를 존재를 이해하는 지평으로 삼겠다고 선포한다. 과연 하이데거가 이 선포대로 '시간을 지평으로 한 존재론'을 구현해낼 수 있을 것인가. 존재론의 역사와 구조를 아는 독자라면 눈을 크게 뜨고 들여다보지 않을 수 없는, 사뭇 놀라운 선언이다.

존재를 둘러싼 기간토마키아

이 짧은 도입문에 이어 『존재와 시간』의 서론이 등장한다. 여기서 하이데거는 도입문의 논의를 그대로 이어받아, 존재에 대한 물음은 플라톤과 아리스토텔레스를 숨 가쁘게 몰아댔으나 그 뒤로 침묵 속으로 들어갔고 오늘날 망각 속에 빠져버렸다고 진단한다. 그러면서 하이데거는 '존재를 둘러싼 기간토마키아'에 새로 불을 붙이려는 노력을 해야 한다고 강조한다. 기간토마키아(gigantomachia, γιγαντομαχία)란 그리스 신화에 나오는 '신족과 거인족의 싸움'을 가리킨다. 대지의 여신 가이아가 탄생시킨 기간테스들이 제우스를 비롯한 천상의 신들과 벌인 싸움이다. 플라톤은 『소피스트』에서 이 신족과 거인족의 싸움을 존재를 둘러싼 철학자들의 싸움에 비유했다. 플라톤의 맞수였던 데모크리토스를 포함한 유물론자들을 대지의 자식인 거인족에 견주고, 피타고라스와 파르메니데스를 거쳐 플라톤으로 이어지는 비유물론 학파를 천상의 신족에 견준 것이라고 할 수 있다. '기간토마키아'라는 신화 속 대전쟁을 끌어들임으로써 하이데거는 이 책을 통해 존재를 둘러싼 거대한 싸움을 새로이 일으켜보겠다는 웅장한 철학적 야망을 내보인 것이다.

이어 이 책은 '존재 물음 같은 것은 불필요하다'는 생각을 끊임없이 부추기는 독단적 선입견 세 가지를 차례로 거론한다. 첫째, 존재는 가장 보편적 개념이다. 둘째, 존재 개념은 정의할 수 없다. 셋째, 존재는 자명한 개념이다.

"사람들은 '존재'는 가장 보편적이고 가장 공허한 개념이라고 말한다. 그런 존재 개념은 어떤 정의의 시도도 거부한다. 가장 보편적이고 따라서 정의할 수 없는 개념은 또한 정의를 필요로 하지도 않는다. 사람들은 누구나 그 개념을 늘 사용하고 있으며, 그때마다 그 개념이 뜻하는 바가 무엇인지도 이미 이해하고 있다. 그리하여 감추어진 것으로서 고대의 철학적 사유를 동요시켰고 동요 속에 붙잡고 있던 것이 이제는 백일하에 자명한 것이 되고 말았고, 그 결과로 아직도 그것에 대해 묻는 자가 있다면 그는 어떤 방법적 오류를 범하는 자라고 비난받는다." 『존재와 시간』 2쪽

　이런 세 가지 독단적 선입견에 맞서 하이데거는 이렇게 말한다. 첫째, 존재가 가장 보편적인 개념인 것은 맞지만 그렇다고 해서 논의를 멈춰서는 안 되며, 존재가 보편적이라고 할 때 어떤 의미에서 보편적인지를 새롭게 따져봐야 한다. 둘째, 존재를 자연 사물을 정의하듯이 정의할 수 없는 것은 사실이지만, 그렇다고 해서 존재의 의미에 대한 물음이 면제되는 것은 아니며 오히려 바로 그런 이유 때문에 존재의 의미를 더 캐물어야 한다. 셋째, 존재라는 것이 가장 자명한 것처럼 통용되고 있지만, 따지고 들어가 보면 자명하기는커녕 도무지 알 수 없는 수수께끼가 그 안에 놓여 있어서, 존재가 도대체 무엇을 의미하느냐 하는 물음을 다시 묻지 않을 수 없다.

　요컨대 존재는 자명한 듯 보이지만 실은 어둠에 묻힌 개념이며 따라서 그 의미를 캐물어 들어가는 것은 피할 수 없는 철학적 과제가 된다는 것이다. 자명한 것이야말로 실은 불명료한 것이므로 자명한 것처럼 보인다고 해서 물음을 포기하는 것은 철학의 태만이라고 할 수밖에 없다는 것이 하이데거의 반박이다.

수수께끼 같은 말 '존재'

　사람들은 일상 언어 생활에서 끊임없이 존재라는 말을 사용하며, 존재라는 말이 의미하는 바를 특별히 의식할 것도 없이 자명한 것으로 이해하고 있다. 여기서 '존재'라고 표현한 것은 서양 언어의 존재

동사를 말한다. 독일어의 '자인'(sein)이나 영어의 '비'(be), 프랑스어의 '에트르'(être) 따위가 '존재하다'를 뜻하는 동사다. 그런 동사를 서양 사람들은 언어 생활에서 무수히 쓰고 있다. 또 존재 동사가 들어가지 않는 문장을 사용하더라도 그 의미를 따져보면 모조리 존재 상태를 이야기하는 문장이라고 할 수 있다. '나는 배가 고프다'(I am hungry)라는 문장만 나의 존재 상태를 이야기하는 것이 아니라, '나는 죽고 싶다'(I want to die) 같은, 존재(be) 동사가 없는 문장도 나의 존재 상태를 말하고 있다. '하늘은 푸르다'(the sky is blue)는 문장만이 아니라 '해가 진다'(the sun sets)라는 문장도 존재 상태를 가리킨다. 그러므로 서양 언어처럼 존재 동사를 눈에 띄게 사용하지 않는 한국어의 문장들도 그 내용은 모조리 존재 상태를 가리키고 있다고 보아야 한다.

그렇다면 존재 물음은 서양 언어와 서양 사유의 문제만이 아니라 보편적인 인간의 문제라고 할 수 있다. 또 누구나 말을 하고 생각을 하면서 이 존재를 자명하게 이해하고 있다고 볼 수 있다. 그러나 바로 그렇게 존재를 이해한다고 생각하는 순간에 '그렇다면 도대체 존재란 무엇인가' 하는 물음에 부닥치면 머릿속이 하얘지고 대답할 말이 떠오르지 않는다. 플라톤이 말했던 바로 그 '당혹감'이다. 그러므로 자명하다고 해서 묻지 않으면 수수께끼는 사라지지 않는다. 이 문제를 파고들어서 수수께끼를 풀어야 한다. 더구나 존재는 모든 것을 포괄하는 것이어서 이 존재 문제를 풀지 않고서는 세상을 안다고 할 수 없다. 하이데거의 물음이 놓이는 곳이 바로 이 대목이다.

그러나 존재에 대한 물음이 오랫동안 망각된 물음이다 보니 존재 물음을 다시 묻는다고 할 때 어떤 방식으로 어디를 향해서 물을 것이냐 하는 것이 또다시 문제로 떠오른다고 하이데거는 말한다. 무턱대고 '도대체 존재란 무엇인가' 하고 되뇐다고 해서 존재 물음이 해답을 찾을 수 있는 것은 아니라는 얘기다. 존재 물음을 합당하고도 명료하게 물어야만 그 물음에 대한 해답도 명료하게 나올 수 있다. 여기서 하이데거는 '물음의 형식적 구조'를 세 가지로 나누어 제시한다. 올바른 물음은 첫째, 물어지고 있는 것(das Gefragte), 둘째, 물음이 걸려 있는 것, 다시 말해 물을 때 겨냥하는 것(das Befragte), 셋째, 물음이 밝히려 하는 것(das Erfragte)을 지니고 있다. 이 세 가지가 하이데거가 말하는 '물음의 형식적 구조'를 구성하는 것들이다. 'Gefragte', 'Befragte', 'Erfragte'로 운을 맞추어 이어가며 물음의 구조를 설명하는 이 대목은 물음(Fragen)이라는 말을 모티프로 삼아 변주하는 '언어의 마술사' 하이데거의 기량이 드러나는 대목이기도 하다.

하이데거가 물음의 구조로 제시한 이 세 가지는 '존재에 대한 물음'을 해명하려는 것이다. 따라서 이 물음에서 첫째, 물어지고 있는 것은 물음의 대상 곧 '존재'다. 둘째, 물음이 걸려 있는 것은 그 존재를 해명할 때 본보기가 되는 존재자를 가리킨다. 그것이 바로 인간, 하이데거가 쓰는 용어로 하면 '현존재'다. 셋째, 물음이 밝히려는 것은 바로 '존재의 의미'다. 하이데거는 '존재의 의미'를 밝히는 것이 존재 물음의 목표라고 이야기한다. 요컨대 '현존재'를 분석함으로써 '존재의 의미'를 밝히는 것이 이 책의 목표다.

존재와 존재자

그렇다면 물음의 대상인 '존재'(Sein)란 무엇을 뜻하는가? 존재란 '존재하는 것'을 '존재하는 것'으로서 규정해주는 것을 말한다. 이 '존재하는 것'을 달리 '존재자'라고도 부른다. 그러므로 존재는 존재자를 존재자로 규정해주는 것을 가리킨다. 존재는 언제나 존재자의 존재다. 그런데 여기서 잊지 말아야 할 것은 그 존재(das Sein)는 결코 또 하나의 존재자(ein Seiendes)가 아니라는 사실이다. 존재자를 존재자로서 규정해준다고 해서, 그것을 어떤 존재자의 배후에 있는 보이지 않는 신과 같은 것으로 이해해서는 안 된다는 얘기다. 기독교에서는 신이 세상 만물을 존재하게 했다고, 다시 말해 신이 세상 만물에 존재를 주었다고 말한다. 그렇게 기독교식으로 사고하면 존재자를 존재자로 규정하는 존재는 신이 될 수밖에 없다. 하이데거는 이런 식의 사고를 거부한다. 신학적 전제를 모두 배제한 채, 존재하는 모든 것을 그 있음 자체로 규정하는 것을 존재라고 부르는 것이다.

인간이라는 존재자를 생각해보자. 인간을 인간으로 규정하는 것은 신도 아니고 정신도 아니다. 인간을 인간이게 하는 것은 인간의 있음, 인간의 존재 자체다. 인간의 이러저러한 존재 양상이 인간을 인간이게 하는 것이다. 쉽게 말해서 한 인간의 살아가는 모습이 그 인간을 인간으로 규정하는 것이다. 그렇게 이런저런 모습으로 살아감이 인간이라는 존재자의 존재다. 인간의 그런 존재 양상에는 '물음을 묻는 것'도 포함된다. 인간이란 살아가면서 끊임없이 물음을 던지는 자이다. 도대체 존재란 무엇인가? 왜 아무것도 없지 않고 이 세상, 이 우주가 있는가? 신은 정말로 존재하는가? 왜 우리는 죽어야만 하는가? 계속 이렇게 살아도 되는 걸까? 하고 물을 수밖에 없는 것이 바로 인간의 존재 양상이다. 존재는 존재자를 떠나 따로 있지 않고, 존재자도 존재를 떠나 따로 있지 않다. 인간이라는 존재자는 인간의 존재와 따로 떨어져 있지 않다. 우리의 삶은 우리와 따로 떨어져 있지 않다.

이 존재 물음이 밝히려는 것이 바로 '존재의 의미'다. 하이데거에게 존재의 의미란 '존재가 가리키는 바'를 뜻한다. '존재'라고만 하면 너무 막연하기 때문에 우리는 존재의 의미를 밝혀야 한다. 그럴 때 그 의미란 다른 것이 아니라 존재라는 말이 가리키는 것이다. 하이데거의 논의를 미리 앞당겨 이야기하자면, 존재의 의미는 '시간'이다. 인간을 예로 들면, 인간의 존재란 곧 시간을 사는 것을 뜻한다. 인간은 시간 속에서 시간과 함께 산다. 시간을 지평으로 삼아 인간은 살아간다. 미래를 기약하고 과거를 간직하며 현재를 살아간다. 인간의 존재 의미는 시간에 있다. 하이데거가 『존재와 시간』에서 밝히려고 하는 것은 결국 '존재의 의미'이고 그 존재의 의미는 '시간'으로 드러난다. 그래서 책 제목이 '존재와 시간'이다. 존재를 언제나 시간과 더불어 사유하는 것, 말하자면 존재를 시간 속의 동사로서 사유하는 것이 하이데거의 존재 사유다.

인간을 부르는 말 '현존재'

이 존재의 의미를 밝히려고 할 때 물음이 겨냥해 조회하는 것이 바로 인간이다. 하이데거는 『존재와 시간』에서 인간을 가리켜 현존재(Dasein)라고 부른다. 현존재란 말이 철학적 개념으로 등장한 것은 18세기다. 그러나 처음 등장했을 때는 인간을 가리키는 용어로 쓰이지 않았다. 독일 철학자 크리스티안 볼프(Christian Wolff, 1679~1754)가 중세 스콜라 철학의 중심 개념인 라틴어 낱말 '에센티아'(essentia)와 '엑시스텐티아'(existentia)를 독일어로 번역할 때 에센티아를 '조자인'(Sosein)으로, 엑시스텐티아를 '다자인'(Dasein)으로 옮겼다. 에센티아는 사물의 '본질'을 가리키며, 엑시스텐티아는 그 사물의 '현존·실재'를 가리킨다. 따라서 엑시스텐티아의 번역어인 다자인은 애초에 현존·실재를 의미했다. 이때 다자인은 인간을 포함한 모든 사물에 무차별적으로 적용됐다. 사물이든 인간이든 모두 '본질'과 '현존'으로 구성된다고 본 것이다. 책상을 예로 들면, 책상이라고 하는 것은 책을 읽고 공부하는 상이라는 책상의 본질과 그 책상의 눈앞에 있음 곧 현존으로 이루어져 있다고 보는 것이다.

하이데거는 이렇게 현존 또는 실재를 뜻하던 다자인을 『존재와 시간』에서 인간을 규정하는 말로 한정했다. 따라서 다자인 곧 현존재는 인간을 뜻한다. 그런데 하이데거가 굳이 다른 말을 놔두고 다자인을 인간을 규정하는 말로 가져다 쓴 이유는 무엇일까? 그것은 인간이라는 존재자가 바로 '존재(Sein)의 거기(Da)'이기 때문이다. 다시 말해, 인간이란 존재가 드러나는 자리, 존재의 장소라는 뜻이다. 바로 이렇게 존재가 드러나는 자리로서 인간을 강조할 때 하이데거는 현존재를 현-존재(Da-sein)라고 표기하기도 한다. 인간이란 정신도 아니고 의식도 아니고 주관도 아니고, 존재가 드러나는 자리 곧 현-존재인 것이다. 그렇게 존재가 드러나는 장소이기에 인간은 존재하는 것들을 대상으로 삼아 살피는 의식이나 주관이나 정신이 될 수 있는 것이다. 더 쉽게 말하면, 현-존재란 인간의 마음을 가리킨다고 할 수 있다.[31] 인간의 마음이야말로 존재가 드러나는 장소인 것이다. 그 마음이 마음 밖의 객관 대상과 관련을 맺을 때 의식이나 주관이나 정신으로 지칭되는 것이다.

이때 놓쳐서는 안 될 것은 그 현-존재의 '존재'가 인간 밖의 존재자들의 존재만을 가리키는 것이 아니라는 사실이다. 현-존재의 '존재'는 먼저 인간 자신의 존재를 가리킨다. 인간 자신의 존재가 드러나는 장소가 현-존재다. 그렇게 인간 자신의 존재가 드러나는 장소이기 때문에, 바로 그것에 바탕을 두고 세상 모든 것의 존재가 드러날 수 있다. 현-존재는 인간 존재의 장소이자, 인간이 아닌 다른 모든 존재자들의 존재가 드러나는 장소이기도 하다. 그리하여 현-존재의 존재를 구명하는 것은 다른 모든 존재자들의 존재를 구명하는 전제 조건이 된다. 그래서 존재 일반, 다시 말해 모든 존재자들의 존재

를 구명하려면 인간 현존재의 존재를 구명하는 것이 필수적인 일이 되는 것이다.[32]

인간이 현존재 곧 존재가 드러나는 장소라는 것은 인간이 애초부터 '존재에 대한 이해'를 지니고 있다는 것을 뜻한다. 막연하게든 뚜렷하게든 존재를 이해하고 있지 않다면 우리 마음은 존재가 드러나는 자리가 될 수 없다. 우리는 우리가 만나는 것들이 어떤 존재인지 이해하고 있다. 책상을 책상으로 알고 있고 식탁을 식탁으로 알고 있다. 옷을 옷으로 알고 있고 신발을 신발로 알고 있다. 그 존재를 이해하고 있지 않다면 우리는 우리가 만나는 것들을 다룰 수 없다. 어린아이에게 '이건 신발이야' 하면서 신발을 가리켜주고 신겨주지 않으면 어린아이는 신발을 신발로 알지 못한다. 우리 자신의 존재도 마찬가지다. 우리가 우리 자신의 존재를 모호하게라도 알고 있기 때문에 우리는 우리의 삶을 나름의 계획 속에서 살아가는 것이다. 이런 원초적인 존재 이해를 하이데거는 '존재론 이전의 존재 이해'라고 부른다. 이 막연한 존재 이해를 명료한 존재 이해로 바꾸어내면 그때의 존재 이해를 '존재론적 존재 이해'라고 부를 수 있다. 다시 말해 분명한 근거와 토대에 입각해 존재를 이해하는 것이 존재론적 존재 이해다.

이렇게 막연하기는 하지만 어떤 존재 이해를 지니고 있기 때문에 인간은 존재의 의미를 밝혀나가는 데 본보기, 범례가 될 수 있다. 오직 인간만이 '존재의 의미란 무엇인가' 하고 물을 수 있는 존재자다. 다른 어떤 동물도 인간처럼 존재의 의미를 묻지 못한다. 동물들은 생존과 관련해서만 극히 제한된 영역에서 존재를 이해하고 있다. 반면에 인간은 세상 모든 것을 향해서 그 존재의 의미를 물을 수 있고 그 의미를 밝히려고 과학적·철학적 탐구를 감행한다. 바로 그런 점에서 인간은 존재의 의미를 밝혀나가는 본보기가 되는 존재자다. 그러므로 이제 인간 곧 현존재의 존재를 이해함으로써 우리는 존재 일반의 의미를 이해할 발판을 마련할 수 있다.

존재 일반이란 여러 영역의 존재를 아우르는 이름이다. 다시 말해 여러 영역의 존재자들의 존재를 아울러 존재 일반이라고 한다. 존재자들은 자연, 역사, 생명, 인간, 언어와 같은 영역으로 나눌 수 있다. 개별 학문은 이런 존재자들을 영역별로 탐구하고 구명한다. 자연학은 자연을 탐구하고 역사학은 역사를 탐구하며 생물학은 생명을 탐구하고 인간학은 인간을 탐구하며 언어학은 언어를 탐구한다. 이런 존재자들의 영역마다 그 존재를 탐구하는 존재론이 있다. 이 존재론을 가리켜 하이데거는 '영역 존재론'이라고 부른다. 영역 존재론은 각 영역을 탐구하는 개별 학문들을 떠받친다. 각각의 영역의 존재 성격을 근원적으로 구명할 때 개별 학문의 토대가 탄탄해질 수 있다. 그런 점에서 영역 존재론은 개별 학문보다 더 근본적이라고 하이데거는 말한다.

"현존재의 '본질'은 실존에 있다"

그런데 하이데거는 여기서 한 발 더 나아가 이 개별 영역 존재론을 떠받치는 한층 더 근본적인 존재론이 있다고 말한다. 그것이 바로 인간 현존재의 존재를 구명하는 존재론이다. 인간 현존재는 존재가 드러나는 장소이고 존재의 의미의 터전이다. 다시 말해 존재는 인간의 마음을 떠나 따로 있지 않다. 존재는 인간의 존재 이해 안에 있다. 인간의 마음이 없다면 존재의 의미가 드러날 터전도 없고, 따라서 존재도 없는 것이나 다를 바 없다. "현존재가 존재를 이해할 때만 존재가 있다. 이 존재 이해가 없으면 존재도 없고 존재론도 불가능하다. 존재는 존재 이해 속에만 있다."[33]

그러므로 인간 현존재야말로 모든 존재자들의 존재가 드러나는 곳이고, 따라서 모든 영역 존재론의 바탕이 되는 곳이다. 그런 현존재의 존재를 구명하는 것을 가리켜 하이데거는 '기초존재론' (Fundamental-ontologie)이라고 부른다. 인간의 존재를 탐구해 구명함으로써 기초존재론을 확립한다면 거기에서 모든 영역의 존재론이 확립될 수 있을 것이고, 나아가 모든 영역의 존재자들의 존립 터전이 확보될 수 있을 것이다. 바로 그런 터전의 터전, 바탕의 바탕이 인간 현존재다. 인간 현존재야말로 존재의 근원적인 의미가 드러나는 장소이다. 따라서 인간 현존재의 존재를 밝히는 것은 기초존재론을 확립하는 것이 된다.

그런데 하이데거는 이 책에서 인간 현존재의 독특한 있음을 가리켜 '실존'(Existenz)이라고 부른다. 실존은 인간의 현사실적 삶을 가리키는 말이다. 실존이란 자신의 존재를 문제 삼는 인간 현존재의 존재 방식이다. 인간이 아닌 다른 어떤 존재자도 자신의 삶을 문제로, 물음의 대상으로 삼지 않는다. 어떤 짐승도 인간처럼 자신의 존재 자체를 물음의 대상으로 떠올리지 않는다. 인간이 아닌 동물들은 주어진 대로 살아갈 뿐이다. 인간만이 어떻게 살 것인지, 어떻게 죽을 것인지를 생각한다. 그렇게 미래를 향해 어떻게 살 것인지를 미리 생각하는 것을 하이데거는 '기투'(Entwurf)라고 부른다. 기투란 어떻게 살 것인지 기획하여 그 기획을 앞으로 던진다는 뜻이다. 다시 말해, 인간은 '나는 무엇인가' 하고 그 본질(essentia)를 묻기 전에 '어떻게 살 것인가, 어떻게 존재할 것인가' 하고 그 존재(existentia)를 묻는다. 그렇게 물으면서 살아가는 인간의 존재를 가리켜 '실존'이라고 부르는 것이다. 그리하여 하이데거는 인간의 '본질'을 다음과 같이 규정한다.

"현존재의 '본질'은 실존에 있다."『존재와 시간』 42쪽

이 말은 인간의 '본질'이 따로 있는 것이 아니라 실존 자체가 인간의 본질이라는 얘기다. 전통 형이상학은 인간의 본질을 이성이나 정신이나 의식이나 주관에서 찾았다. 그러나 하이데거는 이런 것들은 인간 현존재를 규정하는 근원적인 것이 될 수 없다고 본다. 인간을 제대로 이해하는 길은 그 존재함의 방식, 곧 자신의 존재 자체를 문제 삼는 그 실존을 그 자체로 보는 것이다. 그리하여 실존으로서 현존재는 현존재가 아닌 다른 모든 존재자에 대해 세 가지 우위를 점한다고 하이데거는 말한다.

첫 번째 우위는 현존재가 실존을 통해 규정돼 있다는 점에서 발견되는 우위다. 다시 말해 인간이 아닌 어떤 존재자도 자신의 존재를 실존으로 규정하지 않는다. 자신의 존재를 문제로 삼아 어떻게 살 것인가 하고 묻지 않는다. 이런 실존적 물음이야말로 인간 현존재만이 지닌 존재자로서 우월한 특성이다. 이것을 하이데거는 '존재자적 우위'라고 부른다.

둘째로 인간 현존재는 다른 존재자들과 비교해 '존재론적 우위'에 있다. 다시 말해 다른 존재자들과 달리 자기 자신의 존재를 이해하면서 존재한다. 정밀한 존재론적 이해는 아닐망정 어쨌든 자기 자신의 존재를 이해하면서 존재한다는 점에서 인간은 인간이 아닌 존재자들에 대해 '존재론적 우위'에 있는 것이다.

세 번째 우위는 인간이 다른 모든 존재자들의 존재에 대한 이해를 지니고 있다는 점에 있다. 인간 현존재는 자기 자신의 존재만 이해하고 있는 것이 아니라, 자기 밖의 모든 존재자들의 존재를 이해하고 있다. 그렇기 때문에 인간은 모든 영역의 존재자들에 대한 영역 존재론을 수립할 수 있다. 인간이 아닌 동물들에게서는 이런 존재론적 이해를 기대할 수 없다.

인간 현존재가 지닌 이런 3중적 우위를 발판으로 삼아 이제 우리는 인간 현존재의 존재를 구명함으로써 존재 일반의 의미를 밝혀 나갈 수 있으리라고 하이데거는 기대한다. 이때 그런 탐구의 전제 조건이 되는 것이 바로 인간의 실존이다. 인간이 실존하지 않는다면, 다시 말해 자신의 존재 자체를 물음의 대상으로 삼지 않는다면, 인간은 자기 존재를 밝힐 수도 없고 존재 일반의 의미를 밝힐 수도 없다.

실존의 근본 성격, 가능성과 각자성

이런 실존의 근본 성격으로 하이데거는 '가능성'과 '각자성'을 제시한다. 가능성이란 인간은 실존하는 한 언제나 '가능 존재'라는 것, 다시 말해 '무언가가 될 수 있는 존재'라는 것을 뜻한다. 인간의 존재는 처음부터 확정돼 있는 것이 아니라 미래를 향해 열려 있다. 인간은 미래를 향해 열려 있으므로 언제나 가능성을 품고 산다고 할 수 있다. 바로 그런 점에서 인간 현존재에게는 '가능성'이라는 범주가 '현실성'이라는 범주보다 더 우위에 있다. 책상은 책상으로 있고, 짐승은 짐승으로 있다. 그러나 인간은 현실성 곧 현재의 상태를 넘어 언제나 가능성으로 있다. 다시 말해 미래의 상태를 마음에 품고 있다. 인간은 지금 현재의 모습으로만 살아가는 것이 아니라 미래를 향해 열린 가능성 속에서 살아가는 것이다.

하이데거가 두 번째 실존의 성격으로 제시하는 각자성(Jemeinigkeit)이란 '각기 나로 있음'을 뜻한다. 현존재는 언제나 어디서나 각자 자기로 있다. 각기 나 자신인 현존재는 다른 어떤 인간으로도 대체될 수 없다. "현존재의 존재는 그때마다 나의 존재다."『존재와 시간』 41쪽 돌은 다른 돌로 대체될 수 있고, 나무도 다른 나무로 대체될 수 있지만, 나는 다른 누군가로 대체될 수 없다. 다른 누군가로 대체되는 순간, 나는 나를 잃어버리고 존재하지 않게 된다. 내가 짊어진 실존을 나는 다른 누군가에게 떠넘길 수 없다. 우리의 실존을 우리는 각자 스스로 짊어지고 살아갈 수밖에 없다. 우리에게 다가오는 죽음을 다른 누군가에게 떠넘길 수 없다. 죽음은 온전히 우리 각자의 죽음이다. 이렇게 가능성과 각자성이 우리 실존의 두 가지 근본 계기를 이룬다.

이렇게 가능성과 각자성으로 실존해야만 하는 인간 현존재는 바로 그런 성격 때문에 '본래적 실존'으로 사는가 아니면 '비본래적 실존'으로 사는가 하는 삶의 양식을 스스로 선택할 수 있다고 하이데거는 말한다. 본래적 실존이란 현존재가 자신의 고유한 존재를 구현하면서 사는 존재 방식을 가리킨다. 반대로 비본래적 실존이란 현존재가 자신의 고유한 존재를 망각하면서 사는 존재 방식을 가리킨다. "그런데 비본래적 실존은 본래적인 실존보다 삶에 열중하지 못하고 게으르게 산다거나 통상적인 의미에서 부도덕하게 산다는 것을 의미하는 것은 아니다. 오히려 비본래적 실존은 가장 바쁘게 살 수도 있으며 가정과 사회에서 요구하는 규범에 가장 충실하게 살 수도 있다."[34]

인간은 우선 대부분의 경우에 자신의 고유한 존재를 망각한 채로 비본래적으로 산다. 인간의 평균적인 일상적 삶이 비본래적인 삶이다. 그렇다면 언제 본래적 실존은 고개를 쳐드는가? 우리가 일상에 파묻혀 분주하게 살아가는 중에 어느 순간 공허감과 허무감이 몰아칠 때가 바로 그런 때다. '이렇게 사는 삶에 무슨 의미가 있는가' 하는 어떤 깊은 의심이 솟구칠 때, 바로 그때 지금껏 살아온 삶이 껍데기뿐인 것처럼 느껴진다. 바로 그런 순간에 모든 것이 허망하게 무너져서 무로 꺼져 들어간다. 바로 이런 순간에 느끼는 것이 '불안' (Angst)이라고 하이데거는 말한다. 그 불안 속에서 본래적 삶을 향한 관심이 발동한다.『존재와 시간』은 그 본래적 실존을 향한 현존재의 내적인 투쟁의 경로를 이야기하는 책이기도 하다.

이렇게 현존재의 존재를 실존으로 이해할 때, 그 실존을 규정하는 범주들을 가리켜 하이데거는 특별히 '실존범주'(Existenzialien)이라고 부른다. 실존범주는 일반 범주(Kategorie)에 맞서 현존재의 실존적 특성을 규정하는 개념을 말한다. 아리스토텔레스는 일반 존재자들을 규정하는 범주로 실체, 양, 성질, 관계, 자세, 장소, 시간, 소유, 능동, 수동이라는 10가지 범주를 제시한 바 있다.[35] 이 10가지 범주는 존재자들의 다양한 차이를 모두 제거한 채 그 근본적 특성만을 뽑아낸 것이라고 할 수 있다.

그러나 인간 실존, 곧 현존재의 존재는 그런 식의 범주로는 포착될 수 없다. 그래서 하이데거는 인간 현존재의 실존 양상을 규정하는 범주를 따로 적시해 실존범주라고 지칭한다. 또 이런 실존범주에 따라 인간의 실존을 분석해 들어가는 것을 '실존론적 분석'이라고 부른다. 이 현존재의 실존론적 분석이 바로 현존재의 존재를 구명하며, 따라서 실존론적 분석은 바로 모든 존재론의 토대를 이루는 기초존재론이 된다. 『존재와 시간』은 인간 현존재의 실존을 구명하는 실존론적 분석을 통해 기초존재론을 구축하는 작업이다.

이렇게 현존재의 실존론적 분석을 통해 밝혀내는 '존재의 의미'는 결국 '시간성'(Zeitlichkeit)으로 드러나게 된다. 시간성이란 '장래를 향해 자신의 가능성을 기투하고 이 가능성의 빛 아래서 과거를 반복하고 재해석하면서 현재를 열어 밝힌다'는 현존재의 시간적 존재 양상을 가리키는 말이다. 이 시간성이 현존재의 존재 의미로서 드러나게 되는 것이다. 그러나 현존재의 존재 의미를 시간성으로 밝혀내는 것이 『존재와 시간』의 궁극 목적은 아니다. 『존재와 시간』이 최종적으로 밝히려는 것은 '존재 일반의 의미', 다시 말해 역사와 자연을 비롯한 모든 존재하는 것들의 존재의 의미다. 현존재의 존재 이해를 통해서 이 존재 일반의 의미를 찾아내는 것이 『존재와 시간』의 최종 목표인 것이다. 하이데거는 그렇게 최종 목표에 이르게 되면, 존재 일반의 의미도 '시간적' 성격을 띠는 것으로 드러나게 되리라고 미리 이야기한다. 그러면서 인간 현존재의 존재 의미를 이루는 시간성(Zeitlichkeit)과 구별하여, 존재 일반의 의미를 '존재시간성'(Temporalität)라고 부른다. 이 존재시간성이 모든 존재자의 존재를 이해하는 데 바탕이 되는 것이다.

서양 전통 형이상학의 존재론 해체

『존재와 시간』에서 하이데거는 이렇게 현존재의 실존론적 분석을 통해 존재 일반의 근거를 밝히는 것을 일차적 목표로 삼음과 동시에, 서양의 전통 형이상학이 구축한 존재론을 해체하는 것을 또 다른 목표로 삼는다. 시간이라는 지평 위에서 존재론을 새로 수립하고, 더 나아가 그 새로운 존재론을 무기로 삼아 전통 존재론을 해체하는 것이다. 바로 이런 구상을 품고서 『존재와 시간』 서론에서 하이데거는 '존재론 역사를 해체한다는 과제'를 먼저 거칠게나마 제시한다. 애초 하이데거는 『존재와 시간』을 크게 두 부분으로 나누어 제1부에서 새로운 존재론을 수립하고 제2부에서 존재론의 역사를 해체하는 작업을 하려고 했다. 하지만 이런 구상은 실현되지 못했고 『존재와 시간』은 제1부의 현존재 분석에서 중단되고 말았다. 그것도 제1편('현존재의 예비적 기초 분석')과 제2편('현존재와 시간성')을 쓰는 데 그쳤다. 존재 일반의 의미를 구명할 제3편('시간과 존재')은 아예 시작도 하지 못했다. 그러나 '존재론 해체라는 과제'를 다루는 서론의 짤막한 내용은 하이데거가 제2부를 썼다면 실제로 어떤 모습으로 펼쳐졌을지 그 윤곽을 그려보게 해준다.

존재론의 역사를 해체한다는 것은 역사를 탐구하는 작업의 일종이다. 하이데거는 인간이 역사를 탐구할 수 있는 근거를 인간 존재의 '시간성'에서부터 찾는다. 인간은 시간을 살면서 그 시간을 삶의 의미로 삼고 있다. 과거와 현재와 미래를 사는 인간은 바로 그렇게 살기 때문에 역사적으로 존재한다. 인간의 존재 의미인 시간성이 역사성을 가능하게 하는 것이다. 인간이 역사적이라는 것은 쉽게 말해서 현존재가 과거를 산다는 것을 뜻한다. 현존재의 존재에는 근원적으로 현존재의 과거가 속한다. "현존재는 자신의 존재 방식에서 그 자신의 과거로 있다."『존재와 시간』 20쪽 이 말은 인간이 과거로부터 이어져 온 인간 해석에 근거해서 인간 자신을 이해하며, 이런 이해를 통해 자신의 존재 가능성을 열어 밝힌다는 것을 뜻한다.

바로 그런 점에서 하이데거는 '현존재의 과거가 현존재의 뒤에 있는 것이 아니라 현존재를 앞서서 인도한다'고 말한다. 예를 들어, 기독교 전통이 현재를 지배하고 있다고 한다면 인간은 자신의 의지와는 무관하게 이 전통의 영향 속에 있게 되며 이 영향 속에서 자신의 존재를 해석하고 그 해석에 따라 자신의 가능성을 열어 밝히게 된다. 하이데거의 젊은 시절이 바로 이런 기독교 영향의 생생한 사례를 제공한다. 하이데거는 가톨릭의 전통과 문화 속에서 자라나 가톨릭 성직자가 되는 것을 자연스러운 자신의 미래로 상정했던 것이다. 그런데 인간은 어떤 자각을 통해서 이 전통과 대결하고 이 전통에서 벗어날 수도 있다. 하이데거가 바로 가톨릭 전통과 대결하여 거기에서 벗어난 것이 단적인 사례. 이렇게 인간은 역사의 지배를 받음과 동시에 이 역사의 힘에 맞서서 싸워 나갈 수도 있다.

그런데 현존재가 이렇게 역사성의 규정을 받는다면, 현존재의 '존재 물음'도 역사성의 규정 아래 있을 수밖에 없다. 존재론의 역사 속에서 그 역사의 영향을 받으면서 존재의 의미를 물어갈 수밖에 없다는 이야기다. 그런데 만약 존재론의 전통이 인간의 존재 이해를 잘못 이끈다면, 그 전통과 대결해 그 전통을 해체하는 것은 올바른 존재론을 수립하자면 피할 수 없는 일이 된다. 전통이 우리를 가두고 있기에 그 전통의 장벽을 무너뜨려야 하는 것이다. 그런데 여기서 하이데거는 해체(Destruktion)가 반드시 전통을 떨쳐버린다는 부정적인 의미만 지니고 있는 것은 아니라고 강조한다. 전통은 긍정적인 요소도 지니고 있으며 전통이 없다면 우리는 현재의 삶을 살아갈 수도 없다. 그러므로 전통의 해체는 전통을 쓸어 없애는 것이 아니라 전통과 대결하면서 그 긍정적인 요소를 인수하되 부정적인 것들을 걷어내는 이중의 작업이 될 수밖에 없다.

칸트와 데카르트 허물기

이런 관점 위에서 하이데거는 존재론의 역사를 해체하는 작업을 시도하며, 칸트의 철학에서부터 데카르트를 거쳐 아리스토텔레스의 존재론으로 거슬러 올라간다. 하이데거가 먼저 주목하는 칸트는 하이데거 이전에 처음으로 존재 일반의 의미인 '존재시간성'의 차원을 들여다본 사람이었다. 하지만 칸트는 존재시간성을 철저하게 통찰하지 못하고 중도에 멈춰버렸다. 칸트가 이런 한계에 갇힌 것은 데카르트의 독단론을 그대로 넘겨받았다는 데 이유가 있다. 데카르트는 그 유명한 명제 '코기토 에르고 숨'(cogito ergo sum) 곧 '나는 생각한다, 그러므로 나는 존재한다'라는 명제를 통해 인간의 본질을 '생각하는 자아'로 규정했다. 이 '생각하는 자아'는 그야말로 순수한 이성적 사유를 하는 자아이지 구체적인 현실에 처해 불안과 염려 속에 자신의 미래를 걱정하는 그런 자아는 아니다. 칸트는 데카르트의 이 '생각하는 자아'를 아무 의심 없이 그대로 물려받았고, 그러다 보

르네 데카르트 초상(얀 리번스, 1649).
데카르트는 인간의 본질을 '생각하는 자아'로 규정은 했지만,
하이데거가 보기에 존재 의미를 분석하는 데까지
나아가지는 못했다.

니 이 자아를 존재론적으로 분석하지 못했다. 현존재의 존재론을 소홀히 한 것이다. 둘째로 칸트는 시간이라는 현상을 발견해 인간의 인식 주관에 귀속시켰지만, 그 시간을 철저하게 분석하지 못했다. 시간이라는 것을 '지금이라는 시점들의 연속'으로, 다시 말해 '끊임없이 흘러가는 현재의 연속'으로 보는 전통적인 시간 개념에 사로잡혀 현존재의 시간 성격을 그 자체로 분석하지 못한 것이다. 현존재의 시간 성격이란 장래를 향해 자신의 가능성을 던지고 이런 가능성의 빛 아래서 과거를 재해석하고 자신이 처한 현재의 상황을 열어 밝히는 것을 가리킨다.[36] 이런 시간성의 발견이 칸트에게서는 결코 가능한 일이 아니었다고 하이데거는 말한다.

존재론 역사를 해체할 때 하이데거가 두 번재로 고찰하는 것이 데카르트다. 앞에서 본 대로 데카르트는 '코기토 숨'(cogito sum) 곧 '나는 생각한다, 나는 존재한다'와 함께 철학에 새로운 확실한 토대를 제공하려고 했다. 그런데 데카르트는 '코기토 숨' 가운데 '코기토' 곧 '나는 생각한다'에 모든 관심을 집중했고, '숨' 곧 '나는 존재한다'의 존재 의미를 분석할 생각은 하지 못했다. 데카르트는 이 '숨', 곧 현존재의 존재를 중세 존재론에서 그대로 물려받아 자신의 것으로 삼았을 뿐이다. 기독교 형이상학의 지배 아래 있던 중세 존재론에서는 세상 모든 것을 '창조된 존재자'와 '창조되지 않은 존재자'로 나누었다. 신은 '창조되지 않은 존재자', 다시 말해 처음부터 스스로 있는 무한한 존재자다. 반대로 인간은 그 신이 창조한 존재자, 곧 '창조된 존재자'다.

그런데 인간을 이렇게 '창조된 존재자'로 보는 것은 중세 기독교가 고유하게 창안한 존재론에 따른 것이 아니라, 고대 그리스 존재론이 품고 있던 존재자에 대한 선입견을 물려받은 것이었다. 고대 존재론부터가 인간을 일종의 '창조된 존재자'로 보았던 것이다. 그렇다면 문제의 원천은 고대 존재론에 있는 셈이다. 중세 존재론은 고대 존재론의 인간 규정을 이어받고 데카르트는 중세 존재론의 인간 규정을 이어받음으로써 그 전통의 선입견에 사로잡혀 인간의 존재를 물음의 대상으로 삼지 못한 것이다. 여기서는 인간이 자기 자신을 스스로 창조해가는 존재자라는 발상은 나올 수가 없다. 이렇게 보면 해체는 데카르트 철학에 그쳐서는 안 되고 고대 존재론까지 거슬러 올라가야만 완수될 수 있다. 고대 존재론이 서양 철학의 전체 역사를 규정하고 있기 때문이다.

그리하여 하이데거는 고대 존재론의 의미와 한계를 '존재시간성'에 대한 해명을 통해 드러내려 한다. 먼저 염두에 두어야 할 것은 존재자의 존재에 대한 고대의 해석이 시간을 완전히 무시하고 있는 것은 아니라는 사실이다. 고대 존재론도 존재를 '시간'에서부터 이해하고 있는 것은 사실이다. 그러나 이때의 시간은 '현재'에 갇힌 시간이다. 하이데거는 그런 사실을 입증하는 사례로, 고대 존재론에서 존재자의 존재를 가리키는 말인 파루시아(parousia, παρουσία)와 우시아(ousia, οὐσία)를 든다. 파루시아나 우시아는 모두 존재시간적으로 '현존성'(Anwesenheit)를 의미한다. 여기서 '안베젠하이트'(Anwesenheit)라는 독일어 낱말은 출석해 있음, 지금 여기에 있음, 눈앞에 있음을 뜻한다. 따라서 안베젠하이트는 '현재'를 뜻하는 독일어 게겐바르트(Gegenwart)와 의미가 통한다. 게겐바르트는 현재라는 시간을 뜻함과 동시에 현존해 있음, 출석해 있음, 눈앞에 마주보고 있음을 뜻한다. 안베젠하이트와 내포가 크게 다르지 않다. 요컨대 '현존'에 '현재'가 속해 있고 '현재'에 '현존'이 속해 있다. 현존과 현재는 공속한다. 그러므로 존재자를 '현존성'에서 본다는 것은 '현재성'에서 본다는 것을 의미한다. 이런 고대 그리스의 존재 이해의 눈에는 현존하는 것, 다시 말해 '현재 눈앞에 있는 것'만이 참으로 존재하는 것이었다.

이런 시간성으로 존재를 이해하면 지금 눈앞의 현재가 아닌 것, 곧 지나간 과거나 아직 오지 않은 미래는 존재하지 않는 것이 되고 만다. 이것이 고대 존재론의 시간 이해와 하이데거의 시간 이해의 결정적인 차이점이다. 하이데거에게 존재는 현재 눈앞에 있음만을 뜻하는 것이 아니라 미래의 존재와 과거의 존재를 포괄한다. 아직 오지 않음도 존재에 속하고 이미 지나감도 존재에 속하는 것이다. 더구나 현존재의 경우엔 미래의 가능성이 현재의 현실성보다 더 우월한 위치에 있다. 고대 존재론은 현재라는 시간에 사로잡혀 있었기 때문에, 존재의 이런 복합적인 시간성을 파악하지 못했다.

이런 고대 그리스 존재론의 시간 이해를 가장 잘 보여주는 것이 아리스토텔레스의 시간 해석이다. 아리스토텔레스는 시간을 '지금 시점들의 연속'으로 이해했다. 아레스토텔레스에게 시간은 현재라는 시점의 끝없는 이어짐이었다. 달리 말하면 아리스토텔레스에게 자연적인 시간은 지금을 기점으로 삼아 그 이전과 그 이후로 뻗어나가는 시간의 지평 속에서 이해된다.[37] 하이데거는 아리스토텔레스가 구축한 시간 해석의 틀이 근대에까지 그대로 이어져 칸트의 시간 해석뿐만 아니라 앙리 베르그송의 시간 개념까지 규정한다고 말한다. 그렇다면 존재론의 역사를 해체해야 할 이유는 한층 더 분명해진다.

하이데거는 이 서론에서 『존재와 시간』의 현존재 분석을 이끄는 방법론도 상세히 이야기한다. 현존재의 실존론적 분석은 형이상학 전통에서 발견되는 현존재 규정을 대상으로 하는 것이 아니라, 구체적인 현실을 매일매일 살아가는 현존재를 대상으로 한다. 다시 말해 '우선 그리고 대개'(zunächst und zumeist)라는 형식으로 살아가는 일상성에서 현존재 분석을 시작한다. 이렇게 살아가는 현존재를 실존론적으로 분석하는 방법을 하이데거는 '현상학'에서 찾는다. 이 현상학 방법을 통해서 하이데거가 수립하는 존재론을 정식화하면 다음과 같은 문장이 된다. "철학은 현존재의 해석학에서 출발하는 보편적인 현상학적 존재론이다."『존재와 시간』 38쪽 탐구의 현상학적 방법에 대한 하이데거의 논의를 따라가면 결국 이 명제에 이르게 된다.

후설 현상학의 재구축

현존재의 실존론적 분석의 방법으로 하이데거가 제시하는 현상학은 후설에게서 온 것이지만, 하이데거는 후설 현상학을 자신의 관심 방향에 따라 재구축했다. 현상학은 '사태 자체로!'를 준칙으로 삼아 사태가 나타나는 그대로 기술하는 것을 목표로 한다. 이때 사태라는 말이 가리키는 것이 바로 현상이다. 현상학(Phänomenologie)이라는 말은 '현상'과 '학'이 합쳐진 말이다. 그리스어로 표현하면 파이노메논(phainomenon, φαινόμηνον, 현상)과 로고스(logos, λόγος, 학)가 합성된 것이 현상학이다. 이 현상학이 무엇을 뜻하는지 알려면 먼저 '현상'이라는 것의 개념을 파악해야 한다. 현상 곧 '파이노메논'은 '자신을 내보여준다'를 의미하는 그리스어 동사 '파이네스타이'(phainesthai, φαίνεσθαι)에서 왔다. 그러므로 파이노메논은 '자신을 내보여주는 것', '자신을 드러내는 것', '스스로 드러나는 것'을 뜻한다. 현상이라는 것은 '자신을 그 자체에서 보여주는 것'을 의미하는 것이다. 이렇게 스스로 드러나는 것 곧 현상을 고대 그리스인들은 '타 온타'(ta onta, τά όντα) 곧 존재하는 것들, 존재자들이라고 불렀다. 그 자체로 드러나 있는 존재자를 현상으로 이해한 것이다.

그런데 현상은 존재자가 '자신을 그 자체로 드러내는 것'이지만, 여기에는 '존재자가 자신을 자신이 아닌 것으로 드러낼 가능성'도 포함된다. 자신이 아닌 것으로 드러낸다는 것은 '겉으로만 그렇게 보일 뿐이고 실제로는 그것이 아닌 것'으로 드러낸다는 뜻이다. 쉽게 말하면 현상에는 '가상'도 포함된다. 현상은 실상 그대로 드러내는 것만 뜻하는 것이 아니라, 실상을 은폐하거나 위장하는 방식으로 드러내는 것 곧 가상도 포함하는 것이다. 그리하여 파이노메논에는 자신을 그대로 내보이는 현상과 위장이나 은폐의 방식으로 내보이는 가상이라는 두 가지 의미가 모두 담겨 있다. 다시 말해 파이노메논의 근본적인 의미는 현상이며, 이 현상이 위장되거나 왜곡돼 나타난 것, 곧 현상의 결여적 형태로서 '가상'이 이차적으로 파이노메논의 의미에 포함돼 있는 것이다.

그런데 여기서 하이데거는 그렇게 자신을 드러낸 것이 '존재자'인가 아니면 '존재자의 존재'인가에 따라 현상을 '통속적·형식적 현상'과 '현상학적 현상'으로 나누어 본다. 파이노메논 곧 현상한 것, 곧 사태 자체는 존재자일 수도 있고 그 존재자의 존재일 수도 있다는 것이다. 가령 칸트가 말하는 현상은 '경험적 직관의 대상', 곧 '경험적 직관을 통해 만날 수 있는 존재자'를 말한다. 그것은 우리가 감각적으로 경험할 수 있는 것, 우리 눈앞에 있는 책상이나 식탁 같은 것을 말한다. 그러나 이렇게 존재자를 가리키는 현상 개념은 통속적·형식적 현상 개념에 지나지 않는다. 진정한 현상 곧 현상학적 현상은 칸트의 선험철학 지평 안에서 보면 '공간과 시간' 같은 직관의 형식을 가리킨다. 공간과 시간이 드러나 있어야 거기에서 존재자들이 존재자로서 나타날 수 있기 때문에, 존재자들을 직관하는 이 감성적 형식 곧 '공간과 시간'이야말로 진정으로 현상학적 현상이라고 할 수 있다. 그 공간과 시간이 바로 현상학적 현상 곧 존재자의 존재인 셈이다.

이어 하이데거는 '현상학'의 '학'에 해당하는 로고스(logos)의 의미를 분석한다. 로고스는 일차로 '말, 이야기'를 의미하지만, 서양 형이상학 역사에서 로고스의 근본 의미는 제대로 파악되지 못한 채 은폐돼 왔다고 하이데거는 말한다. 로고스는 이성, 판단, 개념, 정의, 근거, 관계 같은 말로 번역되고 해석돼 왔다. 하이데거는 로고스의 근본 의미를 '이야기하는 가운데 언급되고 있는 것을 밝힌다'는 의미의 '말'에서 찾는다. 로고스란 '어떤 것을 말로써 밝힌다, 말로써 드러나게 한다'는 뜻이다. 말이 진정한 말이라면, 말의 내용은 사태 자체로부터 비롯돼야 하고, 그럼으로써 말로 하는 전달은 사태를 분명히 드러내고 다른 사람들도 볼 수 있게 해준다. 그러나 말이라고 해서 모두 사태를 그 자체로 드러내는 것은 아니다. 예컨대 기원함(소망함)은 마음을 밝힐 뿐이지 사태를 밝히지는 않는다. 하이데거가 주목하는 로고스는 사태를 밝히는 말이다.

현상학이 밝히려 하는 것, 존재

그런데 로고스는 말로써 드러냄이기 때문에 참일 수도 있고 거짓일 수도 있다. 여기서 참, 진실, 진리에 해당하는 그리스어가 알레테이아(aletheia ἀλήθεια)다. 알레테이아 곧 진리는 서양 철학에서 통상 사태와 표상의 일치, 대상과 발언의 일치를 뜻하지만, 이런 일치로서 알레테이아는 알레테이아의 이차적 의미에 지나지 않는다. 알레테이아의 본래적 의미는 '사태 자체의 드러나 있음'이다. 동사형인 알레테우에인(aletheuein, ἀληθεύειν)은 '참말로써 사태를 드러냄'을 뜻한다. 그러므로 알레테우에인으로서 로고스는 '말을 통해 존재자를 은닉돼 있는 상태에서 끌어내 있는 그대로 드러냄'을 의미한다. 다시 말해 알레테우에인이란 '은닉돼 있는 것을 말함을 통해 드러냄'이다. 또 알레테우에인의 반대말인 프세우데스타이(pseudesthai, ψεύδεσθαι) 곧 '거짓을 말함'은 '덮어 감춤, 은닉함'을 의미한다. 여기서 분명히 해두어야 할 것은 알레테이아(진리)의 일차적인 장소는 로고스 곧 발언이 아니라는 사실이다. '발언함 곧 판단함'에서 입증되는 진리는 이차적인 진리일 뿐이다. 알레테이아는 '사태 자체가 있는 그대로 드러남'을 가리킨다. 그것이 진리의 일차적인 의미이다.

다시 현상학으로 돌아가자. 현상학이라는 말을 그리스어로 정식화하면 '레게인 타 파이노메나'(legein ta phainomena, λέγειν τὰ φαινόμενα) 곧 '현상들을 말함'이 된다. 이 말을 풀어서 설명하면 '자신을 내보이고 있는 것을 그것이 자신을 내보이듯이 그렇게 내보임'이 된다. 이것이 현상학이라는 이름으로 불리는 탐구의 형식적 의미다. 이것은 결국 현상학의 준칙 '사태 자체로!'를 표현하는 것이나 다를 바 없다. 현상학이란 '사태 자체로 나아가 사태 자체가 스스로 드러나는 그대로 드러냄'인 것이다. 이렇게 보면 현상학은 탐구 대상을 가리키는 명칭이 아니라 탐구 방법을 가리키는 명칭임이 분명해진다. 탐구의 내용이 아니라 탐구의 방법을 가리키는 것이 현상학이다. 현상을 현상하는 그대로 기술하고 제시하는 것이 현상학이다. 존재자가 자신을 드러내는 그대로 제시하는 것이 현상학인 것이다. 여기까지가 하이데거가 말하는 '형식적 현상학'에 대한 설명이다.

그렇다면 이런 형식적 현상 개념을 넘어 진정한 현상 개념 곧 '현상학적 현상' 개념은 어디에서 찾을 수 있는가? 다시 말해 진정한 현상학이 '드러내야 할 것'은 무엇인가? 탁월한 의미로 '현상'이라고 말해야 할 것은 무엇인가? 미리 말하면 그것은 '존재자의 존재'다. 존재자는 대개의 경우 드러나 있고 존재는 감추어져 있다. 그래서 하이데거는 이렇게 존재자의 존재를 설명한다. "우선 대개 자신을 곧장 드러내지 않는 것(존재)", "즉 우선 대개 자기를 드러내는 것(존재자)에 대해 숨겨져 있으나 동시에 우선 대개 자신을 드러내는 것(존재자)에 본질적으로 속하면서 그것의 의미와 근거를 이루는 것(존재),"『존재와 시간』 35쪽 이렇게 숨겨진 채로 있으면서 자신을 위장하는 방식으로 드러내는 것이야말로 진정한 현상학적 현상이며, 그것이 바로 '존재자의 존재'라고 하이데거는 말한다.

존재자의 존재는 통상의 경우 존재의 의미에 대한 물음조차 일어나지 않을 정도로 깊이 숨겨져 있고 망각 속에 묻혀 있다. 바로 이 존재의 사태 내용이야말로 현상학이 잡아내야 할 주제적 대상이다. 그리하여 이제 현상학은 존재론의 주제인 '존재'를 향해 나아가는 방법이자 그 '존재'를 드러내고 규정하는 방법이 된다. 그러므로 존재론은 오직 현상학으로만 가능하다. 현상학을 통하지 않고는 존재론은 수행될 수 없다. 결국 현상학이 드러내려고 하는 현상은 존재자의 존재이며 그 존재의 의미다. 이 현상이 곧바로 주어져 있지 않다는 것, 다시 말해 존재자의 존재가 숨겨져 있다는 것이 현상학이 필요한 이유다. 이렇게 숨겨져 있고 망각 속에 파묻힌 존재를 은닉의 상태에서 끄집어내 훤히 밝히는 것이 바로 『존재와 시간』에서 하이데거가 하는 작업이라고 할 수 있다.

현상학이 밝히려 하는 것은 존재자의 존재다. 따라서 '사태의 내용'이라는 측면에서 보면 현상학은 존재자의 존재에 관한 학, 곧 존재론이다. 그런데 이 존재론의 기초를 이루는 것이 바로 현존재의 실존론적 분석이다. 이 현존재의 실존론적 분석이 곧 기초존재론이다. 기초존재론은 현존재라는 존재자를 주제로 삼아 '존재 일반의 의미'에 대한 물음이라는 핵심 문제로 다가간다. 현상학은 사태의 내용에서 보면 존재론이지만 동시에 사태로 다가가는 방법론이기도 하다.

이 방법론의 측면에 주목해볼 때, 현상학적 기술의 방법적 의미는 '해석'에 있다. 현존재의 현상학에서 '학' 곧 '로고스'는 헤르메네우에인(hermeneuein, ἑρμηνεύειν, 해석함)의 성격을 지닌다. 현존재의 현상학이 밝히려 하는 '존재'는 은닉돼 있기 때문에, 그것을 제대로 드러내려면 해석을 거치지 않을 수 없다. 다시 말해 해석을 통과하지 않으면 존재는 현상학적으로 규명되지 않는다. 따라서 현존재의 현상학은 해석학(Hermeneutik)일 수밖에 없다. 이 현존재의 해석학을 토대로 하여, 현존재가 아닌 다른 모든 존재자들의 존재에 대한 해석학이 성립한다.

현존재의 해석이란 다른 말로 하면 '현존재의 실존론적 분석'이다. 현존재의 실존의 근본 의미가 감추어져 있기 때문에 이 근본 의미를 드러내려면 해석이라는 과정을 거치지 않을 수 없는 것이다. 그러므로 현존재의 해석은 현존재의 실존 분석이 될 수밖에 없다. 그리고 현존재의 실존론적 분석 곧 기초존재론을 출발점으로 삼아 거기에 근거해서 다른 모든 영역의 존재론이 수립될 수 있다. 그러므로 현존재의 해석학은 출발점이고 모든 영역의 존재를 아우르는 보편적 존재론은 목표점이라고 할 수 있다.

다시 정리해보자. '존재론'과 '현상학'은 철학에 속한 전문 분야들과 나란히 존재하는 두 가지 분야가 아니다. 존재론은 철학의 대상을 가리키며, 현상학은 철학의 방법을 가리킨다. 현상 곧 존재를 드러내는 방법이 현상학이다. 이 현상학은 오직 해석학을 통해서만 수행될 수 있다. 그러므로 처음에 제시했던 명제, 곧 "철학은 현존재의 해석학에서 출발하는 보편적인 현상학적 존재론이다"가 이로써 입증되는 셈이다. 현존재의 해석학은 실존론적 분석으로서 실존을 모든 철학적 물음의 실마리로 삼는다. 현존재의 존재인 실존이야말로 모든 물음의 출발점이기 때문이다. 그리고 그 목표는 보편적인 존재론의 수립이다. 이렇게 하이데거는 현상학이라는 탐구의 방법을 설명함으로써 『존재와 시간』이 목표로 삼는 것을 명확하게 드러낸다.

서론을 마무리하면서 하이데거는 『존재와 시간』 전체 논의를 통해 구명하려는 것의 개요를 다음과 같이 한 번 더 정리한다.

"존재의 의미에 대한 물음은 가장 보편적이고 가장 공허한 물음이다. 그러나 동시에 그 안에는 그 물음이 현존재로서 고유하게 그리고 가장 날카롭게 개별화할 수 있는 가능성이 있다. '존재'라는 근본 개념을 획득하고 그것이 요구하는 존재론적인 개념의 틀을 잡아내고 이것의 필연적인 변형을 잡아내려면 어떤 구체적인 실마리가 필요하다. 존재 개념의 보편성과 탐구의 '특수성'은 서로 모순되지 않는다. 다시 말해 특정한 존재자 곧 현존재에 대한 특수한 해석의 길을 통해서 존재라는 개념으로 파고드는 것은 서로 모순되지 않는다. 도리어 그 현존재 안에서 존재에 대한 이해와 해석의 지평이 획득돼야 한다." 『존재와 시간』 39쪽

하이데거의 이 문장이 말하려는 것은 분명하다. '존재'라는 가장 보편적인 것을 '현존재'를 통해서 해명할 수 있고, 그렇게 해명하는 것 말고는 존재에 이르는 다른 길이 없다는 얘기다. 만약에 이런 구상이 실제로 구현된다면, 이것은 철학사에 획을 긋는 사건이 될 것이다. 왜냐하면 가장 구체적이고 개별적인 인간 현존재를 통해서 가장 보편적이고 가장 공허한 개념인 존재가 해명되는 것이기 때문이다. 이것은 서양 철학 전체에 걸쳐서 그 어떤 철학자도 해내지 못한 일이다. 바로 이 거대한 도전을 인간 현존재라는 가장 흔하고도 가까운 것에서부터 해나가겠다는 것이 하이데거가 이 책에서 밝히는 철학적 야심이다. 전례를 찾기 어려운 이런 작업을 그동안 보지 못했던 새로운 방식으로 해나간다는 발상과 실천만으로도 『존재와 시간』의 시도는 각별한 주목을 받을 만하다.

전대미문의 문체

하지만 『존재와 시간』은 서양 철학사의 마디가 되는 여러 중요한 저작들 가운데 특히 해독하기 어려운 저작으로 꼽힌다. 하이데거 자신도 이 책이 이해하기 쉽지 않다는 것을 알고 있었다. 그래서 이 서문의 마지막에 특별히 '표현의 어색함과 매끄럽지 못함'의 이유를 밝힌다.

"존재자에 대해 이야기하고 보고하는 것과 존재자를 그 존재에서 파악하는 것은 전혀 다르다. 존재를 파악하는 데서는 대개의 경우 합당한 단어가 없을 뿐만 아니라 그보다 먼저 '문법'이 없다."「존재와 시간」 39쪽

존재 자체를 밝힌다는 이 책의 과제를 수행해나가려면 적절한 단어와 문법이 필요한데, 독일어에는 그런 단어도 문법도 결여돼 있다는 것이다. 그러니 단어를 새로 만들고 문법에 맞지 않는 표현이 등장할 수밖에 없고, 그 결과로 표현의 어색함을 감수할 수밖에 없다는 이야기다. 그러면서 하이데거는 플라톤의 『파르메니데스』 중 존재론에 관한 절과 아리스토텔레스의 『형이상학』 제7권 제4장을 거론하면서, 여기에 등장하는 문장들을 그리스 역사가 투키디데스가 쓴 역사서(『펠로폰네소스 전쟁사』)와 비교해보라고 말한다. "그러면 그리스 철학자들이 그리스인들에게 강요한 표현법이 전대미문의 것이었음을 알게 될 것이다."「존재와 시간」 39쪽 그리스 시대에도 존재론을 다루는 문장과 일반 역사를 다루는 문장은 전혀 달랐다는 말이다. 더구나 하이데거 자신이 밝히려고 하는 존재 영역은 플라톤이나 아리스토텔레스가 제시한 존재 영역보다 존재론적으로 훨씬 더 어렵기 때문에 표현의 생경함이 더 커질 수밖에 없다고 하이데거는 말한다.

하이데거의 변명은 납득할 만하다. 그러나 책의 내용이 이토록 어

려워진 데는 존재론의 새로운 탐구라는 그 영역의 문제 말고도 하이데거 자신이 전대미문의 철학서를 전대미문의 문체로 쓰겠다는 의지도 작용했다고 보아야 할 것이다. 헤겔이 전례 없는 문체로 쓴 작품이 한 시대를 대표하는 역사적인 저작이 됐듯이, 하이데거에게도 자신의 고유한 문체가 각인된 저작으로 새 시대를 열겠다는 생각이 없었다고 할 수 없다. 그런 생각은 『존재와 시간』을 염두에 두고 쓴 사르트르의 『존재와 무』가 하이데거와 똑같이 유례없는 문체와 표현을 추구한 데서도 드러난다. 난해함에는 주제 자체가 강요하는 난해함도 있지만 철학자의 야망이 불러내는 난해함도 있다. 그러나 동시에 철학자의 고유한 문체야말로 철학 자체가 지닌 창조성의 직접적인 표지라고 할 수 있다면, 『존재와 시간』의 낯선 문체는 사유의 독창성을 향한 하이데거의 혹독한 내적 투쟁의 증거라고 해야 할 것이다. 강력하고 새로운 사유는 틀에 박힌 게으른 문장에서는 나올 수 없다. 니체의 말대로 닳아빠진 낡은 문장에는 진리가 머물지 않기 때문이다.

빈말과 호기심과 모호성은 그렇게 서로
내밀하게 결합해 현존재의 일상적인 존재 방식을 규정한다.
이런 존재 방식이 바로 퇴락이다. 빈말과 모호성과 호기심에
규정된 일상적 세계-내-존재는 만사를 이미 보았고 만사를 이미
이해했다고 생각하면서 자신이 삶의 확실성과 진정함
그리고 풍부함을 이미 확보했다고 여긴다.
이런 단호한 자기 확신에 근거해 현존재는 '본래적인 이해'
같은 것은 자기에게 필요하지 않다고 생각한다.
완전하고 진정한 삶을 살고 있다고 생각하면서 현존재는
만사가 최상의 상태로 진행되고 있다고 안심한다. 퇴락해 있는
세계-내-존재는 자기 자신을 유혹하면서 동시에
자기 자신을 안심시킨다. 이렇게 안심하면서
현존재는 더욱 퇴락해간다.

"

어떤 것에 대해 말을 많이 한다고 해서
이해가 증진된다는 보증은 조금도 없다. … 오직 진정한
말함에서만 본래적으로 침묵함도 가능하다.

오직 현존재만이 의미를 가지거나
의미를 잃어버릴 수 있다.

"

하이데거는 인간을 '현존재'라고 부르고 현존재의 존재 방식을 '실존'이라고 부른다. 현존재는 실존한다. 다시 말해 현존재는 자신의 존재를 문제로 삼는 방식으로 존재한다. 이것이 실존에 대한 형식적 규정이다. 그러나 이 형식적 규정은 너무나 일반적이어서 그것만으로는 현존재의 존재 양상을 구체적으로 알 수 없다. 하이데거는 실존으로서 현존재의 존재 구조를 '세계-내-존재'(In-der-Welt-sein)이라고 규정함으로써 현존재의 존재 분석을 구체화해 나간다.

'세계-내-존재'란 무엇인가

그렇다면 '세계-내-존재'란 무엇을 뜻하는가? '세계-내-존재'란 말을 달리 풀어 쓰면 '세계-안에-있음'이다. 현존재 곧 인간은 '세계-안에-있음'의 방식으로 존재하는 존재자다. 세계 안에 있다는 의미의 '세계-내-존재'를 하이데거는 '통일적 현상'이라고 강조한다. 여러 단어로 이루어져 있지만 사태 자체는 크게 보면 하나인 단일 현상이라는 것이다. 그런데 통일적인 현상이라 하더라도 그 구조를 계기들로 나누어 볼 수는 있다. 하이데거는 '세계-내-존재'를 세 가지 계기로 나눈다. '세계', '세계-내-존재 방식으로 존재하는 존재자', '내-존재'가 그것이다. '세계'는 우리를 둘러싼 세계이며, '세계-내-존재 방식으로 존재하는 존재자'는 우리들 자신이고, '내-존재'

란 그 세계 안에서 살아가는 우리의 존재 구조를 가리킨다. 하이데거는 이 세 계기를 세밀하게 분석하기에 앞서 먼저 '세계-내-존재'의 윤곽을 좀 더 명확하게 그려 보여준다.

'세계-내-존재'의 의미를 명료하게 이해하려면 먼저 '내-존재' (In-Sein) 곧 '안에 있음'의 의미를 이해하는 것이 중요하다. '안에 있다'고 할 때 우리는 물이 컵 안에 있다든가 옷이 옷장 안에 있다든가 하는 사태를 떠올린다. 더 큰 공간을 차지하는 사물 안에 더 작은 공간을 차지하는 사물이 들어 있는 그런 사태다. 책상은 강의실 안에 있고, 강의실은 대학 건물 안에 있고, 대학 건물은 도시 안에 있고, 도시는 지구 안에, 지구는 우주 안에 있다는 식으로 생각하는 것이다. 그러나 이것은 눈앞의 사물들이 '안에 있는' 방식이다. 인간 현존재의 존재 방식은 이런 사물들의 존재 방식과는 전혀 다르다. 하이데거는 '세계-내-존재'에서 '내' 곧 '안'이 의미하는 바를 캐물어 들어간다. '안'을 뜻하는 독일어 'in'은 'innan'에서 유래하며, '어디에 살다, 거주하다, 머무르다'는 뜻을 지닌다, 'innan'의 'an'은 '익숙하다, 친숙하다, 어떤 것을 돌보다'는 뜻이다. 아울러 '내가 있다'(Ich bin) 할 때의 'bin'은 '곁에'(bei)라는 의미를 함축한 채 '거주하다, 친숙한 세계에 머물러 있다'를 뜻한다. 그러므로 '현존재가 세계 안에 존재한다'(Ich bin in der Welt)는 것은 '현존재가 친숙한 세계 안에서 존재자들 곁에 머물러 있다'는 뜻이다.

하이데거는 인간을 현존재(Dasein)라고 부름과 동시에 현존재가 아닌 통상의 사물들을 '눈앞에 있는 것', '눈앞의 존재자' (Vorhandene)라고 부르고 그 사물들의 있음을 '눈앞에 있음', '눈앞의 존재'(Vorhandensein)라고 부른다. 그런데 통상의 경우에 인간 현존재는 자신의 존재도 '사실적인 눈앞의 존재'라는 의미로 이해한다. 자신도 다른 사물들처럼 존재한다고 생각하는 것이다. 그렇지만 현존재의 고유한 존재 방식은 사실적으로 눈앞에 있는 돌의 존재 방식과는 전혀 다르다. 돌과는 전혀 다른 방식으로 존재하는 현존재의 사실성을 하이데거는 '현사실성'(Faktizität)이라고 부른다. 현사실적으로 존재하는 현존재의 존재 구조를 가리키는 말이 바로 '세계-내-존재'다. 돌과 같은 존재자는 옆에 놓인 돌과는 상관없이 그저 홀로 있지만, 인간 현존재는 언제나 세계 안에 있음의 방식으로 다른 존재자들 곁에 함께 있다. 다시 말해 세계를 떠나서 현존재는 존재하지 않는다. 달리 말하면 현존재는 세계를 열어 그 세계 안에 존재한다. 인간 각자는 하나의 세계이며 그런 세계로서 세계 안에 존재하는 셈이다. 전통 형이상학은 인간을 하이데거가 본 것과는 다른 방식으로 이해했다. 즉 전통 형이상학에서 인간은 우선은 '정신적 존재자'로 존재하며 그런 존재에 '공간성'이 추가된다. 다시 말해 인간은 먼저 정신적 존재자로 세계 없이 존재하며 그 뒤에 공간 안에 들어선다는 것이 전통 형이상학의 인간 이해였다. 이런 전통 형이상학은 인간의 실존 양상을 전혀 파악하지 못한 추상적인 인간 이해에 지나지 않는다고 하이데거는 비판한다. 인간 현존재는 처음부터 세계와 함께 세계 안에 존재한다.

인간의 존재를 규정하는 말 '염려'

하이데거는 인간 현존재의 존재를 '염려'(Sorge)라고 규정하기도 한다. 현존재는 세계 안에서 염려로서 존재한다. '조르게'(Sorge)는 통상 독일어에서 '걱정, 근심'을 뜻하지만, 하이데거는 이 말의 의미를 넓혀 '신경을 쓰고 마음을 기울이고 관심을 보이는' 인간의 모든 태도를 가리키는 실존범주로 쓴다. 이런 염려(Sorge)에는 고려(Besorgen)와 배려(Fürsorge)라는 변양태가 따른다. 하이데거에게서 '고려'는 눈앞의 사물이나 사태와 관계하는 것을 뜻하고, '배려'는 다른 현존재 곧 다른 사람과 관계하는 것을 뜻한다. 하이데거는 '고려'라는 말을 '제작하다, 경작하다, 사용하다, 포기하다, 상실하다, 시도하다, 성취하다, 탐문하다, 고찰하다, 논의하다, 규정하다' 같은 다양한 행위를 가리키는 말로 사용한다. 고려는 현존재가 만나고 관계 맺는 사물이나 사태를 향해 있다. 이와 달리 '배려'는 돌보고 보살피고 배려하는 방식으로 타인을 대하는 것을 뜻한다. 그런데 이런 염려, 고려, 배려는 모두 '세계-내-존재'로서 현존재의 '내-존재' 양상을 보여준다. 현존재는 세계 안에서 염려하고 고려하고 배려하는 방식으로 존재하는 것이다. 여기서 잊지 말아야 할 것은 현존재가 우선 세계와 무관하게 자유롭게 존재하다가 적당한 때에 세계와 연관을 맺는 그런 존재자가 아니라는 사실이다. 현존재는 세계를 떠나서 존재할 수 없고 세계와 관계 맺지 않고는 존재할 수 없다. 현존재는 처음부터 '세계-내-존재'로서 존재한다. 이것이 사물이나 동물이나 식물 같은 존재자들과는 전혀 다른 인간 현존재의 존재 방식이다. '세계-내-존재'는 현존재의 존재의 근본 구조이며 존재-기틀(Seinsverfassung)이다.

세계를 열면서 존재하는 인간

그런데 현존재가 '세계-내-존재'로 존재한다고 하면, '세계'가 먼저 있고 그 세계라는 공간 안에 현존재가 존재한다고 생각하기 쉽다. '세계-내-존재'에 대한 아주 흔한 오해다. 이것이 전통 형이상학의 가정이기도 하다. 인간이 영혼·마음·정신, 요컨대 주관으로 있고, 인간 밖의 세계가 객체로 있어서 주관이 이 객체를 인식한다는 것이 전통 형이상학의 가정이다. 여기서 인식론의 곤란한 문제가 불거진다. 어떻게 주관이 주관 밖으로 나가 객체를 만날 수 있느냐, 주관이 어떻게 객체를 정확하게 인식하느냐 하는 문제다. 그러나 하이데거는 이런 인식론의 문제를 '사이비 문제'라고 말한다. 왜냐하면 인간의 주관이 객체와 분리돼 있다가 만나는 것이 아니라 인간이 본디 세계와 함께 있어서 객체와 따로 만날 필요가 없기 때문이다. 다시 말해 현존재는 존재함과 동시에 세계를 열어 밝히고 그 세계 안에 세계 내부 존재자들을 품고 있다.

현존재가 '세계 안에 있다'는 것은 현존재와 분리된 세계가 따로 있고, 인간이 그 세계라는 공간 안에 주관이나 의식으로 있다는 뜻이 아니다. 인간은 존재함과 동시에 세계를 열면서 세계로서 존재하는 것이다. 그러므로 현존재의 '세계 안에 있음'은 주관과 객관의 분리 이전의 사태다. 인간이 세계 안에 있다는 이 원초적 사태에 근거를 두고서 그 위에서 주관과 객관이 성립하는 것이다. 이것을 하이데거는 '현존재는 언제나 이미 자신의 바깥에 있으면서 동시에 자기 안에 있다'는 말로 요약한다. 그것이 어떻게 가능한가. 현존재는 존재함과 동시에 항상 세계를 열어 밝히기 때문에 언제나 세계로 나가 있는 것이다. 더 정확히 말하면 세계로서 있는 것이다. 마찬가지로 현존재는 존재함과 동시에 현존재의 내면으로, 현존재의 마음으로 존재하므로 현존재 안에 있게 되는 것이다. 그러므로 객관을 인식한다는 것은 의식이라는 캡슐 안에 갇혀 있던 주관이 캡슐 밖으로 나가 마치 사냥감을 사냥해 오듯이 객체를 잡아서 내면으로 끌고 오는 것이 아니다. 현존재는 세계를 열어 밝히면서 이미 항상 '세계 내부 존재자' 곁에 머물러 있기 때문에, 의식 밖으로 나가 객체를 인식해서 의식 안으로 가지고 들어올 필요가 없는 것이다.

전통 형이상학의 인식론은 우리가 인식 행위를 통해서 먼저 세계를 파악하고 그 뒤에 세계와 관계를 맺는다고 생각하지만, 하이데거는 이런 전통 형이상학의 가정을 뒤엎는다. 우리가 이미 세계를 열어 밝히면서 세계 안에 있으므로 사물을 인식하려고 우리의 주관이 밖으로 나갈 필요가 없다는 것이다. 현존재는 언제나 자기 안에 고립된 채로 있지 않고 이미 세계 안에서 세계 내부 존재자들과 함께 있는 것이다. 그러므로 주관이 다리를 놓아 힘겹게 바깥으로 나가 객관 세계를 인식한다는 식의 가정은 불필요하다. 인식은 세계-내-존재로서 현존재의 존재 방식 가운데 하나다. 현존재가 존재함과 동시에 인식이 자연스럽게 이루어지는 것이다. 마치 우리가 밥을 먹고 물을 마시는 것이 생활세계 안에서 일상적으로 이루어지는 일이듯이 인식도 그렇게 이루어지는 것이다. 그러므로 '인식론적 문제'라는 것은 일어날 이유가 없는 '사이비 문제'일 뿐이다. 현존재는 존재함과 동시에 언제나 항상 세계 안에 있다.

세계-내-존재에 대한 이런 기초적인 소묘에 이어 하이데거는 그 '세계-내-존재'의 구성 계기의 하나인 '세계'를 본격적으로 분석한다. 먼저 하이데거는 '세계'라는 말이 지닌 다양한 의미에 주목한다. 세계는 크게 보아 세 가지 의미로 쓰인다. 첫째, 세계는 세계 내부에 존재하는 존재자의 총체를 가리키는 말로 쓰인다. 이렇게 세계 내부 존재자를 가리키는 말로 세계를 쓸 때 하이데거는 세계를 따옴표로 묶어 '세계'라고 표시한다. 둘째, 세계는 세계 내부 존재자들의 존재를 의미한다. 이때 존재자들은 영역 별로 묶일 수 있는데, 가령 '수학의 세계'는 수학이 다루는 모든 대상들의 영역을 뜻한다. 마찬가지로 '언어의 세계'라든가 '물리학의 세계'라든가 하는 세계들이 영역별로 등장할 수 있다. 셋째, 세계는 인간 현존재가 사는 세계를 의미한다. 이때 세계는 세계 내부 존재자들의 총체를 가리키는 것이 아니라, 현존재가 현존재로서 살고 있는 삶의 장을 가리킨다. 넓게는 사회 전체를 포괄하는 '공공세계', 좁게는 우리에게 아주 친근한 이웃과 같은 '주위세계'가 여기서 말하는 세계다. 이렇게 현존재가 현사실적으로 살아가는 세계를 다른 말로 '생활세계'라고 부를 수도 있다. 생활세계는 공공세계와 주위세계를 포괄한다.

인간 현존재의 생활세계

하이데거가 『존재와 시간』에서 분석하는 세계는 주로 세 번째 의미의 세계, 곧 현존재의 생활세계다. 그런데 데카르트와 칸트를 포함한 전통 존재론은 현존재의 존재 구조인 '세계-내-존재'를 생략한 채로 인간을 이해하고 세계를 해석했다고 하이데거는 지적한다. 근대의 존재론은 세계를 수학적인 자연과학을 통해 발견되는 세계 내부 존재자들의 총합인 '자연'과 같은 것으로 보았다. 데카르트도 칸트도 세계를 수학적인 자연과학을 통해서 발견되는 '자연'으로 간주했다.[38] 그러나 이렇게 자연에서부터 세계를 이해하는 것은 사태를 거꾸로 뒤집어 이해하는 데 지나지 않는다. 자연에서부터 세계를 이해해서는 안 되고, 오히려 세계에서부터 자연을 이해해야 한다. 세계-내-존재인 현존재의 생활세계를 전제한 뒤, 그 세계를 수학적으로 추상했을 때 발견되는 것이 바로 자연과학적 자연이다. 낭만주의자들이 예찬한 자연이라는 것도 이 현존재의 생활세계에서부터 파악돼야 하는 것이지 그 반대는 아니다. 전통 존재론은 우리에게 친숙한 생활세계를 건너뛴 채로 세계를 분석하려고 했다. 하이데거는 전통 존재론의 이런 태도를 극복하지 않으면 세계도, 현존재의 세계-내-존재도 그 자체로 발견될 수 없다고 강조한다. 언제나 출발점은 현존재의 일상적인 삶이 펼쳐지는 세계-지평이어야 한다. 그리하여 하이데거는 일상적인 현존재에게 가장 가까운 주위세계(Umwelt), 곧 현존재를 둘러싼 아주 친밀한 세계에서부터 시작해 세계의 전체

구조를 탐구해 들어간다.

하이데거가 출발점으로 삼는 것은 연장통이 있는 집 안의 작업장이다. 다시 말해 도구에서부터 분석을 시작해 세계의 존재론적 구조를 획득하겠다는 것이 『존재와 시간』에서 하이데거가 쓰는 전략이다. 왜 하이데거는 도구에서 분석을 시작하는가? 종래의 존재론은 '일상적으로 쓰는 도구'가 아니라 이론적으로 관찰할 때 접하는 '눈앞의 사물'에서 논의를 시작했다. 하이데거는 이런 논의 방식이 존재론의 사태를 근본적으로 왜곡했다고 말한다. 존재론을 바르게 수립하려면 현존재가 생활 속에서 늘 만나는 것들, 곧 도구에서 시작해야 한다. 고대 그리스인들이 바로 이런 태도를 보여주었다. 그리스인들은 사물을 '프라그마타'(pragnmata, πράγματα)라고 불렀다. 프라그마타는 프락시스(praxis, πράξις)와 연계된 말이다. 프락시스는 인간의 행위·활동·실천을 뜻한다. 이 프락시스 곧 활동과 실천의 대상이 바로 사물이다. 사물이란 실천적 활동에서 만나는 것이다.

그런데 그리스인들은 프라그마타를 사물로 이해하는 데서 더 나아가지 못하고 그 사물을 존재론적으로 모호하게 방치해 놓고 말았다. 그런 방치 속에서 이를테면 데카르트의 사물 개념이 등장했다. 데카르트는 사물을 '레스 엑스텐사'(res extensa) 곧 '연장을 지닌 것', 다시 말해 '길이와 넓이와 높이를 지닌 것'이라고 규정했다. 전형적인 '이론적으로 관찰하는 태도'에서 나온 사물 규정이다. 이 사물 규정이 근대 존재론의 '사물을 보는 방식'을 결정했다. 그렇게 이해된 사물을 하이데거는 '눈앞의 존재자'라고 부른다.

하이데거는 바로 이렇게 이해된 사물 개념을 밀쳐내고, 그리스인들이 활동적·실천적 태도로 이해했던 사물 개념을 끌어내 그것의 우선성을 드러내려고 한다. 바로 그런 태도에서 드러나는 사물이 도구(Zeug)다. 이 도구를 하이데거는 '눈앞의 존재자'(Vorhandene)에 맞세워 '손 안의 존재자'(Zuhandene)라고 부른다. '눈앞의 존재자'가 이론적 관찰의 대상인 '사물'을 가리킨다면, '손 안의 존재자'는 실천적 활동의 대상인 '도구'를 가리킨다. 필기 도구, 재봉 도구, 작업 도구, 여행 도구, 측량 도구가 모두 도구에 속한다.

작업장의 망치에서 이야기를 시작하다

하이데거는 이 도구 가운데서 특히 작업장에서 가장 흔하게 발견되는 '망치'에서 이야기를 시작한다. 도구는 엄밀히 말하면 하나만으로 존재하지 않는다. 도구는 도구들의 연관 속에서 도구로 존재한다. 다시 말해 망치는 못을 박는 데 쓰고, 못은 옷걸이를 거는 데 쓰며, 옷걸이는 옷을 거는 데 쓴다. 이런 연관 속에서 도구가 도구로 존재하는 것이다. 우리가 일상에서 발견하는 모든 도구들은 바로 그런 연관 속에 있다. 펜과 잉크와 종이와 책상의 도구 연관 속에서 사람은 글을 쓸 수 있다. 개별적인 도구들은 바로 이런 도구 연관 속에서 발견된다. 이런 연관이 '도구 전체성'을 구성한다. 하이데거는 도구 연관의 전체성이 먼저 있고 그 안에서 개별 도구들이 발견된다고 말한다.

다시 망치에서부터 시작해보자. 우리가 망치라는 사물을 단순히 관찰하지 않고 그것을 실제로 사용할수록 망치에 대한 우리의 관계는 더욱 근원적인 것이 되며, 망치는 도구로서 존재하는 그대로 적나라하게 자신을 드러낸다. 이렇게 실제로 사용되는 데서 드러나는 도구의 존재 양식을 가리켜 도구성(Zuhandenheit)이라고 부른다. 이론적으로 관찰되는 사물은 관찰이라는 방식으로 주목의 대상이 될 때 바로 그 사물로서 드러나지만, 도구는 도구로서 주목을 끌지 않을 때 오히려 가장 도구답게 존재한다. 못을 박으려고 할 때 우리의 손 주위에 망치가 있어 바로 손에 잡혀야 망치다운 망치인 것이다. 만약 망치가 망가지면 망치는 그때 망치로서 기능을 잃고 우리의 관찰의 대상이 된다. 도대체 뭐가 잘못돼서 망가졌는지 알아보려고 할 때, 도구는 도구이기를 그치고 관찰의 대상인 '눈앞의 사물'로 드러나는 것이다. 도구는 관찰되지 않고 그냥 손에 잡혀서 쓰일 때 도구답다.

이런 말로써 하이데거가 강조하려는 것은 우리의 일상생활에서는 실천적 태도가 이론적 태도에 앞서 있고 그런 실천적 태도 안에서는 모든 사물이 도구로 나타난다는 사실이다. 그 도구가 도구로서 제 기능을 하지 못할 때만 이론적 관찰의 대상이 되는 것이다. 그러므로 사물을 이론적으로 주시하는 것은 이차적인 태도다. 우리 현존재의 세계를 있는 그대로 보려면 이론적 태도가 아닌 실천적 태도에서 출발해야 한다. 이론적 태도는 그 실천적 태도가 중단된 특수한 상황에서 나타나는 태도다. 이론적 태도를 앞세우면 우리의 생활세계는 있는 그대로 드러날 수 없다.

다시 작업장으로 돌아가 장인을 생각해보자. 집 안의 작업장에서 술통을 만들었던 하이데거의 아버지가 그런 장인 가운데 한 사람일 것이다. 참나무를 깎고 망치로 못을 박아 술통을 만든다. 술통은 술을 담그는 데 쓰인다. 술은 사람의 기분을 북돋워준다. 술통의 쓰임은 술을 담그는 데 있고, 술의 쓰임은 사람을 즐겁게 해주는 데 있다. 이런 쓰임의 연관을 추적해 들어가면 언제나 최종적으로 사람 곧 현존재에 이른다. 현존재는 도구 연관의 '궁극 목적'이다.

술통에서 시작하는 연관은 재료 방향으로 거슬러갈 수도 있다. 술통을 만드는 데 쓰이는 목재는 참나무 숲에서 가져온다. 거기에 쓰이는 못은 광산에서 캐낸 철광석을 원료로 삼는다. 가죽을 재단해 옷을 만드는 경우를 들어보자. 가죽은 동물의 껍질에서 나온 것이다. 그 동물은 사육된 동물일 수도 있고 야생에서 잡아온 동물일 수도 있다.

이런 연관 속에서 보면 숲이든 산이든 야생의 동물이든 우리가 자연이라고 부르는 것은 순수한 자연이 아니라 일종의 도구이거나 도구의 출처인 셈이다.

"숲은 조림이고 산은 채석장이며 강은 수력이고 바람은 '돛을 펼쳐주는' 바람이다. 발견된 주위세계와 더불어 만나는 것은 이렇게 발견된 자연이다. 도구적 존재 양식으로 있는 자연을 도외시해야 비로소 자연 그 자체가 전적으로 순수한 '눈앞에 있음'에서 발견되고 규정될 수 있다."『존재와 시간』 70쪽

하이데거는 여기서 자연이 원료 창고나 되는 것인 양 묘사하고 있지만, 그것은 도구 연관을 설명하려는 차원에서 끌어들인 방편적 묘사일 뿐이다. 하이데거는 "자연을 이렇게 발견할 때에는, 끊임없이 생동하고 우리를 엄습하고 아름다운 풍경으로서 우리를 사로잡는 자연은 은폐되고 만다"고 덧붙인다. 감탄과 경탄의 대상으로 있는 자연은 도구 연관 속에서는 드러나지 않는다. 마찬가지로 학자의 이론적 관찰의 대상으로 있을 때도 자연은 자연으로서 자신의 모습을 드러내지 않는다.

"식물학자의 식물은 논두렁에 피어 있는 꽃이 아니며, 지리학적으로 확정지은 강의 '발원지'는 '땅에서 솟는 샘'이 아니다."『존재와 시간』 70쪽

하이데거의 진정한 관심이 '논두렁에 핀 꽃', '땅에서 솟는 샘'으로 나타나는 자연, 옛 그리스인들이 피시스(physis, φύσις)라고 불렀던 그 자연에 있음은 『존재와 시간』에서는 직접 드러나지 않는다. 하이데거는 피시스에 대한 관심을 후기 사상에 가서야 장대하게 펼쳐 보인다. 이론적 관찰의 대상으로서 자연도 하이데거의 궁극적 관심사가 아니고, 도구적 연관 속에 있는 원료 제공처로서 자연도 하이데거의 궁극적인 관심사는 아니다. 그러나 『존재와 시간』에서는 도구를

통해서 드러나는 세계를 추적하고 있기 때문에 이 도구 연관 속에 있는 자연이 주제로 등장하는 것이다.

인간이라는 궁극 목적

하이데거는 망치라는 도구에서 시작해 현존재라는 '궁극 목적'에서 끝나는 이 지시 연관, 다시 말해 망치-술통-포도주-사람으로 올라가는 지시 연관을 모두 아울러 '용도 전체성'이라고 부른다. 용도에서 용도로 이어지며 결국 사람이라는 궁극 목적에 이르기 때문이다. 반대로 사람이라는 궁극 목적에서부터 거꾸로 내려와 포도주, 술통을 거쳐 망치라는 도구에 이를 수도 있다. 현존재에서 시작해 아래로 내려오는 이 연관이 '목적 연관'이다. 이런 목적 연관의 전체성이 각각의 도구들에 의미를 부여한다. 인간 현존재라는 궁극 목적이야말로 의미의 발원처다. 현존재라는 궁극 목적에서부터 이어져 내려오며 도구들이 의미를 부여받기 때문에 하이데거는 목적 연관 전체성을 '유의미성'(Bedeutsamkeit)이라고도 부른다. 도구들은 현존재에서 시작하는 목적 연관 속에 놓임으로써 의미를 띠게 되는 것이다. 이 목적 연관의 전체성 곧 유의미성이 세계의 세계성, 다시 말해 세계의 존재 구조를 이룬다. 세계란 다른 것이 아니라 유의미성의 질서이며, 현존재라는 궁극 목적에서 시작하는 목적 연관의 전체성이다. 현존재에서부터 이 목적 연관 전체성으로서 세계가 열리는 것이다.

목적 연관은 현존재라는 궁극 목적에서 시작해 망치라는 도구에까지 이르고, 거기서 더 내려가면 원료의 출처로서 '자연'에까지 이른다. 도구들은 이런 목적 연관 전체성이라는 세계 안에 질서 있게 배치돼 있는 셈이다. 따라서 도구의 용도를 확정하려면 목적 연관 전체로서 세계를 배경으로 삼지 않으면 안 된다. 그런데 이런 세계는 작업장을 중심으로 한 집 안의 주위세계만을 가리키는 것이 아니라 사회 전체를 아우르는 공공세계를 포함하기도 한다. 작업장에서 만든 제품이 공공세계에도 도구로 쓰이는 것이다. 술통에서 발효된 포도주는 유통 경로를 거쳐 성당의 미사에서도 쓰이고 결혼식의 축배에도 쓰이고 연회에서 흥을 돋우는 데도 쓰인다. 이 공공세계에서도 궁극 목적은 현존재다. 주위세계든 공공세계든 세계는 모두 현존재를 궁극 목적으로 한 연관 속에 있고, 그런 연관 속에서 세계로 열린다. '세계-내-존재'로서 현존재는 이렇게 궁극 목적의 자리에서 세계를 열어 밝히면서 존재한다. 현존재가 세계를 열어 밝히고 그렇게 열린 세계 안에 현존재가 존재하는 것이다. 이렇게 해서 세계-내-존재를 구성하는 '세계'의 구조가 드러났다.

작업장의 그 흔한 망치 하나에서 시작해 세계를 발견해 가는 하이데거의 설명은 사과나무에서 떨어진 사과 하나에서 시작해 만유인력의 법칙에 도달한 아이작 뉴턴(Isaac Newton, 1642~1727)의 탐구를 떠올리게 한다. 그러나 둘 사이에는 결정적인 차이점이 있다. 뉴턴은 사과를 '이론적 바라봄(Hinsicht)'의 대상으로 삼았다. 반면에 하이데거는 망치를 '실천적 둘러봄(Umsicht)'의 대상으로 삼는다. 망치를 도구로 발견하는 이런 실천적 행위가 이론적 관찰보다 우위에 있다고 하이데거는 되풀이하여 강조한다. 우리의 일상적인 삶은 수많은 종류의 실천적 행위로 이어져 있다. 반면에 근대 존재론이 주제로 삼은 이론적 관찰이라는 것은 이런 실천적 행위가 끊어진 순간에 나타나는 특수한 태도일 뿐이다.

뉴턴은 일상에서 사과를 맛보고 즐겼을 것이다. 사과는 과일이고 음식이었다. 그러다가 뉴턴은 어느 순간에 사과의 그 일상적 존재를 넘어 이론적 관찰의 시선으로 사과를 보았고 거기서 중력 법칙의 비밀을 발견한 것이다. 우리는 뉴턴이 발견한 중력 법칙으로 이루어진

아이작 뉴턴의 초상(고트프리트 넬러, 1689).
뉴턴은 이론적 관찰의 시선으로 사과를 보았고 거기서
중력 법칙의 비밀을 발견했다. 하지만 하이데거는 우리를 둘러싼
실제의 세계는 이론적 관찰이라는 전통 존재론의
시선 속에서 이해될 수 없다고 보았다.

세계를 이론적으로 구성해볼 수 있다. 그러나 그렇게 구성된 세계는 이론적 세계이지 우리가 구체적으로 살아가는 삶의 세계는 아니다. 이론적 세계는 이 삶의 세계에서 출발해 거기서 자연과학적 추상 작업을 거쳐서 구성되는 세계다. 그러므로 우리를 둘러싼 실제의 세계는 이론적 관찰이라는 전통 존재론의 시선 속에서 이해될 수 있는 세계가 아니고, 현존재의 실천적인 행위라는 일상적 태도 속에서만 있는 그대로 드러날 수 있는 세계다. 이런 실천적 행위 속에서 그렇게 행동하는 현존재와 함께 세계는 열리고, 그렇게 열린 세계 안에서 현존재는 살아가는 것이다. 이것이 '세계-내-존재'를 구성하는 '세계'의 의미다.

타자들과 공동으로 현존재함

하이데거는 세계의 개념을 파악한 뒤, 이제 두 번째 과제로 '세계-내-존재로 존재하는 그 존재자는 누구인가' 하는 물음에 대한 대답을 찾아 나간다. 이 물음을 더 쉽게 바꾸면 '일상성을 살아가는 현존재는 누구인가' 하는 물음이다. 하이데거는 앞에서 현존재는 '그때마다 각기 나 자신인 존재자'라고 규정한 바 있다. 그럴 때 그 '각기 나 자신인 존재자'가 누구인가 하는 물음이 지금 여기서 묻는 물음이다. 하이데거는 여기서도 전통 존재론의 답변을 거꾸로 뒤집는다. 전통 존재론은 보통 현존재를 '주체'로 이해하고 그 주체를 분석함으로써 '현존재는 누구인가' 하는 물음에 답하려고 한다. 그러나 주체(subjectum)라는 것은 현존재를 가리키는 올바른 지칭이 될 수 없다. 왜냐하면 주체라는 말에는 세계와 분리된 독립된 실체(substantia)라는 의미가 담겨 있는데, 현사실적인 존재 양상에서 현존재는 그렇게 세계로부터 분리된 독립된 실체로 존재하지 않기 때문이다. 오히려 현존재가 누구인지 알려면 그 현존재가 현사실적으로 어떻게 존재하고 있는지를 있는 그대로 탐구해 들어가야 한다.

그렇게 일상 속으로 들어가 현존재의 일상적 존재 양상을 보면, 애초에 현존재를 정의하는 명제 곧 '그때마다 각기 나인 존재자'라는 명제가 그리 타당한 것이 아님을 발견하게 된다. 다시 말해 "일상적 현존재의 그 '누구'는 바로 그때마다 나 자신이 아닐 수도 있다."「존재와 시간」 115쪽 현존재는 각기 그때마다 나 자신인 존재자이지만, 더 따지고 들어가 보면 나 자신이 아닐 수도 있다는 이 역설적인 문장 속에 일상적 현존재의 비밀, 어쩌면 『존재와 시간』 전체를 통틀어 가장 놀라운 비밀이 들어 있다. 하이데거는 계속해서 말한다.

"현존재는 자기 자신에 관해 가장 가깝게 말을 할 때는 언제나 '그래 그게 나야' 하고 말하는데, 결국에는 자기가 바로 그 자신이 '아닐' 때 가장 큰소리로 그렇게 말한다."「존재와 시간」 116쪽

현존재는 자기 자신으로 살고 있지 않을 때 가장 큰소리로 '이게 바로 나야' 하고 외친다는 것이다. 분명히 현존재는 '그때마다 각기 나로 존재하는 존재자'다. 그런데 바로 그 현존재의 존재 구조가 '그 자신이 아님'의 근거가 된다는 것이 하이데거의 통찰이다. 내가 나라고 외쳐대는 그 '나'가 실은 내가 아니라는, 그 '나 아님'이 가리키고 있는 것이 바로 현존재의 특정한 존재 방식인 '자기 상실'이다. 매번 큰소리로 '그게 바로 나야' 하고 외칠 때의 그 '나'라는 것이 실은 나를 잃어버린 나, 나 아닌 나를 가리키고 있는 것이다. 어떻게 해서 '나를 주장함'이 '나 아님', '나를 잃어버림'으로 드러나고 마는 것일까?

이 물음에 답하기에 앞서 하이데거는 현존재가 '타자 없는 고립된 자아'가 아니라는 사실에 주목할 것을 요구한다. 현존재는 '세계 없는 주체'도 아니고 '타자 없는 자아'도 아니다. 앞의 세계 분석에

서 현존재를 '궁극 목적'으로 제시했지만, 그렇게 현존재가 궁극 목적이라고 해서 현존재를 고립된, 홀로 있는 자아로 이해해서는 안 된다. 현사실적인 삶의 양상에서 보면 현존재는 언제나 타자들과 함께 존재한다. 하이데거는 이렇게 타자들과 함께 존재함을 공동존재(Mitsein, 더불어 있음)라고 부르고, 그렇게 함께 존재하는 타자들을 '공동현존재'(Mitdasein)이라고 부른다. 공동현존재는 '타자들과 공동으로 현존재함', '타자들과 공동으로 세계를 열어 밝힘'을 뜻하기도 한다. 이렇게 공동으로 현존재하는 타자들과 함께하는 세계를 하이데거는 공동세계(Mitwelt)라고 부른다. 다시 말해서 현존재의 세계는 언제나 타자와 함께하는 '공동세계'이며, 현존재는 이 공동세계 안에서 타자라는 공동현존재와 함께 공동존재를 이루며 존재한다.

여기서 잊어서는 안 될 것이 현존재가 먼저 존재하고 그 다음에 타자가 그 현존재의 세계 안으로 들어오는 것이 아니라는 사실이다. 현존재는 처음부터 언제나 타자들과 함께하는 공동세계 안에 존재하며, 그 공동세계에서 타자들과 더불어 존재하는 것이다. 말하자면 공동존재는 현존재의 실존의 조건이다. 현존재의 세계-내-존재, 곧 세계-안에-있음은 언제나 타자와 함께하는 세계-안에-있음이다. 마찬가지로 타자도 언제나 그 자신의 세계 안에서 나를 포함한 다른 사람들과 함께하고 있다. 그래서 타자를 부르는 이름이 '공동현존재'다. 타자는 공동현존재로서 언제나 나와 함께 세계를 열어 밝히며 있다.

그렇다면 무인도에 고립된 로빈슨 크루소의 경우는 어떨까? 하이데거는 타자가 한 명도 눈앞에 보이지 않고 지각되지 않을 때에도 공동존재는 현존재를 실존론적으로 규정한다고 말한다. 우리가 현존재인 것은 애초에 공동세계 안에서 공동존재 가운데 태어나 자랐기 때문에 현존재인 것이다. 따라서 일시적으로 홀로 고립돼 있다고 해서 공동존재라는 규정에서 벗어나는 것이 아니다. 오히려 현존재는 타자와 더불어 있다는 근본적인 규정 아래 있기 때문에 혼자 있을 수도 있다.

"혼자 있음은 공동존재(더불어 있음)의 결여적 양상이고, 혼자 있음이 가능하다는 것이 공동존재를 증명한다."『존재와 시간』74쪽

현존재는 이렇게 공동존재로 존재하기 때문에, 이 공동존재라는 실존의 구조 속에서 '나 자신'으로 있으면서 동시에 '나 아닌 자'로도 있을 수 있다. 타자와 함께하는 공동존재 안에서 자기를 잃어버리고 나 아닌 자로 있을 가능성이 열리는 것이다.

배려, 타자와 만나는 방식

하이데거는 현존재가 타자와 만나는 배려(Fürsorge)의 방식도 이야기한다. 배려는 말뜻 그대로 다른 사람을 보살피고 염려하는 것을 말한다. 하지만 돌보지 않고 보살피지 않음, 반목하고 무시하고 외면하고 거들떠보지 않음, 요컨대 배려하지 않음도 배려의 결여태로서 배려에 속한다. 우리는 일상생활에서 타인과 만날 때 긍정적으로든 부정적으로든 배려의 방식으로 만나는 것이다. 하이데거는 이 배려의 방식을 크게 두 가지로 나누어볼 수 있다고 말한다. 하나는 다른 사람을 배려한다면서 다른 사람의 '염려'를 빼앗아 자기가 떠맡는 방식이다. 이때 타인은 자기 자리에서 쫓겨나 뒤로 물러앉아 다른 사람이 대신 해준 것을 그대로 받아들이기만 하는 수동적 대상이 된다. 이런 배려에서 타자는 의존적이고 지배받는 위치로 떨어지고 만다. 지배가 암묵적이어서 지배받는 자에게 감추어진 채로 있더라도 사태는 다르지 않다. 두 번째 배려는 타인을 대신해서 모든 일을 해주

는 것이 아니라 그 타인에게 모범을 보이는 방식이다. "이 경우 타자에게서 '염려'를 빼앗아버리는 것이 아니라 오히려 이제 비로소 염려를 본래적으로 염려로서 되돌려준다."『존재와 시간』 122쪽 이런 배려는 타자를 도와서 그 타자가 염려 속에 있음을 통찰하게 하고 이 염려로부터 자유로워지도록 해준다. 타자의 고유한 존재를 구현하도록 도와주는 방식의 배려인 것이다.

이런 배려는 사람들이 공통의 관심사를 향해 '서로 함께 있음'(Miteinandersein)의 상태에 있을 때 구체적으로 드러난다. 공동의 일을 할 때 이 '서로 함께 있음'이 불신으로 물들 수도 있고, 반대로 사람들이 같은 일에 함께 헌신하면서 불신의 장벽을 무너뜨리고 본래적으로 결속하기도 한다. 이런 결속 안에서 현존재는 타자에게 자신을 아낌없이 내줄 수 있게 된다. 서로 함께 있음의 긍정적인 모습에 대한 이런 묘사에서 하이데거가 품은 공동생활의 이상적인 상을 끌어내볼 수 있다. 이런 공동생활이 확대돼 사회 전체가 믿음으로 묶이는 아름다운 공동체의 모습을 그려볼 수도 있다. 나중에 하이데거가 나치 운동에 참여할 때도 그 운동의 끔찍한 현실적 결과와는 무관하게, 하이데거 마음속에 그런 공동체의 이상이 숨 쉬고 있었을 것이다.

공동존재이기에 감정이입도 가능

공동존재에 대한 설명에서 드러나듯이 현존재의 존재에는 타자와 더불어 있음, 곧 타자와의 공동존재가 속해 있다.

"자기 자신에게서 자기의 존재 자체가 문제인 현존재의 존재에는 타자와의 공동존재가 속해 있다. 그러므로 현존재는 본질적으로 공동존재로서 타자들을 위해 있다."『존재와 시간』 123쪽

이 진술을 하이데거는 '실존론적 본질 진술'이라고 특별히 강조한다. 그것은 현존재 곧 내가 세계의 구조 속에서 궁극 목적이듯이, 마찬가지로 타자도 그 자신에게 궁극 목적이기 때문이다.

"비록 그때마다 현사실적인 현존재가 타자들을 고려하지 않고, 타자가 필요하지 않다고 생각하거나 타자 없이 지낸다고 해도, 현존재는 공동존재의 방식으로 존재하고 있다. 실존론적 목적성으로서 … 그 타자들은 그들의 현존재에서 이미 개시돼 있다." 『존재와 시간』 123쪽

타자는 그 자신의 궁극 목적으로 드러나 있고, 우리가 타자와 함께하는 공동존재인 한 우리에게도 그렇게 드러나 있다는 말이다. 현존재 곧 나를 궁극 목적으로 한다는 명제에만 주목한 채 공동존재로서 타자의 목적성을 잊어버리면, 하이데거의 주장은 나만 홀로 목적이라는 극단적 이기주의나 자기중심주의를 주장하는 것으로 오해될 수 있다. 하이데거는 이런 자기중심주의에 명백히 반대한다.

하이데거는 타자 곧 다른 사람과 함께 있다는 것이 눈앞의 사물들과 함께 있는 것과는 존재론적으로 전혀 다른 현상임을 거듭 강조한다. 타자는 나와 똑같이 현존재라는 존재 양식을 지니고 있다. 따라서 타자와 만나는 것은 사물을 만나는 것과는 그 성격이 완전히 다를 수밖에 없다. 다시 말해 나와 타자의 공동존재에는 '현존재에 대한 현존재의 존재 관계'가 놓여 있다. 내가 현존재로서 타자를 대할 때 타자도 현존재로서 나를 대하는 것이다. 내가 세계를 열어 밝히며 있듯이 타자도 세계를 열어 밝히며 있다. 그렇게 타자와 나는 공동존재로서 공동세계를 이루고 공동현존재를 이룬다.

그러면 우리는 다른 사람의 마음을 어떻게 아는 것일까? 여기서 하이데거는 우리가 자주 범하는 오해를 방지하고자 한다. 우리는 보통 우리가 우리 자신을 먼저 이해하고 그 이해를 타자에게 투사해 타자를 이해한다고 생각한다. 하이데거는 이것이 오해라고 말한다. 나

를 타자에게 투사해 이해한다면, 그럴 경우에 타자는 나 자신의 복사판이 되고 만다. 타자는 그런 식으로 투사를 통해 이해되는 것이 아니다. 그러면 어떻게 타자를 이해하는가? 하이데거는 현존재가 이미 타자들과 공동존재로 있다는 바로 그 사실 때문에, 처음부터 타자를 이해하는 것이 가능하다고 말한다. 공동존재 안에 타자를 이해할 가능성이 이미 놓여 있는 것이다. 쉽게 말하면 타자와 함께 있으므로 타자를 아는 것이다.

그렇다고 해서 아무런 노력을 하지 않아도 타자를 잘 알게 된다는 얘기는 물론 아니다. 자기 자신을 잘 앎으로써 타자를 잘 알게 되는 것은 분명한 사실이다. 하이데거가 강조하는 것은 그렇게 될 수 있는 근본 바탕이 무엇이냐 하는 것이다. 하이데거의 대답은 현존재가 언제나 타자와 더불어 있을 수밖에 없다는 그 존재 조건이야말로 타자 이해를 가능하게 해주는 근본적인 바탕이라는 것이다. 우리는 흔히 타자를 이해하는 수단으로 '감정이입'을 떠올리지만, 감정이입이 공동존재를 가능하게 하는 것이 아니라 반대로 공동존재를 근거로 해서 감정이입도 비로소 가능해지는 것이다. 감정이입은 이차적인 것이다.

그런데 이런 이야기를 듣다 보면 공동존재를 찬양하는 것이 하이데거의 본디 의도인 것처럼 여겨질 수 있다. 하지만 하이데거의 관심은 공동존재를 무작정 긍정하는 데 있는 것이 아니라 공동존재가 평균적 일상성에서 어떤 사태를 빚어내는가를 밝히는 데 있다. 현존재는 우선 대부분의 경우에 이 공동존재에 몰입해 있는데, 그렇게 몰입해 있기 때문에 본래적인 자기 자신으로 존재하지 못한다는 것, 바로 이것이 하이데거가 주목하는 사태다. 각각의 현존재는 공동존재 안에서 '자기 자신이 아닌 자'로 존재하는 것이다. 그 '자기 자신이 아닌 자'를 하이데거는 세인(das Man)이라고 부른다.

세인, '자기 자신이 아닌 자'

세인으로 나타나는 현존재의 평균적인 일상적 존재 양상을 하이데거는 몇 가지 계기로 나누어 분석한다. 가장 먼저 눈에 띄는 것이 '격차성'(Abständigkeit)이다. 사람들은 일상의 삶에서 타인들과 다르다는 것을 의식하며 산다. 다른 사람보다 일을 더 잘한다고 생각하거나 일을 더 못한다고 생각하고, 재산·명예·권력 같은 사회적 가치를 더 많이 가지고 있다거나 더 적게 가지고 있다고 생각한다. 이런 차이에 대한 의식을 하이데거는 '격차성'이라고 부른다. 격차성은 다른 사람과 다르게 보이는 것이 두려워 그 다름을 없애려는 태도로도 나타나고, 타인보다 못하다고 느껴 그 차이를 만회하려는 태도로도 나타나며, 타인과 차이를 벌려 우월함을 느끼려는 태도로도 나타난다. 이런 태도 속에서 현존재는 자신을 주체라고 생각한다. 다시 말해 자기 자신의 주인이라고 생각한다. 하지만 사태를 따지고 들어가 보면 진실은 현존재의 생각과는 정반대임이 드러난다. 타자를 끊임없이 의식하면서 타자들에게 매여 있다는 점에서 타자의 지배 아래 있는 비-주체인 것이다.

"현존재는 자기로서 있지 못하고, 타자들에게 존재를 탈취당하고 있다. 타자들의 의향이 현존재의 일상적 존재 가능성을 좌우한다. 이때 타자는 특정한 타자가 아니다. 오히려 반대로 어느 타자가 됐든 다 그 타자를 대표할 수 있다. 결정적인 것은 눈에 띄지 않는 타자들의 지배를 공동존재로서 현존재가 이미 부지불식간에 받아들이고 있다는 사실이다. 사람들은 타자들에게 귀속돼 그 타자들의 힘을 강화한다." 『존재와 시간』 126쪽

그 타자는 일상적으로 서로 함께 있는 사람들이다. 이 타자는 이 사람도 저 사람도 아니고 몇몇 사람도 아니며 모든 사람들의 총계도

아니다. 불특정 다수로 존재하는 익명의 세인(das Man)이 바로 그 타자다. 독일어에서 만(man)은 말 그대로 특정할 수 없는 사람, 누구라도 그 사람이 될 수 있는 그런 사람들을 가리키는 말이다. 주어 아닌 주어가 만(man)이다. 우리가 흔히 '사람들이 그러더라' 할 때의 그 사람들이다. 익명으로 존재하는 이 세인이 현존재를 예속시키고 지배한다. 세인은 주위 어디에서나 볼 수 있는 사람들, 신문이나 잡지 같은 대중매체를 읽는 일상의 사람들이다. 이 세인이 독재권을 휘두르며 일상성의 존재 방식을 지령한다.

"우리는 세인이 즐기듯이 즐기고 만족스러워하며, 세인이 보고 비평하듯이 문학과 예술에 관해 읽고 보고 비평한다. 세인이 물러서듯이 우리도 '군중'으로부터 물러서고, 세인이 격분하듯이 우리도 격분한다. 세인은 특정한 사람이 아니며 모든 사람이다."『존재와 시간』127쪽 이른바 현대 대중사회의 지배자가 세인인 셈이다.

이 세인의 또 다른 특성은 '평균성'(Durchschnittlichkeit)이다. 세인이 모든 것을 지배하듯이 평균성이라는 존재 방식이 모든 것을 지배한다. 평균성의 지배 아래서는 무엇을 해도 되고 무엇을 해서는 안 되는지가 미리 정해져 있고, 이 기준에서 벗어나는 예외는 감시당한다. 모든 탁월함은 소리도 없이 억압당한다. 모든 근원적인 것은 하룻밤 사이에 오래 전부터 잘 알려진 범속한 것으로 떨어지고, 힘들여 쟁취한 모든 것이 누구나 할 수 있는 것으로 간주되고 만다. 그리하여 "모든 비밀은 그 힘을 잃어버린다."『존재와 시간』127쪽 비밀의 힘을 빼앗아 버리고 탁월한 것을 범속한 것, 누구나 아는 것, 누구나 할 수 있는 것으로 만들어 버리는 것이 세인의 존재 양식인 평균성이다. 당대 지식인·학자 가운데 하이데거의 이 규탄하는 듯한 문장에 공감하는 사람이 적지 않았을 것이다. 하이데거는 한편으로 고향 메스키르히 민중의 소박한 삶을 찬양하면서, 다른 한편으로 도시 부르주아의 평균적인 삶의 방식에 반감을 감추지 않았다. 대중매체에 둘러싸여 아는 사람 행세를 하는 이 부르주아 대중의 삶을 바라보는 하이데거의 태도는 창조성을 상실한 채 하루하루를 초식동물처럼 살아가는 '말 세인'을 바라보는 니체의 태도에서 멀리 떨어져 있지 않다.

이 세인의 세 번째 특성으로 하이데거는 '공공성'(Öffentlichkeit)을 거론한다. 여기서 공공성은 세인이 장악한 세계의 질서를 뜻한다. 공적인 세계를 주무르는 여론 또는 세론도 공공성에 포함된다. 하이데거는 이 세론이 현존재의 모든 세계 해석과 자기 해석을 지배한다고 말한다. 세론은 사태에 대한 깊은 통찰에 근거한 것이 아니기 때문에 진실성에도 무감각하다. 모든 것을 흐릿한 것으로 만들어 버리고 사태의 실상을 은폐하면서 동시에 그렇게 흐려지고 은폐된 것을 누구나 아는 것, 잘 알려져 있는 것으로 내세운다. 이런 세론이 지배하는 곳에서 진실은 아무런 힘도 쓰지 못한다.

세인이 독재권을 휘두르는 공동세계 안에서 현존재는 세인의 판단과 결정의 지시를 받는다. 바로 그렇기 때문에 세인은 현존재에게서 책임감을 없애버린다. 익명의 세인의 지배 아래서 세론에 따라서 행위하고 판단하는 사람은 진정으로 결단하고 책임져야 할 때는 아무런 책임감도 느끼지 못하는 것이다. 왜 그렇게 판단했고 왜 그렇게 행동했는지를 물을 때 현존재는 세인을, 익명의 사람들을 핑계로 댄다.

"세인은 아주 쉽게 모든 것을 책임질 수 있는데, 그것은 어떤 것을 책임질 필요가 있는 사람이 아무도 없기 때문이다. 책임져야 할 사람은 세인이지만, 그런 사람은 '아무도 없는' 것이다. 이 세인이 현존재의 일상성에서 벌어지는 일을 거의 다 일으킨다."「존재와 시간」127쪽

세인은 '누구라도 될 수 있는 자'(man)이면서 동시에 '아무도 아닌 자'(Niemand)이기 때문에, 누가 그 일을 일으켰는지 물으면 '누

가 그랬다'고 지목할 수가 없다. 세인은 분명히 판단하고 결정하고 행동하지만 책임을 져야 할 상황에 이르면 아무도 책임을 지지 않는다. 이렇게 세인은 각각의 현존재가 짊어진 존재 부담을 면제해준다. 세인은 스스로 판단하고 결정해야 한다는 부담을 덜어주는 방식으로 현존재를 환대한다. 존재 부담을 면제해주고 현존재를 환대해주기 때문에 세인은 지배력을 키울 수 있다. 그리하여 세인의 지배 아래서는 모든 사람이 타자가 되고 어느 누구도 그 자신이 아니게 된다.

'세인'은 '일상적인 현존재는 누구인가' 하는 물음에 대한 답으로 제시되는 사람이지만, 그 세인은 아무도 아닌 자다. 그렇게 아무도 아닌 자에게 모든 현존재가 자기를 내맡겨 버리는 것이다. 이렇게 하여, 아무도 아닌 자인 세인이 일상성의 실질적인 주체로, 주인으로 드러난다. 세인이 주인의 자리를 차지하고 있으므로 현존재는 비자립적이고 비본래적인 존재로 머물러 있다. 그 일상적인 현존재의 '자기'는 본래적인 자기가 아니라 '세인-자기'다. 현존재가 본래적인 자기를 찾으려면 이 세인-자기를 떨쳐내지 않으면 안 된다. 비본래적인 세인-자기를 극복해 본래적인 자기를 찾는 것, 이것이 하이데거가 제시하는 현존재의 과제다. 니체가 '나를 극복해 나 자신이 되는 것'을 삶의 과제로 제시했던 것과 다르지 않다.

자유주의 대중사회의 지배자

하이데거가 『존재와 시간』에서 구상한 것은 현존재의 실존론적 분석을 통해 일반 존재론의 기초를 확립하는 것이었다. 이런 구상 속에서 감행한 '세인 분석'은 현존재의 일상적인 실존 양상에 대한 극도로 날카로운 해석을 보여주었기에, 이 분석이 '기초존재론' 확립

이라는 목적지를 향한 긴 등정의 기착지에 지나지 않는데도『존재와
시간』에서 가장 많이 읽히고 참조되는 대목이 됐다. 수많은 독자들
이 이 현존재 분석에서 영감을 얻었다. 특히 세인이라는 이름의 대중
지배 현상에 대한 하이데거의 비판적 분석은 좌파와 우파를 막론하
고 당대의 비판적 지식인들의 열광적인 지지를 받았다.

하이데거가 해부한 세인의 존재 방식은 1920년대 독일 바이마르
공화국의 자유주의적 대중사회의 작동 방식을 가리키는 것으로 받
아들여질 만했다. 당시 공산주의자를 포함한 급진적 진보 세력뿐만
아니라 보수혁명적인 민중주의 세력도 바이마르 공화국이라는 자유
주의적인 부르주아 세계를 거부했다. 하이데거의 세인 비판은 이 양
쪽에서 모두 환영받았다. 특히 하이데거의 제자 가운데 여러 급진파
지식인들이 하이데거의 분석을 자신들의 이념 속에 수용했다. 헤르
베르트 마르쿠제나 한나 아렌트 같은 사람이 대표적이다.

그러나 1930년대 이후 하이데거가 보인 정치적 행보는 하이데거
의 이념이 공산주의 같은 극좌파에 반대하는 보수혁명주의에 가까
움을 보여주었다. 하지만 이런 이념 지향과는 상관없이 하이데거의
철학적 사유는 시대의 환부를 깊이 절개해 보여주는 날카로운 메스
와 같았고, 그 사유가 품은 무서운 통찰의 힘은 좌우를 가리지 않고
지식인들의 두뇌를 강타했다. 하이데거의 동시대인인 공법학자 카
를 슈미트(Carl Schmitt, 1888~1985)가 보수혁명적인 급진 우파였는
데도 뒷날 좌파의 이론적 상상력에 불을 지핀 것과 유사한 상황이다.
물론 철학적 사유의 깊이와 넓이로 볼 때 슈미트가 하이데거에게 미
치지 못함은 두말할 필요가 없다.

'세계-내-존재'라는 현존재의 근본 구조를 분석하는 하이데거의
여정은 '세계'와 '세인'을 거쳐 이제 '내-존재'에 이른다. 여기서 먼
저 하이데거는 세계-내-존재로 존재하는 현존재가 세계를 열어 밝

히면서 존재한다는 사실을 주목한다. 현존재는 어떻게 세계를 열어 밝히는가? 하이데거는 '현존재'라는 말 자체를 해부함으로써 이 물음에 대한 답을 찾는다. 현존재(Dasein)는 세계-내-존재 곧 인간을 지칭하는 말이다. 하이데거는 현존재를 '현-존재'(Da-sein)라고 분철해 쓰기도 하는데, 그때 이 말은 '존재의 현'(Das Da des Seins)을 뜻한다. 현존재란 단지 인간을 뜻하기만 하는 것이 아니라 '존재의 현'이기도 한 것이다. 여기서 '현'이라고 번역된 다(Da)는 독일어로 '거기'나 '여기', 곧 어떤 장소나 자리를 뜻하는 말이다. 존재의 자리가 현-존재인 셈이다. 존재가 드러나고 밝혀지는 자리가 현-존재의 현이다. 그래서 현-존재(現-存在)다. 현-존재는 순우리말로 하면 '거기-있음'이 된다. '거기-있음'이란 '존재가 드러나고 밝혀지는 자리로 있음'을 뜻한다. 더 과감하게 말하면, 현-존재란 인간의 마음을 가리킨다. 인간의 마음이야말로 존재가 드러나는 자리다.

존재가 드러나고 밝혀지는 자리로서 현-존재를 세계-내-존재로서 주목하면, '현-존재'는 세계가 열리고 밝혀지는 장이 된다. 오해의 여지를 무릅쓰고 말하면, 우리의 마음을 떠나 존재가 따로 있지 않고 세계가 따로 있지 않다. 세계는 우리의 마음에 조응하여 세계로서 열리는 것이다. 그래서 인간의 마음으로서 현-존재는 세계가 드러나는 장, 세계가 열려 밝혀지는 장이다. 현존재는 애초부터 세계를 개시하고 열어 밝히는 존재자인 것이다. 이렇게 세계가 현존재에서 개시돼 있음을 '개시성'(Erschlossenheit)이라고 하이데거는 부른다. 빛을 비추어 어둠을 밝히듯이 현존재는 세계를 열어 밝히고 세계 안의 존재자를 밝힌다.

전통 형이상학에서 인간 이성을 '자연의 빛'(lumen naturale)이라고 했던 것이 바로 인간 현존재의 밝힘을 암시한다. 인간은 세계를 열어 밝히고 세계 안의 존재자를 열어 밝힌다. 현존재가 그렇게 세계를 열어 밝히기 때문에 그렇게 열린 세계 안에서 눈앞의 존재자들이 빛 속에 드러나거나 어둠 속에 감춰져 있을 수 있다. 쉽게 말해서 인간 현존재는 세계를 열어 밝힘으로써 존재자들의 존재를 드러내는 자라고 할 수 있다. 그러므로 인간이 없다면 존재도 없고 세계도 없다. 물론 인간이 없다고 하더라도 존재자라고 부를 수 있는 사물들은 있을 것이다. 별도 있을 것이고 지구도 있을 것이고 초목도 있을 것이다. 그러나 인간이 세계와 존재를 원천적으로 열어 밝히지 않는 한, 별도 지구도 초목도 바로 그 존재자로서 존재하지 못한다. 현존재가 없다면 별도 별이라고 할 수 없고 지구도 지구라고 할 수 없고 초목도 초목이라고 할 수 없다. 현존재와의 내적인 관계를 잃어버리면 지구는 지구가 아니라 특정한 크기를 지닌 혹성 덩어리에 지나지 않을 것이고, 별은 우리가 올려다보는 그 별이 아니라 무수한 우주의 사물 가운데 하나에 지나지 않을 것이다. 인간이 없다면 존재자는 존재를 얻지 못하고 존재 의미를 얻지 못한다. 바로 그렇게 인간 현존재는 존재를 밝히는 자, 세계를 밝힘으로써 존재자를 존재하게 하는 자이다. 인간이 없으면 망치가 '도구'라는 존재를 얻을 수 없듯이, 인간이 세계를 열어 밝히지 않으면 세상 모든 것이 자신의 존재를 얻을 수 없다. 바로 그런 의미에서 현존재는 세계를 열어 밝히는 자이다. 만일 현존재가 그 열어 밝히는 근원적인 힘을 지니고 있지 못하다면 현존재라고 불릴 수 없을 것이다.

세계를 열어 밝히는 현존재

현존재는 자신의 존재를 열어 밝히면서 동시에 세계를 열어 밝힌다. 현존재의 개시성과 세계의 개시성은 공속적이고 동시적이다. 이 개시성을 하이데거는 '리히퉁'(Lichtung)이라고도 부른다. 리히퉁이라는 것은 빽빽한 삼림을 벌목해 탁 트인 터를 가리킨다. 리히퉁이란 '밝힘'이고 밝혀서 훤히 트인 '터'이고 그렇게 트인 터의 '밝음'이다. 현존재는 자신의 존재를 열어 밝히면서 동시에 세계를 열어 밝힌다. 그러므로 현존재는 비록 막연한 수준이라고는 하더라도 애초부터 자신의 존재를 이해하고 있으면서 동시에 세계를 이해하고 있다. 바로 현존재가 자기와 세계를 열어 밝히면서 존재하기에 가능한 일이다. 이 현존재의 개시돼 있음 곧 개시성을 구성하는 것으로 하이데거는 '심정성'(Befindlichkeit)과 '이해'(Verstehen)를 거론한다.

심정성이라는 말의 독일어 단어 'Befindlichkeit'는 'befinden sich'라는 동사를 명사화한 것이다. 'befinden sich'는 '어떤 상태에 있다, 어떤 기분으로 있다, 어떤 마음으로 있다'는 뜻이다. 따라서 'Befindlichkeit'는 '어떤 상황에 처해서 어떤 마음의 상태에 있음'을 뜻하는 말이다. 그래서 때로는 '처해 있음'이라고 번역하기도 한다. 이 심정성이 일상의 삶에서 가장 분명하게 드러나는 것이 바로 '기분'(Stimmung) 혹은 '기분에 젖어 있음'(Gestimmtheit)이다. 기분이야말로 심정성을 가장 명료하게 보여주는 것이라고 할 수 있다. 이 기분이 바로 현존재를 열어 밝힐 뿐만 아니라 세계를 열어 밝힌다고 하이데거는 말한다.

종래의 형이상학은 기분 같은 변덕스러운 감정을 배제한 채로 순수 이성에 입각해 존재와 세계를 해석했다. 그러나 하이데거는 이 기분이라는 유동적인 정서를 통할 때 인간의 세계-내-존재 양상이 선명하게 드러난다고 본다. 불안의 기분에 사로잡힐 때, 권태의 기분에 사로잡힐 때, 공포의 기분에 사로잡힐 때, 기쁘거나 슬픈 기분에 사로잡힐 때, 그때마다 세계는 전혀 다른 양상으로 전혀 다른 빛깔로 드러난다. 기분에는 무기분도 속한다.

"기복이 없이 지속되는 빛바랜 무기분은 아무것도 아닌 것이 아니다. 그러기는커녕 오히려 바로 그 무기분 속에서 현존재는 그 자신에게 싫증을 느낀다. 그런 기분 속에서 존재는 짐으로 드러난다."『존재와 시간』 134쪽

왜 그러는지를 사람들은 알지 못하는데, 그것은 인식의 개시 범위가 기분의 개시 범위에 비해 너무 좁기 때문이다. 기분을 배제하고서 우리는 우리의 존재를 여실하게 볼 수 없을 뿐만 아니라 세계를 여실하게 볼 수 없다. 직관이라든가 인식이라든가 하는 것이 현존재의 존재 상황을 드러내기 이전에 기분이 현존재의 존재 상황을 드러낸다. 직관도 인식도 기분이라는 더 근본적인 것에 의존해 있는 것이다.

불안이라는 기분과 '던져져 있음'

이런 기분의 가장 분명한 사례가 불안(Angst)이다. 불안의 기분이 현존재를 덮치면 그 순간 모든 것이 무의미로 꺼져 내린다. 불안은 현존재를 무의미로 물들이고 세계를 무의미로 물들인다. 다시 말해 불안 속에서 모든 것이 아무 의미가 없는 것으로 '드러난다.' 불안이라는 기분, 불안이라는 심정성이 현존재의 존재를 열어 밝히는 기능을 하는 것이다. 불안의 기분 속에서 현존재는 '자신이 존재해야 할 이유도 근거도 없이 존재하고 있지만 그런 존재를 자신의 존재로서 떠안을 수밖에 없다'는 사실을 절감한다. 이렇게 자신의 존재가 이유도 근거도 없이 주어져 있다는 사실을 하이데거는 '던져져 있음' (Geworfenheit)이라고 표현한다. 현존재 자신의 존재가 현존재 자신에게 던져져 있고 세계 안에 던져져 있다. 내가 나를 능동적으로 던진 것이 아니라, 내 뜻과는 상관없이 내 존재가 던져져 있는 것이다. 이렇게 던져져 있는 자신의 존재를 현존재는 떠맡지 않을 수 없다. 내가 던진 것이 아니지만 내가 떠맡지 않을 수 없는 것이 나의 존재

다. 내 뜻과는 상관없이 태어나 이렇게 살 수밖에 없는 이 존재를 나는 짐을 부리듯 떠넘길 수 없다. 이렇게 이 세계에 던져져 그 존재를 삶의 과제로 떠맡지 않을 수 없는 현존재의 실존적 사실성을 하이데거는 '현사실성'(Faktizität)이라고 부른다.

불안이라는 기분을 통해 현존재는 던져져 있는 자신을 발견하고 그 짐스러운 자신의 존재를 떠맡지 않으면 안 된다는 사실을 깨닫는다. 하지만 그렇게 깨닫고 난 뒤에도 현존재는 할 수만 있다면 그 짐을 떠맡지 않으려고 온갖 수를 짜낸다. 기분을 들뜨게 해주는 상황 속으로 잠겨들기도 하고 마음을 안정시켜주는 친숙한 일상의 세계로 도피하기도 한다. 그럴수록 던져져 있음을 떠맡지 않을 수 없다는 현사실성은 더욱 뚜렷해진다. 분명한 것은 기분이 현존재 바깥에서 들이닥치는 것도 아니고 안에서 솟아나는 것도 아니라는 사실이다.

"기분은 덮친다. 기분은 '밖'에서 오는 것도 아니고 '안'에서 오는 것도 아니며 오히려 세계-내-존재의 방식으로 이 세계-내-존재 자체에서부터 피어오른다." 『존재와 시간』 137쪽

기분은 현존재가 세계에 몰입해 있는 상태에서 현존재를 덮친다. 기분은 그때마다 세계-내-존재를 열어 밝히고 세계를 열어 밝힘으로써 현존재가 세계의 세계성을 더 철저하게 이해하는 데 기여한다. 기분 속에서 세계가 개시되기 때문에 세계 내부 존재자들이 우리를 위협하는 것으로 나타나기도 하고 우리에게 호응하는 것으로 나타나기도 하는 것이다. 기분 속에서 세계가 세계로 나타나므로, 기분을 빼놓고 세계를 이야기하는 것은 근본적인 것을 생략하는 것이나 다름없다. 하이데거 이전의 철학은 기분을 형이상학적 사유의 주제로 삼을 생각을 하지 못했다. 기분은 너무나 변덕스러운 것이어서 존재론의 토대가 될 수 없다고 본 것이다. 하이데거는 그 변덕스러운 것이야말로 현존재의 존재 양상을 적나라하게 드러내준다고 생각한

다. 기분이 존재론 구성의 본질적인 계기가 되는 것이다.

기분 곧 심정성과 함께 현존재의 '내-존재'를 구성하는 것이 이해 (Verstehen)다. 현존재는 이해라는 존재 방식으로 존재한다. 하이데 거가 여기서 말하는 '이해'는 '무언가를 파악해 알고 있다'는 일상적인 뜻을 넘어 아주 넓은 의미를 포괄한다. 하이데거가 맨 먼저 주목하는 '이해'는 현존재의 '궁극 목적'을 열어 밝힌다는 의미의 이해다. 이해란 현존재가 자신이 추구하는 궁극 목적을 이해하고 있다는 것을 의미한다. 현존재는 자신이 무엇을 위해 살 것인지, 다시 말해 무엇을 궁극 목적으로 추구할 것인지를 문제 삼으며 그런 궁극 목적을 중심에 놓고 자신의 행위에 의미를 부여한다.[39] 그리고 그런 궁극 목적에 따라 세계에 존재하는 모든 것들에 의미를 부여하고, 세계의 의미 전체성, 곧 '유의미성'을 열어 밝힌다. 이 유의미성에 따라 세계가 세계로서 열린다.

다시 요약하면 이해는 현존재의 궁극 목적과 세계의 의미 전체를 열어 밝힌다. 이해는 현존재의 궁극 목적에 대한 이해를 의미하며, 그 궁극 목적에 대한 이해를 통해 유의미성을 열어 밝히고 이 유의미성에 따라 세계를 열어 밝힌다. 기분이라는 심정성이 현존재를 열어 밝힘과 동시에 세계를 열어 밝히듯이, 이해라는 현존재의 존재 방식이 현존재의 궁극 목적을 열어 밝힘과 동시에 세계를 열어 밝히는 것이다.

이해의 두 번째 의미는 '할 수 있음'과 관련돼 있다. 이해를 뜻하는 독일어 낱말 'Verstehen'에는 '어떤 일을 할 수 있다, 무언가를 잘 다룰 줄 안다'는 뜻도 들어 있다. 이해는 '할 수 있음'이다. 그런데 실존 범주로서 이해가 가리키는 '할 수 있음'은 어떤 특정한 일을 할 수 있다는 뜻이 아니라 그 자신의 고유한 존재로 실존할 수 있다는 뜻이다. 쉽게 말해 이해는 '실존할 수 있음'이다. 그러므로 이해는 인간이

'가능 존재'이며 자신이 추구하는 가능성으로 존재한다는 것을 뜻한다.[40] 현존재는 궁극 목적이라는 가능성을 추구하는 존재자다.

예를 들어 훌륭한 학자가 되는 것을 궁극 목적으로, 궁극적 가능성으로 삼은 사람은 자신의 삶을 그런 가능성을 향해 조직하고 끌어갈 것이다. 이것이 바로 이해가 뜻하는 것이다. 이해 안에 깃든 가능성은 무모순성이라는 의미의 공허한 논리적 가능성과도 다르고 필연성에 대립하는 우연성이라는 의미의 가능성과도 다르다. 실존범주로서 가능성은 현존재의 가장 근원적이고 궁극적인 존재론적 규정성이다. 그러므로 현존재에게는 눈앞의 현실성이나 확정된 필연성보다 미래의 가능성이 우위에 있다. 실존이란 한마디로 말해 가능성이다.

이 가능성은 현존재가 자신의 삶을 멋대로 살 수 있는 자유(libertas indifferentiae)를 뜻하는 것이 아니다. 현존재는 특정한 가능성들에 던져져 있는 존재다. 다시 말해 현존재에게 주어진 가능성은 특정한 조건과 제약 아래 놓인 가능성이다. 그런 제약 속에서도 현존재는 가장 독자적인 존재 가능성을 향해 열려 있다. 그것이 말하자면 현존재의 자유다. 자유란 무엇이든 마음대로 할 수 있다는 것이 아니라 특정한 제약 속에서 그 제약과 함께 미래의 가능성을 향해 나아갈 수 있다는 것을 의미한다. 이 고유한 존재 가능성을 이해한다는 것이 바로 '이해'에 담긴 두 번째 의미다.

현존재는 그렇게 자신의 고유한 존재를 이미 이해하고 있지만, 그러기에 갈피를 잃을 수도 있고 자기를 놓칠 수도 있다. 더 나아가 그 이해가 이미 세인의 해석에 내던져진 이해인 이상, 현존재는 세인의 해석 안에서 자기를 잃어버리기도 하고 자기를 잘못 이해하기도 한다. 바로 그렇게 세인의 해석에 빠져 있다는 사실 때문에 현존재에게는 자신의 가능성 속에서 자기를 다시 발견할 가능성도 있다. 빠져 있기에 빠져나올 수도 있는 것이다.

　'이해'는 현존재의 가능성을 열어 밝히기만 하는 것이 아니다. 동시에 이해는 세계-내-존재 전체의 가능성도 열어 밝힌다. 그리하여 이해를 통해 이 세계가 가능성으로 개시되고 세계 내부 존재자들이 가능성을 향해서 드러난다. 그리하여 도구들이 지닌 가능성이 그 전체에서 드러난다. 도구는 도구로서 적합하게 사용될 가능성으로 발견될 수도 있고 흉기로서 해를 끼칠 가능성으로 발견될 수도 있다. 현존재의 이해가 이렇게 세계와 세계 내부 존재자들의 가능성을 열어 밝히는 것이다.

기투, 가능성을 향해 자신과 세계를 던짐

　하이데거가 제시하는 이해의 세 번째 의미는 '기투'(Entwurf)다. 현존재의 이해는 현존재 자신과 세계 그리고 세계 내부 존재자들을 가능성들을 향해 열어 밝힌다. 그렇게 열어 밝힐 수 있는 것은 이해가 '기투'라는 성격을 지니고 있기 때문이다. 기투란 기획하여 앞을 향해 던진다는 뜻이다. 무엇을 기획하여 앞으로 던지는가? 바로 가능성을 기획하여 던진다. 가능성은 일차적으로 현존재의 궁극 목적의 가능성이다. 그러므로 현존재는 이해 속에서 자신의 존재를 궁극 목적을 향해 기투한다. 그리고 그렇게 궁극 목적을 향해 자신을 기투하면서 현존재는 동시에 그 세계의 세계성인 '유의미성' 곧 의미 전체를 향해 자신의 존재를 기투한다. 다시 말해 이해 속에서 현존재는 자신의 궁극 목적에 따라 세계에 의미를 새겨 넣는다. 우리는 삶을 그렇게 항상 기투하면서 살고 있다. 자신이 궁극 목적으로 삼는 것에 따라 자기와 연관된 세상의 모든 일에 질서를 세워 의미를 투여하는 것이다.

요약하자면 이해는 현존재의 존재를 궁극 목적과 유의미성에 입각해 이해한다. 현존재는 던져져 있는 자이므로, 자신의 의지와는 무관하게 그렇게 살아가게끔 돼 있는 자로서 자신의 궁극 목적을 기획하여 던질 수밖에 없고, 그 궁극 목적에 따라 세계 내부 존재자들의 의미를 기획하여 던질 수밖에 없다. 현존재는 궁극 목적을 기투하는 자이고 세계의 의미를 기투하는 자다.

그렇다면 궁극 목적을 상실한 현존재도 있을까? 노숙자의 경우는 어떨까? 모든 것을 포기한 채 하루하루를 되는 대로 살아가는 노숙자에겐 궁극 목적이라고 할 만한 것을 찾아보기 쉽지 않을 것이다. 아직 생존해 있으므로 궁극 목적 자체가 완전히 사라졌다고 볼 수는 없지만, 삶을 포기하다시피 한 노숙자에게 궁극 목적이 되는 가능성은 아주 흐릿할 것이다. 그런 노숙자에게는 세계의 유의미성도 심대하게 훼손돼 있을 것이다. 다시 말해 세계를 구성하는 것들이 의미를 잃고 파편처럼 흩어져 있을 것이다. 그런 점에서 노숙자의 삶은 궁극 목적의 결여태라고도 부를 수 있을지 모른다.

이런 기투에서 현존재가 삶을 의식적으로 계획하느냐 하지 않느냐 하는 것은 전혀 본질적인 문제가 아니다. 현존재는 의식하든 의식하지 못하든 언제나 자기를 기투하면서 존재한다. 현존재는 언제나 가능성들에 입각해 자신을 이해한다. 이해 속에서 현존재는 자신의 가능성을 기투하며 존재한다. 이해는 현존재의 존재 양식이다. 현존재가 자신의 궁극 목적을 기투한다는 것은 가장 이상적인 삶의 모습이나 가장 이상적인 세계의 모습을 마음속에 품은 채 살아간다는 뜻이다.[41] 그런 이상이 다른 사람에게 매우 속물적인 것으로 보일 수 있다 해도 당사자에겐 이상으로 이해된다. 어떤 사람에겐 돈이 궁극 목적이 될 수 있고 또 어떤 사람에겐 명예가 궁극 목적이 될 수 있다. 어떤 사람에게는 깨달음이 궁극 목적이 될 수 있고 어떤 사람에겐 진리가 궁극 목적이 될 수 있다. 그러므로 사람마다 궁극 목적은 천차만별로 다를 수 있다. 그 궁극 목적을 향해 인간은 육체와 정신을 모두 바쳐 나아간다.

그런데 현존재는 우선 대부분의 경우에 그 궁극 목적을 일상적인 세계에서부터 이해하기에 그 자신에게서 소외되고 만다. 그 일상적 세계의 이해에서 벗어나야만 현존재는 궁극 목적을 자신의 고유한 존재에서부터 이해할 수 있다. 그렇다면 이해는 자신의 고유한 존재에서 비롯하는 본래적 이해로 나타날 수도 있고 일상적인 세계에 대한 관심에서 비롯하는 비본래적 이해로 나타날 수도 있을 것이다.

하이데거가 제시하는 이해의 네 번째 의미는 '직관과 사고의 근거'다. 이해의 열어 밝힘에는 현존재의 '봄'(Sicht)이 따르지 않을 수 없다. "이해는 그 기투 성격에서 우리가 현존재의 '봄'이라고 부르는 것을 실존론적으로 구성한다."『존재와 시간』 146쪽

도구적 존재자에 대한 봄이 '고려하는 둘러봄(Umsicht)'이고 타자에 대한 봄이 '배려하는 돌봄(Rücksicht)'이라면, 현존재가 자기 자신의 궁극 목적을 통찰하는 봄은 '꿰뚫어봄'(Durchsichtigkeit)이다. 꿰뚫어봄이라는 것은 현존재의 자기 자신에 대한 인식, '잘 이해된 자기 인식'을 가리킨다. 진정한 자기 인식은 자기를 대상으로 삼아 눈앞에 놓고 관찰하는 인식이 아니라, 세계-내-존재의 완전한 개시성을 이해하면서 포착하는 인식이다. 다시 말해 꿰뚫어봄은 도구와 타자를 포함해 자기 자신까지 일관해서 보는 것, 곧 세계 안에 있는 모든 존재자를 통째로 열어 밝혀 보는 것을 의미한다. 이것이 '개시성 곧 열어 밝힘'으로서 이해의 궁극적인 모습이다.[42]

이렇게 '봄'이 '이해'의 열어 밝힘에 근거한다는 것을 알면 전통 존재론에서 말하는 '직관의 우위'는 무너진다. 직관과 사고는 모두 이해에서 파생된 것들이다. 이해는 직관과 사고의 근거다. 플라톤이 말

하는 이데아에 대한 직관이나 후설이 말하는 현상학적 본질 직관도 모두 이해라는 더 원초적인 봄에 근거를 두고 있는 것이다. 이렇게 하여, 종래의 철학에서 인식의 최고 단계로 간주한 '직관'이나 '본질 직관'은 실존론적 이해의 파생태에 지나지 않음이 드러난다.

이해는 현존재의 존재를 세계의 유의미성과 함께 궁극 목적을 향해 기투한다. 바로 여기에 존재 일반의 '열려 밝혀져 있음'(개시성)이 존재한다. 현존재는 자신을 자신의 궁극적 가능성인 궁극 목적을 향해 기투하면서 동시에 다른 모든 존재자들의 존재도 그 가능성에서 기투한다. 그런데 이렇게 현존재가 현존재 자신과 모든 존재자들을 그 가능성에서 기투할 때 그 바탕에 이미 '존재 이해'가 깔려 있다. 가능성을 향해 기투하려면 존재자들의 존재가 먼저 이해돼 있어야 하고 열려 있어야 한다. 현존재는 존재를 이해하면서 모든 존재자들의 가능성을 기투하는 것이다. 기투라는 존재 양식을 지닌 현존재는 그렇게 자기 안에 '존재 이해'를 품고 있다. 존재 이해란 현존재 자신을 포함해 모든 존재자들의 존재가 현존재에게 이해돼 있다는 것을 가리키는 말이다. 요컨대 현존재는 존재 이해를 품고서 존재자들의 존재 가능성을 기투하는 존재자다.

이해에서 해석으로

그러나 현존재의 존재를 구성하는 이해는 그 자체로는 막연하고 분명치 못한 이해에 지나지 않는다. 이해는 완성돼야 한다. 하이데거는 이해의 완성을 '해석'이라고 부른다. 통상 우리는 해석을 거쳐서 비로소 사태를 이해하게 된다고 생각한다. 그러나 하이데거는 거꾸로 본다. 사태에 대한 이해는 이미 성립돼 있고, 이 이해가 해석을 통해 완수되고 마무리된다고 보는 것이다. 해석을 거쳐 비로소 처음으로 이해가 성립한다는 통상의 주장은 사물이 인간의 실천 행위와는 무관하게 눈앞에 있고 그것을 관찰하여 인식하는 차원에서 하는 말이다. 낯선 고대 문자를 발견한 고고학자가 그 문자를 찬찬히 뜯어보며 해석한 끝에 그 의미를 이해하게 된다고 보는 것이 그런 경우다.

하이데거가 말하는 해석은 인간이 실천적 행위에서 이미 이해하고 있는 바를 구체화하고 마무리하는 것을 가리킨다. 이론적 관찰이 아니라 실천적 행위의 관점에서 보면 먼저 이해가 있고 이어 해석이 그 이해를 구체화한다고 보는 것이 타당하다. 우리는 도구를 이해하고 있고 그 도구를 어디에 어떻게 쓸 것인지를 그 다음의 행위 속에서 해석하는 것이다. 가령 우리는 망치를 도구로서 이해하고 있다. 그런데 그 망치를 어떻게 쓸 것인지는 전체 맥락 속에서 망치를 어떻게 해석할 것인지에 달려 있다. 망치는 못을 박는 것으로 해석될 수도 있고 돌을 깨뜨리는 것으로 해석될 수도 있고, 공격 무기로 해석될 수도 있다. 전체 맥락 안에서 망치라는 도구가 해석됨으로써 그 망치에 대한 이해가 마무리되는 것이다. 도구를 용도 연관 전체 속에서 그 쓸모에 따라 규정하는 것, 더 나아가 현존재를 궁극 목적으로 하는 세계 안에서 도구의 쓸모를 규정하고 사용하는 것이 바로 해석이다.[43]

지각한다는 것도 그때마다 이미 이해하고 해석하는 것이다. 예를 들어서 우리는 용도 전체의 맥락 안에서 '이 망치는 너무 무거워 쓸모가 없다'거나 '이 벽지는 너무 색깔이 튀어서 쓸 수가 없다'는 식으로 지각한다. 언제나 이렇게 용도를 염두에 두고 사물이 도구로서 적합한지 그렇지 않은지 해석하는 것이다. 그런 사물을 순수한 '무게'나 '색깔'의 차원에서 보려면 생활세계의 자연스런 지각을 인위적인 지각으로 바꿔야 한다. 즉 생활세계에서는 '도구'가 먼저 있고 '사물'은 나중에 지각의 인위적 변경을 통해서 드러나는 것이다.[44] 이렇게 하이데거가 말하는 지각은 전통 철학의 지각 개념과는 아주 다르다. 전통 철학의 지각 우위, 사물 우위가 하이데거에게서 해석 우위, 도구 우위로 바뀌는 것이다. 종래의 철학자들은 우리가 사물을 눈앞에 놓고 봄으로써 순수한 형태와 색깔과 소리를 뽑아내는 식으로 지각한다고 생각했다. 그러나 하이데거는 지각이 언제나 우리의 실천적 관심 속에서 세계 안에서 이루어진다고 말한다. 우리 귀에 어떤 소리가 들릴 때 그것을 순수한 소리로 인식하는 것이 아니라 새소리나 총소리처럼 구체적인 사물의 소리로 먼저 이해하는 것이다.

해석이 이해를 완성함

그런데 해석이 이해를 완성하는 것이라고 한다면, 이해는 해석에 앞서 있고 해석을 통해서 명료해지는 것으로 보아야 한다. 이해는 처음에는 막연한 이해다. 다시 말해 명료한 이해를 얻기 전에 언제나 막연한 이해가 먼저 있다. 이것이 '해석학적 상황'이다. 여기서 하이데거는 해석학적 상황을 구성하는 '선행적 구조'를 이야기한다. 선행적 구조에는 '앞선 소유'(Vorhabe), '앞선 관점'(Vorsicht), '앞선 개념'(Vorgriff)이 있다. 이 세 가지 선행적 구조 위에서 해석이 펼쳐지고 이해가 완수되는 것이다.

도구를 예로 들면, 도구는 언제나 이미 용도 전체성이라는 맥락 속에서 해석된다. 이때 용도 전체성은 명시적으로 포착돼 있을 필요는 없다. 일상적인 둘러봄 속에서 용도 전체성이 막연하게라도 이해돼 있으면 된다. 해석은 언제나 이런 용도 전체성에 대한 선행적인 '앞선 소유', 곧 선이해에 근거한다. 우리가 용도 전체성에 대해 막연하게 품고 있는 앞선 이해가 '앞선 소유'다. 해석이란 이렇게 앞서 이해돼 있지만 아직 명료하지 않은 것을 구체화하는 것을 말한다. 그런데 이런 구체화는 언제나 어떤 관점 위에서 이루어질 수밖에 없는데, 이것을 '앞선 관점'이라고 부른다. 선행적인 관점을 말한다. 마지막으로 해석은 해석돼야 할 존재자에 대한 개념을 미리 가지고 있는데, 그것을 '앞선 개념'이라고 부른다.

이 해석의 선행적 구조를 예를 들어서 이해해보자. 집에 강도가 들었다고 하자. 강도에게서 자신을 방어하려고 부엌칼을 들 때 우리는 집 안의 모든 사물들 사이에 존재하는 용도 연관 전체성을 막연하게 나마 앞서 이해하고 있다. 그것이 '앞선 소유' 곧 선이해다. 그런데 도둑이 집에 들어온 상황에서 우리는 그 용도 전체성을, 어떻게 하면 강도에 맞서 나를 지킬 것인가 하는 관점에서 해석하게 된다. 용도 전체성을 자기 방어라는 특정한 관점에서 해석하는 것이다. 이 관점이 바로 앞선 관점이다. 그러고 나서 우리가 부엌칼을 집어들었다면, 이 행동은 자기 방어에 필요한 물건들이 지닌 특성들에 대한 '앞선 개념'에 근거를 둔 것이다. 보통의 경우라면 요리를 하는 데 쓰여야 할 도구가 이 경우엔 자기방어에 가장 적합한 무기로 해석되는 것이다. 그리하여 부엌칼이 무기로 등장한다.[45]

해석이란 이런 선행적인 선-구조를 바탕으로 삼고 있다. 해석은 앞에 놓여 있는 것을 아무런 전제 없이 포착하는 것이 아니다. 이것은 텍스트에 대한 해석에도 그대로 적용된다. 텍스트를 해석할 때 사람들은 '원전에 그렇게 쓰여 있다'고 원전을 전거로 내세우지만, 그렇게 원전에 쓰여 있다고 하며 제시하는 내용 자체도 사실은 어떤 '선입견'에 따라 해석된 것이다. 그것이 선입견에 따라 해석된 것임을 자각하지 못할 뿐이다. 선입견은 모든 해석의 바탕에 이미 깔려 있는 것이다. 가령 '알레테이아'(aletheia, $\alpha\lambda\acute{\eta}\theta\varepsilon\iota\alpha$)라는 그리스어 단어를 어떻게 해석할 것인가 하는 문제를 생각해보자. 해석자는 그 단어의 의미를 '인식과 사태의 일치'라는 의미의 '진리'라고 해석하면서 고대 그리스의의 문헌을 전거로 제시할 수 있다. 하지만 그 원전에 쓰인 알레테이아의 의미가 이미 선입견에 따라 해석된 것이라면, 원전을 전거로 들이미는 것은 부당한 일이 된다. 선입견에 따른 해석을 그대로 반복하는 데 지나지 않기 때문이다. 하이데거라면 이 알레테이아를 '인식과 사태의 일치'로 해석하기를 거부하고 '사태 자체의 드러나 있음'으로 재해석할 것이다.

하이데거는 이해와 해석의 관계에 이어 '이해와 의미'의 관계도 들추어본다. 세계 내부의 존재자는 현존재에게 이해됐을 때 '의미'를 지닌다. 의미는 현존재의 실존범주이지 사물에 붙어 있거나 사물의 배후에 있는 특성이 아니다. 다시 말해 의미는 오직 현존재가 존재할 때에만 발견될 수 있다. 현존재의 존재와 무관하게 사물이 의미를 지닐 수는 없다.

"그러므로 오직 현존재만이 의미를 가지거나 의미를 잃어버릴 수 있다."『존재와 시간』 151쪽

현존재가 아닌 모든 존재자는 본디 무의미하다. 다시 말해 아무런 의미도 없다. 현존재의 존재와 함께 존재자들이 의미를 띤 것으로 드러나는 것이다. 도구도, 풍경도, 날씨도 모두 현존재가 있을 때에만 현존재의 존재와 관련해 의미 있는 것으로 드러나는 것이다. 그러므로 존재의 의미에 대해 묻는다면 그것은 존재가 현존재에게 이해되는 한에서 그 존재 자체에 대해 묻는 것이다. 간단히 말해서 존재의 의미는 현존재의 이해 안에 있다.

여기서 하이데거는 '해석학적 순환'(hermeneutische Zirkel)이라는 것도 이야기한다. 해석학이란 이미 알려진 것에 주목해서 그것을 더욱 분명히 하거나 새로운 의미를 찾아내는 것을 말한다. 해석학적 순환이란 언제나 앞선 이해를 기초로 해서 더 깊은 이해로 나아가는 순환적 과정을 뜻한다. 이미 전제한 개념을 따라 더 깊은 개념으로 나

아가고 그 개념을 통해 한층 더 깊은 개념으로 나아가는 것이 해석학적 순환이다. 그러므로 해석학적 순환은 '순환 논증' 곧 논증해야 할 결론을 미리 전제로 삼는 논리학의 오류와는 전혀 다른 차원의 순환이다. 해석학적 순환은 주로 문헌 해석에 적용돼왔지만 하이데거는 이 해석학 방법을 인간 현존재의 실존론적-존재론적 해석에 적용한다. 『존재와 시간』은 이미 전제한 현존재의 실존범주들을 통해 더 깊은 이해로 나아감으로써 그 실존범주들에 대한 이해를 심화하는 해석학적 순환으로 이어져 있다고 할 수 있다.

심정성, 이해, 말

'심정성'과 '이해'에 이어 분석되는 것이 '말'(Rede)이다. 하이데거는 말에 대해 이렇게 말한다.

"세계-내-존재의 개시성을 구성하는 기초적인 실존범주들은 심정성과 이해다. … 말은 심정성·이해와 실존론적으로 동근원적이다. 이해 가능성은 … 해석 이전에 언제나 이미 분절돼 있다. 말은 이해 가능성의 분절화다."『존재와 시간』 161쪽

이렇게 말한 뒤 하이데거는 말(Rede)과 언어(Sprache)를 구분해 말이 밖으로 언표된 것이 언어라고 말한다. 말은 언표되기 이전의 더 원초적 상태에 있는 '언어적인 것'이고 언어는 말이 구체적으로 발언된 것이라는 얘기다.

하이데거는 '말함에는 그 가능성으로서 들음과 침묵함이 속한다'는 주장도 한다. 특히 침묵이 말과 동일한 실존론적 기초를 지니고 있다며 "서로 함께 말하는 가운데 침묵하고 있는 사람이 말을 끊임없이 하는 사람보다 더 본래적으로 '이해하게끔' 할 수 있다"고 말한다. "어떤 것에 대해 말을 많이 한다고 해서 이해가 증진된다는 보증

은 조금도 없다. … 오직 진정한 말함에서만 본래적으로 침묵함도 가능하다. 현존재는 무엇인가 말할 것이 있어야만, 다시 말해 자기 자신에 대해 본래적으로 풍부하게 열어 밝힐 처지에 있어야만 침묵할 수 있다."『존재와 시간』 164~165쪽

『존재와 시간』에서 하이데거의 말에 대한 해석은 다소 모호하다. 말이 심정성·이해와 함께 기초적 실존범주로서 현존재의 개시성을 구성하는지 분명하지 않다. 하이데거는『존재와 시간』의 다른 곳에서 말 대신에 '퇴락'을 거론하기도 하고 또 다른 곳에서는 심정성·이해·말·퇴락 네 가지를 다 현존재의 개시성을 구성하는 것으로 언급하기도 한다.[46] 하이데거 연구자들 사이에서도 말의 위상을 놓고 의견이 일치하지 않는다.[47] 전체적으로 보면, 하이데거가 말을 현존재의 개시성을 구성하는 것으로 이해하면서 동시에 심정성이나 이해보다 더 근원적인 차원에 놓으려 하는 것으로 보인다. 그래서 맥락에 따라 때로는 심정성·이해와 동일하게 근원적인 것으로 보기도 하고, 때로는 심정성·이해보다 더 근원적인 것으로 보기도 한다. 하이데거는 후기에 가서 말과 언어를 구분하지 않고 '언어'로 통합해 언어와 존재의 관계를 상세히 추적한다.『존재와 시간』에서 하이데거의 언어 사유는 충분히 무르익지 않았다고 보아야 할 것이다.

퇴락을 구성하는 빈말, 호기심, 모호성

『존재와 시간』에서 하이데거의 언어 분석보다 오히려 더 주목을 끄는 것은 '퇴락'(Verfall)에 대한 분석이다. 퇴락은 현존재가 세인의 존재 양식 안에 머무르고 있는 상황에서 나타나는 현존재의 존재 양상을 가리킨다. 다시 말해 평균적인 일상성에서 나타나는 현존재의 존재 방식이 퇴락이다. 하이데거는 퇴락의 세 구성 계기로 빈말

(Gerede)과 호기심(Neugier)과 모호성(Zweideutigkeit)을 든다. 이 세 가지는 '말'과 '봄'과 '해석'의 평균적이고 일상적인 양상이라고 할 수 있다.

하이데거가 이야기하는 빈말은 세론의 장에서 퍼져나가는 세인의 말이다. 세인의 말은 화제가 되고 있는 것, 다시 말해 세상 사람들의 관심이 모이는 사안을 근원적으로 이해하는 데까지 이르지 못한 채, 듣는 대로 주위에 퍼뜨리는 방식으로 나타난다. 화제가 되는 사안에 대한 이야기는 '뒤따라 말함'과 '퍼뜨려 말함'을 통해 퍼져 나간다. 그렇게 퍼져나가면서 이야기되고 있는 것은 권위를 얻게 된다. 그러나 그 권위는 근거 아닌 근거에 토대를 두고 있다. '사람들이 다 그렇게 말한다'가 말이 권위를 얻는 근거다. 그리하여 처음부터 근거가 빈약했던 말은 시간이 가면서 완전히 근거를 잃은 상태에 빠진다. 이렇게 해서 '말'은 '빈말'이 된다. 다시 말해 뒷말·잡담·공담이 된다. 빈말은 뒤따라 말하는 것에 그치지 않고 글로 쓰인 것을 생각 없이 읽고 받아들이는 것으로도 나타난다.

"모방해서 말하는 것은 풍문에만 근거하는 것이 아니라 마구잡이로 읽는 것으로도 배를 채운다. 독자의 평균적 이해로는 무엇이 근원적으로 창조된 것, 쟁취된 것이며 무엇이 모방된 것인지를 결코 결정할 수 없다."『존재와 시간』 169쪽

닥치는 대로 읽느라 모든 것이 뒤섞여서 무엇이 진정으로 창조적인 것이고 무엇이 베끼고 모방한 것인지 구분할 수 없게 되는 것이다. 아니, 일상성을 살아가는 평균적인 사람들은 그런 것을 구분하고자 하지도 않는다.

"평균적인 이해는 그런 구별을 전혀 원하지도 않을 것이고 필요로 하지도 않을 것이다. 왜냐하면 평균적인 이해는 모든 것을 다 이해하고 있으니 말이다."『존재와 시간』 169쪽

평균적인 이해에 머물러 있는 세인은 아무것도 알지 못하지만 모든 것을 다 아는 사람들이다. 빈말이란 그러므로 아무것도 이해하지 못하면서 모든 것을 이해하는 세인의 말이다. 대중매체에서 흘러나와 퍼져나가는 말이 바로 그런 빈말이다. 그리하여 빈말의 이런 근거 없음은 빈말이 세론의 장 안으로 들어가는 것을 막기는커녕 오히려 조장한다. 빈말은 사실을 확인하는 절차를 거치지 않고도 모든 것을 이해할 수 있게 해준다.

"누구든 긁어모을 수 있는 빈말은 진정으로 이해해야 한다는 과제로부터 벗어날 뿐만 아니라 무차별한 이해 가능성을 만들어낸다. 이 무차별한 이해 가능성에는 감추어진 것이라고는 아무것도 없다."『존재와 시간』 169쪽

빈말, 세계를 닫아버림

말은 현존재의 열어 밝힘을 함께 구성하고 있는데, 말이 빈말이 되면 세계를 열어 밝히기는커녕 오히려 닫아버리고 세계 내부 존재자를 은폐해버린다. 빈말은 화제가 되는 사안의 근거로 거슬러 올라가는 것을 중단시키기 때문에 애초부터 일종의 닫아버림이다. 빈말 속에서 세인은 사안에 대한 이해가 성취됐다고 잘못 생각하기 때문에 이 잘못된 생각에 근거해서 모든 새로운 물음을 억눌러 질식시킨다. 그리하여 빈말은 더 단단히 문을 닫아건다. 일상의 현존재에게는 이런 빈말이 확고하게 자리 잡고 있어서 현존재는 이 빈말을 통해 앎을 쌓게 되며 그 결과로 거의 모든 사안에서 평균적인 이해를 넘어서지 못한다. 이렇게 진정한 이해를 닫아버리는 빈말이야말로 현존재의 뿌리 뽑힌 이해 방식이다. 이런 사태가 존재론적으로 말하는 바는 다음과 같다.

"빈말 속에 머무르고 있는 현존재는 세계-내-존재로서 세계에 대한, 더불어 있음에 대한, 안에-있음 자체에 대한 일차적이고 근원적인 진정한 존재 연관으로부터 단절돼 있다. 이 현존재는 공중에 떠 있으며 그런 방식으로 언제나 '세계' 곁에, 타인과 더불어 그 자신과 관계하며 산다." 『존재와 시간』 170쪽

빈말은 대중매체의 무책임과 대중사회의 무분별을 보여주는 더없이 뚜렷한 징표 가운데 하나다. 빈말은 세계를 바르게 열어 밝히는 것이 아니라 세계에 대한 우리의 이해를 닫아버린다. 흘러 다니는 빈말을 듣고 퍼뜨리면서 세인은 모든 것을 알고 있다고 생각하지만, 그 근거 속으로는 전혀 다가가지 못한다.

빈말과 함께 퇴락을 구성하는 것이 '호기심'이다. 호기심은 인식의 가장 근원적인 기능인 '봄'이 세인의 퇴락 속에 왜곡돼 있음을 알려주는 징표다. 하이데거는 먼저 '봄'이라는 방식으로 나타나는 인식에 대한 추구가 우리 인간에게 얼마나 근원적인지를 역사적 실례를 들어 보여준다. 존재론에 관한 아리스토텔레스의 글을 모은 『형이상학』의 첫 번째 논문이 바로 '보려는 욕망'에서부터 시작한다. "모든 인간에게는 본성상 보려는 욕망이 있다."[48] 봄을 통해 세상을 인식하려 하는 것은 인간의 본성에 뿌리박은 욕망이라는 얘기다. 인식에서 봄이 우월한 지위에 있음을 아우구스티누스는 『고백록』에서 이렇게 이야기한다. " '보는 것'은 본디 눈에 속한다. 그러나 우리는 '본다'는 말을 다른 감각들에도 사용한다. … 우리는 '어떤 소리가 나는지 (들어) 보라, 어떤 냄새가 나는지 (맡아) 보라, 어떤 맛이 나는지 (맛)보라, 얼마나 딱딱한지 (만져) 보라'고 말한다. 그러므로 감각의 경험은 일반적으로 '눈의 욕망'이라고 일컬어진다. 왜냐하면 인식함이 문제가 될 때면 나머지 감관들도 눈이 우위를 차지하는 봄의 기능을 받아들이기 때문이다."[49]

호기심, 새로운 것에서 새로운 것으로 건너뜀

바로 이렇게 봄이라는 것이 인식에서 가장 우월한 지위를 차지한다. 문제는 평균적인 일상의 실존에서 그 봄이 진정한 인식의 기능을 하는 것이 아니라 한갓 '호기심 어린 봄'의 차원에 머물러 있다는 사실이다. '호기심'이 보려고 하는 이유는 무언가를 봄으로써 사태의 참모습에 다가가려는 데 있지 않다. 그저 보기 위해 보려고 하는 것뿐이다. 호기심이 발동한 현존재가 먼 곳을 찾아가는 것은 그 먼 데 있는 것의 겉모습을 확인해 두려는 것이지 다른 목적이 있는 것이 아니다. 호기심은 새로운 것만 찾아다니는데 거기에 무슨 깊은 이유가 따로 있는 것도 아니다. 새로운 것에서 새로운 것으로 건너뛰려고 새로운 것을 찾아다닐 뿐이다. 새로운 것을 보려는 호기심은 진리를, 참된 것을 찾으려는 마음에서 생겨나는 것이 아니다.

하이데거는 호기심이 가까운 것에는 머무르지 않는 특성을 지니고 있다는 점을 특별히 강조한다. 호기심은 여유를 두고 머물러 앉아 차분히 살피려 하지 않는다. 호기심이 추구하는 것은 만나는 것을 늘 바꿈으로써 생기는 긴장과 흥분이다. 호기심은 아무 곳에도 머무르지 않고 어느 것에도 머무르지 않은 채로 끝없이 산만함을 쫓는다. 이런 호기심의 특성은 아리스토텔레스가 철학의 근본 기분이라고 지칭했던 '타우마제인'(thaumazein, θαυμαζειν) 곧 '경이'와는 아무런 관련이 없다. 아리스토텔레스의 경이는 놀라움 속에서 의문에 사로잡힘으로써 우리를 더 깊은 앎을 향한 물음으로 끌고 가는 데 반해, 호기심이 감탄 속에서 얻는 앎은 어떤 근본적인 물음도 불러일으키지 못하는, 그저 알아 두고 끝내는 앎에 지나지 않는다.

하이데거는 호기심이 두 가지 계기로 이루어져 있다고 말한다. 하나는 자신이 몰두해 있는 주위세계에 머무르지 않는다는 것, 둘째 새로운 가능성들을 향해 관심이 분산돼 있다는 것. 이 두 계기를 묶어 하이데거는 호기심이 '무정주성'이라는 본질적 특성을 지녔다고 말한다.

"호기심은 도처에 있지만 어디에도 머무르지 않는다."『존재와 시간』 173쪽

세계-내-존재의 이런 양상은 일상적 현존재가 뿌리 뽑힌 채 있음을 폭로한다. "호기심에는 감추어져 있는 어떤 비밀스런 차원도 존재하지 않으며 빈말에는 우리가 이해할 수 없는 심연적인 차원은 존재하지 않는다."[50] 하이데거가 진실로 관심을 품고 있는 것은 바로 이 비밀과 심연의 차원이다. 바로 그런 점에서 "말할 수 없는 것에 관해서는 침묵해야 한다"[51]고 했던 비트겐슈타인과 하이데거 사이에 비밀과 심연의 차원에 대한 관심의 공통성이 있다고도 말할 수 있다.

무엇이나 다 아는 '모호성'

하이데거가 퇴락의 세 번째 양상으로 제시하는 것이 '모호성'이다. 모호성은 하이데거가 앞에서 빈말이라고 했던 것의 실상을 보여주는 것이기도 하다. 사람들은 일상적으로 서로 함께 있으면서 무엇이든 다 아는 것처럼 이야기한다. 만사가 다 진정으로 이해되고 파악되고 발언된 것처럼 보인다. 하지만 실제로 따져 들어가면 무엇이 진정한 이해 속에 밝혀져 있고 무엇이 그렇지 않은지 결정할 수 없게 된다. 이런 모호성이 다른 인간들에 대한 이해뿐만 아니라 현존재의 자기 이해까지도 규정한다. 이것이 모호성이라는 말로 하이데거가 이야기하려는 것이다.

모호성은 빈말과 호기심을 근본에서 규정한다. 호기심과 빈말 속에서는 어떤 것도 진정으로 이해되지 않지만 동시에 모든 것이 다 이

해된 것이 된다. 그러므로 모호성이 지배하는 곳에서는 진정으로 새로운 것이 창조되더라도 사람들에게는 이미 다 아는 것, 그래서 낡은 것으로 여겨지게 된다. '빈말'과 '호기심'은 모호성 속에서 예감하던 것이 실현되는 것을 보게 되면, 그 어려운 일을 이루어낸 사람을 정당하게 평가하는 것이 아니라 '그것은 누구나 다 예감했던 일이기 때문에 누구라도 할 수 있는 일이었다'고 재빠르게 뱉는다. 더 나아가 '빈말'은 예감하고 요구했던 일이 실제로 일어나면 오히려 실망해서 화를 낸다. 모호성 속에서 계속 예감할 기회를 박탈당하게 되기 때문이다. 그러므로 가장 목청 높은 빈말과 가장 영리한 호기심이 '영업'을 하는 곳에서는 아무리 많은 일이 일어나더라도 근본적으로는 아무 일도 일어나지 않는다. 모호성은 호기심에게 언제나 호기심이 찾는 것을 슬며시 건네주고, 빈말에게는 마치 빈말이 모든 것을 결정하는 듯한 가상을 심어준다.

이 모호성의 존재 양식은 인간들의 '서로 함께 있음'도 철저히 지배한다. 세인이라는 존재 양식을 지닌 공동존재, 곧 사람들의 '더불어 있음'은 서로 떨어져서 무관심하게 나란히 있는 것이 아니라, 모호하게 긴장하면서 서로를 살피고 남몰래 서로 엿듣는 방식으로 있다.

"사람들은 호의라는 가면을 쓰고 반목을 연출한다."『존재와 시간』175쪽

모호성이라는 이 세인의 지배 양상은 하이데거가 몸담고 있던 대학 사회에서 하이데거가 느꼈던 것을 그대로 존재론적 언어로 옮겨놓은 것이라고 할 수 있지 않을까. 학자의 새로운 학문적 성취를 세인-학자들은 뒷말과 잡담과 빈말 속에서 누구나 할 수 있었던 별것 아닌 것으로 치부하거나 새로울 것 없는 낡은 것으로 간주하는 것이다. 그러면서 모호성 속의 세인은 모든 것을 다 알고 있다고 자부한다. 하이데거는 퇴락을 보여주는 말들이 깎아내리는 뜻으로 사용되

는 것이 아니고 도덕적 판단이 개입된 것도 아니라며 애써 그 말의 중립성을 강조하지만, 그 매섭고 날카로운 표현은 세인의 지배에 대한 반감과 혐오를 조금도 지우지 못한다.

소외, 퇴락의 양상

빈말과 호기심과 모호성은 그렇게 서로 내밀하게 결합해 현존재의 일상적인 존재 방식을 규정한다. 이런 존재 방식이 바로 퇴락이다. 빈말과 모호성과 호기심에 규정된 일상적 세계-내-존재는 만사를 이미 보았고 만사를 이미 이해했다고 생각하면서 자신이 삶의 확실성과 진정함 그리고 풍부함을 이미 확보했다고 여긴다. 이런 단호한 자기 확신에 근거해 현존재는 '본래적인 이해' 같은 것은 자기에게 필요하지 않다고 생각한다. 완전하고 진정한 삶을 살고 있다고 생각하면서 현존재는 만사가 최상의 상태로 진행되고 있다고 안심한다. 퇴락해 있는 세계-내-존재는 자기 자신을 유혹하면서 동시에 자기 자신을 안심시킨다. 이렇게 안심하면서 현존재는 더욱 퇴락해간다.[52] 이런 퇴락의 양상을 하이데거는 '소외'(Entfremdung)라고도 부른다. 여기서 소외란 '가장 고유한 존재 가능성이 현존재에게 은폐됨'을 가리킨다. 이 소외라는 용어는 카를 마르크스가 헤겔 철학에서 빌려와 노동자의 존재 상태에 적용한 말이기도 하다. 마르크스는 노동자가 자본주의 생산 체제 안에서 끊임없이 노동을 강요당하지만 그런 노동을 통해 만들어낸 생산물을 소유하지 못하는 상황, 상품 세계의 가치를 증식시킬수록 노동자 자신의 가치는 줄어드는 상황을 가리켜 소외라고 불렀다.[53] 하이데거가 『존재와 시간』에서 말하는 소외는 현존재가 퇴락에 빠져 자신의 고유한 존재를 잃어버리고 비본래적으로 살아가는 상황을 가리킨다. 마르크스의 소외가 사회경제적 소외라면, 하이데거의 소외는 실존론적인 자기 소외다.

현존재는 그렇게 끊임없이 비본래적인 존재 양식으로 휘말려 들어 간다. 이렇게 휘말려 들어가는 현상을 하이데거는 전락(Absturz)이 라고 부른다. 또 현존재를 본래성으로부터 끊임없이 이탈시키면서 현존재가 마치 본래적으로 존재하고 있는 것처럼 착각하게 만드는 퇴락의 운동 방식을 소용돌이(Wirbel)이라고 부른다. 소용돌이는 현 존재의 존재 성격인 '던져져 있음'(Geworfenheit)을 드러낸다. 현존 재의 현사실성에는 현존재가 현존재로서 존재하는 한, 세인의 존재 양식에 던져져 있다는 사실, 그리고 세인의 비본래성이라는 소용돌 이에 휘말려 있다는 사실이 속해 있다.

바로 그 던져져 있음의 현사실성 속에서 현존재가 자신의 존재를 본래적으로 문제로 삼을 가능성이 도사리고 있다. 그 가능성 속에서 추구되는 것이 바로 본래적인 실존이다. 하이데거는 본래적인 실존 이 퇴락의 일상성과 완전히 동떨어져 존재하는 것이 아니라 그 일상 성이 변모한 것임을 강조한다.

"본래적 실존은 퇴락하는 일상성 위에 떠 있는 것이 결코 아니며, 실존론적으로는 단지 이 일상성의 변형된 장악일 따름이다."『존재와 시 간』179쪽

이 비본래적 일상성을 출발점으로 삼아 이 일상성의 변화를 통해 본래성에 도달할 수 있다는 얘기다. 하이데거는 이제 우리가 그 변화 의 길에 어떻게 들어설 수 있는지 이야기한다.

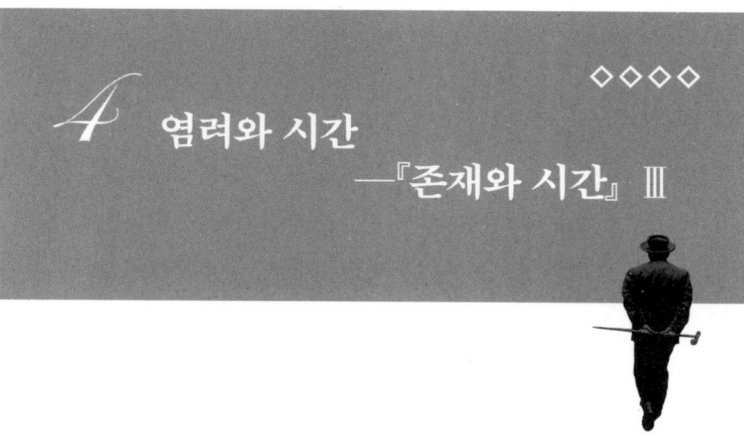

4 염려와 시간
—『존재와 시간』 Ⅲ

시간성이 염려의 의미다. 시간성은 장래와 기재와
현재로서 구성된다. 이 시간성이 염려를 가능케 하는 것이다.
쉽게 말해서 우리는 시간 속에서 시간을 살기 때문에 우리의
존재를 염려하며 사는 것이다.
우리가 시간을 살지 않는다면 우리는 염려하며 살 이유가 없다.
우리가 다가올 날(장래)을 생각하지 않고 살아온 날(기재)을
기억하지 않는다면 우리에게 염려라는 것이 있을 수 없다.
우리는 시간 속에 있기 때문에 염려로서 존재하는 것이다.

"

죽음은 현존재가 존재하자마자, 현존재가 떠맡는
존재함의 한 방식이다. '인간은 태어나자마자 이미 죽기에
충분할 만큼 늙어 있다.'

결단성이란 염려 속에서 염려되고 있는
염려 자체의 본래성이다.

"

앞선 논의에서 하이데거는 현존재의 '세계-내-존재'를 분석해 세계와 자기를 열어 밝히는 '개시성'의 존재론적 구조를 심정성·이해·말에서 찾아낸다. 또 개시성의 평균적이고 일상적인 존재 양식을 퇴락(Verfall)이라고 규정하고 퇴락의 구체적인 양상을 빈말·호기심·모호성으로 제시한다. 그리하여 현존재의 평균적 일상성을 다음과 같이 총괄하여 규정한다.

"'세계'에 몰입해 있으면서 타자와 더불어 있는 가운데 가장 고유한 자기의 존재 가능성 자체를 문제 삼는 세계-내-존재이자 퇴락해 있으면서 개시돼 있고 던져져 있으면서 기투하는 세계-내-존재." 『존재와 시간』 181쪽

이렇게 해서 세계-내-존재로서 현존재가 평균적 일상성의 구조에서 드러났다. 그러나 이 규정은 현존재를 구성하는 여러 요소를 나열한 것일 뿐이다. 현존재의 일상성을 한눈에 통찰하려면 현존재의 구조 전체를 총체적으로 파악해야 한다. 이 문제를 논의하는 것이 다음 과제다. 이 논의 과정에서 하이데거는 현존재의 일상성의 존재 구조 전체를 떠받치는 기반을 찾아내 이것을 '염려'(Sorge)라고 명명한다. 어떻게 해서 염려가 현존재의 전체 구조를 떠받치는 기반으로 드러나는가?

하이데거는 현존재에게 현존재 자신의 존재 전체를 드러내 밝히는 근본 능력이 있다고 말한다. 이것이 바로 개시성(Erschlossenheit,

열려 밝혀져 있음)이다. 심정성과 이해와 말이 현존재의 존재 전체를 열어 밝히는 개시성의 능력을 구성한다. 전통 철학이 인간에게 있는 '자연의 빛' 곧 '이성의 빛'이 세계를 밝힌다고 보았듯이, 하이데거는 심정성과 이해와 말이라는 '빛'이 현존재 자신과 세계를 밝힌다고 본다. 그런데 지금 이 대목에서 하이데거가 주목하는 개시 능력은 심정성이며, 심정성 중에서도 하이데거가 각별히 주시하는 것이 불안(Angst)이다. 불안이야말로 현존재의 존재 전체가 드러나는 심정적 바탕, 곧 마음 상태다. 이 마음 상태를 다른 말로 하면 '근본 기분'이다. 불안이야말로 현존재의 존재를 그 전체성에서 드러낼 수 있는 근본 기분이다. 불안이라는 근본 기분에서 세계-내-존재가 가장 폭넓게, 가장 근원적으로 개시된다.

세계 전체를 무로 돌려버리는 불안

불안이라는 근본 기분의 성격을 이해하려면, 이 기분과 가까운 두려움(공포, Furcht)을 분석해 불안과 비교해보는 것이 좋다. 두려움을 일으키는 것은 특정한 방향에서 나에게 다가오는 세계 내부 존재자다. 두려움은 그 대상을 명확히 지목할 수 있으며 그 대상의 정체를 규정할 수 있다. 적군이 쏘아대는 대포, 어두운 숲속에서 튀어나오는 짐승, 압도적인 위력을 지닌 눈앞의 인간 같은 세계 내부의 특정한 존재자가 두려움을 일으킨다.

그러나 불안은 전혀 성격이 다르다. 불안의 대상은 세계 내부의 특정한 존재자가 아니다. 그러므로 규정할 수 없다. 불안은 세계 내부 존재자의 형상으로 다가오는 것이 아니다. 불안의 기분에서는 그런 형상 자체를 발견할 수 없다. 그런데도 불안은 우리의 마음을 짓누르고 숨통을 조인다. 아무 데도 없는 것이 우리를 압박하여 옴짝달싹 못하게 한다. 이렇게 우리를 위협하는 것을 찾아볼 수 없기에 사람들은 불안의 손아귀에서 벗어나고 나면 이렇게 얼버무린다. "그건 아무것도 아니었어." 불안을 일으키는 것은 아무 데도 없고 아무것도 아니다. 이것이야말로 불안의 독특한 성격이다. 그런데도 일단 그 불안 속에 잠기면 세계 내부 존재자 일체가 아무런 의미도 없는 것, 허망한 것으로 드러난다. 세계 전체가 무로, 무의미로 꺼져버린다.

하이데거는 불안이 구체적인 존재자의 형상으로 위협해오는 것이 아닌데도 세계 전체를 무로 돌려버리는 강력한 힘을 지녔다는 점에 주목한다. 분명히 불안의 대상은 세계 내부를 둘러보아서는 찾을 수 없다. 그런데도 불안은 우리를 덮친다. 불안이라는 이 현상이 가리키는 것은 무엇인가? 우리를 불안하게 하는 것이 '세계 내부 존재자가 아니라 세계 자체'라는 사실이다. 세계 자체가 우리를 불안하게 한다. 그 세계는 현존재가 열어놓은 세계다. 그러므로 '불안의 대상'은 현존재 자체, 세계-내-존재 자체다. 세계-내-존재 자체, 다시 말해 우리가 세계 안에 있다는 사실 자체가 우리를 불안하게 하는 것이다. 이 불안에 휩싸일 때 세계 내부 존재자들은 모두 의미를 잃어버린다. 현존재 자신을 지탱해주던 꿈도 현실도 사람들도 모두 무의미한 것으로 흩어져버린다. 그런데 이렇게 세계가 무로 무너져버림으로써 불안 속에서 세계가 세계로서 솟아오른다. 세계 내부 존재자들이 모조리 무 속으로 꺼져버린 그 자리에서 다시 세계가 세계로서 나타나는 것이다.

하이데거는 자신이 언제 어디서 그런 경험을 했는지 이야기하지 않는다. 하지만 불안이 덮쳤을 때의 심정을 생생하게 묘사하는 것으로 보아 그런 경험을 실제로 했음이 분명하다. 어쩌면 김나지움을 졸업하고 처음 들어간 예수회 수련원에서 그런 경험을 했을지도 모른다. 하이데거는 예수회 수련원에 들어가자마자 심장을 조여오는 통증으로 2주 만에 수련원을 그만두어야 했다. 주위와 인생이 정해준 행로를 따라 예수회 수사가 되는 길에 들어섰지만, 어느 순간 말로 표현할 수 없는 불안이 덮쳤고 그것이 심장의 통증으로 나타났던 것이리라. 불안이 들이닥치자 자신에게 예정된 길이 암흑 속으로 난 길이 아닐까 하는 의혹이 마음의 저 보이지 않는 바닥에서 먹구름처럼 일어나 젊은 하이데거를 견딜 수 없는 상태로 밀어 넣었을 것이다. 의혹의 먹구름은 한 번만 일어난 게 아니라 삶의 중대한 고비마다 닥쳤을지도 모른다. 불안은 세계 내부의 모든 것을 한순간에 물거품으로 만들어버린다.

그렇다면 현존재는 왜 불안해하는 것일까? 왜 불안이 현존재를 난데없이 덮치는 것일까? 하이데거는 불안의 궁극적인 이유가 세계-내-존재, 곧 현존재 자체에 있다고 말한다. 현존재의 세계 안에 있음 자체가 불안을 불러일으키는 것이다. '불안의 이유'는 내가 세계 안에 존재한다는 사실 자체에 있다. 더 정확히 말하면, 어떤 가능성 속에서 세계 안에 있다는 사실 자체가 불안을 불러일으킨다. 불안에 휩싸이면 세계 내부 존재자는 모두 공허한 것이 된다. 주위 사람들의 '더불어 있음'도 아무런 의미를 주지 못한다. 불안에 휩싸이기 전에 현존재는 세계 내부 존재자들에 온통 정신이 팔려 있다. 세상이 해석하는 대로 자신과 세계를 해석하면서 그 해석 안에서 미래를 꿈꾸고 현재를 살아간다.

그러나 불안이 들이닥쳐 모든 것을 무로 돌려버리면, 그때 현존재는 자신을 붙들고 있던 '세계'에서 떨어져 나온다. 그렇게 세인의 지배에서 풀려난 현존재는 궁극 목적인 '세계-내-존재-가능성'을 향해 자신을 되던진다. 주위 사람들, 세상 사람들이 이야기하는 대로 자신의 삶을 살아가다가, 불안의 경험을 겪고서야 비로소 세인의 지배에서 벗어나 삶의 본래적 가능성으로 관심을 돌리는 것이다. 현존재를 불안에 빠뜨려 허우적거리게 한 것은 바로 현존재의 그 본래적 가능성이었다. 다시 말해 세인의 지배에 빠져들어 본래적 가능성을 망각했다는 사실이 현존재를 불안 속으로 밀어 넣었던 것이다. 본래적 가능성을 잃어버린 '세계-내-존재'가 현존재의 불안의 근본적인 이유였다. 이렇게 해서 '불안의 이유'도 현존재의 세계-내-존재이고 '불안의 대상'도 현존재의 세계-내-존재라는 사실이 드러난다. 그런가 하면, 불안해하는 사람도 세계-내-존재로서 현존재 자신이다. 불안은 세계 안에서 살아가는 현존재의 존재 방식이다.

현존재를 규정하는 실존성, 현사실성, 퇴락

여기서 하이데거는 현존재의 존재론적 성격을 규정하는 것으로 '실존성·현사실성·퇴락' 세 가지를 든다. 이 세 가지를 분석하면 현존재의 존재론적 성격이 드러난다. '실존성'이란 현존재가 실존한다는 것, 다시 말해 언제나 자신의 존재 자체를 문제로 삼아 살아간다는 것을 뜻한다. 실존성이라는 현존재의 존재 성격은 현존재가 '가장 고유한 존재 가능성'을 향해 자신을 기투한다는 데서 드러난다. 이 '가장 고유한 존재 가능성'이 바로 현존재의 궁극 목적이다. 현존재는 자신의 가장 고유한 존재 가능성을 향해 열려 있다.

현존재가 자신의 가장 고유한 존재 가능성에 열려 있다는 것은 존재론적으로는 '현존재가 항상 지금의 자신을 앞질러 가고 있음'을 뜻한다. 현존재는 언제나 현재의 자신을 넘어 자신의 궁극적 존재 가능성을 향해 앞질러 간다. 다른 말로 하면 현존재는 '자신의 고유한 존재 가능성'을 향해 언제나 자신을 던진다. 이것을 하이데거는 '자신을-앞질러-있음'(Sich-vorweg-sein)이라고 표현한다. 현존재는 자신의 현재를 넘어 미래를 향해 앞질러 가면서 고유한 존재 가능성을 향해 자신을 던지는 존재다. 그런데 '현존재가 자신을 앞질러 가능성을 향해 자기를 던짐'은 세계와 따로 떨어진 어떤 '주관' 속에서 일어나는 일이 아니다. 현존재는 언제나 세계-내-존재로서 세계 안에 던져져 있다. 이렇게 던져진 세계 안에서 현존재는 자신을 앞질러 자기를 궁극의 가능성을 향해 던지는 것이다.

앞에서 살펴본 불안이라는 기분은 현존재가 세계 안에 던져져 있다는 사실, 세계 안에 이미 있다는 사실도 드러낸다. 이 '세계 안에 이미 있음'이 바로 현존재의 '현사실성'이다. 그러므로 '자신을-앞질러-있음'을 더 구체적으로 표현하면 '세계-안에-이미-있음으로서-자신을-앞질러-있음'(Sich-vorweg-im-schon-sein-in-einer-Welt)이다. 현존재는 이렇게 자신을 앞질러 세계 안에 이미 있는 방식으로 현사실적으로 실존한다. 현존재는 '현사실성'과 '실존성'이 이렇게 통합된 방식으로 세계 안에 존재한다. '실존성'이 현존재의 가능성이라면 '현사실성'은 현존재의 확정성이다. 던져져 있다는 것은 사태가 확정돼 있다는 뜻이고 기투한다는 것, 앞을 향해 자기를 던진다는 것은 가능성으로 있다는 뜻이다. 현존재는 던져져 있는 확정된 자다. 다시 말해 이미 세계 안에 있는 자다. 현존재는 그 조건 속에서 가능성을 향해 자신을 던지는 자, 자신을 앞질러 가는 자다. 그것이 바로 '세계 안에 이미 있음으로서 자신을 앞질러 있음'이 뜻하는 것이다. 다른 말로 하면 현존재는 '던져져 있는 세계-내-존재-가능'이다. 현존재는 확정돼 있기만 한 자도 아니고 가능성으로 있기만 한 자도 아니다. 현존재는 확정된 존재 상태에서 미래의 가능성을 향해 나아가는 자다.

동시에 현존재는 언제나 세계 내부 존재자들 곁에서 그 존재자들에 몰입해 있는 자이기도 하다. 말하자면 세계 내부 존재자들에게 빠져 있는 자가 현존재다. 현존재가 불안으로부터 도피하는 방식이 바로 세계 내부 존재자에 빠져듦, 곧 '퇴락'이다. 불안이 덮치면 현존재의 친숙한 세계, 일상의 세계가 무너져내린다. 그렇게 모든 것이 무너지고 나면 그 무의 바탕에서 세계 전체가 낯설고 섬뜩하게 자신을 드러낸다. 그 '낯선 섬뜩함'(Unheimlichkeit) 앞에서 현존재는 견딜 수 없는 불편함을 느낀다. 현존재는 이 불편함을 감내하지 못하고 그 불편함과 섬뜩함을 잊어버릴 수 있는 것을 찾아 세계 내부의 친숙한 것들로 도피한다. 이 도피가 바로 현존재의 일상성인 '퇴락'을 극명하게 보여준다. 불안은 현존재를 단독자로 드러내지만 현존재는 그 불안에서 가능한 한 멀리 도망치려고 가장 가까운 일상성, 세인의 공공성 속으로 빠져드는 것이다. 이 빠져듦이 바로 퇴락이다. 유흥을 즐기고 사람들을 만나 잡담을 하고 호기심을 충족시켜줄 것들을 찾아다니는 것, 그것이 퇴락이다. 그리하여 불안이 열어 밝히는 현존재의 존재 구조에는 '세계 안에 있음으로서 자신을 앞질러 있음'뿐만 아니라 '세계 내부 존재자에 빠져들어 몰입해 있음'도 포함돼 있다.

현존재는 '염려'로 존재한다

그러므로 현존재의 존재론적 구조 전체를 형식화해서 이야기하면, 현존재의 존재란 '세계 내부 존재자에 몰입한 채로 세계 안에 이미 있으면서 자신을 앞질러 있음'이다. 이것이 현존재의 '형식적인 실존론적 전체성'이다. 하이데거는 이 현존재의 전체 구조를 가리켜 간단히 '염려'(Sorge)라고 부른다. 염려는 단순히 걱정하고 근심한다는 현존재의 심정을 말하는 것이 아니라, '실존성'과 '현사실성'과 '퇴락'이라는 현존재의 존재 구조의 통일성을 가리킨다. 이 염려에는 자기 자신에 대한 염려뿐만 아니라 세계 내부 존재자들에 대한 고려(Besorgen)와 다른 사람들에 대한 배려(Fürsorge)도 포함된다. 다른 말로 하면, 고려란 '세계 안에서 만나는 존재자에 몰입해 있음'이고 배려란 '세계 안에서 만나는 다른 현존재와 함께 있음'이다. 그러므로 염려는 고려와 배려를 포함한 현존재의 전체 존재를 가리킨다.

염려로서 현존재는 '자기를 앞질러 있기' 때문에 가장 고유한 존재 가능성을 향해 열려 있다. 이 열려 있음이 바로 자유(Freisein)다. 현존재가 이 자유로 있는 한, 자신의 고유한 존재 가능성을 향해 본래적인 태도를 취할 수도 있고 비본래적인 태도를 취할 수도 있다. 다시 말해 자신의 본래적인 궁극 목적을 향해 자기를 던질 수도 있고, 세인의 지배 아래서 비본래적인 목적을 향해 자기를 던질 수도 있다. 현존재는 자기의 선택에 따라 본래적으로 실존할 수도 있고 비본래적으로 실존할 수도 있는 것이다. 현존재가 세인의 지배 아래서 비본래적으로 가능성을 기투한다면, 현존재의 의욕은 한갓 소망(Wünschen)을 벗어나지 못한다. 소망은 세인이 의욕하는 방식이다. 소망 속에서 현존재는 자신의 가장 고유한 가능성을 향해 자기를 던지지 못하고 세계 내부 존재자들에 정신이 팔려 자기를 잃어버린다.

인간을 염려로 보는 '쿠라의 우화'

이렇게 하이데거는 현존재의 존재를 '염려'로 규정한다. 그런데 현존재를 염려라고 부르는 게 너무 자의적인 것은 아닐까? 인간에 관한 전통적 정의, 다시 말해서 '이성적 동물'이라든가 '신의 피조물'이라든가 하는 정의와 비교해보면, 인간을 염려라고 해석하는 것은 생뚱맞고 억지스럽게 여겨질 수 있다. 특히 염려를 '근심'이나 '걱정'으로 이해한다면 더 그렇게 보일 수 있다. 이런 의구심을 염두에 두고 하이데거는 자신이 인간을 염려로 규정하는 것이 아주 터무니없는 것이 아님을 역사적인 증거를 끌어들여 보여주고자 한다. 물론 역사적 증거를 끌어들인다고 해서 존재론적인 증명이 되는 것은 아니다. 하지만 존재론적 증명을 해나가기에 앞서 역사적 증거를 먼저 들어 보이는 것은 염려를 이해하는 데 도움이 될 수 있다. 하이데거가 증거로 삼는 것은 로마 시대의 작가 가이우스 율리우스 히기누스(Gaius Julius Hyginus, 기원전 64~기원후 17)가 전해주는 '우화'다.

"쿠라(cura, 염려)가 강을 건널 때 진흙을 발견했다. 골똘히 생각하던 쿠라는 진흙 한 덩어리를 떼어내 빚기 시작했다. 빚어놓은 것을 옆에 두고 쿠라가 생각에 잠겨 있을 때 유피테르(주피터)가 다가왔다. 쿠라는 빚어놓은 덩어리에 영혼을 불어넣어 달라고 유피테르에게 간청했다. 유피테르는 흔쾌히 승낙했다. 쿠라가 자신이 빚은 형상에 자기 이름을 붙이려고 하자, 유피테르가 가로막고 자기 이름을 붙여야 한다고 주장했다. 이름을 놓고 쿠라와 유피테르가 다투고 있을 때 텔루스(대지)도 나서서, 그 형상에 자기 몸의 일부가 들어갔으니 자기 이름을 붙여야 한다고 주장했다. 다투던 이들은 사투르누스(시간)를 판관으로 모셨다. 사투르누스는 다음과 같이 그럴듯하게 판정했다. '유피테르는 영혼을 주었으니 형상이 죽을 때 영혼을 받고, 텔루스는 육체를 주었으니 육체를 받아 가라. 하지만 쿠라가 이것을 처음 만들었으니 이것이 살아있는 동안 그대의 것으로 삼으라. 그러나 이름 때문에 싸움이 생겼으니 이것을 호모(homo, 인간)라고 부르라. 후무스(humus, 흙)로 만들었으니까.'"『존재와 시간』 197~198쪽

이 우화는 인간을 왜 쿠라 곧 염려라고 부를 수 있는지 이유를 잘 보여준다. 인간이 육체와 정신의 합성체로서 살아있는 동안 내내 염려에 속한다고 보기 때문이다. 정신으로든 육체로든 모두 염려라고 부를 수 있다는 얘기다. 또 '쿠라가 이것을 처음 만들었다'는 것은 이 존재자가 자기 존재의 근원을 쿠라(염려)에 두고 있다는 것을 뜻한다. 더구나 '이것이 살아있는 동안 쿠라의 것으로 하라'고 한 데서는

이 존재자가 일생 동안 염려라는 근원에서 벗어날 수 없으며 염려의 지배를 받는다는 것을 뜻한다. 여기에 더해 이 우화는 인간의 근원적 존재를 어디에서 찾아야 하는가 하는 문제를 사투르누스 곧 시간이 답한다는 것을 알려준다. 이 대목, 곧 인간의 근원적 존재를 시간이 결정한다고 이야기하는 대목은 하이데거가 이 책에서 인간 현존재의 존재 의미를 '시간성'에서 찾는 것으로 이어진다.

하이데거는 쿠라 곧 염려가 '걱정에 찬 노고'와 '헌신'이라는 이중의 의미를 지니고 있음을 지적한 뒤, 이 이중적 의미가 '던져져 있는 기투'라는 현존재의 근본 구조를 암시한다고 해석한다. 다시 말해 근심 속에서 노력하는 것은 가능성을 향해 자기를 던지는 '기투'를 뜻하고, 어떤 것에 헌신하는 것, 몰두하는 것은 '던져져 있음'을 뜻한다는 것이다. 세계에 던져져 있다는 조건 위에서 현존재는 자신의 가능성을 앞으로 던지는 것이다. 이런 현존재의 존재 구조 때문에 인간을 존재론적으로 염려라고 부르는 것이 가능하다. 인간이 근원적으로 염려이기에, 다시 말해 세계에 던져진 채로 자신의 가능성을 기투하기에 근심과 걱정도 일어난다. 이렇게 해서 현존재의 존재를 염려로 부를 수 있다는 사실이 존재론 이전의 방식으로나마 드러났다.

현존재의 '본래적 전체성'을 향하여

하이데거는 현존재의 존재를 '염려'로 포착하고 나서, 이제 『존재와 시간』 제2편에서 염려로서 현존재의 존재 구조를 근원적으로 해석하는 작업에 착수한다. 『존재와 시간』을 양분하는 제1편과 제2편의 근본적인 차이는 현존재의 존재 방식을 일상성에서 분석하느냐, 본래성과 전체성까지 포함해서 분석하느냐에 있다. 다시 말해 제1편은 현존재의 존재를 평균적 일상성이라는 비본래적 존재 방식에서 분석하고, 제2편은 현존재의 존재를 그 존재의 본래성과 전체성까지 포괄해 더 넓고 깊게 탐사한다.

현존재를 근원적으로 해석하려면 첫째, 현존재를 그 전체성에서 붙잡아야 하고 둘째, 그 현존재의 전체성을 본래성에서 입증해야 한다. 다시 말해 현존재의 '본래적 전체성'을 제시해야 한다. 현존재의 전체성은 현존재의 종말인 '죽음'(Tod)이 보증하고, 본래성은 '양심'(Gewissen)이 입증한다.[54] 죽음과 양심을 통해 현존재의 존재를 '본래적 전체성'의 차원에서 파악하는 것이 『존재와 시간』 제2편의 작업이다. 더 나아가 이렇게 본래적 전체성을 확보함으로써 현존재의 존재 곧 염려가 시간적 구조를 지니고 있다는 것, 염려의 의미가 시간성에 있다는 것이 드러난다. 이것이 『존재와 시간』 제2편에서 하이데거가 해명하는 가장 중요한 문제다.

하이데거의 일차 목표는 현존재의 존재 구조를 그 전체성에서 확보하는 것이다. 어떻게 하면 현존재의 존재를 전체성에서 확보할 수 있을까? 현존재는 종말 곧 죽음에 이르기 전까지는 그 존재가 완결되지 않는다. 다시 말해 전체가 확보되지 않는다. 현존재가 더는 아무런 희망도 품지 못한 채 삶의 끝에 와 있다고 느끼더라도 아직 실존하는 한은 자기의 가능성을 기투할 수밖에 없다. 실제로 삶이 끝나야 끝나는 것이고, 전체가 확보되는 것이다. 실제로 끝나기 전까지는 끝나는 것이 아니고 존재 전체도 확보되지 않는다. 염려로서 현존재의 존재에는 언제나 미완이라는 성격이 있다. 그런데 문제는 실제로 삶이 끝나고 나면 현존재 자체가 존재하지 않게 된다는 사실이다. 그때는 전체성을 따져볼 현존재 자체가 사라지고 없다. 그러므로 현존재는 자기의 '전체'를 결코 달성하지도 못하고 경험하지도 못한다. 그렇다면 현존재에게서 존재론적 전체성을 읽어낸다는 것은 애초에 가망이 없는 일인가?

타자의 죽음과 나의 죽음

여기서 하이데거는 타자의 죽음에 대한 경험을 검토해본다. 현존재가 자기의 죽음을 경험할 수 없으니 타자의 죽음을 '대리 주제'로 선택해볼 수 있지 않겠느냐는 얘기다. 그러나 아무리 타자의 죽음을 애도하고 그 죽음을 뚫어지게 보더라도, 남아 있는 사람들은 타자의 그 죽음 자체를 경험하지 못한다.

"우리는 진정한 의미에서 타자의 죽음을 경험하는 것이 아니고 고작 언제나 죽음의 현장에 입회할 뿐이다."「존재와 시간」 239쪽

우리는 어떤 경우에도 타자의 죽음을 우리의 죽음으로 경험할 수 없고 타자를 대신해서 죽을 수도 없다. 물론 누군가가 타자를 위해서 자기를 희생할 수는 있다. 그러나 그렇다고 해서 삶의 종말로서 타자의 죽음을 대신해주는 것은 아니다. 내 죽음이 내 몫으로 온전히 내 것이듯이 타자의 죽음도 타자의 몫으로 온전히 타자의 것이다.

"사망은 어느 현존재도 그때마다 스스로 인수하지 않으면 안 된다. 죽음은 본질적으로 나의 죽음이다."「존재와 시간」 240쪽

죽음이라는 사건에서야말로 '각자성'(Jemeinigkeit, 각기 자기 자신임)이 더할 나위 없이 명백하게 드러난다. 하이데거는 죽음에 대한 논의를 세 가지 명제로 정식화한다. 첫째, 현존재가 존재하는 한 현존재에게는 '아직 완료되지 않음', 미완이 속한다. 둘째, 죽음과 함께 현존재는 더는 현존재로 존재하지 않게 된다. 다시 말해 현존재는 오직 살아있을 때에만 현존재로 불리며 삶이 끝나면 현존재가 아니라 '죽은 자'가 되고 만다. 그 죽은 자에게 '세계'는 없다. 셋째, 나의 죽음을 다른 현존재는 절대로 대신할 수 없다. 각자가 삶의 끝에 이를 뿐이지 다른 사람이 그 삶의 끝을 대신할 수 없는 것이다. 죽음은 아무도 대리할 수 없다.

현존재는 분명히 현실적으로 자신의 죽음을 직접 경험할 수 없다. 그러나 동시에 분명한 것은 현존재는 끝을 향해 가고 있다는 사실이다. 현존재가 죽음 자체를 겪을 수 없다는 것도 분명한 사실이지만, 현존재가 죽음을 향해 가고 있는 존재라는 것도 부정할 수 없는 사실이다.

"죽음은 현존재가 존재하자마자, 현존재가 떠맡는 존재함의 한 방식이다. '인간은 태어나자마자 이미 죽기에 충분할 만큼 늙어 있다.'"
『존재와 시간』 245쪽

이렇게 인간이 태어남과 동시에 죽음을 향해 있다는 바로 그 사실이 중요하다. 현존재의 죽음은 현존재의 삶의 마지막에야 나타나는 것도 아니고 그 마지막에야 문제가 되는 것도 아니다. 현존재는 회피하는 방식으로든 마주보는 방식으로든 자신의 죽음과 언제나 대결하고 있다. 죽음과 언제나 대결하고 있다는 바로 이 사실에서 현존재의 전체성을 확보할 가능성도 생겨난다. 다시 말해 '죽음을 향해 있음'이라는 현존재의 존재 성격을 실존론적으로 구명함으로써 현존재의 전체성을 확보할 기반을 얻을 수 있다는 말이다.

이제 하이데거는 죽음이라는 현상을 현존재의 존재 구조인 '염려'에서부터 살펴 들어간다. 다시 말해 현존재의 실존·현사실성·퇴락이 죽음이라는 현상에서 어떻게 드러나는지를 해명한다. 염려의 존재론적 구조는 '(세계 내부에서 만나는) 존재자에 몰입해-있음으로서 자기를-앞질러-이미-(세계) 안에-있음'으로 표현된다. '실존'이 '자기를 앞질러 있음' 곧 '자기의 가능성을 기투함'을 가리킨다면, '현사실성'은 '이미 안에 있음' 곧 '던져져 있음'을 가리킨다. 그리고 '세계 내부 존재자에 몰입해 있음'에서는 '퇴락'이 표현돼 있다. 하이데거는 이 세 가지 구조 계기를 죽음의 현상에서 그려본다.

죽음, 현존재 앞에 닥친 가능성

먼저 실존과 관련해 죽음을 보면, 죽음은 현존재 앞에 닥친 어떤 가능성이다. 다시 말해, 현존재는 언제라도 죽을 수 있다. '더는 현존재로 존재할 수 없다'는 가능성 곧 죽음의 가능성은 '가장 고유하고, 모든 연관을 끊어버리며, 절대로 뛰어넘을 수 없는 가장 극단적인 가능성'이다. 그리하여 죽음의 임박한 가능성과 함께 현존재는 자신의 가장 고유한 존재 가능성에 직면하게 된다. 다시 말해서 이 죽음은 나의 죽음이어서 다른 누구에게도 떠넘길 수 없고 오직 내가 감당해야만 하는 죽음으로 나에게 닥친다. 그 죽음에 직면해, 현존재를 다른 사람들과 묶고 있던 끈이 남김없이 끊긴다. 다시 말해 죽음 앞에서 현존재는 모든 연관이 끊긴 채 철저히 홀로 있다.

마지막으로 죽음은 가장 극단적인 가능성이다. 현존재는 존재 가능성으로 존재하지만, 다시 말해 자신의 가능성을 기투하면서 존재하지만, 죽음의 가능성만큼은 절대로 뛰어넘을 수 없다. 죽음은 현존재의 절대적 불가능성의 가능성, 절대로 뛰어넘을 수 없는 가능성이다. 이렇게 죽음은 가장 고유하고 모든 연관을 끊어버리는, 뛰어넘을 수 없는 가능성으로 나타난다. 현존재는 그 죽음의 가능성을 철저히 자기 것으로 떠맡아야 한다. 그것이 실존이라는 염려의 구조 속에서 드러나는 죽음이다.

그런데 죽음이라는 가능성은 현존재가 자신의 계획 속에서 만들어 낸 것이 아니다. 도리어 현존재는 언제나 이미 이 죽음의 가능성 안으로 던져져 있다. 다시 말해 자신의 뜻과는 상관없이 죽음의 가능성에 내맡겨져 있다. 현존재가 죽음의 가능성에 던져져 있다는 것은 불안이라는 기분에서 근원적이고 절실하게 드러난다. 우리가 불안해하는 이유는 세계-내-존재로서 우리가 '존재 가능성'으로, 다시 말해 '장차 어떻게 될 수 있음'으로 존재한다는 데 있다. 이 '존재 가능성(Seinkönnen)' 곧 장차 우리에게 닥칠 가능성에는 죽음이라는 것도 포함돼 있다. 죽음이야말로 현존재를 불안으로 몰아넣는 가장 극단적인 가능성이다. 이 죽음의 가능성이 불러일으키는 불안에 휩싸여 우리는 우리의 뜻과는 상관없이 우리가 도무지 뛰어넘을 수 없는 가능성을 향해 던져져 있다는 것을 절감하게 된다. 이 죽음과 함께 우리가 집착했던 모든 것이 무로 끝나고 만다는 것, 이것이 우리를 근원적으로 불안하게 하는 것이다. 이렇게 죽음은 우리가 이 극한의 가능성에 던져져 있다는 우리의 '현사실성'을 열어 밝힌다.

현존재는 그렇게 죽음이라는 극한의 가능성에 던져져 있다. 그러나 평균적 일상성에서 현존재는 그 적나라한 현사실성을 외면한 채 불가사리처럼 세상사에 붙들려, 세계 내부 존재자들에 몰입해 살아간다. 이렇게 '세계' 속에 빠져드는 것이야말로 현존재가 죽음으로부터 도피하고 있음을 알려준다. 이 도피가 바로 현존재의 일상적인 존재 방식인 '퇴락'이다. 이렇게 실존·현사실성·퇴락은 죽음을 향해 있는 현존재의 존재 특성을 규정한다.

이런 해명에 이어 하이데거는 죽음이라는 현상이 현존재의 일상성에서 드러나는 방식을 좀 더 구체적으로 소묘한다. 일상성의 현존재는 세인으로, 익명의 세상 사람으로 존재한다. 그러므로 죽음의 현상을 일상성에서 그려 보이는 일은 죽음이 세인에게 어떻게 드러나는가를 살피는 일이 된다. 일상적인 '서로 함께 있음'을 형성하는 공공성은 죽음을 끊임없이 일어나는 '재난' 곧 '사망 사건'으로 간주한다. 이 사람, 저 사람이 죽고 가까운 사람, 먼 사람이 죽는다. 매일 매 시간 죽음이라는 사건이 일어난다. 이런 죽음을 두고 세인은 이렇게 말한다. "사람은 누구나 결국 언젠가는 죽는다. 그러나 당장 나 자신에게는 해당되지 않는다."『존재와 시간』 253쪽 자신이 죽지 않는 한, 죽음은 언제나 남의 일일 뿐이다.

그런데 '세인'이란 모든 사람이면서 동시에 아무도 아닌 자(Niemand)다. 그러므로 '사람은 죽는다'는 말이 세인은 죽는다는 것을 가리킨다면 결국 세인은 아무도 아니기 때문에 아무도 죽지 않는 것이 되고, 그리하여 세인으로 있는 나 자신도 죽음과는 무관하게 된다. 죽음은 끊임없이 일어나기는 하지만 아무에게도 속하지 않는 사건이 되고 마는 것이다. 더구나 세인은 죽음을 자꾸 생각하는 것을 겁쟁이나 하는 짓으로 치부하면서 사람들이 죽음 앞의 불안을 향해 용기를 내는 것을 가로막는다. 이렇게 세인은 죽음을 은폐하고 종말을 회피한다. 현존재는 자신이 언제나 죽음을 향해 있으며 종말을 향해 있다는 사실에 눈을 감은 채 죽음이란 남들에게나 일어나는 일이라고 되뇐다. 그러나 이렇게 죽음으로부터 도피하는 현존재의 일상성이 증명하는 것은 세인이 죽음을 외면할 때조차 현존재 자신은 이미 죽음을 향한 존재로 규정돼 있다는 사실뿐이다.

세인은 말한다. "죽음은 확실히 온다. 하지만 당장은 아니다." 이 '하지만'이라는 말로써 세인은 죽음에서 확실성을 빼버린다. '당장은 아니다'라는 이 해석을 통해 세인은 죽음으로부터 자신을 멀찍이 떨어뜨려 놓는다. 죽음은 '나중에 언젠가'로 미루어진다. 이렇게 죽음이 들이닥치는 그 '언제'를 규정할 수 없다는 뜻의 '무규정성'을 자기 편할 대로 해석함으로써 세인은 죽음의 확실성을 은폐하고 만다. '규정할 수 없음'이 죽음은 언제라도 들이닥칠 수 있다는 긴급성으로 다가오는 것이 아니라 '언제일지 모르지만 지금은 아니다'라는 의미로 뒤바뀌고 마는 것이다. 하지만 죽음의 이 무규정성이야말로 잊어서는 안 될 우리 실존의 사태다.

이제 죽음에 대한 온전한 실존론적-존재론적 개념은 다음과 같이 규정된다. '현존재의 종말로서 죽음은 현존재의 가장 고유하고, 모든 연관을 끊어버리고, 확실하고 무규정적이고 뛰어넘을 수 없는 가능성이다.' 죽음은 자신의 종말을 향한 현존재의 존재 속에 있다. 일상적 현존재가 그때마다 이미 자신의 종말을 향해 존재하고 있다는 사실, 다시 말해 도피의 형식이긴 하지만 자신의 죽음과 대결하고 있다는 사실은 현존재의 전체 존재를 완결하는 종말이 현존재가 삶을 마치는 순간에 비로소 오는 것이 아님을 알려준다. 달리 말하면 현존재는 자기를 앞질러 죽음을 향해 미리 달려가봄으로써 죽음을 경험할 수 있고 그리하여 전체성에 이를 수 있다.

죽음에 내맡겨져 있는 현존재

던져져 있는 세계-내-존재로서 현존재는 각기 그때마다 이미 자신의 죽음에 내맡겨져 있다. 자신의 죽음을 향해 존재하면서 현존재는 삶을 실제로 마치는 순간까지 현사실적으로 죽어가고 있다. 이렇게 죽어가고 있는 현존재는 '죽음을 향해 있음'에서 언제나 어떤 식으로든 결정을 내리고 있다. 죽음에 직면해서 일상적으로 세계 내부 존재자들에 빠져들어 죽음에서 도피하는 것이 바로 그런 결정의 한 양상이다. 이 경우에 현존재는 죽음을 향해 비본래적으로 존재하고 있는 셈이다. 그러나 그 비본래성의 바탕에 본래성이 감추어져 있다고 하이데거는 말한다. 과연 현존재는 죽음을 향해 본래적으로 존재할 수 있는가? 그럴 수 있다면 그 가능성의 근거는 어떤 것인가? 이제 하이데거는 죽음을 향해 본래적으로 존재할 수 있다는 그 가능성의 근거를 찾아 나선다.

'죽음을 향해 본래적으로 있음'이란 가장 고유한 죽음의 가능성에서 도피하지 않고 그 가능성을 은폐하지 않음을 뜻한다. 그런 가능성을 향해 있음을 하이데거는 '가능성으로 미리 달려가봄'이라고 표현한다. 이렇게 죽음을 향해 가까이 다가가는 것은 죽음을 회피하는 우리의 현사실적인 태도와 극명히 대립하는 태도다. 죽음은 '어떤 실존도 불가능함'의 가능성이다. 죽음을 향해 미리 달려가봄으로써 죽음이라는 실존 불가능성의 가능성을 밝힐 때 현존재는 자신을 가장 극단적인 가능성에서 열어 밝힌다. 다시 말해 죽음을 향해 미리 달려가봄을 통해 본래적인 실존의 가능성이 비로소 열린다. 바꿔 말하면 죽음으로 달려가 그 죽음에 맞닿았을 때 비로소 현존재는 자신이 무엇을 할 수 있고 무엇을 해야 하는지를 깨닫게 된다. 죽음이란 일종의 시험이고 시련이다. 죽음은 우리를 시련과 시험에 몰아넣음으로써 우리 삶에서 무의미로 떨어지지 않을 것이 무엇인지 깨닫게 해준다.

신 앞의 단독자, 죽음 앞의 단독자

죽음이야말로 아무도 대신해줄 수 없고 아무도 함께해줄 수 없는 가장 고유한 사태다. '신 앞의 단독자'라는 키르케고르의 어법을 빌리면 인간은 죽음 앞에서 단독자가 된다. 나를 사로잡았던 세상사의 이런저런 일들, 나와 더불어 있는 주위의 타자들이 모두 이 '단독자로 섬' 앞에서는 무의미한 것으로 나가떨어진다. 바로 그 죽음을 향해 자신을 세울 때에만 현존재는 본래적으로 그 자신으로 존재할 수 있다. 죽음으로 앞질러 달려가봄으로써 죽음이야말로 현존재가 일상적으로 추구하는 것들을 물거품으로 돌려버리는 가장 극단적인 가능성임이 드러난다. 이 극단적 가능성 앞에 섬으로써 현존재는 자기를 상실시키는 세인의 지배에서 비로소 해방되고, 죽음의 시련을 이겨낸 가능성들을 본래적으로 이해하고 선택하게 된다.

그렇게 죽음이라는 뛰어넘을 수 없는 가능성으로 미리 달려가봄은 그 가능성 앞에 놓인 모든 본래적 가능성들을 함께 열어 밝힌다. 그러기에 그 미리 달려가봄에서 현존재가 본래적인 자기로 실존할 가능성이 열린다. 하이데거는 거듭 강조한다. 죽음의 가능성은 모든 연관을 끊어버리는 가장 고유하고 뛰어넘을 수 없는 가능성, 가장 확실한 가능성이다. 죽음이 이렇게 가장 확실한 가능성으로 드러나는 것은 현존재가 죽음으로 미리 달려가보면서 그 죽음을 자신의 가장 고유한 존재 가능성으로서 인수할 때뿐이다. 미리 달려가봄에서 현존재는 비로소 자신의 가장 고유한 존재를 그 존재의 전체성에서 확인할 수 있다.

죽음의 가능성은 가장 확실한 가능성이지만, 그 죽음이 언제 닥치느냐 하는 관점에서 보면 '규정돼 있지 않은 확실성'이다. 다시 말해 우리는 죽음이 언제 닥칠지 알 수 없다. 퇴락 속에 있는 현존재는 그 무규정성을 죽음의 확실성을 부정하는 계기로 삼는다. 그러나 그 무규정성을 우리가 '죽음은 언제든 우리에게 닥칠 수 있는 것'이라는 의미로 받아들이게 되면, 그때 죽음의 가능성은 '실존의 절대적 불가능성'이라는 위협으로 다가오게 된다. '죽음을 향한 존재'는 그 위협 아래 머물러 있지 않으면 안 된다. 바로 여기서 일어나는 것이 '불안'이다. 불안 속에서 현존재는 실존의 불가능성이라는 '무' 앞에 서게 된다. 그렇게 해서 불안은 현존재를 극단적인 가능성 곧 죽음의 가능성 앞에 세운다. 그렇게 죽음으로 미리 달려가봄으로써 현존재는 단독자로서 그 자신의 본래적인 전체 존재로서 존재할 수 있는 가능성을 만난다. '죽음으로 미리 달려가봄'은 현존재가 세인의 지배에 자기를 잃어버렸음을 폭로하고, 현존재를 세계 내부 존재자나 함께 있는 타자들에게 의존하지 않은 채 그 자신으로 존재할 가능성 앞으로 끌어낸다.

"이때 그 자신이란 세인의 환상에서부터 해방된 정열적이고 현사실적이고 자기 자신을 확신하며 불안해하는, 죽음을 향한 자유 가운데 있는 자신이다."『존재와 시간』 266쪽

죽음과 맞부딪친다는 것은 우리를 불안 속에 몰아넣는 일일 수밖에 없는 일이다. 이 불안을 견디면서 죽음의 시련을 통과할 때 우리는 모든 환상에서 해방돼 본래의 자기 자신에 이를 길을 발견하게 된다. 이렇게 불안 속에서 죽음의 시련을 통과하려는 용기를 내는 것이야말로 현존재의 자유다.

『존재와 시간』에서 하이데거가 제시한 '죽음 분석'이 당시 독자들에게 준 충격을 리하르트 크로너(Richard Kroner, 1884~1974)가 쓴 『하이데거의 사적인 종교』라는 글에서 찾아볼 수 있다. "나를 가장 매혹하고 놀라게 한 것은 존재에 대한 형이상학적 개념이 아니라 죽음과 죽음 가능성에 대한 사유였다. 이런 사유는 하이데거의 전체 논의의 중심에 있는 것 같았다. 내가 대학생이었을 때 독일인들은 니체가 특별히 유행시켰던 '생철학'(Lebensphilosophie)에 관해 많이 이야기하고 썼다. 생철학은 비학문적인 문학 서클 안에서 널리 받아들여졌다. 대학 교수들은 생철학이 학문적 가치가 없고 … 쉽게 거부할 수 있다고 말하면서 생철학을 경멸하고 심히 비판했다. 그러나 하이데거는 이 생철학을 죽음의 철학으로 전이시켰고 또 비판적인 방법의 견고한 변호를 갖추고 생철학에 학문적 존경심을 품도록 했다. 이 새로운 차림새로 이전에 거부됐던 생철학이 가장 큰 주의와 가장 조심스런 연구를 요구하게 됐다."55) 당시 철학 교수들은 생철학을 철학으로 보지 않고 거부했지만 하이데거는 경멸받던 생철학을 죽음의 철학이라는 형태로 바꾸어 철학의 심장부로 들여왔고, 죽음이라는 현상을 엄격한 존재론적 개념으로 분석함으로써 조심스럽게 연구하지 않으면 안 될 주제로 만들었다는 것이다. 매쿼리(John Macquarrie, 1919~2007)는 하이데거가 죽음을 철학적 주제로 삼은

것은 분명히 '혁명적인 발걸음'이라고 평가한다.[56]

다시 죽음으로 돌아가자. 하이데거는 죽음을 향해 미리 달려가봄 속에서 현존재가 본래적 전체로 존재할 수 있는 가능성이 열린다고 말한다. 그런데 여기서 의문이 솟는다. '죽음을 향해 미리 달려가봄' 이라는 가능성은 이론적 가능성을 넘어서 실제 삶에서 실행되고 확인될 수 있는 가능성인가? 하이데거는 여기에 일단은 부정적으로 답한다. '죽음을 향해 미리 달려가봄'은 이론상 가능하지만 실존적으로는 '무리한 공상적 강요'에 지나지 않는다는 것이다. 현존재가 실제로 죽음을 향해 자신을 던지는지 또 '본래적인 존재 가능성'을 진실로 요구하고 있는지가 밝혀져야 한다. 그리하여 하이데거는 현존재가 본래적 전체성으로 존재할 가능성의 증거를 찾아내고자 '양심' (Gewissen)이라는 현상으로 향한다.

본래적 존재 가능성을 증언하는 '양심의 소리'

하이데거는 현존재의 '본래적 존재 가능성', 다시 말해 '현존재가 본래적으로 존재할 수 있음'을 현존재 자신이 증명해야 한다고 말한다. 그렇다면 그 본래적 존재 가능성의 증거를 어디서 얻을 수 있는가? 하이데거는 현존재가 일상적인 자기 해석에서 '양심의 소리'라고 부르는 것이 바로 현존재 자신의 '본래적 존재 가능성'을 증언한다고 말한다. 그러므로 현존재가 본래적 자기를 회복할 길을 찾으려면 양심 현상을 분석해야 한다.

그런데 하이데거는 현존재의 본래성이라는 것이 비본래성의 변형이라고 앞에서 설명한 바 있다. 현존재가 일상적 삶에서 세인-자기로 사는 삶이 바로 비본래적 삶이다. 이 비본래적인 세인-자기로 사는 삶을 실존적으로 변형함으로써 본래적인 자기로 사는 삶에 이를 수 있다는 이야기다. 삶의 양태를 바꾸는 것, 그것이 변형이다. 그런 변형은 새로운 선택을 함으로써 이루어낼 수 있다. 현존재가 세인 속에 자기를 상실하는 것이 비본래적 삶인데, 이런 자기 상실의 삶은 자기를 선택하지 않은 채 세인의 지배에 휩쓸려 들어가는 삶이다. 그러므로 비본래적인 삶은 선택하지 않는 삶이다. 그렇게 사는 삶을 거부하고 본래적 삶을 선택해야 한다. 다시 말해 아무런 선택도 하지 않고 세인을 뒤따름으로써 자기 상실에 빠진 비본래적인 삶을 살기를 중단하고, 세인 속에 상실된 자기 자신을 되찾아오는 방향으로 선택해야 한다.

세인에게서 자기를 되찾아온다는 것은 선택을 회복한다는 것과 같은 말이다. 선택을 회복하는 것은 다른 말로 하면 '본래적 존재 가능성'으로 살겠다고 결단하는 것이다. 그런데 이렇게 결단하려면 세인 속에 잃어버린 자기 자신을 발견해야 한다. 자기 자신을 발견하려면 무엇이 자기 자신인지 알아야 하고, 자기 자신의 본래성이 밝혀져야 한다. 그 본래성을 밝혀주는 것이 '양심의 소리'다. 이 양심이라는 것을 더 파고들어 분석해보면 양심이 곧 '부름'(Ruf)이라는 것이 드러난다. 그 양심의 부름은 현존재를 가장 고유한 존재 가능성으로 불러내 가장 고유한 '책임' 앞에 서게 한다. 그런 양심의 부름에는 현존재의 '들음'이 대응한다. 듣는다는 것은 이해한다는 것이다. 양심의 부름을 듣고 이해한다는 것은 양심에 따라 살려는 의지를 발동함을 뜻한다. 그런 의지 발동은 본래적 자기 존재를 선택하는 것이다. 본래적 자기 존재를 선택하는 바로 그 행위를 하이데거는 '결단성'(Entschlossenheit, 결단)이라는 말로 표현한다. 그 결단성을 통해 현존재는 '본래성'에 이르게 된다.

먼 곳에서 먼 곳으로 부르는 양심의 부름

이렇게 양심 분석의 얼개를 그려 보여준 뒤, 하이데거는 양심을 분석하는 작업에 본격적으로 뛰어든다. 하이데거가 먼저 주목하는 것은 양심의 '열어 밝히는 능력'이다. 양심은 현존재를 열어 밝힌다. 양심이 현존재를 열어 밝힐 수 있는 것은 양심의 부름이 일종의 '말'(Rede)이기 때문이다. 말이 현존재를 열어 밝히듯이 양심도 부름의 양상으로 현존재를 열어 밝힌다. 그런데 일상 속에서 현존재는 세인의 공공성에 빠져서 세인의 빈말에 귀 기울이고 있다. 그러므로 현존재가 세인-자기에서 빠져나와 진정한 자기를 되찾으려면 이 빈말 듣기를 중단해야 한다. 빈말 듣기를 중단시키는 것이 바로 양심의 부름이다.

양심의 부름은 세인의 말에 귀를 기울이던 현존재를 돌려 세운다. 양심의 부름은 '소리 없는 부름'이다. 아무런 소리도 나지 않지만 양심의 소리는 현존재에게 무언가를 열어 밝히고 알아차리게 해준다. 부름의 이런 열어 밝힘에는 충격의 계기, 곧 세인의 말에 빠져 있는 상태에서 현존재를 흔들어 깨우는 계기가 있다. 부름은 먼 곳(die Ferne)에서 먼 곳으로 부른다. 다시 말해 현존재는 먼 곳으로부터 먼 곳으로 불려 나간다. 양심의 소리는 세인의 지배에서 벗어난 먼 곳으로부터 그 먼 곳에 존재하는 본래적 자기를 향해 현존재를 부르는 것이다.[57] 다시 말해 양심의 부름은 평균적 일상성 속에서 자기를 이해하는 현존재, 곧 세인-자기를 불러낸다. 타자들과 더불어 세계 내부 존재자에 빠져 있는 세인-자기가 양심의 부름이 불러내는 자다.

그렇다면 양심의 부름은 세인-자기를 어디를 향해 불러내는가? 고유한 자기를 향해 불러낸다. 현존재는 우선 대개 자신의 고유한 존재로 살고 있지 못하고 세인-자기로 산다. 양심이 세인-자기를 불러내 고유한 자기로 향하게 하는 것이다. '세인-자기'가 이 부름을 받을 때 '세인'이 아니라 '자기'가 부름을 듣게 되기 때문에, 그 자기가 세인이라는 껍질을 벗고 일어서게 되면 자기 뒤에 남은 세인은 스스로 무너진다. 다시 말해 공공적 명망에만 집착하는 세인이 무의미 속으로 꺼져버리는 것이다. 그리하여 본래적 자기는 세인의 그 공공성을 빠져나와 자기 자신으로 돌아가게 되는 것이다.

여기서 하이데거가 쓰는 공공성(Öffentlichkeit)이라는 말은 세인이 지배하는 세속적 사회와 그 사회의 세속적 양상을 뜻한다. 그곳은 빈말과 호기심과 모호성이 지배하는 곳이다. 이 공공성의 세계에서 현존재는 언제나 세인-자기로 살아간다. 다시 말해 세인의 지배 아래서 세인의 문법과 태도를 지니고서, 자기 아닌 자기, 자기를 상실한 자기로 살아간다. 이 자기를 세인에게서 빼내 현존재 자신의 것으로 되돌려주는 것이 바로 양심의 부름이다. 이 부름을 들음으로써 현존재는 세인-자기에서 본래적 자기로 되돌아갈 수 있다. 즉 본래성을 회복할 수 있다.

부름은 분명히 현존재를 불러내지만, 부름이 이야기하는 것은 엄격하게 말하면 아무것도 없다.

"부름은 아무것도 진술하지 않으며, 세계의 사건에 관해 아무런 정보도 주지 않는다. 부름은 어떤 얘깃거리도 지니고 있지 않다."『존재와 시간』273쪽

양심은 현실적인 삶에 대해 이렇게 하라, 저렇게 하라고 구체적인 지침을 주는 것이 아니다. 그런 실제적인 것과 관련해서 보면 부름이 얘기하는 것은 아무것도 없다. 그런데도 부름은 세계에 빠져 있는 자기를 불러내 고유한 자기로, 가장 고유한 존재 가능성으로 향하도록 하는 것이다. 더구나 부름에는 아무런 음성도 없고 아무런 낱말도 없다. 양심은 언제나 침묵으로만 말한다.

"그런데도 불명료하거나 무규정적이지 않다."『존재와 시간』273쪽

양심이 침묵으로 불러내듯이 부름을 듣는 자도 침묵 속에서 듣는다. 세인-자기는 시끄럽게 빈말을 쏟아내지만, 양심의 부름을 받은 자는 침묵으로 응답한다. 양심의 부름은 가장 내밀하게 전달되므로 공론화되지 않는다. 양심이 부름을 받은 자에게 침묵을 강요하기 때문에 부름받은 자는 침묵하지 않을 수 없는 것이다.

"사울아, 사울아, 네가 왜 나를 박해하느냐?"

부름이 세인-자기를 불러내 본래적인 자기로 향하도록 한다는 이 부름과 들음의 구조는 기독교에서 얘기하는 '회심'(메타노이아, μετάνοια)의 구조와 유사하다. 예수를 믿는 이들을 탄압하던 바울(사울)이 다마스쿠스로 가던 중에 "사울아, 사울아, 네가 왜 나를 박해하느냐?" 하는 소리를 듣고 회심하여 사울이라는 이름을 버리고 바울이 된 것과 같은 구조다.[58] 커다란 마음의 괴로움 속에서 울부짖던 아우구스티누스가 무화과나무 아래서 '책을 들고 읽어라! 들고 읽어라!' 하는 소리를 들은 뒤 성서를 읽고 회심한 것과도 같은 구조다.[59] 하이데거는 『존재와 시간』에서 많은 종교적·신학적 어휘를 빌려 쓰지만 그 어휘에서 종교성을 빼고 존재론적-실존론적 의미로만 사용한다. 그러나 어휘에 배어 있는 본디 의미를 완전히 지우지는 못한다. 『존재와 시간』은 신학적 텍스트로 전용될 가능성을 처음부터 자기 안에 품고 있다. 신학자 불트만이 『존재와 시간』을 자신의 신학적 사유의 토대로 삼을 수 있었던 이유가 여기에 있다. 불트만은 하이데거가 『존재와 시간』을 넘어 멀리 나아간 뒤에도 그 텍스트를 끝까지 붙들었다.

부름은 현존재를 부른다. 그러면 누가 현존재를 부르는가? 다른 누

군가가 부르는 것이 아니라 현존재가 양심 속에서 자기 자신을 부른다. 현존재는 부르는 자이면서 동시에 부름받는 자다. 그러나 이렇게만 말하고 말면 존재론적으로는 결코 만족스럽지 않다고 하이데거는 얘기한다. 부름받은 자로서 현존재는 부르는 자로서 현존재와 다르게 존재하는가? 이를테면 '가장 고유한 존재 가능성'(가장 고유하게 존재할 수 있음)이 부르는 자 구실을 하고 있는가? 부름은 우리가 계획할 수도 없고 준비할 수도 없으며 의도할 수도 없다.

"기대에 반해서, 심지어 의지에 반해서 '그것'이 부른다." 『존재와 시간』 275쪽

부름은 내 안에서 나오지만 내 위에서 나를 덮친다. 이렇게 나에게서 나와서 나를 덮치는 이 부르는 자를 어떻게 이해해야 할까? 하이데거는 그 부르는 자를 막연히 '그것'(Es)이라고 부른다. 하이데거는 '그것'을 '현존재 안으로 밀고 들어오는 낯선 힘'으로서 인격신으로 해석하는 것을 거부한다. 동시대의 지그문트 프로이트는 양심을 구성하는 것을 '초자아'라고 불렀다. 인간 의식 저 안쪽에 있는 초자아, 의식이 통제할 수 없는 무의식적 '도덕 원칙'인 초자아가 자아에게 명령을 내리는 것으로 해석했다. 그러나 하이데거는 정신분석학의 이런 심층심리학적 해석도 수용하지 않는다. 존재론적 이해는 심리학 같은 개별 학문들의 바탕을 이루는 것이기 때문에 그 위상이 다르다는 것이 하이데거의 일관된 생각이다.

내 안에서 나와 나를 부르는 부름

"부름은 내 안에서 나와서 나를 덮치며 나를 향해 말한다." 『존재와 시간』 275쪽

하이데거는 현존재의 이 현상적 실상을 확고하게 견지하고 명확

사도 바울의 회심(카라바조, 1600년경).
하이데거가 말한 부름과 들음의 구조는 기독교의
회심 구조와 유사하다. 양심의 부름은 현존재를 가장 고유한
존재 가능성으로 불러낸다.

하게 확보해야 한다고 말한다. 왜냐하면 이 현존재의 실존론적 구조가 '그것', 곧 '부르는 자'의 존재 양식을 해석하는 데 실마리를 주기 때문이다. '그것'이 부른다고 해서 부르는 자가 현존재가 아니라는 뜻은 아니다. 현존재는 그때마다 언제나 현실적이고 사실적으로 실존한다. 현존재는 현실에 던져져 있는 자로서 자기를 기투하면서 실존한다. 현존재는 이 던져져 있음 앞에서 세인-자기의 기만적이고 손쉬운 자유 속으로 도피한다. 앞에서 말한 대로 '낯선 섬뜩함'(Unheimlichkeit)의 기분으로부터 도피하는 것이다.

그런데 섬뜩함은 불안이라는 근본 기분에서 본래적으로 드러난다. 섬뜩함은 현존재의 세계-내-존재를 세계의 무 앞에 세운다. 다시 말해 섬뜩한 기분 속에서 세계가 무로, 무의미로 무너져내린다. 이 무 앞에서 현존재는 자신의 '가장 고유한 존재 가능성' 때문에 불안 속에서 불안에 떤다. 이 섬뜩함의 근저에 처해 있는 현존재가 바로 양심의 부름을 부르는 자다.

"부르는 자는 섬뜩함 속에 있는 현존재이며, 안절부절못하며 던져져 있는 세계-내-존재이며, 세계의 무 앞에 있는 적나라한 '있음의 사실'이다." 『존재와 시간』 277쪽

부르는 자는 일상적인 세인-자기에게는 친숙하지 않은 낯선 목소리다. 잡다한 세상일에 빠져 있는 세인-자기에게는 섬뜩함 속에서 솟아오르는 진정한 '자기 자신'이야말로 낯선 자다. 세인-자기로 있는 현존재가 이 섬뜩함을 통해 알리려 하는 것은 바로 자기 자신의 존재 가능성이다. 부름은 현존재에게 유일하게 문제되는 이 존재 가능성을 향해 현존재를 불러 세운다. 현존재 자신이 양심으로서 자신의 존재 근저에서부터 현존재를 부르는 것이다. 이때 현존재는 '무엇인가가 나를 부른다'고 말한다. 불안의 기분에 싸인 이 부름을 받고 이제 처음으로 현존재는 자신의 가장 고유한 존재 가능성을 향해

자기 자신을 기투한다. 이 양심의 부름이 알려 오는 것은 세인 속에 빠져 현존재가 망각하고 있던 '자기 상실'이다.

이런 분석을 통해 다음 명제 '현존재는 부르는 자이면서 동시에 부름받는 자다'가 명료한 의미를 얻는다. 부르는 자는 던져져 있음 속에서 자신의 존재 가능성 때문에 불안에 떨고 있는 현존재 자신이다. 부름받은 자는 자기의 가장 고유한 존재 가능성을 향해 불려 나온 바로 그 현존재 자신이다. 자신의 존재 가능성을 염려하며 불안에 떠는 현존재가 가장 고유한 존재 가능성을 향해 있는 현존재 자신을 부르는 것이다. 그렇다면 양심의 소리를 귀 기울여 듣는다는 것은 무엇을 뜻하는가? 여기서 하이데거는 '책임'(Schuld), '책임 있음'(Schuldsein)이라는 문제를 거론한다. 결론을 앞당겨 말하면, 현존재는 자신의 존재에 책임이 있고 자신의 존재를 책임져야 한다. 그 존재가 설령 자신이 의도한 것이 아니었고 자신으로서는 어쩔 수 없는 것이라고 하더라도 그 존재에 책임을 져야 한다는 것, 이것이 하이데거가 말하려는 것이다.

유한성에 갇혀 있는 현존재

그런데 이 책임의 문제가 발생하는 것은 현존재의 존재가 근본적으로 '유한성'에 갇혀 있기 때문이다. 이 유한성을 하이데거는 '비성'(非性, Nichtigkeit)이라고 부른다. 비성이라는 것은 우리의 존재에 비(非, Nicht)의 성격이 깃들어 있음을 가리킨다. 통상 '비'(Nicht)는 명제를 부정하는 '아님'을 뜻하거나 사태의 있음을 부정하는 '없음'을 뜻하는데, 여기서 '비'는 대체로 실존적 차원의 '어쩔 수 없음', '미치지 못함'과 같은 '무력성'을 가리킨다. 우리의 실존은 철저히 유한성에 갇혀 있기 때문에, 우리로서는 어찌해볼 수 없는 '비성'

(Nichtigkeit, 무력함)으로 가득 차 있는 것이다.

무한성의 존재자, 곧 한계에 갇혀 있지 않은 신에게는 유한성에서 빚어지는 문제가 생겨날 이유가 없다. 어쩔 수 없음, 마음대로 하지 못함은 인간의 일이다. 그런 유한성을 하이데거는 '던져져 있음'(Geworfenheit)이라는 고유한 용어로 표현한다. 현존재가 능동적으로 기획함을 가리키는 '기투'(Entwerfen)가 '앞을 향해 던짐'이라면, 현존재 자신이 떠안고 살아가야 할 조건, 자기로서는 어떻게 해볼 수 없는 삶의 조건이 '던져져 있음'이다. 인간은 삶 한가운데로 그렇게 던져진 채 유한한 존재자로 살아간다. 그러나 그렇게 유한성에서 일어나는 어쩔 수 없는 사태를 인간은 자기 책임으로 인수해야 한다. 이것이 하이데거가 이야기하려는 것이다.

이 어쩔 수 없음의 문제를 하이데거는 현존재의 존재 곧 '염려'를 구성하는 현사실성·실존성·퇴락에서 확인한다. 현사실성이란 다른 말로 하면 현존재에게 주어진 삶의 현실성이다. 현존재가 선택했든 선택하지 않았든 이미 확고한 사실이 돼 현존재를 규정하는 삶의 조건이 현사실성이다. 우리는 국적·성별·언어·부모를 포함해 자신이 선택하지 않은 것들 속에 묶여 살아갈 수밖에 없다.

그런 삶의 조건에는 현존재가 자신의 삶을 기투할 수밖에 없다는 것도 포함된다. 현존재는 자신의 삶을 가능성을 향해 기투하지 않을 도리가 없다. 그 가능성이 본래적이건 비본래적이건 우리는 미래를 기약하고 기대하며 살아간다. 꿈과 소망을 앞으로 던지며 살아갈 수밖에 없는 것이 우리의 삶, 우리의 존재다. 그러므로 현존재는 자신의 삶을 스스로 짊어지고 살아야 한다는 부담을 떠안은 채 살지 않을 수 없다. 자신의 가능성을 기투하며 살아야 한다는 것은 현존재가 수용할 수도 있고 거부할 수도 있는 선택 사항이 아니다. 현존재는 선택의 여지 없이 자기 존재 가능성을 기투하지 않으면 안 된다. 바로 여기에 현사실성의 '비성'이 들어 있다. 현존재로서는 어쩔 수 없이 받아들이지 않으면 안 되는 존재 성격이 비성인 것이다.

이런 어쩔 수 없음의 유한성은 현존재의 '실존'에도 들어 있다. 실존한다는 것은 다른 말로 하면 '가능성을 기투함'이다. 우리 자신을 가능성으로 이해하고 그 가능성을 던지는 것이 바로 실존함이다. 우리는 실존하면서 끊임없이 우리의 가능성을 미래를 향해 기투하고 있다. 그런데 이렇게 기투할 때 어쩌지 못하는 사태가 빚어진다. 다시 말해 우리가 어떤 가능성을 선택한다면 다른 가능성은 선택에서 배제하고 단념해야 한다. 이렇게 다른 가능성을 단념한다는 것, 이것이 기투에 들어 있는 '비성', 어쩔 수 없는 유한성이다. 하이데거는 젊은 날 철학의 길을 선택하면서 사제가 되는 길을 포기했다. 철학자로서 살겠다는 선택을 할 때 가톨릭 사제의 길은 포기해야만 했던 것이다. 인간의 삶은 이런 선택과 단념이 끊임없이 이어지는 길이다.

하이데거는 바로 이 선택의 '비성'에서 인간의 '자유'를 찾아낸다. 자유란 무엇이든지 마음대로 할 수 있음을 뜻하는 것이 아니라 자신의 실존적 가능성들을 향해 열려 있음을 뜻한다. 자유란 하나의 가능성을 선택하면서 다른 가능성을 단념할 수밖에 없다는 것을 자신의 몫으로 짊어짐을 뜻한다.

"자유는 하나의 가능성을 선택하는 데 있다. 다시 말해 다른 가능성을 '선택하지 않았다'는 것, '선택할 수 없었다'는 것을 견뎌내는 데 있다."『존재와 시간』 285쪽

그런 의미에서 볼 때 우리의 삶의 길은 자유의 길이라고 할 수 있다. 간단히 말해서 자유란 '비성'을 거부하는 데 있는 것이 아니라 우리의 삶의 조건인 '비성'을 짊어지는 데 있다. 자유는 무한히 열려 있는, 무한한 가능성의 자유가 아니라 엄격한 제약 속에서 좁은 길을 뚫고 나가는 투쟁의 자유다.

현존재의 존재를 규정하는 '비'(Nicht)의 성격은 '퇴락'에서도 당연히 발견된다. 현존재는 애초부터 자신이 선택하지 않은 채로 퇴락이라는 존재 방식에 던져져 있다. 현존재는 자신의 뜻과는 무관하게 '우선 대부분의 경우에' 퇴락의 방식으로 사는 것이다. 바로 이것이 퇴락의 근저에 놓인 원천적인 비성이다. 그리고 이런 원천적인 비성 위에서 퇴락의 비성이 펼쳐진다. 퇴락이란 세계 내부 존재자에 빠져서 세인-자기로 사는 것을 말하는데, 이렇게 비본래적인, 다시 말해 본래적이지 '못한' 자기로 사는 것이야말로 퇴락의 비성을 보여준다. 비본래성의 이 '비성'이야말로 현존재가 떠맡지 않으면 안 되는, 극복하지 않으면 안 되는 비성이다.

현존재의 염려를 관통하는 '책임'

이 비성이 철저하게 현존재의 염려를 관통하고 있다. 그 비성은 다른 누구의 책임도 아닌 현존재 자신의 책임이다. 왜냐하면 그 존재는 다른 누구의 존재도 아닌 현존재 자신의 존재이기 때문이다. 그 존재에서 생겨나는 비성은 그 존재가 감당해야 하는 것이다. 이것이 현존재의 근원적인 '책임 있음'(Schuldsein)이다. 그러나 그 책임은 현존재에게 우선 대개는 이해돼 있지 않고 닫혀 있다. 현존재가 세인-자기로 사는 한, 비성에 대해 책임 있음이 자기 자신에게 알려지지 않고 은폐돼 있다는 얘기다. 현존재는 책임 있음을 근원적으로 이해하지 못한 채 무책임하게 살아간다. 바로 이렇게 책임 있는 존재자로서 자신이 닫혀 있기에 양심의 부름이 등장할 수 있는 것이다. 책임 있음이 닫혀 있지 않다면, 다시 말해 책임 있음이 현존재에게 이해돼 있다면 굳이 양심의 부름이 생겨날 이유가 없다. 양심이 부르고 말고 할 것도 없이 스스로 책임지면 되기 때문이다.

책임은 현존재의 염려를 관통하고 있다. 그러므로 부름은 염려의 부름이다. 염려로서 현존재는 세인으로 사는 그 자신을 섬뜩한 기분 속에서 자신의 존재 가능성으로 불러낸다.

"불러냄은 앞으로 불러내면서 도로 불러들인다." 『존재와 시간』 287쪽

이 말은 무슨 뜻인가. 양심의 부름은 현존재를 앞으로 불러내고 그 현존재를 도로 불러들인다. 다시 말해 부름은 현존재를 자신의 존재 가능성을 향해 불러내고, 그렇게 불러내 그 자신의 고유한 존재로 불러들인다. 현존재는 가장 고유한 존재 가능성을 향해 앞질러 나아간다. 그러나 그 고유한 자기 존재의 가능성은 이미 자기 안에 은폐된 채로, 감추어진 채로 있으므로, 도로 자기에게 돌아와 그 고유한 존재 가능성을 세인 속의 자기 상실에서 되찾는 것이다. 그렇게 해서 현존재는 자신의 모든 비성의 책임이 자기에게 있음을 자각하게 된다. 이렇게 양심의 소리는 현존재가 자기 자신의 가장 고유한 가능성에 책임 있다는 사실을 열어 밝힌다. 그리하여 현존재는 세인 속 자기 상실에서 벗어나 가장 고유한 가능성을 향해 나아가야 한다는 사실을 통감하게 된다.

거듭 말하면 현존재는 무언가 실제로 잘못을 저질렀기 때문에 책임이 있는 것이 아니다. 현존재에게는 존재 구조상 근원적으로 책임이 있는 것이다. 양심의 부름을 듣는다는 것은 이 책임 있음을 이해하고 책임질 수 있음을 향해 자기를 던진다는 뜻이다. 하이데거가 가톨릭 사제의 길을 단념하고 철학자의 길을 선택했을 때 그것은 큰 부담으로 다가왔을 것이다. 더구나 하이데거는 교수 임용 자격 논문을 마칠 때까지 가톨릭교회가 주는 장학금을 받았다. 그런데도 하이데거는 가톨릭 사제의 길을 포기했을 뿐만 아니라 나중에는 철학적 신념에 따라 가톨릭 체계와 교리마저 거부했다. 하이데거의 가톨릭 거부는 독실한 가톨릭 신자였던 늙은 어머니에게 마지막 순간까지 괴

로움을 안겼다. 그런데도 하이데거는 그 길을 택했다. 이런 선택은 하이데거에게 무거운 철학적 과제를 남겼을 것이다. 그 선택과 포기의 과정이 하이데거에게 인간 현존재의 근원적인 비성과 책임의 문제, 양심의 문제를 사유하도록 자극했을 것이다. 하이데거가 내린 결론은 '인간은 근원적으로 선택할 수밖에 없고 그 선택의 책임을 철저하게 인수해야 한다'는 것이었다.

책임을 향해 자기를 던짐, 결단

양심의 부름을 듣는다는 것은 양심의 부름을 이해한다는 뜻이다. 이해한다는 것은 현존재가 본래적으로 책임 있는 존재임을 깨닫는다는 것, 그 깨달음에 따라 본래적 자기를 선택한다는 것을 뜻한다. 이렇게 본래적 자기를 선택하는 것을 하이데거는 '양심을 가지려는 의지'라고 표현한다. 양심의 부름을 내 것으로 하려는 의지, 더 쉽게 말하면 양심에 따라 살려는 의지다. 그렇게 양심에 따라 살려는 의지 속에서 현존재는 책임 있음을 인수하는 존재로 살 수 있게 된다. 그러므로 양심에 따라 살려는 의지야말로 현존재가 현실적으로 범한 과오를 책임질 수 있는 근본 바탕이 된다.

하이데거의 윤리학은 이렇게 철학의 분과로서 전개되는 것이 아니라 존재론의 구성 요소로서 전개된다. 하이데거의 존재론은 윤리학을 포함한다. 그러므로 '하이데거의 철학에는 윤리학이 없고 그래서 하이데거는 과오를 윤리적으로 반성하지 않는다'는 일각의 비판은 과녁을 잘못 겨냥한 것이다. 윤리학을 주제로 한 책을 따로 쓰지 않았지만 하이데거에게 윤리학은 존재론을 구성하는 요소로서 분명히 존재한다. 다만 그렇게 구성한 윤리학의 지침에 따라 사느냐 살지 않느냐 하는 문제는 이론으로 끝나지 않는 별도의 실천적 문제다.

양심은 현존재를 책임 있음을 향해 불러낸다. 그리하여 양심은 현존재를 열어 밝히고 세계를 열어 밝힌다. 이런 열림 속에서 현존재는 본래적인 존재 가능성과 가장 고유한 '책임 있음'을 이해하게 된다. 나아가 불안이 불러오는 섬뜩함이라는 심정성 속에서 세인의 공공성으로 도피하지 않고 용기 있게 자기 자신과 맞부딪치게 된다. 그리고 그런 맞부딪침을 통해 드러난 가장 고유한 존재 가능성을 향해 책임지고 나아가야 한다는 것을 받아들이게 된다. 이렇게 가장 고유한 '책임 있음'을 향해 자신을 던지는 것을 하이데거는 '결단성'(Entschlossenheit, 결단)이라고 부른다. 이 결단성과 함께 현존재 자신과 세계가 새롭게 개시된다.

결단성이란 양심의 부름에 따라 살겠다는 결의·결심을 뜻함과 동시에 그런 결단 속에 현존재 자신과 세계가 새롭게 개시됨, 새롭게 열려 밝혀짐을 뜻한다. 이 새로운 개시성(Erschlossenheit, 개시돼 있음, 열려 밝혀져 있음)이 바로 결단성이다. 개시성이라는 말이 닫힌 것을 열어 밝힌다는 뜻을 품고 있듯이, 결단성이라는 말도 닫힌 것을 열어젖힘이라는 뜻을 품고 있다. 다만 개시성이 현존재의 일상적 개시성을 포함하는 일반적인 '열어 밝힘'을 뜻하는 것과 다르게, 결단성은 현존재를 본래적 존재 가능성으로 열어 밝히므로 개시성 중에서도 탁월한 개시성이라고 할 수 있다.

개시성, 근원적인 진리

그런데 하이데거는 현존재의 개시성(열려 밝혀져 있음)을 바로 '근원적인 진리'라고 부른다. 개시성이 근원적인 진리인 것은 진리 곧 알레테이아(ἀλήθεια)가 비은폐성 곧 '은폐에서 벗어나 있음'을 가리키기 때문이다. 현존재의 개시성(열려 밝혀져 있음)이야말로 모든 존재자들이 있는 그대로 드러날 수 있는 바탕, 비은폐성(알레테이아)의 바탕이다. 그러므로 현존재의 개시성은 근원적인 비은폐성, 근원적인 진리가 된다. 그런데 결단성은 개시성 가운데서도 탁월한 개시성이므로, 결단성이야말로 '본래적인 진리'라고 할 수 있다. 결단성과 더불어 우리는 본래적 진리인 현존재의 진리를 획득하는 것이다. 그리하여 우리는 '현존재는 진리 가운데 있다'고 확언할 수 있게 된다. 결단성 속에서 현존재의 본래적 존재 가능성이 가장 투명하게 드러나는 것이다.

그런데 현존재는 세계-내-존재이므로 현존재가 결단성 속에서 가장 투명하게 열려 밝혀져 있다면, 세계도 가장 투명하게 열려 밝혀져 있을 것이다. 그리고 이 세계의 열려 밝혀져 있음과 더불어 세계 내부 존재자들도 그렇게 발견돼 있을 것이다. 결단성 속에서 현존재가 가장 고유한 존재 가능성으로 열려 밝혀짐과 동시에 세계도 새롭게 열려 밝혀지는 것이다. 그리하여 결단을 내린 현존재는 바로 그 새로운 개시성에 따라 세계 내부 존재자들을 새롭게 만나게 되고 함께 존재하는 타자들도 새롭게 만나게 된다.

그리하여 결단을 내린 현존재가 자신의 본래적인 존재 가능성에서부터 자신을 이해하듯이 타자들도 그들의 가장 고유한 존재 가능성에서부터 이해하게 된다. 그렇게 해서 결단을 내린 현존재는 다른 사람들을 가장 고유한 존재 가능성을 향해 이끌어주는 모범이 될 수 있다. 다시 말해 "결단을 내린 현존재는 다른 사람의 '양심'이 될 수 있다."『존재와 시간』 298쪽 다마스쿠스로 가던 길에 하늘의 소리를 듣고 회심한 바울이 초기 기독교인들의 모범으로서 그 신앙 공동체의 양심이 될 수 있었던 것이 바로 그런 경우라고 할 수 있을 것이다.

결단성은 언제나 현사실적인 현존재의 결단성이다. 그런데 그 결단성에서 현존재는 무엇을 기반으로 하여 결단하며 무엇을 향해 결단하는가? 이 물음에 대해 하이데거는 "대답을 줄 수 있는 것은 오직 결단(Entschluss) 자체"라고 답한다. 결단은 여러 가능성 가운데 하나를 선택하는 문제가 아니다. 결단이란 현사실적 가능성들을 비로소 개시하고 기투하고 규정하는 근원적인 것이다. 말하자면 구체적인 가능성들을 선택하는 행위의 바탕에서 이 선택을 이끄는 근원적인 빛을 주는 것, 그리하여 처음으로 눈이 열리는 것이 결단성이다.

그러므로 결단성에는 무규정성이 속해 있다. 이것을 두고 당시 몇몇 마르부르크 학생들이 "나는 결단했다. 하지만 무엇을 위해 결단했는지 모르겠다"고 비웃었다는 이야기는[60] 결단성 자체의 성격을 알지 못한 데서 나온 반응이라고 할 수밖에 없다. 우리가 깨달음을 얻는다고 할 때 그 깨달음은 무규정적이다. 다시 말해 무어라고 딱 잡아 규정할 수가 없다. 그렇다고 해서 깨달음이 쓸모없는 것은 전혀 아니다. 깨달음을 얻음과 동시에 우리의 세계가 전혀 다른 가치 질서 속에 새롭게 펼쳐지고 우리의 가능성도 전혀 다른 방식으로 새롭게 열린다. 그러므로 결단성이 열어 밝히는 것은 세인-자기의 가능성을 배제하는 가능성, 현존재가 구현해야 할 본래적인 가능성이다. 결단성을 통해 열린 가능성 속에서 현존재는 자신이 무엇을 해야 할지 분명히 알게 된다.

상황이란 결단 속에서 열린 자리

그렇게 현존재에게 자신이 구현해야 할 참된 현사실적 가능성들이 명료하게 개시될 때, 현존재가 존재하는 자리는 '상황'(Situation)이 된다. 상황은 결단성 속에서 열린 자리다. 상황은 결단성을 통해서만 열리고 결단성 안에서만 존재한다. 이 상황 안에서 현존재는 자신의 본래적인 현사실적 가능성을 온전히 전체로서 구현한다. 다시 말해 현존재의 삶은 매번 열리는 상황에서 수행된 행위들이 모여 하나의 전체가 되는 것이 아니라, 오히려 어떤 상황에 들어설 때마다 현존재는 자신을 전체로서 구현한다. 각각의 상황은 현존재의 삶 전체를 지탱하고 규정하는 장, 그 자신의 가장 고유한 가능성을 구현하는 장이 되는 것이다.[61] 반면에 세인에게는 '상황'이 본질적으로 닫혀 있다.

"세인은 그저 '일반적 처지'만 알 뿐이며 가장 가까운 '기회'에 탐닉해 '우연'을 계산에 넣고 생존을 건다. 세인은 그 우연을 오인해 우연히 그렇게 된 것을 자기의 업적으로 간주하고 자랑한다." 『존재와 시간』 300쪽

양심은 현존재를 바로 '상황' 속으로 불러낸다. 그 양심의 부름에 대한 응답이 바로 결단성이다.

"결단성이란 염려 속에서 염려되고 있는 염려 자체의 본래성이다." 『존재와 시간』 301쪽

이렇게 결단성을 '가장 고유한 책임 있음을 향해 자기 자신을 기투함'으로 밝혀냄으로써 하이데거의 탐구는 현존재의 '본래적 전체 존재 가능성'(본래적 전체로 존재할 수 있음)의 존재론적 의미를 확정할 수 있는 단계에 이르렀다. 이제 하이데거는 '본래적 전체 존재'를 확정하고 거기에서 출발해 현존재의 존재 의미를 '시간성'으로 파악하는 일에 뛰어든다.

결단이란 죽음을 향해 앞질러 달려감

앞에서 하이데거는 '죽음으로 앞질러 달려가봄'과 '양심 분석을 통해 확보한 결단성'을 각각 따로 분석했다. 이제 이 둘을 어떻게 하나로 통합해 이해할 것인가가 과제로 다가온다. 죽음을 향해 앞질러 달려감은 현존재의 존재 전체성을 가리키고, 결단성은 현존재의 '본

래적 존재 가능성'(본래적으로 존재할 수 있음)을 가리킨다. 이 전체성과 본래성을 어떻게 하나로 결합할 수 있는가? 다시 말해 '결단성'과 '죽음으로 앞질러 달려감'을 어떻게 통일할 수 있는가? 우선 통일의 형식만 말해보자. 결단성과 죽음으로 앞질러 달려감은 '죽음을 향해 앞질러 달려가보는 결단성'이라는 형식으로 통일될 수 있다. 바로 이 통일 형식에서 본래성과 전체성의 통일 곧 '본래적 전체성'이 확보될 수 있다. 그러나 이런 형식은 이론적으로 구성한 것에 지나지 않기 때문에 현존재의 실존에서 증명돼야 한다.

여기서 하이데거는 '결단성을 끝까지 사유해본다면 죽음으로 앞질러 달려감 자체가 결단성이라는 사실이 드러난다'고 말한다. 왜 결단성이 결국 '죽음으로 앞질러 달려감'과 같은 것으로 드러나는가? 죽음으로 앞질러 달려가봄으로써 현존재는 죽음 앞에서 허망한 것으로 드러날 수밖에 없는 모든 비본래적인 가능성들을 떨쳐내버리고 그렇게 하여 순수한 본래적 가능성을 확보할 수 있기 때문이다. 결단성은 바로 그 '본래적 가능성'을 확보하고자 하는 것이다. 그러므로 본래적 가능성을 확고하게 장악하려면, 결단하는 자는 죽음으로 앞질러 달려가보는 수밖에 없다. 다시 말해 '죽음으로 앞질러 달려가보는 결단성'이야말로 진정한 결단성이 된다.

결단이 진정으로 본래적인 결단이 되려면, 죽음으로 앞질러 달려가봄이라는 시험과 시련을 견뎌내야 한다. 죽음을 향해 앞질러 달려가봄은 모든 우연적이고 비본래적인 것들을 모조리 떨쳐내버리는 극한의 시험이고 시련이다. 이 시련과 시험을 통과한 결단성만이 진정한 결단성이라고 할 수 있다. 바로 이 결단을 통해서 가장 본래적인 가능성이 확보될 수 있는 것이다. 그러므로 결단성은 그것이 본래적인 결단성이 되려면 '죽음을 향해 앞질러 달려가봄'과 결합하지 않을 수 없다. 결단성은 죽음을 향해 앞질러 달려가보는 결단성에서 본래적인 결단성으로 드러나는 것이다.

결단성이 왜 '죽음을 향해 앞질러 달려가봄'인지를 '현존재의 책임 있음'을 끌어들여 이해하는 것도 가능하다. 하이데거는 결단성을 '가장 고유한 책임 있음을 향해 불안을 각오하고서 침묵 속에 자기자신을 기투함'이라고 규정한다. 여기서 '책임'이 가리키는 것은 무엇인가? 다시 말해 무엇에 대한 책임인가? '비성' 곧 유한성에 대한 책임이다. 결단성 곧 결단이란 자신이 어찌해보지 못하는 실존의 한계를 자신의 책임으로 받아들이는 것을 말한다. 유한성이라는 실존의 한계를 현존재가 스스로 떠맡지 않으면 안 된다는 것, 이것이 결단성이 의미하는 것이다.

그런데 바로 이 실존의 한계로서 유한성 가운데 가장 극단적인 것이 바로 '죽음'이다. 죽음은 현존재에게서 모든 것을 앗아간다. 어떤 것도 남겨두지 않는다. 이 절대적 존재 불가능성이라는 '비성'을 자기 책임으로 인수하는 것이야말로 결단성의 가장 궁극적인 형태다. 죽음은 현존재의 종말에 가서야 비로소 닥치는 것이 아니고 현존재를 처음부터 끝까지 지배하는 '비성'이다. 이 비성을 떠맡지 않으면 안 되는 것이 현존재다. 그리하여 죽음으로 앞질러 달려감을 통해서 그 비성에 대해 '책임 있음'이라는 현존재의 존재가 드러나는 것이다. 이 책임 있음은 현존재의 삶을 처음부터 끝까지 관통해서 지배하고 있다. 현존재는 본래적이든 비본래적이든 이 '책임 있음' 속에 머무르고 있다. 다시 말해 책임을 회피하거나 망각하는 방식으로 있을 수도 있고, 불안을 각오하고서 그 책임을 자각하고 감당하는 방식으로 있을 수도 있다. 그러나 어떤 경우에도 현존재의 근원적인 '책임 있음'은 사라지지 않는다.

현존재는 죽음을 향해 앞질러 달려가, 모든 것들이 허망하게 무너져버리는 상황을 미리 겪어봄으로써 책임을 본래적으로 인수하게 된다. 그러므로 '죽음을 향해 앞질러 달려가보는 결단성'만이 현존재의 가장 고유한 존재 가능성을 향한 근원적인 결단성이 된다. 그런 결단성만이 현존재의 모든 '비성'을 책임질 수 있는 결단성이 된다. 그리하여 현존재는 자신이 '자기의 비성의 비(非)적 근거'로 있다는 것을 결단을 통해 자기의 실존 속에서 본래적으로 받아들이게 된다. '자기의 비성의 비적 근거로 있다'는 것은 자신이 어쩌지 못하는 실존의 한계에 던져진 채 이 한계의 근거로 있다는 것을 말한다. 그 비성, 그 한계를 현존재는 다른 누군가에게 떠넘길 수도 없고 망각이나 회피의 방식으로 부정할 수도 없다. 그 비성을 온전히 자기 책임으로 인수해야 한다. 인수한다는 것은 책임이 자신의 존재에 속해 있음을 자각한다는 것이다. 결단을 통해 현존재는 바로 그 책임을 자기의 것으로 받아들인다.

죽음은 현존재의 절대적 '비성'이다. 죽음은 아무리 발버둥쳐도 벗어날 수 없는 한계다. 현존재는 자신의 죽음에 던져져 있다. 현존재는 죽지 않을 수 없다. 현존재의 존재를 철두철미하게 지배하는 그 '비성'은 '죽음을 향해 본래적으로 있음'에서 현존재 자신에게 가장 분명하게 드러난다. 다시 말해 '죽음을 향해 있음'을 본래적으로 깨달음으로써 현존재는 자신이 죽음이라는 존재 불가능성에 철저히 지배받고 있음을 꿰뚫어보게 된다. 그리하여 죽음을 향해 앞질러 달려가보는 결단성은 현존재를 본래적 실존으로 세운다. 그때 현존재의 본래적 실존은 세속적 명성이나 능력 같은 비본래적인 것들이 침범할 수 없는 궁극적인 것이 된다. 그렇게 해서 결단성은 현존재를 실존의 근원적인 진리 앞으로 인도한다. 근원적인 진리란 현존재의 개시돼 있음, 열려 밝혀져 있음을 뜻한다. 현존재의 개시성이 근원적인 진리다. 결단성은 개시성 가운데서도 탁월한 개시성이다. 그러므로 결단성을 통해 현존재는 가장 본래적인 진리 가운데 놓이게 되고 그 진리를 확신하게 된다.

현존재의 가장 확실한 가능성, 죽음

거듭 말하지만 현존재에게 가장 확실한 가능성은 죽음의 가능성이다. 죽음은 반드시 닥쳐오고야 만다. 현존재는 그 죽음이 정확히 언제 닥칠지 알지 못할 뿐이다. 언제 닥쳐올지 모른다는 것이 죽음이라는 확실한 가능성의 '무규정성'이다. 죽음이 온다는 것은 명확하지만, 그것이 언제 올지는 규정돼 있지 않다. 바로 이 무규정성에서 현존재가 자신의 '한계상황'(Grenzsituation)의 무규정성 속에 던져져 있다는 사실이 드러난다. 현존재는 바로 이 한계상황을 향해 결단을 내림으로써 자신의 '본래적인 전체 존재 가능성'을 확보한다. 다시 말해 '본래적인 전체로서 존재할 수 있음'을 확보한다.

이렇게 해서 결단성은 '죽음을 향해 앞질러 달려가보는 결단성'으로서만 본래적이고 전체적인 결단성일 수 있음이 드러났다. 현존재가 자기를 결단한 자로서 본래적으로 이해한다면, 죽음을 향해 앞질러 달려가보지 않으면 안 된다는 얘기다. 결단성 안에는 죽음을 향해 앞질러 달려감이 속해 있다. 결단성이 본래적 결단성이라면 그것은 항상 '죽음을 향해 앞질러 달려가봄'의 규정을 받을 수밖에 없다. 다시 말해 죽음을 향해 앞질러 달려가보는 결단성일 수밖에 없다. 또 결단성이 죽음을 향해 앞질러 달려감을 포함하는 한, 결단성 속에서 현존재가 본래적 전체로서 존재할 수 있다는 사실도 입증된다.

여기서 한 번 더 상기할 것은 '죽음을 향해 앞질러 달려가보는 결단성이 결코 죽음을 극복하려고 만들어낸 고안물이 아니라는 사실'이다. 다시 말해 죽음을 향해 앞질러 달려가보는 결단성은 죽음을 초월하려는 것이 아니다. 그러기는커녕 죽음을 받아들임으로써 삶을 이제까지와는 완전히 다른 방식으로 살려는 것이다. 죽음을 향해 앞질러 달려가는 결단성은 죽음이 현존재의 실존을 지배하게 함으로써 모든 기만적인 자기 은폐를 근본적으로 제거할 가능성을 열어 보인다. 하이데거는 이 '죽음을 향해 앞질러 달려가는 결단성'이 현존재의 현사실성을 초월한 이상주의적인 요구에서 비롯한 것이 아니고, 현존재의 현사실적 근본 가능성을 냉철하게 이해한 데서 비롯한 것이라고 강조한다. 죽음을 향해 앞질러 달려가 죽음과 대면할 때 현존재는 불안을 느끼지 않을 수 없다. 그 불안 속에서 현존재는 홀로 죽음 앞에 선다. 그러나 그 극한의 가능성 앞에서 기쁨이 솟는다고 하이데거는 말한다. 나는 죽을 수밖에 없다는 자각이 불안을 불러들이지만, 그 불안 속에서 가장 본래적으로 실존할 가능성을 확보함으로써 현존재는 환희를 느끼는 것이다. 죽음이라는 시험을 통과하지 못하는 온갖 가치와 의미가 헛된 것으로 흩어져버리고 가장 본래적인 실존의 가능성만이 오롯이 남아 솟아오름으로써 그 안에서 말할 수 없는 희열을 느낀다는 얘기일 것이다. 그 기쁨은 불안을 뚫고 깨달음에 이른 자만이 느낄 수 있는 기쁨이다. 이렇게 해서 앞질러 가보는 결단성을 통해 현존재의 본래성과 전체성, 다시 말해 본래적 전체성이 드러났다.

하이데거는 이렇게 확보된 '죽음을 향해 앞질러 달려가보는 결단성'을 프리즘으로 삼아 현존재의 존재인 '염려'를 분석한다. 염려의 세 가지 구성 계기는 실존성·현사실성·퇴락이다. 이 세 구조 계기가 통일돼 현존재의 존재 구조 전체가 규정된다. 이 세 구조 계기를 통일해 염려의 구조를 정식화하면 '세계 내부에서 만나는 존재자에 몰입해 있으면서 자기를 앞질러 이미 세계 안에 있음'이 된다. '세계 내부에서 만나는 존재자에 몰입해 있음'은 퇴락을 가리키며 '자기를 앞지름'은 실존성을 가리키고 '이미 안에 있음'은 현사실성을 가리킨다.

　'죽음을 향해 앞질러 달려가보는 결단성'은 자체 안에 현존재의 '본래적인 전체 존재 가능성', 다시 말해 본래적인 전체로서 존재할 가능성을 포함하고 있다. 염려의 구조는 현존재가 전체로서 존재하는 것을 가능하게 한다. 이제 이 염려 구조 전체의 통일을 탐구해 들어가야 한다. 앞에서 얘기한 대로 염려는 언제나 현존재 자신의 자기 염려다. 그러므로 염려는 자체 안에 이미 '자기'(Selbst)라는 현상을 품고 있다. 하이데거는 먼저 이 '염려'와 '자기' 사이의 연관에 대해 묻는다. 현존재는 일상적인 자기 해석에서 '나는 이렇게 생각한다', '나는 어떻다' 하고 '나'라고 말함으로써 '자기'를 말로 드러낸다. 다시 말해 우리는 일상 속에서 자신을 생각과 말과 행동의 주체라고 생각한다. 그러나 그때의 자기는 우선 대개는 세인으로 있는 자기일 뿐이다. 나는 일상의 잡다한 일에 몰두하면서 자기를 잊어버렸는데도 자신이 모든 생각과 행동의 주체라고 생각하는 것이다.

　'나'는 항상 세계-내-존재로서 존재한다. 다시 말해 나는 세계 내부의 존재자들에 몰입해 있는 방식으로 이미 세계 안에 있으면서 동시에 항상 '자신을 앞질러' 있다. '앞질러 있다'는 것은 자기 자신의 존재를 문제 삼는다는 뜻이다. 현재의 나를 넘어서서 그 나를 문제로 바라본다는 얘기다. 이렇게 나라는 존재자는 자신의 존재를 문제 삼는 존재자로서 현존재 자신이다. 그 현존재는 우선 대부분의 경우에는 세인-자기로 존재하면서 '나는 말한다'고 자기를 말로 드러낸다. 세인으로서 자기는 목청을 높여서 항상 '나는, 나는' 하고 말하지만, 그렇게 말하는 나는 진정한 나가 아니라 세인-자기다. 이런 현상에서 자기가 본래적인 자기로 있지 않고 본래적인 존재 가능성을 회피하고 있음을 알 수 있다. 그러므로 진정한 자기성은 염려로서 현존재가 본래적으로 존재하는 데서만 파악될 수 있다.

'진정한 자기로서 본래적으로 존재함'을 하이데거는 자립성(Selbst-ständigkeit)이라고 표현한다. '자기로서 지속적으로 서 있음'이라는 뜻이다. 이 자립성은 죽음을 향해 앞질러 달려가보는 결단성에서만 확보된다. '결단하지 않는 퇴락의 일상성'에서 자기는 자기로 있지 못한다. 오직 자기의 자기다움을 드러내는 것은 죽음을 향해 앞질러 달려가보는 결단성뿐이다.

"현존재는 침묵 속에서 불안을 각오하는 결단성이라는 근원적인 단독자화 속에서 본래적인 자기 자신으로 있다. 본래적인 자기는 '나는, 나는' 하고 말하지 않고 도리어 침묵 가운데 있다." 「존재와 시간」
323쪽

본래적인 자기의 자립성은 죽음으로 앞질러 달려가면서 불안을 각오하는 결단성에서 확보된다. 그런데 여기서 하이데거는 이렇게 확보되는 자기를 전통 철학에서 말하는 '눈앞에 존재하는 실체로서 주체'와 동일시해서는 안 된다고 강조한다. 우리가 '나, 나' 하고 말하는 나는 세인 속에 함몰된 '나 아닌 나'다. 그렇다고 해서 그 나를 극복해서 만나는 '자기'가 불변의 실체냐 하면 그런 것도 아니다. 자기는 나를 넘어선 곳에 불변의 실체로 따로 있는 것이 아니다. 다시 말해 자기란 현존재의 실존 속에서 나타나는 지속적인 존재 양상이지 '자기'가 마음 안에 어떤 캡슐처럼 실체로서 독립적으로 들어앉아 존재하는 것이 아니다. 자기는 자기로서 존재하는 실존의 양상을 가리키는 말일 뿐이다. 자아는 깨지지 않는 실체로 존재하는 것이 아니라 인연에 따라 일시적으로 구성된 것이어서 본래 무아일 뿐이라는 불교의 자아관과 통하는 대목이다.

미래에서부터 열리는 시간성

이제 하이데거는 현존재의 존재인 '염려'의 존재론적 의미를 밝히는 작업에 착수한다. 그런데 염려의 의미를 묻는다는 것은 '염려의 구조 전체성을 통일적으로 가능하게 하는 것은 무엇인가'를 묻는 것이다. 요컨대 '염려를 가능하게 하는 것'이 바로 염려의 의미다. 결론을 먼저 말하면, 염려의 의미 그러니까 염려를 가능케 하는 것은 바로 '시간성'(Zeitlichkeit)이다. 시간성이 염려의 의미다. 시간성은 장래(Zukunft, 미래)와 기재(Gewesenheit)와 현재(Gegenwart)로서 구성된다. 이 시간성이 염려를 가능케 하는 것이다. 쉽게 말해서 우리는 시간 속에서 시간을 살기 때문에 우리의 존재를 염려하며 사는 것이다. 우리가 시간을 살지 않는다면 우리는 염려하며 살 이유가 없다. 우리가 다가올 날(장래)을 생각하지 않고 살아온 날(기재)을 기억하지 않는다면 우리에게 염려라는 것이 있을 수 없다. 우리는 시간속에 있기 때문에 염려로서 존재하는 것이다.

이렇게 염려를 시간성으로 이해할 때 현존재에게 일차적인 것, 우선적인 것이 '장래'다. 이 사실은 현존재의 본래적인 전체 존재가 '앞질러 달려가보는 결단성'에서 드러난다는 데서 확인된다. '앞질러 달려가보는 결단성'이란 현존재의 가장 고유하고 탁월한 존재 가능성을 향한 결단성이다. 현존재의 가장 고유한 가능성인 죽음으로 앞질러 달려가보는 것, 이것이 바로 현존재의 장래를 구성한다. 이 죽음이라는 고유한 가능성을 견뎌냄과 함께 그런 가능성 속에서 자기를 자기에게 다가오게 하는 것이 장래의 근원적인 현상이다. 죽음을 향한다는 것은 바로 현존재가 장래로 있음을 뜻한다.

장래라는 것은 아직 실현되지 않았지만 언젠가는 현재로 다가올 미래의 어느 시점을 가리키는 것이 아니다. 장래는 현존재가 자신의 가장 고유한 존재 가능성을 향해 자기를 기투하면서 현재의 자기에게로 다가오는 그 '옴'을 가리킨다. 다시 말해 현존재는 죽음이라는 가능성을 향해 자기를 기투하면서 그 죽음을 견뎌낸 자기를 현재로 데리고 오는 것이다. 이렇게 죽음을 향해 달려가 자기를 데려옴이 바로 장래다. 장래·미래를 뜻하는 독일어 단어 '추쿤프트'(Zukunft)는 '추코멘'(Zukommen) 곧 '다가옴, 도래함'에서 온 말이다. 하이데거는 장래의 이 원천적인 의미에 주목해 장래를 '다가옴, 도래함'으로 해석하고 있다. 이때 다가옴은 미래의 어떤 사건이 다가오는 것이 아니라, 죽음을 향해 앞질러 달려가본 현존재의 자기가 본래적 자기로서 현재의 자기에게 다가옴을 말한다.

앞질러 달려가보는 결단성은 현존재를 본질적으로 '책임 있음'이라는 사태에서 이해한다, 다시 말해 현존재는 실존 속에서 '책임 있음'을 떠맡는 자다. 그런데 현존재는 '책임 있음'을 딴 데서 가져오는 것이 아니다. 현존재는 이미 '책임 있음'으로 던져져 있는 자다. 그러므로 '책임 있음'을 떠맡는다는 것은 던져져 있는 그대로, 다시 말해 존재해온 그대로 본래적으로 존재함을 뜻한다. 이렇게 '던져져 있음'을 떠맡을 수 있는 것은 현존재가 '이미 존재해왔던 대로' 있을 수 있기 때문이다. 이 '존재해옴'을 가리키는 하이데거의 고유한 용어가 기재(Gewesenheit)다. '게베젠하이트'(Gewesenheit)는 '존재하다'(sein)의 과거분사(gewesen)를 명사화한 말이다. 그러므로 기재란 '존재해옴'을 뜻하는 말이다. 하이데거는 이 말을 기존의 시간 용어인 '과거' 대신 사용한다. 과거(Vergangenheit)란 '이미 지나가버려 지금은 없는 것'을 뜻한다. 그러나 기재는 이렇게 지나가 사라짐을 뜻하지 않는다. 현존재의 존재는 단지 과거로 사라져버리는 것이 아니라 기재로서 현존재를 구성하고 있다. 살아온 삶은 끝난 것이 아니라 현재에도 현존재를 구성하는 것으로 여전히 우리 안에 있다. 그러므로 과거가 아니라 기재라고 표현하는 것이다.

그렇게 살아온 현존재에는 본래적인 자기가 감추어진 채로 있다. 현존재가 죽음을 향해 앞질러 달려가봄으로써 자기를 다가오게 한다는 것은 바로 '기재해온 본래적인 자기'를 다가오게 한다는 것이다. 장래로 달려감으로써 데리고 오는 자기가 어떤 미래적 상상 속에서 만들어진 자기인 것이 아니라, 이미 존재해온 본래적인 자기인 것이다. 그렇게 본래적으로 장래로 있는 현존재는 동시에 본래적으로 기재로 있다. 그러므로 가장 극단적이고 가장 고유한 가능성으로 앞질러 달려가는 것은 가장 고유한 기재로 되돌아오는 것이다. 그러므로 기재로 돌아온다는 것은 기재를 반복하는 것이며 그리하여 가장 고유한 기재를 회복하는 것이다. 본래적인 자기는 이미 우리 안에 있어왔으므로 그 자기를 회복하는 것이 관건이 되는 셈이다. 죽음을 향해 달려가봄으로써 진정으로 고유한 자기를 데려오는데, 그렇게 데려오는 자기는 사실은 이미 기재로 존재해온 자기다. 그 본래적인 지기를 회복하는 것일 뿐이다.

현존재는 장래적인 한에서만 본래적으로 기재로 있을 수 있다. 바로 이런 의미에서 '기재성'은 '장래성'에서 발원한다고 할 수 있다. 기재성은 기재성으로 이미 있어온 것이지만, 오직 장래성 속에서만, 다시 말해 죽음을 향해 앞질러 달려가봄으로써 자기를 데려오는 한에서만 기재성일 수 있다. 현존재가 장래에서 데려오는 그 자기는 기재의 자기일 뿐이다. 다시 말해 세인-자기 속에 은폐돼 있던 본래적인 자기다. 죽음을 향해 앞질러 달려가봄으로써 세인-자기가 깨져나가고 은폐돼 있던 본래적 자기, 곧 기재해온 본래적 자기가 돌아오는 것이다. 선불교식으로 말하면 내 안에 이미 불성이 있음을 죽음을 통해 깨닫는 것이다.

그런데 앞질러 달려가는 결단성은 주위세계의 존재자를 둘러보면서 현존재가 처한 그때그때의 '상황'을 열어 밝힌다. 그 상황에서 주위세계의 존재자가 눈앞에 현전하게 된다. 이 현전화(현재화)가 바로 '현재'의 의미다. 현재를 뜻하는 독일어 '게겐바르트'(Gegenwart)'는 앞에서 본 대로 시간상 현재를 뜻함과 동시에 바로 그 현재의 시간에 '눈앞에 현전해 있음'을 뜻한다. 독일어에서 현재는 현전을 포함한다. 현전화는 동시에 현재화를 뜻한다. 결단성이 본래적 결단성이라면 현재에서 만나는 주위세계 존재자들을 왜곡되지 않은 방식으로 현전하게 한다. 다시 말해 장래로부터 다가오는 본래적인 자기를 통해서 주위세계 존재자들이 이제 왜곡되지 않은 존재로 드러나는 것이다. 장래가 기재를 발원시키고 기재는 현재를 그 자신에서부터 풀어놓는다. 이렇게 '기재하면서-현재화(현전화)하는-장래'라는 통일적 현상을 하이데거는 '시간성'이라고 부른다. 시간성이란 특정한 시간을 가리키는 말이 아니라, 장래에서부터 발원해 기재를 반복하면서 현재를 여는 그 시간 구조를 가리키는 말이다. 현존재는 바로 그렇게 구성된 시간성을 산다. 그러므로 현존재의 존재 곧 염려를 가능하게 하는 것은 바로 이렇게 구성된 장래-기재-현재의 시간성인 것이다. 이렇게 해서 시간성이 염려의 의미로 밝혀졌다.

결단한 현존재의 '순간'

염려라는 존재 구조의 근원적인 통일성은 시간성에 있다. 염려의 존재 구조는 '세계 내부 존재자에 몰입해 있으면서 자기를 앞질러 이미 세계 안에 있음'이라고 규정됐다. 여기서 '자기를 앞질러'는 '장래'를 가리킨다. '이미 세계 안에 있음'은 기재를 가리킨다. '세계 내부 존재자에 몰입해 있음'은 바로 현재화(현전화)를 가리킨다. 또 동시에 '자기를 앞질러'는 염려를 구성하는 세 계기 가운데 '실존성'

을 가리킨다. '장래'에 근거를 두고 삶의 궁극 목적을 향해서 자신을 기투하는 것이 실존성의 본질 성격이다. 그러므로 실존성의 일차적 의미는 장래에 있다. 마찬가지로 '이미 안에 있음'은 던져져 있는 자로서 현존재의 '현사실성'을 가리킨다. 현존재가 현사실적으로 실존하는 동안 현존재는 결코 과거로 지나가버리는 것이 아니라 항상 기재하고 있다. 현존재는 '나는 존재해왔다'는 의미로 언제나 기재해온 자다. 그러므로 '현사실성'의 일차적인 의미는 '기재'에 있다. 염려의 세 번째 구성 계기인 '세계 내부 존재자에 몰입해 있음'은 현재화(현전화)에 근거하고 있다.

결단하지 못한 현존재는 퇴락 속에서 세계 내부 존재자에 몰입해 있다. 반면에 죽음을 향해 앞질러 달려가봄으로써 결단한 현존재는 자기를 퇴락에서부터 되찾아온다. 그리하여 현존재는 자신을 둘러싼 상황을 향해 '순간'(Augenblick)으로 존재한다. 그러므로 현재의 본래적 시간은 '순간'이라고 할 수 있다. 장래에서부터 발원하여 기재를 반복하며 본래적으로 열리는 현재가 바로 순간이다. 이때의 순간은 하이데거가 초기 기독교인들의 삶을 강의하면서 주목했던 '카이로스'(καιρός)와 같은 의미다. 장래에서 발원하는 카이로스는 순간으로서 현재를 그 본래성에서 열어 밝히는 섬광이다. 그리하여 세계 내부 존재자들과 타자들이 그 섬광 속에서 전혀 새로운 양상으로, 전혀 새로운 의미로 드러난다. 현존재는 '순간' 속에서 본래적 상황을 열어 밝힌다. 순간은 결단을 통해서 열린다.

현존재가 장래를 향해 달려가 결단한다고 해서 그 결단이 진짜로 어떤 미래의 시점에 일어나는 것은 아니다. 우리는 지금 여기에 이대로 있다. 우리의 마음이 우리의 마음속에서 미래를 향해 달려간다. 그렇게 달려간 상태에서 결단하는 것이므로 그 결단이란 결국 현재의 우리 마음이 결단하는 것이다. 그 결단을 통해서 우리 앞에 열리는 것이 순간이다. 순간이라는 것은 세인-자기의 베일을 찢어내 본래적 자기를 드러내는 날카로운 칼날이다. 우리가 작두날 같은 날카로운 칼날 위에 서서 '이것이냐 저것이냐'를 결단했을 때 열리는 것이 순간이다. 그런데 하이데거는 현존재가 결단을 통해서 본래성으로 거듭난다고 하더라도 언제나 계속해서 그 본래성의 정점에서 살 수는 없다고 말한다.

"인간이 자기 자신의 고유한 가능성의 정점에서 실존하는 것은 지극히 드문 순간뿐이다." 『칸트와 형이상학의 문제』 377쪽

이렇게 시간성은 실존·현사실성·퇴락을 통일하는 방식으로 염려의 전체성을 근원적으로 구성한다. 이 시간성이 펼쳐지는 방식이 현존재의 다양한 존재 양상을 가능하게 한다. 현존재에게 시간성이 어떻게 나타나느냐에 따라 본래적 실존도 비본래적 실존도 가능해지는 것이다. 다시 말해 본래적 시간성에서 본래적 실존이 가능해지며 비본래적 시간성에서는 비본래적 실존이 펼쳐진다.

하이데거는 여기서 시간성이 존재자가 아니라는 사실을 강조한다. 우리가 눈앞에 사물을 발견하듯이 그런 방식으로는 시간을 발견할 수 없는 것이다. 시간은 존재하는 것이 아니기 때문에 우리는 시간이 존재한다고 부를 수 없고, '시간(Zeit)이 시간화한다(zeitigen)'고밖에 부를 수 없다. 그렇게 시간화하는 시간성, 다시 말해 스스로 시간으로 펼쳐지는 시간성이 염려의 의미를 규정한다. 시간성은 장래와 기재와 현재로 이루어져 있다. 시간성은 장래에서 발원해 기재를 반복하며 현재를 연다. 그러므로 시간성은 '엑스타티콘'(ekstatikon, ἐκστατικόν)으로 드러난다. '엑스타티콘'이라는 것은 '자기를 벗어남', '자기 밖으로 나가 있음'을 의미한다. 시간성은 '탈자적인 것', '탈자태'(Ekstase)다. 그래서 하이데거는 시간성을 구성하는 장래·기재·현재라는 시간 현상을 '시간성의 탈자태'라고 부른다. 이 탈자

태들의 통일성, 다시 말해 장래-기재-현재의 통일성이 시간성이다.

미래에서 발원해 기재를 반복하며 현재를 일깨우는 시간성

이 시간성은 장래에서 발원해 기재를 반복하며 현재를 일깨우는 방식으로 시간화한다. 이렇게 펼쳐지는 시간성을 하이데거는 '근원적 시간'이라고 부른다. 우리가 통상 알고 있는 시간, 곧 시작도 끝도 없이 '지금'이라는 시점이 과거에서부터 미래로 흘러가는 그런 시간은 근원적 시간에서 갈라져 나온 '파생적 시간'이다. 시계를 통해 확인하는 이 시간은 실존의 근원적 시간을 평균화한, 시간의 파생적 양태일 뿐이다. 이 말은 언뜻 들으면 납득하기 어렵지만 찬찬히 생각해보면 그 의미가 드러난다. 우리의 일상은 시계-시간에 따라 이루어져 있다. 시계-시간에 맞춰 일어나고 일터에 가고 때가 되면 일을 마치고 귀가한다. 그런 시계-시간을 일단 배제해놓고 우리의 실존을 근원적으로 들여다보면, 우리는 언제나 장차 다가올 미래를 염려하고 살아온 날을 되새기면서 현재를 만난다. 우리의 근원적인 실존의 시간은 시계-시간과는 무관하게 구성되고 흘러간다. 그런 근원적인 실존의 시간 위에서 우리는 시분초 단위로 나뉜 시계-시간을 살아가는 것이다. 근원적인 실존의 시간이 우위에 있고 시계-시간은 그 아래서 펼쳐지는 시간인 것이다.

이 근원적인 시간을 '본래적인 시간'과 '비본래적인 시간'으로 나누어볼 수 있다. 시간성은 장래·기재·현재라는 탈자태들이 서로 함께 시간화하면서 시간성을 구성한다. 그런데 근원적인 시간성의 탈자적 통일성에서는 장래가 언제나 우위를 점한다. 시간성이 장래에서 발원해 기재를 반복하면서 현재를 일깨우는 것이다. 그리하여 '본래적인 시간성'은 '죽음으로 앞질러 가보면서 기재를 반복하는 순간'으로 나타난다. 순간이란 비본래적인 삶을 끊어내는 칼날의 날카로움을 뜻하며 그렇게 끊어냄으로써 열리는 본래적 현재를 뜻한다. 그렇게 장래로서 실존하면서 기재를 반복해 현재를 순간으로서 열어 밝히는 것이 우리의 본래적 실존이다. 이 본래적 실존을 가능케 하는 것이 본래적 시간성이다. 한 번 더 강조하면 '본래적 시간성'은 '죽음을 향해 앞질러 가보면서 기재를 반복하는 순간'이다. 이 순간이 열어놓은 새로운 시야에서 현존재는 일상성을 새롭게 파악하고 새롭게 지배하는 본래적 실존으로 존재한다.

반면에 '비본래적 시간성'은 죽음을 향해 앞질러 달려가지 않는 비본래적 장래에서 발원하는 시간성이다. 분명히 비본래적 시간성에서도 현존재가 자기를 앞질러 달려가보기는 한다. 그러나 현존재는 가장 고유한 죽음을 향해 앞질러 달려가는 것이 아니라 어떤 기대 속에서 앞질러 달려갈 뿐이다. 장차 무엇을 성취할 수 있을지, 무엇을 획득할 수 있을지, 무엇이 될 수 있을지 기대하면서 앞질러 가는 것이다. 에리히 프롬(Erich Fromm, 1900~1980)의 구분법으로 말하면 '존재'가 아니라 '소유'에 몰두할 때 드러나는 장래다. 이런 비본래적 장래에서는 현존재의 자기가 세인의 지배를 뚫고 본래적인 양상으로 깨어날 수 없다. 그러므로 이런 비본래적 장래에서 발원하는 기재는 가장 고유한 자기를 망각한 채 살아온 날을 기억하고 간직하는 방식으로 나타난다. 또 그런 장래와 기재 속에서 현존재는 세계 내부 존재자들을 퇴락의 양식으로 현재화할 뿐이다. 그래서 비본래적 시간성은 '기대하면서 망각하는 현재화'라고 할 수 있다.

하이데거의 관심은 참다운 실존의 회복에 있으므로 그것을 가능하게 하는 본래적인 시간성이야말로 하이데거가 주목하는 시간성이다. 그리고 이 시간성이 바로 염려의 본래적인 의미라고 할 수 있을 것이다. 이로써 현존재의 존재를 본래적이고 전체적으로 구성하는 본래적 염려의 의미로서 본래적 시간성이 드러났다.『존재와 시간』이라는 저작의 제목에 등장하는 '존재와 시간'은 이 저작의 출간된 형태만 놓고 보면, 현존재의 '존재'와 그 존재의 의미를 이루는 '시간'을 가리킨다고 할 수 있다.

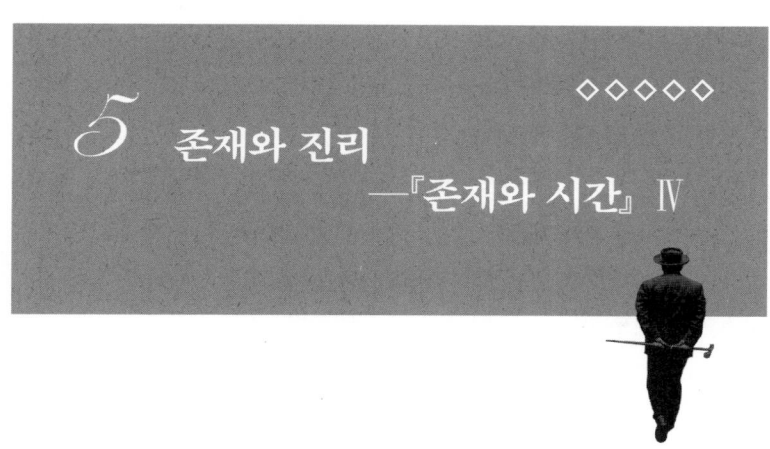

5 존재와 진리
　—『존재와 시간』 IV

현존재가 존재하지 않는다면 진리란 존재하지 않는다.
현존재가 존재하지 않았던 과거에는 진리가 없었고,
현존재가 존재하지 않게 될 미래에도 진리는 없을 것이다.
왜냐하면 그때에는 개시성도 발견함도 발견돼 있음도
있을 수 없기 때문이다. 진리란 다른 게 아니라
바로 이 개시성, 발견함, 발견돼 있음이다.

66

현존재가 존재 가능으로서 있을 수 있는
가장 근원적이고 가장 본래적인 개시성은 실존의 진리다.

세계가 존재하는지 존재하지 않는지,
세계의 존재가 증명될 수 있는지 증명될 수 없는지
하는 물음은 현존재가 세계-내-존재인 이상,
물음으로서는 아무런 의미가 없다.

99

존재와 진리, 불일불이의 관계

　하이데거의 철학적 과제는 '존재란 무엇인가'라는 물음에 대한 답을 찾는 것이었다. 이 존재 물음을 품고 하이데거는 삶의 마지막 순간까지 한 길을 걸었다. 그런데 하이데거 철학에서 '존재란 무엇인가' 하고 묻는 것은 '진리란 무엇인가' 하고 묻는 것과 다른 것이 아니다. 하이데거에게 존재를 묻는 일과 진리를 묻는 일은 따로 떨어져 있지 않다. 존재를 묻는 일이 서양 철학 전체와 벌이는 대결이었듯이 진리를 묻는 일도 서양 철학 전체와 벌이는 대결이다. 존재를 물어가는 과정은 진리를 물어가는 과정과 병행한다. 존재 물음과 진리 물음은 불일불이의 관계를 이룬다. 『존재와 시간』에서도 사태는 다르지 않다. 『존재와 시간』은 두 물음에 대한 답을 찾아 오르는 험난한 등정이라고 해도 그르지 않다. 다만 책의 전면에 등장해 논의 전체를 주도하는 것은 '존재'이고, '진리'는 존재의 의미를 알아가는 과정에 이따금씩 존재의 동반자로서 조명을 받는다. 그런 서술 방식이 아쉬웠던지 하이데거는 제1편 마지막 부분, 곧 책 한가운데 부분에서 '진리 문제'를 보론 형식으로 상술한다. 진리 문제를 상술하는 것은 제2편의 핵심인 '염려의 시간성' 논의를 준비하는 것이기도 하다.

　'진리란 무엇인가'라는 물음은 자주 '외부 세계의 실재를 어떻게 인식할 것인가'라는 인식론 문제로 철학사에 등장한다. 외부 세계의 실재를 정확하게 인식한다면 그 인식의 진리성이 보증된다는 것이 전통 철학의 근본 발상이기 때문이다. 하이데거는 서양 철학사의 이런 구도를 염두에 두고, 진리 문제를 상술하기에 앞서 먼저 '실재성 문제'를 논의한다. 외부 세계의 실재를 어떻게 정확히 인식할 것이냐 하는 전통 철학의 물음을 먼저 해명한 뒤에 진리 문제 논의로 나아가는 것이다. 여기서 하이데거의 목표는 실재성 문제에서든 진리 문제에서든 전통 철학의 구도 자체를 해체하고 자신의 철학적 관점에 따라 이 문제를 완전히 새롭게 재구성하는 데 있다.

전통 철학의 기본적인 인식론적 구도는 인식하는 주관(Subjekt, 주체)이 독립적 실체로 서 있고 이 주관의 외부에 실재, 곧 현실 세계의 사물들이 따로 있다고 전제하고서 이 주관이 어떻게 외부의 실재와 만나느냐 하는 물음으로 이루어져 있다. 인간 내부의 주관 곧 의식이 자신의 한계를 넘어 의식 외부의 실재로 과연 나갈 수 있느냐가 가장 기본적인 물음인 것이다. 결론부터 말하면 하이데거의 존재론에서는 이런 인식론적 구도 자체가 애초에 성립하지 않는다. 현존재는 세계-내-존재로서 이미 세계 안에 있기 때문에, 세계 내부 존재자 곧 실재적 존재자는 의식 너머에 따로 있지 않는 것이다.

하지만 이런 존재론적 토대가 마련돼 있지 않았던 전통 철학에서는 '세계는 의식과 분리돼 있고 세계 내부 존재자도 의식 너머에 따로 있는 것'으로 설정될 수밖에 없었다. 그 구도 안에서 이 외부 실재에 이르는 통로를 찾는 일이 초미의 관심사가 됐다. 그리하여 전통 철학은 인식, 특히 '직관적 인식'을 그 통로로 제시했다. 의식이 직관적 인식을 통해 외부 실재와 만난다는 것이 전통 철학의 인식론이었다. 이런 구도 안에서 이제 이 직관적 인식이 외부 실재를 참으로 인식할 수 있느냐 하는 문제가 뜨거운 논점으로 떠올랐다. 그러나 앞에서 드러난 대로 하이데거 철학에서 현존재는 세계-내-존재로서 이미 세계 안에 있고 세계-내-존재는 '염려'라는 현존재의 존재에 근거를 두고 있다. 염려는 '세계 내부 존재자에 몰입해 있으면서 자신을 앞질러 이미 세계 안에 있음'이라는 구조를 지니고 있다. 염려의 이 구조에서 보면 현존재는 이미 세계 내부 존재자 곁에 있기 때문에 의식이 자기를 가두고 있는 어떤 캡슐에서 벗어나 외부 세계로 나갈 필요가 없는 것이다. 그래서 하이데거는 이렇게 단언한다.

"세계가 존재하는지 존재하지 않는지, 세계의 존재가 증명될 수 있는지 증명될 수 없는지 하는 물음은 현존재가 세계-내-존재인 이상, 물음으로서는 아무런 의미가 없다." 「존재와 시간」 202쪽

하이데거에게 세계라는 현상은 이중의 의미를 품고 있다. 하나는 세계-내-존재의 세계, 다시 말해 현존재가 세계 안에 있다고 할 때의 세계다. 그 세계는 현존재가 자신의 존재와 함께 이미 열어 밝힌 세계이며 현존재는 그 안에 처음부터 머무르고 있다. 둘째로 하이데거가 따옴표를 붙여서 표시하는 '세계'는 세계 내부 존재자를 가리킨다. 세계 안에서 현존재가 만나는 세계 내부의 도구·사물·사태 들이 세계 내부 존재자다. 이런 의미의 '세계' 곧 세계 내부 존재자들은 현존재가 세계를 열어 밝힘과 동시에 현존재에게 발견돼 있다. 그래서 염려로서 현존재는 '세계 내부 존재자에 몰입해' 있을 수 있는 것이다.

하이데거는 전통 철학이 현존재와 세계의 근원적 관계 문제를 전혀 해명하지 않은 채로 '외부 세계'의 실재성 문제를 거론했다고 지적한다. 세계 자체가 무엇인지, 세계가 현존재와 원천적으로 어떤 관계를 맺고 있는지를 규명하지 않은 채, 세계라는 것이 의식 외부에 실재한다고 전제하고 그 실재를 어떻게 하면 정확하게 인식할 수 있는가 하는 물음을 던졌다는 것이다. 하이데거는 이 문제와 관련해 칸트가『순수이성비판』에서 한 말을 인용한다. 칸트는 "우리 밖에 있는

사물의 현존"에 대한 모든 의심을 말끔히 떨쳐낼 설득력 있는 증명이 아직도 없다는 사실을 "철학과 보편적 인간 이성의 스캔들(추문)"이라고 불렀다.[62] 칸트의 말대로 의식과 외부 세계가 분리돼 있다고 상정할 경우엔 그 의식이 외부 세계를 어떻게 하면 정확하게 인식할 수 있느냐 하는 물음은 인식론적으로 풀기 어려운 문제가 된다. 의식이 외부 세계를 있는 그대로 반영해서 인식하는지 결정할 수 있는 길이 없는 데다, 더 근본적으로는 외부 세계가 도대체 존재하는가라는 문제를 해결하는 것이 선결 과제로 등장할 수밖에 없기 때문이다. 외부 세계가 내가 보는 그대로 존재하는 것이냐 하는 물음에 자신 있게 답하지 못한다면, 외부 세계가 나의 인식과 무관하게 실제로 존재한다고 할 수 있느냐 하는 물음에도 자신 있게 답하기 어려워지는 것이다. 그런 의심 어린 물음을 물었던 사람이 근대 철학의 문을 연 데카르트였다. 데카르트의 그 물음과 함께 뜨거운 논제가 된 것이 바로 '외부 세계의 실재성 문제'다. 외부 세계가 실재하느냐 아니냐 하는 문제가 근원적인 철학적 문제로 등장한 것이다.

외부 세계 존재 증명 시도야말로 철학의 스캔들

실재론자들은 외부 세계가 실재한다고 확신하지만, 회의론자들은 외부 세계가 실재한다고 확언할 아무런 근거가 없다고 주장한다. 칸트는 이 문제에 아직까지도 확실한 답을 찾지 못했다는 것이야말로 '철학의 스캔들'이라고 이야기하는 것이다. 그러면서 칸트는 외부 세계가 실재한다는 데 대한 자기 나름의 증명을 다음과 같은 명제로 제시한다. "나 자신의 고유한 현존에 관한 단순하지만 경험적으로 규정된 의식이 내 밖의 공간 안에 있는 대상들의 현존을 증명한다."[63] 내 자신이 존재하고 있다는 사실에 대한 내 의식이 내 바깥의 대상들이 존재함을 입증한다는 얘기다. 칸트는 여기서 내 안에서 경험되는 시간을 끌어들여 대상의 현존을 해명하려 한다.

"나는 나의 현존을 시간상에서 규정된 것으로서 의식한다. 모든 시간 규정은 지각에서 고정불변의 어떤 것을 전제한다. 그러나 이 고정불변의 것은 내 안에 있는 어떤 것일 수 없다. 왜냐하면 바로 나의 현존재는 시간상에서 이 고정불변의 것을 통해 비로소 규정될 수 있기 때문이다. 그러므로 이 고정불변의 것의 지각은 오직 내 밖의 사물을 통해서만 가능하고, 내 밖의 사물에 대한 한낱 표상을 통해서는 가능하지 않다. 따라서 시간상에서 나의 현존재 규정은 내가 내 밖에서 지각하는 현실적인 사물들의 실존을 통해서만 가능하다."⁶⁴⁾

내 의식 안에 나타나는 다양한 표상들은 시간에 따라 변화하고 있는데, 그런 변화를 인식하려면 바깥의 지속적으로 존재하는 것, 예를 들면 태양과 같은 것을 전제해야 한다는 얘기다. 태양이라는 외부의 사물을 근거로 삼아 내 안의 표상들의 변화를 시간 속에서 알 수 있다는 것이다.⁶⁵⁾ 그러므로 내 안의 의식은 필연적으로 나 밖의 사물들의 실재와 결합돼 있다. 이렇게 해서 칸트는 나의 의식과 내 밖의 대상의 존재를 증명하려 한다. 하지만 하이데거가 보기에 칸트의 이런 증명은 여전히 데카르트적 한계에 갇혀 있다. 다시 말해 고립된 주관적 의식과 객관적 세계가 따로 있고, 이 고립된 주관을 토대로 삼아 외부 사물의 존재를 증명하는 방식을 따르고 있는 것이다. 이런 방식의 증명에서는 여전히 '주관'의 근본 구조가 세계-내-존재라는 사실이 감춰져 있다.

의식 주관과 객관 세계가 따로 떨어져서 존재하는 것으로 보는 한, 주관과 객관의 근본적인 관계를 제대로 이해할 길은 열리지 않는다. 칸트는 의식 주관과 객관 세계를 모두 실재하는 '눈앞에 있는 사물'처럼 다룬다. 주관도 하나의 사물이고 객체도 사물이어서 이 둘이 서로 나란히 놓여 있다고, 다시 말해 주관이라는 사물과 객체라는 사물이 서로 구별되면서 연관된다고 보는 것이다. 칸트처럼 주관이 사물로서 따로 있고, 객체가 또 다른 사물로서 따로 있다고 본다면, 이 둘이 어떻게 연관되는가 하는 문제는 반드시 해결해야 할 문제가 될 수밖에 없다. 그러나 하이데거의 구도에서 보면, 이런 관점은 '주관(주체)' 곧 현존재의 존재 양식을 근본적으로 오해한 것일 뿐이다.

칸트의 증명이 전제하고 있는 내부와 외부, 곧 주관과 객체의 구별과 연관을 전체로서 통찰하게 되면, 내 밖에 있는 사물의 존재에 대한 증명은 전혀 필요 없는 것이 된다. '주관' 곧 현존재가 세계-내-존재로서 이미 세계를 열어 밝혔기 때문에 그 세계 안에서 세계 내부 존재자가 발견되는 것이고, 현존재는 자기 바깥으로 나갈 필요도 없이 이미 그 세계 내부 존재자 곁에 있는 것이다. 그러므로 "철학의 스캔들은 이런 증명이 아직까지 제시되지 못하고 있다는 데 있는 것이 아니라, 그런 증명이 여전히 거듭해서 기대되고 시도된다는 데 있다." 『존재와 시간』 205쪽 칸트가 의식이라는 내부와 객체라는 외부를 분리한 뒤 연결하는 방식으로 외부 세계의 실재성을 증명하려고 시도하는 것은 여전히 사태를 근본에서 보지 못했음을 알려준다. 그러므로 칸트가 철학의 스캔들을 극복하겠다고 하면서 이런 증명 시도를 또다시 되풀이하는 것이야말로 '철학의 스캔들'이라고 하이데거는 지적하는 것이다.

하이데거의 구도에서 보면 이런 증명 시도 자체가 원천적으로 잘못된 것이다. 증명할 필요가 없는 것을 증명하려 하기 때문이다. 우리는 언제나 이미 우리의 주관을 넘어 세계 안에 들어서 있는 것이다. 현존재를 세계-내-존재라고, '세계 안에 있음'이라고 부르는 것이 바로 이런 사태를 가리킨다. 우리는 우리의 존재와 함께 세계를 열어 밝히고 그 세계 안에 나가 있는 것이다. 그렇기 때문에 우리의

이마누엘 칸트(요한 고틀리프 베커, 1768).
칸트는 의식이라는 내부와 객체라는 외부를 분리한 채
외부 세계의 실재성을 증명하려고 시도했다.
하이데거는 이런 증명 시도가 원천적으로 잘못된 것으로 보았다.
세계-내-존재인 현존재는 언제나 이미 주관을 넘어
세계 안에 들어서 있기 때문이다.

의식이 주관의 울타리 바깥으로 뛰쳐나가 객체에 닿으려는 특별한 노력을 할 이유가 없다. 우리는 이미 세계 내부 존재자 곁에 있기 때문이다. 현존재를 이렇게 존재하는 자로 보지 못했기 때문에 현존재 내부의 주관과 주관 바깥의 외부를 연결하는 것이 문제로 불거진 것이다.

"올바로 이해된 현존재는 그런 증명을 거부한다."「존재와 시간」 205쪽

이렇게 해서 고립된 주관에서 출발하는 모든 증명 시도는 근본적으로 현존재의 존재 구조를 오해한 데서 빚어진 오류로 드러난다.

"옳든 그르든 '외부 세계'의 실재성을 믿는 것, 충분하든 충분하지 않든 그 실재성을 증명하는 것, 명시적이든 명시적이지 않든 실재성을 전제하는 것"「존재와 시간」 206쪽 따위의 시도는 그 시도가 서 있는 근본 바탕을 꿰뚫어보지 못했다는 공통적인 문제를 안고 있다. 쉽게 말해 그런 시도는 의식 주관을 무세계적인 고립된 주관으로 보는 데서 출발하고 있다는 문제를 안고 있다. 그러나 이런 주관 곧 주체야말로 처음부터 세계-내-존재로서 존재하는 주체다. 그러므로 이 주체가 무언가를 생각한다, 파악한다, 확신한다, 믿는다고 하는 것은 모두 이 세계를 전제하고서 하는 이차적인 행위에 지나지 않는다. 현존재 곧 우리의 마음이 세계를 열고 이 세계 안에 우리 마음이 이차적으로 주관으로 있는 것이다. 그러므로 엄밀히 말하면 우리 마음이 연 세계를 우리 마음이 만나는 것이다. 이 마음이 현존재다. 현존재는 세계-내-존재로서 존재하고 언제나 이미 세계 안에 들어서서 세계 내부 존재자들과 만나고 있기 때문에, 외부 세계의 실재성 문제를 증명할 필요가 없다. '과연 외부 세계가 실재하는가, 그리고 그 실재성은 증명될 수 있는가' 하는 '실재성 문제'는 문제가 될 수 없는 문제, 문제로서 성립할 수 없는 문제다. 세계-내-존재로서 현존재가 그런 물음 자체를 거부하기 때문에 물음으로 성립할 수 없는 것이다.

해명돼야 할 것은 외부 세계의 실재성 문제가 아니라 오히려 다음과 같은 물음이다. 왜 외부 세계의 존재를 먼저 인식론적으로 근거 없는 것으로 밀쳐놓고 난 뒤에 그 외부 세계의 존재를 증명을 통해 다시 일으켜 세우려고 하는가? 하이데거는 그 이유를 현존재의 '퇴락'에서 찾는다. 곧 현존재가 세계 내부 존재자에 몰입해 있어서 현존재 자신을 세계-내-존재로 이해하지 못한다는 데 이유가 있는 것이다. 다시 말해 현존재가 세계 내부 존재자에 온통 마음을 빼앗긴 탓에 현존재와 세계의 관계 전체를 볼 눈이 열리지 못한다는 것, 그리하여 세계 내부 존재자를 현존재 자신으로부터 독립된 '눈앞의 존재자' 곧 현존재와 무관하게 실재하는 존재자로 잘못 본다는 것, 바로 여기에 문제의 원인이 있다는 것이다.

이렇게 존재자에 빠져 있는 상태에서 '외부 세계의 실재성 문제'가 문제로서 떠오르게 되면 현존재는 먼저 자기 안의 '의식'을 유일하게 확실한 것으로 여기게 되고, 이어 이 '고립된 의식'에서 출발해 바깥의 '세계'와 연결되는 다리를 찾는 작업을 한다. 현존재를 실존론적으로 분석하는 일을 소홀히 함으로써 세계-내-존재라는 확실한 지반을 찾아내지 못하는 것이다. 바로 여기에 외부 세계의 실재성 문제에 대한 인식론적인 해결책들이 실패한 이유가 있다고 하이데거는 말한다. 이렇게 인식론적 난제를 현존재 분석을 통해 단숨에 뚫고 나가는 것, 이것이 『존재와 시간』에서 하이데거가 펼쳐 보여주는 놀라운 광경 가운데 하나다. 철학 바깥의 지식인 독자들에게는 퇴락·죽음·양심 같은 실존적 사태에 대한 분석이 충격으로 다가왔겠지만, 전문적인 철학 연구자들에게는 이렇게 전통 인식론의 문제틀을 해체하는 완전히 새로운 철학적 구도가 더 큰 충격을 주었을 것이다.

실재론과 관념론의 맹점

외부 세계의 실재성 문제를 다루는 이 대목에서 하이데거는 전통 철학의 양대 흐름이라고 할 실재론과 관념론을 자신의 실존론적 관점과 비교해가며 두 이론의 맹점을 들추어내는 작업도 한다. 현존재와 세계의 관계에 관한 하이데거의 근본 명제는 다음과 같다. '세계-내-존재로서 현존재와 함께 세계 내부 존재자는 그때마다 이미 개시돼 있다.' 이 실존론적-존재론적 진술은 '외부 세계는 실재한다'는 실재론의 논제와 언뜻 일치하는 것처럼 보인다. 하이데거의 진술이 '세계 내부 존재자가 실재한다'는 것을 부정하지 않는다는 것만 놓고 보면 실재론의 논제와 일치하는 것은 사실이다. 그러나 실재론은 '세계'의 실재성 증명이 필요하며 동시에 증명이 가능하다고 본다는 점에서 하이데거의 실존론적 진술과 다르다. 실존론적 진술은 이 두 가지를 애초에 거부한다. 다시 말해 세계의 실재성은 증명될 필요도 없고 증명이 가능하지도 않다. 더 결정적인 차이는 실재론이 존재론을 전혀 이해하지 못한다는 데 있다. 실재론은 고립된 주관과 외부 객관 세계를 별개로 놓고 그 둘 사이의 관계를 통해 외부 세계의 실재성을 입증하려 하기 때문이다. 현존재와 세계의 내적 연관, 다시 말해 현존재가 세계를 열어 밝힌다는 그 존재론적 사태를 실재론은 전혀 이해하지 못하는 것이다.

그러면 관념론은 어떤가. 관념론은 실재론에 비해 일단 원칙적으로는 우위에 있다. 관념론은 '존재와 실재성은 오직 의식 안에만 있다'고 강조한다. 이런 강조는 관념론이 '존재는 존재자를 통해서는 설명될 수 없다'는 사실을 인식하고 있음을 보여준다. 다시 말해 관념론은 실제 사물의 존재 양상이 모두 의식 안에서 빚어지는 것이라고 간주하는데, 바로 그렇게 존재를 실제의 사물을 통해서 설명하지 않고 의식으로 환원해 설명한다는 점에서는 실재론보다 더 투철하게 사태를 보고 있다. 그러나 존재 이해가 무엇을 의미하는지, 어떻게 그것이 가능한지가 해명되지 않는 한, 관념론은 허공 위에 뜬 것이나 것이나 다름없다고 하이데거는 말한다. 존재를 이해하는 우리의 의식 자체가 어떻게 존재하고 있는지가 해명되지 않는 한, 관념론은 사상누각에 지나지 않는다는 얘기다. 관념론은 존재를 이해하는 '의식'을 '사유하는 사물'(res cogitans)로만 볼 뿐이지 이 의식을 더 깊이 분석하지 않는다. '의식' 곧 현존재가 세계-내-존재이며 세계-내-존재로서 그 근본 바탕이 '염려'임이 분석되지 않는 것이다.

존재는 결코 존재자를 통해서는 설명될 수 없다는 것, 더 나아가 존재는 모든 존재자에 대해 '초월적인 것'이라는 것, 이것이 바로 관념론이라는 말이 가리키는 것이다. 바로 그런 점에서 관념론만이 유일하게 올바른 철학적 문제 제기 가능성을 지녔다고 할 수 있다. 다시 말해 존재는 존재자와 다를 뿐만 아니라 존재가 존재자를 존재자로서 드러낸다는 것, 그런데 그 존재는 인간 의식에서 비롯한다는 것, 바로 그런 사태를 관념론은 가리키고 있다. 또 그렇게 가리키고 있는 한, 관념론은 유일하게 올바른 길에 놓여 있다. 관념론의 이 원칙적인 올바름을 강조하면서 하이데거는 '그런 관점에서 보자면 아리스토텔레스는 칸트 못지않은 관념론자였다'고 말한다. 이런 설명을 통해 분명해지는 것은 하이데거가 관념론의 기본적인 존재론적 구도를 수용하고 있다는 사실이다.

물론 여기서 말하는 관념론은 인간의 관념이 세계의 모든 실제 사물을 만들어낸다는 그런 의미의 관념론은 아니다. 하이데거가 긍정적으로 거론하는 관념론은 '존재자의 존재는 인간 의식과 무관하게 그 자체로 있는 것이 아니며 인간의 의식이 그 존재를 규정한다'는 의미의 관념론이다. 그러므로 관념론이라는 것이 모든 존재자를 의식으로 환원하는 것을 의미한다면, 그래서 신이 세상만물을 창조하듯이 의식이 세계의 모든 것을 산출한다고 주장한다면, 그런 관념론은 유치하고 허무맹랑한 이론에 지나지 않는다고 하이데거는 단언한다. 의식이 존재자의 존재를 규정한다고 해서, 무에서 유를 창조하듯이 존재자 자체를 만들어내는 것은 아니기 때문이다. 그러나 '원칙적으로 올바른' 관념론이라고 하더라도 그 관념론이 '의식은 사물과 같은 것이 아니다'라고만 규정한 채 내버려둔다면, 이때의 관념론은 실재론 못지않게 소박하다고 하이데거는 비판한다. 의식이 존재자의 존재를 규정한다는 관념론의 기본 구도는 받아들이지만, 그 의식의 실존론적 존재 구조를 해명하지 못하는 관념론의 게으름은 분명히 거부하는 것이다.

외부 세계의 실재성이라는 문제에서 '실재성'이라는 명칭이 가리키는 것은 '세계 내부에 존재하는 사물'이다. 그런데 이 세계 내부 존재자는 '세계 내부성'이라는 현상이 설명될 때에만 확실하게 파악될 수 있다. '세계 내부성'은 세계라는 현상에 근거를 두고 있다. 또 '세계'는 세계-내-존재의 본질적 구조 계기로서 현존재의 존재 구조에 속한다. 그리고 현존재의 존재 구조 전체는 '염려'로 규정된다. 바로 이런 연관 속에서만 실재성이라는 것을 올바르게 분석할 수 있다고 하이데거는 말한다. 염려라는 현존재의 존재 구조에서 출발해 세계-내-존재로, 다시 세계 내부의 존재자로, 그리하여 세계 내부 존재자의 실재성으로 나아가야 한다는 얘기다. 이런 방향에서 보면 존재자를 규정하는 존재는 현존재의 염려에서 비롯하는 것임이 분명해진다. 다시 말하면 실재성은 현존재의 존재에 근거하고 있다.

그러나 여기서 다시 한번 명확히 해야 할 것이 존재자와 존재의 구별이다. 우리 눈앞에 실제로 있는 존재자와 그 존재자의 존재는 분명하게 구별돼야 한다. 존재자의 실재성이 현존재의 존재에 근거한다고 해서, 현존재가 실존할 때에만 '눈앞의 존재자' 곧 실제의 사물이 존재한다는 뜻은 아니다. 분명히 현존재의 존재 이해 속에서만 존재자의 존재는 개시된다. 곧 현존재가 존재할 때에만 존재자의 존재도 있을 수 있다. 가령 우리 눈앞에 높이 치솟은 나무 한 그루가 있다고 하자. 현존재가 존재할 때에만 그 나무는 나무의 본질을 지닌 것으로 나타난다. 다시 말해 현존재가 나무를 나무로 이해하기 때문에 그 사물이 나무로 나타난다. 현존재가 존재하지 않는다면, 그때에도 나무라고 불리는 사물은 그 모습 그대로 있겠지만, 나무라는 본질 존재를 지닌 것으로는 나타나지 않을 것이다. 다시 말해 현존재가 존재하는 한에서만 나무는 사람이 쉴 수 있는 시원한 그늘을 내줄 수도 있고 푸르고 무성한 잎이 우리에게 청량감을 줄 수도 있으며 목재나 땔감을 대줄 수도 있는 그런 의미를 띤 나무로 나타날 수 있다. 현존재가 없다면 나무는 단순한 사물에 지나지 않는다. 나무는 우리에게만 나무이지 우리가 없다면 나무는 나무로 불릴 이유도 근거도 없다.

바로 그런 의미에서 '존재자'는 현존재와 무관하게 '존재자'로서 있지만, 그 존재자의 존재는 오직 현존재가 있는 한에서만 있다고 할 수 있다. 오직 현존재가 존재하는 한에서만, '존재 이해'를 지닌 현존재가 있는 한에서만 존재는 있다. 그러므로 현존재가 실존하지 않는다면, 눈앞의 사물이 우리 의식으로부터 독립해 있다느니 우리 의식과는 무관하게 그 자체로 있다느니 하는 규정도 성립할 수 없다. '독립성'이니 '자체성'이니 하는 존재 규정은 현존재가 존재할 때에만 의미가 있는 것이다. 마찬가지로 현존재가 실존하지 않는다면, 세계 내부 존재자는 발견될 수도 없고 은폐될 수도 없다. 발견이니 은폐니 하는 것은 현존재가 실존할 때에만 현존재와 관련해 성립하는 것이다. 더 나아가 현존재가 실존하지 않는다면, 존재자가 있다느니 없다느니 하는 것도 아무런 의미가 없게 된다. 실재성 문제, 존재 문제는 철저히 현존재의 존재 이해에 의존해 있는 것이다.

　이 대목에서 하이데거는 한 번 더 현존재라는 존재 양식을 지닌 존재자, 곧 우리 인간을 눈앞에 실재하는 사물처럼 이해해서는 안 된다고 강조한다. 눈앞의 존재자, 눈앞의 사물은 실재성으로부터 파악되지만 인간은 오직 '실존'으로서 파악돼야 한다. 그 실존성의 핵심은 염려다. 인간이 아닌, 동물이나 식물 같은 존재자들에게는 이 염려라는 실존의 본질 구조가 없다. 염려라는 존재 구조를 지닌 현존재는 이 염려 안에서 존재 이해를 지니고서 세계 내부 존재자들과 만난다.

진리와 알레테이아

　이렇게 실재성 문제의 바탕을 들추어낸 하이데거는 이제 '진리 문제'를 해명하는 데 뛰어든다. 철학은 시초부터 '존재'에 대한 물음과 함께 '진리'에 대한 물음을 물어왔다. 존재가 무엇인지 묻는다는 것은 진리가 무엇인지 묻는다는 것과 다르지 않았다. 아리스토텔레스는 철학 자체를 '진리에 관한 학문'이라고 규정함과 동시에 '존재자의 존재에 관해 고찰하는 학문'이라고 규정했다. 여기서 '진리'라고 하는 것은 '알레테이아'($\dot{\alpha}\lambda\acute{\eta}\theta\epsilon\iota\alpha$) 곧 사태 자체가 자기를 나타내 보임, 사태 자체가 스스로 드러남을 의미한다. '사태가 스스로 드러남'이 가리키는 것은 결국 존재자의 '존재'다. '진리'는 '존재자의 존재'와 다르지 않다. 그렇다면 존재자의 존재가 현존재의 존재론 곧 기초존재론에서 해명돼야 하듯이 진리도 기초존재론에서 해명돼야 할 것이다.

　하이데거는 전통 철학에서 말하는 진리 개념을 이야기의 출발점으로 삼는다. 전통 철학은 이렇게 말한다. 곧 진리의 장소는 '판단'이며 진리의 본질은 '판단과 판단 대상의 일치'에 있다. 서양 전통 철학은 이런 견해의 기원을 찾아 아리스토텔레스로까지 거슬러 올라가기도 하는데, 전통적 진리 개념이 명확한 형태로 표현된 것은 중세에 들어온 뒤의 일이다. 중세 스콜라 철학자 토마스 아퀴나스가 진리의 본질을 '지성과 사물의 일치'(adaequatio intellectus et rei)라고 정식화함으로써 이후 모든 진리 정의의 기준을 세웠다. 칸트도 진리가 '인식과 그 대상의 일치'에서 성립한다고 말함으로써 토마스 아퀴나스가 세운 이 진리 개념을 고수했다. 그렇다면 진리의 본질로 제시된 '판단과 판단 대상의 일치'라는 명제는 무엇을 뜻하는가. 근대 의식철학에서 그것은 '주관적 표상이 객관적 사물과 일치하는 것'을 의미한다. 전통 형이상학이 진리를 이렇게 '표상과 사물의 일치'로 이해했음을 칸트의 뒤를 잇는 철학자 요한 고틀리프 피히테(Johann Gottlieb Fichte, 1762~1814)가 1793년에 쓴 「유럽 군주들에게 사상의 자유를 회복할 것을 촉구함」이라는 글의 한 대목에서도 확인할 수 있다. 피히테는 이렇게 쓴다.

"그렇다면 당신들이 말하려는 것은 객관적 진리다. 객관적 진리란 무엇인가! 아, 군주의 전횡을 옹호하는 궤변론자들이여, 당신들은 개념의 정의 따위에는 관심도 없겠지만, 객관적 진리란 사물에 대한 우리의 표상이 사물 자체와 일치하는 것을 뜻한다, 당신들의 요구가 뜻하는 바는 … 나의 생각이 사물 자체와 일치하면 나는 그 생각을 전파해도 좋고 일치하지 않으면 그런 생각은 나 혼자 간직하고 있으라는 것이다."[66]

여기서 피히테는 유럽의 위정자들을 비판하려는 목적에서 이 말을 하고 있다. 그리고 피히테 자신은 이 글의 다른 대목에서 이런 인식론적 진리보다 도덕적 진리를 더 중시한다고 이야기한다. 하지만 인용된 문장만 보면, 당대의 철학적 관념 속에서 진리라는 것이 '주관적 표상과 객관적 사물의 일치'로 이해되고 있음을 알아채기는 어렵

요한 고틀리프 피히테(프리드리히 버리, 19세기).
칸트의 뒤를 잇는 철학자 피히테도 진리를 '표상과 사물의
일치'로 이해했다. 하이데거는 이런 전통 형이상학의 진리관을 거부하고 진리를
'발견하면서-있음'으로 규정했다. 즉 현존재는 세계 내부
존재자를 발견하는 방식으로 존재한다는 것이다.

지 않다. 근대 의식철학은 이렇게 곧 '판단과 대상의 일치'를 '주관적 표상과 객관적 사물의 일치'로 이해했다. 그런데 '일치'라는 것이 정말로 '주관적 표상'과 '객관적 사물' 사이의 일치일까? 하이데거는 '일치'가 정확히 무엇을 뜻하는지 보여주려고 '벽에 삐딱하게 걸려 있는 그림'을 사례로 든다.

"누군가가 벽을 등진 채로 '벽의 그림이 삐딱하게 걸려 있다'고 참된 진술을 했다고 하자. 이 진술은 진술한 사람이 돌아서서 벽에 비스듬히 걸려 있는 그림을 지각하면 스스로 입증된다. 이 입증에서 무엇이 입증되고 있는가? 진술이 확증된다는 것은 무엇을 의미하는가? 이를테면 '인식' 또는 '인식 내용'과 벽의 그림 사이의 일치가 확인되고 있는가?"『존재와 시간』 217쪽

이 물음에 대한 대답은 '인식 내용'이라는 표현이 무엇을 말하느냐에 따라서 일치가 확인되기도 하고 그렇지 않기도 하다고 하이데거는 말한다. 인식 내용, 다시 말해 판단 내용이 실제로 '등 뒤에 걸려 있는 그림'을 가리킨다면 그 둘은 일치한다고 말할 수 있다. 그러나 판단 내용이 등 뒤에 있는 실제 그림이 아니라 그 그림에 대해 우리가 마음속으로 떠올린 심상, 곧 '주관적인 표상'이라면 그때 그 둘은 일치하는 것이 아니다. 판단하는 자는 진술하면서 등 뒤의 실제 그림을 가리키고 있다. 판단한다는 것은 실재하는 사물에 대해 주관적인 표상을 세우는 것이 아니라 실재하는 사물 자체에 대해 판단한다는 뜻이다. 내가 어떤 것을 이야기할 때 내가 가리키는 것은 '등 뒤에 삐딱하게 걸려 있는 그림'이지 '그 그림에 대한 내 머릿속의 심상 곧 주관적인 표상'이 아니다. 또 다른 예로 내가 어떤 사람에게 '내 뒤에 있는 칠판을 지워달라'고 했다면, 나는 칠판 자체에 대해 말하는 것이지 칠판의 표상에 대해 말하는 것이 아니다. 우리는 지우개로 칠판은 지울 수 있지만, 마음속에 그린 칠판의 표상은 지울 수 없다. 여기

서 분명해지는 것은 다음 사실이다. 곧 우리의 의식은 항상 이미 존재자 자체에 나가 있다. 이런 사실은 심오할 것도 없는 당연한 사실이지만, 진리 문제와 관련해서 전통적인 인식론이 빠진 혼란 상태를 극복할 수 있는 결정적인 단서가 된다.[67]

"진술함은 존재하는 사물 자체를 향해 존재함이다. 그리고 지각을 통해서 입증된 것은 무엇인가? 진술이 의미하는 것은 존재자 자체가 존재한다는 사실 외에 어떤 다른 것도 아니다."『존재와 시간』 218쪽

진술한다는 것은 그 진술이 향해 있는 존재자를 발견한다는 뜻이다. 다시 말해 '진술이 참되다'는 것은 그 진술이 존재자 그 자체를 발견한다는 뜻이다. 진술은 존재자를 그 '발견돼 있음'에서 진술하고 제시하고 보이게 한다. 진리 곧 알레테이아란 '존재자를 그것이 존재하는 그대로 발견함'을 뜻한다. 그런데 이 발견함은 존재론적으로는 오직 세계-내-존재를 근거로 해서만 가능하다. 현존재의 세계-내-존재가 진리라는 현상의 근원적인 기초인 것이다.

세계의 개시돼 있음, 근원적인 진리

진리는 '발견하면서 있음'(entdeckend-sein)이다. 그런데 하이데거는 여기서 이렇게 묻는다. "그것은 진리에 대한 터무니없는 자의적인 정의 아닌가?"『존재와 시간』 219쪽 '판단과 대상의 일치'를 진리의 본질 규정으로 알고 있던 사람들에게 진리란 '발견함'이라고 새로운 규정을 들이미는 것이 너무 엉뚱하다고 여겨질 수 있다는 얘기다. 하이데거는 그런 새로운 규정이 '폭력적인 개념 규정'으로 비칠 수도 있다는 점을 인정한다. 그러나 얼핏 이렇게 자의적으로 보이는 정의가 고대 철학의 가장 오래된 전통이 예감했던 것이라고 하이데거는 강조한다. 아리스토텔레스는 참된 판단 명제의 의미를 '아포판시스'

(apophansis, ἀπόφανσις, 보이게 해줌)라고 해석했다. 다시 말해 '존재자를 은폐성에서 끄집어내 그것을 '비은폐성'(발견돼 있음)에서 보이게 해줌'이라고 해석했다. 그러므로 진리를 '존재자 그 자체를 있는 그대로 발견함'으로 보는 진리 개념은 전통을 파괴하는 것이 아니라 오히려 전통을 근원적으로 계승하는 것이라고 할 수 있다.

그러므로 '발견하면서 있음'을 진리라고 부르는 것은 터무니없는 것이 아니다. 그런데 '발견하면서-있음'은 현존재의 존재 방식이다. 현존재는 세계 내부 존재자를 발견하는 방식으로 존재한다. 이를테면 도구를 둘러보면서 찾아내 손에 잡는 것도 '발견하면서 있음'의 방식이고, 눈앞의 사물 곁에 머물러 그 사물을 관찰하는 것도 '발견하면서 있음'의 방식이다. 그렇게 현존재가 세계 내부 존재자를 발견할 때 세계 내부 존재자는 발견된다. 하이데거는 '존재자를 발견하면서 있음'을 진리라고 부를 뿐만 아니라, '존재자의 발견돼 있음'도 진리라고 부른다. 발견함과 발견됨은 동시적인 사건이다.

여기서 주목할 것이 이것, 곧 존재자의 '발견돼 있음'은 세계의 '열려 밝혀져 있음'(개시성, Erschlossenheit)에 근거를 두고 있다는 사실이다. 세계가 먼저 개시돼 있기에 세계 내부 존재자가 발견될 수 있는 것이다. 그런데 이 '열려 밝혀져 있음' 곧 개시성은 현존재의 근본 양식이다. 다시 말해 현존재는 '개시성'으로 존재한다. 현존재가 '현-존재'한다는 것, 다시 말해 '현'(Da)으로 존재한다는 것이 바로 현존재가 개시성으로 존재한다는 것을 뜻한다. 곧 현존재는 현-존재로서 세계를 열어 밝히면서 존재한다. 현존재는 근원적으로 '개시성'이라는 존재 양식으로 존재하고, 그 개시성에 따라 세계가 개시돼 있다. 이 현존재의 개시성은 앞에서 살펴본 대로, 심정성·이해·말로 이루어져 있다. '존재자의 발견돼 있음'은 현존재의 이 개시성을 통해서 가능해진다. 따라서 현존재의 개시성과 함께 비로소 진리의 가장 근원적인 현상에 이르게 되는 것이다. 다시 말해 현존재의 개시성이야말로 가장 근원적인 진리인 셈이다. 현존재의 마음이 세계를 열어 밝히기에 그렇게 열려 밝혀진 세계에서 존재자들이 발견될 수 있는 것이다. 이 '열어 밝힘(개시함)' 혹은 '열려 밝혀져 있음(개시돼 있음, 개시성)'이 근원적인 진리인 것이다.

물론 여기서 말하는 진리는 알레테이아(aletheia), 곧 비은폐성 (Unverborgenheit)을 가리킨다. 진리는 비은폐성이다. 비은폐성이란 '감추어져 있지 않음', '은폐돼 있지 않음'을 뜻한다. 이 진리의 가장 근원적 현상이 바로 현존재의 '개시성'이다. 현존재의 개시성이야말로 일차적 진리다. 그리고 이 일차적 진리와 함께 개시된 세계 안에서 세계 내부 존재자들이 발견된다. 그러므로 존재자의 발견돼 있음은 현존재의 개시성이라는 근원적 진리 위에서 열리는 이차적 진리라고 할 수 있다. 현존재의 발견함을 독립적인 차원으로 보면 진리는 3중적이라고도 할 수 있다. 첫째, 현존재의 열려 밝혀져 있음(개시성). 이것이 근원적 진리로서 진리의 첫 번째 차원이다. 이 현존재의 개시성과 함께 세계가 열려 밝혀진다. 둘째, 이렇게 열려 밝혀진 세계 안에서 현존재가 존재자를 발견함. 이것이 두 번째 차원의 진리다. 셋째, 현존재의 발견함을 통해 발견된 존재자 또는 그 존재자의 발견돼 있음. 이것이 진리의 세 번째 차원이다. 진리는 이렇게 3중적인 현상이라고 볼 수 있다.[68]

현존재는 개시성으로 존재한다. 그런데 개시성으로서 현존재는 세계를 열어 밝힐 뿐만 아니라 현존재 자신도 열어 밝힌다. 현존재는 열려 밝혀진, 개시된 존재자로서 세계를 열어 밝히고 세계 내부 존재자를 발견한다. 그러므로 현존재야말로 근원적인 진리다. 바로 이런 의미에서 "현존재는 진리 가운데 있다." 『존재와 시간』 221쪽 쉽게 말해서, 현존재는 자기 자신을 밝히면서 세계를 밝히는 빛 가운데 있다. 그 밝힘의 빛이야말로 근원적인 진리이며, 그 빛 속에서 드러난 것의 그 '드러나 있음' 곧 '발견돼 있음'도 이차적 의미에서 진리다. 그러나 이 진술은 존재론적 의미로 이해해야 한다. 다시 말해 현존재가 모든 진리를 속속들이 알면서 있다는 뜻이 아니라, 현존재의 실존론적 틀에는 현존재의 가장 고유한 개시성이 속해 있다는 뜻이다.

그런데 진리 가운데 있는 현존재의 존재 구조는 '염려'다. 염려의 구조는 '세계 내부 존재자에 몰입해 있으면서 자기를 앞질러 이미 세계 안에 있음'이다. 그러므로 염려의 구조에는 '자기를 앞질러 있음', 다시 말해 '자신의 존재 가능성을 기투함'이 들어 있다. 이렇게 자기를 기투할 때 현존재는 세인의 공공적 해석에 따라 자신의 존재 가능성을 기투할 수도 있고, 세인의 일상적 해석에서 벗어나 자신의 가장 고유한 존재 가능성을 기투할 수도 있다. 그런데 현존재는 우선 대부분의 경우에 일상적 삶을 살아가므로 세인의 공공적 해석에 따라 자기를 이해하고 자신의 가능성을 기투한다. 이것을 하이데거는 퇴락(Verfall, 빠져 있음)이라고 부른다. 퇴락 속에서 현존재는 '세계'에 자기를 잃어버린 채로 살아간다. 현존재는 세인의 지배 아래서 '공공적 해석'에 입각해 자신과 존재자들의 가능성을 이해한다. 그리하여 현존재 자신과 세계 내부 존재자들은 '빈말·호기심·모호성' 속에서 위장되고 은폐된 채 있다. 현존재의 근원적인 개시성이 이 공공적 해석이라는 안개에 싸여 있다 보니, 현존재는 현존재 자신과 다른 존재자들을 위장되거나 은폐된 상태로 발견하게 된다. 존재자는 자신을 내보이지만 가상의 양상으로 내보이고, 이전에 발견된 존재자도 거듭 위장과 은폐 속으로 가라앉는다.

퇴락, 비진리 안에 있음

현존재는 이렇게 퇴락해 있기에 존재 구조상 '비진리' 안에 있게 된다. 그리하여 현존재의 현사실성에는 '닫혀 있음'(Verschlossenheit), '가려져 있음'(Verdecktheit)이 속한다. 현존재는 근원적으로는 개시하고 발견하면서 있지만, 동시에 현사실적으로는 퇴락해 있기에 닫혀 있고 가려져 있다. 다시 말해 개시하지 못하고 발견하지 못한다. 그러므로 '현존재는 진리 안에 있다'는 명제는 동근원적으로 '현존재는 비진리 안에 있다'를 포함한다. 그러나 잊지 말아야 할 것은 현존재가 근원적으로 진리 안에 있는 한에서만, 다시 말해 개시성으로 존재하는 한에서만 비진리 안에 있을 수 있다는 사실이다. 마찬가지로 현존재의 이런 개시성과 함께 세계 내부 존재자들이 발견돼 있는 한에서만 세계 내부 존재자들은 가려져 있거나 위장돼 있을 수도 있는 것이다.

이 사실이 말하는 것은 무엇인가? 존재자가 본질적으로 이미 '발견돼 있다'고 하더라도, 현존재는 그 발견을 뒤덮는 가상과 위장에 맞서 싸워 '발견돼 있음'을 거듭 자기 것으로 확보해야 한다는 사실이다. 발견이란 암흑 속에 묻혀 있던 것을 처음으로 찾아냄을 뜻하는 것이 아니라 존재자를 감싼 가상과 위장의 베일을 벗겨냄을 뜻한다. 존재자는 이미 발견돼 있으나 동시에 위장돼 있는 것이다. 이 위장을 걷어내고 본래 모습 그대로 발견하는 것이 발견이 뜻하는 사태다. 그러므로 '발견돼 있음'(Entdecktheit)으로서 진리는 언제나 존재자에게서부터 쟁취돼야 한다. 그리하여 존재자는 '은폐성'(Verborgenheit, 은폐돼 있음)을 찢고 나온다.

바로 이런 사태에 주목해 하이데거는 발견으로서 진리를 '탈취'(Raub)라고 부른다. 가상과 위장의 장막을 찢어내고 탈취해야 하는 것이 진리다. 진리는 거저 주어지지 않는다. 우리는 진리를 감추어진 상태에서부터 탈취해야 하고 쟁취해야 한다. 특히 현존재 자신이 바로 그렇게 감추어진 상태에 놓여 있다. 다시 말해 세인의 공공적 해석에 자기를 잃어버린 채로 있다. 그런 비-진리 상태에서 자기를 회복하는 것은 일종의 투쟁을 통한 탈취다. 하이데거는 그리스인들이 진리의 본질에 대해서 '알-레테이아'(a-letheia, α-$\lambda\acute{\eta}\theta\epsilon\iota\alpha$)라고 결여적 표현을 쓴 것은 우연이 아니라고 강조한다. 비은폐성으로서 '알-레테이아'는 '망각과 은폐' 곧 레테(lethe)로부터 벗어남이고, 더 강하게 말하면 레테를 뚫고 끄집어냄이다. 진리는 은폐로부터 탈취하는 탈은폐의 사건이다. 그러므로 탈은폐의 힘을 지니고 있는 존재자 곧 인간이 없다면 진리의 사건은 일어날 수 없다.[69] 진리 사건은 인간의 의지와 무관하게 그냥 일어나는 사건이 아니라 인간이 능동적으로 싸워 일으키는 사건이다.

하이데거는 파르메니데스가 한 단편에서 '진리의 여신이 자신을 두 길, 즉 발견의 길과 은폐의 길 앞에 세웠다'고 한 것도 '현존재가 진리와 비진리 안에 있다'는 것을 암시한다고 말한다. 그러나 하이데거는 다른 곳에서 그리스인들이 알-레테이아라는 단어를 진리의 의미로 사용했지만, 그 단어 안에 탈취의 의미가 들어 있다는 것 자체를 깊이 자각하지는 못했다고 지적한다.

"고대에는 '알레테이아'라는 말을 사용했지만 진리의 본질에 어떤 부정적인 것이 있다는 것을 분명히 보지 못했으며, 그래서 그들은 이 부정성 때문에 불안해할 필요가 없었다. 그리스인들이 진리를 표현하기 위해 처음 그 말을 만들었던 그때에만 부정성이 스며들어 있는 진리의 본질에 대한 통찰이 섬광처럼 번득였을 뿐이다. 그 말은 남아 있지만 그 말을 이끌어낸 그 섬광은 어둠으로 바뀌고 계속해서 그 속에 잡혀 있었다." 『철학 입문』 85쪽 그렇다면 이제야말로 알레테이아의 본디 의미를 파악해야 할 때이고, 그렇게 본래대로 파악함으로써 진리를 쟁취해야 할 때다.

결단성이야말로 가장 근원적인 진리

그런 근원적인 진리를 쟁취할 가능성은 염려를 구성하는 기투 중에서도 자신의 '가장 고유한 존재 가능'에서부터 자신을 이해하며 기투하는 데서 열린다. 현존재가 세인의 세계에 빠져 있던 상태에서 벗어나 자신의 가장 고유한 존재 가능을 자기 자신에게 열어 밝히는 것, 이것이 본래적인 개시성이다. 여기에서 가장 근원적인 진리 현상이 본래성의 양상에서 드러난다.

"현존재가 존재 가능으로서 있을 수 있는 가장 근원적이고 가장 본래적인 개시성은 실존의 진리다."『존재와 시간』 221쪽

이 실존의 진리는 현존재의 본래성 분석에서 드러난다.

하이데거는 죽음과 양심 분석을 통해 개시성 가운데서도 탁월한 개시성이 결단성(Entschlossenheit)이라는 것을 밝혔다. 가장 고유한 가능성을 향해 앞질러 달려가보는 결단성이야말로 가장 본래적이고 가장 근원적인 개시성이다. 그런데 현존재의 개시성이 근원적인 진리임이 이미 밝혀졌다. 이렇게 개시성이 근원적인 진리라면 개시성 중에서도 탁월한 개시성인 결단성이야말로 가장 근원적인 진리라고 할 수 있을 것이다. 죽음을 향해 앞질러 달려가보는 결단성은 가장 근원적인 진리, 가장 본래적인 진리로서 실존의 진리, 현존재의 진리다. 죽음을 향해 앞질러 달려가보는 결단성에서 현존재는 가장 본래적으로 열려 밝혀지고 세계를 가장 본래적으로 열어 밝히며, 그렇게 열어 밝힌 가운데 세계 내부 존재자들을 가장 본래적으로 발견한다.

그러므로 결단성의 빛 속에서 세계 내부 존재자들은 가장 본래적

인 양상으로 발견될 수 있다. 다시 말해 가상과 위장이라는 은폐성의 장막을 찢고 나와 그 본래의 모습 그대로 현존재에게 발견될 수 있다. 세계 내부 존재자들이 그렇게 발견될 수 있는 것은 현존재 자신이 결단성 속에서 가장 본래적인 현존재로 개시되기 때문이다. 다시 말해 현존재 자신이 위장과 가상을 벗어버린 가장 본래적인 현존재로 자신을 열어 밝히기 때문이다. 따라서 결단성이야말로 가장 근원적이고 본래적인 진리라고 할 수 있을 것이다. 그리고 이 결단성의 진리와 함께 세계 내부 존재자들, 곧 손안의 것(도구)과 눈앞의 것(사물)의 의미가 달라진다. 왜냐하면 진리의 양식에 따라 그때그때 현존재의 존재 이해도 달라지고, 그리하여 근원적이고 본래적인 진리가 현존재를 포함한 모든 존재자들의 존재 이해를 새롭게 할 것이기 때문이다.

하이데거는 진리 현상에 대한 실존론적-존재론적 해석에서 얻은 성과를 다음과 같이 요약한다. 첫째, 가장 근원적인 의미의 진리는 현존재의 '열려 밝혀져 있음'(개시성)이며, 이 열려 밝혀져 있음에는 세계 내부 존재자의 발견돼 있음도 속한다. 특히 개시성 가운데서도 탁월한 개시성인 '죽음을 향해 앞질러 달려가보는 결단성'이야말로 가장 근원적이고 가장 본래적인 진리다. 이렇게 하이데거의 진리는 일차로 실존의 진리, 현존재의 진리다. 이 현존재의 진리가 존재자 일반의 진리, 다시 말해 존재자 일반의 발견돼 있음을 보증한다.

둘째, 현존재는 동근원적으로 진리와 비진리 안에 있다. 현존재는 근원적으로 열려 밝혀진 존재자로서 진리 안에 있지만, 우선 대부분의 경우에 일상성의 퇴락 가운데 있기 때문에 결단을 통해 근원적인 진리를 되찾지 않는 한 비진리 안에 있다. 그러므로 비진리 안에 있는 현존재는 세계 내부 존재자도 근원적으로 발견하지 못하고, 세인의 공공적 해석 안에서 가상과 위장의 베일에 싸인 존재자들만 발견하게 된다. 그러므로 존재자들의 진리도 현존재의 진리와 마찬가지로 이 공공적 해석이라는 감춤과 위장의 장막을 찢고 탈취해야 한다.

전통적인 진리, 현존재의 진리에서 파생

이어 하이데거는 어떻게 해서 현존재의 개시성으로부터 '판단과 대상의 일치'라는 전통적 진리 개념이 도출됐는지를 해명한다. 여기서 하이데거가 주목하는 것은 심정성·이해와 함께 현존재의 개시성을 구성하는 '말'이다. 현존재는 자기를 말로 드러내는 존재자다. 현존재는 존재자의 진리를 발견했을 경우에 그것을 명제적 진술이라는 말에 담아 다른 사람에게 전달한다. 가령 갈라파고스에 코끼리거북이 산다는 사실을 발견한 생물학자가 있다고 해보자. 그 생물학자는 그 사실을 '갈라파고스에는 코끼리거북이 산다'는 명제적 진술의 형태로 전달할 수 있다. 이렇게 명제적 진술로 언표된 것은 마치 도구적 존재자처럼 사람들 사이에 전달된다. 그렇게 진술을 전달받은 현존재는 그 진술에 담긴 진리를 스스로 발견하고 확인하는 일을 하지 않아도 된다. 현존재는 우선 대부분의 경우에 존재자의 진리를 스스로 발견함으로써 확보하는 것이 아니라 사람들이 전해주는 것을 들음으로써 알게 되는 것이다.[70]

이때 명제적 진술은 존재자의 진리를 담고 있는 '도구적 존재자'처럼 통용된다. 상자가 전달되듯이 명제가 전달되는 것이다. 그리하여 이런 명제적 진술을 실제 대상과 비교할 경우에 진술과 대상의 관계는 눈앞의 두 존재자들 사이의 관계와 다를 바 없게 된다. 이렇게 나란히 비교되는 가운데 그 두 존재자들이 서로 일치하면 그 일치를 진리로 간주하게 된다.[71] 앞의 예를 들어 말하면 '갈라파고스에는 코끼리거북이 산다'는 명제적 진술을 전해들은 것만으로 만족하지 못하는 다른 생물학자가 실제로 갈라파고스를 찾아가 코기리거북이 사는지 확인해볼 경우가 그런 경우다. 갈라파고스 섬에서 코끼리거북을 발견한다면 그 생물학자는 전해 들은 명제적 진술과 실제 대상이 일치한다고 판단할 것이고 그 명제를 진리로 간주할 것이다.

거듭 주목할 것은 명제적 진술의 존재 양식과 명제적 진술이 겨냥하는 실제 존재자의 존재 양식이 모두 '눈앞의 존재자', 사물과 같은 존재자로 간주된다는 사실이다. 이런 상황에서는 진술과 대상 사이의 관계도 세계 내부 존재자들 사이의 일치 관계로 나타난다. 명제적 진술은 애초에 '현존재의 개시성'과 '현존재의 발견함'이라는 실존의 진리에서 파생된 것이다. 그런데 명제와 대상이 사물적 존재자처럼 나란히 비교되는 상황에서는 이런 실존의 진리라는 원초적인 사태는 잊히고 마는 것이다. 현존재의 개시성이라는 근원적 진리와 이 진리 안에서 존재자를 발견하는 현존재의 실존 수행이 망각되고, 진리가 눈앞의 존재자들 사이의 관계로 뒤바뀌는 것이다.

이렇게 해서 '판단과 대상의 일치'라는 전통적 진리 개념은 현존재의 진리로부터 파생된 것임이 입증된다. '판단과 대상의 일치'라는 진리는 진리 발생의 순서상 마지막에 나타나는 것이다. 그러나 이 최후의 진리가 현실에서는 가장 가까운 것, 최초의 것으로 여겨진다. 최후의 진리가 최초의 진리처럼 여겨지는 이유는 무엇일까? 하이데거는 현존재의 존재 양식이 이런 착시 현상을 불러일으킨다고 말한다. 다시 말해 현존재가 퇴락의 양식 안에 있을 때에는 세계 내부 존재자에 몰입해 있기 때문에 자신을 이 존재자들로부터 이해하고 그리하여 모든 것을 '눈앞의 존재자'로 이해하게 된다는 데 착시의 근본 원인이 있다는 것이다.

모든 것을 눈앞의 존재자로 받아들이게 되면, 현존재가 사용하는 언어도 그 언어의 특수한 형태인 명제적 진술도 모두 '눈앞의 존재자'로 받아들여지게 되며, 그 결과로 진리도 명제적 진술과 눈앞의 존재자 사이의 일치에서부터 이해되게 된다. 현존재가 세인의 세계에 빠져 있기에 그런 왜곡된 존재 이해 방식에 따라 명제적 진리를 가장 가까운 진리로 발견하게 되는 것이다. 현존재는 이런 존재 이해가 왜곡된 것임을 알아보지 못한다. 따라서 현존재의 개시성이라는 진리의 근원적 현상도 은폐된 상태에 머물러 있게 된다.

하이데거는 이런 왜곡된 진리 이해가 고대 그리스인들에게서 비롯된 것이기는 하지만, 그래도 그리스인들에게는 진리에 대한 근원적인 이해가 분명히 있었다고 말한다. 여기서 하이데거가 그리스인이라는 말로 가리키는 사람은 아리스토텔레스다. 아리스토텔레스는 '진리의 근원적인 장소는 판단이다'라는 명제를 처음 제출한 사람으로 알려져 있다. 하지만 하이데거는 아리스토텔레스가 '판단'을 진리의 근원적인 장소로 옹호한 적이 없다고 강조한다. 아리스토텔레스는 '발견함'이 근원적인 진리이고 판단은 그렇게 발견한 것을 드러낼 수도 있고 감출 수도 있다고 보았다는 것이다. 판단은 발견함 다음에 오는 이차적인 것이다. 더구나 판단은 무조건 존재자를 드러내기만 하는 것이 아니라 존재자를 감출 수도 있다. 곧 올바른 판단은 존재자를 드러내지만 잘못된 판단은 존재자를 감추는 것이다. 그렇다면 '진리의 장소는 판단이다'라는 명제의 기원을 아리스토텔레스로 못 박는 것은 부당한 일이 된다.

여기서 하이데거가 주장하려는 것은 진리를 판단과 대상 사이의 일치로 보는 서양 전통 철학의 견해가 아주 틀렸다는 것이 아니라 그런 판단의 진리를 일차적이고 근원적인 진리로 본 것이 잘못됐다는 것이다. 서양 전통 철학은 진리의 근원으로 들어가지 못한 채 표면에만 머물러 있었던 것이다. 하이데거의 이런 서술에는 자신이야말로 서양 전통 철학의 역사를 거슬러 올라가 아리스토텔레스의 근본 통찰을 회복하고 그것을 실존론적 토대 위에서 더 명확하고 더 근원적으로 제시한다는 자부심이 배어 있다.

이런 자부심 속에서 하이데거는 진리에 관해 이제까지 해온 모든 논의를 모아 결정적인 명제를 제시한다.

"현존재는 개시성(열려 밝혀져 있음)으로 구성돼 있으므로 본질적으로 진리 가운데 있다. 진리는 현존재가 존재하는 한에서만 그리고 존재하는 동안에만 있다."『존재와 시간』 226쪽

개시성이야말로 근원적인 진리이고 현존재는 이 개시성 곧 근원적 진리로 이루어져 있으므로, '현존재가 존재하는 한에서만 그리고 현존재가 존재하는 동안에만 진리는 있다'는 명제가 성립할 수 있는 것이다.

여기서 현존재를 구성하는 개시성이라는 것을 조금 더 살펴볼 필요가 있다. 이 개시성을 구성하는 구조 계기를 하이데거는 심정성·이해·말로 제시했다. 이 범주들을 전통 형이상학의 용어로 이해할 길은 없을까. 현존재의 '개시성'에 대응하는 전통 철학의 용어는 '자연의 빛'(lumen naturale), 곧 인간 본성의 빛이라고 할 수 있다. 이 본성의 빛이 세상을 밝힌다. 그런데 이 본성을 이루는 것이 바로 심정성과 이해와 말이다. 심정성(Befindlichkeit)은 기분이라는 감성적인 것으로 이루어져 있으므로 전통 철학의 '감성'에 가깝다고 할 수 있다. 또 이해(Verstehen)는 인간 정신의 이해하는 힘 곧 '지성 또는 오성'(Verstand)에 대응한다고 볼 수 있다. 'Verstehen'이라는 낱말에서 나온 명사가 'Verstand'라는 것도 이런 연관성을 엿볼 수 있게 한다. 마지막으로 말(Rede)은 그리스어로 하면 로고스(logos)이고 이 로고스는 이성을 뜻하므로 말은 이성으로 이어진다고 볼 수 있다. 하이데거는 『존재와 시간』 서론에서 로고스의 개념에 관해 설명하면서 이렇게 말한다.

"우리가 '로고스(λόγος)의 근본 의미는 말(Rede)이다' 하고 말한다면 이런 낱말상의 번역은 말 자체가 무엇을 의미하는지가 규정돼야 완전한 효력을 지니게 된다. … 로고스는 이성, 판단, 개념, 근거, 관계로 '번역'됐다. 다시 말해 끊임없이 그렇게 해석됐다."『존재와 시간』 32쪽

더구나 하이데거는 이 말의 의미를 양심의 부름(Ruf)으로 이해한다. 양심의 부름 곧 도덕적 명령은 칸트 철학에서 이성의 기능이다. 칸트 철학에서 인간의 정신이 감성·지성·이성으로 나뉘어 있듯이, 하이데거의 철학에서 세계를 열어 밝히는 현존재의 근원적인 빛으로서 개시성은 심정성·이해·말로 이루어져 있다. 심정성과 이해와 말이 전통 철학의 감성과 지성과 이성에 대응한다고 보면, 하이데거가 왜 개시성을 구성하는 것으로 이 셋을 거론했는지 짐작할 수 있다. 심정성·이해·말과 감성·지성·이성 사이에는 구조상 대응 관계가 성립한다. 그러나 이 관계는 어디까지나 대응 관계이지 일치 관계가 아님은 거듭 강조할 필요가 있다.

뉴턴의 진리는 영원히 타당한가

하이데거에게는 개시성이야말로 현존재의 근원적 진리이며, 현존재가 개시성으로 이루어져 있기에 현존재는 진리 안에 있다. 그러므로 진리는 현존재가 존재하는 한에서 존재하며 현존재가 존재하는 동안에만 존재한다. 그런데 이런 주장, 곧 현존재가 존재하는 한에서만 진리가 있다는 주장은 즉각 '현존재가 없다면 진리가 없다는 것이냐, 그렇다면 그 많은 법칙들은 다 사라져버리고 마는 것이냐' 하는 물음을 불러낸다. 하이데거는 여기서 자연 법칙의 대표 격인 '뉴턴의 법칙'과 논리 법칙의 핵심 가운데 하나인 '모순율'을 사례로 들

어 자신의 명제를 단호하게 옹호한다. 뉴턴 법칙이나 모순율은 얼핏 현존재의 존재와는 무관하게 영원한 진리인 것처럼 보인다. 하지만 하이데거는 유보 없이 단언한다.

'뉴턴 법칙과 모순율을 포함해 진리 일반은 오직 현존재가 있는 동안에만 참이다. 현존재가 존재하지 않는다면 진리란 존재하지 않는다. 현존재가 존재하지 않았던 과거에는 진리가 없었고, 현존재가 존재하지 않게 될 미래에도 진리는 없을 것이다. 왜냐하면 그때에는 개시성도 발견함도 발견돼 있음도 있을 수 없기 때문이다. 진리란 다른 게 아니라 바로 이 개시성, 발견함, 발견돼 있음이다. 뉴턴의 법칙이 발견되기 전에는 그 법칙은 참이 아니었다.'「존재와 시간」226쪽

이 말은 뉴턴의 법칙이 발견되기 전에는 그 법칙이 거짓이었다는 뜻이 아니다. 뉴턴의 법칙은 뉴턴이 발견하기 이전에는 참도 거짓도 아니었다. 뉴턴이 발견함으로써 그 법칙은 현존재에게 파악 가능한 것이 됐다. 그렇게 발견됨으로써 뉴턴 법칙은 발견 이전에 이미 있었던 바로 그 법칙으로서 자신을 드러낸다. 다시 말해 발견한다는 것은 없는 것을 창조한다는 뜻이 아니다. 인간에게는 애초에 그런 능력이 없다. 오직 발견함으로써 법칙이 진리로서 현존재의 영역으로 들어오는 것이다.

그러면 '영원한 진리'는 어떻게 되는가. '영원한 진리'가 있다는 주장이 성립하려면 현존재가 맨 처음부터 존재해왔고 앞으로도 영원히 존재하리라는 것이 입증돼야 한다. 다시 말해 현존재가 영원히 존재하지 않는 한 '영원한 진리'라는 것은 있을 수 없다. 그런데도 영원한 진리라는 말이 여전히 통용되는 것은 철학 문제 내부에 오랫동안 남아 있던 기독교 신학의 잔재에 속한다고 하이데거는 말한다. 이렇게 말함으로써 하이데거가 기독교 신학을 부정하려는 것은 아니다. 진리의 근원성에서부터, 다시 말해 현존재의 개시성에서부터 따져

보았을 때 '영원한 진리'라는 것이 성립할 수 없음을 지적하려는 것이다.

진리는 현존재를 떠나서 존재할 수 없음

그렇다면 진리에 관한 이런 언명으로 하이데거가 가리키려는 것은 무엇인가? 결국 모든 진리는 현존재의 존재와 관련돼 있다는 사실이다. 진리는 현존재의 존재를 떠나서는 존재할 수도 없고 올바르게 주장될 수도 없다. 그렇다면 진리가 현존재의 존재와 관련돼 있다는 것은 '모든 진리는 주관적이다'와 같은 뜻인가. '주관적'이라는 말이 '주관의 자의에 맡겨져 있음'을 뜻하는 것이라면 전혀 그렇지 않다고 하이데거는 강조한다. 왜냐하면 발견함은 현존재를 존재자 자체에 직면시키기 때문이다. 다시 말해 현존재가 주관 속에서 멋대로 진리를 주무르는 것이 아니라, 존재자 앞에서 그 존재자를 발견하는 방식으로 진리를 드러내는 것이다. 진리는 발견함이고, 발견함은 현존재가 존재자 그 자체에 직면함을 의미한다. 발견함이라는 진리는 주관의 자의, 주관이 멋대로 함과는 아무런 관련이 없다.

따라서 현존재의 진리는 당연히 '진리의 보편타당성'으로도 연결돼 있다. 한마디로 말해서 하이데거가 말하는 현존재의 진리는 보편타당한 진리다. 현존재가 존재자를 그 자체로 발견하고 개현한다는 것이 진리의 보편타당성의 근거다. 현존재는 존재자 자체를 발견함으로써 그것을 진술로 제시할 수 있다. 그 진술은 현존재 자신에게 타당할 뿐만 아니라 다른 사람에게도 타당한 것이 된다. 진리가 현존재의 주관을 통해서 발견된다고 해서 진리의 진리성이 조금이라도 훼손되는 것은 아니다. 자연과학적 진리, 이를테면 세포에 관한 진리는 실험실에서 특정 과학자의 관찰과 실험을 통해 발견되고 그것이 검증을 거쳐 진리로 선포된다. 진리는 어떤 경우에도 주관을 통해서 발견되지 않을 수 없다. 그렇다고 해서 그 진리의 보편타당성이 훼손되지는 않는 것이다. 가장 보편타당한 진리로 여겨지는 뉴턴의 법칙이나 아인슈타인의 상대성 원리도 그 발견은 뉴턴이나 아인슈타인의 주관적·주체적 활동 속에서 이루어진 것이다. 그렇다고 해서 그 발견의 진리성이 훼손됐느냐 하면 전혀 그렇지 않다.

회의주의와 상대주의에 대한 단호한 거부

하이데거는 여기서 진리의 존재를 의심하고 부정하는 '회의주의'도 검토한다. 회의주의자는 통상 '진리는 존재하지 않거나 존재하더라도 알 수 없다'고 주장한다. 이 회의주의는 상대주의로 통한다. 보편타당한 진리가 존재할 수 없기 때문에 결국 존재하는 것은 각자가 진리라고 주장하는 것들뿐이고, 그러므로 진리라고 할 만한 것이 있다면 그것은 상대적 진리뿐이다. 그러나 하이데거는 이런 회의주의나 상대주의를 단호히 거부한다. 진리를 현존재의 진리로 보는 하이데거의 진리관이 회의주의나 상대주의와 친연성이 있는 듯이 보일 수 있지만 실상은 정반대다. 하이데거는 회의주의나 상대주의를 어떤 경우에도 받아들이지 않는다. 하이데거에게 회의주의는 원천적으로 성립할 수 없는 주장이다. 하이데거의 실존론적인 존재 구조에서 보면 진리를 부정하는 회의주의는 현존재의 존재를 부정하는 것이나 다름없기 때문에 원천적으로 성립할 수 없는 주장이다.

물론 이런 원칙적인 거부가 회의주의가 틀렸다는 것을 그 자체로 입증하는 것은 아니다. 그래서 사람들은 회의주의가 확실히 틀렸다는 것을 증명하려면 먼저 '진리가 틀림없이 존재한다'는 것을 확실하게 입증해야 한다고 생각한다. 하지만 "진리는 그 필연성에서 증

명될 수 없다."『존재와 시간』, 229쪽 왜 진리가 필연적으로 존재한다는 것이
증명될 수 없는가? 그것은 마치 현존재가 자기 자신의 존재를 새삼
스럽게 증명할 수 없는 것과 마찬가지다. 눈앞에 서 있는 사람을 향
해서 '네가 존재한다는 것을 증명해보라' 하고 요구한다고 해보자.
어떤 방법을 동원해도 내가 여기 이 자리에 존재한다는 것을 논리적
으로 증명할 길은 없다. 더 정확히 말하면 내가 여기 이 자리에 존재
하는 한은 내가 여기 이 자리에 존재한다는 것은 증명이 필요하지 않
다. 내가 존재한다는 것이 바로 그 증명이다.

　마찬가지로 진리의 존재도 그런 것이어서 '진리가 존재한다'는 것
을 새삼 따로 증명할 길이 없다. 현존재가 진리 안에 있으므로 진리
는 존재할 수밖에 없는 것이다. 현존재가 진리 곧 개시성 안에 있지
않다면, 그리하여 세상을 열어 밝히고 세계 내부 존재자들을 만나고
발견하지 않는다면 현존재는 존속할 수도 없다. 현존재의 존재를 증
명할 필요가 없듯이 진리의 존재도 증명할 필요가 없다. 똑같은 사정
이 회의주의에도 적용된다. 진리는 존재하지 않거나 알 수 없다고 하
는 회의주의는 그 자체로는 논리적으로 반박될 수 없다.

　"회의주의자가 진리를 부정하는 방식으로 현사실적으로 존재하는
이상, 그 회의주의자는 논박당할 필요도 없다. 회의주의자가 존재하
면서 자신을 그 존재 속에서 그렇게 이해하는 이상, 그는 자살의 절
망 속에서 현존재와 함께 진리도 지워버린 것이다."『존재와 시간』, 229쪽

　진리가 없다거나 진리를 알 수 없다는 주장은 현존재의 존재가 없
다거나 현존재의 존재를 알 수 없다는 주장과 같다. 회의주의를 열심
히 주장하는 것은 내가 존재하지 않는다거나 내 존재를 확신할 수 없
다고 열심히 주장하는 것과 같다. 회의주의는 애초에 성립할 수 없는
주장인 것이다.

진리는 어떻게 공유될 수 있는가

진리의 존재 문제와 함께 검토해볼 것이 '진리의 공유' 문제다. '진리는 어떻게 널리 공유될 수 있는가, 혼자만 알고 있는 진리도 진리라고 할 수 있는가' 하는 문제가 진리의 공유 문제다. 이 문제를 하이데거는 『존재와 시간』에서는 직접 거론하지 않고 1928년 겨울학기 '철학 입문' 강의에서 깊숙이 파고들었다. '진리의 공유' 문제를 다룰 때 하이데거는 현존재가 본질적으로 타자와 더불어 있는 '공동존재'(Mitsein)로서 '서로 함께함'(Miteinander, 상호작용), '서로 함께 있음'(Miteinandersein, 상호존재)으로 존재한다는 근원적인 사실에서 출발한다. 현존재는 언제나 이미 '공동존재'로서 '서로 함께 있음'의 가능성을 지니고 있다. 이것이 사물과 인간의 결정적인 차이점이다. 비탈길에 놓인 두 개의 돌은 서로 함께 있는 것이 아니라 '한데 눈앞에 있을' 뿐이다. 이와 달리 그 자갈길을 걸어가는 두 나그네가 앞에 펼쳐진 광경을 함께 바라본다면 그 두 사람은 '서로 함께 있다'고 할 수 있다.

'서로 함께 있음'은 현존재의 존재 방식으로서 현존재와 현존재가 공통의 관심사에 참여하고 있음을 뜻한다. 이렇게 여러 사람이 공통의 관심사 곧 공통의 존재자 곁에 함께 머물 때 이 사람들은 그 존재자의 비은폐성, 다시 말해 존재자의 진리를 공유한다고 하이데거는 말한다. "존재자 곁에 함께 있음은 그 존재자의 비은폐성(진리)을 나눔이다."『철학 입문』, 112쪽 공통의 관심사에 서로 함께 있음으로써 우리는 그 관심사의 진리를 공유한다. 그런데 현존재는 언제나 필연적이고 지속적으로 다른 현존재와 실제로 함께 있는 것은 아니다. 현존재는 어딘가에 홀로 실존할 수도 있다. 그때에도 현존재가 사물 곁에 머무르는 한, 그 사물은 현존재에게 발견돼 있을 것이다. 다시 말해 비은폐돼 있을 것이다. 그럴 경우에 그 발견된 사물의 진리는 공유된다고 할 수 있는가?

하이데거는 여기서 '홀로 있음'(Alleinsein)의 성격을 따져 들어간다. 누군가 홀로 있다면 다른 사람은 거기에 함께 있지 않다. 그러나 여기서 홀로 있다는 것은 무슨 뜻인가? 하이데거는 '홀로 있다'는 것이 '혼자 고립돼 있다'는 뜻은 아니라고 말한다. 여러 사람과 섞여 있는 중에도 홀로 있을 수 있다. 군중 속에 파묻혀서도 나는 홀로 있을 수 있다. 그렇다면 홀로 있음은 '다른 사람과 결속해 있지 않음'을 뜻할 것이다. 여기서 하이데거는 이 결속해 있지 않음이 '서로 함께 있음'의 특정한 형태라고 말한다. 다시 말해서 '결속해 있지 않음'은 '서로 함께 있음'의 결여태다. 이 말은 무얼 뜻하는가? 현존재는 언제나 본질적으로 '서로 함께 있음'으로 존재한다는 말이다. 물론 현존재는 현사실적으로 서로 함께 있지 않을 수 있는데, 그럴 때도 근본적으로는 '서로 함께 있음'의 양태로 있는 것이다. "따라서 모든 홀로 있음은 일종의 서로 함께 있음이다."『철학 입문』, 123쪽 서로 함께 있음이 현존재의 존재를 본질적으로 구성하며 그 전제 위에서 인간은 홀로 있을 수도 있다는 얘기다.

인간은 본질적으로 서로 함께 있음

인간은 다른 인간과 따로 떨어져 고립된 주체로 인간이 될 수 있는 것이 아니다. 인간은 본질적으로 '서로 함께 있는' 방식으로 존재한다. 현존재는 그 존재에서 서로 함께 있음으로 규정되기 때문에 동시에 홀로 있을 수도 있다. 인간이 서로 함께 있음이 아니라면 인간은 인간이 될 수 없고 인간으로서 홀로 있을 수도 없는 것이다.

"유아론(solipsismus, 독아론)의 근본 실수는 모든 '나 홀로'가 이미 본질적으로 서로 함께함이라는 사실을 그 '홀로 자체'(solus ipse)에서 진지하게 다루는 것을 잊어버린 데 있다. 오직 내가 타인과 이미 함께 있기 때문에만 나는 타인을 이해할 수 있다. 나는 우선 타인 없이 유일한 것이었다가 그 다음에 서로 함께 하려고 어떤 수수께끼 같은 길을 걸어가는 그런 존재가 아니다."『철학 입문』125쪽

데카르트의 근본 명제는 '나는 생각한다, 나는 존재한다'(cogito, sum)이다. 데카르트가 범한 잘못은 '내가 존재한다'(ego sum)는 바로 거기에 '사물 곁에 있음'도 '서로 함께 있음'도 없다는 데 있다. 데카르트의 주체는 주위에 사물도 없고 다른 인간도 없는, 허공에 뜬 주체다. "데카르트에게서 자아, 나는 더는 주체라고 할 수 없을 만큼 빈곤해졌다."『철학 입문』124쪽 이 빈곤한 주체와 함께 근대 철학의 불행이 시작됐다고 하이데거는 말한다.

현존재의 존재에는 본질적으로 '공동존재'(더불어 있음, 함께 있음, Mitsein)가 속한다. "현사실적으로 어떤 다른 존재자가 전혀 실존하지 않을 때에도 현-존재의 본질에는 공동존재(함께 있음)가 놓여 있다."『철학 입문』144쪽 현존재는 이미 다른 현존재의 개방됨(열려 있음) 안에 들어서 있다. "그들은 서로 신경을 쓰지 않더라도 현-존재로서 개방됨의 동일한 범위 안에 필연적으로 머무르고 있다. 현존재로서 개방됨을 동반하고 있다는 것은 자신과 동일한 존재자와 개방됨을 나눈다는 것을 의미한다."『철학 입문』144쪽

마찬가지로 현존재의 존재에는 필연적으로 '서로 함께 있음'이 속한다. 현사실적으로 홀로 있는 현존재도 그 존재의 본질상 '서로 함께 있음'으로 존재한다. 그런데 앞에서 본 대로, '서로 함께 있음'은 '사물의 비은폐성 곧 진리를 공유함'으로 이어진다. 그렇다면 홀로 있음이 본질적으로 서로 함께 있음인 이상, 홀로 사물을 발견한다고 하더라도 그 발견은 서로 함께 있음의 방식으로 다른 사람과 공유될

것이다. 홀로 진리를 발견한다고 해도 그 진리는 본질적으로 공유되게 되는 것이다.

인간은 닫힌 주체가 아니라 외부를 향해 열린 주체다. 막 태어난 유아도 예외가 아니다.

"유아는 첫 일주일을 보내면서 비로소 닫힌 주체에서 나와 객체들로 나아가는 것이 아니라 … 이미 바깥으로 나가 (사물) 곁에 있다. … 존재자는 이미 유아에게 개방돼 있다."『철학 입문』 131쪽

그러므로 현존재는 언제나 자기 바깥으로 나가 눈앞의 사물 곁에 있으며 그 사물을 발견하고 있다. 다시 말해 눈앞의 사물의 발견돼 있음 곧 비은폐성(진리)은 현존재의 실존과 함께 생겨난다. 진리는 본질적으로 '발견하며 존재하는' 현존재에 속한다. 그리고 진리가 현존재에 속하는 방식은 필연적으로 '진리를 공유함'이다. 왜냐하면 "모든 눈앞의 것 곁에 있음 그리고 홀로 있음은 서로 함께 있음을 자기 안에 포함해야 하기" 때문이다.『철학 입문』 132쪽 '사물의 발견돼 있음'은 그 본질상 현존재가 타인과 함께 나누는 것이다. 그러므로 혼자 발견한 것이든 여럿이 발견한 것이든 상관없이 진리의 발견은 진리의 공유를 포함할 수밖에 없다.

혼자 발견한 진리도 공유되는가

여기서 하이데거는 진리를 몰래 혼자 간직할 경우를 떠올려본다. 가령 어떤 사람이 희귀 식물을 깊은 산속에서 혼자 발견했다고 해보자. 그 발견자는 자신의 발견을 살아있는 동안 홀로 간직하고 아무에게도 그 발견 사실을 알려주지 않을 수 있다. 그럴 경우에 그 희귀 식물은 그 현존재에게만 개방되며 이 비은폐성은 그 현존재에게만 속한다. 그럴 때도 그 발견 곧 그 진리는 공유되는 것인가? 하이데거는

그런 경우에도 진리는 본질적으로 공유되는 것이라고 말한다. 왜 그런가? 희귀 식물을 발견한 사람이 그 식물을 발견했다는 사실을 아무에게도 알리지 않고 혼자만 간직하려고 애쓰는 것 자체가 이미 진리의 공유를 에둘러 입증하기 때문이다.

그 현존재의 행동은 진리를 유보(Vorenthalten)의 방식으로 타인과 공유하고 있다는 사실을 보여준다. 진리는 본질상 공유되는 것이기 때문에 발견자는 한사코 혼자서만 간직하려고 발버둥치는 것이다. 이런 발버둥을 통해서 진리는 어떤 특정인의 소유물이 될 수 없고 진리라는 것은 필연적으로 타인과 함께 공유하는 것임이 드러난다. 다른 사람들이 현실에서 진리를 나누어 가지지 못한다 하더라도 진리는 그 본질상 공유되는 것이다.

"누군가 자신을 위해서 진리를 간직한다는 것은 이미 진리가 사실상 혼자의 소유가 아님을 의미한다."「철학 입문」 133쪽

그 진리가 새나가지 않도록 현존재가 다른 사람들 앞에서 자신을 닫고 있다는 것, 이것이 알려주는 것은 진리가 공유돼 '열려 밝혀진다'(erschlossen)는 사실이다. 그 비은폐성이 바로 진리다.

여기서 알 수 있는 것은 진리의 공유에서 본질적인 것은 그 공유가 얼마나 광범위한가에 있지 않다는 사실이다. 아인슈타인의 상대성 이론은 처음 발표됐을 때 아인슈타인 말고 극소수만 이해했다. 그 후로도 그 수는 크게 늘지 않았다. 그런데도 상대성 이론은 진리로서 막강한 지위를 누리고 있다. 희귀 식물의 예처럼 진리가 한 사람만이 발견한 것으로 머무는 극단적인 경우를 가정해볼 수도 있다. 그 경우에도 진리는 진리이며 진리의 공유라는 본질은 바뀌지 않는다. 현존재가 '서로 함께 있음'이라는 방식으로 존재하고 있기에, 현존재의 발견으로서 진리는 본질적으로 다른 사람들과 공유될 수밖에 없는 것이다.

진리가 실존의 진리로서 현존재의 발견함에 속한다는 사실이 언뜻 진리는 특정한 주관이나 주체에게만 귀속된다는 것을 뜻하는 것처럼 들릴 수 있다. 하지만 하이데거의 본의는 전혀 그런 데 있지 않다. 진리는 주관에 함몰되지 않는 보편타당한 진리이며, 마찬가지로 진리는 특정 주체에 갇히지 않는, 타인들과 공유되는 진리다. 그러므로 하이데거가 말하는 진리는 상대주의나 회의주의와는 아무런 관련이 없다. 오히려 보편타당한 진리를 부정하는 주장, 상대적이고 주관적인 진리만 있을 뿐이라는 주장을 하이데거는 단호하게 거부한다. 진리는 언제나 현존재의 진리이고 실존의 진리이지만 그 현존재가 본성상 '더불어 있음'(공동존재)이고 '서로 함께 있음'인 이상, 진리는 보편적이고 공동적이라는 성격을 띨 수밖에 없다. 바로 이런 보편성과 공동성의 본질을 지닌 채 현존재는 진리 안에 있는 것이다.

진리가 있는 한에서만 존재는 있다

『존재와 시간』으로 돌아가자. 하이데거는 진리와 존재의 관계에 대한 자신의 원칙을 다시 한번 분명하게 밝힌다. '진리의 존재는 현존재와 근원적으로 연관돼 있다. 그리고 진리가 있는 한에서만 존재는 있다.'『존재와 시간』 230쪽 이 말을 하면서 하이데거는 그 '존재'가 '존재자'를 뜻하지 않음을 거듭 강조한다. 진리가 있는 한에서 있는 것은 '존재'이지 '존재자'가 아니다. 사물이든 도구든 자연이든 그것들 자체는 진리와는 본질적으로 무관하다. 왜냐하면 진리는 '발견돼 있음'이라는 그 존재자들의 존재를 가리키는 것이지 사물 자체를 가리키는 것이 아니기 때문이다. 그런데 "그 진리는 오직 현존재가 있는 한에서만 그리고 현존재가 있는 동안에만 있다."『존재와 시간』 230쪽 현존재가 있지 않다면 존재자는 발견될 수 없을 것이기 때문이다. 아니,

현존재가 존재하지 않는다면 그 존재자들을 발견하는 데 필요한 개시성의 빛 자체가 존재하지 못한다. 빛이 없으므로 존재자는 존재자로서 발견될 수 없는 것이다. 현존재의 존재인 개시성의 빛 자체가 진리다.

그리하여 "존재와 진리는 동근원적으로 있다."『존재와 시간』 230쪽 현존재의 존재가 없다면 진리는 있을 수 없기 때문에 그 둘은 근원적으로 함께 속해 있다. 이렇게 해서 하이데거의 진리에 관한 사유는 『존재와 시간』에서 그 정점에 이르렀다. 그러나 이 진리 사유는 전기 하이데거의 사유에 국한된다. 후기에 이르러 하이데거는 전기의 진리 사유를 뛰어넘어 새로운 차원의 진리 사유로 나아간다. 전기의 진리는 비은폐성(은폐돼 있지 않음)으로서 모든 것을 투명하게 밝히는 환한 빛이다. 그러나 후기에 이르러 진리는 비-은폐성 곧 '은닉의 차원을 내장한 진리'로 변모한다. 다시 말해 비밀의 어둠을 심연처럼 간직한 진리가 후기 하이데거 사유의 진리다.

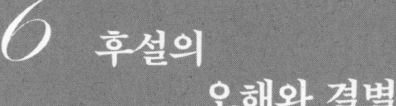

6 후설의 오해와 결별

후설의 '사태'는 순수 의식에 떠오른 현상을 가리킨다.
하이데거도 현상학을 '사태 자체로!'라는 구호 아래서 이해했다는
점에서는 후설과 다르지 않았다. 그러나 하이데거는
'선험적 자아'로, 순수 의식으로 되돌아가는 길을 거부했다.
하이데거에게 사태 곧 현상은 현사실적 삶 자체였다.
후설의 '선험적 자아'가 괄호로 묶어 배제했던 '세계'야말로
하이데거에게는 현존재 분석의 바탕이 되는 것이었다.
현존재의 실존은 세계-내-존재이며 그것도 '다른 사람과
더불어 존재자에 몰입해 항상 이미 세계 안에
현사실적으로 있음'을 의미한다.

66

다음의 연구가 '사태 자체'를 열어 밝히는 데
몇 걸음이라도 앞으로 나아갔다면, 그것은 일차적으로
에드문트 후설에게 힘입은 것이다.

홀로 있음은 더불어 있음의 결여적 양태이며
그 가능성은 오히려 더불어 있음에 대한 입증이다.

99

천둥처럼 울린 '존재와 시간'

1927년 출간과 함께 『존재와 시간』은 천둥 같은 소리를 내며 울려 퍼졌다.[72) 하이데거는 이 책이 일으킨 울림을 타고 철학계의 별로 떠올랐다. 『존재와 시간』이 일으킨 파도는 거대하고 압도적이었다. 동시대의 다른 철학서에서는 볼 수 없는 낯선 언어로 짜인 이 치밀한 사유의 체계는 처음 읽는 사람들을 당혹과 충격에 빠뜨렸다. 에밀 슈타이거는 그 책을 읽은 경험을 훗날 이렇게 기억했다. "뮌헨에 묵고 있던 1928년 여름학기에 나는 처음으로 『존재와 시간』을 읽어보았다. '존재'에 관한 물음이 머리말 부분에서 그렇게도 명료하게 다루어졌는데도, 이 저서를 처음으로 읽어가던 당시에 나는 이 저서의 본래적 문제였던 그 물음을 전혀 파악하지 못했다. 대다수 독자들이 그러하듯이 나 역시 '세인'의 호기심, 염려, 죽음에-다가가고-있음, 불안, 던져져-있음을 다루어나가는 이 저서의 논의를 따라가면서 어렴풋이 압도해오는 언어의 힘에 완전히 사로잡히고 말았다."[73)

슈타이거의 고백에 담긴 압도감은 『존재와 시간』이라는 아이거 빙벽에 도전했던 많은 사람들이 느낀 공통적인 감정이었다. 발터 비멜이 하이데거 전기에서 쓴 대로 '『존재와 시간』은 너무도 비범하고 독특한 언어로 쓰인 것이었기에 그 시대의 사람들에게는 낯설게 여겨질 수밖에 없었다.'[74) 그러나 낯섦보다도 그 안에 담긴 사유의 힘이 더 강력했다. 프라이부르크대학 철학과 동료였던 리하르트 크로너는 『존재와 시간』을 읽은 경험을 훗날 이렇게 회고했다. "당시 학문의 세계에서 철학이 거의 독점적으로 인식론, 논리학, 윤리학 혹은 미학에 관한 강의들로 이루어졌다는 것을 고려한다면, 하이데거가 '다양한 분과로 나뉘는 것은 … 정당화될 수 없다'고 아주 대담하고 자신감 있게 선언한 것은 우리를 놀라게 한다. 하이데거가 주장한 문제는 나누어지지 않고 모든 것을 포괄하는 '존재'다. 나는 그의 작품을 숨을 죽이고 긴장하면서 읽었음을 인정한다. 나는 킬대학 세미나에서 하이데거의 저서를 사용했다. 비록 내가 하이데거 추종자는 아니었지만 나는 그의 사유의 비상한 힘과 언설 방식에 매료되지 않을 수 없었다."[75]

하이데거의 『존재와 시간』은 일반 존재론 구축이라는 목표 아래 그 토대를 닦아나가는 과감하고도 웅대한 작업이었고 또 이 작업 안에 인식론·논리학·윤리학을 건축 자재로 포함하는 것이었기에, 이 책을 앞에 두고 다른 철학 분과들을 거론하는 것이 좀스럽게 여겨졌던 것이리라. 『존재와 시간』이 내뿜는 무시무시한 힘은 하이데거와 거리를 두었던 다른 철학자들까지 이 책에 경의를 품게 만들었다. 후설 현상학에 깊은 영향을 받은 철학적 인간학의 거두 막스 셸러도 『존재와 시간』이 이룬 위업을 인정했다. 셸러는 유고로 출간된 『'존재와 시간'에 대한 소고들』에서 이 책이 "우리가 현대 독일 철학에서 소장하고 있는 가장 독창적인 작품이고 철학적 전통들로부터 가장 독립적이고 가장 자유로운 작품이며 최고의 철학 문제에 관한 가장 근원적이고 엄격한 학문적 비판서"라고 평가했다.[76]

하이데거 철학의 격렬한 비판자인 독일 철학자 위르겐 하버마스도 『존재와 시간』이 당시 철학계에 일으킨 흥분을 이렇게 묘사했다. "실제로 하이데거는 근원적인 방식으로 경쟁하던 딜타이의 해석학과 후설의 현상학을 하나로 변형·융합하고 막스 셸러의 실용주의적 동기도 수용하여 주체(주관) 철학을 역사화하며 극복할 수 있었다. 이런 사상의 새로운 단초는 하이데거가 아리스토텔레스식 형이상학의 고전적인 문제제기를 키르케고르식 실존 변증법의 전형적인 동기로 장식하는 것처럼 보이자 더욱더 충격적이었다. 지금에 와서 봐도 그런 새로운 시작은 헤겔 이래 독일 철학에 가장 깊은 단원을 형성해놓았다.”77)『존재와 시간』의 새로운 언어와 드넓은 시야는 헤겔의 철학체계 이후 독일 철학에서 보지 못한 장대한 광경이었다.

다른 한편으로 키르케고르의 실존 사유와 아리스토텔레스 이래 존재론을 결합해 더 높은 차원에서 통일한다는 하이데거의 철학적 야심은『존재와 시간』이 야스퍼스가 먼저 보여준 실존철학 분야의 저서로 이해되는 데 빌미를 주었다.『존재와 시간』의 구도를 꿰뚫어보지 못한 사람들은 이 책 전편에 새끼줄처럼 꼬여 있는 실존론과 존재론 가운데 먼저 눈에 띄는 실존론에 주목했던 것이다. 그런 실존론적 이해 속에서『존재와 시간』을 모델로 삼아 자신의 실존철학을 구축한 사람이 장-폴 사르트르였다. 사르트르의『존재와 무』(1943)는『존재와 시간』의 실존철학적 속편이라고 부를 만한 저작이다. 그러나 하이데거는 당시에나 그 뒤에나 일관되게 실존철학자라는 규정을 거부했다.『존재와 시간』은 모든 존재자를 포괄하는 일반 존재론 구축을 목표로 삼은 저작이었고 인간 현존재의 실존 분석은 그 존재론 구축의 기초로서 탐색된 것이었다.

미완성으로 남은 '존재와 시간'

그 탐색이 너무 길었던 것일까.『존재와 시간』은 애초의 약속과 달리 '시간을 전체 존재 이해의 지평으로 해석하는' 데까지 나아가지 못한 채 현존재의 존재 의미를 시간성에서 찾아내는 데서 그치고 말았다. 『존재와 시간』이 출간된 형태만으로도 지적 세계에 지진을 일으킬 정도로 큰 영향을 끼쳤다는 것은 두말할 필요가 없다. 하지만 그런 파급력과는 별도로 이 책이 미완성이었다는 사실 자체는 각별한 주목을 요구한다. 『존재와 시간』 서론에 밝힌 대로 하이데거는 이 책을 전체 2부로 완성할 계획이었다. 이 구상에 따라 제1부에서는 '현존재를 시간성으로 해석하고 시간을 존재에 대한 물음의 초월론적 지평으로 설명한다'는 잠정 목표를 세웠다. 이어 제2부에서는 제1부의 성과를 바탕에 두고 '존재론의 역사를 현상학적으로 해체하는 작업'을 시도할 예정이었다. 이 해체 작업의 대상으로 하이데거는 칸트와 데카르트와 아리스토텔레스를 꼽았다. 제2부의 해체 작업까지 완수되면 『존재와 시간』의 전체 분량은 출간된 책의 두 배에 가까운 800쪽에 이를 터였다.

하지만 시간에 쫓긴 하이데거는 제2부를 아예 시작도 하지 못하고 제1부의 제1편 '현존재의 예비적 기초 분석'과 제2편 '현존재의 시간성'만 마무리한 채 서둘러 인쇄에 들어갔다. 하이데거가 제3편 '시간과 존재'에 해당하는 내용을 집필하지 않은 것은 아니었다. 하지만 1927년 1월 제1편과 제2편이 인쇄되는 동안 결국 제3편에 해당하는 내용을 넣지 않기로 결정했다. '그때까지 진척된 이 가장 중요한 단원(제1부의 제3편)을 독자들이 이해하지 못할 것'이라는 게 하이데거가 이 부분을 빼기로 한 이유였다.[78] 그리하여 『존재와 시간』은 애초에 기획한 내용을 절반 정도밖에 채우지 못한 채 마치 가던 길이 끊기듯 갑자기 끝났다. 처음 나온 『존재와 시간』에는 '전반부'라는 말이 들어가 있었지만, 25년 뒤 1953년에 펴낸 제7판에서 이 '전반부'라는 말이 삭제됐다.[79] 제7판 머리말에서 하이데거는 이렇게 썼다. "이전의 판에 붙어 있던 '전반부'라는 표기를 삭제한다. 25년

이 지난 오늘 전반부를 새로 쓰지 않고서는 후반부를 이어나갈 수 없다."

이렇게 생략된 제1부의 제3편 '시간과 존재'야말로 하이데거의 구상 속에서 보면 '가장 중요한 단원'이 될 터였다. 왜냐하면 '현존재의 실존론적 분석'을 통해 '시간성'을 끌어낸 뒤 이 시간성을 근거로 삼아 존재 일반의 의미를 해명하는 것이 책의 목표였고 그 목표가 서술될 곳이 바로 이 제3편이었기 때문이다. 하지만 하이데거의 작업은 현존재의 존재 의미로서 시간성을 끌어낸 데서 그쳤다. 하이데거는 『존재와 시간』의 마지막 제83절에서 '현존재의 존재 전체성의 구조가 시간성으로 드러났지만 현존재의 존재 구조를 밝혀내는 일은 여전히 하나의 길에 지나지 않으며 목표는 존재 물음 일반의 마무리'라고 분명하게 밝혔다. '시간을 존재 물음의 초월론적 지평으로 설명하는 것', 바로 이 작업이 제3편 '시간과 존재'를 채울 터였지만 결국 제3편은 공백으로 남았다.

이 공백을 메우려는 시도가 없었던 것은 아니다. 하이데거는 『존재와 시간』이 발간된 1927년 여름학기 마르부르크대학 강의('현상학의 근본 문제들')에서 제3편에 해당하는 내용 일부를 강의했다. 하지만 강의 내용은 애초의 목표를 달성하지 못했고 내용도 그다지 선명하지 못했다. 『존재와 시간』은 발간된 형태로도 미완성이었고 1927년 여름학기 강의까지 포함해서 보더라도 미완이라는 성격을 벗어나지 못했다.

대다수 하이데거 연구자들은 하이데거의 기획이 『존재와 시간』에서 끝을 보지 못했을 뿐만 아니라 그 기획 자체가 무너졌다는 데 동의한다. 매쿼리는 "하이데거가 따라가고자 했던 길은 와해됐다"고 했고,[80] 푀겔러는 "기초존재론을 통해서 형이상학의 존재 이론을 그 근거로 소급하려 했던 하이데거의 시도는 좌초하고 말았다"

고 썼다.[81] 그렇다면 왜 『존재와 시간』은 가장 중요한 지점을 앞에 두고 멈추고 말았을까. 하이데거 자신이 훗날 『존재와 시간』이 중단된 이유를 모호하게나마 밝혔다. 먼저 1935년 엘리자베트 블로흐만에게 보낸 편지에서 하이데거는 이렇게 썼다. "나는 그 책(『존재와 시간』)을 차분히 들여다보면서 그 책의 문제를 지금 더 뚜렷이 알게 됐다. 나는 이 책에 놓여 있는 아주 큰 무모함을 알고 있다. 그러나 도약하기 위해서라도 아마도 사람들은 그런 '비약'을 해야 할 것이다."[82] 1962년에 쓴 「시간과 존재」에서 하이데거는 이렇게 고백했다. "저자는 그 당시에 '시간과 존재'라는 제목에서 언급된 주제들을 충분히 논의하여 해명할 만큼 성숙되지 않았다. 『존재와 시간』의 출판은 이 지점에서 중단된다."「사유의 사태로」195~196쪽 『존재와 시간』을 쓸 때에는 자신의 사유가 충분히 무르익지 못해 그 주제를 다룰 수 없었다는 고백이다. 1946에 쓴 「휴머니즘에 관한 편지」에서 하이데거는 '문제의 제3편이 보류됐던 것은 사유가 이런 전향(Kehre)을 충분히 말하기에는 턱없이 부족했고 그리하여 형이상학의 언어의 도움을 받아서는 이런 과제를 꾸려나갈 수 없었기 때문'이라고 밝혔다. 그보다 앞서 '니체 강의'에서는 『존재와 시간』이 중단될 수밖에 없었던 이유를 '주체성 강화의 위험'에서 찾았다.

"이 길은 결정적인 장소에서 중단되고 말았다. 이런 중단은 모든 노력에도 불구하고 이렇게 접어들었던 길과 시도가 자신의 의지에 반해 주체성을 다시 강화할 위험에 빠지며 그 시도 자체가 결정적인 행보를, 더 정확히 말하면 그런 행보의 충분한 서술을 본질적으로 수행하는 것을 저해한다는 사실에 근거하고 있다."「니체2」177쪽

인간중심주의를 강화할 위험

　『존재와 시간』의 기본 구도가 주체성, 다시 말해 인간중심주의를 강화할 위험이 있었기에 중단되고 말았다는 것이 하이데거의 설명이다. 『존재와 시간』에서 하이데거의 기본 구상은 '현존재를 거쳐서 존재 일반의 의미를 밝혀낸다'는 것이었다. 현존재는 '개시성'을 본질적 성격으로 삼는다. 다시 말해 현존재는 세계를 열어 밝히며 존재한다. 세계를 열어 밝힌다는 것은 다른 말로 하면 현존재가 애초부터 존재를 이해한다는 것을 뜻한다. 존재를 이해함, 곧 존재 이해는 현존재의 고유한 존재 성격이다. 현존재를 통하지 않고서는 존재를 열어 밝힐 수 없다. 다시 말해 존재를 이해할 수 없다. 존재 일반의 근본 의미를 알려면 현존재 곧 인간을 통하지 않을 수 없다. 그런데 현존재의 존재 의미는 '시간성'으로 드러난다. 따라서 이 시간성을 근거로 삼아 존재 일반의 의미를 밝혀낼 수 있다. 이것이 하이데거가 『존재와 시간』을 써 나갈 때 품고 있던 근본 구상이었다.

　『존재와 시간』의 제1부 제1편과 제2편은 바로 이 현존재를 분석해 시간성을 현존재의 존재 의미로 밝혀내는 작업이었다. 그리고 이런 성과에 토대를 두고 제3편에서 현존재의 시간성을 근거로 삼아 존재 일반의 의미를 물어 가는 작업을 할 작정이었다. 현존재만이 존재를 이해하는 존재자라면, 현존재 말고 어디서 존재 일반의 의미를 구할 수 있단 말인가. 이것이 하이데거의 생각이었다. 하지만 바로 이런 구상과 작업은 존재에 관한 모든 것을 현존재를 통해서 설명하는 것으로 귀결하게 되고, 그런 귀결은 주체성과 인간중심주의를 강화하는 방향으로 나아갈 위험을 동반할 수밖에 없다. 존재 일반의 의미가 현존재의 시간성에서 설명된다면, 모든 것은 현존재라는 '주체'의 문제로 환원될 소지가 있는 것이다.

하이데거의 애초 구상은 현존재의 실존론적 분석을 기초존재론으로 삼아 일반 존재론을 구축하는 것이었다. 하이데거는 일반 존재론이 현존재를 거쳐서 구축되기는 해도 주체 중심주의에 빠지지 않으리라고 보았다. 하지만 현존재에서 출발해 분석을 밀고 나가자, 이 분석의 궤도가 존재 자체에 이르지 못한 채 현존재에 머물고 마는 상황에 부닥친 것이다. 현존재의 시간성이 존재 일반의 근원적 시간을 형성하고 그 근원적 시간이 존재 일반의 의미를 드러낸다는 생각은 하이데거의 마음속 생각에 그쳤던 것이다. 그리하여 하이데거 내부에서 '현존재를 통하여 존재 자체로 가는 길을 여는 것이 불가능한 일 아니냐'는 의구심이 시간이 갈수록 커졌다. 결국 하이데거는 1930년을 거치면서 이른바 '전회'(Kehre)를 감행한다. 현존재의 존재에서 출발해 존재 일반을 해명하는 것이 아니라 존재 자체에서 출발해 존재 자체를 해명하는 길로 들어서게 되는 것이다.

『존재와 시간』의 이런 좌초 문제와 관련해 귄터 피갈(Günter Figal, 1949~)은 『존재와 시간』의 성립 근거가 이 책을 중단할 수밖에 없는 이유가 됐다고 설명한다.[83] 『존재와 시간』이 그토록 막강한 영향력을 품은 책으로 등장할 수 있었던 것은 바로 인간 현존재의 실존 분석에 있었다. 그 실존 분석의 뛰어남이 이 책을 철학계를 뒤흔드는 저작으로 세운 근거가 됐다. 그러나 바로 그렇게 현존재의 실존 분석에서 시작했기 때문에 하이데거는 애초에 목표로 했던 존재 일반의 의미를 해명하는 존재론의 구축으로 나아가지 못했다는 것이다. 이 문제와 관련해 매쿼리는 "현존재의 분석론에서부터 존재에 대한 일반적 물음으로 가는 직접적 통로는 없다"고 단언한다.[84]

뢰겔러는 이 좌초의 이유를 좀 더 상세히 밝힌다. "『존재와 시간』은 존재의 이론에 대한 최종적인 근거를 마련하고자 하며, 그래서 이 저작은 실존론적인 분석론일 뿐만 아니라 기초존재론이기도 하다. 이때 어떻게 실존론적인 분석론과 기초존재론이 함께 속하는지가 불투명하게 남아 있다."[85] "『존재와 시간』의 결론은 현상학적 존재론이 실존에서 발원해 나와 실존으로 되돌아 들어간다는 주제를 반복하고 있다. … 그런데 『존재와 시간』은 현존재가 기초 놓음의 역할을 떠맡아야 한다는 데 의심의 여지를 남겨놓지 않는다. 왜냐하면 현존재는 모든 존재자 중에서 존재 이해를 통해 '두드러지게 뛰어나기' 때문이다. 그래서 '실존'으로서 현존재는 모든 존재자와 분명하게 구별된다. … 확실히 인간은 모든 존재자들 중에서 그 자신이 존재 이해를 지녔다는 그 사실 때문에 특출하다. 그러나 … 그 이야기는 마치 존재 이해가 인간이라는 존재자의 소유물인 것 같은 착각을 불러일으킨다."[86]

이렇게 현존재 분석이 지닌 한계를 지적한 데 이어 푀겔러는 결정적인 지점을 가리켜 보인다. "『존재와 시간』은 그 어떤 외적인 형편 때문에 끝내지 못한 것이 아니고 이 저작의 단초가 자체 안에 실패의 필연성을 지니고 있다. 왜냐하면 『존재와 시간』의 사유는 한편으로는 존재의 진리로 향하는 도상에 있었으나, 다른 한편으로는 형이상학적인 방식으로 존재의 진리를 … 찾고 있었기 때문이다. … 그래서 『존재와 시간』은 주관주의적·인간학적으로 오해받게 됐을 뿐만 아니라, 이 저작 자체가 그 의지와는 반대로 다시 주체성의 고착화가 될 위험에 빠지게 된다."[87] 『존재와 시간』은 존재 물음의 근거를 '주체성'에서부터 확보한다는 근대 철학의 경향과 깨끗이 결별하지 못했기 때문에 실패했다는 얘기다. 존재 자체의 의미를 찾는 작업을 현존재의 실존 분석에서 시작하는 한, 존재 일반의 진리로 나아갈 수 없었다는 것이다. 푀겔러의 이런 분석은 피갈의 분석과 상통한다. 또 하이데거 자신이 나중에 밝힌 '『존재와 시간』이 미완성에 그친 이유'에 대한 설명과도 통한다. 그리하여 하이데거는 1930년대 후반에 쓴

비공개 메모 『철학에의 기여』에서 이렇게 고백한다. "위기는 시작된 물음의 방향에서 단순히 사유를 계속함으로써 제어될 수는 없으며, 존재 자체의 본질로 과감히 비약하는 것이 필요하다."[88]

『존재와 시간』의 좌초는 하이데거가 제1부 제2편의 마무리와 함께 이 책을 갑자기 중단하는 것으로 나타났지만, 그 마지막 절(83절)에 이미 어떤 머뭇거림이 감지된다는 사실도 주목할 만하다. 그 마지막 절에서 하이데거는 이렇게 쓴다.

"중요한 것은 존재론적 기초 물음을 밝혀내기 위한 길을 찾고 그 길을 가는 것이다. 그 길이 유일한 길인가 또는 도대체 올바른 길인가 아닌가 하는 것은 길을 다 가고 난 뒤에야 비로소 결정할 수 있다. 존재의 해석을 둘러싼 싸움은 중재될 수 없으니, 그것은 그 싸움이 아직 한 번도 불붙어본 적이 없기 때문이다. 결국 싸움은 '구실을 만들지' 않고는 시작되는 것이 아니고 싸움을 불붙이는 데도 이미 준비는 필요하다. 오직 이 준비를 위해서 이 탐구는 길 위에 있다. 이 탐구는 (길 위의) 어디에 서 있는가? 존재라든가 하는 것은 존재 이해 속에 개시돼 있다. 그리고 이 존재 이해는 이해로서 실존하는 현존재에 속해 있다. 존재가 비개념적일망정 앞서 개시돼 있기 때문에, 실존하는 세계-내-존재로서 현존재는 세계 내부에서 만나는 존재자에 대해, 또 실존하는 자기 자신에 대해 태도를 취할 수 있는 것이다. 존재를 개시하면서 이해한다는 것은 현존재에게는 도대체 어떻게 가능한가? 이 물음은 존재를 이해하는 현존재의 근원적인 존재 구조로 소급함으로써 이해될 수 있는가? … 시간성의 시간화 양상은 어떻게 해석해야 하는가? 근원적 시간으로부터 존재의 의미에 이르는 길이 통해 있는가? 시간 자체는 존재의 지평으로 밝혀지는가?"『존재와 시간』 437쪽

앞에서 하이데거가 스스로 자신 있게 내놓았던 대답이 여기서 다

시 물음의 형식으로 제출되고 있는 데서 이런 머뭇거림을 알아볼 수 있다. 하이데거는 이미 제2편을 마무리할 즈음에 현존재의 지평에서부터 존재 일반의 의미를 찾아내기 어렵다는 결론에 이르렀던 것인지도 모른다. 현존재의 시간성을 기반으로 해서 존재 일반의 의미와 존재 일반의 시간적 성격을 찾아낼 수 있다는 보장이 없었던 것이다. 결국 존재의 의미는 '존재 일반의 의미'로서가 아니라 '현존재의 의미'로 머물고 만 것이다.[89]

실존철학 저작으로 오해받음

더구나 푀겔러가 암시하듯이 『존재와 시간』의 이런 미완성이 이 책이 '철학적 인간학'에 관한 저작 혹은 '실존철학'에 관한 저작으로 오해받은 데 일정한 책임이 있다고 할 수 있다. 하이데거는 분명히 현존재 분석론을 기초존재론으로 삼아 존재 일반의 의미를 해명하겠다고 했지만 그 약속을 지키지 못했다. 그러다 보니 『존재와 시간』은 현존재의 실존 분석에서 더 나아가지 못했다. 그러므로 뒷날 사르트르가 『존재와 시간』을 읽고 자신의 실존철학 저서 『존재와 무』를 쓰게 된 것을 사르트르의 순진한 오독 탓이라고만은 할 수 없다. 막스 뮐러가 이야기하는 대로 "『존재와 시간』에 대한 여러 그릇된 해석도 해석하는 사람들만의 책임은 아니었다."[90]

그러나 앞서 이야기했듯이, 하이데거의 『존재와 시간』이 미완성에 그쳤고 애초의 의도가 좌초했다고 해서 이 저작이 지닌 시대적 의미까지 깎여 나가는 것은 아니다. 하이데거의 애초 구상이 너무나 거대한 것이었기에 미완성으로 남았던 것이지 처음부터 소박한 목표를 내걸고 시작했다면 이런 좌초나 실패도 일어나지 않았을 것이기 때문이다. 『존재와 시간』은 중도에 길이 끊어진 저작이었지만 그런 결함과 상관없이 그 자체로 커다란 성취로 인정받았다. 그도 그럴 것이 전례 없이 새로운 방법으로 인간의 실존을 해명했을 뿐만 아니라 비록 끝을 보지는 못했지만 존재 일반의 진리를 찾아가는 길을 뚫는 철학적 대공사를 감행했기 때문이다.

앞에서 언급한 대로 『존재와 시간』의 목표는 '존재의 의미에 대한 물음을 구체적으로 완수하는 것'이었다. 모든 존재자를 포괄하는 존재 일반의 의미를 찾아내는 것이 『존재와 시간』이 궁극적으로 겨냥하는 것이었다. 현존재의 실존 분석은 일반 존재론의 기초 다지기에 지나지 않았다. 그러므로 하이데거는 자신의 저서가 존재 일반의 의미를 밝히는 데 토대가 되는 기초존재론을 구축하는 작업으로 이해되기를 바랐다. 아마도 다른 어떤 사람보다 자신의 스승 후설에게 그런 평가를 받기를 바랐을 것이다. 『존재와 시간』의 현존재 분석은 후설의 저작과 지도를 통해 얻은 현상학을 방법론으로 삼은 것이었다. 바로 그런 이유로 하이데거는 『존재와 시간』을 "존경과 우정을 담아" 후설에게 헌정했다. 또 본문의 각주에서는 후설의 현상학에 입은 은혜를 다음과 같이 각별히 강조했다.

"다음의 연구가 '사태 자체'를 열어 밝히는 데 몇 걸음이라도 앞으로 나아갔다면, 그것은 일차적으로 에드문트 후설에게 힘입은 것이다. 필자의 프라이부르크대학 수학 시절에 후설은 세밀하게 개인 지도를 해줌으로써 그리고 미발표 연구들을 자유롭게 이용할 수 있도록 맡겨줌으로써 필자가 현상학적 탐구의 여러 분야에 친숙해지도록 해주었다." 『존재와 시간』, 38쪽

여기서 밝힌 대로 실제로 하이데거는 후설 연구실에서 후설의 출간되지 않은 원고들을 자유롭게 볼 수 있었는데, 그중에는 후설의 후기 철학으로 분류되는 생활세계에 관한 원고들도 포함돼 있었다. 그러나 『존재와 시간』의 내용에 입각해 사태를 보면, 하이데거는 후설

의 '의식의 현상학'을 한참 벗어나 자신만의 길을 가고 있었고 본문에서도 후설 현상학의 근본 전제를 에둘러 비판했다. 하이데거의 헌사에는 스승에 대한 의례적인 감사의 뜻도 포함돼 있었다고 보아야 할 것이다. 하이데거는 근본적으로 후설 현상학을 방법론으로만 받아들였지 그 핵심 영역은 결코 수용하지 않았다. 더구나 『존재와 시간』에는 후설이 일고의 가치도 없다고 보았던 생철학과 실존철학의 문제의식을 끌어안아 존재론에 통합한다는 하이데거의 구상이 명백하게 드러나 있었다.

하이데거와 후설의 결정적인 차이

두 사람의 결정적인 차이는 하이데거가 『존재와 시간』에서 분석의 기초로 삼은 '현존재'가 후설이 현상학의 거점으로 삼은 '선험적 자아'와 아주 달랐다는 데서 드러난다. 후설에게 '선험적 자아'는 모든 외부 세계를 괄호로 묶어 배제한 뒤에 남는 '순수 자아'다. 후설은 이 순수 자아로 돌아가 거기에서부터 의식에 떠오른 현상을 현상 그 자체로 포착하고자 했다. 후설 현상학이 목표로 삼은 '사태 자체로!'는 바로 그런 의미를 품고 있었다. 후설의 '사태'는 순수 의식에 떠오른 현상을 가리킨다. 하이데거도 현상학을 '사태 자체로!'라는 구호 아래서 이해했다는 점에서는 후설과 다르지 않았다.

그러나 하이데거는 '선험적 자아'로, 순수 의식으로 되돌아가는 길을 거부했다. 하이데거에게 사태 곧 현상은 현사실적 삶 자체였다. 후설의 '선험적 자아'가 괄호로 묶어 배제했던 '세계'야말로 하이데거에게는 현존재 분석의 바탕이 되는 것이었다. 현존재의 실존은 세계-내-존재이며 그것도 '다른 사람과 더불어 존재자에 몰입해 항상 이미 세계 안에 현사실적으로 있음'을 의미한다.[91] 후설의 '선험적

에드문트 후설(가운데)과 오이겐 핑크(오른쪽).
하이데거는 헌사를 달아 『존재와 시간』을 스승인 후설에게
증정했지만, 후설은 이 책을 읽고 하이데거가 근대의 위기를 자초한
인간학주의에 빠졌다며 실망감을 드러냈다. 하지만 후설은
하이데거의 혁명적인 시도를 알아보지 못했다.

자아'는 순수 의식이기 때문에 불안의 기분 같은 심정성 따위를 지니고 있을 턱이 없다. 그러나 현존재는 자신의 세계-내-존재를 염려한다. 현존재는 불안에 떨며 죽음을 향해 달려가봄으로써 자신의 가장 극단적인 가능성 안으로 진입한다. 현존재는 양심의 부름을 통해 자신을 만나게 되며 자신의 운명을 떠맡는다.[92] 후설의 선험적 자아에는 이런 기능이 전혀 없다.

후설과 하이데거의 본질적 차이는 1927년 『존재와 시간』 발간 직후에 함께 한 작업에서도 불거졌다. 그해에 후설은 『브리태니커 백과사전』에 들어갈 '현상학' 항목 집필을 맡았고 하이데거에게 작업을 함께 하자고 제안했다.[93] 그러나 두 사람의 작업은 '자아'를 어떻게 이해할 것이냐를 두고 난항을 겪었다. 후설의 자아는 선험적 자아로서 모든 현사실성이 배제된 자아였지만, 하이데거에게 자아는 현존재로서 현사실성 한복판에 있는 자아였다. 후설은 데카르트주의적인 순수 자아에 집착했다. 이 자아는 신체성을 배제한 자아였다. 몸과 몸이 접촉하는 세계가 없는 후설의 순수 자아에서는 인간의 구체적 전체성이 실종될 수밖에 없었다. 결국 하이데거는 후설에게 이런 물음을 던졌다. "순수 자아의 본질에 분명 세계도 속하는 것이 아닌가?" 후설은 하이데거의 의견을 수용하지 않았다.[94] 두 사람의 공동 작업은 스승과 제자의 화해하기 어려운 차이를 확인하는 자리가 되고 말았다. 후설은 결국 『브리태니커 백과사전』에 실릴 글을 혼자 집필했다.[95]

후설이 하이데거의 『존재와 시간』 자체에 보인 반응은 더 부정적이었다. 하이데거가 헌사를 달아 『존재와 시간』을 증정했지만 후설은 하이데거의 저작을 읽고 실망감을 뿌리칠 수 없었다. 후설이 보기에 하이데거의 작품은 결코 현상학이 아니었다.[96] 후설은 하이데거의 시도를 당시 널리 퍼져 있던 『존재와 시간』의 통속적인 해석을 따라 '실존철학'으로 간주했다. 후설이 『존재와 시간』과 2년 뒤에 나온 하이데거의 다른 저서 『칸트와 형이상학의 문제』의 여백에 써놓은 논평을 보면, 하이데거의 저작을 셸러와 딜타이가 보여준 '인간학적인 것'으로 간주했음이 드러난다. "하이데거는 … 현상학적 설명을 인간학적인 것으로 전환하거나 변형해버렸다." 이런 인간학주의 안에서 후설은 자신의 본래의 적을 보았다.[97] 그러나 인간학주의야말로 하이데거가 줄기차게 거부한 철학적 태도였다. 이 문제와 관련해 하이데거 연구자 막스 뮐러는 다음과 같이 말한다. "실존과 실존하는 인간은 존재 규명(Seinserhellung)을 위한 수단이며 장소이고 그 가능성의 근거이며 단초다. 따라서 『존재와 시간』에 나타난 실존과 인간에 대한 모든 발언은 애초부터 결코 철학적 인간학의 의미에서 의도된 것이 아니며, 보편적 존재론의 근거로 독립하려는 노력을 위한 보조적인 발언으로서만 의도된 것이다."[98]

후설 "'존재와 시간'을 현상학 테두리에 넣을 수 없다"

후설이 하이데거의 저작에 극심한 실망감을 느꼈던 것은 '하이데거가 빠져든' 인간학주의야말로 근대의 위기를 부추기는 현상이라고 보았기 때문이었다. 실존철학을 포함한 인간학주의는 주체중심주의이고 이 주체중심주의가 근대의 위기를 불러왔다는 것이 후설의 생각이었다. 후설은 이 근대의 위기를 극복하는 것을 자신의 철학적 과제로 삼고 있었다. 그런 터에 총애하던 제자가 그 위기를 부추기는 인간학주의에 빠져버렸다는 것이 후설에게는 참을 수 없는 상실과 배반으로 다가왔던 것이다. 후설은 자신이 구축한 현상학이야말로 근대의 위기를 극복할 길이라고 믿었다.

하지만 후설의 현상학이 근대의 위기를 극복할 길을 제시한다고 믿을 만한 근거는 튼튼한 편이 못 된다. 오히려 후설이 근대 위기 극복의 길로 제시한 '의식의 현상학'이 그 끝에 이르러 역설적으로 '근대 형이상학의 길'로 빠져든다고 푀겔러는 말한다. '후설의 비극은 모든 형이상학적 구성에 반대하라고 얘기한 그 자신이 종국에 가서는 다시 한번 근대의 형이상학적 체계의 길을 되밟았다는 데 있고, 더 나아가 그런 사태를 그 자신은 보지도 못했다는 데 있다.'[99] 후설의 현상학이야말로 근대의 위기를 불러온 '근대 주체성 철학'이 걸어간 바로 그 길을 따른다는 지적이다.

후설은 선험적 현상학이라는 자신의 틀을 완강하게 붙들었기 때문에 하이데거의 혁명적인 시도를 알아보지 못했다. 『존재와 시간』을 읽고 후설이 받은 실망감이 얼마나 컸는지는 1929년에 제자 로만 잉가르덴(Roman Ingarden, 1893~1970)에게 보낸 편지에서 확인할 수 있다. "나는 그 저서를 나의 현상학의 테두리에 넣을 수 없다는 결론에 이름과 동시에 애석하게도 그 저서를 방법 면에서 완전히 그리고 본질적인 점에서는 내용까지도 거절해야 한다는 결론에 이르렀다."[100] 나아가 후설은 이런 견해를 사적인 공간에서 밝히는 수준을 넘어 1931년에 발표한 강연문 「현상학과 인간학」에서 공식적으로 하이데거를 셸러와 함께 '선험적 인간학주의'라고 규정했다.[101] 하이데거를 철학적 배반자라고 선언한 셈이다. 후설이 보기에 하이데거의 태도는 후설 자신이 괄호로 묶어 일단 배제해야 한다고 했던 '자연적 태도'에 머물러 있었다. 하이데거가 현존재의 현사실성을 출발점으로 삼은 것이 후설의 눈에 인간학주의로 보였던 것이다.

그러나 앞에서 본 대로 철학적 인간학을 단호하게 거부한 사람은 다름 아닌 하이데거였다. 철학적 인간학이 주장하는 것은 '철학의 핵심 주제는 인간이다'라는 것이다. '인간이란 무엇인가'라는 물음에 대한 대답을 찾고 세계와 우주에서 인간이 차지하는 지위를 밝히는 것이야말로 철학이 해야 할 일이라고 보는 것이 철학적 인간학이다. 하이데거는 '인간이 철학의 주제다'라는 철학적 인간학의 바로 이 주장에 반대했다.[102] 하이데거가 규명하고자 하는 것은 '존재'였지 '인간' 자체는 아니었다. 인간 현존재를 분석한 것은 존재로 가는 길이 거기에 있다고 보았기 때문이다. 하이데거가 보기에 철학적 인간학의 문제는 '인간이란 무엇인가'에 관해 이미 확실한 앎을 전제하고 있다는 데 있다. '인간이란 무엇인가' 곧 인간의 본질에 대한 물음에 답을 이미 내놓고서 거기에서부터 인간을 탐구해 들어가는 것이 철학적 인간학이다. 그러나 정작 물어야 할 것은 철학적 인간학이 전제하고 있는 '인간의 본질' 자체다. 하이데거는『존재와 시간』에서 '인간의 '본질'은 실존에 있다'고 규정함으로써 기존의 모든 인간학적 본질 규정, 다시 말해 '이성적 동물'이라든가 '신의 피조물'이라든가 하는 본질 규정을 거부했다. '인간의 '본질'이 실존에 있다'는 것은 인간에게 일차적으로 주어진 것은 '실존'이며 실존을 떠나 본질을 따로 구할 수 없다는 선언이다.

마르틴 부버의 '존재와 시간' 오해

그러나 이런 하이데거의 원칙적인 태도와는 상관없이『존재와 시간』을 철학적 인간학 저작으로 이해하고 바로 그런 관점에서 그 저작을 비판하는 글들이 이어졌다. 주목할 만한 것이 철학자 마르틴 부버(Martin Buber, 1878~1965)의 비판이다. 부버는 1923년 자신의 주저『나와 너』를 출간해 철학적 인간학 분야를 대표하는 철학자 가운데 한 사람으로 떠올랐다. 부버는 그 책에서 '나-너'(Ich-Du) 짝말과 '나-그것'(Ich-Es) 짝말을 두 종류의 근원어로 제시하고, 참된 만남은 '나와 그것'의 관계가 아니라 '나와 너'의 관계에 있으며, 이 관

마르틴 부버(가운데)와 하이데거(1957)
부버는 하이데거의 『존재와 시간』을 철학적 인간학
저작으로 이해하고 비판했다. '서로 함께 있음'은 '나-너'의
관계로부터 설명될 수 있는 것이 아니라, '나-너' 관계가
'서로 함께 있음'으로부터 설명된다.

계에서만 '나'는 인격으로 나타난다고 주장했다. "'나'는 너로 인하여 '나'가 된다. '나'가 되면서 '나'는 '너'라고 말한다. 모든 참된 삶은 만남이다."[103) 여기서 짐작할 수 있듯이 『나와 너』는 인격적 만남에 주목하는 윤리적 성격이 강한 저작이었다. 부버는 하이데거의 『존재와 시간』을 읽고 자신의 철학적 원칙에 근거해 하이데거의 저작을 신랄하게 비판하는 글을 썼다. 부버의 비판은 뒤에 『인간의 문제』라는 저작으로 출간됐는데, 그 책에서 핵심이 되는 하이데거 비판 구절을 추려보면 다음과 같다.

"하이데거는 신적인 절대성에 대한 관계를 외면했을 뿐 아니라, 인간이 절대성 속에서 자기 자신이 아닌 타자를 경험하고 타자에 대한 절대성도 경험하는 그런 관계도 외면했다. 하이데거의 '현존재'는 독백적 현존재다. … 하이데거적 의미에서 '본래적' 현존재의 인간, 즉 실존의 목적인 '자아 존재'의 인간은 실제적으로 인간과 함께 사는 인간이 아니고, 현실적으로 더는 인간과 함께 살 수 없는 인간이고 자기 자신과의 관계 속에서만 현실적 삶을 인지하는 인간이다."[104)

"세계와 함께하며 성숙하는 결단력 있는 현존재는 본질적인 관계를 알지 못한다. 하이데거는 아마도 자유롭게 된 자기만이 실제로 사랑하고 우정을 다질 수 있다고 대꾸했을지도 모른다. 그러나 자기 존재가 여기서 마지막이기 때문에, 즉 현존재가 도달할 수 있는 마지막이기 때문에 사랑과 우정을 본질적인 관계로서 이해할 만한 어떤 실마리도 존재하지 않는다. … 현존재는 자기 존재 속에서 완성된다. 이것을 넘어서는 어떤 존재적 길도 하이데거에게는 주어져 있지 않다. 언젠가 포이어바흐가 그것에 대해 지적했듯이, 개별적 인간은 인간의 본질을 자신 안에 지니고 있지 않고 인간의 본질은 인간과 인간의 통일 안에 포함돼 있지만, 이것은 하이데거의 철학에서는 받아들여지지 않고 있다. 하이데거에게 개별적 인간은 자기 안에 인간의 본질을 지니고 있고 그 본질을 현존재로 가져오며, 동시에 개별적 인간은 '결단하는' 자기가 되는 것이다. 하이데거의 자기는 하나의 닫힌 체계다."[105]

부버의 비판은 하이데거가 '나와 너'의 관계를 알지 못하는 고립된 닫힌 주체라는 것에 집중돼 있다. 이것은 하이데거의 『존재와 시간』에 대한 전형적인 오해 가운데 하나라고 할 수 있다. 부버의 비판은 현존재의 존재 양상을 오해했을 뿐만 아니라 『존재와 시간』의 목표가 현존재 분석이 아니라 존재론 수립이라는 것을 이해하지 못한 비판이다. 하이데거는 『존재와 시간』이 출간된 뒤 자신의 철학 강의에서 부버 부류의 비판을 반박함으로써 『존재와 시간』의 논점을 좀더 분명히 드러냈다. 특히 1928년 겨울학기 '철학 입문' 강의에서 하이데거는 『존재와 시간』이 고립된 자아에서 출발하는 유아론(독아론)이라는 비판, 현존재의 궁극 목적을 중심에 놓은 이기주의 철학이라는 비판, 그리고 후설의 '선험적 자아'의 주관성을 탈피하지 못한 일종의 주체(주관) 철학이라는 비판을 논박했다.

하이데거가 거듭 밝히려고 한 것은 현존재가 이미 '공동세계' 안에 있으며 다른 사람과 더불어 있는 '공동존재'로서 본질적으로 '상호존재'(서로 함께 있음)로 존재한다는 것이었다. 이런 내용을 하이데거는 이미 『존재와 시간』에서 다음과 같이 분명히 밝혔다.

"현존재의 세계는 공동세계(Mitwelt)다. '안에 있음'(내-존재)은 다른 사람과 더불어 있음(공동존재, Mitsein)이다. 이런 타인들의 세계 내부적 자체 존재는 '공동현존재'(Mitdasein)다."『존재와 시간』 118쪽

"현존재의 홀로 있음마저도 세계 안에서의 '더불어 있음'(공동존재)이다. … 홀로 있음은 더불어 있음의 결여적 양태이며 그 가능성은 오히려 더불어 있음에 대한 입증이다."『존재와 시간』 120쪽

"현존재가 더불어 있음(공동존재)으로서 관계하고 있는 그 존재자는 손안의 도구와 같은 존재 양식을 지니고 있지 않다. 그 존재자도 현존재다. 이 존재자는 '고려'되지 않고 '배려'의 관계 안에 서 있다."『존재와 시간』 121쪽

"더불어 있음(공동존재)은 세계-내-존재의 실존론적 구성 요소다. … 현존재가 도대체 존재하는 한 현존재는 '서로 함께 있음'(상호존재, Miteinandersein)의 존재 양식을 지니고 있다."『존재와 시간』 125쪽

이 인용된 문장들에서 현존재가 언제나 이미 공동존재, 상호존재로 규정돼 있음이 분명히 드러나 있다. 현존재는 애초부터 다른 사람들과 더불어 있는 가운데 현존재로 있는 것이다. 하지만『존재와 시간』의 '공동존재' 설명이 너무 압축적인 데다 얼른 이해되지 않는 언어로 서술돼 있었기 때문에 하이데거는 자신의 강의에서 좀 더 알아듣기 쉬운 표현으로 사태를 명료하게 보여주려고 했다.

현존재의 존재 양식에 관한 하이데거의 해명을 따라잡으려면, 먼저 일반 사물과 현존재의 차이에 주목해야 한다. 나란히 놓인 돌은 나란히 있는 사람과 결코 같은 방식으로 있는 것이 아니다. 돌은 옆에 있는 돌과 '공동으로 존재하는' 것이 아니다. 현존재만이 다른 현존재와 더불어 공동으로 존재한다. 이때 현존재와 공동으로 존재하는 다른 현존재를 '공동현존재'(Mitdasein)이라고 부른다. 다른 현존재를 공동현존재라고 부르는 것은 그 다른 현존재가 '공동으로 존재하는 현존재'라는 사실만 가리키는 것은 아니다. 하이데거가 인간을 현존재(Dasein)이라고 부르는 것은 인간이 현-존재(Da-sein)이기 때문이다. 다시 말해 '현(Da)으로 존재함(sein)'이기 때문이다. '현'으로 존재한다는 것은 세계와 자기 자신을 열어 밝히는 그 열어 밝힘, 개시성으로 존재한다는 것을 말한다. '현'은 '열려 밝혀져 있음'(개시성)을 가리키고 '열려 밝혀진 권역'을 뜻한다. 그러므로 현존재

는 세계를 열어 밝히면서 그 열려 밝혀진 세계의 권역으로 존재하는 자다.

공동현존재란 다른 현존재를 부르는 말임과 동시에 바로 이렇게 열려 밝혀진 세계의 권역을 자기 주위의 현존재와 '공동으로 나눔'을 뜻한다. 그러므로 공동현존재란 현존재의 열려 밝혀진 권역을 함께 나누는 자다. 쉽게 말해서 나와 함께 나의 개시성을 공유하는 현존재가 바로 다른 현존재 곧 공동현존재다. 공동현존재는 다른 현존재를 가리키는 말이지만, 이 말에는 현존재란 언제나 이미 다른 공동현존재와 함께 '개시된 세계'를 공유한다는 사실이 포함돼 있다. 이렇게 '개시된 세계의 권역'을 함께 나눔으로써 공동현존재는 공동-세계-내-존재, 다시 말해 공동으로-세계-안에-있음이 된다. 이런 공동-세계-내-존재로서 현존재는 다른 현존재와 함께 '세계 내부 존재자' 곁에 있게 된다. 세계 내부 존재자 곁에 있음은 언제나 공동 존재(더불어 있음, 함께 있음)를 전제한다. 이렇게 세계 내부 존재자 곁에 공동으로 있음을 하이데거는 '서로 함께함'(Miteinander), 서로 함께 있음(Miteinandersein)이라고 부른다.

세계 내부 존재자 곁에 있다는 것은 현존재가 자기 내부에 머물러 있다가 자기 바깥으로 나가 이 존재자를 만난다는 뜻이 아니다. 현존재는 '세계-내-존재'이기 때문에 언제나 이미 자기로부터 벗어나 바깥에 나가 있다. 다시 말해 언제나 이미 세계 내부 존재자 곁에 있다. 그런데 이렇게 자기 바깥으로 나가 있다는 것은 현존재가 내부의 자기를 비워 두고 바깥으로 나갔다는 뜻이 아니다. 현존재는 자기 바깥에 있으면서 동시에 자기 내부를 떠나지 않는다. 현존재는 언제나 자기 안에 머물러 있는 채로 자기 바깥으로 나가 있다. 현존재의 마음이 세계를 열어 밝히므로 현존재는 마음으로 있음과 동시에 그 마음이 열어 밝힌 세계 안에 있는 것이다. 전통적인 의식 철학은 현존재가 먼저 의식 안에 머물러 있다가 외부의 존재자를 만나려고 자기 바깥으로 나간다고 생각했다. 하이데거는 이런 발상을 거부한다. 현존재는 안에 머물러 있다가 존재자를 만나려고 비로소 바깥으로 나가는 그런 행위를 할 필요가 없다. 현존재는 현존재로 있는 한 언제나 바깥에 있기 때문이다.

"현존재가 자기 곁에(bei sich) 머물러 있는 양식과 방식은 현존재가 자기 곁에 존재하면서도 본질적으로 밖으로 나가 있는 양식과 방식을 통해서 본질적으로 함께 규정된다."『철학 입문』 143쪽

현존재는 밖으로 나가 있으면서 자기 자신으로 있다.

그러므로 현존재와 현존재는 돌과 돌처럼 그저 나란히 있는 것이 아니라, 각자가 본질적으로 밖으로 나가 있는 자로서 이미 다른 현존재의 열린 세계 안에 들어서 있다. 현존재와 현존재는 '현-존재'로서 다시 말해 '세계를 열어 밝히고 존재자들을 개방하는 존재자'로서 '공동의 열린 권역' 안에 필연적으로 머무르고 있다. 현존재는 다른 현존재와 함께 세계를 공유하고 있는 것이다. 그런데 현존재의 이런 '더불어 있음'(공동존재)은 다른 현존재가 현실적으로 옆에 없을 때에도 성립한다. 현존재는 이미 이웃(Nachbarschaft)의 범위를 가능성으로 동반하고 있다. 반면에 두 개의 돌은 서로 이웃이 될 수 없다. 현존재는 현-존재로서, 다시 말해 세계와 자기를 열어 밝히는 존재자로서 언제나 다른 현존재와 공동존재를 구성하고 있는 것이다. 현존재가 존재한다는 것은 이미 다른 현존재 곧 타자와 이웃이 공동으로 존재한다는 것을 전제한다. 여기서 현존재를 고립된 주체로 이해하는 '유아론'(독아론)이 들어설 여지는 사라진다.

현존재는 '공동존재'다

다시 한번 요약하자면, 현존재의 세계는 다른 현존재와 함께하는 '공동세계'(Mitwelt)이며 현존재의 존재는 다른 현존재와 함께 있는 '공동존재'(Mitsein)다. 이 공동존재로서 현존재는 다른 현존재와 함께 '공동현존재'(Mitdasein)로서 존재한다. 다시 말해 '열려 밝혀져 있음'(개시성)을 함께 나누는 현존재로서 존재한다. 현존재는 세계를 열어 밝히기 때문에 세계 내부 존재자를 개방하고 발견한다. 현존재와 현존재는 공동현존재로서 세계 내부 존재자 곁에서 이 존재자를 함께 발견한다. 이렇게 세계 내부 존재자를 함께 발견함이 바로 '서로 함께 있음'(상호존재, Miteinandersein)이다. 이런 현존재의 존재 성격을 보면 현존재는 애초에 고립된 유아론적 주체일 수가 없다. 하이데거의 현존재와 달리, 데카르트에게서 발견되는 전통적인 주체에게는 '이미 자기 바깥으로 나가 세계 내부 존재자 곁에 있음'이라는 규정이 빠져 있다. 외부 존재자와는 아무 관련도 없이 고립된 주체로서 존재하다가 추후에 자기 밖으로 나가 존재자를 만나는 것이 데카르트의 주체다.

이런 데카르트적 주체는 후설의 '선험적 자아'에서도 발견된다. 후설의 선험적 자아는 '지향성'을 핵심 기능으로 하는 자아다. 후설 현상학의 거점인 지향성이란 의식의 근본 태도를 가리킨다. 의식은 언제나 지향적 의식이다. 다시 말해서, 의식의 인식함(Noein, 노에인)은 언제나 인식 대상(Noema, 노에마)을 향한 인식함이다. 우리의 의식은 언제나 어떤 대상을 향해 있는 의식이라는 얘기다. 대상을 향하지 않는 순수 의식이라는 것은 없다. 언제나 의식할 때면 우리의 의식은 대상을 향해 있다. 이 '향해 있음'이 바로 지향성(Intentionalität)이다. 그러나 이 지향성도 일단은 의식 내부에서 일어나는 일이다.

후설 현상학이 지향성이라는 다리를 놓아 의식 내부와 의식 외부를 연결하고는 있지만, 그 바탕에서부터 보면 의식 내부와 의식 외부를 갈라놓고 나중에 둘을 연결하는 데카르트식 고립된 주관을 넘어서지 못한다. 하이데거는 후설의 의식 주체를 '조각난 주체' (Rumpfsubjekt)라고 부른다. 외부 세계와 단절된 고립된 주체라는 얘기다. 이런 식의 '조각난 주체' 곧 고립된 주체를 상정하면 이 주체가 어떻게 다른 주체와 만나는가 하는 것이 난제로 등장할 수밖에 없다. 그리하여 이 문제를 푸느라고 두 주체가 어떻게 서로 합치 (Zusammenkommen)에 이르며 의사소통(Kommunikation)을 이루는가 하는 문제로 골치를 썩이게 된다. 두 주체가 애초에 따로 떨어져 있는 고립된 주체로 설정돼 있기 때문에 그 두 주체가 어떻게 서로 만나 통하느냐 하는 문제가 화급히 해결해야 할 문제로 떠오르는 것이다. 하이데거의 현존재에서는 이런 문제가 생겨날 이유가 없다. 왜냐하면 현존재는 이미 세계 안에 들어서 있을 뿐만 아니라 다른 현존재와 공동존재를 이루고 있고, 공동현존재로서 개시된 세계를 함께 나누고 있으며, 공동의 관심사를 앞에 놓고 '서로 함께 있음'(상호존재)을 구성하고 있기 때문이다. 애초부터 이 공동성이 현존재의 존재를 이루고 있는 것이다.

하이데거는 '철학 입문' 강의에서 부버가 말하는 '나와 너'를 직접 겨냥한다. 부버의 '나와 너'는 '나-주체'와 '너-주체'의 만남을 가리키는 말이다. 그러나 '나-주체'와 '너-주체'를 따로 설정하게 되면 두 주체가 어떻게 서로 만나느냐 하는 문제가 역시 풀어야 할 문제로 다가오게 된다. 사람들은 이런 경우에 보통 나-주체와 너-주체가 만나는 방식을 '감정이입'(Einfühlung)에서 찾는다. 한 주체가 감정이입이라는 방식으로 자신의 창문을 열고 나가 다른 주체 속으로 들어간다는 것이다.

"그러나 서로 함께함이 '감정이입'의 문제가 되는 한, 서로 함께함은 현존재의 본질 자체에 이미 속하며 이 현존재 자체가 이미 '곁에 있음'이라는 결정적인 통찰을 얻지 못한다."『철학 입문』146쪽

감정이입으로 두 주체의 만남과 소통을 설명하는 방식을 따라서는 더 근본적인 차원을 볼 수 없다는 얘기다. 현존재와 현존재는 감정이입으로 소통하기 이전에 이미 공동존재로서 사물 곁에 있으면서 '서로 함께함'(Miteinander)을 구성하고 있다. 그렇기 때문에 공동존재를 바탕에 두고서 감정이입이라는 방식으로 서로 통할 수도 있는 것이다. 현존재는 '세계 내부 존재자 곁에 서로 함께 있음'이라는 본질에서부터 파악돼야 하는 것이다. 바로 이 공동존재로서 인간이 공동체를 이룬다.

라이프니츠의 단자와 하이데거의 현존재

'철학 입문' 강의에서 하이데거는 라이프니츠(Gottfried Wilhelm Leibniz, 1646~1716)의 '단자론'(모나드론)을 빌려 현존재의 공동존재(더불어 있음)와 상호존재(서로 함께 있음)를 설명하기도 한다. 하이데거는 먼저 '서로 함께 있음의 문제가 주체와 주체의 관계에 대한 물음이 아니라 주체 자체의 본질 규정에 속하는 문제임'『철학 입문』148쪽을 강조한다. 후설 철학에 이르기까지 전통 철학에서는 현존재의 '서로 함께 있음'을 주체와 주체가 만나는 문제로 보았다. 하지만 하이데거는 서로 함께 있음을 '주체' 곧 현존재 자체의 본질 규정에 속하는 문제로 본다. 이것이 하이데거 철학의 획기적인 면모다. 주체가 따로 있고 차후에 주체가 다른 주체를 만나는 것이 아니라 이미 '주체' 곧 현존재 안에 다른 주체, 다른 현존재와 함께 있음이 본질로 속해 있다는 것이다. 전통 철학에서는 공동체나 공동존재의 문제는 주

라이프니츠 초상(크리스토프 베른하르트 프랑케, 1695).
하이데거는 라이프니츠의 '단자론'을 빌려 현존재의
공동존재(더불어 있음)와 상호존재(서로 함께 있음)를 설명했다.
라이프니츠의 단자는 하이데거가 말하는 현존재와 닮았다.
이미 자기 안에 전체를 품고 있다는 점에서 그렇다.

로 윤리학에서 다루었다. 하지만 하이데거의 현존재에 이르면 상황이 아주 달라진다. 현존재의 본질에 공동존재와 상호존재가 들어 있으므로 공동체의 문제는 '현존재의 형이상학의 문제' 곧 현존재의 존재론 문제가 되는 것이다. 이렇게 윤리학의 문제를 존재론의 문제로 제시하는 데서 하이데거 철학의 근본적인 방향 전환을 찾아볼 수 있다.

그런데 하이데거 이전에 공동체 문제 혹은 공동존재 문제를 '주체의 형이상학의 문제'로 내놓은 사람이 라이프니츠였다. 라이프니츠는 '주체의 상호 교통(Verkehr)'을 단자론에서 처음으로 형이상학적인 물음으로서 제출했다.[106] 하이데거는 라이프니츠의 단자론이 전통적인 주체 개념을 극복하지 못하고 전통적인 주체 개념을 전제로 삼아 논의를 펼치고 있다는 점을 그 이론의 한계로 먼저 지적한다. 하지만 단자론에는 그런 한계를 무색하게 하는 새로운 성취가 있다.

「단자론」에서 라이프니츠는 단자의 형이상학적 성격을 설명하는 작업을 '실체'라는 전통 개념에서부터 시작한다. 실체란 자립적이고 지속적이며 자기동일성을 지닌 것을 가리키는 말이다. 라이프니츠는 이 실체를 단자(Monad, 모나드)라고 부른다. 모나드는 그리스어 모나스(monas)에서 나온 말이다. 모나스는 단순한 것이며 단일한 것이고 개별적인 것이다. 다시 말해 '기체'로서 스스로 존재하는 것이 바로 모나스 곧 단자다. 기체는 그리스어로는 '히포케이메논'(ὑποκείμενον)이라고 하고 라틴어로는 '수브엑툼'(subjectum)이라고 한다. 둘 다 '바탕에 놓여 있는 것' 다시 말해 자기동일성을 지닌 채 지속적으로 존재하는 것을 뜻한다. 기체는 한편으로는 '실체'이면서 다른 한편으로는 '주체'다. 실체가 곧 주체다. 그러므로 단자는 실체이자 주체이다.

이 단자의 범례로 꼽을 수 있는 것이 인간의 영혼이다. 인간의 영혼은 자립하고 지속하는 자기동일적 실체이자 스스로 행위하는 주체이기도 하다. 라이프니츠는 인간뿐만 아니라 모든 실체에 이런 영혼이 들어 있다고 본다. 그러므로 실체 곧 단자는 힘·충동·지향·욕구를 지니고 있으며, 우리 인간이 외부의 사물을 의식 속에 표상하듯이 자기 바깥의 것들을 표상하는 능력도 지니고 있다. 이 표상 능력으로 모든 단자는 존재자 전체를 반영한다. 그러나 단자라고 해서 모두 같은 능력을 지니고 있는 것은 아니다. 인간의 영혼, 동물의 영혼, 식물의 영혼, 돌의 영혼은 각기 등급이 다르다. 다시 말해 '깨어 있음'의 정도가 다르다. 이렇게 깨어 있음의 정도가 다름에 따라 단자들은 각각 다른 수준으로 외부 존재자를 반영한다. 인간이 존재자 전체를 반영하는 수준은 신의 수준에는 미치지 못하겠지만 동식물이나 무생물의 반영 수준보다는 높다. 한마디로 말해 단자는 '표상하고 반영함'이라는 본질적 특성을 지닌 것으로서 '살아있는 거울'(speculum vitale)이라고 할 수 있다.[107]

모든 단자는 각각 특정한 관점에서 우주 전체를 거울처럼 반영하고 표상한다. 그래서 각각의 단자는 우주 전체를 자기 안에 포함한다. 불교 사상에서 인드라망의 구슬들이 각각 우주 전체를 반영하는 것과 같은 구조다. 단자는 자기 안에 우주 전체를 품고 있다. 단자들은 본질적 능력에 따라 이미 우주 전체를 자기 안에 표상하여 간직하고 있기 때문에 외부를 인식하여 받아들이는 절차가 따로 필요하지 않다. 그 본질에는 어떤 외적인 수용성이 없다. "단자들은 창문을 가지고 있지 않다."『철학 입문』, 150쪽[108] 왜냐하면 우주 전체를 이미 자기 안에서 표상하고 있어서 따로 외부에서부터 무언가를 받아들일 필요가 없기 때문이다. "그것들은 모든 것을 자신 안에 가지고 있고, 단적으로 닫혀 있으며 열려 있지 않기 때문에 아무것도 필요로 하지 않는다."『철학 입문』, 150쪽 이미 처음부터 우주 전체를 자기 안에 품고 있으므로 자기 바깥으로 나갈 필요가 없고 그러므로 창문도 없는 것이다. 다른 현존재와 소통하려고 '감정이입'이라는 창문을 열 필요가 없는 것이다. 단자는 외부의 모든 것을 자기 안에 이미 품고 있다. 이것이 라이프니츠가 말하는 단자의 특성이다.

라이프니츠의 단자는 하이데거가 말하는 현존재와 닮았다. 이미 자기 안에 우주를 품었기 때문에 따로 창을 열어 둘 필요가 없다는 점에서 그렇다. 그러나 동시에 둘 사이에 본질적인 차이가 있는 것도 분명하다. 하이데거의 현존재에게 창문이 없는 것은 현존재가 라이프니츠의 단자처럼 바깥으로 나갈 필요가 없기 때문이 아니라, 근본적으로 이미 바깥으로 나가 있기 때문이다. 현존재는 이미 전체를 품고 있음과 동시에 전체를 향해 바깥으로 나가 있는 것이다. 달리 말하면 현존재의 마음은 세계를 열어 밝히고 그렇게 열린 세계 안에 현존재는 존재한다. 이것이 하이데거가 말하는 현존재의 고유한 특성이다. 현존재는 세계를 열어 밝히기 때문에 모든 것을 자기 안에 품으면서 동시에 '세계-안에-있기' 때문에 이미 자기 바깥에 나가 있는 것이다. 다시 말해 하이데거의 현존재는 안과 밖이 나뉘기 이전에 안과 밖 전체로서 존재한다. 주체와 객체로 나뉘기 전에 주체와 객체를 포함하는 전체로서 현존재는 존재하는 것이다. 이렇게 주-객의 나뉨 이전에 세계-내-존재로서 존재함을 전제로 한 상태에서, 개별적인 사물 인식이 문제가 될 때 추후에 현존재가 객체를 인식하는 주체로서 드러나는 것이다.

하이데거가 말하는 현존재에는 언제나 이미 '공동세계', '공동존재' '상호존재'가 함께한다. 그 상호존재, 곧 공통의 관심사 곁에 '서로 함께 있음'을 존재론적 바탕으로 하여 공동체가 성립한다. "'복수의 나'(Iche)의 공동체가 비로소 서로 함께함을 구성하는 것이 아니다."『철학 입문』 151쪽 우리는 흔히 여럿이 모여 공동체를 이루고 이 공동체에 기반을 두고 '서로 함께 있음' 다시 말해 '공동의 관심사를 함께 나눔'이 성립한다고 생각한다. 그러나 사태 자체를 들여다보면 사정은 정반대다. 우리가 이미 본질적으로 공통의 관심사와 더불어 서로 함께 있기 때문에 그 바탕 위에서 공동체가 성립할 수 있는 것이다.

마찬가지로 '서로 함께 있음'은 나-너 관계로부터 설명될 수 있는 것이 아니다. 오히려 반대로 나-너 관계가 '서로 함께 있음'으로부터 설명된다. 우리의 개별 현존재가 이미 '서로 함께 있음'이기 때문에 그 안에서 나-너 관계가 성립할 수 있는 것이다. 만약에 나-너 관계가 먼저라면 우리는 나-너의 관계를 설명하기 위해 '나'와 '너'가 어떻게 만나는지 어떻게 소통하는지를 먼저 규명해야 한다. 그럴 경우에 '감정이입'이라는 다리가 설정돼야 하고, '나'가 문을 열고 뛰쳐나가 '너'의 문을 열고 들어가야 한다. 그러나 나는 이미 바깥에 있기 때문에 뛰쳐나올 필요가 없고 뛰어들 필요가 없다. 감정이입이라는 다리가 있어야만 너에게로 갈 수 있는 것이 아니다. 물론 현실에서는 감정이입을 통해 '너'를 더 잘 이해할 수 있다. 그러나 감정이입은 어디까지나 이차적이다. 다시 말해 감정이입이라는 다리가 있어서 처음으로 너에게로 갈 수 있는 것이 아니라, 나의 존재에 이미 너와 함께하는 공동존재가 있기 때문에 감정이입이라는 이해 방식이 성립할 수 있는 것이다. 나는 '고립된 나'여서 차후에 다른 '고립된 너'를 만나는 것이 아니다. 인간은 공동존재라는 방식으로 이미 전체로서 있는 것이다. 그러므로 하이데거의 현존재를 유아론이라는 화살로 쏘아대는 것으로는 과녁을 맞힐 수가 없다.

현존재, '자기애에 갇힌 존재자'?

나아가 『존재와 시간』에서 하이데거의 현존재가 세계의 유의미성을 구성하는 궁극 목적으로 설정된다는 점 때문에 '자기애에 갇힌 존재자' 아니냐는 비판도 나오지만, 이런 비판도 사태를 바로 보면 성립할 수 없다. 하이데거는 이 문제를 1929년 후설 탄생 70돌을 기념해 쓴 논문 「근거의 본질에 관하여」에서 살폈다. 이 글에서 하이데거는 현존재가 자기 자신을 궁극 목적으로 삼아 실존한다는 명제는 현사실적인 인간의 맹목적인 자기애를 전혀 포함하지 않는다고 단언한다. 그 명제가 유아론적 고립을 이야기하는 것이 아니듯 현존재의 이기적인 자기애를 이야기하는 것도 아님은 분명하다. 그러므로 '현실에서 많은 인간들이 타인을 위해 자기를 희생하지 않느냐'고 반문한다고 해서 하이데거의 명제가 반박되는 것은 아니다. 또 '현존재가 자기 자신의 이익만 생각하며 살지 않고 공동체를 생각하며 살지 않느냐'는 반문으로도 이 명제는 반박되지 않는다. 현존재가 자기 자신을 궁극 목적으로 하여 존재한다는 것은 이기심이나 자기애를 이야기하는 것이 아니라, 현존재가 본디 자기로 존재함을 뜻하는 것이기 때문이다. 내가 나–자기로 있기 때문에만 너–자기와 만나는 것이다. 우리는 항상 이미 공동존재이면서 동시에 자기 존재이다. 자기로 있으면서 우리는 함께 있는 것이다. 다시 말해 자기로 있음을 벗어나서 현존재는 공동존재나 상호존재로 있는 것이 아니다. 이때 자기로 있음은 고립된 나로 있음이 아니라 '공동존재로서 자기로 있음'을 뜻한다. 내가 아무리 공동존재라고 하더라도 자기가 아닐 수는 없기 때문이다.

"자기성은 항상 단지 너 안에서만 개시되는 '나로 존재함'의 가능성에 대한 전제다." 「근거의 본질에 관하여」 「이정표2」 71쪽 현존재의 자기성과 함께 공동존재도 가능하다는 얘기다. 현존재로 서 내가 존재하지 않는다면, 세계도 사라질 것이고 그렇게 되면 공동 세계도 공동존재도 사라질 것이다. 그렇게 되면 이기주의니 이타주 의니 하는 것도 애초에 성립할 수 없게 된다. 그러므로 자기를 궁극 목적으로 한다는 것은 이기주의나 자기중심주의의 표현이 아니라 현존재의 근원적인 실존을 가리킨다고 할 수 있다. 이 자기성이라는 바탕 위에서 공동세계도 공동존재도 가능한 것이다. 그리고 바로 이 런 자기성 위에서 이기주의나 이타주의도 성립하게 되는 것이다. 자 기성이 있지 않고서는, 다시 말해 현존재가 실존하면서 자기로 있지 않고서는 이기주의적 태도나 이타주의적 태도도 나올 수 없기 때문 이다. 요컨대 하이데거의 현존재는 동근원적으로 자기존재임과 동 시에 공동존재다.

물론 하이데거의 이 대목, '현존재가 궁극 목적이다'라는 대목이 자칫 잘못하면 자기중심주의로 읽힐 소지가 있는 것은 사실이다. 그 래서 나중에 『철학에의 기여』에서 하이데거는 『존재와 시간』이 최소 한 부분적으로나마 "인간학적이고 주관주의적이며 개인주의적인" 접근을 보여주었다고 고백했다.[109] 그러나 그렇다고 해서 하이데거 가 '궁극 목적으로 삼은 자기'가 유아론적 주체나 이기적인 자아를 뜻한다고 볼 수는 없다. 하이데거가 말하는 그 자기는 현존재의 실존 과 다른 것이 아니다. 이 현존재는 죽음을 향해 앞질러 달려가봄으로 써 본래적인 결단성에 이르는데, 그렇게 결단한 현존재는 편협한 세 인-자기를 넘어 본래적인 자기가 된다. 이 본래적인 자기는 이기심 에 물든 세인-자기를 초월하는 자기라고 보아야 할 것이다.

다시 공동체 문제로 돌아가보자. 분명한 것은 공동체를 전제로 해 서 '서로 함께 있음'이 가능한 것이 아니라 '서로 함께 있음'에서부 터 공동체가 성립한다는 사실이다. 다시 말해 '세계 내부 존재자 곁

바이마르 국립극장 앞의 괴테와 실러 동상.
하이데거는 괴테와 실러의 우정을 사례로 들어
공동체 문제를 사유했다. 현존재에는 언제나 공동세계,
공동존재, 상호존재가 함께한다.

에 있음' 곧 공통의 관심사 곁에 있음이 '서로 함께 있음'의 본질적 계기다. 그리고 여기서 공동체가 성립할 가능성이 나온다. 하이데거는 괴테와 실러의 우정을 사례로 든다.

"참되고 위대한 우정은 하나의 '나'와 하나의 '너'가 나-너 관련 속에서 서로 감정적으로 마주보고 마음의 사소한 괴로움에 대해 대화함을 통해서 생기지도 유지되지도 않으며, 오히려 공유된 사태에 대한 참된 열정에서 일깨워지고 굳건해진다."「철학 입문」 153쪽

우리는 보통 우정이라는 것은 서로 마음을 터놓고 이야기하면서 상대의 고통과 기쁨을 함께하는 데서 생겨나고 커 간다고 생각한다. 그러나 하이데거는 이런 것들을 이차적인 것이라고 이야기한다. 참된 우정은 우선 사태를 공유하고 그 사태에 대한 열정을 함께 품음으로써 형성되는 것이다. 그렇게 사태를 공유하고 열정을 함께 품으려면 서로 연결된 가운데 각자 자신의 일을 해 나가는 것이 필요하다. 그런 경우를 괴테와 실러 사이 우정이 보여주었다고 하이데거는 말한다. 괴테와 실러는 공동의 문제의식 속에서 서로 독려하면서 각기 따로 자신들의 작품을 써나갔는데, 이렇게 각자가 자기 일을 하면서도 공동의 목표를 향해 함께 나아가는 것이야말로 참된 우정의 공동체를 만들어낼 수 있다는 얘기다.

나아가 하이데거는 이런 참된 우정이 일방적으로 한쪽이 다른 한쪽을 뒤따라가거나 양쪽이 동일한 일에 함몰되기만 해서는 성립할 수 없음도 강조한다. 마찬가지로 아무것도 공유하지 않은 채 각자 자기 일에만 몰두하는 데서도 참된 우정은 자랄 수 없다. 하이데거의 이런 설명에서 젊은 날 야스퍼스와 함께 꾸리려 했던 '투쟁 공동체'를 떠올려보는 것도 가능하다. 기존 철학의 고리타분함에 맞서 싸운다는 공동의 생각이 두 사람을 묶어주었던 것이다. 그러나 하이데거의 사유가 깊어지고 야스퍼스를 앞질러 나아가면서 이 우정은 근저

에서 흔들릴 수밖에 없었다.

하버마스의 하이데거 비판은 정당한가

하이데거의『존재와 시간』은 이렇게 근원적으로 유아론을 부정하고 있으며 현존재가 자신의 존재에서 근원적으로 '공동존재'임을 입증한다. 그런데도『존재와 시간』은 유아론적 저작이라는 의심을 받았고 후설의 '선험적 자아'를 넘어서지 못했다는 비판을 받았다. 그런 관점에서 하이데거를 비판한 사람 중에는 프랑크푸르트학파의 2세대 좌장이라 할 위르겐 하버마스도 있다. 하버마스는『현대성의 철학적 담론』에서 한 챕터를 할애해 하이데거 철학을 비판했다. 요약하자면『존재와 시간』의 현존재 분석을 유아론 자체라고 단정할 수는 없지만 현존재가 유아론적 주관주의에 기울어져 있다는 것은 부인할 수 없다는 것이다.

하버마스는『존재와 시간』에서 공동존재가 세계-내-존재의 구성요소로 소개된 것을 한편으로는 인정한다. 그러나 전체로 보면 하이데거가 '상호주관성의 우위'에 미치지 못하거나 그런 우위를 파악하지 못했으며, 그렇게 된 것은 '후설 현상학의 유아론에 인질로 잡혀 있기 때문'이라고 말한다.[110] "『존재와 시간』에서 하이데거가 구성하고 있는 상호주관성은 후설이『데카르트적 성찰』에서 구성하고 있는 것과 다를 바 없다."[111] 후설의 경우에 '선험적 자아'가 먼저 있고 이 선험적 자아가 상호주관성의 세계, 곧 나와 타자가 공유하는 세계를 구성하듯이, 똑같은 방식으로 하이데거도 현존재를 먼저 상정한 뒤에 추후로 이 현존재가 '공동존재'를 구성한다고 본다는 것이다. 요컨대 하이데거의 현존재가 후설의 유아론적 주관성을 탈피하지 못했고, 그래서 하이데거의 현존재가 공동존재를 구성한다고는 해도 그 공동존재는 현존재의 주관성의 틀을 벗어나지 못한다는 비판이다. 하이데거가 아무리 다른 현존재와 함께하는 공동존재를 강조해도 원천적으로 후설의 유아론에 사로잡힌 현존재인 이상, 주관주의의 막다른 골목길에서 빠져나갈 수 없다는 주장이다.

하이데거의 『존재와 시간』이 구성상 주관주의 경향과 완전히 단절하지 못했다는 지적이라면, 하버마스의 비판에 수긍할 만한 지점이 없는 것은 아니다. 하이데거 자신도 훗날 『존재와 시간』이 이렇게 이해될 가능성을 떨쳐버리지 못했다고 인정했다. 하지만 하이데거가 그런 경향의 가능성 수준을 넘어 실제로 데카르트-후설의 유아론에 인질로 잡혀 있다고 본다면 그것은 과도한 비판이라고 할 수밖에 없다. 큰 틀에서 볼 때 하이데거의 분석이 현존재에서 시작한다는 점에서 주관성 혹은 주체성의 구도에서 철저히 해방되지 못했다는 지적은 성립할 수 있어도, 현존재에서 출발한다는 이유를 앞세워 하이데거 사유가 유아론의 인질이 됐다고 보는 것은 비약이다.

그런 점을 고려하면 하버마스의 하이데거 비판은 하버마스가 자신의 '상호주관성 이론의 우월함'을 강조하려고 논리적 비약을 감수하고 하이데거의 현존재를 유아론의 틀 안에 억지로 욱여넣은 것이라는 반박을 피하기 어렵다. 앞에서 본 대로 하이데거의 현존재는 자기세계와 함께 공동세계를 열어 밝힌다. 자기세계가 먼저 있고 그 다음에 공동세계가 성립하는 것이 아니다. 하이데거는 나아가 현존재가 다른 현존재의 존재 없이는 현존재로 존재할 수 없다는 점도 분명히 밝힌다. 그러므로 공동세계를 근거로 하여 하버마스가 말하는 '상호주관성'이나 '의사소통'도 가능해지는 것이다. 하버마스의 상호주관성과 의사소통이야말로 하이데거의 현존재 분석이 보여준 공동세계와 공동존재에서부터 구축된다고 보아야 할 것이다.

하버마스는 이 글에서 하이데거가 니체와 함께 근대 이성의 뿌리를 공격하는 비판을 감행함으로써 근대 이성이 이루어낸 합리성을 벗어던지는 길을 택했다는 비판도 한다. 그러나 하버마스의 주장은 하이데거를 부정하려는 생각에 사로잡힌 탓에 균형감각을 잃었다는 역비판에 직면할 수밖에 없다. 하이데거의 철학적 작업은 하버마스의 프랑크푸르트학파 선배인 아도르노와 호르크하이머가 『계몽의 변증법』에서 했던 작업과 크게 다르지 않은 방식으로 근대성의 성취와 폐해를 검토한다고[112] 보는 쪽이 더 공정할 것이다. 하버마스의 하이데거 비판은 단단하지 못한 근거 위에 서 있다. 하이데거 철학에 대한 이런 편협하고 조급한 비판이 널리 퍼져 있음을 생각하면, 다음과 같은 권고 곧 '『존재와 시간』을 비판하려면 최소한 『존재와 시간』이 이룬 사상의 수준을 따라잡아야 한다'는 권고는[113] 경청할 만하다.

하이데거 제자 가다머는 "하이데거에 대해 그동안 많은 비판이 나왔지만, 그렇게 비판하는 사람들은 하이데거와 직접 토론하면 자신들의 사유 수준이 얼마나 보잘것없는지 곧 깨닫게 될 것"이라고 말한 바 있다.[114] 하이데거 비판이 비판으로서 파괴력을 지니려면 하이데거가 이룬 사유의 높이를 충분히 탐색한 상태에서 정곡을 찌르는 비판을 해야 한다는 지적이라고 보아도 될 것이다. 하이데거를 둘러싼 논쟁의 역사를 보면 다수의 평자들이 하이데거 사상의 심장에까지 들어가지 못한 채 표면에 머물러 두꺼운 거죽에 침을 쏘아대는 것으로 '하이데거 철학 비판'을 끝내고 만다는 사실이 드러난다. 더구나 상당수 비판자들은 하이데거의 정치적 활동을 공격의 무기로 삼아 하이데거 철학 자체를 무너뜨리려고 하는데, 이런 비판은 비판으로서 그 본령에 이르지 못한 무력하고도 게으른 비판일 뿐이다. 본질을 피해 가지 않는 정직한 대결 말고 하이데거 철학을 넘어설 길은 없다.

제3부

◇

형이상학의 검투사

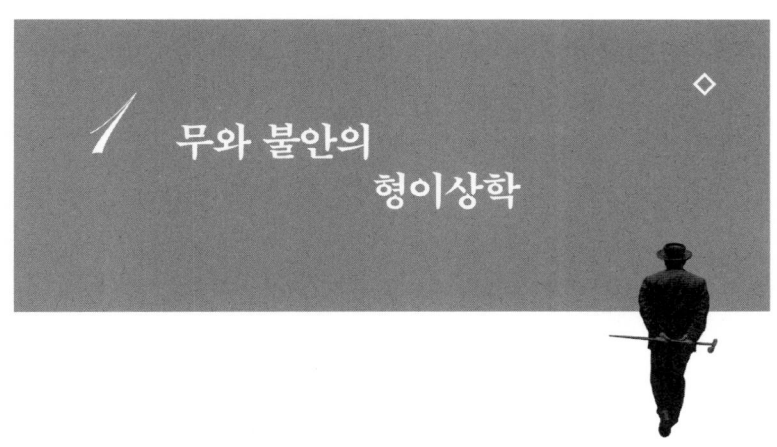

1 무와 불안의 형이상학

불안을 통해서 존재자 전체가 꺼져버리면 무가 드러난다.
이렇게 드러난 무가 곧 밤이다. 그러나 그 밤은 밝은 밤이다.
왜 밝은 밤인가? 바로 이 무를 통해서 존재자 전체가 환히 열리기
때문이다. 그래서 밤이되 아무것도 보이지 않는 밤이 아니라
모든 것이 환히 보이는 밝은 밤이다. 이 환한 밤에
일어나는 존재자 전체의 열림이 바로 존재자 전체의 존재다.
무가 결국 존재자 전체의 존재를 드러내는 것이다.

66

무의 근원적인 드러남 없이는
'자기 자신으로 있음'도 없고 자유도 없다.

드러나지 않은 불안의 심연에서 현존재가
무 속으로 들어가 머물러 있다는 것은 존재자 전체를
넘어서는 것이며 이것이 곧 초월이다.

99

프라이부르크대학으로 돌아오다

1928년 하이데거는 후설의 정년퇴임으로 공석이 된 프라이부르크
대학 철학과 정교수로 임용됐다. 1년 전 출간된 『존재와 시간』이 워
낙 큰 반향을 일으켰기 때문에 하이데거 임용에 장애가 될 만한 걸림
돌은 없었다. 후설은 현상학의 본령에서 벗어나는 하이데거의 철학
방향에 불만이 있었고 현상학 해석을 놓고 갈등을 빚기도 했지만 하
이데거가 프라이부르크에 오는 것을 막지 않았다. 후설은 하이데거
를 자신의 후임으로 지명했다. 생각의 차이가 있다고 해도 후설의 뒤
를 잇는 최고의 현상학자가 하이데거라는 것은 부정할 수 없는 사실
이었다. 하이데거에 대한 후설의 실망은 1929년 『존재와 시간』을 상
세히 읽은 뒤에야 돌이킬 수 없는 것이 됐다.

하이데거는 1928년 여름학기에 마르부르크에서 '라이프니츠에
서 출발하는 논리학의 형이상학적 시원 근거'라는 주제의 마지막 강
의를 한 뒤 그해 가을 프라이부르크의 모교에 닻을 내렸다. 하이데거
육신의 고향은 메스키르히였지만 프라이부르크야말로 하이데거가
학문 세계에 처음 발을 들여놓고 철학적 사유를 시작한 정신의 거처
였다. 프라이부르크에 돌아온 뒤로 하이데거는 삶이 끝날 때까지 이
정신의 거처를 떠나지 않는다.

두 번의 베를린대학 초청 거부

하이데거의 이름은 그 사이에 한층 더 널리 퍼졌다. 1929년 1월 25일 프랑크푸르트의 칸트 학회에서 열린 하이데거 강연의 풍경은 철학을 모르는 대중조차 하이데거를 알게 됐음을 알려준다. 강연에 참석한 문화비평가 지크프리트 크라카우어(Siegfried Kracauer, 1889~1966)는 다음과 같이 강연 분위기를 보고했다. "마지막으로 언급할 사실은 강연자의 이름만 듣고 철학에 그다지 일가견이 없어 보이는 청중이 엄청나게 모였다는 점이다. 이들은 지극히 난해한 정의와 변별의 미로 속으로 기꺼이 들어올 생각을 한 것이다."[1] 명성의 눈덩이 효과라고 할 만한 현상이었다. 대중사회의 비본래성을 비판하는 하이데거 철학이 지식대중의 환호를 받는 지위에 오른 것은 역설이라고밖에 말할 수 없다.

이름이 커지자 수도 베를린도 하이데거를 끌어올 생각을 했다. 프라이부르크대학에 임용되고 1년 반쯤 지난 뒤 하이데거는 베를린대학의 공식 초청을 받았다. 문화부 고위 관리가 하이데거를 직접 방문해 봉급을 두 배로 올려주고 상수시 공원 '오란게리에 궁' 인근의 집을 주고 운전기사가 딸린 업무용 승용차를 제공하겠다고 제안했다. 신문에서 이 소식을 읽은 야스퍼스는 1930년 3월 29일 하이데거에게 바로 편지를 써 "마음 저 깊은 곳에서 우러나오는" 축하를 건넨 뒤 "당신은 가장 눈에 띄는 위치에 서게 될 것이며, 이보다 더 나은 기회는 없을 것"이라고 말했다. 또 자신도 이미 한 번 베를린의 초청을 받으리라는 희망을 품은 적이 있기 때문에 하이데거를 초빙한다는 소식에 "가벼운 통증을 느끼지만 이번에 초빙 제안을 받은 사람이 바로 당신이기에 통증은 최소한의 것일 뿐"이라고 썼다. 하이데거는 당국과 교섭하러 베를린을 방문하는 길에 하이델베르크에 들

프라이부르크대학 모습(1930년대).
하이데거는 1928년 후설의 정년퇴임으로 공석이 된
프라이부르크대학 철학과 정교수가 되었다.

러 야스퍼스의 조언을 듣기도 했다. 하지만 고심 끝에 결국 베를린의 제안을 거절했다. 하이데거는 베를린대학으로 가지 않기로 한 이유를 1930년 5월 10일 엘리자베트 블로흐만에게 보낸 편지에서 이렇게 밝혔다.

"나는 이제야 확실한 직업의 시작 단계에 이르렀습니다. 그렇기에 나 자신과 다른 분들이 기대할 수밖에 없는 수준으로 베를린의 교수직을 수행할 준비가 충분히 돼 있지 않다고 느낍니다. 그 시대의 진정한 철학, 다시 말해 그 시대를 지배하는 철학만이 참으로 지속하는 철학이 될 수 있습니다."[2]

독일에서 가장 명망이 높은 대학의 초빙을 받는다면 사람들이 그만큼 큰 기대를 할 수밖에 없는데 자신은 그런 기대에 맞출 만큼 준비가 돼 있지 않다는 고백이다. 이것을 겸손의 표현이라고 할 수 있을까. 오히려 이 구절은 하이데거가 베를린대학의 초빙 제안을 받고 어떤 깊은 불안을 느꼈음을 알려주는 구절로 읽어야 할 것이다. 그 시대의 학계 상황에서 『존재와 시간』이 거둔 압도적 성취로 보면 베를린대학 초청은 이례적인 일이라고 하기 어렵고 하이데거로서도 그런 영예로운 기회를 포기할 이유는 없었다. 여기서 불안이라는 감정이 하이데거 철학 내부를 떠도는 기분이기 이전에 하이데거 삶을 근저에서 흔드는 기분이었음을 짐작할 수 있다.

더 주목할 말은 그 다음에 있다. 하이데거가 목표로 하는 철학은 '그 시대의 진정한 철학', 더 나아가 '그 시대를 지배하는 철학'이다. 앞 시대의 철학자 헤겔이 베를린대학에 초빙된 뒤에 쓴 『법철학』 서문에서 철학을 "자신의 시대를 사상으로 포착한 것"이라고 했던 것을 떠올리게 한다.[3] 하지만 이 구절은 하이데거의 야망이 헤겔이 표명한 수준을 넘어 더 높은 곳에 있음을 드러낸다. 말하자면 하이데거는 자신의 철학으로 시대를 지배하는 사람이 되고자 하는 것이다. 하이데거의 불안은 바로 이 큰 야망에서 비롯됐다고도 할 수 있다. 가능성을 향해 자신을 던지지 않는 사람, 현실에 만족해 앞으로 더 나아가지 않는 사람은 불안해할 이유가 없다. 불안은 자신이 감당할 수 없을지도 모를 큰 가능성을 기투할 때 일어나는 기분이다. 하이데거는 불안 속에서 시대를 지배하는 철학을 산출할 가능성을 향해 자신을 던지려고 했다. 그런 철학적 야망을 실현하려면, 외부의 기대에 쫓겨 마음을 졸이며 살 것이 아니라 고향의 집처럼 편히 머무를 수 있는 곳에서 모든 시간을 철학적 사유에 바치는 것이 더 낫다고 생각했을지 모른다.

3년 뒤에 하이데거는 다시 한번 베를린대학의 초빙을 받는다. 하지만 이때에도 초빙에 응하지 않는다. 당시 하이데거는 프라이부르크대학 총장이었다. 철학으로 얻은 명성으로 대학 총장이 됐으니 이 지위를 이용해 시대를 지배하는 철학자가 될 수 있으리라고 기대했음직하다. 하이데거는 한결 여유 있는 마음으로 베를린대학 초빙을 거절하고 그 이유를 담은 글 「창조적 풍광: 왜 우리는 시골에 머무르는가」를 발표한다. 그러나 프라이부르크대학 임용 직후의 하이데거는 앞의 편지에서 밝힌 대로 아직 '확실한 직업의 시작 단계'에 있었다. 그 '시작 단계'의 첫발이 1928년 겨울학기 '철학 입문' 강의였다. 철학과 정교수로 모교에 돌아온 하이데거는 이 첫 번째 강의를 '철학이란 무엇인가'라는 물음에 대한 답변으로 채웠다. 하이데거의 강의는 단호하고 도발적인 선언으로 시작했다.

"우리는 결코 철학 '밖에' 서 있지 않다. 이것은 우리가 철학에 대한 지식을 지니고 있기 때문에 그런 것이 아니다. 우리가 철학에 대해서 아무것도 알지 못해도 우리는 이미 철학 안에 들어서 있다. 왜냐하면 철학은 우리 안에 있으며 우리 자신에게 속하기 때문이다. 이것은 우리가 항상 이미 철학하고 있다는 뜻이다. 철학에 대해서 아무것도 모르고 '철학하지' 않아도 우리는 철학하고 있다. 우리는 가끔 철학하는 것이 아니라 우리가 인간으로 실존하는 한 언제나 필연적으로 철학한다."「철학 입문」, 15쪽

"우리는 철학 밖에 있지 않다"

철학이라고 하면 통상 우리는 추상적이고 난해한 학문을 떠올리고 그 학문이 우리 바깥 저 멀리 떨어져 있다고 생각한다. 철학에 흥미를 느끼는 사람도 철학을 향해 한 발씩 다가가야 한다고 생각하지 자신이 이미 철학 안에 있다고는 생각하지 않는다. '만학의 여왕' 철학은 천상의 궁전에 냉정한 표정으로 앉아 우리의 경배를 기다릴 뿐이지 우리가 가까이 다가가 포옹한다거나 손이라도 잡는 것은 결코 허락하지 않을 것만 같다. 강의의 출발점에서 하이데거는 이런 상투적인 생각을 뒤집는다. 우리는 철학 안에 이미 들어서 있다. 철학을 알기 때문에 철학 안에 있는 것이 아니라 철학을 알지 못해도 이미 철학 안에 들어서 있다. 더구나 우리는 가끔씩 철학하는 것이 아니라 우리가 실존하는 한 언제나 철학할 수밖에 없다. 왜 그런가? 하이데거는 말을 잇는다.

"인간으로 거기 있다는 것은 철학한다는 것을 의미한다. 동물은 철학할 수 없다. 그리고 신은 철학할 필요가 없다. 신이 철학한다면 그 신은 신이 아닐 것이다. 왜냐하면 철학의 본질은 유한한 존재자의 유한한 가능성이기 때문이다. 인간 존재는 이미 철학함을 의미한다. 인간 현존재 자체는 이미 그 본질상 우연적이든 아니든 철학 안에 들어서 있다."「철학 입문」, 15쪽

인간이 인간으로 있는 한 본질적으로 철학한다는 것이다. 인간은 자신을 둘러싼 주위 환경을 뛰어넘어 언제나 이미 가능성을 향해 나

가 있다. 가능성은 존재 가능성이다. 다시 말해 '장차 무엇인가가 될 수 있음'이고 '장차 무엇인가로 살 수 있음'이다. 『존재와 시간』에서 상세히 논구했듯이 인간이 인간인 이유는 다른 데 있는 것이 아니라 언제나 존재 가능성을 향해 자신을 던진다는 데 있다. 인간은 자신을 둘러싼 '세계' 곧 존재자들을 넘어서 존재 가능성을 향해 자기를 던지기 때문에 인간이다. 인간은 인간 자신의 현재 상태를 넘어서 미래로 나가 있기 때문에 인간이다.

하이데거에게 '철학'이란 곧 형이상학이다. 형이상학(Metaphysik) 은 낱말의 뜻 그대로 이해하면 존재자(-physik)를 넘어섬(meta-)을 뜻한다. 눈앞에 존재하는 존재자들을 넘어서 물음을 던지는 것이 형이상학이다. 철학한다는 것은 바로 이 형이상학을 한다는 것을 뜻한다. 존재자를 넘어 존재로 나아가는 것이 바로 철학함이다. 동물은 철학하지 않는다. 동물은 주위세계에 붙들려 있을 뿐이지 현재의 상태를 넘어 미래를 향해 도약하지 않는다. 동물은 존재 가능성을 향해 뛰어나가지 않는다. 그러므로 동물은 철학하지 않는다. 신은 존재 가능성을 향해서 도약할 필요가 없다. 신이 신인 것은 현실성과 가능성을 포함해 모든 것이 신 안에 이미 있기 때문이다. 그러므로 신은 가능성을 향해 자기를 기투할 필요가 없고 물음을 던질 필요가 없다. 인간만이 철학한다. 쉽게 말해 인간만이 현재의 상태에 머물러 있지 않고 미래를 향해 자신을 던진다. 인간은 유한하기 때문에 자신의 존재를 염려하지 않을 수 없고, 그렇게 염려하기 때문에 자기의 현재 상태를 넘어 미래를 향해 자기를 던지지 않을 수 없다. 그러므로 인간은 철학 안에 이미 들어서 있다.

하이데거는 이렇게 우리 모두가 철학 안에 이미 있음을 입증하고 나서, 인간이 철학 안에 들어서 있다고 하더라도 그 "깨어 있음의 정도와 단계"는 사람마다 다를 수 있다고 지적한다. '철학 입문'

(Einleitung in die Philosophie)이란 그렇게 철학 안에 있으면서도 철학 안에 있음을 자각하지 못하는 사람들을 깨달음으로 이끎을 뜻한다. 입문(Einleitung)이란 '안으로'(Ein-) '이끌어 들임'(-leitung)이다.

"입문한다는 것은 우리 안에서 철학이 사건이 되도록 하는 것을 뜻한다. 철학 입문은 철학을 야기함, 즉 철학을 일으킴이다." 「철학 입문」 16쪽

'철학 입문'이란 우리가 철학 안에 있음을 깨닫게 함으로써 우리 안에서 철학함을 일으키는 것을 뜻한다. 하이데거는 소크라테스를 통해 유명해진 말을 인용한다.

"그노티 세아우톤(γνῶθι σεαυτόν). 너 자신을 알라. 다시 말해 네가 누구인지 인식하라. 그리고 네가 너 자신을 인식했던 대로 있어라. 인간 속에 있는 인간성, 즉 인간 본질에 대한 인식으로서 자기인식이 곧 철학이다." 「철학 입문」, 23쪽

하이데거는 이렇게 '철학이란 무엇인가'라는 물음에 답하는 것으로 프라이부르크대학 첫 강의를 시작했다.

교수 취임 강연, '형이상학이란 무엇인가'

하이데거의 '교수 취임 강연'은 프라이부르크대학에서 두 학기를 보낸 뒤인 1929년 7월 24일에야 열렸다. 교수·연구자·학생이 들어찬 프라이부르크대학 대형 강의실에서 열린 이 강연은 하이데거가 일생 동안 한 강연 가운데 가장 유명한 강연이 된다. 공들여 준비한 강연의 주제는 '형이상학이란 무엇인가'였다. 프라이부르크대학 첫 학기 강의의 주제를 이어간 것이었지만, 하이데거는 이 주제로 들어가는 문을 이전의 어떤 강의보다 더 도발적이고 역설적인 방식으로

열어젖혔다.

전통 철학에서 형이상학이란 '존재자를 존재자로서 탐구하는 학문'이었다. 존재자를 그 보편적 본질과 근거에서 탐구해 들어가는 것이 형이상학이었다. 쉽게 말해, '존재자란 무엇인가' 하고 묻고 그 물음에 대한 최종적인 답을 찾아가는 것이 형이상학의 일이었다. 하지만 하이데거는 이 강연에서 '존재자란 무엇인가' 하고 묻지 않고 '무(Nichts)란 무엇인가' 하고 물었다. '존재하는 것'을 물음의 대상으로 삼은 것이 아니라 '존재하지 않는 것'을 물음의 대상으로 삼은 것이다. 이 도발성은 전통 철학이 철학 언어로 간주하지 않았던 '불안'이라는 용어를 쓸 때 더 도드라졌다. 당시 학생으로서 강연에 참석한 신학자 발터 슐츠(Walter Schulz, 1912~2000)는 하이데거의 강연을 이렇게 기억했다.

"그 유명한 강의 '형이상학이란 무엇인가'. 이 강의는 나의 학생 시절에 엄청나게 인상적이었습니다. … 이 강의는 당시 우리에게 먼저 아주 비철학적인 언어로 인상을 주었습니다. 여기서 '비철학적'이란 것은 비난이 아니라 사람들이 철학적이고 추상적인 저서에 익숙해져 있었음을 말합니다. 여기서는 불안에 대한 언급이 있고 형이상학이 무와 관련됩니다. 인간이 존재자를 넘어갈 수 있고 비로소 존재자 저편으로 넘어가는, 이런 돌아가는 길을 통해 동시에 존재자 전체를 파악하게 됩니다. 넘어가는 것은 바로 무로 들어가는 것을 의미합니다. … 그것은 불안에서 일어납니다."[4]

역시 학생 신분으로 그 강연을 들은 하인리히 비간트 페체트는 이렇게 말했다. "어둡게 걸린 하늘을 거대한 번개가 두 조각으로 가르는 것만 같았다. … 고통스러움마저 느끼게 하는 그 광휘가 세상의 사물들을 밝음에 드러내주었다. … 문제는 어떤 체계가 아니라 '실존'이었다. … 강의실을 나설 때 나는 할 말을 잃은 상태였다. 마치 한

순간에 세계의 근거를 엿본 것만 같았다."[5]

"철학이란 거꾸로 된 세계"

하이데거는 자신의 강연이 지닌 도발성을 염두에 두고 서두에서 헤겔의 말을 인용했다. "철학이란 건전한 인간 상식에 비추어보았을 때 '거꾸로 된 세계'다."「형이상학이란 무엇인가」「이정표1」 149쪽 하이데거는 이 '거꾸로 된 세계'로 청중을 몰고 들어갔다. 다시 말해 전통적인 형이상학과 분과 학문의 주제인 '존재자'가 아니라 '무'의 세계를 열어보였다.

"무, 이것은 학문에게는 혐오스러운 것 혹은 허구적으로 만들어낸 것 말고 무엇일 수 있겠는가? 학문이 옳다고 한다면 적어도 다음의 사실만은 확실하다. 학문은 무에 관해 아무것도 알려고 하지 않는다." "학문은 너무도 냉담하게 무에 반대하여 '무는 없는 것'이라고 포기해버린다."「형이상학이란 무엇인가」「이정표1」 152~153쪽

그렇게 학문이 외면하고 반대하고 포기하는 그 '무'에 대해서 하이데거는 다시 한번 묻는다. '무란 무엇인가?' 그런데 이 문장은 자체 안에 모순을 내장하고 있다. '무란 무엇인가?'는 '무란 무엇으로 있는가?'로도 옮길 수 있다. '무'란 '아무것도 없음'을 뜻한다. 그런데 이 '아무것도 없음'이 어떻게 있는가? 하고 묻는 꼴이니, 모순이 아닐 수 없다. 없는 것이 어떻게 있느냐는 물음은 자체 모순이다. '무란 무엇인가?'라는 물음은 '무' 곧 '없음'을 '있는 것'으로 바꾸어버린다.

"따라서 이 물음에 대한 어떤 대답도 처음부터 불가능하다. 왜냐하면 그 대답은 필연적으로, 무는 이러저러한 것으로 '있다'라는 형식 안에서만 다루어지기 때문이다. 무에 관한 한, 물음과 대답은 똑같이

그 자체로 모순적이다."「형이상학이란 무엇인가」,『이정표1』154쪽

일반 논리학은 '모순율을 피하라'는 원칙에 따라 이런 문장 사용을 금한다. 그러므로 논리학을 준수한다면 '무란 무엇인가?', '무란 무엇으로 있는가?'라고 묻고 대답을 구하는 것은 처음부터 성립할 수 없다.

그러나 무의 문제에 관한 한 이런 논리학의 규칙을 준수해서는 무 자체를 탐구할 수 없다고 하이데거는 말한다. 논리학이 뭐라고 말하든 우리는 '없음'이라는 것을 알고 있다. '무'라는 것이 어떤 사태로서 있다는 것을 알고 있다. 무라는 것은 '아무것도 없음'을 뜻하지만 그 '아무것도 없음'이 어떤 의미에서는 분명히 있다는 것을 부정할 수 없다. 논리적으로는 모순일지 모르지만 사태 자체로 보면 모순이라고 할 수 없다. 무 곧 없음은 분명히 있다. 그러므로 그 없음 곧 무에 관해 물을 수 있어야 한다. 이 '무'가 무엇인지 물을 수 있으려면, 그 무가 먼저 알려져 있어야 하고 그 무를 만날 수 있어야 한다. 그렇다면 남은 물음은 이것이다. 우리는 어디서 그 무를 찾을 수 있는가? 그것을 당장 어디서 찾아야 할지는 말할 수 없지만, 우리는 그 무라는 것을 확실히 알고는 있다.

하이데거는 그 무에 대한 간단한 정의를 다음과 같이 제시한다. "무는 존재하는 모든 것에 대한 완전한 부정이다."「형이상학이란 무엇인가」, 『이정표1』157쪽 나를 포함해 이 우주 전체가 완전히 사라져버렸다고 생각해보자. 그때 그 아무것도 없음이 바로 무다. 하이데거는 무의 이런 특성, 곧 존재하는 모든 것에 대한 완전한 부정이 '무'를 만날 수 있는 방향을 가리킨다고 말한다. 그런데 존재하는 모든 것이 부정되려면 먼저 그 '존재하는 모든 것'이 우리에게 주어져 있어야 한다. 그렇다면 유한한 존재자인 우리 인간이 존재자 전체와 마주할 수 있는 길은 무엇일까? 우리가 존재자 전체를 직접 다 만나는 것은 불가능

하지만 우리의 머릿속에서 존재자 전체를 생각해볼 수는 있고, 그렇게 생각한 존재자 전체를 생각 속에서 부정해보는 것은 가능하다. 그렇게 하면 존재자 전체와 마주하는 것이 되는가?

하이데거는 이런 방식으로 무에 대한 형식적 개념을 얻을 수는 있지만 무 자체는 결코 얻지 못한다고 말한다. 하이데거가 말하는 무는 생각 속에서 얻어낸 개념이 아니라 우리 앞으로 생생하게 다가오는 무다. 그러므로 필요한 것은 '무에 관한 근본 경험'이다. 하이데거는 우리가 존재자 전체를 그 자체로 파악하는 것은 절대로 불가능하다고 인정한다. 우리가 아무리 빠른 우주선을 타고 여행한다고 해도 우주 끝까지 직접 탐색할 수는 없다. 아무리 작은 것을 쪼개 들어가도 극미 세계 전체를 샅샅이 탐사할 수는 없다. 이렇게 존재자 전체를 직접 파악하는 것은 불가능하지만, 동시에 우리가 존재자 전체 한가운데 있다는 것은 분명하다고 하이데거는 말한다. 우주의 끝까지 가볼 수는 없지만 어쨌든 우리가 존재하는 모든 것 가운데 있다는 것은 부정할 수 없는 사실이다. 이런 의미의 '존재자 전체 안에 있음'을 언제 어떻게 절실히 느낄 수 있을까?

하이데거는 우리가 '권태' 속에 빠져 있을 때 존재자 전체가 몰려든다고 말한다.

"그 깊은 권태는 현존재의 심연 속에서 말없는 안개처럼 스멀스멀 몰아치면서 모든 사물들과 인간들을, 그리고 그것들과 함께 자기 자신까지도 모조리 묘한 무관심 속에 휘몰아버린다. 이런 권태가 존재자 전체를 드러내 보인다." 「형이상학이란 무엇인가」, 「이정표1」 158쪽

세상사가 못 견딜 정도로 지겨울 때 이 세상 전체가 무겁게 우리를 덮쳐온다는 얘기다. 바로 이 권태, 지겨움이라는 기분이 우리를 존재자 전체의 한가운데 처해 있게 하는 것이다. 이렇게 피어오른 기분이 그때마다 존재자 전체를 드러낸다. 하이데거는 바로 이렇게 존재자

전체를 드러내는 기분의 이런 일어남을 우리 현존재의 근본 사건이라고 부른다. 권태라는 기분은 이렇게 존재자 전체가 드러나도록 해준다.

무 자체에 직면하게 해주는 불안

그러나 동시에 어떤 기분은 존재자 전체를 사라지게 하면서 무 자체에 직면하게도 해준다. 바로 '불안'이라는 기분에서 그런 사건이 일어난다고 하이데거는 말한다.

"이런 사건은 비록 매우 드물기는 하지만 불안이라고 하는 근본 기분 속에서 순간적으로만 일어날 수 있으며 또 실제로 그렇게 일어난다."「형이상학이란 무엇인가」「이정표1」 159쪽

하이데거는 여기서 『존재와 시간』에서 했던 것과 비슷하게 불안과 공포를 대비한다. 공포는 구체적인 사물이나 사태 앞에서 느끼는 무서움이다. 그러나 불안은 구체적인 대상이 없다. 이것이나 저것이 우리를 불안하게 하는 것이 아니라 무어라고 규정할 수 없는 어떤 상태가 우리를 불안으로 몰아넣는다. 이를테면 에드바르트 뭉크의 그림 「절규」(1893)가 우리를 사로잡아 꼼짝 못 하게 하는 불안을 보여준다. 뭉크는 이렇게 썼다. "두 친구와 함께 산책을 나갔다. 햇살이 쏟아져 내렸다. 그때 갑자기 하늘이 핏빛처럼 붉어졌고 나는 한 줄기 우울을 느꼈다. 친구들은 저 앞으로 걸어가고 있었고 나만이 공포에 떨며 홀로 서 있었다. 마치 강력하고 무한한 절규가 대자연을 가로질러가는 것 같았다."[6] 뭉크가 '공포'라고 표현한 그 기분이 바로 하이데거가 말하는 '불안'이다. 불안이란 '어디서 시작되는지 알 수 없지만 난데없이 휘몰아치며 우리를 두려움에 빠뜨리는 불안'이다.

하이데거는 그 불안이 우리 현존재의 '궁극 목적'에서 오는 것이라

인간의 불안을 잘 묘사한 뭉크의 「절규」(석판화, 1895).
하이데거가 말하는 불안은 어떤 구체적인 사태에 대한 걱정이나
근심을 말하는 게 아니다. 우리 현존재의 '궁극 목적'에서 오는 것이자,
구체성이 모두 물거품이 되는 '형이상학적 불안'이다.

고 암시한다. 우리 존재 자체가 우리를 불안하게 하는 것이다. 그 불안이 덮치면 모든 친숙했던 것들이 친숙함을 잃어버리고 낯설어진다. 존재하는 것들에 대한 흥미가 모조리 증발하고 만다. 그리하여 "일체의 사물과 우리 자신이 어떤 무관심 속에 빠져버린다." 「형이상학이란 무엇인가」 『이정표1』 160쪽 불안이 덮치면 존재자는 우리에게 말을 걸어오지 않는다. 마치 땅이 한순간에 쑥 꺼지듯 존재자 전체가 뒤로 물러나 사라진다. 이렇게 존재하는 것 전체가 물러나 사라지면 무엇이 남는가? '붙잡을 것이 아무것도 없다'는 사태만 남는다고 하이데거는 말한다. 이 '아무것도 없음', 곧 무가 우리를 덮쳐 오는 것이다. 존재자 전체가 쑥 꺼져버린 상태에서 드러나는 것이 바로 아무것도 없음, 곧 무다. 바로 이렇게 "불안은 무를 드러낸다." 「형이상학이란 무엇인가」 『이정표1』 160쪽

마음에 새겨둘 것은 하이데거가 말하는 불안이 어떤 구체적인 사태에 대한 걱정이나 근심을 말하는 게 아니라는 사실이다. 아이가 밤 늦도록 돌아오지 않을 때 부모는 걱정하고 불안해한다. 전쟁의 먹구름이 몰려올 때 사람들은 걱정하고 불안해한다. 하이데거가 말하는 불안은 그런 구체적인 사태 앞에서 느끼는 불안이 아니다. 그런 구체적인 사태가 주는 불안에 휩싸이면 우리는 존재자 전체가 꺼져 사라지는 경험을 하는 것이 아니라 오히려 존재자에 더 집착하고 존재자를 더 강하게 붙들게 된다. 전화기를 손에 쥐고 아이를 찾아 헤맬 수도 있고, 전쟁을 피하려고 귀중품을 챙겨 짐을 쌀 수도 있다. 하이데거가 말하는 불안은 이런 구체적인 불안이 아니라 그 구체성이 모두 물거품이 되는 '형이상학적 불안'이다. 불안 속에서 존재하는 모든 것, 세상 모든 것이 무의미해지는 그런 경험이다. 그런 경험은 자주 일어나는 것이 아니기 때문에 '드물게, 순간적으로만' 일어난다고 하이데거는 말한다. 그런 불안에 휩싸일 때 '무'가 드러난다. 존재자

전체가 뒤로 쑥 빠지고 텅 빈 공허가 덮치는 것이다.

불안이라는 무의 밝은 밤

그 불안 속에서는 존재자만 꺼져버리는 것이 아니라 우리 자신도 우리에게서 빠져나간다고 하이데거는 말한다. 내 삶의 의미 전체가 증발하고 마는 것이다. 우리는 불안 속에서 무의미 위에 둥둥 떠 표류하게 된다.

"아무것도 붙잡을 것이 없는 이런 붕 떠 있음이 모든 것을 완전히 뒤흔들어놓는 가운데 오직 순수한 현존재만이 아직 거기에 있을 뿐이다." 「형이상학이란 무엇인가」, 「이정표1」 160쪽

모든 것이 무의미로 꺼져버렸는데 우리 자신의 의식만 그 텅 빈 무의미의 허공중에 떠 있는 것이다. 그렇게 우리를 흔들어놓는 불안은 언제까지나 계속되는 것이 아니라 지진처럼 내습해 우리를 휩쓸고 물러간다. 불안은 일시적이고 순간적이다. 불안이 '무'를 드러내고 있다는 사실은 그 불안이 그렇게 물러갔을 때 확인된다고 하이데거는 말한다. 지진은 폐허를 남기지만 불안은 아무것도 남기지 않는다. 그래서 생생한 기억과 선명한 통찰 속에서 우리는 이렇게 말한다. '그것은 아무것도 아니었어.' 이 '아무것도 아니었음'이 바로 불안 속에서 드러난 '무'를 가리키는 것이다. 그리하여 우리는 불안이라는 근본 기분과 더불어 현존재에게서 일어나고 있는 그 사건, 다시 말해 '무의 일어남'이라는 사건에 이르렀다. 추상적인 개념이 아니라 생생한 경험으로 무 앞에 선 것이다. 그렇다면 이 무란 도대체 어떤 것일까?

무는 불안 속에서 드러난다. 그러나 무는 존재자처럼 드러나는 것이 아니다. 불안 속에서 존재자 전체가 쑥 꺼진다고 해서, 존재자 자

체가 완전히 소멸한다거나 흔적도 없이 사라진다는 뜻은 아니다. 존재자 자체가 말 그대로 없어져버리는 것이 아니라, 정확히 말하면 존재자 전체가 의미를 잃어버린다. 존재자 전체가 무의미로 가라앉아 꺼져버릴 때, 바로 그때 무가 드러난다. 그렇게 드러난 무는 존재자 전체를 거부하면서 존재자 전체를 가리킨다. 이것이 바로 무의 본질인 '무화'(das Nichtung)라고 하이데거는 말한다. 무는 무화한다. 존재자 전체를 거부하고 밀어내면서 동시에 그 존재자 전체의 존재를 가리키는 것이 하이데거가 말하는 '무화'다.

"이런 무화는 아무렇게나 발생하는 것이 아니다. 오히려 그것은 쑥 빠져나가는 존재자 전체를 거부하며 가리키는 작용이다. 무화는 이런 존재자를 여태까지 숨겨져 있던 완전한 낯섦 속에서 무에 대한 단적인 타자로서 드러낸다." 「형이상학이란 무엇인가」 『이정표1』 163쪽

무화한다는 것은 무가 스스로 펼쳐지고 드러난다는 것을 뜻한다. 이렇게 무가 펼쳐지고 드러날 때 존재자 전체가 빠져나갈 뿐만 아니라 그 빠져나가는 자리에서 존재자 전체의 존재가 뚜렷이 나타난다. 모든 것이 무의미로 떨어져 텅 비어버린 것 같은데, 돌아보면 그 모든 것이 다시 그 자리에 그대로 있다. 바로 이것이 무의 경험이다. 무의미로 떨어져 텅 비어버린 것 같았던 그 존재자 전체가 다시금 존재의 빛을 발하면서 생생하게 나타나는 것이 바로 무의 무화 속에서 일어나는 일이다. 우리는 언제 그런 경험을 하는가. 무의미로 가라앉았던 존재자 전체가 의미로 가득 찬 채 빛을 발하면서 나타나는 것을 우리는 언제 경험하는가. 아마도 죽음의 터널을 통과하고 난 뒤에 내가 살아있음을 생생하게 느끼고 그 살아있음에 감사하는 마음이 차오를 때, 그리하여 이전과는 달리 세상 모든 사물이 경이로운 존재의 빛으로 빛나는 것을 볼 때일 것이다.

하이데거는 무의 이 무화하는 작용을 '불안이라는 무의 밝은 밤'이

라는 저 유명한 말로 표현한다.

"불안이라는 무의 밝은 밤 속에서 비로소 존재자 그 자체의 근원적인 열려 있음(Offenheit)이 다음과 같이 일어난다. '그것은 존재자다. 그리고 무가 아니다.'" 『형이상학이란 무엇인가』 『이정표1』 163쪽

불안을 통해서 존재자 전체가 꺼져버리면 무가 드러난다. 이렇게 드러난 무가 곧 밤이다. 그러나 그 밤은 밝은 밤이다. 왜 밝은 밤인가? 바로 이 무를 통해서 존재자 전체가 환히 열리기 때문이다. 그래서 밤이되 아무것도 보이지 않는 밤이 아니라 모든 것이 환히 보이는 밝은 밤이다. 이 환한 밤에 일어나는 존재자 전체의 열림이 바로 존재자 전체의 존재다. 무가 결국 존재자 전체의 존재를 드러내는 것이다.

하이데거는 현존재가 무 안에 있음으로써 존재자 전체의 존재를 드러낸다는 사실을 거듭 강조한다. 이 말을 실감나게 이해하려면 『존재와 시간』에서 하이데거가 이야기한 '죽음을 향해 앞질러 달려가봄'을 떠올려보는 것이 좋다. 인간 현존재가 죽음을 향해 앞질러 달려가본다는 것은 모든 것이 죽음과 함께 무화함을 앞질러 경험한다는 것을 의미한다. 이 죽음의 경험을 통해서 현존재는 세인의 지배에 사로잡혀 있던 상태에서 해방돼 자기를 새롭게 보고 세상을 새롭게 본다. 다시 말해 존재하는 모든 것들이 새롭게 열린다. 불안 속에서 죽음이라는 무를 경험함으로써 그 무를 통해서 존재자들의 존재가 새롭게 환히 열리는 것이다. 그러므로 존재자들의 본래적 존재를 만나려면 현존재가 무를 통과하고 경험하지 않으면 안 된다. 이 무를 경험함으로써 존재자 전체의 참다운 존재가 드러나는 것이다. 무야말로 현존재를 현존재이게 해준다. 다시 말해 현존재(Dasein)를 '존재의 열린 터'(Da-sein)로 있게 해준다. 바로 그런 의미에서 하이데거는 "현존재란 곧 무 속으로 들어가 머물러 있음을 뜻한다"고 말한

다. 「형이상학이란 무엇인가」 『이정표1』 164쪽

그런데 무 속으로 들어가 머물러 있다는 것은 동시에 현존재가 언제나 이미 존재자 전체를 넘어서 있다는 것을 뜻한다. 우리가 집착하고 있던, 우리가 너무나 당연하게만 생각했던 그 존재자 전체를 부정함으로써 열리는 텅 빈 무 안에 들어가 머무는 것이 현존재인 것이다.

"이렇게 존재자를 넘어서 있는 것을 우리는 초월(Transzendenz)이라고 부른다." 「형이상학이란 무엇인가」 『이정표1』 164쪽

초월이란 존재자를 넘어 무 속으로 들어가 있음을 뜻한다. 이렇게 존재자를 넘어 그 존재자 전체가 부정되는 무 속으로 들어가 있을 때 바로 그 무 속에서 우리는 존재자 전체의 본래적 존재를 만난다. 다시 죽음을 끌어들여 이야기하자면, 죽음을 앞질러 겪어봄으로써 우리는 우리가 집착하는 세상의 사물과 가치들을 무로 던져 넣어버릴 수 있다. 그리고 바로 그런 상태에서 이 세상 모든 것들의 존재에 새롭게 눈이 열릴 수 있다. 세상 모든 것들이 새로운 존재의 빛 속에서 드러나는 것이다. 그런 의미에서 하이데거는 이렇게 말한다.

"만일 현존재가 자신의 본질의 근본 바탕에서 초월하지 않는다면, 다시 말해 만일 현존재가 미리 앞서 무 속으로 들어가 머물러 있지 않는다면, 현존재는 결코 존재자와 관계할 수 없으며 따라서 자기 자신과도 관계할 수 없을 것이다." 「형이상학이란 무엇인가」 『이정표1』 164쪽

현존재가 미리 앞서 죽음 속으로 들어가 머물러 있음으로써 존재자 전체가 무화하는 것을 겪지 않는다면, 결코 존재자와 '본래적으로' 만날 수 없으며 현존재 자신과도 '본래적으로' 만날 수 없다는 얘기다. 현존재 자신과 본래적으로 만날 수 없다는 것은 현존재가 본래적인 자기 자신이 될 수 없다는 뜻이다. 더 근본적인 차원에서 보면 여기서 하이데거가 말하는 '무'는 존재자 전체의 '존재'를 가리킨다.

존재자 전체가 무화함으로써 존재자 전체의 존재가 드러나기에 무는 곧 존재를 뜻하는 것이다. 존재는 존재자가 아니기에 무이고 무는 존재자 전체를 무화함으로써 그 텅 빔 속에서 존재 자체를 드러낸다. 무와 존재는 서로 붙어 있는 야누스의 얼굴과 같다. 앞에서 보면 무이지만 뒤에서 보면 존재다. 무는 곧 존재다.

그러므로 "무의 근원적인 드러남 없이는 '자기 자신으로 있음'도 없고 자유도 없다."「형이상학이란 무엇인가」「이정표1」 164쪽 무의 근원적인 드러남은 현존재가 무 속으로 들어가 머물러 있음을 뜻한다. 그렇게 머물러 있음으로써 현존재는 본래적인 자기 자신이 될 수 있으며 또 바로 그런 상태에서 현존재 자신을 포함한 존재자 전체의 존재가 근원적으로 열리는 것을 볼 수 있다. 존재자에 집착하던 상태에서 풀려나 이 존재의 열림으로 나가 있음이 바로 현존재의 해방이고 자유다. 하이데거에게 자유는 이렇게 정치적인 의미의 자유이기 이전에 존재론적 의미의 자유다. 그 자유는 존재자 전체의 존재로 풀려나 그 존재의 밝음 안에 들어서 있음을 뜻한다. 죽음을 겪어냄으로써 현존재는 세인의 지배에서 벗어나 존재자 전체의 참된 존재로 해방될 수 있다. 이런 해방이 바로 존재론적 의미의 자유다.

인간, 무의 자리를 지키는 자

여기서 하이데거는 '불안이 매우 드문 순간에만 일어난다'고 앞에서 했던 말을 한 번 더 반복한다. 그 말은 무엇을 뜻하는가.

"이것은 무가 우리에게 우선은 대개 그 근원성에서 위장돼 있다는 사실을 말하는 것이다."「형이상학이란 무엇인가」「이정표1」 165쪽

무가 위장돼 있다는 것은 무슨 뜻인가? 우리가 무를 잊어버리거나 무로부터 등을 돌린 채 존재자에게 몰입해 있다는 말이다.

"우리가 일상적인 활동 속에서 존재자에게 몰두하면 몰두할수록 우리는 더욱더 존재자 자체가 빠져나가지 않도록 할 것이며, 따라서 우리는 더욱더 무에게서 등을 돌리게 될 것이다. 그리고 우리는 더욱더 안전하게 우리 자신을 현존재의 피상적인 공공생활로 몰아갈 것이다."「형이상학이란 무엇인가」『이정표1』 165~166쪽

무를 죽음으로 바꿔보면 하이데거의 말을 한결 더 쉽게 이해할 수 있다. 우리가 죽음을 망각하거나 죽음에 등을 돌린 채 세상에 존재하는 것들에 몰두할수록 우리는 우리 자신을 피상적인 공공생활, 다시 말해 세인이 지배하는 세상 속으로 몰아간다. 세인의 지배 아래 놓여 있을 때는 우리는 죽음을 향해 앞질러 달러가볼 생각을 하지 못한다. 그러므로 무가 열릴 수 없고 무가 열릴 수 없으니 존재자 전체의 존재가 근원적으로 열릴 수 없다. 이렇게 현존재가 무로부터 등을 돌리고 있다는 것은 근원적인 불안이 억눌려 있다는 것을 뜻한다. 그러나 그렇게 억눌려 있다고 해도 불안이 아예 사라지는 것은 아니다. "불안은 잠들어 있을 뿐이다." 잠든 불안이 내는 숨소리는 현존재를 통해 끊임없이 울려 퍼진다.

"불안의 숨소리는 현존재 전체를 떨게 한다. '겁 많은 사람'은 불안의 숨소리에 가장 작게 떨 것이고, 분주히 일에 몰두한 채 '그렇다!' '아니다!' 하고 소란스럽게 떠드는 사람은 불안의 숨소리를 거의 듣지 못할 것이다. 그러나 침묵하는 사람은 불안의 숨소리에 십중팔구 떨 것이며 아주 모험적인 사람은 틀림없이 떨 것이다."「형이상학이란 무엇인가」『이정표1』 168쪽

이 말은 무슨 뜻인가. 불안의 숨소리를 듣고 떨림이 커질수록 현존재가 무와 대면할 가능성이 커진다는 뜻이다. 그러므로 겁에 질려 도피하는 사람에게는 불안의 숨소리가 거의 들려오지 않을 것이다. 또 시끄럽게 떠들어대는 사람보다는 침묵을 지키는 사람에게 불안의

숨소리가 크게 들릴 것이다. 그리고 가장 모험적인 사람에게 불안의 숨소리는 가장 크게 들려 올 것이다. 이 모험적인 사람은 참된 존재 가능성을 향해 용기 있게 모험을 감행하는 사람이다. 불안을 무릅쓰고 죽음을 향해 앞질러 달려가보는 사람만이 무와 대면함으로써 참된 존재 안으로 들어설 수 있다. 하이데거는 자신이 바로 그런 불안 속에서 참된 존재 가능성을 향해 모험하는 사람이라고 생각했을 것이다.

그러므로 하이데거가 이 강연에서 말하는 무는 현존재 자신을 포함해 존재자 전체와 본래적으로 만날 수 있는 기회를 주는 무다. 무의 바로 이런 특성에 주목해 하이데거는 인간을 '무의 자리를 지키는 자'(Platzhalter des Nichts)라고 부른다.

"드러나지 않은 불안의 심연에서 현존재는 무 속으로 들어가 머물러 있는 자이기 때문에 인간은 무의 자리를 지키는 자가 되지 않을 수 없다."「형이상학이란 무엇인가」『이정표1』 169쪽

현존재는 불안의 심연에서 무 속으로 들어가 머물러 있음으로써 존재자 전체의 존재를 새롭게 드러내기에 '무의 자리를 지키는 자'라고 불리는 것이다. 무의 자리를 지킴으로써 현존재는 참된 존재와 만날 수 있고 참된 존재를 열어 밝힐 수 있다.

무 속으로 들어가 있다는 것은 존재자 전체를 넘어서 존재를 새로이 열어 밝힌다는 뜻이다. 그렇게 존재자 전체를 넘어서는 것을 하이데거는 '초월'이라고 부른다.

"드러나지 않은 불안의 심연에서 현존재가 무 속으로 들어가 머물러 있다는 것은 존재자 전체를 넘어서는 것이며 이것이 곧 초월이다."「형이상학이란 무엇인가」『이정표1』 169쪽

존재자 전체를 넘어섬, 이것이 바로 현존재의 초월이다. 이 초월을 통해 현존재는 무 안으로 들어간다. 무 안으로 들어간다는 것은 존재

자 전체의 존재 안으로 들어선다는 것과 다르지 않다. 초월이라는 것은 존재자 전체를 넘어 그 존재자의 존재 안으로 들어섬이다.

형이상학, '존재자를 넘어 존재로 초월함'

이 '초월'의 다른 이름이 바로 하이데거가 이 강연의 주제로 삼은 '형이상학'(Metaphysik)이다. 형이상학이란 그리스어 '메타 타 피시카'($\mu\varepsilon\tau\acute{\alpha}$ $\tau\grave{\alpha}$ $\varphi\upsilon\sigma\iota\kappa\grave{\alpha}$)에서 유래했다. '메타 타 피시카'란 애초의 말뜻 그대로 하면 '자연학 뒤에'를 뜻한다. 이 말은 아리스토텔레스 사후 아리스토텔레스 전집을 편찬할 당시에 편찬자가 느낀 당혹감의 표현이다. 형이상학(제일철학)에 해당하는 저술이 당시 학문 분과인 논리학·자연학·윤리학 가운데 어디에도 딱히 속하지 않았기 때문에 그 저술을 분류할 마땅한 방법이 없어 '자연학'(피시카) 뒤에 놓고, 말뜻 그대로 '메타 타 피시카'라고 부른 것이다. 이렇게 처음에는 순전한 분류 항목에 지나지 않았던 이 말이 나중에 '자연학을 넘어선 학문'을 가리키는 말로 그 뜻이 바뀌었다. '메타'($\mu\varepsilon\tau\acute{\alpha}$)는 '뒤에'(post)라는 뜻도 있지만 '넘어'(trans)라는 뜻도 있다. 그런 역사를 거쳐 형이상학은 "존재자를 그 자체로서 그리고 그 전체에서 파악하여 간직해두기 위해 그 존재자를 넘어서 묻는 것"을 뜻하게 됐다.「형이상학이란 무엇인가」『이정표1』 169쪽 하이데거는 무에 대한 물음에서 형이상학의 사건, 다시 말해 "존재자를 그 전체에서 넘어서는 사건"이 일어난다고 말한다. 그러므로 무에 대한 물음은 그 자체로 '형이상학적인' 물음이다.

여기서 하이데거는 무에 관한 사유의 역사를 간단히 돌아본다. 고대 형이상학은 무에 관해 다음과 같이 말했다. "무로부터는 아무것도 생기지 않는다"(ex nihilo nihil fit). 반면에 기독교 교의학은 "무로부터는 아무것도 생기지 않는다"는 명제의 진리를 부정한다. 중세 기독교에서는 이렇게 말한다. "무로부터 생긴 것이 곧 피조물이다" (ex nihilo fit ens creatum). 창조되지 않은 존재자, 본래적 존재자, 최고 존재자인 신이 무로부터 만물을 창조했다는 얘기다. 여기서 무는 본래적 존재자인 신의 대립 개념이 된다. 그러나 고대 형이상학이든 기독교 교의학이든 모두 '존재와 무 그 자체가 무엇인지'에 관해서는 묻지 않았다. 하이데거는 이렇게 형이상학 역사를 살핌으로써 "무가 본래적인 존재자의 대립 개념이며 따라서 존재자를 부정하는 개념이라는 사실"이 드러난다고 말한다. 그리고 이렇게 존재자와 무의 대립관계가 뚜렷이 규정됨에 따라 무의 성격이 분명해진다. 다시 말해 "무는 그 자체가 존재자의 존재에 속해 있는 것으로서 밝혀진다." 「형이상학이란 무엇인가」 「이정표1」 171쪽

무가 존재에 속해 있다니, 이것은 무슨 뜻인가? 하이데거는 먼저 헤겔의 말을 인용한다. 헤겔은 『논리학』에서 이렇게 말했다. "그러므로 순수한 존재는 순수한 무와 동일한 것이다."[7] 분명히 존재와 무는 공속한다. 하지만 헤겔의 이 말은 순수한 존재는 아무런 규정성이 없는 것이기 때문에 무와 다를 바 없다는 뜻이다. 규정이 텅 빈 존재는 무일 뿐이라는 얘기다. 하이데거는 존재와 무가 공속하는 이유를 인간 현존재에게서 찾는다. 존재와 무가 공속하는 것은 "존재 자체가 그 본질상 유한하기 때문이며 또 존재는 오직 무 속으로 들어가-머물러-있는 현존재의 초월 속에서만 자신을 드러내 보이기 때문이다." 「형이상학이란 무엇인가」 「이정표1」 171쪽

이 말은 무슨 뜻인가. 현존재는 본질상 유한한 존재자다. 현존재의 유한성은 현존재의 존재가 죽음과 함께 끝난다는 데서 단적으로 드러난다. 죽음과 함께 끝나는 현존재의 그 유한성 속에서 현존재를 통해서 존재자 전체의 존재가 밝혀진다. 죽음이라는 무가 없다면 존재

는 존재로서 확연히 드러나지 않을 것이다. 그런데 존재자들의 존재는 현존재를 통해서 드러난다. 그러나 현존재는 죽음과 함께 무로 사라진다. 그러므로 현존재가 유한한 이상, 존재 자체는 유한할 수밖에 없다. 현존재의 죽음이라는 이 무와 함께 존재자 전체의 존재도 무로 사라져버린다는 이 선명한 깨달음과 함께 존재자 전체의 존재가 드러난다. 우리의 존재가 죽음과 함께 무로 사라져버림과 동시에 존재자 전체의 존재도 무로 꺼져버린다는 것을 깨달음으로써 우리는 우리 자신의 이 있음과 존재자 전체의 있음을 더욱 강렬하게 느낄 수 있다. 무를 통해서 존재가 드러나는 것이다. 그러므로 존재와 무는 서로 함께 속해 있다.

이렇게 무가 존재와 함께 속해 있을 뿐만 아니라 무를 통해서 존재가 드러난다. 그리하여 "무로부터는 아무것도 생기지 않는다"라는 오래된 명제는 존재 문제 자체를 건드리는 또 다른 의미를 드러낸다. 하이데거는 이렇게 말한다. "무로부터는 존재자로서 존재자 전체가 생긴다"(ex nihilo omne ens qua ens fit). 이 말의 의미를 하이데거는 이렇게 설명한다.

"현존재의 무 속에서 비로소 존재자 전체가 그 가장 고유한 가능성에 따라, 다시 말해 유한한 방식으로 자기 자신에게 도달한다."「형이상학이란 무엇인가」「이정표1」171쪽

『존재와 시간』에서 분석한 바 있는 '죽음을 향해 앞질러 달려가봄'을 생각해보면 이 문장의 의미가 드러난다. 죽음을 향해 앞질러 달려가 결단함으로써 세계 전체, 존재자 전체가 세인의 지배에서 벗어나 근원적으로 새롭게 드러난다. 죽음이라는 현존재의 무와 함께 존재자 전체가 고유한 가능성으로 다시 나타나는 것이다.

무의 경험 속에서 열리는 경이로움

하이데거는 강연을 듣는 청중이 '학문하는 사람들'임을 염두에 두고, 그 학문하는 사람들에게 무에 관해 사유할 것을 촉구한다. 학문하는 사람들은 뛰어난 방식으로 존재자 자체와 관계하고 있다. 다시 말해 학문 방법론을 움켜쥐고서 특정한 영역의 존재자들, 곧 자연이라든가 역사라든가 인간이라든가 하는 존재자들을 탐구한다. 그렇게 존재자와 관계하고 있다는 바로 그 이유로 학문은 도도한 표정을 지으며 무를 외면한다. 존재자만 알면 될 뿐이지 존재자의 부정인 무를 알 이유가 없다고 생각하는 것이다. 그러나 무에 대한 물음을 거쳐 현존재가 무 속으로 들어가 머물러 있을 경우에만 존재자에 대한 진정한 탐구가 가능하다는 것이 강연 전반부를 통해 분명해졌다. 그러므로 학문은 무를 외면해서는 안 된다.

"학문이 스스로 갖추고 있다고 여기는 냉정함과 우월함은 그 학문이 무를 신중하게 받아들이지 않는 한 웃음거리가 될 뿐이다. 무가 드러날 수 있다는 바로 그 이유 때문에 학문은 존재자 전체를 탐구의 대상으로 삼을 수 있는 것이다."「형이상학이란 무엇인가」,「이정표1」172쪽

무란 무를 통해서 열리는 존재다. 존재자란 존재의 열린 터전 위에서만 존재자로서 드러난다. 그러므로 무 곧 존재를 외면하고서 존재자만을 탐구하는 것은 존재자의 근본 바탕을 망각하는 것이 될 수밖에 없다. 무를 통해서만 존재자의 존재는 참다운 모습으로 드러날 수 있다. 그러니 존재자를 탐구하는 학자는 존재자를 탐구함과 동시에, 아니 그 이전에 그 바탕인 존재 자체에 관심을 보여야 한다. 이 대목에서 하이데거는 유럽의 근대 학문이 위기에 빠진 이유가 존재자에만 골몰한 채 존재를 돌보지 않는 데 있다는 이야기를 하고 싶었을 것이다. 존재자가 어떤 존재 상태로 있어야 하느냐 하는 문제야말로

학문하는 사람들의 근원적인 관심사가 돼야 한다고 생각하는 것이다. 하이데거는 이 주제를 후기의 존재 사유에서 심원하게 펼쳐나가게 된다.

하이데거는 학문이 형이상학에 근거를 두고 있을 때에만 자신의 본질적인 과제를 새롭게 획득할 수 있다고 강조한다. 여기서 '형이상학에 근거를 두고 있다'는 말은 형이상학의 본디 뜻대로 이해해야 한다. 다시 말해 '존재자를 넘어서 무 곧 존재로 들어가 있음'으로 이해해야 한다. 이렇게 눈앞의 존재자에 골몰하지 않고 그 존재자를 넘어서 존재 자체로 들어갈 때 학문의 참된 과제를 획득할 수 있다는 얘기다. 그럴 때 학문은 '자연과 역사에 관한 진리의 모든 영역'을 새롭게 개시하여 완수해나갈 수 있다.

"오직 무가 현존재의 근본 바탕에서 드러날 수 있다는 그 유일한 이유 때문에 존재자는 아주 낯선 모습으로 우리에게 다가올 수 있다."「형이상학이란 무엇인가」 『이정표1』 172쪽

무를 통과함으로써 존재가 새로이 열리고 그 존재의 열린 터 위에서 존재자가 지금까지와는 전혀 다른 모습으로 드러날 수 있다는 주장이다. 학문이라는 냉정한 영역을 향해 하이데거는 무 곧 죽음의 실존 체험을 불어넣고 있는 것이다. 죽음의 실존적 경험을 통과하지 않는 학문은 진정으로 우리 삶에 봉사하는 학문이 될 수 없다는 이야기다.

무의 경험을 통과할 때에만 존재자는 낯선 모습으로 우리에게 다가오고 "오직 존재자의 낯섦이 우리를 압박해올 경우에만 존재자는 경이로움을 불러일으키면서 그 자체가 경이로운 대상이 된다."「형이상학이란 무엇인가」 『이정표1』 172쪽 죽음을 통과해 새로 뜬 눈으로 세상을 볼 때 세상 모든 것들이 참으로 낯선 것으로 다가오게 되고, 그 낯섦 속에서 세상 모든 것이 경이롭게 느껴지게 된다. 아무것도 없을 수도 있

는데 무언가가 있다는 사실이 우리를 한없는 경이로움 속으로 몰아간다. 이 세계, 이 우주가 있다는 사실, 이 세계와 우주를 바라보는 내가 있다는 사실, 돌 틈 사이에 들꽃 한 송이가 피어 있다는 사실, 그 모든 존재자의 존재 사실들이 우리에게 하염없이 경이감을 불러일으키는 것이다. 그 낯섦이 주는 경이감이 온몸을 휘감는 경험을 해봐야만 참된 학문의 길로 들어설 수 있다는 것이 청중을 향한 하이데거의 주문이다.

하이데거의 이 주문은 철학이 처음 탄생할 때의 그 시원적 순간으로 되돌아가볼 것을 요청하는 것이기도 하다. 고대 그리스인들은 존재자가 존재한다는 사실이 주는 경이를 '타우마제인'(θαυμάζειν, 놀람)이라고 불렀다. 존재하는 것들의 그 존재함 앞에서 놀라움을 느끼면서 '왜 이 모든 것들이 있는가', '왜 아무것도 없지 않고 무언가가 있는가', '왜 이 세계, 이 우주가 있는가' 하는 물음을 던지는 그 순간에 철학이 탄생한 것이다. 철학은 '이 모든 것들' 곧 존재자 전체의 존재를 물음의 대상으로 삼는다. 그 모든 것이 없을 수도 있었는데 왜 없지 않고 있는가? 그러므로 무에 관해 묻는 것은 그대로 존재에 관해 묻는 것과 동일하다. 바로 그렇게 존재자 전체의 존재와 무에 관한 물음을 묻는 것이야말로 철학의 탄생을 알리는 사건이다. 그리고 학문이란 그 철학에서 가지를 쳐 나온 것들이다. 그러므로 참된 학문은 그 경이와 놀람에서 시작돼야 한다.

"경이로움이 일어나는 그 근본 바탕 위에서만, 다시 말해 무가 드러날 수 있는 그 근본 바탕 위에서만 '왜'라는 물음이 솟아오른다. 오직 '왜'라는 물음이 가능하기 때문에만, 우리는 특정한 방식으로 여러 가지 근거들이나 이유들에 대하여 물음을 물을 수 있으며 또 그 근거를 제시할 수도 있는 것이다. 오직 우리가 물음을 물을 수 있고 그 근거를 제시할 수 있기 때문에 탐구자의 운명은 실존하는 우리의

손아귀에 놓여 있는 것이다."「형이상학이란 무엇인가」『이정표1』173쪽

탐구는 현존재의 실존에서부터, 다시 말해 무에 대한 경험에서부터 시작돼야 한다. 바로 그럴 때 경이에서부터 '왜'라는 물음이 솟아나오고 탐구는 참된 탐구가 되는 것이다. 학문은 학문의 원천을 돌아보아야 한다. 학문의 원천이란 다른 것이 아니라 바로 형이상학이다. 형이상학은 무에 대한 물음에서 시작한다. 무에 대한 물음은 그러므로 형이상학적인 물음이다. 하이데거는 여기서 다시 한번 '형이상학'의 본디 의미를 강조한다.

"인간 현존재는 그 자신이 무 속으로 들어가-머물러-있을 때에만 존재자와 관계할 수 있다. 존재자를 넘어서는 행위가 현존재의 본질 속에서 일어난다. 그런데 바로 이런 넘어섬이 형이상학 자체다."「형이상학이란 무엇인가」『이정표1』173쪽

존재자를 넘어서 무 속으로 들어가 머물러 있음이 바로 형이상학이다. '메타 타 피시카'($\mu\varepsilon\tau\grave{\alpha}\ \tau\grave{\alpha}\ \varphi\upsilon\sigma\iota\kappa\grave{\alpha}$)란 존재자를 넘어섬, 존재자를 넘어서 무 곧 존재 속으로 들어섬이다. 바로 그런 넘어섬이 현존재의 본질 안에서 일어난다. 현존재 안에서 형이상학이 일어나는 것이다. 하이데거는 계속 말한다.

"형이상학이 '인간의 본성'에 속한다는 사실은 바로 이런 점에서 드러난다. 형이상학은 강단 철학의 분과도 아니요, 마음대로 꾸며낸 상상의 나라도 아니다. 형이상학은 현존재에게 일어나는 근본 사건이다. 그것은 현존재 자체다."「형이상학이란 무엇인가」『이정표1』173쪽

'왜 이 모든 것들이 존재하는가'라는 근본 물음

상식의 수준에서 보면 형이상학은 철학의 한 분야일 뿐이다. 그러나 형이상학을 형이상학이 태어난 최초의 순간으로 되돌려 그 사태

의 실상을 보면, 형이상학은 존재자 전체를 향해 '왜 이 모든 것들이 존재하는가' 하고 물음으로써 존재자 전체를 넘어서는 일이 된다. 그러므로 형이상학은 현존재에게서 일어나는 근본 사건이다. 형이상학의 그 넘어섬은 다른 곳에서 일어나는 것이 아니라 현존재의 마음에서 일어난다. 그러므로 현존재의 사건이다. 더구나 그 형이상학적 물음이 없다면 인간은 인간이 될 수 없다. 동물은 형이상학적 물음을 물을 수 없으며 신은 형이상학적 물음을 물을 필요가 없다. 오직 인간만이 형이상학적 물음을 물음으로써 존재자 전체를 넘어선다. 그러므로 형이상학은 현존재 자체다. 현존재(Da-sein)란 다른 것이 아니라 존재자를 넘어서 존재(Sein)의 열린 터(Da)로 있음을 뜻한다. 그러므로 형이상학은 현존재 자체다. 현존재를 떠나서 형이상학은 있을 수 없고 형이상학을 떠나서 현존재는 있을 수 없다. 존재하는 모든 것을 향해 '왜 있는가' 하고 물을 수 있기 때문에 인간은 현존재라고 불리는 것이다.

무에 관한 물음을 포함해 우리는 이 모든 형이상학적인 물음을 우리 안에서 물었다. 우리는 형이상학을 우리 밖에서 이야기한 것이 아니다. 우리 안에서 우리로부터 물었다. 그러므로 우리는 우리 밖에 있는 형이상학을 향해서 물음을 묻고 우리 자신을 그 형이상학 쪽으로 옮겨놓는 것이 아니다.

"우리는 결코 우리 자신을 형이상학 안으로 옮겨놓을 수 없다. 왜냐하면 우리가 실존하고 있는 한, 우리는 언제나 이미 그 안에 들어서 있기 때문이다." 「형이상학이란 무엇인가」, 『이정표1』 173쪽

우리가 실존하는 한, 우리는 이미 형이상학 안에 있으며 처음부터 형이상학 안에 있다. 우리가 실존한다는 것은 형이상학적으로 실존한다는 것, 다시 말해 존재자 전체를 향해 '왜'라고 물으면서 실존한다는 것을 뜻한다.

이 대목에서 하이데거는 플라톤이 『파이드로스』에서 한 말을 끌어들인다. "오, 사랑하는 나의 친구여, 인간의 영혼에는 그 본성상 이미 철학적인 어떤 것이 내재해 있기 때문이네."[8] 철학한다는 것은 달리 말하면 형이상학적인 물음을 묻는다는 것이다. 존재자 전체를 향해 '왜'라고 묻고 그 답을 찾아가는 것이 철학함(Philosophieren)이다. 그러므로 인간이 실존하는 한 어떤 식으로든 철학함은 일어난다. 이 철학이 형이상학을 이끌어가며 이 형이상학 안에서 철학은 자신의 명확한 과제에 도달하게 되는 것이다. 그런데 "철학은 저마다 고유한 실존이 독자적으로 현존재 전체의 근본 가능성 안으로 진입할 경우에만 일어난다."「형이상학이란 무엇인가」「이정표1」 174쪽 철학, 다시 말해 '왜'라는 물음에 대한 답을 추구함은 우리가 우리 현존재 전체의 근본 가능성 안으로 진입할 경우에만 일어난다. 우리 현존재를 죽음과 무의 자리에 가져다 놓고 존재자 전체가 무화하는 것을 경험할 경우에만 철학은 우리 안에서 일어난다는 얘기다. 그리하여 하이데거는 이렇게 현존재 전체의 근본 가능성 안으로 진입하는 데 필요한 절차를 세 가지로 추려서 이야기한다.

'첫째, 존재자 전체를 위한 공간을 마련할 것, 둘째, 무 속으로 자기 자신을 풀어놓을 것, 다시 말해 누구나 섬기고 있는 우상, 누구나 슬그머니 기어 들어가버리는 그 우상들로부터 자유로워질 것, 셋째, 불안 속에서 떠다니며 동요하던 마음을 완전히 휘저어버림으로써 형이상학의 근본 물음을 묻고 그 물음 속으로 깊이 파고들 것.'「형이상학이란 무엇인가」「이정표1」 174쪽

이 세 가지를 좀더 친숙한 방식으로 이해하면 다음과 같다. 먼저, 존재하는 것 전체, 다시 말해 우리 자신을 포함해 세계와 우주 전체를 마음속에 펼쳐놓을 것. 이어 이 모든 것을 무로 돌려버릴 것, 다시 말해 이 모든 것이 사라져 아무것도 남지 않게 된다고 생각할 것. 이

렇게 모든 것을 무로 돌리려면, 우리 안에 있는 우상을 잊어야 한다. 다시 말해 이 세계와 우주 전체를 최종적으로 창조하고 주재하고 관할하는 절대자와 같은 것을 지워버려야 한다. 그렇게 해서 모든 것이 무가 돼야 한다. 그런 상태에 놓이게 되면 불안이 우리의 숨통을 조이게 된다. 모든 것이 무로 증발해버리는 그런 상태가 우리를 불안의 아득한 수렁 속에 던져넣는 것이다. 바로 그런 상태에서 마지막으로 그 무 자체가 강요하는 형이상학의 근본 물음을 물을 것. 하이데거가 여기서 제시하는 형이상학의 근본 물음은 이것이다. "도대체 왜 존재자가 있고 도리어 무는 없는가?" 이 물음을 더 실감나게 풀어보면 이렇게 된다. '도대체 왜 아무것도 없지 않고 이 모든 것이 존재하는가?'

생각해보면 아무것도 없을 수도 있었다. 나 자신을 포함해 이 우주의 모든 것이 티끌 하나까지 포함해 모조리 존재하지 않을 수도 있었다. 그런데 그렇게 아무것도 없지 않고 무언가가 있는 이유는 무엇인가? 왜 이 세계, 이 우주, 이 존재하는 모든 것이 존재하는가? 바로 그것이 형이상학의 근본 물음이라는 것이다. 우리가 존재자 전체를 넘어 무 속으로 들어갈 때 바로 그 근본 물음이 솟아난다는 것이다. 이 근본 물음이 바로 옛 그리스인들이 '놀람'(타우마제인, θαυμάζειν) 속에서 물었던 물음이다. 그 물음을 오늘날 우리 인간들은 아주 드문 순간에 묻는다. 이 물음 속에서 우리 바깥의 존재자 전체가 물음의 대상이 될 뿐만 아니라, '나는 왜 존재하는가?' '무엇 때문에 나는 여기 있는가?' 하는 우리의 실존이 물음의 대상이 된다. 바로 그 물음 속에서 진정한 본래적인 실존의 가능성이 열리며, 바로 그런 본래적인 실존의 가능성이 열리는 상황에서만 참된 학문도 가능한 것이다. 그 근본 물음이 우리를 존재자들의 익숙한 존재에서 벗어나 낯선 눈으로 존재자들의 존재와 만나게 한다.

무에 관한 세간의 오해

교수 취임 강연이 끝난 뒤 하이데거의 이 강연문은 소책자로 출간돼 널리 읽혔다. 그러나 하이데거의 의도와 달리 이 강연문은 여러 오해에 부딪쳤다. '무'를 주제로 삼아 형이상학이라는 영역으로 들어가는 그 도발적인 물음의 방식이 오해를 일으킨 원인이었다. 많은 독자들이 하이데거가 '허무주의'(니힐리즘)를 주장한다고 생각했다. 하이데거의 뜻은 오히려 니힐리즘의 극복에 있었지만 이 압축적인 글의 미로를 헤매다 엉뚱한 출구를 찾는 경우가 적지 않았다. 강연이 책자로 출간되고 14년이 지난 1943년 하이데거는 이 책자의 제4판에서 일종의 '후기'를 덧붙여 세간에 퍼진 오해를 바로잡으려고 했다. 하이데거는 이 후기에서 독자들의 의심과 오해를 세 가지로 정리해 제시했다.

첫째, 이 강연은 '무'를 형이상학의 유일한 대상으로 삼고 있다. 그런데 무는 단적으로 없는 것이기에 이런 사유는 '모든 것은 다 허망한 것이어서 사는 것도 죽는 것도 아무런 보람이 없다'는 생각에 빠지게 한다. '무의 철학'은 '허무주의'의 완성이다.

둘째, 이 강연은 저마다 억눌린 기분, 곧 불안을 유일한 근본 기분이라고 강조한다. 그러나 불안이란 겁먹은 자와 비겁한 자의 심리 상태다. 따라서 이런 사유는 용기 있는 의연한 태도를 부인하는 것이다. '불안의 철학'은 행동하려는 의지를 마비시킨다.

셋째, 이 강연은 '논리학'에 반대한다. 그러나 논리학에 반대하는 사유는 모든 계산과 정돈의 척도를 내버리고 진리에 대한 판단을 우연한 기분에 떠넘긴다. 오직 감정만이 판을 치는 사유는 정확한 사유와 행동의 안전을 위태롭게 한다.

하이데거는 이 세 가지 의심과 오해에 차례로 답했다. 먼저, 이 강연은 무를 대상으로 삼아 완전한 허무주의를 주장하는 것인가. 하이데거는 이 강연이 무 자체를 주장하려는 것이 아니라 무를 통해서 존재를 이야기하려는 것이라고 답한다. 그러면 왜 존재를 이야기하지 않고 무를 이야기하는가? 존재를 그 자체로 만날 수 없기 때문이다.

"비록 모든 탐구가 아무리 끊임없이 그리고 아주 멀리 존재자를 끝까지 찾아나선다고 해도, 그 탐구는 어디에서도 존재를 발견하지 못한다. 그 탐구는 언제나 단지 존재자만을 만날 뿐이다."「'형이상학이란 무엇인가'의 나중말」, 「이정표1」 178쪽

왜 그런가? 존재는 존재자에 속한 어떤 성질이 아니고 존재는 존재자와 같이 대상으로서 표상되거나 손에 잡히는 물건처럼 제작될 수 있는 것이 아니기 때문이다. 존재는 현존재 안에서 현존재를 통해서만 만날 수 있는 것이지 존재자들을 뒤져서 찾아낼 수 있는 것이 아니다. 존재는 현존재의 마음을 거처로 삼는다. 그러므로 존재는 모든 존재자와 단적으로 다른 것, 그러므로 '비존재자' 곧 '존재자가 아닌 것'이다. 이 비존재자 곧 '존재자 아님'이 바로 무다. 그런데 이 무를 하이데거는 여기서 "존재의 베일"이라고 풀이한다. 무라는 베일 (Schleier)을 벗기면 존재가 드러난다는 것이다. "무는 존재 자체다." 존재가 무를 통해서 자신을 드러내는 것이다.

"존재가 없다면 모든 존재자는 존재 상실 속에 머물게 될 것이다. 그리고 이 존재의 심연에 간직된 채 아직도 채 펼쳐지지 않은 본질이 우리에게 본질적인 불안 속에서 무를 보내고 있는 것이다."「'형이상학이란 무엇인가'의 나중말」, 「이정표1」 179쪽

그러므로 무를 탐구하는 것은 허무주의를 조장하려는 것이 아니라 존재를 드러내려는 것이다. 존재자 자체를 통해서는 존재를 파악할 수 없으므로 우회로로서 무를 선택했다는 얘기다.

둘째, 이 강연은 불안의 철학이며 행동하려는 의지를 마비시킨다

는 의심이야말로 억측이다. 하이데거는 '불안이라는 것은 최고의 것을 경험하게 해주는 긍정적인 것이며 용기를 요구하는 것'이라고 맞받아친다.

"모든 존재자들 가운데 오직 인간만이 유일하게 존재의 소리에 부름받아 모든 경이로움 중에서 최고의 경이로움인 '존재자가 존재한다'는 경이로움을 경험한다. … 본질적인 불안에 대한 해맑은 용기는 존재의 경험이라는 그 비밀스런 가능성을 보장해준다."「「형이상학이란 무엇인가'의 나중말」「이정표1」180쪽

'존재자가 존재한다'는 그 최고의 경이로움을 경험하려면 불안을 향해 용기를 낼 수 있어야 한다는 것이다. 불안 속에서만 우리는 무를 통해서 그 최고의 경이로움에 다가갈 수 있기 때문이다. 그러므로 불안은 용기를 갉아먹는 것이 아니라 오히려 용기를 요구하는 것이다. 불안은 결코 비겁한 자의 심리가 아니다. 불안 속에서 우리는 소스라치며 깨어날 수 있고, 그렇게 소스라침, 곧 경악 속에서 존재에 대한 경외감에 이를 수 있다. 이 모든 것이 존재하지 않을 수도 있다는 그 무의 경험을 통과할 때 우리는 소스라치며 놀라게 되고, 그 경악에 이어 '이 모든 것이 존재하고 있다'는 그 새삼스러운 깨달음 속에서 이 모든 것이 존재함에 경외감을 느끼게 되는 것이다. 이 경외감 속에서 인간은 "고향에 머무는 듯한 아늑함을 느끼게 되는 장소, 인간의 본질이 거주하는 근원적인 장소"를 발견한다.

셋째, 이 강연이 논리학에 반대하며 감정만이 판을 치는 철학을 한다는 주장에 맞서 하이데거는 이렇게 말한다.

"이 강연은 서양 사유가 시작한 이래로 그 사유에게 사유해야 할 것으로서 나타났다가 곧 망각되고 말았던 바로 그것 곧 존재만을 사유할 따름이다."「「형이상학이란 무엇인가'의 나중말」「이정표1」181쪽

그러나 존재를 사유하는 사유가 '논리학'의 형식과 규칙에만 사로

잡힌다면 그 사유는 사유해야 할 사태 곧 '존재'를 사유할 수 없다. 왜 그런가? '논리학'은 사유의 원천적인 규칙이 아니기 때문이다. 오히려 논리학은 고대 그리스의 사유에서 성취된 존재의 진리에 대한 경험을 바탕으로 삼아 차후에 구축된 것일 뿐이다. 진리에 대한 경험이 일차적이며 논리학은 이차적이라는 얘기다. 논리학은 정확한 사유를 지향하지만, 논리적으로 정확한 사유가 '가장 엄밀한 사유', 곧 존재의 진리를 사유하는 사유는 아니다.

"정확한 사유란 단지 존재자를 계산하는 일에만 신경을 곤두세우고 오로지 존재자에만 봉사할 뿐이다."「형이상학이란 무엇인가」의 나중말」, 『이정표1』 182쪽

우리의 지성이 하는 논리적 계산이란 오직 셀 수 있는 것만을 취급한다. 그러므로 존재의 진리는 이런 계산적 사유로는 포착되지 않는다. 하이데거는 '계산하는 사유'에 맞서 '시원적인 사유' 곧 존재를 생각하는 사유를 내세운다.

"시원적인 사유는 존재의 은총에 대한 메아리다. 이 은총 속에서 '존재자가 존재한다'는 유일무이한 사건이 환히 밝혀지고 일어난다."「형이상학이란 무엇인가」의 나중말」, 『이정표1』 184쪽

하이데거의 강연은 바로 이 존재에 대한 사유이기에 논리학의 단순한 규칙으로는 파악되지 않는 것이다.

현존재 중심 사유에서 존재 중심 사유로

오해에 대한 이런 해명에서 얼핏 드러나듯이, 교수 취임 강연을 하던 시기(1929년)와 '후기'를 쓴 시기(1943년) 사이에 하이데거의 사유는 큰 변화를 겪었다. 쉽게 말하면 '현존재'를 중심에 둔 사유에서 '존재'를 중심에 둔 사유로 나아갔다. 다시 말해 현존재를 통해서 존

재를 이해하려 한 '전기 사유'에서 존재 자체를 통해 존재를 사유하려는 '후기 사유'로 일대 전환을 감행했다. 「형이상학이란 무엇인가」는 현존재를 통해서 존재로 나아가려 하는 '전기 사유'의 거의 마지막 단계를 이루는 글이다. 이 강연에서 하이데거가 궁극적으로 해명하려는 것은 '존재의 의미' 혹은 '존재의 진리'다. 그러나 하이데거는 『존재와 시간』에서와 마찬가지로 이 강연에서도 현존재를 사유의 거점으로 삼아 존재를 해명하려고 한다. 현존재라는 거점을 확보하고서 거기를 베이스캠프로 삼아 존재를 향해 나아가는 이런 사유의 길을 하이데거는 1930년을 기점으로 하여 서서히 버리게 된다. 그리고 그런 사유 방식에 '형이상학'이라는 꼬리표를 단다.

이 '후기'에서 하이데거는 「형이상학이란 무엇인가」 강연이 '형이상학의 언어로 형이상학을 넘어서 묻고 있다'고 말한다. 「형이상학이란 무엇인가」 강연이 형이상학을 극복한 사유임은 분명하지만 아직은 형이상학의 언어를 쓰고 있다는 얘기다. 그러면서 하이데거는 자신이 비판하는 '형이상학', 다시 말해 전통 형이상학이 무엇을 뜻하는지 '존재자의 진리'와 '존재의 진리'를 구분함으로써 이야기한다. 요컨대 형이상학은 '존재자의 진리'를 추구할 뿐이지 '존재의 진리'를 사유하지 않는다. 형이상학은 '존재자란 무엇인가' 하고 물음으로써 존재자의 진리를 추구한다. 그러나 그 진리가 역사적으로 나타나 바뀌어 간다는 것은 보지 못한다. 형이상학은 진리가 영원불멸한다고 생각하며, 마찬가지로 존재자의 본질이 영원불멸한다고 생각한다. 그렇게 형이상학은 '존재자의 진리'를 추구한다. 그러나 그 진리가 역사와 함께 바뀌는 것이라면, 형이상학의 진리 추구는 어떤 고정된 틀에 갇힌 것일 뿐이다. 오히려 탐구해야 할 것은 형이상학의 그 근본 바탕인 진리 자체다. 그것을 가리키는 말이 바로 '존재의 진리'다.

"형이상학은 도처에서 존재의 진리의 영역 안에서 움직이고 있지만, 이 존재의 진리는 형이상학에는 미지의 상태로 남아 있으며 그 근거도 전혀 제시되지 않은 근본 바탕으로 남아 있다."「'형이상학이란 무엇인가'의 나중말」,『이정표1』176쪽

그렇다면 형이상학을 넘어서 사유하는 것은 존재자가 아닌 존재 자체를 추구하는 사유에는 필연적인 일이 될 것이다.

데카르트 '철학의 나무'와 형이상학의 극복

'후기'를 쓰고 6년이 지난 뒤 하이데거는 이 강연의 제5판(1949)에서 본문의 길이에 육박하는 긴 '서문'을 덧붙였다. 이 '서문'에서 하이데거는 형이상학을 '존재'의 관점에서 재서술하고 '형이상학의 극복'을 주제로 삼아 상술했다. 먼저 하이데거는 근대 철학의 시조인 데카르트가 형이상학에 관해 했던 말을 상기시킨다. 데카르트는 자신의 책『철학의 원리』번역자에게 보낸 편지에서 이렇게 쓴다. "따라서 철학 전체는 하나의 나무 같은 것인데, 그 뿌리는 형이상학이요 그 줄기는 자연학이며 이 줄기로부터 자라나온 가지들은 나머지 다른 학문들입니다."「'형이상학이란 무엇인가'의 들어가는 말」,『이정표1』125쪽 데카르트는 이렇게 철학이라는 나무가 형이상학을 뿌리로 삼고 있다는 말까지만 했지만, 하이데거는 여기서 한 발 더 나아가 '형이상학은 어디에 뿌리를 내리고 있는가' 하고 묻는다.

"철학이라고 하는 나무의 뿌리는 어떤 땅에 자리 잡고 있는가? 그 뿌리는, 그리고 그 뿌리를 통해 자라난 나무 전체는 어떤 흙으로부터 자양분과 생명력을 받아들이고 있는가? 어떤 근본 요소가 땅 속 밑바닥에 숨겨져 있기에 그 나무를 지탱하고 기르는 뿌리들을 자라나게 하는가? 형이상학은 어디에 자신의 바탕을 두고 있으며 어디에서

성장하고 있는가?"「'형이상학이란 무엇인가'의 들어가는 말」「이정표1 125쪽

하이데거가 이렇게 물음으로써 드러내려고 하는 것은 형이상학적 사유의 맹점이다. 전통 형이상학은 존재자가 무엇이냐고 물으면서 존재자 자체를 사유하지만, 그 존재자를 존재자로서 드러내주는 것 자체를 사유하지 못한다. 하이데거는 존재자를 존재자로서 드러내주는 것을 '존재의 빛'이라고 말한다. 존재가 빛을 던져주기에 존재자가 존재자로서 드러난다는 얘기다. 그러나 이 빛 자체는 형이상학적 사유의 시야에는 들어오지 않는다. 이것이 형이상학적 사유의 맹점이다. 형이상학적 사유는 존재자를 오직 존재자의 관점에서만 보기 때문에 '존재의 빛'은 보지 못하는 것이다. 존재자는 언제나 '존재의 빛' 안에서만 나타난다.

"형이상학이 존재자를 표상할 경우에는 어디에서나 이미 존재가 자신을 환히 밝히고 있다. 존재는 이미 비은폐성(알레테이아) 속에서 일어나고 있는 것이다."「'형이상학이란 무엇인가'의 들어가는 말」「이정표1 126쪽

존재가 이미 개방돼 있기 때문에 그 개방성 안에서 존재자가 존재자로 드러난다는 이야기다. 존재가 이미 개방돼 있다는 것은 다른 말로 하면, 인간 현존재가 특정한 존재 이해를 앞서 품고 있다는 것을 뜻한다. '존재자가 무엇이냐'고 형이상학이 물을 때, 형이상학은 아무런 전제 없이 묻는 것이 아니라 이미 '존재에 대한 앞선 이해' 속에서 묻고 있는 것이다. 다시 말해 '존재가 무엇이냐' 하는 물음에 대한 답을 처음부터 바탕에 깔고서 '존재자란 무엇인가' 하고 묻는 것이다. 존재에 대한 선이해를 바탕에 두고 존재자의 진리를 추구하는 것이다. 그런데 이렇게 바탕에 깔려 있고 선이해 속에 있는 그 존재는 형이상학의 시야에는 잡히지 않는다. 형이상학은 존재자만을 문제 삼기 때문에 존재자에 머물러 있으며 존재 자체로는 향하지 않는다. 다시 말해 존재 자체를 사유하지 않는다. 존재 자체를 사유하지 않

는다는 것은 '존재자가 무엇이냐' 하고 물을 때 이미 바탕에 깔고 있는 '존재에 관한 특정한 선이해' 자체를 탐구하지 않는다는 것을 뜻한다.

전통 형이상학이 바탕에 깔고 있는 '존재에 관한 특정한 선이해'는 '눈앞에 존재함'이라는 의미의 존재다. 다시 말해 전통 형이상학에서 '존재한다'는 것은 '인간이 언제라도 이론적으로 탐구할 수 있는 방식으로 인간의 눈앞에 존재한다'는 뜻이다.[9] 그리하여 전통 형이상학은 존재자 전체의 본질과 근거가 '이론적 객관화'를 통해서만 드러날 수 있다고 본다. 그러나 하이데거의 관점에서 볼 때 이런 전통 형이상학의 존재 이해, 곧 존재에 대한 선입견으로는 참된 존재이해에 이를 수 없다. 이론적으로 객관화할 수 있는 것이라고 존재자를 이해해서는 존재자의 진정한 존재 의미가 은폐되고 만다.[10] 경이로움 속에서 드러나는 그 존재가 망각되고 마는 것이다. 전통 형이상학은 이렇게 존재의 의미에 대한 특정한 이해를 바탕에 깔고 있으면서도 그 존재를 당연하고 자명한 것으로 여기면서 이 존재 자체를 주목할 생각을 하지 못한다. 하이데거가 문제 삼는 것은 전통 형이상학의 바로 이 맹목성이다.

전통 형이상학이 자명하게 생각하는 것처럼 존재는 영원불변하는 어떤 고정된 것이 아니다. 존재가 무엇이냐는 물음에 대한 대답은 시대마다 달라질 수 있다. 그것이 바로 존재의 역사적 변화로서 '존재의 진리'다. 이 존재의 진리야말로 형이상학을 받쳐주는 바탕이고 토양이다. 그러므로 사유가 형이상학의 근본 바탕을 경험하려고 할 경우, 다시 말해 존재의 진리 그 자체를 경험하려고 할 경우, 그 사유는 전통 형이상학의 지반을 떠나지 않으면 안 된다. 형이상학의 바탕인 '존재의 진리'를 통찰하려는 사유는 더는 형이상학에 만족하지 못한다. 그리하여 형이상학은 '존재의 진리'를 숙고하는 사유를 통해 극복된다. 이 사유가 바로 '후기 하이데거의 존재 사유'다.

　이 '서문'에서 하이데거는 『존재와 시간』에서 시도한 사유는 형이상학의 극복을 준비하는 것이었다고 말한다. 그렇다면 『존재와 시간』의 연장선에 있는 「형이상학이란 무엇인가」 강연도 형이상학 극복의 길을 향해 나아가는 도상에 있다고 해야 할 것이다. 왜냐하면 이 강연이 '형이상학'을 긍정하고 있다고 해도 그 내용을 보면 '존재자란 무엇인가' 하는 물음을 넘어 존재 자체로 향하고 있기 때문이다. 하지만 이 강연은 그 존재 자체를 역사적 관점에서 파악하지는 못했다고 할 수 있다. 존재의 진리가 역사적으로 바뀌며 펼쳐진다는 사실은 이 강연에서 주제로 드러나지 않았다.

　「형이상학이란 무엇인가」 강연은 현존재에서부터 출발해 존재 자체로 나아가려 한다. 그러나 하이데거는 이 '서문'에서 "존재의 진리는 현존재 안에서 완전히 길어낼 수 없다"「형이상학이란 무엇인가」의 들어가는 말, 『이정표1』 137쪽라고 말한다. 현존재로부터 출발해서는 존재 자체의 진리에 충분히 다가가지 못한다는 얘기다. 그리하여 이 강연 이후로 하이데거는 현존재를 넘어서 '존재의 진리'를 그 자체로 해명하는 방향으로 사유의 길을 내기 시작한다.

2 다보스 결투

철학이란 '무언가를 그리워함 곧 향수'이며
'무엇인가를 향한 사랑'인데,
그것은 오직 유한성 속에서만 일어난다.
유한하기 때문에 자기 안에 없는 것을 그리워할 수
있는 것이다. 그러므로 유한성을 모르는
무한한 신은 철학을 할 이유가 없다.
철학은 오직 인간의 일이다.

"

인간은 너무나도 광범위하고 다채롭고 다양한 자이기에
(인간에 관한) 정의들은 모두 다소간 너무도 협소한 것이 되고 만다.
인간은 너무나 많은 목적들을 가지고 있다.

존재 이해 자체가 유한성의 가장 내적인 본질이다.

"

철학사에 남을 형이상학 논쟁

1929년 봄 하이데거는 20세기 독일 철학사에 남을 전설적인 논쟁을 벌였다. 상대는 함부르크대학 교수 에른스트 카시러였다. 카시러는 그 무렵 막 자신의 대표 저서가 될 세 권짜리 대작 『상징 형식의 철학』을 완성한 상태였고, 하이데거는 『존재와 시간』을 출간한 뒤 프라이부르크대학 정교수로 임용돼 한 학기를 보낸 터였다. 명성의 정점에 오른 박학하고 원숙한 50대의 철학자와 도발적이고도 독창적인 언어로 철학의 새 지평을 연 마흔 살의 철학자가 만났다. 카시러는 칸트 철학을 '문화 철학'으로 확장한 신칸트학파의 거인이었고 하이데거는 신칸트학파의 칸트 해석에 대한 강력한 반대자였다.

두 사람이 만난 곳은 스위스의 알프스 고지대에 있는 다보스대학이었다. 다보스대학은 이해 3월 17일부터 4월 6일까지 3주 동안 계속된 연구 주간에 두 사람을 초청했다. 하이데거와 카시러는 각각 세 차례 강연을 한 뒤 칸트 해석을 놓고 마지막에 일대일 논쟁을 벌였다. 철학에 관심이 있는 수많은 사람들이 행사에 직접 참석하거나, 행사의 풍경과 내용을 전하는 신문 기사를 읽었다. 학생 신분으로 하이데거의 초대를 받아 행사에 참석한 오토 볼노브(Otto Bollnow, 1903~91)는 당시 참석자들이 "역사적 순간에 함께하고 있다는 격앙된 감정"에 휩싸였다고 다보스의 분위기를 회상했다. "그것은 괴테가 『프랑스 종군기』에서 말한 것과 아주 유사했다. '오늘 여기서 세계사의 새로운 시대가 시작되며, 그대들은 거기 함께 있었다고 말할 수 있으리라.' 물론 이번 경우에는 세계사가 아니라 철학사였다."11)

사람들은 두 거인의 논쟁을 철학의 검투사들이 명예를 걸고 벌이는 형이상학적 대결로 상상했다. 5세기 초 아우구스티누스(354~430)와 펠라기우스(Pelagius, 354~418)의 '자유 의지' 대논쟁을 비롯해 중세 철학사에 등장하는 전설적인 논쟁들을 떠올리기도 했다. 더구나 논쟁이 벌어진 다보스는 그 5년 전에 출간된 토마스 만(1875~1955)의 소설 『마의 산』의 무대이기도 했다. 이 대작에서 토마스 만은 인문주의자 세템브리니와 예수회 회원 나프타를 등장시켜 다보스 산정에서 대논쟁을 벌이게 했다. 사람들은 카시러와 하이데거의 논쟁을 보며 『마의 산』의 두 논적을 떠올렸다. "그 논쟁은 당시 정신적 전투의 원형이었다. 한편에는 세템브리니가 있다. 세템브리니는 물러섬이 없는 계몽의 아들이며 자유주의자이고 반교회주의자이며 한없이 웅변을 쏟아내는 휴머니스트다. 그리고 다른 한편에는 나프타가 있다. 나프타는 비합리주의와 종교 심판의 사도이며 죽음과 폭력과 에로스를 사랑한다. 세템브리니는 인간을 향상하고 위로하고 확장하려 한다. 반면에 나프타는 인간을 경악케 하고 휴머니즘의 '안일한 침대'에서 쫓아내고자 한다. 나프타는 인간을 교양이라는 거주지에서 몰아내고 인간의 자만심을 꺾어버리고자 한다. 세템브리니가 인간에게 친절하다면, 나프타는 형이상학적 테러리스트다."12)

이성과 계몽의 힘을 믿는 자유와 진보의 사도 세템브리니는 소설 속에서 자신의 신념을 이렇게 펼쳐놓는다. "이성과 계몽은 지금도 암흑에 맞서 투쟁을 계속하고 있는데, 그 어두운 그림자가 여전히 인간의 정신을 뒤덮고 있습니다. 그리고 그 싸움이 바로 '일'입니다. 현세의 일, 이 시대를 위한 일, 인류의 명예와 복지를 위한 일입니다. 그 싸움에서 우리의 이성과 계몽이라는 두 가지 힘은 나날이 단련돼 언젠가는 인간을 완전히 해방하고 진보와 문명의 길로 이끌어가게 될 것입니다. 더욱 순수한 광명의 길로 말입니다."[13]

기독교 신앙으로 무장한 공산주의자 나프타는 훨씬 더 근본적인 혁명을 주장한다. "(중세 기독교 신앙과 근대 공산주의 운동이라는) 이 양자의 조화는 국제 노동자 계급이 국제 상인 계급과 투기자 계급에 대항하여 내세운 지배권 요구의 의미에 이르기까지 일치하고 있습니다. 현세계의 부르주아 자본주의의 부패에 대항하여 인도주의와 신의 나라를 창조하려는 세계와도 일치하며, 무산계급이 내세운 요구의 의미와도 일치하는 것입니다. 노동자 계급의 독재는 … 십자가의 이름 아래 정신과 권력의 대립을 일시적으로 지양한다는 의의, 세계 지배라는 수단으로 이룩되는 세계 극복, 고도성과 초월을 의미하며, 다시 말해 신의 나라를 의미하는 것입니다. … 무산 계급의 궁극적인 임무는 세계를 구원하는 것이며 그 목표를 달성하기 위해 노력하는 것입니다. 그러기 위해서는 국가도 계급도 없는 신의 자식이라는 상태를 재현해야 할 것이며, 그런 뜻에서 공포정치를 단행해야 하는 것입니다."[14]

『마의 산』의 이 두 인물, 그러니까 세템브리니와 나프타가 카시러와 하이데거의 철학적·인간적 특성과 완전히 합치하는 것은 아니다. 그러나 세템브리니의 자유주의적인 인문주의 정신은 카시러의 태도와 유사한 데가 있으며, 근본주의적이고 격렬한 나프타의 성격은 하이데거의 정신과 일치하는 면이 있다. 나중에 하이데거는 나프타가 '기독교 공산주의' 혁명을 요구하는 것과 비슷하게 '민족사회주의' 혁명의 완수를 주장하게 된다. 다보스 정상의 카시러는 인간 이성을 신뢰하고 진보를 낙관하는 자유주의 철학자인 데 반해, 하이데거는 건전한 인간 정신의 내면을 들여다보며 삶의 비밀을 캐 들어가는 무와 불안의 철학자다.

진보적 자유주의자 카시러 대 무와 불안의 철학자 하이데거

카시러의 이런 기풍은 주저 『상징 형식의 철학』에서도 그대로 드러난다. 초기에 수학적 자연과학의 철학적 기초를 탐구하던 카시러는 이 저작에서 인간의 문화적 창조 정신을 두루 아우르는 '문화 철학'를 개척했다. 카시러의 문화 철학의 핵심은 인간의 본질적 특성을 '상징을 형성하는 능력'에서 찾는 데 있다. 카시러는 인간의 정신적인 능력이 표출된 '언어·신화·종교·예술·과학'과 같은 상징들을 탐구함으로써 인간 정신 능력의 본질적 성격을 드러내려고 한다.

이런 상징들은 외부 세계를 단순히 반영하는 것이 아니라, 세계와 인간을 이해하는 데 필요한 근본 틀을 제공한다. 그런데 언어든 종교든 예술이든 각각의 상징 형식은 자신의 영역에 만족하지 않고 정신생활 전체에 자신의 특수한 성격을 각인하려는 경향이 있다. 가령 언어라는 상징 형식은 언어 영역을 벗어나 인간의 문화 세계 전체를 그 형식에 따라 해석하고 장악하려고 한다. 마찬가지로 예술이나 종교도 문화 세계 전체를 자신의 형식으로 해석해 장악하려 한다. 여기서 상징 형식들 사이에 문화적 갈등이 일어난다. 상징 형식들 사이의 이런 투쟁을 조정하는 것이 바로 철학의 임무라고 카시러는 주장한다. 그러나 이제까지 형이상학은 특정 형식에 뿌리를 내린 독단적인 체계에 사로잡혀 특정한 상징 형식을 변호하고 강화하는 데 앞장서기만 했지 그런 갈등을 화해로 이끌지 못했다.

카시러는 『상징 형식의 철학』에서 이런 상징 형식들을 포괄하고 화해시키는 철학적 일반 이론을 제시하려고 했다.[15] 문화적 상징들을 단 하나의 원리로 환원하지도 않고, 그렇다고 해서 별개의 것으로 떼어놓지도 않으면서, 그 상징들을 연결해주는 보편적인 체계를 찾아내려 한 것이다. "우리가 논리적 통일이라는 요구를 고집한다면, 결국은 논리적 형식의 보편성 안에서 각각의 개별 영역의 특수성과 그 원리의 독자성이 사라지게 될 위험이 있다. 반대로 만약 우리가 이런 개별성에 몰두하면서 그것을 고찰하는 데 머문다면, 우리는 그런 개별성에 빠져 보편적인 것으로 되돌아갈 길을 발견하지 못하게 될 위험이 있다." 이런 방법적 딜레마에서 벗어나는 길은 '모든 정신적 형식에서 발견되면서도 그 형식들 중 어디에서도 완전히 똑같은 형태로 재현되지는 않는' 그런 '계기'를 파악할 경우에만 찾을 수 있다.[16] 독단적인 원리로 모든 것을 환원하지 않으면서도 모든 상징 형식들을 포괄할 수 있는 보편적인 계기를 찾아내는 것이『상징 형식의 철학』에서 카시러가 제시한 목표였다. 그런 목표에 비추어보면 카시러의 철학은 확실히 보편주의적인 문화 이상주의를 대변한다고 할 만하다.

카시러의 철학적 태도는 그대로 정치적 태도로 이어진다. 카시러의 스승은 신칸트학파의 양대 산맥 가운데 하나인 마르부르크학파의 창시자인 헤르만 코엔이었다. 코엔은 칸트 철학의 사회주의적 해석을 제시했다. 타인의 인격을 한갓 수단이 아니라 동시에 목적으로 대하라는 칸트 윤리학의 '정언명령'을 미래의 도덕 강령으로 재해석한 것이다. 코엔은 이렇게 말했다. "목적으로서 인류의 탁월성이라는 이념은 단지 이 이념만으로도 사회주의적 이념이 되며, 그 결과로 인간 각자는 최종적 목표이자 목적으로 규정된다."[17] 코엔의 학풍을 이어받은 카시러는 좌우익 극단주의의 공격에 맞서, 사회민주당이 주도한 독일 '바이마르 공화국'의 자유주의적·의회주의적 헌법과 정신을 옹호했다.

그런 정치 이념을 보여주는 일화가 있다. 카시러는 다보스 토론을 마친 직후에 함부르크대학 총장에 임명됐다. 유대인이 독일 대학 총장이 된 것은 카시러가 처음이었다. 당시 바이마르 공화국에 반대하던 대학 안 보수파 교수들은 공화주의·의회주의 헌법이 독일 정신에 맞지 않는 '비독일적인 것'이라는 편견을 품고 있었다. 카시러는 보수파의 이런 생각에 맞섰다. 공화주의가 라이프니츠와 볼프 같은 근대 독일 철학자들의 저작에서 이미 구상됐고 칸트의 '영구평화론' 저술에서 완성된 표현을 얻었다는 것이 카시러의 지론이었다. 카시러는 함부르크 시의회가 연 바이마르 헌법 기념식에 초청받아 이렇게 말했다. "공화주의 헌법의 이념 자체는 독일 정신사 전체에서 결코 낯선 것이 아니며 외부에서 들여온 것은 더더욱 아니다. 오히려 그것은 (독일의) 고유한 토대에서 자라나 그 가장 고유한 힘, 즉 관념론적 이상주의 철학의 힘을 통해 육성된 것이다."[18]

카시러는 헌법 정신에 투철한 애국자였다. 반면에 하이데거는 이 시기에 직접 드러나지는 않았지만, 자유주의와 의회주의가 독일 정신의 소산이라는 것을 긍정하지 않는 '보수주의' 성격이 비교적 뚜렷한 사람이었다. 그러나 하이데거의 '보수주의'는 오늘날 보수주의라는 말이 함의하는 저열한 특성, 그러니까 기득권에 집착하고 계급차별을 당연히 여기고 힘을 숭배하는 탐욕스럽고 이기적인 사고방식과는 정반대라 할 정도로 다르다. 하이데거의 정치 이념은 민족정신과 공동체 정신에 뿌리를 두면서도 도발적이고 전위적인 성격이 강한 전투적·혁명적 보수주의였다. 민족주의와 민족정신을 강조한다는 점을 제외하면 오히려 급진 좌파의 태도에 가까운 것이 하이데거의 정치적 이념이었다고 할 수 있다. 바로 그런 급진주의적 태도로 하이데거는 당시의 다른 많은 공산주의적 좌파와 함께 자유주의와 의회주의에 반감을 품고 있었다.

에른스트 카시러(왼쪽)와 하이데거(1929).
알프스 고지대에 있는 다보스대학에서 하이데거와 카시러가
칸트 해석을 놓고 일대 논쟁을 벌였다.

반면에 카시러는 온건한 진보주의자로서 바이마르 헌법의 자유주의와 의회주의를 옹호했다. 오늘날의 일상적인 정치적 기준으로 보면 하이데거는 극좌파에 가깝고 카시러는 온건 진보파에 가깝다. 하이데거는 뒷날 '68혁명' 시기에 대학생들의 급진적 변혁 운동에 동조했다. 이런 정치 노선이 암시하는 대로 철학에서도 하이데거는 카시러와는 사뭇 다른 방식으로 도발적이고 근본적이었다. 하이데거의 날카로운 시선은 모든 존재자들의 토대를 뚫고 근원의 근원으로 내려가려고 했다.

카시러의 외모, 하이데거의 외모

두 사람은 정신만큼이나 외모에서도 대조적이었다. 두 사람의 논쟁을 목격한 어느 참석자는 이렇게 증언했다. "하이데거와 카시러의 논쟁은 우리에게 인간적으로도 아주 깊은 인상을 심어주었다. 한편에는 운동을 좋아하고 스키를 잘 타며 에너지가 넘치고 단호한 용모를 한 거무스름한 작은 사람, 자신이 도덕적으로 진지하게 제기한 문제에 혼신을 다해 몰두하는 끈질기고도 완고한 사람이 있었다. 다른 한편에는 겉모습에서나 내면으로나 품격을 갖춘 백발의 위인, 표정은 명랑하고 태도는 침착하며 생기와 융통성을 잃지 않는 남자, 그리고 귀족적인 기품이 넘치는 인물이 있었다."[19]

카시러는 북부 독일 유대인 부호의 아들이었고, 하이데거는 남부 독일 가난한 종지기의 아들이었다. 똑같이 명망 높은 철학 교수라는 지위에 올랐어도 두 사람의 내면 세계는 전혀 달랐다. 다보스 그랜드 호텔의 호화로운 실내에서 펼쳐지는 부르주아적인 회합의 분위기는 농촌에서 올라온 서민의 아들 하이데거에게 익숙해지기 어려운 '세인의 공공성'이었다. 다보스 행사 기간 중에 하이데거는 당시 프랑크푸르트대학 감독관이던 쿠르트 리츨러와 함께 알프스 산정으로 스키 여행을 다녀온 뒤 스키복 차림 그대로 실내에 들어서기도 했다. 스키는 어린 시절부터 하이데거가 즐겨 타던 시골 사람의 놀이였다. 스키복 차림으로 들어선 것은 일종의 도발이었다. 하이데거는 다보스 토론이 끝난 뒤 엘리자베트 블로흐만에게 보낸 편지에 이렇게 썼다. "기분 좋은 피로감과 함께 산정의 햇빛과 자유로움을 만끽하면서, 또 장거리 활강에서 얻은 활력을 온몸에 담은 채 우리는 저녁마다 스키복을 입고서 우아한 정장 차림의 사람들 사이에 끼어들었습니다. 객관적 연구 활동과 느긋하고 즐거운 스키 활강의 이런 직접적 통일은 대다수 대학 교육자와 청중들에게 전대미문의 것이었습니다."1929년 4월 12일[20] 이런 도발적인 행동이 참석자 가운데 상당수에게 불쾌감을 안겼다. 그런 감정을 느낀 사람 가운데 카시러의 부인 토니 카시러(Toni Cassirer, 1883~1961)도 있었다. 토니 카시러는 훗날 쓴 『에른스트 카시러와 함께한 나의 삶』에서 이 사건을 다음과 같이 회고했다.

"사람들은 하이데거의 야릇한 모습에 대해 우리에게 단단히 주의를 주었다. 우리는 하이데거가 사회적 관습 자체를 거부한다는 것도, 신칸트학파 사람들, 특히 코엔을 적대시한다는 것도 알고 있었다. 반유대주의에 경도돼 있다는 것 역시 우리에게 그리 놀랄 만한 일은 아니었다. … 이브닝드레스를 입은 여자들과 연미복을 입은 남자들, 초대 손님이 모두 도착했다. 대화가 무한정 이어지는 저녁식사 시간이 반쯤 지나갈 무렵, 문이 열리면서 보잘것없어 보이는 작은 사람 하나가 거실로 들어선다. 성 안으로 떠밀려 들어온 작은 농부처럼 겁먹은 표정을 짓고 있었다. 검은 머리와 꿰뚫는 듯한 짙은 눈을 가지고 있었고, 오스트리아 남부 출신 혹은 바이에른 출신의 장인을 연상케 했다. 그 사람이 쓰는 방언은 이런 인상을 굳혀주었다. 그 사람은 유행이 지난 검은 옷을 입고 있었다." 그러고 나서 이렇게 덧붙였다. "가장 불편했던 점은 치명적인 진지함과 유머의 결핍이었다."[21]

토니 카시러의 책은 제2차 세계대전 종결 뒤 1950년에, 그러니까 하이데거의 나치 참여 행적이 알려진 뒤에 출간된 책이다. 그러므로 여기에 묘사된 하이데거의 모습에는 훗날 하이데거 활동에 대한 저자의 반감도 스며들어 있으리라고 추정해볼 수 있다. 그렇잖아도 우호적이지 않은 감정이 하이데거의 나치 참여로 더 나빠진 상태에서 쓴 것이라고 볼 여지가 있는 것이다. 이를테면 토니 카시러는 당연하다는 투로 하이데거가 반유대주의에 경도돼 있다는 것이 놀라운 일이 아니라고 썼지만, 그 시기에 하이데거가 반유대주의에 기울어 있었다는 사실은 전혀 알려져 있지 않았다. 그러므로 이 글에 저자의 사감이 끼어들어 있지 않다고 단언할 수 없다. 하지만 그런 점을 감안하더라도 이 묘사에서 하이데거의 본질적 특성을 찾아내기는 어렵지 않다. 하이데거는 부르주아 세계에 적응하지 못하는 자의 어색함과 불편함을 감추지 못했다. 분위기에 어울리지 않는 도발적인 복장을 한 것도 이 불편함을 이겨내려는 한 방식이었을 것이다. 또 하이데거가 이렇게 자기 스타일을 고집할 수 있었던 것도 자기 자신과 자기 철학에 대한 확고한 믿음이 뒷받침돼 있었기 때문일 것이다. 기록으로 남아 있는 카시러와 하이데거의 논쟁을 보면, 카시러가 15세나 연상이지만 논의를 주도하는 쪽은 오히려 하이데거임을 알 수 있다.

칸트를 사이에 둔 양보 없는 싸움

사람들은 두 사람의 토론이 한 치의 양보도 없는 철학적 격투기가 될 것으로 예상했지만, 실제 토론은 감정의 격발이 배제된 채 격식을 갖춘 분위기 속에서 진행됐다. 하이데거는 블로흐만에게 보낸 편지에서 예의를 지키는 분위기 탓에 두 사람 사이 대립이 날카롭게 드러나지 못했다고 아쉬워했다. "토론에서 카시러는 지극히 정중했고 지나칠 만큼 예의를 지켰습니다. 그래서 나는 충분히 반론을 전개할 수 없었고 그 때문에 필요한 만큼 예리하게 문제들을 표현하기가 어려웠습니다."[22]

그러나 하이데거로서는 미흡했을지 모르지만, 두 사람의 토론은 감정만 자제했을 뿐이지 그 나름대로 치열하게 벌어졌다고 할 만하다. 첫 질문부터가 그랬다. 카시러는 하이데거에게 단도직입적으로 물었다. "하이데거 당신은 신칸트주의를 어떻게 이해하십니까? 하이데거의 공격 대상자는 누구입니까?" 하이데거는 분명하게 답했다. "우선 이름부터 거명해야 한다면, 코엔, 빈델반트, 리케르트, 에르드만, 릴입니다."「에른스트 카시러와 마르틴 하이데거의 다보스 논쟁」『칸트와 형이상학의 문제』 359쪽

이렇게 시작한 논쟁은 '인간의 유한성' 문제와 함께 '진리'의 문제에 이르렀다. 카시러는 하이데거의 진리관을 캐물었다.

"하이데거는 일찍이 진리의 문제를 제기한 뒤 이렇게 말한 바 있습니다. '진리들 그 자체 혹은 영원한 진리들은 결코 존재할 수 없다. 오히려 진리들은 여하튼 존립하는 한 현존재에 대해 상관적이다.' 그러고는 이런 귀결이 뒤따릅니다. '유한자는 결코 영원한 진리들을 소유할 수 없다'고 말입니다. 인간에게는 그 어떤 영원한 필연적인 진리도 존재하지 않습니다. 그리고 여기서 다시 모든 문제가 명백히 나타납니다. 칸트에게서 문제는 바로 이것이었습니다. 칸트 자신이 제시했던 저 유한성을 훼손하지 않고서도 어떻게, 정말 어떻게, 필연적이고 보편적인 진리들이 존재할 수 있습니까? '선험적 종합판단'은 어떻게 가능합니까? 이런 판단들은 단지 내용만 보아도 유한한

것이 아니라 오히려 보편적으로 필연적이지 않습니까? … 나의 물음은 이렇습니다. 하이데거는 칸트가 윤리적 사태와 이론적 사태에서 그리고 『판단력 비판』에서 변호했던 이런 전체적인 객관성을, 즉 절대성의 이런 형식을 포기하고자 합니까? 하이데거는 유한자에게로 완전히 물러나고자 합니까? 만약 그렇지 않다면 하이데거에게서 이런 영역으로의 돌파는 어디에서 가능합니까?"「에른스트 카시러와 마르틴 하이데거의 다보스 논쟁」 『칸트와 형이상학의 문제』 363~364쪽

　카시러의 물음에 하이데거는 『존재와 시간』에서 밝힌 자신의 진리 이론을 거듭 강조했다.

　"'진리는 현존재와 상관적이다'라고 내가 말할 때, 이 말은 '진리는 언제나 개별적 인간이 사유하는 것에 불과하다'라는 그런 의미의 진술이 결코 아닙니다. 오히려 이 명제는 '진리는 현존재가 실존할 때만 여하튼 진리로서 존재할 수 있고 진리 일반으로서 의미를 지닌다'라는 형이상학적 명제입니다. 현존재가 실존하지 않으면 어떤 진리도 존재하지 않으며, 그렇다면 여하튼 무만이 존재합니다. 오히려 현존재와 같은 것의 실존과 더불어 비로소 진리가 현존재 자신에게 도달합니다. 그런데 물음은 이것입니다. 진리의 영원성의 타당성은 어떤 상태인가? 이 물음을 사람들은 타당성의 문제에, 즉 발언된 명제에 방향을 맞추며 그로부터 비로소 과연 (이 명제에서) 무엇이 타당한가라는 물음으로 되돌아갑니다. 그러고 나서 거기에서 가치들 혹은 그와 같은 것 따위를 발견합니다. 나는 이 문제가 다르게 전개돼야 한다고 생각합니다. 진리는 현존재에 상관적입니다. 그렇다고 해서 모든 사람들에 대해 존재자를 있는 그대로 드러낼 가능성이 존재하지 않을 것이라고 말할 수는 없습니다. 그러나 나는 진리의 이런 초주관성은, 즉 진리-내-존재인 개별자들 자체를 넘어서 진리가 이렇게 발생함은 개별자들이 존재자 자체의 처분에 맡겨져 존재자 자

체를 형태 짓는 가능성 속에 놓여 있음을 의미한다고 말하고자 합니다."「에른스트 카시러와 마르틴 하이데거의 다보스 논쟁」『칸트와 형이상학의 문제』 367~368쪽

진리는 현존재가 있는 동안에만 존재하지만 그렇다고 해서 진리가 순전히 주관적인 것은 아니라는 것, 진리는 인간 현존재가 외부의 존재자에 자신을 맞춤을 통해 드러나는 것이기에 초주관적이며 보편적이라는 것이 하이데거 답변의 핵심이다.

하이데거는 논쟁에서 무와 불안에 대한 자신의 신념도 다시 밝혔다.

"무나 불안을 이해할 때만 나는 존재를 이해할 가능성을 지닙니다. 무가 이해될 수 없다면 존재도 이해될 수 없습니다. 존재와 무에 관한 이해의 통일성 안에서만 '왜'의 근원에 관한 물음도 활짝 열립니다. 왜 인간은 '왜'에 관해 물을 수 있습니까? 또 왜 인간은 물어야만 합니까? 존재, 무 그리고 '왜'에 관한 이런 중심 문제들은 가장 기본적인 문제들이며 또 가장 구체적인 문제들입니다. 이 문제들을 향해 현존재에 관한 모든 분석론은 방향이 잡혀 있습니다."「에른스트 카시러와 마르틴 하이데거의 다보스 논쟁」『칸트와 형이상학의 문제』 370쪽

부단히 새롭게 해방으로 변해야 하는 자유

논쟁은 '자유'의 문제와 함께 정점에 이르렀다. 하이데거는 카시러가 정신의 거처 안에서 지나치게 편안함을 느낀다고 비판한다. '모든 문화, 정신의 모든 행위가 자유의 표현이라고 본다는 점에서 카시러의 생각은 옳다. 하지만 이런 자유는 형식적인 것으로 굳어질 수 있다. 그렇기 때문에 자유는 부단히 새롭게 해방으로 변해야 한다. 자유가 문화의 어떤 상태로 굳어지면 자유는 이미 잃어버린 것이나 다름없다.' 하이데거가 문제로 여기는 것은 인간이 스스로 창조한 문

화 안에 고정돼 살아간다는 것, 문화에 의지해 안전을 확보하고 그럼으로써 자유에 대한 의식을 상실한다는 바로 그 사실이다. 그러므로 자유에 대한 의식을 다시 일깨울 필요가 있다. 카시러의 철학은 이 일깨움을 실행할 수 없다. 우리는 현존재를 근원적인 '벌거벗음'과 '던져져 있음' 앞으로 데려가야 한다.[23] 그런 전제 위에서 하이데거는 카시러를 향해 이렇게 묻는다.

"철학은 불안으로부터 (인간을) 자유롭게 할 과제를 얼마만큼이나 지니고 있습니까? 그게 아니라면 철학은 인간을 철저히 불안으로 인도할 과제를 지니고 있는 것은 아닙니까?"「에른스트 카시러와 마르틴 하이데거의 다보스 논쟁」,『칸트와 형이상학의 문제』372쪽

하이데거의 단도직입적인 물음에 카시러는 이렇게 답변했다.

"철학은 인간을 가능한 한 자유로워지게끔 해야 합니다. 그러는 한에서만 인간은 자유로워질 수 있습니다. 철학이 그런 역할을 하기 때문에 불안으로부터 인간을 … 해방한다고 나는 믿습니다. 나는 또 … 자유는 전진적 해방의 길 위에서만 본래적으로 발견될 수 있고 이 해방의 길은 인간에게 무한한 과정이라고 믿습니다. 나는 하이데거가 이런 견해에 동조할 수 있으리라고 믿습니다. 여기에 가장 어려운 문제가 놓여 있음을 나도 파악하고는 있지만, 어쨌든 나는 그렇게 믿습니다. 나는 자유의 의미와 목표가 사실상 '현세의 불안을 너희들로부터 던져버려라'라는 의미의 해방이라고 생각하고 있습니다. 그것이 내가 언제나 신봉해왔던 관념론의 입장입니다."「에른스트 카시러와 마르틴 하이데거의 다보스 논쟁」,『칸트와 형이상학의 문제』374쪽

하이데거는 카시러의 답변을 받아 자신이 생각하는 자유를 다시 이야기했다.

"나는 현존재의 내적인 초월을 해방하는 것이 철학 활동 자체의 근본 성격이라는 의미에서 해방에 관해 언급해왔습니다. … 해방의 본

래적 의미는 바로 현존재의 '던져져 있음' 안으로 들어섬, 즉 자유의 본질에 놓여 있는 모순 투쟁에 들어섬에 있습니다. 비록 나는 '자유롭게 있음'을 통해 비로소 나 자신일 수 있으나, 자유를 내가 나에게 스스로 부여한 바는 없습니다."

이어 하이데거는 자신의 결론을 향해 나아간다.

"인간은 존재자를 경시하는 정신이라는 의미에서 존재자의 한복판에 처해 있는 것이 아니라, 오히려 현존재가 존재자의 한복판에 던져져 있는 상태에서 자유로운 자로서 존재자를 향해 침입을 감행한다는 의미에서 존재자의 한복판에 처해 있습니다. 그런데 이런 침입은 언제나 정신적인, 그리고 궁극적인 의미에서는 돌발적인 침입입니다. 현존재의 실존의 최고 형식은 삶과 죽음 사이에서 현존재가 지속하는 동안 극히 몇 안 되는 드문 순간들로만 되돌아갈 정도로 돌발적입니다. 즉 인간은 극히 몇 안 되는 순간에만 자신의 고유한 가능성의 정점에서 실존하며 그렇지 않으면 자신의 존재자의 한복판에서 동요할 정도로, 존재자를 향한 현존재의 침입은 돌발적입니다."「에른스트 카시러와 마르틴 하이데거의 다보스 논쟁」『칸트와 형이상학의 문제』376~377쪽

인간 실존의 우연적 성격을 강조하는 하이데거는 이렇게 그 우연 속에서 실존의 최고 순간, 결단의 순간을 향해 모험할 것을 강조한다. 철학은 인간을 문화라는 값싼 포장지로 감싸 위로해서는 안 된다. 오히려 "철학은 인간을 그 숙명의 가혹함으로 되던져버린다는 과제를 지닌다."「에른스트 카시러와 마르틴 하이데거의 논쟁」『칸트와 형이상학의 문제』379쪽 카시러가 문화의 보편적 힘을 통해 인간을 불안으로부터 구원하고자 하는 데 반해, 하이데거는 인간을 삶의 벌거벗은 현사실, 곧 불안을 통해 열리는 무 속으로 몰아넣어 그 가혹한 운명을 뚫고 본래적 실존에 이르도록 하려는 것이다. 하이데거의 이 말에서 "위험하게 살아라, 베수비오 화산의 비탈에 네 도시를 세워라"[24] 하고 요구

하는 니체의 목소리를 듣기는 어렵지 않다. 이 시기에 하이데거는 니체의 가까운 이웃이었다.

'칸트와 형이상학 문제' 출간

다보스 정상에서 논쟁을 마치고 프라이부르크로 돌아온 하이데거는 칸트에 관해 자신이 쓰고 강의한 원고들을 토대로 삼아 3주 만에 서둘러 책 한 권을 완성했다. 그것이 그해 말에 출간된 『칸트와 형이상학의 문제』다. 『존재와 시간』 출간 뒤 2년 만에 나온 책이었다. 이 책 출간 이후 하이데거는 제2차 세계대전 종결 때까지 소논문을 출간한 것 말고는 책다운 책을 내지 않았다. 그러므로 이 책은 하이데거의 '전회' 이전에 나온 것으로는 마지막 책이라고 할 수 있다. 하이데거의 '전기 사유'를 총괄하는 저작인 셈이다. 이 책에서 하이데거는 『존재와 시간』과 그 이후의 강의들에서 피력한 '기초존재론' 곧 '현존재의 형이상학'을 칸트의 『순수이성비판』의 해체적 독해를 통해 입증하려고 했다.

애초 하이데거는 『존재와 시간』의 제2부에서 '존재론의 역사에 대한 현상학적 해체 작업'을 하려고 했다. 그 해체 작업의 대상 가운데 하나가 칸트였다. 『칸트와 형이상학의 문제』가 바로 이 작업에 해당하는 저작이다. 하이데거는 칸트의 주저인 『순수이성비판』을 이 해체 작업의 텍스트로 삼았다. 그때까지 신칸트주의가 『순수이성비판』을 인식론을 새로이 정초한 작품으로 해석한 데 반해, 하이데거는 이 책에서 칸트의 저작을 형이상학 곧 존재론을 정립한 작품으로 해석했다. 『존재와 시간』이 수립하려고 한 '기초존재론'의 선구적 사례로 칸트를 등장시킨 것이다.

그러나 하이데거의 이런 시도는 뒤에 수많은 반발을 불렀고 칸트 철학을 왜곡한 대표적인 사례로 거론됐다. 다보스에서 하이데거와 맞붙었던 카시러도 비판의 대열에 섰다. 카시러는 하이데거가 자신의 철학적 목적에 칸트 체계를 이용했다며 하이데거를 '칸트 찬탈자'라고 혹평했다. 하이데거 자신도 뒷날 새 판의 서문을 쓸 때마다 자신의 칸트 해석에 '과오'와 '과실'이 있었으며 '과도한 해석'이 '폭력성'을 띠었음을 인정했다. 동시에 나름의 변명도 덧붙였다. 칸트 텍스트를 폭력적으로 과도하게 해석한 것은 자신의 존재 물음 곧 기초존재론에 대한 비판을 칸트라는 '피난처'를 통해 피해 가려는 뜻도 있었다는 변명이었다.

그러므로 이 저작은 칸트 해석 자체만 놓고 본다면 그 적실성이 떨어진다고 볼 수도 있다. 하지만 이런 약점과는 상관없이 이 저작은 주목할 만한 분명한 이유를 품고 있다. 칸트를 재구성해가는 과정에서 '인간의 유한성'이라는 문제를 집요하게 파고듦으로써 존재론 곧 형이상학이 그 인간 유한성의 필연적 산물이라는 것을 보여주기 때문이다. 더구나 이 책의 마지막 제4장 '형이상학의 정초 작업의 회복'은 그 자체로 독립적인 의미를 지닌다. 이 마지막 장은 『존재와 시간』에 대해 하이데거 자신이 쓴 가장 충실한 해설로 읽을 수 있기 때문이다. 이런 사실은 이 마지막 장이 '형이상학이란 무엇인가?'라는 이름을 달고 앙리 코르뱅(Henry Corbin, 1903~78)의 번역으로 1938년 프랑스에서 출간된 데서도 확인할 수 있다. 사르트르는 이 번역본을 읽고서야 비로소 『존재와 시간』을 이해했다고 고백한 바 있다. 이 번역본을 통해 『존재와 시간』의 구조와 내용을 파악한 것이 사르트르가 『존재와 무』를 쓸 용기를 내는 데 큰 자극이 됐을 것이다.

하이데거는 저서의 맨 앞에서 이 연구가 "칸트의 『순수이성비판』을 '형이상학을 정초하는 작품'으로 해석하고 이로써 형이상학의 문

칸트의 제1주저인 『순수이성비판』 초판(1781) 표지.
하이데거는 칸트의 저작을 형이상학 곧 존재론을
정립한 작품으로 해석해 많은 비판을 받았다. 하지만 칸트를
재구성해가는 과정에서 '인간의 유한성'이라는 문제를 집요하게
파고듦으로써 존재론 곧 형이상학이 그 인간 유한성의
필연적 산물이라는 것을 보여주었다.

제를 기초존재론의 문제로서 보여줄 것을 과제로 삼는다"고 분명하게 밝힌다. 통상 칸트는 '형이상학'을 파괴한 사람이며 '존재론'이라는 말을 거부한 사람으로 알려져 있다. 칸트 자신이 스스로 그렇게 인정하기도 했다. 그런데 하이데거는 칸트의 자기 인식을 거슬러 칸트를 형이상학의 정초자로 내세우고 하이데거 자신이 세운 '기초존재론'의 증인으로 삼으려고 한다는 것을 처음부터 분명히 밝히고 시작하는 것이다.

『순수이성비판』에서 펼쳐지는 모든 논의의 토대는 칸트가 '코페르니쿠스적 전회'라고 부른 원칙에 있다. 그 원칙을 요약하면 다음과 같다. '이제까지 사람들은 우리의 모든 인식이 대상들을 따라야 한다고 생각했다. 다시 말해 대상이 먼저 있고 그것을 우리의 인식이 따른다고 생각했다. 그러나 이렇게 생각해서는 올바른 인식론을 구축할 수 없다. 오히려 거꾸로 대상이 우리의 인식을 따른다고 보아야 한다.'[25] 코페르니쿠스가 태양을 포함한 모든 별들이 지구를 중심으로 삼아 돈다는 기존의 지구 중심설을 거꾸로 뒤집어, 태양을 중심으로 하여 지구가 돈다는 태양 중심설을 내세움으로써 천체의 운행을 더 정확하게 관측하게 된 것처럼 우리의 인식에 관한 견해도 거꾸로 뒤집혀야 한다는 것이다. 그렇게 사태를 뒤집을 때 인식에 관해 훨씬 더 올바른 이해에 도달할 수 있다는 얘기다. 칸트는 대상을 인식하는 우리 내부의 기능으로 '감성의 직관'과 '지성의 사유'를 제시했다. 감성의 직관과 지성의 사유가 협업해 대상에 대한 올바른 인식을 구성한다는 얘기다.

하이데거는 칸트의 이 근본 관점을 '인식론'에 대한 주장으로 이해하지 않고, 우리의 인식 능력이 '대상으로 나타나는 외부 존재자의 존재를 구축한다'는 '존재론'으로 이해한다. 그런 이해를 논증해 가는 것이 바로 이 저작 『칸트와 형이상학의 문제』다. 곧 하이데거는 코페르니쿠스적 전회의 의미를 '대상이 우리의 인식을 따른다'는 것으로 이해하지 않고 '존재자가 존재를 따른다'는 것으로 이해한다.

"존재자적 진리는 필연적으로 존재론적 진리를 올바르게 향한다. 이것이야말로 '코페르니쿠스적 전회'의 의미에 대한 적절한 해석이다. 따라서 이런 전회를 통해 칸트는 존재론의 문제를 『칸트와 형이상학의 문제』의 중심으로 부각한다."『칸트와 형이상학의 문제』 82쪽

외부 세계의 존재자가 인간의 주관 안에 있는 '존재의 틀'을 향함으로써 올바른 인식이 성립한다는 얘기다. 그러므로 칸트의 코페르니쿠스적 전회는 존재론의 새로운 구축 작업이라고 봐야 하며, 그것도 인간 현존재 내부에서 존재론을 구축하는 작업이므로 하이데거가 『존재와 시간』에서 감행한 기초존재론 구축 작업과 다르지 않다는 얘기다.

신의 인식의 무한성과 인간 인식의 유한성

앞에서 이야기한 대로 인간의 인식은 '감성의 직관과 지성의 사유'의 통일 속에서 이루어진다. 그런데 여기서 하이데거가 특별히 주목하는 것이 '인간 이성의 유한성'이다. 인간의 이성이 유한하다는 것이야말로 형이상학 곧 존재론 구축의 원천적 근거다. 인간의 인식이 유한하지 않다면 존재론은 들어설 이유가 없다. 통상 우리는 존재론을 포함해 이론을 세우는 것이야말로 우리 이성의 특출한 능력이라고 생각하지만, 그 능력이 아무리 특출하다고 해도 결국은 '유한성'에 갇힌 능력일 뿐이다. 이 말은 우리의 능력을 신의 무한한 능력에 비추어 보면 즉각 이해된다. 신은 무한한 능력으로 모든 존재자를 산출하고 간직한다. 반면에 인간은 이렇게 산출된 존재자를 인식하고 이해하는 한정된 능력밖에 없다. 우리가 존재론을 구축하는 이유는

바로 이 원천적 유한성에 있는 것이다. 우리 능력이 무한하다면 우리는 존재론 같은 이론을 세울 필요도 없고 존재자의 존재를 이해하려고 발버둥칠 필요도 없을 것이다. 신이 그렇게 하듯이 직접 세상 모든 존재자를 산출해 간직하면 되기 때문이다.

하이데거는 여기서 인간 인식이 일차적으로 '직관 활동'이라는 것을 강조한다. "『순수이성비판』을 총체적으로 이해하기 위해 머릿속에 주입해야 할 점은 인식 활동은 일차적으로 직관 활동이라는 사실이다." 이 말은 '인식'을 '사유를 통한 판단'이라고 보는 우리의 상식적인 인식 이해와 직접적으로 대립한다. 사유가 직관에 봉사하는 것이지 직관이 사유에 봉사하는 것이 아니라는 얘기다. "이로써 분명해지는 것은 인식을 판단(사유)으로 바꿔 해석하는 것은 칸트적 문제의 결정적 의미에 어긋난다는 사실이다. 왜냐하면 모든 사유는 오로지 직관에 봉사하는 역할만을 맡기 때문이다."『칸트와 형이상학의 문제』 88쪽 이렇게 하이데거는 칸트 인식론에 대한 기존의 이해를 뒤집는다. '감성의 직관'은 직접적으로 대상에 관계한다. 반면에 '지성의 사유'는 간접적으로만 대상에 관계한다. 인간 인식이 유한한 이유 가운데 하나는 감성을 통해 직관한 것을 지성의 개념적 사유를 통해서 해석해야 한다는 데 있다. 그것이 왜 유한성의 징표인가?

앞에서 이미 이야기했듯이 인간 인식의 유한성은 신의 인식의 무한성을 통해서 드러난다. 인간의 인식이 일차적으로 '직관'이듯이 신의 인식도 일차적으로 '직관'이다. 그런데 신의 직관은 '원본적 직관'(intuitus originarius)이라는 점에서 인간의 직관과 다르다.

"무한한 직관은 개별자 즉 일회적인 단 하나뿐인 존재자를 그 전체 안에서 직접 표상하는 가운데 이 존재자를 비로소 그것의 존재로 가져와 생성케 한다는 사실에서 무한한 직관과 유한한 직관은 구별된다."『칸트와 형이상학의 문제』 91쪽

이 말은 무슨 뜻인가. 신의 직관은 원본적 직관으로서 직관 자체가 대상을, 다시 말해 존재자를 산출하는 직관이라는 뜻이다. 이것은 면면히 이어져 내려온 서양 기독교 신학의 형이상학적 원칙이다. 신은 직관을 통해서 사물을 창조한다. 기독교『성서』의「창세기」에 나오는 대로 "빛이 있으라 하니 빛이 생겼다"는 말은 신이 빛을 직관함과 동시에 빛이 처음으로 생겨났다는 뜻이다. 인간은 이미 존재하는 빛을 볼 수 있을 뿐이지만 신은 존재하지 않는 빛을 봄으로써 빛을 창조한다. 그것이 바로 신의 '원본적 직관' 곧 '창조하는 직관'이며 '무한한 직관'이다. 직관 그 자체가 생성이고 산출이고 창조인 것이다. 신의 직관은 일차적이고 창조적이다. 반면에 인간의 직관은 이차적이다. 다시 말해 인간은 신이 창조한 존재자를 겨우 직관을 통해 받아들일 뿐이다. 그런 의미에서 인간의 직관은 '유한한 직관'이다. 신의 직관은 능동적으로 창조하는 데 반해 인간의 직관은 이미 존재하는 것을 수용할 뿐이다. 이것이야말로 인간의 원초적 유한성이다.

사유야말로 인간 인식의 유한성 징표

그런데 여기서 더 중요한 것은 신적 직관은 사유를 필요로 하지 않는다는 사실이다. 신은 사유라는 과정 없이 직접 직관함으로써 사물을 창조한다.

"신적 인식은 자신의 직관 활동을 통해 직관 가능한 존재자 그 자체를 비로소 산출하는 그런 표상이다. 신적 인식은 존재자를 미리 단적으로 훑어보면서 직접 전체로서 직관하기에 어떤 사유도 필요하지 않다."『칸트와 형이상학의 문제』91쪽

하이데거는 여기서 사유 자체가 유한성의 징표임을 강조한다. 이 대목에서도 우리의 상식적 통념을 뒤집는 전복적 사유가 발견된다.

우리는 사유야말로 인간 내부의 무한성의 징표라고 생각한다. 사유를 통해서 무한한 것을 생각하고 그려볼 수 있지 않은가. 그러나 실상은 정반대다. 왜 그런가. 만약 인간 인식이 무한하다면, 다시 말해 신의 인식처럼 무한하다면 인간은 직관 자체로 사물을 인식할 것이다. 그러나 인간의 직관은 한정돼 있기 때문에 사유라는 도구를 이용해 이 직관 내용을 다시 이해하지 않으면 안 된다. 사유를 통하지 않으면, 감성적 직관이 수용한 감각 자료들은 우리에게 개념적으로 이해되지 않는다.

'멍멍 하고 짓는, 털이 복슬복슬한, 하얀 강아지'가 눈앞에 있다고 해보자. 우리의 오감은 모양과 소리와 색깔과 촉감을 받아들이지만 이것만으로는 대상이 무엇인지 알지 못한다. 이것들이 '개'라는 개념으로 파악될 때에야 우리는 그 대상을 개로 인식할 수 있다. 지성의 사유가 빠진 감성적 직관만으로는 참된 인식에 이를 수 없는 것이다. 그러므로 사유를 한다는 것 자체가 이미 인간 인식의 유한성을 드러내는 것이다. 인간의 직관은 유한하기 때문에, 다시 말해 신처럼 무한하지 않기 때문에, 사물을 인식하려면 사유를 거쳐야 하는 것이다.

그러나 이렇게 사유가 인식에 필수적이라고 해서, 사유가 직관보다 우월하냐 하면 결코 그렇지 않다. 이 사실을 오해해서는 안 된다. 직관이야말로 인식의 원천이다. 인식은 근본적으로 '직관'의 문제다. 직관을 통해 대상을 수용하는 데 인식의 근원이 있다. 다만 이 직관적 인식이 불완전하기 때문에 사유가 개입하는 것이다. 사유가 아무리 뛰어난 구실을 한다고 하더라도 직관이 대상을 수용하지 않는다면 사유는 아무런 기능도 할 수 없다. 직관의 일차적 수용이 있기 때문에 사유라는 이차적 기능이 성립할 수 있는 것이다. 그러므로 사유는 직관에 봉사하는 구실만 할 뿐이다.

앞서 이야기한 대로 인간의 직관이 유한하다는 것은 인간의 직관이 비창조적이며 파생적인 직관이라는 것을 뜻한다. 신적 직관은 원본적이며 창조적인, 무한한 직관이다. 신의 인식은 직관을 통해 존재자를 창조한다. 인간의 직관은 이미 창조된 것, 이미 눈앞에 있는 것을 인식하는 직관이다. 그런 점에서 비창조적 직관일 뿐만 아니라 이미 존재하는 존재자로부터 유래하는 직관이라는 점에서 파생적 직관이다. 파생적 직관이라는 것은 대상을 창출하지 못하고 이미 창출된 대상을 수용한다는 뜻이다.

"따라서 직관의 유한성의 특징은 수용성에 있다. 수용돼야 할 것이 자기 자신을 알리지 않는다면, 유한한 직관은 아무것도 수용할 수 없다." 『칸트와 형이상학의 문제』 93쪽

다시 말해 유한한 직관은 외부 존재자의 촉발을 받아야 한다. 외부 존재자가 직관을 촉발해야 직관이 외부 존재자를 받아들일 수 있는 것이다. 그러므로 인간의 직관은 촉발의 도구가 필요하다. 그것이 바로 '감관'이다. 쉽게 말해서 우리의 오감이 있어야만 그 오감을 통해 외부 존재자를 받아들일 수 있는 것이다. 그 오감을 통해 외부 존재자는 일차적으로 직관된다. 직관이란 존재자를 직접 표상하는 표상 활동이다.

그런데 여기서 하이데거는 이 직관의 '공유 문제'를 거론한다. 곧 인간이 공동으로 존재하는 이상, 개별 인간에게 직관된 것은 다른 인간에게 공유돼야 한다는 것이다. 그런데 감성적으로 직관된 것은 그 자체로는 공유될 수가 없다. 직관된 것을 모든 사람이 이해하고 공유하려면 특별한 절차를 거쳐야 한다. 다시 말해 일반적 표상으로 바뀌어야 한다. 그것이 바로 개념을 통한 표상이다. 꼬리를 흔들며 멍멍 하고 짖는 동물을 '개'라는 개념으로 표상할 때만 우리는 우리가 직관한 것을 다른 사람들에게 전달할 수 있고 다른 사람들과 공유할 수

있다. 이 개념적 표상 활동은 이차적 표상이며 일차적 표상에 봉사한다. 이렇게 개념으로 표상하는 것이 바로 지성이 하는 일이다. 지성의 사유란 개념적 사유, 개념을 매개로 한 사유다. 이 대목에서 하이데거는 지성이 직관보다 훨씬 더 유한하다는 점을 특별히 강조한다.

"지성은 직관의 유한성에 속할 뿐만 아니라, 더욱이 유한한 직관 활동의 직접성조차 결여하고 있기에 그 자체는 (직관보다) 훨씬 더 유한하다."『칸트와 형이상학의 문제』97쪽

인간의 직관은 유한한 것이긴 하지만 그 자체로 대상을 직접 표상한다. 지성의 개념적 사유는 이런 직관의 직접성에 근거를 두고서만 이차적으로 활동할 수 있다. 직관의 직접성이 없다면 지성의 활동은 이루어질 수 없다. 그런 점에서 지성은 직관보다 훨씬 더 유한하다.

'현상'과 '물 자체'는 다른 것이 아님

이런 유한성의 관점 위에서 하이데거는 『순수이성비판』의 핵심적인 두 용어, '물 자체'(사물 자체, Ding an sich)와 '현상'(Erscheinung)을 설명한다.

"유한한 인식이 수용적 직관이라면, 인식될 수 있는 것(인식 대상)은 자신을 스스로 내보여야 한다. 따라서 유한한 인식이 드러낼 수 있는 것은 본질적으로 자기 자신을 내보이는 존재자, 즉 나타나는 것, 즉 현상이다. '현상'이라는 표제는 유한한 인식의 대상으로서 존재자 자체를 의미한다."『칸트와 형이상학의 문제』98쪽

현상이라는 것은 우리의 유한한 인식에 대상으로 나타난 것을 가리킨다. 칸트는 우리 인식 바깥에 있는 사물 자체를 '물 자체'라고 부르고, 그 '물 자체'가 인간에게 인식된 것을 '현상'이라고 부른다. 우리 인간은 인식된 것만을 알기 때문에 '물 자체'를 영원히 알지 못한

다. 그런데 이런 말만 들으면 '물 자체'와 '현상'이 전혀 별개인 것으로 생각하기 쉽다. 하이데거는 칸트 철학에서 말하는 '현상'은 '물 자체'와 다르지 않다고 말한다.

현상이란 '유한한 인식의 대상이 된 존재자 자체'다. 그렇다면 '물 자체'와 '현상'은 어떻게 구분되는가? 하이데거의 설명을 따르면 그 둘의 구분은 '무한한 신의 인식의 관점에 서느냐, 유한한 인간의 인식의 관점에 서느냐'에 따른 구분이다. 다시 말해 무한한 신적 인식의 관점에서 보면 '물 자체'인 것이 유한한 인간의 인식의 관점에서 보면 '현상'이 된다는 것이다. 인간의 인식은 유한하기 때문에 직관을 통해 존재자를 직접 산출하지 못하고 대상으로서 수용할 뿐이다. 그렇게 대상으로 수용된 것이 바로 '현상'이다. 반면에 신은 무한한 인식으로서 원본적 직관을 통해 사물을 직접 산출한다. 그렇게 직관을 통해 직접 산출된 것이 바로 '물 자체'다. 이 물 자체를 직관을 통해 수용해 대상이 되게 하는 것이 유한한 직관이다. 그러므로 현상과 물 자체는 다른 것이 아니다.

"'현상에서' 존재자는 존재자 그 자체와 동일한 존재자이며 바로 그것일 뿐이다."『칸트와 형이상학의 문제』 99쪽

하이데거는 '현상'과 '물 자체'가 다른 것이 아니라는 사실을 거듭 강조한다.

"현상들은 단순한 가상이 아니라 존재자 자체다. 재차 말하건대, 이런 존재자는 물 자체와 다른 것이 아니라 바로 이것과 하나인 존재자다."『칸트와 형이상학의 문제』 100쪽

사물은 무한한 신의 인식의 관점에서 보았을 때 '물 자체'로 드러나며, 반대로 유한한 인간의 인식의 관점에서 보았을 때 '현상'으로 드러나는 것이다. 그러므로 이 둘은 서로 다른 것이 아니다. 이렇게 칸트는 『순수이성비판』에서 인간 유한성을 신의 무한성을 전제한 상

태에서 그 무한성의 틀 안에서 이해하고 있다. 그래서 하이데거는 이렇게 강조한다.

"『순수이성비판』에서 인간의 유한성이 존재론의 정초를 위한 문제의 토대라면, '비판'은 유한한 인식과 무한한 인식의 이런 구별에 각별히 비중을 두어야 한다."『칸트와 형이상학의 문제』 100쪽

동시에 우리의 인식이 유한한 인식인 이상, '물 자체'가 직접 우리에게 인식될 수 없다는 것도 분명한 사실이다. 우리의 유한한 인식이 관계하는 것은 오직 '현상'일 뿐이다. 이 물 자체와 현상의 구분에서 결정적인 것은 우리 인식의 유한성이다. 그리고 바로 이 유한성에 존재론의 근거가 놓여 있다. 우리 인간의 인식이 유한하지 않다면, 다시 말해 신의 인식처럼 무한하다면 존재론이 성립할 이유가 없다. 이것이 하이데거가 물 자체와 현상의 구분에서 주목하는 것이다.

인간 인식은 유한하기에 직관 자체로 완결되지 않고 직관된 것에 대한 지성의 사유를 필요로 한다. 직관과 사유가 통일돼 인식을 구성한다. 직관과 사유는 이렇게 공속한다. 여기서 다시 한번 강조할 것은 직관과 사유가 동등한 것이 아니라는 사실이다. 직관이 우선이고 사유는 직관에 봉사한다. 둘은 서열이 다르다. 이것을 하이데거는 반복해서 강조한다.

"우리가 칸트의 논점의 가장 내적인 특징에 더욱 가까이 접근하고자 한다면, 감성과 지성의 재귀적 공속을 넘어서는 바로 이런 서열을 간과해서는 안 된다."『칸트와 형이상학의 문제』 103쪽

인식의 두 원천인 감성과 지성

감성과 지성이야말로 우리 인식의 두 원천이다. 칸트는 『순수이성비판』에서 이렇게 말한다. "우리의 인식은 심성의 두 가지 근본적인

원천들로부터 발원한다. 첫 번째 원천은 표상들을 받아들인 것(곧 인상들의 수용성)이며, 두 번째 원천은 이런 표상들을 통해 하나의 대상을 인식하는 능력(곧 개념들의 자발성)이다."[26] 칸트는 더욱 날카롭게 이렇게도 말한다. "(감성과 지성이라는) 이 두 가지 인식 원천들 외에" 우리는 "아무런 원천도" 지니지 못한다.[27]『칸트와 형이상학의 문제』104쪽 이 둘은 나란히 있는 것이 아니라 통합적으로 작용한다. 그렇게 해서만 인식은 발원할 수 있다. 그런데 바로 여기에서 하이데거는 '감성과 지성을 통합하는 것이 무엇인지' 물어 들어간다. 무엇이 감성과 지성을 통합하느냐고 묻는 이 대목이야말로 이 저작에서 가장 핵심이 되는 곳이다.

하이데거는 말한다.

"그러나 두 요소들의 이런 합일적 통일은 결코 이것들이 서로 맞부딪쳐 빚어진 추가적 결과가 아니다. 오히려 이 두 요소들을 합일하는 것은, 즉 이런 '종합'은 이 요소들을 공속과 통일성을 지니도록 발원케 해야 한다."『칸트와 형이상학의 문제』104쪽

감성과 지성이 나란히 놓여 있다가 추후에 서로 만나 인식을 이루는 것이 아니라, 감성과 지성이라는 두 요소들을 합일하고 종합하는 어떤 근원적 통일성이 바탕에 있다는 지적이다. 하이데거는 자신의 이런 해석을 뒷받침하는 칸트의 말을 끄집어낸다. "아마도 '공통적인 그러나 우리에게는 알려지지 않은 뿌리'로부터 발원하는 인간 인식의 두 줄기가 있다. 즉 감성과 지성이다. 감성을 통해서는 대상들이 우리에게 주어지며, 지성을 통해서는 대상들이 사유된다."[28] 하이데거는 칸트의 이 발언에서 감성과 지성이라는 두 줄기의 '공통된 뿌리'가 있다는 것을 확인한다. 공통된 뿌리가 있고 여기서 감성과 지성이라는 인식의 두 줄기가 자라 나온다는 얘기다. '우리에게 알려지지 않은 이 공통된 뿌리'가 바로 하이데거가 규명하려는 것이다.

칸트는 왜 상상력 앞에서 후퇴했는가

하지만 칸트는 이렇게 공통의 뿌리가 있다고만 말하고 그 뿌리를 더 깊이 추적하지는 않았다. 하이데거는 칸트가 규명하지 않고 놔둔 그 뿌리가 바로 '상상력'(Einbildungskraft)이라고 말한다. 감성의 직관과 지성의 사유의 중간에 놓여 이 둘을 종합하는 것이 상상력이라는 것이다.

"초월적(선험적, transzendental) 상상력은 단지 두 끝을 연결하는 외부의 끈에 불과한 것이 아니다. 초월적 상상력은 두 끝을 근원적으로 합일하고 있다. 초월적 상상력은 고유한 능력으로서 다른 두 능력들의 통일성을 형성하며, 이 두 능력들 자체는 초월적 상상력과 본질적인 구조적 관계를 맺는다."『칸트와 형이상학의 문제』212쪽

하이데거는 이 초월적(선험적) 상상력을 구성하는 것이 '현존재의 시간성'이라고 말한다. 다시 말해『존재와 시간』에서 현존재의 시간성이 근원적으로 현존재의 존재 의미를 이루듯이, 칸트의『순수이성비판』에서 현존재의 시간성이 '초월적 상상력'을 구성하고, 이 상상력이 감성의 직관과 지성의 사유를 통일하는 기능을 함으로써 현상을 현상으로서 드러낸다고 보는 것이다.

하이데거가 보기에 칸트는『순수이성비판』의 초판에서 상상력을 이렇게 감성과 지성의 구조적 중심으로 설정했으나, 재판에서 이 관점을 유지하지 못하고 포기해버렸다.

"칸트는 초월적 상상력에 관해 더 근원적인 해석을 수행하지 않았고, 더구나 그런 분석론에 관해 자신이 처음 인식한 그 명백한 밑그림들이 있었는데도 그런 해석을 시도조차 하지 않았다. 오히려 반대로 칸트는 이 미지의 뿌리에서부터 후퇴하고 말았다."『칸트와 형이상학의 문제』237쪽

그리하여 『순수이성비판』 재판에서 칸트는 상상력을 감성과 지성 이외의 제3의 근본 능력으로 제시했던 두 주요 구절을 삭제했다. 이어 상상력을 '영혼의 기능'이 아니라 '지성의 기능'으로 바꾸었다.

"이로써 순수 종합은 순수 지성의 몫이 된다. 고유한 능력으로서 순수 상상력은 무용지물이 되며, 그 결과로 순수 상상력이 존재론적 인식의 본질 근거일 수 있다는 그 가능성은 표면상 차단된다." 『칸트와 형이상학의 문제』 238쪽

지성과 감성의 근저에서 이 둘을 통일하는 제3의 힘으로 설정됐던 상상력이 지성의 하위 기능으로 전락해버린 것이다.

칸트는 왜 상상력 앞에서 이렇게 후퇴했는가? 하이데거는 이렇게 설명한다.

"칸트가 고유한 초월적 근본 능력인 초월적 상상력으로부터 등을 돌린 동기는 초월적 상상력 자체에 있음이 틀림없다. 전승된 인간학과 심리학에서 상상력은 그저 감성 내의 열등한 기능에 불과했다. … 심성의 열등한 능력이 어떻게 이성의 본질을 형성할 수 있겠는가? 가장 저급한 능력이 최상의 능력으로 부각될 때, 모든 것은 혼란에 빠지지 않겠는가?" 『칸트와 형이상학의 문제』 243~244쪽

상상력이 존재론적 인식의 근거가 되면, 칸트 자신이 서 있는 이성 중심의 서구 형이상학의 토대가 무너질 수밖에 없다고 생각했다는 것이다. 그런 두려움 때문에 칸트는 상상력이라는 '미지의 것'을 보았는데도 끝내 그것으로부터 물러나고 말았다. 그리하여 『순수이성비판』의 재판에서 상상력은 '지성을 보조하는 작용'으로 축소된다. 그러나 상상력이 지성의 하위 기능으로 떨어지고 나면 감성과 사유의 통일을 규정하는 상상력의 종합 기능은 사라질 수밖에 없다. 그리고 상상력의 종합 기능이 사라지고 나면 하이데거가 『존재와 시간』에서 논증한 기초존재론의 근거를 칸트에게서 찾는 것도 불가능한

일이 되고 만다. 바로 여기에 하이데거가 칸트의 '후퇴'를 비판하는 근본 이유가 있다. 초월적 상상력의 바탕이 바로 하이데거가 『존재와 시간』에서 분석한, 장래-기재-현재로 구성된 근원적 시간이고, 이 근원적 시간이 인간이 존재자를 대상으로 만날 수 있는 근원적 지평을 구성한다. 그런데 상상력이 지성의 하위 기능으로 떨어지면 바로 이 근원적 시간이 펼쳐질 자리가 사라지는 것이다.

상상력과 시간의 관계에 대해 하이데거는 다음과 같이 말한다.

"칸트의 형이상학 정초 작업은 초월적 상상력으로 나아간다. 초월적 상상력은 감성과 지성이라는 두 줄기의 뿌리다. 그것으로서 초월적 상상력은 존재론적 종합의 근원적 통일을 가능케 한다. 그러나 이 뿌리는 근원적 시간에 뿌리박고 있다. 정초 작업에서 명백히 드러난 근원적 근거는 시간이다." "시간을 근거로 하여 형이상학의 정초 작업은 자라나온다. 존재에 관한 물음, 즉 형이상학을 정초하는 작업의 근본 물음은 '존재와 시간'의 문제다. 이 표제('존재와 시간')는 『순수이성비판』을 형이상학의 정초 작업으로 해석하는 앞선 작업의 주도적 이념을 포함한다. 이 해석 작업을 통해 입증한 이념은 기초존재론의 문제의 밑그림을 그려준다." 『칸트와 형이상학의 문제』 282쪽

이런 발언에서 하이데거가 칸트 해석을 통해 『존재와 시간』에서 자신이 벌인 기초존재론의 작업을 반복하려 했음이 분명히 드러난다.

이렇게 『칸트와 형이상학의 문제』는 칸트를 『존재와 시간』의 구도 속에 억지로 밀어넣어 해석했다. 하이데거는 이런 과도한 해석을 '철학자가 말하려고 했으나 말하지 못한 것을 해석하는 것이야말로 진정한 해석'이라는 말로 정당화한다.

"여하튼 모든 철학적 인식에서 결정적인 의미를 지녀야 하는 것은 철학적 인식이 '발언된 명제들'을 통해 말한 내용이 아니라, 오히려

『칸트와 형이상학의 문제』초판 소장본에
수록된 하이데거의 친필원고.
하이데거는 칸트가 규명하지 않고 놔둔, 감성과 지성이
발원하는 '뿌리'를 바로 상상력이라고 말했다.

철학적 인식이 기존의 언급된 바를 통해 '아직 말해지지 않은 것'으로 염두에 두는 내용이다."『칸트와 형이상학의 문제』 281쪽

칸트의 찬탈자 하이데거

그러나 이런 의도가 칸트의 의도를 넘어 지나치게 멀리 나갔기 때문에 카시러는 하이데거를 '찬탈자'라고 불렀고, 막스 뮐러는 '칸트가 형이상학의 새로운 정초를 시도했다'는 하이데거의 주장을 거부하고 '칸트는 형이상학을 정초하려 한 바 없다'고 단언했다.[29] 또 나중에 하이데거 자신도 그 해석의 폭력성을 인정했다. 더구나 이 책을 끝으로 하여 하이데거는 현존재의 시간성에서부터 존재를 해석하려는 『존재와 시간』의 구도를 포기하고 존재를 존재 자체로서 해석하는 작업으로 나아간다. 어쩌면 이런 해석의 과도함이 안긴 부담감이 하이데거가 자신의 사유 방향을 바꾼 이유 가운데 하나가 됐을지도 모른다. 그러나 이런 한계가 있다고 해도 이 책은 인간의 유한성이야말로 존재론이 성립할 근거임을 명료하게 보여준다는 점에서 하이데거의 존재 사유 여정의 중요한 통과점 가운데 하나라고 할 수 있다. 특히 인간의 유한성을 거점으로 삼아 『존재와 시간』을 재해석한 이 책의 제4장은 특별히 주목할 만하다.

칸트가 『순수이성비판』에서 했던 작업은 초월적(선험적, transzendental) 관념론의 구축이다. 여기서 칸트가 말하는 '초월'(선험, Transzendenz)은 대상에 대한 경험적 인식을 가능하게 하는 선천적인(a priori) 조건을 찾아 인간 의식 안으로 들어감을 뜻한다. 반면에 하이데거에게 '초월'이란 존재자를 넘어 존재자의 근거인 존재로 나아감을 뜻한다. 그런데 경험적 인식, 곧 존재자에 대한 인식을 가능하게 하는 조건을 인간 의식에서 찾아내는 작업이 결국 존재자의 존재를 탐구하

는 일이라면, 칸트의 초월과 하이데거의 초월은 서로 통하게 된다. 인식의 주관적 토대를 탐구하는 것이 존재자의 존재를 탐구하는 것과 합치하게 되는 것이다. 하이데거의 칸트 해석은 바로 이런 관점 위에서 펼쳐진다고 할 수 있다.

하이데거의 다음 말은 바로 그런 의미로 이해해야 할 것이다.

"칸트의 정초 작업에서 어떤 사건이 발생하는가? 다름 아니라 바로 이것이다. 즉 존재론의 내적 가능성을 근거 짓는 작업은 초월을, 즉 인간 주관의 주관성을 개현하는 작업으로서 성취된다."『칸트와 형이상학의 문제』 285쪽

인간 주관의 주관적 구조를 열어 밝힘으로써 존재론의 내적 가능성의 근거를 찾아낼 수 있다는 얘기다. 그런데 인간 주관의 주관성이란 인간 내부의 영역이다. 그러므로 주관성을 통해 존재론의 근거를 찾아내는 일은 언뜻 '인간학'이 감당해야 할 문제로 보인다. 칸트 자신이 그렇게 이해할 가능성을 열어 놓은 바 있다. 하이데거는 칸트가 『논리학 강의』 서론에서 한 말을 인용한다. "이런 세계시민적 의미에서 철학의 장은 다음의 물음으로 구성된다. 1. 나는 무엇을 알 수 있는가? 2. 나는 무엇을 해야 하는가? 3. 나는 무엇을 희망해도 좋은가? 4. 인간이란 무엇인가?"『칸트와 형이상학의 문제』 286쪽

전통 형이상학은 일반 형이상학과 특수 형이상학으로 나뉜다. 일반 형이상학에는 존재론이 속하며, 특수 형이상학은 우주론, 영혼론(심리학), 신론(신학)으로 구성된다. 칸트가 내놓은 물음 가운데 앞의 세 물음은 각각 전통적인 특수 형이상학의 세 분과에 속하는 물음이다. 곧 첫 번째 물음은 자연 존재자에 대한 앎을 다루는 '우주론'에 해당하고, 두 번째 물음은 인간의 실천적 행위를 이끄는 인격과 자유를 다루는 '영혼론'(심리학)에 해당하며, 세 번째 '희망'은 불멸과 구원을 목표로 하는 것이므로 '신론'(신학)에 해당한다. 그런데 이 세

근원적 관심사는 마지막 하나의 물음, '인간이란 무엇인가?' 곧 인간학적 물음으로 귀결한다고 칸트는 말한다. "근본적으로 사람들은 이 모든 것을 인간학에 삽입할 수 있을 것이다. 왜냐하면 앞의 세 물음들은 마지막 물음과 관련되기 때문이다." 여기서 말하는 인간학은 단순히 인간의 육체·영혼·정신에 관한 모든 것을 다루는 인간학 일반이 아니라 '철학적 인간학'을 뜻한다. 이렇게 칸트는 철학적 인간학이 특수 형이상학의 정초 작업을 떠맡을 수 있다고 말한다. 그런데 정말로 철학적 인간학은 형이상학의 문제를 떠맡을 수 있는가?

막스 셸러의 철학적 인간학

이 물음에 대한 답을 찾아가는 길에 하이데거는 '철학적 인간학'이라는 분야를 개척한 막스 셸러를 거론한다. 셸러는 대표 저작 『우주에서 인간의 지위』에서 '철학적 인간학'에 대한 자부심을 이렇게 밝혔다. "나는 철학적 인간학의 문제들이 오늘날 독일에서 모든 철학적 과제의 중심이 됐다는 것과 철학적 전문 영역을 훨씬 넘어서서 생물학자·의학자·심리학자·사회학자 들이 인간의 본질 구조에 관한 새로운 이미지를 구축하는 데 종사하고 있다는 것에 만족스러워함을 확언하고자 한다."[30] 셸러는 다른 책(『인간의 이념에 관하여』)에서 철학적 인간학에 관해 이렇게 말한다. "어떤 점에서 보자면 철학의 모든 중심 문제들은 인간이란 무엇인가, 그리고 인간은 존재·세계·신 전체 안에서 어떤 형이상학적 위치와 지위를 차지하는가 하는 물음으로 환원된다." 그러면서 동시에 인간의 본질에 관한 다양한 규정들이 단순히 하나의 공통적인 정의 안에 귀착되지 않는다는 것도 날카롭게 지적한다. "인간은 너무나도 광범위하고 다채롭고 다양한 자이기에 (인간에 관한) 정의들은 모두 다소간 너무도 협소한 것이 되고 만다. 인간은 너무나 많은 목적들을 가지고 있다."「칸트와 형이상학의 문제」 289쪽 하이데거가 보기에 철학적 인간학의 난점은 철학적 인간학 자체에 있다. 다시 말해 철학적 인간학은 칸트가 제기한 물음에 포괄적으로 답할 수 없다. 왜 그런가?

"철학적 인간학은 우리가 인간이라 명명하는 존재자를 식물과 동물 그리고 존재자의 여타 구역들과 구별하며, 이로써 이 존재자의 특정한 영역의 특수한 본질 틀을 부각할 것을 목표로 한다. 그렇다면 철학적 인간학은 인간에 관한 영역 존재론이 되며, 존재자의 전 영역으로 함께 분할되는 여타의 존재론들과 병립할 뿐이다. 이렇게 이해된 철학적 인간학은 결단코 철학의 중심이 아니다."「칸트와 형이상학의 문제」 290쪽

철학적 인간학으로는 존재자의 전체 영역을 아우르는 일반 존재론을 구축할 수 없다는 얘기다. 하이데거는 철학적 인간학의 이념이 충분하게 규정돼 있지 않을 뿐 아니라 철학 전체에서 그것의 기능도 해명되지 않았다고 말한다. 칸트의 주장과 달리 철학적 인간학은 존재론의 토대가 될 수 없는 것이다.

"따라서 칸트가 본래적 형이상학의 세 물음들을 '인간이란 무엇인가'라는 네 번째 물음으로 귀환시킨다는 단지 그 이유 때문에, 이 물음을 인간학적 물음으로 파악하고 형이상학의 정초 작업을 철학적 인간학에 맡겨버리는 것은 성급한 일이 될 것이다. 인간학이 인간학이라는 이유로 형이상학을 근거 지을 수는 없다."「칸트와 형이상학의 문제」 293쪽

그러나 이렇게 철학적 인간학을 거부한다고 해서 '인간이란 무엇인가'라는 물음 자체까지 거부할 이유는 없다고 하이데거는 말한다. 필요한 것은 인간이란 무엇인가라는 물음에 대한 답변을 인간학에서 찾는 것이 아니라, '왜 형이상학 일반을 정초하는 작업에서 인간

에 관해서 물어야만 하는가'라는 물음을 묻는 것이다. 여기서 하이데 거는 칸트가 제시한 세 물음을 다시 한번 분석한다. 세 물음은 인간 이성의 '가능'(무엇을 알 수 있는가?), '당위'(무엇을 해야 하는가?), '허 용'(무엇을 희망해도 좋은가?)을 묻는다. 이 세 물음은 모두 인간의 '유 한성'과 연결된다.

왜 그런가? 먼저 '가능'의 경우를 보면, 전능한 존재자 곧 신은 '나 는 무엇을 알 수 있는가?'라는 물음을 물을 필요가 없다. 왜냐하면 그 물음은 '나는 무엇을 알 수 없는가?'라는 물음을 배후에 두고 있기 때문이다. 전능한 존재자는 모든 것을 알고 있기 때문에 이런 물음을 물을 이유가 없다. '나는 무엇을 알 수 있는가?'라는 물음은 앎의 한 계에 갇혀 있는 유한한 존재자만이 물을 수 있는 물음이다. 이 물음 은 '유한성'을 드러낸다. 둘째로 '당위'를 보면 '나는 무엇을 해야 하 는가?'라는 물음은 내가 무언가를 아직 실현하지 못했음을 드러낸 다. 아직-하지-못함이야말로 그 물음을 묻는 자가 근본적으로 유한 하다는 것을 알려준다. 셋째, '허용'의 경우도 마찬가지다. '나는 무 엇을 희망해도 좋은가?'라는 물음은 기대를 품고 있다. 그런데 이 기 대야말로 결여와 결핍을 폭로한다. 나에게 없으므로 기대하고 희망 하는 것이다. "더구나 이 결핍이 인간 이성의 가장 내적인 관심에서 생긴 것이라면 인간 이성은 본질적으로 유한한 것으로 입증된다."『칸 트와 형이상학의 문제』 296쪽

이렇게 특수 형이상학의 바탕이 되는 세 가지 근본 물음은 인간의 유한성을 드러낼 뿐만 아니라 인간의 가장 내적인 관심이 '유한성 자체'를 향하고 있음을 드러낸다. 여기서 하이데거는 이 유한성을 솔 직하게 확인하여 유한성 안에서 자기 자신을 견지하는 것이야말로 인간 이성에 관건이 되는 것이라고 말한다.

"따라서 유한성은 순수한 인간 이성에 단순히 부속돼 있지 않다.

오히려 순수한 인간 이성의 유한성은 유한성의 극단적인 모습, 즉 유한하게-존재할-수-있음에 대한 '염려'(Sorge)다."『칸트와 형이상학의 문제』 297쪽

유한성이야말로 인간 이성의 근저에서 인간을 규정하는 '염려'와 같다는 것이다. 여기서 칸트의 '유한성' 개념과 하이데거가『존재와 시간』에서 제시한 '염려'라는 개념이 만난다. 염려라는 것은 인간 현존재의 존재를 가리키는 말이다. 염려는 장래-기재-현재로 구성되는 시간성을 가리킨다. 다시 말해 인간은 시간 속에서 염려하며 존재하는 자다. 그런데 이 염려는 실은 인간 존재의 근원적인 유한성에서 비롯되는 것이 아닌가? 유한성이 없다면 염려가 일어날 이유가 없다. 유한성이야말로 염려의 근거라고 할 수 있을 것이다. 인간은 무지한 상태에서 태어나 자신의 의지와는 상관 없이 삶의 현사실성에 던져진 채로 자신의 장래를 걱정하면서 현재를 살아가는 존재자다. 이것이야말로 유한성의 극명한 모습이다. 하이데거는 그렇게 유한한 인간 존재를 '염려'라고 규정했던 것이다.

이런 논의를 거쳐 하이데거는 유한성과 관련해 일차로 정리된 명제를 제시한다. '인간 이성은 세 물음을 묻기 때문에 유한할 뿐만 아니라, 역으로 인간 이성이 유한하기 때문에 이 물음들을 묻는다. 이 세 물음은 유한성에 관해 심문하기 때문에 결국 '인간이란 무엇인가?'라는 네 번째 물음으로 연결된다.'『칸트와 형이상학의 문제』 297쪽 그리하여 형이상학의 정초 작업이 인간의 유한성에 관한 물음에 근거한다는 사실이 드러난다. 바로 이 유한성을 근거로 삼아 '인간이란 무엇인가?'라는 물음이 다른 모든 물음이 귀착하는 근본 물음이 되는 것이다.

'인간이란 무엇인가', 모든 물음이 귀착하는 근본 물음

이제 하이데거는 인간의 유한성이라는 문제가 일반 형이상학 곧 존재론을 근거짓는 작업과 어떻게 연결되는지 규명해 나간다. 다시 말해 '존재 자체와 인간 유한성 사이의 본질 연관'을 선명하게 드러내는 작업에 착수한다. 일반 형이상학은 아리스토텔레스가 '제일철학'(prote philosophia, πρώτη φιλοσοφία)이라고 부른 것인데, 이 제일철학은 '존재자란 무엇인가'라는 존재자 일반에 대한 물음을 두 가지 방향으로 물었다. 하나는 '존재자 그 자체'에 관한 물음이고 다른 하나는 '전체로서 존재자'에 관한 물음이다. 이 두 물음 가운데 '존재자 그 자체는 무엇인가?'라는 물음이 '전체로서 존재자'에 관한 물음보다 순서상 앞선다. '존재자 그 자체는 무엇인가'라는 물음이 '전체로서 존재자'에 관한 이해의 근거가 된다는 얘기다.

그런데 '존재자 그 자체는 무엇인가'라는 물음은 따지고 들어가보면 '도대체 무엇이 존재자를 존재자로 규정하는가'라는 물음임이 드러난다. 하이데거는 여기서 그 '무엇'을 '존재자의 존재'라고 부르고, 그 '무엇'에 관한 물음을 '존재 물음'이라고 부른다. 존재 물음이란 존재자를 존재자로 규정해주는 그 '무엇' 곧 '존재자의 존재'에 관한 물음이다. 존재자의 존재가 존재자를 존재자로 규정해준다는 얘기다. 그렇다면 이제 관건은 도대체 존재자를 존재자로 규정해주는 그 '존재'가 무엇인가를 규명하는 것이 된다. 존재자를 존재를 통해 파악하려면, 먼저 존재 그 자체가 개념적으로 파악돼야 하는 것이다. '존재자란 무엇인가'라는 물음에는 이렇게 더 근원적인 물음 곧 '존재는 무엇을 의미하는가?'라는 물음이 놓여 있는 것이다.

그런데 '존재자는 무엇인가'라는 이 물음에서 대답되는 것이 바로 '무엇-존재'(Was-sein, 무엇임)이다. '존재자란 무엇이냐' 하고 물을 때 그 물음에 대한 대답은 '존재자란 무엇이다'의 형식을 띨 수밖에 없는데, 그 답변 속에 있는 그 '무엇임'(무엇-존재)를 가리키는 말이 바로 '본질'이다. 예를 들어 '책이란 무엇이냐' 하고 물을 때 그 물음에 맞춰 '책이란 무엇이다'라는 형식으로 답했을 때 그 답 곧 '무엇임'이 바로 책의 '본질'이라는 얘기다. 본질이란 사물을 사물로 만들어주는 것이자 사물을 사물로서 존재할 수 있게 해주는 가능성이다. 따라서 본질을 가능성이라고도 표현할 수 있다. 모든 사물에는 본질이 그 사물의 가능성으로 내장돼 있다고 할 수 있다. 본질이라는 가능성이 그 사물로 드러난다. 태아에 인간이라는 본질이 가능성으로 들어 있기에 그 태아가 자라나 인간이 되는 것이다.

이 무엇-존재, 곧 본질이 규명되고 나면, 이 본질을 지닌 특정한 존재자가 실제로 존재하는지 존재하지 않는지에 관한 물음이 나올 수 있다. 존재자가 있느냐 없느냐 하는 그 물음에 대한 답변 속에서 드러나는 것이 '사실-존재'(Daß-sein)이다. 사실-존재란 실제로 눈앞에 있음을 뜻한다. 이 사실-존재는 다른 철학 용어로 '현실성'이라고 부른다. 그러므로 본질 곧 무엇-존재는 가능성이고, 사실-존재는 현실성이다. 이것을 라틴어로 표현하면 본질은 에센티아(essentia)이고 사실-존재 곧 현실성은 엑시스텐티아(existentia, 실존)다. 그러므로 각각의 존재자에게는 무엇-존재와 사실-존재, 다시 말해 가능성(본질)과 현실성(실존)이 있다. 그런데 존재자의 존재에는 이것만 있는 것이 아니다. 진리-존재(참으로-있음, Wahr-sein)도 있다.

다시 정리해보면 '존재자란 무엇인가'라는 '제일철학'의 물음은 '존재 그 자체는 무엇인가'라는 더 근원적인 물음으로 거슬러 올라가야 한다. 그렇다면 그 존재는 어디서부터 파악돼야 하는가? 미리 이야기하자면, 인간의 유한성에서부터 파악돼야 한다는 것이 하이데거의 생각이다. 그러나 아직은 존재 물음이 인간의 유한성과 어떻게 본질적으로 관련돼 있는지는 명확히 드러나지 않았다. 여기서 하이데거는 존재 물음, 다시 말해 존재란 무엇인가라는 물음이 '선개념적인 존재 이해'에서부터 발원한다고 말한다. 그렇다면 이제 존재 물음은 '존재 이해'가 무엇인지에 관한 물음으로 변모한다. 다시 말해 인간에게 '존재 이해'가 어떻게 내적으로 가능한지에 관한 물음의 답을 찾는 것이 형이상학을 정초하는 작업의 더 근원적인 과제가 된다.

하이데거는 '존재'라는 말의 모호성을 다시 한번 거론한다.

"존재자는 우리에게 알려져 있다. 그러나 존재는 어떠한가? 우리가 존재를 규정하고 또 존재를 고유하게 파악해야 한다면, 현기증이 우리를 엄습해오지 않는가?" 『칸트와 형이상학의 문제』 307쪽

실제로 그렇다. 이런저런 개별 존재자가 무엇인지 우리는 쉽게 말할 수 있다. 하지만 존재란 무엇을 뜻하는가 하고 묻자마자 대답할 말이 막막해진다. 이런 막막함은 한국어를 사용하는 사람들에게만 그런 것이 아니다. 수천 년 동안 '존재'(Sein)라는 말을 쓰고 존재론을 이야기해온 서양 사람들에게도 막막하기는 마찬가지다. 존재자와 달리 존재는 손에 잡히지 않기 때문이다. 책상이란 무엇인가라는 물음에 대한 답은 쉽게 나온다. 하지만 '책상의 존재는 무엇인가?' 하고 물으면 그 순간 대답할 말이 막막해지는 것이다. 그래서 다음 물음이 자연스럽게 나온다. '존재는 무와 같은 것이 아닌가?' 바로 이 물음에서 시작해 존재를 파고 들어가는 것이 하이데거의 프라이부르크대학 교수 취임 강연 '형이상학이란 무엇인가'다.

그러나 우리가 존재란 무엇인가 하는 물음 앞에서 막막함을 느낀다고 해서 존재를 이해하지 못하는 것은 아니다. 우리는 개념적으로 존재를 파악하지는 못해도 존재가 무엇을 뜻하는지를 막연하게나마 이해하고 있다. 그래서 우리는 책상을 책상으로 알고 연필을 연필로

알고 있고 그렇게 아는 상태에서 책상을 사용하고 연필을 사용한다. 우리는 언제나 '존재 이해' 속에서 살아간다.

"'존재'와 존재의 의미 위에 드리운 어둠이 아무리 칠흑 같다고 하더라도 우리는 존재자가 드러난 장 전체에서 언제나 존재와 같은 것을 이해하며, 존재자의 무엇-존재에 마음을 쓰며, 또한 사실-존재를 경험하고 거기에 이의를 달기도 하고, 존재자의 진리-존재(Wahrsein)에 대해 올바른 결정을 내리기도 하고 그릇된 결정을 내리기도 한다." 『칸트와 형이상학의 문제』 307쪽

여기서 하이데거가 말하고 있는 것은 '존재'에는 무엇-존재(무엇임, 본질)와 사실-존재(실제로-있음, 실존), 나아가 진리-존재(참으로-있음, 참임)가 포함돼 있다는 사실이다. 하나의 사례를 들어 이 존재의 다양함을 이해해볼 수 있다. 어둑한 방 안에 사람처럼 보이는 어떤 것이 있다고 하자. 그것은 인형인가, 사람인가? 가까이 다가가 살펴본다. 그것은 인형이 아니라 살아있는 사람이다. 이 말은 무엇-존재 곧 본질 존재를 가리킨다. 그 사람이 지금 방에 있는가, 없는가? 하고 묻고 '그 사람은 지금 방에 있다'고 답한다면, 이때의 있음은 사실-존재 곧 실제로-있음이다. 마지막으로 그 사람이 진짜 사람 맞느냐? 하고 물었을 때 '그 사람은 분명히 사람이다'라고 말한다면 그것은 참임 곧 진리-존재를 가리킨다.

이렇게 우리는 존재 자체가 무엇이냐 하는 물음에 명확히 답하지 못하면서도, 막연하게나마 이미 존재를 이해하면서 살아가고 있다. 이 막연한 존재 이해를 하이데거는 '선개념적인 존재 이해'라고 부른다. 우리는 존재의 개념을 확실히 파악하지 못한 채로 존재를 이해하고 있다. 존재에 대한 선개념적 이해는 대개 무규정적이다.

"그러나 만약 존재에 대한 이해가 발생하지 않는다면, 인간은 현재와 같은 존재자로서 결코 존재할 수 없을 것이며 또한 그처럼 경이로

운 능력도 지니지 못할 것이다."『칸트와 형이상학의 문제』 309쪽

　막연하긴 하지만 분명히 존재를 이해하고 있기에 우리는 무수한 존재자들 사이에서 그 존재자들을 만나면서 살아가고 있고, 그 존재자들을 변형하기도 하고 재창조하기도 한다. 그런 존재자에는 도구나 사물 그리고 다른 사람들만 있는 것이 아니라, 나 자신도 있다. 인간에게는 이렇게 도구나 사물, 다른 사람뿐만 아니라 자기 자신도 드러나 있고 그 존재자들의 존재를 이해한 채 그 존재자들과 관계를 맺고 있다. 인간은 타인뿐만 아니라 자기 자신의 존재도 이해하면서 자기 자신과 관계를 맺고 있다.

　이런 식으로 존재함을 가리켜 하이데거는 '실존'이라고 명명한다. 그러므로 "존재 이해를 근거로 해서만 인간의 실존은 가능하다."『칸트와 형이상학의 문제』 309쪽 존재 이해가 없다면 인간은 다른 존재자들을 이해할 수 없을 뿐만 아니라 자기 자신을 이해할 수도 없다. 또 그래서는 원천적으로 실존도 불가능하다. 실존이란 자기 자신의 존재를 이해하는 가운데 그 존재를 문제 삼으면서 존재함이기 때문이다. 그런데 여기서 하이데거는 인간의 실존에는 '던져져 있음' 곧 '자기 힘으로 어찌해볼 수 없음'도 포함돼 있다고 말한다. 인간은 사물과 도구에 의존하지 않고는 살아갈 수 없으며, 마찬가지로 다른 사람들에게 의존하지 않고서는 살아갈 수 없다. 또 인간이 자기 자신을 언제나 주인으로서 장악하고 있느냐 하면 그렇지도 못하다. 우리는 우리 자신에 대해서도 우리 힘으로는 어찌지 못하는 무력함이나 불가항력이나 불가능성을 느끼면 살아간다. 이것이 우리의 실존 양상이다. 여기에는 분명히 인간의 유한성이 짙게 배어 있다.

실존과 더불어 존재자 전체를 향한 침입이 일어남

그런데 바로 여기서 하이데거는 '인간의 실존과 더불어 존재자 전체를 향한 침입이 일어난다'고 말한다. 이것은 무슨 말인가? 인간이 군사작전 벌이듯 몸을 사용해 존재자 전체로 침투해 들어간다는 뜻이 아님은 두말할 것도 없다. 그렇다면 무슨 뜻인가? 인간이 실존한다는 것은 존재 이해 속에서 실존한다는 것을 뜻한다. 존재자 전체를 향해 침입한다는 것은 바로 이 '존재 이해'를 통해 존재자 전체의 존재에 관여한다는 것을 뜻한다. 다시 말해 존재자 전체의 존재를 밝히면서 존재한다는 것을 뜻한다. 인간이 신이 아닌 이상 존재자 자체를 무로부터 창조할 수는 없다. 그러나 인간은 존재 이해로써 존재자 전체로 침투한다. 쉽게 말해서 세상 만물을 인간의 존재 이해 안에 담아낼 수 있는 것이다. 우리는 존재 이해로써 책상을 책상으로 이해하고 연필을 연필로 이해한다. 망치를 망치로 이해하고 술통을 술통으로 이해한다. 그리하여 세상 만물 전체가 존재 의미를 띤 채 우리 앞에 나타난다. 그 존재 의미를 규정하는 것이 바로 우리 현존재다. 그러므로 인간은 실존과 더불어 존재자 전체를 향해 침입하는 자인 것이다.

그런데 모든 인간이 똑같은 수준으로 존재자를 향해 침입하는 것은 아니다. 그 침입에도 등급이 있다.

"이제 비로소 존재자는 그때마다 상이한 폭으로 또 명료성의 상이한 단계에 따라 또 확실성의 상이한 정도에 따라 자기 자신에 즉해 존재자로서 드러난다." 「칸트와 형이상학의 문제」 309쪽

우리가 존재자 전체를 향해 침입할 때 우리의 존재 이해가 어떠하냐에 따라서 그 존재자들의 존재가 다른 수준으로 드러난다는 얘기다. 우리의 존재 이해가 흐릿하다면 존재자는 그만큼 불명료하게 드

러날 것이다. 어떤 복잡한 사태를 만났을 때 우리가 사태를 잘 안다면 그 사태가 훤히 드러날 것이다. 그러나 사태를 잘 알지 못한다면 사태는 안개에 싸인 듯 막연하게 드러날 것이다. 또 우리가 본래적으로 실존할 경우와 비본래적으로 실존할 경우에 그때마다 '세계'의 양상은 다르게 드러날 것이다. 우리가 세인-자기로 실존한다면 '세계'는 그 참된 모습을 드러내지 못할 것이다.

존재 이해의 근거가 되는 유한성

여기서 하이데거가 실존과 관련해 강조하는 것이 '유한성'이다. 인간은 '던져져 있는 존재자'로서 존재한다. 존재 이해 속에서 존재를 기투하여 존재자들을 그 존재자들로서 존재하게 하면서도 동시에 그 존재자들에 의존해 있는 것이 인간이다.

"실존이란 (인간이) 이처럼 의존해 있는 존재자 그 자체에 (자신을) 내맡긴 가운데 존재자 그 자체에 의존해 있음을 의미한다."『칸트와 형이상학의 문제』 309쪽

실존은 유한성이다. 그런데 이 유한성은 존재 이해를 근거로 해서만 유한성이다. 그러므로 인간의 실존을 철저히 지배하는 존재 이해는 '인간 유한성의 가장 내적인 근거'로서 드러난다. 이 문장은 결정적인 것을 드러낸다. 왜냐하면 '존재 이해'란 오직 유한성에 갇힌 인간의 일이기 때문이다.

쉽게 말해 '존재 이해'는 인간이 신의 무한성과 대비되는 유한성으로 존재함을 알려준다. 신은 존재자 자체를 창조하고 존재자에 의지할 필요가 없기 때문에 '존재 이해'를 지니고 있을 이유가 없다. 존재 이해란 내가 어쩌지 못하는 존재자가 나를 둘러싸고 있다는 조건에서 필요한 것이다. 인간은 존재자들에 둘러싸여 그 존재자들에게 의

존하지 않을 수 없기 때문에 존재 이해가 필수적이다. 만약 존재 이해가 없다면 인간은 유한하게 존재하는 것이 아니라 아예 존재하지 못할 것이다. 먹을 것과 먹지 못할 것을 구분하지 못한다면, 우리에게 이로운 것과 우리를 해치는 것을 구분하지 못한다면, 우리는 존재할 수 없을 것이다. 존재 이해는 존재자를 존재자로서 존재하게 하는 것이기도 하지만, 동시에 우리 인간의 유한성을 드러내는 것이기도 하다. 우리가 신처럼 무한한 능력을 지녔다면 존재 이해라는 원초적인 능력을 갖출 필요가 없었을 것이다. 그러므로 "존재 이해의 '일반성'은 현존재의 유한성의 가장 내적인 근거의 근원이다."「칸트와 형이상학의 문제」 310쪽

　하이데거는 여기서 다시 한번 '존재 이해'를 현-존재(Da-sein)와 연결해 이해한다.

　"존재 이해를 근거로 해서 인간은 현(Da)이다. 존재자를 활짝 여는 침입 사건은 현의 존재와 더불어 발생한다."「칸트와 형이상학의 문제」 310쪽

　존재 이해란 존재자 전체의 존재를 이해함이다. 이 존재 이해가 바로 인간의 '현'을 구성한다. 인간의 '현'이란 현-존재의 현, 다시 말해 '존재의 장'이다. 현-존재라는 말은 인간이 바로 '존재(Sein)가 드러나는 터(Da)'임을 뜻한다. 존재 이해와 더불어 현-존재의 '현(터)'에서, 쉽게 말해 인간의 마음에서 존재자의 존재가 열린다는 얘기다. 인간은 존재의 '현', 존재가 드러나는 장소이므로 인간의 '현'과 함께, 인간의 마음과 함께 존재자 전체를 활짝 여는 침입 사건이 일어날 수 있다. 침입 사건이란 존재자의 존재를 엶을 뜻한다. 다시 말해 현-존재로서 인간은 존재를 기투해 존재자를 존재자로서 열어 젖힌다. 다른 말로 하면 '현'이란 존재의 빛이다. 존재자를 속속들이 존재자로서 비추는 빛이다. 그 빛 속에서 존재자는 존재자로서 드러

난다. 이 모든 일이 존재 이해에서 일어난다. 그러므로 존재 이해야말로 원초적 사건이라고 할 수 있을 것이다. 그런데 존재 이해는 근원적으로 보면 바로 인간의 유한성에서 비롯한 것이다. 인간이 유한하지 않다면 존재 이해가 있을 이유가 없는 것이다.

존재 물음은 일반 형이상학의 근본 물음인 '존재자란 무엇인가'에서 시작됐다. 이 근본 물음은 더 근원적인 물음인 '존재란 무엇을 뜻하는가'를 불러왔고, 그 물음은 결국 존재 이해라는 인간의 근원 능력에 이르렀다. 그런데 존재 이해는 인간이 유한하다는 그 원초적 성격에서 비롯한다. 그러므로 이제 다음 사실이 밝혀진다.

"존재 이해 자체가 유한성의 가장 내적인 본질이다."「칸트와 형이상학의 문제」 311쪽

그러므로 인간의 유한성이라는 것을 한마디로 표현하면 존재 이해다. 존재 이해가 없다면 인간은 존재자를 열어 밝힐 수 없다. 다시 말해 존재자를 존재자로서 존재하게 할 수 없다. 존재 이해를 전제로 해서만 우리는 존재자를 존재자로서 만날 수 있다. 우리가 망치와 도구를 이해하고 있을 때에만 우리는 망치를 도구로서 발견할 수 있다.

그러므로 존재 이해야말로 인간 유한성의 본질이라고 말할 수 있다. 무한성으로서 신은 존재 이해를 거치지 않고 바로 존재자를 산출하고 간직한다. 신의 원본적 직관이 곧 존재자의 산출이다. 신의 직관에 따라 존재자는 존재하게 된다. 인간은 그럴 수 없다. 존재자에 둘러싸인 채 그 존재자에 의존해야만 하는 것이 인간의 유한성인데, 그런 유한성으로서 인간이 존재자와 만나려면 존재 이해가 있어야 하는 것이다. 존재 이해는 인간의 유한성을 가장 본질적으로 드러내 보여준다. 그렇다면 형이상학도 유한성의 형이상학일 것이다. 유한성에 갇혀 있지 않다면 인간은 존재자를 넘어 존재로 나아갈 이유가 없다. 하이데거는 그 유한성의 근원적 성격을 "인간 속의 현존재의

유한성은 인간보다 더 근원적이다"라는 말로 표현한다.「칸트와 형이상학의 문제」310쪽 유한성이 인간을 근원적으로, 본질적으로 규정하고 있으며 그 유한성이 인간을 인간으로 만들어준다는 뜻이다.

이제 이렇게 유한성의 개념이 획득됐으므로, 형이상학의 정초 작업의 근저를 이루는 '인간이란 무엇인가'라는 물음에 대한 답도 나왔다고 할 수 있다. 그 답에 이르는 과정을 보면 철학적 인간학을 통해서 답을 얻은 것이 아니라, 현존재의 형이상학 곧 기초존재론을 통해서 답을 얻었음을 알 수 있다. 형이상학이란 다른 것이 아니라 존재자의 존재에 관한 물음이다. 그렇다면 인간의 존재에 관한 물음도 형이상학일 수밖에 없다. 현존재의 존재에 관한 물음, 다시 말해 현존재의 유한성과 유한성에서 발원하는 존재 이해에 관한 물음이 현존재의 형이상학이다. 이 현존재의 형이상학으로부터 존재자 전체의 존재가 밝혀진다.

"따라서 형이상학의 정초 작업은 현존재의 형이상학에 근거한다."
「칸트와 형이상학의 문제」 311쪽

형이상학을 정초하는 문제는 인간 속의 현존재에 관한 물음이며, 현존재의 가장 내적인 근거인 유한성과 존재 이해에 관한 물음인 것이다. 그러므로 현존재의 형이상학은 형이상학의 근거를 밝히는 형이상학, 곧 '형이상학의 형이상학'이라고 할 수 있다. 여기서 하이데거는 칸트가 『순수이성비판』에 관해 자신의 제자 마르쿠스 헤르츠에게 보낸 편지(1781)에서 쓴 말을 끌어들인다. "이런 유형의 연구는 언제나 어려운 일로 남을 것이다. 왜냐하면 이런 연구는 형이상학의 형이상학(Die Metaphysik von der Metaphysik)을 포함하기 때문이다."
「칸트와 형이상학의 문제」 312쪽

하이데거가 굳이 이 편짓글을 인용하는 것은 『순수이성비판』이 '인식론'을 정초하는 작업이 아니라 '형이상학'을 정초라는 작업임을 칸트의 입을 통해 입증하려 하기 때문이다. "이 편지의 말은 『순수이성비판』에서 단지 부분적으로나마 '인식론'을 찾으려는 그 모든 시도를 궁극적으로 논파한다." 『칸트와 형이상학의 문제』 312쪽 그러나 하이데거가 나중에 시인했듯이 칸트의 『순수이성비판』을 형이상학을 정초하는 작품으로, 더구나 『존재와 시간』에서 행한 기초존재론을 앞서 정초한 작품으로 해석하는 것은 과도한 것으로 드러났다. 그렇다고 해서 하이데거의 이 작업이 무익한 작업으로 끝나는 것은 아니다. 이 저작은 존재 이해가 인간의 유한성이라는 원초적 성격에서 발원하는 것임을 밝히고 칸트의 언어를 빌려 와 『존재와 시간』의 현존재 분석을 다시 한번 분명하게 반복했다는 의미가 있다. 그런 점에서 윌리엄 리처드슨(William John Richardson, 1920~2016)이 이 저작을 "『존재와 시간』에 관한 가장 권위 있는 해석"이라고 부른 것은 정당하다고 할 것이다.[31]

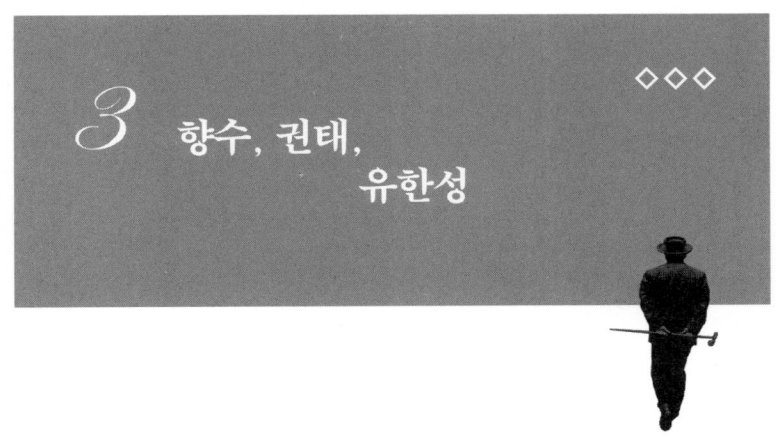

3 향수, 권태, 유한성

향수·불안·권태, 이 셋은 우리의 현존재를
일깨워 '전체'를 향해 나아가게 한다는 점에서
근원적으로 동일한 기분일 것이다.
불안이 우리를 각성시키고 권태가 우리를
흔들어 깨우며 향수가 우리를 불러내
전체를 향해 나아가게 한다.

66

인간이란 '머물러 있지 못함'이며
그러면서도 '자리를 떠날 수 없음'이다.

저 근본 기분 속에서 자기를 표명하기를 원하고 있는
바로 그것이 곧 깊은 권태라는 근본 속에서 에둘러 울리며
우리를 두루 조율하고 있는 현존재의 유한성 아닌가?

철학이란 본디 향수요 어디서나
고향을 만들려는 충동이다.

99

시대의 위기와 형이상학적 혁명

하이데거는 1929년에서 1930년으로 이어지는 겨울학기 강의를 '형이상학의 근본개념들: 세계-유한성-고독'이라는 제목으로 준비했다. 마르부르크대학의 마지막 강의였던 '논리학의 형이상학적 시원 근거'에서부터 시작해 1929년 저작 『칸트와 형이상학의 문제』를 거쳐 프라이부르크대학 교수 취임 강연 '형이상학이란 무엇인가?'에 이은 형이상학 시리즈의 총결산이라 할 강의였다. 1주일에 네 시간을 들인 이 강의는 하이데거가 강단에서 한 모든 강의를 통틀어 가장 내용이 풍부한 강의로 꼽힌다. 강의실의 열기도 가장 뜨거웠다. 당시 하이데거의 강의를 들었던 오이겐 핑크(Eugen Fink, 1905~75)는 뒷날 '하이데거 전집'이 기획될 때 이 강의록을 제일 먼저 출간해야 한다고 여러 차례 하이데거에게 요청했다. 그만큼 이 강의는 당시 수강생들을 감동과 충격 속에 몰아넣었다. 이 강의록이야말로 『존재와 시간』에 이어 '전기 하이데거'의 두 번째 주요 저작이라고 해도 어색하지 않을 정도로 장대하고도 심오한 사유를 보여준다.

하이데거는 『칸트와 형이상학의 문제』에서 사유의 거점으로 삼았던 '인간의 유한성'에서 출발해 '형이상학이란 무엇인가?'라는 물음 속으로 들어갔다. 이어 인간을 철학으로 이끄는 '깊은 권태'라는 근본 기분을 분석한 뒤 '세계란 무엇인가'라는 물음으로 나아갔다. 하이데거가 이 강의를 하던 1929년 겨울은 그해 10월 뉴욕증권거래소의 주식 가격 대폭락으로 시작된 세계 대공황이 독일 경제를 파국으로 몰아넣고 정치를 대혼란에 빠뜨리기 시작한 시기였다. 실업자가 삽시간에 500만을 넘어섰고 군소정당에 지나지 않았던 나치당이 이 대혼란을 기점으로 하여 일거에 약진하며 정권 장악을 코앞에 두게 됐다. 하이데거는 강의실 밖의 이 혼란을 강의록에 흔적처럼 남겨 놓았다.

"어딜 가나 혼란과 위기, 파국, 절박한 일이 일어나고 있다. 오늘날의 사회적 비참이 그렇고 정치적 혼란이 그렇고 학문의 무기력함이 그렇고 예술의 공허함이 그렇고 철학의 기반 상실이 그렇고 종교의 무능력이 그렇다. 어디에서나 절박한 일들이 일어나고 있음은 분명하다."『형이상학의 근본 개념들』 275~276쪽

이 대혼란이 일으키는 소음이 강의의 배경음으로 깔렸다. 그러나 철학자로서 하이데거는 시대의 위기를 철학 곧 형이상학을 통해 돌파하려는 자세를 굽히지 않았다. 철학은 들이닥치는 시대의 해일과 직접 맞붙어 싸우는 것이 아니라 인간 내부로 들어가 형이상학적 혁명을 이룸으로써 시대의 비참에 대응한다는 것이 강단 위에 선 하이데거의 생각이었다.

"철학이란 향수요 어디서나 고향을 만들려는 충동"

하이데거는 '철학이란 무엇인가?'라는 물음으로 긴 강의의 플랫폼을 떠났다. 철학은 학문의 분과도 아니고 세계관의 선포도 아니다. "철학은 철학함이다." "철학이라는 것은 우리가 철학할 때에만 존재한다."『형이상학의 근본 개념들』 24쪽 철학은 일반 학문을 배우듯이 배울 수 있는 것이 아니며 오직 우리가 철학 속으로 뛰어들어 철학적 물음을

대공황 초기 뉴욕 유니언 은행에 몰려든 군중.
세계 대공황은 독일 경제도 파국으로 몰아넣고 정치를
대혼란에 빠뜨렸다. 하이데거는 철학자로서 시대의 위기를
철학 곧 형이상학을 통해 돌파하려고 했다.

던질 때에만 우리 안에서 피어오른다. 철학은 우리를 둘러싼 근본 기분(Grundstimmung) 속에서 솟아난다. 그렇다면 그 철학함을 일으키는 근본 기분을 어디서 찾을 수 있는가? 하이데거는 독일 낭만주의 시인 노발리스의 시구를 끌어들인다.

"철학이란 본디 향수요 어디서나 고향을 만들려는 충동이다."『형이상학의 근본 개념들』 25쪽

이 시구는 철학에 대한 우리의 선입관을 여지없이 깨뜨리는 말이다. 철학은 우리가 책상 앞에 앉아 머리를 싸매고 탐구하는 건조한 학문이고 모든 충동을 억제한 채 냉철한 이성으로 사태의 본질을 파고들어가는 논리적 활동이라고 여기는 것이 우리의 상식이다. 노발리스는 철학에 관한 상식적인 이미지를 날려버린다. 강단에 선 하이데거도 이 정의가 '매우 기이하다'는 것을 인정한다.

"향수! 그와 같은 것이 오늘날 도대체 남아 있기라도 한가? … 도시인들과 문명을 한껏 뽐내는 이들은 향수 따위는 벌써 오래 전에 폐기해버리지 않았는가? 그런데 향수가 철학에 대한 규정이라니!"『형이상학의 근본 개념들』 25쪽

그러나 노발리스의 말은 함부로 넘겨버릴 수가 없다. 기이하기에 더욱더 그 진의를 파고들어야 한다. 노발리스는 철학이 향수이며, 그 향수를 다른 말로 '어디서나 고향을 만들려는 충동'이라고 묘사한다. '어디서나 고향을 만든다'는 것은 무엇을 뜻하는가? 하이데거는 이 말이 '어느 때나 전체 안에서 존재한다'는 것을 가리킨다고 말한다. 어디서나 고향을 만든다는 것은 어느 곳에 있든 그곳을 고향처럼 마음을 감싸주는 친숙한 곳으로 만든다는 것이다. 모든 곳, 전체가 고향이 되는 것이다. 바로 그 '전체 안에서'(im Ganzen)의 '전체성'(Gänze)이 다른 말로 하면 곧 '세계'(Welt)라고 하이데거는 말한다. 그러니까 철학이란 바로 이 전체로서 세계를, 다시 말해 세계 전체를

고향으로 만들려는 충동이다.

하이데거는 이 '충동'(Trieb)을 유달리 강조한다. 충동이란 우리도 어찌할 수 없는, 우리를 들쑤셔 앞으로 나아가게 하는 내부의 보이지 않는 힘이다.

"우리는 향수에 젖어 휘둘리는 가운데 전체 안에서 존재하도록 내몰리고 있다. 우리의 존재란 이런 '내몰려 있음'이다. … 우리는 채찍질당하고 있다."『형이상학의 근본 개념들』 26쪽

전체 안에서 존재하도록 우리를 몰아대는 충동에 쫓겨 전체를 향해 가는 도상에 있는 것이 우리 인간이다. 우리는 충동에 채찍질당하고 있기 때문에 그 전체를 향해 나아가지 않을 수 없다. 그 전체를 향해 나아감, 세계를 향해 나아감이 바로 철학함이다. 하이데거는 예외적으로 가혹한 용어를 써가며 우리가 인간으로 존재하는 한 철학함을 통해 전체로 나아가지 않을 수 없다고 이야기한다. 그런데 우리의 나아감은 저 전체라는 목적지에 도달했음이 아니라 전체를 향해 나아가는 도상에 있음을 뜻한다. 도상에 있다는 것은 출발점도 아니고 목적지도 아닌 그 사이에 있음이다. 그 어중간한 상태에 있음이 가리키는 것이 바로 인간의 '유한성'(Endlichkeit)이라고 하이데거는 말한다. 여기에 있을 수 없어 전체를 향해 나아가지만 아직 거기에 도달하지 못함이 바로 인간의 유한성이다.

"유한성이란 우리에게 그냥 딸려 있기만 할 뿐인 어떤 속성이 아니라 우리 존재의 근본 양식이다."『형이상학의 근본 개념들』 26쪽

우리는 이 유한성을 떠나버릴 수도 없고 지워버릴 수도 없다. 하이데거는 우리가 이 유한성을 외면하지 않고 살아가는 가운데 마침내 현존재로서 개별화하게 된다고 말한다. 개별화(Vereinzelung)란 무엇을 뜻하는가?

"개별화란 개개의 모든 인간이 그 속에서 비로소 처음으로 모든 사

물들의 본질적인 것 가까이에 이르게 되는, 즉 세계 가까이에 이르게 되는 고독화(Vereinsamung)다.”『형이상학의 근본 개념들』 27쪽

『존재와 시간』의 언어로 말하면 개별화란 우리 현존재가 세인-자기로 퇴락해 있던 상태에서 그 평균성을 뚫고 일어나 독자적인 자기로서 서는 것을 말한다. 그렇게 독자적인 자기로서 개별화할 때 우리는 세계 전체 가까이에 이르게 된다. 그 개별화는 이 강의의 제목인 '세계, 유한성, 고독' 가운데 '고독'(Einsamkeit)의 다른 말이다. 하이데거는 고독이라는 말을 부정적인 의미로 쓰지 않는다. 고독이란 홀로 있음이고 독자적인 자기로 있음이다. 개별화를 통해서 우리는 이 홀로 있음의 상태에 도달하게 된다. 이 홀로 있음이라는 것이 '더불어 있음'을 망각한 유아론적인 '고립된 자아'를 뜻하지 않는다는 것은 두말할 것도 없다. '고독'과 '개별화'는 자기 존재의 모든 짐을 스스로 감당하는 '단독자'의 존재 방식을 가리키는 말이다.

세계, 유한성, 고독

여기서 하이데거는 이 세 가지 곧 '세계, 유한성, 개별화'를 하나로 보면 무엇이 되는가 하고 묻는다. 셋의 통일성 안에서 우리와 더불어 무엇이 일어나고 있는가?

"철학 곧 형이상학은 향수요 어디서나 고향을 만들려는 충동이요 열망인데, 이 열망은 맹목적이고 방향 없는 것이 아니다. 오히려 그 열망은 '세계·유한성·개별화란 무엇인가?'라는 바로 그 물음들과 그 물음들의 통일성을 향해 우리 내면에서 깨어나는 열망이다. 이 물음들 하나하나는 모두 전체 안으로 물어 들어가고 있다.”『형이상학의 근본 개념들』 27쪽

세계도 전체를 묻는 것이고 유한성도 전체를 묻는 것이며 개별화

도 전체를 묻는 것이라는 이야기다. 세계·유한성·개별화는 모두 '전체'를 파악하려고 한다. 그것이 이 셋을 하나로 통일하고 있다. 그런데 우리가 이 물음의 대상인 '전체'에 사로잡혀 있지 않다면 우리는 이 개념들을 파악할 수 없다고 하이데거는 말한다. 어디서나 고향을 만들려는 충동, 다시 말해 전체 안에 존재하려는 충동에 사로잡혀 있지 않다면 우리는 이 개념들을 온전히 파악할 수 없다는 얘기다.

하이데거는 이 사로잡힘(Ergriffenheit)이 기분(Stimmung)에서 온다고 말한다. 철학은 개념을 사유하는 것이다. 그러나 개념의 사유는 무미건조한 정신으로 하는 순수 사유가 아니다. 사유 이전에 먼저 어떤 기분에 사로잡혀야 하고, 그렇게 사로잡힌 상태에서 사유는 시작된다. 하이데거는 우리의 근원적인 사유를 촉발하는 그 기분을 '현존재의 근본 기분'이라고 부른다. 우리가 인식하고 있건 그렇지 못하건 근본 기분은 우리를 본질적으로 두루 조율하고 있다. 철학은 바로 그 근본 기분 안에서 일어난다. 노발리스가 철학을 향수라고 명명했을 때 생각했던 것이 바로 그것이다. 향수야말로 근본 기분이고 인간은 이 근본 기분에 사로잡혀 무언가를 사유하지 않을 수 없다. '사유하지 않을 수 없음', 바로 그것이 충동이다. 전체를 향해서 세계와 유한성과 개별화를 사유하지 않을 수 없는 것이다.

그렇다면 철학은 순수 이성의 논리적 작업이기 이전에 우리의 근본 기분에서 일어나는 충동, 전체를 향한 열망이라고 하지 않을 수 없다. 하이데거에게 철학은 곧 형이상학이므로, 형이상학이란 우리의 근본 기분에서 일어나는, 전체를 향한 충동과 열망이다. 향수야말로 철학 곧 형이상학의 근본 기분이다. 하이데거는 『존재와 시간』과 「형이상학이란 무엇인가」에서 '불안'을 근본 기분으로 제시했다. 이 강의에서는 이렇게 향수를 근본 기분으로 내세운 뒤 본문의 제1부에서 '권태'를 또 다른 근본 기분으로 제시한다. 향수·불안·권태, 이

셋은 우리의 현존재를 일깨워 '전체'를 향해 나아가게 한다는 점에서 근원적으로 동일한 기분일 것이다. 불안이 우리를 각성시키고 권태가 우리를 흔들어 깨우며 향수가 우리를 불러내 전체를 향해 나아가게 한다.

세계·유한성·개별화와 같은 '형이상학의 근본 개념'은 일종의 '총괄 개념'(In-begriffe)이다. 어떤 의미에서 총괄 개념인가? 첫째로, 전체를 자체 안에 포함하고 있다는 점에서 총괄 개념이다. 근본 개념은 전체를 문제 삼는다. 둘째로, 근본 개념은 언제나 근본 개념을 파악하는 인간과 현존재를 자체 안에 함께 포괄하고 있다. 통상의 학문은 물음을 묻는 그 사람을 포함하지 않고 물음의 대상에만 관여한다. 그러나 본래적인 형이상학의 물음은 물음이 대상과 함께 물음의 주체도 포괄한다. 형이상학은 물음의 대상인 전체를 하나의 극으로 삼고 그 전체를 묻는 인간을 다른 하나의 극으로 삼되, 이 두 극을 포괄해서 묻는 것이다. 이 양극을 모두 아우른다는 의미에서 형이상학의 근본 개념은 총괄 개념이다.

철학자 "우리 현존재로 경악을 몰고올 수 있는 자"

형이상학은 물음을 묻는 사람을 포함하고 있다. 물음을 묻는 사람 자신 안에서 물음이 근원적으로 일어나지 않는다면 철학함은 불가능하다. 철학은 철학을 향해 자기를 던지는 사람에게만 열릴 수 있다. 그렇다면 철학을 가르친다는 것은 무엇을 뜻하는 것일까? 하이데거는 강단에 선 철학 교수로서 수강생들을 향해 이렇게 묻는다. 강단에 서서 철학을 가르치는 것이 희극배우의 우스꽝스러운 행위가되지 않으려면, 가르치는 사람 안에서 철학함이 고유하게 일어나야 한다. 전문 용어를 남발한다고 해서 철학 교수가 되는 것은 아니다.

철학 교수는 다른 사람들에게, 다시 말해 강의를 듣는 사람들에게 철학함을 일깨워주어야 한다. 그런데 철학함을 일깨워주는 것은 쉬운 일이 아니다. 하이데거는 그 점을 넌지시 강조한다.

"다른 사람들을 이끌어 그 사람들 안에서 철학함을 일깨워준다는 기이한 운명은 특정한 사람들만이 가질 수 있다." 『형이상학의 근본 개념들』 37쪽

아무나 철학을 가르치는 사람이 될 수 없고, 자기 안에서 고유하게 철학함이 일어날 뿐만 아니라 그 철학함으로써 다른 사람들 안에서 철학함을 일으켜 세워주는 사람만이 철학을 가르칠 수 있다는 얘기다. 이 말에서 하이데거 내면에서 솟아오르는 자신감을 읽어낼 수 있다. 이 겨울학기 강의 중간쯤에 하이데거는 다시 한번 철학함을 일깨우는 사람의 역할을 강조한다.

"우리에게 가장 중요한 문제는 인간 현존재의 비밀과 같은 것을 다시 만나게 되는 그런 기반과 차원을 획득하는 일이다. 이런 요구에 직면해, 그리고 그런 비밀에 근접하려는 노력에 직면해 오늘날의 평범하고 우직한 사람은 어쩌면 겁을 집어먹고 때로는 눈앞이 캄캄해져 악착같이 자기의 우상에 달라붙을 것이며 그것은 지극히 정상적인 일이 될 것이다. 만약 뭔가 다른 것을 소망한다면 그것은 오해가 될 것이다. 우리는 먼저 우리 현존재로 경악을 몰고 올 수 있는 자를 불러오지 않으면 안 된다." 『형이상학의 근본 개념들』 290쪽

하이데거 자신이 바로 그런 경악을 몰고 오는 사람이라는 것을 암시하는 구절이다.

그런데 왜 철학은 일반적인 학자와는 다른 차원에서 철학함을 일깨우는 자를 요구하는가? 철학은 수학처럼 정해진 답을 찾아가는 과정이 아니기 때문이다. 다른 말로 하면 철학은 정확성이라는 학문의 잣대로 보면 '모호성'을 근원적으로 내장하고 있기 때문이다. 일반

학문에서는 증명이라는 것이 거의 절대적으로 중요하지만, 철학의 대상은 통상적인 학문의 증명 방식으로는 증명할 수 없는 것이기 때문이다.

"어쩌면 본질적으로 전혀 중요하지 않은 것이야말로 언제나 증명할 수 있는 것인지도 모른다. 증명할 수 있고 증명해야만 하는 바로 그것은 어쩌면 근본적으로 볼 때 거의 가치가 없는 것인지도 모른다."『형이상학의 근본 개념들』 38쪽

그런데 서양 철학의 역사는 철학의 척도를 수학에서 찾았다고 알려준다. 플라톤부터가 자신이 세운 아카데미아 정문에 '기하학을 모르는 자는 누구도 들어오지 못한다'고 써붙였다. 근대 철학의 문을 연 데카르트가 원했던 것이 바로 철학적 진리에 수학적 진리의 성격을 마련해주어 인류를 의혹과 불확실성에서 해방하는 것이었다. 라이프니츠는 또 이렇게 말했다. "수학 없이는 형이상학의 밑바탕 속으로 파고들 수 없다." 그러나 그렇게 철학적 진리를 수학화하려고 수많은 철학자들이 노력했는데도 철학은 그런 시도를 끝내 성공으로 이끌지 못했다. 수학적 진리를 잣대로 삼아 철학의 진리를 이해하려는 노력은 언제나 파국으로 끝났다.

왜 그럴 수밖에 없었는가? 철학의 진리는 수학의 진리와 성격이 전혀 다르기 때문이다. 수학의 인식은 "아무 구속력이 없고 내용상 가장 공허한 인식", 다시 말해 전적으로 형식적인 인식이다. 그런 인식을 진리의 잣대로 삼아 철학을 재는 것은 처음부터 성립할 수 없다. 왜냐하면 철학은 "가장 구속력 있는, 그 자체로 가장 온전한 인식, 다시 말해 전체를 향해 나아가는 인식"이기 때문이다.『형이상학의 근본 개념들』 43쪽 수학은 가장 공허한 인식이며 인간에게 가장 구속력 없는 인식이다. "그렇기에 우리는 수학자가 열일곱 살 나이에 위대한 발견들을 할 수 있다고 하는 기이한 사실을 대하게 된다."『형이상학의 근본 개념

　수학적 인식이란 삶과 세계의 구체성을 모두 털어버리고 순수하게 추상적인 수학적 관계만을 따지는 인식이다. 그런 형식적인 인식으로는 우리 삶의 풍요로운 구체성과 근원성을 조금도 파악할 수 없다. 그러므로 수학적 인식은 "생각할 수 있는 한도 안에서 가장 온전하고 가장 구속력 있는 인식 행위인 철학적 인식"의 척도가 될 수 없다.『형이상학의 근본 개념들』43쪽 왜 철학적 인식이 가장 온전하고 가장 구속력 있는 인식인가? 철학은 '전체'를 문제로 삼기 때문이다. 모든 것을 아울러 그 본질과 근원을 밝혀내려 하기 때문이다. 그것도 물리학적인 방식으로 전체를 문제 삼는 것이 아니라 인간을 포함해서 인간자체에서부터 전체를 문제 삼기 때문이다.

　그렇게 인간이라는 한 극과 전체라는 다른 한 극을 포괄하는 사유는 수학적 사유와는 질적으로 다르다. 그런데도 서양 철학은 플라톤이래로, 특히 근대에 이르러 수학적 인식을 모델로 삼아 철학을 구축하려고 했다. 수학적·논리적 이성이라는 협소한 이성을 중심에 놓고철학을 세우려 한 것이다. 그러나 그런 협소한 이성은 수학이 그렇듯이 우리의 실존을 해명할 수도 없고 전체를 해명할 수도 없다. 철학이 철학의 본령으로 들어서려면 수학이라는 협소한 논리적 이성의잣대를 버려야 한다.

　수학적 정확성이라는 차원에서 보면 철학은 결코 '절대 학문'이 될수 없다. 이 사실을 하이데거는 유보 없이 인정한다.

　"우리는 철학함을 확신하지 못하고 있다. 철학! 그것은 정작 철학함에서 그 자체 안에 절대적 확실성을 가질 수 없단 말인가? 그렇다!가질 수 없다."『형이상학의 근본 개념들』45쪽

　왜 그런가? 철학은 인간의 활동이기 때문이다. 철학의 진리는 인간현존재의 진리이기 때문이다.

"철학은 그것이 인간의 활동일 경우에만 의미를 지닌다. 철학의 진리는 본질적으로 현존재의 진리다. 철학함의 진리는 현존재의 운명 속에 뿌리를 내리고 있다."『형이상학의 근본 개념들』46쪽

'현존재의 운명'이라는 말은 현존재의 본질적 성격이 유한성에 있다는 사실을 가리킨다. 인간이 유한성에 갇혀 있는 이상, 인간의 철학도 유한성을 궁극적으로는 벗어날 수 없다는 얘기다. 그러나 유한성에 갇혀 있다는 것은 결코 부정적인 것만은 아니다. 인간은 유한성에 갇혀 있지만 동시에 유한한 존재로서 인간은 자유 안에 있기 때문이다. 이때의 자유는 무엇이든 할 수 있다는 방종의 자유가 아니라, 우리에게 주어진 조건 위에서 우리 자신의 가능성을 기투할 수 있다는 의미의 자유다. 우리는 우리를 막아서는 장애물과 불확실성 속에서 자유롭다.

"현존재라는 사건은 자유에서 일어나고 있다. 가능성, 변화 그리고 처지는 어둡다. 현존재는 그 자신도 예견하지 못하는 가능성 앞에 서 있다. 현존재는 그 자신도 알지 못하는 변화에 던져져 있다. 현존재는 그 자신의 힘으로는 어찌할 수 없는 처지 안에서 끊임없이 움직이고 있다."『형이상학의 근본 개념들』46쪽

이렇게 유한성 안에서 자유롭다는 근원적 조건 위에서 우리의 철학함이 일어나고 있다. 유한성이 철학의 근원이다. 그러므로 우리가 만약 무한한 존재자 곧 절대자라면 철학은 일어나지 않을 것이다. 철학이란 '무언가를 그리워함 곧 향수'이며 '무엇인가를 향한 사랑'인데, 그것은 오직 유한성 속에서만 일어난다. 유한하기 때문에 자기 안에 없는 것을 그리워할 수 있는 것이다. 그러므로 유한성을 모르는 무한한 신은 철학을 할 이유가 없다. 철학은 오직 인간의 일이다.

철학, 불확실한 것이자 위험한 것

여기서 하이데거는 철학의 불확실성을 한 번 더 날카롭게 묘사한다. 인간의 유한성에서 일어나는 철학은 불확실한 것이며 어떤 위안도 보증도 주지 못한다. 데카르트 이래 서양 철학이 그토록 수학에 매달렸던 것은 철학을 통해서 확고한 토대를 찾아내 인간에게 안전을 보증하려고 했기 때문이다. 그러나 그런 안전한 토대는 없다고 하이데거는 단언한다. 오히려 철학은 인간에게서 환상적인 위안이나 안전을 박탈해버리고 인간을 가장 위험한 곳으로 들여보낸다.

"철학은 소용돌이다. 그 소용돌이 안으로 휘말려 들어가면 들어갈수록 인간은 더욱더 홀로 환상 없이 현존재를 파악하게 된다. 그렇게 파악한 진리가 궁극적인 것이며 가장 극단적인 것이라는 바로 그 이유 때문에 철학은 최고의 불확실성을 지속적이고 위험스러운 이웃으로 삼고 있다."『형이상학의 근본 개념들』 46~47쪽

철학한다는 것은 이런 불확실성을 견뎌내는 일이고 오류의 벼랑 끝에 서는 위험을 감수하는 일이다.

"이것을 아직 파악하지 못한 사람은 철학한다는 것이 무엇을 말하는지 아직 전혀 감지하지 못한 사람이다. 궁극적이고 극단적인 것은 가장 위험한 것이며 가장 불확실한 것이다."『형이상학의 근본 개념들』 47쪽

철학은 궁극적이고 극단적인 것을 향하고 있기 때문에 그만큼 불확실한 것이며 또 위험한 것이라는 얘기다. 철학 안으로 들어서는 것은 그 위험과 불확실성을 기꺼이 받아들이는 일이다.

하이데거가 보기에 철학에 종사하는 사람들 가운데 이런 위험을 아는 사람은 많지 않다. 근대 철학을 개시한 데카르트가 그런 사람의 표본이다. 철학을 절대 인식으로 만들려고 했던 데카르트는 인식의 절대적 근거를 확보하려고 모든 것을 '의심'에 부쳤다. 그러나 정작

그렇게 의심하는 '나'(ego)는 한번도 물음에 부치지 못했다. 확실한 토대를 찾으려는 데 골몰한 나머지 정작 가장 깊이 물어야 할 나 자신을 의심의 대상으로 삼지 못하고 그냥 받아들인 것이다.

"데카르트적인 근본 자세와 아울러 데카르트 이래 근대의 모든 철학함은 도대체 아무것도 모험에 내거는 것이 없다."『형이상학의 근본 개념들』 48쪽

그런 식으로 우리 자신과 관계하는 한, 다시 말해 우리의 존재를 물음에 부치지 않는 한, 우리는 철학 바깥에 서 있는 것이나 다름없다. 하이데거는 철학함이 인간 현존재 안에서 일어나는 근본 사건임을, 그것도 경악(Schrecken)과 함께 일어나는 사건임을 거듭 강조한다. 철학적 개념(Begriff)은 '인간을 향한 덮침'(Angriff)이다. 덮쳐 오는 것 앞에서 인간은 경악할 수밖에 없다. 그러므로 철학은 인간의 경악과 함께 일어나는 사건이다. 나의 실존과 이 세계 전체가 나를 경악하게 하지 않는다면 철학은 일어날 수 없다. 하이데거는 플라톤이 『국가』에서 한 말을 상기시킨다. 플라톤은 '철학하는 사람'과 '철학하지 않는 사람'의 차이는 '깨어 있음'과 '잠자고 있음' 사이의 차이라고 말한다. 철학하는 사람만이 깨어 있는 사람이다. 깨어 있을 때에만 우리는 현존재의 유한성을 투명하게 들여다보면서 자신의 존재를 물음의 대상으로 삼고 세계 전체를 향해 물음을 물어 들어갈 수 있다. 잠자고 있는 사람에게서 물음은 일어나지 않는다.

형이상학이란 무엇인가

이제 하이데거는 이 강의의 주제 가운데 하나인 '형이상학이란 무엇인가'라는 물음에 대한 답을 찾아 형이상학의 역사 속으로 들어간다. 형이상학(Metaphysik)이라는 말의 본래 의미를 찾으려면 그 말의

출발점이 된 그리스로 돌아가야 한다. 이미 앞선 강의에서 이야기한 대로 형이상학은 '메타 타 피시카'(μετὰ τὰ φύσικά)에서 온 말이다. '피시카'(φύσικά)는 피시스(φύσις)에 관한 학문 곧 '자연학'을 뜻한다, 피시스라는 말은 그리스적 의미에서 보면 식물과 동물과 인간을 포함해 모든 자연 만물과 그 자연 만물의 생성과 변화를 가리키는 말이다. 피시스는 존재자 전체와 그 존재자 전체의 존재를 동시에 가리킨다. 하이데거는 이런 의미를 염두에 두고 피시스를 '존재자 전체가 제 스스로 형성되면서 전개해 나감'이라고 옮긴다. 여기에는 낮과 밤의 교체, 사계절의 변화, 천체의 운행, 폭풍과 폭우 같은 자연력의 광란이 포함되며 인간의 운명과 인간의 역사도 여기에 속한다. 심지어 신적인 존재자까지도 피시스를 구성한다. 이 모든 것을 포괄하는 피시스를 한마디로 줄이면 "전개되고 있는 것의 전개됨"(das Walten des Waltenden)이다. 『형이상학의 근본 개념들』 59쪽

여기서 하이데거는 헤라클레이토스의 말을 빌려 피시스가 자신을 숨기려는 성향이 있음을 강조한다. 피시스는 숨기를 좋아한다. 다시 말해 피시스의 진리는 보통 감추어져 있다. 여기서 하이데거는 피시스와 함께 또 하나의 근원어라고 할 수 있는 로고스(λόγος)를 거명한다. 로고스란 '말'이다. 존재자의 질서와 규율, 존재자 자체의 법칙을 말로 표명한 것이 로고스다. 그 로고스의 동사형이 레게인(λέγειν)이다. '레게인' 곧 '말함'은 다른 것이 아니라 '감추어진 것을 말로 드러냄'을 뜻한다. 감추어진 피시스를 말로 드러냄이 레게인이다. 그러므로 로고스는 피시스 곧 '전개되는 것의 전개됨'을 은닉에서 빼내 가져오는 낱말을 뜻한다. 그런데 은닉에서 탈취함 곧 탈은폐함을 가리키는 그리스어 낱말이 바로 알레테이아(ἀλήθεια)다. 알레테이아는 흔히 진리라는 말로 옮겨진다. 그러므로 그리스적 의미에서 진리란 빼앗음이고 탈취(Raub)다. 진리는 단순히 거기에 있

는 것이 아니라 인간이 자기를 던져 숨겨져 있음에서 빼내야 하는 것이다.

이렇게 숨겨져 있는 것을 그 숨겨져 있음에서 빼내 말로 드러내는 것이 로고스다. 인간은 숨어 있으려고 애쓰는 피시스를 은닉에서부터 로고스로 잡아채 그 진리로 데려온다. 여기서 주목할 것이 바로 이 진리를 지칭하는 그리스 낱말 곧 알레테이아에 담긴 '부정성'이다.

"그것은 다음 사실을 알려준다. 즉 진리란 인간 유한성의 한 운명이라는 것이다." 『형이상학의 근본 개념들』 62쪽

고대 철학에서 진리는 명제와 관련돼 있는 것이 아니라 인간의 유한성이라는 운명과 관련된 문제였던 것이다. 왜 유한성이라는 운명의 문제인가? 인간의 유한성이라는 것은 인간이 알지 못한다는 것, 인간에게 숨겨져 있는 것이 너무나 많다는 것을 뜻한다. 바로 피시스가 그렇게 인간에게 감춰져 있는 것이다. 그렇게 알지 못하는 상태에서 인간은 감춰져 있는 것을 탈취해 언어로 데려온다. 알지 못하는 이 유한성의 운명에 맞서 싸우는 가운데 솟아나는 것이 진리다. 숨겨져 있음에서 그렇게 탈취함이 바로 진리다. 그러므로 진리는 유한성이라는 인간 운명에 관련된 문제일 수밖에 없다. 그러니 진리라는 말은 그 원초적 의미로 따져 들어가면 명제의 올바름, 진술의 올바름과는 아무런 관련도 없다. 명제 진리는 이 원초적 진리에 바탕을 두고 나중에 생겨나는 것일 뿐이다.

피시스의 두 가지 의미

여기서 하이데거는 '피시스'가 두 가지 뜻을 지니고 있음에 다시 주목하다. 피시스는 '전개됨 속에서 전개되고 있는 것'이자, '전개

되고 있는 것의 전개됨'이다. 여기서 '전개됨'과 '전개되고 있는 것'이 나뉜다. 피시스의 첫 번째 뜻은 '피세이 온타'(φύσει ὄντα) 곧 자연 존재자 전체다. 인간이 직접 제작한 것을 뺀 모든 것, 우주 만물이 '피세이 온타'다. 피시스의 두 번째 뜻은 '사태의 본질과 내적인 법칙으로서 전개됨 그 자체'를 가리킨다. 다시 말해 모든 존재자의 '자연 본성'이 두 번째 의미의 피시스다. 그래서 피시스의 라틴어 번역어 나투라(natura)에서 나온 유럽어들이 모두 '자연'과 '본성'이라는 두 가지 의미를 함축하고 있는 것이다.

아리스토텔레스의 철학에서는 피시스의 이 두 가지 뜻, 곧 '존재자 전체'와 '존재자의 본질'이라는 뜻이 살아 있었다. 아리스토텔레스는 피시스의 이 두 성격을 하나로 묶어 그것을 물음의 대상으로 삼았다. 그 두 물음을 하나로 묶어 물어 들어가는 것, 다시 말해 존재자 전체에 대해 묻는 물음과 함께 존재자의 존재, 존재자의 본질, 존재자의 본성이 무엇인지를 묻는 물음을 하나로 엮어 탐구하는 것을 아리스토텔레스는 '프로테 필로소피아'(πρώτη φιλοσοφία) 곧 제일철학이라고 지칭했다. 이 제일철학이 본래적인 철학이다. 그러므로 본래적인 철학이란 '존재자 전체에 대한 물음'과 '전체 존재자의 존재에 대한 물음'이라는 이중의 뜻에서 피시스에 대한 물음이다.『형이상학의 근본 개념들』 67~68쪽

이 본래적인 물음이 아리스토텔레스 사후 시들어버리고 철학은 논리학과 자연학과 윤리학이라는 강단 분과로 나뉘어 전수됐다. 철학의 강단화는 어떤 결과를 빚는가?

"살아 있는 물음이 말라죽어버리게 된다. 본래적인 사로잡혀 있음의 상태가 철학적 물음에서 사라져버리게 된다."『형이상학의 근본 개념들』 70쪽

하이데거의 철학함은 바로 그렇게 잃어버린 철학의 뿌리를 찾아

거슬러 올라가 본래의 물음을 생생하게 되살려내는 것이라고 할 수 있다. 어쨌든 아리스토텔레스 사후 철학은 강단 철학이 되고 말았다. 그러다가 기원전 1세기에 아리스토텔레스의 제일철학에 관한 저술들이 오랜 망각의 어둠을 뚫고 지상으로 나왔다. 그런데 이렇게 발굴된 저작의 내용은 이미 굳어진 강단 분과 어디에도 속하지 않았다.

"아리스토텔레스의 본래적인 철학을 마주하게 된 자리에서 그 본래적인 철학이 분과들 가운데 어느 한 분과에도 속하지 않는다는 당혹스러움이 생겨났다.""형이상학의 근본 개념들」 74쪽

이런 당혹스러움 속에서 최초의 편집자는 제일철학에서 다루는 물음들이 자연학에서 논의하는 물음들과 근친성이 있다는 이유로 그 저술을 자연학 뒤에 배치했다. 형이상학의 어원인 '메타 타 피시카'(μετά τὰ φύσικά)는 말 그대로 '자연학 뒤에'라는 뜻이다. 그런데 '메타 타 피시카'가 라틴어로 옮겨지면서 '메타피시카'(metaphysica)라는 한 단어로 굳어졌다. 그리고 이와 함께 '메타'의 의미가 바뀌었다. 메타는 '뒤에'라는 의미도 있지만 '전환', '너머'라는 뜻도 있다.

"순전히 장소적인 의미만을 띠고 있었던 것이 전환이라는 뜻으로, 즉 '하나의 사태로부터 떠나 다른 하나의 사태로 몸을 돌림', '한쪽으로부터 다른 한쪽으로 넘어감'이라는 뜻으로 바뀐다.""형이상학의 근본 개념들」 76쪽

그리하여 제일철학으로서 형이상학이 감각적인 것 너머에 놓여 있는 것에 관한 인식, 즉 초감각적인 것에 관한 학문을 지칭하는 칭호가 된다. 애초에 피시스의 이중적 의미를 논구하던 것이 초감각적인 것에 대한 논구라는 의미로 완전히 바뀌게 된 것이다. 메타의 의미는 '포스트'(post, 뒤에)에서 트란스(trans, 너머)로 바뀌었다.""형이상학의 근본 개념들」 76쪽

의미의 이런 전환이 본래적인 철학 곧 제일철학을 이해하는 데 장

애가 됐음은 두말할 것도 없다. 이후로 형이상학은 나머지 분과들 옆에 나란히 놓인 하나의 철학적 분과, '신의 실재'와 '영혼의 불사'를 탐구하는 철학 분과가 되고 말았다. 하이데거는 형이상학을 이렇게 철학 분과의 하나로 취급하는 데 단호히 반대하고, 아리스토텔레스의 본디 의미 곧 본래적 철학으로서 제일철학으로 시선을 돌려 그 근원적인 물음을 회복하려고 한다. 그러므로 철학이 해야 할 일은 이것이다.

"요컨대 우리는 프로테 필로소피아를 형이상학에서부터 해석해서는 안 되고 오히려 거꾸로 형이상학이라는 표현을 아리스토텔레스의 프로테 필로소피아에서 일어나고 있는 바로 그것에 대한 근원적인 해석을 통해서 정당화해야 한다."『형이상학의 근본 개념들』 79쪽

하이데거가 '형이상학이란 무엇인가' 하고 물으며 하는 일이 바로 이 일, 곧 형이상학을 그 뿌리에서부터 재해석하는 일이다. 강단 철학의 역사 속에서 왜곡된 형이상학의 의미를 해체하고 그 본래의 의미를 되살려 그것을 우리의 살아 있는 현실의 물음으로 만들어내는 것이 하이데거가 하려는 일이다. 다시 말하면 형이상학을 존재자 전체와 그 존재자의 존재에 관한 물음으로, 더 근본적으로는 바로 그렇게 물으면서 존재자 전체로 나아가는 인간 현존재에 대한 물음으로 되살려내는 것, 이것이 하이데거가 '형이상학이란 무엇인가?' 하고 물을 때 겨냥하는 목표다.

"기분이란 덮쳐오는 것이다."

'예비 고찰'을 끝낸 하이데거는 제1부에서 '형이상학의 근본 개념들'을 해명하는 일에 뛰어든다. 여기서 하이데거가 과제로 제시하는 것은 '철학함의 한 근본 기분을 우리에게서 일깨움'이다. 하이데거

는 '우리'를 특별히 강조한다. 철학함의 근본 기분을 다른 곳에서 찾을 것이 아니라 우리에게서, 다시 말해 강의를 듣는 사람들 안에서 찾아 일깨워야 한다는 것이다. 그런데 철학함의 근본 기분은 단 하나만 있는 것이 아니다. 하이데거는 『존재와 시간』과 「형이상학이란 무엇인가」에서 불안이라는 근본 기분을 분석했다. 또 이 강의 서두에서는 향수라는 근본 기분을 노발리스의 시구를 빌려 이야기했다. 이제 하이데거가 일깨우려고 하는 것은 '권태'(Langweile)다. 그런데 기분이라는 것은 내가 멋대로 조작하거나 불러낼 수 있는 것이 아니다.

"기분이란 덮쳐오는 것이다." 「형이상학의 근본 개념들」 106쪽

기분은 덮쳐오는 것이기에 우리가 거리를 두고 관찰해서 발견하거나 확인할 수 있는 것이 아니다. 기분은 우리 안에 잠자고 있다. 그 기분을 깨어나게 해줌으로써 우리는 기분을 경험할 수 있다.

기분이란 사물처럼 존재하는 존재자가 아니다. 우리가 주위에 널린 물건을 발견하듯이 발견할 수 있는 것이 아니라는 얘기다. 하이데거는 기분을 '우리 현존재의 근본 방식'이라고 말한다. 이 강의에서 하이데거는 '현존재'를 단순히 '인간'을 대신하는 말로 쓰는 것이 아니라 인간의 '현-존재'라는 의미로, 다시 말해 '거기에(Da)-존재함(sein)'이라는 본디 의미로 쓴다. '현존재함'이란 '우리 삶의 상황 속에 존재함'이다. 기분은 그런 의미에서 우리 현존재의 근본 방식이다. 다시 말해 기분은 사물처럼 발견되는 존재자가 아니라 우리 존재의 방식, 우리의 존재 양상이다. 우리는 언제나 어떤 기분으로 존재하고 있다. 아무런 기분도 없는 무기분조차 기분의 결여된 양태로서 하나의 기분이다. 우리는 기분을 떠나서 살 수 없다. 슬픔, 기쁨, 즐거움, 무료함 따위의 기분으로 우리는 산다. 그런데 여기서 하이데거가 불러내려고 하는 것은 아무 때나 발견되는 기분이 아니라 근본 기

분이다. 우리 현존재 전체를 덮쳐 그 현존재를 드러냄과 동시에 세계 전체를 드러내는 그런 기분이다.

기분은 현존재가 현존재로 존재하는 근본 방식이다. 인간은 항상 이런저런 심정 곧 마음으로 존재한다. 현존재는 현존재로서 언제나 이미 근본적으로 기분에 싸여 있다. 그러므로 기분이야말로 우리 실존의 바탕이라고 할 수 있다. 하이데거는 우리의 사유와 행동이 이 기분 속에서 이루어진다는 것을 특별히 강조한다. 이것은 무엇을 뜻하는가? 서양 철학에서 인간은 '이성적 동물'이라고 불려 왔다. 논리적 이성 곧 로고스야말로 인간의 본질이라는 얘기다. 그러나 하이데거는 이 이성 곧 로고스는 기분이라는 것을 전제로 해서 일어나는 것이라고 말한다. 하이데거에게 인간이라는 존재자는 우선 기분에 싸여 있는 존재자다. 서양 철학은 이 기분이라는 것을 일시적이고 불확정적이라는 이유로 배제하고 부정했다. 그러나 기분이라는 심정이야말로 인간을 규정하는 근본 바탕이다. 기분이 인간의 존재와 사유와 행위의 토대가 되는 것이다.

이렇게 기분을 인간을 규정하는 본질적인 바탕으로 삼음으로써 하이데거 철학은 이성 중심주의, 로고스 중심주의에 갇힌 서양 철학의 유구한 전통으로부터 처음으로 분명하게 벗어났다. 그러나 기분이라는 비이성적 감성을 인간을 규정하는 근본적인 것으로 받아들였다는 것이 곧바로 '비합리주의'를 의미하는 것은 아니다. 기분으로 눈을 돌리는 것은 인간의 삶에 어떤 합리성도 이성성도 없다는 것을 주장하는 것이 아니다. 수학적·논리적 이성이라는 좁은 틀에서 벗어나야만 인간을 온전히 이해할 수 있다는 것을 극적으로 강조하려는 것이다. 수학적·논리적 이성은 인간 정신, 인간 마음의 일부일 뿐이다. 인간이 무엇인지 알려면 그런 좁은 이성을 넘어 훨씬 더 넓은 시야에서 인간을 보아야 한다. 현존재 자체를 온전히 두루 조율하고 있는 근원적인 기분을 간과하는 것은 현존재 자체를 간과하는 것이나 다름없다.

디오니소스적인 것과 아폴론적인 것

하이데거의 당면 목표는 우리를 조율하고 있는 이 근본 기분을 일깨우는 것이다. 그런 근본 기분을 일깨우려면 먼저 우리를 지배하고 있는 근본 기분을 확보해야 한다. 여기서 하이데거는 당대의 독일, 다시 말해 제1차 세계대전을 치른 뒤 혼란에 빠진 독일을 해석하는 네 사람의 사상을 거론한다. 『서구의 몰락』을 쓴 오스발트 슈펭글러(Oswald Spengler, 1880~1936), 『영혼의 적대자로서 정신』을 쓴 루트비히 클라게스(Ludwig Klages, 1872~1956), 『평형 시대의 인간』을 쓴 막스 셸러, 그리고 『유럽 정신』이라는 책을 쓴 레오폴트 치글러(Leopold Ziegler, 1881~1958)가 하이데거가 거명하는 이들이다. 이 네 사람은 모두 '삶(생명) 곧 영혼'과 '정신'을 대립시켜 시대 상황을 규명하려고 했다. 삶(영혼)과 대치 관계에 놓인 '정신'은 인간 이성이 성취한 근대 문명에서 극명하게 드러난다. 반대로 삶(영혼)은 그 정신이 이룬 물질문명에 짓눌리는 인간의 원초적 생명력을 가리킨다. 슈펭글러는 이 정신의 압박 속에서 삶이 몰락하고 있다고 진단한다. 클라게스는 정신이란 일종의 병이며 영혼 곧 삶을 해방하려면 그 병을 퇴치해야 한다고 주장한다. 셸러는 삶과 정신 사이에서 균형을 잡는 것을 시대의 과제로 제시한다. 치글러는 삶과 정신을 매개해 새로운 종합으로 이끌어줄 제3의 것을 찾는다. 이 네 사람은 모두 삶(생명·영혼)과 정신의 대립 속에서 시대를 보고 있다는 공통점이 있다.

그런데 하이데거가 보기에, 이 네 사람이 공통의 지반으로 삼고 있는 '삶과 정신의 대립'이란 앞 시대에 니체가 '디오니소스적인 것과

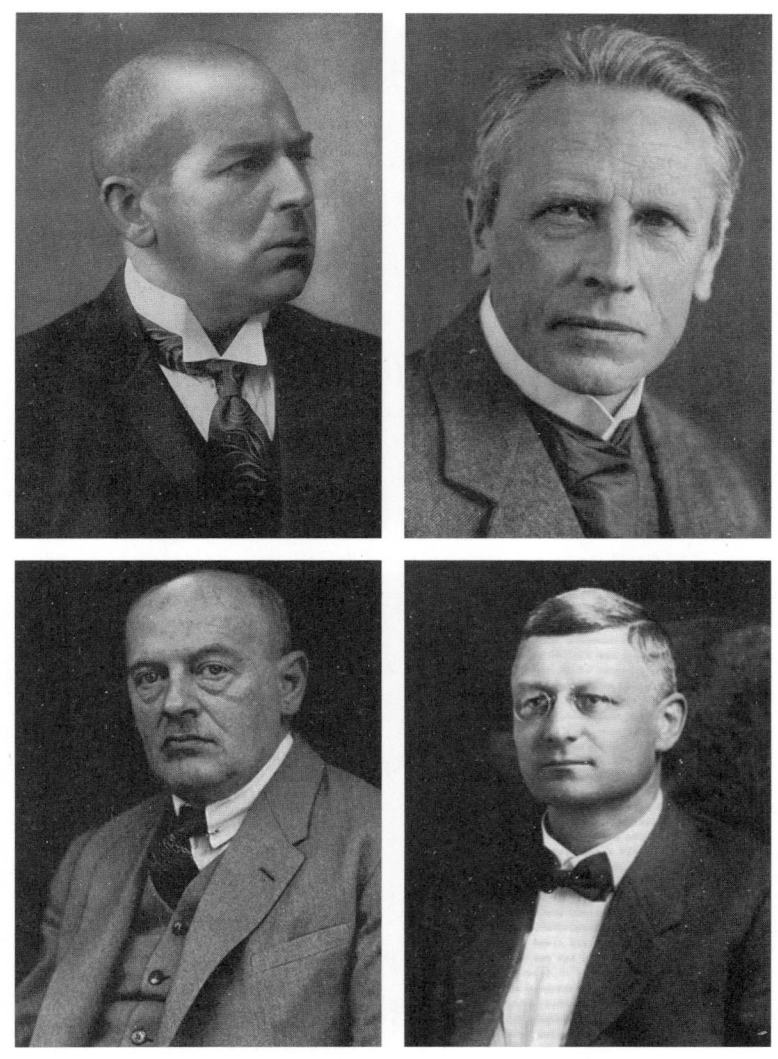

(위 왼쪽부터 시계방향으로) 오스발트 슈펭글러, 루트비히 클라게스, 막스 셸러, 레오폴트 치글러. 하이데거는 제1차 세계대전을 치른 뒤 혼란에 빠진 독일을 해석하는 네 명의 사상가를 거론했다. 이들은 모두 삶(생명, 영혼)과 정신의 대립 속에서 시대를 보았다.

아폴론적인 것'이라는 대립적 범주를 통해 이해하려고 했던 것을 빈약한 사상으로 변주하고 있을 뿐이다. 오히려 우리 시대의 처지에 관한 근원적인 해석을 보려면 니체의 이 쌍개념으로 되돌아가야 한다. 니체는 자신의 초기 저서에서부터 '디오니소스적인 것'과 '아폴론적인 것'을 인간과 문화를 해석하는 핵심 범주로 삼았다. 첫 번째 저서 『비극의 탄생』 제1절에서 니체는 이렇게 말했다. "예술의 발전은 아폴론적인 것과 디오니소스적인 것의 이중성과 결부돼 있다."[32] 디오니소스와 아폴론의 대립은 니체 사유의 마지막 시기까지 계속됐다. 니체에게 디오니소스적인 것은 삶과 삶의 충동, 삶의 잔혹함, 끊임없는 창조와 파괴의 생명력을 가리키며 아폴론적인 것은 그 삶의 충동을 제어하는 이성과 정신, 규범과 절도, 규칙과 질서를 가리킨다. 니체의 유고 모음인 『권력의지』의 한 구절(1050번)에서 니체는 두 개념에 관해 이렇게 말한다.

"그리스인의 영혼 속에 깃들어 있는 디오니소스적인 것과 아폴론적인 것 사이의 이런 대립성이 내가 그리스인의 존재를 대면하면서 매혹됐던 커다란 수수께끼 가운데 하나다. 내가 알아내려고 애썼던 것은 근본적으로 다른 것이 아닌 이것이다. 어찌하여 디오니소스적인 토양에서 하필이면 그리스적 아폴론주의가 자라날 수밖에 없었는가. 즉 디오니소스적인 그리스인은 어쩔 수 없이 아폴론적인 그리스인이 됐다. 다시 말해서 어마어마한 것, 각양각색의 것, 불확실한 것, 끔찍한 것을 향한 디오니소스적인 그리스인의 의지는 절도를 향한, 단순성을 향한, 규칙과 개념으로 질서 잡음을 향한 의지를 만나 꺾이지 않으면 안 됐다. 무절제, 방종, 아시아적인 것을 그리스인은 마음 바탕에 깔고 있다. 그러므로 그리스인의 용감성은 그 자신 내면의 아시아주의와 벌이는 투쟁에 있다. 논리학이 그렇고 도덕의 자연스러움이 그렇듯이, 아름다움도 그리스인에게는 거저 주어지는 것이 아니다. 아름다움은 정복하여 얻은 것, 욕망한 것, 쟁취한 것이다. 아름다움은 그리스인의 승리다."[33]

이 글에서 니체는 그리스인들이 디오니소스적인 무시무시한 삶의 충동을 아폴론적인 절도와 질서로 제압함으로써 아름다움을 쟁취했다고 말한다. 니체 사상에서 핵심이 되는 것은 이 아폴론적인 규범과 형식이 아니라, 디오니소스적인 힘, 위험하기 짝이 없는 생의 폭발하는 힘이다. 그런 디오니소스적인 힘이 없다면 아폴론적인 것은 무의미하다. 디오니소스적인 힘이 아폴론적인 규범을 받아들여 방종을 넘어 진정한 창조로 나아가는 것이 니체가 생각하는 디오니소스적인 삶의 모습이다. 하이데거가 여기서 이례적으로 니체의 유고를 길게 인용한 것은 이 냉철한 철학자가 활화산 같은 니체의 사상에 깊이 공감하고 있음을 알려준다. 하이데거의 철학은 그 개념의 엄밀함과 까다로움 때문에 순수하게 아폴론적인 사유를 보여주는 것 같지만, 정작 하이데거가 이 까다로운 개념들을 통해 가리키는 곳은 디오니소스적인 삶, 위험하고 무시무시한 삶의 비밀스런 실상이다. 그런 점에서 보면 이 시기 하이데거의 사상을 '디오니소스를 품은 아폴론'이라고 해도 좋을 것이다.

철학 곧 형이상학은 바로 이 디오니소스적인 삶의 실상을 투명하게 드러내 보여야 한다. 그런 투명성을 어디서 얻을 수 있을 것인가. 하이데거는 인간 현존재를 근원적으로 규정하고 있는 근본 기분을 일깨우는 데서 얻어야 한다고 생각한다. 여기서 하이데거가 제시하는 근본 기분이 바로 '깊은 권태'다. 그리하여 이 책의 제1부는 권태를 세 종류로 나누어 살핌으로써 권태가 어떻게 우리 현존재를 휘감아 지배하고 있는지를 유례를 찾기 어려운 집요함으로 살펴 들어간다. 특히 권태의 가장 깊은 층위에서 그 권태가 시간과 맺고 있는 관계를 찾아내 마침내 '세계·유한성·개별화'라는 형이상학의 근본 개념을 철저하게 이해할 수 있는 지평을 연다. 권태의 분석을 통해 세계·유한성·개별화에 대한 물음이 결국 시간에 대한 물음과 긴밀하게 엮여 있음이 드러나는 것이다. 160쪽에 이르는 제1부의 분석은 깊고도 아득한 권태의 현상학을 이룬다.

권태라는 근본 기분

어떤 경우에 우리는 권태를 느끼는가? 하이데거는 먼저 '지루한 것'에서 시작한다. 지루한 것은 우리를 지루하게 하는 것이다. 책, 연극, 행사가 그런 것일 수도 있고 어떤 사람이나 모임이 그런 것일 수도 있다. 여기서 하이데거가 분석의 사례로 펼쳐놓는 것이 '기차 기다리기'다.

"폭이 좁은 철로를 휑하게 끼고 있는 어느 초라한 기차역에 우리는 앉아 있다. 다음 기차는 빨라야 네 시간이나 지나야 온다. 기차역 일대는 삭막하기만 하다. 우리는 배낭 속에 책 한 권을 가지고 있기는 하다. 그래 꺼내서 읽어볼 것인가? 아니다. 그러면 어떤 물음이나 문제에 관해서 골똘히 사색에 잠겨볼 것인가? 그렇게 되지 않는다."『형이상학의 근본 개념들』159쪽

기다리는 사람은 하는 일 없이 그저 기차가 오기를 기다리다 틈만 나면 시계를 본다. 그러나 시간은 좀처럼 가지 않는다. 하이데거의 설명을 더 따라가보자. 기차역에 앉아 오지 않는 기차를 기다릴 때 우리가 하는 일을 하이데거는 '시간 죽이기'라고 명명한다. 시간 죽이기란 '시간을 채근하면서 권태를 쫓아버리기'다.

하이데거는 여기서 권태의 독일어 낱말을 분석한다. 권태는 독일어로 'Langweile'(랑바일레)다. 말뜻 그대로 보면 '긴(lang) 겨를·시간(weile)'이다. '긴 시간 동안 머물러 있음'이 권태다. 권태 속에서

시간은 너무나 느리게 가고 있다. 권태에서 문제가 되는 것은 바로 이 시간이다. 권태 속에서 우리는 지루해진다. 이 지루해짐의 양상을 하이데거는 '시간의 머무적거리는 흐름에 붙잡혀 있음'과 '공허 속에 버려져 있음'이라는 두 가지로 포착한다. 오지 않는 기차를 기다리며 지루해진 우리는 흐르지 않는 시간에 붙잡혀 있으며, 그렇다고 해서 딱히 할 일도 없을 뿐만 아니라 눈앞에 있는 어떤 것도 우리의 흥미를 자극하지 않기 때문에 그저 공허 속에 버려져 있다. 이렇게 기차를 기다리며 느끼는 권태야말로 우리가 일상에서 가장 쉽게 만나는 권태일 것이다.

하이데거는 이제 두 번째 권태의 양상으로 시선을 돌린다. 하이데거가 사례로 드는 것은 '저녁 초대 자리'다.

"우리는 어느 집에 저녁 초대를 받았다. 우리는 그곳에 굳이 갈 필요가 없다. 그러나 우리는 온종일 일에 매달려 있었고 저녁에는 시간이 있다. 그러니 우리는 그곳에 가보기로 한다. 거기에는 으레 그렇듯이 음식이 차려져 있고 여기에 곁들여 식탁 위로 담소가 오고간다. 모든 것이 다 입맛에 꼭 맞을 뿐만 아니라, 모든 것이 다 마음에도 쏙 든다. 식사 후 사람들은 흔히 말하듯이, 약간 흥분된 상태에서 정겹게 모여 앉아 음악을 듣기도 하고 재잘거리기도 한다. 유쾌하고 재미있다. 벌써 자리를 뜰 시간이다. 오늘 저녁은 무척이나 기분 좋은 시간이었다거나 아주 기분 짜릿한 시간이었다고 부인들은 장담한다. 그것도 작별하는 자리에서 인사치레로 그러는 것이 아니라, 다시 끼리끼리 모여 아래층과 집문 밖으로 나온 자리에서도 그렇게 말한다. 사실이 그렇다. 이날 저녁에 지루했던 것이라고는 단적으로 아무것도 없다. … 그러니 사람들은 아주 흐뭇해하며 집으로 온다. 저녁에 중단했던 일을 다시 얼른 살펴보고, 내일 아침에 할 일을 어림잡아 그려본다. 그러다가 문득 이런 생각이 든다. '난 사실 오늘 저녁 초대

자리에서 무척 지루했어.'"「형이상학의 근본 개념들」 187쪽

하이데거는 조교 시절에 스승 후설의 집에서 열린 파티나 마르부르크 시절에 그곳 교수의 집에 초대받아 이런 경험을 했을 가능성이 있다. 이 경험은 앞에 거론된 '기차 기다리기'와는 전혀 양상이 다르다. 기차역에서 기차를 기다리는 네 시간 동안 우리는 매분 매초가 지겹고 지루하다. 지루함은 손에 잡힐 듯이 우리 앞에 있다. 반면에 저녁 파티에서는 그런 지루함을 느낄 수 없다. 파티에서는 오히려 손님들이 지루해하지 않도록 주인이 세심히 신경을 쓰기조차 한다. 담소가 오가고 시가를 돌리기도 하고 음악을 듣기도 하고 차를 마시기도 한다. 기차 기다리기에서 보이는 '시간 죽이기'는 일어나지 않는다. 그러나 전혀 지루할 틈이 없었던 저녁 초대 자리가 끝나고 집에 돌아와 생각하면 그 자리가 무척이나 지루한 자리로 드러난다. 저녁 초대 자리 자체가 총체적인 '시간 죽이기'였던 것이다. 굳이 갈 필요가 없는 저녁 초대 자리에 가서 몇 시간 동안 밥을 먹고 차를 마시고 시가를 피우고 담소하면서 시간을 죽이고 있었던 것이다. 한마디로 말해 그 시간 전체가 권태의 시간이었던 것이다.

시간에 붙잡혀 있음, 공허 속에 버려져 있음

표면만 보면 이 두 번째 사례에서는 첫 번째 시간에서와 같은 '시간에 붙잡혀 있음'은 일어나지 않는 것처럼 보인다. 애초부터 우리가 시간을 내주었기 때문이다. 또 언뜻 보면 이 두 번째 사례에서는 '공허 속에 버려져 있음'도 일어나지 않는 것 같다. 공허할 틈이 없기 때문이다. 그러나 조금 더 생각해보면 '공허 속에 버려져 있음'이 더 깊은 데서부터 자라나고 있음을 알 수 있다. 왜냐하면 이 저녁 초대 자리가 실은 우리를 전혀 만족시켜주지 못하기 때문이다.

"우리가 그 자리에 더는 아무것도 추구하고 있지 않다는 것은 우리에게는 자명한 일인데, 그러는 가운데 우리는 어떤 방식으로든 우리 자신에게서부터 미끄러져 빠져나가고 있다."『형이상학의 근본 개념들』204쪽

저녁 초대 자리에서 우리는 진정한 우리 자신으로 있지 못하고 우리 자신이 아닌 존재자로 있는 것이다. 우리는 '본래적인 자신을 뒷전에 내버려둔 채로 우리 자신을 그 자리에서 벌어지고 있는 일에 내맡겨 두고 있는 것'이다.『형이상학의 근본 개념들』204~205쪽 이런 상태야말로 '공허 속에 버려져 있음'의 더 깊은 형태라고 할 수 있다. 저녁 초대 자체가 우리 자신을 뒷전에 버려둔 '시간 죽이기'였기 때문에 우리는 뒤늦게 그 자리에서 무척이나 지루했음을 깨닫는 것이다.

그러므로 이 권태에서도 분명히 시간이 문제다. 우리는 그 저녁 시간을 내주기는 했지만 시간 전체를 내준 것은 아니다. 우리의 삶의 시간 전체로 보면, 그 저녁 초대 시간은 우리의 삶의 시간을 멈춰 세우고 있다고 해야 한다. 저녁 초대에 시간을 내줌으로써 우리는 시간을 멈춰 세웠다. 거꾸로 말하면 시간은 우리를 놓아주지 않고 있다. 바로 그런 의미에서 우리는 멈춰 선 시간에 붙잡혀 있다. 이것은 무슨 말인가? 무언가 절박하게 해야 할 일이 있는 사람을 떠올려보자. 그런 사람에게 저녁 초대 시간은 그야말로 공허한 시간, 지루한 시간일 수밖에 없고, 해야 할 일이 멈춰 선 시간, 그래서 그 멈춰 선 시간에 붙들려 있는 시간이다. 이제 절박하게 해야 할 일을 본래적 실존이라는 현존재의 문제로 바꾸어보자. 그러면 여기서 하이데거가 하려는 말의 의미가 더 분명해진다. 본래적 실존을 향해 자신을 기투하는 사람에게 시간은 이렇게 절박한 문제로 다가온다.

키르케고르가 23세 때 쓴 글은 이런 상황과 유사한 상황을 알려준다.

"나는 지금 막 저녁 모임에서 돌아왔다. 그곳에서 나는 단연코 주

인공이었다. 내 입에서는 끊임없이 익살이 쏟아져 나왔고 사람들은 그때마다 웃음을 터뜨렸다. 모두들 찬탄했다. 그러나 나는—아, 이 선은 지구의 반만큼이나 길어야 할 것이다—떠나왔으며 나 자신을 총으로 쏘아 죽이고 싶었다."[34]

이 고백은 키르케고르가 저녁 파티에서 유쾌하기 이를 데 없는 시간을 보내고 와서 느낀 자기혐오의 감정을 드러내고 있다. 키르케고르는 그 유쾌한 파티에서 자신이 참으로 공허하기 짝이 없는 시간을 보냈다고 절감했을 것이다. 그 유쾌한 시간이야말로 돌아보면 지루하기 짝이 없는 긴 시간이었음을, 하이픈(—)을 그어놓고 '이 선은 지구 반만큼이나 길어야 할 것'이라고 한 데서 짐작할 수 있다. 그 저녁 파티는 자신의 본래적 실존을 뒤로 팽개쳐놓고 익살꾼이 돼 노는 시간이었던 것이다. 이렇게 소란스러운 흥분의 시간조차 견딜 수 없는 권태의 시간이 될 수 있는 것이다. 그것은 멈춰 선 시간에 붙들려 있기 때문에, 다시 말해 뒷전으로 던져놓은 본래적 실존이 아우성치기 때문에 일어나는 일이라고 해야 할 것이다. 키르케고르는 이 시기에 틀림없이 조증을 동반하는 우울증을 앓고 있었을 것이다. 흥분 속의 짙은 어둠이 그 증상을 알려준다. 우울증이야말로 실존의 질병이다.

두 번째 사례에서 시간은 멈춰 서 있다. 다시 말해 현존재의 전체 시간이 멈춰 서 있다. 그렇게 멈춰 선 시간이 우리를 안절부절못하게 짓누른다. 우리가 안절부절못하며 지루해하는 그 시간, 그 현재는 우리의 '기재(Gewesenheit, 지나옴)와 미래(Zukunft, 장래, 다가옴)'로부터 잘려 떨어져나가 있다. 기재의 시간 곧 지나온 시간이 막혀버렸고, 미래의 시간은 묶여버렸다. 미래가 다가오지 않으므로 우리는 현재에 멈춰 선 채 덩그러니 남아 있는 것이다. 바로 이 상황이 우리를 지루하게 했던 것이다.

"멈춰 서 있는 이 시간, 그것은 곧 우리의 막혀버린 기재이며 우리의 묶여버린 미래다. 다시 말해 그것은 독특한 변화 속에서 우리 현존재 안으로 들어서 있는 우리의 시간 전체인 것이다. … 이런 멈춰 서 있는 시간, 그것은 우리들 자신인데, 그러나 그것은 그것의 '유래'와 '미래'가 뒷전에 내버려진 것으로서 우리들 자신이다."『형이상학의 근본 개념들』 216쪽

우리들 자신의 미래가 묶여 우리가 시간 속에서 움직이지 않기 때문에 우리는 한없이 지루해진 것이다. 결국 권태는 미래-기재-현재로 이루어진 현존재의 시간성 속에서 솟아나는 것임을 여기서 알 수 있다. 멈춰 선 시간에 붙들려 있음으로써 우리는 공허 속에 버려져 있는 것이다. 여기서 발생하는 공허감은 결국 우리에게서 버려진 고유한 우리 자신이다.

이제 이 두 가지 권태의 사례를 비교해볼 수 있다. 권태의 첫 번째 경우에는 지루하게 하는 것이 우리 밖에서 오고 있다. 우리가 원하지 않은 사태 자체로 인해 기차를 하염없이 기다리지 않으면 안 되기 때문이다. 반면에 두 번째 권태의 경우에는 우리를 지루하게 하는 것이 밖으로부터 오는 것이 아니라 현존재 자체에서부터 피어오르고 있다. 우리가 시간을 내준 채 시간을 멈춰 세웠고 그렇게 멈춰 선 시간 때문에 미래가 우리에게 오지 못한 채 묶여 있기 때문이다. 그런데 두 번째 경우에서 우리는 정말로 우리의 본래적 실존 때문에 공허해하는 걸까? 오히려 일상의 경우에서 보자면, 바쁜 일들에 사로잡혀 마냥 시간이 없다고 초조해 하기 때문에 생기는 권태는 아닐까? 이런 물음과 함께 하이데거는 권태의 세 번째 형태로 눈을 돌린다.

'아무튼 그냥 지루해'

이 세 번째 형태를 하이데거는 '아무튼 그냥 지루해'(Es ist einem langweilig)라는 일상의 표현에서 찾는다. 이 표현은 권태의 특정한 이유를 찾을 수 없는 그런 권태를 가리킨다. 무엇 때문에 권태로운지 알 수 없는 막연한 권태다. 더구나 이 표현에서는 권태의 주체조차 분명하지 않다. 'einem'(아이넴)이라는 것은 특정한 사람이 아니라 그냥 '누군가'를 지칭하는 말이다. 권태를 주는 것도 알 수 없고 권태로워지는 사람도 불분명한 그런 상황을 가리키는 것이 이 일상어의 표현이다. 이렇게 출처도 대상도 불분명하기 때문에 이런 권태는 '시간 죽이기'를 통해서는 몰아낼 수 없다. 시간 죽이기가 허용되지 않을 만큼 이 권태는 막강하다. 그래서 하이데거는 이 세 번째 형태의 권태를 '깊은 권태'라고 부른다.

이 세 번째 형태에서도 '공허 속에 버려져 있음'과 '시간에 붙잡혀 있음'이라는 권태의 두 구조 계기가 작동하고 있다. 이런 권태에 사로잡히게 되면 존재자 전체가 우리에게 아무런 의미도 없는 것이 되고 만다. 존재자 전체의 한가운데서 우리는 그 전체가 어떻게 되든 나와는 아무 상관이 없다고 느끼게 되는 것이다. 이것이야말로 '공허 속에 버려져 있음'이다. 이렇게 전체가 어떻게 되든 아무 상관도 없다는 이 깊은 권태 속에서 역으로 현존재는 자신이 존재자 전체 앞에 세워져 있음을 발견하게 된다고 하이데거는 말한다.

"현존재는 자신을 거부하고 있는 존재자 전체에 그렇게 넘겨져 있는 가운데서 자신을 발견한다."「형이상학의 근본 개념들」 238쪽

존재자 전체가 자신을 거부하고 있는 가운데 현존재는 그 존재자에 넘겨져 있다. 이런 상황을 하이데거는 "현존재는 자신을 거부하고 있는 전체 존재자 사이에 겨우 매달려 있을 뿐이다"라고 표현한

다.『형이상학의 근본 개념들』 239쪽 공허감이 존재자 전체를 현존재 자신과는 아무런 상관도 없는 것으로 드러내지만 현존재는 이 존재자 전체를 무의미한 것으로 부정하고만 있을 수 없으며, 그 존재자 전체에 어떤 식으로든 매달려 있어야만 한다는 얘기다. 공허한 가운데 우리는 밧줄에 매달리듯 전체 존재자 사이에 매달려 있는 것이다. 이 매달림이 바로 '붙잡혀 있음'이다. 공허 속에 버려진 채로 우리는 존재자 전체에 붙잡혀 있는 것이다.

그런 상황을 좀 더 쉽게 이해할 길이 없을까? 깊은 권태 속에서 존재자 전체가 공허한 것으로 드러난다. 그러나 존재자 전체는 공허한 상태로만 있는 것은 아니다. 존재자가 자신을 '거부한다'(Versagen)는 것은 어떤 식으로든 무언가를 '말한다'(Sagen)는 것을 뜻한다. 그것이 공허 속에서 존재자 전체가 자신을 드러냄이다. 이것은 「형이상학이란 무엇인가」에서 하이데거가 분석한 무와 존재의 관계를 떠올리게 한다. 불안 속에서 모든 것이 무로, 무의미로 꺼져버리지만 바로 그 순간에 그 무 속에서 존재자 전체가 드러나는 것이다. 마찬가지로 깊은 권태 속에서 존재자 전체가 공허 속으로 꺼져버리지만 동시에 존재자 전체가 자신을 알려오는 것이다. 그렇게 존재자 전체가 자신을 알려올 수 있는 것은 현존재가 존재자 전체와 완전히 단절돼 있는 것이 아니라 존재자 전체에 매달려 있기 때문이다. 그렇게 매달려 있음이 붙잡혀 있음이다.

우리는 공허 속에 버려져 있지만 동시에 존재자 전체와 연결된 끈을 놓을 수 없다. 다시 말해 가능성의 끈을 놓을 수 없다. 깊은 권태 속에서 우리에게 모든 것이 공허해지고 그래서 공허 속에 놓였던 이유는 무엇일까? 지금 이렇게 살고 있는 삶이 견딜 수 없이 지루했고 공허했기 때문이다. 깊은 권태 속에서 우리는 이런 지겹고 권태로운 삶을 계속 살 수는 없다고 느끼게 된다. 그럴 때 우리는 우리에게 주어진 가능성들을 찾아보게 된다. 그것을 하이데거는 '존재자 전체가 자신을 거부하면서(Versagen) 동시에 무언가를 말한다(Sagen)'라고 표현하는 것이다. 결국 우리의 깊은 권태를 분석해보면 우리가 시간의 본질 속에서 움직이고 있음이 드러난다. 다시 말해 미래-기재-현재로 이루어진 시간성의 지평 위에서 우리가 움직이고 있다는 사실이 드러난다. 우리는 미래를 향해 앞서 나아가며 기재를 반복하고 현재를 여는 것이다. 바로 그 시간성의 지평 위에서 우리가 움직이고 있음이 깊은 권태에서 드러나는 것이다.

깊은 권태 속에서 존재자 전체가 공허 속으로 물러나버린다. 그러나 현존재는 그 물러난 존재자 전체와 단절하지 못하고 밧줄 하나에 매달려 있다. 이 붙잡혀 있음을 하이데거는 시간이 현존재를 옭아맨다고 표현한다.

"시간이 현존재를 옭아매고 있다." 『형이상학의 근본 개념들』 251쪽

왜 시간이, 다시 말해 시간 지평이 현존재를 옭아매는가? 일상 속에서 현존재는 미래를 기대하며 지나간 것을 간직한 채로 현재를 살아간다. 그것이 바로 현존재의 일상적 시간성 곧 시간 지평이다. 이런 시간 지평 위에서 현존재는 공허에 몸부림치면서도 가능성의 밧줄 하나에 매달려 순간순간을 살아가는 것이다. 존재자 전체가 자기를 거부하는데도 그 거부를 전적으로 수용하지 못하고 현재를, 다시 말해 눈앞에 있는 것들을 붙들고 있는 것이다. 그렇게 눈앞에 있는 것들을 붙들면 붙들수록 공허감은 더욱 커진다. 이러지도 저러지도 못하는 이 상황에서 현존재는 어떻게 해야 하는가?

순간이란 결단의 눈길

여기서 하이데거는 역전을 감행한다. 다시 말해 역설을 불러들인

다. 현존재를 옭아매는 시간 자체가 현존재를 풀어줄 수 있다는 것이다. 왜냐하면 현존재를 옭아매는 그 시간이야말로 현존재를 근저에서부터 그 가능성으로 풀어놓을 수 있는 것이기 때문이다. 말하자면 시간 그 자체가 현존재를 붙들어 맨 그 밧줄을 끊어버릴 수 있는 칼날이다. 이 말을 쉽게 이해하려면 『존재와 시간』에서 하이데거가 분석한 '죽음을 향해 앞서 달려가보는 결단성'을 떠올릴 필요가 있다. 죽음을 향해 앞질러 달려가봄을 통해 결단함으로써 현존재는 세인-자기로 살던 비본래적 실존을 벗어버리고 본래적 실존에 도달할 수 있다. 결단을 통해 미래를 가져옴으로써 기재를 회복하고 현재를 새롭게 밝힐 수 있는 것이다. 세인-자기를 극복하고 본래적 자기가 되는 것이다. 결단이 열어젖히는 것이 바로 순간이다. 다르게 표현하면 순간이야말로 우리를 옭아맨 시간의 밧줄을 끊어내는 결단의 칼날이다. 하이데거는 바로 이 '결단할 수 있음'을 현존재의 '자유'라고 말한다. 본래적 실존의 가능성을 향해 뛰어들 수 있는 그 가능성이야말로 현존재의 근원적 자유인 것이다.

"현존재의 이런 자유는 오직 현존재가 자신을 해방하는 데에만 존재한다. 그런데 현존재가 자신을 해방하는 일은 각기 그때마다 오직 현존재가 자기 자신을 향해 결단할 때에만, 다시 말해 현존재가 자신을 현-존재로서 자기 자신에게 열어 밝힐 때에만 일어난다."『형이상학의 근본 개념들』 254쪽

현존재가 이렇게 본래적 자기를 향해 결단함을 하이데거는 '순간' (Augenblick)이라고 말한다. 이 순간이라는 말의 독일어 의미를 살펴보면, 그것은 '순간적으로 통찰함', '섬광처럼 주시함'을 뜻한다. 순간은 단순히 찰나의 시간이 아니라 사태의 진리를 섬광과 같은 눈빛으로 통찰함이다. 이 순간의 섬광으로 우리는 사태 전체를 환한 빛속에서 보면서 결단하는 것이다. 결단함은 우리를 옭아맨 시간의 밧

줄을 끊어냄이고 우리가 붙잡혀 있던 공허한 존재자 전체의 밧줄을 끊어냄이다.

왜 순간은 끊어냄이고 결단인가. 그것을 알려면 순간(Augenblick)에 해당하는 그리스어 '카이로스'(καιρός)를 살펴보아야 한다. 카이로스는 분명히 순간을 뜻하지만 그것은 동시에 '기회'이고 '기회의 칼날'이다. 가장 날카로운 칼날인 카이로스는 우리를 얽어맨 공허한 시간의 밧줄을 끊어버린다. 그것이 바로 순간의 결단이다. 그렇게 하여 우리는 세인-자기로 살아가는 일상의 공허한 시간을 끊어버리고 본래적 실존을 향해 풀려날 수 있는 것이다. 그렇게 순간의 칼날로 밧줄을 끊어버리는 것이 바로 자기해방이며, 그 밧줄에서 풀려나 본래적 실존으로, 본래적 현존재로 나아감이 바로 자유다. 그러므로 하이데거는 말한다.

"오직 현존재가 자신을 자기 자신을 향해 결단하는 가운데서만, 즉 순간에서만 현존재는 자신을 본래적으로 가능케 해주는 그것을, 즉 순간으로서의 시간 자체를 사용한다. 순간이란 결단의 눈길(der Blick der Entschlossenheit) 말고는 아무것도 아니며 이런 결단에서 행동을 위한 온전한 상황이 열리고 열린 채 유지된다."『형이상학의 근본 개념들』 255쪽

순간이란 칼날 위의 시간이다. 그것을 다른 말로 하면 '백척간두의 시간'이라고도 할 수 있다. 순간의 칼날을 휘두른다는 것은 백척간두에서 진일보하는 것, 그 허공을 향해 한 발을 내딛는 것이다. 바로 그 순간에 그 허공이 단단한 지반이었음이 드러난다. 가장 위태로운 절체절명의 순간 속에서 현존재에게 새로운 존재 지평이 열리는 것이다. 그러므로 순간은 인간의 실존 전체를 한눈에 확연히 깨치고 본래적 실존으로 깨어나는 각성의 순간, 깨달음의 순간이라고 할 수 있다.

여기서 하이데거는 이 순간(Augenblick)이라는 말로써 지칭하는 것이 키르케고르가 처음으로 철학에서 파악한 그 개념이라고 밝힌다. 키르케고르는 『불안의 개념』에서 기독교적 관점에 입각해 순간을 '시간과 영원의 접촉'이라고 말한다.[35] 인간의 삶의 시간이 신의 영원과 만나 하나가 됨을 가리키는 것이 바로 순간이다. 하이데거는 키르케고르의 순간 개념에서 기독교적 성격을 걷어내고 그것을 인간 현존재의 결단과 결부한다. 순간의 결단을 통해 인간은 현존재의 시간 속에서 영원을, 다시 말해 본래성을 보는 것이다. 하이데거의 키르케고르 해석은 당대의 일반적인 해석과는 사뭇 다르다. 하이데거는 그런 사정을 이렇게 이야기한다.

"무슨 이유에서인지는 몰라도 키르케고르가 유행이 된 오늘날, 이런 키르케고르 문학과 그 문학에 둘러싸여 있는 모든 것이 키르케고르 철학의 이런 결정적인 핵심을 파악하는 데는 전혀 아랑곳하지 않는 지경에까지 우리는 와 있다."『형이상학의 근본 개념들』 255쪽

당대의 키르케고르 해석이 키르케고르 사유의 본질을 통찰하지 못하고 있다는 지적이다. 하이데거는 이 순간만이 시간의 옭아매는 힘을 깨뜨릴 수 있다고 거듭 말한다.

"순간이 곧 시간 자체의 고유한 가능성인 한에서 순간은 시간의 옭아매는 힘을 깰 수 있다."『형이상학의 근본 개념들』 257쪽

하이데거는 순간을 다음과 같은 말로 설명하기도 한다.

"순간이라는 것은 우리가 순전히 확인하는 것에 지나지 않는 '지금'이라는 하나의 점이 아니라, 오히려 우리가 벌써 배워서 알 수 있는 시야의 세 방향인 '현재', '미래', '과거' 안에서 현존재가 쏘아보는 눈길이다."『형이상학의 근본 개념들』 257쪽

현존재의 실존의 시간적 구조 전체를 꿰뚫어보는 눈길이 순간이라는 얘기다. 현존재의 결단하는 눈길이 순간이다.

하이데거는 '권태'로 되돌아가 그 말이 '긴 겨를'을 뜻함을 다시 한 번 강조한다. 권태의 그 겨를이 길어짐은 현존재의 짧음이 사라짐을 뜻한다. 그것은 무엇을 의미하는가? 권태로울 수밖에 없는 이 삶을 계속 질질 끈다면, 본래적 실존으로 존재할 시간이 사라진다는 이야기다. 그리하여 겨를이 계속 길어진다면 인간은 70세가 되어서도 본래적 실존에 이르지 못할 수도 있다.

"인간 현존재는 객관적으로 단시간 내에도 본질적으로 될 수 있는가 하면 70세가 됐거나 그 이상의 나이가 됐어도 본질적이지 않은 채로 남아 있을 수 있다. 지금 우리가 다루고 있는 시간의 경우에는 시계나 연대기의 시간이 중요한 것이 아니라, 오히려 본래적인 시간이 길어지고 있느냐 짧아지고 있느냐가 중요한 문제다."「형이상학의 근본 개념들」260쪽

'깊은 권태' 분석을 통해 현존재의 시간성이 드러났고, 시간의 옭아매는 힘이 곧 권태임이 밝혀졌다. 그리고 이 권태의 옭아매는 밧줄을 끊어내는 것이 순간임이 드러났다. 그 순간은 백척간두에서 진일보하는 위태로운 도약을 요구한다. 이 모든 것이 진정한 철학의 과제다. 그런 의미에서 하이데거는 철학을 '목숨 걸기' 혹은 '온 존재를 건 투신'(Einsatz)이라고 말한다.

"철학이 곧 본질 인식이라고 한다면 그 경우 철학의 가능성은 철학이 던지는 물음의 본질성에, 그리고 그 본질성을 향한 능력 속에 가장 먼저 가장 결정적으로 근거를 두고 있다. 이 점은 결코 방법에 관련된 사태가 아니라 목숨 걸기에 관련된 사태, 그리고 철학하는 실존의 목숨 걸기 가능성(Einsatzmöglichkeit)에 관련된 사태다."「형이상학의 근본 개념들」263쪽

철학은 강단 학문의 한 분과가 아니라 본래적으로 실존할 것이냐 아니냐를 결정하는, 실존의 모든 것을 건 투신이고 도약이다. 이렇게

하이데거와 함께 철학은 지루한 연구실의 학문에서 벗어나 실존의 모험으로, 현존재 최대의 사건으로 나타난다.

공허 속에 버려져 있음이라는 시대 분위기

권태 분석의 마지막에 이르러 하이데거는 권태의 양상인 '공허 속에 버려져 있음'을 시대 분위기와 함께 거론한다. 전체에 걸친 공허감이 당대의 현존재를 두루 지배하고 있음을 지적하는 것이다. 그런데 공허감이 이렇게 지배하고 있다는 것은 '우리 현존재의 본질 차원의 압박이 전체에 걸쳐 부재함'을 뜻한다.『형이상학의 근본 개념들』 277쪽 현존재의 본질적 차원에서 압박의 부재가 곧 전체를 휘감은 공허감이다. 공허하다는 것은 바로 이 압박이 부재하다는 것이다. 그것은 다른 말로 하면 이렇게 표현할 수 있다.

"우리 현존재 안에 비밀(Geheimnis)이 결여돼 있다. 그리고 그로써 모든 개개의 비밀이 저마다 간직하고 있는, 그리고 현존재에게 위대함을 주는 '내적인 경악'이 부재하고 있다."『형이상학의 근본 개념들』 277쪽

하이데거는 여기서 '비밀'과 '경악'이 무엇을 뜻하는지 자세히 밝히지 않는다. 그러나 경악함이 없다면, 그리고 우리 안에 비밀이 없다면 우리는 순간의 결단을 통해 본래적 실존으로 나아갈 수 없다는 것을 짐작하기는 어렵지 않다. 하이데거는 현존재의 비밀과 경악을 뒤에 다시 주제로 삼는다.

하이데거는 말한다. 인간에게는 현존재로 존재해야 함이 과제로 주어져 있다. 곧 참다운 자기가 돼야 함이, 본래적 실존으로 존재해야 함이 과제로 주어져 있다. 그런데 그렇게 존재하려면, 다시 말해 자신의 존재를 떠맡아 자기 자신이 되려면 '강하게 존재해야 하며 위험지대 안에 서야 한다'고 하이데거는 강조한다. 여기서 다시 '위

험하게 살라'는 니체의 요구가 울려 나온다. 하이데거는 말한다.

"오늘날 어느 누구도 현존재에서 자신을 드높이고 있지 않고, 오히려 현존재를 기껏해야 삶의 비참함에 대해 탄식하는 데까지 데려오고 있을 뿐이다. 현존재를 떠맡아 자신을 드높이라는 이런 요구를 향해 우리는 새삼 다시 결단해야 한다." 『형이상학의 근본 개념들』 280쪽

그렇다면 현존재는 무엇을 향해 자신을 결단해야 할 것인가? 하이데거는 명확하게 말한다. '우리 현존재를 본래적으로 가능하게 해주는 그런 참된 앎을 얻느냐 마느냐 하는 문제를 향해 자신을 결단해야 한다.' 우리가 본래적 실존을 획득할 수 있느냐 없느냐 하는 것은 우리 자신의 결단에 달린 문제인 것이다. 이 결단을 향해 나아감이 바로 우리의 자유다. 자유는 스스로 실존의 짐을 지고 나아감이다. 그러므로 하이데거는 다음과 같이 말한다.

"인간 안에서 현존재를 해방한다는 것은 인간을 멋대로 살도록 방치한다는 말이 아니라, 인간에게 현존재를 그의 가장 고유한 짐으로 지운다는 것을 일컫는 말이다. 오직 자신에게 진실로 짐을 지워줄 수 있는 사람만이 자유롭다." 『형이상학의 근본 개념들』 282쪽

우리는 짐을 벗어버림으로써 자유로워지는 것이 아니라 참된 실존을 과제로 짊어지고 나아감으로써 자유로워지는 것이다.

세계란 무엇인가

깊은 권태라는 근본 기분을 분석한 데 이어 하이데거는 제2부에서 '세계란 무엇인가?'라는 물음으로 나아간다. 깊은 권태에서 열리는 것은 '전체에 걸친 공허감의 넓은 영역'다. 이렇게 깊은 권태 속에서 아득하게 펼쳐지는 전체를 하이데거는 '세계'라고 부른다. 깊은 권태는 현존재에게 세계를 열어 놓는다. 여기서 하이데거는 한 번 더

'순간'을 이야기한다. 깊은 권태 속에서 현존재를 현존재로 존재하게 해주는 결단의 눈길이 바로 순간이다. 이 순간의 칼날이 현존재를 묶어 놓은 시간 지평의 끈을 끊어버림으로써 현존재를 개별화한다. 개별화한다는 것은 현존재를 그 고유한 자기로 드러나게 한다는 것을 뜻한다. 순간은 현존재를 붙들어 맨 세계를 무너뜨림으로써 현존재를 본래적 실존에 이르게 한다. 그런데 깊은 권태 속에서 울려나오는 것이 바로 현존재의 '유한성'이다.

"저 근본 기분 속에서 자기를 표명하기를 원하고 있는 바로 그것이 곧 깊은 권태라는 근본 속에서 에둘러 울리며 우리를 두루 조율하고 있는 현존재의 유한성 아닌가?"『형이상학의 근본 개념들』 287쪽

유한성이란 인간의 한계다. 권태나 불안 같은 근본 기분에 처할 때 드러나는 것이 인간의 유한성이다. 우리가 유한성에 갇혀 있지 않다면, 그리하여 우리가 모든 것을 우리 마음대로 할 수 있다면 권태나 불안이 우리를 잠식할 일도 없을 것이다. 앞에서 본 대로 하이데거는 강의의 긴 시간을 할애해 깊은 권태를 분석함으로써 강의 서두에 내놓았던 물음, 곧 '세계란 무엇인가?' '유한성이란 무엇인가?' '개별화란 무엇인가?'라는 물음을 생생한 우리 실존의 문제로 열어 놓았다. 여기서 하이데거는 이 세 물음 가운데 '유한성'의 물음이 다른 두 물음을 묶어주는 근원적인 물음이라고 말한다. 모든 철학적 물음, 모든 형이상학적 물음은 따져보면 인간의 유한성이라는 원초적 조건에서 비롯한 것이기 때문이다. 그 조건 위에서 '세계'와 '개별화'가 문제로 등장한 것이다.

다시 깊은 권태로 돌아가보자. 깊은 권태 속에서 현존재는 공허 속에 버려져 있다. 이렇게 공허 속에 버려져 있음을 하이데거는 현존재 안에 '비밀'(Geheimnis)이 결여돼 있음이라고 말한다. 왜 공허 속에 버려져 있음이 비밀의 결여인가? 공허 속에 버려져 모든 것이 아무

런 의미도 없다면, 인간은 자기 자신 안에서 찾아내야 하고 발견해야 할 것이 아무것도 없는 상태에 놓이기 때문이다. 공허하다는 것은 내면이 텅 비어 있다는 뜻이다. 우리 안에 아무런 비밀이 없는 것이다. 비밀이 없다는 것, 우리가 우리 안으로 들어가 찾고 발견해야 할 것이 없다는 것이야말로 공허의 단적인 모습이다.

그렇다면 현존재가 자기 내부의 비밀을 만날 길은 없을까? 하이데거는 그 길을 '경악'(Schrecken)에서 찾을 수 있다고 말한다. 모든 것이 공허 속에 버려져 있고 현존재가 텅 비어 있다는 사실을 일순간 소스라치게 놀라며 깨닫는 것이 경악이다. 그런 텅 빈 삶을 삶이라고 할 수 없다는 것, 그것을 실존이라고 부를 수 없다는 것, 이 삶이 통째로 텅 비어 아무 의미도 없다는 것을 소스라치게 놀라는 가운데 깨닫는 것이다. 그런 경악을 통해서 현존재는 자기 내부에서 다시 비밀을 되찾게 되고 참된 실존의 가능성에 눈뜨게 된다. 그 가능성에서 본래적 실존의 현실성으로 나아가는 것이 바로 '순간', 다시 말해 '결단의 칼날로 자신을 옭아매는 시간의 끈을 끊어냄'이라고 하이데거는 말한다.

철학함이란 바로 경악을 불러와 현존재를 이 가능성의 가장자리로, 벼랑 끝으로 데려가는 일이다. 백척간두에서 진일보하듯이 그 벼랑 끝에서 본래적 실존의 현실성으로 도약하는 것은 현존재 각자의 몫이다. 하이데거는 이 말로써 철학 강의라는 것이 낡은 철학 개념을 익히고 외우게 하는 일이 아니라 철학함을 인간 내부에서 불러일으키는 일임을 강조하고 있다. 결국 세 가지 물음을 묻는 것은 바로 이 철학함을 통해 인간 안에서 현존재를 일깨우는 일이다. 어떤 신비한 마법을 통해 현존재를 불러내는 것이 아니라 물음을 던지고 사태를 파악하는 냉철한 사유를 통해 현존재를 일깨우는 것이다.

우울증, 철학적 질병

이 근본 기분과 관련해 하이데거가 강의 중에 불쑥 '우울증'에 관해 이야기하는 대목은 주목할 만하다. 하이데거는 모든 창작적 활동이 우울(멜랑콜리, Schwermut)과 관련돼 있다고 말한다.

"자유는 오직 짐을 떠맡는 곳에서만 존재한다. 창작에서는 이런 짐이 각기 그때마다 창작의 양식에 따라서 일종의 여유이며 일종의 절박함인데, 인간은 그런 여유와 절박함을 부담스러워하고 그래서 그런 인간의 마음은 무겁기만 하다. 모든 창작적 활동은 다 우울 속에서 존재한다. 그 점을 창작 활동이 명확히 알고 있든 모르고 있든, 그 점에 대해서 창작 활동이 장황하게 이야기를 늘어놓고 있든 늘어놓고 있지 않든, 아무튼 사정은 그렇다."『형이상학의 근본 개념들』306쪽

창작은 자유의 짐을 떠맡는 행위인데, 그 창작에는 여유와 절박함이 따른다. 다시 말해 창작을 하려면 심리적·시간적 여유가 있어야 함과 동시에 절박한 창작의 동기가 있어야 한다. 그런 창작의 짐을 떠안은 인간의 마음은 무거울 수밖에 없다. 그래서 창작 활동은 우울 속에 존재한다는 것이다. 그러면서 하이데거는 창작성과 우울증 사이의 이런 연관에 대해 일찍이 아리스토텔레스가 한 말을 인용한다.

"철학에서든 정치학에서든 시문에서든 조형예술에서든 뛰어난 업적을 세운 사람들이 모두 하나같이 우울병자(멜랑콜리코이, μελαγχολικοί)라는 것은 무슨 연유에서인가?"『형이상학의 근본 개념들』306쪽

그러면서 아리스토텔레스는 우울병자의 사례로 엠페도클레스, 소크라테스, 플라톤을 거명한다. 고대 철학의 이 위대한 사상가들이 모두 우울증 속에서 창조적 작업을 했다는 것이다. 하이데거는 아리스토텔레스가 '자연적인 멜랑콜리아(μελαγχολία, 우울증)'와 '정신

멜랑콜리아(알브레히트 뒤러, 동판화, 1514).
"철학은 우울이라는 근본 기분 속에 서 있다."
하이데거는 우울증이 창조의 원천을 이루는 근본 기분이며,
위대한 사상가들은 모두 우울증 속에서 창조적 작업을
했다고 보았다. 자신 역시 평생 우울증을 앓았다.

적인 멜랑콜리아'를 구분했음도 알려준다. 단순한 질병으로서 우울증이 아니라 정신 활동 속에서 나타나는 우울증이 창조의 원천을 이루는 근본 기분이라는 것이다.

"인간 현존재의 창조적인 본질적 행동으로서 철학은 우울이라는 근본 기분 속에 서 있다."『형이상학의 근본 개념들』, 306쪽

철학함이 인간의 창조적인 활동인 한, 우울은 철학함에서도 근본 기분으로 작용하고 있다는 얘기다. 하이데거가 난데없이 이런 이야기를 하는 것은 우울이라는 것이 권태나 불안처럼 일종의 근본 기분이라는 것을 알려줌과 동시에, 철학하는 사람으로서 하이데거 자신이 우울증 속에 있었음을 암시하는 것이기도 하다. 하이데거가 평생 우울증을 앓았다는 것은 주변 사람들에게 잘 알려져 있던 사실이다.

이제 하이데거는 '세계란 무엇인가?'라는 물음을 물어가는 길에 들어선다. 세계가 도대체 무엇인지를 해명하는 방식은 하나만 있는 것이 아니다. 하이데거는 이 강의를 준비하던 1929년에 후설의 70세 생일을 기념해 쓴 논문 「근거의 본질에 관하여」에서 세계 개념의 역사적 단계들을 차례로 지나가며 세계를 고찰한 바 있다. 세계 개념의 역사적 단계들이란 조화와 질서의 세계인 고대 그리스의 '코스모스'(κόσμος), 신이 창조했으나 신의 질서와 대립하는 인간의 세계인 중세 기독교의 '문두스'(mundus), 그리고 근대 철학에서 이야기하는 세계(Welt)를 말한다. 또 앞서 『존재와 시간』에서는 도구 분석을 통해 도구 연관의 전체로서 주위세계를 그려 보였다. 이 주위세계는 인간이 일상적으로 살아가는 세계다. 『존재와 시간』에서는 이렇게 인간의 일상 세계를 도구 연관 속에서 분석했기에 자연 세계는 분석의 대상으로 거의 떠오르지 않았다. 이 두 가지 세계 고찰 방식과는 다르게 하이데거는 여기서 '비교 고찰'이라는 새로운 방식을 택한다. 다시 말해 돌(무생물)의 세계, 동물의 세계, 인간의 세계를 비교해 고

찰하는 것이다. 하이데거는 이 세 종류의 존재자와 세계의 관계를 다음과 같은 정식으로 제시한다. "1. 돌은 세계 없음(Weltlosigkeit) 속에 존재한다. 2. 동물은 세계 빈곤(Weltarmut) 속에 존재한다. 3. 인간의 세계 형성(Weltbildung) 속에 존재한다."『형이상학의 근본 개념들』 298쪽

돌의 세계 없음, 동물의 세계 빈곤

돌이 세계 없음 속에 존재한다는 것은 돌과 같은 무생물에게는 아예 세계라는 것이 성립하지 않는다는 것, 무생물은 단적으로 세계 없이 존재한다는 것을 뜻한다. 돌에게는 아무런 생명 활동도 의식 활동도 없으므로 세계가 있을 턱이 없다. 세계가 없다는 것은 다른 존재자에 접근할 통로가 없다는 것을 뜻한다. 돌에게 세계가 없다는 것은 지극히 당연한 말이다. 더 주목할 것은 동물이 '세계 빈곤' 속에 존재한다는 규정이다. 이 말은 동물에게는 세계가 아예 없다고 말할 수는 없지만 그렇다고 해서 세계가 있다고 단언하기도 어렵다는 것을 뜻한다. 세계가 빈곤하다는 것은 세계가 결여돼 있다는 것을 뜻한다. 세계가 결여돼 있다는 것은 '있어야 할 어떤 것이 결핍돼 있음'을 암시한다. 동물은 생명 활동을 하고 고등 동물은 분명히 의식 활동을 하므로, 동물이 자신의 활동 속에서 주위 환경과 교섭하는 것은 분명하다. 그렇다면 이런 주위 환경을 세계라고 부를 수 있는 것이 아닐까? 하이데거는 동물이 교섭하는 범위를 세계라고 부르기를 주저한다. 분명히 동물은 다른 존재자에 접근할 수 있고 존재자와 교섭할 수 있으므로 세계가 없다고 할 수 없다. 돌과 비교하면 동물에게는 확실히 세계가 있다고 할 수 있을 것만 같다. 하지만 동물의 그 세계를 진정으로 세계라고 부를 수 있을까?

하이데거는 여기서 동물을 인간과 비교함으로써 동물의 세계 빈곤

이 어떤 것인지를 드러낸다. 인간과 비교하면 동물은 확실히 '세계가 결여된 채로 있다'고 할 수밖에 없다. 그렇다면 어떤 점에서 동물은 세계를 결여하고 있는 것일까? 하이데거가 동물에게 세계가 있다고 흔쾌히 인정하지 않는 것은 하이데거가 생각하는 세계가 단순히 존재자의 총합이라는 의미의 세계가 아니라 '존재 전체의 개방성'을 가리키기 때문이다. 동물에게 세계가 결여돼 있는 것은 한마디로 말해, 동물이 실존하지 않기 때문이다. 동물은 자기 존재를 문제 삼지 않는다. 자기 존재를 문제 삼지 않는다는 것은 자기 존재를 시간성 속에서 파악하지 않는다는 뜻이다. 다시 말해 미래-기재-현재의 삼중적 구조 속에서 시간을 이해하지 않는다. 삼중적 통일로서 시간을 이해하면 세계 곧 존재 전체는 미래에 대한 기투로부터 열리며, 미래를 향한 기투가 달라지면 세계 자체가 달라진다. 그것이 인간의 실존 양상이다. 그런데 동물은 이런 의미에서 실존하지 않고 단지 생존할 뿐이기에 세계가 결여돼 있는 것이다. 시간성을 통해서 열리는 존재의 지평이 결핍돼 있는 것이다. 그러므로 동물은 주위 환경이 쇄도하는 가운데 주위 환경과 만나고는 있지만 그 주위 환경을 세계로서 경험하지는 못한다. 동물은 자신의 가능성을 기투하지 못하며 그렇기 때문에 세계를 개시하지 못하는 것이다.[36] 기투함과 개시함이 없으므로 동물에게는 세계다운 세계가 없는 것이다.

인간, 세계 형성 속에 존재함

반면에 인간은 실존하기 때문에, 다시 말해 자신의 존재를 그 가능성에서 문제 삼기 때문에 세계를 개시한다. 달리 표현하면 세계를 형성한다. 인간은 세계 형성 속에서 존재한다. 이때 세계 형성이라는 것은 없는 세계를 새로 만들어낸다는 것을 뜻하는 것이 아니다. 세계

형성이라는 것은 일차적으로 존재자가 그 자체로 존재하게 해줌을 뜻한다. 동물은 일차원적 충동 속에서 살기 때문에 존재자를 그 자체로 존재하게 하지 않고 세계를 그 자체로 개방하지 않는다. 반면에 인간은 존재 이해 속에서 존재자를 그 자체로 존재하게 하고 그리하여 세계를 세계로서 개방한다.

"세계란 그때마다 현사실적으로 개방돼 있는 존재자의 개방성이다."『형이상학의 근본 개념들』 451쪽

그런데 그렇게 존재자가 개방되려면 먼저 인간 현존재가 개방돼 있어야만 한다. 인간 현존재가 개방됨으로써, 다시 말해 존재의 지평이 열림으로써 그 존재의 지평 안에서 세계가 개방되는 것이다. 그러므로 세계 형성에 대한 물음은 곧 인간에 대한 물음, 우리 자신에 대한 물음이 된다.『형이상학의 근본 개념들』 454쪽 그렇게 인간이 세계를 형성한다면 세계란 주관적인 것이라는 뜻인가? 그러나 그렇게 볼 수 없다. 왜냐하면 인간이 세계를 형성한다고 해서 인간이 주관 속에서 멋대로 조작해 세계를 만들어내는 것이 아니기 때문이다. 인간은 존재자들의 한가운데서 그 존재자들과 더불어 세계를 형성하는 것이다.

이 세계 형성과 관련해 더 중요한 것은 앞에서 이야기한 대로 인간이 존재자 한가운데서 독특한 방식으로 실존하고 있다는 사실이다. 인간이 실존한다는 것은 자신의 존재를 문제 삼는다는 것, 더 명확하게 말한다면 '죽음을 향해 존재한다'는 것을 뜻한다. 현존재는 죽음을 향해 앞질러 달려가볼 수 있으며, 그렇게 달려가봄으로써 자신을 가장 고유하고 온전한 자기성 안에서 이해할 수 있다. 이렇게 죽음을 향해 앞질러 달려가볼 수 있음이야말로 본래적 실존의 바탕을 이룬다. 인간은 그 앞질러 달려가봄 속에서 결단의 순간으로 존재한다. 이 결단의 순간이 인간의 시간성을 본래적인 차원에서 열어놓는다. 다시 말해 일상적 시간성의 끈을 끊어버리고 본래적 실존의 시간성

을 열어놓는다. 일상적 시간성 속의 세계는 『존재와 시간』의 언어로 말하면 세인의 세계다. 그러나 본래적 실존의 시간성 속에서 세계는 세인의 세계를 넘어 본래적인 자기의 세계로 드러난다. 바로 그런 의미에서 인간은 세계를 형성하면서 존재한다고 말할 수 있는 것이다.

그런데 인간이 이렇게 죽음이라는 극한에서 결단의 순간을 맞이할 수 있는 것은 그 극한의 상황에서 세계의 무를 보기 때문이다. 죽음에 맞닥뜨려 세계가 무의미로 내려앉는 상황, 세계가 순전한 공허로 가득 차 있는 상황에 내몰리는 것이다. 하이데거는 이 '무'야말로 현존재를 존재하게 하는 힘이라고 말하다.

"무란 아무것도 눈앞에 존재하지 못하게 하는 그런 허무한 것이 아니라 오히려 그것은 유일하게 존재 안으로 몰려들어 현존재인 우리를 힘차게 존재하도록 밀어붙이는 힘이다."『형이상학의 근본 개념들』480쪽

그 무를 통해서 현존재가 결단을 내리고 그로써 본래적 실존의 세계를 열어 밝히기 때문에 무야말로 힘이다. 무는 말하자면 '존재 가능성에 대한 감각'을 열어 놓는다. 이 말은 무슨 뜻인가? 세계가 무로 경험된다는 것은 이 존재하는 세계가 무와 같다는 것을 뜻한다. 그것은 근원으로 들어가보면, 존재하는 세계가 모두 부정돼야 할 것임을 뜻한다. 이 세계가 부정된다는 것은 다른 존재 가능성을 우리가 보고 있다는 것을 의미한다. 이 세계는 이런 식으로 존재할 것이 아니라 다른 방식으로 존재해야 한다고 절감하기 때문에 이 세계를 부정하는 것이다. 그것은 지금의 내 존재를 부정하는 것이기도 한다. 내가 이렇게 존재할 것이 아니라 다른 방식으로 존재해야 한다는 절감 속에서 나를 부정하는 것이다. 이런 부정은 깊은 권태가 드러내는 세계의 공허에서도 확인할 수 있다. 깊은 권태 속에서 세계가 공허한 것으로 드러난다는 것은 이 세계가 공허하지 않은, 의미와 존재로 꽉 찬 것으로 나타날 수도 있다는 그 가능성을 열어 놓는 것과 다르지

않다. 우리가 세계의 공허에 경악한다면, 그 경악 속에서 다른 세계, 다시 말해 공허하지 않는 세계를 엿보고 있기 때문이다. 그 가능성 속에서 우리는 다른 세계를 불러오는 길에 나선다.

숲과 나무, 존재자와 존재의 구별

하이데거는 세계를 좀더 명료하게 이해하게 해주는 방편으로 나무와 숲의 비유를 끌어들인다. 개별 존재자가 나무라면 세계는 숲이다. 나무들이 모여 숲을 이루지만 나무 자체가 숲은 아니다. 통속적 지성곧 상식은 나무들에 파묻혀 숲을 보지 못한다.

'우리는 숲을 그 자체로서 보아야 할 뿐만 아니라 그 숲이 무엇이며 그 숲이 어떻게 존재하고 있는지를 말해야 한다. 결정적으로 중요한 것은 이것이다. 즉 숲은 개별 나무들이나 이 나무들의 모임과는 다른 것이다. 그러나 그렇게 다르다고 해서 숲이 나무의 모임 바깥에 따로 있는 것은 아니다. 나무와 다른 그 숲에서부터 수많은 나무들이 숲에 속하는 것이다.'「형이상학의 근본 개념들」 558쪽

'숲'은 존재자가 아니다. 그러므로 나무들과 무관하게 따로 존재하는 것은 아니다. 숲은 나무라는 존재자를 떠나서 존재하지 않는다. 마찬가지로 나무도 숲을 떠나서 나무로 있는 것이 아니다. 나무라는 존재자는 숲이라는 세계 안에서 그 세계에 속한 채 나무로 있다. 숲이라는 세계는 나무 곧 존재자가 존재자로서 드러나는 바탕으로서 존재 자체라고 할 수 있다. 그러나 통속적 지성은 순전히 존재자만 볼 뿐이고 정작 세계는, 다시 말해 존재 자체는 보지 못한다. 중요한 것은 존재자를 존재자로서 드러나게 해주는 존재 자체를 보는 것이다.

여기서 불거지는 것이 '존재자와 존재의 구별', 다른 말로 하면 '존

재자와 존재의 존재론적 차이'다. 존재자와 존재의 구별 혹은 차이란 이런 것이다. 나무 없이 숲이 없고 숲 없이 나무가 들어설 공간이 없듯이, 세계 곧 존재 자체가 열리지 않는다면 존재자가 나타날 수 없고 존재자가 없다면 존재가 존재로서 열릴 수 없다. 존재자와 존재는 분명히 다르다. 존재가 없다면 존재자가 드러날 수 없고, 존재자가 없다면 존재가 존재로서 열릴 수 없는 것이다. 이 둘의 차이가 바로 존재자와 존재의 존재론적 차이(ontologische Differenz)다. 우리는 언제나 이런 존재론적 차이 안에서 살아간다. 보이지 않는 존재 자체를 바탕에 깔고서 존재자를 만나는 것이다. 다른 말로 하면 우리는 언제나 존재의 빛 속에서 존재자를 보고 있는 것이다.

존재자와 존재의 존재론적 차이를 쉽게 이해하려면, 결단의 순간을 다시 떠올려볼 필요가 있다. 죽음을 향해 앞질러 달려가봄으로써 우리는 세인의 세계를 부정하고 결단의 칼날로 그 세계에 우리를 묶어놓고 있던 끈을 끊어버린다. 그럼으로써 세인의 세계를 초월해 본래적 실존의 세계를 연다. 이 세계가 바로 존재 자체다. 이렇게 존재 자체가 새롭게 열리면 그 안의 존재자들이 다른 의미를 띠고 나타난다. 우리가 뒤쫓던 세인의 가치들이 무가치한 것으로 떨어지고 세인의 삶에서는 무가치했던 것들이 가치 있는 것으로 등장한다. 존재자들이 새로운 존재의 빛 속에서 이전과는 아주 다르게 드러나는 것이다. 존재자는 그대로 있지만 존재의 빛이 달라짐에 따라 전혀 다른 의미로 드러나는 것이다. 이런 사태가 알려주는 것이 바로 존재와 존재자의 존재론적 차이다. 여기서 존재 자체가 달리 드러남, 세계가 새롭게 열림을 '존재의 진리'라고 부를 수 있다. 진리는 탈은폐 곧 드러남이기 때문이다. 또 그 존재의 진리, 존재의 열림 속에서 다르게 드러나는 존재자의 개방성을 '존재자의 진리'라고 부를 수 있다. 존재와 존재자의 존재론적 차이는 바로 이 진리의 차이로 나타난다. 존재 자체의 열림 곧 '존재의 진리' 위에서 존재자의 열림 곧 '존재자의 진리'가 펼쳐지는 것이다.

존재 자체를 개방한다는 것은 세계를 개방한다는 것이다. 이것을 다른 말로 하면 '세계 기투'(Welt-entwurf)라고 할 수 있다. 세계를 새로운 가능성 속에서 펼쳐냄이 바로 세계 기투다. 그것은 다른 말로 하면 '세계 형성'이다. 쉽게 말해 미래를 향해 인간이 자신을 기투함으로써 세계가 이제까지와는 다른 모습으로 형성되는 것이다. 이 기투가 곧 세계 기투다. 기투는 존재자의 존재를 드러낸다. 다시 말해 존재자의 존재는 현존재의 근원적인 기투 속에서 드러난다. 하이데거는 여기서 셸링의 말을 빌려, 인간의 근원적인 기투를 '섬광'(Lichtblick)이라고 부른다.『형이상학의 근본 개념들』 585쪽 현존재의 근원적인 세계 기투가 암흑 속에 빛을 주는 것이다. 현존재의 세계 기투, 다시 말해 존재 기투가 없다면, 존재자는 존재자로서 드러날 수 없기 때문이다. 그러므로 현존재의 기투야말로 암흑을 밝히는 섬광이라고 할 수 있다. 이 기투 속에서 세계가 펼쳐진다. 이 기투가 일어나는 가운데 세계가 형성된다.『형이상학의 근본 개념들』 586쪽 이 기투 속에서 우리는 존재하는 것을 부정하거나 거부하고, 존재하지 않는 것을 존재해야 할 것으로 불러낸다. 우리가 세계를 기투함으로써 존재자의 존재는 뚜렷이 드러난다.

기투가 일어나는 가운데 세계가 형성된다는 것은 현존재 쪽에서 보면, 현존재가 가능성으로, '존재 가능성'으로 등장한다는 것을 뜻한다. 기투 속에서 현존재는 다르게 존재할 가능성으로 등장한다. 세인-자기로서 존재하던 현존재가 세계 기투와 함께 본래적으로 실존할 가능성으로 등장하는 것이다. 그 가능성으로서 현존재는 존재자들 안으로 침입한다. 현존재가 가능성의 빛으로 세계를 보게 되면, 세계는 다르게 존재해야 할 것으로 드러나는 것이다. 이 세계를 이대로 그냥 두어서는 안 되고 이 세계를 바꾸어 더 나은 세계로 만들어야 하는 것이다. 동시에 현존재는 자신의 존재도 마찬가지로 가능성 속에서 보면서 현재 있는 그대로의 존재를 넘어 가능한 존재를 향해 자신을 던진다. 인간은 존재자로서 그 자체로 존재함과 동시에 가능성으로 존재하는 것이다. 다시 말해 존재자와 존재가 갈라져 있는 것이다. 바로 그런 이유로 하이데거는 인간을 "존재와 존재자로 갈라져 있는 존재자"라고 부른다. 『형이상학의 근본 개념들』 586쪽

실존함, 밖에 나가 서 있음

우리의 존재는 현실과 가능 사이에 갈라져 있다.

"그 갈라져 있는 존재를 우리는 현-존재(Da-sein, 거기에-있음)라고 부르며, 그 갈라져 있는 존재자에 관해서 우리는 '그것은 실존한다'(existiert), 다시 말해 '밖에 나가 있다'(Ex-sistit)라고 말한다." 『형이상학의 근본 개념들』 586쪽

실존함이라는 것은 라틴어로는 '엑스-시스테레'(ex-sistere)라고 한다. 그 말을 그대로 풀이하면 '밖에 나가'(ex-) '서 있다'(-sistere)는 뜻이다. 실존한다는 것은 현실 자체에 머물러 있는 것이 아니라 현실 밖으로 나가 가능성을 향해 서 있다는 것을 뜻한다. 내가 이렇게 존재해서는 안 된다는 절박한 깨달음 속에서 다르게 존재할 가능성을 향해 나가 서는 것이 인간의 실존인 것이다. 그것을 세계와 관련해 말하자면, 세계가 이 모습 이대로 있어서는 안 된다는 절실함 속에서 다른 세계의 가능성을 향해 자기를 던짐이 바로 인간의 실존인 것이다.

그러므로 "인간이란 '머물러 있지 못함'이며 그러면서도 '자리를 떠날 수 없음'이다." 『형이상학의 근본 개념들』 587쪽 이것은 무슨 말인가? 인

간은 실존하기 때문에 가능성을 향해 나가 있는 존재자다. 그러므로 바로 그런 의미에서 인간은 '머물러 있지 못함'이다. 그렇다고 해서 인간이 어디 다른 곳에 가서 서 있는 것이 아니다. 인간은 가능성으로 존재하지만 동시에 현실 그 자체에 그 자신으로 머물러 있을 수밖에 없다. 그러므로 인간은 '자리를 떠날 수 없음'이다.

"인간 속의 현-존재는 기투하면서 인간을 끊임없이 가능성들 안으로 던지고 그리하여 인간을 현실적인 것 안에 던져진 자로서 붙들어 둔다." 『형이상학의 근본 개념들』 587쪽

인간은 가능성을 향해 자신을 기투하면서도 현실에 던져진 자로서 살아갈 수밖에 없는 것이다. 인간은 이렇게 던져진 채로 가능성을 향해 넘어간다. 이 넘어감(Übergang) 속에서 인간의 삶이 펼쳐진다. 그것을 두고 하이데거는 "인간은 역사다"라고 말한다. 역사(Geschichte)란 사건들의 일어남(Geschehen)이 모인 것이다. 인간의 삶 속에서 일어난 것들, 다시 말해 가능성을 향해 넘어감의 사건들이 모여 인간의 역사를 이루는 것이다. 그러므로 그 역사의 내적 본질은 바로 '가능성을 향해서 현실을 넘어감'이다. 이 역사가 바로 인간이다.

인간은 근원적으로 가능성으로 존재하기에 '부재하면서 존재한다'. 인간은 가능성을 향해 자신을 기투하기 때문에 현재를 부정하면서, 다시 말해 현재에 부재하면서 미래를 향해 존재한다. 그렇게 인간은 미래로 나가 있으면서 기재로 존재한다. 기재로 존재한다는 것은 살아온 삶을 반복하면서 그 삶 안에 이미 간직돼 있는 가능성을 회복한다는 뜻이다. 그러므로 인간은 현재에는 부재하면서 미래와 기재로 존재하는 것이다. 그리고 이렇게 가능성을 향해 나가 있기 때문에, 다시 말해 현재에 부재하기 때문에 인간은 현실을 잘못 볼 수 있다. 다시 말해 오류에 빠질 수 있다. 여기서 하이데거는 이 '오류에

빠질 수 있음'이라는 위험을 회피하려고만 해서는 안 된다고 말한다. 오류에 빠질 가능성이 있는 곳에서만 '경악스러운 공포'(Entsetzen)에 사로잡힐 위험이 있으며, 바로 그곳에만 놀람(Staunen, 경이)의 희열이 있다는 것이다.

"저 깨어 있는 황홀함, 그것은 모든 철학함의 숨결이며 그것은 철학자들 가운데 가장 위대한 자들이 '엔투시아스모스'(ἐνθουσιασμός)라고 불렀던 바로 그것이다."『형이상학의 근본 개념들』587쪽

그리스어 엔투시아스모스는 열광·도취·열정을 뜻한다. 철학함이란 추상적인 개념과 논리를 붙들고 생각에 골몰하는 것이 아니라, 그 본질에서 보면 엔투시아스모스, 곧 열광이며 도취라는 것이다. 여기서 하이데거는 니체가 얘기했던 '디오니소스적인 것'과 '아폴론적인 것'을 다시 불러내고 있는 셈이다. 디오니소스는 도취의 열광을 의미한다. 아폴론은 깨어 있음, 각성 상태를 가리킨다. 철학함이란 디오니소스를 품은 아폴론적 행위다. 다시 말해 도취적 열광을 품은 채로 투명하게 깨어 있음이다. 이것이 이 시기 하이데거 철학의 비할 바 없이 독특한 면모다. 하이데거는 단순히 깨어 있음을 이야기하는 것도 아니고 도취의 열광만 이야기하는 것도 아니다. 도취의 열광을 온전히 간직한 채로 맑은 정신으로 깨어 있음을 이야기한다. 인간 내부의 비밀이란 바로 이 도취의 열광이다. 그것은 단순한 광기가 아니라 가장 위험한 것 앞에서 몸을 사리지 않고 자신을 던지는 기투의 열정이다. 가장 격렬하게 현실을, 현재를 부정하면서 미래를 향해, 가능성을 향해 나아감이 바로 디오니소스적 열광이다. 그러나 동시에 이런 열광은 언제나 깨어 있음의 투명하고 맑은 정신을 요구한다. 이 불가능해 보이는 두 벡터를 통일해 본래적 실존을 향해 도약하는 것이다. 여기서 하이데거는 니체와 함께 철학하고 있다. 그래서 이 장대한 강의는 니체가 『차라투스트라는 이렇게 말했다』에서 노래한 시

구('도취의 노래')를 반복하는 것으로 끝난다. 차라투스트라는 이렇게 노래한다.

> 오 인간이여! 조용히 들어보라!
> 깊은 한밤이 무엇을 말하고 있는가?
> "나는 자고 있었노라, 난 자고 있었노라-,
> 깊은 꿈에서 깨어나보니-
> 세계는 깊어라,
> 낮이 생각한 세계보다 더 깊어라.
> 세계의 고통도 깊지만-.
> 쾌락은 심장을 에는 고통보다 훨씬 더 깊어라
> 고통은 말한다. (심장을 에는 고통아) 사라져라!
> 하지만 모든 쾌락은 다 영원을 소망한다-,
> -깊디깊은 영원을!"[37]『형이상학의 근본 개념들』588쪽

　니체의 차라투스트라는 눈을 뜬, 깨어난 상태에서 세계의 깊음을, 다시 말해 디오니소스적인 것을 본다. 우리는 우리의 심장을 에듯이 고통을 안기는 것들에 둘러싸여 있지만, 디오니소스적인 열광이 주는 쾌락은 그 고통보다 훨씬 크다. 그러니 이제 진정한 실존을 향해, 미래를 향해, 새로운 세계를 향해 나아가자고 하이데거는 말하는 것이다. 철학이란, 형이상학이란 무엇인가? 그것은 가장 투명한 각성 상태에서 불러일으키는 도취의 열광이다.

4 진리와 자유

인간의 자유야말로 진리의 조건, 진리의 근거인 것이다.
『존재와 시간』의 언어로 말하면, 현존재가 세인-자기로 살던
삶을 결단을 통해 끊어 버리고 그 세인-자기로부터 해방될 때에만
진리 자체를 볼 수 있다는 이야기다. 결단의 자유를 통해
본래적 실존을 획득함으로써 세계가 은폐의 베일을 벗어 버리고
본래적인 모습으로 드러나는 것이다. 그러므로 진리는
거저 얻어지는 것이 아니라 실존을 건 투쟁을 통해
은폐의 장막을 찢어내고 탈취해내야 하는 것이다.

"

본래적으로 자유롭게 됨은
자기를 앞으로 던지는 자기 구속이다.

우리는 인간을 신뢰할 수 없음을
너무나 잘 알고 있다. 인간은 바람에 흔들리는 갈대다!
거기에다 진리의 본질을 걸어 놓는다?

"

1930년대, 하이데거 철학 사유의 대전환

1930년대에 들어와 하이데거의 철학적 사유는 깊은 흔들림 끝에 큰 전환을 겪었다. 바이마르 공화국 말기 사회적 대변동이 하이데거 사유에도 영향을 준 것이라고 단정할 수는 없지만, 바이마르 공화국의 혼란과 하이데거 사유의 전환은 유사한 양상을 띠었다. 1930년 9월 총선에서 나치당(국가사회주의독일노동자당)은 세계 대공황의 충격 속에 독일공산당을 제치고 제2당으로 약진했다. 다시 2년 뒤에는 마침내 사회민주당마저 밀어내고 제1당이 됐다. 히틀러의 권력 장악을 예고하는 사건이었다. 독일 전역에서 당파들 사이에 폭력이 난무했다. 나치 돌격대와 공산주의자들이 거리에서 대규모 육박전을 벌였다. 사회민주당은 중심을 잡지 못했다. 나라는 타협의 여지가 없는 극단 세력의 권력 투쟁으로 검붉게 물들었다. 사회 전체가 폭발의 임계점을 향해 끓어올랐다.

그러는 중에도 하이데거의 사유는 철학과 대학 안에 머물러 있었다. 하이데거는 철학을 통해 시대를 해석하고 시대를 이끄는 것이 철학자의 임무라는 자신의 생각을 고수했다. 하지만 『존재와 시간』의 구도 안에서 존재 전체를 사유한다는 애초의 구상은 시간이 갈수록 어려움에 빠져들었다. 길이 좁아지다가 끝내는 사라져버렸다. 하이데거는 야스퍼스와 블로흐만에게 보낸 편지에서 '새로운 시작'의 불가피성을 빈번히 언급했다.[38] 1931년 12월 20일 야스퍼스에게 보낸 편지에서 하이데거는 이렇게 말했다. "나 자신의 실존적 힘이 미치는 곳 너머까지 너무 멀리 나가버려서 실질적으로 내가 물을 수 있는 좁은 한계를 명확히 볼 수 없게 됐습니다." 이듬해 9월 블로흐만에게 보낸 편지에서도 『존재와 시간』이 어느새 자신에게서 멀어졌고 『존재와 시간』에서 들어선 길이 이제는 수풀만 무성해져 더는 걸어갈 수 없을 것 같다고 고백했다.[39] 하이데거는 이 시기에 주기적으로 고양감과 우울증 사이를 오갔다. 기분이 들뜰 때면 자신이 플라톤과 동등한 위치에 있다고 느끼다가도 일이 풀리지 않으면 자기 안에 아무런 독창성도 창조성 없다고 낙담했다.[40]

『존재와 시간』 이래 걸어온 길이 막혀 더 전진하기 어려워지자 하이데거는 눈을 고대 그리스로 돌렸다. 자신이 마음의 고향으로 삼아온 그리스 철학, 그 중에서도 플라톤의 사상으로 돌아감으로써 막힌 사유의 출구를 찾을 수 있을지 모른다는 생각이었다. 1931년 하이데거는 '진리의 본질에 관하여'라는 제목으로 프라이부르크대학 겨울학기 강의를 했다. 이 강의에서 하이데거는 고대 철학으로 돌아가는 이유를 이렇게 밝혔다.

"역사로 참되게 회귀할 때 우리는 현재에 거리를 둘 수 있으며 이 거리가 우리에게 달려나갈 틈새를 마련해준다. 이 틈새는 우리 자신의 현재를 뛰어넘는 데 꼭 필요하다. 우리 자신의 현재를 뛰어넘는다는 것은 … 우리 자신의 현재를 극복해야 할 것으로 취급한다는 것을 뜻한다. '역사'로 참되게 되돌아감은 본래적인 '미래성'의 결정적인 시작이다. … 역사로 되돌아가기가 오늘날 우리에게 일어나고 있는 일로 비로소 우리를 데려다준다." 『진리의 본질에 관하여』 20~21쪽

고대로 돌아감으로써 오늘 일어나고 있는 일을 바르게 알 수 있고 그럼으로써 현재를 극복해 미래로 나아가는 길을 열 수 있다는 얘기

다. 미래를 열려면 고대로 돌아가야 한다는 이 생각은 이후 하이데거의 뇌리에서 떠나지 않는다.

이렇게 하이데거가 고대로 향할 때 마음에 품고 간 것이 '진리란 무엇인가?'라는 물음이었다. '진리의 본질'에 대한 물음이야말로 '존재의 본질'에 대한 물음과 함께 하이데거의 근본 관심사였다. 하이데거가 보기에 그 시대는 진리의 참된 기준이 사라지고 사이비 진리가 지배하는 시대였다. 진리의 척도가 사라지면 '여론의 지지를 받는 주장'이 진리로 행세하게 된다. 당대의 많은 지식인들이 이런 '상대주의'의 만연을 혼란으로 받아들였고 진리의 기준을 다시 세워야 한다고 느꼈다. 하이데거가 '진리의 본질'에 대한 물음을 과제로 삼은 데는 이런 시대의 압박에 응답해야 한다는 내적인 요구도 있었다.

더 근본적인 이유는 하이데거의 고유한 철학적 물음인 '존재 물음'에 있었다. 앞에서 말한 대로 하이데거에게는 '진리의 본질'에 대한 물음이 '존재의 본질'에 대한 물음과 따로 떨어져 있지 않았다. '진리란 무엇인가?'라는 물음을 물어 들어감으로써 '존재란 무엇인가?'라는 물음에 대한 답을 찾을 수 있다는 것이 하이데거의 생각이었다. 이런 구도 속에서 하이데거는 1930년 '진리의 본질에 관하여'라는 제목으로 몇 차례 강연을 했고, 이듬해에는 똑같은 제목으로 겨울학기 강의를 했다. 하이데거의 이 시기 철학적 고투는 그 강연과 강의에 집약돼 있다.

그런데 '진리의 본질에 관하여' 강연은 분량이 짧을 뿐더러 1943년에 소책자로 출간할 때까지 여러 차례 수정한 탓에, 1930년대 초반 하이데거의 생각을 있는 그대로 보려면 1931년 겨울학기 강의를 살피는 것이 낫다. 이 강의에서 하이데거가 철학적 탐색의 대상으로 삼은 것이 바로 플라톤이다. 하이데거는 특히 강의의 전반부에서 플라톤의 주저 『국가』(폴리테이아, πολιτεία) 제7권에 나오는 '동굴의 비유'를 깊숙이 탐사했다. 이 강의는 '진리와 자유의 관계'에 대한 이 시기 하이데거의 사유를 비교적 명료하게 보여줄 뿐만 아니라 하이데거 사상이 '전기'에서 '후기'로 이행해 가는 과정에 입회해 그 이행을 가까이서 살펴볼 수 있게 해준다.

플라톤 '동굴의 비유', 동굴에 갇힌 인간 상황

'동굴의 비유'는 플라톤 대화편 전체를 통틀어 가장 유명한 이야기일 것이다. 여기서 플라톤은 스승 소크라테스의 목소리를 빌려 자신의 '이데아론'을 매우 상세하게 설명한다. 이 이야기는 동굴 안에 갇혀 살던 죄수가 동굴 밖으로 나와 세상의 진실을 보고 동굴로 되돌아간다는 얼개로 짜여 있다. 소크라테스가 주인공으로 등장해 대화하는 다른 플라톤 작품과 마찬가지로 '동굴의 비유'도 소크라테스가 글라우콘이라는 젊은이와 문답하는 방식으로 전개된다. 강의에서 하이데거는 플라톤의 이 동굴 이야기를 네 단계로 나누어 각각 원문을 제시한 뒤 그 의미를 세밀하게 추적했다. 이야기의 첫 번째 단계는 '지하 동굴에 갇힌 인간의 상황'을 묘사한다.

소크라테스 "여기 지하 동굴이 하나 있고 그 안에 사람들이 살고 있다고 생각해보게. 동굴의 입구는 길고 동굴 자체만큼 넓으며 불빛을 향해 열려 있네. 이 거처에서 사람들은 어릴 적부터 사지와 목이 쇠사슬에 묶여 있기에 언제나 제자리에 머물러 있고, 포박 때문에 고개를 돌릴 수 없어 겨우 앞면만 볼 수 있네. 그 사람들 뒤쪽 저 멀리 위에서부터 불빛이 죄수들을 비추고 있네. 또 이 불빛과 죄수들 사이에 길이 하나 가로놓여 있는데, 이 길을 따라서 나지막한 담이 세워져 있네. 인형극을 공연하는 사람들이 인형극을 보려주려고 자기

플라톤 대리석상.
하이데거는 마음의 고향으로 삼았던 고대 그리스
철학으로 눈을 돌렸다. 그중에서도 플라톤 사상으로 돌아가
막힌 사유의 출구를 모색했다.

들 앞에 세우는 무대와 비슷하네."

글라우콘 "상상해보고 있습니다."

소크라테스 "그렇다면 이것도 상상해보게. 어떤 사람들이 이 담을 따라서 담 위로 각종 도구와, 돌이나 나무로 만든 동물상이나 인물상을 운반하고 있는데, 사람들은 이것들을 들고 지나가면서 더러는 말을 하고 더러는 침묵을 지키네."

글라우콘 "이상한 비유와 이상한 죄수들을 말씀하시는군요."

소크라테스 "우리와 같은 사람들이네. 그 사람들이 … 불빛이 맞은편 동굴 벽면에 투영한 자기들의 그림자 말고 무엇을 보았을 것 같은가?"

글라우콘 "그 사람들이 평생 고개를 돌릴 수 없게 돼 있다면 어떻게 다른 것을 볼 수 있겠습니까?"

소크라테스 "그럼 운반되고 있는 다른 물체들은 어떤가? 역시 그림자밖에 보지 못하겠지?"

글라우콘 "당연히 그렇습니다."

소크라테스 "그러므로 만약 그 사람들이 말을 주고받을 수 있다면, 그들은 자기들이 본 그림자가 실물이라고 믿지 않을까?"

글라우콘 "당연합니다."

소크라테스 "또 이 감옥의 벽면에서 메아리가 울려온다면 어떻겠는가? 담장 위로 지나가는 사람들이 말을 할 때마다 죄수들은 자기들이 들은 소리가 바로 자기들 앞을 지나가는 그림자에서 나온 소리라고 믿지 않겠는가?"

글라우콘 "제우스에게 맹세컨대 그럴 거라고 생각합니다."

소크라테스 "어쨌거나 그들은 인공물의 그림자 외에는 다른 어떤 것도 진짜(비은폐된 것, das Un-verborgene)라고 생각하지 않을 것이네."

글라우콘 "그야 당연합니다." 「진리의 본질에 관하여」 32~35쪽[41]

   '동굴의 비유'는 순전히 플라톤의 머릿속에서 나온 상상의 이야기다. 그러나 중간에 소크라테스가 동굴 안의 결박된 사람들을 '우리와 같은 사람들'이라고 하는 대목에서 동굴이 플라톤 당대의 현실을 이야기하는 것임을 짐작할 수 있다. 동굴에 갇힌 죄수들은 온몸이 포박돼 있어 동굴의 앞쪽 벽면만을 볼 수 있다. 이 죄수들의 뒤쪽에 야트막한 담장이 있고, 그 위로 사람과 동물과 사물의 상들이 지나가는데, 그 상들의 그림자가 앞쪽 벽면에 비치고 있다. 죄수들 뒤로 동굴 저 위에서 타오르는 불빛을 받아 생기는 그림자다. 죄수들은 온몸이 묶여 있기 때문에 등 뒤에서 무슨 일이 일어나는지는 알 수 없고 오직 앞쪽 벽면에 비치는 그림자만을 볼 수 있다. 스크린 위에 비치는 그림자극을 보는 사람들을 떠올리면 이들의 상황을 짐작할 수 있다. 이 죄수들은 평생 그렇게 포박돼 살아왔고 또 뒤를 돌아볼 수도 없기 때문에 그림자만이 실제로 있는 사물이라고 생각한다. 이 이야기에서 초점이 되는 것은 '토 알레테스'(τὸ ἀληθές) 곧 '참된 것', '진짜인 것'에 맞춰져 있다. 죄수들은 다른 사정을 알 수 없기 때문에 벽면에 비치는 그림자를 '참된 것' '진짜'라고 생각하는 것이다. 동굴 구조 전체를 보는 우리는 그것이 한갓 조각상이나 도구의 그림자에 불과하다는 것을 훤히 알지만, 결박된 죄수들은 그림자가 그림자라는 사실을 알지 못한다. 왜 묶인 자들은 그 사실을 알지 못하는가? 동굴 천장 쪽 불에 대해서 아무것도 모르기 때문이다. 그 불이 빛을, 밝음을 주고 있으며 그 불의 밝음 속에서 그림자가 생겨나게 된다는 것을 인지하지 못하는 것이다. 그래서 죄수들에게는 그림자가 '참된 것'으로 보이는 것이다.

동굴 안에서 인간의 풀려남

여기서 주목할 것이 하이데거가 '토 알레테스'를 '비은폐된 것' (das Un-verborgene)이라고 옮기고 있다는 사실이다. '토 알레테스' 는 어원상 '알레테이아'($\dot{\alpha}\lambda\dot{\eta}\theta\epsilon\iota\alpha$)와 연결돼 있다. 진리를 뜻하는 알레테이아를 비은폐성으로 옮기듯이 '토 알레테스'도 '비은폐된 것'이라고 옮기는 것이다. 그렇게 번역하면 그림자도 순전히 거짓이 나 가짜가 아니라 나름대로는 '은폐에서 벗어난 것'이 된다. 그림자 에도 일정한 '참됨'이 있는 셈이다. 매우 미약하지만 그런 참됨 곧 비 은폐성을 주는 것이 바로 동굴 위에서 비치는 불빛이다. 그 불빛이 밝음을 주어 그림자를 생겨나게 하는 것이다. 그러나 사슬에 묶인 죄 수들은 그런 사실을 알지 못한다. 그렇게 불과 빛을 알지 못한다는 것은 불과 빛이 죄수들에게 은폐돼 있다는 것을 뜻한다. 죄수들은 은 폐된 것에 둘러싸여 있다. 그렇기 때문에 죄수들은 그림자가 어떤 것 의 '가상'이라는 사실을 꿈에도 생각하지 못한다. 그래서 죄수들은 자신들 앞의 벽면에 지나가는 그림자들을 '타 온타'($\tau\dot{\alpha}$ $\ddot{o}\nu\tau\alpha$) 곧 존 재자(존재하는 것)라고 말할 것이라고 하이데거는 이야기한다. 말하 자면 그림자는 죄수들에게 '비은폐된 것'이자 동시에 '존재하는 것' 이다. 비은폐된 것 곧 참된 것은 존재하는 것과 같다. 여기에서는 오 늘날의 학자들이 '진리' 하면 떠올리는 명제 진리, 곧 '진술과 대상' 의 일치라는 의미의 진리는 전혀 찾아볼 수 없다. 진리 곧 참된 것은 '비은폐된 것'이며 '존재하는 것'이다. 이 첫째 단계에 이어 플라톤 은 '동굴의 비유'의 둘째 단계, 곧 '동굴 안에서 인간의 풀려남'을 묘 사한다.

소크라테스 "그런데 그런 결박에서 풀려나 '통찰 없음'(어리석음)의 상태로부터 구제되는 경우를 눈앞에 그려보게. 그들에게 다음과 같은 일이 일어날 때 필연적으로 나타날 수밖에 없는 일들도 살펴보게. 그들 가운데 누군가가 사슬에서 풀려나 갑자기 일어서서 고개를 돌리고 몸을 움직여 불빛을 쳐다보도록 강요받는다면, 그는 고통스러워할 것이고 빛에 눈이 부셔서 여태까지 보아온 그림자들의 실물을 바라볼 수가 없을 것이네. 만약에 누군가 이 사람에게 말하기를, 전에는 그가 헛것을 보았지만 이제는 존재하는 것(실재: το ον, 토 온)에 좀 더 가까이 와 있고 또 한결 더 존재하는 존재자를 향해 있어서 더 올바르게 보게 됐다고 한다면, 더군다나 지나가는 것을 일일이 가리켜 보이며 '그것이 무엇인지'(τί ἐστιν, 티 에스틴)를 묻고서 대답하도록 강요한다면, 그는 뭐라고 말할까? 그는 당황해하지 않을까? 그리고 전에 보았던 것들이 지금 자기에게 제시된 것들보다 더 비은폐된(진실한, 참된) 것이라고 생각하지 않을까?"

글라우콘 "훨씬 더 비은폐된(진실한, 참된) 것이라고 생각할 겁니다."

소크라테스 "또 그 불빛 자체를 직접 보도록 강요받는다면, 그는 눈이 아파서 자기가 볼 수 있는 것들을 향해 달아나지 않을까? 그리고 그것(그림자)들이 방금 제시된 것들보다 더 명확하다고 생각하지 않겠는가?"

글라우콘 "그러겠지요."「진리의 본질에 관하여」40쪽

두 번째 단계에서 죄수 한 사람이 결박에서 풀려나 뒤를 돌아볼 수 있게 된다. 평생 그림자만 보던 죄수는 이제 담장 위에서 옮겨지고 있는 인공물들을 보고 동굴 천장에서 빛나는 불빛을 보게 된다. 플라톤이 이 단계에서 강조하는 것은 두 가지다. 하나는 풀려난 죄수가 처음 불빛을 보게 되면 고통스러워하고 눈이 부셔서 실물들을 잘 볼 수 없으리라는 것이다. 다른 하나는 풀려난 죄수에게 실물을 가리

동굴의 비유(얀 피터르스존 산레담, 판화, 1604).
동굴 같은 방 안에 벽으로 분리된 두 그룹의 철학자들이 있고,
벽 위에 늘어선 인형들은 조명을 받아 벽에 그림자를 드리우고 있다.
하이데거는 1931년 겨울학기 강의에서 플라톤의 '동굴의 비유'를
깊이 탐사했다. 동굴 밖의 밝은 빛이 바로 본래적인
존재의 빛이라 보았다.

키며 무엇인지 물을 경우에 죄수는 실물보다는 평생 봐 온 그림자가 더 비은폐된 것, 다시 말해 더 참된 것이라고 생각하리라는 것이다. 첫 번째 경우는 눈의 생리학적 현상을 이야기하는 것이다. 아주 오랫동안 어둠에 익숙해져 있던 눈은 갑자기 불과 빛을 대하면 그 밝음을 기쁨으로 받아들이지 못한다. 그 밝은 빛 때문에 고통을 느끼고 눈이 부셔서 사물을 제대로 보지 못하는 것이다. 그리하여 새로 보게 된 실제의 조각상이나 도구보다는 평생 익숙하게 보아 온 그림자가 더 참된 것, 더 비은폐된 것이라고 여기게 되는 것이다. 사람이 결박에서 풀려난다고 해서 곧바로 자유로워지는 것은 아니며, 오히려 본성상 결박돼 있을 때를 더 그리워한다는 얘기다. 진실로 자유로워지려면 이 고통스러운 시련을 이겨내야 한다.

비은폐성의 단계, 진리와 존재에도 등급이 있음

이 두 번째 이야기에서 더 주목해야 할 것은 비은폐성의 단계 혹은 등급이다. 둘째 단계에서는 '알레테스'(ἀληθές, 비은폐된 것)의 비교급 '알레테스테라'(ἀληθέστερα, 더 비은폐된 것)가 등장한다. 비은폐된 것에는 단순히 비은폐된 것만 있는 것이 아니라 더 비은폐된 것이나 덜 비은폐된 것이 있을 수 있는 것이다. 결박에서 풀려난 죄수는 더 비은폐된 것, 다시 말해 더 참된 것을 만난다. 그러나 이 죄수는 오히려 결박돼 있을 때 보았던 그림자를 더 비은폐된 것, 더 참된 것이라고 주장한다. 분명한 것은 비은폐성이 정도와 단계를 지닌다는 사실이다. 비은폐된 것이라고 해서 다 똑같은 것이 아니다. 더 참된 것, 더 진실한 것이 있고, 반대로 덜 참된 것, 덜 진실한 것이 있을 수 있는 것이다. 그래서 하이데거는 다음과 같이 말한다.

"'진리'와 '참'은 누구에게나 어떤 관점에서나 변하지 않고 똑같은 것으로 남아 있는 것, 똑같이 타당한 것, 공통의 것이 아니다. 누구나 곧바로 아무 문제 없이 모든 진리에 대해서 똑같은 권리와 똑같은 힘을 지니고 있는 것이 아니다. 모든 개개의 진리는 자신의 '시간'을 지닌다." 『진리의 본질에 관하여』 42쪽

분명히 비은폐성 곧 '진리·진실·참됨'에도 등급이 있다. 그림자-진리도 그것이 비은폐돼 있는 것인 한 진리의 한 종류인 것은 맞다. 그러나 그것은 매우 제한된, 극도로 협소한, 가상으로 뒤덮인 진리일 뿐이다. 그림자-진리에 비해, 그림자의 원천인 담장 위 사물-진리는 한 단계 더 높은, 한층 더 참된 진리다. 동시에 비은폐성의 정도와 단계는 '진리와 참이 사람마다 다를 수 있다'는 것을 알려준다. 같은 진리라 해도 어떤 사람에게는 더 분명하게 드러날 수 있고 다른 어떤 사람에게는 덜 분명하게 드러날 수 있다. 진리가 얼마나 명료하게 드러나느냐에 따라 사람마다 진리의 명도가 달라지는 것이다. 진리에 더 가까이 가 있는 사람은 진리를 더 명료하게 보는 사람이고 그래서 더 지혜로운 사람일 것이다. 진리에 등급이 있듯이 틀림없이 지혜에도 등급이 있다.

이와 함께 주목할 것이 '비은폐성의 등급'이 '존재의 등급'을 가리킨다는 사실이다. 풀려난 죄수는 눈부심 때문에 사물을 제대로 보지 못하고 그림자를 더 비은폐된 것, 더 참된 것으로 여긴다. 그림자가 담장 위 사물보다 더 존재하는 것이라고 생각한다는 얘기다. 반대로 죄수를 풀어주어 사물들 쪽으로 돌려 세운 사람에게는 그림자가 아니라 사물 자체가 더 존재하는 것일 것이다. 진리가 등급을 지니고 있듯이 존재자도 그 존재와 관련해 등급을 지니고 있는 것이다. 그림자보다는 실제 사물이 더 높은 단계의 존재자인 것이다.

"존재자도 마찬가지로 등급을 지니고 있다. '존재한다'고 해서 모두가 다 일률적으로 똑같지는 않다." 『진리의 본질에 관하여』 42쪽

그렇다면 여기서도 '비은폐성'이 '존재자'와 연관돼 있음이 분명히 드러난다. 더 많이 비은폐돼 있는 것은 더 많이 존재하는 것이라는 얘기다.

그런데 비교급은 여기서 그치지 않는다. 둘째 단계에서는 '올바름'과 관련해 '오르토스'(ὀρθός, 올바르게, 정확하게)의 비교급인 '오르토테스'(ὀρθότης, 더 올바르게, 더 정확하게)가 등장한다. 결박에서 풀린 자가 '더 많이 존재하는 것'으로 몸을 돌리면 '더 올바르게, 더 정확하게' 본다고 플라톤은 말하는 것이다. 더 많이 존재하는 것, 더 많이 비은폐돼 있는 것을 향할수록 더 올바르게 보는 것이다.

하이데거는 여기서 진리의 두 가지 형태가 나타나고 있음을 볼 수 있다고 말한다. 다시 말해 '존재자의 비은폐성'이라는 진리와 '발언의 올바름'이라는 진리가 그것이다. 분명한 것은 올바름이라는 진리는 비은폐성이라는 진리에 바탕을 두고 있다는 사실이다. 발언이 올바르려면 반드시 먼저 존재자가 그 존재자 그대로 드러나 있어야 하기 때문이다. 이것은 하이데거가 『존재와 시간』에서부터 줄곧 지켜온 근본 원칙이다. '존재자의 비은폐성'이라는 진리가 먼저 있고 거기에 입각해 '발언의 올바름'이라는 진리가 나올 수 있는 것이다. 하이데거는 이 원칙을 플라톤의 텍스트에서 확인한다. 올바름에 관해 얘기하는 플라톤의 문장을 풀어 쓰면 다음과 같다. "더 많이 존재하는 것으로 몸을 돌린 사람은 더 올바르게 보고 말한다."『진리의 본질에 관하여』 44쪽 더 많이 존재함이 더 올바르게 봄과 내적인 관련을 맺고 있는 것이다.

결박된 상태로 되돌아가려는 죄수

그런데 이 두 번째 단계에서, 풀려난 죄수는 풀려난 상태를 기뻐하기는커녕 그림자가 더 참된 것이라고 주장하며 그림자들로 되돌아가려고만 한다. 죄수가 그렇게 판단하는 이유는 무엇인가? 그곳이 더 편안하기 때문이다. 그곳에서 죄수는 눈에 아무런 통증도 느끼지 않는다. 더구나 그림자들 사이에서 죄수는 자기가 좋아하는 일, 자기가 할 수 있는 일을 한다. 거기에서 할 수 있는 일들, 거기서 만날 수 있는 것들은 죄수에게 "아무런 노력이나 긴장을 요구하지 않으며 아무런 장애도 혼란도 당혹스러움도 주지 않는다." 죄수에게 비은폐성 곧 참됨을 판단하는 척도는 일상생활이 방해받지 않고 유지되느냐 그렇지 않느냐 하는 것이다.『진리의 본질에 관하여』44쪽 죄수는 힘든 요구를 받지 않는, 고민할 것이 없는 상태에서 편안함을 느끼는 것이다. 결박에서 풀려나 더 참된 것으로 나아가는 것은 고통과 시련을 요구하는 일인데, 그런 고통과 시련 앞에 서기보다는 이전의 죄수 생활이 더 낫다고, 더 참되다고 생각하고 그곳으로 돌아가려고 하는 것이다.

플라톤은 그렇게 결박돼 있는 죄수의 상태를 '아프로시네'(ἀφροσύνη) 곧 어리석음(통찰 없음)의 상태라고 말한다. '아프로시네'는 '프로네시스'(φρόνησις, 통찰력)의 결여 상태를 가리키는 말이다. 그런 상태에서 사람은 세계를 조망하는 눈도, 자기 자신을 통찰하는 눈도 지니고 있지 못하다.

"거기에서 인간은 무엇인가 결여돼 있기 때문에 병든 셈이다. 구제가 필요하다."『진리의 본질에 관하여』45쪽

그러나 풀려난 죄수는 구제를 거부하고 처음의 자리로 되돌아가려 한다. 그러므로 결박을 제거했다고 해서 인간이 진정으로 해방되는 것은 아니다. 그저 형편만 달라졌을 뿐이지 인간의 내적 상태, 의지 자체는 바뀌지 않은 것이다.

"오직 해방될 자가 자기 자신을 향해 자유로워지고 그 자신의 본질의 근거 안에 설 때에만 그런 해방이 진정한 해방이 된다."『진리의 본질에

두 번째 단계에서 풀려남은 진정한 해방이 아니다. 죄수가 자유를 향한 내적인 의지를 발동하지 않는 한 사슬에서 풀려나는 것만으로는 해방이라고 할 수 없는 것이다.

동굴 밖으로 이끌려 나온 죄수

참된 해방은 단순히 몸이 풀려남이 아니라 비은폐성 자체에 도달함을 뜻한다. 하이데거는 이 점을 특별히 강조한다. 결박에서 풀려난 죄수는 비은폐성 곧 진리 자체를 경험하지 못한 채 애초의 자리로 되돌아가려고 한다. 그림자와 사물을 비은폐성과 연관 지어 구별하지 못하고 '아프로시네', 어리석음의 상태로 돌아가려고 하는 것이다. 풀려난 죄수는 은폐된 것과 비은폐된 것을 구분할 통찰력의 결핍을 극복하지 못한다. 진정한 해방, 다시 말해 고통과 시련을 통과하여 내적으로 자유로워지는 것만이 그런 통찰력을 줄 수 있는데 거기에 이르지 못하고 뒤로 물러나고 마는 것이다.

여기서 하이데거는 비은폐성 곧 진리의 일어남이 인간의 해방, 인간의 자유와 연결돼 있음을 암시한다. 인간의 자유야말로 진리의 조건, 진리의 근거인 것이다.『존재와 시간』의 언어로 말하면, 현존재가 세인-자기로 살던 삶을 결단을 통해 끊어버리고 그 세인-자기로부터 해방될 때에만 진리 자체를 볼 수 있다는 이야기다. 결단의 자유를 통해 본래적 실존을 획득함으로써 세계가 은폐의 베일을 벗어버리고 본래적인 모습으로 드러나는 것이다.

그러므로 진리는 거저 얻어지는 것이 아니라 실존을 건 투쟁을 통해 은폐의 장막을 찢어내고 탈취해내야 하는 것이다. 자유와 진리 사이의 연관에 대한 하이데거의 암시는 이런 사태를 가리키고 있다. 결박에서 풀려난 사람이 고통과 시련을 마다하지 않고 불빛을 향해 서는 것, 그것이 자유다. 그 자유로워진 상태에서 빛을 빛으로서 볼 때 존재자는 더 존재하게 되고 비은폐된 것은 더 비은폐된다. 다시 말해 눈부심의 고통을 감수하고 그 빛에 적응하게 될 때, 해방된 사람은 무엇이 더 존재하는 것인지, 무엇이 더 참된 것인지를 분명히 알게 된다. 진리는 이 내적인 자유 위에서만 드러난다.

플라톤의 동굴 이야기는 이제 셋째 단계에 이른다. 풀려난 죄수가 동굴 밖으로 나와 태양 아래 훤히 드러난 실제 사물을 보는 것이다. 이 단계에서 인간은 근원적인 빛을 향해 본래적으로 해방된다.

소크라테스 "그러나 만약 누군가가 험하고 가파른 오르막길을 통해서 그 사람을 억지로 그곳에서 끌어내 햇빛 비치는 곳으로 나올 때까지 붙들고 놓아주지 않는다면, 그 사람은 고통스러워하며 반항하지 않 겠는가? 또 햇빛 비치는 곳으로 나오면 눈이 광휘로 가득 차서, '지 금 비은폐된 것(진짜)이라고 말해진 것들'을 하나도 볼 수 없게 되지 않겠는가?"

글라우콘 "적어도 당장에는 볼 수 없겠지요."

소크라테스 "그렇겠지. 높은 곳에 있는 것들을 보려면 그것에 익숙해 지지 않으면 안 될 테니까. 그 사람은 처음에는 그림자들을 가장 쉽 게 볼 수 있을 것이고, 다음에는 물에 비친 사람이나 다른 사물의 영 상들을 볼 수 있을 것이고, 그런 뒤에야 실물 자체를 볼 수 있을 것 이네. 그 다음으로 그는 하늘에 있는 것들과 하늘 자체를 보게 될 텐 데, 그에게는 밤에 별빛이나 달빛을 보는 것이 낮에 해나 햇빛을 보 는 것보다 더 수월할 것이네."

글라우콘 "어찌 그렇지 않겠습니까?"

소크라테스 "마지막으로는 태양을 보게 될 텐데, 물이나 그 밖에 태양이 본래 있어야 할 장소가 아닌 다른 장소에 비친 영상을 보는 것이 아니라, 본래 있어야 할 장소에서 태양 자체를 직접 보며 관찰할 수 있게 될 것이네."

글라우콘 "당연히 그럴 겁니다."

소크라테스 "다음으로 그는 계절과 세월을 만들어내는 것이 바로 태양이며 또 태양이 눈에 보이는 세계 안에 있는 모든 것을 관장할 뿐만 아니라 어떤 의미에서는 그와 그의 동료들이 동굴 안에서 보았던 모든 것의 원인이 된다는 결론에 도달할 것이네."

글라우콘 "그런 과정을 거친다면 분명 그런 결론에 도달하겠지요."

소크라테스 "어떤가? 그 사람은 전에 살던 곳과 그곳의 지혜 그리고 당시의 동료 죄수들을 떠올리게 되면, 자신의 신상에 일어난 변화를 다행으로 여기되 동료 죄수들은 불쌍히 여기지 않겠는가?"

글라우콘 "그야 물론 그렇겠지요."

소크라테스 "그런데 전에 그 동료 죄수들 사이에는 지나가는 그림자들을 가장 예리하게 관찰해 그중 어느 것이 앞서가고 어느 것이 뒤따라가고 어느 것이 같이 가는지를 잘 기억해 두었다가 가장 잘 알아맞힐 수 있는 사람에게 명예와 찬사와 상을 주는 관습이 있었다면, 그 사람이 아직도 그런 것들을 갖고 싶어 하거나 죄수들 사이에서 존경받는 유력자들을 부러워할까? 아니면 그 죄수들처럼 생각하고 그들처럼 살 바엔 차라리 호메로스의 말처럼 '재산도 없는 사람 밑에서 품이라도 팔거나', 그 밖에 어떤 고통이라도 달게 받고 싶어 할까?"

글라우콘 "그렇게 (동굴에서) 사느니 차라리 어떤 고통이라도 달게 받고 싶어 할 것 같습니다." 「진리의 본질에 관하여」 48~49쪽

동굴 밖 태양 아래서의 진정한 해방

이 세 번째 단계는 두 가지 사태를 보여준다. 첫째, 동굴 밖으로 끌려나온 죄수는 동굴 안에서 본 빛과는 비교할 수도 없는 밝은 빛의 폭포를 맞아 몹시 고통스러워한다. 그러다가 차츰 빛에 익숙해져 동굴 밖의 실제 사물들을 보게 되고 마침내는 태양 자체를 볼 수 있게 된다. 해방된 죄수는 태양이 모든 것을 다스리며 계절과 세월을 주고 동굴 안에서 보았던 모든 것들의 원인이 된다는 것을 알게 된다. 둘째, 동굴 밖으로 나와 그렇게 사태를 알게 된 사람은 동굴 안에 결박돼 있는 동료들을 불쌍히 여기며, 동굴 안 죄수들처럼 사느니 해방된 자로서 그 어떤 고통이라도 감수하겠다고 결심한다.

이 셋째 단계에서 플라톤은 동굴 안에서 사슬로부터 풀려남이 진정한 해방인 것이 아니라 동굴 밖으로 나가 환한 태양 아래 섬이 진정한 해방임을 암시한다. 다시 『존재와 시간』의 상황을 끌어들이면 동굴 안의 삶은 비본래적 실존이다. 그 동굴 안 실존의 배후에 있는 인공 불빛은 비본래적인 존재의 빛이다. 동굴을 벗어나 태양 아래 나가 서는 것이 바로 결단을 통한 본래적 실존의 획득이다. 또 그 동굴 밖의 밝은 빛이 바로 본래적인 존재의 빛이다. 그러므로 "빛이라고 해서 다 똑같은 빛이 아니다."「진리의 본질에 관하여」 50쪽 태양이 주는 빛이야말로 근원적인 빛이고 이 빛 아래 섬이야말로 근원적인 해방이다. 이제 하이데거는 이 세 번째 단계의 사건을 여러 차원에서 상세히 분석한다.

먼저, 이 세 번째 단계에서 주목해야 할 것은 비은폐성 곧 진리다. 이 세 번째 단계에서도 비은폐성이 이야기되고 있다. '타 닌 레고메나 알레테'(τὰ νῦν λεγομένα ἀληθῆ) 곧 '지금 비은폐된 것이라고 말해진 것'이라는 플라톤의 표현에 이 사태가 드러나 있다. 이 동굴 밖에서 만난 사물들이야말로 '가장 비은폐된 것들'(가장 참된 것들)이라고 할 수 있다. 그러므로 "인간의 처지와 자리에 따라서 그때마다 참된 것(비은폐된 것)이 다르다"는 사실을 알 수 있다. 동굴 안에서 결박된 죄수의 처지냐, 아니면 결박에서 풀려나 동굴 안 사물을 보는 죄수의 처지냐, 그것도 아니면 동굴 밖에 나와 실제 사물을 태양 아래서 보는 사람의 처지냐에 따라서 '비은폐된 것'은 각각 달라지는 것이다. 다시 말해 해방의 정도에 따라 비은폐됨(참됨)의 정도도 달라지는 것이다.

여기서 하이데거는 특히 동굴 안에서 동굴 밖으로 '넘어감'의 성격에 주목한다. 동굴 밖으로 나아감은 해방의 과정이고 자유로워지는 과정이다. 이 과정에서 두드러지는 것은 바로 폭력과 고통이다. 동굴 밖으로 나오는 죄수는 자발적으로, 스스로 알아서 나오는 것이 아니다. 풀려난 죄수는 누군가의 강압 속에서 억지로 끌려나온다. 강압과 폭력이 이 해방의 과정에 개입하는 것이다. 플라톤은 '비아'(βία, 강압·폭력)라는 단어를 쓴다. 독일어로는 게발트(Gewalt)에 해당한다. 태양의 빛 속으로 들어서는 해방은 일종의 강압적인 해방이다. 비은폐된 것에 도달하는 데는 강압이 요구된다. 동시에 해방되는 사람은 험하고 가파른 길로 올라가지 않으면 안 된다. 그런 오르막길을 오르는 일에는 노력과 긴장과 고통이 따른다. 진리의 빛을 향해 나아가는 자유와 해방의 길에는 폭력이 끼어들며 고통이 함께하는 것이다.

그러나 이렇게 강압과 고통 속에 올라감만으로 해방이 완수되는 것은 아니다. 동굴 밖으로 나온 사람에게는 밝은 빛에 익숙해지기까지 적잖은 시간이 필요하다. 어둠에 습관이 든 눈은 밝음 속에서 과거의 습관을 떨쳐내야 한다. 낡은 습관에서 벗어나 새로운 습관을 몸에 새기기까지는 시간이 걸린다. 이것은 자유와 진리를 향한 교육의 과정이 긴 시간을 요구한다는 것을 뜻하는 것으로 볼 수 있다. 플라톤의 『국가』가 올바른 나라를 세워 이끌어 갈 시민을 육성하는 것에 관한 책이라는 것을 상기하면 '동굴의 비유' 전체가 무엇을 이야기 하려는 것인지 이해하기 어렵지 않다. 자유를 획득하고 진리를 체득 하는 과정에는 외부의 압박과 내부의 투쟁이 함께해야 한다.

빛을 향해 나아가는 데 용기가 필요함

하이데거는 풀려난 죄수가 빛을 향해 나아가는 데 '용기'가 필요하 다는 점도 특별히 강조한다. 죄수를 해방시키는 자의 강압에서 해방 이 시작되기는 하지만, 결국 해방을 완수하는 것은 풀려난 자의 끈기 와 용기다. 동굴 밖에서 마주친 고통스러운 상황을 회피하지 않고 끈 기 있게 사태에 적응해 가려는 용기를 내지 않고는 빛의 원천인 태양 을 보는 데까지 이르지 못한다.

"어떤 반격에도 꿈쩍하지 않고 기다릴 수 있는 그런 흔치 않은 용 기가 필요하다. 그런 사람들은 모든 진정한 생성과 성장에서는 어떤 단계도 건너뛸 수 없다는 것을 알 것이다."「진리의 본질에 관하여」 52쪽

그렇게 끈기와 용기를 발휘해 낡은 습관을 버리고 빛을 향해 자유 롭게 된 사람은 새로운 삶의 태도를 지니게 된다. 해방된 죄수는 이 제 더는 과거로 돌아가기를 원하지 않는다. 왜냐하면 동굴에서 벌어 지는 일들이 모두 가상임을 꿰뚫어보기 때문이다. 플라톤은 동굴 안 에 결박된 죄수들이 하는 일들을 묘사한다. 벽면에 지나가는 그림자 들을 뚫어지게 관찰해 무엇이 먼저 지나가고 무엇이 다음에 지나가 는지 잘 기억하고 있다가, 무슨 그림자가 지나갈지 예측함으로써 명 예와 찬사와 상을 받는 것이 이 죄수들의 가장 큰 관심사다. 그런 상 을 놓고 경쟁을 벌이고 그런 상을 받았다고 존경을 얻고 힘을 쓰는 사람들이 동굴 안 죄수들이다. 진정으로 해방된 자유인은 그런 헛된

명예에 아무런 관심도 보이지 않을 것이다.

이런 설명을 보면 플라톤이 말하는 동굴 안 세계가 하이데거가 『존재와 시간』에서 그린 세인의 세계와 다르지 않음을 알 수 있다. 결단을 통해 세인의 시간과 단절한 현존재는 세인-자기가 몰두하던 것들을 떨쳐버리고 본래적 실존으로 거듭난다. 결단을 통해 본래적 실존으로 거듭난 사람이 바로 동굴 밖으로 나와 태양 아래서 세상의 진실을 본 사람이라는 것을 유추하기는 어렵지 않다. '동굴의 비유' 전체가 우리가 살아가는 현실 세계를 가리킨다는 사실을 플라톤은 『국가』의 다른 곳에서 명확히 설명한다.[42]

동굴은 하늘 아래, 땅 위 인간 삶의 공간을 상징한다. 그리스인들은 땅을 넓은 원반이라고 보았으며 그 위로 하늘이 반원 모양으로 덮여 있다고 상상했다. 여기서 동굴 속 죄수의 삶이 현실의 인간 삶을 그대로 옮겨놓은 것임을 알 수 있다. 그러므로 동굴 속 불이 현실의 태양을 가리키고 불빛은 햇빛을 가리킨다는 것도 분명해진다. 그렇다면 그림자는 무엇인가? 동굴 안 벽면에 비치는 그림자는 우리가 하늘 아래서 실제로 보고 있는 사물들이다. 하이데거는 사람들이 이 하늘 아래 사물들을 자명한 것으로 본다는 사실에 주목한다.

"우리들, 결박된 자는 자명함에 붙들려 있는 자들이며 오로지 자명함에 이끌리는 사람들이다."『진리의 본질에 관하여』 52쪽

결박된 사람들이란 바로 사물의 '자명함'에 결박돼 있는 사람들이다. 이것이 핵심이다. 현실에 몰두해 사는 사람들은 현실의 사물과 가치와 의미를 절대적으로 자명한 것, 너무나 명백해서 그 존재를 의심의 대상으로 삼을 필요도 없는 것으로 생각하는 것이다. 이것이 세인-자기의 삶이다. 플라톤은 바로 이런 자명성에 붙들린 사람들을 흔들어 깨워 그 자명한 것이 전혀 자명한 것이 아님을 알게 해주려는 것이다. 자명한 것이 자명한 것이 아님을 깨달으려면 그 자명성의

세계를 넘어서지 않으면 안 된다. 그 넘어섬이 바로 동굴을 기어올라 밖으로 나감, 다시 말해 '넘어감'이고 '초월함'이다.

동굴 밖 세계, 이데아들의 세계

그렇다면 동굴 밖의 세계는 무엇인가? 그것이 바로 플라톤이 생각하는 이데아들의 세계다. 플라톤의 시야에서 보면, '이데아들의 세계'는 현실의 땅 위를 거대한 돔처럼 덮은 창공 너머 그 위에 있는 세계다. 그 창공 너머의 천상에 이데아들이 있다. 그러면 동굴 밖에서 빛나는 태양은 무엇인가? 그것은 이데아들 가운데 최고의 이데아인 '선(좋음, 아가톤, $\alpha\gamma\alpha\theta\acute{o}\nu$)의 이데아'를 가리킨다. 선의 이데아는 이데아들에 빛을 주고 이데아들을 생육한다.

그런데 이 '동굴의 비유' 탐사에서 하이데거에게 가장 큰 관심사가 되는 것은 진리 곧 알레테이아의 본질을 해명하는 것이다. 좀더 구체적으로 말하면, '해방의 사건'과 '알레테이아'가 어떤 관련을 맺고 있는지를 밝힘으로써 진리의 본질을 해명하는 것이다. 지금 국면에서 우리가 아는 것은 이것, 곧 '해방된 자의 자리는 하늘 위에 있으며 거기에는 이데아들이 있고 그 가운데 최고의 이데아도 있다'는 것이다. 이 모든 것은 무엇을 의미하는가? 하이데거는 이 물음을 네 가지로 나누어 묻는다. 첫째, 이데아와 빛 사이의 연관은 어떠한가? 둘째, 빛과 자유 사이의 연관은 어떠한가? 셋째, 자유와 존재자 사이의 연관은 어떠한가? 넷째, 이 연관들의 단일성 속에서 드러나는 진리 곧 알레테이아는 무엇인가? 이 네 가지 물음에 대한 답을 찾아냄으로써 동굴의 비유 셋째 단계의 의미가 드러나고 비은폐성의 본질이 명료하게 이해될 수 있다.

하이데거는 먼저 '이데아와 빛'이 어떤 연관 속에 있는지를 규명한다. 동굴의 이야기로 돌아가보자. 플라톤은 동굴 속에서 만나는 그림자와는 다른 종류의 존재자가 있는데 그것이 바로 이데아라고 말한다. 동굴 속 그림자는 우리 인간 현실에 존재하는 사물들, 실제의 태양 빛 아래서 발견되는 사물들이다. 사람들은 이런 무수히 다양한 사물들에 붙들려 있다. 이렇게 사물에 붙들려 있는 사람은 볼 수 없는 것이 바로 이데아다. 그러면 이데아(ἰδέα)라는 말은 무엇을 뜻하는가? 이데아는 그리스어 동사 '이데인'(ἰδεῖν)에서 나온 말이다. 이데인은 '보다'를 뜻한다. 이데아란 봄이라는 행위 속에서 드러나는 것, 쉽게 말해 '보인 것'을 뜻한다. 우리의 봄을 통해 보인 것이 이데아다. 그런데 플라톤에게서 이 봄은 우리 육체의 눈을 통해 보는 것을 뜻하지 않는다. 육체의 눈을 통해 볼 수 있는 것은 '그림자'라고 지칭하는 현실의 사물들뿐이다. 이데아는 마음의 눈, 정신의 눈으로만 볼 수 있다.

책상 위에 놓인 책을 생각해보자. 우리는 눈으로 책을 보며 '이것은 책이다'라고 말한다. 그런데 정말로 우리는 우리의 육체의 눈으로 책을 보고 있는 것인가? 이 눈으로 봄으로써 책을 책으로 아는 것인가? 종이로 된, 글자로 내부가 빽빽이 채워진 사각형의 물건을 책이라고 부를 때, 그것은 우리의 눈이 그렇게 보고 아는 것인가? 만약 책 모양과 똑같은데, 살펴보니 책 모양을 한 상자라면 어떻게 되는가? 책과 상자는 어떻게 다른가? 여기서 알 수 있는 것이 이것이다. 우리는 이런저런 모양과 색깔과 질감을 지닌 사물을 보고 있지만, 책 자체는 우리의 육체의 눈으로 보는 것이 아니다. 우리는 '책이란 이러이러한 것이다'라는 관념을 이미 지니고 있고, 그 관념을 품고서 어떤 사물을 책으로 인식하는 것이다. 책에 대한 관념이 먼저 있지 않으면, 책이 무엇인지 먼저 알고 있지 않으면, 우리는 종이로 된 사각형의 사물을 직접 눈으로 보고도 책으로 알지 못하는 것이다.

"우리는 결코 절대로 한 권의 책을 시각을 통해서는 보지 못한다. 우리가 좀 더 넓고 더 근원적인 의미에서 볼 수 없다면, 우리는 결코 책과 같은 것을 볼 수 없을 것이다."『진리의 본질에 관하여』 59쪽

어떤 사물을 책으로 규정하는 그 본질은 우리의 육체의 눈, 육체의 시각만으로는 결코 볼 수 없다. 마음의 눈으로 보아야 한다. 그러나 마음의 눈으로 보는 것이든 육체의 눈으로 보는 것이든 '보는 것'이라는 점에서는 다르지 않다. 플라톤이 본 것도 바로 그렇게 마음의 눈으로 본 것이다. 그런 봄 속에서 그가 본 것, 다시 말해 '보인 것'이 바로 이데아다. 그 이데아가 바로 보이는 것으로서 사물의 '무엇임', 다시 말해 사물의 '본질'이다. 이데아 속에서 우리는 개개의 존재자들이 무엇으로 있으며 어떻게 있는지 알게 된다. 그 '무엇으로 있음', '어떻게 있음'이 바로 존재자의 '존재'다. 플라톤이 본 것은 누구나 보고 아는 것이었다. 책을 보며 누구나 똑같이 책이라고 말한다. 그런데 여기서 책으로 보이는 것, 그 책이라는 '본질'을 우리가 마음의 눈으로 보지 않는다면 책은 책으로 보일 수 없다는 것을 플라톤은 통찰했던 것이다.

컴퓨터에 쓰이는 '마우스'를 떠올려보자. 우리가 컴퓨터에 부속된 마우스가 무엇인지 알지 못한다면, 누군가 '마우스 좀 가져다 줘' 하고 부탁했을 때, 무엇을 가져다줘야 할지 모르고 쥐구멍 속의 생쥐를 떠올릴지도 모른다. 우리가 마우스를 본다고 할 때 단순히 그 모양이나 색깔만 보는 것이 아니라 '마우스의 무엇임', '마우스의 본질'을 함께 보는 것이다. 이것이 바로 플라톤이 말하는 이데아, 곧 '보이는 것'이다.

육체의 눈으로는 이데아를 볼 수 없다. 이데아는 사물의 본질 곧 그 사물의 '무엇임'이라는 의미의 '존재'를 이해할 때에만 볼 수 있다. 다시 말해 마음의 눈으로 볼 때에만 우리는 어떤 존재자를 그 존

재자로 인식할 수 있다. 책이 무엇인지 알고 있을 때에만 우리는 책을 책으로 볼 수 있는 것이다. 이런 이해가 바로 존재 이해다. 동굴의 죄수들은 이데아를 알지 못한 채 그림자만을 존재자라고 생각하기 때문에 진정한 의미에서 존재 이해가 결여돼 있다. 진정한 존재 이해에 이르려면 그림자에 등을 돌리고 동굴을 기어올라 빛을 향해서, 이데아들을 향해서 동굴 밖으로 나와야 한다.

이데아와 빛은 어떤 관계에 있는가

그렇다면 '이데아와 빛'은 어떤 관계에 있는가? 하이데거는 이데아가 일종의 빛이라고 말한다. 왜 이데아는 일종의 빛인가? 빛이란 밝음을 주는 것이자 밝음 자체다. 밝음은 사물이 사물로서 투명하게 드러나도록 해준다. 밝음은 두루 통과한다. 이데아는 바로 빛의 밝음과 성격이 다르지 않다. 우리가 이데아를 알지 못한다면, 다시 말해 어떤 존재자가 무엇인지 알지 못한다면, 우리는 그 존재자를 그 존재자로 볼 수 없다. 마우스가 무엇인지 알지 못한다면 마우스를 마우스로 볼 수 없다. 이데아는 '보이는 것'이라는 뜻이지만, 동시에 이데아는 '보이게 해주는 것'을 뜻한다. 밝음이 없으면 사물이 사물로 드러날 수 없듯이, 이데아가 없으면 어떤 사물이 그 사물로 드러나지 못한다. 이데아는 빛이 두루 통과하듯이 존재자를 두루 통과하는 것이다.

이데아는 존재자가 무엇인지를 보게 해준다. 이데아는 존재자가 우리에게 인식되도록 해준다. 우리에게 존재 이해가 없다면 어떤 존재자를 그 존재자로서 볼 수 없듯이, 이데아가 우리에게 이해돼 있지 않다면 우리는 어떤 존재자를, 가령 책을 책으로 보지 못하는 것이다. 그러므로 이데아는 사물의 본질 곧 존재를 이해시켜 그 사물을 보게 해주는 일종의 빛이라고 할 수 있다. 우리가 한 권의 책을 책으로 볼 수 있으려면, 그 책의 '무엇임'을, 다시 말해 '본질'을 이데아의 빛 속에서 볼 수 있어야 하는 것이다. 이데아를 통해서 우리는 어떤 사물을 제대로 인식할 수 있는 것이다. 그러나 우리는 책을 책으로서 보고 있으면서도, '책이 무엇을 뜻하는지를 알고 있어야만 책을 책으로 볼 수 있다'는 사실은 모른다.

이제 하이데거는 두 번째 물음 곧 '빛과 자유의 연관'에 대한 물음의 답을 찾아 나선다. 자유가 결박을 제거함만을 의미하지 않는다는 것은 앞에서 이미 드러났다. 결박에서 풀린 사람은 불안정하고 혼란스럽고 무기력하며 어찌해야 할지 모른다. 풀려난 사람은 이런 부정적인 자유보다 차라리 이전의 구속 상태가 더 낫다고 여기고 이전 상태로 되돌아가려고 한다. 그 상태가 지속적인 안정감을 보장해주기 때문이다.

이 상황은 진정한 자유가 무엇을 주어야 하는지를 드러낸다. 진정한 자유는 '지속적인 안정감'을 제공해주어야 한다. 그러므로 진정한 자유는 소극적인 차원의 풀려남을 넘어서 어떤 것을 향해 자유로워짐을 의미한다. 어떤 것을 향해 자유로워진다는 것은 그것을 향해 자기를 구속한다는 것을 뜻한다. 그러므로 "본래적으로 자유롭게 됨은 자기를 앞으로 던지는 자기 구속이다."「진리의 본질에 관하여」 68쪽 이 자기 구속으로서 자유를 플라톤은 '밝은 빛을 향해 올라감'으로 제시한다. 그리하여 자유롭게 됨은 '빛 속으로 들어가 빛 속에서 봄'을 뜻한다. 더 정확히 말하면, 어둠에서 벗어나 눈이 빛에 익숙해짐으로써 시야가 '빛의 시야'(Lichtblick)가 되도록 함을 뜻한다.

왜 빛에 익숙해짐, 빛 속에 섬이 본래의 자유인가? 하이데거는 여기서 설명의 방편으로 독일어 '발트-리히퉁'(Wald-lichtung)이라는 단어를 끌어들인다. '발트-리히퉁'은 말뜻 그대로 하면 '숲의 빈터'

를 뜻한다. 나무가 빽빽이 들어선 숲을 벌목해 빛이 훤히 들어선 터를 말한다. '리히퉁'(Lichtung)은 '빛이 들어와 환히 밝아짐'을 뜻할 뿐만 아니라 '막힌 것이 트임', 그리하여 '시야가 해방됨'을 뜻한다. 그래서 '자유로워짐'을 뜻한다. 어둠은 사람을 가두고 막는다. 빛이 들어오면 사람은 시야가 트이고 해방된다. 그러므로 빛은 환하게 밝힐 뿐만 아니라 그 빛 안에 선 사람을 어둠으로부터, 막힘으로부터 해방시킨다. '빛 안으로 들어선다'는 것은 그러므로 '자유롭게 해주는 것을 향해 자유로워짐'을 뜻한다. 두루 통과하는 빛 안에 섬으로써, 다시 말해 그 밝음에 우리를 구속함으로써 우리는 자유로워지는 것이다.

어두운 동굴에서 나온 사람에게 빛에 익숙해지는 것은 고통스러운 견딤의 시간을 요구한다. 그 긴 고통의 시간을 견디는 것은 우리가 자발적으로 밝음에 우리를 구속한다는 것을 뜻한다. 그러고 나서야 우리는 빛 안에 자유롭게 설 수 있고 '지속적인 안정감'을 얻을 수 있다. 그러므로 빛을 향해 나아가 그 빛 안에 섬이야말로 본래적으로 자유로워짐, 본래적으로 해방됨이다.

빛 안에 섬이 자유의 본질

하이데거의 해명은 다시 '자유와 존재자' 사이의 연관으로 향한다. 앞에서 본 대로 빛은 이데아를 상징한다. 이데아는 하이데거의 용어로 하면 존재자의 '무엇임' 곧 존재자의 존재다. 그러므로 이데아는 존재자의 존재를 함축한다. 이데아를 통찰한다는 것은 어떤 존재자가 무엇인지를, 다시 말해 그 존재자의 존재를 이해함을 뜻한다. 빛을 향해 자유로워짐은 자기 안에서 빛이 솟아나게 함을 뜻한다. 왜냐하면 빛 곧 이데아는 마음의 눈에 보인 것이며 우리가 이데아를 본다는 것은 우리 안에서 이데아가 빛으로서 솟아난다는 것을 뜻하기 때문이다. 그렇게 우리 안에서 이데아가 빛으로서 솟아나 시야를 열어줄 때 우리는 어떤 사물, 예를 들어 책을 책으로, 마우스를 마우스로 볼 수 있게 되는 것이다. 이렇게 이데아를 봄이 존재자를 이해함이며, 이런 이해 속에서 존재자가 존재자로서 존재하게 되는 것이다. 다시 말해 내가 존재자의 존재를 이해하고 있지 않다면, 다시 말해 존재 이해의 빛, 이데아의 빛이 내게 없다면, 책은 책으로서 나에게 드러나지 않는다.

그러므로 우리가 존재자를 만날 수 있는 것은 바로 이 '빛 안에 섬'이라는 의미의 '자유'에 근거를 두고 있다. 그러니 "자유의 본질은 빛의 시야(Lichtblick)다."『진리의 본질에 관하여』 70쪽 빛의 시야, 밝음의 시야를 확보함이 바로 자유의 본질이다. 존재의 시야가 밝게 열림이 바로 자유인 것이다. 자유는 단순히 결박에서 풀려남을 뜻하는 것이 아니라, 힘겨운 해방의 과정을 거쳐 동굴 밖의 환한 밝음 아래 나가 섬을 뜻한다. 다시 『존재와 시간』의 구도를 떠올려보면, '죽음을 향해 앞질러 달려가봄의 결단'을 통해 세인의 삶과 결별하고 새로운 존재의 빛 아래서 세계를 보는 것이 바로 자유다. 결단(Entschlossenheit)은 그러므로 폐쇄된 상태, 빛이 없는 상태에서 벗어남을 뜻한다. 그 벗어나는 과정은 고통스러운 투쟁을 요구한다. 그 투쟁 끝에 빛 속에 섬, 존재의 빛 속에 섬, 이데아의 빛 속에 섬이 바로 자유다.

그러므로 "오직 자유에서부터 그리고 자유 안에서만 존재자가 더욱 존재하게 된다."『진리의 본질에 관하여』 70쪽 동굴 안에 묶여 있을 때는 그림자만 보았을 뿐이지만, 동굴 밖으로 나와 존재의 빛 아래 섬으로써 참된 존재자를 볼 수 있게 되기 때문이다. 그때 존재자들은 더 존재하게 된다. 그림자보다 실제의 사물이 더 존재하는 것이다. 이것을 우리의 현존재로 돌려 말하면, 동굴 안에 있을 때보다 동굴 밖으로 나와 밝음 안에 섰을 때, 다시 말해 진정으로 자유를 획득했을 때 우리는 더 많이 존재하게 된다. 다시 말해 비본래적 실존을 떨쳐버리고 본래적으로 실존하게 된다. 그러므로 존재자가 더 많이 존재하느냐 더 적게 존재하느냐 하는 것은 인간의 자유에 달린 문제다. 우리의 분투를 통해 자유를 획득함으로써 우리는 더 많이 존재하게 될 뿐만 아니라 우리를 둘러싼 존재자들도 더 많이, 더 풍요롭게 존재하게 되는 것이다. 다르게 말하면 우리의 존재 이해가 뚜렷하면 뚜렷할수록 사물들은 더 풍요롭고 더 온전하게 자신을 드러내는 것이다.

이런 이유로 하이데거는 자유가 '구속의 근원성'과 연결돼 있을 뿐만 아니라 '결단성'의 규정을 받는다고 말한다. 존재의 빛에 우리를 묶으면 묶을수록 자유가 커지며, 이제까지 살아온 삶의 방식을 끊어내고 본래적 실존을 향해 자기를 던지는 결단이 확고하면 확고할수록 자유가 커진다는 얘기다. 그리하여 구속이 근원적이면 근원적일수록 존재자에 더 가까이 다가갈 수 있게 된다.「진리의 본질에 관하여」 70쪽

존재 이해란 존재자의 존재를 두루 꿰뚫어봄을 뜻한다. '존재를 이해한다'는 것은 존재자의 본질 구조와 본질 법칙을 기투함을 말한다. 기투한다는 것은 머릿속에 존재 구조의 청사진을 그려 그것을 존재자를 향해 던짐을 뜻한다. 그런데 앞에서 본 대로, 자유롭게 됨은 존재의 빛 속에서 봄이다. 존재의 빛 속에서 봄이란 존재를 이해함이고 존재를 이해함이란 존재를 기투함이다. 그러므로 자유롭게 됨 속에서 올바른 존재 기투가 가능해지고 올바른 존재 이해가 가능해진다. 자유가 존재 기투와 존재 이해의 근원이다.

하이데거는 '존재 기투'의 사례 가운데 하나로 근대 물리학을 제시한다. 갈릴레이(Galileo Galilei, 1564~1642)와 케플러(Johannes Kepler, 1571~1630)와 뉴턴이 근대의 시작과 함께 이루어낸 '자연의 발견'은 과거와는 다른 '존재 기투'의 결과였다. 이 학자들의 기투 속

요하네스 케플러 초상(작자미상, 1620).
하이데거는 '존재 기투'의 사례 가운데 하나로
근대 물리학을 들었다. 갈릴레이, 케플러, 뉴턴이 이루어낸
'자연의 발견'은 과거와는 다른 존재 기투의 결과였다.

에서 자연이라는 존재자가 '공간과 시간의 좌표 위에서 양적인 물체라는 점들의 운동'으로 이해된 것이다. 이 존재 기투가 자연을 새롭게 발견하게 해준 것이다. 자연이라는 존재자의 존재를 과거와는 완전히 다른 방식으로 그려낸 것이 근대 자연과학 발전의 기폭제가 된 것이다. 물론 이런 존재 기투가 긍정적인가 부정적인가 하는 것은 다른 차원의 문제다. 지나가는 길에 말하자면, 하이데거의 후기 사유는 근대 자연과학 발전의 부정적인 결과를 밝히는 데 집중하게 된다.

하이데거가 '존재 기투'의 사례로 제시하는 다른 하나는 예술, 특히 시의 영역에서 나타난다. 예술과 시의 영역에서 인간의 존재 이해의 내적인 힘이 드러난다고 하이데거는 말한다. 사람들은 흔히 예술의 본질이 '체험의 표현'에 있다고 생각한다. 예술가의 내적인 체험을 표현한 것이 예술이라는 것이다. 그러나 하이데거는 이런 생각을 단호히 부정한다. 예술의 본질은 체험의 표현에 있는 것이 아니라 '존재의 기투'에 있다. 다시 말해 예술가가 존재자의 은닉된 가능성을 작품으로 데려오는 데 예술의 본질이 있다. 예술가가 존재자의 가능성을 작품으로 구현함으로써 사람들이 지금껏 헤매고 다녔지만 보지 못했던 것을 처음으로 보게 해준다. 존재자의 은닉된 가능성을 작품으로 구현함으로써 존재의 빛이 작품 안에서 빛나게 되는 것이다. 이것이 바로 예술가의 존재 기투, 곧 '존재를 드러내 던짐'이다. 빈센트 반 고흐가 흔하디흔한 낡은 신발을 그림으로 그려냄으로써 그 신발이 노동의 고단함과 고단함 속의 소박한 기쁨을 품고 있음을 드러냈다. 낡은 신발이 고흐의 존재 기투를 통해 새로운 존재의 빛으로 빛나게 되는 것이다.

하이데거는 여기서 과학과 예술, 과학과 철학을 대립시킨다. 현실의 발견에서 본질적인 것은 과학 안에서 일어나는 것이 아니라, 근원적인 철학과 위대한 시의 '앞선 기획'을 통해서 일어난다.「진리의 본질에 관하여」 73쪽 예술과 시가 존재자를 더 존재하게 만든다. 위대한 시인이 어떤 존재자를 시로써 이야기함으로써 그 존재자는 이전과는 전혀 다른 의미를 지닌 존재자로 드러난다. 고흐의 그림을 통해서 낡은 신발이 그 존재의 풍요로움 속에서 이전과는 전혀 다른 신발로 드러나는 것과 마찬가지다. 호메로스, 베르길리우스, 단테, 셰익스피어, 괴테의 시를 통해 그런 일이 일어났다고 하이데거는 말한다. 시와 예술이 존재자를 더 존재하는 것으로 만든다.

이런 존재 기투는 인간의 자유 안에서 일어난다. 자유란 빛의 시야 안에 섬이다. 존재의 빛 안에 섬이다. 그러므로 '빛 속에서 봄'이 비로소 사물들에 대한 새로운 시야를 열어주고 사물들로 자유롭게 나아가게 해주는 것이다. 그런데 진리란 알레테이아이고 알레테이아는 비은폐성이다. 은폐에서 벗어남이다. 은폐에서 벗어난다는 것은 '존재의 빛 아래 섬'이다. 존재의 빛 아래 섬은 바로 자유를 뜻한다. 그러므로 자유야말로 진리의 바탕을 이룬다고 할 수 있다. 자유가 진리 곧 알레테이아를 열어주는 것이다.

알레테이아의 본질에 대한 물음

이제 하이데거는 앞에서 제시한 물음 가운데 마지막 물음인 '진리 곧 알레테이아의 본질'에 대한 물음으로 나아간다. 이 물음으로 나아가는 과정에서 하이데거는 세 가지 문제를 던진다. 첫 번째가 앞에서 이미 본 바 있는 '비은폐성의 등급'이라는 문제다. 플라톤은 풀려난 죄수가 동굴 밖에서 만나는 이데아들을 '비은폐된 것'이라고 부른다. 물론 그 이전 단계에서도 그 단계에 맞는 '비은폐된 것들'이 있었다. 첫 번째는 동굴 벽면의 그림자였고, 두 번째는 동굴 내부 담장 위의 인공물들이었다. 그리고 이제 동굴 밖에서 세 번째로 만나는 '비은폐된 것'이 바로 실제 사물 곧 이데아들이다. 이 세 종류의 비은폐된 것들은 비은폐성의 상승의 단계를 알려준다. 그림자보다 동굴 안 사물들이 더 비은폐된 것(타 알레테스테라, $\tau\grave{\alpha}\ \grave{\alpha}\lambda\eta\theta\acute{\epsilon}\sigma\tau\epsilon\rho\alpha$)이고, 셋째 단계에서 만나는 이데아들이 가장 비은폐된 것(타 알레테스타타 $\tau\grave{\alpha}\ \grave{\alpha}\lambda\eta\theta\acute{\epsilon}\sigma\tau\alpha\tau\alpha$)이다. 플라톤은 비은폐된 것들의 등급을 직접 말하지 않았지만, 동굴의 비유의 전체 구조를 보면 그렇게 이해할 수밖에 없다.

이데아들이야말로 가장 많이 비은폐된 것이며, 그 이데아들 안에서 '존재자'의 비은폐성이 드러나는 한 근원적으로 비은폐된 것이다. 그런데 이미 앞에서 비은폐된 것과 존재자 사이의 관계가 일차로 해명된 바 있다. 비은폐된 것은 존재하는 것 곧 존재자다. 다만 비은폐의 정도에 따라 그 존재의 정도가 달라질 뿐이다. 그래서 그림자보다는 동굴 안 인공물들이 더 존재하는 것이며, 동굴 안 인공물들보다는 동굴 밖 실제 사물들, 다시 말해 이데아들이 더 존재하는 것이다. 다시 말해, 알레테스($\grave{\alpha}\lambda\eta\theta\acute{\epsilon}\sigma$, 비은폐된 것)에는 온($\check{o}\nu$, 존재하는 것, 존재자)이 대응하고 알레테스테라(더 비은폐된 것)에는 '말론 온타' ($\mu\tilde{\alpha}\lambda\lambda o\nu\ \check{o}\nu\tau\alpha$, 더 많이 존재하는 것)이 대응한다. 그렇다면 셋째 단계의 이데아들은 '가장 많이 비은폐된 것'이므로 '가장 많이 존재하는 존재자'일 것이다. 달리 표현하면 이데아들은 '본래적으로 비은폐된 것'이자 '본래적으로 존재하는 것'이다. 가장 많이 존재하는 것이야말로 가장 많이 비은폐된 것, 쉽게 말해서 가장 참된 것이다. 그러므로 이데아야말로 가장 많이 존재하는 것이자 가장 참된 것이다. 줄여서 말하면 이데아야말로 '가장 참되게 존재하는 것'이다.

이데아들은 가장 많이 비은폐된 것이며 가장 많이 존재하는 것이다. 가장 많이 비은폐된 것이란 모든 비은폐된 것들 가운데 일차적으로 비은폐된 것을 뜻한다. 이렇게 가장 많이 비은폐된 이데아들은 가장 많이 존재하는 것이다. 가장 많이 존재하는 것은 존재자를 본래적으로 규정하고 있는 바로 그것, 즉 그 존재자의 '존재'다.『진리의 본질에 관하여』 79쪽 그러니까 이데아들은 존재자 자체, 곧 우리의 맨눈에 보이는 사물들을 가리키는 것이 아니라, 그 사물들을 바로 그 사물들로 만들어주는 본질, 그 사물들의 '존재'를 가리킨다는 얘기다. 플라톤은 이데아가 마치 사물들인 양 묘사했지만, 이데아의 본질을 따져 들어가 보면 그것은 사물들이 아니라, 사물을 그 사물로 만들어주는 사물의 본질이다. 책이 곧 이데아인 것이 아니라 책을 책으로 만들어주는 책의 본질이 이데아다. 그 책의 '본질'을 다른 말로 하면 책의 '무엇임', '무엇으로 있음'이므로 책의 '존재'라고 부를 수 있는 것이다. 이렇게 가장 존재하는 것은 존재자들이 아니라 존재자들을 존재자들로 만들어주는 존재로서 이데아들이다. 이데아가 바로 사물의 존재, 더 정확히 말하면 본질-존재다.

이데아들은 인간의 봄이 있는 곳에만 존재함

하이데거는 이 이데아들이 사물들이 드러나는 데 필요한 통로를 내준다고 말한다. 이데아의 빛이 이전에 숨겨져 있던 것을 지금 볼 수 있는 것이 될 수 있게 해준다는 얘기다. 다시 말해 이데아들은 은폐성 곧 '감추어져 있음'을 제거한다. 이데아가 빛을 비춤으로써 사물이 은닉에서 벗어나 사물로 드러나는 것이다. 마우스의 사례를 다시 끌어오면, 마우스가 무엇인지 알지 못했을 때는 눈앞의 마우스를 보고도 그것이 마우스라는 것을 인식하지 못한다. 마우스가 무엇인지 알게 됨으로써, 다시 말해 마우스의 이데아가 빛을 비춤으로써 그 빛 안에서 마우스가 마우스로 드러나는 것이다. 감추어져 있던 마우스가 은닉 상태에서 벗어나 비은폐되는 것이다.

그러므로 존재자의 비은폐성은 이데아라는 존재의 빛에서부터 발원하는 것이다. 이데아들은 가장 환히 밝혀진 것, 가장 많이 비은폐된 것으로서 존재자들의 비은폐성이 일어나도록 해준다. 이데아들은 근원적인 의미에서, 다시 말해 비은폐가 비로소 일어나게끔 해준다는 의미에서 가장 많이 비은폐된 것이다. 장인이 가구를 만드는 경우를 생각하면 이 사태를 좀 더 명료하게 이해할 수 있다. 장인의 머릿속에 책상의 이데아가 들어 있을 때에만 그 이데아를 염두에 두고 책상을 만들 수 있는 것이다. 그 이데아가 가장 많이 비은폐된 것이며 그 이데아의 빛 속에서 만들어진 눈앞의 책상은 그보다는 덜 비은폐된 것이다. 우리는 책상의 이데아가 장인의 머릿속에 있다고 생각하지만, 플라톤은 '동굴의 비유'에서 그 이데아가 현실 너머 천상에 있는 것처럼 그려 보였다.

이렇게 '동굴의 비유' 강의에서 하이데거는 이데아의 비은폐성 곧 '존재의 진리'가 존재자의 비은폐성 곧 '존재자의 진리'에 앞선다고 말한다. 이 진리 사태를 『존재와 시간』의 경우와 비교해보자. 『존재와 시간』에서는 현존재의 개시돼 있음 곧 '현존재의 진리'가 세계 내부 존재자들의 발견돼 있음 곧 '존재자들의 진리'를 가능하게 해주었다. 그런데 이제 '동굴의 비유' 강의에 이르러 하이데거는 '현존재의 진리'가 아니라 '존재의 진리'를 이야기한다. 진리의 빛의 근원적인 장소가 현존재에서 존재 자체로 옮겨 간 것이다. 이 사태는 하이데거의 사유가 '전기'에서 '후기'로 이행함을 가리켜 보여준다. '실존의 진리'에서 '존재의 진리'로 나아가는 그 도상에 이 강의가 있는 것이다.

다시 하이데거의 강의로 돌아가자. 그런데 이 이데아의 비은폐 사건은 인간이 개입하지 않아도 스스로 알아서 일어나는가? 하이데거는 이 물음과 함께 '진리의 본질'과 관련된 두 번째 문제를 거론한다.

이데아들은 비은폐 곧 '은폐에서 벗어남'이라는 사건을 홀로 일으키는 것이 아니다. 이것이 하이데거가 이 두 번째 문제에서 입증하려는 것이다. 결론부터 말하면, 이데아는 인간의 참여 속에서 인간과 함께 비은폐의 사건을 수행한다. 이것은 무슨 말인가? 이 말의 의미를 명확히 이해하려면 이데아의 원뜻을 되새겨보는 것이 필요하다. 앞에서 이미 보았듯이 '이데아'란 보는 행위 속에서 '보인 것'을 뜻한다. '보인 것'은 오직 봄 속에만 존재할 뿐이다. 이 사태를 하이데거는 특별히 힘주어 이야기한다.

　"'이데아'! 우리는 플라톤이 부여한 이 호칭을 이제라도 진지하게 대해야 한다. '보인 것'은 어떤 첨가물, 나중에 가져다 붙인 서술이 아니며, 이데아들에게 때때로 일어나기도 하는 그런 것이 아니다. 그것은 이데아 자체의 특성을 가장 앞서서 규정하고 있는 바로 그것이다. 이데아가 이데아라고 일컬어지는 것은 이데아가 일차적으로 '보인 것'으로 이해되고 있기 때문이다. 즉 '보인 것'으로 존재하고 있기 때문이다."「진리의 본질에 관하여」 80쪽

　이데아들은 오직 인간의 봄이 있는 곳에서만 존재할 뿐이다. 인간의 봄이 없다면 '보인 것'이 있을 턱이 없다는 얘기다. 다시 말해 '존재의 진리'가 일어나려면 현존재가 거기에 참여해야 하는 것이다.

　하이데거는 "바로 여기가 우리가 해석에서 플라톤을 넘어서는 그 자리"라고 말한다. 플라톤은 '보인 것'을 이데아라고 불렀을 뿐이지, 이데아를 인간의 봄이라는 행위와 연관해서 해명하지 않았던 것이다. 하이데거는 여기서 플라톤이 미처 보지 못한 것을 향해 들어가고 있다. 이데아가 '보인 것'인 한, 그것은 봄이라는 행위와 결부되지 않을 수 없다. 이데아 곧 '보인 것'은 우리의 봄과 함께 가지 않을 수 없다. 우리의 봄이라는 참여 행위가 없다면 이데아는 이데아로서 드러날 수 없는 것이다.

"이데아 문제는 오직 통찰하는 자와 통찰된 것(이데아) 자체의 근원적인, 구속하는 '단일성'에서부터 파악될 때에만 새롭게 제기될 수 있다."「진리의 본질에 관하여」 81쪽

우리가 이데아를 통찰할 때에야 비로소 이데아는 이데아로서 드러난다. 그런데 이데아들은 바로 사물들 곧 존재자들의 비은폐성을 구성한다. 다시 말해 이데아들이 존재자들을 은닉에서 벗어나 존재하도록 해준다. 그런데 이데아가 이데아로서 나타나는 데 인간의 봄이 참여하고 있다면, 그 말은 사물들이 비은폐되는 데 인간이 참여하고 있다는 것과 다른 말이 아니다. 그러므로 이데아들은 비은폐성을 인간과 함께 구성하고 있는 것이다. 이 말은 이데아들이 객체로서 존재하는 것이 아니라는 것, 인간과 무관하게 그 자체로서 존재하는 것이 아니라는 것을 뜻한다. 여기가 바로 하이데거의 새로운 이데아 해석이 도드라지는 지점이다. 이데아들은 객체로서 인간과 무관하게 저 먼 천상에 따로 있는 것이 아니다. 이데아들은 인간의 봄과 함께 드러나고 봄과 함께 사물의 비은폐성을 구성한다. 다시 말해 사물들에게 존재의 빛을 준다.

"그렇다. 보인 것으로서 이데아들은 오직 이런 통찰하는 봄에만 존재하며 통찰함과 본질적으로 연관돼 있다."「진리의 본질에 관하여」 81쪽

이 사태가 가리키는 것은 무엇인가? 진리가 '실존의 진리'에서 '존재의 진리'로 옮겨간다고 해서, 존재 자체가 현존재와 무관하게 진리를 드러내는 것은 아니라는 이야기다. 현존재는 여전히 존재의 진리가 드러나는 장이 되는 것이다. 다시 말해 존재의 진리는 인간의 마음을 터전으로 삼아 드러난다. 인간이 마음의 눈으로 이데아를 보지 않으면 이데아는 드러나지 않기 때문이다.

자유야말로 진리 사건의 바탕

다시 앞으로 돌아가 하이데거의 말을 계속 들어보자. 이데아들은 인간과 따로 떨어져 존재하는 객체들이 아니다. 그렇다면 이데아들이 인간 주체가 자기 몸에 지니고 다닌 것이냐 하면 결코 그런 것도 아니다. 이데아들은 인간의 참여 없이는 이데아로서 존재하지도 않고 사물들을 은닉에서 벗어나도록 하지도 못하지만, 그런 이유로 인간이라는 주체로 해소될 수 있는 것은 아니다. 이데아는 객체적인 것이 아니듯이 마찬가지로 주관적인 것도 아니다. 굳이 말하자면 이데아들은 주체와 객체로 나뉘기 이전의 것이다. 여기서 하이데거는 자신의 지론을 반복하고 있는 셈이다. 하이데거가 『존재와 시간』에서부터 일관되게 이야기하는 것은 존재 자체는 주관과 객관으로 나뉘기 이전의 사태라는 것이다. 다만 여기 이데아론에서는 강조점이 달라졌다는 데 주목해야 한다.

이미 이야기한 대로 『존재와 시간』의 구도 안에서 존재는 현존재가 일방적으로 열어 밝히는 것이었다. 존재의 질서로서 세계는 현존재의 세계였으며 현존재와 함께 열리는 것이었다. 그러나 여기 이데아론에 와서 존재 곧 이데아는 현존재가 주도적으로 열어 밝히는 것이 아니라, 이데아와 인간이 함께 참여해 드러내는 것으로 나타난다. 이데아는 스스로 자신을 열어 보이지 못하고 인간의 통찰하는 봄 속에서 존재한다. 그러나 동시에 이데아는 현존재가 힘겹게 다가가야할 동굴 밖의 사태로 서술된다. 앞에서 간략히 이야기한 대로, 바로 여기서 '전기 사유'에서 '후기 사유'로 넘어가는 이행기의 존재 사유가 얼굴을 내밀고 있다. 후기 사유에서 모든 존재 사태는 존재 자체가 자신을 던지고 거기에 인간이 자신을 마주 던짐으로써 빚어진다. 인간 현존재 중심에서 존재 중심으로 사유의 방향이 바뀌는 것이다.

이데아는 인간의 통찰함 속에서 이데아로서 드러난다. 인간의 통찰함과 이데아들은 그런 식으로 공속한다. 그리하여 인간의 통찰과 이데아의 이런 공속 속에서 '존재자의 진리'가 일어난다.「진리의 본질에 관하여」82쪽 왜 그런가? 인간의 봄 속에서 이데아가 나타나고 이렇게 나타난 이데아의 빛 속에서 존재자가 그 존재자로 드러나기 때문이다. 존재자가 존재자로 드러남이 바로 비은폐됨, 곧 '은폐에서 벗어남'이다. 그런데 비은폐됨이 바로 알레테이아 곧 진리이므로, 인간의 통찰과 이데아가 공동으로 존재자의 진리가 일어나게 하는 것이다.

여기서 하이데거는 '진리의 본질'과 연관된 세 번째 물음으로 향한다. 다시 말해 비은폐됨이라는 진리 사건에서 인간 현존재가 어떤 역할을 하는지를 밝히는 데로 나아간다. 하이데거는 먼저 '비은폐성'과 '탈은폐'를 구분하는 작업을 한다. 비은폐성(Unverborgenheit, 비은폐돼 있음)이란 은폐성이 치워지고 제거된 상태를 가리키는 말이다. 은닉 상태에서 존재자가 벗어나 있음이 바로 비은폐성이다. 탈은폐(Ent-bergen)란 바로 이 은닉의 제거를 가리키는 말이다. 은폐성에 대항해 벌이는 인간의 탈취 행위가 탈은폐다. 다시 말해 인간이 은닉의 장막을 찢어내 존재자를 드러나게 하는 것이 '탈은폐'라면, 이 탈은폐 행위를 통해서 존재자가 비은폐되는 것이 바로 '비은폐성'이다. 이 비은폐성이 알레테이아 곧 진리다. 그러므로 하이데거가 여기서 '탈은폐'를 '비은폐성'과 구별해 주목하는 이유는 진리가 단순히 '존재자의 드러나 있음'이 아니라 '인간이 관여해 탈취하는 것'임을 강조하려 데 있다. 진리는 존재자의 드러남이지만, 그 진리는 '존재자가 스스로 알아서 드러남'이 아니라 '인간의 관여를 통해 탈취되는 방식으로 드러남'을 뜻한다.

그런데 이 탈은폐는 '이데아가 빛을 비추게 함'과 다르지 않다. 존재자가 존재자로서 드러난다는 것은 이데아의 빛이 비침으로써 존재자가 존재를 드러냄을 뜻한다. 그런데 탈은폐는 인간 쪽에서 그 드러남을 야기하는 것이므로 '이데아의 빛이 비치게 함'과 같은 뜻이 된다. 이데아의 빛이 비치게 한다는 것은 인간이 이데아를 통찰함으로써 이데아가 드러나게 한다는 것을 뜻한다. 그리고 그렇게 드러난 이데아의 빛 안에 선다는 것을 뜻한다. 인간이 이데아의 빛 안에 선다는 것은 동굴의 비유를 떠올려보면, 고통스러운 투쟁 속에서 동굴 밖으로 나와 자유를 획득함을 뜻한다. 인간이 자유로워짐으로써 이데아의 빛 안에 서게 되고 그리하여 그 빛 속에서 존재자를 탈은폐하는 것이다. 그러므로 자유야말로 존재자의 탈은폐, 존재자를 진리로 이끌어냄의 근본 바탕이다. 존재자를 진리로 이끌어냄 곧 탈은폐는 존재자 쪽에서 보면 비은폐됨, 곧 진리의 일어남이다. 그 '진리의 일어남'을 다른 말로 '진리 사건'이라고 부른다. 그러므로 인간의 자유야말로 진리 사건의 바탕인 셈이다.

존재자의 비은폐성 다시 말해 존재자가 은닉에서 벗어남은 인간의 탈은폐 능력 안에서 그 능력을 통해서 일어난다. 그러므로 진리 사건은 인간과 더불어 일어날 수밖에 없다. 그렇다면 이런 주장과 함께 '진리의 본질'이 인간 내부의 일로, 다시 말해 주관성의 문제로 이해되는 것은 아닌가? 하이데거는 이런 물음이 나오는 것이 당연하다고 말한다. 진리가 인간의 문제로 변하면 진리의 안정성이 위협받고 그 토대가 흔들릴 수밖에 없지 않는가?

"우리는 인간을 신뢰할 수 없음을 너무나 잘 알고 있다. 인간은 바람에 흔들리는 갈대다! 거기에다 진리의 본질을 걸어 놓는다?"「진리의 본질에 관하여」 84쪽

인간의 탈은폐 능력에 진리의 본질이 있다고 말하는 것은 결국 진리 문제를 인간에게 맡겨버림으로써 '진리의 상대주의'를 불러들이는 것이 아닌가? 이런 의문이 자연스럽게 일어날 수밖에 없다는 얘

기다. 그러나 하이데거야말로 '진리 상대주의'를 단호하게 거부하는 사람이다. 그렇다면 진리의 본질이 인간의 탈은폐 능력에 결부돼 있다는 것과 상대주의를 거부하는 것은 어떻게 양립할 수 있는가? 하이데거는 여기서 '인간이란 무엇인가?'라는 물음을 다시 던져야 한다고 말한다. 인간의 본질을 전통 철학의 인간 이해와는 다른 방식으로 이해해야 한다는 것이다.

단도직입적으로 말하면 하이데거가 제안하는 것은 인간을 '비은폐성'에서부터 이해하자는 것이다. 비은폐성 곧 진리의 본질에서부터 인간의 본질을 이해해 들어가야 한다는 주장이다. 다시 말해 '진리 안에 들어서 있음'이야말로 인간의 실존 방식이며 현존재의 근본 사건이라는 데 주목해야 한다는 것이다.

"진리는 인간 '위' 어딘가에 둥둥 떠 있는 어떤 것도 아니고, 심리적인 주체로서 인간 속에 있는 것도 아니다. 오히려 인간이 '진리' 안에 존재한다. 진리는 인간보다 더 크다."「진리의 본질에 관하여」 85쪽

이것은 무슨 말인가? 앞에서 살펴본 대로 진리는 비은폐의 사건이다. 그런데 그 진리 사건은 인간의 통찰과 이데아가 함께 이루어내는 일이다. 이데아가 없다면, 다시 말해 존재의 빛이 없다면 인간의 통찰은 아무런 역할도 할 수 없다. 그러므로 진리의 일어남은 인간의 힘을 넘어서는 사건이다. 곧 진리는 인간보다 더 크다. 이 말은 진리가 인간의 관여 속에서 진리로 일어난다고 해서 인간의 주관적 능력으로 해소되는 것이 아니라는 것을 가리킨다. 진리는 인간의 관여 속에서 진리로 드러나지만 동시에 그 진리는 인간의 주관보다 훨씬 더 크다. 이데아의 빛, 존재의 빛이 없다면 진리가 진리로 드러날 수 없기 때문이다. 인간은 진리를 멋대로 창조하는 것이 아니라 이데아의 빛 안에 섬으로써 진리를 드러낼 뿐이다. 이데아의 빛 안에 섬이야말로 비은폐성의 일어남이고 진리의 일어남이다. 그러므로 인간이 이

데아의 빛 안에 선다는 것은 진리 가운데 있음을 뜻한다. 인간이 진리를 품고 있다기보다는 진리가 인간을 품고 있다고 봐야 한다는 얘기다. 여기서 인간이 진리에 관여하는 것이 진리의 상대주의를 주장하는 것과는 아무 관련이 없다는 것이 분명해진다.

이와 함께, 진리가 인간보다 크다는 것은 인간이 알고 있는 진리가 전체 진리의 일부에 지나지 않는다는 것을 암시한다. 인간이 알지 못하는 진리가 훨씬 많이 있으며 진리 가운데 일부만 인간에게 알려져 있는 것이다. 인간은 알지 못하는 진리의 대양 한가운데 솟아 있는 섬인 셈이다. 그것은 다른 말로 하면, 인간에게 드러난 존재보다 드러나지 않은 존재가 훨씬 더 크다는 것을 뜻한다. 드러난 존재는 전체 존재의 일부에 지나지 않으며, 인간은 드러난 존재만을 진리로서 알고 있는 것이다. 그렇다면 드러나지 않은 진리 가운데 인간이 있듯이 드러나지 않은 존재 가운데 인간이 있다고도 할 수 있다. 이렇게 존재가 인간을 품고 있다는 생각은 '전기 사유'에서는 명확히 표명되지 않았다. '후기 사유'에 이르러 하이데거는 분명한 목소리로 인간이 존재의 비호 아래 있다고 이야기한다. 하이데거 사유가 이 강의를 통해 전기에서 후기로 이행해 가고 있음을 보여주는 대목이라고 할 것이다.

동굴로 되돌아가는 해방된 인간

이 대목에서 하이데거는 진리의 본질과 관련해 '인간이란 무엇인가'라는 물음을 다시 한번 묻는다. 하이데거가 이 물음의 답을 찾아 되돌아가는 곳은 플라톤의 '동굴 비유'다.

"인간이 무엇인지는 동굴 내부에서는 결코 확정될 수 없다. 우리는 그것을 오직 우리가 해방이라는, 전체 역사 속에서 인간에게 일어나

고 있는 일을 함께 해나갈 때에만 경험할 수 있다."『진리의 본질에 관하여』 86쪽

'동굴의 비유'에 나오는 인간은 누구인가? 하이데거는 그 인간이 인간 자체도 인간 일반도 아니고 '특정하게 규정된 인간'이라고 말한다. 특정하게 규정된 인간이란 어떤 인간인가? 존재자를 탈은폐하는 인간이다. 인간은 존재자를 탈은폐하는 방식으로 '실존하는' 존재자다. 인간은 은폐의 장막을 치우고 존재가 나타나도록 하는 탈은폐의 현존재다. 인간 현존재는 존재자의 진리가 드러나는 장이다.

여기서 하이데거는 인간의 '실존함'이 단순히 사물처럼 실재함을 뜻하는 것이 아님을 강조한다. 인간의 실존함이란 '밖에 나가 있음' 곧 탈-존함이다. 인간이 실존한다는 것은 '밖에 나가 서 있는' 방식으로 존재한다는 것, '존재자의 비은폐성 속으로 자기 자신을 넘어서 세우는' 방식으로 존재한다는 것, '존재자 전체에 내맡겨짐으로써 존재자뿐 아니라 자기 자신과의 대결 속으로 투입돼 있는' 방식으로 존재한다는 것을 뜻한다.『진리의 본질에 관하여』 87쪽 인간은 자기 안에 갇혀 있는 것이 아니라 자기 자신을 벗어나 존재자의 비은폐성 안에 들어서 있는 자, 존재자 전체에 내맡겨져 있는 자다.

하이데거는 여기서 인간의 존재를 규정하는 『존재와 시간』의 용어, 곧 '실존'(Existenz)이라는 용어를 '탈-존'(Ek-sistenz)으로 바꿔서 쓰고 있다. 실존함이란 탈-존함이다. 왜 탈-존함인가? 인간은 언제나 자기 자신을 벗어나 존재의 빛 한가운데 나가 서 있기 때문이다. 그것이 인간의 근본 규정이다. 인간은 존재자가 비은폐되는 장, 존재자의 존재가 드러나는 장이다. 인간은 "식물처럼 자기 자신 속에 내몰려 갇혀 있지 않고, 동물처럼 자신의 주변에 붙들려 있지 않고, 돌처럼 그저 어딘가에 놓여 있지 않다." 인간은 자신을 초월해 존재의 빛 한가운데 서 있는 존재자다.

"인간은 본성상 자기 자신을 벗어나 존재자의 비은폐성 속으로 세워져 있다."「진리의 본질에 관하여」87쪽

이렇게 해서 하이데거는 인간의 본질을 전통 철학의 인간 규정과는 전혀 다르게 제시한다. 인간의 본질은 탈-존에 있다. 인간의 본질이 탈-존에 있다는 것은 인간이 근본적으로 자기를 넘어서 자기 밖으로 나가 있는 자이며, 그렇게 자기 바깥으로 나가 존재자의 비은폐성, 존재자의 진리가 드러나는 자리에 서 있는 자라는 얘기다. 이런 논의와 함께 하이데거는 진리의 본질에 대한 물음이 일단 목표에 도달했다고 말한다. 그러나 동굴의 비유는 여기서 끝나지 않는다. 마지막 네 번째 단계가 남아 있다. 동굴 밖으로 나온 인간이 다시 동굴로 되돌아가는 것이다.

소크라테스 "만약에 이 자유로운 사람이 다시 동굴로 내려가서 옛날 그 자리에 앉는다면, 햇빛 비치는 곳에서 갑자기 온 탓에 그 사람의 눈은 어둠으로 가득 차 있지 않겠는가?"

글라우콘 "그야 당연히 그렇겠지요."

소크라테스 "또 만약에 그 사람이 줄곧 그곳에서 죄수 상태로 있던 사람들과 다시 그림자들을 식별하는 경쟁을 해야 한다면, 그것도 눈이 제 기능을 회복도 하기 전, 시력이 약해져 있는 때에 그런 경쟁을 해야 한다면, 어둠에 익숙해지려면 꽤 시간이 걸릴 것이기에, 그 사람은 웃음거리가 되지 않겠는가? 그리고 죄수들은 그 사람을 두고 이렇게 말하지 않겠는가? '그 사람은 위로 올라가더니 눈이 상해서 돌아왔군. 위로 올라가려고 하는 것 자체가 잘못이야. 쇠사슬을 풀어서 위로 데려가려는 자는 죽일 수만 있으면 모조리 죽여버려야 해.' 그러지 않겠는가?"

글라우콘 "틀림없이 그렇게 말하겠지요."「진리의 본질에 관하여」89쪽

동굴 밖으로 나와 자유로워진 사람은 동굴 안에 결박돼 '비-진리' 안에 머물고 있는 사람들을 해방하려고 다시 동굴 속으로 돌아간다. 하지만 동굴 안 사람들은 돌아온 사람을 비웃는다. 동굴의 어둠에 익숙해지지 않아 모든 것이 서툴 수밖에 없는 사람을 보고 동굴 밖으로 나가더니 눈이 상했다고 비난한다. 더구나 이 사람이 결박된 사람들을 풀어주어 위로 데려가려고 하다면 붙잡아 죽여버리려고까지 한다. 이렇게 이 마지막 이야기는 '죽임을 당할 운명'을 전망하는 것으로 끝난다. 죄수들을 해방하려는 자가 공동체로부터 축출당하는 것이다. 누가 이런 해방자인가? 동굴에서 벗어나 이데아를 본 사람, 이데아의 빛 속에 선 사람이다. 그 사람이 바로 필로소포스(philosophos, φιλόσοφος), 곧 철학자라고 플라톤은 다른 대화편 『소피스테스』에서 말한다.

"철학자는 존재자의 존재를 끊임없이 생각하면서 그 존재의 통찰 안에 머물러 있는 사람이다. 그가 서 있는 그 자리의 밝음 때문에 알아보기가 결코 쉽지 않은 사람이다. 왜냐하면 대다수 사람들의 영혼(마음)의 눈은 신적인 것을 응시하는 일을 견뎌낼 수 없기 때문이다."[43] 『진리의 본질에 관하여』 91쪽

철학자, 죽을 운명에 있는 사람

플라톤은 철학자가 존재를 통찰하는 사람이며 밝은 곳에 있기 때문에 알아보기 쉽지 않은 사람이라고 말한다. 그리스어 필로소포스(philosophos)는 '소포스'(sophos)와 '필로스'(philos)가 합성된 낱말이다. 소포스는 '어떤 것을 잘 이해하고 있는 사람, 사태를 잘 알고 있는 사람, 근본에서부터 무엇이 문제인지 아는 사람, 최종적인 결단

과 법칙 제정을 수행하는 사람'이다. 소포스의 그런 앎 곧 지혜가 바로 '소피아'다. 필로스는 친구를 뜻하는 말이다. 그러므로 필로소포스는 소피아의 친구, 지혜의 친구를 의미한다.

하이데거는 필로소포스, 철학자를 '자신의 현존재가 필로소피아의 규정을 받는 사람'이라고 말한다. 다시 말해 "일반 '교양'으로서 '철학'을 가르치는 사람이 아니라 그 사람의 존재의 근본 특징이 철학인 그런 사람, 시대에 앞서 던져져 (인간의, 시대의) 존재를 마련하고 그 존재가 솟아 나오도록 애쓰는 사람이다."『진리의 본질에 관하여』 92쪽 인간이 무엇이어야 하고 어떻게 살아야 하는지, 시대가 어떤 모습이어야 하는지를 다른 사람들보다 앞서 그려 보이고 그것을 구현하려고 노력하는 사람이 필로소포스 곧 철학자다.

이런 설명을 보면 하이데거가 생각하는 철학자는 『구약 성서』 속의 선지자에 가깝다. 철학자는 존재자 전체가 무엇으로 존재하며 어떻게 존재하는지를 이해하고자 하는 내적 충동, 내적 의무를 지닌 사람이다. 한마디로 말해 "철학자는 존재의 친구다."『진리의 본질에 관하여』 92쪽 왜 존재의 친구인가? 필로소포스의 소피아 곧 앎이란 결국 '존재에 대한 앎'이기 때문이다. 존재를 통찰하는 사람이 바로 철학자인 것이다. 이 동굴 이야기의 맥락에서 보자면 존재는 곧 이데아이므로 철학자는 이데아를 통찰하는 사람이다. 이데아를 통찰하는 철학자는 그 이데아가 공동체에 구현되도록 애쓰는 사람이기도 하다.

이 철학자가 죄수들의 해방자로서 죽을 운명에 맡겨져 있다. 자신들이 어떤 처지에 있는지 알지 못하는 동굴 안 주민들의 손에 잡혀 살해당할 운명에 놓여 있는 것이다. 여기서 플라톤은 아테네 시민들의 고발로 재판을 받고 사형당한 소크라테스를 상기시키려고 하는 것임이 분명하다. 하이데거는 철학자의 죽음이 소크라테스만의 일이 아니며 진정한 철학은 언제나 이런 위험과 함께한다고 말한다. 더

소크라테스의 죽음(자크 루이 다비드, 1787).
하이데거는 철학자의 죽음이 소크라테스만의 일이 아니며
진정한 철학은 언제나 이런 위험과 함께 한다고 말한다.

주목할 것은 철학자의 죽음이 육체적인 죽음이 아닐 수도 있다는 지적이다. 육체적인 죽음만이 죽음인 것이 아니라 철학자의 고유한 본질이 무력해지고 허망해지는 것도 일종의 죽음이다. '자명성'이 판을 치고 있는 곳에서 본래적인 철학함이 아무런 힘도 발휘하지 못한다는 것이야말로 철학의 죽음이다. 왜 자명성이 문제인가? 철학이란 자명한 것이 자명한 것이 아님을 폭로함으로써 자명성에 안주하는 삶을 거부하게 하는 것이기 때문이다. 존재를 통찰한다는 것은 자명한 존재가 자명한 것이 아님을, 우리에게 익숙한 동굴의 삶이 올바른 삶, 본래적인 삶이 아님을 통찰한다는 것을 뜻한다.

"오직 이 자명성이 변하는 한에서만 철학이 먹혀들 수 있다."『진리의 본질에 관하여』93~94쪽

이 자명성이 자명성으로 군림하고 철학이 거기에 아무런 영향도 주지 못한다면 그것이야말로 철학의 죽음이다. 하이데거는 '철학의 독살'이 오늘날 훨씬 더 치명적인 방식으로 이루어지고 있다고 말한다. 독이 더 은밀하게 더 널리 퍼져 나가기 때문이다. 공격이나 싸움의 방식으로 철학이 살해당하는 것이 아니라 "이런 철학은 사람이라면 꼭 읽어야 한다고 서로 떠드는 방식으로" 일어나기 때문이다.

"동굴에서 사람들이 상과 명예를 주는 방식으로, 사람들이 철학자들을 서서히 신문과 잡지, 라디오와 텔레비전을 통해 유명해지게 만들어 그것을 찬양할 때 일어난다. … 이런 식으로 철학자들은 아주 소리 나지 않게 살해당하고 있다."『진리의 본질에 관하여』94쪽

살해당한다는 것은 그 철학이 위험하지 않은, 무해한 것이 된다는 것을 뜻한다. 진정한 철학이라면 그 철학은 공동체를 흔들어 깨워야 한다. 시대를 위태로운 벼랑까지 몰고 가야 한다. 그렇게 해서 존재의 혁명을 이루어내야 한다. 그런데 철학이 위험하지도 해롭지도 않게 됐다면 바로 그런 일깨우는 능력을 잃어버렸다는 것을 뜻한다. 그

것이 철학의 죽음이고 철학의 독살이다.

해방자가 된다는 것, 공동체와 함께 행동함

하이데거는 계속해서 철학자 곧 진정으로 자유로워진 자, 그 자유를 품고 시대를 해방하려는 자에 대해 이야기한다. 해방자가 된다는 것은 공동체의 역사 속에서 공동체와 함께 행동함을 뜻한다. 해방자는 동굴 속 죄수들 곁에 머물러야 한다. 하이데거는 해방자가 자조 섞인 우월감 속으로 물러나서는 안 된다고 강조한다. "왜냐하면 그렇게 할 경우 그 자신이 자신의 독살에 참여하는 것이 될 것이기 때문이다." 뒤로 물러나는 것은 철학자의 일이 아니다. 하이데거는 해방자가 강압과 폭력을 쓴다는 점을 한 번 더 강조한다.

"해방자가 해방하는 방식은 언어를 통한 대화, 곧 동굴 주민들의 의도와 관점에 맞춘 대화가 아니라 일종의 폭력적인 장악이며 강제적인 탈취다." 『진리의 본질에 관하여』 95쪽

여기가 하이데거 사유의 유례없이 독특한 지점이다. 진정한 해방은 대화를 통해 설득하는 방식, 근거를 들어 증명하는 방식으로 이루어지지 않는다. "그렇게 해서는 고작해야 웃음거리가 될 뿐이다." 『진리의 본질에 관하여』 95쪽 왜 그런가? 진정한 해방은 존재론적 혁명, 존재를 전복하는 혁명인데, 그런 혁명은 기존의 사고의 틀을 깨부수는 방식을 쓰지 않으면 안 되기 때문이다. 기존의 토대를 긍정하고 거기에서부터 하나하나 근거를 들어 입증하는 방식으로는 존재의 혁명은 이룰 수 없기 때문이다. 동굴 밖으로 나가는 것은 대화와 설득의 방식으로 되지 않는다. 강압을 통해 밖으로 끌어내지 않으면 안 된다. 그것은 근원적인 단절이고 근원적인 비약이다. 비약은 동굴 안의 삶을 끊어낼 때만 가능하다.

플라톤의 '동굴의 비유' 전체는 '알레테스'(참된 것)와 '알레테이아'(비은폐성, 진리)에 관한 이야기다. 그런데 표면상 넷째 단계 이야기에는 알레테스나 알레테이아가 등장하지 않는다. 하지만 하이데거는 이 마지막 단계에도 알레테이아가 중심 문제로 놓여 있다고 말한다.

동굴 밖에서 자유로워진 해방자는 '존재'에 관한 시야를 품고서, 다시 말해 존재자의 존재에 대한 '빛의 시야'(Lichtblick, 섬광) 곧 본질 통찰을 지니고서 동굴 안으로 되돌아온다. 해방자는 존재자의 존재를 이해하고 있다. 다른 말로 하면 이데아를 통찰하고 있다. 그러므로 해방자는 어떤 것이 그저 그림자일 뿐이고 어떤 것이 실제의 사물인지를 알고 있다. 동굴 벽면에 비치는 '비은폐된 것'이 동굴 속 불빛이 만들어낸 그림자일 뿐임을 훤히 알고 있는 것이다. 이 본질 통찰 속에서 해방자는 죄수들의 처지를 파악한다. 왜 죄수들이 그림자를 그림자로서 인식할 수 없는지를 보는 것이다. 그러므로 동굴 주민들이 해방자의 말에 코웃음을 치며 잘난척하는 것을 볼 때, 사람들의 말에 불안해하지 않고 그 사람들이 자신을 미워하는 일이 벌어질 것임을 예감하며 대비한다. 이 대목은 소크라테스가 자신을 고발한 사람들 앞에서 그토록 당당하게 재판에 임한 모습을 떠올리게 한다.

더 나아가 이 대목은 니체가 『차라투스트라는 이렇게 말했다』 제1권에서 묘사한 세상 사람들의 떠들어대는 소리를 연상시킨다.[44] 니체의 그 저작은 어떻게 보면 플라톤의 '동굴의 비유'를 뒤집어 놓은 것이라고 할 수 있다. 니체의 차라투스트라는 산 속 동굴에서 10년 동안 수도해 깨달음을 얻은 뒤 동굴에서 나와 세상 사람들이 사는 산 아래로 내려간다.[45] 플라톤의 동굴 이야기와 구조가 정반대다. 그러나 세상 사람들이 사는 곳으로 '내려간다'는 점에서는 다르지 않으며, 그곳에서 오해와 몰이해에 부닥쳐 비웃음을 산다는 점에서도

'동굴의 비유'와 다르지 않다. 니체는 플라톤을 철학의 적수로 삼았는데, 플라톤의 사상을 공격하려고 플라톤의 비유를 역이용한다. '동굴의 비유' 전체를 해석할 때 하이데거는 분명히 니체의 차라투스트라를 염두에 두고 있었을 것이다.

다시 하이데거의 텍스트로 돌아가보자. 동굴로 내려온 해방자는 사람들의 비웃음을 견딜 뿐만 아니라 동굴 주민을 해방하려고 온갖 노력을 다한다. 해방자는 죄수들에게 무엇을 이해시키려고 하는가? 바로 벽면의 '비은폐된 것' 곧 그림자가 가상임을 이해시키려고 한다. 다시 말해 그림자로 비은폐됨으로써 실제의 존재자가 오히려 감춰지고 은닉됨을 알게 해주려고 한다.

"벽면에서 존재자의 끊임없는 '은닉'이 일어나고 있다는 것, 그리고 죄수들이 자신들 앞에서 끊임없이 벌어지는 은폐에 현혹돼 거기에 빠져 있다는 것을 이해시키려고 애쓸 것이다." 『진리의 본질에 관하여』 99쪽

죄수들의 관점과 해방자의 관점이 충돌한다. 죄수들과 해방자는 서로 자신들이 보는 것이 진짜로 '비은폐된 것'이라고 주장할 것이다. 다시 말해 죄수들은 그림자가 진짜로 비은폐된 것, 참된 것이라고 주장할 것이고, 해방자는 그림자는 실제 존재자를 숨기는 가상이라는 사실을 보이려고 할 것이다. 이런 충돌 속에서 비은폐성 자체가 단순히 거기에 있다는 것만으로는 아무런 소용이 없다는 사실이 드러난다고 하이데거는 말한다. 이것은 무슨 말인가? 그림자도 '드러난 것'인 이상은 일종의 '비은폐된 것'이다. 그러나 그림자는 실제의 존재자들, 담장 위의 사물들을 감추고 있다. 그림자의 비은폐성은 일종의 은닉이다. 다시 말해 그림자의 드러남은 실제 사물의 감춤이다. 그러므로 그림자가 비은폐될 때 은폐성이 사라지는 것이 아니다.

"진리는 그저 단순하게 존재자의 비은폐성으로만 존재하지 않는

다. 이때 앞선 은폐성이 어디론가 떨어져 나가는 것이 아니다. … 은닉은 마치 계곡이 산에 속하듯이, 본질적으로 비은폐성에 속한다." 「진리의 본질에 관하여」 100쪽

이건 무슨 말인가? 비은폐성이 은닉을 내장하고 있다는 이야기다. 동굴 벽면의 그림자는 분명히 그림자로서 드러난다. 비은폐된다. 그러나 그림자는 동시에 동굴 안 담장 위의 실제 사물을 감추고 있다. 은닉하고 있다. 그러므로 비은폐된 것, 드러난 것은 자기 배후에 은닉된 것을 숨기고 있는 것이다. 비은폐성이 은닉을 내장한 비은폐성이라는 것, 이것을 다른 말로 하면 진리는 비-진리를 내장한 진리라는 얘기다. 진리 곧 비은폐성은 비-진리 곧 은닉을 내장하고 있는 것이다. 쉽게 말하면 그림자는 '드러난 것'이자 동시에 '숨기는 것'이라는 얘기다.

그러므로 드러난 것을 놓고 비은폐된 것, 곧 참된 것이라고만 해서는 안 된다. 오히려 그림자가 무언가를 숨기고 있음을 밝혀냄으로써 그 숨겨진 것을 끄집어내 개방해야 한다. 다시 말해 그림자의 근거가 실제의 사물임을 드러내야 한다. 이것이 바로 '탈은폐'다. 은폐돼 있는 상태에서 끄집어내는 것, 은닉의 장막을 찢어내고 존재자를 탈취하는 것이다. 그러므로 진리는 단순히 비은폐성만으로 있지 않다. 오히려 진리는 '탈은폐함'이라는 동사적 사태를 가리킨다. 드러나 있는 것은 진리이지만 그 진리는 비-진리 곧 숨김을 내장하고 있으므로, 진정한 진리는 그 숨김을 벗겨내고 실제 존재자를 훤히 드러내는 데, 탈은폐하는 데 있는 것이다.

여기서 하이데거는 해방이 태양을 향해 올라감으로써 끝나는 것이 아님을 거듭 강조한다. 자유는 결박에서 풀려남만도 빛을 향해 자유로워짐만도 아니다. 본래의 자유는 동굴로 돌아가 죄수들 사이에서 해방자로 있음에서 확보된다. 자기 해방은 공동 해방이 뒤따르지 않

는다면 진정한 해방이 아니라는 이야기다. 그러므로 동굴 속으로 귀환함은 자유로워짐의 본래적 완수다. 자유롭게 된 자는 동굴 속으로 돌아와 거기에서 진리로 행세하는 것들의 본질을 폭로해야 한다. 동굴 속 죄수들의 완강한 선입관에 맞서 진정한 진리를 드러내야 한다. 진리는 평온한 안식 속에서 다가오는 것이 아니라 끊임없는 해방의 사건 속에서 일어난다.

하이데거는 한 번 더 진리가 은닉과 은닉된 것에 의존하고 있다는 사실을 강조한다.

"진리의 본질에는 비진리가 속한다."『진리의 본질에 관하여』101쪽

은닉으로서 비진리를 극복한 것이 진리라는 얘기다. 탈은폐함은 은폐성에 맞선 근원적인 투쟁이며 그런 투쟁을 통해 은닉을 극복하는 것이다. 하이데거는 탈은폐함이란 은폐성에서 비은폐성으로, 다시 말해 비진리에서 진리로 건너가는 다리를 놓는 일이라고 말한다. 진리는 단순한 비은폐성이 아니라 일종의 활동이고 건너감이며, 투쟁을 통해서 은폐의 장막을 찢어내고 진리를 탈취하는 행동이다. 진리는 결과만 놓고 보면 비은폐성 곧 '드러나 있음'이지만, 그 본질을 보면 은닉의 베일을 걷어내고 진리를 끄집어내는 일이다.

하이데거는 여기서 비은폐성(Unverborgenheit)과 은폐성(Verborgenheit)의 관계, 다시 말해 진리(Wahrheit)와 비진리(Unwahrheit)의 관계에 대해 이야기한다. 진리가 비은폐성을 뜻한다고 해서, 비진리도 그 자체로 은폐성을 뜻한다고 말할 수 있을까? 하이데거는 존재자가 은폐돼 있다는 것이 곧바로 거짓이라는 의미의 비진리를 뜻하는 것은 아니라고 말한다. 은폐돼 있음이 거짓됨을 입증하는 것은 아니다.

"예를 들면 내가 어떤 것을 모르고 있기 때문에 나에게 어떤 것이 은폐돼 있고 알려져 있지 않지만, 그렇다고 해서 내가 거짓을, 비진리를 알고 있는 것은 아니지 않은가?"『진리의 본질에 관하여』102쪽

그런 뜻에서 하이데거는 은폐성을 비진리라고 부르지 않고 '진리-아님'(Nicht-wahrheit)이라고 부른다. 비진리라고 결정되지는 않았지만 그렇다고 해서 진리라고도 할 수 없는 상태가 은폐성이라는 얘기다. 이 대목에서 하이데거는 플라톤의 한계를 지적한다. 플라톤이 넷째 단계에서 그림자나 가상은 분명히 다루었지만, 은폐성을 온전하게 파악하지는 않았다는 것이다. 다시 말해 비은폐성과 은폐성의 내적 관계를 근원적으로 이해하지 못했다는 얘기다. 다른 말로 하면, 진리가 은폐성에 맞선 투쟁 속에서 탈취되는 것임을 분명히 보지 못했다는 얘기다.

플라톤은 진리 곧 알레테이아(ἀλήθεια)라는 낱말이 아(α)-결여태임을, 그래서 레테(λήθη) 곧 은닉으로부터 벗어남임을 보지 못했다. 사정이 그렇다면 플라톤에게서 알레테이아의 근본 경험이 사라지기 시작했다고 말할 수 있다. 플라톤이 알레테이아를 다루기는 하지만, 플라톤 이전 그리스인들이 보았던 알레테이아의 본디 모습을 제대로 보지 못했다는 얘기다. 플라톤이 다루는 알레테이아가 알-레테이아(ἀ-λήθεια)임을, 다시 말해 은폐와 비은폐의 통일과 투쟁임을 망각하기 시작했다는 것이다. 정말로 그럴까? 하이데거는 자신의 주장을 입증하는 차원에서 플라톤이 『국가』 제6권 말미와 제7권 '동굴의 비유' 끝자락에서 상세히 다루는 최고의 이데아인 '선(좋음)의 이데아'(του αγαθου ιδέα)를 살펴 들어간다. 플라톤은 동굴 밖에서 만나는 '태양'이 바로 '선의 이데아'라고 말한다. 이 선의 이데아는 모든 이데아들 곧 동굴 밖의 사물들을 빛 속에서 드러나게 하고 또 그 빛과 열로 그 사물들을 생장시킨다. 그러나 이런 설명은 어쨌거나 비유에 지나지 않는다. 도대체 그 선의 이데아는 정확히 무엇을 가리키는가?

태양=선의 이데아는 무엇을 뜻하는가

선의 이데아에 대해 플라톤이 자기 목소리로 하는 말을 들어보자. '동굴의 비유' 마지막에서 플라톤은 이렇게 말한다.

"그렇게 인식 가능한 것의 영역에서 최종적으로 통찰하는 것이 선(좋음)의 이데아이며, 그것은 오로지 힘들여서 커다란 긴장 속에서만 어렵게 볼 수 있네."[46]

선의 이데아는 우리의 인식이 최종적으로 통찰하게 되는 것이며, 각고의 노력과 긴장 속에서만 그 통찰에 이를 수 있다는 얘기다. 그런데 플라톤은 『국가』에서 선의 이데아가 무엇인지를 비교적 상세히 다루면서도 끝내 비유의 차원을 넘어서지는 않는다. 선의 이데아를 태양으로 묘사하는 것을 넘어서지 않는 것이다. 그러므로 선의 이데아가 무엇을 뜻하는지 알려면 동굴의 비유 세 번째 단계를 찬찬히 되밟아보는 수밖에 없다고 하이데거는 말한다.

분명한 것은 선의 이데아가 이데아들을 알아나가는 과정에서 최종적으로 만나는 이데아, 그래서 최고 등급의 이데아라는 사실이다. 이 최고 등급의 이데아, 최종 목적의 이데아는 결국 이데아의 본질이 완료되는 이데아이며, 그러므로 이데아들을 시원적으로 규정하는 이데아다. 모든 이데아들을 넘어선 최고의 이데아, 근원적인 비은폐성을 넘어선 가장 근원적인 이데아가 선의 이데아다. 하이데거는 그것을 '이데아의 관청'이라고 부른다. 선의 이데아가 이데아들을 가장 근원적이고 가장 본래적으로 관장하고 주재하고 있기 때문이다. 선의 이데아는 존재와 비은폐성을 가능하게 하는 권한을 개별 이데아들에게 주는 최고의 이데아다.

하이데거는 플라톤이 왜 이데아를, 나아가 선의 이데아를 다루는지를 『국가』 제6권의 논의를 통해서도 보여준다. 폴리스 곧 도시국가에서 인간의 '더불어 있음'(공동존재, 공동체)을 지켜주는 본래의 수호자들은 '철학하는 사람들'이어야 한다. 철학 교수들이 총리가 돼야 한다는 뜻이 아니라 철학자들이 수호자(필라케스, $\varphi\acute{u}\lambda\alpha\kappa\varepsilon\varsigma$)가 돼야 한다는 뜻이다. 국가의 통치와 질서를 철학하는 사람들이 관장해야 한다. 철학자들은 가장 깊고 가장 넓고 가장 자유롭게 물음을 던져 앎을 획득하고 그 앎을 통해 척도와 규칙을 세우는 사람들이다. 철학자들은 명확함과 엄밀함 속에서 인간이 무엇인지, 인간의 존재와 존재 가능이 어떤 상황에 놓여 있는지 알 수 있는 능력이 있어야 한다. 그러므로 수호자로서 철학자들은 가장 단순한 앎에서 시작해 이데아에 대한 앎에 이르고 마지막에는 '선의 이데아'에 대한 앎에 이르러야 한다.

플라톤은 앎을 언제나 '봄'으로 이해한다. 그래서 감각적인 앎은 육체의 눈을 통한 봄이고, 지성적인 앎은 정신의 눈을 통한 봄이다. 육체의 눈을 통해 봄을 플라톤은 '호란'($\acute{o}\varrho\tilde{\alpha}v$)이라는 단어로 표현하고, 정신의 눈을 통해 봄을 '노에인'($vo\varepsilon\tilde{\imath}v$)이라는 단어로 표현한다. 이데아를 아는 것은 이 정신의 눈을 통해 봄 곧 '노에인'으로만 가능하다. 그런데 이런 봄은 오직 태양의 빛이 있는 곳에서만 가능하다. 볼 수 있으려면 빛이 있어야 하고, 그 봄에서 보이는 것이 드러나려면 마찬가지로 빛이 있어야 한다. 태양의 빛 곧 밝음이 볼 수 있음과 보이는 것의 보임을 가능하게 해주는 것이다. '눈의 봄'과 그 봄을 통해 '보이는 것'은 일종의 '멍에'에 묶여 있다. 그 멍에가 바로 태양의 빛이다. 그리고 그런 봄을 통해 드러난 것이 '알레테이아' 곧 비은폐성이다. 존재자는 오직 알레테이아 안에 있을 때에만 존재자로서 만날 수 있다고 플라톤은 말한다. 그런데 바로 이 알레테이아 곧 비은폐성을 주는 것이 바로 선의 이데아다.

"인식 가능한 존재자에게 비은폐성을 허용하고 인식하는 자에게

인식할 수 있는 능력을 주는 그것이 바로 선의 이데아이다."⁴⁷⁾『진리의 본질에 관하여』112쪽

우리가 '신체의 눈으로 봄'이 태양의 빛에 힘입어 가능하듯이, 이데아를 인식하는 봄은 선(아가톤, ἀγαθόν)이라는 최고 이데아의 빛 속에서만 가능하다는 얘기다. 이 최고 이데아가 존재자가 드러날 수 있도록 해주고, 인식하는 눈에게는 그 존재자를 볼 수 있는 능력을 준다. 다시 말해 최고의 이데아인 선의 이데아가 이데아들이 이데아로서 드러날 수 있도록 해주는 것이다. 우리가 무언가를 볼 수 있으려면 우리의 봄과 함께 '보이는 것의 보임'이 동시에 가능해야 한다. 그러려면 빛이 필요하다. 빛이 없는 깜깜한 어둠 속에서는 봄도 불가능하고 사물의 보임도 불가능하다. 빛이 있어야만 봄과 보임이 동시에 가능하다. 그 빛은 태양으로부터 온다.

그렇다면 이데아에 빛을 주어 이데아가 이데아로 드러나게 해주는 '선의 이데아'는 무엇을 뜻하는 것일까? 플라톤은 선의 이데아를 태양의 비유에 한정해 이야기할 뿐이다. 태양이 사물이 보일 수 있게 해주고 동시에 사물이 생겨나 성장할 수 있게 해주듯이, 선의 이데아는 이데아가 보일 수 있게 해줌과 동시에 그 이데아가 존재할 수 있게 해준다는 것이다. 곧 최고의 이데아로서 '선'이 이데아의 비은폐성(보임)과 존재함을 동시에 가능하게 해주는 것이다. 그러나 플라톤이 선의 이데아를 더 구체적으로 이야기하지 않기 때문에, 선의 이데아가 도대체 무엇인가를 놓고 수많은 주장이 후대에 쏟아져 나왔다.

그리스 철학의 뛰어난 주석가로 알려진 윌리엄 데이비드 로스(William David Ross, 1877~1971)는 선의 이데아의 그 선(좋음, 아가톤)이 무엇인지와 관련해 다음과 같이 말한다. "어떤 사람이 가진 것이 좋지 않으면 아무리 지대한 소유라고 해도 소용이 없고, 어떤 사람이 좋음(선)이 무엇인지 알지 못하면 어떤 것에 대한 앎이라도 소용이 없

다."[48] 좋음(선)은 욕구의 대상으로서 가장 우월하다. 좋지 않은 것을 욕구할 리가 없기 때문이다. 나아가 좋음(선)은 앎과 인식의 가능성의 근원이다. "물체가 태양의 빛에 젖어 있을 때 눈이 그것을 가장 선명하게 볼 수 있듯이, 좋음의 이데아가 내는 빛 속에서 대상을 볼 때 정신은 그것의 대상을 가장 선명하게 파악한다."[49] 하이데거는 좋음(선)이 그리스인들에게 '유용함'을 뜻했다고 말한다. 우리가 '좋은 스키 한 쌍을 샀다'고 할 때의 바로 그 의미로 '아가톤'을 이해했다는 것이다.

"좋은 것은 야무진 것, 계속 견디는 것, 상태를 잘 유지하는 것이다. 남에게 해를 입히지 않고 마음이 좋다는 의미의 '착한 사람'이라는, 예의 바르기는 하지만 통찰력과 추진력이 없는 사람을 뜻하는 말과는 구분된다."『진리의 본질에 관하여』 116쪽

그렇다면 플라톤 자신이 말하는 대로 아가톤이 이데아를 보이게 해주고 이데아를 생장시킨다는 것, 그리고 하이데거가 말하는 대로 아가톤이 '유용함'을 의미한다는 것을 고려해 선(좋음)의 이데아를 다음과 같이 이해해보는 것은 어떨까.

하이데거의 말대로 아가톤 곧 좋음이 유용함이라면, 그것은 나쁨을 배제하는 것을 뜻할 것이다. 아가톤의 빛 아래서 드러나는 이데아에는 나쁨에 속하는 이데아는 없고 오직 좋음에, 유용함에 속하는 이데아만 있을 것이다. 그러므로 선의 이데아는 인간이나 공동체에 나쁜 것을 원천적으로 배제하는 일을 할 것이다. 좋음의 반대편에 있는 것은 이데아로서 존재하지도 않고 드러나지도 않을 것이다. 예를 들어 폭군이라든가 악한이라든가 불화라든가 추함이라든가 하는, 인간과 공동체에 유용하지 않고 유익하지 않은, 나쁜 것들의 이데아는 이데아로서 드러날 수 없을 것이다. 아가톤의 빛을 받아야만 이데아들은 드러나고 존재할 수 있기 때문에, 악의 이데아는 원천적으로 생

겨날 수 없을 것이다. 아가톤이라는 최고 이데아의 빛 속에서 좋은 이데아들이 나타나고 생장하는 것이다. 그러므로 이데아에는 도덕의 이데아도 있고, 아름다움의 이데아도 있고 정의·절제·지혜의 이데아도 있지만, 악과 나쁨에 해당하는 이데아는 없을 것이다.

그렇다면 나쁘지도 좋지도 않은 것의 이데아 혹은 어떤 때는 나쁠 수도 있고 어떤 때는 좋을 수도 있는 것의 이데아는 없을까? 그런 사례로 들 수 있는 것이 '쾌락'이다. 쾌락은 좋을 수도 있지만 나쁠 수도 있다. 가령 다른 사람을 돕는 데서 얻는 쾌락은 좋은 쾌락이다. 그러나 다른 사람을 괴롭히는 데서 얻는 쾌락은 나쁜 쾌락이다. 어떤 쾌락이 좋고 어떤 쾌락이 나쁜지, 다시 말해서 어떤 쾌락이 우리 삶에 유익하고 도움이 되며 어떤 쾌락은 그렇지 않은지 판별하려면 기준이 필요하다.[50] 이 기준 구실을 해주는 것이 좋음(선)의 이데아다. 좋음(선)이라는 최고의 빛 속에서 우리는 어떤 쾌락이 좋은 쾌락이고 어떤 쾌락이 나쁜 쾌락인지를 분명하게 판별할 수 있는 것이다. 그리고 좋음(선)의 이데아는 바로 이 쾌락의 이데아를 좋음 쪽으로 키워줄 것이다. 다시 말해 우리가 무엇이 좋은 것인지를 분명하게 알면 알수록 나쁜 쾌락을 멀리하고 좋은 쾌락을 키워 나갈 수 있는 것이다.

여기서 한 번 더 물어보자. 플라톤은 왜 이 좋음(선)의 이데아를 최고의 이데아라고 말하는 것일까? 『국가』는 가장 좋은 공동체를 구상하는 책이자 그 공동체를 가장 잘 이끌어 나갈 통치자를 키우는 일을 구상하는 책이다. '아가톤'은 최고의 이데아, 모든 존재자의 존재와 본질을 규정하는 최고의 원리다. 좋음(선)이란 가장 좋은 공동체를 그려보게 해주고 가장 좋은 통치자를 알아보게 해주는 인식의 근원적인 원리라고 할 수 있다. 그리고 당연히 그런 통치자를 육성하는 가장 좋은 방법을 찾아볼 수 있는 인식의 원리일 것이다. 구성원들에게 가장 유용하고 유익한 공동체를 알아보게 해주고, 그런 공동체에 가장 적합한 통치자를 알아보게 해주며, 그런 통치자의 육성에 가장 유용한 교육 방법을 알아보게 해주는 것이 바로 유용함과 유익함으로서 아가톤이다. 이 아가톤의 빛을 통과해야만 이데아들이 이데아들로서, 다시 말해 유용한 이데아들로서 선명하게 드러날 수 있다. 이것이 플라톤이 좋음(선)의 이데아를 최고의 이데아로 제시한 이유일 것이다.

하이데거가 가장 주목하는 것, 진리의 본질

플라톤의 '동굴의 비유'에서 하이데거가 가장 주목하는 것은 알레테이아 곧 비은폐성으로서 진리의 본질이다. 하이데거가 진리라는 말 대신 '알레테이아'와 그 말의 번역어인 '비은폐성'을 고집하는 것은 그 낱말이 어떤 '근본 경험'에서 발원함을 분명히 하려 하기 때문이다. 알레테이아는 인식의 올바름, 진술의 올바름, 명제의 올바름 이전에 존재자 자체의 드러나 있음, 비은폐돼 있음을 가리킨다. 더구나 그 비은폐성은 존재자가 드러나 있다는 것을 뜻하는 데 머물지 않고 우리 인간의 해방이라는 사건에 깊숙이 연루돼 있다. 해방 곧 자유 속에서 우리가 비은폐성의 본래적인 자리에 설 수 있기 때문이다. 그런데 하이데거는 이런 비은폐성의 근본 경험이 플라톤에게서부터 이미 망각되기 시작했다고 말한다. 플라톤이 비은폐성을 그 근본 경험에서부터 이해하고 있지 않다는 것이다.

플라톤에게서 알레테이아의 근본 경험이 사라지기 시작했다는 것을 어디에서 증명할 수 있을까? 하이데거는 그 대답을 플라톤이 '은폐성'을 묻지 않고 있다는 데서 찾아낸다. 플라톤이 알레테이아 곧 비은폐성을 근원적으로 경험했다면 반드시 은폐성을 동시에 사유했을 것이다. 그러나 플라톤에게는 은폐성을 비은폐성과 묶어 사유했다는 분명한 증거가 없다. 플라톤에게 알레테이아 곧 비은폐성은 존재자 자체를 가리킬 뿐이지, 그것이 은폐성을 뚫고 탈취돼야 할 것으로는 이해되지 않는 것이다. 알레테이아 곧 진리를 그 본질에서부터 사유하고 있지 않은 것이다. 진리를 본질에서부터 사유한다면 비은폐성은 은폐성 곧 은닉을 내장한 것, 그리고 동시에 은닉을 극복하는 것으로 이해돼야 한다. 그러나 플라톤은 동굴의 비유에서 존재자 그 자체가 비은폐돼 있다는 사실만을 다루지, 그것이 어떻게 비은폐되는지는 물어 들어가지 않는다. 은폐성 자체에 대한 물음이 부재하다는 것이야말로 플라톤의 사유에서 비은폐성의 영향력이 상실되기 시작했음을 알려준다.

하이데거는 플라톤이 원천으로 들어가지 못한 채 그 원천의 결과만을 살피고 있다고 지적한다. 알레테이아 곧 비은폐성으로서 진리는 언제나 은닉과 결부된 비은폐성, 은닉을 내장한 비은폐성이다. 이것이 1931년 겨울학기 '진리의 본질에 관하여' 강의에서 하이데거가 말하는 진리의 본질이다. 그리고 바로 여기가 하이데거의 진리에 대한 이해가 『존재와 시간』의 알레테이아 이해로부터 근본적으로 달라지는 지점 가운데 하나다. 하이데거는 『존재와 시간』에서 알레테이아(진리)의 드러나 있음, 밝혀져 있음에 주로 주목했다. 그런데 이 강의에 이르면 진리가 비-진리에서 비롯하며 비-진리를 내장하고 있다는 것을 보기 시작한다. 여기서 하이데거의 사유가 '전기 사유'에서 '후기 사유'로 이행해 가고 있음을 볼 수 있다. 다시 말해 이 강의에서 하이데거의 관심이 '실존의 진리'에서 '존재의 진리'로 옮겨가고, 진리 자체에 대한 이해도 '비은폐성'의 진리에서 '은닉을 내장한 비-은폐성'의 진리로 옮겨 감을 볼 수 있다.

주註

프롤로그

1) 발터 벤야민, 『브레히트와 유물론』(발터 벤야민 선집 8), 윤미애 · 최성만 옮김, 길, 2020, '전집 편집자들의 해설', 35쪽.
2) 하워드 아일런드, 마이클 제닝스, 『발터 벤야민 평전: 위기의 삶, 위기의 비평』, 김정아 옮김, 글항아리, 2018, 464쪽.
3) 이기상 편역, 『하이데거 철학에의 안내』, 서광사, 1993, 66쪽.
4) 피에르 부르디외, 『나는 철학자다: 하이데거의 정치적 존재론』, 김문수 옮김, 이매진, 2005, 156쪽.

제1부 메스키르히의 마법사

1) 스티븐 빈데만, 『하이데거와 비트겐슈타인: 침묵의 시학』, 황애숙 옮김, 부산대출판부, 2011, 6쪽.
2) 뤼디거 자프란스키, 『하이데거: 독일의 철학 거장과 그의 시대』, 박민수 옮김, 북캠퍼스, 2017, 33쪽.
3) 리하르트 비서, 『하이데거 사유의 도상에서』, 강학순 · 김재철 옮김, 철학과현실사, 2000, 269~270쪽.
4) 자프란스키, 앞의 책, 320쪽.
5) 같은 책, 33쪽.
6) 같은 책, 37쪽.
7) 같은 책, 41쪽.
8) 존 D. 카푸토, 『마르틴 하이데거와 토마스 아퀴나스』, 정은해 옮김, 시간과공간사, 1993, 35쪽.
9) 같은 책, 35쪽.
10) 자프란스키, 앞의 책, 41쪽.
11) 같은 책, 42쪽.
12) 카푸토, 앞의 책, 36쪽.
13) 자프란스키, 앞의 책, 85~86쪽.
14) 존 매쿼리, 『하이데거와 기독교』, 강학순 옮김, 한들출판사, 2006, 11~12쪽.

15) 자프란스키, 앞의 책, 48쪽.

16) 카푸토, 앞의 책, 74쪽.

17) 같은 책, 76쪽.

18) 같은 곳.

19) 같은 책, 77쪽.

20) 같은 책, 78쪽.

21) 같은 책, 81쪽.

22) 에드문트 후설,『논리 연구 1』, 이종훈 옮김, 민음사, 2018, 189쪽.

23) P. H. 쾨스터스,「하이데거의 삶과 철학」, 이기상 편저,『하이데거 철학에의 안내』, 서광사, 1993, 27쪽.

24) 에드문트 후설,『논리연구 2-2』, 이종훈 옮김, 민음사, 2018, 17쪽.

25) 프리드리히 빌헬름 폰 헤르만,『하이데거의 존재와 시간을 찾아서』, 신상희 옮김, 한길사, 1997, 38쪽.

26) 같은 책, 39쪽.

27) 후설,『논리연구 2-2』, 이종훈 옮김, 민음사, 2018, 16쪽.

28) 자프란스키, 앞의 책, 66쪽.

29) 같은 책, 75쪽.

30) 같은 책, 75~76쪽에서 재인용.

31) 같은 책, 76쪽.

32) 같은 책, 77쪽.

33) 카푸토, 앞의 책, 44쪽.

34) 같은 책, 47~48쪽.

35) 같은 책, 45쪽.

36) 같은 책, 64쪽.

37) 자프란스키, 앞의 책, 91~92쪽.

38) 카푸토, 앞의 책, 55쪽.

39) 자프란스키, 앞의 책, 92쪽.

40) 같은 책, 93쪽.

41) 앤서니 케니,『중세철학』, 김성호 옮김, 서광사, 2010, 143쪽.

42) 자프란스키, 앞의 책, 115쪽.

43) 케니, 앞의 책, 147쪽.

44) 자프란스키, 앞의 책, 117쪽.

45) 귄터 피갈,『하이데거』, 김재철 옮김, 인간사랑, 2008, 23쪽.

46) 카푸토, 앞의 책, 58쪽.

47) 같은 책, 63쪽.

48) 같은 책, 65쪽.

49) 같은 책, 66쪽.

50) 같은 곳.

51) 같은 책, 66~67쪽.

52) 같은 책, 67쪽.

53) 같은 곳.

54) 같은 곳.

55) 자프란스키, 앞의 책, 119쪽.

56) 같은 책, 144~145쪽.

57) 같은 책, 152쪽.

58) 같은 책, 154쪽.

59) 같은 책, 154~155쪽.

60) 같은 책, 155~156쪽.

61) 박찬국, 『들길의 사상가 하이데거』, 동녘, 2004, 59쪽.

62) 카푸토, 앞의 책, 83쪽; 자프란스키, 앞의 책, 189~190쪽.

63) G. 해프너, 「수수께끼의 하이데거」, 이기상 편저, 『하이데거 철학에의 안내』, 서광사, 1993, 56쪽.

64) 카푸토, 앞의 책, 83쪽.

65) 빌헬름 딜타이, 『정신과학에서 역사적 세계의 건립』, 김창래 옮김, 아카넷, 2009, '옮긴이 해제: 딜타이는 누구인가?', 682쪽.

66) 자프란스키, 앞의 책, 95쪽.

67) 오토 푀겔러, 『하이데거 사유의 길』, 이기상·이말숙 옮김, 문예출판사, 1993, 32쪽.

68) 박찬국, 『원효와 하이데거의 비교연구: 인간관을 중심으로』, 서강대출판부, 2010, 317쪽; 월터 라우리, 『키르케고르 평전』, 임춘갑 옮김, 다산글방, 2007, 139~142쪽.

69) 샤를 르 블랑, 『키르케고르』, 이창실 옮김, 동문선, 2004, 10쪽.

70) 쇠렌 키르케고르, 『죽음에 이르는 병』, 임규정 옮김, 한길사, 2007, 55쪽; 샤를 르 블랑, 앞의 책, 99쪽.

71) 키르케고르, 앞의 책, 251쪽.

72) 박찬국, 앞의 책, 2004, 61~62쪽; 자프란스키, 앞의 책, 203~204쪽.

73) 한전숙·차인석, 『현대의 철학 1: 실존주의·현상학·비판이론』, 서울대출판부, 1980, 26쪽.

74) 막스 뮐러, 『실존철학과 형이상학의 위기』, 박찬국 옮김, 서광사, 1988, 78쪽.

75) 자프란스키, 앞의 책, 209쪽.

76) 같은 책, 178쪽.

77) 장 폴 사르트르, 『실존주의는 휴머니즘이다』, 박정태 옮김, 이학사, 2008, 29쪽.

78) 하인리히 오트, 『사유와 존재: 마르틴 하이데거의 길과 신학의 길』, 김광식 옮김, 연세대출판부, 1985, 15쪽.

79) 마르틴 하이데거, 『종교적 삶의 현상학』, 김재철 옮김, 누멘, 2011, '편집자 후기', 406쪽.

80) 신상희, 『하이데거와 신』, 철학과현실사, 2007, 39쪽.

81) 같은 책, 39쪽.

82) 르 블랑, 앞의 책, 86쪽.

83) 같은 책, 85쪽.

84) 푀겔러, 앞의 책, 40쪽.

85) 같은 책, 40쪽.

86) 자프란스키, 앞의 책, 157~158쪽.

87) 신상희, 앞의 책, 51쪽.

88) 마르틴 루터, 「하이델베르크 명제」, 김진흥, 『마르틴 루터의 95개 논제와 하이델베르크 명제』, 성약출판사, 2017, '부록 2', 150쪽.

89) 푀겔러, 앞의 책, 44쪽.

90) 신상희, 앞의 책, 59쪽.

91) 푀겔러, 앞의 책 48쪽.

92) 자프란스키, 앞의 책, 200쪽.

93) 빌헬름 딜타이, 『정신과학에서 역사적 세계의 건립』, '김창래 옮김, 아카넷, 2008, 옮긴이 해제', 681쪽.

94) 리차드 팔머, 『해석학이란 무엇인가』, 이한우 옮김, 문예출판사, 1990, 166쪽.

95) 자프란스키, 앞의 책, 208쪽.

96) 마르틴 하이데거, 『아리스토텔레스에 대한 현상학적 해석』, 김재철 옮김, 누멘, 2010, '편집자의 후기', 102~103쪽.

97) 같은 책, 102쪽.

98) 같은 책, 옮긴이 해제 1 '나토르프-보고서에 대한 가다머의 보고', 210쪽.

99) 같은 책, 옮김이 해제 2 '하이데거의 아리스토텔레스-해석', 136쪽.

100) 같은 책, 옮김이 해제 2 '하이데거의 아리스토텔레스-해석', 137쪽.

101) 피갈, 앞의 책, 42쪽

102) 자프란스키, 앞의 책, 194쪽.

103) 하이데거, 앞의 책, 2010, 옮긴이 해제 1, 121쪽.

104) 하이데거, 『마르틴 하이데거 존재론: 현사실성의 해석학』, 이기상·김재철 옮김, 서광사, 2002, '편집자 후기', 189쪽.

105) 노먼 맬컴, 『비트겐슈타인의 추억』, 이윤 옮김, 필로소픽, 2013, 35쪽.

106) 같은 책, 36~39쪽

107) 같은 책, 38쪽

108) 딜타이, 앞의 책, 225쪽.

109) 팔머, 앞의 책, 183쪽.

110) 같은 책, 194쪽

111) 같은 책, 189쪽에서 재인용.

112) 같은 책, 190쪽.

113) 같은 책, 191쪽.

114) 딜타이, 앞의 책, 452쪽.

115) 존 카푸토, 『포스트모던 해석학』, 이윤일 옮김, 비, 2020, 40쪽.

116) 같은 책, 40쪽.

117) 같은 책, 42쪽.

118) 같은 책, 50쪽.

제2부 신들과 거인들의 전쟁

1) 발터 슈미탈스, 『불트만의 실존론적 신학』, 변선환 옮김, 대한기독교서회, 1983, 23쪽.

2) 뤼디거 자프란스키, 『하이데거: 독일의 철학 거장과 그의 시대』, 박민수 옮김, 북캠퍼스, 2017, 234쪽.

3) 슈미탈스, 앞의 책, 21쪽.

4) 자프란스키, 앞의 책, 228쪽.

5) P. H. 쾨스터스, '하이데거의 삶과 철학', 이기상 편저 『하이데거 철학에의 안내』, 서광사, 1993, 29쪽.

6) 자프란스키, 앞의 책, 230쪽.

7) 같은 책, 232쪽.

8) 프레드 달마이어, 『다른 하이데거』, 신충식 옮김, 문학과지성사, 2011, 226~227쪽.

9) 티모시 클라크, 『마르틴 하이데거: 너무나 근본적인』, 김동규 옮김, 앨피, 2008, 25쪽에서 재인용.

10) 한나 아렌트, 「여든 살의 마르틴 하이데거」, 발터 비멜, 『하이데거』, 신상희 옮김, 한길사, 1997, 15~20쪽에서 재인용.

11) 엘리자베스 영-브루엘, 『한나 아렌트 전기: 세계 사랑을 위하여』, 홍원표 옮김, 인간사랑, 2007, 139쪽.

12) 자프란스키, 앞의 책, 239쪽.

13) 같은 책, 238쪽.

14) 영-브루엘, 앞의 책, 70쪽.

15) 같은 책, 80쪽.

16) 같은 책, 94쪽.

17) 한나 아렌트, 『한나 아렌트의 말: 정치적인 것에 대한 마지막 인터뷰』, 윤철희 옮김, 마음산책, 2016, 37~38쪽.

18) 엘즈비에타 에팅거, 『한나 아렌트와 마틴 하이데거』, 황은덕 옮김, 산지니, 2013, 33~34쪽.

19) 같은 책, 34쪽.

20) 영-브루엘, 앞의 책, 126쪽.

21) 에팅거, 앞의 책, 41쪽.

22) 한나 아렌트, 『사랑 개념과 성 아우구스티누스』, 서유경 옮김, 텍스트, 2013, 109~110쪽.

23) 에팅거, 앞의 책, 54~55쪽.

24) 한나 아렌트, 『전체주의의 기원 1』, 이진우·박미애 옮김, 한길사, 2006, 169쪽.

25) 한나 아렌트, 『라헬 파른하겐: 어느 유대인 여성의 삶』, 김희정 옮김, 텍스트, 2013년, 67쪽.

26) 아렌트, 앞의 책, 13쪽.

27) 에팅거, 앞의 책, 63쪽.

28) 엘리자베스 영-브루엘, 『아렌트 읽기』, 서유경 옮김, 산책자, 2011, 45~46쪽.

29) 자프란스키, 앞의 책, 247쪽.

30) 플라톤, 『소피스트』, 이창우 옮김, 이제이북스, 2012, 244, a, 93쪽.

31) 김형효, 『하이데거와 마음의 철학』, 청계, 2001, 96, 110쪽.

32) 프리드리히 빌헬름 폰 헤르만, 『존재와 시간을 찾아서』, 신상희 옮김, 한길사, 1997, 42~43쪽.

33) 소광희, 『하이데거 '존재와 시간' 강의』, 문예출판사, 2003, 52쪽.

34) 박찬국, 『하이데거의 '존재와 시간' 강독』, 그린비, 2014, 82쪽.

35) 아리스토텔레스, 『범주론·명제론』, 김진성 역주, 이제이북스, 2005, 37~38쪽.

36) 박찬국, 앞의 책, 53~54쪽.

37) 신상희, 『시간과 존재의 빛』, 한길사, 2000, 34쪽.

38) 박찬국, 앞의 책, 116쪽.

39) 같은 책, 198쪽.

40) 같은 책, 199쪽.

41) 같은 책, 202쪽.

42) 소광희, 앞의 책, 103~104쪽.

43) 같은 책, 105쪽.

44) 박찬국, 앞의 책, 206~207쪽.

45) 같은 책, 209쪽

46) 소광희, 앞의 책, 113~114쪽.

47) 헤르만, 앞의 책, 257쪽 이하.

48) 아리스토텔레스, 『형이상학』, 조대호 옮김, 나남, 2012, A, 1, 980, 25쪽.

49) 아우구스티누스, 『고백록』, 김희보·강경애 옮김, 동서문화사, 2008, 10권
    제35장, 289쪽.

50) 박찬국, 앞의 책, 235쪽.

51) 루트비히 비트겐슈타인, 『논리철학논고』, 이영철 옮김, 책세상, 2006,
    117쪽.

52) 박찬국, 앞의 책, 238~239쪽.

53) 카를 마르크스, 『경제학-철학 수고』, 강유원 옮김, 이론과실천, 2006,
    82~104쪽.

54) 소광희, 앞의 책, 149쪽.

55) 존 매퀘리, 『하이데거와 기독교』, 강학순 옮김, 한들출판사, 2006, 87쪽에서
    재인용.

56) 같은 책, 86쪽.

57) 박찬국, 앞의 책, 356쪽.

58) 『공동번역성서』 '사도행전' 9장 4절 이하.

59) 아우구스티누스, 앞의 책, 212쪽,

60) 자프란스키, 앞의 책, 284쪽.

61) 박찬국, 앞의 책, 387쪽.

62) 이마누엘 칸트, 『순수이성비판 1』, 백종현 옮김, 아카넷, 2006, 196쪽.

63) 같은 책, 458쪽.

64) 같은 책, 458~459쪽.

65) 박찬국, 앞의 책, 270쪽.

66) 이마누엘 칸트 외, 『계몽이란 무엇인가』, 임홍배 옮김, 길, 2020, 156쪽.

67) 박찬국, 앞의 책, 294쪽.

68) 이기상, 『하이데거의 존재와 현상』, 문예출판사, 1992, 298쪽.

69) 이기상, 『존재와 시간: 인간은 죽음을 향한 존재』, 살림, 2008, 311쪽.

70) 박찬국, 앞의 책, 302쪽.

71) 같은 책, 302~303쪽.

72) 존 카푸토, 『포스트모던 해석학』, 이윤일 옮김, 비, 2020, 52쪽.

73) 발터 비멜, 『하이데거』, 신상희 옮김, 한길사, 1997, 289~290쪽.

74) 같은 책, 50쪽.

75) 매쿼리, 앞의 책, 53쪽.

76) 리하르트 비서, 『하이데거 사유의 도상에서』, 강학순·김재철 옮김, 철학과현실사, 2000, 206쪽.

77) 이기상 편저, 『하이데거 철학에의 안내』, 서광사, 1993, 5쪽.

78) 빌헬름 폰 헤르만, 『하이데거의 예술철학』, 이기상 옮김, 문예출판사, 1997, 39쪽.

79) 매쿼리, 앞의 책, 54쪽.

80) 같은 곳.

81) 오토 푀겔러, 『하이데거 사유의 길』, 이기상 옮김, 문예출판사, 1993, 72쪽.

82) 귄터 피갈, 『하이데거』, 김재철 옮김, 인간사랑, 2008, 66쪽.

83) 같은 책, 246쪽.

84) 매쿼리, 앞의 책, 96쪽.

85) 푀겔러, 앞의 책, 200쪽.

86) 같은 책, 200쪽.

87) 같은 책, 203쪽.

88) 같은 책, 204쪽.

89) 김종욱, 『하이데거와 형이상학 그리고 불교』, 철학과현실사, 2003, 44쪽.

90) 막스 뮐러, 『실존철학과 형이상학의 위기』, 박찬국 옮김, 서광사, 1988, 55쪽.

91) 푀겔러, 앞의 책, 83쪽.

92) 같은 책, 84쪽.

93) 이승종, 『크로스오버 하이데거』, 생각의나무, 2010, 69쪽.

94) 푀겔러, 앞의 책, 88쪽.

95) 이승종, 앞의 책, 77쪽.

96) 비멜, 앞의 책, 50쪽.

97) 푀겔러, 앞의 책, 89쪽.

98) 뮐러, 앞의 책, 20쪽.

99) 푀겔러, 앞의 책, 90쪽.

100) 이기상, 앞의 책, 1992, 14~15쪽.

101) 이기상, 『하이데거의 생애와 사상 그리고 그 영향』, 누멘, 2011, 205쪽.

102) 같은 책, 209쪽.

103) 마르틴 부버, 『나와 너』, 표재명 옮김, 문예출판사, 2001, 19쪽.

104) 마르틴 부버, 『인간의 문제』, 윤석빈 옮김, 길, 2007, 157~158쪽.

105) 같은 책, 163쪽.

106) 고트프리트 빌헬름 라이프니츠, 『형이상학 논고』, 윤선구 옮김, 아카넷, 2010, '모나드론', 249쪽 이하.

107) 같은 책, 277쪽.

108) 같은 책, 253쪽.

109) 달마이어, 앞의 책, 105쪽.

110) 같은 책, 110쪽.

111) 위르겐 하버마스, 『현대성의 철학적 담론』, 이진우 옮김, 문예출판사, 1994, 183쪽.

112) 달마이어, 앞의 책, 121쪽.

113) 박찬국, 앞의 책, 8쪽.

114) 같은 책, 8쪽.

제3부 형이상학의 검투사

1) 뤼디거 자프란스키, 『하이데거: 독일의 철학 거장과 그의 시대』, 박민수 옮김, 북캠퍼스, 2017, 325쪽.

2) 같은 책, 360쪽.

3) 게오르크 빌헬름 프리드리히 헤겔, 『법철학』, 임석진 옮김, 한길사, 2008, 51쪽.

4) 리하르트 비서, 『하이데거 사유의 도상에서』, 강학순·김재철 옮김, 철학과현실사, 2000, 274~275쪽.

5) 자프란스키, 앞의 책, 305쪽.

6) 『두산백과』, '절규' 항목.

7) 게오르크 빌헬름 프리드리히 헤겔, 『대논리학 1』, 임석진 옮김, 지학사, 1989, 76쪽.

8) 플라톤, 『파이드로스』, 김주일 옮김, 이제이북스, 2012, 279a, 144쪽.

9) 박찬국, 『니체와 하이데거』, 그린비, 2016, 90쪽.

10) 같은 책, 90쪽.

11) 자프란스키, 앞의 책, 316쪽.

12) 같은 책, 315~316쪽.

13) 토마스 만, 『마의 산 (상)』, 홍경호 옮김, 범우사, 1996, 146쪽.

14) 토마스 만, 『마의 산 (하)』, 홍경호 옮김, 범우사, 1996, 90쪽.

15) 에른스트 카시러, 『상징형식의 철학 제1권: 언어』, 박찬국 옮김, 아카넷, 2011, '역자 해제', 569~576쪽.

16) 같은 책, 45~46쪽.

17) 피에르 부르디외, 『나는 철학자다: 부르디외의 하이데거론』, 김문수 옮김, 이 매진, 2005, 85쪽.

18) 자프란스키, 앞의 책, 314~315쪽.

19) 부르디외, 앞의 책, 91쪽; 자프란스키, 앞의 책, 317쪽.

20) 자프란스키, 앞의 책, 316~317쪽.

21) 부르디외, 앞의 책, 91쪽.

22) 자프란스키, 앞의 책, 318쪽.

23) 같은 책, 318~319쪽.

24) 프리드리히 니체, 『즐거운 학문』, 안성찬·홍사현 옮김, 책세상, 2005, 283절.

25) 이마누엘 칸트, 『순수이성비판 1』, 백종현 옮김, 아카넷, 2006, BⅩⅥ, 182쪽.

26) 같은 책, A60 B74, 273쪽.

27) 칸트, 『순수이성비판2』, 백종현 옮김, 아카넷, 2006, A294 B350, 524쪽.

28) 칸트, 『순수이성비판1』, 백종현 옮김, 아카넷, 2006, A15 B29, 213, 236쪽.

29) 막스 뮐러, 『실존철학과 형이상학의 위기』, 박찬국 옮김, 서광사, 1988, 206쪽.

30) 막스 셸러, 『우주에서 인간의 지위』, 진교훈 옮김, 아카넷, 2001, 12쪽.

31) William J. Richardson, *Heidegger: Through Phenomenology to Thought*, Fordham University Press, 2003, 106쪽.

32) 프리드리히 니체, 『비극의 탄생·반시대적 고찰』, 이진우 옮김, 책세상, 2005, 29쪽.

33) 프리드리히 니체, 『권력에의 의지』, 강수남 옮김, 청하, 1988, 595~596쪽.

34) 페터 로데, 『키에르케고르, 코펜하겐의 고독한 영혼』, 임규정 옮김, 한길사, 2003, 57~58쪽.

35) 쇠렌 키르케고르, 『불안의 개념』, 임규정 옮김, 한길사, 1999, 259쪽; 샤를 르 블랑, 『키에르케고르』, 이창실 옮김, 동문선, 2004, 87쪽.

36) 프리드리히 빌헬름 폰 헤르만, 『하이데거의 예술 철학』, 이기상 옮김, 문예출 판사, 1997, 233쪽.

37) 프리드리히 니체, 『차라투스트라는 이렇게 말했다』, 정동호 옮김, 책세상, 2005, 535~536쪽.

38) 자프란스키, 앞의 책, 358쪽.

39) 같은 책, 358쪽.

40) 같은 책, 368쪽.

41) '동굴의 비유'는 백종현 역주 『국가·정체』(서광사, 2005), 천병희 옮김 『국

가』(숲, 2013)를 참조했다.

42) 플라톤, 『국가·정체』, 박종현 역주, 서광사, 2005, 517b, 453쪽.
43) 플라톤, 『소피스트』, 이창우 옮김, 이제이북스, 2011, 254a8~b1, 120쪽.
44) 프리드리히 니체, 『차라투스트라는 이렇게 말했다』, 정동호 옮김, 책세상, 2005, 20쪽.
45) 같은 책, 12쪽.
46) 플라톤, 『국가·정체』, 박종현 역주, 서광사, 2005, 517b8~c1, 453쪽.
47) 같은 책, 508e1, 437쪽.
48) 윌리엄 데이비드 로스, 『플라톤의 이데아론』, 김진성 옮김, 누멘, 2011, 51쪽.
49) 같은 책, 52쪽.
50) 미하엘 보르트, 『철학자 플라톤』, 한석환 옮김, 이학사, 2003, 115쪽.

인명 찾아보기

용어 찾아보기

하이데거 극장 1
존재의 비밀과 진리의 심연

지은이 고명섭
펴낸이 김언호

펴낸곳 (주)도서출판 한길사
등록 1976년 12월 24일 제74호
주소 10881 경기도 파주시 광인사길 37
홈페이지 www.hangilsa.co.kr
전자우편 hangilsa@hangilsa.co.kr
전화 031-955-2000~3 **팩스** 031-955-2005

부사장 박관순 **총괄이사** 김서영 **관리이사** 곽명호
영업이사 이경호 **경영이사** 김관영 **편집주간** 백은숙
편집 박희진 노유연 최현경 이한민 김영길
마케팅 정아린 **관리** 이주환 문주상 이희문 원선아 이진아
디자인 창포 031-955-2097
인쇄 예림 **제책** 경일제책사

제1판 제1쇄 2022년 8월 30일
제1판 제2쇄 2023년 1월 15일

값 43,000원

ISBN 978-89-356-7774-0 94160
ISBN 978-89-356-7773-3 (세트)

TAX AFFAIRS

조세특례제한법
해설과 실무

윤충식 · 장태희 · 한민희 공저

SAMIL | 삼일인포마인

개정판을 내면서

본서가 출간된 지 어느덧 16년의 세월이 지나가고 있다. 그동안 개정판 작업이 힘들었지만 독자 여러분의 성원과 격려 덕분에 2023년판을 출간하게 되었다.

조세특례제한법은 법인세법, 소득세법, 부가가치세법 등 다른 세법과는 달리 기준조세체계를 가지는 것이 아니며, 각각의 조문이 각기 다른 목적을 가지고 설계·개정되면서 더 난해한 분야로 인식되고 있다.

이러한 측면에서 이 책은 어렵고 방대한 조세특례제한법 전체를 체계적·종합적으로 이해하기 쉽도록 제도의 의의 → 요건 → 과세특례내용 → 사후관리 → 적용사례(유권해석) → 주요 개정연혁 순서로 기술하고 있고, 다른 전문서적에 소개되지 않거나 미흡하게 기술된 제도의 도입배경, 개정 취지 등을 상세하게 해설하고 있어 세무전문가뿐만 아니라 일반납세자에게도 큰 도움이 될 것이라는 믿음을 가지고 있다.

금번 개정판에서는 동울산세무서 한민희 과장님이 본서 출판작업에 합류하였다. 한 과장님은 대학생 시절 처음 세법에 입문하여 국세청 일선 세무서에서 실무를 경험하고, 기획재정부 세제실에서 세법의 입안 및 예규업무를 수행하는 등 약 15년을 세법관련 업무에 종사하였으며, 10년 만에 국세청으로 복귀하여 그동안 쌓은 경험과 노하우를 바탕으로 어려운 여건하에 금번 집필작업에 큰 역할을 하였다. 집필과정에서 많은 도움을 주신 동울산세무서 직원분들과 이용안 서장님, 기획재정부 세제실 가족들, 아내 황선하와 백호, 지호에게 이 책의 출간을 빌어 사랑과 감사의 마음을 전했다.

　　항상 본서를 이용하는 독자 여러분에게 보다 유익한 내용을 통해 실무시 도움을 드리고자 최선을 다하고 있지만, 막상 출판작업이 시작되고 많은 양의 조세특례제한법을 정리하다가 보면 시간에 쫓겨 처음 가졌던 의욕만큼 내용을 담지 못한 아쉬움과 부족함을 매번 느끼고 있다. 하지만, 본서만이 가지고 있는 장점을 통해 독자 여러분들에게 미력하나마 도움이 되기를 기대한다.

　　마지막으로 이 책이 출간되기까지 물심양면으로 지원해주신 삼일인포마인의 이희태 대표이사님, 하태안 이사님, 임연혁 차장님과 편집부 직원분들에게 진심어린 감사의 마음을 전하고 싶다.

2023. 8.

저자 윤충식, 장태희, 한민희

출판에 즈음하여

조세특례제한법은 그 방대함과 복잡성 및 잦은 개정으로 인하여 조세전문가들도 어려워하는 법이다.

하지만 안타깝게도 업무를 하면서 어려운 조세특례제한법 전체에 대하여 참고할 만한 서적을 쉽게 찾기가 어려웠다. 옛말에 궁즉통(窮則通)이라 하였다. 이 말을 새기며 그동안 세제실과 국세청의 실무경험을 바탕으로 아끼는 장태희 후배와 의기투합하여 조세특례제한법에 관심있는 분들에게 조금이나 도움을 드리고자 이 책을 집필하게 되었다.

이 책의 특징은 다음과 같다.

첫째, 시중의 세무전문 서적이 조세특례제한법의 부분적 소개 또는 개략적 해설에 머물고 있어 조세특례제한법이 조세법상 매우 중요한 법령임에도 불구하고 단일법 차원의 체계적인 이해에 한계점이 있는 점을 감안하여, 어렵고 방대한 조세특례제한법 전체를 체계적·종합적으로 이해하고 실무에 적용할 수 있도록 해설하는 데에 중점을 두었다.

둘째, 조세특례제한법의 각종 조세특례제도는 하나하나가 모두 중요하지만, 특히 실무상 이용빈도가 매우 높고 그 적용상 주의하여야 할 조세지원제도(고용창출투자세액공제, 연구및인력개발비세액공제, 중소기업특별세액감면 등)에 대하여는 기존의 전문서적에서는 소개되지 않았던 부분까지 그 배경과 취지까지 깊이있고 풍부하게 해설하였다.

셋째, 조세특례제한법은 경제상황을 가장 민감하게 반영하는 세법으로서 그 개정 빈도가 타 세법에 비하여 월등히 높아 제도별로 그 배경과 취지 및 개정연혁을 통해 세무전문가뿐만 아니라 세무업무 종사자에게 제도의 흐름과 방향성을 쉽게 알 수 있도록 하였고, 과세당국과의 조세분쟁시 합리적 판단에 도움이 되도록 하였다.

넷째, 조세특례제한법 적용시 중요한 사항임에도 불구하고 소홀하게 취급하여 납세자가 추후 가산세를 부담하여야 하는 등 세무의사 결정시 많은 애로가 발생될 우려가 있는 최저한세, 중복지원배제 등 조세특례제한 규정에 대하여 기존의 재경부 예규를 중심으로 심도있는 해설을 하여 조세업무 종사자들에게 도움이 되도록 하였다.

그러나, 한정된 지면과 저자의 능력부족으로 보다 알차고 충실한 내용으로 더 다듬을 부분은 없었는지에 대한 아쉬움을 떨칠 수가 없다. 미흡한 부분에 대해서는 비판을 경청하고 수정·보완하는데 최선을 다할 것을 약속드린다. 이 책의 대부분의 내용은 선배 제현들의 주옥같은 노력의 결실을 저자가 각색하고 정리한 것에 불과하다는 점을 밝히며, 출간을 준비하는 동안 편집과 교정에 밤 늦도록 수고하신 편집진 여러분에게 감사드린다.

끝으로 믿음과 사랑으로 뒷받침해준 아내와 두 귀염둥이 지혜·태건에게 이 책의 출간을 빌어 고맙다는 말과 사랑을 전한다.

2007. 10. 27.
저자 윤충식 씀

출판에 즈음하여

나와 세법의 인연은 대학교 복학시점인 1995년에 세무사시험을 본격적으로 준비하면서 시작되었다. 그 후 대학 졸업과 함께 국세청 일선 세무서에서 집행공무원으로 직접 국세행정 업무에 참여하였고, 현재 재정경제부 세제실에서 세법의 입안과정에 참여하기까지 13년여의 결코 길지 않은 시간이었지만, 세법에 관하여 다양한 경험을 할 수 있는 기회가 있었다. 특히, 2005년부터 조세특례제한법 총괄 담당부서인 조세지출예산에 근무하면서 맡은 "조세지출보고서" 작성 업무는 세법을 보다 거시적으로 조명할 수 있는 기회를 마련해 주었고, 이 경험이 본서를 집필할 수 있는 계기와 밑거름이 되었다.

업무상 중요한 조세지원 제도들에 대하여 연혁 및 관련 자료들을 수집 · 정리하면서, 조세특례제한법 전체에 대하여 정리하고 싶은 오기가 발동하였고, 이는 다시 변화무쌍한 조세특례제한법에 대하여 체계적으로 기록하여 책으로 출간하고 싶은 욕심으로까지 번졌다. 따라서, 이 책은 조세특례제한법이 1998년 제정된 이후 그 동안 걸어왔던 발자취를 기록한 책이다. 다시 말하면, 그 동안 재경부 조세지출예산과를 비롯하여 조세특례제한법 개정업무를 담당한 재경부 세제실의 수많은 선배님들의 勞苦를 기록한 책이다. 본인이 이를 기록 · 정리하게 된 것에 대하여 무한한 자긍심과 책임감을 느낀다.

본서는 저술 초기단계에서부터 소득세, 법인세, 상속세및증여세, 부가가치세, 특별소비세, 종합부동산세, 인지세, 증권거래세, 지방세 그리고 심지어 관세 분야에 이르기까지 모든 조세에 대하여 언급하고 있는 조세특례제한법의 엄청난 방대함 때문에 자료 수집에 많은 어려움이 있었고, 그때마다 '집필을 포기할까'라는 나약함의 유혹이 수차례 엄습해오곤 했다. 그 순간마다 공저자인 윤충식 선배님과의 환상적인 역할 분담과 호흡으로 어려운 고비를 넘길 수 있었다.

  비록, 여러 과정을 거쳐 졸저가 드디어 탄생하기는 하였으나, 앞으로 본서가 나아가야 할 길이 멀다고 생각한다. 조세특례제한법은 저자들에게 잠시의 틈도 허락하지 않을 것이기 때문이다. 조세특례제한법은 매년 개정의 빈도와 양이 상당하여 짧은 기간 내 환골탈태할 수 있는 법령이기에 세무사나 회계사와 같은 조세전문가는 물론 본인과 같은 세법입안에 종사하는 공무원조차도 잠시도 긴장을 늦출 수 없기 때문이다. 앞으로, 경제환경과 조세정책 변화에 따른 법령개정 내용을 지속적으로 정리·분석하여 신속하게 개정판을 발간하여 본서가 조세특례 분야에서 최고의 전문서적이 될 수 있도록 끊임없이 노력하리라 다짐해 본다.

  끝으로, 막중한 업무부담 속에서도 본서를 집필할 수 있는 여건을 제공해주신 재경부 조세지출예산과 박수민 과장님과 이인기, 박지훈 사무관님께 감사의 말씀을 드리며, 매일 저녁 늦게까지 나와 함께 책상에 앉아 자기개발에 경주하는 아내 고정현에게 이 책의 출간으로 사랑의 마음을 대신하고 싶다.

2007. 10. 27.

저자 장태희 씀

CONTENTS

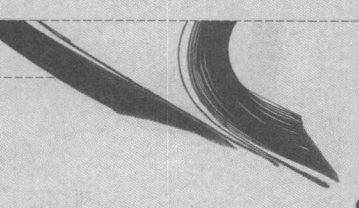

차 례

CONTENTS

CONTENTS

CONTENTS

CONTENTS

CONTENTS

CHAPTER 06 제6장 그 밖의 조세특례   1731

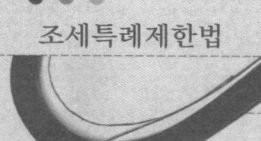

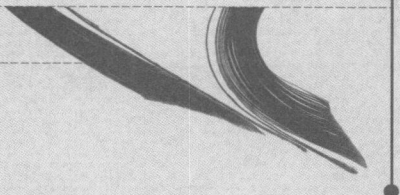

CONTENTS

일러두기

범 례

조특법	조세특례제한법
조특령	조세특례제한법 시행령
조특칙	조세특례제한법 시행규칙
조기통	조세특례제한법 기본통칙
농림특례규정	농·축산·임·어업용 기자재 및 석유류에 대한 부가가치세 영세율 및 면세 적용 등에 관한 특례규정
농림특례규정 규칙	농·축산·임·어업용 기자재 및 석유류에 대한 부가가치세 영세율 및 면세 적용 등에 관한 특례규정 시행규칙
외국인관광객규정	외국인관광객 등에 대한 부가가치세 및 개별소비세 특례규정
국기법	국세기본법
국기령	국세기본법 시행령
소법	소득세법
소령	소득세법 시행령
소칙	소득세법 시행규칙
법인법	법인세법
법인령	법인세법 시행령
법인칙	법인세법 시행규칙
부가법	부가가치세법
부가령	부가가치세법 시행령
부가칙	부가가치세법 시행규칙
농특세법	농어촌특별세법
국조법	국제조세조정에 관한 법률
국조령	국제조세조정에 관한 법률 시행령
상증법	상속세 및 증여세법
상증령	상속세 및 증여세법 시행령
종부세법	종합부동산세법
외투법	외국인투자촉진법
간세, 국조, 조법, 직세, 소비, 조세, 조예	기획재정부 예규
서일, 서이, 서삼	국세청 예규
심사	국세청 심사례
조심, 국심	조세심판례(구 국세심판례)
세정	행정안전부 예규
고법	고등법원 판례
대법원	대법원 판례

제 **1** 장

총 칙

조세특례제한법의 목적

1 │ 조세특례제한법의 역사

1-1. 조세감면규제법의 제정

1960년대 경제개발계획의 추진과 함께 조세수요의 중요성이 더욱 강조되는 것은 필연적인 것이기는 하나, 조세감면 혜택의 부여는 국고손실을 수반할 뿐만 아니라 공평과세를 침해하는 문제가 따르게 된다. 따라서 국고손실은 극소화하고, 공평과세를 이룩하기 위해서는 종래 각종 법률에서 분산되어 있던 감면세 조항을 통합적으로 규제할 필요가 생겼다. 그리하여 소득세법을 위시한 14개 내국세법과 국세징수법, 관세법 및 세법, 지방세법, 외자도입촉진법, 그리고 조세감면규제법과 조약에 의한 것이 아니고는 조세를 감면할 수 없게 하고, 또 감면은 본법에서 세목별로 특별히 열거된 업체의 감면조건에 대해서만 허용하도록 규제하는 조세감면규제법이 1965년 12월 20일 제정되었다.[1]

1-2. 조세특례제한법으로의 전환

1-2-1. 일반사항

조세감면규제법은 조세의 감면에 관한 규제를 통하여 과세의 공평을 기하고 세수의 확보를 위하여 1965. 12. 20. 제정된 후 5년 단위의 한시법으로 운용되어 왔으나, 1998년 말 적용기한이 종료됨에 따라 이를 계기로 현행 조세감면제도를 제로베이스에서 재검토할 필요성이 제기되어 1998. 12. 28.에는 조세감면규제법을 조세특례제한법으로 전면개정[2]하였다.

---

1) 조세연구원, 한국 조세정책 50년, 총괄자료집(제2권) 참고
2) 헌법재판소는 재판관 전원일치의 의견으로, 구 조세감면규제법(1993. 12. 31. 법률 제4666호로 전부 개정된 것)의 시행에도 불구하고 구 조세감면규제법(1990. 12. 31. 법률 제4285호) 부칙 제23조가 실효되지 않은 것으로 해석(대법원 2006두19419 판결 및 2006두17550 판결)하는 것은 헌법상 권력분립원칙과 조세법률주의의 원칙에 위배되어 헌법에 위반된다고 한정위헌결정을 내렸다(2012. 5. 31. 선고 2009헌바123 결정). : (결정이유의 요지) ① 이 사건 부칙조항은 그 이후 제정된 이 사건 전문개정법에서 그 계속적용에 관한 규정을 두지 않았고 위 부칙조항을 대체할 만한 별도의

1998년 전면개정은 조세의 감면이 기득권화되는 것을 방지하고, 지원제도의 효과를 평가할 수 있는 체제로 전환함으로써 조세감면정책의 유효성을 높이고자 하는 데에 큰 목적이 있다. 전면개정의 가장 큰 특징은 법 명칭을 조세특례제한법으로 변경하여 전면개정을 통한 영구법 체제로 전환하면서, 개별지원제도별로 적용기한을 특정하는 일몰제도를 도입하고, 조세지출 예산제도의 도입근거를 마련하고 있는 것과 다른 법률에 흩어져 있는 조세특례조항들을 이 법에 일괄하여 규정한 것 등이라고 하겠다(1998년 간추린 개정세법 참고).

1-2-2. 법명칭의 변경과 영구법 체제로의 전환

조특법 전면개정시 종전의 조세감면규제법을 조세특례제한법으로 법 명칭을 변경하고, 이를 영구법 체제로 전환하였다. 그 동안 5년 단위의 한시법으로 운영되어 온 조세감면규제법을 조세특례제한법이라는 영구법 체제로 전환하면서, 일반 법률에 의한 조세감면사항과 개별 세법에 의한 조세특례사항을 단일 법령에 통합하여 규정하고, 감면제도별로 일몰규정을 두고 일몰기한 도래시 제도의 효과를 평가하도록 하는 등 조세감면제도의 통일적 규율과 시의성 있는 제도개선을 할 수 있게 되었다는 점에서 그 의의를 찾을 수 있다.

1-2-3. 일몰제도[3]의 도입

조특법 전면개정시 조세감면의 기득권화를 방지하고 조세지원의 유인효과를 극대화하기 위하여 조특법 자체는 영구법화하되, 개별지원제도별 적용기한(일몰시한)을 명시하였다. 즉, 종전의 조세감면규제법 중 이미 그 적용기한이 만료된 감면사항을 삭제하는 한편 기존의 조세특례와 신설되는 조세특례에 대하여 각각의 개별지원제도별로 적용기한을 특정하는 일몰기한을 설정[4]하였다.

경과규정을 둔 바도 없으므로, 이 사건 전문개정법이 시행된 1994. 1. 1.자로 실효되었다고 보아야 할 것이다. ② 이 사건 부칙조항은 과세근거조항이자 주식상장기한을 대통령령에 위임하는 근거조항이므로 이 사건 전문개정법의 시행에도 불구하고 존속하려면 반드시 위 전문개정법에 그 적용이나 시행의 유예에 관한 명문의 근거가 있었어야 할 것이나, 입법자의 실수 기타의 이유로 이 사건 부칙조항이 이 사건 전문개정법에 반영되지 못한 이상, 위 전문개정법 시행 이후에는 전문개정법률의 일반적 효력에 의하여 더 이상 유효하지 않게 된 것으로 보아야 한다. 비록 이 사건 전문개정법이 시행된 1994. 1. 1. 이후 제정된 조세감면규제법(조세특례제한법) 시행령들에서 이 사건 부칙조항을 위임근거로 명시한 후 주식상장기한을 연장해 왔고, 조세특례제한법 중 개정법률(2002. 12. 11. 법률 제6762호로 개정된 것)에서 이 사건 부칙조항의 문구를 변경하는 입법을 한 사실이 있으나, 이는 이미 실효된 이 사건 부칙조항을 위임의 근거 또는 변경대상으로 한 것으로서 아무런 의미가 없을 뿐만 아니라, 이 사건 부칙조항과 같은 내용의 과세근거조항을 재입법한 것으로 볼 수도 없다.

3) 조세특례제한법상 감면제도는 일몰을 설정하고 일몰 도래시마다 제도의 타당성, 지원수준의 적정성 등을 평가하고 조정하여 재원배분을 효율화할 필요성이 있다.

4) **일몰기한의 다양화** : 조세특례제한법 제정시(1998. 12) 구 조세감면규제법이 5년 단위의 한시법이었던 점을 감안하여 개별지원제도별 일몰기한도 조세특례제한법 제정일로부터 5년 후인 2003. 12. 31.로 규정하여, 대부분의 개별제도는 일몰기한이 2003년 말로 설정되었고, 2003년 말 그 동안 획일적으로 적용되던 일몰기한을 개별제도의 특성에 맞춰

전면개편의 필요성 및 개편 기본방향(1998년 간추린 개정세법, 재정경제부)

1. 조세감면규제법 적용기한이 1998년 말로 완료
   ① 5년 단위의 한시법으로 운용되어 온 조세감면규제법의 적용기한이 1998. 12.로 만료됨을 계기로 현행 조세감면제도를 제로베이스에서 재검토
   ② 중장기적으로 조세감면을 통제·관리함으로써 과세저변을 확대할 수 있는 제도적 장치 마련
2. 조세감면을 실질적으로 통제할 수 있는 제도 마련
   ① 개별세법과 일반법률의 조세감면규정 및 중과세조항을 이관하여 일관성 있게 구성
   ② 조세감면의 한시성 확보
      조세감면의 기득권화를 방지하고 조세지원의 유인효과를 극대화하기 위하여 조세법(현 조감법) 자체는 영구법화하되, 개별지원제도별 적용기한(일몰기한)을 명시
   ③ 조세감면의 사전·사후관리 강화
      신규로 조세감면제도를 도입 또는 대상 등을 확대하거나 기존 감면의 기한연장시 감면효과 분석 선행
   ④ 조세지출예산제도의 도입을 위한 사전준비

⇩

조세감면규제법을 「조세특례제한법」으로 전문개정

1-3. 조세지출예산제도

1-3-1. 조세지출예산제도의 기초 마련

조세특례제한법은 기획재정부장관으로 하여금 매년 3월 31일까지 조세특례 및 그 제한에 관한 기본계획을 수립하여 국무회의의 심의를 거쳐 중앙행정기관의 장에게 통보하도록 하고, 중앙행정기관의 장은 매년 4월 30일까지 조세감면의 목적·정책효과·연도별 예상세수효과·관련 통계자료 등을 포함한 '조세감면건의서'와 조세감면의 효과분석 및 조세감면의 존치 여부에 관한 '조세감면평가서'를 기획재정부장관에게 제출하도록 하고 있는바(법 §142), 이는 조세감면에 대한 사전·사후관리를 강화하고, 조세지출예산(Tax Expenditure Budget) 도입과 관련하여 조세감면을 세출예산의 편성절차에 준하여 운용하고, 조세감면에 대한 사후평가를 의무화하려는 것이다.

재조정(5년, 3년, 2년, 1년 등 다양하게 일몰을 설정)하였다.

1-3-2. 조세지출예산제도의 필요성

조세지출예산제도는 재정의 투명성 및 효율성을 확보하기 위하여 1960년 말부터 많은 선진국에서 도입·운용하고 있으며, 우리나라에서도 그 동안 국회와 학계를 중심으로 동 제도에 대하여 꾸준히 논의·연구되어 왔다. 이에 정부도 조세지출예산제도의 도입으로 인한 장·단점을 외국의 사례를 바탕으로 계속하여 연구·검토해 왔으며, 1996년 OECD 가입을 계기로 국제규범에 부응하여 재정의 투명성을 제고하고 재원을 보다 효율적으로 운용하기 위하여 조세지출예산제도의 도입을 정부 100대 개혁과제 중 하나로 선정하여 적극적으로 추진하여 왔다.

1-3-3. 조세지출예산서[5]의 작성

조세지출예산은 정확한 감면통계의 수집과 추계가 뒷받침되어야 하는바, 아직까지 국세청 등을 통하여 수집·관리되고 있지 아니한 감면통계가 많으므로, 조세지출예산제도를 단계적으로 도입하여, 우선 1999년에는 비교적 감면통계의 수집·추계가 용이한 지원제도를 조세지출 보고서로 작성하고 점차적으로 작성 범위를 넓혀 나가도록 계획하였다. 조세지출보고서는 1999년 9월에 최초로 작성되어 2009년 11월까지 매년 작성되었으며, 2010년에 조세지출예산제도가 도입되어 「국가재정법」에 따라 국세감면 실적 및 추정금액을 작성하여 예산안과 함께 국회에 제출하고 있다.

참고 **연도별 국세감면 추이[6]**

(단위 : 억원)

구 분	2017(실적)	2018(실적)	2019(실적)	2020(실적)	2021(실적)	2022(전망)	2023(전망)
○국세감면액(A)	396,769	439,533	495,700	529,357	570,248	635,776	693,155
○국세수입총액(B)	2,653,849	2,935,704	3,066,963	3,036,717	3,639,730	4,212,889	4,286,370
○국세감면율* (A/A+B)	13.0%	13%	13.9%	14.8%	13.5%	13.1%	13.9%
○국세감면율 법정한도**	14.4%	14%	13.3%	13.6%	14.3%	14.6%	14.3%

* 국세감면율 = 국세감면액 / (국세감면액 + 국세수입총액)
** 국세감면율 법정한도 = 직전 3년 국세감면율 평균 + 0.5%p

---

5) 예산안의 첨부서류로서 매년 회계연도 개시 120일 전까지 국회에 제출(「국가재정법」 §33, §34 10호)
6) 기획재정부, 「2020년 조세지출예산서」, 예산안의 첨부서류로 국회 의안정보시스템(검색어: 전체메뉴 → 예산정보 → 2020년도 정부제출 예산안(기타 참고자료)에서 확인할 수 있다.

2023년 주요 조세지출 추정액을 보면 보험료 특별소득공제 및 특별세액감면이 5조 4,859억원 (1위), 근로장려금 지급이 5조 2,452억원(2위), 연구인력개발비 세액공제가 4조 5,117억원(3위), 신용카드 등 사용에 따른 세액공제가 3조 4,191억원(5위), 중소기업 특별세액감면이 2조 5,215억원(9위)으로 예상된다.

2 | 조세지원제도의 개념

2-1. 감면의 개념

조특법에서 '조세의 감면 또는 중과 등 조세특례와 이의 제한에 관한 사항7)'이라고 표현하고 있는 바, 여기에서 감면이라는 용어와 특례라는 용어가 무엇을 의미하는지를 정의할 필요가 있다. 먼저 여기서의 감면은 후술하는 감면의 유형에 열거된 비과세, 소득공제, 세액공제, 세액의 면제, 경감세율의 적용, 특별상각, 준비금 등을 모두 포괄하는 조세특별지원제도의 의미로 이해되어야 할 것이다. 용례에 따라서는 '감면'이 특정기업(예 창업중소기업)에 대한 일정기간에 걸친 조세의 감면(Tax Holiday)을 의미하는 경우도 있으나, 본법에서의 감면은 위와 같이 넓은 의미8)로 이해된다.

2-2. 조세특례의 개념

1998. 12. 28. 조특법 전면개정시 '조세특례'라는 용어의 정의를 규정(제2조 제1항 제8호)하면서, '조세특례'라 함은 조세감면과 중과세를 포괄하는 개념임을 명확히 하였다. 여기서 중과세란 특정목적을 위한 익금산입, 손금불산입 등을 의미하는 바, 조특법 제136조 및 제138조의 규정에 의한 중과세를 말한다. 따라서 종전의 구 조세감면규제법상의 감면과 특례는 비슷한 개념인 것처럼 혼동되었으나, 조특법에서는 그 의미를 명확히 하였다.

---

7) **조특법 제1조 【목적】** 이 법은 조세(租稅)의 감면 또는 중과(重課) 등 조세특례와 이의 제한에 관한 사항을 규정하여 과세(課稅)의 공평을 도모하고 조세정책을 효율적으로 수행함으로써 국민경제의 건전한 발전에 이바지함을 목적으로 한다.

8) 조세특례 및 감면의 근거법률을 제한하는 조세감면규제법의 입법취지에 비추어 보면 같은 법 제3조 제2항 소정의 '감면되는 조세'는 세액이 감면되는 경우뿐만 아니라 손금산입 등의 소득계산의 특례, 소득공제, 세액공제 등 궁극적으로 조세의 부담이 경감 또는 면제되는 조세를 말한다(대법원 1993. 5. 27. 선고 92누16874 판결).

2-3. 감면의 신청에 대한 효력

조세의 감면은 납세의무자의 신청을 요하는 경우와 요하지 않는 경우가 있다. 비과세는 신청을 하지 아니하여도 당연히 과세되지 않는 반면, 감면은 감면신청을 하는 것이 일반적이다. 감면신청의 법적 성질은 사인의 공법행위로서 신청의 효과는 조세법의 규정에 의하여 발생하며, 감면요건을 확인하여 신고하는 것이므로 과세표준신고와 같은 성질의 것이라고 보겠다. 즉, 통지행위적 성질이다.

감면신청을 요하는 감면에 대하여 "신청이 없는 경우에는 적용하지 아니한다."는 규정이 있는 조세와 단순히 감면신청을 하도록 규정하고 있을 뿐 특별한 규정이 없는 조세로 나누어 볼 수 있다. 전자의 경우는 신청 자체를 감면요건으로 볼 수 있으므로 감면신청이 없는 경우에는 감면을 할 수 없는 것이지만, 후자의 경우에는 감면신청 그 자체는 감면요건이 아니므로 감면되어야 한다.

3 │ 감면의 유형

3-1. 직접지원

3-1-1. 개 요

직접지원이란 비과세나 면제, 소득공제, 세액공제 또는 경감세율의 적용과 같이 조세의 감면효과가 영구적으로 미치는 세제상의 유인을 말한다. 이러한 형태의 조세지원은 그 방법이 단순할 뿐만 아니라 조세감면의 효과가 직접적이고 일종의 보조금과 같은 성질을 갖고 있다. 그러나 조세지원기능에 비하여 조세의 재원조달기능이나 세부담의 공평한 배분기능이 크게 손상되며 조세유인의 유효성도 분명히 확인할 수 없는 문제점을 갖고 있다. 이하에서는 대표적인 직접지원제도인 비과세, 세액감면, 소득공제, 세액공제에 대하여 알아본다.

3-1-2. 비과세

일반적으로 과세대상이 되는 과세물건을 그 성질이나 국가정책상의 필요 등에 의하여 과세에서 제외시키는 경우가 있다. 이와 같이 과세물건에서 제외시킨 소득·수익·행위 또는 재산 등을 비과세소득 등 또는 과세제외소득 등이라고 부른다. 비과세소득 등은 과세물건을 구성하는 소득 등에 속하지만 과세권의 주체가 과세권을 포기한 소득 등에 해당한다. 즉, 비과세소득 등은 소득세 등의 과세물건에서 제외되기 때문에 소득세 등의 과세표준에도 산입하지 않는다. 이와 같은 비과세소득 등은 원칙적으로 납세의무자의 신청 또는 신고가 없더라도 당연히 과세에서 제외되며, 아울러 과세관청도 비과세소득 등을 소득세 등의 과세물건에서 제외시키기 위하여 특별한 절차나 별개의 행정처분을 거칠 필요가 없다. 일반적으로 법문상으로는 '부과하지 아니한다'와 '과세하지 아니한다'는 표현을 혼용하여 사용하고 있다. 일반적으로 비과세의 경우 과세표준 신고의무가 없으나 사업자등록은 가능하다.

3-1-3. 세액감면 또는 면제

세액감면 또는 면제의 대상이 되는 소득 등은 비과세가 과세물건에서 제외되는 것과 다르게 과세물건을 구성한다. 따라서 총수입금액 등에 산입하며, 그 결과로 과세표준에도 포함하게 된다. 즉, 과세표준에 산입하여 일단 세액을 확정하고 이와 같이 확정한 세액에서 그 확정행위와는 별개의 행정행위에 의하여 당해 세액의 전부 또는 일부의 납부의무를 소멸시키는 것이다. 세액감면도 비과세와 마찬가지로 세제상 우대조치의 일종이다. 산출세액이 없는 경우 감면되지 않으며 감면받지 못한 세액은 세액공제와 다르게 이월되지 않는다. 현재 조특법은 세액의 감면, 면제 등이 혼용되어 사용되고 있는데, 세액의 일부에 대한 면제를 '감면'으로, 전액에 대한 면제를 '면제'로 표현하고 있다. 다만, '100분의 100에 상당하는 세액을 감면한다'라는 표현도 혼용하고 있으므로, '면제한다'와 '100분의 100에 상당하는 세액을 감면한다'라는 표현은 동일한 것으로 판단된다.

3-1-4. 소득공제

소득공제는 각 과세연도에 정상적으로 계산한 소득금액에서 일정한 요건과 방법에 따라 일정액을 공제하는 제도이다. 소득공제는 세율이 반영되기 전 소득금액 또는 과세표준에서 공제되는 것이므로, 한계세율이 반영되지 않음으로써, 높은 세율이 적용받는 자에게 보다 유리하게 반영되는 측면이 있어 후술하는 '세액공제'보다 역진적인 제도로 볼 수 있다.

3-1-5. 세액공제

세액공제는 정상적으로 계산된 산출세액에서 특정한 정책적 목적을 위하여 일정한 요건과 방법에 의하여 세액의 일부를 공제하는 제도이다. 조특법은 주로 특정 투자행위에 대하여 그 투자금액을 대상으로 일정률을 세액공제하는 방법으로 지원하고 있다. 세액공제는 세액감면과 다르게 이월공제되는 특징이 있다.

3-1-6. 저율과세

통상 적용되는 세율을 낮춰서 과세하는 경우로서, 현행 조특법상 조합법인 등에 대한 법인세 과세특례(제72조, 9%/12% 세율 적용) 등이 이에 해당된다.

3-1-7. 분리과세

소득세는 납세의무자의 소득을 종합하여 과세하는 종합과세를 원칙으로 하지만, 일부 특정한 소득금액은 정책적인 이유에서 종합과세표준에 합산하지 않고 분리되어 과세되는데 이를 분리과세라고 한다. 종합과세가 과세표준의 정도에 따라 누진세율의 적용을 받는 반면, 분리과세는 과세표준 금액과 관계없이 단일세율이 적용되기 때문에 일반적인 경우 종합과세에 비하여 세부담이 경감되는 효과가 있다. 다만, 고율의 단일세율로 분리과세(비실명채권이자 등)되는 경우에는 그러하지 아니하다.

분리과세는 퇴직소득(退職所得)·양도소득(讓渡所得) 등의 일정한 유형의 소득을 종합소득과 별도로 분류하여 과세하는 분류과세와는 구별되며, 분리과세의 대상이 되는 소득은 과세기간별로 합산하지 않고, 당해 소득이 지급될 때에 소득세를 원천징수함으로써 과세가 종결된다.

3-2. 간접지원

3-2-1. 개 요

간접지원은 이론상 일시적으로 조세를 감면하지만 장차 그 감면분을 회수할 수 있는 과세이연방법을 말하며, 현행 조특법상 준비금이 있다. 이 형태의 조세유인은 일정기간 무이자로 납세에 충당되어야 하는 자금을 기업에 대출하여 주는 것과 같은 효과가 있으며 국고손실은 그 이자분에 한정된다고 할 수 있다. 또 준비금이나 특별상각은 소득공제나 세액공제와 같이 특정한 정책목적과 관련시켜 조세유인을 부여하기 때문에 그 유효성을 객관적으로 확인할 수 있을 뿐만 아니라 신축적인 운영이 가능하다는 장점을 갖고 있다. 따라서 세수확보와 공평한 부담배분과 지원기능이라는 세 가지 측면에서 볼 때 간접지원방식은 직접지원방식보다 훨씬 능률적인 정책수단으로 활용되어 왔으나, 현재 낮은 이자율에 따라 효과가 상당히 반감되었으며, 또한 간접지원제도 방식은 복잡하고 전문적인 기법을 활용하므로 납세자의 이해가능성 등 납세협력비용이 많이 소요되는 측면이 있어 점점 그 비중은 축소[9]되고 있다.

3-2-2. 준비금제도

기업의 내부유보를 충실화하여 기업의 건전한 발전을 도모할 목적으로 각종 준비금제도가 활용되고 있다. 준비금제도란 특정한 목적에 충당하기 위한 비용을 준비금으로 설정하여

---

9) 준비금제도는 과세가 이연되는 간접세제지원으로 설정, 환입, 이자추징 등 제도가 복잡하여 세무행정상 관리비용이 많이 소요되고, 일반납세자의 이해가능성 측면에서도 비효율적이므로 가급적 축소·폐지하였다(2006년 간추린 개정세법, 재경부, 준비금제도 폐지·축소).

이를 손금에 산입하도록 하고, 일정기간 내에 실제로 당해 목적을 위하여 지출한 비용이 있을 때에는 이를 설정된 준비금과 상계하고 남은 잔액은 다시 익금에 산입하도록 하는 제도이며, 과세의 이연과 같은 효과가 있다.

3-2-3. 특별상각제도

특별상각제도는 정상적인 상각에 비하여 상각기간을 단축시키거나 추가상각을 용인하는 제도이다. 이 같은 특별상각제도는 정상상각에 비하여 보다 다액의 감가상각공제가 초기연도에 용인되기 때문에 새로운 투자수익에 대한 조세부담의 지급시기를 이연시킴으로써 투자비용의 경감률을 높여 정상상각의 경우보다 투자유인을 강화시킨다. 또한 특별상각은 위험부담과 불확실성을 감소시켜 위험부담이 큰 투자에 대한 유인을 강화한다. 그 밖에 특별상각은 자본의 조기회수를 가능하게 하여 자금의 이용가능성을 증가시킨다. 특별상각으로 인한 초기의 조세부담경감은 후기의 조세부담증가에 의하여 상쇄되므로 특별상각이 가져다주는 자금면의 혜택은 일정기간 무이자의 자금을 정부가 융자하여 주는 데 그친다고 볼 수 있다. 그러나 성장기업에 관한 한 내부자금의 축적을 촉진하여 특별상각비로 충당하는 자본지출의 비중은 더욱 커지게 된다.

3-2-4. 충당금제도

기업회계에서 '충당부채'란 비용이나 손실의 지출시기·금액이 아직 확정되지 않았지만 지출가능성이 매우 높고 그 금액을 신뢰성 있게 추정할 수 있는 현재의 의무를 말한다. 그러나, 세법(법인세법)에서는 의무가 확정되는 시점에서 비로소 손금을 인식하므로(권리의무확정주의), 원칙적으로 이러한 충당부채를 인정할 수 없다. 다만, 법인세법상 익금과 손금을 대응시키고 기업회계와 괴리를 최소화하기 위하여 권리의무확정주의에 대한 예외로서 몇 가지 충당부채를 충당금(퇴직급여충당금, 대손충당금 등)으로 인정하고 있으나 그 설정한도액 등의 규제를 가하고 있다.

반면, 동일하게 '충당금'이란 용어를 사용하고 있으나, 익금·손금 대응과는 별도로 조세부담을 이연시킬 목적으로 사용되는 충당금(일시상각충당금, 압축기장충당금 등)제도가 있다.

예를 들자면, 국고보조금·공사부담금 및 보험차익 등은 법인세법상 모두 익금에 해당되므로, 익금 귀속시기에 익금에 가산되어 법인세가 부과되어야 한다.[10] 다만, 보조금을 받은 과세연도에 보조금 전체 금액에 대하여 법인세가 과세되는 경우 당해 자산의 취득이나 보조금의

---

10) 물론 익금으로 인식된 국고보조금 등은 추후 손금(지출 또는 감가상각 등)으로 인식되어 손금 귀속시기에 다른 익금 합계에서 차감되므로 전체적으로는 과세되지 않는다고 할 수 있다.

효과가 감소하기 때문에 이를 상쇄하고자 일시상각충당금 또는 압축기장충당금을 미리 손금산입하여 세부담의 증가를 상쇄할 수 있다. 미리 손금산입한 충당금은 추후 감가상각비와 상계되거나 처분이익에 포함되어 과세되는 방식을 취한다. 즉, 충당금 제도는 보조금 등을 지출하여 발생할 추후 비용을 미리 인정함으로써 과세부담을 이연시키기 위한 것이라고 할 수 있다.

3-2-5. 분할익금제도

기업이 사업장을 이전하는 경우에는 종전 사업장의 토지나 건물 등 부동산을 매각하게 된다. 이 경우에 대규모의 양도차익이 발생할 수 있으며, 이에 대해 즉시 법인세 또는 소득세가 과세된다면 거액의 세부담을 일시에 부담하게 되어 신규 사업장 취득에 큰 애로가 발생할 수 있다. 이와 같이 일시적으로 발생하는 대규모 양도차익에 대한 세부담의 집중 현상을 방지하고자 양도차익을 분할하여 인식하는 제도가 도입되는 바 이를 분할익금제도라 한다.

분할익금제도는 익금을 분할인식하기에 앞서 일정기간 거치기간을 인정하는 경우가 일반적이며, 현행 세법에서는 '3년 거치 3년 분할익금' 또는 '5년 거치 5년 분할익금' 등으로 거치기간과 분할익금 기간을 규정하고 있다. 다만, 거치기간 또는 분할익금기간 내에서 조기 익금환입하는 것은 인정된다.

3-2-6. 이월과세와 과세이연

이월과세와 과세이연은 모두 개인사업자의 양도소득세 납부를 특정시점까지 늦춰주는 제도라는 공통점을 갖고 있으나 이월과세의 경우 특정시점에 양도소득세가 아닌 법인세로 과세된다는 점이 과세이연과 다르다고 할 수 있다. 이월과세와 과세이연에 대하여는 제2조(주요 용어의 정의)의 해설을 참고하기로 한다.

구 분	직접지원방법			간접지원방법	
	세액감면	소득공제	세액공제	준비금	특별상각
방 법	일정기간 동안 감면대상 사업에서 발생한 세액의 일부 또는 전부를 감면하는 방법	특정산업에서 발생한 소득금액의 일정률을 과세표준에서 공제하는 방법	투자 금액(또는 지출금액)의 일정률에 상당하는 금액을 납부하는 세액에서 공제하는 방법	장래에 발생비용(투자)에 대비하여 일정기준에 의하여 계산한 금액을 미리 비용으로 설정하는 방법	일반감가상각비의 일정률에 상당하는 금액을 추가하여 감가상각을 인정하는 방법
성 격	조세를 이용한 국고보조			과세이연에 의한 재정자금의 무이자융자	
장 점	효과가 직접적이고 즉시적임.	설비투자를 요하지 않는 산업에 대하여도 지원 가능	투자 규모(또는 지출규모)에 비례한 지원이 가능	투자자금의 자체 조달을 지원	투자자본의 조기 회수 가능
단 점	수익률이 낮은 기업에는 지원혜택 없음.	소득의 구분계산이 복잡		일시에 환입하도록 하는 경우에 세부담 가중	

연구 ▸ 조세는 규제인가?

흔히 "규제"는 행정규제기본법상의 개념을 사용한다. 조세는 의무의 부과로서 규제의 정의에는 부합되나, 적용범위에서는 제외하고 있으므로 규제의 대상으로 볼 수 없다.

행정규제기본법
제2조 【정의】 ① 이 법에서 사용하는 용어의 정의는 다음과 같다.
  1. "행정규제"(이하 "규제"라 한다)라 함은 국가 또는 지방자치단체가 특정한 행정목적을 실현하기 위하여 국민(국내법을 적용받는 외국인을 포함한다)의 권리를 제한하거나 의무를 부과하는 것으로서 법령 등 또는 조례·규칙에 규정되는 사항을 말한다.
  2. "법령 등"이라 함은 법률·대통령령·총리령·부령과 그 위임에 의하여 정하여진 고시 등을 말한다.
제3조 【적용범위】 ② 다음 각 호의 어느 하나에 해당하는 사항에 대하여는 이 법을 적용하지 아니한다.
  6. 조세의 종목·세율·부과 및 징수에 관한 사항

제2조

조세특례제한법 주요 용어의 정의

1 | 의 의

법률에서 사용하는 용어는 합리적인 사유가 없는 한 개념에 있어서 차이가 없어야 하며, 동일한 사항에 관한 규율내용에 있어서도 서로 모순이 없이 통일성이 유지되는 것이 바람직하다. 동일한 대상에 대하여 각 조문에서 조금씩 다르게 표현한다면 납세의무자의 이해가능성을 떨어뜨리며, 납세의무자로 하여금 혼동에 빠지게 할 우려가 있다. 또한, 입법기술상으로도 조특법에 사용되는 용어의 경우 각 개별 조문에서 매번 규정하는 것은 입법기술상 비효율적이다. 따라서 공통되는 용어를 설정하여 한 번에 명확하게 규정하고자 제2조의 정의 규정을 두었다.

2 | 용어의 정의

2-1. 내국인 등

내국인, 과세연도, 과세표준신고, 익금, 손금의 용어는 다음과 같이 소득세법 또는 법인세법에 규정된 공통되고 유사한 내용의 용어를 준용한다(조특법 §2① 1~5).

용 어	정 의
내국인	소득세법에 따른 거주자 및 법인세법에 따른 내국법인
과세연도	소득세법에 따른 과세기간 또는 법인세법에 따른 사업연도
과세표준 신고	소득세법(§70, §71, §74, §110)에 따른 과세표준확정신고 및 법인세법(§60)에 따른 과세표준의 신고
익 금	소득세법(§24)에 따른 총수입금액 또는 법인세법(§14)에 따른 익금
손 금	소득세법(§27)에 따른 필요경비 또는 법인세법(§14)에 따른 손금

2-2. 이월과세

이월과세란 개인이 당해 사업에 사용되는 사업용고정자산 등을 법인에게 현물출자 등을 통하여 양도하는 경우 이를 양도하는 개인에 대하여는 양도소득세를 과세하지 아니하고, 그 대신 이를 양수한 법인이 당해 사업용고정자산 등을 양도하는 경우 개인이 종전사업용 고정자산 등을 동 법인에게 양도한 날이 속하는 과세기간에 다른 양도자산이 없다고 보아 계산한 양도소득산출세액 상당액을 법인세로 납부하는 것을 말한다(조특법 §2① 6).

중소기업 간의 통합에 대한 양도소득세의 이월과세(조특법 §31), 법인전환에 대한 양도소득세의 이월과세(조특법 §32), 농업인의 현물출자에 대한 이월과세(조특법 §66⑦, §68③)가 그 대표적인 적용례이다.

이월과세 사례

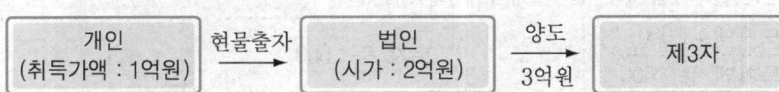

① **법인전환시** : 현물출자시 양도소득세를 과세하지 아니하고, 법인에서는 사업용고정자산가액을 시가로 평가한 가액(2억원)을 취득가액으로 기장
② **당해 자산을 제3자에게 양도시** : 3억원에서 2억원을 차감한 금액(법인 소유기간 동안 발생한 자산가치 증대분)에 대하여는 법인세를 과세하고, 2억원에서 1억원을 차감한 금액(개인 소유기간 동안 발생한 자산가치 증대분)에 대하여는 법인에 현물출자시 개인에게 다른 양도자산이 없다고 보아 계산한 양도소득세 산출세액상당액을 법인세로 납부

2-3. 과세이연

2-3-1. 과세이연의 개념

과세이연이란 공장의 이전 등을 위하여 개인이 당해 사업에 사용되는 사업용고정자산 등(종전사업용고정자산 등)을 양도하고 그 양도가액으로 다른 사업용고정자산 등(신사업용 고정자산 등)을 대체취득한 경우 종전사업용고정자산 등의 양도에 따른 양도차익 중 다음의 과세이연금액에 대하여는 양도소득세를 과세하지 아니하되, 신사업용고정자산 등을 양도하는 때에 신사업용고정자산 등의 취득가액에서 과세이연금액을 차감한 금액을 취득가액으로 보아 양도소득세를 과세하는 것을 말한다(조특법 §2① 7).

2-3-2. 과세이연 계산방법

과세이연금액은 다음과 같이 계산한다.

$$\text{과세이연금액} = \text{종전사업용고정자산 등의 양도에 따른 양도차익} \times \frac{\text{신사업용고정자산 등의 취득가액}}{\text{종전사업용고정자산 등의 양도가액}}$$

신사업용고정자산 등의 취득가액이 종전사업용고정자산 등의 양도가액을 초과하는 경우에는 종전사업용고정자산 등의 양도에 따른 양도차익을 한도로 하여 과세이연금액을 계산한다.

과세이연 사례

㉠ 사업전환중소기업에 대한 과세특례(조특법 §33)

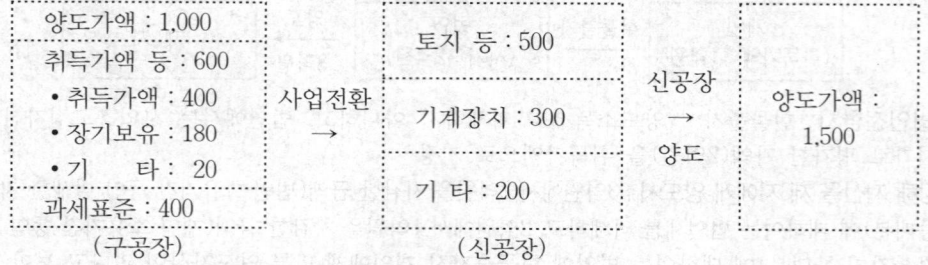

(구공장)	사업전환 →	(신공장)	신공장 → 양도	
양도가액 : 1,000		토지 등 : 500		양도가액 : 1,500
취득가액 등 : 600		기계장치 : 300		
• 취득가액 : 400		기 타 : 200		
• 장기보유 : 180				
• 기 타 : 20				
과세표준 : 400				

① 구공장(종전사업용고정자산)을 양도하고 신공장을 대체취득한 경우

$$\text{과세이연금액} = \text{구공장의 양도차익 또는 과세표준} \times \frac{\text{신공장 취득가액}}{\text{구공장 양도가액}}$$

$$= 400 \times \frac{500}{1,000} = 200$$

* 양도차익(개인의 경우 과세표준)은 취득·양도 실지거래가액에 의하여 계산한 금액을 말함.

② 신공장을 양도하는 경우
  • 이연취득가액 = 신공장의 취득가액 - 과세이연금액
         = 500 - 200 = 300
  • 신공장의 양도차익 또는 과세표준 = 양도가액 - 이연취득가액
                  = 1,500 - 300 = 1,200(1,000 + 200)

2 - 4. 조세특례

　조세특례란 일정한 요건에 해당하는 경우의 특례세율의 적용, 세액감면, 세액공제, 소득공제, 준비금의 손금산입 등의 조세감면과 특정목적을 위한 익금산입, 손금불산입 등의 중과세(重課稅)를 말한다(조특법 §2① 8).

　1998. 12. 28. 조세감면규제법을 조세특례제한법으로 전면개정하면서 '조세특례'에 대한 용어의 정의를 신설하였고, '조세특례'라 함은 조세감면과 중과세를 포괄하는 개념임을 명확히 하였다.

　이에 따라 종전에는 개별세법에 있던 중과조항을 조세특례제한법으로 이관하였는바, 조특법 제135조 내지 제138조의 규정이 이에 해당하나, 제135조 및 제137조의 규정은 삭제되어 현재에는 제136조(접대비의 손금불산입 특례)와 제138조(임대보증금 등의 간주익금)만 남아 있다.

기획재정부 유권해석 해설

질의 중과세대상을 일반 과세하는 경우에도 농어촌특별세 과세대상인 조특법상 조세감면에 해당하는지?

회신 재경부 조세지출예산과-190. 2007. 3. 27.
- 조세특례제한법 제119조 제7항에 따라 지방세법 제138조 제1항의 세율을 적용하지 아니하는 것은 농어촌특별세법 제2조 제1항에 따른 감면에 해당하지 아니함.

저자의 견해
- 조세감면은 국가가 특정 정책목표를 달성하기 위하여 기준 조세제도를 벗어나 세금을 경감하는 것으로서, '기준조세제도'를 각 세목별 조세체계상 일반적으로 받아들여지는 정상과세 기준으로 본다면(OECD 보고서 1996년)
- 정상과세에 대한 경감과세는 기준조세제도를 벗어난 것으로 조세감면에 당연히 해당되겠으나, 중과세에 대한 정상과세는 기준조세체계를 벗어난 것을 다시 정상적으로 과세하는 것으로 조세감면으로 보기 곤란
- 일반적인 조세감면에 해당하더라도 농특세법상 과세대상 감면은 전체 조세감면 유형 중 특정 유형만을 열거하여 별도로 규정하고 있고, 중과세에 대한 일반과세는 이에 포함되지 아니하므로, 과세요건 법정주의상 농특세 과세대상으로 보기 곤란
- 농특세 부과 · 징수절차상 지방세분 농특세는 지방세 과세권자인 자치단체장이 위탁징수하고 있는바, 현실적으로 국세청에서는 부과 · 징수할 권한이 없는 상태이며, 국세행정 업무와 관련된 것이 아니므로 국세청에서 회신할 사안이 아니며(서면2팀-244, 2007. 2. 5.), 지방세 소관부처인 행자부에서는 농특세 과세대상이 아니라고 유권해석한 바 있음(지방세정팀-332, 2007. 1. 19.).

2-5. 수도권 및 수도권과밀억제권역

수도권이란 서울특별시와 인천광역시와 경기도를 말하고,[1] 수도권과밀억제권역이란 인구와 산업이 지나치게 집중되었거나 집중될 우려가 있어 이전하거나 정비할 필요가 있는 지역 (과밀억제권역[2])을 말하며 그 구체적인 범위는 아래 [별표 1]과 같다(조특법 §2① 9·10). 참고로 성장관리권역과 자연보전권역도 많이 쓰이는데 성장관리권역이란 과밀억제권역으로부터 이전하는 인구와 산업을 계획적으로 유치하고 산업의 입지와 도시의 개발을 적정하게 관리할 필요가 있는 지역을 말하고, 자연보전권역이란 한강 수계의 수질과 녹지 등 자연환경을 보전할 필요가 있는 지역을 말한다.

수도권정비계획법 시행령 [별표 1] (2017. 6. 20. 개정)

| 과밀억제권역, 성장관리권역 및 자연보전권역의 범위(제9조 관련) |

과밀억제권역	성장관리권역	자연보전권역
1. 서울특별시 2. 인천광역시[강화군, 옹진군, 서구 대곡동·불로동·마전동·금곡동·오류동·왕길동·당하동·원당동, 인천경제자유구역(경제자유구역에서 해제된 지역을 포함한다) 및 남동 국가산업단지는 제외한다] 3. 의정부시 4. 구리시 5. 남양주시(호평동, 평내동, 금곡동, 일패동, 이패동, 삼패동, 가운동, 수석동, 지금동 및 도농동만 해당한다) 6. 하남시 7. 고양시 8. 수원시 9. 성남시 10. 안양시 11. 부천시	1. 인천광역시[강화군, 옹진군, 서구 대곡동·불로동·마전동·금곡동·오류동·왕길동·당하동·원당동, 인천경제자유구역(경제자유구역에서 해제된 지역을 포함한다) 및 남동 국가산업단지만 해당한다] 2. 동두천시 3. 안산시 4. 오산시 5. 평택시 6. 파주시 7. 남양주시(별내동, 와부읍, 진전읍, 별내면, 퇴계원면, 진건읍 및 오남읍만 해당한다) 8. 용인시(신갈동, 하갈동, 영덕동, 구갈동, 상갈동, 보라동, 지곡동, 공세동, 고매동, 농서동, 서천동, 언남동, 청덕동, 마북동, 동백동, 중동, 상하동, 보정동, 풍덕천동,	1. 이천시 2. 남양주시(화도읍, 수동면 및 조안면만 해당한다) 3. 용인시(김량장동, 남동, 역북동, 삼가동, 유방동, 고림동, 마평동, 운학동, 호동, 해곡동, 포곡읍, 모현면, 백암면, 양지면 및 원삼면 가재월리·사암리·미평리·좌항리·맹리·두창리만 해당한다) 4. 가평군 5. 양평군 6. 여주시 7. 광주시 8. 안성시(일죽면, 죽산면 죽산리·용설리·장계리·매산리·장릉리·장원리·두현리 및 삼죽면 용월리·덕산리·율곡리·내장리·배태리만 해당한다)

---

1) 수도권정비계획법 제2조 제1호 및 같은 법 시행령 제2조
2) 수도권정비계획법 제6조 제1항 제1호

과밀억제권역	성장관리권역	자연보전권역
12. 광명시 13. 과천시 14. 의왕시 15. 군포시 16. 시흥시[반월특수지역(반월특수 지역에서 해제된 지역을 포함 한다)은 제외한다]	신봉동, 죽전동, 동천동, 고기동, 상현동, 성복동, 남사면, 이동면 및 원삼면 목신리·죽릉리·학 일리·독성리·고당리·문촌 리만 해당한다) 9. 연천군 10. 포천시 11. 양주시 12. 김포시 13. 화성시 14. 안성시(가사동, 가현동, 명륜동, 숭인동, 봉남동, 구포동, 동본 동, 영동, 봉산동, 성남동, 창전 동, 낙원동, 옥천동, 현수동, 발화동, 옥산동, 석정동, 서인 동, 인지동, 아양동, 신흥동, 도기동, 계동, 중리동, 사곡동, 금석동, 당왕동, 신모산동, 신 소현동, 신건지동, 금산동, 연 지동, 대천동, 대덕면, 미양면, 공도읍, 원곡면, 보개면, 금광 면, 서운면, 양성면, 고삼면, 죽산면 두교리·당목리·칠 장리 및 삼죽면 마전리·미장 리·진촌리·기솔리·내강 리만 해당한다) 15. 시흥시 중 반월특수지역(반월특 수지역에서 해제된 지역을 포 함한다)	

2-6. 연구개발 및 인력개발

2-6-1. 연구개발

연구개발[3]은 과학[4]적 또는 기술[5]적 진전(advance)을 이루기 위한 활동[6][7]과 새로운 서비스 및 서비스 전달체계를 개발하기 위한 활동[8]을 말한다(조특법 §2① 11).

다만, 다음의 활동은 포함하지 아니한다(조특령 §1의2).

① 일반적인 관리 및 지원활동

② 시장조사와 판촉활동 및 일상적인 품질시험

③ 반복적인 정보수집 활동

④ 경영이나 사업의 효율성을 조사·분석하는 활동

⑤ 특허권의 신청·보호 등 법률 및 행정 업무

⑥ 광물 등 자원 매장량 확인, 위치확인 등을 조사·탐사하는 활동

⑦ 위탁받아 수행하는 연구활동

⑧ 이미 기획된 콘텐츠를 단순 제작하는 활동[9]

⑨ 기존에 상품화 또는 서비스화된 소프트웨어 등을 복제하여 반복적으로 제작하는 활동

2-6-2. 인력개발

인력개발은 내국인이 고용하고 있는 임원 또는 사용인을 교육·훈련시키는 활동을 말한다(조특법 §2① 12).

---

3) 종전에는 '연구'를 다음의 개념으로 사용하였다.
   연구라 함은 「기술개발촉진법」 제2조 제1호의 '기술개발'을 말하고, '기술개발'이라 함은 산업기술의 연구 및 그 성과를 이용하여 재료·제품·장치시스템 및 공정 등에 적용할 수 있는 새로운 방법을 찾아내는 활동으로서 시범제작 및 공업화 중간시험의 과정까지를 포함한다(기술개발촉진법 §2 1).

4) 과학 : 확고한 경험적 사실을 근거로 하여 객관적·보편적으로 체계화한 지식

5) 기술 : 과학을 실지로 적용하는 수법

6) OECD의 R&D 개념

7) 연구개발의 정의 및 연구개발비 세액공제가 적용되는 연구개발 활동의 범위를 국제적인 기준에 맞게 정비(2009. 1. 1. 이후 개시하는 과세연도분부터 적용)

8) 종전의 과학기술분야 중심의 R&D 세액공제를 서비스분야로 확대하여 서비스산업의 선진화 및 경쟁력 강화 지원을 도모하였고, 2012. 1. 1.이 속하는 과세연도분부터 적용한다.

9) 콘텐츠 기업의 경우 R&D의 정의에 미부합하는 제작비를 R&D비용 세액공제 신청하는 사례 등이 있어 2019. 2. 12. 조특령 개정시 '제작활동'이 R&D에서 제외됨을 명확히 하였다.

3 | 용어의 준용

앞에서 살펴본 용어 이외에도 원칙적으로 조특법 제3조 제1항 제1호부터 제19호까지 열거된 법[10]에서 사용하는 용어의 예에 따른다(조특법 §2②). 여기에 국세기본법은 포함되지 아니한다.

4 | 약어의 적용범위

방대하고 복잡한 조특법을 올바르게 이해하기 위해서는 약어에 대한 적용범위를 반드시 숙지하여야 한다. 이는 조특법의 입법자나 이해당사자 모두에게 중요하게 작용하게 된다. 예를 들면 '중소기업'이란 약어는 조특법 제5조 제1항 이하에 공통적으로 사용된다. 만일 이하 "중소기업"이라고 표현하는 경우 해당 조문 뒤에 오는 중소기업이라는 용어는 모두 그 정의를 따르는 것을 말하고, 이하 이 장에서 "중소기업"이라고 표현하는 경우 해당 장에서만 그 용어의 정의가 적용되는 것이므로 주의해야 한다. 통상 약어는 입법시 공통되는 용어가 계속·반복되는 경우 조문의 경제성을 위해 사용하고 있다.

5 | 업종의 분류

조특법에서 규정하는 각종 조세지원 제도의 적용 여부를 판정함에 있어 여러 가지 기준이 있으나, 그 중에서 가장 중요한 기준 중 하나가 바로 '업종기준'이다. 업종에 따라 조세지원 여부가 판정되기 때문이다. 특히, 업종에 따른 구분경리가 요구되는 세액감면의 경우에는 더욱 그러하다. 조특법에서 사용되는 업종의 분류는 이 법에 특별한 규정이 있는 경우를 제외하고는 통계법 제22조의 규정에 의하여 통계청장이 고시하는 한국표준산업분류에 따른다.[11][12] 또한, 이 법에서 사용되는 업종의 분류는 이 법에 특별한 규정이 있으면 그

---

10) 「소득세법」, 「법인세법」, 「상속세 및 증여세법」, 「부가가치세법」, 「개별소비세법」, 「주세법」, 「인지세법」, 「증권 거래세법」, 「국세징수법」, 「교통·에너지·환경세법」, 「관세법」, 「지방세특례제한법」, 「임시수입부가세법」, 「국제 조세조정에 관한 법률」, 「금융실명거래 및 비밀보장에 관한 법률」, 「교육세법」, 「농어촌특별세법」(이상 17개 법률로서 19개 중 2개 법률은 삭제되었다)

11) 업종의 분류를 통계청장이 고시하는 한국표준산업분류에 의하도록 한 조세특례제한법 제2조 제3항이 조세법률주의 및 포괄위임입법금지원칙에 위배되지 않음(헌법재판소 2006. 12. 28. 선고 2005헌바59 전원재판부 결정) : 한 국가 내의 모든 업종을 세부적으로 분류하는 작업에는 고도의 전문적·기술적 지식이 요구되고, 많은 전문인력과 시간이 소요되며, 분류되는 업종의 범위 역시 방대하므로, 입법자가 각 업종 간의 공통점과 상이점에 착안하여 다양한 업종을 일일이 분류하여 법률에 열거하는 것은 입법기술상 불가능할 뿐만 아니라, 국제표준산업분류가 세계 각국의 산업분류에 있어 표준적인 역할을 담당하고, 한국표준산업분류 역시 이를 기초로 한 것으로서 국내외에 걸쳐 가장

규정에 따르되 이 법에 특별한 규정이 없는 경우에는 한국표준산업분류를 따르는 것으로 해석된다. 이 법에서 특별히 규정하고 있는 업종(관련법 등에서 정의하고 있는 업종)을 예시하면, 「엔지니어링기술 진흥법」에 따른 엔지니어링 사업, 물류사업(「항만법」에 따른 예선업), 「해운법」에 따른 선박관리업 등을 들 수 있다. 각 업종에 대한 자세한 설명은 각 조 해설을 참고하기로 한다. 또한, 업종판정은 사업자등록증에 기재된 업종을 기준으로 하는 것이 아니라 한국표준산업분류를 기준으로 판단하여야 한다(감심 2010-110, 2010. 11. 4.).

다만, 한국표준산업분류가 변경되어 조세특례를 적용받지 못하게 되는 업종은 한국표준산업분류가 변경된 과세연도와 그 다음 과세연도까지는 변경 전의 한국표준산업분류에 따른 업종에 따라 조세특례를 적용한다(조특법 §2③ 단서). 이는 한국표준산업분류 변경으로 조세특례를 적용받지 못하는 업종에 대하여 2년간 유예기간을 두어 계속 특례를 적용하도록 함으로써 표준산업분류 변경에 따라 갑자기 조특법상 특례 적용이 배제되는 불합리함을 개선하도록 한 것이다(2007년 개정, 조특법 §2③ 단서 신설).13) 최근에는 제10차 한국표준산업분류가 통계청 고시 제2017-13호(2017. 1. 13., 2017. 7. 1.부터 시행)로 개정·고시되었다.

공신력 있는 업종분류결과로 받아들여지고 있는 사정 등을 모아 보면 업종의 분류에 관하여 판단자료와 전문성의 한계가 있는 대통령이나 행정각부의 장에게 위임하기보다는 통계청장이 고시한 한국표준산업분류에 위임할 필요성이 인정된다.

12) 중소기업 범위를 새로이 규정함에 있어 법인세액 감면 대상이 되지 아니하는 업종으로 변경된 기업에 대하여 경과규정을 두지 않는 것은 신뢰보호의 원칙에 위배되지 않음(대법원 2009. 9. 10. 선고 2008두9324 판결).

13) 이와 유사한 규정으로 조세특례제한법 시행령(§2)에서는 업종기준, 규모기준, 독립성기준 등 중소기업 여부를 판정함에 있어 관련 법령이 개정됨에 따라 기준이 변동되어 중소기업 기준에서 벗어나게 된 경우에는 유예기간을 인정하고 있다.

□ 분류목적

- ○ 한국표준산업분류는 생산단위(사업체단위, 기업체단위 등)가 주로 수행하는 산업 활동을 그 유사성에 따라 체계적으로 유형화한 것이다.
- ○ 이러한 한국표준산업분류는 통계법에 의거하여 통계자료의 정확성 및 국가 간의 비교성을 확보하기 위하여, 유엔에서 권고하고 있는 국제표준산업분류를 기초로 작성한 통계목적분류이다.
- ○ 한국표준산업분류는 통계목적 이외에도 일반 행정 및 산업정책관련 법령에서 적용대상 산업영역을 결정하는 기준으로 준용되고 있다.

□ 생산단위의 산업결정방법

- ○ 생산단위의 산업 활동은 그 생산단위가 수행하는 주된 산업 활동(판매·제공되는 재화 및 서비스)의 종류에 따라 결정된다.
  - –(산업결정 우선순위) 주된 산업 활동은 산출물(재화 또는 서비스)에 대한 부가가치(액)의 크기에 따라 결정되어야 하며, 부가가치의 측정이 어려운 경우 산출액 또는 종업원 수 및 노동시간, 임금, 설비의 정도 등을 고려하여 결정한다.

□ 산업분류의 분류원칙

- ○ 생산단위는 산출물뿐만 아니라 투입물과 생산공정 등을 함께 고려하여, 그들의 활동을 가장 정확하게 설명한 항목에 분류합니다.
- ○ 산업활동이 결합되어 있는 경우에는 그 활동단위의 주된 활동에 따라서 분류하며, 활동단위는 대분류를 결정하고, 순차적으로 중, 소, 세, 세세분류 단계 항목을 결정한다.

□ 분류구조 및 부호체계

- ○ 분류구조는 대분류(1자리, 영문대문자), 중분류(2자리 숫자), 소분류(3자리 숫자), 세분류(4자리 숫자), 세세분류(5자리 숫자)의 5단계로 구성된다.
- ○ 분류는 대분류 21개, 중분류 77개, 소분류 232개, 세분류 495개, 세세분류 1,196개로 구성되어 있다.

□ 한국표준산업분류와 국세청 업종분류코드와의 차이점

- ○ 한국표준산업분류(5자리)는 통계작성 목적의 표준분류이며, 국세청 업종분류코드(6자리)는 국세행정 목적의 분류이다.
- ○ 따라서 사업자등록 시에 기입하는 업종분류코드는 한국표준산업분류가 아닌 국세청 업종분류코드(6자리)를 기입하여야 한다.

---

14) 통계분류포털(통계청) 홈페이지 개요란 등 참조

제3조

조세특례의 제한

1 의 의

본조에서는 국고손실을 극소화하고 공평과세를 이룩하기 위하여 조세특례 규정을 통합 규제한다는 취지 아래, 이 법·국세기본법·조약 및 이 법이 정하는 법률에 의하지 않고는 조세특례를 정할 수 없음을 규정하고 있다. 다만, 가산세와 양도소득세 등은 그 성질상 조특법의 근본취지인 각종 정책적 이유에 합치하지 않기 때문에 특별한 규정이 없는 한 원칙적으로 감면을 배제하고 있다. 이하에서는 조세특례를 제한하는 목적과 방법, 그리고 이에 대한 예외사항에 대한 내용을 설명하도록 한다.

2 조세특례를 규정하는 법률의 제한

2-1. 통합규제의 필요성

1965년의 세법 개정 당시에는 경제개발계획의 추진과 함께 조세유인의 중요성이 더욱 강조된 점은 필연적인 것이기는 하나, 조세감면혜택의 부여는 국고손실을 수반할 뿐만 아니라 공평과세를 저해하는 요인이 되었다. 따라서 국고손실을 극소화하고 공평과세를 이룩하기 위해 종래 각종 법률에 분산되어 있던 특례조항을 통합 규제할 필요가 생겼다. 그리하여 수차의 개정을 거쳐 현재는 조특법, 「국세기본법」 및 조약과 21개 법률[1]에 따르지 아니하고는 조세특례를 정할 수 없다.

---

1) 1. 「소득세법」, 2. 「법인세법」, 3. 「상속세 및 증여세법」, 4. 「부가가치세법」, 5. 「개별소비세법」, 6. 「주세법」, 7. 「인지세법」, 8. 「증권거래세법」, 9. 「국세징수법」, 10. 「관세법」, 11. 「지방세특례제한법」, 12. 「임시수입부가세법」, 13. 「국제조세조정에 관한 법률」, 14. 「금융실명거래 및 비밀보장에 관한 법률」, 15. 「교육세법」, 16. 「농어촌특별세법」, 17. 「남북교류협력에 관한 법률」, 18. 「자유무역지역의 지정 및 운영에 관한 법률」, 19. 「제주특별자치도 설치 및 국제자유도시 조성을 위한 특별법」(제주특별자치도세에 관한 규정만 해당한다), 20. 「종합부동산세법」 21. 「교통·에너지·환경세법」.

그런데 위 열거된 법률 이외의 법률에서 조세의 감면규정을 신설하면서 위 조특법 제3조에 신설 규정하지 않은 경우, 동법의 규제에 의하여 감면되지 않을 것인가가 문제가 된다. 이에 대하여 대법원 판결(대법원 1974. 1. 29. 선고 73누117 판결)[2]은 조세감면규제법에 열거되지 아니한 법률에 따른 감면은 적용될 수 없다고 판시하고 있다.

> **보 론**
>
> **개별법상 선언적 조세감면 규정 허용 논쟁**
> **1. 논쟁의 배경**
> 　개별법을 소관하고 있는 각 중앙부처는 소관 법령의 제·개정시 조세지원 근거조항을 개별법에 규정하고자 하는 시도가 빈번하게 발생함에 따라 법안협의 과정에서 해당 조항의 허용 필요성에 관해 소모적인 논쟁이 지속되고 있으며, 조세특례제한법을 담당하는 기획재정부는 동법 제3조에 근거하여 조세특례사항의 개별법 규정을 지속적으로 반대하고 있다. 그럼에도 불구하고, 각 부처를 비롯한 입법제안자는 조세감면에 관한 선언적 규정이 포함될 것을 강력하게 희망하고 있는 상황이다.
>
> **2. 개별법 규정 허용에 대한 논란**
> 　① 허용불가 의견 : 조세특례사항 개별법 규정 허용 불가
> 　　ㅇ 입법 취지와 배치 : 조세특례제한법 제3조는 1965. 12. (구)조감법 제정시 각종 법률에서 분산 규정하고 있던 조세특례사항을 통합관리하고자 규정을 新設한 것이며, 이는 조세특례사항에 대하여 총체적으로 재조정·단일화하여 과세공평과 세수의 효율적인 관리를 목적으로 하고 있으므로, 개별법 차원의 세제지원 근거 규정을 신설하는 것은 비과세·감면을 통합관리하려는 조특법 입법 취지에 배치된다.
> 　　ㅇ 개별법 규정의 실질적인 필요성이 없음 : 개별법에 선언적 감면 규정 없이도 조특법에 따라 세제지원 건의가 가능하며, 만약 개별법에 선언적 규정이 있더라도 조특법의 개정 없이는 세제지원이 불가하므로 개별법에 선언적 조세감면을 규정하더라도 이해관계자의 불필요한 기대와 오해만 초래할 가능성이 있다.
> 　　ㅇ 조세지원 정책의 일관성·효율성 저해 : 향후 급증하는 재정수요와 어려운 재정여건을 감안할 때 비과세·감면제도의 일관적·효율적인 운용이 절실한 상황이므로, 개별법에 예외 허용시 모든 개별법으로 세제지원 규정이 확대될 우려가 있으며 종합적이고 체계적인

---

2) (판결내용) 농업협동조합법에 의한 조세감면규정과 조세감면규제법 제3조 제1항의 규정은 후법 우선의 원칙에 따라 조세감면규제법을 우선 적용하는 것임.
(판결취지) 조세감면규제법이 조세감면에 사항을 총체적으로 재조정하여 단일화함으로써 과세공평과 세수의 확보를 기하려는 목적으로 제정된 점에 비추어 볼 때 동법은 조세감면에 관한 한 우선적으로 적용하여야 할 것으로 봄이 상당하고, 농업협동조합법도 농업협동조합의 설립목적에 비추어 이를 육성·발전시키기 위한 특별법으로서 조세감면에 관한 한 위 두 개의 법률은 모두 특별법의 위치에 있는 것으로 볼 수 있으나, 농업협동조합법이 조세감면규제법에 우선하여 관세와 물품세 이외의 조세를 부과할 수 없다는 해석이 합리적인 것이라 하면, 소득세, 영업세, 법인세를 면제하는 규정을 조세감면규제법 자체에서 다시 규정할 필요가 없었을 것이다. 그러함에도 불구하고 조세감면규제법에도 농업협동조합법에 대한 소득세, 영업세, 법인세의 면제규정을 둔 것은 조세감면에 관한 한 후법인 조세감면규제법을 우선 적용하는 취지로써 입법된 것으로 해석하여야 하는 것은 당연하다.

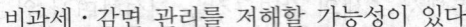

비과세·감면 관리를 저해할 가능성이 있다.
② 허용가능 의견 : 개별법에 선언적 조세특례 규정 허용
  ○ 구속력이 없는 선언적 규정에 불과 : 단순히 '세제지원할 수 있다'는 규정으로서 구체적 세제지원 내용을 정하는 것은 아니며, 조특법 등 개정을 구속하지 않는다. 따라서, 조특법상 세제건의 절차에 대한 선언적 문구로 해석할 필요가 있다.
  ○ 선언적 세제지원이 규정된 개별법 다수 존재 : 이미 국민연금법(1986년 입법, 제55조), 근로자복지기본법(2001년 8월 입법, 제12조) 등 상당수의 기존 개별법에 선언적 세제지원 규정이 존재하고 있으므로, 특정 개별법에만 선언적 규정을 막을 만한 특별한 논리가 부족하다.
  ○ 현실적으로 모든 개별법을 막기 어려움 : 개별입법 절차는 다양한 형태로 추진되고 있으므로, 모든 개별법을 막지 못하는 상황에서 일부 법에의 삭제요구는 타 부처와 소모적인 논쟁을 지속적으로 야기할 뿐이다.

저자의 견해

선언적 조세감면 규정이 존재하고 있는 것이 현실이므로, 다음의 기준에 따라 제한적으로 선언적 규정만 허용하는 것이 합리적일 것으로 판단된다.
① 입법 전 정부차원으로 세제지원이 합의된 사항은 국가 정책적 우선순위가 높은 것으로 판단되고, 조특법 등의 개정을 통하여 전부 또는 일부의 반영이 불가피할 것으로 생각되므로, 중요도가 높은 정책의 입법 추진시에는 선언적 세제지원 근거 규정을 허용하는 것이 바람직할 것으로 생각된다.
② 이미 개별법에 대한 세제지원 내용이 조특법 등에 반영된 경우에는 조특법상 세제지원이 명확히 존재하는 사항을 개별법에서 선언적으로 확인하는 것에 불과하므로, 개별법에 선언적 근거 규정을 두어도 무리는 없을 것으로 판단된다.

2-2. 통합규제의 예외

조세의 특례규정을 통합한 것은 위와 같은 목적의 달성을 위하여는 타당한 것이 되나, 특정목적(예 남북교류협력 등)을 정책적으로 지원하기 위해 조세의 특례규정을 포함한 여러 가지 지원수단을 단일 법률에 통합하는 것이 입법기술상 효율적이며 또한 효과적으로 정책지원을 하는 수단이 되는 경우가 있다. 조특법 제3조 제1항 제21호 이하에 열거된 남북교류협력에 관한 법률, 자유무역지역의 지정 및 운영에 관한 법률, 제주특별자치도 설치 및 국제자유도시 조성을 위한 특별법(제주특별자치도세에 관한 규정만 해당한다) 등은 이와 같은 점을 반영한 입법이라 할 수 있다.

2-3. 조특법상 특례규정의 특색

이상과 같은 점 이외에도 조특법에서 규정하는 특례규정은 개별세법이나 기타 법률에서 규정하는 특례규정에 비하여 다음과 같은 특색이 있다.

① 조특법에는 각 특례규정별로 적용기한을 특정하는 일몰기한을 두고 있다(조특법 제1조의 해설 1-2-3. 참조).
② 조특법상의 각종 특례규정은 최저한세(조특법 §132)나 중복지원의 배제(조특법 §127) 등 일정한 조세특례의 제한규정이 적용되나, 개별세법이나 기타 법률에서 규정하는 특례는 특별한 경우를 제외하고는 이러한 규정이 없다.

3 | 감면되는 조세의 제한

3-1. 가산세의 감면 제한

조세감면 규정은 경제정책, 사회정책 기타 정책적 이유에서 일반적인 규정에 의해 부담해야 할 세액의 전액 또는 일부를 경감해 주는 것이며, 이것은 주로 특정행위 또는 산업의 육성·장려·조정을 목표로 하는 규정이다.

이에 반하여 가산세는 세법에 규정하는 의무의 성실한 이행을 확보하기 위하여, 세법에 규정하는 의무를 위반한 자로부터 그 세법에 의하여 산출한 세액에 가산하여 부과징수하는 금액을 말하므로, 이러한 의무위반에 대하여까지 위의 정책적 지원을 해야 할 필요는 없다. 따라서 가산세는 원칙적으로 감면의 대상이 되지 않는다.

이는 구 조세감면규제법 제4조 제1항에서 소위 비과세법인으로서 권리·의무의 주체에 대하여 법인세를 면제한 것으로 규정한 경우에 법인 자체의 모든 세금을 면제하는 것으로 할 것인가, 즉 실체법상 법인세나 행정협력의무 불이행에 대한 가산세로서의 법인세 등도 모두 면제한다는 것인지가 문제되었던바, 이와 같은 문제를 해결하기 위하여 명문의 규정을 둔 것이다. 다만, 위에서 설명한 바와는 별도로 납세자의 의무이행을 간접적으로 확보하기 위하여 가산세의 감면규정을 국세기본법 제48조·제49조에 제한적으로 두고 있다.

3 - 2. 양도소득세의 감면 제한

양도소득세는 부동산투기를 억제하기 위하여 부과되는 세금으로서 그 소득의 성질이 위에서 설명한 정책적 지원의 대상에 해당하지 않는다. 따라서 양도소득에 대하여는 소득공제나 세액공제 등의 감면대상에서 제외하고 있다.

그러나 양도소득세의 당초 취지인 부동산투기 등의 억제의 대상이 아닌 부동산 등의 양도에 대하여 양도소득세를 감면 또는 비과세(농지의 대토나 8년 이상 자경농지에 대한 감면 규정 등)하는 것은 위의 취지와는 별도이며, 소득세법 및 법인세법과 조특법에서 상세히 규정하고 있다.

제 **2** 장

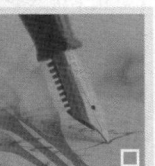

직접국세

제**5**조의2

중소기업 정보화 지원사업에 대한 과세특례

1 | 의 의

　중소기업의 경쟁력 강화를 위해서는 정보화를 통한 생산성 향상, 새로운 비즈니스 창출 등의 분야에서 자금수요가 큰 반면, 컴퓨터 장비 및 소프트웨어에 대한 투입비용이 중소기업에 주는 비용부담이 커 이에 대한 세제지원이 필요하고 중소기업 정보화지원사업 참여 중소기업의 정보화 성과가 일반 중소기업에 비해 높은 점을 감안할 때 실효성 측면에서도 지원 필요성이 있다는 이유로 본 제도가 도입되었다. 중소사업자가 관련법률의 규정에 따라 정보화지원사업을 위한 출연금 등을 지급받은 경우에는 당해 지원금이 자산수증이익(익금 또는 총수입금액)에 해당되어 지원을 받을 때 소득세 또는 법인세가 과세될 것이나, 동 출연금 등을 전사적 기업자원관리설비 등에 투자하는 경우에는 지급받은 과세연도에 일시상각충당금을 계상하여 손금에 산입할 수 있도록 함으로써 출연금을 이용한 설비투자가 용이하게 된다. 본래 지급받은 출연금은 지급받은 당시 익금에 포함되어 과세된다 하더라도, 출연금 지출시 다시 손금처리되어 해당 과세연도의 익금에서 차감되는 효과가 있으므로, 전체적으로는 과세문제가 발생하지 않고 단지 손익 귀속시기의 불균형 문제만 발생할 뿐이다. 본 제도는 이러한 귀속시기 불균형 문제를 해소하고자 도입된 것으로, 법인세법이나 소득세법상 국고보조금의 일시상각충당금 또는 압축기장충당금 제도와 취지를 같이 한다고 볼 수 있다. 동 제도는 2015. 12. 31. 일몰이 도래하여 적용 종료되었다.

2 | 요 건

2-1. 적용대상자

　본조의 적용대상자는 중소기업기본법에 의한 중소기업자이다(조특령 §4의2①). 조특법상 중소기업자가 아니므로, 업종제한 없이 적용가능하다. 다만, 조특법에서는 중소기업기본법과는 별도로 중소기업을 정의하고 있는 바, 본 제도의 적용대상이 도입시부터 일반 중소기업으로 설정된 것인지에 대하여는 의문의 여지가 있다고 본다. 저자의 견해로는 법 전체의 통일성과 일관성 측면에서 중소기업에 대한 세제지원 적용 대상은 일치할 필요가 있으므로, 본 제도도 조특법 중소기업으로 제한하는 것이 타당하다고 본다.

2-2. 적용요건

2-2-1. 지급받는 출연금의 유형

정보화지원사업을 위한 출연금은 다음의 법률에 따라 지급받는 것을 말한다(조특법 §5의2).

① 중소기업기술혁신촉진법 제18조

제18조【중소기업 정보화지원사업】
　① 중소벤처기업부장관은 중소기업의 정보화에 필요한 중소기업 정보화의 기반조성과 정보기술의 보급·확산에 관한 지원사업을 추진할 수 있다.
　② 중소벤처기업부장관은 제1항의 규정에 의한 사업을 효율적으로 추진하기 위하여 필요하다고 인정할 때에는 대학·연구기관·공공기관·민간단체 및 중소기업 등에 소요되는 비용을 출연할 수 있다.

② 산업기술혁신 촉진법 제19조

제19조【산업기술기반조성사업】
　① 산업통상자원부장관은 산업기술혁신의 기반 및 환경조성에 관한 다음 각 호의 사업(이하 "산업기술기반조성사업"이라 한다)을 추진할 수 있다.
　1. 산업기술인력의 활용 및 공급
　2. 산업기술 연구장비·시설 등의 확충 및 활용촉진
　3. 연구장비·시설·연구인력 및 정보 등 산업기술혁신 요소의 집적화(集積化) 촉진
　4. 산업기술혁신을 위하여 필요한 기술·산업 등에 관한 각종 정보의 생산·관리 및 활용의 촉진
　5. 산업기술의 표준화, 디자인·브랜드 선진화 등을 위한 기반구축
　6. 산업기술문화공간의 설치·운영 등 산업기술저변의 확충
　7. 그 밖에 산업기술혁신 기반 조성을 위하여 대통령령으로 정하는 사업
　② 산업통상자원부장관은 연구기관, 대학, 그 밖에 대통령령으로 정하는 기관·단체로 하여금 산업기술기반조성사업을 실시하게 할 수 있으며, 산업기술기반조성사업을 주관하여 실시하는 자(이하 "주관기관"이라 한다)와 산업기술기반조성사업에 관한 협약을 체결하고, 주관기관에 해당 사업의 수행에 드는 비용의 전부 또는 일부를 출연 또는 보조할 수 있다.
　③ 산업기술기반조성사업에 관하여는 제11조(제1항은 제외한다) 및 제11조의2 및 제11조의3을 준용한다. 이 경우 "주관연구기관"은 "주관기관"으로, "산업기술개발사업"은 "산업기술기반조성사업"으로 본다.

③ 정보통신산업 진흥법 제44조 제1항

제44조 【기금의 용도 등】
　① 기금은 진흥계획에 따라 시행되는 다음 각 호의 어느 하나에 해당하는 용도에 사용한다.
　1. 정보통신(전파방송을 포함한다. 이하 이 항에서 같다)에 관한 연구개발사업
　2. 정보통신 관련 표준의 개발·제정 및 보급사업
　3. 정보통신 관련 인력의 양성사업
　4. 제1호부터 제3호까지에 규정된 사업 외에 정보통신산업의 기반조성을 위한 사업
　5. (삭제, 2010. 3. 22. ; 방송통신발전 기본법 부칙)
　6. 「전파법」 제7조 제5항에 따라 반환하는 주파수할당 대가
　7. 제1호부터 제4호까지에 규정된 사업의 부대사업

2-2-2. 출연금의 설비 투자

2015. 12. 31.까지 지급받는 중소기업 정보화지원사업을 위한 출연금 등은 다음의 설비에
투자되어야 한다(조특령 §4의2).

① 전사적 기업자원관리설비
　　구매·설계·건설·생산·재고·인력 및 경영정보 등 기업의 인적·물적 자원을 전자적 형태로
　　관리하기 위하여 사용되는 컴퓨터와 그 주변기기, 소프트웨어, 통신설비, 그 밖의 유형·무형의
　　설비로서 감가상각기간이 2년 이상인 설비
② 전자상거래설비
　　전자적 형태로 수요예측·수주(受注)·용역제공·상품판매·배송·대금결제·고객관리 등을
　　하기 위하여 사용되는 컴퓨터와 그 주변기기, 소프트웨어, 통신설비, 그 밖의 유형·무형의 설비로서
　　감가상각기간이 2년 이상인 설비
③ 컴퓨터 또는 각종 제어장치를 이용하여 경영 및 유통관리를 전산화하는 소프트웨어 등의 설비로서
　　다음에 해당하는 것(감가상각기간이 2년 이상인 것에 한함)
　　㉠ 생산설비를 전자화하고 생산공정을 정보화하기 위한 시스템
　　㉡ 제품생산정보·재고정보 등의 상호 교환, 공동설계, 공동구매 등을 위한 기업 간 정보공유시스템
　　㉢ 인사, 급여, 회계, 원가관리, 재고, 재무, 판매, 영업, 자재조달, 물류 등 2 이상의 단위업무를
　　　통합지원하는 소프트웨어

3 | 과세특례의 내용

출연금 등을 설비에 투자하는 경우에는 국고보조금 등으로 취득한 사업용자산가액의 손금산입 규정(일시상각충당금 또는 압축기장충당금 설정)을 준용하여 손금에 산입할 수 있으므로(조특법 §5의2), 출연금으로 발생되는 손익의 불균형 문제를 해소하는(출연금 등의 익금인식 시점을 지급받은 시점에서 감가상각 시점으로 이연) 효과가 있다. 국고보조금의 세무상 처리방법에 대한 자세한 사항은 법인세법 제36조 및 소득세법 제32조를 참고하기 바란다.

4 | 절 차

본조의 규정에 의하여 지급받은 출연금 등을 손금산입하고자 하는 내국인은 소득세 또는 법인세 과세표준신고와 함께 정보화지원사업출연금 등 손금산입조정명세서를 납세지 관할 세무서장에게 제출하여야 한다(조특령 §4의2③).

제6조

창업중소기업 등에 대한 세액감면

1 의 의

조특법은 중소기업의 설립을 촉진하고 성장 기반을 조성하여 중소기업의 건전한 발전을 통한 건실한 산업구조의 구축에 기여함을 목적으로 중소기업이 창업한 경우 최초로 소득이 발생한 과세연도와 그 다음 과세연도 개시일부터 4년까지 발생한 소득의 일정비율에 해당하는 금액을 감면하고 있다. 창업중소기업에 대한 세액감면은 여러 중소기업에 대한 세제지원 중 핵심적인 제도이자, 조특법에서 규정하는 세액감면 중 최초로 규정되어 있는 제도라는 점에서 의의가 있다. 본 조문 이하에서 후술하는 세액감면 제도도 상당부분 본조를 준용하고 있음을 밝혀둔다.

최근에는 2017~2018년 조특법 개정으로 청년이 창업한 중소기업에 대한 세액 감면율을 상향 조정하고, 신성장 서비스업을 영위하는 기업에 대한 세액 감면 및 업종별 최소고용인원 이상을 고용하는 창업중소기업 등에 대한 추가 감면을 신설하는 등 세제지원을 대폭 확대하고 있다.

2 중소기업의 범위

2-1. 개 요

중소기업이라 함은 내국인으로서 매출액 기준(규모기준), 상한기준(자산총액)과 소유 및 경영의 실질적인 독립성(독립성기준)을 충족한 기업으로서 소비성서비스업을 주된 사업으로 영위하지 않는 기업(업종기준)을 말한다(조특령 §2①, 조특령 §제29③). 이하에서 중소기업의 범위에 대하여 상세히 설명하도록 한다.

중소기업 = 업종기준 + 규모기준 + 상한기준 + 독립성기준

2-2. 업종기준

2-2-1. 중소기업 업종기준을 네거티브 방식으로 전환

종전(2017. 2. 7. 조특령 개정 전)에는 중소기업의 업종기준에 대해 포지티브 방식을 택하여 제조업 등 법령에 열거된 업종[1]을 주된 사업으로 영위하여야 하는 것으로 정하고 있었다. 그러나 정부는 서비스업 지원 등을 통한 일자리 창출을 제고하기 위해 2017. 2. 7. 조특령 제2조 제1항을 개정하여 중소기업 업종 기준을 Negative(네거티브) 방식으로 전환하였다. 즉, 종전에는 농업·제조업·건설업 등 49개 업종을 주된 사업으로 영위하는 경우[Positive (포지티브) 방식]에만 중소기업 해당 업종으로 보았으나, 조특령 개정을 통해 소비성서비스업을 주된 사업으로 영위하지 않는 경우에는 모두 적용대상이 되는 것으로 업종범위를 대폭 확대하였다(조특령 §2① 4, 조특령 §29③).

2-2-2. 중소기업에 업종기준에서 제외되는 '소비성서비스업'의 의미

조특령 제29조 제3항에 따른 소비성서비스업이란 다음의 어느 하나에 해당하는 사업을 말한다(조특령 §29③).

① 호텔업 및 여관업(관광숙박업 제외)
② 주점업(일반유흥주점업, 무도유흥주점업 및 단란주점 영업만 해당하되, 외국인전용유흥음식점업 및 관광유흥음식점업은 제외)

이와 같은 업종범위 확대는 고용·투자·연구개발 세제지원 제도상 중소기업 업종에도 동일하게 적용되며, 동 개정규정은 2017. 1. 1. 이후 개시하는 과세연도 분[투자, 고용 또는 연구·인력개발비의 경우에는 2017. 1. 1. 이후 개시하는 과세연도에 투자하거나 고용을 개시하거나 연구·인력개발비가 발생하는 분을 말한다]부터 적용한다.

2-3. 규모기준

2-3-1. 매출액 기준

매출액이 업종별로 규모기준[2] (별표 1의 평균매출액등은 매출액으로 본다) 이내인 경우에만 중소기업이 될 수 있다(조특령 §2① 1).[3]

---

1) 작물재배업, 축산업, 어업, 광업, 제조업(의제 제조업 포함) 등
2) 「중소기업기본법 시행령」 별표 1
3) 법인 또는 거주자가 2 이상의 서로 다른 사업을 영위하는 경우 주된 사업을 기준으로 중소기업 해당 여부를 판정함에 있어서 영 제2조 제1항 각호의 요건은 당해 법인 또는 거주자가 영위하는 사업 전체의 종업원수·자본금

매출액은 기업회계기준에 따라 작성한 손익계산서상의 매출액[4]을 말한다. 다만, 창업·분할·합병의 경우 그 등기일의 다음 날(창업의 경우에는 창업일)이 속하는 과세연도의 매출액을 연간 매출액으로 환산[5]한 금액을 말한다(조특칙 §2④).[6]

■ **중소기업기본법 시행령 [별표 1]** (2017. 10. 17. 개정)

│ 주된 업종별 평균매출액의 중소기업 규모 기준(제3조 제1항 제1호 가목 관련) │

해당 기업의 주된 업종	분류기호	규모 기준
1. 의복, 의복액세서리 및 모피제품 제조업	C14	평균매출액등 1,500억원 이하
2. 가죽, 가방 및 신발 제조업	C15	
3. 펄프, 종이 및 종이제품 제조업	C17	
4. 1차 금속 제조업	C24	
5. 전기장비 제조업	C28	
6. 가구 제조업	C32	
7. 농업, 임업 및 어업	A	평균매출액등 1,000억원 이하
8. 광업	B	
9. 식료품 제조업	C10	
10. 담배 제조업	C12	
11. 섬유제품 제조업(의복 제조업은 제외)	C13	
12. 목재 및 나무제품 제조업(가구 제조업은 제외)	C16	
13. 코크스, 연탄 및 석유정제품 제조업	C19	
14. 화학물질 및 화학제품 제조업(의약품 제조업은 제외)	C20	
15. 고무제품 및 플라스틱제품 제조업	C22	
16. 금속가공제품 제조업(기계 및 가구 제조업은 제외)	C25	

또는 매출액을 기준으로 하여 판정한다(조기통 4-2…1).

4) 제조업을 영위하는 법인이 유상사급거래분에 대해 총액법에 의해 회계처리하였으나 기업회계기준에 따라 순액법에 의한 회계처리로 수정 공시한 경우의 '매출액'은 수정 공시한 손익계산서를 기준으로 하는 것임(법인-100, 2011. 2. 10.).

5) 「조세특례제한법 시행령」 제2조 제1항 단서의 "매출액이 1천억원 이상"에 해당하는지 여부를 판단함에 있어서, 「법인세법」 제7조에 따라 사업연도를 변경하는 경우 변경 후 최초사업연도의 "매출액"은 그 최초사업연도의 매출액을 연간 매출액으로 환산한 금액을 말하는 것임(재조특-585, 2011. 6. 24.).

6) 제조 및 도소매를 영위하는 법인이 과세연도 중에 도소매 사업부문을 분할하여 분할신설법인을 설립한 경우, 분할법인의 중소기업 해당 여부를 판단함에 있어 「조세특례제한법 시행령」 제2조 제1항 제1호에 따른 '매출액'은 같은 법 시행규칙 제2조 제4항 단서가 적용되지 않고 해당 과세연도의 전체 매출액으로 하는 것임(기준-2019-법령해석법인-0527, 2019. 9. 4.).

해당 기업의 주된 업종	분류기호	규모 기준
17. 전자부품, 컴퓨터, 영상, 음향 및 통신장비 제조업	C26	평균매출액등 1,000억원 이하
18. 그 밖의 기계 및 장비 제조업	C29	
19. 자동차 및 트레일러 제조업	C30	
20. 그 밖의 운송장비 제조업	C31	
21. 전기, 가스, 증기 및 공기조절 공급업	D	
22. 수도업	E36	
23. 건설업	F	
24. 도매 및 소매업	G	
25. 음료 제조업	C11	평균매출액등 800억원 이하
26. 인쇄 및 기록매체 복제업	C18	
27. 의료용 물질 및 의약품 제조업	C21	
28. 비금속 광물제품 제조업	C23	
29. 의료, 정밀, 광학기기 및 시계 제조업	C27	
30. 그 밖의 제품 제조업	C33	
31. 수도, 하수 및 폐기물 처리, 원료재생업 (수도업은 제외한다)	E (E36 제외)	
32. 운수 및 창고업	H	
33. 정보통신업	J	
34. 산업용 기계 및 장비 수리업	C34	평균매출액등 600억원 이하
35. 전문, 과학 및 기술 서비스업	M	
36. 사업시설관리, 사업지원 및 임대 서비스업 (임대업은 제외한다)	N (N76 제외)	
37. 보건업 및 사회복지 서비스업	Q	
38. 예술, 스포츠 및 여가 관련 서비스업	R	
39. 수리(修理) 및 기타 개인 서비스업	S	
40. 숙박 및 음식점업	I	평균매출액등 400억원 이하
41. 금융 및 보험업	K	
42. 부동산업	L	
43. 임대업	N76	
44. 교육 서비스업	P	

비고 : 1. 해당 기업의 주된 업종의 분류 및 분류기호는 「통계법」 제22조에 따라 통계청장이 고시한 한국표준
산업분류에 따른다.
2. 위 표 제19호 및 제20호에도 불구하고 자동차용 신품 의자 제조업(C30393), 철도 차량 부품 및 관련
장치물 제조업(C31202) 중 철도 차량용 의자 제조업, 항공기용 부품 제조업(C31322) 중 항공기용 의자
제조업의 규모 기준은 평균매출액등 1,500억원 이하로 한다.

2-3-2. 자산총액 기준

매출액 기준만으로 중소기업 판정제도를 운영할 경우 자본집약적 초대형 기업이 중소기업에
포함될 수 있으므로 이러한 문제점을 시정하기 위하여 자산총액이 5천억원 이상인 경우에는
매출액 기준이 충족되더라도 중소기업으로 보지 아니한다.

자산총액은 과세연도 종료일 현재 기업회계기준에 따라 작성한 재무상태표상의 자산총액을
말한다(조특칙 §2⑤). 이 경우 자산총액은 연결재무제표가 아닌 개별재무제표를 기준으로
판단한다(법인-1205, 2010. 12. 30.).

2-4. 독립성 기준

중소기업은 업종기준 및 규모기준과 함께 소유경영독립 요건도 충족되어야 한다.
즉, 업종기준 및 규모기준이 중소기업의 범위에 해당하더라도 소유 및 경영의 실질적인
독립성이 없다면 중소기업으로 보지 아니한다(조특령 §2① 3). 구체적으로 살펴보면, 아래와
같이 실질적인 독립성이 소유와 경영의 실질적인 독립성[7]이 다음의 어느 하나에 해당하지 아니하는
기업에 적합하여야 한다.

① 상호출자제한기업집단 또는 채무보증제한기업집단에 속하는 회사
② 자산총액이 5천억원 이상인 법인[8][9]이 주식등[10]의 30% 이상을 직접적 또는 간접적[11][12]으로

---

7) 독립성 기준은 상법상 회사에만 적용하며 개인사업자는 적용하지 않는다. 다만, 비영리 사회적기업이 중소기업기본법상
중소기업 범위에 포함됨에 따라 비영리 사회적기업의 경우에는 상법상 회사가 아님에도 불구하고 회사로 간주하여
독립성 기준(관계기업 제도는 제외)을 적용한다.

8) 외국법인을 포함하되, 다음은 제외한다.
1. 비영리법인, 2. 「중소기업창업 지원법」에 따른 중소기업창업투자회사, 3. 「여신전문금융업법」에 따른 신기술
금융사업자, 4. 「벤처기업육성에 관한 특별조치법」에 따른 신기술창업전문회사, 5. 「산업교육진흥 및 산학협력촉진에
관한 법률」에 따른 산학협력기술지주회사, 그 밖에 2부터 5까지에 준하는 경우로서 중소기업 육성을 위하여
중소벤처기업부장관이 정하여 고시하는 자(중기령 §3① 2호 나목 및 §3의2③ 각 호)

9) 자산총액이 5천억원 이상인 비영리법인이 기업의 주식을 100분의 30 이상 직접적 또는 간접적으로 소유하는 경우
해당 기업은 「조세특례제한법 시행령」 제2조 제1항 제3호 및 「중소기업기본법 시행령」(2009. 3. 25. 대통령령
제21368호로 개정된 것) 제3조 제2호 나목에 따른 중소기업 요건 중 실질적인 독립성 기준에 위배되지 않는
것임(기획재정부 조세특례제도과-674, 2018. 9. 5.).

10) '주식등'이란 발행주식 총수 또는 출자총액으로서(중기령 §2 4호), 종전에는 「상법」상 주식회사에만 적용되었으나,
2012년부터는 「상법」상 모든 회사(유한회사, 합자회사 등)에 적용된다. → 「중소기업기본법 시행령」 부칙(대통령령

소유한 경우(집합투자기구를 통하여 간접소유한 경우는 제외)로서 최다출자자[13]인 기업.
이 경우 최다출자자는 해당 기업의 주식 등을 소유한 법인 또는 개인으로서 단독으로
또는 다음의 어느 하나에 해당하는 자와 합산하여 해당 기업의 주식 등을 가장 많이
소유한 자를 말하며, 주식 등의 간접소유 비율에 관하여는 「국제조세조정에 관한 법률
시행령」 제2조 제3항을 준용한다(조특령 §2④, 조특칙 §2⑦).

㉮ 주식 등을 소유한 자가 법인인 경우 : 그 법인의 임원

㉯ 주식 등을 소유한 자가 ㉮에 해당하지 아니하는 개인인 경우 : 그 개인의 친족

③ 관계기업[14]에 속하는 기업의 경우에는 평균매출액등이 주된 업종별 평균매출액등의 규모
기준[15]에 맞지 아니하는 기업. 이 경우 관계기업에 속하는 기업인지의 판단은 과세연도
종료일 현재를 기준으로 한다(조특칙 §2⑧).[16] 부연하면 본 관계기업 기준은 비록 독립성

제23412호, 2011. 12. 28. 개정된 것) 제3조(중소기업의 범위에 관한 경과조치) 이 영 시행 당시 종전의 규정에
따라 중소기업에 해당하는 기업이 이 영 시행으로 중소기업에 해당하지 아니하게 되는 경우에는 2012. 12. 31.까지는
중소기업으로 본다.

11) 별도 법인을 설립하여 우회투자함으로써 독립성 기준을 회피하는 부작용이 발생할 수 있으므로, 이를 방지하기
위해 간접 소유한 경우를 포함하여 주식소유 비율을 계산(2008. 2. 22. 이후 최초로 사유가 발생하는 분부터 적용)

12) 조특법상 중소기업 독립성 기준(중기령 별표 2) 충족 여부 판정시 종전에는 직접소유비율만 규정하고 있었으나,
2008. 2. 22. 「조세특례제한법 시행령」 개정으로 직접소유비율뿐만 아니라 간접소유비율을 포함하여 판정하도록
하였다(조특령 §2① 3). 또한, 조특법상 중소기업 독립성 기준(중기령 별표 2)의 개정으로 새로이 중소기업에
해당하지 아니하게 되는 경우에는 그 사유가 발생한 날이 속하는 과세연도의 그 다음 3개 과세연도까지 중소기업으로
보도록 규정하고 있다(조특령 §2⑤). 한편, 2009. 3. 25. 「중소기업기본법 시행령」 별표 2가 개정되어 중기법상
중소기업 독립성 기준 충족 여부 판정시도 간접소유비율을 포함하도록 하였는데 2009년 사업연도 이후 4년간
쟁점법인이 조특령 제2조 제5항에 따른 유예기간을 적용받을 수 있는지 여부 : 「조세특례제한법 시행령」(2008.
2. 22. 대통령령 제20620호로 개정된 것) 제2조 제1항 제3호의 요건을 갖추지 아니하여 중소기업 적용이 배제되는
경우 같은 조 제5항 및 같은 시행령 부칙 제3조 제1항에 따라 2009사업연도(2009. 1. 1.~2009. 12. 31.)와 그 다음
3개 사업연도까지 중소기업으로 보는 것임(재조특-972, 2011. 10. 26.).

13) A기업(자산총액 5천억원 이상 법인으로 B기업의 주식을 40% 소유)이 규모기준을 충족하는 B기업(B기업의
대표이사가 60% 소유)의 주식을 30% 이상 소유하고 있지만 최대출자자가 아니므로 B기업은 중소기업에 해당한다.
다만, B기업의 대표이사가 A기업의 임원이라면 A기업이 100% 소유하게 되어 중소기업에 해당하지 아니하게
된다.

14) 「주식회사 등의 외부감사에 관한 법률」 제4조에 따라 외부감사의 대상이 되는 기업이 중기령 제3조의2에 따라
다른 국내기업을 지배함으로써 지배 또는 종속의 관계에 있는 기업의 집단을 말한다(중기령 §2 3호).

15) 중기령 제7조의4 및 같은 령 별표 1 · 별표 2

16) 2014. 3. 14. 신설된 「조세특례제한법 시행규칙」 제2조 제8항에서 관계기업에 속하는 기업인지의 판단은 과세
연도 종료일 현재를 기준으로 한다고 하고 있으나, 시행규칙 개정 전 사업연도에 있어 관계기업 매출액
산정을 위한 주식보유비율은 「중소기업기본법 시행령」 관련 규정에 따라 직전 사업연도 말일을 기준으로
산정하여야 한다는 청구주장에 대하여, 조세심판원은 "2014. 2. 21.자 개정된 「조세특례제한법 시행령」 제2조
제4항 및 2014. 3. 14.자 개정된 같은 법 시행규칙 제2조 제8항의 개정(신설) 취지가 「조세특례제한법」상
관계기업 적용여부의 판단시점에 대한 명시적 사항이 없어 종전에 예규로 해석해 오던 사항을 명확하게 하기
위해 선언적으로 규정한 것에 불과한 점, 「중소기업기본법 시행령」 제3조의2 제1항에서 직전 사업연도 말일을
기준으로 지배 또는 종속관계 여부를 판단하도록 하고 있다 하더라도, 조세정책적 차원에서 세법에 달리 규정

기준이나 지배기업과 종속기업의 매출액을 합산하여 규모기준을 판단하는 것으로서 규모기준의 성격도 갖고 있다.

기획재정부 유권해석 해설

질의 조특법상 중소기업인지 여부를 판단하기 위해 해당 기업의 주식 등을 30% 이상 직·간접적으로 소유한 최다출자자인 외국기업의 자산 총액이 5천억원 이상인지를 판단하는 방법

회신 기획재정부 조세특례제도과-584, 2019. 9. 3.

o 조세특례제한법 시행령 제2조에 따른 중소기업에 해당하는지를 판단하기 위해 해당 기업의 최다 출자자인 외국법인의 자산총액이 5천억원 이상인지 여부를 판단할 때에는 해당 과세연도 종료일 현재 재무상태표상 외화로 표시된 자산총액을 해당 과세연도 종료일 현재의 매매기준율 등으로 환산하여 계산하는 것입니다.

저자의 견해

□ (쟁점) 조특법 제2조 제3호에서는 중소기업의 충족요건의 하나로서 실질적 독립성이 「중소기업기본법 시행령」 제3조 제1항 제2호에 적합할 것을 규정하고 있는데, 동 규정의 요건 중 관계기업인지(중기령 §3① 2 다목) 여부의 판단시기는 조특칙 §2⑧에 "과세연도 종료일"로 규정되어 있는 반면, 최다출자자인 외국법인의 자산총액이 5천억원 이상인지(중기령 §3① 2 나목, 쟁점 조문) 여부의 판단시기는 조특법에 명문 규정이 없어 그 해석이 문제됨.

□ (견해 대립) 조특법·개별 세법(조특칙 §2⑧,[17] 법인세법 §43[18] 등) 및 기업회계기준 등을 고려하여 최다출자자 여부는 '해당 과세연도 종료일'을 기준으로 판단하여야 한다는 견해(1안)와 중기령(중기령 §7의2[19])에 따라 '직전 사업연도 말'을 기준으로 최다출자자인지 여부를 판단하여야 한다는 견해(2안)가 대립함.

□ (결론) 소관과의 유권해석은 1안을 채택하고 있으나, 조세법률주의에 따른 문리 해석, 조특법·중기법·개별 세법간의 법 적용 순서 등을 고려할 경우 2안이 보다 타당한 측면이 있음.

o (조특법과 중기법의 관계) 조특법에서 중기법 규정을 인용한 경우 중기법 규정은 조특법과 함께 하나의 특례 요건을 구성함.

　－타법을 인용하는 것은 동어 반복을 피하기 위한 입법기술이며, 그 타법은 조특법상 세액 공제요건의 구성요소로서 조특법상 기술되지 않은 요건을 규정하는 것에 그 역할이 있으므로,

　－조특법에 규정된 것은 조특법에 따라 우선적으로 판단[20]하고, 조특법에 규정되지 않은 것은 인용되는 타법에 따라 판단하는 것이 타당함.

하는 사항이 있다면 이를 우선적으로 적용하는 것이 조세법률주의에 부합한다고 보여지는 점 등을 고려하면 처분청이 2012사업연도 말일을 기준으로 하여 청구인의 2012사업연도 관계기업 매출액을 산정하고, 이에 따라 청구법인이 중소기업 독립성 요건에 위배된다고 판단한 것은 달리 잘못이 없다고 보여진다."고 판단하였다(조심 2016전3216, 2017. 2. 16.).

17) 조특칙 제2조 【중소기업의 범위】⑧ 영 제2조 제4항에 따른 「중소기업기본법 시행령」 제3조 제1항 제2호 다목에 따른 관계기업에 속하는 기업인지의 판단은 과세연도 종료일 현재를 기준으로 한다.

○ (조특법과 법인세법과의 관계) 조특법은 개별 세법에 대한 특별법이므로, 일반법인 법인세법보다 우선하여 적용함.

　－조특법은 특별법이므로 동법 규정에 대한 해석으로 요건 판단이 가능한 경우 이로써 문언적 해석은 완결된 것이며, 이후 일반법으로 환원하여 법인세법을 적용할 것은 아님.

　－사안의 경우 조특령 §2① 3에서 실질적 독립성은 중기령 §3① 2에 따르라고 하여 요건 판단 기준을 명시하고 있으므로, 법인세법 및 기업회계기준에 따라 달리 판단할 것은 아님.[21]

○ (자산총액의 판단시기) 위의 논거들을 종합할 때, 자산총액이 5천억원 이상인지 여부는 중기령에 따라 '직전 사업연도'를 기준으로 판단함이 타당함.

　－자산총액이 5천억원 이상인지 여부와 관계기업 해당 여부는 조특령 §2① 3에 따라 인용되는 중기령 §3① 2의 가목 및 나목에 별도로 규정되어 있어 판단기준도 각각 별개로 적용 가능한데,

　－관계기업의 판단시기는 조특칙 §2⑧에서 '과세연도 종료일'로 명시하고 있으므로 조특법에 따라 판단하고, 자산총액의 판단시기는 조특법에 규정이 없으므로 조특법에서 인용되는 중기령에 따라 '직전 사업연도'를 기준으로 판단함이 타당함.

□ 물론 입법취지, 조문의 통일적 해석, 과세 형평 등을 고려할 때는 1안도 타당한 측면이 있음. 다만, 이는 현행 조문 구조상 문언적 해석을 넘어서는 것이므로 향후 입법을 통한 보완이 요구됨.

---

18) 법인세법 제43조【기업회계기준과 관행의 적용】내국법인의 각 사업연도의 소득금액을 계산할 때 그 법인이 익금과 손금의 귀속사업연도와 자산·부채의 취득 및 평가에 관하여 일반적으로 공정·타당하다고 인정되는 기업회계기준을 적용하거나 관행(慣行)을 계속 적용하여 온 경우에는 이 법 및 「조세특례제한법」에서 달리 규정하고 있는 경우를 제외하고는 그 기업회계기준 또는 관행에 따른다.

19) 중소기업기본법 시행령 제7조의2【자산총액】① 제3조 제1항 제1호 나목 및 같은 항 제2호 나목에 따른 자산총액은 회계관행에 따라 작성한 직전 사업연도 말일 현재 재무상태표상의 자산총계로 한다.
　② 해당 사업연도에 창업하거나 합병 또는 분할한 기업의 자산총액은 제1항에도 불구하고 창업일이나 합병일 또는 분할일 현재의 자산총액으로 한다.
　③ 제3조 제1항 제2호 나목에 따른 외국법인의 경우 자산총액을 원화로 환산할 때에는 직전 5개 사업연도의 평균환율을 적용한다.

20) 대법원도 중소기업의 요건·범위에 관하여 조특법이 중기령과 달리 규정하고 있는 경우 조특법과 시행령에 따라 판단하여야 한다고 판시함(대법원 2015. 4. 23., 2013두10458).

21) 조특법 제2조 제2항에서 "용어"의 사용에 관하여 조특법에서 정하는 경우 외에 개별 세법에 의한다고 하나, 동법 제2조 제2항의 "용어"는 조문 구조상 "정의"를 의미하므로 판단기준에 대해 적용할 것은 아니라고 판단됨.

| 참고 | 간접소유비율 계산 사례 |

① 자산총액 5천억원 이상 법인(A법인)이 상대방법인(C법인)의 주주인 B법인의 발행주식의 50% 이상 소유하고 있는 경우
⇒ B법인의 C법인 주식소유비율(20%)

② 자산총액 5천억원 이상 법인(A법인)이 상대방법인(C법인)의 주주인 B법인의 발행주식의 50% 미만 소유하고 있는 경우
⇒ 그 소유비율에 B법인의 주식소유비율을 곱한 비율(6%)

③ ① 및 ②를 적용함에 있어서 중간법인이 둘 이상인 경우
⇒ 각 중간법인별로 ① 및 ②의 방법으로 계산한 비율을 합계한 비율(20%＋6%＝26%)

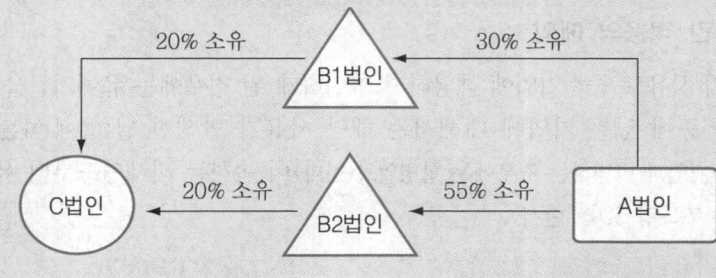

2-5. 중소기업 유예기간

2-5-1. 개 요

　중소기업이었던 자가 규모의 확장 등의 사유에 의하여 중소기업에 해당하지 아니하게 되거나 「중소기업기본법 시행령」 별표의 개정에 의하여 중소기업에 해당되지 아니하게 된 때에 그 사유발생 즉시 중소기업 범위에서 제외된다면 중소기업이 대기업으로 성장하지 않으려 할 유인이 발생(피터팬 증후군)하고 중소기업의 투자촉진책이라는 당초 취지를 효과적으로 살릴 수 없다고 보고, 특정사유 발생의 경우에 대하여 경과적인 적용에 관한 규정을 두고 있는데, 이를 '중소기업 유예기간'이라 한다. 이에 대하여는 「중소기업기본법」에 규정되어 있고, 조특법도 기본적으로 「중소기업기본법」이 정한 바를 따르고 있다.

2-5-2. 유예기간의 적용

중소기업이 그 규모의 확대 등으로 다음에 해당하여 중소기업에 해당하지 아니하게 된 때에는 최초로[22] 그 사유가 발생한 날이 속하는 과세연도와 그 다음 3개 과세연도(총 4년을 유예기간이라 한다)까지는 중소기업으로 본다(조특령 §2② 본문).

① 자산총액이 5천억원 이상이 되는 경우
② 매출액이 업종별로 「중소기업기본법 시행령」 별표 1에 따른 규모 기준을 초과하는 경우
③ 관계기업에 속하는 기업의 경우에는 ②의 기준에 맞지 아니하는 경우

유예기간이 경과한 후에는 과세연도별로 중소기업 해당여부를 판정한다(조특령 §2② 본문). 중소기업의 주된 사업이 중소기업 해당 업종인 다른 업종으로 변경됨으로써 중소기업에 해당하지 아니하게 된 경우에는 본 유예기간이 적용된다. 다만, 주된 사업이 중소기업 해당 사업이 아닌 사업으로 변경되어 중소기업에 해당하지 않는 경우에는 그러하지 아니하다(조기통 4-2…5 ①).

2-5-3. 유예기간 적용의 예외

중소기업이 다음의 사유로 중소기업에 해당하지 아니하게 된 경우에는 유예기간을 적용하지 아니하고, 유예기간 중에 있는 기업에 대해서는 해당 사유가 발생한 날(②에 따른 유예기간 중에 있는 기업이 중소기업과 합병하는 경우에는 합병일로 한다)이 속하는 과세연도부터 유예기간을 적용하지 아니한다(조특령 §2② 단서).

① 「중소기업기본법」의 규정에 의한 중소기업 외의 기업과 합병하는 경우
② 유예기간 중에 있는 기업과 합병하는 경우
③ 소유 및 경영의 실질적인 독립성 요건을 갖추지 못하게 되는 경우(다만, 독립성 요건 중 관계기업 기준은 제외하여 관계기업의 경우에는 유예기간을 적용받을 수 있다)
④ 창업일이 속하는 과세연도 종료일[23]부터 2년 이내의 과세연도 종료일 현재 중소기업기준을 초과하는 경우[24]

---

22) 종전에는 기업 평생 1회에 한하여 유예기간을 적용하였으나 2010. 12. 30. 조특령 개정으로 유예기간 적용 횟수 제한을 폐지하여 중소기업이 중견기업으로 성장하는 데 도움이 되도록 하였다.
23) 일반적으로 창업 후 정상영업개시까지는 매출이 발생하지 않고 사업연도 중에는 자본금계산이 곤란한 점을 고려한 것임.
24) 통상 창업 후 1~2년은 사업준비기간에 해당하고 기업의 매출규모 등은 사업준비기간 이후에 보다 객관적으로 판단할 수 있는 측면을 고려하여 창업중소기업의 규모기준 초과 여부를 판정하는 기간을 종전 2년 이내에서 3년 이내로 확대(2007. 1. 1. 이후 창업하는 분부터 적용)

2017. 2. 7. 조특령 개정시에는 유예기간 중에 있는 중소기업이 유예기간 적용 배제사유에 해당하는 경우에는 해당 사유가 발생한 과세연도부터 잔존 유예기간의 중소기업 적용을 배제하도록 개정하였다.

2-5-4. 중기령 개정에 따른 유예

중소기업이 중기령의 개정에 따른 중소기업 범위 기준의 변동으로 중소기업에 해당되지 않는 경우는 기업의 규모 등에 변화가 없음에도 불구하고 예상치 못한 경영상의 어려움을 겪게 될 것이므로 이러한 충격을 완화하기 위한 장치를 두고 있다.

기업이 「중소기업기본법 시행령」 제3조 제1항 제2호[25] (소유와 경영의 실질적 독립성 기준), 별표 1(주된 업종별 매출액등의 중소기업 규모기준), 별표 2(관계기업의 매출액등의 산정기준)의 개정으로 새로이 중소기업에 해당하게 되는 때에는 그 사유가 발생한 날이 속하는 과세연도부터 중소기업으로 보고, 중소기업에 해당하지 아니하게 되는 때에는 그 사유가 발생한 날이 속하는 과세연도와 그 다음 3개 과세연도까지 중소기업으로 본다(조특령 §2⑤).

종전에는 중기령의 경우 영 개정시마다 별도의 부칙을 두어 중소기업 적용에 관한 유예기간을 두고 있으나 중기령을 인용하고 있는 조특령의 경우 별도의 조특령 개정 없이 조특법상 중소기업의 유예기간을 적용할 수 있는지가 모호[26]하였는바, 조특령 제2조 제5항을 신설하여 조특법상으로도 유예기간이 자동으로 적용될 수 있도록 제도화한 것이다.

3 | 요 건

3-1. 창업중소기업

3-1-1. 창업의 범위

현행 조특법 제6조에서는 '창업'과 '창업일'에 대한 명문상의 정의가 없다. 다만, 「중소기업창업 지원법」에서는 창업을 '중소기업을 새로 설립하는 것으로 정의(중소기업창업지원법 §2 1호)하고

---

25) 중소기업의 소유·경영의 독립성 기준 개정에 따라 중소기업 범위에서 배제되는 기업이 있을 경우 종래 중소기업의 규모 기준 개정 시에만 인정되던 유예기간 인정 범위를 확대하여 기업의 예측가능성을 제고(2009. 1. 1. 이후 최초로 종료하는 과세연도부터 적용)

26) 조특령 개정 전의 사례로서 중소기업의 소유·경영의 독립성 기준 개정에 따라 중소기업 범위에서 배제되는 기업이 있을 경우 재경부 유권해석(조세지출예산과-281, 2007. 4. 26.)을 통해 유예기간을 인정하였다(중소기업기본법에 의해 실질적인 독립성 기준은 위배되나 동법 시행령 부칙에 의해 2005. 12. 27.부터 3년간 중소기업으로 보는 기업은 동 기간 동안 조특법상 중소기업의 독립성 요건을 충족하는 것으로 본다. 재경부 조세지출예산과-281, 2007. 4. 26.).

있고,「중소기업기본법」에서는 창업일을 법인인 기업의 경우에는 법인설립등기일로, 개인인 기업의 경우에는 소득세법 및 부가가치세법상의 사업자등록을 한 날로 정의(중소기업기본법 시행령 §2 1호)하고 있으며, 조특법에서도 이를 준용하여 해석하고 있다.[27][28] 다만, 창업으로 보지 않는 경우에 대하여는 조특법에 열거하여 규정하고 있는바, 다음에 해당하는 경우에는 창업으로 보지 아니한다(조특법 §6⑩, 조특령 §5⑱~㉑). 이 경우 동종의 사업의 분류는 한국표준산업분류에 따른 세분류[29]를 따른다(조특령 §5㉒).

> ① 합병·분할·현물출자 또는 사업의 양수를 통하여 종전의 사업을 승계하거나 종전의 사업에 사용되던 자산을 인수 또는 매입하여 같은 종류의 사업을 하는 경우. 다만, 다음의 어느 하나에 해당하는 경우는 제외한다.
> ㉮ 종전의 사업에 사용되던 자산을 인수하거나 매입하여 같은 종류의 사업을 하는 경우 그 자산가액의 합계가 사업 개시 당시 토지와 감가상각자산[30]의 총가액에서 차지하는 비율이 30% 이하인 경우
> ㉯ 사업의 일부를 분리하여 해당 기업의 임직원이 사업을 개시하는 경우로서 다음의 요건을 모두 갖춘 경우
> ⅰ) 기업과 사업을 개시하는 해당 기업의 임직원 간에 사업 분리에 관한 계약을 체결할 것
> ⅱ) 사업을 개시하는 임직원이 새로 설립되는 기업의 대표자로서 지배주주등[31]에 해당하는 해당 법인의 최대주주 또는 최대출자자(개인사업자의 경우에는 대표자)일 것[32]
> ② 거주자가 하던 사업을 법인으로 전환[33]하여 새로운 법인을 설립하는 경우
> ③ 폐업 후 사업을 다시 개시하여 폐업 전의 사업과 같은 종류의 사업을 하는 경우[34]
> ④ 사업을 확장하거나 다른 업종을 추가하는 경우 등 새로운 사업을 최초로 개시하는 것으로 보기 곤란한 경우[35][36]

---

27) "창업이란 실질적으로 중소기업을 새로 설립하여 사업을 개시하는 것", "실제로 제조활동을 시작한 시점이 창업일 내지 사업개시일"(대법원 2008. 10. 23. 선고 2008두14142 판결, 대전고등법원 2008. 7. 17. 선고 2008누882 판결)
28) 조세감면규제법 시행령(1989. 12. 30. 대통령령 제12881호로 개정되기 전의 것)에 동일하게 규정되었다가 1994. 1. 1. 삭제됨.
29) 납세편의 제고를 위해 동종사업 판정은 한국표준분류표는 5단계(대분류〉중분류〉소분류〉세분류〉세세분류)로 구분
   * (예시) 제조업〉식료품제조업〉기타식품제조업〉떡, 빵, 과자류제조업〉떡제조업
30)「법인세법 시행령」제24조
31)「법인세법 시행령」제43조 제7항
32) 사업을 개시하는 자가 ㉯-ⅱ)의 요건을 충족하지 못하게 된 경우에는 해당 사유가 발생한 날이 속하는 과세연도부터 감면을 적용하지 아니한다(조특령 §5㉑).
33) 청구법인은 형식적으로 새로운 법인을 설립하였다 하더라도, 개인사업자와 대표자, 소재지 및 목적사업 등이 동일한 점 등을 볼 때, 실질적으로 법인전환 또는 사업의 양수를 통하여 개인사업체의 사업을 승계한 다음 그 사업을 확장하거나 업종을 추가한 것에 불과하여 새로운 중소기업을 창업한 것이라고 보기는 어려움(조심 2011지797, 2012. 5. 16.).
34) 제조업을 경영하는 거주자가 해당 사업장을 폐업한 후 다른 장소에서 사업을 다시 개시하여 폐업 전의 사업과 같은 종류의 사업을 하는 경우 신규로 개업한 사업장에 대하여「조세특례제한법」제6조에 따른 창업중소기업에 대한 세액감면을 적용할 수 없는 것임(법규소득 2011-105, 2011. 3. 28.).

종전에는 사업에 사용되던 자산을 일부만 인수·매입하여 동종 사업을 영위하는 경우에도 감면대상 창업에서 제외되는 문제가 있어, 창업 당시 자산총액(토지·건물 포함)에서 차지하는 비율이 30% 이하인 경우에는 창업으로 인정할 수 있도록 2004년 말 세법을 개정하였으며(①-㉮), 창업으로 인정되는 자산인수비율은 산식으로 나타내면 다음과 같다.

$$\text{창업으로 인정되는 자산인수비율} = \frac{\text{인수 또는 매입한 자산가액}}{\text{사업개시 당시(토지 + 감가상각자산)의 가액}} \leqq 30\%$$

한편, 최근 중견·벤처기업의 신성장 동력 확보와 기술창업 활성화를 위한 방안으로 사내벤처 등 분사창업의 경우 창업으로 인정하는 내용을 2018년 조특법 개정시 신설하였다(①-㉯).

사 례

대법원 판례 해설(대법원 2004. 9. 4. 선고 2004두7412 판결)

(판결 내용)
○ 동종업체로부터 생산공장으로 사용하던 부동산을 매입하여 동종사업을 영위하는 경우 이는 창업으로 보지 아니하므로 창업중소기업에 적용되는 취득세·등록세 감면은 적용할 수 없음.

(판결 취지)
○ 조특법 제6조 제4항 제1호는 "합병·분할·현물출자 또는 사업의 양수를 통하여 종전의 사업을 승계하거나 종전의 사업에 사용되던 자산을 인수 또는 매입하여 동종의 사업을 영위하는 경우에는 창업으로 보지 아니한다"고 규정하고 있는데, 이 사건에 있어서 원고 회사는 소외 ○○산업개발 주식회사가 PE파이프 생산공장으로 사용하던 자산인 이 사건 부동산을 매입하여 동종의 사업을 영위하고 있으므로 위 규정에 의하여 원고 회사는 창업중소기업에 해당하지 아니한다 할 것이며, 이러한 판단은 조특법의 해석에 관한 법리 오해 등의 위법이 있다고 할 수 없다.

---

35) 개인사업자가 임차기간 만료로 사실상 폐업한 후, 개인사업자의 주요 거래처의 약 71%와 종업원 12명 중 6명이 청구법인으로 고용이 승계된 사실이 확인되는 이상, 실질적으로는 법인전환 내지는 사업의 양수를 통하여 개인사업체의 사업을 승계하여 사업을 확장하거나 업종을 추가한 것에 불과하여 새로운 사업을 개시한 것으로 보기는 어렵다 할 것임(조심 2011지335, 2012. 3. 5.).

36) 청구법인은 2010. 11. 24. 이 사건 부동산인 공장을 신축하고 한국표준산업분류 항목표상의 식품제조업(10)에 속하는 이종업종인 면류, 마카로니 및 유사식품제조업 ○○○으로 업종을 추가하여 2010. 12. 3. 공장등록을 한 점을 고려할 때 식품제조업(10)의 사업을 확장하거나 업종을 추가한 경우에 해당하여 창업으로 보기 곤란한 것으로 보임(조심 2011지493, 2012. 6. 8.).

기획재정부 유권해석 해설

질 의 법인설립일 이후 사업실적이 없는 상태에서 새로운 업종으로 변경한 경우 업종변경 등기일을 창업일로 보아 창업세액감면을 적용할 수 있는지?

회 신 재경부 조세지출예산과-269, 2003. 12. 31.

○ 창업중소기업 등에 대한 세액감면에서 창업은 새로운 사업을 최초로 개시하는 것이므로 사업을 확장하거나 다른 업종을 추가하는 경우 등은 창업으로 보지 아니함.

저자의 견해

○ 창업중소기업 등에 대한 세액감면 제도는 창업초기의 어려움을 덜어주기 위한 것으로서 '창업'은 새로운 사업을 최초로 개시하는 것을 의미하며 동조 제4항 제4호에서 사업을 확장하거나 다른 업종을 추가하는 경우는 제외하는 것으로 명시

○ 질의법인은 창업시에 창업중소기업 해당업종이 아닌 업종을 영위하였다가 약 6개월 후 창업중소기업 해당 업종으로 변경하였으나, 일반적으로 법인설립 후 법인형태를 그대로 유지하면서 사업을 확장하거나 다른 업종을 추가하는 경우는 창업으로 볼 수 없음.

○ 그동안 재경부와 중소기업청 모두 법인의 경우 창업일은 법인설립등기일로 일관되게 해석하고 있으므로, 법인설립일 이후 설립 당시 업종의 사업실적이 없었다하여 창업이 법인설립등기일이 아닌 업종변경일에 이루어진 것으로 볼 수 없음.

○ 조특법 제6조 제4항 제4호에서 『사업을 확장하거나 다른 업종을 추가하는 경우』는 창업에서 제외하고 있음을 감안할 때 기존사업을 폐업한 후 다른 업종을 개시한 것이 아니고 단순히 업종만 변경한 경우는 법인설립등기일을 창업일로 보는 것이 타당

기획재정부 유권해석 해설

질 의 부동산임대업을 영위하는 개인사업자가 다른 사업장에서 제조업을 새로이 개시하는 경우 조특법상 창업 해당 여부

회 신 재경부 조세지출예산과-399, 2005. 11. 2.

○ 부동산임대업을 영위하는 개인사업자가 기존사업장과 다른 사업장에서 제조업을 새로이 개시하는 경우에는 창업중소기업 등에 대한 세액감면이 적용되는 '창업'에 해당함.

저자의 견해

○ 본 사안은 사업을 최초로 개시하는 창업을 사업장단위로 판단할지, 인격단위로 판단할지를 결정하는 데 있음. 이에 대하여 국세를 담당하는 국세청과 지방세를 담당하는 행정자치부 간 해석에 차이가 있었는바, 국세청은 새롭게 사업을 개시하는 것으로 보아 창업으로 보았고, 행정자치부는 단순한 업종 추가로 창업에 해당하지 않는 것으로 해석

○ 창업중소기업 세액감면제도는 창업 초기에 세제지원을 통해 창업을 장려하여 투자 및 고용창출을 유도하기 위한 제도로, 기존사업과 별개로 투자와 고용창출이 새롭게 발생하므로 창업으로 보는 것이 타당한 면이 있음.

○ 창업의 개념인 '사업을 최초로 개시하는 것'은 사업자를 기준으로 한 사업개시의 횟수에 있어서의 처음을 의미하는 것이 아니라, 당해 사업의 설립과정에서 다른 사업자의 사업을 승계하거나 형식상 법인으로 전환하는 경우, 폐업 후 재개업하는 경우 등을 제외한 사업의 신규창출을 뜻하는 것으로 보아야 타당할 것임.

○ 조특법상 창업으로 보지 않는 사업의 확장 또는 업종추가 해당 여부는 사업장별로 기존사업과의 연관성, 위치, 업종 등을 판단하여 결정하는 것이 타당하므로, 기존임대업과 사업장소재지 및 업종이 완전히 다르고 연관성도 전혀 없는 경우 창업에 해당하는 것임.

○ 기존사업자가 동일 업종의 사업을 확장하거나 동일 사업장에서 업종을 추가하는 경우 창업에서 배제하는 것은 기존사업자가 이미 창업으로 인한 세제지원을 받은 후에 사실상 동일한 사업실체에 대한 중복지원을 배제하겠다는 취지이므로 본 질의 건은 배제사유에 해당하지 아니함.

○ 다만, 법인의 경우에는 법인설립만을 창업으로 보기 때문에 동일한 사업장 신설을 개인과 법인 간 다르게 취급하는 형평성 문제가 발생하나, 법인은 새로운 사업 개시시 별도법인을 설립할 수 있는 장치가 마련되어 있지만 개인의 경우 불가능하다는 본질적으로 차이가 있으므로 형평성의 문제로만 취급하기 곤란한 측면이 있음.

질 의 　채권·채무 승계 없이 종전사업장의 기계장치 등을 경매절차로 취득하여 동일한 업종을 영위하는 경우 창업 해당 여부

회 신 　재경부 조세지출예산과(46019 - 36, 1999. 9. 30.), (46019 - 31, 2002. 3. 8.)

○ 채권·채무를 승계하지 않았다고 하더라도 종전사업장의 기계장치를 경매에 의해 취득하여 종전과 동일한 사업을 영위하는 경우에는 새로운 사업을 최초로 개시하는 것에 해당되지 아니하므로, 창업중소기업에 대한 세액감면 적용 불가

저자의 견해

○ 창업중소기업에 대해 세제지원하는 취지는 새로운 사업을 개시하여 국가 경제에 부가가치를 새로이 창설하도록 유도하기 위한 것이므로, 원시적인 자산취득 등으로 새로이 사업을 개시하는 경우에 한해 세법상 창업으로 인정될 수 있는 것이며, 기존의 사업을 승계하거나 기존사업장의 자산을 매입·인수하여 이전사업자와 동종의 사업을 영위하는 경우에는 원시적 사업창출 효과가 없으므로 창업으로 인정되지 않는 것임.

○ 법원의 경매절차에 의해 공장을 인수한 기업의 경우에는 공정한 법적 양도절차를 거치기는 하지만 공장이라는 자산(기계장치)을 그대로 양수하여 새로운 기계장치의 신규 취득 없이 실질적으로 전과 동일한 사업을 영위하는 것에 불과하다면, 기존의 사업을 포괄적으로 승계하지 않았다고 하더라도 세법상 창업의 핵심요소인 신규 사업 창출의 효과가 없이 기업운영 주체만 바꾸어 비연속적으로 사업을 계속한 것에 해당하므로 창업에 해당한다고 볼 수 없음.

○ 법원 경락절차에 의한 공장 인수를 예외적으로 창업한 것으로 인정할 경우 자산관리공사의 공매, 부도기업의 인수·매입과정에서 자산만을 인수한 경우에도 모두 창업으로 인정하여야

하며, 법원을 통한 경매라는 형식만 취할 뿐 실제는 매입·인수와 동일한 것인데도 자산이전방식에 따라 차등하여 세제지원하는 결과가 되어 형평성의 문제 발생

○ 궁극적으로, '창업' 해당 여부는 사업용자산의 이전·취득방식을 기준으로 판단할 것이 아니라 실질적으로 사업을 새로이 개시한다고 볼 수 있는 원시적 자산취득 등의 사업창출 효과가 있는지 여부에 따라 판단하여야 할 것이므로, 기존사업장의 자산을 단순히 재활용하는 것에 불과한 경매인수의 경우는 창업한 것으로 볼 수 없음.

관련예규 및 심판례

창업과 관련된 주요 사례를 살펴보면 다음과 같다.

• 창업중소기업 세액감면의 요건을 분할신설법인이 그대로 승계한 경우 분할신설법인은 승계받은 사업에 대하여 분할 당시의 잔존 감면기간 내에 종료하는 각 사업연도분까지 감면 적용(서면2팀-1945, 2006. 9. 28.)

• 청구법인은 설립시 대표이사 개인이 영위하던 업체로부터 고정자산 매입. 대부분의 종업원을 재고용하고 거래처의 유사성이 있으나, 청구법인이 매입한 유형고정자산의 비중이 5.7%에 불과하고 양 업체가 영위하는 업종이 서로 다른 점 등을 감안할 때 단순히 고정자산의 일부 매입사실 등만을 가지고 사업의 승계 또는 개인사업을 법인으로 전환한 경우로 볼 수는 없음(국심2005중2971, 2005. 11. 9.).

• 법인을 화물운수업으로 설립한 후 사업부진으로 종전의 사업을 종료하고 장갑제조업을 영위한 경우에도 당해 법인의 창업일은 법인설립등기일이 되는 것임(세정-1267, 2005. 6. 21.).

• 중소제조업 영위 개인사업자가 그 사업을 계속하면서 다른 지역에 별도의 법인을 설립해 사업을 새로이 개시하는 경우, 당해 법인은 '창업'에 해당하나, 별도로 설립한 법인이 개인사업자가 영위하던 사업의 전부 또는 일부를 승계 또는 인수해 동종의 사업 영위시는 '창업'에 해당하지 않음(제도 46012-12677, 2001. 8. 16.).

• 개인기업을 양수하여 동종의 사업을 영위하는 경우 '창업'에 해당하지 않고, 1999. 8. 31. 이전에 벤처기업으로 확인받은 것은 '창업벤처기업'에 해당하지 않음(법인 46012-696, 2000. 3. 14.).

3-1-2. 감면대상 업종

2021. 12. 31. 이전에 다음의 업종으로 창업한 중소기업[37])에 한해 본조의 감면이 적용된다(조특법 §6①·③). 대상 업종의 분류는 조특법에 특별한 규정이 있는 경우를 제외하고는 통계법 제22조의 규정에 의하여 통계청장이 고시하는 한국표준산업분류에 의한다.

---

37) 중소기업의 범위는 앞의 설명 참조

1. 광업, 2. 제조업(제조업과 유사한 사업으로서 자기가 제품을 직접 제조하지 아니하고 제조업체에 의뢰하여 제품을 제조하는 사업 포함),38)39) 3. 수도, 하수 및 폐기물 처리, 원료 재생업, 4. 건설업, 5. 통신판매업, 6. 물류산업(육상·수상·항공 운송업, 화물 취급업, 보관 및 창고업, 육상·수상·항공 운송지원 서비스업, 화물운송 중개·대리 및 관련 서비스업, 화물포장·검수 및 계량 서비스업, 예선업, 도선업, 기타 산업용 기계·장비 임대업 중 파렛트 임대업), 7. 음식점업, 8. 정보통신업. 다만, 비디오물 감상실 운영업, 뉴스제공업, 블록체인 기반 암호화자산 매매 및 중개업40)은 제외, 9. 정보통신을 활용하여 금융서비스를 제공하는 업종(전자금융업무, 온라인소액투자중개, 소액해외송금업무), 10. 전문, 과학 및 기술 서비스업(엔지니어링사업41) 포함). 다만, 변호사업, 변리사업, 법무사업, 공인회계사업, 세무사업, 수의업, 행정사업,42) 건축사업43) 제외, 11. 사업시설 관리 및 조경 서비스업과 사업 지원 서비스업(고용 알선업 및 인력 공급업은 농업노동자 공급업을 포함한다)에 해당하는 업종, 12. 사회복지 서비스업, 13. 예술, 스포츠 및 여가관련 서비스업. 다만, 자영예술가, 오락장 운영업, 수상오락 서비스업, 사행시설 관리 및 운영업, 그 외 기타 오락관련 서비스업은 제외, 14. 협회 및 단체, 수리 및 기타 개인 서비스업 중 개인 및 소비용품 수리업 또는 이용 및 미용업에 해당하는 업종, 15. 직업기술 분야를 교습하는 학원을 운영하는 사업 또는 직업능력개발훈련시설을 운영하는 사업(직업능력개발훈련을 주된 사업으로 하는 경우로 한정), 16. 관광숙박업, 국제회의업, 유원시설업, 전문휴양업, 종합휴양업, 자동차야영장업, 관광유람선업과 관광공연장업, 17. 노인복지시설을 운영하는 사업, 18. 전시산업

한편, 타법44)에서 일반유흥주점업, 무도유흥주점업 및 기타 사행시설 관리 및 운영업 등을 창업 제외 업종으로 정하고 있고, 업종의 분류는 한국표준산업분류를 기준으로 한다.

---

38) 조특령 제5조 제6항, **조특칙 제4조의2**(생산할 제품을 직접 기획할 것, 해당 제품을 자기명의로 제조할 것, 해당 제품을 인수하여 자기책임하에 직접 판매할 것)

39) 한국표준산업분류의 목적이 국내산업의 구조분석에 있는 것으로 산업활동의 주된 내용이 국외에서 이루어지는 경우 이를 준거로 업종을 분류하는 것은 적절하지 아니하며, 국외에서 이루어진 생산활동의 업종 분류는 제조업이 아닌 도매업으로 보아야 할 것(조심 2010중2154, 2011. 12. 6., 통계청 통계기준팀 10811-260, 1992. 7. 13. 참조)이나, 청구법인의 경우 기획 및 디자인 공정은 모두 국내에서 이루어지나 주자재·부자재·봉제 공정은 각 생산유형별로 국내 및 국외의 업체에서 생산활동이 이루어지고 있어, 주된 산업활동이 무엇인가에 따라 청구법인의 업종을 판단하여야 할 것인 바, 주된 산업활동은 부가가치가 가장 많이 창출되는 활동을 말하고, 부가가치의 측정이 어려운 경우는 산출액 또는 종업원수 및 노동시간·임금·설비의 정도 등을 고려하여 결정하여야 할 것임(통계청 통계기준팀-1290, 2011. 6. 16. 참조)(조심 2012서1837, 2013. 7. 5.).

40) 가상통화 투기과열로 얻은 수익에 대해 세제혜택을 부여하는 것은 부당하다는 취지에서 감면 배제

41) 「엔지니어링산업 진흥법」에 따른 엔지니어링활동(「기술사법」의 적용을 받는 기술사의 엔지니어링활동을 포함한다)을 제공하는 사업을 말한다(조특령 §5⑨).

42) 「행정사법」 제14조에 따라 설치된 사무소를 운영하는 사업

43) 「건축사법」 제23조에 따라 신고된 건축사사무소를 운영하는 사업

44) 중소기업창업지원법 시행령 제4조

3-1-3. 감면대상 지역

종전에 감면대상 업종을 영위하는 창업중소기업은 수도권 과밀억제권역 외의 지역에서 창업한 중소기업으로 규정되어 있었으나,[45] 2018년 조특법 개정 이후에는 수도권과밀억제권역에서 창업해도 일정한 경우 감면 혜택이 부여되도록 규정되었다.[46][47]

수도권과밀억제권역 외의 지역에서 창업한 창업중소기업이 창업 이후 다음의 사유가 발생한 경우에는 해당 사유가 발생한 날이 속하는 과세연도부터 남은 감면기간 동안 해당 창업중소기업은 수도권과밀억제권역에서 창업한 창업중소기업으로 본다(조특령 §5⑳).

① 창업중소기업이 사업장을 수도권과밀억제권역으로 이전한 경우
② 창업중소기업이 수도권과밀억제권역에 지점 또는 사업장을 설치(합병·분할·현물출자 또는 사업의 양수를 포함한다)한 경우

기획재정부 유권해석 해설

질의 수도권 과밀억제권역 내에서 법인 설립등기를 하였으나, 영업 활동이 없이 지방소재 사업용 부동산을 취득한 후 법인본점을 지방으로 이전등기하고, 지방에 사업자등록을 한 경우 창업중소기업 세액감면 적용 여부

회신 재경부 조세지출예산과 46070-50, 1998. 2. 24.
○ 농어촌지역에서 창업한 중소기업에 대한 세액감면을 적용받고자 하는 자는 창업당시부터 농어촌지역에서 창업하는 자에 한하여 적용함.

저자의 견해
○ 1993. 12. 조감법 전면개정 전에는 감면기간 기산을 창업일 기준으로 규정하였고 그 후(현행까지)에는 소득발생일로 기준을 변경하였으나, 이는 감면을 적용하는 사업연도의 기산일을 규정한 것이지 창업을 판정하는 기준을 변경한 것으로 보기 곤란
○ 「중소기업기본법」에서는 법인의 경우 창업일을 '법인설립등기일'로 규정하고 있으므로, 조특법 적용시에도 이와 동일한 기준으로 보는 것이 타당
○ 다만, 개별 사례별로 실질을 우선하여 부득이하게 종업원채용, 생산 활동 등의 실질적인 창업이

---

[45] 창업중소기업은 창업 당시부터 법 제6조 제1항에서 규정한 수도권 과밀억제권역 외의 지역에서 창업하는 자에 한하여 적용한다. 한편 창업 당시 수도권 과밀억제권역 외의 지역이었으나 그 후 행정구역의 변경으로 인하여 수도권 과밀억제권역으로 변경된 경우에는 계속하여 창업중소기업으로 본다(조기통 6-0···1 ①·②). 창업중소기업이 수도권과밀억제권역으로 이전하여 사업을 영위하거나 수도권과밀억제권역에 지점을 설치하는 경우에는 그 이전일 또는 설치일이 속하는 과세연도 이후부터는 감면을 적용받을 수 없다. 다만, 잔존감면기간 중 수도권과밀억제권역 외 지역으로 다시 이전하거나 수도권과밀억제권역에 설치한 지점을 폐쇄하는 경우에는 그 사유가 발생한 날이 속하는 과세연도부터 잔존감면기간 동안 세액감면을 적용받을 수 있으며, 이 경우도 잔존감면기간은 당해 사업에서 최초로 소득이 발생한 날이 속하는 과세연도부터 기산하여 계산한다(조기통 6-0···1 ④).
[46] 수도권 과밀억제권역에 대한 자세한 사항은 제2조의 해설을 참고하기 바란다.
[47] 따라서 이하 기획재정부 유권해석에 대한 해설은 수도권 과밀억제권역 외의 지역에서 창업한 중소기업의 경우에만 감면 혜택을 부여하던 과거 조특법 규정의 입법취지를 고려한 입장에서 서술된 것임을 밝혀둔다.

설립등기 기준과 다르게 지방에서 이루어졌다는 이유로 다르게 판단할 수도 있겠으나, '부득이한 창업' 또는 '실질적인 창업'의 내용이 막연하고, 현행 법령에서 규정하고 있지 아니하므로, 일반적 유권해석으로 이와 같이 해석하기에는 어려움이 있다고 판단됨.

기획재정부 유권해석 해설

(질 의) 수도권에서 법인설립등기 후 도매업을 약 3개월간 영위한 법인이 농어촌지역으로 법인을 이전하여 제조업을 신규로 개시한 경우 감면대상 해당 여부

(회 신) 재경부 조세지출예산과 46019-66, 2001. 5. 3.
○ 수도권에서 감면대상 업종이 아닌 도매업을 영위하던 법인이 농어촌지역으로 이전하여 감면대상 업종으로 변경한 경우에는 감면대상이 아님.

저자의 견해
○ 수도권 소재 법인이 지방으로 이전하는 경우에는 세법상으로 '창업'으로 보지 않고 '지방이전'으로 봐야 하며, 지방이전에 따른 감면요건 충족시 지방이전에 대한 세액감면 등의 조세지원이 가능
○ 중소기업창업지원법상으로도 '창업'은 새로이 중소기업을 설립하는 것으로 규정하고 있기 때문에 기존법인이 종전업종을 폐업하고 농어촌지역으로 이전하여 신규 사업을 추가하는 경우에도 '창업'으로 보기 곤란
○ 수도권에서 형식적인 법인설립등기만 이루어졌고 사업개시 등 실질적 창업 활동이 농어촌지역에서 이루어진 경우에도 창업중소기업으로 보지 않고 있는 종전해석(재경부 조세 46070-50, 1998. 2. 24.)과 일관성 유지

3-1-4. 청년 창업중소기업에 대한 세제지원 확대

2021. 12. 31. 이전에 창업한 창업중소기업으로서 법 소정의 청년창업중소기업에 대해서는 창업중소기업보다 확대된 세제지원을 받게 된다. 구체적인 감면율은 후술한다.

'법 소정의 청년창업중소기업'이란 대표자[「소득세법」 제43조 제1항에 따른 공동사업장의 경우에는 같은 조 제2항에 따른 손익분배비율이 가장 큰 사업자(손익분배비율이 가장 큰 사업자가 둘 이상인 경우에는 그 모두를 말한다)]가 다음의 구분에 따른 요건을 충족하는 기업("청년창업중소기업")을 말한다(조특령 §5①).

① 개인사업자로 창업하는 경우 : 창업 당시 15세 이상 34세 이하인 사람. 다만, 병역을 이행한 경우에는 그 기간(6년 한도)을 창업 당시 연령에서 빼고 계산한 연령이 34세 이하인 사람을 포함한다.
② 법인으로 창업하는 경우 : 다음의 요건을 모두 갖춘 사람
 ㉠ 위 ①의 요건을 갖출 것
 ㉡ 지배주주등으로서 해당 법인의 최대주주 또는 최대출자자일 것

3-2. 창업보육센터 사업자

창업의 성공가능성을 높이기 위해 각종 시설·장소를 제공하는 사업자인 민간창업보육 센터의 활성화를 지원하기 위해 1996. 12. 30. 조특법 개정시 중소기업창업지원법 제2조 제7호 및 제5조 제2항에 규정된 창업보육센터로 지정받은 내국인을 본조에 의한 세액감면대상에 추가하였다(조특법 §6①).

3-3. 창업벤처중소기업

세액감면대상 창업벤처중소기업이란 벤처기업육성에 관한 특별조치법(§2①[48])에 따른 벤처기업[49] 중 다음에 해당하는 기업으로서 창업 후 3년 이내[50]에 동법(§25)에 따라 2021. 12. 31.까지 벤처기업으로 확인받은 기업을 말한다(조특법 §6②, 조특령 §5④·⑤).[51][52]

> ① 벤처기업의 요건[53]을 갖춘 중소기업[기업부설연구소를 보유한 기업의 연간 연구개발비와 연간 총매출액에 대한 연구개발비의 합계가 차지하는 비율이 각각 일정 기준 이상이고, 사업성이 우수한 것으로 평가받은 중소기업[54] 제외]
> ② 연구개발 및 인력개발을 위한 비용으로서 조특령 별표 6의 비용("연구개발비"라 한다)이 당해 과세연도의 수입금액의 100분의 5 이상인 중소기업(벤처기업 해당 여부의 확인을 받은 날이 속하는 과세연도부터 연구개발비가 동호의 규정에 의한 비율을 계속 유지하는 경우에 한하여 적용한다)

---

48) 벤처기업육성에 관한 특별조치법 제2조 【정의】 ① "벤처기업"이란 제2조의2의 요건을 갖춘 기업을 말한다.

49) 벤처기업육성에 관한 특별조치법 시행령 §2의3, 벤처기업 확인요건(중소벤처기업부 고시 제2019-28호, 2019. 4. 22.) 참조

50) 창업초기 기업의 경우 벤처확인 요건을 충족하기가 어려워 창업벤처중소기업에 대한 조세감면을 활용하기 힘든 실정을 감안하고 특히 벤처확인제도 개편(2006. 6. 4.)에 따라 기존 요건이 강화되어 신기술기업(특허권을 이용한 기업 중 사업성·기술성이 뛰어난 것으로 평가받은 기업 등 종래 창업 2년 내 벤처확인 기업의 94%를 차지) 벤처유형이 폐지됨에 따라 창업초기 기업이 벤처확인을 받을 수 있는 가능성이 보다 축소되었다. 이에 따라 벤처기업으로 확인받은 기간을 창업 후 2년에서 3년으로 늘여 창업벤처기업에 대한 세제지원 요건을 완화하였다(2008. 1. 1. 이후 벤처기업으로 확인받는 분부터 적용).

51) 조세특례제한법의 체계상, 연혁상, 문언상의 사정을 종합적으로 고려하면, 창업벤처중소기업을 판단함에 조세특례제한법 시행령 제2조 제1항이 적용된다고 봄이 타당하다(서울고등법원 2017. 4. 19. 선고 2016누37418 판결).

52) 조세감면요건에 관한 규정 가운데에 명백히 특혜규정이라고 볼 수 있는 것은 엄격하게 해석하는 것이 공평의 원칙에 부합하는바, 구 조세특례제한법 제6조 제2항에서 정한 세액감면 대상인 창업벤처중소기업에 해당하는지 여부 역시 단지 법인 설립 같은 '창업'의 외형만을 가지고 볼 것이 아니라 당해 중소기업의 설립 경위, 종전 사업과 신설 중소기업의 구체적인 거래 현황, 거래 규모와 실태 등을 종합적으로 참작하여 조세감면의 혜택을 주는 것이 공평의 원칙 등에 부합하는지를 기준으로 실질적으로 판단하여야 한다(의정부지방법원 2017. 2. 9. 선고 2016구합9690 판결).

53) 벤처기업육성에 관한 특별조치법 제2조의2

창업벤처중소기업의 경우 감면 요건에 지역제한은 없으며, 창업벤처중소기업에 대한 업종 범위는 2-1-2.에서 설명한 창업중소기업의 업종과 같다(조특법 §6③).

기획재정부 유권해석 해설

질 의 창업일로부터 2년 이내 벤처기업으로 확인받은 기업을 창업벤처중소기업이라고 하는데, 2년 이내를 해석함에 있어 창업일과 확인받은 날을 언제로 볼 것인지?

회 신 재경부 조세지출예산과 46019-122, 2001. 7. 27.

○ '법인의 창업일'은 '법인설립등기일'을 말하는 것이며, '벤처기업으로 확인받은 날'은 벤처기 업육성에 관한 특별조치법 제25조의 규정에 의하여 중소기업청장 또는 지방중소기업청장으로 부터 벤처기업으로 확인받은 날(동 규정에 의하여 발급받은 '벤처기업확인서'의 유효기간의 초일)을 기준으로 판단

저자의 견해

○ 조특법 제6조에 해당하는 구조세감면규제법 제15조에서는 법인의 창업일을 법인설립등기일 이라고 명시적으로 규정하고 있었으며, 이후 국세청에서는 일관되게 법인설립등기일을 법인의 창업일로 해석·집행하여 왔음.

○ 중소기업청장 또는 지방중소기업청장의 벤처기업확인서 발급이전의 서류인 증명기관(공인회계 사 등)의 증빙서류 또는 평가기관(중소기업진흥공단 등)의 평가서류는 특정기업이 벤처기업에 해당하는지 여부를 심사하기 위하여 제출받는 것으로 동 증빙·평가서류 발급일이 벤처기업으로 확인받는 날은 아님.

기획재정부 유권해석 해설

질 의 개인사업자로 창업하여 1년 미만 기간 동안 사업을 영위하다가 법인전환 후 개인사업 창업일부터 2년 이내에 벤처기업으로 확인받은 경우 창업중소기업 세액감면 적용 여부

회 신 재경부 조세지출예산과 46019-200, 2001. 12. 1.

○ 개인사업자가 창업 후 법인전환한 경우에는 법인으로 전환하고, 개인사업의 창업일부터 2년 이내 벤처기업으로 확인받은 경우에 감면 적용 가능

저자의 견해

○ 조특법 제32조 제4항에 따르면, 창업벤처중소기업 세액감면 등을 적용받고 있는 개인이 감면기간 내 법인전환요건으로 법인전환하는 경우 신설법인은 잔존감면기간 내에 계속 감면을 허용하고 있음.

○ 법인전환 전 벤처확인을 받은 경우에는 법인전환 후에도 기간 내 감면을 허용하는 데 비하여 법인전환 후 벤처확인을 받은 경우에만 세액감면을 배제하는 것은 심한 불형평을 초래

---

54)「벤처기업육성에 관한 특별조치법」제2조의2 제1항 제2호 나목

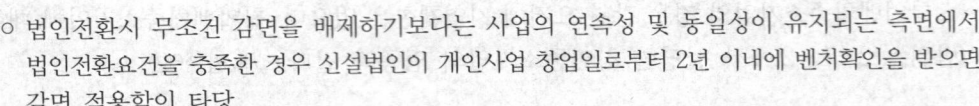

o 법인전환시 무조건 감면을 배제하기보다는 사업의 연속성 및 동일성이 유지되는 측면에서 법인전환요건을 충족한 경우 신설법인이 개인사업 창업일로부터 2년 이내에 벤처확인을 받으면 감면 적용함이 타당

3-4. 에너지신기술중소기업

에너지효율 향상 기술개발을 위해서는 대규모 투자가 요구되고 위험성이 커서 중소기업의 진입이 쉽지 않으므로 에너지신기술 중소기업에 대해 세제지원을 통해 원활한 시장 진입과 사업화를 촉진할 필요성이 요구되었고, 이에 따라 2010. 1. 1. 에너지신기술 중소기업에 대한 세액감면이 신설되었다.

세액감면대상 에너지신기술 중소기업이란 창업일이 속하는 과세연도와 그 다음 3개 과세연도가 지나지 아니한 중소기업으로서 2021. 12. 31.까지 다음의 제품("고효율제품 등")을 제조하는 중소기업을 말한다(조특법 §6④, 조특령 §5⑩).

① 에너지소비효율 1등급 제품 및 고효율에너지 기자재로 인증받은 제품
② 신·재생에너지설비로 인증받은 제품

3-5. 신성장 서비스업을 영위하는 중소기업

신성장서비스업종 창업에 대한 지원을 통해 서비스산업 육성을 강화할 목적으로 2017년 조특법 개정시 신성장 서비스업을 영위하는 중소기업에 대한 세액감면이 신설되었고, 2018년 조특령 개정시 신성장 산업 동향을 반영하여 신성장기술의 범위를 확대하였다. 이는 서비스산업은 제조업에 비해 부가가치 및 고용 유발계수가 높고 연관 산업의 고도화를 촉진 하므로, 세제 지원을 통해 산업을 활성화하겠다는 입법취지에 근거한 것이다.

세액감면대상이 되는 신성장 서비스업을 영위하는 중소기업이란 2021년 12월 31일 이전에 수도권과밀억제권역 외의 지역에서 창업한 창업중소기업(청년창업중소기업은 제외한다), 2021년 12월 31일까지 벤처기업으로 확인받은 창업벤처중소기업 및 2021년 12월 31일까지 에너지 신기술중소기업에 해당하는 경우로서 다음의 어느 하나에 해당하는 사업("신성장서비스업종") 을 주된 사업으로 영위하는 중소기업을 말한다(조특법 §6⑤, 조특령 §5⑪).

① 컴퓨터 프로그래밍, 시스템 통합 및 관리업, 소프트웨어 개발 및 공급업, 정보서비스업(뉴스제공업은 제외한다) 또는 전기통신업

② 창작 및 예술관련 서비스업(자영예술가는 제외한다), 영화·비디오물 및 방송 프로그램 제작업, 오디오물 출판 및 원판 녹음업 또는 방송업

③ 엔지니어링사업, 전문 디자인업, 보안 시스템 서비스업 또는 광고업 중 광고물 문안, 도안, 설계 등 작성업

④ 서적, 잡지 및 기타 인쇄물 출판업, 연구개발업, 직업기술 분야를 교습하는 학원을 운영하는 사업 또는 직업능력개발훈련시설을 운영하는 사업(직업능력개발훈련을 주된 사업으로 하는 경우로 한정한다)

⑤ 운수업 중 화물운송업, 화물취급업, 보관 및 창고업, 화물터미널운영업, 화물운송 중개·대리 및 관련 서비스업, 화물포장·검수 및 계량 서비스업, 예선업 및 도선업과 기타 산업용 기계장비 임대업 중 파렛트임대업[55]

⑥ 관광숙박업, 국제회의업, 유원시설업 또는 관광객이용시설

⑦ 전시산업, 그 밖의 과학기술서비스업, 시장조사 및 여론조사업, 광고업 중 광고대행업, 옥외 및 전시 광고업[56]

3 – 6. 고용창출형 창업중소기업

창업 중소기업의 일자리 창출 지원을 위해 2017. 12. 19. 조특법 개정시 업종별로 정하는 상시근로자 수[57]("업종별최소고용인원") 이상을 고용하여 수도권과밀억제권역 외의 지역에서 창업한 창업중소기업(청년창업중소기업은 제외한다), 창업보육센터사업자, 창업벤처중소기업 및 에너지신기술중소기업("고용창출형 창업중소기업[58]")에 대해 고용증가율에 따라 최대 50%를 추가 감면하는 제도를 신설하였다(조특법 §6⑦).

업종별 최소고용인원은 다음과 같다(조특령 §5⑬).
① 광업·제조업·건설업 및 물류산업의 경우 : 10명
② 그 밖의 업종의 경우 : 5명

---

55) 조특령 제5조 제8항 및 제11항 제5호
56) 조특령 제5조 제11항 제7호, 조특칙 제4조의3
57) 상시근로자의 범위 및 계산방법에 대해서는 고용창출투자세액공제의 내용을 준용하고 있으므로, 자세한 내용은 제26조의 해설 참조
58) 이는 법령상 약칭은 아니고, 본 책에서 편의상 붙인 약칭임을 밝혀둔다.

4 │ 과세특례의 내용

4-1. 감면대상 세액의 계산

조특법에 따른 창업중소기업이 적용받을 수 있는 감면대상 세액은 법인세·소득세·취득세·재산세이다. 취득세 및 재산세는 지방세 감면 조문에서 규정하고 있으며(§119, §120, §121 참고), 제6조에서는 소득세·법인세의 감면에 대하여 규정하고 있으므로 여기에서는 소득세·법인세 감면세액에 대하여 설명한다.

소득세·법인세에 대한 감면대상 세액은 다음과 같이 산출한다. 여기서 감면대상 사업소득 산출은 창업중소기업 등의 조세특례를 적용받는 사업과 기타의 사업을 구분하여 경리하여야 하며, 구분경리에 대한 자세한 사항은 제143조에서 설명한다.

> 법인의 경우 : 감면대상세액 = 산출세액 × (감면대상 사업소득 / 과세표준)
> 개인의 경우 : 감면대상세액 = 종합소득산출세액 × (감면대상 사업소득 / 종합소득금액)

4-2. 감면율

2017~2018년 조특법 개정시 세제지원을 확대하면서 다음과 같이 감면율이 세분화되었다.

4-2-1. 일반적인 창업중소기업 및 창업보육센터사업자의 경우

창업중소기업과 창업보육센터사업자에 해당하는 경우 해당 사업에서 최초로 소득이 발생한 과세연도(사업 개시일부터 5년이 되는 날이 속하는 과세연도까지 해당 사업에서 소득이 발생하지 아니하는 경우에는 5년이 되는 날이 속하는 과세연도)와 그 다음 과세연도의 개시일부터 4년 이내에 끝나는 과세연도까지 해당 사업에서 발생한 소득에 대한 소득세 또는 법인세에 다음의 비율을 곱한 금액에 상당하는 세액을 감면한다(조특법 §6①).

① 창업중소기업의 경우 : 다음의 구분에 따른 비율
   ⓐ 수도권과밀억제권역 외의 지역에서 창업한 청년창업중소기업의 경우 : 100분의 100
   ⓑ 수도권과밀억제권역에서 창업한 청년창업중소기업 및 수도권과밀억제권역 외의 지역에서 창업한 창업중소기업의 경우 : 100분의 50
② 창업보육센터사업자의 경우 : 100분의 50

청년창업중소기업은 일정한 경우 위의 감면 적용이 배제된다. 즉, ①-ⓐ를 적용할 때 수도권과밀억제권역 외의 지역에서 창업한 청년창업중소기업의 대표자가 감면기간 중 ⅰ)지배주주등으로서 해당 법인의 최대주주 또는 최대출자자에 해당하지 않게 되거나 ⅱ)개인사업자로서 손익분배비율이 가장 큰 사업자가 아니게 된 경우에는 ①-ⓐ에 따른 감면을 적용하지 아니하고, 해당 사유가 발생한 날이 속하는 과세연도부터 남은 감면기간 동안 ①-ⓑ에 따른 감면을 적용한다(조특령 §5②).

또한 ①-ⓑ를 적용할 때 수도권과밀억제권역에서 창업한 청년창업중소기업의 대표자가 감면기간 중 ⅰ)지배주주등으로서 해당 법인의 최대주주 또는 최대출자자에 해당하지 않게 되거나 ⅱ)개인사업자로서 손익분배비율이 가장 큰 사업자가 아니게 된 경우에는 해당 사유가 발생한 날이 속하는 과세연도부터 남은 감면기간 동안 위의 감면을 적용하지 아니한다(조특령 §5③).

4-2-2. 창업벤처중소기업의 경우

창업벤처중소기업에 해당하는 경우 벤처기업으로 확인받은 날 이후 최초로 소득이 발생한 과세연도(벤처기업으로 확인받은 날부터 5년이 되는 날이 속하는 과세연도까지 해당 사업에서 소득이 발생하지 아니하는 경우에는 5년이 되는 날이 속하는 과세연도)와 그 다음 과세연도의 개시일부터 4년 이내에 끝나는 과세연도까지 해당 사업에서 발생한 소득에 대한 소득세 또는 법인세의 100분의 50에 상당하는 세액을 감면한다.

다만, 창업중소기업에 대한 세액감면을 적용받는 경우(조특법 §6①)는 제외[59]하며, 감면기간 중 다음의 사유가 있는 경우에는 다음의 구분에 따른 날이 속하는 과세연도부터 감면을 적용하지 아니한다(조특법 §6②).

① 벤처기업의 확인이 취소된 경우 : 취소일
② 벤처기업확인서의 유효기간이 만료된 경우(해당 과세연도 종료일 현재 벤처기업으로 재확인받은 경우는 제외한다) : 유효기간 만료일

4-2-3. 에너지신기술중소기업의 경우

에너지신기술중소기업에 해당하는 경우 그 해당하는 날 이후 최초로 해당 사업에서 소득이

---

59) 「조세특례제한법」 제6조 제1항의 창업중소기업에 대한 세액감면을 적용받은 기업이 「조세특례제한법」 제6조 제2항의 벤처기업으로 확인받은 경우로서, 당초 감면받은 세액에 대하여 「국세기본법」 제45조에 따른 수정신고를 하는 경우에는 벤처기업으로 확인받은 날 이후 최초로 소득이 발생한 과세연도(벤처기업으로 확인받은 날부터 5년이 되는 날이 속하는 과세연도까지 해당 사업에서 소득이 발생하지 아니하는 경우에는 5년이 되는 날이 속하는 과세연도)와 그 다음 과세연도의 개시일부터 4년 이내에 끝나는 과세연도까지 해당 사업에서 발생한 소득에 대한 소득세 또는 법인세를 감면받을 수 있는 것임(기획재정부 조세특례제도과-411, 2019. 5. 23.).

발생한 과세연도(에너지신기술중소기업에 해당하는 날부터 5년이 되는 날이 속하는 과세연도까지 해당 사업에서 소득이 발생하지 아니하는 경우에는 5년이 되는 날이 속하는 과세연도)와 그 다음 과세연도의 개시일부터 4년 이내에 끝나는 과세연도까지 해당 사업에서 발생한 소득에 대한 소득세 또는 법인세의 100분의 50에 상당하는 세액을 감면한다.

다만, 창업중소기업 및 창업벤처중소기업 감면을 적용받는 경우(조특법 §6① · ②)는 제외하며, 감면기간 중 에너지신기술중소기업에 해당하지 않게 되는 경우에는 그 날이 속하는 과세연도부터 감면하지 아니한다(조특법 §6④).

4-2-4. 신성장 서비스업을 영위하는 중소기업의 경우

신성장 서비스업을 영위하는 중소기업에 해당하는 경우 3-2-1.부터 3-2-3.에도 불구하고 다음의 감면율이 적용된다. 즉, 최초로 세액을 감면받는 과세연도와 그 다음 과세연도의 개시일부터 2년 이내에 끝나는 과세연도에는 소득세 또는 법인세의 100분의 75에 상당하는 세액을 감면하고, 그 다음 2년 이내에 끝나는 과세연도에는 소득세 또는 법인세의 100분의 50에 상당하는 세액을 감면한다(조특법 §6⑤).

다만, 감면기간 중 신성장서비스업종 이외의 업종으로 주된 사업이 변경되는 경우에는 위의 감면을 적용하지 아니하고, 해당 사유가 발생한 날이 속하는 과세연도부터 남은 감면기간 동안 조특법 제6조 제1 · 2 · 4항(3-2-1.부터 3-2-3.까지)에 따른 감면을 적용한다(조특령 §5⑫).

4-2-5. 수입금액이 4천8백만원 이하인 창업중소기업의 경우

2021년 12월 31일 이전에 창업한 창업중소기업(청년창업중소기업은 제외)은 3-2-1.과 3-2-4.에도 불구하고 최초로 소득이 발생한 과세연도와 그 다음 과세연도의 개시일부터 4년 이내에 끝나는 과세연도까지의 기간에 속하는 과세연도의 수입금액(과세기간이 1년 미만인 과세연도의 수입금액은 1년으로 환산한 총수입금액)이 4천800만원 이하인 경우 그 과세연도의 소득세 또는 법인세에 다음의 비율을 곱한 금액에 상당하는 세액을 감면한다.

① 수도권과밀억제권역 외의 지역에서 창업한 창업중소기업의 경우 : 100분의 100
② 수도권과밀억제권역에서 창업한 창업중소기업의 경우 : 100분의 50

다만, 창업벤처중소기업 감면 또는 에너지신기술중소기업 감면을 적용받는 경우(조특법 §6② · ④)는 제외한다(조특법 §6⑥).

4-2-6. 고용창출형 창업 중소기업에 대한 추가 감면

업종별최소고용인원 이상을 고용하는 고용창출형 창업 중소기업이 3-2-1.부터 3-2-4.까지에 따라 감면을 적용받는 감면기간 중 해당 과세연도의 상시근로자 수가 직전 과세연도의 상시근로자 수(직전 과세연도의 상시근로자 수가 업종별최소고용인원에 미달하는 경우에는 업종별최소고용인원)보다 큰 경우에는 추가 감면이 적용된다.

즉, 다음의 ①의 세액에 ②의 율을 곱하여 산출한 금액을 상술한 감면세액에 추가하여 감면한다.

① 해당 사업에서 발생한 소득에 대한 소득세 또는 법인세

② 다음의 계산식에 따라 계산한 율. 다만, 100분의 50(신성장 서비스업에 대한 감면에 따라 100분의 75에 상당하는 세액을 감면받는 과세연도의 경우에는 100분의 25)을 한도로 하고, 100분의 1 미만인 부분은 없는 것으로 본다.

$$\frac{(\text{해당 과세연도의 상시근로자 수} - \text{직전 과세연도의 상시근로자 수})}{\text{직전 과세연도의 상시근로자 수}} \times \frac{50}{100}$$

다만, 조특법 제6조 제6항(3-2-5.)에 따라 100분의 100에 상당하는 세액을 감면받는 과세연도에는 추가 감면을 적용하지 아니한다(조특법 §6⑦).

적용사례

(사례1) 제조업으로 2018년 창업한 중소기업의 상시근로자가 지속 증가한 경우
　　　[(2018) 10명 → (2019) 15명 → (2020) 20명]
- ○ (2018 과세연도) 50% 감면
- ○ (2019 과세연도) 50% + 추가감면율 25%(50% × 1/2) = 총 75% 감면
- ○ (2020 과세연도) 50% + 추가감면율 16.7%(33% × 1/2) = 총 66.7% 감면

(사례2) 최소고용인원 미만인 제조업 창업 기업이 고용 증가로 최소고용인원 이상을 고용한 경우
　　　[(2018) 8명 → (2019) 16명]
- ○ (2018 과세연도) 50% 감면
- ○ (2019 과세연도) 50% + 추가감면율 30%(60%* × 1/2) = 총 80% 감면
  * 최소고용인원 10명을 기준으로 6명(60%) 증가

4-3. 감면대상 소득의 범위

감면대상이 되는 당해 사업에서 발생한 소득이란 당해 영업활동과 어느 정도 부수적 연관을 갖고 정상적인 업무에서 발생한 소득을 말한다. 따라서 이자수익·유가증권처분이익 및 유가증권처분손실 등은 이에 해당하지 아니한다[60)](조기통 6-0…2).[61)]

에너지신기술중소기업의 경우 해당 사업에서 발생한 소득의 계산은 [해당 과세연도의 제조업에서 발생한 소득 × (해당 과세연도의 고효율제품 등의 매출액/해당 과세연도의 제조업에서 발생한 총매출액)]에 따른다(조특법 §6⑧, 조특령 §5⑭). 이 경우 고효율제품 등의 매출액은 제조업 분야의 다른 제품의 매출액과 구분경리하여야 한다(조특령 §5⑮).

> **국세심판례(국심 92부3467, 1992. 12. 11.)**
> 창업중소기업에 대한 감면대상 소득의 범위는 '당해 사업에서 발생한 소득'으로 한정하여 감면규정이 적용되는 것이며, '당해 사업에서 발생한 소득'이라 함은 당해 영업활동과 어느 정도 부수적 연관을 갖고 정상적인 업무에서 발생한 소득이라고 보아야 할 것인바, 그 소득에 대응하는 비용이 아닌 고정자산 처분손실은 고정자산 처분익과 더불어 과세사업과 감면사업을 구분하지 아니하는 과세대상 소득의 개별손금이라고 판단

4-4. 감면기간의 기산 및 종료

본조에서 '당해 사업에서 최초로 소득이 발생한 과세연도'라 함은 감면대상 사업에서 소득이 최초로 발생한 과세연도를 말하는 것으로써 이월결손금에 관계없이 해당 사업에서 각 사업연도의 소득이 최초로 발생한 과세연도를 말하는 것이며, 사업개시일(또는 벤처기업으로 확인받은 날)부터 5년이 되는 날이 속하는 과세연도까지 소득이 발생하지 아니하는 경우에는 당해 5년이 되는 과세연도를 감면개시연도로 하여야 한다.

관련예규
- '최초로 소득이 발생한 날이 속하는 과세연도'라 함은 이월결손금에 관계없이 해당 사업에서 각 사업연도의 소득이 최초로 발생한 과세연도임(법인 46012-4658, 1995. 12. 21.).
- 창업벤처중소기업에 대한 세액감면시 사업연도 중에 창업벤처중소기업에 해당되어 최초로 소득이 발생한 경우에는 그 과세연도의 당해 사업에서 발생한 전체소득에 대하여 적용함(법인 46012-2389, 2000. 12. 15.).

---

60) 조특법 제6조 제1항 및 제2항·제7조 제1항·제63조 제1항·제64조 제1항·제66조 제1항·제67조 제1항·제68조 제1항의 규정에 의한 감면대상 소득계산시 같다(조기통 6-0…2).
61) 감면대상 소득의 포함 여부에 대한 자세한 내용은 제7조(중소기업특별세액감면)의 해설을 참고하기로 한다.

기획재정부 유권해석 해설

질의 사업연도를 변경하여 창업사업연도와 그 다음 사업연도(의제사업연도)를 합산한 기간이 1년 미만인 경우 창업사업연도와 그 다음 사업연도(의제사업연도)를 합한 기간을 창업사업연도로 보아 감면기간을 적용할 수 있는지 여부?

회신 재경부 조세지출예산과 46070-363, 2008. 10. 16.

○ 창업일이 속하는 사업연도와 그 다음 사업연도의 합산기간이 1년 미만인 경우에도 창업사업 연도와 그 다음 사업연도 개시일부터 5년(현행 3년) 내에 종료하는 사업연도까지만 창업중소기업 세액감면이 적용됨.

저자의 견해

○ 조특법에서는 사업연도에 대한 별도의 규정을 두지 아니하고 법인세법을 준용하고, 법인세법(§6 ⑥)에서 사업변경의 경우 종전의 사업연도 개시일부터 새로운 사업연도의 개시일 전일까지의 월수가 1월 이상인 경우에는 1사업연도로 보도록 규정

○ 법인세법 규정은 법인으로 하여금 자기 편의를 위하여 사업연도를 변경할 수 있도록 하는 반면, 법인이 사업연도를 임의변경시 소득금액 계산기간, 납세의무 성립 및 확정시기를 명확히 규정하기 위한 강행규정이라고 봄이 타당

○ 단순히 사업연도를 변경하는 것만으로 감면기간이 단축되는 것은 불합리하다고 생각할 수도 있으나, 조특법상 감면개시 과세연도란 법인의 사업연도를 말하고 법인의 사업연도는 법인에 따라 기간이 상이할 수도 있으므로, 임의 변경에 따른 감면기간 단축은 현행 제도상 불가피한 측면이 있음.

○ 이와 같은 것을 종합해 볼 때, 창업사업연도와 그 다음 사업연도의 합산기간이 1년 미만인 경우에도 창업사업연도와 그 다음 사업연도를 각각 구분해서 감면적용함이 타당하다고 판단됨.

한편, 감면을 적용받은 창업중소기업 등이 「중소기업기본법」에 따른 중소기업이 아닌 기업과 합병하는 경우, 소유 및 경영의 실질적인 독립성 요건을 갖추지 못하는 경우 등 중소기업에 해당하지 아니하게 된 경우[62]에는 해당 사유 발생일이 속하는 과세연도부터 감면하지 아니한다(조특법 §6⑦, 조특령 §5⑯).

4-5. 세액감면 승계

4-5-1. 중소기업통합 및 법인전환시의 감면 승계

창업중소기업 및 창업벤처중소기업의 세액감면을 받아오던 자가 감면기간이 경과하기 전에 조특법 규정에 따른 중소기업통합을 하거나 법인전환을 하는 경우에는 통합 또는 법인전환

---

62) 중소기업 유예기간 적용 배제 사유에 해당한다. 앞의 조특법 제5조를 참고하기 바란다.

후에 존속하는 법인 또는 설립된 법인은 그 승계받은 사업에서 발생하는 소득에 대하여 통합·전환 당시의 잔존감면기간 내에 종료하는 각 과세연도까지 법인세의 감면을 받을 수 있다(조특법 §31, §32).

관련예규

• 중소기업 간의 통합으로 인하여 창업중소기업에 대한 세액감면을 적용받고 있는 법인이 수도권과밀억제권역에서 창업한 법인을 흡수합병함에 따라 수도권과밀억제권역에 지점을 둔 경우에는 합병법인이 중소기업에 해당하더라도 당해 지점 설치일 이후에는 본 규정에 의한 세액감면 적용 불가(법인 46012-4038, 1999. 11. 20.)

4-5-2. 합병의 경우 감면 승계

창업중소기업이 감면기간이 경과하기 전에 다른 법인을 흡수합병하는 경우 합병 전의 창업중소기업에서 발생하는 소득에 대하여는 잔존감면기간 동안 세액감면을 적용받을 수 있다. 다만, 유예기간을 한도로 감면을 적용하는 것이며, 이 경우에도 유예기간 적용배제 사유(중소기업기본법의 규정에 의한 중소기업 외의 기업과 합병하는 경우, 유예기간 중에 있는 기업과 합병하는 경우, 소유 및 경영의 실질적인 독립성기준에 적합하지 아니한 기업에 해당하는 경우 등 조특령 §2② 단서)에 해당하는 경우에는 중소기업 유예기간 중이라 하더라도 중소기업에서 제외되므로 창업중소기업 감면혜택은 합병일이 속하는 사업연도부터 적용하지 아니한다(조기통 6-0…3).

기획재정부 유권해석 해설

질의 창업중소기업이 다른 중소기업을 흡수합병한 후 벤처확인 기간 내 벤처확인받은 경우 창업벤처기업에 대한 세액감면 적용 여부?

회신 재경부 조세지출예산과 46019-93, 2001. 6. 11.
○ 창업 후 2년 이내인 중소기업이 다른 법인을 흡수합병한 후 벤처기업으로 확인받은 경우에는 벤처확인일로부터 소급하여 2년 이내 창업한 중소기업에서 발생하는 소득에 대하여 잔존감면기간 동안 계속 세액감면을 받을 수 있음. 이 경우 합병법인이 조특령 제2조의 규정에 의한 중소기업 범위 내인 경우에 한하여 감면적용되는 것임.

저자의 견해
○ '합병 후 벤처확인'의 경우도 '벤처확인 후 합병'의 경우와 동일하게 취급해 주는 것이 바람직하며, 벤처확인 전 합병하였다고 하여 창업벤처기업으로 감면기간 동안 세액감면을 받을 기회를 박탈하는 것은 합병으로 인해 당해 기업에게 큰 불이익을 초래
○ 합병은 합병 전 기업의 인격이 합병법인에게 승계되고, 합병한 후에도 사업의 동일성이 유지되는 측면이 있어 현행 세법에서도 합병에 대해 큰 불이익을 주고 있지는 않음.

○ 합병 후 벤처확인일로부터 소급하여 벤처확인 기간 내 창업한 기업에서 발생한 소득에 대하여 잔존감면기간 동안 감면적용해 주는 것이 벤처기업의 창업을 지원하려는 법취지에 부합

5 | 절 차

창업중소기업 등에 대한 세액감면을 받고자 하는 자(내국인으로서 외국법인은 해당 안됨)는 과세표준신고와 함께 세액감면신청서를 납세지 관할 세무서장에게 제출하여야 한다(조특령 §5㉕).

6 | 조세특례제한 등

6-1. 중복지원의 배제

6-1-1. 세액공제와 중복지원 배제

내국인이 동일한 과세연도에 중소기업에 대한 창업중소기업세액감면 규정과 투자세액공제 중 그 지원의 성격이 유사한 것은 중복적용이 배제되므로, 그 중 하나만을 선택하여 적용받아야 한다. 이에 대한 자세한 내용은 제127조의 해설을 참고하기로 한다.

6-1-2. 세액감면과 중복지원 배제

내국인이 동일한 사업장에 대하여 동일한 과세연도에 창업중소기업세액감면 규정과 일정한 세액감면 규정 중 둘 이상이 적용될 수 있는 경우에는 그 중 하나만을 선택하여 적용받아야 한다. 자세한 내용은 제127조에서 설명하도록 한다.

6-2. 결정시 등 감면 배제

6-2-1. 무신고 결정 및 기한 후 신고에 대한 감면 배제

소득세 또는 법인세의 무신고에 따른 결정(소법 §80①, 법인법 §66①)과 기한 후 신고(국기법 §45의3)를 하는 경우에는 본조의 세액감면을 적용하지 아니한다. 이에 대한 자세한 내용은 제128조의 해설을 참고하기로 한다.

6-2-2. 경정 및 수정신고시 감면 배제되는 경우

소득세 또는 법인세의 신고내용에 오류 등이 있어 경정(소법 §80②, 법인법 §66②)하는 경우와 과세표준 수정신고서를 제출한 과세표준과 세액을 경정할 것을 미리 알고 제출한 경우에는 과소신고금액(조특령 §122)에 대한 본조의 세액감면을 적용하지 아니한다. 이에 대한 자세한 내용은 법 제128조의 해설을 참고하기로 한다.

6-3. 최저한세의 적용 및 기타 사항

본조의 세액감면 규정을 포함한 조세특례에 대하여는 제132조의 최저한세 규정을 적용받아 그 특례범위가 제한되며, 본조의 규정을 적용받는 사업과 기타 사업을 겸영하는 경우에는 법인세법 제113조의 규정을 준용하여 구분경리하여야 한다. 또한 본조에 따른 세액감면은 농어촌특별세가 비과세된다. 최저한세는 제132조, 구분경리는 제143조, 농어촌특별세 비과세는 농어촌특별세법 제4조(비과세)의 내용을 참고하기로 한다.

7 │ 관련사례

구 분	내 용
업종기준	○ 「조세특례제한법 시행령」(2017. 2. 7. 대통령령 제27848호로 개정된 것) 제2조 제1항 제4호(이하 "업종 기준"이라고 함)는 2017. 1. 1. 이후 개시하는 과세연도부터 적용하는 것이고, 내국법인이 2017. 1. 1. 이후 과세연도에 업종기준을 충족하는 경우라도 동 시행령 제2조 제1항을 모두 충족하는 경우에 한하여 중소기업에 해당하는 것임(기획재정부 조세특례제도과-358, 2019. 5. 7.). ※ 업종기준 개정에 따른 중소기업 판단(사실관계 : 甲 법인은 '10. 8. 24. 설립되어 부동산 개발 및 공급 등 부동산업을 주업으로 하는 부동산 시행사로서 '15~'17년도 매출액은 59억원, 519억원, 1,268억원임. 부동산업은 '16년까지는 업종 분류상 중소기업에 해당하지 않았으나, 법령 개정으로 '17년부터 중소기업 업종에 해당) ○ 법인이 직접 건설 활동을 수행하지 아니하고 다른 건설업체에 의뢰하여 주거용 건축물을 건설하고 이를 분양판매하는 것은 부동산공급업에 해당함(서면2팀-836, 2007. 5. 3.). ○ 법인이 자기가 제품을 직접 제조하지 아니하고 국외에 소재하는 제조업체에 의뢰하여 제품을 제조하는 경우 제조업의 범위에 포함되지 아니함(서면2팀-1020, 2005. 7. 6.). ○ 자기명의의 제품을 직접 제조하지 아니하고 국외소재 제조업체에 의뢰하여 제조하는 경우 제조를 위탁한 법인이 영위하는 사업은 제조업의 범위에 포함되지 않는 것임(서면2팀-454, 2004. 3. 16.).

구 분	내 용
업종기준	○ 조세특례제한법상 업종의 분류는 특별한 규정이 있는 경우를 제외하고는 '한국표준산업 분류'에 의하며, 한국표준산업분류상 '출판업'은 제조업에 해당함(서이 46012−12274, 2002. 12. 18.). ○ 둘 이상의 사업을 경영하는 경우 전체 종업원수가 주된 사업의 종업원수 기준 이하인 경우는 중소기업으로 봄(법인 46012−2159, 1998. 8. 1.). ○ 중소기업 해당사업을 2개 이상 겸영하는 경우 상시 사용하는 종업원수는 당해 기업 전체 종업원수를 기준으로 판단함(법인 46012−1056, 1998. 4. 28.). ○ 「관광진흥법」에 따른 관광사업(카지노, 관광유흥음식점업 및 외국인전용 유흥음식점업은 제외한다)에 포함되는 펜션업은 중소기업 업종에 해당하는 것임(법인−924, 2009. 8. 27.). ○ 「조세특례제한법 시행령」(2017. 2. 7. 대통령령 제27848호로 개정된 것) 제2조 제1항 제4호(이하 "업종기준"이라고 함)는 2017. 1. 1. 이후 개시하는 과세연도부터 적용하는 것이고, 내국법인이 2017. 1. 1. 이후 과세연도에 업종기준을 충족하는 경우라도 같은 법 시행령 제2조 제1항을 모두 충족하는 경우에 한하여 중소기업에 해당하는 것임(기획재정부 조세특례제도과−358, 2019. 5. 7.).
규모기준	○ 「조세특례제한법 시행령」 제2조에 따른 중소기업에 해당하는지를 판단하기 위해 해당 기업의 최다출자자인 외국법인의 자산총액이 5천억원 이상인지 여부를 판단할 때에는 해당 과세연도 종료일 현재 재무상태표 상 외화로 표시된 자산총액을 해당 과세연도 종료일 현재의 매 매기준율 등으로 환산하여 계산하는 것임(기획재정부 조세특례제도과−584, 2019. 9. 3.). ※ 중소기업 여부 판단시 최다출자자인 외국법인의 자산총액 판단 방법(사실관계 : 갑법인은 의료 및 연구기기 제조·판매업을 영위하는 법인으로, 미국 법인인 A법인이 갑법인의 지분 100%를 보유. 갑법인은 2017사업연도 법인세 신고시, 최다출자자인 A법인의 자산총액이 2016사업연도 말 매매기준 환율 적용시 5천억원 이상이므로, 중소기업에 해당하지 않는 것으로 법인세 신고. 이후 갑법인은 「중소기업기본법 시행령」 제7조의2 제3항에 따라 직전 5개 사업연도의 평균환율로 환산하는 경우, A법인의 자산총액이 5천억원 이하이므로 갑법인이 중소기업에 해당하는 것으로 보아 경정청구) ○ 자산총액이 5천억원 이상인 비영리법인이 기업의 주식을 100분의 30 이상 직접적 또는 간접적으로 소유하는 경우 해당 기업은 「조세특례제한법 시행령」 제2조 제1항 제3호 및 「중소기업기본법 시행령('09. 3. 25.. 대통령령 제21368호로 개정된 것)」 제3조 제2호 나목에 따른 중소기업 요건 중 실질적인 독립성 기준에 위배되지 않는 것임(기획재정부 조세특례제 도과−674, 2018. 9. 5.). ※ 비영리법인의 자회사가 중소기업에 해당하는지 여부(사실관계 : 갑법인은 비영리법인이 100% 출자하여 설립된 내국법인으로 업종 및 매출액은 조세특례제한법상 중소기업 요건 충족. 다만, 갑법인은 자산총액 5천억원 이상 비영리법인이 100% 출자한 법인으로서 조특법상 중소기업 요건 중 실질적인 독립성 요건 위배 여부가 쟁점임) ○ 신설합병 외에 흡수합병으로 인한 합병 후 존속법인의 경우에도 합병등기일의 다음 날이 속하는 과세연도의 매출액을 연간 매출액으로 환산한 금액으로 매출액 기준을 적용함(서이 46012−10830, 2001. 12. 28.).

구 분	내 용
규모기준	○ 파견근로자는 당해 파견근로자를 고용(파견)한 파견사업주의 상시 근로자에 해당하며, 사용사업주의 상시 근로자에 해당하지 않음(재조예 46019-43, 2003. 2. 4.). ○ 자본금이란 과세연도 종료일 현재 기업회계기준에 따라 작성한 대차대조표상의 자본금(자본잉여금)을 말하며, 자본조정을 차감하지 않음(서면2팀-2208, 2004. 11. 1.). ○ 중소기업기본법 시행령 [별표 2]에서 '거래소 또는 코스닥 상장법인으로서 자산총액이 5천억원 이상인 법인이 발행주식 총수의 100분의 30 이상을 소유'하는지 여부는 거래소 또는 상장법인이 직접 출자한 가액을 기준으로 판단하는 것임(서면2팀-728, 2005. 5. 26.). ○ 주된 사업 판정기준인 사업별 '사업수익금액'은 기업회계기준에 따라 작성한 손익계산서상의 매출액을 의미하는 것임(서면2팀-108, 2005. 1. 14.). ○ 2 이상의 사업을 영위하는 법인이 중소기업을 판정함에 있어 사업수입금액이라 함은 기업회계기준에 따라 작성한 손익계산서상의 매출액을 의미하는 것임(서면2팀-1170, 2006. 6. 21.). ○ 중소기업 판정시 상시 사용하는 종업원수라 함은 계속하여 고용되어 있는 근로자(주주인 임원, 일용근로자, 기업부설연구소 연구전담요원 제외)의 수로 하는 것임(서면2팀-1530, 2007. 8. 20.). ○ 중소기업 판정 시 인적용역사업자는 상시 사용하는 종업원수에 포함되지 않음(서면1팀-55, 2007. 1. 10.). ○ 「조세특례제한법」 제7조 및 같은 법 시행령 제6조에 따라 소기업에 해당하여 중소기업에 대한 특별세액감면을 받던 거주자가 해당 사업장을 법인 전환하는 경우, 법인으로 전환된 내국법인의 소기업 해당 여부를 판정함에 있어 「조세특례제한법 시행령」 제6조 제5항 단서의 매출액은 법인전환일 이후 발생한 매출액을 연간 매출액으로 환산한 금액으로 하는 것임(서면법규-568, 2014. 6. 2.).
독립성 기준	○ 조세특례제한법 시행령(2012. 2. 2. 대통령령 제23590호로 개정되어 2015. 2. 3. 제26070호로 개정되기 전의 것) 제2조 제2항 본문에 따라 유예기간을 적용받던 기업은 유예기간 중 같은 영 제2조 제2항 제3호에 해당하는 경우에도 유예기간을 계속 적용하는 것임(기획재정부 조세특례제도과-264, 2018. 4. 6.). ※ 중소기업 유예기간 중 실질적 독립성 기준 위배시 잔여 유예기간 적용 여부(사실관계 : 갑법인은 2012 사업연도 「조세특례제한법 시행령」(2012. 2. 2. 대통령령 제23590호, '舊조특령'이라 함) 제2조 제1항 단서에 따라 중소기업에 해당하지 아니하게 되었으나 같은 영 제2항 본문에 따라 중소기업 유예기간(4년)을 적용받음. 갑법인은 '14. 12월 중소기업 유예기간 중 공정거래위원회로부터 상호출자제한기업집단에 포함되었다는 통지를 받음. 중소기업의 실질적인 독립성 기준을 규정하고 있는 「중소기업기본법 시행령」(2014. 4. 14. 대통령령 제25302호로 개정되기 전의 것) 제3조 제1항 제2호 가목에 해당 → 독립성기준 위배)

구 분	내 용
독립성 기준	○「조세특례제한법 시행령」제2조 제1항 제3호에 따라 해당 기업의 실질적인 독립성이 「중소기업기본법 시행령」제3조 제1항 제2호에 적합한지 여부를 판정함에 있어 「중소기업기본법 시행령」제3조 제1항 제2호 다목을 적용할 때 "평균매출액등이 별표 1의 기준에 맞지 아니하는 기업"은 "매출액이 「조세특례제한법 시행령」제2조 제1항 제1호에 따른 중소기업기준에 맞지 아니하는 기업"으로 보는 것이며, 이 경우 '매출액'은 기업회계기준에 따라 작성한 손익계산서상의 매출액으로 하는 것임(기획재정부 조세특례제도과-695, 2017. 9. 11.). ※ 중소기업 독립성 여부 판단시 매출액 적용 기준 : (제1안) 중소기업기본법에 따른 평균매출액(직전 3개 사업연도의 평균 매출액)/(제2안) 당해과세연도기업회계기준에 따른 매출액 ○ 중소기업 소유-독립성 기준 개정으로 중소기업 범위에서 제외시 2008. 12. 27.까지는 중소기업으로 보는 것임(서면2팀-839, 2008. 5. 2.). ○ 중소기업의 지분 60%를 가지고 있는 모기업이 2007. 12. 31. 자산총액이 5천억 이상이 되어 당해 중소기업이 실질적인 독립성 기준이 위배되는 경우에도 2008. 12. 31.까지는 중소기업에 해당됨(서면2팀-768, 2008. 4. 25.). ○ 사업연도가 2008. 1. 1.~2008. 12. 31.인 법인의 경우 개정된 중소기업기본법 시행령 부칙 제2조의 규정에 의한 중소기업 유예기간이 적용되지 아니함(서면2팀-706, 2008. 4. 16.). ○ 상호출자제한기업집단에 속하거나 제외되는 것으로 통지받은 날이 속하는 사업연도부터 중소기업에서 제외하거나, 중소기업에 해당함(서면2팀-2214, 2005. 12. 29., 법인 46012-44, 2000. 7. 7.). ○「중소기업기본법 시행령」(2005. 12. 27. 대통령령 제19189호로 개정된 것을 말하며, 이하 "개정령"이라 함) 시행일 현재 자산총액 5천억원 이상인 비상장법인이 발행주식 총수의 30% 이상을 소유하고 있었던 기업은 개정령 시행일부터 2008년 12월 31일까지 「조세특례제한법 시행령」제2조 제1항의 중소기업에 해당하는 것(기획재정부 조세특례제도과-325, 2009. 3. 31.)으로, 귀 질의의 경우 유예기간을 적용하지 아니하는 것임(법인-1196, 2010. 12. 30.). ○「조세특례제한법 시행령」제2조 제1항 제3호의 실질적인 독립성기준을 판단함에 있어 2008사업연도 말일 현재 「중소기업기본법 시행령」제3조 제1호 나목에 해당하게 된 법인이 발행주식 총수의 30% 이상 소유한 법인은 2009사업연도부터 중소기업에 해당하지 아니하는 것임(법인-1204, 2010. 12. 30.). ○「조세특례제한법 시행령」제2조 제1항 제3호에 따라 실질적인 독립성 기준을 판단하는 경우 「중소기업기본법 시행령」제3조 제1호 나목에서 규정한 '직전 사업연도 말일 현재 대차대조표에 표시된 자산총액'은 연결재무제표가 아닌 개별재무제표를 기준으로 판단하는 것임(법인-1205, 2010. 12. 30.).

구 분	내 용
독립성 기준	○「조세특례제한법 시행령」제2조 제1항 제3호의 실질적인 독립성 기준을 판단함에 있어 「중소기업기본법 시행령」제3조 제1호 '나'목에서 규정하는 법인에는 외국법인을 포함하는 것이며, 이 경우 외국법인의 자산총액은 '외국법인의 직전 사업연도 말일 현재의 대차대조표상의 자산총액을 원화로 환산한 금액'으로 판단하는 것임(법인-1172, 2009. 10. 20.). ○ 중소기업 유예기간 중에 있는 청구법인(2010사업연도에 매출액 1,000억원을 초과하여 조특령 제2조 제2항에 따라 2010사업연도부터 2013사업연도까지 중소기업 유예기간)에 대하여 2012. 1. 1. 이후 개시되는 과세연도부터는 관계기업 제도 도입으로 중소기업 규모기준 판단시 출자관계에 있는 관계기업내 출자비율 등을 합산한 결과가 중소기업기준을 초과하여 독립성기준을 충족하지 못하므로 「조세특례제한법 시행령」제2조 제2항에 따른 유예를 적용할 수 없음(2010. 12. 30. 개정된 조특령 제2조 제1항 제3호 및 그 부칙에서 2012. 1. 1.부터는 실질적인 독립성 기준에 부적합하여 중소기업에 해당하지 아니하게 된 경우에는 중소기업으로 보는 유예기간을 적용받을 수 없도록 규정하였으므로, 처분청이 중소기업에 대한 감면을 배제하여 과세한 처분은 잘못이 없음). ○ 관계기업에 대한 매출액 기준 중소기업 판단은 관계기업을 구성하는 기업 전체의 직전 3개 사업연도 평균 매출액이 아닌 당해 사업연도의 매출액을 기준으로 함이 관계기업제도의 취지에 부합함(조심 2014서1087, 2014. 6. 30.). ○ 자산총액이 5천억원 이상인 비영리법인이 기업의 주식을 100분의 30 이상 직접적 또는 간접적으로 소유하는 경우 해당 기업은 「조세특례제한법 시행령」제2조 제1항 제3호 및 「중소기업기본법 시행령」(2009. 3. 25. 대통령령 제21368호로 개정된 것) 제3조 제2호 나목에 따른 중소기업 요건 중 실질적인 독립성 기준에 위배되지 않는 것임(기획재정부 조세특례제도과-674, 2018. 9. 5.).
유예기간	○ 조세특례제한법 시행령(2017. 2. 7. 대통령령 제27848호로 일부개정된 것) 제2조 제2항 단서 규정은 법률 제14390호 조세특례제한법 일부개정법률 시행일 이후 최초로 해당 사유가 발생한 날이 속하는 과세연도부터 적용하는 것으로, 법률 제14390호 조세특례제한법 일부개정법률 시행일 이전에 해당 사유가 발생한 경우에는 유예기간을 계속 적용하는 것임(기획재정부 조세특례제도과-865, 2020. 11. 11.). ○ 중소기업이었던 법인이 2012. 1. 1. 이후 관계기업제도 시행에 따라 중견기업이 된 후 「중소기업기본법 시행령」별표 1에 따른 주된 업종별 평균매출액 등의 중소기업 규모기준이 개정(2015. 6. 30.)되어 다시 중소기업이 되었으나, 평균매출액이 증가함에 따라 다시 중견기업이 된 경우 중소기업 유예기간을 적용할 수 있는지 여부 : 유예기간을 적용할 수 있음(2015. 1. 1. 이후 최초로 「중소기업기본법 시행령」제3조 제1항 제2호 다목(실질적인 독립성)의 요건을 갖추지 못하게 되어 중소기업에 해당하지 아니하게 된 때에는 유예기간을 적용할 수 있음. 기획재정부 조세특례제도과-360, 2021. 5. 7.). ○「조세특례제한법」제7조에 따른 중소기업에 대한 특별세액감면을 적용함에 있어 같은 법 시행령 제6조 제5항에 따른 소기업이 매출액 100억원 이상이 된 경우에는 같은 령 제2조 제2항에 따른 유예기간을 적용하지 않는 것임(서면법규-217, 2013. 2. 27.).

구 분	내 용
유예기간	○ 중소기업이 '창업일이 속하는 과세연도의 다음 과세연도 종료일 현재 중소기업기준을 초과하는 경우'의 사유로 중소기업에 해당하지 아니한 경우 유예기간을 적용하지 아니함(서면2팀-1669, 2005. 10. 19.). ○ 중소기업특별세액감면 규정을 적용함에 있어 소기업이 상시 사용하는 종업원수의 증가로 소기업 범위를 초과한 중기업이 되는 경우에는 중소기업유예기간을 적용받을 수 없는 것임(재조예-843, 2004. 12. 21.). ○ 업종변경에 의한 해당 사업의 폐지는 투자준비금의 일시환입사유가 되나, 중소기업 유예기간의 경과는 사유가 되지 않으며, 중소기업 해당 여부는 비용의 사용일이 속하는 사업연도 종료일을 기준으로 판단함(서면2팀-1893, 2004. 9. 10.). ○ 법인의 자산총액에 분할합병으로 중소기업기준을 초과하는 경우, 중소기업유예기간 적용여부(제도 46013-502, 2000. 11. 25.) ○ 중소기업 간의 합병으로 중소기업에 해당 안되는 경우 그 다음 2과세연도까지 중소기업으로 봄(법인 46012-1056, 1998. 4. 28.). ○ 중소기업 유예기간 중에 있는 기업이 다른 중소기업과 합병하는 경우에는 합병일이 속하는 과세연도부터 중소기업으로 보지 아니하는 것임(서면2팀-352, 2008. 2. 27.). ○ 중소기업 유예기간 중에 있던 기업의 인적분할로 설립된 분할신설법인이 분할등기일의 다음 달이 속하는 최초 사업연도에 중소기업기준을 초과하는 경우 최초 사업연도에 중소기업으로 보지 아니함(서면2팀-187, 2008. 1. 29.). ○ 중소기업 유예기간을 적용함에 있어 중소기업이 창업일이 속하는 과세연도의 다음 과세연도 종료일 현재 중소기업기준을 초과하는 경우 유예기간을 적용하지 않음(서면2팀-609, 2007. 4. 9.). ○ 법 개정에 의해 업종 분류 변경 시 중소기업 유예기간을 적용하지 않음(서면2팀-145, 2007. 1. 18.). ○ 「조세특례제한법 시행령」 제2조 제2항 본문에 따라 '유예기간'의 적용을 받던 법인이 「법인세법」 제46조 제1항 각 호의 요건을 갖춰 분할함에 있어, 분할신설법인이 「조세특례제한법 시행령」 제2조 제1항 제1호의 '규모기준'을 초과한 경우에 해당하더라도 분할 당시의 분할법인의 잔존 '유예기간' 내에 종료하는 각 과세연도까지는 중소기업으로 보는 것임(재조특-145, 2008. 5. 9.).
창업의 개념	○ 원고는 보다 효율적으로 사업을 하기 위해 이 사건 임대토지를 ○○에 임대하는 대신 위 회사로부터 원고 사업장에 연접한 토지 일부를 임차하였으므로 '정당한 사유'가 인정된다고 주장하나 원고 주장과 같은 사정은 수익상 문제 등에 관한 것일 뿐, 이 사건 임대토지를 부득이 해당 사업에 사용할 수 없는 객관적 사유에 해당한다고 보기 어려움(대법원 2020두41948, 2020. 10. 15.). ○ 사업에 사용되던 자산인 사업장 등을 인수하여 같은 종류의 사업을 영위한 것이므로 구 조세특례제한법 제6조 제6항 제1호의 '창업'에 해당하지 않음(대법원 2020두54685, 2021. 3. 11.).

구 분	내 용
창업의 개념	○ 창업중소기업에 대한 세액감면을 적용하던 중 본점의 보조적인 역할을 하는 지점을 수도권과밀억제권역에 설치한 경우에는 그 설치일이 속하는 사업연도부터 동 세액감면을 적용받을 수 없음(서면2팀-2183, 2006. 10. 27.). ○ 중소제조업 영위 개인사업자가 별도로 설립한 법인이 개인사업자가 영위하던 사업의 전부 또는 일부를 승계 또는 인수해 동종의 사업 영위시는 '창업'에 해당하지 않음(제도 46012-12677, 2001. 8. 16.). ○ 개인사업자의 기존 업종에 업종을 추가하여 사업을 새로이 개시하는 경우 추가된 업종의 수입금액이 총수입금액에서 차지하는 비율이 50% 이상이 되는 경우에는 추가된 업종을 동종의 사업으로 보지 아니함(서면2팀-1058, 2008. 5. 30.). ○ 내국법인이 종전사업자의 이전으로 미사용 중인 사업장을 임차하고 기계장치 등 사업 용자산을 새로이 취득하여 종전사업자가 영위하던 사업과 동종의 사업을 개시하는 경우에는 「조세특례제한법」 제6조에 따른 '창업'에 해당하는 것임(법인-1041, 2011. 12. 28.). ○ 기존법인의 공동대표이사 중 1인이 법인을 설립함에 있어 신설법인이 기존법인으로부터 인적·물적 설비의 승계가 없고 기존법인과 사업장을 달리하여 한국표준산업분류의 세분류를 기준으로 다른 업종의 사업을 영위하여 창업 후 3년 이내에 벤처중소기업으로 확인받은 경우 해당 신설법인은 「조세특례제한법」 제6조 제2항에 따른 창업벤처중소기업에 대한 세액감면을 적용받을 수 있는 것이나, 기존법인과 분리되어 독립적인 경영을 하지 않거나 실질적으로 인적·물적 설비를 승계하여 사업을 영위하는 등 같은 법 제6조 제6항 각호에 해당하는 경우에는 창업에 해당하지 않아 창업벤처중소기업에 대한 세액감면을 적용받을 수 없는 것으로, 귀 질의의 경우가 이에 해당하는지는 해당 신설법인의 설립 경위, 사업의 실태, 경영관계 등을 감안하여 실질내용에 따라 사실판단할 사항임(법규과-1693, 2011. 12. 21., 법규법인 2014-44, 2014. 3. 27. 같은 뜻). ○ 청구법인의 주주는 종전 개인사업의 공동대표인 전○○과 송○○이 70%의 지분을 가지고 있는 (주)○○○시스템인 점, 우회적이긴 하나 개인사업 당시의 사업용 자산을 청구법인이 모두 매입한 점 등을 종합할 때, 청구법인이 '창업'을 한 것으로 보기는 어려워, 세액감면을 부인한 처분은 정당함(조심 2011중2856, 2011. 12. 5.). ○ 창업중소기업에 대한 세액감면시 창업은 중소기업을 새로 설립한 것을 말하며, 창업일은 법인설립등기일을 말함(서면2팀-2318, 2007. 12. 20.). ○ 법인이 설립된 장소가 개인사업과 동일한 지역이라 하더라도 법인이 사업장을 달리하여 다른 업종을 영위하고자 하므로 당해 법인은 새로운 사업자로서 창업에 해당하는 것으로 봄이 타당함(국심 2006구3108, 2007. 10. 4.). ○ 설립등기일 이후 새로이 시작한 사업부분에서 발생한 소득에 대하여 창업으로 보아 세액감면을 적용할 수 없음(국심 2006중2226, 2007. 6. 8.). ○ 모기업으로부터 사업의 일부를 분리해 설립한 분사기업이 기존사업을 승계하여 사업을 영위하는 경우 창업중소기업 등에 대한 세액감면이 적용되지 아니함(서면2팀-997, 2007. 5. 23.). ○ 다른 사업자의 사업일부를 인수하여 종전의 사업자와 동일한 업종을 영위하는 것은 창업으로 볼 수 없음(서면2팀-411, 2007. 3. 14.).

구 분	내 용
창업의 개념	○ 과밀억제권역 내에서 법인설립등기를 한 후 과밀억제권역 외의 지역으로 본점을 이전하여 사업자등록을 한 경우 과밀억제권역 내에서 창업한 것으로 봄(지방세심사 2007-591, 2007. 10. 29.). ○ 처분청은 청구법인이 ×××의 자산을 인수하였고, 종업원을 승계하는 등 창업으로 보기 어렵다는 의견이나,「조세특례제한법」제6조의 규정에 의한 창업중소기업에 대한 세액감면에서 '창업'이란 실질적으로 중소기업을 새로 설립하여 사업을 개시하는 것(대법원 2008. 10. 23. 선고 2008두14242 판결, 같은 뜻)을 가리키고, 창업의 해당 여부는 궁극적으로 신규 사업 창출의 효과가 있는지 여부에 따라 판단하여야 할 것(조심 2008지789, 2009. 7. 30. 같은 뜻)인 바, 미국 ○○ 및 국내 ○○○에 자동차부품을 납품하는 □□사가 미국에서 자사에게 C○○(seat mechanism)을 납품하고 있던 △△△에게 국내에 합작법인(청구법인)을 설립하는 조건으로 C○○ 납품 관련 의향서를 발송한 점, 청구법인의 설립이 지분문제, 자금조달문제 등으로 지연되는 상황에서 ○○○의 납품일정을 맞추기 위해 추후 청구법인에게 이전하는 조건으로 △△△가 ×××에 송금한 자금으로 ×××가 청구법인을 대신하여 자본설비를 구입하였고, 청구법인의 설립 후 당초 조건대로 청구법인에게 이전한 점, 청구법인의 설립일까지 개발(일정포함), 품질, Engineering 측면, Cost 관련 업무는 △△△에서 직접 대응하고, ×××는 2단계 proto 제작 지원만 하는 것으로 합의되어 있고, ×××는 현가장치 생산 기업으로 seat mechanism인 C○○을 생산할 수 있는 능력이 없으며, 발주자인 ○○ □□도 대금의 지급, 단가협상 등 대상을 합작법인인 청구법인과만 하는 것으로 한 점, 처분청은 ×××가 영위하던 사업(seat mechanism 제조)이 자동차 부품 제조업으로 한국표준산업분류상 세분류가 동일하다는 의견이나, 현가장치 제조는 세분류가 3039로서 기타 자동차부품 제조업에 속하고, seat mechanism 제조는 3201로서 침대 및 내장가구 제조업에 속하는 바, 처분청이 한국표준산업분류를 잘못 적용한 것으로 보이고, 신설법인이 모법인과 한국표준산업분류상의 세분류를 기준으로 다른 업종을 영위하는 경우 감면을 적용(법인-360, 2009. 3. 27.)하고 있는 점, 청구법인의 설립과정에서 발생한 기술이전료, 즉 사용료를 청구법인이 △△△에게 지급하고 있는 점 등으로 보아 청구법인의 설립과정에서 부득이하게 ××× 명의로 자산을 취득하여 청구법인에게 양도하는 형식을 취하기는 하였으나, 실질적으로 청구법인을 새로 설립하여 사업을 개시하기 위한 일련의 과정에서 발생한 것으로서 궁극적으로 신규 사업 창출의 효과가 발생한 것으로 볼 수 있으므로 청구법인의 주장이 타당한 것으로 보임(조심 2009부2966, 2009. 12. 30.). ○ 개인사업체를 운영하는 자가 별도로 법인을 설립하여 동종의 업종을 운영하고 개인사업체는 사업자등록만 존재하는 경우 창업으로 볼 수 없음(조심 2008지536, 2009. 5. 29.). ○ 법인전환 후 한국표준산업분류상의 세분류를 달리하는 업종이라 하더라도 추가된 업종의 매출액이 총매출액의 100분의 50에 미달하는 경우에는 창업이 아니라 단순한 업종 추가에 불과함(대법원 2008. 10. 23. 선고 2008두14142 판결). ○ 개인사업자가 법인을 설립하여 그 법인을 통하여 종전 개인사업과 동일한 사업을 영위하거나 사업을 확장하는 등 새로운 사업을 최초로 개시하는 것으로 보기 곤란한 경우에는 창업으로 보지 아니함(대법원 2008. 10. 23. 선고 2008두14838 판결).

구 분	내 용
창업의 개념	○ 주거용 건물을 신축하여 분양·판매하는 사업자가 그 사업을 폐업하고 주거용 건물 및 비주거용 건물을 건설하여 분양·판매하는 법인을 설립하는 경우에는 「조세특례제한법」 제6조의 창업에 해당하지 아니하므로 같은 법에 따른 세액감면을 받을 수 없는 것임(사전-2018-법령해석소득-0717, 2018. 12. 10.).
창업중소 기업	○ 보유주식의 합계가 동일한 최대주주 등이 2 이상인 경우에는 모두를 최대주주 등으로 보며, 보유주식의 합계가 동일한 지배주주등이 2 이상인 경우에도 모두를 지배주주등으로 보는 것으로 귀 사전답변 신청의 사실관계*와 같이, 「조세특례제한법 시행령」 제5조 제1항 및 제27조 제1항 제1호에 해당하는 청년과 청년이 아닌 자가 내국법인의 지분을 각각 50%를 보유하고 있는 경우로서 해당 내국법인은 「조세특례제한법 시행령」 제5조 제1항 제2호 각 목의 요건을 충족한 청년창업중소기업으로서 「조세특례제한법」 제6조 제1항에 따른 창업중소기업 등에 대한 세액감면을 적용받을 수 있는 것임(사전-2019-법령해석법인-0131, 2019. 4. 25.). * (사실관계) ㈜○○○○(이하 'A법인')의 창업(2018. 5. 1.) 당시 지분율은 사내이사(청년 아님) 50%, 대표이사 AAA(청년) 50%이며, 창업 이후 지분율 변화는 없으며 두 명의 주주 간 특수관계는 없음. ○ 「조세특례제한법」 제6조 제1항에 따른 창업중소기업에 대한 세액감면을 적용받던 중소기업이 수도권과밀억제권역에 지점을 설치한 후 동일 사업연도 내에 해당 지점을 폐쇄한 경우에는 같은 규정에 의한 세액감면을 적용받을 수 있는 것임(서면-2018-법령해석법인-3607, 2019. 2. 15.).
벤처창업	○ 감면기간 중 벤처기업확인서의 유효기간이 만료로 벤처기업에 해당하지 않는 경우는 그 사유가 발생한 날이 속하는 과세연도부터 세액감면을 적용받을 수 없으며, 벤처기업확인서를 재발급받아 다시 벤처기업에 해당하는 경우에는 잔존감면기간 동안 세액감면 적용가능(서이 46012-10311, 2001. 10. 8.) ○ 기존의 사업장을 인수한 경우에는 벤처기업육성에 관한 특별조치법에 의한 벤처기업으로 확인을 받아도 창업벤처중소기업으로 볼 수 없음(국심 2007전799, 2007. 6. 27.). ○ 벤처기업 갱신신청을 늦게 함에 따라 발생된 절차적 문제로 벤처기업 확인이 사업연도 종료일 현재 취소되지 아니하였으므로 창업벤처기업 감면대상임(국심 2006중3453, 2007. 3. 30.). ○ 창업벤처중소기업감면을 적용받는 기간 중 벤처기업확인서의 유효기간이 만료된 경우 그 사유가 발생한 날이 속하는 사업연도부터 당해 세액감면을 적용받을 수 없는 것임(서면2팀-1160, 2006. 6. 20.). ○ 사업연도 중에 창업벤처중소기업에 해당되어 최초로 소득이 발생한 경우 그 과세연도의 당해 사업에서 발생한 전체 소득에 대하여 세액감면됨(서면2팀-1855, 2005. 11. 21.). ○ 개인사업을 사업양수도 방식으로 법인전환하였어도 개인기업의 창업일로부터 2년 이내에 벤처기업육성에 관한 특별조치법 제25조의 규정에 의하여 벤처기업으로 확인받은 경우 '창업벤처중소기업에 대한 세액감면'을 적용함(국심 2004서3920, 2005. 4. 30.).

구 분	내 용
벤처창업	○ 개인기업을 창업하여 1년 미만 사업을 운영하다가 사업양수도 방법에 의해 법인으로 전환한 후 개인기업 창업일로부터 2년 이내에 벤처기업으로 확인받은 경우 창업중소기업세액 감면이 적용됨(국심 2004서3528, 2005. 5. 9.). ○ 「조세특례제한법」 제6조 제2항에 따른 창업벤처중소기업에 대한 세액감면(이하 "해당 세액감면"이라 함)을 적용받아 온 창업벤처중소기업이 벤처기업확인서의 유효기간이 만료되어 벤처기업에 해당하지 아니하게 된 경우에는 그 사유가 발생한 날이 속하는 사업연도부터 해당 세액감면을 적용받을 수 없는 것이나, 잔존감면기간 중에 벤처기업 확인서를 재발급 받은 경우에는 그 사유가 발생한 날이 속하는 사업연도부터 잔존감면기간 동안 해당 세액감면을 적용받을 수 있는 것임(법규법인 2011-434, 2011. 10. 31.). ○ 벤처기업 유효기간이 만료된 이후에 갱신 신청하여 재인증을 받은 경우 벤처기업 확인이 취소되지 않는 한 유효기간 만료 시점부터 재인증시점까지의 기간도 창업벤처기업에 대한 세액감면이 적용됨(조심 2008서4180, 2009. 6. 23.).
업 종	○ 이미 개발되어 있는 프로그램을 복제생산하거나 판매하는 사업은 정보처리 및 컴퓨터 운영관련업에 해당하지 않음(서면2팀-1821, 2005. 11. 11.). ○ 선박제조장 내에서 자기 또는 임차된 제조설비를 이용하여 다른 사업체의 재료로 주문된 특정제품을 제조하여 제공하는 선박임가공업의 경우 창업중소기업세액감면 적용시 제조업으로 봄(서면1팀-1050, 2005. 9. 6.). ○ 창업중소기업 등에 대한 세액감면은 창업 당시부터 조세특례제한법 제6조 제3항의 규정에 의한 업종을 영위하는 중소기업에 한하여 적용하는 것임(서면2팀-340, 2008. 2. 25.). ○ 법인이 자기가 제품을 직접 제조하지 아니하고 국외에 소재하는 제조업체에 의뢰하여 제품을 제조하는 경우 제조업의 범위에 포함되지 아니함(서면2팀-1020, 2005. 7. 6.). ○ 한국표준산업분류 744(과학 및 기술서비스업) 코드를 적용받는 사업은 창업중소기업 등의 범위인 '과학 및 기술서비스업'에 해당함(서이 46012-10458, 2002. 3. 12.). ○ 창업중소기업 등에 대한 세액감면은 창업 당시부터 조특법 제6조 제3항의 규정에 의한 업종을 영위하는 중소기업에 한하여 적용하는 것임(서면2팀-340, 2008. 2. 25.).
감면승계	○ 수도권과밀억제권역 외에서 제조업을 영위하던 개인사업자가 법인으로 전환하는 경우 전환 후 법인이 거주자의 잔존감면기간 동안 창업중소기업에 대한 세액감면을 받을 수 있음(서면2팀-2310, 2006. 11. 10.). ○ 창업중소기업세액감면의 요건을 분할신설법인이 그대로 승계한 경우 분할신설법인은 승계받은 사업에 대하여 분할 당시의 잔존감면기간 내에 종료하는 각 사업연도분까지 감면을 적용하는 것임(서면2팀-1945, 2006. 9. 28.). ○ 법인전환 전 개인기업의 창업일로부터 1년 이내에 법인전환하였다 하더라도 법인전환 전 개인의 사업이 창업중소기업으로서의 감면요건을 구비한 경우 창업중소기업에 대한 세액감면을 적용함(국심 2004중4272, 2006. 1. 12.). ○ 창업중소기업세액감면을 적용받던 기업을 흡수합병하는 경우 합병존속법인이 중소기업에 해당하는 경우 피합병법인의 사업에서 발생한 소득에 대하여 잔존감면기간 동안 창업중소기업세액감면을 적용받을 수 있음(서면2팀-1654, 2005. 10. 17.).

구 분	내 용
감면대상 소득	○ 창업중소기업에 대한 세액감면 적용시 감면사업관련 설비의 투자과정에서 발생한 외환차익은 당해 감면사업에서 발생한 소득에 해당하는 것임(서면2팀－158, 2006. 1. 18.). ○ '창업중소기업 세액감면'의 구분경리시, 국고보조금 및 이자수익 등은 감면소득에 포함하지 않으며, 지급이자는 실제 사용용도를 기준으로 함(서이 46012－10642, 2003. 3. 28.). ○ 정부와 협약을 체결하여 기술개발용역사업을 수행하면서 사업비로 지급받는 정부출연금은 당해 법인의 제조업 등에서 발생한 소득에 해당하지 아니하는 것이나, 기술개발사업을 수행한 용역이 한국표준산업분류상 연구 및 개발업(분류코드 73)에 해당하는 경우에는 감면소득에 해당함(서이 46012－10523, 2003. 3. 17.). ○ 정보처리 및 컴퓨터운영관련업(게임소프트웨어 제작업)을 영위하는 법인이 상용화 전 자체 개발 단계에 있는 게임소프트웨어 및 지적재산권 전부를 판매하여 발생한 무형자산처분이익은 창업벤처중소기업 세액감면의 적용대상임(서면2팀－2243, 2007. 12. 11.).
소기업	【질의】 법인전환으로 설립된 법인의 소기업 여부 판단시 개정된 조특령 부칙 적용 가능여부 【회신】 「조세특례제한법 시행령」 제6조의 소기업요건을 충족하던 개인사업자가 2016. 1. 1. 이후 「조세특례제한법」 제32조 제1항과 같은법 시행령 제29조 제2항의 요건을 충족하여 법인전환 한 후, 「조세특례제한법 시행령(2016. 2. 3. 대통령령 제26959호로 개정된 것)」 제6조 제5항의 개정에 따라 소기업에 해당하지 아니하게 된 경우에도 동 시행령 부칙 제22조에 따른 경과조치를 적용하여 2019. 1. 1.이 속하는 과세연도까지 소기업으로 보는 것임(기획재정부 조세특례제도과－417, 2021. 6. 1.). ○ 2017년 사업연도 매출액이 100억원을 초과하므로 개정규정뿐 아니라 종전규정에 따르더라도 소기업의 요건에 해당하지 아니하며, 이러한 경우 종전규정의 개정으로 인하여 소기업 해당여부가 달라진 것이 아니어서 경과조치 적용대상이 아님(국승, 대법원 2020두48062, 2020. 12. 10.).
기타 사항	○ 내국법인이 예식장업과 음식점업을 겸영하면서 조특법 제143조에 따라 명확히 구분경리하는 경우 음식점업에서 발생한 소득에 대하여는 창업중소기업 세액감면을 적용받을 수 있는 것임(기획재정부 조세특례제도과－320, 2022. 5. 4.). ○ 합병법인과 피합병법인의 사업을 구분경리한 경우 합병법인은 중소기업특별세액감면을 적용받고 피합병법인은 잔존감면기간 동안 창업중소기업세액감면을 동시에 적용받을 수 있는 것임(서면2팀－1654, 2005. 10. 17.). ○ 세액감면과 투자세액공제 간 중복적용 배제 여부 판정은 '과세연도 단위'로 결정하는 것으로서, 창업중소기업 세액감면기간 중 임시투자세액공제는 과세연도별로 선택적용 가능함(재조예 46019－18, 2003. 1. 16.).

8 | 주요 개정연혁[63)

1. 창업중소기업 세액감면 및 중소기업 특별세액감면 대상에서 암호화자산 매매·중개업 제외(조특법 §6, §7)

(1) 개정내용

종 전	개 정
□ 창업중소기업 등에 대한 세액감면	□ 창업중소기업 세액감면 대상에서 가상통화 취급업소 배제
○ (적용 대상) 창업중소기업, 벤처기업, 창업보육센터, 에너지신기술 중소기업	○ (좌 동)
○ (업종) 제조업 등 31개 업종	○ 암호화자산 매매·중개업 제외
○ (감면율) 5년간 50~100%	○ (좌 동)
□ 중소기업 특별세액감면	□ 중소기업 특별세액감면 대상에서 가상통화 취급업소 배제
○ (적용 대상) 중소기업	○ (좌 동)
○ (업종) 제조업 등 46개 업종	○ 암호화자산 매매·중개업 제외
○ (감면율) 5~30%	○ (좌 동)

(2) 개정이유
○ 가상통화 거래 중개는 부가가치 창출효과가 미흡한 점을 감안

(3) 적용시기 및 적용례
○ 2019. 1. 1. 이후 개시하는 과세연도 분부터 적용

---

63) 기획재정부 「간추린 개정세법」(이하 이 책에서 같다)

2. 창업중소기업 세액감면시 고용창출 유인 강화(조특법 §6, 조특령 §5)

(1) 개정내용

종 전	개 정
□ 창업중소기업 등에 대한 세액감면 ○ (창업범위) 합병·분할·현물출자 등을 통하여 종전의 사업을 승계하는 경우 제외 〈단서 신설〉	□ 고용창출에 대한 지원 강화 ○ (좌 동) – 단, 임직원이 다음의 요건을 갖추어 분사시 창업으로 인정 ① 기존 사업자와 사업 분리에 관한 계약 체결 ② 사업개시자가 분사 창업기업의 대표자로서 지배주주 등이면서 최대주주 또는 최대출자자
○ (업종) 제조업 등 28개 업종 ○ (지원내용) 소득세·법인세 5년간 50% 감면	○ (좌 동) ○ 상시근로자 증가율에 따라 최대 50% 추가 감면 – (기본감면) 5년간 50% 감면 – (추가감면) 창업 2년차부터 전년 대비 고용 증가율 × 1/2 * 업종별 최소고용인원 충족시 적용 – (광업·제조업·건설업·물류산업) 10인 – (그밖의 업종) 5인

(2) 개정이유
○ 창업중소기업의 일자리 창출 지원

(3) 적용시기 및 적용례
○ 2018. 1. 1. 이후 창업하는 분부터 적용

3. 신성장 서비스업 창업기업에 대한 세제지원 확대(조특법 §6, 조특령 §5)

(1) 개정내용

종 전	개 정
□ 창업중소기업 등에 대한 세액감면 　ㅇ (업종) 제조업 등 28개 업종 　ㅇ (지원내용) 소득세·법인세 5년간 50% 감면	□ 신성장서비스업종 감면 우대 　ㅇ (좌 동) 　ㅇ 인공지능, 사물인터넷, 클라우드 등 신성장 　　서비스업종*에 대하여 감면율 상향 조정 　　* SW, 콘텐츠, 물류, 관광, 연구개발업 등 20개 업종 　　　(중소기업 고용증가 인원에 대한 사회보험료 세액 　　　공제 대상업종과 동일) 　　- 3년간 75%, 이후 2년간 50%

(2) 개정이유

　ㅇ 신성장 서비스업 창업에 대한 지원 강화

(3) 적용시기 및 적용례

　ㅇ 2018. 1. 1. 이후 창업하는 분부터 적용

4. 청년·생계형 창업 세제지원 확대(조특법 §6, 조특령 §5)

(1) 개정내용

종 전	개 정
□ 창업 중소기업 등에 대한 세액감면 ㅇ (적용 대상) ① 수도권과밀억제권역外 창업기업 〈추 가〉 ② 벤처기업, 창업보육센터 ③ 에너지신기술 중소기업 ㅇ (업종) 제조업 등 28개 업종 〈추 가〉 ㅇ (감면율)	□ 청년·생계형 창업 지원 강화 ㅇ (적용 대상) - 수도권과밀억제권역內 청년창업 및 생계형 창업(매출 4,800만원 이하) 기업 ☐ (좌 동) ㅇ 청년창업 다수 업종 추가 - 통신판매업, 이·미용업, 수리업 ㅇ (감면율)

종전 감면율표:

구 분		감면율
기본	일반창업(과밀外)	5년간 50%
	청년창업 신성장 서비스업	3년 75%, 2년 50%
추가	고용증가시	고용증가율 × 1/2 (최대 50%)

※ 최저한세 적용
- (청년연령) 15~29세(시행령)

개정 감면율표:

구 분		감면율
기본	과밀外 창업	매출 4,800만원↑ : 50% 매출 4,800만원↓ : 100%
	과밀內 창업	매출 4,800만원↑ : 0% 매출 4,800만원↓ : 50%
	청년창업	과밀外 100%, 과밀內 50%
	신성장 서비스업	3년 75%, 2년 50% (매출 4,800만원↓ 100%)
추가	고용증가시	(좌 동)

※ 100% 감면시 최저한세 배제
- (청년연령) 15~34세(시행령)

ㅇ (적용기한) 2018. 12. 31. | ㅇ (적용기한) 2021. 12. 31.

(2) 개정이유
ㅇ 청년 및 생계형 창업에 대한 지원 강화

(3) 적용시기 및 적용례
ㅇ 2018. 5. 29. 이후 창업하는 분부터 적용

제 7 조

중소기업에 대한 특별세액감면

1 | 의 의

　중소기업특별세액감면제도는 대기업에 비해 열악한 중소기업의 경영여건을 감안하여 납부할 세액에서 5~30%를 감면하는 것으로, 제6조의 창업중소기업에 대한 세액감면제도가 창업단계에서 일정한 기간 동안 감면(기간감면)하고 있는 것과 달리 사업(영업)단계에서 기간에 상관없이 감면해 주는 제도이다.

　본 제도는 중소기업 관련 지원세제 중 가장 일반적이고 넓게 활용되고 있으나, 1992년에 신설 당시에는 제조업을 영위하는 중소기업을 지원할 목적으로 2년간 한시적으로 도입한 것으로 조세지원의 범위가 그리 넓지는 않았다.

　그러나 그동안 본 제도가 계속 연장되고 업종도 점차 추가되면서 제도가 고착화·기득권화되어 더 이상 조세유인수단으로서의 기능보다는 단순히 중소기업에 대한 세부담 감소의 역할(일종의 저율과세)만 함으로써, 이익이 많은 중소기업과 이익이 적은 중소기업 간 과세 불형평을 야기시키는 문제가 발생하며, 중소기업 특별세액감면을 적용받을 경우 중복지원 배제 규정에 따라 다른 공제·감면을 받을 수 없어 다른 제도를 무력화한다는 지적도 있다.

2 | 요 건

2-1. 감면대상 사업자

2-1-1. 개 요

　본조의 대상은 내국인으로서 감면대상 업종을 영위하는 중소기업이며, 제7조 중소기업 특별세액감면에서는 중소기업을 다시 중기업과 소기업으로 구분하고 있다.

2-1-2. 중기업과 소기업의 구분

'소기업'이란 중소기업 중 매출액이 업종별로 「중소기업기본법 시행령」 별표 3을 준용하여 산정(이 경우 "평균매출액등"은 "매출액"으로 본다)한 다음의 규모 기준 이내인 기업을 말하고, 중기업은 소기업을 제외한 모든 중소기업을 말한다(조특법 §7① 2 가목·라목, 조특령 §6⑤).

업 종	매출액
제조업, 전기·가스·수도사업 등	120억원
농업, 광업, 건설업 등	80억원
도·소매업, 출판업 등	50억원
전문·과학·기술서비스업 등	30억원
숙박·음식점업 등	10억원

종전에는 매출액 100억원 미만의 중소기업 중 업종별로 상시 종업원수가 일정 요건[1]을 충족하는 기업을 소기업으로 보아 왔으나, 2015년 세법 개정을 통하여 소기업 기준을 매출액 기준으로 변경하여 소기업이 고용을 늘리더라도 세제지원이 유지될 수 있도록 개선하였으며, 2016. 1. 1. 이후 시행되는 개정 「중소기업기본법 시행령」상의 소기업 판정기준과 일치시켰다. 이와 같이 변경된 조특법상 소기업 판정기준은 2016. 1. 1. 이후 개시하는 과세연도부터 적용되며, 다만 경과조치를 두어 종전 규정에 따라 소기업에 해당했던 기업이 동 개정에 따라 소기업에 해당하지 아니하게 된 경우에는 2019. 1. 1.이 속하는 과세연도까지 소기업으로 보도록 하였다(조특령 부칙[2] §22).[3]

---

[1]

감면업종	상시 사용하는 종업원수
제조업을 주된 업종으로 영위하는 경우	100명 미만일 것
작물재배업·어업·축산업·광업·건설업·출판업·물류산업 또는 운수업 중 여객운송업을 주된 사업으로 영위하는 경우	50명 미만일 것
기타의 사업을 주된 사업으로 영위하는 경우	10명 미만일 것

[2] 대통령령 제26959호, 2016. 2. 5.

[3] 법률 제13560호 조세특례제한법 일부개정법률(이하 '일부개정법률') 시행일이 속하는 직전 과세연도에 「조세특례제한법 시행령」(2016. 2. 5. 대통령령 제26959호로 개정되기 전의 것, 이하 '종전규정') 제6조 제5항에 따른 소기업에 해당하는 법인이 일부개정법률 시행일이 속하는 과세연도 이후에 같은 법 시행령(2016. 2. 5. 대통령령 제26959호로 개정된 것, 이하 '개정규정') 제6조 제5항에 따른 소기업에 해당하지 않고, 종전규정에 따르더라도 소기업에 해당하지 않는 경우 개정규정 부칙 제22조(소기업의 범위에 관한 경과조치)의 적용대상에 해당하지 않는 것임(서면-2018-법령해석법인-1463, 2018. 5. 24.).

중기령 [**별표 3**] (2017. 10. 17. 개정)

| 주된 업종별 평균매출액등의 소기업 규모 기준(제8조 제1항 관련) |

해당 기업의 주된 업종	분류기호	규모 기준
1. 식료품 제조업	C10	평균매출액등 120억원 이하
2. 음료 제조업	C11	
3. 의복, 의복액세서리 및 모피제품 제조업	C14	
4. 가죽, 가방 및 신발 제조업	C15	
5. 코크스, 연탄 및 석유정제품 제조업	C19	
6. 화학물질 및 화학제품 제조업(의약품 제조업은 제외한다)	C20	
7. 의료용 물질 및 의약품 제조업	C21	
8. 비금속 광물제품 제조업	C23	
9. 1차 금속 제조업	C24	
10. 금속가공제품 제조업(기계 및 가구 제조업은 제외한다)	C25	
11. 전자부품, 컴퓨터, 영상, 음향 및 통신장비 제조업	C26	
12. 전기장비 제조업	C28	
13. 그 밖의 기계 및 장비 제조업	C29	
14. 자동차 및 트레일러 제조업	C30	
15. 가구 제조업	C32	
16. 전기, 가스, 증기 및 공기조절 공급업	D	
17. 수도업	E36	
18. 농업, 임업 및 어업	A	평균매출액등 80억원 이하
19. 광업	B	
20. 담배 제조업	C12	
21. 섬유제품 제조업(의복 제조업은 제외한다)	C13	
22. 목재 및 나무제품 제조업(가구 제조업은 제외한다)	C16	
23. 펄프, 종이 및 종이제품 제조업	C17	
24. 인쇄 및 기록매체 복제업	C18	
25. 고무제품, 및 플라스틱제품 제조업	C22	
26. 의료, 정밀, 광학기기 및 시계 제조업	C27	
27. 그 밖의 운송장비 제조업	C31	
28. 그 밖의 제품 제조업	C33	

해당 기업의 주된 업종	분류기호	규모 기준
29. 건설업	F	평균매출액등 80억원 이하
30. 운수 및 창고업	H	
31. 금융 및 보험업	K	
32. 도매 및 소매업	G	평균매출액등 50억원 이하
33. 정보통신업	J	
34. 수도, 하수 및 폐기물 처리, 원료재생업(수도업은 제외한다)	E (E36 제외)	평균매출액등 30억원 이하
35. 부동산업	L	
36. 전문·과학 및 기술 서비스업	M	
37. 사업시설관리, 사업지원 및 임대 서비스업	N	
38. 예술, 스포츠 및 여가 관련 서비스업	R	
39. 산업용 기계 및 장비 수리업	C34	평균매출액등 10억원 이하
40. 숙박 및 음식점업	I	
41. 교육 서비스업	P	
42. 보건업 및 사회복지 서비스업	Q	
43. 수리(修理) 및 기타 개인 서비스업	S	

비고 : 1. 해당 기업의 주된 업종의 분류 및 분류기호는 「통계법」 제22조에 따라 통계청장이 고시한 한국표준산업분류에 따른다.
    2. 위 표 제27호에도 불구하고 철도 차량 부품 및 관련 장치물 제조업(C31202) 중 철도 차량용 의자 제조업, 항공기용 부품 제조업(C31322) 중 항공기용 의자 제조업의 규모 기준은 평균매출액등 120억원 이하로 한다.

2-2. 감면대상 단위

2-2-1. 인격단위와 사업장단위

특별세액감면은 업종 또는 사업장 소재지에 따라 상이한 감면율이 적용된다. 따라서 동일한 사업자가 2개 이상의 다른 업종 또는 사업장으로 사업을 영위하는 경우 2개 이상의 다른 감면율이 적용될 수 있다. 다만, 특별세액감면도 법인세 또는 소득세에 대한 감면이므로, 과세단위는 법인 또는 개인의 인격단위로 적용되어야 할 것이다. 이와 같이 감면요건을 판정함에 있어 인격단위와 사업장단위 등 기준에 따라 감면요건의 충족 여부가 변경될 수 있는바, 이에 대한 판단이 필요하다. 감면요건 중 중소기업 또는 소기업의 판정은 기업 규모에 대한 것이므로, 사업장단위가 아닌 인격단위로 판정하여야 할 것이다. 다만, 감면율을 결정하는 수도권 소재 여부는 종전에는 본점 또는 주사무소의 소재지에 따라 판단하였으나, 2004년 세법을 개정하여 사업장별로 판단하도록 개정되었다. 다만, 본점 또는 주사무소가 수도권 안에 소재하는 경우에는 모든 사업장이 수도권 안에 소재하는 것으로 보아 특별세액감면 적용 여부를 판정한다(조특법 §7① 단서).

● |주요 입법취지| **수도권 소재 여부는 사업장 소재지별로 판단**

□ 본점 기준으로 수도권 소재 여부를 판단함에 따른 미비점 보완
   ㅇ 본점은 지방에 있으나, 공장이 수도권에 있는 기업이 높은 감면율을 적용받는 불합리 개선
     ⇨ 2005. 1. 1. 이후 최초로 개시하는 과세연도부터 적용

2-2-2. 사업장이 수도권 안에 있는 경우 감면의 적용

수도권 안에서 감면대상 업종을 영위하는 중소기업의 경우에는 소기업(조특령 §6⑤)의 사업장과 2002년부터 도입된 지식의 창출·활용도가 높은 지식기반산업을 영위하는 중기업의 사업장에 한하여 특별세액감면을 적용받을 수 있었으나, 2022년 세법 개정을 통해 지식기반산업 영위 중기업이 제외됨에 따라 수도권 안에서 특별세액감면은 소기업에 한하여 본조의 특별세액감면을 적용받을 수 있다.

중소기업특별세액감면 제도를 사업장 기준으로 변경하게 된 이유는?

ㅇ 본점소재지를 기준으로 지방중소기업/수도권중소기업 여부를 판정할 경우,
   - 본점과 공장이 모두 수도권 내에 있는 중기업은 특별세액감면을 적용받지 못하나,
   - 본점은 수도권 외에 있으나 공장이 수도권 내에 있는 중기업은 15% 세액감면을 적용받을 수 있는 불합리 발생

중소기업특별세액감면 변경된 제도 적용사례

□ 본점이 지방에 있으나, 2개의 공장이 다음과 같은 지역에 소재한 중기업의 경우

구 분	소재지	2004. 12. 31. 이전	2005. 1. 1. 이후
A공장	수도권	15% 감면	감면 제외
B공장	지 방	15% 감면	15% 감면

□ 본점이 지방에 있으나, 2개의 공장이 다음과 같은 지역에 소재한 소기업의 경우

구 분	소재지	2004. 12. 31. 이전	2005. 1. 1. 이후
C공장	수도권	15% 감면	10% 감면
D공장	지 방	15% 감면	15% 감면

2-3. 감면대상 업종

중소기업에 대한 특별세액감면 적용대상 업종은 다음에 열거된 바와 같으며(조특법 §7① 1), 각 감면대상 업종은 조특법에 특별한 규정이 있는 경우를 제외하고는 통계법 제22조의 규정에 의하여 통계청장이 고시하는 한국표준산업분류에 따라야 한다.[4]

〈감면대상 업종〉: 48개 업종

가. 작물재배업　　　　　　　나. 축산업　　　　　　　다. 어업
라. 광업　　　　　　　　　　마. 제조업
바. 하수·폐기물 처리(재활용을 포함한다), 원료재생 및 환경복원업
사. 건설업　　　　　　　　　아. 도매 및 소매업　　　자. 운수업 중 여객운송업
차. 출판업
카. 영상·오디오 기록물 제작 및 배급업(비디오물 감상실 운영업은 제외한다)[5]
타. 방송업　　　　　　　　　파. 전기통신업
하. 컴퓨터프로그래밍, 시스템 통합 및 관리업
거. 정보서비스업(블록체인 기반 암호화자산 매매 및 중개업은 제외한다[6])
너. 연구개발업　　　　　　　더. 광고업
러. 그 밖의 과학기술서비스업
머. 포장 및 충전업　　　　　버. 전문디자인업
서. 창작 및 예술관련 서비스업(자영예술가는 제외한다[7])
어. 주문자상표부착방식에 따른 수탁생산업(受託生産業)[8][9][10][11][12]
저. 엔지니어링사업　　　　　처. 물류산업
커. 「학원의 설립·운영 및 과외교습에 관한 법률」에 따른 직업기술 분야를 교습하는 학원을 운영하는
　　사업 또는 「근로자직업능력 개발법」에 따른 직업능력개발훈련시설을 운영하는 사업(직업능력
　　개발훈련을 주된 사업으로 하는 경우에 한한다)
터. 자동차정비공장을 운영하는 사업[13]
퍼. 「해운법」에 따른 선박관리업
허. 「의료법」에 따른 의료기관을 운영하는 사업[의원·치과의원 및 한의원은 해당 과세연도의
　　수입금액(기업회계기준에 따라 계산한 매출액을 말한다)에서 「국민건강보험법」 제47조에 따라
　　지급받는 요양급여비용이 차지하는 비율이 100분의 80 이상으로서 해당 과세연도의 종합소득
　　금액이 1억원 이하인 경우에 한한다(2016. 12. 20. 괄호 신설)][14]
고. 「관광진흥법」에 따른 관광사업[15][16](카지노, 관광유흥음식점 및 외국인전용유흥음식점업은
　　제외한다)
노. 「노인복지법」에 따른 노인복지시설을 운영하는 사업
도. 「전시산업발전법」에 따른 전시산업
로. 인력공급 및 고용알선업(농업노동자 공급업을 포함한다)[17]

---

4) 서면-2017-법인-1902, 2017. 11. 29./서면-2015-법인-0884 [법인세과-1215], 2016. 5. 18.

모. 콜센터 및 텔레마케팅 서비스업

보. 「에너지이용 합리화법」 제25조에 따른 에너지절약전문기업이 하는 사업[18]

소. 「노인장기요양보험법」 제31조에 따른 장기요양기관 중 재가급여를 제공하는 장기요양기관을 운영하는 사업[19][20]

오. 건물 및 산업설비 청소업

조. 경비 및 경호 서비스업

초. 시장조사 및 여론조사업

코. 사회복지 서비스업

토. 무형재산권 임대업(「지식재산 기본법」 제3조 제1호에 따른 지식재산을 임대하는 경우로 한정한다)[21]

포. 「국가과학기술 경쟁력 강화를 위한 이공계지원 특별법」 제2조 제4호 나목에 따른 연구개발지원업

호. 개인 간병인 및 유사 서비스업, 사회교육시설, 직원훈련기관, 기타 기술 및 직업훈련 학원, 도서관·사적지 및 유사 여가 관련 서비스업(독서실 운영업은 제외한다)[22]

구. 「민간임대주택에 관한 특별법」에 따른 주택임대관리업

누. 「신에너지 및 재생에너지 개발·이용·보급 촉진법」에 따른 신·재생에너지 발전사업

두. 보안시스템 서비스업

루. 임업(2016. 12. 20. 신설)

무. 통관 대리 및 관련 서비스업[23]

부. 자동차 임대업(「여객자동차 운수사업법」 제31조 제1항에 따른 자동차대여사업자로서 같은 법 제28조에 따라 등록한 자동차 중 100분의 50 이상을 「환경친화적 자동차의 개발 및 보급 촉진에 관한 법률」 제2조 제3호에 따른 전기자동차 또는 같은 조 제6호에 따른 수소전기자동차로 보유한 경우로 한정한다)[24]

---

5) 영화관운영업(2015년 1월 1일이 속하는 과세연도분부터 적용, 법률 제12853호, 2014. 12. 23. 부칙 §4)

6) 가상통화 등의 거래를 중개하는 블록체인 기반 암호화 자산 매매 및 중개업은 세액감면의 필요성이 적으므로 2018. 12. 24. 조특법 개정시 중소기업에 대한 특별세액감면 대상에서 제외하였다.

7) 공연산업 중 영화배우, 가수 등 자영예술가는 고소득 전문직으로서 근로소득자 등과의 과세형평을 감안하여 특별세액감면대상에서 제외(2003. 1. 1. 이후 최초로 개시하는 과세연도분부터 적용)

8) 위탁자로부터 주문자상표부착방식에 따른 제품생산을 위탁받아 이를 재위탁하여 제품을 생산·공급하는 사업을 말한다(조특령 §6①).

9) 국내 임금상승에 따라 해외현지법인 등에 제품생산을 재위탁하는 방법 등으로 제품을 제조하여 주문자 상표를 부착하여 수출하는 기업에 대하여는 제조업과 같은 수준으로 지원(2003. 1. 1. 이후 최초로 개시하는 과세연도분부터 적용)

10) 원자재 등을 해외현지법인에게 무환반출 후 동 현지법인이 봉제하여 해외유명상표를 부착 후 판매한 것으로 이는 주문자상표부착방식에 의한 수탁생산업이며 종업원수가 10명 초과로 소기업이 아니어서 중소기업특별세액감면대상이 아님(조심 2009중1998, 2011. 1. 28.).

11) 국내 자체생산시설을 갖추지 아니하고 외국에 재위탁하여 납품한 쟁점외주업체에 제품생산을 위탁한 청구법인에게 조세감면을 허용할 경우 국내 제조업의 생산기반을 유지·발전시키고자 하는 「조세특례제한법」 제7조의 취지에 맞지 아니하고, 이러한 경우까지 조세감면의 혜택을 부여하는 것은 납세의무자들 사이의 공평을 해할 뿐만 아니라

국내에 생산기반을 둔 동종 업체와의 경쟁에서 유리한 지위를 갖게 하여 위 법 조항을 통하여 달성하고자 하는 목적에 오히려 저촉되는 결과를 초래할 수 있으므로 청구법인이 「조세특례제한법」 제7조 중소기업에 대한 특별세액감면 요건에 해당하지 아니하는 것으로 보아 법인세를 과세한 처분은 잘못이 없는 것으로 판단됨(조심 2011서2389, 2012. 4. 30.).

12) 조세특례제한법 제7조를 적용함에 있어 위탁자로부터 주문자상표부착방식에 따른 제품생산을 위탁받아 이를 재위탁하여 제품을 생산·공급하는 사업의 경우 동법 시행령 제6조 제5항 제3호의 인원기준이 적용됨(재조특-635, 2010. 7. 1.).

13) 「자동차관리법 시행규칙」 제131조의 규정에 의한 자동차종합정비업 또는 소형자동차정비업의 사업장을 말한다(조특령 §6②).

14) 개인의원은 고소득 전문직으로서 근로소득자 등과의 과세형평을 감안하여 특별세액감면대상에서 제외(2003. 1. 1. 이후 최초로 개시하는 과세연도분부터 적용)하였다가, 2016. 12. 20. 법 개정시 일정 요건을 갖춘 개인 의원·치과의원 및 한의원을 그 적용대상에 다시 추가하였다.

15) 관광사업의 경우 음식·숙박업, 소매업 등이 포함되어 있어 업종 간 형평차원에서 10% 감면율 적용(2003. 1. 1. 이후 최초로 개시하는 과세연도분부터 적용) ※ 관광진흥법상 관광사업의 종류 : 여행업, 호텔업, 관광객이용시설업, 국제회의업(국제회의시설업, 국제회의기획업), 카지노업, 유원시설업, 관광편의시설업(관광유흥음식점업, 외국인전용유흥음식점업 등)

16) 「조세특례제한법」 제7조 제1항 제1호 고목의 「관광진흥법」에 따른 관광사업에는 「관광진흥법」 제3조 제1항 및 같은 법 시행령 제2조 제1항 제3호 가목에 따라 숙박시설이나 음식점시설을 갖추고 전문휴양시설 중 한 종류의 시설을 갖추었으나 같은 법 제4조에 따른 등록을 하지 아니하고 관광사업을 영위하는 경우도 포함되는 것임(재조특-928, 2011. 10. 13.).

17) 서비스산업의 경쟁력 강화 지원에서 인력공급 및 고용알선업, 콜센터 및 텔레마케팅업을 감면업종 추가(2010. 1. 1. 이후 개시하는 과세연도분부터 적용)

18) 에너지절감시설 등의 투자 활성화를 위하여 ESCO(에너지절약전문기업)가 하는 사업을 중소기업특별세액감면 대상업종에 추가(2010. 1. 1. 이후 개시하는 과세연도분부터 적용)

19) 고령화사회로의 진행에 따라 노인복지서비스 확충을 지원하고 중소기업특별세액감면 업종에 포함되어 있는 「노인복지법」상 노인복지시설 운영사업과의 형평성 제고를 위해 2010. 12. 27. 조특법 개정시 「노인장기요양보험법」에 따른 재가장기요양기관(방문요양·주야간보호·단기보호·방문목욕·방문간호·복지용구서비스기관) 운영사업을 중소기업 특별세액감면의 대상업종에 추가하였다.

20) 노인장기요양보험법이 일부 개정됨에 따라 2018. 12. 11. 조특법 개정시 인용 조문을 개정하였다. 위 내용은 2019. 12. 12.부터 시행된다.

21) 특허권, 상표권, 광물탐사권, 브랜드 등의 무형재산권을 소유하고 제3자에게 사용할 수 있는 권한을 부여하고 로열티 등의 사용료를 받는 산업활동으로서 부가가치 효과가 큰 점 등이 조세지원 배경으로, 2014. 1. 1. 이후 개시하는 과세연도분부터 적용된다.

22) 고용유발효과가 큰 점 등이 조세지원 배경으로, 2014. 1. 1. 이후 개시하는 과세연도분부터 적용된다.

23) 지원 대상 업종 간 형평성 제고를 위하여 통관 대리 및 관련 서비스업을 특별세액감면 대상에 추가하되 물류산업의 50퍼센트 수준의 감면율로 지원하도록 2020년 12월에 도입되었고, 본 신설규정은 2019년 1월 1일 이후 개시한 과세연도 분에 대해서도 적용한다(부칙 §3).

24) 종전에는 전기자동차 등 환경친화적 자동차를 50퍼센트 이상 보유한 자동차대여업자를 별도 항목으로 우대하던 것을 다른 업종과 동일한 수준의 세액감면을 적용하도록 2020년 12월 개정되어 2021년 1월 1일부터 시행하되, 이 법 시행 전에 개시한 과세연도 분에 대해서는 개정규정에도 불구하고 종전의 규정에 따른다(부칙 §37).

3 | 과세특례의 내용

3-1. 감면기간

조특법상 감면은 일반감면과 기간감면으로 구분되는바, 중소기업특별세액감면은 사업단계에서 적용받게 되는 일반감면으로서 감면기간은 없고, 일몰기한만 있을 뿐이다. 현재의 일몰기한은 2025. 12. 31. 이전에 종료하는 과세연도까지 적용된다.

구 분	내 용
일반감면	감면대상 소득이 발생하면 시기의 제한 없이 감면
기간감면	감면대상 사업에서 최초로 소득이 발생한 과세연도와 그 다음 과세연도의 개시일부터 4년 이내에 종료하는 과세연도까지 소득세 또는 법인세의 일정비율에 상당하는 금액을 감면

3-2. 감면대상 소득

중소기업에 대한 특별세액감면은 제조업 등 해당업종에서 발생하는 소득에 한하여만 적용된다. 따라서 제조업소득 등(감면대상 소득)과 기타의 소득(과세대상 소득)이 함께 있는 경우에는 제조업소득 등을 구분계산하여야 한다. 이 경우 구분경리(조특법 §143, 조특령 §136, 법인법 §113, 법인령 §156, 법기통 113-156…6)의 규정을 준용하여 제조업소득 등을 구분계산하여야 하며, 이에 대한 자세한 내용은 제143조 해설을 참고하기로 한다.

∼ 관련예규 및 심판례

감면대상 소득 판정 여부

① 감면대상 소득으로 본 경우

- 「신에너지 및 재생에너지 개발·이용·보급 촉진법」에 따른 신·재생에너지 발전사업을 영위하는 사업자가 같은 법 제17조 제2항에 따라 발전차액을 「전기사업법」 제48조에 따른 전력산업기반기금에서 지원받는 경우 해당 발전차액은 「조세특례제한법」 제7조에 따른 감면대상 소득에 해당하는 것임(서면-2017-법령해석법인-1386, 2017. 12. 22.).
- 제조업을 직접 영위하는 법인이 생산라인 부족으로 일부 재단공정을 하청을 주어 재단한 사실이 있다는 이유만으로 동 물량상당액을 도매업 매출액으로 보아 중소기업특별세액감면을 적용한 것은 부당함(심사소득 2004-174, 2005. 7. 25.).
- 중소기업특별세액감면 적용시 감면사업과 직접 관련되어 발생한 채무면제이익은 감면사업으로 구분경리하며, 금융기관이 내국법인이 발행한 사모사채를 총액인수하고 지급받는 사채이자는 원천징수대상 채권이자이며 원천징수의무자는 금융기관이 되는 것임(서면2팀-745,

2005. 5. 31.).
- 과세관청이 경정을 하는 경우에는 과소신고금액에 대하여 중소기업에 대한 특별세액감면을 적용받을 수 없는 것이나, 수정신고를 하는 경우는 과소신고금액에 대하여도 중소기업에 대한 특별세액감면을 적용받을 수 있는 것임(서면1팀 - 1493, 2004. 11. 5.).

② 감면대상 소득으로 보지 않은 경우
- 여객운송업을 영위하는 내국법인이 영업용으로 사용하던 택시 전부와 함께 영업권을 양도함에 따라 발생한 무형자산처분이익은 「조세특례제한법」 제7조의 중소기업에 대한 특별세액감면을 적용할 때 감면대상소득에 해당하지 않는 것임(기준 - 2018 - 법령해석법인 - 0183, 2018. 9. 3.).
- 중소제조업 특별세액감면 적용소득 계산시 국고보조금은 제조업소득에 해당하지 아니함(서면2팀 - 491, 2004. 3. 18.).
- 제조업 등 영위 중소기업이 정부와 협약에 의해 기술개발용역사업을 수행하면서 사업비로 지급받는 '정부출연금'은 제조업 등에서 발생한 감면소득에 해당하지 않으나, 당해 사업을 수행한 용역이 '연구 및 개발업'인 경우에는 감면소득에 해당함(서이 46012 - 10523, 2003. 3. 17.).
- 제조업이 주업이나 도매업을 겸영하는 법인이 중소기업에 해당하는 경우, 각각의 감면소득에 대해 중소기업특별세액 감면율을 적용함(서이 46012 - 10188, 2003. 1. 27.).
- 부당행위계산부인금액, 과다계상경비, 업무무관경비 등의 익금산입 및 손금불산입으로 인한 소득금액은 '부당과소신고금액'에 해당돼 '중소제조업 특별세액감면' 대상에서 배제됨(국심 2002부1600, 2003. 1. 21.).
- 허위계상한 손금을 익금산입한 금액은 '부당과소신고금액'으로서 '중소제조업특별세액감면' 배제됨(국심 2002전2653, 2003. 1. 21.).
- 중소기업특별세액감면시, 감면율이 서로 다른 제조업과 도매업 겸영법인의 도매업 부문은 결손이고 제조업 소득과 기타 과세소득이 있는 경우, '감면소득'은 제조업만 해당됨(서이 46012 - 10133, 2003. 1. 21.).
- 중소제조업 등에 대한 특별세액감면액 계산시, 수입이자를 과세사업의 개별익금으로 구분하며, 감면사업과 기타 사업의 소득구분 방법을 규정한 법인세법기본통칙은 정당함(국심 2002부1318, 2002. 9. 12.).
- 수입이자, 유가증권처분손익 및 고정자산처분손익은 제조업 소득에 가감하지 아니하는 것이며, 잡이익과 잡손실은 직접 관련 여부에 따라 제조업 및 기타 사업의 개별익금 또는 개별손금으로, 지급이자는 차입한 자금의 실제 사용용도를 기준으로 제조업 및 기타 사업의 개별 또는 공통손금으로 구분하여 계산함(법인 46012 - 1560, 2000. 7. 13.).

기획재정부 유권해석 해설

질 의 일반택시운송사업자가 조세특례제한법에 의한 부가가치세 경감세액과 LPG 유가보조금을 지급받는 경우 동 금액이 조세특례제한법 제7조의 규정에 의한 중소기업특별세액감면대상 소득에 해당되는지 여부

회 신 재경부 조세지출예산과 – 642, 2006. 9. 20.

○ 일반택시운송사업자 부가가치세 경감세액과 여객자동차운수사업법에 따라 지급받는 유가보조금은 중소기업특별세액감면대상 소득에 해당함.

저자의 견해

○ 에너지 세제개편에 의한 유류세율 인상이 택시·버스요금 인상요인으로 작용할 수 있어 정부가 서민생활 보호를 위해 해당사업자에게 보조금을 지급하는 것이므로, 가격제한으로 인한 결손금 보전과 유사한 성격의 보조금으로, 유가보조금은 여객운송업에서 발생한 수익의 일부를 구성하므로 감면대상 소득에 해당된다고 보는 것이 타당

○ 택시운송사업자 부가가치세 경감세액은 영업 외 수익으로 익금에 산입하며, 인건비, 복리후생비 등으로 지출되어 매출원가를 구성하므로 동 수입을 감면소득으로 보는 것이 타당

기획재정부 유권해석 해설

질 의 누락된 매출액에 대하여 과세관청의 경정 전에 수정신고할 경우 특별세액감면 적용대상에 포함하는지 여부

회 신 재경부 조세지출예산과 46019 – 88, 2003. 3. 29.

○ 과세관청의 '경정'시는 '과소신고금액'에 대해 중소기업특별세액 감면대상이 아니나, '수정신고' 시는 동 감면대상임.

저자의 견해

○ 조세특례제한법 제128조에서는 과세관청의 추계조사 등 경정을 하는 경우에는 과소신고금액에 대하여 각종 조세감면을 배제하는 것으로 규정하고 있음.

○ 그러나 경정과 달리 수정신고는 과세관청의 의사표시 없이 납세자가 스스로 당초 신고내용의 탈루 또는 누락 부분을 인정하고 이를 바로잡아 신고하는 제도임을 감안할 때 납세자가 과세관청이 경정할 것을 미리 알고 수정신고하는 경우가 아니라면, 과세관청의 경정과 다르게 취급하여 세액감면이 가능한 것으로 보는 것이 타당

> **사 례**

대법원 판례 해설(대법원 2014. 12. 23. 선고 2004두4154 판결)

판결 내용

○ 구 조세특례제한법(2000. 12. 29. 법률 제6297호로 개정되기 전의 것) 제7조 제1항의 '당해 사업에서 발생한 소득'이란 제조업 등의 영업활동에서 직접 발생한 소득만을 의미하고 제조업 등의 영업활동에서 얻은 수입 등을 금융기관에 예치하여 얻은 이자수익 등은 포함되지 아니함.

판결 취지

○ 구 조세감면규제법 제1조는 "이 법은 조세의 감면 및 특례에 관한 사항과 그 규제에 관한 사항을 규정하여 과세의 공평을 기하고 조세정책을 효율적으로 수용함으로써 국민경제의 건전한 발전에 이바지함을 목적으로 한다."는 규정들을 종합하여 볼 때, 면세소득의 범위는 과세의 공평과 세수의 확보를 위하여 엄격히 해석하여야 함.

○ 이자수익은 영업활동에서 발생한 수입 등을 원본으로 하여 별도의 투자활동을 통하여 발생하는 독립적인 소득이며, 법인세법에서는 익금에 포함되는 수익의 범위 등을 규정하면서 각 사업에서 직접 발생한 소득(제1호)과 이자수익과 같은 기타 행위로 인한 소득(제2호 내지 제10호)을 구분하여 규정하고 있음.

○ 결국, 조세특례제한법의 '당해 사업에서 발생한 소득'이란 제조업 등의 영업활동에서 직접 발생한 소득만을 의미하고 제조업 등의 영업활동에서 얻은 수입 등을 금융기관에 예치하여 얻은 이자수익 등은 여기에 포함되지 아니한다고 해석함이 타당

> **사 례**

대법원 판례 해설(대법원 2006. 2. 10. 선고 2005두12824 판결)

판결 내용

○ 제조업을 영위하는 중소기업이 원료수입대금의 결제와 관련하여 환차손으로 인한 영업손실의 방지를 위하여 체결한 헤지거래에서 발생한 소득은 중소기업특별세액감면대상 소득에 해당함.

판결 취지

○ '당해 사업에서 발생한 소득'이라 함은 감면대상 사업의 주된 영업활동에서 직접 발생한 소득만을 의미하고 그 소득을 금융기관에 예치하여 얻은 이자수익이나 당해 사업을 타에 양도함으로써 얻게 된 특별이익 등은 여기에 포함되지 않지만, 주된 영업활동과 직접 관련되어 그 사업의 수행을 보다 효율적·안정적으로 운영하기 위하여 필수적으로 요구되는 영업활동으로 인한 소득은 포함

○ 제조업을 영위하는 중소기업이 그 원료를 외국에서 수입하면서 유산스(usance) 방식으로 대금결제를 하는 경우에는 원료의 수입기일과 대금지급기일의 시차 때문에 환차손으로 인하여 영업상 이익을 잠식당할 위험에 노출될 수밖에 없고, 위와 같은 경우에 대금지급기일에 있어서의 환율이 수입기일에 있어서의 환율보다 높은 경우에는 원화를 기준으로 한 수입원료의 대금이 증가하게 되는 결과를 가져오므로 기업으로서는 그로 인한 영업이익의 잠식 내지는 영업상

손실을 방지하기 위하여 외화 선도거래에 의한 헤지거래(hedge transaction) 등의 조치를 취하는 것이 반드시 필요
○ 제조업을 영위하는 중소기업이 환투기의 목적 없이 오로지 원료수입대금의 결제와 관련하여 환차손으로 인한 영업상 손실을 방지하기 위하여 외화선도거래에 의한 헤지거래를 하였다면, 그 헤지거래는 그 중소기업이 영위하는 제조업을 효율적·안정적으로 운영하기 위하여 필수적으로 요구되는 영업활동으로 봄이 타당

3-3. 감면세액의 계산

$$감면세액 = 산출세액 \times \frac{감면대상\ 소득}{과세표준} \times 감면율$$

위 산식 중 과세표준금액에 공제금액(이월결손금·비과세소득·소득공제)이 반영되어 있는 경우에 감면대상 소득은 다음의 금액을 공제한 금액으로 한다(법인법 §59②, 법인령 §96).
① 공제액이 감면대상소득에서 직접 발생한 경우에는 공제액 전액

$$감면대상\ 소득 = 감면대상\ 사업의\ 각사업연도\ 소득금액 - 공제액$$

② 공제액이 감면대상소득에서 발생한 여부가 불분명한 경우에는 소득금액에 비례하여 안분계산한 금액

$$감면대상\ 소득 = \begin{array}{c}감면대상\ 사업의\\각사업연도\ 소득금액\end{array} - \left[공제액 \times \frac{감면대상\ 사업의\ 각사업연도\ 소득금액}{각사업연도\ 소득금액} \right]$$

3-4. 감면율

3-4-1. 일반적인 경우

제조업 등 감면대상 업종을 영위하는 사업장에서 발생한 소득에 대한 소득세 또는 법인세에 다음의 구분에 의한 감면비율을 적용하여 산출한 세액 상당액을 감면한다(조특법 §7① 2, 조특령 §6⑤·⑥). 사업장 소재지별로 판단[25]하되 내국법인의 본점 또는 주사무소가 수도권 안에 소재하는 경우에는 모든 사업장이 수도권 안에 소재하는 것으로 보아 감면비율을 적용한다

(조특법 §7① 단서).

구 분		감면율
소기업	도매 및 소매업, 의료업(이하 "도매업등"이라 한다)을 경영하는 사업장	10%
	수도권에서 도매업등을 제외한 업종을 경영하는 사업장	20%
	수도권 외의 지역에서 도매업등을 제외한 업종을 경영하는 사업장	30%
	수도권에서 통관 대리 및 관련 서비스업을 경영하는 사업장	10%
	수도권 외의 지역에서 통관 대리 및 관련 서비스업을 경영하는 사업장	15%
중기업	수도권 외의 지역에서 도매업등을 경영하는 사업장	5%
	수도권 외의 지역에서 도매업등을 제외한 업종을 경영하는 사업장	15%
	수도권 외의 지역에서 통관 대리 및 관련 서비스업을 경영하는 사업장	7.5%

기획재정부 유권해석 해설

질의 "수도권 안에서 중소기업을 영위한다."라는 개념이 모호하다고 판단되는바, 이는 법인의 본점소재지를 의미하는 것인지 아니면 법인의 상시적이고 주요한 활동이 이루어지는 장소를 말하는 것인지?

회신 재경부 조세지출예산과 46019-176, 2001. 10. 20.
○ 수도권 안에서 영위하는 내국인은 법인의 경우 원칙적으로 본사가 수도권 안에 있는 경우를 말하며, 수도권 안의 법인 본사를 공장이 있는 수도권 외 지역으로 이전하는 경우에는 이전하는 과세연도부터 수도권 외의 지역에서 중소기업을 영위하는 내국인에 해당

저자의 견해
○ 수도권, 지방 소재기업 여부를 주요 활동장소 기준으로 구분하기에는 해석상 어려운 점이 있어, 원칙적으로 본사 소재 기준으로 판단하도록 함.
○ 수도권기업, 지방기업 여부는 과세연도 종료일 현재를 기준으로 판정하므로, 지방에 있는 공장으로 수도권 본사를 이전하는 경우에는 이전하는 과세연도부터 지방기업에 해당

---

25) 종전에는 본점 기준으로 수도권 여부를 판단함에 따라 본점은 지방에 있으나 공장이 수도권에 있는 기업이 높은 감면율을 적용받는 불합리한 점을 개선(2005. 1. 1. 이후 최초로 개시하는 과세연도분부터 적용)

3-4-2. 장수성실 중소기업의 경우

2016. 12. 20. 조특법 개정시 장기간 성실하게 경영한 중소기업 지원을 강화하기 위해 장수성실 중소기업에 대한 감면율을 10% 인상하였다. 즉, 다음의 요건을 모두 충족하는 중소기업의 경우에는 위 법 제7조 제1항 제2호의 감면율에도 불구하고 위 감면율에 100분의 110을 곱한 감면 비율을 적용한다(조특법 §7②).

① 해당 과세연도 개시일 현재 10년 이상 계속하여 해당 업종을 경영한 기업일 것
② 해당 과세연도의 종합소득금액이 1억원 이하일 것
③ 「소득세법」 제59조의4 제9항에 따른 성실사업자로서 제122조의3 제1항 제2호 및 제4호의 요건을 모두 갖춘 자일 것

3-4-3. 일정 요건을 충족하는 석유판매업자의 경우

2022. 12. 31. 조특법 개정을 통해 알뜰주유소 특별세액 감면율을 2023년 12월 31일까지 한시적으로 상향 조정하였는데 석유판매업[26]을 영위하는 중소기업 중 다음의 요건을 모두 충족하는 자에 대해서는 석유판매업에서 발생하는 소득세 또는 법인세에서 소기업은 20%, 중기업 중 수도권외 지역에서 경영하는 사업장은 15%, 수도권에서 경영하는 사업장은 10%에 상당하는 세액을 감면한다(조특법 §7③).

① 2022년 1월 1일부터 2022년 12월 31일까지의 기간 중 석유제품 공급계약을 최초로 체결할 것
② 위 ①에 따른 석유제품 공급계약 기간 동안 매 분기별로 한국석유공사로부터의 석유제품 구매량이 같은 분기의 석유제품 판매량의 100분의 50 이상일 것
③ 상표를 "알뜰주유소"로 하여 영업할 것

3-5. 감면한도

중소기업 특별세액감면은 고용·투자 실적과 관계없이 산출세액의 일정비율을 감면하는 제도인데, 종전에는 감면한도가 없어 운영 과정에서 제도 도입 취지에 반하는 문제가 발생하였다. 즉, 산출세액의 일정 비율을 일괄적으로 감면하므로 구조적으로 소득이 많은 기업일수록 혜택이 증가하고 적자기업·스타트업에게 오히려 불리하게 작용하였으며, 이는 결과적으로 경영여건이 어려운 기업을 지원하기 위한 당초 정책목적과도 배치되는 것이었다.

따라서 2017. 12. 19. 조특법 개정시 감면한도를 신설하여 중소기업 중 소득이 높은 기업에 과도한 혜택이 부여되는 것을 방지하도록 제도를 개선하였다.

---

26) 「석유 및 석유대체연료 사업법 시행령」 제2조 제3호

감면한도는 다음의 금액에 따른다(조특법 §7① 3).

① 해당 과세연도의 상시근로자 수가 직전 과세연도의 상시근로자 수보다 감소한 경우 : 1억원에서
  감소한 상시근로자 1명당 5백만원씩을 뺀 금액(해당 금액이 음수인 경우에는 영으로 한다)
② 그 밖의 경우 : 1억원

한편, 상시근로자의 범위 및 계산방법에 대해서는 조특령에서 고용창출투자세액공제의
내용을 준용하고 있으므로, 자세한 내용은 제26조의 내용을 참고하기 바란다.

4 | 절 차

중소기업에 대한 특별세액감면을 받고자 하는 자는 과세표준신고와 함께 세액감면신청서를
납세지 관할 세무서장에게 제출하여야 한다. 그러나 특별세액감면은 당연감면사항이므로
감면신청서를 제출하지 아니하였다 하더라도 감면 자체가 배제되는 것은 아니다(조특령 §6⑧,
조특칙 §61① 3).

관련예규 및 심판례

• 중소기업특별세액감면을 적용하기 위한 요건을 충족한 경우, 감면신청서를 제출하지 아니하
  였다고 하더라도 감면규정을 적용하는 것은 타당함(국심 2003서3307, 2004. 4. 1.).

5 │ 조세특례제한 등[27]

5-1. 중복지원의 배제

5-1-1. 세액공제와 중복지원 배제

내국인이 동일한 과세연도에 중소기업에 대한 특별세액감면 규정과 각종투자세액공제 등의
규정을 동시에 적용받을 수 있는 경우에는 그 중 하나만을 선택하여 적용받아야 한다. 이에
대한 자세한 내용은 제127조 제4항의 해설을 참고하기로 한다.

5-1-2. 세액감면과 중복지원배제

내국인이 동일한 사업장에 대하여 동일한 과세연도에 중소기업에 대한 특별세액감면 규정과
창업중소기업 등에 대한 세액감면 등의 규정 중 둘 이상이 적용될 수 있는 경우에는 그 중
하나만을 선택하여 적용받아야 한다. 자세한 내용은 제127조의 해설을 참고하기로 한다.

5-2. 결정시 등의 감면 배제

5-2-1. 무신고결정 및 기한 후 신고에 대한 감면 배제

소득세 또는 법인세의 무신고에 따른 결정(소법 §80①, 법인법 §66①)과 기한 후 신고(국기법
§45의3)를 하는 경우에는 본조의 세액감면을 적용하지 아니한다. 이에 대한 자세한 내용은
법 제128조의 해설을 참고하기로 한다.

5-2-2. 경정 및 수정신고시 감면 배제되는 경우

소득세 또는 법인세의 신고내용에 오류 등이 있어 경정(소법 §80②, 법인법 §66②)하는 경우와
과세표준 수정신고서를 제출한 과세표준과 세액을 경정할 것을 미리 알고 제출한 경우에는
과소신고금액(조특령 §122)에 대하여 본조의 세액감면을 적용하지 아니한다. 이에 대한 자세한
내용은 제128조의 해설을 참고하기로 한다.

---

27) 중소기업특별세액감면과 감가상각의제 규정을 비교해서 실무상 적용하는 것이 필요하다. 법인의 경우 추후
처분·폐기시 손금처리가 가능하나 개인의 경우에는 처분·폐기시 인정이 되지 아니하므로 이에 대한 고려가
필요하다.
법인령 제30조【감가상각의 의제】① 각 사업연도의 소득에 대하여 법과 다른 법률에 따라 법인세를 면제받거나
감면받은 경우에는 개별 자산에 대한 감가상각비가 법 제23조 제1항에 따른 상각범위액이 되도록 감가상각비를
손금에 산입하여야 한다. 다만, 한국채택국제회계기준을 적용하는 법인은 법 제23조 제2항에 따라 개별 자산에
대한 감가상각비를 추가로 손금에 산입할 수 있다.
② 법 제66조 제3항 단서에 따른 추계결정 또는 경정을 하는 경우에는 감가상각자산에 대한 감가상각비를 손금에
산입한 것으로 본다.

5 - 3. 최저한세 적용 등 기타 사항

중소기업특별세액감면은 최저한세 적용대상이 되며, 감면대상 업종과 기타 업종을 겸업하는 중소기업은 감면대상 업종과 기타 사업을 구분경리하여야 한다. 또한 중소기업특별세액감면은 농어촌특별세가 비과세된다. 이에 대한 자세한 사항은 제132조(최저한세), 제143조(구분경리)의 해설을 참고하기로 하고, 농어촌특별세는 동법 제4조(비과세)를 참고하기 바란다.

6 │ 관련사례

구 분	내 용
업 종	○ 선주나 다른 외항선박 운항사업체로부터 선박과 선원을 함께 임차한 후 직접 운항하지 아니한 채 임차한 선박과 선원을 그대로 다른 제3의 외항선박운항업자 등에게 재임대하고 수익을 얻는 형태의 선원부용선 선박 대선사업(이하 '이 사건 사업'이라 한다)을 영위한 사실 등을 인정한 다음, 구 한국표준산업분류가 선박을 임대하는 경우 승무원을 함께 임대하는지 여부에 따라 '외항화물운송업'과 '그 외 기타 운송장비 임대업'을 구분하고 있으나 그 승무원을 자기 소속 승무원으로 제한하고 있지는 않은 점 등에 비추어 볼 때, 이 사건 사업은 구 한국표준산업분류상 '외항화물운송업(61112)'에 해당하여 물류산업에 해당함(대법원 2013. 6. 13. 선고 2013두3894 판결). ○ 직접 건설을 수행하지 않으면서 도급을 주어 아파트를 신축하고 이를 판매한 경우 '건설업'이 아닌 '부동산공급업'으로 보아 중소기업특별세액감면 및 결손금소급공제를 배제한 것은 정당함(감심 2006-130, 2006. 11. 30.). ○ 건설업체에 도급을 주어 아파트 등을 건축한 후 이를 분양·판매하는 것은 건설업에 해당하지 아니하므로 중소기업특별세액감면대상 법인에 해당하지 아니함(국심 2006중 1987, 2006. 8. 10.). ○ 법인이 직접 건설활동을 수행하지 않고 건설업체에 의뢰하여 주거·비주거용 건물을 건설하고 이를 분양·판매하는 것은 부동산공급업으로 건설업에 해당하지 아니함(서면2팀 -184, 2006. 1. 24.). ○ 제조업체의 한 공장 내에서 당해 제조업체로부터 공장기계 및 자재를 제공받아 별도의 독립된 자격으로 자기책임하에 특정제품을 제조하여 공급하고 그 대가를 받은 경우 제조업에 해당함(서면1팀-967, 2005. 8. 16.). ○ 중소기업특별세액감면을 적용함에 있어 법인이 자기가 제품을 직접 제조하지 아니하고 국외에 소재하는 제조업체에 의뢰하여 제품을 제조하는 경우 도매업에 해당하는 것임(서면2팀-1024, 2005. 7. 26.). ○ 주택신축판매업은 한국표준산업분류상 부동산공급업(7012)으로서 2002. 1. 1. 이후 최초로 개시하는 과세연도부터는 조세특례제한법 제7조(중소기업에 대한 특별세액감면)를 적용함에 있어서 건설업으로 보지 아니함(서면1팀-1351, 2004. 10. 1.).

구 분	내 용
업 종	○ 법인이 직접 건설하지 않고 건설업체에 의뢰해 건물을 건설해 분양·판매하는 '부동산공급업(한국표준분류상 7012)'은 법인의 업종별 기준에 있어 '건설업'에 해당하지 않음(서이 46012-11461, 2003. 8. 5.). ○ '엔지니어링사업'이란 엔지니어링기술진흥법에 의한 엔지니어링활동(기술사법의 적용을 받는 기술사의 엔지니어링활동 포함)을 제공하는 사업을 말함(서이 46012-10458, 2002. 3. 12.). ○ 자기가 제품을 직접 제조하지 아니하고 100% 출자한 해외현지법인에서 제조한 제품을 제3국에 판매한 경우 중소기업 범위를 판단함에 있어서 제조업이 아닌 무역업(도매업)으로 보는 것이 타당함(국심 2007서1127, 2007. 7. 11.). ○ 종합건설업 면허 법인이 아파트를 직접 신축하여 임대사업을 하고 임대주택의 의무임대기간이 만료되기 전후에 당해 아파트를 분양하는 사업은 건설업에 해당됨(서면2팀-1276, 2007. 7. 4.). ○ 원부자재를 국외현지법인에 무환반출해 완제품을 제조한 후 주문자상표를 부착해 국외에서 직접 제3국으로 수출하는 경우 '제조업'이 아닌 '무역업'으로서 중소제조업특별세액감면대상 아님(국심 2001중668, 2001. 8. 24.). ○ 광고수입만을 목적으로 무료신문발행업이더라도 이를 광고업이 아닌 출판업으로 보아야 하고 출판업이 2007. 12. 28. 개정된 한국표준산업분류상에서 제조업에서 제외되었더라도 2009 사업연도까지는 제조업이므로 중소기업특별세액감면대상임(조심 2011서895, 2011. 9. 26.). ○ 수의업(73100)에서 발생하는 소득은 중소기업에 대한 특별세액감면을 적용받을 수 없음(소득-348, 2010. 3. 18.). ○ 직접 건설활동을 수행하지 아니하고 다른 건설업체에 도급을 주어 택지조성 및 주택신축공사를 하는 경우 건설업이 아닌 부동산공급업을 영위한 것으로 보아 중소기업특별 세액감면을 배제한 처분은 정당함(조심 2009중3643, 2009. 12. 4.). ○ 공사의 대부분을 다른 건설업체에 위탁하거나 도급을 주어 건설한 후 직접 분양하는 경우 부동산공급업으로 봄이 타당함(대법원 2009. 8. 20. 선고 2007두8843 판결). ○ 분뇨, 오니(스러지) 및 축산폐수 등을 육상에서 수집·운송하여 해양에서 배출·처리하는 업은 중소기업특별세액 감면대상에 해당하지 않음(조심 2008부3492, 2009. 6. 5.). ○ 건설활동을 직접하지 않고 건설업자에게 의뢰하여 건설한 주택을 분양판매하는 사업은 부동산공급업이나, 건설활동의 일부를 건설업자에게 의뢰하여 주택을 건설하였더라도, 의뢰자가 총괄책임하에 건설활동에 직접 참여하여 분양판매한 경우에는 건설업으로 볼 수 있음(재조예-1, 2008. 1. 3.).
감면대상 소득 및 구분경리	○ 여객운송업에 해당하는 시내버스 운송사업을 영위하는 내국법인이 지방자치단체("지자체")와 '시내버스 준공영제 협약'을 체결·시행함에 있어 해당 법인의 운송수입금이 당초 지자체가 정한 표준운송원가에 미달하여 그 차액분("운송수입 보전금")을 지자체로부터 보전받는 경우 해당 운송수입 보전금은 「조세특례제한법」 제7조의 중소기업에 대한 특별세액감면을 적용할 때 감면대상소득에 해당하는 것임(서면법규-365, 2013. 3. 29.). ○ 여객자동차운수사업자에게 발생하는 손실을 정부가 보전해 주기 위하여 지급하는 보조금은 중소기업특별세액감면대상 소득에 해당하는 것임(국심 2006서1152, 2006. 7. 20.).

구 분	내 용
감면대상 소득 및 구분경리	○ 제휴업무자문계약서상에 신주발행금액의 3%로 책정된 자문수수료는 그 실질이 신주의 발행과 직접적인 관련 없이 발생한 대가이므로 그 용역제공이 완료된 날이 속하는 사업연도의 손금에 산입함(국심 2003전3080, 2004. 3. 23.). ○ 중소기업특별세액감면액 계산상, 감면율이 다른 2 이상의 감면사업 겸영시, 감면대상소득은 각 사업연도 소득금액 범위 내의 각각의 감면대상 소득임(심사법인 2003-73, 2003. 7. 7.). ○ 감면율이 서로 다른 제조업과 도매업을 겸영하는 법인의 각 사업연도 소득금액 중 도매업부문은 결손이고 제조업소득과 기타 과세소득이 있는 경우 감면세액을 계산함에 있어서 감면소득은 각 사업연도 소득금액 범위 내의 제조업소득금액을 말함(서이 46012-10133, 2003. 1. 21.). ○ 외화를 차입해 감면사업인 제조업에 사용하는 기계를 수입한 경우, 그 외화차입금의 환율조정차상각액은 감면사업의 개별손금이며, 당해 법인의 사업과 직접 관련없이 지출한 기부금은 감면사업과 기타 사업의 공통손금에 해당함(재법인 46012-58, 2002. 3. 26.). ○ '중소제조업특별세액감면'에 있어, 제조업이 주업인 중소법인이 산업발전법에 의해 '산업기반기술개발사업'을 수행하고 그 대가로 받은 정부출연금은 '제조업소득'에 해당하지 않으나, 당해 사업을 수행한 용역이 '연구 및 개발업'인 경우에는 감면소득에 해당함(서이 46012-10411, 2002. 3. 7.). ○ 중소기업의 열거된 해당업종(주된 사업이 아닌 경우도 포함)의 사업소득금액은 중소기업 특별세액감면대상이며, 건설업에 해당하는 아파트분양사업의 소득금액은 동 감면대상임(서이 46012-10184, 2002. 1. 31.). ○ 중소기업특별세액감면을 위한 구분경리시, 당해 감면사업과 직접 관련되어 발생한 환율조정차상각과 기부금은 당해 감면사업의 개별손금으로 함(서이 46012-10627, 2001. 11. 28.). ○ 중소제조업특별세액감면대상 업종을 수개 겸업하는 경우, 특정 해당사업만을 선택 적용할 수 없고, 모든 감면대상 사업에서 발생한 소득을 합산해 감면세액을 계산함(국심 2001부30, 2001. 7. 23.). ○ 중소제조업 등 특별세액감면에 있어, 제조업과 건설업 겸영시는 당해 제조업에서 발생한 소득에 한해 감면됨(법인 46012-951, 2000. 4. 17.). ○ 레미콘 제조업을 영위하는 자가 원재료 매입처인 시멘트제조업체로부터 지급받는 판매장려금은 중소기업에 대한 특별세액감면이 적용되는 감면소득에 해당함(서면1팀-1398, 2007. 10. 11.). ○ 정부출연금은 제조업 등에서 발생한 소득에 해당하지 아니하는 것이나 당해 법인의 기술개발사업을 수행한 용역이 한국표준산업분류상 연구 및 개발업인 경우 감면소득에 해당함(국심 2005부4096, 2006. 7. 21.). ○ 제조업을 영위하는 내국법인이 특정거래처 주문제품을 별도로 제작하기 위하여 구입한 금형을 그 주문제품 판매와 동시에 사전계약에 따라 발주처에 처분하는 경우 해당 금형의 처분이익은 「조세특례제한법」제7조의 중소기업특별세액감면을 적용함에 있어서 감면대상소득에 포함하지 아니하는 것임(법규과-1540, 2011. 11. 22.).

구 분	내 용
감면대상 소득 및 구분경리	○ 조세특례제한법 제7조 중소기업에 대한 특별세액감면을 적용함에 있어 제7조 제1항의 "해당 사업장에서 발생한 소득"에는 고정자산처분이익, 이자수익이 포함되지 않는 것임(재조특－336, 2010. 4. 12.). ○ 고정자산처분익은 제조업을 영위하고 있는 중소기업에 대한 특별세액감면대상에 해당하지 않음(조심 2009구4150, 2010. 2. 17.). ○ 「조세특례제한법」 제7조 제1항에 따른 감면비율이 서로 다른 제조업과 도매업을 겸영하는 중소기업이 '중소기업에 대한 특별세액감면'을 적용함에 있어서 도매업종에서 결손금이 발생한 경우에 감면대상 소득은 제조업 소득금액에서 도매업의 결손금을 공제한 금액으로 하는 것으로, 위와 같이 감면소득을 계산하는 방법은 2007. 12. 31. 이전에 종료하는 사업연도에 있어서도 이를 적용하는 것임(법인－338, 2010. 4. 7.). ○ 복수의 감면업종을 겸영하는 중소기업의 경우 일부 감면대상소득에서 발생하는 결손금은 다른 감면대상소득과 통산하여 감면세액을 계산하여야 함(조심 2009구2867, 2010. 3. 31.). ○ 화물자동차 운수사업법에 따라 지급받는 유가보조금은 중소기업특별세액감면을 적용함에 있어 감면대상 소득에 해당함(재조특－379, 2008. 7. 8.).
감면율 적용	○ 감면대상 소득금액이 본점소득금액과 지점소득금액으로 구분되므로 본점소득금액과 지점소득금액에 대하여 각각의 해당 감면비율을 적용하여 감면세액을 산출하는 것이 타당함(국심 2007광4970, 2008. 5. 28.). ○ 중소기업특별세액 감면비율은 사업장을 기준으로 판단함(서면1팀－235, 2007. 2. 14.). ○ 종합소득세가 과세되는 거주자의 중소기업특별세액감면세액의 계산은 종합소득세산출세액에 감면대상소득금액비율에 감면비율을 적용하여 계산함(서면1팀－1447, 2006. 10. 25.).
소기업 판정	○ 법률 제13560호 조세특례제한법 일부개정법률 시행일이 속하는 직전 과세연도에 「조세특례제한법 시행령」(2016. 2. 5. 대통령령 제26595호로 개정되기 전의 것, 이하 '종전 규정') 제6조 제5항에 따른 소기업에 해당하는 기업이, 법률 제13560호 조세특례제한법 일부개정법률 시행 이후 2019. 1. 1.이 속하는 과세연도까지 각 과세연도별로 「조세특례제한법 시행령」(2016. 2. 5. 대통령령 제26959호로 개정된 것, 이하 '개정 규정') 제6조 제5항에 따라 소기업에 해당하지 않으나, 종전 규정 제6조 제5항에 따른 소기업에 해당하는 경우 개정 규정 부칙 제22조(소기업의 범위에 관한 경과조치)에 따른 소기업으로 보는 것임(기획재정부 조세특례제도과－751, 2019. 12. 23.). ○ 중소기업 유예기간 내의 법인으로서 상시 사용하는 종업원수가 소기업의 요건을 충족하지 못하는 법인은 중소기업에 대한 특별세액감면 규정이 적용되는 소기업이 아님(재조예－290, 2006. 5. 12.). ○ 2 이상의 서로 다른 사업을 영위하는 법인이 소기업에 해당되는지 여부는 주업종을 기준으로 해당 기업 전체의 종업원수 등이 소기업요건에 충족되는지를 따져서 판단하여야 함(국심 2004서920, 2004. 5. 13.). ○ 수도권 안의 도매업 영위 중소법인이 중소기업 요건을 갖추고, 상시 사용 종업원수가 10명 미만인 '소기업'에 해당시, 중소기업특별세액감면 적용됨(서이 46012－10800, 2002. 4. 16.).

구 분	내 용
소기업 판정	○ 소기업이 중기업으로 변경되는 경우 중소기업 유예기간에 관한 규정을 적용 내지 준용한다는 규정이 없는 한 당해 규정을 적용하여 중소기업특별세액감면을 할 수 없음(국심 2007서4037, 2008. 3. 20.).
기 타	○ 「조세특례제한법」 제6조 제1항의 창업중소기업에 대한 세액감면을 적용받은 기업이 「조세특례제한법」 제6조 제2항의 벤처기업으로 확인받은 경우로서, 당초 감면받은 세액에 대하여 「국세기본법」 제45조에 따른 수정신고를 하는 경우에는 벤처기업으로 확인받은 날 이후 최초로 소득이 발생한 과세연도(벤처기업으로 확인받은 날부터 5년이 되는 날이 속하는 과세연도까지 해당 사업에서 소득이 발생하지 아니하는 경우에는 5년이 되는 날이 속하는 과세연도)와 그 다음 과세연도의 개시일부터 4년 이내에 끝나는 과세연도까지 해당 사업에서 발생한 소득에 대한 소득세 또는 법인세를 감면받을 수 있는 것임(기획재정부 조세특례제도과-411, 2019. 5. 23.). ※ 사실관계 : '12년 수도권과밀억제권역 외의 지역에서 창업한 중소기업으로, 최초 소득이 발생한 '12사업연도부터 '16사업연도까지 창업중소기업 세액감면을 적용하여 신고하였으나, '18. 3. 29. '12~'16사업연도의 창업중소기업 세액감면을 취소하는 수정신고를 함. ○ 과세관청이 경정을 하는 경우에는 과소신고금액에 대하여 조세특례제한법 제7조의 중소기업에 대한 특별세액감면을 적용받을 수 없는 것이나, 수정신고를 하는 경우에는 과소신고금액에 대하여도 중소기업에 대한 특별세액감면을 적용받을 수 있음(서면1팀-1470, 2004. 10. 29.). ○ 수도권 외의 지역에 본사와 공장이 있고 수도권지역에 제2공장이 있는 제조업을 영위하는 중소기업인 법인이 중소기업에 대한 특별세액감면 규정 적용시 감면비율의 적용은 법인등기부의 본점 소재지를 기준으로 판단하는 것임(서면2팀-1788, 2004. 8. 26.). ○ 중소기업에 대한 특별세액감면 적용시 당해 사업에서 발생한 소득은 감면업종을 영위하는 사업의 소득을 합산하여야 하며, 감면비율의 적용은 사업장을 기준으로 판단함(서일 46011-10977, 2003. 7. 21.). ○ 임시투자세액의 이월공제세액이 있는 경우, 중소기업특별세액감면과 중복적용 가능함(서이 46012-10293, 2003. 2. 10.). ○ 수도권 외의 지역에서 중소기업을 영위하는 법인이란 법인등기부상 소재지가 수도권 외 지역에 있고 동 소재지에서 사실상 주된 사무가 이루어지는 것을 말하는 것으로서 반드시 수도권 안의 본점에 있던 인원 및 물적 시설을 수도권 외의 지역으로 전부 이전하는 것을 의미하는 것은 아님(서이 46012-10232, 2003. 1. 30.). ○ 중소기업이 중간예납세액 계산시 임시투자세액공제를 한 경우에도 법인세 신고시 임시투자세액공제를 적용하지 않고 중소기업특별세액감면 적용가능함(서이 46012-11649, 2002. 9. 30.). ○ 중소기업특별세액감면은 경정청구대상이 됨(서이 46012-10800, 2002. 4. 16.). ○ 세액공제신청을 하였더라도 이월결손금으로 인하여 실제로 세액공제를 적용받지 못하였다면 중복적용 배제대상이 아니며, 중소제조업특별세액감면을 적용받을 수 있음(재조세 46070-6, 1998. 1. 8.).

7 | 주요 개정연혁

1. 중소기업특별세액감면 적용기한 연장 등(조특법 §7)

(1) 개정내용

종 전	개 정
□ 중소기업 특별세액감면 ㅇ (업종) 제조업 등 48개 ㅇ (감면율) 5~30%	□ 적용기한 연장 및 일부 업종 감면율 변경

구분	업 종	감면율(%)	
		소기업	중기업
수도권	• 도(소)매업, 의료기관 운영업	10	–
	• 제조업 등 나머지 46개 업종	20	–
지방	• 도(소)매업, 의료기관 운영업	10	5
	• 제조업 등 나머지 46개 업종	30	15

종 전	개 정
ㅇ 전기통신업, 인쇄물 출판업 등을 영위하는 수도권 중기업은 10% 감면	ㅇ 특례 폐지
ㅇ (적용기한) 2022. 12. 31.	ㅇ (적용기한) 2025. 12. 31.

(2) 개정이유

ㅇ 중소기업 세부담 경감 지원 및 과세형평 제고

(3) 적용시기 및 적용례

ㅇ 2023. 1. 1. 이후 개시하는 과세연도 분부터 적용

2. 중소기업 특별세액감면 대상업종 추가 및 적용기한 연장(조특법 §7)

(1) 개정내용

종 전				개 정
☐ 중소기업의 소득·법인세 5~30% 세액감면				☐ 세액감면 대상업종 추가 및 적용기한 2년 연장

구분	업 종	감면율(%)		
		소기업	중기업	
수도권	• 도·소매업, 의료기관 운영업	10	–	
	• 제조업 등 나머지 44개 업종	20	–	
	– 지식기반산업	20	10	
지방	• 도·소매업, 의료기관 운영업	10	5	
	• 제조업 등 나머지 44개 업종	30	15	
기타	• 전기차를 50% 이상 보유한 자동차 대여 사업자	30		

종 전:
- ○ (대상) 제조업 등 46개 업종 및 전기차 50% 이상 보유 자동차 대여사업자

  〈추 가〉

  〈추 가〉

- ○ (적용기한) 2020. 12. 31.

개 정:
- ○ (대상) 제조업 등 48개 업종

  – 통관 대리 및 관련 서비스업*
    * 감면율은 물류산업의 50% 수준으로 설정

  – 전기차 50% 이상 보유한 자동차 임대업*
    * 현재 업종 외 별도로 규정된 사항을 업종에 반영

- ○ (적용기한) 2022. 12. 31.

(2) 개정이유

○ 중소기업 세부담 경감 지원

(3) 적용시기 및 적용례

○ 2021. 1. 1. 이후 개시하는 과세연도 분부터 적용

3. 중소기업 특별세액감면 재설계(조특법 §7, §127)

(1) 개정내용

종 전	개 정
□ 중소기업 특별세액감면	□ 적용기한 연장 및 고용과 연계하여 재설계
○ (대상) 제조업 등 46개 업종을 영위하는 중소기업	○ (좌 동)
○ (감면율) 지역, 업종, 기업규모에 따라 산출세액의 5~30%	○ (좌 동)
〈신 설〉	○ (감면한도) 1억원 – 고용인원 감소시 1인당 500만원 한도 축소
○ (다른 제도 중복 여부) 고용창출투자세액공제, 사회보험료 세액공제와 중복 적용 배제	○ (다른 제도 중복 여부) 고용증대세제, 사회보험료 세액공제와 중복 적용 허용
○ (적용기한) 2017. 12. 31.	○ (적용기한) 2020. 12. 31.

(2) 개정이유
○ 중소기업 세제지원 합리화

(3) 적용시기 및 적용례
○ 2018. 1. 1. 이후 개시하는 과세연도 분부터 적용

제**7**조의 4

상생결제 지급금액에 대한 세액공제

1 의 의

상생결제시스템은 대기업 수준의 낮은 수수료로 2·3차 협력사가 주요 은행에서 현금화할 수 있도록 대기업 발행 매출채권을 현금처럼 융통하는 시스템으로, 기존 1차 협력사만 받을 수 있었던 전자방식의 외상매출채권 담보대출을 2·3차 협력사에까지 확대하여 2·3차 협력사도 대기업이 발행한 외상매출채권으로 담보된 1차 협력사의 외상매출채권을 판매대금 으로 지급받을 수 있도록 한 제도이다.

본 과세특례는 이와 같은 상생결제시스템을 통하여 결제한 금액에 대해 세액공제 혜택을 주어 원·하청 간 원활한 구매대금 지급을 유도하기 위한 제도로 2013년에 일몰종료된 기업의 어음제도개선을 위한 세액공제(조특법 §7의2)와 유사하나, 공제조건으로 전년대비 현금성 결제 비율이 감소하지 않을 것과 전년대비 어음결제 금액이 증가하지 않을 것을 추가하였으며, 공제율에도 차이가 있는 등 기업의 어음제도개선을 위한 세액공제제도와 세부적으로 다소 차이가 있다.

본 제도의 적용대상은 중소기업으로 한정되어 있었으나, 중견기업에 대한 인센티브 도입시 상생결제 참여 기업 및 지급금액이 확대될 것으로 기대됨에 따라 2017. 12. 19. 조특법 개정시 중견기업까지 그 범위를 확대하였다. 또한 2022년 말 조특법 개정시 중소·중견 기업의 원활한 납품대금 수령을 지속 지원하기 위하여 상생결제 지급금액에 대한 세액공제 적용기한을 2025년 12월 31일까지로 3년 연장하였다.

참고 **상생결제시스템 기본 구조**

대기업 ── 매출채권결제 (상환청구권 無) → 1차 협력사 ── 매출채권결제 (대기업신용) → 2~N차 협력사 ← 납품

대기업 ← 납품 ── 1차 협력사 ← 납품 ── 2~N차 협력사 → 매출채권결제 (대기업신용)

1차 협력사 → -매출채권할인 -실적모니터링

은행 │ 대중소기업협력재단 (예치계좌운영)

상생결제시스템

모니터링시스템

대기업 → -만기결제입금 -실적모니터링

2~N차 협력사 → -매출채권할인 -실적모니터링

2 요 건

2-1. 적용대상

중소기업 및 중견기업을 경영하는 내국인이 적용대상이다. 중견기업이란 다음의 요건을 모두 갖춘 기업을 말한다(조특령 §6의4①).[1]

ⓐ 중소기업이 아닐 것

ⓑ 다음의 어느 하나에 해당하는 업종을 주된 사업으로 경영하지 않을 것. 이 경우 둘 이상의 서로 다른 사업을 경영하는 경우에는 사업별 사업수입금액이 큰 사업을 주된 사업으로 본다.

   ⅰ) 소비성서비스업[2]

   ⅱ) 금융업, 보험 및 연금업, 금융 및 보험 관련 서비스업(업종 분류 기준 : 통계청장이 고시하는 한국표준산업분류)[3]

---

1) 조특령 제9조(연구 및 인력개발비에 대한 세액공제)에서 별도로 중견기업의 범위를 규정하고 있으므로 이를 제외한 다른 조특법 조문에서 중견기업의 범위는 동일하다.

2) 조특령 제29조 제3항

3) 「중견기업 성장촉진 및 경쟁력 강화에 관한 특별법 시행령」 제2조 제2항 제2호 각 목

ⓒ 소유와 경영의 실질적인 독립성이 적합할 것[4)5)]
ⓓ 직전 3개 과세연도의 매출액의 평균금액이 3천억원 미만인 기업일 것

여기서 매출액은 기업회계기준에 따라 작성한 손익계산서상의 매출액으로 한다. 다만, 창업·분할·합병의 경우 그 등기일의 다음 날(창업의 경우에는 창업일)이 속하는 과세연도의 매출액을 연간 매출액으로 환산한 금액을 말한다. 또한, 과세연도가 1년 미만인 과세연도의 매출액도 1년으로 환산한 매출액을 말한다.

2-2. 적용요건

중소기업 및 중견기업을 경영하는 내국인이 2025. 12. 31.까지 중소기업 및 중견기업에 지급한 구매대금 중 상생결제제도[6)]를 통하여 지급한 금액이 있는 경우로서 해당 과세연도에 지급한 구매대금 중 약속어음으로 결제한 금액이 차지하는 비율이 직전 과세연도보다 증가하지 아니하여야 한다. 이 경우 구매대금이란 구매기업이 그 기업의 사업 목적에 맞는 경상적 영업활동과 관련하여 판매기업으로부터 재화를 공급받거나 용역을 제공받고 그 대가로 지급하는 금액을 말한다(조특법 §7의4① 및 §7의2③ 1).

---

4) 소유와 경영의 실질적인 독립성이 다음 각 목의 어느 하나에 해당하지 아니하는 기업일 것(「중견기업 성장촉진 및 경쟁력 강화에 관한 특별법 시행령」 제2조 제2항 제1호)
가. 「독점규제 및 공정거래에 관한 법률」 제14조 제1항에 따른 상호출자제한기업집단에 속하는 기업
나. 「독점규제 및 공정거래에 관한 법률 시행령」 제21조 제2항에 따른 상호출자제한기업집단 지정기준인 자산총액 이상인 기업 또는 법인(외국법인을 포함한다. 이하 같다)이 해당 기업의 주식(「상법」 제344조의3에 따른 의결권 없는 주식은 제외한다) 또는 출자지분(이하 "주식등"이라 한다)의 100분의 30 이상을 직접적 또는 간접적으로 소유하면서 최다출자자인 기업. 이 경우 최다출자자는 해당 기업의 주식등을 소유한 법인 또는 개인으로서 단독으로 또는 다음의 어느 하나에 해당하는 자와 합산하여 해당 기업의 주식등을 가장 많이 소유한 자로 하며, 주식등의 간접소유비율에 관하여는 「국제조세조정에 관한 법률 시행령」 제2조 제2항을 준용한다.
1) 주식등을 소유한 자가 법인인 경우 : 그 법인의 임원
2) 주식등을 소유한 자가 개인인 경우 : 그 개인의 친족
5) 내국법인의 최다출자자가 사모펀드에서 외국기업으로 변경된 경우 「조세특례제한법 시행령」 제4조 제1항 제3호 및 제9조 제2항 제3호의 소유와 경영의 실질적인 독립성이 「중견기업 성장촉진 및 경쟁력 강화에 관한 특별법 시행령」 제2조 제2항 제1호에 적합 여부는 해당 과세연도 종료일을 기준으로 판단하는 것임(사전-2019-법령해석법인-0066, 2019. 2. 28.).
6) 상생결제제도는 다음의 요건을 모두 충족하는 결제방법을 말한다(조특령 §6의4②).
① 판매기업이 구매기업으로부터 판매대금으로 받은 외상매출채권을 담보로 다른 판매기업에 새로운 외상매출채권을 발행하여 구매대금을 지급할 것
② 여러 단계의 하위 판매기업들이 구매기업이 발행한 외상매출채권과 동일한 금리조건의 외상매출채권으로 판매대금을 지급할 것
③ 외상매출채권의 지급기한이 해당 거래에 대한 「부가가치세법」, 「소득세법」 및 「법인세법」에 따른 세금계산서·계산서 및 영수증(이하 "세금계산서등"이라 한다)의 작성일부터 60일 이내일 것
④ 금융기관이 판매기업에 대하여 상환청구권을 행사할 수 없는 것으로 약정될 것

3 | 과세특례의 내용

3-1. 세액공제액의 계산

중소기업 및 중견기업을 영위하는 내국인이 2025. 12. 31.까지 중소기업 및 중견기업에게 지급한 구매대금 중 상생결제제도를 통하여 지급한 금액이 있는 경우에는 다음의 금액을 합하여 계산한 금액을 소득세[사업소득(부동산임대업에서 발생하는 소득은 불포함)에 대한 소득세만 해당][7] 또는 법인세에서 공제한다. 다만, 공제받는 금액이 해당 과세연도의 소득세 또는 법인세의 100분의 10을 초과하는 경우에는 100분의 10을 한도로 한다(조특법 §7의4① · ②).

① 상생결제제도를 통한 지급금액 중 지급기한이 세금계산서등의 작성일부터 15일 이내인 금액(직전 과세연도 현금성결제금액[8])이 해당 과세연도의 현금성결제금액을 초과하는 경우 그 초과하는 금액 차감) × 1천분의 5

② 상생결제제도를 통한 지급금액 중 지급기한이 세금계산서등의 작성일부터 15일 초과 30일 이내인 금액(위 ①금액이 음수인 경우 그 금액 차감) × 1천분의 3

③ 상생결제제도를 통한 지급금액 중 지급기한이 세금계산서등의 작성일부터 30일 초과 60일 이내인 금액(위 ②금액이 음수인 경우 그 금액 차감) × 1만분의 15

4 | 절 차

본조의 규정을 적용받고자 하는 내국인은 과세표준신고와 함께 세액공제신청서 및 공제세액계산서를 납세지 관할 세무서장에게 제출하여야 한다(조특령 §6의4④).

---

7) (당초) 사업소득에 대한 소득세만 해당 → (개정) 사업소득[「소득세법」 제45조 제2항에 따른 부동산임대업에서 발생하는 소득은 포함하지 함. 제122조의3(성실사업자에 대한 의료비 등 공제), 제126조의2(신용카드 등 사용금액에 대한 소득공제), 제126조의6(성실신고 확인비용에 대한 세액공제) 및 제132조(최저한세액에 미달하는 세액에 대한 감면 등의 배제)를 제외하고 이하에서 같다)에 대한 소득세만 해당한다] : 2021년 1월 1일 이후 개시하는 과세연도 분부터 적용

8) 환어음등 지급금액(환어음 및 판매대금추심의뢰서로 결제한 지급금액은 대금결제 기한이 세금계산서등의 작성일부터 60일 이내이고 금융기관이 판매기업에 대하여 상환청구권을 행사할 수 없는 것으로 약정된 것에 한정한다)을 말한다(조특령 §6의4③).

5 │ 조세특례제한 등

5-1. 최저한세의 적용

본조의 규정에 의한 세액공제를 포함한 조세특례에 관하여는 제132조의 최저한세 규정을 적용받아 그 특례범위가 제한된다(조특법 §132 해설 참고).

5-2. 세액공제액의 이월공제

본조의 규정에 의한 세액공제가 당해 과세연도에 납부할 세액이 없거나 제132조의 최저한세 규정의 적용을 받아 당해 연도에 공제받지 못한 금액이 있다면 이는 당해 과세연도의 다음 과세연도의 개시일로부터 5년 이내에 종료하는 각 과세연도에 이월하여 공제받을 수 있다. 자세한 사항은 제144조 해설을 참고하기로 한다.

제**8**조

중소기업 지원설비에 대한 손금산입의 특례 등

1 의 의

대기업 등이 보유 중인 유휴자산은 중소기업에게는 유용한 사업용자산이 될 수 있는 경우가 많다. 그러나 대기업이 중소기업에게 유휴자산을 무상으로 기증하는 경우에는 세법상 비지정기부금으로 인식되어 손금불산입되는 등 불합리한 점이 있었다. 본 제도는 이러한 문제점을 개선하고자 중소기업에게 무상으로 기증하는 자산에 대하여는 그 손금산입 특례를 인정하였고, 기증받은 중소기업은 기증받은 자산에 대한 자산수증익에 대하여 익금불산입하는 특례규정을 도입하였다. 즉, 신규 설비투자가 어려운 중소기업에게 대기업의 설비지원을 촉진하여 중소기업의 생산성 제고와 함께 관련기술의 이전을 유도함으로써 대기업과 중소기업 간 상생협력을 강화할 목적으로 도입되었다. 원래 본 제도는 2002년에 비과세·감면 축소·정비 차원에서 실효성이 미약하다 판단되어 폐지된 제도였으나, 2006년에 다시 도입되었다가 2012. 12. 31. 적용기한이 종료되었다.

2 적용대상

2-1. 적용대상자

내국인이 사업에 직접 사용하던 설비를 중소기업에게 2012. 12. 31.까지 무상으로 기증하거나 시가[1]보다 낮은 가액(價額)으로 양도하는 경우에 대하여 적용한다(조특법 §8①). 수증기업은 조특법상 중소기업이어야 하나, 무상기증하는 법인은 중소기업 여부를 불문한다. 다만, 내국인과 특수관계(소령 §98① 및 법인령 §87①)에 있는 중소기업에게 무상으로 기증하는 경우에는 본조의 손금산입 특례 규정을 적용받을 수 없다(조특령 §7②).

---

1) 「법인세법」 제52조 제2항

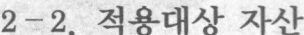

2-2. 적용대상 자산

내국인이 직접 사용하던 '자동화설비 등'이 지원대상이며, '자동화 설비 등'이란 다음 중 어느 하나에 해당하는 설비[2]로서 해당 사업에 1년 이상 사용한 것을 말한다(조특령 §7①).

① 사업용자산
② 연구·시험용 시설, 직업훈련용 시설, 신기술기업화사업용 자산
③ 생산성향상시설투자세액공제대상 자산 중 공정개선 및 자동화시설, 첨단기술설비
④ 비상대비자원설비를 제외한 안전설비투자 등 자산

3 │ 적용방법

3-1. 기증자에 대한 손금산입

내국인이 사업에 직접 사용하던 자동화설비 등을 중소기업에 2012. 12. 31.까지 무상으로 기증하거나 시가보다 낮은 가액으로 양도하는 경우에는 다음의 금액을 해당 과세연도의 손금으로 인정한다(조특법 §8①). 원래 종전 제도에서는 무상기증분뿐만 아니라 저가양도에 대하여도 본 제도를 적용하였으나, 2006년 부활된 제도에서는 무상기증하는 경우는 본 제도의 적용대상에 포함하지 아니하였다가 2007년 세법개정시 다시 저가양도도 적용대상에 포함하였다.

시가라 함은 건전한 사회통념 및 상관행과 특수관계자가 아닌 자 간의 정상적인 거래에서 적용되거나 적용될 것으로 판단되는 가격(요율·이자율·임대료 및 교환비율 기타 이에 준하는 것 포함)을 기준으로 한다.

① 무상으로 기증한 경우 : 기증한 설비의 시가
② 시가보다 낮은 가액으로 양도[3][4]하는 경우 : 양도한 자산의 시가(시가가 장부가액보다 낮은 경우에는 장부가액)에서 양도가액을 차감한 가액

---

2) 적용대상 자산에 대한 자세한 설명은 해당조문에 대한 설명을 참고하기 바란다.
3) 무상이전과 저가양도를 다르게 취급할 이유가 없으므로, 대기업이 저가로 중소기업에 이전하는 경우에도 손금산입 특례를 부여하여 상생협력 지원(2008. 1. 1. 이후 양도하거나 기증받는 분부터 적용, 개정 전에는 대기업이 저가양도에 따른 차액을 비지정기부금으로 인식되어 손금불산입되기 때문에 자산의 저가양도 기피)
4) 저가양수의 경우 저가취득가액은 세무상 정상적인 취득가액으로 인정되므로 특례규정 불필요

3-2. 수증자에 대한 손금산입

특수관계 없는 내국인에게서 자동화설비 등을 기증받은 중소기업은 기증받은 설비의 가액에 상당하는 금액을 손금에 산입할 수 있다(조특법 §8②). 손금산입 방법은 「법인세법」 제36조 또는 「소득세법」 제32조를 준용하도록 규정하고 있는바, 기증받은 설비 가액에 상당하는 금액을 자산수증익으로 익금에는 계상하되, 동 금액을 다시 일시상각충당금으로 손금으로 계상하고, 계상된 일시상각충당금은 해당 사업용 자산의 감가상각비와 상계하도록 하는 것이다. 원래 2006년 제도 도입시에는 무상기증 받은 자산가액은 익금에 산입하지 아니한다고 규정하고 있었기 때문에 비과세 또는 소득공제 등과 같이 영구적인 세제지원으로 인식되어, 무상으로 받은 자산가액에 대해 추후 감가상각시 손금에 산입할 수 있어 이중지원이라는 문제가 제기되었다. 따라서 이중지원 문제를 방지하고 국고보조금 제도와의 형평성도 확보하기 위해 2007년 세법을 개정하여 국고보조금과 동일한 방식인 충당금제도로 변경하였다.

사 례

자산가액(시가 : 9억, 장부가액 : 5억)

① 무상증여시 세무상 분개

〈증여자 : 대기업〉

― 시가평가

(차) 손금산입특례	9억	(대) 자 산	5억
		자산처분익	4억

― 장부가액 평가

(차) 손금산입특례	5억	(대) 자 산	5억

  ⇒ 〈손금산입〉 손금산입특례 5억
   * 시가평가시 : 5억 = (손금산입 9억 ― 자산처분익 4억)

〈수증자 : 중소기업〉

― 무상수증시

(차) 자 산	9억	(대) 자산수증익	9억
(차) 일시상각충당금전입	9억	(대) 일시상각충당금	9억

  ⇒ 〈손금산입〉 일시상각충당금 9억(△유보)

― 감가상각시

(차) 감가상각비	9억	(대) 감가상각누계액	9억
(차) 일시상각충당금	9억	(대) 일시상각충당금환입	9억

  ⇒ 〈손금불산입〉 일시상각충당금 9억(유보)

② 저가양도시(양도가액 3억) 세무상 분개

〈양도자 : 대기업〉

- 시가평가

  (차) 현 금   3억   (대) 자 산   5억

       손금산입특례   6억   자산처분익   4억

- 장부가액 평가

  (차) 현 금   3억   (대) 자 산   5억

       손금산입특례   2억

  ⇒ 〈손금산입〉 손금산입특례 2억

      * 시가평가시 : 2억 = (손금산입 6억 − 자산처분익 4억)

〈양수자 : 중소기업〉

  (차) 자 산   3억   (대) 현 금   3억

  ⇒ 별도 세무조정 없음(저가양수시 취득원가 인정)

4 | 절 차

4-1. 기증자에 대한 손금산입

기증자에 대한 손금산입은 조특법상 구체적 절차 규정은 없으나, 손금으로 계상한 금액을 법인세법 시행규칙에 따른 서식인 '공제감면세액 및 추가납부세액합계표(을)'에 기재하여 신고하여야 한다.

4-2. 수증자에 대한 손금산입

기증받은 설비의 가액에 상당하는 금액을 손금에 산입하려는 중소기업은 소득세 또는 법인세 과세표준신고와 함께 중소기업 지원설비 손금산입 조정명세서를 납세지 관할 세무서장에게 제출하여야 한다(조특령 §7③).

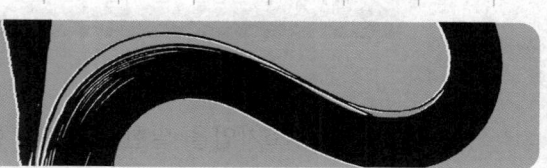

제 **8** 조의 3

상생협력을 위한 기금 출연 등에 대한 세액공제

1 | 의 의

　본 제도는 상생협력을 통한 중소기업의 경쟁력 강화를 지원하기 위한 목적으로 도입되었고, 2011. 1. 1. 이후 최초로 출연하는 분부터 적용되었다. 2014. 1. 1. 조특법 개정시 출연법인이 특수관계인인 경우 적용을 제외하였고, 2016. 12. 20. 조특법 개정시 대·중소기업 상생협력 지원을 강화하기 위해 기금사용목적 제한을 폐지하고 공제율을 상향하였으며, 대·중소기업협력재단 등을 통해 설비 등을 중소기업에 무상임대하는 경우 취득가액의 3% 세액공제 제도를 신설하였다. 또한, 2022. 12. 31. 개정시에는 산학 공동연구 활성화를 위해 대학 등에 중고자산을 무상으로 기증시 해당 자산 시가의 10% 세액공제제도를 신설하였다.

　본조는 크게 출연금 세액공제, 무상임대 세액공제, 수탁기업 설치시설 투자세액공제, 중고자산 교육기관 기증 세액공제로 구성되어 있다.

2 | 요 건

2 - 1. 출연금 세액공제

(1) 내국법인일 것

(2) 상생협력[1]을 위하여 2025. 12. 31.까지 다음의 어느 하나에 해당하는 출연을 하여야 하며, 출연금이 특수관계인을 지원하기 위하여 사용된 경우 그 금액은 제외한다(조특령 §7의2①, 법인령 §2⑤).

　① 협력중소기업에 대한 보증 또는 대출지원을 목적으로 신용보증기금 또는 기술신용보증기금에 출연하는 경우(조특법 §8의3① 1). 여기서 협력중소기업이란 다음의 어느 하나에

---

1) 「대·중소기업 상생협력 촉진에 관한 법률」 제2조 제3호 또는 「자유무역협정 체결에 따른 농어업인 등의 지원에 관한 특별법」 제2조 제19호에 따른 상생협력

해당하는 중소기업을 말한다(조특령 §7의2②).

　㉠ 수탁기업[2]

　㉡ 수탁기업과 직접 또는 간접으로 물품을 납품하는 계약관계가 있는 중소기업

　㉢ 전담기관[3]과 연계하여 지원하는 창업기업

　㉣ 그 밖에 위 내국법인이 협력이 필요하다고 인정한 중소기업

② 협력재단[4]에 출연하는 경우(조특법 §8의3① 2)

③ 상생중소기업[5]이 설립한 사내근로복지기금[6]에 출연하거나 상생중소기업 간에 공동으로 설립한 공동근로복지기금[7]에 출연하는 경우. 다만, 해당 내국법인이 설립한 사내근로복지기금 또는 해당 내국법인이 공동으로 설립한 공동근로복지기금에 출연하는 경우는 제외한다(조특법 §8의3① 3).

종전에는 기금사용 목적 제한을 두고 있었으나, 2016. 12. 20. 조특법 개정시 이를 폐지(조특령 별표 1 폐지)하여 대·중소기업 상생협력 지원을 확대하였다.

2-2. 무상임대 세액공제

(1) 내국법인일 것

(2) 협력중소기업(해당 내국법인의 특수관계인[8] 제외)을 지원하기 위하여 2025년 12월 31일까지 유형고정자산(연구개발을 위한 연구·시험용 자산으로서 공구 또는 사무기기 및 통신기기, 시계·시험기기 및 계측기기, 광학기기 및 사진제작기기를 말한다)을 무상으로 임대할 것(조특법 §8의3②, 조특령 §7의2⑥, 조특칙 §5의2·§13의10① 1)

---

2) 「대·중소기업 상생협력 촉진에 관한 법률」 제2조 제4호 : "수탁·위탁거래"란 제조, 공사, 가공, 수리, 판매, 용역을 업(業)으로 하는 자가 물품, 부품, 반제품(半製品) 및 원료 등(이하 "물품 등"이라 한다)의 제조, 공사, 가공, 수리, 용역 또는 기술개발(이하 "제조"라 한다)을 다른 중소기업에 위탁하고, 제조를 위탁받은 중소기업이 전문적으로 물품 등을 제조하는 거래를 말한다.
　「대·중소기업 상생협력 촉진에 관한 법률」 제2조 제6호 : "수탁기업"이란 제4호에 따른 위탁을 받은 자를 말한다.

3) 「과학기술기본법」 제16조의4 제3항에 따라 지정된 전담기관을 말한다.

4) 「대·중소기업 상생협력 촉진에 관한 법률」에 따른 대·중소기업·농어업협력재단(「자유무역협정 체결에 따른 농어업인 등의 지원에 관한 특별법」에 따른 농어촌상생협력기금을 포함)

5) 「대·중소기업 상생협력 촉진에 관한 법률」 제2조 제1호에 따른 중소기업

6) 「근로복지기본법」 제50조

7) 「근로복지기본법」 제86조의2

8) 앞에서 살펴본 출연금 세액공제의 특수관계인의 범위와 같다.

(3) 위와 같이 내국법인이 유형고정자산을 무상으로 임대하는 경우에는 전담기관[9] 또는 「중소기업창업 지원법」에 따른 창업보육센터와 연계하여 지원하는 창업기업에 위 유형고정자산을 무상으로 5년 이상 계속 임대할 것(조특령 §7의2⑦)

2-3. 수탁기업 설치시설 투자세액공제

(1) 내국인일 것. 앞서 살펴본 출연금 세액공제, 무상임대 세액공제보다 대상자의 범위가 더 넓어서 내국법인뿐만 아니라 거주자도 해당이 된다.

(2) 「대·중소기업 상생협력 촉진에 관한 법률」에 따른 위탁기업이 수탁기업에 설치(무상 임대하는 경우는 제외)하는 검사대 또는 연구시설에 2025년 12월 31일까지 투자(중고품[10] 및 금융리스[11][12][13]가 아닌 리스에 의한 투자는 제외)할 것(조특법 §8의3③, 조특령 §7의2⑪)

---

9) 「과학기술기본법」 제16조의4 제3항에 따라 지정된 전담기관을 말한다.

10) 조특법상 "중고품"의 정의는 별도로 규정하고 있지는 않으나, 구 조특령(2000. 12. 29. 대통령령 제17034호로 개정되기 전의 것) 제24조 제1항에서 "중고설비"를 "내국인이 사업에 직접 사용한 사실이 있는 설비로서 제3조 제1항의 규정에 의한 사업용 자산"으로 규정한 바 있었다.

11) 조특칙 제3조의2 【금융리스의 범위】"금융리스"란 다음의 어느 하나에 해당하는 경우의 자산 대여를 말한다.
1. 리스기간[계약해지금지조건이 부가된 기간(명시적인 계약해지금지조건은 없으나 실질적으로 계약해지금지 조건이 부가된 것으로 볼 수 있는 기간을 포함한다)을 말하며, 기간 종료시점에서 계약해지금지조건이 부가된 갱신계약의 약정이 있는 경우에는 그 약정에 따른 기간을 포함한다. 이하 이 조에서 같다] 종료 시 또는 그 이전에 리스이용자에게 해당 리스의 자산(이하 이 조에서 "리스자산"이라 한다)의 소유권을 무상 또는 당초 계약 시 정한 금액으로 이전할 것을 약정한 경우
2. 리스기간 종료 시 리스자산을 취득가액의 100분의 10 이하의 금액으로 구매할 수 있는 권리가 리스실행일 현재 리스이용자에게 주어진 경우 또는 취득가액의 100분의 10 이하의 금액을 갱신계약의 원금으로 하여 리스계약을 갱신할 수 있는 권리가 리스실행일 현재 리스이용자에게 주어진 경우
3. 리스기간이 「법인세법 시행규칙」 별표 5 및 별표 6에 규정된 리스자산의 자산별·업종별(리스이용자의 업종에 의한다) 기준내용연수의 100분의 75 이상인 경우
4. 리스실행일 현재 최소리스료를 기업회계기준에 따라 현재가치로 평가한 가액이 해당 리스자산의 장부가액의 100분의 90 이상인 경우
5. 리스자산의 용도가 리스이용자만의 특정 목적에 한정되어 있고, 다른 용도로의 전용(轉用)에 과다한 비용이 발생하여 사실상 전용이 불가능한 경우

12) 조특법 제8조의3 제3항 전단, 제24조 제1항 각 호 외의 부분 및 제26조 제1항 각 호 외의 부분 본문에서 같다(조특 령 §3).

13) 리스자산의 소유에 따른 위험·효익을 리스이용자가 부담하는 금융리스[종전 「법인세법 시행규칙」 제13조의 금융리스의 범위와 동일(기업회계기준과 K-IFRS 간의 리스분류기준의 불일치를 시정하기 위해 「법인세법 시행규칙」의 금융리스 규정이 삭제됨에 따라 동 규정을 조특법 시행규칙에서 직접 규정)]의 경우 투자세액공제 허용(2011. 1. 1. 이후 최초로 개시하는 과세연도분부터 적용)

2-4. 중고자산 교육기관 기증 투자세액공제

(1) 내국법인이 사업에 사용하던 자산 중 연구시험용 시설(반도체 관련 연구·교육에 직접 사용하기 위한 시설·장비로서 별표 1에 따른 시설·장비)일 것(조특법 §8의3④, 조특령 §7의2⑬)

(2) 내국법인이 연구시험용 시설을 대학 또는 교육기관14)에 2025년 12월 31일까지 무상으로 기증할 것(조특법 §8의3④, 조특령 §7의2⑭)

3 | 과세특례의 내용

3-1. 출연금 세액공제

출연금15)16)의 10%를 출연한 날이 속하는 사업연도의 법인세에서 공제한다(조특법 §8의3①). 다만, 해당 출연금이 특수관계인을 지원하기 위하여 사용된 경우 그 금액에 대해서는 공제하지 아니한다.

3-2. 무상임대 세액공제

유형고정자산 장부가액의 100분의 3에 상당하는 금액을 무상임대를 개시하는 날이 속하는 사업연도의 법인세에 공제한다(조특법 §8의3②).

3-3. 수탁기업 설치시설 투자세액공제

투자금액의 100분의 1(중견기업의 경우에는 100분의 3, 중소기업의 경우에는 100분의 7)에 상당하는 금액을 소득세(사업소득에 대한 소득세만 해당한다) 또는 법인세에서 공제한다(조특법 §8의3③). 한편, 투자가 2개 이상의 과세연도에 걸쳐서 이루어지는 경우에는 그 투자가

---

14) 고등교육법 제2조 제1호

15) 내국법인이 「법인세법」 제24조 제1항에 따라 손금산입 하는 지정기부금이 「대·중소기업 상생협력 촉진에 관한 법률」 제2조 제3호에 따른 상생협력을 위한 출연금으로서 「조세특례제한법」 제8조의3 제1항 각 호의 어느 하나에 해당 경우 같은 법에 따라 '대·중소기업 상생협력을 위한 기금 출연 시 세액공제'를 적용받을 수 있는 것임(법인-888, 2011. 11. 9.).

16) 내국법인이 자사가 보유한 인력이나 시설물을 활용하여 협력 중소기업을 지원하는 경우에는 「조세특례제한법」 제8조의3에 따른 【대·중소기업 상생협력을 위한 기금 출연 시 세액공제】가 적용되지 아니하는 것임(법규과-1473, 2011. 11. 4.).

이루어지는 과세연도마다 해당 과세연도에 투자한 금액에 대하여 적용한다.

3-4. 중고자산 교육기관 기증 투자세액공제

기증한 자산의 시가[17]의 100분의 10에 상당하는 금액을 기증하는 날이 속하는 사업연도의 법인세에서 공제한다. 다만, 기부금으로 처리하는 경우 장부가액으로 산정한다.[18]

4 | 구분경리

4-1. 출연금 세액공제

신용보증기금, 기술신용보증기금 및 협력재단은 세액공제를 적용받은 해당 출연금을 회계처리할 때에는 다른 자금과 구분경리하여야 한다(조특법 §8의3④).

5 | 사후관리

5-1. 출연금 세액공제

신용보증기금 또는 기술보증기금은 위 출연금을 지원목적 외의 용도로 사용한 경우에는 해당 사업연도의 과세표준신고를 할 때 내국법인이 공제받은 세액상당액을 법인세로 납부하여야 한다(조특법 §8의3⑤).

5-2. 무상임대 세액공제

내국법인이 조특법 제8조의3 제2항에 따른 무상임대 개시일 이후 5년 이내에 해당 유형고정자산의 무상임대를 종료하는 경우에는 해당 사업연도의 과세표준신고를 할 때 제2항에 따라 내국법인이 공제받은 세액상당액을 법인세로 납부하여야 한다(조특법 §8의3⑥).

---

17) 법인세법 제52조 제2항
18) 법인세법 제24조 및 같은 법 시행령 제36조 제1항

6 | 절 차

6-1. 출연금 세액공제

과세특례를 적용받으려는 내국법인은 과세표준신고와 함께 세액공제신청서를 납세지 관할 세무서장에게 제출하여야 한다(조특법 §8의3⑦, 조특령 §7의2④). 한편 신용보증기금, 기술보증기금 및 협력재단은 해당 사업연도의 과세표준신고를 할 때 출연금 사용명세서를 납세지 관할 세무서장에게 제출하여야 한다[19](조특령 §7의2⑤).

6-2. 무상임대 세액공제

과세특례를 적용받으려는 내국법인은 과세표준신고를 할 때 세액공제신청서 및 무상임대 확인서를 납세지 관할 세무서장에게 제출하여야 하는바, 자산을 무상임대받은 창업기업과 연계한 전담기관 또는 창업보육센터는 무상임대가 개시되는 즉시 무상임대 확인서를 해당 내국법인에게 발급하여야 한다(조특령 §7의2⑧·⑨).

한편, 전담기관 또는 창업보육센터는 확인서 발급일 이후 매년 무상임대 여부를 확인하여야 하며, 5년간 무상임대가 이루어지지 아니한 사실을 확인한 경우에는 지체 없이 그 사실을 납세지 관할 세무서장에게 알려야 한다(조특령 §7의2⑩).

6-3. 수탁기업 설치시설 투자세액공제

과세특례를 적용받으려는 내국인은 투자완료일이 속하는 과세연도(투자가 2개 이상의 과세연도에 걸쳐서 이루어지는 경우에는 그 투자가 이루어지는 과세연도)에 과세표준신고와 함께 세액공제신청서를 납세지 관할 세무서장에게 제출해야 한다(조특령 §7의2⑫).

6-4. 중고자산 교육기관 기증 투자세액공제

과세특례를 적용받으려는 내국법인은 과세표준신고시 세액공제신청서를 납세지 관할 세무서장에게 제출하여야 한다(조특령 §7의2⑯).

---

19) 대·중소기업 상생협력 출연금 관리 절차를 보완하기 위해 도입되었고, 2012. 1. 1. 이후 개시하는 사업연도부터 적용한다.

7 | 주요 개정연혁

1. 상생협력출연금 세액공제 적용기한 연장 및 기업의 중고자산 교육기관 기증 시 세액공제 신설(조특법 §8의3, 조특령 §7의2)

(1) 개정내용

종 전	개 정
□ 대·중소 상생협력을 위한 기금 출연 등에 대한 세액공제	□ 적용대상 확대 및 적용기한 연장

○ 대·중소 상생협력을 위한 출연금*의 10% 세액공제
  * 신보·기보에 대한 출연금
    대·중소·농어업 협력재단 출연금
    中企 사내·공동근로복지기금 출연금
    中企협동조합 공동사원지원자금 출연금
	○ (좌 동)

○ 협력중소기업에 유형고정자산 무상임대 시 장부가액의 3% 세액공제	
○ 수탁기업에 연구시설 등 설치 시 투자금액의 1/3/7%(대/중견/중소기업) 세액공제	

〈추 가〉	○ 대학 등 교육기관*에 중고자산 무상기증 시 해당 자산 시가의 10% 세액공제
	  * 대학(원), 산학협력단, 직업계 고등학교 및 전략산업종합교육센터
	  – (중고자산) 반도체 관련 연구·교육에 직접 사용하기 위한 시설·장비로서 반도체 공정에 사용되는 설비

○ 적용기한 : 2022. 12. 31.	○ 적용기한 : 2025. 12. 31.

(2) 개정이유
○ 대·중소기업 상생협력 및 산학 공동연구 활성화

(3) 적용시기 및 적용례
○ 2023. 1. 1. 이후 기증하는 분부터 적용

2. 대·중소기업 상생협력에 대한 세제지원 확대(조특법 §8의3)

(1) 개정내용

종 전	개 정
☐ 대·중소기업 상생협력을 위한 기금 출연시 세액공제 　○ 적용대상 　　– 협력중소기업 보증 또는 대출지원을 목적으로 신용보증기금·기술신용보증기금에 출연 　　– 대·중소기업협력재단에 출연* 　　　* 지원목적 : 연구·인력개발·생산성 향상, 해외시장 진출, 온실가스 감축 및 에너지 절약 지원(시행령 별표 1) 　○ 공제율 : 출연금의 7% 　○ 적용기한 : 2016. 12. 31.	☐ 기금사용목적제한 폐지 및 적용기한 연장 　○ (좌 동) 　　– (좌 동) 　　– (좌 동) 　　　* 〈삭 제〉 　○ (좌 동) 　○ 적용기한 : 2019. 12. 31.
〈신 설〉	☐ 대·중소기업협력재단 등*을 통해 설비 등*을 중소기업에 무상임대시 법인세 세액공제 　* 구체적인 범위는 시행령에서 규정 　○ 공제율 : 취득가액의 3% 　　– 일정기간(예 : 5년) 이내에 설비 등을 회수시 세액공제액 추징 　○ 적용기한 : 2019. 12. 31.

(2) 개정이유

　○ 대·중소기업 상생협력 지원 강화

(3) 적용시기 및 적용례

　○ 2017. 1. 1. 이후 출연·무상임대하는 분부터 적용

조세특례제한법

제8조의4

중소기업의 결손금 소급공제에 따른 환급 특례

1 | 의 의

본조는 코로나 19로 어려움을 겪고 있는 중소기업의 자금부담을 완화하고자 2020년 5월 19일 조특법 개정시 신설되었고, 2021. 12. 28. 조특법 개정시 중소기업 유동성 지원을 위해 소급공제 허용기한을 한시적으로 확대하였다.

2 | 요 건

중소기업에 해당하는 내국인이 2021년 12월 31일이 속하는 과세연도에 아래의 결손금이 발생하여야 한다(조특법 §8의4).
(가) 거주자의 경우 : 해당 과세기간의 총수입금액에서 이에 사용된 필요경비가 총수입금액을 초과하는 경우 그 초과하는 금액
(나) 내국법인의 경우 : 그 사업연도에 속하는 손금의 총액이 익금의 총액을 초과하는 경우에 그 초과하는 금액

3 | 과세특례의 내용

요건을 충족한 중소기업에 해당하는 내국인은 2021년 12월 31일이 속하는 과세연도에 결손금이 발생한 경우 직전 2개 과세연도의 소득(거주자의 경우 중소기업의 사업소득에 한정)에 대하여 부과된 소득세액 또는 법인세액을 한도로 아래 금액을 환급 신청할 수 있다(조특법 §8의4, 조특령 §7의3).

(1) 거주자인 경우 : (가) - (나)
(가) 직전 또는 직전전 과세연도의 중소기업에 대한 종합소득산출세액

(나) 직전 또는 직전전 과세연도의 종합소득과세표준에서 2021년 12월 31일이 속하는 과세연도에 발생한 이월결손금[1] (부동산임대업에서 발생한 이월결손금은 제외)으로서 소급공제를 받으려는 금액(직전 또는 직전전 과세연도의 종합소득과세표준을 한도로 한다)을 차감한 금액에 직전 또는 직전전 과세연도의 세율을 각각 적용하여 계산한 해당 중소기업에 대한 종합소득산출세액

(2) 내국법인인 경우 : (가) – (나)

(가) 직전 또는 직전전 과세연도의 법인세 산출세액

(나) 직전 또는 직전전 과세연도의 과세표준에서 2021년 12월 31일이 속하는 과세연도에 발생한 결손금[2]으로서 소급공제를 받으려는 금액(직전 또는 직전전 과세연도의 과세표준을 한도로 한다)을 차감한 금액에 직전 또는 직전전 과세연도의 세율을 각각 적용하여 계산한 금액

본조의 환급특례를 적용하는 경우 직전 과세연도와 직전전 과세연도 각각에 해당 중소기업의 사업소득에 대한 소득세 또는 법인세의 납부세액이 있는 경우에는 직전전 과세연도의 해당 사업소득에 대한 소득세 또는 법인세의 과세표준에서 결손금을 먼저 공제한다(조특령 §7의3).

4 │ 절 차

본조에 따라 소득세액 또는 법인세액을 환급받으려는 내국인은 과세표준확정신고기간[3] 또는 신고기간[4] 내에 중소기업 결손금 소급공제 세액 환급 특례 신청서를 납세지 관할 세무서장에게 제출해야 한다(조특령 §7의3③).

---

1) 「소득세법」 제45조 제3항
2) 「법인세법」 제14조 제2항
3) 「소득세법」 제70조・제70조의2・제74조
4) 「법인세법」 제60조

연구 및 인력개발에 대한 조세특례

제10조

연구 · 인력개발비에 대한 세액공제

1 │ 의 의

이 제도는 내국인이 각 과세연도에 연구 · 인력개발비가 있는 경우 일정액을 세액공제함으로써 기업의 연구 및 인력개발을 촉진하여 기업의 기술을 축적하고 우수한 인력의 확보를 용이하게 함으로써 기업의 대외경쟁력을 향상시키고 성장잠재력을 확충하기 위한 제도이다.

기업의 연구개발활동은 대규모 자금과 장기간이 소요되는 경우가 많고 불확실성이 높아 동 제도는 연구개발 투자활성화를 위해 조세지원의 필요성이 높은 것으로 인식되어 1981년에 신설되었다. 정부는 성장잠재력 확충의 밑거름이 되는 연구 및 인력개발에 대하여 다양한 조세지원을 하고 있으며, 그 중에서 연구 및 인력개발비세액공제는 가장 핵심적인 제도라 할 수 있다.

한편, 동 제도는 조세경쟁 등 국제사회의 간섭에서 비교적 자유로우며 개별 국가 의지에 의해 통제가능한 매우 유용한 정책수단으로 활용되고 있다.

이 제도의 특징은 조특법상 대부분의 세액공제가 일정조건의 설비투자액에 대한 공제제도인 점에 반해 비용에 대한 세액공제라는 점이다.

2 │ 연구 · 인력개발비의 범위 [별표 6]

연구개발 및 인력개발을 위한 비용 중 조특령 별표 6의 비용을 말한다(조특법 §10①). 다만, 다음에 해당하는 비용은 제외한다(조특령 §9①).

① 연구개발출연금등[1])을 지급받아 연구개발비로 지출하는 금액
② 국가, 지방자치단체, 공공기관 및 지방공기업으로부터 출연금 등의 자산을 지급받아 연구개발비 또는 인력개발비[2])로 지출하는 금액

---

1) 조특법 제10조의2에 따른 연구개발출연금등을 말하고, 이와 관련한 내용은 제10조의2의 해설을 참고하기로 한다.
2) 2019. 2. 12. 조특령 개정시 인력개발비도 연구개발비에 준하여 국가 · 지자치 등으로부터 지급받은 금액을 지출하는

조특령 [별표 6] (2023. 2. 28. 개정)

│ 연구·인력개발비 세액공제를 적용받는 비용(제9조 제1항 관련) │

1. 연구개발

　가. 자체연구개발

　　1) 연구개발 또는 문화산업 진흥 등을 위한 기획재정부령으로 정하는 연구소 또는 전담부서(이하 "전담부서등"이라 한다)에서 근무하는 직원(연구개발과제를 직접 수행하거나 보조하지 않고 행정 사무를 담당하는 자는 제외한다) 및 연구개발서비스업에 종사하는 전담요원으로서 기획재정부령으로 정하는 자의 인건비. 다만, 다음의 인건비를 제외한다.

　　　가) 「소득세법」 제22조에 따른 퇴직소득에 해당하는 금액

　　　나) 「소득세법」 제29조 및 「법인세법」 제33조에 따른 퇴직급여충당금

　　　다) 「법인세법 시행령」 제44조의2 제2항에 따른 퇴직연금등의 부담금 및 「소득세법 시행령」 제40조의2 제1항 제2호에 따른 퇴직연금계좌에 납부한 부담금

　　2) 전담부서등 및 연구개발서비스업자가 연구용으로 사용하는 견본품·부품·원재료와 시약류구입비(시범제작에 소요되는 외주가공비를 포함한다) 및 소프트웨어(「문화산업진흥 기본법」 제2조 제2호에 따른 문화상품 제작을 목적으로 사용하는 경우에 한정한다)·서체·음원·이미지의 대여·구입비

　　3) 전담부서등 및 연구개발서비스업자가 직접 사용하기 위한 연구·시험용 시설(제25조의3 제3항 제2호 가목에 따른 시설을 말한다. 이하 같다)의 임차 또는 나목 1)에 규정된 기관의 연구·시험용 시설의 이용에 필요한 비용

　나. 위탁 및 공동연구개발

　　1) 다음의 기관에 과학기술 및 산업디자인 분야의 연구개발용역을 위탁(재위탁을 포함한다)함에 따른 비용(전사적 기업자원 관리설비, 판매시점 정보관리 시스템 설비 등 기업의 사업운영·관리·지원 활동과 관련된 시스템 개발을 위한 위탁비용은 제외한다. 이하 이 목에서 같다) 및 이들 기관과의 공동연구개발을 수행함에 따른 비용

　　　가) 「고등교육법」에 따른 대학 또는 전문대학

　　　나) 국공립연구기관

　　　다) 정부출연연구기관

　　　라) 국내외의 비영리법인(비영리법인에 부설된 연구기관을 포함한다)

　　　마) 「산업기술혁신 촉진법」 제42조에 따른 전문생산기술연구소 등 기업이 설립한 국내외 연구기관

　　　바) 전담부서등(전담부서 등에서 직접 수행한 부분에 한정한다) 또는 국외기업에 부설된 연구기관

　　　사) 「국가과학기술 경쟁력 강화를 위한 이공계지원 특별법」에 따른 연구개발서비스업을 영위하는 기업 또는 영리목적으로 연구·개발을 독립적으로 수행하거나 위탁받아 수행하고 있는 국외소재 기업

　　　아) 「산업교육진흥 및 산학연협력촉진에 관한 법률」에 따른 산학협력단

　　　자) 한국표준산업분류표상 기술시험·검사 및 분석업을 영위하는 기업

　　　차) 「산업디자인진흥법」 제4조 제2항 각 호에 해당하는 기관

경우 세액공제 대상에서 제외됨을 명확히 하였는바, 예를 들어 고용부의 직업능력훈련 지원금(근로자 대상 직업훈련을 수행한 사업주에게 훈련비용 일부를 지원) 등으로 지출한 인력개발비가 이에 해당한다.

카)「산업기술연구조합 육성법」에 따른 산업기술연구조합

2)「고등교육법」에 따른 대학 또는 전문대학에 소속된 개인(조교수 이상에 한정한다)에게 과학기술분야의 연구개발용역을 위탁함에 따른 비용

다. 해당 기업이 그 종업원 또는 종업원 외의 자에게 직무발명 보상금으로 지출한 금액

라. 기술정보비(기술자문비를 포함한다) 또는 도입기술의 소화개량비로서 기획재정부령으로 정하는 것

마. 중소기업이「과학기술분야 정부출연연구기관 등의 설립·운영 및 육성에 관한 법률」에 따라 설립된 한국생산기술연구원과「산업기술혁신 촉진법」에 따라 설립된 전문생산기술연구소의 기술지도 또는 「중소기업진흥에 관한 법률」에 따른 기술지도를 받고 지출한 비용

바. 중소기업에 대한 공업 및 상품디자인 개발지도를 위하여 지출한 비용

사. 중소기업이 특허 조사·분석을 위해「발명진흥법」에 따라 지정된 산업재산권 진단기관에 지출한 비용

2. 인력개발

가. 위탁훈련비(전담부서등에서 연구업무에 종사하는 연구요원에 한정한다)

1) 국내외의 전문연구기관 또는 대학에의 위탁교육훈련비

2)「근로자직업능력 개발법」에 따른 직업훈련기관에 위탁훈련비

3)「근로자직업능력 개발법」에 따라 고용노동부장관의 승인을 받아 위탁훈련하는 경우의 위탁훈련비

4)「중소기업진흥에 관한 법률」에 따른 기술연수를 받기 위하여 중소기업이 지출한 비용

5) 그 밖에 자체기술능력향상을 목적으로 한 국내외 위탁훈련비로서 기획재정부령으로 정하는 것

나.「근로자직업능력 개발법」또는「고용보험법」에 따른 사내직업능력개발훈련 실시 및 직업능력개발훈련 관련사업 실시에 소요되는 비용으로서 기획재정부령으로 정하는 것

다. 중소기업에 대한 인력개발 및 기술지도를 위하여 지출하는 비용으로서 기획재정부령으로 정하는 것

라. 생산성향상을 위한 인력개발비로서 기획재정부령으로 정하는 비용

마. 기획재정부령으로 정하는 사내기술대학(대학원을 포함한다) 및 사내대학의 운영에 필요한 비용으로서 기획재정부령으로 정하는 것

바.「산업교육진흥 및 산학연협력촉진에 관한 법률 시행령」제2조 제1항 제3호 및 제4호에 따른 학교 또는 산업수요 맞춤형 고등학교 등과의 계약을 통해 설치·운영되는 직업교육훈련과정 또는 학과 등의 운영비로 지출한 비용

사. 산업수요 맞춤형 고등학교 등과 기획재정부령으로 정하는 사전 취업계약 등을 체결한 후, 직업 교육훈련을 받는 해당 산업수요 맞춤형 고등학교의 재학생에게 해당 훈련기간 중 지급한 훈련수당, 식비, 교재비 또는 실습재료비(생산 또는 제조하는 물품의 제조원가 중 직접 재료비를 구성하지 않는 것만 해당한다)

아.「산업교육진흥 및 산학연협력촉진에 관한 법률」제11조의3에 따라 현장실습산업체가 교육부장관이 정하는 표준화된 운영기준을 준수하는 현장실습을 실시하는 산업교육기관 등과 기획재정부령으로 정하는 사전 취업약정 등을 체결하고 해당 현장실습 종료 후 현장실습을 이수한 대학생을 채용한 경우 현장실습 기간 중 해당 대학생에게 같은 조 제3항에 따라 지급한 현장실습 지원비(생산 또는 제조하는 물품의 제조원가 중 직접 재료비를 구성하지 않는 것만 해당한다)[3]

자.「산업교육진흥 및 산학연협력촉진에 관한 법률」제2조 제2호 다목에 따른 대학과의 계약을 통해 설치·운영되는 같은 법 제8조 제2항에 따른 계약학과등의 운영비로 발생한 비용[4]

---

[3] 별표 6 제2호 아목의 개정규정은 2021년 6월 23일부터 시행한다(대통령령 제31444호, 2021. 2. 17. 부칙 §1 단서).

3 | [별표 6]에 대한 상설

3-1. 연구개발

3-1-1. 자체연구개발

(1) 전담부서 등에서 근무하는 직원 및 연구개발서비스업에 종사하는 전담요원의 인건비

(가) 전담부서 등

본조에서 "전담부서 등"이란 다음의 어느 하나에 해당하는 연구소 및 전담부서를 말한다(조특칙 §7①).

1) 과학기술정보통신부장관의 인정을 받은 기업부설연구소 또는 연구개발전담부서[5]

　기업부설연구소 및 연구개발전담부서는 과학기술정보통신부장관이 기초연구의 성과 등을 바탕으로 하여 국가 미래 유망기술과 융합기술을 중점적으로 개발하기 위한 특정연구개발사업에 참여할 수 있는 기관 중의 하나이다.

　구체적으로 기업부설연구소는 해당 연구소에서 근무하는 2~10명 이상의 연구전담요원을 늘 확보하고 과학기술정보통신부령으로 정하는 세부기준에 적합한 연구시설을 갖춘 기업부설 연구기관으로서, 과학기술정보통신부령으로 정하는 사항을 신고하여 과학기술정보통신부장관의 인정을 받은 기관을 말한다.

　또한, 연구개발전담부서는 해당 부서에서 근무하는 연구전담요원을 1명 이상 늘 확보하고 과학기술정보통신부령으로 정하는 세부기준에 적합한 연구시설을 갖춘 연구개발부서로서, 과학기술정보통신부령으로 정하는 사항을 신고하여 과학기술정보통신부장관의 인정을 받은 부서를 말한다.

　한편, 과학기술정보통신부장관은 기업부설연구소 및 전담부서 인정 업무를 한국산업기술진흥협회(KOITA)에 위탁하고 있으며, 그 홈페이지[6]에 설립절차 등을 안내하고 있다.

2) 기업부설창작연구소 또는 기업창작전담부서[7]

　문화체육관광부장관은 문화산업의 창작개발을 촉진하기 위하여 1~5명 이상의 창작전담요원을 확보하고 독립된 창작시설을 갖추는 등의 인력·시설 등의 기준을 갖춘 기업부설의 연구기관이나 기업의 연구개발전담부서를 기업부설창작연구소 또는 기업

---

4) 별표 6 제2호 자목의 개정규정은 2023년 1월 1일 이후 개시하는 과세연도분부터 적용
5) 「기초연구진흥 및 기술개발지원에 관한 법률」 제14조의2 제1항
6) KOITA 홈페이지(https://www.rnd.or.kr/) 참조
7) 「문화산업진흥 기본법」 제17조의3 제1항

창작전담부서로 인정할 수 있다. 문화체육관광부장관은 기업부설창작연구소 인정업무 규정을 고시하고 있으며 동 규정에 설립절차 등을 자세히 안내하고 있다.

3) 산업디자인전문회사[8][9]

산업디자인전문회사란 산업디자인에 관한 개발·조사·분석·자문 등을 전문으로 하는 회사로서 전문으로 하는 산업디자인의 분야별로 산업통상자원부장관이 정하는 전문인력을 1명 이상 보유하고 있고, 종합디자인분야 전문회사(전문으로 하는 산업디자인의 분야가 3개 이상인 회사를 말한다)의 경우에는 직전 사업연도 매출액 또는 직전 3개 사업연도의 평균매출액이 2억원 이상이 되는 회사를 말한다. 이 경우 산업디자인전문회사는 산업통상 자원부장관에게 신고를 하고 「산업디자인진흥법」상 각종 지원을 받을 수 있다.

(나) 연구개발서비스업

연구개발서비스업은 연구개발업과 연구개발지원업으로 구분되는데 세제지원 대상 업종은 연구개발업에 국한된다. 여기서, 연구개발업이란 과학기술정보통신부장관에게 신고한 연구개발서비스업 중 연구개발업[10]을 말한다(조특칙 §7①). 구체적으로는 영리를 목적으로 이공계 분야의 연구와 개발을 독립적으로 수행하거나 위탁받아 수행하는 업종을 말한다.

연구개발서비스업자 중에서 국가연구개발사업 등에 참여하거나 정부의 각종 지원을 받으려는 자는 이공계인력 2명 이상 또는 연구기획평가사 1명 이상을 늘 확보하는 등 일정한 기준을 갖추어 과학기술정보통신부장관에게 신고하여야 한다.

(다) 근무 직원의 범위

전담부서 등에서 근무하는 직원(연구개발과제를 직접 수행하거나 보조하지 않고 행정 사무를 담당하는 자는 제외) 및 연구개발서비스업에 종사하는 전담요원으로서 아래에 해당하는 자를 말한다(조특칙 §7③).

① 전담부서등에서 연구업무에 종사하는 연구전담요원[11](산업디자인전문회사의 경우 연구업무에 종사하는 전문인력[12][13])

② 연구보조원[14]

---

8)「산업디자인진흥법」제9조
9) 2019. 3. 20. 조특칙 개정시 신설되었으며, 2020. 1. 1.부터 시행된다.
10)「국가과학기술 경쟁력 강화를 위한 이공계지원 특별법」제18조 제2항 및 같은 법 제2조 제4호 가목
11)「기초연구진흥 및 기술개발지원에 관한 법률 시행령」제2조 제7호
12)「산업디자인진흥법 시행규칙」제9조 제1항 제1호
13) 2019. 3. 20. 조특칙 개정시 추가되었으며, 2020. 1. 1.부터 시행된다.
14)「기초연구진흥 및 기술개발지원에 관한 법률 시행령」제2조 제8호

③ 연구개발서비스업에 종사하는 전담요원

다만, 주주인 임원으로서 다음의 어느 하나에 해당하는 자를 제외한다(조특칙 §7③ 단서).
① 부여받은 주식매수선택권을 모두 행사하는 경우 당해 법인의 총발행주식의 10%를 초과하여 소유하게 되는 자
② 당해 법인의 주주로서 지배주주 등15) 및 당해 법인의 총발행주식의 10%를 초과하여 소유하는 주주
③ 위 ②에 해당하는 자(법인을 포함)와 소득세법 또는 법인세법에 따른 특수관계인.16) 이 경우 당해 법인이 기업집단에 속하는 법인인 경우 그 기업집단에 소속된 다른 계열회사의 임원17)이 당해 법인의 임원인 경우를 제외한다.

(라) 인건비

1) 인건비의 정의

별표 6에서 인건비에 대하여 별도로 정의하고 있지 않으나, 통상 연구·인력개발비 세액공제의 대상이 되는 인건비란 명칭여하에 불구하고 근로의 제공으로 인하여 지급하는 비용을 뜻한다(조기통 9-8…1 ① 1).

2) 제외대상 인건비

별표 6에서는 퇴직소득에 해당하는 금액, 퇴직급여충당금, 퇴직연금18)등의 부담금 및 퇴직연금계좌에 납부한 부담금은 세제혜택 대상 인건비에서 제외하고 있다.

> **국민연금보험료 사용자부담금은 연구인력개발비 세액공제의 대상이 되는 인건비에 포함된다.**
> ○ 조세심판원(조심 2016광1337, 2016. 12. 16.) : 국민연금법에 따라 사용자가 의무적으로 부담하여야 하는 국민연금보험료 사용자부담금은 이러한 인건비의 범위에 포함되는 것이 타당한 점, 2013. 1. 1. 소득세법 개정은 근로소득에 대한 '비과세' 규정을 정비한 것으로, 국민연금보험료 사용자부담금 수혜자인 근로자의 입장에서 사용자가 사용자부담금을 납입(적립)하는 시점에 소득세 비과세 대상이던 것이 과세제외 대상으로 변경된 것일 뿐 이를 부담하는 사용자의 입장에서 달라지는 사항은 없는 점, 조세특례제한법 시행령 별표 6에서 전담부서 등으로 근무하는 직원 및 연구개발서비스업에 종사하는 전담요원의 인건비를 세액공제 대상 비용으로 규정하면서 소득세법 제22조에 따른 퇴직소득에 해당하는 금액은 인건비의 범위에서 제외하고 있으나, 국민연금보험료

---

15) 「법인세법 시행령」 제43조 제7항
16) 「소득세법 시행령」 제98조 제1항 또는 「법인세법 시행령」 제2조 제5항
17) 「법인세법 시행령」 제2조 제5항 제7호
18) 퇴직연금은 퇴직급여충당금과 성격상 동일한 것으로 보아 2019. 2. 12. 조특령 개정시 세액공제가 제외되는 인건비로 새롭게 규정되었다.

사용자부담금에 대하여는 수혜자인 근로자가 추후에 이를 수령할 때에 소득세가 과세되는 것으로, 근로자의 선택에 따라 이를 연금으로 수령하면 연금소득, 일시금으로 수령하면 퇴직소득으로 구분되어 과세되므로 반드시 퇴직소득으로 과세되는 것으로 볼 수 없고, 이러한 과세체계는 2013. 1. 1. 소득세법 개정 전후에 달라지는 사항이 없는 점 등에 비추어, 처분청이 청구인의 기업부설연구소 전담요원에 대한 국민연금보험료 사용자부담금은 연구·인력개발비 세액공제의 적용대상이 되는 인건비에 해당한다.

(2) 견본품 등

전담부서등 및 연구개발서비스업자가 연구용으로 사용하는 견본품·부품·원재료와 시약류구입비(시범제작에 소요되는 외주가공비 포함)[19] 및 소프트웨어(「문화산업진흥 기본법」 제2조 제2호에 따른 문화상품 제작을 목적으로 사용하는 경우에 한정한다)·서체·음원·이미지의 대여·구입비

(3) 연구·시험용 시설

전담부서등 및 연구개발서비스업자가 직접 사용하기 위한 연구·시험용 시설[20]의 임차 또는 조특령 별표 6에 열거된 기관의 연구·시험용 시설의 이용에 필요한 비용을 말한다.

3-1-2. 위탁 및 공동연구개발

(1) 다음의 기관에 과학기술 및 산업디자인[21] 분야의 연구개발용역을 위탁[22](재위탁을 포함한다)함에 따른 비용[23](전사적 기업자원 관리설비, 판매시점 정보관리 시스템 설비 등[24] 기업의

---

19) 자체연구개발을 위한 비용에는 전담부서에서 사용하는 사무용품비 등 소모품비와 복리후생비를 포함하지 아니한다(조기통 9-8…1 ① 3).

20) 전담부서등, 「국가과학기술 경쟁력강화를 위한 이공계지원특별법」 제18조 및 같은 법 시행령 제17조에 따라 과학기술정보통신부장관에게 신고한 연구개발서비스업자 및 「산업기술연구조합 육성법」에 따른 산업기술연구조합에서 직접 사용하기 위한 연구시험용시설로서 다음 각 호의 어느 하나에 해당하는 것을 말한다. 다만, 운휴 중인 것은 제외한다(조특령 §22 1, 조특칙 §13①).
   1. 공구 또는 사무기기 및 통신기기, 시계·시험기기 및 계측기기, 광학기기 및 사진제작기기
   2. 「법인세법 시행규칙」 별표 6의 업종별 자산의 기준내용연수 및 내용연수범위표의 적용을 받는 자산

21) 종전에는 과학기술분야만 위탁 연구개발비를 인정하였으나, 2019. 2. 12. 조특령 개정시 산업디자인법상 R&D기관에 위탁한 디자인 연구·개발비까지 그 범위를 확대하였다.

22) 수탁개발비(조기통 10-0…2) : 내국인이 타인으로부터 수탁받은 연구개발용역 수행을 위해 자신의 연구개발 전담부서에서 근무하는 자의 인건비 등으로 지출하는 비용은 조특법 제10조의 연구 및 인력개발비에 대한 세액공제를 적용받을 수 없다(같은 취지, 재경부 조세지출예산과 46019-142, 2002. 9. 6.).

23) 위탁 시 부가가치세 포함 여부와 관련하여 기본적으로 연구·개발비라는 비용을 대상으로 하므로 부가가치세를 불포함하여야 할 것으로 판단된다.

24) 조특령 별표 6의 "전사적 기업자원관리설비 등"이란 구 조특법 제5조의2 제1호에 따른 전사적 기업자원 관리설비 및 이와 유사한 설비를 의미하는 것으로, 특정 위탁개발비용이 이에 해당하는지 여부는 사실 판단 사항임(기획재정부

사업운영·관리·지원 활동과 관련된 시스템 개발을 위한 위탁비용은 제외[25]) 및 이들 기관과의 공동연구개발을 수행함에 따른 비용

ⓐ 「고등교육법」에 따른 대학 또는 전문대학

ⓑ 국공립연구기관

ⓒ 정부출연연구기관

ⓓ 국내외의 비영리법인(비영리법인에 부설된 연구기관을 포함한다)

ⓔ 국내외 기업의 연구기관 또는 전담부서 등(전담부서 등에서 직접 수행한 부분에 한정[26])하고, 비전담부서에서 발생한 비용은 제외됨)

ⓕ 「산업기술연구조합 육성법」에 따른 산업기술연구조합

ⓖ 「국가과학기술 경쟁력강화를 위한 이공계지원특별법」에 따른 연구개발서비스업을 영위하는 기업

ⓗ 「산업교육진흥 및 산학연협력촉진에 관한 법률」에 따른 산학협력단

ⓘ 한국표준산업분류표상 기술시험·검사 및 분석업을 영위하는 기업

ⓙ 「산업디자인진흥법」 제4조 제2항 각 호에 해당하는 기관

(2) 「고등교육법」에 따른 대학 또는 전문대학에 소속된 개인(조교수 이상에 한정한다)에게 과학기술분야의 연구개발용역을 위탁함에 따른 비용

기획재정부 유권해석 해설

질의 거래처의 개발품 납품 요청에 따라 거래처의 납품 조건을 충족시키는 개발품을 공급하고 그 대가를 수령하는 경우, 해당 납품 개발품의 연구개발 과정에서 발생한 비용이 연구·인력개발비에 대한 세액공제 대상인지 여부

회신 기획재정부 조세특례제도과-1187, 2016. 11. 8.

조세특례제도과-672, 2016. 5. 31) → 「조특령」 별표 6에서 연구개발인력개발비 세액공제 대상에서 중 "전사적 기업자원 관리설비 등 시스템 개발을 위한 위탁비용은 제외한다."는 규정은 2010. 2. 18. 신설되었고, 취지는 「전사적 기업자원 관리설비 등 시스템 개발을 위한 위탁비용 등」의 자산취득행위는 단순 자산취득행위로서 R&D 비용으로 인정하기 곤란하고 생산성향상투자세액공제와 중복 적용되는 문제도 해소하기 위함

25) 기업의 일반적인 사업 운영을 위한 시스템 개발 비용은 불확실성을 감수하고 새로운 제품·서비스를 개발하는 R&D비용으로 보기 어려워 R&D비용에서 제외한 것이다. 종전에는 전사적 기업자원 관리설비비용만 세액공제가 제외되는 비용으로 예시되어 있었는데, 이에 따라 다른 시스템 개발비용은 R&D비용 세액공제가 적용되는지 여부가 불명확다는 지적이 있었다. 따라서 2019. 2. 12. 조특령 개정시 R&D비용 세액공제가 제외되는 시스템 개발 비용을 명확히 규정하였다.

26) 종전에 위탁연구개발비 세액공제를 위해 재수탁업체가 전담부서를 보유하여야 하는가에 대해 논란이 있었으나, 대법원 판결 등으로 수탁업체의 전담부서 보유 여부 불문하고 세액공제를 허용하는 것으로 결론[대법원 2014. 5. 29. 선고 2014두2348 판결 : 전담부서 보유 불문 인정, 조심 2011서1923, 2012. 6. 8. 합동회의는 법원 판결과 달랐으나 추후 이를 변경(조심 2014서2789, 2015. 4. 6.)]이 났고, 추후 조특령 개정을 통해 현행에 이르고 있다.

○ "위탁받아 수행하는 연구활동을 위한 비용"은 연구·인력개발비 세액공제 대상 비용에서 제외되나, 이는 "연구개발용역"을 위탁받아 수행하는 경우를 뜻하는 것으로, 주문받은 특정 제품에 대한 납품 계약조건 충족을 위해 해당 법인이 직접 하는 연구개발 활동까지 포함하는 것으로 보기는 어려움.

○ 거래처의 납품 의뢰에 따른 개발이라 하더라도, 납품 업체가 자기책임과 비용으로 납품 조건을 충족하기 위해 개발한 기술이라면 납품업체의 자체기술개발비용으로 봄이 타당(조세특례 지출예산과-641, 2006. 9. 20.)

○ 연구·인력개발비용 중 국가 등으로부터 지급 받은 출연금 등은 제외하나, 납품거래 계약을 한 대상자 등으로부터 받은 금품을 제외한다는 명문상의 규정은 없음.

3-1-3. 직무발명보상금

해당 기업이 그 종업원 또는 종업원 외의 자에게 직무발명 보상금으로 지출한 금액

3-1-4. 기술자문료

기술정보비(기술자문비 포함) 또는 도입기술의 소화개량비로서 다음의 어느 하나에 해당하는 자로부터 산업기술에 관한 자문을 받고 지급하는 기술자문료를 말한다(조특칙 §7⑤).

㉠ 과학기술분야를 연구하는 국·공립연구기관, 정부출연연구기관, 국내외 비영리법인 (부설연구기관 포함), 전문생산기술연구소[27] 등 기업이 설립한 국내외 연구기관, 전담부서등 또는 국외기업에 부설된 연구기관에서 연구업무에 직접 종사하는 연구원

㉡ 대학(교육대학 및 사범대학 포함)[28] 또는 전문대학에 근무하는 과학기술분야의 교수(조교수 이상인 자에 한한다)

㉢ 외국에서 다음의 어느 하나에 해당하는 산업분야에 5년 이상 종사하였거나 학사학위 이상의 학력을 가지고 해당 분야에 3년 이상 종사한 외국인기술자

ⓐ 「조특령」 별표 4(기술집약적인 산업)의 산업

ⓑ 광업, 건설업

ⓒ 엔지니어링활동(「기술사법」의 적용을 받는 기술사의 엔지니어링활동을 포함한다)을 제공하는 사업

ⓓ 물류산업(운수업 중 화물운송업, 화물취급업, 보관 및 창고업, 화물터미널운영업, 화물운송 중개·대리 및 관련 서비스업, 화물포장·검수 및 계량 서비스업, 예선업 및 도선업과 기타 산업용 기계장비 임대업 중 파렛트임대업)

---

27) 「산업기술혁신 촉진법」 제42조
28) 「고등교육법」 제2조

ⓔ 시장조사 및 여론조사업, 경영컨설팅업 및 공공관계 서비스업, 사업시설 유지관리 서비스업, 교육관련 자문 및 평가업, 기타 교육지원 서비스업(교환학생 프로그램 운영 등으로 한정한다), 비금융 지주회사, 기술 시험 · 검사 및 분석업, 측량업, 제도업, 지질조사 및 탐사업(광물채굴 목적의 조사 및 탐사를 제외한 지질조사 및 탐사활동으로 한정한다), 지도제작업, 전문디자인업, 그 외 기타 분류 안 된 전문 · 과학 및 기술 서비스업(지도제작, 환경정화 및 복원활동을 제외한 그 외 기타 분류 안 된 전문 · 과학 및 기술 서비스로 한정), 기타 광업 지원 서비스업(채굴목적 광물탐사활동으로 한정한다), 토양 및 지하수 정화업(토양 및 지하수 정화활동으로 한정한다), 기타 환경 정화 및 복원업[토양 및 지하수 외의 환경 정화 활동(선박유출기름 수거운반 제외)으로 한정한다]

ⓕ 연구개발서비스업[29]

ⓖ 의료업[30]((「국가기술자격법 시행규칙」 별표 2의 국제의료관광코디네이터로 한정)

3-1-5. 기술지도를 받고 지출한 비용

중소기업이 한국생산기술연구원과 전문생산기술연구소의 기술지도 또는 「중소기업진흥에 관한 법률」에 따른 기술지도를 받고 지출한 비용을 말한다.

3-1-6. 공업 및 상품디자인 개발지도를 위하여 지출한 비용

종전에 조특령 별표 6에서는 '고유디자인 개발을 위한 비용'을 세액 공제가 인정되는 비용으로 규정하고 있었으나, 이 규정으로 인하여 포괄적으로 R&D 비용을 인정함으로써 남용 사례가 발생하는 문제점이 있었다. 따라서 2019. 2. 12. 조특령 개정시 모호한 위 규정을 삭제하는 대신에, '중소기업에 대한 공업 및 상품디자인 개발지도를 위하여 지출한 비용'을 신설하였다.

3-1-7. 산업재산권 진단기관에 지출한 비용

중소기업이 특허 조사 · 분석을 위해 「발명진흥법」에 따라 지정된 산업재산권 진단기관에 지출한 비용을 말한다.

3-2. 인력개발

3-2-1. 위탁훈련비

전담부서등에서 연구업무에 종사하는 연구요원에게 지출하는 다음의 위탁훈련비가 본조의 세액공제 적용대상 인력개발비에 해당한다.

---

29) 「국가과학기술 경쟁력 강화를 위한 이공계지원 특별법」 제2조 제4호
30) 「조특법」 제7조 제1항 제1호 허목

① 국내외의 전문연구기관 또는 대학에의 위탁교육훈련비[31]
② 직업훈련기관에의 위탁훈련비
③ 고용노동부장관의 승인을 받아 위탁훈련하는 경우의 위탁훈련비
④ 기술연수를 받기 위하여 중소기업이 지출한 비용
⑤ 그 밖에 자체기술능력향상을 목적으로 한 국내외 위탁훈련비로서 전담부서등에서 연구업무에 종사하는 연구전담요원[32]이 훈련을 목적으로 지출하는 다음의 어느 하나에 해당하는 비용을 말한다(조특칙 §7⑧).
　　㉠ 국내외기업(국내기업의 경우에는 전담부서등을 보유한 기업에 한한다)에의 위탁훈련비
　　㉡ 한국생산성본부에의 위탁훈련비

관련예규

- 위탁훈련비에는 국외훈련에 따르는 체류경비와 경리·인사·총무 등 관리부분에 종사하는 종업원에 대한 자체·위탁교육비 등은 포함되지 아니한다(조기통 10-9…1). 이때 위탁훈련비에는 훈련기관 등에 지급한 훈련대가 뿐만 아니라 훈련에 부수되는 숙식비 등도 포함한다(법인 22601-128, 1987. 1. 19.).

3-2-2. 사내직업능력개발훈련 실시비용 등

사내직업능력개발훈련 실시 및 직업능력개발훈련 관련사업 실시에 소요되는 비용으로서 다음의 어느 하나에 해당하는 비용을 말한다(조특칙 §7⑨).
　㉠ 사업주가 단독 또는 다른 사업주와 공동으로 직업능력개발훈련[33]을 실시하는 경우의 실습재료비(해당 기업이 생산 또는 제조하는 물품의 제조원가 중 직접 재료비를 구성하지 아니하는 것에 한한다)
　㉡ 기술자격검정[34]의 지원을 위한 필요경비
　㉢ 직업능력개발훈련교사의 급여
　㉣ 사업주가 단독 또는 다른 사업주와 공동으로 실시하는 직업능력개발훈련으로서 고용노동부장관의 인정을 받은 훈련과정의 직업능력개발훈련을 받는 훈련생에게 지급하는 훈련수당·식비·훈련교재비 및 직업훈련용품비[35]

---

31) 기업의 인적 자원 투자에 대한 지원을 강화하기 위해 이공계 제한을 폐지(2004. 6. 5.이 속하는 과세연도에 발생하는 분부터 적용)
32) 「기초연구진흥 및 기술개발지원에 관한 법률 시행령」 제2조 제7호
33) 「근로자직업능력 개발법」 제2조 제1호
34) 「근로자직업능력 개발법」 제20조 제1항 제2호
35) 내국법인이 「조세특례제한법 시행규칙」 제7조 제9항 제5호에 해당하는 훈련수당 등의 인력개발비를 지출한 후

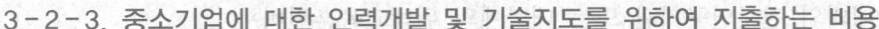

3-2-3. 중소기업에 대한 인력개발 및 기술지도를 위하여 지출하는 비용

중소기업에 대한 인력개발 및 기술지도를 위하여 지출하는 비용으로서 다음의 어느 하나에 해당하는 비용을 말한다(조특칙 §7⑩).

㉠ 지도요원의 인건비 및 지도관련 경비

㉡ 직업능력개발훈련의 훈련교재비 및 실습재료비

㉢ 직업능력개발훈련시설의 임차비용

㉣ 중소기업이 「중소기업 인력지원 특별법」에 따라 중소기업 핵심인력 성과보상기금에 납입하는 비용. 다만 아래 ⓐ에 따른 납입비용은 세액공제 대상에서 제외하고, ⓑ에 따른 환급받은 금액은 납입비용에서 뺀다.

　ⓐ 해당 기업의 최대주주 또는 최대출자자(개인사업자의 경우에는 대표자)와 그 배우자, 이들의 직계존비속(그 배우자를 포함한다) 또는 친족관계에 있는 사람에 대한 납입비용[36]

　ⓑ 중소기업 핵심인력 성과보상기금에 가입한 이후 5년 이내에 중도해지를 이유로 중소기업이 환급받은 금액(환급받은 금액 중 이전 과세연도에 빼지 못한 금액이 있는 경우에는 해당 금액을 포함한다)

㉤ 내국인이 사용하지 아니하는 자기의 특허권 및 실용신안권을 특수관계인[37]이 아닌 중소기업에게 무상으로 이전하는 경우 그 특허권 및 실용신안권의 장부상 가액

3-2-4. 생산성 향상을 위한 인력개발비

생산성 향상을 위한 인력개발비로서 다음의 어느 하나에 해당하는 비용을 말한다. 다만, 교육훈련시간이 24시간 이상인 교육과정의 것에 한한다(조특칙 §7⑪).

㉠ 품질관리 등(품질관리·생산관리·설비관리·물류관리·소프트웨어관리·데이터관리·보안관리)에 관한 회사 내 자체교육비로서 다음의 어느 하나의 비용에 준하는 것(조특칙 §7⑬).

　ⓐ 교육훈련용교재비·실험실습비 및 교육용품비

　ⓑ 강사에게 지급하는 강의료

　ⓒ 사내기술대학 등에서 직접 사용하기 위한 실험실습용 물품·자재·장비 또는 시설의 임차비

　ⓓ 사내기술대학 등의 교육훈련생에게 교육훈련기간 중 지급한 교육훈련수당 및 식비

국가로부터 전액 훈련지원금으로 수령하는 경우 해당 인력개발비 지출액은 「조세특례제한법」 제10조에 따른 연구·인력개발비 세액공제 적용 대상에 해당하지 않는 것임(기준-2018-법령해석법인-0260, 2018. 11. 14.).

36) 조특령 제26조의6 제2항 각 호, 국기령 제1조의2 제1항

37) 「법인세법」 제2조 제12호 및 「소득세법」 제41조

ⓛ 다음의 기관에 품질관리 등에 관한 훈련을 위탁하는 경우의 그 위탁훈련비. 다만, 「근로자직업능력 개발법」에 따른 위탁훈련비와 한국생산성본부에의 위탁훈련비를 제외한다.
　　ⓐ 국가전문행정연수원(국제특허연수부에서 훈련받는 경우에 한한다)
　　ⓑ 한국표준협회 ⓒ 한국디자인진흥원 ⓓ 한국능률협회 ⓔ 부산상공회의소의 연수원
ⓒ 한국콘텐츠진흥원에 교육을 위탁하는 경우 그 위탁교육비용
ⓔ 조종사의 운항자격 정기심사를 받기 위한 위탁교육훈련비용[38]
ⓜ 해외 호텔 및 해외 음식점에서 조리법을 배우기 위한 위탁교육훈련비용[39]

3-2-5. 사내기술대학 등의 운영에 필요한 비용

1) 사내기술대학 등의 범위(조특칙 §7⑫)

ⓖ 사내기술대학(대학원을 포함한다)의 경우 : 과학기술분야의 교육훈련을 위한 전용교육 시설 및 교과과정을 갖춘 사내교육훈련기관으로서 교육부장관이 기획재정부장관과 협의하여 정하는 기준에 해당하는 사내교육훈련기관
ⓛ 사내대학[40]의 경우 : 「평생교육법」에 따라 설치된 사내대학

2) 운영에 필요한 비용은 다음의 어느 하나에 해당하는 비용을 말한다(조특칙 §7⑬).

ⓖ 교육훈련용교재비·실험실습비 및 교육용품비
ⓛ 강사에게 지급하는 강의료
ⓒ 사내기술대학 등에서 직접 사용하기 위한 실험실습용 물품·자재·장비 또는 시설의 임차비
ⓔ 사내기술대학 등의 교육훈련생에게 교육훈련기간 중 지급한 교육훈련수당 및 식비

3-2-6. 산업수요 맞춤형 고등학교 등의 운영비로 지출한 비용

학교[41] 또는 산업수요 맞춤형 고등학교 등과의 계약을 통해 설치·운영되는 직업교육 훈련과정 또는 학과 등의 운영비로 지출한 비용

---

38) 항공사에 종사하는 조종사의 직무수행능력을 습득·향상시키기 위하여 실시하는 위탁훈련비용을 서비스산업의 경쟁력 강화를 위해 인력개발비 세액공제 대상에 추가(2009. 4. 7.이 속하는 과세연도에 발생하는 분부터 적용)
39) 호텔업에 종사하는 요리사의 직무수행능력을 습득·향상시키기 위하여 실시하는 위탁훈련비용을 서비스산업의 경쟁력 강화를 위해 인력개발비 세액공제 대상에 추가(2009. 4. 7.이 속하는 과세연도에 발생하는 분부터 적용)
40) 사내대학(이공계 제한을 폐지) : 기업의 인적 자원 투자에 대한 지원을 강화하기 위하여 종전에는 이공계분야의 것에 한정하였으나, 2004. 6. 5.이 속하는 과세연도부터는 이공계 제한을 폐지하여 물류·광고·컨설팅 등 인문분야에까지 적용대상을 확대하였다(대통령령 제18048호).
41) 「산업교육진흥 및 산학연협력촉진에 관한 법률 시행령」 제2조 제1항 제3호 및 제4호

3-2-7. 산업수요 맞춤형 고등학교 등과 사전 취업계약 등을 체결한 후 지급한 훈련수당 등

산업수요 맞춤형 고등학교 등과 사전 취업계약 등을 체결한 후, 직업교육훈련을 받는 해당 산업수요 맞춤형 고등학교의 재학생에게 해당 훈련기간 중 지급한 훈련수당, 식비, 교재비 또는 실습재료비(생산 또는 제조하는 물품의 제조원가 중 직접 재료비를 구성하지 않는 것만 해당한다). 여기서 "사전 취업계약 등"이란 다음의 어느 하나에 해당하는 계약을 말한다(조특칙 §7⑯).

㉠ 산업수요 맞춤형 고등학교 등 재학생에 대한 고용을 목적으로 해당 학교와 체결하는 「직업교육훈련 촉진법」 제2조 제5호 나목에 따른 특약으로서 다음의 요건을 모두 갖춘 특약("산업체 맞춤형 직업교육훈련계약")

ⓐ 산업수요 맞춤형 고등학교 등에 교육부장관이 정하는 산업체 맞춤형 직업교육훈련 과정을 설치할 것

ⓑ 해당 내국인의 생산시설 또는 근무장소에서 산업수요 맞춤형 고등학교 등 재학생에 대하여 교육부장관이 정하는 기간 이상의 현장훈련을 실시할 것

ⓒ 산업체 맞춤형 직업교육훈련과정 이수자에 대한 고용요건 등이 포함될 것

ⓓ 위 ⓐ부터 ⓒ까지의 요건 등에 관한 사항이 포함된 교육부장관이 정하는 계약서에 따라 산업체 맞춤형 직업교육훈련계약을 체결할 것

㉡ 산업수요 맞춤형 고등학교 등 재학생에 대한 고용을 목적으로 해당 학교 및 직업교육 훈련기관과 체결하는 특약으로서 다음의 요건을 모두 갖춘 특약("취업인턴 직업교육훈련계약")

ⓐ 산업수요 맞춤형 고등학교 등 또는 직업교육훈련기관에 교육부장관이 정하는 취업인턴 직업교육훈련과정을 설치할 것

ⓑ 해당 내국인의 생산시설 또는 근무장소에서 산업수요 맞춤형 고등학교 등 재학생에 대하여 교육부장관이 정하는 기간 이상의 현장훈련을 실시할 것

ⓒ 취업인턴 직업교육훈련과정 이수자에 대한 고용요건 등이 포함될 것

ⓓ 위 ⓐ부터 ⓒ까지의 요건 등에 관한 사항이 포함된 교육부장관이 정하는 계약서에 따라 취업인턴 직업교육훈련계약을 체결할 것

3-2-8. 현장실습산업체가 사전 취업약정 등을 체결하고 채용한 대학생에게 지급한 현장실습 지원비

현장실습산업체가 교육부장관이 정하는 표준화된 운영기준을 준수하는 현장실습을 실시하는 산업교육기관 등과 사전 취업약정 등을 체결[42]하고 해당 현장실습 종료 후 현장실습을 이수한 대학생을 채용한 경우 현장실습 기간 중 해당 대학생에게 지급한 현장실습 지원비(생산 또는 제조하는 물품의 제조원가 중 직접 재료비를 구성하지 않는 것만 해당한다). 여기서 "사전

---

[42] 「산업교육진흥 및 산학연협력촉진에 관한 법률」 제11조의3

취업약정 등"[43])이란 다음의 요건을 모두 갖춘 약정 등을 말한다(조특칙 §7⑰).

ㄱ 대학교 등에 교육부장관이 정하는 표준화된 운영기준을 준수하는 현장실습 과정을 설치할 것

ㄴ 현장실습 산업체의 생산시설 또는 근무장소에서 대학교 재학생에 대하여 교육부장관이 정하는 기간 이상의 현장실습을 실시할 것

ㄷ 표준운영기준을 준수하는 현장실습의 이수자에 대한 고용조건 등이 포함될 것

4 │ 요 건

4-1. 대상자

내국인이 연구 및 인력개발비세액공제 대상자에 속한다.

4-2. 적용기한

① 신성장동력·원천기술연구개발비[44]) 및 국가전략기술연구개발비[45]) : 2024. 12. 31.까지 발생한 해당 연구·인력개발비에 대해서만 적용한다.

② 일반연구·인력개발비 : 적용기한이 없다.[46])

4-3. 공제대상 비용

(1) 신성장동력·원천기술연구개발비

(가) 자체 연구개발의 경우

1) 연구소 또는 전담부서에서 조특령 별표 7에 따른 신성장동력·원천기술 분야별 대상기술의 연구개발업무에 종사하는 연구원 및 이들의 연구개발업무를 직접적으로 지원하는 사람에 대한 인건비(조특령 §9③ 1 가목)

연구소 또는 전담부서란 전담부서등 및 연구개발서비스업을 영위하는 기업으로서

---

43) 2021. 3. 16. 신설되었고 2021년 6월 23일부터 시행한다(기획재정부령 제831호, 2021. 3. 16. 부칙 §1 단서).

44) 미래성장동력 확보를 위한 기업투자 확대를 지원하기 위하여 성장동력산업 및 원천기술 R&D비용에 대한 세액공제를 확대(2010. 1. 1. 이후 최초로 개시하는 과세연도분부터 적용)

45) 경제안보적 중요성이 큰 국가전략기술 투자촉진(2021. 7. 1. 이후 지출하거나 투자하는 분부터 적용)

46) 성장잠재력 확충을 위해 R&D비용 세액공제 제도를 영구화(2009. 1. 1. 이후 개시하는 과세연도분부터 적용)

신성장동력·원천기술연구개발업무만을 수행하는 국내 소재 전담부서등 및 연구개발
서비스업을 영위하는 기업("신성장동력·원천 기술연구개발 전담부서등")을 말한다(조특칙
§7①·② 본문). 다만, 일반연구개발을 수행하는 전담부서등 및 연구개발서
비스업을 영위하는 기업의 경우에는 다음에 따른 조직을 신성장동력·원천기술연구
개발 전담부서등으로 본다(조특칙 §7② 단서).
ⓐ 신성장동력·원천기술연구개발업무에 관한 별도의 조직을 구분하여 운영하는 경우
: 그 내부 조직
ⓑ ⓐ 외의 경우 : 신성장동력·원천기술연구개발업무 및 일반연구개발을 모두 수행
하는 전담부서등 및 연구개발서비스업을 영위하는 기업

한편, 다음의 어느 하나에 해당하는 사람에 대한 인건비는 제외한다(조특칙 §7④).
① 주주인 임원으로서 당해 법인의 총발행주식의 100분의 10을 초과하여 소유하는 주주
등[47])에 해당하는 사람
② 신성장·원천기술연구개발업무 및 일반연구개발을 모두 수행하는 전담부서등 및
연구개발서비스업을 영위하는 기업에 해당하는 경우로서 신성장·원천기술연구개발
업무와 일반연구개발을 동시에 수행한 사람

2) 신성장동력·원천기술연구개발업무를 위하여 사용하는 견본품, 부품, 원재료와 시약류
구입비 및 소프트웨어(문화상품[48]) 제작을 목적으로 사용하는 경우에 한정한다)·서체·
음원·이미지의 대여·구입비(조특령 §9① 1 나목)[49])

---

47) 이에 대한 해설은 앞의 3-1-1. 자체연구개발-(1)-(다) 근무 직원의 범위에 대한 해설을 참고하기로 한다.
48) 「문화산업진흥 기본법」 제2조 제2호
49) 2019. 2. 12. 조특령 개정시 콘텐츠분야 연구개발시 사용되는 서체·음원·창작용S/W 등 대여·구입비를 R&D비용에
포함하여, 제조업의 원재료·부품 등 구입비를 공제하는 것과의 형평성을 확보하였다.

조특령 [별표 7] (2023. 2. 28. 개정)

| 신성장·원천기술의 범위(제9조 제2항 관련) |

구 분	분 야	대상기술
1. 미래형자동차	가. 자율 주행차	주행상황 인지 센서 기술 등
	나. 전기 구동차	전기동력 자동차의 에너지저장 시스템 기술 등
2. 지능정보	가. 인공지능	학습 및 추론 기술 등
	나. 사물인터넷 (IoT: Internet of Things)	IoT 네트워크 기술 등
	다. 클라우드 (Cloud)	SaaS(Software as a Service) 기술 등
	라. 빅데이터 (Big Data)	빅데이터 수집·정제·저장 및 처리기술 등
	마. 착용형 스마트기기	신체 부착형 전자회로의 유연기판 제작기술 및 유연회로 인쇄기술 등
	바. IT 융합	지능형 전자항해 기술 등
	사. 블록체인	블록체인 기술
	아. 양자컴퓨터	양자컴퓨터 제작 및 활용 기술
	자. 스마트 물류	지능형 콜드체인 모니터링 기술
3. 차세대소프트웨어(SW) 및 보안	가. 기반 소프트웨어(SW)	융합서비스·제품의 소프트웨어 내재화 기술 등
	나. 융합보안	사이버 위협 인텔리전스(Intelligence) 대응기술 등
4. 콘텐츠	가. 실감형 콘텐츠	가상현실(VR) 콘텐츠 기술 등
	나. 문화콘텐츠	게임 콘텐츠 제작기술 등
5. 차세대전자 정보 디바이스	가. 지능형 반도체·센서	고속 컴퓨팅을 위한 SoC 설계·제조 기술 등
	나. 반도체 등 소재·부품	포토레지스트(Photoresist) 개발 및 제조기술 등

구 분	분 야	대상기술
5. 차세대전자 정보 디바이스	다. 유기발광 다이오드 (OLED: Organic Light Emitting Diode) 등 고기능 디스플레이	9인치 이상 능동형 유기발광 다이오드(AMOLED: Active Matrix Organic Light Emitting Diode) 패널 기능개선 및 부품·소재·장비 제조 기술 등
	라. 3D프린팅	3D프린팅 소재·장비 개발 및 제조기술
	마. AR 디바이스	AR 디바이스 제조기술
6. 차세대 방송통신	가. 5세대(5G: 5generation) 및 6세대(6G: 6generation) 이동통신	5G 이통신 기지국 장비 기술 등
	나. UHD (Ultra-High Definition)	지상파 UHD방송 송신기 성능 향상기술 등
7. 바이오·헬스	가. 바이오· 화합물의약	바이오 신약[바이오 베터(Bio Better)를 포함한다] 후보물질 발굴 기술 등
	나. 의료기기· 헬스케어	기능 융합형 초음파 영상기술 등
	다. 바이오 농수산·식품	비가열 및 고온·고압 전처리 기술 등
	라. 바이오 화학	바이오매스 유래 바이오플라스틱 생산 기술 등
8. 에너지 신산업·환경	가. 에너지 저장 시스템(ESS: Energy Storage System)	비리튬계 이차전지 소재 등 설계 및 제조기술 등
	나. 발전시스템	대형가스터빈 부품 및 시스템 설계·제작·조립·시험 평가기술 등
	다. 원자력	원자로 냉각재 펌프(RCP, Reactor Coolant Pump) 설계 기술 등
	라. 오염방지· 자원순환	미세먼지 제거 및 고정밀 미세먼지·온실가스 동시 측정 기술

구 분	분 야	대상기술
9. 융복합소재	가. 고기능섬유	탄소섬유복합재의 가공장비 및 검사장비 설계·제조기술 등
	나. 초경량 금속	고강도 마그네슘 부품의 온간성형기술 등
	다. 하이퍼 플라스틱	인성특성이 향상된 고강성 하이퍼플라스틱(High Performance Plastics) 복합체 제조 및 가공 기술
	라. 구리합금	고강도 구리합금 설계·제조기술 등
	마. 특수강	고청정 스테인레스계 무계목강관·봉강 제조기술 등
	바. 기능성 탄성· 접착소재	고기능 불소계 실리콘 제조·가공 기술 등
	사. 희소 금속· 소재	타이타늄 소재 제조기술과 금속재료 부품화 기술 등
10. 로봇	가. 첨단제조 및 산업로봇	고청정 환경 대응 반도체 생산 로봇 기술 등
	나. 안전로봇	감시경계용 서비스로봇을 위한 주변환경 센싱 기술, 실내외 전천후 위치인식 및 주행 기술 등
	다. 의료 및 생활 로봇	수술, 진단 및 재활 로봇기술 등
	라. 로봇공통	실내외 소음환경에서의 대화신호 추출 기술 등
11. 항공·우주	가. 무인이동체	무인기 지능형 자율비행 제어 시스템 기술 등
	나. 우주	위성본체 부분품 개발기술 등
12. 첨단 소재· 부품·장비	가. 첨단 소재	고기능성 알루미늄 도금강판 제조 기술 등
	나. 첨단 부품	고정밀 롤러베어링 및 볼베어링 설계·제조 기술 등
	다. 첨단 장비	첨단 머시닝센터 설계·제조기술 등
13. 탄소중립	가. 탄소포집· 활용·저장	연소 후 이산화탄소 포집 기술 등
	나. 수소	수전해 기반 청정수소 생산기술
	다. 신재생에너지	고체산화물 연료전지 지지형셀·스택·시스템 설계 및 제조 기술 등
	라. 산업공정	수소환원제철 기술 등
	마. 에너지 효율·수송	지능형 전력계통(Smart Grid) 설계 및 제조기술 등

(나) 위탁 및 공동연구개발의 경우 : 다음의 기관에 신성장동력·원천기술연구개발업무를 위탁(재위탁 포함)함에 따른 비용(전사적 기업자원 관리설비, 판매시점 정보관리 시스템 설비 등 기업의 사업운영·관리·지원 활동과 관련된 시스템 개발을 위한 위탁비용은 제외한다[50]) 및 이들 기관과의 공동연구개발을 수행함에 따른 비용(조특령 §9① 2, 조특칙 §7⑥)

다만, 4)부터 7)까지의 기관에 신성장·원천기술의 연구개발업무를 위탁(재위탁을 포함한다) 하는 경우(조특령 별표 7의 제7호 가목 6)부터 8)까지의 규정에 따른 임상1상·2상·3상 시험의 경우는 제외한다)에는 국내에 소재한 기관으로 한정한다.

1) 대학 또는 전문대학

2) 국공립연구기관

3) 정부출연연구기관

4) 비영리법인(비영리법인에 부설된 연구기관 포함)

5) 전문생산기술연구소 등 기업이 설립한 국내외 연구기관

6) 전담부서등(신성장·원천기술연구개발업무만을 수행하는 전담부서등에서 직접 수행한 부분에 한정한다) 또는 국외기업에 부설된 연구기관

7) 연구개발서비스업을 영위하는 기업 또는 영리목적으로 연구·개발을 독립적으로 수행하거나 위탁받아 수행하고 있는 국외소재 기업

8) 내국인이 의결권 있는 발행주식총수의 100분의 50 이상을 직접 소유하거나 100분의 80이상을 직접 또는 간접으로 소유하고 있는 외국법인(외국법인에 부설된 연구기관을 포함한다)

(2) 국가전략기술연구개발비

연구·인력개발비 중 국가안보차원의 전략적 중요성이 인정되고 국민경제 전반에 중대한 영향을 미치는 국가전략기술로 조특령 별표 7의2에 따른 기술을 얻기 위한 연구개발비

1) 자체 연구개발의 경우

가. 전담부서등 및 연구개발서비스업을 영위하는 기업에서 국가전략기술의 연구개발업무에 종사하는 연구원 및 이들의 연구개발업무를 직접적으로 지원하는 사람에 대한 인건비(조특칙 §7⑭). 다만, 주주인 임원 등[51]에 대한 인건비는 제외한다.

나. 국가전략기술연구개발업무를 위하여 사용하는 견본품, 부품, 원재료와 시약류 구입비

---

50) 종전에는 전사적 기업자원 관리설비비용만 세액공제가 제외되는 비용으로 예시되어 있었는데, 이에 따라 다른 시스템 개발비용은 R&D비용 세액공제가 적용되는지 여부가 불명확다는 지적이 있었다. 따라서 2019. 2. 12. 조특령 개정시 R&D비용 세액공제가 제외되는 시스템 개발 비용을 명확히 규정하였다.

51) 조특칙 제7조 제15항

2) 위탁 및 공동연구개발의 경우

대학 등 기관[52]에 국가전략기술연구개발업무를 위탁(재위탁 포함)함에 따라 발생하는 비용(전사적 기업자원 관리설비, 판매시점 정보관리 시스템 설비 등 기업의 사업운영·관리·지원 활동과 관련된 시스템 개발을 위한 위탁비용은 제외) 및 이들 기관과의 공동연구개발을 수행함에 따라 발생하는 비용

(3) 일반연구·인력개발비

신성장동력·원천기술연구개발비 및 국가전략기술연구개발비에 해당하지 아니하거나 신성장동력·원천기술연구개발비(국가전략기술연구개발비 포함)를 선택하지 아니한 내국인의 연구·인력개발비[53][54]를 말한다(조특법 §10① 3).

(4) 신성장동력·원천기술심의위원회

내국인이 지출한 신성장동력·원천기술연구개발비의 연구개발 대상 기술이 별표 7에 해당되는지 여부에 관한 사항을 심의하기 위하여 기획재정부장관 및 산업통상자원부장관이 공동으로 운영하는 신성장동력·원천기술심의위원회를 둘 수 있다(조특령 §9⑪). 이 경우 신성장동력·원천기술심의위원회의 구성 및 운영 등에 필요한 사항은 기획재정부와 산업통상자원부의 공동부령[55]으로 정한다(조특령 §9⑫).

---

52) 조특칙 제7조 제6항
53) 연구·인력개발비에 대한 세액공제는 동 비용이 발생된 각 과세연도마다 적용하고, 해당 비용을 연구개발비 등 자산계정으로 처리한 경우에도 적용한다(조기통 10-0···1 ②).
54) 조기통 10-0···2【수탁개발비 세액공제 여부】내국인이 타인으로부터 수탁받은 연구개발용역수행을 위해 자신의 연구개발전담부서에서 근무하는 자의 인건비 등으로 지출하는 비용은 법 제10조의 연구 및 인력개발비에 대한 세액공제를 적용받을 수 없다(2005. 7. 7. 신설).
55) 종전에는 신성장동력·원천기술심의위원회의 소속이 산업통상자원부이었으나, 신성장동력·원천기술심의위원회 운영 합리화 차원에서 산업통상자원부·기획재정부 공동운영으로 소속변경이 있었고, 2020. 1. 1. 이후 개시하는 과세연도 분부터 적용된다.

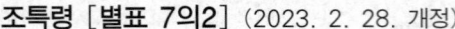

조특령 [별표 7의2] (2023. 2. 28. 개정)

국가전략기술의 범위(제9조 제6항 관련)

분야	국가전략기술
	가. 첨단 메모리 반도체 설계 · 제조 기술 : 15nm 이하급 D램 및 170단 이상 낸드플래시메모리 설계 · 제조 기술
	나. 차세대 메모리반도체(STT-MRAM, PRAM, ReRAM, PIM) 설계 · 제조기술 : 기존 메모리반도체인 D램(DRAM)과 낸드 플래시메모리(Nand Flash Memory)의 장점을 조합한 STT-MRAM(Spin Transfer Torque-Magnetic Random Access Memory), PRAM(Phase-change Random Access Memory), ReRAM(Resistive Random Access Memory), 초거대 AI 응용을 위해 CPU와 메모리 간의 병목현상 해결을 목적으로 메모리반도체에 전용 AI 프로세서를 추가한 메모리시스템인 PIM(Processing In Memory) 등 차세대 메모리반도체 설계 · 제조기술
1. 반도체	다. 고속 컴퓨팅을 위한 SoC 설계 및 제조(7nm 이하) 기술 : 인간형 인식, 판단, 논리를 수행할 수 있는 뉴럴넷(Neural Network)을 구현하는 초고속, 저전력 슈퍼프로세서 기술로서 지능형 자율주행 이동체(드론 등), 지능형 로봇, 게임로봇, 고속 정보 저장 · 처리 및 통신기기, AP(Application Processor), 위성체 및 군사용 무기 체계, 보안카메라, DVR(Digital Video Recoder) 등의 화상처리용 지능형 보안시스템, 복합 교통관제 시스템 등의 제작을 위해 매니코어(Many Core)를 단일 반도체에 통합한 SoC(System on Chip) 설계 및 제조(7nm 이하) 기술
	라. 차세대 디지털기기 SoC 설계 · 제조기술 : IoT, 착용형 스마트 단말기기, 가전, 의료기기 및 핸드폰 등 차세대 디지털 기기 SoC의 주파수 조정 기능 반도체(RF switch 등 RF반도체), 디지털 · 아날로그 신호의 데이터 변환 반도체(인버터/컨버터, Mixed signal 반도체 등), 메모리반도체와의 원칩화를 통한 컨트롤 IC(eNVM) 및 IoT 지능형 서비스를 적용하기 위한 지능정보 및 데이터의 처리가 가능한 IoT · 웨어러블 SoC(System on Chip)의 설계 · 제조 기술
	마. 고성능 마이크로 센서의 설계 · 제조 · 패키징 기술 : 물리적 · 화학적인 아날로그(analogue) 정보를 얻는 감지부와 논리 · 판단 · 통신기능을 갖춘 지능화된 신호처리 집적회로가 결합된 소자로서 나노기술, MEMS[Micro Electro Mechanical System, 기계부품 · 센서(sensor) · 액츄에이터(actuator) 및 전자회로를 하나의 기판 위에 집적화] 기술, 바이오 기술, 0.8㎛ 이하 CMOS 이미지센서 기술 또는 SoC(System on Chip) 기술이 결합된 고성능 센서 설계 · 제조 및 패키징 기술
	바. 차량용 반도체 설계 · 제조기술 : 자동차 기능안전성 국제표준 ISO26262, 자동차용 반도체 신뢰성 시험규격 AEC-Q100을 만족하는 MCU(Micro controller unit), ECU(Electronic control unit), 파워IC, SoC, 하이브리드/전기차 및 자율주행용 IC 반도체의 설계 · 제조 기술

분야	국가전략기술
	사. 에너지효율향상 반도체 설계·제조 기술 : 저저항·고효율 특성을 지니며 차세대 응용 분야(전기차, 하이브리드카, 태양광/풍력발전 등 신재생에너지, 스마트그리드 등)에 탑재되는 실리콘 기반의 에너지효율향상 반도체(SJ(Super Junction) MOSFET, IGBT, 화합물(SiC, GaN, Ga2O3) 기반의 에너지효율향상 반도체(MOSFET, IGBT) 및 모듈의 설계·제조 기술
	아. 에너지효율향상 전력반도체(BCDMOS, UHV, 고전압 아날로그IC) 설계·제조기술(0.35㎛ 이하) : 실리콘 기반의 저저항·고효율 특성을 지니며 차세대 응용 분야(5G, 전기자동차, 하이브리드자동차, 차세대 디지털기기용 디스플레이, 태양광, 풍력발전 등 신재생에너지, 스마트그리드 등)에 탑재되는 아날로그, 디지털 로직, 파워소자를 원칩화한 초소형·초절전 전력반도체(0.35㎛ 이하 BCDMOS, 800V 이상 UHV, 12V 이상 고전압 아날로그 IC) 설계·제조 기술
	자. 차세대 디지털기기·차량용 디스플레이 반도체 설계·제조기술 : 화면에 문자나 영상 이미지 등이 표시되도록 차세대 디지털기기 및 차량의 디스플레이(OLED, Flexible, 퀀텀닷, 롤러블, 폴더블, 마이크로LED, Mini LED, 4K·120Hz급 이상 고해상도 LCD 등)에 구동 신호 및 데이터를 전기신호로 제공하는 반도체(DDI), 디스플레이 패널의 영상 정보를 변환·조정하는 것을 주기능으로 하는 반도체(T-Con), 디스플레이용 반도체와 패널에 필요한 전원 전압을 생성·제어하는 반도체(PMIC)를 설계 및 제조하는 기술
1. 반도체	차. SoC 반도체 개발·양산 위한 파운드리 분야 7nm 이하급 제조공정 및 공정 설계기술 : SoC(System on Chip) 반도체 개발·양산을 위한 핵심 기반기술로 파운드리(Foundry) 분야의 7nm 이하급 제조공정 및 공정 설계기술
	카. WLP, PLP, SiP, 플립칩 기술 등을 활용한 2D/2.5D/3D 패키징 공정기술 및 패키징 관련 소재·부품·장비설계·제조기술 : 반도체 패키징 기술(WLP, PLP, SiP, 플립칩 등)을 활용한 2D/2.5D/3D 패키징 공정기술·테스트 및 패키징·테스트 관련 소재, 부품, 장비의 설계·제조 기술
	타. 반도체용 실리콘 기판 및 화합물 기판 개발 및 제조기술 : 15nm 이하급 D램과 170단 이상 낸드플래시메모리, 7nm 이하급 파운드리 SoC, 에피텍셜 반도체용의 실리콘 기판 및 화합물(SiC, GaN, Ga2O3) 기판을 개발 및 제조하는 기술
	파. 첨단 메모리반도체 및 차세대 메모리반도체, SoC 반도체 파운드리 소재·장비·장비부품 설계·제조기술 : 첨단 메모리반도체(15nm급 이하 D램 및 170단 이상 낸드플래시메모리), 차세대 메모리반도체(STT-MRAM, PRAM, ReRAM) 및 SoC 반도체 파운드리의 소재, 장비 및 부품 설계·제조기술
	하. 포토레지스트(Photoresist) 개발 및 제조기술 : 반도체 및 디스플레이용 회로형성에 필요한 리소그래피(lithography)용 수지로서 회로의 내열성, 전기적 특성, 현상(Developing) 특성을 좌우하는 포토레지스트 및 관련 소재를 개발 및 제조하는 기술[ArF(불화아르곤) 광원용 및 EUV(극자외선) 광원용]

분야	국가전략기술
1. 반도체	거. 원자층증착법 및 화학증착법을 위한 고유전체용 전구체 개발 기술 : 기존의 이산화규소(SiO2)보다 우수한 유전특성을 갖는 high-k dielectric 박막 증착을 위한 원자층증착법(ALD, Atomic Layer Deposition) 및 화학증착법(CVD, Chemical Vapor Deposition)공정에 사용되는 전구체를 개발하는 기술
	너. 고순도 불화수소 개발 및 제조기술 : 반도체 회로형성에 필요한 순도 99.999%(5N) 이상의 고순도 불화수소를 개발 및 제조하는 기술
	더. 블랭크 마스크 개발 및 제조기술 : ArF(불화아르곤) 광원 및 EUV(극자외선) 광원을 이용하여 반도체 회로를 형성하는 데 사용되는 블랭크마스크 원판 및 관련 소재[펠리클(Pelllicle), 합성 쿼츠, 스터러링용 타겟 등을 포함]를 개발 및 제조하는 기술
	러. 고기능성 인산 제조 기술 : SiNx, SiOx 막질의 선택적인 식각이 가능한 고선택비(1,000 이상) 인산계 식각액 제조기술
	머. 고순도 석영(쿼츠) 도가니 제조 기술 : 반도체 웨이퍼 제조용 용융 실리콘의 오염을 막기 위한 도가니 형태의 순도 99.999%(5N) 이상의 고순도 석영 용기 제조 기술
	버. 코트막형성재 개발 및 제조기술 : 완성된 반도체 소자의 표면을 외부환경으로부터 보호하기 위해 사용하는 절연성을 가진 고감도(80mJ/㎠ 이하) 감광성 코팅 기술 또는 패키징 재배선(배선폭 7㎛ 이하) 형성 재료 제조 기술
	서. 파운드리향 IP 설계 및 검증 기술 : 7nm이하 파운드리 공정을 위한 Library(Standard Cell, I/O, Memory Compiler), IP와 해당 Library, IP를 모바일, 자동차, 서버, AI 등 응용 분야별로 최적화 시킨 Derivative Library, Derivative IP의 설계 및 검증 기술
	어. 고성능·고효율 시스템 반도체의 테스트 기술 및 테스트 관련 장비, 부품 설계·제조기술 : 동작속도 250MHz 이상 SoC(System on Chip) 반도체, 6GHz 이상 주파수를 지원하는 RF(Radio Frequency) 반도체, AEC-Q100을 만족하는 차량용 반도체, 4,800만 화소 이상 모바일용 CMOS 이미지센서, 내전압 1,000V 이상의 전력반도체, 소스채널 900개 이상의 OLED용 DDI(Display Driver IC)의 양·불량 여부를 전기적 특성검사를 통해 판단할 수 있는 테스트 기술 및 해당 테스트에 사용되는 최대검사속도 500Mbps 이상 주검사장비, 접촉정확도 1㎛이하 프로브스테이션(Probe Station), MEMS(Micro Electro Mechanial System) 기술 기반 프로브카드의 설계·제조 기술
2. 이차전지	가. 고에너지밀도 이차전지 팩 제조기술 : 전기차, 에너지저장장치 등에 사용되는 이차전지 팩의 중량당 에너지밀도를 160Wh/kg 이상으로 구현하기 위한 모듈 및 팩 설계, 제조 기술
	나. 고성능 리튬이차전지 부품·소재·셀 및 모듈 제조 기술 : 이차전지 셀을 기준으로 중량당 에너지밀도가 265Wh/kg 이상 또는 1시간 기준 방전출력 대비 6배 이상의 고출력(6C-rate 이상) 또는 충방전 1,000회 이상의 장수명을 충족하는 고성능 리튬이차전지에 사용되는 부품·소재·셀 및 모듈 제조 및 안전성 향상 기술

분야	국가전략기술
2. 이차전지	다. 사용후 배터리 평가 및 선별 기술 : 수명이 종료(초기용량 대비 80% 이하)된 배터리의 잔존용량, 출력특성 등의 성능 평가 기술 및 안전성, 재사용 가능성 등을 평가하여 잔존가치를 유지한 배터리를 선별하는 기술
	라. 사용후 배터리 재활용 기술 : 수명이 종료된 사용후 배터리를 친환경적으로 처리하고, 리튬, 니켈, 코발트, 구리 등 재자원화가 가능한 유가금속을 회수하는 기술(리튬 35% 이상, 니켈/코발트 90% 이상 회수)
	마. 차세대 리튬이차전지 부품·소재·셀 및 모듈 제조 기술 : 중량당 방전용량이 600mAh/g 이상인 고성능 전극 또는 고체전해질을 기반으로 하는 차세대 리튬이차전지에 사용되는 부품·소재·셀 및 모듈 제조기술
	바. 하이니켈 양극재 제조기술 : 니켈 함량이 80% 이상인 고용량 양극재 제조기술, 수명 증가를 위한 안정성 향상 기술, 리튬계 원자재, 금속전구체 등 양극재 원료기술 및 관련 장비 제조기술
	사. 장수명 음극재 제조기술 : 충방전 1,000회 이상이 가능한 장수명 음극재 제조기술, 이차전지의 고온특성 향상을 위한 안정성 향상기술, 음극재 제조에 필요한 카본계 또는 금속계의 원료기술 및 이의 제작에 필요한 장비 제조기술
	아. 이차전지 분리막 및 전해액 제조기술 : 수명특성, 신뢰성, 안전성을 향상시키는 분리막 및 저온특성, 장수명, 안전성을 향상시키는 전해액 제조기술과 안정성 향상기술 및 관련 원료·장비 제조기술
	자. 이차전지 부품 제조기술 : 배터리 장기 사용을 위한 패키징 부품(파우치, 캔, 리드탭) 및 고성능 배터리를 위한 전극용 소재부품(도전재, 바인더, 집전체) 제조·안전성 향상 기술 및 원료·장비 제조기술
3. 백신	가. 방어 항원 등 스크리닝 및 제조기술 : 각종 질환을 치료하거나(치료용 백신) 예방하기 위해 (예방용 백신) 면역기전을 이용하여 인체질환을 방어하는 물질(항원, 핵산, 바이러스벡터 등)을 스크리닝하고 개발·제조하는 기술 및 이를 적용한 백신을 제조하는 기술(대량생산 공정설계 기술 포함)
	나. 비임상 시험 기술 : 세포·동물 모델로 백신 후보물질의 안전성·유효성을 평가하는 비임상 시험 기술
	다. 임상약리시험 평가기술(임상1상 시험) : 백신 후보물질의 초기 안정성, 내약성, 약동학적, 약력학적 평가 및 약물대사와 상호작용 평가, 초기 잠재적 치료 효과 추정을 위한 임상약리 시험 평가기술
	라. 치료적 탐색 임상평가기술(임상2상 시험) : 백신 후보물질의 용량 및 투여기간 추정 등 치료적 유용성 탐색을 위한 평가기술
	마. 치료적 확증 임상평가기술(임상3상 시험) : 백신 후보물질의 안전성, 유효성 등 치료적 확증을 위한 평가기술

분야	국가전략기술
3. 백신	바. 원료 및 원부자재 등 개발·제조 기술 : 백신 개발·제조에 필요한 원료 및 원부자재(필터, 레진, 버퍼, 배양배지 등) 또는 백신의 효능을 증가시키는 물질(면역보조제)을 개발·제조하는 기술
	사. 생산장비 개발·제조 기술 : 백신 및 백신 원료·원부자재(필터, 레진, 버퍼, 배양배지 등) 생산에 필요한 장비를 개발·제조하는 기술
4. 디스플레이	가. AMOLED 패널 설계·제조·공정·모듈·구동 기술 : 기판(유리, 플렉시블, 스트레처블) 위에 저온폴리실리콘산화물(LTPO)·저온폴리실리콘(LTPS)·산화물(Oxide) TFT를 형성한 백플레인 또는 실리콘(Silicon)에 구동소자를 형성한 웨이퍼에 발광특성을 가진 유기물을 진공 증발 증착 또는 프린팅 방식으로 형성하는 FHD 이상의 고화질 또는 고성능(고휘도, 저소비전력) 패널과 구동소자, 커버윈도우 등을 가공·조립하는 AMOLED 패널 설계·제조·공정·모듈·구동 기술
	나. 친환경 QD(Quantum Dot) 소재 적용 디스플레이 패널 설계·제조·공정·모듈·구동 기술 : 반치폭(FWHM, full width at half maximum) 40나노미터(nm) 이하인 RoHS(유럽 6대 제한물질 환경규제) 충족 QD 소재를 노광 또는 직접 패터닝 방식으로 제조한 패널과 구동소자, 커버윈도우 등을 가공·조립하는 친환경 QD 소재 적용 디스플레이 패널 설계·제조·공정·모듈·구동 기술
	다. Micro LED 디스플레이 패널 설계·제조·공정·모듈·구동 기술 : 실리콘(Silicon) 또는 사파이어(Sapphire) 기판에 저결함($1 \times 10^{15}/cm^3$ 이하) 에피(Epi)공정을 적용한 단축 $50\mu m$ 크기 이하의 R·G·B 마이크로 LED를 적용한 패널과 구동소자, 커버윈도우 등을 가공·조립하는 Micro LED 디스플레이 패널 설계·제조·공정·모듈·구동 기술
	라. 디스플레이 패널 제조용 증착·코팅 소재 기술 : 전자이동도 $9cm^2/Vs$ 이상의 산화물 TFT(Thin Film Transistor)와 유기물(발광·공통층) 소재 및 양자점(QD)·화소격벽·폴리이미드(PI) 코팅소재 등 디스플레이 패널 제조용 증착·코팅 소재 기술
	마. 디스플레이 TFT 형성 장비 및 부품 기술 : 전자이동도 $9cm^2/Vs$ 이상의 TFT(Thin Film Transistor) 형성공정에 사용되는 노광기, 물리 또는 화학적 증착기, 이온주입기, 식각기, 검사장비 및 이와 관련 제조에 사용되는 등 디스플레이 TFT 형성 장비 및 부품 기술

5 │ 과세특례의 내용

내국인이 각 과세연도에 연구·인력개발비가 있는 경우에는 신성장·원천기술연구개발비(신성장·원천기술연구개발비와 국가전략기술연구개발비를 동시에 적용받을 수 있는 경우 납세자의 선택에 따라 그 중 하나만 적용)와 일반연구·인력개발비를 합한 금액을 해당 과세연도의 소득세(사업소득에 대한 소득세만 해당한다) 또는 법인세에서 공제한다(조특법 §10①). 본조는 총액발생기준에 의한 세액공제와 증가발생기준에 의한 세액공제로 구분할 수 있는데, 소급 4년간 일반연구·인력개발비[56]가 발생하지 않거나, 직전연도 일반연구·인력개발비가 소급 4년간 일반연구·인력개발비보다 적은 경우에는 총액발생기준에 의한 세액공제 방식만 인정된다.

세액공제액 = (1) + (2)
(1) 해당 과세연도에 발생한 신성장동력·원천기술연구개발비 × [[중소기업은 100분의 30, 그 밖의 경우 100분의 20(코스닥상장중견기업[57]은 100분의 25)] + [해당 과세연도의 수입금액에서 신성장동력·원천기술연구개발비가 차지하는 비율 × 3배, 한도 : 100분의 10(코스닥상장중견기업의 경우 100분의 15)]]
　　* 국가전략기술연구개발비의 경우에는 신성장동력·원천연구개발비 대비 +10%p 상향 적용

(2) 일반연구·인력개발비 : 다음의 ①~② 중 선택하는 어느 하나에 해당하는 금액

* 단, 소급 4년간 일반연구·인력개발비가 발생하지 않거나, 직전연도 일반연구·인력개발비가 소급 4년간 일반연구·인력개발비보다 적은 경우에는 ②에 해당하는 금액
　① (해당 과세연도에 발생한 일반연구·인력개발비 - 직전연도 일반연구·인력개발비[58]) × 25%(중견기업은 40%, 중소기업은 50%)
　② 해당 과세연도에 발생한 일반연구·인력개발비에 다음의 구분에 따른 비율을 곱하여 계산한 금액
　　㉮ 중소기업인 경우 : 25%
　　㉯ 중소기업이 그 규모의 확대 등으로 졸업기준[59]에 해당되거나 중소기업요건[60]을 갖추지 못하게 되는 경우 및 「중소기업기본법 시행령」의 독립성 기준, 별표 1 및 별표 2의 개정에 따라 중소기업에 해당하지 아니하게 된 사유가 발생한 날이 속하는 과세연도와 그 다음 3개 과세연도가 경과[61]하여 최초로 중소기업에 해당하지 아니하게 된 경우 : 다음의 구분에 따른 비율
　　　㉠ 최초로 중소기업에 해당하지 아니하게 된 과세연도의 개시일부터 3년 이내에 끝나는 과세연도까지 : 15%
　　　㉡ 위 ㉠의 기간 이후부터 2년 이내에 끝나는 과세연도까지 : 10%
　　㉰ 중견기업이 ㉯에 해당하지 아니하는 경우 : 8%
　　㉱ 위 ㉮~㉰의 어느 하나에 해당하지 아니하는 경우 : 다음 계산식에 따른 비율(한도 : 2%)
　　　해당 과세연도의 수입금액에서 일반연구·인력개발비가 차지하는 비율×2분의 1

---

[56] 신성장동력연구개발비 및 원천기술연구개발비에 해당하지 아니하거나 신성장동력연구개발비 및 원천기술연구개발비를 선택하지 아니한 내국인의 연구·인력개발비가 이에 해당한다.

[57] 「자본시장과 금융투자업에 관한 법률」에 따른 코스닥시장에 상장한 중견기업

| 일반 R&D 세액공제율 |

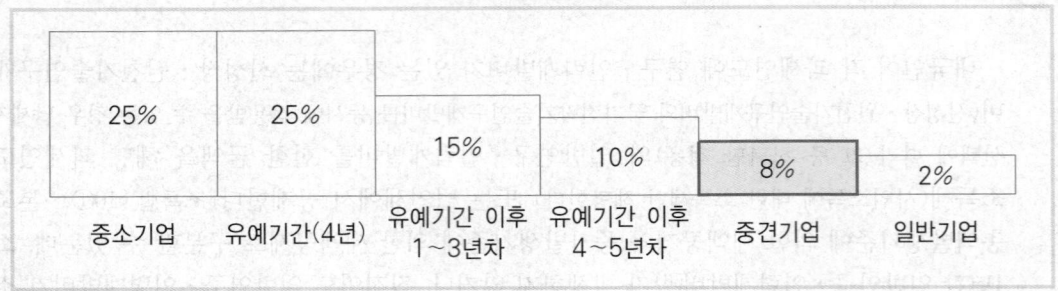

| 25% | 25% | 15% | 10% | 8% | 2% |
| 중소기업 | 유예기간(4년) | 유예기간 이후
1~3년차 | 유예기간 이후
4~5년차 | 중견기업 | 일반기업 |

여기서, 중견기업이란 다음의 요건을 모두 갖춘 기업을 말한다(조특령 §9④).

ⓐ 중소기업이 아닐 것

ⓑ 공공기관, 지방공기업이 아닐 것

ⓒ 다음의 어느 하나에 해당하는 업종을 주된 사업으로 영위하지 아니할 것. 이 경우 둘 이상의 서로 다른 사업을 영위하는 경우에는 사업별 사업수입금액이 큰 사업을 주된 사업으로 본다.

ⅰ) 소비성서비스업

ⅱ) 금융업, 보험 및 연금업, 금융 및 보험 관련 서비스업

ⓓ 소유와 경영의 실질적인 독립성에 적합(상호출자제한기업집단에 속하는 기업, 상호출자제한기업집단 지정기준인 자산총액 이상인 기업 또는 법인이 해당 기업의 주식등의 100분의 30 이상을 직접적 또는 간접적으로 소유하면서 최다출자자인 기업에 해당하지 아니함)[62]할 것

ⓔ 직전 3개 과세연도의 매출액[63]의 평균금액이 5천억원 미만인 기업일 것

---

58) 2015년 개시하는 과세연도부터 적용되고, 2013년 개시하는 과세연도는 소급 3년간 발생한 일반연구·인력개발비의 연평균 발생액, 2014년 개시하는 과세연도는 소급 2년간 발생한 일반연구·인력개발비의 연평균 발생액임.

59) 조특령 §2① 각호 외의 부분 단서

60) 조특령 §2① 1호 또는 3호(「중소기업기본법 시행령」 §3① 2호 다목의 규정으로 한정한다)

61) 조특령 §9④

62) 「중견기업 성장촉진 및 경쟁력 강화에 관한 특별법 시행령」 제2조 제2항 제1호

63) 매출액은 기업회계기준에 따라 작성한 손익계산서상의 매출액으로 한다. 다만, 창업·분할·합병의 경우 그 등기일의 다음 날(창업의 경우에는 창업일)이 속하는 과세연도의 매출액을 연간 매출액으로 환산한 금액을 말한다. 또한, 과세연도가 1년 미만인 과세연도의 매출액도 1년으로 환산한 매출액을 말한다(조특령 §2④, 조특칙 §2④).

질 의   연구인력개발비(R&D) 세액공제를 적용할 때, R&D비용 증가 발생기준으로 계산시, 연구개발전담부서 인정일 이전에 지출한 R&D비용을 직전 4년간 발생한 R&D비용에 포함할 수 있는지 여부

회 신   기획재정부 조세특례제도과-150, 2014. 2. 18.

ㅇ 세액공제 대상 '연구·인력개발비'는 「조세특례제한법 시행령」 [별표 6]에서 정의하는 연구개발 또는 문화산업 진흥 등을 위한 기획재정부령으로 정하는 '전담부서에서 근무하는 직원의 인건비 등'을 말하는 것으로 증가 발생기준 계산시, 직전 4년간 발생한 R&D비용은 연구개발전담부서 인정일 이후에 발생한 비용만으로 계산함.

저자의 견해

ㅇ 조기통(10-9…2)을 근거로 직전 4년 발생한 R&D비용에 연구개발전담부서 인정일 이전 비용을 포함해야 한다고 유추 해석할 수 있으나, 조특통칙(10-9…2)은 법령 개정을 원인으로 최초로 세액공제 대상이 되거나 제외되는 비용에 대한 언급이므로, 본 건 연구개발전담부서 인정일 이전에 발생한 비용의 포함 여부와 쟁점이 달라 직접 인용하기에는 적절하지 않음.

ㅇ 구 「조세특례제한법」 제10조 제1항에서 규정하고 있는 세액공제 대상이 되는 R&D비용은 구 「조세특례제한법 시행령」 제9조 제2항과 [별표 6] 및 구 「조세특례제한법 시행규칙」 제7조 제1항의 규정에 의하여 연구개발전담부서로 지정받은 연구소에서 근무하는 자의 인건비 등을 의미하고 있음.

ㅇ 당기발생기준 계산시 연구개발전담부서 인정일 이전 비용은 세액공제 대상에서 제외되고 있는 바, 증가발생기준도 당해 과세연도와 동일한 기준으로 계산함이 타당

질 의   중소기업이 성장(매출 등 규모 확대)하여 중소기업 유예기간(4년)까지 경과한 후 관계기업(「조특령」 제2조 제2항 제3호 중 「중기령」 제3조 제1항 제2호 다목)에 해당하게 되어 중소기업 유예가 중단된 경우 일반 R&D세액공제율 적용 방법(중소기업 유예기간 종료 후 5개 과세연도 공제율 우대 적용 가능 여부 - 3년간 15%, 2년간 10%)

회 신   기획재정부 조세특례제도과-1097, 2015. 10. 2.

ㅇ 「조특법」 제10조 제1항 제3호 나목의 일반연구·인력개발비에 대한 세액공제 방식을 선택한 내국인이 같은 법 제10조 제1항 제3호 나목 2)에 따른 공제율을 적용받는 기간 중에 같은 법 시행령(2012. 2. 2. 대통령령 제23590호로 일부 개정된 것) 제2조 제2항 제3호 중 「중소기업기본법 시행령」(2011. 12. 28. 대통령령 제23412호로 일부 개정된 것) 제3조 제1항 제2호 다목에 해당되는 경우 해당 내국인의 소득세 또는 법인세에서 공제하는 일반 연구·인력개발비에 대한 세액공제 금액은 해당 과세연도에 발생한 일반 연구·인력개발비에 같은 법 제10조 제1항 제3호 나목 2)에 따른 비율을 곱하여 계산하는 것임.

저자의 견해

o 관계기업에 따른 중소기업 배제는 중소기업에 해당한다 하더라도 다른 요건상으로 중소기업에서 배제시키겠다는 것으로, 중소기업 졸업에 따른 일반 R&D세액공제율 적용과 직접적으로는 무관한 규정이며, 중소기업 졸업에 따른 일반 R&D세액공제율(15~10%)은 해당 규정상의 요건(「조특령」제9조 제3항)에 따라 충족 여부를 결정함이 타당

o 중소기업 졸업에 따른 R&D세액공제율이 적용되는 기간(졸업 후 5개 과세연도) 중에 별도의 해당 공제율 적용 중단 사유는 법령에 규정되어 있지 않은 바, 동 기간(졸업 후 5개 과세연도) 중 중소기업 졸업에 따른 일반 R&D세액공제율 적용은 가능하다고 봄이 타당

o 졸업기업의 급격한 세부담 증가를 완화하여 중소기업에서 중견기업으로의 성장을 지원한다는 제도의 도입 취지에 따라 중소기업 졸업 시 R&D세액공제율 우대기간을 보장해 줄 필요

5-1. 연평균발생액

5-1-1. 일반적인 경우

소급 4년간의 일반연구·인력개발비의 연평균 발생액[64]은 다음 계산식에 따라 계산한 금액으로 한다(조특령 §9⑤).

> 해당 과세연도 개시일부터 소급하여 4년간 발생한 일반연구·인력개발비의 합계액/해당 과세연도 개시일부터 소급하여 4년간 일반연구·인력개발비가 발생한 과세연도의 수(그 수가 4 이상인 경우 4로 한다) × 해당 과세연도의 개월 수/12

위 계산식을 적용할 때 개월 수는 월력에 따라 계산하되, 과세연도 개시일이 속하는 달이 1개월 미만인 경우에는 1개월로 하고, 과세연도 종료일이 속하는 달이 1개월 미만인 경우에는 산입하지 아니한다(조특령 §9⑦).

5-1-2. 합병법인 등의 경우

해당 과세연도 개시일부터 소급하여 4년간 발생한 일반연구·인력개발비의 합계액을 계산할 때 합병법인 등(합병법인, 분할신설법인, 분할합병의 상대방법인, 사업양수법인 또는 특정한 현물출자를 받은 법인)의 경우에는 합병 등(합병, 분할, 분할합병, 사업양도 또는 특정한 현물출자)를 하기 전에 피합병법인 등(피합병법인, 분할법인, 사업양도인 또는 현물출자자)으로부터 발생한 일반

---

64) 조기통 10-9…2【연구·인력개발비의 연평균발생액 계산】법령의 개정으로 최초로 세액공제대상이 되거나 제외되는 비용이 있는 경우 당해 과세연도 개시일부터 소급하여 4년간 발생한 연구 및 인력개발비의 합계액은 당해 과세연도와 동일한 기준에 상응하는 연구 및 인력개발비를 포함하여 계산한다.

연구·인력개발비는 합병법인 등에서 발생한 것으로 본다.[65] 다만, 피합병법인 등이 운영하던 사업의 일부를 승계한 경우로서 합병 등을 하기 전에 피합병법인 등이 해당 승계사업에서 발생한 일반 연구·인력개발비를 구분하기 어려운 경우에는 피합병법인 등에서 합병 등을 하기 전에 발생한 일반연구·인력개발비에 각 사업연도의 승계사업의 매출액이 총매출액에서 차지하는 비율과 각 사업연도 말 승계사업의 자산가액이 총자산가액에서 차지하는 비율 중 큰 것을 곱한 금액을 피합병법인 등에서 발생한 일반연구·인력개발비로 본다(조특령 §9⑥). 여기서 '특정한 현물출자'라 함은 사업장별로 그 사업에 관한 권리(미수금에 관한 것을 제외한다)와 의무(미지급금에 관한 것을 제외한다)를 포괄적으로 출자하는 것을 말한다(조특칙 §7의2).

예제

법인분할시 연구 및 인력개발비 승계방법(재경부 조세지출예산과-157, 2004. 3. 15.)

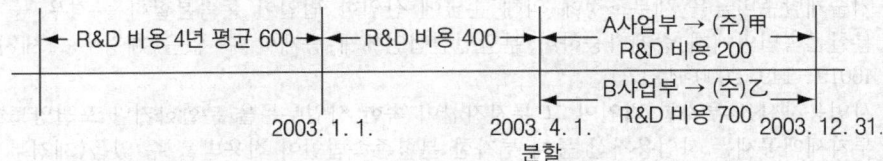

* 분할신설법인의 승계사업의 자산총액비율(55%), 매출액비율(60%)

위와 같이 사업부 A·B를 영위하는 (주)甲이 사업연도 중에 분할되어 사업부 B가 (주)乙로 분할신설되고 (주)甲은 존속하는 경우에 분할 전 2003. 1. 1.~2003. 3. 31. 기간 중 분할법인 (주)甲에서 발생한 연구개발비 400의 (주)甲과 (주)乙에의 배분기준과 (주)甲 및 (주)乙의 연구 및 인력개발비세액공제액은?

저자의 견해

1. 분할의 유형
   ○ 분할법인이 분할 후 존속하는 경우(존속분할)

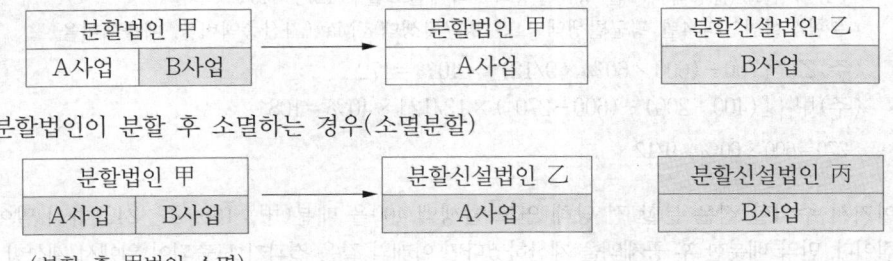

   ○ 분할법인이 분할 후 소멸하는 경우(소멸분할)

(분할 후 甲법인 소멸)

---

65) 조기통 10-9…3 【분할 등이 속하는 사업연도에 발생한 연구 및 인력개발비 계산】 조특법 제10조 제1항 각호의 규정에 의한 "당해 과세연도에 발생한 연구 및 인력개발비"를 계산함에 있어서 내국법인이 분할·분할합병·사업양도 또는 현물출자(이하 "분할 등"이라 한다)를 한 후 존속하는 경우 분할·분할합병·사업양도 또는 현물출자일(이하 "분할일 등"이라 한다)이 속하는 사업연도 개시일부터 분할일 등의 전일까지 분할 등을 하기 전 분할법인·사업양도법인 또는 현물출자법인으로부터 발생한 연구 및 인력개발비는 분할 등을 한 후 분할법인·사업양도법인 또는 현물출자법인에서 발생한 것으로 본다.

2. 분할 전 2003. 1. 1.~2003. 3. 31. 기간 중 발생한 연구개발비 400의 배분기준?
   ○ 분할하기 전 2003. 1. 1.~2003. 3. 31. 기간 중 분할법인에서 발생한 연구개발비는 분할존속법인에 전부 귀속한다.

이유

기존 예규 등에서 분할존속법인이 있는 분할의 경우에 이월된 미공제세액의 승계를 분할존속법인에게만 허용하고, 분할 전 투자자산에 대한 임시투자세액공제도 분할존속법인에게만 허용하고 있는 바와 같이 분할법인과 분할존속법인의 법적 실체는 동일하므로 분할법인에게 발생한 연구개발비의 경우도 분할존속법인의 비용으로 승계되는 것이 타당하다. 또한, 분할신설법인은 분할기업과는 법적 실체가 완전히 다른 별개의 기업으로서 분할신설법인이 설립되기 이전에 분할법인에게 발생한 연구개발비 중 일부를 분할신설법인에게 승계시킴은 타당하지 아니하다.

관련예규

- 기술개발준비금을 세무조정에 의해 손금에 산입한 법인이 존속분할하는 경우 동 준비금은 분할존속법인에게 승계가능하며 분할신설법인에게 승계할 수 없음(재경부 조세지출예산과 46019-149, 2000. 4. 17.).
- 사업용자산을 투자한 법인이 그 투자자산이 속한 사업부문을 분할하거나 포괄양도하는 경우 투자세액공제는 사업용자산 등에 투자한 분할존속법인이 적용받을 수 있음(재경부 조세지출예산과 46019-31, 2002. 3. 8.).

3. (주)甲 및 (주)乙의 연구 및 인력개발비세액공제액은?
   ① 당해 연도 발생분에 대한 세액공제액 계산(甲, 乙이 중소기업)〈공제율 15%로 가정〉
   (주)甲 : $(400+200) \times 15\% = 90$
   (주)乙 : $700 \times 15\% = 105$
   ② 증가분 방식에 의한 세액공제액 계산(甲, 乙이 대기업)〈공제율 40%로 가정〉
   * [당해 연도 발생액 - (4년 평균발생액 × 과세연도월수/12)] × 40%
   * 분할신설법인의 4년 평균발생액 : 4년 평균발생액 × Max(자산총액비율, 매출액비율)

   (주)乙 : $[700 - (600 \times 60\% \times 9/12)] \times 40\% = 172$
   (주)甲 : $[(400+200) - (600-270^*) \times 12/12] \times 40\% = 108$

   * $270 = 600 \times 60\% \times 9/12$

여기서 주의할 점은 분할 전 당해 연도 발생액 400을 배분(甲 : 160, 乙 : 240)하지 말아야 한다는 점이다. 만약 배분한 후 공제액을 계산하였다면 아래와 같은 결과가 도출되어 위에서 계산한 세액공제액 총액인 280과 동일하나 분할일 전 발생한 연구개발비가 어느 기업에 귀속되는가에 따라 기업별 세액공제액에 차이를 보이게 된다.

   (주)乙 : $[(700+240) - (600 \times 60\% \times 12/12)] \times 40\% = 232$
   (주)甲 : $[(200+160) - (600-360^*) \times 12/12] \times 40\% = 48$

   * $360 = 600 \times 60\% \times 12/12$

연구 **분할신설법인의 증가분방식 R&D비용세액 공제액 계산시 직전 4년간 연평균발생액 산정방법**

□ (주)甲이 2008년 9월 1일 분할하여 (주)甲(분할존속법인)과 (주)乙(분할신설법인)이 된 경우
  ○ 2009년 R&D 비용 세액공제액을 증가분 방식에 따라 산정하는 경우 직전 4년간 발생한 R&D 비용의 연평균 발생액은 계산방법은?

  <방법 1> (① + ②) / 4
  <방법 2> [(① + ②) × 48/40] / 4

  ① (주)乙의 분할 이후부터 과세연도 종료일까지 (주)乙에서 발생한 R&D 비용
  ② (주)甲의 직전 3개 과세연도 R&D 비용 중 (주)乙 해당분(안분 금액)
    * 매출액 비율 및 자산가액 비율 중 큰 것으로 안분

(저자의 견해) 방법 1이 타당(재조특 −824, 2013. 9. 24.)

• 조특법 기본통칙 10−9…3은 분할일이 속하는 과세연도 개시일부터 분할일 등의 전일까지 분할등을 하기 전 분할법인으로부터 발생한 R&D비용은 분할 후 분할법인에서 발생한 것으로 보도록 규정하고 있으므로 동 기간 동안 분할신설법인에서 발생한 R&D 비용은 '0'으로 볼 수 있음.

• 분할일이 속하는 과세연도 개시일부터 분할시까지 발생한 R&D비용은 (주)甲의 증가분 계산시 반영이 되므로,
  ○ (주)乙의 R&D 비용 발생기간을 4년 전체 기간으로 보아 계산하는 것이 합리적

• R&D 비용을 48개월로 환산하는 것은 법령상 근거가 없음.

5−2. 발생금액 및 세액공제연도

내국인이 지출한 금액 중 발생한 연구·인력개발비를 세액공제한다고 규정하고 있어 지급주의와 발생주의가 혼용된 것으로 볼 여지도 있다. 하지만, 연구·인력개발비에 대한 세액공제를 당해 과세연도 중 발생주의 기준으로 발생한 각 과세연도마다 공제한다(조기통 10−0…1 ①)고 실무가 이루어지고 있고, 연혁적으로도 종전의 지급주의에서 2000년 조특법 개정시 기업회계에 맞추어 발생주의 기준으로 변경하였고 이는 2001. 1. 1. 이후 최초로 개시하는 과세연도분부터 적용하는 점 등을 참고할 필요가 있다.

6 │ 구분경리

신성장·원천기술연구개발비를 적용받으려는 내국인은 신성장동력·원천기술연구개발비 및 일반연구·인력개발비를 각각 별개의 회계로 구분경리하여야 한다(조특법 §10④). 이 경우 신성장동력·원천기술연구개발비가 일반연구·인력개발비와 공통되는 경우에는 해당 비용을 전액 일반연구·인력개발비로 하거나 다음의 구분에 따라 신성장동력·원천기술연구개발비 및 일반연구·인력개발비로 안분계산하여 구분경리해야 한다(조특령 §9⑧, 조특칙 §7⑭66)).

① 인건비 및 위탁·공동연구개발비에 해당하는 공통비용의 경우 : 전액 일반연구·인력개발비로 한다.

② 위 ① 외의 공통비용의 경우 : 다음의 ㉮ 및 ㉯의 구분에 따른다.

㉮ 신성장동력·원천기술연구개발비 : 다음의 계산식에 따른 비용67)

$$① \ 외의 \ 공통비용 \times \frac{㉠}{㉠ + ㉡}$$

* ㉠ : 신성장동력·원천기술연구개발업무 관련 인건비(조특령 제9조 제1항 제1호 가목)68)
㉡ : 자체연구개발 관련 인건비[영 별표 6 제1호 가목 1)]

㉯ 일반연구·인력개발비 : ① 외의 공통비용에서 ㉮의 비용을 제외한 비용

7 │ 작성·보관

본조의 세액공제를 적용받으려는 내국인은 해당 과세연도에 수행한 연구개발 과제별로 연구개발계획서, 연구개발보고서 및 연구노트를 작성(일반연구·인력개발비를 적용받는 경우에는 연구개발계획서 및 연구개발보고서만 작성한다)하고 해당 과세연도의 종료일로부터 5년 동안 보관해야 한다(조특령 §9⑨,69) 별지 제3호의2 서식).

---

66) 2019년 개정시 신설된 내용이다.

67) (종전) 견본품, 원재료비 등(일반 R&D와 신성장 R&D에 공통되는 경우 일반 R&D) → (개정) 견본품, 원재료비 등 요건완화(일반 R&D와 신성장 R&D에 공통되는 경우 연구인력 인건비를 기준으로 안분) : 신성장 R&D 비용 세액공제 세제지원 확대(2019. 1. 1. 이후 개시하는 과세연도 분부터 적용)

68) 조특령 제9조 제2항 제1호 가목의 오타로 보임.

69) 종전에는 R&D 비용 세액공제시 제출서류가 세액공제 신청서, R&D 비용 명세서 외 증빙자료 양식이 별도로 없었다. 이에 적격 R&D 활동에 대한 사후관리가 미비하여 세액공제가 남용된다는 지적이 있어 2019. 2. 12. 조특령 개정시 증빙자료 제출의무를 강화하는 내용이 신설되었고, 동 사항은 2020. 1. 1.부터 시행된다.

8 │절차

본조의 세액공제를 적용받으려는 내국인은 과세표준신고를 할 때 세액공제신청서, 연구 및 인력개발비명세서 및 증거서류를 납세지 관할 세무서장에게 제출하여야 한다(조특법 §10③, 조특령 §9⑩). 다만, 내국인은 신고를 하기 전에 지출한 비용이 연구·인력개발비에 해당하는지 여부 등에 관해 국세청장에게 미리 심사하여 줄 것을 요청할 수 있으며, 이 경우 심사 방법 및 요청 절차 등에 필요한 사항은 국세청장이 정한다(조특령 §9⑬).[70)]

연구·인력개발비 세액공제 사전심사 사무처리규정(국세청 훈령 제2426호, 2021. 3. 2.)

제2조【정의】이 규정에서 사용하는 용어의 정의는 다음 각 호와 같다. 다만, 이 규정에서 특별히 정하지 아니한 것은 「국세기본법」 및 관련 세법이 정하는 바에 따른다.

1. "연구·인력개발비 세액공제 사전심사(이하 "사전심사"라 한다)"란 「조세특례제한법」 제10 조에 따른 연구·인력개발비 세액공제를 적용받으려는 내국인이 연구·인력개발비 세액공제 신청을 하기 전에 지출한 비용이 「조세특례제한법 시행령」 제9조에 따른 연구·인력개발비에 해당하는지 여부 등에 관해 국세청장에게 미리 심사하여 줄 것을 요청할 수 있는 제도를 말한다.

5. "감면법인 사후관리"란 「조세특례제한법」에 따라 조세를 감면 또는 공제받은 법인에 대해 법령에 정한 사후관리요건의 이행 여부 또는 세원관리상 필요에 따라 서면 또는 현장확인 방법 등으로 관리하는 것을 말한다.

6. "사전심사 담당"이란 사전심사 업무에 종사하는 국세공무원과 제17조에 따른 외부위원을 말한다.

제4조【업무의 총괄 및 집행 부서】① 국세청장(공익중소법인지원팀장)은 사전심사 업무를 총괄 한다.
② 신청기업의 본점 또는 주사무소 소재지 관할 지방국세청장(법인세과장)은 사전심사 업무를 집행한다.

제7조【신청인】「조세특례제한법」 제10조에 따른 연구·인력개발비 세액공제를 적용받고자 하는 내국인은 사전심사를 신청할 수 있다.

제8조【대리인】① 신청인이 사전심사 신청을 대리인에게 위임한 경우에는 이를 본인이 신청한 것으로 본다.

[70)] 과세관청에 R&D 활동 검증 전담 부서가 없고 적격 R&D 활동에 대한 납세자·과세관청 간 소통창구가 미비하여 기업의 세무리스크가 과도하다는 지적에 따라 기업들의 R&D 비용 세액공제 관련 납세협력비용 완화 측면에서 2019. 2. 12. 조특령 개정시 기업이 국세청에 적격 R&D 해당 여부를 사전에 신청하여 심사받을 수 있는 근거를 마련하였다. 위 내용은 2020. 1. 1.부터 시행된다.

제9조 【신청대상】 ① 내국인이 지출하였거나 지출 예정인 연구·인력개발비와 관련된 다음 각 호의 어느 하나에 해당하는 사항을 신청대상으로 한다. 지출 예정인 연구·인력개발비란 이미 지출 중이거나 가까운 장래에 지출할 것임이 객관적인 증명서류에 의해 확인되는 연구·인력개발비를 의미한다.

1. 연구·인력개발 활동이 「조세특례제한법」 제2조에 따른 연구·인력개발의 정의에 부합하는지 여부

2. 연구·인력개발비가 세법상 공제대상에 해당하는지 여부

② 다만, 연구개발 대상 기술이 「조세특례제한법 시행령」 별표 7의 신성장·원천기술의 범위에 포함 되는지 여부에 관한 사항은 같은법 시행령 제9조 제12항에 따른 신성장·원천기술심의위원회에 심의를 신청하여야 한다.

제10조 【신청기한 및 방법】 ① 신청인은 「법인세법」 및 「소득세법」에 따른 과세표준신고를 하기 전에 사전심사를 신청할 수 있다. 다만, 세액공제 신청 누락분에 대해서는 「국세기본법」에 따른 경정청구, 수정신고, 기한 후 신고를 하기 전까지 신청할 수 있다.

② 제1항에 따른 신청기한까지 「연구·인력개발비 세액공제 사전심사 신청서(별지 제2호 서식)」, 「연구개발비 명세서(별지 2-1호 서식)」, 「연구개발 보고서(별지 2-2호 서식)」, 그 밖의 공제대상 연구·인력개발비임을 증명하는 서류를 우편, 전자(홈택스), 직접방문의 방법으로 제출하여야 한다.

제13조 【심사제외】 국세청장(공익중소법인지원팀장 또는 지방국세청장(법인세과장)은 신청내 용이 다음 각 호의 어느 하나에 해당하는 경우에는 심사를 제외할 수 있다. 이 경우 그 사유를 서면으로 신청인에게 통지하여야 한다.

1. 「조세특례제한법 시행령」 제9조 제12항에 규정된 신성장·원천기술 심의위원회에서 심의할 사항에 대하여 사전심사를 신청한 경우

2. 이미 연구·인력개발비 세액공제를 신청한 경우. 다만, 세액공제 신청을 누락한 비용에 대하여는 그러하지 아니한다.

3. 제11조에 따른 보완요구에 대해 보완하지 아니한 경우

4. 정당한 사유없이 답변이나 자료 제출을 거부하는 경우

5. 단순 법령해석 사항인 경우

6. 그 밖의 사유로 심사를 진행하기 곤란한 경우

제16조 【심사효력】 신청인이 제15조에 의한 심사결과 통지를 신뢰하고, 통지내용에 따라 「조세특례제한법」에 규정된 연구·인력개발비 세액공제를 신청한 경우에는 해당 세액공제 금액에 대해 다음 각 호와 같은 효력을 부여한다. 단, 심사과정에서 부정확한 서류를 제출하거나, 사실관계의 변경·누락및 탈루혐의가 있는 경우에는 그러하지 아니한다.

1. 「국세기본법」 제48조(가산세 감면 등)제1항 제2호에 따라 과소신고가산세를 부과하지 아니한다.

2. 위 통지내용에 해당하는 부분은 연구·인력개발비에 대한 신고내용 확인 및 감면법인 사후관리 대상에서 제외한다.

제17조【외부위원 위촉 등】① 국세청장(공익중소법인지원팀장)은 연구개발 관련 전문가 등(이하 "외부위원"이라 한다)을 외부위원으로 위촉할 수 있으며, 외부위원은 사전심사 담당 공무원과 함께 사전심사 업무에 참여할 수 있다.

② 국세청장(공익중소법인지원팀장)은 「신성장·원천기술심의위원회 운영 세칙」 제5조에 규정된 전담기관에 외부위원 위촉과 관련하여 협조를 요청할 수 있다.

9 │ 연구개발비 인정 범위 제한

9-1. 서비스분야 연구개발비 범위

앞의 내용을 적용할 때 새로운 서비스 및 서비스전달체계를 개발하기 위한 활동에 지출한 금액 중 과학기술분야와 결합되어 있지 아니한 금액에 대해서는 자체 연구개발에 지출한 것에 한정한다(조특법 §10⑤). 과학기술분야 중심의 연구개발비는 연구개발에 필요한 비용으로서 별표 6(조특령)에 정하는 비용으로 적용(자체연구개발, 위탁 R&D, 재위탁 R&D, 공동연구개발)하나, 서비스분야 연구개발비 중 과학기술분야와 결합되어 있지 아니한 금액은 자체연구개발비로 그 범위가 축소된다.

9-2. 자체 연구개발비 세액공제 배제

자체 연구개발에 지출하는 연구개발비가 아래의 사유로 인하여 연구개발비에 해당하지 아니하게 되는 경우에는 사유발생일 이후 지출하는 금액에 대하여 본조의 세액공제를 적용하지 아니한다(조특법 §10⑥).

9-2-1. 사 유

다음의 어느 하나의 해당하는 경우를 말한다(조특령 §9⑮).

(1) 기업부설연구소 또는 연구개발전담부서의 인정이 취소된 경우[71]

(2) 기업부설창작연구소 또는 기업창작전담부서의 인정이 취소된 경우[72]

---

71) 「기초연구진흥 및 기술개발지원에 관한 법률」 제14조의3 제1항 각 호
72) 「문화산업진흥 기본법」 제17조의3 제4항 각 호

9-2-2. 사유발생일

위 인정취소의 사유별로 다음의 구분에 따른 날을 말한다(조특령 §9⑯).

(1) 거짓 또는 그 밖의 부정한 방법으로 기업부설연구소 등으로 인정을 받거나 변경신고를 한 경우, 거짓이나 그 밖의 부정한 방법으로 창작연구소등으로 인정받은 경우로 인정이 취소된 경우[73] : 인정일이 속하는 과세연도의 개시일

(2) 기업부설연구소등이 소속된 기업이 기업부설연구소등의 인정취소를 요청한 경우, 기업부설연구소등이 소속된 기업이 폐업하거나 기업부설연구소등의 폐쇄 사실을 과학기술정보통신부장관이 확인한 경우, 변경신고를 변경사유가 발생한 날부터 1년 이내에 하지 아니한 경우, 기업부설연구소등의 연구개발활동이 없다고 과학기술정보 통신부장관이 인정한 경우, 다른 법률에 따라 기업부설연구소등의 연구개발활동이 제한된 경우로 인정이 취소된 경우[74] : 인정취소일

(3) 인정기준에 미달되어 과학기술정보통신부장관이 그 보완을 명한 날부터 1개월이 지날 때까지 미달된 사항을 보완하지 아니한 경우 또는 기업부설연구소등이 준수사항을 위반한 경우, 기업부설창작연구소 또는 기업창작전담부의 인정기준을 위반한 경우로 인정이 취소된 경우[75] : 인정취소일이 속하는 과세연도의 개시일

10 | 조세특례제한 등

10-1. 최저한세의 적용

2003년 말 조특법을 개정하여 중소기업의 연구개발 활성화를 지원하기 위하여 연구 및 인력개발비세액공제액 전액에 대하여 최저한세 적용을 배제하고, 대기업의 경우 연구개발비의 대부분을 차지하는 석·박사급 핵심연구인력인건비분에 대한 최저한세 적용을 배제하여 연구개발 활성화를 지원하였다. 이에 대한 적용시기는 2004. 1. 1. 이후 개시하는 과세연도에 발생하는 분부터 적용한다. 한편 2011년 말 조특법 개정시 대기업의 경우 R&D에 대해서 충분히 세제지원을 하고 있는 점과 다른 세액공제와의 과세형평성 등을 고려하여 대기업의 R&D 세액공제 금액은 최저한세를 적용하도록 하였다. 이는 2012. 1. 1. 이후 최초로 개시하는

---

73) 「기초연구진흥 및 기술개발지원에 관한 법률」 제14조의3 제1항 제1호 또는 「문화산업진흥 기본법」 제17조의3 제4항 제1호

74) 「기초연구진흥 및 기술개발지원에 관한 법률」 제14조의3 제1항 제2호, 제3호, 제5호, 제6호 및 제8호

75) 「기초연구진흥 및 기술개발지원에 관한 법률」 제14조의3 제1항 제4호·제7호 또는 「문화산업진흥 기본법」 제17조의3 제4항 제2호

과세연도분부터 적용한다. 자세한 내용은 제132조의 해설을 참고하기로 한다.

10 – 2. 공제세액의 이월공제

최저한세 규정의 적용으로 인하여 당해 과세연도에 공제받지 못한 부분에 상당하는 연구 및 인력개발비에 대한 세액공제액은 차기 이후의 과세연도에 이월하여 공제가 가능하다.

10 – 3. 추계과세시 적용배제

각 과세연도의 소득금액을 계산함에 있어서 추계과세[76]를 하는 경우에는 연구 및 인력개발비세액공제는 적용하지 아니한다.

10 – 4. 감면분 농어촌특별세 비과세

농어촌특별세는 감면을 받는 소득세 · 법인세에 100분의 20을 곱하여 계산한 금액을 그 세액으로 한다(농특세법 §5). 하지만 본조는 농어촌특별세를 비과세한다(농특세령 §4⑥).

---

76) 소득세법 제80조 제3항 단서 또는 법인세법 제66조 제3항 단서

11 | 관련사례

구 분	내 용
	조세특례제한법 시행령 별표 6의 '국내외 기업의 연구기관'은 「기초연구진흥 및 기술개발지원에 관한 법률」 제14조 제1항 제7호의 '그 밖에 연구 인력·시설 등 대통령령으로 정하는 기준에 해당하는 국내외 연구 기관'을 의미하는 것은 아니며, 국내외 기업의 연구기관에 해당하는지 여부는 해당 기관의 연구 인력·시설현황, 연구실적 등 구체적인 사실관계를 고려하여 종합적으로 판단할 사항임(기획재정부 조세특례제도과-423, 2019. 5. 30.).
	기업부설연구소의 승인일 이전에 발생한 인건비는 연구 및 인력개발비 세액공제 를 적용받을 수 없음(서면2팀-474, 2007. 3. 21.).
	연구·인력개발비세액공제 요건 중 기업부설연구소가 반드시 독립된 공간에 격리되어 있어야 하는 것은 아니며, 세액공제액의 산출방법을 선택할 수 있는 경우 과세관청은 납세의무자에게 유리한 방법을 적용하는 것이 타당함(국심 2004서629, 2004. 12. 15.).
전담부서등	조특령 [별표 6]에서 정한 기관에서 기술개발용역을 위탁하거나 이들 기관과의 공동기술개발을 수행하는 법인은 연구개발전담부서를 설치하지 않은 경우에도 연구 및 인력개발비세액공제를 적용받을 수 있는 것임(서이 46012-12204, 2003. 12. 29.).
	기업 내의 연구개발전담부서가 기술개발촉진법상 해당요건을 갖추면 관련비용은 기술 및 인력개발비세액공제대상이며 과학기술처장관에게 신고한 것에 한하지 않음(대법원 2001. 1. 16. 선고 99두11943 판결).
	전담부서에 근무하는 연구원이라도 기술개발을 위한 연구업무를 전담하는 경우에 한하여 그 인건비에 대하여 쟁점세액공제가 적용되고, 전담부서에 근무하는 지원인력이라도 연구업무 전담연구원의 연구업무만을 직접적으로 지원하는 경우에 한하여 그 인건비에 대하여 쟁점세액공제가 적용된다고 해석하여야 할 것인바(대법원 2011. 6. 24. 선고 2011두6844 판결 ; 서울고등법원 2011. 2. 10. 선고 2010누25635 판결, 같은 뜻임), 이 건의 경우 쟁점인건비 중 ○○원(전체 69%) 상당액은 연구개발 업무와 무관한 각종 시험의 원서 접수 등의 일상 업무를 주로 하고 지출된 비용으로 보이고, ○○원(전체 31%) 상당액은 전업적으로 연구개발을 한 것이 아닌 겸업자임이 성과평가서에 나타나는 점 등에 비추어 청구법인의 연구개발 인력이 운영부서 업무에 일시적으로 관여하였다는 청구 법인의 주장을 받아들이기 어렵다고 보이므로 처분청이 쟁점세액공제를 부인하고 과세한 이 건 처분은 잘못이 없다고 판단된다(조심 2012서523, 2012. 8. 6.).

구 분	내 용
	연구소가 별도의 독립된 연구공간을 갖추지 아니하고, 연구원이 연구활동에만 전념하는 것이 아니라 일반사원과 혼재된 채 일반매출활동에도 참여하고 있는 경우에 연구 및 인력개발비 세액공제 적용을 배제함이 타당함(대법원 2011. 6. 24. 선고 2011두6844 판결).
전담부서등	연구전담요원으로 등재 안 된 '주주임원'인 기업부설연구소소장의 인건비를 연구업무전담부서 종사자로서 연구 및 인력개발비세액공제대상으로 볼 수 있는지와 관련하여 과학기술분야의 '연구업무전담부서' 종사자로서 실질상 전업적으로 연구개발 관련업무에 종사하는 경우에는 세액공제 대상이 된다(재조예 46070-202, 2000. 5. 31.). '기업부설연구소장'은 회사의 임원을 겸하고 있으며, 연구전담요원으로 등재되어 있지 아니 하지만(질의자가 산업기술진흥협회에 제시한 최초 질의서에 명시함), 세법에서는 연구전담요원의 등재 여부에 불구하고 실제 연구업무에의 전업적인 종사 여부가 관건이다. 이 건처럼 연구소장이 관리업무, 마케팅 등 비연구업무를 주로 담당하였다면 세액공제대상이 되지 아니한다. 또한, 동 기업부설연구소장은 '주주인 임원'에 해당되므로 주주인 연구요원 등의 경우 지배주주, 총발행주식의 10% 이상 초과보유 및 특수관계자인 연구요원 등의 인건비는 지원대상연구개발비에서 제외된다. 따라서 '주주임원'인 기업부설연구소장의 인건비는 앞의 사항을 사실판단하여 세액공제 적용 여부를 결정하여야 할 것이다.
자체기술개발비용	제조업을 영위하는 내국인이 기술개발활동을 위하여 연구개발전담부서에서 지출하는 인건비, 부품·원재료비 등의 비용은 연구 및 인력개발비세액공제를 적용받을 수 있는 것이며, 이 경우 동 기술개발활동이 거래처의 납품의뢰에 따른 경우에도 동일하게 적용하는 것이므로 납품업체가 자기책임과 비용으로 납품조건을 충족하기 위해 선행개발된 기술을 바탕으로 자체기술에 의한 상품화 개발 및 Application 개발을 수행하는 과정에서 발생한 연구개발전담부서의 연구개발 관련비용은 자체기술개발비용에 해당하는 것임(재경부 조세지출예산과-641, 2006. 9. 20.). ⇒ 저자의 견해 : ① 세액공제대상 연구개발활동에 해당한다(납품업체가 보유한 선행기술을 기본으로 납품조건에 맞도록 설계·시험제작·시험평가 등을 수행하는 활동은 연구활동의 범위에 해당되며, 신기술개발 및 성능향상을 통한 기업경쟁력 강화를 지원하기 위한 R&D 세액공제제도의 목적과도 부합됨) ② 자체기술개발활동에 해당한다(자기의 비용과 책임으로 상품화 개발을 수행하며, 납품된 제품에 대한 품질보증의 책임이 있고, 상품화개발과정에서 신기술 개발시 납품업체가 특허권을 가지며 동 기술을 이용하여 변형된 제품을 다른 업체에 납품할 수도 있음) ③ 조세특례제한법에서 자체기술개발의 범위를 연구개발전담부서에서 지출하는 인건비·재료비 등으로 정하고 있으므로, 거래처의 납품의뢰 여부와 관계없이 전담부서에서 지출하는 비용에 대하여 세액공제 적용하는 것이 타당하다(조세특례제한법

구 분	내 용
자체기술개발비용	에서는 공제대상 연구활동의 요건을 일일이 규정하지 않고 전담부서에서 지출되는 비용으로 폭넓게 규정하였음) ④ [별표 6] 상 '자체기술개발'은 '위탁 및 공동기술개발'에 대응되는 개념이며, 납품의뢰에 따른 기술개발을 제외하는 의미는 아니다.
	시제품 제조에 사용되는 연구용 금형을 제작하기 위해 지출한 외주가공비는 「조세특례제한법 시행령」 별표 6(2020. 2. 11. 대통령령 제30390호로 개정되기 전) 제1호 가목 2)의 '시범제작에 소요되는 외주가공비'에 포함되는 것이며, 회신일 이후 신고분(결정·경정 포함)부터 적용하는 것임(기획재정부 조세특례제도과 -245, 2021. 3. 24.).
	쟁점금형비는 신차 양산 전에 설계품질을 확인할 목적으로 제작되는 시작(내구나 법규대응 확인단계로 생산라인을 통하지 않고 제작) 차량을 제작하기 위해 투입되는 금형인 시작금형을 제작하는데 발생하는 외주가공비에 해당하는바, 연구인력개발비 세액공제대상에 해당한다고 봄이 타당함(조심 2021인5767, 2022. 12. 6.).
분할신설법인의 중견기업 판단방법	연구·인력개발비에 대한 세액공제를 적용할 때, 분할신설법인은 분할 전 발생한 각 사업연도 매출액 중 승계한 사업부문에 상당하는 매출액을 기준으로 같은 법 시행령 제9조 제4항 제4호 '직전 3개 과세연도 매출액의 평균금액'을 계산하는 것이며, 승계한 사업부문에 상당하는 매출액이 구분경리되지 않은 경우에는 각 사업연도말 승계사업의 자산가액이 총자산가액에서 차지하는 비율로 각 사업연도의 매출액을 안분하는 것입니다. 이때 관계기업에 속하는 법인이라 하더라도 중견기업 판단시에는 직전 3년 매출액을 합산하지 아니하는 것임(서면법규과-500, 2014. 5. 19.).
인건비	이월세액공제액의 증액을 구하는 것은 국세기본법 제45조의2에서 규정한 경정청구 사유에 해당하지 아니하며, 확정기여형 퇴직연금제도에 기초하여 지급한 퇴직연금보험료는 구 조세특례제한법 제10조 제1항이 정한 연구인력개발비 세액공제의 대상이 되는 인건비에 해당함(대법원 2019두62352, 2020. 4. 9.).
	잉여금의 처분방식이 아닌 성과급 지급액이 신성장동력 연구개발비 세액공제 대상에서 제외되는지 여부(기획재정부 조세특례제도과-496, 2018. 6. 22.) : 조세특례제한법 시행령 별표 6 제1호 가목 1) 다)에 따라 인건비에서 제외되는 "「법인세법 시행령」 제20조 제1항 각 호에 따른 성과급 등"은 잉여금의 처분을 손비로 계상한 금액으로서 「법인세법 시행령」(2018. 2. 13. 대통령령 제28640호로 개정하기 전의 것) 제20조 제1항 각 호에 따른 성과급을 의미하는 것임.
	내국법인이 「국민연금법」에 따라 2013. 1. 1. 이후 납입·적립하는 사용자부담금도 연구·인력개발비 세액공제 대상 인건비에 포함되는 것임(기준-2018-법령해석법인-0020, 2018. 6. 15.).

구 분	내 용
인건비	국민건강보험법에 따라 사용자인 법인이 부담하는 건강보험료 등 소득세법(2013. 1. 1. 법률 제11611호로 개정된 것) 제12조 제3호 너목에 따른 비과세 근로소득은 해당 세액공제의 대상이 되는 인건비에 포함하는 것임(서면법규-752, 2014. 7. 17.).
	과학기술부장관에게 신고한 기업 내의 연구개발전담부서의 연구요원이 다른 기업에서 연구업무를 수행하는 경우 연구개발전담부서에서 근무하는 자로 볼 수 없는 것임(서면2팀-707, 2008. 4. 16.).
	전담부서에서 근무하는 '연구요원의 인건비'라 함은 그 명칭여하에 불구하고 급여의 성격을 지닌 비용을 말하는 것이며, 따라서 「소득세법」 제12조 제4호에서 규정하고 있는 비과세 근로소득도 연구요원의 인건비에 해당되는 것임(서면 2팀-62, 2007. 1. 9.).
	전담부서에서 근무할 직원에게 지급한 '이직료'는 기술 및 인력개발비 세액공제 대상 '인건비'에 포함 안됨(법인 46012-147, 2001. 1. 16.).
	내국법인의 「조세특례제한법 시행규칙」 제7조 제1항 제1호에 따른 기업부설 연구소 또는 연구개발전담부서에 근무하는 직원이 해당 법인으로부터 부여받은 주식매수선택권을 해당법인에서 근무하는 기간 중 행사함으로써 얻은 이익은 「조세특례제한법 시행령」(2019. 2. 12. 대통령령 제29527호로 개정된 것) 부칙 제24조 관련 [별표 6의3] 제1호 가목 1)의 본문에 따른 인건비에 해당하는 것임(사전-2019-법령해석법인-0640, 2020. 3. 31.). * 종전 R&D 비용 세액공제 대상 인건비에서 손금으로 인정되는 이익처분 성과급 제외 : 「법인세법 시행령」 제20조의 손금으로 인정되는 이익처분 성과급 (차액보전형 주식매수선택권, 성과배분상여금, 우리사주조합을 통하여 자기주식으로 지급하는 성과급)
	「조세특례제한법 시행령」 별표 6(2019. 2. 12. 대통령령 제29527호로 개정되기 전의 것) 제1호 가목 1)의 자체연구개발비에서 제외되는 퇴직소득・퇴직급여 충당금・성과급 등에 확정기여형 퇴직연금보험료가 포함되지 않는 것임(기획재정부 조세특례제도과-72, 2021. 1. 22).
견본품・원재료 등	연구개발전담부서에서 연구개발 과정상 시제품을 제작하는 데 사용하는 초도금형 비용은 연구・인력개발비세액공제를 적용받는 비용에 해당하지 아니하는 것임(재조세-544, 2004. 8. 3.).
	화학공장에서 공정기술 Know-How를 취득하기 위한 기술개발 연구에 소비된 기기는 전담부서에서 연구용으로 사용하는 견본품・부품・원재료와 시약류 구입비에 해당하지 아니하는 것임(서이 46012-12123, 2002. 11. 27.).
연구・시험용 시설	기업의 연구개발전담부서용 건물의 임차료는 세액공제대상이 되는 기술 및 인력개발비에 해당되지 아니함(법인 22601-771, 1990. 4. 2.).

구 분	내 용
위 탁	내국법인이 바이오시밀러의 연구개발에 필수적인 임상시험연구과정을 국외 임상시험전문기관에 위탁하면서 임상시험 과정에서 사용되는 연구용 바이오시밀러(바이오의약품의 복제약) 및 대조약(오리지널 바이오의약품)을 「의약품 안전에 관한 규칙」 등에 따라 내국법인이 자체 생산하거나 구입하여 임상사이트(의료기관)에 제공하는 경우, 해당법인이 부담한 연구용 바이오시밀러의 자체 생산비용 또는 대조약 구입비용은 연구·인력개발비에 해당하는 것임(사전법령법인-65, 2015. 7. 22.).
	재위탁한 연구개발비 중 별표 6의 규정에서 정한 전담부서 등을 보유한 업체에게 지급한 비용은 세액공제의 적용대상으로 인정하는 것이 타당하다(조심 2011서 1923, 2012. 6. 8. 합동회의 같은 뜻임).
	금융보험업을 영위하는 법인이 연구개발전담부서를 보유한 기업에게 전산시스템 개발을 위탁함에 따른 비용은 연구 및 인력개발을 위한 비용에 해당하는 것임(재경부 조세지출예산과-36, 2005. 1. 13.).
	전담부서를 보유한 수탁업체에게 기술개발용역을 위탁한 이상 설사 재위탁이 이루어졌다고 하더라도 재수탁업체의 전담부서 보유 여부를 불문하고 그에 따른 비용도 연구인력개발비 세액공제 대상에 해당한다(대법원 2014. 5. 29. 선고 2014두2348 판결).
공동기술개발	내국법인이 「국제조세조정에 관한 법률」(이하 '국조법'이라 한다) 제2조에서 규정하는 국외특수관계에 있는 일본법인과 「국조법」 제6조의2에서 규정하고 있는 무형자산의 공동개발을 위한 원가분담약정을 체결하고 이에 따라 원가를 분담하는 경우, 공동연구개발을 수행함에 따른 비용으로 연구 및 인력개발비세액공제대상 금액은 내국법인이 실질적으로 부담한 금액으로 하는 것이나, 「국조법」 제6조의2 규정에 의한 정상원가분담액을 초과하는 부분은 제외하는 것임(서면2팀-1227, 2007. 6. 26.).
	이 건 원가분담약정에 관여하였다고 주장하는 강○○의 인건비가 ○○○원인데 반하여, 청구법인이 공동연구개발비로 인정해 달라는 금액은 ○○○원으로서 이는 약정을 통하여 실제 발생한 공동연구개발비를 지출한 것이 아니라 ○○○그룹 전체에서 발생한 연구개발 명목의 비용을 국가별로 소재한 계열사 매출에 따라 단순 배분한 것으로 보이는 점 등을 고려하여 볼 때, 연구 및 인력개발비에 대한 세액공제 적용 대상이 아님(조심 2011중559, 2012. 7. 11.).
	핵연료의 개발 등과 같이 고도의 기술을 연구개발하는 공동프로젝트한 경우 쟁점금액을 연구 및 인력개발비로 인정한 사례(국심 2004전1340, 2007. 2. 15.)

구 분	내 용
공동기술개발	국외기업의 전담부서와 공동기술개발을 수행시 연구 및 인력개발비에 대한 세액공제 여부(재경부 조예-488, 2007. 6. 26.) : 내국법인이 국외기업의 전담부서와 공동기술개발을 수행함에 따라 실질적으로 부담하는 비용 중 「조세특례제한법 시행령」 [별표 6]의 구분 1. 나. 위탁 및 공동기술개발란의 공동기술개발비용에 대하여 내국법인은 「기술개발촉진법 시행규칙」 제7조·제8조에 따른 신고 요건을 갖추었으나, 공동기술개발을 수행하는 국외기업의 전담부서는 「기술개발촉진법」 상 신고대상이 되지 아니하여 과학기술부장관으로부터 권한을 위탁받은 한국산업기술진흥협회장에게 신고를 할 수 없는 경우 내국법인이 부담한 공동기술개발비용은 「조세특례제한법」 제10조의 연구 및 인력개발비에 대한 세액공제를 적용받을 수 있는 것이다. 저자의 견해로 그 이유는 ① 국외기업의 전담부서는 국내법상 신고가 원천적으로 불가하고, ② 세액공제대상에서 제외할 경우 R&D 지원목적에 배치되며, ③ 원가분담약정과의 연계성을 관련하여 볼 때 국조법 제6조의2에서 규정한 원가분담약정제도는 무형자산을 공동개발하기 위해 원가·비용·위험을 국외특수관계자와 분담하는 경우 정상원가분담액에 부합되면 비용으로 인정하고 있는데, 만약, 공동기술개발비용에 대하여 국조법에서는 정상비용으로 인정하면서, 조특법에서는 신고요건 미비로 인정하지 않을 경우 같은 경제적 실질을 다르게 취급하는 결과가 발생하기 때문이다.
인증비용 등	「부품·소재전문기업 등의 육성에 관한 특별조치법」에 의한 지정인증기관 또는 지정평가기관이 아닌 해외 유사 인증기관에 지출한 인증비용은 이에 해당하지 아니하는 것임(서면2팀-2143, 2007. 11. 23.).
인력개발	대학원에 지출한 위탁교육비가 조세특례제한법 제10조(연구 및 인력개발비에 대한 세액공제) 및 동법 시행령 제9조 제2항 별표 6의 제2호 가목에서 규정한 "국내외의 전문연구기관 또는 대학에의 위탁교육훈련비"에 해당하는지 여부에 대한 것으로, 대학원이 대학에 포함되는지 여부에 대하여는 고등교육법 제29조 제1항에서 "대학(산업대학·교육대학 및 원격대학을 포함한다. 이하 이조에서 같다)에 대학원을 둘 수 있다"라고 규정하고 있는 바 동 조항을 "대학원이 대학에 포함된다"라고 해석할 수 있는지 여부는 고등교육법 소관부서인 교육인적자원부의 해석에 따라 귀 법인에서 사실판단하기 바람(서면2팀-639, 2008. 4. 8.).

교육훈련이 법인의 생산성 향상에 기여한 사실이 인정되는 경우 교육훈련의 주제별로 24시간 이상이 되는지를 따질 것이 아니라 전체로서 24시간 이상이 되는 교육과정인지 여부를 따지는 것이 합당함. 한편, 워크숍 비용 지출을 통하여 전직원의 단합이 도모되어 생산성 향상에 기여한 점은 인정할 수 있다 하더라도 동 비용은 주로 숙박비 및 식대 등으로 구성되어 있어 조세감면규제법에서 규정하는 교육훈련을 위한 교재비, 교육용품비, 강사료, 실험실습비 등에는 해당되지 아니함(국심 98전2166, 1999. 5. 1.).

생산성 향상을 위한 인력개발비에는 경리·인사·총무 등 관리부분에 종사하는 종업원에 대한 자체·위탁교육비 등은 포함되지 아니한다(조기통 10-9…1). |

구 분	내 용
	청구법인이 제출한 자료상 일부 품질보증업무도 판매제품에 대하여 유해물질이 포함되지 않았다는 내용 등으로 이는 연구과정 결과에 파생되는 업무로 연구활동의 일환으로 보이는 점 등에 비추어 처분청이 쟁점 연구인력개발비에 대한 세액공제를 부인하고 청구법인에게 법인세를 과세한 이 건 처분은 잘못이 있는 것으로 판단됨(조심 2021중3104, 2021. 11. 1.).
	임원의 직위에 있으면서 청구법인의 연구전담요원으로서 직무발명보상금을 받아 연구・인력개발비 세액공제 대상이 아니라고 하여 연구・인력개발비 세액공제를 부인한 처분청의 처분은 잘못이 있다고 판단됨(심사법인 2013-30, 2013. 7. 16.).
기타 연구・인력개발비의 범위	이 사건 각 발명은 원고의 기술연구개발 업무에 종사하여 온 최CC이 그 재직 중에 원고의 업무범위에 속하는 토목공사, 조경공사와 관련한 발명을 한 것이므로 구 특허법 또는 발명진흥법에 따른 직무발명에 해당한다고 볼 여지가 많고, 최CC이 직무발명 이후에 제3자에게 통상실시권을 설정하였다거나, 특허권의 일부를 양도하였다는 점만으로 그 발명이 직무발명에 해당하지 않는다고 볼 것은 아니다. 그리고 원고의 직무발명규정은 일정한 기준에 따른 보상을 규정하고 있으므로 이에 근거하여 산정된 최CC에 대한 보상금의 액수가 구 특허법 또는 발명진흥법이 정당한 보상으로 규정하는 범위 내의 것인지를 살펴본 다음, 만약 그 범위를 넘어서는 것이라면 그 초과 금액만을 연구・인력개발비 세액공제 대상에서 부인할 것이지 정당한 보상의 범위 내에 있는 금액까지 모두 부인할 것은 아님(대법원 2013. 6. 27. 선고 2013두2655 판결).
	① 청구법인이 상용단계의 공장을 건설하기 전에 공정기술의 노하우의 취득을 위하여 1,000분의 1로 축소하여 개발된 모형공장의 공정부품비 등에 대한 지출액은 관련제품의 연구개발을 위하여 지출한 비용으로서 조세특례제한법상의 기술 및 인력개발비세액공제대상으로 보는 것이 타당하다고 할 것임. ② 처분청이 일반소모품비로 본 금액은 대부분 공정부품을 연결하는 소모품인 사실이 확인되므로 이를 일반소모품으로 보아 기술 및 인력개발비세액공제를 배제한 것은 잘못이라고 보여지고, 또한 청구법인이 장치시스템 및 공정 등에 적용할 수 있는 새로운 방법을 찾아내는 과정에서 투입된 지출액은 해당 공정부품이 계속적・반복적으로 사용될 수 있는 것이 아니므로 이는 연구시험용 시설의 투자라기보다는 공정개발을 위한 기술개발비용으로 보는 것이 사실관계 및 관련법령의 올바른 해석이라고 판단됨(국심 2003부2549, 2003. 12. 30.).
	서비스업과 제조업을 겸영하는 법인의 당해 지출한 기술・인력개발비가 현재 생산하고 있는 제품의 기술개발을 위한 비용은 아니지만 생산 중인 제품 및 업종과 관련 있는 제품의 개발을 위한 비용인 경우에도 기술・인력개발비세액공제를 적용할 수 있는 것임. 다만, 당해 지출된 기술・인력개발비가 제조업을 위한 기술・인력개발비에 해당하는지에 대하여는 사실판단할 사항임(재경부 조세 46070-213, 1997. 11. 23.).

구 분	내 용
평균지출액	인적분할한 분할존속법인 A의 분할 사업연도(2012년) 연구·인력개발비에 대한 세액공제 계산 시 '4년간의 연구·인력개발비 연평균발생액' 계산 방법(기획재정부 조세특례제도과−724, 2017. 9. 25.) : 4년간 R&D비용 합계액에서 분할신설법인 귀속액(월할계산 후) 차감 후 평균 ※ 사실관계 : A법인은 2012. 9. 1. 일부 사업부를 인적분할하여 분할신설법인 B를 설립함.
	세액공제액을 증가분 방식으로 계산하는 경우, 직전 3년간 발생한 연구·인력개발비는 연구개발전담부서 인정일 이후에 발생한 비용만으로 계산하는 것임 (재조특−151, 2014. 2. 18., 법규법인 2013−557, 2014. 4. 1.).
	분할법인이 운영하던 사업의 일부를 승계한 분할신설법인이 분할일이 속하는 사업 연도의 다음 사업연도에 「조세특례제한법」 제10조 제1항 제3호 가목에 따라 연구· 인력개발비에 대한 세액공제액을 계산하는 경우, 분할신설법인의 직전 4년간 발생 한 연구·인력개발비 연평균발생액 계산시 연구·인력개발비 발생기간이 4년에 미달하지 않으므로 환산할 필요 없이 해당 과세연도 직전 4년간 발생한 연구·인력 개발비의 합계액을 4로 나누어 계산하는 것임(재조특−824, 2013. 9. 24.).
	해당 과세연도의 개시일부터 소급하여 4년간 연구·인력개발비가 발생하지 아니한 경우에는 「조세특례제한법」 제10조 제1항 제3호 나목을 적용하도록 2011. 12. 31. 세법이 개정되기는 하였으나, 동 개정법령은 2012. 1. 1. 이후 개시하는 과세연도부터 적용하는 것인 점에 비추어, 연구·인력개발비가 해당 과세연도의 직전 4년간 지출되지 아니하고 해당 과세연도에 비로소 지출되었다 하더라도 그 투자액 전부를 초과발생액으로 보아 세액공제를 하는 것이 타당함(대법원 2010. 4. 29. 선고 2009두22454 판결, 조심 2011서4790, 2012. 9. 19. 등 참조)(조심 2013중1184, 2013. 6. 19., 조심 2013중1014, 2013. 8. 12.).
	'당해 과세연도 개시일부터 소급하여 4년간 발생한 연구 및 인력개발비의 합계액'을 계산함에 있어서, 기술개발촉진법 시행규칙 제8조의 규정에 의하여 과학기술부장관에게 적법하게 신고하지 아니하여 적용받지 못한 비용 등 직전 4년간 발생한 총지출액을 대상으로 하는 것임(서면2팀−149, 2005. 1. 21.).
	구조감법(현재는 조특법)상의 기술·인력개발비의 세액공제제도의 입법취지와 구조감법 제9조 제1항, 제2항의 규정형식 등에 비추어 보면, 기술·인력개발비가 당해 과세연도의 직전 2년간(현재는 4년) 지출된 바 없이 당해 과세연도에 비로소 지출되었더라도 그 투자액 전부를 증액부분으로 보아 구조감법 제9조 제1항의 공제방법에 의한 세액공제를 허용하여야 할 것임(대법원 2002. 1. 22. 선고 2000두3115 판결).

구 분	내 용
평균지출액	'당해 과세연도 개시일부터 소급하여 4년간 지출한 기술 및 인력개발비의 합계액'의 계산은 당해 과세연도의 기술 및 인력개발비 지출항목을 과거 4년간 소급하여 당해 연도와 동일한 기준에 상응하는 연구개발비를 포함하여 계산하는 것임. 기술·인력개발비의 '증가지출분' 세액공제 적용시 '4년간 지출합계액' 계산에 있어 당해 과세연도의 지출항목과 동일한 기준에 상응하는 연구개발비는 과거 감면미신청분도 포함됨(재조예 46070-296, 2000. 8. 21.).
사업양도법인의 연구 및 인력개발비세액공제 계산방법	사업양도법인의 사업양도 전에 발생한 각 사업연도의 연구 및 인력개발비는 같은법 시행령 제9조 제4항의 규정에 의하여 계산된 사업양수법인의 연구 및 인력개발비를 차감한 금액으로 하는 것이나, 사업양도 전부터 사업부별로 명확하게 구분되어 당해 사업부별로 구분경리를 한 경우로서 그 중 한 사업부를 양도한 경우 각 사업연도별 연구 및 인력개발비의 발생액은 당해 사업연도의 연구 및 인력개발비의 총발생액에서 양도한 사업부의 발생액을 차감한 금액으로 계산할 수 있는 것이며, 이 경우 사업을 양도함에 있어 사업의 동질성을 훼손하지 않는 범위 내에서 당해 사업에 직접 관련이 없는 일부 자산등을 제외한 경우에도 사업양도의 범위에 포함되는 것으로, 사업의 동질성이 유지되는지 등의 여부는 실제 현황에 따라 사실판단할 사항인 것임(서면2팀-345, 2004. 3. 2.).
중간예납	법인이 법인세법 제63조 제4항의 규정에 의하여 중간예납세액을 신고납부하는 경우에 동항 제1호의 규정에 의한 중간예납기간에 해당하는 연구 및 인력개발비에 대한 세액공제를 계산함에 있어서 조세특례제한법 시행령 제9조 제3항의 규정에 의한 '4년간 발생한 연구 및 인력개발비의 연평균발생액'은 당해 중간예납기간을 1사업연도로 보아 조세특례제한법 시행령 제9조 제3항의 규정을 적용하는 것임(서이 46012-11473, 2003. 8. 12.).
기 타	연구 및 인력개발비 세액공제를 적용함에 있어 기 신고한 세액공제방법보다 법인에 더 유리한 방법이 있을 경우에는 국세기본법 제45조의2에 따라 경정청구가 가능한 것임(서면2팀-615, 2008. 4. 4.). 2000사업연도에 쟁점 연구 및 인력개발비를 지출한 후 2001사업연도 법인세 신고시 이월공제 신청 및 그 후 경정청구도 하지 아니하였으나 처분청이 2001사업연도부터 2004사업연도까지의 연구 및 인력개발비에 대한 세액공제액을 경정하면서 2000사업연도에 지출한 쟁점 연구 및 인력개발비를 과거 4년간 지출한 금액에 포함하여 경정하는 경우에는 당해 사업연도의 세액공제액 범위 내의 금액에 대해서는 이월공제가 가능하다고 보아야 하며, 연구 및 인력개발비세액공제의 경우 연구 및 인력개발비의 투자에 대하여 사업자에게 보다 많은 세액공제의 혜택을 줌으로써 연구 및 인력개발을 촉진하는 데 있으므로 사업자가 세액공제 신청을 하지 아니하였거나 공제방법을 달리 선택하여 신고하였더라도 처분청의 경정시에는 사업자에게 유리한 공제방법으로 계산한 세액을 공제하는 것이 타당하므로 청구법인의 경우 2000사업연도에 중소기업에 해당하여 같은법 제10조 제1항 제1호에 의한 공제방법보다 제2호에 의한 공제방법이 유리하므로 제2호에 의한 공제방법으로 계산한 세액을 이월세액으로 하여 공제하는 것이 타당한 것으로 보여짐(국심 2005구2799, 2006. 6. 30., 국심 2004광589, 2004. 11. 23.).

구 분	내 용
기 타	연구 · 인력개발세액공제를 적용함에 있어 세액공제시기는 연구개발기간 동안 각 과세연도가 아니라 당해 연구 · 인력개발비가 발생한 과세연도임(국심 2003구2543, 2005. 5. 12.).
	자산으로 처리된 기술개발용역비도 연구 및 인력개발비 세액공제 대상이 되며 세액공제 시기는 동 비용이 발생한 각 사업연도마다 적용하는 것임(서면2팀-445, 2005. 3. 23.). * 직무발명보상금의 연구 및 인력개발비에 대한 세액공제 시기도 동일함(서면 2팀-251, 2008. 2. 5.).
	납세의무자가 같은 법 제10조 제1항 제2호에 의한 공제방법을 선택하였다고 하더라도 과세관청이 기술 · 인력개발비에 대한 세액공제를 함에 있어서, 제1호에 의한 공제방법이 납세의무자에게 유리하다면 이에 따라 산출된 공제세액을 적용하여야 할 것임(대법원 2002. 1. 22. 선고 2000두3115 판결).
	부과제척기간의 도과된 사업연도의 기술 · 인력개발비 지출액은 법인세 신고 후 확인되는 변경금액이 아니라 당초 법인세 신고한 지출액이 법인세 부과제척기간의 도과로 확정되었다 할 것이어서 이를 근거로 하여 공제세액을 산출함이 타당하다고 하겠음(국심 2004광589, 2004. 11. 23.).
	세액공제신청은 그 규정방식에 비추어 납세의무자로 하여금 공제신청에 필요한 서류를 정부에 제출하도록 협력의무를 부과한 것에 불과하므로 기술 · 인력개발비에 대한 세액공제는 그 요건이 충족되면 당연히 공제되고 공제신청이 있어야만 공제되는 것은 아님(대법원 2002. 1. 22. 선고 2000두3115 판결).

12 | 주요 개정연혁

1. R&D비용 세액공제 중 신성장·원천기술 범위 확대(조특령 별표 7)

(1) 개정내용

종 전	개 정	
□ 신성장·원천기술 대상 　ㅇ 13개 분야* 260개 기술 　　* ① 미래차, ② 지능정보, ③ 차세대S/W, 　　④ 콘텐츠, ⑤ 전자정보 디바이스, 　　⑥ 차세대 방송통신, ⑦ 바이오 헬스, 　　⑧ 에너지·환경, ⑨ 융복합소재, ⑩ 로봇, 　　⑪ 항공·우주, ⑫ 첨단 소재·부품·장비, 　　⑬ 탄소중립	□ 신성장·원천기술 대상 확대 　ㅇ 13개 분야 272개 기술	
〈추 가〉	– (신규) 12개 〈신규 추가 기술〉	
	지능정보 (1개)	지능형 콜드체인 모니터링 기술
	에너지·환경 (2개)	소형모듈원자로(SMR) 설계·검증· 제조 기술
	융복합소재 (1개)	극세 장섬유 부직포 및 복합필터 제조기술
	탄소중립 (8개)	액화수소 운반선의 액화수소 저장 기술 등
〈추 가〉	– (확대) 4개 〈현행 기술 범위 확대〉	
	에너지·환경 (2개)	폐합성고분자화합물의 화학적 재활 용을 통한 산업원료화 기술
	탄소중립 (2개)	디스플레이 식각·증착공정의 대체 소재 제조 및 적용기술 등

(2) 개정이유

ㅇ 탄소중립 기술 중심으로 R&D 지원 강화

(3) 적용시기 및 적용례

ㅇ 2023. 1. 1. 이후 발생하는 연구개발비부터 적용

2. 중소기업 특허 조사·분석 비용을 연구개발비에 포함(조특령 별표 6)

(1) 개정내용

종 전	개 정
□ R&D비용 세액공제 범위 　○ (위탁·공동연구개발비) 　－ 과학기술·산업디자인 분야 연구개발용역 　　위탁비용 등 　　　　〈추 가〉	□ R&D비용 세액공제 적용 범위 확대 　○ (좌 동) 　－ 중소기업이 특허 조사·분석을 위해 　「발명진흥법」에 따라 지정된 '산업재산권 　진단기관'에 지출한 비용

(2) 개정이유

　○ 효율적인 R&D 수행 및 특허창출 지원

(3) 적용시기 및 적용례

　○ 2021. 1. 1. 이후 개시하는 과세연도 분부터 적용

3. R&D 비용 세액공제 중 인력개발비 범위 확대(조특령 별표 6, 조특칙 §7)

(1) 개정내용

종 전	개 정
□ R&D비용 세액공제 대상 인력 개발비의 범위 　○ 위탁훈련비용, 직업능력개발훈련비용 등 　○ 사전 취업계약 등을 체결한 산업수요맞춤형 　고등학교 등의 재학생에게 지급하는 현장훈련 　수당 등 　　　　〈추 가〉	□ 인력개발비 범위 확대 　○ (좌 동) 　○ 표준화된 현장실습 과정에서 대학생에게 　지급한 현장실습지원비 　－「산학협력법」에 따른 표준화된 운영기준을 　준수하는 현장실습에 참여한 대학생과 일정 　요건*을 충족하는 사전 취업약정 등을 체결한 　후, 현장실습 중 지급한 비용 　＊ ① 표준화된 운영기준을 준수하는 현장실습 　　과정 설치 　② 일정 기간 이상 현장실습 실시 　③ 현장실습 이수자에 대한 고용요건 등 포함

(2) 개정이유

○ 산학협력을 통한 대학 재학생의 취업 지원

(3) 적용시기 및 적용례

○ 2021. 1. 1. 이후 개시하는 과세연도 분부터 적용

4. 신성장·원천기술 연구·인력개발비용 세액공제 적용대상 확대(조특령 별표 7)

(1) 개정내용

종 전	개 정

□ 신성장·원천기술의 범위
○ 12대 분야 223개 기술
  - 반도체, 미래차, 바이오, 에너지 등 관련 기술
〈추 가〉
	□ 신성장·원천기술 대상 확대
	○ 12대 분야 240개 기술로 확대
	
	  - 디지털·그린 뉴딜 등 관련 기술 총 25개 추가
	  • (디지털 뉴딜) 총 9개 추가
	    * 첨단 메모리반도체 설계·제조 기술, 전자제품 무선충전 기술 등
	  • (그린 뉴딜) 총 12개 추가
	    * 이산화탄소 활용 기술, 수소액화플랜트 설계·제조 기술 등
	  • (의료·바이오) 총 4개 추가
	    * 신체기능 보조 의료기기 기술, 건강식품 기능성물질 개발 기술 등

- 인포콘텐츠·고성능 부직포 제조 기술 등 총 8개	〈삭 제〉

(2) 개정이유

○ 혁신성장 및 미래성장동력 확보 지원

(3) 적용시기 및 적용례

○ 2021. 1. 1. 이후 개시하는 과세연도 분부터 적용

5. R&D 비용 세액공제의 증가분 산식 조정(조특법 §10)

(1) 개정내용

종 전	개 정
□ 증가분방식 R&D 비용 세액공제 　ㅇ 증가분 산식 : 당해연도 R&D 비용 - **직전 4년 평균 R&D 비용** 　ㅇ 공제세액 : 증가분 × 공제율	□ 증가분 산식의 조정 　ㅇ 증가분 산식 : 　직전 **3년** 평균 R&D 비용·(2013) → **2년** 평균(2014) → **직전연도**(2015 이후) 　ㅇ 단, 직전연도 R&D 비용이 직전 4년 평균 R&D 비용보다 적은 경우 증가분방식 적용 배제

구 분	공제율(%)
중소기업 (유예기간 포함)	50
일반기업	40

(2) 개정이유

　ㅇ R&D 비용 증가분방식의 세액공제 방식을 합리적으로 조정

(3) 적용시기

　ㅇ 2013. 1. 1. 이후 개시하는 과세연도분부터 적용

6. R&D 세액공제 대상에 위탁·재위탁 R&D 추가(조특령 §9①·②, 별표 6)

(1) 개정내용

종 전			개 정		
□ R&D 유형별 세액공제 대상			□ R&D 세액공제 대상 확대		
구 분	일반 R&D	신성장·원천 기술 R&D	구 분	일반 R&D	신성장·원천 기술 R&D
자체연구개발	○	○	자체연구개발	○	○
위탁 R&D	○	×	위탁 R&D	○	○
재위탁 R&D	×	×	재위탁 R&D	○	○
공동연구개발	○	×	공동연구개발	○	○

※ 신성장동력·원천기술 R&D의 경우 수탁·재수탁· 공동연구하는 기업은 '신성장동력·원천기술 R&D 전 담부서'를 갖추어야 함.

(2) 개정이유

○ 최근 기술융합 추세에 따라 하나의 기업이 모든 R&D 용역을 수행하지 않고 위탁받은 R&D 용역 일부를 재위탁하는 현실을 감안

– 다만, 위탁·재위탁·공동연구에 따른 신성장·원천기술 R&D 비용을 세액공제받기 위해서는 수탁 기업 등의 경우에도 '신성장동력·원천기술 R&D 전담부서'를 갖추어야 함.

(3) 적용시기 및 적용례

○ 2012. 1. 1. 이후 개시하는 과세연도분부터 적용

제10조의2

연구개발 관련 출연금 등의 과세특례

1 | 의 의

이 제도는 내국인이 연구개발 등을 목적으로 기술개발촉진법 등에 따라 출연금 등의 자산을 지급받아 구분경리하는 경우에는 연구개발출연금 등에 상당하는 금액을 해당 과세연도의 소득금액 계산에 있어서 익금(법인의 순자산을 증가시키는 거래로 인하여 발생하는 수익의 금액)에 산입하지 않는 제도이며, 2006년 말에 신설되었다. 종전에는 연구개발 관련 출연금을 수령하면 수령시점에 과세되어 당해 연도에 집행되지 아니한 금액도 법인세·소득세가 먼저 과세되었으나, 2007. 1. 1. 이후부터는 출연금 수령시점에서 과세하지 아니하고 추후 당해 출연금이 손비인정되는 시점에서 당해 비용과 상계처리[1]할 수 있도록 하였다. 2021. 12. 28. 법 개정시 적용기한을 2023. 12. 31.로 연장하였다.

2 | 익금불산입

내국인이 2021. 12. 31.까지 연구개발 등을 목적으로 다음의 법률에 따라 출연금 등의 자산(이하 "연구개발출연금 등"이라 한다)을 지급받은 경우로서 해당 연구개발출연금 등을 구분경리[2]하는 경우에는 연구개발출연금 등에 상당하는 금액을 해당 과세연도의 소득금액을 계산할 때 익금에 산입하지 아니할 수 있다(조특법 §10의2①, 조특령 §9의2①·②, 조특칙 §7의3).

① 「기초연구진흥 및 기술개발지원에 관한 법률」
② 「산업기술혁신 촉진법」
③ 「정보통신산업 진흥법」
④ 「중소기업기술혁신 촉진법」

---

1) (예) : 2005년에 기술개발출연금 1억원을 받아 4천만원을 지출하고, 2006년에 나머지 6천만원을 지출한 경우
→ 2005년에 미사용 잔액 6천만원에 대해 先과세되고, 2006년에 사용금액 6천만원에 대해 後손비 인정
2) 「법인세법」 제113조를 준용

⑤ 「소재·부품전문기업 등의 육성에 관한 특별조치법」[3]
⑥ 「연구개발특구의 육성에 관한 특별법」

3 | 익금산입

앞에서 익금에 산입하지 아니한 금액은 다음의 방법에 따라 익금에 산입하여야 한다(조특법 §10의2②, 조특령 §9의2③).
(1) 연구개발출연금 등을 해당연구개발비로 지출하는 경우 : 해당 지출액에 상당하는 금액을 해당 지출일이 속하는 과세연도의 소득금액을 계산할 때 익금에 산입하는 방법
(2) 연구개발출연금 등으로 해당 연구개발에 사용되는 자산을 취득하는 경우
① 감가상각자산[4] : 해당 과세연도의 소득금액을 계산할 때 손금에 산입[5]하는 감가상각비에 상당하는 금액을 익금에 산입하는 방법. 다만, 해당 자산을 처분하는 경우에는 익금에 산입하지 아니한 금액 중 이미 익금에 산입하고 남은 잔액을 그 처분한 날이 속하는 과세연도에 전액 익금에 산입한다.
② 위 ① 외의 자산 : 해당 자산을 처분한 날이 속하는 과세연도의 소득금액 계산의 경우 익금불산입한 금액 전액을 익금에 산입하는 방법

4 | 사후관리

연구개발출연금 등 상당액을 익금에 산입하지 아니한 내국인이 해당 연구개발출연금 등을 해당 연구개발 목적 외의 용도로 사용하거나 해당 연구개발에 사용하기 전에 폐업 또는 해산하는 경우 그 사용하지 아니한 금액은 해당 사유가 발생한 날이 속하는 과세연도의 소득금액을 계산할 때 이를 익금에 산입한다. 다만, 합병하거나 분할하는 경우로서 합병법인 등이 그 금액을 승계한 경우는 제외하며, 그 금액은 합병법인 등이 익금에 산입하지 아니한 것으로 본다(조특법 §10의2③). 이처럼 익금에 산입할 금액에 대하여는 이자상당가산액[6]을 가산하여 납부하여야 한다(조특법 §10의2④).

---

3) 연구개발 목적의 출연금의 지급에 관해 규정한 법률(부품소재전문기업 등의 육성에 관한 특별조치법, 대덕연구개발특구 등의 육성에 관한 법률, 기초과학연구진흥법) 추가(조특칙 §7의3, 2009. 4. 7. 이후 출연금을 지급받는 분부터 적용)
4) 「법인세법 시행령」 제24조 또는 「소득세법 시행령」 제62조 제2항 및 제3항
5) 「법인세법 시행령」 제25조 또는 「소득세법 시행령」 제62조 제1항 및 제4항
6) 조특법 제33조 제3항 후단 준용

5 | 절 차

위와 같은 과세특례를 적용받으려는 내국인은 과세표준신고와 함께 출연금 등 익금불산입 명세서를 납세지 관할 세무서장에게 제출하여야 한다(조특법 §10의2⑤, 조특령 §9의2④).

6 | 관련사례

구 분	내 용
적용법률	○ 조세특례제한법 제10조의2 제1항에서 규정한 법률은 「기술개발촉진법」과 조세특례제한법 시행령 제9조의2 제1항 각호의 어느 하나에 해당되는 법률을 말하는 것임. 따라서 지식경제부, 대구광역시 보조금 지원에 의한 지역전략산업 기술개발사업은 기술개발촉진법에 의한 보조금이 아니므로 연구개발 관련 출연금의 과세특례를 적용받을 수 없음(서면2팀 – 753, 2008. 4. 23.). ○ 해양수산발전기본법에 의한 연구개발출연금은 「조세특례제한법」 제10조의2 [연구개발 관련 출연금 등의 과세특례]가 적용되지 않음(법인 – 50, 2012. 1. 11.). ○ 한국에너지기술평가원으로부터 신에너지 및 재생에너지 개발·이용·보급 촉진법 규정에 따라 수령한 국고보조금은 조세특례제한법 제10조의2와 동법 시행령 제9조의2 및 동법 시행규칙 제7조의3에서 열거하고 있는 법률에 따라 수령한 것이 아니므로 조세특례제한법 제10조의2가 적용되지 않는 것임(재조특 – 169, 2011. 2. 25.). ○ 조특법 제10조의2에서 규정하는 출연금은 산업기술혁신 촉진법에 따른 출연금에 대하여만 과세특례를 인정하는 것으로 신에너지 및 재생에너지 개발·이용·보급 촉진법에 따라 지급받은 출연금은 그 대상이 아님(조심 2011구484, 2011. 8. 9., 법인 – 64, 2011. 1. 25.).
익금산입(시기)	○ 법인이 「기술개발촉진법」 제8조의 규정에 따라 정부로부터 기술개발에 소요되는 경비를 출연금 명목으로 지원받은 경우, 동 출연금은 추후 기술개발의 성공 여부에 따른 출연금 일부의 반환의무 여부에 불구하고 출연금 교부통지를 받은 날이 속하는 사업연도에 각 사업연도 소득금액 계산상 익금에 산입하는 것이며, 익금에 산입한 출연금 중 기술개발의 성공으로 출연금 일부의 반환통지 또는 기술료의 납부통지를 받은 날이 속하는 사업연도에 반환할 금액을 익금에서 차감하거나 손금에 산입하는 것임. 이 해석은 출연금의 익금 귀속시기를 기술개발의 성공 여부가 확정되는 날이 속하는 사업연도로 본 종전의 유권해석(법인 46012 – 2377, 2000. 12. 15.)을 변경한 것으로서, 본 문서 시행일이 속하는 사업연도에 지원받는 출연금부터 적용하는 것임(서면2팀 – 1497, 2005. 9. 20., 유권해석 변경).

구 분	내 용
익금산입(시기)	○ 2006. 12. 30. 법률 제8146호로 개정된 조세특례제한법(이하 같다) 제10조의2 제1항에서 내국인이 2009. 12. 31.까지 연구개발 등을 목적으로 「기술개발촉진법」 그 밖에 대통령령이 정하는 법률에 따라 출연금 등의 자산(이하 이 조에서 "연구개발출연금 등"이라 한다)을 지급받은 경우로서 대통령령이 정하는 방법에 따라 해당 연구개발출연금 등을 구분경리하는 경우에는 연구개발출연금 등에 상당하는 금액을 해당 과세연도의 소득금액 계산의 경우 익금에 산입하지 아니할 수 있다는 규정을 신설하였다. 그런데 조세특례제한법 부칙 제5조에서 위 제10조의2 제1항 규정은 이 법 시행(2007. 1. 1.) 후 출연금 등을 지급받는 분부터 적용하도록 하였다. 위 각 규정에다가 소득세법 제32조 제1항의 규정취지를 종합하여 보면, 이 사건 국고보조금과 같이 별도의 교부통지 없이 협약서에 의하여 예정된 시기에 지급되는 경우 그 국고보조금이 실제로 지급되는 시기를 총수입금액이 확정된 날로 보아, 위 시기가 속하는 연도를 귀속 연도로 정하여 총수입금액을 결정하되, 그 시기가 2007. 1. 1. 이후일 경우 국고보조금을 구분경리 하는 등의 일정 요건 하에서 그 국고보조금을 수입금액에 반영하지 않을 수 있다고 해석함이 상당하다. 위 해석기준에 의하여 이 사건을 보건대, 위 인정사실에 의하여 인정되는 다음과 같은 사정, 즉 ①원고가 산업자원부장관으로부터 지역산업기술개발사업계획서에 따라 신규사업자로 선정된 시기가 2006. 10. 24.인 점, ②이에 따라 원고가 2006. 10. 30. ◇◇장 및 경상남도지사와 지역산업공통기술개발사업협약을 체결하였는데, 그 협약에 의하면, ◇◇장 등으로부터 2006. 10.경 2억 원을, 2007. 8.경 8,000만 원을 각 지급받기로 하였던 점, ③그런데 원고가 2006.말경까지 ◇◇장 등으로부터 지급받은 국고보조금은 이 사건 국고보조금인 1억 6,000만 원이 전부였고, 기존에 2006. 10.경 지급분으로 예정되었던 차액 4,000만 원(= 2억 원 − 1억 6,000만 원)은 2007. 1. 17. 지급받았던 점 등에 비추어 보면, 원고가 2006.경 이미 지급받은 이 사건 국고보조금 중 일부를 조세특례제한법 제10조의2 제1항이 적용되는 시기인 2007년도로 이월하였더라도, 이 사건 국고보조금이 원고의 수입금액으로 산입되는 연도는 2006년도로 봄이 상당하므로, 원고의 주장은 이유 없다(창원지법 2010 구합3365, 2011. 1. 13.). ○ 법인이 「기술개발촉진법」 제8조의 규정에 따라 정부로부터 기술개발에 소요되는 경비를 출연금으로 지원받은 경우 동 출연금의 귀속사업연도는 「법인세법」 제40조 제1항의 규정에 의하여 교부통지를 받은 날이 속하는 사업연도가 되는 것임 (재법인−75, 2005. 8. 31.). ○ 정부로부터 기술개발에 소요되는 경비를 출연금 명목으로 지원받은 경우, 동 출연금은 추후 기술개발의 성공 여부에 따른 출연금 일부의 반환의무 여부에 불구하고 출연금 교부통지를 받은 날이 속하는 사업연도에 익금에 산입하는 것임(법인−1023, 2010. 10. 29.).

구 분	내 용
익금산입(시기)	○ 법인이 「기술개발촉진법」등에 따라 연구개발출연금 등을 지급받아 구분경리하고, 동 출연금을 연구전담부서의 연구원 인건비 등 연구개발비로 지출하는 경우에는 동 지출금액을 「조세특례제한법」 제10조의2 제2항 제1호에 따라 익금 산입하며, 연구개발비가 아닌 복리후생비 및 소모품비로 지출한 금액은 같은 법 제3항에 따라 익금산입하는 것임(법인-1141, 2009. 10. 15.).
기 타	○ 내국법인이 연구개발출연금 등을 지급받은 사업연도에 익금산입하여 법인세의 과세표준 및 세액을 신고한 경우 「국세기본법」 제45조의2에 따른 경정청구를 통하여 「조세특례제한법」 제10조의2의 연구개발 관련 출연금 등의 과세특례를 적용받을 수 있는 것임(법규과-882, 2011. 7. 4.). ○ 2010. 2. 18. 조특령(§9⑦) 개정시 연구개발출연금을 지급받아 연구개발비로 지출하는 금액은 연구・인력개발비 세액공제시 연구인력개발비를 산정할 때 제외하는 것으로 신설되었는데 그 부칙에 따라 2010. 1. 1. 이후 최초로 개시하는 사업연도분부터 적용할 경우 2010. 2. 18. 법개정 전 출연받은 연구개발출연금이 연구인력개발비 세액공제 대상인지 여부 : 내국법인이 「조세특례제한법」 제10조의2에 따른 연구개발출연금등을 2009년에 지급받아 2010년에 연구개발비로 지출하는 경우, 해당 지출금액은 동법 시행령(2010. 2. 18. 대통령령 제22037호로 개정된 것) 제9조 제7항에 따라 연구・인력개발비를 산정할 때 제외하는 것임(법규과-1188, 2011. 9. 7.).

7 │ 주요 개정연혁

1. R&D 관련 출연금 등의 과세특례 적용기한 연장(조특법 §10의2)

(1) 개정내용

종 전	개 정
□ 연구개발 관련 출연금 등의 과세특례 ○ (대상) 연구개발 관련 정부 출연금을 받은 내국인 ○ (과세특례) 　－ 출연금 수령시 익금불산입 　－ 연구개발비 지출 및 관련 자산 취득시 익금산입 ○ (적용기한) 2018. 12. 31.	□ 적용기한 연장 ○ 2021. 12. 31.

(2) 개정이유

○ 정부 출연금을 통한 R&D 확대 세제지원

제12조

기술이전 및 기술취득 등에 대한 과세특례

1 의의

　　활발한 기술거래를 통하여 연구개발 성과의 사장을 방지하고 사업화를 촉진하여 산업 전반의 기술경쟁력 강화를 도모하고자 도입하였다.

　　종전에는 양도자(양도소득에 대한 세액감면)와 취득자(취득비용에 대한 세액공제) 모두에게 조세혜택을 부여하였으나, 이전소득에 대한 세액감면은 일부 대기업에게만 혜택이 편중되는 측면이 있어 2005년 일몰도래시 폐지되고, 기술취득에 대한 세액공제제도[1]만 유지되었다. 그러나 2014. 1. 1. 법 개정시 기술양도를 위한 중간회수시장 형성을 지원하고 기업간 기술거래를 통한 기술역량 제고를 지원하기 위하여 이전소득에 대한 세액감면 제도가 다시 부활되었고, 2014. 1. 1. 이후 이전하는 분부터 적용되었다.

　　2014. 12. 23. 법 개정시에는 중견기업 기술개발을 지원하기 위해 중견기업까지 그 적용범위를 확대하고 특허권 대여소득에 대한 감면제도를 신설하였으며, 2015. 12. 15. 법 개정시 적용기한을 2018. 12. 31.로 연장하였다.

　　2016. 12. 20. 조특법 개정시에는 국제기준(OECD의 Nexus Approach) 등을 고려하여 기술이전·취득 등 과세특례 대상기술을 자체 연구·개발한 기술로 통일하였고, 기술 및 기술비법의 경우 수입금액 기준 등 일정요건을 충족하는 경우에만 과세특례 적용대상이 되도록 하여 대상기술의 범위를 합리적으로 조정하였다. 동 개정 규정은 2017. 1. 1. 이후 이전·취득·대여하는 분부터 적용한다. 또한 2021. 12. 28. 조특법 개정시에는 기술이전의 경우 적용기한을 2023. 12. 31.까지로 연장하였다.

　　본조에서 규정한 주요 내용을 요약하면 아래와 같다.

---

1) 대기업 3% 세액공제제도 삭제(2010. 1. 1. 이후 취득하는 분부터 적용)

구 분	수혜자	기술범위	거래상대방	특례내용
기술이전	중소기업·중견기업	특허권 등 (자체 연구·개발한 특허권·실용신안권· 기술비법 또는 기술^{주)})	내국인 (특수관계자 제외)	50% 세액감면
기술취득	내국인	〃	내국인 (특수관계자 제외)	중소기업 10% 중소기업 외 5%
기술대여	중소기업	〃 (단, 기술 제외)	특수관계자가 아닌 자	25%

주) 「기술의 이전 및 사업화 촉진에 관한 법률」 제2조 제1호에 따른 기술

2 | 요 건

2-1. 적용대상자

2-1-1. 기술이전

법 소정의 자체 연구·개발한 특허권 등을 2023. 12. 31.까지 내국인에게 이전하는 중소기업 및 중견기업이다. 다만, 특수관계인[2][3]에게 이전한 경우는 적용을 제외한다(조특법 §12①).

2-1-2. 기술취득

법 소정의 자체 연구·개발한 특허권 등을 자체 연구·개발한 내국인으로부터 2018. 12. 31.까지 취득한 내국인(취득자가 중소기업에 해당하지 아니하는 자일 경우에는 중소기업으로부터 특허권 등을 취득하는 경우로 한정)이어야 한다. 다만, 위와 같이 특수관계인으로부터 취득[4]한 경우는 제외한다(조특법 §12②).

---

2) 「법인세법 시행령」 제2조 제5항 및 「소득세법 시행령」 제98조 제1항에 따른 특수관계인을 말한다.
3) 「법인세법 시행령」 제2조 제5항 제2호의 소액주주 등을 판정할 때 「법인세법 시행령」 제50조 제2항 중 "100분의 1"은 "100분의 30"으로 본다(조특령 §11①). 이는 지분율 일정 이상의 기업 등 특수관계인에게 기술을 이전하고 받은 소득은 내부거래 성격이 높으므로 감면을 배제하되, 법인세법상 특수관계인으로 보는 주주의 범위를 지분율 1% 이상에서 지분율 30% 이상으로 완화하여 적용한 것으로 2004. 1. 1. 이후 양도·대여·제공하는 분부터 적용되었고, 2004. 1. 1. 이전에 기술비법을 제공한 경우에는 제공기간이 종료할 때까지 종전 규정에 따라 세액감면이 가능하다.
4) 자가취득이 인정 여부와 관련하여 2000년 간추린 개정세법(기획재정부)에 의하면 지원대상이 되는 기술의 범위를 대폭 확대하되 감면율을 적정수준으로 조정한다고 하면서 이를 연구개발에 대한 직접지출과 제3자로부터의 기술취득을 차등 지원한다고 밝히고 있는 점에 비추어 자가취득은 인정되지 아니하고 타인취득만이 인정된다고 판단된다.

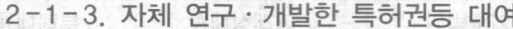

2-1-3. 자체 연구·개발한 특허권등 대여

다음의 자체 연구·개발한 특허권등을 2023. 12. 31.까지 대여함으로써 소득이 발생한 중소기업 및 중견기업이어야 한다(조특법 §12③, 조특령 §11⑤·§11③ 1~2호, 조특칙 §8의7). 다만, 위와 같이 특수관계인에게 대여한 경우는 제외한다.

① 해당 중소기업이 국내에서 자체 연구·개발하여 최초로 설정등록받은 특허권 및 실용신안권

② 해당 중소기업이 국내에서 자체 연구·개발한 과학기술분야에 속하는 기술비법(공업소유권, 해외건설 엔지니어링활동 및 엔지니어링활동과 관련된 기술비법은 제외)으로서 다음의 요건을 모두 충족하는 것

ⓐ 해당 기업(해당 기업이 관계기업[5])에 속하는 경우에는 해당 관계기업)의 직전 5개 과세연도의 매출액(과세연도 종료일 현재 기업회계기준에 따라 작성한 해당 과세연도 손익계산서상의 매출액,[6]) 과세연도가 1년 미만인 과세연도의 매출액은 1년으로 환산한 매출액)의 평균금액이 500억원 이하일 것

ⓑ 해당 기업이 특허권등[7])을 거래하여 얻은 직전 5개 과세연도의 매출액의 평균금액이 70억원 이하일 것

2-2. 이전 및 취득대상 기술

다음의 어느 하나에 해당하는 것을 말한다(조특령 §11③, 조특칙 §8의7).

① 해당 기업이 국내에서 자체 연구·개발하여 최초로 설정등록받은 특허권 및 실용신안권

② 해당 기업이 국내에서 자체 연구·개발한 과학기술분야에 속하는 기술비법(공업소유권, 해외건설 엔지니어링활동 또는 엔지니어링활동과 관련된 기술비법은 제외)으로서 다음의 요건을 모두 충족하는 것

ⓐ 해당 기업(해당 기업이 관계기업에 속하는 경우에는 해당 관계기업)의 직전 5개 과세연도의 매출액(과세연도 종료일 현재 기업회계기준에 따라 작성한 해당 과세연도 손익계산서상의 매출액,[8]) 과세연도가 1년 미만인 과세연도의 매출액은 1년으로 환산한 매출액)의 평균금액이 500억원 이하일 것

ⓑ 해당 기업이 특허권등을 거래하여 얻은 직전 5개 과세연도의 매출액의 평균금액이 70억원 이하일 것

---

5) 「중소기업기본법 시행령」 제2조 제3호
6) 조특령 제2조 제4항
7) 조특령 제11조 제3항 각 호
8) 조특령 제2조 제4항

③ 해당 기업이 국내에서 자체 연구·개발한 특허권 등의 기술[9][10]로서 위 ②의 요건을 충족하는 것

기술이전소득에 대한 주요 부칙

부칙〈제5584호, 1998. 12. 28.〉: 감면율 축소(100% → 50%)

　제11조(기술이전소득세액감면에 관한 경과조치) ① 이 법 시행일 전에 특허권·실용신안권 및 기술비법을 대여한 분에 대하여는 당해 대여기간이 종료할 때까지는 종전의 조세감면규제법 제11조의 규정에 의한다.

　*조세감면규제법 제11조(기술이전소득에 대한 세액감면) ① 특허권 또는 실용신안권(이하 이 조에서 "특허권 등"이라 한다)의 등록을 한 내국인이 당해 특허권 등을 내국인에게 양도 또는 대여하거나 대통령령이 정하는 기술비법(이하 "기술비법"이라 한다)을 보유하고 있는 내국인이 계약에 의하여 당해 기술비법을 내국인에게 제공함으로써 발생하는 소득에 대하여는 당해 소득에 대한 소득세 또는 법인세를 면제한다.

〈관련사례 1〉

기술이전소득에 대한 감면비율 적용시 1998. 12. 31. 이전에 체결한 계약분에 대하여 종전규정에 따른 감면율을 적용하는 것임(국심 2006서1600, 2006. 12. 1.).

〈주요 이유〉

－ 동 부칙의 입법취지는 법 시행일 이전에 성립된 종전의 계약 등에 대한 "소급효 금지원칙"을 구체화하여 규정함으로써 1998. 12. 31. 이전 계약분에 대하여는 종전 규정이 적용됨.

－ 따라서 계약일이 위 개정된 법령 시행일인 1999. 1. 1. 전인 1998. 12. 21.이므로 종전 조세감면규제법 제11조 규정에 의하여 감면율 100%를 적용하는 것이 타당함.

〈관련사례 2〉

법률 제5584호 조세특례제한법 부칙 제11조에서 1998. 12. 31. 이전에 이루어진 특허권·실용신안권 및 기술비법을 대여한 분에 대해서는 당해 대여기간이 종료할 때까지는 종전규정에 의해 세액전액을 감면하도록 하고 있는 바, 1998. 12. 31. 이전에 기술비법을 계약에 의해 제공한 것에 대해서도 당초 제공기간의 종료시까지는 구조세감면규제법 제11조를 적용하는 것임(재조예 46070－350, 2000. 10. 5.).

---

9) 「기술의 이전 및 사업화 촉진에 관한 법률」 제2조 제1호

10) 청구법인이 2014. 11. 13. 청구외법인으로부터 6개의 특허 등록 및 출원 중인 기술과 11개의 IP기술(쟁점기술)을 취득하고, 조특법 제12조 제2항에 따른 기술취득 등에 대한 과세특례를 적용하여 세액공제를 적용받았으나, 처분청이 특허기술과 쟁점기술이 유사하여 상호 관련성이 있어서 후자는 조특법 제12조에 따른 과세특례를 적용받을 수 없다고 보아 과세한 사안에서, 조세심판원은 청구법인이 6개의 특허 등록 및 출원 중인 기술과는 별개로 쟁점기술을 청구외법인으로부터 매수한 점, 조특법 제12조에 따르면 기술이 제품으로 생산되었는지 여부가 세액공제의 요건이라 하기는 어렵고 특허권과 기술비법은 각각 세액공제를 적용할 수 있는 것으로 해석되어 특허 등록 및 출원 중인 기술과 쟁점기술이 단순히 내용적으로 관련성이 있다고 보아 세액공제를 부인하기는 어려운 점 등에 비추어 쟁점금액에 대하여 세액공제를 배제한 처분은 잘못이 있다고 인용결정하였다(조심 2016중4320, 2017. 8. 14.).

부칙〈제7003호, 2003. 12. 30.〉 : 특수관계자에게 기술비법을 제공하는 경우 감면배제

제1조(시행일) 이 법은 2004년 1월 1일부터 시행한다.

제37조(기술이전소득에 대한 과세특례에 관한 경과조치) 이 법 시행당시 종전의 제12조 제1항 제2호의 규정에 의하여 기술비법을 양도·대여 또는 제공한 분에 대하여는 당해 대여 및 제공기간이 종료할 때까지는 개정규정에 불구하고 종전의 규정에 의한다.

* 종전의 제12조 제1항 제2호 : 대통령령이 정하는 기술비법(이하 이 조에서 "기술비법"이라 한다)을 보유하고 있는 내국인이 계약에 의하여 당해 기술비법을 2003. 12. 31.까지 제공함으로써 발생하는 소득 ⇒ 특수관계자 요건 없음.

부칙〈제7839호, 2005. 12. 31.〉

제1조(시행일) 이 법은 2006년 1월 1일부터 시행한다.

제2조(일반적 적용례) ① 이 법 중 소득세 및 법인세에 관한 개정규정은 이 법 시행 후 최초로 개시하는 과세연도분부터 적용한다.

* 별도의 경과조치 없이 폐지됨.

3 │ 과세특례의 내용

3-1. 기술이전

이전 소득에 대하여는 해당 소득에 대한 소득세 또는 법인세의 50%에 상당하는 세액을 감면한다(조특법 §12①).

3-2. 기술취득

중소기업이 취득하는 경우에는 취득금액의 10%, 중소기업에 해당하지 아니하는 자가 취득하는 경우에는 취득금액의 5%(중소기업으로부터 특허권등을 취득하는 경우로 한정한다)에 상당하는 금액을 해당 과세연도의 소득세(사업소득에 대한 소득세에 한함) 또는 법인세에서 공제한다. 이 경우 공제받을 수 있는 금액은 해당 과세연도의 소득세 또는 법인세의 10%를 한도로 한다(조특법 §12②).

3-3. 자체개발한 특허권등 대여

자체 연구·개발한 특허권등을 대여한 소득에 대하여는 해당 소득에 대한 소득세 또는 법인세의 25%에 상당하는 세액을 감면한다(조특법 §12③).

3-4. 지식재산권 자산손실 차감

위 3-1. 또는 3-3.을 적용할 때 해당 과세연도 및 직전 4개 과세연도에 특허권등에서 발생한 손실이 있는 경우에는 특허권등을 이전 또는 대여함으로써 발생하는 소득을 계산할 때 그 소득에서 해당 손실금액을 뺀다(조특법 §12④).[11]

4 | 절 차

세액감면 또는 세액공제를 적용받고자 하는 내국인은 과세표준신고와 함께 세액감면 또는 세액공제신청서를 제출하여야 한다(조특령 §11⑥).

5 | 조세특례제한 등

5-1. 추계과세시 등의 감면배제

소득세법 제80조 제3항 단서 또는 법인세법 제66조 제3항 단서의 규정에 의하여 추계를 하는 경우에는 특허권 등의 취득기업에 대한 세액공제가 적용되지 아니한다. 또한, 결정, 기한후 신고 경정, 사업용계좌미신고 등 의무불이행의 경우 기술이전 및 특허권 대여소득에 대한 감면이 적용되지 아니한다. 자세한 내용은 제128조 해설을 참고하기로 한다.

5-2. 최저한세의 적용

기술이전 및 기술취득 등에 대한 과세특례를 포함한 조세특례제한법상의 각종 조세특례는 제132조의 최저한세 규정에 따라 사실상 그 특례범위가 제한되기도 한다. 자세한 내용은 제132조 해설을 참고하기로 한다.

---

11) 국제기준(OECD Nexus Approach)은 지식재산권 자산 손실을 일반소득에서 공제하는 것을 제한하여 지식재산권 자산 손실은 지식재산권 소득에서만 공제해야 하나 우리나라는 지식재산권 자산 손실을 일반소득에서 공제하고 있다는 점에서 차이점이 있다. 따라서 2017. 12. 19. 조특법 개정시에는 만회 방법을 도입하여 지식재산권 소득에 대한 세액감면 시 기존에 일반소득에서 공제받은 손실 금액을 차감하도록 하였다.

5-3. 세액공제액의 이월공제

특허권 등의 취득기업에 대한 세액공제와 기타의 세액공제액이 전술한 최저한세 규정의 적용을 받아 당해 연도에 공제받지 못한 세액공제액은 당해 과세연도의 다음 과세연도의 개시일로부터 5년(2004. 1. 1. 당시 종전의 법 제144조 제1항의 규정에 의한 이월세액공제액은 4년) 이내에 종료하는 각 과세연도에 이월하여 공제받을 수 있다. 자세한 내용은 제144조 해설을 참고하기로 한다.

6 │ 관련사례

구 분	내 용
기술비법	기술비법이라 함은 내국인이 스스로 연구·개발한 과학기술분야에 관한 기술비법 중 공개되지 아니한 것으로서 제품제조를 위한 조업 및 정비기술 등 제조공정·공식 또는 산업상 기술정보를 포함하는 것이나, 이미 공개된 타인의 기술비법을 개량하여 발전시킨 경우와 국내에서 당해 기술비법을 이용하여 생산한 제품과 동종의 제품이 다른 방법으로 생산되는 경우에는 같은법에 의한 기술비법으로 볼 수 없는 것임(서이 46012-11634, 2002. 9. 2., 법인 46012-200, 2000. 1. 20.).
	건설기술관리법 제18조의 규정에 의하여 건설신기술로 지정·고시된 것만으로 조세감면규제법시행령 제11조 제1항의 규정에 의한 기술비법에 해당하는 것으로 볼 수 없음(법인 46012-3331, 1998. 11. 2., 소득 46011-305, 1998. 2. 6., 법인 46012-3624, 1995. 9. 23.).
	생산품에 대한 기술진보에 관한 단순한 지식은 기술비법에 해당하지 아니하는 것이나, 비밀공정·공식 또는 기타 산업상·과학상의 경험에 관한 기술정보 등은 기술비법에 해당하는 것임(법인 46012-1791, 1998. 7. 3.).
	"과학기술분야에 속하는 기술비법"이라 함은 자연과학과 이에 밀접한 관련이 있는 사회과학의 원리·원칙 및 그의 성과를 이용하여 산업을 개발하고 사회복지를 증진하는 것과 관련된 기술비법을 말하는 것이므로(과학기술진흥법 제2조 과학기술의 개념 참조) 제품의 제조비법이 아닌 비법의 경우에도 동법 동조 및 동영 동조의 규정에 의한 기술기법의 범위에 포함될 수 있는 것이나, 『원재료투입, 제품생산원가 및 품질 관리 등에 있어 전자시스템 등을 이용한 생산성향상을 위한 관리비법』이 이와 같은 과학기술분야에 속하는 기술비법에 해당되는지의 여부는 그 비법의 응용원리 등 구체적인 내용에 비추어 사실판단할 사항임(법인 46012-3639, 1996. 12. 27., 법인 22601-1226, 1992. 6. 3.).

구 분	내 용
기술취득의 범위	특허권의 설정등록을 한 내국인이 특허법 제100조 및 동법 제102조의 전용실시권 및 통상실시권(이하 "실시권"이라 함)을 설정 또는 허락하고 그 대가로 지급받는 소득은 조세특례제한법 제12조 제1항 제1호의 특허권을 대여함으로써 발생하는 소득에 해당되는 것이나, 내국법인이 당해 실시권을 설정 또는 허락받고 그 대가로 지급하는 금액에 대하여는 조세특례제한법 제12조 제2항 규정에 의한 조세특례를 적용받을 수 없는 것임(서면2팀-1949, 2004. 9. 20.).
기술이전소득의 범위	2006년 이후에는 기술이전소득에 의한 감면을 적용받을 수 없는 것임(서면2팀 -884, 2007. 5. 9.). ※ 조세특례제한법 제12조 제1항이 2005년 12월 삭제되면서 부칙(법률 제7839호, 2005. 12. 31.) 제2조에서 개정규정은 이 법 시행 후 최초로 개시하는 과세연도부터 적용하도록 규정하고 있음.
	사업자는 사업자등록 여부에 관계없이 조세특례제한법 제145조의 규정에 의한 감면세액의 사용의무가 있는 것임(국심 2003서1198, 2003. 7. 3.).

7 │ 주요 개정연혁

1. 기술거래에 대한 과세특례 정비(조특법 §12)

(1) 개정내용

종 전	개 정
□ 기술거래 소득에 대한 과세특례 ○ (기술이전) 중소·중견기업의 특허권 등 기술이전 소득의 50% 세액감면 ○ (기술대여) 중소기업의 특허권 등 기술대여 소득의 25% 세액감면 ○ (적용기한) 2018. 12. 31.	□ 적용기한 연장 ○ 2021. 12. 31.
□ 기술취득비 세액공제 ○ (대상) 내국기업 ○ (공제액) 국내 특허권 등 취득금액 × 5% (중소기업 10%) ○ (적용기한) 2018. 12. 31.	□ 적용기한 종료

(2) 개정이유

  ○ (기술거래 소득에 대한 과세 특례) 기술사업화가 어려운 기업의 기술개발 촉진
  ○ (기술취득비 세액공제) 지원의 실효성이 낮은 점을 감안하여 적용 종료

2. 기술이전 및 기술취득 등 과세특례 개선(조특법 §12, 조특령 §11)

(1) 개정내용

종 전	개 정
□ 기술취득 과세특례 적용기업 및 세액공제율 　○ 중소기업이 취득시 : 취득금액의 7% 〈추 가〉	□ 적용기업 및 세액공제율 확대 　○ 중소기업이 취득시 : 취득금액의 10% 　○ 중견·대기업이 취득*시 : 취득금액의 5% 　　* 중소기업으로부터 기술취득에 한정
□ 기술 이전·취득·대여 과세특례 적용 대상기술 　○ 특허권 　○ 실용신안권 　　* 기술대여의 경우는 자체 연구·개발한 특허권, 실용신안권에 한정 　○ 한국산업기술진흥원 등을 통해 취득한 기술 　○ 자체 연구·개발한 기술비법	□ 과세특례 적용 특허권 등의 범위 　국내에서 자체 연구·개발한 특허권, 실용신안권 　국내에서 자체 연구·개발한 것으로서 수입금액 기준 등 일정요건*을 충족하는 기술 및 기술비법 　　* 시행규칙에서 규정

(2) 개정이유

  ○ 기술거래 활성화를 지원하고 국제기준 등을 고려하여 대상기술을 합리적으로 조정

(3) 적용시기 및 적용례

  ○ 2017. 1. 1. 이후 이전·취득·대여하는 분부터 적용

제12조의2

연구개발특구에 입주하는 첨단기술기업 등에 대한 법인세 등의 감면

1 의 의

이 제도는 대덕특구를 세계 유수의 혁신클러스터로 육성하여 세계 각국과의 경쟁에서 우위를 확보하기 위해 2006년 말에 신설되었다. 연구소기업 및 첨단기술기업은 특구 지정목적 및 육성방향에 가장 적합한 기업형태로서 세제지원을 통한 연구소기업 및 첨단기술기업의 유치 및 창업 활성화는 대덕특구 육성의 중요한 부분으로 작용하고 있다.

최근 개정 연혁을 보면, 2016. 12. 20. 조특법 개정시에는 연구개발특구에 입주하는 첨단기술기업 등의 고용창출 유인을 강화하기 위해 서비스업(소비성 서비스업 제외)의 경우 고용인원에 비례한 감면한도 선택도 허용하였으나 2018. 12. 24. 조특법 개정시 삭제된 바 있다. 또한 2019. 2. 12. 조특령 개정시에는 상시근로자 및 청년상시근로자의 범위와 수를 구체화하였고, 2021. 12. 28. 조특법 개정시 적용기한을 2023. 12. 31.로 연장하였다.

2 요 건

2-1. 대상자

연구개발특구에 입주한 기업으로서 다음의 어느 하나에 해당하는 기업을 말한다(조특법 §12의2①). 여기서 연구개발특구란 연구개발을 통한 신기술의 창출 및 연구개발 성과의 확산과 사업화 촉진을 위하여 조성된 지역으로서 과학기술정보통신부장관이 특구로 지정한 지역을 말한다.[1]

① 2023. 12. 31.까지 과학기술정보통신부장관의 지정을 받은 첨단기술기업[2]

---

1) 「연구개발특구 등의 육성에 관한 특별법」 제2조 제1호 및 제4조
2) 「연구개발특구의 육성에 관한 특별법」 제9조 제1항

② 2023. 12. 31.까지 등록한 연구소기업[3]

다만, 2022. 12. 31. 조특법 개정을 통해 위에 따른 지정 또는 등록이 취소되는 경우 등(지정유효기간 종료 포함)의 사유가 발생한 경우에는 해당 사유가 발생한 날이 속하는 과세연도부터 감면이 배제되도록 개정되었다(조특법 §12의2②).

2-2. 감면대상사업

해당 구역 안의 사업장에서 다음의 사업을 영위하여야 한다(조특령 §11의2①).
① 생명공학과 관련된 산업[4](종자 및 묘목생산업, 수산물부화 및 수산종자생산업을 포함한다). 여기서 "생명공학"이라 함은 ① 산업적으로 유용한 생산물을 만들거나 생산공정을 개선할 목적으로 생물학적 시스템, 생체, 유전체 또는 그들로부터 유래되는 물질을 연구·활용하는 학문과 기술, ② 생명현상의 기전, 질병의 원인 또는 발병과정에 대한 연구를 통하여 생명공학의 원천지식을 제공하는 생리학·병리학·약리학 등의 학문을 말한다.
② 정보통신산업.[5] 여기서 "정보통신산업"이란 정보통신과 관련한 제품을 개발·제조·생산 또는 유통하거나 이에 관련한 서비스를 제공하는 산업으로서 컴퓨터 및 정보통신기기와 관련한 산업 등을 말한다. 다만, 정보통신서비스를 제공하는 산업은 제외한다.
③ 정보통신서비스를 제공하는 산업.[6] 여기서 "정보통신서비스"란 전기통신역무와 이를 이용하여 정보를 제공하거나 정보의 제공을 매개하는 것을 말한다.
④ 산업통상자원부장관이 고시[7]한 첨단기술 및 첨단제품과 관련된 산업

3 조세특례의 내용

위 기업의 감면대상사업에서 발생한 소득에 대하여는 해당 감면대상사업에서 최초로 소득이 발생한 과세연도(지정을 받은 날 또는 등록한 날부터 5년이 되는 날이 속하는 과세연도까지 해당 감면대상사업에서 소득이 발생하지 아니한 경우에는 5년이 되는 날이 속하는 과세연도)의 개시일부터 3년 이내에 끝나는 과세연도의 경우에는 법인세 또는 소득세의 100분의 100에 상당하는 세액을

---

3) 「연구개발특구의 육성에 관한 특별법」 제9조의3 제2항
4) 「생명공학육성법」 제2조
5) 「정보통신산업 진흥법」 제2조 제2호, 「정보통신망 이용촉진 및 정보보호 등에 관한 법률」 제2조 제1항 제2호
6) 「정보통신망 이용촉진 및 정보보호 등에 관한 법률」 제2조 제1항 제2호
7) 「산업발전법」 제5조 제1항, 「첨단기술 및 제품의 범위」 고시(지식경제부 고시 제2010-233호)

감면하고, 그 다음 2년 이내에 종료하는 과세연도의 경우에는 법인세 또는 소득세의 100분의 50에 상당하는 세액을 감면한다(조특법 §12의2②).

4 | 감면한도

위 감면기간 동안 감면받는 소득세 또는 법인세의 총합계액은 다음의 ①과 ②의 금액을 합한 금액을 한도("감면한도"[8])로 한다(조특법 §12의2③, 조특령 §11의2③).

① 사업용자산에 대한 투자 합계액[법인세 또는 소득세를 감면받는 해당 과세연도까지의 사업용자산(해당 사업에 주로 사용하는 사업용 유형자산[9]), 건설 중인 자산 및 무형자산[10])에 대한 투자 합계액] × 50%

② 해당 과세연도의 감면대상사업장의 상시근로자 수 × 1천5백만원[청년 상시근로자와 서비스업[11])을 하는 감면대상사업장의 상시근로자의 경우에는 2천만원]

각 과세연도에 감면받을 소득세 또는 법인세에 대하여 감면한도를 적용할 때에는 ①의 금액을 먼저 적용한 후 ②의 금액을 적용한다(조특법 §12의2④). 또한 위 ②에 따라 서비스업에 대한 한도를 적용받는 기업은 서비스업과 그 밖의 사업을 각각 구분하여 경리[12])하여야 한다(조특법 §12의2⑧).

한편, 여기서 상시근로자 및 청년상시근로자의 범위는 다음의 구분에 따른다(조특법 §12의2⑥, 조특령 §11의2⑤).

① 상시근로자의 범위 : 근로계약을 체결한 내국인 근로자를 말하되, 근로계약기간이 1년 미만인 근로자, 단시간근로자 등은 제외한다.[13]

② 청년상시근로자의 범위 : 15세 이상 29세 이하인 사람 중 기간제근로자 및 단시간근로자, 파견근로자, 청소년 등을 제외한 사람(병역을 이행한 경우에는 6년을 한도로 현재 연령에서 빼고 계산한 연령이 29세 이하인 사람을 포함한다)[14]

---

8) 지역특구[기업도시, 신발전지역, 대덕특구, 아시아문화중심도시, 금융중심지, 제주특별자치도(첨단과학기술단지, 투자진흥지구, 자유무역지역)] 세제지원시 지원한도를 신설하여 투자금액 및 고용에 비하여 과다하게 조세감면을 받는 사례를 방지(2011. 1. 1. 이후 입주하거나 창업·사업장신설 기업 등부터 적용)

9) 조특칙 제8조의3

10) 법인칙 별표 3

11) 조특령 제23조 제4항에 따른 서비스업으로서 소비성서비스업 등을 제외한 사업을 말한다.

12) 조특법 제143조를 준용한다.

13) 자세한 사항은 조특령 제23조 제10항에 따른 상시근로자를 참조하기로 한다.

14) 조특령 제26조의7 제3항 제1호

또한 상시근로자 수 및 청년상시근로자 수는 다음의 구분에 따른 계산식에 따라 계산한 수(100분의 1 미만의 부분은 없는 것으로 한다)로 하며(조특령 §11의2⑥), 1개월간의 소정근로시간이 60시간 이상인 근로자는 0.5명으로 하여 계산하고, 지원요건을 충족한 경우에는 0.75명으로 하여 계산한다[15](조특령 §11의2⑦).

① 상시근로자 수 :

$$\frac{\text{해당 과세연도의 매월 말 현재 상시근로자 수의 합}}{\text{해당 과세연도의 개월 수}}$$

② 청년상시근로자 수 :

$$\frac{\text{해당 과세연도의 매월 말 현재 청년상시근로자 수의 합}}{\text{해당 과세연도의 개월 수}}$$

5 │ 사후관리

감면한도 중 위 ②를 적용받아 소득세 또는 법인세를 감면받은 기업이 감면받은 과세연도 종료일부터 2년이 되는 날이 속하는 과세연도 종료일까지의 기간 중 각 과세연도의 감면대상사업장의 상시근로자 수가 감면받은 과세연도의 상시근로자 수보다 감소한 경우에는 다음의 계산식에 따라 계산한 금액으로 하며, 이를 상시근로자 수가 감소된 과세연도의 과세표준을 신고할 때 소득세 또는 법인세로 납부하여야 한다(조특법 §12의2⑤, 조특령 §11의2④).

납부할 세액* = 해당 기업의 상시근로자 수가 감소된 과세연도의 직전 2년 이내의 과세연도에 위 ②를 적용하여 감면받은 세액의 합계액 － 〔상시근로자 수가 감소된 과세연도의 감면대상 사업장의 상시근로자 수 × 1천5백만원〔청년상시근로자와 위 ②의 서비스업의 경우에 는 2천만원으로 한다〕〕

* 그 수가 음수이면 영으로 보고, 감면받은 과세연도 종료일 이후 2개 과세연도 연속으로 상시근로자 수가 감소한 경우에는 두 번째 과세연도에는 첫 번째 과세연도에 납부한 금액을 뺀 금액을 말한다.

여기서 상시근로자 및 청년상시근로자의 범위 및 수는 앞의 '감면한도'에서 설명한 바와 같다.

---

15) 조특령 제23조 제11항 각호 외의 부분 후단 및 같은 항 제2호를 준용한다. 이와 관련하여서는 조특법 제26조 고용창출투자세액공제의 해설을 참조하기 바란다.

6 | 절 차

연구개발특구에 입주하는 첨단기술기업 등에 대한 법인세 등의 감면을 받고자 하는 자는 과세표준신고와 함께 세액감면신청서를 납세지 관할 세무서장에게 제출하여야 한다(조특법 §12의2⑦, 조특령 §11의2⑧).

7 | 관련사례

구 분	내 용
'입주' 범위	「대덕연구개발특구 등의 육성에 관한 특별법」 제35조 제1항 제4호의 교육·연구 및 사업화시설구역에 입주하고자 하는 자는 같은법 제37조에 의해 입주승인신청서를 지식경제부장관에게 제출하여 지식경제부장관의 입주승인을 얻어야 하는 것임(서면2팀-788, 2008. 4. 28.).
감면소득	연구개발특구에 입주하여 첨단기술기업으로 지정받은 다른 회사를 합병하는 경우 합병전 기존 사업장에서 발생한 소득이 감면대상사업에서 발생한 소득에 해당되지 않는 경우에는 감면규정을 적용할 수 없는 것임(서면2팀-788, 2008. 4. 28.).
감면소득	「조세특례제한법」 제12조의2(연구개발특구에 입주하는 첨단기술기업 등에 대한 법인세 등의 감면) 규정을 적용받는 법인이 「법인세법」 제46조 제2항에 따른 적격분할 요건을 갖추어 인적분할을 하고 분할신설법인이 분할법인의 감면대상사업을 승계하여 첨단기술기업 지정서를 재발급 받는 경우, 분할존속 법인은 분할등기일이 속하는 사업연도의 개시일부터 분할등기일 전일까지 기존의 감면대상사업에서 발생한 소득에 대하여 「조세특례제한법」 제12조의2 규정에 따라 법인세를 감면받을 수 있는 것임(재조특-581, 2011. 6. 24.).
감면소득	「조세특례제한법」 제12조의2(연구개발특구에 입주하는 첨단기술기업 등에 대한 법인세 등의 감면) 규정을 적용받는 법인이 「법인세법」 제46조 제2항에 따른 적격분할 요건을 갖추어 인적분할을 하고, 분할신설법인이 분할법인의 감면대상사업을 승계하여 '첨단기술기업' 지정서를 재발급 받은 경우에 분할신설법인은 잔존 감면기간 동안 「조세특례제한법」 제12조의2 규정에 의한 세액감면을 적용받을 수 있는 것이며, 분할존속법인이 감면기간 중 첨단기술기업에 해당되지 않아 첨단기술기업 지정이 취소되는 경우에 분할존속법인은 취소일이 속하는 사업연도부터 같은법 제12조의2 규정에 의한 세액감면을 적용받을 수 없는 것임(법인-297, 2011. 4. 25.).

구 분	내 용
감면소득	「조세특례제한법」 제12조의2는 대덕연구개발특구에 입주하여 첨단기술기업으로 지정된 법인이 같은 법 시행령 제11조의3 제1항에 규정된 사업을 영위하는 경우 감면 적용되는 것으로, 첨단기술기업으로 기지정된 기술만을 활용하여 제품을 생산·판매하는 경우 동 규정을 적용하는 것이 아니고 첨단기술기업으로 지정된 기업의 경우로서 시행령에 규정된 사업을 영위하면 감면적용이 가능한 것임. 따라서 지정 후 새로이 취득한 특허기술을 활용하여 제품을 생산·판매하는 경우 동 활동이 지정받은 대상특허기술이 아닌 경우에도 「조세특례제한법」 시행령 제11조의3 제1항에 열거된 사업인 경우 감면 가능함(법인-130, 2011. 2. 17.).
	「대덕연구개발특구 등의 육성에 관한 특별법」 제9조에 따라 첨단기술기업으로 지정받은 기업이 「조세특례제한법」 제12조의2의 세액감면을 적용받는 감면기간 중에 첨단기술기업 지정의 유효기간이 만료되어 첨단기술기업에 해당하지 않는 경우에는 그 사유가 발생한 날이 속하는 사업연도부터 같은 법의 세액감면을 적용받을 수 없는 것임. 다만, 해당 기업이 잔존감면기간 중에 첨단기술기업으로 다시 지정받은 경우에는 그 재지정일이 속하는 사업연도부터 잔존감면기간 동안 동 감면을 적용받을 수 있는 것임(법규법인 2011-13, 2011. 1. 14.).
	대덕연구개발특구에 입주하여 「산업발전법」 제5조 제1항에 따라 지식경제부장관이 고시한 첨단기술 및 첨단제품과 관련된 사업을 영위하는 기업이 동 사업에서 발생한 소득은 「조세특례제한법」 제12조의2(연구개발특구에 입주하는 첨단기술기업 등에 대한 감면) 규정을 적용받을 수 있는 것임. 이 경우 동 사업에서 발생한 소득은 당해 기업이 첨단기술제품을 직접 판매하거나 임대방식으로 수익을 창출하는지에 불구하고 상기 감면대상소득에 포함하는 것임(법인-1339, 2009. 11. 30.).

8 | 주요 개정연혁

1. 연구개발특구 입주기업 세액감면 종료시점 명확화(조특법 §12의2, 조특령 §11의2)

(1) 개정내용

종 전	개 정
□ 연구개발특구 입주기업 세액감면	□ 감면 종료사유 명확화
○ (감면요건) ❶ 연구개발특구에 입주 ❷ 2023. 12. 31.까지 첨단기술기업으로 지정 또는 연구소기업으로 등록 ❸ 감면대상사업*을 할 것 * 생물산업, 정보통신산업 등 ○ (감면율 및 감면기간) – 3년간 100% + 2년간 50% <center>〈신 설〉</center>	○ 다음 취소사유 발생일이 속하는 과세연도부터 감면 종료 – 첨단기술 기업 지정 또는 연구소기업 등록의 취소일 – 첨단기술기업 지정 유효기간(2년) 만료일(재지정된 경우 제외)

(2) 개정이유

○ 연구개발특구 입주기업 세액감면 실효성 제고

2. 지역특구 세제지원제도의 고용창출 유인 강화(조특법 §12의2, §121의8, §121의9, §121의17, §121의20, §121의21, §121의22, 조특령 §11의2, §116의14, §116의15, §116의21, §116의25, §116의26, §116의27)

(1) 개정내용

종 전	개 정
□ 지역특구 입주기업 등에 대한 세제지원 ㅇ 지원지역 : 연구개발특구 등* 　　* 기업도시, 아시아문화중심도시 등 ㅇ 지원내용 : 소득세·법인세 3년간 100%, 2년간 50% 감면* 　　* 사업시행자는 3년간 50%, 2년간 25% 감면 ㅇ 감면한도 : ① + ② 　① 금액기준 : 투자누계액×50% 　② 고용기준 : 상시근로자수×1천만원(투자누계액×20% 한도)	□ 고용창출 유인 강화 ㅇ (좌 동) ㅇ (좌 동) ㅇ (좌 동)
〈신 설〉	ㅇ 서비스업(소비성 서비스업* 제외)은 고용인원에 비례한 감면한도 선택 허용 　－ 상시근로자수×2천만원 　　(투자누계액×100% 한도) 　* 조특령 제29조의 소비성 서비스업 규정을 준용 　－ 유흥주점업 및 단란주점업(관광유흥음식점업 및 외국인전용유흥음식점업 제외) 　－ 호텔업 및 여관업(관광숙박업 제외)
ㅇ 적용기한 : 2018. 12. 31.	ㅇ (좌 동)

(2) 개정이유
ㅇ 지역특구 입주기업 등의 고용창출 유인 강화

(3) 적용시기 및 적용례
ㅇ 2017. 1. 1. 이후 지역특구내 창업 및 사업장을 신설·이전하거나 투자를 개시하는 분부터 적용

제 **12** 조의3

기술혁신형 합병에 대한 세액공제

1 | 의 의

　기술혁신형 중소기업의 합병을 촉진하여 벤처 창업자 등이 투자자금을 조기에 회수할 수 있도록 유도하고, 회수한 자금의 재투자 등 유동성 증가로 벤처업계에 더 많은 자금이 유입되도록 하기 위하여 2014. 1. 1. 조특법 개정시 도입되어, 2014. 1. 1. 이후 합병하는 분부터 적용된다. 다만, 동 세제혜택은 합병능력이 있는 대기업에게 집중될 수 있다는 지적도 있으나 해당 합병자금이 벤처투자 생태계로 유입되어 벤처투자가 활성화를 기대할 수 있다는 측면도 있다.
　2016. 12. 20. 조특법 개정시 기술혁신형 중소기업의 합병 및 주식인수에 대한 세액공제 요건을 완화하였으며, 2021. 12. 28. 조특법 개정시 적용기한을 2024. 12. 31.로 연장하였다.

2 | 요 건

2-1. 적용대상자

　기술혁신형 중소기업을 2024. 12. 31.까지 합병하는 내국법인이어야 한다.

2-2. 합병대상

　합병대상은 기술혁신형 중소기업이고 기술혁신형 중소기업이란 다음의 어느 하나에 해당하는 중소기업을 말한다(조특령 §11의3①).
　① 합병등기일까지 벤처기업[1]으로 확인받은 기업
　② 합병등기일까지 기술혁신형 중소기업[2]으로 선정된 기업

---

1) 「벤처기업육성에 관한 특별조치법」 제25조
2) 「중소기업 기술혁신 촉진법」 제15조 및 같은 법 시행령 제13조

③ 합병등기일이 속하는 사업연도의 직전 사업연도의 연구·인력개발비3)가 매출액의 5% 이상인 중소기업

④ 합병등기일까지 다음 중 어느 하나에 해당하는 인증 등을 받은 중소기업

   ㉠ 신기술 인증4)

   ㉡ 보건신기술 인증5)

   ㉢ 신제품 인증6)

   ㉣ 혁신형 제약기업 인증7)

   ㉤ 세계적 유망기업 육성을 위해 업종별 중견기업 후보기업·중견기업에 따른 선정8)

   ㉥ 기술혁신형 중소기업 인증에 관한 고시(기획재정부고시 제2016-11호, 2016. 5. 18. 제정)9)

2-3. 합병요건

다음의 요건을 모두 갖추어 합병하여야 한다. 이 경우 특수관계인10)과의 합병은 본 세액공제를 적용하지 아니한다(조특법 §12의3①, 조특령 §11의3②).

① 합병등기일 현재 1년 이상 사업을 계속하던 내국법인 간의 합병일 것

② 양도가액11)이 합병등기일 현재의 피합병법인의 순자산시가의 130% 이상일 것. 여기서 순자산시가는 합병등기일 현재의 피합병법인의 자산총액(특허권등12)의 가액 제외)에서 부채총액을 뺀 금액을 말한다(조특령 §11의3④·⑤).

③ 피합병법인의 주주 또는 출자자("주주등")13)가 합병등기일부터 합병등기일이 속하는 사업연도의 종료일까지 합병법인의 지배주주등14)에 해당하지 아니할 것

④ 합병법인이 합병등기일이 속하는 사업연도의 종료일까지 피합병법인으로부터 승계받은 사업을 계속할 것. 다만, 합병법인이 파산하거나 회생절차에 따라 법원의 허가를 받아

---

3) 「조특법」 제9조 제2항 제1호

4) 「산업기술혁신 촉진법」 제15조의2 제1항

5) 「보건의료기술 진흥법」 제8조 제1항

6) 「산업기술혁신 촉진법」 제16조 제1항

7) 「제약산업 육성 및 지원에 관한 법률」 제7조 제2항

8) 「중견기업 성장촉진 및 경쟁력 강화에 관한 특별법」 제18조 제1항

9) 「조세특례제한법 시행규칙」 제8조의 5

10) 「법인령」 제2조 제5항

11) 「법인령」 제80조 제1항 제2호에 따른 금액을 말한다.

12) 「조특법」 제12조 제1항

13) 「조특령」 제11조의3 제8항

14) 「조특령」 제11조의3 제9항 및 「법인령」 제43조 제7항

승계받은 자산을 처분한 경우는 사업을 계속하는 것으로 보며, 합병법인이 합병등기일이 속하는 사업연도의 종료일 이전에 피합병법인으로부터 승계한 고정자산가액의 2분의 1 이상을 처분하거나 사업에 사용하지 아니하는 경우에는 사업을 계속하는 것으로 보지 아니한다. 다만, 피합병법인이 보유하던 합병법인의 주식을 승계받아 자기주식을 소각하는 경우에는 해당 합병법인의 주식을 제외하고 피합병법인으로부터 승계받은 고정자산을 기준으로 사업을 계속하는지 여부를 판정하되, 승계받은 고정자산이 합병법인의 주식만 있는 경우에는 사업을 계속하는 것으로 본다[15](조특법 §12의3③, 조특령 §11의3⑩·⑬).

3 | 과세특례의 내용

합병법인이 피합병법인에게 지급한 양도가액 중 다음의 어느 하나에 해당하는 금액 중에서 합병법인이 선택한 금액(기술가치 금액)의 10%를 해당 사업연도의 법인세에서 공제한다(조특법 §12의3①, 조특령 §11의3③).
① 기술보증기금 등의 기관[16]이 합병등기일 전후 3개월 이내에 피합병법인이 보유한 특허권등[17]을 평가한 금액의 합계액. 이 경우 그 합계액은 합병법인이 피합병법인에 지급한 양도가액에서 합병등기일 현재의 피합병법인의 순자산시가를 뺀 금액[음수(陰數)인 경우에는 영으로 본다]을 한도로 한다.
② 합병법인이 피합병법인에 지급한 양도가액에서 합병등기일 현재의 피합병법인의 순자산시가의 130%를 뺀 금액

---

15) 「법인령」 제80조의2 제7항 준용
16) 「벤처기업육성에 관한 특별조치법 시행령」 제2조의3 제7항 각 호 : 기술보증기금, 중소벤처기업진흥공단, 한국산업기술진흥원, 기술평가기관, 정보통신산업진흥원
17) 특허권, 실용신안권 및 다음의 어느 하나에 해당하는 기술비법 또는 기술로서 「산업기술혁신 촉진법」 제38조에 따른 한국산업기술진흥원에 등록되어 관리되는 기술비법 또는 기술을 말한다(조특칙 §8의5②).
  ① 피합병법인 또는 피인수법인이 국내에서 자체 연구·개발한 과학기술분야에 속하는 기술비법(공업소유권, 「해외건설 촉진법」에 따른 해외건설 엔지니어링활동 또는 「엔지니어링산업진흥법」에 따른 엔지니어링활동과 관련된 기술비법은 제외한다)
  ② 피합병법인 또는 피인수법인이 국내에서 자체 연구·개발한 「기술의 이전 및 사업화 촉진에 관한 법률」 제2조 제1호에 따른 기술

4 │ 사후관리

법인세를 공제받은 내국법인이 합병등기일이 속하는 사업연도의 다음 사업연도의 개시일부터 2년 이내에 다음의 어느 하나에 해당하는 사유가 발생하는 경우에는 그 사유가 발생한 날이 속하는 사업연도의 과세표준신고를 할 때 공제받은 세액에 이자상당액을 더한 금액을 법인세로 납부하여야 한다(조특법 §12의3②, 조특령 §11의3⑪).

① 피합병법인의 주주등[18]이 합병법인의 지배주주등[19]에 해당하는 경우
② 합병법인이 피합병법인으로부터 승계받은 사업을 폐지하는 경우. 다만, 합병법인이 파산하거나 회생절차에 따라 법원의 허가를 받아 승계받은 자산을 처분한 경우는 사업을 계속하는 것으로 보며, 사업의 폐지 여부 판정[20]은 앞에서 설명한 합병요건과 동일하다.

이 경우 이자상당액은 다음과 같이 산정한다(조특령 §11의3⑫).

공제받은 세액 × 공제받은 사업연도 종료일의 다음 날부터 납부사유가 발생한 날이 속하는 사업연도의 종료일까지의 기간 × 1일 25/100,000

5 │ 절 차

본 세액공제를 받으려는 내국법인은 과세표준신고와 함께 세액공제신청서 및 공제세액 계산서를 납세지 관할 세무서장에게 제출하여야 한다(조특법 §12의3⑤, 조특령 §11의3⑭).

---

18) 주석 13)과 동일
19) 주석 14)와 동일
20) 「법인세법 시행령」제80조의2 제7항을 준용한다.

6 주요 개정연혁

1. 기술혁신형 중소기업 인수 · 합병 지원세제 사후관리 방법 개선 등(조특법 §12의3, §12의4)

(1) 개정내용

종 전	개 정
□ 내국법인이 기술혁신형 중소기업을 합병 · 인수하는 경우 기술가치금액*의 10%를 법인세 세액공제 * 특허권 등 평가액 또는 기업 순자산시가의 130% 초과액(주식인수시, 인수지분율을 곱한 금액)	□ 사후관리 방법 개선 및 적용기한 연장
○ 주식 인수시 지분율 요건 - 지분율 50% 이상 취득 　(경영권 인수시에는 30% 이상)	○ (좌 동)
○ 사후관리 방법	○ 사후관리 방법 개선
  - 5년 내 지분율 감소시 공제세액 전액 추징	┬ 지분율 요건을 유지하지 못한 경우 │ : 공제세액 전액 추징 └ 지분율 요건을 유지한 경우 　: (공제세액 × 감소한 지분율) 추징
○ (적용기한) 2018. 12. 31.	○ 2021. 12. 31.

(2) 개정이유
○ M&A를 통한 기술거래 활성화를 지원

(3) 적용시기 및 적용례
○ 2019. 1. 1. 이후 사후관리 사유가 발생하는 경우부터 적용

2. 기술혁신형 중소·벤처기업 합병·주식인수에 대한 세액공제 요건 완화
(조특법 §12의3, §12의4)

(1) 개정내용

종 전	개 정
□ 내국법인이 기술혁신형 중소기업을 합병하거나 주식 인수시 세액공제 ○ (적용요건) 　– 합병·인수가액 ≥ 순자산 시가의 130% 　– 합병·인수가액 중 현금지급비율 　　: 50% 초과 　– 주식 취득비율(주식인수에 한정) 　　▪ 피인수법인 지분의 30% 초과 　　　+ 경영권 인수 　– 특수관계 법인간 합병·주식인수 제외 ○ (지원내용) 기술가치금액*의 10%를 세액공제 　* 특허권 등 평가액 또는 순자산시가의 130% 초과액 ○ (적용기한) 2018. 12. 31.	□ 세액공제 요건 완화 – (좌 동) 〈삭 제〉 (좌 동)

(2) 개정이유
○ M&A를 통한 벤처 기술거래 활성화 지원

(3) 적용시기 및 적용례
○ 2018. 1. 1. 이후 합병·주식인수하는 분부터 적용

제12조의4

기술혁신형 주식취득에 대한 세액공제

1 | 의 의

2014. 1. 1. 조특법 개정시 기술혁신형 합병에 대한 세액공제와 함께 도입된 제도로, 내국인이 기술혁신형 중소기업의 주식 취득시 매입가액 중 기술가치 금액의 10%를 세액공제하여 벤처 창업자 등의 자금회수를 지원하기 위한 제도이다. 2015. 12. 15. 조특법 개정시 주식등의 매입가액을 시가의 150% 이상에서 130% 이상으로 하향조정하여 세액공제대상을 확대하였다. 또한 상장회사의 경우 50% 초과 지분인수가 실질적으로 어려움을 감안하여 경영권 인수를 전제로 지분의 30% 초과를 인수한 경우에도 동 제도의 적용대상으로 확대하였으며, 조세회피 우려가 없는 경우에는 인수법인의 주식취득 이후 지분비율이 하락한 경우에도 사후관리 필요성이 없다고 보아 스톡옵션의 행사, 우리사주 취득, 벤처캐피탈의 출자로 지분비율이 하락한 경우에는 기공제세액 추징을 배제하는 사후관리 예외사유를 신설하였다.

2016. 12. 20. 조특법 개정시 기술혁신형 중소기업의 합병 및 주식인수에 대한 세액공제 요건을 완화하였으며, 2021. 12. 28. 조특법 개정시 적용기한을 2024. 12. 31.로 연장하였다.

2 | 요 건

2-1. 적용대상자

본 제도의 적용을 받는 자는 기술혁신형 중소기업을 2024. 12. 31.까지 인수하는 내국법인이다(조특법 §12의4①).

2-2. 인수대상

기술혁신형 중소기업으로서 다음의 어느 하나에 해당하는 중소기업이다(조특령 §11의4②).
① 취득일까지 벤처기업[1]으로 확인받은 기업
② 취득일까지 기술혁신형 중소기업[2]으로 선정된 기업
③ 취득일이 속하는 사업연도의 직전 사업연도의 연구·인력개발비[3]가 매출액의 5% 이상인 중소기업
④ 취득일까지 다음 중 어느 하나에 해당하는 인증 등을 받은 중소기업
　㉠ 신기술 인증[4]
　㉡ 보건신기술 인증[5]
　㉢ 신제품 인증[6]
　㉣ 혁신형 제약기업 인증[7]
　㉤ 세계적 유망기업 육성을 위해 업종별 중견기업 후보기업·중견기업에 따른 선정[8]
　㉥ 혁신형 의료기기 기업의 인증[9]
　㉦ 기술혁신형 중소기업 인증에 관한 고시(기획재정부고시 제2016-11호, 2016. 5. 18. 제정)[10]

2-3. 주식등 취득요건

내국법인(인수법인)은 기술혁신형 중소기업(피인수법인)의 주식 또는 출자지분("주식등")을 다음의 요건을 모두 갖추어 취득하여야 한다. 이 경우 특수관계인[11]으로부터 취득한 경우는 제외한다(조특법 §12의4①, 조특령 §11의4③).
① 인수법인이 피인수법인의 주식등을 최초 취득한 날("취득일")[12] 현재 1년 이상 사업을

---

1) 「벤처기업육성에 관한 특별조치법」 제25조
2) 「중소기업 기술혁신 촉진법」 제15조 및 같은 법 시행령 제13조
3) 「조특법」 제9조 제2항 제1호
4) 「산업기술혁신 촉진법」 제15조의2 제1항
5) 「보건의료기술 진흥법」 제8조 제1항
6) 「산업기술혁신 촉진법」 제16조 제1항
7) 「제약산업 육성 및 지원에 관한 법률」 제7조 제2항
8) 「중견기업 성장촉진 및 경쟁력 강화에 관한 특별법」 제18조 제1항
9) 「의료기기산업 육성 및 혁신의료기기 지원법」 제10조
10) 「조세특례제한법 시행규칙」 제8조의5
11) 「법인세법 시행령」 제2조 제5항
12) 인수법인이 피인수법인의 주식 또는 출자지분(이하 이 조에서 "주식등"이라 한다)을 취득한 날부터 직전 2년

계속하던 내국법인 간의 취득일 것

② 인수법인이 취득일이 속하는 사업연도 내에 취득한 주식등이 해당 사업연도의 종료일 현재 피인수법인의 발행주식총수 또는 출자총액의 100분의 50("기준지분비율", 피인수법인의 최대출자자로서 피인수법인의 경영권을 실질적으로 지배하는 경우는 100분의 30)을 초과하고, 인수법인이 해당 주식등을 취득일이 속하는 사업연도의 종료일까지 보유할 것

③ 인수법인이 취득일에 취득한 주식등의 매입가액이 아래 ㉠의 금액에 ㉡의 비율을 곱한 금액 이상일 것

㉠ 취득일 현재 피인수법인의 순자산시가의 100분의 130. 여기서 피인수법인의 순자산시가는 취득일 현재 피인수법인의 자산총액(특허권등[13]의 가액 제외)에서 부채총액을 뺀 금액을 말한다(조특령 §11의4⑤).

㉡ 취득일에 취득한 주식등이 취득일 현재 피인수법인의 발행주식총수 또는 출자총액에서 차지하는 비율("당초지분비율")

④ 피인수법인의 주주 또는 출자자("주주등")[14]가 해당 주식등을 양도한 날부터 그 날이 속하는 사업연도의 종료일까지 인수법인 또는 피인수법인의 지배주주등[15]에 해당하지 아니할 것

⑤ 피인수법인이 취득일이 속하는 사업연도의 종료일까지 종전에 영위하던 사업을 계속할 것. 다만, 피인수법인이 파산하거나 회생절차에 따라 법원의 허가를 받아 보유한 자산을 처분한 경우는 사업을 계속하는 것으로 본다[16](조특법 §12의4③ · ④, 조특령 §11의4⑪ · ⑧).

3 | 과세특례의 내용

인수법인이 피인수법인에게 지급한 매입가액 중 다음의 어느 하나에 해당하는 금액 중에서 인수법인이 선택한 금액(기술가치 금액)의 100분의 10에 상당하는 금액을 해당 사업연도의 법인세에서 공제한다(조특법 §12의4①, 조특령 §11의4④).

① 기술보증기금 등의 기관[17]이 취득일 전후 3개월 이내에 피인수법인이 보유한 특허

이내의 기간 동안 그 주식등을 보유한 사실이 없는 경우로 한다. 다만, 인수법인이 「법인세법 시행령」 제50조 제2항에 따른 소액주주등에 해당하는 기간은 주식등을 보유한 것으로 보지 아니한다(조특령 §11의4①).

13) 「조특법」 제12조 제1항

14) 「조특령」 제11조의4 제6항

15) 「조특령」 제11조의4 제7항 및 「법인령」 제43조 제7항

16) 사업의 계속 여부 판정은 「법인세법 시행령」 제80조의2 제7항을 준용한다

17) 「벤처기업육성에 관한 특별조치법 시행령」 제2조의3 제7항 각 호 : 기술보증기금, 중소벤처기업진흥공단, 한국산업기술진흥원, 기술평가기관, 정보통신산업진흥원

권등18)을 평가한 금액의 합계액에 취득일이 속하는 사업연도 종료일 현재의 지분비율을 곱하여 계산한 금액. 이 경우 그 계산한 금액은 인수법인이 피인수법인에 지급한 매입가액에서 취득일이 속하는 사업연도의 피인수법인의 순자산시가에 지분비율을 곱하여 계산한 금액을 뺀 금액[음수(陰數)인 경우에는 영으로 본다]을 한도로 한다.
② 인수법인이 피인수법인에 지급한 매입가액에서 ㉠의 금액에 ㉡의 비율을 곱한 금액을 뺀 금액
  ㉠ 취득일이 속하는 사업연도의 피인수법인의 순자산시가의 100분의 130에 해당하는 금액
  ㉡ 취득일이 속하는 사업연도 종료일 현재의 지분비율

4 │ 사후관리

위에 따라 법인세를 공제받은 내국법인이 취득일이 속하는 사업연도의 다음 사업연도의 개시일부터 2년(다만, ③의 경우는 취득일이 속하는 사업연도의 다음 사업연도의 개시일부터 4년) 이내에 다음의 어느 하나에 해당하는 사유가 발생하는 경우에는 그 사유가 발생한 날이 속하는 사업연도의 과세표준신고를 할 때 공제받은 세액[③에 해당하는 경우로서 각 사업연도 종료일 현재 인수법인의 피인수법인 지분비율("현재지분비율")이 기준지분비율을 초과하는 경우에는 당초지분비율에서 현재지분비율을 차감한 값을 당초지분비율로 나눈 비율과 공제세액을 곱한 금액(지분비율 감소로 이미 납부한 공제세액은 제외)]에 이자상당액을 더한 금액을 법인세로 납부하여야 한다(조특법 §12의4② · ③ · ④, 조특령 §11의4⑪ · ⑧ · ⑨).
① 피인수법인의 주주등이 인수법인 또는 피인수법인의 지배주주등에 해당하는 경우
② 피인수법인이 종전에 영위하던 사업을 폐지하는 경우. 다만 피인수법인이 파산하거나 회생절차에 따라 법원의 허가를 받아 보유한 자산을 처분한 경우는 사업을 계속하는 것으로 본다.19)
③ 현재지분비율이 당초지분비율보다 낮아지는 경우. 다만, 다음의 어느 하나에 해당하는 사유로 지분비율이 낮아지는 경우는 제외한다.
  ㉠ 주식매수선택권20)을 행사하는 경우
  ㉡ 우리사주조합원이 우리사주를 취득하는 경우

---

18) 「조특령」 제11조의3 제3항
19) 사업의 폐지 여부 판정은 「법인세법 시행령」 제80조의2 제7항을 준용한다.
20) 「벤처기업육성에 관한 특별조치법」 제16조의3 또는 「상법」 제340조의2

ⓒ 중소기업창업투자회사, 신기술사업금융업자, 창투조합등이 출자하는 경우(타인 소유의 주식 또는 출자지분을 매입하는 경우는 제외)

이 경우 이자상당액은 다음과 같이 산정한다(조특령 §11의4⑩).

> 공제받은 세액 × 공제받은 사업연도 종료일의 다음 날부터 납부사유가 발생한 날이 속하는 사업연도의 종료일까지의 기간 × 1일 25/100,000

5 │ 절 차

본 세액공제를 받으려는 내국법인은 과세표준신고와 함께 세액공제신청서 및 공제세액 계산서를 납세지 관할 세무서장에게 제출하여야 한다(조특법 §12의4⑤, 조특령 §11의4⑫).

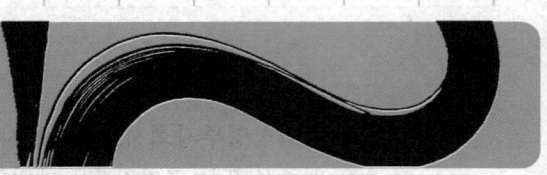

조세특례제한법

제13조

중소기업창업투자회사 등의 주식양도차익 등에 대한 비과세

1 │ 의 의

　　중소기업창업투자회사 등 모험자본(venture capital)회사가 창업자 또는 벤처기업, 신기술 사업자 등에 출자한 후 일정 기간이 경과하여 신기술사업이 성공하고 당해 출자금을 회수하는 경우의 주식양도차익과 배당소득을 비과세하여 투자재원을 유치하고 모험자본의 조성을 지원하는 제도이다.

　　훌륭한 기술을 가지고 있으면서도 자금조달능력의 부족으로 어려움을 겪고 있는 중소기업 등에 창업자금 및 신기술 사업화 자금을 공급하고자 도입되었다. 2014. 1. 1. 법 개정시 코넥스시장 활성화를 위하여 코넥스시장 상장 후 2년 이내인 기업에 출자하여 취득하는 주식 또는 출자지분에 대해서도 본 비과세를 적용하도록 하고 2014. 1. 1. 이후 출자하는 분부터 적용하도록 하였다.

출자자	출자방식	출자대상	법인세 면제	
			주식양도차익	배당소득
중소기업창업투자회사	직접	①창업자, ②벤처기업, ③신기술창업전문회사 ⑤코넥스상장기업	○	○
	간접	창투조합 등 → ①, ②, ③, ④신기술사업자, ⑤		
신기술사업금융업자	직접	②, ③, ④, ⑤		
	간접	창투조합 등 → ①, ②, ③, ④, ⑤		
벤처기업출자유한회사	간접	창투조합 등 → ①, ②, ③, ④, ⑤		
기금운용법인등	간접	창투조합 등 → ①, ②, ③, ④		×

2 | 요 건

2-1. 적용대상자

본 제도의 적용을 받는 자는 다음에 해당하는 모험자본(Venture Capital)회사이다. 본 제도에서는 '중소기업투자회사 등'이라 한다.

> ① 「중소기업창업 지원법」에 따른 중소기업창업투자회사 및 창업기획자
> ② 「여신전문금융업법」에 따른 신기술사업금융업자
> ③ 벤처기업출자유한회사(중소기업창업투자회사, 창업기획자, 「벤처기업육성에 관한 특별조치법」 제4조의3 제1항 제3호에 따른 「상법」상 유한회사[1]))
> ④ 기금운용법인 등[2])

2-2. 주식 또는 출자지분 대상

중소기업창업투자회사 등이 주식 또는 출자지분을 양도함으로써 발생하는 양도차익에 대해서는 법인세를 과세하지 아니하는바, 다음의 창업자·벤처기업·신기술창업전문회사[3])·신기술사업자('창업자 등')·코넥스상장기업의 주식 또는 출자지분을 2025. 12. 31.까지 출자함으로써 취득하여야 한다(조특법 §13① 각 호).

중소기업투자회사 등(출자자)	창업자 등(출자대상)
① 중소기업창업투자회사 및 창업기획자가 출자	창업자, 벤처기업, 신기술창업전문회사, 코넥스상장기업
② 신기술사업금융업자가 출자	벤처기업, 신기술창업전문회사, 신기술사업자, 코넥스상장기업
③ 중소기업창업투자회사·창업기획자·신기술사업금융업자 또는 벤처기업출자유한회사가 창투조합 등을 통하여 출자	창업자, 벤처기업, 신기술창업전문회사, 신기술사업자, 코넥스상장기업
④ 기금운용법인 등이 창투조합 등을 통하여 출자	창업자, 벤처기업, 신기술창업전문회사, 신기술사업자

---

1) 한국벤처투자조합 업무집행조합원에 새로이 추가된 상법상 유한회사(조합결성금액의 1% 이상을 출자하고, 투자업무에 5년 이상 종사자 1인 및 3년 이상 종사자 2인 이상으로 구성된 유한책임조합원을 보유한 유한회사에 대하여도 동일하게 지원(2006. 1. 1. 이후 최초로 양도하는 주식이나 출자지분 또는 지급받는 배당소득부터 적용)
2) 법인칙 제56조의2【기금운용법인 등】: 공무원연금관리공단, 사립학교교직원연금관리공단 등
3) 대학 보유 기술의 사업화 촉진 및 대학 재원 확충 지원을 위해 양도차익 등이 비과세되는 출자 대상에 신기술창업전문회사 추가(2012. 1. 1. 이후 최초로 출자하는 분부터 적용)

* 창업자 : 「중소기업창업 지원법」에 따른 창업자
* 벤처기업 : 벤처기업의 정의는 제6조(창업중소기업 세액감면) 해설을 참고
* 신기술사업자 : 「기술신용보증기금법」에 따른 신기술사업자
* 코넥스상장기업 : 「자본시장과 금융투자업에 관한 법률」 및 같은 법 시행령에 따른 코넥스시장에 상장한 중소기업

위 2-2. ③에서는 중소기업투자회사 등이 창투조합 등을 통하여 출자함으로써 취득하여야 하는바, '창투조합 등'이란 다음 어느 하나에 해당하는 조합을 말한다(조특법 §13① 3).

① 「중소기업창업 지원법」에 의한 중소기업창업투자조합
② 「벤처기업육성에 관한 특별조치법」 제4조의3에 따른 한국벤처투자조합 및 같은 제13조에 따른 개인투자조합
③ 「여신전문금융업법」에 의한 신기술사업투자조합
④ 「소재・부품전문기업 등의 육성에 관한 특별조치법」에 의한 부품・소재전문투자조합
⑤ 「농림수산식품투자조합 결성 및 운용에 관한 법률」에 따른 농식품투자조합4)5)

2-3. 출자의 방법

본 제도의 과세특례 규정을 적용받기 위하여는 중소기업창업투자회사 등이 직접 또는 창투조합 등을 통하여6) 다음의 방법으로 창업자, 신기술사업자, 벤처기업 또는 신기술창업 전문회사의 주식 또는 출자지분을 취득하여야 하며, 타인 소유의 주식 또는 출자지분을 매입에 의하여 취득(아래 ①~④)하는 경우를 제외한다(조특법 §13②).

① 기업의 설립시에 자본금으로 납입하는 방법
② 기업이 설립된 후 7년 이내에 유상증자하는 경우로서 증자대금을 납입하는 방법
③ 기업이 설립된 후 7년 이내에 잉여금의 자본전입에 의하는 방법7)
④ 기업이 설립된 후 7년 이내에 채무의 자본전환에 의하는 방법
⑤ 위 ②에 따라 유상증자의 증자대금을 납입한 날부터 6개월 이내에 거주자가 소득공제를 적용받아 소유하고 있는 해당 유상증자 기업의 주식 또는 출자지분으로서 해당 거주자의 출자일 또는 투자일부터 3년이 지난 것을 매입하는 방법. 다만, ②에 따라 납입한 증자대금의 100분의 30을 한도로 한다.

---

4) 등록 후 3년 이내 출자금의 60% 이상을 농식품경영체(예 : 영농조합법인 등 농어업경영체, 식품사업자, 농림수산식품의 소재 및 생산설비 제조기업 등)에 투자하는 펀드
5) 농식품투자조합 활성화 지원을 위해 창업투자조합 등의 범위에 추가(2012. 1. 1. 이후 최초로 양도하는 주식・출자지분 또는 지급받는 배당소득부터 적용)
6) 창투사 등이 창투조합 등을 설립・운용하는 것은 법에 의한 고유업무로서 벤처기업 등에 대한 투자효과는 동일하므로 직・간접 투자에 대해 동일하게 세제지원 적용(2001. 1. 1. 이후 최초로 주식 또는 출자지분을 취득하는 분부터 적용)

중소기업창업투자회사 등이 직접 또는 창투조합 등을 통하여 코넥스상장기업의 주식 또는 출자지분을 취득하여야 하며, 마찬가지로 타인 소유의 주식 또는 출자지분을 매입에 의하여 취득하는 경우(아래 ①~③)는 제외한다(조특법 §13③).

① 기업이 상장된 후 2년 이내에 유상증자(有償增資)하는 경우로서 증자대금을 납입하는 방법
② 기업이 상장된 후 2년 이내에 잉여금을 자본으로 전입(轉入)하는 방법
③ 기업이 상장된 후 2년 이내에 채무를 자본으로 전환하는 방법
④ 해당 기업이 상장된 후 2년 이내에 유상증자(有償增資)하는 경우로서 유상증자의 증자대금을 납입한 날부터 6개월 이내에 거주자가 벤처투자조합 출자 등에 대한 소득공제[8]를 적용받아 소유하고 있는 해당 유상증자 기업의 주식 또는 출자지분으로서 해당 거주자의 출자일 또는 투자일부터 3년이 지난 것을 매입하는 방법(납입한 증자대금의 100분의 30 한도)[9]

---

7) 대법원 2014. 10. 27. 선고 2013두6633 판결 : (조특법 제13조 제2항 각 호가 실제로 금전 등의 지출을 수반하거나 이에 준하는 방법으로 주식을 취득하는 새로운 출자를 규정한 것인지 여부(적극) / 자본잉여금의 자본전입에 따른 무상주 취득이 조특법 제13조 제2항 제3호가 정한 '잉여금의 자본전입에 의하는 방법'으로 주식을 취득하는 새로운 출자인지 여부(소극)와 자본잉여금의 자본전입에 따라 취득한 무상주에 관하여 출자자와 벤처기업 사이의 특수관계의 존재 여부나 5년간의 주식 보유 여부를 판단하는 기준 시점) 조특법 제13조 및 제14조의 입법 취지는 벤처기업이 창업자금 및 신기술사업화 자금 등을 원활하게 공급받을 수 있도록 벤처기업에 투자하는 모험자본에 대한 과세특례를 부여하고자 함에 있으므로 조특법 제13조 제2항 각 호는 실제로 금전 등의 지출을 수반하거나 이에 준하는 방법으로 주식을 취득하는 새로운 출자를 규정한 것으로 이해된다. 그런데 자본잉여금의 자본전입에 따른 무상주는 기존 출자자로부터 새로이 금전 등의 납입을 받지 않고 단순히 그 보유주식에 비례하여 발행될 뿐이어서 기존 출자자는 그 무상주의 취득으로 인하여 종래의 지분비율에 아무런 영향을 받지 않는다. 만약 이러한 무상주의 취득을 새로운 출자로 본다면 기존 출자자가 보유한 주식의 실질적 가치는 그대로임에도 당초 과세특례의 적용대상인 주식 중 일부가 과세대상으로 전환되는 결과를 초래하게 되어 벤처기업에 투자하는 모험자본에 대한 과세특례를 규정한 취지에 반하게 된다. 따라서 자본잉여금의 자본전입에 따른 무상주의 취득은 조특법 제13조 제2항 제3호가 규정한 '잉여금의 자본전입에 의하는 방법'으로 주식을 취득하는 새로운 출자로 볼 수 없으므로, 자본잉여금의 자본전입에 따라 취득한 무상주에 관하여 출자자와 벤처기업 사이의 특수관계의 존재 여부나 5년간의 주식 보유 여부를 판단함에 있어서는 그 무상주의 취득시점을 기준으로 따질 것이 아니라 그 무상주 취득의 근거가 된 주식의 취득시점을 기준으로 따져야 할 것이다.

8) 조특법 제16조 제1항

9) 2020년 1월 1일 이후 타인 소유의 주식 또는 출자지분을 매입하는 분부터 적용한다(법률 제16835호, 2019. 12. 31. 부칙 §6).

3 │ 과세특례의 내용

3-1. 주식 또는 출자지분 양도차익 비과세

중소기업창업투자회사 등이 출자함으로써 취득한 창업자 등의 주식 또는 출자지분을 양도함으로써 발생하는 양도차익에 대하여는 법인세를 부과하지 아니한다(조특법 §13①). 이 경우 법인세가 부과되지 아니하는 주식 또는 출자지분의 계산은 다음의 방법에 따른다(조특령 §12①).

① 비과세대상 주식 또는 출자지분과 다른 방법으로 취득한 주식 또는 출자지분을 함께 보유하고 있는 중소기업창업투자회사 등이 보유주식등의 일부를 양도하는 경우에는 먼저 취득한 주식등을 먼저 양도한 것으로 본다(선입선출법).

② 중소기업창업투자회사 등이 취득한 주식 또는 출자지분의 취득가액은 총평균법 또는 이동평균법(법인령 §74① 1 라목·마목) 중 당해 기업이 납세지 관할 세무서장에게 신고한 방법으로 계산한다.

③ 법인세가 부과되지 아니하는 주식 또는 출자지분 양도차익의 계산은 양도시기마다 구분가능한 종목별로 다음 산식에 의한다.

$$\text{총 양도차익} \times \frac{\text{법인세가 부과되지 아니하는 주식 등의 수}}{\text{양도 주식 등의 총수}}$$

기획재정부 유권해석 해설

질 의 창업투자회사가 출자한 창업법인의 주식 양도시에는 주식양도차익에 대한 법인세를 비과세하고 있는바, 창업법인이 흡수합병되어 창투회사가 합병법인의 주식을 교부받은 후 합병법인 주식 양도시 과세방법

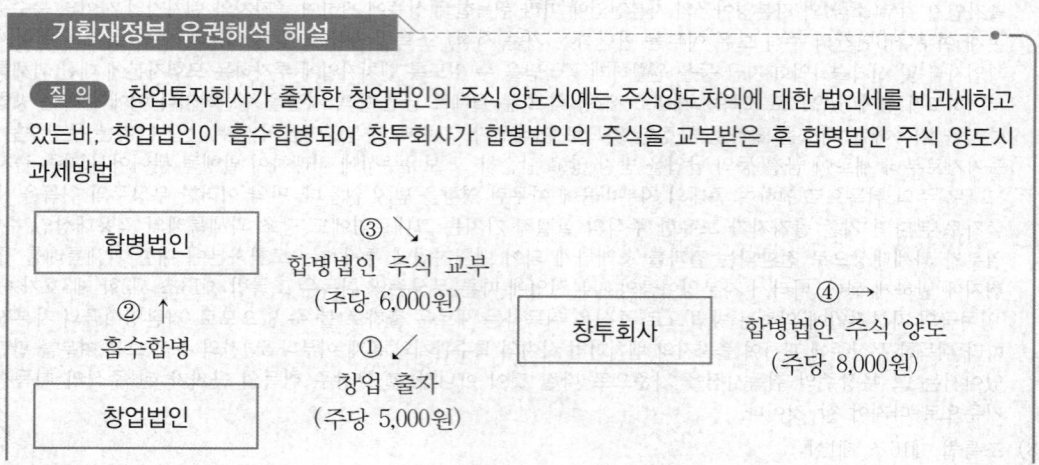

회신 재경부 조세지출예산과-1072, 2007. 12. 28.
○ 중소기업창업투자회사가 창업자 또는 벤처기업에 출자하여 주식 또는 출자지분을 취득한 후, 창업자 또는 벤처기업이 다른 회사에 흡수 합병되면서 지급받은 금액에 대하여는 배당소득에 대한 법인세를 부과하지 아니하며,
○ 중소기업창업투자회사가 합병 후 존속하는 법인(이하 "합병법인"이라 함)으로부터 합병으로 취득하는 주식(이하 "합병교부주식"이라 함)을 양도함으로써 발생하는 양도차익에 대하여는 법인세를 과세함. 다만, 합병 당시 합병법인(중소기업창업 지원법에 따른 창업자 또는 벤처기업에 한함)으로부터 합병교부주식을 동조 제2항에 준하는 방법으로 취득한 후 합병교부주식을 양도하는 경우에는 법인세를 부과하지 아니함.

쟁점

○ 본 건의 쟁점은 창투회사가 창업법인에 출자하여 취득한 주식(A)과 창업법인이 흡수합병되어 합병대가로 취득한 주식(B)를 어떻게 취급할 것인지 여부임.

〈출자단계〉		〈합병단계〉		〈양도단계〉
주식(A) 5,000원 취득	→ ①보유차익 1,000	주식전환 (A)→ (B) 6,000원	→ ②보유차익 2,000	주식(B) 8,000원 양도

○ 중기창투회사의 주식 양도차익 비과세는 자금조달 능력 부족으로 어려움을 겪고 있는 창업중소기업 등에게 원활하게 사업자금을 공급함으로써, Venture Capital 회사의 투자재원 유지 및 모험자본의 조성을 지원하기 위한 것임.
○ 입법 취지에 따라 창투회사가 출자한 창업법인 주식 보유기간 동안 발생한 자산가치 상승분(①보유차익 1,000에 해당)은 비과세함이 타당하고, 이는 법인세법상 합병에 따른 의제배당에 해당(법인법 §16)하여, 세법상으로는 배당소득으로 과세하나, 실질상으로는 보유기간 동안 발생한 가치상승분에 대하여 합병시 처분하는 것으로 양도차익에 대한 과세와 동일한 효과가 있음.
○ 합병으로 소멸된 주식(A)은 입법취지나 명문규정으로 비과세하는 것에 문제가 없으나, 합병교부주식(B)을 어떻게 취급할 것인가는 "직접 출자"하여 취득한 주식으로 볼 수 있는지 여부에 따라 다르게 판정될 수 있음.

저자의 견해

○ 창업법인의 주주가 창업법인이 흡수합병됨에 따라 창업법인의 기존주식은 소멸되고, 합병법인의 신주를 교부받은 경우 기존 창업법인의 주주 지위도 함께 소멸하면서, 새로이 합병법인의 주주가 되는 것이므로, 별도의 명문규정 없이 신주(합병교부주식)가 구주(소멸주식)의 지위(비과세 혜택)를 자동으로 승계받을 수 없음.*
  * 승계 허용시 창업법인 주식 취득 후 곧바로 기존법인과 합병하여 신주를 교부받음으로써 조세회피 수단으로 악용 우려
  * 개인사업자가 법인으로 전환시 실질적으로는 사업의 연속성이 인정됨에도 현물출자 시기에 양도한 것으로 보아 양도소득세 과세하는 것과의 형평성 문제도 있음.
○ 다만, 세법상 합병·분할에 대하여는 법적 실체의 동일성 여부와 관계없이 특례규정*에 따라, 일정 수준 연속성을 인정하고 있는 점을 감안할 때 합병교부주식을 타인에게 취득한 주식으로 보아 비과세 특례규정을 완전히 배제하는 것은 타당하지 아니함.

* 법인 합병시 국세채권 관계는 기본적으로 합병법인에게 승계(국기법 §23)
* 법인 분할시 분할법인의 납세의무는 분할 후 존속법인등과 연대 납부(국기법 §25②)
* 합병으로 교부받은 주식의 주식보유기간을 계산함에 있어 취득일은 피합병법인 주식 취득일로 기산 (국세청 서면4팀-2323, 2006. 7. 18.)
* 상증법상 유가증권 평가시 분할신설법인의 사업영위기간은 분할 전 분할법인의 사업개시일부터 기산 (재재산-715, 2005. 7. 8.)

○ 따라서, 양자를 어느 정도 절충하는 측면에서 합병교부주식을 "직접 출자"로 해석할 경우 재경부 기존해석*과의 일관성도 유지할 수 있으며, "직접 출자"로 보는 경우에도 무조건 비과세되는 것이 아니라 합병교부주식 교부 당시 합병법인이 창업법인인 경우에만 과세특례의 적용대상이 되므로, 당초 입법 취지에도 적합한 해석으로 판단됨.

* 피합병법인의 주주가 합병 후 존속하는 외투기업으로부터 받는 합병교부주식은 외투기업에 직접 출자하여 취득하는 주식에 해당(재경부 법인 46012-195, 2000. 11. 30.)

3-2. 배당소득의 법인세 비과세

중소기업창업투자회사, 창업기획자, 벤처기업출자유한회사 또는 신기술사업금융업자[10]가 출자함으로써 취득한 창업자등의 주식 또는 출자지분으로부터 2025. 12. 31.까지 지급받는 배당소득에 대하여는 법인세를 부과하지 아니한다(조특법 §13④). 이 경우 법인세가 부과되지 아니하는 배당소득의 계산은 구분가능한 종목별로 다음 산식에 의한다(조특령 §12③).

$$\text{배당소득} \times \frac{\text{법인세가 부과되지 아니하는 주식 등의 수}}{\text{보유하고 있는 주식 등의 총수}}$$

참고

대법원 2016. 2. 18. 선고 2015두53374 판결(전심 서울고등법원 2015누33914, 2015. 9. 3., 서울행정법원 2014구합51333, 2015. 1. 9.) <국패> : 법인격 부인과 관련하여

○ 인적·물적 자본 없이 설립된 SPC도 원칙적으로 그 주주와 별개의 독립된 법인격을 가지는 것으로 인정된다(현행 조세 법령상으로도 SPC의 설립을 금지하거나, 투자목적으로 설립된 SPC에 대하여 별도의 인적·물적 자본이 없다는 이유만으로 그 실체를 부정하는 규정을 찾을 수 없다. 오히려 국제조세조정법 제17조 제1항, 제18조 제1항은 SPC의 실체가 인정됨을 전제로 하여 조세피난처에 설립된 SPC의 유보소득을 당해 SPC의 주주가 배당받은 것으로 간주할 수 있는 요건에 관하여 규정하고 있다). SPC는 일시적인 목적을 달성하기 위하여

---

10) 기금운용법인 등은 열거되지 않음에 주의하기로 한다.

최소한의 자본출자 요건만을 갖추어 인적·물적 자본 없이 설립되는 것이 일반적이므로, SPC가 그 설립목적을 달성하기 위하여 설립지의 법령이 요구하는 범위 내에서 최소한의 출자재산을 가지고 있다거나 SPC를 설립한 회사의 직원이 SPC의 임직원을 겸임하여 SPC를 운영하거나 지배하고 있다는 사정만으로는 SPC의 독자적인 법인격을 인정하는 것이 신의성실의 원칙에 위배되는 법인격의 남용으로서 심히 정의와 형평에 반한다고 할 수 없다. 또한, 법인격 남용을 인정하려면 적어도 SPC의 법인격이 배후자에 대한 법률적용을 회피하기 위한 수단으로 함부로 이용되거나, 채무면탈, 계약상 채무의 회피, 탈법행위 등 위법한 목적달성을 위하여 회사제도를 남용하는 등의 주관적 의도 또는 목적이 인정되는 경우라야 한다(대법원 2010. 2. 25. 선고 2007다85980 판결 참조). 따라서 인적·물적 자본이 없거나 조세피난처에 설립되었다는 사정만으로 SPC의 법인격을 부인할 수는 없고, 당해 SPC가 형식적인 귀속 명의자로서 소득이나 수익, 재산, 거래 등의 과세대상을 지배·관리할 능력이 없고, 그 명의자에 대한 지배권 등을 통하여 실질적으로 이를 지배·관리하는 자가 따로 있으며, 그러한 명의와 실질의 괴리가 조세를 회피할 목적에서 비롯된 경우 등 예외적 사정이 증명되는 경우에는 그 과세대상을 실질적으로 지배·관리하는 자에게 그 과세대상이 귀속된 것으로 보아 그를 납세의무자로 삼을 수 있다.

4 | 관련사례

구 분	내 용
신기술사업금융업자	「여신금융업법」에 의한 신기술사업금융업자가 일반투자자와 함께 결성한 신기술사업투자조합을 통하여 「조세특례제한법」 제13조 제2항 각 호의 방법으로 취득한 신기술사업자 주식 중, 동 조합의 해산일까지 처분하지 못한 잔여주식을 동 조합 해산시 전부 시가로 매입하거나, 출자지분에 따라 분배받은 후 매각하는 경우에, 잔여주식 중 신기술사업금융업자의 출자지분에 해당하는 주식의 양도차익에 대하여는 법인세를 부과하지 아니하는 것임(서면2팀-494, 2005. 4. 4.).
무상증자로 취득한 주식의 양도	무상증자로 취득한 주식 중 타인으로부터 양수한 주식을 원인으로 교부받은 주식의 양도차익은 과세특례 적용대상에서 배제하는 것인바, 무상증자로 교부받은 주식 중 유상증자로 취득한 주식을 원인으로 교부받은 주식의 양도차익을 과세대상으로 보는 것은 부당함(국심 2005중2140, 2006. 6. 8.).
조합 등록 취소 후 양도	중소기업창업투자조합이 등록이 취소된 이후에 양도하는 주식 및 배당소득은 비과세대상이 아니며, 양도일 현재 그 등록이 취소된 경우에는 양도세과세특례 적용배제됨(서이 46013-11913, 2002. 10. 18.).
주식 신탁의 경우	신기술사업자가 벤처기업 등에 직접 출자해 취득한 주식을 신탁법에 따라 신탁하고 당해 신탁재산의 수익권을 담보로 채권을 발행하는 경우 신탁한 시점에는 양도한 것으로 보지 않음(서이 46012-10825, 2001. 12. 27.).

구 분	내 용
전환사채로 취득한 주식의 경우	중소기업창투회사가 벤처기업발행 전환사채를 타인으로부터 매입해 동 회사 명의의 주식으로 전환한 후의 당해 주식양도차익은 비과세됨(법인 46012-1914, 2000. 9. 15.).
양 수	중소기업창투회사 등이 타인으로부터 벤처기업의 주식을 양수하는 방법으로 출자하여 양도하는 경우에는 법인세가 면제되지 아니함(법인 46012-1499, 2000. 7. 5.).
배당소득	조세특례제한법 제13조를 적용함에 있어 중소기업창업투자회사가 창업자 또는 벤처기업에 동조 제2항의 방법에 따라 출자하여 주식 또는 출자지분을 취득한 후, 창업자 또는 벤처기업이 다른 회사에 흡수 합병되면서 지급받은 금액(법인세법 제16조 제5호에 따라 지급받은 금액을 말함)에 대하여는 동조 제3항에 따라 배당소득에 대한 법인세를 부과하지 않음. 또한, 중소기업창업투자회사가 합병 후 존속하는 법인(이하 "합병법인"이라 함)으로부터 합병으로 인하여 취득하는 주식(이하 "합병교부주식"이라 함)을 양도함으로써 발생하는 양도차익에 대하여는 법인세를 과세함. 다만, 합병당시 합병법인(중소기업창업지원법에 따른 창업자 또는 벤처기업에 한함)으로부터 합병교부주식을 동조 제2항에 준하는 방법으로 취득한 후 합병교부주식을 양도하는 경우에는 동조 제1항에 따라 법인세를 부과하지 아니함(서면2팀-188, 2008. 1. 29.).

5 │ 주요 개정연혁

1. 중소기업창업투자회사 등의 벤처기업 등 출자에 따른 비과세 특례 요건 완화 및 적용기한 연장(조특법 §13)

(1) 개정내용

종 전	개 정
□ 중소기업창업투자회사 등*의 벤처기업 등 출자에 따른 양도차익 및 배당소득 비과세 　* 중소기업창업투자회사, 창업기획자, 신기술사업금융업자 등 벤처투자특화 법인	□ 적용요건 완화 및 적용기한 연장
○ (적용요건) 　– 중소기업창업투자회사 등이 벤처기업 등에 신규출자를 통해 지분을 취득한 경우 적용 　– 중소기업창업투자회사 등이 벤처기업 등의 유상증자에 참여한 경우 엔젤투자자의 보유지분 인수 시에도 적용	○ (좌 동)
• (대상) 엔젤투자자가 3년 이상 보유한 주식·출자지분	
• (한도) 중소기업창업투자회사 등의 유상증자 대금의 10% 이내에서 엔젤투자자 지분 인수 가능	• 유상증자 대금의 10% 이내 　　→ 30% 이내
○ (출자방식) 직·간접 출자	○ (좌 동)
○ (적용기한) 2022. 12. 31.	○ 2025. 12. 31.

(2) 개정이유
○ 벤처 생태계 조성을 위해 엔젤투자자의 벤처투자자금 회수 지원

(3) 적용시기 및 적용례
○ 2023. 1. 1. 이후 주식 또는 출자지분을 취득하는 분부터 적용

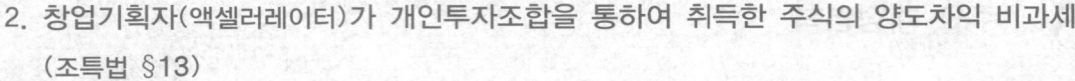

2. 창업기획자(액셀러레이터)가 개인투자조합을 통하여 취득한 주식의 양도차익 비과세 (조특법 §13)

(1) 개정내용

종 전	개 정
□ 창업기획자* 등이 벤처기업 등에 직접 또는 간접투자하여 취득한 주식의 양도차익 법인세 비과세 　* 초기창업자 선발·투자·보육이 주된 업무인 자 　（중소기업창업지원법 §2)	
○ 간접투자 방법 　: 중소기업창업투자조합, 벤처투자조합 등을 통해 출자	○ 간접투자 방법 확대 　: 개인투자조합을 통한 출자 포함 　*「중소기업창업지원법」에 따라 창업기획자(법인)는 개인투자조합 결성 가능

(2) 개정이유

○ 창업·벤처기업 활성화 지원

(3) 적용시기 및 적용례

○ 2019. 1. 1. 이후 양도하는 분부터 적용

3. 중소기업창업투자회사 등이 코넥스시장 상장 중소기업에 출자시 주식양도차익 및 배당소득 비과세(조특법 §13)

(1) 개정내용

종 전	개 정
☐ 주식 양도차익, 배당소득에 대한 법인세 비과세 　ㅇ (대상) 중소기업창업투자회사 등*이 설립 후 7년 이내인 창업중소기업** 등에 출자하여 취득하는 주식 또는 출자지분 　　* 중소기업창업투자회사, 신기술사업금융업자, 벤처기업출자유한회사 등 　　** 창업중소기업, 벤처기업, 신기술창업전문회사, 신기술사업자 　ㅇ (적용기한) 2014. 12. 31.	☐ 비과세 대상 추가 　ㅇ (대상추가) 코넥스시장* 　　상장 후 2년 이내인 기업에 출자하여 취득하는 주식 또는 출자지분 　　* KONEX(Korea New Exchange) : 　　　창업초기단계 중소기업의 원활한 자금조달·회수를 위한 중소기업 전용의 맞춤형 주식시장

(2) 개정이유
　ㅇ 코넥스시장 활성화를 통한 중소기업의 자본확충 지원

(3) 적용시기 및 적용례
　ㅇ 2014. 1. 1. 이후 출자하는 분부터 적용

조세특례제한법

제13조의2

내국법인의 벤처기업 등에의 출자에 대한 과세특례

1 │ 의 의

　본 제도는 2016. 12. 20. 신설된 제도로, 투자여력이 있는 법인의 벤처기업 투자를 유도하기 위해 내국법인이 벤처기업 등에 출자시 출자금액의 5%를 세액공제하는 것을 내용으로 하고 있다. 출자방법은 창업자, 벤처기업, 신기술사업자, 신기술창업전문회사에 대한 직접출자 및 중소기업창업투자조합 등을 통한 간접출자를 포함하며, 2017. 1. 1. 이후 출자하는 분부터 적용한다.

2 │ 요 건

2-1. 적용대상자

　본 제도의 적용대상자는 중소기업창업투자회사,[1] 신기술사업금융업자,[2] 벤처기업출자 유한회사,[3] 기금운용법인등[4]을 제외한 내국법인을 말한다(조특령 §12의2①).

2-2. 출자대상

　적용대상자인 중소기업창업투자회사 등이 2025. 12. 31.까지 다음의 어느 하나에 해당하는 주식 또는 출자지분을 취득하여야 한다(조특법 §13의2①).
　① 창업자, 신기술사업자, 벤처기업 또는 신기술창업전문회사에 출자함으로써 취득한 주식

---

1) 「조특법」 제13조 제1항 제1호
2) 「조특법」 제13조 제1항 제2호
3) 「조특법」 제13조 제1항 제3호 각 목 외의 부분
4) 「조특법」 제13조 제1항 제4호

또는 출자지분

② 창업·벤처전문 경영참여형 사모집합투자기구5) 또는 창투조합등을 통하여 창업자, 신기술사업자, 벤처기업 또는 신기술창업전문회사에 출자함으로써 취득한 주식 또는 출자지분

2-3. 출자방법

출자는 적용대상자인 중소기업창업투자회사 등이 다음의 어느 하나에 해당하는 방법으로 주식 또는 출자지분을 취득하는 것으로 하되, 타인 소유의 주식 또는 출자지분을 매입에 의하여 취득하는 경우는 제외한다(조특법 §13의2②).

① 해당 기업의 설립 시에 자본금으로 납입하는 방법

② 해당 기업이 설립된 후 7년 이내에 유상증자하는 경우로서 증자대금을 납입하는 방법

또한 특수관계인6)의 주식 또는 출자지분을 취득하는 경우 그 금액에 대해서는 공제하지 아니한다(조특법 §13의2①, 조특령 §12의2②).

3 | 과세특례의 내용

중소기업창업투자회사 등이 2025. 12. 31.까지 주식 또는 출자지분을 취득하는 경우 그 취득금액의 100분의 5에 상당하는 금액을 해당 사업연도의 법인세에서 공제한다(조특법 §13의2①).

4 | 사후관리

세액공제를 받은 내국법인이 주식 또는 출자지분을 취득한 후 5년 이내에 피출자법인의 지배주주 등7)에 해당하는 경우에는 지배주주 등이 되는 날이 속하는 사업연도의 과세표준 신고를 할 때 주식 또는 출자지분에 대한 세액공제액 상당액에 이자상당가산액을 더하여 법인세로 납부하여야 하며, 해당 세액은 납부하여야 할 세액8)으로 본다. 여기서 이자상당

---

5) 「자본시장과 금융투자업에 관한 법률」 제249조의23
6) 「법인령」 제2조 제5항
7) 「법인세법 시행령」 제43조 제7항에 따른 지배주주등의 범위로 한다(조특령 §12의2④).
8) 「법인세법」 제64조

가산액은 공제받은 세액에 아래 ①의 기간 및 ②의 율을 곱하여 계산한 금액을 말한다(조특법 §13의2③, 조특령 §12의2③).

　① 공제받은 사업연도의 과세표준신고일의 다음 날부터 사유[9]가 발생한 날이 속하는 사업연도의 과세표준신고일까지의 기간

　② 1일 10만분의 25

5 | 절 차

본조의 세액공제를 적용받으려는 내국법인은 과세표준신고와 함께 세액공제신청서를 납세지 관할 세무서장에게 제출하여야 한다(조특법 §13의2④, 조특령 §12의2⑤).

---

9) 「조특법」 제13조의2 제3항

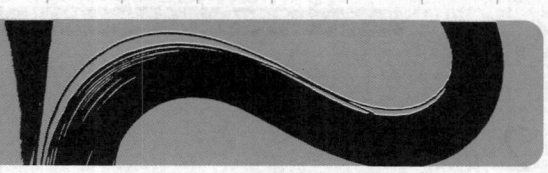

제13조의3

내국법인의 소재 · 부품 · 장비전문기업 등에의 출자 · 인수에 대한 과세특례

1 의 의

본조는 일본의 수출규제 등에 대응하기 위하여 정부가 2019년 8월 5일에 발표한 '소재 · 부품 · 장비 경쟁력 강화대책'의 일환으로 2019년 조특법 개정시 신설된 것으로, 크게 내국법인의 소재 · 부품 · 장비전문기업 관련 중소 · 중견기업 공동출자시 세액공제와 소재 · 부품 · 장비 또는 국가전력기술 관련 외국법인 인수시 세액공제로 구성되어 있다.

전자는 둘 이상의 내국법인이 공동인력 · 연구개발 및 공동시설투자를 위하여 소재 · 부품 · 장비 관련 기업의 주식 또는 출자지분을 취득하는 경우 출자금액의 100분의 5를 세액공제하고, 후자는 내국법인이 소재 · 부품 · 장비 또는 국가전략기술 관련 외국법인을 인수하는 경우 인수금액의 100분의 5(중견기업은 100분의 7, 중소기업은 100분의 10)를 세액공제하는 과세특례제도이다.

본 제도의 긍정적인 측면으로는 수요기업의 요구에 기반한 소재 · 부품 · 장비 기업의 안정적인 기술개발을 유인함으로써, 소재 · 부품 · 장비 산업의 경쟁력 강화를 도모할 수가 있고(전자), 해외 유망 소재 · 부품 · 장비 기업의 인수를 촉진함으로써, 국내 기술역량이 부족한 분야에 대한 신속한 기술확보를 지원하고, 소재 · 부품 · 장비 산업의 경쟁력을 제고하는 데 기여할 수 있을 것으로 기대된다(후자). 한편, 본조는 2020. 1. 1. 이후 출자하거나 인수하는 분부터 적용된다.

2 | 요 건

2-1. 적용대상

둘 이상의 내국법인("투자기업")이 소재·부품·장비 관련 중소·중견기업("투자대상기업")에 공동으로 출자하여야 한다. 여기서 투자대상기업은 특화선도기업등으로서 중소기업 또는 중견기업에 해당하는 기업[1]을 말한다.

2-2. 적용요건

다음의 요건[(1)~(3)]을 모두 충족하는 공동투자이어야 한다(조특법 §13의3①).

(1) 투자대상기업의 소재·부품·장비 관련 연구개발·인력개발·시설투자를 통하여 투자기업의 제품 생산에 도움을 받기 위한 목적일 것.
여기서 "소재·부품·장비 관련 연구개발·인력개발·시설투자"[2]란 연구·인력개발비[3] 및 통합투자세액공제 공제대상 자산[4]을 말한다.

(2) 투자대상기업이 유상증자하는 경우로서 증자대금을 납입하는 방법으로 주식등(주식 또는 출자지분)을 취득할 것

(3) 투자기업 간, 투자기업과 투자대상기업의 관계가 특수관계인[5]이 아닐 것. 다만, 공동으로 출자함에 따라 서로 특수관계인이 된 경우는 제외

(4) 공동투자는 다음의 요건을 모두 갖추어야 한다(조특령 §12의3②).
  (가) 투자기업이 투자대상기업과 공동투자에 대해 체결한 협약에 따라 공동으로 주식 또는 출자지분을 취득할 것
  (나) 공동투자에 참여한 각 내국법인이 투자대상기업의 유상증자 금액의 100분의 25 이상을 증자대금으로 납입할 것

---

1) 「소재·부품·장비산업 경쟁력강화를 위한 특별조치법」 제16조, 「조특령」 제12조의3 제1항
2) 「조특령」 제12조의3 제3항
3) 「조특법」 제10조 제1항
4) 「조특법」 제24조 제1항 제1호
5) 「법인세법」 제2조 제12호에 따른 특수관계인을 말한다(조특령 §12의3④).

2-3. 과세특례의 내용

주식 또는 출자지분 취득가액의 5%를 각 내국법인의 해당 사업연도의 법인세에서 공제한다(적용기한 : 2025년 12월 31일).

2-4. 사후관리

투자기업이 법인세를 공제받은 후에 다음의 어느 하나에 해당하는 사유가 발생하는 경우 그 사유가 발생한 날이 속하는 사업연도의 과세표준신고를 할 때 주식등에 대한 세액공제액 상당액에 이자상당가산액을 더하여 법인세로 납부하여야 한다(조특법 §13의3②).

(1) 법인세를 공제받은 투자기업이 주식등을 취득한 후 5년 이내에 투자대상기업의 지배주주등[6]에 해당하는 경우

(2) 투자대상기업이 유상증자일부터 3년이 되는 날이 속하는 사업연도 종료일까지 투자기업이 납입한 증자대금의 100분의 80에 상당하는 금액 이상을 소재ㆍ부품ㆍ장비 관련 연구개발ㆍ인력개발ㆍ시설투자에 지출하지 아니한 경우

(3) 법인세를 공제받은 투자기업이 주식등을 취득한 후 4년 이내에 해당 주식등을 처분하는 경우(다만, 이 경우 처분되는 주식등은 먼저 취득한 주식등이 먼저 처분되는 것으로 보고, 처분주식등에 상당하는 공제액 및 이자상당액만 추징)(조특령 §12의3⑤)

  (가) 투자기업이 주식등 취득일부터 2년 이내에 주식등을 처분하는 경우 : 공제받은 세액 전액

  (나) 투자기업이 주식등 취득일부터 2년이 경과한 날부터 2년 이내에 주식등을 처분하는 경우 : 다음의 계산식에 따라 계산한 금액

> 각 내국법인이 공제받은 세액 × (공동투자로 각 내국법인이 취득한 주식등 중 해당 과세기간에 처분한 주식등의 수 / 공동투자로 각 내국법인이 취득한 주식등의 수)

---

6) 지배주주등의 범위에 관하여는 「법인세법 시행령」 제43조 제7항을 준용한다(조특령 §12의3⑯).

3 | 소재·부품·장비 또는 국가전략기술 관련 외국법인 인수시 세액공제

3-1. 적용대상

내국법인(외국법인이 특수관계인인 법인과 금융 및 보험업을 영위하는 법인은 제외)이 국내산업기반, 해외의존도 등을 고려하여 소재·부품·장비 또는 국가전략기술 관련 외국법인(내국법인이 특수관계인인 경우는 제외)의 주식등을 취득하거나 인수(소재·부품·장비외국법인의 소재·부품·장비 또는 국가전략기술 사업의 양수 또는 사업의 양수에 준하는 자산의 양수)시 적용되고, 소재·부품·장비외국법인을 인수할 목적으로 설립된 특수 목적 법인("인수목적법인")을 통해 간접적으로 인수하는 경우를 포함한다(조특법 §13의3③).

여기서 "소재·부품·장비 또는 국가전략기술 관련 외국법인"이란 핵심전략기술[7]과 관련된 품목으로서 산업통상자원부장관이 기획재정부장관과 협의하여 고시하는 품목을 생산하는 외국법인(주식등을 취득하는 방법으로 인수하는 경우에는 소재·부품·장비 품목의 매출액[8]이 전체 매출액의 100분의 50 이상인 외국법인)을 말하고(조특령 §12의3⑦, 조특칙 §8의8①), "인수목적법인"이란 소재·부품·장비 관련 외국법인을 인수하는 것을 사업목적으로 하여야 하고, 내국법인이 발행주식총수 또는 출자총액의 100분의 100을 출자하고 있는 법인이어야 한다(조특령 §12의3⑨).

한편, 간접적으로 인수하는 경우 지분비율은 내국법인의 인수목적법인에 대한 출자비율에 그 인수목적법인의 소재·부품·장비 관련 외국법인에 대한 출자비율을 곱한 것으로 한다(조특령 §12의3⑪).

3-2. 적용요건

다음의 요건을 모두 충족하는 투자이어야 한다(조특법 §13의3③).

(1) 주식등을 취득하는 경우

(가) 해당 내국법인과 인수대상외국법인이 각각 1년 이상 사업을 계속하던 기업일 것
(나) 기준지분비율[인수대상외국법인의 발행주식총수 또는 출자총액의 100분의 50(내국법인이 소재·부품·장비외국법인의 최대주주 또는 최대출자자로서 그 소재·부품·장비외국

---

[7] 「소재·부품·장비산업 경쟁력강화를 위한 특별조치법」 제12조
[8] 조특령 제2조 제4항에 따른 계산방법으로 산출한 매출액으로서 주식등의 취득일이 속한 사업연도 직전 3개 사업연도의 평균 매출액을 말하며, 사업연도가 1년 미만인 사업연도의 매출액은 1년으로 환산한 매출액을 말한다.

법인의 경영권을 실질적으로 지배하는 경우는 100분의 30)] 이상을 직접 또는 간접적으로 취득하고, 해당 내국법인이 해당 주식등을 취득일이 속하는 사업연도의 종료일까지 보유할 것

(다) 인수일 당시 인수대상외국법인의 주주 또는 출자자("주주등")가 해당 주식등을 양도한 날부터 그 날이 속하는 내국법인의 사업연도 종료일까지 내국법인 또는 인수목적법인의 지배주주등에 해당하지 아니할 것

(라) 내국법인의 주식등 취득일이 속하는 사업연도의 종료일까지 인수대상외국법인이 종전에 영위하던 사업을 계속[9]할 것

(2) 사업 또는 자산을 양수하는 경우

소재·부품·장비 사업 또는 국가전략기술 사업의 양수는 소재·부품·장비 등 사업에 관한 권리와 의무를 포괄적 또는 부분적으로 승계하는 것을 말하며, 사업의 양수에 준하는 자산의 양수는 양수 전에 소재·부품·장비 등 관련 외국법인이 영위하던 소재·부품·장비 사업(국가전략기술 사업 포함)이 양수 후에도 계속될 수 있는 정도의 자산을 매입하는 것을 말한다(조특령 §12의3⑧).

(가) 해당 내국법인과 인수대상외국법인이 각각 1년 이상 사업을 계속하던 기업일 것

(나) 인수대상외국법인의 주주등이 사업 또는 자산을 양도한 날부터 그 날이 속하는 내국법인의 사업연도 종료일까지 내국법인 또는 인수목적법인의 지배주주등에 해당하지 아니할 것

(다) 내국법인의 사업·자산의 양수일이 속하는 사업연도의 종료일까지 양수를 통하여 승계된 종전의 사업을 계속할 것

3-3. 과세특례의 내용

인수가액(주식등 취득가액 또는 사업·자산의 양수가액)의 5%(중견기업 7%, 중소기업 10%)에 상당하는 금액을 해당 사업연도의 법인세에서 공제한다. 다만, 인수건별 인수가액이 5천억원을 초과하는 경우 초과금액은 없는 것으로 본다. 여기서 "인수건별 인수가액"이란 인수대상외국법인의 소재·부품·장비 등 사업 또는 자산의 양수일부터 3년 이내에 그 외국법인으로부터 소재·부품·장비 사업 또는 자산의 인수가 있는 경우 그 각각의 인수가액을 합한 금액을 말한다(조특령 §12의3⑩).

---

9) 사업의 계속 여부의 판정에 관하여는 「법인세법 시행령」 제80조의2 제7항을 준용한다(조특령 §12의3⑰).

3-4. 사후관리

법인세를 공제받은 내국법인은 인수일이 속하는 사업연도의 다음 사업연도의 개시일부터 4년 이내에 다음의 어느 하나에 해당하는 사유가 발생하는 경우 그 사유가 발생한 날이 속하는 사업연도의 과세표준신고를 할 때 세액공제액에 이자상당액을 가산하여 법인세로 납부하여야 한다(조특법 §13의3④, 조특령 §12의3⑫). 다만, 사업 또는 자산을 양수한 경우에는 아래 (3)을 적용하지 아니한다.

(1) 인수일 당시 인수대상외국법인(피인수법인)의 주주등이 내국법인 또는 인수목적법인의 지배주주등에 해당하는 경우
(2) 인수대상외국법인(피인수법인)이 종전에 영위하던 사업을 폐지[10]하거나 양수를 통하여 승계된 종전의 사업을 폐지하는 경우
(3) 각 사업연도 종료일 현재 내국법인(인수기업)이 직접 또는 간접적으로 보유하고 있는 인수대상외국법인(피인수기업)의 지분비율("현재지분비율")이 주식등의 취득일 당시 지분비율("당초지분비율")보다 낮아지는 경우[기준비율(50% 또는 30%+경영권) 미만으로 낮아지면 세액공제액 전액, 기준비율 이상이 유지되면 줄어든 비율 상당액을 추징]. 여기서 현재지분비율이 기준지분비율 이상인 경우에는 다음의 계산식에 따라 계산한 금액(지분비율 감소로 이미 납부한 공제세액은 제외)에 이자상당액을 더한 금액을 법인세로 납부하여야 한다(조특법 §13의3⑤).

$$[(당초지분비율 - 현재지분비율) / 당초지분비율] \times 공제세액$$

$$이자상당액(조특령 제12의3⑥) = 공제받은 세액 \times 공제받은 사업연도 종료일의 다음 날부터$$
$$납부사유가 발생한 날이 속하는 사업연도의 종료일까지의 기간 \times 1일당 10만분의 25$$

3-5. 공동인수

둘 이상의 내국법인이 공동으로 소재·부품·장비외국법인을 인수("공동인수")하는 경우 1개의 내국법인이 인수하는 것으로 보며, 공동인수에 참여한 각 내국법인의 공제금액은 인수가액에 비례하여 안분계산한 금액으로 한다(조특법 §13의3⑥). 여기서 공동인수는 내국법인이 공동투자 등에 대해 체결한 협약에 따라 공동으로 인수를 하는 경우로 한다(조특령 §12의3⑬).

---

10) 사업의 폐지 여부의 판정에 관하여는 「법인세법 시행령」 제80조의2 제7항을 준용한다(조특령 §12의3⑰).

한편, 공동인수에 참여한 법인이 그 공동인수에 참여하지 않은 제3자에게 주식등을 처분하여 현재지분비율이 당초지분비율보다 낮아지는 경우 등에 해당하면 해당 법인이 각각 법인세를 납부해야 한다(조특령 §12의3⑭).

4 | 절 차

본조를 적용받으려는 내국법인은 과세표준신고와 함께 세액공제신청서 및 공제세액계산서를 납세지 관할 세무서장에게 제출해야 한다(조특법 §13의3⑦, 조특령 §12의3⑮).

5 | 주요 개정연혁

1. 소재·부품·장비 관련 외국법인 인수 시 과세특례 대상 확대 및 적용기한 연장(조특법 §13의3③, 조특령 §12의3)

(1) 개정내용

종 전	개 정
□ 소재·부품·장비 관련 외국법인 인수 시 세액공제	□ 대상 확대 및 적용기한 연장
○ (적용대상) 내국법인이 소재·부품·장비 관련 외국법인의 주식·지분 취득 또는 소재·부품·장비 사업·자산 양수	○ 국가전략기술 관련 외국법인*의 주식·지분 취득 또는 국가전략기술 사업·자산 양수를 추가 * 국가전략기술 사업의 매출액이 전체 매출액의 50% 이상인 외국법인
○ (대상기술) 소재·부품·장비 관련 산업부장관이 기재부장관과 협의하여 고시하는 기술	○ 국가전략기술 관련 기술을 추가
○ (공제율) 인수금액의 5%(중견 7%, 중소 10%)	○ (좌 동)
○ (적용기한) 2022. 12. 31.	○ 2025. 12. 31.

(2) 개정이유
   ○ 소재·부품·장비 및 국가전략기술의 경쟁력 제고

(3) 적용시기 및 적용례
   ○ 2023. 1. 1. 이후 인수하는 분부터 적용

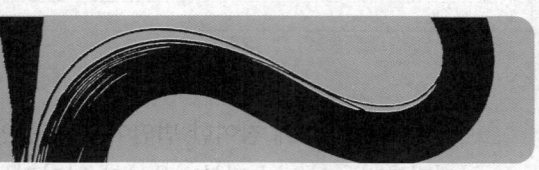

제13조의4

중소기업창업투자회사 등의 소재·부품·장비전문 기업 주식양도차익 등에 대한 비과세

1 | 의 의

중소기업창업투자회사 등이 소재·부품·장비 관련 유망 중소기업에 2022년 12월 31일까지 출자하여 취득한 주식 또는 출자지분을 양도함으로써 발생하는 양도차익 및 배당소득에 대하여 비과세하는 특례제도를 2020년 말 조특법 개정시 신설하였고, 최근 2022. 12. 31. 조특법 개정을 통해 특례적용기한을 2025. 12. 31.까지 연장하였다.

2 | 요 건

2-1. 주식 또는 출자지분 대상

다음의 어느 하나에 해당하는 주식 또는 출자지분에 해당되어야 한다(조특법 §13의4①).

> ① 중소기업창업투자회사, 창업기획자 또는 신기술사업금융업자가 소재·부품·장비 관련 중소기업1)("투자대상기업")에 2025년 12월 31일까지 출자함으로써 취득한 주식등
> ② 중소기업창업투자회사, 창업기획자, 벤처기업출자유한회사 또는 신기술사업금융업자가 창투조합 등을 통하여 투자대상기업에 2025년 12월 31일까지 출자함으로써 취득한 주식등
> ③ 기금운용법인등이 창투조합등을 통하여 투자대상기업에 2025년 12월 31일까지 출자함으로써 취득한 주식등

---

1) 중소기업 중 「소재·부품·장비산업 경쟁력강화를 위한 특별조치법」 제13조에 따라 선정된 특화선도기업을 말한다(조특령 §12의4①).

2-2. 출자의 방법

본 제도의 과세특례 규정을 적용받기 위하여는 중소기업창업투자회사, 창업기획자, 벤처기업출자유한회사, 신기술사업금융업자 또는 기금운용법인등이 직접 또는 창투조합등을 통하여 다음의 어느 하나에 해당하는 방법으로 투자대상기업의 주식등을 취득하는 것으로 하되, 타인 소유의 주식등을 매입으로 취득하는 경우는 제외한다(조특법 §13의4②).

> ① 투자대상기업의 설립 시에 자본금으로 납입하는 방법
> ② 투자대상기업이 유상증자하는 경우로서 증자대금을 납입하는 방법
> ③ 투자대상기업이 잉여금을 자본으로 전입하는 방법
> ④ 투자대상기업이 채무를 자본으로 전환하는 방법

3 │ 과세특례의 내용

3-1. 주식 또는 출자지분 양도차익 비과세

본조의 요건에 해당되는 주식등을 양도함으로써 발생하는 양도차익[2]에 대해서는 법인세를 부과하지 아니한다. 다만, 중소기업창업투자회사 등의 주식양도차익 등에 대한 비과세[3]에 해당하는 경우는 제외한다(조특법 §13의4①).

3-2. 배당소득의 법인세 비과세

중소기업창업투자회사, 창업기획자, 벤처기업출자유한회사 또는 신기술사업금융업자가 출자로 투자대상기업으로부터 2025년 12월 31일까지 받는 배당소득[4]에 대해서는 법인세를 부과하지 아니한다(조특법 §13의4③).

---

2) 법인세가 부과되지 않는 주식 또는 출자지분 양도차익의 계산은 제13조의 양도차익 계산방법과 동일하므로 이에 대하여는 제13조의 해설을 참고하기로 한다(조특령 §12의4②).

3) 조특법 제13조 제1항 각 호

4) 법인세가 부과되지 않는 배당소득의 계산은 제13조의 따른 배당소득 계산방법과 동일하므로 이에 대하여는 제13조의 해설을 참고하기로 한다(조특령 §12의4③).

4 │ 주요 개정연혁

1. 벤처캐피탈 등의 소재·부품·장비 중소기업 출자 시 양도차익 등 비과세 신설
(조특법 §13의4, 조특령 §12의4)

(1) 개정내용

종 전	개 정

〈신 설〉	□ 중소기업창업투자회사 등*의 유망 소재·부품·장비 기업**(중소기업에 한함) 출자에 따른 주식 등 양도차익·배당소득 비과세
	 * 중소기업창업투자회사, 창업기획자, 신기술사업금융업자 등
	 ** 「소재·부품·장비산업 경쟁력강화를 위한 특별조치법」 제13조에 따라 선정된 특화 선도기업
	 ○ (적용요건) 소재·부품·장비 분야 유망 중소기업 등에 신규 출자 등을 통해 취득한 주식 또는 출자지분
	    – (취득방식) ❶~❹ 방식*으로 취득
	     ❶ 기업 설립시 자본금으로 납입
	     ❷ 유상증자하는 경우로서 증자대금 납입
	     ❸ 잉여금을 자본으로 전입
	     ❹ 채무를 자본으로 전환
	 ○ (출자방식) 직·간접 출자
	 ○ (양도차익 계산방법) 조세특례제한법 시행령 제12조 제1항의 양도차익 계산방법*에 따름
	   * 총 양도차익 $\times \dfrac{\text{법인세가 부과되지 아니하는 주식 등의 수}}{\text{양도주식 등의 총수}}$
	 ○ (배당소득 계산방법) 조세특례제한법 시행령 제12조 제3항의 배당소득 계산방법*에 따름
	   * 배당소득 $\times \dfrac{\text{법인세가 부과되지 아니하는 주식 등의 수}}{\text{보유하고 있는 주식등의 총수}}$
	 ○ (적용기한) 2022. 12. 31.

(2) 개정이유
○ 유망 소재·부품·장비 중소기업의 자본 확충 지원

(3) 적용시기 및 적용례
○ 2021. 1. 1. 이후 출자하는 분부터 적용

제14조

창업기업 등에의 출자에 대한 과세특례

1 | 의 의

　　본 제도는 앞서 설명한 제13조와 동일한 취지로 도입된 것으로, 제13조가 중소기업창업
투자회사 등이 창업자 등에게 출자하도록 유인(주식양도차익에 대하여 법인세 비과세)하기 위한
조세지원 제도로서, 적용대상이 중소기업창업투자회사 등 '법인'이었다면, 본 제도는 개인이
창업자 등에게 출자하도록 유인(주식양도차익에 대하여 양도소득세 비과세)하기 위한 목적으로
도입되었다. 또한, 본조에서는 개인이 제13조 적용대상인 중소기업창업투자회사에 출자하는
경우에도 과세특례 적용이 적용되도록 규정함으로써 개인출자자(제14조 적용대상) → 법인출자
자(제13조 적용대상) → 창업자 등(벤처기업 등 창업자)으로 연결되는 출자금액의 흐름이 원활하게
연결되도록 지원하고 있다.

　　또한, 제13조에서는 출자주식 등에서 발생하는 배당소득에 대하여도 비과세하도록 규정하고
있으나, 본조에서는 배당소득에 대하여는 과세하고 있다는 점이 다르다.

구 분	창투회사 등의 주식양도차익 등에 대한 비과세(§13)	창업자 등에의 출자에 대한 과세특례(§14)
적용대상	법인출자자	개인출자자
양도차익	비과세(법인세)	과세소득 제외(양도소득)
배당소득	비과세(법인세)	과세
조합경유	조합을 통한 출자 인정	조합을 통한 출자 인정

2 | 요 건

2-1. 적용대상자

　　다음에 해당하는 주식 또는 출자지분(⑧을 제외한 경우에는 타인 소유의 주식 또는 출자지분을
매입에 의하여 취득하는 경우를 제외하고, 당해 기업의 설립시에 자본금으로 납입하는 방식 등으로

취득[1]하는 경우로 한정한다)의 양도에 대하여는 그 양도소득에 대하여 양도소득세를 과세하지 않는다. 다만, 이 경우 ①은 2009. 12. 31.까지 취득하는 주식 또는 출자지분에 대해서만 적용하고, ②~⑨는 2025. 12. 31.까지 취득하는 주식 또는 출자지분에 대해서만 적용한다(조특법 §14① · ⑧).

① 중소기업창업투자회사 또는 신기술사업금융전문회사에 출자함으로써 취득한 주식 또는 출자지분

② 벤처투자조합이 창업기업, 벤처기업 또는 신기술창업전문회사에 출자함으로써 취득한 주식 또는 출자지분

③ 농식품투자조합이 창업기업, 벤처기업 또는 신기술창업전문회사에 출자함으로써 취득한 주식 또는 출자지분

④ 신기술사업투자조합이 신기술사업자, 벤처기업 또는 신기술창업전문회사에 출자함으로써 취득한 주식 또는 출자지분

⑤ 벤처기업에 출자함으로써 취득(개인투자조합을 통하여 벤처기업에 출자함으로써 취득하는 경우 포함)한 주식 또는 출자지분(다음 ㉠ 및 ㉡에 적합한 출자에 의하여 취득한 주식 또는 출자지분으로서 그 출자일부터 3년[2]이 경과된 것을 말한다)(조특령 §13①)

㉠ 창업 후 5년 이내인 벤처기업 또는 벤처기업으로 전환한 지 3년 이내인 벤처기업에 대한 출자일 것. 다만, 창업 후 5년 이내에 최초로 출자한 날부터 3년 이내에 추가로 출자하고 최초 출자금액과 추가 출자금액의 합계액이 10억원 이하인 경우에는 창업 후 5년 이내인 벤처기업에 출자한 것으로 본다.

㉡ 다음 중 어느 하나에 해당하는 벤처기업에 대한 출자일 것. 다만, 위 ㉠의 단서를 적용할 때 특수관계인 적용시 비소액주주등과 그 친족 규정[3]은 적용하지 아니한다.
ⅰ) 특수관계[4]가 없는 벤처기업에 대한 출자
ⅱ) 조합[5]이 그 조합원과 특수관계가 없는 벤처기업에 대한 출자

⑥ 창업기획자에 출자함으로써 취득한 주식 또는 출자지분

⑦ 전문투자조합이 창업기업, 신기술사업자, 벤처기업 또는 신기술창업전문회사에 출자함으로써 취득한 주식 또는 출자지분

---

1) 「조특법」 제13조 제2항 각 호의 어느 하나에 해당하는 방법(⑨ 제외, 당해 기업의 설립시에 자본금으로 납입하는 방법 등)으로 취득하는 경우를 말한다.
2) 투자금 회수기간을 단축하여 벤처기업에 대한 투자 활성화를 유도하기 위해 비과세 의무보유기간을 5년에서 3년으로 완화(2012. 2. 2. 이후 양도하는 분부터 적용)
3) 「법인세법 시행령」 제2조 제5항 제2호
4) 「소득세법 시행령」 제98조 제1항 또는 「법인세법 시행령」 제2조 제5항
5) 「벤처기업육성에 관한 특별조치법」 제13조

⑧ 증권시장 밖에서 다자간매매체결회사의 업무기준 등[6]에 따라 거래되는 벤처기업의 주식(대주주[7]가 아닌 자가 양도하는 것으로 한정)

⑨ 온라인소액투자중개의 방법[8]으로 모집하는 다음의 어느 하나에 해당하는 요건을 갖춘 창업 후 3년 이내의 기업으로서 특수관계가 없는 기업에 출자한 주식 또는 출자지분(출자일부터 3년이 경과한 것으로 한정)[9] (조특령 §13②)

　　㉠ 기술성이 우수한 것으로 평가받은 기업[10]

　　㉡ 투자받은 날이 속하는 과세연도의 직전 과세연도에 연구·인력개발비를 3천만원[11] 이상 지출한 기업. 다만, 직전 과세연도의 기간이 6개월 이내인 경우에는 연구·인력개발비를 1천5백만원[12] 이상 지출한 중소기업으로 한다.

　　㉢ 기술신용평가업무를 하는 기업신용조회회사가 평가한 기술등급이 기술등급체계상 상위 100분의 50에 해당하는 기업

3 | 원천징수 및 소득금액계산의 특례

다음에 해당하는 소득에 대하여는 당해 조합이 조합원에게 그 소득을 지급할 때 소득세를 원천징수한다(조특법 §14④).

① 벤처투자조합이 창업자, 벤처기업 또는 신기술창업전문회사에 출자함으로써 발생하는 배당소득

② 농식품투자조합이 창업자, 벤처기업 또는 신기술창업전문회사에 출자함으로써 발생하는 배당소득

③ 신기술사업투자조합이 신기술사업자, 벤처기업 또는 신기술창업전문회사에 출자함으로써 발생하는 배당소득

④ 기업구조조정조합[13]이 구조조정대상기업[14]에 출자하여 얻는 배당소득

---

6) 「증권거래세법」 제3조 제1호 나목, 「자본시장과 금융투자업에 관한 법률 시행령」 제78조 또는 제178조 제1항

7) 「소득세법」 제104조 제1항 제11호 가목

8) 「자본시장과 금융투자업에 관한 법률」 제117조의10

9) 2020년 1월 1일 이후 출자 또는 투자하는 분부터 적용한다(법률 제16835호, 2019. 12. 31. 부칙 §8).

10) 「벤처기업육성에 관한 특별조치법」 제2조의2 제1항 제2호 다목 (3)

11) 「기초연구진흥 및 기술개발지원에 관한 법률 시행령」 별표 1의 업종에 해당하는 기업의 경우에는 2천만원으로 한다.

12) 「기초연구진흥 및 기술개발지원에 관한 법률 시행령」 별표 1의 업종에 해당하는 경우에는 1천만원으로 한다.

13) 「산업발전법」(법률 제9584호 산업발전법 전부개정법률로 개정되기 전의 것을 말한다) 제15조에 따라 등록된 것을 말한다.

⑤ 전문투자조합이 창업자, 신기술사업자, 벤처기업 또는 신기술창업전문회사에 출자함
으로써 발생하는 배당소득

또한, 벤처투자조합, 농식품투자조합, 신기술사업투자조합, 기업구조조정조합 또는 전문
투자조합에 귀속되는 소득으로서 이자소득[15] 및 투자신탁수익의 분배금[16]에 대하여는 당해
조합이 조합원에게 그 소득을 지급할 때에 소득세 또는 법인세를 원천징수한다(조특법 §14⑤).

한편, 위 소득의 경우에는 소득세법의 규정에 불구하고 총수입금액에서 동 조합이 지출한
비용(그 총수입금액에 대응되는 것으로 한정)을 뺀 금액을 이자소득금액 또는 배당소득금액으로
한다(조특법 §14⑥).

이를 적용함에 있어 일몰은 2025. 12. 31.까지 발생하는 소득에 한하여 적용한다(조특법
§14⑦).

4 | 관련사례

구 분	내 용
벤처기업이 대기업에 인수되어 벤처기업에서 제외된 경우	프리보드에서 벤처기업의 주식을 취득하였으나, 이후 벤처기업이 대기업에 인수되어 벤처기업에서 제외된 후, 해당 주식을 K-OTC시장에서 양도하는 경우에는 조특법 재14조의 양도소득세 과세특례를 적용하지 아니함(기획재정부 금융세제과-240, 2020. 9. 25).
합병신주 양도	「조세특례제한법」 제14조 제1항 제4호의 규정에 따라 과세특례가 적용되는 벤처기업의 주식을 취득·보유한 자가 벤처기업이 아닌 다른 기업과 「법인세법」 제44조 제2항 제1호 및 제2호를 충족하는 합병을 함에 따라 취득한 합병 후 존속 법인 또는 설립법인의 주식(이하 "합병신주"라 한다)을 양도하는 경우, 합병신주의 양도차익 계산 시 합병으로 소멸한 법인 주식(이하 "합병구주"라 한다) 보유기간 동안의 양도차익에 상당하는 금액(합병신주의 시가에서 합병구주의 취득가액을 차감한 금액)을 제외하는 것임(기획재정부 기재부 금융세제과-13, 2017. 1. 11.).
	합병으로 인하여 소멸한 벤처기업의 주주가 합병 후 존속 또는 신설되는 벤처기업으로부터 교부받은 주식(소멸한 벤처기업에의 출자일부터 5년이 경과한 주식에 상당하는 것)을 양도하는 경우 「조세특례제한법」 제14조 제1항 제4호의 규정이 적용되는 것임(서면4팀-2323, 2006. 7. 18.).

---

14) 「산업발전법」(법률 제9584호 산업발전법 전부개정법률로 개정되기 전의 것을 말한다) 제14조 제4항
15) 「소득세법」 제16조 제1항 각 호
16) 「소득세법」 제17조 제1항 제5호

구 분	내 용
무상주	무상증자에 의하여 취득한 주식을 양도하는 경우에는 과세특례를 적용하는 것이 타당하다고 할 것이나, 다만 무상증자에 의해 취득한 주식 중 타인으로부터 양수한 주식분 무상주의 경우 결과적으로 타인으로부터 양수한 주식으로 인하여 받게 된 것이므로 이 주식도 타인으로부터 양수한 주식에 대하여 과세특례를 배제하는 것과 마찬가지의 이유로 과세특례의 적용대상에서 배제하는 것이 논리상 타당한 것으로 판단됨(국심 2005중2140, 2006. 6. 8.).
	벤처기업의 유상증자에 참여하여 주식을 취득한 후 주식발행초과금의 자본전입에 따른 무상주를 취득한 경우 '벤처기업에 출자함으로써 취득한 주식'에 해당함(기준-2018-법령해석재산-0137, 2018. 6. 26.).
취득시기	기업구조조정조합이 과세대상이 되는 주식을 양도하는 경우 양도시기는 동 조합이 당해 주식을 양도한 날이 되는 것이며, 취득시기가 다른 주식을 양도하는 경우로서 주권발행번호 등으로 양도주식의 취득시기를 확인할 수 있는 경우에는 그 확인되는 날이 취득시기가 되는 것이나, 양도주식의 취득시기가 분명하지 아니하는 경우에는 먼저 취득한 주식을 먼저 양도한 것으로 보는 것임(서면4팀-1669, 2005. 9. 16.).
등록취소	중소기업 창업투자회사가 등록이 취소된 경우에는 등록취소일 이후 양도하는 주식 및 배당받는 소득은 비과세 및 과세특례 적용 안됨(법인 46012-1369, 2000. 6. 15.).
선입선출법	증권회사(후입선출법)보다는 납세자(선입선출법)가 주식거래내역을 기장한 장부를 우선 적용함이 타당하다고 보이고, 쟁점주식 취득시기가 불분명한 것으로 볼 경우에도 선입선출법을 적용하여야 하므로, 청구인이 양도한 쟁점주식 취득일자는 2001. 4. 28.로 봄이 타당함(조심 2012서530, 2012. 5. 31.).
중소기업창업투자조합 해산시 조합원이 현물로 배분받은 주식을 양도하는 경우, 동 주식의 양도차손을 다른 주식의 양도차익에서 차감할 수 있는지 여부	「조세특례제한법」제14조는 각호에서 정하는 중소기업창업투자조합 등이 창업자 또는 벤처기업 등에 출자함으로써 취득한 주식 또는 출자지분을 대상으로 이를 양도할 경우에 대한 과세특례를 규정하고 있을 뿐 취득한 주식의 양도를 조합이 하는 경우와 조합원이 하는 경우를 달리 구분하여 규정하고 있지 아니한 바, 투자조합의 해산으로 출자비율대로 배분받아 「증권거래법」에 의한 유가증권시장에서의 거래에 의하지 아니하고 양도하는 경우에는 「소득세법」제94조 제1항 제3호의 규정을 적용하지 아니하고 「조세특례제한법」제14조 제1항의 규정을 적용하는 것이므로 이 건과 같이 중소기업창업투자조합 해산시 조합원이 현물로 배분받은 주식을 양도하는 경우는 양도소득세 과세대상에서 제외된다 할 것이다. 그렇다면, 주식의 양도소득금액을 계산할 때 양도차손이 발생한 주식 또는 출자지분이 「조세특례제한법」제14조에 따라 양도소득세가 비과세되는 경우에는

구 분	내 용
중소기업창업투자조합 해산시 조합원이 현물로 배분받은 주식을 양도하는 경우, 동 주식의 양도차손을 다른 주식의 양도차익에서 차감할 수 있는지 여부	「소득세법」제102조 및 같은법 시행령 제167조의2는 적용되지 아니하는 것이므로 해당 주식 또는 출자지분 외의 다른 주식 또는 출자지분에서 발생한 양도소득금액에서 그 양도차손을 공제하지 아니하는 것이 타당한 바, 처분청이 조합원인 청구인이 쟁점투자조합으로부터 현물로 배분받은 쟁점주식의 양도차손을 다른 주식의 양도차익에서 차감하지 아니하고 이 건 과세한 처분은 잘못이 없다고 판단됨(조심 2011서2439, 2012. 3. 26.).
쟁점주식이 조특법 제14조 제1항 제4호의 양도소득세 과세특례 대상인지 여부	살피건대, 조특법 제14조에서 준용하고 있는 같은 법 제13조 제2항에서 출자의 방법으로 유상증자(제2호) 이외에 잉여금의 자본전입(제3호)을 별도로 규정하고 있으므로 잉여금의 자본전입(무상증자)을 통해 주식을 취득할 경우에도 창업 후 3년 이내의 경우만 과세특례 대상이 되는 것으로 해석함이 타당하다 할 것인바, 청구인이 양도한 쟁점주식은 선입선출법 또는 후입선출법 중 어느 방법을 적용하더라도 유상증자로 취득한 주식에 해당하지 아니하고, 모두 무상증자로 취득(선입선출법의 경우에는 2004. 2. 27. 1차 무상증자로, 후입선출법의 경우에는 2006. 8. 16. 2차 무상증자로 취득한 주식이 된다)한 것으로서, 창업 또는 벤처기업 전환 후 3년이 경과한 후에 취득하여 조특법 제14조 제1항 제4호의 과세특례 요건을 충족하지 못하였다고 보이므로 청구주장을 받아들이기 어렵다고 판단됨(조심 2011서2531, 2011. 12. 27.).
중소기업창업투자조합이 조합원에게 배당소득을 분배 시 무조건 분리과세대상인지 여부	조세특례제한법 제14조 규정에 따라 중소기업창업투자조합이 벤처기업에 출자함으로써 발생하는 배당소득을 조합원에게 지급할 때 소득세를 원천징수하고, 거주자인 조합원은 소득세법 제14조 제2항 및 동법 제3항 규정에 따라 과세표준을 계산함(소득-878, 2011. 10. 26.).
자본잉여금의 자본전입으로 취득한 쟁점주식에 대하여 창업 후 3년이 지난 후에 취득하였다 하여 양도소득세 비과세 적용을 배제한 처분의 당부	쟁점1주식은 청구인이 2001. 9. 14. 특수관계가 없는 창업 후 3년 이내이고 중소기업이며 벤처기업인 ○○○○○의 유상증자에 참여하여 취득한 주식으로 5년이 경과한 후인 2007년에 양도하여 위 관련 법령에서 규정하는 요건에 모두 충족되어 양도소득세 과세대상이 아닌 것으로 판단된다. 청구인은 무상증자에 의한 주식의 취득은 새로운 출자로 볼 수 없으므로 쟁점2주식과 쟁점3주식은 쟁점1주식과 같이 「조세특례제한법」제14조 및 같은 법 시행령 제12조에서 규정한 요건에 충족되므로 양도소득세 과세대상이 아니라고 주장하나, 주식을 취득하는 방법은 유상으로 취득하는 방법과 잉여금의 자본 전입에 따라 무상으로 취득하는 경우가 있을 것인데 취득사유가 발생할 때마다 각각 취득하는 것이지 무상으로 취득하였다 하여 그 취득 원인이 되는 유상으로 취득한 때로 취득시기를 소급할 수는 없는 것이고, 「조세특례제한법」제13조 제2항에서 출자의 개념을 유상과 무상으로 나누어 규정한 점을 보더라도 쟁점2주식과 쟁점3주식은 무상 증자일에 각각 취득한 것으로 보아야 할 것인바, 쟁점2주식의 경우 2002. 3. 22. 취득 당시 청구인이 ○○○○○의 총 발행주식의 18%에 해당하는 12,000주를 보유하고 있어

구 분	내 용
자본잉여금의 자본전입으로 취득한 쟁점주식에 대하여 창업 후 3년이 지난 후에 취득하였다 하여 양도소득세 비과세 적용을 배제한 처분의 당부	청구인과 ○○○○○는 특수관계자에 해당하고, 쟁점3주식의 경우 2006. 8. 8. 취득 당시 청구인이 ○○○○○의 총 발행주식의 9%를 보유하고 있어 청구인과 ○○○○○는 특수관계자에 해당하므로 「조세특례제한법 시행령」 제12조 제1항 제2호에서 규정하고 있는 양도소득세 비과세 요건인 "개인이 그와 「법인세법 시행령」 제87조 제1항에 의한 특수관계가 없는 벤처기업에 대하여 행한 출자일 것"을 충족하지 못하므로 양도소득세 과세대상이라 할 것이고, 또한 쟁점3주식의 경우 2006. 8. 8. 취득하여 그 취득일부터 5년이 경과되기 전에 양도되었으므로 「조세특례제한법 시행령」 제12조 제1항 본문 및 제1호에서 규정하고 있는 양도소득세 비과세 요건인 "창업 후 3년 이내인 벤처기업에 대한 출자이어야 하고 그 출자일로부터 5년이 경과되어 양도되어야 할 것"을 충족하지 못하므로 처분청이 쟁점2주식과 쟁점3주식에 대하여 「조세특례제한법」 제14조의 규정에 의한 양도소득세 비과세 적용을 배제한 처분은 잘못이 없다고 판단됨(조심 2011서415, 2011. 8. 30.).
무상증자로 취득한 주식	벤처기업 출자주식에 대한 과세특례 적용시 출자를 통해 최초로 주식을 취득할 당시는 특수관계가 없으므로 과세특례규정이 적용되고, 주식분할로 취득한 주식은 종전 주식과 동일한 주식이므로 특례규정이 적용된다 할 것이나 무상증자로 취득한 주식은 적용되지 아니함(서울고법 2010누45301, 2011. 8. 18.).
양도소득세 비과세대상 여부	기업구조조정조합이 구조조정대상기업인 을법인에 출자하여 주식을 취득한 것이 아니라 갑법인으로부터 분사한 을법인의 주식을 갑법인으로부터 매수한 것이므로 동 매수주식의 양도차익은 양도소득세 비과세대상이 아니라고 본 판결(대법원 2011. 1. 27. 선고 2009두17735 판결)
조특법 제14조 제1항 제4호 해당 여부	출자 당시 벤처기업으로 확인받거나 벤처기업으로 전환한지 3년 이내인 벤처기업이 아니어서 당해 주식은 조세특례제한법 제14조 제1항 제4호의 양도소득세 과세특례 적용대상이 아님(조심 2009서2687, 2010. 6. 9.).
	법인설립 후 3년 이내에 「벤처기업육성에 관한 특별조치법」 제2조 제1항의 규정에 따른 벤처기업으로 전환된 경우 벤처기업으로 전환되기 이전에 출자된 당해 법인의 주식 또는 출자지분은 「조세특례제한법」 제14조 제1항 제4호에 해당되지 않는 것임(재재산-327, 2010. 4. 8.).
특수관계	쟁점법인의 최대주주로서 임원의 임면권의 행사, 사업방침의 결정 등 당해 법인의 경영에 대하여 사실상 영향력을 행사하고 있다고 인정되는 자와 그 친족에 해당되는 경우 특수관계에 있음(조심 2009서2698, 2010. 2. 4.).
상속받아 양도한 경우	벤처기업에 출자함으로써 취득한 주식을 상속받아 양도한 경우에는 중소기업창업투자회사 등에의 출자에 대한 과세특례 규정이 적용되지 아니함(재재산-1001, 2009. 6. 8.).

구 분	내 용
자조합을 통하여 취득한 주식 또는 출자지분의 양도차익 비과세 여부	조세특례제한법 제13조, 제14조 및 제117조의 규정은 한국벤처투자조합과 「벤처기업육성에 관한 특별조치법」 제4조의3 제4항 제3호에 따라 한국벤처투자조합이 출자한 자(子)조합을 통하여 취득한 창업자 및 벤처기업의 주식에 대하여도 적용되는 것임(재법인−836, 2007. 10. 8.).
증권거래세	기업구조조정조합의 해산에 따라 주권이 출자금 비율로 각 조합원에게 배분된 후 조합원 각자가 당해 주권을 양도하는 경우에는 증권거래세가 과세됨(재소비−105, 2007. 3. 15.).
이자소득 및 배당소득의 수입시기	중소기업창업투자조합이 조합원에게 지급하는 이자소득 및 배당소득의 수입시기는 「소득세법 시행령」 제45조 및 제46조 각호에 규정하는 날이 되는 것이며, 당해 조합이 조합원에게 그 소득을 지급하는 때에는 당해 소득의 귀속시기가 속하는 연도의 원천징수세율을 적용하여 소득세 또는 법인세를 원천징수하는 것임(서면1팀−234, 2006. 2. 21.).
등록 말소	조세특례제한법 제14조 제1항 제1호의 규정에 의한 중소기업창업투자회사 등에의 출자에 의하여 취득한 주식 또는 출자지분에 대한 양도소득세의 과세특례를 적용함에 있어 주식 또는 출자지분 양도일 현재 당해 중소기업창업투자회사가 중소기업창업지원법의 규정에 의하여 등록이 말소된 경우에는 동법에 의한 양도소득세의 과세특례를 적용받을 수 없는 것임(재재산 46014−104, 2003. 4. 17.).
기업구조조정조합이 구조조정대상기업의 채권을 할인하여 매입한 후 이를 상환받음에 따라 얻은 이자수익과 채권조기상환이익, 그리고 주식에 투자하여 얻은 주식양도차익이 개인 조합원의 입장에서 어떻게 과세되는지 여부	기업구조조정조합의 조합원이 받은 이익은 조세특례제한법 제14조 제4항 내지 제6항 등의 내용에 따라 당해 이익이 기업구조조정조합에 최초로 지급될 때의 소득분류에 따라 채권·증권의 양도소득, 이자소득 또는 배당소득 등으로 구분되는 것임(재소득 46073−25, 2003. 2. 26.). 〈해설〉 : 필자 의견 ① 기업구조조정조합이 단순한 조합인지, 아니면 실체가 있는 것인지를 먼저 판단하여야 함. 조합으로 보는 경우 공동사업으로서 사업소득으로 처리해야 하며, 실체가 있는 것으로 보는 경우 그 실체에서 지급하는 배당소득으로 처리해야 함. (조합의 성격) : 조합은 2인 이상이 상호출자하여 공동사업을 경영할 것을 약정함으로써 그 효력이 생김(민법 제703조). 조합은 법인이 아니므로 단체적 단일성이 약하고 조합원의 개성이 강하여 독자적인 권리능력을 갖지 못하고 대외적으로 제3자에게 조합의 이름으로 법률행위를 할 수 없음. 다만, 조합도 일정한 요건을 갖추면 법인으로 성립할 수 있음(예 : 합명회사). (기업구조조정조합의 성격) : 법인으로서의 설립등기를 요하지 않으므로 일단 조합으로 성립하는 것으로 판단됨. 다만, 금융감독위원회에 등록, 금감원장의 업무검사, 업무집행조합원과 업무감독조합원의 지정, 출자금에

구 분	내 용
기업구조조정조합이 구조조정대상기업의 채권을 할인하여 매입한 후 이를 상환받음에 따라 얻은 이자수익과 채권조기상환이익, 그리고 주식에 투자하여 얻은 주식양도차익이 개인 조합원의 입장에서 어떻게 과세되는지 여부	관한 사항 및 조합규약에 법인의 설립등기사항과 유사하게 목적·명칭·소재지·집행조합원과 감독조합원의 성명과 주소 등을 정하도록 하여 상당한 정도의 실체를 요하고 있음. ② 기업구조조정조합을 단순한 조합으로 보는 경우 공동사업으로 보아야 할 것인지 도관으로 보아야 할 것인지를 판단하여야 함. ○ 공동사업으로 보는 경우 사업소득으로 처리해야 하며, 도관으로 보는 경우 조합원별로 개별 소득의 성격내용 과세해야 함. (기업구조조정조합에 대한 조특법의 대우) ○ 구조조정조합에 귀속되는 이자소득 등에 대하여 소득을 지급할 때 원천징수하도록 하고 있고(조특법 제14조 제4항, 제5항) – 이자·배당소득에 대하여는 비용을 인정하지 않는 것이 원칙(소득법 제16조 제2항, 제17조 제3항)인데도 구조조정조합에 귀속되는 이자소득 등에 대하여는 비용을 인정(조특법 제14조 제6항)하는 것으로 보아 구조조정조합을 하나의 도관으로 보는 태도를 보임. ○ 기업구조조정조합은 조합이고 법인과 유사한 어느 정도의 실체가 있으므로 사업소득 또는 배당소득으로 과세하는 것이 올바른 방향이나 ○ 현실적으로 조특법상 하나의 도관으로 규정하고 있는 점을 감안시 개인이 동 조합으로부터 받은 소득은 조합이 투자한 자산(본 사례에서 채권 및 주식)에 개인이 직접 투자하여 얻은 소득과 동일하게 분류하는 것이 법해석상 타당하다고 판단됨.

5 │ 주요 개정연혁

1. 엔젤투자 양도소득세 과세특례 범위 확대(조특령 §13①)

(1) 개정내용

종 전	개 정

□ 엔젤투자 양도소득세 과세특례
○ 대상기업
  - 창업 3년 이내 벤처기업
  - 벤처 전환 3년 이내 기업
○ 과세특례 요건 : 특수관계 없는 벤처기업에 대한 출자일 것
  - 소액주주(지분율 1% 미만)를 제외한 주주와 그 친족이 아닐 것
	□ 엔젤투자 양도소득세 과세특례
	○ 대상기업 확대
	  - 창업 5년 이내 벤처기업
	  - (좌 동)
	○ 과세특례 요건
	
	  - (추가 출자시 요건 완화)
	   · 창업 5년 이내 벤처기업에 최초 출자 후 3년 이내 추가출자
	   · 총출자액이 10억원 한도
	   · 지분율(1% 이상)에 따른 특수관계 적용 배제

- 사실상 경영지배자와 그 친족이 아닐 것 - 임원, 생계를 같이 하는 친족 등의 경제적 연관관계 없을 것 등	- (좌 동)

(2) 개정이유
○ 엔젤투자를 통해 벤처기업 지원 강화

(3) 적용시기 및 적용례
○ 2016. 2. 5. 이후 출자하는 분부터 적용

제15조

벤처기업 출자자의 제2차 납세의무 면제

1 의 의

신성장산업 벤처기업 창업을 지원하고자 일정 규모의 연구·인력개발비를 지출한 소규모 벤처기업의 법인세등에 대한 출자자의 제2차 납세의무 면제를 위해 2017. 12. 19. 조특법 개정시 신설되었고, 동 규정은 2018년 1월 1일 이후 벤처기업의 납세의무가 성립하는 분부터 적용한다.

2 요 건

2-1. 벤처기업

2018년 1월 1일부터 2025년 12월 31일까지의 기간 중 법인세 납세의무가 성립한 사업연도에 다음의 요건을 모두 충족한 벤처기업이어야 한다(조특법 §15①, 조특령 §13의2①).
① 수입금액[1]에서 연구·인력개발비가 차지하는 비율이 100분의 5 이상일 것
② 중소기업 중 매출액이 업종별로 일정규모 이내일 것[2]

---

1) 「법인세법」 제43조의 기업회계기준에 따라 계산한 매출액을 말한다.
2) 「중소기업기본법 시행령」 별표 3을 준용하여 산정한 규모 이내인 기업으로, 이 경우 "평균매출액등"은 "매출액"으로 본다.

중기령 [별표 3] (2017. 10. 17. 개정)

│ 주된 업종별 평균매출액등의 소기업 규모 기준(제8조 제1항 관련) │

해당 기업의 주된 업종	분류기호	규모 기준
1. 식료품 제조업	C10	평균매출액등 120억원 이하
2. 음료 제조업	C11	
3. 의복, 의복액세서리 및 모피제품 제조업	C14	
4. 가죽, 가방 및 신발 제조업	C15	
5. 코크스, 연탄 및 석유정제품 제조업	C19	
6. 화학물질 및 화학제품 제조업(의약품 제조업은 제외한다)	C20	
7. 의료용 물질 및 의약품 제조업	C21	
8. 비금속 광물제품 제조업	C23	
9. 1차 금속 제조업	C24	
10. 금속가공제품 제조업(기계 및 가구 제조업은 제외한다)	C25	
11. 전자부품, 컴퓨터, 영상, 음향 및 통신장비 제조업	C26	
12. 전기장비 제조업	C28	
13. 그 밖의 기계 및 장비 제조업	C29	
14. 자동차 및 트레일러 제조업	C30	
15. 가구 제조업	C32	
16. 전기, 가스, 증기 및 공기조절 공급업	D	
17. 수도업	E36	
18. 농업, 임업 및 어업	A	평균매출액등 80억원 이하
19. 광업	B	
20. 담배 제조업	C12	
21. 섬유제품 제조업(의복 제조업은 제외한다)	C13	
22. 목재 및 나무제품 제조업(가구 제조업은 제외한다)	C16	
23. 펄프, 종이 및 종이제품 제조업	C17	
24. 인쇄 및 기록매체 복제업	C18	
25. 고무제품, 및 플라스틱제품 제조업	C22	
26. 의료, 정밀, 광학기기 및 시계 제조업	C27	
27. 그 밖의 운송장비 제조업	C31	
28. 그 밖의 제품 제조업	C33	
29. 건설업	F	
30. 운수 및 창고업	H	
31. 금융 및 보험업	K	

해당 기업의 주된 업종	분류기호	규모 기준
32. 도매 및 소매업	G	평균매출액등 50억원 이하
33. 정보통신업	J	
34. 수도, 하수 및 폐기물 처리, 원료재생업(수도업은 제외한다)	E (E36 제외)	평균매출액등 30억원 이하
35. 부동산업	L	
36. 전문·과학 및 기술 서비스업	M	
37. 사업시설관리, 사업지원 및 임대 서비스업	N	
38. 예술, 스포츠 및 여가 관련 서비스업	R	
39. 산업용 기계 및 장비 수리업	C34	평균매출액등 10억원 이하
40. 숙박 및 음식점업	I	
41. 교육 서비스업	P	
42. 보건업 및 사회복지 서비스업	Q	
43. 수리(修理) 및 기타 개인 서비스업	S	

비고 : 1. 해당 기업의 주된 업종의 분류 및 분류기호는 「통계법」 제22조에 따라 통계청장이 고시한 한국표준산업분류에 따른다.

2. 위 표 제27호에도 불구하고 철도 차량 부품 및 관련 장치물 제조업(C31202) 중 철도 차량용 의자 제조업, 항공기용 부품 제조업(C31322) 중 항공기용 의자 제조업의 규모 기준은 평균매출액등 120억원 이하로 한다.

2-2. 출자자

벤처기업의 다음의 어느 하나에 해당하는 자를 말한다(조특법 §15①, 국기법 §39, 국기령 §18의2·§20).

① 무한책임사원

② 주주 또는 유한책임사원 1명과 그의 특수관계인 중 다음의 어느 하나에 해당하는 관계에 있는 자로서 그들의 소유주식 합계 또는 출자액 합계가 해당 법인의 발행주식 총수 또는 출자총액의 100분의 50을 초과하면서 그에 관한 권리를 실질적으로 행사하는 자들("과점주주")

㉮ 친족관계[3)]   ㉯ 경제적 연관관계[4)]   ㉰ 경영지배관계[5)]

---

3) 국기령 제1조의2 제1항 : 6촌 이내의 혈족, 4촌 이내의 인척, 배우자(사실상의 혼인관계에 있는 자 포함), 친생자로서 다른 사람에게 친양자 입양된 자 및 그 배우자·직계비속

4) 국기령 제1조의2 제2항 : 임원과 그 밖의 사용인, 본인의 금전이나 그 밖의 재산으로 생계를 유지하는 자, 앞으로 자와 생계를 함께하는 친족

5) 국기령 제1조의2 제3항 제1호 가목 및 같은 항 제2호 가목 및 나목의 관계. 이 경우 소유비율은 100분의 50을

3 | 과세특례의 내용

3-1. 제2차 납세의무의 면제

위의 요건을 모두 충족한 경우 그 벤처기업의 출자자는 해당 사업연도의 법인세등(법인세 및 이에 부가되는 농어촌특별세·강제징수비)에 대하여 제2차 납세의무를 지지 아니한다. 이 경우 2018년 1월 1일부터 2025년 12월 31일까지의 기간에 납세의무가 성립한 법인세등에 대한 제2차 납세의무를 지지 아니하는 금액의 한도는 출자자 1명당 2억원으로 한다(조특법 §15①).

3-2. 제2차 납세의무의 면제 배제

벤처기업 또는 그 출자자가 해당 사업연도의 법인세등에 대한 체납일 현재 다음의 어느 하나에 해당하는 경우에는 제2차 납세의무가 면제되지 않는다(조특법 §15②, 조특령 §13의2②). 여기서 체납일6)이란 국세징수권 소멸시효의 기산일(국세의 징수를 목적으로 하는 국가의 권리를 행사할 수 있는 때)로서 과세표준과 세액의 신고에 의하여 납세의무가 확정되는 국세의 경우 신고한 세액에 대해서는 그 법정 신고납부기한의 다음 날을 말하고, 과세표준과 세액을 정부가 결정, 경정 또는 수시부과결정하는 경우 납세고지한 세액에 대해서는 그 고지에 따른 납부기한의 다음 날을 말한다.

① 직전 3년 이내에 「조세범 처벌법」에 따른 처벌 또는 처분을 받은 사실이나 이와 관련된 재판이 진행 중인 사실이 있는 경우
② 「조세범 처벌법」에 따른 범칙사건에 대한 조사가 진행 중인 사실이 있는 경우
③ 직전 3년 이내에 사기나 그 밖의 부정한 행위7)로 국세를 포탈하거나 환급 또는 공제받은 사실이 있는 경우

또한 벤처기업이 그 출자자가 위 3-1.에 따라 제2차 납세의무를 지지 아니하는 해당 사업연도의 법인세를 사기나 그 밖의 부정한 행위8)로 포탈하거나 환급 또는 공제받은 사실이 확인되는 경우에는 해당 사업연도의 법인세등에 대하여 제2차 납세의무가 면제되지 않는다(조특법 §15③).

적용한다.
6) 「국세기본법 시행령」 제12조의4 제1항 각 호
7) 「조세범 처벌법」 제3조 제6항 각 호
8) 「조세범 처벌법」 제3조 제6항 각 호

4 | 절 차

본 과세 특례를 적용받으려는 출자자는 제2차 납세의무자[9]에 대한 납부고지를 받은 날부터 90일 이내에 제2차 납세의무 면제신청서를 관할 세무서장에게 제출하여야 한다(조특령 §13의2③). 세무서장은 제2차 납세의무 면제 신청을 받은 날부터 1개월 이내에 면제 여부를 해당 출자자에게 통지하여야 하며, 면제 결정을 통지한 이후 납세의무의 면제를 배제[10]하게 된 경우에는 해당 출자자에게 그 사실을 통지하여야 한다(조특령 §13의2④ · ⑤).

---

9) 「국세징수법」 제7조 제1항
10) 「조특법」 제15조 제2항 및 제3항

제16조

벤처투자조합 출자 등에 대한 소득공제

1 │ 의 의

본조는 창업·벤처기업에 직·간접적으로 투자하는 거주자(개인투자가)에 대하여 그 투자금액의 일정률을 소득공제 해 줌으로써 벤처투자시장의 저변을 확대하고 벤처기업 및 창업 초기기업에 대한 투자를 활성화하기 위하여 도입되었다.

개인투자자가 창업초기 재무위험도 등이 높아 투자손실 가능성이 큰 벤처·중소기업의 미래가치를 평가하여 투자 결정을 하는데 있어 어려움을 겪을 수 있고, 이는 벤처·중소기업이 창업자금 및 창업초기 신규자금의 조달을 어렵게 할 수 있다. 이처럼 투자위험이 크고 투자수익이 불확실한 벤처기업 등에 대한 개인의 직·간접투자에 대해 세제혜택을 부여함으로써, 창업·벤처기업에 대한 개인의 투자를 촉진하는데 그 의의가 있다고 할 수 있다.

본조는 엔젤투자(직접투자)와 벤처투자(간접투자)의 소득공제율을 차등하여 지원하고 있고, 2022년 12월 조특법 개정시 본 제도의 적용기한을 2025. 12. 31.까지로 연장하였다.

2 │ 요 건

2-1. 대상자

소득세법상 거주자에게만 적용되며, 법인은 적용되지 않는다.

2-2. 출자 또는 투자대상

다음의 어느 하나에 해당하는 출자 또는 투자를 하여야 한다(조특법 §16①). 타인의 출자지분이나 투자지분 또는 수익증권을 양수하는 방법으로 출자하거나 투자하는 경우에는 소득공제가 적용되지 않는다. 그 이유는 본조의 소득공제는 벤처기업 창업투자재원의 조달을 지원하기 위한 것이므로 실질적으로 기업에 투자재원이 지원되지 않는 경우에는 소득공제가 배제되어야 하기 때문이다.

(1) 중소기업창업투자조합 · 한국벤처투자조합 · 신기술사업투자조합 또는 소재 · 부품 전문투자조합에 출자하는 경우 ⇒ 공제율 10%

(2) 벤처기업투자신탁의 수익증권에 투자하는 경우 ⇒ 공제율 10%

벤처기업투자신탁이라 함은 다음의 요건을 갖춘 신탁을 말하며(조특령 §14①), 소득공제를 받을 수 있는 투자액(해당 거주자가 투자한 모든 벤처기업투자신탁의 합계액)은 거주자 1명당 3천만원으로 한다(조특령 §14②).

① 투자신탁(보험회사의 특별계정[1] 제외)으로서 계약기간이 3년 이상일 것

② 통장에 의하여 거래되는 것일 것

③ 투자신탁의 설정일부터 6개월(사모집합투자기구[2]에 해당하지 않는 경우에는 9개월) 이내에 투자신탁 재산총액에서 다음에 따른 비율의 합계가 100분의 50 이상일 것. 이 경우 투자신탁 재산총액에서 ㉮ 1)에 따른 투자를 하는 재산의 평가액이 차지하는 비율은 100분의 15 이상이어야 한다.

㉮ 벤처기업에 다음의 투자를 하는 재산의 평가액의 합계액이 차지하는 비율

　1) 주식회사의 주식, 무담보전환사채, 무담보교환사채 또는 무담보신주인수권부 사채의 인수, 유한회사 또는 유한책임회사의 출자 인수, 중소기업이 개발하거나 제작하며 다른 사업과 회계의 독립성을 유지하는 방식으로 운영되는 사업의 지분 인수, 투자금액의 상환만기일이 없고 이자가 발생하지 아니하는 계약으로서 조건부지분인수계약을 통한 지분 인수 등[3]

　2) 타인 소유의 주식 또는 출자지분을 매입에 의하여 취득하는 방법으로 하는 투자

㉯ 벤처기업이었던 기업이 벤처기업에 해당하지 않게 된 이후 7년이 지나지 않은 기업으로서 코스닥시장에 상장한 중소기업 또는 중견기업에 ㉮ 1) 및 2)에 따른 투자를 하는 재산의 평가액의 합계액이 차지하는 비율

④ 위 ③의 요건을 갖춘 날부터 매 6개월마다 ③의 전단 및 후단에 따른 비율(투자신탁재산의 평가액이 투자원금보다 적은 경우로서 ③의 후단에 따른 비율이 100분의 15 미만인 경우에는 이를 100분의 15로 본다)을 매일 6개월 동안 합산하여 같은 기간의 총일수로 나눈

---

1) 「자본시장과 금융투자업에 관한 법률」 제251조
2) 「자본시장과 금융투자업에 관한 법률」 제9조 제19항
3) 「벤처투자 촉진에 관한 법률」 제2조 제1호에 따른 투자

비율이 각각 100분의 50 및 100분의 15 이상일 것. 다만, 투자신탁의 해지일 전 6개월에 대해서는 적용하지 아니한다.

(3) 개인투자조합(Angel Capital)4)이 거주자로부터 출자받은 금액을 해당 출자일이 속하는 과세연도의 다음 과세연도 종료일까지 다음의 어느 하나에 해당하는 기업("벤처기업 등")에 투자하는 경우(조특령 §14③) ⇒ 공제율 30~100%

① 벤처기업
② 창업 후 3년 이내의 중소기업으로서 기술성이 우수한 것으로 평가받은 기업5)
③ 창업 후 3년 이내의 중소기업으로서 개인투자조합으로부터 투자받은 날6)이 속하는 과세연도의 직전 과세연도에 연구·인력개발비를 3천만원(지식기반서비스 분야7)에 해당하는 기업의 경우에는 2천만원) 이상 지출한 기업. 다만, 직전 과세연도의 기간이 6개월 이내인 경우에는 연구·인력개발비를 1천5백만원(지식기반서비스 분야에 해당하는 경우에는 1천만원) 이상 지출한 중소기업
④ 창업 후 3년 이내의 중소기업으로서 금융위원회의 허가를 받고 기술신용정보를 제공하는 신용조회회사8)가 평가한 기술등급(기업 및 법인의 기술과 관련된 기술성·시장성·사업성 등을 종합적으로 평가한 등급)이 기술등급체계상 상위 100분의 50에 해당하는 기업

한편, 위 (3)에 따라 벤처기업등에 투자한 경우 소득공제를 적용받을 수 있는 투자액은 다음 계산식에 따라 계산한 금액으로 한다(조특령 §14④).

---

4) 「벤처기업육성에 관한 특별조치법」 제13조
5) 「벤처기업육성에 관한 특별조치법」 제2조의2 제1항 제2호 다목 (3)
6) 「조특법」 제16조의5(산업재산권 현물출자 이익에 대한 과세특례)의 경우에는 산업재산권을 출자받은 날을 말한다)
7) 「기초연구진흥 및 기술개발지원에 관한 법률 시행령」 제2조 제5호에서 규정한 "연구개발활동"의 정의가 종전에 "과학기술 분야 또는 별표 1의 지식기반서비스 분야의 지식을 축적하거나 새로운 응용방법을 찾아내기 위하여, 축적된 창의적 지식을 활용하는 체계적이고 창조적인 활동으로서 새로운 제품 및 공정(工程)을 개발하기 위한 시제품(試製品)의 설계·제작 및 시험, 새로운 서비스 및 서비스 전달체계의 개발 등 사업화 전까지의 모든 과정을 말한다"에서 "과학기술 분야 또는 서비스 분야(별표 1의 유흥 등 관련분야는 제외한다)의 지식을 축적하거나 새로운 응용방법을 찾아내기 위하여, 축적된 창의적 지식을 활용하는 체계적이고 창조적인 활동으로서 새로운 제품 및 공정(工程)을 개발하기 위한 시험제품의 설계·제작 및 시험, 새로운 서비스 및 서비스 전달체계의 개발 등 사업화 전까지의 모든 과정을 말한다"로 개정되었는바, 현재의 규정으로는 유흥 등 관련분야(「기초연구진흥 및 기술개발지원에 관한 법률 시행령」 별표 1의 업종)가 지원 대상이 되므로 이에 대한 조문정리 또는 대상범위를 명확히 할 필요가 있어 보인다.
8) 「신용정보의 이용 및 보호에 관한 법률」 제4조 제1항 제1호 및 같은 법 시행령 제2조 제1항 제5호 파목

{거주자가 개인투자조합에 출자한 금액 × (개인투자조합이 벤처기업등에 투자한 금액 ÷ 개인투자조합의 출자액 총액)}

(4) 「벤처기업육성에 관한 특별조치법」에 따라 벤처기업등에 투자하는 경우
　⇒ 공제율 30~100%

(5) 창업·벤처전문 경영참여형 사모집합투자기구에 투자하는 경우 ⇒ 공제율 10%

(6) 온라인소액투자중개의 방법[9]으로 모집하는 창업 후 7년 이내의 중소기업으로서 위 (3)의 ②~④의 기업[10]의 지분증권에 투자하는 경우(조특령 §14⑤) ⇒ 공제율 30~100%

2-3. 출자 또는 투자기간

소득공제를 받기 위해서는 의무적으로 출자일 또는 투자일로부터 3년 이상 보유하여야 한다.

3 | 과세특례의 내용

거주자가 중소기업창업투자조합 등에 출자 또는 투자를 하는 경우에는 2022. 12. 31.까지 출자 또는 투자한 금액에 다음의 공제율을 적용한 금액(해당 과세연도의 종합소득금액의 50% 한도)을 그 출자일 또는 투자일이 속하는 과세연도[위 2-2.의 (3), (4), (6)의 경우에는 이에 따른 기업에 해당하게 된 날이 속하는 과세연도]부터 출자 또는 투자 후 2년이 되는 날이 속하는 과세연도까지 거주자가 선택하는 1과세연도의 종합소득금액에서 공제한다(조특법 §16①). ①의 경우는 소득세 소득공제 등의 종합한도[11]를 적용받으나, ②는 적용받지 아니한다.

① 위 2-2.의 (1), (2) 및 (5) : 10%
② 위 2-2.의 (3), (4) 및 (6) : 3천만원 이하분 100%, 3천만원 초과분~5천만원 이하분 70%, 5천만원 초과분 30%

한편, 출자 또는 투자 당시 출자·투자하는 대상이 위의 2-2.에서 설명한 기업에 해당하여야

---

9) 「자본시장과 금융투자업에 관한 법률」 제117조의10
10) 이 경우 "창업 후 3년 이내의 중소기업"은 "창업 후 7년 이내의 중소기업"으로 본다.
11) 조특법 제132조의2

소득공제가 인정되는 것이 원칙이나, 2017. 12. 19. 조특법 개정시 이에 대한 예외를 신설하였다. 즉, 투자 당시에는 앞의 2-2.의 (3), (4) 및 (6)에 따른 기업에 해당하지 아니하였으나, 투자일부터 2년이 되는 날이 속하는 과세연도까지 2-2.의 (3), (4) 및 (6)에 따른 기업에 해당하게 된 경우에도 위 소득공제를 적용한다(조특법 §16③).

| 벤처투자조합 출자 등에 대한 소득공제 개정 연혁 |

구 분		'11년 이전	'11년 개정	'12년 개정	'13년 개정	'14년 개정	'17년 개정 (현행)
공제율	직접투자	10%	20%	30%	30% / 50%	30% / 50% / 100%	30% / 70% / 100%
	간접투자	10%					
공제한도		종합소득 금액의 30%	종합소득금액의 40%			종합소득금액의 50%	
소득공제 종합한도		직접투자·간접투자 모두 적용			간접투자만 적용		

4 | 사후관리

4-1. 공제세액의 추징

소득공제를 적용받은 거주자가 출자일 또는 투자일부터 3년이 지나기 전에 다음에 해당하게 되는 경우에는 당해 거주자의 주소지 관할 세무서장, 원천징수의무자 또는 벤처기업투자신탁을 취급하는 금융기관은 거주자가 이미 공제받은 분에 해당하는 세액을 추징한다(조특법 §16②).

① 중소기업창업투자조합·한국벤처투자조합·신기술사업투자조합 또는 소재·부품전문 투자조합, 창업·벤처전문 경영참여형 사모집합투자기구에 출자하는 경우 당해 출자지분 또는 투자지분을 이전하거나 회수하는 경우

② 벤처기업투자신탁의 수익증권에 투자하는 경우 당해 벤처기업투자신탁의 수익증권을 양도하거나 환매(還買, 일부환매를 포함한다)하는 경우

③ 개인투자조합(Angel Capital)에 출자한 금액을 벤처기업에 투자하는 경우, 벤처기업에 개인이 직접 투자하는 경우 또는 온라인소액투자중개의 방법으로 모집하는 중소기업에 투자하는 경우 당해 출자지분 또는 투자지분을 이전하거나 회수하는 경우

투자조합관리자등[12]은 위와 같은 추징사유가 발생한 경우에는 출자지분등변경통지서를 당해 거주자가 소득공제를 신청한 원천징수의무자·납세조합·국세청장 또는 납세지 관할

세무서장에게 제출하여야 한다. 다만, 다음에 해당하는 사유가 있는 경우에는 출자지분등
변경통지서를 납세지 관할 세무서장에게 제출하여야 한다(조특령 §14⑦).

① 원천징수의무자의 휴업 또는 폐업

② 납세조합의 해산

③ 근로자의 퇴직

④ 사업소득만 있는 자의 휴업 또는 폐업

이처럼 출자지분등변경통지서를 제출받은 원천징수의무자·납세조합 또는 납세지 관할
세무서장은 지체없이 당해 거주자가 공제받은 소득금액에 대한 세액(출자지분 또는 투자지분의
이전·회수나 수익증권의 양도·환매와 관련된 분에 한한다)에 상당하는 금액을 추징하여야
한다(조특령 §14⑧).

한편, 소득공제를 적용받은 거주자에게 추징사유[13]가 발생한 경우에는 해당 벤처기업
투자신탁을 취급하는 금융기관이 연 300만원을 한도로 벤처기업투자신탁 수익증권의
양도액 또는 환매액에 1천분의 35를 곱한 금액을 추징하여 추징사유 발생일이 속하는 달의
다음 달 10일까지 원천징수 관할 세무서장에게 납부하고 그 내용을 투자자에게 서면으로
통지해야 한다. 다만, 투자자가 해당 소득공제로 감면받은 세액이 추징하려는 세액에 미달
한다는 사실을 증명하는 경우 등 해당 소득공제로 감면받은 세액과 추징세액이 다르다는
사실이 확인되는 경우에는 실제로 감면받은 세액상당액을 추징한다(조특령 §14⑩).

4-2. 공제세액을 추징하지 않는 경우

다음의 어느 하나에 해당하는 사유로 인해 출자일 또는 투자일로부터 3년[14] 이내에 출자지분
등을 이전 또는 회수한 경우에는 공제세액을 추징하지 아니한다(조특령 §14⑨).

① 출자자 또는 투자자가 사망한 경우

② 해외이주로 세대전원이 출국하는 경우

③ 천재·지변으로 재산상 중대한 손실이 발생하는 경우

④ 중소기업창업투자조합, 한국벤처투자조합, 신기술사업투자조합, 소재·부품전문투자조합
   또는 「자본시장과 금융투자업에 관한 법률」에 의한 집합투자업자가 해산하는 경우

---

12) 중소기업창업투자조합을 관리하는 자, 한국벤처투자조합을 관리하는 자, 신기술사업투자조합을 관리하는 자,
   벤처기업투자신탁의 집합투자업자 또는 그 투자신탁을 취급하는 금융회사, 창업·벤처전문 경영참여형 사모집합
   투자기구의 업무집행사원, 중소벤처기업부장관의 위임을 받은 자 또는 소재·부품전문투자조합을 관리하는 자를
   말한다(조특령 §14⑥).

13) 조특법 제16조 제2항 제2호

14) 종전 5년에서 3년으로 단축(2012. 1. 1. 이후 출자·투자하는 분부터 적용)

위의 사유가 발생한 거주자는 특별해지사유신고서를 그 거주자의 주소지 관할 세무서장, 원천징수의무자 또는 벤처기업투자신탁을 취급하는 금융기관에 제출해야 한다(조특령 §14⑪).

5 │ 절 차

위의 소득공제를 받고자 하는 거주자는 소득공제신청서에 투자조합관리자등으로부터 출자 또는 투자확인서를 발급받아 이를 첨부하여 다음의 구분에 따른 날까지 원천징수의무자·납세조합 또는 납세지 관할세무서장에게 신청하여야 한다(조특령 §14⑥).

① 거주자[15]는 당해 연도의 다음 연도 1월분의 급여 또는 사업소득을 받는 날(퇴직 또는 폐업을 한 경우에는 당해 퇴직 또는 폐업한 날이 속하는 달의 급여 또는 사업소득을 받는 날)

② 위 ① 외의 거주자는 종합소득과세표준확정신고기한

6 │ 관련사례

구 분	내 용
공제범위	벤처기업 확인 전에 설립한 법인에 출자하는 경우는 '벤처기업투자'에 대한 소득공제 적용대상 아님(법인 46012 – 696, 2000. 3. 14., 사전 – 2018 – 법령해석 소득 – 0154, 2018. 5. 4.).
	조세특례제한법 제16조 제1항 제4호의 규정을 적용함에 있어서 벤처기업과 소득세법시행령 제98조 제1항 또는 법인세법시행령 제87조 제1항의 규정에 의한 특수관계에 있는 자가 출자하는 경우도 동법의 규정에 의한 소득공제가 허용되는 것임(재소득 46073 – 1, 2000. 1. 11.).
	거주자가 기업구조조정조합에 출자를 한 후 소득공제를 받기 전에 기업구조조정조합의 해산으로 인하여 출자지분을 회수한 경우에도 소득공제대상에 해당한다고 봄이 타당함(대법원 2009. 7. 9. 선고 2007두8584 판결).

---

15) 「소득세법」 제73조

구 분	내 용
추 징	조세특례제한법 제16조 제1항 제4호의 규정에 의하여 중소기업 창업투자조합 출자 등에 대한 소득공제를 적용받고 출자일 또는 투자일로부터 5년이 경과하기 전에 투자지분을 이전하거나 회수하는 경우로서 같은법 제16조 제8항에서 정하는 추징제외사유에 해당하지 않는 경우에는 당초 공제받은 분에 상당하는 세액을 추징하는 것이며, 당초 소득공제를 적용받지 아니한 출자지분이나 투자지분을 이전하거나 회수하는 경우에는 추징대상에서 제외하는 것임(서면1팀-1591, 2005. 12. 23.).
	당해 조합이 해산한 경우에는 추징사유에 해당하지 않는 것이며 당해 조합의 투자실적유무는 따지지 않는 것임(국심 2004서3664, 2004. 12. 16.).
	투자조합출자 등 소득공제액 추징 제외사유로서 조합이 해산하는 경우에는 동 조합의 조합규약에 따라 존립기간 만료 전에 해산하는 경우도 포함되는 것임(제도 46011-12440, 2001. 7. 28.).
기 타	조세특례제한법 제16조 제1항 제1호에 규정하고 있는 기업구조조정조합에 출자한 자라 함은 출자금을 납입하고 당해 조합의 규약에 의한 조합결성총회에서 조합이 성립된 날 현재 조합원 명부상 조합원을 말하는 것임(법인 46012-173, 2001. 1. 18.).

7 | 주요 개정연혁

1. 벤처기업투자신탁 소득공제 추징제도 개선(조특법 §16②, 조특령 §14⑩)

(1) 개정내용

종 전	개 정
□ 벤처기업투자신탁 소득공제 추징 ○ (추징요건) 소득공제를 적용받은 거주자가 투자일부터 3년 이내 다음에 해당하는 경우 – 벤처기업투자신탁 수익증권을 양도하거나 환매하는 경우 ○ (추징방법) 추징사유 발생시 투자상품 취급기관이 과세관청에 통보하고, 원천징수의무자 · 납세조합 · 세무서장이 추징 〈신 설〉	□ 추징사유 명확화 및 추징방법 개선 – 환매에 '일부 환매'가 포함됨을 명시 ○ 추징사유 발생시 투자상품 취급기관이 직접 추징하여 관할 세무서에 납부 – 추징세액 : 투자금액의 3.5%* * (벤처기업투자신탁 소득공제율) 10% × (소득세율 7단계의 중위값) 35%

(2) 개정이유
○ 벤처기업투자신탁 추징제도 개선 및 납세편의 제고

(3) 적용시기 및 적용례
○ 2019. 1. 1. 이후 추징사유가 발생하는 분부터 적용

2. 벤처기업투자신탁 운용요건 완화(조특령 §14①)

(1) 개정내용

종 전	개 정
□ 벤처기업투자신탁의 수익증권에 투자시 투자금액의 10% 소득공제 ○ 벤처기업투자신탁 요건 ① 「자본시장법」상 투자신탁으로서 계약기간이 3년 이상일 것 ② 통장에 의하여 거래 ③ 신탁재산의 15% 이상을 벤처기업 신주 (CB·BW 포함)에 투자 - 신탁의 설정일부터 6개월 이내 ④ ③을 포함하여 신탁재산의 50% 이상을 벤처기업 또는 벤처기업 해제 후 7년 이내 코스닥 상장 중소·중견기업의 신주 또는 구주에 투자 - 신탁의 설정일부터 6개월 이내	□ 벤처기업투자신탁의 운용요건 완화 ① (좌 동) ② (좌 동) ③ 투자비율 준수시점 완화 - 공모펀드의 경우 신탁의 설정일부터 9개월 이내 ④ 투자비율 준수시점 완화 - 공모펀드의 경우 신탁의 설정일부터 9개월 이내

(2) 개정이유
○ 공모펀드를 통한 벤처투자 활성화 지원

(3) 적용시기 및 적용례
○ 영 시행일 이후 연말정산하는 분부터 적용

3. 벤처기업투자신탁 손실분 운용요건 적용배제(조특령 §14①)

(1) 개정내용

종 전	개 정
□ 벤처기업투자신탁 운용요건 ○ 벤처기업 신주에 15% 이상, 이를 포함하여 벤처기업 또는 벤처기업 해제 후 7년 이내 코스닥상장 중소·중견기업의 신주·구주에 50% 이상 투자 〈신 설〉	□ 운용요건 완화 ○ (좌 동) ○ 투자신탁 손실분 운용요건 기준 적용 배제 - 투자신탁재산의 평가액이 투자원금보다 적은 경우 투자원금으로 투자비율* 산정 * 벤처기업 신주에 15% 이상 투자

(2) 개정이유
○ 펀드를 통한 벤처투자 활성화 지원

(3) 적용시기 및 적용례
○ 영 시행일 이후 설정되는 투자신탁 분부터 적용

4. 벤처기업투자신탁의 운용요건 완화 및 투자한도 신설(조특령 §14①·②)

(1) 개정내용

종 전	개 정
□ 벤처기업투자신탁의 수익증권에 투자시 10% 소득공제	□ 벤처기업투자신탁의 운용요건 완화 및 투자한도 신설
○ 벤처기업투자신탁 요건	
① 「자본시장법」상 투자신탁으로서 계약기간이 3년 이상일 것 ② 통장에 의하여 거래	(좌 동)
③ 신탁재산의 50% 이상을 벤처기업 신주에 투자 * 신탁의 설정일부터 6개월 이내	③ 신탁재산의 15% 이상을 벤처기업 신주에 투자 * (좌 동)
〈신　설〉	④ 신탁재산의 35% 이상을 벤처기업 또는 벤처기업 해제 후 7년 이내 코스닥 상장 중소·중견기업의 신주 또는 구주에 투자 * 신탁의 설정일부터 6개월 이내
〈신　설〉	⑤ 투자비율을 준수하지 못한 경우 6개월 조정기간 부여 * 매 6개월마다 평균보유비율이 의무투자비율 이상일 것
〈신　설〉	⑥ 1인당 투자한도 : 3천만원

(2) 개정이유
○ 벤처·코스닥기업에 대한 모험자본 공급

(3) 적용시기 및 적용례
○ 2018. 2. 13. 이후 설정된 벤처기업투자신탁에 투자하는 분부터 적용

5. 엔젤투자 소득공제 확대 및 적용기한 연장(조특법 §16①·③, 조특령 §14)

(1) 개정내용

종 전		개 정	
□ 엔젤투자 소득공제		□ 소득공제 확대 및 적용기한 연장	
○ 공제율		○ 공제율 상향	
1천5백만원 이하분	100%	3천만원 이하분	100%
1천5백만원 초과 5천만원 이하분	50%	3천만원 초과 5천만원 이하분	70%
5천만원 초과분	30%	5천만원 초과분	30%

○ 투자대상기업
① 벤처기업
② 창업 3년 이내 R&D투자 3천만원(지식기반 서비스분야 2천만원) 이상 기업
③ 창업 3년 이내 기보·중진공의 기술평가 우수기업

〈추 가〉

〈추 가〉

〈추 가〉

○ (적용기한) 2017. 12. 31.

○ 투자대상기업 추가
(좌 동)

④ 창업 3년 이내 기술신용평가(TCB) 우수 기업*
* 신용평가사가 여신심사 목적으로 기술성이 우수한 것으로 평가한 기업

⑤ 크라우드펀딩을 통해 투자하는 창업 7년 이내 기술우수기업 등*
* 기술평가 우수 기업, 기술신용평가 우수 기업, R&D투자 3천만원 이상 기업

⑥ 투자 당시 공제가능한 벤처기업 등이 아니더라도 3년 이내* 이에 해당하게 되는 기업
* 투자 이후 2년이 되는 날이 속하는 과세연도 이내

○ (적용기한) 2020. 12. 31.

(2) 개정이유
○ 창업·벤처기업에 대한 엔젤투자 활성화

(3) 적용시기 및 적용례
○ 2018. 1. 1. 이후 출자·투자하는 분부터 적용

6. 엔젤투자 소득공제 대상기업 확대(조특령 §14②)

(1) 개정내용

종 전	개 정
□ 엔젤투자 소득공제 　ㅇ 공제 대상 : 개인투자조합 등을 통하거나 직접 벤처기업 등에 투자시 투자금액 　　- (벤처기업 등) 벤처기업, 창업 3년 이내 기술성평가 우수기업 　　　　　　〈추 가〉	ㅇ 투자대상기업 확대 　- R&D투자액이 연간 3천만원(지식기반서비스업* 2천만원) 이상인 창업 3년 이내 중소기업 　* 지식기반서비스업 : 정보, 컨설팅, 교육, 의료, SW 등 16개 업종(「기초연구진흥 및 기술개발지원에 관한 법률 시행령」 별표 1) 　※ 직전 과세연도가 6개월 미만인 경우에는 연간 R&D투자액이 1.5천만원(지식기반서비스업 1천만원) 이상으로 함.
ㅇ 소득공제율 : 투자금액의 30~100% 　　※ 1,500만원 이하분 : 100% 　　　1,500만원 초과 5,000만원 이하분 : 50% 　　　5,000만원 초과분 : 30% 　ㅇ 공제한도 : 종합소득금액 50%	ㅇ (좌 동)

(2) 개정이유
ㅇ 벤처투자 활성화 지원

(3) 적용시기 및 적용례
ㅇ 2016. 1. 1. 이후 투자하는 분부터 적용

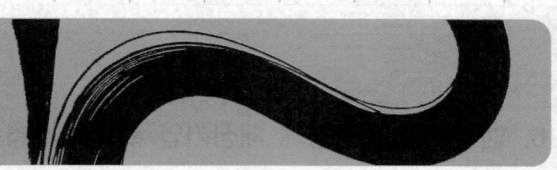

벤처기업 주식매수선택권 행사이익 비과세 특례

1 │ 의 의

2017. 12. 19. 조특법 개정시 핵심인재의 벤처기업 유입을 촉진하고자 벤처기업 임직원의 주식매수선택권 행사이익에 대한 비과세 특례를 신설하였다. 동 규정은 2018. 1. 1. 이후 주식매수선택권을 부여받은 분부터 적용한다.

2018. 12. 24. 조특법 개정 및 2019. 2. 12. 같은 법 시행령 개정시에는 벤처기업 주식매수선택권 행사이익 비과세 제도의 원활한 집행을 위하여 비과세 특례를 신청하는 절차를 신설하였다. 동 개정규정은 2019. 1. 1. 이후 개시하는 과세연도 분부터 적용한다.

2 │ 요 건

2-1. 대상자

벤처기업의 임원 또는 종업원("벤처기업 임원 등")이 대상자이다.

2-2. 벤처기업 주식매수선택권 행사이익

벤처기업 임원 등이 해당 벤처기업으로부터 2024년 12월 31일 이전에 부여받은 벤처기업의 주식매수선택권1)을 행사(벤처기업 임원 등으로서 부여받은 주식매수선택권을 퇴직 후 행사하는 경우 포함)함으로써 얻은 이익이 있어야 한다. 이를 벤처기업 주식매수선택권 행사이익이라 하고 주식매수선택권 행사 당시의 시가와 실제 매수가액과의 차액을 말하고, 주식에는 신주인수권을 포함한다.

---

1) 「벤처기업육성에 관한 특별조치법」 제16조의3에 따라 부여받은 주식매수선택권 및 「상법」 제340조의2 또는 제542조의3에 따라 부여받은 주식매수선택권(코넥스상장기업으로부터 부여받은 경우로 한정한다)을 말한다.

3 | 과세특례의 내용

벤처기업 임원 등의 벤처기업 주식매수선택권 행사이익 중 연간 2억원 이내의 금액에 대해서는 소득세를 과세하지 아니한다. 다만, 소득세를 과세하지 아니하는 벤처기업 주식매수선택권 행사이익의 벤처기업별 총 누적 금액은 5억원을 초과하지 못한다(조특법 §16의2①).

4 | 절 차

본조의 과세특례를 적용하는 경우 원천징수의무자는 비과세특례적용명세서를 벤처기업 주식매수선택권 행사일이 속하는 연도의 다음 연도 2월 말일까지 원천징수 관할 세무서장에게 제출해야 한다. 다만, 벤처기업 주식매수선택권 행사이익 납부특례 또는 벤처기업 주식매수선택권 행사이익 과세특례를 적용받기 위하여 특례적용대상명세서 또는 특례적용대상명세서를 원천징수 관할 세무서장에게 제출한 경우에는 그러하지 아니한다(조특법 §16의2②, 조특령 §14의2).

5 │ 주요 개정연혁

1. 스톡옵션 세제지원 강화(조특법 §16의2 · §16의3)

(1) 개정내용

종 전	개 정

□ 벤처기업 스톡옵션* 행사이익** 비과세 및 분할납부 특례
 	
  * 비상장 벤처기업 및 코넥스상장 벤처기업 임직원이 부여받은 주식매수선택권
  ** 행사시 시가와 행사가액의 차액
	□ 비과세 한도 상향 및 분할납부 특례 대상 확대

○ (비과세) 행사이익에 대해 연간 5천만원 한도 비과세
 	
<신 설>
	○ 비과세 한도 상향 : 연간 5천만원 → 2억원
	
	  – 누적한도* : 5억원
	  * 근로자가 해당 벤처기업으로부터 받은 스톡옵션 행사이익의 누계액

○ (분할납부) 행사이익에 대한 소득세 5년간 분할납부 가능 <추 가>	○ (좌 동) – 분할납부 대상에 코스피 · 코스닥상장 벤처기업 스톡옵션 행사이익 포함

(2) 개정이유
○ 벤처기업의 우수인재 유치 지원

(3) 적용시기 및 적용례
○ 2023. 1. 1. 이후 스톡옵션을 행사하는 분부터 적용

제16조의3

벤처기업 주식매수선택권 행사이익 납부특례

1 │ 의 의

주식보상형 등의 스톡옵션을 행사하는 경우 현금이 없고 주식만 보유하게 되어 세금을 납부하기 위해 보유주식을 매각하는 경우가 발생할 수 있다. 따라서, 우수인력의 벤처기업 유입을 촉진하고 벤처창업 생태계 선순환을 지원하기 위하여 2013. 8. 13. 조특법 개정시 3년간 분할하여 소득세를 납부할 수 있도록 제도를 신설하였으며 2013. 8. 13. 후 최초로 주식매수선택권을 부여받은 분부터 적용하였다.

2 │ 과세특례의 내용

벤처기업 임원 등이 2024년 12월 31일 이전에 부여받은 주식매수선택권을 행사함으로써 발생한 벤처기업 주식매수선택권 행사이익[1]에 대한 소득세는 다음에 따라 납부할 수 있다. 다만, 주식매수선택권의 행사가격과 시가와의 차액을 현금으로 교부받는 경우에는 그러하지 아니하다(조특법 §16의3①).

(1) 벤처기업 주식매수선택권 행사이익에 대하여 벤처기업 임원 등이 원천징수의무자에게 납부특례의 적용을 신청하는 경우 소득세를 원천징수하지 아니한다.

(2) (1)에 따라 원천징수를 하지 아니한 경우 벤처기업 임원 등은 주식매수선택권을 행사한 날이 속하는 과세기간의 종합소득금액에 대한 종합소득과세표준 확정신고 및 확정신고 납부 시 벤처기업 주식매수선택권 행사이익을 포함하여 종합소득 과세표준을 신고하되, 벤처기업 주식매수선택권 행사이익에 관련한 소득세액으로서 분할납부세액(주식매수선택권 결정세액의 5분의 4에 해당하는 금액)은 제외하고 납부할 수 있다.

---

1) (종전)조특법 제16조의2에 따라 비과세되는 2천만원 이내의 금액은 제외 → (개정, 2019. 12. 31.)조특법 제16조의2에 따라 비과세되는 금액은 제외

여기서 주식매수선택권 결정세액은 다음 계산식에 따라 계산한 금액을 말한다[2] (조특령 §14의3①).

해당 과세기간의 종합소득금액에 대한 결정세액	−	해당 과세기간의 종합소득금액에서 주식매수선택권 행사이익에 따른 소득금액을 제외하여 산출한 결정세액

(3) (2)에 따라 소득세를 납부한 경우 벤처기업 임원 등은 주식매수선택권을 행사한 날이 속하는 과세기간의 다음 4개 연도의 종합소득과세표준 확정신고 및 확정신고납부 시 분할납부세액의 4분의 1에 해당하는 금액을 각각 납부하여야 한다.

한편, 벤처기업 임원 등이 소득세를 납부하는 중 출국하는 경우에는 출국일 전날까지 위와 같이 신고·납부하여야 한다(조특법 §16의3②).

3 │ 절 차

벤처기업의 임원 또는 종업원은 주식매수선택권을 행사한 날이 속하는 달의 다음 달 5일까지 특례적용신청서를 원천징수의무자에게 제출하여야 한다. 5일까지 특례적용신청서를 제출하지 아니한 벤처기업 임원 등은 주식매수선택권을 행사한 날이 속하는 과세기간의 종합소득금액에 대한 종합소득과세표준 확정신고를 할 때 특례적용신청서를 납세지 관할 세무서장에게 제출하여야 한다. 특례적용신청서를 제출한 벤처기업 임원 등은 주식매수선택권을 행사한 날이 속하는 과세기간의 종합소득금액에 대한 종합소득과세표준 확정신고를 할 때 특례적용신청서의 사본을 납세지 관할 세무서장에게 제출하여야 한다. 특례적용신청서를 제출받은 원천징수의무자는 특례적용대상명세서를 주식매수선택권을 행사한 날이 속하는 달의 다음 달 10일까지 원천징수 관할 세무서장에게 제출하여야 한다(조특령 §14의3②~⑤).

---

2) 이 경우 해당 과세기간의 종합소득금액과 주식매수선택권 행사이익에 따른 소득금액을 계산할 때 법 제16조의2에 따라 비과세되는 금액은 제외한다.

제16조의4

벤처기업 주식매수선택권 행사이익에 대한 과세특례

1 | 의의

스톡옵션 행사시 행사 당시의 시가와 실제 매수가액과의 차액을 행사연도에 일시에 소득세를 납부해야 하는데,[1] 스톡옵션 행사자는 스톡옵션 행사로 부여받은 주식을 매각할 때까지 현금화된 소득을 수취하는 것이 아니므로, 현금유동성 부족으로 소득세 납부가 어려운 실정이었다. 이러한 이유로 2013년 8월 조특법 개정을 통해 2015년 말까지 벤처기업으로부터 부여받은 스톡옵션을 행사하는 경우, 그 행사이익에 대해서는 3년간 분할하여 소득세를 납부할 수 있는 특례규정이 신설되었다. 그러나 스톡옵션 행사시 소득세에 대한 자금부담이 여전히 높고, 추후 취득한 주식의 가격이 행사가격보다 하락하면 손실이 발생할 수 있음에도 미실현 이익에 과세하는 것은 불합리한 측면이 있어 2014. 12. 23. 일정요건을 갖춘 적격스톡옵션의 경우 스톡옵션 행사시점이 아닌 스톡옵션 행사로 취득한 주식을 양도한 시점에서 양도소득세를 과세할 수 있도록 하는 제도를 신설한 것이다. 동 제도의 시행으로 인해 적격스톡옵션 행사차익에 대한 소득세 과세시점을 행사차익이 현실화되는 시점으로 이연하여 벤처기업이 부여하는 스톡옵션의 가치를 높임으로써 궁극적으로는 벤처기업의 우수한 전문인력 유치에 도움이 될 것으로 기대된다.

참고로, 스톡옵션은 행사차익을 보상하는 방식에 따라 신주발행형,[2] 자기주식 양도형[3] 및 현금정산형[4]으로 구분되며, 이 중 자금력이 부족한 벤처기업이 주로 이용하는 신주발행형 스톡옵션의 경우에는 발생하는 비용을 손금으로 인정받지 못하였으나 2014년 법인세법

---

[1] 임직원으로 근무시 행사할 경우 근로소득으로, 퇴직 전에 부여받은 스톡옵션을 퇴직 후에 행사하거나 고용관계 없이 스톡옵션을 부여받아 행사할 경우에는 기타소득으로 과세된다.

[2] 스톡옵션 보유자가 권리를 행사하면 회사가 응하여 행사가액으로 신주를 발행하는 방식(상법 제340조의2 제1항 본문)

[3] 스톡옵션 보유자가 권리를 행사하면 회사가 보유하고 있는 자기주식을 행사가격으로 교부하는 방식(상법 제340조의2 제1항, 제3항)

[4] 스톡옵션 보유자가 권리를 행사하면 신주발행이나 자기주식 양도에 갈음하여 주식의 실질가액과 행사가액과의 차액을 금전으로 정산하는 방식(상법 제340조의2 제1항 단서)

시행령이 개정되어 2014. 10. 1. 이후 주식 발생분부터 손금으로 인정되어 벤처기업 지원을 강화하였다.

◇ 제도개선에 따른 세부담 비교 (예)[5]

(예) **행사가격 3억원**의 신주발행형 스톡옵션 부여받아, 3년 근무후 시가 **10억원**인 시점에 **3년**에 걸쳐 스톡옵션을 행사하고, **15억원**에 처분

	종 전	변경 후	
		(A 선택)	(B 선택)
개 인	근로소득세 2.1억원* + 양도소득세 0.5억원 ⇨ **총 2.6억원 소요** 　　* 실효세율 30% 가정	근로소득세 2.1억원* + 양도소득세 0.5억원 ⇨ **총 2.6억원 소요** 　　* 실효세율 30% 가정	**양도소득세** **1.2억원 소요**
회 사	7억원 손금 불인정 ⇨ **법인세 감소 없음**	7억원 손금인정 ⇨ **법인세 1.4억원 감소** 　　* 세율 20% 가정	7억원 손금 불인정 ⇨ **법인세 감소 없음**
세부담	**2.6억원**	**1.2억원**	**1.2억원**

〈기대효과〉
○ (A 선택시) 기업의 비용부담 완화(추가비용 없이 스톡옵션 부여 가능)
○ (B 선택시) 스톡옵션 행사에 따른 근로자의 세부담이 완화되고, 사업초기에 이익이 많지 않아 법인세 부담이 없는 벤처기업이 활용 가능

2 요 건

2-1. 벤처기업의 임직원

벤처기업의 임직원이 스톡옵션을 행사하여야 한다. 여기서 벤처기업 임직원이란 주식매수선택권[6]을 부여받은 벤처기업의 임원 또는 종업원을 말한다(조특령 §14의4①).

---

5) 2014. 2. 5. 기획재정부 보도자료(벤처기업 스톡옵션 소득에 대한 세제지원 방안 마련)
6) 「벤처기업육성에 관한 특별조치법」 제16조의3 제1항

다만, 주주총회[7]의 결의가 있는 날 현재 다음의 어느 하나에 해당하는 자는 제외한다.

① 부여받은 주식매수선택권을 모두 행사하는 경우 해당 법인의 발행주식 총수의 10%를 초과하여 보유하게 되는 자

② 해당 법인의 주주로서 지배주주등[8]에 해당하는 자

③ 해당 법인의 발행주식 총수의 10%를 초과하여 보유하는 주주

④ 위 ③의 주주와 친족관계 또는 경영지배관계에 있는 자[9]

2-2. 적격스톡옵션

벤처기업의 임직원이 2024년 12월 31일 이전에 해당 벤처기업으로부터 부여받은 주식매수선택권으로서 다음의 요건을 모두 갖춘 주식매수선택권("적격스톡옵션")을 행사[10]함으로써 얻은 이익[11]에 대해서 과세특례가 적용된다(조특법 §16의4①).

(1) 벤처기업의 주식매수선택권[12]으로서 다음의 요건을 모두 갖출 것(조특령 §14의4⑤)

① 벤처기업이 주식매수선택권을 부여하기 전에 주식매수선택권의 수량·매수가액·대상자 및 기간 등에 관하여 주주총회의 결의를 거쳐 벤처기업 임직원과 약정할 것

② 위 ①에 따른 주식매수선택권을 다른 사람에게 양도할 수 없을 것

③ 주주총회[13]의 결의가 있는 날부터 2년 이상 해당 법인에 재임 또는 재직한 후에 주식매수선택권을 행사할 것. 다만, 주식매수선택권을 부여받은 벤처기업 임직원이 사망 또는 정년을 초과하거나 그 밖에 자신에게 책임 없는 사유로 퇴임 또는 퇴직한 경우는 2년 재직요건을 적용하지 아니한다(조특칙 §8의4②).

④ 주식매수선택권의 행사가격으로 새로 주식을 발행하여 주는 방법으로 주식매수선택권을 부여하는 경우로서 특정요건(주식매수선택권의 행사가격이 해당 주식의 권면액 이상일 것, 부여 당시 시가보다 낮은 행사가격으로 부여받았거나 부여받을 각 주식매수선택권에 대하여 다음 계산식에 따라 계산한 금액의 합계가 1명마다 5억원 이하일 것)을 갖추어 주식매수선택권의 행사가격을 부여 당시 시가보다 낮은 가액으로 할 수 있는 주식매수선택권[14]이 아닐 것

---

7) 「벤처기업육성에 관한 특별조치법」 제16조의3 제1항
8) 「법인세법 시행령」 제43조 제7항
9) 「국세기본법 시행령」 제1조의2 제1항 및 같은 조 제3항 제1호
10) 벤처기업 임직원으로서 부여받은 주식매수선택권을 퇴직 후 행사하는 경우를 포함한다.
11) 주식매수선택권 행사 당시의 시가와 실제 매수가액과의 차액을 말하며, 주식에는 신주인수권을 포함한다.
12) 「벤처기업육성에 관한 특별조치법」 제16조의3
13) 「벤처기업육성에 관한 특별조치법」 제16조의3 제1항

(2) 해당 벤처기업으로부터 부여받은 주식매수선택권의 행사일부터 역산하여 2년이 되는 날이 속하는 과세기간부터 해당 행사일이 속하는 과세기간까지 전체 행사가액의 합계("전체 행사가액")가 5억원 이하일 것

2-3. 과세특례 신청

벤처기업 임직원이 종합소득세(근로소득세 또는 기타소득세) 대신 양도소득세 과세를 신청한 경우에 한하여 적용된다(조특법 §16의4①).

즉, 벤처기업 임직원은 금융투자업자[15]를 통하여 다음의 요건을 모두 갖춘 주식매수선택권 전용계좌를 개설하고, 특례적용신청서에 주식매수선택권 전용계좌개설확인서를 첨부하여 주식매수선택권 행사일 전일까지 해당 벤처기업에 제출하여야 한다(조특령 §14의4②, 조특칙 §8의4①).

① 벤처기업 임직원 본인의 명의로 개설할 것

② 금융투자업자가 벤처기업 임직원의 다른 매매거래계좌와 구분하여 주식매수선택권 전용계좌의 명칭으로 별도로 개설·관리할 것

③ 주식매수선택권 행사로 취득한 주식만을 거래할 것

④ 계좌 개설 이후 1개월 내 주식이 입고되지 아니할 경우에는 해당 계좌를 폐쇄하는 내용으로 사전에 약정할 것

3 | 과세특례의 내용

3-1. 종합소득세 과세제외

벤처기업(벤처기업이 발행주식 총수의 30% 이상을 인수한 기업을 포함한다)의 임직원이 적격스톡옵션을 행사함으로써 얻은 이익에 대해서 과세특례를 신청한 경우에는 주식매수선택권 행사시에 소득세를 과세하지 아니할 수 있다. 다만, 주식매수선택권의 행사 당시 실제 매수가액이 해당 주식매수선택권 부여 당시의 시가보다 낮은 경우 주식매수선택권 행사시 소득세를 과세한다(조특법 §16의4①).

---

14) 「벤처기업육성에 관한 특별조치법 시행령」 제11조의3 제3항
15) 「자본시장과 금융투자업에 관한 법률」 제8조 제1항

3-2. 벤처기업 손금불산입

위와 같이 소득세를 과세하지 아니한 경우(주식매수선택권 행사 이후 아래 4.의 사후관리 대상에 해당되어 소득세를 과세한 경우 포함)에는 약정된 주식매수시기에 약정된 주식의 매수가액과 시가의 차액을 해당 벤처기업의 각 사업연도의 소득금액을 계산할 때 손금에 산입하지 아니한다(조특법 §16의4④, 조특령 §14의4⑦).

3-3. 양도소득세 과세

또한, 적격스톡옵션 행사에 따라 취득한 주식[16]을 양도하여 발생하는 양도소득[17]에 대해서는 주식등에 해당하는 것으로 보아 양도소득세를 과세하며(조특법 §16의4②), 이 경우 취득가액은 적격스톡옵션 행사 당시의 실제 매수가액으로 한다(조특법 §16의4③).

이와 같이 양도소득세를 과세하는 경우에는 주식등의 양도로 발생하는 소득에 대한 비과세[18]를 적용하지 아니한다(조특법 §16의4⑦).

4 | 사후관리

벤처기업 임직원이 다음의 어느 하나에 해당하는 경우 근로소득 또는 기타소득에 따라 소득세로 과세하며(아래 ②의 경우에는 해당 벤처기업으로부터 부여받은 주식매수선택권의 행사일부터 역산하여 2년이 되는 날이 속하는 과세기간부터 해당 행사일이 속하는 과세기간 내에 주식매수선택권을 행사함으로써 얻은 모든 이익을 대상으로 한다), 이 경우 소득의 귀속시기는 다음의 구분에 따른 날이 속하는 과세연도로 한다(조특법 §16의4⑤).

① 적격주식매수선택권 행사로 취득한 주식을 증여하거나 행사일부터 1년이 지나기 전에 처분하는 경우(해당 벤처기업의 파산 등 아래의 부득이한 사유가 있는 경우는 제외한다) : 증여일 또는 처분일

② 전체 행사가액이 5억원을 초과하는 경우 : 전체 행사가액이 5억원을 초과한 날

③ 전용계좌를 통하여 주식매수선택권 행사로 취득한 주식 외의 주식을 거래한 경우 : 주식매수선택권 행사로 취득한 주식 외의 주식을 최초로 거래한 날

---

16) 해당 주식의 보유를 원인으로 해당 벤처기업의 잉여금을 자본에 전입함에 따라 무상으로 취득한 주식(무상증자에 따른 주식을 말함)을 포함한다.

17) (종전)조특법 제16조의2에 따라 비과세되는 2천만원 이내의 금액은 제외 → (개정, 2019. 12. 31.)조특법 제16조의2에 따라 비과세되는 금액은 제외

18) 조특법 제14조(창업자 등에의 출자에 대한 과세특례) 제1항 제7호

다만, 다음의 부득이한 사유가 있는 경우에는 그러하지 아니하다(조특령 §14의4⑧).
① 주식매수선택권을 부여한 벤처기업이 파산하는 경우
② 회생절차에 따라 법원의 허가를 받아 주식을 처분하는 경우
③ 합병·분할 등에 따라 해당 법인의 주식을 처분하고 합병법인 또는 분할신설법인의 신주를 지급받는 경우

5 | 절 차

5-1. 특례적용 절차

벤처기업 임직원에게 특례적용신청서를 제출받은 벤처기업은 스톡옵션 행사로 지급하는 주식을 주식매수선택권 전용계좌로 입고하고, 주식매수선택권 행사주식지급명세서와 특례적용대상명세서를 주식매수선택권을 행사한 날이 속하는 달의 다음 달 10일까지 원천징수 관할 세무서장에게 제출하여야 한다(조특령 §14의4③).

금융투자업자는 주식매수선택권 전용계좌거래현황신고서를 매분기 종료일의 다음 달 말일까지 본점 또는 주사무소 소재지 관할 세무서장에게 제출하여야 한다(조특령 §14의4④).

양도소득세를 납부하려는 벤처기업 임직원은 양도소득과세표준을 신고하는 경우 해당 벤처기업이 발급하는 특례신청확인서를 납세지 관할 세무서장에게 제출하여야 한다(조특령 §14의4⑥).

5-2. 벤처기업 등의 자료제출의무

적격주식매수선택권을 부여하는 벤처기업 및 금융투자업자는 적격주식매수선택권의 부여 및 행사와 관련한 자료, 적격주식매수선택권의 행사로 취득한 주식의 이체자료 등 위 특례를 적용하기 위하여 필요한 자료로서 주식매수선택권 행사주식지급명세서, 특례적용대상명세서 및 주식매수선택권 전용계좌거래현황신고서를 납세지 관할 세무서장에게 제출하여야 한다(조특법 §16의4⑥, 조특령 §14의4⑨).

6 │ 관련사례

구 분	내 용
전용계좌 요건 위반	(질의요지) ○ 주식매수선택권 전용계좌로 일반주식을 거래하는 등 조특칙 §8의4①을 위반하는 경우 　[쟁점 ①] 조특법 §16의4 과세특례적용이 배제되는지 여부 　〈제1안〉 과세특례의 적용이 배제됨. 　〈제2안〉 과세특례의 적용이 배제되지 않음. 　[쟁점 ②] 조특법 §16의4 과세특례의 적용이 배제되어 소득법 §20 또는 §21에 따라 소득세로 　　　　　과세할 경우 귀속시기 　〈제1안〉 주식매수선택권을 행사한 날이 속하는 과세연도 　〈제2안〉 조특칙 §8의4①의 의무를 위반한 날이 속하는 과세연도 (회신) 귀 질의 1과 질의 2 모두 제1안이 타당함(기획재정부 금융세제과-119, 2022. 5. 11.).

7 │ 주요 개정연혁

1. 벤처기업 스톡옵션 과세이연 특례 명확화(조특법 §16의4)

(1) 개정내용

종 전	개 정
☐ 벤처기업 스톡옵션 과세이연 특례* * 행사차익(행사 시 시가-행사가액)에 대하여 근로소득으로 과세하지 않고, 양도 시까지 과세이연	☐ 대상, 요건 및 특례배제 사유 명확화
○ (대상) 「벤처기업법」에 따른 벤처기업 〈추 가〉	○ (좌 동) - 행사 시점에 벤처기업이 아닌 경우도 포함
○ (요건) ❶ 3년간 행사가액 5억원 이하 ❷ 부여 후 2년간 재직, 행사 후 1년간 보유 〈추 가〉	○ (좌 동) ❸ 스톡옵션 행사로 취득한 주식만을 거래하는 전용계좌 개설
○ (특례배제* 사유) * 행사차익을 과세이연하지 않고, 근로·기타 소득세로 과세 - 행사 후 1년 경과 전에 처분 - 행사가액 5억원 초과 〈추 가〉	(좌 동) - 전용계좌 요건 미충족 ※ 전용계좌 요건을 미충족한 날에 행사차익이 귀속된 것으로 보아 과세

(2) 개정이유

○ 특례 대상 확대 및 특례배제 사유 명확화

(3) 적용시기 및 적용례

○ (대상) 2023. 1. 1. 이후 행사분부터 적용

(특례배제) 2023. 1. 1. 이후 요건 미충족분부터 적용

2. 벤처기업 적격스톡옵션 행사가액 확대(조특법 §16의3)

(1) 개정내용

종 전	개 정
□ 적격스톡옵션*의 요건 　　* 적격스톡옵션 : 스톡옵션 행사이익을 근로소득으로 　　　납부하지 않고 주식처분시 양도소득으로 납부선택 　○ 행사가액 연간 1억원 이하 　○ 「벤처기업법」에 따라 부여하고 2년간 재직 후 　　행사 　○ 행사 후 1년간 보유	□ 적격스톡옵션 행사가액 확대 　○ 행사가액 3년간 5억원 이하 　○ (좌 동)

(2) 개정이유

　○ 벤처기업의 우수한 인재 영입 지원

(3) 적용시기 및 적용례

　○ 2017. 1. 1. 이후 행사하는 분부터 적용

3. 스톡옵션 행사시 양도소득세 과세특례 신설(조특법 §16의3)

(1) 개정내용

종 전	개 정
〈신 설〉	□ 벤처기업 임직원이 부여받은 적격스톡옵션에 대해 근로소득 과세방식1)과 　양도소득 과세방식2)을 선택할 수 있도록 허용 　1) 근로소득 과세방식 : 스톡옵션 행사시 부여받은 주식의 시가와 매수가액의 　　　차이를 근로소득으로 과세 　2) 양도소득 과세방식 : 스톡옵션 행사로 부여받은 주식 양도시 시가와 　　　매수가액의 차이를 양도소득으로 과세 　○ 적격스톡옵션 : ① 벤처특별법에 따라 부여받는 스톡옵션 　　　　　　　　　　② 연간 행사가액 1억원 이하 등

(2) 개정이유

　○ 벤처기업 우수인력 유치 지원

(3) 적용시기 및 적용례

　○ 2015. 1. 1. 이후 스톡옵션을 부여하는 분부터 적용

4. 신주발행형 스톡옵션 손금산입 허용(법인령 §20)

(1) 개정내용

종 전	개 정
□ 주식매수선택권(스톡옵션) 행사시 손금산입 　○ (적용대상) 현금정산형, 자기주식 교부형 스톡옵션* 　　* 벤처기업, 창업중소기업, 주권상장법인 등의 스톡옵션에 적용 　○ (손금산입비용) 주식의 시가와 매수가액의 차액	○ 신주발행형 스톡옵션 추가

(2) 개정이유
　○ 벤처기업 등의 우수인력 유치 지원

(3) 적용시기 및 적용례
　○ 2014. 10. 1. 이후 주식 발행분부터 적용

산업재산권 현물출자 이익에 대한 과세특례

1 의 의

벤처기업의 창업을 지원하고자 2015. 12. 15. 조특법 개정시 신설된 제도이다. 벤처기업에 산업재산권 등을 현물출자시 현물출자에 따른 이익에 대해 「소득세법」상 기타소득으로 과세하는 대신 출자로 취득한 주식 양도시까지 과세이연을 선택할 수 있도록 하고 있다.

2016. 12. 20. 조특법 개정시에는 창업초기 중소기업에 대한 기술투자 활성화를 지원하기 위해 R&D 투자 3천만원 이상(지식기반서비스 산업의 경우는 2천만원 이상)의 창업 3년 이내 중소기업과 기술성 우수평가 창업 3년 이내 중소기업을 출자대상 기업에 추가하였다.

2 요 건

2-1. 산업재산권을 보유한 거주자

산업재산권(특허권, 실용신안권, 디자인권, 상표권)을 보유한 거주자가 산업재산권 출자의 주체여야 하며, 거주자가 해당 벤처기업의 특수관계인인 경우는 제외한다(조특법 §16의5①, 조특령 §14의5①). 여기서 특수관계인이란 다음의 어느 하나에 해당하는 자를 말한다(조특령 §14의5②).

① 산업재산권의 현물출자로 주식을 받는 경우 해당 법인의 발행주식 총수의 100분의 30을 초과하여 보유하게 되는 자(현물출자 이전에 해당 법인의 발행주식 총수의 100분의 30을 이미 초과하여 보유하고 있는 주주를 포함한다)

② 해당 법인의 주주로서 지배주주등[1])에 해당하는 자

③ 해당 법인의 발행주식 총수의 100분의 30을 초과하여 보유하는 주주와 친족관계에

---

1) 「법인세법 시행령」 제43조 제7항

있는 자, 경제적 연관관계에 있는 자 또는 경영지배관계에 있는 자[2]

2-2. 적용대상

산업재산권을 보유한 거주자가 벤처기업 또는 이에 준하는 창업 후 3년 이내 중소기업으로서 다음의 어느 하나에 해당하는 기업("벤처기업등")에 산업재산권을 2020년 12월 31일 이전에 현물출자하고 해당 벤처기업등의 주식을 받은 경우 과세특례 적용대상이 된다(조특법 §16의5① · §16의3① 3, 조특령 §14③).

① 기술성이 우수한 것으로 평가받은 기업[3]

② 산업재산권을 출자받은 날이 속하는 과세연도의 직전 과세연도의 연구 · 인력개발비를 3천만원(지식기반서비스 분야[4]에 해당하는 기업의 경우에는 2천만원) 이상 지출한 기업. 다만, 직전 과세연도의 기간이 6개월 이내인 경우에는 연구 · 인력개발비를 1천5백만원 (지식기반서비스 분야에 해당하는 경우에는 1천만원) 이상 지출한 중소기업으로 한다.

③ 금융위원회의 허가를 받고 기술신용정보를 제공하는 신용조회회사[5]가 평가한 기술 등급(기업 및 법인의 기술과 관련된 기술성 · 시장성 · 사업성 등을 종합적으로 평가한 등급)이 기술등급체계상 상위 100분의 50에 해당하는 기업

3 | 과세특례의 내용

거주자가 산업재산권을 현물출자하고 해당 벤처기업등의 주식을 받은 경우에 그 현물출자에 따른 이익을 거주자가 해당 주식을 양도할 때 양도소득세로 납부할 것을 아래 4.의 절차에

---

2) 「국세기본법 시행령」 제1조의2 제1항, 제2항, 제3항 제1호
3) 「벤처기업육성에 관한 특별조치법」 제2조의2 제1항 제2호 다목 (3)
4) 「기초연구진흥 및 기술개발지원에 관한 법률 시행령」 제2조 제5호에서 규정한 "연구개발활동"의 정의가 종전에 "과학기술 분야 또는 별표 1의 지식기반서비스 분야의 지식을 축적하거나 새로운 응용방법을 찾아내기 위하여, 축적된 창의적 지식을 활용하는 체계적이고 창조적인 활동으로서 새로운 제품 및 공정(工程)을 개발하기 위한 시제품(試製品)의 설계 · 제작 및 시험, 새로운 서비스 및 서비스 전달체계의 개발 등 사업화 전까지의 모든 과정을 말한다"에서 "과학기술 분야 또는 서비스 분야(별표 1의 유흥 등 관련분야는 제외한다)의 지식을 축적하거나 새로운 응용방법을 찾아내기 위하여, 축적된 창의적 지식을 활용하는 체계적이고 창조적인 활동으로서 새로운 제품 및 공정(工程)을 개발하기 위한 시험제품의 설계 · 제작 및 시험, 새로운 서비스 및 서비스 전달체계의 개발 등 사업화 전까지의 모든 과정을 말한다"로 개정되었는바, 현재의 규정으로는 유흥 등 관련분야(「기초연구진흥 및 기술개발지원에 관한 법률 시행령」 별표 1의 업종)가 지원 대상이 되므로 이에 대한 조문정리 또는 대상범위를 명확히 할 필요가 있어 보인다.
5) 「신용정보의 이용 및 보호에 관한 법률」 제4조 제1항 제1호, 같은 법 시행령 제2조 제1항 제5호 파목

따라 신청하면 해당 주식의 취득시에 소득세를 과세하지 아니할 수 있다. 위와 같이 거주자가 산업재산권의 출자로 인하여 받은 벤처기업등의 주식을 양도하여 발생하는 양도소득에 대해서는 주식으로 보아 양도소득세를 과세한다. 양도소득세를 과세하는 경우에 주식의 취득가액은 출자한 산업재산권의 취득가액으로 하고, 산업재산권의 취득가액의 계산은 산업재산권의 취득에 실제 소요된 비용으로서 자산의 취득가액 계산방법[6]에 따른다(조특법 §16의4① · ② · ③, 조특령 §14의5⑧).

과세특례에 따라 양도소득세를 과세하는 경우에는 조특법 제14조 제1항 제4호 및 제7호를 적용하지 아니한다(조특법 §16의5⑤).

4 │ 절 차

4-1. 특례적용 절차

과세특례를 적용받으려는 자는 금융투자업자[7]를 통하여 다음의 요건을 모두 갖춘 산업재산권 출자 주식전용계좌를 개설하고, 특례적용신청서에 금융투자업자가 발급하는 산업재산권 출자 전용계좌개설확인서를 첨부하여 출자로 인한 주식을 부여받는 날의 전날까지 해당 벤처기업등에 제출하여야 한다(조특령 §14의5③, 조특칙 §8의6).

① 산업재산권을 보유한 자가 본인의 명의로 개설할 것
② 금융투자업자가 산업재산권을 보유한 자의 다른 매매거래계좌와 구분하여 산업재산권 출자주식 전용계좌의 명칭으로 별도로 개설 · 관리할 것
③ 산업재산권을 벤처기업등에 출자하고 취득한 벤처기업등의 주식만을 거래할 것
④ 계좌 개설 이후 1개월 내 주식이 입고되지 아니할 경우에는 해당 계좌를 폐쇄하는 내용으로 사전에 약정할 것

특례적용신청서를 제출받은 벤처기업등은 특례신청확인서를 과세특례를 적용받으려는 자에게 발급하여야 하며, 산업재산권 출자로 교부하는 주식을 산업재산권 출자 주식전용계좌로 입고하고, 산업재산권 출자주식지급명세서와 특례적용대상명세서를 산업재산권의 출자로 인하여 주식을 교부하는 날이 속하는 달의 다음 달 10일까지 원천징수 관할 세무서장에게 제출하여야 한다(조특령 §14의5④ · ⑤). 금융투자업자는 산업재산권 출자 주식 전용계좌거래 현황신고서를 매분기 종료일의 다음 달 말일까지 본점 또는 주사무소 소재지 관할 세무서장에게

---

6) 「소득세법 시행령」 제89조
7) 「자본시장과 금융투자업에 관한 법률」 제8조 제1항

제출하여야 한다(조특령 §14의5⑥).

산업재산권의 출자로 인하여 받은 벤처기업등의 주식을 양도하여 발생하는 양도소득에 대해 양도소득세를 납부하려는 자는 양도소득과세표준을 신고하는 경우 특례신청확인서를 납세지 관할 세무서장에게 제출하여야 한다(조특령 §14의5⑦).

4-2. 벤처기업등의 자료제출의무

주식을 부여하는 벤처기업등 및 금융투자업자는 산업재산권의 현물출자와 관련한 자료 및 현물출자로 인하여 받은 주식의 이체자료 등 위 특례를 적용하기 위하여 필요한 자료로서 산업재산권 출자 주식지급명세서, 특례적용대상명세서 및 산업재산권 출자 주식 전용계좌 거래현황신고서를 납세지 관할 세무서장에게 제출하여야 한다(조특법 §16의5④, 조특령 §14의5⑨).

5 | 주요 개정연혁

1. 산업재산권 현물출자이익 과세이연 특례 대상기업 확대(조특법 §16의4, 조특령 §14의4)

(1) 개정내용

종 전	개 정
□ 벤처기업에 산업재산권* 현물출자시 현물출자에 따른 이익에 대해 기타소득 과세 대신 출자로 취득한 주식 양도시까지 과세이연 선택 허용 (양도소득세 과세) 　ㅇ 출자대상 : 벤처기업 　　* 특허권·실용신안권·상표권·디자인권 등, 산업 및 경제활동과 관련된 사람의 정신적 창작물이나 창작된 방법을 인정하는 무체재산권	□ 특례 대상기업 확대 　ㅇ 출자대상 기업 추가 　　- R&D 투자 3천만원 이상*의 창업 3년 이내 중소기업 　　　* 지식기반서비스 산업 2천만원 이상 　　- 기술성 우수평가 창업 3년 이내 중소기업

(2) 개정이유
　ㅇ 창업초기 중소기업에 대한 기술투자 활성화 지원

(3) 적용시기 및 적용례
　ㅇ 2017. 1. 1. 이후 현물출자하는 분부터 적용

제18조

외국인기술자에 대한 소득세의 감면

1 | 의 의

선진기술 도입을 통한 국가경쟁력 제고를 위해 외국인기술자에 대한 조세지원을 위하여 도입되었다.

2 | 외국인기술자의 범위

2-1. 외국인기술자

'외국인기술자'라 함은 대한민국의 국적을 가지지 아니한 사람으로서 다음의 어느 하나에 해당하는 사람을 말한다(조특법 §18①, 조특령 §16①, 조특칙 §9).
 ① 엔지니어링기술의 도입계약[1] (계약금이 30만 달러 이상인 도입계약으로 한정)에 의하여 국내에서 기술을 제공하는 사람
 ② 다음의 요건을 모두 갖춘 사람[2]
  ⓐ 자연계 · 이공계 · 의학계 분야의 학사 학위 이상을 소지한 사람일 것

---

1) 「엔지니어링산업진흥법」 제2조 제5호
2) 2021. 2. 17. 이후 외국인기술자가 최초로 국내에서 근로계약을 체결하는 경우부터 적용하되, 2021. 2. 17. 전에 근로계약을 체결한 외국인기술자에 대해서는 조특령 제16조 제1항 제2호의 개정규정에도 불구하고 종전의 규정에 따른다(대통령령 제31444호, 부칙 §3, §17).

조세특례제한법 시행규칙 [별표 1의2] (2021. 3. 16. 개정)

| 소득세 감면 대상 학문분야 예시(조특칙 제9조 및 제10조 관련) |

구 분	학문분야	세부분야
1. 자연 과학단	가. 수학	대수학·이산수학·정보수학, 위상수학 등
	나. 물리학	광학·원자물리·분자물리 등
	다. 화학	무기화학, 유기화학·생화학, 물리화학 등
	라. 지구과학	지구·지질과학, 대기과학 등
2. 생명 과학단	가. 분자생명	분자생물학, 신경생물학, 발생생물학 등
	나. 기초생명	세포생물학, 유전학, 생화학, 생리학 등
	다. 기반생명	생물공학, 식량작물 및 원예작물 등
3. 공학단	가. 기계	설계생산, 열공학, 유체공학, 응용역학 등
	나. 건설·교통	건축계획 및 설계, 건축시공재료 등
	다. 재료	금속재료, 반도체·전자재료, 세라믹재료 등
	라. 화공	화학공정, 화공재료공정, 생물공정 등
4. 정보통신기술 (ICT)·융합 연구단	가. 전기·전자	전력기술·기기, 계측·제어, 집적회로 등
	나. 통신	전자기·통신부품, 통신(원천) 등
	다. 컴퓨터·소프트웨어	정보보안, 컴퓨터시스템·처리 등
	라. 정보기술융합	정보·콘텐츠융합, 시스템융합 등
	마. 바이오·의료융합	기기, 센싱 및 나노바이오물질 등
	바. 에너지·환경융합	폐기물 및 자원재활용 등
	사. 산업기술융합	산업공학, 지속가능과학 등
5. 의약학단	가. 기초의학	분자세포의학, 감염의학, 면역의학 등
	나. 응용의학	정신의학, 소화기의학, 대사·내분비의학 등
	다. 치의학	두개안면 생물학 등
	라. 한의학	기초한의학, 응용한의학
	마. 간호학	기초간호 및 임상간호중재 등
	바. 약학	기초생명약학, 응용생명약학 등

ⓑ 국외연구기관등(외국의 대학과 그 부설연구소, 국책연구기관 및 기업부설연구소)에서 5년 (박사 학위를 소지한 사람의 경우에는 박사 학위 취득 전 경력을 포함하여 2년) 이상 연구개발 및 기술개발 경험이 있을 것

이를 적용할 때 국외연구기관등에서 연구원(행정 사무만을 담당하는 사람은 제외)으로 근무한 기간이 합산하여 위에 따른 기간(학위 취득 기간 및 휴직 등으로 인해 실제로 연구원으로 근무하지 않은 기간을 제외) 이상인 경우에는 연구개발 및 기술개발 경험이 있는 것으로 본다.

ⓒ 해당 과세연도 종료일 현재 근로를 제공하는 기업과 친족관계[3] 또는 경영지배관계[4]에 있지 않을 것. 다만, 경영지배관계에 있는지를 판단할 때 임원의 임면권의 행사, 사업방침의 결정 등 법인의 경영에 대하여 사실상 영향력을 행사하는 요건[5]은 적용하지 않는다.

ⓓ 기업부설연구소 또는 연구개발전담부서 등[6]에서 연구원(행정 사무만을 담당하는 사람은 제외한다)으로 근무하는 사람일 것

2 - 2. 소재 · 부품 · 장비 관련 외국인기술자

특화선도기업등[7]에서 근무하는 사람을 말한다(조특법 §18① 단서, 조특령 §16②).

3 | 과세특례의 내용

3 - 1. 외국인기술자

외국인기술자가 국내에서 내국인에게 근로를 제공하고 받는 근로소득으로서 그 외국인 기술자가 국내에서 최초로 근로를 제공한 날(2023. 12. 31. 이전인 경우만 해당한다)부터 10년이 되는 날이 속하는 달까지 발생한 근로소득에 대해서는 소득세의 100분의 50에 상당하는 세액을 감면한다(조특법 §18①).

---

3) 「국세기본법 시행령」 제1조의2 제1항
4) 「국세기본법 시행령」 제1조의2 제3항
5) 「국세기본법 시행령」 제1조의2 제4항 제1호 나목
6) 「조특령」 제16조의3 제2항 각 호의 기관 또는 부서
7) 「소재 · 부품 · 장비산업 경쟁력강화를 위한 특별조치법」 제16조

3-2. 외국인기술자 중 소재 · 부품 · 장비 관련 외국인기술자

외국인기술자 중 소재 · 부품 · 장비 관련 외국인기술자의 경우에는 국내에서 내국인에게 근로를 제공하고 받는 근로소득으로서 그 외국인기술자가 국내에서 최초로 근로를 제공한 날(2022년 12월 31일 이전인 경우만 해당)부터 3년이 되는 날이 속하는 달까지 발생한 근로소득에 대해서는 소득세의 100분의 70에 상당하는 세액을 감면하고, 그 다음 달 1일부터 2년이 되는 날이 속하는 달까지 발생한 근로소득에 대해서는 소득세의 100분의 50에 상당하는 세액을 감면한다(조특법 §18① 단서).

4 | 원천징수

원천징수의무자가 외국인기술자에게 소득세가 감면되는 근로소득을 지급할 때에는 징수할 소득세[8]에서 감면하는 세액을 제외한 금액을 원천징수한다(조특법 §18③).

5 | 절 차

소득세를 감면받으려는 사람은 근로를 제공한 날이 속하는 달의 다음 달 10일까지 원천징수의무자를 거쳐 원천징수 관할 세무서장에게 세액감면신청서를 제출하여야 한다(조특법 §18④, 조특령 §16③). 이때 엔지니어링기술의 도입계약에 의하여 국내에서 기술을 제공하는 사람을 제외한 외국인기술자가 세액감면신청서를 제출할 때에는 감면신청자의 이름, 국외연구기관등의 명칭 및 주소, 국외연구기관등에서 근무한 기간, 근무부서, 연구분야 및 해당 부서 책임자의 확인이 포함된 증명서를 함께 제출해야 한다(조특칙 §9⑤).

---

8) 「소득세법」 제127조

6 관련사례

구 분	내 용
외국인기술자의 범위	「조세특례제한법」 제18조의 규정을 적용받기 위하여는 외국인기술자에 해당하는지 여부와 근로를 제공하는지 여부를 먼저 검토하여야 하는 것임. 다만, 일본거주자인 외국인기술자가 독립적으로 내국인에게 인적용역을 제공하고 지급받는 대가는 「조세특례제한법」 제18조의 규정이 적용되지 아니하고 「한·일 조세조약」 제14조의 규정이 적용되는 것으로 동 조세조약 제14조 제1항에서 규정하는 2가지 요건에 모두 해당하지 아니하는 경우 동 지급대가는 국내에서 과세되지 아니하는 것임(서면2팀-1456, 2007. 8. 3.).
감면대상소득	「조세특례제한법」 제18조 제1항은 "내국인에게 근로를 제공하고 지급받는 근로소득"에 대하여 소득세를 면제하는 규정으로서 고용관계를 전제로 한 것이므로 외국법인 국내지점에 고용되어 급여를 지급받는 경우는 면제대상에 해당하지 아니하는 것으로 판단됨(조심 2011부1801, 2012. 3. 27.).
감면기간	조세특례제한법 제18조 및 같은법 시행령 제16조의 규정에 해당하는 외국인기술자가 국내에서 내국인에게 근로를 제공하는 경우의 근로소득에 대한 소득세 면제기간은 국내에 입국하여 최초로 근로를 제공한 날부터 기산하여 연속적으로 5년이 되는 날이 속하는 달까지이며, 동 규정에 의한 외국인기술자의 소득세감면대상이 되는 외국인의 범위에는 외국영주권자도 포함되는 것임(서면2팀-39, 2005. 1. 5.).
국내에서 최초로 근로를 제공한 날	구 조세특례제한법 제18조 제1항의 규정에 따라, 외국인기술자가 국내에서 내국인에게 근로를 제공하고 지급받는 근로소득으로서 당해 외국인기술자가 국내에서 최초로 근로를 제공한 날부터 5년이 되는 날이 속하는 달까지 발생한 근로소득에 대하여는 소득세를 면제하는 것이며, 귀 질의사례와 같이 구 조세특례제한법 제18조 제2항에 따라 소득세를 면제받았던 외국인기술자가 재입국하여 구 조세특례제한법 제18조 제1항에 따라 소득세를 면제받는 경우에 "국내에서 최초로 근로를 제공한 날"이란 구 조세특례제한법 제18조 제2항에 따라 소득세를 면제받기 위해 최초로 국내에 근로를 제공한 날을 말하는 것임(국제세원-137, 2012. 3. 21.).

7 │ 주요 개정연혁

1. 외국인기술자 소득세 감면기간 확대 등(조특법 §18)

(1) 개정내용

종 전	개 정
□ 외국인 기술자 소득세 감면	□ 소득세 감면기간 확대
○ (대상) 외국인 기술자* 또는 연구원** 　* 엔지니어링 기술 도입 계약에 따른 기술 제공자 　** 해외 연구기관에서 5년 이상 근무 후 국내 기업부 　　설연구소 등에 취업	○ (좌 동)
○ (감면율) 5년간 50%	○ 10년간 50%
○ (적용기한) 2023. 12. 31.* 　* 소재·부품·장비 특화선도기업 취업시 　　(3년간 70%, 이후 2년간 50% 감면) 　　적용기한 : 2022. 12. 31.	○ (좌 동) 　* 소재·부품·장비 특화선도기업 취업시 　　(3년간 70%, 이후 2년간 50% 감면) 　　적용기한 종료

(2) 개정이유
　○ 해외 전문인력을 활용한 기술개발 지원 강화

(3) 적용시기 및 적용례
　○ 2023. 1. 1. 이후 국내에서 최초로 근로를 제공한 분부터 적용
　○ 2023. 1. 1. 현재 감면을 적용받고 있는 분에도 적용

2. 외국인 기술자에 대한 소득세 감면제도 재설계(조특령 §16)

(1) 개정내용

종 전	개 정
□ 외국인 기술자 소득세 감면 　○ (대상) 외국인 기술자·연구원 　　– 엔지니어링 기술* 도입 계약(계약금액 $30만 이상)에 따라 기술을 제공하는 자 　　　* 기계, 선박, 항공, 우주, 전기통신, 화학 등 　　– ❶ & ❷의 요건을 갖춘 자 　　　❶ (인력요건) 연구원 　　　❷ (취업기관) 외국인투자기업 R&D 센터* 　　　　* 외국인 주식보유비율이 30% 이상 등 　○ (지원 내용) 5년간 소득세 50% 감면 　　* 소재·부품·장비 특화선도기업 취업시 3년간 70%, 2년간 50% 감면 　○ (적용기한) 2021. 12. 31. 　　* 소재·부품·장비 특화선도기업 취업시 2022. 12. 31.	□ 인력요건은 강화하되, 취업기관 범위는 확대 　○ (대상) 외국인 기술자·연구원 　　– (좌 동) 　　– ❶ & ❷의 요건을 갖춘 자 　　　❶ (인력요건 강화) 이공계 등 학사 이상 학위 + 외국 연구기관에서 5년 이상 근무*한 연구원 　　　　* 박사 학위 소지자의 경우 2년 　　　❷ (취업기관 확대) 국내 기업부설연구소·연구개발전담부서, 정부출연연구기관 등 　○ (좌 동)

(2) 개정이유
　○ 외국인 우수인재의 국내 유입 유도

(3) 적용시기 및 적용례
　○ 2021. 2. 17. 이후 외국인 기술자가 최초로 국내에서 근로계약을 체결하는 경우부터 적용

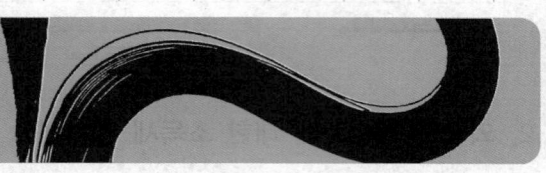

제 **18** 조의 **2**

외국인근로자에 대한 과세특례

1 | 의 의

우수한 외국인근로자의 국내유치를 촉진하기 위하여 2003. 12. 30. 조특법 개정시 우리나라에서 근무하는 외국인근로자의 근로소득세 과세제도를 개선하였다.

이는 외국인근로자의 소득세가 외국인투자의 국내유치에 중요한 요인으로 작용하고 있지만, 국내사정에 익숙하지 못한 외국인에게는 복잡하고 어렵다는 지적에 따라 외국인근로자의 근로소득세 과세체계를 간편하게 개선하게 된 것이다.

주요 개정내용으로는 2013. 1. 1. 국내근로자(최고세율 38%)와 형평을 고려하여 특례세율을 인상(15% → 17%)하였다.

2014. 1. 1. 조특법 개정시는 고용기업과 특수관계에 있는 자에 대해서는 외국인근로자 과세특례 적용을 제외함으로써 외국인근로자에 대한 과도한 조세지원을 방지하도록 하였고 2014. 1. 1. 이후 발생하는 소득분부터 적용하되 2014. 1. 1. 전에 국내에서 근무를 시작한 외국인근로자에 대해서는 종전의 규정에 따르나, 특수관계기업에게 근로를 제공하는 경우는 개정규정을 적용하도록 하였다.

2014. 12. 23. 조특법 개정시에는 헤드쿼터 인증기업에 대해 적용기한을 폐지하여 제도가 존치하는 한 영구히 적용하도록 하고, 그 외 기업의 경우 2016. 12. 31.까지 적용기한을 2년 연장하였다.

2016. 12. 20. 조특법 개정시에는 외국인근로자 과세특례의 적용기한을 연장하여 2018. 12. 31.까지 국내에서 근무를 시작한 경우에는 5년간 특례를 적용하도록 하였으며, 특례세율을 종전의 17%에서 19%로 인상하였다. 또한 최근 2021. 12. 28. 조특법 개정시에는 적용기한을 2023. 12. 31.까지로 연장하였다.

2 │ 과세특례의 내용

2-1. 단일세율에 의한 분리과세특례의 선택

2-1-1. 일반기업

외국인근로자(외국인인 임원 또는 사용인을 말하고, 일용근로자는 제외)가 2023. 12. 31. 이전에 국내에서 최초로 근로를 제공하기 시작하는 경우 국내에서 근무함으로써 받는 근로소득으로서 국내에서 최초로 근로를 제공한 날부터 20년 이내에 끝나는 과세기간까지 받는 근로소득에 대한 소득세는 해당 근로소득에 19%를 곱한 금액을 그 세액으로 할 수 있다(조특법 §18의2① 본문).

다만, 외국인근로자가 특수관계기업(외국인투자기업[1]은 제외)에게 근로를 제공하는 경우는 과세특례 적용이 제외된다. 여기서, 특수관계기업이란 해당 과세연도 종료일 현재 외국인근로자가 근로를 제공하는 기업과 친족관계 또는 경영지배관계에 있는 경우의 해당 기업[2]을 말한다. 다만, 경영지배관계에 있는지를 판단할 때 임원의 임면권의 행사, 사업방침의 결정 등 법인의 경영에 대하여 사실상 영향력을 행사하고 있다고 인정되는 요건[3]은 적용하지 아니한다(조특령 §16의2②).

또한, 과세특례 적용시에는 소득세와 관련된 비과세, 공제, 감면 및 세액공제에 관한 규정은 적용하지 아니한다(조특법 §18의2③).

아울러, 단일세율에 의하여 근로소득세액을 계산하는 경우 당해 근로소득은 종합소득과세 표준의 계산에 있어서 이를 합산하지 아니한다(조특법 §18의2③).

2-1-2. 헤드쿼터 인증기업

지역본부[4]에 근무함으로써 받는 근로소득의 경우에는 국내에서 최초로 근로를 제공한 날부터 20년 이내에 끝나는 과세기간까지(적용기한이 없음) 받는 근로소득에 대한 소득세에 대하여 해당 근로소득에 19%를 곱한 금액을 그 세액으로 할 수 있다(조특법 §18의2① 단서, 조특령 §16의2③). 다른 사항은 일반기업과 동일하다.

---

1) 해당 과세연도 종료일 현재 조특법 제121조의2에 따라 법인세, 소득세, 취득세 및 재산세를 각각 감면받는 기업 또는 조특령 제116조의2 제3항부터 제10항에 따른 감면요건을 갖춘 기업을 말한다(조특령 §16의2①).
2) 「국세기본법 시행령」 제1조의2 제1항 및 제3항
3) 「국세기본법 시행령」 제1조의2 제4항 제1호 나목
4) 2개 이상의 해외법인에 대하여 생산, 판매, 물류, 인사 등 기업의 핵심기능에 대한 지원 및 조정의 기능을 수행하는 국내법인으로서 상시근로자, 모기업의 요건 등 산업통상자원부령으로 정하는 기준 및 절차를 충족하는 지역본부를 국내에 설립하는 경우(「외국인투자 촉진법 시행령」 제20조의2 제4항 제1호)

2 - 2. 원천징수[5]

원천징수의무자는 외국인근로자에게 매월분의 근로소득을 지급할 때 해당 근로소득에 19%를 곱한 금액을 원천징수[6]할 수 있다(조특법 §18의2④).

기획재정부 유권해석 해설

질의 외국인근로자가 사회보장협정에 따라 국내 파견기간 중 본국의 연금제도를 적용받는 경우 국내 사용자가 부담하는 외국인근로자의 본국 가입 연금보험료의 과세 여부 및 방법?
(보험료 납입시점 과세방법)
① 근로소득으로 과세(일반세율) 또는
②「조세특례제한법」제18조의2에 따른 과세특례(단일세율)

회신 기획재정부 소득세제과-101, 2016. 2. 26.
ㅇ 외국인근로자가 내국법인에 근로를 제공하면서 외국과의 사회보장에 관한 협정에 따라 그를 파견한 국가의 연금제도에 가입하고 파견근로를 하는 국가의 연금제도에서는 가입을 면제받도록 되어 있는 경우 외국인근로자가 본국의 법에 따라 납부하여야 할 연금보험료 중 내국법인이 부담하는 본국 연금의 사용자부담금에 대해서는 「소득세법」제14조 제2항에 따른 종합소득과세 표준에 합산하지 아니하는 것이나, 「조세특례제한법」제18조의2에 따른 외국인근로자에 대한 과세특례를 적용할 때에는 과세대상에 포함

저자의 견해
① 사용자부담금의 근로소득 과세 여부(일반세율 적용 여부)
 : 일반세율 적용대상에서 제외
ㅇ 사용자부담금은 사용자가 근로자를 위해 보험료를 불입함에 따라 추후(연금수령) 근로자들이 그 금전적 이익을 얻는다는 점에서 본질적으로는 근로제공 대가의 범주에 해당
ㅇ 근로제공 대가는 기본적으로 근로소득으로 과세되어야 하나, 현행 「소득세법」은 대가수령 시기에 따라 근로제공 시점에 정기적으로 수령할 경우 근로소득으로, 퇴직시 일시 지급받을 경우 퇴직소득으로, 퇴직 후 연금으로 수령하면 연금소득으로 각각 과세되고 있음.
ㅇ 일반적인 경우 연금보험료는 추후 연금으로 수령하게 되므로, 불입 당시에는 과세하지 않고 추후 연금수령시 과세하면 될 것이나, 본 쟁점건의 경우 해당 연금은 외국에서 받게 되므로, 추후 「소득세법」에 따른 연금소득 과세가 어려운 점을 감안하여 납입시점에 근로소득으로 과세함이 타당한 측면

---

5) 이 규정은 2010. 12. 27. 조특법 개정시 신설되었다.
6) 15% 단일세율이 적용되는 외국인근로자에 대해 간이세액표에 따라 원천징수하는 경우 연말정산 시 과다한 환급세액이 발생할 가능성을 감안 외국인근로자의 납세편의 차원에서 종전의 외국인근로자 근로소득 원천징수 시 근로소득 간이세액표를 적용하였으나, 이를 근로소득간이세액표와 15% 단일세율 중 선택(15% 단일세율을 적용받으려는 경우 원천징수의무자를 거쳐 관할 세무서장에게 신청서 제출)하도록 본조를 개정하였다(2011. 4. 1. 이후 발생하는 소득분부터 적용).

- 연금보험료 불입시점에 과세하지 않는 것은 비과세나 당연 과세 제외가 아니라 추후 과세시스템이 갖추어져 있기 때문에 이중과세를 피하기 위해 불입 당시에 과세하지 않는 것에 지나지 아니하는 것이며, 추후 과세시스템이 없다면, 불입 당시에 근로소득으로 과세하는 것은 이론상 가능

- 다만, 미국, 일본 등 주요국에서도 외국인파견근로자의 본국 가입 연금보험료의 사용자부담금을 근로소득으로 과세하지 않고 있으며, OECD 모델조세협약(§18, 주석서 37)에서는 해외근무자가 모국에서 납부하거나 그 해외근무자를 대신해 납부되는 연금기여금에 대해 국내 연금의 기여금과 동일하게 대우하도록 하고 있음.

- 이를 감안할 때 내국인근로자에 대한 국민연금의 사용자부담금을 납입시 과세하지 않고 있는 상황에서, 외국인파견근로자에 대한 사용자부담금을 과세하는 것은 내·외국인 형평상 맞지 않은 측면이 있음.

- 외국인파견근로자에게 불입시점에 근로소득으로 과세하지 않으면 추후 본국으로 복귀하여 인출시점에는 국외에 거주하므로 국내에서 연금소득으로 과세할 수 없는 문제는 있지만, 반대로 우리나라 근로자가 외국에 파견되어 외국의 사용자가 부담한 국민연금의 사용자부담금에 대해서도 같이 취급될 수 있으므로, 상호주의 측면에서 접근

② 사용자부담금의 과세특례 적용(단일세율) 여부
  : 단일세율 적용대상에 포함

- 외국인근로자 단일세율 특례제도는 외국인투자 및 인력유치 등을 위한 것으로 선택적으로 단일세율을 적용하여 신고 가능하나, 단일세율을 적용할 경우는 비과세·공제 감면 등의 동시 적용은 배제

- 단일세율과 비과세 감면등을 동시 적용받게 되면 과도한 지원으로 내국인근로자와의 형평을 저해하는 측면이 있어, 낮은 단일세율을 적용할 때에 과세대상 범위는 넓게함으로써 외국인투자 유치라는 정책적 목적과 내·외국인간 과세형평을 함께 고려한 것

- 반면, 본 쟁점에서 연금보험료 불입시 과세하지 않는 것은 해당 연금보험료가 비과세나 감면 이라기 보단 추후 연금시 과세되므로, 과세체계상 이중과세를 피하기 위한 것으로, 해당 연금 보험료는 일반세율은 물론 단일세율도 과세하지 않는 것이 타당하다는 지적이 있을 수 있음.

- 다만, 본 쟁점상의 연금보험료는 국외에 납입하는 점을 감안하고, 단일세율 자체가 세제상의 큰 혜택임을 감안할 때, 불입시점에 선과세하는 것으로 판단할 수 있으며, 이것은 입법자의 정책적 선택의 문제

- 추후, 수령시점에 외국에서 과세할 경우 이중과세라는 지적이 있을 수 있으나, 수령시점에 과세할 때 납입시점 당시 외국에서 先과세된 소득임을 감안하여 외국납부세액 공제 등 제도상의 장치를 적용하면 될 것임.

- 결론적으로 사용자부담금은 근로자의 근로 제공에 대한 반대 급부로 사용자가 부담하는 것으로 본질적으로 소득세 과세대상이며, 그 과세시점을 불입시점 또는 수령시점 중 어느 것으로 할지는 입법 선택의 문제

- 현행 「소득세법」과 「조세특례제한법」은 일반세율 적용시에는 ①에서처럼 수령하는 때 과세하는 방식을 채택한 것이며, 단일세율 적용시에는 불입하는 때 과세하는 방식을 채택한 것으로 이해할 수 있음.

3 | 절 차

외국인근로자(해당 과세연도 종료일 현재 대한민국의 국적을 가지지 아니한 사람만 해당한다[7]) 는 근로소득세액의 연말정산 또는 종합소득과세표준확정신고를 하는 때에 근로소득자 소득·세액공제신고서에 외국인근로자단일세율적용신청서를 첨부하여 원천징수의무자· 납세조합 또는 납세지 관할 세무서장에게 제출하여야 한다(조특령 §16의2④).

또한 단일세율에 의한 분리과세특례를 적용받으려는 외국인근로자(원천징수 신청일 현재 대한민국 국적을 가지지 아니한 사람만 해당한다)는 근로를 제공한 날이 속하는 달의 다음 달 10일까지 단일세율적용 원천징수신청서를 원천징수의무자를 거쳐 원천징수 관할 세무서장 에게 제출하여야 한다[8](조특령 §16의2⑤). 한편, 단일세율적용 원천징수신청서를 제출한 외국 인근로자가 단일세율적용 원천징수포기신청서를 원천징수의무자를 거쳐 원천징수 관할 세무서장에게 제출하는 경우에는 제출일이 속하는 과세기간의 다음 과세기간부터 단일세 율에 의한 분리과세특례를 적용하지 아니한다[9](조특령 §16의2⑥).

4 | 관련사례

구 분	내 용
외국인근로자의 범위	1. 「조세특례제한법」[법률 제19199호(2022. 12. 31.)] 제18조의2 제2항의 개정규정을 적용함에 있어 2013년 이전에 국내에서 근로를 제공하였던 외국인근로자가 출국하였다가 2014년 이후 재입국하여 국내에 근로를 제공한 경우 '국내에서 최초로 근로를 제공한 날'은 2014년 1월 1일 이후에 최초로 재입국하여 근로를 제공한 날을 의미하며, 2014년 1월 1일 현재 근로를 제공하고 있는 외국인근로자의 경우에는 2014년 1월 1일을 '국내에서 최초로 근로를 제공한 날'로 보는 것임(기획재정부 소득세제과−135, 2023. 2. 21.). 2. 2013년 이전에 국내에서 근로를 제공하였던 외국인근로자가 출국하였다가 2014년 이후 재입국하여 국내에 근로를 제공한 경우 (구)「조세특례제한법」[법률 제12173호(2014. 1. 1.), 법률 제12853호(2014. 12. 23.), 법률 제14390호(2016. 12. 20.)] 제18호의2 제2항의 '최초로 근로를 제공한 날'은 2014. 1. 1. 이후에 최초로 입국하여 근로를 제공한 날을 의미하며, 그로부터 5년 이내에 끝나는

---

7) 외국인의 범위를 명확히 하고 우리나라 국적을 보유한 근로자간 과세 불형평을 해소(2010. 1. 1. 이후 지급받는 급여부터 적용) → 해당 과세연도 종료일 현재 대한민국 국적 보유자(영주권자, 이중국적자) 제외

8) 이 조항은 2010. 12. 30. 조특령 개정시 신설되었다.

9) 이 조항은 2012. 2. 2. 조특령 개정시 신설되었다.

구 분	내 용
	과세기간까지 동 규정에 따른 외국인근로자에 대한 과세특례를 적용받을 수 있는 것임(기획재정부 소득세제과-243, 2022. 5. 30.). 3. 「조세특례제한법」 제18조의2 관련 「조세특례제한법 일부 개정 부칙」 제59조 (2014. 1. 1. 법률 제12173호)에서 "2014년 1월 1일 전에 국내에서 근무를 시작한 외국인근로자"는 2014년 1월 1일 전에 국내에서 근무를 시작하여 법률 시행일인 2014년 1월 1일 현재 국내에서 근무를 하고 있는 외국인근로자를 말하는 것임. 4. 2014년 1월 1일 개정된 「조세특례제한법」 제18조의2 제2항의 외국인근로자에 대한 과세특례 적용기간 5년은 외국인근로자가 입국하여 국내에서 최초로 근로를 제공한 날부터 기산하여 연속적으로 계산하는 것임(서면법령국조-21953, 2015. 4. 3.).
	「조세특례제한법」 제18조의2에 규정하는 외국인근로자의 범위에는 「외국인투자 촉진법」 제2조 제2항의 대한민국의 국적을 보유하는 개인으로서 외국에 영주하는 자를 포함하는 것임(서면2팀-65, 2008. 1. 10.).
	조세특례제한법 제18조의2 각 항의 과세특례를 적용받기 위한 외국인근로자의 범위에는 출자임원도 포함되는 것임(서일 46011-10034, 2004. 1. 6.).
외국인근로자의 범위	① 외국에 영주하고 있는 자도 「조세특례제한법」 제18조의2의 규정에서 말하는 외국인에 포함되는 것이며, 근로소득이 있는 외국인근로자는 「국세기본법」 제45조의2의 규정에 따라 당해 근로소득의 소득세에 대한 과세표준과 세액의 경정 등을 청구할 수 있는 것임. ② 외국근로자가 「조세특례제한법」 제18조의2 제2항의 규정을 적용받고자 하는 경우에는 「조세특례제한법 시행령」 제16조의2의 규정에 따라 근로소득세액의 연말정산 또는 종합소득세과세표준확정신고를 하는 때에 「소득세법 시행령」 제198조 제1항의 규정에 의한 근로소득자소득공제신고서에 기획재정부령이 정하는 외국인근로자단일세율적용신청서를 첨부하여 원천징수의무자·납세 조합 또는 납세지 관할 세무서장에게 제출하여야 하는 것임(서면2팀-497, 2007. 3. 23.).
	대한민국 국적을 보유한 외국영주권자는 조세특례제한법 제18조의2에 의한 외국인근로자의 과세특례 규정을 적용함(재소득-296, 2009. 5. 25.). * 제146회 국세예규심사위원회 의결사항임. (질의배경) 국세청 예규와 조세심판원의 심판결정례가 상치 ○ 국세청 : 외국인근로자에 해당(서면2팀-65, 2008. 1. 10. ; 서면2팀-497, 2007. 3. 23. 등 다수) ○ 조세심판원 - 종전 : 외국인근로자에 해당(국심 2007서3153, 2008. 1. 23.) - 현행 : 외국인근로자에 해당하지 않음(조심 2008서3462, 2009. 1. 16. ; 국심 2007서2832, 2008. 7. 22.).

구 분	내 용
외국인근로자의 범위	조세특례제한법 제18조의2의 규정을 적용함에 있어서 외국인근로자가 과세기간 중에 대한민국의 국적을 취득한 경우에는 외국인근로자로서 지급받은 근로소득에 대하여 동조의 규정을 적용하는 것임(재소득-121, 2007. 2. 12.).
	일본법인의 임원으로 일본 내에서 근무하는 일본인이 당해 일본법인의 특수관계자인 내국법인의 비상근임원으로 선임되어 내국법인으로부터 임원보수지급규정에 의하여 임원보수를 지급받는 경우, 동 근로소득에 대하여는 「조세특례제한법」 제18조의2의 규정이 적용되지 아니하는 것임(서면2팀-1158, 2006. 6. 20.).
	조세특례제한법 제18조의2를 적용함에 있어 '외국인근로자'란 고용 당시 국내거주 여부에 관계없이 모든 외국인근로자를 가리키는 것임(재소득-10, 2005. 1. 14.).
과세특례소득의 범위	외국인근로자가 국외에서 내국법인에게 근로를 제공하고 지급받는 근로소득에 대하여는 「조세특례제한법」 제8조의2 규정이 적용되지 아니함(서면1팀-796, 2007. 6. 13.).
	「조세특례제한법」 제18조의2 제1항의 과세특례를 적용받는 외국인근로자의 「소득세법」 제12조 제4호에서 정한 비과세소득에 대하여 「조세특례제한법」 제18조의2의 과세특례 적용과는 별도로 소득세를 과세하지 아니하는 것임(서면2팀-1063, 2005. 7. 12.).
외국인근로자 비과세근로소득과 외국인기술자에 대한 세액감면이 동시에 적용되는 경우	조세특례제한법 제18조의2 제1항의 규정에 의하여 근로소득의 100분의 30에 상당하는 금액에 대하여 외국인근로자에 대한 과세특례를 적용받는 근로소득만이 있는 거주자가 과세기간 중 같은 법 제18조 및 같은법 시행령 제16조의 외국인기술자에 대한 소득세를 감면받는 경우, 가. 조세특례제한법 제18조의2 제1항의 규정에 의한 외국인근로자 비과세근로소득금액의 계산은 같은 법 제18조의 규정에 의한 외국인기술자에 대한 소득세감면대상이 되는 근로소득을 포함한 총지급근로소득에 대하여 100분의 30에 상당하는 금액에 대하여 소득세를 과세하지 아니하는 것이며 나. 외국인기술자에 대한 감면세액의 계산은 소득세법 제55조의 종합소득산출세액에서 외국인기술자의 감면대상 근로소득금액이 근로소득금액에서 차지하는 비율을 곱하여 계산한 금액상당액을 감면세액으로 하는 것임(서면2팀-254, 2005. 2. 5.).
갑종 근로소득과 을종 근로소득이 있는 외국인근로자	① 갑종 근로소득과 을종 근로소득이 있는 외국인근로자가 당해 근로소득에 대하여 조세특례제한법 제18조의2 제2항의 규정에 의하여 당해 근로소득의 100분의 17을 곱한 금액을 세액으로 선택하여 각각 연말정산을 한 때에는 같은 법 같은 조의 제3항의 규정에 의하여 종합소득과세표준의 계산에 있어서 이를 합산하지 아니하는 것임.

구 분	내 용
갑종 근로소득과 을종 근로소득이 있는 외국인근로자	② 을종 근로소득납세조합공제는 급여수령시 갑종에 속하는 근로소득에 대한 원천징수의 예에 의하여 원천징수하여 납세조합공제를 한 금액을 익월 10일까지 실제로 납부한 때에 한하여 납세조합공제를 받을 수 있는 것으로, 납세조합에 신고하지 아니한 소득 또는 가입 전에 발생한 근로소득을 연말정산시 신고하여 납세조합이 소득세를 원천징수하는 경우에는 납세조합공제를 적용하지 아니하는 것임. 또한 납세조합에 의하여 연말정산된 을종 근로소득을 소득세법 제137조 제5항의 규정에 의하여 연말정산하거나, 같은 법 제70조의 규정에 의하여 종합소득과세표준확정신고를 하는 경우에도 당해 납세조합의 가입 전에 발생한 소득 또는 납세조합에 신고하지 아니한 소득에 대하여는 납세조합공제를 적용하지 아니하는 것임(서면2팀-192, 2005. 1. 27.).
납세조합공제	조세특례제한법 제18조의2 제2항의 외국인근로자에 대한 과세특례 적용시 소득세법 제150조 제3항의 납세조합공제 규정은 적용하지 않음(서면2팀-1742, 2004. 8. 19.).
근로소득의 범위	조세특례제한법 제18조의2(외국인근로자에 대한 과세특례)에 규정된 '근로소득'의 범위에는 조세특례제한법 제15조의 규정에 의하여 근로소득으로 보지 아니하는 주식매수선택권 행사이익과 소득세법시행령 제38조 제1항 제6호·제8호 및 제12호의 규정에 의하여 근로소득의 범위에서 제외하고 있는 사택제공이익·연구보조비·단체순수보장성보험 보험료 등은 포함되지 않는 것임(재소득-224, 2004. 6. 9.).
"소득세를 과세하지 아니한다."의 의미	조세특례제한법 제18조의2 제1항의 "소득세를 과세하지 아니한다."함은 비과세를 의미하는 것이며, 조세특례제한법 제18조의2 제1항에 규정된 소득세가 과세되지 않는 해외근무수당은 소득세법 제47조 제1항의 근로소득공제 및 소득세법 제52조 제1항 제3호의 특별공제의 계산의 기초가 되는 '총급여액'에 포함되지 않는 것임(서이 46017-10036, 2004. 1. 7.).
외국인이 2 이상의 국내회사에 근무하면서 각각 급여를 지급받는 경우	① 2인 이상으로부터 급여를 지급받는 외국인근로자가 해외근무수당 등에 대하여 조세특례제한법 제18조의2의 규정에 의한 과세특례규정을 적용받고자 하는 경우에는 조세특례제한법 제18조의2 제1항의 방법에 의하여 해외근무수당 등에 대하여 비과세 규정을 적용하는 방식과 동법 동조 제2항 및 제3항의 규정에 의한 외국인학교 교육비 등 실제지출비용을 소득공제받는 방식 중 선택하여 1가지의 방법에 의한 과세특례규정을 적용하는 것임. ② 다만, 위의 방법에 의하여 과세특례규정을 적용하는 경우에는 2인 이상으로부터 지급받는 급여의 합계액을 기준으로 비과세한도를 산정하는 것임(재소득 46073-98, 2003. 6. 24.).

구 분	내 용
외국인근로자 과세특례규정 적용방법	① 외국인근로자에 대한 과세특례적용대상 금액을 계산하는 경우에는 매월별로 '월정액급여' 및 '소득세가 과세되지 않는 해외근무수당금액'을 계산하는 것이고, 근로소득세액의 연말정산 또는 종합소득과세표준확정신고시에는 매월 계산된 소득세가 과세되지 않는 해외근무수당금액을 단순 합산하여 조세특례제한법 제18조의2 제1항의 과세특례 규정을 적용하는 것임. ② 조세특례제한법 제18조의2 각항의 과세특례를 적용받기 위한 외국인근로자란 외국인투자촉진법 제2조(정의) 제2항의 대한민국의 국적을 보유하는 개인으로서 외국에 영주하고 있는 자를 포함하는 것이며, 같은 법 제18조의2 제1항의 소득세가 과세되지 않는 '해외근무수당금액'을 산정할 때에는 조세특례제한법 시행령 제16조의2 제1항 전단에서 규정한 '대통령령이 정하는 월정액급여'를 적용하는 것임(서일 46011 - 10031, 2004. 1. 6.).
기 타	소득세법 제12조 제4호 파목의 비과세소득 규정과 조세특례제한법 제18조의2의 외국인근로자에 대한 과세특례규정은 별개로 적용하여야 하는 것임(국심 2007서 3153, 2008. 1. 23.).
	「조세특례제한법」 제18조의2 제2항의 규정을 적용받고자 하는 외국인근로자는 같은법 시행령 제16조의2 규정에 의하여 근로소득세액의 연말정산 또는 종합소득 과세표준 확정신고를 하는 때에 「소득세법 시행령」 제198조 제1항의 규정에 의한 근로소득자소득공제신고서에 기획재정부령이 정하는 외국인근로자 단일세율적용 신청서를 첨부하여 원천징수의무자·납세조합 또는 납세지 관할 세무서장에게 제출하여야 하는 것임(서면2팀 - 1980, 2007. 11. 1.).
	내국법인이 외국인 임원이 국내에서 근무하면서 당해 내국법인으로부터 주식 매수선택권(차액보상형)을 부여받아, 퇴직 후 비거주자 상태에서 이를 행사하는 경우 당해 행사이익을 지급하는 내국법인은 지급시 원천징수 및 연말정산하는 것이며, 당해 소득에 대하여 「조세특례제한법」 제18조의2 제2항 규정에 의한 단일세율을 적용받고자 하는 자는 「조세특례제한법 시행령」 제16조의2 규정에 따라 연말정산 또는 종합소득세과세표준 확정신고시에 외국인근로자단일세율적용 신청서를 제출하여야 하는 것임(서면2팀 - 1582, 2007. 8. 29.).
	근로소득세액의 연말정산 또는 종합소득과세표준확정신고를 하는 때에 조세특례제한법 제18조의2의 규정에 의하여 외국인근로자에 대한 과세특례방법(단일세율 적용방법, 비과세 적용방법) 중 어느 하나에 대한 과세특례를 적용받은 외국인근로자는 동 규정에 의한 다른 과세특례방법을 적용받기 위하여 국세기본법 제45조의2의 규정에 따른 경정청구를 할 수 있는 것임(재조세 - 382, 2010. 4. 8.).

5 주요 개정연혁

1. 외국인근로자 단일세율 특례 적용기간 확대(조특법 §18의2)

(1) 개정내용

종 전	개 정
□ 외국인근로자 소득세 과세특례	□ 적용기간 확대
○ (내 용) 19% 단일세율* 적용 * 종합소득세율(6~45%) 선택 가능	○ (좌 동)
– 비과세·감면 소득공제 및 세액공제는 적용하지 않음.	
○ (적용기간) 국내 근무시작일부터 5년간	○ 국내 근무시작일부터 20년간
○ (적용기한) 2023. 12. 31.	○ (좌 동)

(2) 개정이유

○ 외국인 투자활성화 지원

(3) 적용시기 및 적용례

○ 2023. 1. 1. 이후 발생하는 소득분부터 적용
○ 2023. 1. 1. 현재 특례를 적용받고 있거나 이전에 특례를 적용받은 경우에도 적용

2. 외국인근로자 과세특례 적용기한 연장 및 세율조정(조특법 §18의2)

(1) 개정내용

종 전	개 정
□ 외국인근로자 과세특례제도 　ㅇ (적용대상) 외국인근로자 　ㅇ (적용기간) 국내에서 근무를 시작한 날부터 5년간 특례 적용(다만, 2016. 12. 31.까지만 적용) 　　－ 2014. 1. 1. 전에 국내에서 근무를 시작한 외국인근로자는 5년 제한 없이 적용 　ㅇ (특례내용) 종합과세 대신 17% 단일세율 선택 허용 　　* 특례 적용시 비과세·공제·감면규정은 적용하지 않음. 　ㅇ 적용기한 : 2016. 12. 31.	□ 적용기한 연장 및 세율조정 　ㅇ (좌　동) 　ㅇ (적용기간) 2019. 12. 31.까지 국내에서 근무를 시작한 경우 5년간 특례 적용 　　－ 2014. 1. 1. 전에 국내에서 근무를 시작한 외국인근로자는 2018. 12. 31.까지 적용 　ㅇ (특례내용) 종합과세 대신 19% 단일세율 선택 허용 　ㅇ 적용기한 : 2019. 12. 31.

(2) 개정이유

　ㅇ 해외 우수인재 유치, 세부담 형평성 등을 감안

(3) 적용시기 및 적용례

　ㅇ 2017. 1. 1. 이후 발생하는 소득분부터 적용

3. 외국인근로자 과세특례범위 규정(조특령 §16의2)

(1) 개정내용

종 전	개 정
〈신 설〉	□ 외국인근로자 단일세율 특례 적용이 제외되는 특수관계기업의 범위 ㅇ (법인기업 근무시) 외국인근로자가 직·간접적(지분 30% 이상)으로 경영권을 행사하는 법인 ㅇ (개인기업 근무시) 외국인근로자와 친족관계가 있는 고용주가 경영하는 개인기업 □ 특수관계인인 경우에도 과세특례가 적용되는 외국인투자기업의 범위 ㅇ 외국인투자촉진법에 따른 외국인투자기업으로서 법인세등 감면 요건(업종, 지역, 투자금액 등)을 갖춘 외국인투자기업 ※ 외국인투자기업 감면요건을 갖춘 경우, 감면기간 경과 등으로 현재 감면을 받지 않는 경우에도 적용 - 고도기술수반사업·산업지원서비스업 영위기업 - 외국인투자지역·경제자유구역·기업도시 입주기업 및 개발기업

(2) 개정이유

ㅇ 외국인근로자 과세특례가 제한되는 특수관계인의 범위 및 그 예외대상 외투기업의 범위를 규정

(3) 적용시기 및 적용례

ㅇ 2014. 1. 1. 이후 발생하는 소득분부터 적용

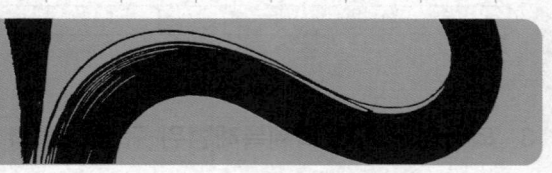

제18조의3

내국인 우수 인력의 국내복귀에 대한 소득세 감면

1 | 의 의

본조는 해외거주 우수 내국인 인재의 국내 복귀를 지원할 목적으로 2019년 12월 31일 조특법 개정시 신설된 소득세 감면제도로 2020년 1월 1일 이후 개정규정에 따른 연구기관등에 취업하는 경우부터 적용한다.

2 | 요 건

학위 취득 후 국외에서 5년 이상 거주하면서 연구개발 및 기술개발 경험을 가진 사람으로서 내국인 우수 인력이 국내에 거주하면서 연구기관등에 취업하여 받는 근로소득으로서 취업일 (2025년 12월 31일 이전인 경우만 해당)부터 10년이 되는 날이 속하는 달까지 발생한 근로소득에 해당되어야 한다(조특법 §18의3①).

(1) 내국인 우수 인력

"내국인 우수 인력"이란 다음의 요건을 모두 갖춘 사람을 말한다(조특령 §16의3①).

(가) 자연계·이공계·의학계 분야의 박사학위를 소지한 사람일 것. 한편 이를 적용할 때 자연계·이공계·의학계 분야의 예시는 소득세 감면 대상 학문분야 예시[1]와 같다(조특칙 §10①).

(나) 연구기관 등에 취업한 날 또는 소득세를 최초로 감면받는 날이 속하는 과세기간의 직전 5개 과세기간 동안 국외에서 거주했을 것. 이 경우 1개 과세기간에 183일 이상 국외에서 체류한 경우 해당 과세기간에는 국외에서 거주한 것으로 본다.

(다) 외국의 대학과 그 부설연구소, 국책연구기관 및 기업부설연구소("국외연구기관등") 에서 5년 이상 연구개발 및 기술개발 경험이 있을 것(조특칙 §10②). 이 경우 국외연구

---

1) 별표 1의2와 같고, 이에 대해서는 조특법 제18조의 해설을 참고하기로 한다.

기관등에서 연구원(행정 사무만을 담당하는 사람은 제외)으로 근무한 기간이 합산하여 5년(휴직 등으로 인해 실제로 연구원으로 근무하지 않은 기간 제외) 이상인 경우에는 연구개발 및 기술개발 경험이 있는 것으로 본다(조특칙 §10③).

(라) 해당 과세연도 종료일 현재 근로를 제공하는 기업과 친족관계 또는 경영지배관계에 있지 않을 것.[2] 다만, 경영지배관계에 있는지 여부를 판단할 때 임원의 임면권의 행사, 사업방침의 결정 등 법인의 경영에 대하여 사실상 영향력을 행사하고 있다고 인정되는 경우의 요건[3]은 적용하지 않는다.

(마) 해당 과세기간 종료일 현재 대한민국의 국적을 가진 사람일 것

(바) 연구기관 등에서 연구원(행정 사무만을 담당하는 사람은 제외)으로 근무하는 사람일 것

(2) 연구기관등의 범위

본조에서 "연구기관등"이란 다음의 어느 하나에 해당하는 기관 또는 부서를 말한다(조특령 §16의3②).

(가) 과학기술정보통신부장관의 인정을 받은 기업부설연구소 또는 연구개발전담부서[4]

(나) 정부출연연구기관[5] 및 과학기술분야 정부출연연구기관[6]과 그 부설 연구기관

(다) 특정연구기관 및 그 부설 연구기관[7]

(라) 대학, 산업대학, 전문대학 또는 기술대학 및 그 부설 연구기관[8]

(마) 한국해양과학기술원

(바) 국방과학연구소

(사) 전문생산기술연구소[9]

(아) 산업기술연구조합

---

2) 「국세기본법 시행령」 제1조의2 제1항 또는 제3항
3) 「국세기본법 시행령」 제1조의2 제4항 제1호 나목
4) 「기초연구진흥 및 기술개발지원에 관한 법률」 제14조의2 제1항
5) 「정부출연연구기관 등의 설립·운영 및 육성에 관한 법률」 제2조
6) 「과학기술분야 정부출연연구기관 등의 설립·운영 및 육성에 관한 법률」 제2조
7) 「특정연구기관 육성법」 제2조
8) 「고등교육법」 제2조
9) 「산업기술혁신 촉진법」 제42조

3 │ 과세특례의 내용

내국인 우수 인력이 받는 근로소득 대해서 소득세의 100분의 50에 상당하는 세액을 감면한다. 이 경우 소득세 감면기간은 소득세를 감면받은 사람이 다른 연구기관등에 취업하는 경우에 관계없이 소득세를 감면받은 최초 취업일부터 계산한다(조특법 §18의3①).

4 │ 원천징수

원천징수의무자가 본조에 따라 소득세가 감면되는 근로소득을 지급할 때에는 징수[10]할 소득세의 100분의 50에 상당하는 세액을 원천징수한다(조특법 §18의3②).

5 │ 절 차

본조에 따라 소득세를 감면받으려는 사람은 근로를 제공한 날이 속하는 달의 다음 달 10일까지 원천징수의무자를 거쳐 원천징수 관할 세무서장에게 세액감면신청서를 제출해야 한다(조특법 §18의3③, 조특령 §16의3③). 아울러 세액감면신청서를 제출할 때 다음 의 내용이 포함된 증명서를 함께 제출해야 한다(조특칙 §10④).
  (1) 감면신청자의 이름
  (2) 국외연구기관등의 명칭 및 주소
  (3) 국외연구기관등에서 근무한 기간, 근무부서, 연구분야 및 해당 부서 책임자의 확인

---

10) 「소득세법」 제127조

제19조

성과공유 중소기업의 경영성과급에 대한 세액공제 등

1 | 의 의

본조는 2018년 12월 24일 조특법 개정시 중소기업의 성과공유제 확산을 통한 우수인력 유입을 지원하고자 성과공유 중소기업의 경영성과급에 대한 세제지원 제도를 신설하였다. 동 개정규정은 2019년 1월 1일 이후 경영성과급을 지급하거나 지급받는 분부터 적용한다.

2 | 요 건

2-1. 성과공유 중소기업

성과공유 중소기업[1]이 성과급의 지급 주체이어야 한다(조특법 §19①).

2-2. 상시근로자

상시근로자는 성과급의 지급 대상이며, 「근로기준법」에 따라 근로계약을 체결한 내국인 근로자로서 다음의 어느 하나에 해당하는 사람은 제외한 자를 말한다(조특법 §19①, 조특령 §17①).

① 근로계약기간이 1년 미만인 근로자. 다만, 근로계약의 연속된 갱신으로 인하여 그 근로계약의 총 기간이 1년 이상인 근로자는 상시근로자로 본다.
② 단시간근로자.[2] 다만, 1개월간의 소정근로시간이 60시간 이상인 근로자는 상시근로자로 본다.
③ 임원[3]

---

1) 「중소기업 인력지원 특별법」 제27조의2 제1항
2) 「근로기준법」 제2조 제1항 제9호

④ 해당 기업의 최대주주 또는 최대출자자(개인사업자의 경우에는 대표자)와 그 배우자
⑤ 위 ④에 해당하는 자의 직계존비속(그 배우자 포함) 및 친족관계[4]인 사람
⑥ 근로소득원천징수부에 의하여 근로소득세를 원천징수한 사실이 확인되지 않고, 다음의 어느 하나에 해당하는 금액의 납부사실도 확인되지 않은 자
  ㉮ 부담금 및 기여금[5]
  ㉯ 직장가입자의 보험료[6]
⑦ 해당 과세기간의 총급여액이 7천만원을 초과하는 근로자

2-3. 경영성과급

성과공유 중소기업이 상시근로자에게 2024년 12월 31일까지 다음의 요건을 모두 충족하는 성과급("경영성과급")을 지급하는 경우여야 한다(조특법 §19①, 조특령 §17②).
① 중소기업과 근로자가 경영목표 설정 및 그 목표 달성에 따른 성과급 지급에 관한 사항을 사전에 서면으로 약정하고 이에 따라 근로자에게 지급하는 성과급일 것[7]
② 영업이익(위 ①의 성과급 지급을 약정한 과세연도의 기업회계기준에 따른 영업이익)이 발생한 기업이 지급하는 성과급일 것

3 │ 과세특례의 내용

3-1. 성과공유 중소기업에 대한 세액공제

성과공유 중소기업이 상시근로자에게 2024년 12월 31일까지 경영성과급을 지급하는 경우 그 경영성과급의 100분의 15에 상당하는 금액을 해당 과세연도의 소득세(사업소득에 대한 소득세만 해당) 또는 법인세에서 공제한다. 다만, 성과공유 중소기업의 해당 과세연도의 상시근로자 수가 직전 과세연도의 상시근로자 수보다 감소한 경우에는 공제하지 아니한다(조특법 §19①).

---

3) 「법인세법 시행령」 제40조 제1항 각 호
4) 「국세기본법 시행령」 제1조의2 제1항
5) 「국민연금법」 제3조 제1항 제11호 및 제12호
6) 「국민건강보험법」 제69조
7) 「중소기업 인력지원 특별법 시행령」 제26조의2 제1항 제1호

이 경우 상시근로자의 수[8]는 다음의 계산식에 따라 계산한 수(100분의 1 미만의 부분은 없는 것으로 한다)로 한다(조특령 §17③ · ④).

$$\frac{\text{해당 과세연도의 매월 말 현재 상시근로자 수의 합}}{\text{해당 과세연도의 개월 수}}$$

3-2. 성과공유 중소기업의 근로자에 대한 소득세 감면

성과공유 중소기업의 근로자 중 다음에 해당하는 사람을 제외한 근로자가 해당 중소기업으로부터 2024년 12월 31일까지 경영성과급을 지급받는 경우 그 경영성과급에 대한 소득세의 100분의 50에 상당하는 세액을 감면한다(조특법 §19②, 조특령 §17⑥).
① 해당 과세기간의 총급여액이 7천만원을 초과하는 사람
② 해당 기업의 최대주주 또는 최대출자자(개인사업자의 경우에는 대표자)와 그 배우자
③ 위 ②에 해당하는 자의 직계존비속(그 배우자 포함) 또는 ②에 해당하는 사람과 친족관계[9]에 있는 사람

위 감면세액은 다음 계산식에 따라 계산한 금액으로 한다(조특령 §17⑦).

$$\text{종합소득산출세액} \times \frac{\text{근로소득금액}}{\text{종합소득금액}} \times \frac{\text{경영성과급}}{\text{해당 근로자의 총급여액}} \times \text{감면율}$$

한편, 위의 계산식에도 불구하고 본조에 따라 세액감면을 받으려는 자가 중소기업 취업자에 대한 소득세 감면[10]을 받는 경우 본조에 따른 감면세액은 다음 계산식에 따라 계산한 금액으로 한다(조특령 §17⑧).

$$\left[(\text{산출세액} \times \frac{\text{근로소득금액}}{\text{종합소득금액}}) - \text{감면세액}\right] \times \frac{\text{경영성과급}}{\text{해당 근로자의 총급여액}} \times \text{감면율}$$

---

8) 상시근로자 수의 계산에 관하여는 조특령 제23조 제11항 각 호 외의 부분 후단 및 같은 항 제2호를 준용하므로 이에 대하여는 제26조의 해설을 참고하기로 한다.
9) 「국세기본법 시행령」 제1조의2 제1항
10) 조특법 제30조 제1항

4 | 절 차

본조의 특례를 적용받으려는 중소기업과 근로자는 세액공제 또는 세액감면을 신청하여야 한다. 즉, 세액공제를 받으려는 성과공유 중소기업은 과세표준신고와 함께 세액공제신청서 및 공제세액계산서를 납세지 관할 세무서장에게 제출해야 한다. 또한 세액감면을 받으려는 근로자는 경영성과급을 지급받은 날이 속하는 달의 다음 달 말일까지 세액감면신청서를 원천징수의무자에게 제출해야 하며, 이때 세액감면신청서를 제출받은 원천징수의무자는 감면대상 명세서를 신청을 받은 날이 속하는 달의 다음 달 말일까지 원천징수 관할 세무서장에게 제출해야 한다(조특법 §19③, 조특령 §17⑨·⑩).

5 | 조세특례제한 등

5-1. 중복지원의 배제

동일한 과세연도에 본조의 성과공유 중소기업에 대한 세액공제와 근로소득을 증대시킨 기업에 대한 세액공제가 동시에 적용되는 경우에는 그 중 하나만을 선택하여 적용받을 수 있다(조특법 §127②). 이에 대한 자세한 설명은 법 제127조의 해설을 참조하기로 한다.

5-2. 추계과세시 등의 감면배제

추계를 하는 경우에는 본조의 성과공유 중소기업에 대한 세액공제를 적용하지 아니한다(조특법 §128①). 이에 대한 자세한 설명은 법 제128조의 해설을 참조하기로 한다.

5-3. 최저한세의 적용

본조의 성과공유 중소기업에 대한 세액공제는 법 제132조의 최저한세 규정을 적용받아 그 특례범위가 제한된다. 이에 대한 자세한 설명은 법 제132조의 해설을 참조하기로 한다.

5-4. 세액공제액의 이월공제

본조의 성과공유 중소기업에 대한 세액공제는 해당 과세연도에 납부할 세액이 없거나 법 제132조의 최저한세 규정을 적용받아 해당 과세연도에 공제받지 못한 금액이 있는 경우에는 법 제144조에 따라 해당 과세연도의 다음 과세연도의 개시일로부터 5년 이내에 종료하는 각 과세연도에 이월하여 공제받을 수 있다. 이에 대한 자세한 설명은 법 제144조의 해설을 참조하기로 한다.

6 | 주요 개정연혁

1. 성과공유제 중소기업의 경영성과급 세제지원 신설(조특법 §19)

(1) 개정내용

종 전	개 정

〈신 설〉	□ 성과공유 중소기업 경영성과급 세액공제
	ㅇ (대상) 성과공유 중소기업*
	  * 「중소기업 인력지원 특별법」 제27조의2에 따라 경영성과급 지급 등을 통해 근로자와 성과를 공유하고 있거나 공유하기로 약정한 중소기업
	  - 상시근로자 수 감소시 적용배제
	ㅇ (공제액) 근로자에게 지급하는 경영성과급*의 10%
	  * 임원, 총급여 7천만원 이상인 자 제외
	ㅇ (중복배제) 근로소득증대세제와 중복적용 배제
	ㅇ (적용기한) 2021. 12. 31.

(2) 개정이유
ㅇ 중소기업의 성과공유제 확산을 통해 우수인력 유입 지원

(3) 적용시기 및 적용례
ㅇ 2019. 1. 1. 이후 지급하는 분부터 적용

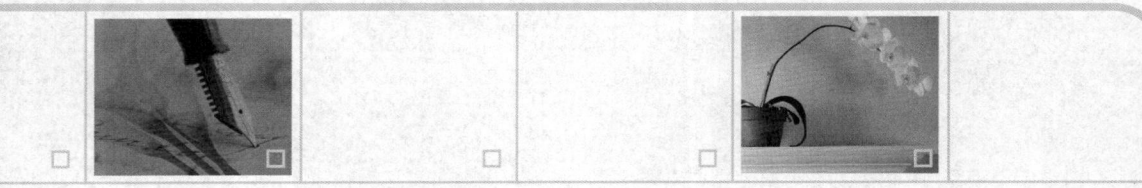

| 제 3 절 |

국제자본거래에 대한 조세특례

제3편

국제지급거래에 대한 조세부과

제20조

공공차관 도입에 따른 과세특례

1 │ 의 의

본조의 규정은 공공차관의 도입 및 관리에 관한 법률(법률 제5551호, 1998. 9. 16. 제정) 제8조에 규정되어 있는 것으로, 조특법에서 당해 조세혜택에 대하여 명확히 언급하고 있는 것이다.

한편, 본조에서 인용하고 있는 공공차관, 대주, 공공차관협약 등의 의미는 공공차관의 도입 및 관리에 관한 법률에서 규정하고 있는바, 이에 대하여는 다음에서 설명하는 바와 같다.

2 │ 용어의 정의

2-1. 공공차관

'공공차관'이라 함은 대한민국정부가 외국정부 등 및 외국법인으로부터 또는 아래의 대한민국법인이 대한민국정부의 지급보증을 받아 외국정부 등으로부터 차용하는 대외지급수단 및 수출신용제도에 의하여 도입하는 자본재·원자재를 말한다(공공차관의 도입 및 관리에 관한 법률 §2 6 및 동법 시행령 §2②).

〈대한민국법인〉
다음의 어느 하나에 해당하는 자를 말한다.
① 지방자치단체
② 정부투자기관관리기본법 제2조의 규정에 의한 정부투자기관
③ 정부출자기관
④ 정부출연기관(한국철도시설공단 및 수도권신공항건설공단에 한한다)

2-2. 대 주

'대주'라 함은 공공차관협약에 의하여 차주에 대하여 채권을 가지고 있는 외국정부 등 외국법인 또는 그 채권을 양도받은 자를 말한다(공공차관의 도입 및 관리에 관한 법률 §2 10).

2-3. 공공차관협약

'공공차관협약'이라 함은 공공차관을 도입하기 위하여 체결하는 협정·협약 또는 계약을 말한다(공공차관의 도입 및 관리에 관한 법률 §2 7).

3 | 과세특례의 내용

3-1. 대주가 부담하여야 할 조세

공공차관의 도입과 직접 관련하여 대주가 부담하여야 할 조세는 공공차관협약이 정하는 바에 따라 이를 감면한다(조특법 §20①).

「공공차관의 도입 및 관리에 관한 법률」

제6조【공공차관도입계획】① 정부기관 또는 대한민국법인은 공공차관을 도입하고자 할 때에는 기획재정부장관에게 이를 신청하여야 한다. 이 경우 대한민국법인은 당해 공공차관의 도입과 관련하여 정부의 지급보증을 받고자 하는 채무의 범위를 명시하여야 한다.

② 제1항의 규정에 의한 신청을 받은 기획재정부장관은 공공차관의 도입을 추진하기로 결정한 때에는 도입하고자 하는 공공차관의 사업별 내용, 차관액, 예상차관선, 차관조건, 정부의 지급보증이 필요한 채무의 범위 기타 필요한 사항을 기재한 공공차관도입계획안을 작성하여야 한다.

③ 정부는 제2항의 규정에 의한 공공차관도입계획안에 대하여 미리 국회의 의결을 얻어야 한다. 다음 각호의 1에 해당하는 변경이 있는 경우에도 또한 같다.

1. 사업별 차관액이 국회의 의결을 얻은 금액을 초과하게 된 경우

2. 사업별 차관조건이 국회의 의결을 얻은 조건보다 불리하게 된 경우

3. 사업별 내용이 국회의 의결이 있은 때보다 현저하게 변경된 경우

④ 기획재정부장관은 제3항의 규정에 의하여 국회의 의결을 얻은 때에는 그 내용을 지체없이 당해 정부기관 또는 대한민국법인에게 통보하여야 한다.

제7조【공공차관협약의 체결】① 기획재정부장관은 정부를 대표하여 공공차관을 도입하기 위한 교섭과 이에 필요한 조정을 행하며, 제6조 제3항 전단의 규정에 의하여 국회의 의결을 얻은 후 공공차관협약을 체결한다. 다만, 대한민국법인이 공공차관의 차주가 되는 경우에는 당해 법인이 공공차관협약을 체결한다.

---

② 대한민국법인은 제1항 단서의 규정에 의하여 공공차관협약을 체결하거나 당해 공공차관협약의 체결에 직접 영향을 미치는 계약을 체결하고자 할 때에는 미리 기획재정부장관의 승인을 얻어야 한다. 이를 변경하고자 할 때에도 또한 같다.
③ 기획재정부장관은 제1항 본문의 규정에 의하여 공공차관협약을 체결한 때에는 지체없이 이를 관보에 공고하여야 한다.

3-2. 외국인에게 지급되는 기술 또는 용역의 대가

공공차관의 도입과 관련하여 외국인에게 지급되는 기술 또는 용역의 대가에 대하여는 당해 공공차관협약이 정하는 바에 따라 소득세 또는 법인세를 감면한다(조특법 §20②).

3-3. 신청에 의한 감면 배제

공공차관 도입에 따른 조세감면 및 기술 또는 용역의 대가에 대한 조세감면은 대주 또는 기술제공자의 신청에 의하여 감면하지 아니할 수 있다(조특법 §20③).

제21조

국제금융거래에 따른 이자소득 등에 대한 법인세 등의 면제

1 의 의

사업수행에 필요한 자금조달의 방식의 하나로 외국차관뿐만 아니라 불특정다수인 간에 유통될 수 있는 채권을 발행하는 방식도 활용되고 있으며, 이의 대표적인 유형이 외화표시사채의 발행이다. 국제적인 자금조달을 원활히 하여 기업의 국제화를 지원하고 대외신뢰도를 제고시킬 필요가 있는바, 국가, 지방자치단체 및 내국법인이 발행하는 외화표시채권에 대해 지급하는 이자 및 수수료에 대한 소득세 및 법인세 등 발생소득과 관련된 조세를 면제하도록 하고 있는 것이다.

한편, 거주자, 내국법인 및 외국법인의 국내사업장이 지급받는 이자소득 등에 대하여는 조세면제혜택을 부여하지 않고 있는바, 이는 거주자 등의 경우에도 외화표시채권 등을 자유로이 취득할 수 있게 됨에 따라 원화표시채권이자소득에 대한 과세와의 형평성을 유지하기 위함이다.

2 과세특례의 내용

2-1. 소득세 또는 법인세의 면제

다음 중 어느 하나의 소득을 지급받는 자에 대하여는 소득세 또는 법인세를 면제한다. 다만, 거주자, 내국법인[1] 및 외국법인의 국내사업장이 지급받는 경우에는 그러하지 아니하다 (조특법 §21①).

① 국가·지방자치단체 또는 내국법인이 국외에서 발행하는 외화표시채권의 이자 및 수수료
여기서 수수료라 함은 외화표시채권*의 발행자가 채권발행의 중개역할을 수행하는

---

[1] 비거주자나 외국법인과는 달리 내국법인의 국외사업장(예 국내금융기관의 해외지점)이 보유한 외화는 어차피 국내에 송금될 자금이므로 신규외화의 유입이라고 보기 어려우며 내국법인의 절세수단으로 악용가능성이 있어 이를 차단하고, 원화표시채권이자소득에 대한 과세와의 형평성 유지(2006. 2. 9. 이후 최초로 발생하는 소득분부터 적용)

금융기관에게 채권의 인수 및 판매 등의 중개대가로 지급하는 인수수수료 등 채권의 발행과 직접 관련된 수수료를 말하는 것이다(재국조 46017-118, 2000. 9. 22.).

* 외화표시채권 : 외국환거래법 제3조에서 규정하는 외국통화로 표시된 채권 또는 외국에서 지급을 받을 수 있는 채권을 말한다. 통상 국제 간에 발행되어 통용되는 외화표시채권을 예시하면, 보통사채(Straight Bond), 전환사채(Convertible Bond), 신주인수권부사채(Bond With Warrant), 금리연동부사채(Floating Rate Note), 예탁증서(Depositary Receipt) 등이 있다(외국환거래법 §3 9).

② 외국환거래법에 의한 외국환업무취급기관*이 동법이 정하는 바에 따라 외국금융기관으로부터 차입하여 외화로 상환하여야 할 외화채무에 대하여 지급하는 이자 및 수수료. 이 규정은 외국환업무취급기관이 외국환거래법에 따라 외국금융기관으로부터 차입하여 외화로 상환하는 외화채무에 대하여 적용하는 것이므로, 외국은행 국내지점으로부터 차입하여 외국금융기관에 이관한 외화채무에 대하여는 적용하지 아니한다(재국조 46017-25, 1999. 10. 19.).

* 외국환업무취급기관이란 기획재정부장관으로부터 외국환업무의 인가를 받은 자를 말하는데, 일반은행, 특수은행, 국책은행 및 외국은행지점 모두가 대부분 외국환업무의 인가를 받은 자들이다.

③ 아래의 금융기관이 외국환거래법이 정하는 바에 따라 국외에서 발행 또는 매각하는 외화표시어음과 외화예금증서의 이자 및 수수료(조특령 §18②)

ㄱ 「은행법」에 의하여 은행업의 인가를 받은 은행

ㄴ 「한국산업은행법」에 의하여 설립된 한국산업은행

ㄷ 「한국수출입은행법」에 의하여 설립된 한국수출입은행

ㄹ 「중소기업은행법」에 의하여 설립된 중소기업은행

ㅁ 「농업협동조합법」에 따른 농협은행2)3)

ㅂ 「수산업협동조합법」에 따라 설립된 수협은행

ㅅ 「자본시장 및 금융투자업에 관한 법률」에 따른 종합금융회사

---

2) 「농업협동조합법」 개정으로 현행 농업협동중앙회의 신용사업이 농협은행으로 분할신설되는 점을 반영하여 발행주체 명칭을 농협에서 농협은행으로 변경(2012. 3. 2. 이후 최초로 지급받는 이자 및 수수료부터 적용)

3) 「농업협동조합법」 제134조의4【농협은행】 ① 중앙회는 농업인과 조합에 필요한 금융을 제공함으로써 농업인과 조합의 자율적인 경제활동을 지원하고 그 경제적 지위의 향상을 촉진하기 위하여 신용사업을 분리하여 농협은행을 설립한다(법률 제10522호, 시행일 : 2012. 3. 2.).

2 - 2. 유가증권양도소득의 조세면제

국가·지방자치단체 또는 내국법인이 발행한 다음의 유가증권을 비거주자 또는 외국법인이 국외에서 양도함으로써 발생하는 소득에 대하여는 소득세 또는 법인세를 면제한다(조특법 §21③).

① 국외에서 발행한 유가증권 중 외국통화로 표시된 것 또는 외국에서 지급받을 수 있는 것으로서 외국환거래에 관하여 기획재정부장관이 정하는 기준에 따라 발행된 외화증권[4] (조특칙 §11①). 다만, 주식·출자증권 또는 그 밖의 유가증권("과세대상 주식 등"이라 한다)을 기초로 발행된 예탁증서를 양도하는 경우로서 예탁증서를 발행하기 전 과세대상 주식 등의 소유자가 예탁증서를 발행한 후에도 계속하여 해당 예탁증서를 양도하기 전까지 소유한 경우는 제외한다(조특령 §18④ 1).

② 「자본시장과 금융투자업에 관한 법률」에 따른 유가증권시장 또는 코스닥시장과 기능이 유사한 외국의 유가증권시장(조특칙 §11②)에 상장 또는 등록된 내국법인의 주식 또는 출자지분으로서 당해 유가증권시장을 통하여 양도되는 것. 다만, 해당 외국의 유가증권 시장에서 취득하지 아니한 과세대상 주식 등으로서 해당 외국의 유가증권시장에서 최초로 양도하는 경우는 제외하되, 외국의 유가증권시장의 상장규정상 주식분산요건을 충족하기 위해 모집·매출되는 과세대상 주식 등을 취득하여 양도하는 경우에는 그러하지 아니하다[5] (조특령 §18④ 2).

한편, 내국법인이 달러표시 전환사채를 국외에서 발행한 후 동 전환사채 중 일부를 국내사업장이 없는 외국법인(사채권자)으로부터 매입하는 경우, 동 외국법인의 양도소득은 국내원천소득에 해당되며, 그 양도절차의 중요한 부분이 국외에서 이루어졌다면 동 소득은 본 규정에 의하여 법인세가 면제된다(서이 46017 - 10669, 2002. 3. 29.).

---

4) 종전에는 기획재정부장관이 정하는 기준에 따라 발행된 외화증권으로 규정되어 **기획재정부장관이 정하는 기준이 무엇인지 조문상 드러나지 않는 문제점**이 있어 이를 외국환거래에 관하여 기획재정부장관이 정하는 기준에 따라 발행된 외화증권으로 개정하여 기획재정부장관이 정하는 기준이 증권발행에 관한 외국환거래규정임을 조문상 명확화(그 이전분은 해석으로 적용)

5) 내국법인의 외국 유가증권시장 상장을 통한 자금조달을 지원하기 위하여 외국의 유가증권시장에서 취득·양도한 것으로 간주하여 면세될 수 있도록 2013. 2. 15. 개정되었고, 2013. 2. 15. 이후 양도하는 분부터 적용된다.

참고 **주식예탁증서(DR) 및 유통DR**

■ 정의

□ 주식예탁증서(Depositary Receipts : DR)

     ○ 내국법인과의 계약에 의거 해외의 예탁기관이 국내주식(underlying shares : 원주)을 담보로 하여 발행하는 예탁증서

        – 즉, 주식을 발행회사 소재국의 은행(보관기관)에 보관시켜 두고 그 주식이 판매되는 국가에 소재하는 은행 또는 신탁회사(예탁기관)가 원활한 유통을 위해 보관주식을 담보로 발행하는 예탁증서

           * DR의 분류

            – 일반적으로 DR원주가 어떻게 조달되는가와 발행주체에 따라 신주(발행)DR, 구주DR, 유통DR로 구분

구분	DR원주	발행주체	비고
신주DR	신규발행(유상증자방식)	발행회사	외화자금조달
구주DR	발행회사 소유 자기주식	발행회사	자기주식 처분수단
유통DR	기발행 유통주식	발행회사 외 주주	발행회사 동의필요

□ 유통DR

     ○ 해외예탁기관이 국내에서 거래되는 국내법인이 발행한 주식을 원주로 하여 이를 국내에 보관하고 동 원주를 대신하여 해외에서 발행한 주식예탁증서(증권업감독규정 제7-5조)

■ DR의 발행목적

     ○ 국내기업의 자금조달시장 다양화

     ○ 해외에서 자금조달의 편리성

        – 기업이 해외에서 주식을 발행시 발생 가능한 주권의 양식·제도의 상이, 외국과 국내 증권시장의 거래습관 차이, 주권의 해외수송에 따른 위험·취급비용 부담문제 해소

■ DR 발행 근거

     ○ 국내에서 원주의 발행을 전제로 하므로 신주발행에 관한 국내법상 일반규정* 적용

        * ① 「상법」상 신주발행에 관한 규정

            (제4절 신주의 발행 – §416【발행사항의 결정】등)

         ② 「증권거래법」상 우선주 발행한도(증권거래법 §191의2)

         ③ 「정관」상 주권 발행한도

     ○ 해외에서 외화자금을 조달하기 위해 발행되는 증권이므로 해외증권 발행에 대한 규정 적용

        * ① 「외국환거래법」 §3【정의】, §18【자본거래의 신고 등】

           – 「외국환거래규정」 §7-22【거주자의 증권발행】

         ② 「증권업감독규정」 §7-5【목적 등】, §7-9【유통주식예탁증서의 발행】

         ③ 유가증권 발행 및 공시규정 §69【주요경영사항의 범위 및 신고방법】

        * 同旨 규정 : 유가증권 시장 공시규정, 코스닥 시장 공시규정

■ DR거래의 당사자와 그 법률행위

□ 발행회사(국내의 원주발행회사)
  ○ DR발행 전 유가증권 발행결정과 관련하여 금감위, 거래소에 신고('금감위' 유가증권 발행 및 공시규정 §69 등)
  ○ 거주자(내국법인)가 외국에서 외화증권을 발행하고자 할 경우
    – 기획재정부장관의 신고 또는 허가, 지정거래외국은행의 신고 등을 받아야 함(외국환거래법 §18 등).
  ○ 예탁기관과 DR발행 계약체결
  ○ 이익배당, 신주발행, 주주총회 개최 등과 관련, 보관기관에 통보

□ 예탁기관
  (발행회사로부터 의뢰를 받아 해외에서 DR을 발행하는 기관)
  ○ 지정된 장소에서 DR의 작성·교부 및 보유자 명부 비치
  ○ DR보유자로부터 원주전환 요구시 원주 교부
  ○ DR보유자가 적법하게 배서되거나 양도증서가 첨부된 DR을 제시하면 제시자의 명의로 명부상 명의 변경 후 제시자에게 새로운 DR 교부
  ○ 예탁중인 원주에 대한 배당이 지급되면 DR보유자에게 배부
  ○ 발행회사의 요구시 최근 명부상 DR보유자의 인적사항 등 제공

□ 보관기관
  (예탁기관으로부터 선임을 받아 국내에 원주를 보관하는 기관)
  ○ 예탁기관의 대리인으로서 예탁기관의 지시에 따라 활동하며 예탁기관에 대하여 책임을 짐.
  ○ 발행회사로부터 주권 등을 인도받는 즉시 예탁기관에 증서 교부
    – 이익배당, 신주발행, 주주총회 등 관련 통지 등을 받으면 즉시 이를 예탁기관에 제공
  ○ 발행회사의 위탁을 받아 이익배당시 원천징수 업무 수행

3 | 관련사례

구 분	내 용
외국금융기관	영국법령에 의하여 유가증권의 매매 및 매매중개 등의 업무를 영위할 수 있는 증권업 허가를 받고 영국 금융감독당국의 감독을 받아 당해 업무를 영위하는 영국 증권회사는 「조세특례제한법」 제21조 제1항 제2호에서 규정하는 외국금융기관에 해당하는 것임(서면2팀-63, 2008. 1. 10.).
원화연계 외화후순위사채	내국법인이 상법, 외국환거래규정에서 정하는 절차에 따라 원화연계 외화후순위사채를 발행하고, 비거주자 또는 외국법인에게 당해 원화연계 외화후순위사채에 대한 이자를 지급하는 경우 조세특례제한법 제21조 제1항의 규정에 의하여 당해 이자에 대하여는 법인세가 면제되는 것임(서면2팀-1556, 2006. 8. 22.).
이월결손금이 발생한 법인이 외화표시채권이자에 대한 법인세 감면을 받는 경우	종전 「조세감면규제법」 제94조 제1항 제1호의 규정에 의한 면제세액을 계산함에 있어서 당해 사업연도의 과세표준 계산시 공제한 이월결손금이 면제사업에서 발생하지 아니한 것이 명백한 경우 면제소득은 「법인세법」 제59조 및 「동법 시행령」 제96조 제1항의 규정에 의하여 동 이월결손금을 공제하지 아니한 금액으로 하는 것임(재법인-73, 2005. 8. 31.).
이자소득 등의 면제 및 원천징수 여부	내국법인이 상법, 외국환거래규정에서 정하는 절차에 따라 국내에서 외화표시채권을 발행하고 비거주자 또는 외국법인에게 당해 채권에 대한 이자를 지급하는 경우에는 「조세특례제한법」 제21조 제1항 제1호의 규정에 의하여 당해 이자에 대한 법인세가 면제되는 것이나, 내국법인이 케이만아일랜드에 설립되어 있는 특수목적법인(Special Purpose Vehicle)으로 하여금 당해 내국법인의 자사주를 교환대상으로 하는 교환사채를 해외투자자들을 대상으로 발행하도록 하고, 동 교환사채의 조건에 따라 내국법인이 사채권자 또는 특수목적법인에게 정산금을 지급하는 경우에는 외국법인이 발행한 외화표시채권으로서 「조세특례제한법」 제21조의 규정에 의한 면제대상에 해당되지 않으므로, 당해 내국법인이 비거주자 또는 외국법인에게 이자 등을 지급하는 때에 「법인세법」 제98조 또는 「소득세법」 제156조의 규정에 의하여 법인세 또는 소득세를 원천징수하여야 하는 것임(서면2팀-1235, 2005. 7. 28.).
외화표시채권의 범위	조세특례제한법 제21조 제1항 제1호의 규정은 내국법인이 외화표시채권을 상법 및 외환관리법에 따라 합법적으로 발행하여 동 채권의 이자 및 수수료를 외국법인에게 지급하는 경우에 적용할 수 있는 것임(국심2003전2994, 2004. 6. 11.).

구 분	내 용
유동화전문회사가 외화표시채권을 발행하는 경우	자산유동화에 관한 법률에 의하여 설립된 유동화전문회사가 상법 등에서 정한 절차에 따라 외화표시채권을 발행하고, 비거주자 또는 외국법인에게 당해 채권에 대한 이자를 지급하는 경우에는 조세특례제한법 제21조 제1항 제1호의 규정에 의하여 당해 이자에 대한 소득세(법인세)가 면제되는 것이며, 동 지급이자는 법인세법 제19조의 규정에 의하여 동 유동화전문회사의 각 사업연도 소득금액 계산시 손금에 산입되는 것임(서이 46017-10817, 2003. 4. 19.).
외국환평형기금채권 등의 이자	① 1998. 12. 31. 이전에 발행된 외국환평형기금채권 등의 이자에 대하여는 구 조세감면규제법(1998. 12. 28. 법률 제5584호로 개정되기 전의 것) 제94조 및 조세특례제한법(1998. 12. 28. 법률 제5584호) 부칙 제8조 제7항의 규정에 의하여 소득세가 면제되며, 이 경우의 이자소득은 종합과세대상에 해당하지 아니함. ② 거주자가 1999. 1. 1. 이후에 발행된 외국환평형기금채권 등의 이자를 지급받는 경우에는 소득세가 면제되지 아니하며 소득세법 제14조 제2항과 제3항 제4호의 규정에 의하여 종합과세대상에 해당함. 다만, 5년 이상의 장기채권의 이자에 대하여는 소득세법 제129조 제1항 제1호 가목 및 제14조 제3항 제3호의 규정에 의하여 종합과세 대신에 30% 원천징수세율에 의한 분리과세를 선택할 수 있으며, 이 경우에는 소득세법 시행령 제187조 제6항의 규정에 의하여 원천징수의무자에게 장기채권이자소득 분리과세신청서를 제출하여야 함(소득 46011-21243, 2000. 10. 18.).
외화표시채권 이자소득에 대한 법인세감면 규정과 외국납부세액공제(손금산입 포함) 규정을 동시에 적용할 수 있는지 여부	내국법인이 조세특례제한법 제21조(구 조세감면규제법 제94조)의 외화표시채권 이자소득에 대한 법인세면제 규정을 적용받는 경우에는 당해 이자소득에 대하여 우리나라에서 납부할 세액이 없으므로 우리나라에서 이중과세문제가 발생할 여지가 없는 것임. 따라서 이 경우 당해 이자소득에 대하여는 재국조 46017-134, 1997. 7. 31.에서 회신한 바와 같이 법인세법 제57조(구 법인세법 제24조의3)의 외국납부세액공제 규정을 중복하여 적용받을 수 없는 것임(재국조 46017-46, 2000. 3. 27.).
내국법인이 주식을 발행해 해외의 예탁기관에 예탁하고 교부받은 해외주식예탁증서(DR)	① 내국법인이 주식을 발행하여 해외의 예탁기관에 이를 예탁하고, 동 주식을 원주로 하여 이에 대한 권리를 표창하는 해외주식예탁증서(DR ; Depository Receipt)를 동 예탁기관을 통해 발행하는 경우, 당해 해외주식예탁증서의 발행인은, 조세목적상, 해외증권발행규정 제2조 제1항 제2호에 의거 원주를 발행한 내국법인이며 동 주식예탁증서는 내국법인이 발행하는 해외증권의 성격을 가짐.

구 분	내 용
내국법인이 주식을 발행해 해외의 예탁기관에 예탁하고 교부받은 해외주식예탁증서(DR)	② 이 경우, 상기 DR이 유통되는 과정에서 발생하는 비거주자(또는 외국법인)의 유가증권양도소득은 DR소유자가 DR을 원주로 전환하는 경우에는 소득세법 제135조 제12호 또는 법인세법 제55조 제1항 제10호에 의거 국내원천소득에 해당됨. 또한, DR소유자가 DR을 원주로 전환하지 않더라도 국내사업장을 가지고 있는 비거주자(외국법인)가 당해 DR을 양도함으로써 발생하는 소득과 국내사업장을 가지고 있지 아니한 비거주자(외국법인)가 내국법인, 거주자, 외국법인의 국내사업장 또는 비거주자의 국내사업장에 당해 DR을 양도함으로써 발생하는 소득도 소득세법 시행령 제185조 제8항 제1호 및 제2호 또는 법인세법 시행령 제122조 제6항 제1호 및 제2호에 의거 국내원천소득에 해당됨. 그러나 위의 경우들과 같이 국내원천소득으로 구분된 유가증권양도소득은 비록 국내에 원천이 있다 할지라도 조세감면규제법 제94조 제3항에 의하여 국내에서 과세되지는 아니함(재국조 46017-77, 1995. 5. 13.).
USCP, Euro CP	① 조세감면규제법 제69조 제2항 제1호상의 외화표시채권의 범주에 Note Issuance Facility, USCP, Euro CP, Banker's Acceptance 등은 포함되지 아니하며, ② 국내기업이 비거주자로부터 상품대가로 수취한 연불수출어음을 비거주자인 해외금융기관에 매각하였을 경우 이로부터 발생하는 이자와 수수료는 국내원천소득에 해당되어 매각자가 원천징수하여야 할 것이고, ③ 법인세법 제55조 제1항 제1호의 단서 규정은 자금의 차입주체와 사용주체가 국외사업장인 경우에 적용되는 것임(재국조 22601-847, 1990. 9. 1.).
외화의 범위	대한민국의 법화인 원화 이외의 통화를 말하는데, 이와 같은 외화로 상환하여야 할 외화채무에 대하여 지급하는 이자 및 수수료만에 대하여 조세를 면제한다. 여기서 외화채무란 외국통화로 표시된 채무 및 외국에 지급할 채무를 모두 포함하는데 어음상의 채무도 포함한다고 보아야 함(국일 22601-48, 1987. 2. 10.).
비거주자 등이 외국유가증권시장 상장시 취득한 내국법인의 주식양도시 면세 여부	내국법인의 외국유가증권시장 상장 또는 등록을 위한 주식분산요건을 충족하기 위해 국외에서 주식 또는 출자지분을 발행하거나 양도하는 경우로서 내국법인이 「외국환거래규정」 제7-22조 제2항에 따른 신고절차를 완료하고 국외에서 발행한 외화증권은 「조세특례제한법 시행령」 제18조 제4항 제1호의 유가증권에 해당되는 것이나, 비거주자 등이 외국의 유가증권시장에서 취득하지 아니한 주식에 대하여는 같은 법 시행령 제18조 제4항 제2호 단서의 규정이 적용되는 것임(재국조-366, 2012. 7. 16.).

구 분	내 용
외화채무의 이자	국내사업장이 없는 일본법인이 외국환거래법에 의한 외국환업무취급기관인 내국법인과 국고채를 대상으로 채권대차거래 약정을 체결하여 내국법인으로부터 국고채를 대차하고, 채권상환을 담보하기 위하여 내국법인에게 채권시가에 상응하는 현금담보를 제공한 경우로서, 내국법인이 현금담보를 직접 수령하고 당해 담보금에 대한 대가를 일본법인에게 지급하는 경우 당해 외화채무의 이자로서 조세특례제한법 제21조 제1항 제2호에 따라 법인세가 면제됨(재국조-343, 2009. 7. 30.).
환매조건부채권매매차익	국내사업장이 없는 외국은행이 「외국환거래법」에 의한 외국환업무취급기관인 금융업을 영위하는 내국법인으로부터 환매조건부로 채권을 매수하면서 동 매수자금 및 환매자금에 관해 미국 달러화로 계약을 체결하였으나, 「외국환거래규정」에 따라 외국으로부터 미국 달러화로 송금해 온 채권매수대금을 원화로 환전하여 내국법인에게 지급하고, 이후 환매시에도 내국법인으로부터 원화로 채권환매대금을 지급받은 후 외화로 환전하여 국외로 송금하는 절차를 거치는 경우, 채권환매시 환매수자인 내국법인이 외국은행에 지급하는 환매조건부채권매매차익은 외화채무의 이자로서 조세특례제한법 제21조 제1항 제2호에 따라 법인세가 면제됨(재국조-346, 2009. 7. 30.).
기 타	「조세특례제한법」은 「한·체크 조세조약」 제23조 제3항 규정의 "경제개발증진을 위한 조세유인계획", 「한·그리스 조세조약」 제23조 제3항 규정의 "경제개발촉진을 위한 조세유인조치", 「한·슬로바키아 조세조약」 제23조 제3항 규정의 "경제개발증진을 위한 조세유인계획", 「한·인도 조세조약」 제24조 제4항의 "한국의 경제개발을 촉진시키기 위한 장려책에 관련되는 한국의 제 법률", 「한·터키 조세조약」 제22조 제4항의 "한국경제개발을 촉진시키기 위한 장려책에 관련되는 한국의 제 법률" 및 「한·태국 조세조약」 제23조 제2항 규정의 "한국의 경제개발을 촉진시키기 위해 한국법에 따른 특별 장려책"에 해당하는 것임(국제세원-1369, 2008. 7. 30.).
	내국법인의 국제금융거래에 따른 이자 및 수수료를 지급받는 자에 대하여는 내국법인이 조세특례제한법 제21조 제1항 제1호에서 규정하는 외화표시채권을 발행하는 등 동법 제21조 제1항 제1호 내지 제3호에서 별도로 규정하는 경우를 제외하고는 동법 제21조 제1항의 규정에 의한 소득세 또는 법인세의 면제가 적용되지 아니하는 것임(서면2팀-1900, 2006. 9. 25.).

구 분	내 용
기 타	국내사업장이 없는 외국법인이 조세특례제한법 제21조에 의하여 법인세가 면제되는 외화표시채권의 이자를 지급받기 전에 당해 채권을 내국법인에게 매도하는 경우로서 당해 외국법인의 채권의 보유기간 이자상당액에 대한 적용세율이 법인세법 제73조 제1항 제1호의 규정에 의한 세율보다 낮은 세율(채권 등의 이자 등에 대하여 비과세 또는 면세되는 경우를 포함한다)을 적용받는 경우에는 법인세법 제98조의3 및 동법 시행령 제138조의3의 규정에 의하여 동 외국법인이 관할 세무서장에게 환급을 신청하는 것임(서면2팀 -2300, 2004. 11. 11.).

4 │ 주요 개정연혁

1. 국내발행 외화표시채권 과세전환(조특법 §21)

(1) 개정내용

종 전	개 정
□ 외화표시채권 이자 면세 　○ 발행주체 : 국가 · 내국법인 등 　○ 발행물 : 외화표시채권 　　* 국내발행 + 국외발행분 면세 　○ 적용배제 : 거주자, 내국법인이 지급받는 이자는 과세	○ 면세범위 축소 : 국내발행 외화표시채권은 과세전환 ○ 적용배제 대상 추가 : 외국법인의 국내사업장
□ 외화표시어음 등의 이자 면세 　○ 발행주체 : 은행 · 산은 · 수은 · 기은 · 농협 · 수협 · 정책금융공사 · 종금사 　○ 발행물 : 외화표시어음, 외화 예금증서 　　* 국외발행물만 면세 　○ 적용배제 : 거주자, 내국법인이 지급받는 이자는 과세	○ 적용배제 대상 추가 : 외국법인의 국내사업장

※ 비거주자 등의 외화표시채권 등 이자소득 면세제도 개선방안

구 분	외화표시채권	외화표시어음 등
국내발행	면세 → 과세	과세유지
국외발행	면세유지	면세유지
※ 외국법인의 국내사업장	면세 → 과세	면세 → 과세

(2) 개정이유
  ○ 원화표시채권과의 과세형평을 제고하기 위해 국내발행 외화표시채권에 대해 과세전환
  ○ 국내은행 등과의 과세형평을 제고하기 위해 외국계은행 국내지점 등이 인수하는 외화표시채권 등의 이자에 대해 과세전환

(3) 적용시기 및 적용례
  ○ 2012. 1. 1. 이후 최초로 발행하는 분부터 적용

제21조의2

비거주자등의 정기외화예금에 대한 이자소득세 비과세

1 | 의 의

외화조달의 안정화 및 외화조달비용 절감을 위해 2013. 1. 1. 비거주자의 1년 만기 이상 외화예금에 대한 세제지원 제도를 신설하고, 2013. 1. 1. 이후 정기외화예금계좌를 개설하여 가입하는 분부터 적용하도록 하였다.

2 | 과세특례의 내용

비거주자 또는 외국법인(비거주자 또는 외국법인의 국내사업장은 제외한다. 이하 "비거주자등"이라 한다)이 계약기간 1년 이상인 정기외화예금[1])에 2015. 12. 31.까지 가입하는 경우 해당 예금에서 계약기간 내에 발생하는 이자에 대해서는 소득세 또는 법인세를 부과하지 아니한다(조특법 §21의2①).

3 | 사후관리

예금의 가입자가 계약기간 내에 계약을 해지하거나 예금의 전부 또는 일부를 인출하는 경우 해당 예금을 취급하는 외국환업무취급기관은 부과되지 아니한 소득세 또는 법인세에 상당하는 세액을 아래와 같이 추징하여 해지 또는 인출한 날이 속하는 달의 다음 달 10일까지 원천징수 관할 세무서장에게 납부하여야 한다. 다만, 예금의 인출 없이 1년 이상 예치한 경우에는 그 1년 동안 발생한 이자에 대해서는 소득세 또는 법인세를 부과하지 아니한다(조특법 §21의2② 전단, 조특령 §18의2②). 비거주자등이 예금 계약을 변경하거나 갱신하여 예금이 정기외화예금에

---

1) 「외국환거래법」에 따른 외국환업무취급기관이 취급하는 정기외화예금으로서 금융감독원의 장의 약관심사를 거친 것을 말한다(조특령 §18의2①).

해당하게 되는 경우에는 그 변경·갱신일에 새로이 가입한 것으로 본다(조특령 §18의2④).
① 계약을 해지한 경우 : 발생한 이자에 대해 부과하지 아니한 소득세 또는 법인세
② 예금을 인출한 경우 : 계약일로부터 인출일까지 인출한 예금에 대하여 발생한 이자에 대해 부과하지 아니한 소득세 또는 법인세

이 경우 그 기한까지 납부하지 아니하거나 납부하여야 할 세액에 미달하게 납부한 경우에는 그 납부하지 아니한 세액 또는 미달하게 납부한 세액의 100분의 10에 해당하는 금액을 추가로 납부하여야 한다(조특법 §21의2② 후단).

4 │ 절 차

비거주자등은 국세청장이 정하는 바에 따라 비거주자등임을 증명하는 서류를 외국환업무취급기관에 제출하여야 한다(조특령 §18의2③).

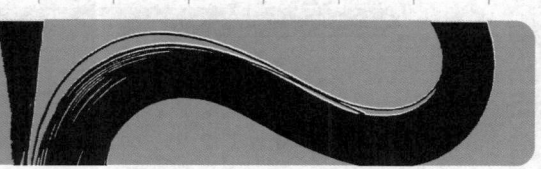

해외자원개발투자 배당소득에 대한 법인세의 면제

1 | 의 의

본 제도는 해외자원의 확보 및 안정적인 공급을 위한 조세특례규정으로서, 해외에 자원개발투자를 하는 경우 상대국에서 조세를 면제받은 배당소득에 대하여 법인세를 면제하도록 하는 제도이다.

자원개발투자의 경우 일반적인 해외투자보다 그 원본의 회수가능성이 낮을 뿐만 아니라 자본의 회수기간이 장기간인 경우가 대부분이기 때문에, 외국인투자를 유치하는 자원보유국은 외국인투자 법인 자체의 영업활동소득뿐만 아니라 그 법인의 결산 후의 이익분배금에 대하여도 조세면제혜택을 부여하는 경우가 많은바, 이러한 활동을 촉진하기 위해 당해 자원보유국에서 조세를 면제받은 배당소득은 국내에서도 법인세를 면제하도록 규정하고 있다.

2 | 요 건

2-1. 해외자원개발사업의 범위

국외에서 다음의 자원을 개발하는 사업(자원보유국의 외자도입조건에 의한 자원의 가공사업을 포함한다)을 말한다(조특령 §19).

ㄱ 농산물   ㄴ 축산물   ㄷ 수산물
ㄹ 임산물   ㅁ 광물

여기서 농산물, 축산물, 수산물, 임산물 및 광물 등의 자원을 개발하는 사업이란 결국 이러한 자원을 경작, 재배, 포획, 채취 및 탐사 등의 활동을 하는 농업, 축산업, 수산업, 임업, 및 광업 등 이러한 자원의 가공업을 포함하는바, 이러한 산업에 대한 정의는 한국표준산업분류상 규정을 참조하기 바란다.

2 - 2. 대상자

내국법인만이 공제대상이며, 거주자는 제외된다.

2 - 3. 적용기한

2015. 12. 31. 이전에 종료하는 각 사업연도의 소득에 대하여 적용한다.

3 | 과세특례의 내용

3 - 1. 배당소득에 대한 법인세의 면제

내국법인의 2015. 12. 31. 이전에 종료하는 각 사업연도의 소득에 「외국환거래법」에 따라 해외자원개발사업(자원보유국의 외자도입조건에 따른 자원의 가공업을 포함한다)에 투자함으로써 받은 배당소득이 포함되어 있는 때에는 당해 자원보유국에서 그 배당소득에 대하여 조세를 면제받은 분에 한하여 법인세를 면제한다(조특법 §22①).

해외투자로 인해 지급받은 배당소득이 포함되어 있는 때에는 당해 자원보유국에서 당해 배당소득에 대하여 조세를 면제한 경우에 한하여 법인세를 면제한다. 즉, 상대방 국가에서 지급받은 배당소득으로서 법인세 또는 이와 유사한 성질의 조세가 면제된 것에 한하는 것으로 그 내국법인이 투자하고 있는 당해 사업체에 대한 조세의 면제 등은 이에 해당되지 아니한다(조기통 22-0···1).

3 - 2. 외국납부세액의 의제와 택일

내국법인의 배당소득에 대하여 위 배당소득에 대한 법인세 면제와 간주외국납부세액공제[1]의 규정이 동시에 적용되는 경우에는 그 중 하나만을 선택하여 적용을 받는다(조특법 §22②).

---

1) 국외원천소득이 있는 내국법인이 조세조약의 상대국에서 해당 국외원천소득에 대하여 법인세를 감면받은 세액 상당액은 그 조세조약으로 정하는 범위에서 제1항에 따른 세액공제 또는 손금산입의 대상이 되는 외국법인세액으로 본다(법인법 §57③).

4 | 관련사례

구 분	내 용
투자의 범위	내국법인이 **공동으로 해외자원개발투자**를 위해 「외국환거래법」에 따라 해외자원개발사업(자원보유국의 외자도입조건에 의한 자원의 가공업을 포함한다)에 투자함으로써 지급받은 소득은 해외자원개발사업투자에 따른 배당소득으로 당해 자원보유국에서 그 배당소득에 대하여 조세를 면제받은 분에 한하여 「조세특례제한법」 제22조의 규정에 따라 법인세를 면제하는 것임(서면2팀-295, 2007. 2. 13.).
	여러 법인이 공동으로 해외자원개발투자 위해 국외에 설립한 일종의 **도관회사인 자회사를 통해 자원보유국의 자원개발회사에 투자**함으로써 지급받은 소득은, '해외자원개발사업투자에 따른 배당소득'으로 법인세 면제대상임(국심 2003중236, 2003. 4. 24.).
	내국법인 등이 **공동투자조합**을 만들어 해외자원개발사업에 투자함에 있어서 외국환관리법에 의한 해외투자허가를 받기 위해 관계기관에 제출한 해외투자허가신청서 기타 부속서류에 의해 당해 공동투자조합의 구성원 및 그 지분비율 등이 확인되는 경우에는 공동투자조합원별로 조세감면규제법 제30조의 규정이 적용될 수 있는 것이나, 공동투자조합의 구성사실이 객관적으로 확인되지 아니하는 경우에는 외국환관리법에 의하여 해외투자허가 등을 받은 내국법인에 한하여 동법 동조의 규정이 적용될 수 있는 것임(재법인 22631-281, 1991. 3. 4.).
면제범위	「외국환거래법」에 따른 해외자원개발사업 해당 여부는 「해외자원개발법」 제5조 규정에 의해 해외자원개발사업을 주무부장관(광물인 경우에는 지식경제부장관, 농·축산물인 경우에는 농림수산식품부장관, 임산물인 경우에는 산림청장)에게 신고하여 당해 **신고가 수리된 때부터** 이를 해외자원개발사업으로 보는 것이며, 이때 법인세 면제대상 배당소득은 해외자원개발사업 신고수리일 이후 지급받은 배당소득분부터 면제대상으로 하는 것임(서면2팀-1270, 2008. 6. 23.).
	내국법인이 조세특례제한법 제22조 및 같은법 시행령 제19조의 규정에 의한 해외자원개발사업과 기타의 업종을 겸영하고 있는 해외 자회사로부터 배당소득을 지급받는 경우 내국법인의 법인세 면제대상 배당소득은 해외 자회사로부터 지급받은 배당소득 중 당해 자원보유국에서 배당소득에 대한 조세를 면제받은 금액에 동 자회사의 소득금액에서 해외자원개발사업 소득금액이 차지하는 비율을 곱하여 산출한 금액으로 하는 것이며, 법인세 면제세액은 법인세법 제59조 제2항 및 같은법 시행령 제96조 제1항의 규정에 의하여 계산하는 것임(서이 46012-11576, 2003. 9. 1.).

구 분	내 용
면제범위	해외투자에 대해 수취하는 배당소득 자체가 당해 자원보유국에서 조세를 감면받은 경우 그렇게 면제받은 분에 한하여 법인세를 면제한다고 규정하고 있음. 따라서 당해 해외현지법인 및 해외투자가 된 해외법인 등의 영업활동소득 자체가 면제되거나 조세감면되더라도 이를 대상으로 하는 것이 아니며 또한 투자에 대한 배당소득이 대상이므로 해외지점의 분배소득은 해당되지 않음(직세 1234-113, 1979. 1. 16.).
면제적용이 되는 배당소득의 시기	「조세특례제한법」 제22조 규정을 적용함에 있어 「외국환거래법」에 따른 해외자원개발사업 해당 여부는 「해외자원개발법」 제5조 규정에 의해 해외자원개발사업을 주무부장관(광물인 경우에는 지식경제부장관, 농·축산물인 경우에는 농림수산식품부장관, 임산물인 경우에는 산림청장)에게 신고하여 당해 신고가 수리된 때부터 이를 해외자원개발사업으로 보는 것이며, 이때 법인세 면제대상 배당소득은 해외자원개발사업 신고수리일 이후 지급받은 배당소득분부터 면제대상으로 하는 것임(서면2팀-1270, 2008. 6. 23.).

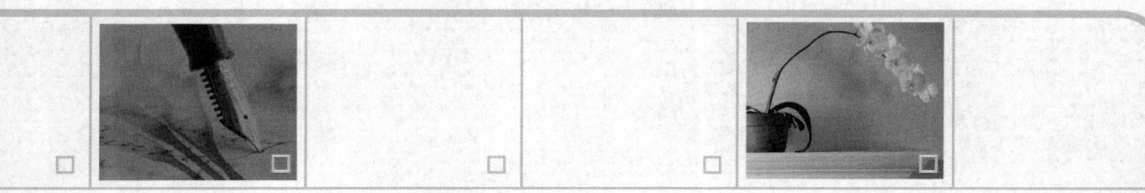

| 제 4 절 |

투자촉진을 위한 조세특례

제24조

통합투자세액공제

1 | 의 의

코로나바이러스감염증-19 피해를 조기에 극복하고, 경제 활력을 제고하기 위하여 각종 시설투자 세액공제를 통합·재설계한 통합투자세액공제를 2020년 말 조특법 개정시 신설하였다.

본조는 기업투자 활성화를 지원하기 위하여 중소기업 등 투자세액공제와 특정시설 투자 세액공제 등(종전세액공제규정)[1]을 통합투자세액공제로 통합하여 일원화하고, 세액공제 대상이 되는 자산의 범위를 원칙적으로 모든 사업용 유형자산으로 확대하며, 해당 연도 투자액에 대한 기본공제에 더하여 직전 3년 평균을 초과하여 투자한 금액에 대해서는 기본공제액의 2배를 초과하지 아니하는 범위에서 추가공제를 적용하도록 하였다.

본조의 개정규정은 2021년 1월 1일 이후 과세표준을 신고하는 경우부터 적용한다.[2]

한편, 통합투자세액공제 신설에 따라 종전세액공제규정은 2020년말 조특법 개정시 폐지되었으나, 본조의 적용을 받는 내국인이 2021년 12월 31일까지(종전의 초연결 네트워크 구축을 위한 시설투자에 대한 세액공제 투자는 2020년 12월 31일까지) 투자를 완료하는 경우에는 종전세액공제규정을 적용받을 수 있다. 이 경우 종전세액공제규정을 적용받는 내국인은 다른 공제대상 자산에 대하여 통합투자세액공제를 적용받을 수 없다.[3] 즉, 2020년·2021년 투자분에 대해서는 기업이 통합투자세액공제와 기존 특정시설 투자세액공제 중 선택 적용이 허용되는 것으로, 기업은 현행 방식과 통합투자세액공제 방식 중 하나를 선택할 수 있고, 투자자산별로 현행 방식과 통합투자세액공제를 구분하여 선택하는 것은 불인정된다.

한편, 중소기업 등 투자세액공제를 적용받는 경우에는 조합법인 등에 대한 법인세 과세특례,

---

1) 종전 조특법 제5조(중소기업 등 투자 세액공제), 제25조(특정 시설 투자 등에 대한 세액공제), 제25조의4(의약품 품질관리 개선시설투자에 대한 세액공제), 제25조의5(신성장기술 사업화를 위한 시설투자에 대한 세액공제), 제25조의7(초연결 네트워크 구축을 위한 시설투자에 대한 세액공제)
2) 법률 제17759호, 2020. 12. 29. 부칙 §4①
3) 법률 제17759호, 2020. 12. 29. 부칙 §36①

중복지원의 배제, 추계과세 시 등의 감면배제, 수도권과밀억제권역의 투자에 대한 조세감면 배제, 최저한세액에 미달하는 세액에 대한 감면 등의 배제 및 감면세액의 추징의 개정규정에도 불구하고 종전의 규정에 따른다.[4)]

통합전 세액공제제도와 통합투자세액공제를 요약 비교하면 아래와 같다.

현 행	개 정
□ 기업투자 관련 세액공제 제도 　○ 중소기업등 투자세액공제(§5)	□ "통합투자세액공제"로 통합·단순화(§24 신설) 　○ (적용대상) 모든 개인사업자·법인(소비성 서비스업, 부동산임대업 등* 일부 제외) 　* 구체적 업종은 시행령에서 규정

○ 중소기업등 투자세액공제(§5)

구 분	중소기업			중견기업		
	위기 지역	신규 상장	일반	위기 지역	신규 상장	일반
공제율	10%	4%	3%	5%	4%	2% (수도권 1%)

○ 특정시설 투자세액공제(§25)

구 분		중소 기업	중견 기업	대기업
❶	연구시험용 및 직업 훈련용 시설	7%	3%	1%
❷	에너지절약시설	7%	3%	1%
❸	환경보전시설	10%	5%	3%
❹	근로자복지증진시설	10%	5%	3%
❺	안전시설	10%	5%	3%
❻	생산성향상시설*	7% (10%)	3% (5%)	1% (2%)

* 대기업 2020년, 중소·중견기업 2021년까지 공제 율 한시 상향

❼ 의약품 품질관리개선시설 투자세액공제(§25의4)

구 분	중소기업	중견기업	대기업
공제율	6%	3%	1%

❽ 신성장기술 사업화 시설 투자세액공제(§25의5)

구 분	중소기업	중견기업	대기업
공제율	10%	7%	5%

개정 (우측 칸 이어짐)

○ (공제대상) 모든 사업용 유형자산을 대상으로 하되, 일부 자산 제외
(현행 : 포지티브 ⇒ 개정 : 네거티브 방식)

– ❶ 토지·건물 등 구축물, ❷ 차량·운반 구·선박·항공기 등은 제외하되,
- 업종별 특성을 감안하여 일부 예외* 인정(공제 허용)
  - *【예시】(건설업) 포크레인 등 중장비, (도소매·물류업) 창고 등 물류시설, (운수업) 차량·운반구·선박, (관광숙박업) 건축물 및 부속 시설물 등

– 수도권과밀억제권역 내 투자는 제외하되, 일부 예외* 인정
*【예시】 중소기업의 대체투자, 산업단지 내 증설 투자 등
※ 일부 자산 제외 및 일부 예외 인정의 구체적 사항은 시행령·시행규칙에서 규정

○ (공제율) 당기분 기본공제(Ⓐ) + 투자증가분 추가공제(Ⓑ)
– (기본공제(Ⓐ)) 당해 연도 투자액
　× 기본공제율

---

4) 조특법 제72조 제2항, 제127조 제1항부터 제4항, 제128조 제1항, 제130조 제1항·제2항, 제132조 제1항 제3호, 같은 조 제2항 제3호, 제146조(법률 제17759호, 2020. 12. 29. 부칙 §36②)

현 행	개 정
❾ 초연결 네트워크구축 시설 투자세액공제(§25의7) | 구 분	모든 기업
공제율	최대 3% = 2% + 최대 1% (전년대비 고용증가율 × 1/5)		• 일반 투자분 : 중소 10%, 중견 3%, 대 1% • 신성장기술 사업화시설 투자분* : 중소 12%, 중견 5%, 대 3% * 12대 분야, 223개 기술의 사업화시설(조특 칙 별표 8의8) - (추가공제(ⓑ)) [당해 연도 투자액 - 직전 3년 평균 투자액] × 추가공제율(모든 기업 3%) • 추가공제액 한도 : 기본공제액의 200%

2 │요 건

2-1. 대상자

소비성서비스업[5])과 부동산임대 및 공급업 외의 사업을 경영하는 내국인이 본조의 세액공제 대상자이다(조특법 §24①. 조특령 §21①). 내국인이므로 거주자인 개인 및 내국법인이 모두 해당되나 조합법인은 본조의 적용대상에서 제외된다.[6])

2-2. 대상자산(사업용자산의 범위)

사업용 유형자산 등에 투자(중고품[7]) 및 금융리스가 아닌 리스[8])에 의한 투자는 제외)하는 경우로서 공제대상 투자자산의 범위는 아래와 같다(조특법 §24①).

2-2-1. 기계장치 등 사업용 유형자산

기계장치 등 사업용 유형자산이 적격 투자대상이나, 아래의 자산은 제외한다(조특령 §21②).

가. 토지

나. 조특칙 [별표 1]의 건축물 등 사업용 유형자산(조특칙 §12①)

---

5) 조특령 제29조 제3항에 따른 소비성서비스업을 말하고, 제32조의 해설을 참고하기로 한다.

6) 조특법 제72조 제2항

7) 중고품에 대해 투자세액공제를 허용하지 않는 이유는 만일 동 공제를 허용할 경우 기업이 중고품을 매입하여 매각한 후 다시 동일 제품을 매입하는 것을 반복할 경우 실질적인 투자유인 효과는 없으면서 세액공제만 중복으로 받게 되는 문제가 있기 때문으로 이해된다.

8) 적격투자에서 제외되는 리스의 범위에 대하여는 제8조의3 해설을 참고하기로 한다.

조세특례제한법 시행규칙 [별표 1] (2021. 3. 16. 개정)

| 건축물 등 사업용 유형자산(제12조 제1항 관련) |

구분	구조 또는 자산명
1	차량 및 운반구, 공구, 기구 및 비품
2	선박 및 항공기
3	연와조, 블록조, 콘크리트조, 토조, 토벽조, 목조, 목골모르타르조, 철골·철근콘크리트조, 철근콘크리트조, 석조, 연와석조, 철골조, 기타 조의 모든 건물(부속설비를 포함한다)과 구축물

비고
1. 제1호를 적용할 때 취득가액이 거래단위(취득한 자가 그 취득한 자산을 독립적으로 사업에 직접 사용할 수 있는 것)별로 20만원 이상으로서 그 고유업무의 성질상 대량으로 보유하고 그 자산으로부터 직접 수익을 얻는 비품은 제1호의 비품에 포함하지 않는다.
2. 제3호를 적용할 때 부속설비에는 해당 건물과 관련된 전기설비, 급배수·위생설비, 가스설비, 냉방·난방·통풍 및 보일러설비, 승강기설비 등 모든 부속설비를 포함한다.
3. 제3호를 적용할 때 구축물에는 하수도, 굴뚝, 경륜장, 포장도로, 교량, 도크, 방벽, 철탑, 터널 그 밖에 토지에 정착한 모든 토목설비나 공작물을 포함하되, 기계·장치 등 설비에 필수적이고 전용으로 사용되는 구축물은 제외한다.

2-2-2. 기타 유형자산과 무형자산

아래에 해당하는 유형자산과 무형자산을 말한다(조특령 §21③).

(1) 다음의 어느 하나에 해당하는 연구·시험용 시설 및 직업훈련용 시설(조특칙 §12② 1)[9]

> (1) 전담부서등, 과학기술정보통신부장관에게 신고한 연구개발서비스업자[10] 및 산업기술연구조합에서 직접 사용하기 위한 연구·시험용시설로서 다음의 어느 하나에 해당하는 것을 말하되, 운휴 중인 것은 제외한다(조특칙 §13의10①).
> ① 공구 또는 사무기기 및 통신기기, 시계·시험기기 및 계측기기, 광학기기 및 사진제작기기
> ② 「법인세법 시행규칙」 별표 6의 업종별 자산의 기준내용연수 및 내용연수범위표의 적용을 받는 자산[11]
> (2) 직업능력개발훈련시설[12](내국인이 중소기업[13]을 위해 설치하는 직업훈련용 시설 포함)로서 위 가의 ①·②의 어느 하나에 해당하는 것을 말하되, 운휴 중인 것은 제외한다(조특칙 §13의10②).

---

9) 조특칙 제13조의10 제1항 및 제2항에 따른 시설을 말한다.
10) 「국가과학기술 경쟁력강화를 위한 이공계지원특별법」 제18조 및 같은 법 시행령 제17조
11) 전담부서 등에서 직접 사용하기 위한 연구시험용 시설에 대해 적용하는 것이므로 전담부서 등에서 사용하는 시설이라 하더라도 일반 사무용 집기·비품 등은 세액공제 대상에 해당하지 않는다(서면인터넷방문상담2팀-1039, 2007. 5. 29. : 서면인터넷방문상담2팀-2189, 2005. 12. 28.). 한편, 범용성 소프트웨어가 아닌 전담부서 등에서 연구시험용으로 사용하는 특정 연구용 소프트웨어는 연구시험용 시설에 대한 투자세액공제 적용대상에 포함된다(서이 46012-10172, 2003. 1. 24.). 연구시험용 시설을 자체 및 수탁연구개발에 함께 사용하는 경우(기획재정부 조세특례제도과-58, 2012. 1. 26. : 서면-2014-법인-21722, 2015. 5. 29.)와 공동 연구개발을 수행함에 있어 연구시험용 시설에 투자한

(2) 에너지절약 시설 : 다음의 어느 하나에 해당하는 시설(조특칙 §12② 2)

(가) 에너지절약형 시설투자[14](에너지절약전문기업이 대가를 분할상환 받은 후 소유권을 이전하는 조건[15]으로 설치한 경우 포함) 및 에너지절약형 기자재

조세특례제한법 시행규칙 [별표 7] (2023. 3. 20. 개정)

| 에너지절약시설(조특칙 제13조의10 제3항 관련) |

구 분	시설내용	적용범위
1. 에너지이용합리화 시설	가. 산업·건물 부문 에너지절약 설비	1) 보일러·요(窯)·로(爐) 및 그 부속장치(산업·건물 공통) 가) 보일러 　증발량이 시간당 0.5톤 이상인 것으로서 에너지사용효율을 10퍼센트 이상 향상시키거나, 석유환산기준으로 연간 100킬로리터 이상의 에너지절약을 가능하게 하는 것[기존시설을 개체(改替)하는 것으로 한정한다] 나) 요(窯)·로(爐) 　요·로 안의 최고 온도가 섭씨 500도 이상인 것으로서 폐열회수율이 20퍼센트 이상이거나, 석유환산기준으로 연간 100킬로리터 이상의 에너지절약을 가능하게 하는 것[기존시설을 개체(改替)하는 것으로 한정한다] 다) 보일러관수를 자동으로 연속하여 배출하는 장치 라) 초음파 스케일 방지기(보일러를 신규로 설치하는 경우는 제외한다) 마) 보일러 급수 처리장치(보일러를 신규로 설치하는 경우는 제외한다) 2) 집단에너지시설 및 열병합발전시설 　지역냉·난방사업, 산업단지 집단에너지사업 및 자가열병합발전사업에 필요한 에너지의 생산·수송·분배를 위한 에너지공급시설[기존의 집단에너지공급시설을 개체(改替)하는 것은 제외한다] 3) 폐기에너지회수설비(산업·건물 공통) 가) 연소폐열·공정폐열 및 폐가스를 이용하여 연료 및 원재료를 예열하는 설비

경우(서면인터넷방문상담2팀 –1611, 2005. 10. 6.)에는 연구시험용 시설에 대한 투자세액공제를 적용할 수 있다.

12) 「근로자직업능력 개발법」제2조 제3호
13) 조특령 제2조 제1항
14) 「에너지이용 합리화법」제14조 제1항
15) 「에너지이용 합리화법」제25조

구 분	시설내용	적용범위
		나) 연소폐열·공정폐열 및 폐가스를 이용하여 증기·온수 등 유효한 에너지를 발생시키는 설비
		다) 그 밖에 폐기되는 자원을 이용하여 열 또는 전기를 발생시키는 설비
		라) 폐열회수형 히트펌프(공기열원은 제외한다)
		마) 클링커 냉각기(Cross Bar Cooler)
		4) 고효율 유체기기 및 제어장치(산업·건물 공통)
		가) 원심식 다단진공펌프(실워터가 불필요하고 공기량이 자동조절 되는 것으로 한정한다)
		나) 고온응축수펌프(사용온도가 섭씨 100도 이상인 것으로 한정한다)
		다) 에너지절약형 유체커플링(유체기기에 직접 연결하는 것으로 한정한다)
		라) 압축기(인버터제어)
		마) 고속 터보블로워[전동기직결형으로 1만 회전수(rpm) 이상으로 한정한다]
		바) 고효율 변압기(「에너지이용 합리화법」 제15조에 따른 효율관리기자재로서 고효율 제품으로 한정한다)
		사) 프리미엄급(IE3 또는 IE4) 삼상유도전동기(「에너지 이용 합리화법」 제15조에 따른 효율관리기자재로서 프리미엄급 제품으로 한정한다)
		5) 그 밖에 산업용 설비
		가) 어큐뮬레이터
		나) 주파수 변환식 회전수 제어장치(인버터) [220킬로와트(kw)이하는 고효율인증기자재로 한정한다]
		다) 증기 재압축식 증발농축장치
		라) 다중효용증발관(3중 이상으로 한정한다)
		마) 산소부하시스템
		바) 증기재압축장치
		사) 증기터빈 구동식 동력장치
		6) 건물에너지 절약설비
		가) 건물자동화 제어장치 (온도·조명·열원·풍량·공조 부문 중 2가지 이상을 제어하는 경우로 한정한다)
		나) 제습공조장치(냉각코일에 의한 제습은 제외한다)
		다) 가습공조장치(수가습 방식으로 한정한다)
		라) 야간단열장치
		마) 태양광차단장치

구 분	시설내용	적용범위
		7) 에너지관리시스템(EMS)(「에너지이용 합리화법」제45조에 따라 설립한 에너지관리공단의 확인을 받은 것으로 한정한다)
	나. 전력수요관리 설비	1) 역률자동조절장치 2) 최대수요관리감시제어장치(최대수요전력을 제어하기 위한 것으로 한정한다) 3) 전기대체냉방시설(건물 각 층에 설치되는 공조기 및 냉온수 배관은 제외한다) 　가) 가스냉방시설 　나) 축열식냉방시설 　다) 흡수냉방시설
	다. 고효율인증 기자재	특정에너지사용기자재 중 「에너지이용 합리화법」 제22조에 따라 산업통상자원부장관이 고효율에너지기자재로 인증한 다음의 제품 1) 엘이디(LED)조명(램프 및 등기구) 2) 고효율인증보일러 3) 무정전전원장치 4) 직화흡수식 냉온수기 5) 원심식 송풍기 6) 항온항습기 7) 고기밀성 단열문 8) 전력저장장치(Energy storage system) 9) 스마트엘이디(LED) 조명시스템
	라. 대기전력저감 우수제품	특정에너지사용기자재 중 「에너지이용 합리화법」 제20조에 따라 산업통상자원부장관이 대기전력저감우수제품으로 인증한 자동절전제어장치
2. 신·재생에너지 보급시설	가. 신·재생에너지 생산시설	「신에너지 및 재생 에너지 개발·이용·보급 촉진법」 제2조에 따른 신에너지 및 재생에너지를 이용하여 연료·열 또는 전기를 생산하는 시설
	나. 수소 생산·압 축·저장시설	1) 수소생산시설(연료개질설비로 한정한다) 2) 수소압축시설 3) 수소저장시설(수소충전소 내 설치되는 시설로 한정한다)
3. 그 밖의 시설	그 밖의 에너지절약 시설	에너지절감효과가 10퍼센트 이상인 에너지절약시설 중 「에너지이용 합리화법」에 따라 에너지관리공단의 이사장이 시범적으로 보급할 필요성이 있다고 인정하는 것

(나) 중수도[16]

(3) 환경보전 시설 : 조특칙 별표 2에 따른 환경보전시설(조특칙 §12② 3)

조세특례제한법 시행규칙 [별표 2] (2021. 3. 16. 개정)

| 환경보전시설(조특칙 제12조 제2항 제3호 관련) |

구 분	적용범위
1. 대기오염방지 시설 및 무공해·저공해 자동차 연료공급 시설	가.「대기환경보전법」에 따른 대기오염방지시설, 휘발성 유기화합물질 및 비산 먼지로 인한 대기오염을 방지하기 위한 시설 나.「악취방지법」에 따른 악취방지시설 다.「대기환경보전법」에 따른 무공해자동차나 저공해자동차의 연료공급시설
2. 소음·진동방지 시설 및 방음시설, 방진 시설	「소음·진동관리법」에 따른 소음·진동방지시설, 방음시설, 방진시설
3. 가축분뇨 처리시설	「가축분뇨의 관리 및 이용에 관한 법률」에 따른 처리시설
4. 오수처리시설	「하수도법 시행령」에 따른 오수처리시설
5. 수질오염방지시설	「물환경보전법」에 따른 폐수배출시설로부터 배출되는 폐수를 처리하기 위한 시설
6. 폐기물처리시설 및 폐기물 감량화시설	「폐기물관리법」에 따른 폐기물처리시설 및 폐기물감량화시설
7. 건설폐기물 처리시설	「건설폐기물의 재활용촉진에 관한 법률」에 따른 건설폐기물 처리시설
8. 재활용시설	「자원의 절약과 재활용촉진에 관한 법률」에 따른 재활용시설
9. 해양오염방제업의 선박·장비·자재	「해양환경관리법」에 따른 오염방지·오염물질 처리시설 및 방제시설
10. 탈황시설	「석유 및 석유대체연료 사업법」에 따른 석유 속에 함유된 황을 제거 또는 감소시키는 시설(중유를 재가공하여 유황성분의 제거·분해·정제 과정을 통해 휘발유·등유 또는 경유를 생산하는 시설은 제외한다)
11. 토양오염방지시설	「토양환경보전법」 제12조 제3항에 따른 토양오염방지시설(같은 법 시행령 제7조의2 제2항에 따른 권장 설치·유지·관리기준에 적합한 것으로 한정한다)
12. 청정생산시설	「환경친화적 산업구조로의 전환촉진에 관한 법률」 제4조에 따른 산업환경실천 과제에 포함된 청정생산시설(투자일 현재를 기준으로 한다)

---

16) "중수도"란 개별 시설물이나 개발사업 등으로 조성되는 지역에서 발생하는 오수를 공공하수도로 배출하지 아니하고 재이용할 수 있도록 개별적 또는 지역적으로 처리하는 시설을 말한다(「물의 재이용 촉진 및 지원에 관한 법률」 제2조 제4호). 즉, 한 번 사용한 수돗물을 생활용수, 공업용수 등으로 재활용할 수 있도록 다시 처리하는 시설로 이해할 수 있다.

구 분	적용범위
13. 온실가스 감축시설	다음 각 목의 어느 하나에 해당하는 기술이 적용된 시설 가. 이산화탄소(CO_2) 저장, 수송, 전환 및 포집기술 나. 메탄(CH_4) 포집, 정제 및 활용기술 다. 아산화질소(N_2O) 재사용 및 분해기술 라. 불소화합물(HFCs, PFCs, SF_6) 처리, 회수 및 대체물질 제조기술

비고: 각 호에 따른 환경보전시설 및 공해물질의 배출시설에 부착된 측정시설을 포함한다.

(4) 근로자복지 증진 시설[17] : 다음의 어느 하나에 해당하는 시설(조특칙 §12② 4)

(가) 무주택 종업원(출자자인 임원은 제외)에게 임대하기 위한 국민주택 규모의 주택. 여기서 무주택 종업원이란 종업원 및 그 배우자가 그들과 동일한 주소 또는 거소에서 생계를 같이하는 가족과 함께 구성하는 1세대가 국내에서 주택을 소유하지 않은 경우를 말한다(법인 22601-741, 1987. 3. 23.). 한편, 무주택·유주택 종업원에게 같이 임대한 경우에는 무주택 종업원에게 임대한 부분은 공제대상에 포함된다(법인 22601-279, 1991. 2. 11.).

(나) 종업원용 기숙사. 종업원용 기숙사란 건축법상 기숙사만을 의미하는 것이 아니라 실제 종업원용 기숙사로 사용되는 시설을 말하는 것이므로, 건축법상 업무시설에 해당하는 오피스텔, 아파트 및 단독주택을 취득하여 종업원용 기숙사로 사용하는 경우에도 세액공제 대상에 포함된다.[18] 또한, 종업원용 기숙사의 범위에는 기존 건물을 증축 또는 개축하여 건립한 기숙사를 포함한다(조기통 25-22의7…1).

(다) 장애인·노인·임산부 등의 편의 증진을 위한 시설 또는 장애인을 고용하기 위한 시설로서 조특칙 [별표 3]에 따른 시설

---

17) 조기통 25-22의7…2 【근로자복지증진을 위한 시설투자 세액공제 대상】 (구) 조특법 제25조 제1항 제4호 각목의 근로자복지증진을 위한 시설의 투자금액 또는 취득금액은 건축물의 장부가액(부속설비를 포함)으로 하며 토지가액, 집기, 비품 등은 제외한다.

18) 법규법인 2013-2, 2013. 1. 25. ; 서면2팀-531, 2005. 4. 11. ; 법인 46012-793, 1999. 3. 3.

조세특례제한법 시행규칙 [별표 3] (2021. 3. 16. 개정)

| 장애인 · 노인 · 임산부 등의 편의시설 등(조특칙 제12조 제2항 제4호 다목 관련) |

구 분	적용범위
1. 장애인 · 노인 · 임산부 등을 위한 편의시설	가. 장애인용 승강기, 장애인용 에스컬레이터, 휠체어 리프트, 시각 및 청각 장애인 유도 · 안내설비, 점자블록, 시각 및 청각 장애인 경보 · 피난설비, 장애인용 화장실에 설치되는 장애인용 대변기 · 소변기 · 세면대, 장애인 등이 이용 가능한 접수대 · 작업대 및 장애인 등이 출입가능한 자동문 나. 장애인 등이 통행할 수 있는 계단 · 경사로, 장애인 등이 이용할 수 있는 객실 · 침실 및 장애인 등이 이용할 수 있는 관람석 · 열람석
2. 버스, 기차 등 교통수단에 설치하는 편의시설	자동안내방송장치, 전자문자안내판, 휠체어승강설비
3. 통신시설	점자표시전화기, 큰문자버튼전화기, 음량증폭전화기, 보청기호환성전화기, 골도전화기(청각장애인을 위해 두개골에 진동을 주는 방법으로 통화가 가능한 전화기를 말한다)
4. 장애인의 직업생활을 위한 편의시설	가. 장애인용으로 제작된 작업대 및 작업장비(작업물 운송 및 운반장치, 특수 작업의자, 휠체어용 작업테이블, 경사각작업테이블, 높낮이 조절 작업 테이블) 나. 장애인용으로 제작된 작업보조공학기기(청각장애인용 신호장치, 소리증폭장치, 화상전화기, 문자전화기, 보완대체의사소통장치, 특수키보드, 특수마우스, 점자정보단말기, 점자프린트, 음성지원카드, 컴퓨터 화면확대 소프트웨어, 확대독서기, 문서인식 소프트웨어, 음성메모기, 대형모니터) 다. 장애인근로자의 통근용 승합자동차 및 특수설비 라. 의무실 또는 물리 치료실 등 장애인 고용에 필요한 부대시설(장애인근로자가 10명 이상이고 전체 근로자의 100분의 30 이상일 경우에 한정한다)

비고 1. 제1호 나목에 규정된 시설의 경우에는 장애인 등이 이용 가능하도록 건물 등의 구조를 변경함에 따라 발생하는 비용에 한정한다.
2. 장애인 · 노인 · 임산부등의 편의시설은 「장애인 · 노인 · 임산부 등의 편의증진보장에 관한 법률 시행령」 별표 1에 따른 편의시설의 구조 · 재질 등에 관한 세부기준에 적합한 것에 한정한다.

(라) 종업원용 휴게실, 체력단련실, 샤워시설 또는 목욕시설(건물 등의 구조를 변경하여 해당 시설을 취득하는 경우 포함). 한편, 건축물을 신축하면서 일부를 휴게실과 옥외정원으로 설치한 경우, 휴게전용시설과 이에 딸린 화장실, 부속창고, 계단은 공제대상에 포함되는 것이나, 옥외정원은 공제대상에서 제외한다.[19]

(마) 종업원의 건강관리를 위해 개설한 부속 의료기관[20]

(바) 직장어린이집.[21] 상시 여성근로자 300명 이상 또는 상시근로자 500명 이상을 고용하고 있는 사업장에 대하여 직장어린이집의 설치가 의무화[22]되어 있다. 한편, 과세관청은 내국법인이 직장어린이집을 신축하여 해당 법인과 계열사가 함께 이용하는 경우에는 해당 시설의 취득금액을 전체 이용인원 중 해당 법인의 이용인원이 차지하는 비율로 안분한 금액에 공제율을 적용하는 것이며, 해당 직장어린이집이 본래 목적대로 운영되고 있다면 세액공제를 적용할 당시의 이용인원 비율이 이후 감소하더라도 추징사유에 해당하지 않는 것으로 해석한 바 있다.[23]

(5) 안전시설 : 조특칙 별표 4에 따른 안전시설(조특칙 §12② 5)

조세특례제한법 시행규칙 [별표 4] (2023. 3. 20. 개정)

│ 안전시설(조특칙 제12조 제2항 제5호 관련) │

구 분	적용범위
1. 산업재해예방시설	가. 「산업안전보건법」 제38조에 따른 안전조치 및 같은 법 제39조에 따른 보건조치를 위해 필요한 시설 나. 「도시가스사업법 시행규칙」 제17조에 따른 가스공급시설의 안전유지를 위한 시설 다. 「액화석유가스의 안전관리 및 사업법 시행규칙」 제12조에 따른 액화석유가스 공급시설 및 저장시설의 안전유지를 위한 시설 라. 「화학물질관리법 시행규칙」 제21조 제2항에 따른 유해화학물질 취급시설의 안전유지를 위한 시설 마. 「위험물안전관리법」 제5조 제4항에 따른 제조소·저장소 및 취급소의 안전유지를 위한 시설

---

19) 서면법규과-1233, 2013. 11. 8.

20) 「의료법」 제35조

21) 「영유아보육법」 제10조 제4호 : 직장어린이집을 사업주가 사업장의 근로자를 위하여 설치·운영하는 어린이집(국가나 지방자치단체의 장이 소속 공무원 및 국가나 지방자치단체의 장과 근로계약을 체결한 자로서 공무원이 아닌 자를 위하여 설치·운영하는 어린이집 포함)

22) 영유아보육법 제14조 제1항 및 같은 법 시행령 제20조 제1항

23) 법규법인 2013-473, 2014. 1. 10.

구 분	적용범위
	바. 「집단에너지사업법」 제21조에 따른 집단에너지 공급시설의 안전유지를 위한 시설 사. 「송유관안전관리법 시행규칙」 제5조 제1호에 따른 송유관의 안전설비
2. 화재예방·소방시설	가. 「화재예방, 소방시설 설치·유지 및 안전관리에 관한 법률」 제2조 제1항 제1호에 따른 소방시설 나. 「소방장비관리법 시행령」 별표 1에 따른 소방자동차(「위험물안전관리법」 제19조에 따라 자체소방대를 설치해야 하는 사업소의 관계인이 설치하는 화학소방자동차는 제외한다)
3. 광산안전시설	「광산안전법 시행령」 제4조 제1항에 따른 안전조치를 위해 필요한 시설 및 같은 법 시행규칙 제2조 각 호의 어느 하나 해당하는 장비
4. 내진보강시설	「지진·화산재해대책법 시행규칙」 제3조의4에 따라 내진성능 확인을 받은 건축물에 보강된 시설(기존 건물의 골조에 앵커 등 연결재로 접합·일체화하여 기존부와 보강부를 영구히 접합시키는 경우로 한정한다)
5. 비상대비시설	「비상대비에 관한 법률」 제11조에 따라 중점관리대상으로 지정된 자가 정부의 시설 보강 및 확장 명령에 따라 비상대비업무를 수행하기 위해 보강하거나 확장한 시설

(6) 운수업을 주된 사업으로 하는 중소기업[24])이 사업에 직접 사용하는 시설(조특칙 §12③) : 차량[25]) 및 운반구[26])(개별소비세 과세대상 자동차[27])로서 자가용 제외)와 선박

(7) 어업을 주된 사업으로 하는 중소기업이 사업에 직접 사용하는 시설 : 선박

(8) 건설업에 직접 사용하는 시설 : 기계장비[28])

---

24) 조특령 제2조 제1항에 따른 중소기업을 말한다.
25) 폐기물 처리업을 주된 사업으로 영위하는 중소기업의 폐기물운반용 덤프트럭은 사업용자산에 해당하지 않는 것임(법인-862, 2011. 10. 31.).
26) 화물운송업을 영위하는 중소기업에 해당하는 내국법인이 화물자동차를 취득하고 추가로 설치하는 화물자동차의 지붕덮개(윙바디)와 트레일러는 차량 및 운반구에 포함되는 것임(서면-2015-법령해석법인-0398, 2016. 11. 21.).
27) 「개별소비세법」 제1조 제2항 제3호
28) 「지방세법 시행규칙」 제3조

(9) 도매업 · 소매업 · 물류산업에 직접 사용하는 시설 : 유통산업합리화시설(조특칙 별표 5)

조세특례제한법 시행규칙 [별표 5] (2021. 3. 16. 개정)

유통산업합리화시설(조특칙 제12조 제3항 제4호 관련)

구 분	적용범위
1. 저온보관고	농수산물과 그 가공품을 위한 저온보관고
2. 운반용 화물자동차	적재정량 1톤 이상의 상품운반화물자동차로 냉장 · 냉동 · 보냉이나 인양장비가 된 것
3. 무인반송차	컴퓨터시스템에 의하여 물품을 필요로 하는 위치까지 자동으로 반송하는 기능을 갖춘 무인 반송시스템
4. 창고시설 등	물품의 보관 · 저장 및 반출을 위한 창고로서 「건축법 시행령」 별표 1 제18호 가목의 창고(상품의 보관 · 저장 및 반출이 자동적으로 이루어질 수 있도록 시스템화된 창고시설을 포함한다) 및 물품의 보관 · 저장 및 반입 · 반출을 위한 탱크시설 (지상 또는 지하에 고정설치된 것에 한정하고, 탱크시설에 필수적으로 부수되는 배관시설 등을 포함한다)
5. 선반(랙)	파렛트화물을 보관 · 저장하는 선반(랙)
6. 파렛트트럭	파렛트화물을 창고내 · 외에서 운반하는 전동식 파렛트트럭
7. 컨테이너와 컨테이너 하역 · 운반장비	물품수송에 직접 사용되는 컨테이너, 지게차, 부두 위에 설치되어 컨테이너 선박으로부터 컨테이너를 하역하거나 부두에 있는 컨테이너를 선박에 선적하는 컨테이너크레인(Container crane)과 하버크레인(Habor crane), 장치장에 운반되어진 컨테이너를 적재 또는 반출하는 데 사용되는 트랜스퍼크레인 (Transfer crane), 부두와 장치장 사이에서 야드샤시(Yard chassis)를 견인하여 컨테이너를 운반하는 야드트랙터(Yard tractor) 및 유압식 지브크레인이 설치된 형상으로 크레인 끝에 스프레이더를 장착한 컨테이너핸들러로 컨테이너를 하역하는 리치스태커(Reach Stacker)
8. 초대형 화물 하역장비	모듈 트레일러(Module Trailer), 트랜스포터(Transporter)

(10) 등록한 관광숙박업 및 국제회의기획업에 직접 사용하는 시설 : 건축물과 해당 건축물에 딸린 시설물 중 시설물[29]

(11) 등록한 전문휴양업 또는 종합휴양업에 직접 사용하는 시설 : 숙박시설,[30] 전문휴양시설 (골프장 시설은 제외) 및 종합유원시설업의 시설

---

29) 「지방세법 시행령」 제6조
30) 「관광진흥법 시행령」 제2조 제1항 제3호 가목 및 제5호 가목

(12) 중소기업이 해당 업종의 사업에 직접 사용하는 소프트웨어 : 다음의 어느 하나에 해당하는 것을 제외한 소프트웨어

(가) 인사, 급여, 회계 및 재무 등 지원업무에 사용하는 소프트웨어

(나) 문서, 도표 및 발표용 자료 작성 등 일반 사무에 사용하는 소프트웨어

(다) 컴퓨터 등의 구동을 위한 기본운영체제(Operating System) 소프트웨어

2-3. 투자금액의 계산

2-3-1. 공제대상 투자금액

세액공제의 대상이 되는 투자금액은 다음과 같다(조특령 §21⑦).

$$Max(①, ②)-(③+④)$$

① 총투자금액에 작업진행률(법인령 §69①)에 의하여 계산한 금액
② 해당 과세연도까지 실제로 지출한 금액
③ 해당 과세연도 전에 통합투자세액공제를 적용받은 투자금액
④ 해당 과세연도 전의 투자분으로서 ③의 금액을 제외한 투자분에 대하여 위 ①·②를 준용하여 계산한 금액

이 경우 '지출한 금액'이라 함은 당해 과세연도 중 실제로 지출된 현금지급분[31]만을 말하는 것이며, 따라서 어음지급분으로서 당해 과세연도 중에 결제된 것은 포함되는 것이나 선급금은 제외된다(조기통 5-4…1). 투자금액에는 건설자금이자를 포함한다(조기통 5-0…1).

2-3-2. 투자금액에 포함되지 않는 금액

본조를 포함하여 조특법에 의한 투자세액공제 적용대상이 되는 투자에는 다음의 금액을 포함하지 아니한다(조기통 5-0…3).

① 기존 설비에 대한 보수
② 기존 설비에 대한 자본적지출. 다만, 증설은 제외한다. 여기서 증설은 기존 설비를 생산능력이 큰 설비로 개체하거나 생산능력이 현저히 증가되도록 기존 설비를 확장하는 것을 포함하고 원상의 회복을 위한 부품의 개체는 제외한다(조기통 60-56…6).

---

[31] 내국법인이 2개 이상의 과세연도에 걸쳐서 투자를 하는 경우 투자금액 계산 시 당해 과세연도까지 실제로 지출한 금액 이라 함은 계약 후에 당해 과세연도까지 현금으로 지출한 계약금 및 중도금을 합한 금액을 말하는 것임(법인-481, 2010. 5. 26.).

관련예규 및 심판례

- 현재가치할인차금·연지급수입시의 지급이자·특수관계자로부터 취득한 자산의 시가초과액은 '투자금액'에 포함하지 않음(법인 46012-235, 2003. 4. 14.).
- 기계장치의 설치비 및 기타 부대비용은 포함(법인 22601-2474, 1988. 9. 2.)
- 법인이 투자세액공제대상 시설을 취득하여 이를 타인에게 임대하는 경우에는 투자세액공제를 적용받을 수 없음(서이 46012-12149, 2002. 12. 2.).
- 당해 과세연도에 실제로 지출한 금액에는 어음발행분으로 투자금액계산기간 종료일 현재 지급기일 미도래분은 포함 안됨(법인 46012-195, 2001. 1. 26.).

2-3-3. 3년간 연 평균 투자금액

3년간 연 평균 투자금액의 계산은 다음 계산식에 따른다. 이 경우 내국인의 투자금액이 최초로 발생한 과세연도의 개시일부터 세액공제를 받으려는 해당 과세연도 개시일까지의 기간이 36개월 미만인 경우에는 그 기간에 투자한 금액의 합계액을 36개월로 환산한 금액을 해당 과세연도의 개시일부터 소급하여 3년간 투자한 금액의 합계액으로 본다(조특령 §21⑧). 한편, 3년간 투자한 연 평균 투자금액이 없는 경우에는 추가공제 금액이 없는 것으로 한다(조특령 §21⑨).

$$\frac{\text{해당 과세연도의 개시일부터 소급하여 3년간 투자한 금액의 합계액}}{3} \times \frac{\text{해당 과세연도의 개월 수}}{12}$$

2-4. 투자의 개시시기

투자의 개시시기는 국내·국외 제작계약에 따라 발주하는 경우에는 발주자가 최초로 주문서를 발송한 때, 매매계약에 의하여 매입하는 경우에는 계약금 또는 대가의 일부를 지급한 때(계약금 또는 대가의 일부를 지급하기 전에 당해 시설을 인수한 경우에는 실제로 인수한 때), 당해 시설을 수입하는 경우로서 승인을 얻어야 하는 경우에는 수입승인을 얻은 때, 자기가 직접 건설 또는 제작하는 경우에는 실제로 건설 또는 제작에 착수한 때(사업의 타당성 및 예비적 준비를 위한 것은 착수한 때에 포함하지 아니함), 타인에게 건설을 의뢰하는 경우에는 실제로 건설에 착공한 때(사업의 타당성 및 예비적 준비를 위한 것은 착공한 때에 포함하지 아니함)이다.[32]

---

32) 투자의 개시시기는 조특령 제23조 제14항을 준용한다(조특령 §21⑩).

3 | 과세특례의 내용

3-1. 원칙적인 공제시기

아래의 기본공제 금액과 추가공제 금액을 합한 금액을 해당 투자가 이루어지는 과세연도의 소득세(사업소득에 대한 소득세만 해당한다) 또는 법인세에서 공제한다(조특법 §24①).

3-1-1. 기본공제 금액

해당 과세연도에 투자한 금액의 100분의 1(중견기업은 100분의 5, 중소기업은 100분의 10)에 상당하는 금액. 다만, 신성장사업화시설에 투자하는 경우에는 100분의 3(중견기업은 100분의 6, 중소기업은 100분의 12)에 상당하는 금액으로 한다. 또한 국가전략기술사업화시설에 2024. 12. 31.까지 투자하는 경우에는 100분의 8(중소기업은 100분의 16)에 상당하는 금액을 공제한다(조특법 §24① 2).

여기서 "신성장사업화시설"이란 성장·원천기술의 사업화를 위한 시설로서 다음의 시설을 말한다(조특령 §21④ 1).

> ① 별표 6(조특칙)에 따른 시설로서 신성장·원천기술심의위원회[33]의 심의를 거쳐 기획재정부장관과 산업통상자원부장관이 공동으로 인정하는 시설(조특칙 §12의2)
> ② 5세대 이동통신 기지국[34](이와 연동된 교환시설 포함)을 운용하기 위해 필요한 설비로서 교환설비, 전송설비 및 전원설비[35]

또한 "국가전략기술사업화시설"이란 국가전략기술을 사업화하는 시설(국가전략기술을 사용하여 생산하는 제품 외에 다른 제품의 생산에도 사용되는 시설 포함)로서 연구개발세액공제기술심의위원회의 심의를 거쳐 기획재정부장관과 산업통산부장관이 공동으로 인정하는 시설을 말한다(조특령 §21④ 2).

3-1-2. 추가공제 금액

해당 과세연도에 투자한 금액이 해당 과세연도의 직전 3년간 연 평균 투자 또는 취득금액을 초과하는 경우에는 그 초과하는 금액의 100분의 3(국가전략기술사업화시설 투자의 경우에는 100분의 4)에 상당하는 금액. 다만, 추가공제 금액이 기본공제 금액을 초과하는 경우에는

---

33) 조특령 제9조 제12항
34) 조특칙 별표 7 제6호 가목 1) 및 2)의 기술이 적용된 5세대 이동통신 기지국을 말한다.
35) 「전기통신사업 회계정리 및 보고에 관한 규정」 제8조에 따른 전기통신설비 중 같은 조 제1호, 제2호 및 제6호

기본공제 금액의 2배를 그 한도로 한다.

3-2. 2개 이상의 과세연도에 걸쳐서 투자가 이루어지는 경우

기본적으로 해당 투자가 이루어지는 과세연도에 공제하는 것이나, 투자(제작·건설 등)가 2개 이상의 과세연도에 걸쳐서 이루어지는 경우에는 그 투자가 이루어지는 과세연도마다 해당 과세연도에 투자한 금액에 대하여 소득세(사업소득에 대한 소득세만 해당) 또는 법인세에서 공제한다[36](조특법 §24②).

4 | 사후관리

소득세 또는 법인세를 공제받은 자가 투자완료일[37]부터 5년 이내의 기간 중 사후관리[38] 기간 내에 그 자산을 다른 목적으로 전용하는 경우에는 공제받은 세액공제액 상당액에 이자 상당 가산액을 가산하여 소득세 또는 법인세로 납부하여야 한다. 이 경우 해당 세액은 납부하여야 할 세액[39]으로 본다(조특법 §24③).

4-1. 사후관리 기간

사후관리 기간은 다음의 구분에 따른 기간을 말한다(조특령 §21⑤).

가. 사업용자산(앞에서 설명한 2-2. 대상자산)으로서 사후관리 대상 건물 또는 구축물 : 5년

---

36) 법률 제17759호, 2020. 12. 29. 부칙 제4조(통합투자세액공제에 관한 적용례 등) ② 다음 각 호의 요건을 모두 충족하는 조특법 제24조 제1항의 개정규정에 따른 내국인이 2개 이상의 과세연도에 걸쳐서 투자하는 경우에는 조특법 제24조 제2항의 개정규정에도 불구하고 투자를 완료한 날이 속하는 과세연도에 모든 투자가 이루어진 것으로 본다.
   1. 2020년 12월 31일이 속하는 과세연도 전에 투자를 개시하였을 것
   2. 종전세액공제규정(구 조특법 제5조, 제25조, 제25조의4 및 제25조의7)에 따른 공제를 받지 아니하였을 것
37) 투자를 완료한 날이란 목적에 실제로 사용한 날을 말하고(조기통 5-0…2), 목적에 실제로 사용한 날이란 당해 사업용자산의 설치를 전부 완료하여 판매가능한 정상제품의 제조를 개시한 날을 의미한다(법인 1264.21-4423, 1983. 12. 27.).
38) 조특법상 투자세액 공제제도에서 공제세액을 추징하는 목적은 세액공제의 대상인 투자자산을 단기간에 처분하여 투자의 효과를 얻지 못하는 것을 방지하고자 함(조심 2010중189, 2010. 5. 31.).
39) 「소득세법」 제76조 또는 「법인세법」 제64조

사후관리 대상 건물 또는 구축물(조특칙 §12의3)

① 근로자복지 증진 시설(조특칙 §12② 4)
  - 무주택 종업원(출자자인 임원은 제외)에게 임대하기 위한 「주택법」에 따른 국민주택 규모의 주택
  - 종업원용 기숙사
  - 장애인·노인·임산부 등의 편의 증진을 위한 시설 또는 장애인을 고용하기 위한 시설로서 별표 3(조특칙)에 따른 시설
  - 종업원용 휴게실, 체력단련실, 샤워시설 또는 목욕시설(건물 등의 구조를 변경하여 해당시설을 취득하는 경우 포함)
  - 종업원의 건강관리를 위해 개설한 부속 의료기관[40]
  - 직장어린이집[41]
② 유통산업합리화시설 중 창고시설 등(조특칙 §12③ 4)
③ 숙박시설, 전문휴양시설(골프장 시설은 제외) 및 종합유원시설업의 시설[42](조특칙 §12③ 6)

나. 위 (가) 외의 사업용자산 : 2년

4-2. 이자상당 가산액

공제받은 세액에 아래 ①의 기간과 ②의 율을 곱하여 계산한 금액으로 한다(조특령 §21⑥).

① 공제받은 과세연도의 과세표준신고일의 다음 날부터 사후관리 위반 사유[43]가 발생한 날이 속하는 과세연도의 과세표준신고일까지의 기간
② 1일 10만분의 25의 율[44]

$$\text{이자상당가산액} \ = \ \begin{array}{c} \text{공제받은 과세연도의 과세표준신고일의 다음 날부터} \\ \text{다른 목적에 전용한 날이 속하는 과세연도의} \\ \text{과세표준신고일까지의 기간} \end{array} \ \times \ \text{10만분의 25}$$

---

40) 「의료법」 제35조
41) 「영유아보육법」 제10조 제4호
42) 「관광진흥법 시행령」 제2조 제1항 제3호 가목 및 제5호 가목
43) 조특법 제24조 제3항
44) 2019년 2월 12일 시행령 개정시 납세자 부담 경감을 위해 이자상당가산액 계산에 적용되는 이자율을 일당 1만분의 3에서 10만분의 25로 인하하였다. 동 개정규정은 2019년 2월 12일 이후 납부 또는 부과하는 경우부터 적용하되, 해당 이자상당가산액의 계산의 기준이 되는 기간 중 2019년 2월 11일까지의 기간에 대한 이자율은 종전의 규정에 따른다.

다른 목적에 전용한 것으로 보고 세액공제액 상당액과 이자상당 가산액을 납부해야 하는 경우를 예시하면 다음과 같다.

- 종업원용으로 신축한 직원공동숙소 중 일부를 외부인에게 임대한 경우[45]
- 사원용 임대주택을 무주택 종업원이 아닌 자에게 임대한 경우[46]

5 | 절 차

본조의 세액공제를 적용받으려는 자는 해당 과세연도의 과세표준신고서와 함께 세액공제 신청서를 납세지 관할 세무서장에게 제출해야 한다(조특법 §24④, 조특령 §21⑪).

> **관련예규 및 심판례**
>
> - 조세를 감면함에 있어 세액공제신청서에 기재한 내용과 정부가 조사결정한 내용이 동일하지 아니한 경우에는 정부가 조사결정한 내용이 감면의 기초가 됨(조기통 2−0…1).
> - 감면신청을 하지 아니한 경우에 감면대상에서 제외한다는 규정이 없어, 법인세 신고시 (구)중소기업투자세액공제 신청을 하지 않았다 하더라도 감면요건이 충족되면 세액을 감면함(국심 2005부 3338, 2006. 1. 3.).

6 | 조세특례제한 등

조특법은 사회·경제적인 정책목적을 달성하기 위하여 광범위한 조세감면제도를 두고 있다. 그런데, 특정 납세자군이 여러 가지 조세감면을 과다하게 받게 될 경우 그 감면으로 인한 조세부담은 다른 납세자군에게 전가되는 결과가 되며, 정도가 심할 경우 조세평등주의 및 조세의 중립성을 훼손하게 된다. 이런 사유로 현행 조특법에서는 조세감면에 관한 사항 외에도 과다한 조세감면을 제한할 수 있는 여러 법적 장치를 마련하고 있다.

또한, 조세감면 제한 이외에도 검토하여야 할 사항이 있는바, 그 주된 사항은 아래의 표와 같다.

---

45) 법규법인 2012−37, 2012. 4. 4.
46) 법인 22601−2234, 1991. 11. 25.

① 중복지원 배제(제127조 해설 참조)
② 최저한세 적용(제132조 해설 참조)
③ 세액공제의 이월공제 여부(제144조 해설 참조)
④ 추계과세시 적용 여부(제128조 해설 참조)
⑤ 수도권 규제 적용 여부(제130조 해설 참조)
⑥ 감면세액 추징 및 이자상당액 납부 여부(제146조 해설 참조)
⑦ 농어촌특별세 납부 의무(농특세법 제5조 참조)

7 | 관련사례

구 분	내 용
사업용 자산	○ 의약품 품질관리 개선시설인 냉동창고가 「조세특례제한법 시행규칙」 별표 1의 '건축물 등 사업용 유형자산' 등에 해당하는 경우 「조세특례제한법」 제24조의 통합투자세액공제 대상에서 제외됨. 다만, 질의하신 냉동창고가 이에 해당하는지 여부는 투자하는 개별 자산별로 사실판단할 사항임(기획재정부 조세특례제도과-585, 2022. 8. 24.). ○ 공정 또는 기능의 제어가 마이크로프로세서 또는 수치제어장치에 의하여 자동으로 조절되는 기계장치 또는 설비는 舊「조세특례제한법」 제24조 제1항 제1호에 따른 생산성향상시설 등 투자에 대한 세액공제 대상이 되는 것이나, 귀 법인의 해당 배관(Pipe)시설과 이를 지지하는 선반(Piperack) 및 철골구조물 공사비용이 이에 해당하는지 여부는 사실판단할 사항임(기획재정부 조세특례제도과-251, 2021. 3. 25.). ○ 음식점업을 영위하는 중소기업이 해당 사업에 직접 사용하기 위하여 투자하는 스무디 제조머신, 커피머신 및 제빙기는 투자세액공제 대상 사업용자산에 해당하는 것이나, 테이블 및 의자는 사업용자산에 해당하지 아니하는 것임(사전-2016-법령해석법인-0150, 2017. 1. 12.). ○ 중고품에 해당하는 기계장치를 국외에서 수입해 설치하는 방법으로 투자하는 경우에는 투자세액공제대상에서 제외됨(서이 46012-10795, 2002. 4. 16.). ○ 세액공제 제외대상인 중고품은 그 제작목적에 따라 실제 사용된 바 있는지 여부에 따라 판단하는 것이며, 설비를 공급자와 공급받는 자 간에 약정내용에 따라 달라지는 것은 아님(대법원 2010. 11. 25. 선고 2008두18205 판결). ○ 내국법인이 연구개발 전담부서 등에서 연구용으로 사용하는 부품을 구입하면서 해당부품 제작을 위해 사용하는 프로토 금형을 부품 납품업체에 설치하여 사용하도록 하는 경우 동 프로토 금형은 전담부서 등에서 직접 사용하기 위한 연구시험용 시설에 해당하지 아니함(재조특-552, 2012. 6. 19.). ○ 제조업을 영위하는 법인이 당해 사업에 주로 사용하는 천공기, 쇄석기, 로더, 굴삭기, 불도저 등은 '차량운반구'에 해당하며, 계측기기는 '기구 및 비품'에 해당함(재조예-110, 2005. 2. 5.).

구 분	내 용
사업용 자산	○ 의료법에 의한 의료법인이 사업에 주로 사용하기 위해 의료기기를 취득하는 경우 '사업용자산'에 해당함(재조예-111, 2005. 2. 5.). ○ 제품창고에 설치한 천정크레인을 감면사업에 주로 사용하는 경우 사업용자산에 해당함(서이 46012-12035, 2003. 11. 27.). ○ 물류산업 영위 법인의 양곡보관용 철탱크가 '건축물 등의 감가상각 내용연수(법인세법 시행규칙 [별표 5])'를 적용받는 자산인 경우에는 '사업용자산'에 해당하지 않음(서이 46012-11333, 2003. 7. 15.). ○ 화학제품제조업 법인의 지하배관 및 제품저장탱크가 '건축물 등의 감가상각 내용연수(법인세법 시행규칙 [별표 5])'를 적용받는 자산인 경우에는 '사업용자산'에 해당하지 않음(서이 46012-11312, 2003. 7. 11.). ○ 사업용자산은 법인세법 시행규칙 [별표 6]의 적용을 받는 모든 유형자산을 포함하므로, 자동화설비, 자동계량장치, 기중기 등을 감면사업에 주로 사용하는 경우 사업용자산에 해당함. 다만, 감면사업을 영위하는 데 필수적이며 주로 사용하는 자산이라 하더라도 법인세법 시행규칙 [별표 5]의 적용을 받는 자산인 경우(예 액화가스제조업체의 원재료공급용 지하배관 및 제품저장탱크, 물류산업을 영위하는 법인의 양곡보관용 철탱크, 물류산업을 영위하는 법인의 물품운반용 지게차 등)는 사업용자산에 해당하지 않는 것임(재조예 46019-138, 2003. 6. 30.). ○ '폐열'이란 단순히 쓸모가 없어 버려야 하는 열이 아니라 '다른 공정에서 특정목적을 수행한 후 남은 열'을 의미한다고 봄이 타당하다 할 것인바, ○○○에서 1차로 가스터빈을 이용하여 전기를 생산한 후 발생된 쟁점배기열은 '폐열'에 해당하고, 쟁점설비는 에너지절약시설 투자세액공제 대상으로 규정한 '연소폐열·공정폐열 및 폐가스를 이용하여 증기·온수 등 유효한 에너지를 발생시키는 설비'에 해당함(조심 2015서1585, 2015. 9. 7. 합동회의, 대법원 2013. 12. 26. 선고 2012두3576 판결, 대법원 2013. 12. 26. 선고 2012두19847 등, 같은 뜻임).
투자금액	○ 사업양수도 방법으로 사업을 양수한 법인이 「조세특례제한법」 제24조에 따라 통합투자세액공제 금액을 계산함에 있어 법 제1항 제2호의 추가공제금액 산정시 해당 과세연도의 직전 3년간 연평균 투자금액은 사업양도인이 투자한 금액을 포함하여 산정하는 것이 타당함(기획재정부 조세특례제도과-467, 2022. 6. 30.). ○ 기업구매전용카드를 사용해 자산취득대가 지급시, 투자금액인 '당해 과세연도까지 실제로 지출한 금액'은 동 카드의 '사용일(승인일)'을 기준으로 계산함(서이 46012-10030, 2003. 1. 6.). ○ 에너지절약시설 투자에 대한 세액공제를 적용할 때 에너지절약시설의 투자금액은 「법인세법 시행령」 제72조 제2항에 따른 취득가액을 말하는 것으로 기존 시설의 철거비용은 투자금액에 해당하지 아니하는 것임(사전법령법인-22078, 2015. 5. 1.).

구 분	내 용
투자시기	○ 조특법 부칙 제1조는 개정 법률의 시행일을 2011. 1. 1.로 정하고 있고, 부칙 제11조는 개정법 시행 후 최초로 투자하는 분부터 적용하는 것으로 규정하고 있으므로, 2011년 투자분이 2009년 투자분의 연장선에 있다 하더라도 개정된 법률에 따른 공제율을 적용하는 것이 타당함(조심 2013서371, 2013. 4. 22.). ※ (저자의 견해) 투자 관련 조특법 조문의 부칙에서 "최초로"라는 문구는 보통 큰 의미가 없고, "투자하는 분부터"인지 "투자를 개시하는 분부터"인지가 중요한바, 즉, "개시"라는 문구가 있는지가 중요함. 개시라는 문구가 없이 "투자하는 분부터"인 경우에는 진행중인 투자분인지 새로이 투자를 시작하는 분인지 여부와 관련없이 해당 과세연도에 투자하는 것이면 모두 변경된 법률을 적용받는 것이며, "투자를 개시하는 분부터"인 경우는 종전에 투자가 진행되는 분은 해당하지 않고 새롭게 투자를 시작하는 분부터 변경된 법률이 적용된다는 의미임. 한편, 종전 투자진행분에 대해 새로운 법률이 적용되지 않도록 하는 경우에는 별도의 경과조치를 두는 것이 일반적임.
세액공제 내용	○ 「조세특례제한법」 제24조(2020. 12. 29. 법률 제17759호로 개정된 것)에 따라 통합투자세액공제를 받는 경우 법 제127조 제1항 제1호는 중복지원 배제규정이 적용되는 것임(기획재정부 조세특례제도과-495, 2022. 7. 12.). ○ 쟁점 시설이 「자원의 절약과 재활용촉진에 관한 법률」에 따른 재활용시설에 해당하는 경우, 「조세특례제한법」(2014. 1. 1. 법률 제12173호로 개정되기 전의 것) 제25조의3에 따른 환경보전시설 투자에 대한 세액공제가 적용되는 것임(기획재정부 조세특례제도과-644, 2019. 10. 23.). * 사실관계 갑법인은 제강업을 영위하는 업체로, 2013년~2016년 공장 신축 및 장치·장비·시설에 투자하여 2016.11월 공장을 준공하고, 고철을 주원료로 하여 전기로, 정련로, 연속주조, 주괴주조 설비 등을 이용하여 잉곳(금속 또는 합금을 한번 녹인 다음 주형에 흘려넣어 굳힌 것) 등을 생산, 갑법인은 쟁점자산에 투자한 금액에 대해 「조세특례제한법」 제25조의3에 따른 환경보전시설 투자에 대한 세액공제를 적용하여 신고 ○ 전기사업법에 따라 건설된 舊 열병합발전소를 폐쇄하고 집단에너지사업법상 허가를 얻어 新 열병합발전소에 투자하는 경우 에너지절약시설 투자세액공제 대상인지 여부 : 기존 집단에너지공급시설을 개체하는 경우 「조세특례제한법 시행규칙」 별표 8의3에 따라 에너지절약시설 투자세액공제 대상에서 제외되는 것이나, 귀 질의에서 舊 열병합발전소가 집단에너지공급시설에 해당하는지 여부는 「집단에너지사업법」에 따라 판단할 사항임(기획재정부 조세특례제도과-723, 2018. 9. 21.). ○ 영리성 없이 단순히 법령상 설치의무가 있는 자에 의한 환경보전시설의 설치는 투자에 해당하지 않으므로 환경보전시설 투자세액공제대상에 해당하지 않음(국승, 대법원 2020두58380, 2021. 4. 15., 서울고등법원 2020누34836, 2020. 11. 20., 서울행정법원 2018구합74259, 2020. 1. 9., 조심 2018서3804, 2018. 11. 22.).

구 분	내 용
세액공제 내용	○ 1989. 12. 31. 이전부터 수도권과밀억제권역 안에서 여객운송업 영위 중소기업이, 기존 영업용차량의 노후로 폐차하고 신규차량 등록시는 (구)중소기업투자세액공제 적용되나, '증차'에 의해 취득한 차량은 '증설투자'에 해당돼 적용 배제됨(재조예 46019 – 101, 2003. 4. 23.). ○ 포괄적 사업양수도의 경우 양수법인은 이월된 '근로복지증진을 위한 시설에 대한 투자세액공제'를 승계하여 적용받을 수 없으며, 양도·양수일에 임대주택을 취득한 것으로 보아 취득한 날이 속하는 과세연도에 공제받을 수 있는 것임(재조예 – 668, 2006. 9. 27.). ○ 투자 중인 자산을 양수한 경우 투자세액공제 적용 방법 : 내국인이 투자가 완료되지 않은 자산("투자중자산"이라 함)을 양수하여 투자를 완료하고 해당 자산을 사업에 사용하는 경우에는 양수금액을 포함한 전체 투자금액에 대하여 조세특례제한법에 따른 투자세액공제를 적용함. 다만, 전술한 투자세액공제를 적용할 때 양수한 투자중자산이 "중고설비"(이 경우 "중고설비"란 사업에 직접 사용한 사실이 있는 설비를 말함)인 경우 해당 양수금액을 세액공제대상 투자금액에서 제외하며, 투자가 진행 중인 자산으로서 투자가 장기간 중단상태에 있다 하더라도 사실상 사업에 직접 사용한 사실이 없는 경우에는 중고설비로 보지 아니함(재조특 – 290, 2010. 3. 25.). ○ 내국법인이 2015년에 에너지절약시설에 대한 투자를 개시하여 2018년에 완료한 경우, 2016년 1월 1일 이후 투자분에 대하여는 「조세특례제한법」(2015. 12. 15. 법률 제13560호로 개정된 것) 부칙 제10조 및 제46조에 따라 같은 법(2015. 12. 15. 법률 제13560호로 개정되기 전의 것) 제25조의2를 적용하는 것임(기획재정부 조세특례제도과 – 196, 2020. 3. 20.). ○ 당초 판매할 목적으로 제작한 설비를 판매하지 않고 추가적인 자본적 지출을 통해 연구시험용으로 사용한 경우, 판매 목적 설비의 제작비용으로 지출한 금액에 대해서는 연구 및 인력 개발을 위한 설비투자세액공제를 적용받을 수 없으나, 추가로 지출한 자본적 지출 금액에 대해서는 동 투자세액공제를 적용받을 수 있는 것임(기획재정부 조세특례제도과 – 300, 2019. 4. 15.).

8 │ 주요 개정연혁

1. 국가전략기술 등 세제지원 확대(조특법 §24)

(1) 개정내용

종 전	개 정
□ 통합투자세액공제	□ 공제율 조정
○ 당기분 기본공제(Ⓐ)＋투자증가분 추가공제(Ⓑ)	○ (좌 동)
－ (기본공제(Ⓐ)) 당해 연도 투자액 × 기본공제율	－ 기본공제율 상향

구 분	공제율(%)		
	대	중견	중소
일 반	1	3	10
신성장·원천기술	3	5	12
국가전략기술	6	8	16

구 분	공제율(%)		
	대	중견	중소
일 반	1	5	10
신성장·원천기술	3	6	12
국가전략기술	8	8	16

－ (추가공제(Ⓑ)) [당해 연도 투자액－직전 3년 평균 투자액] × 추가공제율*
 * 일반, 신성장·원천기술 : 3%
   국가전략기술 : 4%
○ 추가공제액 한도 : 기본공제액의 200%

－ (좌 동)

(2) 개정이유

○ 국가전략기술에 대한 투자 촉진 및 중견기업 시설투자에 대한 세제지원 확대

(3) 적용시기 및 적용례

○ 2023. 1. 1. 이후 투자하는 분부터 적용

2. 통합투자세액공제 공제대상 및 공제율(조특법 §24, 조특령 §21)

(1) 개정내용

종 전	개 정
□ 기업투자 관련 세액공제 제도	□ "통합투자세액공제"로 통합·단순화

종 전

○ 중소기업등 투자세액공제(조특법 제5조)

구 분	중소기업			중견기업		
	위기지역	신규상장	일반	위기지역	신규상장	일반
공제율	10%	4%	3%	5%	4%	2% (수도권 1%)

○ 특정시설 투자세액공제(조특법 제25조)

구 분	중소기업	중견기업	대기업
❶ 연구시험용 및 직업훈련용 시설	7%	3%	1%
❷ 에너지절약시설	7%	3%	1%
❸ 환경보전시설	10%	5%	3%
❹ 근로자복지증진시설	10%	5%	3%
❺ 안전시설	10%	5%	1%
❻ 생산성향상시설	7% (10%)	3% (5%)	1% (2%)

* 대기업 2020년, 중소·중견기업 2021년까지 공제율 한시 상향

❼ 의약품 품질관리개선시설 투자세액공제 (조특법 제25의4)

구 분	중소기업	중견기업	대기업
공제율	6%	3%	1%

❽ 신성장기술 사업화 시설 투자세액공제 (조특법 제25의5)

구 분	중소기업	중견기업	대기업
공제율	10%	7%	5%

❾ 초연결 네트워크구축 시설투자세액공제 (조특법 제25의7)

구 분	모든 기업
공제율	최대 3% = 2% + 최대 1% (전년대비 고용증가율 × 1/5)

개 정

○ (적용대상) 모든 개인사업자·법인(소비성 서비스업, 부동산임대·공급업 제외)

○ (공제대상) 모든 사업용 유형자산을 대상으로 하되, 일부 자산* 제외(현행 : 포지티브 ⇒ 개정 : 네거티브 방식)

 * 건물, 구축물, 차량 및 운반구, 선박 및 항공기, 비품 등

 − 건물, 구축물, 차량 등에 해당하나, 종전 특정시설* 또는 업종별로 사업에 필수적인 자산** 등 기획재정부령으로 정하는 시설은 예외 인정(공제 허용)

 * 연구·인력개발, 에너지절약 및 환경보전 시설 등

 ** (건설업) 포크레인 등 중장비,

 (도소매·물류업) 창고 등 물류시설,

 (운수업) 차량·운반구·선박,

 (관광숙박업) 건축물 및 부속 시설물 등

○ (공제율) 당기분 기본공제(Ⓐ) + 투자증가분 추가공제(Ⓑ)

 − (기본공제(Ⓐ)) 당해 연도 투자액 × 기본 공제율

 • 일반 투자분 : 중소기업 10%, 중견기업 3%, 대기업 1%

 • 신성장기술 사업화시설 투자분 : 중소기업 12%, 중견기업 5%, 대기업 3%

 − (추가공제(Ⓑ)) [당해 연도 투자액 − 직전 3년 평균 투자액] × 추가공제율(모든 기업 3%)

 • 추가공제액 한도 : 기본공제액의 200%

(2) 개정이유

○ 기업투자 활성화 지원

(3) 적용시기 및 적용례

○ 2021. 1. 1. 이후 과세표준을 신고하는 분부터 적용

(4) 특례규정

○ 2020년·2021년 투자분에 대해서는 기업이 통합투자세액공제와 기존 특정시설 투자세액 공제 중 선택 적용 허용*

* 기업은 현행 방식과 통합투자세액공제 방식 중 하나를 선택할 수 있고, 투자자산별로 현행 방식과 통합투자세액공제를 구분하여 선택하는 것은 불인정

3. 추가적으로 통합투자세액공제가 적용되는 사업용자산(조특칙 §12)

(1) 개정내용

종 전	개 정
〈신 설〉	□ **구축물, 차량·운반구 등에 해당하더라도 통합투자세액공제대상에 포함되는 사업용 자산** ❶ 종전 특정시설투자세액공제 대상 자산 　○ 연구·인력개발시설, 에너지절약시설, 환경보전시설, 근로자 복지증진시설 및 안전시설 ❷ 업종별 특성을 감안 시 사업에 필수적인 자산 　○ 건설업 : 굴삭기, 덤프트럭 등 건설 기계장비* 　　* 지방세법 시행규칙 별표 1에 따른 건설 기계장비 　○ 도·소매업, 물류산업 : 보관·창고시설, 운반용 화물자동차 등* 　　* 조세특례제한법 시행규칙 별표 5에 따른 유통산업 합리화 시설 　○ 관광진흥법에 따라 등록한 관광숙박업, 전문휴양업 또는 종합휴양업 : 숙박시설, 전문휴양시설(골프장 제외), 종합유원시설 　○ 운수업을 주된 사업으로 하는 중소기업 : 차량(자가용 제외), 운반구 및 선박 　○ 어업을 주된 사업으로 하는 중소기업 : 선박 　○ 중소기업이 사업에 직접 사용하는 소프트웨어* 　　* 인사, 회계, 문서작성, 기본운영체제 등 일반사무·지원용 제외

(2) 개정이유

○ 통합투자세액공제 대상에 추가적으로 포함되는 사업용 자산의 범위 규정

(3) 적용시기 및 적용례

　○ 2021. 1. 1. 이후 과세표준을 신고하는 분부터 적용

4. 5세대 이동통신기지국 시설투자에 대한 세제지원 강화(조특령 §21)

(1) 개정내용

종 전	개 정
〈신 설〉	□ 5세대 이동통신 기지국 설비 투자에 대한 세액공제율 우대[*] 　* (일반 시설) 대기업 1% / 중견기업 3% / 중소기업 10% + 증가분 3% 　(신성장기술 사업화 시설) 대기업 3% / 중견기업 5% / 중소기업 12% 　+ 증가분 3% ○ 5세대 이동통신 기지국 운용에 필요한 설비[*]를 신성장기술 사업화 시설에 추가 　* 전기통신설비 중 교환·전송·전원설비

(2) 개정이유

　○ 5세대 이동통신 기지국 투자 활성화

(3) 적용시기 및 적용례

　○ 2021. 1. 1. 이후 과세표준을 신고하는 분부터 적용

5. 투자금액의 계산방법(조특령 §21)

(1) 개정내용

종 전	개 정
〈신 설〉	□ 해당과세연도 투자금액 = Max(❶, ❷) − (❸ + ❹) 　※ 종전 투자세액공제의 투자금액 계산방법과 동일 ❶ 총투자금액에 법인세법 시행령 제69조 제1항에 따른 작업진행률*에 의해 계산한 금액 　* 해당 사업연도 말까지 발생한 총공사비 누적액 / 총공사 예정비 ❷ 해당 과세연도까지 실제로 지출한 금액 ❸ 해당 과세연도 이전에 투자세액공제를 받은 투자금액 ❹ 투자세액공제제도를 적용받기 전에 투자한 분에 대하여 ❶을 준용하여 계산한 금액 □ 직전 3년간 연평균 투자금액 계산방법 $$\frac{해당\ 과세연도의\ 개시일\ 전부터\ 소급하여\ 3년간\ 투자한\ 금액의\ 합계액}{3} \times \frac{해당\ 과세연도의\ 개월\ 수}{12}$$ ○ 직전 3년간 투자금액이 없는 경우(당해연도 창업한 경우 포함) 증가분 추가공제 적용 제외

(2) 개정이유
　○ 통합투자세액공제의 투자금액 계산방법 등 규정

(3) 적용시기 및 적용례
　○ 2021. 1. 1. 이후 과세표준을 신고하는 분부터 적용

6. 수도권과밀억제권역 내 투자에 대한 조세감면 허용대상 자산의 범위
(조특령 §124③, 조특칙 §54)

(1) 개정내용

종 전	개 정
□ 수도권 과밀억제권역 내 사업장에 사용하기 위한 사업용 고정자산*의 증설투자**는 투자세액공제 적용 배제 　＊ 디지털방송장비 및 정보통신장비 제외 　＊＊ 공장의 연면적이 증가하거나, 해당 사업용고정 자산 수량이 증가하는 투자 　○ 다만, 아래에 해당하는 투자는 세제지원 가능 　　－ 산업단지 또는 공업지역 내 투자 　　－ 연구·인력개발시설, 환경보전·에너지절약 시설 투자 등	□ 수도권과밀억제권역 내 투자에 대한 세액공제 적용 범위 설정 　－ (좌 동) 　－ 종전 세액공제 적용대상에 포함되던 방송·통신장비* 등 기획재정부령**으로 정하는 자산 　＊ 디지털 방송장비 및 전기통신설비 　＊＊ 연구시험·직업훈련용시설, 에너지절약시설, 의약품품질관리개선시설, 환경보전시설, 근로자복지증진시설 및 안전시설 등 종전 세액공제 적용대상 특정시설

(2) 개정이유
○ 수도권과밀억제권역 내 투자에 대한 조세감면 허용대상 자산의 범위 규정

(3) 적용시기 및 적용례
○ 2021. 1. 1. 이후 과세표준을 신고하는 분부터 적용

7. 세액공제 적용 후 해당자산 처분에 따른 사후관리(조특령 §137③)

(1) 개정내용

종 전	개 정
□ 투자세액공제를 적용받은 후 일정기간 내 사업용 자산을 처분하는 경우 사후관리 ㅇ (원칙) 투자완료일부터 2년 ㅇ (예외) 　- 신성장기술 사업화시설투자 : 3년 　- 건물과 구축물 : 5년 　　• 종업원용 기숙사 및 무주택 종업원 임대 국민주택, 직장어린이집 　　• 숙박시설, 전문휴양시설, 종합유원 시설업의 시설 등	□ 통합투자세액공제 도입에 따른 감면세액의 추징 대상 조정 ㅇ (좌 동) 　- (삭 제)
□ 가산하여 납부할 이자상당액 　= ①의 기간 × ②의 율을 곱하여 계산한 금액 ① 공제받은 과세연도의 과세표준신고일의 다음날 부터 사업용 자산을 처분한 날이 속하는 과세연도의 과세표준 신고일까지의 기간 ② 1일 0.025%	(좌 동)

(2) 개정이유

ㅇ 세액공제 적용 후 사업용 자산처분 시 사후관리 규정

(3) 적용시기 및 적용례

ㅇ 2021. 1. 1. 이후 사유가 발생하는 분부터 적용

8. 신성장기술 사업화시설 투자세액공제의 공제요건 폐지
(구 조특법 §25의5, 조특령 §22의9)

(1) 개정내용

종 전	개 정
□ 신성장기술 사업화시설 투자세액공제	□ 통합투자세액공제로 통합하면서 공제요건을 폐지하고 재설계
○ (공제대상) 신성장·원천기술을 사업화하기 위한 시설 　* 12대 분야, 223개 기술의 사업화시설 　(조세특례제한법 시행규칙 별표 8의8)	○ (좌 동)
○ (공제요건) 다음 요건 모두 충족 ❶ 직전연도 매출액 대비 R&D 비중이 2% 이상 ❷ 직전연도 R&D 비용 중 신성장 R&D 비중이 10% 이상(또는 자체개발 특허권 보유) ❸ 직전연도 대비 상시근로자 수가 감소하지 않을 것	○ 공제요건 폐지 (좌 동)

(2) 개정이유
○ 신성장기술 분야 사업화 지원

(3) 적용시기 및 적용례
○ 2021. 1. 1. 이후 과세표준을 신고하는 분부터 적용

9. 신성장기술 사업화시설 범위 확대(조특칙 별표 6)

(1) 개정내용

종 전	개 정
□ 신성장기술 사업화시설 투자세액공제 대상 시설 ㅇ 141개 시설 − 반도체, 미래차, 바이오, 신재생에너지 등 〈추 가〉	□ 신성장기술 사업화시설 투자세액공제 대상 시설 확대 ㅇ 158개 시설로 확대 − 반도체·탄소저감·신재생에너지·의료바이오 등 관련 시설 추가

(2) 개정이유
ㅇ 혁신성장 및 미래 성장동력 확보 지원

(3) 적용시기 및 적용례
ㅇ 2021. 1. 1. 이후 개시하는 과세연도 분부터 적용

제25조의6

영상콘텐츠 제작비용에 대한 세액공제

1 | 의 의

본 제도는 2016. 12. 20. 법 개정시 신설된 제도이다. 2016년 초 KBS 드라마 "태양의 후예" 방영 등을 통해 한류 열풍이 확산되었고, 그로 인해 직접 상품 수출, 간접 수출 확대가 가시적으로 나타나 동 드라마로 인한 경제 효과가 약 1조원에 달하는 것으로 추정(2016. 4, 수출입은행 해외경제연구소)되는 등 영상콘텐츠가 우리 경제에 상당한 영향을 미칠 것이 예상됨에 따라 이와 같은 긍정적 효과를 극대화하기 위해 영상산업 지원책으로 도입되었다.

본 제도는 관광 · 상품수출 및 국가이미지 등에 대한 파급효과가 큰 영화 · 드라마 등 제작비용에 대하여 제조업 시설투자에 준하여 지원하기 위한 제도이며, 2017. 1. 1. 이후 발생한 영상콘텐츠의 제작비용을 지출하는 경우부터 적용되어 왔으며, 최근 2022. 12. 31. 조특법 개정을 통해 OTT 콘텐츠 등이 추가되었으며, 적용기한은 2025. 12. 31.로 연장되었다.

2 | 요 건

2-1. 공제대상 내국인

본 제도의 공제대상이 되는 내국인은 영상제작자[1]로서 다음의 구분에 따른 요건을 갖춘 자를 말한다(조특법 §25의6①, 조특령 §22의10①, 조특칙 §13의9①).

① 방송프로그램 및 온라인 동영상 등을 제작하는 자의 경우 : 영상콘텐츠의 실질적인 제작을 담당하는 자로서 다음의 요건 중 3개 이상의 요건을 갖출 것

㉠ 작가(극본, 시나리오 등을 집필하는 자를 말한다)와의 계약 체결을 담당할 것

㉡ 주요 출연자와의 계약 체결을 담당할 것

---

1) 「저작권법」 제2조 제14호

ⓒ 주요 스태프(연출, 촬영, 편집, 조명 또는 미술 스태프) 중 2가지 이상 분야의 책임자와의 계약 체결을 담당할 것

ⓔ 제작비의 집행 및 관리와 관련된 모든 의사 결정을 담당할 것

② 영화를 제작하는 자의 경우 : 영상콘텐츠의 실질적인 제작을 담당하는 영화제작업자[2]로서 위 ①의 각 요건 중 3개 이상의 요건을 갖출 것

2-2. 공제대상

본 제도의 공제대상은 방송프로그램 또는 영화로서 다음의 어느 하나에 해당하는 것("영상콘텐츠")을 말한다(조특법 §25의6①, 조특령 §22의10②, 조특칙 §13의9②~⑤).

① 방송프로그램[3]

　ⓐ 오락에 관한 방송프로그램

　ⓑ 교양에 관한 방송프로그램 중 다큐멘터리

　ⓒ 애니메이션 중 방송사업자의 텔레비전방송으로 방송된 애니메이션

② 영화로서 영화상영관에서 7일 이상 연속하여 상영된 것(영화진흥위원회가 예술영화 및 독립영화로 인정하는 경우에는 1일 이상 상영된 것). 여기서 상영 기간의 확인은 영화상영관입장권 통합전산망으로 한다.

③ 비디오물[4]로서 다음의 어느 하나에 해당하는 등급분류를 받고 온라인 동영상 서비스를 통해 시청에 제공된 비디오물

　ⓐ 영상물등급위원회의 등급분류

　ⓑ 자체등급분류사업자의 등급분류

2-3. 공제대상 비용

공제대상 내국인이 2025. 12. 31.까지 영상콘텐츠의 제작을 위하여 국내에서 발행한 비용 중 영상콘텐츠 제작에 참여한 사람 등에 대한 인건비 등 조특칙 별표 8의9에 따른 영상콘텐츠 제작비용을 말한다(조특법 §25의6①, 조특령 §22의10③ 본문, 조특칙 §13의9⑥).

---

2) 「영화 및 비디오물의 진흥에 관한 법률」 제2조 제9호 가목
3) 「방송법」 제2조 제17호, 「방송법 시행령」 제50조 제2항, 「애니메이션산업 진흥에 관한 법률」 제2조 제1호
4) 「영화 및 비디오물의 진흥에 관한 법률」 제2조 제12호

| 영상콘텐츠 제작비용(제13조의9 관련) |

구 분	제작비용	적용범위
1. 제작 준비	가. 시나리오	1) 원작·각본·각색료, 대본제작비
	나. 기획 및 프로듀서	1) 프로듀서 인건비 2) 캐스팅 디렉터의 인건비
	다. 연출료	1) 인센티브를 제외한 감독의 인건비
2. 촬영 제작	가. 배우출연료	1) 주연·조연·단역·보조출연·특별출연, 스턴트맨, 대역, 성우, 동물에 대한 출연료 2) 연기지도, 안무지도 등 연기관련 지도에 대한 인건비
	나. 제작부문비	1) 제작팀장, 조감독, 스크립터 등에 대한 인건비
	다. 촬영비	1) 촬영감독, 촬영 조수(보조자를 포함한다. 이하 같다) 인건비 2) 카메라·스테디캠, 크레인, 지미집, 이동차, 렌즈, 필터의 대여비용 3) 촬영소모품 구입비용 4) 촬영탑차(유류비를 포함한다) 대여비용
	라. 조명비	1) 조명감독, 조명 조수 인건비 2) 기본조명, 조명추가기재, 발전차, 조명크레인, 조명탑차(유류비 포함)의 대여비용 3) 조명소모품 구입비용
	마. 미술비	1) 미술감독, 미술감독 보조, 콘티작화의 인건비 2) 미술재료비
	바. 세트비	1) 세트제작비, 스튜디오임대료
	사. 소품비	1) 소품담당자 인건비 2) 제작소품의 재료비 및 제작비용, 구입소품의 구입비용, 대여소품의 대여비용
	아. 의상비	1) 의상담당자 인건비 2) 제작의상의 재료비 및 제작비용, 구입의상의 구입비용, 대여의상의 대여비용
	자. 분장 및 미용비	1) 헤어, 분장, 특수분장 담당자 인건비 2) 특수분장 제작비용, 분장 소모품 구입 및 대여비용
	차. 특수효과비	1) 특수효과담당자 인건비 2) 강풍기, 강우기, 강설기 등 기후효과 관련장비 사용료 및 총기 등 특수효과 대여장비 사용료 3) 컴퓨터그래픽 작업료

구 분	제작비용	적용범위
2. 촬영 제작	카. 동시녹음비	1) 동시녹음기사 인건비 2) 동시녹음장비의 사용료
	타. 촬영차량비	1) 촬영진행용 차량, 소품차량, 레카차 대여료
	파. 운송비	1) 촬영버스, 분장차, 제작부 진행차량 대여료 2) 촬영버스, 진행차량 연료비, 주차비
	하. 필름비	1) 촬영용 하드디스크, 필름 재료비와 그 현상료
	거. 보험료	1) 연기자 외 스태프에 대한 인보험 2) 카메라, 조명기기, 동시녹음 장비 등 장비의 보험가입 비용 3) 차량보험료
	너. 제작 진행비	1) 숙박료, 교통비, 식대(촬영제작 비용 합계액의 100분의 10을 한도로 한다)
3. 후반 제작	가. 편집비	1) 편집감독, 편집 조수 인건비 2) 편집실 대여비용
	나. 음악 관련비용 등	1) 음악감독, 작곡·편곡, 가수, 연주자의 인건비 2) 음악 및 영상 사용을 위한 저작권 비용 3) 녹음실 사용료, 음악마스터의 제작비용
	다. 사운드비	1) 사운드책임자, 대사편집담당, 믹싱, 성우 인건비 2) 녹음실, 장비 사용료 3) 광학녹음 및 현상을 위한 필름비용 및 작업료, 돌비로열티
	라. 현상비	1) 프린트 현상을 위한 필름 및 현상료 2) 비디오 색보정을 위한 작업료 및 재료비
	마. 자막 관련 비용	1) 자막 작업을 위한 필름비용과 작업료
	바. 컴퓨터그래픽, 특수효과	1) 컴퓨터그래픽 작업료 2) 디지털 색보정 작업료

비고 : 인건비에 대하여는 해당 영상콘텐츠 외에 다른 영상콘텐츠의 제작을 겸하지 않는 경우에만 공제대상 인건비로 본다.

다만, 다음에 해당하는 비용은 제외한다(조특령 §22의10③ 단서, 조특칙 §13의9⑦).

① 국가, 지방자치단체, 공공기관 및 지방공기업으로부터 출연금 등의 자산을 지급받아 영상콘텐츠 제작비용으로 사용한 금액

② 광고·홍보비용 등 다음의 어느 하나에 해당하는 비용

　　㉠ 광고 및 홍보비용

　　㉡ 기업업무추진비[5]

---
5) 「소득세법」 제35조 및 「법인세법」 제25조

ⓒ 다음 중 어느 하나에 해당하는 인건비
  ⅰ) 퇴직소득에 해당하는 금액[6]
  ⅱ) 퇴직급여충당금[7]
  ⅲ) 퇴직연금계좌에 납부한 금액 및 퇴직연금 등의 부담금 등[8]
ⓓ 배우출연료[9]가 가장 많은 배우 5인의 배우출연료 합계액이 제작비용 합계액(위 ⓐ~ⓒ까지의 규정에 따른 금액은 제외)의 100분의 30을 초과하는 경우 해당 초과 금액
③ 본조의 영상콘텐츠 제작비용에 대한 세액공제를 받은 영상콘텐츠를 활용하여 다른 영상콘텐츠를 제작한 경우 이미 세액공제를 받은 기존 영상콘텐츠의 제작비용

2-4. 공제시기

해당 영상콘텐츠가 처음으로 방송되거나 영화상영관에서 상영된 과세연도의 소득세(사업소득에 대한 소득세만 해당) 또는 법인세를 공제한다. 다만, 영상콘텐츠 등이 여러 과세연도 기간 동안 연속하여 방송되거나 온라인 동영상 서비스를 통해 시청되는 경우에는 해당 영상콘텐츠 등의 마지막 회차가 방송되거나 온라인 동영상 서비스를 통해 시청에 제공된 날이 속하는 과세연도에 전체 제작비용에 대하여 세액공제를 신청하거나, 방송된 각 과세연도에 발생한 제작비용에 대하여 다음에서 정하는 바에 따라 세액공제를 신청할 수 있다(조특법 §25의6①, 조특령 §22의10⑤, 조특칙 §13의9⑧).

① 영상콘텐츠 등의 첫 번째 회차가 방송 또는 시청에 제공된 날이 속하는 과세연도 : 해당 과세연도까지 발생한 영상콘텐츠 제작비용
② 영상콘텐츠 등의 첫 번째 회차가 방송된 날이 속하는 과세연도 이후 과세연도 : 해당 과세연도까지 발생한 제작비용에서 직전 과세연도까지 발생한 제작비용을 뺀 금액(세액공제 대상[10]에서 제외된 제작비용은 빼지 아니한다)

2-5. 적용기한

2025. 12. 31.까지 발생한 비용에 한하여 적용한다.

---

6) 「소득세법」 제22조
7) 「소득세법」 제29조 및 「법인세법」 제33조
8) 「소득세법 시행령」 제40조의2 제1항 제2호 및 「법인세법 시행령」 제44조의2 제2항
9) 조특칙 별표 8의9 제2호 가목
10) 조특칙 제13조의6 제7항 제5호

3 │ 과세특례의 내용

내국인이 2025. 12. 31.까지 영상콘텐츠 제작을 위하여 국내·외에서 발생한 비용 중 위 각 요건을 충족하는 영상콘텐츠 제작비용의 3%(중견기업[11]은 7%, 중소기업은 10%)에 상당하는 금액을 소득세(사업소득에 대한 소득세만 해당한다) 또는 법인세에서 공제한다(조특법 §25의6①).

4 │ 절 차

영상콘텐츠 제작비용에 대한 세액공제를 받고자 하는 자는 다음의 구분에 따른 과세연도의 과세표준신고와 함께 세액공제신청서를 납세지 관할 세무서장에게 제출하여야 한다(조특령 §22의10⑥).

① 영상콘텐츠 등의 경우 : 처음으로 텔레비전방송으로 방송된 날이 속하는 과세연도. 다만, 영상콘텐츠 등이 여러 과세연도 기간 동안 연속하여 발송되는 경우에는 영상콘텐츠 등이 방송된 각 과세연도를 말한다.
② 영화의 경우 : 처음으로 영화상영관에서 상영된 날이 속하는 과세연도

5 │ 관련사례

구 분	내 용
제작비용	○「조세특례제한법 시행규칙」제13조의6 제1항 제1호 각 목의 '계약체결을 담당할 것'이란 계약 내용의 실질을 고려해 사실판단할 사항임. 다만, 외주제작사에 지급한 용역비 등은 「조세특례제한법 시행규칙」별표 8의9 영상콘텐츠 제작비용에 해당하지 않음(기획재정부 조세특례제도과-241, 2023. 3. 9.).

---

11) 중견기업의 요건은 제6조의 해설을 참고하기로 한다.

6 | 주요 개정연혁

1. 영상콘텐츠 제작비용 세액공제 대상에 OTT 콘텐츠 추가 등(조특법 §25의6, 조특령 §22의10, 조특칙 §13의9)

(1) 개정내용

종 전	개 정
□ 영상콘텐츠 제작비 세액공제* * (공제율) 대 3%, 중견 7%, 중소 10%	□ OTT 콘텐츠 제작비 공제 추가
○ (공제대상) ❶ (방송프로그램) 교양·오락에 관한 방송프로그램 등 ❷ (영화) 영화상영관에서 일정기간 이상 연속 상영된 영화	○ OTT 콘텐츠 추가 (좌 동)
〈추 가〉	❸ (OTT 콘텐츠) 온라인 동영상 서비스(OTT)를 통해 제공되고, 등급분류*를 받은 비디오물 * 「영화 및 비디오물의 진흥에 관한 법률」에 따른 등급분류(§50) 및 자체등급분류사업자의 등급분류(§50의2)
○ (적용제외 비용) 국가 등 출연금, 광고·홍보 등 비용	○ (추가) 이미 공제받은 기존 콘텐츠와 동일한 콘텐츠* 제작비 공제제외 명확화 * (예) TV프로그램이 OTT를 통해 다시 시청에 제공되는 경우 등

○ (공제대상 내국인 요건)
  – 실질적 제작자로서, ❶~❹ 중 3개 이상 충족하는 자
   ❶ 작가와의 계약 체결 담당
   ❷ 주요 출연자와의 계약 체결 담당
   ❸ 주요 스태프(연출·촬영·편집·조명·미술) 중 2가지 이상 분야의 책임자와 계약 체결 담당
   ❹ 제작비의 집행·관리 관련 의사결정 담당
	○ OTT 콘텐츠의 실질적 제작자도 방송·영화와 동일한 기준 적용

○ (공제적용 시기)
  – 최초로 방송·상영된 과세연도
  – 여러 과세연도에 걸쳐 방송된 경우, 마지막 회차 방송 과세연도 또는 방송된 각 과세연도
	○ OTT 콘텐츠도 동일하게 적용

○ (적용기한) 2022. 12. 31.	○ 2025. 12. 31.

(2) 개정이유

○ 영상콘텐츠 제작에 대한 세제지원 확대

(3) 적용시기 및 적용례

○ 2023. 1. 1. 이후 지출하는 OTT 콘텐츠 제작비부터 적용

제26조

고용창출투자세액공제

1 의 의

　투자진작을 위해 임시로 운영하려던 임시투자세액공제 제도가 2011년 말 적용기한이
종료됨에 따라 고용창출과 연계된 투자에 대해서만 지원하는 고용창출투자세액공제 제도가
2010년 말 신설되어 2011. 1. 1.부터 시행되었고, 2012. 1. 1.부터는 임시투자세액공제가
고용창출투자세액공제로 전환하게 되었다.

　고용창출투자세액공제의 최초 시행 과세연도인 2011년에는 임시투자세액공제(공제율
4～5%)와 병행하여 운영되었는 바 공제율이 투자금액의 1%에 불과하였으나, 2012년에는
임시투자세액공제가 2011년 말 적용기한이 종료되어 폐지되면서 공제율이 3～7%(기본공제율[1]
3～4%, 추가공제율[2] 2～3%)로 확대되었다.

　2013. 1. 1. 조특법 개정시 일자리 창출을 위해 고용촉진과 관련이 적은 일반기업의
기본공제율은 1%p 인하하고 고용촉진과 관련이 높은 추가공제율은 1%p 인상하는 한편,
중소기업의 경우 고용이 감소하는 경우에도 기본공제를 적용받을 수 있도록 개선하였는바
기본공제율은 2～4%, 추가공제율은 3%가 되었으며 2013. 1. 1. 투자하는 분부터 적용되었다.

　국회 여당과 야당은 경기회복을 위한 추가경정예산을 통과시키고 재정건전성 회복을 위해
2013. 8. 13. 조특법을 개정하여 대기업(중견기업 제외)의 기본공제율을 1%p 추가 인하하였다.

　2014. 1. 1. 법 개정시에는 전시 및 행사 대행업 등 부가가치 및 고용유발효과가 큰 업종을
공제대상에 추가하고, 장애인 및 노인 고용시 공제한도를 인상하는 한편 항공기 및 문화시설
투자를 공제대상에 추가하였으며 2014. 1. 1. 이후 개시하는 과세연도분부터 적용되었다.

　2014. 12. 23. 법 개정시에는 대기업 지원을 축소하고 지방투자 및 서비스업 지원을 위해
대기업의 기본공제를 폐지하고, 중견 및 중소기업의 경우는 기본공제율을 1%p 인하하는 대신
추가공제율을 1%p 인상하였으며, 수도권 밖 투자와 서비스업 투자의 경우 추가공제율을 1%p

---

1) 고용이 감소하지 않은 경우 받을 수 있는 공제. 고용이 1명이라도 감소한 경우 받을 수 없음.
2) 고용의 증가에 비례하여 더 많이 받을 수 있는 공제

인상하였는바 2015. 1. 1. 이후 개시하는 과세연도에 투자하는 분부터 적용되었다.

2016. 12. 20. 법 개정시에는 서비스업 지원 등을 통한 일자리 창출을 제고하기 위해 고용창출투자세액공제 대상 업종을 종전의 농업, 제조업 등 49개 업종(Positive 방식)에서 소비성 서비스업을 제외한 모든 업종(Negative 방식)으로 확대하고, 1%p의 공제율이 가산(추가공제)되는 서비스 업종을 종전의 도매 및 소매업, 방송업 등 42개 업종(Positive 방식)에서 소비성 서비스업 등을 제외한 모든 서비스 업종(Negative 방식)으로 확대하였다.

2 │ 요 건

〈요건검토〉
① 내국인 여부 → 내국법인과 거주자만 해당함.
② 업종 적정 여부 판정 → 조특령 §29③의 소비성 서비스업을 제외한 모든 업종
③ 투자 부적격 확인 → 중고품, 금융리스 외 리스, 과밀억제권역 내 투자는 제외
④ 고용 요건 충족 여부 → 해당 과세연도의 상시근로자 수 ≧ 직전 과세연도의 상시근로자 수

2-1. 대상자

내국인에 한하여 적용하므로 거주자인 개인 및 내국법인이 모두 해당된다(조특법 §26①). 그러나 당기순이익과세특례 적용대상 조합법인과 국내사업장이 있는 외국법인의 경우에는 내국법인(국내에 본점을 둔 법인)에 해당하지 아니하므로 본조의 적용대상에서 제외된다.

2-2. 적용대상 업종

고용창출투자세액공제 적용대상 업종은 종전의 경우 포지티브 방식으로 열거하고 있었으나, 서비스업 지원 확대를 위해 2016. 12. 20. 조특법 개정시 소비성 서비스업 등을 제외한 모든 서비스 업종으로 확대(네거티브 방식)하였다(조특령 §23①).

2-3. 투자 및 투자대상 자산의 범위

투자란 사업용자산에 해당하는 시설을 새로이 취득하여 사업에 사용하기 위한 투자(중고품 및 금융리스 외 리스에 의한 투자와 수도권과밀억제권역 내에 투자하는 경우는 제외)를 말한다(조특법 §26①, 조특령 §23①).

여기서 사업용자산이란 다음의 자산을 말한다(조특령 §23①, 조특칙 §3, §14).

① 건설업을 영위하는 자가 당해 사업에 직접 사용하는 기계장비

② 도매업·소매업·물류산업 또는 항공운송업을 영위하는 자가 해당 사업에 직접 사용하는 유통산업합리화시설3)

③ 등록한 관광숙박업 및 국제회의기획업, 노인복지시설을 운영하는 사업을 영위하는 자가 당해 사업에 직접 사용하는 사업용자산으로서 건축물과 당해 건축물에 부착설치된 시설물4)

④ 전기통신업을 영위하는 자가 타인에게 임대 또는 위탁운용하거나 공동으로 사용하기 위하여 취득하는 사업용자산으로서 무선설비5)

⑤ 등록한 전문휴양업 또는 종합휴양업을 영위하는 자가 해당 사업에 직접 사용하는 사업용자산으로서 숙박시설·전문휴양시설(골프장 시설은 제외) 또는 종합유원시설업의 시설.

⑥ 고용창출투자세액공제 적용대상 사업을 영위하는 자가 취득하거나 투자하는 다음의 자산으로서 건축물과 해당 건축물에 부착된 시설물

    ㉠ 등록한 사립 공공도서관 ㉡ 등록한 박물관이나 미술관

    ㉢ 등록한 공연장(영화상영관은 제외) ㉣ 등록한 과학관

2-3-1. 구체적 사례6)

(1) 부도크(플로팅도크)의 업종별 자산 해당 여부

선박을 제조하는 법인이 해상에 선박 건조용으로 설치한 부도크는 법인세법 시행규칙 [별표 5]의 구축물에 해당하여 「조세특례제한법」 제26조의 임시투자세액공제를 적용받을 수 없다(재경부 조세지출예산과-485, 2007. 6. 26.).

(2) 전지생산공정에 필수적인 X-Ray 검사설비 및 IR/OCV 측정설비의 업종별 자산 해당 여부

제조업을 영위하는 내국인이 다른 생산설비와 함께 유기적으로 결합7)되어 생산라인에 고정설치되고 제품생산에 필수적인 역할을 하는 X-Ray 검사설비 및 IR/OCV 측정설비를 투자하는 경우 동 설비는 조세특례제한법 시행규칙 제3조의 사업용자산에 해당되어 임시

---

3) 조특칙 [별표 5] 〈개정 2021. 3. 16.〉 유통산업합리화시설(제12조 제3항 제4호 관련) 참조

4) 「지방세법 시행령」 제6조

5) 「전파법 시행령」 제68조 및 제69조

6) 임시투자세액공제제도와 고용창출투자세액공제제도의 공제대상 자산인 사업용자산의 범위에 대하여는 크게 차이가 없으므로 이를 혼용하여 사례를 제시하기로 한다.

7) 개별 투자설비 등이 유기적으로 결합되어야 당해 공장의 설립목적에 따른 특정제품의 생산이 가능한 경우에는 당해 공장용 투자설비 전체를 하나의 투자단위로 보는 것임(재조예 46019-40, 2002. 3. 18., 서이 46012-10846, 2001. 12. 31.).

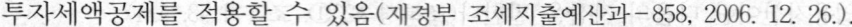

투자세액공제를 적용할 수 있음(재경부 조세지출예산과-858, 2006. 12. 26.).

□ 일반적인 기구 및 비품의 범위

ㅇ 기구 및 비품의 정의에 대한 현행 세법의 명문규정은 없으나 가구, 개인용컴퓨터, 전화기기, 시계, 시험 또는 측정기기와 같이 업종 고유의 생산설비가 아닌 범용성 있고 비교적 설치 및 이동이 간편한 자산을 의미한다고 볼 수 있음.

※ 기구 및 비품의 종류를 직접 열거하였던 법인세법(1995. 3. 30. 개정 전의 것) 규정 참고

ㅇ 기구 및 비품 중 시험 또는 측정기기는 각종 물리량(物理量)이나 현상을 측정 또는 계량하기 위한 저울, 시험기, 측정기, 계량기 등을 의미하는 것으로서, 주로 재료, 재공품, 완제품 등의 물리량 등을 측정하거나 계량하기 위한 것으로 생산설비와는 별도로 분리되어 독립적으로 기능을 수행함.

---

(3) 창고외부건물 및 내부의 자동화시설의 포함 여부

물류산업을 영위하는 자가 「조세특례제한법 시행규칙」 [별표 5]의 유통산업합리화시설 중 '8. 창고시설'에 투자하는 경우 「조세특례제한법」 제26조의 임시투자세액공제를 적용할 수 있는 것이며, 동 창고시설에 대한 투자에는 창고외부건물 및 내부의 자동화시설이 모두 포함되는 것임. 이 경우 창고는 「건축법 시행령」 [별표 1] 제18호(2006. 5. 8. 개정 전의 경우 14호) 가목의 창고를 말하는 것이다(재경부 조세지출예산과-667, 2006. 9. 27.).

(4) BOT, BTO 방식으로 민간투자시

조세특례제한법상 투자요건 측면에서 투자세액공제 대상은
ⅰ) 투자에 의해 소유권을 취득하고
ⅱ) 시설에 투자한 내국인이 당해 시설의 사용자인 경우에 한하여 적용한다.

우선 BOT(Build-Own-Transfer) 방식 투자는 세액공제대상 투자에 해당된다(재경부 조세지출예산과-166, 2005. 3. 11.). 그 이유는 세액공제대상 시설을 일정기간 동안 사업시행자가 소유하고 일정기간 만료 후* 시설의 소유권을 국가 또는 지방자치단체에 귀속하므로 투자요건을 충족하기 때문이다.

* 사업시행자의 소유기간이 투자를 완료한 날이 속하는 과세연도의 종료일로부터 2년(2004년 이전은 3년)이 경과하기 전에 만료되는 경우에는 조세특례제한법 제146조의 규정에 의해 감면세액을 추징함.

한편, BTO(Build-Transfer-Operate) 방식 투자는 세액공제대상 투자에 해당하지 아니한다. 그 이유는 사회기반시설의 준공과 동시에 소유권이 국가 또는 지방자치단체에 귀속되고, 사업시행자는 일정기간 동안 시설관리운영권을 가지게 되므로 투자요건을 충족하지 못하기 때문이다. 또한, 소유권 이전 후 계약내용을 변경하여 소유권을 다시 취득하는 경우에도 신규투자로 볼 수 없어 임시투자세액공제를 받을 수 없다.

| BOT, BTO투자의 비교 |

구 분	BOT	BTO
소유권	사업시행자	국가·지방자치단체
시설사용내용	무상사용수익	소유수익
감가상각	사용수익기간 동안 균등상각(사용수익기부자산)	
기부채납시	영세율 적용	영세율 적용
재산세	사업시행자 부담	재산세 부담 없음.
유지관리비부담	사업시행자	국가·지방자치단체
주요사업	복합물류시설 등	민자도로 등
임시투자세액공제	공제 가능	공제 안 됨.

(5) 폐기물처리업의 사업용자산의 범위

폐기물처리업을 영위하는 사업자의 고용창출투자세액공제대상 사업용자산은 「폐기물 관리법 시행령」[별표 2]에서 규정하고 있는 폐기물처리시설(동 시설이 건물·구축물에 해당하지 아니하는 경우에 한함)인 것이며 폐기물수집운반용차량, 폐기물수집용구인 박스, 폐기물수집 품정리 및 소각로투입용 굴삭기, 소각로 및 집진기계장치 보호용 건축물은 당해 사업에 주로 사용하는 경우라도 「법인세법 시행규칙」[별표 5]의 적용을 받는 자산에 해당하므로 임시투자세액공제대상 사업용자산에 해당하지 않는 것이다(재경부 조세지출예산과−281, 2005. 5. 6.).

| 폐기물처리업의 주요자산 및 분류 |

구 분	사업자 자산분류	법인세법 별표 구분	임시투자세액 공제 여부
폐기물수집운반용차량	차량운반구	별표 5(차량운반구)	공제 안됨
폐기물수집용구(박스)	공구, 기구	별표 5(기구 및 비품)	공제 안됨
폐기물 정리 및 소각로 투입장비(굴삭기)	중장비	별표 5(차량운반구)	공제 안됨
폐기물처리용 소각로 및 집진기계장치	기계장치	별표 6* (업종별 자산)	공제 가능
소각로 및 집진기계장치 보호용건축물	건물, 구축물	별표 5 (건물, 구축물)	공제 안됨

(6) 제조업에서 사용하는 굴삭기 등의 사업용자산 해당 여부

제조업을 영위하는 법인이 당해 사업에 주로 사용하는 천공기, 쇄석기, 로우더, 굴삭기, 불도우저 등(원동기를 장치하여 무한궤도 또는 타이어 등에 의해 이동하는 것에 한함)은 법인세법 시행규칙 [별표 5]의 차량운반구에 해당하는 것으로서 사업용자산에 해당하지 않는 것이며, 계측기기는 법인세법 시행규칙 [별표 5]의 "기구 및 비품"에 해당하는 것이므로 사업용자산에 해당하지 아니하는 것이다(재경부 조세지출예산과−110, 2005. 2. 5.).

〈견해〉

① '차량 및 운반구'에 대하여 특정한 규정은 없으나 지방세법, 자동차관리법, 구 법인세법 시행규칙 [별표 1]의 차량 및 운반구 분류표 등을 종합하여 판단하면

  ㉠ 원동기를 장치하여 육상에서 이동할 목적으로 제작된 용구

    (자동차, 승합차, 화물차 등 승객 또는 화물 운송용 차량 및 불도우저, 굴삭기, 지게차 등 이동이 가능한 기계장비 등)

ⓒ 위 ㉠에 의해 견인되어 이동할 목적으로 제작된 용구
(트레일러 등)

ⓒ 삭도나 궤도에 의해 승객이나 화물을 운송하는 모든 기구이므로
[궤도운송(기차, 화차, 광차 등), 삭도운송(케이블카 등)]
천공기, 쇄석기, 로우더, 굴삭기, 불도우저 등 기계장비에 원동기를 장치하여 무한궤도
또는 타이어 등에 의해 이동하는 것은 차량운반구로 분류하는 것이 타당함.

※ 다른 차량에 의해 운반되고 작업장에 설치되어 작업을 수행하는 고정식 기계장치 등은 차량운반구가
아니다.

② '차량 및 운반구'는

㉠ 종류별로 구체적으로 열거하여 내용연수를 달리 적용하다가

ⓒ 1995. 3. 30.에 자산분류 기준을 개편하면서 감가상각비가 판매비와 일반관리비를
구성하는 경우에 한하여 차량운반구로 분류하도록 변경하였고

* 국세청 예규(법인 46012-3794, 1995. 10. 9.)는 ②의 내용을 감안하여 감가상각비가 제조원가를 구성하면
[별표 6]의 업종별 자산에 해당한다고 해석

ⓒ 1999. 5. 24.에 모든 차량운반구를 [별표 5]의 자산으로 분류 후

ⓔ 2000. 3. 9.에 현행과 같이 운수업(60. 육상, 61. 수상, 62. 항공, 63. 여행알선, 창고 및
운송관련 서비스업)과 기계장비 및 소비용품 임대업(71)을 제외한 모든 업종의 차량운반
구를 [별표 5]에 의한 자산으로 분류하도록 하고 있다. 따라서 제조업을 영위하는
법인의 차량운반구는 법인세법 시행규칙 [별표 5]의 적용을 받는 자산에 해당한다.

③ **계측기기**의 사전적 정의는 각종 물리량(物理量)이나 현상을 측정 또는 계량하기 위한
기계·기구의 총칭을 말하며, 계측기기의 자산분류 변경 연혁상 **시험기기 및 측정기기**는
"기구 및 비품"으로 분류되어 왔다.

④ 조세특례제한법 시행규칙 제8조(연구시험용시설 등의 범위)와의 관계에 대하여 살펴보면,
같은 법 제8조 제1항 제1호에서 "공구 또는 사무기기 및 통신기기, 시계·시험기기
및 계측기기, 광학기기 및 사진제작기기"를 규정하고 있다. 이는 기구 및 비품으로서
사업용자산이 아님에도 연구시험용시설로 분류하여 연구 및 인력개발 설비투자
세액공제대상으로 포함하고 있음을 알 수 있다.

(7) 사업용자산을 둘 이상의 사업에 사용시 임시투자세액공제 적용 방법

도매업과 제조업을 겸업하는 사업자가 「조세특례제한법 시행규칙」 [별표 5]의 유통산업합리화시설 중 '창고시설'을 신축하고 도매업과 제조업에 공동으로 사용하는 경우 임시투자세액공제를 적용함에 있어, 당해 창고시설을 도매업에 주로 사용하는 경우에는 투자금액 전체에 대하여 임시투자세액공제를 적용하는 것이며, 당해 창고시설을 제조업에 주로 사용하는 경우에는 임시투자세액공제를 적용할 수 없는 것임(재경부 조세지출예산과-230, 2006. 4. 20.).

※ 사업용자산을 공제대상사업과 공제대상 외의 사업에 공동으로 사용하는 경우

㉠ 임시투자세액공제는 별도의 규정이 없으나

㉡ 중소기업투자세액공제의 경우 당해 사업용자산을 주로 사용하는 사업의 자산으로 보아 투자세액공제를 적용하는 것이며(조특령 §4) "주로 사용하는 사업"이라 함은 사용시간, 사용정도를 비교하여 사용비율이 큰 사업으로 규정하고 있다(조특칙 §4).

※ 주로 사용하는 사업은 사용시간, 사용정도를 비교하여 사용비율이 큰 사업을 말하는 것으로, 당해 시설의 종류에 따라 사용시간, 사용면적, 운행거리 등 객관적이고 합리적인 기준을 사용할 수 있다.

(8) 송유관, 가압장치, 저유탱크의 세액공제 대상 여부

화물운송업을 영위하는 내국법인이 송유관, 가압장치, 저유탱크를 새로이 취득하여 사업에 사용하기 위한 투자를 하는 경우, 구축물인 송유관은 「법인세법 시행규칙」 별표 5의 건축물 등의 기준내용연수 및 내용연수범위표를 적용받는 자산에 해당하여 「조세특례제한법」(2004. 12. 31. 법률 제7261호로 일부개정된 것) 제26조에 따른 임시투자세액 공제가 적용되지 아니하는 것이나, 사업용 자산인 가압장치는 「조세특례제한법 시행규칙」(2008. 4. 29. 기획재정부령 제16호로 일부개정된 것) 제3조 제1항 제1호에 따른 「법인세법 시행규칙」 별표 6의 업종별 자산의 기준내용연수 및 내용연수범위표의 적용을 받는 자산에 해당하여 임시투자세액공제 적용대상이 되는 것이며, 물품의 보관·저장 및 반출을 위한 탱크시설(지상 또는 지하에 고정설치된 것에 한한다)인 저유탱크는 위 「조세특례제한법 시행규칙」 별표 3의 유통산업합리화시설에 해당하는 경우 임시투자세액공제 적용대상이 되는 것임(재조특-697, 2012. 7. 31.).

물류산업을 영위하는 내국법인이 윤활유 등의 보관·저장 및 반입·반출을 위한 배관설비와 해당 배관설비를 지지하기 위한 파이프랙을 취득하는 경우, 그 시설은 「조세특례제한법 시행규칙」 제14조 제2호 및 같은 법 시행규칙 별표 3 제8호에 따른 "물품의 보관·저장 및 반입·반출을 위한 탱크시설(지상 또는 지하에 고정설치된 것에 한정하고, 탱크시설에 필수적으로 부수되는 배관시설 등을 포함한다)"에 해당하는 것이며, 해당 배관설비와 파이프랙이 이에

해당하는지 여부는 사실판단할 사항임(재조특-199, 2013. 3. 12.).

저자의 견해

송유관 등의 배관은 구축물로서 고용창출투자세액공제가 적용되지 않는 것이나, 해당 관이 고용창출투자세액공제 적용대상인 저유탱크 등에 부수된다면 저유탱크 등과 동일한 시설로 보아 고용창출투자세액공제가 적용된다 할 것이다.

기획재정부 유권해석 해설

질 의 물류산업을 영위하는 법인의 탱크터미널을 구성하는 배관설비와 해당 배관설비를 지지하기 위한 파이프랙이 고용창출투자세액공제의 적용 대상 투자설비에 해당하는지 여부

회 신 기획재정부 조세특례제도과-199, 2013. 3. 12.

○ 물류산업을 영위하는 내국법인이 윤활유 등의 보관·저장 및 반입·반출을 위한 배관설비와 해당 배관설비를 지지하기 위한 파이프랙을 취득하는 경우 그 시설은 「조세특례제한법 시행규칙」 제14조 제2호 및 같은 법 시행규칙 별표 3 제8호에 따른 "물품의 보관·저장 및 반입·반출을 위한 탱크시설(지상 또는 지하에 고정설치된 것에 한정하고, 탱크시설에 필수적으로 부수되는 배관시설 등을 포함한다)"에 해당하는 것이며, 해당 배관설비와 파이프랙이 이에 해당하는지 여부는 사실판단 사항임.

저자의 견해

○ 투자세액공제 대상 사업용자산에는 토지와 별표 1의 유형자산(건축물, 하수도, 굴뚝 등 토지에 정착한 모든 토목설비나 공작물을 의미하는 구축물)등은 제외함이 원칙

○ 다만, 물류산업을 영위하는 자가 당해 사업을 직접 사용하는 사업용 자산으로서 별표 3의 유통합리화 시설에는 제8호에 물품의 보관·저장 및 반입·반출을 위한 탱크시설(지상 또는 지하에 고정설치된 것에 한정)에는 "탱크시설에 필수적으로 부수되는 배관시설 등을 포함한다"로 규정

○ 즉, 물류산업 법인의 배관설비와 파이프랙은 탱크에 보관, 저장된 윤활유의 반입·반출에 필수적인 시설이고, 탱크와 유기적으로 결합되어 하나의 시설로 운영되고 있는 점을 감안하여 공제대상 탱크시설에 포함

○ 참고로, 종전 기재부 해석(조세지출예산과-858, 2006. 12. 26.)에서도 다른 생산설비와 함께 유기적으로 결합되어 제품생산에 필수적인 역할을 하는 검사 및 측정설비의 경우 임시투자세액공제가 적용되는 것으로 판단한 바 있음.

---

(9) 진열대, 조명 등 인테리어의 세액공제 대상 여부

도매 및 소매업을 영위하는 내국인이 「조세특례제한법 시행규칙」 제3조에 의한 사업용자산에 해당하는 취득가액이 거래단위(취득한 자가 그 취득한 자산을 독립적으로 사업에 직접 사용할 수 있는 것)별로 20만원 이상으로서 그 고유업무의 성질상 대량으로 보유하고 그 자산으로부터 직접 수익을 얻는 비품에 투자하는 경우 「조세특례제한법」 제26조에 따른 고용창출투자세액 공제를 적용할 수 있는 것이며, 이 경우 당해 자산의 고유업무의 성질상 대량으로 보유하는지

여부는 당해 법인의 사업규모, 자산구성, 종업원수 등을 종합적으로 참작하여 사실판단할 사항임(법인세과-67, 2013. 2. 4.).

저자의 견해

비품의 경우 세액공제 대상이 되지 않는 것이나, 호텔의 침대 등과 같이 20만원 이상이고, 대량으로 보유하며, 해당 자산으로부터 직접 수익을 얻는 것은 세액공제 대상으로 볼 수 있다. 다만, 진열대, 조명 등이 직접 수익을 얻게 하는 비품인지에 대해서는 사실판단할 사항으로 보인다. 이와 관련한 사례로 조세심판원은 '임시투자세액공제는 동 업종을 영위하는 데 필수적이고 핵심적인 비품에 대해서만 제한적으로 허용하는 것으로 의류 소매업을 영위하는 데 있어 매장을 구성하는 비품 중 가구(창고는 제외한다), 금속자재, 기타비품(마네킹), 목공(계산대는 제외한다)은 의류 소매업 매출에 핵심적 역할을 하는 비품으로 보이나, 나머지 컴퓨터 장비, 조명, 보안장치, 출입구 등은 모든 업종에서 사용할 수 있는 범용성 있는 물품으로 소매업 매출에 필수적이고 핵심적인 역할을 하는 비품에 해당된다고 보기 어렵다.'고 결정하였다(조심 2014서165, 2014. 5. 29.).

(10) 기존 창고시설(유통합리화시설)의 취득이 세액공제 대상인지 여부

조세특례제한법 제26조의 임시투자세액공제를 적용함에 있어 같은 법 시행규칙 제14조 제2호 별표 5의 유통합리화시설의 구분 8 창고시설 등을 취득하는 경우 해당 창고시설이 기존의 창고시설 사업자가 사용하던 시설인 경우에는 중고설비를 취득하는 것이므로 세액공제를 적용받을 수 없는 것임(서면2팀-38, 2005. 1. 5.).

저자의 견해

건물은 사업용 자산이나 투자규모가 커 이를 사업용자산으로 인정할 경우 조세지출이 커지고, 투자 진작이라는 제도 취지와 거리가 있어 공제대상 자산에서 제외하고 있다. 다만, 도매업 등 유통산업을 영위하는 일부 업종의 경우 창고시설 중 건물부분이 해당 업종을 영위하기 위한 필수 투자자산인 점 등을 감안하여 세액공제를 인정하고 있다.

그러나, 동 건물을 포함한 창고시설이 중고시설인 경우는 공제대상에서 제외하고 있는데 중고시설에 대해 공제를 인정할 경우 기업이 중고시설을 매입 후 즉시 매각한 후 다시 동일 시설을 매입하는 것을 반복할 경우 실질적인 투자유인 효과는 없으면서 세액공제만 중복으로 받게 되는 문제가 있기 때문으로 이해된다.

다만, 유통산업 창업자가 기존 건물을 구입하여 창고시설을 신규투자할 경우 기존 건물을 세액공제 대상에 포함할지 여부는 재검토할 필요가 있다 하겠다.

이유는 조문상 중고품을 공제대상에 제외하고 있어 기존 건물을 "중고품"으로 보기 어렵고, 신규투자한 창고시설과 기존 건물은 일체화되어 있어 모두를 신규투자 시설로 볼 수 있을 것이다. 마지막으로, 세액공제 대상을 창고시설을 설치하기 위한 건물을 신축한 경우로 한정하는 것은 공제대상 범위가 지나치게 협소하여 투자진작이라는 제도의 취지에 부합하기 어렵다는 것이다.

2-4. 고용 요건

해당 과세연도의 상시근로자 수가 직전 과세연도의 상시근로자 수보다 감소하지 아니하여야 한다(조특법 §26①).

2-4-1. 상시근로자

상시근로자는 근로계약을 체결한 내국인 근로자로 한다. 다만, 다음의 어느 하나에 해당하는 사람은 제외한다(조특령 §23⑩).
① 근로계약기간이 1년 미만인 근로자. 다만, 근로계약의 연속된 갱신으로 인하여 그 근로계약의 총 기간이 1년 이상인 근로자는 상시근로자로 본다.
② 단시간근로자.[8] 다만, 1개월간의 소정근로시간이 60시간 이상인 근로자는 상시근로자로 본다.
③ 임원[9]
④ 해당 기업의 최대주주 또는 최대출자자(개인사업자의 경우에는 대표자)와 그 배우자
⑤ 위 ④에 해당하는 자의 직계존비속(그 배우자를 포함) 및 친족관계[10]인 사람
⑥ 근로소득원천징수부[11]에 의하여 근로소득세를 원천징수한 사실이 확인되지 아니하고, 다음의 어느 하나에 해당하는 금액의 납부사실도 확인되지 아니하는 자
　㉠ 부담금 및 기여금[12]
　㉡ 직장가입자의 보험료[13]

2-4-2. 상시근로자 수

상시근로자 수는 다음 계산식에 따라 계산한 수로 한다. 이 경우 계산한 상시근로자 수 중 100분의 1 미만 부분은 없는 것으로 한다(조특령 §23⑪·⑫).

---

8) 「근로기준법」 제2조 제1항 제9호
9) 「법인세법 시행령」 제40조 제1항 각 호의 어느 하나에 해당하는 임원을 말한다.
10) 「국세기본법 시행령」 제1조의2 제1항
11) 「소득세법 시행령」 제196조
12) 「국민연금법」 제3조 제1항 제11호 및 제12호
13) 「국민건강보험법」 제69조

상시근로자 수 = 해당 과세연도의 매월 말 현재 상시근로자 수의 합 / 해당 과세연도의 개월 수[14]

다만, 1개월간의 소정근로시간이 60시간 이상인 단시간근로자 1명은 0.5명으로 하여 계산하되, 다음의 요건을 모두 갖춘 경우(상용형 시간제 근로자)에는 0.75명으로 계산한다(조특령 §23⑪).

① 해당 과세연도의 상시근로자 수(1개월간의 소정근로시간이 60시간 이상인 단시간근로자는 제외한다)가 직전 과세연도의 상시근로자 수(1개월간의 소정근로시간이 60시간 이상인 단시간근로자는 제외한다)보다 감소하지 아니하였을 것
② 기간의 정함이 없는 근로계약을 체결하였을 것
③ 상시근로자와 시간당 임금(임금, 정기상여금·명절상여금 등 정기적으로 지급되는 상여금과 경영성과에 따른 성과금 포함), 그 밖에 근로조건과 복리후생 등에 관한 사항에서 차별적 처우[15]가 없을 것
④ 시간당 임금이 최저임금액의 130%(중소기업의 경우 120%) 이상일 것

2-4-3. 직전 과세연도 상시근로자 수 의제

해당 과세연도에 창업 등을 한 내국인의 경우에는 다음의 구분에 따른 수를 직전 과세연도의 상시근로자 수로 본다(조특령 §23⑬).

① 창업[16][17]한 경우 : 0

---

14) 「부가가치세법 시행령」 제6조 제3호에 따른 아래의 사업개시일로부터 해당 과세기간 종료일까지의 개월 수를 말함(서면법규－134, 2014. 2. 11.).
　① 제조업 : 제조장별로 재화의 제조를 시작하는 날
　② 광업 : 사업장별로 광물의 채취·채광을 시작하는 날
　③ 그 외의 사업 : 재화나 용역의 공급을 시작하는 날
15) 「기간제 및 단시간근로자 보호 등에 관한 법률」 제2조 제3호
16) 조특법 제6조 제10항 제1호부터 제3호까지의 규정에 해당하는 경우는 제외한다.
17) 조특법 제6조 제10항 : 제1항부터 제9항까지의 규정을 적용할 때 다음 각 호의 어느 하나에 해당하는 경우는 창업으로 보지 아니한다.
　1. 합병·분할·현물출자 또는 사업의 양수를 통하여 종전의 사업을 승계하거나 종전의 사업에 사용되던 자산을 인수 또는 매입하여 같은 종류의 사업을 하는 경우. 다만, 다음 각 목의 어느 하나에 해당하는 경우는 제외한다.
　가. 종전의 사업에 사용되던 자산을 인수하거나 매입하여 같은 종류의 사업을 하는 경우 그 자산가액의 합계가 사업 개시 당시 토지·건물 및 기계장치 등 대통령령으로 정하는 사업용자산의 총가액에서 차지하는 비율이 100분의 50 미만으로서 대통령령으로 정하는 비율 이하인 경우
　나. 사업의 일부를 분리하여 해당 기업의 임직원이 사업을 개시하는 경우로서 대통령령으로 정하는 요건에 해당하는 경우
　2. 거주자가 하던 사업을 법인으로 전환하여 새로운 법인을 설립하는 경우
　3. 폐업 후 사업을 다시 개시하여 폐업 전의 사업과 같은 종류의 사업을 하는 경우

② 조특법 제6조 제10항 제1호(합병·분할·현물출자 또는 사업의 양수 등을 통하여 종전의 사업을 승계하는 경우는 제외)부터 제3호[18])까지의 어느 하나에 해당하는 경우 : 종전 사업, 법인전환 전의 사업 또는 폐업 전의 사업의 직전 과세연도 상시근로자 수

③ 해당 과세연도에 합병·분할·현물출자 또는 사업의 양수 등에 의하여 종전의 사업부문에서 종사하던 상시근로자를 승계한 경우 또는 조특령 제11조 제1항에 따른 특수관계인[19])으로부터 상시근로자를 승계한 경우
- (승계시킨 기업) 직전 과세연도 상시근로자 수 - 승계시킨 상시근로자 수
- (승계한 기업) 직전 과세연도 상시근로자 수 + 승계한 상시근로자 수

위 ③의 경우, 해당 과세연도의 상시근로자 수는 해당 과세연도 개시일에 상시근로자를 승계시키거나 승계한 것으로 보아 계산한 상시근로자 수로 한다.

2-5. 적용기한

2017. 12. 31.까지 사업용자산에 해당하는 시설을 새로이 취득하기 위하여 투자하는 경우에 한하여 적용한다.

2-6. 투자의 개시시기

투자의 개시시기는 다음의 어느 하나에 해당하는 때로 한다(조특령 §23⑭).
① 국내·국외 제작계약에 따라 발주하는 경우에는 발주자가 최초로 주문서를 발송한 때
② 위 ①에 의한 발주에 의하지 아니하고 매매계약에 의하여 매입하는 경우에는 계약금 또는 대가의 일부를 지급한 때(계약금 또는 대가의 일부를 지급하기 전에 당해 시설을 인수한 경우에는 실제로 인수한 때)
③ 당해 시설을 수입하는 경우로서 승인을 얻어야 하는 경우에는 제1호 및 제2호의 규정에 불구하고 수입승인을 얻은 때
④ 자기가 직접 건설 또는 제작하는 경우에는 실제로 건설 또는 제작에 착수한 때. 이 경우 사업의 타당성 및 예비적 준비를 위한 것은 착수한 때에 포함하지 아니한다.
⑤ 타인에게 건설을 의뢰하는 경우에는 실제로 건설에 착공한 때. 이 경우 사업의 타당성 및 예비적 준비를 위한 것은 착공한 때에 포함하지 아니한다.

---

18) 위 ① 조문 참조
19) **조특령 제11조 제1항(특수관계인)** : 「법인세법 시행령」 제2조 제5항 및 「소득세법 시행령」 제98조 제1항에 따른 특수관계인을 말한다. 이 경우 「법인세법 시행령」 제2조 제5항 제2호의 소액주주 등을 판정할 때 「법인세법 시행령」 제50조 제2항 중 "100분의 1"은 "100분의 30"으로 본다.

투자의 개시시기와 관련하여 위 ①~⑤에 동시에 적용되는 경우가 발생할 수 있다. 이에 대한 우선 순위는 정하여져 있지 아니하지만 가장 합리적인 방법을 적용하여야 할 것이다. 예를 들어 장기공사 및 대규모 프로젝트의 경우 사업의 타당성 및 예비적 준비로 인하여 투자의 개시시기가 문제가 될 수 있다. 이런 사업의 경우 실제 공사 착공 전에 사업의 타당성 검토 등 사전준비단계를 거치는데 이를 투자 개시시기에서 제외됨을 명확히 하고, 투자 개시시기의 미비점을 보완하기 위해 2008. 10. 7. 조특령 개정시 위 ⑤가 신설되었다. 따라서 이에 대한 요건이 충족되면 이를 우선 적용함이 입법취지 등을 감안할 때 타당하다고 판단된다.

> **프로젝트성 건설공사의 투자 개시시기**
> 정유공장의 정제설비 관련 프로젝트성 건설공사를 타인에게 의뢰하는 경우 투자의 개시시기는 「조세특례제한법 시행령」 제23조(2008. 10. 7. 대통령령 제21064호로 일부개정된 것) 제8항 제5호에 따른 "실제로 건설에 착공한 때"가 되는 것입니다. 이 경우 사업의 타당성 및 예비적 준비를 위한 것은 착공한 때에 해당하지 아니하는 것이나 귀 질의가 이에 해당하는지 여부는 사실판단할 사항임(기획재정부 조세특례제도과-695, 2012. 7. 31.).

3 | 조세특례의 내용

3-1. 세액공제액

| 개 요 |

구 분		대기업		중견기업		중소기업	
		수도권 안	수도권 밖	수도권 안	수도권 밖	수도권 안	수도권 밖
기본공제		배제	배제	1%	2%	3%	3%
(고용감소시)		배제				허용*	
추가공제** (고용증가 비례)	일반업종	3%	4%	5%	6%	6%	7%
	서비스업	4%	5%	6%	7%	7%	8%
합 계	일반업종	3%	4%	6%	8%	9%	10%
	서비스업	4%	5%	7%	9%	10%	11%

* 고용감소시 1인당 1,000만원을 기본공제금액에서 차감(해당 금액이 음수인 경우에는 0으로 한다)
** 추가공제한도 : 마이스터고 등 2천만원, 청년 1,500만원, 기타 1천만원

다음의 구분에 따라 계산한 금액을 더한 금액을 해당 투자가 이루어지는 각 과세연도의 소득세(사업소득에 대한 소득세만 해당한다) 또는 법인세에서 공제한다(조특법 §26①).

① 기본공제금액
  - (중소기업) 투자금액의 3%. 다만, 해당 과세연도의 상시근로자 수가 직전 과세연도의 상시근로자 수보다 감소한 경우에는 감소한 상시근로자 1명당 1천만원씩 뺀 금액으로 하며, 해당 금액이 음수인 경우에는 영으로 한다.
  - (중견기업[20]) 다음의 금액. 해당 과세연도의 상시근로자 수가 직전 과세연도의 상시근로자 수보다 감소하지 아니한 경우에만 적용
    가. 「수도권정비계획법」 제6조 제1항 제2호의 성장관리권역 또는 같은 항 제3호의 자연보전권역(이하 "수도권과밀억제권역 외 수도권"이라 한다) 내에 투자하는 경우에는 투자금액의 1%
    나. 수도권 밖의 지역에 투자하는 경우에는 투자금액의 2%
② 추가공제금액
  - (수도권과밀억제권역 외 수도권 내 투자) 투자금액의 3%(중소기업은 6%, 중견기업은 5%)
  - (수도권 밖 투자) 투자금액의 4%(중소기업은 7%, 중견기업은 6%)
  - (서비스업을 영위하는 경우) 투자금액의 1% 가산

여기서, 서비스업이란 다음의 어느 하나에 해당하는 사업을 제외한 사업을 말한다(조특령 §23④).
① 농업, 임업 및 어업 ② 광업 ③ 제조업 ④ 전기, 가스, 증기 및 수도사업
⑤ 건설업 ⑥ 소비성서비스업

둘 이상의 서로 다른 사업을 영위하는 내국인이 서비스업과 그 밖의 사업에 공동으로 사용되는 사업용자산을 취득한 경우에는 해당 사업용자산은 그 자산을 주로 사용하는 사업의 사업용자산으로 본다(조특령 §23⑥).

또한, 추가공제금액이 ㉠부터 ㉢까지의 금액을 순서대로 더한 금액에서 ㉣의 금액을 뺀 금액을 초과하는 경우에는 그 초과하는 금액은 없는 것으로 한다(추가공제 한도)(조특법 §26① 2).
  ㉠ 해당 과세연도에 최초로 근로계약을 체결한 상시근로자 중 산업수요맞춤형고등학교 등[21]의 졸업생 수×2천만원(중소기업의 경우는 2천500만원)

---

20) 중견기업의 요건은 제6조의 해설을 참고하기로 한다.
21) 「초·중등교육법」 제2조에 따른 학교로서 산업계의 수요에 직접 연계된 맞춤형 교육과정을 운영하는 고등학교 등 직업교육훈련을 실시하는 다음의 어느 하나에 해당하는 학교를 말한다(조특령 §23⑤).
① 「초·중등교육법 시행령」 제90조 제1항 제10호에 따른 산업수요 맞춤형 고등학교
② 「초·중등교육법 시행령」 제91조 제1항에 따른 특성화고등학교
③ 「초·중등교육법」 제2조 제5호에 따른 각종학교(제60조의3에 따른 대안학교 중 직업과정을 운영하는 학교

ⓛ 해당 과세연도에 최초로 근로계약을 체결한 ㉠ 외의 상시근로자 중 청년근로자, 장애인근로자, 60세 이상인 근로자 수×1천500만원(중소기업의 경우는 2천만원)

㉢ (해당 과세연도의 상시근로자 수 − 직전 과세연도의 상시근로자 수 − ㉠에 따른 졸업생 수 − ⓛ에 따른 청년근로자, 장애인근로자, 60세 이상인 근로자 수)×1천만원(중소기업의 경우는 1천500만원)

㉣ 해당 과세연도에 이월공제[22]받는 금액

산업수요맞춤형고등학교등의 졸업생 수는 근로계약 체결일 현재 산업수요맞춤형고등학교 등을 졸업한 날부터 2년 이상 경과하지 아니한 상시근로자 수(해당 과세연도의 상시근로자 수에서 직전 과세연도의 상시근로자 수를 뺀 수를 한도로 한다)로 한다(조특령 §23⑦).

청년근로자 수는 근로계약 체결일 현재 15세 이상 29세 이하인 상시근로자 수(해당 과세연도의 상시근로자 수에서 직전 과세연도의 상시근로자 수 및 산업수요맞춤형고등학교 등의 졸업생 수를 뺀 수를 한도로 한다)로 한다. 다만, 그 청년근로자가 아래의 병역을 이행한 경우에는 그 기간(6년 한도)을 근로계약 체결일 현재 연령에서 빼고 계산한 연령이 29세 이하인 사람을 포함한다(조특령 §23⑧).

① 현역병(상근예비역 및 의무경찰·의무소방원 포함)
② 사회복무요원
③ 현역에 복무하는 장교, 준사관 및 부사관

장애인근로자 수는 근로계약 체결일 현재 장애인인 상시근로자 수와 상이자인 상시근로자 수를 더한 수(해당 과세연도의 상시근로자 수에서 직전 과세연도의 상시근로자 수, 산업수요맞춤형고등학교 등의 졸업생 수와 청년근로자 수를 뺀 수를 한도로 한다)로 한다(조특령 §23⑧).

60세 이상인 근로자수는 근로계약 체결일 현재 60세 이상인 상시근로자 수(해당 과세연도의 상시근로자 수에서 직전 과세연도의 상시근로자 수, 산업수요맞춤형고등학교 등의 졸업생 수, 청년근로자 수와 장애인근로자 수를 뺀 수를 한도로 한다)로 한다(조특령 §23⑧).

3-2. 투자금액의 계산

투자금액은 ①에서 ②를 뺀 금액으로 한다(조특령 §23②).
① 총투자금액에 작업진행률에 따라 계산한 금액과 해당 과세연도까지 실제로 지출한 금액 중 큰 금액

및 같은 법 시행령 제76조의2 제1호에 따른 일반고등학교 재학생에 대한 직업과정 위탁교육을 수행하는 학교만 해당한다)
22) 조특법 제144조 제3항

② 다음의 금액을 더한 금액

    ㉠ 해당 과세연도 전에 기본공제금액[23]을 적용받은 투자금액

    ㉡ 해당 과세연도 전의 투자분으로서 ㉠의 금액을 제외한 투자분에 대하여 위 ①을 준용하여 계산한 금액

3-3. 중간예납세액에서 투자세액공제액을 차감하는 경우

3-3-1. 내국법인

내국법인이 중간예납[24] 또는 연결중간예납[25]을 할 때 그 중간예납기간에 본조의 적용대상이 되는 투자를 한 경우에는 그 중간예납세액에서 본조의 투자세액공제 규정을 준용하여 계산한 중간예납기간의 투자분에 해당하는 세액공제액을 뺀 금액을 중간예납세액으로 하여 납부할 수 있다(조특법 §26②). 이때 납부 또는 신고하는 중간예납세액이 직전 과세연도 최저한세액(最低限稅額)의 100분의 50에 미달하는 경우에는 그 미달하는 세액에 상당하는 중간예납기간의 투자분에 해당하는 세액공제액은 빼지 아니한다(조특법 §26⑤).

3-3-2. 거주자

거주자가 중간예납을 할 때 그 중간예납기간에 본조의 적용대상이 되는 투자를 한 경우에는 그 중간예납세액에서 본조의 투자세액공제 규정을 준용하여 계산한 중간예납기간의 투자분에 해당하는 세액공제액(그 중간예납세액 중 사업소득에 대한 세액을 한도로 한다)을 뺀 금액을 중간예납세액으로 하여 11월 1일부터 11월 30일까지의 기간에 납세지 관할 세무서장에게 신고할 수 있다. 이 경우 "해당 과세연도"는 "중간예납기간"으로 본다(조특법 §26③). 이에 따라 거주자가 신고를 한 경우에는 「소득세법」에 따라 신고한 것으로 본다(조특법 §26④). 한편 거주자가 납부 또는 신고하는 중간예납세액이 직전 과세연도 최저한 세액(最低限稅額)의 100분의 50에 미달하는 경우에는 그 미달하는 세액에 상당하는 중간예납기간의 투자분에 해당하는 세액공제액은 빼지 아니한다(조특법 §26⑤).

3-4. 개성공업지구에 투자하는 경우

개성공업지구에 위의 투자를 하는 경우에도 본조의 규정을 준용한다[26][27][28](조특령 §23⑱).

---

23) 조특법 제26조 제1항 제1호

24) 「법인세법」 제63조의2 제1항 제2호의 방법으로 중간예납(中間豫納)하는 경우는 제외한다.

25) 「법인세법」 제76조의18 제1항 제2호의 방법으로 중간예납하는 경우는 제외한다.

4 ┃ 사후관리

4-1. 일반적인 경우

본조의 규정에 따라 소득세 또는 법인세를 공제받은 자가 그 공제받은 과세연도 종료일부터 2년이 되는 날이 속하는 과세연도 종료일까지의 기간 중 각 과세연도의 상시근로자 수가 공제받은 과세연도의 상시근로자 수보다 감소한 경우에는 공제받은 세액에 상당하는 금액을 소득세 또는 법인세로 납부하여야 한다(조특법 §26⑥).

이 경우, 납부하여야 할 소득세액 또는 법인세액은 다음의 구분에 따라 계산한 금액으로 하며, 이를 상시근로자 수가 감소된 과세연도의 과세표준을 신고할 때 소득세 또는 법인세로 납부하여야 한다(조특령 §23⑨). 다만, ① 및 ②(㉠ 및 ㉡의 금액을 합한 금액)의 금액은 상시근로자 수가 감소된 과세연도의 직전 2년 이내의 과세연도에 추가공제금액 및 이월공제받은 세액의 합계액을 한도로 한다.

① 상시근로자 수가 1개 과세연도에만 감소한 경우 : 추가공제금액 또는 이월공제받은 과세연도(2개 과세연도 연속으로 공제받은 경우에는 두 번째 과세연도)보다 감소한 상시근로자 수 × 1천만원

② 상시근로자 수가 2개 과세연도 연속으로 감소한 경우
  ㉠ 상시근로자 수가 감소한 첫 번째 과세연도 : ①에 따라 계산한 금액
  ㉡ 상시근로자 수가 감소한 두 번째 과세연도 : 해당 과세연도의 직전 과세연도보다 감소한 상시근로자 수 × 1천만원

26) 〈적용례〉 조세특례제한법 시행령 부칙(2008. 3. 10. 대통령령 제20743호)
제1조(시행일) 이 영은 공포한 날부터 시행한다.
제2조(임시투자세액공제에 관한 적용례) 제23조 제1항 및 제9항의 개정규정은 2008년 1월 1일 이후 투자를 개시하는 분부터 적용한다. 다만, 2008년 1월 1일 현재 투자가 진행 중에 있는 것으로서 2000년 7월 1일 이후 투자가 개시된 것에 대하여는 2008년 1월 1일 이후 투자분에 대하여도 제23조 제1항 및 제9항의 개정규정을 적용한다.
27) 종전에는 유권해석[제조업을 영위하는 내국법인이 북한 개성공단에 소재하는 자회사에서 사용할 기계장치를 국내에서 취득하여 그 자회사에게 소유권을 이전하지 아니하는 조건으로 무상임대하는 경우, 해당 내국법인이 취득하는 기계장치에 대하여는 현행 「조세특례제한법」 제26조의 규정에 의한 임시투자세액공제를 적용하지 아니하는 것임(재경부 조세지출예산과-1040, 2007. 12. 17.)]으로 개성공업지구에 투자시 세액공제 대상이 되지 아니하였다. 하지만 조세특례제한법 시행령이 2008. 3. 10. 개정(대통령령 제20743호)되어 2008년 1월 1일 이후 개성공업지구에 투자를 개시하는 분부터는 임시투자세액공제(현재는 고용창출투자세액공제로 전환)가 가능하도록 입법화되었다.
28) 개성공단에 대한 투자를 장려하기 위하여 개성공업지구에 투자하는 경우에도 이를 국내투자로 보아 세액공제 허용
※ 적용사례 : ① 기업이 개성공단에 사업장(지점)을 설치하고, 그 사업장에서 사용하기 위하여 기계장치 등 사업용자산을 신규로 설치한 경우, ② 개성공단에 있는 위탁가공업체에 자신의 제품을 제조하기 위한 기계장치 등을 설치하고 그 유지·관리비용을 부담하면서 생산한 제품을 전량 인수하는 경우 당해 시설

4 - 2. 중간예납

공제받은 중간예납기간의 투자분에 해당하는 세액공제액이 해당 과세연도의 위 "3 - 1."이 적용되는 투자분에 해당하는 세액공제액을 초과하는 경우에는 해당 과세연도의 과세표준을 신고할 때 그 초과하는 부분에 상당하는 금액을 소득세 또는 법인세로 납부하여야 한다(조특법 §26⑦).

5 │ 절 차

본조의 세액공제를 받으려는 자(중간예납 포함)는 과세표준신고와 함께 세액공제신청서 및 공제세액계산서를 납세지 관할 세무서장에게 제출하여야 한다(조특법 §26⑨, 조특령 §23⑮ · ⑯ · ⑰).

6 │ 조세특례제한 등

제24조의 해설을 참고하기로 한다.

7 │ 관련사례

구 분	내 용
투자의 범위	구 「조세특례제한법」(2010. 12. 27. 법률 제10406호로 개정된 것) 제26조(고용창출투자세액공제) 및 같은 법 시행령(2011. 2. 2. 대통령령 제23590호로 개정된 것) 제23조, 같은 법 시행규칙(2011. 4. 7. 기획재정부령 제204호로 개정된 것) 제14조에서 투자대상에서 제외하고 있는 사업용자산의 범위에 금형(소득세법시행령 제67조 제7항 또는 법인세법시행령 제31조 제6항에 따라 즉시상각을 적용받은 것은 제외)은 포함되지 않는 것임(기획재정부 조세특례제도과 - 305, 2019. 4. 17.).
	물류산업을 영위하는 내국법인이 윤활유 등의 보관·저장 및 반입·반출을 위한 배관설비와 해당 배관설비를 지지하기 위한 파이프랙을 취득하는 경우, 그 시설은 「조세특례제한법 시행규칙」 제14조 제2호 및 같은 법 시행규칙 별표 3 제8호에 따른 "물품의 보관·저장 및 반입·반출을 위한 탱크시설(지상 또는 지하에 고정설치된 것에 한정하고, 탱크시설에 필수적으로 부수되는 배관시설 등을 포함한다)"에 해당하는 것이며, 해당 배관설비와 파이프랙이 이에 해당하는지 여부는 사실판단할 사항임(재조특 - 199, 2013. 3. 12.).

구 분	내 용
투자의 범위	청구법인과 같은 신발 소매업을 영위하는데 있어 매장을 구성하는 쟁점비품 중 판매대와 진열장은 신발 소매업 매출에 핵심적 역할을 하는 비품으로 보이나, 그 외 POS/PC 장비는 모든 업종에서 사용할 수 있는 범용성 있는 물품으로 소매업 매출에 필수적이고 핵심적인 역할을 하는 비품에 해당된다고 보기 어렵다고 할 것이므로 쟁점비품 중 판매대와 진열장에 한하여 「조세특례제한법」상 고용창출투자세액공제 대상으로 보아 그 세액을 경정함이 타당하다고 판단됨(조심 2014서4061, 2015. 3. 2.).
	내국인이 영화관 운영업(실내 영화상영관)을 영위하면서 「영화 및 비디오물의 진흥에 관한 법률 시행규칙」 제18조에서 규정한 '영화상영관의 시설기준'에 따라 투자하는 시설은 「조세특례제한법」 제26조의 고용창출투자세액공제를 적용받을 수 있는 사업용 유형자산에 해당하나, 일반적인 인테리어 및 내벽체 공사, 전기설비, 급배수·위생설비 등 같은 법 시행규칙 별표 1의 '건축물 등 사업용 유형자산'은 제외되는 것이며, 귀 질의가 이에 해당하는지 여부는 투자하는 개별 자산별로 사실판단할 사항임. 또한, '영화상영관의 시설기준'에 따라 객석 등을 갖추기 위하여 설치하는 영화 관람석 의자는 「조세특례제한법」 제26조의 규정에 따라 고용창출투자세액공제를 적용받을 수 있는 사업용 유형자산에 해당하는 것임(재조특-54, 2014. 1. 23.).
	구 「조세특례제한법」 제26조(2008. 12. 26. 법률 제9272호로 개정되기 전의 것) 및 구 「조세특례제한법 시행령」 제23조(2008. 10. 7. 대통령령 제21064호로 개정되기 전의 것)에 따라 임시투자세액공제를 적용하는 자산에는 같은 법 제146조에 따른 감면세액의 추징기간이 경과된 자산을 화재로 소실한 경우로서 해당 자산과 관련하여 지급받은 보험금으로 그 소실한 자산을 대체하여 취득한 것이 포함되는 것임(재조특-888, 2011. 9. 28.).
	기존의 사업용 자산의 내용연수를 증가시키거나 당해 자산의 가치를 현실적으로 증가시키기 위한 자본적지출액은 임시투자세액공제의 대상이 되는 사업용 자산에 대한 신규투자금액에 포함되는 것임(조심 2010서1428, 2011. 3. 31.).
	폐기물처리업을 영위하는 자가 「대기환경보전법 시행령」 제17조 및 「폐기물관리법 시행규칙」 제35조에 따라 설치하는 굴뚝 자동측정기기는 「조세특례제한법」 제26조의 규정에 따라 임시투자세액공제를 적용받을 수 있는 사업용 자산에 해당하는 것임(재조특-75, 2011. 1. 27.).
	일반호텔로 건축허가를 받아 건축을 신축하던 중에 관광호텔로 사업변경승인을 받고 「관광진흥법」 제4조 제3항에 따른 관광숙박업 요건을 갖추어 등록한 경우, 관광숙박업 개시시점부터 동 관광호텔을 사업에 사용하였다면 등록 이전에 투자한 금액에 대하여 「조세특례제한법」 제26조에 따른 임시투자세액공제를 적용받을 수 있음(재조특-541, 2010. 6. 3.).
	해상화물운송업에 사용되는 선박의 경우 법인의 본점이 소재한 지역을 기준으로 임시투자세액공제율을 적용하는 것임(재조특-302, 2010. 3. 29.).

구 분	내 용
투자의 범위	내국인이 투자가 완료되지 않은 자산(이하 "투자중자산"이라 함)을 양수하여 투자를 완료하고 해당 자산을 사업에 사용하는 경우에는 양수금액을 포함한 전체 투자금액에 대하여 조세특례제한법에 따른 투자세액공제를 적용함. 다만, 양수한 투자중자산이 "중고설비"(이 경우 "중고설비"란 사업에 직접 사용한 사실이 있는 설비를 말함)인 경우 해당 양수금액을 세액공제대상 투자금액에서 제외하며, 투자가 진행 중인 자산으로서 투자가 장기간 중단상태에 있다 하더라도 사실상 사업에 직접 사용한 사실이 없는 경우에는 중고설비로 보지 않음(재조특−290, 2010. 3. 24.).
	「관광진흥법」에 따라 등록한 관광숙박업을 영위하는 자가 당해 사업에 직접 사용하는 건축물과 함께 투자하는 내부 인테리어 공사에 대하여는 「조세특례제한법」 제26조에 따른 임시투자세액공제를 적용할 수 있음. 다만, 기존 건축물에 인테리어만을 대체투자하는 경우에는 그러하지 아니함(재조특−1010, 2009. 12. 11.).
	갑법인이 투자중인 에너지절약시설 또는 사업용자산을 을법인이 양수하여 투자를 완료하고 해당 시설을 사업에 사용하는 경우로서 갑법인의 양도가 「조세특례제한법」 제146조에 따른 감면세액 추징사유에 해당하는 경우 에너지절약시설투자세액공제 또는 임시투자세액공제 방법은 양수법인인 을법인이 양수금액을 포함한 전체 투자금액에 대하여 에너지절약시설투자세액공제 또는 임시투자세액공제를 적용하고, 양도법인인 갑법인에는 감면세액을 추징하는 것임(재조특−177, 2009. 2. 18.).
	관광진흥법에 의하여 등록한 관광숙박업을 영위하는 법인이 당해 사업에 직접 사용하는 건축물과 당해 건축물에 부착설치된 시설물 중 승강기, 보일러 등은 임시투자세액공제 대상임(국심 2007서2190, 2008. 4. 25.).
	산부인과병원을 운영하는 사업자가 **노후된 초음파기기를 기능이 향상된 기계로 대체투자**한 경우 당해 기계 구입에 따른 임시투자세액공제 적용을 배제한 처분은 부당함(국심 2008중54, 2008. 3. 21.).
	종합유선방송 및 인터넷서비스업을 영위하는 법인이 당해 사업에 직접 사용하기 위하여 취득한 **케이블모뎀 및 컨버터**는 법인세법 시행규칙 [별표 6]의 업종별 자산으로 조세특례제한법 제26조에서 규정하는 임시투자세액 공제대상의 사업용 자산에 해당한다고 할 것이므로 기구 및 비품에 해당하는 것으로 본 처분은 잘못이 있는 것으로 판단됨(국심 2007부3191, 2008. 1. 10.).
	운용리스조건에 의해 사업에 사용하던 자산을 금융리스조건으로 변경하여 취득한 경우에는 실질상의 투자행위가 발생된 것으로 볼 수 없으므로 조세특례제한법 제26조 및 제27조의 규정에 의한 투자세액공제를 적용받을 수 없는 것임(재조예46019−75, 2000. 2. 25.).

구 분	내 용
투자의 범위	제조업을 영위하는 법인이 제조시설을 가동하기 위하여 「전기공급약관」에 의해 전기사용신청을 함에 따라 **한국전력공사가 전력공급설비를 시설·소유하고 당해 공사비를 고객(사업자)이 부담하는 경우** 동 공사비는 조세특례제한법상 "투자"에 해당하지 아니하여 「조세특례제한법」 제26조의 규정에 의한 임시투자세액공제를 받을 수 없는 것임(재조예-133, 2005. 2. 22.).
	의료법에 의한 의료기관이 당해 사업에 주로 사용하기 위하여 **의료기기를 취득하는 경우** 이는 「조세특례제한법 시행규칙」 제3조 제1항 제1호의 규정에 의한 "사업용자산"에 해당하는 것임(재경부 조세지출예산과-111, 2005. 2. 5.).
	청구법인은 1999. 5. 31.에 기계장치인 성형프레스를 구입하였으나, 공장증설관계로 인하여 청구법인의 사업장 내에 설치하지 못하고 1999. 11. 말까지 **일시적으로 거래처에 임대**한 후 다시 1999. 12.에는 성형프레스를 청구법인의 사업장 내에 설치하여 직접 사용한 사실이 확인되며, 1999. 5. 31. 성형프레스를 구입하여 투자를 완료한 사실 등이 확인되므로 경기조절을 지원하기 위한 입법취지의 임시투자세액공제요건에 타당한 것으로 판단된다(국심 2003중2882, 2003. 12. 19.).
	감면사업을 영위하는 데 필수적이며 주로 사용하는 자산이라 하더라도 법인세법 시행규칙 [별표 5]의 적용을 받는 자산인 경우(액화가스 제조업체의 원재료 공급용 지하배관 및 제품저장탱크, 물류산업을 영위하는 법인의 양곡보관용 철탱크, 물류산업을 영위하는 법인의 물품운반용 지게차 등)는 사업용자산에 해당하지 않는 것임(재경부 조세지출예산과 46019-138, 2003. 6. 30.).
	설비투자가 조세특례제한법 제26조 임시투자세액공제의 대상인지 여부는 귀사의 설비투자내용이 하나의 투자단위인지 아니면 각각 별개의 투자인지 여부를 판단하여 임시투자세액공제 해당 규정을 적용하는 것임. 이 경우 **개별 투자설비 등이 유기적으로 결합**되어야 당해 공장의 설립목적에 따른 특정제품의 생산이 가능한 경우에는 당해 공장용 **투자설비 전체를 하나의 투자단위**로 보는 것임(재조예 46019-40, 2002. 3. 18.).
	개인용컴퓨터와 응용소프트웨어는 법인세법 시행규칙 별표 5의 건축물 등의 기준내용연수 및 내용연수범위표의 적용을 받는 자산(기구 및 비품)에 해당하므로 동 세액공제를 적용받을 수 없는 것임(제도 46011-11475, 2001. 6. 13.).

구 분	내 용
투자의 범위	청구법인의 주 생산제품인 목질판상재의 기계장치를 보면, 각 공정이 서로 연속적으로 이루어지는 자동설비로서, 오차가 발생하지 않아야 하고, **기계장치의 하중과 진동을 방지할 수 있도록 바닥 부분의 기초설비가 견고하여야 하는 장치**임이 설계도면 및 설비사진 등에 의하여 확인된다. 청구법인이 지출한 쟁점공사비는 위와 같은 기계장치를 설치하기 위하여 기계장치의 바닥 부분에 철근콘크리트 및 철골공사와 미장, 에폭시 페인트 공사에 소요된 비용이고, 건물 자체의 구조·하중·바닥 공사에 소요된 비용이 아닌 사실이 지출내역서 등에 의하여 확인되므로, 쟁점공사비는 기계장치의 설치에 따른 부대시설 공사를 위하여 지출한 비용으로서, 위 부대시설은 **기계장치와 수명을 같이 하는 것으로 인정된다** 할 것이다. 또한, 법인세법상의 감가상각 내용연수 분류기준에 의하면, 해당 자산을 구성하는 요소별로 계산하는 것이 아니고, 개별자산 전체를 일괄하여 동일한 내용연수를 적용하는 것이므로, 쟁점공사비는 기계장치의 설치에 따른 부대시설로 보아 기계장치의 내용연수를 적용하여야 할 것이다(국심 2000중1318, 2001. 1. 12.).
세액공제시기와 계산	청구인이 2000. 6. 30. 이전 투자한 기계장치 67백만원에 대하여 임시투자세액공제를 적용하고, 임시투자세액공제가 적용되는 기한이 경과한 후 투자한 별도의 기계장치에 대하여 중소기업투자세액공제를 한 것은 투자세액공제를 이중으로 적용한 경우에 해당되지 아니하는 것으로 판단된다(국심 2004중1019, 2004. 7. 2.).
투자금액의 계산	영 제4조 제3항 제2호에서 "지출한 금액"이라 함은 당해 과세연도 중 실제로 지출된 현금(어음지급분으로서 당해 과세연도 중에 결제된 것을 포함한다) 지급분(선급금을 제외한다)만을 말한다(조기통 4-3…2). 법 제5조, 제11조, 제24조 내지 제26조, 제62조, 제94조의 규정에 의한 투자금액에는 당해 투자에 따른 **건설자금이자**를 포함한다(조기통 5-0…1).

8 | 주요 개정연혁

1. 고용·투자·R&D 관련 세제지원 대상업종 확대(조특령 §2①, §23①)

(1) 개정내용

종 전	개 정
① **고용창출 투자세액공제**	
□ **고용창출 투자세액공제*** 대상 업종 및 공제율이 　가산되는 서비스업종 　　* 기업의 투자금액에 대하여 고용인원 증가 등에 　　따라 3~9% 공제율을 적용하여 세액공제	□ 업종범위 확대
○ (대상 업종) 농업·제조업·건설업 등 49개 　　업종(Positive 방식)	○ 소비성 서비스업*을 제외한 모든 업종 　　(Negative 방식) 　　　* 조특령 §29③ 준용 　　－ 유흥주점업 및 단란주점업(관광유흥 　　　음식점업 및 외국인 전용유흥음식점업 　　　제외) 　　－ 호텔업 및 여관업(관광숙박업 제외)
○ (공제율 가산 서비스업종) 1%p의 공제율이 　　가산되는 서비스 업종범위 　　－ 도매 및 소매업, 방송업, 전문디자인업 등 　　　42개 업종(Positive 방식)	－ 소비성 서비스업을 제외한 모든 서비스 　　　업종(Negative 방식)
② **기타 세제지원 제도**	
□ 각종 고용·투자·연구개발 세제지원 제도상 중소 　기업 업종범위 　　○ 농업·제조업·건설업 등 52개 업종 　　(Positive 방식)	□ 업종범위 확대 　○ 소비성 서비스업을 제외한 모든 업종 　　(Negative 방식)

(2) 개정이유

　○ 서비스업 지원 등을 통한 일자리 창출 제고

(3) 적용시기 및 적용례

　○ 2017. 1. 1. 이후 고용·투자하거나, 연구개발비를 지출하는 분부터 적용

2. 중소기업 고용창출 투자세액공제 추가공제 한도 확대(조특법 §26①, §144③)

(1) 개정내용

종 전	개 정
□ 고용창출 투자세액공제 　o (공제액) ① + ② 　　① (기본공제액) 투자금액 × 0~3% 　　　- 중소·중견기업만 적용(대기업 제외) 　　　- 고용이 감소하지 않은 경우*만 적용 　　　* 중소기업은 고용감소시에도 적용하되, 　　　　고용감소인원 1인당 1,000만원 차감 　　② (추가공제액) 투자금액 × 3~6% 　　　- 한도액 : 고용증가인원 × 1인당 1~2 　　　천만원*	□ 중소기업 추가공제 한도 상향 　(좌　동) 　- 중소기업에 한해 1인당 한도액 500만원 　상향조정

_종전_

마이스터고 등 졸업생	2,000만원
청년·장애인·60세 이상	1,500만원
일반 상시근로자	1,000만원

_개정_

마이스터고 등 졸업생	2,500만원
청년·장애인·60세 이상	2,000만원
일반 상시근로자	1,500만원

o (공제율) 기업규모·투자지역에 따라 차등

구분		대기업		중견기업		중소기업	
		수도권	지방	수도권	지방	수도권	지방
기본공제		0%	0%	1%	2%	3%	3%
기본공제		고용감소시 배제				고용감소시 에도 허용	
추가공제	일반	3%	4%	4%	5%	4%	5%
추가공제	서비스	4%	5%	5%	6%	5%	6%

(좌　동)

o 적용기한 : 2017. 12. 31.

(2) 개정이유

o 중소기업의 고용 창출을 지원

(3) 적용시기 및 적용례

o 2017. 1. 1. 이후 개시하는 과세연도 분부터 적용

26 조의 2
제 26 조의 2

특정사회기반시설 집합투자기구 투자자에 대한 과세특례

1 | 의 의

본조는 특정사회기반시설에 집합투자재산의 일정비율 이상을 투자하는 특정사회기반시설 집합투자기구로부터 받는 배당소득에 대해 투자금액 2억원까지 9%의 세율로 분리과세 하는 특례제도로 2020년말 조특법 개정시 신설되었다. 본조는 2021년 1월 1일 이후 지급받는 소득분부터 적용한다.[1]

2 | 요 건

거주자가 전용계좌를 통하여 투자하여 특정사회기반시설 집합투자기구로부터 2022년 12월 31일까지 지급받는 배당소득이어야 한다(조특법 §26의2①).

2-1. 전용계좌

다음의 요건을 모두 갖춘 계좌를 말한다(조특법 §26의2②, 조특령 §24⑧).
(1) 1명당 1개의 전용계좌만 가입할 것
(2) 납입한도가 2억원 이하일 것. 여기서 전용계좌에 지급된 배당소득과 재투자된 금액은 납입한도에 포함하지 않는다(조특령 §24⑨).
(3) 특정사회기반시설 집합투자기구의 지분증권 또는 수익증권에만 투자할 것[2]
(4) 특정사회기반시설집합투자기구 전용계좌의 명칭으로 개설한 계좌일 것
(5) 계약기간이 1년 이상일 것

---

1) 법률 제17759호, 2020. 12. 29. 부칙 §5
2) 「자본시장과 금융투자업에 관한 법률」 제4조

2-2. 특정사회기반시설 집합투자기구

(1) 다음의 집합투자기구일 것(조특령 §24①)

(가) 부동산투자회사[3]

(나) 투융자집합투자기구[4]

(다) 부동산집합투자기구[5]

(라) 특별자산집합투자기구[6]

(2) 투자대상자산에 집합투자재산의 100분의 50 이상을 투자할 것(조특령 §24② · ③). 여기서 "투자대상자산"이란 아래 (가)의 자산 중 (나)의 산업과 관련된 것으로 사회기반시설 및 부동산("특정사회기반시설")에 관한 자산을 말한다.

(가) 특정사회기반시설 관련 자산

1) 주식 · 지분 · 채권(대출채권을 포함한다)[7]

2) 「사회기반시설에 대한 민간투자법」 제43조 제1항 제3호 및 제4호[8]에 따라 취득한 자산

3) 다음의 어느 하나에 해당하는 자산(조특칙 §16②)

가) 사회기반시설부동산[9]

나) 사회기반시설부동산을 기초자산으로 한 파생상품

다) 사회기반시설부동산 및 사회기반시설부동산과 관련된 증권에 투자하여 취득한 자산[10]

---

3) 「부동산투자회사법」 제2조 제1호

4) 「사회기반시설에 대한 민간투자법」 제41조 제2항

5) 「자본시장과 금융투자업에 관한 법률」 제229조 제2호

6) 「자본시장과 금융투자업에 관한 법률」 제229조 제3호에 따른

7) 「사회기반시설에 대한 민간투자법」 제43조 제1항 제1호 및 제2호

8) 「사회기반시설에 대한 민간투자법」 제43조(자산운용의 범위) ① 투융자집합투자기구는 다음 각 호의 업무를 할 수 있다.
  1. 사회기반시설사업의 시행을 목적으로 하는 법인의 주식, 지분 및 채권의 취득
  2. 사회기반시설사업의 시행을 목적으로 하는 법인에 대한 대출 및 대출채권의 취득
  3. 하나의 사회기반시설사업의 시행을 목적으로 하는 법인에 대하여 제1호 또는 제2호의 방식으로 투자하는 것을 목적으로 하는 법인(투융자집합투자기구는 제외한다)에 대한 제1호 또는 제2호의 방식에 의한 투자
  4. 그 밖에 금융위원회가 제1호부터 제3호까지의 목적을 달성하기 위하여 필요한 것으로 승인한 투자

9) 「사회기반시설에 대한 민간투자법」 제2조 제1호에 따른 사회기반시설에 해당하는 부동산

10) 「자본시장과 금융투자업에 관한 법률 시행령」 제240조 제4항 · 제5항

(나) 특정사회기반시설 관련 산업
  1)「정보통신산업 진흥법」제2조 제2호에 따른 정보통신산업
  2)「저탄소 녹색성장 기본법」제2조 제4호에 따른 녹색산업
  3) 그 밖에 기획재정부령으로 정하는 산업[11]

(다) 특정사회기반시설
  기획재정부장관이 특정사회기반시설에 대한 심의를 위한 위원회의 심의를 거쳐 특정사회기반시설 관련 산업으로 인정한 사회기반시설 및 부동산을 말한다(조특령 §24⑬, 조특칙 §16①).

(라) 투자비율의 계산
  1) 일반적인 경우
  투자비율은 투자대상자산의 가액이 특정사회기반시설집합투자기의 자산총액에서 차지하는 연평균 비율로서 다음 계산식에 따라 계산한다. 이 경우 연평균 비율 판정기간은 설정일등(설정일·설립일·영업인가일)으로부터 매 1년 동안의 기간으로 한다[12](조특령 §24④).

연평균 비율 = A ÷ B

A: 일별 투자비율을 합산한 비율

$$\frac{투자}{비율} = \frac{투자대상자산의\ 가액}{특정사회기반시설\ 집합투자기구의\ 자산총액}$$

B: 설정일등부터 매 1년 동안의 총일수

---

  2) 다른 집합투자기구를 통하여 투자대상자산에 투자하는 경우
  특정사회기반시설집합투자기구가 다른 집합투자기구를 통하여 투자대상자산에 투자하는 경우 위 (가)의 계산식 중 투자대상자산의 가액은 다음의 계산식에 따라 계산한다(조특령 §24⑤).

---

11) 2021년 3월 현재 기획재정부령으로 정한 산업은 없다.
12) 부칙 제15조(특정사회기반시설 집합투자기구의 연평균 비율 판정기간에 관한 특례) 2021. 2. 17. 전에 설정·설립 또는 영업인가된 특정사회기반시설 집합투자기구의 경우에는 조특령 제24조 제4항의 개정규정에도 불구하고 2021. 2. 17.부터 매 1년 동안의 기간을 연평균 비율 판정기간으로 한다(대통령령 제31444호, 부칙 §15).

> 투자대상자산의 가액 = A + B
> A: 특정사회기반시설집합투자기구가 보유한 투자대상자산의 가액
> B: 특정사회기반시설집합투자기구가 보유한 다른 집합투자기구의 지분증권 또는 수익증권의 가액 ×
> (다른 집합투자기구가 보유한 투자대상자산의 가액 ÷ 다른 집합투자기구의 자산총액)

3) 일별 투자비율

위 (가) 및 (나)에 따른 일별 투자비율을 계산할 때 투자대상자산의 가액이
투자원금보다 적은 경우에는 투자대상자산의 가액을 다음 계산식에 따라 계산
한다(조특령 §24⑥).

> 투자대상자산의 가액 = A + B
> A: 특정사회기반시설집합투자기구가 보유한 투자대상자산의 투자원금
> B: 특정사회기반시설집합투자기구가 보유한 다른 집합투자기구의 지분증권 또는 수익증권의 투자원금
> × (다른 집합투자기구가 보유한 투자대상자산의 가액 ÷ 다른 집합투자기구의 자산총액)

4) 연평균 비율 계산 특례

위의 계산식에도 불구하고 다음의 어느 하나에 해당하는 기간과 그 기간의 일별
투자비율은 연평균 비율을 계산할 때 제외한다(조특령 §24⑦).

가) 특정사회기반시설집합투자기구의 설정일등부터 3개월

나) 특정사회기반시설집합투자기구의 해지·해산 이전 3개월

다) 그 밖에 사회기반시설 사업의 지연 등 기획재정부령으로 정하는 기간[13]

(마) 전용계좌에서 일부 금액을 인출하는 경우

전용계좌를 보유한 거주자("계좌보유자")가 전용계좌에서 일부 금액을 인출하는
경우에는 투자원금부터 인출한 것으로 본다(조특령 §24⑩).

(3) 사모집합투자기구[14]에 해당하지 아니할 것

---

13) 2021년 3월 현재 기획재정부령으로 정한 사항은 없다.
14) 「자본시장과 금융투자업에 관한 법률」 제9조 제19항

3 │ 과세특례의 내용

100분의 9의 세율을 적용하고 종합소득과세표준에 합산하지 아니한다(분리과세). 한편, 계약기간 중 다음의 어느 하나에 해당하는 사유로 계약을 해지하는 경우에도 해지 시 지급받은 배당소득에 대해 조세특례를 적용한다(조특령 §24⑪).

  (1) 계좌보유자가 사망하거나 해외로 이주한 경우

  (2) 계약기간 만료일 전 6개월 이내에 계좌보유자에게 천재지변, 저축자의 퇴직, 사업장의 폐업, 저축자의 3개월 이상의 입원치료 또는 요양을 요하는 상해·질병의 발생, 저축취급기관의 영업의 정지, 영업인가·허가의 취소, 해산결의 또는 파산선고에 해당하는 사유가 발생한 경우[15]

4 │ 절 차

천재지변, 저축자의 퇴직, 사업장의 폐업, 저축자의 3개월 이상의 입원치료 또는 요양을 요하는 상해·질병의 발생, 저축취급기관의 영업의 정지, 영업인가·허가의 취소, 해산결의 또는 파산선고에 해당하는 사유로 계약을 해지하려는 거주자는 특별해지사유신고서를 전용계좌를 관리하는 금융회사등에 제출해야 한다(조특령 §24⑫).

---

15) 조특령 제81조 제6항 각 호의 어느 하나에 해당하는 사유

5 │ 주요 개정연혁

1. 뉴딜 인프라 집합투자기구 투자자에 대한 조세특례 신설(조특법 §26의2, 조특칙 §24)

(1) 개정내용

종 전	개 정
〈신 설〉	☐ 공모 뉴딜 인프라펀드에 투자 시 투자금액 2억원까지 배당소득 저율 분리과세(9%)
	☐ 집합투자기구의 유형 ㅇ 1)부동산투자회사, 2)투융자집합투자기구, 3)부동산집합투자기구, 4)특별자산집합투자기구
	☐ 특정사회기반시설(뉴딜 인프라)관련 자산(투자대상) : ①의 자산중 ②의 산업과 관련된 것으로 ③에 따라 심의·인정된 자산 ① 사회기반시설 관련 자산 　－「사회기반시설에 대한 민간투자법」 §43①에 따른 주식·지분·채권 등 　－「사회기반시설에 대한 민간투자법」 §2에 따른 사회기반시설에 해당하는 부동산 관련 자산* 　　* 구체적 자산의 범위는 시행규칙으로 위임 ② 정보통신산업, 녹색산업 등과 관련될 것 　－「정보통신산업 진흥법」 §2에 따른 정보통신산업 　－「저탄소 녹색성장 기본법」 §2에 따른 녹색산업 　－ 그 밖에 기획재정부령으로 정하는 산업 ③ 사회기반시설의 산업관련성이 심의·인정*될 것 　　* 뉴딜인프라펀드 심의위원회에서 산업관련성 여부를 심의하여 기획재정부장관이 인정
	☐ 특정사회기반시설 의무투자비율 : 50% 이상* 　* 설정일로부터 매 1년마다 일별 투자비율을 평균하여 계산
〈신 설〉	☐ 전용계좌 요건 ① 1명당 1개의 계좌만 특정사회기반시설펀드 전용 계좌의 명칭으로 가입할 것 ② 계약기간이 1년 이상*일 것 　* 사망, 해외이주 등의 사유로 계약기간 중 해지 가능
	☐ 적용기한 : 2022. 12. 31.

(2) 개정이유

　○ 한국판 뉴딜의 성공적 추진 지원

(3) 적용시기 및 적용례

　○ 2021. 1. 1. 이후 지급받는 소득분부터 적용

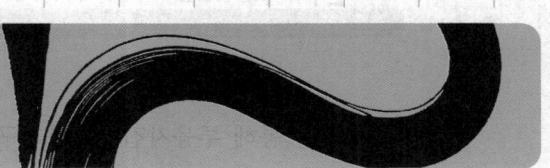

제 **27** 조

투융자집합투자기구 투자자에 대한 과세특례

1 │ 의 의

본조는 사회간접자본에 대한 투자 활성화를 위하여 공모 투융자집합투자기구에서 발생한 배당소득을 분리과세하는 과세특례 제도로 2020년말 조특법 개정시 신설되었다.

본 개정규정은 2021년 1월 1일 이후 지급받는 소득분부터 적용한다.[1]

2 │ 요 건

2-1. 거주자에 해당할 것

2-2. 전용계좌 및 한도 요건

(1) 1명당 1개의 투융자집합투자기구전용계좌만 가입할 것. 전용계좌의 구체적 요건은 아래와 같다(조특령 §24의2①).

> ① 투융자집합투자기구 전용계좌의 명칭으로 개설한 계좌일 것
> ② 계약기간이 1년 이상일 것
> ③ 투융자집합투자기구의 집합투자증권에만 투자할 것
> ④ 전용계좌 가입 전 보유 중인 투융자집합투자기구의 집합투자증권을 이체하는 것이 제한될 것

---

1) 법률 제17759호, 2020. 12. 29. 부칙 §6

(2) 전용계좌를 통해 투융자집합투자기구의 집합투자증권[2]에 투자하여 배당소득을 지급받을 것

(3) 전용계좌의 납입한도가 1억원 이하일 것. 다만, 전용계좌에 지급된 배당소득과 재투자된 금액은 납입한도에 포함하지 않는다(조특령 §24의2②).

2-3. 투자금액의 계산방법 등

(1) 계좌보유자가 전용계좌에서 일부 금액을 인출하는 경우에는 투자원금부터 인출한 것으로 본다(조특령 §24의2③).

(2) 계약기간 중 계좌보유자가 사망하거나 해외로 이주한 경우 등 부득이한 사유로 계약을 해지하는 경우 해지 시 지급받은 배당소득에 대해 조세특례를 적용한다[3](조특령 §24의2④).

3 | 과세특례의 내용

거주자가 2025년 12월 31일까지 투융자집합투자기구로부터 받는 배당소득은 종합소득 과세표준에 합산하지 아니한다(조특법 §27①).

4 | 절 차

전용계좌 가입여부 확인 관련 자료의 제출·조회 등에 관하여는 특정사회기반시설 집합투자기구 투자자에 대한 과세특례의 규정을 준용[4]한다(조특령 §24의2⑤).

---

2) 「자본시장과 금융투자업에 관한 법률」 제9조 제21항
3) 조특령 제24조 제11항 및 제12항 준용
4) 조특령 제24조 제13항부터 제15항 준용

5 | 주요 개정연혁

1. 공모 투융자집합투자기구 투자자에 대한 조세특례 신설(조특법 §27, 조특령 §24의2)

(1) 개정내용

종 전	개 정

〈신 설〉	□ 공모 인프라 집합투자기구 투자에 대한 세제지원
	○ (대상) 「사회기반시설에 대한 민간투자법」에 따른 투융자집합투자기구*에 투자한 투자자
	    * 사회기반시설사업 시행법인에 투자하는 집합투자기구
	○ (내용) 배당소득 분리과세(원천징수로 납세의무 종결)
	    * 원천징수세율 : 14%
	○ (한도) 투자금액 1억원
	○ 전용계좌 요건
	   ① 1명당 1개의 계좌만 투융자집합투자기구 전용 계좌의 명칭으로 가입할 것
	   ② 계약기간이 1년 이상*일 것
	     * 사망, 해외이주 등의 사유로 계약기간 중 해지 가능
	   ③ 투융자집합투자기구에만 투자할 것
	   ④ 신규 투자*할 것
	     * 전용계좌 가입 전 투자한 투융자집합투자기구 집합투자증권을 전용계좌로 이체하는 것은 제한
	○ (적용기한) 2022. 12. 31.

(2) 개정이유
○ SOC 투자 활성화

(3) 적용시기 및 적용례
○ 2021. 1. 1. 이후 지급받는 소득분부터 적용

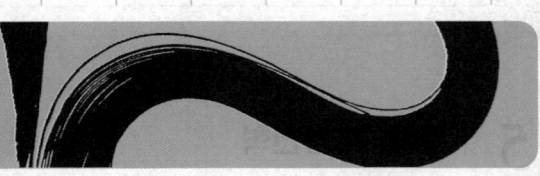

조세특례제한법

제28조

서비스업 감가상각비의 손금산입 특례

1 | 의 의

법인세법은 고정자산에 대한 기준내용연수를 법령에 정해두고 있으며, 기업은 기준내용연수에서 25%를 가감한 범위 내에서 내용연수를 정하여 과세당국에 신고하고, 신고한 내용연수에 맞추어 감가상각비를 손금에 산입하게 되어 있다.

본 과세특례는 서비스업을 영위하는 기업이 2년 연속 설비자산투자액이 증가한 경우 2015년에 취득한 설비자산에 한하여 해당 자산의 기준내용연수의 40%를 가감한 범위 내에서 내용연수를 신고할 수 있도록 허용하는 것으로 이에 따라 자산취득비용을 조기에 감가상각비용으로 손금산입할 수 있도록 하여 기업에게 기간의 이익을 부여함으로써 서비스업의 설비투자를 유도하기 위한 제도이다.

참고로, 법인세법 시행령 제28조 제6항에서도 이와 유사한 제도를 두고 있으나 중소기업에 한하여 적용하고 있고 적용요건도 본 제도보다 완화되어 있다.

| 법인세법과 조특법의 가속상각제도 비교 |

구 분	법인세법상 가속상각제도 (법인령 §28⑥, 소령 §63⑤)	조특법상 가속상각제도
업종요건	모든 업종에 허용	서비스업
투자요건	전년 대비 설비자산 투자액 증가	2년 연속 설비자산 투자액 증가
투자시기	2014. 10. 1.~2015. 12. 31.	2015. 1. 1.~2015. 12. 31.
적용범위	중소기업	중소기업, 대기업
특례내용	기준내용연수 50% 가감	기준내용연수 40% 가감

2 │요 건

2-1. 내국인일 것

내국인에 한하여 적용한다.

내국인이므로 거주자인 개인 및 내국법인이 모두 해당되나, 조합법인[1]은 본조의 적용대상에서 제외된다.

2-2. 서비스업을 영위할 것

고용창출투자세액공제 적용대상 업종(제26조 해설 2-2.) 중 농업, 임업 및 어업, 광업, 제조업, 전기·가스·증기 및 수도사업, 건설업, 소비성 서비스업을 제외한 사업을 말한다(조특령 §25①).

2-3. 2년 연속 설비투자가 증가할 것

과세특례를 적용하는 과세연도에 취득한 설비투자자산의 취득가액의 합계액이 직전 과세연도에 취득한 설비투자자산의 취득가액의 합계액보다 크고, 직전 과세연도에 취득한 설비투자자산의 취득가액의 합계액이 그 전 과세연도에 취득한 설비투자자산의 취득가액의 합계액보다 커야 한다.

2-4. 투자대상 설비의 범위

서비스업에 사용하기 위하여 다음의 어느 하나에 해당하는 자산[2](이하 "설비투자자산"이라한다)을 취득해야 한다(조특령 §25②).

① 차량 및 운반구. 다만, 운수업에 사용되거나 임대목적으로 임대업에 사용되는 경우로 한정한다.

② 선박 및 항공기. 다만, 어업 및 운수업에 사용되거나 임대목적으로 임대업에 사용되는

---

1) 조특법 제72조 제2항

조합법인 등(당기순이익과세를 포기한 법인은 제외한다)에는 제5조부터 제14조까지, 제22조부터 제25조까지, 제25조의2부터 제25조의4까지, 제26조, **제28조**, 제29조의2부터 제29조의4까지, 제30조의2, 제30조의4, 제31조 제4항부터 제6항까지, 제32조 제4항, 제33조, 제33조의2, 제63조, 제63조의2, 제63조의3, 제64조, 제66조부터 제68조까지, 제94조, 제102조, 제104조의14 및 제104조의15를 적용하지 아니한다.

2) 법인세법 시행령 제28조 제6항 및 소득세법 시행령 제63조 제5항 각 호의 어느 하나에 해당하는 자산을 말한다.

경우로 한정한다.
③ 공구, 기구 및 비품
④ 기계 및 장치

2-5. 투자시기

2015. 12. 31.까지 취득해야 한다.

3 | 과세특례의 내용(가속상각)

고정자산에 대한 감가상각비는 내국법인이 각 사업연도에 손금으로 계상한 경우에만 상각범위액의 범위에서 손금에 산입하고, 그 계상한 금액 중 상각범위액을 초과하는 부분의 금액은 손금에 산입하지 아니한다(법인법 §23①).

그러나, 위 서비스업의 설비투자자산에 대한 감가상각비는 각 과세연도의 결산을 확정할 때 손금으로 계상하였는지와 관계없이 다음의 금액의 범위에서 해당 과세연도의 소득금액을 계산할 때 손금에 산입할 수 있다(조특령 §25③~⑧).

① (내용연수) 기준내용연수[3]에 그 기준내용연수의 40%를 더하거나 뺀 범위(1년 미만은 없는 것으로 한다)에서 내국인이 선택하여 납세지 관할 세무서장에게 신고한 내용연수
이 경우 사업연도가 1년 미만인 법인의 경우에는 「법인세법 시행령」 제28조 제2항을 준용하여 계산하며, 설비투자자산에 대하여 자산별·업종별로 적용한 신고내용연수는 이후의 과세연도에 계속하여 적용하여야 한다.
② (상각범위액) ①의 내용연수를 적용하여 「법인세법 시행령」 제26조 제1항 및 「소득세법 시행령」 제64조 제1항에 따른 상각방법으로 계산한 금액
이 경우 그 상각방법은 내국인이 「법인세법 시행령」 제26조 제3항 또는 「소득세법 시행령」 제64조 제2항에 따라 신고한 방법을 사용하여야 한다.
또한, 내국인이 「법인세법 시행령」 제27조 및 「소득세법 시행령」 제65조에 따라 감가상각방법을 변경한 경우에는 그 변경된 감가상각방법을 적용하여 설비투자자산의 상각범위액을 계산한다.

또한, 해당 설비투자자산을 적격합병, 적격분할로 취득한 경우에는 해당 합병법인, 분할신설법인 또는 분할합병의 상대방 법인, 인수법인이 제1항의 사업을 영위하여 해당 사업에

---

3) 「법인세법 시행령」 제26조의3 제2항 제1호 및 「소득세법 시행령」 제63조 제1항 제2호

사용하는 경우로 한정하여 「법인세법 시행령」 제29조의2 제2항 제1호[4]를 적용한다(조특령 §25⑥).

4 │ 절 차

본 과세특례를 적용받으려는 자는 설비투자자산을 그 밖의 자산과 구분하여 감가상각비조정명세서(조특칙 별지 제9호의3 서식)를 작성·보관하고, 과세표준 신고와 함께 감가상각비조정명세서합계표 및 감가상각비조정명세서(조특칙 별지 제9호의3 서식)를 납세지 관할 세무서장에게 제출하여야 하며, 내용연수 특례적용 신청서(조특칙 별지 제9호의4 서식)를 해당 설비투자자산을 취득한 날이 속하는 과세연도의 과세표준 신고기한까지 납세지 관할 세무서장에게 제출[「국세기본법」 제2조 제19호에 따른 국세정보통신망을 통한 제출을 포함한다]하여야 한다(조특법 §28②, 조특령 §25⑨).

---

4) 적격합병, 적격분할, 적격물적분할 또는 적격현물출자(법 제47조의2 제1항 각 호의 요건을 모두 갖추어 양도차익에 해당하는 금액을 손금에 산입하는 현물출자를 말한다. 이하 같다)(이하 이 조에서 "적격합병등"이라 한다)에 의하여 취득한 자산의 상각범위액을 정할 때 제26조 제2항 각 호 및 같은 조 제6항에 따른 취득가액은 적격합병등에 의하여 자산을 양도한 법인(이하 이 조에서 "양도법인"이라 한다)의 취득가액으로 하고, 미상각잔액은 양도법인의 양도 당시의 장부가액에서 적격합병등에 의하여 자산을 양수한 법인(이하 이 조에서 "양수법인"이라 한다)이 이미 감가상각비로 손금에 산입한 금액을 공제한 잔액으로 하며, 해당 자산의 상각범위액은 다음 각 호의 어느 하나에 해당하는 방법으로 정할 수 있다. 이 경우 선택한 방법은 그 후 사업연도에도 계속 적용한다.
1. 양도법인의 상각범위액을 승계하는 방법. 이 경우 상각범위액은 법 및 이 영에 따라 양도법인이 적용하던 상각방법 및 내용연수에 의하여 계산한 금액으로 한다.

5 | 주요 개정연혁

1. 서비스업 감가상각 내용연수 특례 도입(조특법 §28, 조특령 §25 신설)

(1) 개정내용

종 전	개 정
□ 유형고정자산(시험연구용 자산 제외)의 감가상각 내용연수(소령 §63, 법인령 §28) 　ㅇ 기준내용연수의 25%를 가감한 범위(내용연수범위) 내에서 신고한 내용연수	□ 서비스업 영위 기업의 설비 자산 감가상각 내용연수 특례 　ㅇ (요건) 2년 연속 설비투자자산 투자액이 증가한 서비스업* 영위 기업 　　　* 고용창출투자세액공제 추가공제율 우대 대상 서비스업 　　　　(고용창출투자세액공제 적용대상(43개) 중 농업, 광업, 제조업 등을 제외한 37개 업종) 　ㅇ (대상자산) 기업이 2015. 1.~2015. 12.까지 취득한 설비자산* 　　　* 중소기업 가속상각 특례대상 설비투자자산(법인령 §28⑥)과 동일 　　　- 기계 및 장치, 공구, 기구, 비품 　　　- 차량 및 운반구, 선박 및 항공기(운수업·임대업 등에서 직접 사용되는 경우에 한정) 　ㅇ (내용연수) 기준내용연수의 40%를 가감한 범위내에서 신고한 내용연수
□ 고정자산에 대한 감가상각비는 각 사업연도에 손금으로 계상한 경우에 손금산입(결산조정)	□ 각 사업연도에 손금으로 계상하지 않더라도 손금산입 가능(신고조정)

(2) 개정이유
　ㅇ 서비스업 설비투자 지원

(3) 적용시기 및 적용례
　ㅇ 2015. 1. 1.~2015. 12. 31. 기간 동안 취득하는 분에 적용

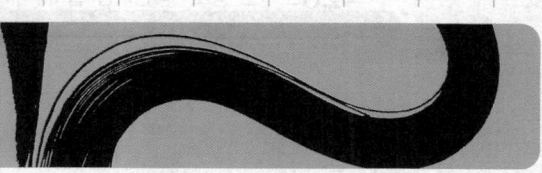

제28조의2

중소·중견기업 설비투자자산의 감가상각비 손금산입 특례

1 │ 의 의

본 제도는 법인령 제28조 제6항에서 규정하고 있던 중소기업의 가속상각 특례제도를 조특법으로 이관하여 오면서 적용대상을 중견기업까지 확대하고 적용기한을 2017. 6. 30.까지로 연장한 제도이다. 한시적으로 중소기업의 가속상각 특례를 인정하여 중소기업 및 중견기업의 조기투자를 유도하기 위해 2016. 12. 20. 조특법 개정시 조특법으로 이관·규정되었다. 본 제도는 조특법 제28조의 서비스업 감가상각비의 손금산입특례보다 적용요건을 완화하고 있으며, 적용대상을 중소기업 및 중견기업에 한정하고 있다는 점에서 차이가 있다.

2 │ 요 건

2-1. 적용대상

중소기업 또는 중견기업1)이 본 제도의 적용대상이다.

2-2. 대상자산

중소기업 또는 중견기업이 사업에 사용하기 위한 설비투자자산2)을 말한다(조특령 §25의 2②).

---

1) 중견기업의 요건은 제6조의 해설을 참고하기로 한다.
2) 「법인세법 시행령」 제28조 제6항 각 호 및 「소득세법 시행령」 제63조 제5항 각 호

〈설비투자자산〉
1. 차량 및 운반구. 다만, 운수업에 사용되거나 임대목적으로 임대업에 사용되는 경우로 한정한다.
2. 선박 및 항공기. 다만, 어업 및 운수업에 사용되거나 임대목적으로 임대업에 사용되는 경우로 한정한다.
3. 공구, 기구 및 비품
4. 기계 및 장치

2-3. 전년 대비 설비투자액이 증가할 것

과세특례를 적용하는 과세연도에 취득한 설비투자자산의 취득가액의 합계액이 직전 과세연도에 취득한 설비투자자산의 취득가액의 합계액보다 커야 한다(조특법 §28의2②).

2-4. 투자시기

중소기업의 경우는 설비투자자산을 2016. 7. 1.부터 2017. 6. 30.까지 취득해야 한다. 한편 중견기업은 2016. 1. 1. 이후 취득한 설비투자자산부터 2017. 6. 30.까지 취득한 설비투자자산까지 적용되므로, 중소기업에 비해 본 제도의 적용기간이 더 길다.

3 │ 과세특례의 내용(가속상각)

고정자산에 대한 감가상각비는 내국법인이 각 사업연도에 손금으로 계상한 경우에만 상각 범위액의 범위에서 손금에 산입하고, 그 계상한 금액 중 상각범위액을 초과하는 부분의 금액은 손금에 산입하지 아니한다(법인법 §23①).

그러나 위 설비투자자산에 대한 감가상각비는 각 과세연도의 결산을 확정할 때 손금으로 계상하였는지와 관계없이 다음의 금액의 범위에서 해당 과세연도의 소득금액을 계산할 때 손금에 산입할 수 있다(조특령 §25의2③~⑧).

① (내용연수) 기준내용연수[3)]에 그 기준내용연수의 50%를 더하거나 뺀 범위(1년 미만은 없는 것으로 한다)에서 내국인이 선택하여 납세지 관할 세무서장에게 신고한 내용연수
이 경우 사업연도가 1년 미만인 법인의 경우에는 「법인세법 시행령」 제28조 제2항을 준용하여 계산하며, 설비투자자산에 대하여 자산별·업종별로 적용한 신고내용연수는 이후의 과세연도에 계속하여 적용하여야 한다.

② (상각범위액) ①의 내용연수를 적용하여 「법인세법 시행령」 제26조 제1항 및 「소득세법 시행령」 제64조 제1항에 따른 상각방법으로 계산한 금액

이 경우 그 상각방법은 내국인이 「법인세법 시행령」 제26조 제3항 또는 「소득세법 시행령」 제64조 제2항에 따라 신고한 방법을 사용하여야 한다.

또한, 내국인이 「법인세법 시행령」 제27조 및 「소득세법 시행령」 제65조에 따라 감가상각방법을 변경한 경우에는 그 변경된 감가상각방법을 적용하여 설비투자자산의 상각범위액을 계산한다.

또한, 해당 설비투자자산을 적격합병, 적격분할로 취득한 경우에는 양도법인의 상각범위액을 승계하는 방법[4]을 적용한다(조특령 §25의2⑥).

4 | 절 차

본 과세특례를 적용받으려는 자는 설비투자자산을 그 밖의 자산과 구분하여 감가상각비조정명세서를 작성·보관하고, 과세표준 신고와 함께 감가상각비조정명세서합계표 및 감가상각비조정명세서를 납세지 관할 세무서장에게 제출하여야 하며, 내용연수 특례적용 신청서를 해당 설비투자자산을 취득한 날이 속하는 과세연도의 과세표준 신고기한까지 납세지 관할 세무서장에게 제출(국세정보통신망을 통한 제출을 포함한다)하여야 한다(조특법 §28의2③, 조특령 §25의2⑨).

---

3) 「법인세법 시행령」 제26조의3 제2항 제1호 및 「소득세법 시행령」 제63조 제1항 제2호
4) 「법인세법 시행령」 제29조의2 제2항 제1호

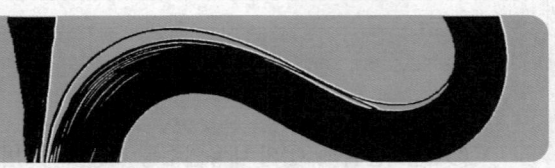

제28조의3

설비투자자산의 감가상각비 손금산입 특례

1 의 의

2018. 12. 24. 조특법 개정시 기업의 설비투자 활성화를 유도하고자 혁신성장투자자산을 포함한 설비투자자산에 대한 가속상각 특례 제도를 신설하였다. 동 개정규정은 2018. 7. 1. 이후 취득한 설비투자자산에 적용한다.

2 요 건

2-1. 적용대상

내국인이 본 제도의 적용대상이다.

2-2. 대상자산

설비투자자산으로서 다음의 구분에 따른 자산을 말한다(조특법 §28의3①).

2-2-1. 중소기업 또는 중견기업1)의 경우

다음의 어느 하나에 해당하는 사업용 고정자산이 그 대상이다(조특령 §25의3②).

① 차량 및 운반구. 다만, 운수업에 사용되거나 임대목적으로 임대업에 사용되는 경우로 한정한다.

② 선박 및 항공기. 다만, 어업 및 운수업에 사용되거나 임대목적으로 임대업에 사용되는 경우로 한정한다.

③ 공구, 기구 및 비품

---

1) 중견기업의 요건은 제6조의 해설을 참고하기로 한다.

④ 기계 및 장치

2-2-2. 위 외의 기업의 경우

다음의 어느 하나에 해당하는 혁신성장투자자산이 그 대상이다(조특령 §25의3③).

1. 신성장사업화시설

2. 연구·시험용 시설 및 직업훈련용 시설

> 다음의 어느 하나에 해당하는 연구·시험용 시설 및 직업훈련용 시설
> 가. 전담부서등, 「국가과학기술 경쟁력강화를 위한 이공계지원특별법」제18조 및 같은 법 시행령
>   제17조에 따라 과학기술정보통신부장관에게 신고한 연구개발서비스업자 및 「산업기술연구조합
>   육성법」에 따른 산업기술연구조합에서 직접 사용하기 위한 연구·시험용시설로서 다음의 어느
>   하나에 해당하는 것을 말하되, 운휴 중인 것은 제외한다(조특칙 §13의10①).
>   ① 공구 또는 사무기기 및 통신기기, 시계·시험기기 및 계측기기, 광학기기 및 사진제작기기
>   ② 「법인세법 시행규칙」별표 6의 업종별 자산의 기준내용연수 및 내용연수범위표의 적용을
>   받는 자산
> 나. 직업능력개발훈련시설[2] (내국인이 중소기업[3]을 위해 설치하는 직업훈련용 시설 포함)로서 위
>   가의 ①·②의 어느 하나에 해당하는 것을 말하되, 운휴 중인 것은 제외한다(조특칙 §13의10②).

3. 다음의 어느 하나에 해당하는 에너지절약시설
    가. 「에너지이용 합리화법」에 따른 에너지절약형 시설(대가를 분할상환한 후 소유권을
        취득하는 조건으로 같은 법에 따른 에너지절약전문기업이 설치한 경우를 포함한다) 등으로서
        조특칙 [별표 7]의 에너지절약시설(조특칙 §13의10③)
    나. 「물의 재이용 촉진 및 지원에 관한 법률」제2조 제4호에 따른 중수도와 「수도법」
        제3조 제30호에 따른 절수설비 및 같은 조 제31호에 따른 절수기기
    다. 「신에너지 및 재생에너지 개발·이용·보급 촉진법」제2조 제1호에 따른 신에너지
        및 같은 조 제2호에 따른 재생에너지를 생산하는 설비의 부품·중간재 또는 완제품을
        제조하기 위한 시설로서 조특칙 [별표 7의2]의 신에너지 및 재생에너지를 생산하기
        위한 시설을 제조하는 시설(조특칙 §13의10④)
4. 다음의 어느 하나에 해당하는 생산성향상시설
    가. 공정을 개선하거나 시설의 자동화 및 정보화를 위해 투자하는 시설(데이터에 기반하여
        제품의 생산 및 제조과정을 관리하거나 개선하는 지능형 공장시설을 포함한다)로서 조특칙
        [별표 7의3]의 공정개선·자동화·정보화시설 및 첨단기술설비로서 해당 사업에

---

2) 「근로자직업능력 개발법」제2조 제3호
3) 조특령 제2조 제1항

직접 사용되는 것(조특칙 §13의10⑤)

나. 첨단기술을 이용하거나 응용하여 제작된 시설로서 조특칙 [별표 7의3]의 공정 개선·자동화·정보화시설 및 첨단기술설비로서 해당 사업에 직접 사용되는 것(조특칙 §13의10⑤)

다. 자재조달·생산계획·재고관리 등 공급망을 전자적 형태로 관리하기 위하여 사용되는 컴퓨터와 그 주변기기, 소프트웨어, 통신시설, 그 밖의 유형·무형의 시설로서 감가상각기간이 2년 이상인 시설

2 - 3. 투자시기

2021. 12. 31.[4]까지 설비투자자산을 취득해야 한다.

3 │ 과세특례의 내용(가속상각)

고정자산에 대한 감가상각비는 내국법인이 각 사업연도에 손금으로 계상한 경우에만 상각범위액의 범위에서 손금에 산입하고, 그 계상한 금액 중 상각범위액을 초과하는 부분의 금액은 손금에 산입하지 아니한다(법인법 §23①).

그러나 위 설비투자자산에 대한 감가상각비는 각 과세연도의 결산을 확정할 때 손금으로 계상하였는지와 관계없이 다음의 금액의 범위에서 해당 과세연도의 소득금액을 계산할 때 손금에 산입할 수 있다(조특령 §25의3④~⑧).

① (내용연수) 기준내용연수[5]에 그 기준내용연수의 50%(중소기업 및 중견기업이 2019년 7월 3일부터 2019년 12월 31일까지 취득하는 사업용 고정자산의 경우에는 75%)를 더하거나 뺀 범위(1년 미만은 없는 것으로 한다)에서 내국인이 선택하여 납세지 관할 세무서장에게 신고한 내용연수 이 경우 사업연도가 1년 미만인 법인의 경우에는「법인세법 시행령」제28조 제2항을 준용하여 계산하며, 설비투자자산에 대하여 자산별·업종별로 적용한 신고내용연수는 이후의 과세연도에 계속하여 적용하여야 한다.

② (상각범위액) ①의 내용연수를 적용하여「법인세법 시행령」제26조 제1항 및「소득세법 시행령」 제64조 제1항에 따른 상각방법으로 계산한 금액

이 경우 그 상각방법은 내국인이「법인세법 시행령」제26조 제2항부터 제9항까지의 규정과 「소득세법 시행령」제62조 제1항 후단, 제64조 제2항부터 제4항까지, 제66조 및 제71조에 따라

---

4) 종전 2020년 6월 30일에서 2020년말 조특법 개정시 2021년 12월 31일로 변경 : 개정규정은 2021년 1월 1일 이후 취득한 설비투자자산부터 적용(법률 제17759호, 2020. 12. 29. 부칙 §7)

신고한 방법을 사용하여야 한다.
또한, 내국인이 「법인세법 시행령」 제27조 및 「소득세법 시행령」 제65조에 따라 감가상각방법을 변경한 경우에는 그 변경된 감가상각방법을 적용하여 설비투자자산의 상각범위액을 계산한다. 이 경우 상각범위액의 계산방법은 「법인세법 시행령」 제27조 제5항 및 제6항과 「소득세법 시행령」 제64조 제5항 및 제65조 제5항을 준용한다.

또한, 해당 설비투자자산을 적격합병, 적격분할로 취득한 경우에는 법인령 제29조의2 제2항 제1호[6]를 적용한다(조특령 §25의3⑦).

4 | 절 차

본 과세특례를 적용받으려는 자는 설비투자자산을 그 밖의 자산과 구분하여 감가상각비조정명세서를 작성·보관하고, 과세표준 신고와 함께 감가상각비조정명세서합계표 및 감가상각비조정명세서를 납세지 관할 세무서장에게 제출하여야 하며, 내용연수 특례적용 신청서를 해당 설비투자자산을 취득한 날이 속하는 과세연도의 과세표준 신고기한까지 납세지 관할 세무서장에게 제출(「국세기본법」 제2조 제19호에 따른 국세정보통신망을 통한 제출을 포함한다)하여야 한다(조특법 §28의3②, 조특령 §25의3⑩).

---

5) 「법인세법 시행령」 제26조의3 제2항 제1호 및 「소득세법 시행령」 제63조 제1항 제2호

6) 적격합병, 적격분할, 적격물적분할 또는 적격현물출자(법 제47조의2 제1항 각 호의 요건을 모두 갖추어 양도차익에 해당하는 금액을 손금에 산입하는 현물출자를 말한다. 이하 같다)(이하 이 조에서 "적격합병등"이라 한다)에 의하여 취득한 자산의 상각범위액을 정할 때 제26조 제2항 각 호 및 같은 조 제6항에 따른 취득가액은 적격합병등에 의하여 자산을 양도한 법인(이하 이 조에서 "양도법인"이라 한다)의 취득가액으로 하고, 미상각잔액은 양도법인의 양도 당시의 장부가액에서 적격합병등에 의하여 자산을 양수한 법인(이하 이 조에서 "양수법인"이라 한다)이 이미 감가상각비로 손금에 산입한 금액을 공제한 잔액으로 하며, 해당 자산의 상각범위액은 다음 각 호의 어느 하나에 해당하는 방법으로 정할 수 있다. 이 경우 선택한 방법은 그 후 사업연도에도 계속 적용한다.

   1. 양도법인의 상각범위액을 승계하는 방법. 이 경우 상각범위액은 법 및 이 영에 따라 양도법인이 적용하던 상각방법 및 내용연수에 의하여 계산한 금액으로 한다.

5 | 주요 개정연혁

1. 설비투자자산 가속상각 특례 2021년 한시적 적용(조특법 §28의3)

(1) 개정내용

종 전	개 정
□ 설비투자자산의 가속상각 특례 　○ (지원내용) 기준내용연수의 50%(중소·중견기업은 75%) 범위 내에서 신고한 내용연수 적용 　○ (대상자산) 　　① 중소·중견기업 : 사업용 고정자산 　　② 대기업 : 신성장기술 사업화 시설·생산성향상시설 등 혁신성장 투자자산 　○ (적용기한) 2020. 6. 30.	□ 2021년 취득분에 한시적 적용 　○ (좌 동) 　○ (적용기간) 2021. 1. 1. ~ 2021. 12. 31.

(2) 개정이유

　○ 기업의 설비투자 지원

(3) 적용시기 및 적용례

　○ 2021. 1. 1. 이후 취득하는 설비투자자산부터 적용

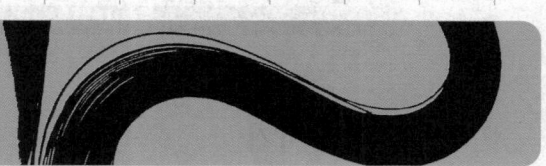

제28조의4

에너지절약시설의 감가상각비 손금산입 특례

1 | 의 의

    2022. 12. 31. 조특법 개정시 기업의 에너지 절약시설 투자 활성화를 유도하고자 에너지 절약시설에 대한 가속상각 특례 제도를 신설하였다. 동 개정규정은 2023. 1. 1. 이후 취득한 설비투자자산에 적용한다.

2 | 요 건

2-1. 적용대상

내국인이 본 제도의 적용대상이다.

2-2. 대상자산

에너지 절약시설로 다음의 어느 하나에 해당하는 시설을 말한다(조특령 §25의4①).

① 에너지절약형 시설(대가를 분할상환한 후 소유권을 취득하는 조건으로 에너지절약전문기업이 설치한 경우 포함) 등으로서 기획재정부령(조특칙 별표 7)으로 정하는 시설

② 중수도[1]와 절수설비 및 절수기기

③ 신에너지[2] 및 재생에너지를 생산하는 설비의 부품·중간재 또는 완제품을 제조하기 위한 시설로서 기획재정부령(조특칙 별표 7의2)으로 정하는 시설

---

1) 개별 시설물이나 개발사업 등으로 조성되는 지역에서 발생하는 오수를 공공하수도로 배출하지 아니하고 재이용할 수 있도록 개별적 또는 지역적으로 처리하는 시설
2) 「신에너지 및 재생에너지 개발·이용·보급 촉진법」제2조 제1호

2 - 3. 투자시기

2023. 12. 31.까지 에너지절약시설을 취득해야 한다.

3 │ 과세특례의 내용(가속상각)

고정자산에 대한 감가상각비는 내국법인이 각 사업연도에 손금으로 계상한 경우에만 상각범위액의 범위에서 손금에 산입하고, 그 계상한 금액 중 상각범위액을 초과하는 부분의 금액은 손금에 산입하지 아니한다(법인법 §23①).

그러나 위 에너지절약시설에 대한 감가상각비는 각 과세연도의 결산을 확정할 때 손금으로 계상하였는지와 관계없이 다음의 금액의 범위에서 해당 과세연도의 소득금액을 계산할 때 손금에 산입할 수 있다(조특법 §28의4①).

> ① (내용연수) 기준내용연수[3]에 그 기준내용연수의 50%(중소기업 및 중견기업이 취득하는 에너지 절약시설의 경우에는 75%)를 더하거나 뺀 범위(1년 미만은 없는 것으로 한다)에서 내국인이 선택하여 납세지 관할 세무서장에게 신고한 내용연수
> ② (상각범위액) ①의 내용연수를 적용하여 「법인세법 시행령」 제26조 제1항 및 「소득세법 시행령」 제64조 제1항에 따른 상각방법으로 계산한 금액
> 이 경우 그 상각방법 및 구체적인 상각범위액의 계산은 「법인세법 시행령」 제26조 제2항부터 제9항까지의 규정과 「소득세법 시행령」 제62조 제1항 후단, 제64조 제2항부터 제4항까지, 제66조 및 제71조를 준용한다.
> 또한, 내국인이 「법인세법 시행령」 제27조 및 「소득세법 시행령」 제65조에 따라 감가상각방법을 변경한 경우에는 그 변경된 감가상각방법을 적용하여 설비투자자산의 상각범위액을 계산한다. 이 경우 상각범위액의 계산방법은 「법인세법 시행령」 제27조 제5항 및 제6항과 「소득세법 시행령」 제64조 제5항 및 제65조 제5항을 준용한다.

또한, 해당 설비투자자산을 적격합병, 적격분할로 취득한 경우에는 법인령 제29조의2 제2항 제1호를 적용한다(조특령 §25의4⑥).

---

3) 「법인세법 시행령」 제28조의3 제2항 제1호 및 「소득세법 시행령」 제63조 제1항 제2호

4 | 절 차

본 과세특례를 적용받으려는 자는 에너지절약시설을 그 밖의 자산과 구분하여 감가상각비 조정명세서를 작성·보관하고, 과세표준 신고와 함께 감가상각비조정명세서합계표 및 감가상 각비조정명세서를 납세지 관할 세무서장에게 제출하여야 하며, 내용연수 특례적용 신청서를 해당 에너지절약시설을 취득한 날이 속하는 과세연도의 과세표준 신고기한까지 납세지 관할 세무서장에게 제출하여야 한다(조특령 §25의4④·⑨·⑩).

5 | 주요 개정연혁

1. 에너지 절약시설에 대한 가속상각 특례 신설(조특법 §28의4)

(1) 개정내용

종 전	개 정
〈신 설〉	□ 에너지절약시설에 대한 가속상각 특례 신설
	○ (지원내용) 기준내용연수의 50%(중소·중견기업은 75%) 범위 내에서 신고한 내용연수를 적용하여 감가상각
	○ (대상자산)
	① 「에너지이용 합리화법」에 따른 에너지절약형 시설
	② 「물의 재이용 촉진 및 지원에 관한 법률」에 따른 중수도 및 「수도법」에 따른 절수설비, 절수기기
	③ 「신에너지 및 재생에너지 개발·이용·보급 촉진법」에 따른 신에너지 및 재생에너지 생산설비의 부품·중간재 또는 완제품을 제조하기 위한 시설
	○ (적용기간) 2023. 1. 1.~2023. 12. 31. 취득분

(2) 개정이유
○ 에너지 절약시설 투자에 대한 인센티브 제공

(3) 적용시기 및 적용례
○ 2023. 1. 1. 이후 취득하는 분부터 적용

사회기반시설채권의 이자소득에 대한 분리과세

1 │ 의 의

사회기반시설채권 이자소득의 분리과세는 2000. 12. 29. 조특법 개정시 도입되었다. 2003. 12. 30. 조특법 개정시 만기가 12년 이상인 채권에서 15년 이상인 채권으로 개정하였으며, 2010. 1. 1. 조특법 개정시에는 사회기반시설채권 이자소득의 분리과세 요건을 만기 15년 이상 채권에서 7년 이상 채권으로 완화하였다.

한편 2013. 1. 1. 조특법 개정시 적용시한을 2014. 12. 31.까지로 연장하였다.

2 │ 사회기반시설채권

사회기반시설채권[1]으로 발행일부터 최종 상환일까지 기간이 7년 이상인 채권을 말한다 (조특법 §29, 조특령 §26①).

3 │ 과세특례의 내용

사회기반시설채권의 이자와 할인액은 종합소득과세표준에 합산되지 않고 14%의 세율[2]로 원천징수된 후 분리과세한다(조특법 §29).

---

1) 「사회기반시설에 대한 민간투자법」 제58조 제1항 : 사업시행자, 「자산유동화에 관한 법률」에 따른 유동화전문회사 또는 대통령령으로 정하는 금융회사등은 대통령령으로 정하는 바에 따라 민간투자사업의 추진에 필요한 재원의 조달 또는 민간투자사업으로 인한 채무의 상환을 위하여 채권(이하 "사회기반시설채권"이라 한다)을 발행할 수 있다.
2) 소득세법 제129조 제1항 제1호 라목의 세율을 말한다.

| 제 4 절의 2 |

고용지원을 위한 조세특례

제29조의2

산업수요맞춤형고등학교등 졸업자를 병역 이행 후 복직시킨 기업에 대한 세액공제

1 | 의 의

산업수요맞춤형고등학교등 졸업자의 병역이행에 따른 취업상 불이익을 방지하고자 2013. 1. 1. 신설된 제도이다. 2017. 12. 19. 조특법 개정시 적용 대상에 중견기업을 추가하였고, 적용기한을 2020. 12. 31.까지로 연장하였다. 2020년말 실효성 미비로 적용기한이 종료되었다.

2 | 요 건

2-1. 중소기업 또는 중견기업일 것

중소기업 및 중견기업의 범위는 제6조의 해설을 참고하기로 한다.

2-2. 산업수요맞춤형고등학교 등 졸업자를 고용할 것

산업수요맞춤형고등학교등을 졸업한 사람 중 근로계약 체결일 현재 산업수요맞춤형고등학교등을 졸업한 날부터 2년 이상 경과하지 아니한 사람을 고용하여야 한다(조특령 §26의2②).

여기서 산업수요맞춤형고등학교등이란 학교[1]로서 산업계의 수요에 직접 연계된 맞춤형 교육과정을 운영하는 고등학교 등 직업교육훈련을 실시하는 다음의 어느 하나에 해당하는 학교를 말한다(조특령 §23③).

① 산업수요 맞춤형 고등학교[2]

---

1) 「초·중등교육법」 제2조
2) 「초·중등교육법 시행령」 제90조 제1항 제10호

② 특성화고등학교3)

③ 각종학교4)(대안학교 중 직업과정을 운영하는 학교 및 일반고등학교 재학생에 대한 직업과정 위탁교육을 수행하는 학교만 해당한다)

2-3. 복직기한

해당 근로자가 병역[현역병(상근예비역 및 경비교도·의무경찰·의무소방원 포함), 사회복무요원, 현역에 복무하는 장교, 준사관 및 부사관]을 이행 후 2020. 12. 31.까지 복직되어야 한다. 이 경우 병역을 이행한 후 1년 이내에 복직된 경우만 해당된다.

3 | 과세특례의 내용

해당 복직자에게 복직일 이후 2년 이내에 지급한 인건비의 30%(중견기업은 15%)에 상당하는 금액을 해당 과세연도의 소득세 또는 법인세에서 공제한다(조특법 §29의2①). 여기서 인건비란 근로의 대가로 지급하는 비용으로서 퇴직소득에 해당하는 금액, 퇴직급여충당금, 퇴직연금계좌에 납부한 부담금 및 퇴직연금등의 부담금을 제외한 금액을 말한다(조특령 §26의2②).

4 | 중복적용

고용창출투자세액공제, 연구·인력개발비에 대한 세액공제, 중소기업 고용증가인원에 대한 사회보험료 세액공제와 중복적용이 가능하다.

5 | 사후관리 및 절차

세액공제를 적용받으려는 중소기업은 과세표준신고와 함께 세액공제신청서를 납세지 관할 세무서장에게 제출하여야 한다(조특법 §29의2②, 조특령 §26의2③).

---

3) 「초·중등교육법 시행령」 제91조 제1항
4) 「초·중등교육법」 제2조 제5호

1. 특성화고 등 졸업자 병역 이행 후 복직 기업에 대한 세액공제 확대(조특법 §29의2)

(1) 개정내용

종 전	개 정
□ 특성화고 등 졸업자의 병역이행 후 복직 기업 세액공제	□ 지원 대상 확대 및 적용기한 연장
○ (대상) 특성화고 등* 졸업자를 병역 이행 후 복직시킨 중소기업 　* 특성화고, 산업수요맞춤형고(마이스터고), 직업과정 위탁교육 수행학교	○ (대상) 중견기업 추가
○ (공제금액) 복직 후 2년간 인건비의 10%	○ (공제금액) 복직 후 2년간 인건비의 30% (중견기업 15%)
○ (적용기한) 2017. 12. 31.	○ (적용기한) 2020. 12. 31.

(2) 개정이유

　○ 특성화고 등 졸업자의 병역 이행 후 고용 안정 지원

(3) 적용시기 및 적용례

　○ 2018. 1. 1. 이후 복직시키는 분부터 적용

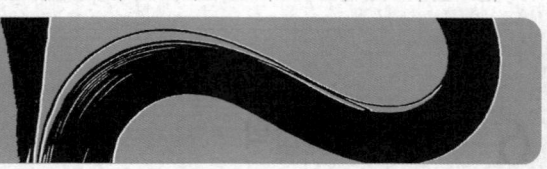

조세특례제한법

제29조의3

경력단절 여성 고용 기업 등에 대한 세액공제

1 의 의

　임신·출산·육아와 가족구성원의 돌봄 등을 이유로 경제활동을 중단한 여성의 재취업을 통하여 저출산·고령화 사회에 대응하기 위하여 여성인력을 우리 경제의 새로운 성장동력으로 활용하고, 여성의 직업적 역량을 보존하여 여성의 권익을 강화하며, 2013년 기준 OECD 가입국 중 최하위권인 한국여성의 경제활동참가율을 제고하기 위하여 2014. 12. 23. 법 개정시 도입되었으며 2015. 1. 1. 이후 경력단절 여성을 고용하는 분부터 적용되었다.

　2017. 12. 19. 조특법 개정시 적용대상에 중견기업을 추가하고 중소기업의 경우 세액공제율을 10%에서 30%까지 상향 조정하여 경력단절 여성 재고용에 따른 기업의 인건비 부담을 축소하였다. 또한 2018. 12. 24. 조특법 개정시에는 중소·중견 기업의 육아휴직 활성화를 위하여 육아휴직 후 고용을 유지하는 기업에 대한 세액공제를 신설하였다.

2 요 건

2-1. 중소기업 또는 중견기업일 것

　중소기업의 범위에 대해서는 제5조에서 설명한 바와 같으며, 중견기업의 범위는 제29조의2와 같다.

2-2. 경력단절여성의 재고용 등

2-2-1. 경력단절여성의 재고용

　경력단절여성과 2022. 12. 31.까지 1년 이상의 근로계약을 체결하여 재고용하여야 한다(조특법 §29의3①).

여기서 경력단절여성이란 다음의 요건을 모두 충족하는 여성을 말한다.

① 해당 기업에서 1년 이상 근무한 경우로서 근로소득원천징수부를 통하여 근로소득세를 원천징수[1]한 사실이 확인될 것(조특령 §26의3②)

② 임신[2]·출산·육아의 사유[퇴직한 날부터 2년 이내에 임신하거나 난임시술을 받은 경우(의료기관의 진단서 또는 확인서를 통하여 확인되는 경우에 한정)이거나 퇴직일 당시 임신한 상태인 경우(의료기관의 진단서를 통하여 확인되는 경우로 한정) 또는 퇴직일 당시 8세 이하 또는 초등학교 2학년 이하의 직계비속이 있는 경우]로 해당 기업에서 퇴직하였을 것(조특령 §26의3③)

③ 해당 기업에서 퇴직한 날부터 2년 이상 10년 미만의 기간이 지났을 것

④ 해당 기업의 최대주주 또는 최대출자자(개인사업자의 경우에는 대표자를 말한다)나 그와 친족관계[3]가 아닐 것(조특령 §26의3④)

2-2-2. 육아휴직복귀자의 복직

중소기업 또는 중견기업이 다음의 요건을 모두 충족하는 사람("육아휴직 복귀자")을 2022년 12월 31일까지 복직시킨 경우여야 한다(조특법 §29의3②).

① 해당 기업에서 1년 이상 근무한 경우로서 근로소득원천징수부를 통하여 근로소득세를 원천징수한 사실이 확인될 것(조특령 §26의3②)

② 육아휴직[4]한 경우로서 육아휴직 기간이 연속하여 6개월 이상일 것

③ 해당 기업의 최대주주 또는 최대출자자(개인사업자의 경우에는 대표자)나 그와 친족관계가 아닐 것(조특령 §26의3④)

3 | 과세특례의 내용

3-1. 경력단절여성의 재고용시 과세특례

중소기업 또는 중견기업이 경력단절여성을 재고용한 날부터 2년이 되는 날이 속하는 달까지 해당 경력단절 여성에게 지급한 인건비의 30%(중견기업의 경우에는 15%)에 상당하는 금액을 중소기업의 해당 과세연도의 소득세(사업소득에 대한 소득세만 해당) 또는 법인세에서 공제한다

---

1) 「소득세법 시행령」 제196조 제1항
2) 종전에는 출산·육아 사유로 퇴직한 경우만 해당되었으나, 임신의 경우까지 세액공제 요건 완화를 완화하였으며, 적용시기는 2016. 1. 1. 이후 재고용하는 분부터 적용된다.
3) 「국세기본법 시행령」 제1조의2 제1항
4) 「남녀고용평등과 일·가정 양립 지원에 관한 법률」 제19조 제1항

(조특법 §29의3①). 여기서 인건비란 근로의 대가로 지급하는 비용으로서 퇴직소득에 해당하는 금액, 퇴직급여충당금, 퇴직연금계좌에 납부한 부담금, 퇴직연금등의 부담금을 제외한 금액을 말한다(조특령 §26의3①).

3-2. 육아휴직복귀자의 복직시 과세특례

중소기업 또는 중견기업이 육아휴직복귀자가 복직한 날부터 1년이 되는 날이 속하는 달까지 해당 육아휴직 복귀자에게 지급한 인건비[5]의 30%(중견기업의 경우에는 15%)[6]에 상당하는 금액을 해당 과세연도의 소득세(사업소득에 대한 소득세만 해당한다) 또는 법인세에서 공제한다(조특법 §29의3② 본문).[7]

다만, 위 세액공제는 육아휴직 복귀자의 자녀 1명당 한 차례에 한정하여 적용하며,[8] 해당 중소기업 또는 중견기업의 해당 과세연도의 상시근로자 수가 직전 과세연도의 상시근로자 수보다 감소한 경우에는 공제하지 아니한다(조특법 §29의3② 단서·④).[9]

4 | 사후관리

육아휴직복귀자의 복직으로 소득세 또는 법인세를 공제받은 기업이 해당 기업에 복직한 날부터 1년이 지나기 전에 해당 육아휴직 복귀자와의 근로관계를 종료하는 경우에는 근로관계가 종료한 날이 속하는 과세연도의 과세표준신고를 할 때 공제받은 세액상당액[10]을 소득세 또는 법인세로 납부하여야 한다(조특법 §29의3③).

---

5) 각주 1)의 내용과 같다.

6) 종전에는 공제율이 중소기업 10%(중견기업의 경우에는 5%)이었으나, 2020년말 법 개정시 공제율을 중소기업 30%, 중견기업 15%로 상향하였다. 개정규정은 2021년 1월 1일 이후 육아휴직에서 복귀하는 사람의 인건비를 지급하는 분부터 적용한다(법률 제17759호, 2020. 12. 29. 부칙 §8①).

7) 2018. 12. 24. 법 개정시 퇴직한 경력단절여성을 재고용하는 경우에 비해 기업의 부담이 상대적으로 적은 측면을 감안하여 공제율·공제기간을 설정하였다.

8) 악용사례(예: 육아휴직 기간을 짧게 나누어 휴직, 복직 반복)를 방지하기 위해 아이 1명당 1번만 세액공제를 적용하도록 개정하였다.

9) 이 경우 상시근로자 및 상시근로자 수의 계산방법에 관하여는 조특령 제23조 제10항부터 제13항까지의 규정을 준용한다(조특령 §26의3⑦).

10) 종전에는 복직한 날부터 1년 내에 육아휴직 복귀자와 근로관계를 종료하는 경우 공제받은 세액에 이자상당액을 가산하여 납부하여야 하였으나, 2020년말 법 개정시 공제받은 세액만 납부하도록 개정하였다. 개정규정은 2021년 1월 1일 이후 공제받은 세액상당액을 납부하는 경우부터 적용한다(법률 제17759호, 2020. 12. 29. 부칙 §8②).

5 | 절 차

세액공제를 받으려는 자는 과세표준 신고와 함께 세액공제신청서(조특칙 별지 제10호의2 서식)를 납세지 관할 세무서장에게 제출하여야 한다(조특법 §29의3⑤, 조특령 §26의3⑤).

6 | 주요 개정연혁

1. 중소·중견기업의 육아휴직 복귀자 인건비 세액공제 확대 등
   (조특법 §29의3②, 조특령 §26의3⑦)

(1) 개정내용

종 전	개 정
□ 중소·중견기업의 육아휴직 복귀자 인건비 세액 공제	□ 세액공제 확대 등
○ (공제요건) 근로자가 6개월 이상 육아휴직 후 복직	○ (좌 동)
○ (세액공제액) 복직 후 1년간 인건비의 10% (중견기업 5%)	○ 세액공제율 상향 : 복직 후 1년간 인건비의 30%(중견기업 15%)
○ (사후관리) 복직한 날부터 1년 내에 육아휴직 복귀자와 근로 관계를 끝내는 경우	○ 추징금액 완화
– 공제받은 세액상당액에 이자 상당액을 가산하여 납부	– 「세액공제액 + 이자상당액」→ 세액공제액
○ (적용기한) 2020. 12 .31.	○ 2022. 12. 31.

(2) 개정이유

○ 중소·중견기업의 육아휴직 활성화 지원

(3) 적용시기 및 적용례

○ (공제율 상향) 2021. 1. 1. 이후 개시하는 과세연도부터 적용

(사후관리) 2021. 1. 1. 이후 사후관리 요건 위반하는 분부터 적용

2. 경력단절여성 재고용 기업에 대한 세액공제 확대(조특법 §29의3)

(1) 개정내용

종 전	개 정
□ 경력단절여성 재고용 기업에 대한 세액공제 ○ (대상) 경력단절여성*을 재고용한 중소기업 * 임신·출산·육아 사유로 퇴직 후 3~10년 이내 종전 기업 재고용 ○ (공제금액) 재고용 후 2년간 인건비의 10% ○ (적용기한) 2017. 12. 31.	□ 지원 대상 확대 및 적용기한 연장 ○ (대상) 중견기업 추가 ○ (공제금액) 재고용 후 2년간 인건비의 30%(중견기업 15%) ○ (적용기한) 2020. 12. 31.

(2) 개정이유

○ 경력단절여성의 고용 안정 지원

(3) 적용시기 및 적용례

○ 2018. 1. 1. 이후 재고용하는 분부터 적용

3. 중소·중견기업 육아휴직 복귀자 인건비 세액공제 신설(조특법 §29의3)

(1) 개정내용

종 전	개 정

〈신 설〉	□ 육아휴직 후 고용유지 기업 인건비 세액공제
	○ (대상) 중소기업, 중견기업
	○ (요건) 근로자(남성 포함)가 6개월 이상 육아휴직 후 복귀시*
	  * 아이 1명당 1번만 적용,
	    기업의 전체 상시근로자 수가 감소하지 않는 경우에 한함
	  - 복귀 후 1년 이상 근무하지 않는 경우 추징
	○ (공제율) 중소기업 10%, 중견기업 5%
	○ (적용기간) 1년
	○ (적용기한) 2020. 12. 31.

(2) 개정이유

○ 중소·중견기업 육아휴직 활성화

(3) 적용시기 및 적용례

○ 2019. 1. 1. 이후 지급하는 분부터 적용

제29조의4

근로소득을 증대시킨 기업에 대한 세액공제

1 │ 의 의

정부는 기업소득과 가계소득의 선순환 구조를 정착시켜 내수 활성화의 기반을 다질 수 있도록 2014. 8. 6. 2014년 세법개정안에서 「가계소득 증대세제」 3대 패키지 도입(3년간 시행)을 발표하였다.

첫째는 「근로소득 증대세제」로서 근로소득 증대를 통해 가계의 가처분소득이 증가할 수 있도록 근로자 임금이 증가된 기업에 대해 증가분의 10%(대기업 5%) 세액공제 신설하는 것이다.

둘째는 「배당소득 증대세제」로서 주주 인센티브를 통한 배당촉진과 주식시장 활성화를 위해 고배당주식 배당소득 원천징수세율을 인하(14 → 9%)하여 소액주주의 세부담을 경감하고, 금융소득 종합과세 대상자에게 선택적 분리과세(25%)를 허용하는 것이다.

셋째는 「기업소득 환류세제」로서 기업소득을 투자, 임금증가, 배당에 활용토록 유도하기 위해 투자, 임금증가, 배당 등이 당기 소득의 일정액에 미달(기준미달액)한 경우 추가과세(단일세율 10%)하는 것이다.

본 제도는 3대 패키지 중 첫 번째인 근로소득 증대세제에 해당하는 것으로, 2015. 12. 15. 조특법 개정시 정규직 전환 근로자의 임금증가액에 대한 추가공제를 도입하여 비정규직 근로자의 정규직 전환을 유도하고자 하였다.

2016. 12. 20. 조특법 개정시 중소기업에 한하여 임금증가 요건을 완화하여 임금증가율이 높은 중소기업에 더 많은 혜택이 돌아갈 수 있도록 하였으며, 2017. 12. 19. 조특법 개정시 중소기업의 세액공제율을 상향하였으며, 적용기한은 몇 번의 연장을 거쳐 2025. 12. 31.에 이르고 있다.

2 | 요건

2-1. 내국인

기존에는 거주자인 개인 및 내국법인이 모두 적용대상이었으나, 2022. 12. 31. 조특법 개정을 통해 대기업을 적용대상에서 제외하여 현재에는 중소·중견기업에 한하여 적용한다.

2-2. 상시근로자의 경우

2-2-1. 상시근로자의 해당 과세연도의 평균임금이 증가할 것

상시근로자의 해당 과세연도의 평균임금 증가율이 직전 3개 과세연도의 평균임금 증가율의 평균보다 커야 한다(조특법 §29의4① 1).

(1) 먼저, 임금은 소법 제20조 제1항 제1호 및 제2호에 따른 소득의 합계액을 말한다(조특령 §26조의4④).

평균임금은 다음 계산식에 따라 계산한 금액으로 한다. 이 경우 1천원 이하 부분은 없는 것으로 한다(조특령 §26의4⑤, 조특칙 §14의2②).

① 아래 ② 외의 경우

> 해당 과세연도 상시근로자의 임금의 합계 / 해당 과세연도의 상시근로자 수

② 직전 과세연도의 평균임금 증가율이 음수(−)이거나 직전 3년 평균임금 증가율의 평균(양수인 경우로 한정한다)의 30% 미만인 경우

> (해당 과세연도 평균임금 + 직전 과세연도 평균임금) / 2

(2) 평균임금 증가율은 다음 계산식에 따라 계산하며, 1만분의 1 미만의 부분은 없는 것으로 한다(조특령 §26의4⑥, 조특칙 §14의2②).

① 아래 ② 외의 경우

> (해당 과세연도 평균임금 − 직전 과세연도 평균임금) / 직전 과세연도 평균임금

② 직전 과세연도의 평균임금 증가율이 음수(−)이거나 직전 3년 평균임금 증가율의 평균(양수인 경우로 한정한다)의 30% 미만인 경우

> (해당 과세연도 평균임금 − 직전 2년 과세연도 평균임금) / 직전 2년 과세연도 평균임금

(3) 직전 3개 과세연도의 평균임금 증가율의 평균은 다음 계산식에 따라 계산하며, 1만분의 1 미만의 부분은 없는 것으로 한다. 이 경우 직전 2년 과세연도 평균임금 증가율 또는 직전 3년 과세연도 평균임금 증가율이 음수인 경우에는 각각 영(0)으로 보아 계산한다 (조특령 §26의4⑦, 조특칙 §14의2②).

① 아래 ② 외의 경우

> (직전 과세연도 평균임금 증가율 + 직전 2년 과세연도 평균임금 증가율 + 직전 3년 과세연도 평균임금 증가율) / 3

② 직전 과세연도의 평균임금 증가율이 음수(−)이거나 직전 3년 평균임금 증가율의 평균(양수인 경우로 한정한다)의 30% 미만인 경우

> (직전 2년 과세연도 평균임금 증가율 + 직전 3년 과세연도 평균임금 증가율) / 2

(4) 여기서 상시근로자란 「근로기준법」에 따라 근로계약을 체결한 근로자를 말한다. 다만, 다음의 어느 하나에 해당하는 자는 제외한다(조특령 §26의4②).

① 법인령 제40조 제1항 각 호[1])의 어느 하나에 해당하는 임원
② 소법 제20조 제1항 제1호 및 제2호에 따른 근로소득의 금액[2])이 7천만원 이상인 근로자
③ 해당 기업의 최대주주 또는 최대출자자(개인사업자의 경우에는 대표자를 말한다) 및 그와 「국세기본법 시행령」 제1조의2 제1항에 따른 친족관계인 근로자
   여기서, 최대주주 또는 최대출자자란 다음의 어느 하나에 해당되는 자를 말한다(조특칙 §14의2①).

---

1) 1. 법인의 회장, 사장, 부사장, 이사장, 대표이사, 전무이사 및 상무이사 등 이사회의 구성원 전원과 청산인
   2. 합명회사, 합자회사 및 유한회사의 업무집행사원 또는 이사
   3. 유한책임회사의 업무집행자
   4. 감사
   5. 그 밖에 제1호부터 제4호까지의 규정에 준하는 직무에 종사하는 자
2) 제2항 제2호에 따른 근로소득의 금액 및 제5항에 따른 평균임금을 계산할 때 해당 과세연도의 근로제공기간이 1년 미만인 상시근로자가 있는 경우에는 해당 상시근로자의 근로소득의 금액 또는 임금을 해당 과세연도 근무제공월수로 나눈 금액에 12를 곱하여 산출한 금액을 해당 상시근로자의 근로소득의 금액 또는 임금으로 본다(조특령 §26의4⑨).

ⓐ 해당 법인에 대한 직접보유비율[보유하고 있는 법인의 주식 또는 출자지분을 그 법인의 발행주식총수 또는 출자총액(자기주식과 자기출자지분은 제외한다)으로 나눈 비율을 말한다]이 가장 높은 자가 개인인 경우에는 그 개인

ⓑ 해당 법인에 대한 직접보유비율이 가장 높은 자가 법인인 경우에는 해당 법인에 대한 직접보유비율과 「국제조세조정에 관한 법률 시행령」 제2조 제3항을 준용하여 계산한 간접소유비율을 합하여 계산한 비율이 가장 높은 개인

④ 소령 제196조에 따른 근로소득원천징수부에 의하여 근로소득세를 원천징수한 사실이 확인되지 아니하는 근로자

⑤ 근로계약기간이 1년 미만인 근로자(다만, 근로계약의 연속된 갱신으로 인하여 그 근로계약의 총 기간이 1년 이상인 근로자는 제외한다)

⑥ 「근로기준법」 제2조 제1항 제8호[3])에 따른 단시간근로자

상시근로자 수는 다음 계산식에 따라 계산한다. 이 경우 100분의 1 미만의 부분은 없는 것으로 한다(조특령 §26의4③).[4])

$$\frac{\text{해당 과세연도의 매월 말 현재 상시근로자 수의 합}}{\text{해당 과세연도의 개월 수}}$$

상시근로자의 임금증가분에 대한 세액공제를 받으려는 과세연도의 종료일 전 5년 이내의 기간 중에 퇴사하거나 새로 상시근로자에 해당하게 된 근로자가 있는 경우에는 상시근로자 수 및 평균임금을 계산할 때 해당 근로자를 제외하고 계산하며, 세액공제를 받으려는 과세연도의 종료일 전 5년 이내의 기간 중에 입사한 근로자가 있는 경우에는 해당 근로자가 입사한 과세연도의 평균임금 증가율을 계산할 때 해당 근로자를 제외하고 계산한다(조특령 §26의4⑩).

한편 합병, 분할, 현물출자 또는 사업의 양수 등으로 인하여 종전의 사업부문에서 종사하던 상시근로자를 합병법인, 분할신설법인, 피출자법인 등(이하 "합병법인등"이라 한다)이 승계하는 경우에는 해당 상시근로자는 종전부터 합병법인등에 근무한 것으로 본다(조특령 §26의4⑪).

---

3) 1주 동안의 소정근로시간이 그 사업장에서 같은 종류의 업무에 종사하는 통상 근로자의 1주 동안의 소정근로시간에 비하여 짧은 근로자

4) 이러한 계산 방법은 법 제29조의4 제1항부터 제6항까지의 규정을 적용할 때 모두 동일하다.

2-2-2. 중소기업의 상시근로자의 당해연도 평균임금 증가율이 중소기업 평균임금증가율을 고려한 일정률보다 클 것

중소기업의 경우 다음의 요건을 모두 충족하는 경우 2025. 12. 31.이 속하는 과세연도까지 전체 중소기업의 평균임금증가분을 초과하는 임금증가분의 100분의 20에 상당하는 금액을 위 조특법 제29조의4 제1항에 따른 금액(2-2-1.에 따른 금액) 대신 해당 과세연도의 소득세(사업소득에 대한 소득세만 해당한다) 또는 법인세에서 공제할 수 있다(조특법 §29의4⑤).

① 상시 근로자의 해당 과세연도의 평균임금 증가율이 전체 중소기업 임금증가율을 고려하여 정한 비율(1,000분의 32)보다 클 것(조특법 §29의4⑤ 1, 조특령 §26의4⑯, 조특칙 §14의2③)

② 직전 과세연도의 평균임금 증가율이 음수가 아닐 것

2-3. 정규직 전환 근로자의 경우 : 해당 과세연도에 정규직 전환 근로자가 존재하며 그의 전년 대비 임금이 증가할 것

해당 과세연도에 정규직 전환 근로자가 있을 것을 요건으로 하며, 여기서 정규직 전환 근로자란 「근로기준법」에 따라 근로계약을 체결한 근로자로서 다음의 요건을 모두 갖춘 자를 말한다(조특법 §29의4③, 조특령 §26의4⑬).

① 직전 과세연도 개시일부터 해당 과세연도 종료일까지 계속하여 근무한 자로서 근로소득원천징수부에 따라 매월분의 근로소득세를 원천징수한 사실이 확인될 것

② 해당 과세연도 중에 비정규직 근로자(기간제근로자 또는 단시간근로자)에서 비정규직 근로자가 아닌 근로자로 전환하였을 것

③ 직전 과세연도 또는 해당 과세연도 중에 임원·고액연봉자 등(조특령 §26의4② 1~3)[5]에 해당하는 자가 아닐 것

정규직 전환 근로자의 임금 증가분 합계액은 정규직 전환 근로자의 해당 과세연도 임금 합계액에서 직전 과세연도 임금 합계액을 뺀 금액을 말한다. 이 경우 직전 과세연도 또는 해당 과세연도의 기간이 1년 미만인 경우에는 임금 합계액을 그 과세연도의 월수(1월 미만의 일수는 1월로 한다)로 나눈 금액에 12를 곱하여 산출한 금액을 임금 합계액으로 본다(조특령 §26의4⑭).

---

5) 1. 「법인세법 시행령」 제40조 제1항 각 호의 어느 하나에 해당하는 임원
　2. 「소득세법」 제20조 제1항 제1호 및 제2호에 따른 근로소득의 금액이 7천만원 이상인 근로자
　3. 기획재정부령으로 정하는 해당 기업의 최대주주 또는 최대출자자(개인사업자의 경우에는 대표자를 말한다) 및 그와 「국세기본법 시행령」 제1조의2 제1항에 따른 친족관계인 근로자

2-4. 공통요건 : 고용유지 또는 확대(미감소)

근로소득 증대세제를 적용받기 위한 공통요건으로, 해당 과세연도의 상시근로자 수가 직전 과세연도의 상시근로자 수보다 크거나 같아야 한다. 이는 기업이 근로자의 근로소득은 증가시켰으나 그만큼 고용인원을 감소시킬 경우 본 제도의 취지에 맞지 않게 세제혜택이 부여되는 것을 막고자 하는데 그 취지가 있다(조특법 §29의4① 2 · ③ 2 · ⑤ 2).

3 │ 과세특례의 내용

3-1. 상시근로자 요건 충족시

3-1-1. 상시근로자의 해당 과세연도의 평균임금이 증가한 경우

중소기업 또는 중견기업이 상시근로자의 근로소득을 증가시킬 경우 2025. 12. 31.이 속하는 과세연도까지 직전 3년 평균 초과 임금증가분의 20%(중견기업의 경우에는 10%)에 상당하는 금액을 해당 과세연도의 소득세(사업소득에 대한 소득세만 해당한다) 또는 법인세에서 공제한다(조특법 §29의4①).

여기서, 직전 3년 평균 초과 임금증가분은 다음 계산식에 따라 계산한다(조특법 §29의4②, 조특칙 §14의2② 4).[6]

① 아래 ② 외의 경우

> 직전 3년 평균 초과 임금증가분 = 〔해당 과세연도 상시근로자의 평균임금 － 직전 과세연도 상시근로자의 평균임금 × (1 ＋ 직전 3년 평균임금 증가율의 평균)〕× 직전 과세연도 상시근로자 수

② 직전 과세연도의 평균임금 증가율이 음수(－)이거나 직전 3년 평균임금 증가율의 평균(양수인 경우로 한정한다)의 30% 미만인 경우

> 직전 3년 평균 초과 임금증가분 = 〔해당 과세연도 상시근로자의 평균임금 － 직전 2년 과세연도 상시근로자의 평균임금 × (1 ＋ 직전 3년 평균임금 증가율의 평균)〕× 직전 과세연도 상시근로자 수

---

[6] 창업 및 휴업 등의 사유로 제7항 및 제8항에 따라 직전 3년 평균임금 증가율의 평균을 계산할 수 없는 경우에는 법 제29조의4 제1항 및 제5항을 적용하지 아니한다(조특령 §26의4⑫).

3-1-2. 중소기업의 상시근로자의 당해연도 평균임금 증가율이 3.2%를 초과한 경우

중소기업 상시근로자의 당해연도 평균임금 증가율이 3.2%를 초과한 경우 2025. 12. 31.이 속하는 과세연도까지 전체 중소기업의 평균임금증가분을 초과하는 임금증가분의 100분의 20에 상당하는 금액을 위 조특법 제29조의4 제1항에 따른 금액(2-2-1.에 따른 금액) 대신 해당 과세연도의 소득세(사업소득에 대한 소득세만 해당한다) 또는 법인세에서 공제할 수 있다(조특법 §29의4⑤).

여기서 전체 중소기업의 평균임금증가분을 초과하는 임금증가분은 다음 계산식에 따라 계산한 금액으로 한다.

> 전체 중소기업의 평균임금증가분을 초과하는 임금증가분 = 〔해당 과세연도 상시근로자의 평균임금 − 직전 과세연도 상시근로자의 평균임금 × {1 + 전체 중소기업 임금증가율을 고려하여 정한 비율 (1,000분의 36)}〕 × 직전 과세연도 상시근로자 수

평균임금 및 평균임금 증가율은 위 상시근로자의 해당 과세연도의 평균임금이 증가한 경우(3-1-1.)와 동일하게 적용된다(조특령 §26의4⑤ · ⑥ · ⑧, 조특칙 §14의2②).

3-2. 정규직 전환 근로자 요건 충족시

중소기업 또는 중견기업이 정규직 전환 근로자에 대한 임금을 전년 대비 증가시킬 경우 2025. 12. 31.이 속하는 과세연도까지 임금증가분 합계액의 100분의 20(중견기업의 경우에는 100분의 10)에 상당하는 금액을 해당 과세연도의 소득세(사업소득에 대한 소득세만 해당한다) 또는 법인세에서 공제한다(조특법 §29의4③). 다만, 소득세 또는 법인세를 공제받은 내국인이 공제를 받은 과세연도 종료일부터 1년이 되는 날이 속하는 과세연도의 종료일까지의 기간 중 정규직 전환 근로자와의 근로관계를 종료하는 경우에는 근로관계가 종료한 날이 속하는 과세연도의 과세표준신고를 할 때 다음 계산식[7]에 따라 계산한 금액을 소득세 또는 법인세로 납부하여야 한다(조특법 §29의4④).

> 조특법 제29조의4 제3항에 따라 공제받은 세액 × $\dfrac{\text{공제받은 과세연도의 정규직 전환 근로자 중 근로관계를 종료한 근로자 수}}{\text{공제받은 과세연도의 정규직 전환 근로자 수}}$

---

7) 개정규정은 2021. 2. 17. 전에 정규직 전환 근로자와의 근로관계가 종료되어 2021. 2. 17. 이후 공제받은 세액상당액을 납부하는 경우에 대해서도 적용한다(**대통령령 제31444호, 부칙 §4**).

4 │ 절 차

세액공제를 받으려는 자는 과세표준 신고와 함께 세액공제신청서(조특칙 별지 제1호 서식, 별지 제10호의3 서식)를 납세지 관할 세무서장에게 제출하여야 한다(조특령 §26의4⑰).

5 │ 주요 개정연혁

1. 근로소득 증대세제 재설계(조특법 §29의4, 조특령 §26의4, 조특칙 §14의2)

(1) 개정내용

종 전	개 정
□ 근로소득 증대세제	□ 적용기한 연장 및 대기업 적용배제 등
○ (적용요건) 당해연도 임금 증가율 > 직전 3년 평균임금 증가율	○ (좌 동)
○ (세액공제) 3년 평균임금 증가율 초과 임금 증가분 × 공제율* * 중소 20%, 중견 10%, 대 5%	○ 대기업을 적용대상에서 제외
○ (중소기업 적용특례) 중소기업은 임금증가율이 3.0%*를 초과하는 경우 초과 임금증가분에 대해 근로소득 증대세제 적용 가능 * 전체 중소기업의 직전 3년 평균임금 증가율을 고려하여 기획재정부령으로 정하는 비율(조특령 §26의4⑯)	○ 3.0% → 3.2% (최근 3년 임금증가율 반영)
○ (적용대상 임금) 소득세법 제20조 제1항 제1호 및 제2호에 따른 소득 합계액	○ 비과세소득 제외 명확화
○ (적용기한) 2022. 12. 31.	○ 2025. 12. 31.

(2) 개정이유
○ 중소·중견기업의 근로자 임금 증가 지원

(3) 적용시기 및 적용례
○ 2023. 1. 1. 이후 개시하는 과세연도 분부터 적용

2. 중소기업에 대한 근로소득 증대세제 지원 확대(조특법 §29의4, 조특령 §26의4)

(1) 개정내용

종 전	개 정
□ 근로소득 증대세제	□ 중소기업 지원 확대 및 적용기한 연장
○ (적용요건) 당해연도 임금증가율 > 직전 3년 평균임금 증가율* * 중소기업은 전체 중소기업 평균임금 증가율보다 높은 경우도 가능	○ (좌 동)
○ (세액공제) 3년 평균임금 증가율 초과 임금 증가분의 일정 비율	
– 대기업 : 5%	– (좌 동)
– 중소·중견기업 : 10%	– 중견기업 : 10%
	– 중소기업 : 20%
○ (근로자 범위) 상시근로자	○ (근로자 범위) 상시근로자
– 총급여 1.2억원 이상 제외	– 총급여 7천만원 이상 제외
○ (적용기한) 2017. 12. 31.	○ (적용기한) 2020. 12. 31.

(2) 개정이유
○ 중소기업의 임금 증가 인센티브 제고

(3) 적용시기 및 적용례
○ 2018. 1. 1. 이후 개시하는 과세연도 분부터 적용

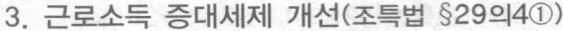

3. 근로소득 증대세제 개선(조특법 §29의4①)

(1) 개정내용

종 전	개 정
□ 근로소득 증대세제 적용 요건 　ㅇ 당해연도 평균임금 증가율이 직전 3년 평균임금 증가율을 초과	□ 중소기업에 대해 적용요건 완화 　: ① 대신 ② 요건 충족시에도 적용 　① (좌　동) 　② 당해연도 평균임금 증가율이 전체 중소기업 평균임금 증가율을 고려해 정한 일정률*을 초과 　＊ 시행령으로 규정 　－ 단, 직전연도 임금상승률이 음수인 경우 적용 배제

(2) 개정이유
　ㅇ 중소기업 근로자의 임금 상승 지원

(3) 적용시기 및 적용례
　ㅇ 2017. 1. 1. 이후 개시하는 과세연도 분부터 적용

4. 근로자의 정규직 전환에 대한「근로소득증대세제」우대 적용

　(조특법 §29의4, 조특령 §26의4)

(1) 개정내용

종 전	개 정
□ 근로소득증대세제	□ 정규직 전환 근로자의 임금증가액에 대한 추가공제 도입
○ 상시근로자 임금 증가액*의 5~10% 공제 　* 직전 3년 임금 증가율의 평균을 초과하는 분	○ (좌 동)
〈신 설〉	○ 정규직 전환 근로자 추가공제 　- 적용요건 : ①, ② 모두 충족 　① 해당 과세연도에 정규직 전환근로자*가 있을 것 　　* 직전 과세연도와 해당 과세연도에 계속하여 근무한 근로자로서 해당 과세연도 중에 비정규직 근로자에서 정규직 근로자로 전환한 근로자(임원·고액연봉자 등 제외) 　② 해당 과세연도 상시근로자수 ≥ 직전 과세연도 상시근로자수 　- 공제율 : 중소기업 20%, 중견기업 10%, 대기업 5% 　- 공제금액 : 정규직 전환 근로자의 전년대비 임금증가액 합계* × 공제율 　　* 해당 과세연도 임금 합계액에서 직전 과세연도 임금 합계액을 차감한 금액

(2) 개정이유

　○ 비정규직 근로자의 정규직 전환 유도

(3) 적용시기 및 적용례

　○ 2016. 1. 1. 이후 개시하는 과세연도 분부터 적용

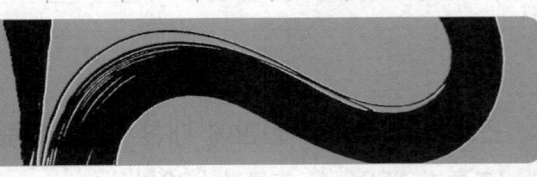

조세특례제한법

제**29**조의 5

청년고용을 증대시킨 기업에 대한 세액공제

1 │ 의 의

동 제도는 60세 정년 의무화 등으로 청년 고용절벽 우려가 지속되는 상황에서 청년실업 해소를 위해 2015. 12. 15. 법 개정시 신설된 제도로, 청년 정규직 근로자 수가 증가한 기업에 대해 1인당 일정 금액의 세액을 공제함으로써 양질의 청년 일자리 창출을 지원하는 제도이다. 정규직 증가인원을 지원 대상으로 하여 기업이 청년 근로자를 정규직으로 채용하도록 유도하여 고용의 양적·질적 측면을 동시에 개선하고자 하였다. 중소기업의 경우 기존의 고용증가 인원에 대한 사회보험료 세액공제(조특법 §30의4)와 동시적용을 허용하여 고용창출 효과를 강화하였고, 대·중견기업의 경우 투자와 무관하게 고용창출로만 지원받을 수 있는 제도를 신설함으로써 고용유인을 증대하였다. 동 제도는 지원의 시급성 등을 감안하여 2015년 청년 고용분부터 바로 적용할 수 있도록 2015. 12. 31.이 속하는 과세연도부터 시행되고 있으며, 적용기한은 2017. 12. 31.이다.

2 │ 요 건

2-1. 적용대상

소비성서비스업[1]을 제외한 모든 기업이다(조특법 §29의5①, 조특령 §26의5①).

---

1) 1. 호텔업 및 여관업(「관광진흥법」에 따른 관광숙박업은 제외한다)
   2. 주점업(일반유흥주점업, 무도유흥주점업 및 단란주점 영업만 해당하되, 외국인전용유흥음식점업 및 관광유흥 음식점업은 제외한다)

2-2. 적용요건

해당 과세연도의 청년 정규직 근로자의 수가 직전 과세연도의 청년 정규직 근로자 수보다 증가한 경우여야 한다(조특법 §29의5①). 여기서 청년 정규직 근로자란 「근로기준법」에 따라 근로계약을 체결한 내국인 근로자 중 다음 어느 하나에 해당하는 사람을 제외한 근로자("전체 정규직 근로자")로서 15세 이상 29세 이하인 자를 말한다(조특령 §26의5② · ③본문).
① 기간제근로자 및 단시간근로자
② 파견근로자
③ 임원, 최대주주와 그 배우자(직계존비속 및 그 배우자, 친족관계인 사람 포함). 근로소득세를 원천징수한 사실이 확인되지 아니하는 근로자
④ 청소년

다만, 해당 근로자가 병역을 이행한 경우에는 그 기간(6년 한도)을 현재 연령에서 빼고 계산한 연령이 29세 이하인 사람을 포함한다(조특령 §26의5③ 단서).

3 | 과세특례의 내용

청년 정규직 근로자 증가인원에 대기업은 300만원, 중소기업은 1천만원, 중견기업[2]은 700만원을 곱한 금액을 해당 과세연도의 소득세(사업소득에 대한 소득세만 해당한다) 또는 법인세에서 공제한다. 이때 청년 정규직 근로자 증가인원은 전체 정규직 근로자 증가인원과 전체 상시근로자[3]의 증가한 인원 수 중 작은 수를 한도로 한다(조특법 §29의5①).
청년 정규직 근로자 수는 매월말 현재 인원을 합산한 후 해당 기간의 개월 수로 나누어 계산한다. 전체 정규직 근로자 수 및 상시근로자 수 역시 동일하게 해당 기간의 매월말 현재 근로자 수의 합을 해당 기간의 개월 수로 나눈 방식으로 계산하며, 구체적인 산식은 아래와 같다(조특령 §26의5⑧).[4]

---

[2] 조특령 제4조 제1항에 따른 중견기업을 말한다(조특령 §26의5⑤).
[3] 조특령 제23조 제10항에 따른 상시근로자를 말한다(조특령 §26의5④).
[4] 조특령 제26조의5 제8항을 적용할 때 해당 과세연도에 창업 등을 한 내국인의 경우에는 조특령 제23조 제13항을 준용한다. 이 경우 "상시근로자 수"는 "청년 정규직 근로자 수, 전체 정규직 근로자 수 또는 상시근로자 수"로, "상시근로자"는 "청년 정규직 근로자, 전체 정규직 근로자 또는 상시근로자"로 본다(조특령 §26의5⑩).

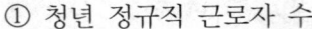
① 청년 정규직 근로자 수

$$\frac{\text{해당 과세연도의 매월 말 현재 청년 정규직 근로자 수의 합}}{\text{해당 과세연도의 개월 수}}$$

② 전체 정규직 근로자 수

$$\frac{\text{해당 과세연도의 매월 말 현재 전체 정규직 근로자 수의 합}}{\text{해당 과세연도의 개월 수}}$$

③ 상시근로자 수[5]

$$\frac{\text{해당 과세연도의 매월 말 현재 상시근로자 수의 합}}{\text{해당 과세연도의 개월 수}}$$

4 | 사후관리

동 과세특례에 따라 세액공제를 받은 내국인이 공제를 받은 과세연도의 종료일부터 2년이 되는 날이 속하는 과세연도의 종료일까지의 기간 중 각 과세연도의 청년 정규직 근로자 수, 전체 정규직 근로자 수 또는 상시근로자 수가 공제를 받은 과세연도보다 감소한 경우에는 공제받은 금액에 상당하는 금액을 소득세 또는 법인세로 납부하여야 한다(조특법 §29의5②).

고용감소시 납부하여야 할 소득세액 또는 법인세액은 다음 ①의 금액(해당 과세연도의 직전 2년 이내의 과세연도에 공제받은 세액의 합계액 한도)에서 ②의 금액을 뺀 금액(해당 금액이 음수인 경우에는 영으로 본다)으로 하며, 이를 해당 과세연도의 과세표준을 신고할 때 소득세 또는 법인세로 납부하여야 한다(조특령 §26의5⑥). 이때 공제받은 과세연도의 종료일 현재 29세 이하인 자(해당 근로자가 병역을 이행한 경우에는 6년을 한도로 하여 그 기간을 현재 연령에서 빼고 계산한 연령이 29세 이하인 사람을 포함한다)는 이후 과세연도에도 29세 이하인 것으로 본다(조특령 §26의5⑦).[6]

---

5) 조특령 제26조의5 제8항 제3호에 따른 상시근로자 수의 계산에 관하여는 조특령 제23조 제11항 각 호 외의 부분 후단 및 같은 항 제2호를 준용한다(조특령 §26의5⑨).

6) 직전 과세연도에 29세(직전 과세연도 중에 30세 이상이 되는 경우를 포함)인 청년 정규직 근로자가 해당 과세연도에 30세 이상이 되는 경우 「조세특례제한법 시행령」 제26조의5 제7항의 규정은 「조세특례제한법」 제29조의5 제1항의 "청년 정규직 근로자 수" 계산시 적용되지 아니하는 것임(기획재정부 조세특례제도과-365, 2019. 5. 9).

① 공제받은 과세연도(2개 과세연도 이상 연속으로 공제받은 경우에는 공제받은 마지막 과세연도) 대비 해당 과세연도의 청년 정규직 근로자 감소 인원, 전체 정규직 근로자 감소 인원 또는 상시근로자 감소 인원 중 가장 큰 수에 300만원(공제받은 과세연도에 중소기업의 경우에는 1,000만원, 중견기업의 경우에는 700만원)을 곱한 금액

② 공제받은 과세연도 대비 직전 과세연도의 청년 정규직 근로자 감소 인원, 전체 정규직 근로자 감소 인원 또는 상시근로자 감소 인원 중 가장 큰 수에 300만원(공제받은 과세연도에 중소기업의 경우에는 1,000만원, 중견기업의 경우에는 700만원)을 곱한 금액(공제받은 과세연도가 직전 과세연도인 경우에는 영으로 본다)

5 | 절 차

세액공제를 받으려는 자는 과세표준 신고와 함께 세액공제 신청서 및 공제세액계산서를 납세지 관할 세무서장에게 제출하여야 한다(조특령 §26의5⑪).

6 | 관련사례

구 분	내 용
청년 정규직 근로자 수 계산방법	○ 직전연도에 29세인 청년 정규직 근로자로 입사하였다가 연중 30세가 되어 관련 법령에 따라 청년고용증대세액공제를 적용받은 후, 당해 연도에는 30세가 초과된 경우 청년 정규직 근로자 수가 감소한 것으로 볼 것인지 여부 : 직전 과세연도에 29세(직전 과세연도 중에 30세 이상이 되는 경우를 포함)인 청년 정규직 근로자가 해당 과세연도에 30세 이상이 되는 경우 「조세특례제한법 시행령」 제26조의5 제7항의 규정은 「조세특례제한법」 제29조의5 제1항의 "청년 정규직 근로자 수" 계산시 적용되지 아니하는 것임(기획재정부 조세특례제도과-365, 2019. 5. 9.).

⇒ 조특령 제26조의5 제7항의 규정은 동조 제6항에 따른 사후관리규정에 적용되는 것일 뿐, 조특법 제29조의5 제1항에 따른 세액공제에는 적용되지 않는다고 해석함.

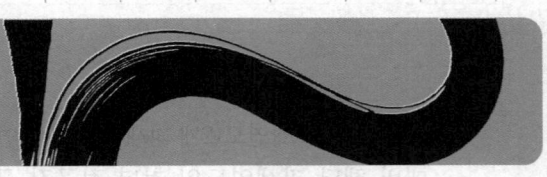

제29조의6

중소기업 청년근로자 및 핵심인력 성과보상기금 수령액에 대한 소득세 감면 등

1 | 의 의

동 제도는 중소기업 핵심인력의 장기재직 촉진 및 인력양성을 위해 「중소기업 인력지원특별법」상 2014. 1. 21. 신설된 중소기업 핵심인력 성과보상기금 제도에 대한 세제지원의 성격을 지니는 제도로, 핵심인력 성과보상금(내일채움공제) 중 기업 납입분이 성과보상금(근로소득)에 해당하여 근로소득으로 과세할 필요가 있으나 중소기업 핵심인력의 장기재직 유도 및 관련 근로자에 대한 세제지원이 없는 점 등을 감안하여 50%의 소득세 감면혜택을 부여하고 있다. 2021. 12. 28. 조특법 개정으로 적용기한은 2024. 12. 31.까지 연장되었다.

2 | 요 건

2-1. 적용대상

중소기업 핵심인력[1](직무 기여도가 높아 해당 중소기업의 대표자가 장기재직이 필요하다고 지정하는 근로자)이 적용대상이며, 다음 어느 하나에 해당하는 사람을 제외한다(조특법 §29의6①, 조특령 §26의6②).

① 해당 기업의 최대주주 또는 최대출자자(개인사업자의 경우에는 대표자)와 그 배우자
② 위 ①에 해당하는 자의 직계존비속(그 배우자 포함) 또는 ①에 해당하는 사람과 친족관계[2]에 있는 사람

---

1) 「중소기업 인력지원 특별법」 제2조 제6호
2) 「국세기본법 시행령」 제1조의2 제1항

2-2. 적용요건

중소기업 핵심인력 성과보상기금의 공제사업[3]에 2024. 12. 31.까지 가입한 중소기업 또는 중견기업[4]의 근로자가 공제납입금을 5년(중소기업 또는 중견기업의 청년근로자를 대상으로 하는 공제사업에 가입하여 만기까지 납입한 후에 핵심인력을 대상으로 하는 공제사업에 연계하여 납입하는 경우에는 해당 기간을 합산하여 5년) 이상 납입하고 그 성과보상기금으로부터 공제금을 수령하는 경우에 적용한다(조특법 §29의6①).

3 | 과세특례의 내용

핵심인력이 성과보상기금으로부터 수령한 공제금 중 해당 기업이 부담한 기여금 부분에 대해서 근로소득으로 보아 소득세를 부과하되, 소득세의 100분의 50(중견기업 근로자의 경우에는 100분의 30)에 상당하는 세액을 감면한다. 다만, 청년근로자[5]의 경우에는 소득세의 100분의 90(중견기업 근로자의 경우에는 100분의 50)에 상당하는 세액을 감면한다. 이 경우 감면세액은 다음 계산식에 따라 계산한 금액으로 한다(조특법 §29의6①, 조특령 §26의6③).

$$
\text{종합소득산출세액} \times \frac{\text{근로소득금액}}{\text{종합소득금액}} \times \frac{\text{부담한 기여금[6]}}{\text{해당 근로자의 총급여액}} \times \text{감면율}
$$

공제금 중 핵심인력이 납부한 공제납입금과 기여금을 제외한 부분은 이자소득으로 보아 소득세를 부과한다(조특법 §29의6②).

---

3) 「중소기업 인력지원 특별법」 제35조의2
4) 조특령 제4조 제1항에 따른 중견기업을 말한다(조특령 §26의6①).
5) 조특령 제26조의8 제3항 제1호에 따른 청년근로자를 말한다(조특령 §26의6②).
6) 조특법 제29조의6 제1항

4 │ 절 차

근로자는 동 제도에 따라 감면을 신청하려는 경우 감면신청서를 공제금을 수령하는 달이 속하는 달의 다음 달 말일까지 원천징수의무자에게 제출하여야 한다(조특령 §26의6④).[7] 원천징수의무자는 감면신청을 받는 경우 신청을 받은 달이 속하는 달의 다음 달 10일까지 원천징수 관할 세무서장에게 감면 대상 명세서를 제출하여야 한다(조특령 §26의6⑤).

---

7) 「중소기업인력지원특별법」 제35조의2에 따라 설치한 중소기업 핵심인력 성과보상기금의 공제사업에 가입한 「조세특례제한법」 제29조의6 제1항에 따른 중소기업 또는 중견기업의 근로자가 성과보상기금으로부터 만기 시 수령하는 공제금 중 근로소득에 해당하는 기업기여금에 대한 원천징수의무는 해당 중소기업 또는 중견기업에 있는 것임 (기획재정부 소득세제과-526, 2019. 9. 18.).

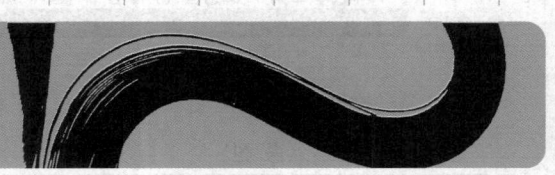

고용을 증대시킨 기업에 대한 세액공제

1 | 의 의

최근 성장잠재력이 저하되는 가운데, 주력 산업의 경쟁력 약화, 해외생산 확대 등으로 양질의 일자리가 감소하고, 특히 경제활동이 활발한 20대 후반 인구증가로 청년 취업경쟁이 심화되면서 청년 실업률이 역대 최고 수준으로 상승하고 있다. 조특법에서는 청년 고용을 증대하기 위한 여러 지원 제도를 마련하여 왔는데, 종전의 고용지원 제도 중 조세지출 규모가 가장 큰 고용창출투자세액공제 제도는 투자를 통한 간접적인 고용 지원방식으로 고용창출에 한계가 있다는 지적이 제기되어 왔다.

이에 따라 2017. 12. 19. 조특법 개정시 종전 제도의 미비점을 보완하고 고용에 대한 직접적 지원을 강화하기 위한 방안으로 기존의 고용창출투자세액공제와 청년고용증대세제를 통합·재설계한 "고용증대세제"가 신설되었다.

또한 청년 일자리 창출 기업에 대한 세제지원 강화 목적으로 2018. 12. 24. 조특법 개정시 청년등상시근로자 1인당 공제금액이 각각 100만원씩 인상되었으며, 공제기간이 대기업은 1년에서 2년으로, 중소·중견기업은 2년에서 3년으로 각각 1년씩 확대됨으로써 중소·중견기업 고용에 대한 지원이 강화되었다.

최근 2021. 12. 28. 조특법 개정시에는 수도권외 지역 취약계층 지원을 위해 공제금액을 한시적으로 상향하고 적용기한을 3년 연장하였다.

	〈종 전〉
고용 창출 투자 세액 공제	○ 투자 & 고용을 동시에 하는 경우 　투자금액의 3~8% 공제(1년간) 　* 다른 고용·투자지원 제도와 중복 배제 • 공제한도 : 상시근로자 증가 1인당 　1,000~2,000만원 　(실제실적 : 1인당 평균 420만원)
청년 고용 증대 세제	○ 청년 정규직 고용시 정액 공제(1년간)

청년 고용증대세제 표:

중소	중견	대기업
1,000만원	700만원	300만원

〈고용증대세제 신설〉

○ 투자가 없더라도 고용 증가인원 1인당
　일정금액 공제(중소·중견기업은 2년간)
　* 다른 고용·투자지원 제도와 중복 허용

구분 (단위 : 만원)	중소 (2년간)	중견 (2년간)	대기업 (1년간)
상시 근로자	700~770 (1,400~1,540)	450 (900)	–
청년 정규직, 장애인 등	1,100~1,200 (2,200~2,400)	800 (1,600)	400 (400)

　한편, 2021. 3. 16. 조특법 개정시 코로나바이러스감염증-19의 확산에 따른 고용위기 상황을 고려하여 2019년 고용증대세제를 적용받은 기업이 2020년 고용이 감소한 경우 2020년에 한정하여 사후관리를 적용하지 않고 1년 유예하며, 2021년 이후 고용인원이 2019년 수준을 유지하는 경우 세액공제를 계속하여 적용받을 수 있도록 하였다. 동 개정규정은 2020년 12월 31일이 속하는 과세연도의 과세표준을 신고하는 분부터 적용한다.[1]

2 | 요 건

2-1. 적용대상

소비성서비스업[2]을 경영하는 자를 제외한 내국인이다(조특법 §29의7①, 조특령 §26의7①).

2-2. 적용요건

해당 과세연도의 기간 중 상시근로자 수가 직전 과세연도의 상시근로자의 수보다 증가한

---

1) 법률 제17926호, 2021. 3. 16. 부칙 §2
2) 조특령 제29조 제3항에 따른 소비성서비스업으로서 호텔업 및 여관업(「관광진흥법」에 따른 관광숙박업은 제외한다), 주점업(일반유흥주점업, 무도유흥주점업 및 「식품위생법 시행령」 제21조에 따른 단란주점 영업만 해당하되, 「관광진흥법」에 따른 외국인전용유흥음식점업 및 관광유흥음식점업은 제외한다) 등을 말한다.

경우이어야 한다(조특법 §29의7①).

본조에서 말하는 상시근로자란 「근로기준법」에 따라 근로계약을 체결한 내국인 근로자를 말한다. 다만, 다음의 어느 하나에 해당하는 사람은 제외한다(조특법 §29의7①, 조특령 §26의7②·§23⑩).

① 근로계약기간이 1년 미만인 근로자. 다만, 근로계약의 연속된 갱신으로 인하여 그 근로계약의 총 기간이 1년 이상인 근로자는 상시근로자로 본다.

② 단시간근로자.[3] 다만, 1개월간의 소정근로시간이 60시간 이상인 근로자는 상시근로자로 본다.

③ 임원[4]

④ 해당 기업의 최대주주 또는 최대출자자(개인사업자의 경우에는 대표자)와 그 배우자

⑤ ④에 해당하는 자의 직계존비속(그 배우자 포함) 및 친족관계[5]인 사람

⑥ 근로소득원천징수부[6]에 의하여 근로소득세를 원천징수한 사실이 확인되지 아니하고, 다음의 어느 하나에 해당하는 금액의 납부사실도 확인되지 아니하는 자
  ㉠ 부담금 및 기여금[7]
  ㉡ 직장가입자의 보험료[8]

한편, 상시근로자는 청년등상시근로자와 그 외의 상시근로자로 구별되는데, 여기서 "청년등상시근로자"란 다음의 어느 하나에 해당하는 사람을 말한다(조특법 §29의7①, 조특령 §26의7③).

① 15세 이상 29세 이하인 사람 중 다음의 어느 하나에 해당하는 사람을 제외한 사람. 다만, 해당 근로자가 병역을 이행한 경우[9]에는 그 기간(6년 한도)을 현재 연령에서 빼고 계산한 연령이 29세 이하인 사람을 포함한다.
  ㉠ 기간제근로자 및 단시간근로자 ㉡ 파견근로자 ㉢ 청소년[10]

② 장애인, 상이자, 5·18민주화운동부상자,[11] 고엽제후유의증환자로서 장애등급 판정을

---

3) 「근로기준법」 제2조 제1항 제9호
4) 「법인세법 시행령」 제40조 제1항 각 호
5) 「국세기본법 시행령」 제1조의2 제1항
6) 「소득세법 시행령」 제196조
7) 「국민연금법」 제3조 제1항 제11호 및 제12호
8) 「국민건강보험법」 제69조
9) 「조특령」 제27조 제1항 제1호 각 목 : 현역병(상근예비역 및 의무경찰·의무소방원 포함), 사회복무요원, 장교, 준사관 및 부사관
10) 「청소년 보호법」 제2조 제5호 각 목에 따른 업소에 근무하는 같은 조 제1호에 따른 청소년을 말한다.
11) 국가보훈대상자 고용지원 강화 목적 : 2019. 1. 1. 이후 개시하는 과세연도 분부터 적용

받은 사람[12]
③ 근로계약 체결일 현재 연령이 60세 이상인 사람[13]

3 | 과세특례의 내용

3-1. 세액공제액의 계산

2024년 12월 31일이 속하는 과세연도까지의 기간 중 해당 과세연도의 상시근로자가 직전 과세연도의 상시근로자 수보다 증가한 경우에 다음의 금액을 더한 금액을 해당 과세연도와 해당 과세연도의 종료일부터 1년[중소기업 및 중견기업[14]의 경우에는 2년]이 되는 날이 속하는 과세연도까지의 소득세(사업소득에 대한 소득세만 해당) 또는 법인세에서 공제한다(조특법 §29의7①).

① 청년등상시근로자의 증가한 인원 수(증가한 상시근로자 인원 수 한도)에 400만원[중견기업의 경우에는 800만원, 중소기업의 경우에는 1,100만원(중소기업으로서 수도권 밖의 지역에서 증가한 경우에는 1,200만원)]을 곱한 금액

② 청년등상시근로자 외 상시근로자의 증가한 인원 수(증가한 상시근로자 인원 수 한도) × 0원(중견기업의 경우에는 450만원, 중소기업의 경우에는 다음에 따른 금액)

㉠ 수도권 내의 지역에서 증가한 경우 : 700만원
㉡ 수도권 밖의 지역에서 증가한 경우 : 770만원

|1인당 연간 공제금액|

구 분	중소기업		중견기업		대기업	
	수도권	지방	수도권	지방	수도권	지방
청년등상시근로자	1,100만원	1,300만원*	800만원	900만원*	400만원	500만원*
그 외 상시근로자	700만원	770만원	450만원	450만원	-	-

* 2021~2022년 고용증가분에 한시 적용

---

12) 국가보훈대상자 고용지원 강화 목적 : 2019. 1. 1. 이후 개시하는 과세연도 분부터 적용

13) 2020년말 조특법 개정시 기업의 고령자 고용에 대한 지원을 확대하기 위하여 직전 과세연도 대비 상시근로자 수가 증가한 기업에 대하여 적용하는 세액공제 우대 대상에 청년, 장애인, 국가유공자 외에 60세 이상 근로자를 추가하였다. 개정규정은 2021년 1월 1일 이후 개시하는 과세연도 분부터 적용한다.

14) 조특령 제4조 제1항에 따른 중견기업을 말한다(조특령 §26의7④).

3-2. 상시근로자 수

세액공제액을 계산할 때 상시근로자 수, 청년등상시근로자 수는 다음의 구분에 따른 계산식에 따라 계산한 수(100분의 1 미만의 부분은 없는 것으로 한다)로 한다(조특령 §26의7⑦).[15]

① 상시근로자 수 :

$$\frac{\text{해당 과세연도의 매월 말 현재 상시근로자 수의 합}}{\text{해당 과세연도의 개월 수}}$$

② 청년등상시근로자 수 :

$$\frac{\text{해당 과세연도의 매월 말 현재 청년등상시근로자 수의 합}}{\text{해당 과세연도의 개월 수}}$$

이 경우 상시근로자 수의 계산에 관하여는 고용창출투자세액공제제도의 방식을 준용[16] 한다(조특령 §26의7⑧·⑨).

4 | 사후관리

본조에 따라 소득세 또는 법인세를 공제받은 내국인이 최초로 공제를 받은 과세연도의 종료일부터 2년이 되는 날이 속하는 과세연도의 종료일까지의 기간 중 전체 상시근로자의 수가 최초로 공제를 받은 직전 과세연도에 비하여 감소한 경우에는 감소한 과세연도부터 과세특례를 적용하지 아니하고, 청년등상시근로자의 수가 최초로 공제를 받은 직전 과세연도에 비하여 감소한 경우에는 감소한 과세연도부터 과세특례[17]를 적용하지 아니한다(조특법 §29의7②).

이 경우 ①의 금액(해당 과세연도의 직전 2년 이내의 과세연도에 공제받은 세액의 합계액 한도)에서

---

15) 이러한 방식은 아래 4.에서도 동일하다.
16) 상시근로자 수의 계산에 관하여는 조특령 제23조 제11항 각 호 외의 부분 후단 및 같은 항 제2호를 준용하며, 해당 과세연도에 창업 등을 한 내국인의 경우에는 조특령 제23조 제13항을 준용한다. 이와 관련하여서는 제26조의 해설을 참고하기로 한다.
17) 조특법 제29조의7 제1항 제1호

②의 금액을 뺀 금액(해당 금액이 음수인 경우에는 영으로 본다)을 이를 해당 과세연도의 과세표준을 신고할 때 소득세 또는 법인세로 납부하여야 한다(조특령 §26의7⑤).

① 공제받은 과세연도(2개 과세연도 이상 연속으로 공제받은 경우에는 공제받은 마지막 과세연도) 대비 해당 과세연도의 상시근로자 및 청년등상시근로자 감소 인원에 본조의 세액공제 금액[18]을 곱한 금액

② 공제받은 과세연도 대비 직전 과세연도의 상시근로자 및 청년등상시근로자 감소 인원에 본조의 세액공제금액을 곱한 금액(공제받은 과세연도가 직전 과세연도인 경우에는 영으로 본다)

한편, 공제받은 과세연도의 종료일 현재 29세 이하인 사람[해당 근로자가 병역을 이행한 경우에는 그 기간(6년 한도)을 현재 연령에서 빼고 계산한 연령이 29세 이하인 사람 포함]은 이후 과세연도에도 29세 이하인 것으로 본다(조특령 §26의7⑥).

5 │ 사후관리 및 세액공제 특례

5-1. 사후관리 특례

소득세 또는 법인세를 공제받은 내국인이 2020년 12월 31일이 속하는 과세연도의 전체 상시근로자의 수 또는 청년등상시근로자의 수가 최초로 공제받은 과세연도에 비하여 감소하는 경우에는 최초로 공제받은 과세연도의 종료일부터 3년이 되는 날이 속하는 과세연도의 종료일까지의 기간에 대해 사후관리규정[19]을 적용한다. 다만, 2020년 12월 31일이 속하는 과세연도에 대해서는 공제받은 세액에 상당하는 금액을 소득세액 또는 법인세액으로 납부하지 아니한다[20] (조특법 §29의7⑤).

5-2. 세액공제 특례

(1) 위 5-1.을 적용받는 내국인이 2021년 12월 31일이 속하는 과세연도의 전체 상시근로자수 또는 청년등상시근로자의 수가 최초로 공제받은 과세연도에 비하여 감소하지 않은 경우에는 본조의 과세특례금액[21] 더한 금액을 2021년 12월 31일이 속하는 과세연도부터

---

18) 조특법 제29조의7 제1항 각 호의 구분에 따른 금액
19) 조특법 제29조의7 제2항
20) 조특법 제29조의7 제2항 후단
21) 조특법 제29조의7 제1항 각 호에 따른 금액

최초로 공제받은 과세연도의 종료일부터 2년(중소기업 및 중견기업의 경우에는 3년)이 되는 날이 속하는 과세연도까지 소득세(사업소득에 대한 소득세만 해당) 또는 법인세에서 공제한다(조특법 §29의7⑥).

(2) 한편, 위 (1)을 적용받은 내국인이 2022년 12월 31일이 속하는 과세연도의 전체 상시근로자수 또는 청년등상시근로자의 수가 최초로 공제받은 과세연도에 비하여 감소한 경우에는 최초로 공제받은 과세연도의 종료일부터 3년이 되는 날이 속하는 과세연도의 종료일까지 제2항을 적용한다(조특법 §29의7⑦).

6 │ 절 차

본조의 세액공제를 받으려는 자는 과세표준 신고와 함께 세액공제신청서 및 공제세액계산서를 납세지 관할 세무서장에게 제출하여야 한다(조특령 §26의7⑩).

7 │ 관련사례

구 분	내 용
한도 적용시기	○ 「조세특례제한법」 제29조의7(2019. 12. 31. 법률 제16835호로 개정된 것) 제1항에 따른 '증가한 상시근로자의 인원수 한도' 규정은 2020. 1. 1. 전 개시하는 과세연도에도 적용되는 것이 타당함(기획재정부 조세특례제도과-322, 2022. 5. 4.).
특례내용	○ 내국인이 해당 과세연도의 청년 등 상시근로자 증가인원에 대한 「조세특례제한법」 제29조의7 제1항 제1호에 따른 세액공제를 적용받은 후 다음 과세연도에 청년 등 상시근로자의 수는 감소(최초 과세연도에는 29세 이하였으나, 이후 과세연도에 30세 이상 되어 청년 수가 감소하는 경우를 포함)하였으나 전체 상시근로자의 수는 유지되는 경우, 잔여 공제연도에 대해서는 제29조의7 제1항 제2호의 공제액을 적용하여 공제가 가능함(기획재정부 조세특례제도과-215, 2023. 3. 6., 기획재정부 조세특례제도과-214, 2023. 3. 6.).

8 | 주요 개정연혁

1. 고령자에 대한 고용증대세제 세액공제액 인상(조특법 §29의7, 조특령 §26의7)

(1) 개정내용

종 전	개 정
□ 고용증대기업에 대한 세액공제	□ 고령자 고용 증가에 대한 공제금액 인상
○ (적용요건) 직전 과세연도 대비 상시근로자 수가 증가	○ (좌 동)
○ (1인당 연간 세액공제액) 　- 청년, 장애인, 국가유공자 등 상시근로자에 대해 우대공제	 　- 우대공제 대상에 고령자(60세 이상) 추가* 　*1인당 세액공제액 350~430만원 인상효과 발생

(단위 : 만원)

구 분	중소기업		중견기업	대기업
	수도권	지방		
청년, 장애인, 60세 이상, 국가유공자 등	1,100	1,200	800	400
기타 상시근로자	700	770	450	-

종 전	개 정
○ (공제기간) 대기업 2년, 중소기업·중견기업 3년	○ (좌 동)
○ (적용기한) 2021. 12. 31.	○ (좌 동)

(2) 개정이유

○ 고령자 고용 지원

(3) 적용시기 및 적용례

○ 2021. 1. 1. 이후 개시하는 과세연도부터 적용

2. 고용증대세제 한시적 개편(조특법 §29의7)

(1) 개정내용

종 전	개 정
□ 고용증대기업에 대한 세액공제	□ 2020년 고용감소분에 대한 사후관리 적용 1년 유예
○ (공제금액) 전년대비 상시 근로자 수 증가시 1인당 연간 400~1,200만원 세액공제	○ (좌 동)

(단위 : 만원)

구 분	중소기업		중견 기업	대기업
	수도권	지방		
청년, 장애인, 60세 이상, 국가유공자 등	1,100	1,200	800	400
기타 상시근로자	700	770	450	–

종 전	개 정
○ (공제기간) 대기업 2년, 중소·중견기업 3년	○ (좌 동)
○ (사후관리) 최초 공제받은 과세연도 대비 2년 이내 상시근로자수가 감소한 경우, – ❶ 감소인원분에 대한 세액공제액 납부 + ❷ 감소한 과세연도부터 공제 미적용	○ (좌 동)
〈신 설〉	– 2020년 고용이 감소한 경우 사후관리를 2020년은 적용하지 않고 1년 유예

(2) 개정이유
○ 코로나19로 인한 고용위기 극복 지원

(3) 적용시기 및 적용례
○ 2021. 1. 1. 이후 과세표준을 신고하는 분부터 적용

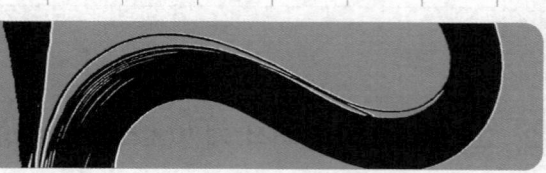

조세특례제한법

제29조의8

통합고용세액공제

1 | 의 의

조특법에서는 고용 관련 기업의 부담을 경감해 주기 위해 다양한 조세지원 제도를 운영 중이나 제도 전반의 체계성이 부족하고, 중복지원에 따른 비효율성과 지원방식, 상시근로자 요건, 사후관리 규정 유무 등 고용 지원제도 간 통일성 부족으로 납세자 혼란을 초래하는 등 문제가 지적되어 왔다.

이에 따라 2022. 12. 31. 조특법 개정시 종전 제도의 미비점을 보완·통합하고 지원을 확대하여 일자리 창출을 뒷받침하는 동시에 취약계층 및 일·가정 양립지원을 강화하기 위해 고용증대세제(조특법 §29의7), 중소기업 사회보험료 세액공제(조특법 §30의4), 정규직 전환 세액공제(조특법 §30의2), 경력단절여성 세액공제(조특법 §29의3)를 통합·재설계한 "통합고용세액공제"가 신설되었다.

<종 전>

① 고용증대세제(고용증가인원 × 1인당 세액공제)

구 분	공제액(단위 : 만원)			
	중소		중견	대기업
	수도권	지방		
상시근로자	700	770	450	–
청년 등 상시근로자	1,100	1,200	800	400

② 사회보험료 세액공제(고용증가인원 × 사용자분 사회보험료 × 공제율)

구 분	중소(공제율)
상시근로자	50%
청년, 경력단절여성	100%

③ 경력단절여성 세액공제(경력단절여성 채용자 인건비 × 공제율)

구 분	공제율	
	중소	중견
경력단절여성	30%	15%

④ 정규직 전환 세액공제(정규직 전환 인원 × 공제액)

구 분	공제액(단위 : 만원)	
	중소	중견
정규직 전환자	1,000	700

⑤ 육아휴직 복귀자 세액공제(육아휴직 복귀자 인건비 × 공제율)

구 분	공제율	
	중소	중견
육아휴직 복귀자	30%	15%

⇨

<고용증대세제 신설>

○ 기본공제(①+②+③)
　　: 고용증가인원 × 1인당 세액공제

구 분	공제액(단위 : 만원)			
	중소		중견	대기업
	수도권	지방		
상시근로자	850	950	450	–
청년 등 상시근로자	1,450	1,550	800	400

－ 우대공제 대상인 청년 연령범위 확대*, 경력단절 여성을 우대 공제 대상에 추가

　* 청년 연령범위 : 15~34세

⇨

○ 추가공제(④+⑤)
　　: 정규직 전환·육아휴직 복귀자 인원 × 공제액

구 분	공제액(단위 : 만원)	
	중소	중견
정규직 전환자	1,300	900
육아휴직 복귀자		

2 | 요건

2-1. 적용대상

소비성서비스업[1]을 경영하는 자를 제외한 내국인이다(조특법 §29의8①, 조특령 §29③).

2-2. 적용요건

해당 과세연도의 기간 중 상시근로자 수가 직전 과세연도의 상시근로자의 수보다 증가한 경우이어야 한다(조특법 §29의8①).

본조에서 말하는 상시근로자란 기존 고용증대세제(조특법 §29의7) 요건과 동일하며 「근로기준법」에 따라 근로계약을 체결한 내국인 근로자를 말한다. 다만, 다음의 어느 하나에 해당하는 사람은 제외한다(조특법 §29의8①, 조특령 §26의8② · §23⑩).

① 근로계약기간이 1년 미만인 근로자. 다만, 근로계약의 연속된 갱신으로 인하여 그 근로계약의 총 기간이 1년 이상인 근로자는 상시근로자로 본다.

② 단시간근로자.[2] 다만, 1개월간의 소정근로시간이 60시간 이상인 근로자는 상시근로자로 본다.

③ 임원[3]

④ 해당 기업의 최대주주 또는 최대출자자(개인사업자의 경우에는 대표자)와 그 배우자

⑤ 위 ④에 해당하는 자의 직계존비속(그 배우자 포함) 및 친족관계[4]인 사람

⑥ 근로소득원천징수부[5]에 의하여 근로소득세를 원천징수한 사실이 확인되지 아니하고, 다음의 어느 하나에 해당하는 금액의 납부사실도 확인되지 아니하는 자

　㉠ 부담금 및 기여금[6]

　㉡ 직장가입자의 보험료[7]

---

1) 조특령 제29조 제3항에 따른 소비성서비스업으로서 호텔업 및 여관업(「관광진흥법」에 따른 관광숙박업은 제외한다), 주점업(일반유흥주점업, 무도유흥주점업 및 「식품위생법 시행령」 제21조에 따른 단란주점 영업만 해당하되, 「관광진흥법」에 따른 외국인전용유흥음식점업 및 관광유흥음식점업은 제외한다) 등을 말한다.
2) 「근로기준법」 제2조 제1항 제9호
3) 「법인세법 시행령」 제40조 제1항 각 호
4) 「국세기본법 시행령」 제1조의2 제1항
5) 「소득세법 시행령」 제196조
6) 「국민연금법」 제3조 제1항 제11호 및 제12호
7) 「국민건강보험법」 제69조

한편, 상시근로자는 청년등상시근로자와 그 외의 상시근로자로 구별되는데, 여기서 "청년등 상시근로자"란 다음의 어느 하나에 해당하는 사람을 말한다(조특법 §29의8①, 조특령 §26의8③).

① 15세 이상 34세 이하인 사람 중 다음의 어느 하나에 해당하는 사람을 제외한 사람. 다만, 해당 근로자가 병역을 이행한 경우[8]에는 그 기간(6년 한도)을 현재 연령에서 빼고 계산한 연령이 34세 이하인 사람을 포함한다.

　㉠ 기간제근로자 및 단시간근로자

　㉡ 파견근로자

　㉢ 청소년[9]

② 장애인, 상이자, 5·18민주화운동부상자,[10] 고엽제후유의증환자로서 장애등급 판정을 받은 사람[11]

③ 근로계약 체결일 현재 연령이 60세 이상인 사람

④ 경력단절 여성[12]

3 │ 과세특례의 내용

3-1. 기본공제 세액의 계산

2025년 12월 31일이 속하는 과세연도까지의 기간 중 해당 과세연도의 상시근로자가 직전 과세연도의 상시근로자 수보다 증가한 경우에 다음의 금액을 더한 금액을 해당 과세연도와 해당 과세연도의 종료일부터 1년(중소기업 및 중견기업[13]의 경우에는 2년)이 되는 날이 속하는 과세연도까지의 소득세(사업소득에 대한 소득세만 해당) 또는 법인세에서 공제한다(조특법 §29의8①).

① 청년등상시근로자의 증가한 인원 수(증가한 상시근로자 인원 수 한도)에 400만원[중견기업의 경우에는 800만원, 중소기업의 경우에는 1,450만원(중소기업으로서 수도권 밖의 지역에서 증가한 경우에는 1,550만원)]을 곱한 금액

② 청년등상시근로자 외 상시근로자의 증가한 인원 수(증가한 상시근로자 인원 수 한도) ×

---

8) 「조특령」 제27조 제1항 제1호 각 목 : 현역병(상근예비역 및 의무경찰·의무소방원 포함), 사회복무요원, 장교, 준사관 및 부사관

9) 「청소년 보호법」 제2조 제5호 각 목에 따른 업소에 근무하는 같은 조 제1호에 따른 청소년을 말한다.

10) 국가보훈대상자 고용지원 강화 목적 : 2019. 1. 1. 이후 개시하는 과세연도 분부터 적용

11) 국가보훈대상자 고용지원 강화 목적 : 2019. 1. 1. 이후 개시하는 과세연도 분부터 적용

12) 「조세특례제한법」 제29조의3 제1항

13) 조특령 제4조 제1항에 따른 중견기업을 말한다(조특령 §26의7④).

0원(중견기업의 경우에는 450만원, 중소기업의 경우에는 다음에 따른 금액)
　㉠ 수도권 내의 지역에서 증가한 경우 : 850만원
　㉡ 수도권 밖의 지역에서 증가한 경우 : 950만원

| 1인당 연간 공제금액 |

구 분	중소기업		중견기업	대기업
	수도권	지방		
청년등상시근로자	1,450만원	1,550만원	800만원	400만원
그 외 상시근로자	850만원	950만원	450만원	–

3-2. 추가공제 세액의 계산

중소기업 또는 중견기업이 2022. 6. 30. 당시 고용하고 있는 기간제근로자 및 단기근로자, 파견근로자 등을 2023. 12. 31.까지 기간의 정함이 없이 근로계약을 체결한 근로자로 전환하거나 직접 고용하여 '정규직 근로자로 전환'하는 경우와 아래 요건을 모두 충족하는 '육아휴직 복귀자'에 대해서는 전환인원에 1,300만원(중견기업 900만원)을 곱한 금액을 해당 과세연도의 소득세(사업소득에 대한 소득세만 해당한다) 또는 법인세에서 공제한다. 다만, 해당 과세연도에 해당 중소기업 또는 중견기업의 상시근로자 수가 직전 과세연도의 상시근로자 수보다 감소한 경우에는 적용하지 아니한다.

① 해당 기업에서 1년 이상 근무하였을 것(육아휴직 복귀자의 근로소득세를 원천징수하였던 사실이 확인되는 경우에 한함)
② 육아휴직한 경우로서 육아휴직 기간이 연속하여 6개월 이상일 것
③ 해당 기업의 최대주주 또는 최대출자자(개인사업자의 경우에는 대표자)나 그와 특수관계에 있는 사람이 아닐 것

| 1인당 연간 공제금액 |

구 분	공제액(단위 : 만원)	
	중소기업	중견기업
정규직 전환자(1년 지원)	1,300	900
육아휴직 복귀자(1년 지원)		

3-3. 상시근로자 수

세액공제액을 계산할 때 상시근로자 수, 청년등상시근로자 수는 다음의 구분에 따른 계산식에 따라 계산한 수(100분의 1 미만의 부분은 없는 것으로 한다)로 한다(조특령 §26의8⑥).[14]

① 상시근로자 수 :

$$\frac{\text{해당 과세연도의 매월 말 현재 상시근로자 수의 합}}{\text{해당 과세연도의 개월 수}}$$

② 청년등상시근로자 수 :

$$\frac{\text{해당 과세연도의 매월 말 현재 청년등상시근로자 수의 합}}{\text{해당 과세연도의 개월 수}}$$

이 경우 상시근로자 수의 계산에 관하여는 고용창출투자세액공제제도의 방식을 준용[15]한다(조특령 §26의8⑦·⑧).

4 │ 사후관리

본조에 따라 소득세 또는 법인세를 공제받은 내국인이 최초로 공제를 받은 과세연도의 종료일부터 2년이 되는 날이 속하는 과세연도의 종료일까지의 기간 중 전체 상시근로자의 수가 최초로 공제를 받은 과세연도에 비하여 감소한 경우에는 감소한 과세연도부터 과세특례를 적용하지 아니하고, 청년등상시근로자의 수가 최초로 공제를 받은 과세연도에 비하여 감소한 경우에는 감소한 과세연도부터 과세특례를 적용하지 아니한다(조특법 §29의8②).

이 경우 공제받은 세액에 상당하는 금액(공제금액 중 조특법 제144조에 따라 공제받지 못하고 이월된 금액 차감 후 금액)을 해당 과세연도의 과세표준을 신고할 때 소득세 또는 법인세로 납부하여야 한다(조특법 §29의8②, 조특령 §26의8④).

또한 정규직 근로자로의 전환일 또는 육아휴직 복직일부터 2년이 지나기 전에 해당

---

14) 이러한 방식은 아래 4.에서도 동일하다.

15) 상시근로자 수의 계산에 관하여는 조특령 제23조 제11항 각 호 외의 부분 후단을 준용하며, 해당 과세연도에 창업 등을 한 내국인의 경우에는 조특령 제23조 제13항을 준용한다.

근로자와의 근로관계를 종료한 경우에도 근로관계가 종료된 날이 속하는 과세연도의 과세표준을 신고할 때도 공제받은 세액에 상당하는 금액을 소득세 또는 법인세로 납부하여야 한다(조특법 §29의8⑥).

① 1년 이내 감소하는 경우
㉮ 전체 상시근로자가 감소하는 경우
- 청년등 상시근로자 감소인원(ⓐ) ≥ 전체 상시근로자 감소인원(ⓑ)
  : (ⓐ − ⓑ) × (우대공제액 − 일반공제액) + ⓑ × 우대공제액
- 그 밖의 경우
  : ⓐ × 우대공제액 + 그 외 감소인원 × 일반공제액
㉯ 전체 상시근로자 수는 유지(증가)되고 청년등 상시근로자(ⓐ)만 감소하는 경우
  : ⓐ × (우대공제액 − 일반공제액)

② 2년 이내 감소하는 경우
위 ①과 같은 방법으로 추징하되 직전 2년 이내의 과세연도에 공제받은 금액을 추징하되, ①에 따라 이미 추징된 세액은 제외한다.

5 | 절 차

본조의 세액공제를 받으려는 자는 과세표준 신고와 함께 세액공제신청서 및 공제세액 계산서를 납세지 관할 세무서장에게 제출하여야 한다(조특령 §26의8⑪).

6 │ 주요 개정연혁

1. 통합고용세액공제 신설(조특법 §29의8)

(1) 개정내용

종 전	개 정
□ 고용지원 관련 세액공제 제도	□ "통합고용세액공제"로 통합·단순화

종 전

❶ 고용증대 세액공제(§29의7)

: 고용증가인원 × 1인당 세액공제액

구 분	공제액(단위 : 만원)			
	중소 (3년 지원)		중견 (3년 지원)	대기업 (2년 지원)
	수도권	지방		
상시근로자	700	770	450	–
청년 정규직, 장애인, 60세 이상 등	1,100	1,200	800	400

* 청년 연령범위(시행령) : 15~29세

❷ 사회보험료 세액공제(§30의4)

: 고용증가인원 × 사용자분 사회보험료 × 공제율

구 분	중소(공제율)
상시근로자 (2년 지원)	50%**
청년*, 경력단절여성 (2년 지원)	100%

* 청년 연령범위(시행령) : 15~29세

** 전기통신업, 인쇄물 출판업 등의 서비스업종을 영위하는 기업은 75%

❸ 경력단절여성 세액공제(§29의3①)

: 경력단절여성 채용자 인건비 × 공제율

구 분	공제율	
	중소	중견
경력단절여성 (2년 지원)	30%	15%

개 정

○ (적용대상) 모든 기업*

 * (제외) 소비성 서비스업

○ (기본공제)

: 고용증가인원 × 1인당 세액공제액

구 분	공제액(단위 : 만원)			
	중소 (3년 지원)		중견 (3년 지원)	대기업 (2년 지원)
	수도권	지방		
상시근로자	850	950	450	–
청년 정규직, 장애인, 60세 이상, 경력단절여성 등	1,450	1,550	800	400

– 우대공제 대상인 청년 연령범위* 확대, 경력단절여성을 우대공제 대상에 추가

 * 청년 연령범위(시행령) : 15~34세

 ** 일부 서비스업종 우대는 폐지

– 공제 후 2년 이내 상시근로자 수가 감소하는 경우 공제금액 상당액을 추징

종 전	개 정
❹ 정규직 전환 세액공제(§30의2) : 정규직 전환 인원 × 공제액 * 전체 상시근로자 수 미감소 시	○ (추가공제) : 정규직 전환·육아휴직 복귀자 인원 × 공제액 * 전체 상시근로자 수 미감소 시

❹ 정규직 전환 세액공제(§30의2)

구 분	공제액(단위 : 만원)	
	중소	중견
정규직 전환자 (1년 지원)	1,000	700

❺ 육아휴직 복귀자 세액공제(§29의3②)
: 육아휴직 복귀자 인건비 × 공제율
* 전체 상시근로자 수 미감소 시

구 분	공제율	
	중소	중견
육아휴직 복귀자 (1년 지원)	30%	15%

개 정

○ (추가공제)
: 정규직 전환·육아휴직 복귀자 인원 × 공제액
* 전체 상시근로자 수 미감소 시

구 분	공제액(단위 : 만원)	
	중소	중견
정규직 전환자 (1년 지원)	1,300	900
육아휴직 복귀자 (1년 지원)		

– 전환일·복귀일로부터 2년 이내 해당 근로자와의 근로관계 종료 시 공제금액 상당액 추징

(2) 개정이유

　　○ 기업의 고용 확대 지원

(3) 적용시기 및 적용례

　　○ 2023. 1. 1. 이후 개시하는 과세연도 분부터 적용

제30조

중소기업 취업자에 대한 소득세 감면

1 의 의

중소기업중앙회에 따르면 낮은 급여수준이 가장 주요한 청년층의 중소기업 기피 사유로 나타나고 있다. 본 제도는 대기업과 중소기업 간의 세후 임금수준 격차를 축소시킴으로써 청년층의 중소기업 취업을 유도하려는 데 그 목적이 있다.

| 청년층의 중소기업 취업기피 사유 |

구 분	낮은 급여수준	고용불안	주위의 낮은 평판	장기간 근로	단순반복 노동
응답률(%)	39.0	33.0	17.0	8.0	3.0

자료 : 중소기업중앙회, 청년층의 중소기업 취업 인식 조사보고서, 2012

본 제도는 2011년 말 신설되었고 2012. 1. 1.~2013. 12. 31.까지 취업하는 경우 적용되었으나, 2014. 1. 1. 조특법 개정시 적용대상에 고령자 및 장애인이 추가되고 2년간 일몰이 연장되어 2015. 12. 31.까지 취업하는 경우까지 적용되도록 하였으며, 2015. 12. 15. 법 개정시 2018. 12. 31.까지 취업하는 경우까지 적용되도록 다시 일몰 연장되었다.

2016. 12. 20. 조특법 개정시 적용대상에 경력단절여성을 추가하여 경력단절여성의 재취업 지원을 확대하였으며, 2018. 8. 28. 조특령 개정시 청년의 연령을 29세에서 34세로 확대하고 2021. 12. 28. 조특법 개정시 적용기한을 2023. 12. 31.까지 연장하였고 2022. 12. 31. 조특법 개정시에는 과세기간별 한도를 150만원에서 200만원으로 상향 조정하였다.

2 | 요건

2-1. 적용대상자

2-1-1. 청년

청년이란 근로계약 체결일 현재 연령이 15세 이상 34세 이하인 사람을 말한다. 다만, ㉠ 현역병,1) ㉡ 사회복무요원,2) ㉢ 현역에 복무하는 장교, 준사관 및 부사관3)의 어느 하나에 해당하는 병역을 이행한 경우에는 그 기간(6년을 한도로 한다)을 근로계약 체결일 현재 연령에서 빼고 계산한 연령이 34세 이하인 사람을 포함4)한다(조특법 §30①, 조특령 §27① 1).

여기서 다음의 어느 하나에 해당하는 사람은 제외한다(조특법 §30①, 조특령 §27②).

① 임원5)
② 해당 기업의 최대주주 또는 최대출자자(개인사업자의 경우에는 대표자)와 그 배우자
③ 위 ②에 해당하는 자의 직계존속·비속(그 배우자를 포함) 및 친족관계6)인 사람
④ 일용근로자7)
⑤ 다음의 어느 하나에 해당하는 보험료 등의 납부사실이 확인되지 아니하는 사람. 다만, 국민연금 가입 대상이 되지 아니하는 자8)와 건강보험 가입자가 되지 아니하는 자9)는 제외한다.
    ⓐ 부담금 및 기여금10)
    ⓑ 직장가입자의 보험료11)

---

1) 「병역법」 제16조 또는 제20조에 따른 현역병(같은 법 제21조·제25조에 따라 복무한 상근예비역 및 의무경찰·의무소방원을 포함한다)
2) 「병역법」 제26조 제1항
3) 「군인사법」 제2조 제1호
4) 현역·상근예비역·공익근무요원, 현역장교·준사관·부사관 등의 군복무기간을 가산하여 최고 40세까지 대상연령 확대
5) 「법인세법 시행령」 제40조 제1항 각 호의 어느 하나에 해당하는 임원을 말한다.
6) 「국세기본법 시행령」 제1조의2 제1항
7) 「소득세법」 제14조 제3항 제2호
8) 「국민연금법」 제6조 단서
9) 「국민건강보험법」 제5조 제1항 단서
10) 「국민연금법」 제3조 제1항 제11호 및 제12호
11) 「국민건강보험법」 제69조

2-1-2. 60세 이상자

근로계약 체결일 현재 연령이 60세 이상인 사람의 경우도 2014. 1. 1.~2023. 12. 31.까지 취업하는 경우 본 제도의 적용대상이 된다(조특법 §30①, 조특령 §27① 2).

2-1-3. 장애인

장애인, 상이자, 5·18민주화운동부상자, 고엽제후유의증환자로서 장애등급 판정을 받은 사람은 2014. 1. 1.~2023. 12. 31.까지 취업하는 경우 본 제도의 적용대상이 된다(조특법 §30①, 조특령 §27① 3).

2-1-4. 경력단절여성

조특법 제29조의3 제1항에 따른 경력단절여성도 그 적용대상이 된다. 여기서 경력단절여성이란 다음의 각 요건을 모두 충족하는 여성을 말한다(조특법 §29의3①, 조특령 §27① 4).
① 해당 기업에서 1년 이상 근무하였을 것(근로소득원천징수부를 통하여 근로소득세를 원천징수한 사실이 확인되는 경우로 한정[12])
② 다음의 어느 하나에 해당하는 임신·출산·육아의 사유로 해당 기업에서 퇴직하였을 것[13]
   ⓐ 퇴직한 날부터 2년 이내에 임신하거나 난임시술[보조생식술[14](체내·체외인공수정 포함)]을 받은 경우(의료기관의 진단서 또는 확인서를 통하여 확인되는 경우에 한정)
   ⓑ 퇴직일 당시 임신한 상태인 경우(의료기관의 진단서를 통하여 확인되는 경우로 한정)
   ⓒ 퇴직일 당시 8세 이하 또는 초등학교 2학년 이하의 직계비속이 있는 경우
③ 해당 기업에서 퇴직한 날부터 3년 이상 10년 미만의 기간이 지났을 것
④ 해당 기업의 최대주주 또는 최대출자자(개인사업자의 경우에는 대표자)나 그와 특수관계인(친족관계인 사람[15])이 아닐 것

2-2. 중소기업체에 취업할 것

중소기업체[16]란 중소기업[17](비영리기업 포함)으로서 농업, 임업 및 어업, 광업, 제조업,

---

12) 조특령 제26조의3 제2항
13) 조특령 제26조의3 제3항
14) 「국민건강보험 요양급여의 기준에 관한 규칙」 별표 2의 제4호 라목
15) 조특령 제26조의3 제4항, 「국세기본법 시행령」 제1조의2 제1항
16) 취업일이 속하는 과세연도에는 「조세특례제한법」 제30조 제1항에서 규정하는 중소기업체에 해당하였으나 해당 중소기업체가 그 규모의 확대 등으로 그 다음 연도부터 중소기업체에 해당하지 아니하게 된 경우라도 「중소기업기본법」

전기·가스·증기 및 수도사업, 하수·폐기물처리·원료재생 및 환경복원업, 건설업, 도매 및 소매업, 운수업, 숙박 및 음식점업(주점 및 비알콜 음료점업은 제외), 출판·영상·방송통신 및 정보서비스업(비디오물 감상실 운영업은 제외), 부동산업 및 임대업, 연구개발업, 광고업, 시장조사 및 여론조사업, 건축기술·엔지니어링 및 기타 과학기술서비스업, 기타 전문·과학 및 기술 서비스업, 사업시설관리 및 사업지원 서비스업, 기술 및 직업훈련 학원, 사회복지 서비스업, 수리업을 주된 사업으로 영위하는 기업[18]을 말한다. 다만, 국가, 지방자치단체 (지방자치단체조합 포함), 공공기관 및 지방공기업은 제외한다(조특법 §30①, 조특령 §27③).

2-3. 취업기한

2012. 1. 1.(60세 이상인 사람 또는 장애인의 경우 2014. 1. 1.)부터 2023. 12. 31.까지 취업하는 경우에 해당하여야 한다.[19]

3 │ 과세특례의 내용

3-1. 세액감면

중소기업체로부터 받는 근로소득으로서 취업일부터 3년(청년의 경우 5년)이 되는 날(청년으로 서 병역을 이행한 후 1년 이내에 병역 이행 전에 근로를 제공한 중소기업체에 복직하는 경우에는 복직한 날부터 2년이 되는 날을 말하며, 그 복직한 날이 최초 취업일부터 5년이 지나지 아니한 경우에는 최초 취업일부터 7년이 되는 날을 말한다)이 속하는 달까지 발생한 소득에 대해서는 소득세의 70%(청년의 경우에는 90%)에 상당하는 세액을 감면(과세기간별로 200만원을 한도로 한다)한다. 이 경우 소득세 감면기간은 소득세를 감면받은 사람이 다른 중소기업체에 취업하거나 해당 중소기업체에 재취업하는 경우 또는 합병·분할·사업 양도 등으로 다른 중소기업체로 고용이 승계되는 경우에 관계없이 소득세를 감면받은 최초 취업일부터 계산한다(조특법 §30①).

제2조 제3항과 「조세특례제한법 시행령」 제2조 제2항에서 규정하고 있는 기간까지는 중소기업으로 보고 있으므로 중소기업으로 보는 유예기간까지는 중소기업체로 보아 「조세특례제한법」 제30조에 따른 감면규정을 적용받을 수 있는 것임(원천-307, 2012. 6. 1.).

17) 「중소기업기본법」 제2조에 따른 중소기업을 말한다.

18) 주점 및 비알콜 음료점업, 금융보험업, 공공기관 등 일부 업종은 제외

19) 「조세특례제한법」 제30조 제1항 전단의 대통령령으로 정하는 청년이 대(중소)기업 등에 정규직이나 비정규직으로 근무한 사실 여부와 관계없이 2012. 1. 1.~2013. 12. 31.까지 「중소기업기본법」 제2조에 따른 중소기업으로서 「조세특례제한법 시행령」 제27조 제3항에 해당하는 중소기업체에 정규직으로 취업하여 근무하는 경우 취업일로부터 3년간 중소기업에 취업하는 청년에 대한 소득세 감면을 적용받는 것임(법규소득 2012-213, 2012. 5. 31.).

3-2. 감면배제

위 세액감면을 적용할 때 2011. 12. 31. 이전에 중소기업체에 취업한 자(경력단절 여성은 제외)가 2012. 1. 1. 이후 계약기간 연장 등을 통해 해당 중소기업체에 재취업하는 경우에는 소득세 감면을 적용하지 아니한다(조특법 §30⑧).

3-3. 감면소득과 그 외의 종합소득이 있는 경우

중소기업체로부터 받는 근로소득("감면소득")과 그 외의 종합소득이 있는 경우에 해당 과세기간의 감면세액은 과세기간별로 200만원을 한도로 다음 계산식에 따라 계산한 금액으로 한다(조특령 §27⑧).

$$감면세액 = A \times (B / C) \times (D / E) \times F$$

A: 종합소득산출세액   B: 근로소득금액
C: 종합소득금액   D: 중소기업체로부터 받는 총급여액
E: 해당 근로자의 총급여액   F: 감면율

3-4. 근로소득세액공제액

근로소득세액공제[20]를 할 때 감면소득과 다른 근로소득이 있는 경우(감면소득 외에 다른 근로소득이 없는 경우를 포함)에는 다음 계산식에 따라 계산한 금액을 근로소득세액공제액으로 한다(조특령 §27⑨).

$$근로소득세액공제액 = A \times [1-(B / C)]$$

A: 근로소득세액공제액
B: 감면세액
C: 종합소득산출세액 × (근로소득금액 / 종합소득금액)

---

20) 「소득세법」 제59조 제1항

4 | 사후관리 및 절차

4-1. 근로자의 감면 신청

소득세 감면을 적용받으려는 근로자는 원천징수의무자에게 감면신청을 하여야 하는바, 감면신청서에 병역복무기간을 증명하는 서류 등을 첨부하여 취업일이 속하는 달의 다음 달 말일까지[21] 원천징수의무자에게 제출하여야 한다. 이 경우 원천징수의무자는 감면신청서를 제출받은 달의 다음 달부터 본조에 따른 감면율을 적용하여 매월분의 근로소득에 대한 소득세를 원천징수할 수 있다(조특법 §30② 본문, 조특령 §27⑤).

다만, 퇴직한 근로자의 경우 해당 근로자의 주소지 관할 세무서장에게 감면 신청을 할 수 있다(조특법 §30② 단서).

4-2. 원천징수의무자의 명단 제출

원천징수의무자는 소득세 감면신청을 받은 경우 그 신청을 한 근로자의 명단을 신청을 받은 날이 속하는 달의 다음 달 10일까지 원천징수 관할 세무서장에게 제출하여야 한다(조특법 §30③). 이 경우 감면 대상 명세서를 제출하여야 한다(조특령 §27⑥).

4-3. 소득세 감면요건에 해당하지 않는 경우 세무서장의 통지

원천징수 관할 세무서장은 원천징수의무자로부터 감면신청을 한 근로자의 명단을 받은 경우 해당 근로자가 소득세 감면요건에 해당하지 아니하는 사실이 확인되는 때에는 원천징수의무자에게 그 사실을 통지하여야 한다(조특법 §30④).

4-4. 감면세액의 원천징수

감면신청을 한 근로자가 소득세 감면요건을 갖추지 못한 사실을 원천징수 관할 세무서장으로부터 통지받은 원천징수의무자는 그 통지를 받은 날 이후 근로소득을 지급하는 때에 당초 원천징수하였어야 할 세액에 미달하는 금액의 합계액에 100분의 105를 곱한 금액을 해당

---

21) 감면신청기한을 경과하여 신청한 경우 : 「조세특례제한법」 제30조 및 같은 법 시행령 제27조에 따른 청년이 중소기업체에 취업한 후 원천징수의무자에게 중소기업 취업 청년 소득세 감면신청서를 신청기한까지 제출하지 아니하고 신청기한 경과 후 제출하는 경우에도 「조세특례제한법」 제30조에 따른 중소기업에 취업하는 청년에 대한 소득세 감면을 적용받을 수 있는 것임(원천-428, 2012. 8. 17.).

월의 근로소득에 대한 원천징수세액에 더하여 원천징수하여야 한다. 다만, 해당 근로자가 퇴직한 경우 원천징수의무자는 그 사실을 원천징수 관할 세무서장에게 통지하고 감면 부적격 대상 퇴직자명세서를 제출하여야 하며(조특법 §30⑤, 조특령 §27⑦), 이때 통지된 근로자에 대하여는 해당 근로자의 주소지 관할 세무서장이 소득세 감면을 적용받음에 따라 과소징수된 금액에 100분의 105를 곱한 금액을 해당 근로자에게 소득세로 즉시 부과·징수하여야 한다(조특법 §30⑥).

한편, 퇴직한 근로자가 주소지 관할 세무서장에게 직접 감면 신청을 한 경우, 해당 근로자가 소득세 감면요건에 해당하지 아니하는 사실이 확인되는 때에는 해당 근로자의 주소지 관할 세무서장이 소득세 감면을 적용받음에 따라 과소징수된 금액에 100분의 105를 곱한 금액을 해당 근로자에게 소득세로 즉시 부과·징수하여야 한다(조특법 §30⑦).

5 | 관련사례

구 분	내 용
감면 요건	지역농업협동조합이 「조세특례제한법」 제30조의 중소기업 취업자에 대한 소득세 감면 적용 대상 기업인지 여부(기획재정부 소득세제과-653, 2019. 12. 12.) : 비영리법인인 지역농업협동조합이 「조세특례제한법 시행령」 제27조 제3항에 열거된 사업을 주된 사업으로 영위하고, 「중소기업기본법 시행령」 제3조 제1항의 중소기업 요건을 충족하는 경우 동 조합은 「조세특례제한법」 제30조에 따른 중소기업 취업자에 대한 소득세 감면 적용 대상 기업에 해당하는 하는 것임.
	국민연금을 납부하지 아니하는 외국인의 중소기업 취업자에 대한 소득세 감면 적용 여부(기획재정부 소득세제과-653, 2019. 12. 12.) : 「국민연금법」 제126조 제1항 단서 규정 및 동법 제127조에 따른 사회보장협정 체결에 따라 국내 체류 외국인의 국민연금 납부가 면제된 경우, 중소기업에 취업한 동 외국인 근로자는 「조세특례제한법」 제30조에 따른 중소기업 취업자에 대한 소득세 감면을 적용받을 수 있는 것임.
	「조세특례제한법」 제30조 제1항에 따른 중소기업에 취업하는 청년에 대한 소득세 감면을 적용받던 중소기업이 2013년 과세연도 중 대기업에 주식이 100% 인수됨에 따라 「조세특례제한법 시행령」 제2조 제1항 제3호의 실질적인 독립성 기준에 해당하지 아니하여 중소기업 외의 기업이 된 경우 2013. 1. 1.부터 주식인수로 대기업에 편입된 전일까지 해당 중소기업에서 지급한 근로소득에 대하여는 중소기업에 취업하는 청년에 대한 소득세 감면을 적용할 수 있는 것임(서면법규-24, 2014. 1. 13.).

구 분	내 용
	「조세특례제한법」 제30조에 따른 중소기업에 취업하는 청년에 대한 소득세 감면 적용시 중소기업에 취업하는 사람의 연령이 근로계약 체결일 현재 만 30세 미만(병역 이행기간 차감)인 경우 "29세 이하"에 포함되는 것이므로 같은 조에 따른 소득세를 감면하는 것임(재소득-163, 2013. 4. 1.).
감면 요건	「조세특례제한법」 제30조 제1항 전단의 대통령령으로 정하는 청년이 「파견근로자보호 등에 관한 법률」에 따라 파견사업주에 고용되어 「중소기업기본법」 제2조에 따른 중소기업으로서 「조세특례제한법 시행령」 제27조 제3항에 해당하는 중소기업에 파견근무를 하다가 퇴직한 후 2012. 1. 1.부터 2013. 12. 31.까지 해당 중소기업의 정규직 근로자로 취업하여 근무하는 경우 그 해당 중소기업의 취업일로부터 3년간 중소기업에 취업하는 청년에 대한 소득세 감면을 적용받을 수 있는 것임(서면법규-42, 2013. 1. 16.).

6 | 주요 개정연혁

1. 중소기업 취업자에 대한 소득세 감면한도 확대(조특법 §30, 조특령 §27⑧)

(1) 개정내용

종 전	개 정
□ 중소기업 취업자에 대한 소득세 감면	□ 감면한도 확대
○ (대상) 청년·노인·장애인·경력단절여성	○ (좌 동)
○ (감면율) 70%(청년은 90%)	
○ (감면기간) 3년(청년은 5년)	
○ (대상업종) 농어업, 제조업, 도매업, 음식점업 등	
○ (감면한도) 연간 150만원	○ 연간 200만원
○ (적용기한) 2023. 12. 31.	○ (좌 동)

(2) 개정이유
○ 중소기업 취업 지원

(3) 적용시기 및 적용례
○ 2023. 1. 1. 이후 발생하는 소득분부터 적용

2. 중소기업 취업 청년 소득세 감면 확대(조특법 §30)

(1) 개정내용

종 전	개 정
□ 중소기업 취업자에 대한 소득세 감면 　ㅇ (대상) 중소기업에 취업한 다음의 사람 　　- 청년(15~29세) 　　- 60세 이상 　　- 장애인 　　- 경력단절여성 　ㅇ (감면율) 70% 　ㅇ (감면한도) 연간 150만원 　ㅇ (감면기간) 취업 후 3년간 　ㅇ (적용기한) 2018. 12. 31.까지 취업	□ 중소기업 취업 청년에 대한 소득세 감면 확대 　ㅇ (대상 확대) 청년연령 상향조정 　　- 청년(15~34세, 시행령 개정사항) 　　(좌 동) 　ㅇ (감면율 확대) 90% 　ㅇ (좌 동) 　ㅇ (감면기간 확대) 취업 후 5년간 　ㅇ (적용기한 연장) 2021. 12. 31.까지 취업 　　* 2013. 1. 1.~2017. 12. 31. 취업자는 취업일부터 　　 5년 이내로서 2018년 이후 과세기간분에 대해 　　 감면 적용

(2) 개정이유
　ㅇ 청년층 중소기업 취업유인 제고

(3) 적용시기 및 적용례
　ㅇ 2018. 1. 1. 이후 과세기간 분부터 적용

3. 경력단절 여성을 중소기업 취업자 소득세 감면대상에 포함(조특법 §30)

(1) 개정내용

종 전	개 정
□ 중소기업 취업자 소득세 감면 　ㅇ (적용대상) 청년, 고령자, 장애인 　ㅇ (감면율) 70%(연 150만원 한도) 　　* 취업일로부터 3년간 적용 　ㅇ (적용기한) 2018. 12. 31.	□ 적용대상 확대 　ㅇ 경력단절 여성 추가 　　* 경력단절여성 요건은 "경력단절여성 재고용 중 　　 소기업에 대한 세액공제(제29조의3)"와 동일 　　 하게 규정 　ㅇ (좌 동) 　　* 경력단절여성은 재취업일로부터 3년간 적용 　ㅇ (좌 동)

(2) 개정이유

　ㅇ 경력단절 여성 재취업 지원

(3) 적용시기 및 적용례

　ㅇ 2017. 1. 1. 이후 재취업하여 소득을 지급받는 분부터 적용

제30조의3

고용유지중소기업 등에 대한 과세특례

1 의 의

본 제도는 글로벌 금융위기로 인한 세계적인 경기침체로 고용위기가 확산되고 우리경제의 고용창출력이 크게 약화되고 있는 상황임을 고려하여 경영상 어려움에도 불구하고 임금삭감 방식으로 고용을 유지하는 중소기업과 그 고용유지중소기업에 근로를 제공하는 상시 근로자에 대한 세제지원을 위해 2009. 3. 25. 도입되어, 2009. 3. 25.이 속하는 과세연도분부터 적용되었다. 2014. 1. 1. 법 개정시에는 경영상 어려움이 없더라도 근로시간 단축을 통해 일자리를 나누는 중소기업도 세제지원 대상에 포함하도록 하되, 임금삭감 수단으로 악용하는 것을 방지하기 위해 시간당 임금이 감소하지 않을 것을 요건으로 추가하고, 2014. 1. 1. 이후 개시하는 과세연도분부터 적용되도록 하였으며, 2015. 12. 15. 조특법 개정시 적용기한을 2018. 12. 31.로 연장하였다.

2016. 12. 20. 조특법 개정시에는 고용유지 중소기업의 근로자 임금보전분에 대한 세제지원을 신설하였다. 시간당 임금 상승을 통해 임금을 보전한 중소기업에 대해 소득공제를 확대함으로써 중소기업의 일자리 나누기(Job sharing)를 더욱 지원하기 위한 취지로 이해된다.

한편, 2018. 12. 24. 조특법 개정시에는 일자리 나누기 확산을 통한 위기지역의 고용 안정을 위해 위기지역 내 중견사업장에 대해 과세특례를 적용하는 내용을 신설하였다.

2 고용유지중소기업에 대한 과세특례

2-1. 요 건

2-1-1. 고용유지중소기업일 것

고용유지중소기업이란 「중소기업기본법」상 중소기업으로서 다음의 요건을 모두 충족하는 기업을 말한다(조특법 §30의3① 전단, 조특령 §27의3① · ②).

① 상시근로자(해당 과세연도 중에 근로관계가 성립한 상시근로자 제외) 1인당 시간당 임금이 직전 과세연도에 비하여 감소하지 아니한 경우

여기서, 1인당 시간당 임금은 다음의 ㉮ ÷ ㉯의 금액으로 한다.

㉮ 임금총액 : 직전 또는 해당 과세연도에 상시근로자에게 지급한 통상임금과 정기상여금 등 고정급 성격의 금액을 합산한 금액

㉯ 근로시간 합계 : 직전 또는 해당 과세연도의 상시근로자의 근로계약상 근로시간(단시간근로자1)로서 1개월간의 소정근로시간이 60시간 이상인 경우에는 실제 근로시간)의 합계

② 해당 과세연도의 상시근로자 수가 직전 과세연도의 상시근로자 수와 비교하여 감소하지 아니한 경우

③ 해당 과세연도의 상시근로자(해당 과세연도 중에 근로관계가 성립한 상시근로자 제외) 1인당 연간 임금총액이 직전 과세연도에 비하여 감소한 경우

2-1-2. 상시근로자의 범위

상시근로자는 「근로기준법」에 따라 근로계약을 체결한 근로자로 한다. 다만, 다음의 어느 하나에 해당하는 사람은 제외한다(조특령 §27의3④).

① 근로계약기간이 1년 미만인 자. 다만, 고용유지중소기업에 근로를 제공하는 자에 대한 과세특례 규정2)을 적용할 때 근로계약의 연속된 갱신으로 인하여 그 근로계약의 총기간이 1년 이상인 근로자는 상시근로자로 본다.

② 임원3)

③ 해당 기업의 최대주주 또는 최대출자자(개인사업자의 경우에는 대표자)와 그 배우자

④ 위 ③에 해당하는 자의 직계존속·비속과 그 배우자

⑤ 근로소득원천징수부에 의하여 근로소득세를 원천징수한 사실이 확인되지 아니하고, 다음의 어느 하나에 해당하는 보험료 등의 납부사실도 확인되지 아니하는 사람

㉠ 부담금 및 기여금4)

㉡ 직장가입자의 보험료5)

⑥ 단시간근로자로서 1개월간의 소정근로시간이 60시간 미만인 근로자

---

1) 「근로기준법」 제2조 제1항 제9호
2) 조특법 제30조의3 제3항
3) 「법인세법 시행령」 제40조 제1항 각 호의 어느 하나에 해당하는 임원을 말한다.
4) 「국민연금법」 제3조 제1항 제11호 및 제12호
5) 「국민건강보험법」 제69조

2-1-3. 상시근로자 1인당 연간임금총액

직전 또는 해당 과세연도의 상시근로자 1인당 연간 임금총액은 ①에 따른 임금총액을 ②의 계산식에 따라 계산한 상시근로자 수로 나눈 금액으로 한다(조특령 §27의3⑤). 이 경우 직전 또는 해당 과세연도 중에 사망, 정년퇴직 및 이에 준하는 사유로 근로관계가 종료되어 상시근로자가 감소한 경우 그 감소인원은 직전 과세연도부터 근무하지 아니한 것으로 보아 상시근로자 수 및 상시근로자 1인당 연간 임금총액을 산정할 때 제외한다(조특령 §27의3⑥).

① 임금총액 : 직전 또는 해당 과세연도에 상시근로자에게 지급한 통상임금과 정기상여금 등 고정급 성격의 금액을 합산한 금액

② 상시근로자 수 : 직전 또는 해당 과세연도의 매월 말 현재 상시근로자 수의 합 / 직전 또는 해당 과세연도의 개월 수

한편 직전 또는 해당 과세연도 중에 합병 또는 사업의 포괄양수 등에 의하여 종전의 사업부문에서 종사하던 상시근로자를 승계한 경우 그 승계인원은 직전 과세연도부터 승계한 기업에서 근무한 것으로 보아 상시근로자 수 및 상시근로자 1인당 연간 임금총액을 산정하고(조특령 §27의3⑦), 직전 또는 해당 과세연도 중에 분할 또는 사업의 포괄양도 등에 의하여 상시근로자가 감소한 경우 그 감소인원은 직전 과세연도부터 분할 또는 사업을 포괄양도한 기업 등에서 근무하지 아니한 것으로 보아 상시근로자 수 및 상시근로자 1인당 연간 임금총액을 산정할 때 제외한다(조특령 §27의3⑧).

2-2. 과세특례의 내용

위 요건을 모두 충족하는 고용유지중소기업의 경우 2023년 12월 31일이 속하는 과세연도까지 각 과세연도의 소득세(사업소득에 대한 소득세만 해당) 또는 법인세에서 공제하는바, 공제할 수 있는 금액은 다음 ①의 금액과 ②의 금액(해당 금액이 음수인 경우에는 영으로 본다)을 합하여 계산한 금액으로 한다(조특법 §30의3① · ②).

① (직전 과세연도 상시근로자 1인당 연간 임금총액 - 해당 과세연도 상시근로자 1인당 연간 임금총액) × 해당 과세연도 상시근로자 수 × 100분의 10

② (해당 과세연도 상시근로자 1인당 시간당 임금 - 직전 과세연도 상시근로자 1인당 시간당 임금 × 100분의 105) × 해당 과세연도 전체 상시근로자의 근로시간 합계[6] × 100분의 15

---

6) 근로계약상 근로시간(단시간근로자로서 1개월간의 소정근로시간이 60시간 이상인 경우에는 실제 근로시간)의 합계(조특령 제27조의3 제1항 제2호, 조특령 제27의3 제9항)

3 │ 근로자에 대한 과세특례

고용유지중소기업에 근로를 제공하는 상시근로자에 대하여 2023. 12. 31.이 속하는 과세연도까지 아래와 같이 계산한 금액을 해당 과세연도의 근로소득금액에서 공제할 수 있다. 이 경우 공제할 금액이 1천만원을 초과하는 경우에는 그 초과하는 금액은 없는 것으로 한다(조특법 §30의3③).

> 공제할 금액 = (직전 과세연도의 해당 근로자 연간 임금총액 − 해당 과세연도의 해당 근로자 연간 임금총액) × 100분의 50

여기서 연간 임금총액[7][8]은 통상임금과 정기상여금 등 고정급 성격의 금액을 합산한 금액으로 한다. 이 경우 직전 또는 해당 과세연도 중 근로관계가 성립하거나 종료된 상시근로자의 연간 임금총액은 다음의 구분에 따라 산정한다(조특령 §27의3⑩).

① 직전 과세연도 중에 근로관계가 성립한 상시근로자의 해당 과세연도의 연간 임금총액은 다음 계산식에 따라 계산한다.

> 해당 과세연도의 통상임금과 고정급 성격의 금액의 합산액 × (직전 과세연도의 총 근무일수) / (해당 과세연도의 총 근무일수)

② 해당 과세연도 중에 근로관계가 종료된 상시근로자의 직전 과세연도의 연간 임금총액은 다음 계산식에 따라 계산한다.

> 직전 과세연도의 통상임금과 고정급 성격의 금액의 합산액 × (해당 과세연도의 총 근무일수) / (직전 과세연도의 총 근무일수)

③ 위 ① 및 ②에도 불구하고 직전 또는 해당 과세연도 중에 기업의 합병 또는 분할 등에 의하여 근로관계가 승계된 상시근로자의 직전 또는 해당 과세연도의 연간 임금총액은

---

7) 근로자가 「고용보험법 시행령」 제28조에 따라 지급받는 임금피크제 보전수당은 과세대상 근로소득에 해당하고, 「조세특례제한법」 제30조의3(고용유지중소기업 등에 대한 과세특례)를 적용함에 있어, 임금피크제 보전수당은 임금총액에 포함되지 아니하는 것임(원천-71, 2010. 1. 22.).

8) 「조세특례제한법」 제30조의3에 따른 과세특례는 임금감소(회사가 인건비로 계상하여 정상적으로 지급한 후 반납된 금액은 이에 해당하지 않음)를 통한 고용유지 중소기업을 지원하기 위한 것으로, 동 규정을 적용함에 있어서의 '임금총액'은 「근로기준법」에 의한 통상임금에 정기상여금 등 고정급 성격의 금액을 합산한 것을 말하며, '총근무일수'란 실제 근로관계가 지속적으로 유지된 기간의 일수를 뜻하는 것임(법인-1330, 2009. 11. 27.).

종전 근무지에서 지급받은 임금총액을 합산한 금액으로 한다.

4 │ 절 차

고용유지중소기업에 대한 과세특례를 적용받으려는 기업은 소득세 또는 법인세 과세표준 신고와 함께 세액공제신청서에 사업주와 근로자대표 간 합의를 증명하는 서류 등을 첨부하여 납세지 관할 세무서장에게 제출하여야 한다(조특법 §30의3④, 조특령 §27의3③).

5 │ 위기지역 중견기업에 대한 과세특례

위의 2.부터 4.까지의 내용[9]은 위기지역 내 중견기업[10]의 사업장에 대하여 위기지역으로 지정 또는 선포된 기간이 속하는 과세연도에도 적용한다(조특법 §30의3⑤, 조특령 §27의3⑪). 여기서 위기지역은 다음의 어느 하나에 해당하는 지역을 말한다.
① 고용노동부장관이 지정·고시하는 지역[11]
② 「고용정책 기본법」 제32조의2 제2항에 따라 선포된 고용재난지역
③ 「국가균형발전 특별법」 제17조 제2항에 따라 지정된 산업위기대응특별지역

---

9) 조특법 제30조의3 제1항부터 제4항까지의 규정 내용
10) 조특법 제6조의 해설을 참고하기로 한다.
11) 「고용정책 기본법」 제32조 제1항, 「고용정책 기본법 시행령」 제29조

6 │ 주요 개정연혁

1. 고용유지 중소기업 과세특례 적용대상 확대 및 적용기한 연장 등(조특법 §30의3)

(1) 개정내용

종 전	개 정
□ 고용유지 중소기업 과세특례 　○ (대상) 　　− 중소기업 　　　　〈추 가〉 　○ (요건) 　　① 상시근로자 1인당 시간당 임금 : 　　　해당 과세연도 ≥ 직전 과세연도 　　② 상시근로자 수 : 　　　해당 과세연도 ≥ 직전 과세연도 　　③ 상시근로자 1인당 연간 임금총액 : 　　　해당 과세연도 < 직전 과세연도 　○ (소득공제액) 　　− (근로자) 연간 임금감소 총액 × 50% 　　− (기업) 연간 임금감소 총액 × 50% 　　　+ 시간당 임금상승에 따른 임금보전액 　　　× 75% 　○ (적용기한) 2018. 12. 31.	□ 위기지역 중견기업 포함 및 적용기한 연장 등 　○ 대상 추가 　　− (좌 동) 　　− 위기지역 중견기업 　○ (좌 동) 　○ 기업은 세액공제 방식으로 전환 　　− (좌 동) 　　− (기업) 연간 임금감소 총액 × 10% 　　　+ 시간당 임금상승에 따른 임금보전액 　　　× 15% 　○ 2021. 12. 31.

(2) 개정이유

　○ 위기지역 고용 안정과 근로시간 단축 기업을 지원하고, 공제방식을 현행 세법체계에 부합하도록 재설계

(3) 적용시기 및 적용례

　○ 2019. 1. 1. 이후 개시하는 과세연도 분부터 적용

　○ (대상 추가) 2018년 이후 위기지역 지정일이 속하는 과세연도 분을 2019. 1. 1. 이후 신고하는 분부터 적용

2. 근로시간 단축 기업에 대한 세제지원 확대(조특법 §30의3)

(1) 개정내용

종 전	개 정
□ 고용을 유지하고 근로시간을 단축한 중소기업 과세특례 ○ (요건) 　① 상시근로자 1인당 시간당 임금 : 　　해당 과세연도 ≥ 직전 과세연도 　② 상시근로자 수 : 　　해당 과세연도 ≥ 직전 과세연도 　③ 상시근로자 1인당 연간 임금총액 : 　　해당 과세연도 < 직전 과세연도	□ 시간당 임금 상승을 통한 임금보전에 대한 소득공제 확대 (좌 동)
○ (소득공제액) 　– 근로자 : 연간 임금감소 총액 × 50% 　– 중소기업 : 연간 임금감소 총액 × 50% 　　+ 시간당 임금상승에 따른 임금보전액* 　　× 50% 　* 시간당 임금이 105%를 초과하여 상승한 경우에 　　한함	– (좌 동) – 중소기업 : 연간 임금감소 총액 × 50% 　+ 시간당 임금상승에 따른 임금보전액 　× 75%
○ (적용기한) 2018. 12. 31.	○ (좌 동)

(2) 개정이유
○ 근로시간 단축을 통한 일자리 질 향상 지원

(3) 적용시기 및 적용례
○ 2018. 1. 1. 이후 개시하는 과세연도 분부터 적용

조세특례제한법

제30조의4

중소기업 사회보험료 세액공제

1 의 의

　고용인원이 증가한 중소기업에 대해 신규고용에 따라 사용자가 추가로 부담하는 사회보험료를 세액공제하여 일자리 창출을 지원하고자 2011년 말 조특법 개정시 도입된 제도이다. 지원대상은 전년대비 고용이 증가한 조특법상 중소기업이다.

　2014. 1. 1. 조특법 개정시 중소기업의 고용증대를 지속적으로 지원하기 위해 적용기한을 2년 연장하고 상용형 시간제 근로자에 대한 혜택을 강화하였으며, 2016. 12. 20. 조특법 개정시 경력단절여성 및 신성장 서비스업 고용증가 인원에 대해 공제율을 인상하여 이들에 대한 고용 지원을 확대하였다. 2017. 12. 19. 조특법 개정시 영세 중소기업의 사회보험 신규가입에 대한 세액공제를 신설하였고, 2018. 12. 24. 조특법 개정시 적용기한을 2021. 12. 31.까지 연장하였다. 2020년말 조특법 개정시 사회보험 신규가입자에 대한 사회보험료 세액공제제도는 정책목적 달성으로 적용기한이 종료되었다.

2 고용 증가 중소기업에 대한 사회보험료 세액공제

2-1. 요 건

2-1-1. 중소기업일 것

　여기서 중소기업이란 「중소기업기본법」상 중소기업이 아닌 조특법상 중소기업을 말한다. 이에 대한 내용은 제6조의 해설을 참고하기로 한다.

2-1-2. 상시근로자 수가 증가할 것

　2024. 12. 31.이 속하는 과세연도까지의 기간 중 해당 과세연도의 상시근로자 수가 직전 과세연도의 상시근로자 수보다 증가하여야 한다(조특법 §30의4①).

(1) 상시근로자

상시근로자는 「근로기준법」에 따라 근로계약을 체결한 내국인 근로자로 한다. 다만, 다음의 어느 하나에 해당하는 사람은 제외한다(조특령 §27의4①).

① 근로계약기간이 1년 미만인 근로자. 다만, 근로계약의 연속된 갱신으로 인하여 그 근로계약의 총 기간이 1년 이상인 근로자는 상시근로자로 본다.

② 단시간근로자.[1] 다만, 1개월간의 소정 근로시간이 60시간 이상인 근로자는 상시근로자로 본다.

③ 임원[2]

④ 해당 기업의 최대주주 또는 최대출자자(개인사업자의 경우에는 대표자)와 그 배우자

⑤ 위 ④에 해당하는 자의 직계존비속(그 배우자 포함) 및 친족관계[3]인 사람

⑥ 근로소득원천징수부[4]에 의하여 근로소득세를 원천징수한 사실이 확인되지 아니하는 사람

⑦ 사회보험[5]에 대하여 사용자가 부담하여야 하는 부담금 또는 보험료의 납부 사실이 확인되지 아니하는 근로자

(2) 청년 및 경력단절 여성 상시근로자 및 청년 외 상시근로자

청년 상시근로자는 15세 이상 29세 이하인 상시근로자[병역을 이행한 경우[6]에는 그 기간(6년 한도)을 근로계약 체결일 현재 연령에서 빼고 계산한 연령이 29세 이하인 사람을 포함]로 하고, 경력단절 여성 상시근로자는 해당 기업에서 1년 이상 근무하고, 임신·출산·육아의 사유로 해당 기업에서 퇴직하였으며, 해당 기업에서 퇴직한 날부터 3년 이상 10년 미만의 기간이 지나고, 해당 기업의 최대주주 또는 최대출자자나 그와 특수관계인이 아닐 것 등의 요건[7]을 갖춘 경력단절 여성인 상시근로자로 하며, 청년 외 상시근로자는 청년 상시근로자가 아닌 상시근로자로 한다(조특령 §27의4②).

2-1-3. 사회보험료를 부담할 것

여기서 사회보험이란 국민연금, 고용보험, 산업재해보상보험, 국민건강보험, 장기요양보험을 말한다(조특법 §30의4④).

---

1) 「근로기준법」 제2조 제1항 제9호
2) 「법인세법 시행령」 제40조 제1항 각 호의 어느 하나에 해당하는 임원을 말한다.
3) 「국세기본법 시행령」 제1조의2 제1항
4) 「소득세법 시행령」 제196조
5) 「조특법」 제30조의4 제4항
6) 「조특령」 제27조 제1항 제1호 각 목
7) 「조특법」 제29조의3 제1항, 조특령 제26조의3 제2항, 제3항, 제4항 참조

2-2. 과세특례의 내용

2-2-1. 개 요

(1) 다음에 따른 금액을 더한 금액(①+②)을 해당 과세연도의 소득세(사업소득에 대한 소득세만 해당한다) 또는 법인세에서 공제한다(조특법 §30의4①).

① 청년 및 경력단절 여성("청년등") 상시근로자 고용증가 인원에 대하여 사용자가 부담하는 사회보험료 상당액 : 청년등 상시근로자 고용증가인원 × 청년등 상시근로자 고용증가 인원에 대한 사용자의 사회보험료 부담금액 × 100분의 100

② 청년등 외 상시근로자 고용증가 인원에 대하여 사용자가 부담하는 사회보험료 상당액 : 청년등 외 상시근로자 고용증가 인원 × 청년등 외 상시근로자 고용증가 인원에 대한 사용자의 사회보험료 부담금액 × 100분의 50(법 소정의 신성장 서비스업을 영위하는 중소기업의 경우 100분의 75)

(2) 위 (1)의 ②에서 법 소정의 신성장 서비스업을 영위하는 중소기업이란 다음의 어느 하나에 해당하는 사업을 주된 사업으로 영위하는 중소기업을 말한다. 이 경우 둘 이상의 서로 다른 사업을 영위하는 경우에는 사업별 사업수입금액이 큰 사업을 주된 사업으로 본다(조특령 §27의4⑤).

ⓐ 컴퓨터 프로그래밍, 시스템 통합 및 관리업, 소프트웨어 개발 및 공급업, 정보서비스업 또는 전기통신업

ⓑ 창작 및 예술관련 서비스업(자영예술가는 제외한다), 영화·비디오물 및 방송프로그램 제작업, 오디오물 출판 및 원판 녹음업 또는 방송업

ⓒ 엔지니어링사업, 전문디자인업, 보안시스템 서비스업 또는 광고업 중 광고물 작성업

ⓓ 서적, 잡지 및 기타 인쇄물출판업, 연구개발업, 직업기술 분야를 교습하는 학원을 운영하는 사업 또는 직업능력개발훈련시설을 운영하는 사업(직업능력개발훈련을 주된 사업으로 하는 경우로 한정)

ⓔ 관광숙박업, 국제회의업, 유원시설업 또는 관광객이용시설업[8]

ⓕ 물류산업[9]

ⓖ 신성장 서비스업[10]

---

8) 조특법 제6조 제3항 제20호
9) 조특령 제5조 제8항
10) 조특칙 제4조의3 각 호 : 전시산업, 그 밖의 과학기술서비스업, 시장조사 및 여론조사업, 광고업 중 광고대행업, 옥외 및 전시 광고업

□ 세액공제액

○ 고용증가 인원에 대한 사용자의 사회보험료 부담증가 상당액

(ⅰ) 청년등 상시근로자 순증인원의 사회보험료 : 100%

$$\frac{\text{해당 과세연도 청년등 상시근로자에 대한 사회보험료}}{\text{해당 과세연도 청년등 상시근로자 수}} \times \text{ⓐ Min(청년등 상시근로자 증가인원, 상시근로자 증가인원)}$$

* ⓐ의 값이 '0'보다 작은 경우는 '0'으로 계산

(ⅱ) 청년등 외 근로자 순증인원의 사회보험료 : 50%

$$\frac{\text{해당 과세연도 청년등 외 상시근로자 사회보험료}}{\text{해당 과세연도 청년등 외 상시근로자 수}} \times \text{(상시근로자 증가인원 − ⓐ)} \times 50\%*$$

* 대통령령으로 정하는 신성장 서비스업을 영위하는 중소기업의 경우는 75%

---

(3) 한편, 위 (1)의 계산식에 따라 소득세 또는 법인세를 공제받은 중소기업이 공제를 받은 과세연도의 종료일부터 1년이 되는 날이 속하는 과세연도의 종료일까지의 기간 중 전체 상시근로자의 수가 공제를 받은 과세연도의 전체 상시근로자 수보다 감소하지 아니한 경우에는 다음의 구분에 따른 금액을 공제를 받은 과세연도의 종료일부터 1년이 되는 날이 속하는 과세연도의 소득세(사업소득에 대한 소득세만 해당) 또는 법인세에서도 공제한다(조특법 §30의4②).

ⓐ 청년등 상시근로자 수가 감소하지 아니한 경우 : 위 (1)의 ① 및 ②에 따라 공제받은 금액 상당액

ⓑ ⓐ 외의 경우 : 위 (1)의 ②에 따라 공제받은 금액 상당액

2-2-2. 청년등 상시근로자 고용증가인원 및 청년등 외 상시근로자 고용증가인원

여기서 청년등 상시근로자 고용증가인원은 해당 과세연도에 직전 과세연도 대비 증가한 청년 상시근로자 수(그 수가 음수인 경우 영으로 본다)를 말한다. 다만, 해당 과세연도에 직전 과세연도 대비 증가한 상시근로자 수를 한도로 한다(조특령 §27의4③). 또한 청년등 외 상시근로자 고용증가인원은 해당 과세연도에 직전 과세연도 대비 증가한 상시근로자 수에서 청년등 상시근로자 고용증가인원을 뺀 수(그 수가 음수인 경우 영으로 본다)를 말한다(조특령 §27의4④).

그리고, 상시근로자 수와 청년등 상시근로자 수는 다음의 구분에 따른 계산식에 따라 계산한 수로 한다. 이 경우 계산한 상시근로자 수 중 100분의 1 미만 부분은 없는 것으로 한다(조특령 §27의4⑥).

> 상시근로자 수 = 해당 기간의 매월 말 현재 상시근로자 수의 합 / 해당 기간의 개월 수

> 청년등 상시근로자 수 = 해당 기간의 매월 말 현재 청년등 상시근로자 수의 합
> / 해당 기간의 개월 수

다만, 1개월간의 소정근로시간이 60시간 이상인 근로자 1명은 0.5명으로 하여 계산하되, 다음의 요건을 모두 갖춘 경우(상용형 시간제 근로자)에는 0.75명으로 계산하고 100분의 1 미만의 부분은 없는 것으로 한다(조특령 §27의4⑥).

① 해당 과세연도의 상시근로자 수[11]가 직전 과세연도의 상시근로자 수[12]보다 감소하지 아니하였을 것
② 기간의 정함이 없는 근로계약을 체결하였을 것
③ 상시근로자와 시간당 임금[13], 그 밖에 근로조건과 복리후생 등에 관한 사항에서 차별적 처우가 없을 것[14]
④ 시간당 임금이 최저임금액[15]의 120% 이상일 것

2-2-3. 창업 등을 한 기업의 경우 전 과세연도의 청년등 상시근로자 수 등

한편 청년등 상시근로자 또는 상시근로자 증가인원을 계산할 때 해당 과세연도에 창업 등을 한 기업의 경우에는 다음의 구분에 따른 수를 직전 또는 해당 과세연도의 청년등 상시근로자 수 또는 상시근로자 수로 본다(조특령 §27의4⑦).

① 창업[16]한 경우의 직전 과세연도의 상시근로자 수 : 0
② 사업의 일부를 분리하여 해당 기업의 임직원이 사업을 개시하거나 거주자가 하던 사업을

---

11) 1개월간의 소정근로시간이 60시간 이상인 근로자(조특령 제27조의4 제1항 제2호 단서에 따른 근로자)는 제외
12) 1개월간의 소정근로시간이 60시간 이상인 근로자(조특령 제27조의4 제1항 제2호 단서에 따른 근로자)는 제외
13) 「근로기준법」 제2조 제1항 제5호에 따른 임금, 정기상여금·명절상여금 등 정기적으로 지급되는 상여금과 경영성과에 따른 성과금을 포함한다.
14) 「기간제 및 단시간근로자 보호 등에 관한 법률」 제2조 제3호
15) 「최저임금법」 제5조
16) 조특법 제6조 제10항 제1호부터 제3호까지의 규정에 해당하는 경우는 제외한다.

법인으로 전환하여 새로운 법인을 설립하는 경우 및 폐업 후 사업을 다시 개시하여 폐업 전의 사업과 같은 종류의 사업을 하는 경우 등[17])에 해당할 때 직전 과세연도의 상시근로자 수 : 종전 사업, 법인전환 전의 사업 또는 폐업 전의 사업의 직전 과세연도 청년 상시근로자 수 또는 상시근로자 수

③ 해당 과세연도에 합병·분할·현물출자 또는 사업의 양수 등에 의하여 종전의 사업 부문에서 종사하던 청년등 상시근로자 또는 상시근로자를 승계하거나 특수관계인[18])으로부터 청년등 상시근로자 또는 상시근로자를 승계하는 경우 :

　㉠ 직전 과세연도의 상시근로자 수 :

　　ⓐ 승계시킨 기업의 경우 : 직전 과세연도 청년등 상시근로자 수 또는 상시근로자 수 − 승계시킨 청년등 상시근로자 수 또는 상시근로자 수

　　ⓑ 승계한 기업의 경우 : 직전 과세연도 청년등 상시근로자 수 또는 상시근로자 수 + 승계한 청년등 상시근로자 수 또는 상시근로자 수를 더한 수

　㉡ 해당 과세연도의 상시근로자 수 :

　해당 과세연도 개시일에 상시근로자를 승계시키거나 승계한 것으로 보아 계산한 청년등 상시근로자 수 또는 상시근로자 수

2-2-4. 사회보험료 부담금액

(1) 청년등 상시근로자 고용증가인원의 경우

청년등 상시근로자 고용증가인원에 대한 사용자의 사회보험료 부담금액은 다음 계산식에 따라 계산한 금액을 말한다(조특령 §27의4⑧).

> (해당 과세연도에 청년등 상시근로자에게 지급하는 총급여액[19]) /
> 해당 과세연도의 청년등 상시근로자 수) × 사회보험료율

(2) 청년등 외 상시근로자 고용증가인원의 경우

청년등 외 상시근로자 고용증가인원에 대한 사용자의 사회보험료 부담금액은 다음 계산식에 따라 계산한 금액을 말한다(조특령 §27의4⑨).

---

17) 조특법 제6조 제10항 제1호(합병·분할·현물출자 또는 사업의 양수 등을 통하여 종전의 사업을 승계하는 경우는 제외한다)부터 제3호까지의 어느 하나에 해당하는 경우를 말한다.
18) 조특령 제11조 제1항
19) 「소득세법」 제20조 제1항

[해당 과세연도에 청년등 외 상시근로자에게 지급하는 총급여액 /
(해당 과세연도의 상시근로자 수 − 해당 과세연도의 청년등 상시근로자 수)] × 사회보험료율

(3) 사회보험료율

사회보험료율은 해당 과세연도 종료일 현재 적용되는 다음의 수를 더한 수로 한다(조특령 §27의4⑩).

① 1만분의 646(직장가입자의 보험료율)[20]의 2분의 1
② 위 ① × 1만분의 851(장기요양보험료율)[21]
③ 연금보험료율[22]
④ 고용보험료율[23]
⑤ 산재보험료율[24]

2-3. 사후관리

소득세 또는 법인세를 공제받은 중소기업이 최초로 공제를 받은 과세연도의 종료일부터 1년이 되는 날이 속하는 과세연도의 종료일까지의 기간 중 전체 상시근로자의 수 또는

---

20) 「국민건강보험법 시행령」 제44조 제1항
21) 「노인장기요양보험법 시행령」 제4조
22) 국민연금법 제88조【연금보험료의 부과·징수 등】③ 사업장가입자의 연금보험료 중 기여금은 사업장가입자 본인이, 부담금은 사용자가 각각 부담하되, 그 금액은 각각 기준소득월액의 1천분의 45에 해당하는 금액으로 한다.
④ 지역가입자, 임의가입자 및 임의계속가입자의 연금보험료는 지역가입자, 임의가입자 또는 임의계속가입자 본인이 부담하되, 그 금액은 기준소득월액의 1천분의 90으로 한다.
23) 「고용보험 및 산업재해보상보험의 보험료 징수 등에 관한 법률」 제13조 제4항 각 호에 따른 수를 합한 수를 말한다.
고용보험 및 산업재해보상보험의 보험료 징수 등에 관한 법률 제13조【보험료】④ 제1항에 따라 사업주가 부담하여야 하는 고용보험료는 그 사업에 종사하는 고용보험 가입자인 근로자의 개인별 보수총액(제2항 단서에 따른 보수로 보는 금품의 총액과 보수의 총액은 제외한다)에 다음 각 호를 각각 곱하여 산출한 각각의 금액을 합한 금액으로 한다.
1. 제14조 제1항에 따른 고용안정·직업능력개발사업의 보험료율
2. 실업급여의 보험료율의 2분의 1
24) 고용보험 및 산업재해보상보험의 보험료 징수 등에 관한 법률 제14조【보험료율의 결정】③ 「산업재해보상보험법」 제37조 제1항 제1호, 제2호 및 같은 항 제3호 가목에 따른 업무상의 재해에 관한 산재보험료율(이하 제4항부터 제6항까지에서 "산재보험료율"이라 한다)은 매년 6월 30일 현재 과거 3년 동안의 보수총액에 대한 산재보험급여총액의 비율을 기초로 하여, 「산업재해보상보험법」에 따른 연금 등 산재보험급여에 드는 금액, 재해예방 및 재해근로자의 복지증진에 드는 비용 등을 고려하여 사업의 종류별로 구분하여 고용노동부령으로 정한다. 이 경우 「산업재해보상보험법」 제37조 제1항 제3호 나목에 따른 업무상의 재해를 이유로 지급된 보험급여액은 산재보험급여총액에 포함시키지 아니한다.

청년등상시근로자 수가 최초로 공제를 받은 과세연도에 비하여 감소한 경우에는 감소한 과세연도에 대하여 과세특례를 적용하지 아니하고, 공제받은 세액에 상당하는 금액을 소득세 또는 법인세로 납부하여야 한다.

3 영세 중소기업의 사회보험 신규가입에 대한 세액공제

3-1. 요 건

3-1-1. 영세 중소기업일 것

중소기업 중 다음의 요건을 모두 갖춘 중소기업을 말한다(조특령 §27의4⑪).
① 해당 과세연도의 상시근로자 수가 10명 미만일 것
② 해당 과세연도의 소득세 또는 법인세 과세표준이 5억원 이하일 것. 이 경우 소득세 과세표준은 사업소득에 대한 것에 한정하며, 그 계산방법은 다음의 계산식에 따른다(조특칙 §14의4②).

> 해당 과세연도의 종합소득 과세표준 × (해당 과세연도의 사업소득금액 / 해당 과세연도의 종합소득금액)

3-1-2. 근로자 요건

근로계약을 체결한 내국인 근로자 중 시간당 임금이 최저임금액의 100분의 100 이상 100분의 120 이하인 근로자여야 하며(조특령 §27의4⑫), 2020년 1월 1일 현재 위의 중소기업이 고용 중인 근로자 중 2020년 12월 31일까지 사회보험에 신규 가입하는 근로자여야 한다(조특법 §30조의4③).

3-2. 과세특례의 내용

위의 요건을 모두 충족하는 경우 근로자가 사회보험에 신규 가입을 한 날부터 2년이 되는 날이 속하는 달까지 다음의 계산식에 따른 금액을 해당 과세연도의 소득세(사업소득에 대한 소득세만 해당한다) 또는 법인세에서 공제한다(조특법 §30의4③, 조특령 §27의4⑭).

> (사용자가 부담하는 사회보험료 상당액 − 국가 등의 지원금) × 50%

여기서 국가 등의 지원금이란 사회보험[25]에 관하여 사용자가 부담하는 사회보험료 상당액에 대하여 국가 및 공공기관[26]이 지급하였거나 지급하기로 한 보조금 및 감면액의 합계액을 말한다(조특령 §27의4⑬).

4 | 절 차

본조의 과세특례를 적용받으려는 중소기업은 해당 과세연도의 과세표준신고를 할 때 세액공제신청서 및 공제세액계산서를 제출하여야 한다(조특법 §30의4⑤).

5 | 주요 개정연혁

1. 중소기업 고용증가 인원 사회보험료 세액공제 확대(조특법 §30의4)

(1) 개정내용

종 전	개 정
□ 중소기업 고용증가 인원에 대한 사회보험료 세액공제	□ 공제기간 확대
○ (공제금액) 고용증가인원 × 사회보험료 상당액 × 일정 비율* * 청년·경력단절여성 : 100% 기타근로자 : 50% (신성장 서비스업의 경우 75%)	○ (좌 동)
○ (공제기간) 1년	○ (공제기간) 2년 * 고용인원이 유지되는 경우 고용이 증가한 다음 해도 세액공제 적용
○ (적용기한) 2018. 12. 31.	○ (좌 동)

(2) 개정이유

○ 신규 고용에 따른 중소기업의 사회보험료 부담 완화

(3) 적용시기 및 적용례

○ 2018. 1. 1. 이후 개시하는 과세연도 분부터 적용

---

25) 「조특법」 제30조의4 제4항 각 호의 어느 하나에 해당하는 경우를 말한다.
26) 「공공기관의 운영에 관한 법률」 제4조

| 제 5 절 |

기업구조조정을 위한 조세특례

| 제 5 장 |

기업구조조정을 위한 조세특례

제30조의5

창업자금에 대한 증여세 과세특례

1 │ 의 의

18세 이상인 거주자가 60세 이상의 부모로부터 창업자금을 증여받은 경우, 상속세 및 증여세법의 규정에 불구하고 증여시점에는 10%의 낮은 세율로 증여세를 과세하고 증여한 부모의 사망시에는 증여 당시의 가액을 상속재산가액에 가산하여 상속세로 정산하여 과세하는 제도로서, 출산율 저하 및 고령화 진전에 대응하여 젊은 세대로의 부의 조기이전을 통하여 경제활력 증진을 도모하고자 2005. 12. 31. 조특법 개정시 도입되었다. 이 경우 창업자금을 2회 이상 증여받거나 부모로부터 각각 증여받는 경우에는 각각의 증여세 과세가액을 합산하여 적용한다. 2014. 1. 1. 조특법 개정시 적용기한을 폐지하여 항구적 제도로 전환하는 한편 창업을 지원할 필요가 미약한 업종에 대한 지원을 중단하고 창업중소기업 세액감면(조특법 §6③)과 지원대상 창업업종을 일치시켜 제도간 일관성을 제고하였다.

2 │ 요 건

2 - 1. 적용대상

창업자금[1]에 대한 증여세 과세특례는 18세 이상인 거주자가 창업중소기업 세액감면 대상 업종(조특법 §6③)을 영위하는 중소기업을 창업[2][3]할 목적으로 60세 이상의 부모[4](증여 당시

---

1) 창업자금을 증여받아 1년 이내에 창업을 한 자가 새로 창업자금을 증여받아 당초 창업자금중소기업의 사업과 관련하여 사용하는 경우에도 창업자금을 모두 합하여 30억원까지는 「조세특례제한법」 제30조의5(창업자금에 대한 증여세 과세특례)의 규정을 적용받을 수 있는 것임(재산세과-250, 2012. 7. 4.).

2) 18세 이상인 거주자가 창업을 목적으로 60세 이상의 부모로부터 증여받은 창업자금을 해당 거주자가 발기인이 되어 설립한 법인에 출자하여 해당 목적에 사용한 경우에는 창업자금에 대한 증여세 과세특례를 적용받을 수 있는 것임(재산세과-103, 2012. 3. 12.).

3) 수증자별로 각각 「조세특례제한법」 제30조의5 규정을 적용받을 수 있는 것이며, 공동으로 창업하는 경우에도 수증자별로 동 규정을 적용받을 수 있는 것임(재산세과-4457, 2008. 12. 30.).

부 또는 모가 사망한 경우에는 사망한 부 또는 모의 부모를 포함한다)로부터 토지·건물 등의 재산(양도소득세 과세대상 재산)을 제외한 재산을 증여받는 경우 해당 증여받은 재산의 가액 중 법 소정의 창업자금[증여세 과세가액 50억원(창업을 통하여 10명 이상을 신규 고용한 경우에는 100억원) 한도]에 대해 적용한다. 이 경우 창업자금을 2회 이상 증여받거나 부모로부터 각각 증여받는 경우에는 각각의 증여세 과세가액을 합산하여 적용한다(조특법 §30의5①, 조특령 §27의5①).

여기에서 법 소정의 창업자금이란 창업에 직접 사용되는 다음의 어느 하나에 해당하는 자금을 말한다(조특령 §27의5②).
① 사업용자산의 취득자금
② 사업장의 임차보증금(전세금 포함) 및 임차료 지급액

참고 양도소득세 과세대상

구 분	내 용
부동산	• 토지, 건물
부동산에 관한 권리	• 지상권과 전세권 • 등기된 부동산 임차권 • 부동산을 취득할 수 있는 권리
기타 자산	• 특정주식(과점주주 및 부동산과다보유법인 주식 등) • 영업권 • 특정시설물이용권(주주회원권 포함)
주식(특정주식 제외)	• 주권상장법인과 코스닥상장법인의 주식 중 다음에 해당하는 것 - 대주주가 양도하는 것 - 유가증권시장·코스닥시장에서 거래되지 아니하고 양도하는 것 • 주권상장법인과 코스닥상장법인 이외의 법인의 주식

2-2. 창업요건

2-2-1. 창업자금을 증여받은 자에 대한 요건

본조의 과세특례를 적용받기 위하여는 창업자금을 증여받은 자가 다음의 요건을 충족하여야 한다(조특법 §30의5②·④).
① 증여받은 날부터 2년 이내에 창업을 하여야 한다.

---

4) 부모가 영위하던 사업과 동종의 사업을 공동으로 창업하는 경우에도 과세특례가 적용되는 것임(재산세과-198, 2011. 4. 19.).

② 증여받은 날부터 4년이 되는 날까지 창업자금을 모두 당해 목적에 사용하여야 한다.

③ 창업자금으로 창업자금중소기업에 해당하는 업종을 영위하여야 한다.

2-2-2. 창업의 개념

창업이라 함은 납세지 관할 세무서장에게 등록[5]하는 것을 말하며(조특령 §27의5③), 사업을 확장하는 경우로서 사업용자산을 취득하거나 확장한 사업장의 임차보증금 및 임차료를 지급하는 경우는 창업으로 본다(조특법 §30의5②, 조특령 §27의5③). 한편, 다음의 어느 하나에 해당하는 경우에는 창업으로 보지 아니한다(조특법 §30의5②).

① 합병·분할·현물출자 또는 사업의 양수를 통하여 종전의 사업을 승계하여 같은 종류의 사업을 하는 경우

② 종전의 사업에 사용되던 자산을 인수·매입하여 동종의 사업을 영위하는 경우로서 자산가액에서 인수·매입한 사업용 자산이 30%를 초과하는 경우

③ 거주자가 영위하던 사업을 법인으로 전환하여 새로운 법인을 설립하는 경우

④ 폐업 후 사업을 다시 개시하여 폐업 전의 사업과 동종의 사업을 영위하는 경우

⑤ 사업을 확장하거나 다른 업종을 추가하는 등 새로운 사업을 최초로 개시하는 것으로 보기 곤란한 경우

⑥ 창업자금을 증여받기 이전부터 영위한 사업의 운용자금과 대체설비자금 등으로 사용하는 경우(조특령 §27의5⑦)

소득세법 제168조【사업자등록 및 고유번호의 부여】

① 새로 사업을 시작하는 사업자는 대통령령으로 정하는 바에 따라 사업장 소재지 관할 세무서장에게 등록하여야 한다.

법인세법 제111조【사업자등록】

① 신규로 사업을 시작하는 법인은 대통령령으로 정하는 바에 따라 납세지 관할 세무서장에게 등록하여야 한다. 이 경우 내국법인이 제109조 제1항에 따른 법인 설립신고를 하기 전에 등록하는 때에는 같은 항에 따른 주주등의 명세서를 제출하여야 한다.

부가가치세법 제8조【사업자등록】

① 사업자는 사업장마다 대통령령으로 정하는 바에 따라 사업 개시일부터 20일 이내에 사업장 관할 세무서장에게 사업자등록을 신청하여야 한다. 다만, 신규로 사업을 시작하려는 자는 사업 개시일 이전이라도 사업자등록을 신청할 수 있다.

---

5) 소득세법 제168조 제1항, 법인세법 제111조 제1항 또는 부가가치세법 제8조 제1항 및 제5항

한편, 창업자금을 증여받아 상기의 규정에 의하여 창업을 한 자가 새로이 창업자금을 증여받아 당초 창업한 사업과 관련하여 사용하는 경우에는 위 ④~⑥에 해당하더라도 과세특례를 배제하지 아니한다(조특법 §30의5③).

3 │ 과세특례의 내용

3-1. 창업자금 증여시 과세특례

3-1-1. 저율과세 등

증여세 과세가액에서 5억원을 공제하고 10%의 세율을 적용하여 증여세를 부과한다. 이 경우 창업자금을 2회 이상 증여받거나 부모로부터 각각 증여받는 경우에는 각각의 증여세 과세가액을 합산하여 적용한다(조특법 §30의5①).

> 창업자금에 대한 증여세액 = (증여세 과세가액 − 5억원) × 10%

3-1-2. 기타 증여받은 가액과 합산 배제 등

창업자금에 대하여 증여세를 부과하는 경우에는 동일인(그 배우자 포함)으로부터 증여받은 창업자금 외의 다른 증여재산의 가액은 창업자금에 대한 증여세 과세가액에 가산하지 아니하며, 창업자금에 대한 증여세 과세표준을 신고하는 경우에도 신고세액공제를 적용하지 아니한다(조특법 §30의5⑪).

3-2. 상속이 개시된 경우의 과세특례

창업자금은 상속재산에 가산하는 증여재산으로 본다(조특법 §30의5⑧).

또한, 창업자금은 증여받은 날부터 상속개시일까지의 기간과 관계없이 상속세 과세가액에 가산하되, 공제적용의 한도[6]를 적용함에 있어서는 상속세 과세가액에 가산한 증여재산가액으로 보지 아니한다(조특법 §30의5⑨).

창업자금에 대한 증여세액에 대하여 상속세 산출세액에서 창업자금에 대한 증여세액을 공제한다. 이 경우 공제할 증여세액이 상속세 산출세액보다 많은 경우 그 차액에 상당하는 증여세액은 환급하지 아니한다(조특법 §30의5⑩).

---

6) 동법 제24조 제3호

4 | 사후관리

4-1. 창업자금사용내역 제출의무

4-1-1. 창업자금사용명세의 제출

창업자금을 증여받은 자가 창업하는 경우에는 다음에 해당하는 날에 창업자금 사용명세 (증여받은 창업자금이 30억원을 초과하는 경우에는 고용명세 포함)를 증여세 납세지 관할 세무서장에게 제출하여야 한다(조특령 §27의5④).
① 창업일이 속하는 달의 다음 달 말일
② 창업일이 속하는 과세연도부터 4년 이내의 과세연도(창업자금을 모두 사용한 경우에는 그 날이 속하는 과세연도)까지 매 과세연도의 과세표준신고기한

이때 창업자금사용명세내역에는 다음의 사항이 포함되어야 한다(조특령 §27의5⑥).
① 증여받은 창업자금의 내역
② 증여받은 창업자금의 사용내역 및 이를 확인할 수 있는 사항
③ 증여받은 창업자금이 30억원을 초과하는 경우에는 고용 내역을 확인할 수 있는 사항

4-1-2. 창업자금사용명세서미제출가산세의 부과

창업자금사용명세를 제출하지 아니하거나 제출된 창업자금사용명세가 분명하지 아니한 경우에는 그 미제출한 분 또는 불분명한 부분의 금액에 1천분의 3을 곱하여 산출한 금액을 창업자금 사용명세서 미제출 가산세로 부과한다(조특법 §30의5⑤).

4-2. 추징하는 경우

4-2-1. 증여세와 상속세의 과세

창업자금에 대한 증여세 과세특례를 적용받은 경우로서 다음의 어느 하나에 해당하는 경우에는 다음 각각의 금액에 대하여 상속세 및 증여세법에 따라 증여세와 상속세를 각각 부과한다[7](조특법 §30의5⑥).
① 증여받은 날부터 2년 이내에 창업하지 아니한 경우 : 창업자금
② 창업자금으로 창업중소기업 세액감면 대상 업종(조특법 §6③) 외의 업종을 영위하는

---

7) 「조세특례제한법」 제30조의5에 따라 창업자금에 대한 증여세 과세특례를 적용한 후 증여자의 사망으로 인하여 상속이 개시되어 그 창업자금에 대한 상속세를 신고한 경우에도 같은 조 제4항 및 제6항을 적용하는 것임(재재산-678, 2011. 8. 22.).

경우 : 창업중소기업 세액감면 대상 업종(조특법 §6③) 외의 업종에 사용된 창업자금
③ 창업자금을 증여받은 날부터 2년 이내에 창업을 한 자가 새로이 창업자금을 증여받아 당초 창업한 사업과 관련하여 사용하지 아니한 경우 : 당해 목적에 사용되지 아니한 창업자금
④ 창업자금을 증여받은 날부터 4년이 되는 날까지 모두 해당 목적에 사용하지 아니한 경우 : 해당 목적에 사용되지 아니한 창업자금
⑤ 증여받은 후 10년 이내에 창업자금등(창업으로 인한 가치증가분 포함)을 당해 사업용도 외의 용도로 사용한 경우[8] : 당해 사업용도 외의 용도로 사용된 창업자금등
⑥ 창업 후 10년 이내에 다음 중 어느 하나에 해당하는 경우 : 창업자금등과 창업자금(창업으로 인한 가치증가분 포함)(조특령 §27의5⑧ · ⑨)
　　㉠ 수증자의 사망. 다만, 다음의 어느 하나에 해당하는 경우를 제외
　　　ⓐ 수증자가 창업자금을 증여받고 창업하기 전에 사망한 경우로서 수증자의 상속인이 당초 수증자의 지위를 승계하여 창업하는 경우
　　　ⓑ 수증자가 창업자금을 증여받고 창업한 후 창업목적에 사용하기 전에 사망한 경우로서 수증자의 상속인이 당초 수증자의 지위를 승계하여 창업하는 경우
　　　ⓒ 수증자가 창업자금을 증여받고 창업을 완료한 후 사망한 경우로서 수증자의 상속인이 당초 수증자의 지위를 승계하여 창업하는 경우
　　㉡ 당해 사업을 폐업하거나 휴업(실질적 휴업 포함)한 경우. 다만, 다음의 어느 하나에 해당하는 사유로 폐업하거나 휴업하는 경우를 제외
　　　ⓐ 부채가 자산을 초과하여 폐업하는 경우
　　　ⓑ 최초 창업 이후 영업상 필요 또는 사업전환을 위하여 1회에 한하여 2년(폐업의 경우에는 폐업 후 다시 개업할 때까지 2년) 이내의 기간 동안 휴업하거나 폐업하는 경우(휴업 또는 폐업 중 어느 하나에 한한다)
⑦ 증여받은 창업자금이 30억원을 초과하는 경우로서 창업한 날이 속하는 과세연도의 종료일부터 5년 이내에 각 과세연도의 근로자[9] 수가 다음 계산식에 따라 계산한 수보다 적은 경우 : 30억원을 초과하는 창업자금

---

8) 「조세특례제한법」 제30조의5에 따른 창업자금을 증여받은 자가 해당 창업자금과 대출금 등의 자금을 합하여 사업용 자산을 취득하고 해당 사업용 자산 중 일부를 해당 사업목적 외의 사업용도로 사용한 경우, 그 사업목적 외 사업용도로 사용한 창업자금 부분은 같은 조에 따른 창업자금에 대한 증여세 과세특례가 적용되지 아니하는 것이며, 같은 조 제6항에 따라 증여세 및 그 이자상당액이 부과되는 것임. 이 경우 창업자금의 해당 사업목적 사용부분에 대한 실지 귀속이 구분되는 경우에는 그 구분에 따라 판단하는 것이나 실지 귀속이 구분되지 아니하는 경우 그 사업목적 외 사업용도로 사용한 창업자금 부분의 계산은 사업용 자산 중 사업목적 외 사업용도로 사용한 부분의 취득액을 증여받은 창업자금과 대출금 등의 자금의 비율에 의하여 안분계산하는 것임(재재산-441, 2011. 6. 14.).
9) 앞의 조특법 제30조의3의 해설을 참고하기 바란다.

근로자 수는 해당 과세연도의 매월 말일 현재의 인원을 합하여 해당 월수로 나눈 인원을 기준으로 계산한다(조특령 §27의5⑩). 한편, 증여세 및 상속세를 과세하는 경우 본조에서 달리 정하지 아니한 것은 「상속세 및 증여세법」에 따른다(조특법 §30의5⑬).

4-2-2. 이자상당액의 부과

창업자금을 증여받은 후 추징사유가 발생하여 상속세 및 증여세법에 따라 증여세와 상속세가 과세되는 경우 다음의 이자상당액을 그 부과하는 증여세에 가산하여 부과한다(조특령 §27의5⑦).

> 이자상당액 = 결정한 증여세액 × 기간* × 1일 10만분의 25
> *당초 증여받은 창업자금에 대한 증여세의 과세표준신고기한의 다음 날부터 추징사유가 발생한 날까지의 기간

사 례

조세심판원 결정(조심 2017중869, 2017. 5. 16.)

○ 결정 내용
창업자금에 대한 증여세 과세특례 적용을 받은 자가 추징사유가 발생하는 경우 자진신고·납부할 의무규정이 없어 납부불성실가산세를 부과할 수 없음.

○ 결정취지
국기법 제47조의4에서 납부불성실가산세는 납세자가 세법에 따른 납부기한까지 국세를 납부하지 아니하거나 납부한 세액이 납부하여야 할 세액에 미치지 못하는 경우에 부과하는 것으로 규정하고 있는바, 창업자금에 대한 증여세 과세특례 적용을 받은 자가 추징사유가 발생하면 과세관청은 조특법 제30조의5 제6항에 따라 이자상당액을 가산하여 증여세를 부과할 수 있으나, 추징사유가 발생한 경우에 납세자가 자진신고·납부할 의무규정은 별도로 규정되어 있지 아니하므로 납부불성실가산세를 부과할 수 없음.

○ 저자의 견해
- 이 건은 창업자금을 증여받은 경우로서 사후관리 위반으로 본세(증여세)와 이자상당액을 가산하여 부과할 때, 추징사유 발생일까지의 이자상당액을 본세에 가산하는 것에 대하여는 별다른 이견이 없으나, 추징사유 발생일부터 고지일까지의 미납부세액에 대하여 납부불성실가산세를 부과할 수 있는지 여부가 문제가 된 사안임.

- 우선 납부불성실가산세를 부과하기 위해서는 국기법 제47조의4에서 규정되어야 하나, 창업자금에 대한 증여세 과세특례는 이러한 명문이 규정이 없음. 구체적으로 보면, 납부불성실가산세를 부과하기 위해서는 납세자가 세법에 따른 납부기한까지 국세를 납부하지 아니하거나 납부한 세액이 납부하여야 할 세액에 미치지 못하는 것이 전제되어야 함에도 조특법 제30조의5에는 이러한 규정이 없음.
- 참고로, 조특법 제9조(연구ㆍ인력개발준비금의 손금산입) 제4항에서는 "연구ㆍ인력개발준비금을 익금에 산입하는 경우 해당 준비금 중 연구ㆍ인력개발에 사용하지 아니한 금액에 상당하는 준비금에 대해서는 해당 과세연도 과세표준신고를 할 때 이자상당가산액을 소득세 또는 법인세로 납부하여야 하며 해당 세액은 「소득세법」 제76조 또는 「법인세법」 제64조에 따라 납부하여야 할 세액으로 본다."고 규정하고 있으므로 납부불성실가산세 대상이 될 수 있어 이자상당액이라도 차이를 보이고 있음.
- 한편, 이자상당가산액의 내용이 나타나는 조특법 제146조(감면세액의 추징)는 주로 투자자산에 대한 감면세액 추징규정으로, 여기에서 이자상당가산액을 소법 또는 법인세법에 따른 납부하여야 할 세액으로 보고 있어 납부불성실가산세를 부과할 여지가 있으나 이 규정에서도 조특법 제30조의5는 열거되어 있지 아니함.

5 | 중복적용 배제

창업자금에 대한 증여세 과세특례를 적용받는 거주자는 '가업의 승계에 대한 증여세 과세특례'[10] 규정을 적용하지 아니한다[11] (조특법 §30의5⑭).

6 | 절차(특례신청)

창업자금에 대한 증여세 과세특례를 적용받고자 하는 자는 증여세과세표준신고와 함께 창업자금 특례신청서 및 사용내역서를 납세지 관할 세무서장에게 제출하여야 하며(조특령 §27의5⑪), 그 신고기한까지 특례신청을 하지 아니한 경우에는 본조의 특례규정을 적용하지 아니한다(조특법 §30의5⑫).

---

10) 조특법 제30조의6
11) 이 조항은 2007. 12. 31. 신설되었음.

7 | 관련사례

구 분	내 용
요 건	한국표준산업분류표상 주점 및 비알콜음료점업에 해당하는 커피전문점은 창업자금에 대한 증여세 과세특례 대상 중소기업에 해당하지 않음(서면-2017-상속증여-0204, 2017. 2. 14.).
	부동산임대사업자가 자기의 임대건물에서 부로부터 증여받은 자금으로 본인이 직접 음식점업을 영위하는 경우 해당 음식점은 조세특례제한법 제30조의5 "창업자금에 대한 증여세 과세특례" 규정이 적용되지 아니함(서면-2017-상속증여-0050, 2017. 1. 24.).
	부동산임대업으로 사업자등록을 하고 증여받은 창업자금으로 당해 부동산취득자금으로 사용하는 경우 그 창업자금에 대하여는 증여세 과세특례를 적용하지 아니함(서면4팀-3430, 2007. 11. 28.).
	「조세특례제한법」 제30조의5의 규정을 적용함에 있어 18세 이상인 거주자가 60세 이상의 부모로부터 창업자금을 증여받아 법인을 설립하고 증여자인 부모와 함께 해당 법인의 공동대표이사로 취임한 경우 해당 창업자금에 대해 창업자금에 대한 증여세 과세특례를 적용할 수 없는 것임(재산-291, 2012. 8. 21.).
	부동산 임대 및 공급업에 대하여는 창업자금에 대한 과세특례가 적용되지 아니함(서면4팀-2877, 2007. 10. 8.).
	창업자금을 증여받아 소비성서비스업 등의 업종을 영위하는 경우에는 증여세와 상속세를 각각 부과하는 것임(서면4팀-2593, 2007. 9. 6.).
	「조세특례제한법」 제30조의5 규정에 의하여 창업자금에 대한 증여세 과세특례를 적용함에 있어 증여세 과세가액에서 공제하는 5억원은 창업자금을 증여받은 30세 이상이거나 혼인한 거주자를 기준으로 적용하는 것임(서면4팀-2337, 2007. 7. 31.).
	「조세특례제한법」 제30조의5의 규정을 적용함에 있어 30세 이상이거나 혼인한 거주자가 65세 이상의 부모로부터 증여받은 창업자금을 공동사업 또는 당해 거주자가 발기인이 되어 설립한 법인에 출자한 경우에는 창업자금에 대한 증여세 과세특례를 적용받을 수 있는 것이며, 같은조 제4항의 규정을 적용함에 있어 당해 증여받은 자금을 법인에 출자한 사실만으로 창업목적에 사용한 것으로 보지는 아니하는 것임(서면4팀-1743, 2007. 5. 29.).
	「조세특례제한법」 제30조의5의 규정을 적용함에 있어 30세 이상이거나 혼인한 거주자가 65세 이상의 부모로부터 증여받은 창업자금을 공동사업 또는 당해 거주자가 발기인이 되어 설립한 법인에 출자한 경우에는 창업자금에 대한 증여세 과세특례를 적용받을 수 있는 것이며, 같은조 제4항의 규정을 적용함에 있어 당해 증여받은 자금을 법인에 출자한 사실만으로 창업목적에 사용한 것으로 보지는 아니하는 것임(서면3팀-1393, 2007. 4. 30.).

구 분	내 용
요 건	거주자가 65세 이상의 부모로부터 창업자금을 증여받아 창업한 경우로서 사업을 확장하거나 다른 업종을 추가하는 등 새로운 사업을 개시한 것으로 보기 곤란한 경우 창업으로 보지 않음(서면4팀-3411, 2006. 10. 11.).
	「조세특례제한법」 제30조의5의 규정을 적용함에 있어 사업을 확장하거나 다른 업종을 추가하는 등 새로운 사업을 최초로 개시한 것으로 보기 곤란한 경우에도 같은조 제4항 제2호의 규정에 의하여 이를 창업으로 보지 아니하는 것이며, 귀 질의와 같이 개인사업을 영위하는 거주자가 다른 장소에서 동종의 사업을 개시한 경우에는 사업의 확장에 해당하는 것임(서면4팀-3160, 2006. 9. 14.).
	「조세특례제한법」 제30조의5의 규정을 적용함에 있어 거주자가 65세 이상의 부 또는 모로부터 창업자금을 증여받아 창업하는 경우로서, 합병·분할·현물출자 또는 사업의 양수를 통하여 종전의 사업을 승계하거나 종전의 사업에 사용되던 자산을 인수 또는 매입하여 동종의 사업을 영위하는 등 같은조 제2항 각호의 1에 규정된 사유에 해당하지 아니하는 경우에는 부모가 영위하던 사업과 동종의 사업을 개시하여도 창업에 해당하는 것임(서면4팀-3162, 2006. 9. 14.).
	「조세특례제한법」 제30조의5 제2항의 규정에 의하여 창업자금을 증여받은 자는 증여받은 날부터 1년 이내에 창업을 하여야 하는 것이며, 이 경우 "창업"이라 함은 「소득세법」 제168조 제1항, 「법인세법」 제111조 제1항 또는 「부가가치세법」 제5조 제1항의 규정에 따라 납세지 관할 세무서장에게 등록하는 것을 말하는 것임. 다만, 「조세특례제한법」 제30조의5 제2항 각호의 어느 하나에 해당하는 경우에는 이를 창업으로 보지 아니함(서면4팀-2978, 2006. 8. 28.).
추 징	귀 질의의 경우, 형제인 A와 B가 아버지로부터 창업자금을 증여받아 서로 다른 장소에 [가]와 [나]의 공동사업을 창업하고 그 공동사업 계약을 해지하여 각자의 1인 단독 사업장으로 한 후 A가 그의 단독사업인 [가] 사업장을 폐업하는 경우에는 「조세특례제한법 시행령」 제27조의5 제8항 제2호 단서에서 규정하는 증여세 부과제외 사유에 해당하지 아니하는 것임(서면법규-528, 2013. 5. 9.).
	「조세특례제한법」(2007. 12. 31. 법률 제8827호로 개정되기 전의 것) 제30조의5 제6항 제2호의 규정에 의하여 같은 조 제1항의 규정에 의한 창업자금을 증여받아 소비성서비스업 등 같은 법 시행령 제27조의5 제7항 각 호의 어느 하나에 해당하는 업종을 영위하는 경우에는 당해 업종에 사용된 창업자금에 대하여 「상속세 및 증여세법」에 따라 증여세와 상속세를 각각 부과하는 것임(서면4팀-450, 2008. 2. 22.).
	「조세특례제한법」 제30조의5 제1항의 규정에 의하여 창업자금에 대한 증여세 과세특례를 적용받은 자가 증여받은 후 10년 이내에 창업자금(창업으로 인한 가치증가분 포함한다)을 당해 사업용도 외의 용도로 사용한 경우에는 같은조 제6항 제4호의 규정에 의하여 당해 사업용도 외의 용도로 사용된 창업자금 등에 대하여 증여세를 부과하는 것이며, 이 경우 창업으로 인한 가치증가분에는 창업한 사업에서 발생한 이익 및 창업에 사용된 재산의 가치증가분이 포함됨(서면4팀-2895, 2007. 10. 9.).

구 분	내 용
기 타	「조세특례제한법」 제30조의5의 규정에 의하여 증여세 과세특례가 적용되는 창업자금은 「상속세 및 증여세법」 제13조 제1항 제1호의 규정을 적용함에 있어 증여받은 날부터 상속개시일까지의 기간과 관계없이 상속세 과세가액에 가산하는 것이며, 창업자금에 대한 증여세액에 대하여 같은법 제28조의 규정을 적용하는 경우에는 같은조 제2항의 규정에 불구하고 상속세 산출세액에서 창업자금에 대한 증여세액을 공제하는 것임. 이 경우 공제할 증여세액이 상속세 산출세액보다 많은 경우 그 차액에 상당하는 증여세액은 환급하지 아니함(서면4팀 – 2564, 2006. 7. 28.).

8 | 주요 개정연혁

1. 창업자금 증여세 과세특례 한도 및 창업 인정범위 확대(조특법 §30의5, 조특령 §27의5)

(1) 개정내용

종 전	개 정
□ 창업자금 증여세 과세특례	□ 적용한도 및 대상 확대
○ (대상) 자녀가 부모로부터 증여받은 창업자금	○ (좌 동)

○ (특례) 증여세 과세가액 30억원* 한도로 5억원 공제 후 10% 증여세율 적용
  * 10명 이상 신규 고용 시 50억원
	○ 30억원 → 50억원*
	
	  * 50억원 → 100억원

○ 창업 제외 대상 – 합병·분할·현물출자·사업 양수를 통해 종 전의 사업승계 – 종전의 사업에 사용되던 자산을 인수·매입하여 동종사업 영위	○ 제외 대상 축소 – (좌 동) – 종전의 사업에 사용되던 자산을 인수·매입하여 동종사업 영위하는 경우로서 자산 가액에서 인수·매입한 사업용 자산이 30%를 초과하는 경우

(2) 개정이유
○ 창업 활성화 지원

(3) 적용시기 및 적용례
○ 2023. 1. 1. 이후 증여받는 분부터 적용

2. 창업자금에 대한 증여세 과세이연 범위 확대(조특법 §30의5, 조특령 §27의5)

(1) 개정내용

종 전	개 정
□ 부모(60세 이상)가 자녀(18세 이상)에게 중소기업 창업자금을 증여하는 경우 증여세 과세이연 ㅇ 한도 : 증여세 과세가액 30억원 〈신 설〉	□ 공제한도 상향 및 요건 완화 ㅇ (좌 동) 　– 10명 이상 신규 고용*하는 경우 : 50억원 　* 창업 후 5년간 고용을 유지하지 않는 경우 30억원을 초과한 특례 적용분에 대해서는 증여세 추징
ㅇ 지원내용 : 5억원 공제 후 10% 저율과세 　– 상속시 상속세 과세가액에 합산하여 정산 ㅇ 창업의 범위 　–「소득세법」,「법인세법」등에 따라 관할 세무서장에게 사업등록 〈추 가〉 ㅇ 창업자금의 범위 　– 창업을 목적으로 증여하는 재산	ㅇ (좌 동) ㅇ 창업의 범위 확대 　– (좌 동) 　– 사업의 확장을 위해 사업용 자산을 취득 ㅇ 창업자금의 범위 구체화 　– 창업 기업 경영에 직접 사용되는 사업용 자산 취득 자금

(2) 개정이유
　ㅇ 중소기업 창업 활성화를 통한 일자리 창출 지원

(3) 적용시기 및 적용례
　ㅇ 2016. 1. 1. 이후 증여받는 분부터 적용

제30조의6

가업의 승계에 대한 증여세 과세특례

1 | 의 의

중소기업 경영자의 고령화에 따라 생전 계획적인 기업승계를 지원하여 원활한 가업승계를 도모하고자 2007. 12. 31. 조특법 개정시 도입되었다.

2014. 1. 1. 조특법 개정시 적용기한을 폐지하여 항구적 제도로 전환하는 한편, 증여재산 중 가업과 관련된 사업용 자산에 한정하여 특례를 적용함으로써 유사 제도인 가업상속공제 제도와 일치시켰다.

2014. 12. 23. 조특법 개정시에는 특례적용 한도를 인상하고, 사후관리 기간을 단축하는 등 고령화된 중소기업 및 중견기업의 창업주가 원활히 가업승계를 할 수 있도록 지원을 강화하였다.

2017. 12. 19. 조특법 개정시에는 사후 추징사유 발생시 신고 의무를 신설하였고, 2022. 12. 31. 조특법 개정시에는 적용대상 확대 및 지분요건 완화, 특례한도 확대 등 중소·중견기업의 원활한 승계 지원을 더욱 강화하였다.

2 | 요 건

2-1. 수증재산(주식 또는 출자지분)

18세 이상인 거주자가 60세 이상의 부모[1] (증여 당시 부 또는 모가 사망한 경우에는 사망한 부 또는 모의 부모 포함)로부터 가업[2]의 승계를 목적으로 해당 가업의 주식 또는 출자지분을 증여받아야 한다.

---

1) 증여자가 공동대표이사에서 각자대표이사 제도로 전환된 이후에도 가업을 실제 경영한 경우에는 동 증여세 과세특례가 적용됨(재산-1, 2013. 1. 3.).

2) 「상속세 및 증여세법」 제18조 제2항 제1호

여기서 가업이란 상속개시일이 속하는 과세연도의 직전 과세연도말 현재[3] 중소기업 또는 중견기업[4] (상속이 개시되는 소득세 과세기간 또는 법인세 사업연도의 직전 3개 소득세 과세기간 또는 법인세 사업연도의 매출액의 평균금액이 5천억원 이상인 기업은 제외)으로서 피상속인이 10년 이상 계속하여 경영한 기업을 말한다(상증법 §18② 1, 상증령 §15① · ②).

다만, 가업의 승계 후 가업의 승계 당시 해당 주식등의 증여자 및 최대주주 또는 최대출자자[5]에 해당하는 자(가업의 승계 당시 해당 주식등을 증여받는 자는 제외)로부터 증여받는 경우에는 그러하지 아니하다(조특법 §30의6①).

한편, 주식등을 증여받고 가업을 승계한 거주자가 2인 이상인 경우에는 각 거주자가 증여받은 주식등을 1인이 모두 증여받은 것으로 보아 증여세를 부과한다. 이 경우 각 거주자가 납부하여야 하는 증여세액은 아래와 같은 방법에 따라 계산한 금액으로 한다(조특법 §30의6②, 조특령 §27의6②).

- 2인 이상의 거주자가 같은 날에 주식등을 증여받은 경우: 1인이 모두 증여받은 것으로 보아 본조에 따라 부과되는 증여세액을 각 거주자가 증여받은 주식등의 가액에 비례하여 안분한 금액
- 해당 주식등의 증여일 전에 다른 거주자가 해당 가업의 주식등을 증여받고 본조에 따라 증여세를 부과받은 경우: 그 다른 거주자를 해당 주식등의 수증자로 보아 본조에 따라 부과되는 증여세액

2-2. 가업승계

해당 가업의 주식 또는 출자지분("주식 등")을 증여받은 자 또는 그 배우자가 증여세 과세표준 신고기한까지 가업에 종사하고 증여일부터 3년 이내에 대표이사에 취임하는 경우를 말한다(조특령 §27의6①).

2-3. 신고요건

가업승계에 대한 증여세 과세특례를 적용받고자 하는 자는 증여세 과세표준 신고기한까지 특례신청을 하여야 한다. 이 경우 신고기한까지 특례신청을 하지 아니한 경우에는 본조의 특례규정을 적용하지 아니한다(조특법 §30의6④, §30의5⑫).

---

[3] 2009년에 조특령상 음식점업이 중소기업 대상 업종에 추가되었다 하여 2009년부터 10년 이상 계속하여 중소기업으로 유지되어야 하는 것이 아니며, 피상속인 또는 증여자가 상속개시일 또는 증여일로부터 소급하여 계속하여 음식점업을 유지 경영하였으면 '가업'요건을 충족하는 것임(상속증여세과-625, 2013. 12. 18.).
[4] 「상속세 및 증여세법 시행령」 제15조 제1항 및 제2항의 요건을 충족하는 중소기업 또는 중견기업을 말한다.
[5] 「상속세 및 증여세법」 제22조 제2항

3 | 과세특례의 내용

3-1. 주식 등 증여시 과세특례

3-1-1. 저율과세 등

주식 등의 가액 중 가업자산상당액에 대한 증여세 과세가액에서 10억원을 공제하고 10%(과세표준이 60억원을 초과하는 경우 그 초과금액에 대해서는 20%)의 세율을 적용하여 증여세를 부과한다. 다만 기업자산에 대한 증여세 과세가액은 아래 금액을 한도로 한다(조특법 §30의6①).

① 부모가 10년 이상 20년 미만 계속하여 경영한 경우 : 300억원
② 부모가 20년 이상 30년 미만 계속하여 경영한 경우 : 400억원
③ 부모가 30년 이상 계속하여 경영한 경우 : 600억원

> 주식 등에 대한 증여세액 = (가업자산상당액에 대한 증여세 과세가액 − 10억원) × 10%

여기서 "가업자산상당액"[6]이란 다음과 같다(조특령 §27의6⑩).

> 증여한 주식가액 × (1 − 업무무관 자산가액 ÷ 총 자산가액)

증여세 과세특례 적용대상 주식[7] 등을 증여받은 후 해당 주식 등의 증여에 대한 증여이익[8][9]은 증여세 과세특례 대상 주식 등의 과세가액과 증여이익을 합하여 100억원까지 납세자의 선택에 따라 증여세 과세특례[10]를 적용받을 수 있다. 이 경우 증여세 과세특례 적용을 받은 증여이익은 상속세 과세가액에 가산한다(조특령 §27의6⑧).

---

6) 「상속세 및 증여세법 시행령」 제15조 제5항 제2호를 준용하여 계산한 금액을 말한다.

7) 조특법 제30조의6 제1항

8) 「상속세 및 증여세법」 제41조의3(상장이익에 대한 증여, 주식증여 후 5년 내 상장으로 인한 이익)·제41조의5(합병에 따른 상장이익의 증여, 주식증여 후 5년 내 상장법인과의 합병으로 인한 이익) 또는 제42조(기타이익의 증여, 주식증여 후 5년 내 개발이익 발생)에 따른 증여이익을 말한다. 이러한 이익은 합산배제 증여재산이다.

9) 사전상속 특례가 적용된 비상장주식이 향후 상장되는 경우 상장차익에 대해서도 특례를 선택 허용[① 당초 사전증여가액과 합하여 30억원까지 특례적용하고 초과금액에 대해서만 별도 증여로 보아 정상세율 적용, ② 특례적용 금액(당초 증여가액과 합하여 30억원)은 상속세 정산시 상속재산에 합산]하여 가업승계 지원(2008. 1. 1. 이후 증여분부터 적용)

10) 조특법 제30조의6 제1항

3-1-2. 기타 증여받은 가액과 합산 배제

주식 등에 대하여 증여세를 부과하는 경우에는 동일인(그 배우자 포함)으로부터 증여받은 주식 등 외의 다른 증여재산의 가액은 주식 등에 대한 증여세 과세가액에 가산하지 아니하며, 주식 등에 대한 증여세 과세표준을 신고하는 경우에도 신고세액공제 및 연부연납을 적용하지 아니한다(조특법 §30의6④, §30의5⑪).

3-2. 상속이 개시된 경우의 과세특례

주식 등은 상속재산에 가산하는 증여재산으로 본다. 또한 주식 등은 증여받은 날부터 상속개시일까지의 기간과 관계없이 상속세 과세가액에 가산하되, 상속세 과세가액에 가산한 증여재산가액으로 보지 아니한다(조특법 §30의6④, §30의5⑧ · ⑨).

주식 등에 대한 증여세액에 대하여 증여세액공제의 규정을 적용하는 경우에는 상속세 산출세액에서 주식 등에 대한 증여세액을 공제한다. 이 경우 공제할 증여세액이 상속세 산출세액보다 많은 경우 그 차액에 상당하는 증여세액은 환급하지 아니한다.

증여세 특례대상인 주식[11] 등을 증여받은 후 상속이 개시되는 경우 상속개시일 현재 다음의 요건을 모두 갖춘 경우에는 가업상속으로 보아 관련 규정을 적용한다(조특령 §27의6⑨).

① 가업[12]에 해당할 것. 다만, 대표이사 재직기간 요건[13]은 적용하지 아니한다.

② 수증자가 증여받은 주식 등을 처분하거나 지분율이 낮아지지 아니한 경우로서 가업에 종사하거나 대표이사로 재직하고 있을 것

4 | 사후관리

4-1. 증여세 부과

주식 등을 증여받은 수증자가 다음 중 어느 하나에 해당하는 경우 해당 주식 등의 가액에 대하여 증여세를 부과한다. 이 경우 이자상당액을 증여세에 가산하여 부과한다(조특법 §30의6③).

① 가업을 승계하지 아니한 경우[14]

---

11) 조특법 제30조의6 제1항
12) 「상속세 및 증여세법 시행령」 제15조 제3항
13) 「상속세 및 증여세법 시행령」 제15조 제3항 제1호 나목
14) 위에서 설명한 2-2. 요건에 따라 가업을 승계하지 아니하는 경우를 말한다(조특령 §27의6②).

② 주식 등을 증여받고 가업을 승계한 수증자가 증여일부터 5년 이내에 정당한 사유 없이 다음의 어느 하나에 해당하게 된 경우

㉠ 가업에 종사하지 아니하거나 해당 가업을 휴업하거나 폐업하는 경우

이 경우 다음의 어느 하나에 해당하는 경우를 포함한다(조특령 §27의6⑥).

ⓐ 수증자(수증자의 배우자 포함)가 주식 등을 증여받은 날부터 5년까지 대표이사직을 유지하지 아니하는 경우

ⓑ 가업의 주된 업종을 변경하는 경우[한국표준산업분류에 따른 중분류 내에서 변경하는 경우 또는 상증령 제49조의2에 따른 평가심의위원회의 심의를 거쳐 업종변경을 승인하는 경우는 제외]

ⓒ 가업을 1년 이상 휴업(실적이 없는 경우 포함)하거나 폐업하는 경우

㉡ 증여받은 주식등의 지분이 줄어드는 경우15)

이 경우 다음의 어느 하나에 해당하는 경우를 포함한다(조특령 §27의6⑦).

ⓐ 수증자가 증여받은 주식 등을 처분하는 경우.

다만, 다음의 어느 하나에 해당하는 경우는 제외한다.

－ 합병·분할 등 조직변경에 따른 처분으로서 수증자가 최대주주 등에 해당하는 경우

－ 상장규정의 상장요건16)을 갖추기 위하여 지분을 감소시킨 경우

ⓑ 증여받은 주식 등을 발행한 법인이 유상증자 등을 하는 과정에서 실권 등으로 수증자의 지분율이 낮아지는 경우.

다만, 다음의 어느 하나에 해당하는 경우는 제외한다.

－ 해당 법인의 시설투자·사업규모의 확장 등에 따른 유상증자로서 수증자의 특수관계인17) 외의 자에게 신주를 배정하기 위하여 실권하는 경우로서 수증자가 최대주주등에 해당하는 경우

－ 해당 법인의 채무가 출자전환됨에 따라 수증자의 지분율이 낮아지는 경우로서 수증자가 최대주주 등에 해당하는 경우

ⓒ 수증자와 특수관계에 있는 자의 주식처분 또는 유상증자 시 실권 등으로 지분율이 낮아져 수증자가 최대주주 등에 해당되지 아니하는 경우

여기서 정당한 사유란 다음의 어느 하나에 해당하는 경우를 말한다(조특령 §27의6④).

① 수증자가 사망한 경우로서 수증자의 상속인이 상속세 과세표준 신고기한까지 당초

---

15) 증여받은 주식 등의 지분이 줄어드는 경우에는 균등 유상감자를 포함하는 것임(상속증여세과-616, 2013. 12. 10.).

16) 「자본시장과 금융투자업에 관한 법률」 제390조 제1항

17) 「상속세 및 증여세법 시행령」 제2조의2 제1항 각 호의 어느 하나에 해당하는 자를 말한다.

　수증자의 지위를 승계하여 가업에 종사하는 경우
② 수증자가 증여받은 주식 등을 국가 또는 지방자치단체에 증여하는 경우
③ 수증자가 법률에 따른 병역의무의 이행, 질병의 요양, 취학상 형편 등으로 가업에 직접
　종사할 수 없는 경우. 다만, 증여받은 주식 또는 출자지분을 처분하거나 그 부득이한
　사유가 종료된 후 가업에 종사하지 아니하는 경우는 제외한다(조특칙 §14의5).

4-2. 이자상당액의 부과

주식 등을 증여받은 후 추징사유가 발생하여 증여세와 상속세가 과세되는 경우 다음의
이자상당액을 그 부과하는 증여세에 가산하여 부과한다(조특령 §27의6⑤).

이자상당액 = 결정한 증여세액 × 기간* × 1일 10만분의 22
*당초 증여받은 주식 등에 대한 증여세의 과세표준 신고기한의 다음 날부터 추징사유가 발생한 날까지의
　기간

추징사유가 발생한 거주자는 추징사유의 어느 하나에 해당하게 되는 날이 속하는 달의
말일부터 3개월 이내에 가업승계 증여세 과세특례 추징사유 신고 및 자진납부 계산서를 납세지
관할 세무서장에게 제출하고, 해당 증여세와 이자상당액을 납세지 관할 세무서, 한국은행
또는 체신관서에 납부하여야 한다. 다만, 이미 증여세와 이자상당액이 부과되어 납부된 경우에는
그러하지 아니하다(조특법 §30의6⑦, 조특령 §27의6⑪).

5 │ 중복적용 배제

가업의 승계에 대한 증여세 과세특례를 적용받는 거주자는 '창업자금에 대한 증여세 과세특례'
규정을 적용하지 아니한다(조특법 §30의6⑥).

6 | 관련사례

구 분	내 용
가업승계의 범위 및 특례내용	「조세특례제한법 시행령」 제2조의 규정에 「학원의 설립·운영 및 과외교습에 관한 법률」에 따른 직업기술 분야를 교습하는 학원을 중소기업의 범위에 포함하고 있는데, 「학원의 설립·운영 및 과외교습에 관한 법률」 제2조 제1호 바목에서 학원의 범위에 「도로교통법」에 따른 자동차운전학원은 제외하도록 규정하고 있는 바 ○○○자동차학원은 가업상속 과세특례를 적용받는 중소기업으로 보기 어려움(조심 2013광1383, 2013. 7. 23.).
	청구인의 쟁점주식 수증과 관련된 법인은 부동산 과다보유법인(83%)으로 가업인 조경수 매출액이 2010년도 "0"원 등 설립 후 현재까지 조경수 판매 실적이 거의 없어 실제 가업을 영위하였다기보다는 재산세가 중과되는 점 등을 피하기 위해 조경수를 형식적으로 심어 관리하고 있다고 보이는 점, 배당금 수익○○○, 임대료 수익○○○, 이자수익○○○ 등에 비추어 청구인이 주장하는 조경사업은 부수적이고 형식적 사업에 불과한 것으로 보이는 점, 원활한 가업승계를 지원하고자 하는 이 건 특례규정의 입법 취지에도 부합한다고 보기 어려운 점, 가업의 효과적이고 효율적인 관리 및 운영을 위하여 실제 가업운영에 참여하였다기보다는 단순히 지분을 소유한 것으로 보여 가업을 실제 경영하였다고 보기 어려운 점 등을 감안할 때 청구주장을 받아들이기 어렵다고 판단됨(조심 2013서1241, 2013. 6. 25.).
	가업의 승계에 대한 증여세 과세특례는 법인의 주식 또는 출자지분을 증여받아 가업을 승계하는 경우만을 그 대상으로 하고 있음이 분명하고, 개인이 동업자 중 1인으로서 자신의 지분을 증여하여 가업을 승계하도록 하는 경우까지 적용된다고 해석할 수는 없음(수원지법 2012구합5238, 2012. 7. 20.).
	조특법상 가업승계에 대한 증여세 특례를 적용받기 위해서는 최대주주 및 그 특수관계자가 발행주식 총수의 50% 이상을 10년 이상 계속 보유하는 것으로 해석되는 바, 이러한 요건을 충족하지 못한 청구인이 증여받은 주식에 대하여 가업의 승계에 대한 증여세 과세특례 적용을 배제함이 타당. 즉, 증여자가 주식총수의 50% 이상을 10년 이상 계속하여 보유하여야 하는 조건은 2010. 12. 30. 창설된 규정이 아니라 확인적 규정임(조심 2012중619, 2012. 5. 9.).
	개인공동사업자의 지분에 대하여도 법인의 주식 등과 같이 「조세특례제한법」 제30조의6의 가업승계에 대한 과세특례를 적용하기는 어려운 것으로 판단됨(조심 2011중3102, 2012. 2. 6.).

구 분	내 용
가업승계의 범위 및 특례내용	가업승계에 대한 증여세 과세특례는 증여자인 60세 이상의 부 또는 모가 각각 10년 이상 계속하여 가업을 경영한 경우에 적용되는 것으로, 여기서 경영이란 단순히 지분을 소유하는 것을 넘어 가업의 효과적이고 효율적인 관리 및 운영을 위하여 실제 가업운영에 참여한 경우를 의미하는 것이고, 가업의 실제 경영 여부는 사실판단 사항임(재재산-825, 2011. 9. 30.).
	동일기업을 50%의 지분으로 공동 경영하던 2인이 각각의 자녀에게 해당 기업의 주식을 증여하는 경우 수증자별로 가업승계에 대한 증여세 과세특례를 적용함(재재산-547, 2009. 3. 20.).
	증여자가 가업영위기간 중 80% 이상을 대표이사로 재직하여야 과세특례를 적용받을 수 있는지 여부와 관련하여 대표이사 재직 여부에 관계없이 과세특례를 적용함(재재산-547, 2009. 3. 20.).
사후관리	「조세특례제한법」 제30조의6에 따라 「가업의 승계에 관한 증여세 과세특례」를 적용받은 자가 증여일로부터 5년 이내에 대표이사에 취임하지 않은 경우에는 「상속세 및 증여세법」에 따른 증여세와 이자상당액이 과세되는 것임(기획재정부 재산세제과-784, 2020. 9. 10.).
	「조세특례제한법」 제30조의6에 따라 증여받은 주식을 발행한 법인이 시설투자·사업규모의 확장을 위하여 유상증자한 경우에는 「자본시장과 금융투자에 관한 법률」에 따라 코스닥 시장에 상장한 경우에도 「조세특례제한법 시행령」 제27조의6 제6항 제2호 단서에 따라 증여세가 부과되지 아니하는 것임(재재산-651, 2015. 10. 5.).
기 타	o 2020. 2. 11. 전[「조세특례제한법 시행령」(2020. 2. 11. 영 제30390호로 개정된 것) §27의6⑨가 시행되기 전]에 부가 사망한 경우로서, 부친이 생전에 가업승계 특례규정으로 주식 전부를 子에게 증여하여 상속개시일 당시 피상속인(부)이 주주에 해당하지 않은 경우에도 가업상속공제를 적용받을 수 있는지 여부 : 18세 이상인 거주자가 부모가 소유한 주식 전부를 증여받아 「조세특례제한법」 제30조의6 제1항에 따라 「가업의 승계에 대한 증여세 특례」를 적용받은 후, 2020. 2. 11. 이전에 부모가 사망하여 상속이 개시된 경우, 상속인과 피상속인이 舊 조세특례제한법 시행령(2020. 2. 11. 대통령령 제30390호로 개정되기 전의 것) 제27조의6 제8항 각호의 요건을 충족하였는지 여부에 따라 「상속세 및 증여세법」 제18조 제2항 제1호에 따른 가업상속공제 적용여부를 판단하는 것임(기획재정부 재산세제과-291, 2021. 3. 26.).

7 │ 주요 개정연혁

1. 가업승계 증여세 과세특례 한도 확대 등(조특법 §30의6, 조특령 §27의6)

(1) 개정내용

종 전	개 정
□ 가업승계 증여세 과세특례	□ 과세특례 한도 확대 등
○ (요건) 자녀가 부모로부터 가업의 주식등을 증여받아 가업을 승계	○ 적용대상 확대 및 지분요건 완화
– (대상) 중소기업 및 중견기업(매출액 4천억원 미만)	– 중소기업 및 중견기업(매출액 5천억원 미만)
– (증여자 지분 요건) 최대주주* 등으로 지분 50%(상장법인 30%) 이상 10년 이상 계속 보유	– 50%(상장법인 30%) 이상 → 40%(상장법인 20%) 이상
* 주주 등 1인과 특수관계인의 보유주식 등을 합하여 최대주주 또는 최대출자자	
○ (특례) 증여세 과세가액 100억원 한도로 5억원 공제 후 10~20% 증여세율 적용	○ 가업영위기간에 따라 최대 600억원* 한도로 10억원 공제 후 10~20% 증여세율 적용 * 가업영위기간 10년 이상 : 300억원, 20년 이상 : 400억원, 30년 이상 : 600억원
– 30억원 이하 : 10%, 30억원 초과 : 20%	– 60억원 이하 : 10%, 60억원 초과 : 20%
○ (사후관리) 사후관리 위반시 증여세 및 이자상당액 부과	○ 사후관리 완화
– (사후관리 기간) 7년	– 7년 → 5년
– (가업 유지) 5년 이내 대표이사 취임 & 7년간 유지	– 대표이사 취임 : 5년 → 3년 대표이사직 유지 : 7년 → 5년
– (업종 유지) 표준산업분류상 중분류 내 업종변경 허용	– (좌 동)
– (지분 유지) 증여받은 주식 지분 유지	– (좌 동)

(2) 개정이유

○ 중소·중견기업의 원활한 가업승계 지원

(3) 적용시기 및 적용례

○ 2023. 1. 1. 이후 증여받는 분부터 적용

〈특례규정〉 (사후관리 완화) 2023. 1. 1. 현재 사후관리 중인 경우에도 개정규정 적용(단,

대표이사 취임 기한은 종전 규정 적용)

2. 가업의 사전승계에 대한 증여세 과세특례 확대 및 요건 합리화

① 특례적용한도 상향 조정(조특법 §30의6①)

(1) 개정내용

종 전	개 정
□ 가업승계 증여세 과세특례 　ㅇ (요건) 부모(60세 이상)가 자녀(18세 이상)에게 가업승계를 위해 주식 등을 증여하는 경우 　　- 가업승계대상 및 가업요건은 상속의 경우와 동일 　ㅇ (특례) 30억원 한도로 5억원 공제 후 10% 세율로 저율과세 　＊ 상속시 정산하되, 가업상속공제 대상에 해당되면 가업상속공제 적용	□ 특례요건 완화 및 적용한도 상향조정 　ㅇ 대상 확대 및 요건 완화 　　- 상속과 동일하게 대상 확대·요건 완화 　ㅇ 한도확대 　　: 30억원 → 100억원 　　- 과세표준 30억원 초과분에 대하여는 20% 세율 적용

(2) 개정이유

　ㅇ 고령화에 따른 가업의 조기승계 지원

(3) 적용시기 및 적용례

　ㅇ 2015. 1. 1. 이후 증여하는 분부터 적용

② 사후관리 의무 보완(조특법 §30의6②, 조특령 §27의6⑤ 1)

(1) 개정내용

종 전	개 정
□ 사후관리 기간 : 10년	□ 사후관리 기간 단축 : 7년
□ 주식을 증여받은 자에 대한 사후관리 : ①~② 중 어느 하나에 해당할 경우 해당 주식에 대해 증여세 정상과세 ① 가업에 미종사, 휴·폐업 　- 수증자가 증여일부터 10년까지 대표이사 　　직 미유지 　- 가업의 주된 업종을 세분류가 다른 업종 　　으로 변경 　- 1년 이상 휴업 또는 폐업 ② 증여받은 주식 감소	□ 사후관리의무 완화 ㅇ 가업 미종사 요건 완화 　- 10년 → 7년 (좌 동)

(2) 개정이유

ㅇ 가업승계 증여세 과세특례의 실효성 제고

(3) 적용시기 및 적용례

ㅇ 2015. 1. 1. 이후 개시하는 사업연도분부터 적용

(조특법 §30의6②의 개정규정은 이 법 시행 전에 가업을 승계한 자에 대해서도 적용)

③ 과세특례대상 수증자 요건 보완(조특령 §27의6①)

(1) 개정내용

종 전	개 정
□ 가업승계 증여세 특례대상 수증자 요건 　① 18세 이상 　② 증여세 신고기한까지 가업에 종사 　③ 증여일로부터 5년 이내 대표이사(대표자) 　　취임	□ 요건 완화 수증자의 배우자가 요건 충족시에도 적용

(2) 개정이유

ㅇ 가업상속공제의 상속인 요건과 수증자 요건 일치

(3) 적용시기 및 적용례

    ○ 2015. 2. 3. 이후 증여분부터 적용

④ 사후관리 요건 중 지분처분 예외범위 보완(조특령 §27의6⑥)

(1) 개정내용

종 전	개 정

□ 사후관리 의무 중 지분유지 예외사유*
   * 수증인은 최대주주 해당
 	
  ○ 합병·분할 등 조직변경에 따른 처분
  ○ 시설투자·사업규모의 확장 등에 따른 유상 증자로서 특수관계인 외의 자에게 신주를 배정하기 위하여 실권하는 경우
        〈신 설〉
	□ 가업상속공제의 사후관리 요건과 일치
	
	  ○ (좌 동)
	  ○ (좌 동)
	
	  ○ 자본시장법상 상장요건을 갖추기 위하여 지분을 감소시킨 경우

(2) 개정이유

    ○ 가업사전증여의 지분유지요건 합리화

(3) 적용시기 및 적용례

    ○ 2015. 2. 3.이 속하는 사업연도분부터 적용

3. 가업승계 증여세 특례 적용기한 폐지 및 증여가액 계산 합리화
(조특법 §30의6①, 조특령 §27의6⑨ 신설)

(1) 개정내용

종 전	개 정
□ 가업승계 증여세 과세특례	□ 특례대상 증여이익 계산 합리화
○ 부모(60세 이상)가 자녀(18세 이상)에게 가업승계를 위해 주식 등을 증여하는 경우 – 증여재산가액 30억원 한도로 5억원 증여공제 및 10% 저율과세	
○ 증여가액 계산 : 증여한 주식등 가액	○ 증여가액 계산 증여한 주식가액 $\times (1 - \dfrac{업무무관\ 자산가액}{총\ 자산가액})$
○ (적용기한) 2013. 12. 31.	○ 적용기한 폐지

(2) 개정이유

○ 증여재산 중 가업과 관련된 사업용 자산에 한정하여 지원

(3) 적용시기 및 적용례

○ 2014. 1. 1. 이후 증여받는 분부터 적용

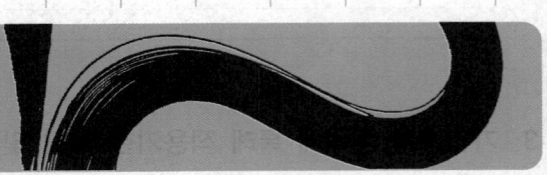

제30조의7

가업승계 시 증여세의 납부유예

1 │ 의 의

중소기업 경영자의 계획적인 기업승계(사전 증여 활성화)를 지원하고, 수증자가 승계받은 가업을 영위하는 기간 동안 증여세 납부 부담 없이 가업을 경영할 수 있도록 2022. 12. 31. 조특법 개정 시 증여세 납부유예제도를 신설하였다.

또한 수증자가 증여세 저율과세 방식[1]과 납부유예 방식 중 선택할 수 있도록 운영하되, 가업을 승계받은 수증자가 가업 주식 등을 양도ㆍ상속ㆍ증여하는 시점까지 증여세를 납부유예 할 수 있도록 하였다.

구분	가업승계 증여세 특례	증여세 납부유예
적용대상	중소ㆍ중견기업	중소기업
대상자산	주식ㆍ출자지분	(좌동)
특례내용	증여시점 저율과세	양도ㆍ상속ㆍ증여시점까지 납부유예
한도	300억~600억	–
사후관리기간	5년	(좌동)
고용유지	–	5년 평균 70%
지분유지	지분유지	(좌동)

---

1) 가업의 승계에 대한 증여세 과세특례(조특법 §30의6).

2 │ 요 건

2-1. 수증재산(주식 또는 출자지분)

18세 이상인 거주자가 60세 이상의 부모(증여 당시 부 또는 모가 사망한 경우에는 사망한 부 또는 모의 부모 포함)로부터 가업[2)]의 승계를 목적으로 해당 가업의 주식 또는 출자지분을 증여받아야 한다.

다만, 여기서 가업이란 가업의 승계에 대한 증여세 과세특례와 달리 중소기업에 한하여 적용되는 것으로 중견기업의 경우 적용대상에서 제외된다(상증령 §15①).

한편, 본조의 납부유예를 적용받기 위해서는 납세납보를 제공하고, 창업자금 및 가업승계에 대한 증여세 과세특례[3)]를 적용받지 아니하여야 하는 것으로, 이는 한도유무, 사후관리요건, 납세담보제공, 이자 부담 등 각 개별 납세자의 상황에 따라 저율의 증여세 납부와 납부유예 중 납세자가 유리한 것을 선택할 수 있도록 한 것이다.

2-2. 가업승계

해당 가업(부모가 10년 이상 계속하여 경영한 기업)의 주식 또는 출자지분("주식 등")을 증여받은 자 또는 그 배우자가 증여세 과세표준 신고기한까지 가업에 종사하고 증여일부터 3년 이내에 대표이사에 취임하는 경우를 말한다(조특령 §27의7⑤).

2-3. 신청 및 허가 절차

가업승계에 대한 증여세 과세특례를 적용받고자 하는 자는 증여세 과세표준 신고기한까지 납부유예 신청서를 납세지 관할세무서장에게 제출하여야 하며「상속세 및 증여세법」제77조에 따라 과세표준과 세액의 결정통지를 받은 경우에는 해당 납부서에 따른 납부기한까지 서류를 제출할 수 있다(조특법 §30의7①, 조특령 §27의7①).

납부유예 신청을 받은 관할 세무서장은 아래 기간 이내에 신청인에게 허가여부를 서면으로 통지하여야 하며 결정통지가 납부고지서에 따른 납부기한을 경과한 경우에는 통지일 이전의 기간에 대한 납부지연 가산세를 부과하지 아니한다(조특령 §27의7②·③).

① 증여세 과세표준신고를 한 경우 : 신고기한 경과일부터 6개월
② 수정신고 또는 기한 후 신고를 한 경우 : 신고한 날이 속하는 달의 말일부터 6개월

---

2) 「조세특례제한법」제30조의6 제1항, 「상속세 및 증여세법」제18조 제2항 제1호
3) 「조세특례제한법」제30조의5, 동법 제30조의6

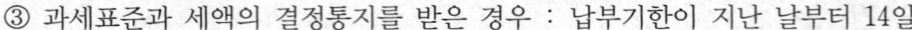

③ 과세표준과 세액의 결정통지를 받은 경우 : 납부기한이 지난 날부터 14일

3 │ 과세특례의 내용

가업승계 증여세 과세특례요건을 충족하는 중소기업으로 과세특례를 적용받지 않은 주식 및 출자지분에 대하여 수증자가 증여받은 가업주식을 양도·상속·증여하는 시점까지 증여세를 납부유예한다.

$$\text{납부유예 가능세액} = \text{증여세 납부세액세} \times \frac{\text{가업자산상당액}}{\text{총 증여재산가액}}$$

여기서 "가업자산상당액"이란 가업에 해당하는 법인의 주식등 가액에 증여일 현재 사업무관자산을 제외한 자산가액이 차지하는 비율을 곱한 금액을 말한다(조특령 §27의7④).

$$\text{증여한 주식가액} \times (1 - \text{사업무관 자산가액} \div \text{총 자산가액})$$

4 │ 사후관리

4-1. 증여세 납부유예 취소 및 변경

납세지 관할 세무서장은 본조의 납부유예 허가를 받은 자가 정당한 사유[4] 없이 다음 중 어느 하나에 해당하는 경우에는 그 허가를 취소하거나 변경하고 납부유예된 세액의 전부 또는 일부와 이자상당액을 징수한다(조특법 §30의7③).
① 해당 거주자가 다음 어느 하나에 해당하여 가업에 종사하지 아니하게 된 경우 : 납부유예된 세액의 전부(조특령 §27의7⑧)
　㉠ 가업의 주식등을 증여받은 거주자가 대표이사로 종사하지 않는 경우
　㉡ 해당 가업을 1년 이상 휴업(실적이 없는 경우를 포함 한다)하거나 폐업한 경우
② 주식등을 증여받은 거주자의 지분이 감소한 경우
　㉠ 증여일로부터 5년 이내에 감소한 경우 : 납부유예된 세액 전부

---

4) 수증자가 증여받은 주식 등을 국가 등에 증여하는 경우 등(조특령 §27의7⑦, §27의6④)

ⓛ 증여일로부터 5년 후에 감소한 경우 : 납부유예된 세액 중 지분감소 비율을 고려한 금액(조특령 §27의7⑨, §27의6⑦)

$$세액 = 납부유예된 세액 \times (감소한 지분율 \div 증여일 현재 지분율)$$

③ 해당 거주자가 사망하여 상속이 개시되는 경우 : 납부유예된 세액 전부

위 납부사유 이외 납부유예 허가를 받은 자가 아래와 같은 증여세 징수사유가 발생하는 경우 납세지 관할 세무서장은 유예된 세액의 전액 또는 일부와 이자상당액을 징수할 수 있다(조특법 §30의7⑤).

① 담보의 변경 또는 담보 보전에 필요한 관할 세무서장의 명령을 따르지 않은 경우
② 국세징수법상(국징법 §9①) 납부기한 전 징수사유에 해당하는 경우
③ 증여세 납부사유[5]에 해당하는 경우로서 납부기한까지 증여세 및 이자상당액을 미납한 경우

4-2. 이자상당액의 부과

납부유예 종료 사유 발생 등으로 인하여 증여세 납부시 다음의 이자상당액을 납부하는 증여세에 가산하여 징수한다(조특령 §27의7⑭).

$$이자상당액 = 증여세 납부액 \times 당초 신고기한의 다음날부터 납부일까지의 일수 \times$$
$$[국세환급가산 이자율^* \div 365]$$
*납부일 현재 국세환급가산금 이자율 적용(단 납부유예기간 중에 이자율이 변경된 경우 변경전 기간에 대해서는 변경전 이자율 적용)

다만 수증자가 다음 상속인·수증자에게 재차 가업승계시에는 이자상당액의 50%를 경감한다(조특법 §30의7⑥, 조특령 §27의7⑭).

---

5) 조특법 §30조의7③

5 │ 주요 개정연혁

1. 가업승계 시 증여세 납부유예제도 신설(조특법 §30의7, 조특령 §27의7)

① 적용대상 및 납부유예 방식

(1) 개정내용

종 전	개 정
〈신 설〉	□ 적용 대상 및 납부유예 기간 ○ (적용 대상) 가업승계 증여세 과세특례 요건을 충족하는 중소기업으로 과세특례를 적용받지 않은 주식 및 출자지분 * 수증자가 저율과세 방식과 납부유예 방식 중 선택 가능 ○ (납부유예 기간) 수증자가 증여받은 가업주식을 양도·상속·증여하는 시점까지 증여세* 납부유예 * 납부유예 가능 세액 = 증여세 납부세액 × $\dfrac{\text{가업주식상당액}}{\text{총 증여재산가액}}$ □ 증여세 납부사유 ○ ❶~❺ 해당 시, 사유발생일이 속하는 달의 말일부터 3개월 이내에 증여세 및 이자상당액* 납부 * 증여세 납부액 × 당초 신고기한의 다음날부터 납부일까지의 일수 × [국세환급가산금 이자율 ÷ 365] ※ ❶~❹는 납부유예 받은 증여세 전액 납부, ❺는 납부유예 받은 증여세 중 양도 등 해당분만 납부 ❶ 정당한 사유 없이 사후관리요건 위반하는 경우 ❷ 1년 이상 휴업하거나 폐업하는 경우 ❸ 수증자가 최대주주 등에 해당하지 않게 되는 경우 ❹ 수증자가 사망하여 상속이 개시되는 경우 ❺ 정당한 사유 없이 주식 등을 증여받은 수증자의 지분이 감소한 경우 ※ ❹, ❺의 경우 수증자가 다음 상속인·수증자에게 재차 가업승계 시 계속 납부유예 적용 가능(이자상당액 50% 면제)

(2) 개정이유

○ 중소기업의 원활한 가업승계 지원

(3) 적용시기 및 적용례

o 2023. 1. 1. 이후 증여받는 분부터 적용

② 납부유예 사후관리 기간 및 요건

(1) 개정내용

종 전	개 정
〈신 설〉	□ 사후관리 기간 : 5년
	□ 사후관리 요건
	o (가업 종사) 수증자가 가업에 종사할 것
	* 가업에 종사하지 않는 것으로 보는 사유 :
	❶ 수증자가 대표이사로 종사하지 않는 경우
	❷ 해당 사업을 1년 이상 휴업하거나 폐업하는 경우
	o (고용 유지) 5년 통산 정규직 근로자 수 70% 이상 또는 총급여액 70% 이상 유지
	o (지분 유지) 증여받은 지분 유지
	※ 업종 유지 요건 없음.

(2) 개정이유

o 중소기업의 원활한 가업승계 지원

(3) 적용시기 및 적용례

o 2023. 1. 1. 이후 증여받는 분부터 적용

③ 납부유예 신청 및 허가 절차

(1) 개정내용

종 전	개 정
〈신 설〉	□ 납부유예 신청 절차 　○ 증여세 과세표준 신고 시 납부유예신청서를 납세지 관할 세무서장에게 제출 및 납세담보 제공 □ 납부유예 허가 절차 　○ 납부유예 신청을 받은 관할 세무서장은 ❶～❸ 기간 이내에 신청인에게 허가여부 결정·통지 　　❶ 증여세 과세표준신고를 한 경우 : 신고기한 경과일부터 6개월 　　❷ 수정신고 또는 기한 후 신고를 한 경우 : 신고한 날이 속하는 달의 말일부터 6개월 　　❸ 과세표준과 세액의 결정통지를 받은 경우 : 납부기한이 지난 날부터 14일 □ 증여세 징수사유 　○ 납세지 관할 세무서장은 납부유예를 받은 자가 ❶～❸ 해당 시, 유예된 세액의 전액 또는 일부를 징수할 수 있음. 　　❶ 담보의 변경 또는 담보 보전에 필요한 관할 세무서장의 명령을 따르지 않은 경우 　　❷ 「국세징수법(§9①)」상 납부기한 전 징수 사유*에 해당하는 경우 　　　* 국세 등 체납으로 강제징수 또는 체납처분이 시작된 경우, 파산선고를 받은 경우, 법인이 해산한 경우 등 　　❸ 증여세 납부사유*에 해당하는 경우로서 납부기한까지 증여세 및 이자상당액을 미납한 경우 　　　* 사후관리요건 위반, 1년 이상 휴업 또는 폐업 등

(2) 개정이유
　○ 중소기업의 원활한 가업승계 지원

(3) 적용시기 및 적용례
　○ 2023. 1. 1. 이후 증여받는 분부터 적용

2. 가업 승계 시 증여세 납부유예 신청 및 허가 절차 등 신설

① 납부유예 적용대상 등(조특령 §27의7)

(1) 개정내용

종 전	개 정
〈신 설〉	☐ 증여자 요건 : 가업승계 증여세 과세특례 준용 　ㅇ 최대주주 & 지분 40%(상장법인 20%) 이상 10년 이상 계속 보유할 것 ☐ 수증자 요건 : 가업승계 증여세 과세특례 준용 　❶ 증여일 현재 18세 이상 　❷ 증여세 과세표준 신고기한까지 가업에 종사 & 증여일부터 3년 이내 대표이사 취임

(2) 개정이유

ㅇ 생전 가업승계 활성화 지원

(3) 적용시기 및 적용례

ㅇ 2023. 1. 1. 이후 증여받는 분부터 적용

② 가업에 종사하지 않는 것으로 보는 경우 등(조특령 §27의7)

(1) 개정내용

종 전	개 정
〈신 설〉	☐ 가업에 종사하지 않는 것으로 보는 경우 　ㅇ 수증자가 증여일부터 5년 후까지 대표이사직을 유지하지 아니하는 경우 　ㅇ 가업을 1년 이상 휴·폐업하는 경우 ☐ 지분 감소에 해당하는 것으로 보는 경우 　ㅇ 수증자가 증여받은 주식을 처분하는 경우 　ㅇ 유상증자 과정에서 실권 등으로 수증자의 지분율이 감소하는 경우 　ㅇ 수증자의 특수관계인의 주식 처분 또는 유상증자 시 실권 등으로 수증자가 최대주주등에 해당하지 않게 되는 경우

(2) 개정이유

ㅇ 생전 가업승계 활성화 지원

(3) 적용시기 및 적용례

○ 2023. 1. 1. 이후 증여받는 분부터 적용

③ 사후관리 위반에 해당하지 않는 정당한 사유(조특령 §27의7)

(1) 개정내용

종 전	개 정
〈신 설〉	□ 사후관리 위반에 해당하지 않는 정당한 사유 ○ 가업 미종사 　－ 증여받은 주식등을 국가·지방자치단체에 증여하는 경우 　－ 병역의무 이행, 질병 요양 등 부득이한 사유에 해당하는 경우 ○ 지분 감소 　－ 합병·분할 등 조직변경에 따른 주식 처분으로서 수증자가 최대주주에 해당 　－ 상장 요건을 갖추기 위한 지분 감소

(2) 개정이유

○ 생전 가업승계 활성화 지원

(3) 적용시기 및 적용례

○ 2023. 1. 1. 이후 증여받는 분부터 적용

④ 납부유예 이자상당액 계산방법(조특령 §27의7)

(1) 개정내용

종 전	개 정
〈신 설〉	□ 납부유예 종료 사유 발생 등으로 인한 증여세 납부시 이자상당액 계산방법 ○ 이자상당액 　＝ 증여세 납부액 × 당초 신고기한의 다음날부터 납부일까지의 일수 × 　[국세환급가산금 이자율* ÷ 365] 　* 납부일 현재 국세환급가산금 이자율 적용 　－ 단, 납부유예기간 중에 이자율이 변경된 경우 변경 전 기간에 대해서는 변경 　　전 이자율 적용 □ 재차 가업 승계시 이자율 경감 규정 　○ 수증자가 다음 상속인·수증자에게 재차 가업승계시 이자상당액의 50% 경감

(2) 개정이유

　　◦ 생전 가업승계 활성화 지원

(3) 적용시기 및 적용례

　　◦ 2023. 1. 1. 이후 증여받는 분부터 적용

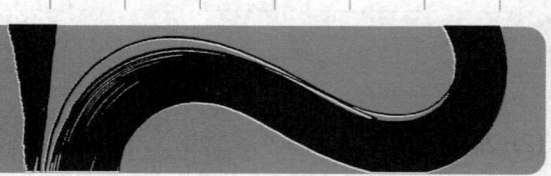

조세특례제한법

제**31**조

중소기업 간의 통합에 대한 양도소득세의 이월과세 등

1 │ 의 의

중소기업 간 통합으로 인하여 소멸되는 중소기업이 사업용고정자산을 통합법인(통합으로 설립된 법인 또는 통합 후 존속하는 법인)에게 양도하는 경우 당해 사업용고정자산에 대하여는 이월과세 등의 세제지원을 적용받을 수 있다.

2 │ 요 건

2-1. 중소기업 간의 통합

소비성서비스업[1]을 제외한 사업을 영위하는 중소기업자[2]가 당해 기업의 사업장별로 그 사업에 관한 주된 자산을 모두 승계하여 사업의 동일성이 유지되는 것으로서 다음의 요건을 갖춘 것을 말한다. 이 경우 설립[3] 후 1년이 경과되지 아니한 법인이 출자자인 개인(「국세기본법」 제39조 제2항의 규정에 의한 과점주주에 한한다)의 사업을 승계하는 것은 이를 통합으로 보지 아니한다(조특법 §31①, 조특령 §28①).

① 통합으로 인하여 소멸되는 사업장의 중소기업자가 통합 후 존속하는 법인 또는 통합으로 인하여 설립되는 법인의 주주 또는 출자자일 것

② 통합으로 인하여 소멸하는 사업장의 중소기업자가 당해 통합으로 인하여 취득하는

---

1) 소비성서비스업과 다른 사업을 겸영하고 있는 경우에는 부동산양도일이 속하는 사업연도의 직전 사업연도의 소비성서비스업의 사업별 수입금액이 가장 큰 경우에 한한다(조특령 §28①).

2) 「중소기업기본법」에 의한 중소기업자를 말한다(조특령 §28①).

3) "설립"이란 "법인설립등기일"을 의미하는 것이며, 법인설립 후 1년이 경과되었다면 "과점주주"라 하더라도 이월과세를 적용받을 수 있는 것임(서면4팀-2048, 2004. 12. 15.).
   ※ 법인설립 후 1년이 경과하였더라도 조세의무를 면탈하기 위하여 휴업기간이 있는 경우에는 그 휴업기간을 제외하고 같은 규정을 적용하는 것임(서일 46014-10940, 2003. 7. 16.).

주식 또는 지분의 가액[4]이 통합으로 인하여 소멸하는 사업장의 순자산가액 이상일 것

여기서, '순자산가액'은 통합일 현재의 시가로 평가한 자산의 합계액에서 부채(충당금 포함)의 합계액을 공제한 금액을 말한다.

2-2. 대상자산

본조의 적용대상자산은 '사업용고정자산'이다. 여기서, "사업용고정자산"이라 함은 당해 사업에 직접 사용하는 유형자산 및 무형자산(1981. 1. 1. 이후에 취득한 부동산으로서 업무무관부동산[5]을 제외한다)을 말한다(조특법 §31①, 조특령 §28②). 이 경우 업무무관부동산에 해당하는지의 여부에 대한 판정은 양도일을 기준으로 한다(조특칙 §15③).

3 | 조세특례의 내용

3-1. 이월과세

중소기업간의 통합으로 인하여 소멸되는 중소기업이 사업용고정자산을 통합법인[6]에게 양도하는 경우 당해 사업용고정자산에 대하여는 이월과세를 적용받을 수 있다(조특법 §31①).

즉, 중소기업자가 사업용고정자산을 통합법인에게 양도하는 경우 이를 양도하는 중소기업자에

---

4) 구 조세특례제한법(2014. 12. 23. 법률 제12853호로 개정되기 전의 것) 제120조 제1항 제2호, 제31조 제1항, 제2항 및 조세특례제한법 시행령 제28조 제1항 제2호에 의하면, 중소기업 간의 통합에 의하여 존속하는 법인(이하 '존속법인'이라 한다)이 통합으로 인하여 소멸하는 기업(이하 '소멸기업'이라 한다)으로부터 취득하는 사업용 재산에 관한 취득세를 면제받기 위해서는 소멸기업의 중소기업자가 '당해 통합으로 인하여 취득하는 주식의 가액'이 소멸기업의 순자산가액 이상이어야 한다. 이때 '당해 통합으로 인하여 취득하는 주식'은 위 조항들이 취득시점에 아무런 제한을 두지 않고 있으므로(본 사건의 경우 원고와 ○○의 실제 통합일인 2013. 6. 30.을 기준으로 ○○의 순자산가액이 수정된 이 사건 통합계약에서 예정한 순자산가액보다 122,434,665원이 증가하게 된 이상 원고로서는 이 사건 쟁점조항의 요건을 충족하기 위하여 신주 35,613주를 추가로 소외인에게 발행할 필요가 있었고, 원고의 2014. 7. 4.자 발행분 신주 35,613주는 이러한 이유에서 소외인에게 발행되었을 가능성이 크다고 보고 있음) 문언에 충실하게 사업용 재산 취득 이후라도 '통합의 대가로 취득하는 주식'이기만 하면 이에 포함된다고 봄이 타당하다. 한편 존속기업이 발행하여 소멸기업의 중소기업자가 취득한 주식이 이러한 주식에 해당하는지는 법률행위 해석의 문제로서 거래의 내용과 당사자의 의사를 기초로 판단하여야 할 것이지만, 실질과세의 원칙상 당해 계약서의 내용이나 형식과 아울러 당사자의 의사와 계약체결의 경위, 대금의 결정방법, 거래의 경과 등 거래의 전체 과정을 실질적으로 파악하여 판단하여야 한다(대법원 2018. 7. 20. 선고 2018두40188 판결).
5) 「법인세법 시행령」 제49조 제1항 제1호의 규정에 의한 업무와 관련이 없는 부동산을 말한다(조특칙 §15③).
6) 통합에 의하여 설립된 법인 또는 통합 후 존속하는 법인을 말한다.

대하여는 양도소득세를 과세하지 않고, 그 대신 이를 양수한 통합법인이 당해 사업용고정자산을 양도하는 경우 중소기업자가 법인에게 양도한 날이 속하는 과세기간에 다른 양도자산은 없다고 보아 계산한 양도소득세 산출세액 상당액을 「법인세로 납부한다.

이월과세를 적용함에 있어서 이월과세 적용대상자산의 취득가액은 당해 자산 취득당시의 실지거래가액으로 한다(조특칙 §15①). 이 경우 취득당시의 실지거래가액이 불분명한 때에는 통합일 현재의 당해 자산에 대하여 다음의 규정을 순차로 적용하여 계산한 금액을 「소득세법 시행령」 제176조의2 제2항 제2호[7]의 규정을 준용하여 환산한 가액으로 한다(조특칙 §15②).
① 「감정평가 및 감정평가사에 관한 법률」에 따른 감정평가업자가 감정한 가액이 있는 경우 그 가액. 다만, 증권거래소에 상장되지 아니한 주식등을 제외한다.
② 「상속세 및 증여세법」 제38조·동법 제39조 및 동법 제61조 내지 제64조의 규정을 준용하여 평가한 가액

기획재정부 유권해석 해설

질의 개인사업자가 사업용고정자산을 법인에게 임대하다가 현물출자하여 기업을 통합한 후 통합법인이 그 자산을 자가사용하는 경우 사업의 동일성이 유지되는 것으로 보아 중소기업간 통합시 이월과세를 적용할 수 있는지 여부

회신 기획재정부 재산세제과-233, 2015. 3. 17.
「조세특례제한법」 제31조 제1항 및 같은 법 시행령 제28조 제1항에 따라 중소기업간 통합에 대한 양도소득세 이월과세는 중소기업자가 당해 기업의 사업장별로 그 사업에 관한 주된 자산을 모두 승계하여 사업의 동일성이 유지되는 경우에 적용되는 것으로서, 귀 질의와 같이 개인사업자가 사업용고정자산을 다른 법인에게 임대하다가 두 기업이 통합한 후 통합법인이 해당 사업용고정자산을 자가사용하는 경우에는 사업의 동일성이 유지되는 것으로 볼 수 없음.

---

7) 소득세법 시행령 제176조의2 【추계결정 및 경정】 ② 법 제114조 제7항에서 "대통령령이 정하는 방법에 의하여 환산한 취득가액"이라 함은 다음 각 호의 방법에 의하여 환산한 취득가액을 말한다.
2. 법 제96조 제1항에 따른 토지·건물 및 부동산을 취득할 수 있는 권리의 경우에는 다음 계산식에 따른 금액. 이 경우 「부동산 가격공시에 관한 법률」에 따른 개별주택가격 및 공동주택가격(이들에 부수되는 토지의 가격을 포함한다)이 최초로 공시되기 이전에 취득한 주택과 부수토지를 함께 양도하는 경우에는 다음 계산식 중 취득당시의 기준시가를 제164조 제7항에 따라 계산한 가액으로 한다.

$$\text{양도당시의 실지거래가액, 제3항 제1호의 매매사례가액 또는 동항 제2호의 감정가액} \times \frac{\text{취득당시의 기준시가}}{\text{양도당시의 기준시가(제164조 제8항의 규정에 해당하는 경우에는 동항의 규정에 의한 양도당시의 기준시가)}}$$

○ 「조세특례제한법 시행령」 제28조 제1항에 따라 중소기업간의 통합에 대한 양도소득세의 이월과세를 적용받기 위해서는 중소기업자가 그 사업에 관한 주된 자산을 모두 승계하여 사업의 동일성이 유지되어야 하는 것으로 기업 통합 전 개인사업자가 부동산임대업을 영위하였으나 통합 후 법인이 부동산임대업을 영위하지 않는 경우는 사업의 동일성이 유지되었다고 보기 어려움.

○ 또한, 개인사업을 폐업하고 자산을 현물출자하는 등 기업간 통합의 형식만 갖추었을 뿐 실질은 개인사업자가 부동산을 법인에게 단순 양도한 것과 동일함.

3-2. 잔존감면기간 및 미공제세액의 승계

3-2-1. 잔존감면기간

다음에 해당하는 세액감면을 적용받는 중소기업이 감면기간이 경과되기 전에 통합하는 경우, 통합법인은 잔존감면기간에 대하여 세액감면을 적용받을 수 있다(조특법 §31④ · ⑤).

이 경우 잔존감면기간에 대한 감면대상이 되는 자는 통합으로 인하여 소멸되는 창업중소기업 또는 창업벤처중소기업이나 농공단지 및 「중소기업진흥에 관한 법률」 제62조의23 제1항에 따른 지방중소기업 특별지원지역의 입주기업으로부터 승계받은 사업에서 발생하는 소득 또는 승계받은 사업용 재산에 대하여 통합당시의 잔존감면기간 내에 종료하는 각 과세연도 또는 납기분까지 그 감면을 받을 수 있다(조특령 §28④). 또한, 수도권과밀억제권역 밖으로 이전하는 중소기업 또는 농업회사법인이 감면기간이 경과되기 전에 통합을 하는 경우 통합으로 인하여 소멸되는 중소기업자로부터 승계받은 사업에서 발생하는 소득에 관하여 통합당시 잔존감면기간 내에 종료하는 각 과세연도분까지 그 감면을 받을 수 있다(조특령 §28⑥).[8]

---

8) 법 제31조 제4항의 규정을 적용받고자 하는 통합법인은 조특령 제5조 제25항 또는 제61조 제7항을 준용하여 감면신청을 하여야 하며, 법 제31조 제5항의 규정을 적용받고자 하는 통합법인의 감면신청에 관하여는 조특령 제60조 제5항 또는 제65조의 규정은 이를 준용한다(조특령 §28⑤ · ⑦).

승계대상 감면	본래의 감면기간
① 창업중소기업 등*에 대한 세액감면(조특법 §6①·②) ② 창업중소기업 등*에 대한 재산세 감면** 　(조특법 §121) 　　*조특법 제6조 제1항 및 제2항의 규정에 의한 창업중소기업 및 창업벤처중소기업을 말한다. 따라서 같은 조의 창업보육센터사업자로 지정받은 내국인은 포함되지 아니한다. 　　**통합 전에 취득한 사업용 재산에 한함 　　(조특법 §31④).	• 최초 소득발생연도와 그 다음 3년간 : 50% 세액감면 • 창업일부터 5년간 : 50% 재산세 감면
③ 농공단지입주기업 등에 대한 세액감면 　(조특법 §64①) ④ 농업회사법인에 대한 세액감면(조특법 §68)	• 최초 소득발생연도와 그 다음 3년간 : 50% 세액감면
⑤ 수도권과밀억제권역 외의 지역 이전 중소기업에 대한 세액감면(조특법 §63)	• 이전 연도와 그 이후 4년간(또는 6년간) : 100% 감면 • 그 다음 2년간(또는 3년간) : 50% 감면

3-2-2. 미공제액의 승계

조특법상 세액공제 규정에 따라 공제할 세액 중 당해 과세연도에 납부할 세액이 없거나 최저한세의 적용으로 공제받지 못한 미공제세액이 있는 중소기업이 통합하는 경우, 통합법인은 중소기업의 미공제세액 상당액을 승계하여 이월공제잔여기간에 대하여 세액공제를 받을 수 있다(조특법 §31⑥, 조특령 §28⑧).

이 경우 미공제세액을 승계한 자는 통합으로 인하여 소멸되는 중소기업자로부터 승계받은 자산에 대한 미공제세액 상당액을 당해 중소기업자의 이월공제잔여기간 내에 종료하는 각 과세연도에 이월하여 공제를 받을 수 있다(조특령 §28⑧).

3-3. 취득세의 경감

중소기업 간 통합에 의해 통합법인이 양수하는 해당 사업용재산의 취득[9])에 대하여는 취득세의 100분의 75를 경감한다(지방세특례제한법 §57의2③ 5).

---

9) 2021년 12월 31일까지 취득하는 경우여야 한다.

4 | 사후관리

사업용고정자산을 양도한 날부터 5년 이내에 다음의 어느 하나에 해당하는 사유가 발생하는 경우에는 사유발생일이 속하는 달의 말일부터 2개월 이내에 이월과세액(통합법인이 이미 납부한 세액을 제외한 금액)을 양도소득세로 납부하여야 한다(조특법 §31⑦).

가. 통합법인이 소멸되는 중소기업으로부터 승계받은 사업을 폐지하는 경우

통합법인이 통합으로 인하여 소멸되는 사업장의 중소기업자로부터 승계받은 사업용고정자산을 2분의 1 이상 처분하거나 사업에 사용하지 않는 경우 사업의 폐지로 본다. 다만, 다음의 어느 하나에 해당하는 경우에는 그러하지 아니한다(조특령 §28⑨).

① 통합법인이 파산하여 승계받은 자산을 처분한 경우

② 통합법인이 「법인세법」 제44조 제2항에 따른 합병, 같은 법 제46조 제2항에 따른 분할, 같은 법 제47조 제1항에 따른 물적분할, 같은 법 제47조의2 제1항에 따른 현물출자의 방법으로 자산을 처분한 경우

③ 통합법인이 「채무자 회생 및 파산에 관한 법률」에 따른 회생절차에 따라 법원의 허가를 받아 승계받은 자산을 처분한 경우

나. 통합으로 취득한 통합법인의 주식 또는 출자지분의 50% 이상을 처분하는 경우

여기서 처분은 주식 또는 출자지분의 유상이전, 무상이전, 유상감자 및 무상감자(주주 또는 출자자의 소유주식 또는 출자지분 비율에 따라 균등하게 소각하는 경우는 제외[10])를 포함한다. 다만, 다음의 어느 하나에 해당하는 경우에는 그러하지 아니한다(조특령 §28⑩).

① 중소기업자가 사망하거나 파산하여 주식 또는 출자지분을 처분하는 경우

② 중소기업자가 「법인세법」 제44조 제2항에 따른 합병이나 같은 법 제46조 제2항에 따른 분할의 방법으로 주식 또는 출자지분을 처분하는 경우

③ 중소기업자가 조특법 제38조에 따른 주식의 포괄적 교환·이전 또는 조특법 제38조의2에 따른 주식의 현물출자의 방법으로 과세특례를 적용받으면서 주식 또는 출자지분을 처분하는 경우

④ 중소기업자가 「채무자 회생 및 파산에 관한 법률」에 따른 회생절차에 따라 법원의 허가를 받아 주식 또는 출자지분을 처분하는 경우

⑤ 중소기업자가 법령상 의무를 이행하기 위하여 주식 또는 출자지분을 처분하는 경우

---

10) 균등 무상감자시는 주주 등의 지분에 변함이 없으므로 2014. 2. 21. 조특령 개정시 사후관리 사유에서 제외하였으며, 2014. 2. 21. 이후 납부하는 분부터 적용되도록 하였다.

⑥ 해당 내국인이 가업의 승계를 목적으로 해당 가업의 주식 또는 출자지분을 증여하는
경우로서 수증자가 조특법 제30조의6에 따른 증여세 과세특례를 적용받은 경우
이 경우, 수증자를 해당 내국인으로 보아 조특법 제31조 제7항(이월과세액 납부 규정)을
적용하되, 5년의 기간을 계산할 때 증여자가 통합으로 취득한 통합법인의 주식 또는
출자지분을 보유한 기간을 포함하여 통산한다(조특령 §28⑪).

5 | 절 차

양도소득세의 이월과세를 적용받고자 하는 자는 통합일이 속하는 과세연도의 과세표준신고
(예정신고 포함)시 통합법인과 함께 이월과세적용신청서를 납세지 관할 세무서장에게
제출하여야 한다(조특법 §31③, 조특령 §28③).

6 | 조세특례제한 등

6-1. 구분경리

본조 제4항과 제5항의 규정에 의하여 창업중소기업이나 농공단지입주기업의 조세감면을
승계한 법인 또는 위탁영농회사 등의 조세감면을 승계한 자는 당해 감면사업과 기타 사업에서
발생하는 소득금액을 구분경리하여야 한다. 구분경리에 관한 자세한 설명은 제143조의 해설을
참조하기로 한다.

6-2. 중복지원의 배제

본조 제4항 및 제5항의 규정에 의하여 법인세 또는 소득세가 감면되는 경우에는 법 제127조
제4항 및 제5항의 규정에 의하여 동 규정에 열거된 일부의 조세특례를 중복적용할 수 없다.
이에 대한 자세한 설명은 제127조의 해설을 참조하기로 한다.

6-3. 결정시 등 감면배제

소득세법 제80조 제1항 또는 법인세법 제66조 제1항의 규정에 의하여 결정을 하는
경우와 국세기본법 제45조의3의 규정에 의하여 기한 후 신고를 하는 경우에는 본조 제4항
및 제5항의 규정을 적용하지 아니하며, 또한 소득세법 제80조 제2항 또는 법인세법 제66조

제2항의 규정에 의하여 경정을 하는 경우 등 부당과소신고금액에 대하여 본조 제4항 및 제5항의 규정을 적용하지 아니한다. 이에 대한 자세한 설명은 제128조의 해설을 참조하기로 한다.

6-4. 최저한세의 적용

본조에 의한 세액공제·세액감면을 포함한 각종 준비금과 세액공제·세액감면 등은 법 제132조에서 규정하는 최저한세의 범위 내에서만 손금산입 또는 감면이 인정되는바, 이에 대하여는 조특법 제132조의 해설을 참조하기로 한다.

7 관련사례

구 분	내 용
통합의 범위 및 요건	출자지분가액이 소멸한 사업장의 순자산가액에 미달한 경우 : 청구인은 쟁점임대보증금이 본인명의 계좌에 입금·관리하고 있으며, 청구인과 박○○간 별도 임대차계약이 체결되어 실질적으로 청구인의 부채라는 주장이나, 현물출자 부동산에 대한 임대차계약서에는 청구인과 박○○가 임대인으로 되어 있고 공동소유자 사이의 권리·의무에 차등을 두지 않았으므로, 「부가가치세법」상 공동사업자로 등록되지 아니하였다 하더라도 박○○ 또한 자신의 지분에 해당하는 임대보증채무가 있다 할 것이고, 임차인 역시 쟁점임대보증금에 대한 채무를 공동으로 부담하는 박○○가 그 지분에 해당하는 의무이행을 기대할 것으로 보이며, 현물출자를 하기 위하여 ○○○감정평가원에 평가 의뢰한 감정평가서(2009. 10. 22.)의 건물평가요항표 7번 임대관계 및 기타항목에서도 청구인과 박○○가 쟁점임대보증금에 대한 권리·의무를 동시에 가지고 있다고 되어 있고, 부부간이라 하더라도 공동으로 등기된 소유권과 달리 거기에 근거한 임대보증금 등의 채무를 어느 일방의 것이라고 볼 수는 없다 할 것이며(조심 2011서2754, 2011. 12. 27. 같은 뜻임), 이월과세 적용 여부의 판단기준은 사업장 전체로 판단하는 것이 아니고 출자자 개인별로 판단하는 것(국심 2000광2993, 2001. 3. 20. 같은 뜻임)이며, 「조세특례제한법」 제31조의 순자산가액의 산정은 현물출자부동산의 실질가치를 평가하도록 규정하고 있고, 순자산가액은 통합일 현재의 시가로 평가한 자산의 합계액에서 충당금을 포함한 부채의 합계액을 공제하여 계산하도록 하고 있으므로, 처분청에서 쟁점임대보증금을 현물출자부동산의 보유지분에 따라 각자의 부채로 안분계산하여 현물출자액을 평가하여, 청구인의 주식인수가액이 소멸한 사업장의 순자산가액에 미달하므로 이월과세 신청을 부인하여 과세한 처분은 달리 잘못이 없다고 판단됨(조심 2011서2801, 2012. 7. 26.).

구 분	내 용
통합의 범위 및 요건	「조세특례제한법 시행령」 제28조 제1항 및 제29조 제4항의 순자산가액을 계산함에 있어서 '시가'라 함은 불특정다수인 사이에 자유로이 거래가 이루어지는 경우에 통상 성립된다고 인정되는 가액을 말하며, 수용·공매가격 및 감정가액 등 「상속세 및 증여세법 시행령」 제49조의 규정에 의하여 시가로 인정되는 것을 포함하는 것임(서면5팀-1243, 2008. 6. 11.).
	조세특례제한법 제31조 제1항의 규정에 의한 중소기업간 통합에 대한 양도소득세 이월과세는 동법 시행령 제28조 제1항의 규정에 따라 통합에 의하여 설립된 법인 또는 통합 후 존속하는 법인이 통합으로 인해 소멸되는 기업의 사업장별로 그 사업에 관한 주된 자산을 모두 승계하여 사업의 동일성이 유지되는 경우에 한하여 적용되는 것임(재재산-1355, 2007. 11. 12.).
	통합중소기업 간에 동일한 중소기업 업종을 주업으로 영위하여야 하는 것은 아니나, 통합법인은 통합으로 소멸되는 중소기업 사업장의 사업에 관한 주된 자산을 모두 승계하여 당해 사업의 동일성이 유지되어야 하는 것임(서면5팀-1086, 2007. 4. 3.).
	조세특례제한법 시행령 제28조 "중소기업 간의 통합에 대한 양도소득세의 이월과세 등" 규정은 통합으로 인하여 소멸하는 사업장의 중소기업자가 통합 후 존속하는 법인 또는 통합으로 인하여 설립되는 법인의 주주 또는 출자자인 경우에 적용되는 것이며, 동 법령을 적용함에 있어 임대사업에 사용하던 토지를 임차자인 통합법인에게 양도한 후 통합법인이 동 토지를 자기사용 및 일부 임대하는 경우 사업의 동일성이 유지되지 않는 것임(서면4팀-2324, 2006. 7. 18.).
	조세특례제한법 제31조 「중소기업(법인과 법인 간 통합 포함) 간의 통합에 대한 양도소득세의 이월과세」 규정을 적용함에 있어서 같은법 시행령 제28조 제1항 후단의 "설립 후 1년이 경과되지 아니한 법인이 출자자인 개인의 사업을 승계하는 것은 이를 통합으로 보지 아니한다"라고 규정하고 있는바, 상기 규정에서 통합법인이 법인설립 후 1년이 경과되었다면 당해 주주가 대주주라 하더라도 이월과세를 적용받을 수 있는 것임(서면2팀-1773, 2005. 11. 4.).
	부동산임대업을 주업으로 하는 중소기업은 중소기업 간 통합에 대한 양도소득세의 이월과세 적용대상임(서면2팀-445, 2004. 3. 16.).
	조세감면규제법 제44조의 규정에 의한 중소기업 간의 통합은 동법 시행령 제38조 제2항의 요건이 모두 충족되어야 하므로 법인이 개인의 사업을 매입하는 경우에는 동 규정에 의한 통합에 해당되지 아니함(법인 1264.21-3682, 1982. 11. 2.).
사업용 고정자산의 범위	통합으로 인하여 소멸하는 사업장의 중소기업자가 당해 통합으로 인하여 취득하는 주식 또는 지분의 가액이 통합으로 인하여 소멸하는 사업장의 순자산가액 이상이어야 하며, 여기서 순자산가액은 통합일 현재의 시가로 평가한 자산의 합계액에서 충당금을 포함한 부채의 합계액을 공제한 금액을 말하는 것임(서면2팀-1854, 2007. 10. 15., 서면2팀-2368, 2006. 11. 20.).

구 분	내 용
이월과세 적용	이월과세는 조세감면과는 달리 납세자가 개인에서 법인으로 변경되므로 부과되어야 할 조세가 타인으로 전가되는 문제가 있어 납세자의 명확한 의사표시가 요구되는 점, 조세감면은 당초 납세의무자에게 세부담을 덜어주는 직접적인 조세지원의 형태이고 이월과세는 당초 납세의무자의 세부담을 타인에게 전가하는 간접적인 조세지원의 형태로 양자가 구별되는 점, 이월과세적용신청서에 취득가액 적용의 오류로 세액이 적게 기재된 것이 단순착오로 보기 어려운 점 등으로 볼 때, 처분청이 추가납부할 세액은 이월과세가 적용되지 않는다고 보아 양도소득세를 과세한 이 건 부과처분은 달리 잘못이 없다고 판단됨(조심 2013부2675, 2013. 8. 12.).
	개인이 사업용 고정자산을 통합법인에 현물출자하면서 당해 사업용 고정자산에 대하여 「조세특례제한법」 제31조(2001. 12. 29. 법률 제6538호로 개정되기 전의 것)의 규정에 의하여 양도소득세 이월과세를 적용받은 후 당해 사업용 고정자산을 양수받은 법인이 이를 양도하는 경우 특별부가세가 과세되나, 특별부가세 폐지에 따라 2001. 12. 31. 이전에 이월과세를 적용받은 분으로서 2002. 1. 1. 이후 양도하는 사업용 고정자산에 대하여는 특별부가세가 과세되지 아니하는 것임(서면2팀 – 170, 2007. 1. 24.).
	「조세특례제한법」 제32조 규정에 의하여 법인전환에 대한 양도소득세 이월과세를 받은 경우 양수받은 법인이 당해 사업용고정자산을 양도하는 경우에 법인세로 납부하는 것이며, 양수받은 법인(중소기업)이 다른 중소기업과 「조세특례제한법 시행령」 제28조 제1항에서 정한 중소기업 간의 통합을 하는 경우 당초 이월과세받은 세액은 통합 후 존속하는 법인이 당해 사업용고정자산을 양도하는 날이 속하는 사업연도에 법인세로 납부하는 것임(서면2팀 – 836, 2005. 6. 16.).

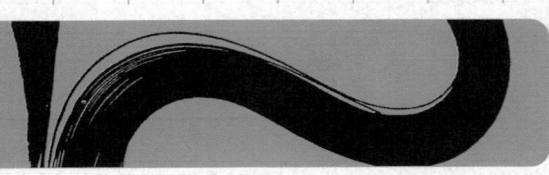

조세특례제한법

제32조

법인전환에 대한 양도소득세의 이월과세

1 의 의

　본 제도는 법인전환을 유도하여 기업경영의 투명성을 제고하고 법인전환시 발생하는 양도소득세 부담[1] 등 조세문제를 해결하여 개인기업의 법인전환이 용이할 수 있도록 지원하고 있다. 이는 종전 사업자의 부동산양도에 대하여는 과세하지 아니하고, 새로이 취득한 부동산을 양도할 경우 과세하도록 하여 기업의 법인전환시점에서는 양도소득세 등의 부담이 없도록 함으로써 기업의 원활한 구조조정을 지원하도록 한 것이다.[2]

2 요 건

2-1. 전환법인의 업종

　거주자[3]가 소비성서비스업[4] 이외의 사업을 경영하는 법인으로 전환[5]하여야 한다(조특법

---

1) 개인기업이 법인기업으로 전환시 토지·건축물 등의 부동산을 현물출자 또는 사업양수도하는 방법을 이용하는데, 이는 「소득세법」상 양도에 해당(소법 §88①)하여 양도소득세의 부담문제가 발생한다.

2) 법인전환에 대한 양도소득세의 이월과세를 적용받게 되는 경우, 세목이 소득세에서 법인세로, 납세의무자가 현물출자를 한 거주자에서 전환법인으로 각 변경됨과 아울러 양도소득산출세액 상당액의 납부시기도 거주자의 현물출자 시에서 전환법인의 양도 시까지로 이연되는 효과가 발생하게 된다. 이러한 과세특례는 개인기업의 법인기업으로의 전환 내지 구조조정을 촉진하기 위한 것이다. 일반적으로 개인기업에 비하여 법인기업이 기업의 영속성과 발전성이 강하고, 법인전환을 통하여 기업의 대외신용도를 높일 수 있으며, 자본조달의 원활화·다양화가 가능함과 동시에 회계가 투명하여 세수 증대를 기대할 수 있기 때문이다(헌재 2016헌바275, 2017. 7. 27.).

3) 법인전환시 신설개인기업대표와 법인의 대표이사가 동일인일 필요는 없음(재산 01254-417, 1988. 2. 13.).

4) "소비성서비스업"이란 다음 각 호의 어느 하나에 해당하는 사업을 말한다(조특령 §29③).
　1. 호텔업 및 여관업(「관광진흥법」에 따른 관광숙박업은 제외한다)
　2. 주점업(일반유흥주점업, 무도유흥주점업 및 「식품위생법 시행령」 제21조에 따른 단란주점 영업만 해당하되, 「관광진흥법」에 따른 외국인전용유흥음식점업 및 관광유흥음식점업은 제외한다)
　3. 그 밖에 오락·유흥 등을 목적으로 하는 사업으로서 기획재정부령으로 정하는 사업

§32①). 거주자는 국내에 주소를 두거나 183일 이상의 거소를 둔 개인을 말한다(소법 §1의2 1).

2-2. 전환의 방법

거주자가 사업용고정자산6)을 현물출자하거나 사업 양도·양수의 방법에 따라 법인으로 전환하여야 한다. 다만, 해당 사업용 고정자산이 주택 또는 주택을 취득할 수 있는 권리인 경우는 제외한다.7)

여기서 '사업 양도·양수의 방법'이란 해당 사업을 영위하던 자가 발기인이 되어 전환하는 사업장의 순자산가액 이상을 출자8)하여 법인을 설립하고, 그 법인설립등기일부터 3개월 이내에 당해 법인에게 사업에 관한 모든 권리와 의무를 포괄적으로 양도하는 것을 말한다(조특령 §29②). 종전에는 법인전환일로부터 소급하여 1년 이상 사업을 영위한 자로 규정하고 있어 일정기간 이상 사업영위할 것을 요건으로 하였으나, 2006. 2. 9. 조특령이 개정되어 1년 이상 사업요건이 폐지되었다.

---

5) 법인전환시 동일 사업장을 분할하여 그 중 일부만 법인전환하는 경우에는 과세특례 적용을 받을 수 없음(재산 01254-611, 1988. 3. 2.). 거주자의 동일사업장 전체를 현물출자하여 법인으로 전환하는 경우 양도소득세 이월과세 적용할 수 있는 것이나, 법인전환시 동일사업장 중 일부만 법인으로 전환하는 경우에는 적용할 수 없는 것임(부동산납세-247, 2014. 4. 14.).

6) ① 사업용 고정자산이란 당해 사업에 직접 사용하는 유형자산과 무형자산을 말하는 것으로 건설 중인 자산에 대하여는 당해 규정이 적용되지 아니함(서면4팀-1447, 2005. 8. 18.).
  ② 법인이 「농지법」 등 관련 법령에 따라 법인명의로 취득할 수 없는 사업용고정자산에 대하여는 조특법 제32조 규정이 적용되지 아니함(서면4팀-2440, 2005. 12. 8.).
  ③ 운휴 중인 고정자산을 현물출자하는 경우에는 과세특례가 적용되지 않음(재일 46014-187, 1995. 1. 25.).

7) 2020년말 조특법 개정시 다주택자가 법인을 통하여 양도소득세 중과 규정을 회피하는 것을 방지하기 위하여 출자 등을 통하여 법인으로 전환할 경우 이월과세 특례 적용이 가능한 사업용 고정자산의 범위에서 주택 또는 주택을 취득할 수 있는 권리를 제외하였다. 개정규정은 2021년 1월 1일 이후 현물출자하거나 법인 전환하는 분부터 적용한다(법률 제17759호, 2020. 12. 29. 부칙§10). 한편, 2021년 1월 1일 전에 현물출자하거나 법인 전환한 분에 대해서는 개정규정에도 불구하고 종전의 규정에 따른다(법률 제17759호, 2020. 12. 29. 부칙 §39).

8) 비영리법인으로 전환은 양도소득세 이월과세 요건에 해당하지 않으나, 신뢰보호의 원칙에 반하여 위법함(수원지법 2010구합15750, 2011. 5. 18.) : 조세특례제한법 제32조 및 같은 법 시행령 제29조 소정의 '출자'는 법인에 대하여 그 구성원이 자본적 가치가 있는 지출을 하는 것이고 그 출자에 따라 구성원은 법인의 활동으로 생긴 이익을 분배할 권리와 손실이나 위험을 분담할 의무를 가지게 되므로 출자로 자본을 구성하는 법인은 당연히 영리법인에 한하는데, 재단법인의 설립 행위인 '출연'은 설립자가 자신의 재산상 손실로 재단법인의 재산을 구성하도록 할 뿐 그 출연행위에 대하여 법인으로부터 재산적 가치 있는 이득을 얻는 것이 아니므로, '출자'와 '출연'은 각각 영리법인과 비영리법인(특히 재단법인)의 구성에서 본질적인 차이를 나타내는 개념으로서 한 쪽이 어느 한 쪽을 대표하거나 포함할 수 없는 것이다. 따라서 조세특례제한법 제32조 소정의 '출자'에 '출연'이 포함된다는 전제하에 비영리법인으로 전환한 경우에도 사업용 고정자산에 대하여 양도소득세 이월과세 특례 규정이 적용된다는 원고의 주장은 조세법률주의에 반하므로 받아들일 수 없다.

2-3. 자본금의 규모

새로이 설립되는 법인의 자본금[9]이 사업용고정자산을 현물출자하거나 사업양수도하여 법인으로 전환하는 사업장의 순자산가액(통합일 현재의 시가로 평가한 자산의 합계액에서 충당금[10]을 포함한 부채의 합계액을 공제한 금액) 이상이어야 한다(조특법 §32②, 조특령 §29⑤).

> □ 조기통 32-29…2 【법인전환시 순자산가액 요건】
> ① 사업장의 순자산가액을 계산함에 있어 영업권은 포함하지 아니함.
> ② 사업장의 순자산가액 계산시 '시가'란 불특정다수인 사이에 자유로이 거래가 이루어지는 경우에 통상 성립된다고 인정되는 가액을 말하며, 수용·공매가격 및 감정가액 등 시가로 인정(상증령 §49)되는 것을 포함.

3 | 조세특례의 내용

3-1. 이월과세

이상의 요건을 충족하여 법인으로 전환[11]하는 경우 당해 사업용고정자산에 대하여는 양도소득세의 이월과세를 적용받을 수 있다. 즉, 거주자[12]가 사업용고정자산을 법인에게 양도하는 경우 이를 양도하는 거주자에 대하여는 양도소득세를 과세하지 않고, 그 대신 이를 양수한 법인이 당해 사업용고정자산을 양도하는 경우 거주자가 사업용고정자산을 법인에게 양도한 날이 속하는 과세기간에 다른 양도자산은 없다고 보아 계산한 양도소득세 산출세액 상당액을 법인세로 납부한다(조특법 §32①).

이월과세를 적용함에 있어서 이월과세 적용대상자산의 취득가액은 당해 자산 취득당시의 실지거래가액으로 한다(조특칙 §15①). 이 경우 취득당시의 실지거래가액이 불분명한 때에는 법인전환일 현재의 당해 자산에 대하여 다음의 규정을 순차로 적용하여 계산한 금액을 「소득세법 시행령」 제176조의2 제2항 제2호[13]의 규정을 준용하여 환산한 가액으로

---

9) 새로이 설립되는 법인의 자본금은 기업회계기준에 따른 자본금을 의미함(서면4팀-709, 2005. 5. 7.).

10) 소멸하는 '사업장의 순자산가액' 계산시 하자보수충당금은 공제되는 부채에 포함되지 아니함(서이 46012-11766, 2003. 10. 14.).

11) 공동사업을 영위하던 거주자 중 1인이 단독으로 자기지분만을 현물출자하여 법인으로 전환하는 경우에는 당해 규정이 적용되지 아니함(재산-3294, 2008. 10. 15.).

12) 2인 공동소유 토지를 그 중 1인이 사업자등록하여 골프연습장을 운영한 경우로서 당해 공동소유 토지 전부를 「조세특례제한법」 제32조의 규정에 따라 법인에 현물출자하는 경우에는 사업자등록이 되어 있는 사업자지분에 한하여 이월과세를 적용받을 수 있음(재산-3112, 2008. 10. 2.).

한다(조특칙 §15②).

① 「감정평가 및 감정평가사에 관한 법률」에 따른 감정평가업자가 감정한 가액이 있는 경우 그 가액. 다만, 증권거래소에 상장되지 아니한 주식등을 제외한다.

② 「상속세 및 증여세법」 제38조·동법 제39조 및 동법 제61조 내지 제64조의 규정을 준용하여 평가한 가액

사 례

〈이월과세 적용방법〉

개인 또는 법인이 통합 또는 법인으로 전환함에 따라 사업용고정자산을 법인에게 양도하는 경우 양도소득세 등을 과세하지 아니하고,

– 사업용고정자산을 양수한 법인이 당해 자산을 양도하는 경우 종전사업용고정자산의 취득가액을 양도가액에서 차감하여 과세

```
┌──────────────┐   법인전환    ┌──────────────┐   양도    ┌──────────┐
│    개인       │ ───────────→ │    법인       │ ───────→ │   제3자   │
│(취득가액:1억원)│              │(시가:2억원)   │  3억원    │          │
└──────────────┘              └──────────────┘          └──────────┘
```

① 법인전환시 : 양도세를 과세하지 아니하고, 법인에서는 사업용고정자산가액을 시가로 평가한 가액(2억원)을 취득가액으로 기장

② 당해 자산을 제3자에게 양도시 : 3억원에서 2억원을 차감한 금액(법인 소유기간 동안 발생한 자산가치 증대분)에 대하여는 법인세를 과세하고, 2억원에서 1억원을 차감한 금액(개인 소유기간 동안 발생한 자산가치 증대분)에 대하여는 법인에 현물출자시 개인에게 다른 양도자산이 없다고 보아 계산한 양도소득세 산출세액상당액을 법인세로 납부

   – 개인의 당초 취득가액이 불분명한 경우에는 법인전환 당시의 시가를 다음 산식에 따라 환산함.

   취득 환산가액 = 2억원(시가) × (취득당시 기준시가 / 법인전환시 기준시가)

---

13) **소득세법 시행령 제176조의2 【추계결정 및 경정】** ② 법 제114조 제7항에서 "대통령령이 정하는 방법에 의하여 환산한 취득가액"이라 함은 다음 각 호의 방법에 의하여 환산한 취득가액을 말한다.
   2. 법 제96조 제1항에 따른 토지·건물 및 부동산을 취득할 수 있는 권리의 경우에는 다음 계산식에 따른 금액. 이 경우 「부동산 가격공시에 관한 법률」에 따른 개별주택가격 및 공동주택가격(이들에 부수되는 토지의 가격을 포함한다)이 최초로 공시되기 이전에 취득한 주택과 부수토지를 함께 양도하는 경우에는 다음 계산식 중 취득당시의 기준시가를 제164조 제7항에 따라 계산한 가액으로 한다.

$$\text{양도당시의 실지거래가액, 제3항 제1호의 매매사례가액 또는 동항 제2호의 감정가액} \times \frac{\text{취득당시의 기준시가}}{\text{양도당시의 기준시가(제164조 제8항의 규정에 해당하는 경우에는 동항의 규정에 의한 양도당시의 기준시가)}}$$

양도소득세 이월과세액에 대한 부채 인정 여부14)

양도소득세 이월과세액을 부채로 인정할지 여부와 관련하여 논란이 있는바, 이에 대하여 살펴보면 아래와 같다.

1. 부채 인식 기준

가. 기업회계기준

재무회계 개념체계 제142조에서는 '기업실체가 현재의 의무를 미래에 이행할 때 경제적 효익이 유출될 가능성이 매우 높고 그 금액을 신뢰성 있게 측정할 수 있다면 이러한 의무는 대차대조표에 부채로 인식'한다고 규정하고 있다. 즉, 부채는 현재 의무의 이행에 따라 경제적 효익을 갖는 자원의 유출 가능성이 높고 결제될 금액에 대해 신뢰성 있게 측정할 수 있을 때 재무상태표에 인식한다.

반면에, K-IFRS에서는 부채를 과거사건으로 생긴 현재의무로서, 기업이 가진 경제적 효익이 있는 자원의 유출을 통해 그 이행이 예상되는 의무라고 규정하고 있고, 충당부채를 지출하는 시기 또는 금액이 불확실한 부채라고 정의하면서, 충당부채는 과거사건의 결과로 현재의무(법적의무나 의제의무)가 존재하고, 해당 의무를 이행하기 위하여 경제적 효익이 있는 자원을 유출할 가능성이 높으며, 해당 의무를 이행하기 위하여 필요한 금액을 신뢰성 있게 추정할 수 있다는 요건을 모두 충족하는 경우에 인식한다고 규정되어 있다. 만약, 위의 요건을 충족하지 못할 경우에는 충당부채로 인식할 수 없다. 또한, '기업의 미래행위와 관련 없이 존재하는 과거사건에서 생긴 의무만을 충당부채로 인식한다'(K-IFRS 1037호 19조)라고 명시하고 있다.

나. 상속세 및 증여세법

상증세법상 비상장주식을 평가할 때에는 순자산가액과 순손익가치를 함께 고려하여 평가하는데, 이때 순자산가액은 자산에서 부채를 차감하여 계산하고 그 부채의 범위에 대하여는 아래와 같이 규정되어 있다(상증령 §55②, 상증칙 §17의2).

1) 다음의 가액은 이를 각각 부채에 가산하여 계산한다.
가) 평가기준일까지 발생된 소득에 대한 법인세액, 법인세액의 감면액 또는 과세표준에 부과되는 농어촌특별세액 및 지방소득세액. 이 경우 법인세액 등은 평가기준일 현재 납세의무가 확정된 것과 평가기준일이 속하는 사업연도 개시일부터 평가기준일까지 발생된 소득에 대한 법인세액 등을 말한다(국세청, 「상속세·증여세 실무해설」, 2017, 638면).
나) 평가기준일 현재 이익의 처분으로 확정된 배당금·상여금 및 기타 지급의무가 확정된 금액. 이에 대해 박훈·채현석은 "이익처분에 의한 배당금 등은 법인세법상으로는 손금산입되지

---

14) 윤충식, "조세특례제한법상 이월과세에 대한 고찰(법인전환에 따른 이월과세를 중심으로)", 한국조세법학회 2019년 춘계학술발표대회 발표 논문(pp.75~104) 중 일부 발췌 및 수정.

않지만 평가기준일 현재의 청산가치를 전제로 순자산가치를 산정하고자 하는 상증세법에서는 부채에 가산하여야 하기 때문이다"라고 설명하고 있다(박훈·채현석, 「상속·증여세 실무해설」, 삼일인포마인, 2015, 520면).

다) 평가기준일 현재 재직하는 임원 또는 사용인 전원이 퇴직할 경우에 퇴직급여로 지급되어야 할 금액의 추계액. 이와 관련하여 과거 퇴직금추계액은 아직 퇴직을 하지 아니하여 현실적으로 채무가 발생하지 아니하여 퇴직급여추계액의 50%만 채무로 인정한 적이 있었다. 이에 대해 대법원에서는 현실적으로 퇴직을 하지 않았지만 평가기준일 현재 당해 법인의 사용인 전원이 퇴직할 경우에 지급하여야 할 퇴직급여추계액 전액이 공제대상이 된다고 판결(대법원 1996. 2. 15. 선고 94누16243 판결)한 바 있다. 이러한 대법원 판결에 따라 관련 세법의 개정을 통하여 퇴직급여추계액 전액을 채무로 공제하도록 개정하여 현재는 퇴직급여추계액 전액을 채무로 공제하고 있다(김완일, "이월되는 양도소득세, 상존하는 법인채무의 불확실성", 세정일보, 2018. 2. 19.).

2) 평가기준일 현재의 제충당금과 「조세특례제한법」 및 기타 법률에 의한 제준비금은 이를 각각 부채에서 차감하여 계산한다. 다만, 다음의 어느 하나에 해당하는 것은 그렇지 않다.

가) 충당금 중 평가기준일 현재 비용으로 확정된 것

나) 보험사업을 하는 법인의 책임준비금과 비상위험준비금으로서 법 소정 범위 안의 것

한편, 종전에 비상장주식을 평가하기 위하여 법인의 순자산가액을 산정함에 있어 퇴직금추계액 전액이 부채로서 공제되어야 하는지 여부[구 상속세법 시행령(1990. 5. 1. 대통령령 제12993호로 개정되기 전의 것) 제5조 제5항 제1호 (나)목, (다)목, 구 상속세법 시행규칙(1991. 3. 9. 재무부령 제1849호로 개정되기 전의 것) 제5조 제3항 제3호]가 문제가 되었는바, 이에 대해 대법원(대법원 1996. 2. 15. 선고 94누16243 판결)은 "구 상속세법 시행령(1990. 5. 1. 대통령령 제12993호로 개정되기 전의 것) 제5조 제5항 제1호 (나)목에서 규정하는 비상장주식이나 출자지분의 보충적인 평가방법의 요소 중 순자산가액평가법은, 다른 요소인 수익력가치평가법이나 유사상장법인 비교평가법이 법인의 계속가치를 전제로 평가하고 있는 것과는 달리, 법인이 청산될 것을 가정하는 이른바 청산가치에 의한 평가를 전제로 하고 있는 것으로 보아야 할 것이고, 순자산가액을 청산가치에 의하여 산정하는 이상 평가 당시 당해 법인의 사용인 전원이 퇴직할 경우에 지급하여야 할 퇴직금추계액 전부가 그 (다)목 소정의 부채에 해당하여 그 전액이 공제대상이 된다고 할 것이다. 상속세법 시행규칙 제5조 제3항 제3호(상속개시일 현재 재직하는 사용인의 전원이 퇴직할 경우에 지급하여야 할 퇴직금추계액 중 100분의 50에 상당하는 금액)는 상위법령의 근거나 위임이 없이 비상장법인의 순자산가액을 산정함에 있어 위 퇴직금추계액의 100분의 50만을 부채에 포함된다고 규정하여 그 공제대상범위를 축소하였으니, 이는 납세의무자에게 불리한 규정으로서 조세법률주의 원칙에 위배되어 그 효력이 없다."고 판시하여 비상장주식 평가시 퇴직금추계액 전체를 순자산가액 평가시 부채로 인정하였다.

위 대법원 판결은 구 상속세법 시행령(1990. 5. 1. 대통령령 제12993호로 개정되기 전의 것) 제5조 제5항 제1호 나목 (1)에서 규정된 순자산가치법에 의한 비상장주식의 평가가 청산가치를 기준으로 하고 있는가 아니면 계속기업가치를 기준으로 하고 있는가 하는 점과 다목에서 규정하는

자산가액에서 공제되어야 할 '부채'를 어느 정도의 성숙 단계에서 인정할 것인가에 관련하여, 종래의 견해를 유지하여 청산가치를 기준으로 하고 있다고 보고 그 당연한 결과로서 퇴직금추계액 전액이 부채에 포함되어야 한다고 판단하였고 그에 따라 위 시행규칙 제3항 제3호는 상위법규의 위임 없이 순자산가액의 공제대상이 되는 부채의 범위를 축소한 것이어서 효력이 없다고 판시한 것이다[소순무, "비상장주식을 평가함에 있어 순자산가액의 산정시 퇴직금추계액 전액이 부채로서 공제되어야 하는지 여부(구 상속세법 시행규칙 제5조 제3항 제3호의 무효 여부, 대법원 1996. 2. 15. 선고 94누16243 판결)",「조세판례백선」(한국세법학회), 박영사, 2005, 452면].

2. 양도소득세 이월과세액에 대한 부채 인식 기준에 대한 견해

가. 행정해석 등

1) 국세청 및 기획재정부

국세청과 기획재정부는 양도소득세 이월과세액을 부채로 인정하지 아니하고 있다. 다만, 여기서 사후관리기간 5년 내를 전제로 하고 있다(서면-2015-상속증여-0115, 2015. 5. 11., 재산세과-397, 2011. 8. 26., 재산세과-444, 2011. 9. 27., 기획재정부 재산세제과-498, 2018. 6. 14.).

2) 조세심판원

조세심판원은 양도소득세 이월과세액을 부채로 인정할지 여부에 대하여, 부채로 인정하는 사례와 부정하는 사례가 혼재되어 있다(모든 사안은 5년의 사후관리 기간 내 발생한 사례이다).

가) 부채 인정사례(조심 2015서4937, 2016. 8. 11., 조심 2014서2740, 2014. 11. 11.)

조세심판원이 본 사건에 대하여 상증세법 시행령 제55조에 따른 비상장주식의 순자산가치 계산시 쟁점이월과세액을 부채에 가산하여 계산하는 것이 타당하다고 결정한 주요 판단 요지는 아래와 같다.

(가) 상증세법상 부채를 별도로 정의하지 않고 있는바,「재무회계개념체계」제142조에서 부채를 기업실체가 현재의 의무를 미래에 이행할 때 경제적 효익이 유출될 가능성이 매우 높고 그 금액을 신뢰성 있게 측정할 수 있다면 이러한 의무는 대차대조표에 부채로 인식한다고 규정하고 있다.

(나) 이월과세(移越課稅)란 개인의 양도소득 산출세액 상당액을 전환법인 등이 법인세로 납부하는 것으로 정의되어 있다.

(다) 쟁점주식의 발행법인은「조세특례제한법」규정에 따라 확정된 금액으로 측정가능한 쟁점이월과세액을 납부해야 하는 의무가 존재하고 있으므로 그 금액을 부채로 인식하여 보충적 평가방법에 따른 평가시에도 자산가액에서 차감함이 타당하다.

(라) 쟁점이월과세액은 개인(청구인의 아버지)에게 발생한 양도소득에 대한 양도소득세 상당액을 쟁점법인이 현물출자받은 사업용 고정자산을 양도할 때 법인세로 납부하는 것인바, 동 양도소득은 쟁점법인에게 미래에 발생할 소득이 아닌 이미 평가기준일까지 발생된 소득에 해당하고, 그 양도소득세 상당액은 부채에 가산할 법인세액에 해당하거나(상증칙 §17의2 3호 가목의 전단) 쟁점주식의 발행법인이 종국적으로는 부담하여야 하는 채무 성격(상증칙 §17의2 3호 나목의 후단 부분)에 부합한다.

나) 부채 부정사례(조심 2018서1029, 2018. 8. 31.)

조세심판원이 본 사건에 대하여 상증세법 시행령 제55조에 따른 비상장주식의 순자산가치 계산시 쟁점이월과세액을 부채에서 제외하여 계산하는 것이 타당하다고 결정한 주요 판단 요지는 아래와 같다.

(가) 조특법 제2조 제1항 제6호가 정한 '이월과세'는 사업용 고정자산 등을 현물출자받은 법인이 이를 양도하는 경우 개인이 종전 사업용 고정자산 등을 그 법인에 양도한 날이 속하는 과세기간에 다른 양도자산이 없다고 보아 계산한 양도소득 산출세액 상당액을 법인세로 납부하는 것인 만큼 이월과세에 의한 법인세(양도소득산출세액 상당액)는 원칙적으로 개인사업체의 법인전환이라는 특수한 사정 하에 법인이 법인전환 이후에 위 사업용 고정자산 등을 재차 양도하는 경우에 법인이 부담하여야 할 채무로 개인이 종전 사업용 고정자산 등을 법인에게 현물출자하는 행위가 완료된다 하더라도 그것만으로 법인에게 이월과세된 양도소득세 상당액의 법인세 납세의무가 성립한다고 볼 수 없다.

(나) 법인이 위 사업용 고정자산 등을 재차 양도하지 않는 경우에는 그 납부의무가 발생하지 않는다.

(다) 조특법 제32조 제5항은 제1항에 따라 설립되는 법인이 법인전환 후 5년 이내에 사업을 폐지하거나(제1호), 법인전환 후 5년 이내에 법인전환 당시 자본금의 100분의 50 이상을 유상감자하는 경우(제2호)에는 제1항에도 불구하고 대통령령으로 정하는 바에 따라 계산한 양도소득세 산출세액을 해당 거주자로부터 징수하도록 하고 있는바, 그와 같이 개인에게 징수한 경우에도 법인에게는 미납부 이월과세액에 관한 납부의무가 발생하지 않는다고 봄이 상당하다.

3) 법원

대법원은 5년의 사후관리 기간 내 발생한 사례에서 양도소득세 이월과세액을 부채로 인정하지 아니하였다.

(판결내용) 개인으로부터 사업용 고정자산을 양수한 법인은 그 자산을 재차 양도하는 경우에 비로소 개인이 당초 납부하여야 했던 양도소득 산출세액 상당액을 법인세로 납부할 의무가 발생하는 것이므로, 그 자산을 양도하기 전까지는 이월과세액이 위 '평가기준일까지 발생된 소득에 대한 법인세액'에 해당한다고 할 수 없음[대법 2021두 36226, 2021. 6. 24.(심리불속행), 수원고법 2020누 12724, 2021. 2. 3., 수원지법 2019구합 69477, 2020. 6. 11., 조심 2019 중185, 2019. 6. 20.]

나. 부채 인식 기준에 대한 견해 대립
1) 세법상 부채로 볼 수 없다는 입장

양도소득세 이월과세액을 세법상 부채로 볼 수 없다는 입장의 주요 이유를 살펴보면 아래와 같다.
• 첫째, 양도소득세 이월과세액은 지출시기가 확정되어 있지 아니하므로 확정부채로 볼 수 없다.
• 둘째, 최소한 5년이 경과하기 전까지는 양도소득세 이월과세액이 전환법인의 부채로 확정되었다고 보기 어렵다.

- 셋째, 평가기준일까지 발생된 소득에 대한 법인세액의 해석과 관련하여, 사업연도 중인 경우 그 기간까지 발생한 소득에 대한 법인세 가결산하여 부채에 가산하는 취지이므로 부채로 보기 어렵다. 비상장주식의 순자산가액을 계산할 때에 부채에 가산하는 법인세액 등은 평가기준일 현재 법인세법 등에 따라 실제 납부하여야 할 것으로 확정된 세액 등을 말하는 것으로, 당해 사업연도에 신고 대상이 되는 소득과 법인세액으로서 그 소득에 대한 법인세액을 납부할 의무가 현실적으로 발생되어 있음을 전제로 하는 것이다. 전환법인이 양수받은 자산을 양도하기 전에는 '소득에 대한 법인세액'에 포함된다고 볼 수 없다.
- 넷째, 이월과세 취지와 관련하여, 법률에 별도 정함이 없으므로 주식 평가시 부채에 반영할 수 없다.
- 다섯째, 양도소득세 이월과세액은 관련 사업용 고정자산을 양수한 법인이 이를 양도하는 때 법인세의 납세의무가 확정되며, 법인의 설립일로부터 5년 이내에 조특법 제32조 제5항에 따른 위반사유가 발생시 이월과세액은 법인세가 아닌 양도소득세로 해당 거주자가 납부하도록 규정하고 있으므로 주식 평가기준일 현재 양도소득세 이월과세액은 전환법인의 지급의무가 확정된 채무로 보기 어려우므로 순자산가액 계산시 부채에 가산하여 계산할 수 없다.
- 여섯째, 개인이 사업용 고정자산을 법인에게 현물출자하는 행위가 완료된다고 하더라도 그것만으로 법인에게 이월과세된 양도소득세 상당액의 법인세 납세의무가 성립한다고 볼 수 없다. 전환법인이 개인사업자로부터 현물출자받은 사업용 고정자산을 제3자에게 양도할 때 비로소 법인세로 납부할 의무가 확정되므로 양도소득세 이월과세액은 미확정 채무에 해당한다.

2) 세법상 부채로 볼 수 있다는 입장
양도소득세 이월과세액을 세법상 부채로 볼 수 있다는 입장의 주요 이유를 살펴보면 아래와 같다.
- 첫째, 조특법 규정에 따라 확정된 금액으로 측정가능한 이월과세액을 납부해야 하는 의무가 존재하므로 부채 인식 대상일 뿐만 아니라 지급의무가 확정된 것으로 보아야 한다.
- 둘째, 평가기준일까지 발생된 소득에 대한 법인세액의 해석(상증칙 §17의2 3호 가목)과 관련하여, 이월과세액은 법인의 미래에 발생할 소득이 아닌 평가기준일까지 이미 발생된 소득에 대한 것으로 부채로 인식하여야 한다.
- 셋째, 법인전환에 따른 양도소득세 이월과세제도는 법인전환을 지원하기 위하여 법인전환으로 인한 부동산의 양도에 대하여는 과세하지 아니하고 법인전환 후 당해 부동산을 양도하는 경우 함께 과세하도록 하여 전환시점에서 양도소득세 부담을 없도록 하기 위한 것으로, 이는 세부담의 시기를 이연시키고 납세주체를 개인에서 법인으로 바꾸어 법인전환에 따른 세부담을 경감시키고자 하는 것이 그 취지이므로 이월과세액이 비상장주식평가의 부채에서 배제된다면 법인전환의 결과로 오히려 세부담이 가중되어 세부담의 경감을 통하여 법인전환을 지원하고자 했던 당초 규정의 취지가 완전히 몰각될 수 있다.
- 넷째, 비상장주식 평가와 관련된 순자산가액의 계산구조를 살펴보면, 평가기준일 현재 「기업회계기준」에 의하여 결산한 평가대상 법인의 재무상태표상 자산 및 부채의 장부가액을 기초로 하고, 상증세법에서 부채로 인정하는 것은 가산, 그렇지 않은 것은 차감하여 순자산가액을 계산하는바, 이는 「기업회계기준」에 의하여 계산된 자산 및 부채 중 평가기준일 현재 정확히 반영되지 않은 것을 반영하기 위해서이고, 상증세법 시행규칙 제17조의2에 의하여 부채에

가산하는 '법인세액'은 회계상으로 부채로 계상되지 아니하였으나 평가기준일의 순자산가액에서 차감되어야 할 상당한 이유가 있는 비용, 즉 사업연도 중 평가기준일까지 발생된 소득에 대한 법인세 추정액 등을 의미하는 것이나, 이월과세액은 그 금액이 확정되어 예측가능한 금액이고, 기업실체가 현재의 의무를 미래에 이행할 때 경제적 효익이 유출될 가능성이 매우 높고 그 금액을 신뢰성 있게 측정할 수 있는 것을 의미하는 「기업회계기준」상 부채의 정의에도 부합하므로, 재무상태표에 계상되어 있는지 여부와 관계없이 '법인세액'과 동일하게 법인의 부채로 인식되어야 한다.

- 다섯째, 순자산가액에서 공제하는 부채란 평가기준일 현재 평가대상 법인이 지급 또는 변제하여야 할 채무를 의미하는바, 이월과세액이 순자산가액에서 공제되는 부채에 해당되지 아니한다면, 이는 평가대상 법인이 지급 또는 변제하여야 할 어떠한 의무도 없는 것으로 해석될 수 있고, 더욱이 이는 평가대상 법인에게 관련 자산의 양도시까지 '이월과세액'의 납부를 유예한 이월과세제도의 취지와도 모순되는 결과가 초래된다.

- 여섯째, 상증세법상 보충적 평가방법을 적용하여 비상장주식의 '시가'를 평가하더라도 평가대상 법인이 처한 특수한 상황을 잘 반영해야 하고, 주식을 평가할 때 '이월과세액'을 순자산가액에서 차감하지 아니한다면, 조특법에 의하여 확정된 '이월과세액'을 추후 납부하여야 하는 의무를 부담하는 평가대상 법인의 특수한 상황을 반영하지 못한 가액이 되는 것이다. 만약 이월과세액을 순자산가액에서 차감하지 않는 것이 타당하다면 비상장주식의 증여뿐만 아니라 사업양수도 거래시 적용되는 '시가'의 계산과 관련하여 거래당사자들에게 조세부담에 대한 예측가능성 및 법적 안정성을 저해하는 결과를 초래하게 된다.

- 일곱째, 현물출자된 사업용자산과 그에 관한 권리와 의무가 모두 승계되므로 자산에 관련된 확정채무는 당연히 승계되어야 하는바, 법인 설립시 소득세법상 양도행위인 현물출자를 통하여 양도소득세가 성립·확정되었고, 그 자산이 시가로 평가증되어 법인의 재무상태표에 계상되었다면 자산증액분에 상당하는 확정된 양도소득세 또한 자산에 관련된 당연채무로서 함께 확정되어 승계되어야 하므로 이월과세액은 그 세액의 납부시점만 이연된 것으로 전환법인의 확정된 채무로 보아야 하고, 국세채무가 존재함에도 채무로 차감되지 않으며, 법인의 주식평가에서도 부채로 차감되지 않은 모순이 발생할 수 있다.

- 여덟째, 더욱이 사후관리 기간(5년)이 지나면 양도소득세 이월과세액 납부주체가 법인으로 명확하게 확정되고 그 납부할 세액도 알 수 있다. 다만, 법인이 언제 납부할지를 알 수가 없을 뿐이다. 이와 같이 매각할 시기를 알 수 없어서 납세의무가 확정되지 않았다고 보기는 어렵다. 그 이유는 상증세법 시행규칙 제17조의2 제3호 가목에서 평가기준일까지 발생된 소득에 대한 법인세액을 순자산가액 계산시 부채에 가산하도록 규정하고 있기 때문이다. 여기서 "평가기준일까지 발생된 소득"은 "평가기준일까지 발생된 거주자의 양도차익"으로 볼 수 있으므로 "평가기준일까지 발생된 소득에 대한 법인세액"은 그 양도차익에 대한 양도소득세가 법인세 명목으로 납부된다고 해석이 가능하기 때문이다. 또한, 같은 호 나목에서 "평가기준일 현재 기타 지급의무가 확정된 금액"도 부채로 가산하도록 규정하고 있으므로 양도소득세 이월과세액을 여기에 적용할 수도 있기 때문이다. 그렇다면, 사후관리 기간이 지난 양도소득세 이월과세액 상당액은 납세의무가 확정되었다 봄이 타당하다고 할 것이다.

3-2. 잔존감면기간 및 미공제세액의 승계

3-2-1. 잔존감면기간

다음에 해당하는 세액감면을 적용받는 거주자가 감면기간이 경과되기 전에 법인으로 전환하는 경우, 신설법인은 승계받은 사업에서 발생하는 소득 또는 승계받은 사업용재산에 대하여 통합 당시의 잔존감면기간 내에 종료하는 각 사업연도 또는 납기분까지 그 세액감면을 적용받을 수 있다(조특법 §32④, §31④·⑤).

> ① 창업중소기업 등에 대한 세액감면(조특법 §6), 재산세 감면(조특법 §121)
> ② 수도권과밀억제권역 외의 지역 이전 중소기업에 대한 세액감면(조특법 §63)
> ③ 농공단지입주기업에 대한 세액감면(조특법 §64)
> ④ 농업회사법인에 대한 법인세의 면제(조특법 §68)

3-2-2. 미공제액의 승계

조특법상 세액공제 규정에 따라 공제할 세액 중 당해 과세연도에 납부할 세액이 없거나 최저한세의 적용으로 공제받지 못한 미공제세액이 있는 거주자가 법인으로 전환하는 경우, 신설법인은 거주자의 미공제세액 상당액을 승계하여 이월공제잔여기간에 대하여 세액공제를 받을 수 있다[15](조특법 §32④·§31⑥, 조특령 §28⑧).

3-3. 취득세의 경감

신설법인이 현물출자 또는 사업양수도에 따라 취득하는 사업용재산의 취득[16]에 대하여는 취득세의 100분의 75를 경감한다.[17] 다만, 취득일부터 5년 이내에 정당한 사유 없이 해당 사업을 폐지하거나 해당 재산을 처분(임대 포함) 또는 주식을 처분하는 경우에는 경감받은 세액을 추징한다(지방세특례제한법 §57의2④).

---

15) 현물출자나 사업양수도 방법으로 개인이 법인전환한 경우 개인의 이월공제액을 전환법인이 승계하여 공제가능하나, 법인전환일이 속하는 거주자의 소득세 확정신고 전에 전환법인의 법인세 신고기한이 도래하는 사업연도의 법인세에서 공제할 수는 없음(제도 46012-11721, 2001. 6. 27.).

16) 2021년 12월 31일까지 취득하는 경우여야 한다.

17) 사업용 고정자산을 현물출자하여 법인으로 전환하는 경우에는 거주자의 출자금액의 크기(종전 개인사업장의 순자산가액 이상인지 여부)와 상관없이 새로이 설립되는 법인의 자본금이 종전 개인사업장의 순자산가액 이상이면 취득세 및 등록세의 면제대상으로 보아야 할 것임(조심 2010지516, 2011. 11. 22.).

4 │ 사후관리

전환법인이 설립등기일로부터 5년 이내에 다음 중 어느 하나에 해당하는 경우에는 사유발생일이 속하는 달의 말일부터 2개월 이내에 이월과세액(해당 법인이 이미 납부한 세액을 제외한 금액을 말한다)을 양도소득세로 납부하여야 한다(조특법 §32⑤). 그 취지는 거주자가 납세의무를 변경하는 이월과세 규정을 부동산 등에 대한 양도소득세 회피수단으로 악용하는 사례를 방지하기 위함이다.

① 전환법인이 사업을 폐지하는 경우[18][19]

전환법인이 현물출자 또는 사업 양도·양수의 방법으로 취득한 사업용고정자산의 2분의 1 이상을 처분하거나 사업에 사용하지 않는 경우 사업의 폐지로 본다. 다만, 다음의 어느 하나에 해당하는 경우에는 그러하지 아니한다(조특령 §29⑥).

㉠ 전환법인이 파산하여 승계받은 자산을 처분한 경우

㉡ 전환법인이 「법인세법」 제44조 제2항에 따른 합병, 같은 법 제46조 제2항에 따른 분할, 같은 법 제47조 제1항에 따른 물적분할, 같은 법 제47조의2 제1항에 따른 현물출자의 방법으로 자산을 처분한 경우

㉢ 전환법인이 「채무자 회생 및 파산에 관한 법률」에 따른 회생절차에 따라 법원의 허가를 받아 승계받은 자산을 처분한 경우

② 거주자가 법인전환으로 취득한 주식 또는 출자지분의 50% 이상을 처분하는 경우[20][21]

---

18) 청구인은 쟁점토지에 대하여 부동산임대업을 영위하다가 2011. 4. 13. a에게 현물출자하고 취득한 주식을 2012. 6. 29. 주○○○에게 양도하였고, 2011. 5. 31. 쟁점토지의 양도에 대하여 조특법 제32조에 따른 법인전환에 대한 양도소득세의 이월과세를 적용하여 양도소득세 신고를 하였으며, a는 2014. 12. 24. 쟁점토지를 임의경매로 매각하고 2015. 9. 30. 사업부진으로 직권폐업된 것과 관련하여, 처분청이 2013. 1. 1. 법률 제11614호로 개정된 조특법 제32조 제5항 제1호에 따른 해당 법인이 법인전환 후 5년 이내에 사업을 폐지하는 경우에 해당한다고 보아 청구인에게 양도소득세를 과세한 사안에서, 조세심판원은 청구인이 쟁점토지를 a에 현물출자할 당시에는 이월과세에 대한 사후관리 규정이 없었던 점, 청구인이 현물출자로 취득한 주식을 양도할 당시(2012. 6. 29.)에도 주식양도에 대하여 사후관리 규정이 없었고, 지병으로 중환자실에서 치료 중 사망한 김○○○이 사망 3일전 a주식을 양도한 것은 법인전환에 대한 사후관리 규정을 위배하였다고 보기 어려운 점, 청구인은 이미 a주식 전부를 양도하였으므로 법인의 사업을 폐지하는 경우의 사후관리 규정을 적용하기 어려워 보이는 점 등에 비추어 처분청이 2013. 1. 1. 개정된 조특법 제32조 제5항 제1호 규정을 적용하여 쟁점토지의 현물출자에 따른 양도소득세 이월과세액을 청구인에게 과세한 처분은 잘못이 있다는 취지로 인용결정(조심 2016서1185, 2016. 6. 3.)하였다.

19) 「조세특례제한법」 제32조 제1항에 따라 설립된 전환법인이 거주자로부터 현물출자받은 사업용고정자산의 2분의 1 이상을 같은 법 시행령 제29조 제3항 각 호에 해당하는 "소비성서비스업"에 사용하는 경우 같은 법 제32조 제5항 제1호에 규정한 "승계받은 사업을 폐지하는 경우"에 해당하는 것임(서면-2018-부동산-1722, 2018. 8. 30.).

20) 2012. 12. 31. 이전 「조세특례제한법」 제32조에 따라 사업용 고정자산을 사업 양도·양수의 방법으로 법인으로 전환하고 그 사업용 고정자산에 대해 이월과세를 적용받은 거주자가 2013. 1. 1. 이후 해당 법인의 설립일로부터 5년 이내에 법인전환으로 취득한 주식의 100분의 50 이상을 처분하는 경우에도 같은 법(2013. 1. 1. 법률 제11614호로

여기서 처분은 주식 또는 출자지분의 유상이전, 무상이전, 유상감자 및 무상감자(주주 또는 출자자의 소유주식 또는 출자지분 비율에 따라 균등하게 소각하는 경우는 제외한다)[22]를 포함한다. 다만, 다음의 어느 하나에 해당하는 경우에는 그러하지 아니한다(조특령 §29⑦).

㉠ 거주자가 사망하거나 파산하여 주식 또는 출자지분을 처분하는 경우

㉡ 거주자가 「법인세법」 제44조 제2항에 따른 합병이나 같은 법 제46조 제2항에 따른 분할의 방법으로 주식 또는 출자지분을 처분하는 경우

㉢ 거주자가 조특법 제38조에 따른 주식의 포괄적 교환·이전 또는 조특법 제38조의2에 따른 주식의 현물출자의 방법으로 과세특례를 적용받으면서 주식 또는 출자지분을 처분하는 경우

㉣ 거주자가 「채무자 회생 및 파산에 관한 법률」에 따른 회생절차에 따라 법원의 허가를 받아 주식 또는 출자지분을 처분하는 경우

㉤ 거주자가 법령상 의무를 이행하기 위하여 주식 또는 출자지분을 처분하는 경우

㉥ 해당 거주자가 가업의 승계를 목적으로 해당 가업의 주식 또는 출자지분을 증여하는 경우로서 수증자가 법 제30조의6에 따른 증여세 과세특례를 적용받은 경우[23]

이 경우, 수증자를 해당 거주자로 보아 법 제32조 제5항(이월과세액 납부규정)을 적용하되, 5년의 기간을 계산할 때 증여자가 법인전환으로 취득한 주식 또는 출자지분을 보유한 기간을 포함하여 통산한다(조특령 §29⑧).

개정된 것) 같은 조 제5항 및 같은 법 부칙 제11조에 따라 처분일이 속하는 과세연도의 과세표준신고를 할 때 이월과세액(해당 법인이 이미 납부한 세액을 제외한 금액을 말한다)을 양도소득세로 납부하여야 함(서면법규-1338, 2013. 12. 16.).

21) 거주자가 사업용 고정자산을 현물출자하여 법인으로 전환함으로써 양도소득세를 감면받은 후 당해 법인이 제3자 배정방식의 유상증자에 의해 자본금을 증자하여 지분비율이 50% 이상 감소한 경우에는 「조세특례제한법」 제32조 제5항 제2호에 따른 주식 등의 처분으로 보지 않는 것임(서면-2019-부동산-0818, 2019. 6. 17.).

22) 균등 무상감자시는 주주 등의 지분에 변함이 없으므로 2014. 2. 21. 조특령 개정시 사후관리 사유에서 제외하였으며, 2014. 2. 21. 이후 납부하는 분부터 적용되도록 하였다.

23) 청구인은 쟁점부동산을 2009. 10. 16. 취득하여 보유하다가 2012. 5. 8. 쟁점법인에게 현물출자를 원인으로 하여 양도하고, 법인전환에 따른 양도소득세의 이월과세를 신청하였고, 처분청이 쟁점부동산에 대한 사후관리 중 청구인이 가업의 승계에 따른 과세특례를 적용받기 위하여 법인전환으로 취득한 쟁점법인의 주식 80,000주 중 60,000주(75%)를 2013. 9. 30. 청구인의 아들에게 증여한 사실을 확인하고, 「조세특례제한법」 제32조 제5항에 따라 쟁점부동산에 대한 이월과세 적용을 배제하여 청구인에게 양도소득세를 과세한 사안(쟁점 : 세법개정 이전에 발생한 가업승계 과세특례 적용에 따른 지분변동의 경우에도 개정세법을 소급적용하여 양도소득세 이월과세 추징을 제외할 수 있는지 여부)에서, 조세심판원은 조세감면은 당초 납세의무자에게 세부담을 덜어주는 직접적인 조세지원의 형태이고 이월과세는 당초 납세의무자의 세부담을 타인에게 전가하는 간접적인 조세지원의 형태로 양자가 구별되는 점, 명문의 규정이 없는 이상 특례규정이라고 볼 수 있는 법인전환에 대한 양도소득세의 이월과세규정을 유추·확장 해석할 수 없는 점[부칙(대통령령 제26070호, 2015. 2. 3.) : 이 영 중 상속세 및 증여세에 관한 개정규정은 이 영 시행 이후 상속이 개시되거나 증여받는 경우부터 적용한다] 등을 이유로 청구주장을 받아들이지 아니하였다(조심 2015구2363, 2015. 8. 26.).

질 의 부동산임대업을 영위하는 거주자가 임대용 건물과 토지를 현물출자하여 법인으로 전환하고 양도소득세 이월과세를 적용받은 후 「도시 및 주거환경정비법」상 도시환경 정비사업에 따라 건물을 철거 및 신축하여 사업을 계속하는 경우 이월과세액의 납부시기

― (제1안) 철거 시 건물부분 납부, 토지 양도 시 토지부분 납부
― (제2안) 신축건물과 토지 양도시 전체 이월과세액 납부

회 신 기획재정부 재산세제과-359, 2015. 5. 7.

부동산임대업을 영위하는 거주자가 해당 사업용 건물과 토지를 현물출자하여 법인으로 전환하고 「조세특례제한법」 제32조에 따른 양도소득세의 이월과세를 적용받은 다음 「도시 및 주거환경정비법」상 도시환경 정비사업에 따라 건물을 철거 후 신축하여 그 사업을 계속하는 경우는 「조세특례제한법」 제2조 제1항 제6호에 따른 사업용고정자산 등을 양도하는 경우와 같은 법 제32조 제5항 제1호에 따른 사업을 폐지하는 경우에 해당되지 아니하는 것임.

저자의 견해

〈"사업용고정자산의 양도" 해당 여부〉

○ 「소득세법」 제88조 제1항에서 "양도"란 자산이 유상으로 사실상 이전되는 것으로 정의하고 있어 건물의 철거 및 신축을 자산의 유상 이전으로 볼 근거가 없음.

○ 법인전환에 대한 이월과세 제도는 개인이 현물출자 시점에서 납부해야 할 양도소득세의 납부시기를 법인의 자산양도 시점까지 이연하여 기업의 원활한 구조조정을 지원하려는 제도로서 건물 철거시점에서 이월과세액을 납부하도록 할 경우 소득이 실현되지 않은 시점에 양도소득세를 부담하게 되어 당초 제도의 취지에 배치됨.

○ 기존 유사예규로서 이월과세를 적용받은 자산을 재해로 상실한 경우 사업용고정자산의 양도로 볼 수 없는 것으로 회신(기재부 법인세제과-429, 2011. 5. 24.)

〈"사업의 폐지" 해당 여부〉

○ 건물신축 후 임대사업을 계속하려는 것을 사업의 폐지로 보기 곤란

○ 본 사후관리 규정은 이월과세를 적용하여 납세의무자를 개인에서 법인으로 변경하고 자본을 감소시킬 경우 조세일실이 발생할 수 있으므로 사업폐지 등의 사후관리 요건을 충족할 경우 납세의무자를 법인에서 개인으로 다시 환원하는 제도이나 본 건은 법인이 건물을 신축함에 따라 자본이 충실해지는 점을 감안할 필요

○ 개인 상태에서 건물을 철거 및 신축 후 법인전환하는 경우는 이월과세가 적용되어 자산 양도 시 과세되나 순서를 바꾸어 개인이 법인전환 후 법인 상태에서 건물을 철거·신축하는 경우(본 사례)는 철거 시점에 과세하도록 할 경우 과세형평상 문제 발생

5 │ 절 차

양도소득세의 이월과세를 적용받고자 하는 자는 현물출자 또는 사업양수도를 한 날이 속하는 과세연도의 과세표준신고(예정신고 포함)시 새로이 설립되는 법인과 함께 이월과세적용신청서를 납세지 관할 세무서장에게 제출하여야 한다(조특법 §32③, 조특령 §29④).

6 │ 조세특례제한 등

6-1. 구분경리

본조 제4항의 규정에 의하여 창업중소기업이나 농공단지입주기업의 조세감면을 승계한 법인 또는 위탁영농회사 등의 조세감면을 승계한 자(앞의 3-2-1.에서 설명)는 당해 감면사업과 기타 사업에서 발생하는 소득금액을 구분경리하여야 한다. 구분경리에 관한 자세한 설명은 제143조의 해설을 참조하기로 한다.

6-2. 중복지원의 배제

본조 제4항의 규정에 의한 조세감면을 적용받는 경우에는 조특법 제127조 제4항의 규정에 의하여 동 규정에 열거된 일부의 조세특례를 중복적용할 수 없다. 이에 대한 자세한 설명은 제127조의 해설을 참조하기로 한다.

6-3. 최저한세의 적용

본조 제4항의 규정에 의한 세액공제·세액감면을 포함한 각종 준비금과 세액공제·세액감면 등은 조특법 제132조에서 규정하는 최저한세의 범위 내에서만 손금산입 또는 감면이 인정되는바, 이에 대하여는 제132조의 해설을 참조하기로 한다.

구 분	내 용
이월과세 적용 여부	이월과세를 적용받은 자산을 재해로 상실한 경우에는 양수한 법인이 그 사업용고정자산 등을 양도하는 경우에 해당하지 않음(재법인−429, 2011. 5. 24.).
	「조세특례제한법 시행령」 제28조 제1항 후단에서 "설립 후 1년이 경과되지 아니한 법인"은 중소기업 간의 통합에 의하여 설립된 법인 또는 통합 후 존속하는 법인이 설립 후 1년이 경과되지 아니한 경우가 해당되는 것이며, 거주자인 부부가 각각 영위하던 개인기업의 사업장별 사업용고정자산의 전부를 현물출자하여 2012. 12. 31.까지 법인(「조세특례제한법 시행령」 제29조 제3항에 따른 소비성서비스업을 경영하는 경우는 제외)으로 전환하는 경우 그 사업용고정자산에 대해서는 「조세특례제한법」 제32조를 적용받을 수 있는 것임(재재산−278, 2011. 4. 19.).
	「조세특례제한법」 제32조 제1항에 따른 사업용고정자산은 당해 사업에 직접 사용하는 유형자산 및 무형자산을 말하는 것이므로, 귀 질의와 같이 사업에 사용할 목적으로 건설 중인 자산(공장용지 포함)은 사업용고정자산에 포함되지 아니하는 것임(재재산 −1187, 2010. 12. 10.).
	재산출연으로 설립되는 의료법인으로의 전환의 경우는 조세특례제한법 제32조 등에서 규정한 양도소득세 이월과세 대상에 해당하지 아니함(감심 2010−94, 2010. 9. 17.).
	현물출자로 인하여 취득하는 주식의 가액이 현물출자로 인하여 소멸하는 사업장의 순자산가액(현물출자일 현재의 시가로 평가한 자산의 합계액에서 충당금을 포함한 부채의 합계액을 공제한 금액을 말함) 이상인 경우에 해당하는지는 현물출자로 인하여 취득하는 주식의 가액과 현물출자로 인하여 소멸하는 사업장의 순자산가액과 비교하는 것이지 현물출자하는 사업용 고정자산의 가액으로 비교하는 것이 아니므로, 회수 가능성이 없다고 판단한 관계회사 출자주식과 대여금, 부실채권으로 판단한 장기외상매출금을 현물출자 자산에서 제외한다 하더라도 해당 자산이 현물출자일 현재 소멸하는 사업장의 순자산가액에 포함된 경우에는 현물출자로 인하여 소멸하는 사업장의 순자산가액에서 제외할 수 없는 것임(법규재산 2009−18, 2009. 2. 17.).
	법인전환 후에도 부동산을 임대하는 업종의 변동은 없으나, 해당 부동산을 임차하여 사용하는 임차인이 소비성서비스업(예, 호텔업)을 영위하는 경우 이월과세 적용 여부 : 부동산임대업을 영위하는 개인사업자가 사업용고정자산인 부동산을 현물출자하여 법인(소비성서비스업을 영위하는 경우 제외)으로 전환하는 경우 당해 부동산에 대하여는 이월과세 적용가능(서면2팀−85, 2006. 1. 11.)

구 분	내 용
이월과세 적용 여부	이월과세 대상자산인 건물을 철거하고 신축한 경우 건물을 철거한 때에 건물에 대한 이월과세 세액을 법인세로 납부하여야 하는지 여부 : 이월과세 대상자산 중 건물을 철거하고 신축한 경우에는 건물을 철거한 때에 건물에 대한 이월과세 세액을 법인세로 납부함(서면5팀-245, 2006. 9. 26.).
	2개 이상의 사업장을 소유하고 있는 거주자가 그 중 1개의 사업장에 대하여만 사업양수도방식에 의하여 법인전환시 적용방법 : 거주자가 2개 이상의 사업장을 사업양수도 방법에 의하여 법인으로 전환하는 경우 각 사업장별로 당해 사업용고정자산에 대한 이월과세 적용가능(서면5팀-245, 2006. 9. 26.)
	새로이 설립되는 법인의 설립시점에는 현물출자 없이 법인이 설립되고, 3월 후 현물출자된 경우 이월과세 적용 여부 : 법인을 설립한 후에 사업용고정자산을 현물출자한 경우에는 동 규정을 적용받을 수 없는 것임(서면2팀-1176, 2007. 6. 15.).
	거주자가 현물출자 대상 자산을 단기보유하고 현물출자할 경우 중과(1년 미만 보유시 양도소득세율 50%, 1~2년 보유시 40%의 세율적용) 여부 : '이월과세'는 개인이 종전사업용고정자산 등을 법인에게 양도한 날이 속하는 과세기간에 다른 양도자산이 없다고 보아 「소득세법」 제104조의 규정에 의해 양도소득산출세액 상당액을 계산하여 법인세로 납부하는 것임(서면2팀-993, 2007. 5. 23.).
	2인이 1/2씩 공동 소유 중이던 부동산을 1인이 법인전환을 위해 현물출자한 경우 이월과세 적용 여부 : 조특법상 법인전환에 대한 양도소득세 이월과세 요건을 모두 충족하였다면, 쟁점부동산의 등기부등본상 청구인의 지분 1/2만 양도되었음을 근거로 사업장 전체가 법인전환되지 아니하고 그 중 일부만 법인전환되었다는 이유로 과세한 처분은 잘못되었음(국심 2004전2754, 2005. 8. 31.).
사업용고정자산	양도한 토지는 부동산임대사업에 직접 사용되는 고정자산이 아니므로, 조특법 제32조에서 규정한 사업용 고정자산에 해당하지 않으므로 양도소득세 이월과세 적용대상이 아니라고 본 과세처분은 적법함(대법원 2011. 8. 25. 선고 2011두11747 판결).
이월과세 적용 신청	'과세연도의 과세표준 신고시 이월과세적용신청서의 제출'이 이월과세의 적용요건으로 규정되어 있는 점, 이월과세는 조세감면과는 달리 납세자가 개인에서 법인으로 변경되므로 부과되어야 할 조세가 타인으로 전가되는 문제가 있어 납세자의 명확한 의사표시가 요구되는 점, 조세감면은 당초 납세의무자에게 세부담을 덜어주는 직접적인 조세지원의 형태이고 이월과세는 당초 납세의무자의 세부담을 타인에게 전가하는 간접적인 조세지원의 형태로 양자가 구별되는 점, 앞에서 본 바와 같이 명문의 규정이 없는 이상 특혜규정이라고 볼 수 있는 법인전환에 대한 양도소득세의 이월과세규정을 합리적 근거없이 유추·확장해석할 수 없는 점 등에 비추어 보면 당해 과세연도의 과세표준 신고시까지 이월과세적용신청서를 제출하도록 한 것은 조세감면에서와 같이 납세자의 단순한 협력의무라고 볼 수 없고, 납세자가 양도소득세 직접 부담 또는 이월과세를 선택하도록 한 것이어서 그 신청이 필수적인 요건이라고

구 분	내 용
이월과세 적용 신청	봄이 타당하므로, 원고가 당해 과세연도의 과세표준 신고시까지 이월과세적용신청서를 제출하지 아니하여 피고가 이월과세 적용을 배제하여 원고에게 양도소득세를 부과한 이 사건 처분이 위법하다고 볼 수 없음(수원지법 2010구합16272, 2011. 4. 28.).
	개인사업자의 법인사업자 전환에 따른 양도소득세 이월과세적용신청서를 양도소득세 과세표준 확정신고기한까지 제출하지 아니하여 이월과세를 배제하고 양도소득세를 과세한 것은 정당함(조심 2010중1618, 2010. 9. 15.).

8 | 주요 개정연혁

1. 2013년 법인전환에 대한 양도소득세 이월과세 항구화 및 사후관리 보완(조특법 §32)

(1) 개정내용

종 전	개 정
□ 개인사업자가 법인전환시 현물출자하거나 양도한 사업용고정자산에 대한 양도소득세 이월과세 적용	
○ 법인이 유상감자*하거나 사업을 폐지*하는 경우 이월된 양도소득세 추징 * 5년 내 자본금 50% 이상 감자 또는 5년 내 폐지	○ 주주가 주식을 처분하거나 사업을 폐지하는 경우 이월된 양도소득세 추징 * 5년 내 50% 이상 처분
○ (적용기한) 2012. 12. 31.	○ (적용기한) 삭제

(2) 개정이유

○ 중소기업의 원활한 구조조정 지원 및 조세회피 방지

(3) 적용시기 및 적용례

○ 2013. 1. 1. 이후 주식을 처분하거나 사업을 폐지하는 분부터 적용

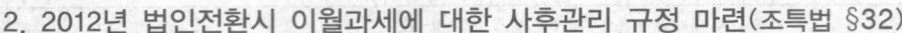

2. 2012년 법인전환시 이월과세에 대한 사후관리 규정 마련(조특법 §32)

(1) 개정내용

종 전	개 정
□ 거주자가 사업용고정자산을 현물출자하여 법인으로 전환시 사업용고정자산에 이월과세* * 거주자가 사업용고정자산을 법인에 현물출자할 때는 양도소득세를 과세하지 않고, 이를 양수한 법인이 해당 자산을 양도할 때 해당 양도세 상당액을 법인세로 납부 ○ 적용기한 : 2012. 12. 31. 〈추 가〉	□ 이월과세에 대한 사후관리 규정 마련 ○ 법인전환 후 5년 이내 사업폐지 또는 유상감자(법인전환당시 자본금의 50% 이상으로 한정)하는 경우 양도소득세 상당액을 거주자로부터 징수

(2) 개정이유

○ 부동산 등에 대한 양도세 회피수단으로 악용되지 않도록 사후관리 규정 마련

(3) 적용시기 및 적용례

○ 2012. 1. 1. 이후 사업폐지 또는 유상감자하는 분부터 적용

제33조

사업전환 무역조정지원기업에 대한 과세특례

1 | 의 의

본 제도는 무역조정지원기업[1]이 국가 간에 체결한 자유무역협정의 이행으로 인하여 한계사업을 정리하고 경쟁력 있는 사업으로 전환할 수 있도록 세제상 지원하기 위하여 2007년 말 조특법 개정시 도입되었다. 2015. 12. 15. 법 개정시 적용기한을 신설하여 전환전사업용 고정자산을 2018. 12. 31.까지 양도하는 경우에 한해 과세특례를 적용받을 수 있도록 하였으며, 2021. 12. 28. 조특법 개정시 적용기한을 2023. 12. 31.까지 연장하였다.

2 | 요 건

2-1. 전환전사업과 전환사업

① "전환전사업"이라 함은 무역조정지원기업이 경영하던 사업을 말한다(조특법 §33①).
② "전환사업"이라 함은 창업중소기업에 해당하는 사업[2]을 말한다(조특법 §33①).
③ 이 경우 사업의 분류는 한국표준산업분류에 따른 세세분류를 따른다[3] (조특령 §30⑩).

2-2. 사업전환

과세특례의 적용이 되는 '사업전환'이란 당해 전환전사업에 직접 사용하는 사업용고정자산("전환전사업용고정자산")을 사업장 단위별[4]로 양도하고, 양도일부터 1년 이내에 전환사업에

---

1) 자유무역협정 체결에 따른 무역조정 지원에 관한 법률 제6조 : 기업이 심각한 피해를 입었거나 입을 것이 확실할 것, 기업이 생산하는 상품 및 서비스와 같은 종류의 상품 및 서비스의 수입이나 그와 직접적으로 경쟁하는 상품 및 서비스의 수입(자유무역협정의 상대국으로부터의 수입으로 한정한다)의 증가가 피해의 주된 원인일 것
2) 조특법 제6조 제3항 각 호
3) 2007. 2. 28. 조특령 개정시 신설되었다.

직접 사용할 **사업용고정자산을 대체 취득하여 전환사업을 개시**하는 것을 말한다. 여기서 '사업용고정자산'이란 당해 사업에 직접 사용하는 유형고정자산 및 무형고정자산을 말한다(조특법 §33①, 조특령 §30② · ③).

2 - 3. 적용기한

무역조정지원기업이 전환전사업을 전환사업으로 전환하기 위하여 전환전사업용고정자산을 2023. 12. 31.까지 양도하고 양도일부터 1년 이내에 전환사업에 직접 사용할 사업용고정자산을 취득하여야 한다(조특법 §33①).

3 | 과세특례의 내용

3 - 1. 내국법인 : 3년거치 3년간 분할익금산입

내국법인[5]이 전환전사업용고정자산을 양도함에 따라 발생하는 양도차익(양도가액 - 취득가액)에 대하여는 다음의 금액을 당해 사업연도의 소득금액계산에 있어서 익금에 산입하지 않을 수 있다(조특법 §33①, 조특령 §30④).

$$과세이연금액 \ = \ (양도차익 - 이월결손금) \times \frac{전환사업용고정자산의 \ 취득가액}{전환전사업용고정자산의 \ 양도가액}$$

* 양도차익 : 전환전사업용고정자산의 (양도가액 - 취득가액)
* 이월결손금 : 직전사업연도 종료일 현재 「법인세법」 제13조 제1항 제1호에 따른 이월결손금

이 경우 당해 과세이연금액은 양도일이 속하는 사업연도 종료일 이후 3년이 되는 날이 속하는 사업연도부터 3개 사업연도의 기간 동안 균분한 금액 이상을 익금에 산입하여야 한다(조특법 §33①).

또한, 전환전사업용고정자산의 양도일이 속하는 사업연도 종료일까지 전환사업용고정자산, 전환사업의 기계장치 · 사업장건물 및 그 부속토지를 취득하지 않는 경우 취득가액은 사업전환(예정)명세서상의 예정가액으로 한다(조특령 §30⑦).

---

4) 전환전사업용고정자산을 사업장 단위별로 양도하지 아니한 경우에는 동 규정의 과세특례를 적용할 수 없는 것임(서면2팀 - 1179, 2008. 6. 12.).

5) 사업전환 무역조정지원기업에 대한 과세특례를 적용받던 법인이 분할하는 경우 분할하는 사업부문에 대해서는 같은 법 시행령 제30조 제8항에 따라 계산한 금액을 익금산입하는 것임(법인 - 1157, 2009. 10. 16.).

3-2. 거주자 : 세액감면 또는 과세이연

거주자가 전환전사업용고정자산을 양도함에 따라 발생하는 소득에 대하여는 다음의 방법에 따라 세액을 감면받거나 과세이연을 받을 수 있다(조특법 §33②).

3-2-1. 세액감면을 적용받는 경우

전환전사업의 사업장 건물 및 그 부속토지의 양도가액('전환전사업 양도가액')으로 전환사업의 기계장치를 취득한 경우 : 양도소득세의 50% 세액감면(조특령 §30⑤)

$$\text{감면세액} = \text{양도소득세 산출세액} \times \frac{\text{전환사업의 기계장치의 취득가액}}{\text{전환전사업 양도가액}} \times 50\%$$

* 양도소득세 산출세액 : 전환전사업의 사업장 건물 및 그 부속토지의 양도에 따른 「소득세법」 제93조 제1호에 따른 양도소득세 산출세액
* 전환사업의 기계장치 취득가액 : 전환전사업용고정자산의 양도일이 속하는 사업연도 종료일까지 전환사업의 기계장치를 취득하지 않는 경우 당해 취득가액은 사업전환(예정)명세서상의 예정가액

3-2-2. 과세이연을 적용받는 경우

전환전사업 양도가액으로 전환사업의 사업장 건물 및 그 부속토지를 취득한 경우 : 과세이연(조특령 §30⑥)

$$\text{과세이연금액} = \text{양도차익} \times \frac{\text{전환사업의 사업장 건물 및 그 부속토지 취득가액}}{\text{전환전사업 양도가액}}$$

* 전환전사업용고정자산의 양도일이 속하는 사업연도 종료일까지 전환사업의 기계장치를 취득하지 않는 경우 당해 취득가액은 사업전환(예정)명세서상의 예정가액

사 례

□ 무역조정지원기업이 공장부지(장부가액 15억원, 시가 30억원)를 처분하고 창업중소기업 업종으로 전환하기 위해 토지(20억원)와 기계장치(10억원)를 취득한 경우
　① 개인사업자인 경우
　　○ 공장부지를 처분한 양도차익(15억원) 중
　　　- 토지 취득에 사용된 금액은 과세이연하여 당해 토지를 처분하는 시점에서 과세
　　　　* 15억원×20억원(토지 취득가액)/30억원(공장 양도가액)＝10억원
　　　　　→ 당해 토지의 취득가액은 실제 취득가액(20억원)에서 과세이연금액(10억원)을 차감한 10억원이 되며, 추후 양도시 양도차익이 그만큼 커져 과세됨.
　　　- 기계장치 취득에 사용된 금액은 양도소득세 50% 감면
　　　　* 15억원×10억원(기계 취득가액)/30억원(공장 양도가액)＝5억원
　　　　　→ 5억원에 상당하는 양도세의 50% 감면
　② 법인인 경우
　　공장부지를 처분한 양도차익(15억원)에 대해 3년 거치 3년 분할 과세
　　* 양도일이 속하는 사업연도 종료 후 3년째부터 매년 5억원씩 3년간 익금산입

4 | 사후관리

4-1. 감면세액 등의 납부

과세특례를 적용받은 내국인이 사업전환을 하지 아니하거나 전환사업 개시일부터 3년 이내에 해당 사업을 폐업 또는 해산한 경우에는 그 사유가 발생한 날이 속하는 사업연도의 소득금액계산에 있어서 익금에 산입하지 않은 금액을 익금에 산입하거나 감면세액 또는 과세이연세액[6]을 양도소득세로 납부하여야 하며, 예정가액에 따라 과세특례를 적용받은 금액이 실제가액 기준의 과세특례금액을 초과하는 경우 그 초과하여 적용받은 금액에 대하여도 동일하게 적용된다(조특법 §33③ 전단, 조특령 §30⑧).

또한 과세이연을 받은 거주자(아래 ②의 경우에는 해당 거주자의 상속인)는 다음의 어느 하나에 해당하는 경우 과세이연금액에 상당하는 세액(과세이연금액에 세율을 곱하여 계산한 세액)을 해당 기한 내에 양도소득세로 납부하여야 한다(조특법 §33④, 조특령 §30⑧ 3·⑭).

　① 거주자가 전환사업의 사업장 건물 및 그 부속토지를 증여하는 경우 : 증여일이 속하는 달의 말일부터 3개월 이내

---

6) 과세이연금액에 상당하는 세액(과세이연금액에 「소득세법」 제104조에 따른 세율을 곱하여 계산한 세액을 말하며, 이하 "과세이연세액"이라 한다) 전액

② 거주자의 사망으로 전환사업의 사업장 건물 및 그 부속토지에 대한 상속이 이루어지는 경우 : 상속개시일이 속하는 달의 말일부터 6개월 이내

4-2. 이자상당가산액의 납부

감면세액 등의 납부사유가 발생하여 익금에 산입하지 않은 금액을 익금에 산입하거나 감면세액 또는 과세이연세액을 양도소득세로 납부하는 경우에는 다음의 구분에 따른 때에 이자상당가산액을 가산하여 법인세 또는 양도소득세로 납부하여야 하며, 당해 세액은 납부하여야 할 세액으로 본다(조특법 §33③ 후단, 조특령 §30⑨).
① 법인의 경우 : 해당 사유가 발생한 날이 속하는 사업연도의 과세표준신고를 할 때
② 거주자의 경우 : 해당 사유가 발생한 날이 속하는 달의 말일부터 2개월 이내

참고 **이자상당가산액**

1. 익금에 산입하는 경우 : 양도차익을 익금에 산입하지 아니한 사업연도에 익금에 산입하지 않음에 따라 발생한 법인세액의 차액에 대하여 가목에 따른 기간과 나목에 따른 율을 곱하여 계산한 금액으로 한다.
   가. 양도차익을 익금에 산입하지 아니한 사업연도 종료일의 다음 날부터 익금에 산입하는 사업연도의 종료일까지의 기간
   나. 1일 10만분의 25
2. 세액을 납부하는 경우 : 납부하여야 할 감면세액 또는 과세이연세액에 대하여 가목에 따른 기간과 나목에 따른 율을 곱하여 계산한 금액
   가. 전환전사업용고정자산에 대한 양도소득세 예정신고 납부기한의 다음 날부터 세액의 납부일까지의 기간
   나. 1일 10만분의 25

4-3. 양도소득세 감면의 종합한도

본조의 규정에 의한 양도소득세 감면에 대하여는 양도소득세 감면의 종합한도의 규정(감면받을 양도소득세액의 합계액 : 과세기간별로 1억원)을 적용받는다. 이에 대한 자세한 설명은 조특법 제133조 해설을 참조하기로 한다.

5 | 절 차

5-1. 내국법인의 경우

과세이연을 적용받고자 하는 내국법인은 전환전사업용고정자산의 양도일이 속하는 사업연도의 과세표준신고와 함께 양도차익명세 및 분할익금산입조정명세서와 사업전환(예정)명세서를 제출하여야 하며, 선양도 후 전환사업을 개시한 때에는 그 사업개시일이 속하는 사업연도의 과세표준신고와 함께 사업전환완료보고서를 납세지 관할 세무서장에게 제출하여야 한다(조특령 §30⑪).

5-2. 거주자의 경우

양도소득세를 감면받거나 과세이연을 받고자 하는 거주자는 전환전사업용고정자산의 양도일이 속하는 과세연도의 과세표준신고(예정신고 포함)와 함께 세액감면신청서 또는 과세이연신청서와 사업전환(예정)명세서를 제출하여야 하며, 선양도 후 전환사업을 개시한 때에는 그 사업개시일이 속하는 과세연도의 과세표준신고와 함께 사업전환완료보고서를 납세지 관할 세무서장에게 제출하여야 한다(조특령 §30⑫·⑬).

제34조

내국법인의 금융채무 상환을 위한 자산매각에 대한 과세특례

1 의 의

기업이 금융채무를 상환하기 위해 자산을 매각하는 경우 양도차익에 상당하는 조세 문제가 발생하게 되는데, 본조는 이에 대한 양도소득세를 4년 거치 3년간 분할납부하거나 법인세를 4년 거치 3년간 분할익금산입하도록 허용함으로써 민간부문의 자발적 구조조정을 세법상 지원하기 위하여 도입되었다. 제도의 실효성이 없어 2012. 12. 31.로 적용기한이 종료되었으나, 유럽재정위기 등에 따른 국내경기침체 이후 재무부실기업의 정상화 수요 증가가 예상되고 자구노력을 통한 기업경영 정상화를 지원하기 위하여 2014. 1. 1. 조특법 개정시 재도입되어 2014. 1. 1. 이후 양도하는 분부터 적용되었다. 개인사업자의 경우 2015. 12. 31. 일몰이 종료됨에 따라 조문 제목을 "기업의 금융채무 상환을 위한 자산매각에 대한 과세특례"에서 "내국법인의 금융채무 상환을 위한 자산매각에 대한 과세특례"로 개정하였다. 2021. 12. 28. 조특법 개정시에는 적용기한을 2023. 12. 31.까지 연장하였다.

2 요 건

내국법인이 재무구조를 개선하기 위하여 2023. 12. 31. 이전에 자산양도일부터 특정기한 이내에 채무를 상환한다는 내용이 포함되어 있는 재무구조개선계획(재무구조개선계획승인권자가 승인한 것에 한정[1]))에 따라 자산을 양도하여야 한다(조특법 §34①).

---

1) 「조세특례제한법」 제34조의 과세특례규정은 기업이 같은 법 시행령 제34조 제6항에 따른 재무구조개선계획에 따라 자산을 양도하는 경우에 적용하는 것으로, 재무구조개선계획이 없거나 같은 법 시행령 제34조 제7항에 따른 재무구조개선계획승인권자가 재무구조개선계획을 승인하지 아니한 경우에는 적용하지 아니하는 것임(법규재산 2012-191, 2012. 5. 11.).

2-1. 자산양도일

자산양도일에 대하여는 「소득세법 시행령」 제162조를 준용한다(조특령 §34②). 다만, 장기할부조건의 경우에는 각 회의 할부금(계약금은 첫 회의 할부금에 포함되는 것으로 한다)을 받은 날을 말한다(조특령 §34①). 한편 「기업구조조정 촉진법」 제2조 제2호[2])에 따른 금융채권자("금융채권자")가 채무상환액을 수령할 수 없는 사정이 있어서 상환이 불가능한 경우와 같이 부득이한 사유가 있는 경우에는 그 사유가 종료된 날을 말한다(조특법 §34①, 조특령 §34③).

2-2. 특정기한

다음의 어느 하나에 해당하는 날까지의 기한을 말한다(조특령 §34④).
① 금융채권자가 채무상환액을 수령할 수 없는 사정이 있어서 상환이 불가능한 경우로서 그 사유가 종료된 날이 자산양도일부터 3개월이 되는 날보다 나중에 오는 경우에는 그 사유가 종료된 날의 다음 날
② 위 ① 외의 경우에는 자산양도일부터 3개월이 되는 날

2-3. 채무의 범위

채무의 범위는 재무구조개선계획에 채무의 내용 및 자산의 양도를 통한 상환계획이 명시되어 있는 것으로서 다음의 금액("금융채권자채무")으로 한다(조특령 §34⑤).
① 금융채권자로부터 사업과 관련하여 차입한 차입금
② 위 ①의 차입금에 대한 이자
③ 해당 내국법인이 자금조달의 목적으로 발행한 회사채로서 금융채권자가 매입하거나 보증한 것
④ 해당 내국법인이 자금조달의 목적으로 발행한 기업어음으로서 금융채권자가 매입한 것

---

2) 기업구조조정 촉진법 제2조 【정의】 이 법에서 사용하는 용어의 뜻은 다음과 같다.
1. "금융채권"이란 기업 또는 타인에 대한 신용공여로 해당 기업에 대하여 행사할 수 있는 채권을 말한다.
2. "금융채권자"란 금융채권을 보유한 자를 말한다.

2-4. 재무구조개선계획

재무구조개선계획이란 다음의 어느 하나에 해당하는 것으로서 금융채권자채무의 총액, 내용, 상환계획 및 양도할 자산의 내용, 양도 계획을 명시한 것을 말한다(조특령 §34⑥).

① 금융채권자협의회등[3])이 기업과 체결한 기업개선계획의 이행을 위한 약정[4])
② 채권은행자율협의회[5])[6])가 그 설치 근거 및 재무구조개선 대상기업에 대한 채권을 가진 은행의 공동관리절차를 규정한 협약에 따라 재무구조개선 대상기업과 체결한 기업개선계획의 이행을 위한 특별약정
③ 금융위원회가 해당 금융기관에 대하여 권고·요구 또는 명령하거나 그 이행계획을 제출할 것을 명한 적기시정조치[7])
④ 회생계획[8])으로서 법원이 인가 결정을 선고한 것[9])
⑤ 한국자산관리공사[10])가 다음의 어느 하나에 해당하는 중소기업과 체결한 재무구조개선을 위한 약정
   ⓐ 부실징후기업[11])
   ⓑ 구조개선기업[12])

2-5. 재무구조개선계획승인권자

금융채권자협의회등, 채권은행자율협의회, 금융위원회, 관할법원, 한국자산관리공사 중 어느 하나에 해당하는 자를 말한다(조특령 §34⑦).

---

3) 「기업구조조정 촉진법」 제2조 제5호에 따른 주채권은행 또는 같은 법 제22조에 따른 금융채권자협의회
4) 「기업구조조정 촉진법」 제14조
5) 재무구조개선 대상기업에 대한 채권을 가진 은행 간 재무구조개선 대상기업의 신용위험평가 및 구조조정방안 등에 대한 협의를 위하여 설치한 협의회
6) 채권은행자율협의회 운영협약에 가입되지 아니한 채권자에 대한 채무로서, 해당 채권자와의 별도 약정에 의해 상환되는 채무는 동 과세특례 적용대상 채무에 해당하지 아니하는 것임(법규법인 2010-220, 2010. 9. 28.).
7) 「금융산업의 구조개선에 관한 법률」 제10조
8) 「채무자 회생 및 파산에 관한 법률」 제193조
9) 「채무자 회생 및 파산에 관한 법률」 제245조
10) 「금융회사부실자산 등의 효율적 처리 및 한국자산관리공사의 설립에 관한 법률」에 따른 한국자산관리공사
11) 「금융회사부실자산 등의 효율적 처리 및 한국자산관리공사의 설립에 관한 법률」 제2조 제3호에 따른 부실징후기업
12) 「금융회사부실자산 등의 효율적 처리 및 한국자산관리공사의 설립에 관한 법률」 제26조 제1항 제7호에 따른 구조개선기업

3 │ 과세특례의 내용

내국법인은 다음의 양도차익상당액을 해당 사업연도와 해당 사업연도의 종료일 이후 3개 사업연도의 기간 중 익금에 산입하지 아니하고 그 다음 3개 사업연도의 기간 동안 균분한 금액 이상을 익금에 산입하는 방법으로 법인세의 과세이연을 받을 수 있다(조특법 §34①, 조특령 §34⑧).

$$\text{양도차익상당액} \atop \text{(과세이연금액)} = (\text{양도차익} - \text{이월결손금}) \times \frac{\text{자산의 양도가액 중 금융기관채무를 상환한 금액}}{\text{자산의 양도가액}}$$

＊이월결손금 : 자산양도일이 속하는 사업연도의 직전 사업연도 종료일 현재 「법인세법」 제13조 제1호에 따른 이월결손금(이하 "이월결손금"이라 한다). 이 경우 해당 내국법인이 무상으로 받은 자산의 가액이나 채무의 면제 또는 소멸로 인한 부채의 감소액으로 먼저 이월결손금을 보전하는 경우에는 이월결손금에서 그 보전액을 뺀 금액으로 한다.

이 경우 자산양도일이 속하는 사업연도 종료일까지 금융채권자채무를 상환하지 아니한 경우의 채무상환액은 채무상환(예정)명세서의 채무상환 예정가액으로 한다(조특령 §34⑨).

4 │ 사후관리

과세특례를 적용받은 기업이 다음의 어느 하나에 해당하게 된 경우에는 해당 사유가 발생한 사업연도의 소득금액을 계산할 때 익금에 산입하지 아니한 금액을 익금에 산입하여야 한다. 이 경우 이자상당가산액을 법인세에 가산하여 납부하여야 하며 해당 세액은 「법인세법」 제64조에 따라 납부하여야 할 세액으로 본다(조특법 §34②).

4-1. 사 유

4-1-1. 재무구조개선계획에 따라 채무를 상환하지 아니한 경우

4-1-2. 부채비율이 증가한 경우

자산을 양도한 내국법인의 부채비율이 자산 양도 후 3년 이내의 기간 중 기준부채비율보다 증가하게 된 경우를 말한다.

4-1-2-1. 자산양도일과 채무상환일이 다른 경우

자산양도일과 금융채권자채무를 상환한 날("채무상환일")이 서로 다른 사업연도에 속하는 경우에는 채무상환일부터 3년의 기간을 계산한다(조특령 §34⑬). 여기서 자산양도일(또는 채무상환일)부터 해당 사업연도 종료일까지의 기간을 1년으로 보아 3년의 기간을 계산한다(조특령 §34⑭).

4-1-2-2. 부채비율

부채비율은 각 사업연도 종료일 현재 부채13)를 대차대조표의 자기자본14)(자기자본이 납입자본금보다 적은 경우에는 납입자본금)으로 나누어 계산한다(조특령 §34⑮). 이 경우 외화표시자산 및 부채에 대한 평가금액과 관련하여서는 후술하기로 한다.

4-1-2-3. 기준부채비율

기준부채비율은 ①의 비율에서 ②의 비율을 뺀 비율로 한다(조특령 §34⑯). 이 경우 외화표시자산 및 부채에 대하여는 위 4-1-2-2.를 참조하기로 한다.

① 기준부채비율산정기준일15) 현재의 부채를 기준부채비율산정기준일 현재의 자기자본으로 나누어 계산한 비율. 이 경우 기준부채비율산정기준일 이후 재무구조개선계획이 최초로 승인된 날의 전날까지의 기간 중 어느 한 날을 기준으로 재무구조개선계획의 수립을 위하여 평가한 부채 및 자기자본으로서 재무구조개선계획승인권자가 확인한 경우에는 그 부채 및 자기자본을 사용하여 계산할 수 있다.

② 채무상환액을 위 ①에 따른 자기자본으로 나누어 계산한 비율

4-1-2-4. 부 채

부채란 각 사업연도 종료일 현재 재무상태표상의 부채의 합계액 중 타인으로부터 조달한 차입금의 합계액을 말한다. 다만, 「채무자 회생 및 파산에 관한 법률」에 따른 회생계획인가의 결정에 따라 지급이자가 차입금의 원금에 가산된 경우에는 그 지급이자 상당액은 이를 차입금으로 보지 아니한다(조특칙 §18①).

4-1-2-5. 자기자본

자기자본은 각 사업연도 종료일 또는 조특령 제16조 제1호에 따른 기준부채비율산정기준일("기준부채비율산정기준일") 현재의 자산총액에서 부채총액(각종 충당금을 포함하며 미지급법인세는 제외한다)을 공제하여 계산한다. 이 경우 자산총액을 산정함에 있어 각 사업연도 종료일

---

13) 후술 참조
14) 결손금이 발생하거나 「자산재평가법」에 따라 재평가를 한 경우는 후술하기로 한다.
15) 재무구조개선계획이 최초로 승인된 날이 속하는 과세연도의 직전 과세연도 종료일을 말한다.

또는 기준부채비율산정기준일 전에 해당 법인의 보유자산에 대하여「자산재평가법」에 따른 재평가를 한 때에는 같은 법에 따른 재평가차액(재평가세를 공제한 금액)을 공제한다(조특칙 §18②).

4-1-2-6. 납입자본금

납입자본금은 각 사업연도 종료일 현재의 납입자본금을 기준으로 하되, 해당 법인이 각 사업연도 종료일 이전에 무상감자를 한 경우에는 해당 감자금액을 납입자본금에 가산한다 (조특칙 §18③).

4-1-2-7. 결손금이 발생한 경우

금융채권자부채를 상환한 후 3년 이내에 결손금의 발생으로 각 사업연도의 자기자본이 직전 사업연도 또는 기준부채비율산정기준일 현재의 자기자본보다 감소한 경우에는 직전 사업연도의 자기자본과 기준부채비율산정기준일 현재의 자기자본 중 큰 금액을 기준으로 부채비율을 계산한다(조특칙 §18④).

4-1-2-8. 외화표시자산 및 부채

외화표시자산 및 부채("외화표시자산 등")를 원화로 평가하는 때에는 다음의 구분에 따른 기준일 현재의 법인령 제76조 제1항에 따른 환율16)에 의한다(조특칙 §18⑥).
① 부채비율을 산정하는 경우17) : 각 사업연도 종료일. 다만, ㉠에 따른 부채비율이 ㉡에 따른 부채비율보다 낮은 경우에는 ㉠에 따른 기준일로 한다.
  ㉠ 기준부채비율산정기준일 현재의 통화별 외화표시자산 등의 금액 범위 안의 외화표시자산 등에 대하여는 기준부채비율산정기준일 현재의 환율로 평가하고, 그 외의 외화표시자산 등에 대하여는 각 사업연도 종료일 현재의 환율로 평가한 부채비율
  ㉡ 전체 외화표시자산 등을 각 사업연도 종료일의 환율로 평가한 부채비율
② 기준부채비율을 산정하는 경우18) : 기준부채비율산정기준일(부채상환분에 대하여는 상환한 날)

---

16) 법인세법 시행령 제76조【외화자산 및 부채의 평가】① 제61조 제2항 제1호부터 제7호까지의 금융회사 등이 보유하는 화폐성외화자산·부채와 통화선도 등은 다음 각 호의 방법에 따라 평가하여야 한다.
  1. 화폐성외화자산·부채 : 사업연도 종료일 현재의 기획재정부령으로 정하는 매매기준율 또는 재정(裁定)된 매매기준율(이하 "매매기준율 등"이라 한다)로 평가하는 방법
  2. 통화선도 등 : 다음 각 호의 어느 하나에 해당하는 방법 중 관할 세무서장에게 신고한 방법에 따라 평가하는 방법. 다만, 최초로 나목의 방법을 신고하여 적용하기 이전 사업연도에는 가목의 방법을 적용하여야 한다.
    가. 계약의 내용 중 외화자산 및 부채를 계약체결일의 매매기준율 등으로 평가하는 방법
    나. 계약의 내용 중 외화자산 및 부채를 사업연도 종료일 현재의 매매기준율 등으로 평가하는 방법
17) 조특령 제34조 제15항
18) 조특령 제34조 제16항

4-1-2-9. 합병하는 경우

금융채권자부채 상환일 전·후에 합병한 경우 기준부채비율을 산정할 때에는 기준부채비율산정기준일 현재 피합병법인(합병으로 인하여 소멸 또는 흡수되는 법인) 및 합병법인(합병으로 인하여 신설 또는 존속하는 기업)의 재무상태표상의 부채[19] 및 자기자본의 합계액을 기준으로 합병법인의 기준부채비율을 계산한다(조특칙 §18⑤).

4-1-3. 폐업 또는 해산하는 경우

해당 자산을 양도한 날부터 3년 이내에 해당 사업을 폐업하거나 해산한 경우로서 합병법인, 분할로 인하여 신설되는 법인 또는 분할합병의 상대방법인이 해당 사업을 승계한 경우가 아닌 경우. 단, 파산선고를 받은 경우 및 천재지변, 그 밖에 이에 준하는 사유로 사업을 폐한 경우(조특령 §34⑰)에는 이자상당가산액을 가산하지 아니한다.

4-2. 납부 또는 익금산입 방법(조특령 §34⑩)

다음에 따라 계산한 금액을 익금에 산입하는 방법
① 재무구조개선계획에 따라 채무를 상환하지 아니한 경우 : 다음 산식에 따라 계산한 금액

양도차익상당액 × 〔채무상환(예정)명세서의 채무상환 예정가액 − 양도가액 중 채무상환액〕/채무상환(예정)명세서의 채무상환 예정가액

② 자산을 양도한 기업의 부채비율이 자산 양도 후 3년 이내의 기간 중 기준부채비율보다 증가하게 된 경우 : 다음 산식에 따라 계산한 금액

양도차익상당액 × 부채비율에서 기준부채비율을 뺀 비율이 기준부채비율에서 차지하는 비율(이 비율이 1을 초과하는 경우에는 1로 본다)

③ 해당 자산을 양도한 날부터 3년 이내에 해당 사업을 폐업하거나 해산한 경우 : 양도차익상당액 중 익금에 산입하지 아니한 금액 전액

---

19) 조특칙 제18조 제1항에 따른 부채를 말한다.

4-3. 이자상당가산액(조특령 §34⑪)

> 자산양도일이 속하는 사업연도에 위 4-2.에 따른 금액을 익금에 산입하지 아니함에 따라 발생한 법인세액의 차액 × 자산양도일이 속하는 사업연도 종료일의 다음 날부터 위 4-2.에 따른 금액을 익금에 산입하는 사업연도의 종료일까지의 기간 × 1일 10만분의 25

4-4. 기납부세액(조특령 §34⑫)

위 4-2.(③은 제외)와 4-3.을 적용할 때 위 4-2.에 따른 금액을 익금에 산입하기 전에 익금에 산입하지 아니한 금액의 일부 또는 전부로서 그 이후 익금에 산입한 금액("기익금산입액")이 있으면 먼저 익금에 산입한 순서대로 기익금산입액을 위 4-2.에 따른 익금산입액으로 보며 기익금산입액을 익금에 산입한 사업연도까지의 기간을 기준으로 이자상당가산액을 계산한다.

5 | 절차

5-1. 재무구조개선계획의 내용 및 그 이행실적 제출

재무구조개선계획승인권자는 재무구조개선계획 승인내국법인의 재무구조개선계획 승인일이 속하는 사업연도 종료일까지 재무구조개선계획의 내용을 재무구조개선계획서에 따라 재무구조개선계획승인기업의 납세지 관할 세무서장에게 제출하여야 하며, 다음에 해당하는 사업연도의 과세표준 신고기한 종료일까지 재무구조개선계획이행보고서를 재무구조개선계획 승인내국법인의 납세지 관할 세무서장에게 제출하여야 한다. 이 경우 재무구조개선계획 승인내국법인이 재무구조개선계획승인권자의 확인을 받아 재무구조개선계획서 또는 재무구조개선계획이행보고서를 납세지 관할 세무서장에게 제출하는 경우에는 재무구조개선계획승인권자가 제출한 것으로 본다(조특법 §34③, 조특령 §34⑱).

① 자산양도일이 속하는 사업연도
② 채무상환일이 속하는 사업연도(자산양도일과 채무상환일이 서로 다른 사업연도에 속하는 경우에 한정한다)
③ 채무상환일이 속하는 사업연도의 다음 3개 사업연도

5 - 2. 과세특례 신청

과세특례를 적용받으려는 내국법인은 자산양도일이 속하는 사업연도의 과세표준신고와 함께 양도차익명세서, 분할익금산입조정명세서 및 채무상환(예정)명세서를 납세지 관할 세무서장에게 제출하여야 하며, 자산양도일과 채무상환일이 서로 다른 사업연도에 속하는 경우에는 채무상환일이 속하는 사업연도의 과세표준신고와 함께 채무상환(예정)명세서를 별도로 제출하여야 한다(조특령 §34⑲).

6 │ 주요 개정연혁

1. 재무구조개선계획에 대한 과세특례 적용기한 연장(조특법 §34, §39, §40, §44)

(1) 개정내용

종 전	개 정

□ 재무구조개선계획* 이행에 대한 과세특례
  * ① 기업구조조정촉진법에 따른 경영정상화계획, ② 채권은행자율협의 회와의 특별약정, ③ 금융산업의 구조개선에 관한 법률의 적기시정조 치, ④ 법원이 인가한 회생계획
 	
① 금융채무 상환을 위해 자산 양도시
  - 자산양도차익 4년 거치 3년 분할익금산입
② 주주(법인)가 채무를 인수·변제시
  - (주주) 채무 인수·변제금액 손금산입
  - (해당 법인) 채무면제이익 4년 거치 3년 분할익금산입
③ 주주(법인)가 자산을 증여시
  - (주주) 증여자산가액 손금산입
  • 자산 양도 후 양도대금 증여시 양도차익 익금불산입
  - (해당 법인) 자산수증이익 4년 거치 3년 분할익금산입
④ 금융기관으로부터 채무를 면제받는 경우
  - (금융기관) 면제한 채무금액 손금산입
  - (해당 법인) 채무면제이익 4년 거치 3년 분할익금산입
○ (적용기한) 2018. 12. 31.
	□ 적용기한 연장
	
	○ 2021. 12. 31.

(2) 개정이유

○ 기업의 재무구조개선 지원

제38조

주식의 포괄적 교환·이전에 대한 과세특례

1 │ 의 의

　　기업 합병시 조직의 비대로 말미암아 규모의 불경제가 발생할 가능성이 있고, 이종의 사업이 한 회사에 뒤섞여 경영상의 비효율을 야기할 수 있으며, 여러 부문의 사업 수행으로 인한 위험이 집중되는 문제가 발생할 수 있다. 이에 반해 「주식의 포괄적 교환·이전」은 관련회사들의 법적독립성을 유지함으로써 기업 위험을 분산하고, 경영지휘의 통일을 기할 수 있는 장점이 있다. 「주식의 포괄적 교환」[1]은 이미 존재하는 A회사와 B회사의 계약에 의해 B회사의 주주가 소유하는 B회사의 주식을 전부 A회사에 이전하고, 그 주식을 재원으로 하여 A회사가 B회사의 주주에게 신주를 발행하거나 자기주식을 교부하는 것을 말한다.[2] 이에 따라 A는 B의 주식 전부를 소유하는 완전모회사가 되고, B의 주주는 A의 주주로 수용된다. 「주식의 포괄적 이전」[3]은 주식회사 갑이 완전모회사 을을 설립하면서 동시에 자신의 주주들이 갖는 주식을 을에게 이전시키고 그 대가로 을의 주식을 배정함으로써 을의 완전자회사로 되는 형태를 말한다.[4] 이는 목표기업(완전자회사) 주주가 주식 전부[5]를 인수기업(완전모회사)에 이전하고

---

1) **상법 제360조의2 【주식의 포괄적 교환에 의한 완전모회사의 설립】** ① 회사는 이 관의 규정에 의한 주식의 포괄적 교환에 의하여 다른 회사의 발행주식의 총수를 소유하는 회사(이하 "완전모회사"라 한다)가 될 수 있다. 이 경우 그 다른 회사를 "완전자회사"라 한다.
　② 주식의 포괄적 교환(이하 이 관에서 "주식교환"이라 한다)에 의하여 완전자회사가 되는 회사의 주주가 가지는 그 회사의 주식은 주식을 교환하는 날에 주식교환에 의하여 완전모회사가 되는 회사에 이전하고, 그 완전자회사가 되는 회사의 주주는 그 완전모회사가 되는 회사가 주식교환을 위하여 발행하는 신주의 배정을 받거나 그 회사 자기주식의 이전을 받음으로써 그 회사의 주주가 된다.

2) 소륜, 안동섭, "상법해설", 홍문관, 2012년, p.686 참조

3) **상법 제360조의15 【주식의 포괄적 이전에 의한 완전모회사의 설립】** ① 회사는 이 관의 규정에 의한 주식의 포괄적 이전(이하 이 관에서 "주식이전"이라 한다)에 의하여 완전모회사를 설립하고 완전자회사가 될 수 있다.
　② 주식이전에 의하여 완전자회사가 되는 회사의 주주가 소유하는 그 회사의 주식은 주식이전에 의하여 설립하는 완전모회사에 이전하고, 그 완전자회사가 되는 회사의 주주는 그 완전모회사가 주식이전을 위하여 발행하는 주식의 배정을 받음으로써 그 완전모회사의 주주가 된다.

4) 소륜, 안동섭, "상법해설", 홍문관, 2012년, p.703 참조

5) 주식의 단계별 취득은 본조의 적용 대상이 아닌 것으로 보인다.

인수기업의 주식을 받는 기업 조직재편을 말하고 교환·이전을 통해 완전지배관계가 형성된다.

본 제도는 합병과 경제적 실질이 유사하므로 합병과 유사한 과세특례를 부여하는 제도로 2010. 7. 1. 이후 교환·이전하는 분부터 적용한다.

2016. 12. 20. 조특법 개정시에는 상법상 삼각분할합병 및 삼각주식교환이 허용(2016년 3월 시행)됨에 따라 조특법에서도 주식의 포괄적 교환시 주식양도손익 등 과세이연 요건을 완화하여, 종전에는 교환·이전대가 중 완전모회사의 주식이 80% 이상 배정될 것을 요건으로 하였으나, 완전모회사 또는 완전모회사의 모회사 주식이 80% 이상 배정되는 경우에도 과세이연이 가능한 것으로 개정되었다.

2 | 과세이연요건

다음의 요건(사업목적의 교환·이전, 지분의 연속성, 사업의 계속성)을 모두 갖추어 주식의 포괄적 교환6)7) 또는 주식의 포괄적 이전8)에 따라 주식의 포괄적 교환 등의 상대방법인의 완전자회사로 되는 경우 그 주식의 포괄적 교환 등으로 발생한 완전자회사 주주의 주식양도차익에 상당하는 금액에 대한 양도소득세 또는 법인세에 대해서는 완전자회사의 주주가 완전모회사 또는 그 완전모회사의 완전모회사 주식을 처분할 때까지 과세를 이연받을 수 있다(조특법 §38①).

2-1. 사업목적의 교환·이전

주식의 포괄적 교환·이전일 현재 1년 이상 계속하여 사업을 하던 내국법인 간의 주식의 포괄적 교환 등이어야 한다. 다만, 주식의 포괄적 이전으로 신설되는 완전모회사는 1년 이상 계속사업 요건 적용을 배제된다.

---

6) A법인의 주주(총수)가 당해 주식을 B법인이 주식 교환을 위해 신주 발행한 주식을 배정받음으로써 A법인이 B법인의 완전자회사가 되는 것(상법 §360의2)

7) 「조세특례제한법」(2010. 12. 27. 법률 제10406호로 개정되기 전의 것) 제38조의2의 지주회사의 설립 등에 대한 과세특례에 따라 주식의 포괄적 교환에 의하여 발생한 주식양도차익에 상당하는 금액에 대하여 양도소득세를 과세이연받은 거주자가 당초 포괄적 교환으로 취득한 지주회사 주식을 다시 「조세특례제한법」(2010. 12. 27. 법률 제10406호로 개정된 것) 제38조에 따라 포괄적 교환을 하는 해당 지주회사 주식을 포괄적 교환하는 때에 당초 과세이연받은 양도소득세를 과세하는 것임. 이 경우 적용할 세율은 해당 지주회사 주식을 포괄적 교환으로 양도할 당시 세법에 따른 세율을 적용하는 것임(부동산거래-366, 2012. 7. 13.).

8) 「상법」 제360조의15

2-2. 지분의 연속성

완전자회사의 주주가 완전모회사로부터 교환·이전대가를 받은 경우 그 교환·이전대가의 총합계액 중 완전모회사 주식의 가액이 100분의 80 이상이거나 그 완전모회사의 완전모회사 주식의 가액이 100분의 80 이상[9]으로서 완전모회사의 주식이 배정되고,[10] 완전모회사 및 완전자회사의 일정한 지배주주 등[11]이 주식의 포괄적 교환 등으로 취득한 주식을 교환·이전일이 속하는 사업연도의 종료일까지 보유하여야 한다.

다만, 완전자회사의 일정한 지배주주 등이 「법인세법 시행령」 제80조의2 제1항 제1호 각 목[12]의 어느 하나에 해당하는 경우는 부득이한 사유가 있는 경우로서 주식을 보유하는 것으로

---

9) 교환·이전대가의 총합계액 중 주식의 가액이 100분의 80 이상인지를 판정할 때 완전모회사가 주식의 포괄적 교환·이전일 전 2년 내에 취득한 완전자회사의 주식이 있는 경우에는 다음의 금액을 금전으로 교부한 것으로 보아 교환·이전대가의 총합계액에 더한다(조특령 §35의2⑤).
   1. 완전모회사가 주식의 포괄적 교환·이전일 현재 완전자회사의 「법인세법 시행령」 제43조 제7항에 따른 지배주주가 아닌 경우 : 완전모회사가 주식의 포괄적 교환·이전일 전 2년 이내에 취득한 완전자회사의 주식이 완전자회사의 발행주식총수의 100분의 20을 초과하는 경우 그 초과하는 주식의 취득가액
   2. 완전모회사가 주식의 포괄적 교환·이전일 현재 완전자회사의 「법인세법 시행령」 제43조 제7항에 따른 지배주주인 경우 : 주식의 포괄적 교환·이전일 전 2년 이내에 취득한 주식의 취득가액
10) 완전모회사의 주식 배정기준 : 완전자회사의 주주에게 교환·이전대가로 받은 완전모회사의 주식을 교부할 때에는 일정한 지배주주 등(아래 조특령 §35의2⑥의 주주를 말한다)에게 다음 계산식에 따른 금액 이상의 완전모회사의 주식을 교부하여야 한다(조특령 §35의2⑦).
    * 완전모회사가 교환·이전대가로 지급한 완전모회사의 주식의 총합계액 × 일정한 지배주주 등의 완전자회사에 대한 지분비율
11) 완전자회사의 「법인세법 시행령」 제43조 제3항에 따른 지배주주(그 특수관계인을 포함한다) 중 다음 각 호의 어느 하나에 해당하는 자를 제외한 주주를 말한다(조특령 §35의2⑥).
    1. 「법인세법 시행령」 제43조 제8항 제1호 가목의 친족 중 4촌 이상의 혈족과 인척
    2. 주식의 포괄적 교환·이전일 현재 완전자회사에 대한 지분비율이 100분의 1 미만이면서 시가로 평가한 그 지분가액이 10억원 미만인 자
12) 법인세법 시행령 제80조의2【적격합병의 요건 등】① 법 제44조 제2항 각 호 외의 부분 단서에서 "대통령령으로 정하는 부득이한 사유가 있는 경우"란 다음 각 호의 어느 하나에 해당하는 경우를 말한다.
    1. 법 제44조 제2항 제2호에 대한 부득이한 사유가 있는 것으로 보는 경우 : 다음 각 목의 어느 하나에 해당하는 경우
       가. 제5항에 따른 주주등(이하 이 조에서 "해당 주주등"이라 한다)이 합병으로 교부받은 전체 주식등의 2분의 1 미만을 처분한 경우. 이 경우 해당 주주등이 합병으로 교부받은 주식등을 서로 간에 처분하는 것은 해당 주주등이 그 주식등을 처분한 것으로 보지 않고, 해당 주주등이 합병법인 주식등을 처분하는 경우에는 합병법인이 선택한 주식등을 처분하는 것으로 본다.
       나. 해당 주주등이 사망하거나 파산하여 주식등을 처분한 경우
       다. 해당 주주등이 적격합병, 적격분할, 적격물적분할 또는 적격현물출자에 따라 주식등을 처분한 경우
       라. 해당 주주등이 「조세특례제한법」 제38조·제38조의2 또는 제121조의30에 따라 주식등을 현물출자 또는 교환·이전하고 과세를 이연받으면서 주식등을 처분한 경우
       마. 해당 주주등이 「채무자 회생 및 파산에 관한 법률」에 따른 회생절차에 따라 법원의 허가를 받아 주식등을 처분하는 경우

본다(조특법 §38③, 조특령 §35의2⑬ 1).

2-3. 사업의 계속성

완전자회사가 교환·이전일이 속하는 사업연도의 종료일까지 사업을 계속하여야 한다. 사업의 계속 및 폐지 여부를 판정할 때는 완전자회사가 주식의 포괄적 교환·이전일 현재 보유하는 고정자산가액의 2분의 1 이상을 처분하거나 사업에 사용하지 아니하는 경우에는 사업을 폐지한 것으로 본다(조특령 §35의2⑧). 다만, 완전자회사가 「법인세법 시행령」 제80조의2 제1항 제2호 각 목13)의 어느 하나에 해당하는 경우에는 부득이한 사유가 있는 경우로서 사업을 계속하는 것으로 본다(조특법 §38③, 조특령 §35의2⑬ 2).

3 | 완전자회사의 주주에 대한 과세특례

3-1. 법인주주에 대한 과세이연

3-1-1. 손금산입

완전자회사의 주주인 법인(내국법인 및 국내원천소득이 종합과세되는 외국법인14)에 한정한다)이 주식의 포괄적 교환 또는 주식의 포괄적 이전으로 취득한 완전모회사 주식의 가액 중 다음의 금액을 주식의 포괄적 교환·이전일이 속하는 사업연도의 소득금액을 계산할 때 손금에 산입할 수 있다. 이 경우 손금에 산입하는 금액은 주식의 포괄적 교환 등으로 취득한 완전모회사 또는 그 완전모회사의 완전모회사 주식의 압축기장충당금으로 계상하여

바. 해당 주주등이 「조세특례제한법 시행령」 제34조 제6항 제1호에 따른 기업개선계획의 이행을 위한 약정 또는 같은 항 제2호에 따른 기업개선계획의 이행을 위한 특별약정에 따라 주식등을 처분하는 경우
사. 해당 주주등이 법령상 의무를 이행하기 위하여 주식등을 처분하는 경우

13) 법인세법 시행령 제80조의2 【적격합병의 요건 등】 ① 법 제44조 제2항 각 호 외의 부분 단서에서 "대통령령으로 정하는 부득이한 사유가 있는 경우"란 다음 각 호의 어느 하나에 해당하는 경우를 말한다.
2. 법 제44조 제2항 제3호에 대한 부득이한 사유가 있는 것으로 보는 경우 : 다음 각 목의 어느 하나에 해당하는 경우
가. 합병법인이 파산함에 따라 승계받은 자산을 처분한 경우
나. 합병법인이 적격합병, 적격분할, 적격물적분할 또는 적격현물출자에 따라 사업을 폐지한 경우
다. 합병법인이 「조세특례제한법 시행령」 제34조 제6항 제1호에 따른 기업개선계획의 이행을 위한 약정 또는 같은 항 제2호에 따른 기업개선계획의 이행을 위한 특별약정에 따라 승계받은 자산을 처분한 경우
라. 합병법인이 「채무자 회생 및 파산에 관한 법률」에 따른 회생절차에 따라 법원의 허가를 받아 승계받은 자산을 처분한 경우
14) 「법인세법」 제91조 제1항에 따른 외국법인

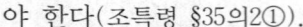
야 한다(조특령 §35의2①).

> 손금산입액 = ① - ②
> ① 주식의 포괄적 교환 등으로 취득한 완전모회사등주식15)의 가액, 금전, 그 밖의 재산가액의 합계액
> ("교환·이전대가"라 한다)에서 주식의 포괄적 교환 등으로 양도한 완전자회사의 주식의 취득가액을
> 뺀 금액 → 실현된 양도차익
> ② Min(①, 교환·이전대가로 받은 완전모회사등주식 외의 금전, 그 밖의 재산가액의 합계액 중 작은
> 금액) → 과세되는 금액

3-1-2. 익금산입

위에 따라 계상한 압축기장충당금은 해당 법인이 완전모회사등주식을 처분하는 사업연도에 다음 계산식에 따른 금액을 익금에 산입하되, 자기주식으로 소각되는 경우에는 익금에 산입하지 아니하고 소멸하는 것으로 한다. 이 경우 주식의 포괄적 교환등 외의 다른 방법으로 취득한 완전모회사등주식이 있으면 주식의 포괄적 교환 등으로 취득한 주식을 먼저 양도한 것으로 본다(조특령 §35의2②).

> 익금산입액 = 압축기장충당금 × (처분한 주식 수/주식의 포괄적 교환 및 이전으로 취득한 주식 수)

3-2. 거주자등에 대한 과세이연

3-2-1. 교환 및 이전시 과세

완전자회사의 주주인 거주자, 비거주자 또는 국내원천소득이 분리과세되는 외국법인16) (이하 "거주자등"이라 한다)이 보유주식을 완전모회사에 주식의 포괄적 교환 등을 하고 과세를 이연받는 경우에는 다음의 금액을 양도소득으로 보아 양도소득세를 과세한다(조특령 §35의2③).

> 양도소득 = Min(①, ②)
> ① 교환·이전대가에서 주식의 포괄적 교환 등으로 양도한 완전자회사 주식의 취득가액을 뺀 금액
> ② 교환·이전대가로 받은 완전모회사등주식 외의 금전, 그 밖의 재산가액의 합계액 → 받은 금전 등

---

15) 주식의 포괄적 교환등으로 취득한 완전모회사 주식(법 제38조 제1항 제2호에 따라 받은 교환·이전대가의 총합계액
중 완전모회사의 완전모회사 주식의 가액이 100분의 80 이상인 경우에는 완전모회사의 완전모회사의 주식을 말한다)
16) 「법인세법」 제91조 제1항에 해당하지 아니하는 외국법인

3-2-2. 완전모회사등주식 양도시 과세

거주자 등이 완전모회사등주식의 전부 또는 일부를 양도하는 때에는 다음 계산식에 따른 금액을 취득가액으로 보아 양도소득세를 과세한다. 이 경우 주식의 포괄적 교환등 외의 다른 방법으로 취득한 완전모회사등주식이 있으면 주식의 포괄적 교환 등으로 취득한 주식을 먼저 양도한 것으로 본다(조특령 §35의2④).

취득가액 = (완전자회사 주식의 취득가액 + 3-2-1.의 양도소득 − 교환·이전대가로 받은 금전 등)
　　　　　× (처분한 주식 수 / 주식의 포괄적 교환 및 이전으로 취득한 주식 수)

4 | 사후관리

완전자회사의 주주가 본조에 따라 과세를 이연받은 경우 완전모회사는 완전자회사 주식을 「법인세법」 제52조 제2항에 따른 시가로 취득하고, 이후 주식의 포괄적 교환·이전일이 속하는 사업연도의 다음 사업연도 개시일부터 2년 이내에 다음의 어느 하나의 사유가 발생하는 경우 완전모회사는 해당 사유의 발생 사실을 발생일부터 1개월 이내에 완전자회사의 주주에게 알려야 하며, 완전자회사의 주주는 과세를 이연받은 양도소득세 또는 법인세를 납부하여야 한다(조특법 §38②, 조특령 §35의2⑪).

① 완전자회사가 사업을 폐지하는 경우

사업의 계속 및 폐지 여부를 판정할 때는 완전자회사가 주식의 포괄적 교환·이전일 현재 보유하는 고정자산가액의 2분의 1 이상을 처분하거나 사업에 사용하지 아니하는 경우에는 사업을 폐지한 것으로 본다(조특령 §35의2⑧). 다만, 완전자회사가 「법인세법 시행령」 제80조의2 제1항 제2호 각 목17)의 어느 하나에 해당하는 경우에는 부득이한 사유가 있는 경우로서 사업을 계속하는 것으로 본다(조특법 §38③, 조특령 §35의2⑬ 2).

---

17) 법인세법 시행령 제80조의2 【적격합병의 요건 등】 ① 법 제44조 제2항 각 호 외의 부분 단서에서 "대통령령으로 정하는 부득이한 사유가 있는 경우"란 다음 각 호의 어느 하나에 해당하는 경우를 말한다.
2. 법 제44조 제2항 제3호에 대한 부득이한 사유가 있는 것으로 보는 경우 : 다음 각 목의 어느 하나에 해당하는 경우
　가. 합병법인이 파산함에 따라 승계받은 자산을 처분한 경우
　나. 합병법인이 적격합병, 적격분할, 적격물적분할 또는 적격현물출자에 따라 사업을 폐지한 경우
　다. 합병법인이 「조세특례제한법 시행령」 제34조 제6항 제1호에 따른 기업개선계획의 이행을 위한 약정 또는 같은 항 제2호에 따른 기업개선계획의 이행을 위한 특별약정에 따라 승계받은 자산을 처분한 경우
　라. 합병법인이 「채무자 회생 및 파산에 관한 법률」에 따른 회생절차에 따라 법원의 허가를 받아 승계받은 자산을 처분한 경우

② 완전모회사 또는 완전자회사의 일정한 지배주주 등[18]이 주식의 포괄적 교환등으로 취득한 주식을 처분하는 경우

다만, 완전모회사 및 완전자회사의 일정한 지배주주 등이 「법인세법 시행령」 제80조의2 제1항 제1호 각 목[19]의 어느 하나에 해당하는 경우는 부득이한 사유가 있는 경우로서 주식을 보유하는 것으로 본다(조특법 §38③, 조특령 §35의2⑬ 1).

완전자회사의 주주가 과세를 이연받은 양도소득세 또는 법인세를 납부하는 경우, 다음의 방법으로 납부하여야 한다(조특령 §35의2⑫).

① 완전자회사의 주주가 거주자등인 경우 : 해당 사유가 발생한 날이 속하는 반기의 말일부터 2개월 이내에 이연받은 세액(이연받은 세액 중 이미 납부한 부분과 조특령 §35의2⑬에 따라 납부한 세액을 제외한다)을 납부. 이 경우 완전모회사등주식을 양도하는 경우에는 그 주식의 취득가액을 주식의 포괄적 교환·이전일 현재 완전모회사등주식의 시가로 한다.

② 완전자회사의 주주가 법인인 경우 : 해당 사유가 발생한 날이 속하는 사업연도의 소득금액을 계산할 때 압축기장충당금으로 손금에 산입한 금액 중 익금에 산입하고 남은 금액을 익금에 산입

---

18) 완전자회사의 「법인세법 시행령」 제43조 제3항에 따른 지배주주 중 다음 각 호의 어느 하나에 해당하는 자를 제외한 주주를 말한다(조특령 §35의2⑥).
   1. 「법인세법 시행령」 제43조 제8항 제1호 가목의 친족 중 4촌 이상의 혈족과 인척
   2. 주식의 포괄적 교환·이전일 현재 완전자회사에 대한 지분비율이 100분의 1 미만이면서 시가로 평가한 그 지분가액이 10억원 미만인 자
19) 법인세법 시행령 제80조의2【적격합병의 요건 등】① 법 제44조 제2항 각 호 외의 부분 단서에서 "대통령령으로 정하는 부득이한 사유가 있는 경우"란 다음 각 호의 어느 하나에 해당하는 경우를 말한다.
   1. 법 제44조 제2항 제2호에 대한 부득이한 사유가 있는 것으로 보는 경우 : 다음 각 목의 어느 하나에 해당하는 경우
   가. 제5항에 따른 주주등(이하 이 조에서 "해당 주주등"이라 한다)이 합병으로 교부받은 전체 주식등의 2분의 1 미만을 처분한 경우. 이 경우 해당 주주등이 합병으로 교부받은 주식등을 서로 간에 처분하는 것은 해당 주주등이 그 주식등을 처분한 것으로 보지 않고, 해당 주주등이 합병법인 주식등을 처분하는 경우에는 합병법인이 선택한 주식등을 처분하는 것으로 본다.
   나. 해당 주주등이 사망하거나 파산하여 주식등을 처분한 경우
   다. 해당 주주등이 적격합병, 적격분할, 적격물적분할 또는 적격현물출자에 따라 주식등을 처분한 경우
   라. 해당 주주등이 「조세특례제한법」 제38조·제38조의2 또는 제121조의30에 따라 주식등을 현물출자 또는 교환·이전하고 과세를 이연받으면서 주식등을 처분한 경우
   마. 해당 주주등이 「채무자 회생 및 파산에 관한 법률」에 따른 회생절차에 따라 법원의 허가를 받아 주식등을 처분하는 경우
   바. 해당 주주등이 「조세특례제한법 시행령」 제34조 제6항 제1호에 따른 기업개선계획의 이행을 위한 약정 또는 같은 항 제2호에 따른 기업개선계획의 이행을 위한 특별약정에 따라 주식등을 처분하는 경우
   사. 해당 주주등이 법령상 의무를 이행하기 위하여 주식등을 처분하는 경우

5 | 절 차

과세특례를 적용받으려는 완전자회사의 주주는 주식의 포괄적 교환·이전일이 속하는 사업연도의 과세표준 신고를 할 때 완전모회사와 함께 주식의 포괄적 교환 등 과세특례신청서를 납세지 관할 세무서장에게 제출하여야 한다(조특령 §35의2⑭).

6 | 관련사례

구 분	내 용
계속사업 요건	「조세특례제한법」 제38조 제1항 제1호를 적용함에 있어 「상법」 제360조의 15에 따른 주식의 포괄적 이전으로 신설되는 완전모회사의 경우에는 같은 호에 따른 '주식의 포괄적 이전일 현재 1년 이상 계속하여 사업'을 하는 것을 요건으로 하지 아니하는 것임(재법인-1095, 2012. 11. 6.).

7 | 주요 개정연혁

1. 주식의 포괄적 교환·이전에 대한 과세특례 조문 명확화(조특령 §35의2⑥)

(1) 개정내용

종 전	개 정

□ 주식의 포괄적 교환·이전 시 완전자회사 주주의 주식 양도차익 과세이연
 	
  ㅇ 완전자회사 주주*는 교환·이전으로 취득한 주식을 당해 사업연도말까지 보유 필요
 	
    * 법인령 §43③에 따른 지배주주
	□ 조문정비
	
	    * 법인령 §43③에 따른 지배주주(그 특수 관계인을 포함한다)

(2) 개정이유

  ㅇ 지배주주의 범위 명확화

제38조의2

주식의 현물출자 등에 의한 지주회사의 설립 등에 대한 과세특례

1 │ 의 의

'지주회사'란 주식의 소유를 통하여 다른 회사의 사업내용을 지배하는 회사를 말한다. 이러한 지주회사에 의하여 그 사업내용을 지배받는 회사를 '자회사'라고 한다. 공정거래법 및 금융지주회사법은 사업부문의 분리·매각을 통한 원활한 기업구조조정 및 외국자본의 유치를 위하여 지주회사의 설립 및 기존법인의 지주회사로의 전환을 허용하고 있다. 조특법도 내국인이 지주회사의 설립 및 지주회사로의 전환을 지원하기 위하여 주식을 양도하는 경우에 발생하는 양도차익에 대한 과세이연제도를 마련하여 세제상 지원하고 있다. 이는 현재의 복잡한 계열사 간 순환출자구조를 지주회사 중심의 단순 지배구조로 전환하여 지주회사의 설립 촉진을 통한 기업지배구조의 투명성 확보 및 기업구조조정 활성화를 유도하기 위함이다. 2015. 12. 15. 법 개정시 적용기한을 2018. 12. 31.로 연장하였고, 2010. 12. 31. 이전 현물출자 기업의 경우 구조조정에 애로가 없도록 법률 제10406호(2010. 12. 27.)의 부칙 제18조를 개정하여 2010. 12. 31. 이전 현물출자분에 대한 사후관리를 종료하였다.

한편, 2018. 12. 24. 조특법 개정시 해외 자회사 구조조정을 지원하기 위해 적용기한을 2021. 12. 31.까지 연장하였고, 2021. 12. 28. 조특법 개정시 적용기한을 2023. 12. 31.까지 추가연장 하였다.

2 │ 과세특례의 내용

2-1. 지주회사 설립 및 전환에 대한 과세특례

내국법인의 내국인 주주[1]가 2023. 12. 31.까지 다음의 요건을 모두 갖추어 주식을 현물출자함 에 따라 지주회사(금융지주회사 포함)를 새로 설립하거나 기존의 내국법인을 지주회사로 전환하

---

1) 적용범위와 관련하여 현물출자는 내국인 주주, 포괄적 이전·교환은 모든 주주에 적용

는 경우 그 현물출자로 인하여 취득한 주식의 가액 중 그 현물출자로 인하여 발생한 양도차익에 상당하는 금액에 대하여는 그 주주가 해당 지주회사의 주식을 처분할 때까지 양도소득세 또는 법인세의 과세를 이연받을 수 있다(조특법 §38의2①).2)

① 지주회사 및 현물출자를 한 주주 중 일정한 지배주주3)가 현물출자로 취득한 주식을 현물출자일이 속하는 사업연도의 종료일까지 보유할 것4)

② 자회사5)가 현물출자일이 속하는 사업연도의 종료일까지 사업을 계속할 것6)7)

2-2. 전환지주회사의 자회사 편입에 대한 과세특례

현물출자 또는 적격분할8)에 의하여 지주회사로 전환한 내국법인9)(위의 지주회사로 전환된 내국법인 포함)을 전환지주회사라 한다. 내국법인의 내국인 주주가 이러한 전환지주회사에 다음의 요건을 모두 갖추어 2023. 12. 31.까지 주식을 현물출자하거나 그 전환지주회사의 자기주식과 교환하는 경우 그 현물출자 또는 자기주식교환으로 인하여 취득한 전환지주회사의 주식가액 중 현물출자 또는 자기주식교환으로 인하여 발생한 양도차익에 상당하는 금액에 대해서는 그 주주가 해당 전환지주회사의 주식을 처분할 때까지 양도소득세 또는 법인세의 과세를 이연받을 수 있다(조특법 §38의2②).

① 전환지주회사 및 현물출자·자기주식교환을 한 주주 중 일정한 지배주주가 현물출자·자기주식교환으로 취득한 주식을 현물출자·자기주식교환일이 속하는 사업연도의 종료일까지 보유할 것

---

2) 연혁적 이유로 조특법 제38조의2와 제52조의2의 적용대상 및 지원내용이 중복됨을 감안하여 조문정리 차원에서 제52조의2를 삭제하고 제38조의2에 통합하여 규정하였다.

3) 현물출자 등의 대상이 된 주식을 발행한 법인의 주주 중 「법인세법 시행령」 제80조의2 제5항에 해당하는 주주 등을 말한다(조특령 §35의3④).

4) 부득이한 사유가 있는 경우는 제외(조특법 §38의2⑤, 조특령 §35의3⑬)

5) 현물출자로 인하여 지주회사의 자회사로 된 내국법인을 말한다.

6) 부득이한 사유가 있는 경우는 제외(조특법 §38의2⑤, 조특령 §35의3⑬)

7) 자회사의 사업 계속 및 폐지 여부의 판정에 관하여는 「법인세법 시행령」 제80조의2 제7항 및 제80조의4 제8항을 준용한다(조특령 §35의3⑤).

8) 「법인세법」 제46조 제2항 각 호 또는 같은 법 제47조 제1항에서 정한 요건을 갖춘 분할만 해당한다.

9) 「조세특례제한법」 제38조의2 제2항을 적용함에 있어 분할에 의하여 지주회사로 전환된 내국법인은 지주회사가 아닌 내국법인이 분할에 의하여 지주회사로 전환된 경우에 대하여 적용하는 것으로 당해 지주회사에서 분할신설된 내국법인이 지주회사가 되는 경우에는 같은 항에 따른 전환지주회사에 해당하지 아니하는 것임. 다만, 지주회사가 자산가액 및 투자주식비율의 변동으로 인하여 「독점규제 및 공정거래에 관한 법률」에 따라 일시적으로 지주회사가 아니게 된 내국법인(「독점규제 및 공정거래에 관한 법률 시행령」 제15조에 따라 설립·전환 및 제외신고를 한 내국법인)이 분할을 통하여 지주회사로 전환하는 경우 당해 분할신설법인은 같은 항에 따른 전환지주회사에 해당하는 것임(재법인-543, 2012. 6. 20.).

② 현물출자·자기주식교환으로 인하여 전환지주회사의 지분미달자회사로 된 내국법인이 현물출자·자기주식교환일이 속하는 사업연도의 종료일까지 사업을 계속할 것

③ 전환지주회사의 주식소유비율이 20%(자회사가 주권상장법인인 경우, 국외상장법인인 경우, 공동출자법인인 경우 또는 벤처지주회사의 자회사인 경우), 40%(자회사가 비상장법인인 경우) 미만인 법인("지분비율미달자회사[10]")으로서 다음 중 어느 하나에 해당하는 법인의 주식을 현물출자하거나 자기주식교환하는 것일 것

㉮ 전환지주회사가 될 당시 해당 전환지주회사가 출자하고 있는 다른 내국법인

㉯ 전환지주회사의 분할로 신설·합병되는 법인 및 분할 후 존속하는 법인

④ 전환지주회사가 된 날부터 2년 이내에 현물출자하거나 자기주식교환하는 것일 것

⑤ 자기주식교환의 경우에는 지분비율미달자회사의 모든 주주가 그 자기주식교환에 참여할 수 있어야 하며, 그 자기주식교환사실을 공시하였을 것[11]

3 | 과세이연 방법

3-1. 법인주주에 대한 과세이연

3-1-1. 주식양도차익의 손금산입

내국법인의 주주인 법인(내국법인 및 국내원천소득을 종합과세하는 외국법인[12]에 한정)이 보유주식을 지주회사 또는 전환지주회사에 현물출자하거나 지주회사 또는 전환지주회사의 주식과 교환하고 과세를 이연받는 경우 그 주식의 현물출자 또는 교환("현물출자 등")을 한 날 현재의 그 현물출자 등으로 취득한 지주회사 또는 전환지주회사의 주식가액[13]에서 그 현물출자 등을 한 날 전일의 해당 보유주식의 장부가액을 뺀 금액("주식양도차익", 그 금액이 해당 보유주식의 시가에서 장부가액을 뺀 금액을 초과하는 경우 그 초과한 금액은 제외)을 그 사업연도의 소득금액계산에 있어서 손금에 산입한다. 이 경우 그 금액은 해당 주식의 압축기장충당금으로

---

10) 「독점규제 및 공정거래에 관한 법률」 제8조의2 제2항 제2호 각 목 외의 부분 본문에서 정한 비율 미만인 법인
11) 자기주식교환사실의 공시는 다음 각호의 사항을 「신문 등의 진흥에 관한 법률」에 따른 일반일간신문 또는 경제분야의 특수일간신문 중 전국을 보급지역으로 하는 신문에 1회 이상 게재하는 방법에 의하여야 한다(조특령 §35의3⑨).
    1. 자기주식교환일 및 교환대상주식의 범위
    2. 주권제출기한 및 제출장소
    3. 교환수량·교환비율 및 교환방법
    4. 모든 주주가 자기주식교환에 참여할 수 있다는 내용 기타 주식교환에 필요한 사항
12) 「법인세법」 제91조 제1항에 따른 외국법인
13) 「법인세법」 제52조 제2항의 규정에 따른 시가 평가액을 말한다.

계상하여야 한다(조특령 §35의3①).

$$손금산입액 = \frac{현물출자 \cdot 교환으로 \ 취득한}{지주회사의 \ 주식의 \ 시가} - \frac{현물출자일 \cdot 교환일 \ 전일의}{보유주식의 \ 장부가액}$$

3-1-2. 주식양도차익의 익금산입

계상한 압축기장충당금은 당해 지주회사 또는 전환지주회사의 주식을 처분하는 사업연도에 이를 익금에 산입하되, 일부 주식을 처분하는 경우에는 다음 산식에 의하여 계산한 금액을 익금에 산입한다. 이 경우 현물출자 또는 자기주식교환으로 인하여 취득한 주식 외에 다른 방법으로 취득한 주식이 있는 경우에는 주식의 현물출자 또는 자기주식교환으로 인하여 취득한 주식을 먼저 양도한 것으로 본다(조특령 §35의3②).

$$익금산입액 = 압축기장충당금 \times \frac{현물출자 \cdot 교환으로 \ 취득한 \ 주식 \ 중 \ 처분한 \ 주식수}{현물출자 \cdot 교환으로 \ 취득한 \ 지주회사 \cdot 전환지주회사의 \ 주식수}$$

3-1-3. 지주회사 설립 후 주식 처분시 익금산입 예외 사유 신설

위 3-1-2.에도 불구하고 적격분할(물적분할 및 분할합병을 제외)로 인하여 해당 지주회사 또는 전환지주회사의 주식을 양도하는 경우에는 해당 주식에 계상된 압축기장충당금을 익금에 산입하지 아니하며, 적격분할로 신설되는 법인은 해당 주식에 계상된 압축기장충당금을 적격분할로 양수받은 해당 지주회사 또는 전환지주회사 주식의 압축기장충당금으로 승계하고 위 3-1-2.의 계산방법에 따라 익금에 산입한다(조특령 §35의3③).

3-2. 개인주주의 과세특례

3-2-1. 양도소득세 과세이연

내국법인의 주주인 거주자,[14] 비거주자 또는 국내원천소득이 분리과세되는 외국법인[15]이 보유주식을 지주회사 또는 전환지주회사에 현물출자하거나 지주회사 또는 전환지주회사의 주식과 교환하고 과세를 이연받는 경우 해당 보유주식의 현물출자 등에 따라 발생하는

---

14) 거주자가 「조세특례제한법」 제38조의2(주식의 현물출자 또는 교환·이전에 의한 지주회사의 설립 등에 대한 과세특례)에 따라 양도소득과세이연을 적용받은 이후 거주자에서 비거주자로 변경된 경우에도 양도소득세 과세이연을 적용받을 수 있는 것임(부동산거래-1442, 2010. 12. 3.).

15) 「법인세법」 제91조 제1항에 해당하지 아니하는 외국법인

소득("주식과세이연금액")에 대하여는 양도소득세를 과세하지 아니하되, 그 지주회사 또는 전환지주회사의 주식의 양도(현물출자 등으로 인하여 취득한 주식 외에 다른 방법으로 취득한 주식이 있는 경우에는 주식의 현물출자 등으로 인하여 취득한 주식을 먼저 양도한 것으로 본다)에 대하여는 지주회사 또는 전환지주회사의 주식의 취득가액에서 주식과세이연금액을 뺀 금액을 취득가액으로 보아 양도소득세를 과세한다(조특령 §35의4①).

3-3. 중간지주회사의 주식교환시 다시 과세이연

주식을 다른 금융지주회사의 지배를 받는 금융지주회사("중간지주회사")에 이전하거나 중간지주회사의 주식과 교환함에 따라 양도소득세 또는 법인세의 과세를 이연받은 주주가 2023. 12. 31.까지 그 주식교환 또는 주식이전의 대가로 받은 중간지주회사의 주식을 그 중간지주회사를 지배하는 금융지주회사의 주식과 교환하는 경우 당초 과세를 이연받은 양도소득세 또는 법인세에 대해서는 해당 주주가 그 주식교환의 대가로 받은 금융지주회사의 주식을 양도할 때까지 다시 과세를 이연받을 수 있다(조특법 §38의2④).

4 | 사후관리

4-1. 현물출자 등을 받은 주식의 취득가액

내국법인의 주주가 과세를 이연받은 경우 지주회사(전환지주회사를 포함한다)는 현물출자 또는 자기주식교환("현물출자 등")으로 취득한 주식의 가액을 장부가액[16]으로 한다. 이 경우 현물출자 등으로 취득한 자회사의 주식의 가액을 현물출자 등을 한 날 현재의 시가로 계상하되, 시가에서 자회사의 주식의 장부가액 합계액을 뺀 금액을 자산조정계정으로 계상하여야 한다. 이 경우 계상한 자산조정계정은 다음의 금액을 해당 주식을 처분하는 사업연도에 익금 또는 손금에 산입하되, 자기주식으로 소각되는 경우에는 익금 또는 손금에 산입하지 않고 소멸하는 것으로 한다(조특법 §38의2③, 조특령 §35의3⑥).

> 익금(또는 손금산입액) = 자산조정계정 × (처분한 주식수 / 주식의 현물출자 등으로 취득한 주식수)

---

16) 현물출자 등을 한 법인주주의 장부가액 또는 개인주주의 취득가액을 말한다.

4-2. 과세이연의 중단

법인이 주식양도차익상당액을 손금에 산입한 후 현물출자 등을 한 날이 속하는 사업연도의 다음 사업연도 개시일부터 2년 이내에 다음 중 어느 하나에 해당하는 사유가 발생한 경우에는 자산조정계정의 잔액(잔액이 0보다 큰 경우에 한정하며, 잔액이 0보다 작은 경우에는 없는 것으로 본다)을 익금에 산입한다. 이 경우 당초 계상한 자산조정계정은 소멸하는 것으로 한다(조특법 §38의2③, 조특령 §35의3⑦·⑧).

① 신설되거나 전환된 지주회사 또는 전환지주회사가 지주회사에 해당하지 아니하게 되는 경우. 다만, 지주회사의 기준을 정한 법령의 개정으로 지주회사에 해당하지 아니하게 된 경우로서 특정한 경우[17]는 제외한다.

② 전환지주회사가 지주회사로 전환한 날의 다음 날부터 2년이 되는 날까지 지분비율 미달자회사의 주식을 20%(자회사가 주권상장법인인 경우, 국외상장법인인 경우, 공동출자 법인인 경우 또는 벤처지주회사의 자회사인 경우), 40%(자회사가 비상장법인인 경우) 미만으로 소유하는 경우

③ 자회사(지분비율미달자회사를 포함한다)가 사업을 폐지하는 경우[18][19]

④ 지주회사(전환지주회사를 포함한다) 또는 현물출자 등을 한 주주 중 일정한 지배주주[20]가 현물출자 등으로 취득한 주식을 처분하는 경우[21][22]

이 경우 위 ②의 사유에 해당하는 경우에는 다음의 이자상당액을 법인세 납부금액에 가산하여 납부하여야 한다(조특법 §38의2③ 후단, 조특령 §35의3⑩).

---

17) 법령의 개정으로 인하여 지주회사의 기준이 변경된 날(이하 "기준변경일"이라 한다)이 속하는 사업연도(지주회사의 기준이 변경되어 지주회사에 해당되지 아니하게 된 당해 지주회사의 사업연도를 말한다)와 그 다음 사업연도 개시일부터 4년 이내에 종료하는 사업연도의 기간(이하 "유예기간"이라 한다) 중 각 사업연도 종료일 현재 당해 지주회사의 신설 또는 전환 당시의 법령에 의한 지주회사 기준(신설 또는 전환 이후부터 기준변경일까지의 기간중에 지주회사의 기준이 2회 이상 변경된 경우에는 기준변경일에서 가장 가까운 때의 기준을 말한다)을 충족하고 있는 경우로서 당해 유예기간 중에 있는 경우를 말한다(조특령 §35의3⑪).

18) 부득이한 사유가 있는 경우는 제외(조특법 §38의2⑤, 조특령 §35의3⑬)

19) 자회사의 사업 계속 및 폐지 여부의 판정에 관하여는 「법인세법 시행령」 제80조의2 제7항 및 제80조의4 제8항을 준용한다(조특령 §35의3⑮).

20) 현물출자 등의 대상이 된 주식을 발행한 법인의 주주 중 「법인세법 시행령」 제80조의2 제5항에 해당하는 주주 등을 말한다(조특령 §35의3⑭).

21) 부득이한 사유가 있는 경우는 제외(조특법 §38의2⑤, 조특령 §35의3⑬)

22) 내국법인의 주주인 거주자가 보유주식을 현물출자하고 「조세특례제한법」 제38조의2 제1항에 따라 현물출자로 발생한 양도차익에 상당하는 금액(이하 "과세이연금액"이라 함)을 과세이연받은 후, 그 주주가 해당 지주회사의 주식을 상속하는 경우에는 과세이연금액에 대한 양도소득세를 납부하여야 하는 것임(사전-2018-법령해석재산-0673, 2018. 12. 10.).

$$\text{이자상당가산액} = \text{법인세액의 차액}^* \times \text{기간}^{**} \times (25/100,000)$$

* 위 ②에 해당하는 사유로 익금에 산입하는 자산조정계정 잔액을 현물출자 등을 한 날이 속하는 사업연도에 익금에 산입하지 아니함에 따라 발생한 법인세액의 차액
** 현물출자 등을 한 날이 속하는 사업연도의 다음 사업연도의 개시일부터 자산조정계정 잔액을 익금에 산입한 사업연도의 종료일까지의 기간

5 | 절 차

법인세 또는 양도소득세 과세이연을 적용받으려는 법인주주 또는 개인주주는 해당 현물출자 등을 한 날이 속하는 사업연도의 과세표준 신고를 할 때 지주회사 또는 전환지주회사와 함께 현물출자 등 과세특례신청서를 납세지 관할 세무서장에게 제출하여야 한다(조특령 §35의3⑮, §35의4⑥). 한편 내국법인의 주식을 장부가액으로 취득[23] 한 지주회사 또는 전환지주회사는 현물출자 등을 받은 날이 속하는 사업연도의 과세표준 신고를 할 때 내국법인 주식의 장부가액 계산서를 납세지 관할 세무서장에게 제출하여야 한다(조특령 §35의3⑯, §35의4⑦).

---

23) 지주회사 또는 전환지주회사는 조특령 제35조의3 제1항에 따라 내국법인(이하 이 항 및 제35조의4 제5항에서 "자법인"이라 한다)의 주주인 법인이 현물출자등에 따른 주식양도차익을 손금에 산입한 경우 현물출자등으로 취득한 자법인의 주식을 자법인의 주주인 법인의 장부가액으로 취득한 것으로 한다(조특령 §35의3⑭).

6 | 관련사례

구 분	내 용
	「조세특례제한법」(2018. 12. 24. 법률 제16009호로 개정되기 전의 것) 제38조의2의 과세특례 적용에 따라 지주회사가 자산조정계정을 계상한 이후 해당 주식을 처분하는 경우로서 현물출자등으로 인하여 취득한 주식 외에 다른 방법으로 취득한 주식이 있는 경우에는 지주회사가 선택한 주식을 처분하는 것으로 보아 「조세특례제한법 시행령」(2016. 8. 11. 대통령령 제27444호로 개정되기 전의 것) 제35조의3 제6항 후단에 따라 익금 또는 손금에 산입하는 금액을 계산하는 것임(기획재정부 법인세제과-17, 2021. 1. 11.)
	「조세특례제한법 시행령」(2007. 2. 28. 대통령령 제19888호로 개정된 것) 제35조의2 제1항에서 현물출자한 날 현재의 현물출자로 취득한 지주회사 또는 전환지주회사의 취득가액은 「상법」 제432조에 따라 주주의 권리의무를 취득하는 '납입기일의 다음 날'의 「법인세법」 제52조 제2항에 따른 시가 평가액으로 하는 것임(재법인-183, 2013. 3. 11.).
적용범위 및 과세특례	지분비율미달자회사의 주식을 전환지주회사에 현물출자하고 과세이연받은 지분비율 미달자회사의 지배주주 중 1인이 현물출자로 취득한 전환지주회사의 주식 50% 이상을 처분하는 경우 처분한 지배주주와 관련된 지분미달자회사에 대한 자산조정계정만 익금산입하는 것인지 아니면 모든 지분미달자회사에 대한 자산조정계정 전부를 익금산입하는 것인지 : 인적분할을 통하여 「금융지주회사법」에 의한 지주회사로 전환한 내국법인(이하 "전환지주회사"라 함)의 지분비율미달자회사 주식을 소유한 내국인 주주가 전환지주회사에 그 지분비율미달자회사의 주식을 현물출자하여 「조세특례제한법」 제38조의2 제2항에 따라 양도소득세를 과세이연받은 후 같은 조 제3항 제4호의 사후관리 요건을 위배한 경우, 전환지주회사는 사후관리요건을 위배한 지분비율미달자회사에 대한 자산조정계정의 잔액을 같은 항 본문에 따라 익금에 산입하는 것임(법규과-185, 2012. 2. 23.).
	지주회사 전환을 위해 내국법인이 투자사업부문을 존속법인으로 하고 사업부문을 신설법인으로 하는 인적분할을 한 후 분할신설법인의 주주를 대상으로 교환공개매수를 함에 따라 분할신설법인의 주주인 내국법인이 「조세특례제한법」 제38조의2 제2항에 따라 압축기장충당금을 설정한 상황에서 지주회사가 해당 주주인 내국법인을 「법인세법」 제44조 제2항 각 호의 요건을 모두 충족하는 합병을 하는 경우 분할신설 법인의 주주인 내국법인이 손금계상한 압축기장충당금은 「법인세법 시행령」 제85조 제1호에 따라 합병법인인 지주회사에게 승계되는 것이며, 합병 후 지주회사가 자기주식을 보유하게 됨에 따라 이를 소각하는 경우에는 해당 압축기장충당금은 소각일이 속하는 사업연도에 익금산입되는 것임(법규과-210, 2012. 2. 29.).
	내국법인이 「조세특례제한법」 제38조의2에 따라 현물출자하고 취득한 지주회사의 주식과 그 외 방법으로 취득한 지주회사의 주식을 보유하던 중 그 일부를 양도하는 경우에는 주식의 현물출자로 취득한 지주회사의 주식을 먼저 양도한 것으로 보는 것임(부동산거래-99, 2012. 2. 13.).

구 분	내 용
적용범위 및 과세특례	「조세특례제한법」(2010. 12. 27. 법률 제10406호로 개정되기 전) 제38조의2에 따라 거주자가 주식의 현물출자로 인하여 전환지주회사의 주식을 취득하여 과세이연을 받는 중 전환지주회사의 주식을 일부 증여하는 경우에는 증여 당시 보유하고 있는 주식에 대한 과세이연금액 중 일부 증여한 주식에 상당하는 금액에 현물출자 당시의 「소득세법」 제104조 제1항의 규정에 의한 세율을 곱하여 계산한 금액을 양도소득세로 납부하여야 함(재재산-29, 2012. 1. 13.).
	독점규제 및 공정거래에 관한 법률 제8조의2 제2항 제2호에서 정하는 비율(상장법인의 경우 20%)을 초과하여 현물출자하는 경우 조특법 제38조의2에 따라 양도소득세 과세이연받을 수 있는지 여부 : 전환지주회사가 「독점규제 및 공정거래에 관한 법률」 제8조의2 제2항 제2호 각 목 외의 부분 본문에서 정한 비율 이상으로 소유한 법인의 주주가 전환지주회사에 현물출자하는 경우에는 「조세특례제한법」 제38조의2 제2항의 규정을 적용하지 아니하는 것임(법인-101, 2011. 2. 10.).
	「조세특례제한법」 제38조의2 제1항에서 '내국인 주주'라 함은 「소득세법」에 의한 거주자 및 「법인세법」에 의한 내국법인이 주주인 경우를 말하며, 「법인세법」에 의한 내국법인이 주주인 경우라 함은 「법인세법」 제1조 제1호에 따라 국내에 본점이나 주사무소 또는 사업의 실질적 관리장소를 둔 법인이 주주인 경우를 말하는 것임(법인-506, 2010. 5. 31.).
	「조세특례제한법」 제38조의2 제2항의 규정에 의하여 전환지주회사의 분할로 신설된 내국법인의 내국인 주주가 전환지주회사에 신설된 법인의 주식을 현물출자하면서 해당 주식의 현물출자로 인하여 발생한 양도차익에 대한 양도소득세를 과세이연받은 후 해당 주식의 현물출자로 취득한 전환지주회사의 주식을 양도하는 경우 당초 해당 주식의 현물출자로 발생한 양도차익에 대하여 양도소득세가 과세되는 것이나, 해당 주식의 현물출자로 취득한 해당 전환지주회사의 주식을 양도할 당시 양도소득세가 비과세되는 상장법인 소액주주에 해당되는 경우에는 당초 해당 주식의 현물출자로 발생한 양도차익에 대하여도 양도소득세가 과세되지 아니하는 것임(부동산거래-379, 2010. 3. 12.).
	내국법인이 분할(법인세법 제46조 제1항 각 호 또는 같은 법 제47조 제1항에서 정한 요건을 갖춘 분할에 한한다)에 의하여 지주회사로 전환한 내국법인(이하 "전환지주회사"라 함)의 독점규제 및 공정거래에 관한 법률 제8조의2 제2항 제2호에 따른 자회사주식 보유기준을 충족시키기 위해 조세특례제한법 제38조의2 제2항 각 호의 요건을 모두 갖추어 지분비율미달자회사의 주식을 전환지주회사에 현물출자하는 경우, 그 현물출자로 인하여 발생하는 주식의 양도차익에 상당하는 금액에 대해서는 조세특례제한법 시행령 제35조의2에 따라 전환지주회사로부터 교부받은 주식을 처분할 때까지 법인세 또는 양도소득세의 과세를 이연받을 수 있는 것임(법인-1217, 2009. 11. 5.).
	「조세특례제한법」 제38조의2에 따른 '주식의 현물출자 등에 의한 지주회사의 설립등에 대한 과세특례'를 적용함에 있어서 양도가액은 현물출자 등을 한 날 현재의 그 현물출자 등으로 취득한 지주회사 또는 전환 지주회사의 주식가액(「법인세법」 제52조 제2항의 규정에 따른 시가평가액을 말한다)임(재재산-656, 2009. 3. 30.).

구 분	내 용
적용범위 및 과세특례	내국인이 「조세특례제한법」 제38조의2 제1항 또는 제2항의 규정에 의하여 양도소득세 또는 법인세의 과세를 이연받은 후 현물출자 또는 자기주식교환으로 인하여 취득한 지주회사 또는 전환지주회사의 주식을 재단법인에 출연한 경우에는 「조세특례제한법」 제38조의2 제3항 및 동법 시행령 제35조의3 제2항의 규정에 따라 그 과세를 이연받은 양도소득세를 납부하여야 하는 것임(서면5팀-1339, 2008. 6. 26.).
	조세특례제한법 제38조의2 규정을 적용함에 있어서 동법시행령 제35조의3 제4항의 규정에 의한 현물출자·자기주식교환명세서의 제출은 과세이연의 필수적 요건은 아님(재재산-340, 2004. 3. 15.).
	법인이 투자주식부문만 분할하여 지주회사를 설립한 후 분할 후 존속하는 법인주주가 분할 후 존속하는 법인의 주식을 전환지주회사에 현물출자하는 경우에도 조세특례제한법 제38조의2 규정에 의한 과세특례를 적용받을 수 있는 것임(서면2팀-1479, 2005. 9. 16.).
	상법 제360조의2 내지 제360조의14의 규정에 의한 주식의 포괄적 교환에 의하여 완전모회사로 된 회사가 지주회사로 전환하는 경우에는 조세특례제한법 제38조의2 제1항의 규정에 의한 "내국인이 현물출자하여 지주회사를 새로이 설립"하는 경우에 해당되지 않음(재법인 46012-57, 2002. 3. 26.). (사실관계) 코스닥등록법인인 'A'와 비상장법인인 'B'는 전술한 상법상의 주식교환에 의하여, 'A'가 완전모회사가 되고, 'B'가 완전자회사가 되고자 함. 즉, 'B'의 주주들이 가지는 'B'의 주식을 'A'에게 이전하고, 'A'는 신주를 발행하여 'B'의 주주에게 배정하고자 함. 이와 같은 주식교환이 이루어지고 난 이후 'A'는 'A'가 보유하는 자회사주식의 합계액이 자산총액의 50% 이상이 되고 독점규제 및 공정거래에 관한 법률(이하 "공정거래법"이라 함)상의 지주회사 요건이 충족되어 공정거래위원회에 지주회사로 신고하고자 함.
	분할을 통하여 지주회사로 전환함에 있어 투자주식 및 그와 관련한 자산과 부채만을 분할하여 지주회사로 전환하는 경우에도 법인세법 시행령 제82조 제3항 제1호의 "분리하여 사업이 가능한 독립된 사업부문의 분할"에 해당하는 것임(재법인 46012-146, 2001. 8. 28.).

7 │ 주요 개정연혁

1. 지주회사 설립 후 주식 처분시 추징 예외사유 신설(조특령 §35의3)

(1) 개정내용

종 전	개 정
□ 주식의 현물출자로 지주회사 설립시 주식양도차익 과세이연 　ㅇ 현물출자로 취득한 지주회사 주식을 처분 시 과세이연된 금액을 추징 　　　　　〈신 설〉	□ 과세이연액 추징 예외사유 신설 　ㅇ (좌 동) 　ㅇ (추징 예외) 적격분할을 통하여 기존 지주회사 주식을 이전하여 순수지주회사*를 설립하는 경우 　　* 자회사 주식보유만을 목적으로 하며 별도의 사업은 영위하지 않는 지주회사

(2) 개정이유
　ㅇ 지주회사 설립을 위한 지원

(3) 적용시기 및 적용례
　ㅇ 2016. 2. 5. 이후 분할하는 분부터 적용

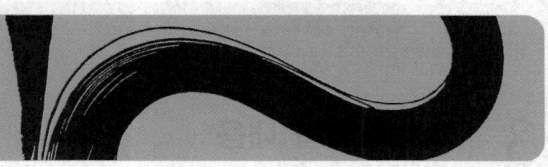

조세특례제한법

제38조의3

내국법인의 외국자회사 주식 등의 현물출자에 대한 과세특례

1 의 의

본조의 규정은 내국기업이 외국기업과 기술·사업상의 제휴 또는 경영합리화를 위해 해외투자사업부문을 구조조정하는 과정에서 실질적인 현금의 유입은 없으나 세금을 납부하여야 하는 문제가 발생할 수 있으므로 이를 일정기간 유예함으로써 국내기업의 해외진출을 지원하기 위하여 신설되었다. 다만, 내국기업의 구조조정과는 달리 국가 간 과세권의 경합에 따른 조세채권 확보의 어려움과 고용·부가가치 창출 등 국내경제에 미치는 긍정적 효과가 적은 점을 감안하여 본조의 과세특례는 과세이연 대신에 분할익금산입제도로 2001년 말 조특법 개정시 도입하였으며, 2018. 12. 24. 법 개정시 2021. 12. 31.까지 일몰 연장되었다.

2 요 건

다음의 요건을 갖춘 경우에 외국자회사 주식 등의 현물출자에 대한 과세이연을 적용받을 수 있다(조특법 §38의3① 전단).

① 5년 이상 계속하여 사업을 한 내국법인이 2021. 12. 31.까지 외국자회사의 주식 또는 출자지분("주식 등")을 현물출자하여야 한다. 여기서 외국자회사라 함은 내국법인이 현물출자일 현재 발행주식총수 또는 출자총액의 100분의 20 이상을 출자하고 있는 외국법인을 말한다.

② 내국법인이 외국자회사 주식 등을 현물출자하여 새로운 외국법인을 설립하거나 이미 설립된 외국법인에 현물출자하여야 한다.

3 | 과세특례의 내용

현물출자로 인하여 발생한 외국자회사의 주식 등의 양도차익에 상당하는 금액은 그 양도일부터 4년이 되는 날이 속하는 사업연도부터 각 사업연도의 소득금액계산에 있어서 그 금액을 36으로 나눈 금액에 해당 사업연도의 개월수를 곱하여 산출한 금액을 익금에 산입한다. 즉, 4년 거치 후 3년간 분할익금산입한다(조특법 §38의3① 후단).

$$\text{익금산입액} = \text{외국자회사의 주식 등의 양도차익} \times \frac{\text{해당 사업연도의 개월수}}{36개월}$$

4 | 과세특례의 중단

4-1. 출자주식 양도시 익금산입

외국자회사의 주식 등을 현물출자한 내국법인이 당해 주식 등의 양도차익 전액을 익금에 산입하기 전에 현물출자로 취득한 주식 등을 양도하는 경우에는 익금에 산입하지 아니한 금액 중 양도한 주식 등의 비율에 상당하는 금액으로서 다음 금액을 익금에 산입한다. 이 경우 현물출자로 인하여 취득한 주식 등 외에 다른 방법으로 취득한 주식 등이 있는 때에는 현물출자로 인하여 취득한 주식 등을 먼저 양도하는 것으로 본다(조특법 §38의3②, 조특령 §35의5①).

$$\text{익금산입액} = \begin{array}{c} \text{양도차익 중 직전 사업연도 종료일} \\ \text{현재 익금에 산입하지 않은 금액} \end{array} \times \frac{\text{당해 사업연도에 양도한 주식수}}{\text{직전 사업연도 종료일 현재 보유주식수}}$$

4-2. 사업폐지·해산시 익금산입

내국법인 또는 내국법인으로부터 외국자회사의 주식 등을 현물출자받은 외국법인이 사업을 폐업하거나 해산하는 경우에는 그 사유가 발생한 날이 속하는 사업연도의 소득금액계산에 있어서 익금에 산입하지 아니한 금액 전액을 익금에 산입한다(조특법 §38의3② 후단).

4-3. 중단 사유의 예외

다음에 해당하는 경우에는 과세특례의 중단사유로 보지 않는다(조특법 §38의3② 단서).
① 내국법인의 합병 또는 분할로 생기는 합병법인, 분할로 신설되는 법인, 분할합병의 상대방 법인이 해당 내국법인의 현물출자로 인하여 취득한 주식 등을 승계하는 경우
② 내국법인이 외국자회사의 주식 등을 현물출자함으로써 취득한 외국법인의 주식 등을 1개월 이내에 다른 외국법인에 다시 현물출자하는 경우

5 | 절 차

본조의 규정을 적용받고자 하는 내국법인은 현물출자일이 속하는 사업연도의 과세표준신고와 함께 주식 등 현물출자 양도차익명세서 및 손금산입 조정명세서를 납세지 관할 세무서장에게 제출하여야 한다(조특령 §38의3②).

6 | 관련사례

구 분	내 용
과세특례 내용	(사실관계) 내국법인이 아시아 주요 국가에 다수의 현지법인을 통하여 특정사업을 운영하고 있고 현지법인에 대한 지분은 100%임. 홍콩에 지주회사를 설립하고 현지법인의 주식을 동 지주회사와 현물출자계약을 체결하고 현물출자할 예정이며 홍콩의 지주회사도 당 법인의 100% 지분을 소유할 예정임. 현물출자시 현물출자계약서에는 현물출자대상 현지법인이 소재하는 국가의 세제에 대한 고려로 인하여 상증법상 평가가액을 적용하지 못하고 당초 내국법인이 현지법인 설립시 최초출자가액을 현물출자계약서상 출자가액으로 적용하고 다음과 같이 세무조정을 하고자 함. • 상증법상 현물출자한 현지법인 주식의 가액 : 150 • 현물출자한 현지법인 주식의 세무상 취득가액 : 100 (현물출자시 세무조정) • 익금산입(유보) 50 (세무상 취득가액으로 조정하기 위한 세무조정) • 손금산입(유보) 50 (압축기장충당금 설정하여 과세이연함)

구 분	내 용
과세특례 내용	회신 5년 이상 계속하여 사업을 영위한 내국법인이 100% 소유하고 있는 외국자회사 주식을 현물출자하여 새로운 외국법인을 설립하거나 이미 설립된 외국법인에 현물출자하는 경우, 당해 현물출자로 인해 취득한 주식의 시가가 현물출자한 주식의 장부가액을 초과함으로써 발생한 외국자회사 주식양도차익은 이를 각 사업연도 소득금액 계산상 익금에 산입하되, 「조세특례제한법」 제38조의3의 규정을 적용하여 분할익금산입하는 것임(서면2팀-1639, 2006. 8. 28.).
적용요건 (주식을 현물출자하는 경우로서 협상가액을 시가로 인정한 사례)	법인이 조세특례제한법 제38조의 규정에 의하여 주식을 현물출자하여 특수관계 없는 외국법인과 합작하여 신설법인인 지주회사를 설립함에 있어서 당해 주식가액이 주식발행법인의 경영권의 지배를 수반하는 등 현물출자 당시의 객관적인 교환가치를 적정하게 반영한 것으로서 불특정 다수인 간에 통상 성립할 수 있는 협상가액으로 인정되는 경우에는 그 가액을 같은법 시행령 제35조 제2항의 규정에 의한 현물출자자산의 시가로 볼 수 있는 것임(서이 46012-11783, 2003. 10. 15.).
주식 현물출자에 대한 과세특례시기	「조세특례제한법」 제38조의3(내국법인의 외국자회사 주식 등의 현물출자에 대한 과세특례)의 규정을 적용함에 있어 내국법인이 보유하고 있는 중국 유한책임회사 출자지분을 다른 유한책임회사인 중국 자회사에 현물출자하는 경우 「중화인민공화국 회사법」 제33조 규정에 의해 주주의 권리를 행사할 수 있는 때로서 주주명부에 주주로 등재하여 회사등기기관에 등기한 날을 현물출자일로 보는 것임(법인-3511, 2008. 11. 20.).

제39조

채무의 인수 · 변제에 대한 과세특례

1 │ 의 의

본 제도는 민간부문의 자발적 구조조정을 세제측면에서 지원하기 위해 도입되었다. 즉, 모기업이 부실 자회사를 다른 기업에 양도하기 위하여 부실 자회사의 채무를 인수하는 경우 채무를 인수 및 변제한 모기업에는 채무 인수 및 변제금액을 손금에 산입하고 부실 자회사는 채무감소액(채무면제이익)을 4년 거치 3년간 분할 익금산입하는 제도이다. 실효성이 없어 2012. 12. 31.로 적용기한이 종료되었으나, 2015. 12. 15. 법 개정시 기업구조조정 지원을 위한 예비적 제도로 재신설되었다.

2 │ 요 건

내국법인의 주주 또는 출자자(법인인 경우에 한정한다. "주주 등")가 해당 법인의 채무[1]를 인수 · 변제[2]하는 경우로서 다음의 어느 하나에 해당하는 요건을 갖춘 경우에 과세특례를 적용받을 수 있다(조특법 §39①).

① 재무구조개선계획[3][4]에 따라 2023. 12. 31.까지 해당 내국법인의 지배주주 · 출자자 및 그 특수관계인[5]("지배주주 등")의 소유주식 또는 출자지분을 특수관계인[6] 외의 자에게

---

1) 채무의 범위는 재무구조개선계획에 채무의 내용 및 주주 등의 채무인수 · 변제 계획이 명시되어 있는 것으로서 금융채권자채무로 한다(조특령 §36②).
2) 채무의 인수 · 변제는 주주 등이 단독 또는 공동으로 하나의 계약에 의하여 일시에 인수 · 변제하는 것에 한정한다(조특령 §36①).
3) "재무구조개선계획"이란 조특령 제34조 제6항 제1호부터 제4호까지의 어느 하나에 해당하는 것으로서 금융채권자 채무의 총액, 내용, 주주 등의 채무인수 · 변제 계획, 기업 양도 또는 청산 계획을 명시한 것을 말한다(조특령 §36④).
4) 조특령 제34조 제7항 제1호부터 제4호까지의 어느 하나에 해당하는 자가 승인한 것에 한한다(조특령 §36⑤).
5) "지배주주 · 출자자 및 그 특수관계자"란 「법인세법 시행령」 제43조 제7항 및 제8항에 따른 지배주주 등 및 특수관계에 있는 자를 말한다(조특령 §36⑥).

전부 양도할 것

② 법인청산계획서를 해당 내국법인의 납세지 관할 세무서장에게 제출하고 2024. 12. 31.까지 해당 내국법인의 청산을 종결할 것

3 | 과세특례의 내용

3-1. 채무를 인수·변제한 법인의 주주

채무를 인수·변제한 내국법인의 주주 등은 해당 법인의 채무금액 중 해당 주주 등이 인수·변제한 금액은 해당 연도 주주 등의 소득금액을 계산할 때 채무인수·변제액을 한도로 손금에 산입한다(조특법 §39①, 조특령 §36③).

> 채무인수·변제액
> = 이월결손금[7] × (해당 주주 등이 채무인수·변제를 한 금액/채무인수·변제에 참여한 모든 주주 등이 채무인수·변제를 한 금액 합계)

3-2. 양도등대상법인

채무가 인수·변제되어 채무가 감소한 법인("양도등대상법인")은 소득금액을 계산할 때 채무의 감소액[8]을 해당 사업연도와 해당 사업연도의 종료일 이후 3개 사업연도의 기간 중 익금에 산입하지 아니하고 그 다음 3개 사업연도의 기간 동안 균분한 금액 이상을 익금에 산입한다. 다만, 과세특례의 요건 ②에 해당되는 양도등대상법인의 경우에는 해산하는 날이 속하는 사업연도의 소득금액을 계산할 때 채무감소액을 익금에 산입한다(조특법 §39②).

---

6) 해당 내국법인 또는 지배주주 등과의 관계가 「법인세법 시행령」 제2조 제5항 각 호의 어느 하나에 해당하는 자를 말한다(조특령 §36⑦).

7) 양도등대상법인의 직전 사업연도 종료일 현재의 「법인세법 시행령」 제18조 제1항에 따른 이월결손금. 이 경우 양도등대상법인이 「법인세법」 제18조 제6호에 따라 무상으로 받은 자산의 가액이나 채무의 면제 또는 소멸로 인한 부채의 감소액(채무인수·변제를 받은 금액은 제외)으로 먼저 이월결손금을 보전하는 경우에는 이월결손금에서 그 보전액을 뺀 금액으로 한다.

8) 채무인수·변제를 받은 금액에서 「법인세법 시행령」 제16조 제1항에 따른 결손금(이하 이 조에서 "이월결손금"이라 한다)을 뺀 금액을 말한다. 이 경우 양도등대상법인이 「법인세법」 제18조 제6호에 따라 무상으로 받은 자산의 가액과 채무의 면제 또는 소멸로 인한 부채의 감소액(채무인수·변제를 받은 금액은 제외한다)으로 먼저 이월결손금을 보전하는 경우에는 이월결손금에서 그 보전액을 제외한 잔액을 뺀 금액을 말한다(조특령 §36⑧).

3 - 3. 기타 특례

법인의 양도 · 양수에 있어서 양도등대상법인의 자산부족액[9]을 익금에 산입하여 이를 소득처분하는 경우 해당 양도등대상법인은 「소득세법」에도 불구하고 그 처분금액에 대한 소득세를 원천징수하지 아니한다. 한편 법인의 채무가 인수 · 변제됨에 따라 해당 법인의 다른 주주 등이 얻는 이익에 대해서는 「상속세 및 증여세법」에 따른 증여로 보지 아니한다. 다만, 채무를 인수 · 변제한 주주 등과 특수관계인[10]에 대해서는 그러하지 아니하다(조특법 §39④ · ⑤).

4 | 사후관리

양도등대상법인이 다음의 어느 하나에 해당하게 된 경우에는 해당 사유가 발생한 과세연도에 양도등대상법인의 소득금액을 계산할 때 익금에 산입하지 아니한 금액을 익금에 산입[11]하여야 한다. 이 경우 주주 등이 감면받은 법인세액[12] 및 이자상당가산액[13]을 법인세에 가산하여

---

9) 법인의 양도 · 양수에 있어서 양도등대상법인의 자산부족액은 해당 주식양도계약에 자산의 실사에 대한 내용이 포함되어 있는 경우로서 주식양도일 현재의 자산부족액을 양도등대상법인이 「금융위원회의 설치 등에 관한 법률」 제19조에 따라 설립된 증권선물위원회에 요청하여 지명을 받은 회계법인으로부터 확인받아 수정하여 회계처리한 것에 한정한다(조특령 §36⑮).

10) "특수관계에 있는 자"란 채무인수 · 변제를 한 주주 등과의 관계가 「상속세 및 증여세법 시행령」 제19조 제2항 각 호의 어느 하나에 해당하는 자를 말한다(조특령 §36⑯).

11) 양도등대상법인이 익금에 산입하여야 할 금액은 다음 각 호의 방법으로 계산한 금액을 말한다(조특령 §36⑨).
 1. 조특법 제39조 제3항 제1호에 해당하는 경우 : 다음 산식에 따라 계산한 금액
  채무감소액 × 부채비율에서 기준부채비율을 뺀 비율이 기준부채비율에서 차지하는 비율(이 비율이 1을 초과하는 경우에는 1로 본다)
 2. 조특법 제39조 제3항 제2호에 해당하는 경우 : 채무감소액 중 익금에 산입하지 아니한 금액 전액
 3. 조특법 제39조 제3항 제3호에 해당하는 경우 : 채무감소액 전액

12) 법인세에 가산하여 납부하여야 할 주주 등이 감면받은 법인세액은 다음 각 호의 방법에 따라 계산한다(조특령 §36⑩).
 1. 조특법 제39조 제3항 제1호에 해당하는 경우 : 다음 산식에 따라 계산한 금액
  채무인수 · 변제액을 손금에 산입한 사업연도에 채무인수 · 변제액을 손금에 산입함에 따라 발생한 법인세 차액 × 부채비율에서 기준부채비율을 뺀 비율이 기준부채비율에서 차지하는 비율(이 비율이 1을 초과하는 경우에는 1로 본다)
 2. 조특법 제39조 제3항 제2호 본문 및 같은 항 제3호에 해당하는 경우 : 채무인수 · 변제액을 손금에 산입한 사업연도에 채무인수 · 변제액을 손금에 산입함에 따라 발생한 법인세 차액

13) "이자상당가산액"이란 각각 다음 각 호의 금액을 합산한 금액을 말한다(조특령 §36⑪).
 1. 채무인수 · 변제를 받은 날이 속하는 사업연도에 제9항에 따라 익금에 산입하여야 할 금액을 익금에 산입하지 아니함에 따라 발생한 법인세의 차액에 가목에 따른 기간과 나목에 따른 율을 곱하여 계산한 금액
  가. 채무인수 · 변제를 받은 날이 속하는 사업연도의 종료일의 다음 날부터 제9항에 따라 익금에 산입하여야

납부하여야 하며 해당 세액은 「법인세법」 제64조에 따라 납부하여야 할 세액으로 본다(조특법 §39③).

① 양도등대상법인의 부채비율이 채무 인수·변제 후 3년 이내[14]의 기간 중 기준부채비율[15]보다 증가하게 된 경우(과세특례 요건 ①에 해당되는 양도등대상법인에 한정한다)

② 채무를 인수·변제한 날부터 3년 이내에 해당 사업을 폐업하거나 해산한 경우로서 합병법인, 분할로 인하여 신설되는 법인 또는 분할합병의 상대방 법인이 해당 사업을 승계한 경우가 아닌 경우(과세특례 요건 ①에 해당되는 양도등대상법인에 한정한다). 다만, 파산 등 부득이한 사유[16]가 있는 경우에는 주주 등이 감면받은 법인세액 및 이자상당가산액을 가산하지 아니한다.

③ 과세특례 요건 ① 또는 ②의 요건을 충족하지 못한 경우

5 | 절 차

5-1. 재무구조개선계획서 및 재무구조개선계획이행보고서의 제출

재무구조개선계획승인권자는 양도등대상법인의 그 승인일이 속하는 사업연도 종료일까지 재무구조개선계획의 내용을 재무구조개선계획서에 따라 양도등대상법인의 납세지 관할 세무서장에게 제출하여야 하며, 다음에 해당하는 사업연도의 과세표준 신고기한 종료일까지 재무구조개선계획이행보고서를 양도등대상법인의 납세지 관할 세무서장에게 제출하여야 한다. 이 경우 양도등대상기업이 재무구조개선계획승인권자의 확인을 받아 재무구조개선계획서 또는 재무구조개선계획이행보고서를 납세지 관할 세무서장에게 제출하는 경우에는 재무구조개선계획승인권자가 제출한 것으로 본다(조특령 §36⑰).

할 금액을 익금에 산입하는 사업연도의 종료일까지의 기간

나. 1일 10만분의 25

2. 제10항에 따라 납부하여야 할 세액에 가목에 따른 기간과 나목에 따른 율을 곱하여 계산한 금액

가. 채무인수·변제를 한 날이 속하는 사업연도의 종료일의 다음 날부터 제10항에 따라 납부하여야 할 세액을 납부하는 사업연도의 종료일까지의 기간

나. 1일 10만분의 25

14) 채무인수·변제를 한 날부터 해당 사업연도 종료일까지의 기간을 1년으로 보아 3년의 기간을 계산한다(조특령 §36⑫).

15) 부채비율 및 기준부채비율의 산정에 관하여는 조특령 제34조 제15항 및 제16항을 준용한다. 이 경우 "채무상환액"을 "채무인수·변제를 받은 금액의 합계"로 본다(조특령 §36⑬).

16) "파산 등 대통령령으로 정하는 부득이한 사유"란 조특령 제34조 제17항 각 호의 어느 하나에 해당하는 경우를 말한다(조특령 §36⑭).

① 채무인수·변제를 한 날이 속하는 사업연도
② 주식 등을 양도한 날 또는 법인의 청산을 종결한 날이 속하는 사업연도[17]
③ 주식 등을 양도한 날이 속하는 사업연도의 다음 3년간[18]

5-2. 과세특례 신청

과세특례를 적용받으려는 주주 등은 채무인수·변제를 한 날이 속하는 사업연도의 과세표준신고와 함께 법인양도·양수계획서 또는 법인청산계획서, 채무인수·변제명세서 및 세액감면신청서를 납세지 관할 세무서장에게 제출하여야 한다(조특령 §36⑱). 한편 과세특례를 적용받으려는 법인은 채무인수·변제를 받은 날이 속하는 사업연도의 과세표준신고와 함께 법인양도·양수계획서 또는 법인청산계획서, 채무인수·변제명세서 및 분할익금산입조정명세서를 납세지 관할 세무서장에게 제출하여야 한다(조특령 §36⑲).

---

17) 조특법 제39조 제1항 제1호 및 제2호
18) 조특법 제39조 제1항 제1호

6 | 주요 개정연혁

1. 자회사 매각을 위한 채무인수 · 변제에 대한 과세특례 신설(조특법 §39, 조특령 §36)

(1) 개정내용

종 전	개 정
〈신 설〉	□ 모회사가 자회사의 채무를 인수 · 변제 시 과세특례 ○ 요건 : 재무구조개선계획*에 따라 인수 · 변제하고 자회사의 지분을 양도 또는 청산 　*「기업구조조정 촉진법」에 따른 경영정상화 계획, 「파산법」에 따른 회생계획 등 ○ 특례 : 모회사는 인수 · 변제 금액을 손금산입하고, 자회사는 채무면제이익을 4년거치 3년분할 익금산입(청산하는 경우는 해산시 익금산입) ○ 주주의 채무인수 · 변제액 손금산입 한도 　- 양도등대상법인의 이월결손금 × (해당 주주 채무인수액 ÷ 채무인수 · 변제에 참여한 모든 주주 채무인수액 합계) ○ 사후관리 : 다음의 경우 익금산입하지 않은 금액과 손금산입한 금액에 대해 해당 법인에게 이자상당액을 포함하여 과세 　① 지분의 양도 또는 청산이 미실행된 경우 　② 3년 이내에 해당 법인의 부채비율이 증가하는 경우 　③ 3년 이내에 해당 법인의 사업폐지 또는 해산 　　* ②, ③의 경우는 양도되는 경우에 한정 ○ 적용기한 : 2018. 12. 31.

(2) 개정이유

○ 부실 자회사 구조조정 지원

(3) 적용시기 및 적용례

○ 2016. 1. 1. 이후 개시하는 사업연도 분부터 적용

제40조

주주 등의 자산양도에 관한 법인세 등 과세특례

1 │ 의 의

내국법인의 주주 등이 자산을 내국법인에 증여하는 경우 증여자와 수증자 모두 과세 문제가 대두되어 구조조정의 걸림돌이 될 수 있으므로 재무구조개선 대상법인에게 주주 등이 자산을 증여하는 경우에는 세제상 혜택을 부여하여 기업의 구조조정을 원활하게 지원하고 있다. 본 제도는 재무구조개선 대상법인의 과세특례 요건에 부합하는 자산수증이익에 대하여 4년 거치 3년간 분할익금산입의 과세이연 혜택을 부여하고 있고, 자산양도대금을 증여한 주주에게도 증여재산가액에 상당하는 손금산입 등의 혜택을 부여하고 있다. 2021. 12. 28. 법 개정시 적용기한을 2023. 12. 31.까지로 연장하였다.

2 │ 요 건

내국법인이 주주 또는 출자자("주주 등")로부터 2023. 12. 31. 이전에 다음의 요건을 모두 갖추어 자산을 무상으로 받은 경우에 과세특례를 적용받을 수 있다(조특법 §40①).

① 재무구조개선계획[1])에 따라 주주 등의 자산증여[2]) 및 법인의 채무상환이 이루어질 것

② 재무구조개선계획에는 금전의 경우 법인이 해당 금전을 받은 날부터 2023. 12. 31.까지, 금전 외의 자산의 경우에는 해당 자산을 양도한 날[3])부터 2023. 12. 31. 이내에서 자산양도일부터 3개월까지 그 양도대금을 금융채권자에 대한 부채의 상환에 전액 사용(부득이한 사유가 있는 경우에는 그 사유가 종료한 날의 다음 날에 부채의 상환에 전액

---

1) 조특령 제37 제3항·제4항·제22항 및 조특법 제40 제7항
2) 자산의 증여는 주주 또는 출자자가 단독 또는 공동으로 하나의 계약에 의하여 일시에 증여하는 것에 한정한다(조특령 §37①).
3) 장기할부조건의 경우에는 각 회의 부불금(계약금은 첫 회의 부불금에 포함되는 것으로 한다)을 받은 날을 말한다(조특령 §37⑥).

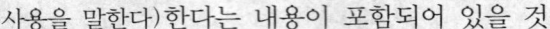

사용을 말한다)한다는 내용이 포함되어 있을 것

3 | 과세특례의 내용

3-1. 증여받은 내국법인

내국법인이 과세특례의 요건을 갖추어 주주 등으로부터 자산을 무상으로 받은 경우에는 해당 사업연도의 소득금액을 계산할 때 해당 자산가액[4]은 자산을 증여받은 날이 속하는 사업연도의 종료일 이후 3개 사업연도의 기간 중 익금에 산입하지 아니하고 그 다음 3개 사업연도의 기간 동안 균분한 금액 이상을 익금에 산입하여야 한다(조특법 §40①).

3-2. 증여한 주주인 법인

자산을 증여한 주주 등(법인인 경우에 한정한다)의 경우 증여한 자산의 가액을 해당 사업연도의 소득금액을 계산할 때 손금에 산입한다(조특법 §40②). 여기서 손금산입대상 자산증여액은 해당 주주등이 증여한 자산의 장부가액을 말한다(조특령 §37⑪).

3-3. 증여한 주주인 거주자 또는 내국법인

주주 등이 법인에 자산을 증여할 때 소유하던 자산을 양도하고 2023. 12. 31. 이전에 그 양도대금을 해당 법인에 증여하는 경우에는 해당 자산을 양도함으로써 발생하는 양도차익 중 증여금액에 상당하는 금액("양도차익상당액")은 다음에 해당하는 방법으로 양도소득세를 감면하거나 같은 금액을 익금에 산입하지 아니할 수 있다(조특법 §40③).

3-3-1. 거주자

양도차익상당액에 대한 양도소득세의 100분의 100에 상당하는 세액을 감면하는 방법

> 양도차익상당액(조특령 §37⑫) = 양도한 자산의 양도차익 × 〔해당 자산의 양도가액 중 재무구조개선
> 계획승인법인에게 증여한 금액 / (해당 자산의 양도가액 − 양도한
> 자산의 양도차익에 대하여 해당 법인이 납부한 농어촌특별세액)〕

---

[4] 조특령 제36조 제8항을 준용하여 계산한 금액(이하 "자산수증익"이라 한다)을 말한다. 이 경우 "채무인수·변제를 받은 금액"은 "법 제40조 제1항에 따라 증여받은 자산가액"으로 본다(조특령 §37②).

3-3-2. 내국법인

양도차익상당액을 해당 사업연도의 소득금액을 계산할 때 익금에 산입하지 아니하는 방법

3-4. 기타 과세특례

과세특례에 따라 법인이 주주 등으로부터 자산을 무상으로 받음으로써 해당 법인의 다른 주주 등이 얻는 이익은 증여로 보지 아니한다. 다만, 자산을 증여한 주주 등의 특수관계인[5])에 대해서는 그러하지 아니하다(조특법 §40⑥).

4 │ 사후관리

자산을 증여받은 법인이 다음의 어느 하나에 해당하는 경우에는 해당 사유가 발생한 사업연도의 소득금액을 계산할 때 과세특례에 따라 익금에 산입하지 아니한 금액을 익금에 산입[6])한다. 이 경우 과세특례(증여한 주주인 거주자 또는 법인인 경우)에 따라 감면한 세액을 해당 법인이 납부할 법인세액에 가산하여 징수[7])한다(조특법 §40④). 이 경우 법인이 납부할 세액에는 이자상당가산액[8])을 가산(파산 등 부득이한 사유가 있는 경우 제외)하며 해당 세액은 납부하여야 할 세액으로 본다(조특법 §40⑤).

① 재무구조개선계획에 따라 채무를 상환하지 아니한 경우
② 해당 법인의 부채비율이 채무 상환 후 3년 이내의 기간 중 기준부채비율보다 증가하게 된 경우
③ 증여받은 내국법인이 자산을 증여받은 날부터 3년 이내[9])에 해당 사업을 폐업하거나 해산한 경우로서 합병법인, 분할로 인하여 신설되는 법인 또는 분할합병의 상대방 법인이 해당 사업을 승계한 경우가 아닌 경우. 다만, 파산 등 부득이한 사유[10])가 있는 경우에는 감면한 세액을 가산하지 아니한다.

---

5) 조특령 제37조 제21항
6) 조특령 제37조 제13항·제20항
7) 조특령 제37조 제14항 및 제15항
8) 조특령 제37조 제19항
9) 사업연도 중에 채무를 상환한 경우에는 채무를 상환한 날부터 해당 사업연도 종료일까지의 기간을 1년으로 보아 3년의 기간을 계산한다(조특령 §37⑯).
10) "부득이한 사유"란 조특령 제34조 제17항 각 호의 어느 하나에 해당하는 경우를 말한다(조특령 §37⑱).

5 | 절 차

과세특례를 적용받으려는 법인은 자산증여일이 속하는 사업연도의 과세표준신고와 함께 수증자산명세서, 채무상환(예정)명세서 및 분할익금산입조정명세서를 납세지 관할 세무서장에게 제출하여야 하며, 자산증여일과 채무상환일이 서로 다른 사업연도에 속하는 경우에는 채무상환일이 속하는 사업연도의 과세표준신고와 함께 채무상환(예정)명세서를 별도로 제출하여야 한다. 또한 증여한 주주인 법인이 과세특례를 적용받으려는 주주 등은 자산증여일이 속하는 사업연도의 과세표준신고와 함께 자산증여계약서, 채무상환(예정)명세서 및 세액감면신청서를 납세지 관할 세무서장에게 제출하여야 한다. 한편 과세특례(조특법 §40③)를 적용받으려는 증여한 거주자 또는 내국법인은 자산을 양도한 날이 속하는 과세연도의 과세표준신고와 함께 자산매매계약서, 증여계약서, 채무상환(예정)명세서 및 세액감면신청서를 납세지 관할 세무서장에게 제출하여야 한다(조특령 §37㉕).

6 | 관련사례

구 분	내 용
과세특례 요건 및 내용	거주자가 「조세특례제한법」 제40조(주주 등의 자산양도에 관한 법인세 등 과세특례) 제3항을 적용함에 있어 같은 조 제1항 각호의 요건을 모두 갖추어 자산증여 및 채무상환하기로 하였으나 다수의 부동산을 수차례에 걸쳐 매각하고 이를 증여 및 채무상환하는 등 하나의 계약에 의하여 일시에 증여가 이루어지지 않은 경우에는 동 과세특례를 적용받을 수 없는 것임(부동산거래-487, 2011. 6. 20.).
	「조세특례제한법」 제40조 제6항 단서에 따라 증여세를 과세하는 경우 결손금 이내의 증여재산가액은 「상속세 및 증여세법 시행령」 제31조 제6항을, 결손금을 초과한 증여재산가액은 「상속세 및 증여세법 시행령」 제31조의9 제2항 제5호를 준용하여 계산하는 것임(재산-646, 2010. 8. 27.).

제44조

재무구조개선계획 등에 따른 기업의 채무면제익에 대한 과세특례

1 | 의 의

본조는 회생계획인가의 결정을 받은 법인이 금융기관으로부터 채무의 일부를 면제받는 경우 등 채무면제익에 대한 과세문제를 해결하여 기업의 구조조정을 지원하고자 하는 제도이다. 즉, 조특법 소정의 사유로 발생하는 기업의 채무면제익은 과세이연하고 채무를 면제한 금융기관과 채권금융기관(기업구조조정투자회사법에 의한 기업구조조정투자회사는 제외)에 대해서는 동 채무면제 상당액을 손금으로 인정함으로써 기업구조조정에 대한 조세지원을 그 목적으로 한다. 2021. 12. 28. 법 개정시 적용기한을 2023. 12. 31.로 연장하였다.

> **참고** **기업구조조정투자회사(CRV)를 통한 부실채권의 출자전환(사례)**
>
> □ 채권금융기관이 약정체결기업(채무기업)에 대하여 보유하고 있는 1,000억원(시가 200억원)의 채권을 시가로 CRV에 이전하고 CRV는 동 채권을 약정체결기업에 출자전환하여
> ○ 200억원 상당의 약정체결기업의 주식을 취득
> ○ 이 경우, 약정체결기업은 채권 1,000억원 중 800억원의 채무를 면제받는 결과
> □ 약정체결기업의 채무면제익을 일시에 익금산입하는 경우 거액의 과세문제가 발생하여 기업구조조정을 저해할 수 있으므로
> ○ 4년 거치 후 3년간에 걸쳐 익금산입하여 과세이연하도록 함이 바람직함.

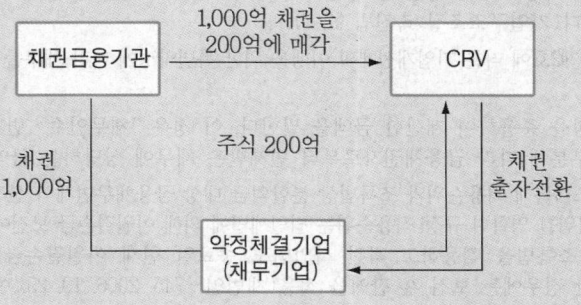

2 요건

2023. 12. 31.까지 내국법인이 금융채권자로부터 채무의 일부를 면제받은 경우로서 다음의 어느 하나에 해당하여야 한다(조특법 §44①, 조특령 §41② · ③).
① 회생계획인가의 결정을 받은 법인이 금융채권자로부터 채무의 일부를 면제받은 경우로서 그 결정에 채무의 면제액이 포함된 경우
② 기업개선계획에의 이행을 위한 약정을 체결한 부실징후기업[1]이 금융채권자로부터 채무의 일부를 면제받은 경우로서 그 약정에 채무의 면제액이 포함된 경우 및 반대채권자의 채권매수청구권의 행사와 관련하여 채무의 일부를 면제받은 경우
③ 내국법인이 채권을 보유한 금융채권자 간의 합의에 따라 채무를 면제받은 경우[2]
④ 그 밖에 내국법인이 관계 법률에 따라 채무를 면제받은 경우로서 적기시정조치에 따라 채무를 면제받은 경우

3 과세특례의 내용

3-1. 채무자(채무를 면제받은 법인)에 대한 조세지원

내국법인이 금융채권자로부터 채무의 일부를 면제받은 경우 소득금액을 계산할 때 그 면제받은 채무에 상당하는 금액(이월결손금을 초과하는 금액[3])에 한정[4]한다. 이를 "채무면제익"이라 한다)은 해당 사업연도와 해당 사업연도의 종료일 이후 3개 사업연도의 기간 중 익금에 산입하지 아니하고 그 다음 3개 사업연도의 기간 동안 균분한 금액 이상을 익금에 산입한다(조특법 §44①).

---

1) "부실징후기업"이란 주채권은행이 신용위험평가를 통하여 통상적인 자금차입 외에 외부로부터의 추가적인 자금유입 없이는 금융채권자에 대한 차입금 상환 등 정상적인 채무이행이 어려운 상태(이하 "부실징후"라 한다)에 있다고 인정한 기업을 말한다(기업구조조정 촉진법 §2 7).
2) 조특령 제34조 제6항 제2호에 따른 기업개선계획 이행을 위한 특별약정에 따라 채무를 면제받은 경우를 말한다(조특령 §41②).
3) 조특령 제36조 제8항을 준용하여 계산한 금액을 말한다. 이 경우 "채무인수 · 변제를 받은 금액"은 "법 제44조 제1항 각 호 외의 부분에 따라 금융채권자로부터 면제받은 채무에 상당하는 금액"으로 본다(조특령 §41①).
4) 채무면제익에 대한 조세특례 적용순위와 조특법상 분할익금 대상 금융채무면제익 산정을 위한 직전 사업연도 종료일 현재 이월결손금의 범위를 명확히 규정[적용순위는 법인세법에 의해 이월결손금 보전에 충당한 후 그 잔액이 금융기관 채무면제익인 경우 조특법을 적용하고, 직전 사업연도 종료일 현재 이월결손금의 범위는 법인세법에 의하여 이월결손금을 보전한 경우에는 보전 후 잔액을 적용(재법인-745, 2006. 10. 25. 예규를 반영)]. 이 규정은 2007. 1. 1. 이후 개시하는 과세연도분부터 적용한다.

한편 「기업구조조정 투자회사법」에 따른 약정체결기업이 기업구조조정투자회사로부터 채무를 출자로 전환받는 과정에서 채무의 일부를 면제받는 경우 그 채무면제익은 위 규정을 준용하여 익금에 산입한다(조특법 §44②).

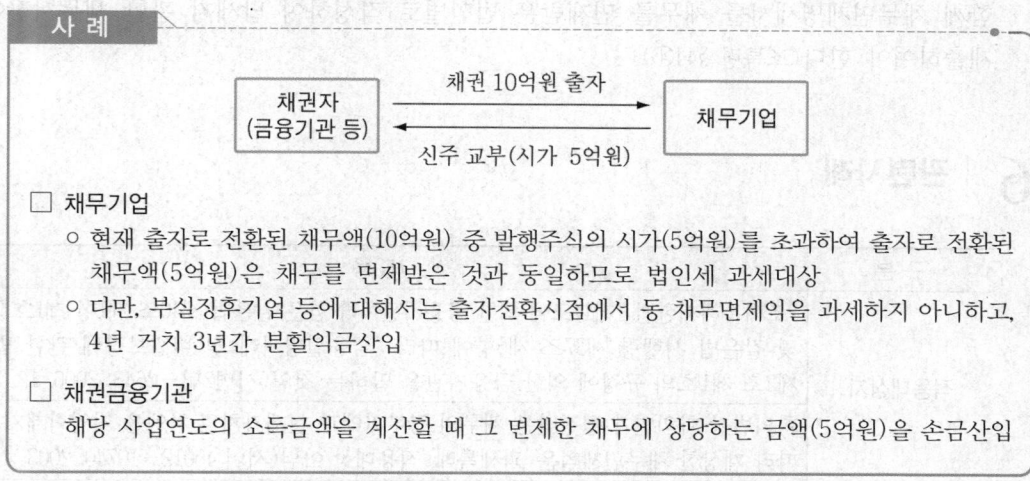

사 례

채권자
(금융기관 등) ←채권 10억원 출자→ 채무기업
  신주 교부(시가 5억원)

☐ 채무기업
  ○ 현재 출자로 전환된 채무액(10억원) 중 발행주식의 시가(5억원)를 초과하여 출자로 전환된 채무액(5억원)은 채무를 면제받은 것과 동일하므로 법인세 과세대상
  ○ 다만, 부실징후기업 등에 대해서는 출자전환시점에서 동 채무면제익을 과세하지 아니하고, 4년 거치 3년간 분할익금산입

☐ 채권금융기관
  해당 사업연도의 소득금액을 계산할 때 그 면제한 채무에 상당하는 금액(5억원)을 손금산입

3-2. 채권자(채무를 면제한 금융채권자)에 대한 지원내용

채무를 면제(채무의 출자전환으로 채무를 면제한 경우를 포함한다)한 금융채권자(「기업구조조정 투자회사법」에 따른 기업구조조정투자회사는 제외)는 해당 사업연도의 소득금액을 계산할 때 그 면제한 채무에 상당하는 금액을 손금에 산입한다(조특법 §44④).

4 │ 사후관리

채무를 면제받은 법인이 채무면제익 전액을 익금에 산입하기 전에 사업을 폐업하거나 해산하는 경우에는 그 사유가 발생한 날이 속하는 사업연도의 소득금액을 계산할 때 익금에 산입하지 아니한 금액 전액을 익금에 산입한다(조특법 §44③).

5 | 절 차

과세특례를 적용받고자 하는 법인은 각각 채무면제일이 속하는 사업연도의 과세표준신고와 함께 채무면제명세서를 채무를 면제받은 법인별로 작성하여 납세지 관할 세무서장에게 제출하여야 한다(조특령 §44④).

6 | 관련사례

구 분	내 용
적용대상자	「조세특례제한법」 제44조에 의한 금융기관이라 함은 같은법 제40조 제1항 제1호 가목 및 같은법 시행령 제37조 제6항에 따라 「금융실명거래 및 비밀보장에 관한 법률」 제2조 제1호의 규정에 의한 금융기관을 말하는 것임(서면2팀-2643, 2006. 12. 21.).
	화의법상 화의인가 결정받은 채무의 장부가액과 현재가치의 차액을 기업회계기준에 따라 계상한 채무면제익은 '과세특례' 적용대상 아님(서이 46012-10740, 2003. 4. 9.).
적용요건	「조세특례제한법」 제44조 제1항(2002. 12. 11. 법률 제6762호로 개정되기 전의 것)의 규정에 의한 "정리계획인가 등의 결정을 받은 법인의 채무면제익에 대한 과세특례" 요건을 갖춘 법인은 같은법 시행령 제41조 제2항의 '채무면제명세서'를 법인세과세표준신고기한 내에 제출하지 아니하였더라도 「국세기본법」 제45조의2 규정에 의한 '경정 등의 청구'에 의해 당해 과세특례를 적용받을 수 있는 것이며, 이 경우 채무를 면제받은 사업연도의 과세특례대상 익금불산입 금액을 계산함에 있어 "채무 등을 면제받은 날이 속하는 사업연도의 직전 사업연도 종료일" 현재 「법인세법 시행령」 제18조 제1항의 규정에 의한 이월결손금은 경정 등에 의한 금액 변동이 감안된 이월결손금을 말하는 것임(서면2팀-1186, 2005. 7. 22.).
	법정관리법인이 법정관리계획에 따라 채무를 출자전환하는 경우, 주식의 액면가액을 초과하는 금액은 채무면제익이 아닌 주식발행액면초과액에 해당함(재법인 46012-191, 1999. 12. 6.).
현재가치로 할인한 금액	(쟁점) 채무를 일정시점에 현재가치로 할인한 금액으로 조기상환함에 따라 발생한 채무면제익이 익금에 해당되는지 여부 (결정) 약정에 따라 채무를 일정시점에 현재가치로 할인한 금액으로 조기에 일시 상환할 경우 그 차액은 채무면제익으로서 익금에 산입하는 것이며, 정리계획인가결정에 따른 것이 아니므로 현재가치에 의한 차입금상환에 따른 채무감소액에 대한 법인세과세특례 적용대상이 아님(국심 2004중2772, 2005. 7. 18.).

구 분	내 용
과세특례 적용방법 및 내용	금융기관이 회생계획인가결정에 따라 채무를 출자전환하는 경우 주식의 발행가액과 액면가액이 동일하고, 시가가 액면가액에 미달하는 경우에도 「조세특례제한법」 제44조 제4항에 따라 손금산입이 가능하며, 손금산입 과세특례는 세무조정계산서 상 별도의 손금산입을 하지 않아도 적용 가능(기획재정부 법인세제과-119, 2021. 2. 25.)
	법인이 인적 분할에 의하여 분할되는 경우 분할조건 및 계약에 의하여 분할신설법인이 부담하여야 할 분할 이전에 발생한 부채에 대한 채무는 분할시점에 분할신설법인이 당연히 부담하여야 할 자산의 상대계정이므로 해당 부채는 분할신설법인의 손금에 산입되지 않는 것이며, 이 경우 분할신설법인이 부담하여야 할 채무는 분할조건 및 계약에 의하여 채무자로서 법률적으로 부담하여야 할 것으로 분할시점에 그 가액이 불분명하다고 하여 분할 이후의 사업연도에 추가로 채무액을 확정하여 분할 이후의 사업연도 특별손실 등으로 손금산입할 수 없는 것임. 분할법인과 분할신설법인이 법인분할 이전의 채무에 대하여 연대채무를 지고 있는 중에 분할법인이 파산선고를 받고 파산절차가 종결되어 분할신설법인이 분할법인이 부담하여야 할 채무를 추가로 부담하는 경우의 해당 부채는 분할법인의 파산절차가 종결된 시점에 분할신설법인의 손금으로 계상하여야 하는 것이며, 회사정리계획안이 인가될 경우의 채무에 대한 출자전환 관련 채무면제이익은 조세특례제한법 제44조 제2항의 요건을 충족하는 경우 익금에 산입하지 아니할 수 있는 것임(서면2팀-980, 2004. 5. 7.).
	사업을 영위하는 거주자가 회생계획의 인가로 인하여 당해 사업과 관련하여 발생한 채무면제이익은 이월결손금의 보전에 충당된 금액을 제외하고는 당해 사업의 총수입금액에 산입함(소득-1025, 2009. 7. 6.).
출자전환하는 채무의 채무면제익	기업회계기준에 의한 채무재조정시 발생한 현재가치할인차금에 대하여 익금불산입 (유보)의 세무조정사항을 가지고 있는 채무법인이 동 채무의 채권자로부터 해당 채권을 출자전환받은 경우 동 현재가치할인차금의 잔액에 대하여는 출자전환일이 속하는 사업연도의 익금에 산입(유보)하는 것이며, 동 현재가치할인차금 잔액 중 법인세법 제17조 제1호의 규정에 의한 주식발행액면초과액에 상당하는 금액(동 규정에 의한 주식발행액면초과액-기업회계기준상 주식발행초과금)의 경우에는 익금불산입(기 타)하는 것임(서이 46012-11085, 2002. 5. 24.).

조세특례제한법

제46조

기업 간 주식 등의 교환에 대한 과세특례

1 | 의 의

"기업 간 주식 등의 교환"은 빅딜(Big deal)이라고 하며 둘 이상의 기업집단이 특정 계열사의 주식을 교환하여 기업을 양수도하여 부실사업을 정비하는 구조조정을 말한다. 빅딜 과정에서 양도차익에 대한 과세문제가 발생하게 되는데, 조특법은 이러한 문제를 세제상 지원하여 기업구조조정을 원활하게 하고 있다. 이 제도는 주식을 교환하는 과정에서 발생하는 양도차익에 대한 양도소득세 또는 법인세에 대해서 양수한 주식을 처분할 때까지 과세를 이연하도록 하고 있다.

제도의 실효성이 낮아 2012. 12. 31. 적용기한이 종료되었으나, 이에 따라 합병(적격요건 충족)시 합병대가로 받은 주식은 양도차익 과세를 이연하나 주식교환 방식의 기업인수에 대해서는 과세이연이 적용되지 않고 있어서, 국내 M&A의 경우 주식교환 방식의 인수가 활성화되지 못하고 현금인수 방식이 대부분을 차지[1]하게 되었다.

| 2013년 기준 M&A시 현금거래 비중 및 한국 대가지급 구성 |

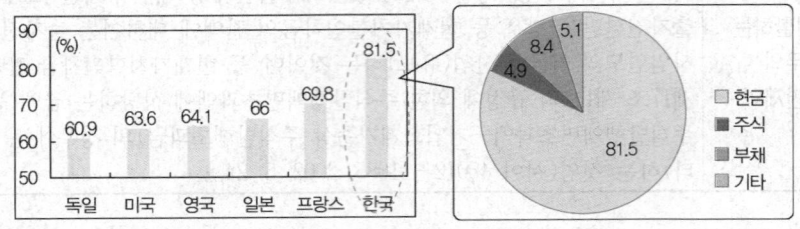

자료 : 부처 합동 보도자료, 「M&A 활성화 방안」, 2014. 3. 6.

이에 따라, 2014. 12. 23. 법 개정시 주식교환을 통한 M&A는 인수기업 측면에서 직접적인 현금의 유출 없이 기업을 인수할 수 있는 장점이 있어 불황 시 많이 사용되는 방법으로 그

---

1) 부처 합동 보도자료, 「M&A 활성화 방안」, 2014. 3. 6.

당시와 같은 경기 불황에서 인수자금에 어려움을 겪고 있는 기업들의 구조조정을 용이하게 해주려는 목적으로 제도를 부활하였고 2015. 1. 1. 이후 주식을 교환하는 분부터 적용되도록 하였다.

2 | 요 건

내국법인("교환대상법인")의 지배주주 · 출자자 및 그 특수관계인("지배주주 등[2]")이 2017. 12. 31. 이전에 재무구조개선계획[3] (금융채권자협의회등[4]이 승인한 것에 한정)에 따라 그 소유 주식 또는 출자지분("주식 등") 전부를 양도하고 교환대상법인의 특수관계인[5]이 아닌 다른 내국법인("교환양수법인")의 주식 등을 다음의 어느 하나에 해당하는 방법으로 그 소유비율에 따라 양수하여야 한다(조특법 §46①).

① 교환양수법인이 이미 보유하거나 새롭게 발행한 주식 등을 양수하는 방법
② 교환양수법인의 지배주주 등이 보유한 주식 등의 전부를 양수하는 방법(교환대상법인 및 교환양수법인이 서로 다른 기업집단[6]에 소속되어 있는 경우에 한정한다)

이처럼 주식 등의 양도 · 양수에 있어 교환대상법인의 주식 등을 양도한 지배주주 등 간의 해당 법인 주식 등의 보유비율에 따라 교환양수법인의 주식 등이 배분되어야 한다(조특령 §43⑤).

3 | 과세특례의 내용

3-1. 주식양도차익에 대한 과세이연

과세특례의 요건에 따라 주식 등을 양도함에 따라 발생한 양도차익(교환양수법인 및 교환양수법인의 지배주주 등에 발생하는 양도차익을 포함한다)에 상당하는 금액에 대한 양도소득세 또는 법인세에 대해서는 양수한 주식 등을 처분(상속 · 증여를 포함한다)할 때까지 과세를 이연받을

---

2) 지배주주등의 범위에 대해서는 조특령 제36조 제6항을 준용한다(조특령 §43①).
3) 조특령 제34조 제6항 제1호부터 제4호까지의 어느 하나에 해당하는 것으로서 지배주주등이 보유한 주식 또는 출자지분(이하 이 조에서 "주식등"이라 한다)의 양도 · 양수계획이 명시된 것을 말한다(조특령 §43②).
4) 조특령 제34조 제7항 제1호부터 제4호까지의 어느 하나에 해당하는 자를 말한다(조특령 §43③).
5) 교환대상법인과의 관계가 「법인세법 시행령」 제2조 제5항 각 호의 어느 하나에 해당하는 자를 말한다(조특령 §43④).
6) 「독점규제 및 공정거래에 관한 법률」 제2조 제2호에 따른 것을 말한다.

수 있다(조특법 §46①, 조특령 §43⑥).

3-1-1. 지배주주 등이 법인인 경우 : 다음의 방법에 따라 과세를 이연받는 방법

① 주식 등을 양도함에 따라 발생한 양도차익은 주식 등의 양도 당시의 시가[7]에서 양도일 전일의 장부가액을 뺀 금액(양수한 교환양수법인의 주식 등의 가액을 한도로 하고, 이를 "과세이연금액"이라 한다)으로 하되, 그 금액은 양수한 교환양수법인의 주식 등의 압축기장충당금으로 계상하여야 한다.

② 위 ①에 따라 계상한 압축기장충당금은 양수한 교환양수법인의 주식 등을 양도, 상속 또는 증여[8](이하 "처분"이라 한다)하는 사업연도에 이를 익금에 산입하되, 일부 주식 등을 처분하는 경우에는 다음 산식에 의하여 계산한 금액을 익금에 산입한다.

> 익금산입액 = 압축기장충당금 × 양수한 교환양수법인의 주식 등 중 처분한 주식 등의 수/양수한 교환양수법인의 주식 등의 수

3-1-2. 지배주주 등이 거주자인 경우

주식 등을 양도할 때 양도소득세를 납부하지 아니하고 양수한 교환양수법인의 주식 등을 처분할 때에 교환양수법인의 주식 등의 취득가액에서 과세이연금액을 뺀 금액을 취득가액으로 보아 양도소득세를 납부하는 방법

3-1-3. 주식의 현물출자 또는 물적분할 당시 양도차익에 대한 다시 과세이연

내국법인이 물적분할 또는 현물출자로 취득한 주식 등의 전부를 다른 법인의 주식 등과 교환하는 경우에 현물출자 또는 물적분할 당시 자산의 양도차익에 상당하는 금액으로서 손금에 산입하여 과세를 이연받은 금액은 다시 과세를 이연받을 수 있다(조특법 §46④).

3-1-4. 원천징수 특례

교환대상법인의 양도·양수에 있어서 나타난 해당 법인의 자산부족액[9]을 익금에 산입하여 이를 소득처분[10]하는 경우 해당 법인은 그 처분금액에 대한 소득세를 원천징수하지

---

7) 「법인세법」 제52조 제2항에 따른 시가를 말한다.
8) 조특법 제46조 제1항에 따라 양수한 주식 등 외에 다른 방법으로 취득한 주식 등이 있으면 같은 항에 따라 양수한 주식 등을 먼저 양도, 상속 또는 증여한 것으로 본다.
9) 자산부족액은 교환대상법인과 교환양수법인의 기업교환계약에 자산의 실사에 대한 내용이 포함되어 있는 경우로서 주식 등을 양도·양수한 날 현재의 자산부족액을 해당 법인이 「금융위원회의 설치 등에 관한 법률」 제19조에 따라 설립된 증권선물위원회에 요청하여 지명을 받은 회계법인으로부터 확인받아 수정하여 회계처리한 것에 한정한다(조특령 §43⑦).

아니한다(조특법 §46②).

4 | 사후관리

주식 등을 양도한 교환대상법인의 주주 등이 다음의 어느 하나에 해당하게 된 경우에는 해당 사유가 발생한 과세연도에 납부하지 아니한 세액을 납부하거나 소득금액을 계산할 때 손금에 산입한 금액을 익금에 산입하여야 한다. 이 경우 이자상당가산액[11]을 가산하여 양도소득세 또는 법인세로 납부하여야 하며 해당 세액은 납부하여야 할 세액으로 본다(조특법 §46③).

① 주식 등을 양도한 사업연도의 종료일 이후 5년 이내에 교환대상법인이 속하였던 기업집단에 교환대상법인과 동일한 업종[12]을 경영하는 법인이 속하게 되는 경우
② 주식 등을 양도한 사업연도의 종료일 이후 5년 이내에 지배주주 등이 교환대상법인의 주식 등을 다시 보유하게 되는 경우

5 | 절 차

재무구조개선계획승인권자는 교환대상법인의 그 승인일이 속하는 사업연도(이하 "사업연도" 라 한다) 종료일까지 재무구조개선계획의 내용을 재무구조개선계획서에 따라 교환대상법인의 납세지 관할 세무서장에게 제출하여야 하며, 다음에 해당하는 사업연도의 과세표준 신고기한 종료일까지 재무구조개선계획이행보고서를 교환대상법인의 납세지 관할 세무서장에게 제출 하여야 한다. 이 경우 교환대상법인이 재무구조개선계획승인권자의 확인을 받아 재무구조개선 계획서 또는 재무구조개선계획이행보고서를 납세지 관할 세무서장에게 제출하는 경우에는 재무구조개선계획승인권자가 제출한 것으로 본다(조특령 §43⑪).

① 주식 등을 양도·양수한 날이 속하는 사업연도
② 주식 등을 양도·양수한 날이 속하는 사업연도의 다음 3개 사업연도

---

10) 「법인세법」 제67조
11) 조특령 제43조 제8항 참조
12) 업종의 분류는 한국표준산업분류의 소분류에 따른다(조특령 §43⑨).

제46조의7

전략적 제휴를 위한 비상장 주식교환등에 대한 과세특례

1 │ 의 의

일반적으로 특정기업의 주주가 주식교환을 통하여 다른 기업의 주식을 취득하는 경우에는, 주식교환으로 신규취득한 주식의 시가에서 종전 기업의 주식 취득가액을 공제한 금액을 양도차액으로 보고, 이에 대하여 양도소득세를 부과한다. 따라서, 기업 간 주식교환이 이루어질 경우 주식양도에 따른 이익이 현금화되지 않았음에도 불구하고, 주식교환의 당사자는 주식을 매각하는 것과 동일하게 양도소득세를 부담하여야 한다. 이에 따라 벤처기업의 주주가 벤처기업의 생산성 향상과 경쟁력 강화 등을 목적으로 기술·시설·정보·인력 또는 자본 등의 분야에서 다른 기업의 주주 또는 다른 기업과 협력관계를 형성하는 전략적 제휴를 위한 주식교환을 희망하더라도 양도소득세 담세능력의 부족으로 인하여 주식교환을 포기할 수 있으며, 이는 벤처기업에 투자한 자금의 회수를 어렵게 하는 요인이 될 수 있다. 따라서, 전략적 제휴를 목적으로 벤처기업과 제휴기업 간 주식을 서로 교환한 경우에 교환으로 취득한 주식을 처분할 때까지 주식교환에 따른 양도차익에 대한 과세를 이연하여 벤처기업 투자자가 주식교환을 통하여 용이하게 투자자금을 회수할 수 있도록 함으로써 벤처기업에 대한 투자를 촉진하는 효과가 발생하도록 하는 것이 본 제도의 취지이다. 본 제도는 2014. 1. 1. 조특법 개정시 신설되었으며, 2021. 12. 28. 조특법 개정시 적용기한을 2024. 12. 31.까지 연장하였다.

│ 전략적 제휴를 위한 주식교환 과세특례 개요 │

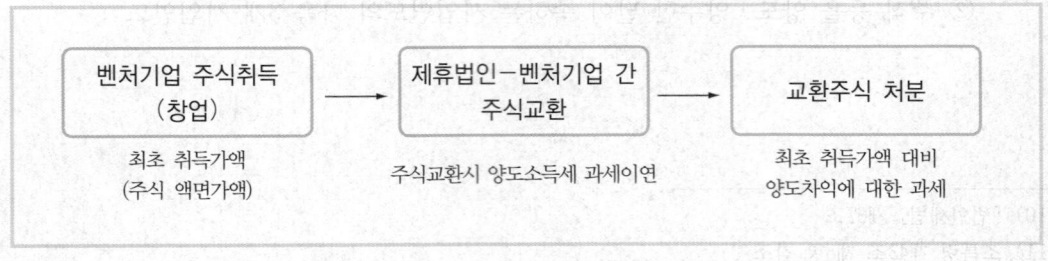

2 | 과세특례의 내용

　　주권상장법인(코넥스상장기업이 아닌 경우만 해당)을 제외한 벤처기업 등(직전 사업연도의 연구·인력개발비가 매출액의 5% 이상인 중소기업 및 기술우수 중소기업을 포함한다)의 주주[1]가 소유하는 벤처기업등의 주식을 다음의 요건을 갖추어 2024. 12. 31. 이전에 주식회사인 법인("제휴법인")이 보유한 자기주식 또는 제휴법인의 주주[2]의 주식과 교환하거나 제휴법인에 현물출자하고 그 제휴법인으로부터 출자가액에 상당하는 주식을 새로 받음으로써 발생하는 양도차익에 대해서는 그 주주가 주식교환 또는 현물출자로 인하여 취득한 제휴법인의 주식을 처분할 때까지 양도소득세의 과세를 이연받을 수 있다(조특법 §46의7①, 조특령 §43의7①).

① 생산성 향상과 경쟁력 강화 등을 목적으로 2018. 12. 31. 이전에 벤처기업등과 제휴법인 간의 계약을 통하여 협력관계를 형성하려는 전략적 제휴계획을 추진하고 그 계획에 따라 주식교환등이 이루어질 것(조특령 §43의7③)

　　동 계획은 다음의 요건을 갖추어야 한다(조특령 §43의7④).

- 벤처기업등과 제휴법인이 계약당사자가 될 것
- 제휴 대상 사업내용이 실현가능하고 구체적일 것
- 제휴 사업에서 발생하는 손익의 분배방법을 정할 것
- 기술·정보·시설·인력 및 자본 등의 협력에 관한 사항을 포함하고 있을 것

② 벤처기업등의 주주 1인과 특수관계인[3]이 제휴법인의 최대주주[4]와 특수관계[5]에 있지 않을 것

③ 벤처기업등의 주주가 주식교환등으로 인하여 취득한 주식과 제휴법인 또는 제휴법인의 주주가 주식교환등으로 취득한 주식을 각각 1년 이상 보유하도록 하는 계약을 벤처기업등과 제휴법인 간에 체결할 것

　　주식교환등으로 인하여 취득한 제휴법인의 주식을 양도한 때에는 다음의 계산식에 따라 산출한 금액을 취득가액으로 보아 양도소득세를 과세한다. 이 경우 주식교환등 외의 다른

---

1) 해당 법인의 의결권 있는 발행주식 총수의 10% 이상을 보유한 주주를 말하며, 해당 법인의 의결권 있는 발행주식 총수의 100분의 10 이상을 보유한 주주로 한다(조특법 §46의7①, 조특령 §43의7②).

2) 해당 법인의 의결권 있는 발행주식 총수의 10% 이상을 보유한 주주를 말하며, 해당 법인의 의결권 있는 발행주식 총수의 100분의 10 이상을 보유한 주주로 한다(조특법 §46의7①, 조특령 §43의7②).

3) 「국세기본법 시행령」 제1조의2 제1항 및 제2항에 따른 관계인을 말한다(조특령 §43의7⑤).

4) 법인의 의결권 있는 발행주식 총수를 기준으로 주주 1인과 그의 특수관계인이 보유하는 주식을 합하여 그 수가 가장 많은 경우의 그 주주 1인을 말한다(조특령 §43의7⑥).

5) 「국세기본법 시행령」 제1조의2 제1항 및 제2항에 따른 관계를 말한다(조특령 §43의7⑤).

방법으로 취득한 주식이 있는 경우에는 주식교환등으로 인하여 취득한 주식을 먼저 양도한 것으로 본다(조특령 §43의7⑦).

> 주식교환등으로 취득한 주식 중 양도한 주식의 취득가액 − (주식교환등을 함에 따라 발생하는 소득 × 양도한 주식 ÷ 주식교환등으로 취득한 주식)

3 | 사후관리

양도소득세의 과세를 이연받은 벤처기업등의 주주는 2−③의 계약을 위반하는 사유가 발생하면 그 이연받은 양도소득세를 납부하여야 한다(조특법 §46의7②).

구체적으로는 주식교환등을 함에 따라 발생하는 소득에 주식교환등으로 취득한 주식 중에서 해당 사유가 발생한 날 현재 남아 있는 주식이 차지하는 비율을 곱한 금액에 해당 주식교환등을 한 당시의 세율[6])을 곱하여 계산한 금액을 해당 사유발생일이 속하는 과세연도의 과세표준신고와 함께 납부하여야 한다(조특령 §43의7⑧).

4 | 절 차

양도소득세의 과세이연 신청을 하려는 자는 주식교환등을 한 날이 속하는 분기의 말일부터 2개월 이내에 과세표준신고와 함께 비상장기업주식교환등주식양도차익과세이연신청서에 전략적 제휴계획, 주식교환계약서, 중소벤처기업부장관이 세제지원 대상임을 확인한 서류[7])(중소기업의 주주의 경우는 제외)를 첨부하여 납세지 관할 세무서장에게 제출하여야 한다(조특령 §43의7⑨, 조특칙 §19의3).

---

6) 「소득세법」 제104조 제1항
7) 「벤처기업육성에 관한 특별조치법」 제14조 제3항

주식매각 후 벤처기업등 재투자에 대한 과세특례

1 │ 의 의

벤처기업 주주가 벤처기업 주식을 매각한 자금으로 일정 기간 내에 다른 벤처기업에 재투자한 경우에는 재투자로 취득한 주식을 처분할 때까지 최초 매각에 대한 양도소득세 과세를 이연받을 수 있도록 한 제도로서 2014. 1. 1. 신설되어 2014. 1. 1. 이후 매각대상기업의 보유주식을 매각한 후 재투자하는 분부터 적용된다.

│ 벤처기업 재투자에 대한 과세특례 개요 │

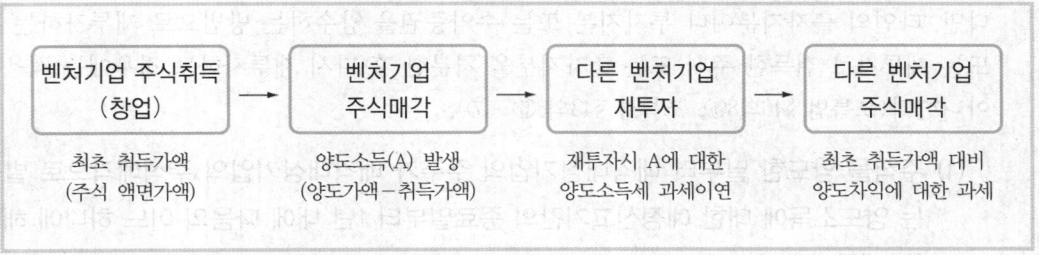

벤처창업자에 의한 벤처 재투자의 경우 이를 매개로 경영전략 등을 후속기업과 공유할 수 있어 벤처산업에 끼치는 긍정적 영향이 일반적인 벤처투자에 비하여 크다고 할 수 있고, 성공한 벤처기업인의 자금을 벤처생태계로 환류시킬 경우 벤처기업의 자금조달을 촉진할 뿐만 아니라 선배 벤처기업인의 창업 및 성공경험을 신생 벤처기업에게 전달할 수 있으며, 벤처업계로 유입된 자금이 벤처업계 내에서 지속적으로 머물면서 벤처업계 성장에 기여하도록 하는 데 그 취지가 있다.

2 │ 요 건

2-1. 적용대상

벤처기업 또는 벤처기업이었던 기업이 벤처기업에 해당하지 아니하게 된 이후 7년 이내 기업("매각대상기업")의 창업주 또는 발기인으로서 매각대상기업의 주주인 자이다(조특법 §46의8①, 조특령 §43의8①).

2-2. 매각요건

2023. 12. 31. 이전에 매각대상기업의 주식 중 매각대상기업의 주주 본인이 보유한 주식의 30% 이상을 특수관계인1) 외의 자에게 양도하여야 한다(조특법 §46의8①, 조특령 §43의8② · ③).

2-3. 재투자 요건

양도대금 중 50% 이상을 다음의 요건을 갖추어 출자 또는 투자("재투자")를 하여야 한다. 다만, 타인의 출자지분이나 투자지분 또는 수익증권을 양수하는 방법으로 재투자하는 경우 또는 재투자로 취득한 주식 또는 출자지분을 처분한 후 다시 재투자하는 경우에는 적용되지 아니한다(조특법 §46의8①, 조특령 §43의8⑤~⑦).

(1) 주식을 양도한 날부터 매각대상기업의 주주가 매각대상기업의 주식매각으로 발생하는 양도소득에 대한 예정신고기간의 종료일부터 1년 내에 다음의 어느 하나에 해당하는 재투자를 할 것

① 중소기업창업투자조합, 한국벤처투자조합, 신기술사업투자조합 또는 부품·소재 전문투자조합에 출자하는 경우

② 다음의 요건을 모두 갖춘 벤처기업투자신탁2)의 수익증권에 투자하는 경우

㉠ 투자신탁(보험회사의 특별계정은 제외)으로서 계약기간이 3년 이상일 것

㉡ 통장에 의하여 거래되는 것일 것

㉢ 투자신탁의 설정일부터 6개월(사모집합투자기구3)에 해당하지 않는 경우에는 9개월) 이내에 투자신탁 재산총액에서 다음에 따른 비율의 합계가 100분의 50 이상일

---

1) 국기령 제1조의2 제1항 및 제2항
2) 조특령 제14조 제1항에 따른 벤처기업투자신탁을 말한다(조특령 §43의8⑥).
3) 「자본시장과 금융투자업에 관한 법률」 제9조 제19항

것. 이 경우 투자신탁 재산총액에서 ⓐ 1)에 따른 투자를 하는 재산의 평가액이 차지하는 비율은 100분의 15 이상이어야 한다.

　ⓐ 벤처기업에 다음의 투자를 하는 재산의 평가액의 합계액이 차지하는 비율
　　1) 「벤처기업육성에 관한 특별조치법」 제2조 제2항에 따른 투자
　　2) 타인 소유의 주식 또는 출자지분을 매입에 의하여 취득하는 방법으로 하는 투자
　ⓑ 벤처기업이었던 기업이 벤처기업에 해당하지 아니하게 된 이후 7년이 지나지 아니한 기업으로서 「자본시장과 금융투자업에 관한 법률」에 따른 코스닥시장에 상장한 중소기업 또는 제4조 제1항에 따른 중견기업에 ⓐ 1) 및 2)에 따른 투자를 하는 재산의 평가액의 합계액이 차지하는 비율
　ⓒ ⓒ의 요건을 갖춘 날부터 매 6개월마다 전단 및 후단에 따른 비율(투자신탁재산의 평가액이 투자원금보다 적은 경우로서 같은 후단에 따른 비율이 100분의 15 미만인 경우에는 이를 100분의 15로 본다)을 매일 6개월 동안 합산하여 같은 기간의 총일수로 나눈 비율이 각각 100분의 50 및 100분의 15 이상일 것. 다만, 투자신탁의 해지일 전 6개월에 대해서는 적용하지 아니한다.

③ 개인투자조합[4)]이 거주자로부터 출자받은 금액을 해당 출자일이 속하는 과세연도의 다음 과세연도 종료일까지 벤처기업 또는 이에 준하는 창업 후 3년 이내 중소기업으로서 기술성이 우수한 것으로 평가받은 기업("벤처기업등")에 투자하는 경우
④ 벤처기업등에 투자하는 경우

(2) 매각대상기업의 주주 1인과 특수관계인이 (1)-③ 및 ④의 벤처기업등의 최대주주와 특수관계에 있지 아니할 것

(3) 재투자로 취득한 주식 또는 출자지분을 3년 이상 보유할 것

3 │ 과세특례의 내용

매각대상기업의 주식의 매각으로 발생하는 양도차익(재투자에 사용된 주식양도차익에 한함)에 대해서는 재투자로 취득한 주식 또는 출자지분을 처분(재투자 대상기업이 사업을 폐지한 경우 등을 포함한다)할 때까지 양도소득세의 과세를 이연받을 수 있다(조특법 §46의8①).

매각대상기업 주식의 양도에 따라 발생하는 소득("주식과세이연금액")에 대해서는 양도소득

---

4) 「벤처기업육성에 관한 특별조치법」 제13조

세를 과세하지 아니하되, 재투자로 인하여 취득한 주식 또는 출자지분을 양도한 때에는 다음의 계산식에 따라 산출한 금액을 취득가액으로 보아 양도소득세를 과세한다. 이 경우 재투자 외의 다른 방법으로 취득한 주식등이 있는 경우에는 재투자로 인하여 취득한 주식등을 먼저 양도한 것으로 본다(조특령 §43의8⑧).

> 재투자로 취득한 주식등 중 양도한 주식등의 취득가액 − (주식과세이연금액 × 양도한 주식 ÷ 재투자로 취득한 주식등)

4 │ 사후관리

양도소득세의 과세를 이연받은 자는 2-3-(1) 또는 2-3-(3)을 위반하는 사유가 발생하면 그 이연받은 양도소득세를 납부하여야 한다(조특법 §46의8②).

2-3-(3)을 위반하는 사유가 발생하면 주식과세이연금액에 재투자로 취득한 주식 중에서 해당 사유가 발생한 날 현재 남아 있는 주식이 차지하는 비율을 곱한 금액에 기업매각을 위하여 주식을 양도한 당시의 세율을 곱하여 계산한 금액을 해당 사유발생일이 속하는 과세연도의 과세표준신고서와 함께 납부하여야 한다(조특령 §43의8⑪).

2-3-(1)을 위반하는 경우 예정신고 기간 내에 신고는 했으나 양도소득세는 납부하지 아니한 것으로 간주하여 납부할 세액을 해당 위반하는 사유가 발생한 직후 과세표준신고와 함께 매각대상기업의 주식 양도에 따른 양도소득세와 가산세를 납부하여야 한다(조특령 §43의8⑨·⑩). 다만, 다음의 사유로 재투자를 하지 않은 경우는 제외하되, 해당 사유가 발생한 경우에는 그 사유의 발생일을 양도일로 보아 양도소득과세표준 신고와 함께 과세이연금액에 대한 양도소득세를 납부하여야 한다. 이 경우 양도소득세의 세율은 매각대상기업 주식을 양도한 당시의 세율로 한다(조특령 §43의8⑬·⑭).

① 매각대상기업의 주주의 사망
② 해외이주로 세대전원이 출국하는 경우
③ 천재지변으로 재산상 중대한 손실이 발생하는 경우

5 | 절 차

양도소득세의 과세를 이연받으려는 자는 양도소득 과세표준신고와 함께 재투자에 따른 주식양도차익과세이연신청서에 주식매매계약서 및 세제지원대상 여부를 확인할 수 있는 서류를 첨부하여 납세지 관할 세무서장에게 제출하여야 한다. 다만, 재투자를 한 이후에는 재투자 확인서를 납세지 관할 세무서장에게 제출하여야 한다(조특령 §43의8⑫).

6 | 관련사례

구 분	내 용
내 용	○ 「조세특례제한법」 제46조의8 제1항의 주주가 보유주식의 30% 이상을 양도하고 그 양도대금의 50% 이상을 특수관계가 없는 「벤처기업육성에 관한 특별조치법」에 따른 벤처기업에 재투자한 경우로서 재투자로 취득한 벤처기업 주식을 3년 이상 보유한 경우에는 기존 벤처기업 주식의 양도차익은 같은 항에 따른 과세이연 적용 대상이며, 그 양도차익 과세이연 특례는 양도차익 중 전체 양도가액에서 재투자한 부분에 해당하는 금액에 대해 적용하는 것임(기획재정부 금융세제과-204, 2022. 8. 9.).

7 │ 주요 개정연혁

1. 벤처기업 매각 후 재투자 시 과세특례 명확화(조특법 §46의8)

(1) 개정내용

종 전	개 정
☐ 벤처기업 매각 후 재투자 시 과세특례	☐ 과세이연 대상 명확화
○ (요건)	○ (좌 동)
– 창업주 또는 발기인이 본인보유주식의 30% 이상 매각	
– 벤처기업 등에 매각대금의 50% 이상 재투자하여 3년 이상 보유	
– 매각 후 1년 이내에 재투자	
○ (특례) 재투자한 주식 처분 시까지 양도소득세 과세이연	
– (과세이연 대상) 매각으로 발생하는 주식 양도차익	– 재투자에 사용된 주식 양도차익
○ (적용기한) 2023. 12. 31.	○ (좌 동)

(2) 개정이유

○ 특례 취지에 맞게 제도 보완

2. 기업매각 후 벤처기업 재투자 과세이연 요건완화 및 적용기한 연장
(조특법 §46의8, 조특령 §43의8)

(1) 개정내용

종 전	개 정
□ 벤처기업 매각 후 재투자시 재투자한 주식을 양도할 때까지 양도세 과세이연	□ 적용기한 연장 및 재투자요건 완화
○ (적용대상 주주) 지분양도대상기업*의 창업주 또는 발기인 * 벤처기업 또는 벤처 졸업 후 7년 이내	○ (좌 동)
○ (양도요건) 본인보유 주식의 30% 이상 양도	○ (좌 동)
○ (재투자 기한) 양도소득세 예정신고 기한일*부터 6개월 이내 * 양도일이 속한 반기말부터 2개월 내	○ 6개월 → 1년 이내
○ (재투자규모) 양도대금 중 80% 이상 재투자	○ 80% → 50% 이상
○ (적용기한) 2018. 12. 31.	○ 2021. 12. 31.

(2) 개정이유
○ 벤처자금 선순환 지원

(3) 적용시기 및 적용례
○ 2019. 1. 1. 이후 양도하는 분부터 적용

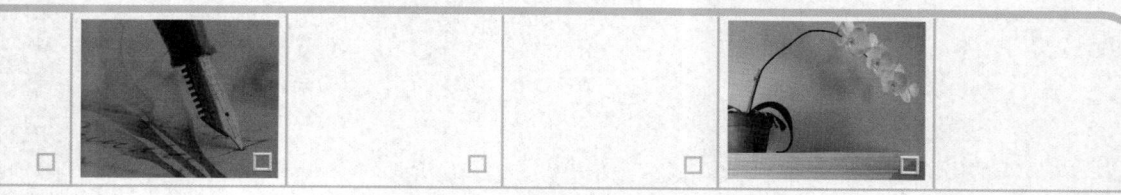

|제 6 절|
금융기관 구조조정을 위한 조세특례

제47조의4

합병에 따른 중복자산의 양도에 대한 과세특례

1 │ 개 요

본 제도는 합병에 따라 발생하는 중복자산의 양도차익에 대한 분할과세제도로써 기업의 투자촉진을 유도하고 자발적인 구조조정을 지원하기 위하여 2005. 12. 31. 조특법 개정시 도입되었다. 2013. 1. 1. 개정시 적용기한을 2015. 12. 31.까지 연장하되, 당초에는 모든 업종에 대하여 과세이연 혜택을 부여하였으나, 그 실적이 미흡하여 제약업 경영 내국법인 간 합병에 한해 적용되도록 제도를 정비하였다. 2014. 1. 1. 조특법 개정시에는 불황에 따른 구조조정 수요 등을 감안하여 적용대상업종에 "의료용 기기 제조업, 건설업, 해상 운송업, 선박 건조업"이 추가되었다. 2018. 12. 24. 법 개정시 적용기한을 2021. 12. 31.로 연장하였다.

│ 합병에 따른 중복자산의 양도차익에 대한 과세특례 │

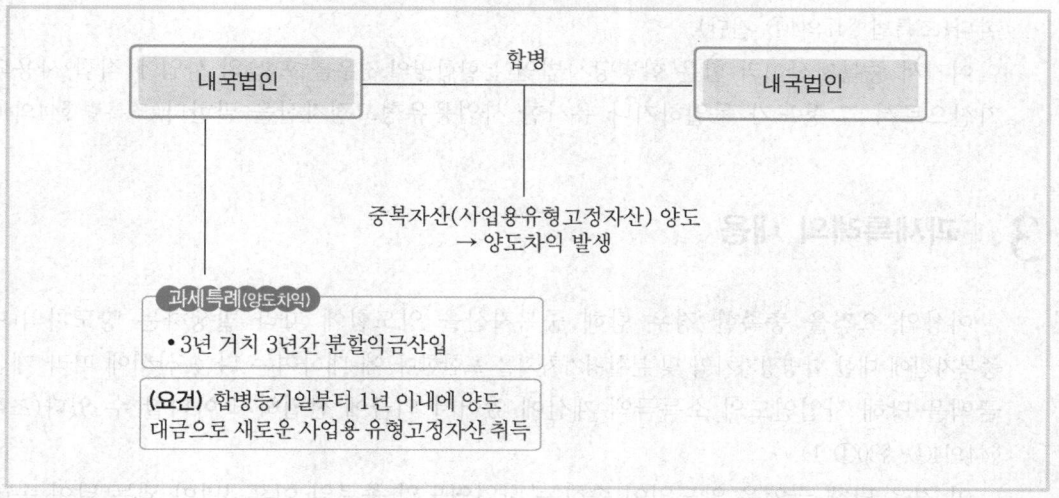

2 │ 요 건

2-1. 업 종

다음의 업종을 주된 사업[1]으로 경영하는 내국법인이어야 한다(조특법 §47의4①, 조특령 §44의4①).

　① 의료용 물질 및 의약품 제조업
　② 의료용 기기 제조업
　③ 건설업
　④ 해상 운송업
　⑤ 선박 및 수상 부유 구조물 건조업
　⑥ 1차 철강 제조업
　⑦ 기초유기화학물질 제조업
　⑧ 합성고무 및 플라스틱 물질 제조업

2-2. 합병 등 요건

2021. 12. 31.까지 합병(분할합병을 포함하며, 같은 업종 간의 합병으로 한정한다)함에 따라 중복자산이 발생한 경우로서 합병법인이 합병등기일부터 1년 이내에 그 중복자산을 양도하여야 한다(조특법 §47의4① 전단).

여기서 중복자산이라 함은 합병당사법인(분할합병의 경우를 포함)의 사업에 직접 사용되던 자산으로서 그 용도가 동일하거나 유사한 사업용유형고정자산을 말한다(조특령 §44의4②).

3 │ 과세특례의 내용

이상의 요건을 충족한 경우 당해 중복자산을 양도함에 따라 발생하는 양도차익(당해 중복자산에 대한 합병평가차익 및 분할평가차익을 포함한다)에 대하여는 다음 산식에 따라 계산한 금액을 당해 사업연도의 소득금액 계산에 있어서 익금에 산입하지 아니할 수 있다(조특령 §44의4④, §30④ 1).

이 경우 당해 금액은 양도일이 속하는 사업연도의 종료일 이후 3년이 되는 날이 속하는

---

1) 주된 사업은 합병등기일이 속하는 사업연도의 직전 사업연도를 기준으로 한국표준산업분류상의 중분류에 따라 판단하며 2 이상의 서로 다른 사업을 경영하는 경우에는 사업별 사업수입금액이 큰 사업을 주된 사업으로 본다.

사업연도부터 3개 사업연도의 기간 동안 균등액 이상을 익금에 산입하여야 한다(조특법 §47의4①
후단).

> 과세이연금액 = ① + ②
> ① {양도가액 − (장부가액 + 이월결손금)}
> ② 피합병법인으로부터 승계받은 중복자산에 대한 합병평가차익 및 분할평가차익상당액

사 례

□ 제약업을 영위하는 A법인이 동일 업종을 영위하는 B법인을 흡수합병하여 동일 지역에
  2개의 물류센터를 보유하게 된 경우
  ○ 물류센터 1개를 처분(장부가액 5억원, 합병 당시 시가 9억원, 처분가액 10억원)하고
    1년 내 물류센터가 없는 다른 지역에 새로운 물류센터를 취득(9억원)한 경우

□ 종전에는 양도차익(5억원)을 전액 익금산입하여 법인세 과세
□ 그러나 2006. 1. 1. 이후부터는 양도차익을 다음과 같이 3년 거치 후 3년간 분할하여 과세
  ① 합병법인(A)이 당초 보유하던 물류센터를 처분한 경우
    ○ 양도차익(5억원) 중 대체취득한 자산가액 상당액을 분할과세
    * 분할과세 대상 : 양도차익(10억원 − 5억원) × (9억원/10억원) = 4.5억원
    → 양도일이 속하는 사업연도 종료 후 3년째부터 1.5억원씩 3년간 분할하여 익금산입
  ② 피합병법인(B)으로부터 승계한 물류센터를 처분한 경우
    ○ 합병평가차익(4억원)과 양도차익(1억원) 중 대체취득한 자산가액 상당액을 분할과세
    * 분할과세 대상 : [(9억원 − 5억원) + (10억원 − 9억원)] × (9억원/10억원) = 4.5억원
    → 양도일이 속하는 사업연도 종료 후 3년째부터 1.5억원씩 3년간 분할하여 익금산입

---

4 | 사후관리

과세특례를 적용받은 내국법인이 합병등기일부터 3년 이내에 해당 사업을 폐업 또는 해산한
경우에는 그 사유가 발생한 날이 속하는 사업연도의 소득금액 계산에 있어서 익금에 산입하지
아니한 금액 전액을 익금에 산입한다(조특법 §47의4② 전단, 조특령 §44의4⑥).

이 경우 당해 과세연도의 과세표준신고시 이자상당가산액(사업전환 무역조정지원기업에 대한
과세특례의 준용 규정 준용)을 가산하여 법인세로 납부하여야 한다(조특법 §47의4② 후단, §33③
후단).

5 | 절 차

과세특례를 적용받고자 하는 법인은 중복자산 양도일이 속하는 사업연도의 과세표준신고와 함께 양도차익명세 및 분할익금산입조정명세서를 납세지 관할 세무서장에게 제출하여야 한다(조특령 §44의4⑦, 조특칙 §61① 13의2).

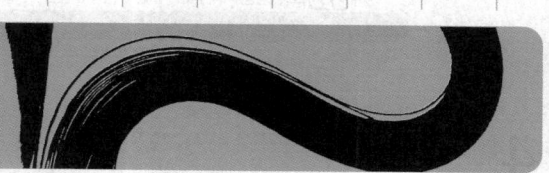

금융기관의 자산·부채 인수에 대한 법인세 과세특례

1 | 의 의

본 제도는 인수금융기관에 대한 예금보험공사의 출연분에 대하여 과세되지 않도록 하여 부실금융기관의 자산·부채인수 지원을 위하여 도입되었으며, 2021. 12. 28. 조특법 개정시 적용기한을 2023. 12. 31.로 연장하였다.

2 | 요 건

적기시정조치[1] 중 계약이전에 관한 명령 또는 결정에 따라 인수금융기관이 2023. 12. 31.까지 부실금융기관으로부터 자산의 가액을 초과하는 부채를 이전받은 경우로서 다음의 요건을 갖춘 경우에 적용한다(조특법 §52).
① 인수금융기관이 예금보험공사로부터 순부채액에 상당하는 금액을 보전받을 것
② 인수금융기관이 이전받은 자산과 부채의 가액이 금융감독원장이 확인한 가액일 것

3 | 과세특례의 내용(자산부족액의 손금산입)

이전받은 부채의 가액 중 이전받은 자산의 가액을 초과하는 금액("순부채액")을 당해 사업연도의 소득금액 계산에 있어서 손금에 산입한다.

---

1) 금융위원회는 금융기관의 재무상태가 기준에 미달하게 될 것이 명백하다고 판단되면 금융기관의 부실화를 예방하고 건전한 경영을 유도하기 위하여 해당 금융기관이나 그 임원에 대하여 금융기관 및 임직원에 대한 주의·경고· 견책(譴責) 또는 감봉 등을 권고·요구 또는 명령하거나 그 이행계획을 제출할 것을 명하여야 한다(금융산업의 구조개선에 관한 법률 제10조).

4 │ 관련사례

구 분	내 용
손금산입	인수금융기관이 부실금융기관으로부터 이전받은 순부채액 중 인수금융기관이 예금보험공사로부터 보전받은 순부채액에 상당하는 금액은 「조세특례제한법」 제52조의 규정에 따라 이를 손금에 산입하는 것이며, 손금에 산입한 부채액은 「법인세법 시행령」 제24조 제1항 제2호에서 규정하고 있는 영업권에 해당하지 아니하는 것임(재법인 - 946, 2006. 12. 21.).
	조세특례제한법 제52조의 규정에 의하여 인수금융기관의 손금에 산입하는 금액은 동 금융기관이 부실금융기관으로부터 자산가액을 초과하는 부채를 이전받는 날이 속하는 사업연도의 손금으로 하는 것이며, 같은조 본문의 규정에 의한 순부채액은 법인세법 시행령 제24조 제1항 제2호의 규정에 의한 영업권에 해당하지 않는 것임(서면2팀 - 2323, 2004. 12. 13.).
	① 조세특례제한법 제52조의 규정에 의하여 인수금융기관의 손금에 산입하는 금액은 동 금융기관이 부실금융기관으로부터 자산가액을 초과하는 부채를 이전받는 날이 속하는 사업연도의 손금으로 하는 것이며, ② 같은조 본문의 규정에 의한 순부채액은 법인세법 시행령 제24조 제1항 제2호의 규정에 의한 영업권에 해당하지 않는 것임(서면2팀 - 2323, 2004. 11. 12.).

제55조의2

자기관리 부동산투자회사 등에 대한 과세특례

1 의 의

2001년 7월 건전한 부동산 간접투자를 증진하고, 기업의 구조조정을 지원하기 위해서 「부동산투자회사법」이 제정·시행되었다. 이때 부동산투자회사(REITs : Real Estate Investment Trusts)란 부동산투자를 위해 주식발행으로 투자자를 모집하여 회사를 설립한 후 투자수익을 주주에게 배당하는 "부동산투자전문 주식회사"를 말한다.

REITs의 제도적 장점은
① 1990년대 말 경제위기시 양산된 민간보유 부동산매물과 현재 급증하는 시중 부동자금을 REITs를 통해 적절히 흡수할 수 있고
② 상장 REITs는 회사의 재무상태·영업수익 등 내부정보가 공개되고, 부동산투자활동이 시장에 의해 평가되어 회사가치에 반영되며,
③ 서민을 포함한 일반국민이 REITs 주식매입으로 우량한 부동산투자에 참여할 수 있어 부동산 투자이익의 형평한 분배가 가능하다는 점을 들 수 있다.

REITs의 유형은 크게 실체회사형 REITs와 명목회사형 REITs로 구분할 수 있다. 실체회사형 REITs는 자산의 투자·운용을 직접 수행하며 자기관리REITs가 이에 해당한다. 또한, 명목회사형 REITs는 자산의 투자·운용을 자산관리회사에 위탁하며, 위탁관리REITs와 CR-REITs(기업구조조정부동산투자회사)가 이에 해당한다.

한편, REITs의 운영을 도식화하면 다음과 같다.

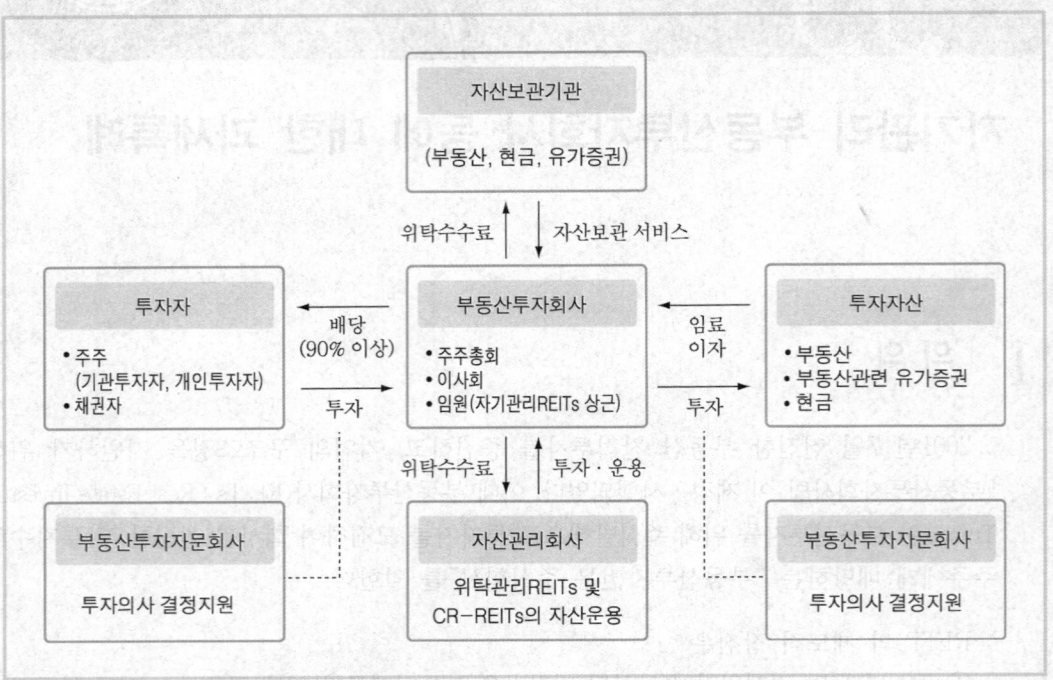

정부는 REITs에 대하여 여러 가지 세법상 조세혜택을 부여하고 있으며, 특히 자기관리 REITs의 원활한 자금조달을 지원하여 부동산 수요기반확충을 도모하고자 일정규모(주택의 연면적 149제곱미터) 이하의 주택임대소득에 대하여 소득공제를 허용하고 있다. 2013. 1. 1. 조특법 개정시 서민주거안정과 부동산 거래정상화를 지원하기 위하여 본 제도의 소득공제율을 인상(50% →100%)하였고, 2015. 12. 15. 법 개정시 과세특례 대상을 확대하여 준공공/기업형 임대주택 중 국민주택 규모(85제곱미터) 이하인 주택을 신축하거나 매입(취득 당시 입주된 사실이 없는 주택일 것)하여 임대한 경우에도 최초 소득발생 연도와 그 이후 8년간 소득금액의 100%를 공제하도록 하였으며, 2018. 12. 24. 법 개정시 적용기한을 2021. 12. 31.로 연장하였다.

2 │요 건

2-1. 국민주택의 신축 또는 임대

「부동산투자회사법」 제2조 제1호 가목에 따른 자기관리 부동산투자회사("자기관리 부동산투자회사")가 2009년 12월 31일 이전에 「주택법」에 따른 국민주택 규모1) 이하의 주택을 신축하거나 취득 당시 입주된 사실이 없는 국민주택을 매입하여 임대업을 경영하는 경우에 적용한다(조특법 §55의2④, 조특령 §51의2③).

2-2. 과세특례주택의 신축 또는 임대

자기관리 부동산투자회사가 2021. 12. 31. 이전에 ① 「민간임대주택에 관한 특별법」 제2조 제4호에 따른 공공지원민간임대주택 또는 같은 법 제2조 제5호에 따른 장기일반민간임대주택 중 주택의 연면적(공동주택의 경우 전용면적)이 85제곱미터 이하인 주택을 신축하거나 매입(취득 당시 입주된 사실이 없을 것)하여 임대업을 경영하는 경우 또는 ② 위 ①에 해당하지 아니하는 경우로서 주택의 연면적(공동주택의 경우 전용면적)이 149제곱미터 이하인 주택을 신축하거나 매입(취득 당시 입주된 사실이 없을 것)하여 임대업을 경영하는 경우에 적용한다(조특법 §55의2⑤, 조특령 §51의2④).

3 | 과세특례의 내용

3-1. 국민주택의 신축 또는 임대의 경우

위의 요건을 충족하는 경우 그 임대업으로부터 최초로 소득이 발생한 사업연도(임대사업 개시일부터 5년이 되는 날이 속하는 사업연도까지 그 사업에서 소득이 발생하지 아니하는 경우에는 5년이 되는 날이 속하는 사업연도)와 그 다음 사업연도 개시일부터 5년 이내에 끝나는 사업연도까지 국민주택을 임대함으로써 발생한 소득금액의 100분의 50에 상당하는 금액을 각 사업연도의 소득금액에서 공제한다(조특법 §55의2④).

3-2. 과세특례주택의 신축 또는 임대의 경우

① 공공지원민간임대주택 또는 장기일반민간임대주택 중 연면적이 85제곱미터 이하인 주택의 경우에는 그 임대업으로부터 최초로 소득이 발생한 사업연도(임대사업 개시일부터 5년이 되는 날이 속하는 사업연도까지 그 사업에서 소득이 발생하지 아니하는 경우에는 5년이 되는 날이 속하는 사업연도)와 그 다음 사업연도 개시일부터 8년 이내에 끝나는 사업연도까지, ② 위 ①의 경우에 해당하지 아니하는 주택으로서 연면적이 149제곱미터 이하인 주택의 경우에는 당해 임대업으로부터 최초로 소득이 발생한 사업연도(임대사업 개시일부터 5년이 되는 날이

---

1) 「건축법 시행령」 별표 1 제1호 다목에 해당하는 다가구주택의 경우에는 가구당 전용면적을 기준으로 한 면적을 말한다. 이 경우 한 가구가 독립하여 거주할 수 있도록 구획된 부분을 각각 하나의 주택으로 본다(조특령 §51의2③, 조특칙 §20).

속하는 사업연도까지 그 사업에서 소득이 발생하지 아니하는 경우에는 5년이 되는 날이 속하는 사업연도)와 그 다음 사업연도 개시일부터 5년 이내에 끝나는 사업연도까지 각 해당 주택을 임대함으로써 발생한 소득금액의 100분의 100[2]에 상당하는 금액을 각 사업연도의 소득금액에서 공제한다(조특법 §55의2⑤).

4 구분경리

자기관리 부동산투자회사가 소득공제를 적용받는 사업과 그 밖의 사업을 겸영하는 경우에는 구분하여 경리[3]하여야 한다(조특법 §55의2⑥).

5 절 차

임대소득에 대한 소득공제의 규정을 적용받고자 하는 자기관리부동산투자회사는 법인세 과세표준신고와 함께 소득공제신청서를 납세지 관할 세무서장에게 제출하여야 한다(조특칙 §61① 44).

---

2) 2013. 1. 1. 이후 주택을 신축·매입하여 임대하는 분부터 적용
3) 「법인세법」 제113조

6 주요 개정연혁

1. 자기관리 부동산투자회사에 대한 과세특례 확대 등(조특법 §55의2)

(1) 개정내용

종 전	개 정
□ 자기관리 부동산투자회사*의 주택임대소득 소득공제 * 「부동산투자회사법」에 따라 부동산에 투자하는 것을 주된 목적으로 설립된 회사로서 자산의 투자·운용을 직접 수행하는 회사	
○ 연면적 149㎡ 이하인 주택을 신축 또는 매입(미입주 주택)하여 임대 : 최초 소득발생 연도와 그 이후 5년간 소득금액의 100% 공제	○ (좌 동)
〈신 설〉	○ 준공공/기업형 임대주택 중 국민주택 규모(85㎡) 이하인 주택을 신축하거나 매입(미입주 주택)하여 임대 : 최초 소득발생 연도와 그 이후 8년간 소득금액의 100% 공제
○ 적용기한 : 2015. 12. 31.	○ 적용기한 : 2018. 12. 31.

(2) 개정이유

○ 서민 주거안정 및 임대주택 공급 지원

(3) 적용시기 및 적용례

○ 2016. 1. 1. 이후 주택을 신축·매입하여 임대하는 분부터 적용

지역 간의 균형발전을 위한 조세특례

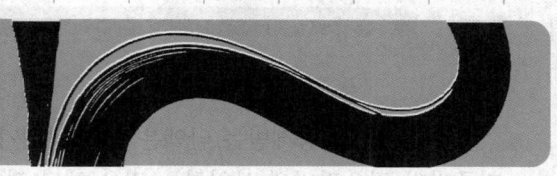

조세특례제한법

제58조

고향사랑 기부금에 대한 세액공제 등

1 | 의 의

고향사랑기부제는 개인이 고향(주소지 지자체 이외 지역)에 기부하면 세액공제와 답례품을 받는 제도로 지역균형 발전을 도모하고 지역 간 격차 심화방지, 지방재정 확충 등을 목적으로 2021년 10월 19일 「고향사랑 기부금에 관한 법률」이 제정되어 2023. 1. 1.부터 시행됨에 따라 지자체에 대한 소액기부문화 활성화를 위하여 본조의 과세특례제도가 2021. 12. 28. 조특법 개정시 신설되었다.

2 | 요 건

거주자가 「고향사랑 기부금에 관한 법률」에 따라 지방자치단체에 기부한 금액(조특법 §58).
① 기부상한액[1] : 고향사랑기부제는 1인당 500만원까지 기부 가능
② 기부주체 및 기부가능지역[2] : 법인은 불가능하며 개인만을 대상으로 하며, 기부대상은 거주지역을 제외한 전국 모든 지자체가 해당

3 | 과세특례의 내용

거주자가 위 요건에 따라 지자체에 기부한 경우 아래에 해당하는 금액을 지출한 해당 과세연도의 종합소득산출세액에서 공제한다.
① 10만원 이하 금액을 기부한 경우 : 고향사랑 기부금 × 110분의 100
② 10만원 초과 5백만원 이하의 금액을 기부한 경우 : 10만원 × 110분의 100 + (고향사랑 기부금－10만원) × 100분의 15

---

1) 「고향사랑 기부금에 관한 법률」 제8조
2) 「고향사랑 기부금에 관한 법률」 제4조

거주자가 세액공제받는 금액은 해당 과세기간의 종합소득산출세액을 한도로 하며, 사업자인 거주자가 필요경비에 산입하는 경우 해당 과세기간의 소득금액에서 이월결손금을 뺀 금액을 한도로 한다.

4 | 주요 개정연혁

1. 고향사랑 기부금에 대한 세액공제 신설(조특법 §58)

(1) 개정내용

종 전	개 정
〈신　설〉	□ 고향사랑 기부금에 대한 세액공제 ○ (대상) 거주자가 고향사랑 기부금에 관한 법률에 따라 지방자치단체에 기부한 금액(연간 한도 500만원) ○ (공제율) 　- 10만원 이하 금액 : 110분의 100 　- 10만원 초과 금액 : 100분의 15 　(사업자의 경우, 이월결손금을 뺀 소득금액의 범위에서 손금산입)

(2) 개정이유
○ 지자체에 대한 소액기부 활성화

(3) 적용시기 및 적용례
○ 2023. 1. 1. 이후 기부하는 분부터 적용

공장의 대도시 밖 이전에 대한 법인세 과세특례

1 | 의의

국가균형발전 지원을 위해 조세특례제한법에서는 사업자가 지방으로 이전하는 경우 발생할 수 있는 세제상의 애로를 해결하는 한편, 직접적인 조세부담을 덜어주기 위하여 세액감면 등 다양한 지원제도를 갖추고 있다. 본 제도는 대도시 안에서 공장시설을 갖추고 사업을 영위하는 내국법인이 대도시공장을 대도시 외의 지방으로 이전하기 위하여 양도하는 경우 발생하는 대규모 양도차익에 대한 법인세 부담을 덜어주기 위하여 당해 공장의 대지와 건물을 양도할 경우 발생하는 양도차익에 대하여 일정기간 거치 후 분할익금 산입하는 것을 허용함으로써, 부동산 양도차익의 결집효과에 따른 조세부담의 집중현상을 완화하는 것을 그 목표로 하고 있다.

2 | 요건

2-1. 대상 법인

대도시 안에 공장시설을 갖추고 사업을 영위하는 내국법인이어야 한다. 여기서 '대도시'란 다음의 지역을 말한다(조특령 §56②).

> 수도권과밀억제권역＋부산광역시(기장군 제외)＋대구광역시(달성군 제외)＋광주광역시＋대전광역시 및 울산광역시의 관할구역. 단, 산업입지 및 개발에 관한 법률에 의하여 지정된 산업단지* 제외
>
> * 대도시 내 산업단지에 산업단지 지정고시 이전 입주한 법인은 과세특례 적용

본 제도가 다른 균형발전 지원제도와 다른 점은 수도권에서 지방으로 이전하는 것은 물론 지방 대도시(광역시)에서 지방으로 이전하는 것도 지원대상에 포함된다는 점이다. 하지만

종전에는 지방의 범위를 수도권이 아닌 수도권과밀억제권역 외로 규정하여 지방광역시(예 광주광역시)에서 성장관리권역(예 경기도 안산시)으로 이전하는 경우에도 지원대상에 포함되는 문제가 있었는데, 2011. 12. 31. 조특법 개정시 이를 보완하여 수도권 밖에 있는 공장을 수도권으로 이전하는 경우는 과세특례를 제외하도록 하였다. 과밀억제권역 등 수도권에 대한 자세한 사항은 제2조의 해설을 참고하기로 한다.

2-2. 공장[1]의 범위

'공장'이라 함은 제조장 또는 자동차정비공장(자동차관리법 시행규칙 제131조의 규정에 의한 자동차종합정비업 또는 소형자동차정비업의 사업장을 말함)으로서 제조 또는 사업단위로 독립된 것을 말한다(조특령 §54①, 조특칙 §22). 제조 또는 사업단위로의 독립 여부는 다음에 따라 판단한다.

> **자동차관리법 시행규칙 제131조【자동차정비업의 작업범위】①**
> 1. 자동차종합정비업 : 모든 종류의 자동차에 대한 점검 · 정비 및 튜닝작업
> 2. 소형자동차종합정비업 : 승용자동차 · 경형 및 소형의 승합 · 화물 · 특수자동차에 대한 점검 · 정비 및 튜닝작업

> **조기통 60-54…1【독립된 제조장의 범위】**
> ① 영 제54조 제1항에서 '제조 또는 사업단위로 독립된 것'이라 함은 동일부지 내에 원재료투입공정으로부터 제품생산 공정까지 일관된 작업을 할 수 있는 제조설비를 갖춘 장소(생산에 직접 공여되는 공장구내창고, 사무실, 종업원을 위한 기숙사, 식당 및 사내훈련시설 등을 포함한다)와 그 부속토지로 한다.
> ② 두 가지 이상의 제품(제조공정이 서로 무관한 제품에 한한다)을 생산하는 내국인이 동일부지내에 각 제품별로 제조설비 및 공장건물을 별도로 설치하고 있는 경우에는 각 제품별 제조설비를 갖춘 장소와 그 부속토지를 각각 독립된 제조장단위로 한다. 이 경우 부속토지 중 각 제품의 생산에 공통적으로 사용됨으로써 구분할 수 없는 경우에는 각 제품의 생산에 직접적으로 사용되는 토지의 면적에 비례하여 계산된 각각의 면적을 각 제품제조설비의 부속토지로 한다.

---

1) 공장의 개념과 관련하여 이 조, 제63조에서 동일하게 사용한다(조특령 §54①).

다만, 휴업 중이던 공장을 지방으로 이전하거나 타인에게 임대하던 공장을 지방으로 이전하는 경우 등 다음에 해당하는 경우에는 적용대상에서 제외된다(조기통 60-0…1).

60-0…1【공장양도차익에 대한 법인세 과세특례의 범위】

다음 각호의 1에 해당하는 경우에는 조특법 제60조 제2항의 규정에 의한 법인세의 과세특례를 적용하지 아니한다.

1. 휴업 중이던 공장을 지방으로 이전하는 경우
2. 타인에게 임대하던 공장을 지방으로 이전하는 경우
3. 이전 전의 대도시공장을 양도하기 전에 이전 후의 지방공장을 양도 또는 임대한 경우[2]
4. 이전 전의 공장건물을 철거하고 그 부지 위에 건물을 신축하여 양도하는 경우
5. 이전 후 공장의 사업이 이전 전 공장의 사업과 다른 경우. 다만, 한국표준산업분류상의 세분류가 동일한 경우를 제외한다.
6. 이전 후 이전 전의 대도시공장을 증·개축하여 임대하다 양도하는 경우

관련예규

- '공장'은 영업을 목적으로 물품의 제조·가공·수선이나 인쇄 등의 목적에 사용할 수 있도록 생산설비를 갖춘 건축물 또는 사업장과 그 부속토지를 갖추고 제조 또는 사업단위로 독립된 것임(서면2팀-1701, 2004. 8. 17.).
- 제조활동의 일부만을 외주가공에 의하는 경우에는 공장시설을 갖춘 것으로 보는 것이나, 사실상 공장시설을 갖추지 아니하고 제조활동의 대부분을 외주가공에 의하는 경우에는 공장으로 보지 아니한다(서면2팀-2604, 2004. 12. 14.).

2-3. 공장입지 기준면적 요건

대도시공장 또는 지방공장의 대지가 다음에서 정하는 공장입지 기준면적을 초과하는 경우 그 초과하는 부분에 대하여는 본조의 법인세 과세특례의 규정을 적용하지 아니한다[3][4](조특령 §56①, 조특칙 §23).

---

2) 구공장 양도 전에 신공장을 양도 또는 임대하는 경우 조세특례제한법 제60조의 특례규정을 적용배제한다는 의미임(법인-2324, 2008. 9. 5.).

3) 본조, 조특법 제85조의2【행정중심복합도시·혁신도시 개발예정지구 내 공장의 지방 이전에 대한 과세특례】(조특령 제79조의3 제3항), 조특법 제85조의7【공익사업을 위한 수용 등에 따른 공장 이전에 대한 과세특례】(조특령 제79조의8 제5항), 조특법 제85조의8【중소기업의 공장이전에 대한 과세특례】(조특령 제79조의9 제5항 각 호 외의 부분 단서)에서 동일하다.

4) 공장 부속토지로 보기 어려운 토지는 양도세 과세특례 적용이 배제됨을 명확화(2010. 4. 20. 이후 양도분부터 적용)

1. 제조공장 : 「지방세법 시행규칙」 별표 3에 따른 공장입지기준면적
2. 자동차정비공장의 경우 : Max(①, ②)
   ① 건축물의 바닥면적(시설물의 경우에는 그 수평투영면적)에 「지방세법 시행령」 제101조 제2항에 따른 용도지역별 적용배율을 곱하여 산정한 면적
   ② 당해 사업의 등록 당시의 관계법령에 의한 최소기준면적의 1.5배에 해당하는 면적

지방세법 시행규칙 [별표 3]

| 공장입지기준면적 |

1. 공장입지기준면적 = 공장건축물 연면적 × $\dfrac{100}{\text{업종별 기준공장 면적률}}$

2. 공장입지기준면적의 산출기준
   가. 공장건축물 연면적 : 해당 공장의 경계구역 안에 있는 모든 공장용 건축물 연면적(종업원의 후생복지시설 등 각종 부대시설의 연면적을 포함하되, 무허가 건축물 및 위법시공 건축물 연면적은 제외한다)과 옥외에 있는 기계장치 또는 저장시설의 수평투영면적을 합한 면적을 말한다.
   나. 업종별 기준공장면적률 : 「산업집적활성화 및 공장설립에 관한 법률」 제8조에 따라 산업통상자원부 장관이 고시하는 "업종별 기준공장면적률"에 따른다.
   다. 1개의 단위 공장에 2개 이상의 업종을 영위하는 경우에는 각 업종별 공장입지기준면적을 산출하여 합한 면적을 공장입지기준면적으로 보며, 명확한 업종구분이 불가능한 경우에는 매출액이 가장 많은 업종의 기준공장면적률을 적용하여 산출한다.

3. 공장입지기준면적의 추가 인정기준
   가. 제1호 및 제2호에 따라 산출된 면적을 초과하는 토지 중 다음의 어느 하나에 해당하는 토지는 공장입지기준면적에 포함되는 것으로 한다.
      1) 「산업집적활성화 및 공장설립에 관한 법률」 제20조 제1항 본문에 따라 공장의 신설 등이 제한되는 지역에 소재하는 공장의 경우에는 제1호 및 제2호에 따라 산출된 면적의 100분의 10 이내의 토지(그 면적이 3,000제곱미터를 초과하지 아니하는 부분에 한정한다)
      2) 1)에 규정된 지역 외의 지역에 소재하는 공장의 경우에는 제1호 및 제2호 따라 산출된 면적의 20% 이내의 토지
   나. 도시관리계획상의 녹지지역, 활주로, 철로, 6미터 이상의 도로 및 접도구역은 공장입지기준면적에 포함되는 것으로 한다.
   다. 생산공정의 특성상 대규모 저수지 또는 침전지로 사용되는 토지는 공장입지기준면적에 포함되는 것으로 한다.
   라. 공장용으로 사용하는 것이 적합하지 아니한 경사도가 30도 이상인 사면용지는 공장입지기준면적에 포함되는 것으로 한다.
   마. 공장의 가동으로 인하여 소음·분진·악취 등 생활환경의 오염피해가 발생하게 되는 토지로서 해당 공장과 인접한 토지를 그 토지 소유자의 요구에 따라 취득하는 경우에는 공장경계구역 안에 있는 공장의 면적과 합한 면적을 해당 공장의 부속토지로 보아 공장입지기준면적을 산정한다.

바. 공장입지기준면적을 산출할 때 다음 표의 기준면적에 해당하는 종업원용 체육시설용지(공장입지기준면적의 10% 이내에 해당하는 토지에 한정한다)는 공장입지기준면적에 포함되는 것으로 한다.

(단위 : 제곱미터)

구분		종업원 100명 이하	종업원 500명 이하	종업원 2,000명 이하	종업원 10,000명 이하	종업원 10,000명 초과
실외체육시설	운동장	1,000	1,000제곱미터 + (100명 초과 종업원수 × 9제곱미터)	4,600제곱미터 + (500명 초과 종업원수 × 3제곱미터)	9,100제곱미터 + (2,000명 초과 종업원수 × 1제곱미터)	17,100
	테니스 또는 정구코트	970	970	1,940	2,910	2,910
실내체육시설		150	300	450	900	900

※ 비고
1. 적용요건
   운동장과 코트에는 축구·배구·테니스 등 운동경기가 가능한 시설이 있어야 하고, 실내체육시설은 영구적인 시설물이어야 하며, 탁구대 2면 이상을 둘 수 있어야 한다.
2. 적용요령
   가. 종업원수는 그 사업장에 근무하는 종업원을 기준으로 한다.
   나. 종업원이 50명 이하인 법인의 경우에는 코트면적만을 기준면적으로 한다.
   다. 실내체육시설의 건축물바닥면적이 기준면적 이하인 경우에는 그 건축물 바닥면적을 그 기준면적으로 한다.
   라. 종업원용 실내체육시설이 있는 경우에는 그 실내체육시설의 기준면적에 영 제101조 제2항의 용도지역별 적용배율을 곱하여 산출한 면적을 합한 면적을 기준면적으로 한다.

관련예규

• 공장입지기준면적의 초과 여부는 양도 당시(환지 후)의 실제 잔존토지면적을 대상으로 판단(법인 46012-3365, 1996. 12. 4.)

2-4. 이전시한

본조의 법인세 과세특례를 적용받기 위해서는 해당 공장의 대지와 건물을 2025. 12. 31.까지 양도하여야 하고 선이전 후양도의 경우와 선양도 후이전의 경우로 구분하여 살펴보면 다음과 같다(조특령 §56①).

2-4-1. 선이전 후양도

대도시 외 지역으로 공장을 이전하여 사업을 개시한 날부터 2년 이내에 대도시공장을 양도하여야 한다(조특령 §56① 1). '사업을 개시한 날'은 신공장 시설을 이용하여 정상상품으로 판매할 수 있는 완성품제조를 개시한 날을 말하며(조기통 60-56…1), 공장을 양도하는 경우에는 공장용도 외의 다른 용도로 일시사용 후 양도하는 경우를 포함한다(조기통 60-56…3).

2-4-2. 선양도 후이전

대도시공장을 양도한 날부터 1년 이내에 지방에서 기존공장을 취득하여 사업을 개시하거나 또는 대도시공장을 양도한 날부터 3년 이내에 지방공장을 준공하여 사업을 개시하여야 한다(조특령 §56① 2·3).

'준공'이라 함은 사용의 허가·인가 또는 검사 등의 완료와 관계없이 공장건설과 기계장치를 완비하여 사실상 사업의 목적에 공할 수 있는 상태에 있게 된 날을 말하는 것이나, 그 시기를 판단하기 어려운 때에는 사용의 허가, 인가 또는 검사일을 준공일로 본다(조기통 60-56…2).

2-5. 동일업종 영위

본조의 법인세 과세특례의 규정을 적용받을 수 있는 공장이전은 한국표준산업분류상의 세분류를 기준으로 이전 전의 공장에서 영위하던 업종과 이전 후의 공장에서 영위하는 업종이 동일하여야 한다(조특법 §60③, 조특령 §54②). 한국표준산업분류는 '대 > 중 > 소 > 세 > 세세' 등 5단계로 분류하고 있는데, 이 중 4번째 단계까지는 같아야 한다는 것이다.

한국표준산업분류에 대한 자세한 내용은 제5조의 해설을 참고하기 바란다.

3 | 과세특례의 내용

3-1. 양도차익의 과세이연

대도시공장을 지방으로 이전하는 경우 대도시공장을 처분함에 따라 발생하는 양도차익에 대하여 바로 과세할 경우 지방이전으로 막대한 자금이 소요되는 이전법인의 자금부담을 더욱 가중하게 될 것이다. 이와 같은 자금부담을 덜어주고자 대도시공장을 양도함으로써 발생한 양도차익 중 일정금액에 대하여 다음과 같이 익금불산입함으로써 과세를 이연할 수 있다(조특법 §60② 전단, 조특령 §56③).

$$\text{과세이연금액}^{5)} = (\text{양도차익} - \text{이월결손금}) \times \frac{\text{대도시 외 지역이전에 소요된 금액}}{\text{대도시 내 공장의 양도가액}}(100\% \text{ 한도})$$

① 양도차익 : 대도시 내 공장의 양도가액 – 당해 공장의 장부가액
   ㅇ 2개 사업연도에 걸쳐 분할양도하는 경우 선양도분은 당해 사업연도 양도가액으로 계산하고, 이후 양도분은 전체 양도가액에서 선양도분을 차감하여 계산(서이 46012-12050, 2003. 11. 28.)
   ㅇ 양도차익을 계산함에 있어서 건물의 일부만 임대한 경우에는 그 부속토지를 함께 임대한 것으로 보아 임대공장연면적이 공장전체연면적에서 차지하는 비율에 상당하는 양도차익상당액을 재계산(서면2팀-216, 2006. 1. 25.)

② 장부가액 : 당해 과세연도의 감가상각을 한 후의 장부가액으로서 취득가액과 자본적 지출의 합계액에서 감가상각누계액을 차감한 금액을 말하며, 법인세법 제42조 제1항 제2호의 규정에 의한 자산의 평가차익을 포함한다. 이 경우 감가상각누계액에는 공사부담금, 보험차익 또는 국고보조금으로 취득한 고정자산의 일시상각충당금을 포함하는 것으로 한다(조기통 60-56…4).

③ 이월결손금 : 각 사업연도의 개시일 전 10년 이내에 개시한 사업연도에서 발생한 결손금으로서 그 후의 각 사업연도의 과세표준계산에 있어서 공제되지 아니한 금액

④ 대도시 외 지역이전에 소요된 금액 : 이전공장건물 및 부속토지 취득가액 + 기계장치취득·개체·증축 및 증설비용 + 공장시설이전비용
   ㅇ 공장의 지방이전 임차보증금은 공장시설이전비용에 포함하지 않음(서면2팀-573, 2006. 4. 3.).

⑤ 선양도 후취득하는 방법에 따라 지방으로 이전하는 경우에는 사업개시일까지 공장시설의 이전비용 및 공장건물 및 그 부속토지와 기계장치의 취득·개체·증축 및 증설에 소요된 금액을 알 수 없으므로 이전계획서상의 예정가액에 의함(조특령 §56③·④).

⑥ 이전한 공장건물 및 그 부속토지와 기계장치의 가액(지방공장의 가액)에는 다음의 금액을 포함한다(조기통 60-56…5).

1. 대도시 안의 구공장을 여러 개의 지방공장으로 분할이전하여 사업을 개시하고 대도시공장을 양도한 경우에는 그 지방공장 중 대도시공장 양도일로부터 소급하여 2년 이내에 이전하여 사업을 개시한 모든 지방공장의 가액(선이전 후양도)

2. 대도시 안의 구공장을 양도한 후 여러 개의 지방공장으로 분할 이전하여 사업을 개시한

---

5) 과세이연금액을 계산함에 있어 선양도 후이전의 경우에는 공장의 사업개시일까지는 이전계획서상의 예정가액에 의한다(조특령 §56④).

경우에는 그 지방공장 중 대도시공장을 양도한 날부터 영 제56조 제1항 제2호 및 제3호의 기간 내에 이전하여 사업을 개시한 모든 지방공장의 가액(선양도 후이전)

3. 대도시공장을 여러 개의 지방공장으로 이전하되, 일부 지방공장은 대도시공장 양도 전에 취득 또는 준공하여 사업을 개시하고 나머지 지방공장은 대도시공장 양도후 취득 또는 준공하여 사업을 개시한 경우에는 대도시공장 양도일로부터 소급하여 2년 이내에 취득 또는 준공하여 사업을 개시한 지방공장의 가액과 대도시공장 양도일로부터 영 제56조 제1항 제2호 및 제3호의 기간 내에 취득 또는 준공하여 사업을 개시한 지방공장의 가액을 합하여 계산한 금액(선이전 후양도, 선양도 후이전)

⑦ '증설'에는 기존설비를 생산능력이 큰 설비로 개체하거나 생산능력이 현저히 증가되도록 기존설비를 확장하는 것을 포함하고 원상의 회복을 위한 부품의 개체는 제외한다(조기통 60-56…6).

4 │ 사후관리

4-1. 분할익금산입(5년 거치 5년 분할)

본조의 규정에 따라 과세이연된 양도차익은 양도일이 속하는 사업연도 종료일 이후 5년이 되는 날이 속하는 사업연도부터 5개 사업연도의 기간 동안 균등액 이상을 익금에 산입하여야 한다(조특법 §60② 후단). 종전에는 3년 거치 3년 분할익금 산입이었으나, 지방이전 세제 강화조치에 따라 5년 거치 5년 분할익금 산입으로 확대되었다.

분할익금 산입 규정을 적용함에 있어 유의할 점은 분할익금 기간은 납세자가 선택할 수 있는 최장 기간에 지나지 않는다는 점이다. 분할익금 제도의 본질은 과세이연 제도이므로 기간이 길어질수록 납세자에게는 유리하지만, 납세자가 원할 경우 5년 이내라도 일시환입은 가능하다. 다만, 분할익금 기간이 아닌 거치기간의 단축도 가능한지 여부에 대하여는 현행 법조문상 의문의 여지가 있으나, 이것도 동일한 취지에 따라 단축이 가능한 것으로 보는 것이 합리적일 것으로 판단된다.

분할익금 산입의 단축문제는 종전 3년 거치 3년 분할익금 제도 하에서는 납세자 입장에서 분할익금 기간을 굳이 단축하여 세무조정할 필요가 없었으나, 5년 거치 5년 분할익금 제도로 개정되면서, 현행 이월공제 또는 이월결손금 기간보다 장기간에 해당하여 오히려 단축하여 익금산입하여야만 절세효과가 발생하는 경우가 발생하기 때문이다.

4-2. 일시익금산입

내국법인이 당해 익금불산입액의 전액을 익금에 산입하기 전에 지방공장을 취득하여 사업을 개시하지 아니하거나 사업을 폐업 또는 해산하는 경우(조특령 §56⑤)에는 그 사유가 발생한 날이 속하는 사업연도의 소득금액계산에 다음의 계산금액을 익금에 산입한다(조특령 §56⑥). 본 규정은 사후관리 측면에서 일정사유에 따른 강제 일시익금산입으로서, 앞서 4-1.에서 설명한 바와 같이 납세자 본인의 선택에 따라 일시익금 산입하는 것도 가능하다.

① 선양도 후이전의 규정에 적합하게 사업을 개시하지 아니한 때 : 그 익금에 산입하지 아니한 금액
② 예정가액에 의하여 익금에 산입하지 아니한 금액이 확정계산금액6)을 초과하는 때 : 그 초과금액
③ 익금에 산입하지 아니한 금액을 전액 익금에 산입하기 전에 사업을 폐지 또는 해산한 때 : 사업의 폐지 또는 해산 당시 익금에 산입하지 아니한 금액

4-3. 이자상당액의 가산

일시익금산입 사유가 발생하여 익금에 산입한 금액에 대하여는 이자상당가산액을 추가로 납부하여야 한다. 다만, 합병 또는 분할 및 분할합병에 의하여 사업을 폐업 또는 해산함으로써 익금에 산입한 경우에는 제외한다. 이자상당가산액의 계산에 대하여는 조특법 제33조의 해설을 참고하기로 한다(조특법 §60④).

5 | 절 차

본조에 따른 법인세 과세특례를 적용받고자 하는 내국법인은 대도시공장의 양도일이 속하는 과세연도의 과세표준신고와 함께 다음의 서류를 납세지 관할 세무서장에게 제출하여야 한다(조특법 §60⑥, 조특령 §56⑦).

5-1. 선이전 후양도의 경우

토지 등 양도차익명세서, 이전완료보고서

---

6) 조특령 제56조 제3항의 규정에 의하여 계산한 금액(앞의 3-1.에서 설명한 과세이연금액)

5-2. 선양도 후이전의 경우

토지 등 양도차익명세서, 이전계획서, 지방공장을 준공 또는 취득하여 사업을 개시한 때에는 그 사업개시일이 속하는 과세연도의 과세표준신고와 함께 이전완료보고서

6 │ 조세특례제한 등

본조에 따른 익금불산입금액은 최저한세의 범위 내에서만 손금산입 또는 감면 등이 인정되는바, 이에 대한 자세한 설명은 제132조(최저한세)의 해설을 참고하기로 한다.

7 │ 관련사례

구 분	내 용
임차하여 이전	ㅇ 공장을 임차하여 지방으로 이전하여 익금불산입 계산시 공장시설의 이전비용에 공장 이전 임차보증금이 포함되는지 여부 – 대도시 공장을 대도시외 지역으로 이전시 공장의 지방 이전 임차보증금은 조특법 시행령 제56조 제3항 제3호의 "공장시설의 이전비용과 이전한 공장건물 및 그 부속토지와 기계장치의 취득·개체·증축 및 증설에 소요된 금액"에 포함하지 아니함(서면2팀-573, 2006. 4. 3.).
구공장의 임대 면적	ㅇ 구공장 양도차익에 과세 이연 적용시 임대한 면적이 있는 경우 안분비율 방법 – 구공장 양도차익을 계산함에 있어서 건물의 일부만 임대한 경우에는 그 부속토지를 함께 임대한 것으로 보아 임대공장연면적이 공장전체연면적에서 차지하는 비율에 상당하는 양도차익상당액을 재계산함(서면2팀-216, 2006. 1. 25.).
양도차익의 수정신고	ㅇ 신청절차 요건 등은 적법하게 제출하였으나, 양도가액을 착오로 과소신고함에 따라 당해 양도가액을 증액하여 수정신고하고자 하는바, 동 증액되는 양도차익에 대하여도 당해 규정에 의한 과세이연을 적용받을 수 있는지? – 공장을 대도시 외의 지역으로 이전하고 제출한 '토지 등의 양도차익에 대한 명세서'의 양도차익이 과소신고되어 수정신고를 한 경우에도 과세이연 요건을 충족하는 경우 안분하여 익금산입할 수 있음(서면2팀-2723, 2004. 12. 24.).
중간예납	내국법인이 「법인세법」 제63조 제5항에 따라 중간예납기간을 1사업연도로 보아 중간예납 세액을 계산하여 납부하는 경우 「조세특례제한법」 제60조(공장의 대도시 밖 이전에 대한 법인세 과세특례)에 따라 계산된 양도차익 상당금액은 익금에 산입하지 아니할 수 있는 것임. 한편, 공장을 대도시 밖으로 이전함에 있어 기존공장의 대지와 건물의 양도시기가 다른 경우에는 각각의 양도시기를 기준으로 하여 개별적으로 「조세특례제한법」 제60조의 과세특례를 적용하는 것임(법규법인 2012-289, 2012. 8. 17.).

구 분	내 용
사업 개시	대도시공장 이전 시 현물출자 등으로 설비를 모두 이전하지 못하거나 일부 설비를 가동하지 못하는 경우에도 '사업의 개시'로 볼 수 있는지 : 「조세특례제한법」 제60조에 따라 (공장의 대도시 밖 이전에 대한 법인세 과세특례)를 적용함에 있어 내국법인이 대도시 내 한 개의 공장에서 한국표준산업분류상 세분류가 동일한 복수의 제품을 생산하다 공장을 지방이전한 경우로서, 이전하기 전에 생산하던 복수의 제품과 세분류가 동일한 제품 중 일부에 대해 이전 기한 내에 정상제품으로 판매할 수 있는 완성품 제조를 개시하였다면 이는 '사업의 개시'에 해당하는 것임(법규과−1284, 2011. 9. 29.).
본사 대지 및 건물의 양도 여부	별도의 수도권과밀억제권역 내에 각각 소재하던 공장과 본사를 평택으로 이전하는 경우 공장으로 사용하던 대지ㆍ건물을 양도하여 발생한 양도차익에 대한 과세특례인 조세특례제한법 제60조 규정은 본사로 사용하던 대지ㆍ건물의 양도 여부와 관계없이 적용되는 것임(법인−2324, 2008. 9. 5.).

8 │ 주요 개정연혁

1. 대도시 내 공장의 지방이전에 대한 법인세 과세특례 제도 합리화 및 적용기한 연장 (조특법 §60)

(1) 개정내용

종 전	개 정
☐ 공장의 대도시 밖 이전에 대한 법인세 과세특례	☐ 제도 합리화 및 적용기한 연장
○ (대상) 공장시설을 대도시*에서 대도시 밖 으로 이전한 법인 * 수도권과밀억제권역, 부산ㆍ대구ㆍ광주ㆍ대전ㆍ 울산광역시(산업단지 제외)	○ (좌 동)
− 대도시 내 산업단지에 소재하는 법인은 과 세특례 제외(산업단지 지정 전 입주한 법 인도 과세특례 제외)	− 대도시 내 산업단지에 산업단지 지정고시 이전 입주한 법인은 과세특례 적용
○ (내용) 양도차익 5년 거치, 5년 분할 익금산입	○ (좌 동)
○ (적용기한) 2022. 12. 31.	○ 2025. 12. 31.

(2) 개정이유

　　○ 지역 균형발전 지원 및 제도 합리화

(3) 적용시기 및 적용례

　　○ 2023. 1. 1. 이후 이전하는 분부터 적용

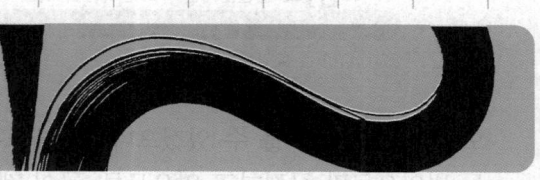

제61조

법인본사를 수도권과밀억제권역 밖으로 이전하는 데 따른 양도차익에 대한 법인세 과세특례

1 │ 의 의

수도권과밀억제권역에 본점 또는 주사무소를 둔 법인이 본점 또는 주사무소를 수도권과밀억제권역 밖으로 이전하기 위하여 당해 본점 또는 주사무소의 대지와 건물을 양도하여 발생하는 양도차익에 대하여는 일정기간 동안 거치 후 분할익금 산입하여 과세이연을 받을 수 있다(조특법 §61). 본 제도는 앞서 설명한 제60조와 유사한 취지의 제도이나, 세부적으로 분석할 경우 아래와 같은 차이점이 있다.

구 분		공장의 대도시 외 지역이전 (§60)	법인본사의 과밀억제권역 외 지역이전 (§61)
요건	대상법인	대도시 안 공장에서 사업영위 법인 * 사업기간 불문	과밀억제권역 안에 본점 또는 주사무소를 둔 법인 * 본사를 둔 기간 불문
	이전요건	대도시 → 대도시 외 - 선이전 후 2년 내 양도 - 선양도 후 1년 또는 3년 내 이전	과밀억제권역 → 과밀억제권역 외 - 선이전 후 2년 내 양도 - 선양도 후 3년 내 이전
	업종요건	이전 후 동일업종 영위	이전 후 동일업종 영위
과세이연		○ 과세이연금액 = (양도차익 - 이월결손금) × 이전비율 - 익금불산입 후 5년 거치 5년간 분할익금산입	

2 │ 요 건

2-1. 대상법인

수도권과밀억제권역에 본점 또는 주사무소를 둔 내국법인에 대하여 적용한다. 제60조는 대도시 공장에서 사업을 영위하는 법인으로 비록, 업종요건은 없으나 주로 제조업을 대상으로 도입된 제도라고 볼 수 있겠으나, 본 제도는 수도권과밀억제권역에 본점 또는 주사무소를 둔 법인으로만 규정하고 있으므로, 굳이 제조업만을 대상으로 하고 있다고는 볼 수 없겠다. 여기에서 수도권과밀억제권역이라 함은 수도권정비계획법 제6조 제1항 제1호의 규정에 의한 과밀억제권역을 말한다. 수도권과밀억제권역에 대한 자세한 사항은 제2조의 해설을 참고하기로 한다.

2-2. 이전시한

본조의 법인세 과세특례의 규정을 적용받을 수 있는 수도권과밀억제권역 본점 또는 주사무소의 수도권과밀억제권역 밖으로의 이전시한은 다음과 같다. 여기에서 이전일은 이전등기일과 실제 이전일 중 늦은 날을 말한다(조특령 §57②, 조기통 61-57…1).

① 수도권과밀억제권역 외의 지역으로 수도권과밀억제권역 안의 본점 또는 주사무소를 이전한 날부터 2년 이내에 수도권과밀억제권역 안의 본점 또는 주사무소의 대지와 건물을 양도하는 경우(선이전 후양도)
② 수도권과밀억제권역 안의 본점 또는 주사무소의 대지와 건물을 양도한 날부터 3년 이내에 수도권과밀억제권역 외의 지역으로 본점 또는 주사무소를 이전하는 경우(선양도 후이전)

2-3. 동일업종 영위

본조의 법인세 과세특례의 규정을 적용받을 수 있는 공장이전은 한국표준산업분류상의 세분류를 기준으로 이전 전의 공장에서 영위하던 업종과 이전 후의 공장에서 영위하는 업종이 동일하여야 한다(조특법 §61④, 조특령 §57⑫). 한국표준산업분류는 '대 > 중 > 소 > 세 > 세세' 등 5단계로 분류하고 있는데, 이 중 4번째 단계까지는 같아야 한다는 것이다. 한국표준산업분류에 대한 자세한 내용은 제5조의 해설을 참고하기 바란다.

3 | 과세특례의 내용

수도권과밀억제권역의 본점 또는 주사무소를 수도권과밀억제권역 밖으로 이전하는 경우 수도권과밀억제권역 본점 및 주사무소의 대지 및 건물을 2025. 12. 31.까지 양도하여 발생하는 양도차익에 대하여 즉시 과세할 경우 지방이전으로 막대한 자금이 소요되는 이전법인의 자금부담을 더욱 어렵게 만들 우려가 있어, 이를 방지하고자 수도권과밀억제권역 본점 또는 주사무소의 대지 및 건물을 양도하여 발생한 양도차익 중 일정금액에 대하여 다음과 같이 익금불산입함으로써 과세를 이연할 수 있다(조특법 §61③ 전단, 조특령 §57④).

$$과세이연금액 = (양도차익 - 이월결손금) \times \frac{과밀억제권역 \ 밖 \ 지역이전에 \ 소요된 \ 금액}{과밀억제권역 \ 본점 \ 등의 \ 양도가액}(100\% \ 한도)$$

① 양도차익 : 과밀억제권역 내 본점 또는 주사무소의 양도가액 - 당해 자산의 장부가액

관련예규

• 2개 사업연도에 걸쳐 분할양도하는 경우 선양도분은 당해 사업연도 양도가액으로 계산하고, 이후 양도분은 전체 양도가액에서 선양도분을 차감하여 계산(서이 46012-12050, 2003. 11. 28.)

② 장부가액 : 당해 과세연도의 감가상각을 한 후의 장부가액으로서 취득가액과 자본적 지출의 합계액에서 감가상각누계액을 차감한 금액을 말하며, 법인세법 제42조 제1항 제2호의 규정에 의한 자산의 평가차익을 포함한다. 이 경우 감가상각누계액에는 공사부담금, 보험차익 또는 국고보조금으로 취득한 고정자산의 일시상각충당금을 포함하는 것으로 한다(조기통 60-56…4).

③ 이월결손금 : 각 사업연도의 개시일 전 10년 이내에 개시한 사업연도에서 발생한 결손금으로서 그 후의 각 사업연도의 과세표준계산에 있어서 공제되지 아니한 금액

④ 과밀억제권역 외 지역이전에 소요된 금액 : ㉠ + ㉡ + ㉢

㉠ 수도권과밀억제권역 외 지역에 소재하는 법인의 본사 또는 주사무소의 대지와 건물의 취득액 또는 임차보증금. 단, 당해 건물 중 당해 법인이 직접 사용하지 아니하는 부분이 있을 경우는 다음 금액

$$취득가액 \ 또는 \ 임차보증금 \times \frac{당해 \ 법인이 \ 직접 \ 사용하는 \ 면적}{건물연면적}$$

㉡ 수도권과밀억제권역 본점 또는 주사무소의 양도일로부터 1년 이내에 수도권과밀억제권역 밖의 본점 또는 주사무소의 사업용고정자산 취득액

㉢ 수도권과밀억제권역 본점 또는 주사무소의 이전비용

⑤ 수도권과밀억제권역내 본사 건물의 일부를 해당 법인이 직접 업무용으로 사용하고, 나머지 일부를 다른 사람이 사용하는 경우에는 해당 건물의 연면적 중 해당 법인이 양도일(제2항 제1호의 경우에는 수도권과밀억제권역 내 본사를 이전한 날을 말한다)부터

소급하여 2년 이상 업무용으로 직접 사용한 면적이 차지하는 비율에 따라 계산한 부분에 대하여 본조의 규정을 적용한다(조특령 §57⑤).

⑥ 선양도 후이전의 경우와 사업용고정자산 취득가액의 계산의 경우, 이전완료 또는 사용완료시까지 이전계획서 또는 처분대금사용계획서상의 예정가액에 의한다(조특령 §57⑥).

관련예규

- 등기부상 본점소재지의 사무실이 협소해서 근처 건물을 매입하여 본점업무를 수행하는 부서가 이를 실제로 사용하는 때에는 동 건물과 부속대지도 법인본사의 대지와 건물에 포함(법인 22601-1414, 1991. 7. 16.)
- 수도권 안에 본사와 공장을 함께 둔 법인에게 법인본사 양도차익에 대한 법인세 등 면제규정을 적용함에 있어서 본점 또는 주사무소 이외의 공장시설은 당해 법인이 업무용으로 직접 사용한 면적에서 제외(법인 22601-3149, 1998. 11. 2.)

4 | 사후관리

4-1. 분할익금산입

본조의 규정에 따라 과세이연된 양도차익은 양도일이 속하는 사업연도 종료일 이후 5년이 되는 날이 속하는 사업연도부터 5개 사업연도의 기간 동안 균등액 이상을 익금에 산입하여야 한다(조특법 §61③ 후단). 종전에는 3년 거치 3년 분할익금 산입이었으나, 지방이전 세제 강화조치에 따라 5년 거치 5년 분할익금 산입으로 확대되었다.

분할익금 산입 규정을 적용함에 있어 유의할 점은 분할익금 기간은 납세자가 선택할 수 있는 최장 기간에 지나지 않는다는 점이다. 분할익금 제도의 본질은 과세이연 제도이므로 기간이 길어질수록 납세자에게는 유리하지만, 납세자가 원할 경우 5년 이내라도 일시환입은 가능하다. 다만, 분할익금 기간이 아닌 거치기간의 단축도 가능한지 여부에 대하여는 현행 법조문상 의문의 여지가 있으나, 이것도 동일한 취지에 따라 단축이 가능한 것으로 보는 것이 합리적일 것으로 판단된다.

분할익금 산입의 단축문제는 종전 3년 거치 3년 분할익금 제도 하에서는 납세자 입장에서 분할익금 기간을 굳이 단축하여 세무조정할 필요가 없었으나, 5년 거치 5년 분할익금 제도로 개정되면서, 현행 이월공제 또는 이월결손금 기간보다 장기간에 해당하여 오히려 단축하여 익금산입하여야만 절세효과가 발생하는 경우가 발생하기 때문이다.

4-2. 일시익금산입

과세이연을 적용받은 법인이 익금불산입액의 전액을 익금에 산입하기 전에 다음의 어느 하나에 해당하는 때에는 당해 사유가 발생한 날이 속하는 사업연도의 소득금액 계산에 있어서 익금에 산입하지 아니한 금액 중 다음의 금액을 익금에 산입한다(조특법 §61⑤ 전단, 조특령 §57⑩). 본 규정은 사후관리 측면에서 일정사유에 따른 강제 일시익금산입으로서, 앞서 4-1.에서 설명한 바와 같이 납세자 본인의 선택에 따라 일시익금산입하는 것도 가능하다.

① 과세특례요건(조특령 §57⑦)에 따라 본점 또는 주사무소를 수도권과밀억제권역 외의 지역으로 이전한 경우에 해당하지 아니하는 때 : 당해 사유 발생일 현재 익금에 산입하지 아니한 금액
② 수도권과밀억제권역 안에 일정기준 이상의 사무소를 둔 때 : 당해 사유 발생일 현재 익금에 산입하지 아니한 금액
　*일정기준(조특령 §57⑧) : 수도권과밀억제권역 밖으로 수도권과밀억제권역내 본사를 이전한 날부터 3년이 되는 날이 속하는 과세연도가 지난 후 수도권과밀억제권역안의 사무소에서 본사업무에 종사하는 연평균 상시근무인원(당해 과세연도의 매월 말일 현재의 인원을 합하고 이를 해당 월수로 나누어 계산한 인원)이 본사업무에 종사하는 연평균 상시 근무인원의 50% 이상인 경우
③ 수도권과밀억제권역 안의 본점 또는 주사무소의 대지와 건물을 처분한 대금을 일정용도 외에 사용한 때 : 익금에 산입하지 아니한 금액에서 과세이연금액을 차감한 금액1)
　*일정용도 외(조특령 §57⑨) : 다음의 용도가 아닌 다른 용도로 사용한 때를 말하며, 이 경우 수도권과밀억제권역 외의 본사의 대지와 건물을 당해 법인이 직접 사용하지 아니하는 부분이 있는 때에는 그 부분은 이를 용도 외에 사용한 것으로 본다.
　　㉠ 과세특례사유 기한 내에 수도권과밀억제권역 외의 본사의 대지와 건물을 취득 또는 임차한 때
　　㉡ 수도권과밀억제권역 내 본사 양도일부터 1년 이내에 수도권과밀억제권역 외의 본사의 사업용고정자산(대지와 건물 제외)을 취득한 때
④ 당해 사업을 폐업하거나 법인이 해산한 때 : 사업의 폐지 또는 해산 당시 익금에 산입하지 아니한 금액

4-3. 이자상당액의 계산

일시익금산입 사유가 발생하여 익금에 산입한 금액에 대하여는 이자상당가산액을 법인세로 납부하여야 한다. 다만, 합병 또는 분할 및 분할합병에 의하여 사업을 폐업 또는 해산함으로써 익금에 산입한 금액을 제외한다(조특법 §61⑤ 후단). 이자상당액의 계산에 대하여는 법 제33조의

---

1) 과세이연금액을 계산할 때 예정가액에 의하여 계산한 경우에는 예정가액에 의하여 익금에 산입하지 아니한 금액에서 과세이연금액을 차감한 금액을 익금에 산입한다(조특령 §57⑩ 2).

해설을 참고하기로 한다.

5 | 절 차

본조의 규정에 따른 과세이연을 적용받고자 하는 내국법인은 과밀억제권역 내 본사의 양도일이 속하는 과세연도의 과세표준신고와 함께 다음의 서류를 납세지 관할 세무서장에게 제출하여야 한다(조특법 §61⑥, 조특령 §57⑪, 조특칙 §61①).

5-1. 선이전 후양도의 경우

토지 등 양도차익명세서, 이전완료보고서, 처분대금사용계획서, 사업용고정자산을 취득한 때에는 그 취득일이 속하는 과세연도의 과세표준신고와 함께 처분대금사용명세서

5-2. 선양도 후이전의 경우

토지 등 양도차익명세서, 이전계획서, 처분대금사용계획서, 수도권과밀억제권역 외의 지역으로 본점 또는 주사무소를 이전한 때에는 이전일이 속하는 과세연도의 과세표준신고와 함께 이전완료보고서 및 처분대금사용명세서

6 | 조세특례제한 등

본조의 규정에 의한 익금불산입금액을 포함한 각종 준비금과 세액공제·세액감면 등은 제132조에서 규정하는 최저한세의 범위 내에서만 손금산입 또는 감면 등이 인정되는바, 이에 대한 자세한 설명은 제132조의 해설을 참조하기로 한다.

제62조

공공기관이 혁신도시 등으로 이전하는 경우 법인세 등 감면

1 의 의

수도권과밀억제권역 내 공공기관이 혁신도시를 포함한 수도권 외 지역으로 이전하는 경우 민간기업과 마찬가지로 법인세를 감면(조특법 §63의2)하고 있다. 하지만 과밀억제권역이 아닌 성장관리권역 및 자연보전권역에 소재하는 공공기관이 지방이전시 세제지원이 불가하였다. 공공기관의 이전은 국가균형발전의 틀에서 이루어지는 것으로 공공기관의 혁신도시로의 이전은 정부시책으로 일괄적으로 추진하고 있는바, 이전공공기관 중 일부 기관을 수도권과밀억제권역에 본사를 두고 있지 않다는 이유만으로 세제 혜택을 배제하는 것은 합리적 이유가 있다고 보기 어렵다는 문제점이 제기되어 이를 보완하는 차원에서 본조가 2011. 12. 31. 조특법 개정시 신설되었다. 다만, 수도권 과밀 해소 정책에 배치되는 점과 민간기업과의 형평성을 감안하여 감면기간 등이 축소되어 도입되었다. 2014. 1. 1. 조특법 개정시 세종시 이전기관에 대해서도 과세특례를 적용하여 공공기관의 이전 지역별 과세불형평을 해소하였으며, 2014. 1. 1. 이후 신고하는 과세연도분부터 적용된다.

2 양도차익에 대한 과세이연

2-1. 익금불산입

이전공공기관[1]이 본사(본점 또는 주사무소)를 혁신도시[2] 또는 세종특별자치시로 이전하기 위하여 종전부동산[3]을 2023. 12. 31.까지 양도함으로써 발생하는 양도차익에 대해서는 다음의

---

[1] 「혁신도시 조성 및 발전에 관한 특별법」 제2조 제2호
[2] 「혁신도시 조성 및 발전에 관한 특별법」 제2조 제3호
[3] 「혁신도시 조성 및 발전에 관한 특별법」 제43조에 따른 종전부동산 처리계획에 매각시기 및 방법이 규정된 건축물과 그 부지를 말한다(조특령 §58①).

금액을 해당 사업연도의 소득금액을 계산할 때 익금에 산입하지 아니할 수 있다(조특법 §62①
전단, 조특령 §58② · §57④~⑥).

> 과세이연금액 = (양도차익-이월결손금) × (혁신도시로의 이전에 소요된 금액 / 수도권 내 본사의
> 양도가액)
>
> *양도차익 : 수도권 내 본사의 양도가액 - 해당 자산의 장부가액
> *이월결손금 : 양도일이 속하는 사업연도의 직전 사업연도 종료일 현재 이월결손금[4]
> *혁신도시로의 이전에 소요된 금액[5] : ① + ② + ③
>   ① 혁신도시에 소재하는 법인의 본사 또는 주사무소의 대지와 건물의 취득가액 또는 임차보증금(전세금
>   포함)
>   ② 수도권 내 본사의 양도일부터 1년 이내에 혁신도시 법인의 본사 또는 주사무소의 사업용고정자산(①의
>   대지와 건물은 제외)의 취득가액
>   ③ 수도권 내 본사의 이전비용

2-2. 익금산입 : 5년 거치 5년간 분할익금산입

이 경우 해당 금액은 양도일이 속하는 사업연도 종료일 이후 5년이 되는 날이 속하는
사업연도부터 5개 사업연도의 기간 동안 균분한 금액 이상을 익금에 산입하여야 한다(조특법
§62① 후단).

2-3. 과세이연의 중단

과세이연을 적용받은 내국법인에 대한 일시익금산입은 제61조 해설을 참고하기 바란다.
이 경우 "수도권과밀억제권역 밖"은 "혁신도시 또는 세종시"로 보고, "수도권과밀억제권역"은
"수도권"으로 보며, "수도권과밀억제권역의 본점 또는 주사무소의 대지와 건물"은 "종전부동
산"으로 본다(조특법 §62② · §61⑤).

이 경우 익금에 산입한 금액(합병 또는 분할 및 분할합병에 의하여 사업을 폐업하거나 해산함으로써
익금에 산입한 금액은 제외)에 대해서는 이자상당가산액을 법인세로 납부하여야 한다(조특법
§62⑧). 이에 대하여는 제33조의2의 해설을 참고하기로 한다.

---

4) 「법인세법」 제13조 제1항 제1호
5) 선양도 후이전의 경우에는 이전완료 또는 사용완료시까지 이전계획서 또는 처분대금사용계획서상의 예정가액에
   의한다(조특령 §58② · §57⑥).

3 | 법인세 감면

성장관리권역[6]에 본사가 소재하는 이전공공기관이 2018. 12. 31.까지 혁신도시로 본사를 이전하는 경우, 이전공공기관은 과세연도별로 아래 금액[① × ②]에 상당하는 소득에 대하여 이전일 이후 이전공공기관에서 최초로 소득이 발생한 과세연도(이전일부터 5년이 되는 날이 속하는 과세연도까지 소득이 발생하지 아니한 경우에는 이전일부터 5년이 되는 날이 속하는 과세연도)와 그 다음 과세연도의 개시일부터 2년 이내에 끝나는 과세연도까지는 법인세의 전액을, 그 다음 2년 이내에 끝나는 과세연도에는 법인세의 50%를 감면한다(조특법 §62④).

① 해당 과세연도의 과세표준에서 토지·건물 및 부동산을 취득할 수 있는 권리의 양도차익 및 특정 소득[7]을 뺀 금액

② 해당 과세연도의 혁신도시로 이전한 본사 근무인원[8]이 법인 전체 근무인원에서 차지하는 비율[9]

4 | 사후관리

법인세를 감면받은 이전공공기관이 다음의 어느 하나에 해당하는 경우에는 그 사유가 발생한 과세연도의 과세표준신고를 할 때 다음의 계산한 세액을 법인세로 납부하여야 한다(조특법 §62⑦, 조특령 §58⑩).

---

6) 「수도권정비계획법」 제6조 제1항 제2호

7) 고정자산처분익, 유가증권처분익, 수입이자, 수입배당금 및 자산수증익을 합한 금액[금융 및 보험업을 영위하는 공공기관(「금융지주회사법」에 따른 금융지주회사는 제외한다)의 경우에는 기업회계기준에 따라 영업수익에 해당하는 유가증권처분익, 수입이자 및 수입배당금은 제외한다]에서 고정자산처분손, 유가증권처분손 및 지급이자를 합한 금액[금융 및 보험업을 영위하는 공공기관(「금융지주회사법」에 따른 금융지주회사는 제외한다)의 경우에는 기업회계기준에 따라 영업비용에 해당하는 유가증권처분손 및 지급이자는 제외한다]을 뺀 금액(그 수가 음수이면 영으로 본다)을 말한다(조특령 §58⑤).

8) 혁신도시로 이전한 본사에서 본사 업무에 종사하는 상시 근무인원의 연평균 인원(매월 말 현재의 인원을 합하고 이를 해당 개월 수로 나누어 계산한 인원을 말하며, 이전일부터 소급하여 2년이 되는 날이 속하는 과세연도 이후 수도권 밖의 지역에서 본사 업무에 종사하는 근무인원이 이전본사로 이전한 근무인원은 제외한다)에서 이전일부터 소급하여 3년이 되는 날이 속하는 과세연도에 이전본사에서 본사 업무에 종사하던 상시 근무인원의 연평균 인원을 빼고 계산한 인원을 말하며, 법인 전체 근무인원이란 법인 전체의 상시 근무인원의 연평균 인원을 말한다(조특법 §62⑤).

9) 법인세 감면기간에 임원 중 이전본사 근무 임원 수가 수도권의 본사 근무 임원과 이전본사 근무 임원의 합계 인원에서 차지하는 비율이 50%에 미달하게 되는 경우 해당 과세연도부터 법인세 감면을 받을 수 없다(조특법 §62⑥). 여기서 임원은 「법인세법 시행령」 제40조 제1항 각 호의 어느 하나에 해당하는 사람을 말한다. 다만, 상시 근무하지 아니하는 임원은 제외한다(조특령 §58⑦).

① 본사를 혁신도시로 이전하여 사업을 개시한 날부터 3년 이내에 그 사업을 폐업하거나 법인이 해산한 경우 : 사업폐지일 또는 법인해산일부터 소급하여 3년 이내에 감면된 세액

② 본사를 혁신도시로 이전하여 사업을 개시하지 아니한 경우 등[10] : 그 해당하게 된 날부터 소급하여 5년 이내에 감면된 세액

③ 수도권에 일정 기준 이상의 사무소[11]를 둔 경우 : 일정 기준 이상의 사무소를 둔 날부터 소급하여 5년 이내에 감면된 세액

④ 임원 중 이전본사 근무 임원 수가 수도권의 본사 근무 임원과 이전본사 근무 임원의 합계 인원에서 차지하는 비율이 50%에 미달하게 되는 경우 : 해당 비율에 미달하게 된 날부터 소급하여 5년 이내에 감면된 세액

5 | 절 차

5-1. 양도차익에 대한 과세이연

내국법인은 양도차익에 대한 과세이연을 적용받기 위해 토지 등 양도차익명세서 등을 납세지 관할 세무서장에게 제출하여야 한다(조특법 §62③).

5-2. 법인세 감면

법인세의 감면을 받으려는 법인은 과세표준신고와 함께 세액감면신청서 및 감면세액계산서를 납세지 관할 세무서장에게 제출하여야 한다(조특법 §62⑨, 조특령 §58⑪).

---

10) 다음의 어느 하나에 해당하는 경우를 말한다(조특령 §58⑧).
① 본사를 혁신도시로 이전한 후 2018. 12. 31.까지 사업을 개시하지 아니한 경우
② 혁신도시로 본사를 이전하여 사업을 개시한 날부터 2년 이내에 수도권 안의 본사를 양도하지 아니한 경우

11) 수도권 안의 사무소에서 본사업무에 종사하는 연평균 상시 근무인원이 본사업무에 종사하는 연평균 상시 근무인원의 50% 이상인 경우를 말한다(조특령 §58⑨).

6 | 주요 개정연혁

1. 공공기관의 혁신도시 등 이전시 과세특례 정비(조특법 §62)

(1) 개정내용

종 전	개 정
□ 공공기관이 혁신도시 등으로 본사를 이전*하는 경우 과세특례 * 「혁신도시 조성 및 발전에 관한 특별법」에 따른 이전	□ 양도차익 과세이연은 적용기한 연장하고, 이전기관 법인세 감면은 적용기한 종료
○ (종전부동산 양도차익) 5년 거치 5년 분할익금산입 　- (적용기한) 2018. 12. 31.	○ 적용기한 연장 　- 2021. 12. 31.
○ (법인세) 성장관리권역* 소재 공공기관의 경우 이전후 법인세를 3년간 100%, 이후 2년간 50% 감면 * 「수도권정비계획법」에 따른 성장관리권역 　- (적용기한) 2018. 12. 31.	○ 적용기한 종료

(2) 개정이유

　○ 공공기관의 혁신도시 등 이전상황을 감안

2. 본사 등 지방이전에 대한 세액감면 제도 개선(조특법 §62, §63의2)

(1) 개정내용

종 전	개 정
□ 법인 본사의 지방이전에 대한 세제지원 ○ (대상) 지방이전 법인 　* 수도권과밀억제권역 → 수도권 밖	□ 감면대상소득 계산방식 개선 및 적용기한 연장 ○ (좌　동)
○ (지원내용) 법인세 7년간 100%, 3년간 50% 감면 　* 지방광역시, 중규모도시 등으로 이전 시 5년간 100%, 2년간 50%	○ (좌　동)
○ 감면대상소득 계산 　– 과세표준 × Min(①, ②) 　　① 이전본사근무 인원비율 　　② 이전본사근무 급여비율	○ 이전인원비율에 따라 감면대상소득 계산 　– 과세표준 × ① 　　① 이전본사근무 인원비율
○ (적용기한) 2017. 12. 31.	○ (적용기한) 2020. 12. 31.
□ 공공기관 본사의 지방이전에 대한 세제지원 ○ (대상) 지방이전 공공기관 　* 수도권 성장관리권역 → 혁신도시 등	□ 감면대상소득 계산방식 개선 ○ (좌　동)
○ (지원내용) 법인세 5년간 100%, 2년간 50% 감면	○ (좌　동)
○ 감면대상소득 계산 　– 과세표준 × Min(①, ②) 　　① 이전본사근무 인원비율 　　② 이전본사근무 급여비율	○ 이전인원비율에 따라 감면대상소득 계산 　– 과세표준 × ① 　　① 이전본사근무 인원비율
○ (적용기한) 2018. 12. 31.	○ (좌　동)

(2) 개정이유
　○ 이전인원이 많은 기업에 대한 지원 강화

(3) 적용시기 및 적용례
　○ 2018. 1. 1. 이후 이전하는 분부터 적용

3. 혁신도시로 이전하는 공공기관에 대한 법인세 감면의 감면 기산연도 변경(조특법 §62④)

(1) 개정내용

종 전	개 정
□ 공공기관의 혁신도시 이전에 대한 세제지원 　○ 지원대상 　　- 수도권 성장관리권역에서 혁신도시로 이전하는 공공기관 　○ 지원내용 　　- 법인세 3년간 100%, 2년간 50% 감면 　○ 감면기산 연도 　　- 이전일이 속하는 과세연도 　○ 적용기한 : 2015. 12. 31.	○ (좌 동) ○ (좌 동) ○ 감면기산 연도 변경 　- 최초 소득발생일이 속하는 과세연도 ○ (좌 동)

(2) 개정이유

○ 지방이전 초기 결손기업 지원

(3) 적용시기 및 적용례

○ 2015. 1. 1. 이후 개시하는 과세연도분부터 적용

4. 공공기관 지방이전시 과세특례 대상지역 확대(조특법 §62)

(1) 개정내용

종 전	개 정
□ 공공기관 지방이전시 과세특례제도 　ㅇ 대상기관 　－ 혁신도시로 이전하는 공공기관 　　　　　〈추 가〉	□ 이전 대상지역 확대 　－ 세종시로 이전하는 공공기관
ㅇ (대상 부동산) 수도권에 있는 건축물과 그 부지 ㅇ (과세특례) 양도차익 5년 거치 5년 분할익금 산입 ㅇ (적용기한) 2015. 12. 31.	(좌 동)

(2) 개정이유

ㅇ 공공기관의 이전 지역별 과세불형평 해소

(3) 적용시기 및 적용례

ㅇ 2014. 1. 1. 이후 신고하는 과세연도분부터 적용

제63조

수도권 밖으로 공장을 이전하는 기업에 대한 세액감면 등

1 │ 의 의

2020년말 조특법 개정시 종전의 공장(시설)을 수도권과밀억제권역 밖으로 이전하는 중소기업에 대한 세액감면(종전 조특법 §63)과 공장 및 본사를 수도권 밖으로 이전하는 법인에 대한 법인세 등 감면(종전 조특법 §63의2)을 수도권 밖으로 공장을 이전하는 모든 기업 등에 대한 세액감면(현행 조특법 §63)[1]과 수도권 밖으로 본사를 이전하는 법인에 대한 세액감면(현행 조특법 §63의2)으로 개편하는 한편, 국토균형발전을 지원하기 위하여 해당 세액감면의 적용기한을 2022년 12월 31일까지로 2년간 연장하였으며, 2022. 12. 31. 조특법 개정을 통해 감면혜택을 확대하고 적용기한을 2025. 12. 31.까지로 연장하였다.

본조는 수도권 과밀화를 억제하고 지역균형발전을 촉진함으로써 국토의 균형 있는 발전을 도모하기 위하여, 범정부적으로 지속 추진되고 있는 지역균형발전 방안의 일환으로 지방이전기업에 대한 세제지원이 필요함에 따라 실시되고 있고, 나중에 설명할 제63조의2와 동일한 취지의 제도이다.

2 │ 요 건

2-1. 적용대상자

본조의 적용대상자는 공장이전기업으로서 세액감면 요건을 모두 갖춘 내국인을 말하며, 부동산임대업, 부동산중개업, 부동산매매업,[2] 건설업[한국표준산업분류에 따른 주거용 건물 개발

---

1) 본조의 개정규정은 2021년 1월 1일 이후 공장을 이전하는 경우(중소기업의 경우 수도권과밀억제권역 밖으로 이전하는 경우를 포함)부터 적용하고, 2021년 1월 1일 전에 공장을 이전한 경우에 대해서는 개정규정에도 불구하고 종전의 규정에 따른다(법률 제17759호, 2020. 12. 29. 부칙 §11, §40).
2) 「소득세법 시행령」 제122조 제1항

및 공급업(구입한 주거용 건물을 재판매하는 경우는 제외)을 포함], 소비성서비스업, 무점포판매에 해당하는 사업,3) 해운중개업4)을 경영하는 내국인인 경우에는 적용대상자에서 제외하되(조특법 §63①단서, 조특령 §60①). 이전공공기관5)이 경영하는 경우에는 그 예외를 인정한다(조특령 §60①단서). 한편, 공장이전기업은 아래와 같다(조특법 §63① 1).

① 수도권과밀억제권역에 3년(중소기업은 2년) 이상 계속하여 공장시설을 갖추고 사업을 한 기업일 것 ⇒ 구 공장 조업실적
② 공장시설의 전부를 수도권(중소기업은 수도권과밀억제권역) 밖으로 이전할 것 ⇒ 공장시설 전부 이전
③ 다음의 어느 하나에 해당하는 경우 다음의 구분에 따른 요건을 갖출 것
   1) 중소기업이 공장시설을 수도권 안(수도권과밀억제권역은 제외한다)으로 이전하는 경우로서 본점이나 주사무소("본사"라 한다)가 수도권과밀억제권역에 있는 경우: 해당 본사도 공장시설과 함께 이전할 것
   2) 중소기업이 아닌 기업이 광역시로 이전하는 경우: 「산업입지 및 개발에 관한 법률」 제2조 제8호에 따른 산업단지로 이전할 것

2-2. 구 공장 조업실적

수도권과밀억제권역 안에 소재하는 공장시설을 수도권 밖(중소기업의 경우 수도권과밀억제권역 밖을 말한다)으로 이전하기 위하여 조업을 중단한 날부터 소급하여 3년(중소기업의 경우 2년) 이상 계속 조업6)한 실적이 있을 것을 말한다(조특령 §60②). 여기서 '2년 이상 계속 조업한 실적이 있는 공장'이라 함은 ① 제조장단위별로 2년 이상 조업한 경우를 말하며, 제조시설 중 일부가 2년 미만 조업한 경우에도 당해 제조장을 2년 이상 조업한 경우에는 2년 이상 조업한 것으로 보고, ② 개인사업자가 대도시 안에서 영위하던 사업을 조특법 제32조의 규정에 의하여 법인으로 전환하고 당해 공장시설을 지방으로 이전하는 경우에는 당해 개인사업자가 조업한 기간을 합산한다(조기통 63-60…1).

---

3) 「유통산업발전법」 제2조 제9호
4) 「해운법」 제2조 제5호
5) 「혁신도시 조성 및 발전에 관한 특별법」 제2조 제2호
6) 「대기환경보전법」, 「물환경보전법」 또는 「소음·진동관리법」에 따라 배출시설이나 오염물질배출방지시설의 개선·이전 또는 조업정지명령을 받아 조업을 중단한 기간은 이를 조업한 것으로 본다(조특령 §60②).

2-3. 공장시설 전부 이전

공장시설의 전부를 수도권 밖으로 이전하여 2025년 12월 31일(공장을 신축하는 경우로서 공장의 부지를 2025년 12월 31일까지 보유하고 2025년 12월 31일이 속하는 과세연도의 과세표준 신고를 할 때 이전계획서를 제출하는 경우에는 2028년 12월 31일)까지 사업을 개시하여야 한다(조특법 §63①). 여기서 "공장시설의 전부7)를 수도권 밖으로 이전할 것"이란 다음의 어느 하나의 요건을 갖춘 것을 말한다(조특령 §60③).

① 수도권 밖으로 공장을 이전하여 사업을 개시한 날부터 2년 이내에 수도권과밀억제권역 안의 공장을 양도하거나 수도권과밀억제권역 안에 남아 있는 공장시설의 전부를 철거 또는 폐쇄하여 해당 공장시설에 의한 조업이 불가능한 상태일 것(선이전 후양도)8)

② 수도권과밀억제권역 안의 공장을 양도 또는 폐쇄한 날(공장의 대지 또는 건물을 임차하여 자기공장시설을 갖추고 있는 경우에는 공장이전을 위하여 조업을 중단한 날을 말한다)부터 2년 이내에 수도권 밖에서 사업을 개시할 것. 다만, 공장을 신축하여 이전하는 경우에는 수도권과밀억제권역 안의 공장을 양도 또는 폐쇄한 날부터 3년 이내에 사업을 개시할 것(선양도 후이전)

관련예규

• "공장시설의 전부이전"은 서로 다른 여러 종류의 제품 중 한 제품만을 생산하는 독립된 공장시설을 완전히 이전하고 당해 공장건물을 사무실이나 창고 등으로 사용하는 경우에는 동 부분에 한하여 공장시설을 전부 이전한 것으로 본다(조기통 63-0…1).

---

7) 당해 공장을 전부 이전하여야 하며 일부만을 이전하는 경우에는 적용대상이 되지 아니한다. 다만, 본점 또는 주사무소가 아닌 지점이나 다른 공장 등은 함께 이전하지 아니하더라도 무방하다.

8) 중소기업이 수도권과밀억제권역 외의 지역으로 공장시설을 전부 이전하고 기존공장을 공장용으로 임대하는 경우 세액감면을 적용할 수 있는지 여부(조심 2015중4129, 2016. 7. 6. 인용) : 이 건 관련 법령에서 세액감면을 받기 위해 규정하고 있는 철거, 폐쇄될 것을 요구하는 '공장시설'이란 일반적으로 영업을 목적으로 물품의 제조, 가공, 수선 등의 목적에 사용할 수 있도록 한 공장의 생산시설과 설비를 의미하는 것으로 공장건물 자체까지 포함되는 것은 아니라고 보이는 점 등에 비추어 볼 때, 청구인이 구공장을 수도권과밀억제권역 밖으로 이전한 것은 조특법 제63조에 따른 세액감면 대상이라 할 것임. → 종전에 조세심판원은 국심 2004서2112(2004. 11. 4. → 추후 서울고등법원 2006. 2. 15. 선고 2005누14563 판결을 거쳐 과세관청의 상고포기로 고법에서 판결 확정), 2014서2771(2014. 9. 18. 소액) 등의 결정을 통해 구공장을 타인에게 공장용으로 임대하는 경우 세액감면을 배제하였으나, 위 합동회의를 거쳐 세액감면이 되는 것으로 기존 입장을 변경하였음.

공장이전시 이전일, 양도일, 철거 또는 폐쇄일, 사업개시일의 판정은 다음과 같이 적용한다.

① 공장이전일 : 수도권과밀억제권역 안의 공장시설을 수도권과밀억제권역 외의 지역으로 전부 이전하여 이전 후의 공장에서 제조를 개시한 날(법인 46012 - 647, 2000. 3. 8.)
② 양도일 : 소득세법상의 양도일(소법 §98, 소령 §162)
③ 철거 또는 폐쇄일 : 조업이 불가능한 상태에 있게 된 사실상의 철거 또는 폐쇄일
④ 사업개시일 : 신공장 시설을 이용하여 정상상품으로 판매할 수 있는 완성품 제조를 개시한 날(법인 22601 - 633, 1988. 3. 4.)

2 - 4. 동일업종 영위

본조의 과세특례의 규정을 적용받을 수 있는 공장이전은 한국표준산업분류상의 세분류[9]를 기준으로 이전 전의 공장에서 영위하던 업종과 이전 후의 공장에서 영위하는 업종이 동일하여야 한다(조특법 §63⑦, 조특령 §60⑪). 한국표준산업분류는 '대 > 중 > 소 > 세 > 세세' 등 5단계로 분류하고 있는데, 이 중 4번째 단계까지는 같아야 한다는 것이다.

3 | 과세특례의 내용

3 - 1. 감면기간 및 감면세액

공장이전기업은 이전 후의 공장에서 발생하는 소득에 대하여 아래의 구분에 따라 소득세 또는 법인세를 감면한다(조특법 §63① 2).

① 공장 이전일 이후 해당 공장에서 최초로 소득이 발생한 과세연도(공장 이전일부터 5년이 되는 날이 속하는 과세연도까지 소득이 발생하지 아니한 경우에는 이전일부터 5년이 되는 날이 속하는 과세연도)의 개시일부터 다음의 구분에 따른 기간 이내에 끝나는 과세연도 : 소득세 또는 법인세의 100분의 100에 상당하는 세액
  ㉠ 수도권 등 아래 지역으로 이전하는 경우 : 5년
    ⓐ 당진시, 아산시, 원주시, 음성군, 진천군, 천안시, 춘천시, 충주시, 홍천군(내면은 제외) 및 횡성군의 관할구역

---

9) 조기통 63 - 60…2 【공장 이전 후 추가 업종에서 발생한 소득의 세액감면 적용 여부】수도권 과밀억제권역에서 공장시설을 갖추고 제조업을 영위하던 법인이 당해 공장시설과 수도권 과밀억제권역 안에 소재하던 본점을 수도권 과밀억제권역 밖으로 함께 이전한 후 한국표준산업분류상의 세분류를 기준으로 이전전의 업종과 다른 새로운 업종을 추가한 경우, 그 추가한 업종에서 발생한 소득에 대하여는 구 조특법 제63조 규정의 수도권 과밀억제권역 밖으로 이전하는 중소기업에 대한 세액감면을 적용하지 아니한다(2011. 2. 1. 신설).

ⓑ 「수도권정비계획법」제6조 제1항 제2호 및 제3호에 따른 성장관리권역 및 자연보전권역. 단 중소기업에 경우로 한정한다.
ⓛ 수도권 밖에 소재하는 광역시 등 아래 지역으로 이전하는 경우
　　ⓐ 위기지역, 「국가균형발전 특별법」에 따른 성장촉진지역 또는 인구감소지역으로 이전하는 경우 : 7년
　　ⓑ 수도권 밖에 소재하는 광역시의 관할구역, 구미시, 김해시, 전주시, 제주시, 진주시, 창원시, 청주시 및 포항시의 관할구역 : 5년
ⓒ 위 ⓛ 또는 ⓛ에 따른 지역 외의 지역으로 이전하는 경우
　　ⓐ 성장촉진지역 등으로 이전하는 경우 : 10년
　　ⓑ 위 ⓐ(성장촉진지역 등)에 따른 지역 외의 지역으로 이전하는 경우 : 7년
② 위 ①에 따른 과세연도 다음 2년(ⓛⓐ 또는 ⓒⓑ에 해당하는 경우에는 3년) 이내에 끝나는 과세연도 : 소득세 또는 법인세의 100분의 50에 상당하는 세액

3-2. 감면세액 제외

공장이전기업이 이전 후 합병·분할·현물출자 또는 사업의 양수를 통하여 사업을 승계하는 경우 승계한 사업장에서 발생한 소득은 제외한다(조특법 §63①)

3-3. 양도차익에 대한 법인세 과세이연

공장이전법인(공장이전기업 중 법인)이 공장을 수도권 밖으로 이전한 경우에는 수도권과밀억제권역에 있는 공장을 양도함으로써 발생한 양도차익에 대한 법인세에 관하여는 양도일이 속하는 사업연도에 익금불산입한 후, 동 익금불산입된 양도차익을 양도일이 속하는 사업연도 종료일 이후 5년이 되는 날이 속하는 사업연도부터 5개 사업연도의 기간 동안 균등액 이상을 익금에 산입할 수 있다(조특법 §63④, §60②·④·⑥ 준용). 공장의 양도차익에 대한 법인세 과세이연에 대하여는 조특법 제60조의 해설을 참고하기로 한다.

3-4. 구공장부지에 대한 보유세 경감

공장을 수도권 밖으로 이전한 공장이전법인이 소유(합병·분할 또는 분할합병으로 소유권이 이전된 경우를 포함)하는 이전 전 공장용 건축물의 부속토지로서 공장 이전일 현재 저율분리과세대상(공장용지)[10]이 적용되는 토지는 공장을 전부 이전한 날부터 5년간 저율

---

10) 「지방세법」 제106조 제1항 제3호 가목

분리과세대상(공장용지)이 적용되는 토지로 본다. 다만, 공장을 이전하여 사업을 개시한 후 그 사업을 폐업한 이후에는 그러하지 아니하다(조특법 §63의2⑤).

본 규정은 2007년 말 세법 개정시, 지방이전 후 구공장을 매각할 때까지의 일정기간(5년) 동안 종합부동산세를 과세하지 않는 등 보유세 부담을 경감하여, 수도권기업의 지방 이전을 촉진하고자 도입되었다.

4 │ 사후관리

4-1. 감면세액의 납부

본조의 규정에 따라 감면을 적용받은 공장이전기업이 다음의 어느 하나에 해당하는 경우에는 그 사유가 발생한 과세연도의 과세표준신고를 할 때 감면받은 소득세액 또는 법인세액을 납부하여야 한다(조특법 §63②, 조특령 §60⑤·⑥).

납부사유	납부세액
① 공장을 이전하여 사업을 개시한 날부터 3년 이내에 그 사업을 폐업하거나 법인이 해산한 경우(합병·분할 또는 분할합병으로 인한 경우 제외)	폐업일 또는 법인해산일부터 소급하여 3년 이내에 감면된 세액
② 공장을 수도권(중소기업은 수도권과밀억제권역) 밖으로 이전하여 사업을 개시하지 아니한 경우(이전요건 미비 : 선이전 후양도/ 선양도 후이전)	이전요건을 갖추지 못하게 된 날부터 소급하여 5년 이내에 감면된 세액
③ 수도권(중소기업은 수도권과밀억제권역)에 이전한 공장에서 생산하는 제품과 같은 제품을 생산하는 공장(중소기업이 수도권 안으로 이전한 경우에는 공장 또는 본사)을 설치한 경우	공장설치일(중소기업이 수도권과밀억제권역에 있는 본사를 수도권 안으로 이전하는 경우 본사 설치일 포함[11])부터 소급하여 5년 이내에 감면된 세액*

* 이전한 공장이 둘 이상이고 해당 공장에서 서로 다른 제품을 생산하는 경우에는 수도권(중소기업의 경우 수도권과밀억제권역) 안의 공장에서 생산하는 제품과 동일한 제품을 생산하는 공장의 이전으로 인하여 감면받은 분에 한정

4-2. 이자상당가산액의 납부

본조의 규정에 의하여 감면받은 소득세액 또는 법인세액을 사후관리 사유가 발생하여 납부하는 경우에는 이자상당가산액에 관한 규정을 준용하여 계산한 이자상당가산액을 소득세 또는

---

11) 조특법 제63조 제1항 제1호 다목 1)

법인세에 가산하여 납부하여야 하며, 해당 세액은 「소득세법」 제76조 또는 「법인세법」 제64조에 따라 납부하여야 할 세액으로 본다(조특법 §63③, 조특령 §60⑦).

> 이자상당가산액 = 납부하여야 할 세액상당액 × 감면을 받은 과세연도의 종료일 다음 날부터 해당하는
> 사유가 발생한 날이 속하는 과세연도의 종료일까지의 기간 × 25/100,000(1일)

4-3. 보유세 경감세액의 추징

공장을 이전한 날부터 5년간 이전 전 공장용 건축물의 부속토지에 대하여 「지방세법」상 분리과세 적용을 받은 공장이전법인에게 일정한 사유가 발생한 때에는 재산세액 및 종합부동산세액과 이자상당가산액을 추징한다(조특법 §63의2⑥).

경감세액이 추징되는 사유와 추징기간 및 추징기간에 따른 보유세 경감세액상당액(재산세액과 종합부동산세액)과 이자상당가산액은 다음과 같이 계산한다(조특령 §60⑨).

추징사유	추징기간
① 공장을 이전하여 사업을 개시한 날부터 3년 이내에 그 사업을 폐업하거나 법인이 해산한 경우(합병·분할 또는 분할합병으로 인한 경우 제외)	폐업일 또는 법인해산일부터 소급하여 3년 이내
② 공장을 수도권(중소기업은 수도권과밀억제권역) 밖으로 이전하여 사업을 개시하지 아니한 경우(이전요건 미비)	이전요건을 갖추지 못하게 된 날부터 소급하여 5년 이내
③ 수도권(중소기업은 수도권과밀억제권역)에 이전한 공장에서 생산하는 제품과 같은 제품을 생산하는 공장(중소기업이 수도권 안으로 이전한 경우에는 공장 또는 본사)을 설치한 경우	공장설치일부터 소급하여 5년 이내

① 재산세액

> 추징세액 = 종합합산과세 또는 별도합산과세로 납부할 경우 재산세액 − 추징기간 동안 분리과세로 납부한 재산세액

② 종합부동산세액

> 추징세액 = 추징기간 동안 납부할 종합부동산세액

③ 이자상당가산액

$$이자상당가산액 = 추징세액(① + ②의 금액) \times 이자계산기간^* \times (25/100,000)$$

* 이자계산기간은 본조의 특례규정에 따라 분리과세로 납부한 재산세의 납부기한 다음 날부터 추징사유가 발생하여 추징할 세액의 고지일까지의 기간을 말함(조특령 §60⑩1호).

5 │ 감면 중단 사유

본조의 규정에 의하여 감면을 적용받은 중소기업이 수도권 안으로 이전한 경우로서 「중소기업기본법」에 따른 중소기업이 아닌 기업과 합병하는 등 다음의 어느 하나에 해당하는 사유에 따라 중소기업에 해당하지 아니하게 된 경우에는 해당 사유 발생일이 속하는 과세연도부터 감면하지 아니한다(조특법 §63⑧, 조특령 §6⑫, §2②).
① 「중소기업기본법」의 규정에 의한 중소기업 외의 기업과 합병하는 경우
② 유예기간 중에 있는 기업과 합병하는 경우
③ 실질적인 독립성 요건을 갖추지 못하게 되는 경우[12]
④ 창업일이 속하는 과세연도 종료일부터 2년 이내의 과세연도 종료일 현재 중소기업기준을 초과하는 경우

6 │ 절 차

세액감면을 받고자 하는 자는 과세표준신고와 함께 세액감면신청서 및 감면세액계산서를 납세지 관할 세무서장에게 제출하여야 한다(조특령 §60⑧).

7 │ 조세특례제한 등

7-1. 구분경리

본조를 적용받는 기업이 당해 이전한 공장의 사업과 기타의 사업을 겸영하는 경우에는 조특법 제143조 및 법인세법 시행령 제156조에 의한 구분경리를 하여야 하며, 이에 대한

---

12) 조특령 제2조 제1항 제3호

자세한 내용은 제143조의 해설을 참조하기로 한다.

7-2. 중복지원의 배제

7-2-1. 일정한 세액공제와의 중복지원 배제

내국인이 동일한 과세연도에 본조의 세액감면과 조세특례제한법상의 일부 세액공제 규정을 동시에 적용받을 수 있는 경우에는 그 중 하나만을 선택하여 적용받을 수 있다. 자세한 내용은 제127조의 해설을 참조하기로 한다.

7-2-2. 세액감면과의 중복지원 배제

내국인의 동일한 사업장에 대하여 동일한 과세연도에 본조의 세액감면과 조특법 제127조에서 규정하는 다른 세액감면이 동시에 적용되는 경우에는 그 중 하나만을 선택하여 적용받을 수 있다. 자세한 내용은 제127조의 해설을 참고하기로 한다.

7-3. 결정시 등의 감면 배제

소득세 또는 법인세의 무신고에 따른 결정(소법 §80①, 법인법 §66①)과 기한 후 신고(국기법 §45의3)를 하는 경우에는 본조의 세액감면을 적용하지 아니한다. 경정 등 감면배제되는 경우와 관련하여서는 제128조 제2항의 해설을 참고하기로 한다.

7-4. 최저한세의 적용 및 농어촌특별세 비과세

본조에 따른 감면세액은 최저한세가 적용되지 않으며,[13] 농어촌특별세도 비과세[14] 된다. 다만, 수도권 안에서 이전하는 경우에는 최저한세가 적용된다. 여기에서 "수도권 내 이동"이란 수도권과밀억제권역에서 성장관리권역 또는 자연보전권역으로 이전하는 경우를 뜻한다. 과밀억제권역, 성장관리권역, 자연보전권역에 대한 자세한 사항은 제2조(정의)의 해설을 참고하기 바란다. 최저한세와 농어촌특별세 비과세에 대한 자세한 사항은 제132조 해설 및 농어촌특별세법 제4조의 규정을 참고하기 바란다.

---

13) 수도권 외로 이전하는 경우 최저한세 적용 배제(2007. 1. 1. 이후 최초로 이전하는 분부터 적용)
14) 농특세법 §4.2호, 농특령 §4⑥.1호

8 | 관련사례

구 분	내 용
공장의 범위 및 이전시기	○ 이전 전·후의 공장이 '공장'의 정의에 부합하는 경우로서, 제조활동의 일부만을 외주가공에 의하는 경우에는 공장시설을 갖춘 것으로 보는 것이나, 사실상 공장시설을 갖추지 아니하고 제조활동의 대부분을 외주가공에 의하는 경우에는 그러하지 아니함(서면2팀-2604, 2004. 12. 13.).
	○ '공장'이라 함은 영업을 목적으로 물품의 제조·가공·수선이나 인쇄 등의 목적에 사용할 수 있도록 생산설비를 갖춘 건축물 또는 사업장과 그 부속토지를 갖추고 제조 또는 사업단위로 독립된 것을 말하는 것으로, 공장시설은 일체 없이 제조활동의 대부분을 외주가공에 의하는 경우에는 동 규정의 공장시설을 갖춘 경우에 해당하지 아니함(서이 46012-11810, 2003. 10. 20.).
	○ 수도권에서 서로 다른 제품을 생산하면서 2개 이상의 공장시설을 갖추고 사업을 영위하는 법인이 수도권 밖으로 그 공장시설을 전부 이전한다는 것은 '독립된 제조장(공장) 단위별로 전부 이전'하는 것을 말함(서이 46012-11834, 2002. 10. 7.).
	○ 출판제조공정 중 직접작업공정은 일부분에 해당하고 대부분의 인쇄·제본 등은 외주가공을 하는 형태이더라도 공장에 해당하므로 지방이전중소기업에 대한 세액감면을 적용함이 타당함(출판업의 경우 업종의 특성을 고려하지 않고 단순히 외주가공비율만 가지고 '공장' 여부를 판단하는 것은 현실에 맞지 않는 기준으로 보이는 점 등 감안)(조심 2009서2805, 2010. 3. 11.).
	○ 수도권 밖에 있는 공장건물을 취득하는 것만으로는 종전 공장시설을 모두 이전할 수가 없어 종전 공장시설의 일부는 기존의 공장을 취득하여 이전하고, 종전 공장시설의 다른 일부는 공장을 신축하여 이전한 후에야 비로소 종전 공장에서 생산하던 제품을 생산할 수 있게 된 경우에는, 이를 신공장의 신설로 보아「조세특례제한법」 제63조(수도권과밀억제권역 밖으로 이전하는 중소기업에 대한 세액감면)을 적용하는 것임(법규과-1681, 2011. 12. 19.).
	○ 공장시설의 전부이전이라 함은 서로 다른 여러 종류의 제품 중 한 제품만을 생산하는 독립된 공장시설을 완전히 이전하고 당해 공장건물을 사무실이나 창고 등으로 사용하는 경우에는 동 부분에 한하여 공장시설을 전부 이전한 것으로 보아 세액감면을 적용하는 것이고, 본점 이전일의 판단은 법인등기부 및 사업자등록변경일 등을 기준으로 하는 것이 원칙이나 법인등기부와 달리 본점을 실제로 이전한 사실이 확인된다면 실질과세원칙을 적용하여 등기이전일과 관계없이 실제 이전일로 적용하여야 할 것임(국심 2007전5018, 2008. 4. 25. 같은 뜻)(조심 2011중2769, 2012. 2. 13.).
	○ 2종류의 제품을 생산하는 수도권 소재 공장을 단계적으로 지방 이전시 감면대상 소득 발생 개시시점(재경부 조세지출예산과-158, 2006. 3. 28.) : 두 가지 이상의 제품(제조공정이 서로 무관한 제품에 한함)을 생산하는 내국인이 동일부지 내에

구 분	내 용
공장의 범위 및 이전시기	각 제품별로 제조설비 및 공장건물을 별도로 설치하고 있는 경우에는 각 제품별 제조설비를 갖춘 장소와 그 부속토지를 각각 독립된 제조장단위로 하며, 서로 다른 여러 종류의 제품 중 한 제품만을 생산하는 독립된 공장시설을 완전히 이전하고 당해 공장건물을 사무실이나 창고 등으로 사용하는 경우에는 동 부분에 한하여 공장시설을 전부 이전한 것으로 봄. ○ 감면시기는 제품의 생산공정을 전부 이전하여 완성품의 제조를 개시하는 시점부터 감면을 적용받을 수 있는 것으로, 감면대상 소득은 이전일 이후 당해 공장에서 발생하는 소득을 말하는 것이며, 감면세액을 계산할 때에는 이전일 이후 당해 공장에서 발생한 소득과 기타 소득을 구분하여야 하는 것임(서면2팀－1336, 2004. 6. 28.). ○ 공장을 이전함에 있어서 복수의 독립적인 공정으로 이루어진 생산라인이 순차적으로 이전되는 경우 각각의 제품별로 일관된 전체 공정이 이전되어 완성품제조를 개시하는 시점에서부터 감면을 적용받을 수 있는 것임(서이 46012－10200, 2003. 1. 27.).
지방이전 후 업종추가	○ 수도권과밀억제권역 외 이전 후 새로운 업종이 추가되는 경우 추가되는 업종을 포함한 전체소득에 대하여 적용되는지 여부 : 수도권 과밀억제권역에서 공장시설을 갖추고 제조업을 영위하던 법인이 당해 공장시설과 수도권 과밀억제권역에 소재하던 본점을 수도권 과밀억제권역 외의 지역으로 함께 이전한 후 한국표준산업분류상의 세분류를 기준으로 이전전의 업종과 다른 새로운 업종을 추가한 경우, 그 추가한 업종에서 발생한 소득에 대하여는 지역이전 세액감면을 적용하지 아니함(서면2팀－1076, 2007. 6. 1.).
세액감면의 내용	○ 이전한 공장에서 생산하는 제품과 동일한 제품을 생산하는 범위 : 청구법인은 2001년 1월에 수도권 과밀억제권역 외 지역인 ○○○공장으로 이전을 완료한 후 사업확장을 위하여 2004년에 ○○○공장을 설치하였는 바, ○○○공장의 설치는 동일제품을 생산하는 공장을 증설한 경우에 해당하므로 ○○○공장에서 발생한 소득에 대해서도 「조세특례제한법」 제63조 제1항에 의하여 수도권 과밀억제권역 외 지역이전 중소기업에 대한 세액감면을 적용받아야 한다고 주장하나, 이 건의 경우, 청구법인은 2001년 1월 본점과 공장을 수도권 과밀억제권역 외의 지역인 ○○○으로 이전 완료하여 사업을 개시한 후 사업의 확장을 위해 2004년 3월 및 2004년 12월에 ○○○에 추가로 공장을 설치한 경우로서, ○○○공장은 비록 ○○○공장과 동일제품을 생산하고 있다고 하더라도 공장의 시설규모(본점 및 ○○○공장의 2.5배), 매출액(2005년부터 ○○○공장 초과) 및 실제 사업을 개시한 날 등을 종합하여 볼 때 기존 공장의 생산시설을 단순히 추가 증설한 것이 아니라 수도권 과밀억제권역 외의 지역인 ○○○2공장으로 이전을 완료한 후 세액감면을 받고 있는 중에 신규로 설립한 공장에 해당하므로 ○○○공장에서 발생한 소득에 대해서까지 「조세특례제한법」 제63조 제1항에서 규정한 수도권 과밀억제권역 외의 지역이전 후의 공장에서 발생하는 소득에 해당된다고 보기는 어렵다고 하겠음(조심 2009부3282, 2010. 6. 29.). ○ 출판권 양도 : 「조세특례제한법」 제63조 제1항에 따른 수도권과밀억제권역 밖으로 이전하는 중소기업에 대한 세액감면은 이전 후의 공장에서 발생하는 소득에 대해

구 분	내 용
세액감면의 내용	적용하는 것으로서 출판업을 영위하는 내국법인이 출판권을 양도함에 따라 발생한 소득은 같은 규정에 따른 감면대상 소득에 해당하지 아니하는 것임(법인-799, 2011. 10. 26.). ○ 구공장 폐쇄일로부터 1년 이내에 공장 및 본점을 이전하여 사업을 개시하지 아니한 경우에 해당하는지 여부 : 구공장 폐쇄 전까지 전력사용(2006. 10. 10. 해지) 실적이 있는 점, 청구법인이 구공장 이전 후 현재까지 ○○○의 기존 건물과 대부분의 공장부지를 임대하고 있는 반면, 청구법인의 본점업무가 신공장에서 이루어지고 있는 사실이 대표자의 출퇴근 기록, 유류사용내역 등에 의하여 나타나는 점 등을 감안하면, 청구법인이 구공장에서 영위하던 차량용제반탑 제조업을 신공장으로 이전하면서 실제 본점업무도 함께 이전한 것으로 보는 것이 타당하다 할 것임(조심 2011중2769, 2012. 2. 13.). ○ 수도권에서 공장시설을 갖추고 10년 이상 사업영위하던 자(남편)가 배우자(부인)와 공동사업자로 전환 후 전환한 과세연도에 지방이전한 경우 세액감면 적용 여부(재경부 조세지출예산과 46019-82, 2001. 5. 22.) : 공동사업합산과세대상 동거가족과 함께 공동사업으로 전환 후 당해 공장시설의 전부를 수도권 외의 지역으로 이전한 경우에는 중소기업의 수도권 외의 지역이전에 대한 세액감면 요건인 창업 후 2년의 경과기간 계산에 있어 '창업일'은 공동사업 이전의 내국인의 창업일을 기준으로 기간계산을 함. ○ 수도권에서 개인기업으로 창업하여 3년 이상 사업영위한 자가 법인으로 전환한 후 지방으로 이전한 경우 세액감면 적용 여부(재경부 조세지출예산과 46019-133, 2000. 3. 31.) : 수도권 외 지역이전 중소기업에 대한 세액감면의 요건인 조세특례제한법 제63조의 '창업 후 2년'을 적용함에 있어서 개인사업자가 동법 제32조의 규정에 의하여 법인으로 전환한 경우에는 전환 전 개인사업자의 창업일을 기준으로 '창업 후 2년'을 계산하는 것임 • 수도권 외 지역에 공장시설을 새로이 설치해 본점과 공장이전시 수도권 안 공장시설을 조업가능상태로 타인에게 양도하여 타인 사업영위시 세액감면 배제(서이 46012-10426, 2002. 3. 8.) • 수도권과밀억제권역 외의 지역으로 공장시설을 전부 이전하였으나 과밀억제권역 안에 등기부등본상 본점이 소재하는 경우 세액감면을 적용받을 수 없음(서면2팀-2610, 2006. 12. 15.). ○ 중소기업이 수도권과밀억제권역 외의 지역으로 공장시설을 전부 이전하고 기존공장을 공장용으로 임대하는 경우 세액감면을 적용할 수 있는지 여부(조심 2015중4129, 2016. 7. 6. 인용) : 청구인은 구공장에서 제철첨가제 제조업을 운영하다가 공장기계설비를 해체·철거하여 수도권 외의 신공장으로 이전함으로써 구공장에서는 더 이상 공장시설에 따른 제철첨가제 제조업의 조업이 불가능하게 된 점, 청구인으로부터 구공장을 임차한 임○○이 환경오염방지시설 및 전기공사 등의 제조·건설업을 구공장에서 영위하였다고 하더라도 청구인이 영위하던 구공장의 설비등을

구 분	내 용
세액감면의 내용	이용하여 청구인이 운영한 업을 동일하게 계속한 것이 아닌 점, 토지와 건물의 임대인인 청구인이 임차인이 임대물건을 어떠한 사업목적으로 사용하는지 까지 관여하기도 어려운 점, <u>이 건 관련 법령에서 세액감면을 받기 위해 규정하고 있는 철거, 폐쇄될 것을 요구하는 '공장시설'이란 일반적으로 영업을 목적으로 물품의 제조, 가공, 수선 등의 목적에 사용할 수 있도록 한 공장의 생산시설과 설비를 의미하는 것으로 공장건물 자체까지 포함되는 것은 아니라고 보이는 점</u> 등에 비추어 볼 때, 청구인이 구공장을 수도권과밀억제권역 밖으로 이전한 것은 조특법 제63조에 따른 세액감면 대상이라 할 것임. → 종전에 조세심판원은 국심 2004서2112(2004. 11. 4. → 추후 서울고등법원 2006. 2. 15. 선고 2005누14563 판결을 거쳐 과세관청의 상고포기로 고법에서 판결 확정), 2014서2771(2014. 9. 18. 소액) 등의 결정을 통해 구공장을 타인에게 공장용으로 임대하는 경우 세액감면을 배제하였으나, 위 합동회의를 거쳐 세액감면이 되는 것으로 기존 입장을 변경하였음. ○ 지방이전 전 수도권의 단일공장에서 생산기간이 3년 이상인 제품과 3년 미만인 제품을 동시에 생산하다가 수도권 외의 지역으로 공장을 이전하여서는 생산라인을 나누어 별개의 공장에서 각각의 제품을 계속하여 생산한 경우, 이전 전 생산기간이 3년 미만 제품에 대해서는 지방이전 세액감면대상에 해당하지 아니한 것으로 보아 조세감면을 부인한 처분의 당부 : 수도권의 단일공장에서 생산기간이 3년 이상인 제품과 3년 미만인 제품을 동시에 생산하다가 수도권 외의 지역으로 공장을 이전하여서 생산라인을 나누어 별개의 공장에서 각각 제품을 계속 생산하는 경우 세액감면을 적용함(처분청 입증 부족도 감안할 필요)(조심 2010전3876, 2011. 10. 7.).
감면대상 공장 구분경리 방법	○ 감면대상지역의 공장과 감면제외지역의 공장을 시차를 두고 수도권 외의 지역으로 이전하는 경우 감면소득 안분계산 기준 및 방법 : 동일한 제품을 생산하는 수도권 과밀억제권역 내 공장과 수도권과밀억제권역 외 공장을 수도권과밀억제권역 외의 지역으로 동시에 이전하여 하나의 공장을 설립한 후, 이전한 공장에서 생산하던 제품과 동일한 제품을 생산하는 경우, 감면사업에 속하는 손익과 기타사업에 속하는 손익은 이전일 또는 조업중단일이 속하는 사업연도의 직전 사업연도 이전한 공장별 동 제품의 매출액에 비례하여 안분계산함(법인 46012 – 171, 2003. 3. 11.).
기 타	○「조세특례제한법」제63조의 규정에 따라 수도권과밀억제권역 밖 이전 중소기업에 대한 세액감면을 적용받던 중 수도권과밀억제권역 밖 지역으로 재이전하거나 이전한 공장 중 일부를 임대하는 경우에도 당초 세액감면 적용대상 과세기간에 발생한 법인세에 대하여는 세액감면을 받을 수 있는 것임(서면 – 2017 – 법인 – 0903, 2017. 12. 8.). ○ 수도권과밀억제권역 외 지역이전 중소기업 세액감면을 받는 법인이 일부 시설을 수도권과밀억제권역 외 다른 지역으로 이전하는 경우 계속 감면이 적용됨(서면2팀 – 743, 2004. 4. 8.). ○ 수도권 외 지역으로 공장 이전시 구공장 양수자가 특수관계자이더라도 감면대상이며, 양수자가 어떤 업종을 영위하는 지는 감면에 영향 없음(심사법인 2003 – 60, 2003. 10. 13.).

구 분	내 용
기 타	○ 사실상 본점 또는 주사무소의 역할을 하는 영업소가 이전당시 수도권과밀억제권역에 소재하는 경우에는 당해 세액감면 규정을 적용받을 수 없음(서이 46012 - 11577, 2003. 9. 1.). ○ 수도권과밀억제권역 외 지역이전 중소기업 세액감면시 '시화공단(반월특수지역)'은 '수도권과밀억제권역'의 범위에서 제외됨(서일 46011 - 11272, 2003. 9. 9.). ○ 공동사업을 단독사업으로 전환 후 공장이전 시 기산일 : 수도권과밀억제권역에서 2년 이상 계속하여 공장시설을 갖추고 공동사업을 하던 내국인이 단독사업으로 전환한 후 수도권과밀억제권역 밖으로 해당 공장시설을 전부 이전하여 2011. 12. 31.까지 사업을 개시한 경우, 해당 내국인에 대하여 「조세특례제한법」(2010. 12. 27. 법률 제10406호로 일부개정된 것) 제63조 제1항을 적용함에 있어서 "2년"의 기산일은 단독사업 전환 전의 해당 공동사업을 개시한 날이 되는 것임(재조특 - 63, 2012. 1. 27.). ○ 지방이전하였으나, 지방이전세액감면 신청 전에 물적 분할함에 따라 설립된 분할신설법인이 승계받은 기존사업을 계속 영위할 경우, 지방이전세액감면을 적용받을 수 있는지 여부(재경부 조세지출예산과 - 366, 2007. 5. 25.) : 지방이전세 액감면을 적용함에 있어 수도권 외 지역으로 이전 후 분할하는 경우, 분할신설법인이 승계받은 사업 관련 소득은 분할 당시의 잔존감면기간 내에 종료하는 각 사업연도분까지 그 감면을 적용하며, 분할신설법인의 사업영위기간은 분할 전 분할법인의 사업기간을 포함하여 계산함. • 지방이전 전에 설정한 준비금을 지방이전 후에 환입하는 경우 감면대상에서 제외(법인 46012 - 283, 1993. 2. 5.) • 지방이전세액감면 적용 중 수도권과밀억제권역으로 이전한 경우 수도권과밀억제 권역으로 이전 후 발생하는 소득분부터 세액감면 적용이 배제되는 것이며, 기감면분은 추징되지 아니함(소득 46011 - 2428, 1997. 9. 18.). ○ 지방과 수도권에 별도의 사업자등록증을 발급 받아 공장을 운용하고 있던 사업자가 각각 중소기업특별세액감면 적용을 받아 오던 중 수도권 공장(2공장)을 지방소재 공장(1공장)과 동일한 사업장내 별도 공장으로 신축·이전하여 1개의 사업자등록 증으로 발급(다만, 각각의 공장은 구분경리가 가능)받아 운영하는 경우 2공장(이전 공장) 발생소득에 대하여 지역이전세액감면 적용을 받을 경우 1공장(기존공장)은 별도로 중소기업특별세액감면 적용을 받을 수 있는지 여부(재경부 조세지출예산과 46019 - 281, 2000. 8. 9.) : 수도권과 수도권 외 지역에서 각각 별도의 공장을 운영하면서 조세특례제한법 제7조의 규정에 의한 세액감면을 적용하던 중소기업이 수도권 안 공장의 지방이전으로 인해 지방소재 공장과 동일부지 내에 입지하게 된 경우 각 제품별로 제조설비 및 공장건물을 별도로 설치하고 제조공정이 서로 무관한 제품을 생산하여 구분경리가 가능한 경우에는 기존의 공장은 조세특례제한 법 제7조의 규정을 적용받을 수 있는 것이며, 이전 후 공장은 동법 제63조의 규정과 동법 제7조의 규정 중 선택하여 적용할 수 있음.

구 분	내 용
기 타	○ 「조특법」 제63조(수도권과밀억제권역 밖으로 이전하는 중소기업에 대한 세액감면)를 적용받던 중소기업이 이전 후에 중소기업에 해당하지 않게 된 경우, 중소기업 유예기간 경과 후에도 잔존기간에 대한 세액감면을 계속 적용받을 수 있는지 여부(기획재정부 조세특례제도과−19, 2016. 1. 6.) : 「조세특례제한법」(2008. 12. 26. 법률 제9272호로 일부개정된 것) 제63조 제1항에 따라 감면을 적용받던 중소기업이 같은 법 시행령(2008. 2. 22. 대통령령 제20620호로 일부개정된 것) 제2조 제1항 각 호 외의 부분 단서에 따른 규모의 확대로 중소기업에 해당하지 않게 된 경우에는 같은 법 제63조 제1항에 따른 감면을 적용받을 수 있는 것임. • '지방이전 중소기업에 대한 세액감면'을 적용받는 기간 중에는 중소기업투자공제 또는 임시투자세액공제 등으로 변경해 감면적용받을 수 없음(법인 46012−624, 1999. 2. 13.). ○ 중소기업이 과세연도 중에 수도권과밀억제권역 밖으로 이전한 경우 이전 전 소득에 대하여는 중소기업특별세액감면(§7)을 적용하고, 이전 후 소득에 대하여는 지방이전세액감면(§63)을 각각 적용할 수 있는지 여부(재경부 조세지출예산과−241, 2006. 4. 25.) : 중소기업이 과세연도 중에 수도권과밀억제권역 밖으로 공장을 이전한 경우 이전 전 소득에 대하여는 중소기업특별세액감면을 적용하고, 이전 후 소득에 대하여는 수도권과밀억제권역 밖 지역이전 세액감면을 적용할 수 있음.

9 │ 주요 개정연혁

1. 지방이전기업 세액감면 확대(조특법 §63 · §63의2)

(1) 개정내용

종 전	개 정
□ 수도권 밖으로 공장 · 본사 이전하는 기업에 대한 소득 · 법인세 감면	□ 감면혜택 확대 및 적용기한 연장
○ (대상) 수도권과밀억제권역 내에서 3년 이상 가동 후 이전한 공장 · 법인	○ (좌 동)
○ (감면기간 및 감면율) ❶ 수도권 등(과밀억제권역 밖*) 대통령령으로 정하는 도시로 이전시 : 5년 100% + 2년 50% * 중소기업 공장 이전에 한하여 적용	○ 위기지역 등으로 이전시 감면기간 확대 ❶ (좌 동)
– (적용지역) 수도권 성장관리 · 자연보전권역, 지방 광역시, 구미 · 김해 · 아산 · 원주 · 익산 · 전주 · 제주 · 진주 · 창원 · 천안 · 청주 · 춘천 · 충주 · 포항 · 당진 · 음성 · 진천 · 홍천(내면 제외) · 횡성(총 19개 시 · 군지역)	– 익산시 제외
❷ 기타 그 외 지역으로 이전시 : 7년 100% + 3년 50%	❷ 낙후도가 높은 지역, 위기지역 등*으로 이전시 : 10년 100% + 2년 50% * 「국가균형발전특별법」에 따른 성장촉진지역, 인구감소지역 및 고용 · 산업위기지역(다만, 수도권, 지방광역시 지방중규모도시, 수도권연접도시 등 제외)
〈추 가〉	❸ 1) ❶ · ❷외 기타지역, 2) 지방광역시 등에 소재하는 위기지역 등으로 이전시 : 7년 100% + 3년 50%
○ (적용기한) 2022. 12. 31.	○ 2025. 12. 31.

(2) 개정이유
○ 국가균형발전 및 지역경제 활성화

(3) 적용시기 및 적용례

○ 2023. 1. 1. 전 공장·본사를 이전한 경우 종전규정 적용

2. 지방이전 기업에 대한 세액감면 적용기한 연장 등
(조특법 §63, §63의2, 조특령 §60, §60의2)

(1) 개정내용

종 전	개 정
□ 지방이전 기업에 대한 세액감면 ○ 감면대상 　– (조세특례제한법 제63조) 공장을 수도권 　　과밀억제권역 밖으로 이전한 중소기업 　– (조세특례제한법 제63조의2) 공장 또는 　　본사를 수도권 밖으로 이전한 법인 ○ 감면내용 　– 소득세·법인세 7년간 100%, 3년간 50% 　　감면 　　※ 수도권內, 지방광역시, 중규모 도시로 이전시 　　　5년간 100%, 2년간 50%	□ 적용기한 연장 및 제도 합리화 ○ 감면대상 정비 　– (조세특례제한법 제63조) 공장을 수도권 　　밖(중소기업은 수도권과밀억제권역 밖)으 　　로 이전한 기업 　– (조세특례제한법 제63조의2) 본사를 수도 　　권 밖으로 이전한 법인 ○ (좌 동)
○ 사후관리 및 추징세액 규정 　– (조세특례제한법 제63조) 감면기간 내 추 　　징사유* 발생시 감면세액 전액 추징 　　* 3년 내 폐업·해산, 이전 후 사업 미개시, 　　　과밀억제권역 內 본사 또는 공장 재설치 　– (조세특례제한법 제63조의2) 추징요건 발 　　생시점에서 소급하여 5년간 감면세액 추 　　징(폐업·해산의 경우 3년간)	○ 추징세액 규정 일치 　– (조세특례제한법 제63조) 추징요건 발생 　　시점에서 소급하여 5년간 감면세액 추징 　　(폐업·해산의 경우 3년간) 　– (좌 동)
○ (적용기한) 2020. 12. 31.	○ 2022. 12. 31.

(2) 적용시기 및 적용례

○ 2021. 1. 1. 이후 공장 또는 본사를 지방으로 이전하는 경우부터 적용

제63조의2

수도권 밖으로 본사를 이전하는 법인에 대한 세액감면 등

1 │ 의 의

　　본조는 수도권 과밀화를 억제하고 지역균형발전을 촉진함으로써 국토의 균형 있는 발전을 도모하기 위하여, 범정부적으로 지속 추진되고 있는 지역균형발전 방안의 일환으로 지방이전기업에 대한 세제지원이 필요함에 따라 실시되고 있고, 앞서 설명한 제63조와 동일한 취지의 제도이다. 종전에는 본조에서 공장이전과 본사이전을 함께 규정하고 있었는데, 2020년말 조특법 개정시 공장이전 부분은 앞 조문(§63)으로 이동하였다.[1]

2 │ 요 건

2-1. 대상자

2-1-1. 적용대상자

　　본조의 적용대상자는 본사이전법인으로서 아래의 세액감면 요건은 모두 갖춘 법인이다 (조특법 §63의2① 1). 여기에는 중소기업은 물론 대기업 등도 포함된다.

① 수도권과밀억제권역에 3년 이상 계속하여 본사를 둔 법인일 것

② 본사를 수도권 밖으로 이전할 것

③ 수도권 밖으로 이전한 본사에 대한 사업용자산에 대한 누적 투자금액이 10억원 이상이고, 이전한 본사의 근무인원이 20명 이상일 것(조특령 §60의2④)

---

1) 본조의 개정규정은 2021년 1월 1일 이후 본사를 이전하는 경우부터 적용하고, 2021년 1월 1일 전에 공장 또는 본사를 이전한 경우에 대해서는 개정규정에도 불구하고 종전의 규정에 따른다(법률 제17759호, 2020. 12. 29. 부칙 §12, §41).

2-1-2. 적용제외자

원칙적으로는 모든 업종이 적용대상이나 소비성서비스업 등 특정 업종의 경우 정책상 감면대상에서 제외하고 있다(조특법 §63①단서, 조특령 §60의2①). 이와 관련하여서는 제63조 해설 중 2-1을 참조하기로 한다.

● |주요 입법취지| **건설업을 지원대상 업종에서 제외**

□ 건설업의 경우 공사현장 중심으로 운영되고 있어 본사는 인원도 적고, 대부분 직접 공사를 하지 않고 하도급을 주는 경우가 많아 본사가 지방으로 이전하는 경우에도 지방경제에 대한 기여도는 거의 없으면서 조세감면만 받는 점을 고려하여 감면대상에서 제외함.
  ⇨ 2004. 1. 1. 이후 공장 또는 본사를 지방으로 이전하는 분부터 적용
  ⇨ 2004. 1. 1. 이전에 이전한 기업은 종전의 규정을 적용

2-2. 수도권과밀억제권역 사업영위기간

지방으로 이전하기 전에 수도권과밀억제권역에서 3년 이상 사업을 영위하여야 하는 바, 사업영위기간은 본점 또는 주사무소("본사"라 한다)의 이전등기일부터 소급하여 3년 이상 계속하여 수도권과밀억제권역 안에 본사를 두고 사업을 경영한 실적이 있어야 한다(조특법 §63의2① 1호 가목, 조특령 §60의2②).

2-3. 이전요건

본사를 이전하여 2025년 12월 31일(본사를 신축하는 경우로서 본사의 부지를 2025년 12월 31일까지 보유하고 2025년 12월 31일이 속하는 과세연도의 과세표준 신고를 할 때 이전계획서를 제출하는 경우에는 2028년 12월 31일)까지 사업을 개시하여야 한다(조특법 §63의2①). 본사 이전요건(조특령 §60의2③)은 다음 하나의 요건을 갖춘 것을 말하고, 본사이전법인이 수도권과밀억제권역에 있는 본사를 양도함으로써 발생한 양도차익에 대한 법인세에 관하여는 과세이연 특례[2]를 적용한다.

2-3-1. 선이전 후양도 · 폐쇄

수도권 밖으로 본사를 이전하여 사업을 개시한 날부터 2년 이내에 수도권과밀억제권역 안의 본사를 양도하거나 본사 외의 용도(연평균 상시 근무인원 요건 미충족 사무소로 사용하는

---

2) 조특법 제61조 제3항·제5항 및 제6항을 준용

경우를 포함3))로 전환할 것

2-3-2. 선양도 후이전 · 폐쇄

수도권과밀억제권역 안의 본사를 양도하거나 본사 외의 용도로 전환한 날부터 2년 이내에 수도권 밖에서 사업을 개시할 것(본사를 신축하여 이전하는 경우에는 수도권과밀억제권역 안의 본사를 양도하거나 본사 외의 용도로 전환한 날부터 3년 이내에 사업 개시)

2-4. 동일업종 영위

본조의 법인세 과세특례의 규정을 적용받을 수 있는 본사이전법인은 한국표준산업분류상의 세분류를 기준으로 이전 전의 본사에서 영위하던 업종과 이전 후의 본사에서 영위하는 업종이 동일하여야 한다(조특법 §63의2⑤, 조특령 §60의2⑯). 한국표준산업분류는 '대 > 중 > 소 > 세 > 세세' 등 5단계로 분류하고 있는데, 이 중 4번째 단계까지는 같아야 한다는 것이다.

기획재정부 유권해석 해설

질 의 제조업을 영위하는 법인이 수도권과밀억제권역 본사를 지방으로 이전한 후 도매업을 새로이 추가하는 경우 도매업에서 발생한 소득을 감면대상 소득에 포함하는 것이 타당한지 여부

회 신 재경부 조세지출예산과-859, 2004. 12. 28.
○ 수도권과밀억제권역에 본사를 두고 제조업을 영위하는 법인이 본사를 지방으로 이전한 후 도매업 등을 새로이 추가하는 경우 당해 도매업 등에서 발생한 소득은 감면대상 소득에 포함하지 아니함.

저자의 견해
○ 공장 이전의 경우 이전 전 공장에서 영위하던 업종과 이전 후 공장에서 영위하던 업종이 한국표준산업분류상의 세분류를 기준으로 동일하여야 한다고 규정하고 있는바, 본사의 경우에도 지방이전 후에 새로이 업종을 추가하는 경우에는 감면대상으로 보기 곤란
○ 또한, 지방이전 후 새로이 업종을 추가하는 것은 지방이전이라기보다는 지방창업 또는 지방사업장 신설에 근접한 것으로 지방이전에 대한 세액감면의 당초 취지에도 부합하지 아니함.
○ 또한, 지방으로 이전하는 경우에도 수도권과밀억제권역에서 3년 이상 계속하여 사업을 영위하여야 한다는 요건이 있는바, 새로이 업종이 추가되는 경우에 그 추가된 업종에서 발생한 소득에 대하여는 본 요건도 충족되지 아니한 것으로 보아야 함이 타당

---

3) 본사를 수도권 밖으로 이전한 날부터 3년이 되는 날이 속하는 과세연도가 지난 후 본사업무에 종사하는 총 상시 근무인원의 연평균 인원 중 수도권 안의 사무소에서 본사업무에 종사하는 상시 근무인원의 연평균 인원의 비율이 100분의 50 이상인 경우를 말한다(조특령 §60의2⑫).

3 │ 과세특례의 내용

3-1. 법인세의 감면

공장이전기업은 이전 후의 공장에서 발생하는 소득에 대하여 아래의 구분에 따라 법인세를 감면한다(조특법 §63조의2① 3).

① 공장 이전일 이후 해당 공장에서 최초로 소득이 발생한 과세연도(공장 이전일부터 5년이 되는 날이 속하는 과세연도까지 소득이 발생하지 아니한 경우에는 이전일부터 5년이 되는 날이 속하는 과세연도)의 개시일부터 다음의 구분에 따른 기간 이내에 끝나는 과세연도 : 소득세 또는 법인세의 100분의 100에 상당하는 세액
  ㉠ 수도권등[4]으로 이전하는 경우 : 5년

〈수도권등〉
1. 당진시, 아산시, 원주시, 음성군, 진천군, 천안시, 춘천시, 충주시, 홍천군(내면은 제외한다) 및 횡성군의 관할구역
2. 성장관리권역 및 자연보전권역 : 해당 지역으로 이전하는 기업이 중소기업인 경우로 한정

  ㉡ 수도권 밖에 소재하는 광역시 등 아래 지역으로 이전하는 경우
    ⓐ 성장촉진지역등(위기지역, 성장촉진지역, 인구감소지역)으로 이전하는 경우 : 7년
    ⓑ 위 ⓐ에 따른 지역 외의 지역으로 이전하는 경우 : 5년
  ㉢ 위 ㉠ 또는 ㉡에 따른 지역 외의 지역으로 수도권 밖의 지역으로 이전하는 경우
    ⓐ 성장촉진지역등으로 이전하는 경우 : 10년
    ⓑ 위 ⓐ(성장촉진지역등)에 따른 지역 외의 지역으로 이전하는 경우 : 7년
② 위 ①에 따른 과세연도 다음 2년(㉡ⓐ 또는 ㉢ⓑ에 해당하는 경우에는 3년) 이내에 끝나는 과세연도 : 법인세의 100분의 50에 상당하는 세액

---

4) 「조세특례제한법」 제63조 제1항 제2호 가목 1) 및 같은 법 시행령 제60조 제4항

3-1-1. 본사를 이전한 경우

감면대상소득 = (해당 과세연도의 과세표준 − 부동산양도차익 및 특정소득[5])) × 이전비율
× 위탁가공무역[6]) 외의 매출비율

* 부동산양도차익 : 토지·건물 및 부동산을 취득할 수 있는 권리의 양도차익
* 이전비율[7][8][9]) : 해당 과세연도의 수도권 밖으로 이전한 본사("이전본사"라 한다) 근무인원이
법인전체 근무인원에서 차지하는 비율
* 위탁가공무역 외의 매출비율=(해당 과세연도의 전체 매출액 − 위탁가공무역에서 발생한 매출액)
/ 해당 과세연도의 전체 매출액

3-1-2. 공장과 본사를 함께 이전한 경우(조특법 §63의2⑥)

감면대상소득 = ① + ②(한도 : 해당 과세연도의 소득금액)
① 공장을 이전한 경우 : 당해 공장에서 발생하는 소득[10])
② 본사를 이전한 경우 : (해당 과세연도의 과세표준 − 부동산양도차익 및 특정소득) × 이전비율 × 위탁
가공무역 외의 매출비율

---

5) 고정자산처분익, 유가증권처분익, 수입이자, 수입배당금 및 자산수증익을 합한 금액[금융 및 보험업을 경영하는 법인(「금융지주회사법」에 따른 금융지주회사는 제외)의 경우에는 기업회계기준에 따라 영업수익에 해당하는 유가증권처분익, 수입이자 및 수입배당금은 제외]에서 고정자산처분손, 유가증권처분손 및 지급이자를 합한 금액[금융 및 보험업을 경영하는 법인(「금융지주회사법」에 따른 금융지주회사는 제외한다)의 경우에는 기업회계기준에 따라 영업비용에 해당하는 유가증권처분손 및 지급이자는 제외]을 뺀 금액(그 차액이 음수일 경우에는 0원으로 본다)(조특령 §60의2⑤)

6) 가공임(加工賃)을 지급하는 조건으로 외국에서 가공(제조, 조립, 재생 및 개조를 포함)할 원료의 전부 또는 일부를 거래 상대방에게 수출하거나 외국에서 조달하여 가공한 후 가공물품 등을 수입하거나 외국으로 인도하는 것을 말한다. 이 경우 위탁가공무역에서 발생한 매출액은 다른 매출액과 구분하여 경리해야 한다(조특령 §60의2⑦·⑧).

7) 종래에는 본사이전비율을 Min(이전급여비율, 이전인원비율)으로 계산하였으나, 지방이전에 대한 조세특례를 확대하기 위해 2017. 12. 19. 조특법 개정시 본사이전비율을 이전인원비율로 변경하였다. 즉, 지방이전 인원이 많을수록 지역경제 발전 효과가 크므로 이전인원비율에 따른 감면소득 계산방식이 종전 계산방식보다 지역균형발전 취지에 보다 부합한다는 판단에 따른 것이었다.

8) 근무인원에 대한 비율 계산은 소수점 이하를 절사 또는 반올림하지 아니하고 산출된 비율을 그대로 적용한다(조기통 63의 2-60의 2…1).

9) 본사근무인원에는 일용근로자 및 기업부설연구소의 연구전담요원과 증권거래법에 의해 선임된 사외이사를 포함하지 아니한다(조기통 63의2-0…2).

10) 법인이 공장을 수도권 외 지역으로 이전하기 전에 「조세특례제한법」 제9조에 따라 손금산입한 연구·인력개발준비금을 공장 이전 후 익금산입한 경우, 해당 익금산입액은 「조세특례제한법」 제63조의2 제2항 제1호에 따른 감면대상소득에 포함되는 것임(기획재정부 조세특례제도과-776, 2018. 10. 22.).

3-1-3. 이전본사의 근무인원 및 법인 전체 근무인원

이전본사(해당 과세연도에 수도권 밖으로 이전한 본사)의 근무인원 및 법인 전체 근무인원은 아래에서 계산한 인원으로 한다(조특령 §60의2⑥).

이전본사의 근무인원: ①-②
① 이전본사에서 본사업무에 종사하는 상시 근무인원의 연평균 인원(매월 말 현재의 인원을 합하고 이를 해당 개월 수로 나누어 계산한 인원). 다만, 이전일부터 소급하여 2년이 되는 날이 속하는 과세연도 이후 수도권 외의 지역에서 본사업무에 종사하는 근무인원이 이전본사로 이전한 경우는 제외
② 이전일부터 소급하여 3년이 되는 날이 속하는 과세연도에 이전본사에서 본사업무에 종사하던 상시 근무인원의 연평균 인원

법인 전체 근무인원 : 법인 전체의 상시 근무인원의 연평균 인원

위에서 상시 근무인원은 「근로기준법」 제2조 제1항 제2호에 따른 사용자 중 상시 근무하는 자 및 같은 법에 따라 근로계약을 체결한 내국인 근로자로 한다. 다만, 다음의 어느 하나에 해당하는 사람은 제외한다(조특령 §60의2⑦).

① 근로계약기간이 1년 미만인 근로자(근로계약의 연속된 갱신으로 인하여 그 근로계약의 총 기간이 1년 이상인 근로자는 제외)
② 「근로기준법」 제2조 제1항 제9호에 따른 단시간근로자(1개월간의 소정근로시간이 60시간 이상인 근로자는 상시근로자로 봄)
③ 임원[11] 중 상시 근무하지 않는 자
④ 근로소득원천징수부[12]에 따라 근로소득세를 원천징수한 사실이 확인되지 않고, 다음의 어느 하나에 해당하는 금액의 납부사실도 확인되지 않는 자
㉮ 「국민연금법」 제3조 제1항 제11호 및 제12호에 따른 부담금 및 기여금

---

11) 「법인세법 시행령」 제40조 제1항 각 호의 어느 하나에 해당하는 임원을 말한다.
12) 「소득세법 시행령」 제196조

ⓔ「국민건강보험법」 제69조에 따른 직장가입자의 보험료

● |주요 입법취지| **단계적 지방이전에 대한 지원 확대**

□ 기업의 지방이전시 주거여건, 영업환경 적응 등을 위한 단계적인 이전이 불가피한 점을 감안하여 지방이전
  일이 속하는 당해 연도를 포함하여 최근 3년간 이전한 인원이 50% 이상될 경우 세액감면 허용
□ 단계적 지방이전에 대한 인원 정의 명확화 : 이전본사근무인원은 수도권 본사에서 이전한 인원과
  신규채용한 인원을 포함
  ⇨ 2006. 1. 1. 이후 최초로 지방이전하는 분부터 적용

(1) 단계적 지방이전에 대한 지원을 확대하는 이유는?

○ 종전 규정에 의하면 본사의 지방이전등기일이 속하는 당해 과세연도에 본사 근무인원의 50%를
  이전하도록 규정하고 있음.
○ 그러나 주거여건이나 사업환경 적응을 위해 수년에 걸쳐 단계적으로 이전하는 것이 불가피한 경우도
  있음.
○ 이러한 기업의 단계적 지방이전을 지원하기 위해 지방이전으로 이전한 근무인원계산 대상기간을
  1년에서 3년으로 확대
  - 이전본사 근무인원은 지방이전등기일이 속하는 당해 과세연도를 포함하여 직전 3년간 순차적으로
    이전한 인원을 합하여 계산

(2) 변경된 제도 적용 사례

〈가 정〉   (단위 : 명)

구 분	2005년	2006년	2007년(이전등기)
본사 전체인원(b+c)	1,000	1,000	1,000
당해연도 이전인원(a)	100	300	200
이전본사 근무인원(b)	100	400	600
수도권 안 본사인원(c)	900	600	400

〈감면요건 적용례〉
(종 전) 2007년에 지방이전한 인원만이 대상
○ 이전인원 : 200명
○ 이전비율 : 33.3% = 200명 / (200명+400명)
(개 정) 2005~2007년까지 이전한 인원이 대상 〈2005년 말 개정〉
○ 이전인원 : 600명
○ 이전비율 : 60.0% = 600명 / (600명+400명)

질 의 과밀억제권역에 본사를 두고 5년 이상 계속 사업을 영위한 법인이 본사의 일부 사업부분을 분할하여 자회사를 설립하거나 아웃소싱으로 조직을 변경하면서, 조직변경 전 본사근무인원을 자회사 또는 아웃소싱회사에서 근무하도록 하고 나머지는 사업부분의 법인 본사를 수도권 외 지역으로 이전하는 경우 수도권 본사근무인원의 범위는?

회 신 재경부 조세지출예산과 46019 − 231, 2002. 12. 24.

○ 수도권과밀억제권역 안에 본사를 두고 5년 이상 계속 사업을 영위한 법인이 본사의 일부 사업부분을 분할하여 수도권과밀억제권역 안에 자회사를 설립하거나 아웃소싱 형태로 조직을 변경하면서 조직변경 전 본사근무인원 중 일부를 자회사 또는 아웃소싱회사에 잔류시켜 실질적인 본사업무를 수행하도록 하고 나머지 사업부분의 본사는 수도권생활지역 외 지역으로 이전하는 경우 조세특례제한법 제63조의2의 규정에 의한 법인의 본사이전에 해당하여 임시특별세액 감면을 적용받을 수 있으나, 감면세액 계산시 자회사 또는 아웃소싱회사에 잔류하는 인원은 수도권생활지역 안의 본사근무인원으로 보아 감면세액을 계산하는 것임(재조예 46019 − 231, 2002. 12. 24.).

저자의 견해

○ 본사를 지방이전하면서 수도권사무소가 아닌 아웃소싱이나 자회사를 설립하여 수도권 내 본사 업무의 일부를 위탁 또는 이양하고, 나머지 본사기능과 인력을 수도권 외로 이전하였을 경우 감면을 전부 인정할 것인지가 쟁점

○ 아웃소싱이나 자회사의 설립으로 본사의 인원과 기능을 축소하여 경제적 이익을 극대화하는 것은 기업 본연의 활동이나, 본사인원의 상당부분을 수도권 안의 아웃소싱회사 또는 자회사에 잔류(퇴직 후 재입사 방식)시키는 때에도 감면세액 계산시 독립된 타회사로 보아 동회사잔류 인원을 수도권안의 본사근무인원에서 제외하여 계산할 경우 조세회피 수단으로 악용될 소지가 있음.

○ 따라서, 아웃소싱 또는 자회사의 형태로 명목상 본사와 독립하였으나 본사의 사무소처럼 본사근무인원의 상당부분을 잔류시켜 실질적으로 수도권에서 본사의 기능을 수행하는 것으로 인정되는 경우에는 아웃소싱 또는 자회사의 잔류인원에 대하여는 수도권 안의 본사근무인원으로 보아 감면배제함이 지방이전에 대한 세제지원 취지에 부합

기획재정부 유권해석 해설

질 의 과밀억제권역 내 법인 A는 본사를 지방으로 이전하면서 과밀억제권역 내 사업장(구 본사)은 지점으로 등록하여 임대사업장으로 사용하고 있고, 임대사업장은 빌딩관리 전문용역회사에 위탁하여 관리 중임. 빌딩관리 전문용역회사가 법인 A의 지방이전 과정에서 퇴사한 직원 중 일부를 채용하여 법인 A의 과밀억제권역 내 임대사업장 관리에 종사하게 하는 경우 본사근무인원 및 법인전체인원 계산방법?

회 신 재경부 조세지출예산과 - 96, 2006. 2. 22.

○ 수도권과밀억제권역 내에서 도매, 부동산임대 및 주택신축판매업을 영위하는 법인이 본사를 수도권 외의 지역으로 이전하기에 앞서 임대사업장과 관련한 경비·청소담당 직원을 퇴사시킨 후 동 사업장의 관리를 특수관계 없는 빌딩관리 용역업체에게 위탁하고, 빌딩관리를 위탁받은 용역업체는 퇴사직원 중 일부를 채용한 본 질의의 경우, 빌딩관리를 위탁받은 용역업체가 위탁계약을 체결함에 있어 독립적인 위치에서 인원채용 등을 결정하여 용역을 제공하고 실질적으로 지방이전 법인의 본사업무와 전혀 관련 없는 경우에는 지방이전 법인의 감면세액을 계산함에 있어 퇴사직원을 '법인전체인원'에 포함하지 아니하는 것임(재조예-96, 2006. 2. 22.).

저자의 견해

○ 법인본사 지방이전에 대한 감면세액 계산시 법인전체인원의 개념은 「급여비율」 계산시 적용되는 것이나, 당해 급여는 소득세법 제20조 제1항 가목 및 나목의 소득으로 규정(조특령 §60의2⑦)하고 있으므로 파견사업주에게 용역의 대가로 지급하는 금액을 급여로 보기는 곤란하고, 조특법상 파견근로자는 사용 사업주의 종업원이 아니라 파견 사업주의 종업원에 해당함.

○ 재경부 유권해석(재조예 46019-231, 2002. 12. 24.)은 퇴사한 직원이 수도권 안의 자회사 등에 근무하면서 실질적으로 본사업무를 수행하는 경우 자회사 등 근무인원을 수도권 내 본사근무인원으로 간주함으로써 수도권 안 법인의 실질적인 지방이전을 유도하기 위한 취지로 해석됨.

○ 한편, 본사를 이전하기에 앞서 퇴사한 직원이 수도권 안 특수관계회사에 입사하더라도 관계회사의 업무만을 전담하고 본사업무와 관련성이 없는 경우에는 수도권 안 본사근무인원에 포함되지 않으므로, 특수관계회사에 근무하는 본사 퇴사직원의 급여는 법인전체인원의 연간급여총액 계산시에도 포함되지 않는다고 볼 수 있음.

○ 따라서, 본 질의와 같이 본사를 이전하기 전에 퇴사한 경비·청소용역을 담당하던 직원 중 일부가 당해 법인과 특수관계 없는 경비·청소용역 전문업체에 채용되어 수도권 안 지점에서 경비·청소용역을 제공하는 경우에는 실질적으로 본사업무와 전혀 관련 없는 것으로 보아야 함.

○ 경비·청소용역 전문업체가 특수관계 없는 지방이전 법인에게 경비·청소용역 공급계약을 체결하고 독립적인 지위에서 용역을 제공하였다면 위탁받은 임대사업장에서 경비·청소용역을 제공하는 직원의 급여는 비록 당해 사업장에서 퇴사한 직원이라 하더라도 당해 법인이 지급한 것이 아니라 위탁받은 용역업체가 지급한 것으로 봄이 타당하므로 퇴사직원의 급여는 법인전체인원의 연간급여총액 계산시 포함되지 않는 것임.

질 의 제조업 영위법인이 수도권과밀억제권역 본사를 지방으로 이전한 후 부동산임대업을 추가하고 동 업무 종사직원을 채용하는 경우 감면세액 계산방법은?

① 과세표준 : 제조업에서 발생한 소득

　법인전체인원, 이전본사근무인원, 수도권 안 본사근무인원 : 제조업에 종사한 인원

② 과세표준 : 제조업에서 발생한 소득

　법인전체인원, 이전본사근무인원, 수도권 안 본사근무인원 : 부동산임대업을 포함한 법인 전체근무인원

③ 과세표준 : 법인 전체의 소득

　법인전체인원 : 부동산임대업을 포함한 전체 근무인원

　이전본사근무인원, 수도권 안 본사근무인원 : 제조업에 종사한 인원

회 신 재경부 조세지출예산과-859, 2004. 12. 28.

○ 제조업을 영위하는 법인이 수도권과밀억제권역 본사를 지방으로 이전한 후 제조업 외의 업종을 추가한 경우의 감면세액 계산을 함에 있어 과세표준은 당해 제조업에서 발생한 소득에 한하고, 법인 전체인원·이전본사근무인원 및 수도권 본사근무인원은 제조업에 종사하는 인원으로 하는 것임.

저자의 견해

○ 부동산임대업·소비성서비스업 및 건설업은 지방이전 세액감면(§63의2)의 적용에서 배제되는 업종에 해당하므로, 본 건과 같이 지방이전 후 업종 추가하는 경우는 물론, 지방이전 전에 계속 영위하던 사업이라 할지라도 세액감면 대상에서 제외

○ 또한, 지방이전 후 감면대상 업종이 아닌 부동산임대업 등을 추가한 경우뿐만 아니라 지방이전 후 감면대상인 업종(예 도매업)을 새로이 추가한 경우에도 세액감면에서 제외하도록 회신(앞의 2-4 관련 예규 해설 참고)한 바 있음.

○ 조특법은 감면대상 업종과 기타 업종을 겸영하는 경우에는 구분경리하도록 규정하고 있으므로, 감면대상 소득이 아닌 새로이 추가된 업종에 대하여는 구분경리함이 타당하며, 여기에서 구분경리라 함은 소득뿐만 아니라 각 업종별 종사하는 근무인원도 구분함이 타당

3-2. 양도차익에 대한 법인세 과세이연

본사이전법인이 수도권과밀억제권역에 있는 본사를 양도함으로써 발생한 양도차익에 대한 법인세에 관하여는 제61조 제3항·제5항 및 제6항을 준용하여 양도일이 속하는 사업연도에 익금불산입한 후, 동 익금불산입된 양도차익을 양도일이 속하는 사업연도 종료일 이후 5년이 되는 날이 속하는 사업연도부터 5개 사업연도의 기간 동안 균등액 이상을 익금에 산입할 수 있다(조특법 §63의2④). 본사의 양도차익에 대한 법인세 과세이연에 대하여는 조특법 제61조의 해설을 참고하기로 한다.

4 │ 사후관리

4-1. 세액감면의 중단

법인세 감면기간 중 해당 과세연도에 수도권 밖으로 이전한 본사의 근무인원이 20명에 미달하는 경우 및 임원 중 이전본사근무 임원수가 수도권 안의 본사근무 임원과 이전본사근무 임원의 합계인원에서 차지하는 비율이 50%에 미달하게 되는 경우[13]에는 해당 과세연도부터 본조의 감면을 적용받을 수 없다(조특령 §60의2⑮). 이 경우 임원은 다음에 해당하는 자[14]를 말하며, 상시 근무하지 아니하는 임원은 제외한다(조특령 §60의2⑭).

---

① 법인의 회장·사장·부사장·이사장·대표이사·전무이사·상무이사 등 이사회의 구성원 전원과 청산인
② 합명회사·합자회사 및 유한회사의 업무집행사원 또는 이사
③ 유한책임회사의 업무집행자
④ 감사
⑤ 기타 ①~④에 준하는 직무에 종사하는 자

4-2. 세액감면의 납부

본조에 따라 세액감면 적용을 받은 본사이전법인이 다음에 해당하는 사유가 발생한 때에는 당해 사유가 발생한 과세연도의 과세표준시 감면받은 세액을 법인세로 납부하여야 하며,

---

13) 임원 등 기업의 핵심인력이 이전하도록 함으로써 지원제도의 실효성을 제고(2004. 12. 31.이 속하는 과세연도에 이전하는 분부터 적용)
14) 「법인세법 시행령」 제40조 제1항 각 호의 자

이 경우 이자상당액[15]을 가산하여 납부하여야 한다. 이때 당해 세액은 과세표준신고기한 내에 납부하여야 할 세액으로 본다(조특법 §63의2②·③, 조특령 §60의2⑪~⑬).

납부사유	납부세액
① 본사를 이전하여 사업을 개시한 날부터 3년 이내에 그 사업을 폐업하거나 법인이 해산한 경우. 다만, 합병·분할 또는 분할합병으로 인한 경우는 제외	폐업일 또는 법인해산일부터 소급하여 3년 이내에 감면된 세액
② 본사를 수도권 밖으로 이전하여 사업을 개시하지 아니한 경우(이전요건이 미비된 때 : 선이전 후양도·폐쇄/선양도 후이전·폐쇄)	요건을 갖추지 못하게 된 날부터 소급하여 5년 이내에 감면된 세액
③ 수도권에 본사를 설치하거나 법소정의 기준 이상의 사무소를 둔 경우	본사설치일 또는 상시 근무인원 요건 미충족[16] 사무소를 둔 날부터 소급하여 5년 이내에 감면된 세액
④ 감면기간에 임원 중 이전본사의 근무 임원 수가 수도권 안의 사무소에서 근무하는 임원과 이전본사 근무 임원의 합계 인원에서 차지하는 비율이 100분의 50에 미달하게 된 경우	50%에 미달하게 되는 날부터 소급하여 5년 이내에 감면된 세액

● |주요 입법취지| **이전본사 임원 비율 50% 미만시 감면세액 납부**

□ 본 지원제도의 실효성을 제고하여 법인본사의 실질적인 지방이전을 유도하기 위하여, 본사 임원의 50% 이상이 지방으로 이전하지 않는 경우에는 감면세액을 추징하도록 함.
⇨ 2004. 12. 31.이 속하는 과세연도에 이전하는 분부터 적용

본사 임원의 50% 이상이 이전해야 하는 이유 및 본사 임원의 범위는?

□ 핵심인력이 이전하도록 함으로써 지원제도의 실효성을 제고
　○ 본사 임원의 50% 이상이 이전하는 경우에 한하여 감면

□ 임원의 범위
　① 법인의 회장·사장·부사장·이사장·대표이사·전무이사·상무이사 등 이사회의 구성원
　② 합명회사·합자회사 및 유한회사의 업무집행사원 또는 이사
　③ 기타 ①·②에 준하는 직무에 종사하는 자
　　* 비상근임원 및 해외근무 임원은 계산 대상에서 제외

---

15) 조특법 제63조의 해설을 참고하기로 한다.
16) 본사를 수도권 밖으로 이전한 날부터 3년이 되는 날이 속하는 과세연도가 지난 후 본사업무에 종사하는 총 상시 근무인원의 연평균 인원 중 수도권 안의 사무소에서 본사업무에 종사하는 상시 근무인원의 연평균 인원의 비율이 100분의 50 이상인 경우를 말한다(조특령 §60의2⑫).

5 | 절 차

본조의 과세특례를 적용받고자 하는 법인은 과세표준신고와 함께 세액감면신청서 및 감면세액계산서를 납세지 관할 세무서장에게 제출하여야 한다(조특령 §60의2⑮).

6 | 조세특례제한 등

6-1. 중복지원의 배제

6-1-1. 일정한 세액공제와의 중복지원 배제

내국인이 동일한 과세연도에 본조에 따른 세액감면과 조세특례제한법상의 일부 세액공제 규정(조특법 §127④)을 동시에 적용받을 수 있는 경우에는 그 중 하나만을 선택하여 적용받을 수 있다. 이에 대한 자세한 내용은 제127조의 해설을 참고하도록 한다.

6-1-2. 세액감면과의 중복지원 배제

내국인의 동일한 사업장에 대하여 동일한 과세연도에 본조에 따른 세액감면과 조세특례제한법에서 열거(조특법 §127⑤)하는 세액감면이 동시에 적용되는 경우에는 그 중 하나만을 선택하여 적용받을 수 있다. 이에 대한 자세한 내용은 제127조의 해설을 참고하기로 한다.

6-2. 결정시 등의 감면배제

소득세 또는 법인세의 무신고에 따른 결정(소법 §80①, 법인법 §66①)과 기한 후 신고(국기법 §45의3)를 하는 경우에는 본조의 세액감면을 적용하지 아니한다. 경정 등 감면배제되는 경우와 관련하여서는 제128조 제2항의 해설을 참고하기로 한다.

6-3. 최저한세

본조에 따라 공장 및 본사의 양도차익에 대한 법인세 과세이연을 적용받는 경우(조특법 §63의2⑤)에는 최저한세 규정을 적용받게 되나, 본조에 따른 세액감면은 최저한세가 적용되지 않는다. 이에 대한 자세한 내용은 제132조의 해설을 참고하기로 한다.

6-4. 구분경리

본조에 따른 감면을 적용받는 법인이 감면대상사업과 기타 사업을 겸영하는 경우에는 구분경리하여야 하며, 이에 대한 자세한 내용은 제143조의 해설을 참고하기로 한다.

6-5. 최저한세의 적용 및 농어촌특별세 비과세

본조에 따른 감면세액은 최저한세가 적용되지 않으며, 농어촌특별세도 비과세[17] 된다.

7 | 관련사례

구 분	내 용
사업영위 기간	○ 수도권 외의 지역으로 이전하면서 3년 이상된 업종은 폐업하고 3년 미만 업종만 이전하는 등 실질적으로 수도권 외 지역으로 이전한 법인의 영위업종이 3년 미만인 경우 감면대상에 해당하지 않음(서면2팀-1886, 2006. 9. 21.). ○ '수도권과밀억제권역 안에 5년 이상 계속하여 본사를 둔 법인'이란 '본사의 이전등기일부터 소급하여 5년 이상 계속하여 수도권과밀억제권역 안에 본사를 두고 사업을 영위한 실적이 있는 법인'을 말하는 것으로, 동 5년의 기간 중에 당해 법인의 업종이 축소되거나 확대된 경우에도 수도권과밀억제권역 안에 본사를 두고 사업을 영위한 기간이 5년 이상된 법인의 경우에는 동조의 감면대상이 되는 것이나, 수도권 외 지역으로 이전하면서 5년 이상된 업종은 폐업하고 5년 미만 업종만 이전하는 등 실질적으로 당해 수도권 외 지역으로 이전한 법인의 영위업종이 주로 5년 미만인 경우에는 동조의 감면대상에 해당되지 아니하는 것임(재조예 46019-184, 2003. 9. 4.). ○ 수도권생활지역 외 지역이전 임시특별세액 감면시, 인적 분할을 한 법인의 경우 사업영위기간은 분할일부터 기산함(서이 46012-10200, 2003. 1. 27.). ○ 1997년에 법인 설립하여 매출액은 2000년에 처음 발생하였고, 2002년에 지방이전한 경우 구사업장 사업영위기간 계산방법은? 과밀억제권역 안의 5년(현재는 3년) 이상 계속하여 본점을 둔 법인이라 함은 본사의 이전등기일로부터 소급하여 5년 이상 계속하여 수도권과밀억제권역 안에 본사를 두고 사업을 영위한 실적이 있는 법인을 말하는 것으로서, 주택건설업의 경우 법인설립 후 토지매입, 사업계획승인, 공사착공 등 사실상 휴업기간 없이 정상적인 영업활동을 하는 기간을 포함하며, 이에 해당하는지 여부는 사실판단할 사항임(재경부 조세지출예산과 46019-25, 2003. 1. 20.).

---

17) 농특세법 §4.2호, 농특령 §4⑥.1호

구 분	내 용
감면대상 과세표준	○ 감면비율 산정시 법인 전체인원은 이전 후 신규로 채용하여 근무하는 직원을 포함하는 것임(서면2팀 - 593, 2005. 4. 27.). ○ 제63조의2의 규정을 적용함에 있어 '당해 과세연도 과세표준'은 당해 과세연도의 개시일로부터 종료일까지의 법인(공장 포함)의 소득을 대상으로 하는 것임(서면2팀 - 302, 2005. 2. 17.). ○ 수도권생활지역 안에 본사와 공장시설을 갖추고 사업을 영위하는 법인이 본사를 수도권에 두고 공장만을 이전한 경우로서 회사의 모든 수익이 당해 이전한 공장에서 제조하는 제품의 판매에서만 발생되고 기타 사업으로 인한 소득이나 영업외손익은 없다고 가정할 경우 당해 법인의 소득금액 전액을 감면소득으로 보아 법인세법 제59조의 규정에 의하여 감면세액을 계산하는 것임(서이 46012 - 10214, 2003. 1. 28.).
본사 지방이전	○ 법인등기부상의 본점이전등기일이 주주총회 등의 사유로 늦게 등기된 것이므로 실제 본점이 전등기일을 기준으로 법인본사의 수도권 외의 지역으로의 이전에 대한 임시특별세액감면을 적용함(국심 2007전5018, 2008. 4. 25.).
공장의 지방이전	○ 법인이 임차하여 사용하고 있는 과밀억제권역 안의 본사를 수도권생활지역외의 지역으로 이전하는 경우에도 같은법에 의한 세액감면의 적용을 받을 수 있음(법인 46012 - 1202, 2000. 5. 22.). ○ 조세특례제한법 제63조의2의 규정은 수도권 과밀억제권역에서 수도권 밖으로 이전하는 경우에 한하여 적용되므로, 수도권과밀억제권역에서 성장관리권역으로 이전한 경우에는 동 규정이 적용되지 아니함(재조특 - 136, 2009. 2. 6.). ○ 법인본사를 수도권생활지역 외 지역이전 후 수도권생활지역 안에 일정기준 이상의 사무소를 둔 때에는 본사이전의 경과연수에 관계없이 감면세액 추징됨(제도 46012 - 11763, 2001. 6. 27.).
인원 및 급여	○ 법인본사의 수도권생활지역 외 지역이전 임시특별세액 감면상, 본사근무인원 중 일부가 수도권 안 자회사 등에 잔류해 실질적인 본사업무 수행시, 그 인원은 수도권 안 본사근무인원으로 봄(서이 46012 - 11310, 2003. 7. 10.). ○ 수도권 안에 본사와 직매장을 둔 법인이 본사를 수도권 외 지역으로 이전시, 임시특별세액 감면되나, 그 직매장에서 사실상 본사업무를 수행하는 종업원(임원 포함)은 '수도권 안 본사근무인원'에 포함됨(서이 46012 - 10846, 2003. 4. 23.). ○ 법인본사의 수도권 외 지역이전 전에 영업부서의 일부를 분할해 판매전담 자회사를 설립하고 본사근무인원 중 일부를 자회사 등에 재입사시켜 수도권 안에 근무하는 경우, 본사근무인원 및 법인전체인원에 포함해 계산함(서이 46012 - 10201, 2003. 1. 27.). ○ '본사업무에 종사하는 상시 근무인원'이란 본사업무에 종사하는 모든 임직원으로서 '일용근로자 및 연구소의 연구전담요원'은 제외함(서이 46012 - 10045, 2003. 1. 7.). ○ 법인본사가 수도권 밖으로 이전 후 다른 법인을 합병한 경우 당해 과세연도의 법인전체인원 및 수도권생활지역 안의 본사근무인원과 이전본사근무인원의 합계인원은 피합병법인에서 승계받은 인원도 포함하는 것임(제도 46012 - 11597, 2001. 6. 19.). ○ 연평균인원이라 함은 본사의 지방이전 후 '신규채용인원'을 포함하여 매월 말 현재의 인원을 합하고 이를 해당 월수로 나누어 계산한 인원을 말하는 것임(제도 46012 - 11228, 2001. 5. 23.).

구 분	내 용
인원 및 급여	○ 수도권 외 지역으로 이전한 본사의 임직원이 수도권 안 다른 관계회사에도 겸직하고 있는 경우 겸직사실에 의해 본사 근무인원에서 제외하는 것은 부당함(조심 2009전1864, 2009. 10. 5.). ○ 등기부상 감사에게 지급한 월정액을 법인전체인원의 연간급여 총액에 산입하여 수도권 외의 지역으로의 본사 이전에 대한 임시특별감면세액을 계산한 것은 정당함(조심 2008전3848, 2009. 7. 15.). ○ 구 조세특례제한법 제63조의2(2003. 12. 30. 법률 제7003호로 개정되기 전의 것)를 적용함에 있어, 건설공사를 공동으로 수주한 경우 당해 공사에서 발생한 인건비를 공동수급체의 각 구성원이 약정한 비율에 따라 부담하기로 하고 공동수급체의 대표사와 고용계약을 체결한 인원에 대해 비대표사가 약정비율에 따라 부담하는 인건비는 같은 법 제63조의2 제2항 제2호 나목에 규정한 비대표사의 "법인 전체인원이 받는 연간급여총액"에 포함되지 않음(재조특－666, 2009. 7. 9.). ○ 수도권생활지역 외의 지역에서 본사업무에 종사하는 상시 근무인원에 해당하는지 여부는 구체적인 사건에서 당해 직원들의 근무장소, 근무형태, 업무내용 및 업무의 지시 복명 관계 등 제반 사정을 종합하여 판단함(대법원 2008. 10. 23. 선고 2008두7830 판결). ○ 조세법률주의의 원칙상 과세요건이거나 비과세요건 또는 조세감면요건을 막론하고 조세법규의 해석은 특별한 사정이 없는 한 법문대로 해석할 것이고 합리적 이유 없이 확장해석하거나 유추해석하는 것은 허용되지 아니하며, 특히 감면요건 규정 가운데에 명백히 특혜규정이라고 볼 수 있는 것은 엄격하게 해석하는 것이 조세공평의 원칙에도 부합하고(대법원 2003. 1. 24. 선고 2002두9537 판결 참조), 납세의무자가 경제활동을 함에 있어서는 동일한 경제적 목적을 달성하기 위하여서도 여러 가지의 법률관계 중 하나를 선택할 수 있는 것이고, 과세관청으로서는 특별한 사정이 없는 한 납세의무자가 선택한 법률관계를 존중하여야 할 것이다(대법원 2001. 8. 21. 선고 2000두963 판결 참조). 원고 회사와 ○○○○○이 법인세법상 특수관계에 있다거나 원고 회사에 세제상 혜택이 더 주어졌다는 사정을 들어 이 사건 종업원들이 원고 회사에서 퇴사하여 ○○○○○로 입사한 것을 조세회피목적을 위한 가장행위에 해당한다고 볼 수도 없으므로 이 사건 종업원들은 구 법 제63조의2 규정에 따른 임시특별세액감면금액의 산출방식에서 말하는 원고 회사의 '본사 근무인원'으로 볼 수 없다 할 것이고, 따라서 이 사건 종업원들이 원고 회사의 '본사 근무인원'에 해당함을 전제로 한 이 사건 처분은 위법하다고 판단하였다. 앞서 본 관련 법령과 법리 및 기록에 비추어 살펴보면 위와 같은 원심의 사실인정과 판단은 정당한 것으로 수긍이 가고, 거기에 상고이유로 주장하는 바와 같은 채증법칙위배나 이유모순 또는 구법 제63조의2의 적용에 관한 법리오해 등의 위법이 없음(대법원 2008. 3. 14. 선고 2006두13008 판결). ○ '이전본사근무인원'의 범위에 수도권 내 소재하는 거래처에 파견한 직원은 이전본사근무인원에 해당하지 아니하며, 수도권 안 본사근무인원에 해당함(서면2팀－1190, 2005. 7. 22.).

구 분	내 용
이전 후 업종 추가	○ 수도권과밀억제권역에 본사를 두고 3년 이상 도소매업을 영위하던 법인이 본사를 지방으로 이전한 후 제조업을 추가 영위하는 경우, 이전 후 추가한 제조업에서 발생하는 소득은 「조세특례제한법」(2011. 7. 21. 법률 제10890호로 일부개정된 것) 제63조의2(법인의 공장 및 본사를 수도권 밖으로 이전하는 경우 법인세 등 감면)에 따른 감면대상소득에 해당하지 아니하는 것임(재조특-1192, 2011. 12. 26.).
조세특례 제한 등	○ 임시투자세액공제 이월액과 공장 및 본사의 이전에 대한 임시특별세액감면을 동시에 적용받는 경우 이월된 임시투자세액공제를 먼저 적용하는 것임(재조예-112, 2005. 2. 5.). ○ 경정시 감면세액을 재계산하는 경우에 법인세법 시행령 제118조의 규정에 의한 부당과소신고액에 대하여는 조세특례제한법 제128조 제3항의 규정에 의하여 당해 감면대상 소득에서 제외됨(서면2팀-2133, 2004. 10. 22.).
구분경리	○ '본사이전일'은 이전등기일(이전등기일 이후 실제 이전시는 실제로 이전한 날)을 말하며, 본사이전에 대한 세액감면만 해당시는 본사이전일이 속하는 과세연도에는 이전 전·후의 과세표준에 대한 구분경리는 하지 않음(법인 46012-586, 2001. 3. 22.). ○ 공장을 과세연도 중에 지방으로 이전한 경우에는 지방이전일을 기준으로 이전 후에 지방공장에서 발생한 소득과 기타 소득을 구분하여 경리하여야 하며, 법인본사를 과세연도 중에 지방으로 이전하는 경우에 감면소득 계산방법은 조세특례제한법 제63조의2 제2항 제2호 가목(당해 과세연도 과세표준에서 토지 및 건물의 양도차익을 차감한 금액)에 지방이전본사근무인원의 이전일 이후 급여액이 법인전체인원의 연간급여총액에서 차지하는 비율을 곱하여 계산하는 것임(재조예 46019-42, 2001. 3. 7.). ○ 법인본사 지방이전 후, 합병 또는 사업의 양수로 기존사업을 승계·인수한 사업분에서 발생하는 소득은 감면대상이 아니므로 '구분경리'해야 함(재조예 46019-42, 2001. 3. 7.) ○ 과밀억제권역에 본사를 두고 5년 이상 계속 사업한 법인이 설립된 지 5년(현행 3년) 미만인 법인과 합병하여 수도권 밖으로 이전한 경우 감면 적용 여부 및 감면세액 산정 방법(재경부 조세지출예산과 46019-231, 2002. 12. 24.) : 수도권과밀억제권역에 본사를 두고 5년 이상 사업을 계속한 법인이 설립된 지 5년 미만의 법인과 합병하여 수도권생활지역 외의 지역으로 이전하는 경우에는 조세특례제한법 제143조의 규정에 의해 각 사업연도마다 감면을 적용받는 사업(5년 이상 사업)과 기타 사업(5년 미만 사업)을 구분경리하여 감면세액을 계산하는 것임.

8 │ 주요 개정연혁

1. 법인의 지방이전감면 적용기한 연장 및 제도 재설계(조특법 §63의2 등)

(1) 개정내용

종 전	개 정
□ 법인 공장·본사의 지방이전에 대한 세제지원	□ 기산일 변경 등 제도개선
ㅇ 대상 : 지방이전 법인 　* 수도권과밀억제권역 → 수도권 밖	ㅇ (좌 동)
ㅇ 지원내용 　- 법인세 7년간 100%, 3년간 50% 감면 　　* 지방광역시, 수도권 인접지역 등으로 이전시 　　　7년간 감면	ㅇ (좌 동)
ㅇ 감면기산 연도 　- 이전일이 속하는 과세연도	ㅇ 감면기산 연도 변경 　- 최초 소득발생일이 속하는 과세연도
ㅇ 감면제외업종 　- 부동산업·소비성 서비스업·건설업 　　　〈추 가〉	ㅇ 감면제외업종 추가 　- (좌 동) 　- 무점포판매업, 해운중개업
ㅇ 감면대상소득 : ① × Min(②, ③) 　① 과세표준 - 토지·건물 양도차익 등 　② 이전본사 근무인원의 급여비율 　③ 이전본사 근무인원의 인원비율 　　　〈추 가〉	ㅇ 감면대상소득 : ① × Min(②, ③) × ④ 　　　(좌 동) 　④ 위탁가공무역外 매출비율
ㅇ 감면세액 추징 　- 지방이전일 후에 수도권 근무인원이 50% 　　이상인 경우	ㅇ 감면세액 추징 완화 　- 지방이전일로부터 3년 후에 수도권 근무 　　인원이 50% 이상인 경우
ㅇ 적용기한 : 2014. 12. 31.	ㅇ 적용기한 : 2017. 12. 31.

(2) 개정이유

ㅇ 지역경제 활성화 지원 및 제도 합리화

(3) 적용시기 및 적용례

ㅇ 2015. 1. 1. 이후 개시하는 과세연도분부터 적용.

다만, 감면제외업종 추가 및 감면소득산식 변경은 2015. 1. 1. 이후 이전하는 분부터 적용

제64조

농공단지 입주기업 등에 대한 세액감면

1 의 의

농어촌지역에 농어민의 소득증대를 위한 산업을 유지·육성함으로써 지역 간 균형발전의 기틀을 마련하고, 지방 농공단지로의 기업입주를 촉진함으로써 일자리 창출 및 지속성장 기반을 구축하기 위하여 본 제도는 농공단지에 입주하는 기업에 대하여는 일정 범위에서 법인세·소득세를 감면하고 있다.

본 제도는 1985년에 신설된 후 여러 번의 연장을 거쳐 오늘에 이르고 있는데, 2018. 12. 24. 법 개정시 지역균형발전 및 농어가 소득 신장을 위한 지원을 지속할 필요가 있다는 취지에서 대폭 그 내용을 개정하였다. 즉, 종전에 창업중소기업 감면 규정을 준용하던 것을 삭제하고 직접 감면율을 규정하여 법인세·소득세 5년간 50%로 단일화하였으며, 감면한도를 신설하였고, 2021. 12. 28. 조특법 개정시에는 적용기한을 2023. 12. 31.까지 연장하였다.

2 요 건

2-1. 적용대상자

농공단지 입주기업 등에 대한 소득세 또는 법인세의 감면규정을 적용받는 자는 다음과 같다(조특법 §64①).

① 2023. 12. 31.까지 농공단지에 입주[1]하여 농어촌소득원개발사업을 영위하는 내국인

② 2023. 12. 31.까지 지방중소기업 특별지원지역[2]에 입주하여 사업을 하는 중소기업

---

1) 입주의 개념은 창업과 이전의 개념을 합하여 사용된다.
2) 「중소기업진흥에 관한 법률」 제62조의23

2-2. 적용대상 농공단지 등의 범위

2-2-1. 농공단지

「산업입지 및 개발에 관한 법률」의 규정에 따라 시장·군수가 지정한 농공단지 중에서, 수도권과밀억제권역 외의 지역으로서 농공단지지정일 현재 인구 20만 이상인 시지역 외의 지역에 소재하는 농공단지를 말한다(조특령 §61①). 수도권과밀억제권역에 대한 자세한 설명은 제2조의 해설을 참고한다.

2-2-2. 지방중소기업 특별지원지역

「중소기업진흥에 관한 법률」(§62의23)에 따른 지방중소기업 특별지원지역 중 수도권과밀억제권역 외의 지역으로서 지방중소기업 특별지원지역의 지정일 현재 인구 20만 이상인 시지역 외의 지역에 소재하는 다음의 지역을 말한다(조특령 §61②. 조특칙 §25).
① 나주 일반산업단지
② 김제지평선 일반산업단지
③ 장흥바이오식품 일반산업단지
④ 북평 국가산업단지
⑤ 북평 일반산업단지
⑥ 나주혁신 일반산업단지
⑦ 강진환경 일반산업단지
⑧ 정읍 첨단과학산업단지
⑨ 담양 일반산업단지
⑩ 대마 전기자동차 산업단지

2-3. 세액감면이 배제되는 경우

다음의 경우에는 농공단지에서 사업을 영위하더라도 농공단지 입주기업 등에 대한 세액감면을 적용하지 아니한다(조기통 64-0…1).
① 농공단지·개발촉진지구 또는 지방중소기업특별지원지역(이하 "농공단지 등"이라 한다) 안의 기존공장을 매입[3]하여 사업을 영위하는 경우
② 공장을 설치하여 사업을 개시한 날 이후 새로이 농공단지 등으로 지정되는 경우

---

3) 실무에서는 100% 인수만 인정되고 부분매입은 허용되지 않는다.

3 | 과세특례의 내용

3-1. 법인세 또는 소득세의 감면

위에서 설명한 농공단지 또는 지방중소기업 특별지원지역에 입주한 자에 대하여는 해당 감면대상사업에서 최초로 소득이 발생한 과세연도(사업개시일부터 5년이 되는 날이 속하는 과세연도까지 해당 감면대상사업에서 소득이 발생하지 아니하는 경우에는 5년이 되는 날이 속하는 과세연도)의 개시일부터 5년 이내에 종료하는 과세연도까지 소득세 또는 법인세의 50%에 상당하는 세액을 감면한다(조특법 §64①・②).

3-2. 감면대상 소득

농공단지 입주공장에 대한 세액감면대상 소득은 농공단지에 입주한 내국인이 당해 사업에서 발생한 소득이다. 종전에는 당해 공장에서 발생한 소득으로 규정하여 제조업에 한정되었으나, 강원도 폐광지역 등의 관광숙박업, 종합휴양업 등을 세제지원대상에 포함시키기 위하여 2000. 12. 29. 법 개정시 당해 사업에서 발생한 소득으로 개정되었다.4) 따라서 감면대상 소득과 기타 소득이 함께 있는 경우에는 구분경리를 하여야 한다.

또한 농공단지 등의 공장에서 생산된 반제품으로 농공단지 등의 밖의 공장에서 완제품을 생산하여 매출하는 경우와 그 반대의 경우에 농공단지 등의 공장에서 발생한 소득금액의 계산에 있어서는 특수관계가 없는 서로 독립된 타인에 의하여 경영되고 있는 경우로 보아 완제품 제조공장으로 반출되는 부품의 가격은 독립된 사업자 간에 통상의 거래조건에 따라 매매할 경우 적용되는 시가에 의하고, 각 공장의 공통손금에 대하여는 법인세법 시행규칙 제76조 제6항의 규정을 준용하여 계산한다(조기통 64-0…2).

〰 관련예규

- '입주공장에서 발생한 소득'이란 회사의 판매과정과 관계없이 당해 공장에서 제조와 관련하여 발생하는 소득임(법인 22601-2137. 1992. 10. 12.).
- 농공단지 이외의 공장에서 생산된 제품을 판매함으로써 발생된 소득과 전과정을 위탁가공에 의하여 생산된 제품에서 발생한 소득에 대하여는 감면이 적용되지 않음(법인 22601-3362. 1989. 9. 8.).
- 농공단지 입주기업 등에 대한 세액감면을 적용받은 법인이 감면기간 경과 후 공장을 신축하여 신제품을 생산하는 경우 당해 소득에 대하여 세액감면을 적용받을 수 있는 것임(서이 46012-12044. 2003. 11. 28.).

---

4) 그러나 문구 수정에도 불구하고 종전에 재경부에서는 이를 농공단지 내의 공장을 설치・운영하여 발생시킨 소득으로 해석하였다(재경부 조세지출예산과-46070-163. 2002. 10. 7.). 아래의 해설 참고.

기획재정부 유권해석 해설

[질의] 농공단지에 지점을 개설하여 농공단지 내 지점에서 제조업과 도매업을 겸영할 경우 도매업에 대하여도 세액감면을 적용받을 수 있는지?

[회신] 재경부 조세지출예산과 46070－163, 2002. 10. 7.

○ 위 질의에 대한 조세감면 소득은 농공단지에 입주한 내국인이 농공단지 내에 공장을 설치·운영하여 발생시킨 소득임.

저자의 견해

○ 농어촌소득원개발사업의 취지는 농어촌발전특별조치법에 따른 농림어업자의 농외소득을 얻도록 하기 위하여 농업인 등과 그 가족의 농공단지입주공장의 취업에 필요한 직업훈련 및 지원을 규정하고 있는데, 이 경우 농어촌소득이란 농공단지에 입주하여 공장을 새로이 설치하여 사업을 영위하는 농공단지입주공장으로부터 발생한 소득이라 할 수 있음.

○ 본래 조세특례제한법 제64조의 감면대상 소득은 공장에서 발생한 소득으로 규정하였으나, 2000. 12. 29. 세법을 개정하여 당해 사업에서 발생한 소득으로 문구가 변경되었는바, 이는 폐광지역의 관광숙박업과 종합휴양업을 세제지원대상에 포함시키기 위한 것에 국한될 뿐, 도매업까지 포함한 업종의 제한을 폐지한 것은 아님.

3-3. 감면한도

감면기간 동안 감면받는 소득세 또는 법인세의 총합계액은 ①과 ②의 금액을 합한 금액을 한도("감면한도")로 한다(조특법 §64③, 조특령 §61④).

① 소득세 또는 법인세를 감면받는 해당 과세연도까지 사업용자산에 대한 투자 합계액의 100분의 50

② 해당 과세연도에 감면적용대상이 되는 사업장("감면대상사업장")의 상시근로자 수 × 1천5백만원[청년 상시근로자와 서비스업[5]을 하는 감면대상사업장의 상시근로자의 경우에는 2천만원]

---

5) 제23조【고용창출투자세액공제】④ 법 제26조 제1항 제2호 각 목 외의 부분 본문에서 "대통령령으로 정하는 서비스업"이란 다음 각 호의 어느 하나에 해당하는 사업을 제외한 사업(이하 이 조에서 "서비스업"이라 한다)을 말한다.
1. 농업, 임업 및 어업
2. 광업
3. 제조업
4. 전기, 가스, 증기 및 수도사업
5. 건설업
6. 제29조 제3항에 따른 소비성서비스업

각 과세연도에 감면받을 소득세 또는 법인세에 대하여 감면한도를 적용할 때에는 위의 ①의 금액을 먼저 적용한 후 ②의 금액을 적용한다(조특법 §64④). 또한 위의 ②에 따라 서비스업에 대한 한도를 적용받는 자는 제143조를 준용하여 서비스업과 그 밖의 사업을 각각 구분하여 경리하여야 한다(조특법 §64⑧).

3-4. 세액감면의 승계

농공단지 입주기업 등이 감면기간이 경과되기 전에 중소기업 간의 통합(조특법 §31)을 실시하는 경우 통합에 의하여 설립된 법인 또는 통합 후 존속하는 법인과 법인전환으로 설립되는 법인(조특법 §32)은 통합·전환 당시 소멸된 기업의 잔존감면기간 내에 종료하는 각 과세연도 또는 납기까지 농공단지 입주기업 등에 대한 세액감면을 승계받은 사업에서 발생하는 소득에 대해 세액감면을 받을 수 있다(조특법 §31④). 이에 대한 자세한 설명은 제31조 해설을 참고하기 바란다.

4 | 사후관리

3-3.의 ②를 적용받아 소득세 또는 법인세를 감면받은 자가 감면받은 과세연도 종료일부터 2년이 되는 날이 속하는 과세연도 종료일까지의 기간 중 각 과세연도의 감면대상사업장의 상시근로자 수가 감면받은 과세연도의 상시근로자 수보다 감소한 경우에는 감면받은 세액에 상당하는 금액을 소득세 또는 법인세로 납부하여야 한다(조특법 §64⑤).

이 경우 납부해야 할 소득세액 또는 법인세액은 다음의 계산식에 따라 계산한 금액(그 수가 음수이면 영으로 보고, 감면받은 과세연도 종료일 이후 2개 과세연도 연속으로 상시근로자 수가 감소한 경우에는 두 번째 과세연도에는 첫 번째 과세연도에 납부한 금액을 뺀 금액을 말한다)으로 하며, 이를 상시근로자 수가 감소된 과세연도의 과세표준을 신고할 때 소득세 또는 법인세로 납부해야 한다(조특령 §61⑤).

해당 기업의 상시근로자 수가 감소된 과세연도의 직전 2년 이내의 과세연도에 3-3.의 ②를 적용하여 감면받은 세액의 합계액 − [상시근로자 수가 감소된 과세연도의 감면대상사업장의 상시근로자 수 × 1천5백만원(청년상시근로자와 서비스업의 경우에는 2천만원으로 한다)][6)]

---

6) 법 제64조 제3항 및 제5항을 적용할 때 상시근로자 및 청년상시근로자의 범위, 상시근로자 수 및 청년상시근로자 수의 계산방법에 관하여는 조특령 제11조의2 제5항부터 제7항까지의 규정을 준용한다(조특령 §61⑥).

5 │ 절 차

농공단지 입주기업 등에 대한 조세특례의 적용을 받고자 하는 자는 과세표준신고와 함께 세액감면신청서(제2호 서식 : 제6조 해설 참고)를 관할 세무서장에게 제출하여야 한다(조특령 §61⑦, 조특칙 §61① 3).

6 │ 조세특례제한 등

6-1. 구분경리

위에서 설명한 바와 같이 농공단지에서 영위하는 농어촌소득원개발사업과 지역균형개발 및 지방중소기업육성에 관한 법률에 의한 개발촉진지구 및 지방중소기업특별지원지역 안의 공장에서 영위하는 사업과 기타의 사업을 겸영하는 경우에는 구분경리를 하여야 한다. 구분경리에 관한 자세한 사항은 제143조의 해설을 참고하기로 한다.

6-2. 중복지원의 배제

6-2-1. 세액공제와 중복지원 배제

내국인이 동일한 과세연도에 본조에 따른 세액감면과 조세특례제한법상의 일부 세액공제 규정이 동시에 해당하는 경우에는 그 중 하나만을 선택하여 적용받을 수 있다. 이에 대한 자세한 내용은 제127조의 해설을 참고하기로 한다.

6-2-2. 세액감면과 중복지원배제

내국인의 동일한 사업장에 대하여 동일한 과세연도에 본조에 따른 세액감면과 조세특례제한 법상의 일부 세액감면이 동시에 적용되는 경우에는 그 중 하나만을 선택하여 적용받을 수 있다. 이에 대한 자세한 내용은 제127조의 해설을 참고하기로 한다.

6-3. 결정시 등의 감면 배제

6-3-1. 무신고결정 및 기한 후 신고에 대한 감면 배제

소득세 또는 법인세의 무신고에 따른 결정(소법 §80①, 법인법 §66①)과 기한 후 신고(국기법 §45의3)를 하는 경우에는 본조의 세액감면을 적용하지 아니한다. 이에 대한 자세한 내용은

제128조의 해설을 참고하기로 한다.

6-3-2. 경정 및 수정신고시 감면 배제되는 경우

소득세 또는 법인세의 신고내용에 오류 등이 있어 경정(소법 §80②, 법인법 §66②)하는 경우와 과세표준 수정신고서를 제출한 과세표준과 세액을 경정할 것을 미리 알고 제출한 경우에는 과소신고금액에 대하여 본조의 세액감면을 적용하지 아니한다. 이에 대한 자세한 내용은 제128조의 해설을 참고하기로 한다.

6-3-3. 의무 불이행시 감면 배제되는 경우

사업자가 다음의 어느 하나에 해당하는 경우에는 해당 과세기간의 해당 사업장에 대하여 본조의 세액감면을 적용하지 아니한다. 다만, 사업자가 ① 또는 ②의 의무 불이행에 대하여 정당한 사유가 있는 경우에는 그러하지 아니하다. 이에 대한 자세한 내용은 제128조의 해설을 참고하기로 한다.

① 사업용계좌를 신고[7]하여야 할 사업자가 이를 이행하지 아니한 경우
② 현금영수증가맹점으로 가입하여야 할 사업자[8]가 이를 이행하지 아니한 경우
③ 신용카드가맹점으로 가입한 사업자[9] 또는 현금영수증가맹점으로 가입한 사업자[10] 중 신용카드에 의한 거래 또는 현금영수증의 발급을 거부하거나 신용카드매출전표 또는 현금영수증을 사실과 다르게 발급한 것을 이유로 관할 세무서장으로부터 신고금액[11]을 통보받은 사업자로서 다음의 어느 하나에 해당하는 경우(조특령 §122②).
　㉮ 해당 과세연도(신용카드에 의한 거래 또는 현금영수증의 발급을 거부하거나 신용카드 매출전표 또는 현금영수증을 사실과 다르게 발급한 날이 속하는 해당 과세연도를 말한다)에 신고금액을 3회 이상 통보받은 경우로서 그 금액의 합계액이 100만원 이상인 경우
　㉯ 해당 과세연도에 신고금액을 5회 이상 통보받은 경우

6-4. 최저한세의 적용

본조의 세액감면을 적용받는 내국인은 법 제132조의 최저한세 규정이 적용되는바, 이에 대한 자세한 내용은 조특법 제132조의 해설을 참고하기로 한다.

---

7) 「소득세법」 제160조의5 제3항
8) 「소득세법」 제162조의3 제1항 또는 「법인세법」 제117조의2 제1항
9) 「소득세법」 제162조의2 제2항 및 「법인세법」 제117조
10) 「소득세법」 제162조의3 제1항 또는 「법인세법」 제117조의2
11) 「소득세법」 제162조의2 제4항 후단·제162조의3 제6항 후단·「법인세법」 제117조 제4항 후단 및 제117조의2 제5항 후단

7 | 관련사례

구 분	내 용
세액감면 범위	○ 「산업입지 및 개발에 관한 법률」에 의해 지정된 농공단지에 입주하여 공장을 설치하고, 농어촌 소득원개발 사업으로 식품소분업을 영위하는 내국법인의 경우에는 「조세특례제한법」 제64조 규정에 의한 세액감면을 적용받을 수 있는 것임(법인-592, 2009. 5. 19.). ○ 농공단지에 입주하여 종전 조세감면규제법의 규정에 의한 농공단지입주기업 등에 대한 조세특례를 적용받은 내국법인이 감면기간이 경과 후 조세특례제한법 제64조의 세액감면이 적용되는 다른 농공단지에 공장을 신축하여 기존의 제품과는 별개의 제품을 생산하는 경우 당해 공장에서 발생한 소득에 대하여는 농공단지입주기업 등에 대한 세액감면 적용을 받을 수 있는 것임(법인-1832, 2008. 8. 4.).
공장대지 임차 후 입주	○ 농공단지 내의 토지를 임차하고 공장건축물 및 설비는 직접, 건설 구입하여 사업을 영위하는 경우 감면 적용 여부 - 제조업을 영위하는 법인이 농공단지 내의 토지를 관련 법령 등에 따라 적법하게 임차하여 당해 법인 소유의 공장건물을 신축하고 제조설비를 매입·설치하여 사업을 영위하는 경우에는 세액감면을 적용받을 수 있는 것임(서면2팀-1415, 2007. 7. 30.).
기존공장 임차 후 입주	○ 공장설비를 농공단지 내 기존 공장을 임차하여 이전한 후, 기존 공장과는 다른 업종을 운영하는 경우 세액감면 적용 여부 - 농공단지안의 기존공장을 임차하여 사업을 영위하는 경우에는 '농공단지 입주기업 등에 대한 세액감면'을 적용받을 수 없는 것임(서면2팀-110, 2007. 1. 15.).
(공장)부동산 임차 후 입주	○ 농공단지에 소재하는 토지와 건물만을 임차하고 법인이 제조시설을 새로이 설치하여 사업을 영위하는 경우 감면 적용 여부 - 농공단지 입주 법인이 직접 공장을 설치·운영하여 소득이 발생된 경우에 한해서 세액감면을 적용할 수 있는 것이므로 해당 법인이 제조시설만 새로이 설치하여 사업을 영위하는 경우에는 이에 해당되지 않는 것임(서면2팀-1958, 2005. 11. 30.).
입주시기	○ 내국법인이 「조세특례제한법」 제64조의 농공단지입주기업 등에 대한 세액감면 적용시 농공단지 "입주시기"는 「부가가치세법 시행령」 제11조의 규정에 의하여 사업자등록증을 재교부하는 날부터 적용하는 것임(법인-1277, 2009. 11. 13.).
기 타	○ 농공단지 입주기업 세액감면을 적용받던 법인이 사업확장을 위하여 동 단지 내의 인근 공장건물을 매입하여 이전하고 사업을 영위하는 경우에는 잔존감면기간 내에서 당해 조세특례를 계속하여 적용하는 것임(서면2팀-1143, 2005. 7. 20.). ○ 농공단지 입주기업이 법인세감면을 받는 과세연도에는 이월된 임시투자세액공제를 받을 수 없음(대법원 1996. 10. 11. 선고 96누1337 판결). ○ 본점과 공장이 함께 있는 법인이 이를 분리하여 공장부문만 농공단지로 입주시는 농공단지 입주기업에 대한 조세특례를 적용할 수 없음(법인 22601-899, 1991. 5. 7.).

8 | 주요 개정연혁

1. 농공단지 입주기업 등 감면 적용기한 연장 등(조특법 §64, 조특령 §61)

(1) 개정내용

종 전	개 정
□ 농공단지 및 지방중소기업특별지원지역 입주기업 감면	□ 감면한도 신설, 적용기한 연장 등
○ (대상) 인구 20만 이상인 시지역 외의 지역에 소재하는 농공단지 및 지방중소기업특별지원지역* 입주기업(수도권과밀억제권역 제외) * 지방중소기업특별지원지역은 기재부령이 정하는 지역으로 한정(나주 일반산단 등 10곳) ○ (업종) 　– 농공단지: 농어촌소득원개발사업 　– 지방중소기업특별지원지역: 제한 없음	(좌 동)
○ (감면율) 창업중소기업 세액감면제도 준용* * 법인세·소득세 5년간 50% 등	○ 법인세·소득세 5년간 50%
〈신 설〉	○ 감면한도 신설 　– 투자누계액 50% + 상시근로자 수 × 1,500만원(청년 및 서비스업 상시근로자 2,000만원)
〈신 설〉	○ 청년상시근로자의 범위 　– 상시근로자 중 15~29세(병역이행기간은 연령에서 빼고 계산)인 근로자
〈신 설〉	○ 청년상시근로자의 수 계산방법 　　$\dfrac{\text{해당 과세연도의 매월말 현재 청년상시근로자 수의 합}}{\text{해당 과세연도의 개월 수}}$
○ (적용기한) 2018. 12. 31.	○ 2021. 12. 31.

(2) 개정이유
○ 국가균형발전·낙후지역 지원 및 일자리 창출 지원

(3) 적용시기 및 적용례
○ 2019. 1. 1. 이후 입주하는 분부터 적용

제66조

영농조합법인 등에 대한 법인세의 면제 등

1 | 의 의

쌀 시장 개방 등으로 어려움을 겪고 있는 농촌경제의 현실을 감안하고, 한·칠레 FTA, DDA 협상 등에 대비한 농어업 경쟁력 강화를 위해서 농어업 분야의 지원을 계속한다는 취지로 영농조합법인에 대하여는 다양한 과세특례 규정을 두고 있다. 영농조합법인이란 농민이 농업생산성의 향상과 농가소득의 증대를 도모하기 위하여 설립한 법인으로, 민법상 조합에 관한 규정이 적용된다. 본 제도에서는 영농조합법인과 조합원인 농민 사이에서 발생하는 과세문제에 대한 과세특례를 규정하고 있다.

2014. 1. 1. 법 개정시 조합원당 수입금액 6억원을 초과하는 작물재배업 소득분을 과세로 전환하였다(2015. 1. 1. 이후 개시하는 사업연도분부터 적용). 참고로 개인사업자인 농민의 경우도 총수입금액 10억원 초과분의 작물재배업(식량작물재배업 제외) 소득에 대하여 2015. 1. 1. 발생 소득분부터 과세된다.

2014. 12. 23. 법 개정시에는 8년 자경농지에 대한 양도소득세 감면 등과 유사하게 양도소득세 면제제도를 감면제도로 전환하고 조특법 제133조의 감면한도를 적용받도록 하였으며 2015. 7. 1. 이후 양도분부터 적용되었다. 한편, 2021. 12. 28. 법 개정시 적용기한을 2023. 12. 31.까지 연장하였다.

│영농조합법인 등에 대한 과세특례│

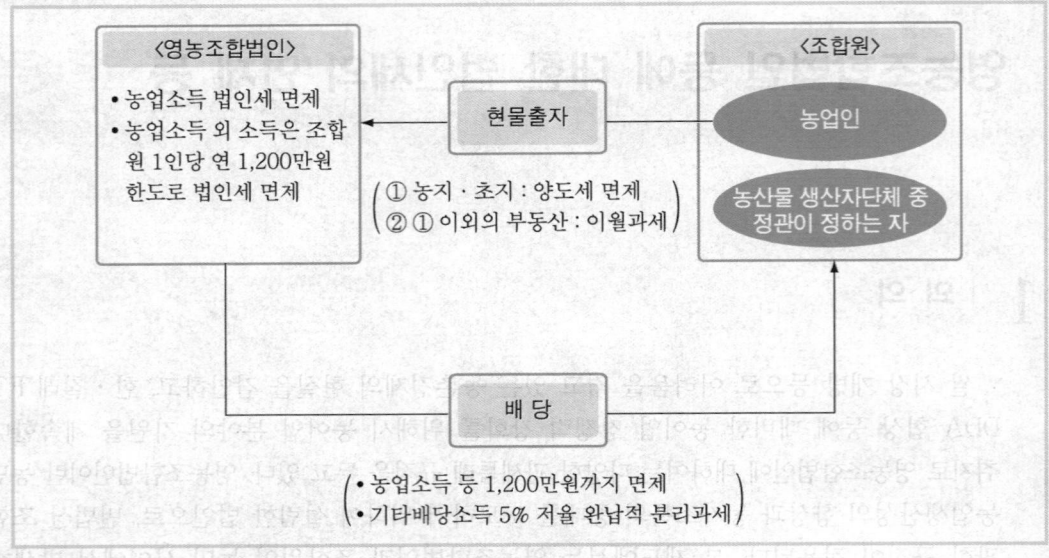

2 │ 요 건

이 조의 조세특례 적용대상자 및 적용대상 소득 등은 다음과 같다.

① 영농조합법인[1)2)] : 농업인 또는 농업 관련 생산자 단체가 5인 이상의 조합원으로 하여 설립한 법인

② 조합원 : 영농조합법인은 농업인과 농업생산자단체 중 정관으로 정하는 자를 조합원으로 한다.[3)]

③ 농업인 : 「농업·농촌 및 식품산업 기본법」 제3조 제2호에 따른 농업인으로서 현물출자하는 농지·초지 또는 부동산("농지 등")이 소재하는 시(특별자치시와 「제주특별자치도 설치 및 국제자유도시 조성을 위한 특별법」 제10조 제2항에 따른 행정시를 포함한다. 이하 이 조에서 같다)·군·구(자치구인 구를 말한다), 그와 연접한 시·군·구 또는 해당 농지

---

1) 협업적 농업경영을 통하여 생산성을 높이고 농산물의 출하·유통·가공·수출 및 농어촌 관광휴양사업 등을 공동으로 하려는 농업인 또는 「농업·농촌 및 식품산업 기본법」 제3조 제4호에 따른 농업 관련 생산자단체는 5인 이상을 조합원으로 하여 영농조합법인(營農組合法人)을 설립할 수 있다(「농어업경영체 육성 및 지원에 관한 법률」 §16①).

2) 영농조합법인 및 영어조합법인에 관하여 이 법에서 규정한 사항 외에는 「민법」 중 조합에 관한 규정을 준용한다(「농어업경영체 육성 및 지원에 관한 법률」 §16⑧).

3) 「농어업경영체 육성 및 지원에 관한 법률」 제17조 제1항

등으로부터 직선거리 30킬로미터 이내에 거주하면서 4년 이상 직접 경작한 자(조특령 §63④)

④ 농업소득 : 통계청장이 작성·고시하는 한국표준산업 분류표상의 농업 중 작물재배업의 분류에 속하는 작물의 재배로 발생하는 소득

기획재정부 유권해석 해설

질의 농업소득(작물재배소득) 외의 소득 중 대통령이 정하는 범위의 금액에 대하여 법인세를 감면하고 있는 바, 영농조합법인이 조합원 외의 자로부터 매입한 농산물을 가공·유통하여 발생한 소득이 법인세 감면 대상 소득인지 여부

회신 기획재정부 법인세제과-608, 2014. 8. 25.

○ 영농조합법인이 조합원 외의 농업인, 농업협동조합으로부터 구입한 산지농산물을 가공·유통하는 사업은 「조세특례제한법」 제66조 제1항 및 동법 시행령 제63조 제1항의 법인세가 면제되는 농업소득 외의 소득에 해당함.

저자의 견해

○ 농업소득 외의 소득 범위는 「농어업경영체 육성 및 지원에 관한 법률 시행령」 제11조 제1항에 따른 영농조합법인의 사업에서 발생한 소득으로 제한하고 있을 뿐, 명문상으로 조합원간 거래여야 한다는 등 다른 제한 요소를 두고 있지 않음.

○ 농업소득 외의 범위를 조합원이 생산하지 않은 농산물의 유통 및 가공·판매까지 확대할 경우 일반적인 농산물 유통업체와 식품가공업체와 형평성 문제를 야기할 수 있으나 이는 입법을 통해 보완할 문제

○ 판례도 농업소득 외의 소득범위 판단시 조합원간 거래 여부에 상관없이 영농조합법인 설립 목적에 부합하는지 여부를 기준으로 판단(서울고등법원 2011. 4. 27. 선고 2010누660 판결)하는 입장

---

3 │ 과세특례의 내용

3-1. 법인세 면제

영농조합법인에 대하여는 2023. 12. 31. 이전에 종료하는 과세연도까지 다음의 소득에 대해 법인세를 면제한다(조특법 §66①, 조특령 §63①).

① 곡물 및 기타 식량작물재배업에서 발생하는 소득(이하 "식량작물재배업소득"이라 한다) 전액

② 식량작물재배업소득 외의 소득 중 「농어업경영체 육성 및 지원에 관한 법률 시행령」

제11조 제1항에 따른 영농조합법인의 사업에서 발생한 다음의 소득
　㉠ 식량작물재배업 외의 작물재배업에서 발생하는 소득금액으로서 각 사업연도별로
　다음의 계산식에 따라 계산한 금액 이하의 금액

> 식량작물재배업 외의 작물재배업에서 발생하는 소득금액 × {6억원 × 조합원 수 × (사업연도 월수 ÷
> 12) ÷ 식량작물재배업 외의 작물재배업에서 발생하는 수입금액}

　㉡ 작물재배업에서 발생하는 소득을 제외한 소득금액으로서 각 사업연도별로 다음의
　계산식에 따라 계산한 금액 이하의 금액

> 면제소득의 범위 = 1,200만원 × 조합원수 × 사업연도 월수/12

이 경우 조합원수는 매 사업연도 종료일의 인원을 기준으로 하여 계산하는 것이며, 준조합원은
이에 포함하지 아니한다(서이 46012－11967, 2002. 10. 29.).

3－2. 배당소득에 대한 조세특례

3－2－1. 배당소득에 대한 소득세 면제

영농조합법인의 조합원이 영농조합법인으로부터 2023. 12. 31.까지 지급받은 배당소득
중에서 다음의 배당소득에 대해서는 소득세를 면제한다(조특법 §66②, 조특령 §63②).
　① 식량작물재배업소득에서 발생한 배당소득 전액
　② 식량작물재배업소득 외의 작물재배업에서 발생한 소득 중 법인세가 면제되는 소득에서
　　발생한 배당소득 전액
　③ 작물재배업에서 발생하는 소득을 제외한 소득에서 발생한 배당소득의 경우에는 그
　　배당소득 중 과세연도별로 1,200만원 이하의 금액

배당소득은 각 배당 시마다 다음의 구분에 따른 계산식에 따라 계산한 금액으로 한다.
이 경우 각 소득금액은 배당확정일이 속하는 사업연도의 직전 사업연도에 해당하는 분으로
하며, 각 소득금액이 음수(陰數)인 경우에는 영으로 본다(조특령 §63③).
　① 식량작물재배업소득에서 발생한 배당소득

> {영농조합법인으로부터 지급받는 배당소득 × (식량작물재배업에서 발생하는 소득금액 ÷ 총 소득금액)}

② 식량작물재배업소득 외의 작물재배업에서 발생한 소득 중 법인세가 면제되는 소득에서 발생한 배당소득

{영농조합법인으로부터 지급받는 배당소득 × (법인세가 면제되는 소득금액 ÷ 총 소득금액)}

③ 전체소득에서 식량작물재배업소득과 식량작물재배업소득 외의 작물재배업에서 발생한 소득 중 법인세가 면제되는 소득을 제외한 소득에서 발생한 배당소득

[영농조합법인으로부터 지급받은 배당소득 × {1 − (식량작물재배업에서 발생하는 소득금액 + 법인세가 면제되는 소득금액) ÷ 총 소득금액}]

3-2-2. 저율분리과세 배당소득

영농조합법인이 조합원에게 지급하는 배당소득 중 소득세가 면제되는 금액을 제외한 배당소득으로서 2023. 12. 31.까지 지급받는 소득에 대한 소득세의 원천징수세율은 소득세법상 규정에 불구하고 5%로 원천징수하고, 당해 배당소득에 대하여는 종합소득과세표준의 계산에 있어서도 합산하지 아니한다(조특법 §66③).4)

3-3. 양도소득세 과세특례

3-3-1. 양도소득세 감면

농업인이 영농조합법인의 설립을 위하여 실제로 경작에 사용되던 농지 또는 초지조성허가를 받은 초지를 2023. 12. 31. 이전에 현물출자하는 경우에는 농지 또는 초지의 현물출자에 따른 소득(현물출자와 관련하여 영농조합법인이 인수한 채무가액에 상당하는 아래의 소득은 제외)에 대해서는 양도소득세를 100% 감면한다(조특법 §66④).

양도소득금액 × (현물출자한 자산에 담보된 채무 / 양도가액)

다만, 해당 농지 또는 초지가 주거지역·상업지역 및 공업지역("주거지역등")에 편입되거나 「도시개발법」 또는 그 밖의 법률에 따라 환지처분 전에 농지 또는 초지 외의 토지로 환지예정지 지정을 받은 경우에는 주거지역등에 편입되거나, 환지예정지 지정을 받은 날까지 발생한

---

4) 조합원 배당소득 저율과세의 경우 저율과세되는 금융소득을 다시 신고하도록 하는 것은 제도의 신뢰성에 문제가 있으므로 종합과세대상에서 제외(분리과세)

소득으로서 양도소득금액 중 다음의 계산식에 따른 금액에 대해서만 양도소득세의 100%를 감면한다. 이 경우 「공익사업을 위한 토지 등의 취득 및 보상에 관한 법률」 및 그 밖의 법률에 따라 협의매수되거나 수용되는 경우에는 보상가액 산정의 기초가 되는 기준시가를 양도 당시의 기준시가로 보며, 새로운 기준시가가 고시되기 전에 취득하거나 양도한 경우 또는 주거지역등에 편입되거나 환지예정지 지정을 받은 날이 도래하는 경우에는 직전의 기준시가를 적용한다 (조특령 §63⑮).

> 양도소득금액 × {(주거지역등에 편입되거나 환지예정지 지정을 받은 날의 기준시가 − 취득 당시 기준시가) ÷ (양도 당시 기준시가 − 취득 당시 기준시가)}

양도소득세 등의 감면대상이 되는 농지는 전·답으로서 지적공부상의 지목에 관계없이 실제로 경작에 사용되는 토지와 그 경작에 직접 필요한 농막·퇴비사·양수장·지소·농로·수로 등에 사용되는 토지로 한다. 다만, 다음의 농지는 제외한다(조특령 §63⑤·§66④).

① 양도일 현재 특별시·광역시(광역시에 있는 군 제외) 또는 시{도농(都農) 복합형태의 시의 읍·면 지역 및 제주특별자치시의 읍·면 지역 제외}에 있는 농지 중 주거지역·상업지역 및 공업지역안에 있는 농지로서 이들 지역에 편입된 날부터 3년이 지난 농지
  다만, 다음의 어느 하나에 해당하는 경우는 제외한다.
  ㉠ 사업시행지역 안의 토지소유자가 1천명 이상이거나 대규모개발사업 지역 안에서 대규모개발사업의 시행으로 인하여 주거지역·상업지역 또는 공업지역에 편입된 농지로서 사업시행자의 단계적 사업시행 또는 보상지연으로 이들 지역에 편입된 날부터 3년이 지난 경우
  ㉡ 사업시행자가 국가, 지방자치단체, 공공기관인 개발사업지역 안에서 개발사업의 시행으로 인하여 주거지역·상업지역 또는 공업지역에 편입된 농지로서 부득이한 사유에 해당하는 경우
  ㉢ 주거지역·상업지역 및 공업지역에 편입된 농지로서 편입된 후 3년 이내에 대규모개발사업이 시행되고, 대규모개발사업 시행자의 단계적 사업시행 또는 보상지연으로 이들 지역에 편입된 날부터 3년이 지난 경우(대규모개발사업지역 안에 있는 경우로 한정)
② 「도시개발법」 또는 그 밖의 법률에 따라 환지처분 이전에 농지 외의 토지로 환지예정지를 지정하는 경우에는 그 환지예정지 지정일부터 3년이 지난 농지. 다만, 환지처분에 따라 교부받는 환지청산금에 해당하는 부분은 제외한다.

3-3-2. 양도소득세 이월과세

농업인이 2023. 12. 31. 이전에 영농조합법인에게 농작물재배업,[5] 축산업 및 임업에 직접 사용되는 부동산(농지 또는 초지법에 의한 초지 제외)을 현물출자하는 경우, 현물출자시에는 과세되지 아니하고 당해 자산 처분시에 과세되는 이월과세를 적용받을 수 있다(조특법 §66⑦).[6]

4 | 사후관리

4-1. 양도소득세 감면받은 경우

농지 또는 초지의 현물출자에 따른 양도소득세를 감면받은 농민이 출자일로부터 3년 이내에 자신의 출자지분을 타인에게 양도하는 경우에는 당해 양도일이 속하는 과세연도의 과세표준신고시 다음의 세액과 이자상당가산액을 양도소득세로 납부하여야 한다(조특법 §66⑤·⑥, 조특령 §63⑥·⑨).

$$\text{당해 농지에 대한 감면세액} \times \frac{\text{3년 내 양도한 출자지분}}{\text{총 출자지분}}$$

$$\text{이자상당가산액} = \text{납부할 양도소득세액} \times \text{기간}^*(\text{일수}) \times 0.025\%$$

* 당초 현물출자한 농지 등에 대한 양도소득세 예정신고 납부기한의 다음 날 ~ 세액의 납부일

다만, 세액의 납부는 농지를 현물출자하기 전에 자경하였던 기간과 현물출자 후 출자지분 양도시까지의 기간을 합한 기간이 8년 미만인 경우에 납부하며, 이 경우 상속받은 농지의 경작기간을 계산할 때 상속인이 상속받은 농지를 1년 이상 계속하여 경작하는 경우(현물출자하는 농지등이 소재하는 시·군·구, 그와 연접한 시·군·구 또는 해당 농지등으로부터 직선거리 30킬로미터 이내에 거주하면서 경작하는 경우를 말한다) 다음의 기간은 상속인이 이를 경작한 기간으로

---

5) 1. 농작물재배업 : 식량작물 재배업, 채소작물 재배업, 과실작물 재배업, 화훼작물 재배업, 특용작물 재배업, 약용작물 재배업, 버섯 재배업, 양잠업 및 종자·묘목 재배업(임업용 종자·묘목 재배업은 제외)
   2. 축산업 : 동물(수생동물은 제외)의 사육업·증식업·부화업 및 종축업(種畜業)
   3. 임업 : 육림업(자연휴양림·자연수목원의 조성·관리·운영업 포함), 임산물 생산·채취업 및 임업용 종자·묘목 재배업
6) 영농사업 규모화를 지원하기 위해 영농·유통·가공 등의 사업용 부동산 현물출자시 세부담이 없도록 하고 당해 자산 처분시 과세(2005. 1. 1. 이후 양도하는 분부터 적용)

본다(조특법 §66⑤, 조특령 §63⑥).

① 피상속인이 취득하여 경작한 기간(직전 피상속인의 경작 기간으로 한정한다)

② 피상속인이 배우자로부터 상속받아 경작한 사실이 있는 경우에는 피상속인의 배우자가 취득하여 경작한 기간

또한, 경작한 기간 중 해당 피상속인(그 배우자를 포함한다) 또는 거주자의 「소득세법」 제19조 제2항에 따른 사업소득금액(농업·임업에서 발생하는 소득, 「소득세법」 제45조 제2항에 따른 부동산임대업에서 발생하는 소득과 같은 법 시행령 제9조에 따른 농가부업소득은 제외한다)과 같은 법 제20조 제2항에 따른 총급여액의 합계액이 3천700만원 이상인 과세기간이 있는 경우 그 기간은 피상속인 또는 거주자가 경작한 기간에서 제외한다(조특령 §63⑭).

4-2. 양도소득세 이월과세받은 경우

양도소득세 이월과세를 적용받은 농업인이 현물출자로 취득한 주식 또는 출자지분의 50% 이상을 출자일부터 3년 이내에 처분하는 경우에는 처분일이 속하는 달의 말일부터 2개월 이내에 이월과세액(해당 영농조합법인이 이미 납부한 세액을 제외한 금액)을 양도소득세로 납부하여야 하며, 이 경우도 이자상당액[7]을 가산한다(조특법 §66⑨·⑩). 이 경우 처분은 주식 또는 출자지분의 유상이전, 무상이전, 유상감자 및 무상감자(주주 또는 출자자의 소유주식 또는 출자지분 비율에 따라 균등하게 소각하는 경우는 제외)를 포함한다. 다만, 다음의 어느 하나에 해당하는 경우에는 그러하지 아니한다(조특령 §63⑫·§28⑩).

① 농업인이 사망하거나 파산하여 주식 또는 출자지분을 처분하는 경우

② 농업인이 적격합병이나 적격분할의 방법으로 주식 또는 출자지분을 처분하는 경우

③ 농업인이 주식의 포괄적 교환·이전 또는 주식의 현물출자의 방법으로 과세특례를 적용받으면서 주식 또는 출자지분을 처분하는 경우

④ 농업인이 회생절차에 따라 법원의 허가를 받아 주식 또는 출자지분을 처분하는 경우

⑤ 농업인이 법령상 의무를 이행하기 위하여 주식 또는 출자지분을 처분하는 경우

또한, 양도소득세는 해당 부동산을 현물출자하기 전에 직접 사용하였던 기간과 현물출자 후 주식 또는 출자지분의 처분일까지의 기간을 합한 기간이 8년 미만인 경우에 납부한다. 이 경우 상속받은 부동산의 사용기간을 계산할 때 피상속인이 사용한 기간은 상속인이 사용한 기간으로 본다(조특령 §63⑨·⑬).

---

7) 4-1.에서 계산한 방법과 동일한 방법으로 계산한다.

5 | 절 차

5-1. 법인세 면제 신청

법인세를 면제받고자 하는 영농조합법인은 과세표준신고와 함께 세액면제신청서, 면제세액 계산서 및 「농어업경영체 육성 및 지원에 관한 법률」 제4조에 따른 농어업경영체 등록(변경등록)확인서를 납세지 관할 세무서장에게 제출하여야 한다. 다만, 납부할 법인세가 없는 경우에는 그러하지 아니하다(조특령 §63⑦).

5-2. 배당소득에 대한 조세특례 신청

배당소득에 대한 소득세를 면제받고자 하는 자는 당해 배당소득을 지급받는 때에 세액면제신청서를 영농조합법인에 제출하여야 한다. 이 경우 영농조합법인은 배당금을 지급한 날이 속하는 달의 다음 달 말일까지 조합원이 제출한 세액면제신청서를 원천징수 관할 세무서장에게 제출하여야 한다(조특령 §63⑧).

5-3. 양도소득에 대한 조세특례

양도소득세를 감면 또는 이월과세를 적용받고자 하는 자는 과세표준신고와 함께 세액감면신청서 또는 이월과세신청서에 해당 영농조합법인의 「농어업경영체 육성 및 지원에 관한 법률」 제4조에 따른 농어업경영체 등록(변경등록)확인서, 현물출자계약서 사본 및 당해 농지의 등기부등본을 첨부하여 납세지 관할 세무서장에게 제출하여야 한다. 이 경우 이월과세적용신청서는 영농조합법인과 함께 제출하여야 한다(조특령 §63⑩).

6 | 조세특례제한 등

6-1. 중복지원의 배제

6-1-1. 세액공제와 중복지원 배제

내국인이 동일한 과세연도에 본조에 따른 세액감면과 조세특례제한법상의 일부 세액공제 규정이 동시에 해당하는 경우에는 그 중 하나만을 선택하여 적용받을 수 있다. 이에 대한 자세한 내용은 제127조의 해설을 참고하기로 한다.

6-1-2. 세액감면과 중복지원 배제

내국인의 동일한 사업장에 대하여 동일한 과세연도에 본조에 따른 세액감면과 조세특례제한법상의 일부 세액감면이 동시에 적용되는 경우에는 그 중 하나만을 선택하여 적용받을 수 있다. 이에 대한 자세한 내용은 제127조의 해설을 참고하기로 한다.

6-2. 결정시 등의 감면 배제

제64조(6-3. 결정시 등의 감면 배제)의 해설을 참고하기로 한다.

6-3. 양도소득세 감면의 종합한도

제133조의 해설을 참고하기로 한다.

7 | 관련사례

구 분	내 용
과세특례의 범위 및 내용	○ 영농조합법인이 법인세 면제 신청시 농업경영체 등록확인서를 추가로 제출하도록 정한 취지는 제출된 농업경영체 등록확인서를 통해 해당 법인이 농어업경영체법에서 정한 영농조합법인의 요건을 갖추었는지를 확인하려는 절차를 규정한 것으로, 농업경영체 등록확인서의 제출이 해당 법인세의 면제 요건에 해당한다고 보기 어려워 이를 제출하지 않았다고 하여 과세관청이 해당 법인세 면제를 거부할 수 없는 것임(대법원 2019두55972, 2023. 3. 30.). ○ 사료도매업은 '농업의 경영 및 부대사업'에 해당하지 아니하므로 법인세가 면제되는 사업이라 할 수 없음(대전고법 2011누2000, 2012. 3. 29.). ○ 영농조합법인의 석유판매사업은 영농조합법인의 고유한 사업을 달성하는 데 필요한 사업이라고 보기 어려우므로 법인세 면제소득에 해당되지 않음(서울고법 2010누660, 2011. 4. 27.). ○ 영농조합법인이 국가 또는 지방자치단체로부터 계란집하장 및 관리실 신축, 계란포장재 디자인 및 구입을 위해 지급받은 보조금과 제3자로부터 무상으로 받은 자산수증이익이나 기타 이자수익, 장려금, 후원금 등은 법인세가 면제되는 조세특례제한법 제66조 제1항의 '농업소득 외의 소득'에 해당하지 아니하는 것임(재법인-346, 2011. 4. 21.). ○ 2007. 2. 28. 대통령령 제19888호로 개정되기 전의 「조세특례제한법 시행령」 제63조의 경우에는 영농조합법인의 소득 중 작물재배업에 의하지 않은 '농업소득 외의 소득'에 대하여 일률적으로 조합원 1인당 12,000천원까지 법인세를 면제하여 준다고만

구 분	내 용
	규정하고 있을 뿐, 영농조합법인의 목적에 부합하는 사업에서 발생한 소득으로 면제 대상 소득을 구체적으로 규정하고 있지 아니하고 있고, 2007. 2. 28. 대통령령 제19888호로 개정된 「조세특례제한법 시행령」 제63조에서 농업소득 외의 소득 중 법인세가 면제되는 소득금액은 「농업·농촌기본법 시행령」 제13조에 따른 영농조합법인의 사업에서 발생한 소득으로 구체적으로 규정하면서 그 부칙 제2조에서 2007. 1. 1. 이후 개시하는 사업연도분부터 적용하는 것으로 규정하고 있어, 청구법인이 보유한 쟁점토지를 2005. 8. 1. 양도함에 따라 발생한 양도차익에 대하여는 2007. 2. 28. 대통령령 제19888호로 개정되기 전의 「조세특례제한법 시행령」 제63조에 따라, 청구법인의 2005사업연도 말 현재 조합원수 21명에 1인당 12,000천원을 곱한 금액 252,000천원은 법인세가 일부 면제되는 농업소득 외의 소득으로 보아야 할 것이어서(국심 2003중1781, 2004. 5. 27. 같은 뜻), 처분청이 이를 부인하고 이 건 법인세를 과세한 처분은 잘못이 있는 것으로 판단됨(조심 2010중3546, 2011. 1. 6.).
과세특례의 범위 및 내용	○ 2007. 2. 28. 대통령령 제19888호로 개정되기 전 조특법 시행령 제63조 제1항이 적용되는 2004~2006사업연도 법인세에 대하여 살펴보면, 위 규정은 면제 대상 소득을 영농조합법인의 목적에 부합하는 사업에서 발생할 것으로 제한하지 아니한 점, ○○○에게 다소 폭넓은 혜택을 부여하는 방향으로 해석함이 합리적인 점 등에 비추어 보았을 때, 쟁점소득 중 2007. 2. 28. 대통령령 제19888호로 개정되기 전 조특법 시행령 제63조 제1항이 적용되는 2004~2006사업연도에 발생한 소득은 조특법 제66조에 따라 법인세가 일부 면제되는 "농업소득 외의 소득"에 해당한다 할 것이다(조심 2010전342, 2010. 2. 25. 같은 뜻임). 다음으로, 2007. 2. 28. 대통령령 제19888호로 개정된 조특법 시행령 제63조 제1항이 적용되는 2007~2008사업연도 법인세에 대하여 살피건대, 2007. 2. 28. 위 시행령 개정 이후에는 단순히 ○○○의 정관에 규정된 사업이 아니라 "○○○의 목적달성을 위한 사업"에서 발생한 소득만을 법인세가 일부 면제되는 농업소득외의 소득으로 보아야 하는 점, 「농업·농촌기본법」 제15조 제1항은 ○○○의 설립을 "협업적 농업경영을 통하여 생산성을 높이고 농산물의 출하·가공·수출 등을 공동으로 하는 것"이라고 규정하고 있는바, 법인세 면제대상이 되는 "농업소득 외의 소득"은 작물재배업과 최소한의 유사성이 있는 사업에서 발생하여야 한다고 해석함이 합리적인 점, 청구법인이 영위한 주차장 운영업의 경우 작물재배업과 유사성이 있다고 보기 어려운 점 등을 종합하였을 때, 쟁점소득 중 2007. 2. 28. 대통령령 제19888호로 개정된 조특법 시행령 제63조 제1항이 적용되는 2007, 2008사업연도에 발생한 소득은 조특법 제66조에 따라 법인세가 일부 면제되는 "농업소득 외의 소득"에 해당하지 아니한다 할 것임(조심 2010전342, 2010. 2. 25. 같은 뜻임)(조심 2010중1664, 2010. 12. 31.).

8 | 주요 개정연혁

1. 영농조합법인의 법인세 면제 소득범위 명확화(조특령 §63)

(1) 개정내용

종 전	개 정
☐ 영농조합법인 소득에 대한 법인세 면제	☐ 법인세가 면제되는 소득 명확화 ㅇ「농어업경영체 육성 및 지원에 관한 법률 시행령」제11조 제1항에 따른 영농조합법인의 사업에서 발생한 소득 * 농어업경영체 육성 및 지원에 관한 법률 시행령 제11조 제1항 사업 1. 농업의 경영 및 부대사업 2. 농업에 관련된 공동이용시설의 설치·운영 3. 농산물의 공동출하·가공 및 수출 4. 농작업의 대행 5. 기타 영농조합법인의 목적달성을 위해 정관으로 정하는 사업
ㅇ (식량작물재배업) 비과세 ㅇ (식량작물재배업 外 작물재배업) 조합원 1인당 수입금액 6억원 한도 비과세 ㅇ (기타소득) 조합원 1인당 1,200만원 한도 비과세	ㅇ (좌 동) ㅇ (좌 동) ㅇ (기타소득)「농어업경영체 육성 및 지원에 관한 법률 시행령」제11조 제1항에 따른 영농소득사업에서 발생하는 소득에 한해 조합원 1인당 1,200만원 한도 비과세

(2) 개정이유
ㅇ 법인세가 면제되는 소득 범위를 명확화

(3) 적용시기 및 적용례
ㅇ 2015. 1. 1. 이후 개시하는 사업연도 분부터 적용

2. 농업회사법인 등에 농지 등을 현물출자시 양도세 면제 보완
(조특법 §66, §67, §68, 조특령 §63, §64, §65)

(1) 개정내용

종 전	개 정
□ 영농조합법인·농업회사법인·영어조합법인에 농지 등을 현물출자시 양도세 면제	□ 면제 → 양도세 감면 100% 　○ 감면 한도 　　- 1년간 2억원, 5년간 3억원
□ 과세특례 대상 농업인 요건 　① 농지소재지에서 거주 　② 4년 이상 직접 경작한 자 　　(영농조합법인에만 적용) 　○ 상속받은 농지의 경작기간 계산시, 피상속인과 상속인의 경작기간을 통산 〈신 설〉	□ 과세특례 농업인 요건 정비 　① (좌 동) 　② 4년 이상 직접 경작한 자 　　(농업회사법인에도 적용) 　○ 상속인이 상속받은 농지를 1년 이상 계속하여 재촌·자경한 경우만 피상속인의 경작기간을 통산 　○ 근로소득(총급여) 및 사업소득*이 연간 3,700만원 이상인 경우 해당 연도는 자경하지 않은 것으로 간주 　　* 농업·축산업·임업 및 비과세 농가 부업소득, 부동산임대소득 제외

(2) 개정이유
　○ 자경농민에 대한 지원 취지에 맞도록 유사 지원제도*와 일치
　　* 8년 자경농지 및 농지대토 양도세 감면제도

(3) 적용시기 및 적용례
　○ 2015. 7. 1. 이후 양도분부터 적용

제67조

영어조합법인 등에 대한 법인세의 면제 등

1 의 의

앞에서 설명한 제66조의 영농조합법인에 대한 과세특례 도입과 함께 영어조합법인에게도 과세특례를 인정하기 위하여 본 제도가 도입되었다. 영어조합법인은 어업인이 생산성을 높이고 어가소득을 증대시키기 위하여 설립한 조합이며, 본 제도의 주된 목적은 영어조합법인과 어업인인 조합원 사이에서 발생하는 출자·배당 등에 대하여 과세특례를 인정하는 것이다. 본 과세특례제도의 기본적인 구조는 제66조의 과세특례 내용과 동일하다.

| 영어조합법인 등에 대한 과세특례 |

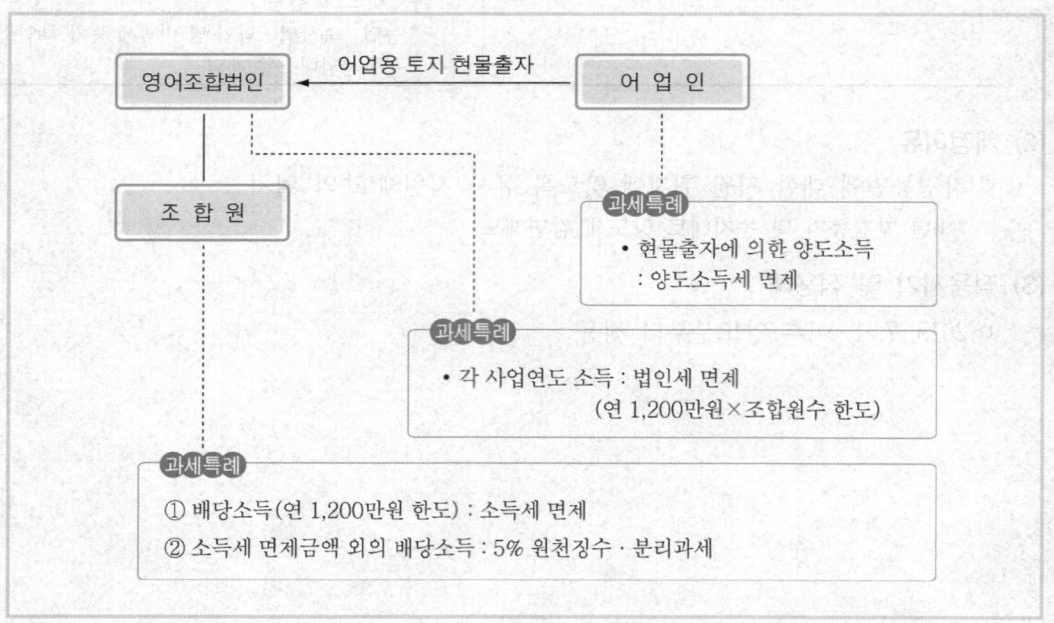

2 │ 요 건

이 조의 조세특례 적용대상자는 다음과 같다.

① 영어조합법인[1] : 어업인 또는 어업 관련 생산자 단체가 5인 이상의 조합원으로 하여 설립한 법인

② 조합원 : 영어조합법인의 조합원을 말한다.

③ 어업인 : 「수산업법」에 의한 어업인 또는 「수산종자산업육성법」에 따른 수산종자 생산업자(바다, 바닷가, 수산종자생산업을 목적으로 인공적으로 조성된 육상의 해수면을 이용하는 수산종자생산업자로서 한정한다)로서 현물출자하는 어업용 토지 또는 건물이 소재하는 시·군·구(자치구인 구를 말한다), 그와 연접한 시·군·구 또는 해당 어업용 토지 등으로부터 직선거리 30킬로미터 이내에 거주하면서 해당 어업용 토지를 어업에 4년 이상 직접 사용한 자를 말한다(조특령 §64③).

3 │ 과세특례의 내용

3-1. 법인세 면제

영어조합법인에 대하여는 2023. 12. 31. 이전에 종료하는 과세연도까지 각 사업연도 소득 중 영어조합법인의 사업에서 발생한 소득으로서 다음 금액 이하의 금액에 대하여는 법인세를 면제한다(조특법 §67①, 조특령 §64①).

> 면제소득의 범위 = 1,200만원 × 조합원수 × 사업연도 월수/12

이 경우 조합원수는 매 사업연도 종료일의 인원을 기준으로 하여 계산하는 것이며, 준조합원은 이에 포함하지 아니한다(서이 46012-11967, 2002. 10. 29.).

---

1) 협업적 수산업경영을 통하여 생산성을 높이고 수산물의 출하·유통·가공·수출 및 농어촌 관광휴양사업 등을 공동으로 하려는 어업인 또는 「수산업·어촌 발전 기본법」 제3조 제5호에 따른 어업 관련 생산자단체(이하 "어업생산자단체"라 한다)는 5인 이상을 조합원으로 하여 영어조합법인(營漁組合法人)을 설립할 수 있다(「농어업경영체 육성 및 지원에 관한 법률」 §16②).

3-2. 배당소득에 대한 조세특례

3-2-1. 배당소득에 대한 소득세 면제

영어조합법인의 조합원이 영어조합법인으로부터 2023. 12. 31.까지 지급받은 배당소득에 대하여 과세연도별로 1천 200만원 이하의 금액에 대하여는 소득세를 면제한다(조특법 §67②, 조특령 §64②).

3-2-2. 저율분리과세 배당소득

영어조합법인이 조합원에게 지급하는 배당소득 중 소득세가 면제되는 금액을 제외한 배당소득으로서 2023. 12. 31.까지 지급받는 소득에 대한 소득세의 원천징수세율은 소득세법상 규정에 불구하고 5%로 원천징수하고, 당해 배당소득에 대하여는 종합소득과세표준의 계산에 있어서도 합산하지 아니한다(조특법 §67③).

3-3. 양도소득세 과세특례

어업인이 2023. 12. 31. 이전에 어업용 토지등을 영어조합법인과 어업회사법인[2]에 현물출자함으로써 발생하는 소득(현물출자와 관련하여 영어조합법인과 어업회사법인이 인수한 채무가액에 상당하는 아래의 소득은 제외)에 대해서는 양도소득세의 100%를 감면한다(조특법 §67④ 본문).

양도소득금액 × (현물출자한 자산에 담보된 채무 / 양도가액)

양도소득세 등의 감면대상이 되는 "어업용 토지등"이란 육상해수양식어업 및 수산종자생산업(바다, 바닷가, 수산종자생산업을 목적으로 인공적으로 조성된 육상의 해수면을 이용하는 수산종자생산업으로 한정한다)에 직접 사용되는 토지 및 건물을 말한다(조특령 §64④).

다만, 해당 어업용 토지 등이 주거지역등에 편입되거나 「도시개발법」 또는 그 밖의 법률에 따라 환지처분 전에 어업용 토지등 외의 토지로 환지예정지 지정을 받은 경우에는 주거지역등에 편입되거나, 환지예정지 지정을 받은 날까지 발생한 소득으로서 양도소득금액 중 다음의 계산식에 따른 금액에 대해서만 양도소득세의 100%를 감면한다. 이 경우 「공익사업을 위한 토지 등의 취득 및 보상에 관한 법률」 및 그 밖의 법률에 따라 협의매수되거나 수용되는 경우에는 보상가액 산정의 기초가 되는 기준시가를 양도 당시의 기준시가로 보며, 새로운

---

[2] 어업회사법인을 추가(2010. 1. 1. 이후 양도분부터 적용)

기준시가가 고시되기 전에 취득하거나 양도한 경우 또는 주거지역등에 편입되거나 환지예정지 지정을 받은 날이 도래하는 경우에는 직전의 기준시가를 적용한다(조특법 §67④ 단서, 조특령 §64⑫).

> 양도소득금액 × {(주거지역등에 편입되거나 환지예정지 지정을 받은 날의 기준시가 − 취득 당시 기준시가) ÷ (양도 당시 기준시가 − 취득 당시 기준시가)}

2015. 12. 15. 법 개정시 어업인의 어업용 토지 현물출자에 대한 양도소득세 감면 요건을 강화하였는바, 어업인은 어업용 토지 소재지에서 거주하면서 해당 어업용 토지를 어업에 4년 이상 직접 사용하여야 하고, 양도소득세 면제를 위한 자영기간은 어업인의 어업용 토지 등의 현물출자 전 자경기간과 현물출자 후 보유기간의 합이 8년 이상이어야 하며, 이 경우 상속받은 어업용 토지의 자영기간 계산시 상속인이 상속받은 어업용 토지등을 1년 이상 계속하여 재촌·자영한 경우에 한하여 피상속인의 자영기간을 통산(피상속인이 배우자로부터 상속받아 어업에 직접 사용한 사실이 있는 경우에는 피상속인의 배우자가 취득하여 어업에 직접 사용한 기간 포함)하고, 총급여 및 사업소득(어업소득, 부동산임대소득, 농가부업소득은 제외)이 연간 3,700만원 이상인 경우 해당 연도는 자영기간에서 제외한다(조특령 §64③·⑤·⑪).

4 │ 사후관리

어업용 토지를 현물출자하여 양도소득세를 감면받은 자가 그 출자지분을 출자일로부터 3년 이내에 다른 사람에게 양도하는 경우에는 양도일이 속하는 과세연도의 과세표준신고시 다음의 세액과 이자상당가산액을 양도소득세로 납부하여야 한다(조특법 §67⑤·⑥, §66⑥, 조특령 §64⑥, §63⑨). 다만, 「해외이주법」에 의한 해외이주에 의하여 세대전원이 출국하는 경우는 제외한다(조특령 §64⑦).

$$\text{당해 농지에 대한 감면세액} \times \frac{\text{3년 내 양도한 출자지분}}{\text{총 출자지분}}$$

$$\text{이자상당가산액} = \text{납부할 양도소득세액} \times \text{기간(일수)} \times 0.025\%$$

5 │ 절 차

5-1. 법인세 면제 신청

법인세를 면제받고자 하는 영어조합법인은 과세표준신고와 함께 세액면제신청서와 면제세액계산서 및 농어업경영체 등록확인서를 납세지 관할 세무서장에게 제출하여야 한다. 다만, 납부할 법인세가 없는 경우에는 그러하지 아니하다(조특령 §64⑧).

5-2. 배당소득에 대한 조세특례 신청

배당소득에 대한 소득세를 면제받고자 하는 자는 당해 배당소득을 지급받는 때에 세액면제신청서와 해당 영어조합법인의 농어업경영체 등록확인서를 영어조합법인에 제출하여야 한다. 이 경우 영어조합법인은 배당금을 지급한 날이 속하는 달의 다음 달 말일까지 조합원이 제출한 세액면제신청서를 원천징수 관할 세무서장에게 제출하여야 한다(조특령 §64⑨).

5-3. 양도소득에 대한 조세특례 신청

양도소득세의 감면신청을 하고자 하는 자는 당해 어업용 토지 등을 양도한 날이 속하는 과세연도의 과세표준신고와 함께 세액감면신청서에 해당 영어조합법인의 농어업경영체 등록확인서와 현물출자계약서 사본을 첨부하여 납세지 관할 세무서장에게 제출(국세정보통신망에 의한 제출 포함)하여야 한다. 이 경우 관할 세무서장은 전자정부법 제36조 제1항에 따른 행정정보의 공동이용을 통하여 해당 어업용 토지 등의 등기사항증명서를 확인하여야 한다(조특령 §64⑩).

6 | 조세특례제한 등

6-1. 중복지원의 배제

6-1-1. 세액공제와 중복지원 배제

내국인이 동일한 과세연도에 본조에 따른 세액감면과 조세특례제한법상의 일부 세액공제 규정이 동시에 해당하는 경우에는 그 중 하나만을 선택하여 적용받을 수 있다. 이에 대한 자세한 내용은 제127조의 해설을 참고하기로 한다.

6-1-2. 세액감면과 중복지원 배제

내국인의 동일한 사업장에 대하여 동일한 과세연도에 본조에 따른 세액감면과 조세특례제한법상의 일부 세액감면이 동시에 적용되는 경우에는 그 중 하나만을 선택하여 적용받을 수 있다. 이에 대한 자세한 내용은 제127조 제5항의 해설을 참고하기로 한다.

6-2. 결정시 등의 감면 배제

제64조(6-3. 결정시 등의 감면 배제)의 해설을 참고하기로 한다.

6-3. 양도소득세 감면의 종합한도

제133조의 해설을 참고하기로 한다.

7 │ 주요 개정연혁

1. 어업용토지의 현물출자에 대한 자영(自營)요건 합리화(조특령 §64)

(1) 개정내용

종 전	개 정
☐ 영어조합법인에 어업용토지 현물출자시 양도세 100% 감면 요건 ① 어업인 요건 　– 어업용토지 소재지에서 거주하는 자 〈신 설〉	☐ 자영(自營)요건 합리화 　– 어업용토지 소재지에서 거주하면서 4년 이상 직접 어업에 종사한 자 ② 자영기간 계산 　– 현물출자 전 자경기간과 현물출자 후 보유기간의 합이 8년 이상일 것 　– 상속받은 어업용토지의 자영기간 계산시, 1년 이상 재촌·자영한 상속인과 피상속인의 자영기간 통산 　– 총급여 및 사업소득*이 연간 3,700만원 이상인 경우 해당 연도는 자영기간에서 제외 　* 어업 및 비과세 부업소득, 부동산임대소득 제외

(2) 개정이유

○ 어업에 직접 종사한 자에 대한 지원이라는 제도 취지에 부합하도록 일정 기간 이상 계속하여 재촌·자영한 어업인에 대해서만 특례가 적용될 필요

(3) 적용시기 및 적용례

○ 2016. 2. 5. 이후 양도하는 분부터 적용

제68조

농업회사법인에 대한 법인세의 면제 등

1 │ 의 의

농어가 인구는 매년 감소할 뿐만 아니라, 특히 60대 이상 노령자의 비율이 매년 증가하고 있어 농어촌 지역은 생산인력의 부족현상이 심화되고 있다. 이러한 문제점을 보완하고자 협업적·기업적 농업경영을 할 수 있도록 농업회사법인의 설립·육성을 적극 지원하여야 할 필요성이 제기됨에 따라 조특법에서는 농업회사법인에 대하여 다양한 과세특례를 도입하였다.

2014. 1. 1. 조특법 개정시 개인의 작물재배업 과세전환에 맞추어 농업회사법인의 경우도 연간 수입금액 50억원을 초과하는 작물재배업 소득분을 과세로 전환하였다.

2014. 12. 23. 법 개정시에는 8년 자경농지에 대한 양도소득세 감면 등과 유사하게 양도소득세 면제제도를 감면제도로 전환하고 조특법 제133조의 감면한도를 적용받도록 하였으며 2015. 7. 1. 이후 양도분부터 적용되었다. 한편, 2021. 12. 28. 법 개정시 적용기한을 2023. 12. 31.까지 연장하였다.

│ 농업회사법인에 대한 과세특례 │

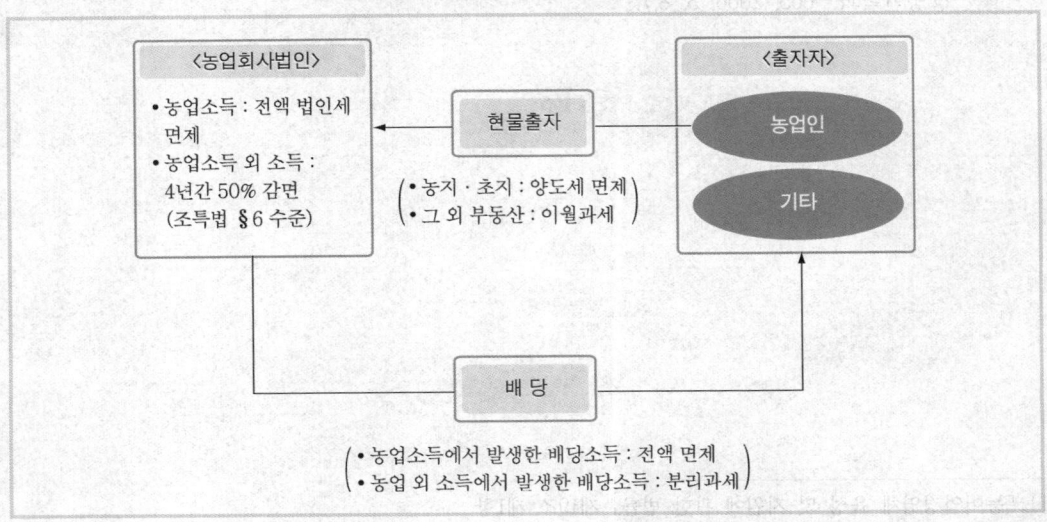

2 │요 건

이 조의 조세특례 적용대상자 및 적용대상 소득 등은 다음과 같다.

① 농업회사법인(農業會社法人) : 농업의 경영이나 농산물의 유통·가공·판매를 기업적으로 하려는 자나 농업인의 농작업을 대행하거나 농어촌 관광휴양사업을 하려는 자가 설립한 합명·합자·유한·주식회사[1]

② 농업인 : 「농업·농촌 및 식품산업 기본법」 제3조 제2호에 따른 농업인으로서 현물출자하는 농지·초지 또는 부동산("농지 등")이 소재하는 시(특별자치시와 「제주특별자치도 설치 및 국제자유도시 조성을 위한 특별법」 제10조 제2항에 따른 행정시를 포함한다)·군·구(자치구인 구를 말한다), 그와 연접한 시·군·구 또는 해당 농지 등으로부터 직선거리 30킬로미터 이내에 거주하면서 4년 이상 직접 경작한 자(조특령 §63④)

③ 농업소득 : 통계청장이 작성·고시하는 한국표준산업분류표상의 농업 중 작물재배업의 분류에 속하는 작물의 재배로 발생하는 소득을 말한다(조특법 §66①, 지법 §197).

> **관련예규**
>
> • 농업회사법인이 농업소득에서 발생한 매출채권 지연회수시 받는 연체이자 상당액은 수입이자로서 농업 외 소득의 개별익금에 해당함(서면2팀-839, 2005. 6. 17.).
> • 농업·농촌기본법에 의하여 설립된 농업회사법인의 농지분양매출 및 농지분양대행수수료 수입, 찜질방이용료수입은 조세특례제한법 제68조의 규정에 의하여 감면되는 '농업소득 외의 소득'에 해당되지 아니하는 것임(재법인-218, 2006. 3. 17.).
> • 농업회사법인은 근거법상의 사업 및 이와 유사한 사업 외의 사업은 허용되지 않음(농림부 경영인력과-665, 2006. 3. 8.).

---

[1] 「농어업경영체 육성 및 지원에 관한 법률」 제19조 제1항

3 │ 과세특례의 내용

3-1. 법인세 면제

농업회사법인에 대하여는 2023. 12. 31. 이전에 종료하는 과세연도까지 다음의 소득에 대하여 법인세를 면제한다(조특법 §68①).
① 식량작물재배업소득 전액
② 식량작물재배업소득 외의 작물재배업에서 발생하는 소득 중 다음의 계산식에 따라 계산한 금액 이하의 금액(조특령 §65①)

> 식량작물재배업 외의 작물재배업에서 발생하는 소득금액 × {50억원 × (사업연도 개월수 ÷ 12) ÷ 식량작물재배업 외의 작물재배업에서 발생하는 수입금액}

또한, 작물재배업 외의 소득 중 다음의 소득(농업인이 아닌 자가 지배하는 기획재정부령으로 정하는 농업회사법인[2])의 경우에는 기획재정부령으로 정하는 업종[3]에서 발생하는 소득은 제외한다)에 대하여는 최초로 소득이 발생한 과세연도(사업개시일부터 5년이 되는 날이 속하는 과세연도까지 해당 소득이 발생하지 아니하는 경우에는 5년이 되는 날이 속하는 과세연도)와 그 다음 과세연도의 개시일부터 4년 이내에 종료하는 과세연도까지 법인세의 50%를 감면한다(조특법 §68①, 조특령 §65②).

□ 작물재배업 외의 소득 중 감면대상 소득
① 「농어업・농어촌 및 식품산업 기본법 시행령」 제2조에 따른 축산업, 임업에서 발생한 소득
② 「농어업경영체 육성 및 지원에 관한 법률 시행령」 제19조 제1항에 따른 농업회사법인의 부대사업에서 발생한 소득
③ 「농어업경영체 육성 및 지원에 관한 법률」 제19조 제1항에 따른 농산물 유통・가공・판매 및 농작업 대행에서 발생한 소득[4]

---

2) 출자총액이 80억원을 초과하고 출자총액 중 「농어업경영체 육성 및 지원에 관한 법률」 제2조 제1호에 따른 농업인 및 「농업・농촌 및 식품산업 기본법」 제3조 제4호에 따른 농업 관련 생산자단체의 출자지분 합계의 비중이 100분의 50 미만인 농업회사법인을 말한다(조특칙 §26①).
3) 도・소매업 및 서비스업(작물재배 관련 서비스업은 제외한다)을 말한다(조특칙 §26②).
4) 조특법과 농업농촌기본법(현행 「농어업・농어촌 및 식품산업 기본법」)상 "농업소득"의 정의가 달라 축산업, 임업, 농작물 유통・가공・판매 및 농작업 대행업이 농업회사법인의 부대사업에서 제외되어 세제지원되지 못하는 문제를 시정(2008. 2. 22. 이후 최초로 신고하는 분부터 적용)

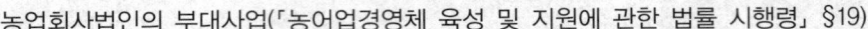

> **농업회사법인의 부대사업(「농어업경영체 육성 및 지원에 관한 법률 시행령」§19)**
>
> 1. 영농에 필요한 자재의 생산 및 공급사업
> 2. 영농에 필요한 종자생산 및 종균배양사업
> 3. 농산물의 구매 및 비축사업
> 4. 농업기계나 그 밖의 장비의 임대·수리 및 보관사업
> 5. 소규모 관개시설(灌漑施設)의 수탁 및 관리사업

3-2. 배당소득에 대한 조세특례

농업회사법인에 출자한 거주자가 2023. 12. 31.까지 지급받는 배당소득 중 식량작물재배업소득에서 발생한 배당소득 전액에 대해서는 소득세를 면제한다. 또한, 식량작물재배업소득 외의 소득 중 조특령 제65조 제1항 각 호의 소득(이하 "부대사업등 소득"이라 한다) 및 식량작물재배업 외의 작물재배업에서 발생한 배당소득에 대하여는 종합소득과세표준에 합산하지 아니한다(조특법 §68④).

이 경우 배당소득은 각 배당시마다 다음의 계산식에 따라 계산한 금액으로 한다. 이 경우 각 소득금액은 배당확정일이 속하는 사업연도의 직전 사업연도에 해당하는 분으로 하며, 각 소득금액이 음수인 경우 영으로 본다(조특령 §65④).

① 식량작물재배업소득에서 발생한 배당소득

{농업회사법인으로부터 지급받는 배당소득 × (식량작물재배업에서 발생하는 소득금액 ÷ 총 소득금액)}

② 부대사업등 소득 및 식량작물재배업 외의 작물재배업에서 발생하는 소득에서 발생한 배당소득

{농업회사법인으로부터 지급받는 배당소득 × (부대사업 등 소득금액 + 식량작물재배업 외의 작물재배업에서 발생하는 소득금액) ÷ 총 소득금액}

3-3. 양도소득세 과세특례

3-3-1. 양도소득세 감면

농업인이 2023. 12. 31. 이전에 농지 또는 초지[5]를 농업회사법인(「농지법」에 따른 농업법인[6]의 요건을 갖춘 경우만 해당)에 현물출자함으로써 발생하는 소득(현물출자와 관련하여 농업회사법인이 인수한 채무가액에 상당하는 아래의 소득은 제외)에 대하여는 양도소득세를 100% 감면한다(조특법 §68② 본문).

양도소득금액 × (현물출자한 자산에 담보된 채무 / 양도가액)

또한, 양도소득세 등의 감면대상이 되는 농지는 전·답으로서 지적공부상의 지목에 관계없이 실제로 경작에 사용되는 토지와 그 경작에 직접 필요한 농막·퇴비사·양수장·지소·농로·수로 등에 사용되는 토지로 한다. 다만, 조특령 제66조 제4항 각 호[7]의 어느 하나에 해당하는 농지는 제외한다(조특령 §63⑤).

다만, 해당 농지 또는 초지가 주거지역등에 편입되거나 「도시개발법」 또는 그 밖의 법률에 따라 환지처분 전에 농지 또는 초지 외의 토지로 환지예정지 지정을 받은 경우에는 주거지역등에 편입되거나, 환지예정지 지정을 받은 날까지 발생한 소득으로서 「소득세법」 제95조 제1항에 따른 양도소득금액 중 다음의 계산식에 따른 금액에 대해서만 양도소득세의 100%를 감면한다. 이 경우 「공익사업을 위한 토지 등의 취득 및 보상에 관한 법률」 및 그 밖의 법률에 따라 협의매수되거나 수용되는 경우에는 보상가액 산정의 기초가 되는 기준시가를 양도 당시의 기준시가로 보며, 새로운 기준시가가 고시되기 전에 취득하거나 양도한 경우 또는 주거지역등에 편입되거나 환지예정지 지정을 받은 날이 도래하는 경우에는 직전의 기준시가를 적용한다(조특법 §68② 단서, 조특령 §65⑦).

양도소득금액 × {(주거지역등에 편입되거나 환지예정지 지정을 받은 날의 기준시가 - 취득 당시 기준시가) ÷ (양도 당시 기준시가 - 취득 당시 기준시가)}

---

[5] 축산업에 직접 사용되는 초지도 현물출자대상에 포함하여 축산업 농가의 법인화를 유도(2001. 1. 1. 이후 최초로 현물출자하는 분부터 적용)

[6] "농업법인"이란 「농어업경영체 육성 및 지원에 관한 법률」 제16조에 따라 설립된 영농조합법인과 같은 법 제19조에 따라 설립되고 업무집행권을 가진 자 중 3분의 1 이상이 농업인인 농업회사법인을 말한다(농지법 §2 3호).

[7] 뒤의 제69조의 해설을 참고하기 바란다.

3-3-2. 양도소득세 이월과세

농업인이 2023. 12. 31. 이전에 농업회사법인에게 농작물재배업,[8] 축산업 및 임업에 직접 사용되는 부동산(농지 또는 초지법에 의한 초지 제외)을 현물출자하는 경우, 현물출자시에는 과세되지 아니하고 당해 자산 처분시에 과세되는 이월과세를 적용받을 수 있다.[9] 이 경우 농업인이 현물출자로 취득한 주식 또는 출자지분의 100분의 50 이상을 출자일부터 3년 이내에 처분하는 경우에는 처분일이 속하는 달의 말일부터 2개월 이내에 이월과세액(해당 영농조합법인이 이미 납부한 세액을 제외한 금액을 말한다)을 양도소득세(이자상당액 포함)로 납부하여야 한다(조특법 §68③, §66⑨·⑩ 준용).

4 ｜ 사후관리

농지 또는 초지의 현물출자에 따른 양도소득세를 감면받은 자가 출자일로부터 3년 이내에 자신의 출자지분을 타인에게 양도하는 경우에는 당해 양도일이 속하는 과세연도의 과세표준신고시 다음의 세액과 이자상당가산액을 양도소득세로 납부하여야 한다(조특법 §68⑥, §66⑤·⑥).

$$당해 농지에 대한 감면세액 \times \frac{3년 내 양도한 출자지분}{총 출자지분}$$

$$이자상당가산액 = 납부할 양도소득세액 \times 기간(일수) \times 0.025\%$$

* 당초 현물출자한 농지 등에 대한 양도소득세 예정신고 납부기한의 다음 날 ~ 세액의 납부일

다만, 세액의 납부는 농지를 현물출자하기 전에 자경하였던 기간과 현물출자 후 출자지분 양도시까지의 기간을 합한 기간이 8년 미만인 경우에 납부하며, 이 경우 상속받은 농지의 경작기간을 계산할 때 상속인이 상속받은 농지를 1년 이상 계속하여 경작하는 경우(현물출자하는

---

8) 1. 농작물재배업 : 식량작물 재배업, 채소작물 재배업, 과실작물 재배업, 화훼작물 재배업, 특용작물 재배업, 약용작물 재배업, 버섯 재배업, 양잠업 및 종자·묘목 재배업(임업용 종자·묘목 재배업은 제외한다)
2. 축산업 : 동물(수생동물은 제외한다)의 사육업·증식업·부화업 및 종축업(種畜業)
3. 임업 : 육림업(자연휴양림·자연수목원의 조성·관리·운영업을 포함한다), 임산물 생산·채취업 및 임업용 종자·묘목 재배업
9) 영농사업 규모화를 지원하기 위해 영농·유통·가공 등의 사업용 부동산 현물출자시 세부담이 없도록 하고 당해 자산 처분시 과세(2005. 1. 1. 이후 양도하는 분부터 적용)

농지등이 소재하는 시·군·구, 그와 연접한 시·군·구 또는 해당 농지등으로부터 직선거리 30킬로미터 이내에 거주하면서 경작하는 경우를 말한다) 다음의 기간은 상속인이 이를 경작한 기간으로 본다(조특령 §63⑥).

① 피상속인이 취득하여 경작한 기간(직전 피상속인의 경작 기간으로 한정한다)
② 피상속인이 배우자로부터 상속받아 경작한 사실이 있는 경우에는 피상속인의 배우자가 취득하여 경작한 기간

또한, 경작한 기간 중 해당 피상속인(그 배우자를 포함한다) 또는 거주자의 「소득세법」 제19조 제2항에 따른 사업소득금액(농업·임업에서 발생하는 소득, 「소득세법」 제45조 제2항에 따른 부동산임대업에서 발생하는 소득과 같은 법 시행령 제9조에 따른 농가부업소득은 제외한다)과 같은 법 제20조 제2항에 따른 총급여액의 합계액이 3천700만원 이상인 과세기간이 있는 경우 그 기간은 피상속인 또는 거주자가 경작한 기간에서 제외한다(조특령 §63⑭).

5 | 절 차

5-1. 법인세 면제 신청

법인세를 감면받으려는 농업회사법인은 과세표준신고와 함께 세액감면신청서, 면제세액 계산서와 농어업경영체 등록확인서를 납세지 관할 세무서장에게 제출하여야 한다(조특령 §65⑤).

5-2. 배당소득에 대한 조세특례 신청

배당소득에 대한 소득세를 면제받고자 하는 자는 당해 배당소득을 지급받는 때에 세액면제신청서를 농업회사법인에 제출하여야 한다. 이 경우 농업회사법인은 배당금을 지급한 날이 속하는 달의 다음 달 말일까지 조합원이 제출한 세액면제신청서와 해당 농업회사법인의 농어업경영체 등록확인서를 원천징수 관할 세무서장에게 제출하여야 한다(조특령 §65⑥).

5-3. 양도소득에 대한 조세특례 신청

양도소득세의 감면 또는 이월과세를 적용받고자 하는 자는 과세표준신고와 함께 세액감면신청서 또는 이월과세신청서에 농어업경영체 등록확인서, 현물출자계약서 사본과 당해 농지의 등기부등본을 첨부하여 납세지 관할 세무서장에게 제출하여야 한다. 이 경우

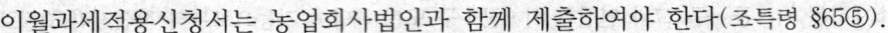

이월과세적용신청서는 농업회사법인과 함께 제출하여야 한다(조특령 §65⑤).

6 │ 조세특례제한 등

6-1. 중복지원의 배제

6-1-1. 세액공제와 중복지원 배제

내국인이 동일한 과세연도에 본조에 따른 세액감면과 조세특례제한법상의 일부 세액공제 규정이 동시에 해당하는 경우에는 그 중 하나만을 선택하여 적용받을 수 있다. 이에 대한 자세한 내용은 제127조의 해설을 참고하기로 한다.

6-1-2. 세액감면과 중복지원 배제

내국인의 동일한 사업장에 대하여 동일한 과세연도에 본조에 따른 세액감면과 조세특례제한법상의 일부 세액감면이 동시에 적용되는 경우에는 그 중 하나만을 선택하여 적용받을 수 있다. 이에 대한 자세한 내용은 제127조의 해설을 참고하기로 한다.

6-2. 결정시 등의 감면 배제

제64조(6-3. 결정시 등의 감면 배제)의 해설을 참고하기로 한다.

6-3. 양도소득세 감면의 종합한도

제133조의 해설을 참고하기로 한다.

6-4. 구분경리

본조의 규정을 적용받는 법인이 감면대상 사업과 기타 사업을 겸영하는 경우에는 구분 경리하여야 하며, 이에 대한 자세한 내용은 제143조의 해설을 참고하기로 한다.

7 | 관련사례

구 분	내 용
과세특례의 범위 및 내용	○ 2006. 12. 30. 개정 전 구 조세특례제한법 제68조에서는 법인세의 감면대상인 농업소득 외의 소득의 종류를 한정하지 않았고, 개정 이후 비로소 법인세의 감면대상인 농업소득 외의 소득의 범위를 대통령령으로 정하는 소득으로 한정한 것으로 볼 때 농업회사법인의 소유 부동산 양도차익은 농업소득 외 소득에 해당함(대전지법 2012. 6. 27. 선고 2012구합456 판결). ○ 「농어업경영체 육성 및 지원에 관한 법률」에 따른 농업회사법인의 축산물 유통·가공·판매에서 발생하는 소득은 「조세특례제한법」 제68조 제1항과 같은 법 시행령 제65조 제1항에 따라 법인세가 감면되는 "농업소득 외의 소득"에 해당하지 아니하는 것임(법규과-611, 2012. 6. 1.). ○ 「농업·농촌기본법」 제16조 규정에 의하여 설립된 농업회사법인이 보유하고 있는 토지, 건물, 기계장치 등 고정자산을 양도함으로 인해 발생하는 소득은 「조세특례제한 법」 제68조 제1항의 규정에 의해 감면되는 "농업소득 외의 소득"에 해당되지 아니하는 것임(재법인-425, 2010. 6. 3.). ○ 농업회사법인이 미곡분(쌀가루)를 제조하여 가맹점에 공급하기 위하여 가맹점계약을 체결하고 가맹점으로부터 받은 수입금액은 농업소득으로 볼 수 없음(국심 2005중 1072, 2006. 6. 15.). ○ 「조세특례제한법」 제6조 제1항에 따라 세액감면을 적용받지 않은 「상법」에 따른 주식회사가 「농어업경영체 육성 및 지원에 관한 법률」에 따른 농업회사법인으로 전환하여 「조세특례제한법」 제68조 제1항에 따라 식량작물재배업에서 발생하는 소득외의 소득에 대해 법인세를 감면받는 경우, 감면기간의 기산은 농업회사법인으로 전환 후 최초로 소득이 발생한 사업연도를 기준으로 적용하는 것임(기획재정부 법인세제과-6, 2017. 1. 4.). ○ 농업회사법인이 다른 업체에서 구입한 계란·병아리의 판매와 액란의 판매에서 발생한 소득은 구 조특법(2012. 10. 2. 법률 제11486호로 개정되기 전의 것) 제68조 제4항 및 동법 시행령 제65조 제1항에서 규정한 '농업소득 외 소득'에 해당하는 것임.

8 │ 주요 개정연혁

1. 비농업인이 지배하는 농업회사법인의 감면 소득 조정(조특령 §65, 조특칙 §26 신설)

(1) 개정내용

종 전	개 정
□ 농업회사법인의 작물재배업 외 소득에 대한 법인세를 5년간 50% 감면 　ㅇ 감면 대상 소득 　　– 「농업식품기본법」에 따른 축산업·임업 소득 　　– 「농어업경영체법」에 따른 농업회사법인 부대사업 소득 　　– 농산물 유통·가공·판매 및 농작업 대행 소득* 　　* 소득범위는 예규로 운영 〈신　설〉	 　ㅇ 감면 대상 소득 명확화 　　– (좌　동) 　　– (좌　동) 　　– 「농어업경영체법」에 따른 농산물 유통·가공·판매 및 농작업 대행 소득 　ㅇ 자본금 80억원 초과하고, 비농업인 지분율 50% 이상 시에는 농업생산과 관계없는 업종* 소득은 감면 미적용 　　* 유통·서비스업 관련 소득

(2) 개정이유

　ㅇ 감면 소득 범위를 농어업경영체법에 따른 소득으로 명확화

　ㅇ 비농업인 소유 농업회사법인과 일반법인 간 형평성 제고

(3) 적용시기 및 적용례

　ㅇ (소득 명확화) 2019. 1. 1. 이후 개시하는 사업연도 분부터 적용

　ㅇ (소득 감면 조정) 2019. 2. 12. 이후 신설되는 농업회사법인부터 적용

제69조

자경농지에 대한 양도소득세의 감면

1 의 의

　토지의 양도시 발생하는 양도차익은 자본이득에 해당하므로 당연히 양도소득세가 부과되어야 할 것이나, 장기간 실질적으로 농작물을 자경하여 온 농지에 대하여는 예외적으로 양도소득세를 감면한다는 특례를 인정하여, 농어촌소득원 개발을 지원하고, 토지를 장기적으로 농지로서 사용될 수 있도록 유도하기 위하여 본 제도가 마련되었다. 다만, 자본이득에 대한 세액감면은 근로소득 등 다른 소득에 비하여 혜택이 지나칠 우려가 있고, 조세부담을 회피하는 수단으로 악용될 소지가 있는 등 조세형평성을 저해할 우려가 크므로, 과세특례의 요건을 엄격하게 규정하여 적용되어야 할 것이다.

2 요 건

2-1. 감면대상

2-1-1. 자기가 경작한 거주자

　본조의 규정에 따라 양도소득세의 감면을 적용받기 위해서는 감면대상 농지의 양도자가 양도할 때까지의 사이에 다음의 기간 이상을 농지소재지에 거주하면서 자기가 경작한 자[1]이어야 한다(조특령 §66①).

---

1) 농지 양도일 현재 「소득세법」 제1조의2 제1항 제1호에 따른 거주자인 자를 말하며, 비거주자는 감면대상에서 배제되며 2013. 2. 15. 이후 최초로 양도하는 분부터 적용된다. 다만, 비거주자가 된 날부터 2년 이내인 자는 거주자로 보도록 유예기간을 둠으로써, 납세자의 불편을 최소화하였다.

구 분	농지의 경작기간
일반적인 양도의 경우	8년 이상
경영이양직접지불보조금의 지급대상이 되는 농지를 한국농어촌공사 또는 영농조합법인·농업회사법인에게 2023. 12. 31.까지 양도하는 경우	3년 이상

이 경우 경영이양직접지불보조금이란 고령농가의 소득보장을 통한 경영이양촉진과 쌀 전업농의 경영규모확대를 위해 고령농업인이 희망에 따라 쌀농사를 그만 두고자 할 경우 정부가 직접 지급하는 경영이양보조금을 말한다(조특령 §66③, 농산물의 생산자를 위한 직접지불제도 시행규정 §4). 그 취지는 고령농업인의 농지 양도를 유도하여 경영규모를 확대하고 농업의 경쟁력을 제고하는 한편, 영농에서 은퇴하는 소규모 영세 고령농업인의 생활안정을 지원하기 위함이다.

관련예규

• 비거주자가 양도한 농지라도 취득한 때부터 양도할 때까지의 사이에 8년 이상(상속받은 농지의 경우는 피상속인이 경작한 기간을 합산한 기간) 농지소재지에 거주하면서 자경한 사실이 확인되는 경우에는 동 규정에 의한 양도소득세의 면제를 적용받을 수 있음(재일 46014-1454, 1996. 6. 17.).

2-1-2. 농촌소재지

본조의 적용대상자는 농촌소재지에 거주하면서 직접 경작하여야 하는바, 농촌소재지란 다음의 지역(경작개시 당시에는 당해 지역에 해당하였으나, 행정구역의 개편 등으로 이에 해당하지 아니하게 된 지역 포함)에 거주하는 것을 말한다(조특령 §66①).

① 농지가 소재하는 시[2]·군·구(자치구인 구) 안의 지역
② 위 ①의 지역과 연접한 시·군·구 안의 지역
③ 해당 농지로부터 직선거리 30km 이내의 지역[3][4]

---

[2] 특별자치시와 「제주특별자치도 설치 및 국제자유도시 조성을 위한 특별법」 제10조 제2항에 따라 설치된 행정시를 포함한다. 세종특별자치시 소재 농지(축사용지 포함)의 경우 주거지역·상업지역·공업지역 편입 여부 및 편입기간과 무관하게 감면대상에 포함되며 2013. 2. 15. 이후 양도하는 분부터 적용됨.

[3] 행정구역 간 거리 편차 등으로 인한 현행 행정구역 기준의 불형평 문제를 보완(2008. 2. 22. 이후 양도분부터 적용)

[4] 해당 농지로부터 직선거리 30킬로미터 이내의 지역은 해당 농지의 소재지로부터 농지소유자가 거주하는 시·군·구의 경계선까지의 거리가 아닌 농지소유자의 거주지까지의 거리가 직선거리로 30킬로미터 이내의 지역을 의미함(대법원 2010. 6. 24. 선고 2010두3794 판결).

2-2. 자경 요건

2-2-1. 자경의 범위

직접 경작이라 함은 거주자가 그 소유농지에서 농작물의 경작 또는 다년생식물의 재배에 상시 종사하거나 농작업의 2분의 1 이상을 자기의 노동력에 의하여 경작 또는 재배하는 것[5]을 말한다(조특령 §66⑬). 자경에 대하여는 실무상 많은 사례가 있는바, 그 주요한 사례는 다음과 같다.

관련예규 및 심판례

• 직접경작이라 함은 거주자가 그 소유농지에서 농작물의 경작 또는 다년생식물의 재배에 상시 종사하거나 농작업의 2분의 1 이상을 자기의 노동력에 의하여 경작 또는 재배하는 것을 말하는 것으로, 남편소유 농지를 부인이 경작한 경우는 이에 해당하지 아니함(서면4팀-359, 2007. 1. 26.).
• 자경농지는 농지소재지에 거주하면서 자기가 직접 농작물을 경작하거나 자기책임하에 농사를 지은 농지로서 위탁경영하거나 대리경작 또는 임대차한 농지는 제외함(조기통 69-0…3 ①).
• 종중소유 농지를 종중원 중 일부가 농지소재지에 거주하면서 직접 농작물을 경작하거나 자기책임하에 농사를 지은 경우는 자경농지로 봄(조기통 69-0…3 ②).
• 농지소재지 인근에 거주하면서 8년 이상 자경했다 하나 그 입증책임은 납세자에게 있고 그 사실을 인정할 만한 증거가 없어 양도세 면제대상 아님(대법원 2002. 11. 22. 선고 2002두7074 판결).
• 자경이란 농지소재지에 거주하면서 자신이 직접 경작한 것 이외에도 양도자의 책임과 계산하에 타인을 고용하여 경작한 것을 포함하는 것으로 비료값, 인부임금 등 영농비를 자기 명의로 부담하고 영농하는 형식으로 경작한 경우를 포함(대법원 1990. 2. 13. 선고 89누5409 판결)
• 법인의 대표자소유 농지를 당해 법인의 직원이 경작한 경우는 대표자 개인의 고용인으로 볼 수 없어 자경에 해당하지 않음(심사양도 2002-95, 2002. 6. 7.).
• 농지원부등본이나 자경증명원 등 객관적인 자경증빙서류의 제시 없이 자경사실만을 주장하는 것은 감면요건에 해당하지 않음(국심 서89-1511, 1989. 10. 20.).
• 공유로 농지를 취득한 경우 타인지분농지에 대하여는 자경으로 볼 수 없는바, 이때 면제농지를 양도하는 경우에는 지분에 해당하는 농지만이 면제대상이 됨(직세 1234-1565, 1979. 5. 10.).
• 소유자 또는 농지세납부명의자와 실제 경작자가 다르다 하여 이를 자경이 아닌 것으로 간주할 수는 없고 농지소재지 이장, 인근주민, 고용인의 증명에 의하여 자기가 실제로 경작하였음이

---

5) 농지의 효율적 이용관리를 위한 농지법의 자경 개념과 일치(2006. 1. 1. 이후 양도하는 분부터 적용)

입증되는 경우에는 이를 자경으로 봄(재산 01254-2105, 1988. 7. 27.).
- 종중이 농지를 소유하고 종중책임하에 영농하였음이 인우증명서, 종중의사록, 재산관리보고서 등에 의하여 확인되는 경우에는 이를 자경으로 봄(국심 87전1283, 1987. 9. 16.).
- 농업을 주업으로 하는 세대가 소유농지를 그 가족의 일원이 경작하여 생계를 유지하는 경우, 농지소재지에서 영농할 수 있는 동거가족이 항시 거주하였음이 확인되는 경우, 1세대가 동거하면서 가족이 공동으로 경작한 경우에는 이를 자경으로 봄(국심 87서1110, 1987. 9. 2.).
- 농업 이외의 다른 직업, 이를테면 대학교수나 기타 다른 직업을 가진 경우에도 농지소재지에 거주하면서 사실상 자기책임하에 관리인을 고용하여 경작한 사실이 입증되면 이를 자경으로 보아야 함(재일 46014-713, 1997. 3. 25.).

● |주요 입법취지| **자경의 정의 명확화**

□ 자경의 개념이 명확하지 않아 납세자의 불필요한 민원을 유발시키고, 실질적으로 영농에 종사하지 않아도 감면되는 문제도 발생하므로, 자경의 개념을 농지법 규정을 인용하여 명확하게 정의
○ 농작업에 상시 종사하거나, 2분의 1 이상을 자기노동력으로 경작(농지법 §2)
⇨ 2006. 1. 1. 이후 양도하는 분부터 적용

2-2-2. 자경기간의 계산

'8년(3년) 계속하여 직접 경작한 토지'라 함은 양도일 현재 농지이고, 당해 농지 보유기간 동안에 8년 이상 농지소재지에 거주하면서 자기가 직접 경작한 사실이 있어야 하며, 다만 양도일 현재 농지소재지에 거주하지 아니한 경우에도 양도소득세의 면제대상은 된다(조기통 69-0…4). 따라서 농지의 보유기간 중 8년(3년) 이상 자경사실을 계산하여야 한다. 자경기간 계산에 관한 주요 사항은 다음과 같다.

(1) 교환 등의 농지가 협의매수된 경우

농지를 교환·분합 및 대토한 경우(소법 §89① 2, 조특법 §70)로서 새로이 취득하는 농지가 「공익사업을 위한 토지 등의 취득 및 보상에 관한 법률」에 의한 협의매수·수용 및 그 밖의 법률에 의하여 수용되는 경우에 있어서는 교환·분합 및 대토 전의 농지에서 경작한 기간을 당해 농지에서 경작한 기간으로 본다(조특령 §66⑥).

(2) 상속받은 경우

경작한 기간을 계산할 때 상속인이 상속받은 농지를 1년 이상 계속하여 경작하는 경우 (2-1-2. 농촌소재지에 거주하면서 경작하는 경우를 말한다) 다음의 기간은 상속인이 이를 경작한 기간으로 본다(조특령 §66⑪).

① 피상속인이 취득하여 경작한 기간(직전 피상속인의 경작기간으로 한정한다)

② 피상속인이 배우자로부터 상속받아 경작한 사실이 있는 경우에는 피상속인의 배우자가 취득하여 경작한 기간

다만, 상속인이 상속받은 농지를 1년 이상 계속하여 경작하지 아니하더라도 상속받은 날부터 3년이 되는 날까지 양도하거나 협의매수 또는 수용[6]되는 경우로서 상속받은 날부터 3년이 되는 날까지 다음의 어느 하나에 해당하는 지역으로 지정[7]되는 경우(상속받은 날 전에 지정된 경우를 포함한다)에는 위 ① 및 ②의 경작기간을 상속인이 경작한 기간으로 본다[8](조특령 §66⑫).

① 「택지개발촉진법」 제3조에 따라 지정된 택지개발지구

② 「산업입지 및 개발에 관한 법률」 제6조·제7조·제7조의2 또는 제8조에 따라 지정된 산업단지

③ 다음의 어느 하나에 해당하는 지역(조특칙 §27⑦)

㉮ 「공공주택 특별법」 제6조에 따라 지정된 공공주택지구

㉯ 「도시 및 주거환경정비법」 제16조에 따라 지정·고시된 정비구역

㉰ 「신항만건설 촉진법」 제5조에 따라 지정된 신항만건설 예정지역

㉱ 「도시개발법」 제3조 및 제9조에 따라 지정·고시된 도시개발구역

㉲ 「철도건설법」 제9조에 따라 철도건설사업실시계획 승인을 받은 지역

㉳ 위 ㉮부터 ㉲까지와 유사한 경우로서 다른 법률에 따라 예정지구 또는 실시계획 승인을 받은 지역 등 해당 공익사업으로 인하여 해당 주민이 직접적인 행위제한(건축물의 건축, 토지의 형질변경·분할 등)을 받는 지역

관련예규 및 심판례

• 농지 양도자의 8년 이상 자경기간을 계산함에 있어 2회 이상 상속된 농지의 경우에는 양도자(상속인)의 직전 피상속인이 취득하여 경작한 기간만 양도자의 경작기간에 통산하여 계산하는 것임(재재산-940, 2006. 8. 4.).

• 상속받은 농지란 상속개시 후 최초로 협의분할 등에 의하여 취득한 농지를 말하며, 당해 농지를 법정상속인으로 상속등기 후 다른 상속인들의 소유지분을 취득하는 경우에는 취득하는 날부터 계산함(서면4팀-576, 2005. 4. 14.).

• 공동상속으로 인하여 수인이 지분으로 취득한 후 이를 양도하는 경우에 법정상속지분 범위

---

6) 「공익사업을 위한 토지 등의 취득 및 보상에 관한 법률」 및 그 밖의 법률

7) 관계 행정기관의 장이 관보 또는 공보에 고시한 날을 말한다.

8) 경과조치 : 2006. 2. 9. 이전 상속받은 농지가 2008. 12. 31.까지 공익사업용으로 지정된 경우 양도기한의 제한없이 피상속인의 경작기간 통산 허용

내에서는 피상속인이 거주경작한 때로부터 기산하나, 지분초과 취득분의 자경기간 기산일은 지분취득일로부터 기산함(국심 86서1232, 1986. 10. 8.).
- 민법 규정에 의한 협의분할 또는 상속의 포기로 인하여 특정부분의 토지를 분할하여 취득하였거나 단독으로 상속받은 경우에는 그 범위 내의 토지에 대하여는 직접 상속받은 것이 되어 피상속인이 경작한 때로부터 자경기간을 계산함(국심 86중458, 1986. 6. 7.).
- 상속받은 농지의 경작한 기간을 계산시 양도인인 상속인과 직전 피상속인 사이에만 적용되는 것이 아니라 직전피상속인과 전전 피상속인 사이에도 적용된다고 보아야 함(2006. 2. 9. 대통령령 제19329호로 개정되기 전의 것)(대법원 2010. 3. 25. 선고 2009두22218 판결).

(3) 기타 농지의 환지 등의 경우 자경기간의 계산(조기통 69-0…1)

① 환지된 농지의 자경기간 계산은 환지 전 자경기간도 합산하여 계산한다.
② 증여받은 농지는 수증일 이후 수증인이 경작한 기간으로 계산한다.
③ 교환으로 인하여 취득하는 농지에 대하여는 교환일 이후 경작한 기간으로 계산한다.

(4) 피상속인(그 배우자를 포함한다) 또는 거주자의 「소득세법」 제19조 제2항에 따른 사업소득금액(농업·임업에서 발생하는 소득, 「소득세법」 제45조 제2항에 따른 부동산임대업에서 발생하는 소득과 같은 법 시행령 제9조에 따른 농가부업소득은 제외한다)과 같은 법 제20조 제2항에 따른 총급여액의 합계액이 3천 700만원 이상인 과세기간이 있는 경우 그 기간은 피상속인 또는 거주자가 경작한 기간에서 제외한다. 이 경우 사업소득금액이 음수인 경우에는 해당 금액을 0으로 본다(조특령 §66⑭).

그 밖에 농지의 자경기간 계산에 관한 주요 사례는 다음과 같다.

관련예규 및 심판례

- 자경기간이라 함은 자기가 소유한 상태에서의 8년 이상 경작을 의미하므로 농지의 소유권을 취득한 후 실제 경작일부터 기간을 계산하고 타인의 농지를 임차하여 자기가 경작한 기간은 포함하지 않음(직세 1234-1505, 1978. 5. 22.).
- 공동소유기간에 대한 자경기간은 그 공동소유 토지 중에서 소유지분에 대한 토지에 대하여만 자경기간으로 계산함(재일 46014-3363, 1994. 12. 22.).
- 취득일부터 양도일까지의 기간 내에서 8년 경작 여부를 따지므로 농지양도 후 재취득시에는 재취득일 이후부터 새로 기산하고, 소유기간 중 통산 8년 이상 경작하면 되는바, 소유기간 중 타인이 임차해 경작한 기간을 제외하면 8년 이상 자경한 경우에 해당하지 않는 경우에는 양도세 면제대상이 아님(국심 2001중872, 2001. 7. 26.).

2-3. 감면대상 농지

2-3-1. 감면대상 농지 여부의 판정

감면대상 농지는 취득한 때부터 양도할 때까지의 사이에 8년(경영이양보조금의 지급대상이 되는 농지를 한국농어촌공사 또는 농업법인에게 양도하는 경우에는 3년) 이상 자기가 경작한 사실이 있는 농지로서 아래에서 설명하는 농지(2-3-3.)를 제외한 것을 말한다(조특령 §66④).

감면대상 농지는 거주자가 농지를 취득한 때부터 양도한 때까지 경작한 전·답으로서 지적공부상의 지목에 관계없이 실지로 경작에 사용되는 토지로 하며, 농지경영에 직접 필요한 농막·퇴비사·양수장·지소·농도·수로 등을 포함하는 것으로 한다(조특칙 §27①).

농지판단에 관한 주요한 사례는 다음과 같다.

> ### 사 례
>
> ○ '농업소득세 과세대상(비과세·감면, 소액부징수대상을 포함)이 되는 토지'란 지방세법 규정에 의하여 통계청장이 작성·고시하는 한국표준산업분류표상의 농업 중 작물재배업의 분류에 속하는 작물(버섯재배 포함)을 재배하는 농지를 말함(서면4팀 – 1224, 2006. 5. 2.).
>
> ○ 농지에는 직접 공부상의 지목에 관계없이 실제로 경작에 사용되는 과수원을 포함하며, 지방세법에 의한 농지세과세대상에서 제외한 농작물(예 보리·밀)을 생산하는 토지도 포함(조기통 69–66…1)
>
> ○ 공부상 지목이 농지이더라도 양도일 현재 실제로 경작에 사용되고 있지 않은 토지는 농경지로 사용되지 않고 있는 것이 토지소유자의 자의에 의한 것이든 또는 타의에 의한 것이든 일시적으로 휴경상태에 있는 것이 아닌 한 양도일 현재 농지라고 볼 수 없어 양도소득세 비과세대상인 토지에 해당하지 않는다고 보아야 할 것임(대법원 1990. 2. 13. 선고 89누664 판결).
>
> ○ 농지는 공부상 지목에 관계없이 양도일 현재 실제로 경작에 사용한 토지를 말하는 것이고 실제로 경작하지는 않더라도 토지의 형상이 농경에 사용할 수 있는 상태에 있는 토지를 말하는 것은 아님(대법원 1989. 2. 14. 선고 88누6252 판결).
>
> ○ 농지는 지적공부상 지목이 전·답으로 되어 있는지 여부를 불문하고 실지로 경작에 사용되는 토지이면 이를 농지로 보아야 함(대법원 1987. 4. 14. 선고 86누265 판결).
>
> ○ 양도 당시 8년 이상 자경농지이나, 구 지방세법 시행령 제149조 단서에 의해 330제곱미터 미만 자급용 농지로 농지세 과세대상제외 경우 당해 농지에 대한 도시계획세·재산세납세증명 등으로 보아 도시계획구역 내 대지화된 토지로 오인할 여지가 있는바, 양도세 과세처분이 당연무효라 할 수 없음(대법원 1986. 2. 25. 선고 85누378 판결).
>
> ○ 등기부등본이나 토지대장등본상 지목이 전이라도 실제 경작에 사용된 사실이 입증되지 않으면 농지라 볼 수 없으며, 재산세 부과시 적용세율을 대지에 적용하는 0.3을 적용하였음을 볼 때 8년 이상 자경농지로 볼 수 없음(국심 87서274, 1989. 5. 27.).
>
> ○ 8년 이상 자경농지의 비과세 적용에 있어 과수원이 농지에 해당하기 위해서는 최소한 나무 1주당 6~7평이 소요되는 과수가 당해 토지상에 식재되어 있음을 요함(국심 88서1306, 1989. 1. 30.).

○ 등기부등본·토지대장등본·인우보증서 등에 의해 양도일 현재 농지임이 확인되는 경우 근저당권실행으로 취득농지경매를 위한 감정서상 지일이 나대지로 되었다는 이유만으로 양도일 현재 농지가 아니라고 할 수 없음(국심 86광1456, 1986. 11. 7.).

○ 양도 당시 자경농지가 아니었다는 반증이 없는 이상 토지의 양도 당시의 자경 여부에 대한 객관적 증빙이 없이 과세 당시 토지정황이나 양도토지의 위치, 토지등급만을 가지고 양도일 현재 자경농지가 아니라고 판단하여 과세하는 것은 사실조사나 판단에 미진한 점이 있었던 것으로 보임(국심 84부965, 1984. 8. 14.).

○ 토지대장에 현재까지 답으로 나타나 농사를 생업으로 살아왔음이 관할동장이 확인하고, 각 기별 재산세는 농지에 적용되는 1,000분의 1을 과세하는 등의 제증빙에 따라 비과세되는 양도토지로 보아야 함(국심 83서77, 1983. 3. 29.).

2-3-2. 감면대상 농지 여부의 판정기준일

본조의 규정을 적용받는 농지는 소득세법상 양도일(소령 §162) 현재 농지이어야 한다. 다만, 양도일 이전에 매매계약조건에 따라 매수자가 형질변경, 건축착공 등을 한 경우에는 매매계약일 현재의 농지를 기준으로 하고, 환지처분 전에 당해 농지가 농지 외의 토지로 환지예정지 지정이 되고 그 환지예정지 지정일부터 3년이 경과하기 전의 토지로서 환지예정지 지정 전후 토지조성공사의 시행으로 경작을 못하게 된 경우에는 토지조성공사 착수일 현재의 농지를 기준[9]으로 하며, 「광산피해의 방지 및 복구에 관한 법률」, 지방자치단체의 조례 및 지방자치단체의 예산에 따라 광산피해를 방지하기 위하여 휴경하고 있는 경우에는 휴경계약일 현재의 농지를 기준으로 한다(조특령 §66⑤). 또한 양도일 현재 실제로 경작에 사용되고 있던 농지를 대지가액에 상당하는 가액으로 양도하거나 또는 양도 후 건축용 대지로 사용하기 위하여 매각되는 경우라 하더라도 매각 이후의 사용용도와는 관계없이 양도일 현재 농지(조특령 제66조 제1항 제1호 및 제2호의 토지는 제외)로 본다(조기통 69-0…2).

> **참고 토지구획정리사업법 제56조**
>
> 환지라 함은 토지구획정리사업법 또는 농촌근대화촉진법에 의하여 사업시행자가 사업완료 후에 사업구역 내의 토지소유자 또는 관계인에게 종전토지 대신에 그 구역 내의 다른 토지로 바꾸어 주는 것을 말하며, 사업시행으로 인한 분할·합병 또는 교환의 경우를 포함한다.

---

9) 환지예정지로 지정되는 경우 사업시행자는 언제든지 토지조성공사를 시행할 수 있게 되며, 공사 시행 후에는 토지소유자가 본인의 의사와는 관계없이 농지로 사용할 수 없게 되는 점을 고려하여 예외적으로 농지로 인정(2001. 1. 1. 이후 최초로 양도하는 분부터 적용)

2-3-3. 감면대상 농지의 제한

다음에 해당하는 농지는 감면대상에서 제외한다(조특령 §66④, 조특칙 §27③~⑤).

구 분	감면제외 농지
주거지역 등 편입농지	양도일 현재 특별시·광역시(광역시에 있는 군을 제외한다) 또는 시(「지방자치법」 제3조 제4항에 따라 설치된 도농(都農) 복합형태의 시의 읍·면 지역 및 「제주특별자치도 설치 및 국제자유도시 조성을 위한 특별법」 제10조 제2항에 따라 설치된 행정시의 읍·면 지역은 제외한다)에 있는 농지 중 「국토의 계획 및 이용에 관한 법률」에 의한 주거지역·상업지역 및 공업지역 안에 있는 농지로서 이들 지역에 편입된 날부터 3년이 지난 농지.[10] 다만, 다음에 해당하는 경우는 제외한다. ① 사업시행지역 안의 토지소유자가 1천명 이상이거나 사업시행면적이 100만㎡(「택지개발촉진법」에 의한 택지개발사업 또는 「주택법」에 의한 대지조성사업의 경우 10만㎡) 이상인 개발사업(이하 "대규모개발사업"이라 함)지역(사업인정고시일이 같은 하나의 사업시행지역을 말함) 안에서 개발사업의 시행으로 「국토의 계획 및 이용에 관한 법률」에 따른 주거지역·상업지역 또는 공업지역에 편입된 농지로서 사업시행자의 단계적 사업시행 또는 보상지연으로 이들 지역에 편입된 날부터 3년이 지난 경우 ② 사업시행자가 국가, 지방자치단체, 그 밖에 「공공기관의 운영에 관한 법률」에 의해 지정된 공공기관과 「지방공기업법」에 따라 설립된 지방직영기업·지방공사·지방공단인 개발사업지역 안에서 개발사업의 시행으로 「국토의 계획 및 이용에 관한 법률」에 따른 주거지역·상업지역 또는 공업지역에 편입된 농지로서 사업 또는 보상을 지연시키는 사유로서 그 책임이 사업시행자에게 있다고 인정되는 사유[11]에 해당하는 경우[12] ③ 「국토의 계획 및 이용에 관한 법률」에 따른 주거지역·상업지역 및 공업지역에 편입된 농지로서 편입된 후 3년 이내에 대규모개발사업이 시행되고, 대규모개발사업 시행자의 단계적 사업시행 또는 보상지연으로 이들 지역에 편입된 날부터 3년이 지난 경우(대규모개발사업지역 안에 있는 경우로 한정)[13]
환지예정지	「도시개발법」 또는 그 밖의 법률에 따라 환지처분 이전에 농지 외의 토지로 환지 예정지를 지정하는 경우에는 그 환지예정지 지정일부터 3년이 지난 농지. 다만, 환지처분에 따라 교부받는 환지청산금에 해당하는 부분은 제외한다.

---

10) 「국토의 계획 및 이용에 관한 법률」 등에 의하여 주거지역 등에 편입된 후의 농지는 사실상 대지화된 것으로 더 이상 농지로 보기 어렵고, 주거지역에 편입된 여타 토지에서 발생하는 개발이익에 대해 과세하는 것과 형평 고려(2002. 1. 1. 이후 주거지역 등에 편입되는 분부터 적용)

11) (예시) ① 사업시행자 지정 후 1년 내 사업계획(실시계획) 인가 미신청, ② 사업계획 인가 후 1년 내 보상계획(수용방식)·환지계획(환지방식) 미공고, ③ 보상계약에서 정한 지급일·수용개시일까지 보상금 미지급·미공탁(수용방식) 또는 준공검사·사업완료공고 후 60일 내 불환지청산금 미지급(환지방식) 등

12) 개발사업 규모가 작더라도 사업시행자의 사업지연·보상지연 등으로 도시지역 편입 후 3년이 경과될 소지가 있는 점을 감안할 필요가 있다. 다만, 예외적으로 감면을 적용하는 범위는 제한적으로 운용하여 민간사업자의

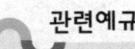

관련예규

• '주거지역·상업지역·공업지역에 편입된 날'이란 국토의 계획 및 이용에 관한 법률에 의거 도시관리계획 결정내용(지역지구구역도시계획시설, 위치, 면적규모 등)을 건설교통부장관이 관보에 고시한 날(시·도지사가 하는 경우에는 당해 시·도의 공보에 고시한 날)을 말함(서면4팀-2356, 2006. 7. 19.).

2-4. 감면대상 농지의 확인

감면대상 농지에 해당하는지의 여부를 확인하여야 하는바, 이에 대한 판정기준은 다음과 같다(조특칙 §27②).

확인항목	증빙방법
① 8년(3년) 이상 소유 확인	등기사항증명서 또는 토지대장등본 및 기타 증빙
② 8년(3년) 이상 농지소재지에 거주	주민등록표 초본[14]
③ 8년(3년) 이상 자경한 사실의 입증	시·구·읍·면장이 교부 또는 발급하는 농지원부등본과 자경증명
④ 양도일 현재 농지의 증명	규정 없음.

관련예규

• 등기부등본 또는 토지대장등본상으로는 8년 소유가 확인되지 않는다 하더라도 매매계약서 등에 의해 실질상 8년 이상 소유하였음이 확인되는 경우에는 이를 '8년 소유' 농지로 보아야 함(대법원 1987. 7. 7. 선고 87누325 판결).
• 조세특례제한법 시행규칙에서 8년 거주, 8년 자경 및 양도일 현재 농지의 증명을 주민등록표등본, 농지원부등본과 자경증명에 의하도록 하고 있으나, 이 또한 예시적 규정으로서 그 밖의 증빙에 의하여 거주, 자경농지임이 입증되는 경우도 포함되어야 함(대법원 1988. 9. 27. 선고 88누3758 판결).
• 8년 자경의 입증은 통상적으로 농지세납세증명서에 의하여 8년간 농지세가 과세(비과세·감면 및 소액부징수 포함)되었음을 증명하는 것이 일반적이나, 경작한 농지에 대한 농지대장등재 및 경작명세서의 발급 여부에 관계없이 사실상 전답으로서 개간준공인가서, 주민등록등본, 경작사실에 관한 인우보증 등의 서류에 의하여 8년 이상 자경사실을 객관적으로 증명하면 면제대상 농지에 해당함(직세 1234-1017, 1976. 4. 30.).

사업지연으로 인한 부담을 국가에 전가하는 것은 부당하므로 사업시행자가 국가·지자체 등 공공시행자인 경우에 한정하고, 보상지연이 사업시행자 측 귀책사유로 인한 경우에 한정할 필요가 있으나 그 판단이 용이하지 않은 점을 감안 명백히 사업시행자 측에게 귀책사유가 있다고 인정되는 경우로 한다(2008. 2. 22. 이후 양도분부터 적용).
13) 기획재정부 재산세제과 46014-130(1999. 4. 19.), 재산세제과-166(2011. 3. 18.) 예규를 반영
14) 다만, 신청인이 확인에 동의하지 아니한 경우에는 그 서류를 제출하게 하여야 한다.

3 | 과세특례의 내용

위의 요건을 갖춘 농지의 양도로 인하여 발생하는 소득에 대하여는 양도소득세의 100%에 상당하는 세액을 감면한다. 이 경우 당해 농지가 주거지역 등에 편입되거나 도시개발법 또는 그 밖의 법률에 의하여 환지처분 전에 농지 외의 토지로 환지예정지 지정을 받은 경우에는 주거지역 등에 편입되거나 환지예정지 지정을 받은 날까지 발생한 소득으로서 다음의 금액에 한하여 양도소득세의 100%에 상당하는 세액을 감면한다. 다만, 「공익사업을 위한 토지 등의 취득 및 보상에 관한 법률」 및 그 밖의 법률에 따라 협의매수되거나 수용되는 경우에는 다음 산식 중 양도당시의 기준시가를 보상가액 산정의 기초가 되는 기준시가로 한다.[15] 또한, 새로운 기준시가가 고시되기 전에 취득하거나 양도한 경우 또는 주거지역등에 편입되거나 환지예정지 지정을 받은 날이 도래하는 경우에는 직전의 기준시가를 적용한다(조특법 §69①, 조특령 §66⑦). 이때 보상가액 산정의 기초가 되는 기준시가는 보상금 산정 당시 해당 토지의 개별공시지가로 한다(조특칙 §27⑥).

$$\text{양도소득금액} \times \frac{\text{편입 · 환지예정지 지정을 받은 날의 기준시가} - \text{취득 당시의 기준시가}}{\text{양도 당시의 기준시가} - \text{취득 당시의 기준시가}}$$

4 | 사후관리

농업법인이 당해 토지를 취득한 날부터 3년 이내에 당해 토지를 양도하거나 다음의 사유가 발생한 경우에는 당해 법인이 그 사유가 발생한 과세연도의 과세표준신고시 감면된 세액에 상당하는 금액을 법인세로 납부하여야 한다(조특법 §69②, 조특령 §66⑧).
① 당해 토지를 취득한 날부터 3년 이내에 휴업 · 폐업하거나 해산하는 경우
② 당해 토지를 3년 이상 경작하지 아니하고 다른 용도로 사용하는 경우

---

15) 양도시기에 따라 감면세액이 달라지는 문제점 보완[보상가액은 양도시기(보상금수령시기)와 관계없이 보상금 산정의 기준이 되는 개별공시지가에 의해 결정됨]하였고, 2008. 1. 1. 이후 최초로 양도하는 분부터 적용한다.

5 | 절 차

5-1. 일반적인 양도의 경우

본조에 따른 양도소득세의 감면신청을 하고자 하는 자는 당해 농지를 양도한 날이 속하는 과세연도의 과세표준신고(예정신고 포함)와 함께 세액감면신청서를 납세지 관할 세무서장에게 제출하여야 한다(조특령 §66⑨).

5-2. 농업법인에게 양도하는 경우

농업법인(영농조합법인 또는 농업회사법인)에게 양도한 경우에는 당해 양수인과 함께 세액감면신청서를 제출하여야 하며, 세액감면신청서를 접수한 당해 세무서장은 동 농업법인의 납세지 관할 세무서장에게 이를 즉시 통지하여야 한다(조특령 §66⑨·⑩).

6 | 조세특례제한 등

6-1. 중복지원의 배제

거주자가 토지 등을 양도하여 2 이상의 양도소득세의 감면규정을 동시에 적용받는 경우에는 당해 거주자가 선택하는 하나의 감면규정만을 적용한다. 이에 대한 자세한 내용은 법 제127조 해설을 참고하기로 한다.

6-2. 양도소득세 감면의 종합한도

본조에 따른 양도소득세 감면세액은 조특법 제133조에서 규정하는 양도소득세 감면의 종합한도 계산시 포함된다. 이에 대한 설명은 제133조를 참조하기로 한다.

7 | 관련사례

구 분	내 용
주거지역 등 편입	○ 토지가 주거지역 등에 편입된 경우 8년 이상 자경농지에 대한 양도소득세 감면은 주거지역 등에 편입된 날까지 발생한 양도소득에 대하여만 적용됨(국심 2006중1012, 2006. 9. 13.). ○ 자경농지에 대한 양도소득세 감면을 적용함에 있어 '주거지역·사업지역·공업지역에 편입된 날'이란 국토의 계획 및 이용에 관한 법률에 따라 도시관리계획 결정내용(지역·지구·구역·도시계획시설, 위치, 면적·규모 등)을 건설교통부장관이 관보에 고시한 날임(서면4팀-1031, 2005. 6. 23.). ○ 양도일 현재 당해 농지가 대규모개발사업 시행 전에 주거·상업·공업지역에 편입되어 이들 지역에 편입된 날로부터 3년이 지난 경우에는 적용하지 아니함(재재산-1597, 2004. 11. 30.). ○ 주거지역 편입일까지의 감면대상 자경농지의 양도소득금액이 0원 이하인 경우 감면소득금액이 없는 것임(서면5팀-1079, 2007. 4. 3.). ○ 도·농복합형태의 동지역에 있는 자경농지가 주거지역 등에 편입된 지는 3년이 경과하였으나 동지역에 편입된 지가 3년이 지나지 아니한 경우에는 자경농지에 해당함(서면4팀-4041, 2006. 12. 12.). ○ 주거지역 등에 편입된 자경농지에 대한 감면소득금액 산정시 주거지역 편입시에는 그 연도의 개별공시지가가 고시되지 않았더라도 사후에 그 연도의 개별공시지가를 알 수 있다면 '편입시의 기준시가'는 편입일이 속한 연도의 개별공시지가를 적용하는 것이 타당함(국패)(대법원 2012. 8. 30. 선고 2010두26841 판결).
재촌 요건	○ 농가신축을 위한 농지전용허가는 농지소재지에 거주하면서 농사를 짓지 않는 자에게 허가되지 않는 것으로 보여져 토지소재지에 거주한 것으로 보아 자경농지에 대한 양도소득세를 감면함(국심 2006부1119, 2006. 6. 8.). ○ '농지소재지에 거주하는 거주자'에 관하여 종래의 통작거리규정을 삭제하고 행정구역만으로 농지소재지 거주 여부를 판단하도록 하였다고 하여도 그러한 사정만으로 헌법상 평등권을 침해하거나 국세기본법에 규정된 조세평등주의 또는 신뢰보호의 원칙에 위반되어 무효라고 할 수는 없음(대법원 2004. 12. 9. 선고 2003두13076 판결). ○ '농지소재지에 거주하는 거주자'라 함은 농지가 소재하는 시·군·구 안의 지역 또는 그 연접한 시·군·구 안의 지역에 거주하는 자를 말하며, 경작개시 당시에는 당해 지역에 해당(당해 지역 내 거주이전한 경우 포함)하였으나 행정구역의 개편 등으로 이에 해당하지 아니하게 된 지역을 포함함(재재산-1047, 2004. 8. 16.).
농지의 취득/양도일	○ 가계약조건에 따라 농지매도자 명의로 토지형질변경행위허가를 받아 석유판매업허가 취득이 가능해지자 본 계약을 체결한 후 토지형질변경을 한 경우이므로 그 가계약일 현재를 기준으로 농지 여부를 판단함(대법원 1999. 5. 28. 선고 99두3775 판결).

구 분	내 용
농지의 취득/양도일	○ 농지를 명의수탁한 자에 해당 안 되고, 대금청산일이나 잔금지급약정일이 확인 안되므로 그 취득일은 등기접수일이 되며, 농지소재지에서 8년 이상 거주사실 인정 안되므로 양도세 비과세대상인 농지양도에 해당 안 됨(대법원 1999. 5. 25. 선고 99두3720 판결).
감면대상 농지판정	○ 토지가 주로 젖소사육업의 경영에 이용되는 토지인 경우 양도소득세의 면제대상이 되는 자경농지에 해당하지 아니함(대법원 2007. 2. 2. 선고 2006두4462 판결). ○ 양도일 현재 농지가 일시적인 휴경상태로 보기 어려우므로 자경농지에 대한 양도소득세 감면을 적용할 수 없음(국심 2006전936, 2006. 9. 6.). ○ 일시적으로 경작을 쉬고 있는 농지이거나 언제든지 농지로 회복할 수 있는 토지에 해당하지 아니하므로 양도 당시 농지로 인정될 수 없음(대법원 2006. 6. 9. 선고 2006두5724 판결). ○ 관상수 판매를 통한 농업소득을 얻기 위해 관상수를 심은 것이 아니라 양도시 자경농지에 대한 감면을 적용받기 위하여 관리가 용이한 관상수를 심은 것이므로 자경농지에 해당하지 아니함(심사양도 2005-228, 2006. 4. 24.). ○ 양도일 현재 실제로 경작에 사용하고 있지 않은 토지는 농지로 사용되지 않고 있는 것이 토지소유자의 자의든 타의든 일시적 휴경상태에 있는 것이 아닌 한 농지로 볼 수 없음(심사양도 2005-180, 2005. 11. 7.). ○ 양도일 이전에 매매계약조건에 따라 매수자가 형질변경, 건축착공 등을 한 경우에 자경농지의 판단은 매매계약일 현재의 농지를 기준으로 판정하는 것임(서면4팀-1486, 2005. 8. 22.). ○ 건물이 정착되어 있는 한 필지의 토지가 건물정착면적 이외의 일부분에서 텃밭으로 8년 이상 자경한 사실이 확인되므로 당해 면적을 자경농지로 보아 양도소득세를 감면함(국심 2005중596, 2005. 6. 24.). ○ 화훼류의 재배만 하였다면 농지로 볼 수 있으나 같은 장소에서 판매까지 하는 경우 농지로 볼 수 없어 자경농지에 대한 양도소득세 비과세를 배제함(심사양도 2005-91, 2005. 5. 30.). ○ 농지법에서 축사 부지를 농지로 인정하고 있다 하더라도 양도소득세 감면 대상이 되는 농지의 범위를 정하고 있는 조세특례제한법 시행규칙에서 농지의 범위에 축사 부지를 포함시키고 있지 않는 이상 조세감면 특혜규정에 관한 엄격해석의 원칙에 비추어 보면 축사 부지를 양도소득세 감면 대상이 되는 농지로 볼 수 없음(국승)(대법원 2012. 6. 28. 선고 2011두31116 판결). ○ 택지조성을 목적으로 한 토지구획정리사업에 따라 시행된 토지조성공사로 인하여 경작이 중단된 것은 특별한 사정이 없는 한 일시적인 휴경상태로 볼 수 없으므로 양도일 현재 농지로 볼 수 없음(대법원 2008. 4. 11. 선고 2006두13183 판결).
자경의 판단	○ 생계를 함께 하는 동일 가구원이 아닌 자가 경작하는 경우 자경으로 볼 수 없어 8년 이상 자경농지에 대한 양도세 감면을 적용할 수 없음(국심 2005서867, 2005. 8. 17.). ○ 실질상 토지는 8년 이상 자경하였고, 건물은 전체를 주거용으로 사용하였다는 객관적인 증빙을 제시하지 못한다면 1세대 1주택 등의 양도소득세 비과세는 적용하지 아니함(대법원 2004. 5. 28. 선고 2004두3168 판결).

구 분	내 용
자경의 판단	○ 상속인이 상속받은 농지를 경작하지 아니한 경우에는 상속받은 날부터 3년이 되는 날까지 양도하는 경우에 한하여 피상속인이 취득하여 경작한 기간을 상속인이 경작한 기간으로 봄(서면5팀-1954, 2007. 7. 3.). ○ 피상속인으로부터 상속받은 농지에 대한 피상속인 소유 당시의 경작기간을 계산에 있어 자가 대리경작하였다 하더라도 별도가구원인 경우 대리경작기간을 피상속인의 경작기간으로 볼 수 없음(국심 2006중3726, 2007. 4. 20.). ○ 자경농지에 대한 양도소득세 감면규정 적용시 환지처분으로 증평된 면적의 경작기간은 환지처분의 공고가 있는 날의 다음 날 이후 경작한 기간으로 계산함(서면5팀-144, 2006. 9. 15.). ○ 상속받은 농지의 경작기간 계산시 피상속인의 경작기간을 포함하는 것이나, 동일가구원이 아닌 가족이 대리경작한 기간은 포함하지 아니함(서면4팀-2528, 2006. 7. 27.). ○ 자경농지에 대한 양도소득세의 감면 규정 적용시 상속농지의 경작기간에는 양도자 (상속인)의 직전 피상속인의 경작기간만을 통산하는 것임(서면4팀-1906, 2006. 6. 22.). ○ 토지의 면적, 연령과 직업, 농작물의 경작은 품목과 품종의 선정부터 파종을 거쳐 수확에 이르기까지 계속적인 노동력의 투입이 요구된다는 특성 등을 종합하면 8년 이상 노동력의 1/2 이상을 투입하여 직접 경작한 것으로 인정하기 어려움(국승)(대법원 2012. 4. 26. 선고 2012두10 판결). ○ 일부 기간 양도토지에 관상수와 채소류를 재배하여 온 사실을 인정할 수 있으나 8년 이상 자경하였다는 점에 대하여는 이를 인정할 증거가 없어 8년 이상 자경감면 신청을 부인하고 양도소득세를 부과한 처분은 적법함(국승)(대법원 2012. 4. 26. 선고 2012두935 판결). ○ 여러 법인의 등기부 및 사업자등록상 대표자로 기재되어 있고, 사업에 어느 정도 관여한 것으로 보여 양도토지에서 농작물 등의 경작을 하기 어려운 처지에 있었던 것으로 보이는 점, 양도토지의 주요 농작업을 제3자가 하였다고 진술한 점 등에 비추어 양도토지에서 8년 이상 자경한 것으로 인정하기 어려움(국승)(대법원 2012. 1. 30. 선고 2011두29618 판결). ○ 군복무기간은 거주기간에 산입하지 아니하므로 재촌요건을 갖추지 못하였고, 자경하였음을 인정할 증거가 없어 8년 이상의 자경요건을 갖추지 못하였으므로 양도소득세 감면을 배제한 처분은 적법함(국승)(대법원 2011. 11. 10. 선고 2011두19505 판결). ○ 벼농사에 필요한 농작업 중 못자리 만들기와 기계로 할 수 있는 작업 등 대부분을 타인에게 돈을 주고 맡겨 수행하여 직접 작업한 부분은 전체 농작업 중 50%에 미치지 못할 것으로 보이므로 자경 요건을 갖추지 못하였음(국승)(대법원 2011. 10. 27. 선고 2011두16452 판결). ○ 8년 자경농지에 대한 양도세 감면규정 적용시, '직접 경작'에는 양도자가 손수 경작하는 경우뿐만 아니라 자기의 책임과 계산하에 다른 사람을 고용하여 경작하는 경우도 포함되는 것임(대법원 2011. 4. 14. 선고 2010두26735 판결). ○ 직접 영농에 종사하는 이상 다른 직업을 겸업하더라도 자경농민에 해당하나, 다른 직업에 전념하면서 농업을 간접적으로 경영 하는 것에 불과한 경우에는 자경농민에 해당한다고 할 수 없음(대법원 2010. 2. 16. 선고 2009두21574 판결).

구 분	내 용
자경의 판단	○ 8년 자경농지의 경작기간을 계산함에 있어 대토 후 새로 취득한 농지가 수용되는 경우 경작기간을 대토 전 농지의 경작기간을 합산함(서면4팀-549, 2006. 3. 13.). ○ 남편으로부터 증여받은 농지의 자경기간은 증여받은 날로부터 계산함(국심 2005부2323, 2006. 1. 2.). ○ 부부의 일방이 혼인 중에 자기 명의로 취득한 재산은 그 명의자 특유재산이므로 대가를 부담한 사실이 입증되지 않는다면 공동재산으로 볼 수 없어 자경농지의 감면을 배제함(국심 2005부2323, 2006. 1. 2.). ○ 자경농지에 대한 양도소득세 감면을 적용함에 있어 민법 제245조 제1항의 규정에 의하여 소유권을 취득한 경우 당해 부동산을 점유를 개시한 날이 취득시기가 되는 것임(서면4팀-1202, 2005. 7. 13.).
기 타	○ 구 조세특례제한법 제69조 제1항에서 8년 이상 직접 경작한 토지를 양도소득세 면제 대상으로 선언하면서 그 구체적인 범위를 대통령령에서 정하도록 위임하고 있는바, 그 위임을 받은 시행령 제66조 제4항에서 8년 이상 자기가 경작한 농지 중 제외되는 대상을 규정하고, 제12항에서는 농지법 제2조 제5호의 자경 규정과 동일한 내용으로 '직접 경작'의 의미를 구체화하여 규정한 것이므로, 구 조세특례제한법 시행령 제66조 제12항이 위임 근거 규정이 없다거나 위임입법의 한계를 벗어난 것으로서 무효의 규정이라고 할 수 없다. 원심이 같은 취지에서 구 조세특례제한법 시행령 제66조 제12항이 구 조세특례제한법 제69조에서 위임한 범위를 넘어선 사항을 규정하여 조세법률주의의 원칙에 위배되는 규정이라는 원고의 주장을 배척한 것은 정당하고, 거기에 원고가 상고이유에서 주장하는 것과 같은 조세법률주의, 위임입법의 한계 등에 관한 법리오해 등의 잘못이 없음(대법원 2010. 9. 30. 선고 2010두8423 판결). ○ 양도일 현재 2필지 이상으로 분할된 농지를 양도함에 있어 당해 농지가 농지대토 비과세 또는 자경농지 감면요건에 해당하는지 여부는 각각의 필지별로 적용하는 것임(서면4팀-2601, 2005. 12. 23.). ○ 1필지의 토지를 관념상 구분하여 자경농지에 대한 감면과 농지대토에 따른 비과세를 혼용하여 적용할 수 없음(서면4팀-1720, 2005. 9. 23.). ○ 양도일 현재 농지세 과세대상이 되는 토지 중 조세특례제한법 시행령 제66조 제1항의 규정에 의한 농지로서 그 농지를 취득한 때부터 양도할 때까지의 사이에 같은 조 제4항 각호의 규정에 의한 농지소재지에 8년 이상 거주하면서 자기가 직접 경작한 사실이 있는 경우에 한하여 같은 법 제69조의 규정에 의하여 양도소득세를 감면하는 것임(재재산46014-178, 2000. 6. 16.). ○ 8년 자경으로 보아 양도소득세 비과세 재결을 내린 농지에 대하여 부동산거래현황 등을 종합적으로 검토하여 부동산매매업으로 보아 사업소득으로 과세한 것은 중복처분이나 이중과세가 아님(국심 2006중245, 2006. 7. 10.).

8 주요 개정연혁

1. 환지예정지 농지의 양도소득세 감면규정 보완(조특령 §66⑤)

(1) 개정내용

종 전	개 정
□ 양도소득세 감면 적용 농지 　○ (원칙) 양도일 현재 농지 　○ (예외) 　　① 매매계약에 따른 형질변경 등 　　　→ 매매계약일 현재 농지 　　② 광해방지사업*에 따른 휴경 　　　* 광산피해 예방·원상회복을 위해 시행하는 　　　　사업 　　　→ 휴경계약일 현재 농지 　　③ 환지예정지 지정 후 토지조성공사가 　　　착수된 농지로서, 환지예정지 지정일로부터 　　　3년이 경과하지 않은 경우 　　　→ 공사 착수일 현재 농지	□ 환지예정지 지정 토지에 대한 감면규정 보완 　(좌 동) 　　③ 환지예정지 지정 전후로 토지조성공사가 　　　착수된 농지로서, 환지예정지 지정일로부터 　　　3년이 경과하지 않은 경우 　　　→ 공사 착수일 현재 농지

(2) 개정이유

　○ 제도의 실효성 제고

(3) 적용시기 및 적용례

　○ 2016. 2. 5. 이후 지출하는 분부터 적용

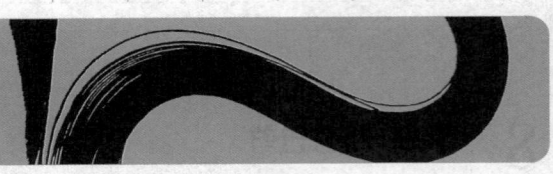

제69조의2

축사용지에 대한 양도소득세의 감면

1 | 의 의

FTA로 어려움을 겪는 축산농가의 구조조정을 지원하기 위하여 도입되었고, 축사용지 소재지에 거주하는 거주자가 8년 이상 직접 축산에 사용한 축사용지를 폐업[1][2]을 위하여 2025. 12. 31.까지 양도함에 따라 발생하는 소득에 대하여는 양도소득세의 100%를 감면한다. 이는 2011. 7. 25. 이후 양도분부터 적용하고, 조문 구조가 제69조와 유사하므로 이를 참고하기로 한다.

2 | 요 건

2-1. 대상자

8년 이상 다음의 어느 하나에 해당하는 지역(축산 개시 당시에는 그 지역에 해당하였으나 행정구역의 개편 등으로 이에 해당하지 아니하게 된 지역 포함)에 거주한 자로서 축사용지 양도일 현재 거주자인 자(비거주자가 된 날부터 2년 이내인 자 포함)를 말한다(조특법 §69의2①, 조특령 §66의2①).

① 축사용지(축산에 사용하는 축사와 이에 딸린 토지)가 소재하는 시[3]·군·구(자치구인 구) 안의 지역

---

1) 폐업은 거주자가 축산을 사실상 중단하는 것으로서 해당 축사용지 소재지의 시장(「제주특별자치도 설치 및 국제자유도시 조성을 위한 특별법」에 따른 행정시장을 포함한다)·군수·구청장(자치구의 구청장을 말한다)으로부터 축산기간 및 폐업 확인서에 폐업임을 확인받은 경우를 말한다(조특령 §66의2⑧).

2) 1/2지분 수용된 후의 잔여 축사용지에서 축산업 계속영위하고 폐업을 하지 않은 경우 축사용지의 양도소득세 감면 적용 여부 : 거주자가 8년 이상 직접 축산에 사용한 축사용지(1명당 990제곱미터를 한도로 한다)를 폐업을 위하여 2014년 12월 31일까지 양도함에 따라 발생하는 소득에 대하여 양도소득세의 100분의 100에 상당하는 세액을 감면하는 것이며, 계속 축산업을 영위하는 경우 적용받을 수 없는 것임(부동산거래-1048, 2011. 12. 16.).

3) 특별자치시와 「제주특별자치도 설치 및 국제자유도시 조성을 위한 특별법」에 따른 행정시를 포함한다.

② 위 ①의 지역과 연접한 시·군·구 안의 지역
③ 해당 축사용지로부터 직선거리로 30킬로미터 이내의 지역

2-2. 직접 축산의 범위

"직접 축산"이란 거주자가 그 소유 축사용지에서 가축[4]의 사육에 상시 종사하거나 축산작업의 2분의 1 이상을 자기의 노동력에 의하여 수행하는 것을 말한다(조특령 §66의2②).

2-3. 축산기간의 계산의 특례

① 축산에 사용한 기간을 계산할 때 축사용지를 교환·분합 및 대토한 경우로서 새로이 취득하는 축사용지가 「공익사업을 위한 토지 등의 취득 및 보상에 관한 법률」 및 그 밖의 법률에 따라 협의매수되거나 수용되는 경우에는 교환·분합 및 대토 전의 축사용지를 축산에 사용한 기간을 포함하여 계산한다(조특령 §66의2⑤).
② 축산에 사용한 기간을 계산할 때 상속인이 상속받은 축사용지를 1년 이상 계속하여 축산에 사용하는 경우에는 다음의 기간은 상속인이 축산에 사용한 기간으로 본다(조특령 §66의2⑥).
  ㉮ 피상속인이 취득하여 축산에 사용한 기간(직전 피상속인이 축산에 사용한 기간으로 한정한다)
  ㉯ 피상속인이 그 배우자로부터 상속받은 축사용지를 축산에 사용한 사실이 있는 경우에는 피상속인의 배우자가 취득한 축사용지를 축산에 사용한 기간
③ 상속인이 상속받은 축사용지를 1년 이상 계속하여 축산에 사용하지 아니하더라도 상속받은 날부터 3년이 되는 날까지 양도하거나 「공익사업을 위한 토지 등의 취득 및 보상에 관한 법률」 및 그 밖의 법률에 따라 협의매수 또는 수용되는 경우로서 상속받은 날부터 3년이 되는 날까지 다음의 어느 하나에 해당하는 지역으로 지정(관계 행정기관의 장이 관보 또는 공보에 고시한 날을 말한다)되는 경우(상속받은 날 전에 지정된 경우를 포함한다)에는 축산에 사용한 기간을 상속인이 축산에 사용한 기간으로 본다(조특령 §66의2⑦).
  ㉮ 「택지개발촉진법」 제3조에 따라 지정된 택지개발지구
  ㉯ 「산업입지 및 개발에 관한 법률」 제6조·제7조·제7조의2 또는 제8조에 따라 지정된

---

[4] 해당 거주자가 「축산법 시행령」 제13조에 따른 축산업 등록대상이 아닌 가축인 메추리를 사육하여 해당 축사용지 소재지의 시장·군수·구청장으로부터 「조세특례제한법 시행령」 제66조의2 제8항에 따른 축산기간 및 폐업 확인서를 발급받지 못하는 경우라도 8년 이상 축사용지 소재지에 거주하면서 직접 가축의 사육에 종사한 사실과 축산업의 폐업사실이 모두 인정되는 경우에는 같은 법 제69조의2에 따른 감면을 적용받을 수 있는 것임(부동산거래-348, 2012. 7. 5.).

산업단지

㉰ 다음의 어느 하나에 해당하는 지역(조특칙 §27의2⑥)
ⓐ 「공공주택 특별법」 제6조에 따라 지정된 공공주택지구
ⓑ 「도시 및 주거환경정비법」 제16조에 따라 지정・고시된 정비구역
ⓒ 「신항만건설 촉진법」 제5조에 따라 지정된 신항만건설 예정지역
ⓓ 「도시개발법」 제3조 및 제9조에 따라 지정・고시된 도시개발구역
ⓔ 「철도건설법」 제9조에 따라 철도건설사업실시계획 승인을 받은 지역
ⓕ 위 ⓐ부터 ⓔ까지와 유사한 경우로서 다른 법률에 따라 예정지구 또는 실시계획
   승인을 받은 지역 해당 공익사업으로 인하여 해당 주민이 직접적인 행위제한
   (건축물의 건축, 토지의 형질변경・분할 등)을 받는 지역
④ 피상속인(그 배우자 포함) 또는 거주자의 사업소득금액(농업・임업에서 발생하는 소득,
   부동산임대업에서 발생하는 소득과 농가부업소득은 제외)과 총급여액의 합계액이 3천 700만원
   이상인 과세기간이 있는 경우 그 기간은 피상속인 또는 거주자가 축산한 기간에서
   제외한다(조특령 §66의2⑬, §66⑭).

2-4. 축사용지의 범위

해당 토지를 취득한 때부터 양도할 때까지의 사이에 8년 이상 자기가 직접 축산에
사용한 축사용지로서 다음의 어느 하나에 해당하는 것을 제외한 것을 말한다(조특령
§66의2③). 여기서 축사용지는 지적공부상의 지목에 관계없이 실지로 가축의 사육에
사용한 축사와 이에 딸린 토지로 한다(조특칙 §27의2①). 한편, 양도일 현재의 축사용지를
기준으로 하되, 양도일 이전에 매매계약조건에 따라 매수자가 형질변경, 건축착공 등을 한
경우에는 매매계약일 현재의 축사용지를 기준으로 하며, 환지처분 전에 해당 축사용지가
축사용지 외의 토지로 환지예정지 지정이 되고 그 환지예정지 지정일부터 3년이 경과하기
전의 토지로서 환지예정지 지정 후 토지조성공사의 시행으로 축산을 하지 못하게 된
경우에는 토지조성공사 착수일 현재의 축사용지를 기준으로 한다(조특령 §66의2④).

① 양도일 현재 특별시・광역시(광역시에 있는 군은 제외) 또는 시[도농(都農)복합형태의 시의
   읍・면 지역 및 제주특별자치도에 설치된 행정시의 읍・면 지역은 제외]에 있는 축사용지
   중 주거지역・상업지역 또는 공업지역 안에 있는 축사용지로서 이들 지역에 편입된
   날부터 3년이 지난 축사용지. 다만, 다음의 어느 하나에 해당하는 경우는 제외한다.
   ㉮ 사업시행지역 안의 토지소유자가 1천명 이상이거나 사업시행면적이 100만제곱미터
      (택지개발사업 또는 「주택법」에 따른 대지조성사업의 경우에는 10만제곱미터5))) 이상인
      개발사업지역(사업인정고시일이 같은 하나의 사업시행지역을 말한다) 안에서 개발사업의

시행으로 인하여 주거지역·상업지역 또는 공업지역에 편입된 축사용지로서 사업시행자의 단계적 사업시행 또는 보상지연으로 이들 지역에 편입된 날부터 3년이 지난 경우

㉯ 사업시행자가 국가, 지방자치단체, 그 밖에 공공기관[6]인 개발사업지역 안에서 개발사업의 시행으로 인하여 「국토의 계획 및 이용에 관한 법률」에 따른 주거지역·상업지역 또는 공업지역에 편입된 축사용지로서 부득이한 사유(사업 또는 보상을 지연시키는 사유로서 그 책임이 사업시행자에게 있다고 인정되는 사유)[7]에 해당하는 경우

㉰ 주거지역·상업지역 및 공업지역에 편입된 축사용지로서 편입된 후 3년 이내에 대규모개발사업이 시행되고, 대규모개발사업 시행자의 단계적 사업시행 또는 보상지연으로 이들 지역에 편입된 날부터 3년이 지난 경우(대규모개발사업지역 안에 있는 경우로 한정한다)

② 「도시개발법」 또는 그 밖의 법률에 따라 환지처분 이전에 축사용지 외의 토지로 환지 예정지를 지정하는 경우에는 그 환지 예정지 지정일부터 3년이 지난 축사용지. 다만, 환지처분에 따라 교부받는 환지 청산금에 해당하는 부분은 제외한다.

3 │ 과세특례의 내용

위의 요건을 갖춘 축사용지의 양도[8]로 인하여 발생하는 소득에 대하여는 양도소득세의 100분의 100에 상당하는 세액을 감면하는데, 다음 산식에 따라 계산한다(조특법 §69의2① 본문, 조특령 §66의2⑨).

$$감면세액 = 양도소득세 \ 산출세액 × 축산용지 \ 면적 \ / \ 총 \ 양도면적$$

---

5) 조특칙 제27조의2 제3항
6) 「공공기관의 운영에 관한 법률」에 따라 지정된 공공기관과 「지방공기업법」에 따라 설립된 지방직영기업·지방공사·지방공단을 말한다(조특칙 §27의2④).
7) 조특칙 §27의2 제5항
8) 축산에 사용하는 축사와 이에 딸린 토지(이하 "축사용지"라 한다) 소재지에 거주하는 거주자가 토지를 취득한 때부터 양도할 때까지의 사이에 8년 이상 자기가 직접 축산에 사용한 축사용지 중 축사만을 폐업을 위하여 양도하는 경우, 「조세특례제한법」 제69조의2 제1항 규정에 따른 양도소득세 감면대상에 해당하는 것임(기획재정부 재산세제과 – 339, 2019. 4. 23.).

다만, 해당 토지가 「국토의 계획 및 이용에 관한 법률」에 따른 주거지역·상업지역 및 공업지역에 편입되거나 「도시개발법」 또는 그 밖의 법률에 따라 환지처분 전에 해당 축사용지 외의 토지로 환지예정지 지정을 받은 경우에는 주거지역 등에 편입되거나, 환지예정지 지정을 받은 날까지 발생한 다음의 소득에 대해서만 양도소득세의 100분의 100에 상당하는 세액을 감면한다(조특법 §69의2① 단서, 조특령 §66의2⑩).

> 양도소득금액 × (편입·환지예정지 지정을 받은 날의 기준시가 − 취득당시의 기준시가) / (양도당시의 기준시가 − 취득당시의 기준시가)
>
> * 「공익사업을 위한 토지 등의 취득 및 보상에 관한 법률」 및 그 밖의 법률에 따라 협의매수되거나 수용되는 경우에는 위 산식 중 양도 당시의 기준시가를 보상액 산정의 기초가 되는 기준시가로 한다. 또한, 새로운 기준시가가 고시되기 전에 취득하거나 양도한 경우 또는 주거지역등에 편입되거나 환지예정지 지정을 받은 날이 도래하는 경우에는 직전의 기준시가를 적용한다.

4 │ 사후관리 및 절차

양도소득세를 감면받은 거주자가 해당 축사용지 양도 후 5년 이내에 축산업을 다시 하는 경우에는 감면받은 세액을 추징한다. 다만, 축산용지에 대한 양도소득세 감면을 받은 사람이 그 이후에 상속으로 인하여 축산업을 하게 되는 경우에는 그러하지 아니한다(조특법 §69의2②, 조특령 §66의2⑪).

양도소득세 감면신청을 하려는 사람은 해당 축사용지를 양도한 날이 속하는 과세기간의 과세표준신고(예정신고를 포함한다)와 함께 세액감면신청서 및 축산기간 및 폐업 확인서를 납세지 관할 세무서장에게 제출하여야 한다(조특법 §69의2③, 조특령 §66의2⑫).

5 │ 주요 개정연혁

1. 축사용지에 대한 양도소득세 감면 적용기한 연장(조특법 §69의2)

(1) 개정내용

종 전	개 정
□ 축사용지에 대한 양도소득세 과세특례	□ 적용기한 연장
○ (대상) 8년 이상 축사용지 소재지에 거주하면서 직접 축산에 사용한 축사용지	○ (좌 동)
○ (지원내용) 폐업을 위해 양도 시 양도소득세 100% 감면	○ (좌 동)
○ (적용기한) 2022. 12. 31.	○ 2025. 12. 31.

(2) 개정이유

○ 축산농가의 업종 전환 등 지원

2. 축사용지에 대한 양도소득세 감면 범위 확대(조특법 §69의2)

(1) 개정내용

종 전	개 정
□ 축사용지 양도에 대한 양도세 100% 세액 감면	□ 감면대상 면적한도 확대
○ 감면대상	○ 감면대상
─ 8년 이상 재촌하며 축산에 사용한 축사 및 그 부수토지	(좌 동)
─ 폐업하는 경우로 한정	
○ 감면대상 면적한도	○ 감면대상 면적한도
─ 990㎡(300평) 이내 감면	─ 1,650㎡(500평) 이내 감면

(2) 개정이유

○ FTA 확대에 따른 축산농가 지원

(3) 적용시기 및 적용례

○ 2016. 1. 1. 이후 양도하는 분부터 적용

제**69**조의3

어업용 토지등에 대한 양도소득세의 감면

1 | 의 의

어업용 토지등의 소재지에 거주하는 거주자가 8년 이상 직접 어업에 사용한 어업용 토지등을 2025년 12월 31일까지 양도함에 따라 발생하는 소득에 대해서는 양도소득세의 100%에 상당하는 세액을 감면한다. 2017. 12. 19. 법 개정시 농업인과의 형평 등을 감안하여 동 제도를 신설하였으며, 동 규정은 2018. 1. 1. 이후 양도하는 경우부터 적용한다.[1] 조문구조는 제69조의 2와 매우 유사한 형태로 구성되어 있다.

2 | 요 건

2-1. 대상자

8년 이상 다음의 어느 하나에 해당하는 지역(양식등의 개시 당시에는 그 지역에 해당하였으나 행정구역의 개편 등으로 이에 해당하지 아니하게 된 지역을 포함한다)에 거주한 「수산업·어촌 발전 기본법」에 따른 어업인으로서 어업용 토지등 양도일 현재 「소득세법」 제1조의2 제1항 제1호에 따른 거주자인 자(같은 항 제2호에 따른 비거주자가 된 날부터 2년 이내인 자를 포함한다)를 말한다(조특법 §69의3①, 조특령 §66의3①).

① 양식등에 사용하는 어업용 토지등이 소재하는 시[2]·군·구(자치구인 구) 안의 지역
② 위 ①의 지역과 연접한 시·군·구 안의 지역
③ 해당 어업용 토지등으로부터 직선거리로 30킬로미터 이내의 지역

---

1) 삼일아이닷컴 참고
2) 특별자치시와 「제주특별자치도 설치 및 국제자유도시 조성을 위한 특별법」에 따른 행정시를 포함한다.

2-2. 직접 어업의 사용의 범위

"직접 어업에 사용"이란 거주자가 그 소유 어업용 토지등에서 「수산업법」에 따른 육상해수양식어업, 육상양식어업 및 수산종자생산업("양식등")에 상시 종사하거나 양식등의 2분의 1 이상을 자기의 노동력에 의하여 수행하는 것을 말한다(조특령 §66의3②).

2-3. 양식등에 사용한 기간 계산의 특례

① 양식등에 사용한 기간을 계산할 때 어업용 토지등을 교환·분합 및 대토한 경우로서 새로이 취득하는 어업용 토지등이 「공익사업을 위한 토지 등의 취득 및 보상에 관한 법률」 및 그 밖의 법률에 따라 협의매수되거나 수용되는 경우에는 교환·분합 및 대토 전의 어업용 토지등을 양식등에 사용한 기간을 포함하여 계산한다(조특령 §66의3⑤).
② 양식등에 사용한 기간을 계산할 때 상속인이 상속받은 어업용 토지등을 1년 이상 계속하여 양식등에 사용하는 경우에는 다음의 기간은 상속인이 양식등에 사용한 기간으로 본다(조특령 §66의3⑥).
　㉮ 피상속인이 취득하여 양식등에 사용한 기간(직전 피상속인이 양식등에 사용한 기간으로 한정한다)
　㉯ 피상속인이 그 배우자로부터 상속받은 어업용 토지등을 양식등에 사용한 사실이 있는 경우에는 피상속인의 배우자가 취득한 어업용 토지등을 양식등에 사용한 기간
③ 상속인이 상속받은 어업용 토지등을 1년 이상 계속하여 양식등에 사용하지 아니하더라도 상속받은 날부터 3년이 되는 날까지 양도하거나 「공익사업을 위한 토지 등의 취득 및 보상에 관한 법률」 및 그 밖의 법률에 따라 협의매수 또는 수용되는 경우로서 상속받은 날부터 3년이 되는 날까지 다음의 어느 하나에 해당하는 지역으로 지정(관계 행정기관의 장이 관보 또는 공보에 고시한 날)되는 경우(상속받은 날 전에 지정된 경우 포함)에는 양식등에 사용한 기간을 상속인이 양식등에 사용한 기간으로 본다(조특령 §66의3⑦).
　㉮ 「택지개발촉진법」 제3조에 따라 지정된 택지개발지구
　㉯ 「산업입지 및 개발에 관한 법률」 제6조·제7조·제7조의2 또는 제8조에 따라 지정된 산업단지
　㉰ 다음의 어느 하나에 해당하는 지역(조특칙 §27의3⑥)
　　ⓐ 「공공주택 특별법」 제6조에 따라 지정된 공공주택지구
　　ⓑ 「도시 및 주거환경정비법」 제16조에 따라 지정·고시된 정비구역
　　ⓒ 「신항만건설 촉진법」 제5조에 따라 지정된 신항만건설 예정지역
　　ⓓ 「도시개발법」 제3조 및 제9조에 따라 지정·고시된 도시개발구역

ⓔ 「철도건설법」 제9조에 따라 철도건설사업실시계획 승인을 받은 지역

ⓕ 위 ⓐ부터 ⓔ까지와 유사한 경우로서 다른 법률에 따라 예정지구 또는 실시계획 승인을 받은 지역 해당 공익사업으로 인하여 해당 주민이 직접적인 행위제한(건축물의 건축, 토지의 형질변경·분할 등)을 받는 지역

④ 피상속인(그 배우자 포함) 또는 거주자의 사업소득금액(어업·임업에서 발생하는 소득, 부동산임대업에서 발생하는 소득과 농가부업소득은 제외)과 총급여액의 합계액이 3천 700만원 이상인 과세기간이 있는 경우 그 기간은 피상속인 또는 거주자가 양식등에 사용한 기간에서 제외한다(조특령 §66의3⑩, §66⑭).

2-4. 어업용 토지등의 범위

해당 토지를 취득한 때부터 양도할 때까지의 사이에 8년 이상 자기가 직접 양식등에 사용한 어업용 토지등으로서 다음의 어느 하나에 해당하는 것을 제외한 것을 말한다(조특령 §66의3③). 여기서 어업용 토지등은 지적공부상의 지목에 관계없이 실지로 양식 또는 수산종자생산에 사용한 건물과 토지로 한다(조특칙 §27의3①). 한편, 양도일 현재의 어업용 토지등을 기준으로 하되, 양도일 이전에 매매계약조건에 따라 매수자가 형질변경, 건축착공 등을 한 경우에는 매매계약일 현재의 어업용 토지등을 기준으로 하며, 환지처분 전에 해당 어업용 토지등이 어업용 토지등 외의 토지로 환지예정지 지정이 되고 그 환지예정지 지정일부터 3년이 경과하기 전의 토지로서 환지예정지 지정 후 토지조성공사의 시행으로 양식등을 하지 못하게 된 경우에는 토지조성공사 착수일 현재의 어업용 토지등을 기준으로 한다(조특령 §66의3④).

① 양도일 현재 특별시·광역시(광역시에 있는 군은 제외한다) 또는 시[3]에 있는 어업용 토지등 중 「국토의 계획 및 이용에 관한 법률」에 따른 주거지역·상업지역 또는 공업지역 안에 있는 어업용 토지등으로서 이들 지역에 편입된 날부터 3년이 지난 어업용 토지등. 다만, 다음의 어느 하나에 해당하는 경우는 제외한다.

㉮ 사업시행지역 안의 토지소유자가 1천명 이상이거나 사업시행면적이 100만제곱미터(「택지개발촉진법」에 따른 택지개발사업 또는 「주택법」에 따른 대지조성사업의 경우에는 10만제곱미터[4]) 이상인 개발사업지역(사업인정고시일이 같은 하나의 사업시행지역을 말한다) 안에서 개발사업의 시행으로 인하여 「국토의 계획 및 이용에 관한 법률」에 따른 주거지역·상업지역 또는 공업지역에 편입된 어업용 토지등으로서 사업시행자의 단계적 사업시행 또는 보상지연으로 이들 지역에 편입된 날부터 3년이 지난 경우

---

3) 「지방자치법」 제3조 제4항에 따라 설치된 도농(都農)복합형태의 시의 읍·면 지역 및 「제주특별자치도 설치 및 국제자유도시 조성을 위한 특별법」 제10조 제2항에 따라 설치된 행정시의 읍·면 지역은 제외한다.

4) 조특칙 제27조의3 제3항

④ 사업시행자가 국가, 지방자치단체, 그 밖에 공공기관[5]인 개발사업지역 안에서 개발사업의 시행으로 인하여 「국토의 계획 및 이용에 관한 법률」에 따른 주거지역·상업지역 또는 공업지역에 편입된 어업용 토지등으로서 부득이한 사유[6]에 해당하는 경우

⑤ 「국토의 계획 및 이용에 관한 법률」에 따른 주거지역·상업지역 및 공업지역에 편입된 어업용 토지등으로서 편입된 후 3년 이내에 대규모개발사업이 시행되고, 대규모개발사업 시행자의 단계적 사업시행 또는 보상지연으로 이들 지역에 편입된 날부터 3년이 지난 경우(대규모개발사업지역 안에 있는 경우로 한정한다)

② 「도시개발법」 또는 그 밖의 법률에 따라 환지처분 이전에 어업용 토지등 외의 토지로 환지 예정지를 지정하는 경우에는 그 환지 예정지 지정일부터 3년이 지난 어업용 토지등. 다만, 환지처분에 따라 교부받는 환지 청산금에 해당하는 부분은 제외한다.

3 | 과세특례의 내용

위의 요건을 갖춘 어업용 토지등의 양도로 인하여 발생하는 소득에 대하여는 양도소득세의 100분의 100에 상당하는 세액을 감면한다(조특법 §69의3① 본문).

다만, 해당 어업용 토지등이 「국토의 계획 및 이용에 관한 법률」에 따른 주거지역·상업지역 및 공업지역에 편입되거나 「도시개발법」 또는 그 밖의 법률에 따라 환지처분 전에 해당 어업용 토지등 외의 토지로 환지예정지 지정을 받은 경우에는 주거지역등에 편입되거나 환지예정지 지정을 받은 날까지 발생한 다음의 소득에 대해서만 양도소득세의 100분의 100에 상당하는 세액을 감면한다(조특법 §69의3① 단서, 조특령 §66의3⑧).

> 양도소득금액 × (편입·환지예정지 지정을 받은 날의 기준시가 – 취득당시의 기준시가) / (양도당시의 기준시가 – 취득당시의 기준시가)
>
> * 「공익사업을 위한 토지 등의 취득 및 보상에 관한 법률」 및 그 밖의 법률에 따라 협의매수되거나 수용되는 경우에는 위 산식 중 양도 당시의 기준시가를 보상액 산정의 기초가 되는 기준시가[7]로 한다. 또한, 새로운 기준시가가 고시되기 전에 취득하거나 양도한 경우 또는 주거지역등에 편입되거나 환지예정지 지정을 받은 날이 도래하는 경우에는 직전의 기준시가를 적용한다.

---

5) 「공공기관의 운영에 관한 법률」에 따라 지정된 공공기관과 「지방공기업법」에 따라 설립된 지방직영기업·지방공사·지방공단을 말한다(조특칙 §27의3④).
6) 사업 또는 보상을 지연시키는 사유로서 그 책임이 사업시행자에게 있다고 인정되는 사유를 말한다(조특칙 §27의3⑤).
7) 보상액 산정의 기초가 되는 기준시가는 보상액 산정 당시 해당 토지의 개별공시지가로 한다(조특칙 §27의3⑦).

4 | 절 차

양도소득세 감면신청을 하려는 사람은 해당 어업용 토지등을 양도한 날이 속하는 과세기간의 과세표준신고(예정신고를 포함한다)와 함께 세액감면신청서를 납세지 관할 세무서장에게 제출하여야 한다(조특법 §69의3②, 조특령 §66의3⑨).

5 | 주요 개정연혁

1. 어업용 토지 등에 대한 양도소득세 감면 시 토지 사용기간 계산 보완(조특령 §66의3⑩)

(1) 개정내용

종 전	개 정
□ 어업에 사용한 기간 계산 시 제외되는 기간 ○ 자경농지 사용기간에서 제외되는 기간 관련 규정* 준용 〈단서 신설〉 * 근로소득(총급여)·사업소득(농업·임업 및 비과세 농가부업소득, 부동산임대소득 제외)이 3,700만원 이상인 경우 해당 연도는 자경하지 않은 것으로 간주 ※ 어업용 토지 등에 대한 특례 : 　8년 이상 자영 시 양도세 100% 감면	□ 준용 규정 보완 ○ (좌 동) － 농업소득은 어업소득으로 봄 * 근로소득(총급여)·사업소득(어업·임업 및 비과세 농가부업소득, 부동산임대소득 제외)이 3,700만원 이상인 경우 해당 연도는 자경하지 않은 것으로 간주

(2) 개정이유
○ 납세자 혼란 방지

(3) 적용시기 및 적용례
○ 2019. 2. 12. 이후 결정·경정하는 분부터 적용

2. 8년 자영한 어업용 토지에 대한 양도소득세 감면 신설

(조특법 §69의3, §133, 조특령 §66의3, 조특칙 §27의3)

(1) 개정내용

종 전	개 정

〈신 설〉	□ 8년 이상 직접 어업에 사용한 어업용 토지등을 양도하는 경우 양도소득세 100% 감면
	○ (감면대상자의 요건) : ① + ②
	① 「수산업·어촌 발전 기본법」에 따른 어업인
	② 어업용 토지*가 소재하는 시·군·구, 연접 시·군·구 또는 직선거리 30km 이내 지역 거주자
	  * 주거지역 등 편입일로부터 3년이 지난 어업용 토지는 감면대상에서 제외**
	  ** 감면대상에서 제외되지 않는 범위
	    • 100만㎡(택지개발사업 또는 대지조성사업의 경우 10만㎡) 이상 개발사업
	    • 사업 또는 보상 지연 책임이 사업시행자인 공공기관·지방직영기업·지방공사·지방공단에 있는 경우
	○ (어업용 토지등의 범위)
	  – 육상양식어업 및 수산종자생산업에 직접 사용되는 토지 및 건물
	○ (자영 범위 및 자영기간 계산)
	  – 어업용 토지에서 육상해수양식어업 및 수산종자생산업에 상시 종사하거나, 어업용 토지에서 어작업의 50% 이상을 자기 노동력에 의해 수행
	  – 사업소득금액과 총급여액의 합계액이 3,700만원 이상인 과세기간은 자영기간에서 제외
	○ (감면율) 100%
	○ (감면한도) 연간 1억원, 5년간 2억원
	○ (적용기한) 2020. 12. 31.

(2) 개정이유

○ 농업인과의 형평 등을 감안하여 어업인 경영 지원

(3) 적용시기 및 적용례

○ 2018. 1. 1. 이후 양도하는 분부터 적용

조세특례제한법

제69조의4

자경산지에 대한 양도소득세의 감면

1 | 의 의

본 조는 산림자원의 육성을 지원하고자 산림경영계획인가를 받아 10년 이상 자경한 산지에 대한 양도소득세 감면을 하는 제도로 2017. 12. 19. 조특법 개정시 신설하였고, 2018. 1. 1. 이후 양도하는 경우부터 적용한다.

2 | 요 건

2-1. 대상자

10년 이상 다음의 어느 하나에 해당하는 지역(임업 개시 당시에는 그 지역에 해당하였으나 행정구역의 개편 등으로 이에 해당하지 아니하게 된 지역 포함)에 거주한 임업인으로서 산지 양도일 현재 거주자인 자(비거주자가 된 날부터 2년 이내인 자 포함)를 말한다(조특법 §69의4①, 조특령 §66의4①).
① 산재가 소재하는 시[1]·군·구(자치구인 구) 안의 지역
② 위 ①의 지역과 연접한 시·군·구 안의 지역
③ 해당 산지로부터 직선거리로 30킬로미터 이내의 지역

2-2. 직접 경영한 산지의 범위

"직접 경영한 산지"란 거주자가 그 소유 산지에서 임업에 상시 종사하거나 임작업의 2분의 1 이상을 자기의 노동력에 의하여 수행하는 방법으로 경영한 산지를 말한다(조특령 §66의4②).

---

1) 특별자치시와 「제주특별자치도 설치 및 국제자유도시 조성을 위한 특별법」 제10조 제2항에 따른 행정시를 포함한다.

2-3. 임업에 사용한 기간 계산의 특례

① 임업에 사용한 기간을 계산할 때 산지를 교환·분합 및 대토한 경우로서 새로이 취득하는 산지가 「공익사업을 위한 토지 등의 취득 및 보상에 관한 법률」 및 그 밖의 법률에 따라 협의매수되거나 수용되는 경우에는 교환·분합 및 대토 전의 산지를 임업에 사용한 기간을 포함하여 계산한다(조특령 §66의4⑤).

② 임업에 사용한 기간을 계산할 때 상속인이 상속받은 산지를 1년 이상 계속하여 임업에 사용하는 경우에는 다음의 기간은 상속인이 임업에 사용한 기간으로 본다(조특령 §66의4⑥).

   ㉮ 피상속인이 취득하여 임업에 사용한 기간(직전 피상속인이 임업에 사용한 기간으로 한정한다)

   ㉯ 피상속인이 그 배우자로부터 상속받은 산지를 임업에 사용한 사실이 있는 경우에는 피상속인의 배우자가 취득한 산지를 임업에 사용한 기간

③ 상속인이 상속받은 산지를 1년 이상 계속하여 임업에 사용하지 아니하더라도 상속받은 날부터 3년이 되는 날까지 양도하거나 「공익사업을 위한 토지 등의 취득 및 보상에 관한 법률」 및 그 밖의 법률에 따라 협의매수 또는 수용되는 경우로서 상속받은 날부터 3년이 되는 날까지 다음의 어느 하나에 해당하는 지역으로 지정(관계 행정기관의 장이 관보 또는 공보에 고시한 날을 말한다)되는 경우(상속받은 날 전에 지정된 경우를 포함한다)에는 임업에 사용한 기간을 상속인이 임업에 사용한 기간으로 본다(조특령 §66의4⑦).

   ㉮ 택지개발지구

   ㉯ 산업단지

   ㉰ 다음의 어느 하나에 해당하는 지역(조특칙 §27의4⑥)

   ⓐ 공공주택지구   ⓑ 지정·고시된 정비구역

   ⓒ 신항만건설 예정지역   ⓓ 지정·고시된 도시개발구역

   ⓔ 철도건설사업실시계획 승인을 받은 지역

   ⓕ 위 ⓐ부터 ⓔ까지와 유사한 경우로서 다른 법률에 따라 예정지구 또는 실시계획 승인을 받은 지역 해당 공익사업으로 인하여 해당 주민이 직접적인 행위제한 (건축물의 건축, 토지의 형질변경·분할 등)을 받는 지역

④ 피상속인(그 배우자를 포함한다) 또는 거주자의 사업소득금액(어업·임업에서 발생하는 소득, 부동산임대업에서 발생하는 소득과 농가부업소득은 제외)과 총급여액의 합계액이 3천 700만원 이상인 과세기간이 있는 경우 그 기간은 피상속인 또는 거주자가 임업에 사용한 기간에서 제외한다(조특령 §66의4⑩, §66⑭).

2-4. 산지의 범위

산지란 지적공부상의 지목에 관계없이 실지로 경작에 사용되는 토지(조특칙 §27의4①), 해당 토지를 취득하고 산림경영계획인가를 받은 날부터 양도할 때까지의 기간에 직접 경영한 기간(후술 참조) 이상 자기가 직접 임업에 사용한 보전산지로서 다음의 어느 하나에 해당하는 것을 제외한 것을 말한다(조특령 §66의4③).

① 양도일 현재 특별시·광역시(광역시에 있는 군 제외) 또는 시에 있는 산지 중 주거지역·상업지역 또는 공업지역 안에 있는 산지로서 이들 지역에 편입된 날부터 3년이 지난 산지. 다만, 다음의 어느 하나에 해당하는 경우는 제외한다.

㉠ 사업시행지역 안의 토지소유자가 1천명 이상이거나 사업시행면적이 100만제곱미터(택지개발사업 또는 「주택법」에 따른 대지조성사업의 경우에는 10만제곱미터[2]) 이상인 개발사업지역(사업인정고시일이 같은 하나의 사업시행지역을 말한다) 안에서 개발사업의 시행으로 인하여 주거지역·상업지역 또는 공업지역에 편입된 산지로서 사업시행자의 단계적 사업시행 또는 보상지연으로 이들 지역에 편입된 날부터 3년이 지난 경우

㉡ 사업시행자가 국가, 지방자치단체, 그 밖에 공공기관인 개발사업지역 안에서 개발사업의 시행으로 인하여 주거지역·상업지역 또는 공업지역에 편입된 산지로서 부득이한 사유[3])에 해당하는 경우

㉢ 주거지역·상업지역 및 공업지역에 편입된 산지로서 편입된 후 3년 이내에 대규모개발사업이 시행되고, 대규모개발사업 시행자의 단계적 사업시행 또는 보상지연으로 이들 지역에 편입된 날부터 3년이 지난 경우(대규모개발사업지역 안에 있는 경우로 한정한다)

② 「도시개발법」 또는 그 밖의 법률에 따라 환지처분 이전에 산지 외의 토지로 환지 예정지를 지정하는 경우에는 그 환지 예정지 지정일부터 3년이 지난 산지. 다만, 환지처분에 따라 교부받는 환지 청산금에 해당하는 부분은 제외한다.

---

2) 조특칙 제27조의4 제3항
3) 조특칙 §27의4 제5항

3 | 과세특례의 내용

위의 요건을 갖춘 산지의 양도로 인하여 발생하는 소득에 대하여는 다음 표에 따른 세액을 감면한다(조특법 §69의4① 본문).

직접 경영한 기간	감면 세액
10년 이상 20년 미만	양도소득세의 100분의 10에 상당하는 세액
20년 이상 30년 미만	양도소득세의 100분의 20에 상당하는 세액
30년 이상 40년 미만	양도소득세의 100분의 30에 상당하는 세액
40년 이상 50년 미만	양도소득세의 100분의 40에 상당하는 세액
50년 이상	양도소득세의 100분의 50에 상당하는 세액

다만, 해당 산지가 주거지역·상업지역 및 공업지역에 편입되거나 「도시개발법」 또는 그 밖의 법률에 따라 환지처분 전에 산지 외의 토지로 환지예정지 지정을 받은 경우에는 주거지역등에 편입되거나 환지예정지 지정을 받은 날까지 발생한 다음의 소득에 대해서만 양도소득세의 100분의 100에 상당하는 세액을 감면한다(조특법 §69의4① 단서, 조특령 §66의4⑧).

양도소득금액 × (편입·환지예정지 지정을 받은 날의 기준시가 − 취득당시의 기준시가) / (양도당시의 기준시가 − 취득당시의 기준시가)

*「공익사업을 위한 토지 등의 취득 및 보상에 관한 법률」 및 그 밖의 법률에 따라 협의매수되거나 수용되는 경우에는 위 산식 중 양도 당시의 기준시가를 보상액 산정의 기초가 되는 기준시가[4]로 한다. 또한, 새로운 기준시가가 고시되기 전에 취득하거나 양도한 경우 또는 주거지역등에 편입되거나 환지예정지 지정을 받은 날이 도래하는 경우에는 직전의 기준시가를 적용한다.

4 | 절 차

양도소득세 감면신청을 하려는 사람은 해당 산지를 양도한 날이 속하는 과세기간의 과세표준신고(예정신고를 포함한다)와 함께 세액감면신청서를 납세지 관할 세무서장에게 제출하여야 한다(조특법 §69의4②, 조특령 §66의4⑨).

---

4) 보상액 산정의 기초가 되는 기준시가는 보상액 산정 당시 해당 토지의 개별공시지가로 한다(조특칙 §27의4⑦).

5 | 주요 개정연혁

1. 자경산지에 대한 양도소득세 감면 신설(조특법 §69의4, §133, 조특령 §66의4, 조특칙 §27의4)

(1) 개정내용

종 전	개 정
〈신 설〉	□ 산림경영계획 인가를 받아 10년 이상 자경한 산지에 대한 양도소득세 감면 ㅇ (감면대상자의 범위) : ① + ② 　① 「임업 및 산촌 진흥촉진에 관한 법률 시행령」에 따른 임업인 　② 산지* 소재하는 시·군·구 및 연접 시·군·구 또는 직선거리 30km 이내 지역에 거주자 　　* 주거지역 등 편입일로부터 3년이 지난 산지는 감면대상에서 제외** 　** 감면대상에서 제외되지 않는 범위 　　• 100만㎡(택지개발사업 또는 대지조성사업의 경우 10만㎡) 이상 개발사업 　　• 사업 또는 보상 지연 책임이 사업시행자인 공공기관·지방직영기업·지방공사·지방공단에 있는 경우 ㅇ (산지의 범위) : 「산지관리법」에 따른 보전산지 ㅇ (자경 범위 및 자경기간 계산) 　- 산지에서 임업에 상시 종사하거나, 임작업의 50% 이상을 자기 노동력에 의해 수행 　- 사업소득금액과 총급여액의 합계액이 3,700만원 이상인 과세기간은 자영기간에서 제외 ㅇ (감면율) | 자경 기간	감면율
10년 이상 20년 미만	10%
20년 이상 30년 미만	20%
30년 이상 40년 미만	30%
40년 이상 50년 미만	40%
50년 이상	50% | ㅇ (감면한도) 연간 1억원, 5년간 2억원

(2) 개정이유

ㅇ 산림자원의 육성 지원

(3) 적용시기 및 적용례

ㅇ 2018. 1. 1. 이후 양도하는 분부터 적용

제70조

농지대토에 대한 양도소득세 감면

1 | 의 의

거주자가 경작상 필요에 의하여 농지를 대토함으로써 발생하는 소득에 대하여는 양도소득세의 100%를 감면한다. 종전에는 소득세법에서 양도소득세를 비과세하도록 규정하고 있었으나, 2005년 말 지가상승 요인인 대토수요를 억제하여 지가안정을 도모하고자 조특법상의 양도소득세 감면제도로 전환하였다. 감면제도는 비과세제도와 달리 감면신청절차가 필요하며, 감면액이 과다한 경우 감면한도액의 적용을 받아 실질적으로는 100%가 감면되지 못하는 경우가 발생한다. 농지대토에 대한 양도소득세 감면도 앞서 설명한 8년 이상 자경농지와 마찬가지로 자본이득에 대한 세액감면이므로, 근로소득 등 타소득과의 과세형평성을 저해할 우려가 매우 크므로, 과세특례 요건을 엄격하게 적용하여야 할 것이다. 2014. 1. 1. 조특법 개정시 사후관리 규정을 신설하였다(2014. 1. 1. 이후 양도분부터 적용). 또한, 2014. 2. 21. 조특령 개정시 경작기간 요건을 강화(3년 → 4년)하고, 사업소득 등이 있는 기간을 경작기간에서 제외하는 등 제도를 합리화하였고, 2014. 7. 1. 이후 종전농지를 양도하고 신규농지를 취득하는 분부터 적용하되 일부 경과규정을 두었다(부칙 §9).

2 | 요 건

2-1. 농지소재지 거주자

본조의 적용대상인 농지소재지에 거주하는 거주자라 함은 4년 이상 다음의 지역(경작을 개시할 당시에는 당해 지역에 해당하였으나 행정구역의 개편 등으로 이에 해당하지 아니하게 된 지역 포함)에 거주한 자를 말한다(조특령 §67①).

① 농지가 소재하는 시[1]·군·구(자치구인 구를 말한다) 안의 지역

---

1) 「제주특별자치도 설치 및 국제자유도시 조성을 위한 특별법」 제10조 제2항에 따라 설치된 행정시를 포함한다.

② 위 ①의 지역과 연접한 시·군·구(자치구인 구를 말한다) 안의 지역
③ 해당 농지로부터 직선거리 30km 이내의 지역[2]

2-2. 감면대상 농지

2-2-1. 농지의 대토

'대토'란 종전 농지를 양도하고 새로운 농지를 취득하는 것을 말하는데, 감면을 받기 위해서는 토지를 경작상 필요에 의하여 대체취득하는 농지가 다음에 해당하여야 한다(조특령 §67③).

구 분	대체취득의 요건
선양도 후취득	4년 이상 종전의 농지소재지에 거주하면서 경작한 자가 종전의 농지의 양도일부터 1년(「공익사업을 위한 토지 등의 취득 및 보상에 관한 법률」에 따른 협의매수·수용 및 그 밖의 법률에 따라 수용되는 경우에는 2년[3]) 내에 새로운 농지를 취득하여, 그 취득한 날부터 1년(1년 이상의 치료나 요양을 필요로 하는 질병의 치료 또는 요양을 위한 경우, 「농지법 시행령」 제3조의2에 따른 농지개량을 하기 위하여 휴경하는 경우, 자연재해로 인하여 영농이 불가능하게 되어 휴경하는 경우는 2년[4]) 내에 새로운 농지소재지에 거주하면서 경작을 개시한 경우로서 다음의 어느 하나에 해당하는 경우. 다만, 새로운 농지의 경작을 개시한 후 새로운 농지소재지에 거주하면서 계속하여 경작한 기간과 종전의 농지 경작기간을 합산한 기간이 8년 이상인 경우로 한정한다. ① 새로 취득하는 농지의 면적이 양도하는 농지의 면적의 3분의 2 이상일 것 ② 새로 취득하는 농지의 가액이 양도하는 농지의 가액의 2분의 1 이상일 것
선취득 후양도	4년 이상 종전의 농지소재지에 거주하면서 경작한 자가 새로운 농지의 취득일부터 1년 내에 종전의 농지를 양도한 후 종전의 농지 양도일부터 1년(1년 이상의 치료나 요양을 필요로 하는 질병의 치료 또는 요양을 위한 경우, 「농지법 시행령」 제3조의2에 따른 농지개량을 하기 위하여 휴경하는 경우, 자연재해로 인하여 영농이 불가능하게 되어 휴경하는 경우는 2년[5]) 내에 새로운 농지소재지에 거주하면서 경작을 개시한 경우로서 다음의 어느 하나에 해당하는 경우. 다만, 새로운 농지의 경작을 개시한 후 새로운 농지소재지에 거주하면서 계속하여 경작한 기간과 종전의 농지 경작기간을 합산한 기간이 8년 이상인 경우로 한정한다. ① 새로 취득하는 농지의 면적이 양도하는 농지의 면적의 3분의 2 이상일 것 ② 새로 취득하는 농지의 가액이 양도하는 농지의 가액의 2분의 1 이상일 것

---

2) 행정구역 간 거리 편차 등으로 인한 현행 행정구역 기준의 불형평 문제를 보완(2008. 2. 22. 이후 양도분부터 적용)
3) 수용시 대체농지 취득에 많은 시일이 소요될 수 있는 점 감안(2007. 2. 28. 이후 수용되어 대체취득하는 분부터 적용)
4) 조특칙 제28조 제1항·제2항
5) 조특칙 제28조 제1항·제2항

● |주요 입법취지| **수용에 따른 농지대토시 대체농지 취득기간 연장**

□ 종전농지를 양도하고 1년 내 새로운 농지를 취득하여야 하나, 수용되는 경우에는 대체농지 취득에
많은 시일이 소요될 수 있는 점을 감안하여
  ○종전 농지 수용시는 2년 내 새로운 농지를 취득할 수 있도록 개정하였다.
  ⇨ 2007. 2. 28. 이후 수용되어 대체취득하는 분부터 적용

2-2-2. 대토로 취득한 농지의 경작기간 계산특례

농지대토 요건 중 경작하는 기간을 계산함에 있어 다음과 같은 특례 규정이 있다.
① 새로운 농지를 취득한 후 4년 이내에 「공익사업을 위한 토지 등의 취득 및 보상에
관한 법률」에 따른 협의매수·수용 및 그 밖의 법률에 따라 수용되는 경우에는 4년
동안 농지소재지에 거주하면서 경작한 것으로 본다(조특령 §67④).
② 새로운 농지를 취득한 후 종전의 농지 경작기간과 새로운 농지 경작기간을 합산하여
8년이 지나기 전 농지소유자가 사망한 경우로서 상속인이 농지소재지에 거주하면서
계속 경작한 때에는 피상속인의 경작기간과 상속인의 경작기간을 통산한다(조특령 §67⑤).
③ 종전의 농지 경작기간과 새로운 농지 경작기간의 계산에 관하여 「소득세법」 제19조
제2항에 따른 사업소득금액(농업·임업에서 발생하는 소득, 「소득세법」 제45조 제2항에 따른
부동산임대업에서 발생하는 소득과 같은 법 시행령 제9조에 따른 농가부업소득은 제외한다)과
총급여액의 합계액이 3천 700만원 이상인 과세기간이 있는 경우로서 그 기간은 경작기간에서
제외한다. 이 경우 새로운 농지의 경작기간을 계산할 때 새로운 농지의 경작을 개시한
후 종전의 농지 경작기간과 새로운 농지 경작기간을 합산하여 8년이 지나기 전에 위의
기간이 있는 경우에는 새로운 농지를 계속하여 경작하지 아니한 것으로 본다(조특령
§67⑥, §66⑭).

2-2-3. 농지의 범위

농지라 함은 전·답으로서 지적공부상의 지목에 관계없이 실지로 경작에 사용되는 토지로
하며, 농지경영에 직접 필요한 농막·퇴비사·양수장·지소·농도·수로 등을 포함하는
것으로 한다(조특칙 §27①). 감면대상 농지의 범위에 대하여는 앞서 설명한 제69조의 내용을
참고하기 바란다.

2-2-4. 감면대상 농지의 제한

다음 중 어느 하나에 해당하는 농지의 경우에는 대토로 인한 양도소득세의 감면규정을 적용하지 아니한다(조특법 §70②, 조특령 §67⑧).

구 분	감면 제외 농지
주거지역 등 편입농지	양도일 현재 특별시·광역시[6]) 또는 시[7]) 지역에 있는 농지 중 「국토의 계획 및 이용에 관한 법률」에 따른 주거지역·상업지역 또는 공업지역 안의 농지로서 이들 지역에 편입된 날부터 3년이 지난 농지. 다만, 다음의 어느 하나에 해당하는 경우는 제외한다. ① 사업시행지역 안의 토지소유자가 1천명 이상이거나 사업시행면적이 100만 제곱미터[8]) 이상인 개발사업지역(사업인정고시일이 동일한 하나의 사업시행지역을 말한다) 안에서 개발사업의 시행으로 인하여 「국토의 계획 및 이용에 관한 법률」에 따른 주거지역·상업지역 또는 공업지역에 편입된 농지로서 사업시행자의 단계적 사업시행 또는 보상지연으로 이들 지역에 편입된 날부터 3년이 지난 경우 ② 사업시행자가 국가, 지방자치단체, 그 밖에 공공기관[9])인 개발사업지역 안에서 개발사업의 시행으로 인하여 「국토의 계획 및 이용에 관한 법률」에 따른 주거지역·상업지역 또는 공업지역에 편입된 농지로서 부득이한 사유[10])에 해당하는 경우 ③ 「국토의 계획 및 이용에 관한 법률」에 따른 주거지역·상업지역 및 공업지역에 편입된 농지로서 편입된 후 3년 이내에 대규모개발사업이 시행되고, 대규모개발사업 시행자의 단계적 사업시행 또는 보상지연으로 이들 지역에 편입된 날부터 3년이 지난 경우(대규모개발사업지역 안에 있는 경우로 한정한다)
환지예정지	「도시개발법」 또는 그 밖의 법률에 따라 환지처분 이전에 농지 외의 토지로 환지예정지를 지정하는 경우에는 그 환지예정지 지정일부터 3년이 지난 농지. 다만, 환지처분에 따라 교부받는 환지청산금에 해당하는 부분은 제외한다.

---

6) 광역시에 있는 군을 제외한다.

7) 「지방자치법」 제3조 제4항에 따라 설치된 도농(都農)복합형태의 시의 읍·면 지역 및 「제주특별자치도 설치 및 국제자유도시 조성을 위한 특별법」 제10조 제2항에 따라 설치된 행정시의 읍·면 지역은 제외한다.

8) 「택지개발촉진법」에 의한 택지개발사업 또는 「주택법」에 의한 대지조성사업의 경우에는 10만 제곱미터로 한다(조특칙 §27③).

9) 「공공기관의 운영에 관한 법률」에 따라 지정된 공공기관과 「지방공기업법」에 따라 설립된 지방직영기업·지방공사·지방공단을 말한다(조특칙 §27④).

10) 사업 또는 보상을 지연시키는 사유로서 그 책임이 사업시행자에게 있다고 인정되는 사유를 말한다(조특칙 §27⑤).

관련예규

- '주거지역·상업지역·공업지역에 편입된 날'이란 국토의 계획 및 이용에 관한 법률에 의거 도시관리계획 결정내용(지역지구구역도시계획시설, 위치, 면적규모 등)을 건설교통부장관이 관보에 고시한 날(시·도지사가 하는 경우에는 당해 시·도의 공보에 고시한 날)을 말함 (서면4팀-2356, 2006. 7. 19.).
- 농지가 수용되는 경우로서 농지의 경작기간이 3년 이상 되지 아니한 경우에는 농지대토에 대한 양도소득세가 감면되지 아니함(서면4팀-855, 2007. 3. 13.).
- 연접한 시·군·구(자치구인 구)라 함은 행정구역상 동일한 경계선을 사이에 두고 서로 붙어있는 시·군·구를 말함(서면4팀-268, 2007. 1. 19.).
- 농지의 양도일 현재 위탁경영·대리경작 등 경작하지 않는 농지를 양도하고 대토하는 경우 농지대토에 대한 감면규정이 적용되지 아니함(재재산-936, 2006. 8. 4.).
- 농지대토에 대한 양도소득세 감면규정을 적용함에 있어 새로이 취득하는 농지의 범위에는 경매로 취득하는 경우를 포함하는 것임(서면4팀-1711, 2006. 6. 13.).

2-2-5. 감면대상 농지의 확인

감면대상 농지에 해당하는지의 여부를 확인하여야 하는바, 이에 대한 판정기준은 다음과 같다(조특칙 §27②).

확인항목	증빙방법
① 4년 이상 소유 확인	등기사항증명서 또는 토지대장등본 및 기타 증빙
② 4년 이상 농지소재지에 거주	주민등록표 초본[11]
③ 4년 이상 자경한 사실의 입증	시·구·읍·면장이 교부 또는 발급하는 농지원부등본과 자경증명
④ 양도일 현재 농지의 증명	규정 없음

감면대상 농지의 확인과 관련된 사례는 앞서 설명한 제69조의 해설을 참고하기 바란다.

2-3. 자경의 범위

'직접 경작'이라 함은 거주자가 그 소유농지에서 농작물의 경작 또는 다년생식물의 재배에 상시 종사하거나 농작업의 2분의 1 이상을 자기의 노동력에 의하여 경작 또는 재배하는 것을 말한다(조특령 §67②). 이에 대한 자세한 설명은 제69조 해설을 참고하기로 한다.

---

11) 다만, 신청인이 확인에 동의하지 아니한 경우에는 그 서류를 제출하게 하여야 한다.

3 │ 과세특례의 내용

농지소재지에 거주하는 거주자가 직접 경작한 토지로서 경작상의 필요에 의하여 농지를 대토하는 경우 이로 인하여 발생하는 소득에 대하여는 양도소득세의 100%를 감면한다. 다만, 해당 토지가 「국토의 계획 및 이용에 관한 법률」에 따른 주거지역·상업지역 및 공업지역에 편입되거나 「도시개발법」 또는 그 밖의 법률에 따라 환지처분(換地處分) 전에 농지 외의 토지로 환지예정지 지정을 받은 경우에는 주거지역 등에 편입되거나, 환지예정지 지정을 받은 날까지 발생한 다음의 소득에 대해서만 양도소득세를 감면한다(조특법 §70①, 조특령 §67⑦).

> 양도소득금액 × (주거지역 등에 편입되거나 환지예정지 지정을 받은 날의 기준시가 − 취득당시의 기준시가) / (양도당시의 기준시가 − 취득당시의 기준시가)
>
> * 「공익사업을 위한 토지 등의 취득 및 보상에 관한 법률」 및 그 밖의 법률에 따라 협의매수되거나 수용되는 경우에는 위 산식 중 양도당시의 기준시가를 보상가액 산정의 기초가 되는 기준시가로 한다. 또한, 새로운 기준시가가 고시되기 전에 취득하거나 양도한 경우 또는 주거지역등에 편입되거나 환지예정지 지정을 받은 날이 도래하는 경우에는 직전의 기준시가를 적용한다.

4 │ 사후관리

양도소득세의 감면을 적용받은 거주자가 다음의 어느 하나에 해당하는 사유가 발생하여 감면요건을 충족하지 못하는 경우에는 그 사유가 발생한 날이 속하는 달의 말일부터 2개월 이내에 감면받은 양도소득세와 이자상당액을 납부하여야 한다(조특법 §70④·⑤, 조특령 §67⑩·⑪).

① 종전의 농지의 양도일부터 1년(「공익사업을 위한 토지 등의 취득 및 보상에 관한 법률」에 따른 협의매수·수용 및 그 밖의 법률에 따라 수용되는 경우에는 2년) 내에 새로운 농지를 취득하지 아니하거나 새로 취득하는 농지의 면적 또는 가액이 다음의 어느 하나에 해당하지 아니하는 경우

㉮ 새로 취득하는 농지의 면적이 양도하는 농지의 면적의 3분의 2 이상일 것

㉯ 새로 취득하는 농지의 가액이 양도하는 농지의 가액의 2분의 1 이상일 것

② 새로운 농지의 취득일(선취득 후양도의 경우에는 종전의 농지의 양도일)부터 1년 이내에 새로운 농지소재지에 거주하면서 경작을 개시하지 아니하는 경우.

다만, 질병의 요양 등 다음의 부득이한 사유로 경작하지 못하는 경우에는 위 1년이 아닌 2년으로 한다(조특칙 §28).

㉑ 1년 이상의 치료나 요양을 필요로 하는 질병의 치료 또는 요양을 위한 경우

㉯ 「농지법 시행령」 제3조의2에 따른 농지개량을 하기 위하여 휴경하는 경우

㉰ 자연재해로 인하여 영농이 불가능하게 되어 휴경하는 경우

③ 새로운 농지의 경작을 개시한 후 새로운 농지소재지에 거주하면서 계속하여 경작한 기간과 종전의 농지 경작기간을 합산한 기간이 8년 미만인 경우

④ 새로운 농지의 경작을 개시한 후 종전의 농지 경작기간과 새로운 농지 경작기간을 합산하여 8년이 지나기 전에 「소득세법」 제19조 제2항에 따른 사업소득금액(농업·임업에서 발생하는 소득, 「소득세법」 제45조 제2항에 따른 부동산임대업에서 발생하는 소득과 같은 법 시행령 제9조에 따른 농가부업소득은 제외한다)과 같은 법 제20조 제2항에 따른 총급여액의 합계액이 3천 700만원 이상인 과세기간이 있는 경우로서 그 기간이 있는 경우

이자상당액은 다음과 같이 산정한다(조특령 §67⑪).

> 납부할 양도소득세액 × 종전의 농지에 대한 양도소득세 예정신고 납부기한의 다음 날부터 양도소득세 납부일까지의 기간 × 0.025%

5 | 절 차

양도소득세의 감면신청을 하고자 하는 자는 당해 농지를 양도한 날이 속하는 과세연도의 과세표준신고(예정신고 포함)와 함께 세액감면신청서를 납세지 관할 세무서장에게 제출하여야 한다(조특법 §70③, 조특령 §67⑨).

6 | 조세특례제한 등

6-1. 양도소득세 감면의 종합한도

제133조 해설을 참고하기로 한다.

6-2. 중복지원의 배제

거주자가 토지 등을 양도하여 2 이상의 양도소득세의 감면규정을 동시에 적용받는 경우에는 당해 거주자가 선택하는 하나의 감면규정만을 적용한다. 이에 대한 자세한 내용은 제127조 해설을 참고하기로 한다.

7 | 관련사례

구 분	내 용
경작요건	○ 구 조세특례제한법시행령 제67조 제3항 제1호의 해석상 새로운 농지소재지에서의 3년 이상 거주와 경작은 특별한 사정이 없는 한 그 기간을 같이 하여야하는 것으로서 적어도 종전 농지의 양도일로부터 1년 이내에 시작하여야 함(국승, 대법원 2021두 30037, 2021. 4. 15, 수원고등법원2020누11691, 2020. 11. 25, 수원지방법원 2019구합 638, 2020. 4. 23 조심 2018중 5062, 2019. 3. 11.)
	○ 종전 농지가 수용되는 경우로서 농지의 경작기간이 3년 이상 되지 아니한 경우 농지대토에 대한 양도소득세 감면은 적용되지 아니함(서면4팀-1249, 2007. 4. 16.).
	○ 공유지분으로 취득한 농지를 직접 경작하는 거주자가 경작상 필요에 의하여 종전농지를 양도하고 새로이 단독으로 농지를 취득하는 경우 농지대토로 인한 양도소득세 감면을 적용받을 수 있음(서면4팀-1464, 2006. 5. 25.).
	○ 농지대토에 대한 양도소득세 감면을 적용함에 있어 종전 농지가 양도일 현재 대리경작 또는 임대차 중인 경우에는 동 규정을 적용할 수 없음(서면4팀-266, 2006. 2. 10.).
	○ 농업에 상시 종사하거나 경작에 소요된 노동력의 2분의 1 이상을 직접 제공하지 아니한 경우는 위탁경영으로 자경으로 인정할 수 없음(국심 2004중2744, 2005. 4. 14.).
	○ 농지대토에 따른 양도소득세 비과세에서 상속받은 농지의 경우에는 피상속인이 농지를 대토하는 자와 생계를 같이하는 동일세대를 구성하면서 경작한 경우 그 경작기간은 이를 통산함(재재산-1498, 2004. 11. 10.).
	○ 직접 영농하면 겸업해도 '자경농민'에 해당하나, 다른 직업에 전념하면서 농업을 간접적으로 경영한 경우는 그렇지 않아 '농지의 대토' 요건에 해당하지 않음(대법원 2000. 12. 12. 선고 2000두451 판결).
	○ 토지 소재지에서 멀리 떨어진 지역에 거주하며 개인택시업에 종사한 점 등에 비추어 토지의 직접 경작 사실을 인정하기 어렵고 도시 및 주거환경 정비법에 의한 정비구역 내의 토지도 아니므로 양도소득세 감면대상에 해당하지 아니함(대법원 2012. 3. 15. 선고 2011두28233 판결).

구 분	내 용
경작요건	○ 종전농지 취득 후 제3자로 하여금 계속 벼를 재배하다 수확하게 한 이상 그 기간을 직접 경작한 것과 같이 취급할 수 없고, 그 기간을 제외할 경우 종전농지 직접 경작 기간은 2년 10개월에 불과하여 농지대토에 대한 감면요건으로 정한 직접 경작기간에 미달함(대법원 2011. 12. 13. 선고 2011두20116 판결). ○ 농지대토에 대한 양도소득세 감면을 받기 위해서는 종전 토지 양도 당시 종전의 농지소재지에 거주하면서 직접 경작하는 자에 해당하여야 한다고 해석함이 상당하고, 원고 주장과 같이 양도 당시 자경할 필요 없이 양도 이전 통산하여 3년 이상만 자경하면 된다고 볼 수는 없음(대법원 2011. 11. 2. 선고 2010두14589 판결). ○ 상속받은 농지의 경우에는 피상속인이 농지를 대토하는 자와 생계를 같이하는 동일세대를 구성하면서 경작한 경우 그 경작기간은 상속인의 경작기간에 통산하는 것이며 실제로 경작하였는지 여부는 사실 판단할 사항임(재재산-922, 2011. 10. 28.). ○ 대토농지를 취득하여 2년 경작 후, 임대 1년:「조세특례제한법」제70조 및 같은 법 시행령 제67조 제3항 제2호에 따른 농지대토에 대한 양도소득세 감면은 새로이 취득한 농지를 계속하여 3년 이상 새로운 농지소재지에 거주하면서 경작한 경우에 적용하는 것임 (재재산-564, 2011. 7. 19.).
대체취득	○ 여러 필지 농지를 양도하는 경우 새로 취득하는 농지의 면적이 양도하는 여러 필지 농지의 합계면적 이상이거나 그 가액이 양도하는 농지의 합계가액의 2분의 1 이상인 경우 대토에 해당함(서면4팀-827, 2006. 4. 5.). ○ 양도일 현재 2필지 이상으로 분할된 농지를 양도함에 있어 당해 농지가 농지대토 비과세 또는 자경농지 감면요건에 해당하는지 여부는 각각의 필지별로 적용하는 것임(서면4팀-2601, 2005. 12. 23.). ○ 1필지의 토지를 관념상 구분하여 자경농지에 대한 감면과 농지대토에 따른 비과세를 혼용하여 적용할 수 없음(서면4팀-1720, 2005. 9. 23.). ○ 감면요건의 경우 엄격하게 해석하는 것이 조세공평의 원칙에도 부합하는 바 대토농지를 취득하였다가 상대방의 귀책사유로 매매계약이 해제된 경우라고 할지라도 관계법령이 정한 감면요건을 충족하지 않는 이상 양도소득세 감면대상이 될 수 없음(대법원 2012. 5. 12. 선고 2012두2795 판결).

8 | 주요 개정연혁

1. 농지대토 사후관리 규정 신설(조특법 §70④·⑤, 조특령 §67⑩·⑪)

(1) 개정내용

종 전	개 정
〈신 설〉	조특법 §70 □ 대통령령으로 정하는 사유가 발생하여 감면요건 미충족시 양도소득세와 이자 상당액을 납부
〈신 설〉	조특령 §67 □ 농지대토 사후관리 사유 ○ 종전농지 양도 후 1년 이내 신규농지 미취득하거나, 신규농지의 가액·면적요건 미충족시 ○ 신규농지의 경작개시요건 미충족시 ○ 종전농지와 신규농지에서 재촌·자경한 기간을 합산한 기간이 8년 미만인 경우 ○ 종전농지와 신규농지 경작기간을 합산하여 8년이 지나기 전에 사업소득(농업, 임업소득 등 제외)과 총급여 합계 3,700만원인 과세기간이 있는 경우
〈신 설〉	□ 이자상당 가산액 : ① × ② ① 종전농지 양도시 양도세 예정신고 납부기한의 다음 날부터 양도세 납부일까지의 기간 ② 1일 1만분의 3

(2) 개정이유
○ 사후적으로 대토감면 요건 미충족시 감면세액과 이자상당액 납부

(3) 적용시기 및 적용례
○ 2014. 1. 1. 이후 양도분부터 적용

제70조의2

경영회생 지원을 위한 농지 매매 등에 대한 양도소득세 과세특례

1 | 의 의

경영회생지원 농지매입사업을 지원하기 위한 제도로서, 경영회생지원 농지매입사업은 경영난을 겪고 있는 농민·농업법인이 농지 등을 환매조건부로 한국농어촌공사에 양도하면, 한국농어촌공사는 해당 농지 등을 양도한 농민·농업법인에게 일정기간(7~10년) 임대하는 제도로서 농민·농업법인이 임대기간 동안 환매권을 행사할 경우 해당 농지 등을 다시 돌려받을 수 있다. 종전에는 해당 사업에 따라 농지 등을 한국농어촌공사에 양도하는 경우 양도소득세 및 법인세가 부과되므로 경영난을 겪고 있는 농가 및 농업법인의 경제적 어려움이 가중되어 환매능력이 저하되는 문제점이 있다는 지적이 있어 이를 개선하는 데 그 취지가 있다.

2 | 요 건

2-1. 적용대상

「농지법」 제2조에 따른 농업인이다.

2-2. 농지 등 양도 및 환매권 행사

농업인이 직접 경작한 농지 및 그 농지에 딸린 농업용시설("농지등")을 한국농어촌공사에 양도하여야 한다. 농업인은 그 후 임차하여 직접 경작한 경우로서 해당 농지등을 임차기간 내에 환매하여야 한다.

3 | 과세특례의 내용

3-1. 양도소득세 환급

해당 농지등의 양도소득에 대하여 납부한 양도소득세를 환급받을 수 있다(조특법 §70의2①). 다만, 농지등의 일부에 대하여 환매를 신청한 경우 환급세액은 환매한 농지등에 대하여 납부한 양도소득세에 상당하는 금액으로 한다.

3-2. 환매농지의 취득가액 및 취득시기

양도소득세를 환급받은 농업인이 환매한 해당 농지등을 다시 양도하는 경우 그 농지등에 대한 양도소득세액은 다음의 취득가액 및 취득시기를 적용하여 계산한다(조특법 §70의2②).
① 취득가액 : 한국농어촌공사에 양도하기 전 농업인의 해당 농지등 취득 당시의 취득가액
② 취득시기 : 한국농어촌공사에 양도하기 전 해당 농지등의 취득일

3-3. 환매농지의 재양도시 경작기간

양도소득세를 환급받은 농업인이 환매한 농지등을 다시 양도하는 경우 임차기간 내에 경작한 기간은 해당 농업인이 직접 농지등을 경작한 것으로 보아 자경농지에 대한 양도소득세의 감면을 적용한다.

4 | 절 차

양도소득세를 환급받으려는 자는 환급신청서에 다음의 서류를 첨부하여 납세지 관할 세무서장에게 제출하여야 한다.
① 농지등을 한국농어촌공사에 양도한 매매계약서 사본
② 해당 농지등을 한국농어촌공사로부터 환매한 환매계약서 사본

환급신청서를 제출받은 납세지 관할 세무서장이 환급을 하는 경우에 관하여는 국세환급금의 충당과 환급 규정을 준용하되, 국세환급가산금에 관한 규정은 적용하지 아니한다.

제71조

영농자녀등이 증여받는 농지 등에 대한 증여세의 감면

1 | 의 의

종전 조세감면규제법에서는 후계농어업인의 원활한 농어업 승계를 지원하기 위하여 자경농민이 18세 이상의 영농자녀에게 일정규모 이하의 농지 등을 증여하는 경우에는 증여세를 면제하고, 농지소유자가 자경농민인 직계존비속·형제자매 등에게 농지 등을 증여·양도하는 경우와 어선·어업권을 소유하거나 면허받은 자가 자영어민인 직계존비속 또는 형제자매 등에게 어선 등을 증여하는 경우에도 증여세·양도소득세를 면제하는 과세특례를 마련한 바 있다. 그러나 동 제도는 각각 1998년 말 및 1996년 말 폐지되었고, 다만, 영농인력의 고령화에 따른 영농승계인력의 부족 등을 감안한 제도 필요성을 고려하여 부칙(법률 제5584호 부칙 §15)으로 연장 운용하여 왔다.

동 부칙의 일몰이 2006년 말에 도래함에 따라 2006년 세법 개정시 농촌인구의 급격한 감소 및 노령화 등을 감안하여 일몰시한을 연장하고, 별도 조문(§71)을 신설하여 원활한 농업승계의 지원 및 조세회피 방지를 병행 보완하도록 조치하였다. 다만, 개정시 자경농민이 자녀에게 농지를 증여하는 방식으로 양도소득세를 회피하는 행위를 방지하고자 감면한도를 5년간 합산하여 1억원까지 면제하도록 감면한도를 마련하고, 증여받은 농지를 일정기간 내 제3자에게 양도하는 경우 취득가액을 증여자(자경농민)의 취득가액으로 하여 양도소득세를 과세하도록 하는 등 감면의 사후관리장치 등을 정비하였다.

2014. 12. 23. 법 개정시 영농자녀의 요건 중 재촌요건 등을 완화하여 영농사전증여 활성화를 지원하고 2015. 1. 1. 이후 증여받는 분부터 적용되었다.

2 │요 건

2-1. 감면대상 농지 등

다음의 요건을 모두 충족하는 농지·초지·산림지·어선·어업권·어업용 토지등·염전
또는 축사용지("농지 등")를 감면대상으로 하며, 이 경우 해당 농지 등을 영농조합법인에
현물출자하여 취득한 출자지분도 감면대상에 포함한다(조특법 §71①).

① 농지 : 4만제곱미터 이내의 것[1]
② 초지 : 초지조성허가를 받은 초지로서 14만 8천 500제곱미터 이내의 것
③ 산림지 : 보전산지 중 산림경영계획을 인가받거나 특수산림사업지구로 지정받아 새로
  조림한 기간이 5년 이상인 산림지(채종림, 「산림보호법」 제7조에 따른 산림보호구역)로서
  29만 7천제곱미터 이내의 것. 다만, 조림기간이 20년 이상인 산림지의 경우에는
  조림기간이 5년 이상인 29만 7천제곱미터 이내의 산림지를 포함하여 99만제곱미터
  이내의 것으로 한다.
④ 축사용지 : 축사 및 축사에 딸린 토지로서 해당 축사의 실제 건축면적을 건폐율[2]로
  나눈 면적의 범위 이내의 것
⑤ 어선 : 총톤수 20톤 미만의 어선
⑥ 어업권 : 어업권[3]으로서 10만제곱미터 이내의 것
⑦ 어업용 토지등 : 4만제곱미터 이내의 것
⑧ 염전: 염전[4]으로서 6만제곱미터 이내의 것
⑨ 주거지역·상업지역 및 공업지역 외에 소재하는 농지등[5]
⑩ 택지개발지구, 개발사업지구로 지정된 지역(별표 6의2에 따른 사업지구) 외에 소재하는
  농지등

---

1) 「농지법」 제2조 제1호 가목
2) 「건축법」 제55조
3) 「수산업법」 제2조 또는 「내수면어업법」 제7조
4) 「소금산업진흥법」 제2조 제3호
5) 「국토의 계획 및 이용에 관한 법률」 §36

조특령 [별표 6의2] (2019. 3. 12. 개정)

| 개발사업지구(제68조 제4항 관련) |

1. 「경제자유구역의 지정 및 운영에 관한 법률」 제4조에 따라 지정된 경제자유구역
2. 「관광진흥법」 제50조에 따라 지정된 관광단지
3. 「공공주택 건설 등에 관한 특별법」 제6조에 따라 지정된 공공주택지구
4. 「기업도시개발특별법」 제5조에 따라 지정된 기업도시개발구역
5. 「농어촌도로정비법」 제8조에 따라 도로사업계획이 승인된 지역
6. 「도시개발법」 제3조에 따라 지정된 도시개발구역
7. 「사회기반시설에 대한 민간투자법」 제15조에 따라 실시계획이 승인된 민간투자사업 예정지역
8. 「산업입지 및 개발에 관한 법률」 제2조 제5호에 따른 산업단지
9. 「신항만건설촉진법」 제5조에 따라 지정된 신항만건설예정지역
10. 「온천법」 제4조에 따라 지정된 온천원보호지구
11. 「유통단지개발촉진법」 제5조에 따라 지정된 유통단지
12. 「자연환경보전법」 제38조에 따라 자연환경보전·이용시설설치계획이 수립된 지역
13. 「전원개발촉진법」 제5조에 따라 전원개발사업 실시계획이 승인된 지역
14. 「주택법」 제16조에 따라 주택건설사업계획이 승인된 지역
15. 「중소기업진흥에 관한 법률」 제31조에 따라 협동화사업을 위한 단지조성사업의 실시계획이 승인된 지역
16. 「지역균형개발 및 지방중소기업 육성에 관한 법률」 제9조에 따른 개발촉진지구, 동법 제26조의3에 따른 특정지역 및 동법 제38조의2에 따른 지역종합개발지구
17. 「철도의 건설 및 철도시설 유지관리에 관한 법률」 제9조에 따라 철도건설사업실시계획이 승인된 지역 및 「역세권의 개발 및 이용에 관한 법률」 제4조에 따라 지정된 역세권개발구역
18. 「화물유통촉진법」 제28조에 따라 화물터미널설치사업의 공사계획이 인가된 지역
19. 그 밖에 농지등의 전용이 수반되는 개발사업지구로서 농지법·초지법·산지관리법 그 밖의 법률의 규정에 의하여 농지등의 전용의 허가·승인·동의를 받았거나 받은 것으로 의제되는 지역

2-2. 증여자와 수증자의 관계

농지등의 소재지에 거주하면서 영농[양축(養畜), 영어(營漁) 및 영림(營林)을 포함한다]에 종사하는 거주자("자경농민등")가 직계비속(이하 "영농자녀등"[6]이라 한다)에게 증여하여야 한다(조특법 §71①).

---

[6] 다른 직업에 전념하면서 농업을 간접적으로 영위한 경우에는 영농자녀에 해당한다고 볼 수 없다고 할 것인 바, 청구인의 경우 아버지 박○○○가 소유한 농지규모, 가족관계 및 소방관이라는 직업의 특성 등으로 보아 쟁점농지 등을 사실상 일부 경작하였을 것으로는 보이나, 1996년부터 청구일 현재까지 직업공무원으로 복무한 근로소득자로서 영농을 주업으로 하였다고 보기는 어려우므로, 증여세 감면요건이 되는 영농자녀에는 해당하지 아니한다 할 것이다(조심 2009중362, 2009. 7. 24. 같은 뜻임)(조심 2012중678, 2013. 7. 29.).

'자경농민등'과 '영농자녀등'은 다음의 요건을 모두 갖춘 자를 말한다(조특령 §68① · ③).

구 분	요 건
자경 농민등	① 농지 등이 소재하는 시·군·구(자치구를 말한다), 그와 연접한 시·군·구 또는 해당 농지 등으로부터 직선거리 30킬로미터 이내에 거주할 것 ② 농지 등의 증여일부터 소급하여 3년 이상 계속하여 직접 영농[양축(養畜), 영어(營漁), 및 영림(營林)을 포함한다]에 종사하고 있을 것
영농 자녀등	① 농지 등의 증여일 현재 만 18세 이상인 직계비속일 것 ② 「상속세 및 증여세법」 제68조에 따른 증여세 과세표준 신고기한[7]까지 증여받은 농지등에서 직접 영농에 종사할 것

또한, "직접 영농에 종사"하는 경우에 대한 판단기준은 소유 농지 등 자산을 이용하여 농작물의 경작 또는 다년생식물의 재배에 상시 종사하거나 농작업의 2분의 1 이상을 자기의 노동력으로 수행하는 경우 등의 요건을 갖추어야 한다[8](조특령 §68⑪).

3 | 과세특례의 내용

3-1. 증여세의 감면

자경농민등이 감면대상 농지 등을 영농자녀등에게 2025. 12. 31.까지 증여하는 경우 해당 농지 등의 가액에 대한 증여세의 100%를 감면한다(조특법 §71①).

3-2. 합산배제증여재산

증여세를 감면받은 농지등은 상속재산에 가산하는 증여재산으로 보지 않는다. 따라서 상속세 과세가액에 가산하는 증여재산가액에 포함시키지 않는다(조특법 §71⑤). 한편 증여세를 감면받은 농지등은 해당 증여일 전 10년 이내에 자경농민등(자경농민등의 배우자 포함)으로부터 증여받아 합산하는 증여재산가액에 포함시키지 않는다(조특법 §71⑥).

---

7) 증여받은 날이 속하는 달의 말일부터 3개월 이내
8) 「상속세 및 증여세법 시행령」 제16조 제4항을 준용

4 │ 사후관리

증여세를 감면받은 영농자녀등이 아래와 같이 5년 이내에 양도하거나 직접 영농에 종사하지 않는 경우에는 해당하게 되는 날이 속하는 달의 말일부터 3개월 이내에 납세지 관할 세무서장에게 신고하고 해당 증여세와 이자상당액을 납부하여야 한다. 다만, 이미 증여세와 이자상당액이 징수된 경우에는 그러하지 아니한다.

4-1. 증여받은 날부터 5년 이내에 양도한 경우 증여세 감면세액의 징수

증여세를 감면받은 농지등을 다음 중 어느 하나에 해당하는 정당한 사유 없이 증여받은 날부터 5년 이내에 양도한 경우에는 즉시 그 농지 등에 대한 증여세의 감면세액에 상당하는 금액과 이자상당액[9]을 징수한다(조특법 §71② · ④, 조특령 §68⑤).

① 「공익사업을 위한 토지 등의 취득 및 보상에 관한 법률」에 따른 협의매수 · 수용 및 그 밖의 법률에 따라 수용되는 경우
② 국가 · 지방자치단체에 양도하는 경우
③ 「농어촌정비법」 그 밖의 법률에 따른 환지처분에 따라 해당 농지 등이 농지 등으로 사용될 수 없는 다른 지목으로 변경되는 경우
④ 영농자녀등이 「해외이주법」에 따른 해외이주를 하는 경우
⑤ 「소득세법」 제89조 제1항 제2호 및 법 제70조에 따라 농지를 교환 · 분합 또는 대토한 경우로서 종전 농지 등의 자경기간과 교환 · 분합 또는 대토 후의 농지 등의 자경기간을 합하여 8년 이상이 되는 경우

4-2. 직접 영농에 종사하지 않은 경우 증여세 감면세액의 징수

증여세를 감면받은 농지등을 다음 중 어느 하나에 해당하는 정당한 사유 없이 해당 농지 등에서 직접 영농에 종사하지 아니하게 된 때에는 즉시 그 농지 등에 대한 증여세의 감면세액에 상당하는 금액과 이자상당액을 징수한다(조특법 §71② · ④, 조특령 §68⑥).

① 영농자녀등이 1년 이상의 치료나 요양을 필요로 하는 질병으로 인하여 치료나 요양을 하는 경우
② 영농자녀등이 「고등교육법」에 따른 학교 중 농업계열(영어의 경우는 제외한다) 또는 수산계열(영어의 경우에 한정한다)의 학교에 진학하여 일시적으로 영농에 종사하지 못하는 경우

---

9) 조특법 제66조 제6항 준용, 제66조 해설 참조

③ 「병역법」에 따라 징집되는 경우
④ 「공직선거법」에 따른 선거에 의하여 공직에 취임하는 경우

4-3. 양도소득세 이월과세

증여세를 감면받은 농지등을 양도하여 양도소득세를 부과하는 경우 소득세법의 규정에 불구하고 취득시기는 자경농민등이 해당 농지등을 취득한 날로 하고, 필요경비는 자경농민등의 취득 당시 필요경비로 한다(조특법 §71③). 농지 등을 양도하는 경우로서 본조에 따라 증여받은 농지 등이 포함되어 있는 경우에는 증여세를 감면받은 부분과 과세된 부분을 각각 구분하여 양도소득금액을 계산한다(조특령 §68⑦).

5 | 절차

5-1. 감면신청

본조에 따라 증여세를 감면받고자 하는 영농자녀등은 과세표준신고기한까지 세액감면신청서[10](조특칙 별지 제52호 서식)에 다음 각호의 서류를 첨부하여 납세지 관할 세무서장에게 제출하여야 한다. 이 경우 영농자녀가 농지 등을 동시에 2필지 이상 증여받은 경우에는 증여세를 감면받으려는 농지 등의 순위를 정하여 감면을 신청하여야 한다. 다만, 영농자녀등이 감면받으려는 농지 등의 순위를 정하지 아니하고 감면을 신청한 경우에는 증여 당시 농지 등의 가액이 높은 순으로 감면을 신청한 것으로 본다(조특령 §68⑧·⑨).

① 자경농민 및 영농자녀의 농업소득세 납세증명서 또는 영농사실을 확인할 수 있는 서류
② 해당 농지 등 취득시의 매매계약서 사본
③ 해당 농지 등에 대한 증여계약서 사본
④ 증여받은 농지 등의 명세서

---

10) 감면신청을 요하는 특례조항에 있어 "신청이 없는 경우에는 적용하지 아니한다."는 규정이 있는 조세와 단순히 감면신청을 하도록만 규정하고 있을 뿐 특별한 규정이 없는 조세로 나누어 볼 수 있다. 전자의 경우는 신청 자체를 감면요건으로 볼 수 있으므로 감면신청이 없는 경우에는 감면을 할 수 없는 것이지만, 후자의 경우에는 감면신청 그 자체는 감면요건이 아니므로 당연히 감면되어야 하는 것이다. 종전에는 본조의 감면신청이 "신고기한까지 신청을 하지 아니한 경우에는 감면규정을 적용하지 아니한다(조특법 §71⑦)."라고 규정하고 있었으나, 2008. 12. 26. 조특법 개정시 후자로 변경되었다.

⑤ 해당 농지등을 영농조합법인 또는 영어조합법인에 현물출자한 경우에는 영농조합법인 또는 영어조합법인에 출자한 증서
⑥ 자경농민등의 가족관계기록사항에 관한 증명서

5-2. 감면신청의 확인

세액감면신청서를 제출받은 납세지 관할 세무서장은 「전자정부법」 제36조 제1항에 따른 행정정보의 공동이용을 통하여 다음 각호의 서류를 확인하여야 한다. 다만, 신청인이 확인에 동의하지 아니하는 경우에는 이를 첨부하게 하여야 한다(조특령 §68⑩).

① 자경농민등의 주민등록표 등본
② 신청인의 주민등록표 등본
③ 증여받은 농지등의 등기사항증명서
④ 증여받은 농지등의 토지이용계획 확인서

6 관련사례

구 분	내 용
영 농	○ 학원강사로 근무하면서 평일에는 오전에 토요일에는 오후부터 초저녁까지 강의를 하여 나머지 시간에 충분히 농작물을 재배할 수 있었던 것으로 보이는 점, 농지면적이 넓지 않아 자경이 가능하였을 것으로 보이는 점으로 보아 영농자녀에 해당하며, 증여자가 3년 이상 직접 경작하여 증여세 감면요건을 충족함(국패)(대법원 2011. 10. 13. 선고 2011두14487 판결). ○ 쟁점농지의 위치·농기계 보유·수매내역 등에 비추어 청구인이 쟁점농지의 경작에 참여한 것으로는 보이나, 자경농민이라 함은 농지를 직접 경작하는 농민만을 의미한다고 보아야 할 것이고, 청구인과 같이 경작기간 중에 지방자치단체의 공무원으로 상시 종사하면서 농업을 부업으로 하는 경우는 포함되지 아니한다 할 것이므로 청구주장을 받아들이기 어려움(조심 2012중1321, 2012. 5. 31.).

구 분	내 용
기 타	○ 영농자녀의 질병으로 증여세를 감면받은 농지를 증여받은 날로부터 5년 이내에 양도하는 경우를 「조세특례제한법」 제71조 제2항 및 같은 법 시행령 제68조 제5항 각 호에 증여세를 추징하지 않는 정당한 사유로 규정하지 않고 있는 점 등으로 볼 때, 처분청이 정당한 사유없이 쟁점과수원을 증여받은 날로부터 5년 이내에 양도한 것으로 보아 이 건 증여세를 과세한 처분은 잘못이 없는 것으로 판단됨(조심 2013구2283, 2013. 9. 4.). ○ 원심이 구 조세특례제한법 시행 당시 수증자인 원고가 영농자녀로서의 요건을 갖추지 못한 것을 그 사유로 삼은 것은 잘못이라 할 것이나, 위 법 시행 당시 증여자가 이 사건 농지를 소유하고 있지 아니하여 그 증여가 증여세 면제대상에 해당하지 않는다고 판단한 것은 결론에 있어 정당함(대법원 2012. 5. 24. 선고 2011두30274 판결).

7 주요 개정연혁

1. 영농자녀 증여세 과세특례 대상 재산 확대(조특법 §71)

(1) 개정내용

종 전	개 정
□ 영농자녀 증여세 과세특례 ○ 자경농민이 영농자녀에게 농지 등을 증여하는 경우 증여세 100% 감면 (5년간 1억원 한도) ○ 감면대상 재산 − 4만㎡ 이내의 농지 − 14만8천500㎡ 이내의 초지 − 29만7천㎡ 이내의 산림지 〈추 가〉	□ 감면대상 재산 확대 ○ (좌 동) ○ 감면대상 재산 (좌 동) − 축사 및 부수토지* * 축사의 실제 건축면적을 「건축법」상 규정된 건폐율로 나눈 면적의 범위로 한정

(2) 개정이유

○ FTA 확대에 따른 축산농가 지원

(3) 적용시기 및 적용례

○ 2016. 1. 1. 이후 증여받는 분부터 적용

| 제 8 절 |
공익사업지원을 위한 조세특례

제72조

조합법인 등에 대한 법인세 과세특례

1 의 의

법인의 각 사업연도 소득은 결산상 당기순이익을 기초로 기업회계와 세무회계의 차이를 조정(세무조정)하여 산출한다. 그러나 법인의 조직규모가 취약하여 기장능력이 없고 또한 전문적 세법지식이 결여된 소규모 법인에게까지 세무조정하여 조세를 부담시키는 것은 납세협력 비용이나, 효율성 측면에서 문제가 있다고 보아 세법에서는 특정 조합법인에 대하여 그 법인의 각 사업연도 소득에 대한 법인세를 법인세법 규정에 불구하고, 당해 법인의 결산재무제표상 당기순이익에 기부금과 접대비 등만을 조정한 금액에 대하여 일정세율을 적용하여 법인세로 과세하도록 규정하고 있다.

본 제도는 2025. 12. 31. 이전에 종료하는 사업연도까지 적용하며, 적용대상 조합법인이 당기순이익 과세를 포기한 경우에는 일반 법인세법 규정에 따라 세무조정 과정을 거쳐 법인세액을 계산하게 된다.

2014. 12. 23. 법 개정시 조합법인과 영세 중소법인과의 과세불형평을 해소하기 위해 영세 중소법인의 실효세율 등을 감안하여 20억원 초과분에 대한 세율을 인상(9% → 12%)하였으며, 2015. 12. 15. 법 개정시 영세조합법인의 합병을 지원하기 위해 2016. 12. 31. 이전에 조합법인간 합병하는 경우 신설(또는 존속) 조합법인에 대해서는 2년간 과세표준 40억원 초과분에 대해서 12%의 세율을 적용하도록 하였다.

| 조합법인에 대한 당기순이익 과세특례 연혁 |

시 기	법 개정 사항
1998년 이전	○공공법인에 대한 과세특례제도로 운영
1998년 개정	○과세표준 : 기업회계기준에 의한 당기순이익 　※ 별도의 세무조정 없음 ○단일 세율 : 12%
2000년 개정	○과세방법 보완 : 일부 항목 세무조정(기부금·접대비 한도초과액)

시 기	법 개정 사항
2001년 개정	○특례대상 확대 : 소비자생활협동조합 추가
2006년 개정	○적용기한 연장 : 2006. 12. 31. → 2009. 12. 31. ○수협 구조개선을 위한 특례 추가 -단위수협이 제공받은 재무구조개선자금의 이자수입에 대하여, 해당 이자수입을 비용으로 계상할 때까지 과세이연
2008년 개정	○적용기한 연장 : 2009. 12. 31. → 2012. 12. 31. ○세율 인하 : 12% → 9%
2012년 개정	○적용기한 연장 : 2012. 12. 31. → 2014. 12. 31. ○과세방법 보완 : 세무조정 대상 확대(기부금·접대비 + 업무무관 경비·과다경비 등 6개 항목)
2014년 개정	○당기순이익 20억원 초과분 세율(9% → 12%)
2015년 개정	○ 2016년까지 합병시 신설(존속) 조합법인에 대해 2년간 과세표준 40억원 초과분 세율 12%

2 | 요 건

2-1. 적용대상

당기순이익을 과세표준으로 하는 조합법인 등의 범위는 다음과 같다(조특법 §72①).

① 「신용협동조합법」에 따라 설립된 신용협동조합 및 「새마을금고법」에 따라 설립된 새마을금고
② 「농업협동조합법」에 따라 설립된 조합 및 조합공동사업법인
③ 「수산업협동조합법」에 따라 설립된 조합(어촌계를 포함한다) 및 조합공동사업법인
④ 「중소기업협동조합법」에 따라 설립된 협동조합·사업협동조합 및 협동조합연합회
⑤ 「산림조합법」에 따라 설립된 산림조합(산림계를 포함한다) 및 조합공동사업법인
⑥ 「엽연초생산협동조합법」에 따라 설립된 엽연초생산협동조합
⑦ 「소비자생활협동조합법」에 따라 설립된 소비자생활협동조합

2-2. 결산재무제표상 당기순이익의 범위

결산재무제표상 당기순이익이라 함은 「법인세법 시행령」 제79조에 따른 기업회계기준 또는
관행에 의하여 작성한 결산재무제표상 법인세비용 차감 전 순이익을 말한다. 이 경우 당해

법인이 수익사업과 비수익사업을 구분경리한 경우에는 각 사업의 당기순손익을 합산한 금액을 과세표준으로 하며, 3년 이상 고유목적사업에 직접 사용하던 고정자산의 처분익을 과세표준에 포함한다. 또한 당해 조합법인 등이 법인세추가납부세액을 영업외비용으로 계상한 금액은 법인세비용 차감 전 순이익에 가산한다(조기통 72-0…1 ①~③).

~ 관련예규

- 결산재무제표상의 비수익사업과 수익사업을 합산하여 과세하므로 구분경리를 필요로 하지 않음(법인 1264.21-2062, 1982. 6. 25.).
- 결산재무제표상의 당기순이익은 기업회계기준 이외에 계속 적용한 사규·관행에 의한 경우도 인정됨(법인 1264.21-4093, 1983. 12. 7.).
- 수산업협동조합법에 의해 설립된 어촌계는 법 제60조 제2항의 공공법인이므로 동 어촌계가 국가기관으로부터 지급받는 어업권 보상금은 법인세 과세대상임(법인 1264.21-2984, 1983. 9. 11.).
- 신용협동조합이 우편취급소를 운영하고 특별회계로 처리하였더라도 과세대상 당기순이익에 합산(법인 1264.21-3509, 1984. 11. 1.)
- 당기순이익 과세하는 지구별 축산업협동조합의 보조금수입은 과세됨(법인 22601-1318, 1985. 5. 3.).
- 당기순이익 과세법인은 결산재무제표상 당기순이익을 과세표준으로 하는 것이므로 증여받은 자산의 가액이 기업회계기준상 자본잉여금에 해당되는 경우에는 동 수증익은 법인세 과세표준에 포함되지 아니함(법인 22601-2378, 1985. 8. 6.).
- 외국선박에 승선하는 선원을 구성원으로 하는 신용협동조합이 외국으로부터 받은 기부금소득은 당기순이익 과세대상에 해당됨(법인 22601-3446, 1985. 11. 19.).
- 당기순이익 과세법인의 이월결손금은 과세표준에서 공제되지 않음(법인 22601-877, 1986. 3. 17.).

3 | 과세특례의 내용

3-1. 당기순이익 과세

위에서 설명(2-1.)한 조합법인 등에 해당하는 법인의 각 사업연도소득에 대한 법인세는 2025. 12. 31. 이전에 종료하는 사업연도까지 법인세법 규정에도 불구하고 다음과 같이 과세한다. 다만, 아래 4.에서 설명하는 당기순이익 과세 포기신청을 한 경우에는 그 이후의 사업연도에 대하여 당기순이익 과세를 하지 않는다(조특법 §72①).

> 법인세액 = (법인세차감 전 당기순이익+수익사업 관련 기부금·접대비1)의 손금불산입액 등을 계산한 금액) × 9%(20억원* 초과분은 12%)

* 2016. 12. 31. 이전에 조합법인간 합병하는 경우로서 합병에 따라 설립되거나 합병 후 존속하는 조합법인의 합병등기일이 속하는 사업연도와 그 다음 사업연도 : 9%(40억원 초과분은 12%)

3-2. 당기순이익에 따른 과세표준 계산시 가감할 사항

3-2-1. 의 의

당기순이익 과세는 영세 조합법인의 기장능력 부족 및 납세비용 절감을 위해 도입된 제도이므로 입법 취지상 별도의 세무조정 없이 당기순이익만을 과세표준으로 하여야 한다. 그런데, 기부금이나 접대비의 경우 일반법인의 손비 인정기준은 엄격하게 운용되고 있는 것과 비교하여 당기순이익과세 적용대상인 조합법인들은 별다른 기준 없이 모든 기부금·접대비가 손비로 인정되는 문제가 발생하여 과세형평성을 저해하는 문제가 발생한다. 이를 개선하고자 기부금·접대비 등의 손금의 계산에 관한 규정을 적용하여 계산한 분(손금불산입분)에 대하여는 당기순이익에 가산하여 과세하도록 하였다.

3-2-2. 기부금 및 접대비 등의 손금불산입액

조합법인이 당해 수익사업과 관련하여 지출한 기부금 또는 접대비 등이 법인세법 규정상 손금불산입이 되는 경우2) 이를 결산재무제표상 당기순이익에 가산한 금액을 과세표준으로 한다(조특령 §69①). 이 경우 기부금의 손금불산입액을 계산할 때 기준소득금액은 해당 조합법인등의 결산재무제표상 당기순이익에 법정기부금, 지정기부금 및 정치자금 기부금을 합한 금액으로 한다(조특령 §69④).

3-2-3. 기부금 또는 접대비 시부인 판정시 유의할 사항

조합법인 등의 설립에 관한 법령 또는 정관(당해 법령 또는 정관의 위임을 받아 제정된 규정을 포함한다)에 규정된 설립목적을 직접 수행하는 사업(법인세법 시행령 제2조 제1항의 규정에 의한 수익사업 외의 사업에 한한다)을 위하여 지출하는 금액은 시부인 대상이 되는 기부금이 아닌 손금사항이며(조특령 §69③), 당해 조합법인 등에 출자한 조합원 또는 회원과의 거래에서 발생한 수입금액은 접대비 시부인 판정시 수입금액 한도를 계산함에 있어 특수관계자에 대한

---

1) 해당 법인의 수익사업과 관련된 것만 해당한다.
2) 「법인세법」 제19조의2 제2항, 제24조부터 제28조까지, 제33조 및 제34조 제2항에 따른 손금불산입액(해당 법인의 수익사업과 관련된 것만 해당한다)

수입금액(법인세법 §25④ 2 단서)으로 보지 아니한다(조특령 §69③).

3-2-4. 부당행위계산 부인규정 적용배제

기업회계기준에 의하여 적정하게 작성한 결산재무제표상 당기순이익에 당해 법인의 수익사업과 관련된 기부금 또는 접대비의 손금불산입액을 합한 금액을 과세표준으로 하여 법인세를 과세하는 경우에는 법인세법상(§52) 부당행위계산부인 규정을 적용하지 아니한다(조기통 72-0⋯2).

3-2-5. 전기오류수정손익의 처리

기업회계기준상 당기순손익을 과소계상한 조합법인이 그 다음 사업연도 결산시 당해 과소계상상당액을 전기오류수정손익으로 이익잉여금처분계산서에 계상한 경우에는 국세기본법상 수정신고 또는 경정청구를 통해 과소계상한 사업연도의 과세표준을 조정하여야 한다(조기통 72-0⋯1 ④).

3-3. 당기순이익 과세적용 법인에 대한 조세특례의 적용배제

조합법인 중 당기순이익 과세를 적용받는 조합법인에 대하여는 다음의 각종 조세감면이 적용되지 아니한다. 이 경우 당기순이익을 포기한 법인은 제외한다(조특법 §72②).

① 중소기업 정보화지원사업에 대한 과세특례(§5의2)
② 창업중소기업 등에 대한 세액감면(§6)
③ 중소기업에 대한 특별세액감면(§7)
④ 기업의 어음제도개선을 위한 세액공제(§7의2), 상생결제 지급금액에 대한 세액공제(§7의4)
⑤ 중소기업지원설비에 대한 손금산입의 특례 등(§8), 상생협력 중소기업으로부터 받은 수입배당금의 익금불산입(§8의2), 대·중소기업 상생협력을 위한 기금 출연 시 세액공제(§8의3)
⑥ 연구 및 인력개발비에 대한 세액공제(§10), 연구개발 관련 출연금 등의 과세특례(§10의2)
⑦ 기술취득금액에 대한 과세특례(§12)
⑧ 연구개발특구에 입주하는 첨단기술기업 등에 대한 법인세 등의 감면(§12의2), 기술혁신형 합병에 대한 세액공제(§12의3), 기술혁신형 주식취득에 대한 세액공제(§12의4)
⑨ 중소기업창업투자회사 등의 주식양도차익 등에 대한 비과세(§13)
⑩ 창업자 등에의 출자에 대한 과세특례(§14)
⑪ 성과공유 중소기업의 경영성과급에 대한 세액공제 등(§19)
⑫ 해외자원개발투자배당소득에 대한 법인세의 면제(§22)
⑬ 통합투자세액공제(§24)
⑭ 영상콘텐츠 제작비용에 대한 세액공제(§25의6)

⑮ 고용창출투자세액공제(§26)

⑯ 서비스업 감가상각비의 손금산입특례(§28)

⑰ 설비투자자산의 감가상각비 손금산입 특례(§28의3)

⑱ 산업수요맞춤형고등학교등 졸업자를 병역 이행 후 복직시킨 기업에 대한 세액공제(§29의2)

⑲ 경력단절 여성 고용 기업등에 대한 세액공제(§29의3)

⑳ 근로소득을 증대시킨 기업에 대한 세액공제(§29의4)

㉑ 정규직 근로자로의 전환에 따른 세액공제(§30의2)

㉒ 중소기업 고용증가 인원에 대한 사회보험료 세액공제(§30의4)

㉓ 중소기업 간의 통합에 대한 양도소득세 등의 이월과세(§31④~⑥)

㉔ 법인전환에 대한 양도소득세의 이월과세(§32④)

㉕ 사업전환 무역조정기업에 대한 과세특례(§33)

㉖ 수도권 밖으로 공장을 이전하는 기업에 대한 세액감면 등(§63)

㉗ 수도권 밖으로 본사를 이전하는 법인에 대한 세액감면 등(§63의2)

㉘ 지방대학 맞춤형 교육비용 등에 대한 세액공제(§63의3)

㉙ 농공단지입주기업 등에 대한 세액감면(§64)

㉚ 영농조합법인 등에 대한 법인세의 면제 등(§66)

㉛ 영어조합법인 등에 대한 법인세의 면제 등(§67)

㉜ 농업회사법인에 대한 법인세의 면제 등(§68)

㉝ 위기지역 창업기업에 대한 법인세 등의 감면(§99의9)

㉞ 산림개발소득에 대한 세액감면(§102)

㉟ 제3자 물류비용에 대한 세액공제(§104의14)

㊱ 해외자원개발투자에 대한 과세특례(§104의15)

3-4. 수산업협동조합 및 산림조합의 재무구조개선자금 과세특례

수산업협동조합 및 산림조합이 2010. 12. 31.까지 「수산업협동조합의 구조개선에 관한 법률」 제7조 제1항 제3호 및 「산림조합의 구조개선에 관한 법률」 제7조 제1항 제3호에 따라 재무구조개선을 위한 자금을 지원(자금을 각 법에 따른 상호금융예금자보호기금으로부터 무이자로 대출받아 수산업협동조합중앙회 또는 산림조합중앙회에 예치하고 정기적으로 이자를 받은 후 상환하는 방식의 지원을 말한다)받은 경우로서 그 자금을 수산업협동조합중앙회에 예치함에 따라 발생하는 이자 및 그 이자금액의 지출에 관하여 다른 회계와 구분하여 독립적으로 경리하는 경우에는 해당 자금을 예치함에 따라 발생하는 이자를 당기순이익을 계산할 때 수익으로 보지 아니할 수 있다. 이 경우 해당 조합이 그 이자금액을 지출하고 비용으로 계상(자산 취득에 지출한 경우에는 감가상각비 또는 처분 당시 장부가액으로 계상하는 것을 말한다)한 경우에는 그 이자금액을 비용으로 보지 아니한다(조특법 §72④, 조특칙 §29③).[3]

3-5. 신용협동조합 및 새마을금고의 계약이전이행자금 과세특례

신용협동조합 및 새마을금고 중 「신용협동조합법」 제86조의4 제2항 및 「새마을금고법」 제80조의2 제2항에 따른 인수조합 및 인수금고(이하 "인수조합등"이라 한다)가 2015. 12. 31.까지 「신용협동조합법」 제86조의4 제3항 및 「새마을금고법」 제80조의2 제3항에 따라 계약이전의 이행을 위하여 자금을 지원(자금을 각 법에 따른 예금자보호기금 및 예금자보호준비금으로부터 무이자로 대출받아 신용협동조합중앙회 또는 새마을금고중앙회에 예치하고 정기적으로 이자를 받은 후 상환하는 방식의 지원을 말한다)받은 경우로서 그 자금을 신용협동조합중앙회 또는 새마을금고중앙회에 예치함에 따라 발생하는 이자 및 그 이자금액의 지출에 관하여 다른 회계와 구분하여 독립적으로 경리하는 방법으로 구분하여 경리하는 경우에는 해당 자금을 예치함에 따라 발생하는 이자를 당기순이익을 계산할 때 수익으로 보지 아니할 수 있다. 이 경우 해당 인수조합등이 그 이자금액을 지출하고 비용으로 계상(자산 취득에 지출한 경우에는 감가상각비 또는 처분 당시 장부가액으로 계상하는 것을 말한다)한 경우에는 그 이자금액을 비용으로 보지 아니한다(조특법 §72⑤, 조특칙 §29④).[4]

4 | 절차 : 당기순이익 과세의 포기

당기순이익 과세를 포기하고자 하는 법인은 당기순이익 과세를 적용받지 아니하고자 하는 사업연도의 직전 사업연도 종료일(신설법인의 경우에는 사업자등록증 교부신청일)까지 당기순이익 과세포기에 관한 신청서를 납세지 관할 세무서장에게 제출(국세정보통신망에 의한 제출 포함)하여야 하며, 이 경우 당기순이익 과세를 포기한 때에는 그 이후의 사업연도에 대하여 당기순이익 과세를 하지 아니한다(조특령 §69②).

---

3) 이 특례는 수산업협동조합 및 산림조합이 지원받은 재무구조개선자금에서 발생한 이자를 당기순이익에 포함하여 과세하는 경우 재무구조개선을 위한 자금지원의 효과가 상쇄되는 문제를 해결하고자 이자수익에 대한 과세특례제도로서 도입되었다. 본 규정은 2006. 12. 28. 법 개정시 신설되었으며, 2007. 1. 1. 이후 재무구조개선을 위한 지원자금의 이자를 지급하는 분부터 적용된다(삼일아이닷컴 참고).

4) 이 특례는 신용협동조합법에 따라 설립된 신용협동조합 및 새마을금고법에 따라 설립된 새마을금고 중 신용협동조합법 제86조의4 제2항 및 새마을금고법 제80조의2 제2항에 따른 인수조합 및 인수금고가 지원받은 계약이전이행자금에서 발생한 이자를 당기순이익에 포함하여 과세하는 경우 계약이전의 이행을 위한 자금지원의 효과가 상쇄되는 문제를 해결하기 위해 이자수익에 대한 과세특례제도로서 도입되었다. 2013. 1. 1. 법 개정시 신설되었으며, 동 개정규정은 2013. 1. 1. 이후 개시하는 과세연도 분부터 적용한다(삼일아이닷컴 참고).

5 | 관련사례

구 분	내 용
당기순이익 및 조합법인의 범위	○ 조합법인 등 당기순이익 과세법인의 전기오류수정손익은 국세기본법상 수정신고 또는 경정청구를 통해 과소계상한 사업연도의 과세표준을 조정해야 함(재법인 46012-57, 2001. 3. 11.). ○ '당기순이익 과세'가 적용되는 공공법인에 대하여는 수익사업과 비수익사업의 구분 없이 결산재무제표상 당기순이익을 과세표준으로 하여 과세되므로 '당기순이익'에는 고유목적사업에 직접 사용하는 고정자산 처분이익이 포함됨(재법인 46012-80, 1999. 5. 28.). ○ 집단상가의 관리법인이 징수하는 특별수선충당금은 관리법인의 익금에 산입하고 실제 수선비로 사용될 때 손금에 산입함(조심 2008서2908, 2009. 4. 15.). ○ 한국유리공업협동조합은 폐유리 재활용사업을 독립채산제로 운영하고자 별도의 사업자등록을 하고 있으나 실질적으로 제반업무는 한국유리공업협동조합에서 직접 영위하고 있으므로 조합법인에 해당함(국심 2003서3125, 2004. 1. 16.).

6 | 주요 개정연혁

1. 조합법인 등에 대한 법인세 과세특례 개선(조특법 §72)

(1) 개정내용

종 전	개 정
□ 조합법인 과세특례* 　* 농협, 수협 등 단위조합법인에 대해 기업회계상 당기순이익에 일부 세무조정 후 저율로 과세 　○ 적용세율 　　－ 과세표준 20억원 이하 : 9%, 　　－ 과세표준 20억원 초과 : 12% 〈신 설〉	○ (좌 동) 　－ 2016년까지 합병하는 경우 2년간 과세표준 40억원 초과 : 12%

(2) 개정이유

○ 영세조합법인의 합병 지원

(3) 적용시기 및 적용례

○ 2016. 1. 1. 이후 합병하는 분부터 적용

2. 조합법인 등에 대한 법인세 과세특례 개선(조특법 §72)

(1) 개정내용

종 전	개 정
□ 조합법인 과세특례* 　 * 농협, 신협 등 단위조합법인에 대해 기업회계상 　　당기순이익에 일부 세무조정후 9% 단일세율로 　　법인세를 과세하는 제도 　○ (특례세율) 9% 　○ 적용기한 : 2014. 12. 31.	□ 과세혜택 합리화 및 적용기한 연장 　○ (특례세율 조정) 　　과표 20억원 이하분 9%, 　　　　　20억원 초과분 12% 　○ 적용기한 : 2017. 12. 31.

(2) 개정이유

○ 영세 비영리법인·중소기업과의 과세불형평 해소

(3) 적용시기 및 적용례

○ 2015. 1. 1. 이후 개시하는 사업연도분부터 적용

제74조

고유목적사업준비금의 손금산입특례

1 │ 의 의

비영리법인의 경우 설립목적에서 벗어난 수익사업에서 얻는 소득에 대해서만 법인세를 과세하는 것이 원칙이며, 수익사업에서 발생한 소득을 고유목적사업준비금으로 적립한 경우, 해당 금액을 손금으로 산입하여 수익사업에 대한 법인세 부담을 줄일 수 있다. 「법인세법」은 고유목적사업준비금으로 적립할 수 있는 한도를 소득유형별로 구분하여 상이하게 책정하고 있다. 이자소득과 배당소득의 경우에는 전액을 고유목적사업준비금으로 적립할 수 있으나, 그 밖의 소득은 50%만 고유목적사업준비금으로 적립할 수 있다(법인법 §29). 이에 따라, 비영리법인의 수익사업에서 발생한 그 밖의 소득의 경우 최소한 50%는 고유목적사업준비금으로 적립할 수 없어 법인세가 과세된다.

| 소득유형별 고유목적사업준비금 적립한도 |

소득유형	이자소득	배당소득	그 밖의 소득
적립한도	100%	100%	50% (장학재단 : 80%)*

* 공익법인으로서 고유목적 지출액 중 50% 이상을 장학금으로 지출하는 법인 : 80%

그런데 「조세특례제한법」은 공익성이 높은 특정 비영리법인에 한하여 50%보다 더 높은 한도액을 허용하여, 해당 비영리법인을 지원하는 규정을 두고 있다.

즉, 학교법인, 사회복지법인, 도서관·박물관·미술관 운영 법인, 각종 국제행사 조직위원회 등은 「법인세법」에도 불구하고, 그 밖의 소득 전액을 고유목적사업준비금으로 적립하여 손금에 산입할 수 있다.

2 | 학교법인 등의 고유목적사업준비금의 손금산입

　다음에 열거하는 법인 등에 대하여는 수익사업에서 발생한 소득에 100분의 50(공익법인으로서 고유목적사업등에 대한 지출액 중 100분의 50 이상의 금액을 장학금으로 지출하는 법인의 경우에는 100분의 80)을 곱하여 산출한 금액을 고유목적사업준비금으로 하여 해당 사업연도의 소득금액을 계산할 때 손금에 산입할 수 있다(법인법 §29① 2).

　위 규정에도 불구하고 본조는 아래 법인 등이 2025. 12. 31. 이전에 종료하는 사업연도까지 당해 법인의 수익사업에서 발생한 소득 전액을 고유목적사업준비금으로 손금에 산입할 수 있도록 특례를 규정하고 있다. 다만, 아래에서 열거된 법인 중 도서관·미술관을 운영하는 법인(④와 ⑤)의 경우에는 당해 사업과 당해 사업시설 안에서 동 시설을 이용하는 자를 대상으로 영위하는 수익사업만 해당하고, 체육단체(⑥)의 경우에는 국가대표의 활동과 관련된 수익사업만 해당한다(조특법 §74①).

①「사립학교법」에 따른 학교법인,[1][2]「산업교육진흥 및 산학연력촉진에 관한 법률」에 따른 산학협력단,「평생교육법」에 따른 원격대학 형태의 평생교육시설을 운영하는「민법」제32조에 따른 비영리법인,「국립대학법인 서울대학교 설립·운영에 관한 법률」에 따른 국립대학법인 서울대학교 및 발전기금,「국립대학법인 인천대학교 설립·운영에 관한 법률」에 따른 국립대학법인 인천대학교 및 발전기금
②「사회복지사업법」에 따른 사회복지법인
③「국립대학병원 설치법」에 따른 국립대학병원 및「국립대학치과병원 설치법」에 따른 국립대학치과병원,「서울대학교병원 설치법」에 따른 서울대학교병원,「서울대학교치과병원 설치법」에 따른 서울대학교치과병원,「국립암센터법」에 따른 국립암센터,「지방의료원의 설립 및 운영에 관한 법률」에 따른 지방의료원,「대한적십자사 조직법」에 따른 대한적십자사가 운영하는 병원,「국립중앙의료원의 설립 및 운영에 관한 법률」에 따른 국립중앙의료원
④「도서관법」에 따라 등록한 도서관을 운영하는 법인
⑤「박물관 및 미술관 진흥법」에 따라 등록한 박물관 또는 미술관을 운영하는 법인
⑥ 정부로부터 허가 또는 인가를 받은 문화예술단체 및 체육단체로서 다음의 법인(조특령 §70①, 조특칙 §29의2)
　－「지방문화원진흥법」에 의하여 주무부장관의 인가를 받아 설립된 지방문화원
　－「문화예술진흥법」제23조의2의 규정에 의한 예술의 전당
　－「국민체육진흥법」제33조 및 제34조에 따른 대한체육회 및 대한장애인체육회
　－「문화예술진흥법」제7조에 따라 지정된 전문예술법인 및 전문예술단체 및「국민체육진흥법」제33조 또는 제34조에 따른 대한체육회 또는 대한장애인체육회에 가맹된 체육단체로 기획재정부장관이 문화체육관광부장관과 협의하여 고시하는 법인 및 단체
⑦「국제경기대회 지원법」에 따라 설립된 조직위원회로서 기획재정부장관이 효율적인 준비와 운영을 위하여 필요하다고 인정하여 고시한 조직위원회

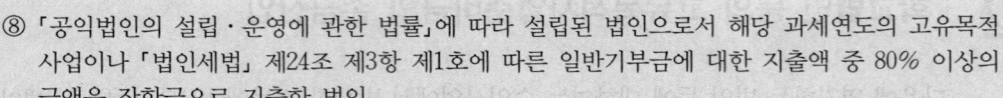

⑧ 「공익법인의 설립·운영에 관한 법률」에 따라 설립된 법인으로서 해당 과세연도의 고유목적 사업이나 「법인세법」 제24조 제3항 제1호에 따른 일반기부금에 대한 지출액 중 80% 이상의 금액을 장학금으로 지출한 법인

⑨ 「공무원연금법」에 따른 공무원연금공단, 「사립학교교직원연금법」에 따른 사립학교교직원연금공단

3 | 농협·수협·산림조합중앙회의 고유목적사업준비금의 손금산입

다음에 해당하는 조합법인의 중앙회가 2011. 12. 31. 이전에 끝나는 사업연도까지 고유목적 사업준비금을 손금에 산입한 경우에 「법인세법」 제29조의 규정을 적용함에 있어서 고유목 적사업준비금의 범위는 해당 사업연도의 수익사업에서 발생한 소득금액에서 「법인세법 시행 령」 제16조 제1항에 따른 이월결손금을 뺀 금액의 60%로 한다(조특법 §74②, 조특령 §70②).

① 「농업협동조합법」에 따라 설립된 농업협동조합중앙회

② 「수산업협동조합법」에 따라 설립된 수산업협동조합중앙회

③ 「산림조합법」에 따라 설립된 산림조합중앙회

농업협동조합중앙회의 경우에는 「농어촌발전 특별조치법」 제12조의 규정에 의한 생산조정 또는 출하조정약정의 이행에 따른 손실보전을 목적으로 적립하는 금액은 이를 고유목적 사업준비금으로 본다(조특령 §70③).

4 | 국가재정법 별표 2에서 규정하는 법률에 따라 설립된 법인의 고유목적사업준비금의 손금산입

국가재정법은 국가의 예산기금결산성과관리 및 국가채무 등 재정에 관한 사항을 정함으로써 효율적이고 성과 지향적이며 투명한 재정운용과 건전재정의 기틀을 확립하기 위한 법률이다. 국가재정법 중 별표 2에서는 정부의 출연금 또는 법률에 의한 민간부담금을 재원으로 하는 기금을 설치할 수 있는 근거가 되는 법률을 열거하고 있다. 따라서 「국가재정법」 별표 2에서

---

1) 학교법인 등의 경우 공공성이 큰 비영리법인임을 감안하여 고유목적사업준비금 한도특례(100%) 지원

2) 「조세특례제한법」 제74조 제1항 제1호에 따른 학교법인이 수익사업회계에 속하는 금전 외의 자산을 비영리사업회계에 전입한 경우 「법인세법 시행규칙」 제76조 제4항 후단에 따라 비영리사업에 지출한 것으로 보는 것임. 이 경우 그 자산의 가액은 시가로 평가하는 것이며, 자산의 평가이익(장부가액과 시가와의 차액)은 전입일이 속하는 사업연도의 수익사업의 익금에 해당하는 것임(재법인-364, 2012. 5. 16.).

열거된 법률에 의하지 않고는 정부의 출연금 등을 재원으로 하는 기금을 설치할 수 없다.[3]

「국가재정법」 별표 2에서 규정하는 법률에 따라 설립된 기금을 관리·운용하는 법인 중 당해 법률에서 주식의 취득 및 양도가 허용된 기금을 관리·운용하는 비영리법인이 해당 기금에서 취득한 「자본시장과 금융투자업에 관한 법률」에 따른 주권상장법인의 주식을 2009. 12. 31. 이전에 끝나는 사업연도까지 양도함에 따라 소득이 발생한 경우에는 그 소득 전액을 고유목적사업준비금으로 산입할 수 있다(조특법 §74③, 조특령 §70④).

5 | 의료업을 영위하는 비영리내국법인의 손금산입

특정지역[4]에 의료기관[5]을 개설하여 의료업을 영위하는 비영리내국법인[6]에 대하여는 2025. 12. 31. 이전에 끝나는 사업연도까지 「법인세법」 제29조를 적용하는 경우 그 법인의 수익사업에서 발생한 소득을 고유목적사업준비금으로 손금에 산입할 수 있다(조특법 §74④).

조특칙 [별표 8의6] (2011. 4. 7. 신설)

고유목적사업준비금 손금산입 특례를 적용받는 비영리의료법인 소재 지역의 범위(제29조의3 관련)	
경기도	동두천시, 오산시, 이천시, 안성시, 김포시, 광주시, 양주시, 포천시, 여주군, 연천군, 가평군, 양평군
강원도	강릉시, 동해시, 태백시, 속초시, 삼척시, 홍천군, 횡성군, 영월군, 평창군, 정선군, 철원군, 화천군, 양구군, 인제군, 고성군, 양양군
충청북도	제천시, 청원군, 보은군, 옥천군, 영동군, 증평군, 진천군, 괴산군, 음성군, 단양군
충청남도	공주시, 보령시, 아산시, 서산시, 논산시, 계룡시, 금산군, 연기군, 부여군, 서천군, 청양군, 홍성군, 예산군, 태안군, 당진군
전라북도	군산시, 정읍시, 남원시, 김제시, 완주군, 진안군, 무주군, 장수군, 임실군, 순창군, 고창군, 부안군
전라남도	목포시, 여수시, 순천시, 나주시, 광양시, 담양군, 곡성군, 구례군, 고흥군, 보성군, 장흥군, 강진군, 해남군, 영암군, 무안군, 함평군, 영광군, 장성군, 완도군, 진도군, 신안군
경상북도	김천시, 안동시, 영주시, 상주시, 문경시, 경산시, 군위군, 의성군, 청송군, 영양군, 영덕군, 청도군, 고령군, 성주군, 칠곡군, 예천군, 봉화군, 울진군, 울릉군

---

3) 삼일아이닷컴 참고

4) 수도권 과밀억제권역 및 광역시를 제외하고 인구수가 30만명 이하인 시(「제주특별자치도 설치 및 국제자유도시 조성을 위한 특별법」 제10조 제2항에 따라 제주특별자치도에 두는 행정시를 포함한다)·군 지역으로서 「국립대학병원 설치법」에 따른 국립대학병원 또는 「사립학교법」에 따른 사립학교가 운영하는 병원이 소재하고 있지 아니한 지역. 즉, 조특칙 별표 8의6 지역을 말한다(조특령 §70⑤, 조특칙 §29의3).

5) 「의료법」 제3조 제2항 제1호 또는 제3호

6) 위 2.가 적용되는 비영리내국법인은 제외한다.

경상남도	진해시, 통영시, 사천시, 밀양시, 거제시, 의령군, 함안군, 창녕군, 고성군, 남해군, 하동군, 산청군, 함양군, 거창군, 합천군
제주도	서귀포시

6 │ 관련사례

구 분	내 용
고유목적사업 준비금의 범위	○ 사립학교법에 의한 학교법인이 의료업 및 기타 수익사업을 함께 영위시, 부속병원에 속하는 고정자산 취득을 위해 지출하는 금액은 그 손금산입된 고유목적사업준비금에서 지출 또는 사용하는 것으로 볼 수 있음(서이 46012-11600, 2003. 9. 3.). ○ 비영리법인이 수익사업회계에서 '고유목적사업전출'로 비용처리하고, 비영리회계에서 수입계정처리하고 동 자금의 별도관리를 위해 '부채'로 계상했다가 '자본'으로 대체처리한 경우, 수익사업에 환입한 것으로 보아 익금산입함(국심 2001서1053, 2002. 5. 24.). ○ 「법인세법」 제29조 제1항 제4호 및 「조세특례제한법」 제74조 제1항에 의한 '수익사업에서 발생한 소득'에는 해당 사업연도에 세무조정으로 익금산입한 인정이자 상당액이 포함되는 것임. 다수의 수익사업부문을 영위하고 있는 비영리내국법인이 「법인세법」 제29조 제1항 제4호 및 「조세특례제한법」 제74조 제1항에 따라 고유목적사업준비금을 설정하는 경우 전체 수익사업에서 발생한 소득을 기준으로 설정하는 것이며, 손금으로 계상한 고유목적사업준비금을 고유목적사업 등에 지출하는 경우에는 먼저 계상한 사업연도의 전체 고유목적사업준비금부터 차례로 상계하는 것임(법인-907, 2011. 11. 11.). ○ 이자수입에 토지의 양도차익 등을 포함하여 고유목적사업준비금의 한도설정에서 적정 손금산입한도를 초과한 부분에 대해서는 손금부인함(국심 2004중1029, 2004. 8. 20.).

7 | 주요 개정연혁

1. 고유목적사업준비금 손금산입특례 적용대상 추가 및 적용기한 연장
(조특법 §74, 조특령 §70)

(1) 개정내용

종 전	개 정
□ 고유목적사업준비금 손금산입 과세특례	□ 적용대상 추가 및 적용기한 연장
○ (적용대상) 학교법인, 사회복지법인, 도서관·박물관·미술관 운영법인, 국립대학병원, 지방의료원 등	○ (좌 동)
〈추 가〉	− 대한체육회·대한장애인체육회 및 대한체육회·대한장애인체육회 가맹단체로서 기획재정부가 문화체육관광부와 협의고시하는 체육단체* * 국가대표 활동과 관련된 수익사업에 한하여 적용
○ (손금한도) 이자·배당소득 금액 및 기타 수익사업소득금액의 100%	○ (좌 동)
○ (적용기한) 2022. 12. 31.	○ 2025. 12. 31.

(2) 개정이유
○ 비영리법인의 고유목적사업 지원

(3) 적용시기 및 적용례
○ 2023. 1. 1. 이후 과세표준을 신고하는 분부터 적용

2. 고유목적사업준비금 손금산입 특례 적용기한 연장 등(조특법 §74)

(1) 개정내용

종 전	개 정
□ 수익사업 소득의 100%를 고유목적사업준비금으로 손금산입하는 대상법인	□ 대상법인 조정 및 적용기한 2년 연장
○ 학교법인, 사회복지법인, 국립대학병원 등	○ (좌 동)
○ 공익법인으로서 고유목적 지출액 중 80% 이상을 장학금으로 지출하는 법인	○ (좌 동)
○ 국제행사 조직위원회(9개)	○ 국제행사가 종료된 조직위원회(3개) 삭제 - 2012여수세계박람회조직위, 2013충주세계조정선수권대회조직위, 2013평창동계스페셜올림픽조직위
〈추 가〉	○ 대학병원이 없는 인구 30만명 이하 시·군 지역의 의료업을 영위하는 비영리 내국법인 * (현행) 80% → (개정) 100%
○ 적용기한 : 2014. 12. 31.	○ 적용기한 : 2016. 12. 31.

(2) 개정이유

○ 공익성이 큰 비영리법인 및 의료 취약지역의 공익의료서비스 지원

(3) 적용시기 및 적용례

○ 2015. 1. 1.이 속하는 사업연도분부터 적용

제75조

기부장려금

1 | 의 의

　기부자가 기부금 세액공제 상당액을 신청에 따라 본인이 공제받는 대신 기부금단체가 지급받을 수 있는 기부장려금 제도를 도입하였다. 이는 기부자가 세액공제의 혜택까지 추가적으로 기부할 수 있도록 하여 진정한 기부문화가 정착되도록 하며, 추가 재정부담을 초래하지 않으면서도 기부금단체의 열악한 재정상황을 해소할 수 있도록 하기 위한 제도이다.

　예를 들어, 기부금단체에 200만원을 기부한 경우, 기부자[1]가 세액공제를 신청하면 기부자의 세부담이 30만원(200만원×15%) 경감되나, 기부장려금 신청시 기부자의 세감면은 없는 대신, 세액공제 상당액 30만원이 기부금단체에 귀속되어 순기부액이 230만원으로 증가하게 된다. 참고로, 영국의 경우에도 기부자 본인은 세제혜택을 별도로 받지 않고 당해 기부액에 대한 소득세분을 기부금단체에 환급하는 Gift Aid제도를 운영 중이다.

　기부금단체[2]가 기부금영수증을 발급할 때 세액공제 대상인 기부자에게 기부장려금 신청여부를 확인하고, 기부금단체가 다음연도 6월 30일까지 관할 세무서장에게 기부금영수증 발급명세서를 제출할 때 기부장려금 신청명세서를 함께 제출하면 국세청에서 이를 확인하여 7월 31일 이전까지 세액공제 상당액을 기부금단체에게 환급한다. 본 제도는 2014. 12. 23. 조특법 개정시 도입되어 2016. 1. 1. 이후 기부하는 분부터 적용된다.

---

[1] 기부자의 결정세액이 30만원 이상인 경우로 가정

[2] 기부장려금을 지급받을 수 있는 기부금단체는 납세협력의무ㆍ사후관리ㆍ회계투명성 등을 감안하여 국세청장의 추천을 받아 기획재정부장관이 지정하는 단체에 한정됨.

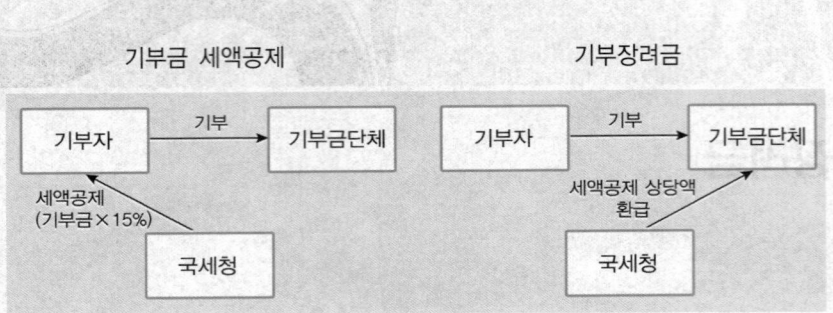

2 | 기부장려금의 신청

기부자[3]는 본인이 기부금 세액공제를 받는 대신 기부장려금(기부금에 대한 세액공제 상당액)을 당초 기부금을 받은 자가 지급받을 수 있도록 기부장려금을 신청할 수 있다(조특법 §75①).

3 | 기부장려금의 산정

기부장려금단체로부터 기부장려금 신청명세를 제출받은 납세지 관할 세무서장은 다음 ①의 금액에서 ②의 금액을 뺀 금액을 기부장려금으로 결정한다. 이 경우 납세지 관할 세무서장은 기부장려금 신청명세 제출기한이 지난 후 4개월 이내에 기부장려금을 결정하여야 한다(조특법 §75④).

① 기부장려금을 신청한 기부자의 해당 과세기간의 종합소득결정세액

② 기부자가 기부장려금을 신청한 기부금에 대하여 기부금 세액공제를 신청한 것으로 보아 계산한 종합소득 결정세액. 이 경우 같은 항에 따른 기부금 세액공제액을 계산할 때 기부장려금을 신청한 기부금에 대해서는 지정기부금(소법 §59의4④ 2)의 한도액을 적용하지 아니한다.

---

3) 「소득세법」 제59조의4 제4항에 따라 기부금 세액공제를 신청할 수 있는 거주자를 말한다.

4 기부장려금의 지급

납세지 관할 세무서장은 결정된 기부장려금을 기부장려금단체에 국세환급금에 관한 「국세기본법」 제51조를 준용하여 지급한다. 이 경우 "국세환급금"은 "기부장려금"으로, "환급"은 "지급"으로 본다(조특법 §75⑤).

기부자가 기부금에 대한 세액공제 상당액을 당초 기부금을 받은 기부장려금단체가 지급받을 수 있도록 하기 위해서는 기부장려금신청서를 해당 기부금단체게 제출하여야 한다(조특령 §71⑩).

납세지 관할 세무서장은 기부장려금을 결정한 후 그 결정에 탈루나 오류가 있을 때에는 기부장려금을 경정하여야 한다(조특법 §75⑥).

5 기부장려금 단체의 지정

기획재정부장관은 기부금영수증을 발급하는 자[4]로서 다음의 요건(요건충족 여부)을 갖춘 것으로 인정되어 국세청장이 추천하는 자를 기부장려금단체로 지정할 수 있다(조특법 §75②, 조특령 §71①).

① 기부금영수증을 사실과 다르게 발급하지 아니할 것
② 기부자별 발급명세를 작성·보관[5]하며, 기부금영수증 발급명세서를 제출[6]할 것
③ 기부금 세액공제 증명서류를 국세청장에게 제출할 것[7]
④ 인터넷 홈페이지를 개설하고 연간 기부금 모금액 및 그 활용 실적을 다음 연도(기부장려금단체 지정을 신청하는 경우에는 신청일이 속하는 연도) 4월 30일까지 기부금 모금액 및 활용실적 명세서[8]를 통하여 해당 인터넷 홈페이지 및 국세청의 인터넷 홈페이지에 공개할 것. 다만, 공익법인등이 기부금 모집 및 지출 내용을 표준서식에 따라 공시하는 경우에는 기부금 모금액 및 활용실적을 공개한 것으로 본다.[9][10]

---

4) 「소득세법」 제160조의3 또는 「법인세법」 제112조의2
5) 「소득세법」 제160조의3 또는 「법인세법」 제112조의2
6) 「소득세법」 제160조의3 제3항 또는 「법인세법」 제112조의2 제3항
7) 「소득세법」 제165조
8) 「소득세법 시행규칙」 제100조 제7호에 따른 별지 제6호의2 서식 또는 「법인세법 시행규칙」 제18조의2 제5항에 따른 별지 제63호의7 서식을 말한다(조특칙 §29의4③).
9) 「상속세 및 증여세법」 제50조의3 제1항 제2호, 같은 법 시행령 제43조의3 제4항
10) 개정규정은 2021년 1월 1일 이후 기부금 모금액 및 활용실적을 공개하거나 표준서식에 따라 공시하는 경우부터 적용한다(대통령령 제31444호, 부칙 §5①).

⑤ 감사인에게 회계감사를 받을 것[11]

⑥ 공익법인등의 전용계좌를 개설하여 사용할 것[12]

⑦ 공익법인등의 결산서류등[13]을 인터넷 홈페이지 또는 국세청의 인터넷 홈페이지를 통하여 공시할 것

⑧ 지정이 취소[14]된 경우에는 그 취소된 날부터 5년이 지났을 것

기부장려금단체로 지정받으려는 자는 기부장려금단체 지정신청서에 다음의 서류를 첨부하여 매반기(半期) 마지막 달의 직전월의 1일부터 말일까지의 기간 동안 국세청장에게 신청하여야 한다(조특령 §71②).

① 법인설립허가서(법인의 경우로 한정한다)

② 최근 5년간의 결산서 및 해당 사업연도 예산서

③ 최근 5년간의 결산서에 대한 회계감사 보고서

신청을 받은 국세청장은 신청일이 속하는 반기 마지막 달의 다음달 말일까지 기획재정부장관에게 기부장려금단체 지정 추천을 하여야 하며, 추천을 받은 기획재정부장관은 추천을 받은 날부터 2개월이 되는 날이 속하는 달의 말일까지 기부장려금단체의 지정 여부를 결정하여야 한다. 이 경우 지정을 받은 기부장려금단체의 지정기간은 지정일이 속하는 연도의 1월 1일부터 6년간으로 한다(조특령 §71③).

기부장려금단체는 기부자에게 기부금영수증을 발급할 때 기부장려금 신청 여부를 확인하여 기부금영수증 발급명세서를 납세지 관할 세무서장에게 제출할 때 기부장려금 신청명세를 제출하여야 한다(조특법 §75③).

---

11) 「주식회사의 외부감사에 관한 법률」 제3조

12) 상속세 및 증여세법 제50조의2

13) 「상속세 및 증여세법」 제50조의3 제1항(제5호는 제외한다).

14) 조특법 제75조 제8항 제1호·제2호 또는 제4호

6 | 기부장려금단체 지정의 취소

기획재정부장관은 기부장려금단체가 다음의 어느 하나에 해당하는 경우에는 기부장려금단체의 지정을 취소할 수 있다(조특법 §75⑧, 조특령 §71⑦).
  ① 기부장려금단체가 기부장려금 신청명세를 사실과 다르게 작성한 경우[15]
  ② 불성실기부금수령단체로 명단이 공개된 경우[16]
  ③ 기부장려금단체가 해산한 경우
  ④ 앞에서 설명한 5(기부장려금 단체의 지정) 중 ①~④ 및 ⑧의 지정요건을 충족하지 못한 경우 또는 국세청장의 요구에도 불구하고 요건충족 여부를 보고하지 않은 경우
  ⑤ 기부장려금단체의 대표자, 대리인, 사용인 또는 그 밖의 종업원이 「기부금품의 모집 및 사용에 관한 법률」을 위반하여 같은 법 제16조에 따라 법인 또는 개인이 벌금 이상의 형을 받은 경우
  ⑥ 1천만원 이상의 상속세(그 가산세 포함) 또는 증여세(그 가산세를 포함)를 추징당한 경우[17]
  ⑦ 목적 외의 사업을 하거나 설립허가의 조건을 위반하는 등 공익목적을 위반한 사실이 있는 경우
  ⑧ 해당 사업연도의 수익사업의 지출을 제외한 지출액의 80% 이상을 직접 고유목적사업에 지출하지 아니한 경우

국세청장은 기부장려금단체가 취소요건에 해당하는 경우에는 그 지정을 취소할 것을 기획재정부장관에게 요청할 수 있다(조특령 §71⑧). 기획재정부장관은 기부장려금단체의 지정을 취소하는 경우 해당 기부장려금단체의 명칭과 지정 취소 사실 및 기부장려금단체 지정배제기간을 지정취소일이 속하는 연도의 12월 31일(지정취소일이 속하는 달이 12월인 경우에는 다음 연도 1월 31일을 말한다)까지 관보에 공고하여야 한다(조특령 §71⑨).

또한, 위 ①, ②, ④~⑧에 따라 기부장려금단체의 지정이 취소된 경우 그 지정이 취소된 날이 속하는 과세연도부터 5년간 기부장려금단체로 지정하지 아니한다(조특법 §75⑨).

---

15) 조특령 제71조 제7항 제1호 및 제3호의 개정규정은 2021년 1월 1일 이후 제71조 제1항 제5호부터 제7호까지의 요건을 위반하는 경우부터 적용한다(대통령령 제31444호, 부칙 §5②).
16) 「국세기본법」 제85조의5
17) 「상속세 및 증여세법」 제48조 제2항, 제3항 및 제8항부터 제11항까지, 제78조 제5항 제3호, 같은 조 제10항 및 제11항

7 | 기부금 세액공제와 기부장려금의 중복 신청

기부자가 기부금 세액공제와 기부장려금을 중복하여 신청한 경우에는 기부금 세액공제를 신청한 것으로 본다. 다만, 기부장려금을 신청한 자가 기부장려금 신청명세 제출기한이 지난 후에 기부금 세액공제를 중복하여 신청한 경우에는 기부장려금을 신청한 것으로 보아 본조를 적용한다(조특법 §75⑩).

8 | 사후관리

납세지 관할 세무서장은 기부장려금단체가 기부장려금 신청명세를 사실과 다르게 작성하여 경정으로 기부장려금이 줄어든 경우에는 초과하여 지급받은 기부장려금에 다음의 금액을 합한 금액을 징수하여야 한다(조특법 §75⑦, 조특령 §71⑥).

① 초과지급금의 3%

② 초과지급금 × 기부장려금을 환급받은 날의 다음 날부터 자진납부일 또는 납부고지일까지의 기간 × 이자율(0.025%)

기부장려금단체는 위 5.의 지정요건 충족 여부를 국세청장에게 보고하여야 한다. 이 경우 해당 기부장려금단체가 요건충족 여부를 보고하지 아니하면 국세청장은 보고하도록 요구하여야 한다(조특령 §71④).

9 | 주요 개정연혁

1. 기부장려금단체 제도 정비(조특령 §71)

(1) 개정내용

종 전	개 정
☐ 기부장려금단체 지정요건 ① 기부금영수증을 사실과 다르게 발급하지 않을 것 ② 기부자별 발급명세서를 작성·보관·제출할 것	☐ 지정요건 정비 (좌 동)
③ 기부금 모금·활용실적을 매년 3. 31일까지 공개할 것	③ 3. 31일 → 4. 30일 – 상증법상 결산서류 등을 공시한 경우 이행 간주
④ 감사인에게 회계감사를 받을 것 ⑤ 전용계좌를 개설·사용할 것 ⑥ 결산서류를 공시할 것	(좌 동)

☐ 기부장려금단체 취소요건
① 지정요건을 위반한 경우
② 상증법 제48조*에 따라 1천만원 이상의 상속·증여세(가산세 포함)를 추징당한 경우
   * 출연재산 3년 내 공익목적 사용, 운용소득 70% 이상 공익목적 사용, 출연자 등 이사 1/5 초과 금지 등 14개
	☐ 취소요건 정비
	① 지정요건 중 ④~⑥ 제외
	② 추징사유 추가
	   * 현행 14개 사유 外 회계감사 의무(상증법 §50③), 전용계좌 개설 사용 의무(§50의2), 결산서류 등 공시 의무(§50의3) 추가

③ 목적 외 사업을 하거나 설립허가 조건을 위반하는 경우 ④ 해당사업연도 지출액의 80%이상을 직접 고유목적사업에 사용하지 않은 경우	(좌 동)

(2) 개정이유

○ 지정요건 및 취소요건 합리화

(3) 적용시기 및 적용례

○ 지정요건 : 2021. 1. 1. 이후 공개 또는 공시하는 분부터 적용
  취소요건 : 2021. 1. 1. 이후 지정 취소하는 분부터 적용

제76조

정치자금의 손금산입특례 등

1 | 의 의

　소액다수 후원의 활성화를 통하여 정치자금 조달을 원활히 할 수 있도록 후원회제도를 개선하고, 정치자금의 조달과 수입·지출과정이 투명하게 드러나도록 하여 음성적 정치자금을 원천적으로 차단하며, 정당에 대한 보조금 배분을 합리적으로 개선하고, 정치자금의 부정사용 등에 대한 처벌을 강화하여 그 실효성을 담보함으로써 깨끗한 정치문화를 정착시키기 위하여, 세법에서는 정치자금법에 따라 기부하는 정치자금에 대하여 일부는 세액공제하고, 초과하는 금액은 소득공제하거나 손금으로 인정하는 특례제도를 운용하고 있다. 다만, 본 제도는 개인에 대하여 적용되고, 정치자금법에 따르면 법인 또는 단체는 정치자금을 기부할 수 없으므로 내국법인은 본 특례규정이 적용될 여지가 없다.

> ❑ 정치자금 : 정치자금법 제3조 제1호
> 당비, 후원금, 기탁금, 보조금과 정당의 당헌·당규 등에서 정한 부대수입, 그 밖에 정치활동을 위하여 정당(중앙당창당준비위원회를 포함한다), 공직선거에 의하여 당선된 자, 공직선거의 후보자 또는 후보자가 되고자 하는 자, 후원회·정당의 간부 또는 유급사무직원, 그 밖에 정치활동을 하는 자에게 제공되는 금전이나 유가증권, 그 밖의 물건과 그 자의 정치활동에 소요되는 비용

2 | 정치자금의 손금산입 등

　거주자가 정치자금법에 따라 정당(후원회 및 선거관리위원회 포함)에 기부한 정치자금은 이를 지출한 당해 과세연도의 소득금액에서 10만원까지는 그 기부금액의 110분의 100을 세액공제하고, 10만원을 초과한 금액에 대하여는 소득공제하거나 소득금액 계산에 있어서 이월결손금을 차감한 후의 소득금액의 범위 안에서 이를 손금에 산입한다(조특법 §76①).
　법인 또는 당원이 아닌 거주자가 특별지원비·찬조비 등을 정당에 직접 지출한 경우에는

본 특례규정이 적용되지 아니하고, 내국인이 정치자금에 관한 법률에 의하여 선거관리위원회에 기탁한 정치자금은 본조 제1항의 규정에 의한 정치자금으로 한다(조기통 76-0…1).

기부금액	특례 내용
10만원 이하	기부금액의 100/110에 대하여 세액공제[1]
10만원 초과	〈① 또는 ②〉 ① 소득공제(기부금 소득공제) ② 필요경비 산입(이월결손금을 차감한 후의 소득금액의 범위 안)

3 | 정치자금에 대한 상속세 및 증여세 과세문제

3-1. 상속세 및 증여세의 비과세

위에서 설명한 손금산입특례가 인정되는 정치자금에 대하여는 상속세 또는 증여세가 비과세된다(조특법 §76②).

3-2. 상속세 및 증여세의 과세

거주자가 정치자금법에 따라 정당에 기부하는 정치자금 외의 정치자금(이른바 불법정치자금)에 대하여는 상속세 및 증여세법상 비과세 규정(§12, §46) 및 다른 세법의 규정에 불구하고 그 기부받은 자가 상속 또는 증여받은 것으로 보아 상속세 또는 증여세를 부과한다(조특법 §76③). 종전에는 불법정치자금에 대하여 과세한다는 명문규정이 없었으나, 대가성 있는 소득인 뇌물에 대하여 소득세를 과세하여야 한다는 판례[2]의 입장과 불법정치자금의 대가성 여부를 직접적으로 규명하는 것이 곤란한 점을 감안하여 과세를 명문화하는 것이 합리적이라 판단하여 2004년 말 세법을 개정하여 불법정치자금에 대한 과세를 명문화[3]하였다.

---

1) 정치자금의 경우 10만원 기부시 주민세(1만원)도 같이 환급받게 됨에 따라 기부금액(10만원)보다 환급액(11만원)이 더 크게 되는 불합리한 문제 해소(2007. 1. 1. 이후 기부하는 분부터 적용)
2) 정치자금 성격의 활동비 지원에 대하여 이를 증여 또는 이자로 보고 증여세 또는 종합소득세를 부과하면서 조세포탈죄로 처벌하는 경우에는 수사기관으로서는 금품이 수수된 목적과 경위에 관한 실체적 진실을 밝혀내기보다는 적용하기 용이한 조세포탈죄를 적용 처단함으로써 자의적 법운용이 이루어질 가능성이 있을 뿐만 아니라 알선의 대가인 활동비에 대하여는 법정형이 낮은 알선수재죄로 처벌하는 반면에 알선의 대가가 아닌 활동비에 대하여는 법정형이 높은 조세포탈죄로 처벌하는 결과가 초래된다고 하더라도 알선수재죄와 조세포탈죄는 각각 구성요건을 달리하는 것으로서 각 죄의 법정형을 어떻게 정할 것인지 여부는 입법정책의 문제임(대법원 1999. 4. 9. 선고 98도667 판결).
3) 2005. 1. 1. 이후 불법정치자금을 받는 분부터 적용

4 관련사례

구 분	내 용
손금산입 특례의 범위	○ 대법원에서 정치자금법을 위반한 정치자금으로 확정된 이상 증여세 부과대상이고, 증여에 해당하는 이상 3개월 이내에 예금계좌로 당초 기부자에게 반환되었더라도 그 증여받은 재산이 "금전"이므로 처음부터 증여가 없었던 것으로 볼 수 없음(조심 2010서4056, 2011. 4. 14.). ○ 정치자금 외의 정치자금을 수수하더라도 불법임을 안 날로부터 30일 내 반환시 증여세 부과대상이 아니나, 대법원이 정치자금법을 위반한 것으로 확정판결하였고 반환시기도 제공일부터 30일이 경과한 것이므로 증여세과세처분은 정당함(조심 2010중3996, 2011. 4. 14.). ○ 정치차금법 위반으로 유죄가 확정된 정치자금 기부자 갑에 대하여 정치자금을 받은 을에게 증여세를 부과하고 증여자인 갑에게 을의 증여세 체납액에 대해 연대납세의무자로 처분한 것은 정당함(조심 2011서342, 2011. 4. 14.). ○ 정치자금 외의 정치자금을 수수하더라도 불법임을 안 날로부터 30일 내 반환시 증여세 부과대상이 아니나, 대법원이 정치자금법을 위반한 것으로 확정판결하였고 반환시기도 제공일부터 30일이 경과한 것이므로 증여세과세처분은 정당함(조심 2011서78, 2011. 4. 14.). ○ 정치자금에 관한 법률 제3조 제2호에서 "정치자금"을 규정하고 있는 바, 청구법인이 정당에 납부한 돈은 후원금에 해당된다 하나 후원금(동법 제3조 제5호)은 후원회 회원이 납입하는 금전 등으로서 국회의원 선거에 있어 선거공고일로부터 선거일까지 금품을 모집할 수 없는 바(동법 제7조), 청구법인은 후원회에 납입한 것이 아니고 ○○당 사무총장이 영수한 것으로 되어 있고, 국회의원 총선거기간 중 대부분이 지급되었으며 중앙선거관리위원회의 허가를 얻은 회원 이외의 자로부터 모집한 금품에 해당된다 볼 수 없어 정치자금에 해당 안됨(국심 90부2497, 1991. 2. 13.).

제 **77** 조

공익사업용 토지 등에 대한 양도소득세의 감면

1 | 의 의

　토지 등이 국가·지방자치단체 등 공공사업시행자에게 양도되거나 수용되는 경우 토지 소유자의 의사와 관계없이 소유권이 이전될 수 있다는 점과 시가보상을 해주지 못하는 여건을 감안하고, 공공사업이 원활하게 수행될 수 있도록 하기 위하여 1989년 이전까지는 양도소득세 등을 전액 면제하는 예외를 인정해 왔다. 그러나 아무리 공공정책을 지원할 필요가 있는 경우에도 보유기간 동안의 지가상승으로 얻은 자본이득에 대해 세금을 전액 면제하는 것은 근로소득 등 다른 소득과 세부담 불형평으로 조세의 기본이념인 공평과세를 해치게 된다는 문제점이 지속적으로 지적되었다. 이러한 과세의 불형평 문제를 시정하기 위하여 토지 등 양도차익에 대한 감면을 전반적으로 축소하면서 공공사업용지에 대한 감면을 전반적으로 축소하여 왔다. 2014. 1. 1. 조특법 개정시에도 보상수준이 현실화된 점을 감안하여 감면율을 축소하였으며(2014. 1. 1. 이후 양도분부터 적용), 2015. 12. 15. 조특법 개정시에도 현금보상의 경우 감면율을 15%에서 10%로, 채권보상의 경우 감면율을 20%에서 15%로 다시 축소하였다.

| 공익사업용 토지 등의 양도소득세액 감면 제도 연혁 |

구 분	'90.7.31. 이전	'90.8.1. ~ '93.12.31.	'94.1.1. ~ '98.4.9.	'98.4.10. ~ '01.12.31.	'02.1.1. ~ '06.12.31.	'07.1.1. ~ '08.12.31.	'09.1.1. ~ '09.12.31.	'10.1.1.~	'14.1.1.~	'16.1.1.~
현금 보상	100%	50%	30%	25%	-	10%	20%	20%	15%	10%
채권 보상	-	80%	45%	35%	10%	15% (만기 : 20%)	25% (만기 : 30%)	25% (3년~ : 40%, 5년~ : 50%)	20% (3년~ : 30%, 5년~ : 40%)	15% (3년~ : 30%, 5년~ : 40%)

| 현행 양도소득세 감면비율 |

구 분	감면비율
현금보상의 경우	10%
채권보상의 경우	15%(일반적인 경우) 채권을 만기까지 보유하기로 특약을 체결한 경우[1] • 만기가 3년 이상 5년 미만인 경우 : 30% • 만기가 5년 이상인 경우 : 40%

2 │요 건

2-1. 양도자의 범위

조특법상 적용대상자의 범위에 대하여 명문 규정을 두고 있지 않다. 따라서 소득세법상에서의 양도소득세 과세대상자인 거주자나 「소득세법」 제94조에 규정하는 양도소득이 있는 비거주자(소득을 발생하게 하는 자산이 국내에 있는 경우에 한함)를 본조의 적용대상으로 보아야 할 것이다.

2-2. 감면대상 소득

'감면대상 소득'이란 당해 토지 등이 속한 사업지역에 대한 사업인정고시일[2](고시일 전에 양도하는 경우에는 양도일)부터 2년 이전에 취득한 토지 등을 2023. 12. 31. 이전에 양도함으로써 발생하는 다음의 소득을 말한다(조특법 §77①).

> ① 「공익사업을 위한 토지 등의 취득 및 보상에 관한 법률」이 적용되는 공익사업[3]에 필요한 토지 등을 그 공익사업의 시행자에게 양도함으로써 발생하는 소득
> ② 「도시 및 주거환경정비법」에 따른 정비구역(정비기반시설을 수반하지 아니하는 정비구역은

---

[1] 「보금자리주택 건설 등에 관한 특별법」 등 법률에 따라 협의매수 또는 수용됨으로써 발생하는 소득으로서 보상채권을 해당 사업시행자를 예탁자로 하여 개설된 계좌를 통하여 한국결제원에 만기까지 예탁하는 방법으로 해당 채권을 만기까지 보유하기로 특약을 체결하는 경우를 말한다.

[2] 사업인정고시일이라 함은 사업지역에 대한 최초의 사업인정고시일을 말하는 것이며, 추가 또는 변경지정으로 새로이 편입된 토지의 경우 추가로 사업인정을 고시한 날 또는 사업인정을 변경고시한 날을 말하는 것임(재일 46014-468, 1998. 3. 16.).

이하에서는 각 소득에 대하여 설명한다.

2-2-1. 공익사업시행자에게 양도

「공익사업을 위한 토지 등의 취득 및 보상에 관한 법률」이 적용되는 공익사업에 필요한 토지 등을 당해 공익사업의 시행자에게 양도함으로써 발생하는 소득이 감면 대상이다. 여기서 공익사업이라 함은 공익사업을 위한 토지 등의 취득 및 보상에 관한 법률(§4)의 규정에 의한 것으로 다음과 같다.

① 국방·군사에 관한 사업
② 관계 법률에 따라 허가·인가·승인·지정 등을 받아 공익을 목적으로 시행하는 철도·도로· 공항·항만·주차장·공영차고지·화물터미널·궤도(軌道)·하천·제방·댐·운하·수도· 하수도·하수종말처리·폐수처리·사방(砂防)·방풍(防風)·방화(防火)·방조(防潮)·방수(防水) ·저수지·용수로·배수로·석유비축·송유·폐기물처리·전기·전기통신·방송·가스 및 기상 관측에 관한 사업
③ 국가나 지방자치단체가 설치하는 청사·공장·연구소·시험소·보건시설·문화시설·공원· 수목원·광장·운동장·시장·묘지·화장장·도축장 또는 그 밖의 공공용 시설에 관한 사업
④ 관계 법률에 따라 허가·인가·승인·지정 등을 받아 공익을 목적으로 시행하는 학교·도서관· 박물관 및 미술관 건립에 관한 사업
⑤ 국가, 지방자치단체,「공공기관의 운영에 관한 법률」제4조에 따른 공공기관,「지방공기업법」에 따른 지방공기업 또는 국가나 지방자치단체가 지정한 자가 임대나 양도의 목적으로 시행하는 주택 건설 또는 택지 조성에 관한 사업
⑥ ①~⑤의 사업을 시행하기 위하여 필요한 통로, 교량, 전선로, 재료 적치장 또는 그 밖의 부속시설에 관한 사업
⑦ ①~⑤의 사업을 시행하기 위하여 필요한 주택, 공장 등의 이주단지 조성에 관한 사업
⑧ 그 밖에 다른 법률에 따라 토지 등을 수용하거나 사용할 수 있는 사업

---

3) 조기통 77-0…3【공공사업의 범위】법 제77조 제1항 제1호에서 "공공사업"이라 함은 토지수용법 제3조의 규정에 의하여 토지 등을 수용할 수 있는 사업(토지구획정리사업·재개발사업 및 농지개량사업을 포함한다)을 말한다(2002. 4. 15. 신설).

2-2-2. 정비구역 안 사업시행자에게 양도

「도시 및 주거환경정비법」에 의한 정비구역(정비기반시설을 수반하지 아니하는 정비구역은 제외) 안의 토지 등을 동법에 의한 사업시행자에게 양도함으로써 발생하는 소득이 감면대상이다. 여기서 「도시 및 주거환경정비법」에 의한 사업시행자의 범위는 다음과 같다.

> ① 주거환경개선사업의 시행자(「도시 및 주거환경정비법」 §24)
> ② 재개발사업·재건축사업의 시행자(「도시 및 주거환경정비법」 §25)
> ③ 재개발사업·재건축사업의 사업대행자(「도시 및 주거환경정비법」 §28)

2-2-3. 법률에 의한 수용

공익사업을 위한 토지 등의 취득 및 보상에 관한 법률 및 기타 법률에 의한 토지 등의 수용으로 인하여 발생하는 소득이 그 적용대상이다. 여기에 해당하는 토지 등의 수용에는 다음을 포함한다(조기통 77-0…2).

> ① 토지수용법에 의한 사업인정고시일 이후 협의에 의하여 매매계약이 체결되어 양도한 경우
> ② 소유하던 토지 및 건물 등을 도시계획법(현 국토의 계획 및 이용에 관한 법률) 제25조의 규정에 따라 건설교통부장관의 실시계획의 인가일 이후 매매계약이 체결되어 사업시행자에게 양도한 경우, 이 경우 당해 사업시행자의 주체를 불문한다.

2-3. 취득시기 의제

본조는 취득시기를 의제하는 규정을 두고 있는데, 상속받거나 사업인정고시일부터 소급하여 2년 이전에 증여받은 경우로서 법률에 따라 협의매수 또는 수용되어 소득세법에 따른 이월과세가 적용배제되는 토지 등[4]은 피상속인 또는 증여자가 해당 토지 등을 취득한 날을 해당 토지 등의 취득일로 본다(조특법 §77⑨).

---

4) 「소득세법」 제97조의2 제1항이 적용되는 증여받은 토지 등 : 거주자가 양도일부터 소급하여 5년 이내에 그 배우자(양도 당시 혼인관계가 소멸된 경우를 포함하되, 사망으로 혼인관계가 소멸된 경우는 제외한다. 이하 이 항에서 같다) 또는 직계존비속으로부터 증여받은 제94조 제1항 제1호에 따른 자산이나 그 밖에 대통령령으로 정하는 자산의 양도차익을 계산할 때 사업인정고시일부터 소급하여 2년 이전에 증여받은 경우로서 「공익사업을 위한 토지 등의 취득 및 보상에 관한 법률」이나 그 밖의 법률에 따라 협의매수 또는 수용된 경우 외에는 양도가액에서 공제할 필요경비는 제2항에 따르되, 취득가액은 각각 그 배우자 또는 직계존비속의 취득 당시 제1항 제1호 각 목의 어느 하나에 해당하는 금액으로 한다. 이 경우 거주자가 증여받은 자산에 대하여 납부하였거나 납부할 증여세 상당액이 있는 경우에는 제2항에도 불구하고 필요경비에 산입한다.

3 │ 과세특례의 내용

3-1. 감면율

토지 등이 속한 사업지역에 대한 사업인정고시일[5](사업인정고시일 전에 양도하는 경우에는 양도일)부터 소급하여 2년 이전에 취득한 토지 등을 2023. 12. 31. 이전에 양도함으로써 발생하는 소득에 대해서는 양도소득세의 10%를 감면한다. 다만, 토지 등의 양도대금을 「토지수용법」[6] 제45조 또는 「공익사업을 위한 토지 등의 취득 및 보상에 관한 법률」 제63조의 규정에 의한 보상채권으로 받는 부분에 대해서는 15%로 하되, 「공공주택 특별법」 등 법률[7]에 따라 협의매수 또는 수용됨으로써 발생하는 소득으로서 보상채권을 해당 사업시행자를 계좌관리기관[8]으로 하여 개설한 계좌를 통하여 3년 이상의 만기까지 보유하기로 특약을 체결하는 경우에는 30%[9](만기가 5년 이상인 경우에는 40%)로 한다(조특법 §77①, 조특령 §72①~③).

한편, 거주자가 사업시행자[10]로 지정되기 전의 사업자에게 2년 이상 보유한 토지 등[11]을 2015. 12. 31. 이전에 양도하고 해당 토지 등을 양도한 날이 속하는 과세기간의 과세표준신고(예정신고를 포함한다)를 법정신고기한까지 한 경우로서 지정 전 사업자가 그 토지 등의 양도일부터 5년 이내에 사업시행자로 지정받은 경우에도 위의 감면율에 따른 양도소득세 감면을 받을 수 있다. 이 경우 감면할 양도소득세의 계산은 감면율 등이 변경되더라도 양도 당시 법률에 따른다(조특법 §77②).

3-2. 사후관리

토지 등이 수용됨에 따라 양도소득세 등을 감면한 경우에 대하여는 사후관리에 관한 규정이 없다. 그러나 사업시행자에게 양도하여 양도소득세 등을 감면한 경우로서 다음에 해당할

---

5) 토지가 자연공원법 제76조에 따라 공원관리청에 양도되었으나 같은 법 제19조, 제22조에 따른 사업인정고시 절차 없이 양도된 경우 동 토지는 조세특례제한법 제77조의 양도소득세 감면대상에 해당되지 않는 것임(재재산-441, 2012. 6. 1.).

6) 「토지수용법」은 「공익사업을 위한 토지 등의 취득 및 보상에 관한 법률」 부칙 제4조에 따라 폐지(법률 제6656호, 2002. 2. 4.)되었다.

7) 조특령 제72조 제2항

8) 「주식·사채 등의 전자등록에 관한 법률」 제19조에 따른 계좌관리기관

9) 보상자금의 부동산시장 유입으로 인한 부동산 가격상승을 억제하기 위해 채권보상 이용을 활성화하고 보상채권의 만기보유 유도 목적

10) 2-2-1. 및 2-2-2.의 사업시행자를 말한다.

11) 2-2-1.의 공익사업에 필요한 토지 등 또는 2-2-2.에 따른 정비구역의 토지 등을 말한다.

때에는 감면받은 양도소득세에 상당하는 금액과 이자상당액을 가산하여 납부하여야 한다(조특법 §77⑤). 이자상당가산액은 다음과 같이 계산한다.

$$이자상당가산액 = 납부할 세액 × 기간^* × (25/100,000)$$

* 기간 : 감면을 받은 과세연도 종료일 다음 날부터 납부사유가 발생한 과세연도 종료일까지의 기간

3-2-1. 사업시행자가 공익사업 등을 진행되지 아니한 경우

사업시행자가 다음의 어느 하나에 해당하는 경우 당해 사업시행자는 감면된 양도소득세액에 상당하는 금액을 그 사유가 발생한 과세연도의 과세표준신고시 소득세 또는 법인세로 납부하여야 한다(조특법 §77③, 조특령 §72⑤).

① 공익사업의 시행자가 사업시행의 인가 등을 받은 날부터 3년 이내에 당해 공익사업에 착수하지 아니하는 경우[12]
② 정비구역의 사업시행자가 「도시 및 주거환경정비법」에 따라 사업시행자의 지정을 받은 날부터 1년이 되는 날까지 사업시행계획인가를 받지 아니하거나, 「도시 및 주거환경정비법」에 의하여 사업시행계획인가를 받은 사업시행계획서상의 공사완료일까지 그 사업을 완료하지 아니하는 경우

관련예규

• '착수'라 함은 유형적인 힘을 가하여 형태 및 형질을 변경시키는 인위적인 행위가 개시된 때로서, 설계·자재구입 등 예비적 준비와 단순히 부지조성만을 위한 정지작업이 개시된 때를 포함하지 아니함(법인 22601-76, 1992. 1. 10.).

3-2-2. 채권을 만기까지 보유하지 아니한 경우

채권을 만기까지 보유하기로 특약을 체결하고 양도소득세의 30%(만기가 5년 이상인 경우에는 40%)에 상당하는 세액을 감면받은 자가 그 특약을 위반하게 된 경우에는 즉시 감면받은 세액 중 양도소득세의 15%(만기가 5년 이상인 경우에는 25%)에 상당하는 금액을 징수한다(조특법 §77④).

---

12) 다만, 공공사업시행자 등이 소유토지 등을 새로이 지정된 공공사업시행자 등에게 다시 양도함으로써 발생하는 소득에 대하여는 감면이 적용된다(조기통 77-0…1).

4 │절차

4-1. 사업시행자에게 양도하는 경우 감면신청

당해 공익사업 또는 정비사업의 시행자는 당해 토지 등을 양도한 날이 속하는 과세연도의 과세표준신고와 함께 세액감면신청서에 당해 공익사업 또는 사업시행자임을 확인할 수 있는 서류(특약체결자의 경우에는 특약체결 사실 및 보상채권 보유사실을 확인할 수 있는 서류 포함)를 첨부하여 양도자의 납세지 관할 세무서장에게 제출하여야 한다(조특법 §77⑥, 조특령 §72⑦).

4-2. 토지 등이 수용되는 경우 감면신청

감면을 적용받고자 하는 자는 당해 토지 등을 양도한 날이 속하는 과세연도의 과세표준신고[거주자와 법인세법상(§62의2⑦) 예정신고를 한 비영리내국법인의 경우에는 예정신고 포함]와 함께 세액감면신청서에 수용된 사실을 확인할 수 있는 서류(특약체결자의 경우에는 특약체결 사실 및 보상채권 보유사실을 확인할 수 있는 서류를 포함한다)를 첨부하여 납세지 관할 세무서장에게 제출하여야 한다(조특법 §77⑦, 조특령 §72⑧).

4-3. 지정 전 사업자에게 양도한 경우 감면신청

공익사업용 토지 등을 양도한 자가 양도소득세를 감면받으려는 경우에는 사업시행자[13]가 해당 사업시행자로 지정받은 날부터 2개월 이내에 세액감면신청서에 해당 사업시행자임을 확인할 수 있는 서류를 첨부하여 양도자의 납세지 관할 세무서장에게 제출하여야 한다(조특령 §72④).

4-4. 보상채권 만기보유 특약사실 등의 통보

사업시행자는 보상채권을 만기까지 보유하기로 특약을 체결한 자가 있으면 그 특약체결자에 대한 보상명세를, 특약체결자가 그 특약을 위반하는 경우 그 위반사실을 다음 달 말일까지 납세지 관할 세무서장에게 통보하여야 한다(조특령 §72⑥).

---

13) 2-2-1. 및 2-2-2.의 사업시행자를 말한다.

관련예규 및 심판례

• 법 제77조는 공공사업용지 등을 확보하는 데 있어서의 어려움을 덜어주고 토지 등의 이용을 효율화하기 위하여 당해 토지 등을 공공사업용지 등으로 양도한 자에 대하여 양도소득에 대한 소득세를 감면해 주는 데 그 취지가 있으므로, 세액감면신청서는 납세의무자(토지 등의 양도자)로 하여금 정부에 세액감면신청서를 제출하도록 규정한 것에 불과한 것인바, 위 규정에 의한 세액감면신청서의 제출의무는 양도소득세 면제를 위한 요건 규정으로 해석할 수는 없으므로 비록 세액감면신청서의 제출이 없다 하더라도 토지 등의 양도에 따른 양도소득세는 감면가능(국심 83전1725, 1983. 10. 22.)

5 | 조세특례제한 등

5-1. 중복적용 배제

거주자가 토지 등을 양도하여 2 이상의 양도소득세의 감면규정을 동시에 적용받는 경우에는 당해 거주자가 선택하는 하나의 감면규정만을 적용한다. 다만, 토지 등의 일부에 대하여 특정의 감면규정을 적용받는 경우에는 잔여부분에 대하여 다른 감면규정을 적용받을 수 있다. 자세한 내용은 제127조에서 설명한다.

5-2. 양도소득세 감면의 종합한도

공공사업용토지 등에 대한 양도소득세 감면에 대하여는 양도소득세 감면세액의 종합한도의 규정을 적용받는다. 자세한 사항은 제133조에서 설명한다.

6 관련사례

구 분	내 용
양도소득세 감면의 범위	○ 일반 사인간의 위치에서 매매가 이루어진 이 사건 토지의 양도는 「공익사업을 위한 토지 등의 취득 및 보상에 관한 법률」에 따른 협의매수 또는 수용된 토지가 아니므로 비사업용토지에 해당하고, 2015년도 이후인 2016. 11. 21. 공익사업시행자로 미지정된 자에게 양도하였으므로 공익사업용 감면 규정 역시 적용받을 수 없음 (대법원 2021두 33395, 2021. 5. 27.). ○ 쟁점부동산의 매매에 대하여는 사업인정고시가 없는 등 청구인과 부여군청은 「공익사업을 위한 토지 등의 취득 및 보상에 관한 법률」에 정한 절차 및 방법을 거치지 아니하는 방식으로 2011. 6. 27. 쟁점부동산에 대한 부동산매매계약을 체결하였으므로 이 건 쟁점부동산의 양도는 공익사업용 토지 등에 대한 양도소득세 감면요건을 충족하지 아니한 것으로 보임(조심 2013전0955, 2013. 8. 8.). ○ 2010. 12. 27. 신설된 조세특례제한법 제77조 제2항은 그 부칙 규정 등을 종합할 때, 2009년 양도한 쟁점부동산에 대하여 소급적용하기 어려움(조심 2012부1872, 2012. 6. 26.). ○ 양수법인이 사업시행자로 지정되기 이전에 양도한 부동산에 대하여 공익사업용토지 등에 대한 양도소득세의 감면 대상에 해당되지 아니하는 것으로 보아 경정청구를 거부한 처분은 잘못이 없음(조심 2011서1566, 2012. 2. 17.). ○ ○○○소방서장은 쟁점토지의 매수 계약은 「지방자치단체를 당사자로 하는 계약에 관한 법률 시행령」 제25조 제4항 타목에 의하여 당사자 간 합의에 따라 수의계약에 의하여 체결한 것으로 나타나, 쟁점토지는 공익사업을 위한 협의절차 및 방법 등에 의하여 매매계약을 체결한 것으로 보이지 않으므로 감면대상에 해당하지 않음(조심 2011광4822, 2011. 12. 27.). ○ 2010. 12. 27. 개정된 법을 보면, 공익사업시행자가 토지 등을 양수할 당시 사업시행자로 지정 전이라도, 그 사업자가 토지 등의 양도일부터 5년 이내에 사업시행자로 지정받은 경우에는 감면을 한다고 규정하고 있고, 부칙은 2010. 1. 1. 이후 양도하는 분부터 소급 적용하는 것으로 해석되는 바, 청구인이 쟁점부동산을 양도한 이후 5년 이내에 사업시행자로 지정되었고, 청구인의 양도일도 2010. 1. 1. 이후이므로 쟁점부동산 양도는 감면적용대상에 해당한다 할 것임(조심 2011서2471, 2011. 12. 8.). ○ 공익사업용 토지에 대한 양도세 감면규정은 공익사업용토지를 공익사업의 시행자에게 양도함으로써 발생한 소득에 대하여 적용하는 바, 사업시행자가 아닌 조합원 중 최대지분을 소유한 자에게 양도한 것이므로 적용배제가 정당함(조심 2010중1962, 2011. 4. 18.).

7 | 주요 개정연혁

1. 공익사업용 토지 등에 대한 특약조건 위반 시 감면세액 조정 및 일몰 연장(조특법 §77)

(1) 개정내용

종 전	개 정
☐ 공익사업 시행자에게 토지 등을 양도 시 양도대금 수령 방법에 따라 세액 감면 　○ 현금 : 10% 　○ 일반채권 : 15%(3년 만기 채권 : 30%, 5년 만기 채권 : 40%)	☐ (좌　동) 　○ (좌　동) 　○ (좌　동)
☐ 공익사업을 위한 토지 등의 양도대금으로 보상채권 수령 후 3년 이상 보유특약 위반 시 감면세액 추징률 　○ 만기 3년 이상 : 10% 　○ 만기 5년 이상 : 20%	☐ 보유특약 위반 시 감면세액 추징률 보완 　○ 만기 3년 이상 : 10% → 15% 　○ 만기 5년 이상 : 20% → 25%
☐ (적용기한) 2018. 12. 31.까지	☐ (적용기한 연장) 2021. 12. 31.까지

(2) 개정이유
　○ 공익사업용 토지 등에 대한 특약조건 위반 시 감면세액 합리화 및 공익사업 수행 지원

(3) 적용시기 및 적용례
　○ 2019. 1. 1. 이후 양도하는 분부터 적용

제77조의2

대토보상에 대한 양도소득세 과세특례

1 │ 의 의

공익사업용으로 수용되는 부동산에 대하여 「공익사업을 위한 토지 등의 취득 및 보상에
관한 법률」에 따라 대토로 보상을 받은 경우에는 당해 대토의 처분시까지 양도소득세를
과세이연하고자 도입된 것으로, 본 제도는 2007. 10. 17. 이후 최초로 양도하는 분부터 적용되었다.
대토보상1) 제도는 토지보상금 등에 따른 과잉유동성과 대체용지 확보곤란 등을 해결하기 위한
방안의 하나로 토지보상금을 현금·채권보상 외에 그 공익사업의 시행으로 조성한 용지 중
일부로 보상하는 것을 주요 목적으로 한다.

대토보상 제도의 도입은 토지소유자의 손실보상 관련 불만을 상당부분 해소할 수 있고,
대체토지 구입 수요를 줄임으로써 공익사업 시행시 뒤따르는 인근지역 부동산 가격 상승을
억제하는 데 기여할 수 있을 것이라는 점 등에서 세제상의 인센티브를 부여할 필요성이 있지만,
동일한 공익사업의 시행에 따른 현금·채권보상과 비교하여 대토보상에 대한 과세이연은
과도한 우대조치가 될 수 있고, 현금·채권보상의 경우는 보상금 수령 이후에 발생하는
개발이익에 대하여 대토보상처럼 기대이익을 가질 수가 없다는 점에서 과세형평에 문제점이
있다.

과세이연 대신 감면제도를 선택할 경우 국세청 실무상 현금보상과 동일한 15% 감면을
적용받을 수 있었으나 2014. 12. 23. 법 개정시 채권보상의 경우와 동일하게 감면율을 20%로
적용받을 수 있도록 하여 세제지원을 강화하였으며, 2015. 12. 15. 법 개정시 채권보상의 경우와
맞추어 감면율을 15%로 조정하였다.

---

1) **대토보상의 개념** : 사업시행자가 사업지구 내 토지를 취득하고, 이에 대한 보상을 현금이 아닌 조성용지로 보상하는
방식. 사업시행자가 자금이 없어 사업시행이 장기간 지연되는 경우 원주민들의 재산권 행사가 제한되는 등 상호
어려움이 따르므로 사업시행자가 보상을 개발 후 토지로 보상할 수 있도록 하여 공익사업을 원활히 할 수 있도록
하기 위해 도입된 제도. 세법상 양도에 해당(협의 후 보상계약에 의해 대토보상으로 결정시 동 계약에 따른
소유권이전등기시점이 양도시기)

2 요건

2-1. 적용 대상자

앞서 설명한 제77조에서는 적용대상에 대하여 명문상의 규정이 없어 소득세법상에서의 양도소득세 과세대상자인 거주자나 소득세법 제94조에서 규정하는 양도소득이 있는 비거주자(소득을 발생하게 하는 자산이 국내에 있는 경우에 한함)를 적용대상으로 보았으나, 본조에서는 명문상에 거주자라고 규정하고 있으므로, 비거주자에 대해서는 적용할 여지가 없다.

2-2. 적용대상 토지

양도대상 토지는 「공익사업을 위한 토지 등의 취득 및 보상에 관한 법률」에 따른 공익사업의 시행으로 해당 사업지역에 대한 사업인정고시일(사업인정고시일 전에 양도하는 경우에는 양도일)부터 소급하여 2년 이전에 취득한 토지를 말한다(조특법 §77의2①).

2-3. 대토보상

앞(2-2.)에서 설명한 토지를 2023. 12. 31. 이전에 해당 공익사업의 시행자에게 양도한 후 양도대금을 「공익사업을 위한 토지 등의 취득 및 보상에 관한 법률」 제63조 제1항 각 호 외의 부분 단서[2]에 따라 해당 공익사업의 시행으로 조성한 토지로 보상받아야 한다(조특법 §77의2①).

2-4. 대토보상 명세의 통보

공익사업의 시행자는 대토보상을 받은 자에 대한 보상명세를 다음 달 말일까지 대토보상자의 납세지 관할 세무서장에게 통보하여야 한다(조특법 §77의2②, 조특령 §73②). 본 통보 절차는 조세특례 적용을 위한 필요절차로서 통보하는 경우에만 과세이연이 적용된다는 점을 유의하여야 한다.

---

2) 공익사업을 위한 토지 등의 취득 및 보상에 관한 법률 제63조 【현금보상 등】 ① 손실보상은 다른 법률에 특별한 규정이 있는 경우를 제외하고는 현금으로 지급하여야 한다. 다만, 토지소유자가 원하는 경우로서 사업시행자가 해당 공익사업의 합리적인 토지이용계획과 사업계획 등을 고려하여 토지로 보상이 가능한 경우에는 토지소유자가 받을 보상금 중 본문에 따른 현금 또는 제7항 및 제8항에 따른 채권으로 보상받는 금액을 제외한 부분에 대하여 다음 각 호에서 정하는 기준과 절차에 따라 그 공익사업의 시행으로 조성한 토지로 보상할 수 있다.

3 | 과세특례의 내용 : 과세이연과 감면을 선택 가능

거주자가 공익사업의 시행자에게 토지 등을 양도하고 토지 등의 양도대금의 전부 또는 일부를 대토(공익사업의 시행으로 조성한 토지)로 보상받은 경우 다음의 구분에 따라 양도소득세 과세특례를 적용한다(조특법 §77의2①).

3-1. 세액의 감면을 신청하는 경우

거주자가 해당 토지등을 사업시행자에게 양도하여 발생하는 양도차익 중 다음 계산식에 따라 계산한 금액에 대한 양도소득세의 40%에 상당하는 세액을 감면한다(조특령 §73① 1).

$$감면대상금액 \ = \ 양도소득금액^* \times \frac{대토보상상당액}{총보상액}$$

* 양도소득금액 = 양도차익(소법 §95①) − 장기보유특별공제액(소법 §95②)

3-2. 과세이연을 신청하는 경우

거주자가 해당 토지등을 사업시행자에게 양도하여 발생하는 양도차익 중 과세이연금액에 대하여는 양도소득세를 과세하지 아니하되, 해당 대토를 양도할 때에 대토의 취득가액에서 과세이연금액을 뺀 금액을 취득가액으로 보아 양도소득세를 과세한다. 이 경우 장기보유특별공제액을 계산할 때 보유기간은 대토의 취득시부터 양도시까지로 본다. 이 경우 과세이연금액은 다음 산식에 따라 계산한 금액으로 한다(조특령 §73① 2).

$$과세이연금액 \ = \ 양도소득금액^* \times \frac{대토보상상당액}{총보상액}$$

* 양도소득금액 = 양도차익(소법 §95①) − 장기보유특별공제액(소법 §95②)

4 │ 사후관리

4-1. 이자상당가산액을 포함하는 경우

본조에 따라 양도소득세를 과세이연받거나 감면받은 거주자에게 아래의 어느 하나에 해당하면 양도소득세 감면세액 전액[과세이연을 받은 경우에는 총보상액에 대한 세액{거주자가 해당 토지등을 사업시행자에게 양도하여 발생하는 양도소득금액에 세액감면율을 적용한 세액}에서 거주자가 현금보상 또는 채권보상 등을 통하여 이미 납부한 세액을 뺀 금액3)]에 이자상당가산액4)을 가산하여 그 사유가 발생한 날이 속하는 달의 말일부터 2개월 이내에 양도소득세로 신고·납부하여야 한다(조특법 §77의2③, 조특령 §73④).

① 전매금지5)를 위반함에 따라 대토보상이 현금보상으로 전환된 경우
② 해당 대토에 대한 소유권이전등기를 완료한 후 3년 이내에 해당 대토를 양도하는 경우. 다만, 대토를 취득한 후 3년 이내에 「공익사업을 위한 토지 등의 취득 및 보상에 관한 법률」이나 그 밖의 법률에 따라 협의매수되거나 수용되는 경우에는 그러하지 아니하다.

4-2. 이자상당가산액을 포함하지 않는 경우

본조에 따라 양도소득세를 감면받거나 과세이연을 받은 거주자(③의 상속의 경우에는 해당 거주자의 상속인)는 다음의 어느 하나에 해당하면 대토보상과 현금보상의 양도소득세 감면세액의 차액(과세이연을 받은 경우에는 과세이연금액 상당 세액)을 사유가 발생한 날이 속하는 달의 말일부터 2개월(아래 ③에 따른 증여의 경우에는 3개월, ③에 따른 상속의 경우에는 6개월) 이내에 양도소득세로 신고·납부하여야 한다(조특법 §77의2③, 조특령 §73⑤).

① 해당 대토에 관한 소유권이전등기의 등기원인이 대토보상으로 기재되지 아니한 경우
② 앞(4-1. ①)에서 설명한 경우 외의 사유로 현금보상으로 전환된 경우
③ 해당 대토를 증여하거나 그 상속이 이루어지는 경우.
④ 토지로 보상받기로 결정된 권리를 부동산투자회사에 현물출자하는 경우6)

---

3) 이하 "과세이연금액 상당 세액"이라 한다.
4) 제66조 해설 참조
5) 「공익사업을 위한 토지 등의 취득 및 보상에 관한 법률」 제63조 제3항
6) 「공익사업을 위한 토지 등의 취득 및 보상에 관한 법률」 제63조 제1항 각 호 외의 부분 단서

5 | 절 차

5-1. 과세이연의 신청

본조에 따른 과세이연이나 감면을 받고자 하는 자는 해당 토지 등의 양도한 날이 속하는 과세연도의 과세표준신고와 함께 세액감면신청서 또는 과세이연신청서(조특칙 별지 제12호의4 서식)에 대토보상 신청서 및 대토보상 계약서 사본을 첨부하여 납세지 관할 세무서장에게 제출하여야 한다(조특법 §77의2④, 조특령 §73⑥).

5-2. 공익사업 시행자의 통보의무

5-2-1. 대토 보상명세 통보

공익사업의 시행자는 대토보상을 받은 자에 대한 보상명세를 다음 달 말일까지 대토보상자의 납세지 관할 세무서장에게 통보하여야 한다(조특법 §77의2②, 조특령 §73②).

5-2-2. 현금보상 전환 통보

공익사업의 시행자는 대토보상자에게 대토보상을 현금보상으로 전환한 때에는 그 전환내역을 다음 달 말일까지 대토보상자의 납세지 관할 세무서장에게 통보하여야 한다(조특령 §73③).

5-2-3. 사업시행자 확인 서류 및 등기부등본 제출

사업시행자는 해당 토지등을 양도한 날이 속하는 과세연도의 과세표준 신고와 함께 세액감면신청서에 해당 사업시행자임을 확인할 수 있는 서류(특약체결자의 경우에는 특약체결 사실 및 보상채권 보유사실을 확인할 수 있는 서류를 포함한다)를 첨부하여 양도자의 납세지 관할 세무서장에게 제출하여야 하며, 해당 대토에 대한 소유권 이전등기를 완료한 때에는 양도자의 납세지 관할 세무서장에게 그 등기사항증명서를 제출하여야 한다(조특령 §73⑦).

6 | 관련사례

구 분	내 용
요건 및 과세특례의 내용	○ 대토보상액 ○,○○○,○○○,○○○원은 청구인이 대토보상에 따른 양도소득세 과세특례를 신청한 7필지에 대한 대토보상이 아니라, 청구인이 2008. 12. 7. 및 2009. 1. 5. 양도한 ○○○동 306−3 등 9필지 전체에 대한 대토보상이므로 이를 대토보상에 대한 양도소득세 과세특례를 신청한 7필지에 대한 대토보상상당액으로 안분계산하고, 이 건 대토보상에 대한 양도소득세 과세이연금액은 그 안분계산된 대토보상상당액을 기초로 산정하는 것이 합리적이라 할 것임(조심 2012서1129, 2012. 5. 25.). ○「조세특례제한법」 제77조의2 제1항에 따라 양도소득세 과세이연을 받은 거주자의 사망으로 같은 법 시행령 제73조 제5항 제3호에 따라 해당 거주자의 상속인이 과세이연금액에 상당하는 세액을 양도소득세로 납부하여야 하는 경우에 있어 해당 양도소득세는「상속세 및 증여세법」 제14조 제1항 제1호에 따른 상속재산의 가액에서 빼는 공과금에 해당하는 것임(재산−67, 2012. 2. 20.). ○「조세특례제한법」(2010. 1. 1. 법률 제9921호로 개정되기 전의 것, 이하 같음) 제77조의2 제1항에 따라 대토보상에 대한 양도소득세 과세이연을 적용받은 거주자가「공익사업을 위한 토지 등의 취득 및 보상에 관한 법률 시행규칙」 제15조의3에 따라 대토보상을 현금보상으로 전환한 때에는 과세이연금액에 상당하는 세액(과세이연금액에「소득세법」 제104조에 따른 세율을 곱하여 계산한 세액을 말함)을 현금을 받은 달의 말일부터 2개월 이내에 납부하여야 하는 것임. 이 경우「조세특례제한법」 제77조(공익사업용 토지 등에 대한 양도소득세의 감면)의 감면 규정은 적용되지 아니함(부동산거래−63, 2012. 1. 31.). ○ 거주자가 공동사업을 경영할 것을 약정하는 계약에 의해 토지 등을 당해 공동사업에 현물출자하는 경우「소득세법」 제88조 제1항에 의하여 등기에 관계없이 현물출자한 날 또는 등기접수일 중 빠른 날에 당해 토지가 유상으로 양도된 것으로 보아 양도소득세가 과세되는 것임. 또한,「조세특례제한법 시행령」 제73조 제1항에 따른 과세이연금액은 대토보상받는 자산별로 계산하는 것임(재산−1139, 2009. 6. 9.). ○「조세특례제한법」 제77조의2 제1항에 따라 양도소득세 과세이연을 적용받은 거주자가「공익사업을 위한 토지 등의 취득 및 보상에 관한 법률」 제63조 제4항 또는 제6항에 따라 대토보상이 현금보상으로 전환된 경우에는 과세이연금액(「조세특례제한법 시행령」 제73조 제1항에 따른 과세이연금액을 말함)에 상당하는 세액(과세이연금액에「소득세법」 제104조에 따른 세율을 곱하여 계산한 세액을 말함)을 양도소득세로 납부하여야 하는 것이며, 이 경우 이자상당가산액은 납부하지 않는 것임(부동산거래−13, 2011. 1. 7.).

구 분	내 용
요건 및 과세특례의 내용	○ 「조세특례제한법」 제77조의2 제1항에 따른 토지 등을 양도하고 대토보상에 대한 양도소득세의 과세를 이연받는 경우로서 토지 등의 「소득세법」 제89조 제1항 제3호 및 같은 법 시행령 제156조에 따른 1세대 1주택이면서 고가주택에 해당하는 경우에는 「소득세법」 제95조 제3항 및 같은 법 시행령 제160조를 적용한 후 「조세특례제한법」 제77조의2 제1항을 적용하는 것임(부동산거래-1351, 2010. 11. 10.). ○ 「조세특례제한법」 제77조의2 제1항에 따라 양도소득세 과세이연을 적용받은 거주자가 같은법 시행령 제73조 제4항 각호의 어느 하나에 해당하는 경우에는 과세이연금액에 상당하는 세액과 이자상당액을 양도소득세로 납부해야 하는 것임. 이를 적용함에 있어 토지소유자 각인이 소유할 건물 등을 공동으로 건축할 목적으로 신탁법 등에 의하여 소유토지를 사업시행자에게 신탁등기하는 것은 「소득세법」 제88조에 규정된 "양도"로 보지 아니하나, 공동사업을 경영할 것을 약정하는 계약에 의해 토지 등을 당해 공동사업에 현물출자하는 경우에는 등기에 관계없이 현물출자한 날 또는 등기접수일 중 빠른 날에 당해 토지가 유상으로 양도된 것으로 보아 양도소득세가 과세되는 것으로, 귀 질의의 경우 토지 소유자들 간에 사실상 공동사업을 영위하는 것인지 여부 등을 확인하여 판단할 사항임(부동산거래-1178, 2010. 9. 17.).

7 | 주요 개정연혁

1. 공익사업 대토보상에 대한 과세특례 제도 정비

① 과세이연 대신 감면 선택시 감면율 상향 조정(조특법 §77의2)

(1) 개정내용

종 전	개 정
□ 공익사업 대토보상시 양도세 과세이연 ※ 과세이연을 받지 않고 양도세 신고 납부시 집행상 현금보상에 준하는 15% 감면율 적용 중	□ 공익사업 대토보상시 과세이연 대신 양도소득세 감면 선택시 적용되는 감면율 인상 ○ 15% → 20% ※ 채권보상시 감면율 20%

(2) 개정이유

○ 공익사업 대토보상시 과세이연 대신 감면을 신청하는 경우 채권보상에 준하는 감면율(20%) 적용*

* 기존 국세청 유권해석으로 현금보상에 준하는 감면율(15%) 적용

(3) 적용시기 및 적용례

○ 2015. 1. 1. 이후 양도분부터 적용

② 공익사업 대토보상 양도세 특례 제도정비(조특령 §73)

(1) 개정내용

종 전	개 정
□ 공익사업 대토보상시 양도세 과세이연 사후관리	□ 공익사업 대토보상시 양도세 감면 등 사후관리 보완
① 과세이연금액에 상당하는 세액 + 이자상당액을 추징	○ 세액감면 선택 후 사후관리 위반 : 100분의 20에 상당하는 세액 감면액 추징 + 이자상당액 추징 ○ 과세이연 선택 후 사후관리 위반 : 과세이연금액에 상당하는 세액 + 이자상당액 추징
가. 소유권 이전등기 완료 전 전매금지(공익수용법 §63③) 위반 나. 소유권 이전등기 완료 후 3년 이내 대토 양도시	(좌 동)
② 과세이연금액에 상당하는 세액(= 과세이연금액 × 세율) 추징	② 100분의 5에 상당하는 세액 감면액 또는 과세이연금액에 상당하는 세액 추징
가. 소유권 이전등기의 원인이 대토보상이 아닌 경우 나. 공익수용법 §63③ 상 전매금지 위반 이외의 사유로 현금 보상으로 전환된 경우 다. 대토를 증여 또는 상속	(좌 동)

(2) 개정이유

○ 대토보상시 과세이연·양도세 감면 사후관리 보완

(3) 적용시기 및 적용례

○ 2015. 2. 3. 이후 양도분부터 적용

제77조의3

개발제한구역 지정에 따른 매수대상 토지 등에 대한 양도소득세의 감면

1 | 의 의

개발제한구역 내의 토지는 ① 개발제한구역 지정 과정에서 협의절차 없이 일방적으로 지정되었다는 점, ② 소유기간 중 농림어업 이외의 경제적 이용이 제한되어 온 점, ③ 공공목적의 수용시에도 비개발제한구역 등 주변시세에 못 미치는 감정가로 보상받을 수밖에 없는 점 등 장기간 재산권 행사가 제한되거나 경제적 불이익을 받아온 것에 대한 보상적 차원과 보금자리주택 등 공익사업의 원활한 수행을 지원하기 위해 2008. 12. 26. 조특법 개정시 도입되었고, 2009. 1. 1. 이후 최초로 양도하는 분부터 적용되었다. 이러한 측면에서 개발제한구역에 대한 양도소득세 감면율(40%)은 공익사업을 위한 일반토지에 대한 양도소득세 감면율(15%)보다 높게 책정되어 있다. 개발제한구역이 해제된 토지 등에 대한 양도소득세 감면도 같은 취지로 2009. 3. 25. 신설되었다.

2014. 1. 1. 조특법 개정시 토지 수용 등의 보상수준이 현실화된 점 등을 감안하여 감면율을 인하(50% → 40%, 30% → 25%)하였고, 2022. 12. 31. 조특법 개정시 개발제한구역 내의 토지 등을 매수 청구하거나 양도함으로써 발생하는 소득에 대한 세액감면 적용기한을 2025년 12월 31일까지로 3년 연장하였다.

2 | 개발제한구역 내의 토지 등

2-1. 요 건

2-1-1. 적용 대상자

다음의 어느 하나에 해당하는 지역(거주 개시 당시에는 해당 지역에 해당하였으나 행정구역의 개편 등으로 이에 해당하지 아니하게 된 지역을 포함한다)에 거주한 자1)를 말한다(조특법 §77의3①, 조특령 §74①). 본조에서의 거주자는 여기에 언급한 적용 대상자를 말한다.

① 해당 토지 등이 소재하는 시[2)]·군·구(자치구인 구) 안의 지역

② 위 ①의 지역과 연접한 시·군·구 안의 지역

③ 해당 토지 등으로부터 직선거리 30킬로미터 이내의 지역

2-1-2. 적용대상 토지 등의 양도

개발제한구역 내[3)]의 해당 토지 등을 토지매수의 청구[4)] 또는 협의매수[5)]를 통하여 2025. 12. 31.까지 양도하여야 한다(조특법 §77의3①).

〈개발제한구역의 지정 및 관리에 관한 특별조치법〉

제17조(토지매수의 청구) ① 개발제한구역의 지정에 따라 개발제한구역의 토지를 종래의 용도로 사용할 수 없어 그 효용이 현저히 감소된 토지나 그 토지의 사용 및 수익이 사실상 불가능하게 된 토지(이하 "매수대상토지"라 한다)의 소유자로서 다음 각 호의 어느 하나에 해당하는 자는 국토교통부장관에게 그 토지의 매수를 청구할 수 있다.

1. 개발제한구역으로 지정될 당시부터 계속하여 해당 토지를 소유한 자

2. 토지의 사용·수익이 사실상 불가능하게 되기 전에 해당 토지를 취득하여 계속 소유한 자

3. 제1호나 제2호에 해당하는 자로부터 해당 토지를 상속받아 계속하여 소유한 자

제20조(협의에 의한 토지 등의 매수) ① 국토교통부장관은 개발제한구역을 지정한 목적을 달성하기 위하여 필요하면 소유자와 협의하여 개발제한구역의 토지와 그 토지의 정착물(이하 "토지등"이라 한다)을 매수할 수 있다. 이 경우 매수한 토지등의 귀속에 관하여는 제18조 제4항을 준용한다.

2-1-3. 취득시기의 의제

상속받은 토지 등은 피상속인이 해당 토지 등을 취득한 날을 해당 토지 등의 취득일로 본다(조특법 §77의3③).

2-1-4. 거주기간의 계산

피상속인이 해당 토지 등을 취득하여 거주한 기간은 상속인이 거주한 기간으로 보고, 취학 등 아래와 같은 사유로 해당 토지 등의 소재지에 거주하지 못하는 기간은 거주한 것으로

---

1) 종중도 「소득세법」상 거주자로 보아 양도소득세를 과세하나, 종중은 자연인이 아니라서 쟁점토지 소재지에 거주할 수 없는 점 등으로 볼 때, 청구종중은 거주요건을 충족하지 못한 것으로 보아 처분청이 청구종중에게 한 이 건 양도소득세의 과세처분은 잘못이 없는 것으로 판단된다(조심 2012중3600, 2013. 9. 6.).

2) 특별자치시와 「제주특별자치도 설치 및 국제자유도시 조성을 위한 특별법」 제10조 제2항에 따른 행정시를 포함한다.

3) 「개발제한구역의 지정 및 관리에 관한 특별조치법」 제3조

4) 「개발제한구역의 지정 및 관리에 관한 특별조치법」 제17조

5) 「개발제한구역의 지정 및 관리에 관한 특별조치법」 제20조

본다(조특령 §74④, 조특칙 §30).
①「초・중등교육법」에 따른 학교(유치원・초등학교 및 중학교 제외) 및「고등교육법」에 의한 학교에의 취학
②「병역법」에 따른 징집
③ 1년 이상의 치료나 요양을 필요로 하는 질병의 치료 또는 요양

2-2. 과세특례의 내용

위 요건을 충족하는 토지 등을 양도함으로써 발생하는 소득에 대해서는 다음에 따른 세액을 감면한다(조특법 §77의3①).

2-2-1. 개발제한구역 지정 이전 취득 및 거주

개발제한구역 지정일 이전에 해당 토지 등을 취득하여 취득일부터 매수청구일 또는 협의매수일까지 해당 토지 등의 소재지에서 거주자가 소유한 토지 등 : 양도소득세의 40%에 상당하는 세액

2-2-2. 매수청구일 또는 협의매수일부터 20년 이전 취득 및 거주

매수청구일 또는 협의매수일부터 20년 이전에 취득하여 취득일부터 매수청구일 또는 협의매수일까지 해당 토지 등의 소재지에서 거주자가 소유한 토지 등 : 양도소득세의 25%에 상당하는 세액

3 | 개발제한구역에서 해제된 토지 등

3-1. 요 건

3-1-1. 적용대상자
위 2-1-1. 참조

3-1-2. 적용대상 토지 등의 양도

개발제한구역에서 해제된 해당 토지 등을「공익사업을 위한 토지 등의 취득 및 보상에 관한 법률」및 그 밖의 법률에 따른 협의매수 또는 수용을 통하여 2025. 12. 31.까지 양도하여야 한다(조특법 §77의3②).

3-1-3. 취득시기의 의제

상속받은 토지 등은 피상속인이 해당 토지 등을 취득한 날을 해당 토지 등의 취득일로 본다(조특법 §77의3③).

3-1-4. 거주기간의 계산

위 2-1-4. 거주기간의 계산 참조

3-2. 과세특례의 내용

위 요건을 충족하는 토지 등을 양도함으로써 발생하는 소득에 대해서는 다음에 따른 세액을 감면한다. 다만, 개발제한구역 해제일부터 1년(개발제한구역 해제 이전에 「경제자유구역의 지정 및 운영에 관한 법률」에 따른 경제자유구역의 지정 등 특정 지역6)으로 지정이 된 경우에는 5년) 이내에 「공익사업을 위한 토지 등의 취득 및 보상에 관한 법률」 및 그 밖의 법률에 따라 사업인정고시가 된 경우에 한정한다(조특법 §77의3②).

3-2-1. 개발제한구역 지정 이전 취득 및 거주

개발제한구역 지정일 이전에 해당 토지 등을 취득하여 취득일부터 사업인정고시일까지 해당 토지 등의 소재지에서 거주자가 소유한 토지 등 : 양도소득세의 40%에 상당하는 세액

3-2-2. 사업인정고시일부터 20년 이전 취득 및 거주

사업인정고시일부터 20년 이전에 취득하여 취득일부터 사업인정고시일까지 해당 토지 등의 소재지에서 거주자가 소유한 토지 등 : 양도소득세의 25%에 상당하는 세액

4 | 절 차

본조의 양도소득세의 감면신청을 하려는 자는 해당 토지 등을 양도한 날이 속하는 과세연도의 과세표준신고(예정신고를 포함한다)와 함께 세액감면신청서에 토지매수 청구 또는 협의매수된

---

6) 다음 각 호의 어느 하나에 해당하는 지역을 말한다(조특령 §74②).
 1. 「경제자유구역의 지정 및 운영에 관한 특별법」 제4조에 따라 지정된 경제자유구역
 2. 「택지개발촉진법」 제3조에 따라 지정된 택지개발지구
 3. 「산업입지 및 개발에 관한 법률」 제6조, 제7조, 제7조의2 또는 제8조에 따라 지정된 산업단지
 4. 「기업도시개발 특별법」 제5조에 따라 지정된 기업도시개발구역
 5. 제1호부터 제4호까지의 규정에 따른 지역과 유사한 지역으로서 기획재정부령으로 정하는 지역

사실을 확인할 수 있는 서류를 첨부하여 납세지 관할 세무서장에게 제출하여야 한다(조특령 §74③).

5 │ 관련사례

구 분	내 용
요건 및 과세특례의 내용	○「개발제한구역의 지정 및 관리에 관한 특별조치법」제3조에 따라 지정된 개발제한구역 내의 토지 등을「공익사업을 위한 토지 등의 취득 및 보상에 관한 법률」에 따른 협의매수 또는 수용을 통하여 2011. 12. 31.까지 양도하는 경우로서 개발제한구역에서 해제되기 전에「공익사업을 위한 토지 등의 취득 및 보상에 관한 법률」및 그 밖의 법률에 따른 사업인정고시가 된 경우에도「조세특례제한법」제77조의3 제2항은 적용되는 것임(재산-978, 2009. 12. 10., 법규재산 2014-598, 2014. 5. 2. 같은 뜻).
	○ 개발제한구역 토지 등에 대한 양도소득세 감면 규정은 해당 토지 등의 취득일부터 사업인정고시일까지 해당 토지 등의 소재지에 계속하여 거주한 경우(같은 법 시행규칙 제30조에 따른 부득이한 사유로 거주하지 못한 기간은 거주한 것으로 봄)에 적용되는 것임(부동산거래-515, 2010. 4. 7.).
	○ 개발제한구역 지정에 따른 매수대상토지 등에 대한 양도소득세 감면 규정을 적용함에 있어서 거주요건 예외사유 중 근무상 형편은 부득이한 사유에 해당하지 아니함(조심 2010중3648, 2010. 12. 30.).
	○「개발제한구역의 지정 및 관리에 관한 특별조치법」에 따른 개발제한구역 내의 종중 소유 토지 등을 같은 법 규정에 따라 매수청구 또는 협의매수를 통해 양도한 경우 종중은「조세특례제한법 시행령」제74조 제1항의 해당 토지 등의 소재지에서 거주하는 거주자에 해당하지 않아 동법 규정의 양도소득세 감면을 적용받을 수 없는 것임(재산-1474, 2009. 7. 20.).
	○「개발제한구역의 지정 및 관리에 관한 특별조치법」제3조에 따라 지정된 개발제한구역 내의 해당 토지 등으로「조세특례제한법」제77조의3의 요건을 갖춘 경우가 아닌,「온천법」제4조에 따른 온천원보호지구로 지정된 지역에 소재하는 토지 등에 해당하는 경우에는「조세특례제한법」제77조의3 제1항의 양도소득세의 감면을 적용받을 수가 없는 것임(재산-1109, 2009. 6. 8.).
기 타	○ 사업인정고시라 함은 토지수용법 제16조 및 토지수용법의 준용규정이 있는 기타 법률에 의하여 건설교통부장관 또는 건설교통부장관의 위임을 받은 지방자치단체장이 사업인정을 고시하는 것을 의미함(재산-885, 2009. 3. 12.).
	○「조세특례제한법」제77조의3에 의한 양도소득세의 감면을 적용함에 있어 같은법 제77조에 의한 "공익사업용토지 등에 대한 양도소득세의 감면"과 중복되는 경우 선택해서 감면규정을 적용하는 것임(재산-656, 2009. 2. 25.).

6 주요 개정연혁

1. 개발제한구역 지정 · 해제에 따른 토지 · 건물에 대한 양도소득세 감면 적용기한 연장 (조특법 §77조의3)

(1) 개정내용

종 전	개 정
☐ 개발제한구역 지정 또는 해제된 토지 · 건물을 매수청구 · 협의매수 또는 협의매수 · 수용을 통해 양도하는 경우 양도소득세 과세특례	☐ 적용기한 연장
○ (요건 및 지원내용)	○ (좌 동)

구 분	개발제한구역 내 토지 · 건물		개발제한구역 해제 토지 · 건물	
	40% 감면	25% 감면	40% 감면	25% 감면
취득일	개발제한구역 지정일 이전	양도일부터 20년 이전	개발제한구역 지정일 이전	사업인정 고시일부터 20년 이전
사업인정 고시일	–		개발제한구역 해제일부터 1년 이내	
거주지	취득일부터 양도일(사업인정고시일)까지 해당 토지 · 건물 소재지 거주			

종 전	개 정
○ (적용기한) 2022. 12. 31.	○ 2025. 12. 31.

(2) 개정이유

○ 재산권 보호 및 효율적인 국토 관리 지원

2. 개발제한구역 내 토지 등 양도시 감면 적용기한 연장(조특법 §77의3)

(1) 개정내용

종 전	개 정
□ 개발제한구역 내의 토지등을 매수청구·협의매수하는 경우 양도소득세 40% 감면 ㅇ 지정일 이후 취득한 경우에는 20년 이상 보유시 25% 감면 ㅇ (거주요건) 해당 토지 소재지에서 재촌*한 거주자 * 동일·연접한 시·군·구, 또는 직선거리 20km 이내	(좌 동) * 재촌 거리기준 : 20km → 30km 이내
ㅇ (적용기한) 2014. 12. 31.	ㅇ (적용기한) 2017. 12. 31.(3년 연장)

(2) 개정이유

ㅇ 개발제한구역 내 토지는 재산권 행사가 제한됨을 고려

(3) 적용시기 및 적용례

ㅇ 2015. 1. 1. 이후 양도분부터 적용

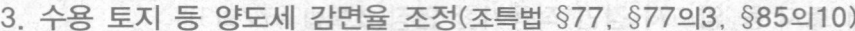

3. 수용 토지 등 양도세 감면율 조정(조특법 §77, §77의3, §85의10)

(1) 개정내용

종 전	개 정
□ 공익사업용 토지 등 수용시 양도세 감면율 축소	
○ (현금보상) 20%	○ 15%
○ (일반채권보상) 25%	○ 20%
○ (만기보유 채권보상) 3년 이상 : 40%	- 30%
5년 이상 : 50%	- 40%
□ 개발제한구역 내 매수대상 토지 등 양도세 감면율 축소	
○ (개발제한구역 지정일 이전 취득) 50%	○ 40%
○ (매수청구일부터 20년 이전에 취득) 30%	○ 25%
□ 개발제한구역 해제 후 공익사업용 수용된 토지에 대한 양도세 감면율 축소	
○ (개발제한구역 지정일 이전 취득) 50%	○ 40%
○ (사업인정고시일부터 20년 이전 취득) 30%	○ 25%
□ 2년 이상 보유 산지를 국가에 양도시 양도세 감면율 축소	
○ (감면율) 20%	○ 15%

(2) 개정이유

○ 토지 수용 등의 경우 보상수준은 현실화되었으나, 강제로 수용되는 점 등을 감안하여 양도세 감면율 축소폭 완화

(3) 적용시기 및 적용례

○ 2014. 1. 1. 이후 양도분부터 적용

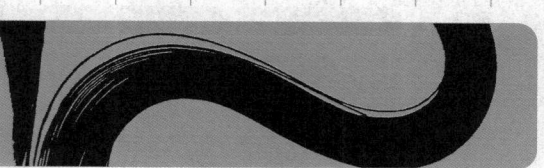

조세특례제한법

제83조

박물관 등의 이전에 대한 양도소득세의 과세특례

1 | 의 의

본조는 박물관 등의 이전을 지원하기 위하여 2016년 12월 20일 조특법 개정시 도입된 제도로 종전시설을 양도하는 경우 분할납부를 할 수 있는 과세특례 제도이다.

2 | 요 건

거주자가 3년 이상 운영한 사립 공공도서관,[1] 사립박물관 및 사립미술관,[2] 사립과학관[3] 중 어느 하나에 해당하는 시설("박물관등")을 이전하기 위하여 박물관등의 건물과 부속토지 ("종전시설")를 2022년 12월 31일까지 양도하여야 한다(조특법 §83①).

3 | 과세특례의 내용

박물관등이 종전시설을 양도함에 따라 발생하는 양도차익에 상당하는 금액에 대하여 아래와 같이 계산한 양도소득세를 양도일이 속하는 해당 연도의 양도소득세 과세표준 확정신고기한종 료일 이후 3년이 되는 날부터 5년의 기간 동안 균분한 금액 이상을 납부하는 방법에 따라 분할납부할 수 있다(조특법 §83①).

---

1) 「도서관법」 제31조
2) 「박물관 및 미술관 진흥법」 제16조
3) 「과학관의 설립·운영 및 육성에 관한 법률」 제6조

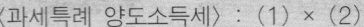

〈과세특례 양도소득세〉: (1) × (2)

(1) 양도차익4)
(2) 거주자가 3년 이상 운영한 이후 양도하는 박물관등의 건물과 그 부속토지("종전시설")의 양도가액 중 신규로 취득한 박물관등의 건물과 그 부속토지("신규시설")의 취득가액이 차지하는 비율(100분의 100을 한도로 한다)

4 │ 사후관리

본조를 적용받은 자가 박물관등을 이전하지 아니하거나 박물관등을 이전하여 개관한 날부터 3년 이내에 해당 건물과 부속토지를 처분하거나 폐관한 경우에는 사후관리 대상금액을 양도소득세로 납부하여야 한다. 다만, 부득이한 사유가 있는 경우는 제외한다(조특법 §83②).

(1) 적격 시설이전

본조가 적용되는 시설이전은 다음의 어느 하나에 해당하는 경우로 한다(조특령 §78②).
(가) 신규시설을 취득하여 개관한 날부터 2년 이내에 종전시설을 양도하는 경우
(나) 종전시설을 양도한 날부터 1년(신규시설을 새로 건설하는 경우에는 3년) 이내에 신규시설을 취득하여 개관하는 경우

(2) 사후관리 대상금액

과세특례 양도소득세에 이자 상당 가산액5)을 가산하여 납부하여야 한다. 다만, 양도소득세액 중 일부를 납부한 경우에는 해당 금액은 제외한다(조특법 §83③. 조특령 §78⑦).

(3) 부득이한 사유

"부득이한 사유"란 다음의 어느 하나에 해당하는 경우를 말한다(조특령 §78⑧).
(가) 해당 신규시설이 법률6)에 따라 수용된 경우
(나) 법령에 따른 폐관·이전명령 등에 따라 해당 신규시설을 폐관하거나 처분하는 경우

---

4) 「소득세법」 제95조 제1항

5) 조특법 제33조 제3항 후단

6) 조특령 제72조 제2항 각 호 : 「공공주택 특별법」, 「택지개발촉진법」, 「공익사업을 위한 토지 등의 취득 및 보상에 관한 법률」, 공익사업에 따른 협의매수 또는 수용에 관한 사항을 규정하고 있는 법률

(4) 취득가액 적용

(가) 종전시설을 양도한 날부터 1년(신규시설을 새로 건설하는 경우에는 3년) 이내에 신규시설을 취득하여 개관하는 경우로서 종전시설의 양도일이 속하는 과세연도 종료일까지 신규시설을 취득하지 아니한 경우 신규시설의 취득가액은 이전(예정)명세서상의 예정가액으로 한다(조특령 §78③).

(나) 본조를 적용하는 경우 취득예정가액에 따라 분할납부를 적용받은 경우에는 실제 취득가액을 기준으로 계산한 금액을 초과하여 적용받은 금액을 신규시설을 취득하여 개관한 날이 속하는 과세연도의 과세표준신고 종료일까지 양도소득세로 납부하여야 한다. 이 경우 양도소득세로 납부하여야 할 금액에 대해서는 이자상당가산액[7]을 가산한다(조특령 §78④).

5 | 절 차

① 본조에 따라 분할납부를 적용받으려는 거주자는 종전시설의 양도일이 속하는 과세연도의 과세표준신고(예정신고 포함)와 함께 분할납부신청서와 이전(예정)명세서를 납세지 관할 세무서장에게 제출하여야 한다(조특령 §78⑤).

② 본조를 적용받은 후 신규시설을 취득하여 개관한 경우에는 그 개관일이 속하는 과세연도의 과세표준신고와 함께 이전완료보고서를 납세지 관할 세무서장에게 제출하여야 한다(조특령 §78⑥).

---

7) 조특법 제33조 제3항 후단

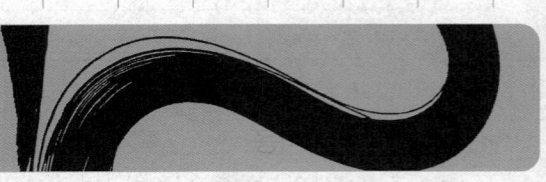

제85조의2

행정중심복합도시·혁신도시 개발예정지구 내 공장의 지방이전에 대한 과세특례

1 │의 의

일반적으로 부동산의 수용 또는 협의매수에 대한 세제지원은 다음과 같은 이유에서 정당성이 있다고 본다.

① 기존 공장을 수용 또는 협의매수당하는 것은 당사자에게 귀책사유가 없는 것으로서 그에 따른 정당한 보상이 필요하다.

② 양도차익에 대한 법인세나 소득세를 즉시 과세하게 되면 인근지역에서 동일규모의 대체시설 마련에 곤란을 초래할 수 있다.

본 제도도 이와 동일한 취지로 내국인인 개인사업자나 법인이 행정중심복합도시 또는 혁신도시 내 기존 공장을 수용·협의매수당하고 행정중심복합도시 또는 혁신도시 밖의 지역으로 이전하여 대체취득하는 경우 기존공장 매각에 대한 양도차익에 대하여 과세이연 또는 익금불산입을 허용하고자 하는 것이다. 조특법상 분할익금 제도는 3년 거치 3년 분할익금 방식과 5년 거치 5년 분할익금 방식으로 구분할 수 있으나, 지방이전과 관련된 경우는 일반적으로 5년 거치 5년 분할익금 방식으로 규정되어 있다. 제도 도입시에는 간접지원만 허용되었다가 2008. 12. 26. 조특법 개정시 직접지원제도(세액감면)가 추가되었다.

본 제도 도입시에는 행정중심복합도시만을 위한 제도였으나, 2007년 세법 개정시 「공공기관 지방이전에 따른 혁신도시 건설 및 지원에 관한 법률」에 따른 혁신도시가 포함되었다. 이는 혁신도시에 대하여 행정중심복합도시와 동일한 혜택을 주고자 하는 것으로서 「국가균형발전특별법」 제18조에 따라 수도권 공공기관을 지방으로 이전하기 위해 추진되는 공공사업[1]이라는 점에서 동일한 성격으로 볼 수 있다고 하겠다. 2012년 말로 공장의 양도가 모두 완료되어 2012. 12.

---

1) 국가균형발전위원회는 2005년 6월 수도권 소재 345개 공공기관 중 175개 기관을 지방이전 대상기관으로 선정하였고, 이 중 50개 기관은 행정중심복합도시에서 수용하며 나머지 125개 기관은 혁신도시에서 수용하기로 계획을 수립한 바 있다.

31.로 적용기한이 종료되었다.

한편, 2016. 12. 20. 조특법 개정시 동 과세특례제도에 따라 과세이연을 받은 거주자에 대한 사후관리 조문을 신설하여 거주자가 지방으로 이전하여 취득한 공장에 대한 증여 또는 상속이 이루어지는 경우 각 일정 기한 내에 과세이연받은 세액을 양도소득세로 납부하도록 하였다.

2 | 요 건

2-1. 적용대상자

행정중심복합도시 또는 혁신도시 안에서 공장시설을 갖추고 사업을 영위하는 내국인이 행정중심복합도시 또는 혁신도시 사업시행자에게 공장을 2012. 12. 31.까지 양도하여야 한다. 조특법상 내국인은 법인과 개인을 함께 뜻하므로 본 제도도 개인과 법인 모두가 적용대상이다. 행정중심복합도시란 「신행정수도 후속대책을 위한 연기·공주지역 행정중심복합도시 건설을 위한 특별법」 제2조에 따른 행정중심복합도시 예정지역을 말하고, 혁신도시란 「혁신도시 조성 및 발전에 관한 특별법」에 따른 혁신도시 개발예정지구를 말한다(조특법 §85의2①). 공장시설에 대한 자세한 설명은 법 제60조의 해설을 참고하기로 한다.

2-2. 지방으로 이전할 것

행정중심복합도시 또는 혁신도시 내에서 공장시설을 갖추고 사업을 영위하던 자가 지방으로 이전하여야 하며, 여기에서 '지방'이란 행정중심복합도시 또는 혁신도시 밖의 지역으로서 다음의 지역을 제외한 지역을 말하며(조특령 §79의3①), '공장'이란 제조장 또는 「자동차관리법 시행규칙」 제131조의 규정에 따른 자동차종합정비업 또는 소형자동차정비업의 사업장으로서 제조 또는 사업단위로 독립된 것을 말한다(조특령 §79의3⑪·§54①, 조특칙 §22).

① 수도권과밀억제권역
② 부산광역시(기장군 제외)·대구광역시(달성군 제외)·광주광역시·대전광역시 및 울산광역시의 관할구역. 다만, 「산업입지 및 개발에 관한 법률」에 따라 지정된 산업단지는 제외

2-3. 이전기한

지방으로 이전하는 방법은 다음에 해당하는 방법에 따른다(조특령 §79의3⑤, 조특칙 §32의2).

① 지방공장을 취득하여 사업을 개시하는 경우 사업을 개시한 날부터 2년 이내에 기존공장을 양도하는 방법(선이전 후양도)

② 기존공장을 양도한 날부터 3년(공사의 허가 또는 인가의 지연 등 부득이한 사유가 있는 경우에는 6년) 이내에 지방공장을 취득하여 사업을 개시하는 방법(선양도 후이전)

이 경우 부득이한 사유란 다음과 같다.

1. 공사의 허가 또는 인가 등이 지연되는 경우
2. 용지의 보상 등에 관한 소송이 진행되는 경우
3. 「신행정수도 후속대책을 위한 연기 · 공주지역 행정중심복합도시 건설을 위한 특별법」 제19조 제4항에 따라 국토교통부장관이 고시하는 행정중심복합도시 건설기본계획에서 기존공장을 이전할 장소의 미확정 등으로 인하여 같은 장소에서 일정기간 영업이 가능하도록 한 경우
4. 「공공기관 지방이전에 따른 혁신도시 건설 및 지원에 관한 특별법」 제11조 제5항에 따라 국토교통부장관이 고시하는 혁신도시 개발계획에서 기존공장을 이전할 장소의 미확정 등으로 인하여 같은 장소에서 일정기간 영업이 가능하도록 한 경우
5. 「공익사업을 위한 토지 등의 취득 및 보상에 관한 법률」 제78조의2에 따라 사업시행자가 수립한 공장에 대한 이주대책에서 기존공장을 이전할 장소의 미확정 등으로 인하여 같은 장소에서 일정기간 영업이 가능하도록 한 경우
6. 그 밖에 제1호 내지 제5호에 준하는 사유가 발생한 경우

3 | 과세특례의 내용

3-1. 과세이연 등

3-1-1. 내국법인

다음의 금액을 양도일이 속하는 사업연도의 익금에 산입하지 아니하고 그 사업연도 종료일 이후 5년이 되는 날이 속하는 사업연도부터 5개 사업연도의 기간 동안 균분한 금액 이상을 익금에 산입하여야 한다(조특령 §79의3②). 이 경우 기존공장의 양도일이 속하는 과세연도 종료일까지 지방공장을 취득하지 아니한 경우 지방공장의 취득가액 및 면적은 이전(예정) 명세서상의 예정가액 및 취득예정면적을 적용한다(조특령 §79의3④).

$$\text{과세이연금액} = (\text{기존공장의 양도차익} - \text{이월결손금}) \times ① \times ②$$

① $\dfrac{\text{지방공장의 취득가액}}{\text{기존공장의 양도가액}}$ (100% 한도)

② $1 - \dfrac{\text{지방공장 면적} - \text{기존공장 면적} \times 120\%}{\text{기존공장 면적} \times 120\%}$ (100% 한도)

* 기존공장의 양도차익 : 행정복합도시 소재 공장(기존공장)의 (양도가액 - 장부가액)
* 이월결손금 : 직전 사업연도 종료일 현재 각 사업연도 과세표준 계산상 공제되는 이월결손금

3-1-2. 거주자

다음의 금액에 대하여 양도소득세 과세이연을 받는 방법이며, 기타 사항은 내국법인의 경우와 동일하다(조특령 §79의3③).

$$\text{과세이연금액} = (\text{기존공장의 양도가액} - \text{필요경비}) \times ① \times ②$$

① $\dfrac{\text{지방공장의 취득가액}}{\text{기존공장의 양도가액}}$ (100% 한도)

② $1 - \dfrac{\text{지방공장 면적} - \text{기존공장 면적} \times 120\%}{\text{기존공장 면적} \times 120\%}$ (100% 한도)

3-2. 세액감면[2]

행정중심복합도시 등에서 공장시설을 갖추고 사업을 하던 내국인이 지방으로 이전하여 사업을 개시하는 경우 이전사업에서 발생하는 소득에 대해서는 이전일 이후 최초로 소득이 발생한 날이 속하는 과세연도(이전일부터 5년이 되는 날이 속하는 과세연도까지 해당 사업에서 소득이 발생하지 아니하는 경우에는 5년이 되는 날이 속하는 과세연도)와 그 다음 과세연도의 개시일부터 3년 이내에 끝나는 과세연도까지 이전사업에서 발생하는 소득에 대한 소득세 또는 법인세의 100분의 50에 상당하는 세액을 감면한다(조특법 §85의2③).[3][4]

---

2) 2019. 12. 31. 조특법 개정시 삭제되었다. 경과조치(법률 제16835호, 부칙 §45) : 법 시행 전에 종전의 규정에 따라 행정중심복합도시 등에서 지방으로 이전하여 사업을 개시한 경우에는 개정규정에도 불구하고 종전의 규정에 따른다.

3) 행정중심복합도시 건설에 따른 공장의 강제이전으로 수용되는 부동산의 양도차익에 대해서는 과세이연되고 있으나 이전 후에 대해서도 세제지원이 필요하여 행복도시에서 더 낙후된 지역으로 이전하는 경우 재설비투자 및 인력충원 부족 등으로 경쟁력이 상실되므로 지방 창업 수준(사업전환 및 지방 창업시 4년간 50% 세액감면)으로 지원(2009. 1. 1. 이후 최초로 개시하는 과세연도분부터 적용)

4) 기획재정부 발간 2008년 간추린 개정세법 해설에 의하면, 조특법 제85조의2 제3항을 신설한 이유를 행정중심복합도시

4 │ 사후관리

과세특례를 적용받은 내국인이 다음(4-1.)과 같은 사유가 발생한 경우에는 해당 사유가 발생한 날이 속하는 사업연도의 소득금액 계산의 경우 다음(4-2.) 금액을 익금에 산입하거나 과세이연받은 세액을 양도소득세로 납부하여야 한다. 이 경우 이자상당가산액을 가산하여 납부하여야 한다(조특법 §85의2②, 조특령 §79의3⑥·⑦).

4-1. 추징사유

① 지방으로 이전하지 아니한 경우
② 공장양도일부터 3년 이내에 해당사업을 폐지 또는 해산한 경우
③ 지방공장의 취득예정가액과 취득예정면적에 의하여 적용받은 과세이연금액이 실제 취득가액 및 취득면적을 기준으로 적용받아야 할 과세이연금액을 초과하는 경우

4-2. 추징시 익금에 산입할 금액

대상자	익금산입금액
내국법인	과세이연을 적용받아 익금에 산입하지 아니한 금액 전액을 익금에 산입
거주자	과세이연금액에 양도소득세율에 따른 세율을 곱하여 계산한 과세이연세액을 양도소득세로 납부하여야 함.
정산시	추징사유 중 예정 취득가액 등이 실제 취득가액 등을 초과하는 경우 그 초과하여 적용받은 과세이연금액에 대하여 지방공장을 취득하여 사업을 개시한 날이 속하는 과세연도에 익금에 산입하거나 양도소득세를 납부하여야 함.

건설에 따른 공장의 강제이전으로 현재는 수용되는 부동산의 양도차익에 대해서 과세이연을 하고 있으나, 이전 후에 대해서도 세제지원이 필요하다고 되어 있는바, 그 입법 취지 및 목적이 같은 조 제1항에 따라 행정중심복합도시 예정지역 내에 위치한 공장의 대지와 건물을 「신행정수도 후속대책을 위한 연기·공주지역 행정중심복합도시 건설을 위한 특별법」의 사업시행자에게 2012. 12. 31.까지 양도하고, 동 예정지역 밖의 다른 지방으로 이전하는 경우에 그 이전 후에 대해서도 추가로 세제지원을 하는 데에 있다고 보이는 점, 조특법 제85조의2 제3항은 과세특례를 적용받기 위한 요건으로서 공장시설을 다른 지방으로 이전하여야 하는 기한에 관하여 규정하고 있지 아니하여 같은 조 제1항에서 규정한 요건을 충족하는 경우에 한하여 제3항에 따른 조세감면을 적용받을 수 있는 것으로 그 적용대상의 범위를 합목적적으로 해석하지 아니할 경우, 공장시설을 행정중심복합도시 밖으로 이전하는 시기에 관계없이 조세감면을 적용받게 되어 불합리한 점 등을 종합적으로 고려할 때, 청구법인과 같은 임차사업자에게는 적용하기 어려움(조심 2018전1954, 2018. 9. 19.).

또한 과세이연을 받은 거주자(아래 ②의 경우에는 해당 거주자의 상속인을 말한다)는 다음의 어느 하나에 해당하는 경우 과세이연받은 세액을 아래의 기한 내에 양도소득세로 납부하여야 한다(조특법 §85의2④).

① 거주자가 지방으로 이전하여 취득한 공장("지방공장"이라 한다)을 증여하는 경우 : 증여일이 속하는 달의 말일부터 3개월 이내
② 거주자의 사망으로 지방공장에 대한 상속이 이루어지는 경우 : 상속개시일이 속하는 달의 말일부터 6개월 이내

여기서 과세이연받은 세액이란 과세이연금액에 상당하는 세액(과세이연금액에 소법 제104조에 따른 세율을 곱하여 계산한 세액을 말한다) 전액을 말한다(조특령 §79의3⑫).

5 | 절 차

5-1. 내국법인의 경우 신청절차

기존공장의 양도일이 속하는 사업연도의 과세표준신고와 함께 양도차익명세 및 분할익금산입조정명세서와 이전(예정)명세서를 제출하여야 한다. 또한, 지방공장의 취득예정가액과 취득예정면적을 사용하여 과세이연금액을 계산한 경우에는 지방공장을 취득하여 사업을 개시한 날이 속하는 과세연도의 과세표준신고와 함께 이전완료보고서를 납세지 관할 세무서장에게 제출하여야 한다(조특법 §85의2③, 조특령 §79의3⑧ · ⑩).

5-2. 거주자의 경우 신청절차

기존공장의 양도일이 속하는 과세연도의 과세표준신고(예정신고 포함)와 함께 과세이연신청서와 이전(예정)명세서를 제출하여야 한다. 또한, 지방공장의 취득예정가액과 취득예정면적을 사용하여 과세이연금액을 계산한 경우에는 지방공장을 취득하여 사업을 개시한 날이 속하는 과세연도의 과세표준신고와 함께 이전완료보고서를 납세지 관할 세무서장에게 제출하여야 한다(조특법 §85의2③, 조특령 §79의3⑨ · ⑩).

6 │ 관련사례

구 분	내 용
요건 및 과세특례의 내용	○「조세특례제한법」제85조의2 및 같은 법 시행령 제79조의3을 적용함에 있어 첫째, 기존공장의 대지와 건물의 양도시기가 다른 경우에는 각각의 양도시기를 기준으로 개별적으로 과세특례를 적용하는 것이고, 둘째, 이 경우 지방공장의 취득시한의 始期는 대지와 건물의 양도가 모두 이루어진 날을 기준으로 하는 것이며, 셋째, 2007. 1. 1. 전에 기존공장을 양도하였더라도 2007. 1. 1. 이후 지방공장으로 이전하는 경우에는 과세특례가 적용되고, 넷째, 공장의 기계장치의 양도차익에 대해서는 과세특례가 적용되지 않는 것임(재법인-1130, 2007. 12. 20.). ○ 행정중심복합도시 등에서 공장시설을 갖추고 사업을 영위하던 내국법인이 행정중심복합도시 등의 밖으로 이전하기 위하여 그 공장의 대지와 건물을 2012. 12. 31.까지 「조세특례제한법」제85조의2 제1항에 따른 사업시행자에게 양도함으로써 발생하는 양도차익에 상당하는 금액에 대해서는 같은 법의 과세특례를 적용받을 수 있는 것임. 다만, 내국법인이 타인에게 임대한 공장의 대지와 건물을 양도한 경우에는 동 규정을 적용하지 아니하는 것임(법인-811, 2010. 8. 30.). ○ 2008. 12. 26. 법률 제9272호로 개정된 조세특례제한법 제85조의2(행정중심복합도시·혁신도시 개발예정지구 내 공장의 지방이전에 대한 과세특례) 제3항의 개정규정은 이 법 시행일(2009. 1. 1.) 이후 지방으로 이전하여 사업을 개시하는 분부터 적용함(재조특-1029, 2009. 12. 24.). ○ 내국법인이 혁신도시 개발예정지구 내 공장을 지방으로 이전하는 경우에 있어서 지방공장의 면적이 기존공장 면적대비 240% 이상인 경우에는 「조세특례제한법」제85조의2 제1항에 따른 과세특례를 적용할 수 없으며, 같은 조 제3항에 따른 감면은 이전후의 공장면적과는 관계없이 2009. 1. 1. 이후 지방으로 이전하여 사업을 개시하는 경우에 한하여 적용하되, 같은 법 시행령 제54조 제2항 규정에 따라 이전하기 전의 공장에서 영위하던 업종과 동일한 업종에서 발생한 소득을 감면대상으로 하는 것임(법인-1325, 2009. 11. 27.). ○ 위 사전답변 신청의 사실관계와 같이 「공공기관 지방이전에 따른 혁신도시 건설 및 지원에 관한 특별법」에 따라 지정된 '충북 혁신도시 개발예정지구'에 속하는 지역인 충청북도 진천군 덕산면 ××리 12번지에서 공장시설을 갖추고 사업을 영위하던 내국법인이 혁신도시 개발예정지구 이외의 지역으로서 「조세특례제한법 시행령」제79조의3 제1항 각 호의 어느 하나에 해당하지 아니하는 같은 군 문백면 △△리 218-1번지로 공장을 이전하여 사업을 개시한 경우에는 이전 후의 공장이 이전 전의 공장과 같은 군 지역에 소재하는 경우에도 이전일 이후 최초로 소득이 발생하는 과세연도분부터 같은 법 제85조의2 제3항에 따른 세액의 감면을 적용받을 수 있는 것임(법규법인 2009-132, 2009. 4. 30.).

구 분	내 용
요건 및 과세특례의 내용	○ 「조세특례제한법 시행령」 제79조의3 제2항 제3호 및 같은 조 제3항 제3호에 따른 "지방공장의 면적비율"을 적용함에 있어 (지방 또는 기존) 공장의 면적은 (지방 또는 기존) 공장 건물의 연면적과 그 부수토지 면적의 합계를 말함(재조특-243, 2009. 3. 16.). ○ 행정중심복합도시 예정지역 내 공장의 지방이전에 대한 과세특례 규정을 적용함에 있어, 공장이전 전·후 당해 공장에서 영위하는 업종이 한국표준산업분류상의 세분류를 기준으로 동일해야 하는지 여부 : 「조세특례제한법」 제85조의2 규정을 적용함에 있어 같은법 시행령 제54조 제2항 규정은 적용되지 않는 것임(서면2팀 -680, 2008. 4. 14.). ○ 「조세특례제한법」 제85조의2의 규정에 의한 과세특례는 동조 제1항의 규정에 따라 공장시설을 갖추고 사업을 영위하는 내국인에 대하여 적용되는 것임(재재산-923, 2007. 7. 27.). ○ "신공장"이라 함은 영리를 목적으로 물품의 제조시설, 제품의 가공시설·수선시설·인쇄시설 등을 갖춘 건축물(구축물 포함)과 그 부수토지가 관계법령(공업배치 및 공장설립에 관한 법률 등)에 따라서 공장으로 등록된 것을 말하는 것임(서일 46014-10118, 2001. 9. 5.).

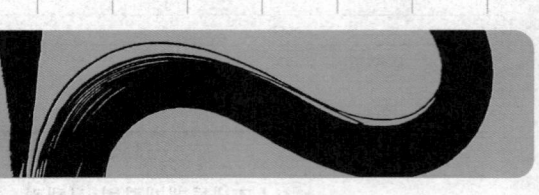

제85조의3

기업도시개발사업구역 등 안에 소재하는 토지의
현물출자 등에 대한 법인세 과세특례

1 │ 의 의

　　본 제도는 기업도시에 참여하는 기업이 개발사업 시행을 위한 명목회사격인 전담기업(SPC)에게 기업도시구역 내 토지를 현물출자하는 경우에 발생하는 양도차익에 대한 조세부담을 그 대가로 받은 신주처분시까지 과세이연할 수 있도록 하고, 신주를 처분하지 않고 기업도시가 개발된 이후 토지를 다시 분양받으면서 신주를 반환하는 경우에도 분양받은 토지를 처분할 때까지 양도차익을 과세이연할 수 있도록 하기 위한 것인데, 다음과 같은 면에서 그 의의를 찾아볼 수 있겠다.

　　첫째, 참여기업의 현물출자에 대한 과세이연은 양도차익에 대한 법인세부담을 완화하므로 참여기업으로 하여금 기업도시 사업시행자인 전담기업(SPC)에 토지 등을 현물출자하는 유인을 제공하여 기업도시개발의 활성화를 유도할 것이며, 둘째, 토지 등을 현물출자하여 받은 양도차익에 대하여 그 대가로 받은 주식의 처분시점까지 과세이연하는 것에 그치지 않고, 개발사업시행 후 토지를 분양받으면서 기 보유하고 있던 주식을 처분 또는 반환한 경우의 양도차익도 그 분양토지를 처분할 때까지 과세이연하도록 하고 있는데, 기업도시의 경우 참여기업이 최초 보유한 토지를 개발사업 종료 후 다시 그 참여기업에게 반환하여 기업도시 내에서 사업을 영위할 수 있도록 해야 하는 현실적 필요성을 감안한 것으로 보인다.

　　한편 입지조건이 낙후된 관광레저형도시개발사업에 대한 민간기업 참여 유도 및 기반시설 건설을 지원하기 위해 국고보조금으로 기업도시개발사업 전담기업 출자시 법인세 과세특례가 허용되는 제도가 2008년 말 조특법 개정시 신설되었고, 이는 2008. 12. 26.이 속하는 과세연도에 출자하는 분부터 적용되었으며, 2015. 12. 31. 일몰 종료되었다.

2 | 요 건

본 제도는 법인에게만 적용되는 제도이며, 과세이연과 관련하여 내국법인이 다음의 요건을 충족한 기업에게 기업도시 등 안에 소재하는 토지를 2015. 12. 31.까지 현물출자하여야 한다(조특법 §85의3①).

> ① 기업도시개발사업전담기업(「기업도시개발특별법」 제2조 제3호, 「기업도시개발특별법 시행령」 제14조 제1항 제2호)
> ② 신발전지역발전촉진지구개발사업전담기업[1] (「신발전지역 육성을 위한 투자촉진 특별법」 제2조 제4호, 「신발전지역 육성을 위한 투자촉진 특별법 시행령」 제13조 제4항 제2호)
> * 이하에서는 기업도시개발사업전담기업과 신발전지역발전촉진지구개발사업전담기업을 합하여 "기업도시 개발사업전담기업 등"이라 한다.

한편 손금산입특례와 관련하여 내국법인이 2015. 12. 31.까지 관광진흥개발기금[2] 으로부터 보조금을 받아 기업도시개발사업전담기업에 출자함으로써 주식을 취득하는 경우 해당 주식을 「법인세법」 제36조 제1항의 사업용자산으로 보아 같은 조를 준용하여 손금에 산입할 수 있도록 하였다(조특법 §85의3④).

3 | 과세특례의 내용

3-1. 현물출자시 과세이연

기업도시개발사업전담기업 등에게 기업도시개발사업구역 등 내에 소재하는 토지를 2015. 12. 31.까지 현물출자함에 따라 발생하는 다음의 양도차익에 상당하는 금액은 해당 사업연도의 소득금액계산시 주식의 압축기장충당금으로 계상하여 손금에 산입함으로써 해당 내국법인이 현물출자로 취득한 주식을 처분할 때까지 과세를 이연받을 수 있다(조특법 §85의3①, 조특령 §79의4②).

$$손금산입액 = \left[\begin{array}{c} \text{현물출자일의 기업도시개발사업} \\ \text{전담기업의 주식가액(시가평가)} \end{array} - \begin{array}{c} \text{현물출자일 전일의} \\ \text{해당 토지의 장부가액} \end{array} \right]$$

---

1) 낙후지역 개발을 위한 신발전지역(발전촉진지구) 개발사업의 원활한 추진을 지원하기 위해 적용대상에 추가(2010. 1. 1. 이후 최초로 토지를 현물출자(또는 주식을 취득)하는 분부터 적용)
2) 「관광진흥개발기금법」 제5조 제3항 제4호

* 손금산입액이 해당 토지의 시가에서 장부가액을 차감한 금액을 초과하는 경우 그 초과한 금액은 제외(조특령 §79의4②)

3-2. 토지를 분양받으면서 주식을 반환하는 경우 과세이연

현물출자시 법인세의 과세를 이연받은 내국법인이 기업도시개발사업전담기업 등으로부터 개발된 토지를 분양받으면서 그 대가를 현물출자로 취득한 주식으로 지급하는 경우 당초 과세를 이연받은 법인세에 대하여는 익금산입하지 않고, 그 분양받은 토지를 양도할 때까지 다시 과세를 이연받을 수 있다(조특법 §85의3②). 이 경우 압축기장충당금으로 계상하여야 할 금액은 다음 금액으로 하고, 그 분양받은 해당 토지를 양도하는 사업연도에 해당 압축기장충당금을 익금에 산입한다(조특령 §79의4④).

> 재차 과세이연금액 = 당초 과세이연금액 + 주식양도차익

* 주식양도차익은 기업도시개발사업전담기업 등으로부터 개발된 토지를 분양받으면서 그 대가를 현물출자로 취득한 주식으로 지급함에 따라 발생하는 주식양도차익 합계액(조특령 §79의4④)

3-3. 익금산입 방법 및 사후관리

3-3-1. 주식을 양도하는 경우

현물출자로 인하여 손금에 계상한 압축기장충당금은 해당 현물출자대상 법인의 주식을 양도하는 사업연도에 이를 익금에 산입한다. 이 경우 일부 주식을 양도하는 경우에는 다음 금액을 익금에 산입한다(조특령 §79의4③).

$$\text{익금에 산입할 금액} = \text{압축기장충당금} \times \frac{\text{토지의 현물출자로 인하여 취득한 현물출자대상 법인의 주식 중 양도한 주식수}}{\text{토지의 현물출자로 인하여 취득한 현물출자대상 법인의 주식수}}$$

* 현물출자로 인하여 취득한 주식 외에 다른 방법으로 취득한 주식이 있는 경우에는 현물출자로 인하여 취득한 주식을 먼저 양도한 것으로 봄(조특령 §79의4③).

3-3-2. 토지를 양도하는 경우

토지를 분양받으면서 주식을 반환함으로써 과세이연을 받은 경우 그 분양받은 토지를 양도하는 사업연도에 해당 압축기장충당금을 익금에 산입한다(조특령 §79의4④).

3-3-3. 폐업 또는 해산하는 경우

현물출자로 인하여 양도차익에 상당하는 금액을 손금에 산입한 후 토지를 현물출자받은 기업도시개발사업전담기업 등이 사업을 폐업하거나 해산하는 경우에는 그 사유가 발생한 날이 속하는 사업연도의 소득금액 계산의 경우 익금에 산입하지 아니한 금액을 전액 익금에 산입한다(조특법 §85의3③).

□ 기업도시사업에 참여하는 기업(갑)이 보유하고 있는 토지(장부가액 30억원, 시가 50억원)를 기업도시사업자로 지정된 전담기업(SPC)에 현물출자하고
  ○ 전담기업(SPC)이 토지를 상업단지 등으로 조성한 후, 조성된 토지를 (갑)에게 분양하고 주식을 반환받는 경우

□ 현재는 (갑)에 대해 현물출자 시점에서 토지 양도차익(20억원＝시가 50억원－장부가 30억원)에 대한 법인세가 즉시 과세됨.

□ 그러나 기업도시 활성화를 지원하기 위하여 2007. 1. 1. 이후부터는 (갑)의 토지 양도차익(20억원)에 대한 법인세를 (갑)이 전담기업(SPC)으로부터 분양받은 토지(분양가액 80억원)를 제3자인 (을)에게 처분(처분가액 120억원)하는 시점까지 과세이연

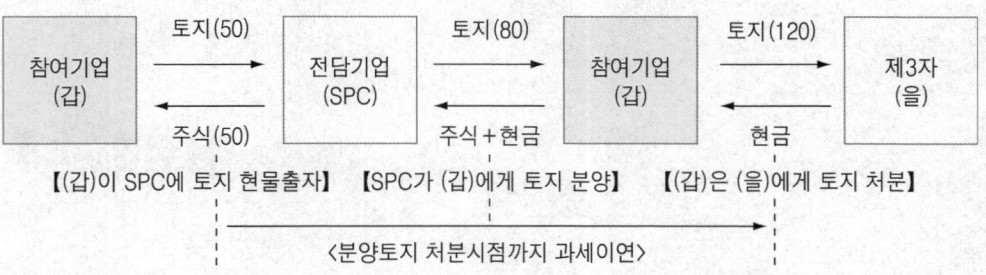

⇨ (을)에게 토지 처분시 양도차익(40억원＝120억원－80억원) 외에 과세이연된 양도차익 20억원을 합한 60억원에 대해 법인세 과세
  * SPC의 양도차익(30억원＝80억원－50억원)은 법인세가 과세되나, 이익의 90% 이상 배당시 소득공제 적용가능

3-4. 손금산입

내국법인이 기업도시개발사업전담기업에 출자함으로써 주식을 취득하는 경우 해당 주식을 「법인세법」 제36조 제1항의 사업용자산으로 보아 같은 조를 준용하여 손금에 산입할 수 있다(조특법 §85의3④).

4 | 절 차

과세이연을 적용받으려는 내국법인은 현물출자일이 속하는 사업연도의 과세표준신고와 함께 현물출자에 관한 명세서를 납세지 관할 세무서장에게 제출하여야 한다(조특령 §79의4⑤).

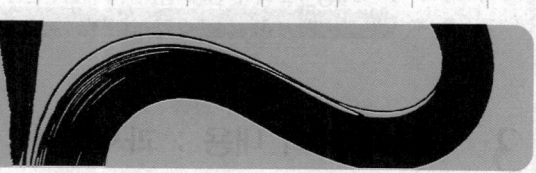

제85조의4

경제자유구역 개발사업을 위한 토지의 현물출자에 대한 법인세 과세특례

1 | 의 의

「경제자유구역의 지정 및 운영에 관한 특별법」에 따른 개발사업시행자(외국인투자기업에 한함)가 보유 중이던 토지를 내국법인에게 2014. 12. 31.까지 현물출자함에 따라 발생하는 양도차익에 상당하는 금액은 해당 사업연도의 소득금액계산의 경우 손금에 산입하여 해당 개발사업시행자가 현물출자로 취득한 주식을 처분할 때까지 과세를 이연받을 수 있다(조특법 §85의4①).

본 제도는 경제자유구역 개발사업 추진시 지가상승 등으로 투자기업의 양도차익에 따른 법인세 부담이 상당할 것으로 예상되므로 과세이연방식의 세제지원제도의 도입 필요성이 인정되며, 현물출자 단계에서 발생하는 세부담을 완화(과세이연)하여 경제자유구역의 외국인투자 활성화 효과를 기대할 수 있을 것이다.

2 | 요 건

본 제도는 법인에게만 적용되는 제도이며, 개발사업시행자가 현물출자대상법인에게 보유토지를 현물출자하여야 한다. 여기에서 개발사업시행자와 현물출자대상법인은 각각 다음과 같다(조특법 §85의4①, 조특령 §79의5①).

개발사업시행자	현물출자대상법인
○「경제자유구역의 지정 및 운영에 관한 특별법」 제9조 제1항의 규정에 따른 개발사업시행자 – 단,「외국인투자촉진법」제2조 제1항 제6호의 규정에 따른 외국인투자기업에 한함.	○「경제자유구역의 지정 및 운영에 관한 특별법」 제2조에 따른 경제자유구역으로 지정된 지역 내의 토지를 현물출자받아 동법 제6조에 따른 경제자유구역개발계획에 따라 해당 토지를 개발하기 위하여 설립되는 내국법인

3 │ 과세특례의 내용 : 과세이연

개발사업시행자가 현물출자대상법인에 보유토지를 2014. 12. 31.까지 현물출자함에 따라 발생하는 다음의 양도차익에 상당하는 금액은 해당 사업연도의 소득금액계산시 주식의 압축기장충당금으로 계상하여 손금에 산입함으로써 해당 내국법인이 현물출자로 취득한 주식을 처분할 때까지 과세를 이연받을 수 있다(조특법 §85의4①, 조특령 §79의5②).

$$
손금산입액 = \left[\begin{array}{c} 현물출자일의\ 기업도시개발사업 \\ 전담기업의\ 주식가액(시가평가) \end{array} - \begin{array}{c} 현물출자일\ 전일의 \\ 해당\ 토지의\ 장부가액 \end{array} \right]
$$

* 손금산입액이 해당 토지의 시가에서 장부가액을 차감한 금액을 초과하는 경우 그 초과한 금액은 제외(조특령 §79의5②)

과세이연 사례

□ 경제자유구역 개발사업시행자(외국인투자자)인 (갑)이 개발사업 추진을 위해 설립된 **특수목적회사 (SPC)**에 토지(장부가액 30억원, 시가 50억원)를 **현물출자하는 경우**

□ 종전에는 (갑)에 대해 현물출자 시점에서 토지 양도차익(20억원)에 대한 법인세가 즉시 과세됨.

□ 그러나 경제자유구역 내 외국인투자 활성화를 지원하기 위하여 2007. 1. 1.부터는 (갑)이 특수목적회사에 현물출자를 하고 취득한 주식을 제3자인 (을)에게 처분(처분가액 80억원)하는 시점까지 과세이연

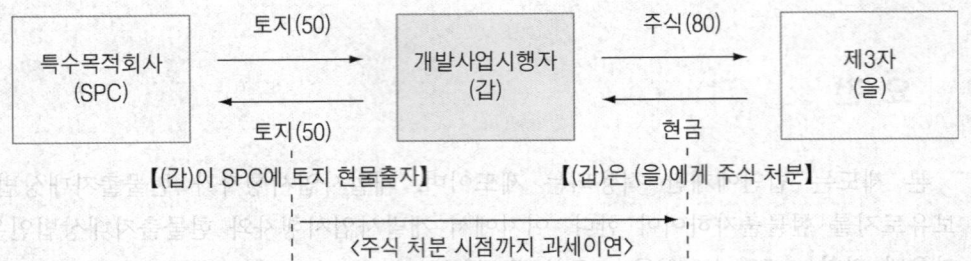

⇨ (을)에게 주식 처분시 양도차익(30억원＝80억원－50억원) 외에 과세이연된 양도차익 20억원을 합한 50억원에 대해 법인세 과세

---

4 │ 사후관리

4-1. 주식을 양도하는 경우

현물출자로 인하여 손금에 계상한 압축기장충당금은 해당 현물출자대상법인의 주식을 양도하는 사업연도에 이를 익금에 산입한다. 이 경우 일부 주식을 양도하는 경우에는 다음 금액을 익금에 산입한다(조특령 §79의5③).

$$\text{익금에 산입할 금액} = \text{압축기장충당금} \times \frac{\text{토지의 현물출자로 인하여 취득한 현물출자대상법인의 주식 중 양도한 주식수}}{\text{토지의 현물출자로 인하여 취득한 현물출자대상법인의 주식수}}$$

* 현물출자로 인하여 취득한 주식 외에 다른 방법으로 취득한 주식이 있는 경우에는 현물출자로 인하여 취득한 주식을 먼저 양도한 것으로 봄(조특령 §79의4③).

4-2. 기업도시가 폐업 또는 해산하는 경우

현물출자로 인하여 양도차익에 상당하는 금액을 손금에 산입한 후 토지를 현물출자를 받은 내국법인이 사업을 폐지하거나 해산하는 경우에는 그 사유가 발생한 날이 속하는 사업연도의 소득금액계산의 경우 익금에 산입하지 아니한 금액을 전액 익금에 산입한다(조특법 §85의4②).

5 │ 절 차

과세이연을 적용받으려는 내국법인은 현물출자일이 속하는 사업연도의 과세표준신고와 함께 현물출자에 관한 명세서를 납세지 관할 세무서장에게 제출하여야 한다(조특법 §85의4③, 조특령 §79의5④).

제85조의6

사회적기업 및 장애인 표준사업장에 대한 법인세 등의 감면

1 | 의 의

사회적기업이란 취약계층에게 일자리를 제공하거나 지역사회에 필요한 사회서비스를 제공하는 것을 목적으로 생산·판매 활동을 하는 기업을 말한다. 즉, 일반 기업처럼 재화나 서비스를 생산하지만, 이윤극대화나 배당이 아닌 취약계층 지원 등을 통해 영리적 기업 활동과 사회적 사명 수행을 동시에 추구한다. 경제 성장의 둔화 및 기술진보·산업구조 변화에 따라 우리 경제의 일자리창출 능력이 감소하여 노동시장 진입이 어려운 취업취약계층이 상존함에 따라 사회적기업 육성을 통해 취업취약계층에 대한 새로운 일자리창출이 필요하게 되었고, 또한 급속한 고령화, 여성의 경제활동 증가, 가족구조 변화 등으로 사회서비스에 대한 사회적 수요의 급증이 예상됨에 따라 사회적기업 육성을 통해 취약계층에 대한 사회서비스 공급을 확대하여 사회서비스 수요 급증에 대비할 필요성이 대두되었다.

사회적기업에 대한 법인세 등 감면제도는 2007. 7. 1.부터 시행되는 「사회적기업 육성법」[1]에 따른 사회적기업[2]을 육성·지원하기 위한 방안으로 법인세 또는 소득세를 감면하여 궁극적으로 국가와 빈곤한 개인, 서비스 수혜계층이 동반 성장할 수 있는 기회를 제공하고자 도입되었다. 사회적기업에 대한 세제지원은 다음과 같은 측면에서 그 필요성이 인정된다.

---

1) 2006. 12. 8. 정기국회에서 제정되어 2007. 7. 1. 시행
2) 취약계층에게 사회서비스 또는 일자리를 제공하여 지역주민의 삶의 질을 높이는 등의 사회적 목적을 추구하면서 재화 및 서비스의 생산·판매 등 영업활동을 수행하는 기업으로서 고용노동부장관의 인증을 받은 자를 말함(「사회적기업 육성법」 제2조 제1호).

① 사회적 임무수행이라는 공익성과 영리적 수익 창출이라는 수익성의 동시 공유를 통해 소외계층에 대한 생산적이고 지속적인 지원체제를 구축함으로써 일자리 창출 및 양극화 해소에 기여
② 사회적 부담을 최소화하면서 사회복지 정책의 사각지대를 해소하고자 하는 것으로서, 다양한 재정지원과 병행하는 적극적인 세제지원을 통하여 복지정책의 효율성 제고 가능
③ 사회적기업이 기업활동을 통해 창출한 수익을 다시 사회적 목적에 재투자하는 것은 현행 조세법 체계상 비영리법인이 수익사업을 통하여 얻은 수익을 특정한 고유목적사업에 사용하거나 준비금으로 적립하는 경우는 과세대상에서 제외하고 있는 점과 본질적으로 유사

다만, 「사회적기업 육성법」 및 동 시행령에 따르면 재산의 많고 적음이나 직업의 유무 등에 관계없이 고령자를 취약계층으로 규정하고 있는바,3) 부유층인 고령자를 대상으로 고급 간병서비스를 제공하는 영리기업 등(1/3 이상 배당을 하지만 않으면 법인세 50% 감면)에 까지 세제혜택이 확대될 수 있는 우려가 제기되기도 하였다. 따라서, 세제지원 대상 사회적기업의 요건을 보다 구체화하고, 인증 후 사후관리를 철저히 하는 등 세제지원의 당초 취지를 달성할 수 있도록 관련 제도의 보완이 이루어져야 할 것으로 판단된다.

"장애인 표준사업장"4)이란 장애인 고용 인원·고용비율 및 시설·임금에 관하여 고용노동부령으로 정하는 기준5)에 해당하는 사업장6)을 말한다. 이는 고용여건이 취약한 장애인의 일자리창출을 지원하기 위해 2010. 12. 27. 조특법 개정시 신설되었고 2011. 1. 1.이 속하는 과세연도분부터 적용7)한다.

---

3) 사회적기업 육성법 시행령 제2조 【취약계층의 구체적 기준】「사회적기업 육성법」 제2조 제2호에 따른 취약계층(이하 '취약계층'이라 한다)은 다음 각 호의 어느 하나에 해당하는 자로 한다.
　2. 「고용상 연령차별금지 및 고령자고용촉진에 관한 법률」 제2조 제1호에 따른 고령자

4) 「장애인고용촉진 및 직업재활법」 제2조 제8호

5) 장애인고용촉진 및 직업재활법 시행규칙 제3조 【장애인 표준사업장의 기준】「장애인고용촉진 및 직업재활법」(이하 "법"이라 한다) 제2조 제8호에서 "고용노동부령으로 정하는 기준에 해당하는 사업장"이란 다음 각 호의 요건을 모두 갖춘 사업장을 말한다. (2019. 7. 1. 개정)
　1. 장애인 근로자 수가 10명 이상일 것
　2. 장애인 및 중증장애인을 별표 2에 따라 산정한 인원 이상을 고용할 것
　3. 「장애인·노인·임산부 등의 편의증진보장에 관한 법률」에 따른 편의시설을 갖출 것
　4. 장애인 근로자에게 「최저임금법」 제5조에 따른 최저임금액 이상의 임금을 지급할 것

6) 「장애인복지법」 제58조 제1항 제3호에 따른 장애인 직업재활시설은 제외한다.

7) 2011. 1. 1. 전에 장애인 표준사업장으로 인정을 받은 경우 2011. 1. 1. 동 인정을 받은 것으로 보고 4년간 소득세·법인세 50% 감면 적용

구 분	조 합	사회적기업	기 업
목 적	주로 경제적 목적	경제적 활동을 통한 사회적 목적 실현	경제적 목적 (이윤창출·배당)
지 향	조합원 지향	수혜자 지향	투자자 지향
연대성의 범위	자조(self-help) 좁은 연대성	지역사회, 공익, 넓은 연대성	사회적 연대성 고려 미약
통 제	조합원의 자체 통제	다양한 이해관계자	투자자
동기부여	조합원의 이익 증진	사회적 사명, 연대성	이윤 극대화

|사회적기업과 기존 조직과의 차이|

2014. 1. 1. 조특법 개정시 사회적기업은 취약계층을 위한 일자리와 사회서비스를 동시에 제공하고 있고, 장애인의 경우 노동시장에서 실업상태에 빠질 위험이 높고 실업기간이 길며 한 번 해고되면 다시 고용되기 어려운 특성을 가지고 있어 낮은 임금과 열악한 노동환경에 직면하고 있는 점을 감안하여 감면기간 및 감면율을 확대하고 적용기한을 2016. 12. 31.까지 3년 연장하였으며, 최저한세 적용을 배제하였다. 동 개정내용은 2014. 1. 1. 이후 개시하는 과세연도에 감면받는 분부터 적용된다.

2 요 건

2025. 12. 31.까지 사회적기업으로 인증받은 내국인과 2025. 12. 31.까지 장애인 표준사업장으로 인증받은 내국인에 대하여 적용한다(조특법 §85의6①·②).

3 과세특례의 내용

3-1. 세액감면

사회적기업으로 인증8)받은 내국인은 해당 사업에서 최초로 소득이 발생한 과세연도(인증을 받은 날부터 5년이 되는 날이 속하는 과세연도까지 해당 사업에서 소득이 발생하지 아니한 때에는 5년이 되는 날이 속하는 과세연도)와 그 다음 과세연도의 개시일부터 2년 이내에 끝나는

---

8) 사업연도 중에 사회적기업 인증을 받은 경우 인증일 이후 매출에 대한 소득분에 대한 법인세 감면을 받는 것인지 아니면 해당 사업연도 전체 소득분에 대한 법인세 감면을 받는 것인지와 관련하여 그 인증을 받은 날이 속하는 사업연도에 발생한 해당 사업의 소득 전체에 대하여 사회적기업에 대한 법인세 등의 감면을 적용하는 것임(법규법인 2012-116, 2012. 3. 27.).

과세연도까지 해당 사업에서 발생한 소득[9]에 대한 법인세 또는 소득세의 100%에 상당하는 세액을 감면하고, 그 다음 2년 이내에 끝나는 과세연도에는 소득세 또는 법인세의 50%에 상당하는 세액을 감면한다(조특법 §85의6①).

또한 장애인 표준사업장으로 인정받은 내국인은 해당 사업에서 최초로 소득이 발생한 과세연도(인증을 받은 날부터 5년이 되는 날이 속하는 과세연도까지 해당 사업에서 소득이 발생하지 아니한 경우에는 5년이 되는 날이 속하는 과세연도)와 2년 이내에 끝나는 과세연도까지 해당 사업에서 발생한 소득에 대한 법인세 또는 소득세의 100%에 상당하는 세액을 감면하고, 그 다음 2년 이내에 끝나는 과세연도에는 소득세 또는 법인세의 50%에 상당하는 세액을 감면한다(조특법 §85의6②).

3-2. 감면한도

적용되는 감면기간 동안 해당 과세연도에 감면받는 소득세 또는 법인세는 다음의 구분에 따른 금액을 한도로 한다(조특법 §85의6③).

① 사회적기업으로 인증받은 내국인의 경우 : 1억원 + 취약계층에 해당하는 상시근로자 수[10] × 2천만원
② 장애인 표준사업장으로 인증받은 내국인의 경우 : 1억원 + 장애인에 해당하는 상시근로자 수[11] × 2천만원

---

9) 일자리 지원금("쟁점고용지원금")이 조특법 제85조의6 제1항의 법인세가 감면되는 '해당사업에서 발생한 소득'에 해당하는지 여부와 관련하여 조세심판원은 「사회적기업 육성법」 제8조 및 제14조를 종합하여 보면, 사업적기업의 인증 요건으로 취약계층에게 사회서비스 또는 일자리를 제공하거나 지역사회에 공헌함으로써 지역주민의 삶의 질을 높이는 등 사회적 목적의 실현을 조직의 주된 목적으로 하도록 규정하고 있고, 고용노동부장관은 이러한 취약계층에게 일자리를 제공하는 기업에게 운영에 필요한 인건비, 운영경비 등의 재정적 지원을 할 수 있다고 규정하고 있는바, 사회적기업이 취약계층을 고용 등을 함에 따라 국가로부터 지원받는 지원금에 대하여 법인세를 감면하지 않는 것은 사회적기업이 아닌 업체와 달리 사회적 취약계층을 고용하는 사회적기업에게 인건비 등을 지원하고자 하는 취지에 부합하지 않는 것으로 보이는 점, '해당 사업에서 발생한 소득'이라 함은 감면사업에서 발생한 소득이라 할 것이고, 동 소득은 매출이나 수입에서 매입이나 비용을 차감한 것이므로, 관련 법령에 따른 정부의 국고보조금이 해당 사업의 비용을 보전하는 데 직접적으로 사용된 것이 확인된다면 동 국고보조금은 납세자의 해당 사업에서 발생한 소득에 포함되는 것으로 해석할 수 있는 점 등에 비추어 청구법인이 「사회적기업 육성법」에 따라 수령한 쟁점고용지원금을 해당 사업(블라인드 제조업 및 도소매업)의 운영에 필요한 인건비에 사용된 것에 다툼이 없는 이상 쟁점고용지원금은 조특법 제85조의6 제1항의 법인세 감면소득으로 보는 것이 타당하다고 인용결정하였다(조심 2017중2515, 2017. 7. 26.).
10) 「사회적기업 육성법」 제2조 제2호
11) 「장애인고용촉진 및 직업재활법」 제2조 제1호

4 │ 사후관리

4-1. 감면배제

4-1-1. 사회적기업

세액감면기간 중 다음의 어느 하나에 해당하여 사회적기업의 인증이 취소[12]되었을 때에는 해당 과세연도부터 법인세 또는 소득세를 감면받을 수 없다(조특법 §85의6④).

① 거짓이나 그 밖의 부정한 방법으로 인증을 받은 경우
② 인증요건[13]을 갖추지 못하게 된 경우

4-1-2. 장애인 표준사업장

세액감면기간 중 해당 장애인 표준사업장이 다음의 어느 하나에 해당하는 경우에는 해당 과세연도부터 법인세 또는 소득세를 감면받을 수 없다(조특법 §85의6⑤).

① 융자 또는 지원[14][15]을 거짓이나 그 밖의 부정한 방법으로 받은 경우
② 사업주가 받은[16] 융자금 또는 지원금을 같은 규정에 따른 용도에 사용하지 아니한 경우
③ 인증이 취소된 경우[17]

4-2. 감면세액의 납부

세액을 감면받은 내국인이 위 4-1-1. 중 ①에 해당하는 경우 및 4-1-2. 중 ①에 해당하는 경우에는 그 사유가 발생한 과세연도의 과세표준신고를 할 때 감면받은 세액에 이자상당가산액[18]에 관한 규정을 준용하여 계산한 금액을 가산하여 법인세 또는 소득세로 납부하여야

---

12) 「사회적기업 육성법」 제18조
13) 「사회적기업 육성법」 제8조
14) 「장애인고용촉진 및 직업재활법」 제21조 또는 제22조
15) 장애인고용촉진 및 직업재활법 제21조【장애인 고용 사업주에 대한 지원】① 고용노동부장관은 장애인을 고용하거나 고용하려는 사업주에게 장애인 고용에 드는 다음 각 호의 비용 또는 기기 등을 융자하거나 지원할 수 있다. 이 경우 중증장애인 및 여성장애인을 고용하거나 고용하려는 사업주를 우대하여야 한다.
   1. 장애인을 고용하는 데에 필요한 시설과 장비의 구입·설치·수리 등에 드는 비용(2007. 5. 25. 개정)
   2. 장애인의 직업생활에 필요한 작업 보조 공학기기 또는 장비 등(2007. 5. 25. 개정)
   3. 장애인의 적정한 고용관리를 위하여 장애인 직업생활 상담원, 작업 지도원, 수화 통역사 또는 낭독자 등을 배치하는 데에 필요한 비용(2009. 10. 9. 개정)
   4. 그 밖에 제1호부터 제3호까지의 규정에 준하는 것으로서 장애인의 고용에 필요한 비용 또는 기기
16) 「장애인고용촉진 및 직업재활법」 제21조 또는 제22조
17) 「장애인고용촉진 및 직업재활법」 제22조의4 제2항

한다(조특법 §85의6⑤). 이는 본 제도가 사회 취약층을 위한 것임을 감안하여 부정한 방법으로 감면받은 경우로 한정하여 감면세액을 추징하는 것으로 보인다.

5 | 절 차

본조에 따라 법인세 또는 소득세를 감면받으려는 자는 과세표준신고와 함께 세액감면 (면제)신청서를 납세지 관할 세무서장에게 제출하여야 한다(조특법 §85의6⑥, 조특령 §79의7).

6 | 조세특례의 제한 등

6-1. 구분경리

사회적 서비스를 영위하는 사업 및 장애인 표준사업장의 사업과 기타의 사업을 겸영하는 경우에는 구분경리를 하여야 한다. 구분경리에 관한 자세한 사항은 제143조의 해설을 참고하기로 한다.

6-2. 중복지원의 배제

6-2-1. 세액공제와 중복지원 배제

내국인이 동일한 과세연도에 본조에 따른 세액감면과 조세특례제한법상의 일부 세액공제 규정이 동시에 해당하는 경우에는 그 중 하나만을 선택하여 적용받을 수 있다. 이에 대한 자세한 내용은 제127조의 해설을 참고하기로 한다.

6-2-2. 세액감면과 중복지원배제

내국인의 동일한 사업장에 대하여 동일한 과세연도에 본조에 따른 세액감면과 조세특례제한 법상의 일부 세액감면이 동시에 적용되는 경우에는 그 중 하나만을 선택하여 적용받을 수 있다. 이에 대한 자세한 내용은 제127조의 해설을 참고하기로 한다.

---

18) 조특법 제63조 제3항

6-3. 최저한세의 적용

본조의 세액감면을 적용받는 내국인은 최저한세 규정이 적용되지 않는 바, 이에 대한 자세한 내용은 제132조의 해설을 참고하기로 한다.

7 | 주요 개정연혁

1. 사회적기업 · 장애인 표준사업장 세액감면 연장(조특법 §85의6)

(1) 개정내용

종 전	개 정
□ 사회적기업 및 장애인 표준사업장에 대한 소득 · 법인세 감면	□ 적용기한 연장
○ (대상) ❶사회적기업 ❷장애인 표준사업장	
○ (감면율) 3년 100% + 2년 50%	
○ (감면한도) 1억원 + 취약계층 · 장애인상시 근로자 × 2천만원	
○ (적용기한) 2022. 12. 31.	○ 2025. 12. 31.

(2) 개정이유

○ 취약계층 일자리 창출 지원

2. 사회적기업, 장애인 표준사업장에 대한 세액감면 확대(조특법 §85의6)

(1) 개정내용

종 전	개 정
☐ 사회적기업, 장애인 표준사업장에 대한 법인세 감면 　○ (요건) 　　– 「사회적기업 육성법」에 따른 사회적기업 　　– 「장애인고용촉진 및 직업재활법」에 따른 장애인 표준사업장 　　＊ 저소득층·장애인·고령자 등 취약계층 고용비중이 30% 이상 또는 서비스 이용자 중 취약계층이 30% 이상인 기업 　　＊＊ 장애인 10인 이상 고용 및 장애인 고용비율 30% 이상 등 요건 충족 　○ (감면) 소득세·법인세 　　　　5년간 50% 감면 　○ (적용기한) 2013. 12. 31.	☐ 감면율 확대 및 적용기한 연장 　○ (감면) 소득세·법인세 　　　　3년간 100%, 2년간 50% 감면 　○ (적용기한) 2016. 12. 31.
☐ 최저한세 적용	☐ 최저한세 적용 제외

(2) 개정이유

　○ 저소득층, 장애인, 고령자 등 고용취약계층의 고용증대 지원을 위해 세액감면 확대

(3) 적용시기 및 적용례

　○ 2014. 1. 1. 이후 개시하는 과세연도에 감면받는 분부터 적용

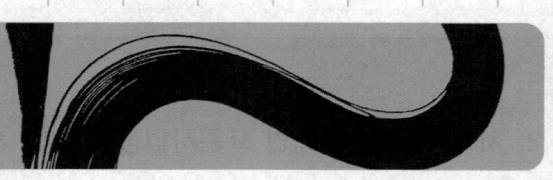

제**85**조의7

공익사업을 위한 수용 등에 따른 공장이전에 대한 과세특례

1 | 의 의

본 제도는 공익사업으로 수용되는 공장이전시 발생하는 양도소득세 또는 양도차익에 대하여 3년 동안 과세이연한 후 3년 동안 분할하여 납부하거나 익금에 산입함으로써, 수용으로 인해 강제적으로 사업을 이전하는 경우에도 사업용자산이 동일한 가치를 유지할 수 있도록 지원하기 위하여 도입되었다. 공익사업용 수용시의 양도차익에 대하여 공장용 대지와 건물에 대하여만 과세이연 및 분할납부의 혜택을 부여하는 것은 수용지역 내의 다른 용도의 부동산과의 형평성 문제가 있다는 지적도 있으나, '공장'의 경우 상가 등 다른 사업용 자산과 달리 기계설비의 설치가능성, 거래처 및 도로와의 접근성 등에 따른 물류비용 등으로 인해 입지가 제한되는 특수성을 고려한 것으로 판단된다.

한편, 2021. 12. 28. 법 개정시 적용기한을 2023. 12. 31.까지 연장하였다.

2 | 요 건

2-1. 적용대상자

「공익사업을 위한 토지 등의 취득 및 보상에 관한 법률」에 따른 공익사업지역에서 해당 공익사업의 사업인정고시일(사업인정고시일 전에 양도하는 경우에는 양도일)부터 소급하여 2년 이상 공장을 가동(공장을 사업인정고시일부터 소급하여 2년 미만 가동한 경우 양도일 현재 1년 이상 가동한 공장의 토지로서 사업인정고시일부터 소급하여 5년 이상 보유한 토지를 포함한다[1])한 내국법인 또는 거주자에 대하여 적용한다(조특법 §85의7①).

'공장'이란 제조장 또는 「자동차관리법 시행규칙」 제131조의 규정에 따른 자동차종합정비업 또는 소형자동차정비업의 사업장으로서 제조 또는 사업단위로 독립된 것을 말한다(조특령

---

1) 2010. 1. 1. 이후 양도분부터 적용

§79의3⑪·§54①, 조특칙 §22). 공장시설은 법 제60조의 해설을 참고하기로 한다.

2-2. 지방으로 이전할 것

공익사업지역에서 공장시설을 갖추고 사업을 영위하던 자가 지방으로 이전하여야 하며, 여기에서 '지방'이란 해당 공익사업 시행지역 밖의 지역(공익사업의 시행으로 조성한 공익사업지역 안의 토지를 사업시행자로부터 직접 취득하여 해당 공장의 용지로 사용하는 경우에는 그 공익사업 시행지역을 포함한다[2])으로서 다음의 어느 하나에 해당하지 아니하는 지역을 말한다(조특령 §79의3①).

① 수도권과밀억제권역
② 부산광역시(기장군 제외)·대구광역시(달성군 제외)·광주광역시·대전광역시 및 울산광역시의 관할구역. 다만, 「산업입지 및 개발에 관한 법률」에 따라 지정된 산업단지는 제외
③ 행정중심복합도시, 혁신도시

2-3. 이전기한

지방으로 이전하는 방법은 다음에 해당하는 방법에 따른다(조특령 §79의8⑤, 조특칙 §32의2).

① 지방공장을 취득하여 사업을 개시하는 경우 사업을 개시한 날부터 2년 이내에 기존공장을 양도하는 방법(선이전 후양도)
② 기존공장을 양도한 날부터 3년(공사의 허가 또는 인가의 지연 등 부득이한 사유가 있는 경우에는 6년) 이내에 지방공장을 취득하여 사업을 개시하는 방법(선양도 후이전)
 이 경우 부득이한 사유란 다음과 같다.
 1. 공사의 허가 또는 인가 등이 지연되는 경우
 2. 용지의 보상 등에 관한 소송이 진행되는 경우
 3. 「신행정수도 후속대책을 위한 연기·공주지역 행정중심복합도시 건설을 위한 특별법」 제19조 제4항에 따라 국토교통부장관이 고시하는 행정중심복합도시 건설기본계획에서 기존공장을 이전할 장소의 미확정 등으로 인하여 같은 장소에서 일정기간 영업이 가능하도록 한 경우
 4. 「공공기관 지방이전에 따른 혁신도시 건설 및 지원에 관한 특별법」 제11조 제5항에 따라 국토교통부장관이 고시하는 혁신도시 개발계획에서 기존공장을 이전할 장소의 미확정 등으로 인하여 같은 장소에서 일정기간 영업이 가능하도록 한 경우
 5. 「공익사업을 위한 토지 등의 취득 및 보상에 관한 법률」 제78조의2에 따라 사업시행자가 수립한

---

2) 2010. 1. 1. 이후 양도분부터 적용

공장에 대한 이주대책에서 기존공장을 이전할 장소의 미확정 등으로 인하여 같은 장소에서 일정기간 영업이 가능하도록 한 경우
6. 그 밖에 제1호 내지 제5호에 준하는 사유가 발생한 경우

2-4. 공익사업시행자에게 양도

공장의 대지와 건물을 그 공익사업의 사업시행자에게 2023. 12. 31.까지 양도(공장의 대지의 일부만 양도하는 경우를 포함)하여야 한다.

3 │ 과세특례의 내용

3-1. 내국법인

다음의 금액을 양도일이 속하는 사업연도의 익금에 산입하지 아니하고 그 사업연도 종료일 이후 5년이 되는 날이 속하는 사업연도부터 5개 사업연도의 기간 동안 균등액 이상을 익금에 산입하여야 한다(조특법 §85의7① 1, 조특령 §79의8②). 이 경우 기존공장의 양도일이 속하는 과세연도 종료일까지 지방공장을 취득하지 아니한 경우 지방공장의 취득가액은 이전(예정) 명세서상의 예정가액을 적용한다(조특령 §79의8④).

$$\text{과세이연금액} = (\text{기존공장의 양도차익} - \text{이월결손금}) \times \frac{\text{지방공장의 취득가액}}{\text{기존공장의 양도가액}} \, (100\% \text{ 한도})$$

* 기존공장의 양도차익 : 공익사업지역 안 소재 공장(기존공장)의 (양도가액 - 장부가액)
* 이월결손금 : 직전 사업연도 종료일 현재 각 사업연도 과세표준 계산상 공제되는 이월결손금

혁신도시개발예정지구 내 공장을 사업시행자에게 양도(양도가액 25억원, 양도차익 15억원)하고, 다른 지역에서 공장을 취득(취득가액 20억원)하여 사업을 개시하는 경우

① 개인의 경우 : 신공장 처분시까지 과세이연
 • 과세이연금액(기존공장의 양도차익에 기존공장의 양도가액 중 신공장의 취득가액이 차지하는 비율을 곱한 금액*)은 신공장 처분시까지 과세이연

$$\text{* }12\text{억원} = \text{양도차익}(15\text{억원}) \times \frac{\text{신공장 취득가액}(20\text{억원})}{\text{기존공장 양도가액}(25\text{억원})}$$

- 과세이연금액을 제외한 양도차익(3억원)에 대해서는 2007년도에 과세

② 법인의 경우 : 5년 거치 5년 분할 익금산입
- 분할익금대상금액(기존공장 양도차익에 기존공장 양도가액 중 신공장의 취득가액이 차지하는 비율을 곱한 금액*)은 5년 거치 5년 균등분할하여 익금산입

$$* \ 12억원 = 양도차익(15억원) \times \frac{신공장 \ 취득가액(20억원)}{기존공장 \ 양도가액(25억원)}$$

- 나머지 양도차익(3억원)은 2007년도에 익금산입

3 - 2. 거주자

다음에 해당하는 양도소득세를 양도일이 속하는 해당 연도의 양도소득세 과세표준 확정신고기한까지 납부하여야 할 양도소득세로 보지 아니하고, 양도일이 속하는 해당 연도의 양도소득세 과세표준 확정신고기한의 종료일 이후 5년이 되는 날부터 5년의 기간에 균등액 이상을 납부하여야 하며, 기타 사항은 내국법인의 경우와 동일하다(조특법 §85의7① 2, 조특령 §79의8③).

$$과세이연세액 = \left[기존공장의 \ 양도차익 \times \frac{지방공장의 \ 취득가액}{기존공장의 \ 양도가액} (100\% \ 한도) \right] 에 \ 대한 \ 양도소득세$$

* 기존공장의 양도차익 : 소득세법 제95조 제1항에 따른 양도차익

일반 공익사업지역에서 공장수용(보상가액 25억원, 양도차익 15억원)에 따라, 다른 공장을 취득(취득가액 20억원)하여 사업을 개시하는 경우

① 개인의 경우 : 3년 거치 3년 분할과세
- 양도소득세액(5억원 가정) 중 분납대상양도차익(기존공장의 양도차익에 기존공장의 양도가액 중 신공장의 취득가액이 차지하는 비율을 곱한 금액*)에 상당하는 양도소득세액(4억원)은 3년 거치 3년 균등분할 과세

$$* \ 12억원 = 양도차익(15억원) \times \frac{신공장 \ 취득가액(20억원)}{기존공장 \ 양도가액(25억원)}$$

- 양도소득세액 중 분납대상금액을 제외한 양도차익(3억원)에 상당하는 양도소득세액(1억원)은 2007년도에 과세

② 법인의 경우 : 3년 거치 3년 분할 익금산입
- 분할익금대상금액(기존공장 양도차익에 기존공장 양도가액 중 신공장의 취득가액이 차지하는

비율을 곱한 금액*)은 3년 거치 3년 균등분할하여 익금산입

* 12억원 = 양도차익(15억원) × $\dfrac{\text{신공장 취득가액(20억원)}}{\text{기존공장 양도가액(25억원)}}$

• 나머지 양도차익(3억원)은 2007년도에 익금산입

4 │ 사후관리

과세특례를 적용받은 내국인이 다음(4-1.)과 같은 사유가 발생한 경우에는 해당 사유가 발생한 날이 속하는 사업연도의 소득금액 계산의 경우 다음(4-2.) 금액을 익금에 산입하거나 분할납부할 세액을 양도소득세로 납부하여야 한다. 이 경우 이자상당가산액을 가산하여 납부하여야 한다(조특법 §85의7②, 조특령 §79의8⑥ · ⑦).

4-1. 납부사유

① 공장을 이전하지 아니한 경우
② 공장양도일부터 3년 이내에 해당사업을 폐지 또는 해산한 경우
③ 지방공장의 취득예정가액 및 취득예정면적에 따라 과세특례를 적용받은 금액이 실제 취득가액 및 취득면적을 기준으로 계산한 과세특례금액을 초과하는 경우

4-2. 익금에 산입하거나 양도소득세로 납부할 금액

대상자	익금산입금액
내국법인	양도차익을 익금에 산입하지 아니한 경우에는 익금에 산입하지 아니한 금액 전액
거주자	양도소득세 분할납부를 적용받은 경우에는 분할납부할 세액 전액
정산시	추징사유 중 예정 취득가액 등이 실제 취득가액 등을 초과하는 경우 그 초과하여 적용받은 과세특례금액에 대하여 지방공장을 취득하여 사업을 개시한 날이 속하는 과세연도에 익금에 산입하거나 양도소득세로 납부하여야 함.

4-3. 이자상당가산액의 계산

이자상당가산액은 다음과 같이 계산하며(조특법 §85의7②, §33③ 후단), 이 경우 미납세액은 법인의 경우 양도차익을 익금에 산입하지 아니함에 따라 발생한 법인세액의 차액이고, 거주자의 경우 납부하여야 할 금액이며, 미납기간은 양도차익을 익금에 산입하지 아니하거나 양도소득세의 과세특례를 적용받은 과세연도 종료일의 다음 날부터 납부사유가 발생한 과세연도의 종료일까지의 기간으로서 일수로 계산한다.

$$\text{이자상당가산액} = \text{미납세액} \times \text{미납기간} \times 25/100{,}000$$

5 | 절 차

5-1. 내국법인의 경우 신청절차

기존공장의 양도일이 속하는 사업연도의 과세표준신고와 함께 양도차익명세 및 분할익금산입조정명세서와 이전(예정)명세서를 납세지 관할 세무서장에게 제출하여야 한다. 또한, 지방공장의 취득예정가액과 취득예정면적을 사용하여 과세특례금액을 계산한 경우 지방공장을 취득하여 사업을 개시한 날이 속하는 과세연도의 과세표준신고와 함께 이전완료보고서를 납세지 관할 세무서장에게 제출하여야 한다(조특법 §85의7③, 조특령 §79의8⑧ · ⑩).

5-2. 거주자의 경우 신청절차

기존공장의 양도일이 속하는 과세연도의 과세표준신고(예정신고 포함)와 함께 양도소득세 분할납부신청서와 이전(예정)명세서를 납세지 관할 세무서장에게 제출하여야 한다. 또한, 지방공장의 취득예정가액을 사용하여 과세이연금액을 계산한 경우에는 지방공장을 취득하여 사업을 개시한 날이 속하는 과세연도의 과세표준신고와 함께 이전완료보고서를 납세지 관할 세무서장에게 제출하여야 한다(조특법 §85의7③, 조특령 §79의8⑨ · ⑩).

6 | 관련사례

구 분	내 용
요건 및 과세특례의 내용	○ 「조세특례제한법」 제85조의7을 적용함에 있어 공익사업 시행자의 사정으로 대지와 건물 등의 수용시기가 다른 경우 같은 법 시행규칙 제32조의2에 따른 부득이한 사유에 해당하지 아니하는 것이며, 같은 법 시행령 제79조의8 제5항 제2호 지방 이전에 따른 지방공장 취득시한의 시기는 기존 공장의 대지와 건물의 양도가 모두 이루어진 날을 기준으로 하는 것임(서면법규-476, 2013. 4. 24.). ○ 「공익사업을 위한 토지 등의 취득 및 보상에 관한 법률」에 따른 공익사업의 시행으로 해당 공익사업지역에서 그 사업인정고시일부터 소급하여 2년 이상 가동한 공장이 수용되고, 수용된 용지의 보상 등에 관한 소송으로 인하여 기존공장을 양도한 날부터 3년 이내에 지방공장을 취득하여 사업을 개시하지 못한 경우에는 「조세특례제한법 시행령」 제79조의8 제5항 제2호를 적용받을 수 있는 것임(부동산거래-25, 2012. 1. 13.). ○ 「조세특례제한법」 제85조의7 제1항 규정의 "2년 이상 가동한 공장" 여부를 판단함에 있어, 공장을 운영하던 개인사업자가 동법 제32조의 규정에 의하여 법인으로 전환한 후 가동중인 당해 공장시설을 동법 시행령 제79조의8 제1항에서 규정하는 지방으로 이전하는 경우에는 당해 개인사업자가 조업한 기간을 합산하여 2년 이상 가동한 공장 여부를 판단하는 것임(법인-10, 2012. 1. 6.). ○ 내국법인이 「공익사업을 위한 토지 등의 취득 및 보상에 관한 법률」에 따른 공익사업의 시행으로 해당 공익사업지역내 공장의 대지와 건물을 2010. 1. 1. 전에 공익사업 시행자에게 양도하고, 공익사업의 시행으로 조성한 공익사업 지역 안의 토지를 사업시행자로부터 직접 취득하여 해당 공장의 용지로 사용한 경우에는 「조세특례제한법」 제85조의7 제1항에 따른 공익사업을 위한 수용 등에 따른 공장이전에 대한 과세특례를 적용받을 수 없는 것임(법인-860, 2011. 10. 31.). ○ 공익사업을 위한 수용에 따른 공장이전으로 양도세를 분할납부하는 경우 세무조사결과 추징된 세액은 분할납부세액에 포함되지 아니함(부동산거래-1109, 2010. 8. 31.). ○ 「조세특례제한법」 제85조의7 제1항 제2호에 따라 같은법 시행령 제79조의8 제3항에 따라 계산한 양도소득세를 양도일이 속하는 해당 연도의 양도소득세 과세표준 확정신고기한의 종료일 이후 3년이 되는 날부터 3년의 기간에 균등액 이상을 납부하는 경우, 당해 납부하는 세액에 대하여는 「소득세법」 제108조의 예정신고납부 세액공제를 적용하지 않는 것임(재산-956, 2009. 5. 18.). ○ 「조세특례제한법」 제85조의7에서 "공장"이란 동법 시행령 제54조 제1항에서 규정하는 공장을 말하는 것으로, 물품의 제조 및 가공과 직접적으로 관련이 없는 도매 및 소매업, 운송업 등에 사용되는 창고시설은 포함되지 않는 것임(법인-2606, 2008. 9. 25.).

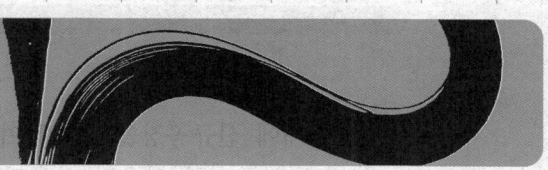

조세특례제한법

제85조의8

중소기업의 공장이전에 대한 과세특례

1 의 의

　본조의 도입배경은 효율성 제고 및 확장 등을 위해 공장을 이전하는 과정에서 사업규모를 유지하면서 이전할 수 있도록 조세측면에서 지원하는 데 있고, 그 주요내용은 양도세 2년 거치 2년 분할과세를 허용하되, 국가균형발전 차원에서 수도권 과밀억제권역(산업단지 제외)으로 공장을 이전하는 경우는 지원대상에서 제외하도록 하는 것이다.
　이 제도는 2009. 1. 1. 이후 최초로 양도하는 분부터 적용되었다.

2 요 건

① 다음의 어느 하나에 해당하는 중소기업이 해당 공장[1]의 대지와 건물을 2025. 12. 31.까지
　양도할 것(조특법 §85의8①, 조특령 §79의9①)
　㉠ 2년 이상 계속하여 공장시설을 갖추고 사업을 하는 중소기업이 수도권과밀억제권역
　　（「산업입지 및 개발에 관한 법률」에 따라 지정된 산업단지는 제외한다) 외의 지역으로
　　공장을 이전할 것
　㉡ 산업단지에서 2년 이상 계속하여 공장시설을 갖추고 사업을 하는 중소기업이 동일한
　　산업단지 내 다른 공장으로 이전하는 경우일 것
② 위의 공장이전은 다음의 어느 하나에 해당하는 경우로 한다. 다만, 기존공장 또는
　신규공장의 대지가 공장입지기준면적을 초과하는 경우 그 초과하는 부분에 대해서는
　이를 적용하지 아니한다(조특령 §79의9⑤).
　㉠ 신규공장을 취득하여 사업을 개시한 날부터 2년 이내에 기존 공장을 양도하는 경우
　㉡ 기존공장을 양도한 날부터 3년(공사의 허가 또는 인가의 지연 등 부득이한 사유가 있으면

---

1) "공장"이란 조특령 제54조 제1항의 공장을 말한다(조특령 §79의9⑪).

6년) 이내에 신규공장을 취득하여 사업을 개시하는 경우

이 경우 부득이한 사유란 다음과 같다(조특칙 §32의2).

ⓐ 공사의 허가 또는 인가 등이 지연되는 경우

ⓑ 용지의 보상 등에 관한 소송이 진행되는 경우

ⓒ 국토교통부장관이 고시하는 행정중심복합도시 건설기본계획[2]에서 기존공장을 이전할 장소의 미확정 등으로 인하여 같은 장소에서 일정기간 영업이 가능하도록 한 경우

ⓓ 국토교통부장관이 고시하는 혁신도시 개발계획[3]에서 기존공장을 이전할 장소의 미확정 등으로 인하여 같은 장소에서 일정기간 영업이 가능하도록 한 경우

ⓔ 사업시행자[4]가 수립한 공장에 대한 이주대책에서 기존공장을 이전할 장소의 미확정 등으로 인하여 같은 장소에서 일정기간 영업이 가능하도록 한 경우

ⓕ 그 밖에 ⓐ 내지 ⓔ에 준하는 사유가 발생한 경우

3 | 과세특례의 내용

위의 요건을 갖추어 발생하는 양도차익에 상당하는 금액은 다음의 방법에 따라 익금에 산입하지 아니하거나 양도소득세를 분할납부할 수 있다(조특법 §85의8①).

3-1. 내국법인

아래와 같이 계산한 금액을 해당 사업연도의 소득금액을 계산할 때 익금에 산입하지 아니하는 방법. 이 경우 해당 금액은 양도일이 속하는 사업연도가 끝나는 날 이후 5년이 되는 날이 속하는 사업연도부터 5개 사업연도의 기간 동안 균분한 금액 이상을 익금에 산입하여야 한다(조특령 §79의9②). 기존공장의 양도일이 속하는 과세연도 종료일까지 신규공장을 취득하지 아니한 경우 신규공장의 취득가액은 이전(예정)명세서상의 예정가액으로 한다(조특령 §79의9④).

---

2) 「신행정수도 후속대책을 위한 연기·공주지역 행정중심복합도시 건설을 위한 특별법」 제19조 제4항
3) 「공공기관 지방이전에 따른 혁신도시 건설 및 지원에 관한 특별법」 제11조 제5항
4) 「공익사업을 위한 토지 등의 취득 및 보상에 관한 법률」 제78조의2

3-2. 거주자

아래와 같이 계산한 양도소득세를 양도일이 속하는 해당 연도의 양도소득세 과세표준 확정신고기한까지 납부하여야 할 양도소득세로 보지 아니하는 방법. 이 경우 해당 세액은 양도일이 속하는 해당 연도의 양도소득세 과세표준 확정신고기한이 끝나는 날 이후 5년이 되는 날부터 5년의 기간 동안 균분한 금액 이상을 납부하여야 한다(조특령 §79의9③). 기존공장의 양도일이 속하는 과세연도 종료일까지 신규공장을 취득하지 아니한 경우 신규공장의 취득가액은 이전(예정)명세서상의 예정가액으로 한다(조특령 §79의9④).

4 | 사후관리

내국인이 공장을 이전하지 아니하거나 해당 공장의 양도일부터 3년 이내에 해당 사업을 폐업하거나 해산한 경우에는 해당 사유가 발생한 날이 속하는 사업연도의 소득금액을 계산할 때 아래와 같이 계산한 금액을 익금에 산입하거나 분할납부할 세액을 양도소득세로 납부하여야 한다. 이 경우 익금에 산입할 금액 또는 납부할 세액에 관하여는 조특법 제33조 제3항 후단을 준용한다(조특법 §85의8②, 조특령 §79의9⑥). 취득 예정가액에 따라 익금에 산입하지 아니하거나 분할납부를 적용받은 때에는 실제 취득가액을 기준으로 계산한 금액을 초과하여 적용받은 금액을 신규 공장을 취득하여 사업을 개시한 날이 속하는 과세연도의 익금에 산입하거나 양도소득세로 납부하여야 한다. 이 경우 익금에 산입하거나 양도소득세로 납부하여야 할 금액에 대하여는 조특법 제33조 제3항 후단을 준용한다(조특령 §79의9⑦).

5 | 절 차

과세특례를 적용받으려는 내국법인은 기존공장의 양도일이 속하는 사업연도의 과세표준신고와 함께 양도차익명세 및 분할익금산입조정명세서와 이전(예정)명세서를 납세지 관할 세무서장에게 제출하여야 한다(조특령 §79의9⑧). 또한 분할납부를 적용받으려는 거주자는 기존공장의 양도일이 속하는 과세연도의 과세표준신고(예정신고를 포함한다)와 함께 분할납부신청서와 이전(예정)명세서를 납세지 관할 세무서장에게 제출하여야 한다(조특령 §79의9⑨). 한편 예정가액으로 과세특례를 적용받은 후 신규공장을 취득하여 사업을 개시한 때에는 그 사업개시일이 속하는 과세연도의 과세표준신고와 함께 이전완료보고서를 납세지 관할 세무서장에게 제출하여야 한다(조특법 §85의8③, 조특령 §79의9⑩).

6 | 관련사례

구 분	내 용
요건 및 과세특례의 내용	○ 10년 이상 계속하여 공장시설을 갖추고 사업을 하던 중소기업이 수도권과밀억제권역(「산업입지 및 개발에 관한 법률」에 따라 지정된 산업단지는 제외) 외의 지역으로 공장을 이전하고, 신규공장을 취득하여 사업을 개시한 날부터 2년 이내에 기존 공장을 양도하는 경우에는 기존공장 소재지의 수도권과밀억제권역 내·외 여부에 관계없이 「조세특례제한법」 제85조의8에 따라 중소기업의 공장이전에 대한 과세특례를 적용할 수 있는 것임(법규법인 2012-69, 2012. 3. 8.). ○ 「공익사업을 위한 토지 등의 취득 및 보상에 관한 법률」에 따른 공익사업의 시행으로 공장이 수용되는 경우 「조세특례제한법」 제85조의8(중소기업의 공장이전에 대한 과세특례) 규정이 적용되지 아니함(부동산거래-1013, 2010. 8. 2.). ○ 「조세특례제한법」 제85조의8에 따른 중소기업의 공장이전에 대한 과세특례는 기존공장의 소재지가 수도권과밀억제권역 내외 여부와 관계없이 적용받을 수 있는 것이며, '10년 이상 계속하여 공장시설을 갖추고 사업을 영위한 중소기업'의 사업기간에는 「조세특례제한법」 제32조 규정에 의해 법인으로 전환한 개인사업자의 사업기간도 포함하는 것임(법인-1324, 2009. 11. 27.). ○ 「조세특례제한법」 제85조의8 제1항의 "10년 이상 계속하여 공장시설을 갖추고 사업을 영위하는 중소기업" 여부를 판단함에 있어 공장(대지 및 건물)을 임차하여 사업을 영위한 기간은 포함하지 아니하는 것임(재산-510, 2009. 10. 21.).

7 │ 주요 개정연혁

1. 중소기업의 공장이전에 대한 과세특례 적용기한 등 연장(조특법 §85의8)

(1) 개정내용

종 전	개 정
□ 중소기업의 공장이전에 대한 양도소득세 과세특례	□ 적용대상 및 기한 연장
○ 적용대상	○ 적용대상
– 10년 이상 운영한 공장을 이전	– (좌 동)
〈추 가〉	– 3년 이상 운영한 공장을 동일 산업단지 내로 이전
○ (내용) 2년 거치 2년 분할납부	○ (좌 동)
○ (적용기한) 2017. 12. 31.	○ (적용기한) 2020. 12. 31.

(2) 개정이유

○ 중소기업의 공장이전 지원

(3) 적용시기 및 적용례

○ 2018. 1. 1. 이후 양도하는 분부터 적용

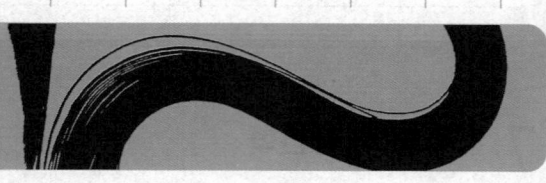

공익사업을 위한 수용 등에 따른 물류시설 이전에 대한 과세특례

1 | 의 의

본조는 기업의 생산 및 유통활동에 대한 지원을 하기 위해 도입되었고 2010. 1. 1. 이후 양도분부터 적용된다.

2 | 요 건

「공익사업을 위한 토지 등의 취득 및 보상에 관한 법률」에 따른 공익사업의 시행으로 해당 공익사업지역에서 그 사업인정고시일(사업인정고시일 전에 양도하는 경우에는 양도일)부터 소급하여 5년 이상 사용[1]한 물류시설을 특정 지역으로 이전하기 위하여 그 물류시설의 대지 또는 건물을 그 공익사업의 사업시행자에게 2023. 12. 31.까지 양도하여야 한다(조특법 §85의9①).

2-1. 물류시설(5년 이상 사용)

제조업자가 생산한 제품(제품생산에 사용되는 부품을 포함한다)의 보관·조립 및 수선 등을 위한 시설 또는 물류사업을 하는 자가 보유한 물류시설로서 다음의 어느 하나에 해당하는 시설을 말한다(조특령 §79의10①, 조특칙 §32의3①).

① 물류시설용 건물이 있는 경우 : 물류시설용 건물 및 해당 건물의 바닥면적에 용도지역별 적용배율을 곱하여 산정한 범위 안의 부수토지

② 물류시설용 건물이 없는 경우 : 화물의 운송·보관·하역·조립 및 수선 등에 사용된

---

1) 조세특례제한법 제85조의9 제1항에 따라 공익사업을 위한 수용 등에 대한 물류시설 이전에 대한 과세특례를 적용함에 있어 물류시설용 건물이 있는 경우 같은 법 시행규칙 제32조의3 제1항 제1호를 적용하는 것이므로, 물류시설용 건물과 그 부수토지를 사업인정고시일부터 소급하여 5년 이상 사용하였는지 여부는 해당 건물을 실제로 물류사업에 사용한 날을 기준으로 가산하는 것임(재법인-500, 2012. 6. 11.).

토지로서 주무관청으로부터 인가 · 허가를 받았거나 신고수리된 면적 이내의 토지

3 ┃ 특정지역

해당 공익사업 시행지역 밖의 지역으로서 다음의 어느 하나에 해당하지 아니하는 지역("지방")을 말한다(조특령 §79의10②).
① 수도권과밀억제권역
② 부산광역시(기장군은 제외한다) · 대구광역시(달성군은 제외한다) · 광주광역시 · 대전광역시 및 울산광역시의 관할 구역. 다만, 「산업입지 및 개발에 관한 법률」에 따라 지정된 산업단지는 제외한다.
③ 행정중심복합도시 등

4 ┃ 지방으로 이전하는 방법

① 선취득 · 후양도의 경우 : 지방물류시설 취득 및 사업개시 후 2년 이내 기존물류시설 양도
② 선양도 · 후취득의 경우 : 기존물류시설 양도 후 3년(인 · 허가 지연 등 부득이한 사유 발생시 6년) 이내 지방물류시설 취득 및 사업개시

5 ┃ 과세특례의 내용

위 요건을 갖추어 양도함으로써 발생하는 양도차익에 상당하는 금액은 아래와 같이 익금에 산입하지 아니하거나 양도소득세를 분할납부할 수 있다(조특법 §85의9①).

5 - 1. 내국법인

해당 사업연도의 소득금액을 계산할 때 익금에 산입하지 아니하는 방법. 이 경우 해당 금액은 양도일이 속하는 사업연도 종료일 이후 3년이 되는 날이 속하는 사업연도부터 3개 사업연도의 기간 동안 균분한 금액 이상을 익금에 산입하여야 한다(조특령 §79의10③). 기존물류시설의 양도일이 속하는 과세연도 종료일까지 지방물류시설을 취득하지 아니한 경우 지방물류시설의 취득가액은 이전(예정)명세서상의 예정가액으로 한다(조특령 §79의10⑤).

> 법인 : 익금불산입금액
> (기존물류시설 양도가액-취득가액-이월결손금) × (지방물류시설 취득가액2) / 기존물류시설 양도가액)
> 〔100분의 100을 한도로 한다〕

5-2. 거주자

양도소득세를 분할납부하는 방법. 이 경우 해당 세액은 양도일이 속하는 해당 연도의 양도소득세 과세표준 확정신고기한 종료일 이후 3년이 되는 날부터 3년의 기간 동안 균분한 금액 이상을 납부하여야 한다(조특령 §79의10④). 기존물류시설의 양도일이 속하는 과세연도 종료일까지 지방물류시설을 취득하지 아니한 경우 지방물류시설의 취득가액은 이전(예정) 명세서상의 예정가액으로 한다(조특령 §79의10⑤).

> 개인 : 분할납부금액
> (기존물류시설 양도가액 - 취득가액) × (지방물류시설 취득가액 / 기존물류시설 양도가액)
> 〔100분의 100을 한도로 한다〕

6 사후관리

내국인이 물류시설을 이전하지 아니하거나 그 물류시설의 양도일부터 3년 이내에 해당 사업을 폐업하거나 해산한 경우에는 그 사유가 발생한 날이 속하는 사업연도의 소득금액을 계산할 때 양도차익을 익금에 산입하지 아니한 경우에는 익금에 산입하지 아니한 금액 전액 또는 분할납부를 적용받은 경우에는 분할납부할 세액 전액을 익금에 산입하거나 분할납부할 세액을 양도소득세로 납부하여야 한다. 이 경우 익금에 산입할 금액 또는 납부할 세액에 대해서는 조특법 제33조 제3항 후단을 준용한다(조특법 §85의9②, 조특령 §79의10⑦).

취득 예정가액에 따라 익금에 산입하지 아니하거나 분할납부를 적용받은 경우에는 실제 취득가액을 기준으로 계산한 금액을 초과하여 적용받은 금액을 지방물류시설을 취득하여 사업을 개시한 날이 속하는 과세연도의 익금에 산입하거나 양도소득세로 납부하여야 한다. 이 경우 익금에 산입하거나 양도소득세로 납부하여야 할 금액에 대해서는 법 제33조 제3항 후단을 준용한다(조특령 §79의10⑧).

---

2) 지방에서 물류시설을 준공하여 취득하는 경우를 포함한다.

7 | 절 차

과세특례를 적용받으려는 내국법인은 기존물류시설의 양도일이 속하는 사업연도의 과세표준신고를 할 때 양도차익명세 및 분할익금산입조정명세서와 이전(예정)명세서를 납세지 관할 세무서장에게 제출하여야 한다(조특령 §79의10⑨). 또한 분할납부를 적용받으려는 거주자는 기존물류시설의 양도일이 속하는 과세연도의 과세표준신고(예정신고를 포함한다)를 할 때 분할납부신청서와 이전(예정)명세서를 납세지 관할 세무서장에게 제출하여야 한다(조특령 §79의10⑩).

그리고 예정가액으로 과세특례를 적용받은 후 지방물류시설을 취득하여 사업을 개시하였을 때에는 그 사업개시일이 속하는 과세연도의 과세표준신고를 할 때 이전완료보고서를 납세지 관할 세무서장에게 제출하여야 한다(조특령 §79의10⑪).

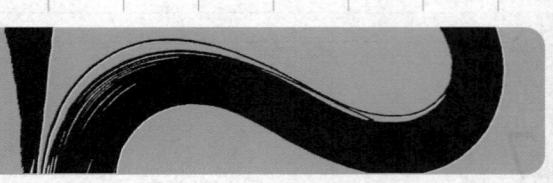

제85조의10

국가에 양도하는 산지에 대한 양도소득세의 감면

1 | 의 의

본조는 산림보호 등 공익사업의 원활한 수행을 지원하기 위해 도입되었고, 2010. 1. 1. 이후 양도분부터 적용되었다.

2014. 1. 1. 법 개정시 동 제도와 유사한 제도인 공익사업으로 인한 수용시 양도소득세 감면(조특법 §77)의 감면율을 인하(20% → 15%)한 점을 감안하여 본 제도의 감면율도 동일하게 인하하고, 2014. 1. 1. 이후 양도분부터 적용되었으며, 2015. 12. 15. 법 개정시 다시 감면율을 10%로 조정하였다.

2 | 요 건

① 「국유림 경영 및 관리에 관한 법률」에 따라 산림의 공익기능과 국유림 경영관리의 효율성 제고를 위해 국가가 매수하는 산지(임야[1])일 것
② 2년 이상 보유한 산지일 것
③ 「국토 계획 및 이용에 관한 법률」에 따른 도시지역 밖에 소재하는 산지일 것
④ 거주자일 것
⑤ 2022. 12. 31. 이전에 양도할 것

3 | 과세특례의 내용

국가에 양도함으로써 발생하는 소득에 대해서는 양도소득세의 10%에 상당하는 세액을 감면한다(조특법 §85의10①).

---

1) 「국토의 계획 및 이용에 관한 법률」에 따른 도시지역에 소재하는 산지를 제외한다.

4 | 절 차

감면신청을 하려는 자는 해당 산지를 양도한 날이 속하는 과세연도의 과세표준신고(예정신고를 포함한다)를 할 때 세액감면신청서에「국유림의 경영 및 관리에 관한 법률」제18조 제2항(국유림 확대·매수사업의 근거규정)에 따라 산림청장이 매수한 사실을 확인할 수 있는 매매계약서 사본을 첨부하여 납세지 관할 세무서장에게 제출하여야 한다(조특령 §79의11).

5 | 주요 개정연혁

1. 공익사업용 토지 등에 대한 양도소득세 감면 일몰 연장 및 감면율 조정
(조특법 §77, §77의2, §85의10)

(1) 개정내용

종 전	개 정
□ 공익사업용 토지 등에 대한 양도소득세 감면	□ 양도소득세 감면율 조정
ㅇ 양도소득세 감면율 :	
－ (현금보상) 15%	－ 15% → 10%
－ (채권보상) 20%	－ 20% → 15%
－ (대토보상) 20%	－ 20% → 15%
ㅇ 적용기한 : 2015. 12. 31.	ㅇ 적용기한 연장 : 2018. 12. 31.
□ 국가에 양도하는 산지에 대한 양도세 감면	□ 양도소득세 감면율 조정
ㅇ 감면율 15%	ㅇ 15% → 10%
ㅇ 적용기한 : 2017. 12. 31.	

(2) 개정이유
ㅇ 수용보상 수준의 현실화 등을 고려하여 감면율 조정

(3) 적용시기 및 적용례
ㅇ 2016. 1. 1. 이후 양도하는 분부터 적용

※ 이 법 시행 전에 사업인정 고시가 된 사업지역의 사업시행자에게 2017. 12. 31.까지 사업지역 내 토지를 양도하는 경우에는 종전의 규정에 따름.

2. 수용 토지 등 양도세 감면율 조정(조특법 §77, §77의3, §85의10)

(1) 개정내용

종 전	개 정
□ 공익사업용 토지 등 수용시 양도세 감면율 축소	
○ (현금보상) 20%	○ 15%
○ (일반채권보상) 25%	○ 20%
○ (만기보유 채권보상) 3년 이상 : 40%	- 30%
5년 이상 : 50%	- 40%
□ 개발제한구역 내 매수대상 토지 등 양도세 감면율 축소	
○ (개발제한구역 지정일 이전 취득) 50%	○ 40%
○ (매수청구일부터 20년 이전에 취득) 30%	○ 25%
□ 개발제한구역 해제 후 공익사업용 수용된 토지에 대한 양도세 감면율 축소	
○ (개발제한구역 지정일 이전 취득) 50%	○ 40%
○ (사업인정고시일부터 20년 이전 취득) 30%	○ 25%
□ 2년 이상 보유 산지를 국가에 양도시 양도세 감면율 축소	
○ (감면율) 20%	○ 15%

(2) 개정이유

○ 토지 수용 등의 경우 보상수준은 현실화되었으나, 강제로 수용되는 점 등을 감안하여 양도세 감면율 축소폭 완화

(3) 적용시기 및 적용례

○ 2014. 1. 1. 이후 양도분부터 적용

| 제 9 절 |

저축지원을 위한 조세특례

제86조의3

소기업·소상공인 공제부금에 대한 소득공제 등

1 | 의의

소기업·소상공인 공제는 소기업·소상공인의 폐업·은퇴 등에 따른 생계위협으로부터 생활안정 및 사업재기에 필요한 자금 마련을 위해 사회안전망 차원에서 2007년 도입되었다. 소기업 사업자 및 소상공인은 근로자와 달리 고용보험·산재보험이나 퇴직연금제도를 적용받지 않아 폐업과 같은 사고발생시 생활안정을 위한 대책이 부족한 실정이다. 소기업·소상공인 공제제도는 소기업 사업자 및 소상공인이 폐업하거나 노령으로 은퇴할 경우 생활안정 및 사업재기를 위한 자금을 마련하거나 노후를 대비할 수 있다는 점에서 4대 보험을 보완하는 역할을 수행하고 있다.

2014. 12. 23. 법 개정시 공제대상 소득이 축소되고 과세방식이 변경되었다.

먼저, 소득공제 대상을 종합소득금액에서 사업소득금액으로 축소하였다. 이는 실질적으로 리스크를 수반하는 경영활동을 수행하고 있는 소기업·소상공인에게 공제혜택을 집중하기 위한 것으로 사업소득자가 아닌 법인의 대표이사 등이 소기업·소상공인 공제 가입하여 근로소득에서 공제를 받거나, 실질적으로 근로소득자이나 주택임대소득 등 수동적 사업소득자의 외형을 가지고 근로소득에서 공제를 받는 등 당초 소기업·소상공인 공제 도입취지와 맞지 않게 공제가 이루어지고 있는 측면이 있어 이를 개선한 것이다.

또한, 종전에는 소기업·소상공인 공제금 수령액 중 불입원금을 제외한 이자부분에 대해서만 이자소득으로 과세하였으나, 소기업·소상공인 공제금 수령액 전체에 대하여 퇴직소득으로 과세하는 방식으로 과세방식을 전환하여 장기 납부자의 공제금 수령시 세부담이 감소하도록 개선하였다.

다만, 2015. 12. 15. 법 개정시 소규모 법인 대표자의 소기업·소상공인 공제 가입을 지원하기 위하여 소기업·소상공인 공제에 가입한 법인대표자가 총급여액 7천만원 이하인 거주자의 경우에는 근로소득공제를 허용하였다.

2016. 12. 20. 조특법 개정시에는 소기업·소상공인 공제부금 소득공제의 공제한도를 소득수준별로 차등화하여 과세형평성을 제고하는 한편, 중도해지 가산세를 폐지하여

소기업·소상공인 지원을 강화하였다.

2018. 12. 24. 조특법 개정시에는 소기업·소상공인 공제부금에 대한 소득공제 제도 취지에 맞지 않는 부동산임대업 소득금액을 소득공제에서 배제하여 본 제도의 실효성을 제고하였다.

2 │ 과세특례의 내용

거주자가 분기별로 300만원 이하의 공제부금을 납입하는 소기업·소상공인 공제에 가입하여 납부하는 공제부금1)에 대하여는 해당 연도의 공제부금 납부액과 다음의 구분에 따른 금액 중 적은 금액에 해당 과세연도의 사업소득금액(법인의 대표자로서 해당 과세기간의 총급여액이 7천만원 이하인 거주자의 경우에는 근로소득금액으로 한다)에서「소득세법」제45조 제2항에 따른 부동산임대업의 소득금액을 차감한 금액이 사업소득금액에서 차지하는 비율을 곱한 금액을 해당 과세연도의 사업소득금액에서 공제한다. 다만, 사업소득금액에서 공제하는 금액은 사업소득금액에서「소득세법」제45조 제2항에 따른 부동산임대업의 소득금액을 차감한 금액을 한도로 한다(조특법 §86의3①, 조특령 §80의3①).

① 해당 과세연도의 사업소득금액이 4천만원 이하인 경우 : 500만원
② 해당 과세연도의 사업소득금액이 4천만원 초과 1억원 이하인 경우 : 300만원
③ 해당 과세연도의 사업소득금액이 1억원 초과인 경우 : 200만원

소기업·소상공인 공제에서 발생하는 소득은 소기업·소상공인 공제 가입자가 실제로 그 소득을 받을 때 발생한 것으로 본다(조특법 §86의3②). 또한 다음의 어느 하나에 해당하는 시기에 공제부금을 납입하는 경우에는 해당 분기의 공제부금을 납입한 것으로 본다(조특령 §80의3②).

① 마지막 납입일이 속하는 달의 말일부터 1년 6개월이 경과하기 전에 그 기간 동안의 공제부금을 납입한 경우
② 분기 이전에 해당 연도에 납부하여야 할 공제부금 중 6개월분에 해당하는 공제부금을 먼저 납입한 경우

---

1) 2007. 9. 1. 이후 납입하는 분부터 적용한다.

3 | 소득세 과세

3-1. 수령액에 대한 소득세

폐업 등 대통령령으로 정하는 사유가 발생하여 소기업·소상공인 공제에서 공제금을 지급받는 경우에는 다음 계산식에 따라 계산한 금액을 퇴직소득으로 보아 소득세를 부과한다(조특법 §86의3③).

> 퇴직소득 = 공제금 − 실제 소득공제받은 금액을 초과하여 납입한 금액의 누계액

이 경우 근속연수는 공제부금 납입월수를 12로 나누어 계산한 연수(1년 미만의 기간은 1년으로 본다)로 한다(조특령 §80의3③).

3-2. 기타소득에 대한 소득세

소기업·소상공인 공제계약이 폐업 등 다음의 어느 하나에 해당하는 사유가 발생하기 전에 해지된 경우에는 아래 산식에 따라 계산한 금액을 "기타소득"으로 보아 소득세를 부과한다. 다만, 천재·지변의 발생, 공제가입자의 해외이주, 공제가입자의 3월 이상의 입원치료 또는 요양을 요하는 상해·질병의 발생, 중소기업중앙회의 해산의 사유로 계약이 해지된 때에는 아래 산식에 따라 계산한 금액을 "이자소득"으로 보아 소득세를 부과한다(조특법 §86의3④, 조특령 §80의3④·⑤).

> 기타소득 = 해지로 인하여 지급받은 환급금 − 실제 소득공제 받은 금액을 초과하여 납입한 금액의 누계액

① 소기업·소상공인이 폐업(개인사업자의 지위에서 공제에 가입한 자가 법인을 설립하기 위하여 현물출자를 함으로써 폐업한 경우와 개인사업자의 지위에서 공제에 가입한 자가 그 배우자 또는 자녀에게 사업의 전부를 양도함으로써 폐업한 경우를 포함한다) 또는 해산(법인에 한한다)한 때
② 공제 가입자가 사망한 때
③ 법인의 대표자의 지위에서 공제에 가입한 자가 그 법인의 대표자의 지위를 상실한 때
④ 만 60세 이상으로 공제부금 납입월수가 120개월 이상인 공제 가입자가 공제금의 지급을 청구한 때

4 │ 사후관리(중도해지시)

4-1. 원천징수불성실가산세 등의 납부

납부하여야 할 세액을 기한 내에 납부하지 아니하거나 납부하여야 할 세액에 미달하게 납부한 경우 중소기업중앙회는 그 납부하지 아니한 세액 또는 미달한 세액에 원천징수 등 납부지연가산세를 가산하여 납부하여야 한다(조특법 §86의3⑥).

4-2. 추징시 한도

"3-2."에 따른 소득세는 소기업·소상공인 공제계약의 해지로 인하여 소기업·소상공인 공제 가입자가 지급받는 환급금을 한도로 한다(조특법 §86의3⑦).

5 │ 절 차

소득공제를 받고자 하는 자는 소득세과세표준확정신고시 또는 연말정산시 공제부금납입 증명서(조특칙 별지 제58호의3 서식)를 제출하여야 한다. 다만, 해당 증명서를 제출한 날이 속하는 연도의 다음 연도부터는 해당 공제의 납입액을 증명할 수 있는 통장사본으로 이를 갈음할 수 있다. 한편, 천재·지변 등 조특령 제80조의3 제5항에 따른 사유("3-2." 참고)가 발생하여 해지하고자 하는 자는 특별해지사유신고서(조특칙 별지 제58호의3 서식)를 공제부금 취급기관에 제출하여야 한다(조특령 §80의3⑥·⑧).

6 | 주요 개정연혁

1. 소기업·소상공인 공제부금 소득공제(노란우산공제) 대상 업종 축소(조특법 §86의3①)

(1) 개정내용

종 전	개 정
□ 소기업·소상공인 공제부금 납부액 소득공제	□ 부동산임대업 소득공제 배제
○ (공제대상 소득금액) 　– 사업소득금액* 　* 2015년 이전 가입자는 종합소득금액 　(근로자와 달리 퇴직금 제도가 없는 자영업자 　의 생활안정 지원 취지를 감안하여 사업소득금 　액에서만 공제하도록 변경)	○ (공제대상 소득금액) 　– 사업소득금액*에서 **부동산임대업 소득금 　액을 제외**한 금액 　* 2015년 이전 가입자는 종합소득금액(이하 같음)
– 근로소득금액* 　* 2016년 이후 가입한 총급여액 7천만원 이하인 　법인 대표자(개인사업체와 실질상 동일한 소규 　모 법인 대표자의 소득공제 허용)	– (좌　동)
○ (공제금액) 공제한도* 내의 부금 납부액 　* 공제한도	○ (공제금액) (좌　동) 　– 다만, **부동산임대업** 소득금액이 있는 경우 　• **부동산임대업** 소득금액이 사업소득금액 　에서 차지하는 비율에 해당하는 공제금액 　을 차감한 금액을 공제금액으로 함.

사업(근로)소득금액	공제한도
4천만원 이하	500만원
4천만원~1억원	300만원
1억원 초과	200만원

(2) 개정이유

○ 소기업·소상공인 공제부금에 대한 소득공제 제도 취지에 맞지 않는 부동산임대업 사업소득금액을 소득공제에서 배제

(3) 적용시기 및 적용례

○ 2019. 1. 1. 이후 납부하는 분부터 적용

2. 소기업·소상공인 공제부금 소득공제(노란우산공제) 합리화(조특법 86의3①)

(1) 개정내용

종 전	개 정
□ 소기업·소상공인 공제부금 납부액 소득공제	□ 부동산임대업 소득공제 배제
○ (공제대상) 사업소득금액* * 2015년 이전 가입자는 종합소득금액, 2016년 이후 가입한 총급여액 7천만원 이하 법인 대표자는 근로소득금액	○ (공제대상) 부동산임대업 소득금액 제외
○ (공제한도) 소득수준별 차등 | 사업(근로)소득금액	공제한도 | |---|---|
4천만원 이하	500만원
4천만원~1억원	300만원
1억원 초과	200만원		○ (공제한도) (좌 동)
○ (공제금액) 　- 공제한도 내의 부금 납부액	○ (공제금액) 　- 공제한도 내의 부금 납부액 　　$\times (1 - \dfrac{\text{부동산임대업 소득금액}}{\text{사업소득금액*}})$ * 2016년 이후 가입한 총급여액 7천만원 이하 법인 대표자는 근로소득금액

(2) 개정이유

○ 소기업·소상공인 생활안정 등 지원 취지 감안

(3) 적용시기 및 적용례

○ 2019. 1. 1. 이후 소기업·소상공인 공제에 가입하는 경우부터 적용

제**86**조의**4**

연금계좌세액공제 등

1 | 의 의

본조는 50세 이상 거주자들이 연금계좌(연금저축계좌와 퇴직연금계좌) 세액공제 혜택을 더 많이 받을 수 있도록 함으로써 노후 대비를 지원할 목적으로 2019년 12월 31일 조특법 개정시 신설되었다.

2 | 요 건

① 종합소득이 있을 것
② 해당 과세기간에 이자소득등의 종합과세기준금액[1]이 2천만원을 초과하지 않을 것
③ 50세 이상인 거주자일 것
④ 일몰기한 : 2022년 12월 31일까지

3 | 과세특례의 내용

연금계좌 중 연금저축계좌에 납입한 금액이 연 600만원[2]을 초과하는 경우에는 그 초과하는 금액은 없는 것으로 하고, 연금저축계좌에 납입한 금액 중 600만원 이내의 금액과 퇴직연금계좌에 납입한 금액을 합한 금액이 연 900만원[3]을 초과하는 경우에는 그 초과하는 금액은 없는 것으로 하되, 해당 과세기간에 종합소득과세표준을 계산할 때 합산하는 종합소득금액이 1억원 초과(근로소득만 있는 경우에는 총급여액 1억2천만원 초과)인 거주자에 대해서는 연금계좌

---

1) 「소득세법」 제14조 제3항 제6호
2) 소득세법상 금액은 연 400만원임[소득세법 제59조의3(연금계좌세액공제)]
3) 소득세법상 금액은 연 700만원임[소득세법 제59조의3(연금계좌세액공제)]

중 연금저축계좌에 납입한 금액이 연 300만원을 초과하는 경우에는 그 초과하는 금액은 없는 것으로 하고, 연금저축계좌에 납입한 금액 중 300만원 이내의 금액과 퇴직연금계좌에 납입한 금액을 합한 금액이 연 700만원을 초과하는 경우에는 그 초과하는 금액은 없는 것으로 한다.

제87조

주택청약종합저축 등에 대한 소득공제 등

1 │ 의 의

무주택 근로자·서민의 내집 마련과 장기주택금융시장의 활성화 지원을 위해 일정한 요건을 갖춘 무주택자가 가입한 장기주택마련저축의 이자 및 배당소득에 대하여는 소득세를 비과세하고, 주택마련저축 가입자가 근로자인 경우에는 납입액을 해당 연도의 근로소득금액에서 공제한다. 장기주택마련저축 비과세는 2012. 12. 31.자로 적용기한이 종료되고 비과세 재형저축(조특법 §91의14)이 신설되었으나, 주택마련저축 소득공제는 여전이 존치되어 운영되고 있다.

한편, 부동산가격 상승, 청년 고용요건 악화 등으로 내집 마련이 어려운 청년의 주거복지 및 자산형성 지원의 필요성이 대두됨에 따라 2018. 12. 24. 법 개정시 청년우대형주택청약 종합저축 이자소득 비과세를 신설하였다. 즉, 기존 주택청약종합저축의 청약 기능과 소득공제 혜택은 그대로 유지하면서 이자소득 비과세 혜택을 추가적으로 제공하여 청년우대형주택청약 종합저축의 재형 기능을 강화한 것이다. 다만, 본 제도의 남용을 방지하기 위해 이자소득 비과세 혜택은 저소득·무주택 세대주인 청년에 한정하였다.

2 │ 과세특례의 내용

2-1. 장기주택마련저축의 이자·배당소득 비과세

다음의 요건을 모두 갖춘 장기주택마련저축("장기주택마련저축")으로서 2012. 12. 31.까지 가입한 저축의 이자소득과 배당소득에 대하여는 소득세를 부과하지 아니한다(조특법 §87①).
① 가입대상이 만 18세 이상의 거주자로서 가입 당시 다음의 어느 하나에 해당할 것
  ㉠ 주택을 소유하지 아니한 대통령령으로 정하는 세대1)의 세대주

---

1) "대통령령으로 정하는 세대"란 거주자와 그 배우자, 거주자와 동일한 주소 또는 거소에서 생계를 같이하는 거주자와

ⓛ 주택의 기준시가가 5천만원 이하인 주택 또는 국민주택규모의 주택2)(주택에 부수되는 토지를 포함하며, 그 부수되는 토지가 건물이 정착된 면적에 지역별로 정하는 배율3)을 곱하여 산정한 면적을 초과하는 경우 해당 주택은 제외한다)4)으로서 기준시가가 3억원 이하인 주택을 한 채만 소유한 세대의 세대주(조특령 §81①·②)

② 다음의 요건을 모두 갖춘 저축일 것(조특령 §81③)

㉠ 금융기관5)이 취급하는 저축으로서 소득세가 비과세되는 장기주택마련저축임이 표시된 통장에 의하여 거래되는 것일 것

㉡ 분기마다 300만원 이내(모든 금융기관에 가입한 저축의 합계액을 말한다)에서 납입할 것. 이 경우 해당 분기 이후의 저축금을 미리 납입하거나 해당 분기 이전의 납입금을 후에 납입할 수 없으나 보험 또는 공제의 경우에는 최종 납입일이 속하는 달의 말일부터 2년 2개월이 지나기 전에는 그동안의 저축금을 납입할 수 있다.

㉢ 저축계약기간이 7년 이상이고 해당 기간에 원금이나 이자 등의 인출이 없을 것

2-2. 주택청약종합저축 납입액에 대한 근로소득공제

2-2-1. 공제 금액

근로소득이 있는 거주자(일용근로자 제외)로서 해당 과세기간의 총급여액이 7천만원 이하이며 해당 과세기간 중 주택을 소유하지 아니한 세대의 세대주가 2025. 12. 31.까지 해당 과세기간에 주택청약종합저축에 납입한 금액(연 240만원을 납입한도로 하며, 소득공제 적용 과세기간6) 이후에 납입한 금액만 해당한다)의 40%를 해당 연도의 근로소득금액에서 공제한다. 다만, 과세기간 중에 주택에 당첨되거나 청년우대형주택청약종합저축에 가입한 이유로 주택청약종합저축을 중도해지한 경우에는 해당 과세기간에 납입한 금액은 공제하지 아니한다(조특법 §87②, 조특령 §81⑬).

그 배우자의 직계존비속(그 배우자를 포함한다) 및 형제자매를 모두 포함한 세대를 말한다. 다만, 거주자와 그 배우자는 생계를 달리하더라도 동일한 세대로 보며 거주자와 배우자가 각각 세대주인 경우에는 어느 한명만 세대주로 본다(조특령 §81⑩).

2) 이하 "국민주택규모의 주택"이라 한다.

3) 제1항에서 "지역별로 정하는 배율"이란 다음의 배율을 말한다(조특령 §81②).
   1. 「국토의 계획 및 이용에 관한 법률」 제6조 제1호에 따른 도시지역(이하 "도시지역"이라 한다) 안의 토지 : 5배
   2. 도시지역 밖의 토지 : 10배

4) 이 경우 해당 주택이 다가구주택인 때에는 가구당 전용면적을 기준으로 판정한다.

5) 「금융실명거래 및 비밀보장에 관한 법률」 제2조 제1호 각 목의 어느 하나에 해당하는 금융기관

6) 조특법 제87조 제3항

2-2-2. 공제 한도

본 저축납입액에 대한 소득공제와 「소득세법」 제52조 제4항에 따라 공제한 금액의 합계액이 연 400만원을 초과하는 경우 그 초과하는 금액은 해당 연도의 근로소득금액에서 공제하지 아니하며, 본 저축납입액에 대한 소득공제와 「소득세법」 제52조 제4항부터 제6항까지에 따라 공제한 금액의 합계액이 연 500만원(「소득세법」 제52조 제5항에 따른 장기주택저당차입금이 같은 조 제6항 각 호의 요건에 해당하는 경우에는 각각의 공제한도액)을 초과하는 경우에는 그 초과하는 금액은 해당 연도의 근로소득금액에서 공제하지 아니한다. 이 경우 세대주인지 여부는 과세기간 종료일 현재를 기준으로 판단한다(조특법 §87⑤).

2-3. 청년우대형주택청약종합저축의 이자소득 비과세

다음의 요건을 모두 갖춘 청년우대형주택청약종합저축("청년우대형주택청약종합저축")에 2023. 12. 31.까지 가입하는 경우 해당 저축에서 발생하는 이자소득의 합계액에 대해서는 500만원까지 소득세를 부과하지 아니한다. 이 경우 비과세를 적용받을 수 있는 납입금액은 모든 금융회사에 납입한 금액을 합하여 연 600만원을 한도로 한다(조특법 §87③).

① 가입일 현재 19세 이상 34세 이하인 청년[7]에 해당하고 주택을 소유하지 아니하는 세대의 세대주로서 다음의 어느 하나에 해당하는 거주자를 가입대상으로 할 것

㉮ 직전 과세기간의 총급여액이 3천6백만원 이하인 근로소득자(직전 과세기간에 근로소득만 있거나 근로소득 및 종합소득과세표준에 합산되지 아니하는 종합소득이 있는 자로 한정하고, 비과세소득만 있는 자는 제외한다)

㉯ 직전 과세기간의 종합소득과세표준에 합산되는 종합소득금액이 2천6백만원 이하인 자(직전 과세기간의 총급여액이 3천6백만원을 초과하는 근로소득이 있는 자 및 비과세소득만 있는 자는 제외한다)

② 계약기간이 2년 이상일 것

---

7) 조특령 제27조 제1항 제1호 각 목의 어느 하나에 해당하는 병역을 이행한 경우에는 그 기간(6년을 한도로 한다)을 청년우대형주택청약종합저축 가입일 현재 연령에서 빼고 계산한 연령이 34세 이하인 사람을 포함한다(조특령 §81⑭).

3 | 절 차

3-1. 무주택 확인서의 제출 등

주택청약종합저축에 납입한 금액에 대하여 소득공제를 적용받거나 청년우대형주택청약 종합저축의 이자소득에 대한 비과세를 적용받으려는 사람은 해당 저축 취급기관에 주택을 소유하지 아니한 세대의 세대주임을 확인하는 서류("무주택 확인서")를 다음의 구분에 따른 시기에 제출하여야 한다(조특법 §87④).

① 주택청약종합저축에 대한 근로소득공제를 적용받으려는 경우에는 소득공제를 적용 받으려는 과세기간("소득공제 적용 과세기간")의 다음 연도 2월 말까지

② 청년우대형주택청약종합저축의 이자소득에 대한 비과세를 적용받으려는 경우에는 저축가입 후 2년 이내

또한 청년우대형주택청약종합저축에서 발생하는 이자소득에 대한 비과세를 적용받으려는 거주자는 해당 저축을 가입하는 때에 다음의 자료를 저축 취급기관에 제출해야 한다(조특령 §81⑮).

① 세무서장으로부터 발급받은 소득확인증명서. 다만, 가입일이 속하는 과세기간의 직전 과세기간에 사업소득 또는 근로소득이 최초로 발생하여 소득확인증명서로 무주택 청년 세대주 요건[8]을 갖추었는지 여부를 확인하기 어려운 경우에는 소득확인증명서 대신 사업소득·근로소득의 지급확인서, 사업자등록증명원 또는 원천징수영수증을 제출할 수 있다.

② 병역복무기간을 증명하는 서류(가입일 현재 연령이 35세 이상인 경우로 한정)

---

8) 조특법 제87조 제3항 제1호 각 목

3-2. 장기주택마련저축의 가입대상의 확인과 관리

│ 장기주택마련저축 가입요건의 검증절차도 │

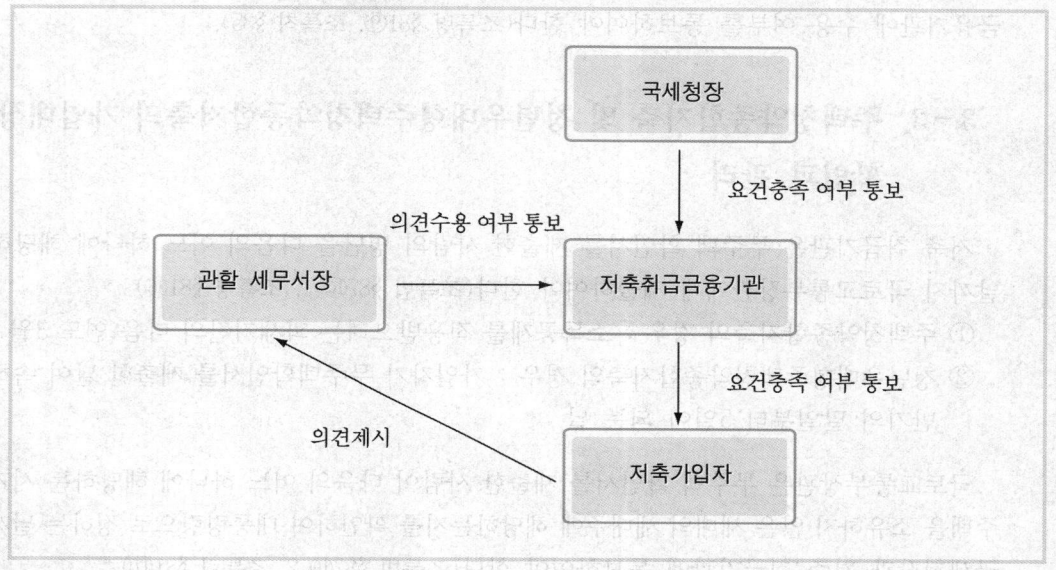

국세청장은 장기주택마련저축의 가입자가 가입 당시 이자·배당소득 비과세 요건을 갖추었는지를 확인하여 저축가입일이 속하는 달의 말일부터 6개월 이내에 저축취급 금융기관에 통보하여야 한다(조특법 §87⑨ 1, 조특령 §81⑧).

국세청장은 장기주택마련저축의 가입자가 장기주택마련저축의 계약일부터 7년이 되는 날이 속하는 과세연도 종료일과 해당 과세연도 이후 매 3년이 되는 과세연도 종료일 현재 이자·배당소득 비과세 요건(기준시가 3억원 이하인 주택인지 여부는 제외한다)을 모두 갖추었는지를 확인하여 저축취급 금융기관에 통보하여야 한다. 이 경우 이자·배당소득 비과세 요건(기준시가 3억원 이하인 주택인지 여부는 제외한다) 중 어느 하나에 해당되지 아니한 경우에는 그 통보를 받은 날에 저축을 해지한 것으로 보되 기 감면받은 세액은 추징하지 아니한다[9] (조특법 §87⑨ 2).

국세청장이 저축 취급기관에 통보한 내용에 이의가 있으면 장기주택마련저축 또는 청년우대형주택청약종합저축의 가입자는 해당 저축 취급기관이 국세청장에게서 통보를 받은 날(국세청장으로부터 통보를 받은 저축취급 금융기관은 통보를 받은 날부터 14일 이내에 해당 가입자에게 그 내용을 알려야 한다)부터 2개월 이내에 납세지 관할 세무서장에게 의견서를 제출(제출한

---

9) 또한 추징세액을 기한까지 납부하지 아니하거나 납부하여야 할 세액에 미달하게 납부한 경우에도 가산세를 부과하지 아니한다.

사실을 해당 저축취급 금융기관에 알려야 하며, 해당 가입자가 사망, 해외장기출장, 그 밖의 부득이한 사유로 위 기간 내에 의견서를 제출하지 못한 경우에는 그 사유가 끝난 날부터 7일 이내에 의견서를 제출할 수 있다)하고 납세지 관할 세무서장은 의견제시를 받은 날부터 14일 이내에 저축취급 금융기관에 수용 여부를 통보하여야 한다(조특령 §81⑨, 조특칙 §35).

3-3. 주택청약종합저축 및 청년우대형주택청약종합저축의 가입대상의 확인과 관리

저축 취급기관은 무주택 확인서를 제출한 사람의 명단을 다음의 어느 하나에 해당하는 날까지 국토교통부장관에게 제출하여야 한다(조특법 §87⑩ 1, 조특령 §81⑯).
① 주택청약종합저축의 경우 : 소득공제를 적용받으려는 과세기간의 다음 연도 3월 5일
② 청년우대형주택청약종합저축의 경우 : 가입자가 무주택확인서를 제출한 날이 속하는 반기의 말일부터 5일이 되는 날

국토교통부장관은 무주택 확인서를 제출한 사람이 다음의 어느 하나에 해당하는 시기에 주택을 소유하지 않은 세대의 세대주에 해당하는지를 확인하여 대통령령으로 정하는 날까지 국세청장과 저축 취급기관에 통보하여야 한다(조특법 §87⑩ 2, 조특령 §81⑰).
① 주택청약종합저축의 경우 : 소득공제를 적용받으려는 과세기간 중
② 청년우대형주택청약종합저축의 경우 : 가입일 현재

여기서 "대통령령으로 정하는 날"이란 다음의 어느 하나에 해당하는 날을 말한다(조특령 §81⑱).
① 주택청약종합저축의 경우 : 소득공제를 적용받으려는 과세기간의 다음 연도 4월 30일
② 청년우대형주택청약종합저축의 경우 : 가입자가 무주택확인서를 제출한 날이 속하는 반기의 말일부터 2개월이 되는 날

한편, 국세청장은 청년우대형주택청약종합저축의 가입자가 조특법 제87조 제3항 제1호 각 목의 요건을 갖추었는지를 확인하여 청년우대형주택청약종합저축 가입연도(해당 가입자에 대하여 「소득세법」 제80조에 따른 결정 또는 경정이 있는 경우에는 결정 또는 경정이 있는 해당 연도)의 다음 연도 2월 말일까지 저축 취급기관에 통보하여야 한다(조특법 §87⑩ 3, 조특령 §81⑲). 저축 취급기관은 조특법 제87조 제10항 제3호에 따라 청년우대형주택청약종합저축 가입자가 같은 조 제3항 제1호의 요건을 갖추지 못한 것으로 통보받은 경우에는 그 사실을 가입자에게 통보해야 한다(조특령 §81⑳).

4 │ 사후관리

4-1. 이자 · 배당소득 감면세액의 추징

장기주택마련저축 또는 청년우대형주택청약종합저축의 계약을 체결한 자가 해당 저축의 계약일부터 다음의 구분에 따른 기간 이내에 원금이나 이자 등을 인출하거나 계약을 해지한 경우 그 저축을 취급하는 금융기관은 이자소득과 배당소득에 대하여 소득세가 부과되지 아니함으로써 감면받은 세액을 추징[10]하여야 한다. 다만, 저축자의 사망, 해외이주 또는 대통령령으로 정하는 사유로 저축계약을 해지하는 경우[11]에는 그러하지 아니하다(조특법 §87⑥).

① 장기주택마련저축 : 7년
② 청년우대형주택청약종합저축 : 2년

여기서 "대통령령으로 정하는 사유"란 해지 전후 3개월 이내에 주택을 취득한 경우(장기주택마련저축에 한정한다)와 「주택법」에 따른 사업계획승인을 받아 건설되는 국민주택규모의 주택에 청약하여 당첨된 경우(청년우대형주택청약종합저축에 한정한다) 및 해지 전 6개월 이내에 발생한 다음의 어느 하나에 해당하는 사유를 말한다(조특령 §81⑥).

① 천재지변   ② 저축자의 퇴직   ③ 사업장의 폐업
④ 저축자의 3개월 이상의 입원치료 또는 요양을 요하는 상해 · 질병의 발생
⑤ 저축취급기관의 영업의 정지, 영업인가 · 허가의 취소, 해산결의 또는 파산선고

4-2. 저축의 소득공제 감면세액 추징

주택청약종합저축 납입액에 대하여 소득공제를 받은 사람이 다음의 어느 하나에 해당하는 경우 해당 저축 취급기관은 소득공제 적용 과세기간 이후에 납입한 금액(연 240만원을 한도로 한다)의 누계액에 100분의 6을 곱하여 계산한 금액("추징세액")을 해당 저축을 해지하는 때에 해당 저축금액에서 추징하여 해지일이 속하는 달의 다음 달 10일까지 원천징수 관할 세무서장에게 납부하여야 한다. 다만, 소득공제를 받은 사람이 해당 소득공제로 감면받은

---

10) 조특법 §146의2에 따라 추징

11) 법 제87조 제6항 각 호 외의 부분 단서에 따른 사유가 발생하여 장기주택마련저축 또는 청년우대형주택청약종합저축을 해지하려는 자는 기획재정부령으로 정하는 특별해지사유신고서를 해당 저축 취급기관에 제출하여야 한다. 이 경우 해지 후 3개월 이내 주택 취득을 사유로 장기주택마련저축을 해지하는 경우에는 해당 저축을 해지하는 때에 이자소득과 배당소득에 대하여 소득세가 부과되지 아니함으로써 감면받은 세액에 해당하는 금액을 추징하되, 주택 취득 후 1개월 이내에 기획재정부령으로 정하는 환급신청서를 해당 장기주택마련저축 취급기관에 제출하는 경우 추징된 세액을 환급한다(조특령 §81⑦).

세액이 추징세액에 미달하는 사실을 증명하는 경우에는 실제로 감면받은 세액 상당액을 추징한다(조특법 §87⑦).

① 저축 가입일부터 5년 이내에 저축계약을 해지하는 경우. 다만, 저축자의 사망, 해외이주 또는 대통령령으로 정하는 사유로 저축계약을 해지12)하는 경우는 제외한다.

여기서 "대통령령으로 정하는 사유"란 다음의 어느 하나에 해당하는 경우를 말한다(조특령 §81⑪).

㉠ 「주택법」에 따른 사업계획승인을 받아 건설되는 국민주택규모의 주택에 청약하여 당첨된 경우

㉡ 해지 전 6개월 이내에 발생한 조특령 제81조 제6항 각 호13)의 어느 하나에 해당하는 경우

㉢ 주택청약종합저축 가입자가 청년우대형주택청약종합저축에 가입하기 위해 주택청약종합저축을 해지하는 경우

② 「주택법」에 따른 사업계획승인을 받아 건설되는 국민주택규모를 초과하는 주택에 청약하여 당첨된 경우

4 - 3. 가산세의 납부

위 4 - 1. 및 4 - 2.에 따른 추징세액을 기한까지 납부하지 아니하거나 납부하여야 할 세액에 미달하게 납부한 경우 저축 취급기관은 그 납부하지 아니한 세액 또는 미달한 세액의 100분의 10에 해당하는 금액을 추징세액에 가산하여 원천징수 관할 세무서장에게 납부하여야 한다(조특법 §87⑧).

---

12) 법 제87조 제7항 제1호 단서에 따른 사유가 발생하여 주택청약종합저축을 해지하려는 사람은 기획재정부령으로 정하는 특별해지사유신고서를 해당 주택청약종합저축 취급기관에 제출하여야 한다(조특령 §81⑫).

13) 4 - 1. 참고

5 │ 관련사례

구 분	내 용
저축계약 해지 전 3개월 이내에 주택 취득	「조세특례제한법」 제87조 제5항 단서 및 같은 법 시행령 제81조 제6항에서 "대통령령으로 정하는 사유" 중 '해지 전 3개월 이내에 주택을 취득한 경우'에 있어서 해당 사유의 주택이란 가입자 본인 소유의 주택을 말하는 것임(서면1팀-839, 2008. 6. 17.).
중도 인출이 가능한 저축	「조세특례제한법」 제87조 규정의 장기주택마련저축은 같은법 시행령 제81조 제1항 각호의 요건을 모두 갖춘 저축을 말하는 것으로 저축가입자가 가입 당시 거래약관에 의해 저축계약기간 동안 원금이나 이자 등의 중도 인출이 가능한 저축은 동 규정에 의한 장기주택마련저축에 해당하지 아니하는 것임(서면1팀-1350, 2006. 9. 26.).
요 건	「조세특례제한법」 제87조 제1항의 규정에 의하여 이자소득에 대한 소득세가 과세되지 않는 장기주택마련저축은 동법 시행령 제81조 제1항의 규정에 따라 만 18세 이상의 세대주로서 무주택자이거나 국민주택규모 이하의 주택으로서 가입 당시 「소득세법」 제99조 제1항의 규정에 따른 주택의 기준시가가 3억원 이하인 1주택 소유자가 가입할 수 있는 것이며, 이 경우 가구원의 주택 소유 여부와 소유한 주택의 규모 등은 세대주의 가입자격을 판단함에 있어서 영향을 주지 않음(재소득-182, 2006. 3. 9.).
계약기간 만료일 이후 발생하는 이자소득	「조세특례제한법」 제87조에서 규정하는 장기주택마련저축의 계약기간 만료일까지 발생하는 이자소득에 대하여는 소득세가 부과되지 아니하는 것이나 계약기간 만료일 이후 발생하는 이자소득에 대하여는 소득세가 부과되는 것임(재소득-242, 2004. 6. 25.).

6 │ 주요 개정연혁

1. 주택청약종합저축에 대한 소득공제 적용기한 연장(조특법 §87②)

(1) 개정내용

종 전	개 정
□ 주택청약종합저축 소득공제 　○ (대상) 　　－ 무주택 세대주 　　－ 총급여액 7,000만원 이하인 근로소득자* 　　* 직전 3개연도 중 1회 이상 금융소득종합과세 대상자 제외 　○ (세제지원) 납입액의 40%를 종합소득금액에서 공제 　　－ (납입한도) 연 240만원 　○ (적용기한) 2022. 12. 31.	□ 적용기한 연장 　○ (좌 동) 　○ 2025. 12. 31.

(2) 개정이유

○ 무주택 근로자의 주택 마련 지원

2. 금융상품 관련 과세특례 소득요건 정비(조특법 §87③, §91의20①, §91의21①)

(1) 개정내용

종 전	개 정
□ 금융상품 관련 과세특례	□ 과세특례 소득요건 정비
❶ 청년우대형주택청약종합저축 이자소득 비과세 특례 – (소득요건) • 총급여액 3,600만원 이하인 근로소득자 • 종합소득금액 2,600만원 이하인 사업소득자	❶ 종합소득금액 요건 정비 – (소득요건) • (좌 동) • 종합소득금액 2,600만원 이하인 자
❷ 청년형 장기펀드 소득공제, 청년희망적금 이자소득 비과세 – (소득요건) • (장기펀드) 총급여액 5천만원 또는 종합소득금액 3,500만원 이하 • (희망적금) 총급여액 3,600만원 또는 종합소득금액 2,600만원 이하 〈추 가〉	❷ 비과세소득만 있는 자 제외 – (소득요건) • (좌 동) • (좌 동) ※ 단, 비과세소득만 있는 자는 제외

(2) 개정이유

○ 소득요건 합리화

3. 청년우대형주택청약종합저축 이자소득 비과세 신설(조특법 §87, 조특령 §81)

(1) 개정내용

종 전	개 정

〈신 설〉	□ 청년우대형주택청약종합저축 이자소득 비과세
	
	○ (가입대상) 다음 요건을 모두 충족하는 경우
	  – 무주택세대주인 청년(19~34세 이하, 병역기간 별도 인정)
	  – 연간 총급여 3천만원(종합소득금액 2천만원) 이하
	
	○ (의무가입기간) 2년
	
	○ (비과세 한도) 이자소득 500만원(가입기간 전체 기준)
	  * 비과세 적용 납입한도 : 연 600만원
	
	○ (적용기한) 2021. 12. 31.까지 가입분
	  ※ 요건충족시 주택청약종합저축에 대한 근로소득공제도 적용
	
	○ (부득이한 중도해지 사유) 국민주택규모의 주택에 청약하여 당첨, 6개월 이내에 발생한 천재지변, 퇴직, 폐업, 3개월 이상의 입원 또는 요양을 요하는 상해·질병, 저축취급기관의 영업정지·파산
	  * 기존 주택청약종합저축의 부득이한 중도해지 사유와 동일
	  ※ 부득이한 중도해지 사유가 있을 때에는 기획재정부령으로 정하는 특별해지사유신고서를 저축 취급기관에 제출
	
	○ (무주택세대주 여부 확인)
	  – 저축 취급기관은 무주택확인서 제출자 명단을 가입자가 무주택확인서를 제출한 날이 속하는 반기의 말일부터 5일이 되는 날까지 국토부장관에게 제출
	  – 국토부장관은 가입자가 가입일 현재 무주택세대주인지를 확인하여 무주택확인서를 제출한 날이 속하는 반기의 말일부터 2개월이 되는 날까지 국세청장과 저축 취급기관에 통보
	  ※ 저축 취급기관은 무자격자의 감면세액 추징
	
	○ (소득기준* 충족 여부 확인) 국세청장은 가입자의 소득기준 충족 여부를 확인하여 가입연도의 다음 연도 2월 말일까지 저축 취급기관에 통보
	  * 총급여 3천만원 이하 근로소득자, 종합소득금액 2천만원 이하 사업소득자
	  ※ 저축 취급기관은 무자격자의 감면세액 추징
	
	○ (증명서류 제출)
	  – 청년우대형주택청약종합저축 가입용 소득확인증명서(기획재정부령 신설)
	  * 다만, 소득확인증명서로 요건충족 여부를 확인하기 어려운 경우 사업소득·근로소득 지급확인서 등 제출 가능
	  – 병적증명서(35세 이상의 경우)

(2) 개정이유

○ 저소득 청년의 주거복지 및 자산형성 지원

(3) 적용시기 및 적용례

○ 2019. 1. 1. 이후 지급하는 소득분부터 적용

(증명서류 제출은 영 시행일 이후 가입하는 분부터 적용)

4. 주택청약종합저축 무주택확인서 제출기한 연장(조특법 §87)

(1) 개정내용

종 전	개 정
□ 주택청약종합저축 납입금액의 40% 근로소득공제	
○ 대상 : 총급여 7천만원 이하 무주택세대주	○ (좌 동)
○ 요건 : 무주택확인서 제출	○ 무주택확인서 제출기한 연장
− (제출기한) 해당 과세연도	− 해당 과세연도의 다음 연도 2월말까지 제출

(2) 개정이유

○ 납세 편의 제고

(3) 적용시기 및 적용례

○ 2016. 1. 1. 이후 제출하는 분부터 적용

농어가목돈마련저축에 대한 비과세

1 의 의

농어가목돈마련저축은 농어민의 안정된 생활기반 조성 및 농·수산자금 공급 증대를 위하여 도입된 저축으로, 농어민 1인당 연간 144만원 한도로 불입할 수 있다. 농어가목돈마련저축은 소득세·증여세·상속세가 비과세될 뿐만 아니라 연간 1.5~9.6%의 저축장려금이 지급되므로 농어민의 재산형성을 위한 중요한 저축수단으로 기능하고 있다.

2 요건 및 과세특례의 내용

농어민이 「농어가목돈마련저축에 관한 법률」에 따른 농어가목돈마련저축에 2025. 12. 31.까지 가입한 경우 해당 농어민 또는 그 상속인이 저축계약기간이 만료되거나 가입일부터 1년 이후 다음의 어느 하나에 해당하는 사유로 저축을 해지하여 받는 이자소득과 저축장려금에 대해서는 소득세·증여세 또는 상속세를 부과하지 않는다.

① 농어민이 사망한 때

② 농어민이 해외로 이주한 때

③ 천재지변이 발생한 때

④ 농어민이 상해·폐질 등으로 노동력을 상실하여 매월 납입하는 저축의 경우는 저축금액을 계속하여 6개월 이상, 매 분기·매 반년 납입하는 저축의 경우는 저축금액을 계속하여 1년 이상 납입하지 못하는 경우(조특령 §81의2)

⑤ 5년 만기 저축에 가입하여 3년 이상 저축을 한 농어민이 계약을 해지하는 경우(조특령 §81의2)

⑥ 병충해·설해·풍해·수해 또는 가격하락 등으로 소득이 감소되어 정부의 소득세 감면대상으로 지정되거나 정부보조금의 지급대상으로 지정된 사람이 계약을 해지하는 경우(조특령 §81의2)

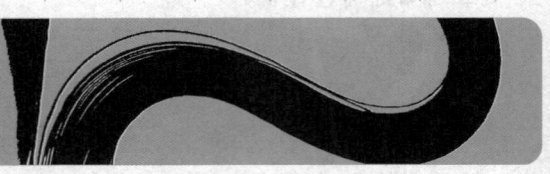

부동산집합투자기구등 집합투자증권의 배당소득에 대한 과세특례

1 | 의 의

부동산집합투자기구·부동산투자회사는 「자본시장과 금융투자업에 관한 법률」 및 「부동산투자회사법」에 따라 집합투자재산의 일정비율(부동산집합투자기구는 100분의 50 이상, 부동산투자회사는 100분의 70 이상)을 부동산에 투자하는 투자기구이다. 전월세시장 안정화를 위한 세제지원을 위하여 임대주택에 투자하는 집합투자기구 등의 주식 또는 수익증권으로부터의 배당소득의 과세특례가 2011년 신설되었다.

2013. 1. 1. 법 개정시 임대주택 투자 활성화를 지원하기 위하여 세제지원 대상 액면가액 기준을 1억원에서 3억원으로 완화[1]하였다.

2 | 과세특례 내용 : 배당소득에 대한 저율분리과세

거주자가 임대주택에 투자하는 부동산집합투자기구등으로부터 2018. 12. 31.까지 받는 부동산집합투자기구등별 액면가액 합계액이 2억원 이하인 보유주식 또는 수익증권(이하 "집합투자증권"이라 한다)의 배당소득은 「소득세법」 제14조 제2항에 따른 종합소득과세표준에 합산하지 아니한다. 이 경우 부동산집합투자기구등별 액면가액 합계액이 5천만원 이하인 집합투자증권의 배당소득에 대해서는 「소득세법」 제129조에도 불구하고 5%의 세율을 적용한다.

---

1) 2013. 1. 1. 이후 지급받는 소득분부터 적용

3 │ 요 건

3-1. 부동산집합투자기구등의 범위

「자본시장과 금융투자업에 관한 법률」에 따른 부동산집합투자기구(집합투자재산의 100분의 50 이상을 같은 법 제229조 제2호에서 정한 부동산에 투자하는 같은 법 제9조 제19항에 따른 사모집합기구를 포함한다) 또는 「부동산투자회사법」에 따른 부동산 투자회사("부동산집합투자기구등")로서 부동산집합투자기구등별 액면가액 합계액 2억원 이하 보유주식 또는 수익증권("집합투자증권")을 말한다(조특법 §87의6①).

3-2. 임대주택에 투자할 것 : 임대주택의 범위

「민간임대주택에 관한 특별법」 제2조에 따른 민간임대주택과 「공공주택 특별법」 제2조 제1호 가목에 따른 공공임대주택에 해당하는 주택으로서 해당 주택 및 부수토지의 기준시가의 합계액이 취득당시 6억원 이하이고, 주택의 연면적(공동주택의 경우에는 전용면적)이 149제곱미터 이하인 임대주택에 투자하여야 한다(조특법 §87의6①, 조특령 §81의3①).

3-3. 임대주택에 대한 투자비율

자산총액 중 임대주택에 100분의 50 이상의 비율로 투자하여야 하며, 투자비율은 부동산집합투자기구등의 설정일 또는 설립일(부동산투자회사의 경우 영업인가일을 말하며, 설정일·설립일 또는 영업인가일 이후 결산·분배가 있었던 경우에는 직전 결산·분배일 다음 날을 말한다) 이후 결산·분배일까지 다음 계산식에 따른 매일의 비율을 합산하여 해당 기간의 총 일수로 나누어 계산한다. 이 경우 부동산집합투자기구등의 설정일·설립일 또는 영업인가일부터 최초 3개월 및 해지일 또는 해산일 이전 3개월은 제외하고 계산한다(조특령 §81의3②·③).

$$\frac{\text{부동산집합투자기구등이 임대주택에 투자한 자산 또는 자금의 총액 + 부동산집합투자기구등이 다른 부동산집합투자기구등을 통하여 임대주택에 투자한 자산 또는 자금의 총액}}{\text{부동산집합투자기구등의 자산총액}}$$

4 | 절 차

4-1. 집합투자증권이 예탁된 경우 원천징수

집합투자증권이 투자매매업자 또는 투자중개업자에게 전자등록되거나 예탁된 경우 부동산집합투자기구등은 그 배당소득을 지급하기로 결정한 후 즉시 집합투자증권보유자별·투자매매업자별·투자중개업자별 분리과세대상소득의 명세를 직접 또는 전자등록기관 또는 한국예탁결제원을 통하여 집합투자증권 보유자가 위탁매매하는 투자매매업자 또는 투자중개업자에게 통지하여야 하며, 통지받은 투자매매업자 또는 투자중개업자는 통지받은 내용에 따라 원천징수하여야 한다.

4-2. 집합투자증권이 예탁되지 않은 경우 원천징수

집합투자증권이 투자매매업자 또는 투자중개업자에게 예탁되어 있지 아니한 경우에는 그 부동산집합투자기구등은 직접 또는 그 부동산집합투자기구등의 명의개서대행기관을 통하여 집합투자증권 보유자별로 분리과세 대상소득을 구분하여 원천징수하여야 한다.

4-3. 원천징수의무자의 소득분리과세명세서 제출

원천징수의무자는 부동산집합투자기구등의 배당소득을 지급할 때 그 배당소득을 지급하는 날이 속하는 분기의 종료일의 다음 달 말일까지 부동산집합투자기구등 배당소득분리과세명세서를 원천징수 관할 세무서장에게 제출하여야 한다.

5 │ 주요 개정연혁

1. 임대주택펀드 분리과세 적용기한 연장 및 재설계(조특법 §87의6)

(1) 개정내용

종 전	개 정
□ 임대주택펀드 집합투자증권 배당소득 분리과세 ㅇ (세율) 투자기구별 － 액면가액 3억원 이하분 : 5% － 액면가액 3억원 초과분 : 14% ㅇ 적용기한 : 2014. 12. 31.	□ 적용기한 연장 및 한도 신설 － 5천만원 이하분 : 5% － 5천만원 초과 2억원 이하분 : 14% ㅇ 적용기한 : 2016. 12. 31.

(2) 개정이유

ㅇ 민간 임대주택공급 세제지원을 합리적으로 재설계

(3) 적용시기 및 적용례

ㅇ 2015. 1. 1. 이후 배당받는 분부터 적용

공모부동산집합투자기구의 집합투자증권의 배당소득 등에 대한 과세특례

1 | 의 의

본조는 거주자가 공모 부동산투자회사·부동산집합투자기구의 집합투자증권에 투자하는 경우 투자일부터 3년 이내에 거주자별 투자금액 합계액 5천만원 이내에서 지급받는 배당소득에 대해서 100분의 9의 세율로 분리과세하는 제도로서 2019년말 조특법 개정시 신설되었다.[1]

2 | 과세특례 내용 : 배당소득에 대한 분리과세

거주자가에 2023년 12월 31일까지 투자하는 경우 해당 거주자가 보유하고 있는 공모부동산 집합투자기구의 집합투자증권(지분증권 또는 수익증권) 중 거주자별 투자금액의 합계액이 5천만원을 초과하지 않는 범위에서 지급받는 배당소득(투자일부터 3년 이내에 지급받는 경우에 한정한다)에 대해서는 종합소득과세표준에 합산하지 아니하고 100분의 9의 세율을 적용한다 (조특법 §87의7①).

3 | 요 건

3-1. 공모부동산집합투자기구 범위

① 「자본시장과 금융투자업에 관한 법률」 제229조 제2호에 따른 부동산집합투자기구 (사모집합투자기구 제외)
② 「부동산투자회사법」 제49조의3 제1항에 따른 공모부동산투자회사

---

1) 본조는 2020년 1월 1일 이후 최초로 배당소득을 지급받는 분부터 적용한다(법률 제16835호, 2019. 12. 31. 부칙 §23).

③ 집합투자재산의 투자액 전부를 위 ① 또는 ②에 투자(투자대기자금의 일시적인 운용 등을 위한 경우 제외[2])하는 「자본시장과 금융투자업에 관한 법률」 제9조 제18항에 따른 집합투자기구(같은 법 제9조 제19항에 따른 사모집합투자기구를 제외한다) 및 「부동산투자회사법」 제49조의3 제1항에 따른 공모부동산투자회사

4 │ 절 차 등

4-1. 공모부동산집합투자기구의 집합투자증권의 내역 제출 등

배당소득에 대한 분리과세를 적용받으려는 거주자는 공모부동산집합투자기구의 집합투자증권의 내역을 해당 거주자가 매매를 위탁한 투자매매업자 또는 투자중개업자(공모부동산집합투자기구의 집합투자증권이 예탁되어 있지 아니한 경우에는 해당 공모부동산집합투자기구로 한다)에게 제출하여야 한다(조특법 §87의7②).

한편, 본조의 과세특례를 적용받으려는 자는 특례적용신청서를 해당 거주자가 매매를 위탁한 투자매매업자 또는 투자중개업자(공모부동산집합투자기구의 집합투자증권이 예탁되어 있지 않은 경우에는 해당 공모부동산집합투자기구)에게 제출해야 한다(조특령 §81의4②).

4-2. 원천징수

원천징수의무자(투자매매업자·투자중개업자 또는 공모부동산집합투자기구)는 분리과세를 적용받는 배당소득을 구분하여 원천징수하여야 한다(조특법 §87의7③).

4-3. 추징

원천징수의무자는 거주자가 투자일부터 3년이 되는 날 이전에 분리과세를 적용받는 공모부동산집합투자기구의 집합투자증권의 소유권을 이전하는 경우(부득이한 사유가 있는 경우는 제외)에는 거주자가 과세특례를 적용받은 소득세에 상당하는 세액을 조특법 제146조의2에 따라 추징하여야 한다(조특법 §87의7④).

위에서 "부득이한 사유"란 다음의 어느 하나에 해당하는 사유를 말하고(조특령 §81의4③),

---

2) 집합투자재산을 「자본시장과 금융투자업에 관한 법률 시행령」 제241조 제1항 각 호의 어느 하나에 해당하는 단기금융상품 중 남은 만기가 1년 이내인 상품에 투자하는 경우(집합투자재산의 100분의 10을 초과하여 투자하는 경우는 제외)를 말한다(조특령 §81의4①).

부득이한 사유가 발생하여 공모부동산집합투자기구의 집합투자증권의 소유권을 이전하려는 거주자는 특별해지사유신고서를 제2항에 따른 투자매매업자 또는 투자중개업자에게 제출해야 한다(조특령 §81의4④).

① 거주자의 사망 또는 해외이주

② 소유권을 이전하기 전 6개월 이내에 발생한 다음의 어느 하나에 해당하는 사유

㉮ 천재지변

㉯ 거주자의 3개월 이상의 입원치료 또는 요양이 필요한 상해·질병의 발생

㉰ 공모부동산집합투자기구 취급기관의 영업의 정지, 영업 인가·허가의 취소, 해산결의 또는 파산선고

㉱ 「자본시장과 금융투자업에 관한 법률 시행령」 제223조 제3호 및 제4호에 따라 집합투자업자가 해당 공모부동산집합투자기구를 해지하는 경우

제88조의2

비과세종합저축에 대한 과세특례

1 | 의 의

　퇴직금 이자로 생활하는 노인과 장애자·생활보호대상자 등 생계가 어려운 소외계층을 지원하기 위하여 2000년 법 개정시 노인·장애인 등의 생계형저축에 대한 비과세 등의 제도로 도입되었다.

　2014. 12. 23. 조특법 개정시 중복되는 과세특례 상품을 조정하기 위해 명칭을 비과세종합저축으로 변경하고 세제지원을 강화하였다.

2 | 요 건

2-1. 비과세종합저축의 범위

다음의 요건을 모두 갖춘 저축을 말한다(조특령 §82의2①).
1. 금융회사등 및 다음의 어느 하나에 해당하는 공제회가 취급하는 저축(투자신탁·보험·공제·증권저축·채권저축 등을 포함한다)일 것
　　① 「군인공제회법」에 따라 설립된 군인공제회
　　② 「대한교원공제회법」에 따라 설립된 대한교원공제회
　　③ 「대한지방행정공제회법」에 따라 설립된 대한지방행정공제회
　　④ 「경찰공제회법」에 따라 설립된 경찰공제회
　　⑤ 「대한소방공제회법」에 따라 설립된 대한소방공제회
　　⑥ 「과학기술인공제회법」에 따라 설립된 과학기술인공제회
2. 가입 당시 저축자가 비과세 적용을 신청할 것

2-2. 적용대상 및 가입기한

다음의 어느 하나에 해당하는 거주자(직전 3개 과세기간 동안 소득의 연간 합계액이 1회 이상 2천만원을 초과한 자 제외)가 1인당 저축원금이 5천만원(세금우대종합저축에 가입한 거주자로서 세금우대종합저축을 해지 또는 해약하지 아니한 자의 경우에는 5천만원에서 해당 거주자가 가입한 세금우대종합저축의 계약금액 총액을 뺀 금액) 이하인 비과세종합저축에 2025. 12. 31.까지 가입하여야 한다.

① 65세 이상인 거주자 ② 장애인[1] ③ 독립유공자와 그 유족 또는 가족
④ 「국가유공자 등 예우 및 지원에 관한 법률」 제6조에 따라 등록한 상이자
⑤ 「국민기초생활보장법」 제2조 제2호에 따른 수급자
⑥ 고엽제후유의증환자 ⑦ 5·18민주화운동부상자

이 경우 저축원금은 모든 금융회사등 및 공제회에 가입한 비과세종합저축의 계약금액의 총액으로 한다. 이 경우 비과세종합저축에서 발생하여 원금에 전입되는 이자 및 배당 등은 비과세종합저축으로 보되, 계약금액의 총액을 계산할 때에는 산입하지 아니한다(조특령 §82의2②).

3 | 과세특례 내용

비과세종합저축에서 발생하는 이자소득 또는 배당소득에 대하여는 소득세를 부과하지 아니한다. 비과세종합저축의 계약기간의 만료일 이후 발생하는 이자소득 및 배당소득에 대해서는 그러하지 아니한다(조특령 §82의2⑤).

4 | 문구 표시

비과세종합저축을 취급하는 금융회사 및 공제회는 비과세종합저축만을 입금 및 출금하는 비과세종합저축통장 또는 거래카드의 표지·속지 또는 거래명세서 등에 '비과세종합저축'이라는 문구를 표시하여야 한다(조특령 §82의2④).

[1] 「장애인복지법」 제32조에 따라 등록한 장애인

5 | 주요 개정연혁

1. 이자·배당소득 과세특례 적용기한 연장(조특법 §87의2, §88의2, §88의5, §89의3)

(1) 개정내용

종 전	개 정
□ 이자소득 및 배당소득 비과세 특례 ㅇ (대상) ①농어가목돈마련저축, ②비과세종합저축, ③조합 등 예탁금, ④조합 등 출자금 ㅇ (적용기한) 2022. 12. 31.	□ 적용기한 연장 ㅇ (좌 동) ㅇ 2025. 12. 31.

(2) 개정이유
ㅇ 저축에 대한 세제지원

2. 세금우대종합저축·생계형저축 통합 설계(조특법 §89, §88의2)

(1) 개정내용

종 전	개 정
□ 생계형저축 ㅇ 이자·배당소득 비과세 　- 60세 이상 노인, 장애인, 독립유공자 등 　: 3천만원 한도	□ 비과세종합저축으로 명칭을 변경하고 지원 강화 　- 65세 이상인 자*, 장애인, 독립유공자 등 　: 5천만원** 한도 　* 2019년까지 단계적으로 1세씩 상향조정 　** 기존 세금우대종합저축, 생계형저축 한도를 　　포함한 통합한도로 설정
□ 세금우대종합저축 ㅇ 이자·배당소득 9% 분리과세 　- 20세 이상 일반가입자 : 1천만원 한도 　- 60세 이상 노인, 장애인, 독립유공자 등 　: 3천만원 한도	□ 비과세종합저축으로 통합 〈삭 제〉 〈삭 제〉
□ 적용기한 : 2014. 12. 31.까지 가입	□ 적용기한 : 2019. 12. 31.까지 가입

(2) 개정이유

　ㅇ 중복되는 과세특례 상품을 조정하고, 세제지원 강화

(3) 적용시기 및 적용례

　ㅇ 2015. 1. 1. 이후 가입하는 분부터 적용

제88조의4

우리사주조합원 등에 대한 과세특례

1 │ 의 의

　우리사주제도는 기업과 종업원이 공동으로 출연하여 조성된 기금으로 자사주를 취득한 후 종업원에게 배분하는 제도이다. 본조의 과세특례는 이러한 우리사주제도가 활성화될 수 있도록 세제상 지원하기 위하여 2001. 12. 29. 조특법 개정시 신설되었으며, 2002. 1. 1. 이후 최초로 출연하는 분부터 적용되었다.

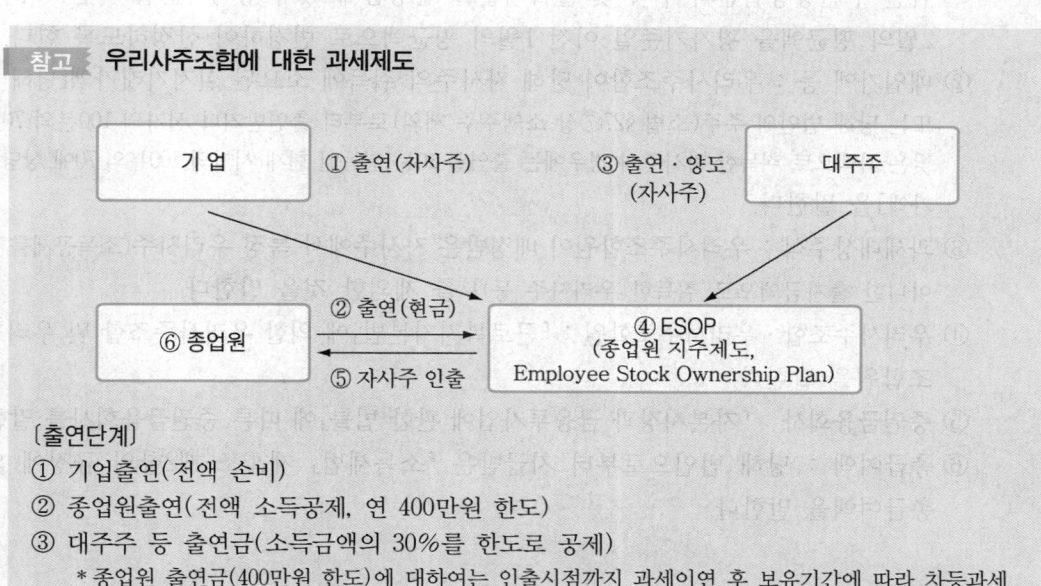

참고 **우리사주조합에 대한 과세제도**

〔출연단계〕
① 기업출연(전액 손비)
② 종업원출연(전액 소득공제, 연 400만원 한도)
③ 대주주 등 출연금(소득금액의 30%를 한도로 공제)
　*종업원 출연금(400만원 한도)에 대하여는 인출시점까지 과세이연 후 보유기간에 따라 차등과세
　(3년 이상 보유시 50%, 3년 미만 100%)

〔운영단계〕
④ 운용수익 비과세, 출연주체에 관계없이 증여세 비과세
⑥ 종업원 : 1년 이상 보유시 배당소득 비과세(액면 5천만원 한도)

[인출단계]
⑤ 3년 이내 인출 : 인출금의 100% 근소세 과세(원천징수)
　 3년 이후 인출 : 인출금의 50% 비과세, 나머지는 근소세 과세
　 퇴직하는 조합원이 우리사주조합에 양도시 양도세 비과세

　2014. 12. 23. 조특법 개정시 다른 기부금 제도와 동일하게 우리사주조합기부금 소득공제를 세액공제로 전환하고 2015. 1. 1. 이후 기부하는 분부터 적용되었다.

2 | 용어의 정의

　본 제도에서 사용하는 주요 용어는 다음과 같다(조특령 §82의4①).
① 시가 : 「상속세 및 증여세법」을 준용(상증법 §63①·②)하여 산정한 주식의 가액을 말하며, 다만 주권상장법인의 주식 및 출자지분을 산정함에 있어 평가기준일 이전·이후 각 2월의 평균액을 평가기준일 이전 1월의 평균액으로 변경하여 산정하도록 한다.
② 매입가액 등 : 우리사주조합이 당해 자사주의 취득에 소요된 실지거래가액[당해 법인 또는 당해 법인의 주주(소법 §27⑦상 소액주주 제외)로부터 출연받거나 시가의 100분의 70보다 낮은 가액으로 취득한 자사주의 경우에는 출연일 또는 취득일 현재 시가의 100분의 70에 상당하는 가액]을 말한다.
③ 과세대상주식 : 우리사주조합원이 배정받은 자사주에서 특정 우리사주(소득공제를 받지 아니한 출자금액으로 취득한 우리사주 등)[1]를 제외한 것을 말한다.
④ 우리사주조합·우리사주조합원 : 「근로복지기본법」에 의한 우리사주조합 및 우리사주 조합원을 말한다.
⑤ 증권금융회사 : 「자본시장과 금융투자업에 관한 법률」에 따른 증권금융회사를 말한다.
⑥ 총급여액 : 당해 법인으로부터 지급받은 「소득세법」 제20조 제2항의 규정에 의한 총급여액을 말한다.

---

1) 조특법 제88조의4 제5항 각 호에 해당하는 자사주

3 │ 과세특례의 내용

3-1. 우리사주조합 출연금에 대한 소득공제

우리사주조합원이 자사주를 취득하기 위하여 우리사주조합에 출연하는 경우에는 다음 금액을 당해 연도의 근로소득금액에서 공제한다(조특법 §88의4①).

> 소득공제금액 = Min(① 해당 연도 출자금액, ② 400만원*)

* 조특법 제16조 제1항 제3호에 따른 벤처기업등의 우리사주조합원의 경우에는 1천500만원

참고 **우리사주조합제도(ESOP)**

1. 개 요
   - ESOP는 기업과 종업원이 공동출연하여 기금을 조성하고 기금으로 자사주를 취득한 후 종업원에게 배분함으로써 기업과 일체감을 형성하여 경영성과 향상에 기여할 유인을 제공하게 되고 종업원의 재산형성을 지원할 수 있음.
   - 종업원이 자사주를 장기적으로 보유함에 따라 자본시장의 안정적 수요기반 마련
   ※ 여타 제도와의 차이점
     - 종전 우리사주조합 : 종업원에게 우선배정되는 자사주(유상증자시 발행주식의 20%)등을 종업원이 자기자금으로 취득하고 1년간 예탁 후 인출
     - 기업연금제도 : 종업원과 기업이 자금을 출연하여 그 자금으로 자사주를 포함하여 주식 및 채권 등에 투자하고 퇴직시 그 성과를 지급하는 제도(미국은 ESOP를 기업연금으로 활용)

2. 운영방향
   - 퇴직금제도 일환으로 도입할 경우에는 미국 ESOP 제도와 같이 기업연금으로 운용할 수 있으나, 확정급부형만 허용되는 현행 퇴직금제도의 개선이 필요하고 이는 노·사간의 합의가 필요한 사항임.
   - 퇴직금제도 개선 추이를 감안하여 ESOP 제도를 기업연금으로 운용하는 것을 중장기적으로 추진하고, 현 단계에서는 ESOP 제도를 성과지급 수단으로 도입
   - 종업원 출연에 의하여 자사주를 취득하는 현행 우리사주제도에 기업의 출연 부분 등을 추가함으로써 현행 우리사주조합제도를 ESOP 형태로 발전시켜 나감.

3. 참가대상
   - 모든 종업원을 가입대상으로 하되 임원, 소액주주가 아닌 주주 및 일용근로자는 제외

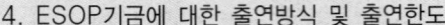

4. ESOP기금에 대한 출연방식 및 출연한도
○ 기금에 대한 출연방식
- 기업 : 자사주 또는 취득자금 출연
- 종업원 : 자기자금 출연
- 대주주 등의 자사주 무상출연
- ESOP 또는 기업 명의로 금융기관 차입
○ 출연한도 : 기업 출연한도는 종업원 연간 총급여의 일정률로 제한
- 세법에서 손비인정 한도로 정할 경우에는 증권거래법령 등에 별도로 출연한도를 정할 필요는 크지 않음.

5. 배정방법 및 한도
○ ESOP의 출연방식에 따라 종업원에 배정방법 구분

구 분	배정방법
종업원 출연분	취득 즉시 배정
기업 출연분	취득 후 3~7년간 일시 또는 수년에 걸쳐 배정 * 취득시에는 일단 개인별 계정에 가배정

- 근로자의 자발적 퇴직시 : 자신의 계정에 배정된 주식에 한해 인출 허용
- 근로자의 비자발적 퇴직시 : 가배정된 주식도 인출 허용
○ 종업원이 배정받을 수 있는 연간한도를 종업원 개인의 연간급여 총액범위로 제한

6. 인출가능시기
○ 인출가능 시기는 종업원 개인에게 배정된 후 1년이 경과하거나 중도 인출사유*가 발생한 경우에는 인출가능
* 중도인출사유 : 퇴직, 파산, 해산, 주식매수청구권 행사 등

3-2. 우리사주조합에 지출하는 기부금의 과세특례

거주자가 우리사주조합에 지출하는 기부금(우리사주조합원이 지출하는 기부금 제외)은 해당 과세연도의 사업소득금액을 계산할 때 필요경비에 산입하거나 종합소득산출세액에서 공제하고, 법인이 우리사주조합에 지출하는 기부금은 손금에 산입한다.

각각의 방법에 따른 한도액은 다음과 같다(조특법 §88의4⑬).

① 거주자가 해당 과세연도의 사업소득금액을 계산할 때 해당 기부금을 필요경비에 산입하는 경우: 다음 계산식에 따른 금액

$$한도액 = [A-(B+C)] \times 100분의\ 30$$

A: 「소득세법」 제34조 제2항 제2호에 따른 기준소득금액
B: 「소득세법」 제45조에 따른 이월결손금
C: 「소득세법」에 따라 필요경비에 산입하는 기부금

② 거주자가 해당 기부금에 대하여 해당 과세연도의 종합소득산출세액에서 공제하는 경우: 다음 계산식에 따른 금액

$$한도액 = (A-B) \times 100분의\ 30$$

A: 종합소득금액(「소득세법」 제62조에 따른 원천징수세율을 적용받는 이자소득 및 배당소득은 제외)
B: 「소득세법」 제59조의4 제4항 제1호에 따른 기부금

③ 법인이 해당 과세연도의 소득금액을 계산할 때 해당 기부금을 손금에 산입하는 경우: 다음 계산식에 따른 금액[2]

$$한도액 = [A-(B+C)] \times 100분의\ 30$$

A: 「법인세법」 제24조 제2항 제2호에 따른 기준소득금액
B: 이월결손금(다만, 「법인세법」 제13조 제1항 각 호 외의 부분 단서에 따라 각 사업연도 소득의 100분의 80을 한도로 이월결손금 공제를 적용받는 법인은 같은 법 제24조 제2항 제2호에 따른 기준소득금액의 100분의 80을 한도로 한다)
C: 「법인세법」 제24조 제2항에 따라 손금에 산입하는 기부금(「법인세법」 제24조 제5항에 따라 이월하여 손금에 산입한 금액을 포함)

3-3. 우리사주조합기금 등에 대한 과세특례

「근로자복지기본법」 제36조의 규정에 의한 우리사주조합기금에서 발생하거나 우리사주조합이 보유하고 있는 자사주에서 발생하는 소득에 대하여는 소득세를 부과하지 아니한다(조특법 §88의4②).

---

2) 본 규정은 2021년 1월 1일 이후 개시하는 사업연도에 기부금을 우리사주조합에 지출하는 경우부터 적용하고, 2021년 1월 1일 전에 개시한 사업연도에 우리사주조합에 기부금을 지출한 경우에 대해서는 개정규정에도 불구하고 종전의 규정에 따른다(법률 제17759호, 2020. 12. 29. 부칙 §13, §42).

3-4. 자사주 배정에 대한 과세특례

우리사주조합원이 「근로자복지기본법」 제36조 제1항에 따라 해당 법인 등에 출연하거나 「자본시장과 금융투자업에 관한 법률」에 따른 증권시장 등에서의 매입하여 취득한 자사주를 우리사주조합을 통하여 배정받은 때에는 배정받은 자사주의 매입가액을 기준으로 다음과 같이 계산한 금액을 한도로 소득세를 부과하지 아니한다(조특법 §88의4③, 조특령 §82의4② · ③).

> 비과세 한도액 = Max(① 조합원의 직전연도 총급여액 × 20%, ② 연간 500만원)

위의 한도액을 초과하여 배정받는 금액에 대하여는 근로소득세가 부과되나, 당초 배정된 자사주가 우리사주조합원으로부터 우리사주조합에 회수되어 이미 경과한 과세기간에 속하는 근로소득에서 차감되어야 할 금액이 있는 경우 해당 우리사주조합원은 회수일이 속하는 과세기간의 근로소득세액에 대한 연말정산시 해당 근로소득에서 그 금액을 차감할 수 있다(조특법 §88의4④).

3-5. 자사주 인출에 대한 과세특례

3-5-1. 인출시 근로소득에 대한 소득세 부과

우리사주조합원이 우리사주조합으로부터 배정받은 자사주를 인출하는 경우에는 당해 인출하는 자사주에서 다음의 자사주를 제외한 것("과세인출주식")에 대한 인출금*을 「소득세법」 제20조의 규정에 의한 근로소득으로 보아 소득세를 부과한다. 이 경우 당해 소득의 수입시기는 당해 자사주의 인출일로 하고, 당해 법인은 인출금에 「소득세법」 제55조 제1항의 규정에 의한 세율을 적용하여 계산한 금액을 원천징수하여야 한다(조특법 §88의4⑤).

① 우리사주조합 출연금액 중 소득공제를 받지 아니한 출연금으로 취득한 자사주
② 법인의 출연으로 배정받은 자사주에 대한 소득세 비과세 한도 초과분에 대한 자사주
③ 잉여금을 자본에 전입함에 따라 우리사주조합원에게 무상으로 지급된 자사주

〈과세인출주식의 수 및 보유기간의 계산〉

① 과세인출주식의 수 및 보유기간 등을 계산함에 있어서는 우리사주조합원에게 먼저 배정된 자사주(동시에 배정된 자사주의 경우에는 과세대상주식 외의 자사주)를 먼저 인출하는 것으로 본다(조특령 §82의4⑤).

② 합병 또는 분할(분할합병을 포함한다)로 인하여 증권금융회사에서의 우리사주조합원별 계정에 예탁되어 있는 자사주("구주식")를 새로운 주식(이하 "신주식"이라 한다)으로 교체하는 경우에는 아래와 같이 적용한다(조특령 §82의4⑦).

㉠ 합병 또는 분할로 인하여 구주식을 신주식으로 교체하는 것은 인출로 보지 아니한다.

㉡ 합병 또는 분할의 대가로 구주식에 대하여 신주식 외에 금전 등을 교부받는 경우에는 아래의 산식을 적용하여 계산한 금액을 인출금으로 본다.

> 금전 등의 합계액 × (구주식 중 과세대상주식의 수 / 구주식의 총수)

㉢ 다음의 어느 하나에 해당하는 금액은 위(㉡)에 불구하고 인출금으로 보지 아니한다.

　가. 1주 미만의 단주에 한하여 금전 등을 교부받은 경우 당해 금전 등

　나. 합병 또는 분할의 대가로 구주식에 대하여 교부받는 금전 등의 합계액이 구주식의 매입가액 등을 초과하는 경우 그 초과하는 금액

㉣ 신주식의 1주당 매입가액 등은 구주식의 매입가액 등(위 ㉢ 외의 금전 등의 합계액을 차감한다)을 신주식의 수로 나눈 금액으로 한다.

㉤ 법 제88조의4 제6항 후단[자사주의 보유기간은 「증권거래법」에 따른 증권금융회사의 우리사주조합원별 계정에 의무적으로 예탁하여야 하는 기간의 종료일의 다음 날부터 인출한 날까지의 기간으로 한다]을 적용함에 있어서 신주식의 보유기간은 신주식에 대응하는 구주식을 의무적으로 예탁하여야 하는 기간의 종료일의 다음 날부터 당해 신주식을 인출한 날까지의 기간으로 한다.

㉥ 신주식 중 인출하는 때에 과세하는 주식("과세대상신주식")은 구주식의 과세대상주식에 대응하는 것으로 하며, 과세대상신주식의 수는 아래의 산식을 적용하여 산출한다. 이 경우 산출한 과세대상신주식 중 1주 미만의 주식은 이를 없는 것으로 한다.

> 신주식의 수 × (구주식 중 과세대상주식의 수 / 구주식의 총수)

* 과세인출주식의 매입가액 등과 당해 주식의 인출일 현재 시가 중 적은 금액(당해 법인이 파산선고를 받은 경우에는 0원)을 말한다(조특령 §82의4④). 한편, 우리사주조합원이 출연금을 자사주 취득에 사용하지 아니하고 인출하는 경우에는 당해 금액(소득공제를 받지 아니한 것을 제외한다)은 인출금에 포함한다(조특법 §88의4⑦).

3-5-2. 2년 이상 보유 후 인출시 비과세

우리사주조합원의 과세인출주식에 대한 인출금의 경우 자사주의 보유기간과 법인의 규모에 따라 다음의 구분에 따른 금액에 대하여는 소득세를 부과하지 아니한다. 이 경우 자사주의 보유기간은 「자본시장과 금융투자업에 관한 법률」에 따른 증권금융회사의 우리사주조합원별 계정에 의무적으로 예탁하여야 하는 기간의 종료일의 다음 날부터 인출한 날까지의 기간으로 한다(조특법 §88의4⑥).

① 중소기업의 경우 : 다음의 구분에 따른 금액
　㉮ 과세인출주식을 2년 이상 4년 미만 보유하는 경우 : 인출금의 100분의 50에 상당하는 금액
　㉯ 과세인출주식을 4년 이상 6년 미만 보유하는 경우 : 인출금의 100분의 75에 상당하는 금액
　㉰ 과세인출주식을 6년 이상 보유하는 경우 : 인출금의 100분의 100에 상당하는 금액
② 중소기업 외의 경우 : 다음의 구분에 따른 금액
　㉮ 과세인출주식을 2년 이상 4년 미만 보유하는 경우 : 인출금의 100분의 50에 상당하는 금액
　㉯ 과세인출주식을 4년 이상 보유하는 경우 : 인출금의 100분의 75에 상당하는 금액

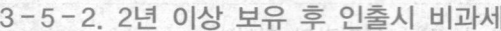

| 우리사주제도에서의 과세방법 3) |

구분			취득(배정)시	인출시			
				2년 미만	2년 이상	4년 이상	6년 이상
종업원 출연분	• 소득공제 한도초과분 • 소득공제한도 내 미공제분 (차익과세)	과세 방법	근로소득세 종합과세(6~35%)	기 과세			
		과세 금액	취득시가의 70% – 취득가액*1)	기 과세			
	소득공제분 (전액과세)	과세 방법	비과세(과세이연)	100% 과세 소득세 원천징수	50% 비과세 50% 원천징수	75% 비과세 25% 원천징수	100% 비과세*4)
		과세 금액		Min(매입가액,*2) 인출시 시가*3))			
법인·대주주	법인출연분 중 한도초과분	과세 방법	근로소득세 종합과세(6~35%)	기 과세			

3) 기획재정부, 「조세개요」, pp.418~419, 2019. 9.

구 분			취득(배정)시	인출시			
				2년 미만	2년 이상	4년 이상	6년 이상
출연분	(전액과세)	과세금액	매입가액－한도액*5)				
	법인출연분 중 한도이내분＋ 대주주출연분＋ 조합수익취득분 (전액과세)	과세방법	비과세(과세이연)	100% 과세 소득세 원천징수	50% 비과세 50% 원천징수	75% 비과세 25% 원천징수	100% 비과세*4)
		과세금액		Min(매입가액－한도초과분, 인출시 시가)			

*1) 취득시 시가의 70%보다 낮은 가액으로 취득한 경우에는 그 차액을 과세
*2) 매입가액 ＝ 취득시 시가의 70%와 취득가액 중 많은 금액
*3) 인출시 주가가 하락한 경우에는 하락한 인출시의 시가를 기준으로 과세
*4) 중소기업인 경우에 한함.
*5) 한도액 : Max(총급여의 20%, 5백만원)

3-6. 자사주 저가 취득에 대한 과세특례

우리사주조합원이 우리사주조합에 출자하고 그 조합을 통하여 우리사주를 취득하는 경우 그 주식의 취득가액과 시가와의 차액에 대한 소득세 과세는 다음에 따른다(조특법 §88의4⑧, 조특령 §82의4⑨).

① 출자금액이 400만원(조특법 제16조 제1항 제3호에 따른 벤처기업등의 우리사주조합원의 경우에는 1천500만원) 이하인 경우에는 해당 차액에 대하여 과세하지 아니한다.

② 출자금액이 400만원(조특법 제16조 제1항 제3호에 따른 벤처기업등의 우리사주조합원의 경우에는 1천500만원)을 초과하는 경우 그 초과금액으로 취득한 우리사주의 취득가액이 자사주의 취득일 현재 시가의 100분의 70에 상당하는 가액("기준가액"4))보다 낮은 경우에는 해당 취득가액과 기준가액과의 차액에 대하여 근로소득으로 보아 과세한다.

3-7. 자사주 보유시 과세특례

우리사주조합원이 우리사주조합을 통하여 취득한 후 증권금융회사에 예탁한 우리사주의 배당소득에 대하여는 다음의 요건을 갖춘 경우에 소득세를 과세하지 아니한다. 다만, 예탁일로부터 1년 이내에 인출하는 경우 동 인출일 이전에 지급된 배당소득에 대하여는

---

4) 「소득세법 시행령」 제27조 제7항에 따른 소액주주에 해당하는 우리사주조합원이 「근로복지기본법」 제38조의 규정에 의하여 자사주를 우선배정받는 경우에는 자사주의 취득일 현재 시가의 100분의 70에 상당하는 가액과 액면가액중 낮은 금액으로 한다(조특령 §82의4⑨ 단서).

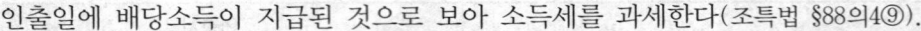

인출일에 배당소득이 지급된 것으로 보아 소득세를 과세한다(조특법 §88의4⑨).
① 증권금융회사가 발급한 주권예탁증명서에 의하여 우리사주조합원이 보유하고 있는 자사주가 배당지급 기준일 현재 증권금융회사에 예탁되어 있음이 확인될 것
② 우리사주조합원이 소액주주[5]일 것
③ 우리사주조합원이 보유하고 있는 자사주의 액면가액의 개인별 합계액이 1천8백만원 이하일 것

한편, 「농업협동조합법」 및 「수산업협동조합법」의 규정에 의하여 출자지분을 취득한 근로자가 보유하고 있는 자사지분의 배당소득에 대하여는 다음의 요건을 갖춘 경우 소득세를 과세하지 아니한다. 다만, 취득일부터 1년 이상 보유하지 아니하게 된 자사지분의 경우에는 당해 사유가 발생하기 이전에 지급받은 배당소득에 대하여 당해 사유가 발생한 날에 배당소득이 지급된 것으로 보아 소득세를 과세한다(조특법 §88의4⑩).
① 근로자가 소액주주일 것
② 근로자가 보유하고 있는 자사지분의 액면가액의 개인별 합계액이 1천8백만원 이하일 것

3-8. 양도소득의 과세특례

우리사주조합원이 보유하고 있는 자사주로서 다음의 요건을 갖춘 주식을 당해 조합원이 퇴직을 원인으로 인출하여 우리사주조합에 양도하는 경우에는 양도소득으로 보지 아니한다. 이 경우 그 양도차익이 3천만원을 초과하는 때에는 그 초과금액에 대하여는 양도소득으로 과세한다(조특법 §88의4⑭).
① 우리사주조합원이 자사주를 우리사주조합을 통하여 취득하여 1년 이상 보유할 것
② 우리사주조합원이 보유하고 있는 자사주가 양도일 현재 증권금융회사에 1년 이상 예탁된 것일 것
③ 우리사주조합원이 보유하고 있는 자사주의 액면가액 합계액이 1천800만원 이하일 것

3-9. 양도소득 계산시 취득가액

우리사주조합원이 소득세를 부과받은 자사주를 양도하는 경우에는 당해 자사주의 매입가액 등을 양도소득 계산시의 취득가액으로 한다(조특령 §82의4⑧).

---

5) 「소득세법 시행령」 제27조 제7항에 따른 소액주주를 말한다(조특령 §82의4⑰).

4 | 절차 등

4-1. 자사주의 기장 등

① 우리사주조합은 우리사주조합원의 출연금 중 소득공제의 대상이 되는 금액과 그러하지 아니하는 금액을 구분하여 자사주 취득에 사용하여야 하고, 우리사주조합원별로 자사주 취득을 위한 출연내역과 자사주의 배정내역·인출내역을 기장하여야 하며, 증권금융 회사에 자사주를 예탁하는 때에는 다음의 사항을 통보하여야 한다(조특령 §82의4⑩).
　㉠ 우리사주조합원에게 배정하는 자사주의 매입가액 등
　㉡ 우리사주조합원에게 배정하는 자사주가 과세대상주식에 해당하는지 여부
② 우리사주조합은 위 ①에 의하여 증권금융회사에 자사주를 예탁한 때에 과세대상으로 통보한 자사주 중 연말정산시 실제로 소득공제를 받지 아니한 금액에 상당하는 자사주(1주 미만의 단주는 1주로 본다)가 있는 경우에는 당해 자사주에 한하여 과세대상에서 제외하도록 증권금융회사에 즉시 통보하여야 한다(조특령 §82의4⑪).

4-2. 우리사주배당비과세 및 원천징수세액환급명세서의 제출

원천징수의무자는 우리사주조합원의 배당소득에 대한 비과세명세서를 시행령 제82조의4 제14항에서 정하는 바에 따라 원천징수 관할 세무서장에게 제출하여야 한다(조특칙 §61① 61).

4-3. 주권인출내역서, 우리사주인출 및 과세명세서의 제출

우리사주조합은 우리사주조합원이 증권금융회사에 예탁된 자사주를 인출하는 때에는 증권금융회사가 발급하는 주권인출내역서를 당해 법인에게 제출하여야 하며, 당해 법인은 우리사주인출 및 과세명세서를 당해 자사주의 인출일이 속하는 연도의 다음 연도 2월 말(휴업 또는 폐업의 경우에는 휴업일 또는 폐업일이 속하는 달의 다음 다음 달 말일)까지 원천징수 관할 세무서장에게 제출하여야 한다(조특령 §82의4⑫·⑬, 조특칙 §61① 61호의5).

5 | 관련사례

구 분	내 용
증권금융회사에 비과세대상으로 통보한 경우	**질의** 우리사주조합원이 5년간 매각이 금지된 자사주 취득에 출연한 금액에 대하여 증권금융회사에 예탁시 과세대상주식으로 신고하지 아니한 경우, 증권금융회사의 수정가능 여부 및 소득공제 여부 **회신** 「조세특례제한법」제88조의4 및 같은법 시행령 제82조의4의 규정에 의하여 증권금융회사에 비과세대상으로 통보한 경우에는 당해 연도의 근로소득금액에서 공제할 수 없는 것임(서면1팀-134, 2007. 1. 23.).
사내근로복지기금을 우리사주조합에 출연하여 취득한 자사주를 인출시	사내근로복지기금을 우리사주조합에 출연하여 취득한 자사주를 우리사주조합원에게 배정한 후 해당 조합원이 그 배정받은 자사주를 인출하는 경우에는 「조세특례제한법」제88조의4 제5항 및 제6항에 따라 근로소득으로 보아 소득세를 부과하는 것임(원천세과-442, 2011. 7. 25.).
자사주의 범위	1. 조세특례제한법 제88조의4 제3항의 규정에 의한 우리사주조합원이 취득한 자사주란 근로자복지기본법 제33조의 규정에 의하여 당해 법인·주주 등의 자사주 출연 및 우리사주조합기금에 의한 매입 등의 방법으로 취득한 자사주를 말하는 것으로서, 그 매입은 증권거래법에 의한 유가증권시장에서의 매입뿐만 아니라 협회중개시장이나 장외시장 등에서의 매입을 포함하는 것임. 2. 또한, 같은법 같은조 제7항의 규정에 의한 자사주의 취득이란 우리사주조합원이 당해 우리사주조합이 설립된 회사의 주식을 당해 법인으로부터 취득하는 것을 말하는 것으로서, 당해 법인이 보유하고 있는 자사주(자기주식)의 취득뿐만 아니라 당해 법인의 유상증자 등에 참여하여 자사주를 취득하는 것을 포함하는 것임(서면1팀-1269, 2005. 10. 24.).
증권금융회사에 예탁되어 있음이 주권예탁증명서에 의하여 확인되지 아니하는 경우	**질의** 조세특례제한법 제88조의4 제8항(우리사주조합원 등에 대한 과세특례)을 적용함에 있어, 주주명부의 명의개서는 완료하였으나 증권금융회사의 예탁명의를 변경하지 않은 경우에도 실질과세의 원칙에 의하여 과세특례를 적용받을 수 있는지 여부 **회신** 우리사주조합이 보유한 자사주의 배당소득에 대하여 비과세를 적용받기 위해서는 조세특례제한법 제88조의4 제8항 각호의 요건을 갖추어야 하므로, 우리사주조합원이 보유하고 있는 자사주가 배당지급기준일 현재 증권금융회사에 예탁되어 있음이 주권예탁증명서에 의하여 확인되지 아니하는 경우에는 비과세 적용을 받을 수 없는 것임(서면1팀-1001, 2005. 8. 23.).
법인이 우리사주조합에 기부하는 경우	우리사주조합에 지출하는 기부금에 대한 조세특례제한법 제88조의4 제12항의 규정은 법인을 제외한 거주자에 대하여 적용되는 것임(재소득-142, 2005. 4. 14.).

구 분	내 용
소득세 원천징수 대상 여부	1. 우리사주조합원의 조합원에게 우리사주에 대한 배당소득을 지급할 때 우리사주조합원이 제출하는 주권예탁증명서 등에 의하여 당해 조합원이 보유한 우리사주가 구 조세특례제한법 제88조의4 제1항 각호의 요건을 갖춘 주식으로 확인되는 경우에는 당해 배당소득에 대하여 원천징수의무자는 소득세를 원천징수하지 않는 것이며, 2. 배당지급결의일 또는 결산일 현재 구 조세특례제한법 제88조의4 제1항 각호의 요건 중 제1호와 제4호만을 갖추지 못하여 우리사주에 대한 배당소득을 원천징수하였으나, 차후에 주권예탁증명서 등에 의하여 1년 이상 보유한 사실과 근로자복지기본법에 의한 우리사주강제예탁규정(증권거래법에 의한 증권금융회사에 1년 이상 예탁할 것)을 충족한 것으로 확인된 때에는 기왕에 원천징수한 세액을 환급하는 것임(서이 46013-10679, 2003. 4. 1.).
우리사주조합에 기부조건으로 증여된 재산은 비과세되는 상속재산임	피상속인이 사망 전에 우리사주조합이 설립될 수 없는 것에 대비하여 자신의 주식을 우리사주조합에 기증할 것을 조건으로 자신이 대주주로 있는 법인에게 사망직전에 증여하고, 당해 법인이 상속기한 내에 우리사주조합을 설립하여 우리사주조합에 당해 주식을 기부한 경우에는 피상속인이 자신의 주식을 우리사주조합에 직접 증여한 것으로 보아 상속세 및 증여세법 제12조 및 동법 시행령 제8조의 비과세되는 상속재산에 해당한다고 보는 것이 타당함(재재산-1136, 2008. 12. 31.).

6 주요 개정연혁

1. 중소기업 우리사주조합원에 대한 세제지원 확대(조특법 §88의4)

(1) 개정내용

종 전	개 정
□ 소득공제를 적용받은 우리사주 보유·인출시 소득세 감면율 ○ 보유기간 2~4년 : 50% ○ 4년 이상 : 75% 〈신 설〉	□ 중소기업 우리사주조합원 소득세 감면율 확대 ○ (좌 동) ○ 6년 이상 : 100%(중소기업 우리사주조합원에 한함)

(2) 개정이유

○ 중소기업 우리사주조합 활성화

(3) 적용시기 및 적용례

○ 2016. 1. 1. 이후 인출하는 분부터 적용

2. 우리사주조합기부금 세액공제 전환(조특법 §88의4⑬)

(1) 개정내용

종 전	개 정
□ 기부금별 공제 방식 ○ 정치자금기부금*, 법정기부금, 지정기부금 : 세액공제** * 10만원 이하 : 100/110 세액공제 ** 기부금×15%(3천만원 초과분 25%)	○ (좌 동)
○ 우리사주조합기부금* : 소득공제 * 대주주 등 조합원 외의 자가 우리사주조합에 현금 등을 출연하는 경우 지정기부금으로 보아 소득공제를 받거나, 필요경비 산입 가능	○ 소득공제 → 세액공제로 전환

(2) 개정이유

○ 다른 기부금제도와 마찬가지로 세액공제로 전환

(3) 적용시기 및 적용례

○ 2015. 1. 1. 이후 기부하는 분부터 적용

조합 등 출자금 등에 대한 과세특례

1 의 의

농·수협, 산림조합, 신협, 새마을금고의 출자금에 대한 배당소득 및 사업이용실적에 따른 배당소득에 대하여 1인당 1천만원 한도에서 비과세하는 세제지원의 경우 일몰시한을 설정하여 제도의 실효성을 주기적으로 평가하도록 2006년 말 조특법 개정시 보완되었다.

2 과세특례의 내용(배당소득 비과세 및 분리과세)

농민·어민 및 그 밖에 상호 유대를 가진 거주자를 조합원·회원 등으로 하는 금융기관에 대한 1인당 1천만원 이하의 출자금으로서 시행령 제82조의5에서 정하는 출자금의 배당소득과 그 조합원·회원 등이 당해 금융기관으로부터 받는 사업이용실적에 따른 배당소득 중 2025. 12. 31.까지 받는 배당소득등에 대해서는 소득세를 부과하지 아니하며, 이후 받는 배당소득등에 대한 원천징수세율은 「소득세법」 제129조에도 불구하고 2026. 1. 1.부터 2026. 12. 31.까지 받는 배당소득등은 5% 분리과세, 2027. 1. 1. 이후 받는 배당소득등은 9% 분리과세한다.

〈조세특례제한법 시행령〉
제82조의5【조합 등 출자금의 비과세 요건 등】 다음의 1에 해당하는 조합 등의 조합원·준조합원·계원·준계원 또는 회원의 출자금으로서, ①~⑤의 조합 등에 출자한 금액의 1인당 합계액이 1천만원 이하인 출자금을 말한다.
① 「농업협동조합법」에 의한 조합
② 「수산업협동조합법」에 의한 수산업협동조합
③ 「산림조합법」에 의한 조합
④ 「신용협동조합법」에 의한 신용협동조합
⑤ 「새마을금고법」에 의한 금고

---

3 | 관련사례

구 분	내 용
의제배당의 특례적용	「농업협동조합법」에 의한 조합의 조합원이 당해 조합을 탈퇴함으로 인하여 지급받게 되는 사업준비금(소득세법 제17조 제2항 제1호의 의제배당)으로서 1천만원을 초과하는 출자금에 대한 배당소득에 대하여는 조합 등 출자금에 대한 과세특례가 적용되지 않는 것임(서면1팀-109, 2008. 1. 18.).
우선출자금에서 발생한 배당소득	우선출자자가 출자한 출자금은 「조세특례제한법」 제88조의5와 같은 법 시행령 제82조의5에서 규정한 조합원 등이 출자한 출자금이 아니므로 동 규정을 적용할 수 없는 것임(원천세과-260, 2012. 5. 14.).

4 | 주요 개정연혁

1. 조합 등 출자금 배당소득 비과세 적용기한 연장(조특법 §88의5)

(1) 개정내용

종 전	개 정
☐ 조합 출자금 배당소득 과세특례 ○ 대상기관 : 농·수협, 산림조합, 신협, 새마을금고 ○ 세제지원 : 1인당 1천만원 출자금의 배당소득 및 이용고배당 비과세 ○ 적용기한 : 2015. 12. 31.	☐ 비과세 적용기한 3년 연장 및 재설계 ○ (좌 동) ○ (좌 동) - 2018. 12. 31.까지 비과세 - 2019. 12. 31.까지 5% 분리과세 - 2020. 1. 1. 이후 9% 분리과세

(2) 개정이유

○ 조합 예탁금 과세특례 제도와 동일하게 재설계

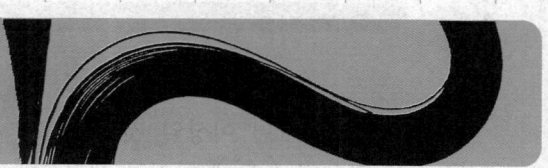

조세특례제한법

제89조

세금우대종합저축에 대한 과세특례

1 의 의

세금우대저축은 9% 저율분리과세를 통하여 1인당 한도 내에서는 가입자격, 통장수 등의
제한 없이 세금우대혜택을 부여함으로써 중산층 이하 서민들의 재산형성을 지원하고자 마련된
제도이다.

2014. 12. 23. 법 개정시 중복되는 과세특례 상품을 조정하기 위해 적용기한을 연장하지
아니하여 적용기한이 종료되고 조특법 제88조의2에 따른 비과세종합저축으로 통합되었다.

2 요 건

2-1. 세금우대종합저축의 범위

다음의 요건을 모두 갖춘 저축을 말한다(조특법 §89①).

① 「금융실명거래 및 비밀보장에 관한 법률」 제2조 제1호 각 목의 어느 하나에 해당하는
　금융회사가 취급하는 적립식 또는 거치식 저축(집합투자증권저축·공제·보험·증권저축
　및 아래의 채권저축*을 포함)으로서 저축가입 당시 저축자가 세금우대적용을 신청할 것

　* 채권저축은 다음의 요건을 갖춘 저축을 말한다.

　　㉠ 채권 또는 증권("채권 등")으로서 상환기간이 1년 이상인 채권 등을 금융기관에 계좌를
　　　개설하여 1년 이상 계속하여 예탁할 것
　　㉡ 금융기관으로부터 환매기간에 따른 사전약정이율을 적용하여 환매수 또는 환매도를 조건으로
　　　취득하는 채권 등이 아닐 것
　　㉢ 채권 등을 계좌에서 인출하지 아니할 것. 채권 등을 인출한 경우에는 인출한 날부터 당해
　　　채권 등에 대하여 세금우대종합저축을 해지한 것으로 본다.

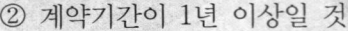

② 계약기간이 1년 이상일 것

③ 모든 금융회사 등에 가입한 세금우대종합저축의 계약금액 총액이 다음의 어느 하나에 해당하는 금액 이하일 것. 다만, 세금우대종합저축에서 발생하여 원금에 전입되는 이자 및 배당 등은 세금우대종합저축으로 보되, 계약금액 총액의 1인당 한도계산에 있어서는 이를 산입하지 아니한다.

구 분	한 도
20세 이상인 자	1인당 1천만원
① 65세 이상인 거주자 ② 「장애인복지법」 제32조에 따라 등록한 장애인 ③ 「독립유공자 예우에 관한 법률」 제6조에 따라 등록한 독립유공자와 그 유족 또는 가족 ④ 「국가유공자 등 예우 및 지원에 관한 법률」 제6조에 따라 등록한 상이자 ⑤ 「국민기초생활보장법」 제2조 제2호에 따른 수급자 ⑥ 「고엽제후유의증 등 환자지원 및 단체설립에 관한 법률」 제2조 제3호에 따른 고엽제후유의증환자 ⑦ 「5 · 18민주유공자 예우에 관한 법률」 제4조 제2호에 따른 5 · 18민주화운동부상자	1인당 3천만원

〈계약금액 총액의 계산방법〉

① 세금우대종합저축의 계약금액 총액을 계산함에 있어서 적립식저축의 경우에는 저축자가 납입할 것을 계약한 금액을 기준으로 한다.

② 투자신탁의 경우는 수익자를 기준으로 계약금액 총액을 계산한다.

2-2. 가입기한

거주자가 2014. 12. 31.까지 가입하여야 한다.

3 | 과세특례의 내용

거주자가 세금우대종합저축에서 발생하는 이자소득 및 배당소득에 대한 원천징수세율은 100분의 9로 하며, 종합소득에 대한 과세표준을 계산함에 있어서 이를 산입하지 아니하며, 이에 대하여는 개인지방소득세를 부과하지 아니한다. 다만, 세금우대종합저축의 계약기간의 만료일 이후 발생하는 이자소득에 대하여는 이러한 과세특례를 적용받을 수 없다.

4 | 사후관리

세금우대종합저축을 계약일부터 1년 이내에 해지 또는 인출하거나 그 권리를 이전하는 경우 그 원천징수의무자는 본조의 규정을 적용하여 원천징수한 세액과 「소득세법」 제129조의 규정을 적용하여 계산한 세액과의 차액을 추징[1]하여야 한다. 다만, 부득이한 사유*가 있는 경우에는 그러하지 아니하며, 당해 사유가 발생하여 해지하고자 하는 자는 특별해지사유 신고서를 금융기관에 제출하여야 한다.

* 사망·해외이주 또는 해지 전 6개월 이내에 발생한 다음의 어느 하나에 해당하는 사유
  ① 천재·지변
  ② 저축자의 퇴직
  ③ 사업장의 폐업
  ④ 저축자의 3월 이상의 입원치료 또는 요양을 요하는 상해·질병의 발생
  ⑤ 저축취급기관의 영업의 정지, 영업인가·허가의 취소, 해산결의 또는 파산선고

또한, 「자본시장과 금융투자업에 관한 법률」 제193조에 따른 투자신탁의 합병 및 제204조에 따른 투자회사의 합병은 세금우대저축의 해지로 보지 아니한다(조특령 §83④·⑨·⑩).

5 | 문구표시 등

① 금융기관은 세금우대종합저축만을 입금 또는 출금하는 세금우대종합저축통장에 의하여 세금우대종합저축을 취급하여야 하며, 세금우대종합저축통장의 표지에 '세금우대종합저축통장'이라는 문구를 표시하여야 한다.
② 금융기관은 세금우대종합저축의 약관에 세금우대종합저축의 계약금액의 한도·조회 기타 필요한 사항을 명시하여야 한다.

---

1) 조특법 §146의2에 따라 추징

6 | 관련사례

구 분	내 용
개정 조세특례제한법 시행 이전에 가입한 세금우대종 합저축의 만기 후 발생이자 에 대한 과세에 있어 종전 세금우대 규정을 적용할 수 있는지 여부	2006. 12. 31. 이전에 가입한 세금우대종합저축의 계약기간 만료일이 2007. 1. 1. 이후 도래하는 경우로서 저축계약기간 만료일 이후 당해 저축이「조세특례 제한법」(2006. 12. 30. 법률 제8146호로 개정된 것) 제89조 제1항의 규정에 의한 과세특례 적용요건에 해당하지 아니하는 경우 당해 세금우대종합저축의 계약기간 만료일 이후 발생하는 이자에 대하여는 동 규정에 의한 과세특례가 적용되지 아니하는 것임(서면1팀-771, 2007. 6. 11.).
통장식 양도성 예금증서	'통장식 양도성예금증서'는「조세특례제한법 시행령」제83조 제1항의 규정에 의한 '세금우대종합저축에 대한 원천징수의 특례' 대상이 되는 저축에 해당하지 아니하는 것임(서면1팀-749, 2007. 6. 7.).
만기 전에 동 조합원의 회원에서 탈퇴하는 경우에도 기왕에 경과한 기간에 대해서는 비과세 적용이 가능한지 여부	질 의 ○○농업협동조합(상호금융기관)의 회원(준조합원)으로 가입함과 아울러 500만원을 비과세 적용 및 매월 이자수령조건으로 예탁하였음. ① 만기 전에 동 조합원의 회원에서 탈퇴하는 경우에도 기왕에 경과한 기간에 대해서는 비과세 적용이 가능한지 여부(기경과기간 : 비과세 적용, 향후기간 : 일반과세) ② 만기 전에 동 조합의 회원에서 탈퇴하고 동 예탁금을 세금우대적용예탁금으로 전환할 수 있는지 여부(기경과기간 : 비과세 적용, 향후기간 : 세금우대) 회 신 농협단위조합의 조합원(준조합원)이 1인 1통장 2천만원 한도의 비과세 예탁금에 가입한 후 저축계약기간 중 조합원(준조합원)의 자격을 상실한 경우 당해 예탁금의 저축계약기간 만료일까지는 비과세가 적용될 수 있으며, 10.5%(주민세 포함)로 저율과세되는 세금우대종합저축은 저축가입 당시 저축자가 세금우대적용을 신청하여야 하는 것이므로 다른 예금 또는 예탁금을 중도에 세금우대종합저축으로 전환하는 것은 불가능한 것임(재소득 46073-126, 2001. 6. 21.).
CMA(어음관리계좌)	종합금융회사가 취급하는 CMA(어음관리계좌)가 조세특례제한법 제89조 제1항 각호의 세금우대종합저축의 요건을 갖춘 경우에는 세금우대를 적용받을 수 있는 것임(재소득 46073-67, 2001. 3. 23.).
소액가계저축을 저축계약 기간 만료일 이후 해지할 경우 만료일부터 해지일까지 발생한 이자	소액가계저축을 저축계약기간 만료일 이후 해지할 경우 만료일부터 해지일까지 발생한 이자에 대하여도 세금우대가 적용되는 것임. 또한, 동일인이 소액가계저축통장을 둘 이상 가지고 있는 경우에는 가장 먼저 개설된 통장에 한하여 세금우대를 적용하는 것이며, 나중에 개설된 통장은 가입 당시부터 세금우대저축에 해당되지 아니하여 중복기간에 관계없이 저축계약일부터 해지일까지의 전기간에 대하여 일반과세되는 것이므로 이는 소급과세에 해당되지 아니하는 것임(재소득 46073-100, 2000. 5. 24.).

제89조의2

세금우대저축자료의 제출 등

1 | 의 의

모든 금융기관의 비과세저축자료를 인별로 전산화하여 비과세저축계좌의 개설 및 해지시 한도를 실시간(Real time)으로 관리함으로써 저축자에게 선택의 폭을 넓혀주고 비과세저축을 이용한 세액탈루 소지도 해소하기 위하여 2001. 12. 29. 법 개정시 신설되었다.

2 | 세금우대저축자료의 통보

2-1. 세금우대저축 취급기관

다음의 저축을 취급하는 금융기관 등을 말한다(조특법 §89의2①).

① 특정사회기반시설 집합투자기구의 증권, 투융자집합투자기구의 증권, 장기주택마련저축, 청년우대형주택청약종합저축, 공모부동산집합투자기구의 집합투자증권, 비과세종합저축, 출자금, 세금우대종합저축, 조합등예탁금, 재형저축, 고위험고수익채권투자신탁, 장기집합투자증권저축, 해외주식투자전용집합투자증권저축, 개인종합자산관리계좌, 장병내일준비적금, 청년형장기집합투자증권저축, 청년희망적금 및 청년도약계좌

② 「소득세법」 제16조 제1항 제9호에 따른 저축성보험

③ 「농어가 목돈마련저축에 관한 법률」에 따른 농어가 목돈마련저축

④ 「소득세법」 제20조의3 제1항 제2호에 따른 연금계좌

2-2. 세금우대저축자료의 통보

① 세금우대저축 취급기관은 각 저축별로 성명 및 주민등록번호와 저축계약의 체결·해지·권리이전 및 그 밖의 계약내용의 변경사항(이하 "세금우대저축자료"라 한다)을 컴퓨터 등 전기통신매체를 통하여 세금우대저축자료 집중기관(종합신용정보집중기관1))에 즉시

통보하여야 한다.

② 세금우대저축 취급기관은 저축별로 가입자수, 계좌수, 저축납입금액, 보험금 등 지급
금액을 매분기 종료일의 다음 달 20일까지 세금우대저축자료 집중기관에 통보하여야 한다.

3 │ 세금우대저축자료의 조회 등

① 국세청장은 세금우대저축자료 집중기관에 저축자의 세금우대저축자료의 조회·열람
또는 제출을 요구할 수 있다.

② 세금우대저축 취급기관은 세금우대저축자료 집중기관에 저축자(신탁의 경우에는 수익자를
포함하며, 보험의 경우에는 피보험자와 수익자를 포함한다)가 다른 세금우대저축 취급기관에
가입한 세금우대저축의 계약금액 총액, 보험금 등 지급금액을 조회할 수 있으며, 저축자가
서면으로 요구하거나 동의할 때에는 계약금액 총액의 명세를 조회하여 저축자에게 알려줄
수 있다.

③ 세금우대저축자료 집중기관은 세금우대저축 취급기관으로부터 통보된 세금우대저축
자료를 즉시 처리·가공하여 저축별·저축자별로 세금우대저축의 계약금액, 보험금
등 지급금액 및 그 명세에 관한 정보망을 구축하고, 국세청장 또는 세금우대저축
취급기관의 요구 또는 조회가 있는 때에는 이에 응하여야 한다.

4 │ 세금우대저축자료의 보관

세금우대저축자료 집중기관은 세금우대저축자료를 개별 세금우대저축이 해지된 연도의
다음 연도부터 5년(연금계좌의 경우에는 해당 저축자가 가입한 모든 연금계좌를 해지한 연도의
다음 연도부터 5년)간 보관[2] 하여야 하며, 금융기관등 종사자(세금우대저축 취급기관 및 세금우대
저축자료 집중기관에 종사하는 자)는 저축자의 서면상의 요구나 동의를 받지 아니하고는
세금우대저축에 관련된 정보 또는 자료를 타인에게 제공하거나 누설해서는 아니되며, 누구든지
금융기관 등 종사자에게 자료 등의 제공을 요구해서는 아니된다. 다만, 국세청장의 요구 및
금융실명법[3] 의 경우를 제외한다.

---

1) 「신용정보의 이용 및 보호에 관한 법률」 제25조 제2항 제1호
2) 2021년 1월 1일 시행 당시 세금우대저축자료 집중기관이 보관하고 있는 세금우대저축자료에 대하여도 적용한다(법률
제17759호, 2020. 12. 29. 부칙§14).
3) 「금융실명거래 및 비밀보장에 관한 법률」 제4조 제1항 각 호

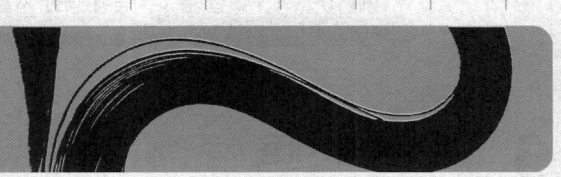

조합 등 예탁금에 대한 저율과세 등

1 │ 의 의

농·어민조합 등에 대한 예탁금에 대한 비과세특례는 저소득층 소득 보전 또는 서민금융기관에의 자금 유입 등을 통하여 저소득층을 지원하기 위한 취지로 도입되었다.

2 │ 요 건

① 농민·어민 그 밖에 상호 유대를 가진 거주자를 조합원·회원 등으로 하는 조합 등에 대한 예탁금이어야 한다.
② 가입 당시 19세 이상[1])인 거주자가 가입하여야 한다.
③ 시행령 제82조의5에 해당하는 조합 등의 조합원·준조합원·계원·준계원 또는 회원의 예탁금으로서 동 조항의 금융기관에 예탁한 금액의 합계액이 1인당 3천만원 이하인 예탁금이어야 한다.

> 〈조세특례제한법 시행령〉
> 제83조의3【조합 등 예탁금의 요건 등】① 법 제89조의3 제1항에서 "대통령령으로 정하는 예탁금"이란 제82조의5 각 호의 어느 하나에 해당하는 조합 등의 조합원·준조합원·계원·준계원 또는 회원의 예탁금으로서 같은 조 제1호부터 제5호까지의 조합 등에 예탁한 금액의 합계액이 1인당 3천만원 이하인 예탁금을 말한다.
> ② 삭제

---

1) 종전에는 20세 이상이었으나, 2020년말 조특법 개정시 19세로 변경되었다. 개정규정은 2021년 1월 1일 이후 가입하는 분부터 적용한다(법률 제17759호, 2020. 12. 29. 부칙§15).

3 │ 과세특례 내용

조합 등 예탁금에 대한 이자소득에 대하여

① 2007. 1. 1.부터 2025. 12. 31.까지 발생하는 소득에 대하여는 비과세한다.

② 2026. 1. 1.부터 2026. 12. 31.까지 발생하는 소득에 대하여는 「소득세법」 제129조의 규정에 불구하고 100분의 5의 세율을 적용하며, 이에 대하여는 「소득세법」 제14조 제2항의 규정에 따른 종합소득과세표준계산의 경우 이를 합산하지 아니하며, 「지방세법」에 의한 지방소득세를 부과하지 아니한다.

③ 2027. 1. 1. 이후의 조합 등 예탁금에서 발생하는 이자소득에 대하여는 「소득세법」 제129조의 규정에 불구하고 100분의 9의 세율을 적용하고, 이에 대하여는 「소득세법」 제14조 제2항의 규정에 따른 종합소득과세표준계산의 경우 이를 합산하지 아니하며, 「지방세법」에 따른 지방소득세를 부과하지 아니한다.

4 │ 관련사례

구 분	내 용
비과세를 적용받던 예탁금의 상속	「신용협동조합법」에 의한 신용협동조합의 조합원인 거주자가 예탁한 비과세 예탁금이 해당 거주자의 사망으로 상속되는 경우 해당 예탁금(상속인의 기존 예탁금과 상속받은 예탁금을 더하여 3천만원 이하인 경우)에서 발생하는 상속인의 이자소득에 대하여 상속인이 비과세요건을 충족하는 경우 조세특례 적용 가능함(원천세과-704, 2011. 11. 2.).
해산 전에 이미 가입한 예탁금의 해산등기 이후 발생하는 이자소득	새마을금고가 총회해산결의에 의하여 해산하고 청산절차를 진행 중인 경우 해산 전에 이미 가입한 예탁금의 해산등기 이후 발생하는 이자소득에 대하여는 조세특례제한법 제89조의3을 적용할 수 없음(서이 46013-11434, 2002. 7. 25.).
저축계약기간 중에 조합원(준조합원) 자격 상실	농협단위조합의 조합원(준조합원)이 1인 1통장 2천만원 한도의 비과세 예탁금에 가입한 후 저축계약기간 중 조합원(준조합원)의 자격을 상실한 경우 당해 예탁금의 저축계약기간 만료일까지는 비과세가 적용될 수 있으며, 10.5%(주민세 포함)로 저율과세되는 세금우대종합저축은 저축가입 당시 저축자가 세금우대적용을 신청하여야 하는 것이므로 다른 예금 또는 예탁금을 중도에 세금우대종합저축으로 전환하는 것은 불가능한 것임(재소득 46073-126, 2001. 6. 21.).

조세특례제한법

제90조의2

세금우대자료 미제출가산세

1 | 의 의

세금우대저축은 종류별로 한도를 정하여 1인 1통장(또는 1세대 1통장)을 요건으로 하고, 저축기관에서 납입 및 해지사실을 국세청에 통보하도록 되어 있으나, 국세청에 통보되지 않거나 통보가 지연되는 사례가 많아 관리에 애로가 있으므로 통보를 신속히 하도록 함으로써 세금우대저축을 효율적으로 관리하도록 하며, 중복가입 또는 한도초과 사실을 저축자에게 신속히 알려줌으로써 민원을 최소화하고 납세편의를 도모하고자 도입되었다.

2 | 세금우대자료 미제출가산세

제87조의5 제5항, 제88조의4 제11항, 제89조의2 제1항, 제91조의4 제4항, 제91조의6 제4항 및 제91조의11 제3항의 규정에 의하여 세금우대자료를 제출하거나 세금우대저축자료를 통보하여야 하는 자가 당해 세금우대자료 또는 세금우대저축자료를 당해 각조에 규정된 기간 이내(법 제89조의2 제1항의 경우에는 통보사유가 발생한 날부터 15일 이내)에 제출 또는 통보하지 아니하거나 제출·통보된 세금우대자료 또는 세금우대저축자료가 대통령령이 정하는 불분명한 사유에 해당하는 경우에는 그 제출 또는 통보하지 아니하거나 불분명하게 제출·통보한 계약 또는 해지 건당 2천원을 납부세액에 가산한다.

3 | 지연제출시 가산세의 경감

세금우대자료 미제출가산세를 적용함에 있어서 세금우대자료 제출기간의 종료일이 속하는 달의 다음 달 말일까지 제출 및 통보하는 경우에는 부과하여야 할 가산세의 100분의 50에 상당하는 세액을 경감한다.

제91조의2

집합투자기구에 대한 과세특례

1 | 의 의

본조는 크게 적격집합투자기구에 대한 투자자의 집합투자증권의 「증권거래세법」상 양도 제외와 투자신탁등이 적격집합투자기구가 아닌 경우 집합투자재산을 하나의 내국법인으로 보아 법인세를 납부하는 제도로 구성되어 있다.

2 | 「증권거래세법」상 양도 제외

적격집합투자기구[1]가 집합투자증권[2]으로서 자기의 집합투자증권을 환매[3]하는 경우 해당 적격집합투자기구에 대한 투자자의 집합투자증권 이전은 「증권거래세법」에 따른 양도로 보지 아니한다(조특법 §91의2①).[4]

"집합투자기구"란 집합투자를 수행하기 위한 기구로서 다음의 것을 말한다(자본시장과 금융투자업에 관한 법률 §9⑱).

① 집합투자업자인 위탁자가 신탁업자에게 신탁한 재산을 신탁업자로 하여금 그 집합투자업자의 지시에 따라 투자·운용하게 하는 신탁 형태의 집합투자기구(투자신탁)

② 「상법」에 따른 주식회사 형태의 집합투자기구(투자회사)

---

1) 「소득세법 시행령」 제150조의7제2항에 따른 적격집합투자기구를 말한다(조특령 §84).

2) 집합투자기구에 대한 출자지분(투자신탁의 경우에는 수익권을 말한다)이 표시된 것(「자본시장과 금융투자업에 관한 법률」, §9)

3) 환매는 일단 매도한 목적물을 일정기간 내에 최초의 매도인이 다시 찾을 수 있게 하는 제도로서 매도담보와 결합하여 민법이 규정한 질권·저당권 같은 전형담보물권의 불충분성을 보충하는 채권담보의 작용을 한다. 환매의 법률적 성질에 관해서는 해제권의 유보로 보는 것이 다수설이다(출처 : 다음 백과사전).

4) 개정규정은 2023년 1월 1일 이후 환매하는 분부터 적용하고(법률 제17759호, 2020. 12. 29. 부칙 §16①), 2023년 1월 1일 전에 환매한 분에 대해서는 제91조의2 제1항의 개정규정에도 불구하고 종전의 규정에 따른다(법률 제17759호, 2020. 12. 29. 부칙 §43①)

③ 「상법」에 따른 유한회사 형태의 집합투자기구(투자유한회사)

④ 「상법」에 따른 합자회사 형태의 집합투자기구(투자합자회사)

⑤ 「상법」에 따른 유한책임회사 형태의 집합투자기구(투자유한책임회사)

⑥ 「상법」에 따른 합자조합 형태의 집합투자기구(투자합자조합)

⑦ 「상법」에 따른 익명조합 형태의 집합투자기구(투자익명조합)

3 │ 투자신탁 등의 법인세 납부

투자신탁·투자합자조합·투자익명조합이 적격집합투자기구가 아닌 경우에는 집합투자재산에 귀속되는 소득에 대하여 그 집합투자재산을 하나의 내국법인으로 보아 해당 투자신탁 및 투자익명조합의 집합투자업자 또는 해당 투자합자조합은 각 사업연도의 소득에 대한 법인세를 납부하여야 한다(조특법 §91의2②).[5]

한편, 법인세를 납부하는 집합투자재산에 대한 소득공제에 관하여는 법인과세 신탁재산에 대한 소득공제 규정을 준용한다(조특법 §91의2③, 법인법 §75의14).

---

5) 개정규정은 2023년 1월 1일 이후 발생하는 소득분부터 적용하고(법률 제17759호, 2020. 12. 29. 부칙 §16②), 2023년 1월 1일 전에 발생한 소득분에 대해서는 종전의 규정에 따른다(법률 제17759호, 2020. 12. 29. 부칙 §43②).

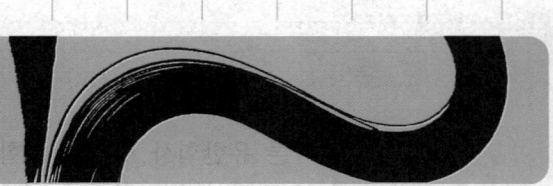

제91조의14

재형저축에 대한 비과세

1 의 의

서민·중산층의 재산형성을 지원하기 위해 재형저축에 대한 비과세 제도가 2013. 1. 1. 신설되었고 2013. 1. 1. 이후 신설된 재형저축에 가입하는 분부터 적용되었다.

2014. 12. 23. 조특법 개정시 서민층과 고졸 중소기업 재직 청년층 등에 대해 의무가입기간을 완화하였다. 동 제도는 2015. 12. 31. 적용 종료되었다.

2 요건 및 과세특례 내용

2-1. 가입자 요건

재형저축 가입자가 가입 당시 다음의 어느 하나에 해당하는 거주자이어야 한다. 국세청장은 재형저축의 가입자가 가입 당시 본 요건을 갖추었는지를 확인하여 저축취급기관에 통보하여야 한다. 재형저축 가입자가 아래 ① 또는 ②의 요건에 해당하지 아니한 것으로 저축취급기관이 통보받은 경우에는 그 통보를 받은 날에 재형저축이 해지된 것으로 보며, 해당 저축취급기관은 이를 재형저축 가입자에게 통보하여야 한다. 이 경우 감면세액 추징 등은 하지 아니한다.

① 직전 과세기간의 총급여액이 5천만원 이하인 경우(직전 과세기간에 근로소득만 있거나 근로소득 및 종합소득과세표준에 합산되지 않는 종합소득이 있는 경우로 한정)

② ①에 해당하는 거주자를 제외하고 직전 과세기간의 종합소득과세표준에 합산되는 종합소득금액이 3천500만원 이하인 경우(직전 과세기간에 근로소득 또는 사업소득이 있는 경우로 한정)

2-2. 재형저축 표시

「금융실명거래 및 비밀보장에 관한 법률」 제2조 제1호 각 목의 어느 하나에 해당하는 금융회사 등이 취급하는 적립식 저축(「자본시장과 금융투자업에 관한 법률」 제233조에 따라 설립·설정된 자집합투자기구에 가입하는 저축을 포함한다)으로서 소득세가 비과세되는 재형저축임이 표시된 통장[1]으로 거래되어야 한다. 저축취급기관은 재형저축의 약관에 재형저축의 계약금액 한도, 조회 그 밖에 필요한 사항을 명시하여야 한다.

2-3. 계 약

재형저축 계약기간이 7년이어야 한다. 다만, 최초로 재형저축의 계약을 체결한 날로부터 7년이 도래하는 때에 계약기간을 한 차례만 3년 이내의 범위에서 추가로 연장할 수 있다. 이 경우 연장한 계약기간까지 발생하는 이자소득과 배당소득에 대해서는 소득세를 부과하지 아니한다. 재형저축의 계약기간의 만료일(만료일을 연장한 경우는 그 연장한 만료일) 이후 발생하는 이자소득 및 배당소득에 대해서는 동 비과세를 적용하지 아니한다.

2-4. 납입금액

1명당 분기별 300만원 이내(해당 거주자가 가입한 모든 재형저축의 합계액을 말한다)에서 납입해야 한다. 이 경우 해당 분기 이후의 저축금을 미리 납입하거나 해당 분기 이전의 납입금을 후에 납입할 수 없으나 보험 또는 공제의 경우에는 최종납입일이 속하는 달의 말일부터 2년 2개월이 지나기 전에는 그 동안의 저축금을 납입할 수 있다.[2]

2-5. 가입기한

2015. 12. 31.까지 가입하는 경우에만 해당 저축에서 발생하는 이자소득과 배당소득에 대해서 소득세를 부과하지 아니한다.

---

1) 재형저축만을 입금 또는 출금하는 재형저축통장에 의하여 재형저축을 취급하여야 하며, 재형저축통장의 표지에 "재형저축통장"이라는 문구를 표시하여야 한다.
2) 2014. 1. 1. 후 미납저축금을 납입하는 분부터 적용되었다.

3 │ 사후관리

재형저축의 계약을 체결한 거주자가 다음의 구분에 따른 날 이전에 해당 저축으로부터 원금이나 이자 등을 인출하거나 해당 계약을 해지 또는 제3자에게 양도한 경우 그 저축을 취급하는 금융회사 등은 이자소득과 배당소득에 대하여 소득세가 부과되지 아니함으로써 감면받은 세액을 추징하여야 한다(조특법 §91의14③, §146의2).

① 가입 당시 다음의 어느 하나에 해당하는 거주자의 경우 : 최초로 계약을 체결한 날부터 3년이 되는 날

ⓐ 직전 과세기간의 총급여액이 2천500만원 이하인 거주자

ⓑ 직전 과세기간의 종합소득과세표준에 합산되는 종합소득금액이 1천600만원 이하인 거주자

ⓒ 「중소기업기본법」 제2조에 따른 중소기업(비영리법인을 포함한다)으로서 조특령 제27조(중소기업 취업자에 대한 소득세 감면) 제3항에 따른 기업에 근무하고 있는 청년(ⓐ 및 ⓑ에 해당하는 거주자는 제외한다)

여기서, 청년이란 재형저축 가입일 현재 최종학력이 고등학교 졸업 이하인 거주자로서 연령이 15세 이상 29세 이하인 사람[조특법 제27조 제1항 제1호 각 목의 어느 하나에 해당하는 병역을 이행한 경우에는 그 기간(6년을 한도로 한다)을 재형저축 가입일 현재 연령에서 빼고 계산한 연령이 29세 이하인 사람을 포함한다]을 말한다(조특령 §92의13⑥).

② 위 ① 외의 거주자의 경우 : 최초로 계약을 체결한 날부터 7년이 되는 날

다만, 저축자의 사망·해외이주 또는 해지 전 6개월 이내에 발생한 다음의 어느 하나에 해당하는 사유로 저축계약을 해지하는 경우에는 그러하지 아니한다.

① 천재지변 ② 저축자의 퇴직 ③ 사업장의 폐업

④ 저축자의 3개월 이상의 입원치료 또는 요양을 요하는 상해·질병의 발생

⑤ 저축취급기관의 영업의 정지, 영업인가·허가의 취소, 해산결의 또는 파산선고

4 │ 절 차

재형저축에 가입하려는 거주자는 세무서장으로부터 소득확인증명서를 발급받아 저축취급기관에 제출하여야 한다. 이 경우 중소기업 재직 청년에 해당하는 거주자는 최종학력, 중소기업 재직 여부 등을 확인할 수 있는 청년층 재형저축 가입요건 확인서를 함께 제출하여야 한다.

국세청장은 재형저축 가입자가 가입자 요건(2-1.)을 갖추었는지를 확인하여 그 결과를 가입자의 저축 가입연도(결정 또는 경정이 있는 경우는 결정 또는 경정이 있는 해당 연도)의 다음 연도 2월 말일까지 해당 저축취급기관에 통보하여야 한다. 재형저축 가입자는 국세청장이 저축취급기관에 통보한 내용에 이의가 있는 경우 국세청장에게 의견을 제시할 수 있으며 국세청장은 의견제시를 받은 날부터 14일 이내에 저축취급기관에 수용 여부를 통보하여야 한다.

5 │ 주요 개정연혁

1. 서민층의 재형저축 요건 완화(조특법 §91의14)

(1) 개정내용

종 전	개 정
□ 재형저축 이자·배당소득 비과세	□ 서민층에 대하여 의무 가입기간 요건 완화
○ (대상) 총급여 5,000만원 이하 근로자, 종합소득금액 3,500만원 이하 사업자	○ (좌 동)
○ (납입한도) 연간 1,200만원 (분기별 300만원)	○ (좌 동)
○ (의무가입기간) 7년	○ ① 또는 ② : 7년 → 3년 ① 총급여 2,500만원 이하 근로자 또는 종합소득금액 1,600만원 이하 사업자 ② 중소기업 재직 고졸이하 청년 근로자(15~29세)
○ 적용기한 : 2015. 12. 31.까지 가입	○ (좌 동)

(2) 개정이유

○ 서민층 및 고졸 중소기업 재직 청년층의 재산형성 지원

(3) 적용시기 및 적용례

○ 2015. 1. 1. 이후 가입하는 분부터 적용

제91조의15

고위험고수익투자신탁에 대한 과세특례

1 | 의 의

하이일드 펀드에 대한 세제지원을 통하여 신용도가 낮은 기업에 대한 원활한 자금조달을 유도하고 회사채시장의 양극화를 완화하며, 중소기업 지원을 위한 코스닥시장 및 프리보드의 기능이 미흡한 상황이므로 코넥스시장의 육성이 필요함에 따라 2014. 1. 1. 조특법 개정시 신설되었다(2014. 1. 1. 후 설정되는 투자신탁 등부터 적용).

참고로 코넥스시장(KONEX : Korea New Exchange)은 창업초기단계 중소기업의 원활한 자금조달·회수를 위하여 코스닥시장의 상장 요건을 충족시키지 못하는 벤처기업과 중소기업이 상장할 수 있는 중소기업 전용 주식시장으로, 2013. 7. 1. 개장되었다.[1]

2 | 요 건

2-1. 투자대상

거주자가 다음의 채권 또는 주식을 편입하는 집합투자기구, 투자일임재산 또는 특정금전신탁("고위험고수익투자신탁")에 가입하여야 한다.

① 신용평가업자[2] 2명 이상이 평가한 신용등급 중 낮은 신용등급이 BBB+ 이하(전자단기사채의 경우 A3+ 이하)인 사채권("비우량채권")

해당 채권이 비우량채권인지는 해당 채권이 고위험고수익투자신탁에 편입된 날을

---

1) 코스닥시장에 상장하려면 자기자본이 30억원 이상이면서 '자기자본이익률 10% 이상·당기순이익 20억원 이상·매출 100억원 이상' 중 한 가지 조건을 충족해야 함. 그러나 코넥스는 코스닥 상장 요건의 1/3~1/10 수준을 충족하면 됨. 자본이 전액 잠식되거나 5년 이상 영업손실이 발생하는 등의 재무적 사유가 발생해도 상장 폐지를 면할 수 있다는 것도 코스닥과의 차이점임.

2) 「자본시장과 금융투자업에 관한 법률」 제335조의3에 따라 신용평가업인가를 받은 자

기준으로 판단한다. 다만, 해당 채권이 고위험고수익투자신탁에 편입될 당시에는 비우량채권에 해당되지 아니하였으나 투자신탁등에 편입된 후 비우량채권에 해당하게 된 경우에는 그 해당하게 된 날부터 해당 채권을 비우량채권으로 본다.

② 코넥스시장에 상장된 주권("코넥스 상장주식")
해당 주권이 코넥스 상장주식인지는 해당 주권이 고위험고수익투자신탁에 편입된 날을 기준으로 판단한다. 다만, 해당 주권이 고위험고수익투자신탁에 편입될 당시에는 코넥스 상장주식에 해당되지 아니하였으나 투자신탁등에 편입된 후 코넥스 상장주식에 해당하게 된 경우에는 그 해당하게 된 날부터 해당 주권을 코넥스 상장주식으로 본다.

2-2. 펀드 요건

투자신탁등은 다음의 요건을 갖추어야 한다.
① 투자신탁등의 설정일·설립일부터 매 3개월마다 비우량채권과 코넥스 상장주식을 합한 평균보유비율이 45% 이상이고, 이를 포함한 국내채권의 평균보유비율이 60% 이상일 것이 경우 해당 고위험고수익투자신탁의 만기일 전 3개월 및 설정일·설립일 후 3개월은 본 요건을 갖춘 것으로 본다.
또한, "평균보유비율"은 비우량채권과 코넥스 상장주식, 국내채권 각각의 평가액이 투자신탁등의 평가액에서 차지하는 매일의 비율("일일보유비율")을 3개월 동안 합산하여 같은 기간의 총일수로 나눈 비율로 한다.
일일보유비율을 계산할 때 투자신탁등의 평가액이 투자원금보다 적은 경우로서 비우량채권과 코넥스 상장주식을 합한 일일보유비율 또는 이를 포함한 국내채권의 일일보유비율이 각각 30% 또는 60% 미만인 경우에는 이를 각각 30% 또는 60%로 보아 계산한다. 고위험고수익투자신탁이 본 요건을 갖추지 못한 매 3월이 속한 해당 결산기간에 발생하는 소득에 대해서는 본 과세특례를 적용하지 아니한다.
② 국내 자산에만 투자할 것

이를 도식화하면 다음과 같다.

| 펀드 요건 |

30% 이상	60% 이상	나머지(기타)
BBB+ 이하 회사채	국내 채권	국내 자산 (채권, 주식, 파생 등)
코넥스 상장주식		

2-3. 계약기간

고위험고수익투자신탁의 계약기간은 1년 이상 3년 이하로 하고, 계약일부터 3년이 지나 발생한 소득에 대해서는 본 과세특례를 적용하지 아니한다.

2-4. 가입기한

위 고위험고수익투자신탁에 2017. 12. 31.까지 가입하여야 한다.

3 | 과세특례

1명당 투자금액 3천만원(모든 금융회사에 투자한 투자신탁 등의 합계액을 말한다) 이하인 투자신탁 등에서 받는 이자소득 또는 배당소득에 대해서는 「소득세법」 제14조 제2항에 따른 종합소득과세표준에 합산하지 아니하고 분리과세한다.

이는 종합과세되는 비거주자가 고위험고수익투자신탁에 2014. 12. 31.까지 가입하는 경우에도 종합소득과세표준에 합산하지 아니하고 분리과세한다.

4 | 사후관리

고위험고수익투자신탁의 가입자가 계약체결일부터 1년 이내에 고위험고수익투자신탁을 해약 또는 환매하거나 그 권리를 이전하는 경우 이자소득 또는 배당소득이 종합소득과세표준에 합산되지 아니함으로써 감면받은 세액을 추징한다(조특법 §91의15④, 146의2).

다만, 가입자의 사망, 해외이주, 고위험고수익투자신탁을 해약 또는 환매하거나 그 권리를 이전하기 전 6개월 이내에 발생한 다음의 부득이한 사유가 있는 경우에는 본 과세특례를 적용할 수 있다.

① 거주자 : 천재지변, 가입자의 퇴직, 사업장의 폐업, 가입자의 3개월 이상의 입원치료 또는 요양이 필요한 상해·질병의 발생, 고위험고수익투자신탁 취급기관의 영업의 정지, 영업 인가·허가의 취소, 해산결의 또는 파산선고

② 비거주자 또는 외국법인 : 천재지변

5 │ 절 차

고위험고수익투자신탁에 가입하려는 비거주자는 원천징수의무자에게 거주지국의 권한 있는 당국으로부터 해당국의 거주자임을 증명받은 증명서를 제출하여야 한다.

부득이한 사유가 발생하여 고위험고수익투자신탁을 해약 또는 환매하거나 그 권리를 이전하려는 자는 특별해지사유신고서를 고위험고수익투자신탁의 취급기관에 제출하여야 한다.

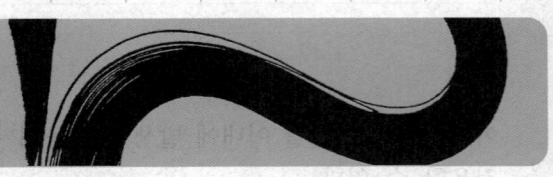

조세특례제한법

제91조의16

장기집합투자증권저축에 대한 소득공제

1 | 의 의

저금리 및 인플레이션 등으로 중산·서민층의 예금을 통한 자산형성이 쉽지 않은 상황이므로 서민·중산층의 자산형성과 장기투자를 지원하고 자본시장에 장기·안정적인 수요기반을 확충하기 위하여 2014. 1. 1. 조특법 개정시 신설되었다(2014. 1. 1. 이후 최초로 설정 또는 설립되는 장기집합투자증권저축에 가입한 분부터 적용).

재형펀드는 배당소득 비과세 혜택만 있어 투자수익이 발생하는 경우에만 조세절감 효과가 나타나는 반면, 장기펀드의 경우 주식시황에 관계없이 소득공제혜택을 받을 수 있어 시중자금을 안정적으로 주식시장으로 유인하는 효과가 있다.

다만, 저소득층의 경우 유동성제약으로 인해 저축을 납입하기 어렵고, 10년 장기투자를 하기가 어렵다는 지적도 있다. 동 제도는 2015. 12. 31. 적용 종료되었다.

2 | 요 건

2-1. 가입대상

장기집합투자증권저축 가입자가 가입 당시 직전 과세기간의 총급여액이 5천만원 이하인 근로소득이 있는 거주자이어야 한다.

직전 과세기간에 근로소득만 있거나 근로소득 및 종합소득과세표준에 합산되지 않는 종합소득이 있는 경우로 한정되며, 일용근로자는 적용대상에서 제외된다.

2-2. 펀드요건

다음의 요건을 모두 갖춘 장기집합투자증권저축이어야 한다.

(1) **(투자대상)** 자산총액의 40% 이상을 국내에서 발행되어 국내에서 거래되는 주식 (「자본시장과 금융투자업에 관한 법률」에 따른 증권시장에 상장된 것으로 한정한다)에 투자하는 「소득세법」 제17조 제1항 제5호에 따른 집합투자기구의 집합투자증권 취득을 위한 저축일 것. 여기서 자산총액의 40% 이상인 경우는 장기집합투자증권저축의 설정일 또는 설립일부터 국내에서 발행되어 국내에서 거래되는 주식(「자본시장과 금융투자업에 관한 법률」에 따른 증권시장에 상장된 것으로 한정한다)의 매일의 보유비율이 자산총액의 40% 이상인 경우를 말한다.

또한, 다음의 어느 하나에 해당하는 경우에는 자산총액의 40% 이상 보유의무("최저보유의무")를 적용하지 아니한다. 이 경우 ④ 또는 ⑤에 해당하는 경우에는 최저보유의무를 위반한 날부터 15일 이내에 최저보유의무를 충족하여야 한다.
① 장기집합투자증권저축의 최초 설립일 또는 설정일부터 1개월간
② 장기집합투자증권저축 회계기간 종료일 이전 1개월간(회계기간이 3개월 이상인 경우로 한정한다)
③ 장기집합투자증권저축의 해산일 또는 해지일 이전 1개월간(최초 설립일 또는 설정일부터 해산일 또는 해지일까지의 기간이 3개월 이상인 경우로 한정한다)
④ 3영업일 동안 누적된 추가설정 또는 해지청구된 금액이 각각 장기집합투자증권저축 자산총액의 10%를 초과하는 경우
⑤ 장기집합투자증권저축 자산의 가격변동으로 최저보유의무를 위반하게 되는 경우

(2) **(계약기간)** 장기집합투자증권저축 계약기간이 10년 이상이고 저축가입일부터 10년 미만의 기간 내에 원금·이자·배당·주식 또는 수익증권 등의 인출[1]이 없을 것

(3) **(납입한도)** 적립식 저축으로서 1인당 연 600만원 이내에서 납입할 것. 이 경우 600만원은 해당 거주자가 가입한 모든 장기집합투자증권저축의 합계액을 말한다.

장기집합투자증권저축이 「자본시장과 금융투자업에 관한 법률」 제233조에 따른 자집합투자기구로 설립·설정된 경우에는 모집합투자기구에 투자하여 간접적으로 법 제91조의16 제1항 제2호에 따른 주식을 취득하는 경우도 주식에 투자한 것으로 보아 보유비율을 산정한다.

---

1) 장기집합투자증권저축이 「자본시장과 금융투자업에 관한 법률」 제232조에 따른 전환형집합투자기구로 설립·설정된 경우로서 가입자가 집합투자규약에 따라 다른 집합투자증권으로 전환하는 경우에는 인출로 보지 아니한다.

2-3. 가입기한

위 장기집합투자증권저축에 2015. 12. 31.까지 가입하여야 한다.

3 │ 소득공제의 내용

장기집합투자증권저축에 가입한 날로부터 10년 동안 각 과세기간에 납입한 금액의 40%에 해당하는 금액을 해당 과세기간의 근로소득금액에서 공제한다. 이 경우 공제금액은 해당 과세기간의 근로소득금액을 한도로 한다.

4 │ 사후관리

장기집합투자증권저축에 가입한 거주자가 다음의 어느 하나에 해당하는 경우에는 해당 과세기간에 소득공제를 하지 아니한다(조특법 §91의16②).

① 해당 과세기간에 근로소득만 있거나 근로소득 및 종합소득과세표준에 합산되지 않는 종합소득이 있는 경우로서 총급여액이 8천만원을 초과하는 경우

② 해당 과세기간에 근로소득이 없는 경우

장기집합투자증권저축 가입자가 해당 저축의 가입일부터 10년 미만의 기간 내에 해당 저축으로부터 원금·이자·배당·주식 또는 수익증권 등의 전부 또는 일부를 인출하거나 해당 계약을 해지 또는 제3자에게 양도한 경우("해지"2)) 해당 과세기간부터 소득공제를 하지 아니한다(조특법 §91의16④).

또한, 장기집합투자증권저축 가입자가 해당 저축의 가입일부터 5년 미만의 기간 내에 장기집합투자증권저축을 해지하는 경우 저축취급기관은 해당 저축에 납입한 금액의 총 누계액의 6%("추징세액")를 추징하여 저축 계약이 해지된 날이 속하는 달의 다음 달 10일까지 원천징수 관할 세무서장에게 납부하여야 한다. 저축취급기관이 추징세액을 기한 내에 납부하지 아니하거나 납부하여야 할 세액에 미달하게 납부한 경우 해당 저축취급기관은 그 납부하지 아니한 세액 또는 미달하게 납부한 세액의 10%를 원천징수 관할 세무서장에게 납부하여야 한다(조특법 §91의16⑦).

---

2) 장기집합투자증권저축이 「자본시장과 금융투자업에 관한 법률」 제232조에 따른 전환형집합투자기구로 설립·설정된 경우로서 가입자가 집합투자규약에 따라 다른 집합투자증권으로 전환하는 경우에는 해지로 보지 아니한다.

다만, 다음의 부득이한 사유로 해지된 경우에는 추징세액을 납부하지 아니하며, 소득공제를 받은 자가 해당 소득공제로 감면받은 세액이 추징세액에 미달하는 사실을 증명하는 경우에는 실제로 감면받은 세액상당액을 추징한다.

① 저축자의 사망·해외이주
② 해지 전 6개월 이전에 발생한 사유 : 천재지변, 저축자의 퇴직, 사업장의 폐업, 저축자의 3개월 이상의 입원치료 또는 요양이 필요한 상해·질병의 발생, 저축취급기관의 영업의 정지, 영업인가·허가의 취소, 해산결의 또는 파산선고, 최초 설립 또는 설정된 날부터 1년이 지난 날에 집합투자기구의 원본액이 50억원에 미달하거나 최초 설립 또는 설정된 날부터 1년이 지난 후 1개월간 계속하여 집합투자기구의 원본액이 50억원에 미달하여 집합투자업자가 해당 집합투자기구를 해지하는 경우

5 | 중복적용 배제

조특법에 따른 비과세 등 조세특례 또는 「소득세법」 제20조의3 제1항 제2호[3]를 적용받는 저축 등의 경우에는 본 소득공제를 적용하지 아니한다.

6 | 절 차

장기집합투자증권저축에 가입하려는 자는 세무서장으로부터 소득확인증명서를 발급받아 저축취급기관에 제출하여야 한다. 저축취급기관은 장기집합투자증권저축만을 입금 또는 출금하는 장기집합투자증권저축통장에 의하여 장기집합투자증권저축을 취급하여야 하며, 장기집합투자증권저축통장의 표지에 "소득공제 장기집합투자증권저축"이라는 문구를 표시하여야 한다. 또한, 저축취급기관은 장기집합투자증권저축의 약관에 장기집합투자증권 저축의 계약금액 한도·조회와 그 밖의 필요한 사항을 명시하여야 한다.

국세청장은 장기집합투자증권저축 가입자가 가입대상 요건을 갖추었는지를 확인하여 그 결과를 가입자의 저축 가입연도(저축 가입자에 대하여 결정 또는 경정이 있는 경우에는 결정 또는 경정이 있는 해당 연도)의 다음 연도 2월 말일까지 해당 저축취급기관에 통보하여야 한다. 장기집합투자증권저축 가입자는 국세청장이 저축취급기관에 통보한 내용에 이의가 있는 경우 국세청장에게 의견을 제시할 수 있으며, 국세청장은 의견제시를 받은 날부터 14일 이내에

---

3) 공적연금소득을 제외한 연금소득으로서 연금계좌에서 연금형태로 인출하는 경우를 말한다.

저축취급기관에 수용 여부를 통보하여야 한다.

소득공제를 받으려는 거주자는 근로소득세액의 연말정산 또는 종합소득과세표준확정신고를 하는 때에 소득공제를 받는 데 필요한 해당 연도의 저축금 납입액이 명시된 장기집합투자증권저축 납입증명서를 장기집합투자증권저축을 취급하는 금융회사로부터 발급받아 원천징수의무자 또는 주소지 관할 세무서장에게 제출하여야 한다.

국세청장은 장기집합투자증권저축의 가입자가 가입 당시 "2-1."의 가입대상 근로자인지를 확인하여 저축취급기관에 통보하여야 한다. 저축취급기관이 장기집합투자증권저축 가입자가 가입대상 근로자가 아닌 것으로 통보받은 경우에는 그 통보를 받은 날에 장기집합투자증권저축이 해지된 것으로 보며, 해당 저축취급기관은 이를 장기집합투자증권저축 가입자에게 통보하여야 한다.

저축취급기관이 추징세액을 징수한 경우 해당 저축취급기관은 저축자에게 그 내용을 서면으로 즉시 통보하여야 한다.

부득이한 사유가 발생하여 해지하려는 자는 특별해지사유신고서를 저축취급기관에 제출하여야 한다.

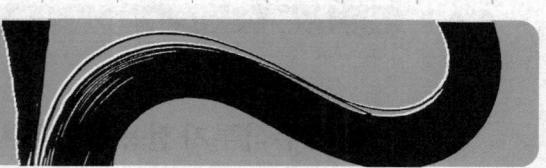

조세특례제한법

제**91**조의17

해외주식투자전용집합투자기구에 대한 과세특례

1 | 의 의

　본 과세특례는 해외 증권투자 활성화를 지원하고 국내주식에 투자하는 펀드와의 과세형평성을 제고하기 위해 2015. 12. 15. 조특법 개정시 신설되었다(2016. 1. 1. 이후 해외주식투자전용집합투자기구의 집합투자증권에 투자하는 경우부터 적용). 2017. 12. 31.까지 해외주식투자전용펀드에 납입 원금 3천만원을 한도로 투자할 수 있도록 하고, 해당 펀드에서 발생하는 해외주식의 매매·평가차익과 이에 따른 환차익에 대하여 가입 후 10년간 비과세하는 것을 내용으로 한다.

　다만, 동 제도는 소득, 자산, 연령 요건 없이 누구나 가입할 수 있도록 설계되어 있으나, 현행 세법상 아무런 가입대상의 제한 없이 비과세 혜택을 제공하는 사례가 없고, ISA의 경우에는 근로소득이나 사업소득이 있고 금융소득종합과세 대상이 아닌 자로 가입대상을 한정한 점을 감안하면 상대적으로 가입요건이 관대한 측면이 있으며, 해외투자활성화 필요성을 감안하더라도 가입요건상 아무런 제한이 없을 경우 저축여력이 큰 고소득자에게 혜택이 집중되고 배우자, 자녀 등 소득이 없는 특수관계인 명의로 자산을 분산투자하여 세감면 혜택을 악용할 우려를 배제할 수 없다는 지적이 있다.

2 | 요 건

2-1. 가입대상

　거주자가 국외에서 발행되어 국외에서 거래되는 주식("해외상장주식")에 자산총액의 100분의 60 이상을 투자하는 집합투자기구("해외주식투자전용집합투자기구")의 집합투자증권에 2017. 12. 31.까지 투자하여야 한다.

2 - 2. 해외주식투자전용집합투자증권저축과 해외상장주식의 요건

거주자는 해외주식투자전용집합투자증권저축에 가입하여 해당 해외주식투자전용집합투자증권저축을 통하여 해외주식투자전용집합투자기구의 집합투자증권에 투자하여야 하며, 여기서 해외주식투자전용집합투자증권저축(이하 "전용저축"이라 한다)이란 다음의 요건을 모두 갖춘 저축을 말한다.

① 「금융실명거래 및 비밀보장에 관한 법률」 제2조 제1호 각 목의 어느 하나에 해당하는 금융기관이 취급하는 저축으로서 해외주식투자전용집합투자증권저축임이 표시된 통장으로 거래될 것

② 조특법 제91조의17 제1항에 따른 해외주식투자전용집합투자기구(이하 "전용집합투자기구"라 한다)의 집합투자증권에 대한 투자만을 위한 저축으로서 저축계약기간이 10년 이내일 것

해외상장주식이란 다음의 요건을 모두 갖춘 주식을 말한다.

① 외국법령에 따라 설립된 외국법인이 발행한 주식일 것. 다만, 집합투자 목적으로 설립된 법인의 주식은 제외한다.

② 「증권거래세법」 제2조 제1호에 따른 외국에 있는 시장("외국증권시장")에 상장된 주식일 것

다만, 위 ① · ②의 요건을 모두 갖춘 개별 주식을 기초로 하여 발행되어 외국증권시장에 상장된 주식예탁증서는 위 ① · ②의 요건을 모두 갖춘 주식으로 본다.

전용집합투자기구는 해외상장주식의 보유비율(전용집합투자기구가 직접 해외상장주식에 투자한 비율과 해외상장주식에 직접 투자하는 다른 집합투자기구를 통하여 해외상장주식에 투자한 비율의 합계를 말하며, 이하 "보유비율")이 매일 자산총액의 100분의 60이 되도록 투자("최저보유의무")하여야 하며, 다만 다음의 어느 하나에 해당하는 기간에는 보유비율이 100분의 60 미만인 경우에도 100분의 60 이상인 것으로 본다.

① 전용집합투자기구의 최초 설정일 또는 설립일부터 1개월

② 전용집합투자기구의 회계기간(회계기간이 3개월 이상인 경우로 한정한다) 종료일 이전 1개월

③ 전용집합투자기구의 해산일 또는 해지일(최초 설립일 또는 설정일부터 해산일 또는 해지일까지의 기간이 3개월 이상인 경우로 한정한다) 이전 1개월

④ 3영업일 동안 누적된 추가설정 또는 해지청구된 금액이 각각 전용집합투자기구 자산총액의 100분의 10을 초과하여 최저보유의무를 위반하게 된 날부터 1개월

⑤ 전용집합투자기구가 투자한 자산의 가격변동으로 최저보유의무를 위반하게 된 날부터 1개월

2-3. 납입 한도 요건

거주자 1명당 전용저축에 납입한 원금이 3천만원(「금융실명거래 및 비밀보장에 관한 법률」 제2조 제1호 각 목에 따른 모든 금융회사등에 가입한 전용저축에 납입한 금액의 합계액을 말한다) 이내여야 한다. 전용저축에 납입한 금액의 합계액이란 각 전용저축의 원금(각 전용저축별 납입원금의 한도액을 설정한 경우에는 해당 한도액을 말한다)을 모두 합한 금액으로 하되, 다음의 구분에 따라 계산한 금액으로 한다.

① 조특법 제91조의17 제1항에 따른 투자기간(2017. 12. 31.)까지 : 각 전용저축에 보유 중인 집합투자증권을 일부 또는 전부 환매하여 집합투자증권에 재투자하는 경우 해당 재투자금액은 전용저축의 원금에 가산하지 아니하며, 전용저축에서 일부 금액이 인출되는 경우에는 해당 저축의 원금부터 인출된 것으로 본다.

② 투자기간 경과 후 : 각 전용저축에 보유 중인 집합투자증권을 일부 또는 전부 환매하여 전용집합투자기구의 집합투자증권(투자기간 중에 투자하여 전용저축에 보유 중인 집합투자증권을 말한다)에 재투자하는 경우 해당 재투자금액은 전용저축의 원금에 가산하며, 전용저축에서 전부 또는 일부 금액이 인출되더라도 해당 저축 원금의 인출이 없는 것으로 본다.

③ 위 ① · ②를 적용할 때 전용집합투자기구에서 발생한 이익금을 재투자하는 경우에는 해당 이익금은 전용저축의 원금에 가산하지 아니한다.

투자기간 중에 투자하여 보유 중인 전용집합투자기구의 집합투자증권을 해당 투자기간 경과 후 추가로 투자하는 경우 해당 추가 투자는 전용저축에 가입하여 이를 통하여 전용집합투자기구의 집합투자증권에 투자한 것으로 본다.

2-4. 환매요건

전용저축의 가입자는 전용저축을 통하여 보유 중인 전용집합투자기구의 집합투자증권을 해당 전용저축의 계약기간 만료일까지 환매하여야 한다.

2-5. 투자기한

동 과세특례를 적용받기 위해서는 전용집합투자기구의 집합투자증권에 2017. 12. 31.까지 투자하여야 한다.

3 | 과세특례의 내용

전용저축에 가입한 날부터 10년이 되는 날까지 해당 전용집합투자기구가 직접 또는 집합투자증권(「자본시장과 금융투자업에 관한 법률」 제279조 제1항에 따른 외국 집합투자증권을 포함한다)에 투자하여 취득하는 해외상장주식의 매매 또는 평가로 인하여 발생한 손익(환율변동에 의한 손익을 포함한다)을 해당 전용집합투자기구로부터 받는 배당소득금액에 포함하지 아니한다.

전용집합투자기구의 외국납부세액공제금액 한도계산에 대하여는 「법인세법 시행령」 제94조의2를 준용하며, 이 경우 조특법 제91조의17 제1항에 따라 배당소득금액에 포함하지 아니하는 손익은 「법인세법 시행령」 제94조의2 제1항 제1호의 "당해 사업연도 소득금액 중 과세대상소득금액"으로 본다.

개인종합자산관리계좌에 대한 과세특례

1 | 의 의

본 과세특례는 저금리 시대에 근로자·자영업자의 종합적 자산관리를 통한 재산형성을 지원하기 위해 2015. 12. 15. 조특법 개정시 도입된 제도로, 근로자와 자영업자의 재산형성을 지원하기 위해 시행 중인 재형저축·소장펀드를 통합·재설계하고, 계좌 내 상품을 자유롭게 편입·교체하도록 하여 편의성을 제고하였다.

한편, 2020년말 조특법 개정시 개인종합자산관리계좌의 가입대상·계약기간·납입한도 완화 등을 통하여 개인종합자산관리계좌를 국민의 대표적인 자산형성 수단으로 육성하기 위하여 가입대상을 종전의 사업소득자 등에서 19세 이상 거주자 등으로 대폭 확대하고, 계약기간 요건을 5년에서 3년 이상으로 완화하는 등 제도를 전면 개편하였다.[1]

2 | 요 건

2-1. 가입대상

다음의 어느 하나에 해당하는 거주자이어야 한다[2] (조특법 §91의18①, 조특령 §93의4①).
① 가입일 또는 연장일 기준 19세 이상인 자

---

1) 개정규정은 2021년 1월 1일 이후 가입·연장 또는 해지하는 분부터 적용한다(법률 제17759호, 2020. 12. 29. 부칙 §17①). 다만, 2021년 1월 1일 전에 가입한 분에 대해서는 종전의 규정에 따른다(법률 제17759호, 2020. 12. 29. 부칙 §44).
2) ① 종전에는 직전 과세기간에 소득의 합계액이 2천만원 이하인 자로 한정되었으나, 2020년말 조특법 개정시 소득제한 규정이 삭제되었다.
② 2020년말 조특법 개정 전의 가입대상자는 아래와 같다.
㉠ 해당 과세기간 또는 직전 3개 과세기간 중에 사업소득이 있는 자(비과세소득만 있는 자는 제외)
㉡ 해당 과세기간 또는 직전 3개 과세기간 중에 근로소득이 있는 자(비과세소득만 있는 자는 제외)
㉢ 위 ㉠·㉡에 해당하지 않는 자로서 농업인 또는 어업인

② 가입일 또는 연장일 기준 15세 이상인 자로서 가입일 또는 연장일이 속하는 과세기간의 직전 과세기간에 근로소득이 있는 자(비과세소득만 있는 자는 제외)

2-2. 개인종합자산관리계좌(ISA) 요건

개인종합자산관리계좌란 다음의 요건을 모두 갖춘 계좌를 말한다(조특법 §91의18③).

(1) 1명당 1개의 계좌만 보유할 것

(2) 계좌의 명칭이 개인종합자산관리계좌이고 다음의 어느 하나에 해당하는 계좌일 것[3]

　① 투자중개업자[4]와 계약[5]을 체결하여 개설한 계좌

　② 투자일임업자[6]와 계약[7]을 체결하여 개설한 계좌

　③ 신탁업자[8]와 특정금전신탁계약을 계약을 체결하여 개설한 신탁계좌

(3) 다음 각 재산으로 운용할 것

　① 예금·적금·예탁금 및 그 밖에 이와 유사한 것으로서 다음의 각 금융상품(조특령 §93의4⑦)

　　㉠ 금융기관에의 예치금[9](「자본시장과 금융투자업에 관한 법률」 제3조에 따른 금융투자상품은 제외)

　　㉡ 환매수 또는 환매도하는 조건으로 매매하는 채권 또는 증권[10]

　② 집합투자기구의 집합투자증권[11]

　③ 파생결합증권 또는 파생결합사채[12]

---

3) 개정규정은 2021년 1월 1일 이후 가입·연장 또는 해지하는 분부터 적용한다(법률 제17759호, 2020. 12. 29. 부칙 §17①).

4) 「자본시장과 금융투자업에 관한 법률」 제8조 제3항

5) 다음의 요건을 모두 갖춘 계약을 말한다(조특령 §93의4⑤).
1. 계약의 형태가 위탁매매계약 또는 매매계약일 것
2. 「자본시장과 금융투자업에 관한 법률」 제72조에 따른 신용공여를 금지할 것
3. 개인종합자산관리계좌가 아닌 계좌에 보유하고 있는 투자대상자산(조특법 제91조의18 제3항 제3호 각 목의 재산)을 개인종합자산관리계좌에 이체하는 것이 제한될 것

6) 「자본시장과 금융투자업에 관한 법률」 제8조 제6항

7) 다음의 요건을 모두 갖춘 계약을 말한다(조특령 §93의4⑥).
1. 「자본시장과 금융투자업에 관한 법률 시행령」 제98조 제2항의 자산구성형 개인종합자산관리계약일 것
2. 개인종합자산관리계좌가 아닌 계좌에 보유하고 있는 투자대상자산(조특법 제91조의18 제3항 제3호 각 목의 재산)을 개인종합자산관리계좌에 이체하는 것이 제한될 것

8) 「자본시장과 금융투자업에 관한 법률」 제8조 제7항

9) 「자본시장과 금융투자업에 관한 법률 시행령」 제106조 제2항 각 호

10) 「소득세법 시행령」 제24조

11) 「소득세법」 제17조 제1항 제5호

④ 「소득세법」 제17조 제1항 제9호에 따라 과세되는 증권 또는 증서

⑤ 주권상장법인의 주식[13]

⑥ 부동산투자회사의 주식,[14] 개인종합자산관리계좌에 보유하고 있는 투자대상자산을 통해 취득한 신주인수권증서[15] (조특령 §93의4⑧)

(4) 계약기간이 3년[16] 이상일 것

(5) 총납입한도[17]가 1억원(재형저축 또는 장기집합투자증권저축에 가입한 거주자는 재형저축 및 장기집합투자증권저축의 계약금액 총액을 뺀 금액) 이하이고, 연간 납입한도가 다음의 계산식에 따른 금액일 것[18]

> 2천만원 × [1+가입 후 경과한 연수(경과한 연수가 4년 이상인 경우에는 4년으로 한다)] − 누적납입금

3 | 과세특례의 내용

개인종합자산관리계좌에 가입[19]하거나 계약기간을 연장[20]하는 거주자에 대해서는 해당 계좌에서 발생하는 이자소득등(이자소득과 배당소득)의 합계액에 대해서는 비과세 한도금액까지는 소득세를 부과하지 아니하며, 비과세 한도금액을 초과하는 금액에 대해서는 9%의 세율을 적용하고 종합소득과세표준에 합산하지 아니한다(조특법 §91의18①).

여기서 비과세 한도금액은 가입일 또는 연장일을 기준으로 ①~③의 경우에는 각 400만원,

---

12) 「소득세법」 제17조 제1항 제5호의2

13) 2021년 1월 1일 이후 주식을 취득하는 분부터 적용한다(법률 제17759호, 2020. 12. 29. 부칙 §17②).

14) 「부동산투자회사법」 제2조 제3호 가목

15) 개정규정은 2021년 1월 1일 이후 신주인수권증서를 취득하는 분부터 적용한다(대통령령 제31444호, 부칙 §6).

16) 종전에는 5년이었으나, 2020년말 조특법 개정시 3년으로 개정되었다. 개정규정은 2021년 1월 1일 이후 가입·연장 또는 해지하는 분부터 적용한다(법률 제17759호, 2020. 12. 29. 부칙 §17①).

17) 개인종합자산관리계좌에 지급된 이자소득, 배당소득 및 재투자된 금액(신주인수권증서의 평가금액 포함)은 총납입한도 및 연간 납입한도에 포함하지 않는다(조특령 §93의4⑫).

18) 종전에는 1명당 연간 납입한도가 2천만원(재형저축 또는 장기집합투자증권저축에 가입한 거주자의 경우에는 연간 2천만원에서 해당 거주자가 가입한 재형저축 및 장기집합투자증권저축의 연간 계약금액 총액을 뺀 금액으로 한다)이었으나, 2020년말 조특법 개정시 변경되었다. 개정규정은 2021년 1월 1일 이후 납입하는 분부터 적용한다(법률 제17759호, 2020. 12. 29. 부칙 §17③).

19) 종전에는 개인종합자산관리계좌에 2021. 12. 31.까지 가입하여야 혜택을 볼 수 있었으나, 2020년말 조특법 개정시 가입기한 규정이 삭제되었다.

20) 개인종합자산관리계좌의 계좌보유자는 계약기간 만료일 전에 해당 계좌의 계약기간을 연장할 수 있다(조특법 §91의18④).

④의 경우에는 200만원으로 한다(조특법 §91의18②, 조특령 §93의4②).

① 직전 과세기간의 총급여액이 5천만원 이하인 거주자(직전 과세기간에 근로소득만 있거나 근로소득 및 종합소득과세표준에 합산되지 아니하는 종합소득이 있는 자로 한정한다)

② 직전 과세기간의 종합소득과세표준에 합산되는 종합소득금액이 3천8백만원 이하인 거주자(직전 과세기간의 총급여액이 5천만원을 초과하지 아니하는 자로 한정한다)

③ 농업인[21] 또는 어업인[22](직전 과세기간의 종합소득과세표준에 합산되는 종합소득금액이 3천8백만원을 초과하는 자는 제외)

④ ①부터 ③까지의 규정에 해당하지 아니하는 자

이자소득등의 합계액은 개인종합자산관리계좌의 계약 해지일[23]을 기준으로 하여 운용재산[24][25]에서 발생한 이자소득등에서 투자대상자산에서 발생한 손실[26](주권상장법인의 주식[27]에서 발생한 양도차손[28] 포함)을 차감하여 계산한다.

차감방법은 다음의 순서에 따라 소득에서 손실을 차감하는 방법을 말한다(조특법 §91의18⑤, 조특령 §93의4⑩).

① 각 투자대상자산별 소득에서 같은 종류의 투자대상자산에서 발생한 손실을 차감할 것

② 위 ①를 적용한 후 남은 손실액은 배당소득에서 차감할 것

③ 위 ②를 적용한 후 남은 손실액은 이자소득에서 차감할 것

또한 이자소득등의 합계액은 위와 같이 이자소득등에서 손실을 차감하여 계산한 금액에서 각종 보수·수수료 등(주권상장법인의 주식[29]에서 발생한 양도차손에 포함된 경우는 제외)을 뺀

---

21) 「농업·농촌 및 식품산업 기본법」 제3조 제2호

22) 「수산업·어촌 발전 기본법」 제3조 제3호

23) 종전에는 계약기간 만료일 또는 계약 해지일 중 빠른 날이었으나, 2020년말 조특법 개정시 계약 해지일로 변경되었다. 개정규정은 2021년 1월 1일 이후 해지하는 분부터 적용한다(법률 제17759호, 2020. 12. 29. 부칙 §17①).

24) 조특법 제91조의18 제3항 제3호 각 목

25) 신탁업자는 개인종합자산관리계좌를 조특법 제91조의18 제3항 제3호 각 목의 재산으로 운용할 수 없는 경우에 한하여 해당 신탁업자의 고유재산을 관리하는 계정에 대한 일시적인 자금의 대여를 통하여 운용할 수 있고, 이에 따른 운용을 통해 발생한 이자소득은 이자소득등에 포함된다(조특칙 §42의3④·⑤).

26) 「소득세법」 제17조에 따른 배당소득에 포함되지 않는 손실, 「소득세법 시행령」 제26조의2 제4항에 따른 집합투자기구로부터의 이익에 포함되지 않는 손실, 「소득세법 시행령」 제26조의3 제3항에 따른 상장지수증권으로부터의 이익에 포함되지 않는 손실은 제외한다(조특령 §93의4⑨).

27) 「자본시장과 금융투자업에 관한 법률」 제9조 제15항 제3호에 따른 주권상장법인의 주식을 말하되 「소득세법 시행령」 제157조 제4항 각 호의 어느 하나에 해당하는 주권상장법인의 대주주가 보유한 주식은 제외한다(조특칙 §42의3①).

28) 주식에서 발생한 양도차손을 계산할 때 같은 종목의 주식을 2회 이상 취득한 경우 그 주식의 취득가액은 「소득세법 시행령」 제93조 제2항 제3호에 따른 이동평균법에 따라 계산한다(조특칙 §42의3②).

29) 「자본시장과 금융투자업에 관한 법률」 제9조 제15항 제3호에 따른 주권상장법인의 주식을 말한다(조특칙 §42의3③).

금액으로 한다(조특령 §93의4⑪).

신탁업자등(신탁업자, 투자일임업자 및 투자중개업자)[30]는 계약 해지일[31]에 이자소득 등에 대한 소득세를 원천징수하여야 한다(조특법 §91의18⑥).

4 │ 사후관리

신탁업자등은 개인종합자산관리계좌의 계좌보유자가 최초로 계약을 체결한 날부터 3년이 되는 날 전에 계약을 해지[32]하는 경우(계좌보유자의 사망·해외이주 등 부득이한 사유[33]로 계약을 해지하는 경우는 제외)에는 과세특례를 적용받은 소득세에 상당하는 세액을 추징하여야 한다(조특법 §91의18⑦, 조특법 §146의2).

개인종합자산관리계좌의 계좌보유자가 최초로 계약을 체결한 날부터 3년이 되는 날 전에 계약기간 중 납입한 금액의 합계액을 초과하는 금액을 인출[34][35]하는 경우에는 해당 인출일에 계약이 해지된 것으로 보아 원천징수, 추징 등을 적용한다(조특법 §91의18⑧).

국세청장은 개인종합자산관리계좌의 계좌보유자의 근로소득 요건, 총급여액 및 종합소득금액 요건에 해당하는지를 확인하여 신탁업자등에게 통보하여야 하고, 이에 따라 신탁업자등이 개인종합자산관리계좌의 계좌보유자가 근로소득 요건에 해당하지 않는 것으로 통보받은 경우에는 그 통보를 받은 날에 계약이 해지된 것으로 보며, 해당 신탁업자등은 이를 개인종합자산관리계좌의 계좌보유자에게 통보하여야 한다(조특법 §91의18⑨·⑩).

한편, 개인종합자산관리계좌의 계좌보유자가 최초로 계약을 체결한 날부터 3년이 되는 날 이후에 해당 계좌 잔액의 전부 또는 일부를 연금계좌로 납입[36]한 경우에는 해당

---

30) 신탁업자등은 개인종합자산관리계좌의 약관에 납입한도, 계약기간 및 운용방식 등을 명시하여야 한다(조특령 §93의4⑯).

31) 종전에는 개인종합자산관리계좌의 계약기간 만료일 또는 계약 해지일 중 빠른 날이었으나, 2020년말 조특법 개정시 계약 해지일로 변경되었다. 개정규정은 2021년 1월 1일 이후 해지하는 분부터 적용한다(법률 제17759호, 2020. 12. 29. 부칙 §17①).

32) 개정규정은 2021년 1월 1일 이후 해지하는 분부터 적용한다(법률 제17759호, 2020. 12. 29. 부칙 §17④).

33) 계좌보유자가 사망하거나 해외로 이주한 경우 또는 계약기간 만료일 전 6개월 이내에 계좌보유자에게 천재지변, 저축자의 퇴직, 사업장의 폐업, 저축자의 3개월 이상의 입원치료 또는 요양을 요하는 상해·질병의 발생, 저축취급기관의 영업의 정지, 영업인가·허가의 취소, 해산결의 또는 파산선고 등에 해당하는 사유가 발생한 경우(조특령 §93의4⑭). 한편, 부득이한 사유로 계약을 해지하려는 자는 특별해지사유신고서를 신탁업자등에게 제출해야 한다(조특령 §93의4⑮).

34) 개정규정은 2021년 1월 1일 이후 인출하는 분부터 적용한다(법률 제17759호, 2020. 12. 29. 부칙 §17⑤).

35) 계좌보유자가 개인종합자산관리계좌에서 일부 금액을 인출하는 경우 투자원금부터 인출한 것으로 본다(조특령 §93의4⑬).

개인종합자산관리계좌의 계약기간이 만료된 것으로 본다(조특법 §91의18⑪).[37]

5 | 절 차

개인종합자산관리계좌에 가입하거나 계약기간을 연장하려는 자는 다음의 구분에 따른
자료를 신탁업자등에게 제출하여야 한다(조특령 §93의4①).

① 가입일 또는 연장일 기준 15세 이상인 자로서 가입일 또는 연장일이 속하는 과세기간의
직전 과세기간에 근로소득이 있는 자(비과세소득만 있는 자는 제외)[38] 또는 직전 과세기간의
총급여액이 5천만원 이하인 거주자 등에 해당하는 경우 : 세무서장으로부터 발급받은
소득확인증명서. 다만, 가입일 또는 연장일이 속하는 과세기간의 직전 과세기간에
사업소득 또는 근로소득이 최초로 발생하여 소득확인증명서로 해당 요건을 갖추었는지
여부를 확인하기 어려운 경우에는 소득확인증명서 대신 사업소득·근로소득의
지급확인서, 사업자등록증명원 또는 원천징수영수증을 제출할 수 있다.

② 농어민[39]에 해당하는 경우 : 다음의 어느 하나에 해당하는 자료

ㄱ 국립농산물품질관리원의 지원장 또는 사무소장으로부터 발급받은 농업인확인서

ㄴ 지방해양수산청장 또는 제주해양수산관리단장으로부터 발급받은 어업인확인서

ㄷ 국립농산물품질관리원장으로부터 발급받은 농업경영체 등록 확인서 또는 지방해양
수산청장으로부터 발급받은 어업경영체 등록 확인서(「농어업경영체 육성 및 지원에
관한 법률」 제4조 제1항에 따라 농어업경영정보를 등록한 농어업경영체의 경영주인 농업인
또는 어업인의 경우로 한정한다)

국세청장은 가입일 또는 연장일 기준 15세 이상인 자로서 가입일 또는 연장일이 속하는
과세기간의 직전 과세기간에 근로소득이 있는 자[40]는 가입일 또는 연장일이 속하는 연도의
다음 연도 8월 31일까지, 직전 과세기간의 총급여액이 5천만원 이하인 거주자 등[41]은 가입일
또는 연장일이 속하는 연도의 다음 연도 2월 말일까지 해당 요건을 확인하여 전국은행연합회[42]에

---

36) 「소득세법」 제59조의3 제3항
37) 개정규정은 2021년 1월 1일 이후 가입·연장 또는 해지하는 분부터 적용한다(법률 제17759호, 2020. 12. 29. 부칙
§17①).
38) 조특법 제91조의18 제1항 제2호
39) 조특법 제91조의18 제2항 제1호 다목
40) 조특법 제91조의18 제1항 제2호(근로소득 요건에 한정)
41) 조특법 제91조의18 제2항 제1호(다목의 경우 종합소득금액 요건에 한정)
42) 「은행법」에 따른 은행 등을 회원으로 하여 설립된 협회 중 금융위원회가 정하는 협회

통지해야 한다(조특령 §93의4③).

한편, 국세청장의 통지에 대한 계좌보유자는 국세청장에게 의견을 제시할 수 있으며, 국세청장은 의견제시를 받은 날부터 14일 이내에 계좌보유자 및 저축취급기관에 수용 여부를 통보해야 한다(조특령 §93의4④, §123의2⑤).

6 | 주요 개정연혁

1. 개인종합자산관리계좌 비과세 요건 개선(조특법 §91의18①·②·③·④)

(1) 개정내용

종 전	개 정
□ 가입 대상 　○ 해당 과세기간 또는 직전 3개 과세기간 중 근로소득자 및 사업소득자 　○ 농·어민 　※ 직전 과세기간의 금융소득 종합과세 대상자 제외	□ 가입 대상 확인 　○ 가입시 19세 이상거주자 　　- 15세 이상 19세 미만은 근로소득이 있는 경우 가입허용 　※ 직전 3개 과세기간 중 1회 이상 금융소득 종합과세 대상자 제외
□ 계약기간 　○ 5년 이상	□ 계약기간 요건 완화 　○ 3년 이상 　　- 계약기간 연장 허용 　　- 계좌 해지·만료 후 재가입 가능
□ 투자금 납입한도 　○ 연 2천만원* 　　* 재형저축, 장기집합투자증권저축계약금액을 공제	□ 납입한도 이월 허용 　○ 계약기간 총 납입한도* 　　= 2천만원×[1 + 계약기간 경과연수 (최대4년)] 　　* 재형저축, 장기집합투자증권저축계약금액을 공제

(2) 개정이유

　○ 저금리·고령화 시대에 국민의 종합적 자산관리를 통한 재산형성을 지원

(3) 적용시기 및 적용례

　○ 2021. 1. 1. 이후 가입·연장·해지하는 분부터 적용

　　단, 납입한도 규정은 2021. 1. 1. 이후 납입 분부터 적용

2. 개인종합자산관리계좌 적용기한 폐지(조특법 §91의18①)

(1) 개정내용

종 전	개 정
□ ISA 적용기한 　○ 2021. 12. 31.까지 가입분	〈삭 제〉

(2) 개정이유

　○ ISA를 국민자산 형성을 위한 대표적 금융상품으로 육성하기 위해 항구적인 조세특례제도로 운영

3. 개인종합자산관리계좌 운용기관·재산 확대 및 주식양도차손 공제 허용
(조특법 §91의18③, 조특령 §93의4⑤·⑨·⑩·⑪)

(1) 개정내용

종 전	개 정
□ ISA 운용기관 및 재산 　○ 운용기관 　－신탁업자, 금융투자자 　　　　　〈추 가〉 　○ 운용재산 　－예금, 적금, 집합투자증권 등 　　　　　〈추 가〉	□ 운용기관 및 운용재산 확대 　 　－(좌 동) 　－투자중개업자 　 　－(좌 동) 　－주권상장법인의 주식* 　* 단, 자본시장법 제72조에 따른 신용공여를 통한 주식취득은 금지
□ 이자·배당소득 합계액 계산방법 　○ 합계액 = 소득 - 손실* - 보수·수수료 　 　* 국내상장주식, 벤처주식 등 비과세분은 손실 인정되지 않음 　　　　　〈신 설〉	□ 이자·배당소득 합계액 계산시 주식양도차손 공제 　○ 합계액 = 소득－손실*－주식양도차손 　　　　　 －보수·수수료 　* (좌 동) 　 　－주식양도차손에서 대주주보유 주식분 제외 　－보수·수수료 중 주식양도차손으로 공제받은 분 제외

(2) 개정이유

○ 증시수요기반 확충을 지원

(3) 적용시기 및 적용례

○ (운용재산 확대) 2021. 1. 1. 이후 상장주식 취득분부터 적용
○ (운용기관 확대 및 주식 양도차손공제) 2021. 1. 1. 이후 가입·연장·해지하는 분부터
  적용

4. 개인종합자산관리계좌 의무 계좌보유기간 완화 및 소득금액계산·원천징수기준일 조정(조특법 §91의18 ③·⑥·⑦)

(1) 개정내용

종 전	개 정
□ 비과세 적용을 위한 의무계좌보유기간 ○ (청년·서민·농어민) 3년 ○ (기타)5년 　※ 단, 사망·이민 등 사유가 있는 경우 의무 　　계좌보유기간 전 해지 시 비과세 적용	□ 의무 계좌 보유기간 완화 ○ 3년 ※ (좌 동)
□ 소득금액계산 및 원천징수 기준일 ○ 계약만료일 또는 계약해지일 중 빠른 날	□ 기준일 변경 ○ 계약해지일 　→ 의무 계좌보유기간이 지난 후 해지하는 　　경우 해지일까지 비과세 적용

(2) 개정이유

○ ISA 제도 활성화

(3) 적용시기 및 적용례

○ 2021. 1. 1. 이후 가입·연장·해지분부터 적용

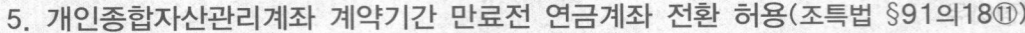

5. 개인종합자산관리계좌 계약기간 만료전 연금계좌 전환 허용(조특법 §91의18⑪)

(1) 개정내용

종 전	개 정
□ 연금계좌로 전환가능 시점 　○ ISA 계약기간 만료시 　　　　〈추 가〉	□ 전환가능 시점 추가 　○ (좌 동) 　○ 3년 경과 이후 ISA 해지 시

(2) 개정이유

○ ISA로 저축한 금액을 연금으로 전환할 수 있도록 중·장년 가입자에 대한 제한 규정 완화

(3) 적용시기 및 적용례

○ 2021. 1. 1. 이후 가입·연장·해지분부터 적용

6. 개인종합자산관리계좌(ISA) 관련 제도 정비(조특령 §93의4, §123의2)

(1) 개정내용

종 전	개 정

□ ISA가입자는 소득요건 확인자료를 금융회사에 제출
  ○ 소득확인증명서 제출
	□ 제출의무 간소화 및 제출서류 추가
	  ○ 19세 이상 일반형가입자[*] 제출의무 폐지
	    * 이자·배당소득 200만원까지 비과세
	    ** 서민·농어민·15~19세 근로소득자는 제출의무 유지
	    − 원천징수영수증 추가

− 단, 가입 직전연도에 소득이 최초로 발생하여 소득확인증명서 발급이 불가한 경우 다음 어느하나의 자료
    ① 근로·사업소득 지급확인서
    ② 사업자등록증명원
      〈추 가〉
	(좌 동)
	
	    ③ 원천징수영수증

□ 금융회사는 가입·연장자에게 금융소득종합과세 대상자 과세특례 제한 설명	〈삭 제[*]〉 * 금융소득종합과세 대상자 확인 절차에 관한 신설 조문(제123조의2)으로 이동
□ 제출받은 서류를 통해 금융회사는 소득요건 확인	〈삭 제〉

〈신 설〉	□ 투자중개업자가 운용하는 ISA의 계약요건
	  ① 계약형태 : 위탁매매계약·매매계약
	  ② 신용공여금지
	  ③ 신규 투자[*]할 것
	    * ISA 가입 전 보유한 주식 등 이체 제한

□ 투자대상 자산
  ○ 부동산투자회사의 주식
      〈추 가〉
	
	  ○ (좌 동)
	  ○ ISA 내 운용재산을 통해 배정받은 신주인수권증서[*]
	    * 「상법」 제420조의2 제1항

〈신 설〉	□ 지급받은 이자·배당소득, 재투자된 금액은 납입한도에서 제외
〈신 설〉	□ 계좌에서 일부 금액 인출 시 투자원금부터 인출한 것으로 간주

종 전	개 정
□ 계약기간 중 특별해지 사유 　○ 사망・해외이주 　○ 천재지변・질병 등 　○ 타 금융회사로 계좌이전	○ (좌　동) 〈삭　제*〉 　* 금융회사 간 전용계좌 이전은 당연 가능
□ 계약기간은 최초 가입일부터 기산	〈삭　제〉
□ 청년의 정의 : 가입일 현재 15세 이상 29세* 　이하인 자 　　* 병역을 이행한 경우 최대 35세	〈삭　제〉

(2) 개정이유

　○ ISA를 통한 금융투자 지원

(3) 적용시기 및 적용례

　○ 2021. 1. 1. 이후 가입・연장・해지분부터 적용

제91조의19

장병내일준비적금에 대한 비과세

1 의 의

장병들의 사기진작과 제대 후 목돈마련 등을 지원하기 위하여 장병들이 군복무 기간에 불입하는 월 40만원 이내의 금액에 대하여 소득세를 비과세하는 제도이다. 본 제도는 2018. 12. 24. 조특법 개정시 신설되었다.

2 요건 및 과세특례 내용

2-1. 가입자 요건, 가입기한 및 납입금액

가입 당시 현역병 등이 장병내일준비적금에 2023년 12월 31일까지 가입하여야 하고, 가입일부터 「병역법」에 따른 복무기간 종료일까지 해당 적금(모든 금융회사에 납입한 금액의 합계액 기준으로 월 40만원 한도)이어야 한다. 한편, 장병내일준비적금의 가입자가 계약의 만기일 전에 전역하는 경우에는 해당 적금의 계약 만기일을 「병역법」에 따른 복무기간 종료일로 본다(조특령 §93의5④).

2-2. 과세특례 내용

해당 적금(모든 금융회사에 납입한 금액의 합계액 기준으로 월 40만원 한도)에서 발생하는 이자소득에 대해서는 소득세를 부과하지 아니한다. 다만, 복무기간이 24개월을 초과하는 경우 비과세 적용기간은 24개월을 초과하지 못한다(조특법 §91의19①).

3 │ 사후관리

금융회사는 장병내일준비적금의 가입자가 계약의 만기일 전에 해당 적금의 계약을 해지하는 경우에는 가입자가 비과세를 적용받은 소득세에 상당하는 세액을 추징하여야 한다(조특법 §91의19②, 조특법 §146의2).

4 │ 절 차

이자소득에 대한 비과세를 적용받으려는 사람은 장병내일준비적금의 가입 시 적금을 취급하는 금융회사등에 장병내일준비적금 가입자격 확인서를 제출해야 한다(조특령 §93의5③).

청년형 장기집합투자증권저축에 대한 소득공제

1 | 의 의

본 제도는 2021. 12. 28. 조특법 개정시 신설된 제도로 청년층의 중·장기 자산형성 지원을 위해 청년이 장기펀드에 가입시 납입금액의 40%를 소득공제 해주는 제도로 과거 운영되었던 소득공제 장기펀드와 달리 프리랜서, 플랫폼 노동자 비중이 증가하는 최근 추세를 반영하여 종합소득자도 공제대상에 포함하고 있다.

2 | 요건 및 과세특례 내용

2-1. 가입요건

직전과세기간의 총급여 5천만원(근로소득만 있거나 근로소득과 종합소득과세표준에 합산되지 아니하는 종합소득만 있는 경우에 한하며, 비과세소득만 있는 경우는 제외한다) 또는 종합소득금액 3,800만원(총급여액이 5천만원 초과하는 근로소득이 있는 경우 및 비과세소득만 있는 경우는 제외한다) 이하인 19세 이상 34세 이하의 청년으로 아래 요건을 모두 갖춘 저축에 2023. 12. 31.까지 가입하여야 한다.

① 자산총액의 40% 이상을 「자본시장과 금융투자업에 관한 법률」 제9조 제15항 제3호에 따른 주권상장법인의 주식에 투자하는 집합투자기구(「소득세법」 제17조 제1항 제5호에 따른 집합투자기구로 한정한다)의 집합투자증권을 취득하기 위한 저축일 것

② 계약기간이 3년 이상 5년 이하일 것

③ 적립식 저축으로 1인당 납입금액이 연 600만원(해당 거주자가 가입한 모든 청년장기집합투자증권저축의 합계액) 이내일 것

2-2. 과세특례 내용

해당 저축에 2023. 12. 31.까지 가입하는 경우 계약기간 동안 각 과세기간에 납입한 금액의 100분의 40에 해당하는 금액을 해당 과세기간의 종합소득금액에서 공제한다(조특법 §91의20①). 다만, 아래 사유에 해당하는 경우에는 해당 과세기간에 본조의 소득공제를 적용하지 아니한다 (조특법 §91의20②).

① 해당 과세기간에 근로소득만 있거나 근로소득과 종합소득과세표준에 합산되지 아니하는 종합소득만 있는 경우로서 총급여액이 8천만원을 초과하는 경우

② 해당 과세기간의 종합소득과세표준에 합산되는 종합소득금액이 6천7백만원을 초과하는 경우

③ 해당 과세기간에 근로소득 및 종합소득과세표준에 합산되는 종합소득금액이 없는 경우

3 | 사후관리

저축취급기관은 가입자가 가입일부터 3년 미만의 기간 내에 청년형 장기집합투자증권저축을 해지하는 경우 해당 저축에 납입한 금액의 총 누계액에 100분의 6을 곱한 금액을 추징하여 저축 계약이 해지된 날이 속하는 달의 다음달 10일까지 원천징수 관할 세무서장에게 납부하여야 한다. 다만, 사망·해외이주 등 대통령령으로 정하는 부득이한 사유로 해지된 경우에는 추징하지 아니하며, 소득공제를 받은 자가 해당 소득공제로 감면받은 세액이 추징세액에 미달하는 사실을 증명하는 경우에는 실제로 감면받은 세액 상당액을 추징한다(조특법 §91의20⑤).

4 | 절 차

본조의 소득공제를 받으려는 가입자는 근로소득세액의 연말정산 또는 종합소득과세표준 확정신고를 하는 때에 소득공제를 받기 위하여 필요한 해당 연도의 저축금 납입액이 명시된 청년형 장기집합투자증권저축 납입증명서를 저축취급기관으로부터 발급받아 원천징수의무자 또는 주소지 관할 세무서장에게 제출하여야 한다(조특법 §91의20③).

5 | 주요 개정연혁

1. 청년형 장기펀드 소득공제 신설(조특법 §91의20)

(1) 개정내용

종 전	개 정
〈신 설〉	□ 청년형 장기펀드에 대한 소득공제 신설 ○ (가입요건) ❶ 만 19~34세 　　　　　　 ❷ 총급여 5천만원 또는 종합소득금액 3,800만원 이하 　　　　　　 ❸ 계약기간 3~5년 　　 * 직전 3개연도 중 1회 이상 금융소득종합과세 대상자 제외 ○ (펀드 운용요건) 국내 상장주식에 40% 이상 투자 ○ (세제지원) 납입금액(연 600만원 한도)의 40%를 종합소득금액에서 소득공제 　　 - 단, 가입 중 총급여 8천만원 또는 종합소득금액 6,700만원 초과 시 해당 과세기간은 소득공제 제외 ○ (추징) 가입 후 3년 이내 해지·인출·양도 시 감면세액 상당액(납입금액의 6%) 추징 ○ (적용기한) 2023. 12. 31.까지 가입분

(2) 개정이유

○ 청년층의 중장기 자산형성 지원

(3) 적용시기 및 적용례

○ 2022. 1. 1. 이후 납입하는 분부터 적용

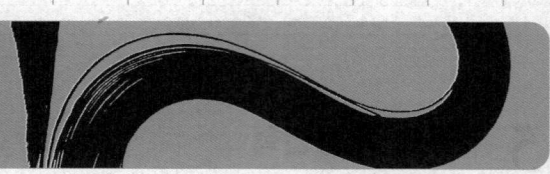

청년희망적금에 대한 비과세

1 │ 의 의

본 제도는 평균소득 이하 청년이 가입할 수 있는 청년희망적금 제도[저소득 청년에 대하여 시중이자에 더하여 정부에서 저축장려금(2~4%p)을 지급]를 신설하여 저축장려금 지급과 더불어 이자소득 비과세를 통해 청년층 저축 촉진 및 목돈마련 지원을 위해 2021. 12. 28. 조특법 개정시 신설되었다.

2 │ 요건 및 과세특례 내용

2-1. 가입요건

직전 과세기간의 총급여 3,600만원(근로소득만 있거나 근로소득과 종합소득과세표준에 합산되지 아니하는 종합소득만 있는 경우에 한하며, 비과세소득만 있는 경우는 제외한다) 또는 종합소득금액 2,600만원(총급여액이 3,600만원 초과하는 근로소득이 있는 경우 및 비과세소득만 있는 경우는 제외한다) 이하인 19세 이상 34세 이하의 청년으로 아래 요건을 모두 갖춘 계좌에 2022. 12. 31.까지 가입하여야 한다.

① 1명당 1개만 가입할 수 있는 계좌일 것
② 납입한도가 연 600만원일 것
③ 금융회사 등이 서민금융진흥원과 협약을 체결하여 취급하는 적금으로 계약기간이 2년일 것(조특령 §93의7②)

2-2. 과세특례 내용

위 요건을 충족하는 거주자가 전용계좌를 통하여 2022. 12. 31.까지 청년희망적금에 가입하여

2024. 12. 31.까지 받는 이자소득에 대해서는 소득세를 부과하지 아니한다.

3 | 사후관리

가입자가 가입일부터 2년 이내에 해지·인출·양도하는 경우 감면세액 상당액을 추징하되 가입자의 사망·해외이주, 계약해지 전 6개월 이내 천재지변, 가입자의 퇴직, 사업장의 폐업 등의 사유로 해지시에는 지급받은 이자소득에 대해 비과세를 적용한다(조특령 §93의7⑧).

4 | 절 차

본조의 소득공제를 받으려는 가입자는 세무서장으로부터 발급받은 소득확인증명서와 「병역법 시행령」 제155조의7 제2항에 따른 병적증명서를 금융회사 등에 제출하여야 한다(조특령 §93의7③).

5 | 주요 개정연혁

1. 청년희망적금 이자소득 비과세 신설(조특법 §91의21)

(1) 개정내용

종 전	개 정
〈신 설〉	□ 청년희망적금* 이자소득 비과세 특례 신설 　＊ 저소득 청년에 대해 시중이자에 더하여 정부에서 저축장려금(2~4%p 수준의 가산이자)을 지급 　○ (가입요건) ❶ 만 19~34세 　　　　　　　　 ❷ 총급여 3,600만원 또는 종합소득금액 2,600만원 이하 　　　　　　　　 ❸ 계약기간 2년 　＊ 직전 3개연도 중 1회 이상 금융소득종합과세 대상자 제외 　○ (세제지원) 이자소득 비과세 　　 － (한도) 연 납입액 600만원 　○ (적용기한) 2022. 12. 31.까지 가입하여 2024. 12. 31.까지 받는 이자소득

(2) 개정이유

　○ 저소득 청년층의 자산형성 지원

(3) 적용시기 및 적용례

　○ 2022. 1. 1. 이후 지급하는 소득분부터 적용

제91조의22

청년도약계좌에 대한 비과세

1 │ 의의

본 제도는 청년의 자산형성을 지원하기 위해 2022. 12. 31. 조특법 개정시 신설된 제도로 청년의 저축금액에 대해 정부에서 매칭지원금을 지급하는 상품인 청년도약계좌에 가입하는 경우 계좌에서 발생하는 이자·배당소득에 대해 비과세 특례를 적용하도록 하고 있다. 다만 기존 청년희망적금 이자소득 비과세 규정(조특법 §91의21)은 청년도약계좌 출시에 따라 중복제도 정비를 통해 적용기한이 종료되었다.

2 │ 요건 및 과세특례 내용

2-1. 가입요건

직전 과세기간의 총급여 7,500만원(근로소득만 있거나 근로소득과 종합소득과세표준에 합산되지 아니하는 종합소득만 있는 경우에 한하며, 비과세소득만 있는 경우는 제외한다) 또는 종합소득금액 6,300만원(총급여액이 7,500만원 초과하는 근로소득이 있는 경우 및 비과세소득만 있는 경우는 제외한다) 이하인 19세 이상 34세 이하의 청년으로 아래 요건을 모두 갖춘 계좌에 2025. 12. 31.까지 가입하여야 한다.

① 1명당 1개의 계좌만 보유할 것
② 다음의 항목의 재산으로 운용할 것
　㉠ 예금·적금·예탁금 및 그 밖에 이와 유사한 것으로서 대통령령으로 정하는 금융상품
　㉡ 「소득세법」 제17조 제1항 제5호에 따른 집합투자기구의 집합투자증권
　㉢ 「소득세법」 제17조 제1항 제5호의2에 따른 파생결합증권 또는 파생결합사채
　㉣ 「소득세법」 제17조 제1항 제9호에 따라 과세되는 증권 또는 증서
　㉤ 「소득세법」 제88조 제3호에 따른 주권상장법인의 주식

      ⓑ 「부동산투자회사법」 제2조 제3호 가목에 따른 부동산투자회사의 주식
      ⓢ 청년도약계좌에 보유하고 있는 투자대상자산을 통해 취득한 「상법」 제420조의2에
          따른 신주인수권증서
      ⓞ 「소득세법」 제16조 제1항 제1호 및 제2호에 따른 채권 또는 증권
   ③ 납입한도가 연 840만원 이하일 것

2-2. 과세특례 내용

위 요건을 충족하는 거주자가 2025. 12. 31.까지 청년도약계좌에 가입하는 경우 해당 계좌에서 발생하는 이자소득과 배당소득의 합계액에 대해서는 소득세를 부과하지 아니한다(조특법 §91의22①).

3 ｜ 사후관리

금융회사 등은 청년도약계좌의 계좌 보유자가 최초로 계약을 체결한 날부터 5년이 되는 날 이전에 계약을 해지하는 경우에는 비과세를 적용받은 소득세에 상당하는 세액을 추징하여야 한다. 다만, 가입자의 사망·해외이주·3개월 이상 장기요양·생애최초주택구입 등의 사유로 해지 시에는 지급받은 이자소득에 대해 비과세를 적용한다(조특법 §91의22③).

4 ｜ 절 차

본조의 소득공제를 받으려는 가입희망자는 세무서장으로부터 발급받은 소득확인증명서와 「병역법 시행령」 제155조의7 제2항에 따른 병적증명서를 금융회사 등에 제출하여야 한다(조특령 §93의8⑤).

5 주요 개정연혁

1. 청년도약계좌 과세특례 신설(조특법 §91의22, 조특령 §93의8 신설)

(1) 개정내용

종 전	개 정
〈신 설〉	□ **청년도약계좌* 과세특례 신설** 　* 청년의 저축금액에 대해 정부에서 매칭지원금을 지급하는 상품 　○ (가입요건) ❶ 만 19~34세 　　　　　　　　❷ 총급여 7,500만원 또는 종합소득금액 6,300만원 이하 　* 직전 3개연도 중 1회 이상 금융소득종합과세 대상자 제외 　　- 다만, 병역 이행 시 가입일 현재 연령에서 복무기간을 제외하여 가입요건을 판단 　○ (가입절차) 가입희망자는 소득금액증명서 및 병적증명서를 펀드취급기관에 제출 　○ (운용가능재산) 예·적금, 회사채, 국내상장주식 등 　○ (세제지원) 계좌에서 발생하는 손익을 통산하고 계좌 만기 해지 시 이자·배당소득 비과세 　　- (납입한도) 연 840만원 　○ (추징) 가입 후 5년 이내 해지·인출·양도 시 감면세액 상당액 추징 　　- 다만, 사망·해외이주·3개월 이상 장기요양, 생애최초 주택구입* 등의 경우에는 만기 전 해지 시 추징 배제 　* 국민주택규모 이하이면서, 기준시가 5억원 이하인 주택 　○ (적용기한) 2025. 12. 31.까지 가입분

(2) 개정이유

　○ 청년의 자산형성 지원

(3) 적용시기 및 적용례

　○ 2023. 1. 1. 이후 가입분부터 적용

| 제 10 절 |

국민생활의 안정을 위한 조세특례

제95조의2

월세액에 대한 세액공제

1 | 의 의

　월세 거주자의 주거지원을 강화하기 위해 종전 소득세법에 있던 월세소득공제를 세액공제로 전환하고 공제대상을 총급여 5천만원 이하에서 7천만원 이하 중산층으로 확대하면서 2014. 12. 23. 조특법으로 이관한 제도이다.

　2020년말 조특법 개정시 월세액에 대하여 12퍼센트의 세액공제율을 적용받을 수 있는 종합소득금액 기준 요건을 종전의 4천만원 이하에서 4천500만원 이하로 완화하였고, 2022. 12. 31. 조특법 개정시에는 세액공제율 상향 및 대상 주택기준을 완화하였다.

2 | 요건 및 과세특례의 내용

　과세기간 종료일 현재 주택을 소유하지 아니한 세대의 세대주(세대주가 특정공제[1]를 받지 아니하는 경우에는 세대의 구성원, 법소정의 외국인[2] 포함)로서 해당 과세기간의 총급여액이 7천만원 이하인 근로소득이 있는 근로자(해당 과세기간에 종합소득과세표준을 계산할 때 합산하는 종합소득금액이 6천만원을 초과하는 사람은 제외한다)가 다음의 요건을 충족하는 주택[3]을 임차하기 위하여 월세액을 지급하는 경우 그 금액의 100분의 15[해당 과세기간의 총급여액이 5천500만원 이하인 근로소득이 있는 근로자(해당 과세기간에 종합소득과세표준을 계산할 때 합산하는 종합소득금액이 4천500만원[4]을 초과하는 사람은 제외한다)의 경우에는 100분의 17]에 해당하는

---

1) 주택청약종합저축 납입액에 대한 근로소득공제, 월세액에 대한 세액공제, 주택임차자금 차입금의 원리금 상환액 소득공제, 장기주택저당차입금 이자 상환액 소득공제(본조, 조특법 제87조 제2항 및 「소득세법」 제52조 제4항·제5항에 따른 공제)

2) 2021년 1월 1일 이후 월세액을 지급하는 분부터 적용한다(법률 제17759호, 2020. 12. 29. 부칙 §18①). 종전에는 외국인 규정이 없었다.

3) 「주택법 시행령」 제4조 제4호에 따른 오피스텔 및 「건축법 시행령」 별표 1 제4호 거목에 따른 고시원업의 시설을 포함한다.

금액을 해당 과세기간의 종합소득산출세액에서 공제한다. 다만, 해당 월세액이 750만원을 초과하는 경우 그 초과하는 금액은 없는 것으로 한다(조특법 §95의2①, 조특령 §95②).

① 국민주택규모의 주택이거나 기준시가 4억원 이하인 주택일 것. 이 경우 해당 주택이 다가구주택이면 가구당 전용면적을 기준으로 한다.

② 주택에 딸린 토지가 다음의 구분에 따른 배율을 초과하지 아니할 것

㉮ 도시지역의 토지 : 5배

㉯ 그 밖의 토지 : 10배

③ 임대차계약증서의 주소지와 주민등록표 등본의 주소지(외국인의 경우에는 국내 체류지 또는 신고한 국내거소)가 같을 것

④ 해당 거주자 또는 해당 거주자의 기본공제대상자가 임대차계약을 체결하였을 것

2-1. 세 대

본조에서 세대란 다음의 사람을 모두 포함한 세대를 말하고, 이 경우 거주자와 그 배우자는 생계를 달리 하더라도 동일한 세대로 본다(조특령 §95①).

① 거주자와 그 배우자

② 거주자와 같은 주소 또는 거소에서 생계를 같이 하는 사람으로서 다음의 어느 하나에 해당하는 사람

㉮ 거주자의 직계존비속(그 배우자를 포함한다) 및 형제자매

㉯ 거주자의 배우자의 직계존비속(그 배우자를 포함한다) 및 형제자매

2-2. 월세액

본조에서 월세액은 임대차계약증서상 주택임차 기간 중 지급하여야 하는 월세액의 합계액을 주택임대차 계약기간에 해당하는 일수로 나눈 금액에 해당 과세기간의 임차일수를 곱하여 산정한다(조특령 §95③).

2-3. 외국인의 범위

본조에서 "외국인"이란 다음의 요건을 모두 갖춘 거주자를 말한다(조특령 §95④).

① 다음의 어느 하나에 해당하는 사람일 것

---

4) 종전 4천만원에서 2020년말 조특법 개정시 4천500만원으로 변경. 개정규정은 2021년 1월 1일 이후 연말정산 또는 종합소득과세표준을 확정신고하는 분부터 적용한다(법률 제17759호, 2020. 12. 29. 부칙 §18②).

      ㉮ 「출입국관리법」 제31조에 따라 등록한 외국인

      ㉯ 국내거소신고를 한 외국국적동포

  ② 다음의 어느 하나에 해당하는 사람이 특정공제(주택청약종합저축 납입액에 대한 근로소득공제, 월세액에 대한 세액공제, 주택임차자금 차입금의 원리금 상환액 소득공제, 장기주택저당차입금 이자 상환액 소득공제)⁵⁾를 받지 않았을 것

      ㉮ 거주자의 배우자

      ㉯ 거주자와 같은 주소 또는 거소에서 생계를 같이 하는 사람으로서 다음의 어느 하나에 해당하는 사람

         1) 거주자의 직계존비속(그 배우자를 포함한다) 및 형제자매

         2) 거주자의 배우자의 직계존비속(그 배우자를 포함한다) 및 형제자매

3 | 주요 개정연혁

1. 월세세액공제 확대(조특법 §95의2·§122의3, 조특령 §95)

(1) 개정내용

종 전	개 정
□ 월세세액공제	□ 세액공제율 상향 및 대상 주택기준 완화
○ (대상) 총급여 7천만원(종합소득금액 6천만원) 이하 무주택근로자 및 성실사업자	○ (좌 동)

○ (공제율) 월세액의 10% 또는 12%*
  * 총급여 5,500만원 또는 종합소득금액 4,500만원 이하 자
	○ 월세액의 15% 또는 17%*
	  * 총급여 5,500만원 또는 종합소득금액 4,500만원 이하 자

○ (공제한도) 750만원	○ (좌 동)
○ (대상 주택) 국민주택규모(85㎡) 이하 또는 기준시가 3억원 이하	○ 국민주택규모(85㎡) 이하 또는 기준시가 4억원 이하

(2) 개정이유

○ 서민 주거비 부담 완화

(3) 적용시기 및 적용례

○ 공제율 상향 : 2023. 1. 1. 이후 신고하거나 연말정산하는 분부터 적용

---

5) 조특법 제87조 제2항·제95조의2 제1항 및 「소득세법」 제52조 제4항·제5항

○ 대상주택 확대 : 2023. 1. 1. 이후 발생하는 소득분부터 적용

2. 월세세액공제 대상 확대(조특령 §95)

(1) 개정내용

종 전	개 정
□ 월세세액공제 　○ (대상) 　　－ (근로자 등) 총급여액 7천만원 이하 무주택 근로자, 종합소득금액 6천만원 이하인 무주택 성실사업자 등* 　　　* 성실사업자, 성실신고확인대상자로 성실신고확인서를 제출한 자 　　－ (주택) 국민주택규모 이하 주택 임차	□ 세액공제 대상 주택 추가 　－ (좌　동) 　－ (주택) 국민주택규모 이하 또는 기준시가 3억원 이하 주택 임차
○ (공제율) 10% 　　－ (12% 적용 대상자) 총급여액 5.5천만원 이하인 근로자, 종합소득금액 4천만원 이하인 성실사업자 등	○ (좌　동)
○ (공제한도) 월세액 연 750만원	○ (좌　동)

(2) 개정이유

○ 국민주택규모보다 크더라도 기준시가가 높지 않은 주택을 임차한 경우를 월세세액공제 대상에 추가하여 서민 주거비 부담 완화

(3) 적용시기 및 적용례

○ 2019. 1. 1. 이후 지출하는 분부터 적용

3. 월세세액공제율 인상(조특법 §95의2)

(1) 개정내용

종 전	개 정
□ 월세세액공제 공제율 인상	
○ (대상자) 총급여액 7천만원 이하의 무주택 근로소득자* * 근로소득자 중 종합소득금액이 6천만원 이하인 자 포함 ○ (공제 대상금액) 지급한 월세액	(좌 동)
○ (공제율) 10%	○ 공제율 차등 인상 - 총급여 5.5천만원 이하* : 12% * 근로소득자 중 종합소득금액이 4천만원 이하인 자 포함 - 총급여 5.5천만원 초과 7천만원 이하 : 10% * 근로소득자 중 종합소득금액이 4천만원 초과 6천만원 이하인 자 포함

(2) 개정이유

○ 서민층 주거 안정 지원

(3) 적용시기 및 적용례

○ 2018. 1. 1. 이후 월세를 지출하는 분부터 적용

제96조

소형주택 임대사업자에 대한 세액감면

1 의 의

전월세의 수급불안을 해소하고 서민주거비 부담을 완화하기 위하여 민간 임대주택의 공급을 활성화할 필요가 있어 2014. 1. 1. 조특법 개정시 도입되었다. 2020년말 조특법 개정시 「민간임대주택에 관한 특별법」에 따라 임대사업자의 자발적 신청을 통하여 등록이 말소되는 경우에는 의무임대기간을 미충족하더라도 감면세액을 추징하지 아니하고, 신규로 등록하는 공공지원민간임대주택 또는 장기일반민간임대주택의 세액감면 요건인 의무임대기간을 10년으로 연장하여 소형주택 임대사업자에 대한 세액감면 제도를 합리화하였다.

2 요 건

2-1. 임대사업자 요건

다음의 요건을 모두 충족하는 내국인이어야 한다(조특령 §96①).
① 사업자등록[1]을 하였을 것
② 임대사업자등록[2]을 하였거나 공공주택사업자[3]로 지정되었을 것

2-2. 임대주택 요건

본조에서 "임대주택"이란 다음의 요건을 모두 갖춘 임대주택을 말한다(조특령 §96②).
① 위 내국인이 임대주택으로 등록한 주택으로서 다음의 어느 하나에 해당하는 주택일 것

---

[1] 「소득세법」 제168조 또는 「법인세법」 제111조
[2] 「민간임대주택에 관한 특별법」 제5조
[3] 「공공주택 특별법」 제4조

㉮ 공공지원민간임대주택[4]. 다만, 종전의 「민간임대주택에 관한 특별법」[5] 제2조 제6호에 따른 단기민간임대주택으로서 2020년 7월 11일 이후 같은 법 제5조 제3항에 따라 공공지원민간임대주택으로 변경 신고한 주택은 제외한다.

㉯ 「민간임대주택에 관한 특별법」 제2조 제5호에 따른 장기일반민간임대주택.[6] 다만 다음의 어느 하나에 해당하는 주택은 제외한다.

1) 2020년 7월 11일 이후 종전의 「민간임대주택에 관한 특별법」 제5조 제1항에 따라 등록 신청(같은 조 제3항에 따라 임대할 주택을 추가하기 위해 등록한 사항을 변경 신고한 경우를 포함)한 장기일반민간임대주택 중 아파트를 임대하는 민간매입임대주택

2) 종전의 「민간임대주택에 관한 특별법」 제2조 제6호에 따른 단기민간임대주택으로서 2020년 7월 11일 이후 같은 법 제5조 제3항에 따라 장기일반민간임대주택으로 변경 신고한 주택

㉰ 종전의 「민간임대주택에 관한 특별법」 제2조 제6호에 따른 단기민간임대주택. 다만, 2020년 7월 11일 이후 같은 법 제5조 제1항에 따라 등록 신청한 단기민간임대주택은 제외한다.

㉱ 「공공주택 특별법」 제2조 제1호의2 및 제1호의3에 따른 공공건설임대주택 또는 공공매입임대주택

② 국민주택규모[7]의 주택(주거에 사용하는 오피스텔과 주택 및 오피스텔에 딸린 토지를 포함하며, 그 딸린 토지가 건물이 정착된 면적에 지역별로 다음에서 정하는 배율을 곱하여 산정한 면적을 초과하는 경우 해당 주택 및 오피스텔은 제외)일 것

㉮ 도시지역[8]의 토지 : 5배　　㉯ 그 밖의 토지 : 10배

③ 주택 및 이에 부수되는 토지의 기준시가의 합계액이 해당 주택의 임대개시일[9] 당시 6억원을 초과하지 않을 것

④ 임대료등(임대보증금 또는 임대료)의 증가율이 100분의 5를 초과하지 않을 것. 이 경우 임대료등 증액 청구는 임대차계약 또는 약정한 임대료등의 증액이 있은 후 1년 이내에는 하지 못하고, 임대사업자가 임대료등의 증액을 청구하면서 임대보증금과 월임대료를

---

4) 「민간임대주택에 관한 특별법」 제2조 제4호

5) 법률 제17482호 민간임대주택에 관한 특별법 일부개정법률로 개정되기 전의 것을 말한다.

6) 법률 제17482호 민간임대주택에 관한 특별법 일부개정법률 부칙 제5조 제1항에 따라 장기일반민간임대주택으로 보는 아파트를 임대하는 민간매입임대주택을 포함한다.

7) 해당 주택이 다가구주택일 경우에는 가구당 전용면적을 기준으로 한다.

8) 「국토의 계획 및 이용에 관한 법률」 제6조 제1호

9) 임대 개시 후 사업자등록 요건 및 임대사업자등록 요건 또는 공공주택사업자 지정 요건을 충족하는 경우 그 요건을 모두 충족한 날을 말한다.

상호 간에 전환하는 경우에는 「민간임대주택에 관한 특별법」 제44조 제4항 및 「공공주택 특별법 시행령」 제44조 제3항에 따라 정한 기준을 준용한다.

2-3. 임대주택 수 및 임대기간 요건

1호 이상의 임대주택을 4년[장기일반민간임대주택등[10)의 경우에는 10년[11)12)] 이상 임대하여야 하며, 그 판단기준은 다음과 같다(조특법 §96②, 조특령 §96③).

① 해당 과세연도의 매월말 현재 실제 임대하는 임대주택이 1호 이상인 개월 수가 해당 과세연도 개월 수(1호 이상의 임대주택의 임대개시일이 속하는 과세연도의 경우에는 1호 이상의 임대주택의 임대개시일이 속하는 월부터 과세연도 종료일이 속하는 월까지의 개월 수)의 12분의 9 이상인 경우에는 1호 이상의 임대주택을 임대하고 있는 것으로 본다. 임대사업자 등록이 말소된 경우[13)에는 등록이 말소되는 날이 속하는 해당 과세연도에 1호 이상의 임대주택을 임대하고 있는 것으로 본다.[14)

② 1호 이상의 임대주택의 임대개시일부터 4년(장기일반민간임대주택등의 경우에는 10년)이 되는 날이 속하는 달의 말일까지의 기간 중 매월 말 현재 실제 임대하는 임대주택이 1호 이상인 개월 수가 43개월(장기일반민간임대주택등의 경우에는 108개월) 이상인 경우에는 1호 이상의 임대주택을 4년(장기일반민간임대주택등의 경우에는 10년) 이상 임대하고 있는 것으로 본다.

③ 위 ① 및 ②를 적용할 때 기존 임차인의 퇴거일부터 다음 임차인의 입주일까지의 기간으로서 3개월 이내의 기간은 임대한 기간으로 본다.

④ 위 ① 및 ②를 적용할 때 상속, 합병, 분할, 물적분할, 현물출자로 인하여 피상속인, 피합병법인, 분할법인, 출자법인("피상속인등")이 임대하던 임대주택을 상속인, 합병법인, 분할신설법인, 피출자법인("상속인등")이 취득하여 임대하는 경우에는 피상속인등의

---

10) 「민간임대주택에 관한 특별법」 제2조 제4호에 따른 공공지원민간임대주택 또는 같은 조 제5호에 따른 장기일반민간임대주택

11) 종전에는 8년이었으나 2020년말 조특법 개정시 10년으로 변경되었고, 개정규정은 2020년 8월 18일 이후 「민간임대주택에 관한 특별법」 제5조에 따라 등록을 신청하는 민간임대주택부터 적용한다(법률 제17759호, 2020. 12. 29. 부칙 §19①). 한편, 2020년 8월 18일 전에 「민간임대주택에 관한 특별법」 제5조에 따라 등록을 신청한 민간임대주택에 대해서는 개정규정에도 불구하고 종전의 규정에 따른다(법률 제17759호, 2020. 12. 29. 부칙 §45).

12) 조특령 제96조 제3항 각 호 외의 부분(10년 부분), 같은 항 제2호(10년 부분, 108개월 부분) 및 같은 조 제6항(10년 부분)의 개정규정은 2020년 8월 18일 이후 「민간임대주택에 관한 특별법」 제5조에 따라 등록을 신청하는 민간임대주택부터 적용하되, 2020년 8월 18일 전에 「민간임대주택에 관한 특별법」 제5조에 따라 등록을 신청한 민간임대주택에 대해서는 개정규정에도 불구하고 종전의 규정에 따른다(대통령령 제31444호, 부칙 §7①, §18①).

13) 조특령 §96⑤

14) 개정규정(등록말소)은 2021.2.17. 이후 과세표준을 신고하는 분부터 적용하되, 2021.2.17. 전에 과세표준을 신고한 경우에는 개정규정에도 불구하고 종전의 규정에 따른다(대통령령 제31444호, 부칙 §7②, §18②).

임대기간은 상속인등의 임대기간으로 본다.

⑤ 위 ① 및 ②를 적용할 때 「공익사업을 위한 토지 등의 취득 및 보상에 관한 법률」 또는 그 밖의 법률에 따른 수용(협의 매수를 포함한다)으로 임대주택을 처분하거나 임대를 할 수 없는 경우에는 해당 임대주택을 계속 임대하는 것으로 본다.

⑥ 위 ① 및 ②를 적용할 때 「도시 및 주거환경정비법」에 따른 재개발사업·재건축사업, 「빈집 및 소규모주택 정비에 관한 특례법」에 따른 소규모주택정비사업 또는 「주택법」에 따른 리모델링의 사유로 임대주택을 처분하거나 임대를 할 수 없는 경우에는 해당 주택의 관리처분계획 인가일(소규모주택정비사업의 경우에는 사업시행계획 인가일, 리모델링의 경우에는 허가일 또는 사업계획승인일을 말한다) 전 6개월부터 준공일 후 6개월까지의 기간은 임대한 기간으로 본다. 이 경우 임대기간 계산에 관하여는 「종합부동산세법 시행령」 제3조 제7항 제7호 및 제7호의2를 준용한다.[15]

3 | 과세특례의 내용

2025년 12월 31일 이전에 끝나는 과세연도까지 해당 임대사업에서 발생한 소득에 대해서는 다음에 따른 세액을 감면한다(조특법 §96①). 한편, 임대사업자가 임대하는 임대주택의 수를 계산할 때에는 해당 과세연도 종료일 현재 임대주택 수를 기준으로 한다(조특령 §96④).

① 임대주택을 1호 임대하는 경우 : 소득세 또는 법인세의 100분의 30(장기일반민간임대주택등[16]의 경우에는 100분의 75)에 상당하는 세액

② 임대주택을 2호 이상 임대하는 경우 : 소득세 또는 법인세의 100분의 20(장기일반민간임대주택등의 경우에는 100분의 50)에 상당하는 세액

---

15) 종합부동산세법 시행령 제3조(합산배제 임대주택) ⑦ 제1항을 적용할 때 합산배제 임대주택의 임대기간의 계산은 다음 각 호에 따른다.
  7. 「도시 및 주거환경정비법」에 따른 재개발사업·재건축사업 또는 「빈집 및 소규모주택 정비에 관한 특례법」에 따른 소규모주택정비사업에 따라 당초의 합산배제 임대주택이 멸실되어 새로운 주택을 취득하게 된 경우에는 멸실된 주택의 임대기간과 새로 취득한 주택의 임대기간을 합산한다. 이 경우 새로 취득한 주택의 준공일부터 6개월 이내에 임대를 개시해야 한다.
  7의2. 「주택법」에 따른 리모델링을 하는 경우에는 해당 주택의 같은 법에 따른 허가일 또는 사업계획승인일 전의 임대기간과 준공일 후의 임대기간을 합산한다. 이 경우 준공일부터 6개월 이내에 임대를 개시해야 한다.
16) 임대주택 중 「민간임대주택에 관한 특별법」 제2조 제4호에 따른 공공지원민간임대주택 또는 같은 법 제2조 제5호에 따른 장기일반민간임대주택

4 | 사후관리

소득세 또는 법인세를 감면받은 내국인이 1호 이상의 임대주택을 4년(장기일반민간임대주택 등의 경우에는 10년) 이상 임대하지 아니하는 경우 그 사유가 발생한 날이 속하는 과세연도의 과세표준신고를 할 때 감면받은 세액 전액(장기일반민간임대주택등을 4년 이상 10년 미만 임대한 경우에는 해당 감면받은 세액의 100분의 60에 상당하는 금액)을 소득세 또는 법인세로 납부하여야 한다. 다만, 아래의 사유에 해당하는 예외적인 경우에는 그러하지 아니하다(조특령 §96⑤)[17].

① 임대사업자 등록이 말소된 경우[18]

② 재개발사업·재건축사업, 소규모주택정비사업으로 당초의 임대주택이 멸실되어 새로 취득하거나 리모델링으로 새로 취득한 주택이 아파트(당초의 임대주택이 단기민간임대주택인 경우에는 모든 주택)인 경우. 다만, 새로 취득한 주택의 준공일부터 6개월이 되는 날이 2020년 7월 10일 이전인 경우는 제외한다.

한편, 감면받은 소득세액 또는 법인세액을 납부하는 경우에는 아래의 이자상당가산액을 가산한 금액을 납부하여야 한다(조특법 §96②·③, 조특령 §96⑥).

> 이자상당가산액 = 감면을 받은 과세연도의 종료일 다음 날부터 추징사유가 발생한 과세연도의 종료일까지의 기간 × 1일 0.025%

다만, 다음의 부득이한 사유가 있는 경우에는 이자상당가산액은 납부하지 않아도 된다(조특령 §96⑦).

① 파산, 강제집행에 따라 임대주택을 처분하거나 임대를 할 수 없는 경우

② 법령상 의무를 이행하기 위하여 임대주택을 처분하거나 임대를 할 수 없는 경우

③ 회생절차에 따라 법원의 허가를 받아 임대주택을 처분한 경우

---

17) 예외규정이 종전에는 없었으나, 2020년말 조특법 개정시 신설되었고, 개정규정은 2020년 8월 18일 이후 등록이 말소되는 분부터 적용한다(법률 제17759호, 2020. 12. 29. 부칙 §19②). 개정규정은 2021.2.17. 이후 과세표준을 신고하는 분부터 적용한다(대통령령 제31444호, 부칙 §7②).

18) 「민간임대주택에 관한 특별법」 제6조 제1항 제11호 또는 같은 조 제5항

5 | 절 차

소득세 또는 법인세를 감면받으려는 자는 세액의 감면을 신청하여야 한다. 해당 세액의 감면신청을 하려는 자는 해당 과세연도의 과세표준신고와 함께 세액감면신청서에 다음의 서류를 첨부하여 납세지 관할 세무서장에게 제출하여야 한다(조특법 §96④, 조특령 §96⑧).
  ① 임대사업자 등록증[19] 또는 공공주택사업자[20]로의 지정을 증명하는 자료
  ② 임대 조건 신고증명서[21]
  ③ 표준임대차계약서 사본 등[22]

6 | 추계과세 시 등의 감면배제

다음의 경우 본 감면을 적용하지 아니한다(조특법 §128②·③·④). 추계하는 경우에는 본 감면을 적용받을 수 있는 것이 특징으로 주택임대사업자들이 대부분 추계신고하는 현실을 감안한 것으로 보인다.
  ① 소득세 및 법인세의 무신고에 따라 세무서장 등이 과세표준과 세액을 결정하는 경우
  ② 소득세 및 법인세의 무신고에 따라 기한 후 신고를 하는 경우
  ③ 신고내용의 탈루 등으로 경정하는 경우 과소신고금액 미적용
  ④ 신고내용의 탈루 등에 따른 경정을 미리 알고 수정신고서를 제출한 경우 과소신고금액 미적용
  ⑤ 사업용계좌, 신용카드·현금영수증 미가맹·발급거부·허위발급

7 | 최저한세

본 감면을 적용받은 경우 최저한세 적용 대상이 된다(조특법 §132).

---

19) 「민간임대주택에 관한 특별법 시행령」 제4조 제4항
20) 「공공주택 특별법」 제4조
21) 「민간임대주택에 관한 특별법 시행령」 제36조 제4항
22) 「민간임대주택에 관한 특별법」 제47조 또는 「공공주택 특별법」 제49조의2

8 │ 주요 개정연혁

1. 소형주택 임대사업자 세액감면 연장(조특법 §96)

(1) 개정내용

종 전	개 정
□ 소형주택 임대사업자 세액감면	□ 적용기한 연장
○ (대상) 등록임대사업자의 소형주택(85㎡, 6억원 이하) 임대소득 * 단, 임대료 연 증가율 5% 이내	○ (좌 동)
○ (감면율) - 1호 임대시 임대기간에 따라 4년 이상 30%, 10년 이상 75% - 2호 임대시 임대기간에 따라 4년 이상 20%, 10년 이상 50%	
○ (적용기한) 2022. 12. 31.	○ 2025. 12. 31.

(2) 개정이유

○ 소형임대주택의 안정적 공급 지원

2. 소형주택 임대사업자 세액감면 의무임대기간 연장 및 감면세액 추징에 대한 예외규정 신설(조특법 §96조, 조특령 §96)

(1) 개정내용

종 전	개 정
□ 소형주택 임대사업자 세액감면	□ 의무임대기간 연장 등
ㅇ 감면대상소득 　- 등록임대주택 중 소형주택(85㎡·6억원 　　이하)의 임대소득 ㅇ 감면율 　- 30%(공공지원민간임대주택 또는 장기 　　일반민간임대주택 75%) 　- (2021년부터) 2호 이상 임대시 20%(공공 　　지원민간임대주택 또는 장기일반민간임대 　　주택 50%)	ㅇ (좌 동)
ㅇ 의무임대기간 　-「공공주택 특별법」상 임대주택 등 : 4년 　- 공공지원민간임대주택 또는 장기일반민간 　　임대주택 : 8년 ㅇ 추징규정 　- 의무임대기간 미충족시 감면세액 및 이자 　　상당가산액 추징	ㅇ 의무임대기간 연장 　- (좌 동) 　- 공공지원민간임대주택 또는 장기일반민간 　　임대주택 : 10년 ㅇ 추징 예외규정 신설 　-「민간임대주택에 관한 특별법」상 자진· 　　자동 등록말소시 추징 배제 　- 재개발, 재건축, 리모델링으로 단기민간 　　임대주택의 등록이 말소되는 경우 등

(2) 개정이유
ㅇ 「민간임대주택에 관한 특별법」 개정에 따른 소형주택 임대사업자 세액감면 제도 합리화

(3) 적용시기 및 적용례
ㅇ (의무임대기간) 2020. 8. 18. 이후 등록을 신청하는 경우부터 적용
　(추징예외규정) 2021. 2. 17. 이후 과세표준을 신고하는 분부터 적용

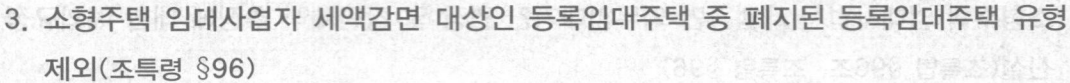
3. 소형주택 임대사업자 세액감면 대상인 등록임대주택 중 폐지된 등록임대주택 유형 제외(조특령 §96)

(1) 개정내용

종 전	개 정
□ 소형주택 임대사업자 세액감면 대상 등록임대주택	□ 폐지된 등록임대주택 유형(단기민간임대주택 등) 제외
○ 「공공주택 특별법」상 공공건설·공공매입임대주택	○ (좌 동)
○ 「민간임대주택에 관한 특별법」상 단기임대주택, 공공지원민간임대주택, 장기일반민간임대주택	○ 「민간임대주택에 관한 특별법」상 공공지원민간임대주택, 장기일반민간임대주택[*] [*] 아파트 장기일반매입임대주택 제외

(2) 개정이유

○ 「민간임대주택에 관한 특별법」 개정에 따른 소형주택 임대사업자 세액감면 제도 합리화

(3) 적용시기 및 적용례

○ 2020. 7. 11. 이후 「민간임대주택에 관한 특별법」에 따라 등록하거나 단기를 장기로 전환하는 분부터 적용

4. 소형주택의 임대기간 계산 특례규정 정비(조특령 §96)

(1) 개정내용

종 전	개 정
□ 소형주택 임대기간 계산 특례 　ㅇ 적용대상 　　－「도시 및 주거환경정비법」상 재개발·재건축 사업 　　－「빈집 및 소규모주택 정비에 관한 특례법」상 소규모주택정비사업 　　　　　〈추 가〉 　ㅇ 임대기간 계산 방법 　　－ 관리처분계획(사업시행계획) 인가일 전 6개월부터 준공일 후 6개월까지 임대한 것으로 간주 　　　　　〈추 가〉 　　　　　〈신 설〉	□ 특례 대상 추가 및 임대기간 합산규정 신설 　ㅇ 리모델링 사업 추가 　　(좌 동) 　　－「주택법」상 리모델링 사업 　ㅇ 임대기간 합산규정 신설 　　－ (좌 동) 　　－「주택법」상 리모델링 사업의 허가일 전 6개월부터 준공일 후 6개월까지 임대한 것으로 간주 　　－ 재개발·재건축, 리모델링 등으로 새로 취득한 주택과 종전 주택의 임대기간을 합산 　　* 준공일부터 6개월 이내에 임대 개시하는 경우

(2) 개정이유

　ㅇ 재개발·재건축 사업과 유사한 리모델링 사업을 임대기간 계산 특례에 추가하고 임대기간 계산방법을 명확화

(3) 적용시기 및 적용례

　ㅇ 2021. 2. 17.이 속하는 과세연도부터 적용

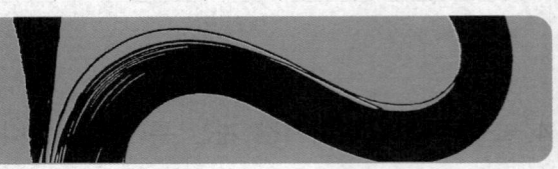

제96조의2

상가건물 장기 임대사업자에 대한 세액감면

1 │ 의 의

본조는 임차인의 상가 계약갱신요구권(5년→10년) 연장과 함께 건물주의 재산권 침해가
우려돼 이에 대한 절충 및 임대사업자가 상가건물을 장기계약하고 임대료 인상률을 낮게
하는 등 안정적인 임대차 환경 조성을 세제측면에서 지원하고자 2018. 10. 16. 신설되었다.

2 │ 요 건

해당 과세연도의 부동산임대업에서 발생하는 수입금액(과세기간이 1년 미만인 과세연도의
수입금액은 1년으로 환산한 총수입금액)이 7천5백만원 이하인 내국인이 2021년 12월 31일 이전에
끝나는 과세연도까지 상가건물임대사업을 하는 경우이어야 한다.

여기서 상가건물임대사업은 다음의 요건을 모두 충족하는 임대사업을 말한다(조특법
§96의2①).

① 상가건물[1]을 사업자등록을 한 개인사업자("임차인")에게 영업용 사용을 목적으로 임대할
   것. 여기서 영업용 사용 목적의 임대는 상가건물을 임차인에게 자기의 계산과 책임
   하에 계속적・반복적으로 행하는 활동을 위해 임대한 것으로 한다(조특령 §96의2①).
② 해당 과세연도 개시일 현재 동일한 임차인에게 계속하여 임대한 기간이 5년을 초과할
   것. 여기서 해당 과세연도 개시일 현재 동일한 임차인에게 계속하여 임대한 기간이
   5년을 초과했는지 여부는 월력에 따라 계산하되, 1개월 미만인 경우에는 1개월로
   본다(조특령 §96의2②).
③ 동일한 임차인에 대한 해당 과세연도 종료일 이전 2년간의 연평균 임대료 인상률이
   차임 또는 보증금의 증액 청구기준[2] 이내에서 3퍼센트 이내일 것(조특령 §96의2③).

---

1) 「상가건물 임대차보호법」 제2조 제1항
2) 「상가건물 임대차보호법」 제11조 제1항

여기서 연평균 임대료 인상률은 다음 계산식에 따라 계산한 율로 한다(조특령 §96의2④).

> 연평균 임대료 인상률 = 〔(해당 과세연도 종료일부터 직전 2년간의 매월말 임대료의 합계액) × 1/2〕
> / 〔(해당 과세연도 종료일부터 직전 2년이 되는 월말의 임대료) × 12〕

3 | 과세특례의 내용

해당 과세연도의 상가건물임대사업에서 발생한 소득에 대한 소득세 또는 법인세의 100분의 5에 상당하는 세액을 감면한다(조특법 §96의2①).

4 | 절 차

본조에 따라 소득세 또는 법인세를 감면받으려는 자는 임대차계약서 사본 등을 첨부하여 세액의 감면을 신청하여야 한다(조특법 §96의2②).

제96조의3

상가임대료를 인하한 임대사업자에 대한 세액공제

1 │ 의 의

코로나바이러스감염증-19로 피해를 입은 소상공인을 위해 자발적으로 임대료를 인하한 임대사업자를 세제지원하기 위해 2020년 3월 23일 조특법 개정시 신설되었고, 본조는 2020년 1월 1일이 속하는 과세연도 분부터 적용한다. 한편, 2020년말 조특법 개정시 상가임대료를 인하한 임대사업자에 대한 세액공제의 적용기한을 2021년 6월 30일까지로 연장하였다.

한편, 2021. 3. 16. 조특법 개정시 최근 코로나바이러스감염증-19의 확산에 따른 고용위기 상황을 고려하여 어려움을 겪고 있는 소상공인 · 자영업자를 지원하기 위하여 상가임대료를 인하한 임대사업자에 대한 세액공제율을 상향 조정(50% → 70%)하였고, 2022. 12. 31. 조특법 개정시 공제기간을 2023년 12월 31일까지로 연장하였다.

2 │ 요 건

부동산임대사업을 하는 자가 상가건물에 대한 임대료를 임차인(소상공인에 한정)으로부터 2020년 1월 1일부터 2023년 12월 31일까지(공제기간) 인하하여 지급받아야 한다(조특법 §96의3①).

2-1. 부동산임대사업을 하는 자의 범위

상가건물에 대한 부동산임대업의 사업자등록을 한 자(상가임대인)1)를 말한다(조특령 §96의3①).

---

1) 「소득세법」 제168조, 「법인세법」 제111조 또는 「부가가치세법」 제8조

2-2. 임대상가건물

사업자등록의 대상이 되는 건물의 임대차(임대차 목적물의 주된 부분을 영업용으로 사용하는 경우 포함)[2])에 따른 상가건물을 말한다(조특령 §96의3②).

2-3. 임차소상공인

다음의 요건을 모두 갖춘 자를 말한다(폐업 전 아래 요건을 모두 갖추고 2021년 1월 1일 이후에 임대차계약 기간이 남아 있는 경우를 포함)(조특령 §96의3③).
① 소상공인[3])
② 임대상가건물을 2021년 6월 30일 이전부터 계속하여 임차하여 영업용 목적으로 사용하고 있는 자
③ 세액공제 적용배제 업종을 영위하지 않는 자

조세특례제한법 시행령 [별표 14]

상가임대료를 인하한 임대사업자에 대한 세액공제를 적용받지 못하는 임차소상공인의 업종(제96조의3 제3항 제1호 다목 관련)

다음 각 호의 어느 하나에 해당하는 업종 또는 사업
1. 다음 각 목의 구분에 따른 업종

업종분류	분류코드	세액공제 적용배제 업종
가. 제조업	C33402	영상게임기 제조업(도박게임 등 사행행위에 사용되는 영상게임기로 한정한다)
	C33409	기타 오락용품 제조업(도박게임 등 사행행위에 사용되는 오락용품으로 한정한다)
나. 정보통신업	J5821	게임 소프트웨어 개발 및 공급업(도박게임 등 사행행위에 사용되는 게임소프트웨어로 한정한다)
다. 금융 및 보험업	K64	금융업
	K65	보험 및 연금업
	K66	금융 및 보험 관련 서비스업[「전자금융거래법」 제2조 제1호에 따른 전자금융업무, 「자본시장과 금융투자업에 관한 법률」 제9조 제27항에 따른 온라인소액투자중개 및 「외국환거래법 시행령」 제15조의2 제1항에 따른 소액해외송금업무를 업으로 영위하는 업종 중 그 외 기타 금융지원 서비스업(66199)은 제외한다]

---

2) 「상가건물 임대차보호법」 제2조 제1항 본문
3) 「소상공인기본법」 제2조

업종분류	분류코드	세액공제 적용배제 업종
라. 부동산업	L68	부동산업[부동산 관리업(6821) 및 부동산 중개 및 대리업 (68221)은 제외한다]
마. 공공행정, 국방 및 사회보장 행정	O84	공공행정, 국방 및 사회보장 행정
바. 교육 서비스업	P851	초등 교육기관
	P852	중등 교육기관
	P853	고등 교육기관
	P854	특수학교, 외국인학교 및 대안학교
사. 예술, 스포츠 및 여가관련 서비스업	R9124	사행시설 관리 및 운영업
아. 협회 및 단체, 수리 및 기타 개인 서비스업	S94	협회 및 단체
자. 가구 내 고용활동 및 달리 분류되지 않은 자가소비 생산활동	T97	가구 내 고용활동
	T98	달리 분류되지 않은 자가소비를 위한 가구의 재화 및 서비스 생산활동
차. 국제 및 외국기관	U99	국제 및 외국기관

비고: 업종분류, 분류코드 및 세액공제 적용배제 업종은 통계청장이 고시하는 「한국표준산업분류」에 따른다.
2. 「개별소비세법」 제1조 제4항에 따른 과세유흥장소를 경영하는 사업

④ 상가임대인과 특수관계인[4]이 아닌 자
⑤ 사업자등록을 한 자[5]

3 │ 과세특례의 내용

임대료 인하액의 100분의 70[해당 과세연도의 기준소득금액(해당 과세기간의 종합소득과세표준에 합산되는 종합소득금액에 임대료 인하액을 더한 금액)[6]이 1억원을 초과하는 경우에는 100분의 50][7]에 해당하는 금액을 소득세 또는 법인세에서 공제한다(조특법 §96의3①). 여기서 "임대료 인하액"이란 아래 ①에 따른 금액에서 ②에 따른 금액을 뺀 금액을 말한다. 이 경우 보증금을

---

4) 「국세기본법」 제2조 제20호
5) 「소득세법」 제168조, 「법인세법」 제111조 또는 「부가가치세법」 제8조
6) 조특령 제96조의3 제5항
7) 개정규정(세액공제율 상향 조정 : 50% → 70%)은 2021년 1월 1일 이후 발생한 임대료 수입금액부터 적용하되, 2021년 1월 1일 전에 발생한 임대료 수입금액에 대해서는 종전의 규정(50%)에 따른다(법률 제17926호, 2021. 3. 16. 부칙 §4·§6).

임대료로 환산한 금액은 제외한다(조특령 §96의3④).

① 임대료를 인하하기 직전의 임대상가건물 임대차계약에 따른 임대료를 기준으로 계산한 해당 과세연도(해당 과세연도 중 공제기간에 해당하는 기간으로 한정)의 임대료. 다만, 공제기간 중 임대상가건물의 임대차계약을 동일한 임차소상공인과 갱신하거나 재계약("갱신등")하고 갱신등의 임대차계약에 따른 임대료가 인하된 경우 갱신등에 따른 임대차계약이 적용되는 날부터 2023년 12월 31일까지는 갱신등에 따른 임대료를 기준으로 계산한 임대료를 말한다.

② 임대상가건물의 임대료로 지급했거나 지급하기로 하여 해당 과세연도에 상가임대인의 수입금액으로 발생한 임대료

4 │ 사후관리

① 임대료를 인하하기 직전의 임대차계약에 따른 임대료나 보증금보다 인상(임대차계약의 갱신등을 한 경우에는 갱신등에 따른 임대료나 보증금이 임대료를 인하하기 직전의 임대차계약에 따른 금액의 100분의 5를 초과한 것을 말한다)한 경우에는 공제를 적용하지 아니하거나 이미 공제받은 세액을 추징[8] 한다(조특법 §96의3②, 조특령 §96의3⑤).[9]

② 해당 과세연도 중 위 ①의 요건에 해당하는 경우에는 본조에 따른 공제를 적용하지 않으며, 해당 과세연도 종료일 이후 6개월 이내에 위 ①에 따른 요건에 해당하게 된 경우에는 이미 공제받은 세액을 추징한다(조특령 §96의3⑥).[10]

---

8) 종전에는 추징규정이 없었으나, 2020년말 조특법 개정시 신설되었다. 개정규정은 2021년 1월 1일 이후 과세표준신고를 하는 분부터 적용한다(법률 제17759호, 2020. 12. 29. 부칙 §20).

9) 개정규정(조특령 제96조의3 제5항)은 2020년 7월 1일 이후에 발생한 임대료를 인하하는 경우부터 적용한다(대통령령 제31444호, 부칙 §8).

10) 개정규정(조특령 제96조의3 제6항)은 2020년 7월 1일 이후에 발생한 임대료를 인하하는 경우부터 적용한다(대통령령 제31444호, 부칙 §8).

참고 **법인의 수정신고에 대한 경과조치**

종전 조특령 제96조의3 제7항에 "2020년 1월 1일이 속하는 사업연도가 2020년 12월 31일 전에 종료하는 법인이 2021년 3월 31일까지 조특법 제96조의3 제2항에 따라 공제를 적용하지 않는 것으로 「국세기본법」 제45조에 따른 수정신고를 한 경우 수정신고한 부분에 대해서는 「법인세법」 제60조 제1항에 따른 기한 내에 신고한 것으로 본다"라는 규정이 있었으나, 2021. 2. 17. 조특령 개정시 본 규정이 삭제되었다. 이와 관련하여 2020년 6월 30일 이전에 발생한 임대료를 인하한 경우에는 조특령 제96조의3 제7항의 개정규정에도 불구하고 종전의 규정에 따르도록 경과조치가 마련되었다(대통령령 제31444호, 부칙 §19).

5 | 절 차

소득세 또는 법인세를 공제받으려는 자는 해당 과세연도의 과세표준신고와 함께 해당 상가건물에 대한 임대료를 인하한 사실을 증명하는 서류 등을 갖추어 세액공제신청서에 다음의 서류를 첨부하여 공제를 납세지 관할 세무서장에게 신청하여야 한다(조특법 §96의3③, 조특령 §96의3⑦).

① 임대료를 인하하기 직전에 체결한 임대차계약서 및 2020년 1월 1일 이후 임대차계약에 대한 갱신등을 한 경우 갱신등을 한 임대차계약서의 사본
② 확약서, 약정서 및 변경계약서 등 공제기간 동안 임대료 인하에 합의한 사실을 증명하는 서류
③ 세금계산서, 금융거래내역 등 임대료의 지급 등을 확인할 수 있는 서류
④ 임차소상공인이 요건을 갖췄음을 소상공인시장진흥공단에서 확인하는 서류[11]

---

11) 「소상공인 보호 및 지원에 관한 법률」 제17조

6 | 관련사례

구 분	내 용
연체된 상가임대료	조세특례제한법 제96조의3 제1항에 따른 공제기간 내에 발생한 상가임대료가 연체된 경우로서 연체된 상가임대료를 공제기간 내 사후적으로 인하하여 지급받는 경우에도 동법 제96조의3에서 규정한 여타 요건을 충족하는 경우 동법 동조에 따른 세액공제를 적용받을 수 있는 것임(기획재정부 소득세제과-51, 2021. 1. 21.).

7 | 주요 개정연혁

1. 상가임대료 인하 세액공제 적용기한 연장(조특법 §96의3)

(1) 개정내용

종 전	개 정
□ 상가임대료 인하 임대사업자의 임대료 인하액 세액공제	□ 적용기한 연장
○ (공제율) 임대료 인하액의 70%(종합소득금액이 1억 원 초과시 50%)	○ (좌 동)
○ (임대인) 「상가임대차법」상 부동산임대사업자	
○ (임차인) 「소상공인기본법」상 소상공인, 임대차 계약 기간이 남은 폐업소상공인	
○ (적용기간) 2022. 12. 31.	○ 2023. 12. 31.

(2) 개정이유

○ 소상공인의 임차료 부담 경감

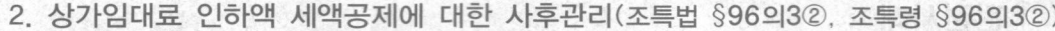

2. 상가임대료 인하액 세액공제에 대한 사후관리(조특법 §96의3②, 조특령 §96의3②)

(1) 개정내용

종 전	개 정
□ 세액공제 적용배제 ○ 2020.2.1.~12.31. 중 보증금·임대료를 기존 임대차계약에 따른 금액보다 인상한 경우 ※ 2020. 1. 1.이 속하는 사업연도가 2020. 12. 31. 전에 종료하는 법인이 보증금·임대료를 인상하여 2021.3.31.까지 수정신고한 경우 과세표준 확정신고기한 내 정상신고 한 것으로 간주 〈추 가〉	□ 세액공제 적용배제 ○ 해당 과세연도 중 보증금·임대료를 기존 임대차계약에 따른 금액보다 인상한 경우 (삭 제) □ 이미 공제 받은 세액 추징 ○ 과세연도 종료일부터 6개월이 되는 날까지 보증금·임대료를 기존 임대차계약에 따른 금액보다 인상한 경우

(2) 개정이유
○ 상가 임대료 인하액 세액공제 제도의 사후관리 보완

(3) 적용시기 및 적용례
○ 2020. 7. 1. 이후 임대료 인하분부터 적용

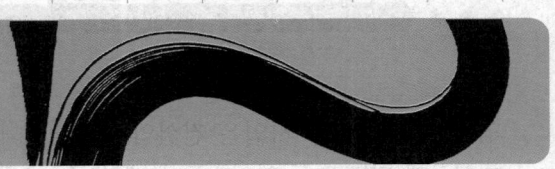

조세특례제한법

제97조

장기임대주택에 대한 양도소득세의 감면

1 의 의

본조는 장기적으로 소형 임대주택건설을 촉진하여 무주택서민의 거주생활의 안정을 도모하고자, 임대주택을 5호 이상 임대하는 거주자가 국민주택(이에 부수되는 당해 건물연면적의 2배 이내의 토지 포함)을 2000. 12. 31. 이전에 임대를 개시하여 5년 이상 임대한 후 양도하는 경우에는 당해 주택(임대주택)을 양도함으로써 발생하는 소득에 대한 양도소득세의 100분의 50에 상당하는 세액을 감면한다. 다만, 「민간임대주택에 관한 특별법」 또는 「공공주택 특별법」에 따른 건설임대주택 중 5년 이상 임대한 주택과(같은 법에 따른 매입임대주택을 1995. 1. 1. 이후 취득 및 임대를 개시하여 5년 이상 임대한 경우 포함) 10년 이상의 임대주택의 경우에는 양도소득세를 면제한다(조특법 §97①). 2000. 12. 31. 이전에 임대를 개시한 경우에만 적용대상이므로, 본 제도의 일몰은 종료되었다. 따라서 더 이상 추가 수혜자는 발생하지 않으므로, 제도의 중요성은 미약하다고 판단된다. 다만, 2000. 12. 31. 이전에 임대를 개시하여 5년 이상 임대한 자가 지금 현재까지 보유 중인 임대주택을 양도하는 경우에도 본 제도가 적용되어야 하므로, 일몰이 종료되었음에도 불구하고 본 제도가 유지되고 있는 것이다.

2 요 건

2-1. 거주자의 범위

임대주택을 5호 이상 임대하는 거주자가 적용 대상이다. 이 경우 임대주택을 여러 사람이 공동으로 소유한 경우에는 공동으로 소유하고 있는 임대주택의 호수에 지분비율을 곱하여 호수를 산정한다(조특령 §97①).

즉, 본 제도는 거주자가 5호 이상의 임대주택을 5년 이상 임대 후에 양도하는 경우에 본 규정에 따라 양도소득세를 감면받을 수 있다. 다만, 거주자가 주택을 신축하여 판매하는 사업을 영위하는 경우 동 사업은 건설업에 해당하게 되고 분양수입금액은 동 거주자의 사업소득을 형성하게 되므로 동 사업소득에 대한 종합소득세가 부과되며, 양도소득세는 부과되지 아니한다.

2-2. 임대주택의 범위

다음의 국민주택(건물연면적의 2배 이내의 부수토지를 포함)으로서 2000. 12. 31. 이전에 임대를 개시하여 5년 이상 임대한 당해 주택[1]을 말한다.

① 1986. 1. 1.부터 2000. 12. 31.까지의 기간 중 신축된 주택
② 1985. 12. 31. 이전에 신축된 공동주택으로서 1986. 1. 1. 현재 입주된 사실이 없는 주택

---

1) 대법원 2017. 8. 18. 선고 2014두42254 판결
쟁점 : 여러 사람이 공동으로 소유하는 주택을 임대하여 공동사업을 영위하는 경우, 구 조세특례제한법 제97조 제1항과 조세특례제한법 시행령 제97조 제1항에서 임대주택의 호수를 계산할 때 공동소유자 각자가 그 임대주택을 임대한 것으로 보아야 하는지 여부
판결요지 : 여러 사람이 공동으로 소유하는 주택을 임대하여 공동사업을 영위하는 경우에는 구 조세특례제한법(2015. 8. 28. 법률 제13499호로 개정되기 전의 것) 제97조 제1항과 조세특례제한법 시행령 제97조 제1항(이하 위 두 조항을 합하여 '특례조항'이라 한다)에서 임대주택의 호수를 계산할 때 특별한 사정이 없는 한 공동소유자 각자가 그 임대주택을 임대한 것으로 보아야 한다. 그 이유는 다음과 같다.
여러 사람이 공동으로 소유하는 주택을 임대하여 공동사업을 영위하는 경우 그 임대주택은 민법상 조합을 이루는 공동사업자의 합유에 속하고, 공동사업자 각자의 권리는 임대주택 전부에 미친다(민법 제271조 제1항 참조). 따라서 공동사업자 각자는 그 지분비율과 무관하게 조합체를 통하여 임대주택 전부를 임대한 것으로 볼 수 있다. 이러한 법리는 임대인이 사망한 후 공동상속인이 함께 임대사업을 하는 경우에도 적용된다.
특례조항은 일정한 기간 동안 소형 임대주택의 공급을 촉진하여 무주택 서민의 주거생활 안정을 도모함과 동시에 주택 건설 경기를 활성화하기 위한 목적으로 장기임대주택에 대한 양도소득세 감면혜택을 부여한 것이다. 여러 사람이 공동으로 소유하는 5호 이상의 임대주택을 장기간 임대하는 경우에도 임대주택 공급을 촉진하여 무주택 서민의 주거생활 안정과 주택 건설 경기의 활성화에 기여할 수 있는 점은 한 사람이 소유하는 5호 이상의 임대주택을 장기간 임대하는 경우와 차이가 없다. 따라서 양도소득세 감면혜택을 받기 위해 공동 임대의 형식적인 외관만을 갖추는 등으로 특례조항을 남용하는 경우가 아닌 한 원칙적으로 특례조항을 적용하는 것이 입법 취지에 부합한다.
특례조항에서 정한 임대주택의 호수를 산정하는 방법에 관해서는 아무런 규정이 없다. 이처럼 뚜렷한 법령상의 근거가 없는데도 특례조항을 적용할 때 공동사업자별로 각 임대주택의 지분비율을 합산하여 그 호수를 계산하는 것은 허용되지 않는다. 각 임대주택마다 위치, 면적, 관리상태 등에 따라 그 가액이 다를 수밖에 없는데도 각 지분비율을 단순 합산하여 공동소유 주택의 호수를 계산한다는 것은 아무런 합리성이 없을 뿐만 아니라 법적 근거도 없기 때문이다.
한편 소득세법 시행령 제154조의2는 '1주택을 여러 사람이 공동으로 소유한 경우 이 영에 특별한 규정이 있는 것 외에는 주택 수를 계산할 때 공동소유자 각자가 그 주택을 소유한 것으로 본다'고 정하고 있다. 이는 1세대 1주택 비과세 특례를 정한 소득세법 시행령 제155조와 관련하여 기존의 대법원 해석과 과세실무를 반영한 규정이지만, 특례조항에서 정한 임대주택의 호수를 산정하는 데에도 위 규정의 입법 경위와 취지 등을 고려하여 동일한 결론을 도출하는 것이 바람직하다.

2-3. 임대기간의 계산

2000. 12. 31. 이전에 임대를 개시하여 5년 이상 임대한 후 양도하여야 하며, 임대기간은 다음의 규정에 따른다(조특령 §97⑤).

① 주택임대기간의 기산일은 주택의 임대를 개시한 날로 한다. 다만, 5호 미만의 주택을 임대한 기간은 주택임대기간으로 보지 아니한다.
② 상속인이 상속으로 인하여 피상속인의 임대주택을 취득하여 임대하는 경우에는 피상속인의 주택임대기간을 상속인의 주택임대기간에 합산한다.
③ ① 및 ②의 규정을 적용함에 있어서 기존 임차인의 퇴거일로부터 다음 임차인의 입주일까지의 기간으로서 3월 이내의 기간은 주택임대기간에 산입한다. 이 경우 그 기간이 3월을 초과하는 경우 그 초과하는 기간은 이를 산입하지 아니한다(조특칙 §44).

관련예규

• 임대하던 주택을 헐고 재건축하여 임대한 경우에는 재건축공사기간은 임대기간에 포함되지 아니하는 것임(서면4팀-363, 2007. 1. 26.).
• 임대 중인 다가구주택을 당초 독립하여 거주할 수 있도록 구획된 각 가구에 대한 구조 및 지분 변동 없이 다세대주택으로 전환한 경우에 당해 임대주택의 임대기간 기산일은 당초 주택 임대를 개시한 날로 보는 것임(서면4팀-3891, 2006. 11. 28.).
• 임대주택을 지분형태로 소유하는 공동사업자의 경우에는 임대주택의 호수에 지분비율을 곱하여 5호 이상(예 임대주택 10호를 공유하는 공동사업자 1인의 지분이 50%인 경우 5호를 보유하는 것으로 인정)이어야 동 감면규정이 적용됨(재재산-771, 2006. 7. 3.).
• 다가구주택이 임대주택법에 의한 임대사업자등록이 불가하여 관할 지방자치단체에 임대사업자 등록을 하지 못한 경우에도 5호 이상 임대한 사실을 관할 세무서장에게 신고하고 5년 이상 임대하는 경우에는 동 법령을 적용받을 수 있는 것임(서면4팀-870, 2006. 4. 7.).

3 │ 과세특례의 내용

3-1. 양도소득세 감면

상기 요건을 갖춘 거주자가 임대주택을 양도함으로써 발생하는 소득에 대하여는 양도소득세의 50%를 감면한다. 다만, 다음에 해당하는 임대주택의 경우에는 양도소득세의 100%에 상당하는 세액을 감면한다.

① 「민간임대주택에 관한 특별법」 또는 「공공주택 특별법」에 따른 건설임대주택으로 5년 이상 임대한 임대주택
② 「민간임대주택에 관한 특별법」 또는 「공공주택 특별법」에 따른 매입임대주택 중 1995. 1. 1. 이후 취득 및 임대를 개시하여 5년 이상 임대한 주택(단, 취득 당시 입주된 사실이 없는 주택에 한함)
③ 10년 이상 임대한 임대주택

| 임대주택 유형별 감면율 |

구 분	주택임대기간	감면율
일반 임대주택	5년 이상 10년 미만	50%
	10년 이상	100%
• 「민간임대주택에 관한 특별법」 또는 「공공주택 특별법」에 따른 건설임대주택 • 「민간임대주택에 관한 특별법」 또는 「공공주택 특별법」에 따른 매입임대주택	5년 이상	100%

이 경우 임대주택 등의 용어는 임대주택법에 규정되어 있으며 다음과 같다(임대주택법 §2).

① 임대주택 : 임대목적에 제공되는 건설임대주택 및 매입임대주택을 말한다.
② 건설임대주택 : 다음에 해당하는 주택
  – 임대사업자가 임대를 목적으로 건설하여 임대하는 주택
  – 주택건설사업자가 사업계획승인을 얻어 건설한 주택 중 사용검사시까지 분양되지 아니한 주택으로서 임대사업자등록을 마치고 건설교통부령이 정하는 바에 따라 임대하는 주택
③ 매입임대주택 : 임대사업자가 매매 등에 의하여 소유권을 취득하여 임대하는 주택

3-2. 1세대 1주택 판정시 임대주택의 소유주택에서의 배제

소득세법상 거주자가 1세대 1주택에 해당하는 토지 등을 양도함으로써 발생하는 소득에 대하여는 양도소득세를 비과세한다. 이때 1세대 1주택을 소유하고 있는 거주자가 본조의 규정에 따른 임대주택을 추가로 소유하고 있는 경우에는 동 임대주택을 거주자의 소유로 보지 않음으로써 1세대 1주택의 비과세에 영향을 미치지 아니한다(조특법 §97②).

4 | 절차 : 주택임대신고 및 세액의 감면신청

거주자가 임대주택 양도에 따른 양도소득세 등을 감면받고자 하는 경우에는 주택임대에 관한 사항을 신고하고, 당해 임대주택을 양도한 날이 속하는 과세연도의 과세표준신고와 함께 세액감면신청서를 납세지 관할 세무서장에게 제출하여야 한다(조특령 §97③ · ④).

5 | 주요 개정연혁

1. 장기임대주택을 공동소유하는 경우 임대호수 계산방법 보완(조특령 §97①)

(1) 개정내용

종 전	개 정
□ 장기임대주택에 대한 양도소득세 감면	□ 임대주택호수 계산 방법 명확화
○ (대상자) 임대주택을 5호 이상 임대하는 거주자	○ (좌 동)
〈신 설〉	– 5호 이상 임대 여부 계산 시 지분형태로 공동소유하는 임대주택의 경우 : (임대주택의 호수 × 지분비율) 만큼의 주택을 보유한 것으로 봄 예) ① 임대주택 10호의 지분율이 50%인 1인은 5호를 보유한 것 ② 임대주택 10호의 지분율이 20%인 1인은 2호를 보유한 것
○ (요건) 2000. 12. 31. 이전 임대개시 후 5년 이상 임대 후 양도	○ (좌 동)
○ (감면) 양도소득세의 50% 감면	○ (좌 동)

(2) 개정이유
○ 납세자 혼란 방지

(3) 적용시기 및 적용례
○ 2019. 2. 12. 이후 결정 · 경정하는 분부터 적용

제97조의2

신축임대주택에 대한 양도소득세의 감면특례

1 | 의 의

중산층 및 서민층 주택의 전세값 안정을 도모함과 아울러 침체된 주택경기의 활성화를 지원하기 위하여, 1호 이상의 신축임대주택을 포함하여 2호 이상의 임대주택을 5년 이상 임대하는 거주자가 당해 5년 이상 임대한 신축임대주택을 양도하는 경우에는 양도소득세 등을 면제한다.

구 분	장기임대주택	신축임대주택
대상주택	○ 1986~2000. 12. 31. 기간 중 신축된 주택 ○ 1985. 12. 31. 이전 신축된 공동주택으로서 1986. 1. 1. 현재 미분양주택	○ 1999. 8. 20.~2001. 12. 31. 기간 중 신축된 주택 또는 신축주택을 매입임대한 주택 ○ 1999. 8. 19. 이전 신축된 공동주택으로 1999. 8. 20. 현재 미입주주택
감면대상자	5호 이상 임대하는 자	2호 이상 임대하는 자
감면내용	○ 5년 이상 임대 후 양도시 50% 감면 (건설임대주택) ○ 다음의 경우 100% 감면 　- 5년 이상 임대한 건설임대주택 (임대주택법) 　- 미입주 매입임대주택으로 5년 이상 임대한 주택(임대주택법) 　- 10년 이상 임대한 주택	5년 이상 임대 후 양도시 100% 감면

본 제도도 제97조와 동일하게 일몰은 종료되었으므로, 그 중요성은 미약하다. 다만, 기존의 과세특례대상 주택을 현재까지 보유하고 있는 자가 양도하는 경우에는 본 제도가 적용되어야 하므로 유지되고 있는 것이다.

2 | 요 건

2-1. 적용대상

본조의 특례규정은 1호 이상의 신축임대주택을 포함하여 2호 이상의 임대주택을 5년 이상 임대하는 거주자가 당해 신축임대주택을 양도하는 경우에 적용된다(조특령 §97의2①). 이 경우 신축임대주택 이외의 기존 임대주택은 2호 이상의 임대주택을 판정하는 경우에는 보유주택의 호수에 포함되나, 본조의 양도소득세의 면제대상에는 포함되지 아니한다.

2-2. 신축임대주택

신축임대주택에 대한 양도소득세 등의 감면특례를 적용받기 위해서는 다음의 국민주택(이에 부수되는 당해 건물연면적의 2배 이내의 토지 포함)을 5년 이상 임대하여야 한다(조특법 §97의2①).

「민간임대주택에 관한 특별법」 또는 「공공주택 특별법」에 따른 건설임대주택	「민간임대주택에 관한 특별법」 또는 「공공주택 특별법」에 따른 매입임대주택
① 1999. 8. 20.부터 2001. 12. 31.까지의 기간 중에 신축된 주택 ② 1999. 8. 19. 이전에 신축된 공동주택으로서 1999. 8. 20. 현재 입주된 사실이 없는 주택	아래의 ① 또는 ② 중 1999. 8. 20. 이후 취득(1999. 8. 20.부터 2001. 12. 31.까지의 기간 중에 매매계약을 체결하고 계약금을 지급한 경우에 한함) 및 임대를 개시한 임대주택(취득 당시 입주된 사실이 없는 주택에 한함) ① 1999. 8. 20. 이후 신축된 주택 ② 1999. 8. 19. 이전에 신축된 공동주택으로서 1999. 8. 20. 현재 입주된 사실이 없는 주택

관련예규

- 신축임대주택과 그 부수토지의 소유자가 다른 경우 부수토지를 양도함으로써 발생하는 소득에 대하여는 신축임대주택에 대한 양도소득세의 감면 특례규정이 적용되지 아니함(서면5팀-131, 2007. 1. 10.).
- 기존 일반주택을 취득하였거나 타인으로부터 분양권을 승계취득하여 임대한 경우에는 신축임대주택에 대한 양도소득세의 감면특례 규정을 적용받을 수 없음(서면4팀-3326, 2006. 9. 28.).

2-3. 임대기간의 계산

임대기간 계산에 관한 사항은 제97조의 해설을 참고한다.

3 | 과세특례의 내용

3-1. 양도소득세 면제

이상의 요건을 갖춘 거주자가 신축임대주택을 양도함으로써 발생하는 소득에 대하여는 양도소득세를 면제한다.

3-2. 소유하는 경우 1세대 1주택 판정시 소유주택에서의 배제

소득세법상 거주자가 1세대 1주택에 해당하는 토지 등을 양도함으로써 발생하는 소득에 대하여는 양도소득세를 비과세한다. 이때 1세대 1주택을 소유하고 있는 거주자가 법 제97조의2의 규정에 의한 신축임대주택을 추가로 소유하고 있는 경우에는 동 신축임대주택을 거주자의 소유로 보지 않음으로써 1세대 1주택의 비과세에 영향을 미치지 아니한다(소득세법 §89① 3).

4 | 절차 : 주택임대신고 및 세액의 감면신청

신축임대주택에 대한 양도소득세 등의 감면특례를 적용받고자 하는 경우에는 신축주택임대에 관한 사항을 신고하고 세액의 감면신청을 하여야 한다. 다만, 매입임대주택의 경우에는 임대사업자 등록증, 공공주택사업자로의 지정을 증명하는 자료, 임대차계약서 사본, 임차인의 주민등록표등본 서류 외에 매매계약서 사본과 계약금 지급일을 입증할 수 있는 증빙서류를 첨부하여야 한다(조특령 §97③·④, §97의2②).

장기일반민간임대주택등에 대한 양도소득세의 과세특례

1 │ 의 의

준공공임대주택이란 민간매입임대주택의 일종이지만, 임대료 결정 등에 정부의 규제 등 공공성을 갖는 대신 조세감면 및 주택기금 융자 등 인센티브가 부여되는 민간임대주택(전용면적 85㎡ 이하 주거용 오피스텔은 제외)을 말한다. 2013. 4. 1. 부동산대책에 따라 「임대주택법」에 신설된 개념이며, 2013. 12. 5.부터 시행[1]되었다. 준공공임대주택은 대상 주택을 신규매입 임대주택으로 제한하여 주택구입을 촉진하고, 또한 동시에 현재 운용되고 있는 공공임대주택과 마찬가지로 최초의 임대료를 주변지역의 임대료 이하로 하는[2] 제한을 두어 전월세 시장의 안정까지 고려한다는 점에서 민간의 공급능력을 유인하여 임대주택을 확대하려는 취지로 도입되었으며, 이에 따라 준공공임대주택 공급을 활성화하기 위하여 세제혜택을 부여하는 데 본 제도의 취지가 있다.

한편, 2018. 1. 16. 「민간임대주택에 관한 특별법」 개정시 부칙에 따라 '기업형임대주택'을 '공공지원민간임대주택'으로, '준공공임대주택'을 '장기일반민간임대주택'으로 변경하였는데, 이에 따라 2018. 1. 16. 조특법 개정시 위 특별법에 따라 개정된 용어를 반영하였다.

2020년말 조특법 개정시 「민간임대주택에 관한 특별법」 개정에 따라 양도소득세 과세특례 적용 대상이 되는 장기일반민간임대주택 등에서 2020년 7월 11일 이후 매입임대주택으로 등록 신청한 아파트나 장기임대주택으로 변경 신고한 주택은 제외하고, 장기보유 특별공제액

---

1) 임대주택법 제2조【정의】이 법에서 사용하는 용어의 뜻은 다음과 같다.
   3의3. "준공공임대주택"이란 매입임대주택으로서 국가, 지방자치단체, 한국토지주택공사 또는 지방공사 외의 임대사업자가 10년 이상 계속하여 임대하는 전용면적 85제곱미터 이하의 주택을 말한다.
   제5조의2【준공공임대주택에 대한 지원】국토교통부장관은 임대사업자가 준공공임대주택을 개량하는 경우 이를 위한 비용의 전부 또는 일부를 「주택법」 제60조에 따른 국민주택기금에서 융자 지원할 수 있다.
2) 임대주택법 시행령 제21조 ⑦ 준공공임대주택의 최초의 임대보증금 및 임대료는 해당 준공공임대주택과 규모, 생활여건 등이 비슷한 주변지역 주택의 임대료를 고려하여 정한다. 이 경우 국토교통부령으로 정하는 금액을 초과할 수 없다.

계산 시 적용되는 소득은 해당 주택을 임대한 기간에 발생한 것에 한정됨을 명확히 하는 한편, 적용기한을 2년 단축하여 2020년 12월 31일까지 등록한 장기일반민간임대주택 등에 대하여 적용하되, 「민간임대주택에 관한 특별법」 제2조 제2호에 따른 민간건설임대주택에 대하여는 적용기한을 2022년 12월 31일까지로 하여 장기일반민간임대주택 등에 대한 양도소득세 과세특례제도를 합리화하였다. 또한 2022. 12. 31. 조특법 개정시에는 임대차시장 안정화를 위하여 적용기한을 2024. 12. 31.까지로 2년 추가 연장하였다.

2 | 요 건

2-1. 대상자 및 등록기한

국내에 주소를 두거나 183일 이상의 거소(居所)를 둔 개인(거주자[3]))이 민간건설임대주택으로서 민간임대주택 또는 장기일반민간임대주택을 2024년 12월 31일까지 등록하여야 한다(조특법 §97의3①, 조특령 §97의3①).

2-2. 임대주택의 범위

위 거주자가 공공지원민간임대주택[4]) 또는 장기일반민간임대주택("장기일반민간임대주택등")을 등록[(2020년 7월 11일 이후 장기일반민간임대주택으로 등록 신청한 경우로서 아파트를 임대하는 민간매입임대주택이나 단기민간임대주택[5])을 2020년 7월 11일 이후 공공지원민간임대주택 또는 장기일반민간임대주택으로 변경 신고한 주택은 제외)]하고 다음의 요건을 모두 충족하여야 한다(조특법 §97의3①, 조특령 §97의3② · ③).

① 장기일반민간임대주택등으로 10년 이상 계속하여 등록하고, 그 등록한 기간 동안 통산하여 10년 이상 임대한 후 양도하는 경우

이 경우 재건축사업, 재개발사업 또는 소규모주택정비사업으로 인하여 임대할 수 없는 경우에는 해당 주택의 관리처분계획(소규모주택정비사업의 경우에는 사업시행계획) 인가일 전 6개월부터 준공일 후 6개월까지의 기간 동안 계속하여 임대한 것으로 보되, 임대기간 계산 시에는 실제 임대기간만 포함한다.

② 다음의 임대보증금 또는 임대료 증액 제한 요건 등을 준수하는 경우

---

3) 「소득세법」 제1조의2 제1항 제1호
4) 「민간임대주택에 관한 특별법」 제2조 제4호
5) 「민간임대주택에 관한 특별법」(법률 제17482호로 개정되기 전의 것) 제2조 제6호

㉠ 임대보증금 또는 임대료의 연 증가율이 100분의 5를 초과하지 아니할 것
㉡ 국민주택규모 이하의 주택(해당 주택이 다가구주택일 경우에는 가구당 전용면적을 기준으로 한다)
㉢ 장기일반민간임대주택등의 임대개시일부터 8년 이상 임대할 것
㉣ 장기일반민간임대주택등 및 이에 부수되는 토지의 기준시가의 합계액이 해당 주택의 임대개시일 당시 6억원(수도권 밖의 지역인 경우에는 3억원)을 초과하지 아니할 것

장기일반민간임대주택등의 임대기간의 계산에 관하여는 조특령 제97조 제5항 제1호·제3호 및 제5호를 준용한다. 이 경우 사업자등록과 임대사업자등록을 하고 장기일반민간임대주택등으로 등록하여 임대하는 날부터 임대를 개시한 것으로 보며, 단기민간임대주택[6]을 장기일반민간임대주택등으로 변경 신고한 경우에는 변경신고의 수리일(변경신고 이후 임대가 개시되는 주택은 임대차계약서상의 실제 임대개시일)[7]부터 임대를 개시한 것으로 본다(조특령 §97의3④).

3 | 과세특례의 내용

장기일반민간임대주택등을 양도함으로써 발생하는 임대기간 중 발생하는 소득에 대해서 장기보유 특별공제액[8]을 계산할 때 50%의 공제율을 적용한다. 다만, 장기일반민간임대주택등을 10년 이상 계속하여 임대한 후 양도하는 경우에는 70%의 공제율을 적용한다(조특법 §97의3①). 이 경우 임대기간 중에 발생한 양도차익에 한정하여 적용하며, 임대기간 중 양도차익은 기준시가를 기준으로 산정한다(조특령 §97의3⑤).

4 | 중복적용의 배제

본조에 따른 과세특례는 장기임대주택[9]에 대한 양도소득세의 과세특례와 중복하여 적용하지 아니한다(조특법 §97의3②).

---

6) 「민간임대주택에 관한 특별법」 제5조 제3항, 같은 법 제2조 제6호
7) 「민간임대주택에 관한 특별법 시행령」 제34조 제1항 제3호
8) 「소득세법」 제95조 제1항
9) 조특법 제97조의4

5 │ 절 차

　　본 과세특례 적용의 신청을 하려는 자는 해당 장기일반민간임대주택등의 양도소득 과세표준 예정신고 또는 과세표준확정신고와 함께 과세특례적용신청서를 납세지 관할 세무서장에게 제출하여야 한다[10](조특법 §97의3③, 조특령 §97의3⑥).

6 │ 관련사례

구 분	내 용
공동사업자가 1호의 임대주택을 등록한 경우 조특법상 양도세 과세특례 적용이 가능한지 여부	「조세특례제한법」 제97조의3에 따른 장기일반민간임대주택에 대한 양도소득세 과세특례는 「소득세법」 제1조의2 제1항 제1호에 따른 거주자가 「조세특례제한법」 제97조의3 제1항 각 호의 요건을 모두 충족하는 경우에 적용되는 것임. 2인 이상이 공동으로 소유하는 주택의 경우 공동 명의로 1호 이상의 주택을 임대등록하고 각각의 공동사업자가 「조세특례제한법」 제97조의3 제1항 각 호의 요건을 모두 충족한 경우 소유한 지분의 양도로 인해 발생하는 양도차익은 「조세특례제한법」 제97조의3에 따른 양도소득세 과세특례가 적용되는 것임(기획재정부 재산세제과 −766, 2020. 9. 3.).

---

10) 절차 등에 관하여는 조특령 제97조 제3항·제4항 및 제6항을 준용한다.

7 | 주요 개정연혁

1. 민간건설임대주택에 대한 양도소득세 장기보유특별공제 특례 적용기한 연장
   (조특법 §97의3)

(1) 개정내용

종 전	개 정
□ 민간건설임대주택*에 대한 양도소득세 과세특례	□ 적용기한 연장
* 민간임대주택임에도 불구하고 의무임대기간 등 공공성을 갖는 건설임대주택	

○ (요건) ❶ & ❷
   ❶ 임대기간 10년 이상
   ❷ 임대보증금·임대료 증가율 5% 이하 등
	○ (좌 동)

○ (지원내용) 임대기간 중 발생한 양도소득에 장기보유특별공제율 70% 적용	
○ (적용기한) 2022. 12. 31.까지 등록분	○ 2024. 12. 31.까지 등록분

(2) 개정이유

○ 임대차 시장 안정 지원

2. 장기일반민간임대주택에 대한 양도소득세 특례 관련 민간임대특별법 개정 반영 및
   일몰 단축 등(조특법 §97의3, 조특령 §97의3)

(1) 개정내용

종 전	개 정
□ 장기일반민간임대주택 관련 양도소득세 특례 ❶ (요건) 전용면적 85㎡ 이하, 8년 이상 임대, 임대료 상한 5%, 기준시가 6억원 이하* 　　* 수도권 外 지역은 3억원 이하	○ (좌 동)
❷ (특례) 장기보유특별공제율 50% 적용(10년 이상 임대 70%)	○ 임대기간에 한정(기준시가 기준)하여 특례가 적용됨을 명시
❸ 대상 임대주택 유형 　- 공공지원 민간임대주택 　　* 주택도시기금 등 공공지원을 제공 요건으로 추가 공적의무 수행이 요구되는 임대주택 　- 장기일반민간임대주택	○ 폐지되는 임대등록 유형 제외 　❶ (좌 동) 　❷ 아파트 매입임대주택 제외
❹ (적용기한) 2022. 12. 31.	○ 매입임대주택에 한하여 2020. 12. 31.로 일몰 단축 　* 건설임대주택은 현행 일몰 유지

(2) 개정이유

　○ 임대주택 특례 제도 정비 및 관련 조문 명확화

(3) 적용시기 및 적용례

　○ 2020. 7. 11. 이후 민간임대주택법에 따라 등록하거나 단기를 장기로 전환하는 분부터 적용

제97조의4

장기임대주택에 대한 양도소득세의 과세특례

1 의 의

본 제도는 민간 임대사업자를 지원하여 임대주택 공급을 유도하고 서민 주거비 부담을 완화하려는 데 취지가 있으며, 2014. 1. 1. 법 개정시 신설되어 2014. 1. 1. 이후 양도하는 분부터 적용되었다.

2 요 건

거주자 또는 비거주자가 「민간임대주택에 관한 특별법」 제2조 제2호에 따른 민간건설임대주택, 같은 법 제2조 제3호에 따른 민간매입임대주택, 「공공주택 특별법」 제2조 제1호의2에 따른 공공건설임대주택 또는 같은 법 제2조 제1호의3에 따른 공공매입임대주택으로서 「소득세법 시행령」 제167조의3 제1항 제2호 가목 및 다목에 따른 장기임대주택(「소득세법」 제1조의2 제1항 제2호에 따른 비거주자가 소유한 주택을 포함한다)을 6년 이상 임대한 후 양도하여야 한다. 장기임대주택의 임대기간의 계산에 관하여는 조특령 제97조 제5항 제1호·제3호 및 제5호를 준용한다. 이 경우 「소득세법」 제168조에 따른 사업자등록과 「민간임대주택에 관한 특별법」 제5조에 따른 임대사업자등록을 하거나, 「공공주택 특별법」 제4조에 따른 공공주택사업자로 지정되어 임대하는 날부터 임대를 개시한 것으로 본다.

3 과세특례의 내용

해당 매입임대주택을 양도함으로써 발생하는 소득에 대해서는 「소득세법」 제95조 제1항에 따른 장기보유 특별공제액[1])을 계산할 때 같은 조 제2항에 따른 보유기간별 공제율(연 3%,

---

1) 조심 2015광5064(2017. 5. 1.) : 청구인은 2003. 3. 3. 「임대주택법」에 따라 임대사업자로 등록한 후 2003. 9. 30.

최대 30%)에 해당 주택의 임대기간에 따라 다음 표에 따른 추가공제율을 더한 공제율을 적용한다. 다만, 같은 항 단서에 해당하는 경우에는 그러하지 아니하다.

임대기간	추가공제율	총(최종) 공제율
6년 이상 7년 미만	2%	20%
7년 이상 8년 미만	4%	25%
8년 이상 9년 미만	6%	30%
9년 이상 10년 미만	8%	35%
10년 이상	10%	40%

4 절차

과세특례의 적용신청을 하려는 자는 해당 장기임대주택의 양도소득 과세표준예정신고 또는 과세표준확정신고와 함께 과세특례적용신청서를 납세지 관할 세무서장에게 제출하여야 한다. 이 경우 그 절차 등에 관하여는 조특령 제97조 제3항, 제4항 및 제6항을 준용한다.

주택임대업으로 사업자등록하여 2010. 2. 25. 부동산매매업을 추가등록한 자로, 2001년부터 취득한 주택을 임대하다가 2014년 다수의 아파트("쟁점아파트")를 양도하고 사업소득으로 하여 종합소득세를 신고하였다가 추후 쟁점아파트의 양도에 따른 소득이 양도소득에 해당하므로 관련 소득금액을 종합소득세 과세표준에서 제외하여 2014년 귀속 종합소득세를 경정청구하고 처분청이 이를 거부처분하여, 쟁점아파트의 양도에 따른 소득에 대하여 장기보유특별공제를 적용할 수 있는지 여부가 쟁점이 된 사안임. 이에 조세심판원은 조특법 제97조의4의 규정은 양도소득금액 계산시 장기보유특별공제를 적용할 때 추가공제율을 적용한다는 내용으로 문언상 양도소득세 과세대상 소득에 대하여 적용되는 과세특례로 해석되므로 「소득세법」 제95조 제2항에 따른 장기보유특별공제 및 조특법 제97조의4에 따른 추가공제는 양도소득에 해당하여야만 적용하여야 할 것이라고 판단하였고, 청구인은 수도권 이외 지역의 기준시가가 일정규모 이하의 국민주택규모에 해당하는 미분양 아파트를 취득하여 6년 이상 임대한 장기임대주택을 양도한 점, 2004~2006년에 취득한 쟁점아파트의 시세가 일정기간 이상 계속 전년수준을 유지하다 장기임대주택의 요건을 충족한 2010~2012년 사이에 상승률이 높았음에도 양도하지 아니하고 임대사업을 몇년 더 영위하다가 양도한 점, 청구인은 2010. 2. 25.에 사업자등록상 부동산매매업을 추가하였음에도 2014년을 제외한 나머지 과세기간에 대한 장기임대주택의 양도에 대하여는 양도소득으로 신고한 점, 청구인의 2014년 종합소득세 신고내역에는 장기임대주택의 임대소득과 쟁점아파트 양도에 따른 소득만 있고 다른 상가 등의 부동산 임대 또는 매매에 따른 소득이 나타나지 아니하는 점, 장기임대주택에 대한 양도소득세의 과세특례를 규정한 조특법 제97조의4의 입법취지는 임대주택 공급 확대 및 서민주거비 부담 완화를 위해 6년 이상 임대하고 양도한 소정의 장기임대주택을 세제측면에서 지원하기 위한 것인 점 등에 비추어, 쟁점아파트의 양도에 따른 소득이 부동산 판매목적의 부동산매매업이 아닌 부동산임대업의 사업용 자산을 매각하여 얻은 양도소득으로 보는 것이 합리적이라고 할 것이어 쟁점아파트의 양도에 따른 소득은 「소득세법」 제95조 제2항에 따른 장기보유특별공제 및 조특법 제97조의4에 따른 추가공제 적용대상이라고 결정하였다.

5 | 주요 개정연혁

1. 장기임대주택의 범위에 건설임대주택 포함(조특법 §97의4)

(1) 개정내용

종 전	개 정
□ 일반임대주택을 장기 임대 후 양도시 장기보유 특별공제율 　ㅇ 매입임대주택을 6년 이상 임대 후 양도시 장특공제(18~30%) 추가 공제(보유기간별 2%p ~10%p)	□ 적용대상 확대 　ㅇ 매입임대주택→매입임대주택 및 건설임대주택

(2) 개정이유
　ㅇ 임대주택 공급 활성화 지원

(3) 적용시기 및 적용례
　ㅇ 2016. 1. 1. 이후 양도하는 분부터 적용

2. 장기임대주택에 대한 양도세 과세특례 신설(조특법 §97의4, 조특령 §97의4 신설)

(1) 개정내용

종 전	개 정
⟨신 설⟩	**조특법 §97의4** □ 6년 이상 임대한 매입임대주택 양도시 임대기간에 따라 장기보유 특별공제율 확대 적용 ○ (과세특례) 일반 장기보유 특별공제율(연 3%, 최대 30%)에 임대기간에 따라 다음의 공제율 가산

임대기간	추가공제율
6년 이상 7년 미만	2%
7년 이상 8년 미만	4%
8년 이상 9년 미만	6%
9년 이상 10년 미만	8%
10년 이상	10%

종 전	개 정

⟨신 설⟩	**조특령 §97의4**
	
	□ 장기임대주택의 요건
	  ○ 「소득세법」에 따른 사업자등록과 「임대주택법」에 따른 임대사업자등록을 한 임대사업자가 임대주택으로 등록하여 임대할 것
	  ○ 해당 주택·부수토지의 기준시가 합계액이 해당 주택의 임대개시일 당시 6억원(수도권 밖 3억원)을 초과하지 아니할 것

⟨신 설⟩	□ 임대기간 계산 방법
	  ○ 「소득세법」에 따른 사업자등록과 「임대주택법」에 따른 임대사업자등록을 한 후 임대를 개시한 날부터 기산
	  ○ 피상속인의 임대기간을 상속인의 임대기간에 합산
	  ○ 기존 임차인의 퇴거일부터 다음 임차인의 입주일까지의 기간으로서 3개월 이내의 기간은 임대기간에 산입

(2) 개정이유
○ 임대주택 활성화 및 서민 주거안정 지원

(3) 적용시기 및 적용례
○ 2014. 1. 1. 이후 양도하는 분부터 적용

장기일반민간임대주택등에 대한 양도소득세 감면

1 │ 의 의

2013. 12월 도입된 준공공임대주택은 매입임대주택의 한 종류로서 임대료 결정 등에 규제를 받는 대신 조세감면, 주택기금 융자 등 인센티브가 부여되는 민간임대주택[1]을 말한다. 준공공임대주택은 임대의무기간이 8년으로 길고, 계약을 갱신할 때 임대료 인상률이 5%로 제한된다.

서민 주거생활 안정을 위해 준공공임대주택에 대한 세제지원을 강화하려는 목적으로 2014. 12. 23. 조특법 개정시 본 양도소득세 감면제도가 신설되었고 2015. 1. 1. 이후 취득하는 분부터 적용되었다.

준공공임대주택은 일반 임대주택에 비하여 재산세와 양도소득세가 추가로 감면되며 주택 매입 및 개량자금을 주택기금에서 저리로 융자가 가능하다.

│ 일반임대주택과 준공공임대주택의 조세감면 비교 │

구분		40㎡ 이하	40~60㎡	60~85㎡	85~149㎡	비 고
재산세	일 반	면제	50% 감면	25% 감면	–	2가구 이상 5년 이상 임대
	준공공	면제	75% 감면	50% 감면	–	6년 이상 임대 (준공공임대주택은 8년 이상 임대)
양도 소득세	일 반	장기보유특별공제 10~40%(보유기간별로 차등)				
	준공공	장기보유특별공제 60%				

한편, 2018. 1. 16. 「민간임대주택에 관한 특별법」 개정시 부칙에 따라 '기업형임대주택'을 '공공지원민간임대주택'으로, '준공공임대주택'을 '장기일반민간임대주택'으로 변경하였는데, 이에 따라 2018. 1. 16. 조특법 개정시 위 특별법에 따라 개정된 용어를 반영하였다.

---

1) 전용면적 85제곱미터 이하만 해당

2 │요 건

거주자가 다음의 요건을 모두 갖춘 공공지원민간임대주택 또는 장기일반민간임대주택("장기일반민간임대주택등")을 양도하여야 한다(조특법 §97의5①).

① 2018. 12. 31.까지 민간매입임대주택 및 공공매입임대주택을 취득(2018. 12. 31.까지 매매계약을 체결하고 계약금을 납부한 경우를 포함한다)할 것

② 취득일로부터 3개월 이내에 장기일반민간임대주택등으로 등록할 것

③ 장기일반민간임대주택등으로 10년 이상 계속하여 등록하고, 그 등록한 기간 동안 계속하여 10년 이상 임대한 후 양도할 것(조특령 §97의5①).

이 경우, 다음의 경우에는 해당 기간 동안 계속하여 임대한 것으로 본다.

㉮ 기존 임차인의 퇴거일부터 다음 임차인의 주민등록을 이전하는 날까지의 기간으로서 6개월 이내의 기간

㉯ 협의매수 또는 수용되어 임대할 수 없는 경우의 해당 기간

㉰ 재건축사업, 재개발사업 또는 소규모주택정비사업의 사유로 임대할 수 없는 경우에는 해당 주택의 관리처분계획(소규모주택정비사업의 경우에는 사업시행계획) 인가일 전 6개월부터 준공일 후 6개월까지의 기간

장기일반민간임대주택등의 임대기간의 계산에 관하여는 조특령 제97조 제5항 제1호 및 제3호를 준용한다. 이 경우 사업자등록과 「민간임대주택에 관한 특별법」 제5조에 따른 임대사업자등록을 하고 장기일반민간임대주택등으로 등록하여 임대하는 날부터 임대를 개시한 것으로 본다(조특령 §97의5③).

④ 임대기간 중 다음의 임대보증금 또는 임대료 증액 제한 요건 등(조특법 §97의3① 2호의 요건)을 준수할 것

㉮ 임대보증금 또는 임대료의 연 증가율이 100분의 5를 초과하지 아니할 것

㉯ 국민주택규모 이하의 주택(해당 주택이 다가구주택일 경우에는 가구당 전용면적을 기준으로 한다)일 것

㉰ 장기일반민간임대주택등의 임대개시일부터 8년 이상 임대할 것

㉱ 장기일반민간임대주택등 및 이에 부수되는 토지의 기준시가의 합계액이 해당 주택의 임대개시일 당시 6억원(수도권 밖의 지역인 경우에는 3억원)을 초과하지 아니할 것

3 | 과세특례의 내용

장기일반민간임대주택등을 양도하는 경우에는 임대기간 중 발생한 다음의 양도소득에 대한 양도소득세의 100%를 감면한다. 이 경우 새로운 기준시가가 고시되기 전에 취득 또는 양도하거나 임대기간의 마지막 날이 도래하는 경우에는 직전의 기준시가를 적용하여 계산한다(조특법 §97의5①, 조특령 §97의5②).

$$\text{「소득세법」 제95조 제1항에 따른 양도소득금액} \times \frac{\text{임대기간의 마지막 날의 기준시가} - \text{취득 당시 기준시가}}{\text{양도 당시 기준시가} - \text{취득 당시 기준시가}}$$

4 | 중복적용의 배제

본 세액감면은 조특법 제97조의3의 장기일반민간임대주택등에 대한 양도소득세의 과세특례(장기보유 특별공제액 계산시 60% 공제율 적용) 및 조특법 제97조의4의 장기임대주택에 대한 양도소득세의 과세특례(장기보유 특별공제액 계산시 추가공제)와 중복하여 적용하지 아니한다(조특법 §97의5②).

5 | 절 차

세액감면을 적용받으려는 자는 해당 장기일반민간임대주택등의 양도소득 과세표준예정신고 또는 과세표준확정신고와 함께 세액감면신청서를 납세지 관할 세무서장에게 제출하여야 한다. 이 경우 그 절차 등에 관하여는 조특령 제97조 제3항, 제4항 및 제6항을 준용한다(조특법 §97의5③, 조특령 §97의5④).

제97조의6

임대주택 부동산투자회사의 현물출자자에 대한 과세특례 등

1 의 의

리츠(Real Estate Investment Trusts)는 다수의 투자자로부터 모은 자금을 부동산이나 부동산 관련 유가증권에 투자해 얻은 수익을 배당형식으로 되돌려주는 간접투자제도이다. 간접투자를 통해 소액 다수의 투자자를 모집하고, 투자자는 주식시장을 통해 사업기간에 비해 짧은 투자금 회수가 가능하여 임대주택 공급에 적합하다.

본 과세특례는 2014. 12. 23. 조특법 개정시 기업형 임대주택사업 육성을 위한 리츠를 지원하기 위해 신설되었고 2015. 1. 1. 이후 현물출자하는 분부터 적용되었다.

| 협약 및 리츠를 활용한 임대주택 공급구조 |

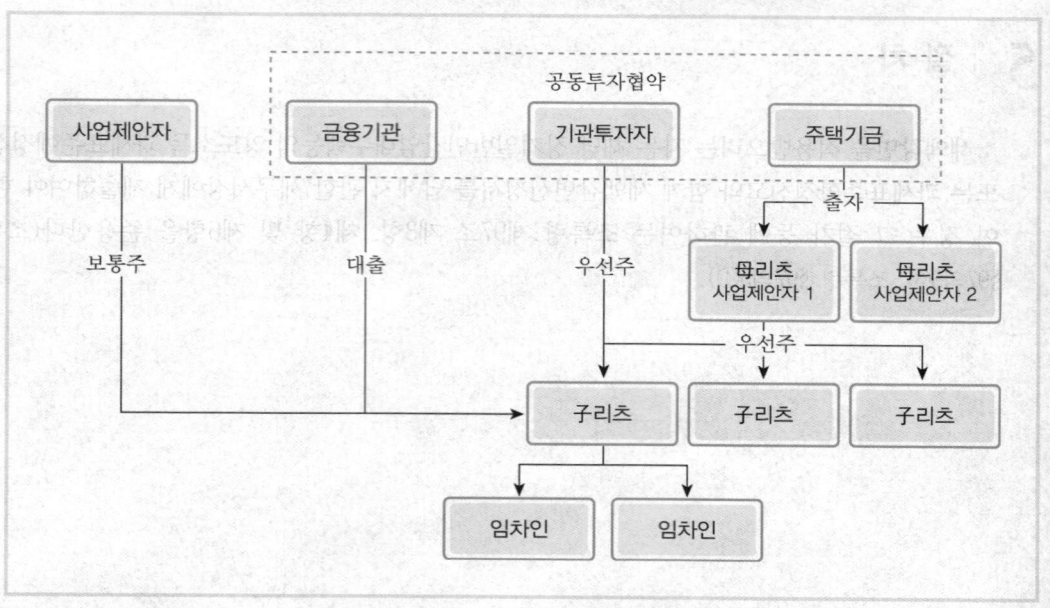

2 | 요 건

2-1. 임대주택 부동산투자회사

내국인이 「부동산투자회사법」 제14조의8 제3항 제2호의 주택임대사업에 투자하는 부동산투자회사로서 다음의 요건을 모두 갖춘 임대주택 부동산투자회사에 현물출자하여야 한다(조특령 §97의6①, 조특칙 §44의2).

① 보유하고 있는 건축물 연면적의 70% 이상을 건설임대주택 또는 매입임대주택으로 제공할 것

② 임대주택으로 제공하는 각 주택과 그에 부수되는 토지의 취득 당시 기준시가의 합계액이 6억원 이하일 것

③ 임대주택으로 제공하는 각 주택의 전용면적이 85제곱미터 이하일 것

2-2. 현물출자 및 출자시기

다음의 요건을 모두 갖추어 임대주택 부동산투자회사에 2017. 12. 31.까지 토지 또는 건물을 현물출자하여야 한다(조특법 §97의6①).

① 「부동산투자회사법」 제9조 제1항에 따른 영업인가(변경인가의 경우 당초 영업인가 이후 추가적인 현물출자로 인한 변경인가에 한정한다)일부터 1년 이내에 현물출자할 것

② 현물출자의 대가를 전액 주식으로 받을 것

현물출자를 2회 이상 하는 경우에는 각각을 독립된 현물출자로 보아 본 제도를 적용한다(조특령 §97의6⑤).

3 | 과세특례의 내용

내국인이 현물출자함으로써 발생하는 양도차익에 상당하는 다음의 금액(현물출자 후 임대주택용으로 사용되는 부분에서 발생하는 것에 한한다)에 대하여는 양도소득세의 납부 또는 법인세의 과세를 이연받을 수 있다(조특령 §97의6③).

① 거주자의 경우 : 양도소득 결정세액 × 거주자가 현물출자한 토지 또는 건물 중 임대주택용으로 사용되는 부분의 비율

양도소득 결정세액은 실지거래가액을 기준으로 계산한다(조특령 §97의6⑥).

② 내국법인의 경우 : (현물출자의 대가 - 현물출자한 자산의 장부가액) × 내국법인이 현물출자한 자산 중 임대주택용으로 사용되는 부분의 비율

현물출자의 대가는 현물출자한 자산의 시가를 기준으로 계산한다(조특령 §97의6⑥).

내국법인이 법인세의 과세를 이연받는 경우에는 ②의 금액을 현물출자일이 속하는 사업연도의 소득금액을 계산할 때 손금에 산입한다. 이 경우 손금에 산입하는 금액은 현물출자하는 자산의 개별 자산별로 계산하여야 하며, 손금에 산입하는 금액의 합계는 현물출자로 취득한 부동산투자회사 주식의 압축기장충당금으로 계상하여야 한다(조특령 §97의6④).

또한, 임대주택용으로 사용되는 부분은 다음의 어느 하나에 해당하는 부분을 말한다(조특령 §97의6②).

① 민간임대주택과 공공임대주택에 해당하는 주택(주거에 사용하는 오피스텔을 포함한다)
② ①에 따른 주택에 딸린 토지(건물이 정착된 면적에 지역별로 다음에서 정하는 배율을 곱하여 산정한 면적을 초과하는 경우 그 초과하는 부분의 토지는 제외한다)
  ㉮ 도시지역의 토지 : 5배
  ㉯ 그 밖의 토지 : 10배

4 │ 사후관리

4-1. 감면세액의 납부 및 익금산입

과세특례를 적용받은 내국인이 다음의 어느 하나에 해당하게 되는 경우에는 대통령령으로 정하는 바에 따라 거주자의 경우에는 해당 사유 발생일이 속하는 달의 말일부터 2개월 이내(④의 증여의 경우 3개월 이내, 상속의 경우 6개월 이내)에 이연받은 양도소득세액을 납부하여야 하고, 내국법인의 경우에는 해당 사유가 발생한 사업연도의 소득금액을 계산할 때 과세이연받은 금액을 익금에 산입하여야 한다(조특법 §97의6②).

① 현물출자의 대가로 받은 주식의 일부 또는 전부를 처분하는 경우(④에 따라 거주자가 증여하거나 거주자의 사망으로 상속이 이루어지는 경우는 제외한다)
② 현물출자받은 임대주택 부동산투자회사가 「부동산투자회사법」 제44조에 따라 해산하는 경우(다만, 「부동산투자회사법」 제43조에 따른 합병으로서 「법인세법」 제44조 제2항 각 호의 요건을 모두 갖춘 합병인 경우는 제외한다. 이 경우 합병법인을 당초에 현물출자받은 임대주택 부동산투자회사로 보아 본 제도를 적용한다)
③ 매분기말 2분기 연속하여 2-1.의 임대주택 부동산투자회사 요건을 갖추지 못한 경우

④ 과세특례를 적용받은 거주자가 현물출자의 대가로 받은 주식의 일부 또는 전부를 증여하거나 거주자의 사망으로 해당 주식에 대한 상속이 이루어지는 경우

이 경우 납부대상 양도소득세액과 익금산입 대상 금액 계산방법은 다음과 같다(조특령 §97의6⑦).

① 거주자의 경우 : 다음에 따라 계산한 금액을 양도소득세액으로 납부한다.

㉮ 현물출자의 대가로 받은 주식의 일부 또는 전부를 처분하는 경우 또는 과세특례를 적용받은 거주자가 현물출자의 대가로 받은 주식의 일부 또는 전부를 증여하거나 거주자의 사망으로 해당 주식에 대한 상속이 이루어지는 경우

ⓐ 주식처분비율*을 누적한 값이 50% 미만인 경우 : 납부이연받은 양도소득세액 × 주식처분비율

　*현물출자의 대가로 받은 주식 중 처분한 주식 수 ÷ 현물출자의 대가로 받은 주식 수 (현물출자 외의 방법으로 취득한 주식을 처분하는 경우 현물출자의 대가로 받은 주식을 먼저 처분한 것으로 본다. 이하 "주식처분비율")

ⓑ 주식처분비율을 누적한 값이 50% 이상인 경우 : 납부이연받은 양도소득세액 전액(ⓐ에 따라 이미 납부한 세액이 있는 경우에는 해당 금액을 제외한다)

㉯ 임대주택 부동산투자회사의 해산 또는 2분기 연속 요건 미충족의 경우
납부이연받은 양도소득세액 전액(ⓐ에 따라 이미 납부한 세액이 있는 경우에는 해당 금액을 제외한다)

② 내국법인의 경우 : 다음에 따라 계산한 금액을 익금에 산입한다.

㉮ 현물출자의 대가로 받은 주식의 일부 또는 전부를 처분하는 경우

ⓐ 해당 연도의 주식처분비율을 누적한 값이 50% 미만인 경우 : 현물출자별로 계상된 압축기장충당금 × 해당 연도 주식처분비율

ⓑ 해당 연도 주식처분비율을 누적한 값이 50% 이상인 경우 : 압축기장충당금 전액(ⓐ에 따라 이미 익금에 산입한 금액이 있는 경우에는 해당 금액을 제외한다)

㉯ 임대주택 부동산투자회사의 해산 또는 2분기 연속 요건 미충족의 경우
압축기장충당금 전액(ⓐ에 따라 이미 익금에 산입한 금액이 있는 경우에는 해당 금액을 제외한다)

4-2. 이자상당액 가산

내국인이 납부를 이연받은 양도소득세액 또는 과세를 이연받은 법인세액을 다음의 어느 하나에 해당하여 납부하는 경우에는 이자상당가산액을 양도소득세 또는 법인세에 더하여 납부하여야 하며, 해당세액은 납부하여야 할 세액으로 본다(조특법 §97의6③).

① 현물출자받은 임대주택 부동산투자회사가 「부동산투자회사법」 제42조에 따른 영업인가 취소로 인해 「부동산투자회사법」 제44조에 따라 해산하는 경우

② 매분기말 2분기 연속하여 2-1.의 임대주택 부동산투자회사 요건을 갖추지 못한 경우

이 경우 이자상당액은 다음에 따라 계산한 금액으로 한다(조특령 §97의6⑧).

① 거주자

이자상당가산액 = 납부하여야 할 양도소득세 납부이연금액 × 미납기간 × (25/100,000)

* 미납기간 : 현물출자한 토지등에 대한 양도소득세 예정신고 납부기한의 다음 날부터 임대주택 부동산투자회사의 해산 또는 2분기 연속 요건 미충족에 따른 세액의 납부일까지의 기간

② 내국법인

이자상당가산액 = 익금에 산입하는 금액을 조특령 제97조의6 제4항에 따라 손금산입하여 발생한 법인세액의 차액 × 미납기간 × (25/100,000)

* 미납기간 : 현물출자일이 속하는 사업연도 종료일의 다음 날부터 임대주택 부동산투자회사의 해산 또는 2분기 연속 요건 미충족에 따라 압축기장충당금액을 익금에 산입하는 사업연도의 종료일까지의 기간

5 | 절 차

본 과세특례를 적용받으려는 자는 내국인은 과세표준 신고와 함께 현물출자명세서 및 현물출자 과세특례신청서를 납세지 관할 세무서장에게 제출하여야 한다. 이 경우 임대주택 부동산투자회사도 현물출자 과세특례신청서를 제출하여야 한다(조특령 §97의6⑨).

내국인이 본 과세특례를 적용받는 경우 임대주택 부동산투자회사는 매분기의 마지막 날까지 주주명부와 투자결과보고서를 납세지 관할 세무서장에게 제출하여야 한다(조특령 §97의6⑩).

제 97 조의 7

임대사업자에게 양도한 토지에 대한 과세특례

1 | 의 의

정부는 2015. 1. 13. 서민 · 저소득층뿐만 아닌 중산층 임차가구의 주거안정성을 제고하고, 현재 공공부문이 중심이 되고 있는 임대주택 공급 주체를 다양화하여 등록 임대주택의 비중을 확대하며 임대관리업의 선진화를 유도하기 위해 '기업형주택임대사업 육성방안'을 발표하였으며, 그에 포함된 기업형임대사업자에 대한 세제지원 방안을 입법화하는 내용 중의 하나로 2015. 12. 15. 조특법 개정시 본 제도가 신설되었다.

본 과세특례는 개인이 기업형임대사업자에게 토지를 양도하여 발생하는 소득에 대해서 2018년까지 3년간 한시적으로 양도소득세를 10% 감면하는 것을 내용으로 하고, 건물은 감면대상에서 제외하며, 양도소득세 감면한도는 적용되지 않는다. 본 과세특례는 2016. 1. 1. 이후 양도하는 분부터 적용된다.

한편, 2018. 1. 16. 민간임대주택에 관한 특별법 개정시 부칙에 따라 '기업형임대사업자'를 '공공지원민간임대주택을 300호 이상 건설하려는 민간임대주택에 관한 특별법 제2조 제7호에 따른 임대사업자'로 변경하였는데, 이에 따라 2018. 1. 16. 조특법 개정시 위 특별법에 따라 개정된 용어를 반영하였다.

2 | 요 건

2-1. 거주자가 개인소유 토지를 양도할 것

거주자가 개인소유 토지를 2018. 12. 31.까지 양도하여야 한다(조특법 §97의7①). 동 제도는 토지를 양도할 경우에만 적용되며, 토지와 건물을 함께 양도하는 경우 건물의 양도소득금액은 감면대상에서 제외한다.

2-2. 임대사업자에게 양도할 것

거주자가 공공지원민간임대주택을 300호 이상 건설하려는 임대사업자[1]에게 2018. 12. 31.까지 개인소유 토지를 양도하여야 한다(조특법 §97의7①).

3 │ 과세특례의 내용

거주자가 토지를 양도함으로써 발생하는 소득에 대해서 양도소득세의 100분의 10에 상당하는 세액을 감면한다(조특법 §97의7①). 토지와 건물을 함께 양도하는 경우 건물의 양도소득금액은 감면대상에서 제외되며, 동 과세특례를 적용받으려는 자가 토지와 건물 등을 함께 양도하는 경우 토지와 건물 등의 양도가액 또는 취득가액의 구분이 불분명할 때에는 「소득세법 시행령」 제166조 제6항을 준용하여 안분계산한다(조특령 §97의7①).

4 │ 사후관리

4-1. 감면세액의 납부

임대사업자가 다음의 사유에 해당하는 경우에는 동 과세특례에 따라 감면된 세액에 상당하는 금액을 그 사유가 발생한 과세연도의 과세표준을 신고할 때 소득세 또는 법인세로 납부하여야 한다(조특법 §97의7③, 조특령 §97의7③~⑤).

① 「민간임대주택에 관한 특별법」 제23조에 따라 공공지원민간임대주택 개발사업의 시행자로 지정받은 자인 경우 : 토지 양도일로부터 3년 이내에 해당 토지가 「민간임대주택에 관한 특별법」 제22조에 따른 공급촉진지구로 지정을 받지 못하거나, 공급촉진지구로 지정을 받았으나 공급촉진지구 지정일부터 6년 이내에 공급촉진지구 내 유상공급면적의 100분의 50 이상을 공공지원민간임대주택으로 건설하여 취득하지 아니하는 경우

---

1) 민간임대주택에 관한 특별법 제2조 【정의】

  5. "장기일반민간임대주택"이란 임대사업자가 공공지원민간임대주택이 아닌 주택을 8년 이상 임대할 목적으로 취득하여 임대하는 민간임대주택을 말한다.

  7. "임대사업자"란 「공공주택 특별법」 제4조 제1항에 따른 공공주택사업자(이하 "공공주택사업자"라 한다)가 아닌 자로서 1호 이상의 민간임대주택을 취득하여 임대하는 사업을 할 목적으로 제5조에 따라 등록한 자를 말한다.

② 그 외 임대사업자의 경우 : 토지 양도일부터 3년 이내에 해당 토지에 공공지원민간임대주택 건설을 위한 「주택법」 제15조에 따른 사업계획승인 또는 「건축법」 제11조에 따른 건축허가("사업계획승인등")를 받지 못하거나 사업계획승인등을 받았으나 사업계획 승인일부터 6년 이내에 사업부지 내 전체 건축물 연면적 대비 공공지원민간 임대주택 연면적의 비율이 100분의 50 이상이 되지 아니하는 경우

4-2. 이자상당액 가산

거주자가 감면받은 세액을 위 4-1.의 경우에 따라 납부하는 경우에는 이자상당가산액을 소득세 또는 법인세에 가산하여 납부하여야 하며 해당 세액은 납부하여야 할 세액으로 본다(조특법 §97의7④, §33의2④).

이 경우 이자상당액은 납부하여야 할 세액에 다음 ①에 따른 기간과 ②에 따른 율을 곱하여 계산한 금액으로 한다(조특법 §97의7④, §63③, 조특령 §30의2⑥).

① 감면을 받은 과세연도의 종료일 다음 날부터 위 4-1.의 어느 하나에 해당하는 사유가 발생한 과세연도의 종료일까지의 기간

② 1일 10만분의 25

5 │ 절 차

본 과세특례를 적용받으려는 자는 해당 토지의 양도소득 과세표준예정신고 또는 과세표준 확정신고와 함께 세액감면신청서에 토지를 양수하는 자가 「민간임대주택에 관한 특별법」 제2조 제7호에 따른 임대사업자로서 같은 조 제4호에 따른 공공지원민간임대주택 또는 같은 조 제5호에 따른 장기일반민간임대주택을 300호 또는 300세대 이상 취득하였거나 취득하려는 자임을 증빙할 수 있는 서류를 첨부하여 납세지 관할 세무서장에게 제출하여야 한다(조특령 §97의7②).

제 97 조의 8

공모부동산투자회사의 현물출자자에 대한 과세특례

1 | 의 의

본조는 공모부동산투자회사의 활성화를 지원하기 위하여 2016년 12월 20일 조특법 개정시 도입된 제도로 2017년 1월 1일 이후 내국법인이 공모부동산투자회사에 현물출자하는 분부터 적용한다.

2 | 요 건

내국법인이 영업인가[1] (변경인가의 경우 당초 영업인가 이후 추가적인 현물출자로 인한 변경인가에 한정한다) 일부터 1년 이내에 공모부동산투자회사[2]에 토지 또는 건물[3]을 2022년 12월 31일까지 현물출자 하여야 한다(조특법 §97의8①).

3 | 과세특례의 내용

내국법인이 현물출자함으로써 발생하는 양도차익에 상당하는 금액을 해당 사업연도의 소득금액을 계산할 때 손금에 산입하여 그 내국법인이 현물출자로 취득한 주식을 처분할 때까지 과세를 이연받을 수 있다(조특법 §97의8①).

(1) 손금 산입

본조에 따라 현물출자함으로써 발생하는 양도차익에 상당하는 금액에 대하여 과세를 이연받으려는 내국법인은 다음의 계산식에 따라 계산한 금액을 현물출자일이 속하는

---

1) 「부동산투자회사법」 제9조 제1항
2) 「부동산투자회사법」 제49조의3 제1항
3) 「소득세법」 제94조 제1항 제1호

사업연도의 소득금액을 계산할 때 손금에 산입한다. 이 경우 손금에 산입하는 금액은 현물출자하는 개별 자산별로 계산하여야 하며, 손금에 산입하는 금액의 합계는 현물출자로 취득한 공모부동산투자회사 주식의 압축기장충당금으로 계상하여야 한다(조특령 §97의8①).

> 현물출자로 취득하는 주식의 가액 - 현물출자한 자산의 장부가액

(2) 2회 이상 현물출자

현물출자를 2회 이상 하는 경우에는 각각을 독립된 현물출자로 보아 본조를 적용한다(조특령 §97의8②).

(3) 현물출자로 취득하는 주식의 가액

본조를 적용할 때 현물출자로 취득하는 주식의 가액은 현물출자한 자산의 시가[4]로 한다(조특령 §97의8③).

4 │ 사후관리(과세를 이연받은 양도차익의 익금산입 방법 등)

(1) 익금 산입 사유

본조를 적용받은 내국법인이 다음의 어느 하나에 해당하게 되는 경우에는 해당사유가 발생한 사업연도의 소득금액을 계산할 때 과세이연받은 금액을 익금에 산입하여야 한다(조특법 §97의8②).

(가) 현물출자의 대가로 받은 주식을 처분하는 경우

(나) 현물출자를 받은 공모부동산투자회사가 해산[5]하는 경우. 다만, 합병[6]으로 해산하는 경우로서 적격합병[7]하는 경우는 제외하며, 해당 합병법인을 본조에 따라 현물출자를 받은 공모부동산투자회사로 보아 이 조를 적용한다.

(2) 익금 산입 방법

과세이연받은 소득금액을 익금에 산입하는 경우에는 다음의 구분에 따른 금액을 익금에 산입하여야 한다(조특령 §97의8④).

---

4) 「법인세법」 제52조 제2항
5) 「부동산투자회사법」 제44조
6) 「부동산투자회사법」 제43조
7) 「법인세법」 제44조 제2항 각 호

(가) 현물출자의 대가로 받은 주식을 처분하는 경우8)로서 각 현물출자의 대가로 받은 주식 중 해당 사업연도에 처분한 주식 수를 현물출자의 대가로 받은 주식 수로 나눈 비율(먼저 취득한 주식을 먼저 처분한 것으로 보며, 현물출자 외의 방법으로 취득한 주식을 처분하는 경우 현물출자의 대가로 받은 주식을 먼저 처분한 것으로 본다. 이를 "해당연도주식처분비율"이라 한다)을 누적한 값이 100분의 50 미만인 경우 : 현물출자별로 계상된 압축기장충당금 × 해당연도주식처분비율

(나) 현물출자의 대가로 받은 주식을 처분하는 경우로서 각 현물출자의 대가로 받은 주식의 해당연도주식처분비율을 누적한 값이 100분의 50 이상인 경우 : 본조에 따라 계상한 압축기장충당금 전액[위 (가)에 따라 이미 익금에 산입한 금액이 있는 경우에는 해당 금액을 제외한다]

(다) 현물출자를 받은 공모부동산투자회사가 해산하는 경우9) : 본조에 따라 계상한 압축기장충당금 전액[위(가)에 따라 이미 익금에 산입한 금액이 있는 경우에는 해당 금액을 제외한다]

(3) 이자상당가산액

내국법인이 과세를 이연받은 법인세액을 현물출자를 받은 공모부동산투자회사가 해산(영업인가 취소로 인한 해산으로 한정한다)10)하여 납부하는 경우에는 이자상당가산액을 법인세에 더하여 납부하여야 하며, 해당 세액은 납부하여야 할 세액11)으로 본다(조특법 §97의8③). 여기서 "이자상당가산액"이란 현물출자일이 속하는 사업연도에 익금에 산입하여야 할 금액을 익금에 산입하지 아니함에 따라 발생한 법인세액의 차액에 아래 (1)에 따른 기간과 (2)에 따른 율을 곱하여 계산한 금액을 말한다(조특령 §97의8⑤).

---

(1) 현물출자일이 속하는 사업연도의 종료일의 다음 날부터 익금에 산입하여야 할 금액을 익금에 산입하는 사업연도의 종료일까지의 기간
(2) 1일 10만분의 25

---

8) 조특법 제97조의8 제2항 제1호
9) 조특법 제97조의8 제2항 제2호
10) 「부동산투자회사법」 제42조
11) 「법인세법」 제64조

5 | 절 차

(1) 과세특례를 적용받으려는 내국법인은 과세표준 신고와 함께 현물출자명세서 및 현물출자 과세특례신청서를 납세지 관할 세무서장에게 제출하여야 한다(조특법 §97의8④, 조특령 §97의8⑥).

(2) 현물출자를 받은 공모부동산투자회사는 공모부동산투자회사의 현물출자자에 대한 과세특례의 적용을 위하여 필요한 서류를 제출하여야 한다(조특법 §97의8⑤). 한편, 내국법인이 본조에 따라 과세특례를 적용받는 경우 공모부동산투자회사는 매분기의 마지막 날까지 주주명부를 납세지 관할 세무서장에게 제출하여야 한다(조특령 §97의8⑦).

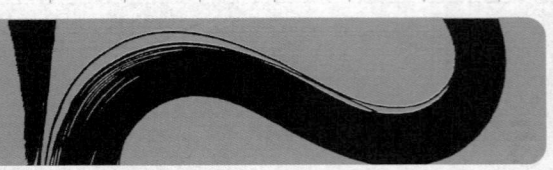

제97조의9

공공매입임대주택 건설을 목적으로 양도한 토지에 대한 과세특례

1 의 의

본조는 거주자가 공공주택사업자와 공공매입임대주택을 건설하여 양도하기로 약정을 체결한 공공매입임대주택 건설자에게 해당 주택 건설을 위한 토지를 양도함으로써 발생하는 소득에 대해서 양도소득세의 10퍼센트에 해당하는 세액을 감면하는 제도로, 공공매입임대주택의 공급을 촉진하기 위하여 2021년 3월 16일 조특법 개정시 신설되었고, 동 개정규정은 2021년 3월 16일 이후 토지를 양도하는 분부터 적용한다.[1]

2 요 건

거주자가 공공매입임대주택[2]을 주택건설사업자에게 2024년 12월 31일까지 주택 건설을 위한 토지를 양도하여야 한다(조특법 §97의9①). 여기서 "주택건설사업자"란 공공매입임대주택을 건설할 자로 공공주택사업자[3]와 공공매입임대주택을 건설하여 양도하기로 약정을 체결한 자를 말한다.

3 과세특례의 내용

본조의 요건을 갖춘 거주자에게 토지를 양도함으로써 발생하는 소득에 대해서 양도소득세의 100분의 10에 상당하는 세액을 감면한다(조특법 §97의9①).

---

1) 법률 제17926호, 2021.3.16. 부칙 §5
2) 「공공주택 특별법」 제2조 제1호의3
3) 「공공주택 특별법」 제4조

4 | 사후관리

(1) 주택건설사업자가 토지를 양도받은 날(인·허가 지연 등 부득이한 사유로 공공매입 임대주택으로 사용할 주택을 건설하여 양도하지 아니한 경우에는 해당 사유가 해소된 날)부터 3년 이내에 해당 토지에 공공매입임대주택으로 사용할 주택을 건설하여 공공주택사업자에게 양도하지 아니하는 경우 주택건설사업자는 본조에 따라 감면된 세액에 상당하는 금액을 그 사유가 발생한 과세연도의 과세표준을 신고할 때 소득세 또는 법인세로 납부하여야 한다(조특법 §97의9③).

(2) 본조에 따라 감면받은 세액을 사후관리 규정에 따라 납부하는 경우에는 이자상당가산액4)을 납부하여야 한다(조특법 §97의9④).

5 | 절 차

본조의 세액감면을 적용받으려는 사람은 납세지 관할 세무서장에게 세액감면 신청을 하여야한다(조특법 §97의9②).

6 | 주요 개정연혁

1. 공공매입임대주택 건설 목적 토지에 대한 양도소득세 과세특례 적용기한 연장(조특법 §97의9)

(1) 개정내용

종 전	개 정
□ 공공매입임대주택 건설을 위해 토지를 양도하여 발생한 소득에 대한 과세특례	□ 적용기한 연장
○ (요건) 거주자가 공공매입임대주택 건설사업자*에게 주택 건설을 위한 토지 양도	○ (좌 동)
* 공공주택사업자(LH 등)와 공공매입임대주택을 건설하여 양도하기로 약정을 체결하고 해당 주택을 건설하는 자	
○ (지원내용) 토지 양도로 발생한 소득에 대한 양도소득세 10% 감면	
○ (적용기한) 2022. 12. 31.	○ 2024. 12. 31.

(2) 개정이유

○ 임대차 시장 안정 지원

---

4) 조특법 제63조 제3항 준용

조세특례제한법

제98조

미분양주택에 대한 과세특례

1 의 의

거주자가 미분양국민주택을 1995. 11. 1.부터 1997. 12. 31.까지의 기간 중 취득(1997. 12. 31.)하여 5년 이상 보유·임대 후 양도하는 경우에는 20%의 특례세율을 적용하여 양도소득세로 납부하는 방법과 종합소득세로 납부하는 방법 중 선택하여 적용받을 수 있다(조특법 §98①).

본조에 따른 감면대상 취득시한은 1997. 12. 31.로 만료되었으나, 미분양주택이 실질적으로 축소되지 않음에 따라 1998. 4. 10. 국회에서 1998. 3. 1.부터 1998. 12. 31.까지의 기간 중 취득(1998. 12. 31.까지 매매계약을 체결하고 계약금을 납부한 경우를 포함)하여 5년 이상 보유·임대한 후 양도하는 경우에도 20% 특례세율 적용과 종합소득과세를 선택 적용받을 수 있도록 조세특례제한법을 개정하였다.

현재에는 본 제도의 일몰이 종료하여 신규주택 취득분에 대하여는 수혜자가 발생하지 않는다. 따라서 본 제도의 중요성은 미약하다고 본다. 다만, 과세특례대상 미분양주택을 현재까지 보유하고 있는 자에 대하여는 양도시 본 제도가 적용되어야 하므로 조문은 유지되고 있다.

2 요 건

2-1. 미분양국민주택

다음의 요건을 모두 충족한 국민주택규모 이하의 주택으로서 서울특별시 외의 지역에 소재하는 것을 말한다(조특령 §98①).

① 주택법에 의하여 시·도지사(국가·대한주택공사 및 한국토지공사가 시행하는 경우와 대통령령이 정하는 경우에는 건설교통부장관)의 사업계획승인을 얻어 건설하는 주택(「민간임대주택에 관한 특별법」제2조에 따른 민간임대주택과 「공공주택 특별법」제2조 제1호 가목에 따른 공공임대주택을 제외)으로서 당해 주택의 소재지를 관할하는 시장·군수·구청장이 1995. 10. 31. 현재 미분양주택임을 확인한 국민주택규모 이하의 주택
② 주택건설업자로부터 최초로 분양받은 주택으로서 당해 주택이 완공된 후 다른 자가 입주한 사실이 없는 주택

2 - 2. 보유기간

미분양주택에 대한 과세특례 규정은 5년 이상 보유·임대한 후에 양도하는 주택에 한하여 적용되며, 보유기간은 당해 자산의 취득일부터 양도일까지로 한다(조특령 §98④ · ⑦).

3 | 과세특례의 내용

미분양주택에 대한 과세특례방법은 20%의 양도소득세 특례세율을 적용하는 방법과 종합소득세를 납부하는 방법으로 구분할 수 있으며, 납세자의 선택적용이 가능하다.

3 - 1. 양도소득세 특례세율 적용방법

일반적인 주택의 양도소득세 세율은 누진세율 등을 적용하여야 하나, 미분양주택에 대한 양도소득세 특례세율은 20% 단일세율로 적용한다.

3 - 2. 종합소득세 납부방법

양도소득금액은 종합소득금액과는 별개로 구분하여 과세(분류과세)하나, 사업소득금액 계산방법을 준용하여 양도소득금액을 계산한 뒤 동 양도소득금액을 종합소득금액에 합산하여 종합소득과세표준과 세액을 계산하여 종합소득세를 납부하는 방법으로 적용한다.

3 - 3. 1세대 1주택의 판정

본조 제1항 및 제3항의 미분양국민주택과 미분양주택 외의 다른 주택을 소유하고 있는

거주자가 다른 주택을 양도함에 있어서는 본조 제1항 및 제3항의 미분양주택 외의 다른 주택만을 기준으로 하여 1세대 1주택에 관한 비과세 판정 규정을 적용한다(조특령 §98② · ⑥).

4 | 절 차

미분양주택에 대한 과세특례를 적용받고자 하는 자는 당해 주택을 양도한 날이 속하는 과세연도의 과세표준확정신고기한(20%의 양도소득세 특례세율 적용방법 선택시는 예정신고를 포함한다) 내에 미분양주택 과세특례적용신고서에 다음의 서류를 첨부하여 납세지 관할 세무서장에게 제출하여야 한다(조특령 §98④ · ⑦).

① 시장 · 군수 · 구청장이 발행한 미분양주택확인서 사본
② 미분양주택 취득시 매매계약서 사본(1998. 1. 1. 이후 취득등기하는 분에 한함)

지방 미분양주택 취득에 대한 양도소득세 등 과세특례[1]

1 | 의 의

본조는 지방의 미분양주택 해소 및 부동산·건설경기 활성화를 지원하기 위해 도입되었고, 2009. 1. 1. 이후 최초로 양도하는 분부터 적용한다.

2 | 요건 및 과세특례의 내용

2008. 11. 3.~2010. 12. 31. 기간 중 취득(2010. 12. 31.까지 매매계약을 체결하고 계약금을 납부한 경우 포함)하는 지방 미분양주택 양도시 과세특례를 적용한다.
① 개인 : 일반세율 적용 및 장기보유특별공제(연 8%, 최대 80%, 1세대 1주택자와 동일한 수준) 적용
② 법인 : 법인세 추가과세(30%) 배제

> ※ 구체적 내용
> ① 미분양주택 소재지 : 수도권 밖의 지역
> ② 특례대상 미분양주택 범위
>   – 2008. 11. 3. 현재 준공 여부에 관계없이 미분양 상태인 주택
>   – 2008. 11. 3. 현재 사업승인을 얻었거나 사업승인을 신청한 자가 분양하는 주택
> ③ 미분양주택수 : 취득하는 미분양주택수에 제한 없음.
> ④ 미분양주택 양도시기 : 양도기한은 제한 없음.

---

1) 지면의 제약 등으로 인하여 간략하게 언급하기로 하고 자세한 사항은 다른 양도소득세 해설책자를 참고하기로 한다. 이하 제98조의6(준공후미분양주택의 취득자에 대한 양도소득세의 과세특례)까지 같다.

3 │ 제출서류[2)]

(1) 시장·군수·구청장 및 사업주체의 미분양주택확인대장 제출

시장·군수·구청장 및 사업주체는 각각 주택 소재지 관할 세무서장에게 미분양주택확인대장을 다음 연도 2월 말까지 제출

(2) 납세의무자의 서류제출

지방 미분양주택 양도 후 과세표준확정신고 또는 과세표준예정신고와 함께 ① 또는 ②의 서류를 납세지 관할 세무서장에게 제출

① 지방미분양주택임을 확인하는 날인을 받은 매매계약서 사본

② 시장·군수 또는 구청장이 발행한 미분양주택 확인서(사업승인을 얻었거나 사업승인 신청사실을 입증하는 서류를 포함) 사본 및 매매계약서 사본

⇒ 주택 소재지 관할 세무서장이 미분양주택임을 확인할 수 있는 경우 납세의무자는 ① 또는 ②의 서류제출 생략 가능

---

2) 과세특례의 대상이 되는 지방 미분양주택임을 확인할 수 있도록 시장·군수·구청장 및 사업주체가 각각 미분양 주택확인대장을 주택 소재지 관할 세무서장에게 제출하도록 함.

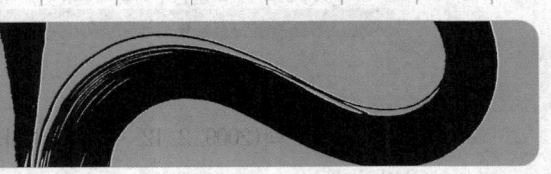

조세특례제한법

제**98**조의3

미분양주택의 취득자에 대한 양도소득세의 과세특례

1 의 의

본조는 미분양주택 해소를 통한 건설경기 활성화를 지원하기 위해 도입되었고, 2009. 2. 12. 이후 최초로 매매계약을 체결하고 계약금을 납부한 주택을 2009. 3. 25. 이후 양도하는 분부터 적용한다.

2 요건 및 과세특례의 내용

미분양주택 취득시 5년간 양도소득세를 감면한다.
① 2009. 2. 12.~2010. 2. 11.까지의 취득한 미분양주택에 대해서는 양도시 취득 후 5년간 발생한 양도소득세 100%(수도권과밀억제권역은 60%) 감면
② 일반주택 양도시 미분양주택은 주택수에서 제외
③ 5년 경과 후 발생한 양도세는 일반세율(6~33%) 및 장기보유특별공제 적용

3 미분양주택의 범위

〈**면적기준**〉 수도권과밀억제권역은 전용면적(단독주택은 연면적) 149㎡ 이하, 그 밖의 지역은 제한 없음.
① 「주택법」 제54조에 따라 주택을 공급하는 사업주체가 같은 조에 따라 공급하는 주택으로서 해당 사업주체가 입주자모집공고에 따른 입주자의 계약일이 지난 주택단지에서 2009. 2. 11.까지 분양계약이 체결되지 아니하여 2009. 2. 12. 이후 선착순의 방법으로 공급하는 주택
② 사업계획승인(건축허가 포함)을 받아 해당 사업계획과 「주택법」 제54조에 따라 사업주체가

공급하는 주택(2009. 2. 12. 이후 입주자모집공고에 따른 입주자의 계약일이 도래하는 주택에 한정한다)

③ 주택건설사업자(20호 미만의 주택을 공급하는 자를 말하며, 상기 ①과 ②에 해당하는 사업주체는 제외한다)가 공급하는 주택(2009. 2. 11.까지 매매계약이 체결되지 아니한 주택을 포함한다)

④ 주택보증주식회사가 매입한 주택으로서 해당 주택보증주식회사가 공급하는 주택

⑤ 주택의 시공자가 해당 주택의 공사대금으로 받은 주택으로서 해당 시공자가 공급하는 주택

⑥ 기업구조조정부동산투자회사 등이 취득한 주택으로서 해당 기업구조조정부동산투자회사 등이 공급하는 주택

⑦ 주택 외의 시설과 주택을 동일건축물로 건설·공급하는 건축주가 2004. 3. 30. 전에 「건축법」제11조에 따라 건축허가를 신청하여 건설한 주택(2009. 2. 11.까지 매매계약이 체결되지 아니한 주택에 한정한다)으로서 해당 건축주가 공급하는 주택

⑧ 신탁업자가 취득한 주택으로서 해당 신탁업자가 공급하는 주택

4 | 양도소득금액 계산방법

실지거래가액에 따라 계산한 양도소득금액을 취득당시, 5년이 되는 시점, 양도당시의 기준시가로 안분하여 계산

5 | 미분양주택 확인 절차

① 사업주체는 미분양주택(분양주택 포함) 현황을 2009. 4. 30.까지 시장·군수·구청장에게 제출

　*신규분양분은 최초 매매계약이 있는 달의 다음 달 말까지 현황 제출

② 시장·군수·구청장은 사업주체로부터 매매계약서에 미분양주택임을 확인하는 날인을 요청받은 경우 확인 후 날인하고 미분양주택확인대장 작성·보관

③ 시장·군수·구청장 및 사업주체는 미분양주택 확인 발급현황을 2010. 4. 30.까지 세무서장에게 제출

6 신고시 제출서류

　미분양주택 양도 후 과세표준확정(예정)신고와 함께 미분양주택임을 확인받은 매매계약서 사본을 제출하여야 한다.

제98조의4

비거주자의 주택취득에 대한 양도소득세의 과세특례

1 의 의

본조는 거주자뿐만 아니라 국내사업장이 없는 비거주자도 미분양주택에 대한 과세특례를 적용받을 수 있도록 하기 위해 도입된 제도이다. 이 제도는 2009. 5. 21. 이후 양도하는 분부터 적용한다.

2 내 용

국내사업장이 없는 비거주자가 2009. 3. 16.부터 2010. 2. 11.까지의 기간 중에 제98조의3 제1항에 따른 미분양주택 외의 주택을 취득(2010. 2. 11.까지 매매계약을 체결하고 계약금을 납부한 경우를 포함한다)하여 양도함으로써 발생하는 소득에 대해서는 양도소득세의 100분의 10에 상당하는 세액을 감면한다.

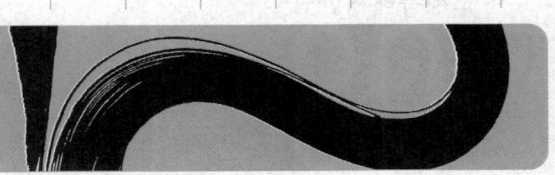

조세특례제한법

제98조의5

수도권 밖의 지역에 있는 미분양주택의 취득자에 대한 양도소득세의 과세특례

1 | 의 의

본조는 지방 미분양주택 해소 지원 차원에서 도입되었고, 2010. 5. 14. 이후 양도분부터 적용한다.

2 | 적용대상

2010. 2. 11. 현재 지방(서울·경기·인천 제외)의 미분양주택(약 9.3만 호 추정)으로서 2010. 5. 14.~2011. 4. 30.까지 주택건설업자와 최초로 매매계약을 체결하고 취득(매매계약일 기준)하는 주택

3 | 감면내용

① 취득 후 5년간 발생한 양도차익에 대해 분양가 인하율에 비례하여 양도세 감면

분양가 인하 수준	양도세 감면율
가격 인하 無 ~ 10% 이하	60%
10% 초과 ~ 20% 이하	80%
20% 초과	100%

② 기존 일반주택 양도시 미분양주택은 주택수 산정에서 제외
  * 1주택 소유자가 미분양주택을 취득한 경우에도 일반주택 양도시 1세대 1주택 비과세 적용
③ 다주택자일 경우라도 동 감면을 적용받는 미분양주택을 양도함으로 인해 발생하는 소득에 대해서는 장기보유특별공제(30%, 1세대 1주택은 80%)와 기본세율(6~35%) 적용

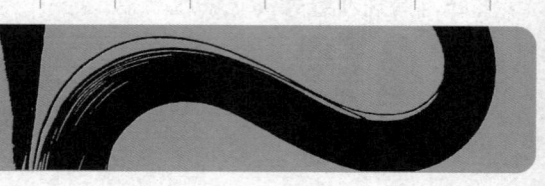

조세특례제한법

제98조의6

준공후미분양주택의 취득자에 대한 양도소득세의 과세특례

1 │ 의 의

본조는 임대주택 공급 활성화를 위해 준공후미분양주택을 임대주택에 사용하도록 유도하기 위해 도입되었고, 2011. 3. 29. 현재 준공후미분양주택에 해당되는 주택을 최초로 양도하는 분부터 적용한다.

2 │ 요 건

2-1. 대상주택

2011. 3. 29. 현재 준공후미분양 상태인 주택으로 입주한 사실이 없는 주택이다. 준공후미분양주택의 범위는 2011. 3. 29. 현재 미분양으로 선착순의 방법으로 공급하는 주택이다. 다만, 기준시가 6억원 또는 전용면적 149㎡ 초과 주택은 제외한다.

2-2. 대상자

① 건설사가 2년 이상 임대 후 분양한 대상주택을 취득한 자
② 대상주택을 취득하여 5년 이상 임대한 자

2-3. 임대요건

2011. 3. 29.~2011. 12. 31.까지 임대계약 체결분이 이에 해당한다.

3 | 과세특례의 내용

① 취득 후 5년 경과 후 양도시 : (양도세 과세대상소득금액) − (취득일부터 5년간 발생한 양도소득금액 × 50%)
② 취득 후 5년 이내 양도시(위 대상자 중 ①만 해당) : (양도소득세액) × 50%
③ 취득일부터 5년간 발생한 양도소득금액의 계산

$$\text{양도소득금액} \times \frac{\text{취득일부터 5년이 되는 날의 기준시가} - \text{취득당시 기준시가}}{\text{양도당시 기준시가} - \text{취득당시 기준시가}}$$

4 | 준공후미분양주택의 확인 절차

① 준공후미분양주택 현황 제출
  ㉠ 사업주체 등은 2011. 9. 30.까지 준공후미분양주택 현황을 관할 시장·군수·구청장에게 제출
  ㉡ 시장·군수·구청장은 동 현황을 2011. 10. 31.까지 주택소재지 관할 세무서장에게 제출
② 준공후미분양주택 확인대장 작성 및 제출
  ㉠ 사업주체 등은 매매계약 체결 후 준공후미분양주택 확인날인(시장·군수·구청장이 준공후미분양주택 현황 등을 확인 후 날인하며, 동 사항을 준공후미분양주택확인대장에 작성하여 보관)을 받은 매매계약서 사본, 임대기간 확인을 위한 임대사업자등록증 사본, 임대차계약서 사본, 임차인의 주민등록등본을 매매계약자(양도세 감면 신청자)에게 제공하고, 제공내용을 준공후미분양주택확인대장에 작성하여 보관
  ㉡ 시장·군수·구청장과 사업주체 등은 작성한 준공후미분양주택확인대장을 2012. 6. 30.까지 전자매체(디스켓 등) 형태로 주택 소재지 관할 세무서장에게 제출

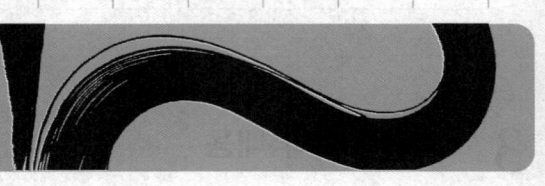

조세특례제한법
제98조의7

미분양주택의 취득자에 대한 양도소득세의 과세특례

1 의 의

2013. 1. 1. 침체된 부동산시장 활성화를 위하여 도입된 제도이다. 2012. 10. 2. 이후 최초로 양도하는 분부터 적용된다.

2 요 건

2-1. 대상주택

2012. 9. 24. 현재 「주택법」 제54조에 따라 주택을 공급하는 사업주체가 같은 조에 따라 공급하는 주택으로서 해당 사업주체가 입주자모집공고에 따른 입주자의 계약일이 지난 주택단지에서 2012. 9. 23.까지 분양계약이 체결되지 아니하여 선착순의 방법으로 공급하는 주택으로서 취득가액이 9억원 이하인 주택("미분양주택")이다.

다만, 다음의 주택은 제외한다.

① 사업주체 등(「주택법」 제54조에 따라 주택을 공급하는 해당 사업주체 및 제3항 각 호의 어느 하나에 해당하는 사업자1))과 양수자 간에 실제로 거래한 가액이 9억원을 초과하는 주택. 이 경우 양수자가 부담하는 취득세 및 그 밖의 부대비용은 포함하지 아니한다.

② 매매계약일 현재 입주한 사실이 있는 주택

③ 2012. 9. 23. 이전에 사업주체 등과 체결한 매매계약이 2012. 9. 24.부터 2012. 12. 31.까지의

---

1) 다음의 어느 하나에 해당하는 자를 말함.
 1. 「주택도시기금법 시행령」 제22조 제1항 제1호 가목에 따라 주택을 매입한 주택보증주식회사
 2. 주택의 공사대금으로 해당 주택을 받은 주택의 시공자
 3. 「법인세법 시행령」 제92조의2 제2항 제1호의5, 제1호의8 및 제1호의10에 따라 주택을 취득한 기업구조조정 부동산투자회사 등
 4. 「법인세법 시행령」 제92조의2 제2항 제1호의7, 제1호의9 및 제1호의11에 따라 주택을 취득한 「자본시장과 금융투자업에 관한 법률」에 따른 신탁업자

기간 중에 해제된 주택

④ ③에 따른 매매계약을 해제한 매매계약자가 미분양주택 취득기간 중에 계약을 체결하여 취득한 미분양주택 및 해당 매매계약자의 배우자[매매계약자 또는 그 배우자의 직계존비속(그 배우자를 포함한다) 및 형제자매를 포함한다]가 미분양주택 취득기간 중에 원래 매매계약을 체결하였던 사업주체 등과 계약을 체결하여 취득한 미분양주택

2-2. 취득기간

거주자가 미분양주택을 2012. 9. 24.부터 2012. 12. 31.까지 사업주체 등과 최초로 매매계약(계약금을 납부한 경우에 한정한다)을 체결하거나 그 계약에 따라 취득해야 한다.

3 │ 과세특례의 내용

① 미분양주택의 취득일부터 5년 이내에 양도함으로써 발생하는 소득 : 양도소득세의 100% 세액감면
② 미분양주택의 취득일부터 5년이 지난 후에 양도하는 경우 : 미분양주택의 취득일부터 5년간 발생한 양도소득금액을 양도소득세 과세대상소득금액에서 공제. 이 경우 공제하는 금액이 과세대상소득금액을 초과하는 경우 그 초과금액은 없는 것으로 한다.

〈미분양주택의 취득일부터 5년간 발생한 양도소득금액〉

$$\text{총 양도소득금액} \times \frac{\text{취득일로부터 5년이 되는 날의 기준시가} - \text{취득당시의 기준시가}}{\text{양도당시 기준시가} - \text{취득당시 기준시가}}$$

③ 1세대 1주택자가 미분양주택을 취득하는 경우 미분양주택 취득에도 불구하고 1세대 1주택으로 보아 비과세한다(소법 §89① 3).
④ 다주택자 중과세율 적용에 있어 일반주택 양도시 미분양주택을 거주자의 소유주택으로 보지 않는다(소법 §104① 4~7).

4 │ 절 차

① 미분양주택의 양도소득 과세표준예정신고 또는 과세표준확정신고와 함께 사업주체 등으로부터 교부받은 매매계약서 사본을 납세지 관할 세무서장에게 제출하여야 한다.

② 사업주체 등은 미분양주택 현황을 2012. 11. 30.까지 시장(특별자치시장과 「제주특별자치도 설치 및 국제자유도시 조성을 위한 특별법」 제11조 제2항에 따른 행정시장을 포함)·군수· 구청장(자치구의 구청장)에게 제출하여야 한다.

③ 시장·군수·구청장은 제출받은 미분양주택 현황을 관리하여야 하며, 그 현황을 2012. 12. 31.까지 주택 소재지 관할 세무서장에게 제출하여야 한다.

④ 사업주체 등은 제1항에 따른 미분양주택의 매매계약을 체결한 즉시 2부의 매매계약서에 시장·군수·구청장으로부터 미분양주택임을 확인하는 날인을 받아 그 중 1부를 해당 매매계약자에게 교부하여야 하며, 그 내용을 미분양주택확인대장에 작성하여 보관하여야 한다.

⑤ 매매계약서에 미분양주택임을 확인하는 날인을 요청받은 시장·군수·구청장은 미분양주택 현황 및 「주택법」 제15조에 따른 사업계획승인신청서류 등에 따라 미분양주택임을 확인하고, 해당 매매계약서에 미분양주택임을 확인하는 날인을 하여야 하며, 그 내용을 미분양주택확인대장에 작성하여 보관하여야 한다.

⑥ 시장·군수·구청장과 사업주체 등은 각각 미분양주택확인대장을 2013. 3. 31.까지 전자매체로 주택 소재지 관할 세무서장에게 제출하여야 한다.

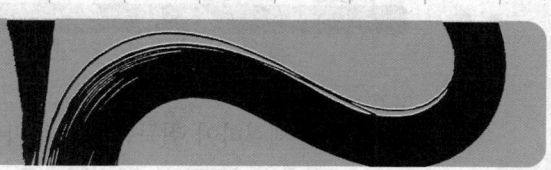

제**98**조의**8**

준공후미분양주택의 취득자에 대한 양도소득세 과세특례

1 | 의 의

준공후미분양주택을 임대주택으로 사용하도록 유도하여 임대주택 공급 활성화를 위해 2014. 12. 23. 조특법 개정시 신설 도입되었다.

2 | 요 건

2-1. 준공후미분양주택의 범위

다음의 요건을 모두 충족하는 주택으로서 취득 당시 취득가액이 6억원 이하이고 주택의 연면적(공동주택의 경우에는 전용면적)이 135제곱미터 이하인 주택을 말한다(조특법 §98의8①).
① 「주택법」 제54조에 따라 공급하는 주택으로서 같은 법 제49조에 따른 사용검사(임시 사용승인을 포함한다) 또는 「건축법」 제22조에 따른 사용승인(같은 조 제3항 각 호의 어느 하나에 따라 건축물을 사용할 수 있는 경우를 포함한다)을 받은 후 2014. 12. 31.까지 분양계약이 체결되지 아니하였을 것
② 2015. 1. 1. 이후 선착순의 방법으로 공급할 것

다만, 다음의 주택은 제외한다(조특령 §98의7②).
① 사업주체등(「주택법」 제54조에 따라 주택을 공급하는 해당 사업주체 및 제3항 각 호의 어느 하나에 해당하는 사업자를 말한다)과 양수자 간에 실제로 거래한 가액이 6억원을 초과하거나 연면적(공동주택의 경우에는 전용면적을 말한다)이 135제곱미터를 초과하는 주택. 이 경우 양수자가 부담하는 취득세 및 그 밖의 부대비용은 포함하지 아니한다.
② 2014. 12. 31. 이전에 사업주체등과 체결한 매매계약이 2015. 1. 1. 이후 해제된 주택
③ ②에 따른 매매계약을 해제한 매매계약자가 2015. 1. 1.부터 2015. 12. 31.까지의 기간

중에 계약을 체결하여 취득한 준공후미분양주택 및 해당 매매계약자의 배우자[매매계약자 또는 그 배우자의 직계존비속(그 배우자를 포함한다) 및 형제자매를 포함한다]가 2015. 1. 1.부터 2015. 12. 31.까지의 기간 중에 원래 매매계약을 체결하였던 사업주체등과 계약을 체결하여 취득한 준공후미분양주택

2-2. 매매계약 체결 및 기간

거주자가 준공후미분양주택을 「주택법」 제54조에 따라 주택을 공급하는 사업주체 등 다음의 자와 2015. 1. 1.부터 2015. 12. 31.까지 최초로 매매계약을 체결하여야 한다.
 ① 「주택도시기금법 시행령」 제22조 제1항 제1호 가목에 따라 주택을 매입한 주택도시 보증공사
 ② 주택의 공사대금으로 해당 주택을 받은 주택의 시공자
 ③ 「법인세법 시행령」 제92조의2 제2항 제1호의5, 제1호의8 및 제1호의10에 따라 주택을 취득한 기업구조조정부동산투자회사등
 ④ 「법인세법 시행령」 제92조의2 제2항 제1호의7, 제1호의9 및 제1호의11에 따라 주택을 취득한 「자본시장과 금융투자업에 관한 법률」에 따른 신탁업자

2-3. 의무임대 후 양도

거주자가 준공후미분양주택을 매매계약 체결하고 5년 이상 임대한 주택(거주자가 「소득세법」 제168조에 따른 사업자등록과 「민간임대주택에 관한 특별법」 제5조에 따른 임대사업자등록을 하고 2015. 12. 31. 이전에 임대계약을 체결한 경우로 한정한다)을 양도하여야 한다.

3 | 과세특례의 내용

3-1. 세액공제

거주자가 준공후미분양주택을 취득하여 의무임대 후 양도하는 경우에는 해당 주택의 취득일부터 5년간 발생하는 양도소득금액의 50%를 해당 주택의 양도소득세 과세대상소득금액에서 공제한다. 이 경우 공제하는 금액이 과세대상소득금액을 초과하는 경우 그 초과금액은 없는 것으로 한다.

준공후미분양주택의 취득일부터 5년간 발생한 양도소득금액은 조특령 제40조(구조조정대상

부동산의 취득자에 대한 양도소득세의 감면 등) 제1항을 준용하여 계산한다(조특령 §98의7④).

법 제98조의8 제1항을 적용할 때 해당 준공후미분양주택의 임대기간은 조특령 제98조의5 제5항을 준용하여 다음과 같이 계산한다(조특령 §98의7⑤).

① 임대인이 「소득세법」 제168조에 따른 사업자등록과 「민간임대주택에 관한 특별법」 제5조에 따른 임대사업자등록을 하거나 「공공주택 특별법」 제4조에 따른 공공주택사업자로 지정된 후 임대를 개시하는 날부터 기산할 것

② 상속인이 상속으로 인하여 피상속인의 임대주택을 취득하여 임대하는 경우에는 피상속인의 임대기간을 상속인의 임대기간에 합산할 것

3-2. 주택수 산정 제외

「소득세법」 제89조 제1항 제3호(1세대 1주택 비과세)를 적용할 때 본 주택은 해당 거주자의 소유주택으로 보지 아니한다(조특법 §98의8②).

4 | 절 차

사업주체등은 준공후미분양주택 현황(조특칙 별지 제63호의22 서식, 2014. 12. 31.까지 분양계약이 체결되지 아니한 것으로 한정한다)을 2015. 4. 30.까지 시장(「제주특별자치도 설치 및 국제자유도시 조성을 위한 특별법」 제11조 제2항에 따른 행정시장을 포함한다)·군수·구청장(자치구의 구청장을 말한다)에게 제출하여야 한다(조특령 §98의7⑥).

시장·군수·구청장은 제6항에 따라 제출받은 준공후미분양주택 현황을 관리하여야 하며, 그 현황을 2015. 12. 31.까지 준공후미분양주택 소재지 관할 세무서장에게 제출하여야 한다(조특령 §98의7⑦).

과세특례를 적용받으려는 자는 해당 준공후미분양주택의 양도소득 과세표준예정신고 또는 과세표준확정신고와 함께 다음의 서류를 납세지 관할 세무서장에게 제출하여야 한다(조특령 §98의7⑧).

① 준공후미분양주택 소재지 관할 시장·군수·구청장으로부터 기획재정부령으로 정하는 준공후미분양주택임을 확인하는 날인을 받은 매매계약서의 사본

② 「민간임대주택에 관한 특별법 시행령」 제4조 제4항에 따른 임대사업자등록증 사본 또는 「공공주택 특별법」 제4조에 따른 공공주택사업자를 증명하는 자료

③ 임대차계약서 사본

사업주체등은 준공후미분양주택의 매매계약을 체결한 즉시 2부의 매매계약서에 시장·군수·구청장으로부터 준공후미분양주택임을 확인하는 날인을 받아 그 중 1부를 해당 매매계약자에게 교부하여야 하며, 그 내용을 준공후미분양주택확인대장(조특칙 별지 제63호의23 서식)에 기재하여 보관하여야 한다(조특령 §98의7⑨).

매매계약서에 준공후미분양주택임을 확인하는 날인을 요청받은 시장·군수·구청장은 준공후미분양주택 현황 및 사업계획승인신청서류 등에 따라 준공후미분양주택임을 확인하고, 해당 매매계약서에 준공후미분양주택임을 확인하는 날인을 하여야 하며, 그 내용을 주택확인대장에 기재하여 보관하여야 한다(조특령 §98의7⑩).

사업주체등은 준공후미분양주택의 매매계약을 체결하는 경우에는 그 즉시 매매계약서 외에도 임대사업자등록증 사본, 임대차계약서 사본, 임차인의 주민등록표 등본 또는 주민등록증 사본 등 임대기간을 입증하는 데에 필요한 자료를 해당 매매계약자에게 교부하여야 하며, 그 내용을 주택확인대장에 기재하여 보관하여야 한다(조특령 §98의7⑪).

시장·군수·구청장과 사업주체등은 각각 주택확인대장을 2016. 2. 28.까지 정보처리장치·전산테이프 또는 디스켓·디스크 등의 전자적 형태("전자매체")로 준공후미분양주택 소재지 관할 세무서장에게 제출하여야 한다(조특령 §98의7⑫).

전자매체 자료를 제출받은 준공후미분양주택 소재지 관할 세무서장은 해당 자료를 기록·보관하여야 한다(조특령 §98의7⑬).

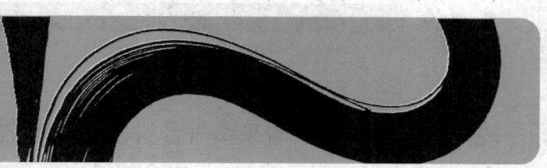

제**99**조

신축주택의 취득자에 대한 양도소득세의 감면

1 │ 의 의

거주자(주택건설업자 제외)가 1998. 5. 22.부터 1999. 6. 30.까지의 기간(국민주택의 경우에는 1998. 5. 22.부터 1999. 12. 31.까지) 중에 취득한 신축주택에 대하여는 5년의 기간 동안에 발생한 양도차익에 대해 양도소득세를 100% 감면한다.

본 제도는 1998. 9. 16. 조세감면규제법 개정(법률 제5561호)시 신축주택에 대한 신규수요창출을 통한 건설경기의 부양과 부동산시장의 활성화를 도모하기 위하여 신축주택취득기간 내 취득한 주택이기만 하면 주택수에 관계없이 향후 10년 뒤에 양도하더라도 보유기간 중 5년간의 양도차익에 대한 양도소득세를 100% 감면하는 것이다. 이는 주택관련 조세지원제도로서는 가장 강력한 처방이라고 할 수 있겠다.

당시에는 건설경기 부양 등 경기진작책의 일환으로 도입되었으나, 그 후 부동산가격이 폭등하여 사회·경제적인 문제로 대두되자 본 제도에 대한 강한 비판도 있었다. 저자 개인적으로는 향후 아무리 경기부양책이 필요하다 하더라도 이런 무리한 제도는 도입되지 않았으면 한다.

본 제도도 앞서 설명한 제97조, 제98조 등과 동일하게 일몰이 종료되어 예전에 특례대상 주택을 취득한 자가 현재까지 보유하고 있는 경우에만 적용되므로, 그 중요성은 미약하다.

다만, 조특법 제99조의3의 제도 및 본 제도상 감면대상 양도소득금액의 산정방법과 관련하여 논란이 있어 왔고, 그에 따라 다수의 조세심판청구가 제기되어 납세자의 불복절차가 진행되었으며, 최근 대법원에서는 신축주택 취득 후 5년 이내 양도시 감면대상 양도소득금액을 종전주택 취득일부터 양도일까지 발생한 양도소득금액으로 보고, 신축주택 취득 후 5년 후 양도시 감면대상 양도소득금액 계산 산식에서 분모의 '취득당시 기준시가'를 신축주택 취득 당시 기준시가로 보아야 한다는 판결(대법원 2014. 12. 11. 선고 13두12690 판결 등 다수)을 선고하였다. 그러나 본 제도는 주택의 신축·분양 및 거래를 장려하여 침체된 건설경기와 부동산시장을 활성화하기 위한 것으로 이와 무관한 종전주택의 양도소득금액 감면은 입법 취지에 맞지 않는 측면이 있으므로, 2015. 12. 15. 조특법 개정시 이와 같은 입법취지를 고려하여 종전주택에 대한 양도소득금액은 포함되지 않음을 명확화하였다. 동 개정내용은 2016. 1. 1. 이후 양도하는 분부터 적용된다.

2 | 요 건

2-1. 신축주택의 범위

신축주택 취득자에 대한 양도소득세 감면규정을 적용받기 위해서는 거주자(주택건설사업자 제외)가 다음에 해당하는 신축주택을 신축주택취득기간 내에 취득하여야 한다. 또한 신축주택의 범위에는 주택에 부수되는 당해 건물연면적의 2배 이내의 토지를 포함한다(조특법 §99①). 이 경우 신축주택취득기간[1]은 1998. 5. 22.부터 1999. 6. 30.까지이며, 국민주택의 경우에는 1998. 5. 22.부터 1999. 12. 31.까지이다.

① 자기가 건설한 주택(주택법에 의한 주택조합 또는 도시 및 주거환경정비법에 의한 정비사업조합을 통하여 조합원이 취득하는 주택 포함)으로서 신축주택취득기간 사이에 사용승인 또는 사용검사(임시사용승인 포함)를 받은 주택
② 주택건설사업자로부터 취득하는 주택으로서 신축주택취득기간 내에 주택건설업자와 최초로 매매계약을 체결하고 계약금을 납부한 자가 취득하는 주택
③ 주택법에 의한 주택조합 또는 도시 및 주거환경정비법에 의한 정비사업조합이 그 조합원에게 공급하고 남은 주택으로서 신축주택취득기간 내에 주택조합 등과 직접 매매계약을 체결하고 계약금을 납부한 자가 취득하는 주택
④ 조합원이 주택조합 등으로부터 취득하는 주택으로서 신축주택취득기간 경과 후에 사용승인 또는 사용검사를 받는 주택. 다만, 주택조합 등이 조합원 외의 자와 신축주택취득기간 내에 잔여주택에 대한 매매계약(매매계약이 다수인 때에는 최초로 체결한 매매계약 기준)을 직접 체결하여 계약금을 납부받은 사실이 있는 경우에 한함.

---

1) 청구인은 「조세특례제한법」 제99조 제1항 제1호의 신축주택취득기간(1998. 5. 22.~1999. 12. 31.) 내에 재건축조합과 분양계약(1998. 12. 4.)을 체결하였고, 사용승인(1999. 2. 26.)되었으므로, 「조세특례제한법」 제99조의 양도소득세 감면을 적용받을 수 있다는 주장이나, 「조세특례제한법」 제99조의 규정은 외환위기 상황 아래에서 신축주택(미분양주택 포함)의 분양촉진을 위하여 건설경기의 활성화를 위한 목적으로 1998. 9. 16. 신설된 조항으로서 신축주택이라 함은 법 시행일 이후 신축주택취득기간 내에 사용검사·사용승인·임시사용승인이 된 주택이라 할 것인 바, 당해 재건축아파트는 1993. 4. 30. 임시 사용승인을 받아 조합원들이 이미 입주한 아파트로서 청구인은 당초 분양대상자임에도 재건축조합과의 법적 분쟁으로 신축주택취득기간 내에 분양계약을 체결하게 된 것뿐이며, 쟁점아파트는 「조세특례제한법」 제99조에서 규정한 1998. 5. 22.부터 1999. 6. 30.까지 기간 동안 사용승인 또는 사용검사(임시 사용승인 포함)를 받은 주택에 해당하지 아니하므로, 처분청에서 쟁점아파트의 양도에 대하여 「조세특례제한법」 제99조의 양도소득세 감면을 적용하지 아니한 처분에는 달리 잘못이 없다 하겠다(조심 2011서3072, 2011. 12. 27.).

• 주택건설사업자는 주택법 제9조의 규정에 따른 등록 여부에 불구하고 주택을 건설하여 판매하는 사업을 영위하는 자를 말하는 것임(서면4팀－1783, 2005. 9. 29.).

2－2. 감면대상에서 제외되는 주택의 범위

다음에 해당하는 경우에는 신축주택취득기간 내에 취득하더라도 본조의 감면대상 주택에서 제외된다(조특령 §99②, 조특칙 §45).

① 매매계약일 현재 다른 자가 입주한 사실이 있는 주택
② 신축주택취득기간 중 1998. 5. 21. 이전에 주택건설업자와 주택분양계약을 체결한 분양계약자가 당해 계약을 해제하고 분양계약자 또는 그 배우자(분양계약자 또는 그 배우자의 직계존비속 및 형제자매 포함)가 당초 분양계약을 체결하였던 주택을 다시 분양받아 취득한 주택
③ 신축주택취득기간 중 1998. 5. 21. 이전에 주택건설업자와 주택분양계약을 체결한 분양계약자가 당해 주택건설업자로부터 당초 분양계약을 체결하였던 주택에 대체하여 다른 주택을 분양받아 취득한 주택. 다만, 취학, 근무상의 형편, 질병의 요양 등 기타 부득이한 사유(소칙 §71③)로 당해 주택건설업자로부터 다른 주택을 분양받아 취득하는 경우의 주택은 포함
④ 양도소득세의 비과세대상에서 제외되는 고가주택

고가주택은 2002. 12. 30. 법 개정시 종전의 고급주택에서 고가주택으로 변경되었다. 다만, 이 법 시행일인 2003. 1. 1. 전에 주택건설업자와 최초로 매매계약을 체결하고 계약금을 납부하였거나, 자기가 건설한 주택으로서 사용승인 또는 사용검사(임시사용승인을 포함)를 받은 신축주택을 2003. 1. 1. 이후 양도하는 경우에는 종전의 규정을 적용한다. 이 경우 매매계약을 체결하고 계약금을 납부한 날 또는 자기가 건설한 신축주택으로서 사용승인 또는 사용검사를 받은 날 당시의 고급주택 기준을 적용한다[법 부칙(2002. 12. 11. 법률 제6762호) §29①].

• 신축주택의 고가주택 판정기준은 동법 부칙(2002. 12. 11. 법률 제6762호) 제29조 제1항의 규정에 의해 판단하는 것으로서, 고급주택 기준 중 매매계약을 체결하고 계약금을 납부한 날(자기가 건설한 주택의 경우는 사용승인 또는 사용검사를 받은 날) 당시의 면적기준(공동주택의 경우 전용면적 165m² 이상)과 양도 당시의 가액기준(기준시가 또는 실지거래가액 중 낮은 가액이 5억원 초과)을 모두 충족하면 고가주택에 해당하여 동 규정의 감면을 적용받을 수 없음(서면5팀－477, 2007. 2. 6.).

• 주택건설사업자로부터 취득하는 주택으로서 신축주택취득기간 중에 주택건설업자와 최초로 매매계약을 체결하고 계약금을 납부한 자가 취득하는 주택에는 배우자로부터 증여받아 취득하는 주택(지분으로 증여받은 경우에는 당해 증여받은 지분을 말함)은 포함하지 아니함(서면4팀-337, 2007. 1. 24.).

3 │ 과세특례의 내용

3-1. 양도소득세 세액감면

거주자가 신축주택을 취득하여 그 취득한 날부터 5년 이내에 양도하는 경우에는 그 신축주택을 취득한 날부터 양도일까지 발생한 양도소득금액을 양도소득세 과세대상소득금액에서 빼며, 당해 신축주택을 취득한 날부터 5년이 경과한 후에 양도하는 경우에는 당해 신축주택을 취득한 날부터 5년간 발생한 양도소득금액을 양도소득세 과세대상 소득금액에서 차감한다. 여기서 양도소득세 과세대상소득금액에서 빼는 양도소득금액("감면대상 양도소득금액")은 다음의 구분에 따라 계산한 금액으로 하며, 이 경우 새로운 기준시가가 고시되기 전인 경우에는 직전의 기준시가를 적용한다(조특령 §99①).

① 취득일부터 5년 이내에 양도하는 경우 감면대상 양도소득금액은 「소득세법」 제95조 제1항에 따라 계산한다. 다만, 재개발·재건축되기 전의 주택("종전주택")을 재개발·재건축하여 취득한 신축주택의 경우 감면대상 양도소득금액은 다음 계산식에 따라 계산한 금액으로 한다.

$$\text{양도소득금액} \times \frac{\text{양도 당시의 기준시가} - \text{신축주택 취득 당시 기준시가}}{\text{양도 당시의 기준시가} - \text{종전주택 취득 당시 기준시가}}$$

② 취득일부터 5년 후에 양도하는 경우 감면대상 양도소득금액은 다음 계산식에 따라 계산한 금액으로 한다.

$$\text{양도소득금액} \times \frac{\text{신축주택 취득일부터 5년이 되는 날의 기준시가} - \text{취득 당시의 기준시가}}{\text{양도 당시의 기준시가} - \text{신축주택 취득 당시 기준시가*}}$$

* 다만, 종전주택을 재개발·재건축하여 취득한 신축주택의 경우 종전주택 취득 당시 기준시가

3-2. 1세대 1주택 비과세 판정 특례

또한, 1세대 1주택 비과세 규정(소법 §89① 3)을 적용함에 있어 신축주택에 대한 양도소득세 감면규정을 적용받는 신축주택과 그 외의 주택을 보유한 거주자가 그 신축주택 외의 주택을 2007. 12. 31.까지 양도하는 경우에 한하여 해당 신축주택을 당해 거주자의 소유주택으로 보지 아니한다(조특법 §99②). 본 규정은 제도 도입시에는 일몰이 없었으나, 2006년 세법 개정시 2007. 12. 31.이라는 일몰규정이 신설[2]되었고, 2007년 말 일몰연장 없이 종료되었다.

일몰규정은 신축주택에 대한 양도소득세 감면에 추가하여 이미 보유하고 있거나 신축주택 구입 후 추가로 구입하게 된 다른 주택에까지 1세대 1주택 비과세 혜택을 유지시켜 주고 있어 감면혜택이 과도하고 다주택자를 중과세하는 정책방향과도 상치되므로 이를 시정하고자 신설된 것이다.

일몰규정 신설시 소급입법이라는 논란이 있었는 바 내용을 간략히 소개하면 다음과 같다.

〈합헌의견〉
○ 비과세 혜택의 부여가 정책적 타당성을 가지는 것은 별론으로 하고 세법상 논리필연적으로 인정되어야 하는 것은 아니므로, 비과세 혜택이 영구히 유지될 것이라는 신뢰까지 보호되기는 어려움.
○ 조세법령 불소급의 원칙은 조세법령 효력발생 전에 완성된 과세요건사실에 대하여 당해 법령을 적용할 수 없다는 것일 뿐, 계속된 사실이나 그 이후에 발생한 과세요건 사실에 대한 새로운 법령적용까지 제한하는 것은 아님.

〈위헌의견〉
○ 신축주택의 취득당시에 감면요건이 충족되므로 사후에 입법으로 감면혜택을 박탈하는 것은 소급입법에 의한 재산권 박탈을 금지한 헌법에 위반될 가능성
○ 소급입법이 아니라고 하는 경우 신뢰이익 보호 여부로 판단하여야 하는바, 신뢰이익보다 감면폐지로 얻는 공익이 큰 경우에는 헌법에 위반되지 않을 수 있으나, 신축주택 취득자의 기대이익을 압도할 만큼 공익적 필요성이 절실한지에 대해 알 수 없음.

또한, 1세대 1주택 특례규정에 대한 일몰규정을 신설하면서 양도소득세 감면 규정(3-1.)의 일몰신설에 대하여도 논의가 있었으나, 본 제도상 신축주택에 대한 양도세 감면혜택은 주된 혜택으로서 부수적 혜택인 신축주택 외의 주택에 대한 1세대 1주택 비과세와는 성격이 다르므로, 양도시한을 두고 폐지한다고 하더라도 동 제도를 믿고 신축주택을 구입한 납세자의 신뢰이익을

---

2) 신축주택 취득에 대한 과세특례 적용시기 보완(조특법 법률 제6762호 부칙(2002. 12. 11.) §29) : 신축주택 이외에 일반주택 양도시 주택수에서 제외하여 비과세 적용[§99, §99의3]
＊2007년 말까지 양도시에 한하여 적용 ⇒ 정부정책에 대한 신뢰성을 제고하고 2010. 1. 1. 이후 신고ㆍ결정ㆍ경정분부터 적용

침해하는 정도가 크다는 것과, 신축주택에 대한 양도소득세 감면혜택은 그 혜택을 무한정 인정하는 것이 아니라 취득 후 5년간의 양도차익에 대하여 양도시기에 관계없이 감면해 주겠다고 취득당시 확정시킨 것이므로, 기한없이 양도차익을 감면한다는 제도에 대하여 일몰시한을 두고 폐지하는 경우보다 납세자의 신뢰이익을 침해하는 정도가 크다는 판단하에 일몰규정을 두지 아니하였다.

> **신축주택 양도소득세 감면 일몰규정 신설에 대한 위헌논의**
>
> 〈위헌의견〉
> ○ 일정기간을 정하여 감면혜택을 규정한 것을 사후에 배제하는 것은 납세자의 적법하게 형성한 기대권을 침해하는 것으로서 위헌소지 큼.
>
> 〈합헌의견〉
> ○ 주택가격의 안정이라는 중대한 공익상의 요청이 있고 일몰시한을 두고 있어 납세자의 신뢰이익이 헌법상의 신뢰이익에까지 미치지 못한다고 보는 것이 타당

4 | 절 차

신축주택에 대한 양도소득세 감면을 적용받고자 하는 자는 당해 부동산의 양도일이 속하는 과세연도의 과세표준확정신고와 함께 세액감면신청서에 취득시의 주택매매계약서와 계약금을 납부한 사실을 입증할 수 있는 증빙서류 등을 첨부하여 제출하여야 한다(조특령 §99④).

5 | 주요 개정연혁

1. 신축주택 취득에 대한 양도소득세 감면세액 등 계산시 기준시가 적용기준 명확화
(조특법 §99, §99의3, 조특령 §99①, §99의3②)

(1) 개정내용

종 전	개 정
☐ 취득일부터 5년 내 양도시 　ㅇ 양도소득세 면제	ㅇ 신축주택 취득일~양도일까지 발생한 양도소득을 과세대상 양도소득에서 공제
☐ 양도소득세 감면대상금액 계산방법 　(「조세특례제한법 시행령」 제99조 제1항, 　제99조의3 제2항) 　　　　　　〈신 설〉	ㅇ 신축주택 취득일부터 5년 이내 양도하는 경우 　- (신규 취득) 신축주택 취득일로부터 양도일까지 발생한 양도소득금액 　- (재개발·재건축을 통한 취득) $$양도소득금액 \times \dfrac{양도\ 당시\ 기준시가 - 신축주택\ 취득\ 당시\ 기준시가}{양도\ 당시\ 기준시가 - 종전주택\ 취득\ 당시\ 기준시가}$$
ㅇ 신축주택 취득일부터 5년 후 양도시 　(「조세특례제한법 시행령」 제40조 준용) $$양도소득금액 \times \dfrac{취득일부터\ 5년\ 되는\ 날의\ 기준시가 - 취득\ 당시\ 기준시가}{양도당시의\ 기준시가 - 취득\ 당시\ 기준시가}$$	ㅇ 감면대상금액 계산방법 명확화 　- (신규 취득) $$양도소득금액 \times \dfrac{신축주택\ 취득일부터\ 5년\ 되는\ 날의\ 기준시가 - 신축주택\ 취득\ 당시\ 기준시가}{양도\ 당시\ 기준시가 - 신축주택\ 취득\ 당시\ 기준시가}$$ 　- (재개발·재건축을 통한 취득) $$양도소득금액 \times \dfrac{신축주택\ 취득일부터\ 5년\ 되는\ 날의\ 기준시가 - 신축주택\ 취득\ 당시\ 기준시가}{양도\ 당시\ 기준시가 - 종전주택\ 취득\ 당시\ 기준시가}$$

(2) 개정이유

　ㅇ 신축주택 취득시 양도세 감면대상금액 계산 방법 명확화

(3) 적용시기 및 적용례

　ㅇ 2016. 1. 1. 이후 양도하는 분부터 적용

제99조의2

신축주택 등 취득자에 대한 양도소득세의 과세특례

1 │ 의 의

침체현상이 지속되고 있는 부동산시장의 수급불균형을 완화하고, 보유주택이 매각되지 않아 어려움을 겪고 있는 하우스푸어를 지원하기 위하여 2013. 4. 1. 발표된 부동산 대책의 일환으로 2013. 5. 10. 신설되고 2013. 5. 10. 이후 최초로 양도하는 분부터 적용되었다. 2013. 12. 31.까지 취득하는 6억원 이하이거나 주택의 연면적(공동주택의 경우에는 전용면적)이 85제곱미터 이하인 신축주택, 미분양주택 및 1세대 1주택자가 소유한 주택에 대해서는 취득 후 5년 이내에 양도하는 경우 양도소득세를 전액 면제하고, 5년 후에 양도하는 경우에는 5년간 발생한 양도소득금액을 양도소득세 과세대상소득금액에서 공제하도록 하였다.

2 │ 요 건

2-1. 과세특례 대상 주택의 범위

취득가액이 6억원 이하이거나 주택의 연면적(공동주택의 경우에는 전용면적)이 85제곱미터 이하인 다음의 주택(조특령 §99의2①)

① 신축주택 또는 미분양주택으로서 다음의 주택

1) 「주택법」 제54조에 따라 주택을 공급하는 사업주체(이하 "사업주체"라 한다)가 같은 조에 따라 공급하는 주택으로서 해당 사업주체가 입주자모집공고에 따른 입주자의 계약일이 지난 주택단지에서 2013. 3. 31.까지 분양계약이 체결되지 아니하여 2013. 4. 1. 이후 선착순의 방법으로 공급하는 주택
2) 「주택법」 제15조에 따른 사업계획승인(「건축법」 제11조에 따른 건축허가를 포함함)을 받아 해당 사업계획과 「주택법」 제54조에 따라 사업주체가 공급하는 주택(입주자모집공고에 따른 입주자의 계약일이 2013. 4. 1. 이후 도래하는 주택으로 한정함)
3) 주택건설사업자(30호 미만의 주택을 공급하는 자를 말하며, 위 1)과 2)에 해당하는 사업주체는 제외한다)가 공급하는 주택(「주택법」에 따른 주택을 말함)
4) 「주택도시기금법」에 따른 주택도시보증공사가 같은 법 시행령 제22조 제1항 제1호 가목에 따라 매입한 주택으로서 해당 주택도시보증공사가 공급하는 주택
5) 주택의 시공자가 해당 주택의 공사대금으로 받은 주택으로서 해당 시공자가 공급하는 주택
6) 「법인세법 시행령」 제92조의2 제2항 제1호의5, 제1호의8 및 제1호의10에 따른 기업구조조정부동산투자회사 등이 취득한 주택으로서 해당 기업구조조정부동산투자회사 등이 공급하는 주택
7) 「자본시장과 금융투자업에 관한 법률」에 따른 신탁업자가 「법인세법 시행령」 제92조의2 제2항 제1호의7, 제1호의9 및 제1호의11에 따라 취득한 주택으로서 해당 신탁업자가 공급하는 주택
8) 자기가 건설한 주택으로서 2013. 4. 1.부터 2013. 12. 31.까지의 기간(이하 "과세특례 취득기간"이라 한다) 중에 사용승인 또는 사용검사(임시사용승인을 포함함)를 받은 주택. 다만, 다음의 주택은 제외한다.
   - 「도시 및 주거환경정비법」에 따른 재개발사업, 재건축사업 또는 「빈집 및 소규모주택 정비에 관한 특례법」에 따른 소규모주택정비사업을 시행하는 정비사업조합의 조합원이 해당 관리처분계획(소규모주택정비사업의 경우에는 사업시행계획을 말한다)에 따라 취득하는 주택
   - 거주하거나 보유하는 중에 소실·붕괴·노후 등으로 인하여 멸실되어 재건축한 주택
9) 「주택법 시행령」 제4조 제4호에 따른 오피스텔(이하 "오피스텔"이라 한다) 중 「건축법」 제11조에 따른 건축허가를 받아 「건축물의 분양에 관한 법률」 제6조에 따라 분양사업자가 공급(분양 광고에 따른 입주예정일이 지나고 2013. 3. 31.까지 분양계약이 체결되지 아니하여 수의계약으로 공급하는 경우를 포함한다)하거나 「건축법」 제22조에 따른 건축물의 사용승인을 받아 공급하는 오피스텔(4)부터 8)까지의 방법으로 공급 등을 하는 오피스텔을 포함함)

다만, 다음의 주택은 제외한다(조특령 §99의2②).

1) 사업주체 등[1]과 양수자 간에 실제로 거래한 가액이 6억원을 초과하고 연면적(공동주택 및 오피스텔의 경우에는 전용면적을 말한다)이 85제곱미터를 초과하는 신축주택 등. 이 경우 양수자가 부담하는 취득세 및 그 밖의 부대비용은 포함하지 아니한다.

---

1) 조특령 제99조의2 제6항 제1호에 해당하는 사업자를 말함.

2) 2013. 3. 31. 이전에 사업주체 등과 체결한 매매계약이 과세특례 취득기간 중에 해제된 신축주택 등

3) 2)에 따른 매매계약을 해제한 매매계약자가 과세특례 취득기간 중에 계약을 체결하여 취득한 신축주택 등 및 해당 매매계약자의 배우자[매매계약자 또는 그 배우자의 직계존비속(그 배우자를 포함한다) 및 형제자매를 포함한다]가 과세특례 취득기간 중에 원래 매매계약을 체결하였던 사업주체 등과 계약을 체결하여 취득한 신축주택 등

4) 위 ① 9)에 따른 오피스텔을 취득한 자가 다음 각 목의 모두에 해당하지 아니하게 된 경우의 해당 오피스텔
   - 취득일부터 60일이 지난 날부터 양도일까지 해당 오피스텔의 주소지에 취득자 또는 임차인의 「주민등록법」에 따른 주민등록이 되어 있는 경우. 이 경우 기존 임차인의 퇴거일부터 취득자 또는 다음 임차인의 주민등록을 이전하는 날까지의 기간으로서 6개월 이내의 기간은 기존 임차인의 주민등록이 되어 있는 것으로 본다.
   - 「공공주택 특별법」 제4조에 따른 공공주택사업자 또는 「민간임대주택에 관한 특별법」 제5조에 따른 임대사업자(취득 후 「민간임대주택에 관한 특별법」 제5조에 따른 임대사업자로 등록한 경우를 포함한다)가 취득한 경우로서 취득일부터 60일 이내에 임대용 주택으로 등록한 경우

② 1세대 1주택자의 주택

다음의 어느 하나에 해당하는 주택(주택에 부수되는 토지로서 건물이 정착된 면적에 지역별로 정하는 배율2)을 곱하여 산정한 면적 이내의 토지를 포함하며, 이하 "감면대상기존주택")을 말한다. 이 경우 다음의 각각에 해당하는지를 판정할 때 1주택을 여러 사람이 공동으로 소유한 경우 공동소유자 각자가 그 주택을 소유한 것으로 보되, 1세대의 구성원이 1주택을 공동으로 소유하는 경우에는 그러하지 아니하다.

1) 2013. 4. 1. 현재 「주민등록법」상 1세대3)가 매매계약일 현재 국내에 1주택4)을 보유하고 있는 경우로서 해당 주택의 취득등기일부터 매매계약일까지의 기간이 2년 이상인 주택

2) 국내에 1주택을 보유한 1세대가 그 주택(이하 "종전의 주택"이라 한다)을 양도하기 전에 다른 주택을 취득함으로써 일시적으로 2주택이 된 경우5)로서, 종전의 주택의 취득등기일부터 1년 이상이 지난 후 다른 주택을 취득하고 그 다른 주택을 취득한 날(등기일을 말한다)부터 3년 이내에 매매계약을 체결하고 양도하는 종전의 주택. 다만, 취득등기일부터 매매계약일까지의 기간이 2년 이상인 종전의 주택으로 한정한다.

---

2) 도시지역 안의 토지 : 5배, 도시지역 밖의 토지 : 10배

3) 부부가 각각 세대를 구성하고 있는 경우에는 이를 1세대로 보며, 이하 "1세대"라 함.

4) 주택은 「주택법」에 따른 주택을 말하며, 「주택법」에 따른 주택을 소유하지 아니하고 2013. 4. 1. 현재 「주민등록법」에 따른 주민등록이 되어 있는 오피스텔을 소유하고 있는 경우에는 그 1오피스텔을 1주택으로 본다. 이하 "1주택"이라 함.

5) 1)에 따라 1주택으로 보는 오피스텔을 소유하고 있는 자가 다른 주택을 취득하는 경우를 포함함.

다만, 다음의 감면대상기존주택은 제외한다.

1) 감면대상기존주택 양도자와 양수자 간에 실제로 거래한 가액이 6억원을 초과하고 연면적(공동주택 및 오피스텔의 경우에는 전용면적을 말한다)이 85제곱미터를 초과하는 감면대상기존주택. 이 경우 양수자가 부담하는 취득세 및 그 밖의 부대비용은 포함하지 아니함.
2) 2013. 3. 31. 이전에 체결한 매매계약을 과세특례 취득기간 중에 해제한 매매계약자 또는 그 배우자[매매계약자 또는 그 배우자의 직계존비속(그 배우자를 포함한다) 및 형제자매를 포함한다]가 과세특례 취득기간 중에 계약을 체결하여 취득한 원래 매매계약을 체결하였던 감면대상기존주택
3) 감면대상기존주택 중 오피스텔을 취득하는 자가 취득 후 다음의 모두에 해당하지 아니하게 된 경우의 해당 오피스텔
   ① 취득일부터 60일이 지난 날부터 양도일까지 해당 오피스텔의 주소지에 취득자 또는 임차인의 「주민등록법」에 따른 주민등록이 되어 있는 경우. 이 경우 기존 임차인의 퇴거일부터 취득자 또는 다음 임차인의 주민등록을 이전하는 날까지의 기간으로서 6개월 이내의 기간은 기존 임차인의 주민등록이 되어 있는 것으로 본다.
   ② 「공공주택 특별법」 제4조에 따른 공공주택사업자 또는 「민간임대주택에 관한 특별법」 제5조에 따른 임대사업자(취득 후 「민간임대주택에 관한 특별법」 제5조에 따른 임대사업자로 등록한 경우를 포함한다)가 취득한 경우로서 취득일부터 60일 이내에 임대용 주택으로 등록한 경우

기획재정부 유권해석 해설

질 의 「조세특례제한법」 제99조의2에 따른 신축주택에 해당하여 2013. 6. 30. 이전에 신축주택 현황을 구청에 제출하였으나, 매매계약서상의 날인을 받지 않아 입주시점인 2015년 6월 이후 구청으로부터 계약서상 날인을 받는 경우 신축주택에 대한 양도소득세 과세특례 적용 여부

회 신 기획재정부 재산세제과-769, 2015. 11. 20.
○ 「조세특례제한법 시행령」 제99조의2 제1항에 따른 신축주택 등에 해당함에도 같은 조 제11항에 따라 신축주택등의 매매계약을 체결한 즉시 매매계약서에 시장, 군수, 구청장으로부터 신축주택임을 확인하는 날인을 받지 아니한 경우에는 같은 법 제99조의2에 따른 양도소득세 과세특례를 적용할 수 없음.

저자의 견해
○ 감면요건은 입법상 요건으로 "신청이 없는 경우에는 적용하지 아니한다"는 규정이 있는 입법례와 단순히 감면신청을 하여야 한다고만 규정하고 있는 입법례로 나누어 볼 수 있음.
○ 전자(신청 자체를 명문상 요건으로 둔 경우)의 경우 감면신청 자체를 감면요건으로 볼 수 있으므로 감면신청이 없는 경우에는 감면 적용이 불가

○ 본 감면제도는 2014. 1. 1. 개정시 종선 신축주택 감면과 동일하게 사실상 감면요건을 충족하면 과세특례가 가능한 것처럼 해석될 여지가 있어, 감면 대상 주택임을 확인받아 제출한 경우에만 감면받을 수 있도록 명확하게 개정하였는바, 감면주택 대상임을 즉시 날인받아 제출한 경우에만 양도소득세 과세특례가 적용됨이 명문 규정상 명확해짐.

2-2. 취득기간

2013. 4. 1.부터 2013. 12. 31.까지 「주택법」 제54조에 따라 주택을 공급하는 사업주체 등과 최초로 매매계약을 체결하여 그 계약에 따라 취득[6]한 경우에 한하여 적용된다.

3 │ 과세특례의 내용

3-1. 양도소득세 감면

주택을 취득일부터 5년 이내에 양도함으로써 발생하는 양도소득에 대하여는 양도소득세의 100%를 감면하고, 취득일부터 5년이 지난 후에 양도하는 경우에는 해당 주택의 취득일부터 5년간 발생한 다음의 양도소득금액을 해당 주택의 양도소득세 과세대상소득금액에서 공제한다. 이 경우 공제하는 금액이 과세대상소득금액을 초과하는 경우 그 초과금액은 없는 것으로 한다.

$$\text{양도소득금액} \times \frac{\text{취득일부터 5년이 되는 날의 기준시가} - \text{취득 당시의 기준시가}}{\text{양도 당시의 기준시가} - \text{취득 당시의 기준시가}}$$

3-2. 주택수 산정시 제외

「소득세법」 제89조 제1항 제3호[7] 및 제104조 제1항 제4호부터 제7호[8]까지의 규정을 적용할 때 제1항을 적용받는 주택은 해당 거주자의 소유주택으로 보지 아니한다.

---

6) 2013. 12. 31.까지 매매계약을 체결하고 계약금을 지급한 경우를 포함함.
7) 1세대 1주택의 양도로 발생하는 소득 비과세
8) (4호, 5호) 1세대 3주택(조합원입주권 포함) 60% 세율 적용, (6호) 1세대 2주택 50% 세율 적용

3-3. 부동산가격 급등지역 등 신축주택에 대한 과세특례 적용배제

전국소비자물가상승률 및 전국주택매매가격상승률을 감안하여 부동산가격이 급등하거나 급등할 우려가 있는 지역으로서 대통령령으로 정하는 지역에는 적용하지 아니한다. 다만, 현재는 대통령령으로 정하지 않고 있다.

4 │ 절 차

과세특례를 적용받으려는 자는 해당 주택의 양도소득 과세표준예정신고 또는 과세표준확정신고와 함께 신축주택 등 또는 감면대상기존주택임을 확인하는 날인을 받아 교부받은 매매계약서 사본을 납세지 관할 세무서장에게 제출하여야 한다(조특령 §99의2⑧).

사업주체 등은 신축주택 등의 매매계약을 체결한 즉시 2부의 매매계약서에 시장·군수·구청장으로부터 신축주택 등임을 확인하는 날인을 받아 그 중 1부를 해당 매매계약자에게 교부하여야 하며, 그 내용을 신축주택등확인대장에 작성하여 보관하여야 한다(조특령 §99의2⑪).

매매계약서에 신축주택 등임을 확인하는 날인을 요청받은 시장·군수·구청장은 신축주택 등 현황 및 「주택법」 제15조에 따른 사업계획승인신청서류 등에 따라 신축주택 등임을 확인하고, 해당 매매계약서에 기획재정부령으로 정하는 신축주택 등임을 확인하는 날인을 하여야 하며, 그 내용을 신축주택등확인대장에 작성하여 보관하여야 한다(조특령 §99의2⑭).

감면대상기존주택 양도자는 2014. 3. 31.까지 2부의 매매계약서에 시장·군수·구청장으로부터 감면대상기존주택임을 확인하는 날인을 받아 그 중 1부를 해당 매매계약자에게 교부하여야 한다(조특령 §99의2⑫).

5 | 주요 개정연혁

1. 신축주택 등 취득시 양도세 한시감면(조특법 §99의2 신설)

(1) 개정내용

종 전	개 정
〈신 설〉	☐ 신축·미분양주택 및 1세대 1주택자가 보유한 주택 취득시 양도세 과세특례 ㅇ (대상주택) 실가 6억원 이하 또는 전용면적 85㎡ 이하의 신축·미분양주택 및 1세대 1주택자가 보유한 주택을 취득하는 경우 ㅇ (취득기간) 2013. 4. 1.~2013. 12. 31. * 동 기간에 매매계약을 하여 계약금을 지급한 경우 적용 ㅇ (과세특례) − 취득 후 5년간 발생한 양도소득금액 100% 공제 − 1세대 1주택 비과세 및 다주택자 중과 적용시 개정안에 따라 취득한 기존 주택 등은 주택수 산정에서 제외

(2) 개정이유
ㅇ 1세대 1주택 하우스푸어 지원 및 주택거래 활성화

(3) 적용시기 및 적용례
ㅇ 2013. 5. 10. 이후 양도하는 분부터 적용

신축주택의 취득자에 대한 양도소득세의 과세특례

1 | 의 의

　　주택건설사업자를 제외한 거주자가 서울특별시, 과천시 및 택지개발촉진법 제3조의 택지예정개발지구로 지정·고시된 분당, 일산, 평촌, 산본 및 중동신도시지역 외의 지역에 소재하는 신축주택(주택에 부수되는 토지로서 건물연면적의 2배 이내의 것을 포함)을 취득하여 그 취득일부터 5년 이내에 양도함으로써 발생하는 소득에 대하여 양도소득세를 면제한다. 5년이 경과된 후 양도하는 경우에는 5년간 발생하는 양도소득금액을 양도소득세 과세대상 소득금액에서 차감한다.

　　본 제도는 수도권 외의 지역의 신축국민주택에 대한 수요를 진작시킴으로써 지방건설경기의 활성화를 지원하기 위하여 2000년에 최초로 도입되었으나, 그동안 건설경기 및 부동산시장의 환경변화에 따라 과세특례대상이 다소간 변화가 있어 왔다. 현재는 일몰이 종료되어 더 이상 본 제도의 적용을 받는 신규주택을 취득할 수는 없으나, 기존 신규주택취득기간 내에 취득한 자에 대하여는 취득한 주택을 양도할 때까지 본 제도가 유지된다.

> 〈제도 연혁 : 지역별 신축주택 취득기간〉
> ① 2000. 11. 1.~2001. 5. 22. : 비수도권에 소재한 신축 국민주택(25.7평)에 한함.
> ② 2001. 5. 23.~2002. 12. 31. : 전국(수도권 포함)의 고급주택을 제외한 모든 신축주택
> ③ 2003. 1. 1.~2003. 6. 30. : 서울, 과천, 5대 신도시 지역을 제외한 전지역의 주택으로서 고가주택을 제외한 모든 신축주택
> ④ 2002. 12. 31. 이전에 착공하여 2003. 6. 30. 이전에 완공한 서울, 과천, 5대 신도시 자가 건설주택
> ※ 위의 신축주택과 관련한 기준시점은 분양신축주택의 경우 매매계약일이고, 자기가 건설한 신축주택의 경우 사용승인일(임시사용승인일)임.

　　다만, 본 제도 및 조특법 제99조의 제도상 감면대상 양도소득금액의 산정방법과 관련하여 논란이 있어 왔고, 그에 따라 다수의 조세심판청구가 제기되어 납세자의 불복절차가 진행되었으며, 최근 대법원에서는 신축주택 취득 후 5년 이내 양도시 감면대상 양도소득금액을 종전주택 취득일부터 양도일까지 발생한 양도소득금액으로 보고, 신축주택 취득 후 5년 후

양도시 감면대상 양도소득금액 계산 산식에서 분모의 '취득당시 기준시가'를 신축주택 취득당시 기준시가로 보아야 한다는 판결(대법원 2014. 12. 11. 선고 13두12690 판결 등 다수)을 선고하였다. 그러나 본 제도는 주택의 신축·분양 및 거래를 장려하여 침체된 건설경기와 부동산시장을 활성화하기 위한 것으로, 이와 무관한 종전주택의 양도소득금액 감면은 입법취지에 맞지 않는 측면이 있으므로, 2015. 12. 15. 조특법 개정시 이와 같은 입법취지를 고려하여 종전주택에 대한 양도소득금액은 포함되지 않음을 명확화하였다. 동 개정내용은 2016. 1. 1. 이후 양도하는 분부터 적용된다.

2 | 요 건

2-1. 신축주택의 범위

신축주택[1] 취득자에 대한 양도소득세 감면규정을 적용받기 위해서는 거주자(주택건설사업자 제외)가 다음에 해당하는 신축주택을 신축주택취득기간 내에 취득하여야 한다. 또한 신축주택의 범위에는 주택에 부수되는 당해 건물연면적의 2배 이내의 토지를 포함한다(조특법 §99의3①). 이 경우 신축주택취득기간은 2001. 5. 23.부터 2003. 6. 30.까지의 기간을 말한다.

① 신축주택취득기간 중에 주택건설업자와 최초로 매매계약을 체결하고 계약금을 납부한 자가 취득한 신축주택
② 주택법에 의한 주택조합 또는 도시 및 주거환경정비법에 의한 정비사업조합이 그 조합원에게 공급하고 남은 주택으로서 신축주택취득기간 이내에 주택조합 등과 직접 매매계약을 체결하고 계약금을 납부한 자가 취득하는 주택
③ 조합원이 주택조합 등으로부터 취득하는 주택으로서 신축주택취득기간 경과 후에 사용승인 또는 사용검사를 받는 주택. 다만, 주택조합 등이 조합원 외의 자와 신축주택취득기간 내에 잔여주택에 대한 매매계약(매매계약이 다수인 때에는 최초로 체결한 매매계약을 기준으로 한다)을 직접 체결하여 계약금을 납부받은 사실이 있는 경우에 한함.

---

1) 업무시설인 오피스텔이 사실상 주거용으로 사용되고 있더라도 조특법 제99조의3 제1항 제1호의 신축주택에는 해당하지 아니함(대법원 2008. 2. 14. 선고 2007두21242 판결). : ① 조특법 제99조의3은 국가외환위기 이후 침체되어 있는 국내 건설경기를 활성화하기 위한 일환으로 주택신축을 장려하기 위하여 신설된 특례규정이라 하겠으며, 조세법률주의의 원칙상 과세요건이거나 비과세요건 또는 조세감면요건을 막론하고 조세법규의 해석은 특별한 사정이 없는 한 법문대로 해석할 것이고, 납세자에게 유리하다고 하여 합리적 이유 없이 확장해석하거나 유추해석하는 것은 허용되지 아니함. ② 특히 감면요건 가운데 명백히 특례규정이라고 볼 수 있는 것은 엄격하게 해석하는 것이 조세공평의 원칙에도 부합한다고 할 것인바(대법원 2004. 5. 28. 선고 2003두7392 판결, 2006. 5. 25. 선고 2005다19163 판결 등 참조), 이러한 입법목적과 법문규정 등에 비추어 법 제99조의3 제1항 제1호 규정의 신축주택은 신축 당시를 기준으로 건축물의 용도가 주택인 경우만을 의미하는 것일 뿐 그 용도가 업무시설로서 사실상 주거용으로 사용되고 있는 건축물을 포함하는 것으로 해석할 수 없다고 할 것임.

④ 자기가 건설한 신축주택(주택법에 의한 주택조합 또는 도시 및 주거환경정비법에 의한 정비사업조합을 통하여 취득하는 주택 포함)의 경우에는 신축주택취득기간 내에 사용승인 또는 사용검사(임시사용승인을 포함한다)를 받은 신축주택

이 경우 조합원이라 함은「도시 및 주거환경정비법」제48조의 규정에 의한 관리처분계획의 인가일(주택재건축사업의 경우에는 제28조의 규정에 의한 사업시행인가일) 또는「주택법」제15조에 따른 사업계획의 승인일 현재의 조합원을 말한다(조특령 §99의3③ 2).

2-2. 감면대상에서 제외되는 주택의 범위

다음에 해당하는 경우에는 신축주택취득기간 내에 취득하더라도 본조의 감면대상 주택에서 제외된다(조특령 §99의3④, 조특칙 §45).

① 매매계약일 현재 다른 자가 입주한 사실이 있는 주택
② 신축주택취득기간 중 2001. 5. 23. 이전에 주택건설업자와 주택분양계약을 체결한 분양계약자가 당해 계약을 해제하고 분양계약자 또는 그 배우자(분양계약자 또는 그 배우자의 직계존비속 및 형제자매 포함)가 당초 분양계약을 체결하였던 주택을 다시 분양받아 취득한 주택
③ 신축주택취득기간 중 2001. 5. 23. 이전에 주택건설업자와 주택분양계약을 체결한 분양계약자가 당해 주택건설업자로부터 당초 분양계약을 체결하였던 주택에 대체하여 다른 주택을 분양받아 취득한 주택. 다만, 취학, 근무상의 형편, 질병의 요양 등 기타 부득이한 사유(소칙 §71③)로 당해 주택건설업자로부터 다른 주택을 분양받아 취득하는 경우의 주택은 포함
④ 양도소득세의 비과세대상에서 제외되는 고가주택

고가주택은 2002. 12. 30. 법 개정시 종전의 고급주택에서 고가주택으로 변경되었다. 다만, 이 법 시행일인 2003. 1. 1. 전에 주택건설업자와 최초로 매매계약을 체결하고 계약금을 납부하였거나, 자기가 건설한 주택으로서 사용승인 또는 사용검사(임시사용승인을 포함)를 받은 신축주택을 2003. 1. 1. 이후 양도하는 경우에는 종전의 규정을 적용한다. 이 경우 매매계약을 체결하고 계약금을 납부한 날 또는 자기가 건설한 신축주택으로서 사용승인 또는 사용검사를 받은 날 당시의 고급주택 기준을 적용한다[법 부칙(2002. 12. 11. 법률 제6762호) §29①].

관련예규

- 신축주택에 대한 양도소득세 감면을 적용함에 있어 하나의 건물이 주택과 주택 외의 부분으로 복합되어 있는 경우와 주택에 부수되는 토지에 주택 외의 건물이 있는 경우 주택부분만을 주택으로 봄(재재산-1416, 2006. 11. 15.).
- 다가구주택을 가구별로 분양하지 아니하고 당해 다가구주택을 하나의 매매단위로 하여 1인에게 양도하는 경우에는 그 전체를 하나의 주택으로 보아 고가주택 여부를 판정(서면4팀-412, 2006. 10. 30.)
- 신축주택취득기간 중 부부 중 한사람이 주택건설업자와 최초로 매매계약을 체결하고 계약금을 납부하여 취득한 신축주택을 부부 중 다른 사람이 민법에 따른 재산분할로 취득하여 양도하는 경우에는 양도소득세 과세특례를 적용받을 수 있으나, 그 실질이 위자료 등에 해당하는 경우에는 과세특례를 적용받을 수 없음(재재산-412, 2005. 10. 18.).

3 │ 과세특례의 내용

3-1. 양도소득세 감면

취득일부터 5년 이내에 양도하는 경우에는 그 신축주택을 취득한 날부터 양도일까지 발생한 양도소득금액을 양도소득세 과세대상소득금액에서 빼며, 당해 신축주택의 취득일부터 5년이 경과된 후에 양도하는 경우에는 그 신축주택을 취득한 날부터 5년간 발생한 양도소득금액을 양도소득세 과세대상소득금액에서 뺀다. 여기서 '양도소득세 과세대상소득금액에서 빼는 양도소득금액'은 다음의 구분에 따라 계산하며, 이 경우 새로운 기준시가가 고시되기 전인 경우에는 직전의 기준시가를 적용한다.

① 취득일부터 5년 이내에 양도하는 경우 감면대상 양도소득금액은 「소득세법」 제95조 제1항에 따라 계산한다. 다만, 재개발·재건축되기 이전의 주택(이하 "종전주택"이라 한다)을 재개발·재건축하여 취득한 신축주택인 경우 감면대상 양도소득금액은 다음 계산식에 따라 계산한 금액으로 한다.

$$\text{양도소득금액} \times \frac{\text{양도 당시의 기준시가} - \text{신축주택 취득 당시 기준시가}}{\text{양도 당시의 기준시가} - \text{종전주택 취득 당시 기준시가}}$$

② 취득일부터 5년 후에 양도하는 경우 감면대상 양도소득금액은 다음 계산식에 따라 계산한 금액으로 한다.

$$양도소득금액 \times \frac{신축주택\ 취득일부터\ 5년이\ 되는\ 날의\ 기준시가 - 신축주택\ 취득\ 당시\ 기준시가}{양도\ 당시의\ 기준시가 - 신축주택\ 취득\ 당시\ 기준시가^*}$$

* 종전주택을 재개발·재건축하여 취득한 신축주택의 경우 종전주택 취득 당시의 기준시가

사 례

「도시 및 주거환경정비법」에 따라 종전주택을 재개발·재건축하여 신축주택을 취득하여 2016년에 양도한 경우 신축주택 양도소득금액이 모두 감면대상소득금액에 해당하는지 여부

○ 기존의 대법원 판결(대법원 2014. 12. 11. 선고 2014두4207 판결)

이 사건 특례조항[구 조세특례제한법(2002. 12. 11. 법률 제6762호로 개정되기 전의 것) 제99조의3 제1항 본문] 후단의 적용대상인 '신축주택 취득일부터 5년이 경과된 후의 양도'의 경우에는 이 사건 특례조항 후단에서 '신축주택의 취득일부터 5년간 발생한 양도소득금액'의 구체적인 계산방법을 정하지 아니한 채 대통령령으로 정하도록 위임하고 있으므로(구 조세특례제한법 제99조의3 제4항), 그 위임에 따른 구 조세특례제한법 시행령 제99조의3 제2항, 제40조 제1항의 규정에 따라야 할 것이다. 그런데 구 조세특례제한법 시행령 제99조의3 제2항, 제40조 제1항은 전체 양도소득금액 중 신축주택의 취득일 이후에 발생한 양도소득금액, 즉 '신축주택의 취득일부터 양도일까지 발생한 양도소득금액'을 구분하여 산정하는 방법을 별도로 정하지 아니한 채 단지 '양도소득금액'에 '신축주택의 취득일부터 5년이 되는 날까지의 기준시가 상승분'이 '신축주택의 취득일부터 양도일까지의 기준시가 상승분'에서 차지하는 비율을 곱하여 '신축주택의 취득일부터 5년간 발생한 양도소득금액'을 계산하도록 규정하고 있을 뿐이다. 그리고 소득세법상으로도 양도소득금액은 원칙적으로 양도자산을 보유하는 전 기간을 통하여 전체로서 산정되고, 보유기간별로 안분하여 산정하는 경우에는 별도로 그 방법을 정하고 있다. 이와 같은 이 사건 산식을 비롯한 관련 규정의 문언 및 체계, 그리고 앞서 본 이 사건 특례조항의 취지 등에 비추어 보면, 이 사건 산식 중 '양도소득금액'은 '전체 양도소득금액'을 의미하고, '취득일'이나 '취득 당시' 또는 '양도 당시'는 모두 신축주택의 '취득일'이나 '취득 당시' 또는 '양도 당시'를 의미한다고 봄이 타당하다. 따라서 이 사건 특례조항 후단에 따라 양도소득세 과세대상 소득금액에서 차감하는 '신축주택의 취득일부터 5년간 발생한 양도소득금액'은 '전체 양도소득금액 × (신축주택 취득일부터 5년이 되는 날의 기준시가 − 신축주택 취득 당시의 기준시가) / (신축주택 양도 당시의 기준시가 − 신축주택 취득 당시의 기준시가)'의 산식에 따라 계산하여야 한다.

○ 위 대법원 판결로 국가가 패소함에 따라 조특법 시행령 제99조의3 제2항 개정

- 2016년 개정(대통령령 제26959호) : 2016. 1. 1. 이후 양도하는 분부터 적용

* 조특령 제99조의3 제2항 제1호 : 취득일부터 5년 이내에 양도하는 경우 감면대상 양도소득금액은 「소득세법」 제95조 제1항에 따라 계산한다. 다만, 재개발·재건축되기 이전의 주택(이하 이 조에서 "종전주택"이라 한다)을 재개발·재건축하여 취득한 제98조의3 제1항 각 호에 따른 신축주택인

경우 감면대상 양도소득금액은 다음 계산식에 따라 계산한 금액으로 한다. → 조특령 제98조의3 제1항은 '미분양주택'을 규정

- 2017년 개정(대통령령 제27848호)

  * 조특령 제99조의3 제2항 제1호 : 취득일부터 5년 이내에 양도하는 경우 감면대상 양도소득금액은 「소득세법」 제95조 제1항에 따라 계산한다. 다만, 재개발·재건축되기 이전의 주택(이하 이 조에서 "종전주택"이라 한다)을 재개발·재건축하여 취득한 법 제98조의3 제2항 각 호에 따른 신축주택인 경우 감면대상 양도소득금액은 다음 계산식에 따라 계산한 금액으로 한다. → 위 법령 오기사항을 시정

○ 문제제기

- 2017년 조특령이 개정되기 전 2016년 조특령 개정내용에 법령 오기사항이 발생하여 개정취지를 제대로 반영하지 못하는 결과가 발생하여 동 기간내의 양도분에 대하여 조세특례가 어떻게 적용되는지 문제가 된 사안임.

○ 관련 예규

기획재정부 재산세제과-455, 2017. 7. 21. : 「도시 및 주거환경정비법」 제48조의 규정에 의한 관리처분계획인가일 현재의 조합원이 정비사업조합을 통하여 취득한 주택으로서 「조세특례제한법」(2015. 12. 15. 법률 제13560호로 개정되기 전의 것) 제99조의3에 따른 과세특례 대상인 신축주택을 그 신축주택을 취득한 날부터 5년이 지난 후에 양도하는 경우로서 해당 신축주택에 대한 감면대상 양도소득금액을 계산할 때 같은 법 시행령(2017. 2. 7. 대통령령 제27848호로 개정되기 전의 것) 제99조의3 제2항 제2호 계산식상 분모에 적용하는 '양도당시 기준시가에서 차감하는 기준시가'는 '종전주택의 취득 당시 기준시가'를 말하는 것이다.

→ 개정취지를 살려 '종전주택의 기준시가'로 납세자에게 불리하게 해석

○ 심판례(조심 2017서2194, 2017. 8. 23.) 〈인용〉

쟁점신축주택의 양도가 「조세특례제한법」 제99조의3 적용대상이고 쟁점신축주택이 같은 법 시행령 제98조의3 제1항 각 호에 따른 신축주택에 해당하지 않는 점, 쟁점규정에 규정된 계산식에 따라 감면대상양도소득금액을 계산하면 청구주장과 같이 쟁점신축주택 양도소득금액 전액이 감면대상이 되는 점, 쟁점규정이 2017. 2. 7. 개정되었으나 그 적용시기가 2017. 2. 7. 이후 양도하는 분부터인 점 등에 비추어 처분청이 청구인의 양도소득세 경정청구를 거부한 처분은 잘못이라고 판단된다.

○ 저자의 견해

- 위 사안은 기획재정부 유권해석과 조세심판원 결정례가 상반되는 사안으로
- 아래와 같은 이유 등으로 납세자에게 불리하게 해석될 측면도 있으나
  ① 법 개정과정에서 항 번호를 변경하지 않고 그대로 둔 것은 관련 규정들의 전체적인 체계 및 법률의 개정 목적과 경위 등에 비추어 보면 법률개정 과정상의 실수에서 비롯된 것이 분명하고, 해당 항 번호를 바로잡아 적용한다고 하더라도 이것이 법규정의 가능한 의미를 벗어나 법형성이나 법창조행위에 이른 것이라고 할 수 없는 점(대법원 2006. 2. 23. 선고 2005다60949 판결 참조)

② 법률의 문언 그대로 구체적 사건에 적용할 경우 터무니없는 결론에 도달하게 되고 입법자가 그런 결과를 의도하였을 리가 없다고 합리적으로 판단되는 경우에는 문언을 약간 수정하여 해석하는 경우도 있을 수 있는 점(2009헌바123, 2012. 5. 31. 참조)

③ 2016년 개정된 조특령 규정상 재건축된 신축주택의 감면소득을 계산하기 위해 산식을 문리해석할 경우 '재건축주택'이 아닌 '미분양주택'이 나오게 되어 터무니없는 결과가 도출되는 것으로 보이므로 누구나 다 인정할 수 있는 수준의 오류라면 이를 해석상으로 바로잡는 것이 용인될 수 있는 점

- 국민의 재산권과 밀접한 관련을 갖고 있는 조세법의 해석에 있어서 조세법률주의의 원칙상 과세요건, 절차, 결과 등 모든 면에서 엄격하게 법문언대로 해석하여야 하고 합리적인 이유 없이 확장해석하거나 유추해석할 수는 없으며, '법률의 부존재'로 말미암아 과세의 근거가 될 수 없는 것을 법률해석을 통하여 이를 창설해 내는 일종의 '입법행위'는 조세법률주의의 원칙에 반하는 것인바(2009헌바123, 2012. 5. 31.), 2016년 조특령 개정시 입법자의 실수로 신축주택양도 감면소득 산식에 오류가 발생했다 하더라도 법문 그대로 납세자에게 유리하게 해석하는 것이 조세법률주의의 원칙상 타당하고, 납세자 입장에서는 2016년 조특령이 개정되었다 하더라도 입법상 오류로 인하여 상기와 같은 대법원 판결의 기조가 그대로 유지된 것으로 받아들일 수도 있으며, 입법자의 귀책을 납세자에게 전가시키기는 어렵다고 할 것이어서 납세자에게 불리하지 않게 해석함이 타당하다고 사료됨.

3-2. 1세대 1주택 비과세 적용

1세대 1주택 비과세 규정(소법 §89① 3)을 적용함에 있어 신축주택과 그 외의 주택을 보유한 거주자가 그 신축주택 외의 주택을 2007. 12. 31.까지 양도하는 경우에 한하여 해당 신축주택을 당해 거주자의 소유주택으로 보지 아니한다(조특법 §99의3②). 본 규정은 제도 도입시에는 일몰이 없었으나, 2006년 세법 개정시 2007. 12. 31.이라는 일몰규정이 신설되었고, 2007년 말에 일몰의 추가연장 없이 종료되었다. 본 규정의 일몰신설에 대한 법률적 다툼에 대한 내용은 앞서 설명한 제99조의 해설을 참고하기 바란다.

3-3. 부동산가격 급등지역 등 신축주택에 대한 과세특례 적용배제

전국소비자물가상승률 및 전국주택매매가격상승률을 감안하여 부동산가격이 급등하거나 급등할 우려가 있는 지역으로서 서울특별시, 과천시 및 택지개발지구로 지정·고시된 분당·일산·평촌·산본·중동 신도시지역에 소재하는 신축주택은 본조의 양도소득세 과세특례대상에서 제외된다(조특령 §99의3①).

택지개발지구로 지정·고시된 5대 신도시지역(2003. 1. 1. 현재)

분 당	일 산	평 촌	산 본	중 동
분당구 　분당동 　수내 1, 2, 3동 　정자 1, 2, 3동 　서현 1, 2동 　율동 　이매 1, 2동 　야탑 1, 2, 3동 　구미동 　금곡동(일부)	일산구 　마두동 　주엽동 　대화동(일부) 　일산동(일부) 　장항동(일부) 　백석동(일부)	안양시 　비산동(일부) 　관양동(일부) 　평촌동(일부) 　호계동(일부) 　당동(일부)	안양시 　안양동(일부) 군포시 　산본동(일부) 　금정동(일부)	부천시 원미구 　중동(일부) 　상동(일부) 　약대동(일부) 부천시 소사구 　송내동(일부) 부천시 오정구 　삼정동(일부)

4 | 절 차

본조의 신축주택의 취득자에 대한 양도소득세의 과세특례를 적용받기 위하여는 당해 부동산의 양도일이 속하는 과세연도의 과세표준신고와 함께 세액감면신청서를 납세지 관할 세무서장에게 제출하여야 한다(조특령 §99의3⑥).

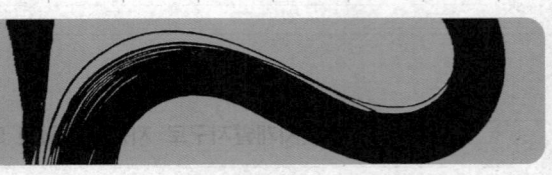

조세특례제한법

제**99**조의**4**

농어촌주택 등 취득자에 대한 양도소득세 과세특례

1 의 의

본 규정은 당초 농어촌주택에 대해 도시민·도시자금의 농어촌유입을 촉진하고 한계농지의 효율적 이용을 도모하기 위해서 2003. 12. 30. 조특법 개정시 도입되었다가 고향의 발전을 도모하고 부수적으로 미분양주택 해소에 기여하기 위해 고향주택에 대해서도 농어촌주택과 동일한 양도소득세 과세특례를 허용하게 되었다.

2014. 1. 1. 조특법 개정시 전통건축양식인 한옥은 일반 주택보다 신축비용이 상당히 높고, 부족한 지방자치단체의 지원을 보완하기 위하여 한옥에 대해서는 가액기준을 인상(2억원 → 4억원 이하)하였고, 2014. 1. 1. 이후 최초로 주택을 구입하는 분부터 적용된다.

2 요 건

2-1. 1세대

거주자 및 그 배우자가 구성하는 1세대가 주택을 취득하여야 한다(조특법 §99의4①, 조특령 §99의4①).

2-2. 농어촌주택 등 취득기간

2003. 8. 1.(고향주택은 2009. 1. 1.)부터 2025. 12. 31.까지의 기간 중에 주택을 취득하여야 한다(조특법 §99의4①).

2-3. 농어촌주택 등

다음의 어느 하나에 해당하는 1채의 주택("농어촌주택 등"이라 한다)을 취득(자기가 건설하여 취득한 경우를 포함)하여 3년 이상 보유하고 그 농어촌주택 등 취득 전에 보유하던 다른 주택("일반주택")을 양도하여야 한다(조특법 §99의4①).

2-3-1. 농어촌주택

다음의 요건을 모두 갖춘 주택을 말한다.

① 취득 당시 지역요건

다음의 어느 하나에 해당하는 지역을 제외한 지역으로서 읍·면[1] 또는 조특령 별표 12에 따른 시 지역에 속한 동(보유하고 있던 일반주택이 소재하는 동과 같거나 연접하지 아니하는 동을 말한다)에 소재할 것. 다만, 1세대가 취득한 농어촌주택등과 보유하고 있던 일반주택이 행정구역상 같은 읍·면 또는 연접한 읍·면에 있는 경우나 1세대가 취득한 고향주택과 보유하고 있던 일반주택이 행정구역상 같은 시 또는 연접한 시에 있는 경우에는 적용하지 아니한다(조특법 §99의4①·③, 조특령 §99의4②).

㉠ 수도권지역. 다만, 경기도 연천군, 인천광역시 강화군 및 옹진군은 제외한다(조특령 §99의4③, 조특칙 §45①).

㉡ 도시지역. 다만, 영암·해남 관광레저형 기업도시개발구역, 태안 관광레저형 기업도시 개발구역은 제외한다(조특령 §99의4④, 조특칙 §45②).

㉢ 조정대상지역[2]

㉣ 허가구역

㉤ 관광단지[3] (조특령 §99의4⑤)

② 대지면적이 660m² 이내일 것[4]

③ 가액요건

---

1) 「지방자치법」 제3조 제3항 및 제4항

2) 2020년말 조특법 개정시 부동산 투기에의 활용을 차단하기 위하여 농어촌주택 및 고향주택의 소재 제외 지역을 종전의 지정지역에서 조정대상지역으로 변경하였다. 개정규정은 2021년 1월 1일 이후 농어촌주택 또는 고향주택을 취득하는 경우부터 적용하고, 2021년 1월 1일 전에 종전의 농어촌주택 또는 고향주택을 취득한 경우에는 개정규정에도 불구하고 종전의 규정에 따른다(법률 제17759호, 2020. 12. 29. 부칙 §21①, §46).

3) 관광객의 다양한 관광 및 휴양을 위하여 각종 관광시설을 종합적으로 개발하는 관광 거점 지역으로서 「관광진흥법」에 따라 지정된 곳을 말한다.

4) 2020년말 조특법 개정시 도시 인구 및 자금의 농어촌 유입을 촉진하기 위하여 농어촌주택 및 고향주택의 취득 당시 해당 주택의 대지면적을 660제곱미터로 제한하는 요건을 폐지하였다. 개정규정은 2021년 1월 1일 이후 양도하는 경우부터 적용한다(법률 제17759호, 2020. 12. 29. 부칙 §21②).

기준시가(주택 및 이에 딸린 토지의 가액)의 합계액이 해당 주택의 취득 당시 3억원(한옥으로서 지방자치단체의 조례에 따라 건축비·수선비 지원, 보존의무 등의 대상으로 해당 지방자치단체의 장에게 등록된 한옥은 4억원)을 초과하지 아니할 것(조특법 §99의4① 1 나목, 조특령 §99의4⑭)

한편 농어촌주택을 증축하거나 부수토지를 추가 취득시 적용방법은 다음과 같다.

유 형	내 용
규모판정	일반주택의 양도일까지 농어촌주택의 증축 또는 그 부수토지의 추가 취득으로 증가된 건물·토지의 면적 및 가액을 포함하여 계산(조특령 §99의4⑪)
보유기간	농어촌주택의 증축 또는 그 부수토지의 추가 취득이 있는 경우 농어촌주택의 보유기간은 당초 농어촌주택의 취득일부터 기산하여 계산(조특령 §99의4⑫)
취득시기	농어촌주택등의 보유기간 및 거주기간은 다음 각 호에 따라 계산한다(조특령 §99의4⑬). 1. 농어촌주택등의 증축 또는 그 부수토지의 추가 취득이 있는 경우에 법 제99조의4 제1항 각 호 외의 부분에 따른 농어촌주택등취득기간 이내의 취득 또는 같은 항 제1호 가목 및 제2호 가목·나목에 따른 지역에 해당하는지 여부의 판정은 당초 농어촌주택등의 취득일을 기준으로 한다. 2. 농어촌주택등에서의 거주기간은 주민등록표상의 전입일부터 전출일까지의 기간으로 한다. 3. 농어촌주택등에서 거주하거나 보유하는 중에 소실·붕괴·노후 등으로 인하여 멸실되어 재건축한 주택인 경우에는 그 멸실된 주택과 재건축한 주택에 대한 거주기간 및 보유기간을 통산한다.

2-3-2. 고향주택

다음의 요건을 모두 갖춘 주택을 말한다.
① 소재 지역 범위(① and ②)
　㉠ 가족관계등록부 등에 10년 이상 등재된 등록기준지 등으로서 10년 이상 거주사실이 있는 시(조특령 §99의4⑥)
　㉡ 취득당시 인구 20만명 이하 시(50개 시 지역 중 26개 시 지역)
② 조특령 [별표 12]로 시 지역(다음의 지역은 제외한다)에 소재할 것(조특령 §99의4⑦)
　㉠ 수도권지역
　㉡ 조정대상지역5)

---

5) 2020년말 조특법 개정시 부동산 투기에의 활용을 차단하기 위하여 농어촌주택 및 고향주택의 소재 제외 지역을 종전의 지정지역에서 조정대상지역으로 변경하였다. 개정규정은 2021년 1월 1일 이후 농어촌주택 또는 고향주택을 취득하는 경우부터 적용한다(법률 제17759호, 2020. 12. 29. 부칙 §21①).

ⓒ 관광단지(조특령 §99의4⑤)

③ 대지면적이 660m² 이내일 것6)

④ 기준시가(주택 및 이에 딸린 토지의 가액)의 합계액이 해당 주택의 취득 당시 3억원
(한옥으로서 지방자치단체의 조례에 따라 건축비·수선비 지원, 보존의무 등의 대상으로 해당
지방자치단체의 장에게 등록된 한옥은 4억원)을 초과하지 아니할 것(조특법 §99의4① 2 다목,
조특령 §99의4⑭)

조특령 [별표 12] (2016. 2. 5. 신설)

| 고향주택 소재 지역 범위(제99조의4 제2항 관련) |

구 분	시 (26개)
충청북도	제천시
충청남도	계룡시, 공주시, 논산시, 보령시, 당진시, 서산시
강원도	동해시, 삼척시, 속초시, 태백시
전라북도	김제시, 남원시, 정읍시
전라남도	광양시, 나주시
경상북도	김천시, 문경시, 상주시, 안동시, 영주시, 영천시
경상남도	밀양시, 사천시, 통영시
제주도	서귀포시

비고 : 위 표는 「통계법」 제18조에 따라 통계청장이 통계작성에 관하여 승인한 주민등록인구 현황(2015년 12월
주민등록인구 기준)을 기준으로 인구 20만명 이하의 시를 열거한 것임.

3 | 과세특례의 내용

3-1. 1세대 1주택 비과세 특례

1세대가 농어촌주택 등 취득기간 중에 농어촌주택 등을 취득하여 3년 이상 보유하고 당해
농어촌주택 등 취득 전에 보유하던 다른 주택(일반주택)을 양도하는 경우에는 당해 농어촌주택
등을 해당 1세대의 소유주택이 아닌 것으로 보아 1세대 1주택 비과세 규정을 적용한다(조특법
§99의4①). 1세대가 농어촌주택 등의 3년 이상 보유요건을 충족하기 전에 일반주택을 양도하는

---

6) 2020년말 조특법 개정시 도시 인구 및 자금의 농어촌 유입을 촉진하기 위하여 농어촌주택 및 고향주택의 취득
당시 해당 주택의 대지면적을 660제곱미터로 제한하는 요건을 폐지하였다. 개정규정은 2021년 1월 1일 이후 양도하는
경우부터 적용한다(법률 제17759호, 2020. 12. 29. 부칙 §21②).

경우에도 1세대 1주택 비과세 규정을 적용한다(조특법 §99의4④).

3-2. 장기보유 특별공제 특례

1세대가 수도권 내 「주택법」 제63조의2 제1항 제1호에 따른 조정대상지역에 소재하는 2주택(양도하는 시점의 「부동산 가격공시에 관한 법률」에 따른 개별주택가격 및 공동주택가격을 합산한 금액이 6억원 이하인 경우에 한정한다)만을 소유하는 경우로서 2020년 12월 31일까지 그 중 1주택을 양도하고 「소득세법」 제105조 제1항 제1호 본문에 따른 기간 내에 농어촌주택등을 취득하는 경우에는 같은 법 제104조 제7항을 적용하지 아니하고, 「소득세법」 제95조 제2항에 따른 장기보유 특별공제액을 공제받을 수 있다(조특법 §99의4⑤).

4 | 사후관리

1세대 1주택 비과세 특례를 적용받은 1세대가 농어촌주택 등을 3년 이상 보유하지 아니하게 된 경우 또는 장기보유 특별공제를 적용받은 1세대가 농어촌주택등을 3년 이상 보유하지 아니하거나 최초 보유한 기간 3년 중 농어촌주택등에 2년 이상 거주하지 아니한 경우에는 과세특례를 적용받지 아니하였을 경우 납부하였을 세액에 상당하는 세액으로서 일반주택을 양도한 시점에서의 당해 일반주택에 대한 양도소득세율(소법 §104)에 따라 계산한 세액을 그 보유 또는 거주하지 아니하게 된 날이 속하는 달의 말일부터 2개월 이내에 양도소득세로 납부하여야 한다. 다만, 「공익사업을 위한 토지 등의 취득 및 보상에 관한 법률」에 의한 수용(협의매수를 포함한다), 사망으로 인한 상속 또는 멸실의 사유로 인하여 당해 농어촌주택 또는 고향주택을 3년 이상 보유하지 아니하게 되는 경우에는 그러하지 아니하다(조특법 §99의4⑥, 조특령 §99의4⑧·⑨).

5 | 절 차

본조의 과세특례를 적용받으려는 자는 과세특례신고서를 양도소득세과세표준신고기한 내에 제출하여야 한다. 이 경우 납세지 관할세무서장은 행정정보의 공동이용을 통하여 다음의 서류를 확인하여야 한다(조특령 §99의4⑩).
  ① 일반주택의 토지대장 및 건축물대장
  ② 농어촌주택 등의 토지대장 및 건축물대장

구 분	내 용
요건 및 과세특례의 내용	○ 농어촌주택 취득 이후에 다른 주택을 취득하여 양도하는 경우에는 과세특례가 적용되지 않음(서면5팀-242, 2007. 1. 19.). ○ 하나의 건물이 주택과 주택 외의 부분으로 복합되어 있는 경우, 주택의 면적은 사실상 주거용으로 사용하고 있는 면적을 기준으로 판정(서면4팀-4098, 2006. 12. 18.) ○ 과세특례대상 농어촌주택은 농어촌주택취득기간 내 취득하여 당해 기간 경과 후 멸실하고 재건축한 주택을 포함(서면4팀-1409, 2004. 9. 10.) ○ 농어촌주택 취득 이후에 다른 주택을 취득하여 양도하는 경우에는 농어촌주택 취득자에 대한 양도소득세 과세특례 규정이 적용되지 않는 것임(서면5팀-242, 2007. 1. 19.). ○ 「조세특례제한법」 제99조의4 "농어촌주택에 대한 양도소득세 과세특례" 규정을 적용함에 있어 하나의 건물이 주택과 주택 외의 부분으로 복합되어 있는 경우, 동법 동조 제1항 제2호에서 규정하는 주택의 면적은 사실상 주거용으로 사용하고 있는 면적을 기준으로 판단하는 것임(부동산거래-346, 2012. 7. 5.). ○ 조특법 제99조의4는 「국토의 계획 및 이용에 관한 법률」 제6조 소정의 도시지역에 소재하는 주택은 1세대의 주택으로 보지 않는 농어촌주택에서 제외하는 것으로 규정하고 있고, 쟁점주택은 도시지역 중 제2종 일반주거지역에 소재하는 주택이므로, 결국 쟁점주택은 소유 주택수에서 제외하는 농어촌주택으로 보기 어려우므로 청구인을 1세대 2주택자로 보아 과세한 처분은 정당함(조심 2011서4841, 2011. 12. 22.). ○ 1주택(A)이 있는 자가 군 지역에 국유토지를 대부받아 지은 무허가주택(B)이 재산세 과세대장상 농어가주택으로 등재되어 있는 등 조특법 제99조의4에서 규정하는 농어촌주택에 해당하므로 A의 양도는 1세대 1주택에 해당함(조심 2011중886, 2011. 6. 13.). ○ 「조세특례제한법」 제99조의4 '농어촌주택 취득자에 대한 양도소득세 과세특례'를 적용함에 있어 "농어촌주택 취득기간" 중에 취득한 농어촌주택이 「소득세법」 제104조 제3항에 따른 미등기자산에 해당하는 경우에는 동 과세특례가 적용되지 않는 것임(재산-158, 2009. 9. 9.). ○ 「조세특례제한법」 제99조의4 규정은 해당 농어촌주택 등을 해당 1세대의 소유주택이 아닌 것으로 보아 「소득세법」 제89조 제1항 제3호를 적용하는 과세특례로 「농어촌특별세법」 제2조의 "감면"에 해당하지 않아 농어촌특별세가 과세되지 않는 것임(재산-599, 2009. 3. 20.).

7 │ 주요 개정연혁

1. 농어촌주택 및 고향주택에 대한 양도소득세 주택 수 제외 특례 요건 완화 및 적용기한 연장(조특법 §99의4)

(1) 개정내용

종 전	개 정
□ 농어촌주택·고향주택에 대한 양도소득세 과세특례	□ 특례 요건 완화 및 적용기한 연장
○ (요건) ❶ & ❷ & ❸	○ 소재지 요건 완화
❶ (보유기간) 3년 이상	❶ (좌 동)
❷ (소재지) 수도권, 도시지역 조정대상지역 등 제외	❷ 도시지역의 예외* 신설 * 인구감소지역 중 부동산가격동향 등 고려해 대통령령으로 정하는 지역 제외
❸ (기준시가) 2억원(한옥 4억원) 이하	❸ 2억원(한옥 4억원) 이하 → 3억원(한옥 4억원) 이하
○ (지원내용) 농어촌주택·고향주택 취득 전 보유한 일반주택 양도 시 농어촌주택·고향주택을 주택 수 계산에서 제외	○ (좌 동)
○ (적용기한) 2022. 12. 31.까지 취득분	○ 2025. 12. 31.까지 취득분

(2) 개정이유

  ○ 지역균형발전 지원

(3) 적용시기 및 적용례

  ○ 2023. 1. 1. 이후 양도하는 분부터 적용

2. 농어촌주택등 취득자에 대한 일반주택 양도소득세 과세특례 적용기한 연장 및 적용 요건 합리화(조특법 §99의4)

(1) 개정내용

종 전	개 정
□ 1세대 1주택 비과세 판정시 농어촌·고향주택 비합산 특례 　○ 요건 　　❶ 660㎡(200평) 이하 　　❷ 수도권, 인구 20만 초과 시, 투기지역 제외 　　❸ 기준시가 2억원 이하(한옥 4억원) 　○ (적용기한) 2020. 12. 31.	□ 요건변경 및 적용기한 2년 연장 　　❶ (삭　제) 　　❷ 투기지역 → 조정대상지역 　　❸ (좌　동) 　○ 2022. 12. 31.

(2) 개정이유

　○ 농어촌주택 취득 지원

(3) 적용시기 및 적용례

　○ (면적요건) 2021. 1. 1. 이후 양도하는 분부터 적용
　　(지역요건) 2021. 1. 1. 이후 취득하는 분부터 적용

3. 조정대상지역 2주택자에 대한 농어촌주택등 취득시 양도소득세 과세특례 적용기한 종료(조특법 §99의4)

(1) 개정내용

종 전	개 정
□ 조정대상지역 2주택자*에 대한 중과세율 적용 배제 및 장기보유특별공제 허용 특례 　* 양도시점 합산 공시가격 6억원 이하 　○ (요건) 1주택 양도 후 양도세 신고기간 내 농어촌·고향주택 취득 　○ (적용기한) 2020. 12. 31.	□ 적용기한 종료

(2) 개정이유

　○ 다주택자에 대한 양도소득세 과세특례 제도 정비

영세개인사업자의 체납액 납부의무 소멸특례

1 의 의

본조는 국세 체납세액으로 경제활동 재개에 어려움을 겪고 있는 영세개인사업자를 지원하기 위해 도입되었고, 2010. 1. 1. 이후 납부의무 소멸신청분부터 적용된다. 이는 납부의무 소멸(국기법 §26) 사유는 납부·충당·부과취소, 부과제척기간 만료, 소멸시효 완성이나 이를 확장하여 본조에 영세개인사업자의 체납액 납부의무 소멸특례를 신설한 것이다.

2 요 건

2-1. 거주자의 범위

다음의 요건을 모두 갖춘 거주자의 신청에 따라 해당 거주자의 징수가 곤란한 체납액으로서 종합소득세, 부가가치세, 종합소득세 및 부가가치세에 부가되는 농어촌특별세·가산금·체납처분비(이를 모두 합친 금액을 "소멸대상체납액") 중 국세징수권 소멸시효가 완성되지 아니한 금액이어야 한다(조특법 §99의5①).

① 해당 거주자의 최종 폐업일이 속하는 과세연도를 포함하여 직전 3개 과세연도의 사업소득 총수입금액(과세기간이 1년 미만인 과세연도의 수입금액은 1년으로 환산한 총수입금액을 말한다)의 평균금액이 성실신고확인대상사업자 기준 금액 미만인 사람

② 2017. 12. 31. 이전에 폐업하고, 다음의 어느 하나의 요건을 충족하는 사람

㉮ 2018. 1. 1.부터 2018. 12. 31.까지의 기간 중 새로 사업을 하기 위하여 관할 세무서에 사업자등록을 신청할 것

㉯ 2018. 1. 1.부터 2018. 12. 31.까지의 기간 중 취업하여 납부의무의 소멸을 신청한 날("신청일") 현재 3개월 이상 근무할 것

③ 신청일 직전 5년 이내에 「조세범처벌법」에 따른 처벌 또는 처분을 받은 사실이나 이와

관련한 재판이 진행 중인 사실이 없는 사람

④ 신청일 현재 「조세범처벌법」에 따른 범칙사건에 대한 조사가 진행 중인 사실이 없는 사람

2-2. 체납액의 범위

"해당 거주자의 징수가 곤란한 체납액"이란 다음의 어느 하나에 해당하는 체납액을 말한다(조특법 §99의5②).

① 2017. 6. 30. 현재 결손처분된 해당 거주자의 체납액

② 2017. 6. 30. 현재 체납처분 중지된 해당 거주자의 체납액

③ 2017. 6. 30. 현재 재산이 없어 해당 거주자의 체납액을 징수할 수 없는 경우 그 체납액

④ 2017. 6. 30. 현재 체납처분이 종결되고 해당 거주자의 체납액에 충당된 배분금액이 그 체납액에 미치지 못하는 경우 배분금액을 충당하고 남은 체납액

⑤ 2017. 6. 30. 현재 총재산가액이 체납처분비에 충당하고 남을 여지가 없어 해당 거주자의 체납액을 징수할 수 없는 경우 그 체납액

⑥ 2017. 6. 30. 현재 체납처분의 목적물인 거주자의 재산을 「상속세 및 증여세법」 제60조부터 제66조까지의 규정에 따라 평가한 금액의 140퍼센트에 해당하는 금액을 제외한 나머지 체납액(조특령 §99의5②)

3 | 과세특례의 내용

위의 요건을 갖춘 경우 납부의무를 1명당 3천만원을 한도로 소멸시킬 수 있다. 이 경우 다른 세무서에서 납부의무가 소멸된 소멸대상 체납액을 모두 포함하여 한도를 적용한다(조특법 §99의5①).

한편 2017. 7. 1. 이후 취득하거나 발생한 재산·소득("재산 등")으로서 신청일 전에 발견된 거주자의 재산 등이 있는 경우에는 체납처분을 할 수 있다(조특법 §99의5⑦). 하지만 2017. 7. 1. 이후 취득하거나 발생한 재산 등으로서 신청일 이후에 발견된 거주자의 재산 등이 있는 경우에는 제1항에 따라 납부의무가 소멸된 금액에 대해서는 해당 거주자의 재산 등에 대하여 체납처분을 할 수 없다(조특법 §99의5⑧). 그리고 거주자의 소멸대상체납액 중 일부 금액만 납부의무를 소멸시키는 경우 그 소멸 순서는 건별로 국세, 가산금, 체납처분비 순으로 한다(조특법 §99의5⑨).

4 │ 납부의무의 소멸 취소

세무서장은 소멸대상체납액에 대하여 납부의무의 소멸을 결정한 후에도 2017. 6. 30. 당시 징수할 수 있는 다른 재산이 있었던 것을 발견한 때에는 지체 없이 그 재산의 가액에 상당하는 금액에 대하여 납부의무의 소멸을 취소하고 체납처분을 하여야 한다(조특법 §99의5⑤).

또한 세무서장은 소멸대상체납액에 대하여 납부의무의 소멸을 결정한 후에도 위 2-1. ② ㉮에 해당하는 거주자가 다음의 어느 하나에 해당하는 경우에는 지체 없이 그 납부의무의 소멸을 취소하고 체납처분을 하여야 한다(조특법 §99의5⑥).

① 사업자등록을 신청한 날부터 1개월 이내에 사업자등록증을 발급받지 못한 경우
② 사업자등록을 신청한 날부터 1개월 이내에 사업을 시작하지 아니한 경우

5 │ 절 차

거주자가 소멸대상체납액에 대하여 납부의무를 소멸받으려는 경우에는 2018. 1. 1.부터 2019. 12. 31.까지 소멸대상체납액을 관할하는 세무서장에게 소멸대상체납액의 납부의무 소멸을 신청1)2)3)하여야 한다(조특법 §99의5③).

이때 거주자의 납부의무 소멸의 신청을 받은 세무서장은 「국세징수법」 제87조에 따른 국세체납정리위원회의 심의를 거쳐 신청일부터 2개월 이내에 납부의무의 소멸 여부를 결정하여 해당 거주자에게 그 사실을 통지하여야 한다. 이 경우 세무서장이 해당 거주자의 소멸대상체납액의 납부의무를 소멸하는 것으로 결정한 때에는 신청일에 해당 소멸대상체납액의 납부의무가 소멸한 것으로 본다(조특법 §99의5④).

---

1) 소멸대상체납액에 대하여 납부의무를 소멸받으려는 거주자는 납부의무소멸신청서를 사업자등록 신청 또는 취업사실을 증명하는 서류 등과 함께 소멸대상체납액을 관할하는 세무서장에게 제출하여야 한다(조특령 §99의5③).
2) 관할 세무서장은 서류에 미비 또는 오류가 있는 경우에는 10일 이내의 기간을 정하여 그 보정을 요구할 수 있다. 이 경우 보정기간은 승인통지기간에 포함하지 아니한다(조특령 §99의5④).
3) 관할 세무서장은 거주자의 소멸대상체납액의 납부의무를 소멸시키는 경우 납부의무를 건별로 소멸시키고 그 순서는 거주자가 신청한 순서에 따르며, 거주자가 납부의무를 소멸시키는 순서를 정하지 아니한 경우 또는 그 순서를 알 수 없는 경우에는 국세징수권 소멸시효가 많이 남아있는 건부터 소멸시킨다(조특령 §99의5⑥).

6 | 관련사례

구 분	내 용
납부의무 소멸특례	○ 총수입금액 산정시 '사업소득'의 범위 질의 관련 : 조세특례제한법 제99조의5에 따라 결손처분세액 납부의무 소멸을 받을 수 있는 거주자의 요건 중 사업소득 총수입금액에는 부동산임대소득도 포함한 금액임(재조세-195, 2010. 2. 16.). ○ "사업자등록을 신청한 자"의 범위 질의 관련 : 조세특례제한법 제99조의5 제1항 제2호에 따라 2010년 이후 새로 부동산임대사업을 하기 위하여 관할 세무서에 사업자등록을 신청하는 자도 조세특례제한법 제99조의5에 따른 결손처분세액 납부의무 소멸을 신청할 수 있음. 다만, 당초 결손처분 당시 징수할 수 있는 재산이 있었던 것을 발견한 때에는 조세특례제한법 제99조의5 제4항에 따라 결손처분과 납부의무의 소멸을 취소하고 체납처분을 하여야 함(재조세-195, 2010. 2. 16.). ○ 특례대상자 중 "취업"의 정의 질의 관련 : 조세특례제한법 제99조의5 제1항 제2호에 따라 일용근로자가 같은 근무처에서 3개월 이상 계속하여 근무한 자도 조세특례제한법 제99조의5에 따른 결손처분세액 납부의무 소멸을 신청할 수 있음(재조세-195, 2010. 2. 16.). ○ 연대납세의무자의 납부의무 소멸 범위 질의 관련 : 조세특례제한법 제99조의5에 따른 결손처분세액 납부의무 소멸은 각 납세의무자 개인별로 조세특례제한법 제99조의5에 따라 납부의무 소멸을 받을 수 있는 요건을 갖추었는지 여부에 따라 결정되는 것이므로 연대납세의무자의 납부의무 소멸에 있어서는 결손처분세액 납부의무 소멸을 신청한 연대납세의무자의 부담부분에 한하여 1인당 500만원을 한도로 납부의무가 소멸되는 것으로 다른 연대납세의무자에 대해서는 절대적 효력이 없는 것임(재조세-195, 2010. 2. 16.).

7 │ 주요 개정연혁

1. 재기자영업자의 체납세금 납부의무 소멸특례(조특법 §99의5, 조특령 §99의5)

(1) 개정내용

종 전	개 정
〈신 설〉	□ 체납세금 납부의무 소멸대상(①과 ② 요건 충족) ① 종합소득세·부가가치세 및 이에 부가되는 농어촌특별세·가산금·체납처분비 ② 2017. 6. 30. 기준 무재산 등*으로 징수할 가능성 없는 체납액 　* ① 2012년 이전 결손처분, ② 체납처분 중지, ③ 체납처분 종결 후 배분금액이 　　체납액에 미달, ④ 재산가액이 체납처분비에 미달, ⑤ 재산가액의 140%를 　　제외한 체납액 등
	□ 적용대상자(①~⑤ 요건을 모두 충족) ① 폐업 전 3년 평균 수입금액이 성실신고확인 대상자 수입금액 기준* 미달자 　* 도소매업 등 15억원, 제조업 등 7.5억원, 개인서비스업 등 5억원 ② 2017. 12. 31. 이전 폐업 ③ 2018. 1. 1.~2018. 12. 31. 중 사업자등록을 신청하거나 취업하여 신청일 　현재 3개월 이상 근무 ④ 신청일 직전 5년 이내 「조세범 처벌법」에 따른 처벌·처분을 받거나 　진행 중인 재판이 없을 것 ⑤ 신청일 현재 「조세범 처벌법」에 따라 진행 중인 범칙사건 조사가 　없을 것
	□ 다음의 경우 납부의무 소멸을 취소한 후 체납처분 속행 ㅇ 2017. 6. 30. 기준 징수가능한 다른 재산이 있었던 경우 ㅇ 사업자등록 신청 후 1개월 이내 사업자등록증을 발급받지 못한 경우 등
	□ 소멸신청 : 2018. 1. 1.~2019. 12. 31. 중 관할 세무서장에게 신청
	□ 소멸한도 : 1명당 3,000만원

(2) 개정이유

ㅇ 폐업한 영세 자영업자의 재기 지원

(3) 적용시기 및 적용례

ㅇ 2018. 1. 1. 이후 신청하는 분부터 적용

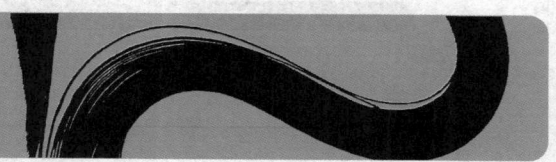

재기중소기업인의 체납액 등에 대한 과세특례

1 의 의

재기중소기업인에게 강제징수에 따른 재산의 압류나 압류재산의 매각을 유예하여 경제적 부담을 완화하고 재도전을 세제측면에서 지원하고자 2013년에 도입되었다.

2 요 건

2-1. 재기중소기업인

(1) 다음의 어느 하나에 해당하는 내국인일 것(조특법 §99의6①, 조특령 §99의6①)

  (가) 중소벤처기업진흥공단으로부터 재창업자금을 융자받은 자

  (나) 신용보증기금 또는 기술보증기금으로부터 재창업자금을 융자받은 자

  (다) 신용회복위원회[1]의 채무조정을 받은 자

  (라) 중소벤처기업부장관이 성실경영실패자로 판정한 자[2]

(2) 위 내국인 중 다음의 요건을 모두 갖춘 자일 것(조특법 §99의6①, 조특령 §99의6④ · ⑤ · ⑥ · ⑦)

  (가) 신청일 직전 5년 이내의 연평균 체납횟수가 3회 미만이고 신청일 당시 체납액이 5천만원 미만인 자

  (나) 신청일 직전 3개 과세연도의 수입금액(기업회계기준에 따라 계산한 매출액)의 평균금액이 아래의 구분에 따른 금액 미만인 자

---

1) 「서민의 금융생활 지원에 관한 법률」 제56조
2) 「중소기업창업지원법」 제43조 제4항

구 분	금 액
중소벤처기업진흥공단으로부터 재창업자금을 융자받은 자	15억원
신용보증기금 또는 기술보증기금으로부터 재창업자금을 융자받은 자	15억원
신용회복위원회의 채무조정을 받은 자	금액 제한 없음
중소벤처기업부장관이 성실경영실패자로 판정한 자	15억원

(다) 신청일 직전 5년 이내에 「조세범 처벌법」에 따른 처벌 또는 처분을 받은 사실이나 이와 관련한 재판이 진행 중인 사실이 없는 자

(라) 신청일 당시 「조세범 처벌법」에 따른 범칙사건에 대한 조사가 진행 중인 사실이 없는 자

(마) 신청일 당시 복식부기의무 등 아래의 세법상 의무를 이행하고 있는 자

  1) 복식부기의무자[3]인 경우에는 복식부기에 따라 장부를 갖추어 두고 기록하고 있을 것

  2) 사업용계좌 신고·사용의무[4]가 있는 사업자인 경우에는 사업용계좌를 신고하여 사용하고 있을 것

  3) 신용카드가맹점 가입 대상 사업자[5]인 경우에는 신용카드가맹점[6]으로 가입하고 있을 것

  4) 현금영수증가맹점[7]으로 가입하여야 하는 사업자인 경우에는 현금영수증가맹점[8]으로 가입하고 있을 것

2-2. 체납액 납부계획

체납액 납부계획은 체납액 납부에 제공될 재산 또는 소득에 관한 사항, 체납액의 납부일정에 관한 사항을 적은 문서(체납액 납부계획서)로 하여야 한다(조특령 §99의6③, 조특칙 §45의2①).

---

3) 「소득세법」 제160조 제3항 및 「법인세법」 제112조
4) 「소득세법」 제160조의5
5) 「소득세법」 제162조의2 제1항 및 「법인세법」 제117조 제1항
6) 「여신전문금융업법」 제2조 제5호
7) 「소득세법」 제162조의3 제1항 및 「법인세법」 제117조의2 제1항
8) 「조세특례제한법」 제126조의3 제1항

2-3. 대상 체납액

소득세, 법인세, 부가가치세 및 이에 부가되는 세목에 대한 체납액으로 한정한다.

2-4. 신청요건

재기중소기업인은 재산의 압류를 유예받거나 압류재산의 매각을 유예받으려는 때에는 2023년 12월 31일까지 세무서장에게 신청하여야 한다(조특법 §99의6②).

3 | 과세특례의 내용

(1) 재산의 압류나 압류재산의 매각 유예

세무서장은 3년간 체납액 납부계획에 따라 강제징수에 따른 재산의 압류(이미 압류한 재산의 압류 포함)나 압류재산의 매각을 유예할 수 있다(조특법 §99의6①, 조특령 §99의6②).

(2) 창업으로 인정하는 예외

폐업 후 사업을 다시 개시하여 폐업 전의 사업과 같은 종류의 사업을 하는 경우에는 창업중소기업 등에 대한 세액감면(조특법 §6⑩3호)을 적용받을 수 없다. 하지만, 2023년 12월 31일까지 창업, 지정 또는 확인을 받은 재기중소기업인에 대하여 이를 적용하지 아니한다(조특법 §99의6⑤).

4 | 사후관리

세무서장은 압류 또는 매각의 유예를 결정한 후 해당 재기중소기업인이 다음의 어느 하나에 해당하게 되었을 때에는 그 유예를 취소하고, 강제징수를 하여야 한다(조특법 §99의6④, 조특령 §99의6⑩).
- (1) 체납액 납부계획을 3회 이상 위반하였을 때
- (2) 납부기한 전 징수사유[9])에 해당되어 그 유예한 기한까지 유예와 관계되는 체납액의 전액을 징수할 수 없다고 인정될 때

---

9) 「국세징수법」 제9조 제1항 각 호

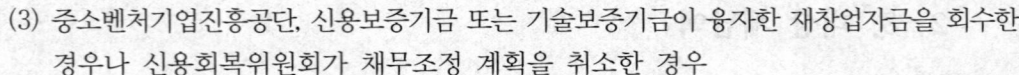

(3) 중소벤처기업진흥공단, 신용보증기금 또는 기술보증기금이 융자한 재창업자금을 회수한 경우나 신용회복위원회가 채무조정 계획을 취소한 경우

5 │ 절 차

(1) 재기중소기업인의 압류 또는 매각의 유예를 신청받은 세무서장은 국세체납정리위원회[10]의 심의를 거쳐 신청일부터 2개월 이내에 납세담보의 제공 여부를 결정하여 해당 재기중소기업인에게 그 사실을 통지하여야 한다(조특법 §99의6③).

(2) 재기중소기업인이 재산의 압류 또는 압류재산의 매각을 유예받으려는 때에는 납세자의 주소 또는 거소와 성명, 납부할 국세의 과세기간, 세목, 세액 및 납부해야 할 기한, 압류 또는 압류재산의 매각을 유예의 연장을 받으려는 이유와 기간, 분할납부의 방법으로 압류 또는 압류재산의 매각을 유예받으려는 경우에는 그 분납액 및 분납횟수을 적은 신청서(전자문서 포함)를 관할 세무서장에게 제출해야 한다(조특령 §99의6⑧, 조특칙 §45의2②).

(3) 재기중소기업인에 대한 통지에 관하여는 「국세징수법 시행령」 제15조를 준용한다(조특령 §99의6⑨).

(4) 세무서장은 압류 또는 매각의 유예를 취소한 경우에는 해당 재기중소기업인에게 그 사실을 통지해야 한다(조특령 §99의6⑪).

(5) 폐업 후 사업을 다시 개시하여 폐업 전의 사업과 같은 종류의 사업을 하여 창업중소기업 등에 대한 세액감면을 적용받으려는 재기중소기업인은 세액감면신청을 하여야 한다(조특법 §99의6⑥, 조특령 §99의6⑫).

---

10) 「국세징수법」 제106조

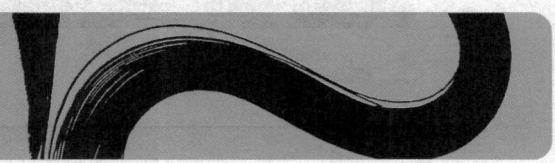

제**99**조의8

재기중소기업인에 대한 납부고지의 유예 등의 특례

1 | 의 의

본조는 재기중소기업인의 원활한 재창업을 지원하기 위해 2015년 12월 15일 조특법 개정시 신설되었으며, 2016년 1월 1일 이후 신청하는 분부터 적용한다.

2 | 요 건

2-1. 재기중소기업인

(1) 다음의 어느 하나에 해당하는 내국인일 것(조특법 §99의8①, 조특령 §99의6①)

(가) 중소벤처기업진흥공단으로부터 재창업자금을 융자받은 자

(나) 신용보증기금 또는 기술보증기금으로부터 재창업자금을 융자받은 자

(다) 신용회복위원회[1]의 채무조정을 받은 자

(라) 중소벤처기업부장관이 성실경영실패자로 판정한 자[2]

(2) 위 내국인 중 다음의 요건을 모두 갖춘 자일 것(조특법 §99의8①, 조특령 §99의6④·⑤·⑥·⑦)

(가) 신청일 직전 5년 이내의 연평균 체납횟수가 3회 미만이고 신청일 당시 체납액이 5천만원 미만인 자

(나) 신청일 직전 3개 과세연도의 수입금액(기업회계기준에 따라 계산한 매출액)의 평균금액이 아래의 구분에 따른 금액 미만인 자

---

1) 「서민의 금융생활 지원에 관한 법률」 제56조
2) 「중소기업창업지원법」 제43조 제4항

구 분	금 액
중소벤처기업진흥공단으로부터 재창업자금을 융자받은 자	15억원
신용보증기금 또는 기술보증기금으로부터 재창업자금을 융자받은 자	15억원
신용회복위원회의 채무조정을 받은 자	금액 제한 없음
중소벤처기업부장관이 성실경영실패자로 판정한 자	15억원

(다) 신청일 직전 5년 이내에 「조세범 처벌법」에 따른 처벌 또는 처분을 받은 사실이나
이와 관련한 재판이 진행 중인 사실이 없는 자
(라) 신청일 당시 「조세범 처벌법」에 따른 범칙사건에 대한 조사가 진행 중인 사실이
없는 자
(마) 신청일 당시 복식부기의무 등 아래의 세법상 의무를 이행하고 있는 자
① 복식부기의무자3)인 경우에는 복식부기에 따라 장부를 갖추어 두고 기록하고
있을 것
② 사업용계좌 신고·사용의무4)가 있는 사업자인 경우에는 사업용계좌를 신고하여
사용하고 있을 것
③ 신용카드가맹점 가입 대상 사업자5)인 경우에는 신용카드가맹점6)으로 가입하고
있을 것
④ 현금영수증가맹점7)으로 가입하여야 하는 사업자인 경우에는 현금영수증가맹
점8)으로 가입하고 있을 것

2-2. 대상 세액

소득세, 법인세, 부가가치세 및 이에 부가되는 세목에 대한 납부고지의 유예 또는 지정납부
기한등의 연장으로 한정한다.

---

3) 「소득세법」 제160조 제3항 및 「법인세법」 제112조
4) 「소득세법」 제160조의5
5) 「소득세법」 제162조의2 제1항 및 「법인세법」 제117조 제1항
6) 「여신전문금융업법」 제2조 제5호
7) 「소득세법」 제162조의3 제1항 및 「법인세법」 제117조의2 제1항
8) 「조세특례제한법」 제126조의3 제1항

2-3. 신청요건

재기중소기업인은 특정 사유9)(재난 또는 도난으로 재산에 심한 손실을 입은 경우, 경영하는 사업에 현저한 손실이 발생하거나 부도 또는 도산의 우려가 있는 경우, 본인 또는 그 동거가족이 질병이나 중상해로 6개월 이상의 치료가 필요한 경우 또는 사망하여 상중(喪中)인 경우, 권한 있는 기관에 장부나 서류 또는 그 밖의 물건이 압수 또는 영치된 경우 및 이에 준하는 경우, 정전, 프로그램의 오류, 그 밖의 부득이한 사유로 정보처리장치나 시스템을 정상적으로 가동시킬 수 없는 경우 등)가 발생한 경우 2023년 12월 31일까지 납부고지의 유예 또는 지정납부기한등의 연장을 신청할 수 있다(조특법 §99의8①).

3 │ 과세특례의 내용

세무서장은 재기중소기업인이 납부고지의 유예 또는 지정납부기한등의 연장을 한 날의 다음 날부터 3년간 납부고지의 유예 또는 지정납부기한등의 연장을 할 수 있고, 납부고지의 유예 또는 지정납부기한등의 연장기간 중의 분납기한 및 분납금액을 정할 수 있다(조특법 §99의8①, 조특령 §99의6②).

4 │ 사후관리

세무서장은 납부고지의 유예 또는 지정납부기한등의 연장을 결정한 후 재기중소기업인이 다음의 어느 하나에 해당하게 되었을 때에는 그 납부고지의 유예 또는 지정납부기한등의 연장을 취소하고, 유예 또는 연장과 관계되는 국세 또는 체납액을 한꺼번에 징수할 수 있다(조특법 §99의8②. 조특령 §99의6⑩).
  (1) 납부기한등 연장 등의 취소 사유10)(국세를 분할납부하여야 하는 각 기한까지 분할납부하여야 할 금액을 납부하지 아니한 경우, 관할 세무서장의 납세담보물의 추가 제공 또는 보증인의 변경 요구에 따르지 아니한 경우, 재산 상황의 변동 등의 사유로 납부기한등의 연장 또는 납부고지의 유예를 할 필요가 없다고 인정되는 경우, 연장 또는 유예한 기한까지 연장 또는 유예와 관계되는 국세의 전액을 징수할 수 없다고 인정되는 경우)에 해당하는 경우
  (2) 중소벤처기업진흥공단, 신용보증기금 또는 기술보증기금이 융자한 재창업자금을 회수한 경우나 신용회복위원회가 채무조정 계획을 취소한 경우

---

9) 「국세징수법」 제13조 제1항 제1호부터 제4호, 같은 법 시행령 제11조
10) 「국세징수법」 제16조 제1항 각 호

5 | 절차

(1) 재기중소기업인이 납부고지의 유예 또는 지정납부기한등의 연장을 유예받으려는 때에는 납세자의 주소 또는 거소와 성명, 납부할 국세의 과세기간·세목·세액 및 납부해야 할 기한·납부고지의 유예 또는 지정납부기한등의 연장을 받으려는 이유와 기간, 분할납부의 방법으로 납부고지의 유예 또는 지정납부기한등의 연장을 받으려는 경우에는 그 분납액 및 분납횟수을 적은 신청서(전자문서 포함)를 관할 세무서장에게 제출해야 한다(조특령 §99의6⑧).

(2) 납부고지의 유예 또는 지정납부기한등의 연장의 통지에 관하여는 「국세징수법 시행령」 제15조를 준용한다(조특령 §99의6⑨).

(3) 세무서장은 납부고지의 유예 또는 지정납부기한등의 연장을 취소한 경우에는 해당 재기중소기업인에게 그 사실을 통지해야 한다(조특령 §99의6⑪).

제99조의9

위기지역 창업기업에 대한 법인세 등의 감면

1 │ 의 의

위기지역 창업을 통한 경제활성화를 지원하기 위해 2018년 12월 24일 조특법 개정시 신설되었다. 본조는 2018년 1월 1일 이후 지정 또는 선포된 위기지역의 지정일 또는 선포일이 속하는 과세연도의 과세표준을 2019년 1월 1일 이후 신고하는 경우부터 적용한다.

2 │ 요 건

위기지역에 2023년 12월 31일까지 감면대상사업[1]으로 창업[2]하거나 사업장을 신설(기존 사업장을 이전하는 경우는 제외하며, 위기지역으로 지정 또는 선포된 기간에 창업하거나 사업장을 신설하는 경우로 한정한다)하는 기업에 대하여 적용한다(조특법 §99의9①).

3 │ 과세특례의 내용

(1) 세액감면

기업은 감면대상사업에서 발생한 소득에 대하여 감면대상사업에서 최초로 소득이 발생한 과세연도(사업개시일부터 5년이 되는 날이 속하는 과세연도까지 그 사업에서 소득이 발생하지 아니한 경우에는 5년이 되는 날이 속하는 과세연도)의 개시일부터 5년 이내에 끝나는 과세연도까지는 소득세 또는 법인세의 100분에 100에 상당하는 세액을 감면하고, 그 다음 2년 이내에 끝나는 과세연도까지는 소득세 또는 법인세의 100분의 50에 상당하는 세액을 감면한다(조특법

---

1) 조특법 제6조 제3항 각 호에 따른 업종
2) 창업의 범위에 관하여는 조특법 제6조 제10항을 준용한다(조특법 §99의9). 이에 대해서는 제6조의 해설을 참고하기로 한다.

§99의9②). 여기서 "감면대상사업에서 발생한 소득"이란 감면대상사업을 경영하기 위하여 위기지역[3)]에 투자한 사업장에서 발생한 소득을 말한다(조특령 §99의8①).

(2) 감면한도

중소기업 외의 기업이 감면기간 동안 감면받는 소득세 또는 법인세의 총합계액은 투자누계액과 상시근로자 수[4)]를 감안하여 결정하되, 구체적인 감면한도는 아래와 같다(조특법 §99의9③, 조특령 §99의8②).

> 〈감면한도〉 (가) + (나)
>
> (가) 투자누계액(소득세 또는 법인세를 감면받는 해당 과세연도까지의 사업용자산에 대한 투자 합계액)의 100분의 50
> * 사업용자산 : 해당 사업에 주로 사용하는 사업용 유형자산, 해당 사업에 주로 사용하기 위해 건설 중인 자산, 무형자산(조특칙 §8의3)
> (나) 해당 과세연도에 감면대상사업장의 상시근로자 수 × 1천5백만원(청년 상시근로자와 서비스업을 하는 감면대상사업장의 상시근로자의 경우에는 2천만원)
> * 서비스업 : 농업, 임업 및 어업, 광업, 제조업, 전기, 가스, 증기 및 수도사업, 건설업, 소비성서비스업을 제외한 사업(조특령 §99의8③, §29③)

(3) 감면한도 적용순서

각 과세연도에 감면받을 소득세 또는 법인세에 대하여 위 감면한도를 적용할 때에는 투자누계액 한도를 먼저 적용한 후 상시근로자 수 감면한도를 적용한다(조특법 §99의9④).

4 | 사후관리

상시근로자 수 감면한도를 적용받아 소득세 또는 법인세를 감면받은 기업이 감면받은 과세연도 종료일부터 2년이 되는 날이 속하는 과세연도 종료일까지의 기간 중 각 과세연도의 감면대상사업장의 상시근로자 수가 감면받은 과세연도의 상시근로자 수보다 감소한 경우에는 감면받은 세액에 상당하는 금액을 소득세 또는 법인세로 납부하여야 하는바, 그 금액은 다음의 계산식에 따라 계산한 금액(그 수가 음수이면 영으로 보고, 감면받은 과세연도 종료일 이후 2개 과세연도 연속으로 상시근로자 수가 감소한 경우에는 두 번째 과세연도에는 첫 번째 과세연도에 납부한 금액을 뺀 금액)으로 하며, 이를 상시근로자 수가 감소된 과세연도의 과세표준을 신고할 때

---

3) 조특법 제30조의3 제5항
4) 상시근로자 및 청년상시근로자의 범위, 상시근로자 수 및 청년상시근로자 수의 계산방법에 관하여는 조특령 제11조의2 제5항부터 제7항까지의 규정을 준용한다(조특령 §99의8⑤). 이에 대해서는 제12조의2의 해설을 참고하기로 한다.

소득세 또는 법인세로 납부해야 한다(조특법 §99의9⑤, 조특령 §99의8④).

> 해당 기업의 상시근로자 수가 감소된 과세연도의 직전 2년 이내의 과세연도에 상시근로자 수 감면한도를 적용하여 감면받은 세액의 합계액 − 〔상시근로자 수가 감소된 과세연도의 감면대상사업장의 상시근로자 수 × 1천5백만원(청년상시근로자와 서비스업의 경우에는 2천만원)〕

5 │ 구분경리

상시근로자 수 감면한도 규정에 따라 서비스업에 대한 한도를 적용받는 기업은 서비스업과 그 밖의 사업을 각각 구분하여 경리하여야 한다(조특법 §99의9⑩, 조특법 §143).

6 │ 절 차

본조의 소득세 또는 법인세 감면을 받으려는 자는 과세표준신고와 함께 세액감면신청서를 납세지 관할 세무서장에게 제출해야 한다(조특법 §99의9⑨, 조특령 §99의8⑦).

제99조의10

영세개인사업자의 체납액 징수특례

1 | 의 의

본조는 영세개인사업자의 재기를 지원하기 위하여 2019년 12월 31일 조특법 개정시 신설되었고, 2020년 1월 1일 이후 체납액 징수특례를 신청하는 분부터 적용한다.

2 | 요 건

아래의 요건을 모두 갖춘 거주자의 신청[1]에 따라 징수곤란 체납액[종합소득세(이에 부가되는 농어촌특별세 포함) 및 부가가치세의 합계액] 중 국세징수권의 소멸시효가 완성되지 아니한 금액에 해당되어야 한다(조특법 §99의10①).

(1) 거주자 요건

(가) 해당 거주자의 최종 폐업일이 속하는 과세연도를 포함하여 직전 3개 과세연도의 사업소득 총수입금액의 평균금액이 15억원 미만인 사람

(나) 2022년 12월 31일 이전에 모든 사업을 폐업한 이후 다음의 어느 하나에 해당하는 요건을 충족하는 사람

1) 2020년 1월 1일부터 2025년 12월 31일까지의 기간 중 사업자등록을 신청하고 사업을 개시하여 신청일 현재 1개월 이상 사업을 계속하고 있을 것

2) 2020년 1월 1일부터 2025년 12월 31일까지의 기간 중 취업하여 신청일 현재 3개월 이상 근무하고 있는 자로서 다음의 어느 하나에 해당하는 경우로서 근로소득을 지급하는 원천징수의무자의 변경이 없는 것을 말한다. 다만, 거주자의 근무 장소의 변경 없이 부득이한 사유로 원천징수의무자가 변경된 경우에는 원천징수의무자의

---

[1] 2021년 1월 1일 당시 종전의 규정에 따라 체납액 징수특례를 신청한 자는 개정규정에 따라 신청한 것으로 본다(법률 제17759호, 2020. 12. 29. 부칙 §47).

변경이 없는 것으로 본다(조특령 §99의9①).

　가) 거주자가 원천징수의무자에게 고용되어 월 15일 이상 연속하여 3개월 이상
　　　근무할 것

　나) 거주자가 원천징수의무자로부터 3개월 이상 월 100만원 이상의 급여를 연속하여
　　　지급 받을 것

3) 신청일 직전 5년 이내에 「조세범 처벌법」에 따른 처벌 또는 처분을 받은 사실이나
　이와 관련한 재판이 진행 중인 사실이 없는 사람

4) 신청일 현재 「조세범 처벌법」에 따른 조세범칙사건에 대한 조사가 진행 중인 사실이
　없는 사람

5) 신청일 현재 해당 거주자의 체납액 중 종합소득세(이에 부가되는 농어촌특별세 포함)
　및 부가가치세의 합계액이 5천만원 이하인 사람

6) 영세개인사업자의 체납액 납부의무 소멸특례[2]를 적용받은 사실이 없는 사람

(2) 징수곤란 체납액

　다음의 어느 하나에 해당하는 체납액을 말하되, 거주자가 기준일 후에 취득한 재산으로서
체납액을 관할하는 세무서장이 신청일 전에 발견한 재산의 가액 및 거주자가 기준일부터
신청일까지 납부한 금액은 징수곤란 체납액에서 차감한다(조특법 §99의10⑨).

　(가) 기준일 현재 재산이 없어 해당 거주자의 체납액을 징수할 수 없는 경우 그 체납액

　(나) 기준일 현재 강제징수가 종결되고 해당 거주자의 체납액에 충당된 배분금액이 그
　　　체납액에 미치지 못하는 경우 배분금액을 충당하고 남은 체납액

　(다) 기준일 현재 총재산가액이 강제징수비에 충당하고 남을 여지가 없어 해당 거주자의
　　　체납액을 징수할 수 없는 경우 그 체납액

　(라) 그 밖에 징수가 곤란하다고 인정되는 경우로서 체납액에서 1)의 금액을 빼고 2)의
　　　금액을 더한 금액(조특령 §99의9②)

　　1) 기준일[3] 당시 거주자로부터 체납액을 징수할 수 있는 재산을 평가한 금액[4]의
　　　140퍼센트

　　2) 체납된 국세의 법정기일[5] 전에 등기·등록된 전세권, 질권 또는 저당권에 따라
　　　담보된 채권의 금액이나 확정일자를 갖춘 임대차계약증서 또는 임대차계약서상의
　　　보증금

---

2) 조특법 제99조의5
3) 조특법 제99조의10 제6항 제1호 및 제2호
4) 「상속세 및 증여세법」 제60조부터 제66조
5) 「국세기본법」 제35조 제1항 제3호

3 │ 과세특례의 내용

(1) 세무서장은 요건을 모두 갖춘 거주자의 신청에 따라 징수곤란 체납액 중 국세징수권의 소멸시효가 완성되지 아니한 금액에 대하여 그 거주자에게 체납액 징수특례를 적용할 수 있다(조특법 §99의10①). 체납액 징수특례는 아래의 경우를 말한다(조특법 §99의10②).
 (가) 징수곤란 체납액에 대한 납부지연가산세(신청일 이후의 납부지연가산세 포함)의 납부의무 면제
 (나) 징수곤란 체납액에 대한 분납 허가

(2) 체납액을 관할하는 세무서장은 신청일부터 징수곤란 체납액에 대한 분납 허가에 따른 최종 분납기한까지는 체납액 징수특례를 적용한 징수곤란 체납액에 대하여 강제징수를 할 수 없다(조특법 §99의10⑤).

4 │ 사후관리

(1) 체납액을 관할하는 세무서장은 체납액 징수특례를 적용하기로 결정한 후에 아래 기준일 당시 해당 거주자로부터 체납액을 징수할 수 있는 다른 재산이 있었던 것을 발견한 때에는 지체 없이 체납액 징수특례를 취소하고 강제징수를 하여야 한다(조특법 §99의10⑥).
 (가) 2019년 12월 31일 이전 모든 사업을 폐업한 경우 : 2019년 7월 25일
 (나) 2020년 1월 1일부터 2020년 12월 31일까지 모든 사업을 폐업한 경우 : 2020년 7월 25일
 (다) 2021년 1월 1일부터 2021년 12월 31일까지 모든 사업을 폐업한 경우 : 2021년 7월 25일
 (라) 2022년 1월 1일부터 2022년 12월 31일까지 모든 사업을 폐업한 경우 : 2022년 7월 25일

(2) 체납액을 관할하는 세무서장은 체납액 징수특례를 적용받은 거주자가 총 5회 또는 연속하여 3회 분납하지 아니한 경우에는 체납액 징수특례를 취소하고 강제징수를 하여야 한다(조특법 §99의10⑦).

5 | 절 차

(1) 체납액 징수특례를 적용받으려는 거주자는 2020년 1월 1일부터 2026년 12월 31일까지 징수곤란 체납액을 관할하는 세무서장에게 체납액 징수특례를 신청(분납기간은 5년 이내의 범위에서 정한다)하여야 하고, 체납액 징수특례의 신청을 받은 세무서장은 국세체납정리위원회[6]의 심의를 거쳐 신청일부터 2개월 이내에 체납액 징수특례의 적용 여부를 결정하여 해당 거주자에게 그 결과를 통지하여야 한다(조특법 §99의10③, §99의10④).

(2) 체납액을 관할하는 세무서장은 체납액 징수특례를 취소하는 경우에는 해당 거주자에게 그 사실을 즉시 통지하여야 한다(조특법 §99의10⑧).

(3) 체납액 징수특례의 신청절차에 관하여는 영세개인사업자의 체납액 납부의무 소멸특례의 규정[7]을 준용한다(조특령 §99의9③).

---

6) 「국세징수법」 제106조
7) 조특령 제99조의5 제3항부터 제5항

6 | 주요 개정연혁

1. 영세사업자에 대한 체납액 징수특례 연장(조특법 §99의10)

(1) 개정내용

종 전	개 정
☐ 영세개인사업자의 체납액 징수특례	☐ 적용기한 연장
○ (적용대상) 재기영세사업자 ❶ 2021. 12. 31. 이전 폐업 및 2024. 12. 31.까지 재기* * 사업 개시 후 1개월 이상 계속 운영, 취업 후 3개월 이상 근무 ❷ 폐업 직전 3년 평균 수입금액 15억원 미만 ❸ 체납액 5천만원 이하 등	○ 폐업일 및 재기 기준일 연장 ❶ 2022. 12. 31. 이전 폐업 및 2025. 12. 31.까지 재기
○ (대상 체납액) 폐업연도의 7월 25일 기준 징수곤란 체납액 ※ 징수곤란 체납액 : 기준일 당시 무재산 등으로 인해 징수할 수 없는 체납액	○ (좌 동)
○ (징수특례 내용) 납부지연가산세 면제 및 분납 허용	
○ (신청기한) 2025. 12. 31.	○ 2026. 12. 31.

(2) 개정이유

○ 영세개인사업자 재기 지원

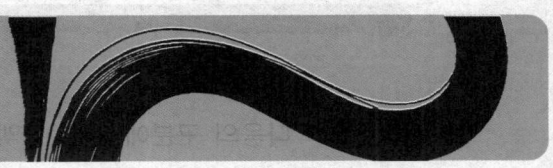

조세특례제한법

제**99**조의**11**

감염병 피해에 따른 특별재난지역의 중소기업에 대한 법인세 등의 감면

1 │ 의 의

본조는 감염병 확산으로 피해가 발생하여 특별재난지역으로 선포된 곳에 사업장을 둔 중소기업을 지원하고자 2020년 3월 23일 조특법 개정시 신설되었다.

2 │ 요 건

감염병의 확산으로 피해가 발생하여 선포된 특별재난지역[1]에 선포일 당시 감면대상사업장을 둔 중소기업에 해당되어야 한다(조특법 §99의11①).

3 │ 과세특례의 내용

감면대상사업장을 둔 중소기업에 대해서 2020년 6월 30일이 속하는 과세연도에 감면대상사업장에서 영위하는 사업에서 발생한 소득에 대한 소득세 또는 법인세에 아래의 감면비율을 곱하여 계산한 세액상당을 감면한다(조특법 §99의11①).

(1) 감면비율: 다음의 구분에 따른 비율

(가) 소기업이 경영하는 감면대상사업장 : 100분의 60

　　* 소기업 : 중소기업 중 매출액이 업종별로 「중소기업기본법 시행령」 별표 3을 준용하여 산정한 규모 이내인 기업으로, 이 경우 "평균매출액등"은 "매출액"으로 본다(조특령 §99의10②).

(나) 소기업을 제외한 중소기업이 경영하는 감면대상사업장 : 100분의 30

---

1) 「재난 및 안전관리 기본법」 제60조

(2) 감면한도 : 다음의 구분에 따른 금액

   (가) 해당 과세연도의 상시근로자 수[2])가 직전 과세연도의 상시근로자 수보다 감소한 경우: 2억원에서 감소한 상시근로자 1명당 5백만원씩을 뺀 금액(해당 금액이 음수인 경우에는 영으로 한다)

   (나) 그 밖의 경우: 2억원

(3) 감면대상 제외 업종(조특령 §99의10①)

   (가) 부동산 임대 및 공급업

   (나) 부동산 감정평가업

   (다) 사행시설 관리 및 운영업

   (라) 법무관련 서비스업

   (마) 회계 및 세무관련 서비스업

   (바) 통관 대리 및 관련서비스업

   (사) 도선업

   (아) 신고된 건축사사무소를 운영하는 사업[3])

   (자) 의원급 의료기관[4])[5])을 운영하는 사업. 다만, 다음의 요건을 모두 충족하는 의원·치과의원 및 한의원을 운영하는 사업은 제외한다.

     1) 해당 과세연도의 수입금액(기업회계기준에 따라 계산한 매출액)에서 지급받는 요양급여비용[6])이 차지하는 비율이 100분의 80 이상일 것

     2) 해당 과세연도의 종합소득금액이 1억원 이하일 것

   (차) 수의업

   (카) 통계청장이 고시[7])한 「블록체인기술 산업분류 고시」에 따른 블록체인 기반 암호화자산 매매 및 중개업

   (타) 금융 및 보험업(독립된 자격으로 보험가입자의 모집 및 이에 부수되는 용역을 제공하고 그 실적에 따라 모집수당 등을 받는 자[8])에 해당하는 경우는 제외)

---

2) 상시근로자란 감면대상사업장에서 근무하는 근로자로서 그 범위에 관하여는 조특령 제23조 제10항의 규정을 준용하고, 상시근로자의 수 및 계산방법에 관하여는 조특령 제23조 제11항부터 제13항까지의 규정을 준용한다한다(조특령 §99의10③·④).

3) 「건축사법」 제23조

4) 「의료법」 제3조 제2항 제1호

5) (종전)「의료법」 제3조에 따른 의료기관 → (개정)「의료법」 제3조 제2항 제1호에 따른 의원급 의료기관 : 개정규정은 2020년 6월 30일이 속하는 과세연도의 과세표준을 신고하는 경우부터 적용한다(대통령령 제31444호, 부칙 §9).

6) 「국민건강보험법」 제47조

7) 「통계법」 제22조

4 │ 절 차

소득세 또는 법인세를 감면받으려는 중소기업은 과세표준신고와 함께 세액감면신청서를 납세지 관할 세무서장에게 제출해야 한다(조특법 §99의11③, 조특령 §99의10⑤).

---

8) 「소득세법 시행령」 제137조 제1항 제1호

제99조의12

선결제 금액에 대한 세액공제

1 │ 의 의

본조는 코로나19로 어려움을 겪고 있는 소상공인에 대한 기업들의 선결제 참여를 유도하기 위해 2020년 5월 19일 조특법 개정시 신설되었다.

2 │ 요 건

(1) 내국인이 2020년 4월 1일부터 7월 31일까지 소상공인[1]에게 선결제한 금액이 있을 것
(2) 선결제 요건(조특법 §99의12①)
  (가) 사업과 관련한 재화 또는 용역을 2020년 12월 31일까지 공급받기 위하여 지출한 비용으로서 공급받는 날부터 3개월 이전에 결제할 것
  (나) 1회 결제 건당 금액이 100만원 이상일 것. 다만, 아래의 업종으로부터의 공급은 제외한다(조특령 §99의11①).
    1) 부동산 임대 및 공급업, 부동산 감정평가업, 사행시설 관리 및 운영업, 법무관련 서비스업, 회계 및 세무관련 서비스업, 통관 대리 및 관련서비스업, 도선업, 건축사사무소를 운영하는 사업[2]
    2) 과세유흥장소를 경영하는 사업[3]
    3) 금융 및 보험업
  (다) 현금, 신용카드, 직불카드 및 선불카드, 전자지급수단[4]으로 결제할 것(조특령 §99의11②)

---

1) 「소상공인 보호 및 지원에 관한 법률」 제2조
2) 조특령 제99조의10 제1항 제1호부터 제8호까지의 사업
3) 「개별소비세법」 제1조 제4항
4) 「전자금융거래법」 제2조

3 | 과세특례의 내용

선결제한 금액이 있는 경우 아래와 같이 계산한 금액을 2020년 12월 31일이 속하는 과세연도의 소득세(사업소득에 대한 소득세만 해당) 또는 법인세에서 공제한다(조특법 §99의12②, 조특령 §99의11③).

> 공제할 금액 = 선결제 금액(결제한 날부터 3개월이 되기 전에 공급받은 금액과 2020년 12월 31일까지 공급받지 않은 금액은 제외하되, 소상공인이 휴업 또는 폐업한 사유로 공급받지 못한 금액은 포함한다) × 100분의 1

4 | 절 차

소득세 또는 법인세를 공제받으려는 내국인은 과세표준신고와 함께 세액공제신청서에 다음의 선결제 및 재화 또는 용역을 공급받은 내역을 증명하는 서류 등을 첨부하여 납세지 관할 세무서장에게 제출해야 한다(조특법 §99의12③, 조특령 §99의11④).
  (1) 선결제 사실을 확인할 수 있는 서류 : 현금영수증, 신용카드매출전표, 직불카드영수증 등,[5] 세금계산서, 계산서[6]
  (2) 재화 또는 용역을 공급받은 날짜, 금액 등 내역을 기록한 선결제 이용내역 확인서
  (3) 소상공인이 소상공인임을 소상공인시장진흥공단에서 확인하는 서류[7]

---

5) 「부가가치세법 시행령」 제88조 제4항 각 호의 어느 하나에 해당하는 것
6) 「소득세법」 제163조 또는 「법인세법」 제121조
7) 「소상공인기본법」 제2조, 「소상공인 보호 및 지원에 관한 법률」 제17조

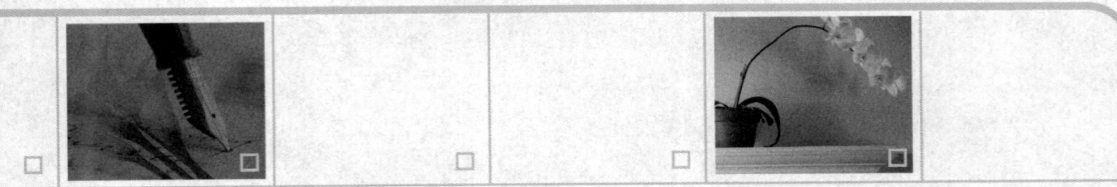

| 제 10 절의 2 |

근로장려를 위한 조세특례

제100조의2~13

근로장려세제(EITC)

I 의 의[1]

일을 하고 있으면서도 가난에서 벗어나지 못하고 있는 근로빈곤층을 지원하기 위한 근로장려세제(EITC ; Earned Income Tax Credit)가 2008. 1. 1.부터 시행되었다.

근로장려세제는 일을 하고 있지만 소득이 낮아 생활이 어려운 근로자들에게 정부가 보조금을 지급하는 새로운 복지제도이다. 이 제도는 근로와 연계하여 일을 많이 할수록 더 많은 현금(근로장려금)을 지급해 주며, 세금환급방식을 택하기 때문에 국가가 보조금을 지급함에도 "근로장려세제"라고 불린다.[2]

근로장려세제는 극빈층을 대상으로 하는 기초생활보장제도의 보호범위에서 벗어나 있고 사회보험의 혜택도 제대로 받지 못하고 있는 근로빈곤층을 위한 새로운 사회안전망으로서 기초생활보장제도, 사회보험과 함께 사회안전망 체계를 완성하는 의미를 가지고 있다.

| 우리나라 사회안전망 비교 |

구 분	국민기초생활보장제[3]	근로장려세제	사회보험
목 적	○ 노인·장애인, 소년소녀 가장 등 근로능력 취약 계층에 대한 생계보장	○ 근로저소득층의 일을 통한 빈곤탈출 지원 ○ 사회안전망의 사각지대 해소	○ 일정 소득이 있는 국민을 노령·질병 등 사회적 위험으로부터 보호
내 용	○ 최저생계비 미만 가구의 생계유지 부족 소득을 보충적으로 지원	○ 일한 만큼 추가지원이 이루어지는 근로연계형 소득지원	○ 사회보험원리에 따라 본인이 보험료 일정부담

---

1) 이 절에서는 근로장려세제 감면 조문의 유기적 연계성과 효율적인 이해를 감안하여 조문별로 나누지 않고 일괄하여 설명하고자 한다. 본 책자에 소개하는 근로장려세제의 내용 중 개념, 도입배경, 법률적 성격, 도표, 통계 등은 2007. 7. 기획재정부(구. 재정경제부) 근로장려세제추진기획단에서 대국민 홍보자료로 작성한 '근로장려세제(EITC) 해설'을 참조한 것임.

2) 장재형(기획재정부), 「일할수록 채워지는 희망 살림이, 근로장려세제」, 재정포럼(2008. 3.)

3) 국민기초생활보장제도와의 관계 : 근로장려세제는 일하는 근로빈곤층의 경제적 자립을 돕기 위한 소득지원제도이고,

근로장려세제 도입초기에는 안정적 제도정착에 중점을 두기 위하여 소득파악률이 상대적으로 높은 근로자 가구 중 자녀를 2인 이상 부양하는 가구만을 대상으로 하였으나, 제도가 안정적으로 시행됨에 따라 적용대상 및 급여수준이 단계적으로 확대되어 왔다.

2020년말 조특법 개정시 저소득 가구 및 서민·중산층 지원을 위하여 근로장려금 가구요건 판정 시 직계존속이 중증장애인인 경우에는 70세 이상 연령요건을 적용하지 아니하여 근로장려금을 확대하였고, 거주자·배우자 간 상호합의로 근로장려금을 신청할 자를 정할 수 있도록 주소득자 규정을 삭제하였으며, 거주자가 동의할 경우 납세지 관할 세무서장이 거주자의 근로·자녀장려금을 직권으로 신청할 수 있도록 하였고, 반기 근로장려금 지급기한을 종전의 반기 근로장려금 결정일부터 20일 이내에서 15일 이내로 단축하였다.[4]

1 | 근로장려세제

저소득 근로자의 근로를 장려하고 소득을 지원하기 위하여 본조의 규정에 따른 근로장려세제를 적용하여 근로장려금을 결정·환급한다(조특법 §100의2).

1-1. 근로장려세제의 개념

근로장려세제(EITC ; Earned Income Tax Credit)는 근로소득 수준에 따라 산정된 근로장려금을 세금 환급의 형태로 지급하여 근로빈곤층의 근로유인을 제고하고 실질소득을 지원하기 위한 근로연계형 소득지원제도이다.

근로장려세제는 2008년부터 시행되었으며, 최초의 근로장려금은 2008년 소득을 기준으로 연간 근로소득이 1,700만원 미만인 가구에 대해서 2009년에 최대 120만원까지 지급되었다. 근로장려세제(EITC)는 1975년 미국이 최초로 도입하였는데, 미국은 이후 이 제도를 지속적으로 확대·발전시켜 나가고 있으며, 현재 저소득 근로계층을 위한 가장 중요한 소득지원제도로 자리매김하고 있다. 또한, 영국·프랑스·뉴질랜드·캐나다 등 선진 각국도 근로장려세제와 유사한 제도를 도입·발전시켜 나가고 있다.

근로장려세제는 사회안전망의 보호가 취약한 저소득 근로계층을 보호하기 위한 효과적인

기초생활보장제도는 극빈층의 최저생계를 보장하는 제도로서 각각 기능이 상이하다. 이와 같이 두 제도는 목적과 지원내용에서 차이가 있으므로 장기적으로 두 제도의 발전을 보아가면서 조화로운 기능분담 방안을 모색해 나가야 할 것이다. 선진국에서도 근로능력이 있는 계층과 극빈층을 위한 지원제도를 별개로 운영하고 있다(미국은 EITC와 TANF, 영국은 WTC와 IS 제도 운영).

4) 2021년 1월 1일 이후 근로장려금 또는 자녀장려금을 신청하는 경우부터 적용하되, 근로장려금 직권신청 개정규정은 2021년 1월 1일 이후 거주자가 동의하는 경우부터 적용한다(법률 제17759호, 2020. 12. 29. 부칙 §22).

지원제도이다. 근로장려세제(EITC)는 기존의 단순한 소득지원 위주의 복지정책(Wel-fare)에서 근로연계형 소득지원제도(Workfare)로 전환해 나가는 선진국형 복지정책이며, 근로빈곤층이 일을 통하여 빈곤에서 탈출할 수 있도록 지원함으로써 「복지와 경제성장의 선순환」에 기여하게 될 것이다.

| 각국의 EITC 제도 운영 비교 |

구 분	한 국	미 국	영 국	프랑스
명 칭	근로장려세제	EITC (Earned Income Tax Credit)	WTC (Working Tax Credit)	PPE (Prime Pour l'Emploi)
도입연도	2008년부터 시행	1975년	1988년 Family Credit 도입 1999년 WFTC(Working Families Tax Credit) 2003년 WTC 시행	2002년
운영주체	국세청	국세청	국세청	국세청
적용단위	가구	가구	가구	가구
최대 급여 (아동 2인 기준)	170만원 (2012년)	$5,112 (2011년)	£3,875 (2005년)	£605 (2005년)
최대적용소득	2,100만원 (2012년)	$46,044 (2011년)	£13,910 (2005년)	£24,547 (2005년)
지급주기	1년	1년	월/2주	1년
수급가구* (전체가구 대비)	57만 가구 (3.3%)	1,960만 가구 (19.6%)	180만 가구 (7.3%)	800만 가구 (22.8%)
소요예산* (정부지출 대비)	4,369억원 (0.24%)	$397억 (0.87%)	£43.5억 (1.14%)	40.2억 (0.44%)

* 미국·프랑스 2005년 기준, 영국 2004년 기준, 한국 2010년 추정

1-2. 도입 배경

1-2-1. 근로빈곤층 증가 추세

최근 세계 경제의 글로벌화 등 경제환경의 변화로 인한 경제의 양극화로 일을 하면서도 어려움을 겪고 있는 근로빈곤층이 줄어들지 않고 있다.

우리나라의 실업률5)은 OECD 국가 중 가장 낮은 수준을 보이는 등 안정적인 수준을 보이고

있으나, 고용과 소득의 양극화로 근로빈곤층이 증가하고 있다. 또한, 중위소득 50% 이하를 기준으로 하는 상대적 빈곤율[6])도 최근 상승하는 추세이다.

1-2-2. 근로빈곤층에 대한 보호의 취약성

최근 증가하고 있는 근로빈곤층은 노인·장애인 등 근로능력 부족으로 빈곤에 처한 전통적인 빈곤층과는 달리 일을 하면서도 빈곤에서 벗어나지 못하는 점에서 사회적 심각성이 있다. 특히, 차상위 근로빈곤층[7])은 국민기초생활보장제도는 물론 노령과 질병, 실직 등 사회적 위험으로부터 보호하는 사회보험제도의 혜택도 받지 못하고 있는 실정이다.

따라서 일자리 창출과 함께 근로장려세제를 통하여 일을 통한 빈곤탈출을 돕고 실질적인 지원이 가능하도록 할 필요가 있고, 미국·영국 등 선진 각국에서도 일자리 창출 노력과 함께 근로장려세제를 통해 저소득 근로가구에 대한 지원을 병행하여 시행하고 있다.

1-3. 제도 도입에 따른 기대효과

1-3-1. 근로빈곤층 지원에 적합한 사회안전망의 도입

근로장려세제는 그간 사각지대에 있던 근로빈곤층에 대한 새로운 사회안전망이 될 것이며, 국민기초생활보장제도, 4대 사회보험제도와 함께 소득계층별, 대상 특성별로 체계화된 사회안전망으로 완성될 것이다.

1-3-2. 저소득 근로자의 빈곤완화와 경제적 자립 지원

기존 복지제도는 수급대상자가 극빈층으로 전락한 후에야 지원되는 사후적 보장제도인 반면, 근로장려세제는 저소득 근로자가 극빈층으로 추락하는 것을 예방하고, 일을 통한 빈곤탈출을 지원하기 때문에 빈곤을 사전에 예방한다.

---

5) * 우리나라 실업률 추이
   • 6.3%(1999) → 4.0%(2001) → 3.6%(2003) → 3.7%(2005) → 3.2%(2007) → 3.6%(2009) → 3.4%(2011)
   * OECD 국가의 실업률(2004년 기준, 2006 OECD Factbook)
   • 한국 3.7%, 미국 5.5%, 영국 4.7%, 프랑스 9.6%, 호주 5.5%, 캐나다 7.2%, 평균 6.9%
6) * 상대적 빈곤율 추이
   • 17.3%(2007년) → 18.1%(2009년) → 18.3%(2011년)
   * 상대적 빈곤율(중위소득의 50% 이하 가구수/전체 가구수)
   • 소득을 기준으로 전체 가구 중 가운데에 해당하는 가구의 소득(중위소득)에 50%에 미치지 못하는 가구의 비중
7) * 차상위 근로빈곤층 : 소득이 최저생계비 120% 이하로서 기초수급에서 제외된 계층
   * 차상위층 사회보험 가입률(2002년 기준)
   국민연금(36.7%), 산재보험(59.7%), 고용보험(27.7%), 의료보험(98.2%)

1-3-3. 근로유인의 제고

국민기초생활보장제도는 극빈층의 생계를 지원하는 제도로서, 근로의 여부에 관계없이 최저생계비를 보장하여 주기 때문에 근로의욕을 저해하는 등의 문제점이 지적되고 있다. 이에 비해 근로장려세제는 근로와 연계한 근로장려금 지급으로 근로유인을 제고함으로써 경제활력을 높일 수 있다.

1-3-4. 조세·복지행정의 효율성 및 형평성 제고

근로장려세제 도입 및 시행에 필요한 소득파악 인프라의 확대로 근로자·사업자에 대한 소득파악이 제고되어 세원의 투명성이 높아지고, 세원투명성의 제고는 적정한 사회복지 수급자 선정 및 국민연금 등 사회보험료 적정 부담 등을 가능하게 하여 선진 복지국가로의 진입을 위한 밑거름이 될 것이다.

1-4. 법률적 성격

1-4-1. 근로장려금의 법적 성격

근로장려금은 세법상 환급가능한 세액공제(refundable tax credit)로서 조세체계를 이용한 저소득 근로계층에 대한 소득지원금이다.

근로장려금은 기납부세액으로 간주되며, 소득세법의 신고·결정절차와 연계되어 운용된다.

※ 미국도 EITC 급여를 과거에 과다납부한 세액(overpayment)으로 간주하고, 이를 환급하는 방식으로 처리[IRC §6401(b)]

1-4-2. 근로장려세제를 조세특례제한법에 규정하는 이유

근로장려세제는 환급가능한 세액공제에 해당하므로 기존의 세법체계 내에 편입하되, 제도 도입 초기임을 감안하여 탄력적 입법 등이 용이하도록 조세특례제한법에 규정하였다.

구 분	근로장려세제	소득세
적용단위	가구(부부)	개인
근로장려금의 성격	세액공제액의 기납부세액 간주 (환급가능한 세액공제)	해당 개념 없음(세액공제가 납부할 세액을 초과할 경우 없는 것으로 함).
적용계층	근로자가구만 적용	근로자, 사업자도 적용

※ 미국도 최초 도입시에는 특별법인 Tax Reduction Act(1975)로 입법하고 제도가 정착된 후에 세법에 편입(1978년)한 바 있다.

※ 외국의 입법 사례
• 소득세법에 규정 : 미국, 프랑스, 뉴질랜드, 캐나다, 네덜란드
• 조특법에 규정 : EITC 최초 도입시의 미국
• 특별법에 규정 : 영국, 호주

2 | 근로장려금의 신청자격

근로장려세제 정책목표인 저소득 가구 지원을 달성하기 위해 근로장려세제를 가구단위[8])로 적용한다.

근로장려세제를 가구단위로 운영하더라도 세부담을 부과하는 것이 아니라 보조금 산정의 단위로만 운용하는 것이므로 위헌소지는 없다고 본다.

> ☐ 헌법재판소 관련 결정례
> 시혜적 법률은 국민의 권리를 제한하거나 새로운 의무를 부과하는 법률과는 달리 입법자에게 보다 광범위한 입법형성의 자유가 인정되는 것이므로 입법자는 그 입법의 목적, 수혜자의 상황, 국가예산 등 제반사항을 고려하여 그에 합당하다고 스스로 판단하는 내용의 입법을 할 권한이 있다고 할 것이고, 그렇게 하여 제정된 법률의 내용이 현저하게 합리성이 결여되어 있는 것이 아닌 한 헌법에 위반된다고 할 수 없다(헌법재판소 98헌바14, 1999. 7. 22.).

실제로 영국의 과세는 개인단위로 이루어지지만, 근로장려세제 관련 제도는 가구단위로 운영하고 있다.

2-1. 적격 신청 요건

소득세 과세기간 중에 사업소득[9]) 또는 근로소득[10]) 또는 종교인 소득[11])이 있는 거주자로서 변호사업, 심판변론인업, 변리사업, 법무사업, 공인회계사업, 세무사업, 경영지도사업, 기술지도사업, 감정평가사업, 손해사정인업, 통관업, 기술사업, 건축사업, 도선사업, 측량사업, 공인노무사업, 의사업, 한의사업, 약사업, 한약사업, 수의사업 등[12])에 해당하는 사업을 영위하는 자(그 배우자 포함)를 제외하고 다음의 요건을 모두 갖춘 경우 해당 소득세 과세기간의 근로장려금을

---

8) 근로장려세제를 시행하고 있는 미국·영국 등도 가구단위로 제도를 운영
9) 「소득세법」 제19조
10) 「소득세법」 제20조
11) 「소득세법」 제21조 제1항 제26호
12) 「부가가치세법 시행령」 제109조 제2항 제7호

신청할 수 있다(조특법 §100의3①, 조특령 §100의2④).

2-1-1. 총소득 요건

거주자(그 배우자 포함)의 연간 총소득의 합계액이 거주자를 포함한 1세대[13]의 구성원 전원의 구성에 따라 정한 다음의 총소득기준금액[14] 미만일 것(조특법 §100의3① 2)

가구원 구성		총소득 기준
단독가구		2천2백만원
가족가구	홑벌이	3천2백만원
	맞벌이[15]	3천800만원

"단독가구", "홑벌이 가구" 및 "맞벌이 가구"는 다음과 같이 구별한다(조특법 §100의3⑤).
① 단독가구 : 배우자, 부양자녀 및 ②-㉯에 따른 직계존속이 없는 가구
② 홑벌이 가구 : 다음의 어느 하나에 해당하는 가구
  ㉮ 배우자의 총급여액[16] 등이 3백만원 미만인 가구
  ㉯ 배우자 없이 부양자녀 있는 가구 또는 배우자 없이 다음의 요건을 모두 갖춘 직계존속(사망한 종전 배우자의 직계존속을 포함하고, 직계존속이 재혼한 경우에는 해당 직계존속의 배우자를 포함)이 있는 가구
    1) 직계존속 각각의 연간 소득금액의 합계액이 100만원 이하일 것
    2) 해당 소득세 과세기간 종료일 현재 주민등록표상의 동거가족으로서 해당 거주자의 주소나 거소에서 현실적으로 생계를 같이 할 것. 다만, 해당 소득세 과세기간 종료일 전에 사망한 직계존속에 대해서는 사망일 전일을 기준으로 한다.
    3) 70세 이상일 것. 다만, 중증장애인[17]과 「5·18민주화운동 관련자 보상 등에 관한 법률」에 따라 장해등급 3급 이상으로 판정된 사람으로서 다음의 어느 하나에 해당하는 사람의 경우에는 연령의 제한을 받지 아니한다.
      가) 거주자 또는 그 배우자와 같은 주소 또는 거소에 거주하는 사람

---

13) "1세대"란 해당 연도의 과세기간 종료일을 기준으로 거주자가 배우자, 거주자 또는 배우자와 동일한 주소 또는 거소에서 생계를 같이 하는 직계존비속(그 배우자 포함), 부양자녀와 구성하는 세대(취학·질병의 요양, 근무상 또는 사업상의 형편으로 본래의 주소 또는 거소를 일시퇴거한 자를 포함한다)를 말한다(조특령 §100의4①).
14) 총소득기준금액은 전국가구 중위소득 및 가구원 수에 따른 최저생계비의 120% 등의 사회지표를 고려하여 설정된 것임.
15) 배우자의 총급여 및 사업소득(비과세소득제외)의 합계액이 3백만원 이상인 경우를 말한다.
16) 총급여액에 대해서는 4-1-2.에서 후술한다.
17) 「장애인고용촉진 및 직업재활법」 제2조 제2호

   나) 질병의 치료, 요양 등으로 거주자 또는 그 배우자의 주소 또는 거소에서
      일시퇴거한 사람
③ 맞벌이 가구 : 소득세 과세기간 중 거주자의 배우자의 총급여액 등이 3백만원 이상인
   가구

또한 여기서 "연간 총소득의 합계액"이라 함은 해당 연도의 다음의 소득을 모두 합한 금액을
말한다. 다만, 비과세소득을 제외한다(조특령 §100의3①).
① 이자소득의 합계액(소법 제16조 제1항 각 호)
② 배당소득의 합계액(소법 제17조 제1항 각 호)
③ 사업소득[18]에 다음의 율(조정률)을 곱한 금액. 다만, 2 이상의 사업소득이 있는 경우에는
   각각의 사업소득에 조정률을 곱한 금액을 모두 합산한다.
   ㉠ 도매업 : 100분의 20
   ㉡ 농업·임업 및 어업, 소매업 : 100분의 25
   ㉢ 광업, 자동차 및 부품 판매업, 그 밖에 다른 목에 해당되지 않는 사업 : 100분의 30
   ㉣ 제조업, 음식점업(주점업 제외), 부동산매매업 : 100분의 40
   ㉤ 전기·가스·증기 및 수도사업, 건설업(비주거용 건물 건설업은 제외하고, 주거용 건물
      개발 및 공급업을 포함한다) : 100분의 45
   ㉥ 주점업, 숙박업, 하수·폐기물처리·원료재생 및 환경복원업, 운수업, 출판·영상·
      방송통신업 : 100분의 55
   ㉦ 상품중개업, 컴퓨터 및 정보서비스업, 보험 및 연금업, 금융 및 보험관련 서비스업
      : 100분의 60
   ㉧ 금융업, 예술·스포츠 및 여가 관련 서비스업, 수리 및 기타 개인 서비스업[인적
      (人的)용역[19]은 제외한다] : 100분의 70
   ㉨ 부동산 관련 서비스업, 전문·과학 및 기술서비스업, 사업시설관리 및 사업지원서비스
      업, 교육서비스업, 보건업 및 사회복지서비스업 : 100분의 75
   ㉩ 부동산임대업,[20] 임대업(부동산 제외), 인적용역, 가구 내 고용활동 : 100분의 90
④ 근로소득의 합계액(소법 제20조 제1항 각 호)
⑤ 연금소득의 합계액(소법 제20조의3 제1항 각 호). 이 경우 연금소득[21]에서 제외되는 소득을
   포함한다.

---

18) 「소득세법」 제19조 제1항 각 호
19) 「부가가치세법」 제26조 제1항 제15호 및 같은 법 시행령 제42조에 따른 것을 말한다.
20) 「소득세법」 제45조 제2항
21) 「소득세법」 제20조의3 제2항

⑥ 기타소득금액(소법 제21조 제1항[22] 및 제2항)

⑦ 종교인소득의 합계액(소법 제21조 제1항 제26호)

2-1-2. 재산 요건[23]

거주자를 포함한 가구원이 소유하고 있는 토지·건물·자동차·예금 등 재산의 합계액이 2억4천만원 미만일 것(조특법 §100의3① 4)

여기서 "재산의 합계액"이라 함은 다음의 재산의 가액을 모두 합한 금액을 말한다(조특령 §100의4③).

① 토지·건축물 및 주택.[24][25] 다만, 용도구분에 의한 재산세 비과세 대상[26]은 제외한다.

② 승용자동차.[27][28] 다만, 영업용 승용자동차 및 자동차세 비과세대상인 승용자동차[29]는 제외한다.

③ 전세금(임차보증금을 포함한다)

④ 현금 및 이자소득[30]을 발생시키는 예금·적금·부금·예탁금·저축성 보험 등과 배당소득[31]을 발생시키는 집합투자기구의 금융재산 및 파생결합증권 또는 파생결합사채

⑤ 회원권[32](골프·승마·콘도미니엄·체육시설·요트회원권)[33]

⑥ 유가증권 : 다음의 유가증권을 말한다(조특칙 §45의4①).

  ㉠ 주식 또는 출자지분

  ㉡ 유가증권

---

22) 종교인소득은 제외한다.

23) EITC는 원칙적으로 근로소득이 있는 자에 대한 지원제도로서, 재산의 다과보다는 소득의 다과에 따라 적용대상이 정해지는 것이 일반적이나, 소득파악이 완전하지 아니한 시행 초기인 점과 국민정서 등을 감안하여 적용대상을 일정한 재산 기준에 의해 제한함.

24) 「지방세법」 제104조 제1호부터 제3호까지의 규정에 따른 토지·건축물 및 주택

25) ①에 따른 재산의 소유자의 결정에 관해서는 「지방세법」 제107조를 준용한다. 이 경우 "납세의무자"를 "소유자"로 본다(조특령 §100의4⑤).

26) 「지방세법」 제109조 제3항 및 「지방세특례제한법」 제22조, 제41조, 제43조, 제50조, 제72조 제1항·제2항, 제89조 및 제90조에 따른 재산

27) 「지방세법 시행령」 제123조 제1호 및 제2호에 따른 승용자동차

28) 승용자동차의 소유자 판정은 「지방세법」 제125조를 준용한다. 이 경우 "납세의무자"를 "소유자"로 본다(조특령 §100의4⑦).

29) 「지방세법 시행령」 제121조 제2항 각 호에 따른 승용자동차

30) 「소득세법」 제16조 제1항 제3호 및 제4호 및 제9호에 따른 이자소득

31) 「소득세법」 제17조 제1항 제5호 및 제5호의2에 따른 배당소득

32) 「지방세법」 제7조 제1항

33) 종전에는 골프회원권만 대상이었으나, 2014. 2. 21. 이후 신청분부터 회원권의 종류가 확대되었다.

ⓐ 국채·지방채 또는 특별법에 따라 설립된 법인이 그 특별법에 따라 발행한 채권
ⓑ 사채(회사채 등 유가증권을 말한다)
ⓒ 수표 또는 어음

㉗ 부동산을 취득할 수 있는 권리. 여기서 "부동산을 취득할 수 있는 권리"라 함은 다음의 권리를 말한다(조특칙 §45의4②).

㉠ 조합원입주권[34]
㉡ 건물이 완성되는 때에 그 건물과 이에 부수되는 토지를 취득할 수 있는 권리(㉠에 따른 조합원입주권을 제외한다)
㉢ 「택지개발촉진법」,「도시개발법」,「기업도시개발 특별법」,「신항만건설촉진법」,「혁신도시 조성 및 발전에 관한 특별법」,「한국토지주택공사법」에 따른 토지상환채권
㉣ 주택상환사채[35]

위 재산(①~⑦)의 소유기준일은 해당 소득세 과세기간 종료일이 속하는 연도의 6월 1일로 한다. 다만, 거주자가 사망 또는 출국하는 경우로서 소득세 과세기간 종료일이 5월 31일 이전인 경우 및 반기(半期)동안 근로소득만 있는 거주자가 신청을 한 경우[36]에는 해당 소득세 과세기간 종료일이 속하는 과세연도 직전 연도의 6월 1일로 한다(조특령 §100의4④). 또한 위 재산(①~⑦)의 평가는 소유기준일 현재의 다음의 가액에 따른다(조특령 §100의4⑧).

재산구분	평가액
토지 및 건축물	시가표준액[37]
승용자동차	시가표준액[38]
전세금(임차보증금 포함)	임차한 주택과 오피스텔[39]에 대해 기준시가[40]를 적용하여 평가한 금액의 100분의 60 이내에서 국세청장이 정하여 고시하는 금액(기준시가가 없는 경우에는 간주 전세금[41]). 다만, 근로장려금을 신청한 거주자가 임대차계약서 사본을 제출하고 그에 따른 전세금이 간주 전세금보다 적은 경우 임대차계약서 사본에 따른 전세금으로 한다.
예금·적금·부금·예탁금·저축성보험 및 집합투자기구 등의 금융재산	금융재산의 잔액. 다만, 보통예금, 저축예금 및 자유저축예금 등 요구불예금의 경우에는 해당 소득세 과세기간 종료일이 속하는 연도의 3월 2일부터 6월 1일까지의 기간 동안의 일평균잔액으로 한다.[42]
회원권	평가한 가액[43]

---

34) 「소득세법」 제89조 제2항에 따른 조합원입주권
35) 「주택법」 제69조에 따른 주택상환사채
36) 조특법 제100조의6 제7항
37) 「지방세법」 제4조 제1항 및 제2항

재산구분	평가액
유가증권[44]	① 주권상장법인의 주식 : 소유기준일 현재 한국거래소의 최종시세가액. 다만, 소유기준일 현재의 최종시세가액이 없는 경우에는 직전 거래일의 최종시세가액으로 한다.
	② 그 외 유가증권 : 액면가액
부동산을 취득할 수 있는 권리[45]	① 조합원입주권 : 다음의 구분에 따른 금액 ㉠ 소유기준일 현재 청산금을 납부한 경우 : 관리처분계획[46]에 의하여 정하여진 가격에 청산금(납부한 금액에 한한다)을 합한 금액 ㉡ 소유기준일 현재 청산금을 지급받은 경우 : 관리처분계획에 의하여 정하여진 가격에 청산금(지급받은 금액에 한한다)을 차감한 금액
	② 건물이 완성되는 때에 그 건물과 이에 부수되는 토지를 취득할 수 있는 권리(조합원입주권을 제외한다) : 소유기준일 현재까지 납입한 금액
	③ 토지상환채권, 주택상환사채 : 액면가액

2-1-3. 신청 부적격자

해당 소득세 과세기간 중 다음의 어느 하나[47]에 해당하는 거주자는 근로장려금을 신청할 수 없다(조특법 §100의3②).

① 해당 소득세 과세기간 종료일 현재 대한민국 국적을 보유하지 아니한 자. 다만, 대한민국 국적을 가진 자와 혼인한 사람 또는 대한민국 국적의 부양자녀[48]가 있는 사람은 제외한다.

---

38) 「지방세법」 제4조 제2항 및 「지방세법 시행령」 제4조 제1항 제3호
39) 「주택법」 제2조 제4호 및 같은 법 시행령 제4조 제4호에 따른 오피스텔
40) 「소득세법」 제99조 제1항 제1호 다목 및 라목의 기준시가
41) 「지방세법」 제4조 제1항 및 제2항에 따른 시가표준액의 100분의 60 이내에서 국세청장이 정하여 고시하는 금액
42) 조특령 제100조의4 제8항 제3호의 개정규정은 2022년 5월 1일 이후 근로장려금 또는 자녀장려금을 신청 또는 정산하는 경우부터 적용한다(대통령령 제31444호, 부칙 §10②).
43) 「소득세법 시행령」 제165조 제8항 제3호에 따라 평가한 가액
44) 조특칙 제45조의4 제1항
45) 조특칙 제45조의4 제2항
46) 「도시 및 주거환경정비법」 제48조
47) 종전에는 국민기초생활보장법상 주거·생계급여 수급자는 근로장려금을 지급받을 수 없었으나, 2015. 1. 1. 이후 지급분부터는 지급이 가능하도록 하여 기초생활보장제도의 급여체계와 연계 운영할 수 있도록 하였다.
48) 조특법 제100조의4 제1항에 따른 부양자녀

┌───┐
│ □ 외국의 사례   │
│ • 미국 EITC : 3년 이상 거주한 경우와 취업가능한 비자를 소지하고 배우자가 내국인(영주권자)인 │
│   경우로 제한   │
│ • 영국 WTC : 외국인도 내국인과 동일하게 적용   │
│ • 캐나다 CCTB · NCBS : 배우자가 내국인(영주권자)인 경우 적용   │
└───┘

② 해당 소득세 과세기간 중 다른 거주자의 부양자녀인 자[49]

3 ┃ 부양자녀의 성립요건과 판정시기

3-1. 성립요건

"부양자녀"는 다음의 요건을 모두 갖춘 사람을 말한다(조특법 §100의4①).

① 거주자(그 배우자 포함)의 자녀이거나 동거입양자[50]일 것. 다만, 거주자의 자녀가 아닌 주민등록표상의 동거가족으로서 다음의 어느 하나에 해당하는 경우에는 거주자의 손자·손녀 또는 형제자매를 포함한다(조특령 §100의2②).

　　㉠ 거주자가 부모가 없는 손자녀 또는 형제자매를 부양하는 경우

　　㉡ 거주자가 부모(부 또는 모만 있는 경우 포함)가 있는 손자녀 또는 형제자매를 부양하는 경우로서 부모의 연간 소득금액의 합계액이 100만원 이하이고, 그 부 또는 모가 중증장애인[51]이거나 장해등급 3등급 이상[52]으로 지정된 경우

　　㉢ 거주자가 부 또는 모만 있는 손자녀를 부양하는 경우로서 그 부 또는 모가 18세 미만이고, 그 부 또는 모의 연간 소득금액의 합계액이 100만원 이하인 경우

② 18세 미만일 것. 다만, 장애인의 경우[53]에는 연령의 제한을 받지 아니한다.

③ 연간 소득금액의 합계액이 100만원 이하일 것

④ 주민등록표상의 동거가족으로서 해당 거주자의 주소나 거소에서 현실적으로 생계를 같이 하는 사람일 것. 다만, 직계비속의 경우에는 그러하지 아니하다.

---

49) 근로장려금을 이중 수령하는 경우를 방지하기 위하여 다른 거주자가 부양자녀로 하여 근로장려금을 신청하는 경우에는 근로장려금 신청대상에서 제외함.

50) 「민법」 또는 「입양특례법」에 따라 입양한 양자 및 사실상 입양상태에 있는 자로서 주민등록표상의 동거가족인 자를 말한다(조특령 §100의2①).

51) 「장애인고용촉진 및 직업재활법」 제2조 제2호

52) 「5·18민주화운동 관련자 보상 등에 관한 법률」 제5조 제5항

53) 「장애인고용촉진 및 직업재활법」 제2조 제2호에 따른 중증장애인과 「5·18민주화운동 관련자 보상 등에 관한 법률」 제5조 제5항에 따라 장해등급 3등급 이상으로 지정된 자를 말한다(조특령 §100의2③).

그런데 거주자 또는 직계비속이 아닌 부양자녀가 취학 또는 질병의 요양, 근무상 또는 사업상의 형편 등으로 본래의 주소 또는 거소를 일시 퇴거한 경우에는 생계를 같이 하는 사람으로 한다(조특법 §100의4②).

3-2. 판정시기

부양자녀에 해당하는지 여부의 판정은 해당 연도의 과세기간 종료일[54] 현재의 상황에 따른다. 다만, 해당 연도의 과세기간 종료일 전에 사망한 자 또는 장애가 치유된 자에 대하여는 사망일 전일 또는 치유일 전일의 상황에 따른다(조특법 §100의4③).

부양자녀가 해당 연도의 과세기간 중에 18세 미만에 해당되는 날이 있는 경우에는 위에 불구하고 18세 미만으로 본다(조특법 §100의4④).

3-3. 부양자녀의 판단

거주자의 부양자녀가 다른 거주자의 부양자녀에 해당하는 경우에는 어느 한 거주자의 부양자녀로 한다(조특법 §100의4⑤).[55]

이 경우 다음의 순서에 따라 정한 거주자를 해당 연도에 부양자녀가 있는 거주자로 한다(조특령 §100의5).

① 거주자와 다른 거주자가 상호 합의하는 경우 : 거주자와 다른 거주자가 상호 합의하여 정한 자

② 위 ① 외의 경우 : 다음의 순서에 따라 정하는 자

  ㉠ 해당 소득세 과세기간에 부양자녀와 주소나 거소에서 현실적으로 생계를 같이 하는 자. 이 경우 복수의 거주자가 해당 소득세 과세기간에 부양자녀와 주소나 거소에서 현실적으로 생계를 같이 한 때에는 부양자녀와 그 생계를 같이 한 기간이 긴 자를 말한다.

  ㉡ 위 ㉠에 따라 정할 수 없는 경우에는 본인의 부양자녀로 하여 신청한 해당 소득세 과세기간의 근로장려금이 많은 사람

  ㉢ 위 ㉠ 및 ㉡에 따라 정할 수 없는 경우에는 직전연도에 부양자녀로 하여 근로장려금을 받은 자

---

54) 반기 신청이 있는 경우에는 해당 요건에 해당하는지 여부의 판정은 해당 소득세 직전 과세기간 종료일 현재의 상황에 따른다.

55) 조특법 제100조의4 제1항부터 제5항까지의 규정에도 불구하고 조특법 제100조의6 제7항의 신청이 있는 경우 해당 요건에 해당하는지 여부의 판정은 해당 소득세 직전 과세기간 종료일 현재의 상황에 따른다(조특법 §100의4⑥).

4 │ 근로장려금의 산정

4-1. 일반적인 경우

4-1-1. 근로장려금

근로장려금은 결혼 여부, 맞벌이 여부 및 총급여액 등을 기준으로 다음의 구분에 따라 계산한 금액으로 한다

1. 단독가구인 경우 : 다음의 구분에 따라 계산한 금액

목 별	총급여액 등	근로장려금
가	400만원 미만	총급여액 등 × 400분의 165
나	400만원 이상 900만원 미만	165만원
다	900만원 이상 2천200만원 미만	165만원 - (총급여액 등 - 900만원) × 1천300분의 165

2. 홑벌이 가구인 경우 : 다음의 구분에 따라 계산한 금액

목 별	총급여액 등	근로장려금
가	700만원 미만	총급여액 등 × 700분의 285
나	700만원 이상 1천400만원 미만	285만원
다	1천400만원 이상 3천200만원 미만	285만원 - (총급여액 등 - 1천400만원) × 1천800분의 285

3. 맞벌이 가구인 경우 : 다음의 구분에 따라 계산한 금액

목 별	총급여액 등	근로장려금
가	800만원 미만	총급여액 등 × 800분의 330
나	800만원 이상 1천700만원 미만	330만원
다	1천700만원 이상 3천800만원 미만	330만원 - (총급여액 등 - 1천700만원) × 2천100분의 330

4-1-2. 총급여액

총급여액이란 소득세 과세기간 중에 다음의 금액("총급여액 등")을 모두 합한 금액을 말한다(조특법 §100의3⑤).

㉮ 사업소득[56] 중 해당 소득세 과세기간 중 변호사업, 심판변론인업, 변리사업, 법무사업,

공인회계사업, 세무사업, 경영지도사업, 기술지도사업, 감정평가사업, 손해사정인업, 통관업, 기술사업, 건축사업, 도선사업, 측량사업, 공인노무사업, 의사업, 한의사업, 약사업, 한약사업, 수의사업 등을 영위하는 자(그 배우자 포함)를 제외한 자의 해당 사업[57] 소득에 조정률[58]을 곱한 금액의 합계(조특령 §100의6①)

㉯ 근로소득의 금액[59]

㉰ 종교인소득의 금액[60]

다만, 비과세소득과 다음의 소득을 제외한다(조특법 §100의3⑤, 조특령 §100의6②).

① 본인 및 배우자의 직계존비속(그 배우자를 포함한다)으로부터 받은 원천징수대상 사업소득 및 근로소득[61]

② 사업자 외의 자[62] 로부터 지급받은 근로소득[63]

③ 「법인세법」에 따라 상여로 처분된 금액[64]

④ 해당 소득세 과세기간 중 사업자등록을 하지 아니한 자의 사업소득.[65] 다만, 인적용역의 공급에서 발생하는 소득으로 사업자[66] 로부터 받은 소득은 제외한다.

⑤ 부동산임대업에서 발생하는 소득[67][68]

---

56) 「소득세법」 제19조 제1항 각 호
57) 조특령 제100조의2 제4항, 「부가가치세법 시행령」 제109조 제2항 제7호
58) 조특령 제100조의3 제1항 제4호 각 목
59) 「소득세법」 제20조 제1항 각 호
60) 「소득세법」 제21조 제1항 제26호
61) 「소득세법」 제127조 제1항 제3호
62) 다음의 어느 하나를 교부 또는 부여받지 아니한 자를 말한다(조특칙 §45의5).
   ① 「소득세법」 제168조 제3항, 「법인세법」 제111조 제3항 또는 「부가가치세법」 제8조 제5항에 따른 사업자등록증
   ② 「소득세법」 제168조 제5항에 따른 고유번호
63) 근로장려세제는 부정수급 등을 방지하기 위하여 사업자등록증, 고유번호를 부여받아 세무당국이 임금지급사실을 객관적으로 검증할 수 있는 사업자 등에 의해 고용된 경우에만 적용됨. 세무당국이 객관적으로 임금지급사실을 검증할 수 없는 비사업자에게 고용된 경우에는 소득파악의 어려움 등을 감안하여 근로장려세제 적용대상에서 제외하였음. 사업자가 아닌 개인이 근로자를 고용하는 경우(가사보조원, 자가용 운전원 등)도 규정상으로는 지급조서를 제출하고 원천징수를 해야 하나, 현실적으로 이행하고 있지 않는 경우가 대부분이며, 사업자가 아닌 개인의 지출내역에 대한 확인은 사실상 어렵기 때문임. 참고로, 근로기준법도 개인에게 고용된 가사보조원을 근로기준법 적용대상에서 제외하고 있음.
64) 「소득세법」 제20조 제1항 제3호에 따른 근로소득
65) 「소득세법」 제168조 제3항 또는 「부가가치세법」 제8조 제3항
66) 다음의 어느 하나를 교부 또는 부여받은 자를 말한다(조특칙 §45의5).
   ① 「소득세법」 제168조 제3항, 「법인세법」 제111조 제3항 또는 「부가가치세법」 제8조 제5항에 따른 사업자등록증
   ② 「소득세법」 제168조 제5항에 따른 고유번호
67) 「소득세법」 제45조 제2항

4-1-3. 주된 소득자의 총급여액

거주자의 배우자(비거주자 제외)가 사업소득, 근로소득 또는 종교인소득이 있는 때에는 해당 거주자와 그 배우자 중 근로장려금을 신청한 자)의 총급여액 등에 그 배우자의 총급여액 등을 합산하여 총급여액 등을 산정한다(조특법 §100의5③).

4-2. 반기별 지급을 신청한 경우

위의 4-1.에도 불구하고 반기(半期)동안 근로소득만 있는 거주자의 근로장려금[69]은 다음의 금액을 총급여액 등으로 보아 4-1.에 따라 계산한 금액의 100분의 35로 한다(조특법 §100의5②).

① 1월 1일부터 6월 30일까지 발생한 소득분("상반기 소득분") : (해당 기간 총급여액 등 ÷ 근무월수) × (근무월수 + 6)

② 7월 1일부터 12월 31일까지 발생한 소득분("하반기 소득분") : 상반기 총급여액 등 + 하반기 총급여액 등

4-3. 재산의 합계액이 1억4천만원 이상인 경우

위의 4-1. 및 4-2.에도 불구하고 재산의 합계액이 1억7천만원 이상인 경우의 근로장려금은 4-1.에 따라 산정된 근로장려금의 100분의 50에 해당하는 금액으로 한다(조특법 §100의5④).

4-4. 근로장려금산정표[70]

위 산정기준에 불구하고 근로장려금은 총급여액 구간별로 작성한 근로장려금산정표(조특령 별표 11[71])를 적용하여 산정한다(조특법 §100의5⑤, 조특령 §100의6⑤).

---

68) 조특령 제100조의6 제2항 제5호의 개정규정은 2021. 2. 17. 속하는 과세연도에 발생하는 소득분부터 적용한다(**대통령령 제31444호, 부칙 §10③**).

69) 조특법 제100조의6 제7항

70) 근로장려금은 산식에 의해 계산하는 것이 원칙이지만, 근로장려금 산식에 의한 계산이 복잡하므로 신청자의 편의를 도모하기 위해서 구간을 구분하여 작성된 근로장려금산정표에 의해 산정하도록 하였다. 참고로 미국의 경우에도 재무부장관이 정하는 EITC Table에 의하여 EITC를 산정하고 있다.

71) 별표 11 비고 : 반기 근로장려금은 별표 11에 따른 금액의 100분의 35에 해당하는 금액으로 하고, 조특법 제100조의3 제1항 제4호에 따른 가구원 재산의 합계액이 1억4천만원 이상인 경우의 근로장려금은 별표 11에 따른 금액(반기 근로장려금은 별표 11에 따른 금액의 100분의 35에 해당하는 금액)의 100분의 50에 해당하는 금액으로 한다.

5 │ 근로장려금의 신청 등

5-1. 거주자의 근로장려금 신청[72]

5-1-1. 연 1회 지급의 신청

근로장려금을 받으려는 거주자는 종합소득과세표준확정신고기한[73] 내에 근로장려금신청서에 근로장려금 신청자격을 확인하기 위하여 필요한 증거자료를 첨부하여 납세지 관할 세무서장에게 근로장려금을 신청하여야 한다(조특법 §100의6①).

거주자가 사망하였을 때에는 거주자의 상속인이 거주자의 근로장려금을 신청할 수 있다. 이 경우 거주자가 근로장려금을 신청한 것으로 본다(조특법 §100의6②).

1세대 내에서 둘 이상 거주자가 근로장려금을 신청한 때에는 ① 거주자 간 상호합의로 정한 자 ② 총급여액이 많은 사람 ③ 근로장려금이 많은 자 ④ 부양자녀 수가 많은 자의 순서에 따라 정하는 거주자 1명이 근로장려금을 신청한 것으로 본다(조특법 §100의6④, 조특령 §100의7④).

위의 사항은 거주자가 종합소득과세표준확정신고기한 이내에 종합소득과세표준 확정신고(그 배우자의 종합소득과세표준 확정신고를 포함한다)와 근로장려금의 신청을 한 경우에 한하여 적용한다. 다만, 종합소득과세표준 확정신고 기간에 종합소득과세표준 확정신고를 하지 아니한 자가 근로장려금의 결정일까지 종합소득과세표준을 기한 후 신고(그 배우자의 종합소득과세표준 기한 후 신고를 포함)를 한 경우에는 종합소득과세표준 확정신고 기간에 종합소득과세표준 확정신고를 한 것으로 본다(조특법 §100의6⑤).

또한, 다음의 어느 하나에 해당하는 때에는 종합소득과세표준 확정신고를 한 것으로 본다(조특법 §100의6⑥).

① 일용근로자[74]가 그 급여액에 대하여 근로장려금을 신청하였을 때

② 종합소득과세표준 확정신고를 하여야 하는 자 중에서 단순경비율 적용대상자[75]로서 종합소

---

72) 신청주의 채택 : 근로장려세제는 환급가능한 세액공제제도의 일종이므로 일반적인 환급금과 동일하게 관할세무서에 신청한 경우에 한하여 적용한다. 국민기초생활보장제도와 같이 담당 공무원이 직접적 대면조사를 통해 수혜자를 선정하는 복지제도는 신청주의와 함께 직권주의를 가미할 수 있으나, 직접적 대면조사 없이 조세환급제도를 통해 지급하는 근로장려세제는 신청자의 신청이 필수적인 요소이며, 유사한 제도를 운영하는 미국 등 다른 국가도 신청자의 신청을 필수요건으로 하고 있다. 이는 근로장려세제의 신청대상인지 여부를 국세청이 사전에 확정할 수 없고, 아동부양 여부, 재산요건 등은 신청자가 정보를 제공해야만 신청자격 구비 여부를 판정할 수 있기 때문이다.

73) 신청시기 : 근로장려세제 적용대상을 결정하기 위해서는 가구의 모든 소득을 합산하여야 하므로 종합소득세 신고시(매년 5. 1.~31.) 근로장려금을 신청한다.

74) 「소득세법」 제14조 제3항 제2호

75) 「소득세법 시행령」 제143조 제4항 각 호의 어느 하나에 해당하는 사업자

득금액이 본인에 대한 기본공제액(150만원)[76] 이하인 자가 근로장려금을 신청하였을 때(조특령 §100의7⑦)

③ 과세표준확정신고의 예외[77]에 따라 종합소득과세표준 확정신고를 하지 아니하는 자가 근로장려금을 신청하였을 때

2014. 1. 1. 이후 신청분부터는 신청기간에 근로장려금의 신청을 하지 아니한 거주자의 경우에도 해당 신청기간 종료일의 다음 날부터 6개월 이내에 근로장려금의 신청을 할 수 있으나(조특법 §100의6⑧), 이 경우 결정할 근로장려금의 90%만 지급한다.

5-1-2. 반기별 지급의 신청

한편, 지급주기 단축을 통한 저소득 근로자 지원을 위해 2018. 12. 24. 조특법 개정시 반기별 지급 신청을 도입하였다.[78] 즉, 반기(半期)동안 근로소득만 있는 거주자[79]는 상반기 소득분에 대하여 9월 1일부터 9월 15일까지, 하반기 소득분에 대하여 다음 연도 3월 1일부터 3월 15일까지 근로장려금신청서에 근로장려금 신청자격을 확인하기 위하여 필요한 자료를 첨부하여 납세지 관할 세무서장에게 근로장려금을 신청할 수 있다(조특법 §100의6⑦). 또한 상반기 소득분에 대하여 반기별 지급 신청을 한 경우 그 신청인의 의사에 따라 하반기 소득분에 대하여도 반기별 지급 신청을 한 것으로 본다(조특법 §100의6⑨).

5-1-3. 직권 신청

납세지 관할 세무서장 또는 그 위임을 받은 세무공무원 등은 근로장려금 환급대상자가 누락되지 아니하도록 하기 위하여 거주자가 동의한 경우에는 근로장려금을 받으려는 거주자의 근로장려금을 직권으로 신청할 수 있다(조특법 §100의6⑪).

5-2. 신청서 및 증거서류

5-2-1. 근로장려금신청서

근로장려금신청서에는 신청자격에 관한 사항, 총급여액 등, 근로장려금 산정액, 그 밖에 근로장려금의 신청자격 및 산정에 필요한 사항이 포함되어야 한다(조특령 §100의7①).

---

76) 「소득세법」 제50조
77) 「소득세법」 제73조
78) 2019. 1. 1. 이후 발생하는 소득에 대해 신청하는 분부터 적용된다.
79) "대통령령으로 정하는 근로소득만 있는 거주자"란 법 제100조의3 제5항 제3호 나목에 따른 근로소득(제100조의6 제2항 제1호부터 제3호까지의 근로소득은 제외한다)의 금액만 있는 사람을 말한다(조특령 §100의7⑧).

5-2-2. 증거서류

근로장려금을 받으려는 거주자는 근로장려금신청서에 증거자료를 첨부하여 납세지 관할 세무서장에게 근로장려금을 신청하여야 하고, "증거자료"란 다음의 자료를 말한다(조특령 §100의7②).

① 근로소득, 사업소득, 종교인소득이 있음을 입증할 수 있는 자료로서 아래의 어느 하나에 해당하는 자료. 다만, 열람한 근로소득 또는 사업소득 지급액을 근로장려금신청서에 기재하여 제출하는 경우에는 해당 자료를 제출하지 아니할 수 있다.

　㉠ 근로소득 또는 사업소득 원천징수영수증

　㉡ 급여 또는 사업소득 수령통장 사본

　㉢ 그 밖에 근로소득, 사업소득 또는 종교인소득이 있음을 객관적으로 확인할 수 있는 자료로서 국세청장이 정하는 자료

② 전세금이 있는 경우 : 임대차계약서 사본

③ 부동산을 취득할 수 있는 권리가 있는 경우 : 분양계약서 사본과 분양대금ㆍ청산금 등 납입영수증, 토지상환채권 사본 또는 주택상환사채 사본

5-3. 열람 및 보정요구

5-3-1. 거주자 열람

국세청장은 근로장려금 신청의 편의를 위하여 제출받은[80] 지급명세서 및 간이지급명세서에 기재된 근로소득 또는 사업소득 지급액을 국세정보통신망 등에 게시하여 거주자가 열람할 수 있도록 하여야 한다(조특령 §100의7③, 조특칙 §45의7①).

5-3-2. 보정요구

납세지 관할 세무서장은 근로장려금신청서나 그 밖의 서류에 누락 또는 오류가 있는 때에는 20일 이내의 기간을 정하여 보정할 것을 요구할 수 있다. 다만, 보정할 사항이 경미한 경우에는 직권으로 보정할 수 있다(조특령 §100의7⑩).

---

80) 「소득세법」 제164조 및 제164조의3

6 | 근로장려금의 결정

6-1. 결정 기한 및 내용

납세지 관할 세무서장은 다음의 어느 하나에 해당하는 신청을 받은 경우 각각 정한 기한이 지난 후 3개월 이내에 근로장려금을 결정하여야 한다. 다만, 3개월 이내에 근로장려금을 결정하기 어려운 경우로서 부득이한 사유에 해당할 때에는 근로장려금의 결정 기한을 2개월의 범위에서 연장할 수 있다(조특법 §100의7①).

① 근로장려금의 신청을 받거나 근로장려금의 기한 후 신청을 받은 경우[81] : 종합소득과세표준 확정신고 기한[82](근로장려금의 기한 후 신청의 경우에는 그 신청일이 속하는 달의 말일)
② 반기(半期)동안 근로소득만 있는 거주자의 근로장려금의 신청을 받은 경우 : 반기별 신청기한

납세지 관할 세무서장이 신청기간에 근로장려금의 신청을 하지 아니한 거주자가 해당 신청기간 종료일의 다음 날부터 6개월 이내에 해당 근로장려금을 신청한 경우에는 근로장려금의 100분의 90에 해당하는 금액을 근로장려금으로 결정한다(조특법 §100의7②).

또한, 납세지 관할 세무서장은 산정한 금액이 1만5천원 미만인 경우에는 근로장려금이 없는 것으로 결정하고, 1만5천원 이상 10만원 미만인 경우에는 10만원을 근로장려금으로 결정하며, 1만5천원 이상 3만원 미만인 경우에는 3만원을 근로장려금으로 결정한다(조특법 §100의7③).

이렇게 결정된 근로장려금은 근로장려금을 신청한 자가 해당 연도에 이미 납부한 소득세액으로 본다(조특법 §100의7④).

6-2. 결정 방법

납세지 관할 세무서장은 다음의 사항을 확인하고 그 확인된 총급여액등에 따라 근로장려금을 신청한 자에게 환급하여야 하는 근로장려금을 결정하여야 한다. 이 경우 신청자가 제출한 근로장려금신청서 또는 증거자료에 나타난 수입금액이 아래 ③의 금액과 차이가 있는 경우에는 추계 방법[83] 또는 그 밖에 재산상황·소비지출상황 등을 고려하여 국세청장이 합리적이라고 인정하는 방법에 따라 검증하여 확정된 수입금액을 기준으로 근로장려금을 결정하여야

---

[81] 조특법 제100조의6 제1항, 같은 조 제8항
[82] 「소득세법」 제70조 또는 제74조에 따른 종합소득과세표준 확정신고 기한
[83] 「소득세법 시행령」 제144조 제1항 및 「부가가치세법 시행령」 제104조 제1항

한다(조특령 §100의8①).

① 근로장려금의 신청자격[84]

② 신청자가 제출한 근로장려금신청서 또는 증거자료에 나타난 총급여액 등(배우자의 총급여액 등을 포함한다)이 총급여액 등을 지급하는 자가 근로장려금 신청기한까지 관할 세무서장·지방국세청장 또는 국세청장에게 제출한 지급명세서에 의하여 입증되는 경우 등 객관적으로 인정되는 총급여액 등

③ 신청자가 제출한 근로장려금신청서 또는 증거자료에 나타난 수입금액으로서 계산서, 세금계산서, 신용카드 및 현금영수증 등에 의하여 입증되는 등 객관적으로 인정되는 수입금액

6-3. 거부 결정

납세지 관할 세무서장은 위 5-3-2. 보정요구에 불구하고 근로장려금 신청자가 신청자격과 근로장려금 결정에 필요한 사항을 보정하지 아니하는 경우에는 근로장려금 급여를 거부하는 결정을 할 수 있다(조특령 §100의8④).

6-4. 결정 연장 사유

다음의 어느 하나에 해당하는 경우를 말한다(조특령 §100의8⑤).

① 근로장려금신청서와 첨부서류 등에 의하여 신청자격을 확인하는 데 어려움이 있어 사실확인·자료요구·조사가 필요한 경우

② 근로장려금을 신청한 자와 총급여액 등을 지급하는 자가 제출한 총급여액 등에 대한 증빙자료 등에 의하여 총급여액 등을 확인하는 데 어려움이 있어 사실확인 ·자료요구·조사가 필요한 경우

③ 납세지 관할 세무서장이 신청자에게 증거자료의 제출 또는 보정을 요구한 경우. 다만, 종합소득과세표준 확정신고기한으로부터 2개월이 지난 이후 요구한 경우에 한한다.

---

84) 조특법 제100조의3 제1항 및 제2항

7 │ 근로장려금의 환급 및 정산 등

7-1. 환급세액

납세지 관할 세무서장은 결정된 근로장려금과 해당 연도에 이미 납부한 소득세액(결정된 근로장려금 제외)이 해당 연도에 납부할 소득세액을 초과하는 경우에는 그 초과하는 금액을, 해당 연도에 납부할 소득세액이 없는 경우에는 근로장려금과 해당 연도에 이미 납부한 소득세액 전부를 환급세액으로 하여 환급[85]한다[86](조특법 §100의8①). 또한 2013. 8. 13.이 속하는 과세기간에 귀속되는 소득분부터는 체납세액이 있는 경우에도 환급할 근로장려금의 30%를 한도로 충당하도록 하여 근로장려금의 70%는 받을 수 있도록 하였다(조특법 §100의8④).

7-2. 환급결정사실 통지

근로장려금을 결정한 납세지 관할 세무서장은 근로장려금의 결정일부터 30일 이내(반기별 지급 신청에 따른 근로장려금의 경우에는 결정일로부터 15일)에 그 결정사실을 신청자에게 근로장려금의 결정내용 및 그 결정이유, 결정일자 등이 기재된 근로장려금결정통지서로 통지하고, 환급할 세액이 있는 때에는 같은 기한 내에 환급하여야 한다(조특법 §100의8③, 조특령 §100의9②).

7-3. 국세환급가산금 배제 및 압류 금지

환급세액(환급세액이 앞서 언급한 결정된 근로장려금을 초과하는 경우 그 초과하는 금액을 제외)에 대하여는 국세환급가산금[87]의 규정을 적용하지 아니한다(조특법 §100의8②). 한편, 환급받은 근로장려금 중 연 185만원[88] 이하의 금액은 압류할 수 없다(조특법 §100의8⑥, 조특령 §100의9⑥).

7-4. 반기별 지급 신청시 정산 등

납세지 관할 세무서장은 반기별 지급 신청[89]을 한 거주자에 대하여 해당 과세연도의 다음

---

85) 「국세기본법」제51조의 규정을 준용

86) 근로장려금은 신청자에게 계좌이체를 통하여 직접 지급된다(조특령 §100의9①). 근로장려금은 세액공제의 일종으로서, 기납부세액으로 처리되므로 국세기본법상 환급절차에 따라 지급됨.

87) 「국세기본법」제52조

88) (종전) 연 150만원 → (개정) 연 185만원 : 개정규정은 2021. 2. 17. 이후 압류하는 분부터 적용한다(대통령령 제31444호, 부칙 §10⑤).

연도 9월 30일까지 이미 환급받은 근로장려금과 환급[90]하여야 할 해당 과세연도 근로장려금을 비교하여 그 차액을 환급하거나 환수하여야 한다(조특법 §100의8⑧).

납세지 관할 세무서장은 이미 환급한 근로장려금을 환수하는 경우에는 그 금액을 다음의 순서에 따라 환수해야 한다. 다만, 근로장려금 신청자가 아래 ②에 따른 차감 대신 잔여 환수 금액에 대한 소득세 납부 고지를 요청하는 경우에는 납세지 관할 세무서장은 즉시 환수 금액을 소득세 납부 고지해야 한다(조특령 §100의9⑦).[91]

① 해당 소득세 과세기간의 자녀장려금에서 환수 금액을 차감할 것
② 위①에도 불구하고 환수 금액이 남은 경우에는 해당 소득세 과세기간의 다음 소득세 과세기간부터 5개 과세기간의 근로장려금 또는 자녀장려금에서 차감할 것
③ 위②에도 불구하고 환수 금액이 남은 경우에는 환수 금액을 소득세 납부 고지할 것

또한 반기별 지급 신청에 대하여 환급세액이 15만원 미만인 경우 또는 하반기 근로장려금 환급 시 정산할 때 환수가 예상되는 경우로서 아래와 같은 경우[92]에는 환급하지 아니하고 정산(환급 또는 환수하는 것)시 환급한다(조특법 §100의8⑤, 조특령 §100의9④ · ⑤).

환급한 해당 소득세 과세기간의 상반기 근로장려금과 환급할 해당 소득세 과세기간의 하반기 근로장려금의 합계액	≥	해당 소득세 과세기간의 하반기 근로장려금을 결정할 때 산정한 해당 소득세 과세기간의 근로장려금

8 | 근로장려금 환급의 제한

8-1. 2년간 환급제한

납세지 관할 세무서장은 신청자(상속인[93]을 포함한다)가 근로장려금의 신청요건에 관한 사항을 고의 또는 중대한 과실로 사실과 다르게 하여 신청한 경우에는 그 사실이 확인된 날이 속하는 연도(그 사실이 확인된 날이 속하는 연도에 근로장려금의 환급이 있었던 경우에는 그

---

89) 조특법 제100조의6 제7항에 따른 신청(같은 조 제9항에 따라 신청한 것으로 보는 경우를 포함한다)
90) 제100조의6 제1항에 따라 신청하여 제100조의8 제1항에 따라 환급
91) 소득세 납부 고지 요청 규정은 2021. 2. 17. 이후 납부고지를 요청하는 경우부터 적용한다(대통령령 제31444호, 부칙 §10⑥).
92) 조특령 제100조의9 제5항 및 별표 11의 개정규정은 이 영 시행 2021. 2. 17. 이후 근로장려금을 신청하는 경우부터 적용한다(대통령령 제31444호, 부칙 §10④).
93) 조특법 제100조의6 제2항

다음 연도)부터 2년간(사기 그 밖에 부정한 행위로써 사실과 다르게 신청한 경우에는 5년간) 근로장려금을 환급(납부할 소득세액에서 차감하는 경우를 포함한다. 이하 같다)하지 아니한다(조특법 §100의9①).

또한, 신청자로 하여금 근로장려금의 신청요건에 관한 사항을 사실과 다르게 하여 신청하게 한 자에게도 적용한다(조특법 §100의9②).

8-2. 환급제한사유 통지

납세지 관할 세무서장은 근로장려금의 환급을 제한받는 자에게 환급제한사유, 환급제한기간 등을 기재한 근로장려금 환급제한통지서에 의하여 통지하여야 한다(조특법 §100의9③, 조특령 §100의10②).

9 │ 근로장려금의 경정 등(조특법 §100의10)

9-1. 경 정

납세지 관할 세무서장은 근로장려금을 결정한 후 그 결정에 탈루나 오류가 있을 때에는 근로장려금을 경정하여야 한다(조특법 §100의10①).

9-2. 초과환급신고가산세 배제

신청자가 신청한 근로장려금이 납세지 관할 세무서장이 결정한 근로장려금을 초과한 때에는 초과환급신고가산세[94]의 규정을 적용하지 아니한다(조특법 §100의10②).

9-3. 가산세

위(9-1.)의 경정으로 근로장려금이 감소되어 신청자가 환급받은 세액이 환급받아야 할 세액을 초과한 때에는 다음 산식에 의하여 산정한 금액을 환급불성실가산세[95]로 한다(조특법 §100의10③ 본문, 조특령 §100의11②).

> 초과하여 환급받은 세액 × 환급받은 날의 다음 날부터 납부고지일까지의 기간 × 1일 10만분의 25의 율

---

94) 「국세기본법」제47조의3
95) 「국세기본법」제47조의4

다만, 신청자에게 귀책사유가 없는 경우로서 다음의 어느 하나에 해당하는 경우에는 가산세를 부과하지 아니한다(조특법 §100의10③ 단서, 조특령 §100의11①).

① 원천징수의무자로부터 제출받은 지급명세서의 근로소득 또는 사업소득 지급액에 오류가 있는 경우

② 금융회사등의 장 및 국가기관 등으로부터 제출받은 금융거래정보 또는 신청자격 확인 자료 등에 오류가 있는 경우

③ 그 밖에 ① 및 ②와 유사한 경우로서 신청자에게 귀책사유가 없다고 인정되는 경우

9-4. 조세범처벌법에 의한 처벌

사기 기타 부정한 방법으로 근로장려금을 지급받거나 받도록 한 자에 대해서는 지급제한·추징 이외에 조세범처벌법이 정하는 바에 따라 징역 또는 벌금 등의 처벌[96]을 받을 수 있다.

10 | 신청자 등에 대한 확인 · 조사

근로장려금의 결정 등의 사무에 종사하는 공무원은 다음의 어느 하나에 해당하는 자에게 근로장려금 신청자격, 근로장려금 결정 등에 필요한 사항을 확인하고, 해당 장부·서류 그 밖의 물건을 조사하거나 그 제출을 명할 수 있다(조특법 §100의11).

① 신청자(상속인[97] 포함), 부양자녀 및 가구원[98]

② 원천징수의무자

③ 지급조서제출의무자

④ ①에 해당하는 자와 거래(사업소득을 발생시키는 거래로 한정)한 사실이 있는 자

근로장려금의 결정 등의 사무에 종사하는 공무원은 근로장려금의 신청자격, 근로장려금 결정 등의 확인 또는 조사를 할 때에는 조사원증을 관계자에게 내보여야 한다(조특령 §100의12).

---

96) 3년 이하의 징역 또는 부정수급액의 3배 이하의 벌금
97) 조특법 제100조의6 제1항
98) 조특법 제100조의3 제1항 제3호

11 | 금융거래정보에 대한 조회

국세청장(지방국세청장 포함)은 납세지 관할 세무서장이 근로장려금의 결정 또는 경정을 위하여 신청자 및 부양자녀(가구원[99] 포함)의 금융거래의 내용에 관하여 확인이 필요한 경우에는 문서 또는 정보통신망[100]으로 금융기관의 장에게 금융거래의 내용에 관한 자료를 요구할 수 있으며, 해당 금융기관의 장은 정보통신망에 의하여 전송하거나 디스켓 또는 자기테이프 등 전자기록매체 등으로 제출하여야 한다(조특법 §100의12①).

여기서 국세청장(지방국세청장 포함)은 금융기관의 장에게 금융거래의 내용을 요구하는 때에는 다음의 사항을 명확히 하여 해당 자료를 요구하여야 한다(조특령 §100의13).
① 신청자를 포함한 가구원의 인적사항
② 사용목적
③ 요구하는 금융거래의 내용

한편, 국세청장은 위의 제출받은 자료를 목적[101] 외의 용도로 사용하거나 다른 기관에 제공하여서는 아니 된다(조특법 §100의12②).

12 | 자료요청

국세청장은 국가기관·지방자치단체 또는 국민건강보험공단 등[102]에 대하여 근로장려금의 신청자격 확인 및 근로장려금 신청안내에 필요한 가족관계증명서, 지방세 과세정보 등 자료의 제공[103]을 요청할 수 있다. 이 경우 요청을 받은 자는 정당한 사유가 없으면 자료를 제공하여야 한다(조특법 §100의13).

---

99) 조특법 제100조의3 제1항 제3호
100) 「국세기본법」 제2조 제18항
101) 조특법 제100조의12 제1항
102) 조특령 제100조의14 제1항
103) 조특령 제100조의14 제2항

13 | 불복절차

13-1. 국세기본법상의 불복규정 적용

근로장려금은 세액공제의 일종이므로 처분에 대한 이의가 있을 경우 국세기본법상의 불복규정을 적용한다.

> ☐ 국세기본법상 불복(§55)
>
> 위법·부당한 처분을 받거나 필요한 처분을 받지 못함으로써 권리 또는 이익의 침해를 당한 자는 이의신청, 심판청구, 심사청구 가능

13-2. 불복청구절차

① 청구인 : 근로장려금 신청자
　　권리 또는 이익의 침해를 당한 자가 청구인적격을 가지며, 위법·부당한 처분을 받거나 필요한 처분을 받지 못한 직접적인 당사자가 불복을 청구한다.
② 불복청구대상 : 지급거부, 감액지급, 취소, 경정감액, 묵시적 거부
③ 청구기간 : 처분통지를 받은 날로부터 90일 이내. 다만, 묵시적인 거부의 경우에는 청구기간의 제한 없음(행정심판법 §18).

13-3. 납세자보호담당관제도를 통한 민원해결

① 세무서에 설치되어 있는 납세자보호담당관제도를 이용하여 근로장려금 관련 민원을 해결할 수 있다.
② 납세자보호담당관[104]을 통한 민원해결절차는 다음과 같다.
　㉠ 납세자보호담당관실에 민원접수
　㉡ 납세자보호담당관은 담당과의 의견과 민원인의 의견을 수렴하여 근로장려금 수급자격 유무 등 심사
　㉢ 납세자보호담당관의 심사결과를 담당과에 통보
　㉣ 담당과에서는 신청자에게 결정내용 통지

---

104) 납세자보호담당관제도 : 세금과 관련된 모든 고충을 납세자의 편에 서서 적극적으로 처리해 줌으로써 납세자의 권익을 실질적으로 보호하기 위해 도입한 제도. 납세자는 국세청에서 담당하는 모든 세금과 관련된 애로 및 불편사항에 대하여 고충 청구 가능

14 │ 주요 개정연혁

1. 근로·자녀장려금 재산요건 완화·최대지급액 인상(조특법 §100의5, §100의29, 조특령 별표 11, 별표 12)

(1) 개정내용

종 전	개 정
□ 지급대상자 재산요건	□ 재산요건 완화
○ 가구원 소유 재산합계액* 2억원 미만	○ 2억원 미만 → 2.4억원 미만
* 토지·건물·자동차·예금 등 – (감액요건) 1.4억원 이상시 근로·자녀장려금 50% 지급	– 1.4억원 이상 → 1.7억원 이상
□ 가구별 최대지급액	□ 최대지급액 10% 수준 인상
○ (근로장려금)	○ 최대지급액 인상

가구 유형	최대지급액
단독가구	150만원
홑벌이가구	260만원
맞벌이가구	300만원

가구 유형	최대지급액
단독가구	165만원
홑벌이가구	285만원
맞벌이가구	330만원

종 전	개 정
○ (자녀장려금) 자녀 1명당 70만원	○ (자녀장려금) 자녀 1명당 80만원
□ 산정표에* 따라 소득구간별 근로·자녀장려금 지급	□ 근로·자녀장려금 산정표 개정
* 실제 지급액은 법정 산식이 아닌 산정표에 의한 금액 지급	

(2) 개정이유

○ 저소득 가구의 근로 장려 및 소득 지원을 위해 재산요건 완화·지급액 인상 및 산정표 개정

(3) 적용시기 및 적용례

○ 2023. 1. 1. 이후 신청하는 분부터 적용

2. 동일가구 내 장려금 상계 규정 신설(조특령 §100의9)

(1) 개정내용

종 전	개 정
□ 동일 가구 내 중복신청으로 수급자가 변경되는 경우	□ 동일 가구 내 장려금 상계
○ 기존 수급자 : 전액 환수 　신규 수급자 : 전액 지급	○ 신규 수급자 : 차액 지급 　* 환수 필요시 기존 수급자 환수

(2) 개정이유
　○ 불필요한 환수절차를 생략하여 민원발생 및 불편 최소화

(3) 적용시기 및 적용례
　○ 2023. 7. 1. 이후 환급·환수하는 분부터 적용

3. 중증장애 직계존속 부양가구에 대한 근로장려금 확대
　(조특법 §100의3⑤, 조특령 §100의4⑨)

(1) 개정내용

종 전	개 정
□ 근로장려금 지급대상 홀벌이가구의 범위 　○ 총급여액 3백만원 미만인 배우자 있는 가구 　○ 배우자가 없고 18세 미만 부양자녀가 있는 가구 　○ 배우자가 없고 70세 이상 직계존속이 있는 가구 　* 다만, 자녀가 중증장애인*인 경우 연령요건 미적용 　*「장애인고용촉진 및 직업재활법」상의 중증장애인 및 「5·18보상법」에 따라 장해등급 3등급 이상으로 지정된 사람	□ 홀벌이가구 범위 확대 　○ (좌　동) 　※ 자녀 → 자녀 및 직계존속* 　* 부양자녀 연령요건 적용되지 않는 장애인의 범위와 동일하게 결정

(2) 개정이유
　○ 중증장애인 직계존속 부양가구 지원 확대

(3) 적용시기 및 적용례

○ 2021. 1. 1. 이후 신청하는 분부터 적용

4. 근로장려금 신청주체 규정 정비(조특법 §100의5, §100의6, 조특령 §100의6④, §100의8③)

(1) 개정내용

종 전	개 정
☐ 근로장려금 신청주체 ○ 근로장려금을 받으려는 거주자 ○ 단, 배우자에게 소득이 있는 경우 주소득자	☐ 주소득자 규정 삭제 ○ 근로장려금을 받으려는 거주자 〈삭 제〉
☐ 주소득자 판단 기준 ○ 거주자·배우자 중 다음의 순서로 정한 자 ① 상호합의로 정한 사람 ② 총급여액이 많은 사람 ③ 직전 과세기간의 근로장려금을 받은 사람	☐ 주소득자 규정 삭제 〈삭 제〉
☐ 주소득자 신청 의제 ○ 주소득자의 배우자가 근로장려금 신청 시, 주소득자가 신청한 것으로 봄	〈삭 제〉
☐ 근로장려금 환급대상자 ○ 근로장려금 신청자 - 단, 부부의 경우에는 주소득자	☐ 환급대상자 단서규정 삭제 ○ (좌 동) 〈삭 제〉

(2) 개정이유

○ 근로장려금 신청·수급 편의 제고

5. 근로장려금 지급을 위한 종합소득과세표준 확정신고 의제관련 조문 정비
(조특법 §100의6⑤)

(1) 개정내용

종 전	개 정
□ 근로장려금 지급요건 　ㅇ 소득 및 재산요건 충족 　ㅇ 종합소득과세표준 확정신고 기간 내 근로장려금을 신청 　ㅇ 종합소득과세표준 확정신고 기간 내 확정신고 　－ 다만 확정신고 기간 내 확정신고를 하지 않더라도, 근로장려금 결정일까지 종합소득과세표준 확정신고를 한 경우, 확정신고 기간 내 확정신고한 것으로 의제	□ 확정신고 의제 관련 조문 정비 　ㅇ (좌 동) 　ㅇ (좌 동) 　ㅇ (좌 동) 　－ 다만 확정신고 기간 내 확정신고를 하지 않더라도, 근로장려금 결정일까지 종합소득과세표준을 국세기본법 제45조의3에 따라 기한 후 신고를 한 경우, 확정신고 기간 내 확정신고 한 것으로 의제

(2) 개정이유
　ㅇ 종합소득세과세표준 확정신고 기간 경과 후, 결정일 전에 과세표준을 신고하는 것은 「국세기본법」상의 기한 후 신고에 해당

6. 과세관청의 근로·자녀장려금 직권신청 근거 마련(조특법 §100의6⑫)

(1) 개정내용

종 전	개 정
□ 근로·자녀장려금 신청 　ㅇ (원칙) 거주자가 과세관청에 근로·자녀장려금 신청 〈추 가〉	□ 과세관청 직권신청 허용 　ㅇ (좌 동) 　ㅇ (예외) 거주자가 동의할 경우 과세관청의 직권신청 가능

(2) 개정이유
　ㅇ 근로·자녀장려금 신청 누락으로 인한 복지사각지대 방지

(3) 적용시기 및 적용례
　ㅇ 2021. 1. 1. 이후 동의하는 분부터 적용

7. 근로·자녀장려금 재산요건 판정 시 전세금 및 임차보증금 평가방법 조정 (조특령 §100의4⑧)

(1) 개정내용

종 전	개 정
□ 주택·오피스텔 전세금 및 임차보증금 평가방법 ㅇ min(임차계약서 금액, 간주전세금[*]) 　* 소득세법상 기준시가에 따라 평가한 금액의 60% 이내에서 국세청 고시로 결정 ㅇ 직계존비속[*]에게 임차한 경우 간주 전세금 적용 　* 배우자의 직계존비속, 직계존비속의 배우자 포함	□ 간주전세금 단서 규정 삭제 ㅇ (좌 동) 〈삭 제〉

(2) 개정이유

ㅇ 주택가액 중복 합산 문제 해결

(3) 적용시기 및 적용례

ㅇ 2021. 5. 1. 이후 신청·정산하는 분부터 적용

8. 근로장려금 금융재산 평가시 요구불 예금의 평가방식 개선(조특령 §100의4⑧)

(1) 개정내용

종 전	개 정
□ 금융재산 평가방식 ㅇ 근로장려금 지급연도의 전년도 6.1일 기준 잔액 〈추 가〉	□ 요구불 예금등 평가기준 변경 ㅇ (좌 동) － 보통예금, 저축예금 등 요구불예금의 경우 6.1일 이전 3개월 평균 잔액으로 산정

(2) 개정이유

ㅇ 금융자산가의 부정 수급 방지

(3) 적용시기 및 적용례

ㅇ 2022. 5. 1. 이후 신청·정산하는 분부터 적용

9. 근로장려금 지급액 산정시 부동산 임대소득 제외(조특령 §100의6②)

(1) 개정내용

종 전	개 정
□ 근로장려금 지급액 산정기준*에 해당하는 총급여액	□ 총급여액에서 부동산 임대소득 제외
* 총급여액이 0~3,600만 원인 근로자를 대상으로 근로장려금 0~300만 원 지급	
ㅇ 총급여액 산정 시 소득기준 근로소득·사업소득·종교인소득 (이자·배당소득 포함되지 않음)	ㅇ (좌 동)
ㅇ 총급여액에서 제외되는 소득	ㅇ (좌 동)
- 직계존비속으로부터 받은 근로소득· 원천징수사업소득	
- 사업자등록 하지 않는 자로부터 받은 근로소득	
〈추 가〉	- 부동산 임대소득

(2) 개정이유

  ㅇ 부동산 임대소득은 근로와의 관련성의 낮은 점 고려

(3) 적용시기 및 적용례

  ㅇ 2021. 2. 17. 속한 과세기간의 소득분부터 적용

10. 근로장려금 산정표 합리화(조특령 별표 11)

(1) 개정내용

종 전	개 정

□ 근로장려금 환급액 산정·결정
① (산정) 총급여액의 구간 별 산정표를 적용하여 산정
    – 산정표 상 최소환급액은 10만원*
      * 점증구간 10만원, 점감구간 3만원
    – 재산 1.4억 초과시 50% 감액
    – 기한 후 신청시 10% 감액
② (결정) 산정액을 환급액으로 결정
    – 기한 후 신청시 10% 감액
    – 최소환급액* 10만원(점증), 3만원(점감)
      * 10% 감액된 경우를 포함
    – 단, 산정액이 1.5만원 미만일 경우 환급액은 0원
	□ 환급액 산정방식 합리화
	① (좌 동)
	
	    – 공식*에 따라 환급액 산정
	      * (예) 총급여액 ×150/400
	    – (좌 동)
	      〈삭 제〉
	
	  ㅇ (좌 동)

(2) 개정이유
ㅇ 근로장려금 산정·결정 규정 간 중복내용 삭제

(3) 적용시기 및 적용례
ㅇ 2021. 2. 17. 이후 신청하는 분부터 적용

11. 반기 근로장려금 지급기한 단축(조특법 §100의8③)

(1) 개정내용

종 전	개 정

□ 반기 근로장려금 지급기한
  ㅇ 반기 근로장려금 결정일*부터 20일 이내
    * 상반기 소득분 : 12.15일
      하반기 소득분 : 6.15일
	□ 지급기한 단축
	  ㅇ 20일 이내 → 15일 이내

(2) 개정이유

○ 저소득 근로자에 대한 조속한 지원

(3) 적용시기 및 적용례

○ 2021. 1. 1. 이후 신청하는 분부터 적용

12. 반기 근로장려금 지급 유보 요건 추가(조특령 §100의9⑤)

(1) 개정내용

종 전	개 정
□ 반기 근로장려금 지급 유보 요건 ○ 반기 근로장려금이 15만원 미만인 경우 ○ ①≥②인 경우 하반기 근로장려금 지급 유보 　① 상반기 근로장려금 　② 연간 근로장려금 추정액	□ 하반기 근로장려금 지급 유보 요건 추가 ○ (좌 동) ○ (좌 동) 　① 상반기 근로장려금과 하반기 근로장려금 　　합계액 　② 연간 근로장려금 추정액

(2) 개정이유

○ 하반기 근로장려금을 신청한 경우 발생 가능한 환수 사례를 방지하여, 수급자 불편 최소화

(3) 적용시기 및 적용례

○ 2021. 2. 17. 이후 신청하는 분부터 적용

13. 근로·자녀장려금 압류금지 기준금액 상향(조특령 §100의9⑥)

(1) 개정내용

종 전	개 정
□ 근로·자녀장려금 압류금지 대상 ○ 국세체납액 충당* 후 환급하는 근로·자녀장려금 중 각각 연 150만 원 이하의 금액 　* 환급금의 30% 한도로 체납액 충당	□ 압류금지 기준금액 상향 ○ 연 150만 원 → 연 185만 원

(2) 개정이유

○ 저소득 근로자의 기초생활 보장

(3) 적용시기 및 적용례

○ 2021. 2. 17. 이후 압류하는 분부터 적용

14. 반기 근로장려금 환수 방법 합리화(조특령 §100의9⑦)

(1) 개정내용

종 전	개 정
□ 반기 근로장려금 환수 방법 ○ 다음 순서로 단계적으로 환수 ① 환수액을 동일 과세기간의 자녀장려금에서 차감 ② ① 차감 후, 미환수잔액을 5년 간의 근로·자녀장려금에서 차감 ③ ②차감 후, 미환수잔액에 대해 소득세 납부고지 〈추 가〉	□ 환수 방법 추가 ○ (좌 동) ○ 신청자의 요청이 있는 경우 환수액을 즉시 납부고지

(2) 개정이유

○ 반기 근로장려금 신청자의 편의 제고

(3) 적용시기 및 적용례

○ 2021. 2. 17. 신청자가 요청하는 분부터 적용

| 제 10 절의 3 |
동업기업에 대한 조세특례

제100조의 14~26

동업기업에 대한 조세특례

I   개 요[1]

1 │ 동업기업 과세특례의 의의[2]

본 제도의 도입배경은 기업과세를 선진화하고, 조합 및 인적회사[3] 설립을 통한 공동사업 (컨소시엄) 활성화를 세제측면에서 뒷받침하기 위함이다. 대부분의 선진국에서는 인적회사적 성격이 있는 파트너십 형태의 기업에 대해 사법(私法)상 법인격 유무에 불구하고 법인세를 과세하지 않고, 구성원들에 대해서만 과세하는 파트너십 과세제도를 운영 중[4]에 있다.

동업기업 과세특례(Partnership Taxation)는 동업기업을 도관(Pass-through)으로 보아 동업기업에서 발생한 소득에 대해 동업기업 단계에서는 과세하지 않고, 이를 구성원인 동업자에게 귀속시켜 동업자별로 과세하는 제도이다. 다만, 동업기업을 소득계산 및 신고의 실체(Entity)로는 인정한다.

---

1) 이 절에서는 동업기업에 대한 조세특례 조문의 유기적 연계성과 효율적인 이해를 감안하여 조문별로 나누지 않고 일괄하여 설명하고자 한다.

2) 기획재정부, 「2007 간추린 개정세법」, 169면(2008).

3) 대외적으로 동업자가 무한책임을 부담하고, 대내적으로 동업자가 사적자치에 의해 경영활동을 수행하는 특성이 있다. 현행 상법상 합명·합자회사는 인적회사, 유한·주식회사는 물적회사에 해당한다.

4) 도입국가 : 미국, 영국, 호주, 캐나다, 독일, 프랑스 등

| 일반 법인 과세 vs. 동업기업 과세특례 비교 |

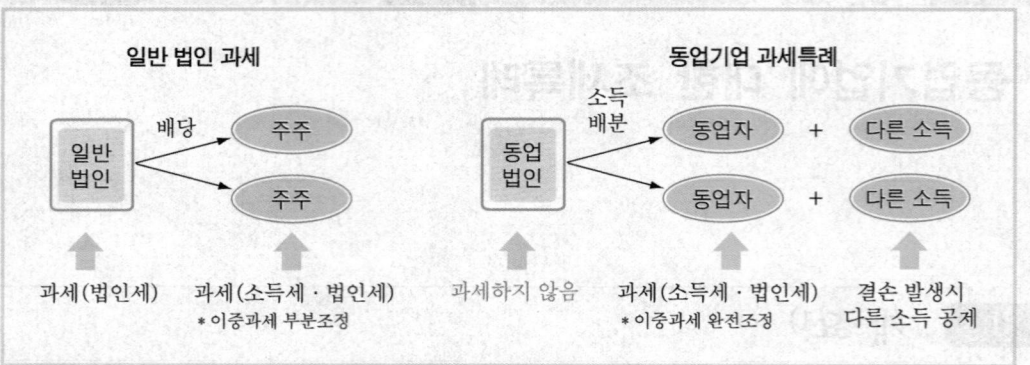

2 | 동업기업 과세특례의 도입시 기대효과

동업기업 과세특례에서는 동업기업(Partnership)을 형식적 측면에서 실체로, 실질적 측면에서 도관으로 각각 취급한다.

구 분	세무상 취급	기대효과
○ 형식적 측면 : 실체론	○ 동업기업을 과세소득 계산 및 신고의 실체로 취급	○ (납세자) 납세편의 제고 ○ (과세기관) 조세행정의 효율성 제고
○ 실질적 측면 : 도관론	○ 동업기업을(실체로 보아 계산·신고된) 과세소득에 대한 납세의무가 없는 도관으로 취급 → 과세소득을 동업자에게 배분하여 과세	○ (납세자) 이중과세의 완전한 조정으로 세부담 경감

동 제도의 도입으로 기대되는 효과는 다음과 같다.

첫째, 합명·합자회사 등의 경우 이중과세문제가 완전히 조정됨에 따라 세부담이 경감되고

둘째, 조합의 경우 법인이 동업자로 참여하는 조합에 대한 과세방법이 종전까지 정립되어 있지 않았으나, 앞으로 동업기업을 하나의 실체로 보아 소득을 계산하고 신고할 수 있게 되어 납세편의 및 조세행정의 효율성이 제고될 것이며

셋째, 공동사업 형태를 선택함에 있어 조세가 중립적이 되어 개인·법인 중 자유로운 사업형태의 선택이 가능해지며

넷째, 합명·합자회사 등의 경우 결손이 발생한 동업기업의 동업자가 법인이거나 사업소득이
　　있는 개인인 경우에는 그 결손금을 배분받아 동업자의 사업소득 등과 공제할 수도
　　있게 되어, 사업의 전체적인 성과에 부합하는 과세가 가능해질 것이다.

한편, 동업기업 과세특례제도에서는 다음과 같은 단점이 있다.
첫째, 조세회피 수단으로 악용될 수 있고
둘째, 조세회피를 방지하기 위하여 복잡한 제도적 장치를 강구하여야 하며
셋째, 이에 따라 징세비용이 증가할 수 있다.

3 | 적용시기

동업기업에 대한 조세특례제도는 2009. 1. 1. 이후 최초로 개시하는 과세연도분부터 적용한다.

부 칙 (2007. 12. 31. 법률 제8827호)
제1조【시행일】이 법은 2008년 1월 1일부터 시행한다. 다만, 제100조의14부터 제100조의26까지의
　　개정규정은 2009년 1월 1일부터 시행한다.
제2조【일반적 적용례】① 이 법 중 소득세 및 법인세에 관한 개정규정은 이 법 시행 후 최초로
　　개시하는 과세연도분부터 적용한다.

부 칙 (2008. 2. 22. 대통령령 제20620호)
제1조【시행일】이 영은 공포한 날부터 시행한다. 다만, 제2장 제10절의3(제100조의15부터 제100조의
　　27까지)의 개정규정은 2009년 1월 1일부터 시행한다.
제13조【동업기업 과세특례의 적용에 대한 특례】제100조의16(동업기업 과세특례의 적용)의
　　개정규정에도 불구하고 2008년 12월 31일 이전에 설립된 기업으로서 2009년 1월 31일 이전에 개시하는
　　과세연도부터 동업기업 과세특례를 적용받으려는 기업은 동업기업 과세특례를 적용받으려는 최초의
　　과세연도의 개시일부터 1개월 이내에 동업기업 과세특례 적용신청서를 제출하여야 한다.

Ⅱ 주요 내용

1 용어의 뜻

동업기업에 대한 조세특례에서 사용하는 용어의 뜻은 다음과 같다(조특법 §100의14).

1-1. 동업기업(Partnership)

"동업기업"이란 2명 이상이 금전이나 그 밖의 재산 또는 노무 등을 출자하여 공동사업을 경영하면서 발생한 이익 또는 손실을 배분받기 위하여 설립한 단체를 말한다.

1-2. 동업자(Partner)

"동업자"란 동업기업의 출자자인 거주자, 비거주자, 내국법인 및 외국법인을 말한다.

1-3. 배분(Allocation)

"배분"이란 동업기업의 소득금액 또는 결손금 등을 각 과세연도의 종료일에 자산의 실제 분배 여부에 관계없이 동업자의 소득금액 또는 결손금 등으로 귀속시키는 것을 말한다.

1-4. 동업자군(群)별 동업기업 소득금액 또는 결손금

"동업자군(群)별 동업기업 소득금액 또는 결손금"이란 동업자를 거주자, 비거주자, 내국법인 및 외국법인의 네 개의 군(이하 "동업자군"이라 한다)으로 구분하여 각 군별로 동업기업을 각각 하나의 거주자, 비거주자, 내국법인 또는 외국법인으로 보아 「소득세법」 또는 「법인세법」에 따라 계산한 해당 과세연도의 소득금액 또는 결손금을 말한다.

1-5. 동업자군별 손익배분비율

"동업자군별 손익배분비율"이란 동업자군별로 해당 군에 속하는 동업자들의 손익배분비율을 합한 비율을 말한다.

1-6. 동업자군별 배분대상 소득금액 또는 결손금

"동업자군별 배분대상 소득금액 또는 결손금"이란 동업자군별 동업기업 소득금액 또는 결손금에 동업자군별 손익배분비율을 곱하여 계산한 금액을 말한다.

1-7. 지분가액(Outside Basis)

"지분가액"이란 동업자가 보유하는 동업기업 지분의 세무상 장부가액으로서 동업기업 지분의 양도 또는 동업기업 자산의 분배시 과세소득의 계산 등의 기초가 되는 가액을 말한다.

1-8. 분배(Distribution)

"분배"란 동업기업의 자산이 동업자에게 실제로 이전되는 것을 말한다.

2 | 적용범위

2-1. 적용단체

동업기업 과세특례는 동업기업으로서 다음의 어느 하나에 해당하는 단체가 적용신청[5]을 한 경우 해당 동업기업 및 그 동업자에 대하여 적용한다. 다만, 동업기업 과세특례를 적용받는 동업기업의 동업자는 동업기업의 자격으로 동업기업 과세특례를 적용받을 수 없으며, ⑤의 외국단체의 경우 국내사업장을 하나의 동업기업으로 보아 해당 국내사업장과 실질적으로 관련되거나 해당 국내사업장에 귀속하는 소득으로 한정하여 동업기업과세특례를 적용한다(조특법 §100의15①).

　① 「민법」에 따른 조합[6]

　② 「상법」에 따른 합자조합[7] 및 익명조합[8](「자본시장과 금융투자업에 관한 법률」 제9조 제18항

---

5) 후술하는 "4. 동업기업 과세특례의 적용 및 포기신청" 참고

6) 「민법」에 따라 설립된 조합이 「조세특례제한법」 제100조의17에 따라 동업기업 과세특례 적용신청을 한 경우 동업기업 과세특례를 적용받을 수 있으며, 동업기업에서 발생한 배당소득에 대하여는 「법인세법」 제73조에 따라 원천징수하여야 하는 것임(법인-427, 2009. 4. 9.).

7) 합자회사와 유사하지만 법인격이 없고, 계약에 따라 유한책임조합원도 업무집행이 가능한 점에서 차이[미국의 Limited Partnership과 유사, 2012. 4. 15.(개정 상법 시행일) 이후 동업기업 과세특례 적용을 신청하는 분부터 적용]

8) 법인이 자신의 영업을 위하여 다른 법인과 상법 제78조에 해당하는 익명조합계약을 체결하고 익명조합원으로부터 출자받은 금액에 대하여 같은법 제82조의 규정에 따라 그 영업으로 인한 이익을 분배한 경우 동 이익분배금은

제5호 및 제6호의 투자합자조합 및 투자익명조합은 제외한다)

③ 「상법」에 따른 합명회사 및 합자회사(「자본시장과 금융투자업에 관한 법률」 제9조 제18항 제4호의 투자합자회사 중 같은 조 제19항 제1호의 기관전용 사모집합투자기구가 아닌 것은 제외한다)

④ 위 ①부터 ③까지의 단체와 유사하거나 인적용역을 주로 제공하는 단체로서 다음의 어느 하나에 해당하는 단체(조특령 §100의15)

　　㉠ 「변호사법」 제40조 및 제58조의18에 따른 법무법인 및 법무조합

　　㉡ 「변리사법」 제6조의3 및 같은 법 시행령 제14조에 따른 특허법인

　　㉢ 「공인노무사법」 제7조의2에 따른 노무법인

　　㉣ 「법무사법」 제33조에 따른 법무사합동법인

　　㉤ 전문적인 인적용역을 제공하는 법인으로서 다음의 어느 하나에 해당하는 것

　　　　ⓐ 「변호사법」 제58조의2에 따른 법무법인(유한)

　　　　ⓑ 「변리사법」 제6조의12에 따른 특허법인(유한)

　　　　ⓒ 「공인회계사법」 제23조에 따른 회계법인

　　　　ⓓ 「세무사법」 제16조의3에 따른 세무법인

　　　　ⓔ 「관세사법」 제17조에 따른 관세법인

⑤ 「법인세법」 제2조 제3호의 외국법인 또는 「소득세법」 제2조 제3항에 따른 비거주자로 보는 법인 아닌 단체 중 ①~④까지의 단체와 유사한 단체로서 다음의 기준에 모두 해당하는 외국단체[9]

　　㉠ ①~④(③의 기관전용 사모집합투자기구는 제외)에 해당하는 단체와 유사한 외국단체

　　㉡ 「법인세법」 제94조 또는 「소득세법」 제120조에 따른 국내사업장을 가지고 사업을 경영하는 외국단체

　　㉢ 설립된 국가(우리나라와 조세조약이 체결된 국가에 한정한다)에서 동업기업과세특례와 유사한 제도를 적용받는 외국단체

당해 법인의 각 사업연도 소득금액계산상 손금(이자비용)에 산입하는 것이며, 이에 따른 원천징수방법은 법인세법 제73조의 규정을 참고하기 바람(재법인 46012-11, 2002. 1. 16.).

9) 국내 사업체와의 형평을 기하고 다양한 형태의 외국투자 유치를 지원하기 위하여 2013. 1. 1. 신설되었고, 2014. 1. 1. 이후 적용 신청하는 분부터 적용된다.

사 례

〈사례 1〉[10] 수직적 중복적용   〈사례 2〉수평적 중복적용

〈사례 1〉

A가 동업기업 AB의 동업자로서 특례를 적용받는 동시에, 다시 A가 동업자 a1과 동업자 a2로 구성된 동업기업으로서 특례를 적용받을 수는 없음.

→ A가 개인 간 조합이면 공동사업장 과세제도, 법인이 포함된 조합이면 개별적인 경리의 일부로 계산하여 소득세법 및 법인세법, 인적회사 성격의 법인이면 법인세법 적용

〈사례 2〉

B가 동업기업 AB의 동업자로서 특례를 적용받는 동시에, 다시 B가 동업기업 BC의 동업자로서 특례를 적용받는 것은 가능

2-2. 우선적용

동업기업 과세특례를 적용받는 동업기업과 그 동업자에 대하여는 각 세법의 규정에 우선하여 이 절(동업기업에 대한 조세특례)의 규정을 적용한다(조특법 §100의15②).

3 │ 동업기업 및 동업자의 납세의무

3-1. 동업기업의 납세의무

동업기업에 대하여는 「소득세법」 제2조 제1항 및 「법인세법」 제3조 제1항에도 불구하고 「소득세법」 제3조 및 「법인세법」 제4조 제1항 각 호의 소득에 대한 소득세 또는 법인세를 부과하지 아니한다(조특법 §100의16①).

---

10) 조문균(기획재정부 세제실), "동업기업 과세특례의 이해", 월간조세, 2008년 6·7월, 180면(6월)·175면(7월), 〈사례 1〉부터 〈사례 9〉까지 및 일부 도표 인용

3-2. 동업자의 납세의무

동업자는 제100조의18에 따라 배분받은 동업기업의 소득에 대하여 소득세 또는 법인세를 납부할 의무를 진다(조특법 §100의16②).

3-3. 동업기업 전환법인

내국법인이 동업기업 과세특례를 적용받는 경우 해당 내국법인(동업기업 전환법인[11])은 「법인세법」 제79조 제1항의 "해산에 의한 청산소득"의 금액에 준하여 계산한 과세표준에 「법인세법」 제55조 제1항에 따른 세율을 적용하여 계산한 금액을 법인세(준청산소득에 대한 법인세)로 납부할 의무가 있다(조특법 §100의16③, 조특령 §100의16③).

또한 동업기업 전환법인은 동업기업 과세특례를 적용받는 최초 사업연도의 직전 사업연도 종료일 이후 3개월이 되는 날까지 준청산소득에 대한 법인세의 과세표준과 세액을 납세지 관할 세무서장에게 신고하여야 한다(조특법 §100의16④). 그리고 동업기업 전환법인은 준청산소득에 대한 법인세의 세액을 신고기한부터 3년의 기간 동안 균분한 금액 이상 납부하여야 한다(조특법 §100의16⑤).

> 준청산소득금액 = 준청산일 현재의 잔여재산의 가액 − 자기자본의 총액
>
> * 준청산일 : 해당 내국법인이 동업기업 과세특례를 적용받는 최초 사업연도의 직전 사업연도의 종료일
> * 잔여재산의 가액 : 자산총액에서 부채총액을 공제한 금액으로 한다. 이 경우 자산총액 및 부채총액은 장부가액으로 계산한다.
> * 자기자본의 총액 : 자본금 또는 출자금과 잉여금의 합계액으로 한다. 이 경우 준청산일 이후 「국세기본법」에 따라 환급되는 법인세액이 있는 경우 이에 상당하는 금액은 준청산일 현재의 자기자본의 총액에 가산하고, 준청산일 현재의 「법인세법 시행령」 제18조 제1항에 따른 이월결손금의 잔액은 준청산일 현재의 자기자본의 총액에서 그에 상당하는 금액과 상계한다. 다만, 상계하는 이월결손금의 금액은 자기자본의 총액 중 잉여금의 금액을 초과하지 못하며, 초과하는 이월결손금은 없는 것으로 본다.

---

11) 동업기업 전환법인이 「조세특례제한법」 제100조의16 및 같은 법 시행령 제100조의16에 따라 준청산소득에 대한 법인세 납부의무를 이행한 경우, 동업기업 전환 전에 발생한 유가증권평가이익 및 미수수익 익금불산입액, 이월결손금은 동업기업에 승계되지 않는 것임(법인-798, 2011. 10. 26.).

4 │ 동업기업 과세특례의 적용 및 포기신청

4 - 1. 적용신청[12]

동업기업 과세특례를 적용받으려는 기업은 동업기업 과세특례를 적용받으려는 최초의
과세연도의 개시일[13] 이전(기업을 설립하는 경우로서 기업의 설립일이 속하는 과세연도부터
적용받으려는 경우에는 그 과세연도의 개시일부터 1개월 이내)에 동업자 전원의 동의서[14]와 함께
동업기업 과세특례 적용신청서를 납세지 관할 세무서장에게 제출하여야 한다(조특법
§100의17①, 조특령 §100의16①).

4 - 2. 포기신청

동업기업 과세특례를 적용받고 있는 동업기업은 동업기업 과세특례의 적용을 포기할 수
있다. 동업기업 과세특례를 적용받고 있는 동업기업이 동업기업 과세특례의 적용을 포기하려면
동업기업 과세특례를 적용받지 아니하려는 최초의 과세연도의 개시일 이전에 동업자 전원의
동의서와 함께 동업기업 과세특례 포기신청서를 납세지 관할 세무서장에게 제출하여야
한다(조특령 §100의16②).

다만, 동업기업 과세특례를 최초로 적용받은 과세연도와 그 다음 과세연도의 개시일부터
4년 이내에 종료하는 과세연도까지는 동업기업 과세특례의 적용을 포기할 수 없다(조특법
§100의17②).

---

12) 부 칙 (2008. 2. 22. 대통령령 제20620호)
　　제1조【시행일】이 영은 공포한 날부터 시행한다. 다만, 제2장 제10절의3(제100조의15부터 제100조의27까지)의
　　개정규정은 2009년 1월 1일부터 시행한다.
　　제13조【동업기업 과세특례의 적용에 대한 특례】제100조의16(동업기업 과세특례의 적용)의 개정규정에도
　　불구하고 2008년 12월 31일 이전에 설립된 기업으로서 2009년 1월 31일 이전에 개시하는 과세연도부터 동업기업
　　과세특례를 적용받으려는 기업은 동업기업 과세특례를 적용받으려는 최초의 과세연도의 개시일부터 1개월 이내에
　　동업기업 과세특례 적용신청서를 제출하여야 한다.
13) 조세특례제한법 제100조의15 및 같은 법 시행령 제100조의15에 해당되는 사모투자전문회사가 동업기업 과세특례를
　　최초 과세연도부터 적용받고자 하는 경우, 같은 법 시행령 제100조의16의 "그 과세연도의 개시일"이라 함은 설립등기일을
　　말하고, 그 설립등기일부터 1개월 이내에 동업기업 과세특례 적용신청서를 납세지 관할 세무서장에게 제출하는 경우에
　　한해 최초 과세연도에 대하여 동업기업 과세특례를 적용할 수 있는 것임(법인-250, 2010. 3. 18.).
14) 동업자의 동의가 없는 상태에서 동업기업 과세특례가 적용 또는 포기되는 문제점 보완(2011. 1. 1. 이후 적용
　　또는 포기 신고하는 분부터 적용)

5 | 동업기업 소득금액 등의 계산 및 배분

5-1. 동업자군별 배분대상 소득금액 또는 결손금의 배분

동업자군별 배분대상 소득금액 또는 결손금은 각 과세연도의 종료일에 해당 동업자군에 속하는 동업자들에게 동업자 간의 손익배분비율에 따라 배분한다. 다만, 수동적동업자에게는 결손금을 배분하지 아니하되, 해당 과세연도의 종료일부터 15년 이내에 끝나는 각 과세연도에 그 수동적동업자에게 소득금액을 배분할 때 배분되지 않은 결손금을 그 배분대상 소득금액에서 공제하고 배분한다(조특법 §100의18①).

한편 결손금의 이월공제에 관하여는 동업자군별로 다음의 구분에 따른 규정을 적용한다(조특령 §100의18③).

① 거주자로 구성된 동업자군(거주자군):「소득세법」제45조
② 비거주자로 구성된 동업자군(비거주자군):「소득세법」제122조
③ 내국법인으로 구성된 동업자군(내국법인군):「법인세법」제13조 제1항 제1호
④ 외국법인으로 구성된 동업자군(외국법인군):「법인세법」제91조

5-1-1. 손익배분비율

손익배분비율은 동업자 간에 서면으로 약정한 해당 사업연도의 손익의 분배에 관한 단일의 비율로서 동업기업의 소득의 계산 및 배분명세 신고[15]에 따라 신고한 비율(약정손익분배비율)에 따른다. 다만, 약정손익분배비율이 없는 경우에는 출자지분의 비율에 따른다(조특령 §100의17①).

이 경우 조세회피의 우려가 있다고 인정되는 사유가 발생하면 해당 사유가 발생한 과세연도에 대하여는 직전 과세연도의 손익배분비율에 따른다(조특령 §100의17②).

여기서 "조세회피의 우려가 있다고 인정되는 사유"란 다음의 어느 하나에 해당하는 경우로서 직전 과세연도의 손익배분비율과 해당 과세연도의 손익배분비율을 달리 적용하는 경우를 말한다(조특칙 §46①).

① 해당 동업기업 내 어느 하나의 동업자군의 동업자군별 동업기업 소득금액 및 결손금의 합계가 직전 과세연도에는 영(零)보다 크고 해당 과세연도에는 영보다 적은 경우
② 해당 동업기업 내 어느 하나의 동업자군의 동업자군별 동업기업 소득금액 및 결손금의 합계가 직전 과세연도에는 영보다 적고 해당 과세연도에는 영보다 큰 경우

---

15) 동업기업은 각 과세연도의 종료일이 속하는 달의 말일부터 3개월이 되는 날이 속하는 달의 15일까지 해당 과세연도의 소득의 계산 및 배분명세를 관할 세무서장에게 신고하여야 한다(조특법 §100의23①). 각 과세연도의 소득금액이 없거나 결손금이 있는 동업기업의 경우에도 적용한다(조특법 §100의23②).

이때 조세회피 우려 사유가 발생한 동업자군에 속하는 동업자에 한하여 적용하며, 해당 과세연도 중 동업자가 가입하거나 탈퇴하여 변경된 경우에는 변경되지 아니한 동업자에 한하여 적용한다(조특칙 §46②). 한편, 과세연도 중 동업자가 가입하거나 탈퇴하여 손익배분비율이 변경되면 변경 이전과 이후 기간별로 산출한 동업자군별 배분대상 소득금액 또는 결손금을 각각의 해당 손익배분비율에 따라 배분한다(조특령 §100의17⑤).

손익배분비율과 관련하여 어느 동업자의 출자지분과 그와 특수관계에 있는 자[16]인 동업자의 출자지분의 합계가 가장 큰 경우에는 그 동업자와 특수관계인인 동업자 간에는 출자지분의 비율에 따른다[17](조특령 §100의17③). 위에도 불구하고 해당 동업기업이 경영참여형 사모집합투자기구[18]인 경우로서 정관, 약관 또는 투자계약서에서 정한 비율, 순서 등에 따라 결정된 이익의 배당률 또는 손실의 배분율을 약정손익배분비율[19]로 신고한 때에는 해당 비율에 따른다. 이 경우 같은 법 제86조 제1항 및 제249조의14 제11항에 따른 성과보수는 업무집행사원에 대한 이익의 우선배당으로 본다(조특령 §100의17④).

> **사 례**
>
> 〈사례 3〉[20] 동업기업 AB : 거주자 2인(A · B)으로 구성

	동업기업 AB		A	B
FY 09	손익배분비율 (A : B)	5 : 5	5 : 5	
	손익	150(+) = 사업소득 200 + 양도소득 △50	75	75
FY 10	손익배분비율 (A : B)	8 : 2	5 : 5	
	손익	△150(−) = 사업소득 △200 + 양도소득 50	△75	△75

배분 ➡

---

16) 「소득세법 시행령」 제98조 제1항에 따른 "특수관계에 있는 자" 또는 「법인세법 시행령」 제2조 제5항에 따른 "특수관계에 있는 자"를 말한다. 이하 이 항에서 "특수관계자"라 한다.

17) 특수관계자간 손익배분비율의 제한 : 특수관계자간 동업기업에 있어 지분비율과 다른 손익배분비율의 약정에 의한 조세회피 방지(2009. 1. 1. 이후 동업기업 과세특례를 적용받는 분부터 적용)

18) 「자본시장과 금융투자업에 관한 법률」 제9조 제19항 제1호

19) 다양한 손익배분비율을 인정하는 사모투자전문회사의 특성을 감안하여 손익배분비율의 제한을 배제하되, 조세회피의 방지를 위해 정관·약관 또는 투자계약서에서 정한 이익배당 또는 손실분배의 비율·순서 등에 따른 경우에 한해 적용(2009. 1. 1. 이후 동업기업 과세특례 적용분부터 적용)

〈사례 4〉[21] 동업기업 ABCD : 거주자 2인(A · B) 및 2개 내국법인(C · D)으로 구성

동업기업 ABCD			거주자 동업자군		내국법인 동업자군	
			A	B	C	D
FY 09	손익배분비율 (A : B : C : D)	5 : 5 : 5 : 5	5 : 5		5 : 5	
	손익 거주자 동업자군	150	75	75	75	75
	내국법인 동업자군	150				
FY 10	손익배분비율 (A : B : C : D)	8 : 2 : 4 : 6	5 : 5		4 : 6	
	손익 거주자 동업자군	△150	△75	△75	40	60
	내국법인 동업자군	100				

→ 배분

〈사례 5〉[22] 동업기업 ABC : 거주자 3인(A · B · C)으로 구성

→ FY10에 거주자 1인(D) 가입

	동업기업 ABC		A	B	C	D
FY 09	손익배분비율 (A : B : C)	2 : 3 : 5	2 : 3 : 5			–
	손익	150	30	45	75	–
FY 10	손익배분비율 (A : B : C : D)	(3 : 3 : 4) : 5	(2 : 3 : 5) : 5			
	손익	△150	△20	△30	△50	△50

→ 배분

---

20) 원칙적으로 매년 약정을 달리하여 정할 수 있으나, 조세회피 우려 사유가 발생한 과세연도에 대하여는 직전 과세연도의 손익배분비율 적용

21) 직전 과세연도와 해당 과세연도의 동업자군별 동업기업 소득금액 및 결손금 합계가 거주자 동업자군은 (+)에서 (−)로 달라졌지만 내국법인 동업자군은 (+)에서 (+)로 변화가 없는 경우, 내국법인 동업자군에 대해서는 달라진 배분비율을 적용할 수 있으나 거주자 동업자군에 대해서는 전년도 손익배분비율을 그대로 적용하여야 함.

22) 직전 과세연도와 해당 과세연도의 동업기업 소득금액 합계가 (+)에서 (−)로 달라졌는데 해당 과세연도에 새로운 동업자가 가입한 경우, 기존 동업자 간에는 전년도 손익배분비율을 그대로 적용하나 기존 동업자와 새로운 동업자 간에는 새로운 손익배분비율 약정 가능

〈사례 6〉[23] 동업기업 AB : 거주자 2인(A·B)으로 구성

→ FY09 2Q에 거주자 2인(C·D) 가입

		동업기업 ABC		A	B	C	D
FY 09	1Q	손익배분비율 (A : B)	5 : 5	5 : 5		–	–
		손익(가결산)	△50	△25	△25	–	–
	2Q ~ 4Q	손익배분비율 (A : B : C : D)	2 : 3 : 2 : 3	2 : 3 : 2 : 3			
		손익 (가결산)	200	40	60	40	60
	계	150		15	35	40	60

배분 ➡

5-1-2. 수동적동업자

"수동적동업자"라 하면 동업기업의 경영에 참여하지 아니하고 출자만 하는 자로서 다음의 요건을 모두 갖춘 동업자와 해당 동업기업이 기관전용 사모집합투자기구인 경우에는 그 유한책임사원[24] 을 말한다(조특령 §100의18①).

① 동업기업에 성명 또는 상호를 사용하게 하지 아니할 것

② 동업기업의 사업에서 발생한 채무에 대하여 무한책임을 부담하기로 약정하지 아니할 것

③ 「법인세법 시행령」 제40조 제1항 각 호에 따른 임원 또는 이에 준하는 자가 아닐 것

5-1-3. 수동적동업자의 배분되지 않은 결손금 배분방법

해당 동업자군별 배분대상 결손금이 발생한 과세연도의 종료일부터 15년 이내에 종료하는 각 과세연도에 그 수동적동업자에게 동업자군별 소득금액을 배분하는 경우에는 ①의 금액에서 ②의 금액을 공제하고 배분한다(조특령 §100의18②).

① 해당 과세연도에 그 수동적동업자에게 배분할 소득금액으로서 다음의 금액

해당 과세연도의 해당 동업자군별 배분대상 소득금액 × (해당 과세연도의 그 수동적동업자의 손익배분비율 / 해당 과세연도의 해당 동업자군별 손익배분비율)

---

23) 동업자의 가입·탈퇴로 과세연도 중 손익배분비율이 변경된 경우에는 해당 과세연도 전체 소득금액·결손금을 기간별로 안분계산하는 것이 아닌 변경 전후의 기간별로 가결산하여 산출한 소득금액·결손금에 해당 손익배분비율을 적용하여 배분한다.

24) 사모투자전문회사의 유한책임사원은 유한책임을 부담할 뿐 아니라 업무집행권이 없고 임원 취임이 불가능하여 경영에서 원천적으로 배제되는 점을 감안(2009. 1. 1. 이후 동업기업 과세특례 적용분부터 적용)

② 해당 동업자군별 배분대상 결손금이 발생한 과세연도에 그 수동적동업자에게 배분되지 않은 결손금으로서 다음의 금액(해당 결손금이 발생한 과세연도 이후 과세연도에 공제되지 않은 금액만 해당한다)

해당 동업자군별 배분대상 결손금이 발생한 과세연도의 해당 동업자군별 배분대상 결손금 × (해당 동업자군별 배분대상 결손금이 발생한 과세연도의 그 수동적동업자의 손익배분비율 / 해당 동업자군별 배분대상 결손금이 발생한 과세연도의 해당 동업자군별 손익배분비율)

5-2. 동업자에게 배분되는 결손금

위 5-1.에 따라 각 동업자에게 배분되는 결손금은 동업기업의 해당 과세연도의 종료일 현재 해당 동업자의 지분가액을 한도로 한다.

지분가액을 초과하는 해당 동업자의 결손금(동업기업 과세특례에서 "배분한도 초과결손금"이라 한다)은 해당 과세연도의 다음 과세연도 개시일 이후 15년 이내에 종료하는 각 과세연도에 이월하여 배분한다(조특법 §100의18②).

여기서 "배분한도 초과결손금"은 이월된 각 과세연도에 배분하는 동업기업의 각 과세연도의 결손금이 지분가액에 미달할 때에만 그 미달하는 금액의 범위에서 추가로 배분한다. 이 경우 배분한도 초과결손금에 해당하는 금액은 「소득세법」 제45조 및 「법인세법」 제13조 제1항 제1호에 따라 이월결손금의 공제를 적용할 때 해당 배분한도 초과결손금이 발생한 동업기업의 과세연도의 종료일에 발생한 것으로 본다(조특령 §100의18④).

이 경우 동업자군별로 둘 이상으로 구분된 결손금이 발생한 때에는 배분한도 초과결손금은 각각의 구분된 결손금의 크기에 비례하여 발생한 것으로 본다(조특령 §100의18⑤).

사 례

〈사례 7〉 동업자 A : (FY09) 지분가액 50

배분받을 결손금 △100 = 사업소득 결손금 △70 + 양도소득 결손금 △30

(FY12) 지분가액 10

FY09								FY12		
배분받을 결손금 △100	사업소득	결손금 △70 (70%)	배분 ➡	배분한도·지분가액 50	배분결손금 50	△35 (70%)	초과결손금 50	35	이월배분 ➡	배분한도·지분가액 10	이월배분 결손금 △10	△7 (70%)
	양도소득	결손금 △30 (30%)				△15 (30%)		15				△3 (30%)

⇒ FY12에 이월배분된 결손금 △10도 당초 발생연도(FY09)에 발생한 것으로 보아 5년 동안인 FY14까지 이월공제 가능

5-3. 동업기업 소득금액 및 결손금의 계산 및 배분

동업자는 동업기업의 과세연도의 종료일이 속하는 과세연도의 소득세 또는 법인세 과세표준을 계산할 때 위 5-1.에 따라 배분받은 소득금액 또는 결손금을 아래의 구분에 따른 익금 또는 손금으로 보아 계산한다.

다만, 수동적동업자의 경우에는 배분받은 소득금액을 배당소득[25]으로 보는 것이나, 「자본시장과 금융투자업에 관한 법률」제9조 제19항 제1호에 따른 기관전용 사모집합투자기구의 수동적동업자 중 비거주자 또는 외국법인은 제외된다(조특법 §100의18③).

이 경우 동업자군별로 둘 이상으로 구분된 결손금이 발생한 때에는 배분한도 초과결손금은 각각의 구분된 결손금의 크기에 비례하여 발생한 것으로 본다(조특령 §100의18⑤).

5-3-1. 동업자가 배분받은 소득금액

동업자가 배분받은 소득금액은 동업자군별로 다음의 구분에 따른다(조특령 §100의18⑥).

① 거주자군 : 「소득세법」제16조부터 제19조까지, 제21조 및 제94조에 따른 각 소득에 대한 수입금액

---

25) 「소득세법」제17조 제1항, 제119조 제2호 및 「법인세법」제93조 제2호에 따른 소득

② 비거주자군

　㉠ 「소득세법」 제121조 제2항 및 제5항에 따른 비거주자의 경우 : 같은 법 제119조 제1호부터 제6호까지, 제9호부터 제12호까지에 따른 각 소득에 대한 수입금액

　㉡ 위 ㉠ 외의 비거주자의 경우 : 「소득세법」 제119조 제1호, 제2호, 제4호부터 제6호까지 및 제10호부터 제12호까지에 따른 각 소득에 대한 수입금액. 이 경우 동업기업인 기관전용 사모집합투자기구가 「자본시장과 금융투자업에 관한 법률」 제249조의13에 따른 투자목적회사를 통하여 지급받은 소득을 수동적동업자에게 배분하는 경우 수동적동업자가 배분받은 소득금액은 해당 투자목적회사가 지급받은 소득의 소득구분에 따른다.

③ 내국법인군 : 「법인세법」 제15조에 따른 익금

④ 외국법인군

　㉠ 「법인세법」 제97조 제1항에 따른 외국법인의 경우 : 같은 법 제92조 제1항에 따른 익금

　㉡ 위 ㉠ 외의 외국법인의 경우 : 「법인세법」 제93조 제1호, 제2호, 제4호부터 제6호까지 및 제8호부터 제10호까지에 따른 각 소득에 대한 수입금액. 이 경우 동업기업인 기관전용 사모집합투자기구가 「자본시장과 금융투자업에 관한 법률」 제249조의13에 따른 투자목적회사를 통하여 지급받은 소득을 수동적동업자에게 배분하는 경우 수동적동업자가 배분받은 소득금액은 해당 투자목적회사가 지급받은 소득의 소득구분에 따른다.

5-3-2. 동업자가 배분받은 결손금

동업자가 배분받은 결손금은 동업자군별로 다음의 구분에 따른다(조특령 §100의18⑦).

① 거주자군 : 「소득세법」 제19조 및 제94조에 따른 각 소득에 대한 필요경비

② 비거주자군 : 「소득세법」 제119조 제3호부터 제6호까지, 제9호부터 제11호까지에 따른 각 소득에 대한 필요경비(같은 법 제121조 제2항 및 제5항에 따른 비거주자에 한정한다)

③ 내국법인군 : 「법인세법」 제19조에 따른 손금

④ 외국법인군 : 「법인세법」 제92조 제1항에 따른 손금(같은 법 제97조 제1항에 따른 외국법인에 한정한다)

│ 동업자군별 소득금액 및 결손금의 구분 │

	구 분	배분받은 소득금액[26] (5가지)	배분받은 결손금 (4가지)
거주자군	사업소득	○	○[27]
	양도소득		
	이자소득		×[28]
	배당소득		
	기타소득		

	구 분	소득금액[29] (10가지)	결 손 금		
			PE귀속소득·부동산소득[30] (7가지)	부동산 등 양도소득(1가지)	기 타[31]
비거주자군	부동산 등 양도소득	○	○	○	결손금이 없는 것으로 간주
	부동산소득				
	장비 임대소득				
	사업소득				
	인적용역소득			×	
	사용료소득				
	유가증권 양도소득				
	이자소득		×		
	배당소득				
	기타소득				

26) 근로·연금·퇴직소득은 일신귀속적 소득으로 동업기업 소득으로 발생할 여지가 없으므로 소득금액·결손금 구분 제외

27) 부동산(특정주식 포함) 양도소득과 일반주식 양도소득은 결손금 통산이 불가능하므로 별도 구분

28) 이자·배당·기타소득은 필요경비 인정이 안되므로 결손금 구분 제외

29) 근로·퇴직소득은 일신귀속적 소득으로 동업기업 소득으로 발생할 여지가 없으므로 소득금액·결손금 구분 제외

30) PE귀속소득·부동산소득이 있는 경우 종합과세되므로 발생 가능한 모든 결손금 구분(이자·배당·기타소득은 필요경비 인정이 안 되므로 결손금 구분 제외)

31) 종합과세되는 경우를 제외하고 부동산 등 양도소득이 있는 경우에는 분류과세되는 부동산 등 양도소득 결손금만 구분하고, 부동산 등 양도소득이 없는 경우에는 분리과세되므로 결손금은 없는 것으로 간주

내국 법인군	구 분	소득금액(1가지)	결 손 금(1가지)
	각 사업연도소득	○	○

	구 분	소득금액 (10가지)	결 손 금	
			PE귀속소득 · 부동산소득 · 부동산 등 양도소득[32] (7가지)	기 타[33]
외국 법인군	부동산소득	○	○	결손금이 없는 것으로 간주
	선박임대소득			
	사업소득			
	인적용역소득			
	부동산 등 양도소득			
	사용료소득			
	유가증권 양도소득			
	이자소득			
	배당소득		×	
	기타소득			

5-3-3. 기관전용 사모집합투자기구인 경우

동업기업이 기관전용 사모집합투자기구[34][35]인 경우로서 비거주자 · 외국법인인 수동적 동업자에게 소득을 배분하는 경우에는 해당 동업자가 배분받은 소득금액에서 「자본시장과 금융투자업에 관한 법률」에 따른 보수(성과보수는 제외) · 수수료 중 동업기업의 손익배분비율에 따라 그 동업자에게 귀속하는 금액을 뺀 금액을 그 동업자가 배분받은 소득금액으로

---

32) PE귀속소득 · 부동산소득 · 부동산 등 양도소득이 있는 경우 종합과세되므로 발생 가능한 모든 결손금 구분(이자 · 배당 · 기타소득은 필요경비 인정이 안 되므로 결손금 구분 제외)

33) 종합과세되는 경우를 제외하고는 분리과세되므로 결손금은 없는 것으로 간주

34) 사모투자전문회사가 「조세특례제한법」 제10절의3에 따른 동업기업 과세특례제도를 적용받는 경우로서 수동적 동업자인 국내사업장 없는 외국법인이 사모투자전문회사로부터 주식양도로 발생한 소득금액을 배분받는 경우, 당해 소득금액 계산시 「법인세법 시행령」 제132조 제8항 제2호 단서의 규정이 적용되고, 그 경우 주식 소유비율 또는 출자비율은 같은법 시행령 제132조 제16항과 같은 방법으로 산출함. 사모투자전문회사가 「조세특례제한법」 제10절의3에 따른 동업기업 과세특례제도를 적용받는 경우로서 수동적동업자인 국내사업장 없는 외국법인이 사모투자전문회사로부터 주식양도로 발생한 소득금액을 배분받는 경우, 주식양도에 따른 종목간 매매거래 건간 양도차익과 양도차손은 상호 통산하지 않음(재국조-483, 2009. 12. 11.).

35) 「자본시장과 금융투자업에 관한 법률」 제9조 제18항 제7호의 사모투자전문회사가 동업기업 과세특례를 선택하는 경우의 외국납부세액공제는 외국에서 납부한 외국법인세액을 손익배분비율에 따라 동업자에게 배분하여 동업자 단계에서 적용하는 것임(재국조-128, 2011. 4. 1.).

한다[36] (조특령 §100의18⑧).

5-4. 동업기업 세액의 계산 및 배분

동업기업과 관련된 다음의 금액은 각 과세연도의 종료일에 동업자 간의 손익배분비율에 따라 동업자에게 배분한다. 다만, ④의 금액은 내국법인 및 외국법인인 동업자에게만 배분한다(조특법 §100의18④). 이 경우 아래(①~④)의 금액은 동업기업을 하나의 내국법인으로 보아 계산한다(조특령 §100의19①).

① 「법인세법」 및 조특법에 따른 세액공제 및 세액감면금액
② 동업기업에서 발생한 소득에 대하여 「법인세법」 제73조 및 제73조의2에 따라 원천징수된 세액
③ 「법인세법」 제75조 및 제75조의2부터 제75조의9까지의 규정에 따른 가산세 및 조특법 제100조의25에 따른 가산세
   이 경우 동업자에게 배분하는 가산세는 다음의 가산세를 말한다(조특령 §100의19③).
   ㉠ 「법인세법」 제75조의3, 제75조의5부터 제75조의8까지의 규정에 따른 가산세
   ㉡ 조특법 제100조의25 제1항 및 제2항에 따른 가산세
④ 「법인세법」 제55조의2에 따른 토지 등 양도소득에 대한 법인세

동업자는 동업기업의 과세연도의 종료일이 속하는 과세연도의 소득세 또는 법인세를 신고·납부할 때 위에 따라 배분받은 금액 중 ①과 ②의 금액은 해당 동업자의 소득세 또는 법인세에서 공제하고, ③과 ④의 금액은 해당 동업자의 소득세 또는 법인세에 가산한다(조특법 §100의18⑤). 구체적으로 살펴보면 동업자가 배분받은 금액은 다음의 방법에 따라 공제하거나 가산한다(조특령 §100의19②).

① 세액공제·세액감면금액 : 산출세액에서 공제하는 방법
② 원천징수세액 : 기납부세액으로 공제하는 방법. 다만, 다음의 어느 하나에 해당하는 경우에는 동업기업이 조특법 제100조의24 또는 「소득세법」 제127조에 따라 해당 동업자가 배분받은 소득에 대한 소득세 또는 법인세를 원천징수할 때 해당 세액에서 공제하되, 해당 세액을 초과하는 금액은 없는 것으로 본다.
   ㉠ 거주자·비거주자·외국법인인 수동적동업자의 경우
   ㉡ 거주자인 동업자(수동적동업자는 제외)로서 배분받은 소득이 조특령 제100조의18

---

36) 사모투자전문회사 외의 다른 집합투자기구의 이익 계산시 보수·수수료 등의 필요경비를 차감(소령 §23⑥)하는 것과의 형평을 감안(보수 중 성과보수는 동업기업 소득의 분배에 해당하므로 제외, 2009. 1. 1. 이후 동업기업 과세특례 적용분부터 적용)

제4항 제1호에 따라 「소득세법」 제16조, 제17조 또는 제21조의 소득에 대한 수입금액으로 구분되는 경우

③ 가산세 : 산출세액에 합산하는 방법

④ 토지 등 양도소득에 대한 법인세에 상당하는 세액 : 산출세액에 합산하는 방법. 이 경우 토지 등 양도소득에 대한 법인세에 상당하는 세액은 동업기업을 하나의 내국법인으로 보아 산출한 금액에 내국법인 및 외국법인인 동업자의 손익배분비율의 합계를 곱한 금액으로 한다.

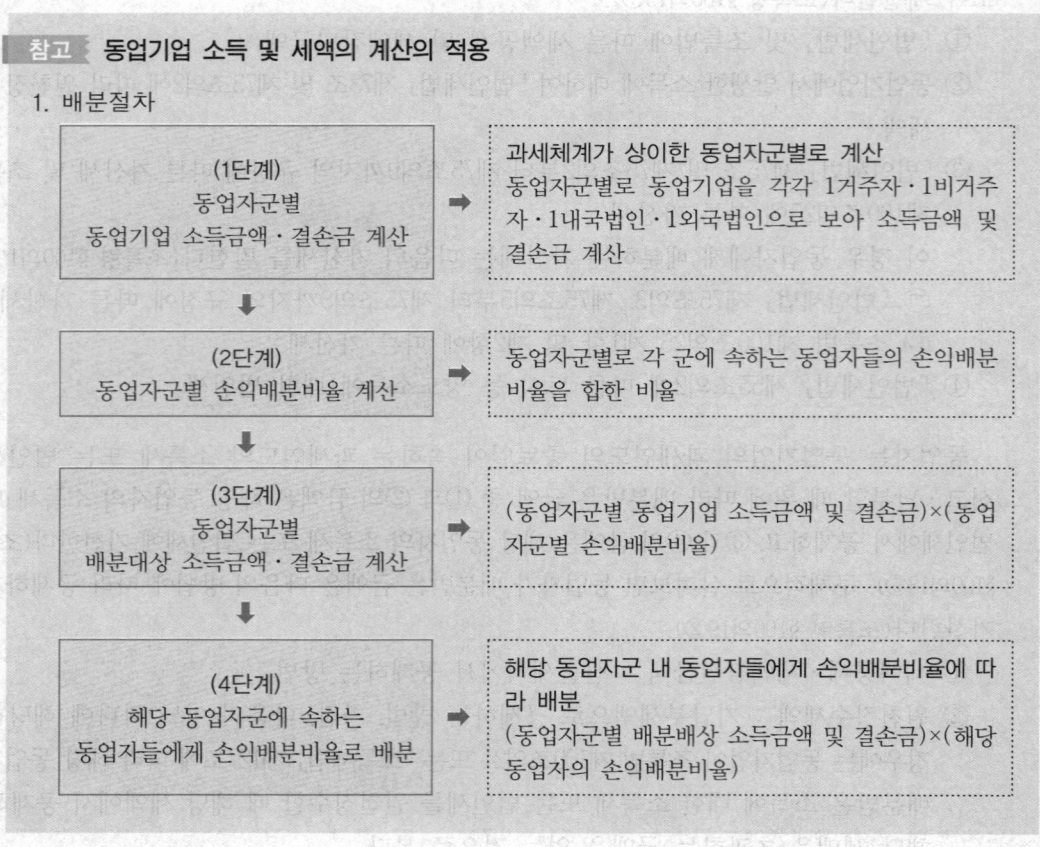

참고 동업기업 소득 및 세액의 계산의 적용

1. 배분절차

(1단계) 동업자군별 동업기업 소득금액·결손금 계산	→	과세체계가 상이한 동업자군별로 계산 동업자군별로 동업기업을 각각 1거주자·1비거주자·1내국법인·1외국법인으로 보아 소득금액 및 결손금 계산
(2단계) 동업자군별 손익배분비율 계산	→	동업자군별로 각 군에 속하는 동업자들의 손익배분비율을 합한 비율
(3단계) 동업자군별 배분대상 소득금액·결손금 계산	→	(동업자군별 동업기업 소득금액 및 결손금)×(동업자군별 손익배분비율)
(4단계) 해당 동업자군에 속하는 동업자들에게 손익배분비율로 배분	→	해당 동업자군 내 동업자들에게 손익배분비율에 따라 배분 (동업자군별 배분대상 소득금액 및 결손금)×(해당 동업자의 손익배분비율)

2. 세액의 계산 및 배분

	동업기업 세액의 계산	동업기업 세액의 배분
세액	1내국법인으로 보아 계산 (토지 등 양도소득에 대한 법인세는 법인인 동업자 해당분만 산출)	모든 동업자들에게 손익배분비율에 따라 배분 (토지 등 양도소득에 대한 법인세는 법인인 동업자들에게만 배분)
	세액공제·세액감면 동업기업을 1내국법인으로 보아 세액 산출	모든 동업자들에게 손익배분비율에 따라 배분
	원천징수세액 동업기업을 1내국법인으로 보아 세액 산출	모든 동업자들에게 손익배분비율에 따라 배분
	가산세 동업기업을 1내국법인으로 보아 세액 산출	모든 동업자들에게 손익배분비율에 따라 배분
	토지 등 양도소득에 대한 법인세 (동업기업을 1내국법인으로 보아 세액 산출)×(내국법인·외국법인인 동업자의 손익배분비율 합계)	내국법인·외국법인인 동업자들에게 손익배분비율에 따라 배분

〈사례 8〉

동업자 구성	거주자	비거주자	내국법인	외국법인
인원	10명	10명	10명	10명
손익배분비율 (1인당)	10% (1%)	20% (2%)	30% (3%)	40% (4%)
(1단계) 동업자군별 동업기업 소득금액· 결손금 계산	6,300 = 이자소득 1,000 + 기타소득 300 + 사업소득 5,000	6,300 = 이자소득 1,000 + 인적용역소득 300 + 사업소득 5,000	7,000 = 각사업연도소득 7,000	6,300 = 이자소득 1,000 + 인적용역소득 300 + 사업소득 5,000

(2단계) 동업자군별 손익배분 비율 계산	10%	20%	30%	40%
(3단계) 동업자군별 배분대상 소득금액·결손금 계산	630 = 6,300 × 10%	1,260 = 6,300 × 20%	2,100 = 7,000 × 30%	2,520 = 6,300 × 40%
(4단계) 해당 동업자군에 속하는 동업자들에게 손익배분비율로 배분	각 63 = 630 ×10%	각 126 = 1,260 × 10%	각 210 = 2,100 × 10%	각 252 = 2,520 × 10%

6 │ 동업기업과 동업자 간의 거래

6-1. 동업자가 동업자의 자격이 아닌 제3자의 자격으로 동업기업과 거래하는 경우

동업자가 동업자의 자격이 아닌 제3자의 자격[37]으로 동업기업과 거래를 하는 경우 동업기업과 동업자는 해당 과세연도의 소득금액을 계산할 때 그 거래에서 발생하는 수익 또는 손비를 익금 또는 손금에 산입한다(조특법 §100의19①).

여기서 "동업자가 동업자의 자격이 아닌 제3자의 자격으로 동업기업과 거래하는 경우"란 동업자가 동업기업으로부터 얻는 거래대가가 동업기업의 소득과 관계없이 해당 거래를 통하여 공급되는 재화 또는 용역의 가치에 따라 결정되는 경우로서 다음의 어느 하나에 해당하는 거래를 말한다(조특령 §100의20①).

① 동업자가 동업기업에 재화를 양도하거나 동업기업으로부터 재화를 양수하는 거래
② 동업자가 동업기업에 금전, 그 밖의 자산을 대부하거나 임대하는 거래 또는 동업기업으로부터 금전, 그 밖의 자산을 차입하거나 임차하는 거래

---

[37] 동업자가 동업기업이 영위하는 사업관련 용역을 동업기업에게 제공하고, 동업기업은 이와 관련 급여 성격의 비용을 동업자에게 지급하는 경우 당해 거래는 동업자가 제3자의 자격으로 동업기업과 거래하는 경우에 해당하지 아니하므로 동 비용은 동업기업의 손금에 산입하지 아니하고 「법인세법」 제52조의 규정을 준용하여 동업기업의 소득금액을 재계산하여야 하는 것임(법인-1004, 2010. 10. 29.).

③ 동업자가 동업기업에 용역(해당 동업기업이 영위하는 사업에 해당하는 용역은 제외한다)을 제공하는 거래 또는 동업기업으로부터 용역을 제공받는 거래

한편 해당 동업기업이 경영참여형 사모집합투자기구인 경우 그 업무집행사원이 「자본시장과 금융투자업에 관한 법률」 제249조의14에 따라 해당 동업기업에 용역을 제공하는 거래는 동업자가 동업자의 자격이 아닌 제3자의 자격으로 동업기업과 거래하는 경우에 해당하는 것으로 본다. 다만, 성과보수를 지급받는 부분은 제외한다(조특령 §100의20②).

6 - 2. 부당행위계산부인

위 6 - 1.를 적용하는 경우 납세지 관할 세무서장은 동업기업 또는 동업자가 소득을 부당하게 감소시킨 것으로 인정되면 「법인세법」 제52조를 준용하여 해당 소득금액을 계산할 수 있다. 이 경우 동업기업과 동업자는 같은 조 제1항에 따른 특수관계인으로 본다(조특법 §100의19②).

7 | 지분가액의 조정

7 - 1. 지분가액의 증액조정

동업자의 최초 지분가액은 동업기업 과세특례를 적용받는 최초 과세연도의 직전 과세연도의 종료일(기업의 설립일이 속하는 과세연도부터 적용받는 경우에는 그 과세연도의 개시일) 현재의 동업기업의 출자총액에 해당 동업자의 출자비율을 곱하여 계산한 금액으로 한다[38](조특령 §100의21①). 동업자가 동업기업으로부터 소득을 배분받는 경우 등 특정 사유가 발생하면 동업자의 지분가액을 증액조정한다(조특법 §100의20①).

여기서 특정사유와 그에 따라 증액조정하는 금액은 다음의 구분에 따른 사유와 금액을 말한다(조특령 §100의21②).
① 동업기업에 자산을 출자하는 경우 : 출자일 현재의 자산의 시가
② 동업기업의 지분을 매입하는 경우 또는 상속·증여받는 경우 : 지분의 매입가액 또는 상속·증여일 현재의 지분의 시가
③ 동업기업으로부터 소득금액을 배분받는 경우 : 소득금액(「소득세법」, 「법인세법」 및 법에 따른 비과세소득을 포함한다)

---

38) 동업기업 과세특례 적용시 기초 지분가액은 잉여금을 제외한 출자총액을 기준으로 결정함을 명확히 규정(2009. 1. 1. 이후 동업기업 과세특례 적용분부터 적용)

7-2. 지분가액의 감액조정

동업자가 동업기업으로부터 자산을 분배받는 경우 등 특정 사유가 발생하면 동업자의 지분가액을 감액조정한다(조특법 §100의20②). 지분가액을 감액조정하는 경우 지분가액의 최저금액은 영(零)으로 한다(조특령 §100의21⑤).

여기서 특정 사유와 그에 따라 감액조정하는 금액은 다음의 구분에 따른 사유와 금액을 말한다(조특령 §100의21③).

① 동업기업의 자산을 분배받는 경우 : 분배일 현재의 자산의 시가
② 동업기업의 지분을 양도하거나 상속·증여하는 경우 : 지분의 양도일 또는 상속·증여일 현재의 해당 지분의 지분가액
③ 동업기업으로부터 결손금을 배분받는 경우 : 결손금의 금액

7-3. 조정순서

위 7-1.과 7-2.를 적용할 때 둘 이상의 지분가액 조정사유가 동시에 발생하면 다음의 순서에 따른다. 다만, 손실이 인정되는 자산의 분배 사유[39]의 경우에는 ②보다 ③ 또는 ④를 먼저 적용한다(조특령 §100의21④).

① 위 7-1.의 ① 또는 ②에 따른 증액조정
② 위 7-2.의 ① 또는 ②에 따른 감액조정
③ 위 7-1.의 ③에 따른 증액조정
④ 위 7-2.의 ③에 따른 감액조정

8 │ 동업기업 지분의 양도

동업자가 동업기업의 지분을 타인에게 양도하는 경우 해당 지분의 양도소득에 대하여는 「소득세법」 제94조 제1항 제3호 또는 제4호 다목에 따른 자산을 양도한 것으로 보아 「소득세법」 또는 「법인세법」에 따라 양도소득세 또는 법인세를 과세한다(조특법 §100의21①). 이 경우 지분의 양도소득은 양도일 현재의 해당 지분의 지분가액을 취득가액으로 보아 계산한다(조특령 §100의22).

---

39) 조특령 제100조의23

사 례

〈사례 9〉[40) 지분가액 조정 및 지분양도·자산배분시 과세

합명회사 ABC	무한책임사원 A	무한책임사원 B	무한책임사원 C
지분가액	5억원	3억원	2억원
손익배분비율	50%	30%	20%

[가정]

① 단순화를 위해 법인소득에 대한 법인세율은 25%, 사업소득에 대한 소득세율은 35%, 주식 양도소득에 대한 소득세율은 20%로 한다.

② A, B, C 모두 금융소득종합과세 대상자이며 이자소득금액이 각각 4천만원씩 있다.

③ 단순화를 위하여 종합소득공제액과 원천징수세액은 없는 것으로 한다.

(2009 과세연도) ABC 소득 10억원 → A·B·C 각 배당금 2.5억원·1.5억원·1억원 수령

(2010 과세연도) A 지분 전부를 10억원에 양도. B 배당금 5억원 수령

구 분		ABC	A	B	C	총세부담
세부담	2009 기존	법인세 2.5억원[*1)]	소득세 0.63125억원[*2)]	소득세 0.37875억원	소득세 0.2525억원	3.7625억원
	2009 동업기업	비과세	소득세 1.75억원[*3)]	소득세 1.05억원[*4)]	소득세 0.7억원[*5)]	3.5억원
	2010 기존	–	양도소득세 1.0억원[*6)]	소득세 1.75억원[*7)]	–	2.75억원
	2010 동업기업	–	양도소득세 0.5억원[*8)]	소득세 0.175억원[*9)]	–	0.675억원

*1) 소득 10억원 × 25%

*2) ① 배당가산(G-up) : 2.5 × 115% = 2.875억원

　② 비교산출세액* max(㉠, ㉡) = 1.00625억원

　　㉠ (종합과세시) 2.875 × 35% = 1.00625억원

　　㉡ (분리과세시) 2.5 × 14% = 0.35억원

　　　* 사업소득과 이자소득 4천만원에 대한 부분은 단순화를 위해 생략

　③ 배당세액공제 min(㉠, ㉡) = 0.375억원

　　㉠ 2.5 × 15% = 0.375억원

　　㉡ (한도) 1.00625 - 0.35 = 0.65625억원

　④ 소득세 : 1.00625 - 0.375 = 0.63125억원

3) (배분소득 5억원 × 35%) + (초과배당 0원 × 35%) → 지분가액 7.5억원 = 5억원 + 5억원 - 2.5억원

　* 2009 지분가액 조정 : 지분가액 + 배분소득 - 배당금액

*4) (배분소득 3억원 × 35%) + (초과배당 0원 × 35%) → 지분가액 4.5억원 = 3억원 + 3억원 - 1.5억원

*5) (배분소득 2억원 × 35%) + (초과배당 0원 × 35%) → 지분가액 3억원 = 2억원 + 2억원 - 1억원

*6) 양도차익 5억원(양도가액10억원 - 취득가액5억원) × 20%

*7) 배당 5억원 × 35%

*8) 양도차익 2.5억원(양도가액10억원 - 지분가액 7.5억원) × 20%

*9) 초과배당 0.5억원 × 35%

9 | 동업기업 자산의 분배

동업자가 동업기업으로부터 자산을 분배받은 경우 분배받은 자산의 시가가 분배일의 해당 동업자의 지분가액을 초과하면 동업자는 분배일이 속하는 과세연도의 소득금액을 계산할 때 그 초과하는 금액을 「소득세법」 제17조 제1항에 따른 소득으로 본다(조특법 §100의22①).

동업자가 동업기업의 해산 등의 사유(손실이 인정되는 자산의 분배 사유)가 발생함에 따라 동업기업으로부터 자산을 분배받은 경우 분배받은 자산의 시가가 분배일의 해당 동업자의 지분가액에 미달하면 동업자는 분배일이 속하는 과세연도의 소득금액을 계산할 때 그 미달하는 금액을 「소득세법」 제94조 제1항 제3호 또는 제4호 다목에 따른 자산을 양도함에 따라 발생한 손실로 본다(조특법 §100의22②).

여기서 "해산 등의 사유"란 다음의 어느 하나에 해당하는 경우를 말한다(조특령 §100의23).
① 동업기업이 해산에 따른 청산, 분할, 합병 등으로 소멸되는 경우
② 동업자가 동업기업을 탈퇴하는 경우

위 동업기업으로부터 분배받은 자산의 시가 중 분배일의 해당 동업자의 지분가액 상당액은 해당 동업자의 분배일이 속하는 과세연도의 소득세 또는 법인세 과세표준을 계산할 때 익금에 산입하지 아니한다(조특법 §100의22③).

10 | 동업기업의 소득의 계산 및 배분명세 신고

동업기업은 각 과세연도의 종료일이 속하는 달의 말일부터 3개월이 되는 날이 속하는 달의 15일까지 해당 과세연도의 소득의 계산 및 배분명세를 관할 세무서장에게 신고하여야 한다(조특법 §100의23①). 이렇게 신고할 때 동업기업 소득 계산 및 배분명세 신고서와 다음의 서류를 제출하여야 한다. 이 경우 (1) 및 (2)의 서류를 첨부하지 아니하면 신고로 보지 아니한다(조특령 §100의24). 이 경우 각 과세연도의 소득금액이 없거나 결손금이 있는 동업기업의 경우에도 적용한다(조특법 §100의23②).
(1) 기업회계기준을 준용하여 작성한 대차대조표와 손익계산서
(2) 지분가액조정명세서
(3) 약정손익분배비율에 관한 서면약정서
(4) 다음의 서류(조특칙 §46의2)

---

40) "동업기업 과세특례의 이해", 월간조세, 2008. 7, 175면, 〈사례 9〉 수정

① 다음의 구분에 따른 서류

　㉠ 거주자군 및 「소득세법」 제121조 제2항 또는 제5항에 따른 비거주자로 구성된 비거주자군 : 다음의 서류 중 해당 거주자군 또는 비거주자군과 관련된 서류

　　ⓐ 「소득세법 시행규칙」 별지 제40호 서식 (1)의 이자소득명세서, 배당소득명세서, 부동산임대소득·사업소득명세서, 근로소득·연금소득·기타소득명세서

　　ⓑ 「소득세법 시행규칙」 제65조 제2항 제1호 가목·다목 및 같은 항 제2호 각 목의 서류

　　ⓒ 「소득세법 시행규칙」 제102조의 조정계산서 및 관련 서류

　　ⓓ 「소득세법 시행규칙」 별지 제45호 서식의 기부금명세서

　㉡ 내국법인군 및 「법인세법」 제97조 제1항에 따른 외국법인으로 구성된 외국법인군 : 다음의 서류 중 해당 내국법인군 또는 외국법인군과 관련된 서류

　　ⓐ 「법인세법 시행규칙」 제82조 제1항 제4호부터 제56호까지 및 제60호의 서류

　　ⓑ 「조세특례제한법 시행규칙」 제61조 제1항 각 호의 서류

　㉢ 「소득세법」 제156조 제1항에 따른 비거주자로 구성된 비거주자군 및 「법인세법」 제98조 제1항에 따른 외국법인으로 구성된 외국법인군 : 다음의 서류 중 해당 비거주자군 또는 외국법인군과 관련된 서류

　　ⓐ 「소득세법 시행규칙」 별지 제23호 서식 (1)의 이자·배당소득 지급명세서

　　ⓑ 「소득세법 시행규칙」 별지 제23호 서식 (5)의 비거주자의 사업소득·기타소득 등 지급명세서

　　ⓒ 「소득세법 시행규칙」 별지 제24호 서식 (7)의 유가증권양도소득 지급명세서

　　ⓓ 「소득세법 시행규칙」 별지 제24호 서식 (8)의 양도소득 지급명세서

② 배분한도 초과결손금계산서

③ 수동적동업자 이월결손금계산서

④ 동업기업 세액배분명세서

한편 동업기업은 신고를 할 때 각 동업자에게 해당 동업자와 관련된 신고 내용을 통지하여야 한다(조특법 §100의23③).

11 │ 비거주자 또는 외국법인인 동업자에 대한 원천징수

11-1. 원천징수

동업기업은 비거주자 또는 외국법인인 동업자에게 배분된 소득에 대하여는 다음의 세율을 적용하여 계산한 금액에 상당하는 소득세 또는 법인세를 징수[41]하여 동업기업 과세특례에 대한 신고기한[42]까지 납세지 관할 세무서장에게 납부하여야 한다(조특법 §100의24①). 한편 동업기업이 국내에서 사업을 하는 장소를 비거주자 또는 외국법인인 동업자의 국내사업장으로 본다(조특법 §100의24⑥).

구 분	원천징수세율
수동적동업자	비거주자·외국법인의 배당소득에 대한 원천징수세율(20%)[43]
수동적동업자 외의 동업자	㉠ 비거주자인 동업자 : 38%(기본세율 중 최고세율) ㉡ 외국법인인 동업자 : 22%(법인세율 중 최고세율)

11-2. 지급명세서 제출

동업기업은 위 11-1.에 따라 원천징수를 하는 경우 「소득세법」 제164조의2 및 「법인세법」 제120조의2에 따라 지급명세서를 제출하여야 한다. 이 경우 해당 소득은 동업기업이 제100조의23에 따른 신고를 할 때(제100조의23에 따른 신고를 하지 아니한 금액이 분배되는 경우에는 분배할 때)에 비거주자 또는 외국법인인 동업자에게 지급된 것으로 본다(조특법 §100의24②).

---

41) 「조세특례제한법」 제100조의14에 따른 동업기업에 해당하는 사모투자전문회사에 이자소득을 지급하는 자는 그 지급하는 때에 「법인세법」 제73조에 따라 원천징수를 하는 것이며, 이 경우 해당 이자소득 중 같은 조 및 같은 법 시행령 제111조에 따라 원천징수가 면제되는 국민연금기금에 배분되는 소득은 원천징수대상에서 제외되는 것임(재법인-822, 2011. 8. 24.).

42) 조특법 제100조의23 제1항에 따른 신고기한(조특법 제100조의23에 따라 신고하지 아니한 금액을 분배하는 경우에는 해당 분배일이 속하는 달의 다음 달 10일과 조특법 제100조의23 제1항에 따른 신고기한 중 빠른 날)을 말한다.

43) 수동적동업자가 소득을 직접 받지 아니하고 동업기업을 통하여 받음으로써 소득세 또는 법인세를 부당하게 감소시킨 것으로 인정될 때에는 배당소득으로 구분하지 않고 동업기업이 받는 소득을 기준으로 「소득세법」 또는 「법인세법」의 국내원천소득의 구분에 따른 원천징수세율을 적용한다(조특법 §100의24③). 다만 구분된 소득이 국내원천 부동산소득 또는 양도소득인 경우에는 해당 세율로 원천징수하지 않고 다음 방법에 따른다(조특법 §100의24⑤).
   ① 부동산소득인 경우 : 수동적동업자 외의 동업자의 과세표준확정신고를 준용하여 동업자가 신고·납부하는 방법
   ② 양도소득인 경우 : 동업기업이 국내원천 양도소득에 대한 원천징수세율로 원천징수하고 동업자가 수동적동업자 외의 동업자의 과세표준확정신고를 준용하여 신고·납부하는 방법

11-3. 과세표준확정신고

위 11-1.의 ①에 따른 소득이 있는 비거주자 및 외국법인인 동업자는 「소득세법」 제121조부터 제125조까지를 준용하여 종합소득 과세표준확정신고를 하거나 「법인세법」 제91조, 제92조, 제95조, 제95조의2 및 제97조를 준용하여 법인세 과세표준확정신고를 하여야 한다. 다만, 동업기업이 위 11-1.에 따라 소득세 또는 법인세를 원천징수하여 납부한 경우에는 과세표준확정신고를 하지 아니할 수 있다(조특법 §100의24④).

한편 비거주자 또는 외국법인인 동업자가 「소득세법」 제120조 또는 「법인세법」 제94조에 따른 국내사업장(동업기업이 국내에서 사업을 하는 장소를 비거주자 또는 외국법인인 동업자의 국내사업장으로 보는 경우는 제외)이 있고 동업자에게 배분된 소득이 그 국내사업장에 귀속되는 소득인 경우에는 제1항부터 제7항까지의 규정을 적용하지 아니하고 그 국내사업장의 과세표준에 합산하여 신고·납부하여야 한다(조특법 §100의24⑧).

12 | 가산세

12-1. 신고의무불이행 가산세

관할 세무서장은 동업기업이 신고를 하지 아니하거나[44] 신고하여야 할 소득금액보다 적게 신고한 경우 다음의 금액을 가산세로 징수하여야 한다. 이 경우 신고하여야 할 소득금액은 동업자군별 배분대상 소득금액의 합계액으로 한다(조특법 §100의25①, 조특령 §100의26①).

① 신고하지 아니한 경우 : 신고하여야 할 소득금액의 100분의 4
② 신고하여야 할 소득금액보다 적게 신고한 경우 : 적게 신고한 소득금액의 100분의 2

12-2. 원천징수이행불성실 가산세

관할 세무서장은 동업기업이 조특법 제100조의24에 따라 원천징수하였거나 원천징수하여야 할 세액을 납부기한에 납부하지 아니하거나 적게 납부하는 경우에는 다음의 금액을 합한 금액(납부하지 아니하거나 적게 납부한 세액의 100분의 10을 한도로 한다)을 가산세로 징수하여야 한다(조특법 §100의25②, 조특령 §100의26②).

① 납부하지 아니하거나 적게 납부한 세액 × 납부기한의 다음 날부터 자진납부일 또는 납부고지일까지의 기간 × 1일 10만분의 25

---

44) 조특법 제100조의23 제1항에 따른 신고를 하지 않는 경우를 말한다.

② 납부하지 아니하거나 적게 납부한 세액의 100분의 3

13 | 준용규정

법인이 아닌 동업기업의 경우 과세연도, 납세지, 사업자등록, 세액공제, 세액감면, 원천징수, 가산세, 토지 등 양도소득에 대한 법인세 등 아래의 사항에 대하여는 해당 동업기업을 하나의 내국법인(제100조의15 제1항 제5호의 동업기업의 경우에는 외국법인[45])으로 보아 「법인세법」과 조특법의 해당 규정을 준용한다(조특법 §100의26, 조특령 §100의27).

13-1. 사업연도

「법인세법」 제6조 및 제7조에 따른 사업연도를 말한다.

13-2. 납세지와 과세 관할

「법인세법」 제9조부터 제12조까지의 규정에 따른 납세지와 과세 관할을 말한다.

13-3. 사업자등록

「법인세법」 제111조에 따른 사업자등록을 말한다.

13-4. 세액공제 및 세액감면

조특법 및 「법인세법」에 따른 세액공제 및 세액감면 중 내국법인에 적용되는 것을 말한다.

13-5. 원천징수

「법인세법」 제73조, 제73조의2 및 제74조에 따른 원천징수를 말한다.

---

45) 2014. 1. 1. 이후 적용 신청하는 분부터 적용된다.

13-6. 가산세

「법인세법」 제75조의3, 제75조의5부터 제75조의8까지의 규정에 따른 가산세를 말한다.

| 배분제외 가산세 |

법인세법에 따른 일부 가산세	국세기본법에 따른 가산세

• 결합재무제표미제출가산세(§76④)
  * 「주식회사의 외부감사에 관한 법률」에 따른 결합
    재무제표작성회사는 주식회사로서 특례 적용대상
    아님.
• 주식등변동상황명세서제출불성실가산세
  (§76⑥)
  * 지분가액조정명세서로 대신할 수 있음을 감안
• 기부금영수증발급및작성·보관불성실가산세
  (§76⑩)
  * 비영리법인은 특례 적용대상 아님.
• 외국법인의 국내원천소득에 대한 지급조서제출
  불성실가산세
  * 외국법인은 특례 적용대상 아님.
	• 신고불성실 가산세
	  * 동업기업에 대해 소득계산 및 배분명세 신고의무
	    관련 가산세를 별도로 규정
	• 납부·환급불성실 가산세
	  * 동업기업은 납세의무가 없는 도관임을 감안

13-7. 토지 등 양도소득에 대한 법인세

「법인세법」 제55조의2에 따른 토지 등 양도소득에 대한 법인세를 말한다.

13-8. 결정 및 경정

「법인세법」 제66조에 따른 결정 및 경정을 말한다.

13-9. 장부의 비치·기장

「법인세법」 제112조에 따른 장부의 비치·기장을 말한다.

13-10. 구분경리

「법인세법」 제113조에 따른 구분경리를 말한다.

13-11. 지출증빙서류의 제출 및 보관

「법인세법」제116조에 따른 지출증빙서류의 제출 및 보관을 말한다.

13-12. 신용카드가맹점 가입·발급의무 등

「법인세법」제117조에 따른 신용카드가맹점 가입·발급의무 등을 말한다.

13-13. 현금영수증가맹점 가입·발급의무 등

「법인세법」제117조의2에 따른 현금영수증가맹점 가입·발급의무 등을 말한다.

13-14. 지급명세서의 제출의무

「법인세법」제120조 및 제120조의2[46])에 따른 지급명세서의 제출의무를 말한다.

13-15. 매입처별세금계산서합계표의 제출

「법인세법」제120조의3에 따른 매입처별세금계산서합계표의 제출을 말한다.

13-16. 계산서의 작성·교부 등

「법인세법」제121조에 따른 계산서의 작성·교부 등을 말한다.

13-17. 질문·조사

「법인세법」제122조에 따른 질문·조사를 말한다.

---

46) 2014. 1. 1. 이후 신청하는 분부터 적용한다.

14

종합사례

동업자의 소득금액 계산

동업기업인 WXYZ는 조세특례제한법상 동업기업 과세특례 적용 신청을 적법하게 하였다. 아래 자료를 이용하여 각 동업자의 소득금액을 계산하시오.

〔자료 1〕WXYZ의 동업자와 손익배분비율

동업자	손익배분비율
거주자 W	10%
거주자 X	20%
내국법인 Y	30%
내국법인 Z	40%

〔자료 2〕WXYZ의 2009년도 약식 손익계산서

손익계산서

2009. 1. 1.~2009. 12. 31.

매출원가	600,000,000	매출액	1,000,000,000
인건비	200,000,000	이자수익	50,000,000
대손상각비	10,000,000	채무면제익	50,000,000
지급이자	24,000,000		
접대비	36,000,000		
잡비	30,000,000		
유형자산처분손실	100,000,000		
당기순이익	100,000,000		
	1,100,000,000		1,100,000,000

〈추가설명〉

① 이자수익은 모두 은행예금이자로서 이중에서 ₩5,000,000은 미수이자이다.
② 채무면제익은 모두 영업활동과 무관하다.
③ 인건비 중 ₩50,000,000은 대표자 솔로몬의 급여로 지급된 것이다.
④ 당기 말 대차대조표상 채권의 내역은 다음과 같다(대손실적률은 0.7%).
  • 매출채권 ₩100,000,000
  • 토지처분미수금 ₩50,000,000
  • 대여금 ₩30,000,000(2009. 1. 1. 솔로몬에게 대여한 금액으로서 적수 계산시에는 365일을 적용하기로 한다)
  • 대손충당금(3,000,000)
⑤ 지급이자는 모두 현재가치할인차금상각비(이자율 5%)이며, 당좌대출이자율은 9%이다.
⑥ 접대비는 세법상의 요건을 모두 갖춘 적격 비용이며, 해당 과세기간의 접대비 한도액은

20,000,000이다.

⑦ 기부금은 전액 종교단체에 지급한 것이다.

⑧ 유형자산처분손실은 기계장치의 매각으로 인하여 발생한 것으로 사업에 직접 사용하던 것이었다.

⑨ 한도초과액 계산 등 세무조정사항은 2008년 세법 규정을 적용하기로 한다.

해 설

〈1단계〉 동업자군별 동업기업 소득금액·결손금 계산

⇒ 동업자군을 거주자군과 내국법인군으로 구별하여 동업자군별로 동업기업을 각각 1거주자·1내국법인으로 보아 소득금액 및 결손금을 계산한다.

구 분	거주자군	내국법인군
당기순이익	100,000,000	100,000,000
(조정)		
이자수익	△50,000,000*1)	–
채무면제익	△50,000,000*2)	–
인건비	+50,000,000*3)	–
대손상각비	+2,000,000*4)	+1,500,000*5)
인정이자	–	+24,000,000*6)
지급이자	–*7)	–
접대비	+16,000,000	+16,000,000
유형자산처분손실	+100,000,000	–
군별 소득금액	168,000,000 (사업소득) / 45,000,000*8) (이자소득)	141,500,000 (각사업연도소득)

*1) 사업소득이 아니라 이자소득에 해당한다.

*2) 사업과 관련이 없으므로 증여세 과세 검토 대상이다.

*3) 대표자(솔로몬)의 급여에 해당하므로 제외한다.

*4) 3,000,000(기말잔액)－100,000,000(매출채권)×1%＝2,000,000

*5) 3,000,000(기말잔액)－150,000,000(매출채권, 토지처분미수금)×1%＝1,500,000

*6) 추가설명 자료에 주어진 대여금에 대한 세무조정 사항이다. 30,000,000×8%×365/365일＝24,000,000

*7) 현재가치할인차금상각액은 업무무관자산에 대한 지급이자 손금불산입 계산상 지급이자의 범위에 포함하지 아니한다.

*8) 미수이자 5,000,000원은 수입시기가 미도래하였으므로 제외한다.

〈2단계〉 동업자군별 손익배분비율 계산

⇒ 동업자군별로 각 군에 속하는 동업자들의 손익배분비율을 합한 비율을 말한다. 즉, 거주자군은 30%이며 내국법인군은 70%가 된다.

〈3단계〉 동업자군별 배분대상 소득금액·결손금 계산
⇒ (동업자군별 동업기업 소득금액 및 결손금) × (동업자군별 손익배분비율)
　　즉, (1단계) × (2단계)를 말한다.

구 분	동업자군별 배분대상 소득금액	
	거주자군	내국법인군
사업소득	168,000,000×30%=50,400,000	–
이자소득	45,000,000×30%=13,500,000	–
각 사업연도소득	–	141,500,000×70%=99,050,000

〈4단계〉 해당 동업자군에 속하는 동업자들에게 손익배분비율로 배분
⇒ (동업자군별 배분배상 소득금액 및 결손금) × (해당 동업자의 손익배분비율)
　　즉, 동업자군별 (3단계 금액)에 해당 동업자군 내 동업자들에게 손익배분비율에 따라 배분한다.

구 분	각 동업자별 소득금액	
거주자 W	50,400,000×(10%/30%)=16,800,000(사업) 13,500,000×(10%/30%)=4,500,000(이자)	–
거주자 X	50,400,000×(20%/30%)=33,600,000(사업) 13,500,000×(20%/30%)=9,000,000(이자)	–
내국법인 Y	–	99,050,000×(30%/70%)=42,450,000
내국법인 Z	–	99,050,000×(40%/70%)=56,600,000

15 | 주요 개정연혁

1. 동업기업 원천징수 납부불성실가산세 조정(조특법 §100의25)

(1) 개정내용

종 전	개 정
□ 동업기업에 대한 가산세 ㅇ 동업기업 소득계산 및 배분명세 신고불성실 　가산세 　- 무신고 : 소득금액의 4% 　- 과소신고 : 과소신고금액의 2% ㅇ 비거주자·외국법인인 동업자에 대한 원천 　징수 불성실 가산세 : Max[①, ②] (미납세 　액의 10% 한도) 　① 미납세액 × 미납기간 × 0.03%/1일 　② 미납세액의 5%	□ 불성실가산세 조정 ㅇ 비거주자·외국법인인 동업자에 대한 원천 　징수 불성실 가산세 : 　- ① + ② (미납세액의 10% 한도) 　① 미납세액 × 미납기간 × 0.025%/1일 　② 미납세액의 3%

(2) 개정이유

ㅇ 동업기업에 대한 원천징수 납부불성실 가산세 합리화

(3) 적용시기 및 적용례

ㅇ 2019. 1. 1. 이후 원천징수하여 납부할 의무가 발생하는 분부터 적용

2. 동업기업 과세특례제도 중 비거주자의 소득금액 명확화(조특령 §100의18⑥)

(1) 개정내용

종 전	개 정
□ 동업기업 소득금액 배분 ㅇ 국내사업장이 없는 비거주자군의 소득금액 　- 소득세법 §119 1·2·4~6·11~12호의 　　소득*에 대한 수입금액 　* 이자(1호)·배당(2호)·장비임대(4호)· 　　사업(5호)·인적용역(6호)·유가증권양도 　　소득(11호)·기타소득(12호)	- 소득세법 §119 10호의 사용료 소득 포함

(2) 개정이유

ㅇ 사용료 소득도 국내사업장이 없는 비거주자군의 소득금액에 포함됨을 명확화

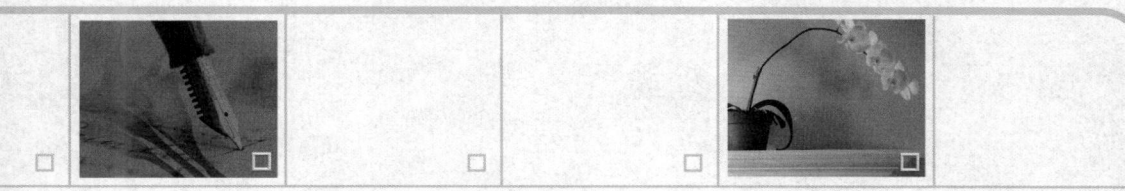

| 제 10 절의 4 |

자녀 장려를 위한 조세특례

제100조의27~31

자녀장려세제

1 자녀장려세제의 의의

저소득자의 자녀양육비 지원을 통하여 출산을 장려하기 위해 2014. 1. 1. 조특법에 도입된 제도로서 박근혜 정부의 공약사항이다.

종전에는 근로장려세제가 자녀수에 따라 차등지급되었으나, 2014. 1. 1. 조특법 개정으로 결혼 및 맞벌이 여부를 중심으로 차등지급하는 제도로 전환함으로써 결혼 및 여성의 근로활동을 장려하는 제도로 탈바꿈하고, 그 대신 종전의 근로장려세제의 출산장려 성격을 대체하는 수단으로 자녀장려세제가 별도로 도입되었으며 2015. 1. 1. 이후 지급되었다.

2 신청자격

소득세 과세기간 중에 사업소득, 근로소득 또는 종교인소득이 있는 거주자로서[변호사업, 심판변론인업, 변리사업, 법무사업, 공인회계사업 등을 영위하는 자(그 배우자를 포함)를 제외한다] 다음의 요건을 모두 갖춘 경우 해당 소득세 과세기간의 자녀장려금을 신청할 수 있다(조특법 §100의28①, 조특령 §100의28, 소법 §19, §20, §21, 부가령 §109② 7).

① 부양자녀가 있을 것
② 거주자(그 배우자를 포함)의 연간 총소득의 합계액이 4천만원 미만일 것
③ 가구원 재산의 합계액이 2억4천만원 미만일 것

다만, 해당 소득세 과세기간 중 대한민국 국적을 보유하지 아니한 자[1] 및 해당 소득세 과세기간 중 다른 거주자의 부양자녀인 자는 자녀장려금을 신청할 수 없다(조특법 §100의28②).

---

1) 다만, 대한민국 국적을 가진 사람과 혼인한 사람, 대한민국 국적의 조특법 제100조의4 제1항에 따른 부양자녀가 있는 사람은 제외한다.

3 | 자녀장려금의 산정

자녀장려금은 총급여액 등을 기준으로 다음의 구분에 따라 계산한 금액으로 한다(조특법 §100의29①).

① 홑벌이 가구인 경우 : 다음 각 목의 구분에 따라 계산한 금액

목별	총급여액 등	자녀장려금
가	2천100만원 미만	부양자녀의 수 × 80만원
나	2천100만원 이상 4천만원 미만	부양자녀의 수 × [80만원 - (총급여액 등 - 2천100만원) × 1천900분의 30]

② 맞벌이 가구인 경우 : 다음 각 목의 구분에 따라 계산한 금액

목별	총급여액 등	자녀장려금
가	2천500만원 미만	부양자녀의 수 × 80만원
나	2천500만원 이상 4천만원 미만	부양자녀의 수 × [80만원 - (총급여액 등 - 2천500만원) × 1천500분의 30]

자녀장려금은 총급여액 등의 구간별로 작성한 자녀장려금산정표[2]를 적용하여 산정한다(조특법 §100의29②).

4 | 신청방법

자녀장려금을 받으려는 거주자는 종합소득과세표준 확정신고 기간에 자녀장려금신청서에 자녀장려금 신청자격을 확인하기 위하여 필요한 증거자료를 첨부하여 납세지 관할 세무서장에게 자녀장려금을 신청하여야 한다(조특법 §100의30①).

---

2) 조특령 별표 11의2에서 정하는 자녀장려금산정표(조특령 §100의29①).
별표 11의2 비고란 : 가구원 재산의 합계액이 1억4천만원 이상인 경우의 자녀장려금은 별표 11의2에 따른 금액의 100분의 50에 해당하는 금액으로 한다.

5 | 중복적용 배제

자녀장려금은 자녀세액공제와 중복하여 적용할 수 없다(조특법 §100의30②). 기초생활수급자 중 생계급여 수급자는 자녀장려금을 받을 수 없다.

6 | 주요 개정연혁

1. 자녀장려금(CTC: Child Tax Credit) 요건 완화 및 지급액 인상
(조특법 §100의28~§100의29)

(1) 개정내용

종 전	개 정
☐ 자녀장려금 대상	☐ 대상 확대
○ (가구요건) 근로·사업·종교인소득이 있고, 만18세 미만의 부양자녀가 있는 가구	○ (좌 동)
○ (소득요건) 연간총소득 4,000만원 미만	○ (좌 동)
○ (재산요건) 가구원 재산합계 2억원 미만 – 1억원 이상시 지급액 50% 감액 지급	– 1.4억원 이상시 지급액 50% 감액 지급
○ 생계급여 수급자 제외	○ 생계급여 수급자 포함
☐ 자녀장려금 지급액 ○ 홑벌이 가구	☐ 지급액 인상 ○ 홑벌이 가구

○ 홑벌이 가구 (종전)

총급여액등	자녀장려금
2,100만원 미만	자녀 1인당 50만원
2,100만원 이상 4,000만원 미만	50만원 – (총급여액등 – 2,100만원) × 1,900분의 20

○ 홑벌이 가구 (개정)

총급여액등	자녀장려금
2,100만원 미만	자녀 1인당 70만원
2,100만원 이상 4,000만원 미만	70만원 – (총급여액등 – 2,100만원) × 1,900분의 20

○ 맞벌이 가구 (종전)

총급여액등	자녀장려금
2,500만원 미만	자녀 1인당 50만원
2,500만원 이상 4,000만원 미만	50만원 – (총급여액등 – 2,500만원) × 1,500분의 20

○ 맞벌이 가구 (개정)

총급여액등	자녀장려금
2,500만원 미만	자녀 1인당 70만원
2,500만원 이상 4,000만원 미만	70만원 – (총급여액등 – 2,500만원) × 1,500분의 20

(2) 개정이유

  ○ 저소득 가구의 자녀 양육지원 강화

(3) 적용시기 및 적용례

  ○ 2019. 1. 1. 이후 신청하는 분부터 적용

2. 자녀장려금 신청 대상자 명확화(조특법 §100의28①)

(1) 개정내용

종 전	개 정

□ 자녀장려금 신청대상자
  ○ 사업소득자
    본인 또는 배우자가 전문직 사업자인 경우는 제외
  ○ 근로소득자
	□ 신청자격 명확화
	  ○ (좌 동)
	
	  ○ 근로소득자 중 배우자가 전문직 사업자인 경우는 제외

(2) 개정이유

  ○ 자녀장려금 신청자격 명확화

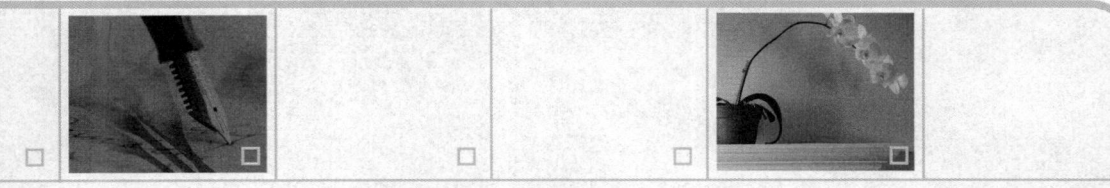

| 제 10 절의 5 |

투자 · 상생협력 촉진을 위한 조세특례

제100조의32

투자·상생협력 촉진을 위한 과세특례

1 | 의 의

기업의 소득이 투자 또는 임금 등을 통하여 가계의 소득으로 흘러들어가는 선순환 구조의 정착을 위하여 자기자본이 500억원을 초과하는 기업 등이 해당 사업연도의 소득 중 일정액 이상을 투자, 임금 증가 또는 상생협력출연금 등으로 사용하지 아니하는 경우 그 미환류소득에 대하여 20퍼센트의 법인세를 추가 과세하는 투자 및 상생협력촉진세제를 한시적으로 도입할 필요가 있어 2017. 12. 19. 조특법 개정시 본조에 신설되었다. 본조는 종전의 법인세법 제56조에 규정된 기업의 미환류소득에 대한 법인세 과세제도가 2017. 12. 31. 적용기한이 종료됨에 따라 일부 수정·보완되어 조특법으로 도입되었다.

2020년말 조특법 개정시 기업의 소득 중 투자·임금증가·상생협력을 위한 지출액이 소득의 일정액에 미달하는 경우 미달액에 대하여 추가 과세하는 투자·상생협력 촉진을 위한 과세특례의 적용기한을 2022년 12월 31일까지로 2년 연장하고, 초과환류액의 이월기간을 다음 사업연도에서 그 다음 2개 사업연도까지로 확대하였다.

2022년말 조특법 개정시에는 투자·상생협력촉진세제 적용대상을 축소하는 한편 과세특례 적용기한을 2025. 12. 31.까지로 3년 연장하였다.

미환류소득에 대한 법인세는 기업들이 이익을 사내에 임의적으로 유보시켜 투자, 임금, 배당 등의 형태로 소득이 가계로 흘러가지 못하게 되어 경기저하 등이 발생하는 것을 방지할 목적으로 이미 법인의 소득에 과세되었음에도 불구하고 투자, 임금, 배당 등으로 사외에 유출되지 않고 유보된 소득에 대해 다시 과세하는 이중과세의 성격이 있다는 비판도 있다(조심 2020부2200, 2021. 2. 24. 참조).

2 | 적용 요건

2-1. 적용대상

각 사업연도 종료일 현재 「독점규제 및 공정거래에 관한 법률」 제31조 제1항에 따른 상호출자제한기업집단에 속하는 내국법인이 적용 대상이다(조특법 §100의32①).

2-2. 미환류소득과 초과환류액의 산정 및 신고

2-2-1. 미환류소득과 초과환류액의 산정방법

(1) 개 요

미환류소득 또는 초과환류액은 다음의 방법 중 어느 하나를 선택하여 산정한 금액으로서, 산정한 금액이 양수인 경우에는 "미환류소득"이라 하고, 음수인 경우에는 음의 부호를 뗀 금액을 "초과환류액"이라 한다(조특법 §100의32②).

① 투자포함방법

　: 기업소득 × 70% - (기계장치 등 자산에 대한 투자의 합계액 + 임금 증가금액 + 상생협력을 위하여 지출하는 금액 등 × 300%)

② 투자제외방법

　: 기업소득 × 15% - (임금 증가금액 + 상생협력을 위하여 지출하는 금액 등 × 300%)

(2) 기업소득의 의미

여기서 기업소득이란 각 사업연도의 소득[1])에 아래의 1)의 합계액을 더한 금액에서 아래의 2)의 합계액을 뺀 금액(그 수가 음수인 경우 영으로 본다)으로 한다. 다만, 연결납세방식[2])을 적용받는 연결법인으로서 각 연결법인의 기업소득 합계액이 3천억원을 초과하는 경우에는 다음 계산식에 따라 계산한 금액으로 하고, 그 밖의 법인의 경우로서 기업소득이 3천억원을 초과하는 경우에는 3천억원으로 한다(조특령 §100의32④).

$$3천억원 \times \frac{해당 \ 연결법인의 \ 기업소득}{각 \ 연결법인의 \ 기업소득 \ 합계액}$$

---

1) 「법인세법」 제14조
2) 「법인세법」 제2장의3

1) 가산항목

㉮ 환급금에 대한 이자[3]

㉯ 이월되어 해당 사업연도의 손금에 산입한 금액[4]

㉰ 해당 사업연도에 사업용 자산 등[5]에 대한 감가상각비로서 해당 사업연도에 손금으로 산입한 금액

2) 차감항목

㉮ 해당 사업연도의 법인세액(내국법인이 직접 납부한 외국법인세액으로서 손금에 산입하지 아니한 세액[6]과 외국법인세액[7] 포함), 법인세 감면액에 대한 농어촌특별세액 및 법인지방소득세액

㉯ 해당 사업연도에 의무적으로 적립하는 이익준비금[8]

㉰ 법령에 따라 의무적으로 적립하는 적립금. 즉, 「은행법」 등 개별 법령 등이 정하는 바에 따라 의무적으로 적립하여야 하는 금액 한도 이내에서 적립하는 다음의 어느 하나에 해당하는 금액(해당 사업연도에 손금에 산입하지 아니하는 금액으로 한정한다)을 말한다(조특칙 §45의9②).

ⓐ 「은행법」 등 개별 법령에 따른 해당 사업연도의 이익준비금(영 제100조의32 제4항 제2호 나목에 따른 이익준비금으로 적립하는 금액은 제외한다)

ⓑ 금융회사 또는 공제조합이 해당 사업연도에 대손충당금 또는 대손준비금 등으로 의무적으로 적립하는 금액

ⓒ 보험업을 영위하는 법인이 해당 사업연도에 「보험업법」에 따라 배당보험손실 보전준비금과 보증준비금으로 의무적으로 적립하는 금액

ⓓ 지방공사[9]가 감채적립금[10]으로 의무적으로 적립하는 금액[11]

ⓔ 부동산신탁업을 경영하는 법인이 해당 사업연도에 신탁사업적립금으로 의무적으로 적립하는 금액

---

3) 「법인세법」 제18조 제4호
4) 「법인세법」 제24조 제5항
5) 조특법 제100조의32 제2항 제1호 가목을 적용받은 자산을 말한다.
6) 「법인세법」 제57조
7) 「법인세법」 제15조 제2항 제2호
8) 「상법」 제458조
9) 「지방공기업법」 제67조 제1항 제3호
10) 감채적립금 : 사채 발행회사가 사채 상환을 목적으로 기업 내부에 정기적으로 일정금액을 적립하는 기금(두산백과사전 참조)
11) 〈기획재정부령 제776호, 2020. 3. 13. 신설〉 부칙 제1조(시행일) 이 규칙은 공포한 날부터 시행한다.

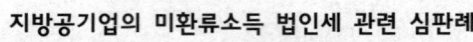

지방공기업의 미환류소득 법인세 관련 심판례

조심 2020전2141(2020. 10. 19) : 지방공기업의 미환류소득 법인세 과세대상에서 제외하는 의무적립금의 범위와 관련하여 이익준비금 적립범위를 1/10 이상이라고 규정하고 있는 이상, 1/10을 초과하여 적립된 금액(자진적립액 성격으로 봄)까지 의무적립금에 해당한다고 단정하기 어렵고, 감채적립금을 의무적립금으로 보아 과세대상에서 제외하는 법적근거는 2020. 3. 13. 창설적으로 신설되어 이후 신고 분부터 적용되므로, 이 건 처분(2018사업연도 법인세)과는 무관하다고 보아 기각결정함.

〈참고 법조문〉

○ 지방공기업법 제67조(손익금의 처리) ① 공사는 결산 결과 이익이 생긴 경우에는 그 이익금을 다음 각 호의 순서에 따라 처리한다.
  1. 전 사업연도로부터 이월된 결손금이 있으면 결손금을 보전
  2. 이익준비금으로 적립
  3. 감채적립금으로 적립
  4. 이익을 배당하거나 정관으로 정하는 바에 따라 적립
  ② 제1항 제3호의 감채적립금은 공사의 사채를 상환하는 목적 외에는 사용할 수 없다.

○ 지방공기업법시행령 제61조(이익금의 처리) ① 공사는 법 제67조 제1항 제1호에 따른 이월결손금을 보전하고 남은 이익금의 10분의 1 이상을 자본금의 2분의 1에 달할 때까지 이익준비금으로 적립하여야 하고, 이익준비금으로 적립하고 남은 이익금의 10분의 5 이상을 감채적립금으로 적립하여야 한다. 다만, 매 회계연도의 말일을 기준으로 공사채 미상환 잔액이 없는 경우에는 감채적립금을 적립하지 아니할 수 있다.

㉪ 해당 사업연도에 공제 가능한 결손금(합병법인 등의 경우에는 합병 시 이월결손금 등 공제 제한에 따라 계산한 금액)

㉫ 피합병법인의 주주등인 내국법인이 취득하는 합병대가가 그 피합병법인의 주식등을 취득하기 위하여 사용한 금액을 초과하는 금액(합병대가 중 주식등으로 받은 부분만 해당)으로서 해당 사업연도의 익금에 산입한 금액(익금불산입을 적용하기 전의 금액)

㉬ 분할법인 또는 소멸한 분할합병의 상대방 법인의 주주인 내국법인이 취득하는 분할대가가 그 분할법인 또는 소멸한 분할합병의 상대방 법인의 주식(분할법인이 존속하는 경우에는 소각 등에 의하여 감소된 주식만 해당)을 취득하기 위하여 사용한 금액을 초과하는 금액(분할대가 중 주식으로 받은 부분만 해당)으로서 해당 사업연도에 익금에 산입한 금액(익금불산입을 적용하기 전의 금액)

㉭ 기부금 손금산입 한도를 넘어 손금에 산입하지 아니한 금액

㉮ 피합병법인이 합병으로 해산하는 경우 그 법인의 자산을 합병법인에 양도한 것으로 보아 그 양도에 따라 발생하는 양도손익으로서 해당 사업연도에 익금에 산입한 금액

㉜ 내국법인이 분할로 해산하는 경우에 양도한 것으로 보아 그 양도에 따라 발생하는 양도손익으로서 해당 사업연도에 익금에 산입한 금액

㉝ 프로젝트금융투자회사에 대한 소득공제[12] 또는 유동화전문회사 등에 대한 소득공제[13]에 따라 배당한 금액

㉞ 외국법인이 발행한 주식 또는 출자지분 외에 다른 주식등을 보유하지 아니하는 등 특정요건을 충족하는 내국법인[14]의 경우에는 주식등을 발행한 외국법인으로부터 받는 배당소득의 금액

㉟ 공적자금의 상환과 관련하여 지출하는 금액으로서 수협은행이 경영정상화계획 등에 관한 약정에 따라 해당 사업연도의 잉여금처분으로 배당하는 금액[15]

2-2-2. 투자포함방법

해당 사업연도(2025년 12월 31일이 속하는 사업연도까지를 말한다)의 소득 중 기업소득에 100분의 70[16]을 곱하여 산출한 금액에서 다음 (1)~(3)의 금액의 합계액을 공제하는 방법을 말한다(조특법 §100의32② 1).

(1) 기계장치 등 자산에 대한 투자 합계액[17]

① 국내사업장에서 사용하기 위하여 새로이 취득하는 사업용 자산(중고품 및 금융리스[18] 외의 리스자산은 제외하며, 해운기업에 대한 법인세 과세표준 계산 특례를 적용받는 내국법인[19]의 경우에는 비해운소득을 재원으로 취득한 자산[20]으로 한정한다[21])으로서 다음의 자산. 다만, ㉮의 자산(해당 사업연도 이전에 취득한 자산 포함)에 대한 자본적 지출을 포함하되, 해당

---

12) 조특법 제104조의31 제1항
13) 「법인세법」 제51조의2 제1항
14) 조특칙 §45의9 제3항
15) 조특칙 §45의9 제4항
16) 조특령 제100조의32 제5항
17) 조특법 §100의32② 1 가목, 조특령 §100의32⑥
18) 조특령 제3조
19) 조특법 제104조의10
20) 조특법 제104조의10 제1항 제2호
21) 해운소득과 공동재원으로 취득한 자산의 투자합계액은 다음 계산식에 따라 계산한 금액으로 한다(조특칙 §45의9⑤).

$$\text{공동재원으로 취득한 자산의 투자합계액} = \text{해당 자산을 취득하기 위하여 해당 사업연도에 지출한 금액} \times \frac{\text{비해운소득과 관련한 해당 사업연도의 각 사업연도의 소득}}{\text{해운소득 및 비해운소득과 관련한 해당 사업연도의 전체 각 사업연도의 소득}}$$

사업연도에 즉시상각된 분은 제외한다.[22]

㉮ 다음의 사업용 유형고정자산

1) 기계 및 장치, 공구, 기구 및 비품, 차량 및 운반구, 선박 및 항공기, 그 밖에 이와 유사한 사업용 유형고정자산

2) 신축 · 증축하는 업무용 건축물[23]

㉯ 무형자산[24] 다만, 영업권(합병 또는 분할로 인하여 합병법인등이 계상한 영업권을 포함한다)은 제외한다.

② 벤처기업[25]에 다음의 어느 하나에 해당하는 방법으로 출자(조특법 제13조의2 제1항 제2호의 창업 · 벤처전문 경영참여형 사모집합투자기구 또는 창투조합등을 통한 출자를 포함한다)하여 취득한 주식등

㉮ 해당 기업의 설립 시에 자본금으로 납입하는 방법

㉯ 해당 기업이 설립된 후 유상증자하는 경우로서 증자대금을 납입하는 방법

한편, 투자가 2개 이상의 사업연도에 걸쳐서 이루어지는 경우에는 그 투자가 이루어지는 사업연도마다 해당 사업연도에 실제 지출한 금액을 기준으로 투자 합계액을 계산한다(조특령 §100의32⑦).

(2) 임금증가금액

임금증가금액이란 상시근로자의 해당 사업연도 임금증가금액으로서 다음 구분에 따른 금액이 있는 경우 그 금액을 합한 금액을 말한다(조특법 §100의32② 1 나목, 조특령 §100의32⑧ · ⑨).

1) 상시근로자의 해당 사업연도 임금이 증가한 경우

㉮ 해당 사업연도의 상시근로자 수가 직전 사업연도의 상시근로자 수보다 증가하지 아니한 경우 : 상시근로자 임금증가금액

㉯ 해당 사업연도의 상시근로자 수가 직전 사업연도의 상시근로자 수보다 증가한 경우

---

22) 「법인세법 시행령」 제31조 제2항 · 제4항 · 제6항

23) 공장, 영업장, 사무실 등 해당 법인이 업무에 직접 사용하기 위하여 신축 또는 증축하는 건축물을 말한다. 이 경우 법인이 해당 건축물을 임대하거나 업무의 위탁 등을 통하여 해당 건축물을 실질적으로 사용하지 아니하는 경우에는 업무에 직접 사용하지 아니하는 것으로 보되, 한국표준산업분류표상 부동산업, 건설업 또는 종합소매업을 주된 사업(둘 이상의 서로 다른 사업을 영위하는 경우 해당 사업연도의 부동산업, 건설업 또는 종합소매업의 수입금액의 합계액이 총 수입금액의 100분의 50 이상인 경우)으로 하는 법인이 해당 건축물을 임대하는 경우(종합소매업의 경우에는 영업장을 임대하는 것으로 임대료를 매출액과 연계하여 수수하는 경우로 한정)에는 업무에 직접 사용하는 것으로 본다(조특칙 §45의9⑥).

24) 「법인세법 시행령」 제24조 제1항 제2호 가목부터 라목까지 및 바목

25) 「벤처기업육성에 관한 특별조치법」 제2조 제1항

: 기존 상시근로자 임금증가금액에 100분의 150을 곱한 금액과 신규 상시근로자 임금증가금액에 100분의 200을 곱한 금액을 합한 금액

2) 해당 사업연도에 청년정규직근로자 수가 직전 사업연도의 청년정규직근로자 수보다 증가한 경우 : 해당 사업연도의 청년정규직근로자에 대한 임금증가금액

3) 해당 사업연도에 정규직 전환 근로자가 있는 경우 : 정규직 전환 근로자(청년정규직근로자 제외)에 대한 임금증가금액

(3) 상생협력을 위하여 지출하는 금액 등의 300%

상생협력[26]을 위하여 지출하는 금액 등 해당 사업연도에 지출한 다음의 어느 하나에 해당하는 금액에 100분의 300을 곱한 금액을 말한다. 다만, 해당 금액이 특수관계인[27]을 지원하기 위하여 사용된 경우는 제외한다(조특법 §100의32② 1 다목, 조특령 §100의32⑭).

① 협력중소기업에 대한 보증 또는 대출지원을 목적으로 신용보증기금 또는 기술신용 보증기금에 출연하는 경우, 협력재단에 출연하는 경우, 상생중소기업이 설립한 사내근로 복지기금에 출연하거나 상생중소기업 간에 공동으로 설립한 공동근로복지기금에 출연[28]하는 경우 그 출연금

② 협력중소기업[29]의 사내근로복지기금에 출연하는 경우 그 출연금

③ 공동근로복지기금[30]에 출연하는 경우 그 출연금

④ 금융회사등이 중소기업에 대한 보증 또는 대출지원을 목적으로 출연하는 경우 그 출연금[31]

2-2-3. 투자제외방법

기업소득에 100분의 15를 곱하여 산출한 금액에서 임금증가액과 상생협력을 위하여 지출하는 금액 등의 300%의 합계액을 공제하는 방법을 말한다(조특법 §100의32② 2, 조특령 §100의32⑤). 기업소득, 임금증가액 등의 의미는 상술한 내용을 참고하기 바란다.

2-2-4. 미환류소득과 초과환류액의 신고 및 변경 등

내국법인은 각 사업연도의 종료일이 속하는 달의 말일부터 3개월(법인세의 과세표준과 세액을 신고하는 경우에는 각 연결사업연도의 종료일이 속하는 달의 말일부터 4개월) 이내에 과세표준 신고를

---

26) 「대·중소기업 상생협력 촉진에 관한 법률」 제2조 제3호
27) 「법인세법 시행령」 제2조 제5항
28) 조특법 제8조의3 제1항에 따라 같은 항 각 호의 어느 하나에 해당하는 출연을 하는 경우를 말한다.
29) 조특법 제8조의3 제1항 제1호
30) 「근로복지기본법」 제86조의2
31) 상호저축은행(조특칙 제45조의9 제10항 제2호 다목)은 2021. 3. 16 신설되었고, 개정규정은 이 규칙 시행 이후 과세표준을 신고하는 분부터 적용한다(기획재정부령 제831호, 부칙 제3조).

할 때 미환류소득에 대한 법인세 신고서를 납세지 관할 세무서장에게 제출하여야 한다(조특법 §100의32②, 조특령 §100의32③, 조특칙 §45의9①).

내국법인이 다음의 방법 중 어느 하나를 선택하여 신고한 경우 해당 사업연도의 개시일부터 다음의 구분에 따른 기간까지는 그 선택한 방법을 계속 적용하여야 한다. 다만, 합병법인 또는 사업양수 법인이 해당 사업연도에 합병 또는 사업양수의 대가로 기업소득의 50%를 초과하는 금액을 금전으로 지급하는 경우에는 그 선택한 방법을 변경할 수 있다(조특법 §100의32③, 조특령 §100의32⑮·⑯, 조특칙 §45의9⑪).

① 내국법인이 투자포함방법을 선택하여 신고한 경우 : 3년이 되는 날이 속하는 사업연도
② 내국법인이 투자제외방법을 선택하여 신고한 경우 : 1년이 되는 날이 속하는 사업연도

미환류소득 등의 계산 방법 중 어느 하나의 방법을 선택하지 아니한 내국법인의 경우에는 해당 법인이 최초로 본조의 과세특례 적용대상 법인에 해당하게 되는 사업연도에 미환류소득이 적게 산정되거나 초과환류액이 많게 산정되는 방법을 선택하여 신고한 것으로 본다(조특법 §100의32④, 조특령 §100의32⑰).

3 | 과세특례의 내용

3-1. 개 요

내국법인이 투자, 임금 등으로 환류하지 아니한 소득이 있는 경우에는 미환류소득(차기환류 적립금과 이월된 초과환류액[32]을 공제한 금액을 말한다)에 100분의 20을 곱하여 산출한 세액을 미환류소득에 대한 법인세로 하여 「법인세법」 제13조에 따른 과세표준에 같은 법 제55조에 따른 세율을 적용하여 계산한 법인세액에 추가하여 납부하여야 한다(조특법 §100의32①). 한편, 직전 사업연도에 종전의 「법인세법」(법률 제15222호로 개정된 것을 말한다) 제56조 제7항에 따라 발생한 초과환류액이 있는 경우에는 미환류소득에서 공제할 수 있다(조특법 §100의32⑨).

3-2. 차기환류적립금의 적립과 추가 납부

내국법인[33]은 해당 사업연도 미환류소득의 전부 또는 일부를 다음 사업연도의 투자, 임금 등으로 환류하기 위한 금액("차기환류적립금")으로 적립하여 해당 사업연도의 미환류소득에서

---

32) 3-2.와 3-3.에서 후술하기로 한다.
33) 조특법 제100조의32 제4항이 적용되는 법인(2-2-4. 참고)은 제외한다.

차기환류적립금을 공제할 수 있다(조특법 §100의32⑤).

직전 사업연도에 차기환류적립금을 적립한 경우에는 다음 계산식에 따라 계산한 금액(음수인 경우 영으로 본다)을 해당 사업연도의 법인세액에 추가하여 납부하여야 한다(조특법 §100의32⑥).

(차기환류적립금 − 해당 사업연도의 초과환류액) × 100분의 20

또한 해당 사업연도에 차기환류적립금을 적립하여 미환류소득에서 공제한 내국법인이 다음 사업연도에 자기자본의 감소 등으로 본조의 과세특례 적용 대상 내국법인에 해당하지 아니하게 되는 경우에도 미환류소득에 대한 법인세를 납부하여야 한다(조특령 §100의32⑱).

3-3. 초과환류액의 이월

해당 사업연도에 초과환류액(초과환류액으로 차기환류적립금을 공제한 경우에는 그 공제 후 남은 초과환류액을 말한다)이 있는 경우에는 그 초과환류액을 그 다음 2개 사업연도까지 이월하여 그 다음 2개 사업연도 동안[34] 미환류소득에서 공제할 수 있다(조특법 §100의32⑦).

4 | 사후관리

4-1. 사후관리 사유

본조의 관세특례를 적용받은 내국법인이 자산을 처분한 경우 등 다음의 어느 하나에 해당하는 경우에는 그 자산에 대한 투자금액의 공제로 인하여 납부하지 아니한 세액에 이자상당액을 가산하여 납부하여야 한다(조특법 §100의32⑧, 조특령 §100의32⑳).

① 자산의 투자완료일, 자산(매입한 자산에 한정)의 매입일 또는 자산의 취득일부터 2년이 지나기 전에 해당 자산을 양도하거나 대여하는 경우. 다만, 다음의 어느 하나에 해당하는 경우는 제외한다.

㉮ 현물출자, 합병, 분할, 분할합병, 교환, 통합, 사업전환 또는 사업의 승계로 인하여 당해 자산의 소유권이 이전되는 경우, 내용연수가 경과된 자산을 처분하는 경우, 국가·지방자치단체 또는 학교 등에 기부하고 그 자산을 사용하는 경우

---

34) 2020년말 조특법 개정시 초과환류액의 이월기간을 다음 사업연도에서 그 다음 2개 사업연도까지로 확대하였다. 개정규정은 2021년 1월 1일 이후 신고하는 초과환류액 분부터 적용한다(법률 제17759호, 2020. 12. 29. 부칙 §23).

ⓘ 자산[35])을 수탁기업(특수관계인 제외)에 무상양도 또는 무상대여하는 경우

ⓒ 한국표준산업분류표상 해당 자산의 임대업이 주된 사업(둘 이상의 서로 다른 사업을
영위하는 경우 해당 사업연도의 자산의 임대업의 수입금액이 총 수입금액의 100분의 50
이상인 경우)인 법인이 해당 자산을 대여하는 경우(조특칙 §45의9⑫).

② 업무용 건축물에 해당하지 아니하게 되는 등 다음의 어느 하나에 해당하는 경우(조특칙
§45의9⑬)

㉮ 해당 법인이 업무용 신증축건축물을 준공 후 2년 이내에 임대하거나 위탁하는 등
업무에 직접 사용하지 아니하는 경우. 다만, 한국표준산업분류표상 부동산업, 건설업
또는 종합소매업을 주된 사업으로 하는 법인이 해당 건축물을 임대하는 경우는
제외한다.

㉯ 업무용신증축건축물을 준공 전에 처분하거나 준공 후 2년 이내에 처분하는 경우.
다만, 국가 · 지방자치단체에 기부하고 그 업무용신증축건축물을 사용하는 경우는
제외한다.

㉰ 업무용 신증축건축물의 건설에 착공한 후 천재지변이나 그 밖의 정당한 사유없이
건설을 중단한 경우

4-2. 이자상당액의 계산

여기서 이자상당액은 투자금액의 공제로 인하여 납부하지 아니한 세액에 다음의 계산식에
따른 이자상당액을 가산하여 다음의 어느 하나에 해당하는 사유가 발생하는 날이 속하는
사업연도의 과세표준 신고를 할 때("이자상당액납부일") 납부하여야 한다(조특령 §100의32, 조특칙
§45의9⑭).

> 이자상당액 = 투자금액의 공제로 납부하지 아니한 세액 × 기간* × 0.025%[36])

* 투자금액을 공제받은 사업연도의 법인세 과세표준 신고일의 다음 날부터 이자상당액납부일까지의
기간

① '4-1.'의 ①에 해당하는 경우 자산을 양도하거나 대여한 날

② '4-1.'의 ②의 '㉮'에 해당하는 경우 업무용신증축건축물을 임대하거나 위탁한 날 등

---

35) 조특령 제100조의32 제6항 제1호 가목 1)

36) 2019. 2. 12. 조특령 개정시 납세자 부담 경감을 위해 이자상당액 계산에 적용되는 이자율을 일당 1만분의 3에서
10만분의 25로 인하하였다. 동 개정규정은 2019. 2. 12. 이후 납부 또는 부과하는 경우부터 적용하되, 해당
이자상당가산액의 계산의 기준이 되는 기간 중 2019. 2. 11.까지의 기간에 대한 이자율은 종전의 규정에
따른다(삼일아이닷컴 참고).

업무에 직접 사용하지 아니한 날
③ '4-1.'의 ②의 '㉰'에 해당하는 경우 업무용신증축건축물을 처분한 날
④ '4-1.'의 ②의 '㉱'에 해당하는 경우 건설을 중단한 날부터 6개월이 되는 날

5 | 관련사례

구 분	내 용
내 용	○ 「조세특례제한법」 제100조의32 제2항 제1호 나목에 따른 '상시 근로자의 해당 사업연도 임금 증가금액' 계산 시 직전 사업연도 퇴직자에 대한 임금 총액 반영 방법 → 직전사업연도 임금 총액에 포함하지 않음(기획재정부 법인세제과-349, 2022. 8. 31.). ○ 합병법인이 피합병법인으로부터 승계받은 이월결손금으로서 각 사업연도 과세표준 계산시 공제되지 않은 금액을 매년 미환류소득 계산시 계속하여 차감할 수는 없는 것임(기획재정부 법인세제과-333, 2022. 8. 24.). ○ 내국법인이 다른 내국법인을 2020사업연도 중 합병한 경우로서 피합병법인이 2019사업연도에 차기환류적립금을 적립한 경우 2020의제사업연도로 이월된 차기환류적립금을 합법법인이 승계할 수 있는지 여부 → 승계할 수 있음(기획재정부 법인세제과-328, 2022. 8. 23.). ○ 「조세특례제한법」 제100조의32 제3항에 따라 같은 조 제2항 제1호의 투자합계액 등을 기업소득에서 공제하는 방법(이하 '투자포함방법'이라 한다)을 선택하여 신고한 경우 해당 사업연도의 개시일부터 3년이 되는 날이 속하는 사업연도까지는 투자포함방법을 계속하여 적용하여야 하며, 만일 4년 또는 5년이 되는 날이 속하는 사업연도까지 계속하여 그 투자포함방법을 선택하여 적용한 경우 그 다음 사업연도에는 같은 항 제2호의 방법(이하 '투자제외방법'이라 한다)을 선택하여 적용할 수 있는 것임. 다만 3년 이상 투자포함방법을 계속하여 적용한 이후 투자제외방법을 선택하여 적용한 경우, 다시 투자포함방법을 선택하면 그로부터 3년이 되는 날이 속하는 사업연도 까지는 그 투자포함방법을 계속하여 적용하는 것임(기획재정부 조세법령운용과 -924, 2022. 8. 22.). ○ 「조세특례제한법 시행규칙」 제45조의9(2020. 3. 13. 기획재정부령 제776호로 개정된 것)의 미환류소득에서 차감하는 이익준비금의 범위에 지방공사가 적립하는 감채적립금이 포함됨에 따라 전기에서 이월되는 차기환류적립금에는 적용가능한지 여부 → 적용 불가능(기획재정부 법인세제과-319, 2022. 8. 9.). ○ 세무조사에 따라 증액된 쟁점소득에 대하여 소급하여 차기환류적립금을 적립(설정)하여야 한다는 청구주장은 받아들이기 어렵다고 할 것이므로 처분청이 경정청구를 거부한 이 건 처분에는 잘못이 없는 것으로 판단됨(조심 2021서5928, 2022. 5. 26.).

6 주요 개정연혁

1. 투자·상생협력촉진세제 적용대상 축소 및 일몰연장(조특법 §100의32)

(1) 개정내용

종 전	개 정
□ 투자·상생협력촉진세제	□ 적용대상 축소 및 일몰연장
○ (과세방식) A(투자포함형), B(투자제외형) 중 선택 Ⓐ [당기 소득 × 70% − (투자 + 임금증가 + 상생)] × 20% Ⓑ [당기 소득 × 15% − (임금증가 + 상생)] × 20% ※ 가중치: (투자) 1 (임금) 2~3 (상생) 3	○ (좌 동)
○ (환류 대상범위) − (투자) 사업용자산에 대한 투자금액 등 − (임금증가) 총급여 8,000만원 미만 상시근로자 임금증가액 − (상생협력) 대·중소기업 상생협력기금 출연금 등	○ (좌 동)
○ (적용대상) 자기자본 500억원 초과 법인(중소기업 제외) 및 상호출자제한기업집단 소속 법인	○ 상호출자제한기업집단 소속 법인
○ (적용기한) 2022. 12. 31.	○ 2025. 12. 31.

(2) 개정이유

○ 중견기업 등에 대한 세부담 완화

(3) 적용시기 및 적용례

○ 중견기업 등이 기 적립한 차기환류적립금*은 납부

* 미환류소득의 일부를 다음 2개 사업연도에 투자, 임금 증가 등으로 환류하기 위해 적립한 금액으로, 2개 사업연도 동안 환류되지 않은 금액에 대해 과세

2. 기업소득 범위 완화(조특령 §100의32④)

(1) 개정내용

종 전	개 정
□ 기업소득 가산항목	□ 내국법인 수입배당금 익금불산입액 제외
○ 국세 환급금에 대한 이자, 이월기부금 손금산입액 등	○ (좌 동)
○ 내국법인 수입배당금 익금불산입액 (지주회사 제외)	○〈삭 제〉
□ 기업소득 차감항목	□ 외국기업지배지주회사의 외국 자회사 수입배당금 차감항목 합리화 및 범위 조정
○ 법인세액, 법령상 의무적립금, 이월결손금 등	○ (좌 동)
○ 외국기업지배지주회사*의 외국 자회사 수입배당금액	○ 외국기업지배지주회사*의 외국 자회사 수입배당금액으로서 익금에 산입한 금액
* ① 외국법인이 발행한 주식등 외 다른 주식등 미보유	* ① 외국법인이 발행한 주식등 가액의 합계액이 전체 보유 주식등 가액의 합계액의 75% 초과
② 외국법인 주식등 가액이 해당 내국법인 자산총액 50% 이상	○ (좌 동)
③ 설립일이 속하는 사업연도의 다음 사업연도 개시일 2년 이내 상장	

(2) 개정이유

○ 기업부담 완화

(3) 적용시기 및 적용례

○ 2023. 1. 1. 이후 개시하는 사업연도 분부터 적용

* 외국기업지배지주회사 요건 개정부분은 영 시행일 이후 과세표준을 신고하는 분부터 적용

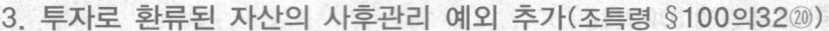

3. 투자로 환류된 자산의 사후관리 예외 추가(조특령 §100의32⑳)

(1) 개정내용

종 전	개 정
□ 투자자산 환류액 사후관리	□ 예외 인정사유 추가
○ 자산 취득일 2년 이내 양도대여 등 처분시 해당 자산공제로 인해 미납부된 세액(이자 가산액 포함) 납부	○ (좌 동)
○ 다만, 다음의 사유의 경우로 처분하는 경우 예외 인정	○ 예외 인정사유 추가
- 합병 등으로 소유권 이전, 내용연수 경과, 기부 등	- (좌 동)
〈추 가〉	- 천재지변, 화재 등으로 해당 시설이 멸실, 파손되어 처분한 경우

(2) 개정이유

○ 투자자산의 사후관리 합리화

(3) 적용시기 및 적용례

○ 2023. 1. 1. 이후 개시하는 사업연도 분부터 적용

4. 투자 · 상생협력촉진세제 적용기한 연장 및 재설계(조특법 §100의32, 조특령 §100의32)

(1) 개정내용

종 전	개 정
□ 투자 · 상생협력촉진세제 　ㅇ (과세방식) A(투자포함형), B(투자제외형) 　　중 선택 　Ⓐ [당기 소득 × 65% - (투자 + 임금증가 + 　　상생)] × 20% 　Ⓑ [당기　소득 × 15% - (임금증가 + 상생)] 　　× 20% 　　* 가중치 : (투자) 1　(임금) 2~3　(상생) 3 　ㅇ (환류 대상범위) 　　- (투자) 사업용자산에 대한 투자금액 등 　　- (임금증가) 총급여 7,000만원 미만 　　　상시근로자 임금증가액 　　- (상생협력) 대 · 중소기업　상생협력기금 　　　출연금 등 　ㅇ (초과환류액 이월기간*) 1년 　　* 기업소득을 초과하여 환류한 금액은 다음연도로 　　　이월하여 다음연도의 미환류소득에서 차감 　ㅇ (적용기한) 2020. 12. 31.	□ 재도 재설계 및 적용기한 연장 　ㅇ A(투자포함형) 기업소득 비중 조정 　Ⓐ [당기 소득 × 70% - (투자 + 임금증가 　　+ 상생)] × 20% 　Ⓑ (좌　동) 　ㅇ 임금증가 대상 확대 　　- (좌　동) 　　- 총급여 8,000만원 미만 상시근로자 임금 　　　증가액 　　- (좌　동) 　ㅇ 초과환류액 이월기간 확대 : 1년→2년 　ㅇ 2022. 12. 31.

(2) 개정이유
　ㅇ 투자증가 유인 강화 및 임금증가 대상 조정 등을 통한 제도 합리화

(3) 적용시기 및 적용례
　ㅇ (기업소득 · 임금증가) 2021. 1. 1. 이후 개시하는 과세연도 분부터 적용
　ㅇ (초과환류액 이월) 2021. 1. 1. 이후 신고하는 초과환류액부터 적용

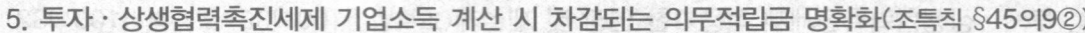

5. 투자·상생협력촉진세제 기업소득 계산 시 차감되는 의무적립금 명확화(조특칙 §45의9②)

(1) 개정내용

종 전	개 정
□ 투자·상생협력촉진세제 기업소득 계산 시 차감항목 ○ 법인세액 등 ○ 상법에 따른 의무적립금 ○ 법령에 따른 다음의 의무적립금 - 「은행법」 등 개별법령에 따른 이익준비금 - 보험업을 영위하는 법인이 「보험업법」에 따라 배당보험손실보전준비금과 보증준비금으로 의무적립하는 금액 - 지방공사가 「지방공기업법」에 따라 감채적립금으로 의무적립하는 금액 〈추 가〉	□ 의무적립금 차감대상 추가 ○ (좌 동) ○ 대상 추가 ○ (좌 동) - 부동산신탁업을 영위하는 법인이 「자본시장과 금융투자업에 관한 법률」에 따라 신탁사업적립금으로 의무적립하는 금액

(2) 개정이유

○ 기업소득에서 차감되는 법령에 따른 의무적립금 명확화

| 제 11 절 |
그 밖의 직접국세 특례

산림개발소득에 대한 세액감면

1 | 의 의

본조는 영세한 임업 가구를 지원하고자 도입되었다.

2 | 요 건

2-1. 감면소득의 범위

내국인이 산림경영계획 또는 특수산림사업지구사업(법률 제4206호 산림법 중 개정법률의 시행 전에 종전의 산림법에 의하여 지정된 지정개발지역으로서 동 개정법률 부칙 제2조의 규정에 해당하는 지정개발지역에서의 지정개발사업 포함)에 의하여 새로이 조림한 산림과 채종림, 산림보호구역으로서 그가 조림한 기간이 10년 이상인 것을 2018. 12. 31.까지 벌채 또는 양도함으로써 발생한 소득에 대하여 세액감면이 적용된다(조특법 §102①).

관련예규

- 산림에 포함되는 입목 및 죽의 벌채 등으로 인한 소득은 당연히 면제소득에 해당하나 당해 산림의 토지를 타인에게 양도함으로써 발생하는 소득, 즉 소득세법상 양도소득은 본조의 면제소득에 해당하지 아니함(법인 22601-1136, 1990. 5. 23.).
- 전 소유자가 조림한 임목을 벌채 또는 양도함으로써 발생하는 소득은 소득세 감면에서 배제(소득 22601-259, 1991. 2. 8.)

3 | 과세특례의 내용

3-1. 감면세액의 계산

산림개발소득에 대한 소득세 또는 법인세의 감면세액은 다음과 같이 계산한다.

$$\text{소득세 감면세액} = \text{종합소득에 대한 산출세액} \times \frac{\text{당해 감면소득금액}}{\text{종합소득금액}} \times 50\%$$

$$\text{법인세 감면세액} = \text{산출세액} \times \frac{\text{당해 감면소득금액}}{\text{과세표준금액}} \times 50\%$$

3-2. 구분경리

본조에 의한 소득세 등의 감면대상이 되는 산림개발사업과 기타의 사업을 겸영하는 내국인은 이를 각각 당해 사업별로 구분경리하여야 하며, 구분경리에 관한 자세한 설명은 제143조 해설을 참고하기로 한다.

4 | 절 차

산림개발소득에 대한 소득세 또는 법인세의 감면을 적용받고자 하는 내국인은 과세표준신고와 함께 세액감면신청서를 납세지 관할 세무서장에게 제출하여야 한다(조특령 §102).

자본확충목적회사에 대한 과세특례

1 | 의 의

본조는 금융기관의 자본확충을 지원하기 위하여 설립되는 자본확충목적회사를 세제 측면에서 지원하기 위하여 도입되었다.

2 | 요 건

(1) 자본확충목적회사

한국산업은행, 한국수출입은행의 자본확충 지원을 위하여 설립된 법인으로서 기획재정부장관이 지정한 법인에 해당되어야 한다(조특법 §104의3①, 조특령 §104①).

(2) 특정 방식

특정 방식으로 자금을 조달·투자하여야 한다. 여기서 "특정 방식"이란 해당 사업연도에 다음의 방법으로 자금을 조달·투자하는 것을 말한다(조특령 §104②).

(가) 투자자금의 전액 또는 일부를 한국은행 또는 중소기업은행으로부터 차입(중소기업은행 및 한국자산관리공사를 통한 간접 차입을 포함한다)

(나) 투자자금을 한국산업은행 및 한국수출입은행이 발행하는 다음의 어느 하나에 투자
1) 신종자본증권[1]
2) 후순위채권[2]

---

1) 「은행법 시행령」 제19조에 따른 금융채 중 같은 법 시행령 제1조의2 제1호에 따른 기본자본에 해당하는 것을 말한다.
2) 「은행법 시행령」 제19조에 따른 금융채 중 같은 법 시행령 제1조의2 제2호에 따른 보완자본에 해당하는 것을 말한다.

3 │ 과세특례의 내용

(1) 손금산입

특정 방식으로 자금을 조달·투자함으로써 발생하는 손실을 보전하기 위하여 2021년 12월 31일 이전에 끝나는 사업연도까지 손실보전준비금을 손금으로 계상한 경우에는 해당 사업연도의 소득금액을 계산할 때 다음에 따라 산정된 금액 중 적은 금액의 범위에서 해당 금액을 손금에 산입한다(조특법 §104의3①).

(가) 해당 사업연도 중 손실보전준비금을 손금 산입하기 이전 소득금액의 100분의 100

(나) 해당 사업연도 종료일 현재 투자금액에서 손실보전준비금 잔액을 뺀 금액(그 금액이 음수이면 영으로 본다). 여기서 "투자금액"이란 신종자본증권의 잔액과 후순위채권의 잔액의 합계액의 100분의 10을 말한다(조특령 §104③).

(2) 준비금 사용

손실보전준비금을 손금으로 계상한 법인은 손실이 발생할 때에는 그 손실은 이미 손금으로 계상한 손실보전준비금과 먼저 상계하여야 한다(조특법 §104의3②).

(3) 익금산입

(가) 손금에 산입한 손실보전준비금으로서 그 준비금을 손금에 산입한 사업연도의 종료일 이후 5년이 되는 날이 속하는 사업연도의 종료일까지 제2항에 따라 상계하고 남은 준비금의 잔액은 5년이 되는 날이 속하는 사업연도의 소득금액을 계산할 때 익금에 산입한다(조특법 §104의3③).

(나) 자본확충목적회사에 다음의 어느 하나에 해당하는 사유가 발생하면 그 사유가 발생한 날이 속하는 과세연도의 소득금액을 계산할 때 익금에 산입하지 아니한 손실보전준비금 전액을 익금에 산입한다(조특법 §104의3④).

　1) 해당 사업을 폐업하였을 때

　2) 법인이 해산하였을 때

4 │ 절 차

본조를 적용받으려는 자는 과세표준신고서와 함께 손실보전준비금명세서를 납세지 관할세무서장에게 제출하여야 한다(조특령 §104④).

제104조의4

다자간매매체결거래에 대한 소득세 등 과세특례

1 | 의 의

본 제도는 전자장외거래에 대한 소득세 등 과세특례 제도로서 전자장외거래시스템에서 거래하는 종목이 상장·등록주식이고 그 거래방법도 증권거래소 및 협회중개시장과 유사한 점을 감안하여 전자장외거래시스템에서 거래되는 상장·등록주식을 증권거래소와 협회중개시장에서 거래되는 것과 동일한 성격의 거래로 보아 주식양도차익 과세나 증권거래세·농어촌특별세의 과세에 있어 동일하게 취급하는 데 그 취지가 있다. 즉, 전자장외거래시스템에서의 주식거래에 대하여 소액주주의 주식양도차익을 비과세하고 증권거래세도 상장·등록주식과 동일하게 과세하려는 것이다.

2013. 5. 28. 「자본시장과 금융투자업에 관한 법률」이 개정되어 전자적 방법으로 다수의 자를 거래상대방으로 하여 상장주권 등의 매매체결 업무를 하는 다자간매매체결회사를 설립할 수 있게 됨으로써 2014. 1. 1. 조특법 개정시 다자간매매체결거래에 대한 소득세 등 과세특례로 제도가 전환되었고 2014. 1. 1. 이후 거래분부터 적용된다.

2 | 요 건

다자간매매체결회사를 통하여 거래되는 주식 중 상장주식이어야 한다. 여기서 "다자간매매체결회사"란 정보통신망이나 전자정보처리장치를 이용하여 동시에 다수의 자를 거래상대방 또는 각 당사자로 하여 증권시장에 상장된 주권 등의 매매 또는 그 중개·주선이나 대리 업무를 하는 투자매매업자 또는 투자중개업자를 말한다.

3 | 과세특례의 내용

　　다자간매매체결회사를 통하여 거래되는 상장주식은 증권시장에서 거래되는 것으로 보아 「소득세법」 제94조, 「증권거래세법」 제8조 및 「농어촌특별세법」 제5조 제1항 제5호를 적용한다. 그에 따른 효과는 다음과 같다.

3-1. 양도소득세에 대한 과세특례

　　다자간매매체결회사를 통하여 거래되는 상장주식은 증권시장에서 거래되는 것으로 보아 소득세법상 주식양도 규정을 적용한다. 이에 따라 해당 주식거래도 증권거래소 또는 협회중개시장에서의 거래와 동일하게 소액주주의 주식양도차익에 대하여 비과세할 수 있도록 한 것이다.

3-2. 증권거래세 및 농어촌특별세에 대한 과세특례

　　다자간매매체결회사를 통하여 거래되는 상장주식은 증권시장에서 거래되는 것으로 보아 증권거래세 세율(0.5%)을 탄력적으로 적용하는 한편, 농어촌특별세율(0.15%)을 적용한다.

제104조의5

지급명세서등에 대한 세액공제

1 | 의 의

간이지급명세서는 개인에게 소득을 지급하는 자(원천징수의무자)가 개인별 인적사항, 소득금액 등을 기재하여 국세청에 제출하는 서류로 2019년부터 근로장려금 반기별 지급을 위해 원천징수대상 사업소득 및 상용근로소득에 대한 간이지급명세서 반기제출을 의무화하는 등 전국민 고용보험 도입 지원을 위해 간이지급명세서 제출주기를 지속적으로 단축해 왔다.

2022. 12. 31. 조특법 개정 시에는 2024. 1. 1. 이후 지급하는 소득분에 대해서는 매 반기 제출하던 상용근로소득 간이지급명세서를 매월별로 제출하도록 제출주기 등을 단축하는 한편, 간이지급명세서 제출주기 단축에 따른 사업자 납세협력비용을 감안하여 간이지급명세서 관련 가산세 부담을 완화하고 2024. 1. 1. 이후 발생하는 소득에 대하여 제출하는 상용근로소득 간이지급명세서 제출에 대한 세액공제를 신설하였다.

2 | 요 건

세액공제를 받으려는 과세연도의 상시고용인원 수가 20명 이하인 소규모 사업자 또는 그를 대리하는 세무대리인이 2024년 1월 1일부터 2025년 12월 31일까지 지급하는 상시근로소득에 대한 간이지급명세서를 그 소득 지급일이 속하는 달의 다음 달 말일까지 국세정보통신망을 이용하여 직접 제출하는 경우에는 해당 과세연도의 소득세 또는 법인세의 납부세액에서 과세특례금액을 공제한다.

3 과세특례의 내용

간이지급명세서상의 소득자 인원수에 200원을 곱한 금액을 소규모 사업자 또는 그를 대리하는 세무대리인의 소득세 또는 법인세의 납부세액에서 공제한다. 다만 공제금액이 제출자별로 연 1만원 미만인 때에는 1만원으로 하고, 연 300만원(세무회계법인은 연 600만원)을 초과하는 때는 그 초과하는 금액은 없는 것으로 한다.

4 주요 개정연혁

1. 상용근로소득 간이지급명세서 제출에 대한 세액공제 신설(조특법 §104의5 및 조특령 §104의2)

(1) 개정내용

종 전	개 정
〈신 설〉	□ 상용근로소득 간이지급명세서 제출에 대한 세액공제 ○ (적용대상) 상시고용인원 20인 이하 소규모 사업자 및 이를 대리하는 세무대리인 ○ (공제금액) 기재된 소득자 수당 200원 ○ (공제한도) 연간 300만원(세무회계법인 600만원), 최소공제액 1만원 ○ (적용기간) 2024. 1. 1.~2025. 12. 31.

(2) 개정이유

○ 간이지급명세서 제출주기 단축에 따른 사업자 부담 완화

(3) 적용시기 및 적용례

○ 2024. 1. 1. 이후 발생하는 소득에 대한 간이지급명세서를 제출하는 분부터 적용

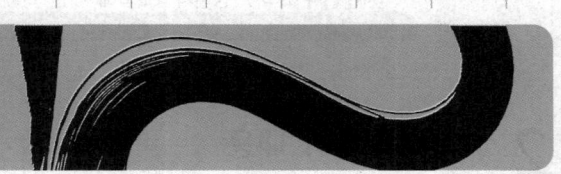

제104조의7

정비사업조합에 대한 과세특례

1 의 의

　본조의 규정은 도시 및 주거환경정비법의 시행(2003년 7월)으로 종전 재건축조합이
법인(정비사업조합)으로 의무적으로 전환됨에 따라 정비사업조합이 실질적으로 실체가 동일한
구재건축조합의 이월결손금을 승계하지 못하는 문제점을 해결하고, 신법 시행 이전에 설립된
조합(전환정비사업조합)에 대하여는 종전과 같이 소득세법을 적용하도록 하여 법적 안정성
및 예측가능성을 제고하며, 법인으로 의무적으로 전환됨에 따라 조합원의 세부담이 급격히
증가하는 것을 완화하고, 조합과 조합원에 대한 과세체계가 세법 간 일치되도록 조정하기
위하여 2003. 12. 30. 조특법 개정시 신설되었다.

> **참고**　「도시 및 주거환경정비법」의 개요
>
> ○ 제정 및 시행일자 : 2002. 12. 30. 및 2003. 7. 1.
> ○ 개 요
> 　－「도시재개발법」·「주택건설촉진법」의 재건축 관련내용 및 「도시저소득주민의 주거환경개선을
> 　　위한 임시조치법」을 통합
> ○ 목 적
> 　－ 도시기능의 회복이 필요하거나 주거환경이 불량한 지역을 계획적으로 정비하고 노후·
> 　　불량건축물을 효율적으로 개량하여 도시환경을 개선하고 주거생활의 질을 제고
> ○ 정비사업
> 　－ 도시기능을 회복하기 위하여 정비구역 안에서 정비기반시설을 정비하고 주택 등 건축물을
> 　　개량하거나 건설하는 사업
> 　－ 정비사업의 종류 : 주거환경개선사업, 주택재개발사업, 주택재건축사업, 도시환경정비사업
> ○ 세법관련 주요 내용
> 　－ 현행 「주택건설촉진법」에 의한 재건축조합(비법인)과 「도시재개발법」에 의한 재개발조합
> 　　(법인)을 정비사업조합으로 통합하여 의무적으로 법인화

2 | 과세특례의 내용

2-1. 전환정비사업조합에 대한 법인세 과세특례

2-1-1. 요건 : 전환정비사업조합

2003. 6. 30. 이전에 주택건설촉진법(법률 제6852호로 개정되기 전의 것) 제44조 제1항의 규정에 따라 조합설립의 인가를 받은 재건축조합으로서 「도시 및 주거환경정비법」 제38조의 규정에 의하여 법인으로 등기한 조합("전환정비사업조합")에 대하여 적용한다(조특법 §104의7①).

> 구 주택건설촉진법 제44조 【주택조합의 설립 등】① 조합을 구성하여 그 구성원의 주택을 건설하고자 할 때에는 관할시장 등의 인가를 받아야 한다. 인가받은 내용을 변경하거나 주택조합을 해산하고자 할 때에도 또한 같다.
>
> 도시 및 주거환경정비법 제18조 【조합의 법인격】① 조합은 법인으로 한다.
> ② 조합은 조합설립의 인가를 받은 날부터 30일 이내에 주된 사무소의 소재지에서 대통령령이 정하는 사항을 등기함으로써 성립한다.
> ③ 조합은 그 명칭 중에 '정비사업조합'이라는 문자를 사용하여야 한다.

2-1-2. 과세특례의 내용

위에서 설명한 전환정비사업조합은 법인임에도 불구하고 전환정비사업조합 및 그 조합원을 각각 공동사업장 및 공동사업자로 보아 소득세법(소법 §87①, §43③)을 적용한다. 다만, 전환정비사업조합이 법인세법 신고(법인법 §60) 규정에 따라 당해 사업연도의 소득에 대한 과세표준과 세액을 납세지 관할 세무서장에게 신고하는 경우 해당 사업연도 이후부터는 그러하지 아니하다[1](조특법 §104의7①).

| 정비사업조합법인에 대한 납세의무 이행방법 |

구 분	납세의무 이행방법
정비사업조합	비영리내국법인으로 보고 법인세법에 의한 납세의무 이행 (단, 고유목적사업준비금의 손금산입 적용불가)
전환정비사업조합	① 또는 ② 중 선택하여 적용 ① 비영리내국법인으로 보고 법인세 납세의무 이행 ② 공동사업의 영위로 보고 소득세 납세의무 이행

---

1) 조합이 법인세법에 따라 신고한 경우 소득세법에 따른 공동사업장으로 변경 금지 : 전환정비사업조합이 조합원의 세부담 축소를 목적으로 신고방법을 임의로 변경하지 못하도록 하기 위해 한번 선택한 신고방법을 계속 적용하도록 규정(2011. 1. 1.이 속하는 과세기간분부터 적용)

2-2. 정비사업조합에 대한 과세특례

2-2-1. 법인세의 과세특례

「도시 및 주거환경정비법」 제35조의 규정에 의하여 설립된 조합(전환정비사업 포함) 및 「빈집 및 소규모주택 정비에 관한 특례법」 제23조에 따라 설립된 조합에 대하여는 비영리 내국법인으로 보아 법인세법을 적용한다. 다만, 동 정비사업조합에 대하여는 비영리법인에게 적용되는 고유목적사업준비금의 손금산입 규정(법인법 §29)의 적용이 배제된다(조특법 §104의7②).

정비사업조합이 「도시 및 주거환경정비법」 또는 「빈집 및 소규모주택 정비에 관한 특례법」에 따라 해당 정비사업에 관한 관리처분계획에 따라 조합원에게 종전의 토지를 대신하여 토지 및 건축물을 공급하는 사업은 법인세법상(§4③) 수익사업이 아닌 것으로 보아 정비사업조합의 과세소득에서 제외된다(조특령 §104의4).

2-2-2. 부가가치세의 과세특례

정비사업조합이 「도시 및 주거환경정비법」 또는 「빈집 및 소규모주택 정비에 관한 특례법」에 따라 해당 정비사업에 관한 공사를 완료한 후에 그 관리처분계획에 따라 조합원에게 종전의 토지를 대신하여 당해 정비사업의 시행으로 건설하여 공급하는 토지 및 건축물에 대해서는 「부가가치세법」 제9조 및 제10조에 따른 재화의 공급으로 보지 아니한다(조특법 §104의7③).

정비사업조합에 대한 부가가치세 과세거래의 범위	
구 분	납세의무 이행방법
조합원 공급분	과세거래 제외 ⇨ 정비사업의 시행으로 건설된 건축물
일반인 공급분	과세거래 해당 ⇨ 국민주택(면세) 외 주택·상가건물

2-2-3. 제2차 납세의무의 특례

정비사업조합이 관리처분계획에 따라 해당 정비사업의 시행으로 조성된 토지 및 건축물의 소유권을 타인에게 모두 이전한 경우로서 당해 정비사업조합이 납부할 국세 또는 강제징수비[2]를 납부하지 아니하고 그 잔여재산을 분배 또는 인도한 때에는 당해 정비사업조합에 대하여 강제징수를 하여도 징수할 금액이 부족한 경우에 한하여 그 잔여재산의 분배 또는 인도를 받은 자가 그 부족액에 대하여 제2차 납세의무를 진다. 이 경우 당해 제2차 납세의무는 그 잔여재산을 분배 또는 인도를 받은 가액을 한도로 한다(조특법 §104의7④). 본 규정은 조합이

---

2) 종전에는 "국세·가산금 또는 체납처분비"로 규정되어 있었으나, 2020년말 조특법 개정시 "국세 또는 강제징수비"로 변경되었으며, 2020년 1월 1일 전에 납세의무가 성립된 분에 대해서는 개정규정에도 불구하고 종전의 규정에 따른다(법률 제17759호, 2020. 12. 29. 부칙 §48).

설립목적 달성 후에도 조세회피를 위해 해산하지 않는 경우 조세채권을 확보할 수 있도록 보완한 것으로 2004. 1. 1.이 속하는 과세연도분부터 적용한다.

3 | 관련사례

구 분	내 용
정비사업 조합의 납세의무	○ 2003. 6. 30. 이전에 설립인가를 받은 조합으로서 법인세를 신고한 사실이 없는 이 건 재건축조합의 조합원인 청구인들은 공동사업자에 해당한다 할 것임(조심 2012중2635, 2012. 8. 28.). ○ 재건축사업 시행 과정에서 일반분양으로 얻은 수익만큼 조합원들이 부담하여야 할 재건축비용이 경감되었으므로 재건축사업 시행 과정에서 소득을 얻은 것으로 볼 수 있고, 조합으로부터 실제로 소득금액을 지급받았는지 여부는 소득의 발생 및 귀속에 영향을 미치는 것이 아님(수원지법 2011구합11649, 2012. 5. 25.). ○ 일반분양에서 발생된 분양소득금액은 결국 조합 및 조합원들의 소득을 구성하는 것으로 보는 것이 실질과세원칙에 부합함(국심 2007중3775, 2008. 6. 30.). ○ 2003. 6. 30. 이전에 조합설립인가를 받았으나 2003. 7. 1. 이후에 사업면적 및 조합원 확대로 조합변경인가를 받은 경우 공동사업자로 소득세법이 적용됨(서면1팀-262, 2006. 2. 27.). ○ 도시 및 주거환경정비법에 의해 법인으로 설립된 정비사업조합이 2003. 12. 30.이 속하는 사업연도부터 법인세 과세표준 및 세액을 신고하는 경우, 당해 정비사업조합은 2008. 12. 31. 이전 종료 사업연도까지 비영리법인으로 보아 청산소득의 법인세 납세의무 없음(서면2팀-1121, 2006. 6. 15.). ○ 정비사업조합이 '정비사업조합에 대한 과세특례'에 따라 법인세를 신고한 경우 2008. 12. 31. 이전 종료 사업연도까지는 비영리내국법인으로 보아 청산소득의 납세의무 없음(서면2팀-829, 2004. 4. 20.).
조합원에 대한 이익배당	○ 조특법 시행령 제104조의4에서는 도시정비법상의 정비사업조합이 해당 정비사업에 관한 관리처분계획에 따라 조합원에게 종전의 토지를 대신하여 토지 및 건축물을 공급하는 사업은 수익사업이 아닌 것으로 본다고 규정하고 있는바, 위 사업에서 어떠한 소득이 생기더라도 이는 법인세 과세대상인 수익사업에서 생긴 소득이라고 할 수 없으므로, 이에 대하여 법인세를 부과할 수 없다. 이에 대하여 피고는 조합원분양사업은 재건축조합이 조합원에게 조합원 소유 종전 토지 및 건물과 동일한 가치의 토지 및 건물을 공급하는 경우만을 가리킨다고 주장하나, 위 시행령 규정을 이와 같이 축소해석할 합리적인 근거를 찾을 수 없고, 오히려 이와 같이 해석한다면 조합원분양사업의 익금과 손금은 항상 동일할 것이므로 조합원분양사업에 관하여 과세대상이 아니라고 특별히 규정할 이유도 없다. 재건축조합의 사업은 조합설립에 동의한 토지 및 건물의 소유자들을 조합원으로 하여 이들로부터 토지 및 건물을

구 분	내 용
조합원에 대한 이익배당	현물출자받아 건물을 신축한 후 이를 조합원들에게 공급하는 사업인바, 조합원이 현물출자한 가액에 미달하는 토지와 건물을 공급받고 그 차액에 해당하는 청산금을 조합으로부터 수령하는 경우 그 청산금이 출자의 환급에 해당함은 분명해 보이므로, 그 반대의 경우, 즉 조합원이 현물출자한 가액을 초과하는 토지와 건물을 공급받고 그 차액에 해당하는 청산금을 조합에 지급하는 것은 추가적인 출자의 납입이라고 봄이 타당하다. 뿐만 아니라, 원고 조합은 토지 등 소유자들을 구성원으로 하는 법인인 단체로서, 법인세법에서 말하는 익금은 법인의 순자산을 증가시키는 '거래'를 전제로 하는 것인데, 원고 조합과 그 조합원들 사이에 현물출자 이외에 어떠한 별도의 '거래'가 있다고 보기도 어렵고, 법인세법 시행령에 의하더라도 위와 같은 청산금을 익금의 범위에 포함시킬 근거가 될 만한 규정을 찾을 수 없다. 따라서 원고가 자기 지분을 초과하여 분양을 받은 조합원으로부터 받은 조합원 청산금은 법인세 과세대상에서 제외된다고 보아야 함(부산고등법원 2018누20238, 2018. 7. 20., 대법원 2018두54040, 2018. 12. 6.). ◦ 「조세특례제한법」 제104조의7에 따라 「법인세법」을 적용받는 주택재건축 정비사업조합이 자기지분(무상지분)을 초과한 아파트를 취득하는 조합원으로부터 조합의 규약 등에 따라 분양대금으로 별도로 지급받는 소득(「도시 및 주거환경정비법」 제57조 제1항에 따른 '청산금')을 조합원의 이주비 대여금이나 중도금 대출금에 대한 이자의 지급에 충당함으로써 조합원이 해당 조합으로부터 무상으로 지원받게 되는 이자비용 상당액은 「소득세법」 제17조의 배당소득에 해당하는 것임(서면-2017-소득-1224, 2017. 8. 28.). ⇒ 본 질의회신은 위 대법원 판결의 취지와 상치되는 측면이 있음.

조세특례제한법

제104조의8

전자신고 등에 대한 세액공제

1 | 의 의

국세기본법의 규정에 의한 전자신고제도는 납세자에 대한 세무서비스를 획기적으로 개선하기 위하여 빠르고 편리한 e-조세제도 조기확충의 필요에 의해 도입되었지만, 그동안 그 활용이 미흡한 상황이었다. 이에 전자신고를 하는 납세자와 세무대리인에 대해 세제혜택을 부여함으로써 전자신고제도의 조기정착 및 활성화를 유도하기 위해서 2003. 12. 30. 조특법 개정시 본조의 세액공제제도를 도입하였다.

2020년말 조특법 개정시 양도소득세의 전자신고율을 제고하기 위하여 전자신고 세액공제 대상에 양도소득세를 추가하였다.

2 | 과세특례의 내용

2-1. 납세자에 대한 세액공제

2-1-1. 소득세, 양도소득세[1] 또는 법인세 세액공제

납세자가 직접 국세기본법(§5의2)에 의한 전자신고 방법에 따라 과세표준신고(소법 §70, 소법 §105, 법인법 §60)를 하는 경우에는 해당 납세자의 소득세, 양도소득세 또는 법인세 납부세액에서 2만원(과세표준확정신고의 예외[2]에 해당하는 자가 과세표준확정신고를 한 경우에는 추가로 납부하거나 환급받은 결정세액과 1만원 중 적은 금액)을 공제한다. 이 경우 납부할 세액이 음수인 경우에는 이를 없는 것으로 한다(조특법 §104의8①, 조특령 §104의5① · ②).

---

1) 2020년말 조특법 개정시 양도소득세가 추가되었으며, 2021년 1월 1일 이후 전자신고의 방법으로 과세표준을 신고하는 경우부터 적용한다(법률 제17759호, 2020. 12. 29. 부칙 §24).
2) 「소득세법」 제73조

2-1-2. 부가가치세 세액공제

납세자가 직접 전자신고방법에 의하여 부가가치세 확정신고(부가법 §49, §67)를 하는 경우에는 해당 납부세액에서 1만원을 공제하거나 환급세액에 가산한다. 다만, 매출가액과 매입가액이 없는 일반과세자[3]에 대해서는 적용하지 아니하며, 간이과세자[4]에 대해서는 공제세액이 납부세액에 간이과세자가 다른 사업자로부터 세금계산서등을 발급받아 과세기간에 대한 납부세액에서 공제하는 금액 및 간이과세자로 변경되는 경우 재고품 등 매입세액을 납부세액에 가산한 금액 등[5]을 가감(加減)한 후의 금액을 초과할 때에는 그 초과하는 금액은 없는 것으로 본다(조특법 §104의8②, 조특령 §104의5③·④).

2-2. 세무대리인에 대한 세액공제

2-2-1. 세무사에 대한 세액공제

세무사[6]가 납세자를 대리하여 전자신고방법에 따라 직전 과세연도 동안 납세자의 소득세, 양도소득세[7] 또는 법인세 과세표준신고 및 부가가치세 확정신고를 한 경우에는 해당 세무사의 소득세(사업소득에 대한 소득세만 해당) 또는 법인세의 납부세액에서 다음 금액을 공제한다(조특법 §104의8④).

> ① 소득세, 법인세 : 세액공제액=납세자 1인당 2만원 × 신고건수
> ② 부가가치세 : 세액공제액=신고건수당 1만원
> ③ 한도(①+②) : 공제 한도액 300만원.

2-2-2. 세무법인에 대한 세액공제

세무법인(회계법인 포함)의 경우 세액공제 방법은 위(2-2-1.)와 같고, 한도는 750만원이다(조특령 §104의5④).

---

3) 「부가가치세법」 제2조 제5호
4) 「부가가치세법」 제2조 제4호
5) 「부가가치세법」 제63조 제3항, 제64조 및 제65조
6) 「세무사법」 제20조의2 제1항에 따라 등록한 공인회계사, 같은 법에 따른 세무법인 및 「공인회계사법」에 따른 회계법인을 포함한다.
7) 2020년말 조특법 개정시 양도소득세가 추가되었으며, 2021년 1월 1일 이후 전자신고의 방법으로 과세표준을 신고하는 경우부터 적용한다(법률 제17759호, 2020. 12. 29. 부칙 §24).

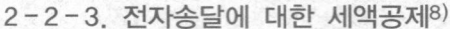
2-2-3. 전자송달에 대한 세액공제8)

납세자가 전자송달의 방법9)으로 납부고지서의 송달을 신청한 경우 신청한 달의 다음다음 달 이후 송달하는 분부터 다음의 어느 하나에 해당하는 국세의 납부세액에서 납부고지서 1건당 1천원10)의 금액을 공제한다(조특법 §104의8⑤, 조특령 §104의5⑦).

① 결정 · 징수하는 소득세11)

② 결정 · 징수하는 부가가치세12)

③ 과세표준과 세액이 정부가 결정하는 때 확정되는 국세13) (수시부과하여 징수하는 경우는 제외)

한편, 위에 따른 세액공제 금액은 각 세법에 따라 부과하는 국세의 납부세액에서 고지금액의 최저한도(1만원)를 차감한 금액을 한도로 한다(조특법 §104의8⑥, 국기법 §83, 국기령 §65의3).

3 | 절 차

전자신고세액공제를 받고자 하는 자는 전자신고를 하는 때(세무사가 세액공제를 받고자 하는 경우에는 세무사 본인의 과세표준신고를 하는 때를 말한다)에 세액공제신청서를 관할 세무서장에게 제출하여야 한다(조특령 §104의5⑥).

---

8) 2020년말 조특법 개정시 납세자가 전자 납부고지서 송달을 신청한 경우 부과과세 방식의 납부세액 중 일정액을 공제하는 전자고지 세액공제가 신설되었고, 개정규정은 2021년 7월 1일 이후 최초로 전자송달하는 분부터 적용한다(법률 제17759호, 2020. 12. 29. 부칙 §1단서, §25).

9) 「국세기본법」 제8조 제1항

10) "납부고지서 1건당 1천원" 개정규정은 2021년 7월 1일부터 시행한다(대통령령 제31444호, 2021. 2. 17. 부칙 §1 단서).

11) 「소득세법」 제65조 제1항 전단

12) 「부가가치세법」 제48조 제3항 본문 및 같은 법 제66조 제1항 본문

13) 「국세기본법」 제22조 제3항

4 | 관련사례

구 분	내 용
요건 및 내용	○ 「조세특례제한법」 제104조의8 제3항 후단에 따라 세무사가 공제받을 수 있는 전자신고세액공제 관련 「조세특례제한법 시행령」 제104조의5 제5항의 연간공제한도액의 연간은 1월 1일부터 12월 31일까지를 말하는 것임(부가−818, 2012. 7. 30.). ○ 「세무사법」에 따른 세무법인이 본점과 지점을 설치한 후 납세자를 대리하여 전자신고의 방법으로 직전 과세연도 동안 소득세 또는 법인세를 신고하거나 직전 과세기간 동안 부가가치세를 신고한 경우 해당 세무법인의 전자신고에 따른 연간 세액공제 한도액(법인세의 납부세액에서 공제받을 금액과 부가가치세에서 공제받을 금액을 합한 금액)은 본점과 지점의 공제세액을 합하여 「조세특례제한법 시행령」 제104조의5 제5항을 적용하는 것임(부가−212, 2012. 2. 29.). ○ 사업연도가 2009. 7. 1.부터 2010. 6. 30.까지인 「세무사법」에 따른 세무법인이 납세자를 대리하여 전자신고의 방법으로 직전 과세연도 동안 소득세 또는 법인세를 대리 신고하거나, 직전 과세기간 동안 부가가치세를 대리 신고한 경우에는 「조세특례제한법」 제104조의8(2010. 1. 1. 법률 제9921호로 개정된 것) 제3항의 규정을 적용받을 수 있는 것임(법인−1117, 2010. 11. 30.). ○ 세무사는 납세자의 전자신고 대리로 인한 조특법상 전자신고세액공제를 적용받더라도 해당 세무사 본인에 대한 소득세 및 부가가치세를 신고하여 전자신고세액공제를 적용받을 수 있으며, 이 경우 부가가치세의 공제세액은 최저한세 적용이 아님(소득−1178, 2010. 11. 24.). ○ 「세무사법」에 따른 세무사가 납세자를 대리하여 전자신고의 방법으로 부가가치세를 신고한 경우 해당 세무사는 전자신고한 날이 속하는 과세기간에 대한 부가가치세 신고시 같은 법 시행령 제104조의5 제4항에 따른 금액을 「조세특례제한법」(2010. 1. 1. 법률 제9921호로 개정된 것) 제104조의8 제3항에 따라 납부세액에서 공제하는 것임(부가−962, 2010. 7. 23.). ○ 2인의 세무대리인(갑, 을) 중 갑이 직전 과세연도 동안 사업소득이 있는 거주자 1인의 종합소득 과세표준확정신고와 한 번의 부가가치세 확정신고를 전자신고 대리하고, 을이 해당 거주자의 다른 한 번의 부가가치세 확정신고를 전자신고 대리한 경우, 해당 세무대리인 갑과 을은 「조세특례제한법」 제104조의8 제3항을 적용받을 수 없는 것임(소득−1325, 2009. 9. 1.). ○ 전자신고세액공제는 법인세 과세표준 및 세액신고서상의 산출세액의 범위에서 공제하는 것이며, 산출세액이 없거나 최저한세의 적용으로 공제받지 못한 부분은 이월공제가 가능함(서면2팀−250, 2006. 2. 1.). ○ 전자신고방법에 의한 제출대상 서류를 수동으로 제출하여도 신고불성실가산세는 적용되지 아니함(서면2팀−361, 2005. 3. 2.).

5 │ 주요 개정연혁

1. 전자신고 세액공제 대상 확대(조특법 §104의8, 조특령 §104의5)

(1) 개정내용

종 전	개 정
□ 전자신고 세액공제 　○ 세액공제 대상 　　－ 소득세·법인세 : 건당 2만 원 　　－ 부가가치세 : 건당 1만 원 　　　　　　　　〈추 가〉 　○ 연간 공제한도 　　－ 세무대리인 : 연간 300만 원 　　－ 세무법인 : 연간 750만 원	□ 전자신고 세액공제 축소 　○ 양도소득세 추가 　　－ (좌 동) 　　－ 양도소득세(예정신고) : 건당 2만 원 　○ (좌 동)

(2) 개정이유

　○ 양도소득세 전자신고 활성화 지원

(3) 적용시기 및 적용례

　○ 2021. 1. 1. 이후 전자신고의 방법으로 과세표준을 신고하는 경우부터 적용

제**104**조의10

해운기업에 대한 법인세 과세표준 계산특례

1 │ 의 의

1-1. 톤세제도 개요

내국법인 중 소정의 요건을 갖춘 해운기업은 소득을 해운소득과 비해운소득으로 구분하여 해운소득에 대해서는 실제 소득이 아닌 선박톤수와 운항일수를 기준으로 산출한 선박표준이익 (간주이익)을 법인세 과세표준으로 하고, 비해운소득은 일반 기업과 같이 실제 소득금액을 기준으로 법인세법을 적용하여 산출한 금액을 과세표준으로 하여 법인세를 납부할 수 있다.

1-2. 톤세제도 도입 필요성

해운기업도 일반 법인과 동일하게 법인세법에 따라 계산된 소득에 대해 법인세를 납부하여야 하나, 현재 주요 해운국에서는 자국의 해운산업 경쟁력 제고를 위해 해운회사에 대해 실제소득과 관계없이 선박순톤수와 운항일수 등을 기준으로 산출한 선박표준이익에 대해 법인세를 납부하도록 도입하였는바, 이를 톤세제도라 한다. 톤세제도는 해운회사의 세부담에 대한 예측가능성이 제고되어 중장기 사업추진이 용이하고 세액계산이 간편해져 해운산업의 국제경쟁력 강화를 목표로 도입되었다.

※ 톤세제도(Tonnage Tax System)
 - 해운소득 : 실제 소득이 아닌 선박 순톤수와 운항일수에 의해 산출된 간주이익을 기준으로 법인세 과세
  * 간주이익 = Σ(개별 선박의 순톤수 × 톤당 이익 × 운항일수)
 - 비해운소득 : 실제 소득을 기준으로 법인세 과세

2 │ 요 건

본조의 법인세 과세표준 계산특례를 적용받기 위해서는 내국법인 중 해운법상 다음의 어느 하나에 해당하는 사업을 영위하는 기업으로서 해당 기업이 용선[1] (다른 해운기업이 공동운항에 투입한 선박을 사용하는 경우를 포함)한 선박의 연간운항순톤수의 합계가 기준선박의 연간운항순톤수의 합계의 5배를 초과하지 아니하는 기업(해운기업)이어야 한다(조특령 §104의7①).
① 외항정기여객운송사업 또는 외항부정기여객운송사업[2]
② 외항정기화물운송사업 또는 외항부정기화물운송사업[3]
③ 국제순항 크루즈선 운항사업[4]

2-1. 공동운항

공동운항이라 함은 2개 이상의 해운기업이 각 1척 이상의 선박을 투입하여 공동배선계획에 따라 운항하면서 다른 해운기업이 투입한 선박에 대하여도 상호 일정한 선복을 사용할 수 있도록 계약된 운항형태를 말한다(조특칙 §46의3①).

2-2. 기준선박

기준선박이라 함은 국제선박등록법 제4조의 규정에 의하여 등록한 국제선박으로서 다음에 해당하는 선박을 말한다(조특칙 §46의3②).
① 해당 기업이 소유한 선박
② 해당 기업 명의의 국적취득조건부 나용선
③ 해당 기업이 시설대여업[5] 등록을 한 자로부터 소유권 이전 연불조건부로 리스한 선박

---

1) 2년 미만 외국적용선에서 2년 미만 외국적용선으로 개정 : 과도한 용대선 영업으로 인한 해운기업 부실화를 방지함으로써 해운업의 국제경쟁력 강화(2011. 1. 1. 이후 최초로 개시하는 사업연도분부터 적용)
2) 해운법 제3조
3) 톤세제도는 우리 해운산업의 국제경쟁력 제고를 위해 도입한 제도로서 외국의 경우 어선에 대해서는 적용을 배제하고 있으므로, 우리의 경우에도 외항화물운송사업자 중 수산물운송사업자에 대해서는 적용 배제(2006. 2. 9. 이후 최초로 과세표준 계산특례 적용을 신청하는 분부터 적용)
4) 크루즈산업의 육성 및 지원에 관한 법률 제2조 제4호
5) 여신전문금융업법 제3조 제2항

2-3. 연간운항톤수

연간운항순톤수는 다음의 산식에 의하여 계산하며, 과세표준 계산특례 적용신청기한이 속하는 사업연도(조특령 제104조의8 제6항의 규정에 의하여 해운기업의 법인세 과세표준 계산특례 요건명세서를 제출하는 경우에는 당해 요건명세서의 제출기한이 속하는 사업연도)의 직전사업연도 종료일을 기준으로 산출한다(조특칙 §46의3③).

> 연간운항순톤수 = 선박의 순톤수 × 연간운항일수 × 사용률

2-4. 해운소득

2-4-1. 해운소득의 범위

본조에 따른 과세특례대상 소득은 해운소득으로 제한되는바, 해운소득이라 함은 다음의 ① 또는 ②에 해당하는 활동으로 발생한 소득과 다음의 ③에 해당하는 소득을 말한다(조특령 §104의7②).

① 외항해상운송활동(외항해상운송에 사용하기 위한 해운법 제2조 제4호에 따른 용대선을 포함)
② 외항해상운송활동과 연계된 활동으로서 다음의 어느 하나에 해당하는 활동
  ㉠ 화물의 유치 · 선적 · 하역 · 유지 및 관리와 관련된 활동
  ㉡ 외항해상운송활동을 위하여 필요한 컨테이너의 임대차와 관련된 활동(조특칙 §46의3④)
  ㉢ 직원의 모집 · 교육 및 훈련과 관련된 활동
  ㉣ 선박의 취득 · 유지 · 관리 및 폐기와 관련된 활동[6]
  ㉤ 선박의 매각. 다만, 본조에 따른 해운기업의 과세표준 계산의 특례를 적용하기 이전부터 소유하고 있던 선박을 매각하는 경우에는 다음 ①의 계산식에 따라 계산한 금액("특례적용전 기간분")은 비해운소득으로 하되, 그 매각대금으로 해당 선박의 매각일이 속하는 사업연도의 종료일까지 새로운 선박을 취득하는 경우에는 ②의 계산식에 따라 계산한 금액에 상당하는 금액은 해운소득으로 한다.

> ① 특례적용 전 기간분 = 해당 선박의 매각 손익 × (해당 선박의 과세표준계산 특례가 적용되기 전의 기간/해당 선박의 총 소유기간)
> ② 해운소득으로 보는 금액 = 특례적용 전 기간분 × (새로운 선박의 취득에 사용된 매각대금/해당 선박의 매각대금) × 80%

  ㉥ 단일운송계약에 의한 선박과 항공기 · 철도차량 또는 자동차 등 2가지 이상의 운송수단을 이용하는 운송활동(조특칙 §46의3⑤)
③ 다음의 어느 하나에 해당하는 소득

⊙ 외항해상운송활동과 관련하여 발생한 이자소득 등[7] 및 지급이자. 다만, 기업회계기준에 따른 유동자산에서 발생하는 이자소득등을 포함하되, 기업회계기준에 따른 비유동자산에서 발생하는 이자소득등은 제외한다.
ⓛ 외항해상운송활동과 관련하여 상환받거나 상환하는 외화채권·채무의 원화금액과 원화 기장액의 차익 또는 차손
ⓒ 외항해상운송활동과 관련하여 발생하는 차입금에 대한 이자율 변동, 통화의 환율 변동, 운임의 변동, 선박 연료유 등 해운관련 주요 원자재 가격변동의 위험을 회피하기 위하여 체결한 기업회계기준에 의한 파생상품거래로 인한 손익

2-4-2. 해운소득의 계산

해운소득은 선박별로 다음 산식에 의해 계산한 개별선박표준이익의 합계액으로 한다.

개별선박표준이익 = 개별선박순톤수 × 1톤당 1운항일이익 × 운항일수 × 사용률

① 선박이라 함은 과세표준 계산특례를 적용받는 기업(특례적용기업)이 소유하거나 용선한 선박을 말한다(조특령 §104의7③ 1).
② 순톤수라 함은 선박법 제3조 제1항 제3호의 규정에 의한 순톤수를 말한다(조특령 §104의7③ 2).

---

6) 대법원 2017. 8. 29. 선고 2014두43301 판결 : 구 조세특례제한법(2014. 12. 23. 법률 제12853호로 개정되기 전의 것, 이하 같다) 제104조의10 제1항 제1호, 조세특례제한법 시행령 제104조의7 제2항 제2호 라목에 의하면, 법령상 요건을 갖춘 해운기업은 외항운송활동과 관련된 소득인 해운소득에 대하여 그 외의 비해운소득과 구분하여 선박표준이익을 계산하는 방식으로 법인세 과세표준을 산정할 수 있도록 하고 있고, '외항해상운송활동과 연계된 활동' 중 하나인 '선박의 취득·유지·관리 및 폐기와 관련된 활동'으로 발생한 소득을 해운소득에 포함시키고 있다. 이러한 관련 규정들에서 해운기업에 대한 법인세 과세표준 계산의 특례를 두고 있는 취지, 해운소득의 범위에 관하여 각 호에서 세 가지 유형으로 구분하여 정하고 있는 조세특례제한법 시행령 제104조의7 제2항의 문언과 체계, 조세법규에 대한 엄격해석의 원칙 등을 종합적으로 고려하면, 선박의 취득 등과 관련된 활동으로 발생한 것으로서 해운소득에 포함되는 소득은 선박의 취득 등과 직접적인 관련이 있는 소득에 한정된다고 할 것이다. 원심판결 이유와 원심이 적법하게 채택한 증거에 의하면 다음과 같은 사실을 알 수 있다.
(1) 원고는 1984년경 선박 5척을 취득하면서 그 피담보채무인 산업은행 대출채무를 인수하였다.
(2) 원고는 1995년~1997년경 위 선박을 모두 매각하였으나, 대출채무를 상환하지 아니하고 산업금융채권 및 정기예금 등(이하 '이 사건 질권설정자산'이라고 한다)을 대체담보로 제공하였다.
(3) 이후 원고는 2006 내지 2010 사업연도에 이 사건 질권설정자산에서 발생한 이자소득 합계 625,530,960원(이하 '이 사건 이자소득'이라고 한다)을 해운소득으로 계상하였고, 이에 피고는 이 사건 이자소득을 비해운소득으로 재분류하여 익금에 산입하였다.
　위와 같은 사실관계를 앞서 본 법리에 비추어 보면, 원고는 선박을 매각하면서도 그 피담보채무인 대출채무를 그대로 유지하기로 하여 이 사건 질권설정자산을 은행에 담보로 제공한 것에 불과하고, 이러한 선박 매각 후의 대출채무 유지는 선박의 취득을 위한 것이라고 보기 어려우므로, 이 사건 이자소득은 선박의 취득과 직접적인 관련성이 없어 해운소득에 해당하지 않는다고 봄이 타당하다.
7) 소득세법 제16조의 이자소득, 동법 제17조 제1항 제5호의 집합투자기구로부터 이익

③ 운항일수라 함은 다음의 어느 하나에 해당하는 기간에 속하는 일수를 말한다(조특령 §104의7③ 3).

구 분	운항일수	비 고
특례적용기업이 소유한 선박	소유기간	정비·개량·보수 및 기타 불가피한 사유로 30일 이상
특례적용기업이 용선한 선박	용선기간	연속하여 선박을 운항하지 않은 경우 그 기간은 제외

④ 사용률이라 함은 다음의 어느 하나에 의한 비율을 말한다(조특령 §104의7③ 4).

구 분	사용률
특례적용기업이 소유한 선박	100%
특례적용기업이 용선한 선박	용선계약에 의한 용선비율
특례적용기업이 공동운항에 투입한 선박	공동운항비율

⑤ 1톤당 1운항일이익을 다음과 같이 한다(조특령 §104의7④).

개별선박의 순톤수	1톤당 1운항일이익
1,000톤 이하분	14원
1,000~10,000톤 이하분	11원
10,000~25,000톤 이하분	7원
25,000톤 초과분	4원

3 | 과세특례의 내용

3-1. 과세표준의 계산

해운기업의 법인세 과세표준은 일반적인 법인세 과세표준 계산방법에 불구하고 2024. 12. 31.까지 다음 금액의 합계(①+②)로 할 수 있다.

① 해운소득에 대하여는 다음 산식에 의한 개별선박표준이익의 합계액
  * 개별선박표준이익 = 개별선박의 순톤수 × 1톤당 1운항일이익 × 운항일수 × 사용률
② 비해운소득에 대하여 법인세법에 따라 계산한 금액

3-2. 기타 과세특례 사항

구 분	주요 내용
결손금의 처리	비해운소득에서 발생한 결손금은 선박표준이익과 통산하지 아니하며, 과세표준 계산특례 적용을 받기 전에 발생한 이월결손금은 해운소득 및 비해운소득의 금액계산시 공제하지 아니한다(조특법 §104의10③·⑤).
조세특례의 배제	해운소득에 대하여는 법, 국세기본법 및 조약과 법 제3조 제1항 각호에 규정된 법률에 의한 비과세·세액면제·세액감면·세액공제 또는 소득공제 등의 조세특례를 적용하지 아니한다(조특법 §104의10③).
원천징수세액	해운소득에 법인세법 제73조 및 제73조의2에 따라 원천징수된 소득이 포함되어 있는 경우 그 소득에 대한 원천징수세액은 법인세의 산출세액에서 기납부세액(이미 납부한 세액)으로 공제하지 아니한다(조특법 §104의10④).

4 사후관리

4-1. 과세표준계산특례 적용배제

과세표준계산특례를 적용받고 있는 법인이 과세표준계산특례 적용기간 동안 과세표준계산특례의 적용요건을 2개 사업연도 이상 위반하는 경우에는 2회째 위반하게 된 사업연도부터 당해 과세표준계산특례 적용기간의 남은 기간과 다음 5개 사업연도 기간은 과세표준계산특례를 적용받을 수 없다(조특법 §104의10⑥).

적용요건 위반 사례

【A해운기업】
- 2006년 3월에 「2005~2009 사업연도」에 대하여 톤세적용신청을 함.
- 톤세적용 요건의 충족/위반 현황

사업연도	2005	2006	2007	2008	2009
요건충족	○	×	○	×	–

* ○ : 요건충족, × : 요건위반

① 종전 규정에 의하는 경우
- 최초 위반 사업연도부터 잔여 사업연도(2006.~2009.) 및 다음 5사업연도(2010.~2014.) 기간 동안 톤세적용 배제

사업연도	2005	2006	2007	2008	2009	2010	2011	2012	2013	2014
톤세적용	○	×	×	×	×	×	×	×	×	×

* ○ : 톤세적용, × : 톤세적용 배제(법인세법 적용)

② 현행에 의하는 경우
   ○ 2회째 위반 사업연도부터 잔여 사업연도(2008.~2009.) 및 다음 5사업연도(2010.~2014.) 기간 동안 톤세적용 배제

사업연도	2005	2006	2007	2008	2009	2010	2011	2012	2013	2014
톤세적용	○	○	○	×	×	×	×	×	×	×

4-2. 과세표준계산특례 적용종료 후 소득계산

과세표준계산특례 적용기간의 종료, 과세표준계산특례 적용요건의 위반 또는 과세표준계산특례의 적용포기에 따라 과세표준계산특례를 적용받지 아니하고 법인세법을 적용받게 되는 경우에는 과세표준계산특례의 적용기간에도 계속하여 법인세법을 적용한 것으로 보아 각 사업연도의 소득을 계산한다. 다만, 다음의 법인세법 규정을 적용하는 때에는 각각의 해당 계산방법에 따른다(조특령 §104의7⑧, 조특칙 §46의3⑥).

① 법인세법 제19조의2(대손금의 손금불산입)를 적용할 때에는 같은 조 제1항의 대손금으로서 같은 법 시행령 제19조의2 제1항 각 호의 채권을 회수할 수 없는 사유가 특례적용기간에 발생한 경우에는 같은 조 제3항에도 불구하고 해당 사유가 발생한 사업연도에 손금에 산입한 것으로 본다.

② 법인세법 제23조(감가상각비의 손금불산입)를 적용할 때 같은 조 제1항의 상각범위액은 같은 법 시행령 제30조(감가상각의 의제)를 준용하여 계산한다. 이 경우 특례적용기간에 법인세법 시행령 제26조 제1항 각 호의 구분을 달리하는 감가상각자산이나 같은 법 시행령 제28조 제1항 제2호의 자산별·업종별 구분에 따른 기준내용연수가 다른 감가상각자산을 새로 취득한 경우에는 같은 법 시행령 제26조 제3항 및 제28조 제3항에도 불구하고 해당 자산에 관한 감가상각방법신고서 또는 내용연수신고서를 법인세법을 적용받게 된 최초 사업연도의 법인세 과세표준신고기한까지 납세지 관할 세무서장에게 제출(국세정보통신망에 의한 제출을 포함함)할 수 있다.

③ 법인세법 제33조(퇴직급여충당금의 손금산입)를 적용할 때 특례적용기간에는 같은 법 시행령 제60조 제1항부터 제3항까지의 규정에 따라 계산한 각 사업연도의 퇴직급여충당금의 손금산입 한도액에 해당하는 금액을 해당 사업연도에 퇴직급여충당금으로서 손금에 산입한 것으로 보고 같은 조 제2항의 퇴직급여충당금의 누적액을 계산한다.

④ 법인세법 제13조·제34조 및 법 제144조를 적용할 때에는 다음 각각에 따르되, 해당 법인이 법인세법을 적용받게 된 최초 사업연도의 과세표준신고기한까지 특례적용기간에 관하여 작성한 법인세법 제60조 제2항 각 호의 서류를 작성하여 같은 조 제1항에 따른 신고와 함께 납세지 관할 세무서장에게 제출하는 경우에는 특례적용기간에도 계속하여 법인세법을 적용받은 것으로 보고 같은 법 제13조·제34조 및 법 제144조를 적용한다.

   ㉠ 법인세법 제13조(과세표준)를 적용할 때에는 같은 조 제1항 제1호에도 불구하고 특례적용기간의 종료일 현재의 같은 법 시행령 제16조 제1항에 따른 이월결손금의 잔액은 없는 것으로 본다.

   ㉡ 법인세법 제34조(대손충당금의 손금산입)를 적용할 때에는 같은 조 제3항에도 불구하고 과세표준계산특례를 적용받기 직전 사업연도 종료일 현재의 대손충당금 잔액은 법인세법을 적용받게 된 최초 사업연도의 소득금액을 계산할 때 익금에 산입한다.

   ㉢ 법 제144조(세액공제액의 이월공제)를 적용할 때에는 같은 조 제1항에도 불구하고 같은 항에 따라 이월된 특례적용기간의 종료일 현재의 미공제금액은 없는 것으로 본다.

5 | 절 차

5-1. 과세표준계산특례의 적용신청 및 계속적용

과세표준계산특례를 적용받으려는 법인은 다음과 같이 과세표준계산특례 적용을 신청하여야 하며, 과세표준계산특례를 적용받고자 하는 사업연도부터 연속하여 5개 사업연도(과세표준계산특례적용기간) 동안 과세표준계산특례를 적용받아야 한다(조특법 §104의10②).

① 과세표준계산특례를 적용받으려는 법인은 최초 사업연도의 과세표준신고기한까지 해운기업의 법인세과세표준계산특례 적용신청서에 해양수산부장관의 확인서를 첨부하여 납세지 관할 세무서장에게 제출하여야 한다(조특령 §104의7⑤).

② 특례적용기업은 과세표준계산특례를 적용받는 기간에 속하는 사업연도(위 '①'에 따라서 제출된 해양수산부장관의 확인서에 의하여 요건충족을 확인할 수 있는 사업연도를 제외)의 과세표준신고시 요건충족 여부에 대한 해양수산부장관의 확인서를 첨부한 해운기업의 법인세 과세표준계산특례 요건명세서를 납세지 관할 세무서장에게 제출하여야 한다(조특령 §104의7⑥).

5-2. 과세표준계산특례의 적용 포기

과세표준계산특례의 적용 신청을 한 사업자는 신청한 사업연도부터 연속하여 5개 사업연도 동안 이를 계속 적용받아야 하나, 2017. 12. 31.이 속하는 사업연도까지는 당해 과세표준 계산특례의 적용을 포기할 수 있다. 이는 2016. 12. 20. 조특법의 개정된 내용으로, 해운업계의 구조조정에 대한 지원을 위하여 해운기업에 대한 법인세 과세표준계산특례 적용 포기를 한시적으로 허용한 것이다. 동 개정규정은 2017. 1. 1. 이후 과세표준을 신고하는 경우부터 적용한다. 이 경우 해당 사업자는 과세표준계산특례를 적용받지 아니하려는 최초 사업연도의 과세표준신고기한까지 해운기업의 법인세 과세표준계산특례 포기신청서를 납세지 관할 세무서장에게 제출하여야 한다(조특령 §104의7⑦).

5-3. 특례적용기업의 중간예납

과세표준계산특례를 적용받는 내국법인이 「법인세법」 제63조의2 제1항 제2호의 방법으로 중간예납을 하는 경우 중간예납의 과세표준은 제1항부터 제5항까지의 규정에 따라 계산한 금액으로 하고, 같은 법 제63조의2 제1항 제2호의 계산식에서 감면된 법인세액과 납부한 원천징수세액은 비해운소득과 관련된 부분에 대해서만 적용한다(조특법 §104의10⑦).

관련예규

- 2005 사업연도에 가결산방식에 따라 중간예납하는 경우에는 톤세규정을 적용할 수 없음 (재법인세제과-525, 2005. 7. 22.).

6 구분경리

특례적용기업은 해운소득과 비해운소득을 각각 별개의 회계로 구분하여 경리하여야 하며, 해운소득과 비해운소득에 공통되는 익금과 손금은 법인세법 시행규칙 제76조 제6항의 규정을 준용하여 안분계산한다. 구분경리에 대한 자세한 내용은 법인세법 제113조를 참고하기로 한다(조특령 §104의7⑨, 조특칙 §46의3⑧).

7 | 관련사례

구 분	내 용
해운소득의 범위	○ 기부금은 해운소득이나 비해운소득의 구분없이 전체의 수익에서 지출되는 비용으로 보는 것이 타당하고, 투자자산이 아닌 당좌자산으로부터 발생한 이자소득은 해운소득의 개별익금에 해당한다는 청구주장이 신빙성이 있으며, 청구법인이 해외현지법인의 대출 및 거래에 관한 계약에 대하여 지급보증 및 이행보증을 한 것이므로 청구법인의 보증행위는 조특법에서 규정한 외항해상운송활동 범위와는 무관한 것임(조심2012서2206, 2013. 7. 24.). ○ 2004. 12. 31. 신설된 조세특례제한법 시행령 제104조의7 제2항 제1호의 외항해상운송 활동의 범위에는 외항해상운송에 사용하기 위한 해운법에 따른 용대선 소득을 포함함(재법인-431, 2010. 6. 3.). ○ 과세표준계산특례 적용 이후에 소유하고 있던 선박을 매각하는 경우 전체가 해운소득으로서 비해운소득과 안분대상에 해당되지 않음(서면2팀-126, 2008. 1. 17.). ○ 톤세를 적용받는 기업의 비해운소득에 대한 과세표준에서 공제되는 지정기부금은 비해운소득을 기준으로 계산하는 것임(재법인-992, 2007. 11. 30.). ○ 조세특례제한법 제104조의10의 규정에 의한 '해운기업에 대한 법인세 과세표준 계산특례' 적용기간에 취득한 선박이 침몰됨에 따라 발생한 보험차익은 같은 조 규정에 의한 해운소득에 해당하는 것임(서면2팀-2017, 2006. 10. 9.). ○ 해운기업에 대한 법인세 과세표준 계산특례를 적용받고 있는 법인이 외항운송활동에 사용하기 위하여 건조 중인 선박의 매각차익은 「조세특례제한법 시행령」 제104조의7 제2항에 규정한 해운소득에 해당하지 않는 것임(서면2팀-1691, 2006. 9. 7.). ○ Feeder서비스 관련소득은 해운소득으로 분류하고 Feeder선박 운항실적은 선박표준 이익에 포함하는 것임(재법인-77, 2005. 9. 1.).
톤세적용 방법	○ 해운기업의 과세표준 계산특례 적용시 최저한세 계산방법은 법인세법 시행규칙 별지 4호 서식 및 동 규칙 부칙 제9조 제1항에 의함(재법인-227, 2007. 3. 30.). ○ 해운기업이 환율변동 위험을 회피하기 위하여 체결한 파생상품거래에는 외항해상해운활동과 관련된 기존 통화스왑계약의 만기시점까지의 위험을 회피하기 위하여 중도에 체결한 역스왑계약이 포함됨(재법인-217, 2006. 3. 17.). ○ 과세표준 계산특례 적용을 위한 소득 중 선박매각손익을 구분계산하는 경우 양도자산에 대하여 감가상각 여부의 구분 없이 매도가액에서 장부가액을 차감한 가액을 기준으로 함(서면2팀-26, 2006. 1. 5.). ○ 세법에서 별도의 규정 없이 특정소득을 기간에 따라 안분하여 계산하는 경우에는 일수로 안분하여 계산하는 것임(서면2팀-26, 2006. 1. 5.). ○ 퇴직급여충당금 손금산입은 결산조정사항으로 해운소득 과세표준 계산특례 적용과 관련하여 반드시 이를 적용하여야 하는 것은 아님(서면2팀-26, 2006. 1. 5.).

구 분	내 용
과세표준 계산특례	○ 보유중인 선박양도차익에 대하여 법인세 신고기한까지 해운기업의 법인세 과세표준 계산특례 적용신청서를 제출하지 않았으므로 해당 법인은 일반적인 법인세 신고를 선택한 것이며 신고기한 경과 후 특례대상임을 알았다 하여 다시 과세방법을 변경할 수는 없음(조심 2011서376, 2011. 10. 11.). ○ 청구법인은 보유 중인 선박을 2009. 1. 14. 양도하였으나 2009사업연도 법인세 과세표준 신고기한인 2010. 3. 31.까지 해운기업의 법인세 과세표준계산특례 적용신청서를 제출한 사실이 없으므로, 청구법인은 2009사업연도에 대한 법인세를 법인세법에 따른 과세표준 계산방법을 선택한 것으로 보아야 할 것이므로, 청구법인이 법인세 과세표준 신고기한 후에 2009. 1. 14. 선박매각으로 인한 처분이익 중 대체취득에 사용된 양도차익의 80%를 해운소득으로 보아 과세표준계산 특례대상임을 알았다 하여 다시 과세방법을 변경할 수 있는 것은 아님(조심 2011서2430, 2011. 8. 23.). ○ 내국법인이 2010사업연도부터 해운기업에 대한 법인세 과세표준특례를 포기하고 2010년도에 선박을 매각한 경우, 기발생한 감가상각비 한도초과 유보액은 2010사업연 도(1. 1.~12. 31.)의 각 사업연도소득 계산시 손금에 산입하는 것임(법인-564, 2011. 8. 8.).

8 | 주요 개정연혁

1. 톤세 적용대상 해운소득의 범위 보완(조특령 §104의7)

(1) 개정내용

종 전	개 정
☐ 해운기업에 대한 법인세 과세표준 계산특례 ㅇ (특례) 해운소득에 대해서는 선박톤수 및 운항일수를 기준으로 과세표준 계산* 　* 과표 = 해운소득 + 비해운소득 　　[해운소득 = Σ(개별선박의 순톤수 × 1톤당 1운항일이익 × 운항일수 × 사용률)]	☐ 해운소득인 이자소득 범위 보완 ㅇ (좌 동)
ㅇ (해운소득) 외항해상운송활동 및 이와 연계된 활동으로 발생한 소득 　- 외항해상운송활동과 관련하여 발생한 이자소득, 투자신탁수익의 분배금 등 　　· 다만, 기업회계기준에 의한 투자자산에서 발생하는 이자소득은 제외	ㅇ (좌 동) 　- (좌 동) 　　· 다만, 기업회계기준에 따른 유동자산에서 발생하는 이자소득을 포함하고, 기업회계기준에 따른 비유동자산에서 발생하는 이자소득은 제외
ㅇ (적용기한) 2024. 12. 31.	ㅇ (좌 동)

(2) 개정이유

ㅇ 해운소득인 이자소득 범위 합리화

(3) 적용시기 및 적용례

ㅇ 2021. 1. 1. 이후 개시하는 과세연도 분부터 적용

제104조의11

한국자산관리공사의 신용회복목적회사 출연 시 손금 산입 특례

1 의 의

본조는 한국자산관리공사가 신용회복목적회사에 출연시 조세혜택을 부여하기 위해 2021. 12. 28. 신설되었다.

2 손금산입 특례

한국자산관리공사가 2024년 12월 31일까지 신용회복목적회사에 출연하는 경우에는 그 출연금액을 해당 사업연도의 소득금액을 계산할 때 손금에 산입할 수 있다(조특법 §104의11①).

신용회복목적회사 신규 지정에 관한 고시

[기획재정부고시 제2022-22호, 2022. 10. 4., 일부개정]

1. 신용회복목적회사 신규 지정

　주식회사 새출발기금(등록번호 395-88-02506)

부칙(제2022-22호, 2022. 10. 4.)
이 고시는 고시한 날부터 시행한다. 시행일보다 먼저 신용회복목적회사로 지정된 법인에 대해서는 지정일부터 신용회복목적회사로 본다.

---

3 | 절차

한국자산관리공사는 본조의 특례를 적용받으려는 경우 해당 사업연도의 법인세 과세표준신
고와 함께 신용회복목적회사 출연명세서를 납세지 관할 세무서장에게 제출하여야 한다(조특법
§104의11②).

신용회복목적회사에 대한 과세특례

1 의 의

이 제도는 금융소외계층의 지원을 위해 연체채무조정, 전환대출 등을 실시하고 있는 신용회복기금의 재원확충에 도움을 주고자 도입되었으며, 2010. 1. 1. 이후 최초로 신고하는 사업연도분부터 적용한다.

2 손실보전준비금의 손금산입

낮은 신용도 또는 경제력의 부족 등의 사유로 금융회사 등으로부터 여신 거래에 제한을 받고 있는 자에 대한 부실채권의 매입과 금리·만기 등의 재조정, 고금리 금융비용을 경감하기 위한 지급보증 등의 사업을 수행하는 법인으로서 기획재정부장관이 지정한 법인("신용회복목적회사")이 2023. 12. 31. 이전에 끝나는 각 사업연도에 손실보전준비금을 손금으로 계상하였을 때에는 해당 사업연도의 소득금액을 계산할 때 그 금액을 손금에 산입한다(조특법 §104의12①).

신용회복목적회사 신규 지정에 관한 고시

[기획재정부고시 제2022-22호, 2022. 10. 4., 일부개정]

1. 신용회복목적회사 신규 지정

　주식회사 새출발기금(등록번호 395-88-02506)

부칙(제2022-22호, 2022. 10. 4.)
이 고시는 고시한 날부터 시행한다. 시행일보다 먼저 신용회복목적회사로 지정된 법인에 대해서는 지정일부터 신용회복목적회사로 본다.

---

3 | 손실보전준비금의 상계

손실보전준비금을 손금에 산입한 법인은 손실이 발생하였을 때에는 그 손실을 이미 손금으로 산입한 손실보전준비금과 먼저 상계하여야 한다(조특법 §104의12②).

4 | 손실보전준비금의 익금산입

손금에 산입한 손실보전준비금으로서 그 준비금을 손금에 산입한 사업연도의 종료일 이후 15년이 되는 날이 속하는 사업연도의 종료일까지 발생한 손실과 상계하고 남은 준비금의 잔액은 15년이 되는 날이 속하는 사업연도의 소득금액을 계산할 때 익금에 산입한다. 다만, 신용회복목적회사에 다음의 어느 하나에 해당하는 사유가 발생하면 그 사유가 발생한 날이 속하는 과세연도의 소득금액을 계산할 때 익금에 산입하지 아니한 손실보전준비금 전액을 익금에 산입한다(조특법 §104의12③·④).
　① 해당 사업을 폐업한 때
　② 법인이 해산한 때

5 | 절 차

손실보전준비금의 손금산입을 적용받으려는 법인은 손실보전준비금을 손금 또는 익금에 산입하는 사업연도의 과세표준신고를 할 때 손실보전준비금명세서를 납세지 관할 세무서장에게 제출하여야 한다(조특령 §104의10).

6 │ 주요 개정연혁

1. 신용회복목적회사 과세특례 확대 및 적용기한 연장(조특법 §104의11~12)

(1) 개정내용

종 전	개 정
□ 신용회복목적회사* 지원 과세특례 　* 국민행복기금 : 저신용자에 대한 부실채권 매입, 금 　리·만기 등 조정, 지급보증 등 사업 수행	□ 과세특례 확대 및 적용기한 연장
① 금융기관이 신용회복목적회사에 출연·출 　자시 손금산입 　－ 출자의 경우 취득주식 처분시 손금산입한 　금액을 익금산입	① (좌　동)
② 신용회복목적회사는 손실보전준비금 적립 　및 손금산입	② 미상계 손실보전준비금 환입시기 연장
－ 손실발생시 준비금과 상계 　－ 상계되지 않은 준비금은 적립 10년 후 　환입(익금산입)	－ (좌　동) 　－ 적립 10년 후 → 15년 후
○ (적용기한) 2018. 12. 31.	○ 2021. 12. 31.

(2) 개정이유

　○ 국민행복기금의 원활한 운영 지원

(3) 적용시기 및 적용례

　○ 2010. 1. 1. 이후 신고하는 사업연도에 손금산입한 손실보전준비금에 대해 적용

2. 신용회복목적회사 과세특례 확대(조특법 §104의12)

(1) 개정내용

종 전	개 정
☐ 신용회복목적회사* 과세특례 　*㈜국민행복기금 　○ 신용회복목적회사가 사업수행을 위해 손실 보전준비금 적립시 손금 인정 　○ 신용회복목적회사에 손실이 발생하는 경우 동 준비금과 우선 상계 　　- 적립 5년 후 미상계 준비금은 익금 환입	☐ 과세특례 확대 　○ (좌 동) 　○ (좌 동) 　　- 적립 10년 후 미상계 준비금은 익금 환입

(2) 개정이유

　○ 신용회복목적회사의 재원확충 지원

(3) 적용시기 및 적용례

　○ 법 시행 전 계상한 손실보전준비금도 개정 규정을 적용

제104조의13

향교 및 종교단체에 대한 종합부동산세 과세특례

1 의 의

본 제도는 향교의 경우 종합부동산세법 시행 이전부터 사실상 향교 소유인 부동산을 법률상 강제에 의해 향교재단 명의로 등기·관리하고 있는바, 종합부동산세 도입 이후 향교재단 명의로 등기되어 있는 부동산에 종합부동산세가 누진율로 과세됨에 따라, 향교재단의 종합부동산세 부담이 과중하게 되는 문제점을 시정하기 위해 도입[1]되었다.

향교재단 명의의 향교재산에 대한 종합부동산세를 실질 소유자인 개별 향교별로 분리과세하는 것은 향교재산 관리의 특성을 고려하고, 실질과세의 원칙에 부합하며, 종합과세로 인한 높은 누진세율을 피할 수 있어 개별 향교의 종합부동산세 부담을 경감시켜줄 수 있다는 데 의의가 있다고 하겠다.

2 요 건

2-1. 적용대상자

2-1-1. 실질 소유자

주택 또는 토지의 실질 소유자가 「부동산 실권리자 등의 등기에 관한 법률」 제5조 제1항에 따른 개별 향교 또는 소속 종교단체("개별단체")이어야 한다(조특법 §104의13①, 조특령 §104의11②).

---

[1] 「조세특례제한법」 제104조의13의 적용시기가 2008. 1. 1. 이후 납세의무가 성립하는 분부터 적용되는 것으로 부칙에서 규정하고 있어 동 규정은 이를 장래에 향하여 효력을 가지는 것으로 봄이 상당한바, 청구법인이 2007. 12. 31. 「조세특례제한법」 제104조의13 규정이 신설되기 이전에 납세의무가 성립하여 청구법인이 신고·납부한 2005년~2007년 종합부동산세에 대하여 ○○○ 소유로 과세하여 기 신고한 종합부동산세를 환급하여야 한다는 청구법인의 주장은 이를 받아들이기 어려운 것으로 판단된다(조심 2008중3970, 2010. 3. 29.).

2-1-2. 형식 소유자

주택 또는 토지의 형식적 등기명의자는 「향교재산법」에 따른 향교재단 또는 「부동산 실권리자명의 등기에 관한 법률 시행령」 제5조 제1항에 따른 종단("향교재단 등")이어야 한다 (조특법 §104의13①, 조특령 §104의11②).

「부동산 실권리자명의 등기에 관한 법률 시행령」 제5조 【종교단체 및 향교 등의 실명등기 등】
① 법 제11조 제1항 단서에서 "종교단체, 향교 등"이라 함은 다음 각호의 1에 해당하는 것을 말한다.
1. 법인 또는 부동산등기법 제41조의2 제1항 제3호의 규정에 의하여 등록번호를 부여받은 법인 아닌 사단·재단으로서 종교의 보급 기타 교화를 목적으로 설립된 종단·교단·유지재단 또는 이와 유사한 연합종교단체(이하 "종단"이라 한다) 및 개별단체
2. 종단에 소속된 법인 또는 단체로서 종교의 보급 기타 교화를 목적으로 설립된 것(이하 "소속 종교단체"라 한다)
3. 향교재산법에 의한 향교재단법인 및 개별 향교와 문화재보호법에 의하여 문화재로 지정된 서원

2-2. 적용대상 주택 또는 토지

조세포탈을 목적으로 하지 아니하고 향교재단 등으로 등기한 주택 또는 토지를 대상으로 한다(조특법 §104의13①).

3 │ 과세특례의 내용

3-1. 실제 소유자가 종합부동산세 납부

대상주택 또는 대상토지를 실제 소유한 개별단체를 종부세법 규정(§7①, §12①)에 불구하고 종합부동산세 과세기준일 현재 각각 주택분 재산세 납세의무자 및 토지분 재산세 납세의무자로 보아 개별단체가 종합부동산세를 신고할 수 있으며, 대상주택 또는 대상토지는 종합부동산세의 과세에 한하여 개별단체의 소유로 본다(조특법 §104의13①). 이 경우 향교재단 등은 대상주택 또는 대상토지의 공시가격을 한도로 당해 개별단체와 연대하여 종합부동산세를 납부할 의무가 있다(조특법 §104의13②).

3-1-1. 주택분 종합부동산세 계산

개별 단체가 주택분 종합부동산세를 신고하는 경우 아래 산식(종부세령 §4의2) 중 "주택분 재산세로 부과된 세액의 합계액"에는 대상주택을 개별 단체가 실제 소유한 것으로 보아 부과되었을 주택분 재산세를 포함한다(조특령 §104의12①).

$$
\text{주택분 재산세로 부과된} \atop \text{세액의 합계액} \times \frac{\text{주택분 과세기준금액을 초과하는 분에 대하여}}{\text{주택을 합산하여 주택분 재산세 표준세율로 계산한 재산세 상당액}}
$$

3-1-2. 토지분 종합부동산세 계산

개별 단체가 법(3-1.)에 따라 토지분 종합부동산세를 신고하는 경우 아래 산식(종부세령 §5의3①) 중 "종합합산과세대상인 토지분 재산세로 부과된 세액의 합계액" 또는 같은 조 제2항의 산식 중 "별도합산과세대상인 토지분 재산세로 부과된 세액의 합계액"에는 대상토지를 개별 단체가 실제 소유한 것으로 보아 부과되었을 토지분 재산세를 각각 포함한다(조특령 §104의12②).

$$
\text{종합합산과세대상인} \atop \text{토지분 재산세로 부과된} \atop \text{세액의 합계액} \times \frac{\text{종합합산과세대상인 토지분 과세기준금액을 초과하는 분에 대하여 종합합산과세대상인 토지분 재산세 표준세율로 계산한 재산세 상당액}}{\text{종합합산과세대상인 토지를 합산하여 종합합산과세대상인 토지분 재산세 표준세율로 계산한 재산세 상당액}}
$$

3-2. 향교재단 등의 종합부동산세 납부

개별단체가 본조의 과세특례에 따라 종합부동산세를 신고하는 경우 향교재단 등은 대상주택 또는 대상토지를 소유하지 아니한 것으로 보아 종합부동산세를 신고하여야 한다(조특법 §104의13③). 이 경우 종합부동산세에서 공제하는 재산세액은 다음과 같이 계산한다.

3-2-1. 주택분 종합부동산세 계산

향교재단 등이 '3-2'에 따라 대상주택을 소유하지 아니한 것으로 보아 주택분 종합부동산세를 신고하는 경우 위의 산식(3-1-1.) 중 "주택분 재산세로 부과된 세액의 합계액"은 대상주택을 향교재단 등이 소유하지 아니한 것으로 보아 부과되었을 주택분 재산세로 한다(조특령 §104의12③).

3-2-2. 토지분 종합부동산세 계산

향교재단 등이 '3-2.'에 따라 대상토지를 소유하지 아니한 것으로 보아 토지분 종합부동산세를 신고하는 경우 위의 산식(3-1-2.) 중 "종합합산과세대상인 토지분 재산세로 부과된 세액의 합계액" 또는 같은 조 제2항의 산식 중 "별도합산과세대상인 토지분 재산세로 부과된 세액의 합계액"은 대상토지를 향교재단 등이 소유하지 아니한 것으로 보아 부과되었을 토지분 재산세로 한다(조특령 §104의12④).

4 | 절 차

4-1. 일반적인 신고

본조의 과세특례를 적용받으려는 개별 단체 및 향교재단 등은 다음의 서류를 해당 연도의 9월 16일부터 9월 30일까지 납세지 관할 세무서장에게 각각 제출하여야 한다(조특령 §104의13①).
① 「종합부동산세법 시행령」 제8조 제2항 각 호에 따른 서류
② 향교 및 종교단체 종합부동산세 과세특례신고서
③ 「민법」 제45조 제3항에 따른 향교재단 등에 대한 주무관청의 정관 변경허가서
④ 향교재단 등의 정관 및 이사회 회의록
⑤ 그 밖에 대상주택 또는 대상토지의 사실상 소유자가 개별단체임을 입증할 수 있는 서류

4-2. 간이 신고

최초로 '4-1.'에 따라 신고를 한 다음 연도부터 대상주택 또는 대상토지의 소유관계에 변동이 없는 경우, 향교 및 종교단체 종합부동산세 과세특례신고서를 제외한 대상주택 또는 대상토지의 사실상 소유자가 개별단체임을 입증할 수 있는 서류는 제출하지 아니할 수 있다(조특령 §104의13②).

제104조의14

제3자물류비용에 대한 세액공제

1 | 의 의

물류시장 규모는 점차 확대되어 가고, FTA체결로 물동량이 더욱 증가될 것으로 예상되지만, 현재 우리나라 물류기업은 다른 기업에 비해 영세한 실정[1]이다. 따라서 제3자물류시장 규모를 확대하여 물류를 효율화하고, 물류전문기업의 성장 토대를 마련할 필요가 있으며, 본 제도는 제조업을 영위하는 내국인의 제3자물류[2] 이용에 대하여 세제상 특례를 부여함으로써 제3자물류로의 전환을 촉진하고자 도입되었다.

2014. 12. 23. 조특법 개정시 물류산업에 대한 정책적 지원을 확충하고, 중소기업에 대한 지원규모를 확대하기 위하여 중소기업의 공제율을 현행 3%에서 5%로 인상하였고, 2018. 12. 24. 조특법 개정시에는 적용대상자를 "내국인"에서 "중소기업 및 중견기업"으로 변경하였다. 한편, 본제도는 정책목적 달성으로 2020. 12. 31. 적용기한이 종료되었다.

2 | 요 건

2-1. 적용대상자

2020. 12. 31. 이전에 종료하는 과세연도까지 제3자물류비용을 지출하는 제조업을 경영하는 중소기업 및 중견기업에 대하여 본 제도를 적용한다(조특법 §104의14①, 조특령 §104의14①). 중소기업 및 중견기업의 의미는 제6조의 해설을 참고하기 바란다.

---

1) 2003년 기준 물류기업 16만개 중 법인기업은 5% 수준에 불과하며, 물류기업의 평균매출은 3.9억원 수준
2) 제3자물류란 화주기업이 공급체인(Supply Chain)상의 전체 물류기능 혹은 일부 물류기능을 물류전문업체에게 위탁하는 것을 말함.

2-2. 제3자물류비용의 비율

제조업을 영위하는 내국인이 지출하는 제3자물류비용은 다음의 요건을 모두 충족하여야 한다(조특법 §104의14①). 다만, 본 세액공제를 최초로 적용하는 경우에는 다음 요건 중 ②를 충족하여야 한다(조특법 §104의14②).

① 각 과세연도에 지출한 물류비용 중 제3자물류비용이 직전 과세연도에 지출한 제3자물류비용을 초과할 것
② 각 과세연도에 지출한 제3자물류비용이 각 과세연도에 지출한 물류비용의 30%[3] 이상일 것
③ 해당 과세연도에 지출한 물류비용 중 제3자물류비용이 차지하는 비율이 직전 과세연도보다 낮아지지 아니할 것

3 | 과세특례의 내용

3-1. 계속 적용하는 경우

제조업을 영위하는 내국인이 2020. 12. 31. 이전에 종료하는 과세연도까지 각 과세연도에 지출한 물류비용 중 제3자물류비용이 직전 과세연도에 지출한 제3자물류비용을 초과하는 경우 다음의 금액을 법인세 또는 사업소득에 대한 소득에서 공제한다(조특법 §104의14①).

* 세액공제액 = Min(①, ②)
① [각 과세연도 물류비용 중 제3자물류비용 − 직전 과세연도에 지출한 제3자물류비용] × 3%(중소기업 5%)
② 해당 과세연도의 법인세 또는 소득세 × 10%

3-2. 최초 적용하는 경우

직전 과세연도에 지출한 제3자물류비용이 직전 과세연도에 지출한 물류비용의 30% 미만이거나 없는 경우로서 해당 과세연도에 지출한 제3자물류비용이 해당 과세연도에 지출한 물류비용의 30%를 초과하는 경우 다음의 금액을 법인세 또는 사업소득에 대한 소득세에서 공제한다(조특법 §104의14②).

---

3) 각 과세연도의 제3자물류 비중이 50% 이상에서 30% 이상으로 개정하여 제3자물류 활성화 지원(2012. 1. 1. 이후 개시하는 과세연도분부터 적용)

* 세액공제액 = Min(①, ②)

① $\left[\begin{array}{c}\text{해당 과세연도 물류비용} \\ \text{중 제3자물류비용}\end{array} - \begin{array}{c}\text{해당 과세연도} \\ \text{물류비용}\end{array} \times 30\%\right] \times 3\%(\text{중소기업 } 5\%)$

② 해당 과세연도의 법인세 또는 소득세 × 10%

참고 **제3자 물류전환 화주기업에 대한 세액공제 계산사례(2011. 12. 31. 조특법 개정 전)**

<사 례>

□ 제조업을 영위하는 A기업은 2007년도 전체 물류비 20억원 중 제3자물류회사에 위탁 물류비로 12억원을 지출

  ○ 2008년에는 전체 물류비 24억원 중 제3자물류회사에 위탁 물류비로 16억원을 지출하였으며, A기업 법인세 산출세액이 2억원인 경우 A기업이 세액공제받을 수 있는 금액은?

<계산방법>

① 제3자물류 비중이 50%를 초과하는지?

  – 2008년 제3자 위탁 물류 비중 66.6%이므로 적용대상

② 제3자물류 비중이 전년대비 줄어들었는지 여부?

  – 제3자물류 비중이 2007년 60%에서 2008년 66.6%로서 6.6%P 상승하였으므로 적용대상

③ 세액공제액은 얼마인지?

  – 전년대비 제3자물류비 증가액 4억원(16억원 – 12억원 = 4억원)

  – 증가액(4억원) × 세액공제율(3%) = 1,200만원

④ 공제한도액 초과 여부?

  – 세액공제액 1,200만원으로서 A기업의 법인세 2억원의 10% 2,000만원을 초과하지 않으므로 전액 공제 가능

기획재정부 유권해석 해설

질의 선박 건조회사가 선박건조에 필요한 원자재 등을 구입하여 녹방지 처리를 한 후 사외 블록제작업체에 운송하는 비용과 사외 블록제작업체에서 선박 건조회사의 보관장소까지 제작한 블록을 운송하는 비용이 제3자물류비용에 대한 세액공제 적용대상인지 여부

회신 기획재정부 조세특례제도과-133, 2013. 2. 15.

○ 「조세특례제한법」(2013. 1. 1. 법률 제11614호로 일부개정된 것) 제104조의14를 적용함에 있어 제3자물류비용의 범위는 같은 법 시행령 제43조의4 제6항 및 같은 법 시행규칙 제19조의2 제2항에 따르는 것이므로, 선박 건조회사가 선박건조에 필요한 원자재 등을 구입하여 녹방지 처리를 한 후 사외 블록제작업체에 운송하는 비용과 사외 블록제작업체에서 제작한 블록을 해당 선박 건조회사의 보관장소까지 운송하는 비용은 세액공제가 되는 제3자물류비용의 대상에 해당하지 아니하는 것임.

저자의 견해

□ 「조세특례제한법 시행령」 제43조의4 제6항 제1호에서는 물류비용을 다음과 같이 규정하고 있음.

　○ 물자가 조달처로부터 운송되어 물자의 보관창고에 입고, 관리되어 생산공정 또는 공장에 투입되기 직전까지의 물류활동에 따른 물류비용

　○ 판매가 확정되어 물자의 이동이 개시되는 시점부터 소비자에게 인도 또는 반품되거나 재사용 또는 폐기까지의 물류활동에 따른 비용

□ 「조세특례제한법」 제46조의4에서는 제3자물류비용을 위 물류비용 중 「법인세법」 제52조 제1항에 따른 특수관계인 외의 자에게 지출한 물류비용으로 정의하고 있음. 따라서, 물자가 생산공정 또는 공장에 투입된 이후부터 판매가 확정되어 물자의 이동이 개시되는 시점까지의 물류비용은 그 일부 또는 전부를 사외로의 아웃소싱 유무에 불구하고, 세액공제 대상 물류비용 및 제3자물류비용에 해당하지 아니함.

□ 질의법인의 선박 건조과정은 다음과 같음.

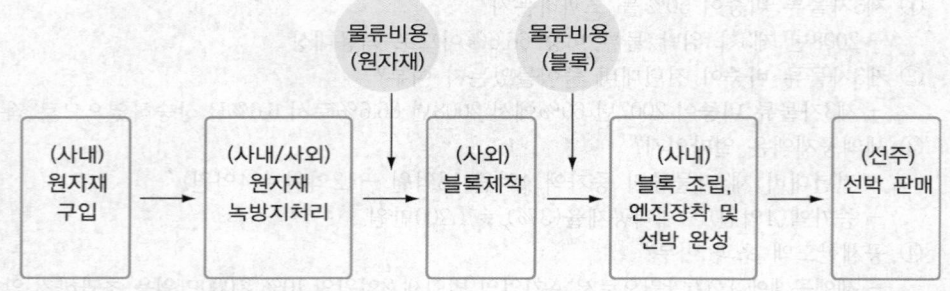

□ 질의법인의 경우 생산공정 투입 시점을 원자재의 녹방지 처리공정 투입시점으로 볼 경우, 위 물류비용은 생산공정에 투입된 이후의 물류비용에 해당하여 세액공제 대상이 아니나, 생산공정 투입시점을 블록의 조립공정 투입시점으로 볼 경우 위 물류비용은 생산공정에 투입되기 직전까지의 물류비용에 해당하여 세액공제 대상이 됨.

□ 원자재의 녹방지 처리공정 투입시점을 선박 생산공정 투입시점으로 봄이 타당함. 이유는 녹방지 처리공정이 선박생산에 있어 필수적이고, 블록제작을 사외 블록제작업체에 일부를 아웃소싱하는 것은 선박 생산공정의 일부분에 해당함. 따라서, 질의법인의 물류비용이 원자재가 생산공정에 투입된 이후의 물류비용에 해당하는 경우로서 세액공제 대상으로 보기 어려움.

4 │ 절 차

제3자물류비용에 대한 세액공제를 적용받으려는 자는 과세표준신고와 함께 세액공제신청서를 납세지 관할 세무서장에게 제출하여야 한다(조특령 §104의14②).

5 │ 조세특례제한 등

본 제도에 따라 세액공제를 적용받은 경우에는 다음과 같은 각종 조세지원이 제한된다. 자세한 사항은 각 조문에서 설명하도록 한다.

① 「외국인투자촉진법」에 따라 법인세 등이 감면되는 경우 내국인 지분비율만큼만 공제(조특법 §127③)
② 세액감면 제도와의 중복적용 배제(조특법 §127④)
③ 최저한세는 적용되나 초과분에 대한 이월공제는 허용되지 않음(조특법 §132, §144).
④ 추계를 하는 경우 공제 배제(조특법 §128①)

6 │ 관련사례

구 분	내 용
요건 및 과세특례의 내용	○ 청구법인의 선박 제조과정을 볼 때, 녹방지 처리공정이 선박생산에 있어 필수적이고, 블록제작을 사외 블록제작업체에 일부를 아웃소싱하는 것이 선박 생산공정의 일부분으로 보이며, 원자재의 녹방지 처리공정 투입시점을 선박 생산공정 투입시점으로 봄이 합리적이라고 할 것이어서, 쟁점금액은 원자재가 생산공정에 투입된 이후의 물류비용에 해당하므로 세액공제 대상인 제3자물류비용으로 보기는 어렵다고 할 것임(조심 2012서5359, 2013. 9. 11.). ○ 제조업을 영위하는 외국인투자법인이 법인세 감면사업과 비감면사업을 구분경리하고 제3자물류비용을 지출하는 경우 감면사업 관련비용에 대하여는 내국인 투자비율을 곱하여 계산한 금액에 대하여 제3자물류비용에 대한 세액공제를 적용받음(법인-820, 2011. 10. 26.). ○ 내국법인이 과세연도 중 분할하여 일부 사업을 분할신설법인이 승계한 경우 분할신설법인 및 분할존속법인이 조세특례제한법 제104조의14(제3자물류비용에 대한 세액공제) 규정을 적용함에 있어서, 사업부문과 존속사업부문의 물류비용이 구분경리되지 않은 경우 직전 과세연도 물류비용은 분할존속법인의 지출액으로 보아 동 세액공제 규정을 적용하는 것임(법규법인 2010-63, 2011. 2. 15.).

구 분	내 용
요건 및 과세특례의 내용	○ 제품을 공장에서 생산하여 물류창고로 이송하는 물류비용 및 물류비용 명목으로 제3자에게 지급하는 물류수수료는 조세특례제한법 제104조의14(제3자물류비용에 대한 세액공제)의 물류비용에 해당하지 아니함(재조특-33, 2011. 1. 17.). ○ 「조세특례제한법」 제104조의14를 적용함에 있어 물류비용의 범위는 같은 법 시행령 제43조의4 제6항 및 같은 법 시행규칙 제19조의2 제2항에 따른 물류비용을 말하는 것이며, 판매가 확정되지 않은 상태에서 배송이 용이하도록 하기 위한 물류센터의 임차료와 자가물류센터의 감가상각비 및 「기업물류비 산정지침」(국토해양부 고시 제2008-380호) 제7조 제1항 제2호 규정의 사내물류비는 물류비용에 해당되지 않는 것임. 「조세특례제한법」 제46조의4 제2항 제1호의 규정에 의한 제3자물류비용이란 「법인세법」 제52조 제1항의 규정에 따른 특수관계자 외의 자에게 지출한 비용으로서 「조세특례제한법 시행령」 제43조의4 제6항 및 같은 법 시행규칙 제19조의2 제2항에 따른 물류비용을 말하는 것이며, A, B공장을 가지고 제조업을 영위하는 내국인이 A공장에 입고된 원재료를 B공장으로 이송하는 데 발생된 물류비용은 「조세특례제한법 시행령」 제43조의4 제6항 제1호에 의한 물류비용에 해당되는 것임(법인-547, 2010. 6. 11.). ○ 조세특례제한법 제104조의14(제3자물류비용세액공제)를 적용함에 있어서 제1항의 요건을 충족하지 못한 경우 제2항을 적용할 수 없음(재조특-296, 2009. 3. 24.). ○ 제3자물류비용에 대한 세액공제 규정 적용시 판매 관련 물류비용은 판매가 확정되어 물자의 이동이 개시되는 시점부터 소비자에게 인도 또는 반품되거나 재사용 또는 폐기까지의 물류활동에 따른 비용을 말함(법인-551, 2009. 2. 10.). ○ 제조업에 사용되는 원재료 또는 부품을 매입함에 있어 조세특례제한법 제104조의14의 제3자물류비용을 지출하고 원재료 등의 취득가액에 가산한 경우에도 지출한 날이 속하는 사업연도의 제3자물류비용에 해당함(법인-83, 2009. 1. 8.). ○ 조세특례제한법 제104조의14 규정 적용시 물류비용의 범위에는 상품·제품의 판매를 촉진하기 위한 DM발송비 및 샘플배송비는 포함되지 아니함(법인-3761, 2008. 12. 2.). ○ 조세특례제한법 제104조의14 적용시 제품의 이동과 보관을 용이하게 하기 위하여 실시하는 포장비용만이 물류비용에 해당되고 그 외의 포장비용은 물류비용에 포함되지 아니함(법인-3763, 2008. 12. 2.).

제104조의15

해외자원개발투자에 대한 과세특례

1 의의

우리나라의 경우 대부분의 자원을 수입에 의존하고 있어 해외자원개발이 필요하다는 점과 에너지자원의 안정적 확보에 대한 불확실성이 커지면서 해외자원 자주개발의 중요성이 대두되고 있으므로 에너지자원의 자주개발률 제고에 직접 기여하는 광업권(조광권) 취득에 대한 세액공제 제도의 필요성이 제기되었고, 대부분의 해외자원개발은 현지법인 형태로 운영 중[1]인 점을 감안하여 해외자원개발을 위해 국내 기업이 해외 현지법인에 대해 투자하는 경우에도 세제 혜택을 부여하여 지원의 실효성을 강화하고자 본 제도가 도입되었다. 그러나 세액공제대상이 대부분 외국법인에 대한 간접적 투자로서 해외자원확보 효과가 미미하고, 예산·금융 지원 등이 중복되고 있음을 감안하여 2013. 12. 31. 적용기한이 종료되었다.

2 요건

2-1. 적용대상자

2013. 12. 31.까지 광물자원을 개발하기 위하여 투자 또는 출자를 하는 해외자원개발 사업자(해외자원개발 사업계획을 신고한 자)가 본 제도의 적용대상이다.

2-2. 적용대상 투자 또는 출자

본 제도가 적용되는 투자 또는 출자라 함은 다음의 어느 하나에 해당하는 투자로서 내국인 또는 내국인의 외국자회사(내국인이 발행주식총수 또는 출자총액의 100%를 직접 출자하고 있는 외국법인)의 투자자산 또는 출자지분을 양수하는 방법으로 투자하거나 출자하는 경우를

---

1) 유공사는 60%, 광진공은 100% 해외 자회사 형태로 사업 추진(2006년 말 기준)

제외한다(조특법 §104의15①).

> (1) 광업권과 조광권을 취득하는 투자
> (2) 광업권 또는 조광권을 취득하기 위한 외국법인에 대한 출자로서 다음의 요건을 모두 갖춘 출자(조특령 §104의15①)
> ① 발행주식총수 또는 출자총액에서 차지하는 비율이 10% 이상이거나 해외자원개발사업자의 임직원을 외국법인의 임원으로 파견[2]하는 경우의 출자
> ② 해외자원개발 사업법 제2조 제4호에 따른 해외자원개발사업자가 같은 법 제5조에 따라 신고한 사업의 광구에 대한 광업권 또는 조광권을 소유할 것
> ③ 위 ②에 따른 광구의 개발과 운영을 목적으로 설립되었을 것
> (3) 내국인의 외국자회사에 대한 해외직접투자로서 외국환거래법 제3조 제1항 제18호 가목에 따라 다음의 어느 하나에 해당하는 투자. 다만, 내국인의 외국자회사가 상기 (1)과 (2)의 방법으로 광업권 또는 조광권을 취득하는 경우에 한함(조특령 §104의15②).
> ① 내국인의 외국자회사의 증자에 참여하는 투자
> ② 내국인의 외국자회사에 상환기간을 5년 이상으로 하여 금전을 대여하는 투자
> ③ 해외자원개발사업자가 ① 및 ②에 따른 내국인과 공동으로 내국인의 외국자회사에 상환기간을 5년 이상으로 하여 금전을 대여하는 투자[3][4]

> **참고** 해외자원개발투자세액공제 대상 투자 및 출자의 범위
>
> ① 제1호 : 내국인의 직접투자
>
> | 해외
광업권·조광권 | ←
직접취득 | 내국인 |
> | --- | --- | --- |
>
> ② 제2호 : 해외현지법인을 통한 간접투자
>
> | 해외
광업권·조광권 | ←
취득 | 외국
법인 | ←
지분취득 | 내국인 |
> | --- | --- | --- | --- | --- |

---

2) 2011. 1. 1. 이후 최초로 투자·출자하는 분부터 적용

3) 해외자원개발투자세액공제 대상이 되는 외국자회사에 대한 금전대여 요건을 지분투자와의 형평성을 감안하여 '상환기간 5년 이상'으로 규정(2011. 6. 3.이 속하는 과세연도에 투자하는 분부터 적용)

4) 컨소시엄 형태의 해외자원개발투자세액공제 허용 : 해외자원개발투자를 활성화시키기 위하여 자원보유국이 제시하는 조건에 따라 발생한 공동투자의 경우에도 세제혜택을 받을 수 있도록 함[공동투자하는 경우에도 해외자원개발 사업법 제5조에 따라 신고사항(강제)으로 해외직접투자에 대한 투명성은 확보가능](2009. 1. 1. 이후 개시하는 과세연도분부터 적용).

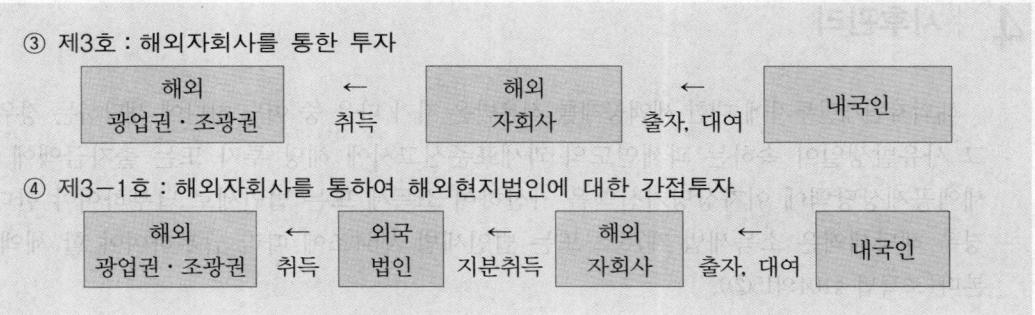

③ 제3호 : 해외자회사를 통한 투자

| 해외
광업권·조광권 | ←
취득 | 해외
자회사 | ←
출자, 대여 | 내국인 |

④ 제3-1호 : 해외자회사를 통하여 해외현지법인에 대한 간접투자

| 해외
광업권·조광권 | ←
취득 | 외국
법인 | ←
지분취득 | 해외
자회사 | ←
출자, 대여 | 내국인 |

3 | 과세특례의 내용

3-1. 투자 또는 출자금액에 대한 세액공제

해외자원개발사업자가 광물자원을 개발하기 위하여 2013. 12. 31.까지 위(2-2.)에서 설명한 투자나 출자를 하는 경우에는 해당 투자금액 또는 출자금액의 3%에 상당하는 금액을 법인세 또는 사업소득세에서 공제한다(조특법 §104의15①).

공제세액 계산시 투자금액 또는 출자금액은 본조에 따라 과세특례가 적용되는 해외자원개발 투자에 따라 취득하거나 소유하고 있는 광업권과 조광권의 금액을 한도로 한다. 이때 해외자원개발사업자가 외국자회사의 지분을 100%를 소유한 내국인과 공동으로 광업권 등을 취득하기 위하여 자금을 대여하는 방식으로 공동투자하는 경우에는 전체 투자금액(광업권 또는 조광권의 금액을 한도로 함)에 각 해외자원개발사업자의 투자비율을 곱하여 계산한다(조특령 §104의15③).

3-2. 해외자원개발투자 보조금의 과세이연

해외자원개발사업자가 「에너지 및 자원사업 특별회계법」에 따른 보조금을 지급받아 해외직접투자로 주식 또는 출자지분을 취득한 경우에는 해당 주식 또는 출자지분을 「법인세법」 제36조 제1항[5]의 사업용자산으로 보아 같은 조를 준용하여 손금에 산입할 수 있다(조특법 §104의15④). 즉, 국고보조금을 지급받은 과세연도에 압축기장충당금 전입(△유보)으로 세무조정한 후 주식 또는 출자지분 양도시 압축기장충당금 환입(유보)으로 상계조정을 하여 과세를 이연시켜 주고자 함이다.

---

5) 「법인세법」 제36조 제1항 : 국고보조금 등으로 취득한 사업용 자산가액의 손금산입

4 │ 사후관리

해외자원개발투자에 대한 세액공제를 적용받은 자가 다음 중 어느 하나에 해당하는 경우에는 그 사유발생일이 속하는 과세연도의 과세표준신고시에 해당 투자 또는 출자금액에 대한 세액공제상당액에 이자상당가산액을 가산하여 소득세 또는 법인세로 납부하여야 한다. 이 경우 해당세액은 소득세법 제76조 또는 법인세법 제64조에 따라 납부하여야 할 세액으로 본다(조특법 §104의15②).

① 투자일 또는 출자일부터 5년이 지나기 전에 투자자산 또는 출자지분을 이전하거나 회수하는 경우
② 투자일 또는 출자일부터 3년이 되는 날까지 광업권 또는 조광권을 취득하지 못하는 경우

이자상당가산액은 다음과 같이 계산한다(조특령 §104의15④).

$$이자상당가산액 = 공제받은\ 세액 \times 가산기간^* \times 0.025\%$$

* 가산기간 : 공제받은 과세연도의 과세표준신고일의 다음 날부터 납부사유(사후관리 사유)가 발생한 날이 속하는 과세연도의 과세표준신고일까지의 기간(조특령 §104의15④ 1)

5 │ 절 차

본 제도의 세액공제를 적용받으려는 자는 과세표준신고와 함께 세액공제신청서 및 해외자원개발투자신고서를 납세지 관할 세무서장에게 제출하여야 한다(조특령 §104의15⑤).

6 │ 조세특례제한 등

본 제도에 따라 세액공제를 적용받은 경우에는 다음과 같은 각종 조세지원이 제한된다. 자세한 사항은 각 조문에서 설명하도록 한다.

① 「외국인투자촉진법」에 따라 법인세 등이 감면되는 경우 내국인 지분비율만큼만 공제(조특법 §127③)
② 세액감면 제도와의 중복적용 배제(조특법 §127④)
③ 최저한세는 적용되나 초과분에 대한 이월공제는 허용되지 않음(조특법 §132, §144).
④ 추계를 하는 경우 공제 배제(조특법 §128①)

7 | 관련사례

구 분	내 용
요건 및 과세특례의 내용	○ 「해외자원개발 사업법」 제2조 제4호에 해외자원개발사업자가 광업권 또는 조광권을 취득하기 위하여 같은 법 제5조에 따라 신고한 사업의 광구에 대한 광업권 또는 조광권을 소유하고 해당 광구의 개발과 운영을 목적으로 설립된 외국법인의 지분의 100분의 100을 소유하고 있는 다른 외국법인(동 법인의 지분의 100분의 100을 소유하고 있는 다른 외국법인을 포함한다)의 주식을 인수하는 경우, 다른 외국법인의 주식의 인수도 「조세특례제한법」(2007. 12. 31. 법률 제8827호로 일부 개정된 것) 제104조의15 제1항 제2호에 따른 출자에 해당되어 같은 조에 따른 해외자원개발투자에 대한 과세특례를 적용할 수 있는 것임(재조특-471, 2012. 5. 22.). ○ 「해외자원개발사업법」 제2조 제4호에 따른 해외자원개발사업자가 광업권 또는 조광권을 소유하고 광구의 개발과 운영을 하는 회사를 자회사로 거느리고 있으나 「해외자원개발사업법」 제5조에 따라 신고한 광구에 대한 광업권 등을 직접 소유하지 아니한 지주회사에 대해 출자하는 경우 해당 외국법인에 대한 출자는 「조세특례제한법 시행령」 제104조의15 제1항의 요건을 충족하지 못하여 「조세특례제한법」 제104조의15 제1항에 따른 과세특례를 적용할 수 없는 것임(법규법인2011-1, 2011. 3. 15.). ○ 「해외자원개발 사업법」 제2조 제4호에 따른 해외자원개발사업자가 해외광물자원의 개발 및 해외소재 광구의 광업권 또는 조광권을 취득하기 위하여 컨소시엄으로 구성된 타 외국법인과 공동으로 같은 법 제5조에 따라 신고한 사업의 광구에 대한 광업권을 소유하고 해당 광구의 개발과 운영을 목적으로 설립된 외국법인의 출자지분을 인수함에 있어, 현지 법률과 지분인수절차의 효율적인 수행을 위해 공동지분 인수자와 함께 일시적으로 설립한 도관 회사를 통해 출자 지분을 인수하는 경우로서, 사실상 당해 해외자원개발사업자가 외국법인의 출자지분을 인수하고 광업권 또는 조광권의 일부를 취득한 것으로 인정되는 경우에는 당해 해외자원개발사업자의 출자지분 인수금액에 대하여 「조세특례제한법」 제104조의15 규정을 적용할 수 있는 것임(법인-607, 2010. 6. 29.). ○ 거주자가 해외자원개발을 위하여 100% 직접 출자로 설립한 외국자회사에 대해 내국법인이 「해외자원개발 사업법」 제6조 및 「조세특례제한법시행령」 제104조의15 제2항 제3호에 따라 해당 거주자와 공동으로 금전을 대여하는 투자의 경우에는 해외자원개발투자세액공제를 적용받을 수 있는 것이나, 질의내용과 같이 외국자회사를 100% 직접 소유하고 있지 아니한 내국법인이 같은 조항 제2호에 따라 금전을 대여하는 투자의 경우에는 동 세액공제를 적용받을 수 없는 것임(법인-129, 2010. 2. 9.).

구 분	내 용
요건 및 과세특례의 내용	○「조세특례제한법」제104조의15 제1항 제3호에 해당하는 세액공제를 적용받은 자가 투자일 또는 출자일부터 5년이 지나기 전에 출자지분을 이전한 경우에는 같은 조 제2항 각 호 외의 부분 본문에 따라 세액공제 상당액에 이자상당가산액을 가산하여 소득세 또는 법인세로 납부하여야 하는 것이나, 해당 출자지분의 일부를 같은 조 제1항 각 호 외의 부분 본문 단서에 따른 내국인의 외국자회사에게 이전한 경우에는 그러하지 아니함(재조특-125, 2009. 2. 5.). ○「해외자원개발 사업법」제2조 제4호에 따른 해외자원개발사업자가 광물자원을 개발하기 위하여 2010. 12. 31.까지「조세특례제한법」제104조의15 제1항 각 호의 어느 하나에 해당하는 투자나 출자를 하는 경우 투자 또는 출자금액의 3%에 상당하는 금액을 법인세 또는 소득세에서 공제하나, 내국인 또는 내국인이 100% 직접 출자한 외국자회사의 투자자산 또는 출자 지분을 양수하는 방법으로 투자하거나 출자하는 경우에는 같은 규정에 따른 세액공제를 적용받을 수 없는 것임(법인-3086, 2008. 10. 24.).

제104조의16

대학재정건전화를 위한 과세특례

1 의 의

취약한 대학의 재정을 확충하기 위하여 수익용 재산을 활용하여 재정을 보충할 수 있도록 지원할 필요성[1]이 제기됨에 따라 수익용재산의 재구성을 통해 고수익용재산 대체취득시 발생하는 양도차익에 대한 법인세 과세이연 제도를 도입하였다.

또한, 대학이 내부조직으로 수익사업을 운영하는 경우에는 고유목적사업준비금 설정을 통해 법인세의 부담이 없으나[2] 수익성 제고 및 경쟁력 향상 등을 위하여 별도 법인을 설립하고 동 법인이 이익금을 전액 출연하는 경우 동 기부금은 현행 조세특례제한법상 소득금액의 75%만 손비가 인정되는 점[3]을 감안하여 법인세부담을 해소해 줄 필요에 따라 대학이 전액출자하여 설립한 법인이 학교법인에 출연하는 금액을 손금산입하는 제도를 도입하였다.

2 요 건

2-1. 적용대상자

수익용기본재산을 양도하고 다른 수익용기본재산을 대체취득하는 「고등교육법」에 따른 학교법인에 대하여 본 제도를 적용한다(조특법 §104의16①). 학교법인이라 함은 사립대학 등을 설립·경영할 수 있는 주체를 말한다(고등교육법 §2).

---

1) 현재 대학이 보유중인 수익용재산의 50% 이상이 부동산(토지·건물)이지만, 대부분 임야나 유휴토지로서 수익률이 0.7% 대에 불과하여 이를 고수익용 재산으로 대체취득하여 수익성을 제고할 필요가 있음.
2) 「법인세법」 제29조(고유목적사업준비금의 손금산입)
3) 「법인세법」 제24조(기부금의 손금불산입), 2009년부터는 50% 손금산입 인정

2-2. 수익용기본재산의 범위

양도대상 수익용기본재산이라 함은 「대학설립·운영 규정」 제7조에 따른 수익용기본재산 중 토지와 건축물을 말한다(조특령 §104의16①).

> ※ 대학설립·운영규정 제7조【수익용기본재산】
> ① 학교법인은 대학의 연간 학교회계 운영수익총액에 해당하는 가액의 수익용기본재산을 확보하되, 다음 각 호에서 정한 금액 이상을 확보하여야 한다.
> 1. 대학 100억원
> 2. 전문대학 70억원
> 3. 대학원 대학 40억원

2-3. 대체취득 기한

수익용기본재산을 양도하고 양도일부터 1년 이내에 다른 수익용기본재산을 취득하여야 한다. 이 경우 종전 수익용기본재산 처분일이 속하는 사업연도가 종료된 후 다른 수익용기본재산을 취득하는 경우를 포함한다(조특령 §104의16②). 즉, 종전 수익용기본재산 처분일이 속하는 사업연도 종료일부터 1년 이내에 다른 수익용기본재산을 취득한 경우에도 양도일부터 1년 이내에 취득한 것으로 포함하는 것이다.

3 | 과세특례의 내용

3-1. 수익용기본재산 양도차익 분할익금

종전 수익용기본재산을 양도하여 발생하는 양도차익 중 다음과 같이 계산한 금액에 대하여 해당 사업연도의 소득금액을 계산할 때 익금에 산입하지 아니할 수 있다. 이 경우 해당 금액은 양도일이 속하는 사업연도 종료일 이후 3년이 되는 날이 속하는 사업연도부터 3개 사업연도의 기간에 균등액 이상을 익금에 산입하여야 한다(조특법 §104의16①, 조특령 §104의16③).

$$(\text{처분가액} - \text{장부가액} - \text{이월결손금}^{*}) \times \frac{\text{대체취득하는 수익용 기본재산의 취득가액}}{\text{처분하는 종전 수익용 기본재산의 처분가액}} (\text{한도 100\%})$$

* 직전 사업연도 종료일 현재 「법인세법」 제13조 제1항 제1호에 따른 이월결손금

위의 계산식을 적용할 때 종전 수익용기본재산 양도일이 속하는 사업연도의 종료일까지 다른 수익용기본재산을 취득하지 아니한 경우에는 취득하는 수익용기본재산의 가액을 취득예정인 자산의 가액(취득예정 자산가액)으로 할 수 있다(조특령 §104의16④).

사 례

□ 2008. 2. 1. 대학이 수익용 자산으로 보유하고 있는 임야(장부가액 20억원, 양도가액 100억원)를 양도한 후
  ○ (사례1) 상가건물을 취득한 경우(취득가액 90억원)
  ○ (사례2) 주식을 취득한 경우(취득가액 90억원)

□ 대학이 유형자산(토지, 건물)을 대체취득하는 경우 처분시 발생한 양도차익에 대하여 3년 거치 3년 균등분할 익금산입하되,
  ○ 투자자산(주식, 채권)을 취득하는 경우에는 자산의 대체취득이 아닌 수익이 실현된 것으로 보아 과세이연에서 제외

□ (사례1) 3년 거치 3년 균등분할 익금산입

(단위 : 억원)

연 도	2008년	2009년	2010년	2011년	2012년	2013년
익금산입액	8	–	–	24	24	24
비고	3년 거치			3년 분할익금		

과세이연대상 양도차익(72억원)

$$= 양도차익(80억원) \times \frac{새로운\ 자산\ 취득가액(90억원)}{기존\ 자산\ 양도가액(100억원)}$$

□ (사례2) 양도시점에서 양도차익(80억원)에 대하여 법인세 과세

3-2. 학교법인이 설립한 법인의 출연금액 손금산입

「고등교육법」에 따른 학교법인이 발행주식총수의 50% 이상을 출자하여 설립한 법인이 해당 법인에 출자한 학교법인에 출연하는 금액에 대하여는 다음의 금액을 한도로 손금에 산입한다(조특법 §104의16④).

해당 사업의 소득금액[주1] − (결손금합계액[주2] + 기부금합계액[주3])

* 주1 : 「법인세법」 제24조에 따른 기부금을 손금에 산입하기 전의 소득금액
* 주2 : 「법인세법」 제13조 제1항 제1호에 따른 결손금의 합계액
* 주3 : 「법인세법」 제24조에 따른 기부금의 합계액

대학이 일부 출자하여 설립한 기업이 출연하는 금액도 전액 손금에 산입되는 것인지?

☐ 대학이 경영상의 효율을 높이기 위해 별도법인을 설립하여 기업을 운용하는 것에 대해 대학 내 하나의 조직으로 경영하는 경우와 세제상 같게 취급하려는 것이므로
　○ 대학이 전액 출자하여 설립한 기업이 출연하는 금액만 전액 손금에 산입되는 것임.

☐ 일부 지분만 취득한 기업이 대학에 출연하는 경우에는 기부금으로 처리되며,
　○ 대학에 시설비, 교육비, 장학금 또는 연구비로 지출하는 기부금(법정기부금)은 이월결손금을 차감한 후의 소득금액의 75%를 한도로 손금에 산입하는 것이고
　○ 그 외의 목적으로 대학이 지출하는 기부금은 5% 한도 내에서 손금에 산입하는 것임.

4 │ 사후관리

본 제도의 과세특례를 적용받은 학교법인이 다른 수익용기본재산을 취득하지 아니한 경우에는 해당 사유가 발생한 날이 속하는 사업연도의 소득금액계산할 때 익금에 산입하지 아니한 금액 전액(취득예정 자산가액보다 낮은 가액의 자산을 취득한 경우에는 실제 취득가액을 기준으로 3-1.의 계산식에 따라 계산한 금액을 초과하는 금액)을 익금에 산입한다. 이 경우 다음과 같이 계산한 이자상당가산액을 가산하여 납부하여야 한다(조특법 §104의16②, 조특령 §104의16⑤).

이자상당가산액 = 미납세액[주1] × 미납기간[주2] × 0.025%

* 주1 : 과세특례금액을 익금에 산입하지 아니함에 따라 발생한 법인세액의 차액
* 주2 : 과세특례를 적용받은 사업연도 종료일의 다음 날부터 추징사유가 발생한 과세연도 종료일까지의 기간(일수)

5 | 절차

5-1. 양도차익명세 및 분할익금명세서 제출

수익용기본재산 양도차익에 대하여 본 제도의 과세특례를 적용받으려는 학교법인은 수익용기본재산의 양도일이 속하는 사업연도의 과세표준신고와 함께 양도차익명세 및 분할익금명세서를 납세지 관할 세무서장에게 제출하여야 한다(조특령 §104의16⑥).

5-2. 취득완료보고서 제출

종전 수익용기본재산 양도일이 속하는 사업연도의 종료일까지 다른 수익용기본재산을 취득하지 아니하여 취득예정 자산가액을 적용하여 과세특례를 적용받은 학교법인이 다음 사업연도에 수익용기본재산을 취득하는 때에는 취득일이 속하는 사업연도의 과세표준신고와 함께 취득완료보고서를 납세지 관할 세무서장에게 제출하여야 한다(조특령 §104의16⑦).

제104조의19

주택건설사업자가 취득한 토지에 대한 과세특례

1 │ 의 의

이 제도는 주택건설업의 특성상 대규모 토지를 사전에 확보해야 하고 사업계획승인에 3~5년이 걸리는 점 및 주택건설용 토지에 대한 과중한 종합부동산세 부담은 주택가격으로 전가되어 분양가 상승요인으로 작용하는 문제를 감안하여 주택건설사업자가 취득한 토지에 대한 종합부동산세 과세특례 제도를 신설한 것이며 2009. 1. 1. 이후 최초로 납세의무가 성립하는 분부터 적용한다.

2 │ 주택건설사업자가 취득한 토지에 대한 과세특례

주택건설사업자가 주택을 건설하기 위하여 취득한 토지[1] 중 취득일부터 5년 이내에 「주택법」에 따른 사업계획의 승인을 받을 토지는 「종합부동산세법」 제13조 제1항에 따른 과세표준 합산의 대상이 되는 토지의 범위에 포함되지 아니하는 것으로 본다.

2-1. 주택건설사업자의 범위

주택건설사업자는 「주택법」에 따라 주택건설사업자 등록을 한 자를 말하며, 「주택법」 제32조에 따른 주택조합 및 고용자인 사업주체, 「도시 및 주거환경정비법」 제24조부터 제28조까지 및 「빈집 및 소규모주택 정비에 관한 특례법」 제17조부터 제19조까지의 규정에 따른 사업시행자 및 「법인세법」 제51조의2 제1항 제9호에 따른 법인을 포함한다.

---

1) 토지를 취득한 후 해당 연도 종합부동산세 과세기준일 전까지 주택건설사업자의 지위를 얻은 자의 토지를 포함

2-2. 토지 보유현황의 신고

본조의 과세특례 규정을 적용받으려는 자는 해당 연도 9월 16일부터 9월 30일까지 주택신축용토지 합산배제(변동)신고서에 따라 납세지 관할 세무서장에게 토지의 보유현황을 신고하여야 한다. 다만, 최초로 신고한 연도의 다음 연도부터는 그 신고한 내용 중 변동이 없는 경우에는 신고하지 아니할 수 있다(조특령 §104의18①).

3 | 사후관리

3-1. 종합부동산세액의 추징

주택건설사업자가 본조에 따라 해당 토지를 취득한 날부터 5년 이내에 주택법에 따른 주택건설을 위하여 같은 법에 따른 사업계획의 승인을 받지 못한 경우에는 다음 ①에서 ②를 차감한 금액을 추징한다(조특령 §104의18②).

① 본조의 과세특례 규정에 따라 과세표준 합산의 대상에 포함되지 아니하였던 해당 토지를 매 과세연도마다 종합부동산세 과세표준 합산의 대상이 되는 토지로 보고 계산한 세액

② 본조의 과세특례 규정에 따라 과세표준 합산의 대상에 포함되지 아니하였던 해당 토지를 매 과세연도마다 종합부동산세 과세표준 합산의 대상에서 제외되는 토지로 보고 계산한 세액

3-2. 이자상당가산액의 추징

본조의 규정에 의한 과세특례금액을 추징하는 경우에는 다음과 같이 계산한 이자상당 가산액을 추징한다(조특령 §104의18③).

종합부동산세액 추징액 × 미납일수 × 1일 0.025%

* 미납일수 : 과세특례를 적용받은 매 과세연도의 납부기한 다음 날부터 추징할 세액의 고지일까지의 기간

4 │ 관련사례

구 분	내 용
요건 및 과세특례의 내용	○ 주택건설사업자가 주택건설사업자등록일 전에 토지를 취득한 경우 주택건설사업자 등록일 이후 종합부동산세 납세의무가 성립하는 분에 대하여 종합부동산세 과세표준 합산대상에서 제외할 수 있는지 여부 : 조세특례제한법 제104조의19의 규정이 주택건설사업자 등록요건(A)과 주택건설용 토지 취득요건(B)은 별개의 독립된 요건으로 시기상 선후에 관계없이 납세의무성립일(과세기준일 6. 1.) 이전에 두 요건(A, B)을 충족하였다면 과세특례가 적용되는 것으로 봄이 보유세인 종합부동산세의 성격에 부합하는 것일 뿐만 아니라, 당해 특례규정에서 두 요건(A, B)을 충족하였더라도 토지 취득일부터 5년 이내에 사업계획 승인을 받지 못한 경우에는 종합부동산세를 추징하도록 규정하고 있는 점 등을 감안할 때, 주택건설사업자 등록 전에 토지를 취득하였더라도 납세의무성립일 이전에 주택건설사업자 등록을 하여 두 요건(A, B)을 충족한 이상 당해 과세특례를 적용받을 수 있다 할 것임(조심 2012부0332, 2012. 2. 23.). ○ 주택건설용으로 취득한 토지를 주택건설사업자 등록 전부터 보유하고 있는 상태에서 주택건설사업자 등록을 한 경우, 동 토지는 주택건설사업자 등록 이전까지는 조세특례제한법 제104조의19에 따른 종합부동산세과세특례가 적용되지 않으나, 주택건설사업자 이후 기간부터는 종합부동산세 과세특례 적용 대상임(재재산-163, 2012. 2. 29.). ○ 조세특례제한법 제104조의19에 따른 과세특례는 주택건설사업자가 주택을 건설하기 위하여 취득한 토지 중 취득일부터 5년 이내에 사업계획의 승인을 받을 토지를 대상으로 함. 주택건설사업자가 취득하여 과세기준일 현재 보유한 토지가 타인에게 소유권 이전된 때에는 소유권 관련 소송이 제기되어 있더라도 주택건설사업자가 보유한 토지로 볼 수 없어 과세특례 대상에 해당하지 아니함(종부-52, 2010. 11. 30.). ○ 주택법에 따라 주택건설사업자로 등록을 하지 아니한 상태에서 취득한 토지는 조세특례제한법 제104조의19 제1항의 과세특례를 적용받을 수 없음(조심 2010구361, 2010. 4. 29.). ○ 사업지연 등의 이유로 주택건설사업자가 토지를 취득한 날부터 5년 이내에 사업계획의 승인을 받지 못한 경우에는 감면받은 종합부동산세액과 이자상당가산액을 추징하는 것임(종부-7, 2010. 1. 28.). ○ 도시개발법 제17조의 실시계획의 인가를 받아 동법에 따라 주택법 제16조의 사업계획승인을 받은 것으로 의제하는 경우에는 조세특례제한법 제104조의19의 주택법에 따른 사업계획의 승인으로 보는 것임(종부-50, 2009. 12. 23.).

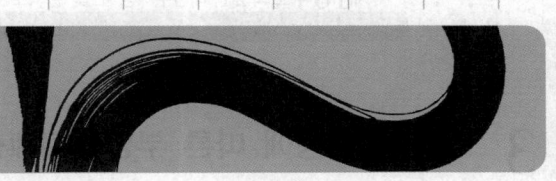

제104조의21

대한주택공사 및 한국토지공사의 합병에 대한 법인세 과세특례

1 | 의 의

본조는 경영효율화를 위한 공공기관의 합병 등 구조개편 과정에서 발생하는 막대한 세부담으로 인한 재무상태 부실화 및 정책기능 수행 차질을 방지하기 위해 도입되었고, 2009. 10. 1.이 속하는 사업연도분부터 적용한다.

2 | 주주에 대한 의제배당 과세이연

2-1. 의제배당의 과세이연

한국토지주택공사법 부칙 제7조에 따른 합병으로 한국토지주택공사를 설립하는 경우 대한주택공사 및 한국토지공사의 주주 등의 배당금 또는 분배금의 의제액에 상당하는 금액(이하 "의제배당액"이라 한다)은 합병신주의 압축기장충당금으로 계상하여 합병등기일이 속하는 사업연도의 소득금액 계산에 있어서 이를 손금에 산입함으로써 과세이연이 가능하다(조특령 §104의19①).

2-2. 압축기장충당금의 익금산입

손금에 계상한 압축기장충당금은 대한주택공사 및 한국토지공사의 주주 등이 합병대가로 취득한 한국토지주택공사의 주식 등을 처분하는 사업연도에 익금에 산입하되, 일부 주식 등을 처분하는 경우에는 다음 계산식에 따라 계산한 금액을 익금에 산입한다(조특령 §104의19②).

$$압축기장충당금 \times \frac{합병대가로\ 취득한\ 한국토지주택공사\ 주식\ 등\ 중\ 처분한\ 주식\ 등의\ 수}{합병대가로\ 취득한\ 한국토지주택공사\ 주식\ 등의\ 수}$$

3 │ 불공정합병에 따른 부당행위계산부인 등의 적용 배제

한국토지주택공사법 부칙 제7조에 따른 합병으로 한국토지주택공사를 설립하는 경우 대한주택공사 및 한국토지공사의 주식 등을 법인세법상 시가보다 높거나 낮게 평가하여 합병함으로써 주주 등이 특수관계인인 다른 주주 등에게 이익을 분여한 경우에 해당되는 경우에도 이익을 분여한 주주 등에 대하여 불공정합병에 따른 부당행위계산부인 등의 규정을 적용하지 아니하고 이익을 분여받은 주주 등에 대하여 해당 이익을 익금으로 보지 아니한다(조특법 §104의21②).

4 │ 세무조정사항의 승계

법률 제9706호 한국토지주택공사법 부칙 제7조에 따른 합병으로 설립된 한국토지주택공사는 같은 조에 따라 해산된 대한주택공사 및 한국토지공사의 각 사업연도의 소득금액 및 과세표준의 계산에 있어서 익금 또는 손금에 산입하거나 산입하지 아니한 금액은 승계한다(조특법 §104의21③).

5 │ 절 차

대한주택공사 및 한국토지공사의 합병에 대한 법인세 과세특례 규정을 적용받으려는 내국법인은 법인세 과세표준신고를 할 때 배당금등의제액상당액손금산입조정명세서를 납세지 관할 세무서장에게 제출하여야 한다(조특령 §104의19④).

기업의 운동경기부 등 설치 · 운영에 대한 과세특례

1 | 의 의

본조는 올림픽 및 아시안게임 종목 중 비인기종목의 운동팀을 창단하는 기업에게 세제혜택을 부여하여 운동팀 창단을 유도하고, 해당 종목의 선수육성 등을 통하여 올림픽 등 국제경기대회에서 국격 및 국가브랜드 제고 등의 공익적 기능을 수행하도록 하며, 국민체육저변을 확대하기 위해 도입된 제도로서 2010. 12. 31.이 속하는 사업연도에 최초 설치하는 분부터 적용되었다. 2014. 1. 1. 조특법 개정시 비인기 종목의 경우 경영악화나 운영비 과다 등으로 직장운동경기부 창단을 기피하거나 운영 중인 경기부마저 축소 내지 폐쇄시키는 추세에 있음을 감안하여 동 제도의 적용기한을 폐지하는 한편, 직장운동경기부 중 장애인 종목을 운영하는 경우는 극히 드물고 대부분 지방자치단체 등에서 운영하고 있어, 과세특례에도 불구하고 장애인운동경기부의 설치 · 운영은 상당히 저조한 점을 고려하여 장애인 운동경기부 창단 · 운영에 대해서도 세제지원을 하도록 하였다. 또한 2021. 12. 28. 조특법 개정시에는 운동경기부 지원대상을 확대하는 한편 이스포츠경기부를 지원대상에 추가하도록 개정하였다.

2 | 요 건

2-1. 종목 요건

운동경기부의 경우 다음 종목의 운동경기부에 해당하여야 한다(조특령 §104의20①).

> 육상, 역도, 핸드볼, 럭비, 여자축구, 비치사커, 배드민턴, 테니스, 정구, 스쿼시, 탁구, 복싱, 유도, 레슬링, 체조, 사이클, 승마, 하키, 아이스하키, 사격, 펜싱, 양궁, 근대5종, 트라이애슬론, 카바디, 소프트볼, 볼링, 세팍타크로, 스포츠클라이밍, 패러글라이딩, 롤러스포츠, 수영, 다이빙, 수구, 아티스틱스위밍, 조정, 카누, 요트, 알파인스키, 크로스컨트리, 스키점프, 스노보드, 프리스타일스키, 노르딕복합, 바이애슬론, 스피드스케이팅, 쇼트트랙 스피드스케이팅, 피겨스케이팅, 봅슬레이, 스켈레톤, 루지,

컬링, 태권도, 카라테, 우슈, 주짓수, 킥복싱, 바둑

장애인운동경기부의 경우 대한장애인체육회에 가맹된 경기단체가 있는 종목의 운동경기부이어야 한다(조특령 §104의20②).

이스포츠경기부의 경우 「이스포츠(전자스포츠) 진흥에 관한 법률」에 따른 다음 종목의 경기부에 해당하여야 한다(조특령 §104의20③).

리그 오브 레전드, 배틀그라운드, 배틀그라운드 모바일, FIFA 온라인 4, 브롤스타즈, 서든어택, 카트라이더, 오디션, eFOOTBALL PES 2023, 클래시 로얄, A3: 스틸얼라이브, 스타크래프트2, 하스스톤, 크로스파이어, 이터널리턴, 발로란트

2-2. 선수단 요건

(1) 운동경기부 및 장애인운동경기부의 선수단은 다음의 요건을 모두 갖추어야 한다(조특령 §104의20①).
① 선수단을 구성하는 선수가 국민체육진흥법 제33조에 따른 대한체육회 또는 같은 법 제34조에 따른 대한장애인체육회에 가맹된 경기단체에 등록되어 있을 것
② 경기종목별 선수의 수는 해당 경기종목별 정원 이상일 것
③ 경기종목별로 경기지도자가 1명 이상일 것

(2) 이스포츠경기부의 선수단은 다음의 요건을 모두 갖추어야 한다(조특령 §104의20③).
① 「이스포츠(전자스포츠) 진흥에 관한 법률」에 따른 이스포츠 선수로 구성되어 설치(재설치를 포함한다)·운영되는 경기부일 것
② 이스포츠 종목별 경기지도자가 1명 이상일 것

2-3. 비용 요건

운동경기부의 운영에 드는 비용 중 기업의 운동경기부 설치·운영에 대한 과세특례의 적용대상이 되는 비용은 다음과 같다(조특령 §104의20④, 조특칙 §47).
① 운동경기부 또는 이스포츠경기부에 소속된 선수, 감독 및 코치와 경기부의 운영 업무를 직접적으로 지원하는 사람에 대한 인건비
② 대회참가비, 훈련장비구입비 등 경기부를 운영하기 위하여 드는 다음의 비용

- 선수의 선발 심사 등 운동경기부의 창단을 준비하는 과정에서 드는 비용
- 경기장 및 훈련장 사용료
- 식비
- 전지훈련비
- 훈련시설 보수비
- 경기용품, 훈련장비, 운동경기복, 약품의 구입비 및 수선비
- 경기대회 참가비 및 참가를 위한 이동경비
- 경기대회 참가를 위한 현지 숙식비
- 선수숙소 및 선수 이동차량에 대한 임차료
- 그 밖에 운동경기부 운영에 직접 드는 경비

3 | 과세특례의 내용

3-1. 운동경기부 및 이스포츠경기부

내국법인이 운동경기부 및 이스포츠경기부를 설치하는 경우 설치한 날이 속하는 사업연도와 그 다음 사업연도의 개시일부터 2년 이내에 끝나는 사업연도까지(3년간) 해당 운동경기부의 운영에 드는 비용의 10%에 상당하는 금액을 법인세에서 공제한다(조특법 §104의22①).

3-2. 장애인운동경기부

내국법인이 장애인운동경기부를 설치하는 경우 설치한 날이 속하는 사업연도와 그 다음 사업연도의 개시일부터 4년 이내에 끝나는 사업연도까지(5년간) 해당 장애인운동경기부의 운영에 드는 비용의 20%에 상당하는 금액을 법인세에서 공제한다(조특법 §104의22②).

내국법인이 다른 법인이 운영하던 기존의 선수단을 인수하여 운동경기부를 창단하는 경우도 과세특례 적용대상이 된다(재법인-275, 2012. 4. 6.).

4 │ 이자상당가산액의 납부

기업의 운동경기부 및 이스포츠경기부 설치·운영에 대한 과세특례를 적용받은 내국법인이 경기부를 설치한 날부터 3년 이내(장애인운동경기부의 경우 5년)에 해당 경기부를 해체하거나 선수단 요건을 갖추지 못한 경우에는 해당 사업연도의 과세표준신고를 할 때 공제받은 세액에 다음의 이자상당액을 더한 금액을 법인세로 납부하여야 한다(조특법 §104의22⑤, 조특령 §104의20⑦).

이자상당가산액 = 미달한 세액 또는 초과하여 환급받은 세액 × 미납기간 × 0.025%

* 미납기간 : 공제받은 과세연도 종료일의 다음 날부터 납부사유가 발생한 날이 속하는 과세연도의 종료일까지의 기간(일수)

5 │ 절 차

본조의 과세특례를 적용받으려는 내국법인은 과세표준신고와 함께 세액공제신청서를 납세지 관할 세무서장에게 제출하여야 한다(조특령 §104의20⑤).

제104조의24

해외진출기업의 국내복귀에 대한 세액감면

1 │ 의 의

이 제도는 해외진출기업의 국내복귀에 대한 세제지원을 통해 해외창출 고용이 국내고용으로 전환되도록 유도하기 위해 도입되었고, 동 제도의 악용을 방지하기 위해 사업장 이전시 국외사업장을 양도·폐쇄하는 것을 지원요건 및 추징사유로 규정하였다. 2013. 1. 1. 개정시 해외사업장 유지방식을 세액공제대상에 추가하고 해외사업장 철수기한을 연장하는 등 세제지원을 강화하였다.[1][2]

2 │ 요 건

2-1. 대한민국 국민 등

본조의 적용대상은 국외에서 2년 이상 계속하여 경영하던 사업장을 소유하거나 실질적으로 지배하는 대한민국 국민(재외동포체류자격을 부여받은 재외동포[3] 포함) 또는 대한민국 법률에 따라 설립된 법인(외국인투자기업[4] 포함)을 말한다(조특법 §104의24①, 조특령 §104의21①).

---

1) 2013. 1. 1. 이후 국내에서 창업하거나 사업장을 신설하는 분부터 적용됨.

2) '해외진출기업의 국내복귀 지원에 관한 법률'(유턴법) 시행(2013. 12. 7.) 이후 5년간 총 51개사가 유턴기업으로 선정되어 성과가 다소 제한적(현재 29개사가 조업 중이며, 이들 기업의 총 투자액은 1,200억원, 일자리 창출 수는 975명)으로, 지금까지 선정된 유턴기업은 중국(46/51)에서 노동집약업종(28/51)을 영위하던 중소기업(49/51)이 주류를 이루고 있다. 다만, 투자 대비 일자리 효과(유턴기업에 대한 2014~2017년간 지원액은 179억원으로 1억원당 同 기간 중 5.4개의 일자리 창출) 및 대부분이 수도권을 제외한 지방으로 복귀(41개, 80.4%)하는 등 지역발전 측면에서도 긍정적 효과가 입증되고 있다. 이에 따라, 정부에서는 '유턴기업 중점 유치'를 국정과제로 선정하고, 「유턴기업 종합 지원대책」을 수립하였다(산업통상자원부, 2018. 11. 29.).

3) 「재외동포의 출입국과 법적 지위에 관한 법률」 제5조

4) 「외국인투자 촉진법」 제2조 제6호

2-2. 완전복귀(해외사업장 폐쇄) 방식

아래 하나의 요건을 갖추어 국외(개성공업지구[5] 포함)에서 2년 이상 계속하여 운영하던 사업장을 국내(수도권과밀억제권역 제외)로 이전하여 2024. 12. 31.까지 창업하거나 사업장을 신설 또는 증설(증설한 부분에서 발생하는 소득을 구분경리하는 경우로 한정)한 기업이어야 한다(조특법 §104의24① 1, 조특령 §104의21① · ④).

① 수도권과밀억제권역 밖의 지역에 창업하거나 사업장을 신설 또는 증설하여 사업을 개시한 날부터 4년 이내에 국외에서 경영하던 사업장을 양도하거나 폐쇄할 것
② 국외에서 경영하던 사업장을 양도하거나 폐쇄한 날부터 3년 이내에 수도권과밀억제권역 밖의 지역에 창업하거나 사업장을 신설 또는 증설할 것

2-3. 부분복귀(해외사업장 축소 · 유지) 방식

아래 하나의 요건을 갖추어 국외(개성공업지구 포함)에서 2년 이상 계속하여 경영하던 사업장을 부분 축소 또는 유지하면서 국내(수도권과밀억제권역은 제외)로 복귀하여 2024. 12. 31.까지 창업하거나 사업장을 신설 또는 증설(증설한 부분에서 발생하는 소득을 구분경리하는 경우로 한정)한 기업이어야 한다(조특법 §104의24① 2, 조특령 §104의21③ · ④).

① 국내에 사업장이 없는 내국인으로서 수도권과밀억제권역 밖의 지역에 창업할 것
② 국외에서 경영하던 사업장을 축소하여 산업통상자원부장관이 정하는 바에 따라 축소 확인을 받은 경우로서 그 축소를 완료한 날이 속하는 과세연도의 그 다음 과세연도의 개시일부터 3년 이내에 수도권과밀억제권역 밖의 지역에 사업장을 신설 또는 증설할 것

2-4. 동일 업종 영위

사업장을 국내로 이전 또는 복귀하는 경우 한국표준산업분류에 따른 세분류를 기준으로 이전 또는 복귀 전의 사업장에서 영위하던 업종과 이전 또는 복귀 후의 사업장에서 영위하는 업종이 동일하여야 한다(조특령 §104의21②).

---

5) 「개성공업지구 지원에 관한 법률」 제2조 제1호

3-1. 완전복귀(해외사업장 폐쇄) : 5년(100%) + 2년(50%) 감면방식

이전 후의 사업장에서 발생하는 소득(기존 사업장을 증설하는 경우에는 증설한 부분에서 발생하는 소득)으로서 아래의 소득에 대하여 이전일 이후 해당 사업장(기존 사업장을 증설하는 경우에는 증설한 부분)에서 최초로 소득이 발생한 과세연도(이전일부터 5년이 되는 날이 속하는 과세연도까지 소득이 발생하지 아니한 경우에는 이전일부터 5년이 되는 날이 속하는 과세연도)와 그 다음 과세연도 개시일부터 4년 이내에 끝나는 과세연도에는 소득세 또는 법인세의 100분의 100에 상당하는 세액을 감면하고, 그 다음 2년 이내에 끝나는 과세연도에는 소득세 또는 법인세의 100분의 50에 상당하는 세액을 감면한다(조특법 §104의24②, 조특령 §104의21⑤).

3-1-1. 수도권과밀억제권역 밖의 지역에 창업하거나 사업장을 신설 또는 증설하여 사업을 개시한 날부터 4년 이내에 국외에서 경영하던 사업장을 양도하거나 폐쇄하여 사업장을 이전하는 경우

$$\text{이전 후의 사업장에서 발생한 해당 과세연도의 소득} \times \frac{\text{국내로 이전하여 사업을 개시한 날이 속하는 과세연도에 국외에서 경영하던 사업장에서 발생한 매출액을 환율 등을 고려하여 환산한 금액}}{\text{이전 후의 사업장에서 발생한 해당 과세연도의 매출액}}$$

환율 등을 고려하여 환산한 금액 = A × B

A : 국내로 이전하여 사업을 개시한 날이 속하는 과세연도에 국외에서 경영하던 사업장에서 발생한 현지화로 표시된 매출액을 같은 과세연도의 「법인세법 시행규칙」 제44조의2에 따른 평균환율을 적용하여 원화로 환산한 금액

B : 국내로 이전하여 사업을 개시한 날이 속하는 과세연도의 생산자물가지수의 평균값(해당 과세연도의 매월에 「한국은행법」 제86조에 따라 한국은행이 조사·발표하는 생산자물가지수의 합계액을 해당 과세연도의 개월 수로 나눈 것으로 감면대상 소득이 귀속되는 과세연도의 생산자물가지수의 평균값을 나눈 비율(1보다 작은 경우에는 1로 한다)

* 계산식의 매출액은 동일 업종의 경영을 통해 발생하는 매출액을 말하며, 계산식에 따라 계산된 소득이 이전 후의 사업장에서 발생한 해당 과세연도의 소득(기존 사업장을 증설하는 경우에는 증설한 부분에서 발생한 소득)을 초과하는 경우에는 그 초과하는 금액은 없는 것으로 한다.

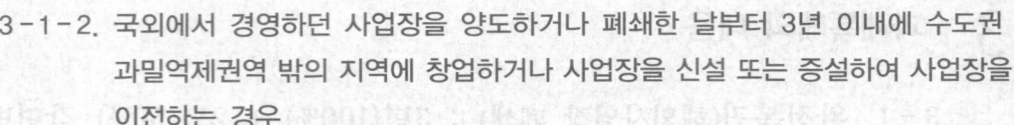

3-1-2. 국외에서 경영하던 사업장을 양도하거나 폐쇄한 날부터 3년 이내에 수도권 과밀억제권역 밖의 지역에 창업하거나 사업장을 신설 또는 증설하여 사업장을 이전하는 경우

$$\text{이전 후의 사업장에서 발생한 해당 과세연도의 소득} \times \frac{\text{국외에서 경영하던 사업장에서 그 사업장이 양도·폐쇄한 날이 속하는 과세연도의 직전 과세연도에 발생한 매출액을 환율 등을 고려하여 환산한 금액}}{\text{이전 후의 사업장에서 발생한 해당 과세연도의 매출액}}$$

환율 등을 고려하여 환산한 금액 = A × B

A : 국외에서 경영하던 사업장에서 그 사업장이 양도·폐쇄한 날이 속하는 과세연도의 직전 과세연도에 발생한 현지화로 표시된 매출액을 같은 과세연도의 평균환율을 적용하여 원화로 환산한 금액

B : 직전 과세연도의 생산자물가지수의 평균값으로 감면대상 소득이 귀속되는 과세연도의 생산자물가지수의 평균값을 나눈 비율(1보다 작은 경우에는 1로 한다)

* 계산식의 매출액은 동일 업종의 경영을 통해 발생하는 매출액을 말하며, 계산식에 따라 계산된 소득이 이전 후의 사업장에서 발생한 해당 과세연도의 소득(기존 사업장을 증설하는 경우에는 증설한 부분에서 발생한 소득)을 초과하는 경우에는 그 초과하는 금액은 없는 것으로 한다.

3-2. 부분복귀(해외사업장 축소·유지) : 5년(100%) + 2년(50%) 감면방식

복귀 후의 사업장에서 발생하는 소득(기존 사업장을 증설하는 경우에는 증설한 부분에서 발생하는 소득을 말한다)으로서 아래의 소득에 대하여 복귀일 이후 해당 사업장(기존 사업장을 증설하는 경우에는 증설한 부분을 말한다)에서 최초로 소득이 발생한 과세연도(복귀일부터 5년이 되는 날이 속하는 과세연도까지 소득이 발생하지 아니한 경우에는 복귀일부터 5년이 되는 날이 속하는 과세연도)와 그 다음 과세연도 개시일부터 4년(수도권 내의 지역에서 창업하거나 사업장을 신설 또는 증설하는 경우에는 2년) 이내에 끝나는 과세연도에는 소득세 또는 법인세의 100분의 100에 상당하는 세액을 감면하고, 그 다음 2년 이내에 끝나는 과세연도에는 소득세 또는 법인세의 100분의 50에 상당하는 세액을 감면한다(조특법 §104의24③, 조특령 §104의21⑥).

3-2-1. 국내에 사업장이 없는 내국인으로서 수도권과밀억제권역 밖의 지역에 창업한 경우

$$\text{복귀 후의 사업장에서 발생한 해당 과세연도의 소득} \times \frac{\text{국내로 복귀하여 사업을 개시한 날이 속하는 과세연도에 국외에서 경영하던 사업장에서 발생한 매출액을 환율 등을 고려하여 환산한 금액}}{\text{복귀 후의 사업장에서 발생한 해당 과세연도의 매출액}}$$

환율 등을 고려하여 환산한 금액 = A × B

A : 국내로 복귀하여 사업을 개시한 날이 속하는 과세연도에 국외에서 경영하던 사업장에서 발생한 현지화로 표시된 매출액을 같은 과세연도의 평균환율을 적용하여 원화로 환산한 금액
B : 국내로 복귀하여 사업을 개시한 날이 속하는 과세연도의 생산자물가지수의 평균값으로 감면대상 소득이 귀속되는 과세연도의 생산자물가지수의 평균값을 나눈 비율(1보다 작은 경우에는 1로 한다)

* 계산식의 매출액은 동일 업종의 경영을 통해 발생하는 매출액으로 하며, 계산식에 따라 계산된 소득이 복귀 후의 사업장에서 발생한 해당 과세연도의 소득(기존 사업장을 증설하는 경우에는 증설한 부분에서 발생한 소득)을 초과하는 경우에는 그 초과하는 금액은 없는 것으로 한다.

3-2-2. 국외에서 경영하던 사업장을 축소하여 산업통상자원부장관이 정하는 바에 따라 축소 확인을 받은 경우로서 그 축소를 완료한 날이 속하는 과세연도의 그 다음 과세연도의 개시일부터 3년 이내에 수도권과밀억제권역 밖의 지역에 사업장을 신설 또는 증설한 경우

$$\text{복귀 후의 사업장에서 발생한 해당 과세연도의 소득} \times \frac{\text{국외에서 경영하던 사업장에서 축소한 생산량으로서 산업통상자원부장관이 확인한 생산량에 해당하는 금액을 환율 등을 고려하여 환산한 금액}}{\text{복귀 후의 사업장에서 발생한 해당 과세연도의 매출액}}$$

환율 등을 고려하여 환산한 금액 = A × B

A : 국외에서 경영하던 사업장에서 축소한 생산량으로서 산업통상자원부장관이 확인한 생산량에 대하여 현지화로 표시된 매출액을 국외에서 경영하던 사업장의 축소를 완료한 날이 속하는 과세연도의 평균환율을 적용하여 원화로 환한 금액
B : 국외에서 경영하던 사업장의 축소를 완료한 날이 속하는 과세연도의 생산자물가지수의 평균값으로 감면대상 소득이 귀속되는 과세연도의 생산자물가지수의 평균값을 나눈 비율(1보다 작은 경우에는 1로 한다)

* 계산식의 매출액은 동일 업종의 경영을 통해 발생하는 매출액으로 하며, 계산식에 따라 계산된 소득이 복귀 후의 사업장에서 발생한 해당 과세연도의 소득(기존 사업장을 증설하는 경우에는 증설한 부분에서 발생한 소득)을 초과하는 경우에는 그 초과하는 금액은 없는 것으로 한다.

4 | 사후관리

4-1. 감면세액의 납부

본조의 규정에 의하여 소득세 또는 법인세를 감면받은 내국인이 아래 요건 중 어느 하나에 해당하는 경우에는 그 사유가 발생한 과세연도의 과세표준신고를 할 때 기 감면받은 소득세 또는 법인세를 납부하여야 한다(조특법 §104의24④, 조특령 §104의21⑥·⑦·⑧·⑨).

① 사업장을 이전 또는 복귀하여 사업을 개시(기존 사업장의 증설을 포함)한 날부터 3년 이내에 그 사업을 폐업 또는 증설한 부분을 폐쇄하거나 법인이 해산한 경우. 다만, 합병·분할 또는 분할합병으로 인한 경우는 제외한다.

> 폐업일(증설한 부분의 폐쇄일) 또는 법인해산일부터 소급하여 3년 이내에 감면된 세액

② 수도권과밀억제권역 밖의 지역에 창업하거나 사업장을 신설 또는 증설하여 사업을 개시한 날부터 4년 이내에 국외에서 경영하던 사업장을 양도하거나 폐쇄하여야 하는 요건을 갖추지 않은 경우, 국외에서 경영하던 사업장을 양도하거나 폐쇄한 날부터 1년 이내에 수도권과밀억제권역 밖의 지역에 창업하거나 사업장을 신설 또는 증설하여야 하는 요건을 갖추지 않은 경우

> 감면받은 소득세 또는 법인세 전액

③ 부분복귀(해외사업장 축소·유지)의 요건을 갖추어 감면을 받는 기간 중에 국외에 사업장을 신설하거나 국외에서 경영하던 사업장을 증설하는 경우[6]

> 국외에 사업장을 신설하거나 증설하여 사업을 개시한 날부터 소급하여 3년 이내에 감면된 세액

---

6) 본 규정(조특법 제104조의24 제4항 제3호)은 2020년말 조특법 개정시 신설되었으며, 관련 부칙규정은 2021년 1월 1일 이후 국내에서 창업하거나 사업장을 신설 또는 증설하는 경우부터 적용하되, 2021년 1월 1일 전에 국내에서 창업하거나 사업장을 신설 또는 증설한 경우에 대해서는 조특법 제104조의24 제1항부터 제4항까지의 개정규정에도 불구하고 종전의 규정에 따른다(법률 제17759호, 2020. 12. 29. 부칙 §26·49)고 되어 있는바, 2021년 1월 1일 현재 부분복귀(해외사업장 축소·유지)의 요건을 갖추어 감면을 받는 기간 중에 있는 유턴기업의 경우 사후관리 위반에 따른 적용시기에 주의가 필요한 것으로 사료된다.

4-2. 이자상당가산액의 납부

본조의 규정에 의하여 감면받은 소득세액 또는 법인세액을 상기의 규정에 의하여 납부하는 경우에는 이자상당가산액[7])에 관한 규정을 준용하여 계산한 다음의 이자상당가산액을 법인세로 납부하여야 한다(조특법 §104의24⑤).

$$감면받은 세액 \times 미납기간 \times 25/100,000$$

* 미납기간 : 감면을 받은 과세연도의 종료일 다음 날부터 감면세액의 납부사유가 발생한 과세연도의 종료일까지의 기간

5 │ 절 차

본조의 규정을 적용받고자 하는 자는 과세표준신고와 함께 세액감면신청서, 감면세액계산서 등을 납세지 관할 세무서장에게 제출하여야 한다(조특령 §104의21⑫).

6 │ 증설의 범위 및 구분경리

6-1. 증설의 범위

증설의 범위는 다음의 어느 하나에 해당하는 경우를 말한다(조특령 §104의21⑩).
① 공장인 사업장의 경우: 사업용고정자산을 새로 설치함으로써 해당 공장의 연면적이 증가하는 경우
② 공장 외의 사업장인 경우: 사업용고정자산을 새로 설치함으로써 따라 사업용고정자산의 수량 또는 해당 사업장의 연면적이 증가하는 경우

6-2. 구분경리

구분경리는 증설한 부분에서 발생한 소득과 증설 전의 부분에서 발생한 소득을 각각 구분하여 경리하는 것으로 한다(조특령 §104의21⑪).

---

7) 조특법 제63조 제3항

7 │ 주요 개정연혁

1. 유턴기업 세제지원 확대 및 제도 합리화(조특법 §104의24, 조특령 §104의21)

(1) 개정내용

종 전	개 정

☐ 해외진출기업(유턴기업)의 국내복귀* 시 소득세·법인세 감면
   * 수도권과밀억제권역 밖으로 복귀
 	
○ 세액감면 적용대상
  – 해외사업장을 폐쇄·축소·유지하고 국내에 창업한 경우
  – 해외사업장을 폐쇄·축소(생산량 50% 이상 감축)하고 국내사업장 신·증설한 경우
 	
○ 세액감면
  – 소득세·법인세 5년간 100%* + 2년간 50%
    * 수도권 안으로 부분복귀(해외사업장 축소·유지) 시 3년간 100%
 	
○ 감면대상 소득
 	
  – 국내사업장 신설 및 창업시 : 신설(창업)한 사업장에서 발생한 소득
	☐ 감면요건 완화 및 해외생산량 감축에 비례한 세제지원
	
	○ 해외생산량 감축율 요건 삭제
	  – (좌 동)
	
	  – 해외사업장을 폐쇄·축소하고 국내 사업장 신·증설한 경우
	
	○ (좌 동)
	
	○ 국내 창업 및 사업장 신설 통한 복귀시 감면대상 소득 설정
	  – 국내사업장 신설 및 창업시 :
	
	$$\text{신설(창업) 사업장 소득} \times \frac{\text{해외사업장의 매출액 감소액}^*}{\text{신설(창업)한 사업장의 매출액}} \text{(최대1)}$$
	   * 창업의 경우 창업 당시 해외사업장 매출액
	  – (좌 동)

– 국내사업장 증설시 : $$\text{증설한 부분 소득} \times \frac{\text{해외사업장의 매출액 감소액}}{\text{증설한 부분의 매출액}} \text{(최대1)}$$ ○ (적용기한) 2021. 12. 31.	○ (좌 동)

(2) 개정이유

○ 해외진출기업의 국내복귀 지원

(3) 적용시기 및 적용례

○ 2021. 1. 1. 이후 국내에서 창업하거나, 사업장 신·증설하는 경우부터 적용

제104조의25

석유제품 전자상거래에 대한 세액공제

1 | 의 의

이 제도는 석유제품 유통시장의 거래투명성을 제고하여 가격경쟁을 통한 유류가격 인하효과를 제고하기 위해 도입되어, 2012. 1. 1. 이후 최초로 공급하는 분부터 적용되었다.

2 | 요건 및 과세특례의 내용

석유판매업자 중 아래에 해당하는 자가 한국거래소에서 운영하는 석유제품 전자결제망을 이용하여 석유제품을 2025년 12월 31일까지 공급받는 경우 공급가액의 1천분의 3에 상당하는 금액을 공급받은 날1)이 속하는 과세연도의 소득세(사업소득에 대한 소득세만 해당) 또는 법인세에서 공제한다. 다만, 공제받는 금액이 해당 과세연도의 소득세 또는 법인세의 100분의 10을 초과하는 경우에는 그 초과하는 금액은 없는 것으로 한다(조특법 §104의25①).

〈석유제품을 공급받는 자〉
㉠ 「석유 및 석유대체연료 사업법 시행령」 제2조 제1호에 따른 일반대리점(석유제품 전자결제망을 통하여 일반대리점으로부터 석유제품을 공급받는 경우는 제외)
㉡ 「석유 및 석유대체연료 사업법 시행령」 제2조 제3호에 따른 주유소
㉢ 「석유 및 석유대체연료 사업법 시행령」 제2조 제4호에 따른 일반판매소

---

3 | 절 차

본조의 소득세 또는 법인세를 공제받으려는 자는 과세표준신고와 함께 세액공제신청서를 납세지 관할 세무서장에게 제출하여야 한다(조특령 §104의22③).

---

1) 「부가가치세법」 제15조에 따른 재화의 공급시기를 말한다.

4 | 조세특례제한 등

본 감면은 세액공제와 중복하여 적용할 수 없다(제127조 해설 참조).

소득금액을 추계하는 경우 적용할 수 없다(제128조 해설 참조).

최저한세는 적용대상이며 이월공제가 허용된다(제132조 및 제144조 해설 참조).

5 | 주요 개정연혁

1. 석유제품 전자상거래 세액공제 공제율 상향 및 적용기한 연장(조특법 §104의25)

(1) 개정내용

종 전	개 정
☐ 석유제품 전자상거래 세액공제	☐ 공제율 상향 및 적용기한 연장
○ (적용대상) 석유제품을 KRX 석유시장을 통해 공급받은 석유판매업자* 　*일반대리점, 주유소, 일반판매소	○ (좌　동)
○ (공제금액) 석유제품 공급가액의 0.2%	○ (공제율 인상) 0.2% → 0.3%
○ (공제한도) 해당 과세연도의 소득세·법인세의 10% 한도	○ (좌　동)
○ (적용기한) 2022. 12. 31.	○ (적용기한) 2025. 12. 31.

(2) 개정이유

○ 석유시장 투명성 제고 및 경쟁촉진

(3) 적용시기 및 적용례

○ 법 시행 이후 석유제품을 공급받은 분부터 적용

정비사업조합 설립인가등의 취소에 따른 채권의 손금산입

1 의 의

현행 「법인세법」은 채무자의 파산 등으로 회수할 수 없는 채권만 손금에 산입하도록 하고 있는데, 시공사가 추진위원회 또는 조합에 보유한 채권은 담보권이 설정되어 있어 회수가능성이 있으므로 채권을 포기해도 손금으로 인정되지 않는다. 그러나 2014. 1. 1. 조특법 개정시 뉴타운 등 정비사업의 원활한 출구전략을 지원하기 위해 시공사 채권을 포기하는 시점으로 손금산입 시기를 앞당기도록 하는 본 제도를 도입하였고, 2014. 1. 1. 이후 포기한 채권분부터 적용하되, 2014. 1. 1. 이전에 「도시 및 주거환경정비법」에 따라 승인 또는 설립인가가 취소된 추진위원회와 조합에 대해서도 적용되도록 하였다.

2 요 건

「도시 및 주거환경정비법」 제22조에 따라 추진위원회의 승인 또는 조합 설립인가가 취소된 경우 해당 정비사업과 관련하여 선정된 설계자·시공자 또는 정비사업전문관리업자("시공자 등")가 다음에 따라 2024. 12. 31.까지 추진위원회 또는 조합(연대보증인을 포함한다. 이하 "조합등") 에 대한 채권을 포기하여야 한다.

① 시공자등이 「도시 및 주거환경정비법」 제133조에 따른 채권확인서를 시장·군수에게 제출하고 해당 채권확인서에 따라 조합등에 대한 채권을 포기하는 경우

② 시공자등이 조합등에 대한 채권을 전부 포기하는 경우

시공자등은 과세표준신고와 함께 다음의 사항을 포함하는 채권의 포기에 관한 확인서를 납세지 관할 세무서장에게 제출하여야 한다. 이 경우 설계자·시공자 또는 정비사업 전문관리업자가 추진위원회 또는 조합에게 채무를 면제하는 의사를 표시한 것으로 보며, 확인서를 접수한 관할 세무서장은 즉시 해당 확인서 사본을 시장·군수·구청장에게 송부하여야 한다.

ㄱ 채권의 금액과 그 증명자료
ㄴ 채권의 포기에 관한 내용
ㄷ 「도시 및 주거환경정비법」 제133조 제3호에 따라 시·도조례로 정하는 사항

3 과세특례의 내용

3-1. 시공자등

채권의 가액을 시공자등이 해당 사업연도의 소득금액을 계산할 때 손금에 산입할 수 있다.

3-2. 조합등

시공자등이 채권을 포기함에 따라 조합등이 얻는 채무면제이익 등의 이익에 대해서는 「상속세 및 증여세법」에 따른 증여 또는 「법인세법」에 따른 익금으로 보지 아니한다.

4 관련사례

구 분	내 용
의사표시	시공사가 주택재개발정비사업조합(이하 "조합"이라 한다)에 사업비를 대여한 후, 별도의 채권포기 의사를 표명하지 아니한 채 조합설립 취소 및 사업폐지로 해당 채권을 회계상 대손처리하고 세무조정으로 손금불산입한 경우로서, 조세특례제한법(2014. 1. 1. 법률 제12173호로 개정된 것) 제104조의26 제1항 제1호에 따라 해당 채권을 포기하는 경우에는 같은 조 제1항 본문에 따라 해당 채권의 가액을 손금에 산입할 수 있는 것임(법규법인 2014-176, 2014. 6. 13.).

제 104 조의 28

2018 평창 동계올림픽대회 및 동계패럴림픽대회에 대한 과세특례

1 | 의 의

　　본 과세특례는 평창동계올림픽의 성공적인 개최를 위하여 국제올림픽위원회(IOC) 등 관련단체에 대해 세제지원하기 위해 마련된 제도이다. 국제올림픽위원회, 국제장애인올림픽위원회, 올림픽방송제작사 등 평창동계올림픽대회의 개최 및 운영에 직접 관련된 공식기관과 민간기업 중에서는 스폰서로 지정된 외국법인 중 국내사업장이 없는 외국법인 등에 한정하여 법인세를 면제하고, 평창올림픽경기 참가·운영 활동을 수행하는 비거주자가 대회 참가 및 대회 운영과 관련하여 얻은 소득에 대한 소득세를 면제하는 것을 내용으로 하고 있다.

　　동 제도는 2016. 1. 1. 이후 발생하는 소득분부터 2018. 12. 31.까지 얻은 소득에 대해 적용된다.

2 | 요건 및 과세특례의 내용

2-1. 외국법인에 대한 법인세 면제

2-1-1. 적용대상

2018 평창 동계올림픽대회 및 동계패럴림픽대회("대회")의 운영에 직접 관련된 자로서 다음의 어느 하나에 해당하는 외국법인이 적용대상이다.

① 국제올림픽위원회 또는 국제장애인올림픽위원회

② 각국 올림픽위원회 또는 각국 장애인올림픽위원회

③ 국제올림픽위원회가 대회 방송중계에 필요한 시설과 서비스 제공을 위하여 설립한 올림픽방송제작사

④ 국제올림픽위원회와 계약을 통하여 국제올림픽위원회의 휘장을 사용하는 대가로 국제올림픽위원회 또는 2018 평창 동계올림픽대회 및 동계패럴림픽대회 조직위원회에 금전, 재화 및 용역을 제공하는 외국법인(국내사업장이 없는 외국법인으로 한정한다) 등

다음의 어느 하나에 해당하는 외국법인(조특법 §104의28①, 조특령 §104의25)

㉠ 올림픽 종목별 국제경기연맹 또는 국제장애인경기연맹

㉡ 세계반도핑기구

㉢ 국제스포츠중재재판소

㉣ 국제올림픽위원회가 설립한 올림픽문화유산재단, 방송마케팅사, 올림픽채널서비스사

㉤ 국제장애인올림픽위원회가 장애인 체육활동을 육성·지원하기 위하여 설립한 단체

㉥ 국제올림픽위원회의 계약을 통하여 국제올림픽위원회의 휘장을 사용하는 경기시간 및 점수 측정업체 또는 경기관리 정보시스템 운영업체(국내사업장이 없는 경우에 한정한다). 이 경우 대회의 경기 시간 측정 및 경기 결과 기록 사업 등을 수행하는 외국법인[1])이 그 사업을 수행하는 국내사업장을 한시적으로 가지고 있는 경우에는 「법인세법」 제94조에도 불구하고 2018. 12. 31.까지 국내사업장이 있는 것으로 보지 아니한다(조특법 §104의28③).

㉦ 2018 평창 동계올림픽대회 및 동계패럴림픽대회의 지역별 독점방송중계권자

2-1-2. 과세특례의 내용

2016. 1. 1. 이후부터 2018. 12. 31.까지 대회 운영과 관련하여 얻은 소득에 대해서는 법인세를 부과하지 아니한다(조특법 §104의28①).

2-2. 비거주자에 대한 소득세 면제

2-2-1. 적용대상

2018 평창 동계올림픽대회 및 장애인동계올림픽대회 조직위원회로부터 대회에 참가하거나 그 운영에 관련된 활동을 수행하는 자로 인정받은 자로서 다음의 어느 하나에 해당하는 비거주자가 적용대상이다.

① 위 2-1-1. ④에 따른 외국법인의 위원 및 임직원[2])

---

1) 다음의 어느 하나에 해당하는 외국법인을 말한다(조특칙 §47의3①).
   1. 국제올림픽위원회와의 계약을 통하여 국제올림픽위원회의 휘장을 사용하는 경기시간 및 점수 측정업체 또는 경기관리 정보시스템 운영업체
   2. 2018 평창 동계올림픽대회 및 동계패럴림픽대회의 지역별 독점방송중계권자

2) 다음의 어느 하나에 해당하는 외국법인의 임직원이 한시적으로 국내에 주소 또는 거소를 두는 경우에는 「소득세법」 제1조의2 제1항 제1호에도 불구하고 2018. 12. 31.까지 거주자로 보지 아니한다(조특법 §104의28④, 조특칙 §47의3②).
   1. 국제올림픽위원회가 동계올림픽대회 방송중계에 필요한 시설과 서비스 제공을 위하여 설립한 올림픽방송제작사
   2. 2018 평창 동계올림픽대회 및 동계패럴림픽대회의 지역별 독점방송중계권자
   3. 국제올림픽위원회와의 계약을 통하여 국제올림픽위원회의 휘장을 사용하는 경기시간 및 점수 측정업체 또는

② 경기의 선수 · 감독 · 코치 · 심판 또는 운영요원

③ 행사 공연자 등 대회에 참가하거나 운영에 관련된 활동을 수행하는 자

2-2-2. 과세특례의 내용

2016. 1. 1. 이후부터 2018. 12. 31.까지 대회 참가 및 대회 운영과 관련하여 얻은 소득에 대해서는 소득세를 부과하지 아니한다(조특법 §104의28②).

3 | 주요 개정연혁

1. 2018 평창 동계올림픽대회 조직위원회 상징물 사용에 대해 부가가치세 의제매입세액공제 신설(조특법 §104의28⑤)

(1) 개정내용

종 전	개 정
〈신 설〉	□ 2018 평창 동계올림픽대회 조직위원회 상징물 사용에 대한 의제매입세액공제 ○ (대상) 조직위에 대회 관련 상징물 사용권을 대가로 현물을 공급하는 사업자 ○ (공제율) 9/109 ○ (적용기한) 2018. 12. 31.까지

(2) 개정이유

○ 2018 평창 동계올림픽대회 개최 지원

(3) 적용시기 및 적용례

○ 2017. 9. 12.이 속하는 과세기간에 재화 또는 용역을 공급받는 분부터 적용

경기관리 정보시스템 운영업체

제104조의30

우수 선화주기업 인증을 받은 화주 기업에 대한 세액공제

1 | 의 의

본조는 우수 선화주기업 인증을 받은 화주 기업이 법소정의 요건을 충족하는 경우 외항정기화물운송사업자에게 지출한 운송비용의 일부를 세액공제를 통한 조세지원을 하고자 2019년 12월 31일 조특법 개정시 도입되었고, 2020년 1월 1일 이후 개시하는 과세연도 분부터 적용되었으며, 2021. 12. 31. 조특법 개정시 우수 중소 선화주기업에 대한 지원을 확대하기 위하여 전년도 매출액 기준(100억원 이상) 규정을 삭제하였다.

2 | 요 건

2 - 1. 화주기업

우수 선화주기업 인증1)을 받은 화주 기업(국제물류주선업자로 등록한 기업2)으로 한정) 중 직전 과세연도의 매출액이 있는 기업을 말한다(조특령 §104의27①).

2 - 2. 해상운송비용 비율(다음의 요건을 모두 충족하는 경우)

① 화주기업이 해당 과세연도에 외항정기화물운송사업자에게 지출한 해상운송비용이 전체 해상운송비용의 100분의 40 이상일 것
② 화주기업이 해당 과세연도에 지출한 해상운송비용 중 외항정기화물운송사업자에게 지출한 비용이 차지하는 비율이 직전 과세연도보다 증가할 것

---

1) 「해운법」 제47조의2
2) 「물류정책기본법」 제43조 제1항

2-3. 운송비용 및 해상운송비용 요건

운송비용 및 해상운송비용은 외항 정기 화물운송사업[3]을 영위하는 자에게 지출한 비용으로서 다음의 요건을 모두 충족하는 것으로 한다(조특령 §104의27②).
① 수출·수입에 따른 물품의 이동을 위해 지출하는 비용일 것[4]
② 외항 정기 화물운송사업을 영위하는 자와 체결한 운송계약을 증명하는 선하증권 및 그 밖의 서류에 기재된 구간의 운송을 위하여 지출한 비용일 것

3 │ 과세특례의 내용

2025년 12월 31일까지 외항정기화물운송사업자[5]에게 수출입을 위하여 지출한 운송비용의 100분의 1에 상당하는 금액에 직전 과세연도에 비하여 증가한 운송비용의 100분의 3에 상당하는 금액을 더한 금액을 해당 지출일이 속하는 과세연도의 소득세(사업소득에 대한 소득세만 해당) 또는 법인세에서 공제한다. 다만, 공제받는 금액이 해당 과세연도의 소득세 또는 법인세의 100분의 10을 초과하는 경우에는 100분의 10을 한도로 한다(조특법 §104의30①).

4 │ 절 차

본조를 적용받으려는 내국인은 과세표준 신고와 함께 세액공제신청서 및 공제세액계산서를 납세지 관할 세무서장에게 제출해야 한다(조특법 §104의30②, 조특령 §104의27③).

---

3) 「해운법」 제23조 제2호
4) 「대외무역법 시행령」 제2조 제3호 및 제4호
5) 「해운법」 제25조 제1항

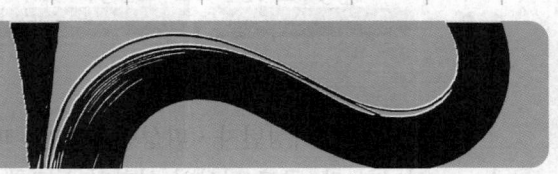

제**104**조의31

프로젝트금융투자회사에 대한 소득공제

1 | 의 의

2020년말 조특법 개정시 프로젝트금융투자회사가 2025년 12월 31일까지 배당가능이익의 100분의 90 이상을 배당한 경우 그 금액은 소득금액에서 공제하는 특례를 「법인세법」에서 이관하여 신설하였다.

2 | 요 건

2-1. 프로젝트금융투자회사

유동화전문회사 등[1])과 유사한 투자회사로서 다음의 요건을 모두 갖춘 법인이어야 한다(조특법 §104의31①).
  (1) 회사의 자산을 설비투자, 사회간접자본 시설투자, 자원개발, 그 밖에 상당한 기간과 자금이 소요되는 특정사업에 운용하고 그 수익을 주주에게 배분하는 회사일 것. 한편, 유동화전문회사 등[2])과 유사한 투자회사가 주택건설사업자와 공동으로 주택건설사업을 수행하는 경우로서 그 자산을 주택건설사업에 운용하고 해당 수익을 주주에게 배분하는 때에는 요건을 갖춘 것으로 본다(조특령 §104의28②).
  (2) 본점 외의 영업소를 설치하지 아니하고 직원과 상근하는 임원을 두지 아니할 것
  (3) 한시적으로 설립된 회사로서 존립기간이 2년 이상일 것
  (4) 주식회사[3])로서 발기설립의 방법으로 설립할 것

---

1) 「법인세법」제51조의2 제1항 제1호부터 제8호 : 유동화전문회사, 투자회사, 투자목적회사, 투자유한회사, 투자합자회사 및 투자유한책임회사, 기업구조조정투자회사, 기업구조조정 부동산투자회사 및 위탁관리 부동산투자회사, 선박투자회사, 「민간임대주택에 관한 특별법」또는 「공공주택 특별법」에 따른 특수 목적 법인 등, 문화산업전문회사, 해외자원개발투자회사
2) 「법인세법」제51조의2 제1항 각 호

(5) 발기인이 미성년자·피성년후견인·피한정후견인, 파산선고를 받은 자로서 복권되지 아니한 자, 금고 이상의 실형의 선고를 받거나 금융관련법령(이에 상당하는 외국의 법령을 포함)에 의하여 벌금형 이상의 형을 선고받고 그 집행이 종료(집행이 종료된 것으로 보는 경우 포함)되거나 면제된 후 5년이 경과되지 아니한 자, 금고 이상의 형의 집행유예의 선고를 받고 그 유예기간중에 있는 자, 금융관련법령에 의하여 영업의 허가·인가 또는 등록 등이 취소된 법인 또는 회사의 임·직원이었던 자(그 허가 등의 취소사유의 발생에 관하여 직접 또는 이에 상응하는 책임이 있는 자에 한한다)로서 당해 법인 또는 회사에 대한 취소가 있은 날부터 5년이 경과되지 아니한 자, 금융관련법령을 위반하여 해임되거나 면직된 후 5년이 경과되지 아니한 자[4])에 해당하지 아니하고 아래의 요건을 충족할 것(조특령 §104의28③)

(가) 발기인 중 1인 이상이 다음의 어느 하나에 해당할 것

　　1) 은행, 투자매매업자 및 투자중개업자, 종합금융회사, 상호저축은행, 보험회사, 신탁업자, 여신전문금융회사, 새마을금고중앙회 등[5])의 어느 하나에 해당하는 금융회사 등

　　2) 국민연금공단(사회기반시설의 준공과 동시에 해당 시설의 소유권이 국가 또는 지방자치단체에 귀속되며, 사업시행자에게 일정기간의 시설관리운영권을 인정하되, 그 시설을 국가 또는 지방자치단체 등이 협약에서 정한 기간 동안 임차하여 사용·수익하는 방식[6])으로 민간투자사업을 시행하는 투자회사의 경우에 한정한다)

(나) 위 발기인이 100분의 5(발기인이 다수인 경우에는 합산) 이상의 자본금을 출자할 것

(6) 이사가 위 (5)의 어느 하나에 해당하지 아니하거나 자산관리회사의 발행주식총수의 100분의 1 이상의 주식을 소유하고 있는 자 및 특수관계인이 아니며, 자산관리회사로부터 계속적으로 보수를 지급받고 있는 자[7])에 해당하지 아니할 것

(7) 감사는 공인회계사법에 의한 회계법인에 소속된 공인회계사이어야 하고, 직무정지기간 중에 있는 자 또는 업무정지기간중인 회계법인에 소속된 자 등에 해당하지 않아야 한다.[8])

(8) 자본금 규모, 자산관리업무와 자금관리업무의 위탁 및 설립신고 등에 관하여 아래의 요건을 갖출 것(조특령 §104의28④)

---

3) 「상법」이나 그 밖의 법률의 규정
4) 「기업구조조정투자회사법」 제4조 제2항 각 호
5) 「법인세법 시행령」 제61조 제2항 제1호부터 제4호까지, 제6호부터 제13호까지 및 제24호
6) 「사회기반시설에 대한 민간투자법」 제4조 제2호
7) 「기업구조조정투자회사법」 제12조 각 호
8) 「기업구조조정투자회사법」 제17조에 적합할 것

(가) 자본금이 50억원 이상일 것. 다만, 사회기반시설의 준공과 동시에 해당 시설의 소유권이 국가 또는 지방자치단체에 귀속되며, 사업시행자에게 일정기간의 시설관리운영권을 인정하되, 그 시설을 국가 또는 지방자치단체 등이 협약에서 정한 기간 동안 임차하여 사용·수익하는 방식[9]으로 민간투자사업을 시행하는 투자회사의 경우에는 10억원 이상일 것으로 한다.

(나) 자산관리·운용 및 처분에 관한 업무를 다음의 어느 하나에 해당하는 자 ("자산관리회사")에게 위탁할 것. 다만, 신탁계약[10]에 관한 업무는 자금관리사무수탁회사에 위탁할 수 있다.

1) 해당 회사에 출자한 법인
2) 해당 회사에 출자한 자가 단독 또는 공동으로 설립한 법인

(다) 신탁업을 경영하는 금융회사 등("자금관리사무수탁회사")에 자금관리업무를 위탁할 것

(라) 주주가 아래의 요건을 갖출 것

1) 주주 중 1인 이상이 다음의 어느 하나에 해당할 것

가) 은행, 투자매매업자 및 투자중개업자, 종합금융회사, 상호저축은행, 보험회사, 신탁업자, 여신전문금융회사, 새마을금고중앙회 등[11]의 어느 하나에 해당하는 금융회사 등

나) 국민연금공단(사회기반시설의 준공과 동시에 해당 시설의 소유권이 국가 또는 지방자치단체에 귀속되며, 사업시행자에게 일정기간의 시설관리운영권을 인정하되, 그 시설을 국가 또는 지방자치단체 등이 협약에서 정한 기간 동안 임차하여 사용·수익하는 방식[12]으로 민간투자사업을 시행하는 투자회사의 경우에 한정한다)

2) 위 주주가 100분의 5(발기인이 다수인 경우에는 합산) 이상의 자본금을 출자할 것

(마) 법인설립등기일부터 2개월 이내에 다음의 사항을 적은 명목회사설립신고서에 정관, 회사의 자산을 운용하는 특정사업의 내용, 자금의 조달 및 운영계획, 주금의 납입을 증명할 수 있는 서류, 자산관리회사 및 자금관리사무수탁회사와 체결한 업무위탁계약서 사본 등의 서류를 첨부하여 납세지 관할 세무서장에게 신고할 것(조특칙 §47의4①)

1) 정관의 목적사업

---

9) 「사회기반시설에 대한 민간투자법」 제4조 제2호
10) 「건축물의 분양에 관한 법률」 제4조 제1항 제1호
11) 「법인세법 시행령」 제61조 제2항 제1호부터 제4호까지, 제6호부터 제13호까지 및 제24호
12) 「사회기반시설에 대한 민간투자법」 제4조 제2호

2) 이사 및 감사의 성명·주민등록번호

3) 자산관리회사의 명칭

4) 자금관리사무수탁회사의 명칭

(바) 자산관리회사와 자금관리사무수탁회사가 동일인이 아닐 것. 다만, 해당 회사가 자금관리사무수탁회사(해당 회사에 대하여 지배주주등[13]이 아닌 경우로서 출자비율이 100분의 10 미만일 것)와 신탁계약[14]과 대리사무계약을 체결한 경우는 제외한다.

2-2. 이사·감사 및 주주 요건 보완 특례

프로젝트금융투자회사가 법인설립등기일부터 2개월 이내에 명목회사설립신고서를 납세지 관할 세무서장에게 신고한 후에 이사·감사 및 주주가 법소정의 요건[15]을 충족하지 못하게 되는 경우로서 그 사유가 발생한 날부터 1개월 이내에 해당 요건을 보완하는 경우에는 그 법인은 해당 요건을 계속 충족하는 것으로 본다(조특령 §104의28⑤).

2-3. 배당가능이익의 90% 이상 배당

2025년 12월 31일 이전에 끝나는 사업연도에 대하여 배당가능이익의 100분의 90 이상을 배당하여야 한다. 여기서 "배당가능이익"[16]이란 기업회계기준에 따라 작성한 재무제표상의 법인세비용 차감 후 당기순이익에 이월이익잉여금을 가산하거나 이월결손금을 공제하고, 이익준비금[17]을 차감한 금액을 말한다. 이 경우 다음의 어느 하나에 해당하는 금액은 제외한다(조특령 §104의28①).

(1) 자본준비금을 감액하여 받는 배당.[18] 다만, 주식발행액면초과액, 주식의 포괄적 교환차익, 주식의 포괄적 이전차익, 감자차익, 합병차익 등[19]에 해당하지 아니하는 자본준비금의 배당은 제외한다.

(2) 당기순이익, 이월이익잉여금 및 이월결손금 중 자산의 평가손익.[20] 다만, 시가법[21]으로

---

13) 「법인세법 시행령」 제43조 제7항

14) 「건축물의 분양에 관한 법률」 제4조 제1항 제1호

15) 조특법 제104조의31 제1항 제6호·제7호 및 조특령 제4항 제4호

16) 「법인세법 시행령」 제86조의2 제1항

17) 「상법」 제458조

18) 「상법」 제461조의2, 법인세법 제18조 제8호

19) 「법인세법」 제16조 제1항 제2호 각 목

20) 「법인세법 시행령」 제73조 제2호 가목부터 다목

21) 「법인세법 시행령」 제75조 제3항

평가한 투자회사등의 자산의 평가손익[22]은 배당가능이익에 포함한다.

3 | 과세특례의 내용

배당가능이익의 100분의 90 이상을 배당한 경우 그 금액은 해당 배당을 결의한 잉여금 처분의 대상이 되는 사업연도의 소득금액에서 공제한다(조특법 §104의31①). 한편, 배당금액이 해당 사업연도의 소득금액을 초과하는 경우 그 초과하는 금액은 해당 사업연도의 다음 사업연도 개시일부터 5년 이내에 끝나는 각 사업연도로 이월하여 아래 방법에 따라 공제한다. 다만 내국법인이 이월된 사업연도에 배당가능이익의 90% 이상을 배당하지 아니하는 경우에는 초과배당금액을 공제하지 아니한다(조특법 §104의31③·④).

(1) 이월된 초과배당금액을 해당 사업연도의 배당금액보다 먼저 공제할 것
(2) 이월된 초과배당금액이 둘 이상인 경우에는 먼저 발생한 초과배당금액부터 공제할 것

4 | 적용 배제

아래의 어느 하나에 해당하는 경우[23]에는 본조의 과세특례를 적용하지 아니한다(조특법 §104의31②).

(1) 배당을 받은 주주등에 대하여 그 배당에 대한 소득세 또는 법인세가 비과세되는 경우. 다만, 배당을 받은 주주등이 동업기업과세특례[24]를 적용받는 동업기업인 경우로서 그 동업자들에 대하여 배분받은 배당에 해당하는 소득에 대한 소득세 또는 법인세가 전부 과세되는 경우는 제외한다.
(2) 다음의 요건을 모두 갖춘 법인[25]인 경우
(가) 사모방식으로 설립되었을 것
(나) 개인 2인 이하 또는 개인 1인 및 그 친족("개인등")이 발행주식총수 또는 출자총액의 100분의 95 이상의 주식등을 소유할 것. 다만, 개인등에게 배당 및 잔여재산의 분배에 관한 청구권이 없는 경우를 제외한다.

---

22) 「법인세법 시행령」 제73조 제2호 다목
23) 「법인세법」 제51조의2 제2항 각 호
24) 「조세특례제한법」 제100조의15 제1항
25) 「법인세법 시행령」 제86조의2 제10항

5 │ 절 차

(1) 본조를 적용받으려는 법인은 과세표준신고와 함께 소득공제신청서를 납세지 관할 세무서장에게 제출해야 한다(조특법 §104의31⑤, 조특령 §104의28⑧). 한편, 법인설립 등기일부터 2개월 이내에 명목회사설립신고서를 첨부하여 납세지 관할 세무서장에게 신고하거나 신고한 후에 변경사항이 발생한 날부터 2주 이내에 해당 변경사항을 납세지 관할 세무서장에게 신고한 경우 신고를 받은 납세지 관할 세무서장은 행정정보의 공동이용[26])을 통해 신고인의 법인 등기사항증명서를 확인해야 한다(조특칙 §47의4②).

(2) 프로젝트금융투자회사가 법인설립등기일부터 2개월 이내에 명목회사설립신고서를 납세지 관할 세무서장에게 신고한 후에 정관의 목적사업, 이사 및 감사의 성명·주민 등록번호, 자산관리회사의 명칭, 자금관리사무수탁회사의 명칭이 변경된 경우에는 그 법인은 변경사항이 발생한 날부터 2주 이내에 해당 변경사항을 적은 명목회사변경 신고서에 정관, 회사의 자산을 운용하는 특정사업의 내용, 자금의 조달 및 운영계획, 주금의 납입을 증명할 수 있는 서류, 자산관리회사 및 자금관리사무수탁회사와 체결한 업무위탁계약서 사본을 첨부하여 납세지 관할 세무서장에게 신고해야 한다(조특령 §104의28⑥, 조특칙 §47의4①).

(3) 동업기업과세특례를 적용받는 동업기업인 경우로서 그 동업자들에 대하여 배분받은 배당에 해당하는 소득에 대한 소득세 또는 법인세가 전부 과세되는 경우[27])에는 소득공제신청을 할 때 추가로 배당을 받은 동업기업으로부터 제출받은 동업기업과세 특례적용 및 동업자과세여부 확인서를 첨부해야 한다(조특령 §104의28⑨).

---

26) 「전자정부법」 제36조 제1항
27) 「법인세법」 제51조의2 제2항 제1호 단서

6 | 주요 개정연혁

1. 유동화전문회사 등에 대한 소득공제 합리화(법인법 §51의2, 조특법 §104의31)

(1) 개정내용

종 전	개 정
□ 유동화전문회사 및 PFV* 등의 지급배당금에 대한 소득공제	□ 초과배당액* 이월공제 신설
* 프로젝트금융투자회사(PFV; project financing vehicle)	* 지급배당금이 해당 사업연도 소득금액보다 큰 경우 그 차액
○ 배당가능이익*의 90% 이상을 배당할 경우 지급 배당금을 해당 사업연도의 소득금액에서 공제 * 당기순이익＋이월이익잉여금－이월결손금－이익준비금	○ (좌 동)
〈신 설〉	－ 초과배당액을 최대 5년간 이월하여 공제 * 이월한 초과배당액은 각 사업연도에 발생한 배당액보다 우선하여 소득금액에서 공제
□ PFV의 지급배당금에 대한 소득공제	□ 적용기한 연장
○ (적용기한) 2022. 12. 31.	○ 2025. 12. 31.

(2) 개정이유

  ○ 지급배당 소득공제 제도 합리화

(3) 적용시기 및 적용례

  ○ 2023. 1. 1. 이후 배당하는 분부터 적용

제104조의32

용역제공자에 관한 과세자료의 제출에 대한 세액공제

1 | 의 의

「전국민 고용보험 로드맵」지원을 위한 인프라 구축을 위해 용역제공자에 대한 대가를 지급하는 경우에도 매월 소득을 파악할 수 있도록 과세자료 제출 주기를 단축함에 따라 이에 따른 사업자의 납세협력비용 경감을 위해 본조의 세액공제 제도가 2021. 12. 28. 조특법 개정시 신설되었다.

2 | 요 건

아래의 용역제공자에 관한 과세자료를 제출하여야 할 자가 수입금액 또는 소득금액이 발생하는 달의 다음 달 말일까지 국세정보통신망을 통하여 과세자료를 제출하여야 한다(조특법 §104의32①, 소득령 §224①).

① 대리운전용역

② 소포배달용역

③ 간병용역

④ 골프장경기보조용역

⑤ 파출용역

⑥ 위 ①~⑤와 유사한 용역으로서 한국표준산업분류 또는 한국표준직업분류에 따른 대인서비스와 관련된 일에 종사하는 자로서 기획재정부령이 정하는 자가 직접 제공하는 용역

3 | 과세특례의 내용

2023년 12월 31일까지 위 요건을 갖추어 신고하는 경우 용역제공자 1명당(용역제공자 인적사항 및 용역제공기간 등 기재해야 할 사항이 모두 기재된 인원수로 한정한다) 300원을 곱하여 계산한 금액을 공제한다. 다만 그 합계액이 1만원 미만인 경우 이를 1만원으로 하고 200만원을 초과하는 경우 그 초과하는 금액은 없는 것으로 한다(조특령 §104의29①).

4 | 절 차

본조를 적용받으려는 내국인은 과세표준 신고와 함께 세액공제신청서 및 공제세액계산서를 납세지 관할 세무서장에게 제출해야 한다(조특령 §104의29②).

5 | 주요 개정연혁

1. 과세자료 제출 세액공제 신설(조특법 §104조의32)

(1) 개정내용

종 전	개 정
〈신 설〉	□ 용역제공자에 관한 과세자료 제출 사업자에게 소득세·법인세 공제 신설 ○ (공제금액) 용역제공자 1명당 300원 　　* 용역제공자 인적사항, 용역제공기간 등 기재하여야 할 사항을 기재하여 제출한 인원으로 한정 ○ (공제한도) 사업자별 연간 200만원 ○ (적용기한) 2023. 12. 31.까지

(2) 개정이유
○ 과세자료 제출주기 단축 등에 따른 사업자 부담 경감

(3) 적용시기 및 적용례
○ 2021. 11. 11. 이후 수입금액 또는 소득금액이 발생하는 용역에 대한 과세자료를 제출하는 분부터 적용

제 **3** 장

간접국세

제105조

부가가치세 영세율의 적용

1 | 의 의

부가가치세를 면제하는 방법은 부분면세와 완전면세로 구분할 수 있다. 영세율제도는 일정한 재화 또는 용역의 공급에 대한 과세표준에 0%의 세율을 적용하는 것으로 완전면세에 해당한다. 동 제도는 수출의 경우와 같은 국가 간의 재화의 이동에 대하여 관세 및 무역에 관한 일반협정 (GATT)의 일반원칙인 소비지국 과세원칙에 따라 당해 재화를 생산하는 국가에서는 간접세를 부과하지 아니하고 그 재화를 소비하는 국가에서 간접세를 부과하도록 함으로써 간접세의 이중과세를 배제하기 위한 것이 주된 목적이다. 또한, 수출촉진·국가정책목적상의 이유로 영세율을 허용하고 있다. 영세율을 적용하는 주요 명문조항은 부가가치세법, 조세특례제한법, 조약, 남북교류협력에 관한 법률 등에서 규정하고 있으며, 특히 조세특례제한법 제105조에서는 비록 국내거래라 할지라도 국가정책적인 측면에서 지원의 필요성이 높은 분야에 대하여 영세율 규정을 별도로 마련하여 시행하고 있다.

2 | 영세율 적용대상

다음의 어느 하나에 해당하는 재화 또는 용역의 공급에 대한 부가가치세에 있어서는 영의 세율을 적용한다.

구 분	일 몰
① 방산업체가 공급하는 방산물자와 중점관리대상으로 지정된 자가 생산·공급하는 시제품 등	일몰 없음.
② 국군부대 또는 기관에 공급하는 석유류	일몰 없음.
③ 국가 등에 직접 공급하는 도시철도건설용역	2023. 12. 31.
④ 국가 또는 지방자치단체에 공급하는 사회기반시설 또는 동 시설의 건설용역	2023. 12. 31.

구 분	일 몰
⑤ 의수족, 휠체어, 보청기 등 장애인용 보장구와 장애인용 특수정보통신기기 및 소프트웨어	일몰 없음.
⑥ 농민, 축산업종사자 또는 임업종사자 등에게 공급하는 농·축산·임업용 기자재	2025. 12. 31.
⑦ 어민에게 공급하는 어업용 기자재	2025. 12. 31.

2-1. 방산업체가 공급하는 방산물자 등

2-1-1. 방산업체가 공급하는 방산물자

「방위사업법」에 의하여 지정을 받은 방산업체가 공급하는 동법에 의한 방산물자(경찰이 작전용으로 사용하는 것을 포함한다)는 부가가치세 영세율을 적용한다.[1][2] 다만, 방위산업체 상호 간의 거래시에는 영의 세율을 적용하지 아니한다(조기통 105-0…1). 한편, 방산업체가 국가로부터 인도받은 재화에 주요자재의 전부 또는 일부를 부담하여 정비한 방산물자를 국가에 공급하는 경우에는 영세율이 적용된다(간세 1265.1-2231, 1980. 7. 20.).

2-1-2. 중점관리대상으로 지정된 자가 공급하는 시제품 및 용역

「비상대비자원관리법」에 의하여 중점관리대상으로 지정된 자가 생산·공급하는 시제품 및 자원동원으로 공급하는 용역은 부가가치세 영세율을 적용한다.

* 중점관리대상자원의 지정 : 주무부장관은 효율적인 비상대비업무를 수행하기 위하여 필요하다고 인정하는 경우에는 인력자원·물적 자원 중에서 중점관리하여야 할 인력·물자 또는 업체를 지정할 수 있다(비상대비자원관리법 §11).

2-2. 국군부대 또는 기관에 공급하는 석유류

「국군조직법」에 의하여 설치된 부대 또는 기관에 공급(군인복지기금법 제2조 제1호에 따른 골프장과 골프연습장에 공급하는 석유류는 영세율 적용 대상에서 제외[3])하는 석유류에 대한

---

1) 「방위사업법」에 의하여 지정을 받은 방산업체가 같은 법에 의하여 지정된 방산물자를 정부가 전액 출자하여 설립된 비영리연구기관인 한국항공우주연구원에 공급하면서 사전 약정에 따라 당해 방산물자에 대한 권리 및 사용권이 정부(방위사업청)에 귀속되는 경우, 회신 이전에 납세의무가 성립한 분에 대해서도 동일하게 적용되는 것임. 한국항공우주연구원이 품질보증·사업관리 용역을 제공하고 정부로부터 일정액의 정부출연금을 지급받고 있는 거래관계는 위 회신의 사안과 무관한 사안으로서 동 회신이 동일하게 적용될 것은 아님(재부가-168, 2010. 3. 22.).

2) 방산업체가 국내에 사업장이 없는 외국법인에게 방산물자를 공급하기로 계약을 체결하고 당해 외국법인이 지정하는 방위사업청에 방산물자를 인도하는 경우 영세율이 적용되지 아니함(재부가-128, 2008. 5. 15.).

3) 군 면세유를 지원하는 목적이 작전, 훈련 등 군 고유목적 업무수행 지원임을 감안하여 기타 부문(군 골프장

부가가치세에 있어서는 영의 세율을 적용한다. 여기서 '석유류'란 「석유 및 석유대체연료 사업법」 제2조 제1호 및 제2호에 따른 원유·천연가스(액화한 것을 포함한다) 및 석유제품을 말한다(조기통 105-0…2).

2-3. 국가 등에 직접 공급하는 도시철도건설용역

다음의 어느 하나에 해당하는 자에게 직접 공급하는 도시철도건설용역에 대하여는 부가가치세 영세율을 적용한다.[4][5][6][7][8]

① 국가 및 지방자치단체(사업시행자가 부가가치세가 면제되는 사업을 할 목적으로 민간투자사업의 추진방식[9]으로 국가 또는 지방자치단체에 공급하는 사회기반시설 또는 사회기반시설의 건설용역에 따라 공급받는 경우는 제외)

② 도시철도공사(지방자치단체의 조례에 의하여 도시철도를 건설할 수 있는 경우에 한한다)

③ 한국철도시설공단

④ 공공부문 외의 자로서 사업시행자의 지정을 받아 민간투자사업을 시행하는 법인

⑤ 한국철도공사[10]

및 골프연습장)은 과세전환(2013. 1. 1. 이후 공급분부터 적용)

[4] 「조세특례제한법」 제105조 제1항 제3호 각 목의 어느 하나에 해당하는 자가 시행하는 도시철도건설 구간 내의 지장전주를 소유하는 사업자가 동 구간 내의 지장전주 이설공사용역만을 공급하는 경우 같은 호에 따른 도시철도건설용역에 해당하지 아니하는 것임(재부가-95, 2011. 2. 17.).

[5] 사업자가 지방자치단체로부터 위탁받아 책임감리용역을 지방자치단체에게 직접 공급하는 경우 한국표준산업분류상 건설업에 해당하지 않으므로 도시철도건설용역에 해당하지 아니하는 것임(재부가-567, 2011. 9. 14.).

[6] 도시철도건설의 공동수급체의 하나인 외국법인이 「사회기반시설에 대한 민간투자법」 제2조 제7호에 따른 사업시행자와 도시철도건설에 대한 일괄도급계약을 체결하고, 그 사업시행자 명의로 수입통관된 도시철도건설 관련 필수장비인 신호 및 차량제어장비로 그 외국법인의 국내지점을 통해 설치공사를 하게 하여 최종적으로 공동수급체가 동 도시철도건설공사 완료시 이를 도시철도건설용역에 포함시켜 사업시행자에게 인수하게 하는 경우 그 사업시행자 명의로 수입되는 신호 및 차량제어장비는 도시철도건설용역제공에 부수되어 이루어지는 재화의 공급으로 「조세특례제한법」 제105조 제1항 제3호의 도시철도건설용역에 포함되어 영세율을 적용하는 것임(재부가-892, 2010. 12. 31.).

[7] 「한국철도시설공단법」에 따른 한국철도시설공단에 직접 공급하는 도시철도건설용역은 「조세특례제한법」 제105조 제1항 제3호에 해당되어 부가가치세 영세율이 적용되므로, 한국철도시설공단이 한국도로공사에 위탁하여 건설하는 시설물이 도시철도운행관련 시설물(라멘교)로서 도시철도시설에 해당하는 경우에는 도시철도건설용역으로 영세율을 적용하는 것임. 이 경우 한국도로공사는 도시철도의 시설물 건설과 관련한 매입세액을 공제받을 수 있는 것이며, 관련 매입세액의 실지귀속을 구분할 수 없는 경우에는 「부가가치세법 시행령」 제61조 등에 따라 매입세액을 안분계산하는 것임(재부가-845, 2010. 12. 21.).

[8] 사업자가 「도시철도법」 제3조 제3호의 도시철도시설에 해당하는 환승시설 공사용역을 한국철도시설공단에 직접 공급하는 경우에는 「조세특례제한법」 제105조 제1항 제3호 마목에 의하여 부가가치세 영세율이 적용되는 것임(재부가-405, 2008. 10. 15.).

[9] 「사회기반시설에 대한 민간투자법」 제4조 제1호부터 제3호

> □ 도시철도건설용역의 범위(조기통 105 - 0…3 ①)
> ① 사업자가 도시철도건설용 재화를 공급하는 경우와 국가·지방자치단체·도시철도공사·한국
> 철도시설공단·사회기반시설에 대한 민간투자법 제2조 제7호에 의한 사업시행자에게 직접
> 도시철도건설용역을 공급하는 사업자로부터 하도급받아 도시철도건설용역을 공급하는 경우에는
> 영의 세율을 적용하지 아니한다.
> ② 도시철도의 개념에는 지하철도의 선로 등 지하철도의 제반 시설물이 포함된다.

2 - 4. 국가 또는 지방자치단체에 공급하는 사회기반시설 또는 동 시설의 건설용역[11]

공공부문 외의 자로서 사업시행자의 지정을 받아 민간투자사업을 시행하는 법인이 부가가치세가 과세되는 사업을 할 목적으로 민간투자사업의 추진방식[12]으로 국가 또는 지방자치단체에 공급하는 사회기반시설 또는 동 시설의 건설용역에 대한 부가가치세에 있어서는 영의 세율을 적용한다.[13]

- 기부채납단계 : 영세율
- 사용수익단계 : 과세

2 - 5. 장애인용 보장구

2 - 5 - 1. 적용대상

장애인용 보장구, 장애인용 특수정보통신기기 및 장애인의 정보통신기기 이용에 필요한 특수소프트웨어로서 다음 중 어느 하나에 해당하는 것의 공급에 대하여는 부가가치세 영세율을 적용한다.

---

10) 2020년말 조특법 개정시 신설되었고, 2021년 1월 1일 이후 한국철도공사에 직접 건설용역을 공급하는 분부터 적용한다(법률 제17759호, 2020. 12. 29. 부칙 §27).

11) 사회간접자본시설(철도시설)을 국가에 기부채납하는 것인 이상 비록 그것이 부가가치세가 면제되는 여객운송사업을 영위하기 위한 것이라 할지라도 영세율이 적용됨(대법원 2010. 1. 28. 선고 2007두26681 판결).

12) 「사회기반시설에 대한 민간투자법」 제4조 제1호부터 제3호

13) 군인 또는 군인가족이 사용하는 군관사는 상시 주거용으로 사용하는 건물(주택)로 「부가가치세법」 제12조 제1항 제12호의 '주택과 이에 부수되는 토지'에 해당되어 그 임대용역 제공에 따른 임대료에 대하여는 부가가치세가 면제되므로 「조세특례제한법」 제105조 제1항 제3호의2에 따른 사업시행자가 그 군관사의 건설단계에서 부담한 매입세액은 공제되지 아니하는 것임.

조세특례제한법 시행규칙 [별표 9의2] (2021. 3. 16. 개정)

부가가치세 영세율이 적용되는 장애인용품의 범위(조특칙 제47조의5 관련)

장애인 보조기기 등으로서 다음 각 호의 어느 하나에 해당하는 물품과 그 수리용 부분품

1. 「장애인·노인등을 위한 보조기기 지원 및 활용촉진에 관한 법률」 제3조 제2호 및 같은 법 시행규칙 제2조에 따른 보조기기로서 장애인용으로 특별히 제작된 다음 각 목의 것
    가. 팔 의지(義肢), 다리의지(義肢)
    나. 수동휠체어, 전동휠체어
    다. 청각보조기기(청각보조기기용 액세서리를 포함한다)
    라. 점자 교육용 보조기기
    마. 점자 읽기자료
    바. 휴대용 점자 기록기
    사. 프린터(점자프린터로 한정한다)
    아. 표준 네트워크 전화기(청각 장애인용 골도전화기로 한정한다)
    자. 특수 출력 소프트웨어
    차. 특수키보드
    카. 컴퓨터 포인팅용 장치
    타. 다리 보조기
    파. 척추 및 머리보조기
    하. 팔 보조기
    거. 보행용 막대기 및 지팡이
    너. 촉각 막대기 또는 흰 지팡이
    더. 팔꿈치 목발
    러. 아래팔 목발
    머. 겨드랑이 목발
    버. 양팔 조작형 보행용 보조기기
    서. 욕창방지 방석 및 커버
    어. 욕창 예방용 등받이 및 패드
    저. 와상용 욕창 예방 보조기구
    처. 침대 및 침대장비(욕창방지용으로 한정한다)
    커. 대소변 흡수용 보조기구
    터. 비디오 자막 및 자막 텔레비전 해독기(국가·지방자치단체 또는 「방송법」 제90조의2에 따라 설립된 시청자미디어재단이 시·청각 장애인에게 무료로 공급하기 위하여 구매하는 것으로 한정한다)
    퍼. 시각 신호 표시기
    허. 음성 출력 읽기 자료
    고. 영상 확대 비디오 시스템

2. 「의료기기법」 제2조에 따른 의료기기로서 장애인용으로 특수하게 제작되거나 제조된 다음 각 목의 것
   가. 보청기
   나. 인공달팽이관장치(연결사용하는 외부 장치 및 배터리를 포함한다)
   다. 인공후두

2-5-2. 적용범위

사업자가 장애인용 보장구,[14] 장애인용 특수정보통신기기(텔레비전 자막수신기를 제외한다), 장애인의 정보통신기기 이용에 필요한 특수소프트웨어를 공급하는 경우에는 공급받는 자가 누구(장애인, 사업자, 의료기관 등)인지 여부에 관계없이 부가가치세 영세율이 적용된다(조기통 105-0…5).

2-6. 농민 또는 임업종사자에게 공급하는 농·축산·임업용 기자재

2-6-1. 적용대상

농민 또는 임업인에게 공급(국가 및 지방자치단체와 농업협동조합법·엽연초생산협동조합법 또는 산림조합법에 의하여 설립된 각 조합 및 이들의 중앙회와 농협경제지주회사 및 그 자회사를 통하여 공급하는 것 포함)하는 농업용·축산업용 또는 임업용 기자재로서 다음 중 어느 하나에 해당하는 것은 부가가치세 영세율을 적용한다.
① 비료(비료와 육묘용 흙이 혼합된 것 포함)(농림특례규정 §3①).
② 농림축산식품부장관이 고시한 농약 중 저곡해충약 및 고독성농약 및 어독성 1급인 보통 독성 농약을 제외한 것. 즉, 직접 농민들이 사용하지 아니하는 양곡저장용의 저곡해충 약(인화늄제, 메칠부로마이드훈증제), 고독성농약 및 어독성 1급인 보통독성 농약은 영세율 적용대상에서 제외하였다(농림특례규정 §3). 고독성농약은 농민의 건강과 환경부담 등에 대한 부작용을 고려하여 2005. 1. 1. 이후 공급하는 분부터 영세율 적용대상에서 제외한다.
③ 농촌인력의 부족을 보완하고 농업의 생산성향상에 기여할 수 있는 농업용 기계(자세한 사항은 농림특례규정 [별표 1] 참조)
④ 축산인력의 부족을 보완하고 축산업의 생산성 향상에 기여할 수 있는 축산업용 기자재(자세한 사항은 농림특례규정 [별표 2] 참조)
⑤ 사료(부가가치세가 면제되는 것 제외)

---

14) 시각장애인용 흰지팡이에 탈부착하는 초음파센싱장애물회피보행보조기기는 영세율이 적용되는 장애인용보장구에 해당되지 아니함(법규부가 2011-108, 2011. 3. 28.).

⑥ 산림의 보호와 개발촉진에 기여할 수 있는 임업용 기자재(자세한 사항은 농림특례규정 [별표 3] 참조). 다만, 산림조합법에 따라 설립된 조합 또는 중앙회의 장으로부터 영림업용 또는 벌목업용으로 사용되는 것임을 확인받은 것에 한한다.

⑦ 친환경농업용 기자재(키토산, 목초액, 천적)(자세한 사항은 농림특례규정 [별표 3의2] 참조)

2-6-2. 농민·임업인의 범위

(1) 농 민

농민이라 함은 통계청장이 고시하는 한국표준산업분류표상의 농업 중 작물재배업·축산업 또는 작물재배 및 축산복합농업에 종사하는 자[15]를 말한다. 작물재배업은 노지 또는 특정시설 내에서 벼·보리·콩 등의 보통작물, 약용작물·섬유작물·유지작물 등의 기타 작물, 잎 및 줄기채소·열매채소·뿌리채소 등의 채소작물, 화초·잔디·관상수 등의 화훼작물, 농작물의 종자·묘목·육모·버섯종균생산 등의 종묘, 견과, 딸기 등의 과실, 커피·차·코코아 등의 음료 및 향신작물, 버섯재배·콩나물 생산 등을 말한다.

(2) 임업인

임업에 종사하는 자라 함은 통계청장이 고시하는 한국표준산업분류상의 임업 중 영림업 또는 벌목업에 종사하는 자(법인 제외)를 말한다(농림특례규정 §2③).

영림업은 산림용 수종 및 묘목의 생산, 조림 및 육림, 산림보호, 양생수액 및 비식용 야생식물을 채취하는 산업활동을 말하며, 벌목업은 산림지역에서 나무를 베어 용재용 원목과 연료목을 생산하는 산업활동을 의미한다.

2-6-3. 추 징

관할 세무서장은 농민에 해당하지 아니하는 자가 다음의 축산업용 기자재 및 사료를 부정하게 부가가치세 영의 세율을 적용하여 공급받은 경우에는 그 축산업용 기자재 및 사료를 공급받은 자로부터 그 축산업용 기자재 및 사료의 공급가액의 100분의 10에 해당하는 부가가치세액과 그 세액의 100분의 10에 해당하는 금액의 가산세를 추징한다.

① 축산인력의 부족을 보완하고 축산업의 생산성 향상에 기여할 수 있는 축산업용 기자재로서 농림특례규정 [별표 2]에서 정하는 것

② 사료(부가가치세가 면제되는 것 제외)

---

15) 농림특례규정 제2조 제1항 각호에 규정된 자

2-7. 어민에게 공급하는 어업용 기자재

2-7-1. 적용대상

연근해 및 내수면어업용으로 사용할 목적으로 어민에게 공급(수산업협동조합법에 의하여 설립된 각 조합 및 어촌계와 농업협동조합법에 의하여 설립된 각 조합 및 이들의 중앙회를 통하여 공급하는 것 포함)하는 어업용 기자재로서 다음 중 어느 하나에 해당하는 것
① 사료(부가가치세가 면제되는 것 제외)
② 어망, 부자 기타 연근해어업 및 내수면어업에 필수적으로 소요되는 기자재로서 농림특례규정 [별표 4]에 게기하는 것

2-7-2. 어민의 범위

어민이라 함은 통계청장이 고시하는 한국표준산업분류상의 어업에 종사하는 자로서 농림특례규정 제2조 제4항 각 호에 규정된 자를 말한다.

3 | 영세율 첨부서류 등

3-1. 영세율 첨부서류의 제출

부가가치세 영세율이 적용되는 농·축산·임·어업용 기자재를 예정신고·확정신고 또는 영세율 등 조기환급신고를 함에 있어서는 당해 신고서에 다음의 구분에 따른 서류를 첨부하여 제출하여야 한다.
① 농·축산·임·어업용 기자재를 농민·어민 또는 임업인에게 직접 공급하는 경우에는 월별판매액합계표. 다만, 임업용 기자재의 경우에는 조합 또는 중앙회의 장의 임업용 기자재구매확인서를 함께 제출하여야 한다.
② 농·축산·임·어업용 기자재를 조합 및 중앙회 또는 어촌계를 통하여 공급하는 경우에는 당해 기관장의 납품확인서

3-2. 농·어민 판매기록표의 작성·비치

부가가치세 영세율이 적용되는 농·축산·임·어업용 기자재를 농민·어민 또는 임업인에게 직접 공급하는 자는 판매기록표를 작성·비치하여야 한다.

3-3. 조기환급

본조에 따라 영세율이 적용되는 경우 조기환급의 대상이 되며, 기타 앞에서 설명된 사항 이외의 영세율 적용절차에 대하여는 부가가치세법을 준용한다(조기통 105-0…4).

3-4. 영세율 적용대상 농업용 기자재 등 공급시 영수증 교부 가능 여부

부가가치세 영세율이 적용되는 농·축산·임·어업용 기자재의 제조업자가 동 기자재를 사업자가 아닌 농·어민에게 직접 공급하는 경우에는 영수증을 교부할 수 있다(조기통 105-0…6).

3-5. 예정신고·확정신고 또는 영세율 등 조기환급신고시 첨부서류[16]
(조특령 §106⑫)

① 공급받는 기관의 장이 발행하는 납품증명서[17] 또는 용역공급사실을 증명하는 서류
② 월별판매액합계표 ③ 면세공급증명서

4 | 관련사례

구 분	내 용
방산 물자	방위산업에 관한 특별조치법에 의하여 지정을 받은 방위산업체가 공급하는 동법의 규정에 의한 방위산업물자는 조세특례제한법 제105조 제1호의 규정에 의하여 부가가치세 영세율이 적용되는 것이며, 이 경우 영세율 적용시기는 방위산업체로 지정된 날 이후에 부가가치세법 제9조의 규정에 의한 공급시기가 도래한 것부터 적용하는 것임(부가 46015-4122, 1999. 10. 11.).
	조세감면규제법 제99조 제1호의 규정에 의하여 영세율이 적용되는 방위산업물자에는 방위산업에 관한 특별조치법 시행규칙 제6조의 규정에 의하여 당해 방위산업물자에 포함되어 지정된 것으로 보는 수리부속품을 포함하는 것임(부가 46015-2429, 1998. 10. 29.).

---

16) 영세율 적용대상 과세표준을 예정신고 또는 확정신고서에 신고를 하지 아니한 경우, 신고한 과세표준이 신고하여야 할 과세표준에 미달한 경우 또는 영세율 첨부서류를 제출하지 아니한 경우에도 해당 과세표준이 영세율 적용대상임이 확인되는 때에는 영의 세율을 적용한다. 이 경우 「부가가치세법」 제22조 제8항에 따른 영세율 과세표준 신고불성실가산세는 적용한다(조기통 106-106…1 ②).

17) 영의 세율을 적용받는 사업자가 부득이한 사유로 인하여 납품증명서를 제출할 수 없는 경우에는 부가가치세 영세율 적용에 관한 규정에 따른 외화획득명세서에 영세율이 확인되는 증빙서류를 붙여 제출할 수 있다(조기통 106-106…1 ①).

구 분	내 용
방산 물자	조세감면규제법 제73조 제1호의 규정을 적용함에 있어서 '경찰이 작전용으로 사용하는 것'이 방위산업에 관한 특별조치법의 규정에 의하여 지정을 받은 방위산업물자에 해당하는 경우에만 영의 세율을 적용하는 것임(부가 22601-569, 1986. 3. 26.).
	조세감면규제법 제73조 제1호의 규정에 의하여 방위산업에 관한 특별조치법에 의거 지정을 받은 방위산업체가 민방위용으로 재화를 공급하는 경우에는 영의 세율이 적용되지 아니하는 것임(부가 22601-1544, 1988. 8. 31.).
	군수조달에 관한 특별조치법 시행령(현행 방위산업에 관한 특별조치법) 제4조의 규정에 의해 지정받은 군수물자의 제조구매와 병행하여 동 군수물자의 설치 및 부대공사 기술용역계약을 당해 군수업체와 일괄도급계약으로 하였을 경우 영세율 적용범위는 군수조달에 관한 특별조치법의 규정에 의하여 지정을 받은 군수업체가 공급하는 동법의 규정에 의한 군수물자에 한하여 영의 세율이 적용되는 것임(부가 1265.1-1487, 1981. 6. 11.).
도시 철도 건설 용역	사업자가 「조세특례제한법」 제105조 제1항 제3호 각목에 해당하는 자에게 「도시철도법」에 따른 도시철도건설용역을 직접 공급하면서 이에 필수적으로 부수하여 당해 도시철도 시설물의 테스트 및 시험, 시스템 작동방법 등의 직원 교육, 재가동 용역 등을 함께 제공하는 경우 「부가가치세법」 제1조 제4항에 따라 당해 도시철도건설용역에 포함되는 것으로 보는 것이나, 도시철도건설용역의 공급없이 별도로 제공되는 경우에는 이에 포함되지 않는 것. 또한 사업자가 「조세특례제한법」 제105조 제1항 제3호 각목에 해당하는 자에게 도시철도 역사와 역사간 연결통로설치용역을 직접 공급하는 경우에 대해서도 도시철도건설용역에 해당되는 것임(부가-486, 2013. 5. 31.).
	조특법 제105조 제1항 제3호의 도시철도건설용역에의 해당 여부는 도시철도법 제3조 제5호의 도시철도건설 규정에 의하지 아니하고 통계청장이 고시하는 당해 과세기간 개시일 현재의 한국표준산업분류에 의하는 것. 도시철도건설용역의 범위에 새로운 도시철도의 건설뿐만 아니라, 기존 도시철도의 개량, 증설도 포함함(재부가-867, 2007. 12. 20.).
	사업자가 한국철도시설공단에게 공단사옥을 건설하는 용역을 제공하는 경우 당해 사옥의 건설용역은 조특법 제105조 제1항 제3호에 해당하지 않음(재부가-745, 2007. 10. 23.).
	사업자가 한국철도시설공단법에 의한 한국철도시설공단에 도시철도건설용역을 공급함에 있어 도시철도건설공사 구간 내에서 동 공사기간 중에 당해 시설물을 함께 철거하여 이전하고 신축하는 건설용역을 직접 공급하는 경우에는 조세특례제한법 제1항 제3호의 규정에 따른 도시철도건설용역에 필수적으로 부수되는 용역의 공급으로 보아 부가가치세 영의 세율을 적용하는 것임(재부가-197, 2007. 3. 26.).
	국가, 지방자치단체 또는 도시철도공사법의 적용을 받는 도시철도공사에 승강기제조업을 영위하는 사업자가 승강기를 공급하면서 제공하는 설치공사용역은 부가가치세법 제1조 제4항의 규정에 의하여 주된 거래인 승강기공급에 필수적으로 부수되는 용역으로 부가가치세가 과세됨. 그러나 도시철도건설공사용역 등과 함께 승강기설치공사용역을 직접 공급하는 경우에 있어서 당해 승강기설치공사용역은 조세특례제한법 제105조 제1항 제3호의 규정에 의하여 부가가치세 영세율이 적용됨(재소비 46015-320, 2003. 9. 25.).

구 분	내 용
도시 철도 건설 용역	서울 지하철역에 기존에 없던 '냉방시설 신설공사 및 이에 부수된 공사'는 부가가치세 영세율적용대상인 '도시철도건설용역'에 해당함(국심 2002구548, 2002. 8. 29.).
	사업자가 서울시 지하철본부로부터 도급을 받아 지하철공사 구간 내 지상교차로 및 횡단보도의 '도로교통신호기 설치 및 교체공사'를 하는 경우에는 조세감면규제법 제73조 제3호에 규정하는 지하철도건설용역에 해당되어 영세율이 적용되는 것임(부가 1265.1-2720, 1984. 12. 20.).
	서울특별시 공원녹지관리사업소가 도시철도차량기지건설에 필수적으로 부수되는 동 기지조경공사건설용역을 제공받는 경우 당해 용역에 대하여는 조세감면규제법 제99조 제3호의 규정에 의하여 부가가치세 영세율이 적용되는 것임(부가 46015-224, 1995. 10. 12.).
	사업자가 도시철도건설용역에 부수하여 지정전주이설공사를 하는 경우에는 조세특례제한법 제105조 제3호의 규정에 의하여 영세율이 적용되는 것이나, 지장전주이설공사만을 별도로 공급하는 경우에는 부가가치세법 제7조에 의하여 부가가치세가 과세되는 것임(부가 46015-4439, 1999. 11. 3.).
	조세특례제한법 제105조 제3호의 규정에 의하여 지하철건설용역을 공급함에 있어 동 지하철건설용역에 부수하여 지하철공사 구간 내 지상가로등 설치공사를 하는 경우에는 영세율이 적용되는 것이나, 사업자가 지하철공사 구간 내 지상가로등 설치공사에 관련된 건설용역만을 국가·지방자치단체 또는 지하철건설본부에 별도로 공급하는 경우에는 영세율이 적용되지 아니하는 것임(부가 46015-4883, 1999. 12. 14.).
	한국전력공사가 철도청으로부터 복선전철사업에 따른 공사구간의 지장전주이설공사를 도급받아 전기공사업 면허를 받은 사업자에게 하도급계약에 의하여 당해 공사용역을 철도청에 제공하고 그 대가를 철도청으로부터 받아 하도급업자에게 지급하는 경우에 있어서 당해 지장전주이설공사용역은 도시철도건설용역에 해당하므로 한국전력공사가 철도청에 직접 공급하는 지장전주이설공사용역에 대하여는 조세특례제한법 제105조 제3호의 규정에 의하여 부가가치세 영세율이 적용되는 것임. 다만, 하도급업자가 한국전력공사에 제공하는 하도급용역에 대하여는 그러하지 아니함(부가 46015-1791, 2000. 7. 26.).
	기시설 완료된 지하철도용 변전소의 수해복구를 위한 수리 및 부품의 교체 등 보수공사는 조세감면규제법 제73조 제3호에 규정하는 지하철도건설용역에 해당되지 아니하므로 부가가치세 영세율이 적용되지 아니함(부가 22601-2046, 1985. 10. 21.).
	기건설된 지하철역 구내에 역무자동화설비(승차권 개집표기)를 설치하기 위하여 기존시설물을 개수하는 공사 및 지하철용 전철교에 감시기기(CCTV)를 추가로 설치하는 공사는 조세감면규제법 제73조 제3호에 규정하는 지하철도건설용역에 해당되지 아니하므로 부가가치세 영의 세율이 적용되지 아니함(부가 22601-1221, 1986. 6. 25.).
	조세특례제한법 제105조 제3호의 규정에 의한 도시철도건설용역에 대하여 부가가치세 영세율을 적용함에 있어서 건설용역의 범위는 한국표준산업분류에 따르는 것으로 도시철도건설에 따른 기술용역(설계·감리용역, 환경평가용역 등)은 동 규정에 의하여 부가가치세 영세율이 적용되지 아니하는 것임(부가 46015-298, 2000. 2. 3.).

구 분	내 용
도시 철도 건설 용역	사업자가 국가·지방자치단체 또는 도시철도법을 적용받는 도시철도공사에 도시철도건설용역에 부수하여 냉방시설설치공사에 관련된 건설용역을 직접 공급하는 경우에는 조세특례제한법 제105조 제3호의 규정에 의하여 영세율이 적용되는 것이나, 지하철역 내 냉방시설설치공사에 관련된 건설용역만을 별도로 공급하는 경우에는 영세율이 적용되지 아니하는 것임. 이 경우 건설용역의 해당 여부는 한국표준산업분류표에 의하는 것임(서삼 46015-10998, 2001. 12. 28.).
	엘리베이터 제조업을 영위하는 사업자가 지하철종합사령실에 엘리베이터를 공급하면서 제공하는 설치공사용역은 주된 거래인 엘리베이터 공급에 필수적으로 부수되는 용역이므로, 조세감면규제법 제73조 제3호의 규정에 의하여 부가가치세 영의 세율이 적용되는 지하철도 건설용역에 해당하지 아니하는 것임(소비 22601-766, 1985. 7. 16.).
	사업자가 이천~충주 철도건설사업과 관련하여 한국철도시설공단에 공급하는 철도건설용역은 「조세특례제한법」 제105조 제1항 제3호에 따른 부가가치세 영세율 적용대상에 해당하지 아니하는 것임(기획재정부 부가가치세제과-329, 2020. 7. 30).
사회기반 시설 또는 동 시설의 건설용역	사회간접자본시설에 대한 민간투자법 제4조 제1호의 규정에 의한 방식으로 사회간접자본시설의 준공과 동시에 당해 시설의 소유권을 지방자치단체에 귀속시키고 일정기간 무상사용·수익권을 취득하는 경우에 있어 2000. 1. 1. 이후 기부채납하는 분부터는 부가가치세 영세율이 적용되는 것이며 당해 기부채납시설의 건설에 관련된 매입세액은 매출세액에서 공제되는 것임(부가 46015-818, 2000. 4. 14.).
	사업자가 「사회간접자본시설에 대한 민간투자법」에 의한 사회간접자본시설을 건설 중에 해지되어 동 시설을 지방자치단체에 공급하고 그 대가로 중도해지에 따른 지급금을 받는 경우는 조세특례제한법 제105조 제1항 제3호의2의 규정에 의한 부가가치세 영세율 적용 대상이 되지 아니함(재경부 소비 46016-258, 2003. 8. 18.).
	사회간접자본시설에 대한 민간투자법 제4조 제1호 또는 제2호의 규정에 의한 방식으로 사회간접자본시설을 국가 또는 지방자치단체에 공급하는 경우에는 조세특례제한법 제105조 제3호의2의 규정에 의하여 부가가치세 영세율이 적용되는 것이나, 귀 질의의 경우에는 사업시행자가 사회간접자본시설에 대한 민간투자법 제13조의 사업시행자가 아니므로 동법 제4조 제1호에 의한 방식으로 사회간접자본시설을 국가 또는 지방자치단체에 공급하는 것에 해당되지 아니하여 부가가치세 영세율이 적용되지 않는 것임(부가 46015-3893, 2000. 11. 28.).
	사회간접자본시설에 대한 민간투자법 제4조 제1호 또는 제2호의 방식으로 시행되는 민간투자사업으로서 사업시행자가 사회간접자본시설(부속시설 포함) 또는 동 시설의 건설용역을 국가 또는 지방자치단체에 공급하는 경우에는 조세특례제한법 제105조 제3호의2의 규정에 의하여 영세율이 적용되는 것이나, 사업자가 당해 사업시행자에게 동 시설의 건설을 위한 재화 또는 용역을 공급하는 경우에는 동 규정에 의한 영세율이 적용되지 아니하는 것임(부가 46015-896, 2000. 4. 20.).

구 분	내 용
사회기반 시설 또는 동 시설의 건설용역	부가가치세가 면제되는 도시철도운송을 영위할 청구법인이 경전철시설을 건설하여 지방자치단체에 기부채납하고 동 시설을 무상으로 면세사업에 사용할 것이라면 기부채납 당시 면세전용되는 것으로 봄이 타당하므로 면세와 관련된 전단계의 매입세액은 공제받지 못할 매입세액으로 봄이 타당하다(국심 2004부3845, 2005. 8. 31.).
	사회간접자본시설에 대한 민간투자법에 의하여 설립된 법인이 동법 제2조 제1호 다목에 해당하는 도시철도를 건설하여 동법 제4조 제1호의 규정에 의한 방식으로 동 시설의 준공과 동시에 국가에 귀속(기부채납)시키고 일정기간 무상사용수익권을 얻어 면세사업에 사용하는 경우 당해 시설의 기부채납에 대하여는 부가가치세가 면제되는 것이며, 당해 시설물의 건설단계에서 부담한 매입세액은 공제되지 아니하는 것임(재소비-550, 2004. 5. 19.).
	사업자가 「사회간접자본시설에 대한 민간투자법」에 의한 사회간접자본시설을 건설 중에 해지되어 동 시설을 지방자치단체에 공급하고 그 대가로 중도 해지에 따른 지급금을 받는 경우는 조세특례제한법 제105조 제1항 제3호의2의 규정에 의한 부가가치세 영세율 적용 대상이 되지 아니함(재소비 46016-258, 2003. 8. 18.).
	사업자가 사회간접자본시설에 대한 민간투자법 제4조 제2호의 방식으로 국가 또는 지방자치단체와 기부채납하기로 약정하고, 동법에 의한 사회간접자본 시설물을 신축하여 준공한 후 일정기간 동안 사용수익하다가 기부채납하는 경우 당해 시설물의 공급에 대한 부가가치세법 제9조의 규정에 의한 거래시기는 기부채납절차가 완료되는 때가 되는 것임(재소비 46015-347, 2002. 12. 12.).
	사업자가 신축한 건물의 준공검사 후 그 소유권을 국가 등에 귀속시키고 무상사용수익권을 얻는 경우 당해 거래는 부가가치세법 제6조 제1항의 규정에 따른 「재화의 공급」에 해당하며, 그 공급시기는 기부채납절차가 완료된 때임(재소비 46015-209, 2002. 8. 8.).
	시설물의 기부채납은 재화의 공급에 해당되며 그 공급시기는 기부채납절차가 완료되거나 국가 명의로 보존등기가 된 때임(대법원 1996. 4. 26. 선고 94누15752 판결).
장애인용 보장구	부가가치세 영세율이 적용되는 장애인용 보장구는 조세특례제한법 시행령 제105조의 규정에 열거된 것에 한하는 것으로, 귀 질의의 전동스쿠터는 동 규정에 의한 장애인 보장구(성인용 보행기, 휠체어)에는 해당하지 아니하는 것임(서면3팀-3137, 2006. 12. 14.).
농·축산·임업용 기자재	가축계열화 사업자가 공급받는 축산업용 기자재에 대하여 영세율 적용하지 않음(재부가-312, 2008. 8. 22.).
	축산법에 의하여 농림부장관이 지정한 비영리가축검정기관이 검정기간 동안 가축에게 사료를 제공하는 경우 축산업을 영위하는 것으로 보아 당해 가축검정용 사료구입에 한해 조세특례제한법 제105조 제1항 제5호 마목 및 동 특례규정 제2조 제1항 제6호의 규정에 의해 영세율을 적용하는 것임(서면3팀-2260, 2006. 9. 25.).

구 분	내 용
농·축산·임업용 기자재	사업자가 한국표준산업분류표상 축산업을 영위하는 개인(사업자등록을 한 개인 포함)에게 배합사료를 공급하는 경우에는 조세특례제한법 제105조 제5호 마목의 규정에 의하여 부가가치세 영세율이 적용되는 것임(부가 46015-365, 2000. 2. 19.).
	느타리버섯 재배용 폐면은 부가가치세 영세율이 적용되는 비료에 해당하지 않음(국심 2002부1332, 2002. 7. 10.).
	사업자가 축산기자재 등을 사용하여 축산폐수정화시설을 시공하여 주고 그 대가를 일괄하여 받는 경우에는 용역의 공급에 해당하여 부가가치세법 제1조 제4항 및 제7조 제1항의 규정에 의하여 부가가치세가 과세되는 것이며, 조세특례제한법 제105조의 규정에 의한 영의 세율이 적용되지 아니하는 것임(재소비 46015-254, 1999. 7. 16., 부가 46015-664, 1999. 3. 12.).
	상토가 비료관리법에 의한 비료에 해당하는 경우에는 조세특례제한법 제105조 제1항 제5호의 규정에 의하여 2005. 12. 31.까지 공급분에 한하여 영세율을 적용하는 것임(서삼-1825, 2005. 10. 20.).
어민의 범위	도매업(사료)을 영위하는 법인이 양어사료를 공급함에 있어 그 공급받는 자가 어업(양식)을 사업목적으로 1988. 9. 3. 사업개시를 하였으나, 동 법인의 성격이 상법에 의해 설립된 일반 영리법인이어서 조세특례제한법 제105조 제6호 및 동법 시행령(농림특례규정) 제2조 제4항에서 규정한 부가가치세 영세율 적용대상이 되는 어민(개인, 영어조합법인, 수산업협동조합, 수산업협동조합중앙회 및 어촌계)의 범위에 해당하지 않는 것으로 확인된다. 따라서 거래상대방인 법인이 부가가치세 영세율 적용대상이 되는 어민에 해당하지 아니하므로 영세율 적용을 배제함은 정당함(국심 2004광700, 2004. 9. 8.).
면세포기 가능 여부	부가가치세법에 의하여 면세되는 재화 또는 용역이 조특법에 의하여 당해 재화 또는 용역이 영세율을 적용받는 경우 면세포기신고를 한 때에는 영세율이 적용되나, 면세포기를 하지 아니한 때에는 부가가치세가 면제됨(재무부 소비 46015-293, 1995. 12. 28.).

5 | 주요 개정연혁

1. 사회기반시설 공급시 부가가치세 과세특례 정비(조특법 §105①, §106조①)

(1) 개정내용

종 전	개 정
□ 부가가치세 영세율 대상(§105)	□ 도시철도건설용역 영세율 적용범위 명확화 및 대상 확대
ㅇ 다음의 자에게 직접 공급하는 도시철도건설 용역 　－ 국가 및 지방자치단체 　－ 도시철도공사(조례에 따라 도시철도 건설이 가능한 경우로 한정) 　－ 한국철도시설공단 　－ "민간투자법"에 따른 사업시행자 〈추　가〉	ㅇ (좌　동) 　－ 국가 및 지방자치단체("민간투자법"에 따른 사업시행자가 공급하는 경우 제외) 　－ (좌　동) 　－ 한국철도공사
ㅇ "민간투자법"에 따른 사업시행자가 과세사업 목적으로 국가·지자체에 공급하는 사회기반 시설 또는 사회기반시설의 건설용역	ㅇ (좌　동)
□ 부가가치세 면제 대상(§106) 〈신　설〉	□ 면세대상 명확화 　ㅇ "민간투자법"에 따른 사업시행자가 면세사업 목적으로 국가·지자체에 공급하는 사회기반 시설 또는 사회기반시설의 건설용역

(2) 개정이유

ㅇ 동일한 도시철도건설용역을 공급받는 기관간 형평성 제고 및 면세사업을 위해 기부채납 하는 사회기반시설(도시철도 포함)은 영세율이 아닌 면세대상임을 명확화

(3) 적용시기 및 적용례

ㅇ (적용대상 추가) 2021. 1. 1. 이후 도시철도건설용역을 공급하는 분부터 적용

2. 공급받는 사료에 대해 부가가치세 영세율을 적용받는 축산계열화사업의 요건 합리화 (농·축산·임·어업용 기자재 및 석유류에 대한 부가가치세 영세율 및 면세 적용 등에 관한 특례규정 §2①·②)

(1) 개정내용

종 전	개 정
□ 부가가치세 영세율 적용대상 농민의 범위	□ 축산계열화사업 요건 합리화
ㅇ 농업 중 작물재배업 등에 종사하는 개인 등	
ㅇ 축산계열화사업자	(좌 동)
－ (영세율 적용) 위탁·계약 사육용 사료만 적용	
□ 축산계열화사업자 요건	
ㅇ 축산계열화사업을 주업으로 하는 법인	ㅇ 축산계열화사업을 영위하는 법인
ㅇ 농림부에서 고시	ㅇ (좌 동)
ㅇ 축산업 주업 요건	〈삭 제〉
* 총수입금액의 70% 이상 축산업 영위	

(2) 개정이유

　　ㅇ 축산계열화사업자 요건 합리화로 축산업 지원

(3) 적용시기 및 적용례

　　ㅇ 2021. 2. 17. 이후 재화를 공급하거나 공급받는 분부터 적용

3. 부가가치세 영세율 적용대상 어업용 기자재의 범위 확대(농·축산·임·어업용 기자재 및 석유류에 대한 부가가치세 영세율 및 면세 적용 등에 관한 특례규정 별표 4)

(1) 개정내용

종 전	개 정
□ 영세율 적용 어업용 기자재	□ 영세율 적용대상 확대
ㅇ 김양식용 유기산	ㅇ 김 양식어장 활성처리제

(2) 개정이유

　　ㅇ 어민의 영어비용 절감

(3) 적용시기 및 적용례

　　ㅇ 2021. 2. 17. 이후 재화를 공급하거나 공급받는 분부터 적용

4. 부가가치세 영세율 적용 및 환급대상 농기자재 등의 명칭 변경(농·축산·임·어업용 기자재 및 석유류에 대한 부가가치세 영세율 및 면세 적용 등에 관한 특례규정 별표 1·별표 5)

(1) 개정내용

종 전	개 정
☐ 부가가치세 영세율 적용대상 농업기계 ○ 동력경운기 및 부속작업기 ○ 농용트랙터 및 부속작업기 ○ 동력이앙기 및 부속작업기 ○ 스피드스프레이 ○ 동력이식기 ○ 동력탈곡기 ○ 동력시비기	☐ 명칭변경 ○ 경운기 및 부속작업기 ○ 농업용 트랙터 및 부속작업기 ○ 이앙기 및 부속작업기 ○ 고속분무기(스피드스프레이어) ○ 정식기 ○ 탈곡기 ○ 비료살포기
☐ 부가가치세 환급대상 농·임업용 기자재 ○ 동력예취기 ○ 농업·임업용 무인헬리콥터 ○ 농업·임업용 굴삭기(1톤 미만)	☐ 명칭변경 ○ 예취기 ○ 농업·임업용 무인 항공기 - 농업·임업용 드론(멀티콥터) 포함 ○ 농업·임업용 굴착기(1톤 미만)

(2) 개정이유

○ 농민이 이해하기 쉽도록 농기자재등 명칭을 변경

5. 면세유 공급대상 농업기계의 범위 확대 및 명칭 변경(농·축산·임·어업용 기자재 및 석유류에 대한 부가가치세 영세율 및 면세 적용 등에 관한 특례규정 별표 2)

(1) 개정내용

종 전	개 정
□ 면세유 공급대상 농업기계	□ 범위 확대 및 명칭변경
○ 동력경운기	○ 경운기
○ 동력이앙기	○ 이앙기
○ 고속분무기(스피드스프레이)	○ 고속분무기(스피드스프레이어)
○ 예도형 동력예취기	○ 예도형 예취기
○ 동력이식기	○ 정식기
○ 동력예취기	○ 예취기
○ 동력탈곡기	○ 탈곡기
○ 동력시비기	○ 비료살포기
○ 농업용 무인헬리콥터	○ 농업용 무인항공기[*]
	* 무인헬리콥터 + 무인멀티콥터(드론)
○ 농업용 동력제초기	○ 동력제초기
○ 농업용 굴삭기(1톤 미만)	○ 농업용 굴착기(자체중량 1톤 미만)

(2) 개정이유

○ 농민이 이해하기 쉽도록 농업기계 명칭을 변경

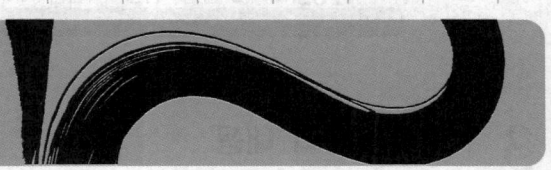

제105조의2

농업·임업·어업용 기자재에 대한 부가가치세의 환급에 관한 특례

1 | 의 의

농업용 필름, 와이어로프 등 산업용으로 전용가능성이 높은 기자재를 영세율 적용대상에 추가하는 경우 농·어업용으로 구입하여 산업용으로 재판매함에 따라 시장가격이 왜곡될 가능성이 있어, 부가가치세 감면적용 품목은 확대하되, 농·어민에게 실질적인 감면혜택이 돌아갈 수 있도록 사후환급제도를 2001년 말에 도입하였다.

2 | 요 건

2-1. 부가가치세 환급대상 농어민등의 범위

부가가치세 환급대상 농민, 임업에 종사하는 자와 어민("농어민등")은 농림특례규정 제6조에서 정하는 자를 말한다.

2-2. 부가가치세 환급대상 농·임·어업용 기자재의 범위

부가가치세 환급대상 농·임·어업용 기자재[1]는 농업·임업 또는 어업에 사용하기 위하여 구입하는 기자재(일반과세자로부터 구입하는 기자재만 해당) 또는 직접 수입하는 기자재로서 농림특례규정 제7조(별표 5의 농·임업용 기자재, 별표 6의 어업용 기자재)에 정하는 것을 말한다.

---

1) 농어민이 건설업을 영위하는 사업자로부터 농어업용 시설공사를 제공받고 그 대가를 지급하는 경우, 그 공사는 재화의 공급이 아닌 건설용역의 공급으로 「조세특례제한법」 제105조의2에서 규정하는 부가가치세 환급대상의 농어업용 기자재에 해당하지 아니하는 것임(재부가-50, 2012. 2. 1.).

3 | 과세특례의 내용

다음에 해당하는 관할 세무서장은 농어민등이 부가가치세 환급대상 기자재를 구입 또는
수입한 때에 부담한 부가가치세액을 해당 농어민등에게 환급할 수 있다(조특법 §105의2①).
　① 환급대행자를 통하여 환급을 신청하는 경우에는 환급대행자의 사업장 관할 세무서장
　② 위 ① 외의 경우에는 해당 농어민등의 사업장 관할 세무서장

위 기자재를 공급하는 일반과세자는 당해 기자재를 구입하는 농어민등이 세금계산서의
발급을 요구하는 때에는 부가가치세법 제36조의 규정에 불구하고 세금계산서를 교부하여야
한다(조특법 §105의2②).

4 | 절차(환급신청 및 환급절차)

｜사후환급의 절차｜

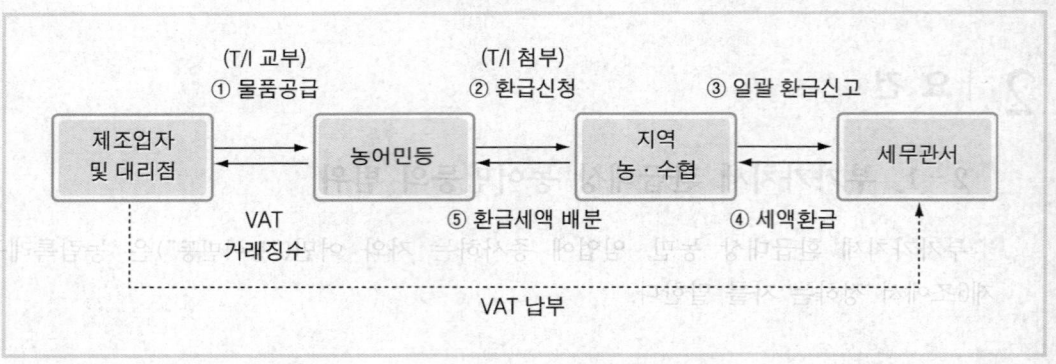

4-1. 환급대행자를 통한 환급

4-1-1. 환급대행자

환급대행자는 다음과 같다(조특법 §105의2③).
　① 농업협동조합법에 의한 조합
　② 수산업협동조합법에 의한 조합
　③ 엽연초생산협동조합법에 의한 엽연초생산협동조합
　④ 산림조합법에 따른 조합

4-1-2. 환급대행 신청(농·어민 → 환급대행자)

농어민등은 환급대행자를 통하여 환급을 받고자 하는 경우에는 환급대상 기자재의 구입일이 속하는 분기말 또는 그 다음 분기말의 다음 달 10일까지 농·임·어업용 기자재 부가가치세 환급대행신청서에 다음의 서류를 첨부하여 환급대행자에게 신청하여야 한다(농림특례규정 §9②).

① 세금계산서

② 다음 중 어느 하나에 해당하는 농어민등확인서(매년 최초로 환급을 신청하는 경우에 한함)

  ㉠ 다음 법인인 경우에는 국세청장이 고시[2]하는 바에 따라 교부하는 농어민등확인서

  • 축산업을 주업으로 하는 법인으로서 당해 사업연도 개시일을 기준으로 당해 법인의 총발행주식 또는 총출자지분의 3분의 2 이상을 다음 중 어느 하나에 해당하는 자가 출자하고 있는 법인. 이 경우 사업연도 중에 출자지분의 변경으로 다음 중 어느 하나에 해당하는 자의 출자지분이 총발행주식 또는 총출자지분의 3분의 2 이상이 되는 경우에는 당해 출자지분 변경일을 기준으로 한다.

    ⓐ 농업인   ⓑ 당해 법인의 임원 또는 직원으로서 상시 근무하고 있는 자

  ㉡ 개인인 경우에는 통·이장 또는 어촌계장의 확인을 받은 농어민등확인서(환급대행자의 조합원인 경우에는 제외한다)

4-1-3. 환급대행자의 환급신청(환급대행자 → 세무서장)

위의 환급신청을 받은 환급대행자는 농어민등의 환급대행신청기한 종료일부터 15일 이내에 농·임·어업용기자재 부가가치세 환급신청서에 다음의 서류를 첨부하여 환급대행자의 관할 세무서장에게 환급을 신청하여야 한다(농림특례규정 §9③).

① 환급신청자가 사업자인 경우에는 매입처별세금계산서합계표

② 환급신청자가 ① 외의 자인 경우에는 기획재정부령이 정하는 매입세금계산서합계표

③ 환급신청명세서

환급대행자는 위에 따라 부가가치세 환급신청을 하는 때에는 부가가치세환급관리대장을 작성·비치하여야 하며, 동 관리대장 및 관련서류를 5년간 보관하여야 한다.

---

2) 축산업·어업 주업법인 확인서 교부절차 및 서식(2008. 6. 26. 국세청고시 제2008-24호) : 제105조 해설 참조

4-2. 직접 환급신청

농어민등에 해당하는 자 중 사업자등록을 한 개인 또는 법인이 관할 세무서장에게 직접 환급을 신청하고자 하는 경우에는 기자재의 구입일 또는 수입신고일이 속하는 분기말 또는 그 다음 분기말의 다음 달 25일까지 농·임·어업용기자재 부가가치세 환급신청서에 다음의 서류를 첨부하여 사업장 관할 세무서장에게 신청하여야 한다(농림특례규정 §9④).

① 매입처별세금계산서합계표
② 통·이장, 어촌계장 또는 업종별 수산업협동조합장의 확인을 받은 경작확인서 또는 조업확인서(개인인 사업자로서 매년 최초로 환급을 신청하는 경우에 한한다)

4-3. 관할 세무서장의 환급

위의 환급신청(직접 환급, 환급대행자 신청)을 받은 관할 세무서장은 환급신청기간 종료일부터 20일 이내에 환급하여야 한다(농림특례규정 §9⑤).

4-4. 환급대행자의 지급

환급대행자는 환급세액을 받은 날부터 5일 이내에 환급대행을 신청한 농어민등에게 이를 지급하여야 한다. 이 경우 환급대행수수료를 차감하고 지급할 수 있다(농림특례규정 §9⑥).

> ❑ 환급대행수수료의 징수
>
> 환급대행자는 부가가치세의 환급대행과 관련하여 환급신청서의 작성 및 제출, 환급관리대장의 비치, 환급금의 배분 등에 소요되는 비용에 충당하기 위하여 환급을 받는 자로부터 농·축산·임·어업용 기자재 및 석유류에 대한 부가가치세 영세율 및 면세적용 등에 관한 특례규정 제13조에서 정하는 금액을 수수료로 징수할 수 있다.

4-5. 공급자의 구분표시

환급대상 기자재를 공급하는 일반과세자는 기자재를 판매하고 세금계산서를 교부하는 경우에는 당해 기자재의 품목과 수량을 각각 구분하여 표시하여야 한다(농림특례규정 §9①).

5 | 사후관리 등

5-1. 환급대행자의 통보의무

환급대행자는 환급을 신청한 자가 다음에 해당하는 경우에는 관할 세무서장에게 이를 알려야 한다(조특법 §105의2④).
① 농어민등이 아닌 것으로 판단되는 경우
② 농어민등의 경작면적·시설규모 등을 고려할 때 거짓이나 그 밖의 부정한 방법으로 환급을 신청한 것으로 판단되는 경우

5-2. 환급대행자에 대한 가산세

관할 세무서장은 위 환급대행자가 통보의무를 이행하지 아니함에 따라 농어민등에 해당하지 아니하는 자가 부가가치세액을 환급받은 경우에는 환급받은 세액의 100분의 10에 상당하는 금액을 당해 환급대행자로부터 가산세로 징수한다(조특법 §105의2⑥).

5-3. 부가가치세 및 이자상당가산액의 추징

관할 세무서장은 부가가치세액을 환급받은 자가 다음에 해당하는 경우에는 그 환급받은 부가가치세액과 법정 이자상당가산액을 부가가치세로 추징한다(조특법 §105의2⑤).
① 농어민등이 부가가치세액을 환급받은 기자재를 본래의 용도에 사용하지 아니하거나 농어민등 외의 자에게 양도한 경우
② 농어민등이 다음의 어느 하나에 해당하는 세금계산서에 의하여 부가가치세를 환급받은 경우
   ㉠ 재화의 공급 없이 발급된 세금계산서
   ㉡ 재화를 공급한 사업장 외의 사업장 명의로 발급된 세금계산서
   ㉢ 재화의 공급시기가 속하는 과세기간에 대한 확정신고 기한 후에 발급된 세금계산서[3]
   ㉣ 정당하게 발급된 세금계산서를 당해 농어민등이 임의로 수정한 세금계산서
   ㉤ 동일한 재화의 공급에 대하여 이중으로 교부된 세금계산서
   ㉥ 기재사항의 일부 또는 전부가 누락되거나 사실과 다르게 기재된 세금계산서.[4] 다만,

---

[3] (종전)재화의 공급시기가 속하는 과세기간 이후 발급된 세금계산서 → (개정)재화의 공급시기가 속하는 과세기간에 대한 확정신고 기한 후에 발급된 세금계산서 : 2021. 1. 1. 이후 재화나 용역을 공급하거나 공급받는 분부터 적용
[4] 「부가가치세법」 제32조 제1항 제1호부터 제4호

기재사항이 착오로 기재된 것으로서 그 밖의 증빙서류에 의하여 그 거래사실이 확인되는 경우를 제외한다.

③ 농어민등에 해당하지 아니하는 자가 부가가치세액을 환급받은 경우

5 - 4. 환급중단

농어민등이 다음에 해당하는 경우에는 당해 요건을 충족하는 추징세액의 고지일부터 2년간 환급을 받을 수 없다(조특법 §105의2⑦).

① 최근 2년 이내에 3회 이상 부가가치세를 추징당한 경우

② 당해 추징일로부터 소급하여 5년 이내의 추징세액의 합계액이 3백만원을 초과하는 경우

6 | 관련사례

구 분	내 용
환급 대상 농·임· 어업용 기자재	악취저감시설(안개분무시스템)이 축산 악취제거를 위한 용도로만 제작되고 실제 축산 악취제거에 사용되는 경우에는 「농 · 축산 · 임 · 어업용 기자재 및 석유류에 대한 부가가치세 영세율 및 면세적용 등에 관한 특례규정」 제7조 제1호 및 [별표 5]에 따른 사후환급이 적용되는 '축산 악취제거기'에 해당하는 것임. 다만 동 기자재가 이에 해당하는지 여부는 사실판단할 사항임(기획재정부 부가가치세제과-310, 2022. 7. 14.).
	일반과세자가 농민에게 「농 · 축산 · 임 · 어업용 기자재 및 석유류에 대한 부가가치세 영세율 및 면세적용 등에 관한 특례규정」 제7조의 [별표 5]에 규정된 축산업용 톱밥(폐가구의 톱밥 및 부스러기가 포함되어 있지 아니할 것)을 판매하고 세금계산서를 교부한 경우 당해 농민은 세금계산서상의 부가가치세를 「조세특례제한법」 제105조의2 제1항의 규정에 의하여 환급받을 수 있는 것임. 다만, 귀 질의의 수분흡수제가 축산업용 톱밥에 해당하는지 여부는 관할 부서인 농촌진흥청에 문의하기 바람(서면3팀-1580, 2007. 5. 25.).
	조세특례제한법 제105조의2 제1항에 부가가치세 환급대상 농업용 기자재는 「농 · 축산 · 임 · 어업용기자재 및 석유류에 대한 부가가치세 영세율 및 면제적용 등에 관한 특례규정」의 [별표 5]에 열거된 것에 한하는 것임(서면3팀-648, 2005. 5. 11.).
	농 · 축산 · 임 · 어업용 기자재 및 석유류에 대한 부가가치세 영세율 및 면세적용 등에 관한 특례규정 [별표 5]에 열거되어 있지 아니한 사일리지 랩(Silage Wrap, 저장사료포장용 랩)은 부가가치세 환급이 적용되는 농업용 기자재에 해당하지 아니하는 것임(서면3팀-347, 2005. 3. 14.).

구 분	내 용
환급 대상 농·임· 어업용 기자재	굴 양식용 구조물인 '가상세트식 굴양식 구조물의 프레임 브래킷'의 설치에 사용되는 철근과 종패망은 「농·축산·임·어업용 기자재 및 석유류에 대한 부가가치세 영세율 및 면세적용 등에 관한 특례규정」 제3조 및 동 규정 [별표 4]에 규정된 영세율이 적용되는 어업용 기자재에 해당하지 아니하며, 동 규정 제7조 및 동 규정 [별표 6]에 규정된 부가가치세 환급이 적용되는 어업용 기자재에 해당하지 아니하는 것임(서삼 46015-11488, 2003. 9. 23.).
	퇴비사를 짓기 위해 사용되는 파이프는 직접 작물을 재배하는 비닐하우스용 파이프로 볼 수 없으므로 농·축산·임·어업용 기자재 및 석유류에 대한 부가가치세 영세율 및 면세적용 등에 관한 특례규정 제7조 및 동 규정 [별표 5]의 제2호의 규정에 의해 부가가치세 사후환급대상 농업용 기자재에 해당하지 아니함(재소비 46015-196, 2003. 7. 1.).
	해태양식용 김발지지대로 사용되는 부죽대는 조세특례제한법 제105조 또는 제105조의2의 규정에 의하여 부가가치세 영세율이 적용되는 기자재에 해당되지 아니하는 것임(서삼 46015-10684, 2002. 4. 26.).
세금 계산서 교부	조세특례제한법 제105조의2의 규정에 의하여 부가가치세 환급을 받고자 하는 농·어민이 농·어업용 기자재 구입시 신용카드로 대금을 결제하고 공급자에게 세금계산서 교부를 요구하는 경우 당해 농·어업용 기자재를 공급하는 사업자는 세금계산서를 교부하여야 하는 것임(서면 3팀-334, 2004. 2. 25.).
환급 신청	조세특례제한법 제105조의2 규정을 적용함에 있어, 「농·축산·임·어업용 기자재 및 석유류에 대한 부가가치세 영세율 및 면세적용 등에 관한 특례규정」 제9조에 규정하는 기한까지 환급을 신청하지 아니한 때에는 동 규정을 적용하지 아니하는 것임(서삼 46015-11962, 2002. 11. 16.).
	영농조합법인이 부가가치세 사후환급이 적용되는 농업용 기자재를 당해 법인의 농업에 사용하기 위하여 구입하는 것이 아니라 조합원인 농민들에게 공급하기 위하여 자기의 명의로 제조업자와 계약, 일괄구입하고 당해 기자재 구입 관련 세금계산서를 당해 조합명의로 교부받아 직접 환급신청하는 경우에는 조세특례제한법 제105조의2의 부가가치세 환급규정이 적용되지 아니하는 것임. 참고로 조합원인 농민들이 부가가치세 사후환급이 적용되는 농업용 기자재를 자기의 농업에 사용하기 위하여 영농조합을 통하여 위탁매입하거나 공동구매하고 당해 기자재 구입 관련 세금계산서를 부가가치세법 시행령 제58조 제2항 및 같은법 시행규칙 제18조 규정에 따라 세금계산서를 교부받는 경우에는 조세특례제한법 제105조의2 규정에 의한 부가가치세 환급신청이 가능한 것임(서면3팀-610, 2006. 3. 29.).
	농어업용 기자재의 부가가치세 환급과 관련하여 각 농민이 실제 구입한 사실이 확인된다면 비록 면장의 명의로 수취한 세금계산서일지라도 농민들의 착오에 의한 것임을 고려하여 매입세액을 공제함(심사부가 2003-3112, 2004. 9. 6.).

7 │ 주요 개정연혁

1. 부가가치세 영세율 적용대상 일부 농업기계를 환급대상으로 전환(농·축산·임·어업용 기자재 및 석유류에 대한 부가가치세 영세율 및 면세 적용 등에 관한 특례규정 별표 1·별표 5)

(1) 개정내용

종 전	개 정
□ 부가가치세 영세율이 적용되는 농업기계 (별표 1)	□ 사후환급* 대상으로 전환 * 농민이 부가가치세를 선부담한 후 사후에 관할 세무서로부터 환급
○ 농산물 건조기	〈삭 제〉
○ 농산물 선별기 및 정선기	〈삭 제〉
□ 부가가치세 환급대상 농·임업용 기자재 (별표 5)	
〈추 가〉	○ 농산물 건조기
〈추 가〉	○ 농산물 선별기 및 정선기

(2) 개정취지

○ 농민에 대한 부가가치세 지원 방식 합리화

(3) 적용시기 및 적용례

○ 2021. 7. 1. 이후 재화를 공급하거나 공급받는 분부터 적용

제 106 조

부가가치세의 면제 등

1 │ 의 의

본래 부가가치세는 일반소비세이므로, 원칙적으로 모든 재화와 용역의 공급에 대하여 과세하여야 한다. 하지만, 국가정책 목적상 불가피하게 부가가치세 면제제도를 운영하고 있다.

이러한 부가가치세 면제의 일반 조항은 부가가치세법 제26조에서 규정하고 있으며, 조세특례제한법 제106조에서는 서민생활의 지원 및 농어촌 지원 등의 사회정책상 또는 경제정책상의 이유로 부가가치세 면제제도를 운영하고 있다.

2 │ 면세대상

다음의 어느 하나에 해당하는 재화·용역의 공급 또는 재화의 수입에 대하여는 부가가치세를 면제한다.

본조의 규정에 의하여 부가가치세가 면제되는 재화 또는 용역의 공급에 대하여도 부가가치세법 제26조(재화 또는 용역의 공급에 대한 면세)의 법리를 적용한다. 예를 들어, 면제되는 부가가치세는 자기생산 부가가치인 매출세액에 한하는 것이므로 당해 공급과 관련된 매입세액은 면제되지 아니하며 동 매입세액은 매출세액에서 공제되지 아니한다(간세 1235-871, 1978. 3. 23., 대법원 1986. 5. 27. 선고 84누11 판결). 또한 조기통 106-0…5에 따라 세금계산서 또는 영수증의 교부의무가 면제[1]된다. 다만, 계산서 또는 영수증의 작성·교부의무[2]는 있는 것으로 본다.

---

1) 「부가가치세법」 제16조 및 제32조
2) 「소득세법」 제163조 및 「법인세법」 제121조

구 분		일 몰
	① 도서지방의 자가발전에 사용할 석유류	2025. 12. 31.
	② 사업장 등의 구내식당 및 위탁급식에 의하여 공급하는 음식용역	2023. 12. 31.
	③ 농어업 경영 및 농어업 작업의 대행용역	2023. 12. 31.
	④ 국민주택 및 당해 주택의 건설 및 리모델링용역	일몰 없음
	⑤ 일반관리용역·경비용역 및 청소용역(국민주택 초과 공동주택)	2025. 12. 31.
	⑥ 일반관리용역·경비용역 및 청소용역(공동주택 중 국민주택)	일몰 없음
	⑦ 국민주택 규모 이하의 노인복지주택에 공급하는 일반관리용역·경비용역 및 청소용역	일몰 없음
	⑧ 영구적인 임대를 목적으로 건설한 임대주택3)에 공급하는 난방용역	2023. 12. 31.
	⑨ 배출권과 외부사업 온실가스 감축량 및 상쇄배출권4)	2025. 12. 31.
	⑩ 정부업무를 대행하는 단체가 제공하는 재화 또는 용역	일몰 없음
	⑪ 국가철도공단이 국가에 공급하는 철도시설	일몰 없음
국내분	⑫ 사업시행자가 부가가치세가 면제되는 사업을 할 목적으로 국가 또는 지방자치단체에 공급하는 사회기반시설 또는 사회기반시설의 건설용역	일몰 없음
	⑬ 한국사학진흥재단이 설립한 특수 목적 법인이 건설한 기숙사에 대하여 국가 및 지자체가 제공하는 시설관리운영권 및 그 법인이 그 기숙사를 이용하여 제공하는 용역	2014. 12. 31. 실시협약 체결분
	⑭ 한국사학진흥재단이 설립한 특수 목적 법인 또는 한국사학진흥재단과 학교가 공동으로 설립한 특수 목적 법인이 건설한 기숙사에 대하여 국가, 지방자치단체 또는 학교가 제공하는 시설관리운영권 및 그 법인이 그 기숙사를 이용하여 제공하는 용역	2015. 1. 1. ~2025. 12. 31. 실시협약 체결분
	⑮ 시내버스 및 마을버스 운송사업용으로 공급되는 천연버스	2023. 12. 31.
	⑯ 전기자동차 또는 수소전기자동차로서 시내버스 및 마을버스 운송사업용으로 공급하는 버스	2025. 12. 31.
	⑰ 개인택시운송사업용5)으로 간이과세자6)에게 공급하는 자동차(간이과세자용 개인택시)	2025. 12. 31.
	⑱ 희귀병 치료 등을 위한 치료제 등	일몰 없음
	⑲ 영유아용 기저귀와 분유	일몰 없음
	⑳ 임산물 중 목재펠릿7)	2025. 12. 31.
	㉑ 한국주택금융공사가 주택담보노후연금채권을 행사하거나 주택담보노후연금보증채무 이행으로 인한 구상권을 행사하기 위하여 처분하는 주택담보노후연금채권 담보 대상주택	일몰 없음

---

3) 「공공주택 특별법」 제50조의2 제1항
4) 「온실가스 배출권의 할당 및 거래에 관한 법률」 제2조 제3호, 제29조 제1항 및 제3항
5) 「여객자동차 운수사업법」 및 같은 법 시행령
6) 「부가가치세법」 제61조 제1항

구 분		일 몰
수입분	① 무연탄	일몰 없음
	② 과세사업에 사용하기 위한 선박(제3자에게 판매하기 위하여 선박을 수입하는 경우는 제외한다)	일몰 없음
	③ 과세사업에 사용하기 위한 관세법에 의한 보세건설물품	일몰 없음
	④ 농민 및 어민이 직접 수입하는 농·축산업용 기자재 및 어업용 기자재	2025. 12. 31.
	⑤ 「국제경기대회 지원법」 제9조에 따라 설립된 2024강원동계청소년올림픽대회 조직위원회 또는 지방자치단체가 2024강원동계청소년올림픽대회의 경기 시설 제작·건설 및 경기운영에 사용하기 위한 물품으로서 국내제작이 곤란한 것	2024. 12. 31.

2-1. 도서지방의 자가발전에 사용할 석유류

전기사업자[8]가 전기를 공급할 수 없거나 상당한 기간 전기공급이 곤란한 도서로서 산업통상자원부장관(위임을 받은 기관 포함)이 증명하는 도서지방의 자가발전에 사용할 목적으로 수산업협동조합법에 의하여 설립된 수산업협동조합중앙회에 직접 공급하는 석유류[9]에 대하여는 부가가치세를 면제한다(조특법 §106① 1). 이는 낙도지역 거주민의 기초생활을 지원할 목적이다.

2-2. 구내식당 및 위탁급식에 의하여 공급하는 음식용역

공장·광산·건설사업현장·노선여객자동차운송사업자의 사업장과 학교[10]("사업장 등")의 경영자[11]가 그 종업원 또는 학생의 복리후생을 목적으로 당해 사업장 등의 구내에서 식당을 직접 경영하여 공급하거나 학교[12]의 장의 위탁을 받은 학교급식공급업자가 위탁급식의 방법[13]으로 당해 학교에 직접 공급하는 음식용역[14](식사류에 한한다)에 대하여는 부가가치세를

---

7) 저탄소 신재생에너지인 목재펠릿의 사업초기 시장 형성 및 보급의 어려움을 해소하기 위해 한시적으로 VAT 면세 지원(2011. 1. 1. 이후 공급하는 분부터 적용)

8) 「전기사업법」 제2조

9) 제105조 해설 참조

10) 「초·중등교육법」 제2조 및 「고등교육법」 제2조

11) 기획재정부 예규(부가-689, 2009. 10. 14.)가 나오기 이전까지의 예규는 학교의 경영자가 구내식당을 직영하면서 교직원 및 학생에 공급하는 음식용역에 대하여 부가세를 면제하는 것으로 해석하여 온 바, 이 건 과세는 「국세기본법」 제18조 소급과세의 금지(소급해석 금지)에 반하는 것으로 판단됨(조심 2011구3425, 2011. 12. 21.).

12) 「학교급식법」 제4조 각호의 1에 해당하는 학교를 말한다.

13) 「학교급식법」 제15조의 규정에 의한

14) 「사립학교법」 제2조의 규정에 따른 사립학교에서 구내식당을 직접 경영하거나 또는 위탁경영하는 경우 학생을 대상으로 공급하는 음식용역에 한하여 부가가치세가 면제되고, 교직원 및 선생님에게 공급하는 음식용역은

면제한다(조특법 §106① 2, 조특령 §106②). 또한, 공동운수협정[15]을 체결한 노선 여객자동차운송 사업자로 구성된 조합이 그 사업자의 종업원에게 제공하기 위하여 위탁 계약을 통하여 공급받는 음식용역도 부가가치세가 면제된다. 여기서 "위탁계약"이란 다음의 요건을 모두 충족하는 계약을 말한다(조특령 §106②).

① 음식용역을 공급하는 사업자("수탁사업자")와 공동운수협정을 체결한 노선여객자동차 운수사업자로 구성된 조합 또는 운수사업자(각 조합과 운수사업자의 임원 및 사용인 포함)가 특수관계인[16]이 아닐 것

② 수탁사업자는 조합에 소속된 운수사업자의 종업원에게만 음식용역을 제공할 것

2-2-1. 구내 및 직접 경영의 범위

'사업장 등의 구내'의 범위는 당해 사업장 등의 구내와 기타, 사업장 등과 떨어져 있더라도 당해 사업과 관련되는 시설인 기숙사·하치장 등의 구내를 포함한다. 그러나 당해 사업과 관련되는 시설이라 하더라도 본사·직매장 등과 같이 별도로 사업장이 되는 장소의 구내는 '사업장 등의 구내'에 포함되지 아니한다(조기통 106-0…4, 부가 1265-2297, 1983. 10. 3.).

또한, '경영자가 직접 경영한다' 함은 사업자가 직접 경영하는 경우뿐만 아니라 당해 사업장 등의 경영자들이 비용을 공동으로 부담하여 하나의 구내식당을 직접 경영하거나 종업원단체 또는 학생단체가 직접 경영하는 경우를 포함한다(조기통 106-0…4).

따라서 공장 등을 경영하는 사업자가 다른 사업자에게 임대하여 공급하는 음식용역에 대하여는 종업원의 복리후생을 목적으로 하더라도 부가가치세가 과세되며, 종업원들로 구성된 사우회·공장새마을운동기구·직장새마을금고 등의 종업원단체와 학교법인의 교직원단체, 학생단체가 직접 경영하여 공급하는 음식용역에 대하여는 부가가치세가 면제된다(부가 22601-1712, 1987. 8. 18.).

2-2-2. 공급받는 자

음식용역은 종업원 또는 학생에게 공급하여야 한다. 여기서의 종업원에는 육체노동근무자 인지 여부에 관계없이 모든 종업원을 의미(재무부 조법 1265.2-402, 1983. 4. 13.)하며, 협동화 사업단지에 있어서의 회원사 종업원을 포함한다. 예를 들어, 중소기업협동조합이 중소기업 진흥법에 의한 협동화사업단지 내에 회원사 종업원의 복지후생을 목적으로 경영하는 공동 취사장에서 회원사 종업원에게 실비변상적으로 제공하는 음식용역으로서 그 대가를 회원사인

「조세특례제한법」 제106조 제1항 제2호의 규정에 따라 부가가치세가 과세되는 것임(재부가-689, 2009. 10. 14.).

15) 「여객자동차 운수사업법」 제11조

16) 「국세기본법」 제2조 제20호

중소기업이 공동으로 부담하는 경우에는 부가가치세가 면제된다(소비 22601-720, 1987. 9. 9.).

2-2-3. 공급대상 용역

음식용역으로서 식사류에 한한다. 식사류에 해당되는지의 여부는 사실에 따라 판단할 사항이다(부가 1265.1-472, 1983. 4. 13.).

> (예시)
> 학교 구내식당에서 패스트푸드류(치킨류, 햄버거류, 커피, 음료 등)의 음식용역의 경우 면세됨(국세청 서삼 46015-10531, 2003. 4. 1.).

한편, 위탁급식의 방법으로 음식용역을 공급하는 학교급식공급업자는 위탁급식을 공급받는 학교의 장이 확인한 위탁급식공급가액증명서를 사업장 관할 세무서장에게 제출하여야 한다(조특령 §106⑬).

2-2-4. 공급대가 유무

대가를 받지 아니하고 제공하는 음식용역에 대하여는 부가가치세가 과세되지는 아니하므로[17] 순수히 조세특례제한법의 규정에 의하여 부가가치세가 면제되는 부분은 대가를 받고 제공하는 음식용역에 한정된다고 볼 수 있다(부가통 7-19…1 1호).

2-3. 농어업 경영 및 농어업 작업의 대행용역

영농조합법인과 농업회사법인이 공급하는 농업경영 및 농작업의 대행용역과 영어조합법인 및 어업회사법인이 공급하는 어업경영 및 어작업의 대행용역을 말한다(조특령 §106③).

2-4. 국민주택 및 당해 주택의 건설 및 리모델링용역

국민주택의 공급과 당해 국민주택건설용역[18](리모델링용역 포함)의 공급에 대하여는 면세한다(조특법 §106① 4). 국민주택에 대하여 면세하는 이유는 주택이 없는 서민이 부가가치세 부담없이 보다 싼 값으로 주택을 구입할 수 있도록 국가정책 목적상 지원해 주기 위함이다.

---

17) 「부가가치세법」 제7조 제2항 및 제3항

18) 국민주택단지 밖에 위치한 사회간접시설공사인 쟁점용역은 주택건설촉진법령에서 규정하는 국민주택부대시설이나 복리시설에 해당하지 아니하여 국민주택건설 용역에 부수하여 공급되어 부가세 면제대상으로 보이지 않으므로, 청구주장은 받아들이기 어려움(조심 2012중1433, 2012. 8. 14.).

2-4-1. 국민주택의 공급에 대한 면세

"주택"이란 세대(世帶)의 구성원이 장기간 독립된 주거생활을 할 수 있는 구조로 된 건축물의 전부 또는 일부 및 그 부속토지를 말하고 단독주택과 공동주택으로 구분되며, "국민주택규모"란 주거의 용도로만 쓰이는 면적(주거전용면적)이 1호(戶) 또는 1세대당 85제곱미터 이하인 주택(「수도권정비계획법」 제2조 제1호에 따른 수도권을 제외한 도시지역이 아닌 읍 또는 면 지역은 1호 또는 1세대당 주거전용면적이 100제곱미터 이하인 주택을 말한다)을 말한다. 사업자가 국민주택규모(다가구주택[19]의 경우에는 가구당 전용면적을 기준으로 한 면적) 이하인 주택[20]을 공급하는 경우에는 부가가치세가 면제된다(조특령 §106④ 1, §51의2③).

> 주거전용면적의 산정방법〔주택법 시행규칙(국토교통부령 제823호, 2021. 2. 19., 일부개정) 제2조〕
> 1. 단독주택의 경우 : 그 바닥면적(「건축법 시행령」 제119조 제1항 제3호에 따른 바닥면적)에서 지하실(거실로 사용되는 면적은 제외), 본 건축물과 분리된 창고·차고 및 화장실의 면적을 제외한 면적. 다만, 그 주택이 「건축법 시행령」 별표 1 제1호 다목의 다가구주택에 해당하는 경우 그 바닥면적에서 본 건축물의 지상층에 있는 부분으로서 복도, 계단, 현관 등 2세대 이상이 공동으로 사용하는 부분의 면적도 제외한다.
> 2. 공동주택의 경우 : 외벽의 내부선을 기준으로 산정한 면적. 다만, 2세대 이상이 공동으로 사용하는 부분으로서 다음 각 목의 어느 하나에 해당하는 공용면적은 제외하며, 이 경우 바닥면적에서 주거전용면적을 제외하고 남는 외벽면적은 공용면적에 가산한다.
>   가. 복도, 계단, 현관 등 공동주택의 지상층에 있는 공용면적
>   나. 가목의 공용면적을 제외한 지하층, 관리사무소 등 그 밖의 공용면적

---

19) 다가구주택"이란 다음의 요건을 모두 갖춘 주택으로서 공동주택에 해당하지 아니하는 것을 말하고, 이 경우 한 가구가 독립하여 거주할 수 있도록 구획된 부분을 각각 하나의 주택으로 본다(조특칙 제48조 제1항, 「건축법 시행령」 별표 1 제1호 다목).
  ① 주택으로 쓰는 층수(지하층은 제외한다)가 3개 층 이하일 것. 다만, 1층의 전부 또는 일부를 필로티 구조로 하여 주차장으로 사용하고 나머지 부분을 주택 외의 용도로 쓰는 경우에는 해당 층을 주택의 층수에서 제외한다.
  ② 1개 동의 주택으로 쓰이는 바닥면적(부설 주차장 면적은 제외한다. 이하 같다)의 합계가 660제곱미터 이하일 것
  ③ 19세대(대지 내 동별 세대수를 합한 세대를 말한다) 이하가 거주할 수 있을 것

20) 조기통 106-0…1【국민주택부대시설의 부가가치세 면제】국민주택에 해당하는 집단주택의 부대설비 및 복리시설을 주택공급과 별도로 공급하는 경우에는 부가가치세를 면제하지 아니하나, 동 설비시설을 주택의 공급에 부수하여 공급하고 그 대가를 주택의 분양가격에 포함하여 받는 경우에는 동 부가가치세를 면제한다.
  조기통 106-0…2【건설중인 국민주택의 부가가치세 면제】사업자가 건설중에 있는 국민주택을 양도하는 경우에는 면세사업에 관련된 재화의 공급으로서 부가가치세를 면제한다.

사 례

공부상 업무용 오피스텔을 주거용으로 공급한 경우 조특법 제106조 제1항 제4호에서 정한 국민주택에 해당하여 부가가치세가 면제되는지 여부

○ 기획재정부 예규

– 기획재정부 부가가치세제과–608, 2015. 11. 12. : 조세특례제한법 제106조 제1항 제4호에 따라 부가가치세가 면제되는 국민주택은 주택법에 따른 국민주택 규모 이하의 주택을 말하는 것으로 주택법에 따른 주택에 해당하지 않는 건축물에 대하여는 면세를 적용할 수 없는 것임.

○ 특별한 사정이 없는 한 공급 당시 공부상 용도가 업무시설인 오피스텔은 그 규모가 주택법에 따른 국민주택 규모 이하인지 여부와 관계없이 이 사건 면세조항의 국민주택에 해당한다고 볼 수 없음(국승, 대법원 2020두44749, 2021. 1. 28, 서울고등법원 2021누32547, 2021. 5. 28)

* 주택법 제2조(정의) 이 법에서 사용하는 용어의 뜻은 다음과 같다.
  1. "주택"이란 세대(世帶)의 구성원이 장기간 독립된 주거생활을 할 수 있는 구조로 된 건축물의 전부 또는 일부 및 그 부속토지를 말하며, 단독주택과 공동주택으로 구분한다.
  4. "준주택"이란 주택 외의 건축물과 그 부속토지로서 주거시설로 이용가능한 시설 등을 말하며, 그 범위와 종류는 대통령령으로 정한다.
  5. "국민주택"이란 다음 각 목의 어느 하나에 해당하는 주택으로서 국민주택규모 이하인 주택을 말한다.
     가. 국가ㆍ지방자치단체, 「한국토지주택공사법」에 따른 한국토지주택공사(이하 "한국토지주택공사"라 한다) 또는 「지방공기업법」 제49조에 따라 주택사업을 목적으로 설립된 지방공사(이하 "지방공사"라 한다)가 건설하는 주택
     나. 국가ㆍ지방자치단체의 재정 또는 「주택도시기금법」에 따른 주택도시기금(이하 "주택도시기금"이라 한다)으로부터 자금을 지원받아 건설되거나 개량되는 주택
  6. "국민주택규모"란 주거의 용도로만 쓰이는 면적(이하 "주거전용면적"이라 한다)이 1호(戶) 또는 1세대당 85제곱미터 이하인 주택(「수도권정비계획법」 제2조 제1호에 따른 수도권을 제외한 도시지역이 아닌 읍 또는 면 지역은 1호 또는 1세대당 주거전용면적이 100제곱미터 이하인 주택을 말한다)을 말한다. 이 경우 주거전용면적의 산정방법은 국토교통부령으로 정한다.
  ※ 세법상 주거용 오피스텔의 주택 취급 여부
    – 지방세법(시행령 제28조의4) : 2020. 8. 12. 이후 취득한 주거용 오피스텔(주택분 재산세를 납부하는 오피스텔)은 다른 주택을 취득할 때 취득세 중과세가 중과세(조정지역 내 2주택 8%/ 3주택 12%)가 적용되어 주택수에 포함
– 소득세법 : 주거용 오피스텔의 양도단계에서, 실제 사용 용도에 따라 주거용 오피스텔도 주택수에 포함하여 판단(대법원 2019. 11. 28. 선고 2019두49816)

2-4-2. 국민주택건설용역의 공급에 대한 면세

국민주택의 건설용역21)22)23)24)으로서 「건설산업기본법」·「전기공사업법」·「소방시설공사업법」·「정보통신공사업법」·「주택법」·「하수도법」 및 「가축분뇨의 관리 및 이용에 관한 법률」에 의하여 등록을 한 자가 공급하는 것에 한하여 부가가치세가 면제된다. 다만, 「소방시설공사업법」에 따른 소방공사감리업은 제외한다.

여기서 국민주택의 건설용역은 국민주택규모의 상시 주거용 건물과 이에 부속되는 토지의 조성 등을 위한 건설용역을 말하는 것이다. 또한, 국민주택규모 이하의 주택을 건설하기 위한 기존 건축물 철거용역도 국민주택건설용역에 해당한다(재경부 소비 46015-348, 1997. 12. 11.).

국민주택건설용역에 대하여 부가가치세를 면제함에 있어서는 당해 주택의 건설용역을 공급받는 자가 누구이든 관계없으며, 공급받는 자가 그 주택을 분양하거나 또는 임대하거나 아니면 종업원의 복리후생을 위한 사택으로 보유하는 것인가를 불문한다(국세청 서면3팀-1176, 2005. 7. 25., 국세청 부가 1265.1-1713, 1983. 8. 24.).

또한 건설용역은 국민주택을 신축하거나 개축하는 자로부터 직접 도급받아 공급하는 경우뿐만 아니라 하도급 또는 재하도급받아 공급하는 경우를 포함한다(조기통 106-106…2).

한편, 건설용역에는 당해 건설업자가 직접 모든 자재를 부담하여 제공하는 경우뿐만 아니라 발주자로부터 자재를 공급받아 제공하는 경우 및 노무 등 인적 용역만을 하도급받아 제공하는 경우가 모두 포함된다25) 이 경우 건설용역으로 보는 금액은 당해 건설용역을 제공하는 자가

---

21) 국민주택 건설용역은 건설산업기본법 등의 법률에 의하여 건설업 등으로 등록하여야 부가가치세 면세대상이나 동법에 의한 등록한 사실이 없는 이상 면세용역에 해당하지 않음(감심 2010-136, 2010. 12. 17.).

22) 건설산업기본법 등의 관련 법률에 의하여 허가 또는 등록을 하지 아니하고 주택의 건설용역을 제공하였으므로 부가가치세 면제대상으로 보기 어려움(조심 2010중1029, 2010. 6. 17.).

23) 「건설산업기본법」 등에 의하여 등록을 한 자가 「조세특례제한법 시행령」 제51조의2 제3항에 규정된 규모 이하의 주택의 건설용역과 당해 주택에 부수되는 부대시설인 주차장의 건설용역을 함께 제공하는 경우에는 「조세특례제한법」 제106조 제1항 제4호 및 같은 법 시행령 제106조 제4항의 규정에 따라 부가가치세가 면제되는 것임(부가-1529, 2010. 11. 17.).

24) 국민주택규모 아파트의 발코니 확장공사가 부가가치세가 면제되는 국민주택 건설용역에 해당하는지 여부 : 아파트 발코니 확장공사 용역이 부가가치세가 과세되는 독립된 거래(대법원 2016. 1. 28. 선고 2015두48617 판결)로 발코니 확장이 국민주택규모 아파트 공급에 필수적으로 부수되는 건설용역이 아님(조심 2016광3399, 2016. 12. 16., 조심 2017광572, 2017. 4. 17. 외). 발코니 부분의 면적이 공동주택의 전용면적에 포함되지 않는다는 대법원 판결(2010. 9. 9. 선고 2009두23419 판결) 이전에는 조세심판원이 부가가치세 면제용역으로 보다가(조심 2008구3131, 2009. 4. 1.) 대법원 판결 취지에 따라 발코니 확장공사용역을 별도의 독립된 용역으로 보아 부가가치세 과세대상으로 보고 있음.

25) 조기통 106-0…1【국민주택부대시설의 부가가치세 면제】국민주택에 해당하는 집단주택의 부대설비 및 복리시설을 주택공급과 별도로 공급하는 경우에는 부가가치세를 면제하지 아니하나, 동 설비시설을 주택의 공급에 부수하여 공급하고 그 대가를 주택의 분양가격에 포함하여 받는 경우에는 동 부가가치세를 면제한다.
조기통 106-106…2【하도급받은 국민주택건설용역의 부가가치세 면제 여부】「건설산업기본법」 등에 따라 등록한 사업자가 하도급 또는 재하도급을 받아 국민주택 및 이에 부수되는 부대시설의 건설용역을 공급하는 때에는

부담한 재료비 및 노무비 등을 포함한 도급금액 전액이 된다(부가 1265.2-313, 1984. 2. 15.).

2-4-3. 국민주택설계용역의 공급에 대한 면세

국민주택의 설계용역으로서 「건축사법」, 「전력기술관리법」, 「소방시설공사업법」, 「기술사법」 및 「엔지니어링산업 진흥법」에 따라 등록 또는 신고를 한 자가 공급하는 것은 부가가치세가 면제된다.

2-4-4. 국민주택리모델링용역의 공급에 대한 면세

'리모델링'이라 함은 건축물의 노후화 억제 및 기능 향상 등을 위하여 증축·개축 또는 대수선을 요하는 행위를 말한다. 조특법상 리모델링용역이 면세되는 경우라 함은 「주택법」·「도시 및 주거환경정비법」 및 「건축법」에 의하여 리모델링하는 것으로서 다음의 어느 하나에 해당하는 용역을 말하며, 당해 리모델링을 하기 전의 주택규모가 국민주택에 해당하는 경우(리모델링 후 당해 주택의 규모가 국민주택규모를 초과하는 경우로서 리모델링하기 전의 주택규모의 100분의 130을 초과하는 경우를 제외한다)에 한한다(조특령 §106⑤).

① 「건설산업기본법」·「전기공사업법」·「소방시설공사업법」·「정보통신공사업법」·「주택법」·「하수도법」 및 「가축분뇨의 관리 및 이용에 관한 법률」에 의하여 등록을 한 자가 공급하는 것

② 당해 리모델링에 사용되는 설계용역으로서 「건축사법」에 의하여 등록을 한 자가 공급하는 것

한편, 국민주택리모델링용역 및 리모델링설계용역도 국민주택건설용역의 공급과 마찬가지로 일정 요건을 갖춘 자가 공급하는 경우에만 부가가치세가 면제된다.

2-5. 관리주체, 경비업자, 청소업자가 공동주택 또는 노인복지주택에 공급하는 일반관리용역, 경비용역 및 청소용역

2-5-1. 공동주택 중 국민주택 외의 주택에 공급하는 용역

관리주체,[26] 경비업자[27] 또는 청소업자[28]가 공동주택[29][30] 중 국민주택을 제외한 주택

부가가치세가 면제된다.

[26] 「공동주택관리법」 제2조 제1항 제10호에 따른 관리주체(같은 호 가목은 제외)
[27] 「경비업법」 제4조 제1항에 따라 경비업의 허가를 받은 법인
[28] 「공중위생관리법」 제3조 제1항에 따라 위생관리용역업의 신고를 한 자
[29] 「주택법」 제2조 제2호에 따른 공동주택으로서, 건축법 시행령 「별표 1」의 2호 가목 내지 다목에서 규정하는

으로서 다음의 주택에 공급하는 일반관리용역·경비용역 및 청소용역에 대해서는 국민의 주거비 부담 완화 차원에서 2025. 12. 31.까지 공급하는 분에 한하여 부가가치세를 면제한다(조특법 §106① 4의2).

① 수도권을 제외한 도시지역이 아닌 읍 또는 면 지역의 주택

② ① 외의 주택으로서 1호(戶) 또는 1세대당 주거전용면적이 135㎡ 이하인 주택

2-5-2. 공동주택 중 국민주택에 공급하는 용역

관리주체, 경비업자 또는 청소업자가 공동주택 중 국민주택에 공급하는 일반관리용역·경비용역 및 청소용역에 대해서는 부가가치세를 면제한다(조특법 §106① 4의3).

2-5-3. 노인복지주택에 공급하는 용역

노인복지주택[31]의 관리·운영자, 경비업자 및 청소업자가 국민주택 규모 이하의 노인복지주택에 공급하는 일반관리용역·경비용역 및 청소용역에 대해서는 부가가치세를 면제한다(조특법 §106① 4의4).

2-5-4. 면세 대상 일반관리용역·경비용역 및 청소용역

부가가치세 면제대상 일반관리용역·경비용역 및 청소용역은 다음과 같다(조특령 §106⑥).

용역공급자	용역 종류
① 관리주체,[32] 노인복지주택의 관리·운영자	경비용역, 청소용역, 일반관리용역
② 경비업자, ①의 위탁을 받은 자	경비용역
③ 청소업자, ①의 위탁을 받은 자	청소용역

공동주택(아파트, 연립주택, 다세대주택)을 말하는 것이며, 건축법 시행령 「별표 1」의 14호에서 규정하는 업무시설인 오피스텔(업무를 주로 하며, 분양하거나 임대하는 구획 중 일부의 구획에서 숙식을 할 수 있도록 한 건축물로서 국토해양부장관이 고시하는 기준에 적합한 것을 말함)은 당해 공동주택 범위에 해당하지 아니한다(재소비 46015-136, 2003. 5. 21.).

30) 오피스텔을 신축하거나 취득하여 임대한 경우로서 임차인이 이를 상시 주거용으로 사용하는 것이 확인되는 경우에는 부가가치세법 제12조 제1항 제11호 및 동법 시행령 제34조의 규정에 의하여 부가가치세가 면제되는 주택의 임대용역에 해당하는 것이며, 2003. 2. 18. 이후 용역을 공급하거나 공급받는 분부터 적용한다. 이 경우 2003. 2. 18. 이전에 오피스텔을 취득하여 매입세액을 공제받고 임대하였는데 임차인이 이를 상시 주거용으로 사용하고 있는 경우에는 부가가치세법 시행령 제15조 제1항 제1호의 재화의 공급(면세전용) 규정을 적용하지 아니함(서삼 46015-10928, 2003. 6. 10.).

31) 「노인복지법」 제32조 제1항 제3호에 따른 노인복지주택

32) 「공동주택관리법」 제2조 제1항 제10호에 따른 관리주체(같은 호 가목은 제외)

여기서, 일반관리용역은 다음 어느 하나에 해당하는 비용을 받고 제공하는 일반관리용역을 말한다.

① 「공동주택관리법 시행령」 제23조의 규정을 적용받는 공동주택의 경우 : 같은 법 시행령 별표 2 제1호에 따른 일반관리비(그 관리비에 같은 법 시행령 별표 2 제2호부터 제10호까지에 따른 관리비 및 이와 유사한 비용이 포함되어 있는 경우에는 이를 제외한다)

② 「공동주택관리법 시행령」 제23조의 규정을 적용받지 아니하는 공동주택 및 노인복지 주택의 경우 : ①에 따른 일반관리비에 상당하는 비용

2-6. 영구적인 임대를 목적으로 건설한 임대주택에 공급하는 난방용역

영구적인 임대를 목적으로 건설한 임대주택[33]에 공급하는 난방용역

2-7. 온실가스 배출권 등

온실가스 배출권거래시장 활성화 차원에서 배출권과 외부사업 온실가스 감축량[34] 및 상쇄배출권[35]에 대하여 부가가치세를 면제한다.

2-8. 정부업무를 대행하는 단체가 제공하는 재화 또는 용역

정부업무를 대행하는 단체[36][37]가 그 고유의 목적사업으로서 면세사업을 위하여 공급하는 재화 또는 용역에 대하여는 부가가치세를 면제한다(조특법 §106① 6). 일반적으로 국가·지방자치단체·지방자치단체조합이 공급하는 재화 및 용역은 대부분 공중 및 공익을 위한

---

33) 「공공주택 특별법」 제50조의2 제1항
34) 「온실가스 배출권의 할당 및 거래에 관한 법률」 제2조 제3호, 제29조 제1항 및 제3항
35) 온실가스 감축량을 배출권으로 전환하여 등록한 것
36) 한국도로공사가 「도로법」 제34조에 따라 관리청이 아닌 자에 대해 방음벽 설치공사 시행허가를 하면서 수수료를 받는 경우에는 「조세특례제한법」 제106조 제1항 제6호에 따라 부가가치세가 면제되는 것이나, 방음벽 청소에 따른 유지관리비용을 받는 경우에는 부가가치세가 과세되는 것임. 다만, 방음벽 설치공사 단계에서 안전점검을 실시하고 그 제반 부대비용을 받는 경우에는 그 제공용역이 방음벽 설치공사로 인한 교통안전 및 도로구조에 미치는 위해 및 이상 유무 등을 「고속국도법」 및 「도로법」에 따라 관리하기 위해 공급하고 대가를 받는 경우에 해당하면 「조세특례제한법」 제106조 제1항 제6호에 따라 부가가치세가 면제되는 것임(재부가-185, 2012. 4. 12.).
37) 부가가치세가 면제되는 「조세특례제한법 시행령」 제106조 제7항 제40호의 사업시행자가 고속도로와 도로의 부속물(휴게소 및 주유소시설)을 국가에 기부채납하고 그 사용수익권을 받아 도로의 부속물을 제3자에게 임대하는 경우, 도로의 부속물과 관련된 건설용역의 공급에 대하여는 「조세특례제한법」 제105조 제1항에 따라 영세율을 적용하는 것이며, 「부가가치세법」 제16조에 따라 세금계산서를 발급하여야 함(재부가-483, 2010. 7. 15.).

공급이고 그 대가 또한 실비의 범주에 있기 때문에 부가가치세를 과세하지 않는 것이 바람직하다. 정부업무대행단체는 별도로 지정·열거된 것이므로 정부계획에 따른 업무를 한다고 면세되는 것은 아니다(간세 1235-2616, 1977. 8. 19.). 따라서 국가·지방자치단체 등의 국가조직으로부터 정부업무를 위임받아 이를 대행하는 단체도 결국은 국가조직을 대신하므로 국가조직의 일원으로 보아 공급의 주체를 면세대상으로 규정하고 있는 것이다. 다만, 이러한 업무 중 민간부문과 경합되거나 겹치는 부분은 과세형평상 면세를 배제하고 있다.

즉, 다음 중 어느 하나에 해당하는 사업은 면세하지 아니한다(⑦의 규정은 부가가치세법 시행령 제45조 제1호에 불구하고 과세됨)(조특령 §106⑧, 조특칙 §48① 및 [별표 10][38]).

① 소매업·음식점업·숙박업·욕탕업 및 예식장업
② 부가가치세법 시행령 제3조 제2항에 규정된 사업(부동산매매업)
③ 부동산임대업
④ 골프장·스키장 및 기타 운동시설운영업
⑤ 수상오락서비스업(2006년 7월 1일 이후 공급하는 분)
⑥ 유원지·테마파크운영업
⑦ 주차장운영업 및 자동차견인업(2006년 7월 1일 이후 공급하는 분)

위의 정부업무대행단체의 면세 규정을 적용함에 있어 조세특례제한법상 정부업무대행단체에 속하지 않는 것을 예시하면 대한광업진흥공사, 석유개발공사, 토지구획정리조합, 에너지관리공단 등을 들 수 있으며, 여기에서 공급하는 것은 당연히 부가가치세가 과세된다.

2-9. 국가철도공단이 국가에 공급하는 철도시설

국가철도공단이 철도시설[39]을 국가에 귀속시키고 철도시설관리권[40]을 설정받는 방식으로 국가에 공급하는 철도시설에 대하여는 부가가치세를 면제한다.[41]

---

38) 자세한 내용은 조세특례제한법 시행규칙 [별표 10] 정부업무대행단체의 면세사업 (개정 2021. 3. 16.)을 참조하기로 한다. [별표 10]의 「수산자원관리법」 제55조의2에 따른 한국수산자원공단(58호)과 「어촌·어항법」 제57조에 따른 한국어촌어항공단(59호)은 2021년 4월 1일 이후 재화 또는 용역을 공급하는 분부터 적용한다(대통령령 제31444호, 부칙 §1 단서, §11).
39) 「철도산업발전기본법」 제3조 제2호
40) 「철도산업발전기본법」 제26조
41) 철도시설공단이 철도시설관리권자로서 철도시설을 사용하거나 이용하는 자로부터 징수하는 사용료에 대한 반대급부로 철도시설에 대한 유지보수의무를 이행하는 과정에서 국가에 귀속시켰거나 귀속시킬 예정인 철도시설은 부가가치세가 면제되는 철도시설에 포함되지 않음(국패)(대법원 2012. 3. 15. 선고 2011두27025 판결).

2-10. 사업시행자가 부가가치세가 면제되는 사업을 할 목적으로 국가 또는 지방자치단체에 공급하는 사회기반시설 또는 사회기반시설의 건설용역

사업시행자[42])가 부가가치세가 면제되는 사업을 할 목적으로 사회기반시설의 준공과 동시에 해당 시설의 소유권이 국가 또는 지방자치단체에 귀속되며, 사업시행자에게 일정기간의 시설관리운영권을 인정하는 방식, 사회기반시설의 준공과 동시에 해당 시설의 소유권이 국가 또는 지방자치단체에 귀속되며, 사업시행자에게 일정기간의 시설관리운영권을 인정하되, 그 시설을 국가 또는 지방자치단체 등이 협약에서 정한 기간 동안 임차하여 사용·수익하는 방식, 사회기반시설의 준공 후 일정기간 동안 사업시행자에게 해당 시설의 소유권이 인정되며 그 기간이 만료되면 시설소유권이 국가 또는 지방자치단체에 귀속되는 방식[43])으로 국가 또는 지방자치단체에 공급하는 사회기반시설[44]) 또는 사회기반시설의 건설용역에 대하여는 부가가치세를 면제한다.

2-11. 학교 및 기숙사를 이용하여 제공하는 용역

2-11-1. 학교시설을 이용한 용역

교육부장관 또는 교육부장관이 지정하는 자의 추천을 받은 자가 사회기반시설의 준공과 동시에 해당 시설의 소유권이 국가 또는 지방자치단체에 귀속되며, 사업시행자에게 일정기간의 시설관리운영권을 인정하는 방식[45])을 준용하여 건설된 학교시설[46])에 대하여 학교가 제공하는 시설관리운영권 및 그 추천을 받은 자가 그 학교시설을 이용하여 제공하는 용역에 대해서는 부가가치세를 면제한다(조특법 §106① 8).[47])

2-11-2. 기숙사를 이용한 용역

한국사학진흥재단이 설립한 특수 목적 법인이 사회기반시설의 준공과 동시에 해당 시설의 소유권이 국가 또는 지방자치단체에 귀속되며, 사업시행자에게 일정기간의 시설관리운영권을

---

42) 「사회기반시설에 대한 민간투자법」 제2조 제8호
43) 「사회기반시설에 대한 민간투자법」 제4조 제1호부터 제3호까지의 규정에 따른 방식을 말한다.
44) 「사회기반시설에 대한 민간투자법」 제2조 제1호
45) 「사회기반시설에 대한 민간투자법」 제4조 제1호
46) 「고등교육법」 제2조에 따른 학교의 시설로서 「대학설립·운영 규정」 제4조 제1항에 따른 별표 2 교사시설 중 교육기본시설, 지원시설, 연구시설
47) 2014. 12. 31.까지 실시협약이 체결된 것에만 부가가치세 면제를 적용한다.

인정하는 방식[48]을 준용하여 건설한 기숙사에 대하여 국가 및 지자체가 제공하는 시설관리 운영권 및 그 법인이 그 기숙사를 이용하여 제공하는 용역에 대해서는 부가가치세를 면제한다 (조특법 §106① 8의2).[49]

2-11-3. 특수목적법인이 건설한 기숙사 등

다음의 법인이 사회기반시설의 준공과 동시에 해당 시설의 소유권이 국가 또는 지방자치단체에 귀속되며, 사업시행자에게 일정기간의 시설관리운영권을 인정하는 방식[50]을 준용하여 건설한 기숙사에 대하여 국가, 지방자치단체 또는 학교[51]가 제공하는 시설관리운영권 및 그 법인이 그 기숙사를 이용하여 제공하는 용역에 대해서는 부가가치세를 면제한다(조특법 §106① 8의3).[52]

① 한국사학진흥재단이 설립한 특수 목적 법인
② 한국사학진흥재단과 학교가 공동으로 설립한 특수 목적 법인

2-12. 버스 및 택시

2-12-1. 천연가스를 연료로 하는 버스의 공급에 대한 면세

시내버스 및 마을버스운송사업용으로 공급하는 버스로서 천연가스(CNG : Compressed Natural Gas)를 연료로 사용하는 것에 대해서는 2023. 12. 31.까지 공급한 분에 한하여 부가가치세를 면제한다.

2-12-2. 전기버스 등의 공급에 대한 면세

전기자동차 또는 수소전기자동차[53]로서 시내버스 및 마을버스 운송사업용으로 공급하는 버스에 대하여는 미세먼지 감축 및 국민 교통비 부담 완화 차원에서 2025. 12. 31.까지 공급한 분에 한하여 부가가치세를 면제한다. 이는 2011. 12. 31. 조특법 개정시 친환경연료를 사용하는 전기버스의 보급을 촉진하고자 전기버스의 공급에 대한 면세규정을 신설하면서 도입되었다.

---

48) 「사회기반시설에 대한 민간투자법」 제4조 제1호
49) 2014. 12. 31.까지 실시협약이 체결된 것에만 부가가치세 면제를 적용한다.
50) 「사회기반시설에 대한 민간투자법」 제4조 제1호
51) 「고등교육법」 제2조
52) 2015년 1월 1일부터 2025년 12월 31일까지 실시협약이 체결된 것에만 적용한다.
53) 「환경친화적 자동차의 개발 및 보급 촉진에 관한 법률」 제2조 제3호, 같은 조 제6호, 같은 조 제2호 각 목

2-12-3. 개인택시 공급에 대한 면세[54]

개인택시운송사업용으로 간이과세자[55]에게 공급하는 자동차로서 2025. 12. 31.까지 공급한 분에 한하여 간이과세 개인택시 사업자 지원 차원에서 부가가치세를 면제한다.

2-13. 희귀병 치료를 위한 치료제 등

물품[56] 중 희귀병치료 등을 위한 것으로서 다음의 물품의 공급에 대하여는 부가가치세를 면제한다(조특령 §106⑭).

① 세레자임 등 고셔병환자가 사용할 치료제 및 로렌조오일 등 부신이영양증환자가 사용할 치료제(1999. 8. 31. 공급분부터 적용)

② 혈우병으로 인한 심신장애자가 사용할 열처리된 혈액응고인자농축제(1999. 8. 31. 공급분부터 적용)

③ 근육이양증환자의 치료에 사용할 치료제

④ 윌슨병환자의 치료에 사용할 치료제(2009. 9. 21. 공급분부터 적용)

⑤ 후천성면역결핍증으로 인한 심신장애자가 사용할 치료제(2009. 9. 21. 공급분부터 적용)

⑥ 장애인의 음식물섭취에 사용할 삼킴장애제거제(2009. 9. 21. 공급분부터 적용)

⑦ 장기이식 후 면역억제제의 합병증으로 생긴 림파구증식증 환자의 치료에 사용할 치료제(2009. 9. 21. 공급분부터 적용)

⑧ 니티시논 등 타이로신혈증환자가 사용할 치료제(2009. 9. 21. 공급분부터 적용)

⑨ 신종 인플루엔자 A(H1N1) 환자의 치료에 사용할 치료제 및 백신[57] (2009. 9. 21.부터 2010. 12. 31.까지 공급하거나 공급받는 분만 해당함)

⑩ 발작성 야간 헤모글로빈뇨증 및 비정형 용혈성 요독증후군 환자의 치료에 사용할 치료제

2-14. 영유아용 기저귀와 분유

영유아용 기저귀와 분유(액상 형태의 분유를 포함하되, 부가가치세가 면제되는 분유는 제외)는 육아비용 경감 차원에서 부가가치세를 면제한다. 이는 2008. 12. 26. 조특법 개정시 출산장려를

---

54) 개인택시 사업자의 열악한 경영여건을 감안하여 2013. 1. 1. 신설되었으며, 2013. 1. 1. 이후 공급하는 분부터 적용된다.
55) 「부가가치세법」 제61조 제1항
56) 「관세법」 제91조 제4호 및 제5호
57) 신종플루의 국내 확산 방지 및 치료를 지원하고 희귀병 환자 및 그 가족의 경제적 부담을 완화[2009. 9. 21. 이후 공급하는 분부터 적용, 2009. 9. 21. 이전에 취득한 재화를 부가가치세가 면제되는 사업을 위하여 직접 사용하는 경우에는 「부가가치세법」 §6②(면세전용 자가공급) 및 §17⑤(납부세액 및 환급세액의 재계산)의 규정을 적용하지 아니함]

목적으로 영유아용 기저귀와 분유를 본조에 추가하였다. 한편, 동 개정규정에 의하여 부가가치세 면세사업자로 전환되거나 면세사업이 추가되는 사업자가 2008. 12. 31. 이전에 취득한 재화를 부가가치세가 면제되는 사업을 위하여 직접 사용하는 경우에는 자가공급[58] 및 납부세액 또는 환급세액의 재계산[59]을 적용하지 아니한다.

2 - 15. 목재펠릿

임산물[60] 중 목재펠릿으로서 2025. 12. 31.까지 공급하는 분에 대하여 농·임업인의 연료비 경감 지원 차원에서 부가가치세를 면제한다. 이는 2010. 12. 27. 조특법 개정시 저탄소 신재생에너지인 목재펠릿의 사업초기 시장형성 및 보급의 어려움을 해소하기 위하여 한시적 으로 부가가치세를 면제하였으며, 동 규정은 2011. 1. 1. 이후 최초로 공급하는 분부터 적용한다.

2-16. 주택연금 담보신탁 처분시 부가가치세 면세

주택연금 가입자가 금융기관에서 노후생활자금(주택연금)을 대출받고 한국주택금융공사가 주택을 담보로 공적 보증을 하는 주택연금(한국주택금융공사가 담보주택을 수탁받아 관리·처분하 는 방식) 수탁자인 한국주택금융공사가 주택연금 보증채무 이행을 위해 처분하는 담보주택은 부가가치세를 면제한다. 동 규정은 2021. 12. 28. 고령층 노후생활안정을 지원하기 위해 도입되었 으며, 2022. 1. 1. 이후 공급하는 분부터 적용한다.

2 - 17. 재화의 수입에 대한 면세

다음 중 어느 하나에 해당하는 재화의 수입에 대하여는 부가가치세를 면제한다.

2 - 17 - 1. 무연탄

2 - 17 - 2. 과세사업에 사용하기 위한 선박

부가가치세가 과세되는 사업에 제공하기 위하여 수입하는 선박[61]을 말한다. 다만, 제3자에게 판매하기 위하여 선박을 수입하는 경우는 제외한다.

---

58) 「부가가치세법」 제6조 제2항
59) 「부가가치세법」 제17조 제5항
60) 「산림자원의 조성 및 관리에 관한 법률」 제2조 제7호
61) 선박법 제1조의2에서 정의하는 모든 선박을 말함(재소비 46015-79, 2000. 2. 22.).

2-17-3. 과세사업에 사용하기 위한 관세법에 의한 보세건설물품[62)

2-17-4. 농민 및 어민이 직접 수입하는 농·축산업용 기자재 및 어업용 기자재

농민 또는 임업에 종사하는 자[63)가 직접 수입하는 농업용·축산업용 또는 임업용 기자재와 어민[64)이 직접 수입하는 어업용 기자재로서 농림특례규정으로 정하는 것에 대해서는 2025. 12. 31.까지 수입신고한 분에 한하여 부가가치세를 면제한다(조특법 §106②2).[65)

여기서 농민 등의 확인은 지역농업협동조합의 장 등이 발급하는 농·어민확인서 등에 의한다(조특칙 §48④).

2-17-5. 2024년 강원동계청소년올림픽대회 부가가치세 면세

2024년 강원동계청소년올림픽대회 조직위원회 또는 지방자치단체가 2024강원동계청소년올림픽대회의 경기시설 제작·건설 및 경기운영에 사용하기 위한 물품으로서 국내제작이 곤란한 것은 부가가치세를 면제한다. 다만, 2022. 1. 1. 이후부터 2024. 12. 31.까지 수입신고하는 분에만 적용한다.

3 | 제출서류 등

「부가가치세법」에 의하여 예정신고·확정신고 또는 영세율 등 조기환급신고를 하는 때에 당해 신고서에 면세공급증명서를 첨부하여 제출하여야 한다. 그러나 동 면세공급증명서를 제출하지 아니한 경우에도 당해 공급가액이 면세대상이 확인되는 때에는 부가가치세가 면제[66)된다(조특령 §106⑫, 조기통 106-106…1 ③).

---

62) 관세법 제191조의 규정에 의한 보세건설장에서 보세건설에 사용되는 부가가치세가 과세되는 사업에 제공할 시설의 시설재 및 설비재를 말한다(부가 22601-1577, 1985. 8. 14).
보세건설장에 반입되는 측정·분석기가 당해 산업시설의 보세건설을 위해 사용되는 것일 때에는 공사용 장비로 보아 당해 측정·분석기의 수입시에 부가가치세가 과세되는 것이나, 당해 측정·분석기가 산업시설 내에 고정설치되어 보세건설 종료 후의 제품생산에 공하여지는 것일 때에는 기계류 설비품인 관세법에 의한 보세건설물품에 해당되어 부가가치세가 면제되는 것이다(부가 46015-2511, 1994. 12. 9).
63) 조특법 제105조 제1항 제5호에서 규정하는 자를 말한다.
64) 조특법 제105조 제1항 제6호에서 규정하는 자를 말한다.
65) 농어민이 국내에서 농·축산업용 기자재 및 어업용 기자재를 구입하면 부가가치세 영세율이 적용되나 영세율이 적용되는 기자재를 외국에서 수입하면 부가가치세를 부담해야 하는 종전의 불형평성을 해소하기 위하여 1997. 1. 1. 수입신고분부터는 외국 수입 기자재에 대하여 부가가치세를 면제한다.
66) 조기통 106-0…5【세금계산서 교부의 면제】조특법 제106조에 따라 부가가치세가 면제되는 재화 또는 용역의 공급에 대해서는 「부가가치세법」제16조 및 제32조에 따른 세금계산서 또는 영수증의 발급의무를 면제한다. 다만 해당 거래가 「소득세법」제163조 및 「법인세법」제121조의 규정에 해당하는 경우에는 동 규정에 따른 계산서

4 │ 일반과세자가 보유하는 간이과세 사업장의 간이과세 배제의 특례

부가가치세 일반과세자가 보유하고 있는 간이과세 사업장에서 개인택시운송업, 용달 및 개별화물자동차운송업, 그 밖의 도로화물운송업, 이용업, 미용업을 영위하는 경우 당해 사업장에 대하여는 간이과세를 적용할 수 있다. 즉, 간이과세 배제[67]를 적용하지 아니한다(조특법 §106⑤).

5 │ 관련사례

구 분	내 용
국민주택 및 당해 주택의 건설 및 리모델링용역	「조세특례제한법」 제106조 제1항 제4호에 따라 부가가치세가 면제되는 국민주택의 공급은 「주택법」에 따른 국민주택 규모 이하의 공급에 한해 적용되는 것으로 오피스텔은 「주택법」에 따른 주택에 해당하지 아니하므로 이를 적용할 수 없는 것임(기획재정부 부가-563, 2014. 9. 24., 서면법규-1020, 2014. 9. 25.).
	건설산업기본법에 의하여 등록을 한 자가 일괄계약에 의하여 도시 및 주건환경정비법에 따라 국민주택건설을 위한 기존건물 등의 철거용역과 이주관리업무, 건설폐기물 수집・운반 및 처리용역을 함께 공급하는 경우 국민주택 건설을 위한 철거용역에 대하여는 「조세특례제한법」 제106조 제1항 제4호의 규정에 의하여 부가가치세가 면제되나, 이외의 이주관리업무 및 건설폐기물의 수집・운반 및 처리용역에 대하여는 부가가치세가 과세되는 것임(부가-300, 2013. 4. 5.).
	조세특례제한법 제106조 제1항 제4호의 규정에 의하여 국민주택규모(전용면적 85㎡ 이하인 주택)의 건설용역에 대하여는 부가가치세를 면제하는 것이나, 기존에 완성된 주택에 대한 배관교체, 보일러 설비 등 보수공사용역을 공급하는 경우에는 부가가치세를 과세하는 것임(서면3팀-2107, 2007. 7. 27.).
	부가가치세가 과세되는 용역의 공급은 계약상 또는 법률상의 모든 원인에 의하여 역무를 제공하거나 재화・시설물 또는 권리를 사용하게 하는 것으로서, 사업자가 부동산에 대한 리모델링용역을 제공하고 받는 대가에 대하여는 「부가가치세법」 제7조 제1항의 규정에 의하여 부가가치세가 과세되는 것이나, 「조세특례제한법」 제106조 제1항 제4호의 규정에 의한 국민주택리모델링용역은 부가가치세가 면제되는 것이며, 당해 리모델링용역이라 함은 「주택법」・「도시 및 주거환경정비법」 및 「건축법」에 의하여 리모델링하는 것으로서 같은법 시행령 제106조 제5항 각호의 어느 하나에 해당하는 용역을 말하며, 당해 리모델링을 하기 전의 주택규모가 국민주택에 해당하는 경우

또는 영수증을 발급하여야 한다.

67) 「부가가치세법」 제61조 제1항 단서

구 분	내 용
	(리모델링 후 당해 주택의 규모가 국민주택 규모를 초과하는 경우로서 리모델링하기 전의 주택규모의 100분의 130을 초과하는 경우를 제외한다)에 한하는 것임(서면3팀 -1170, 2007. 4. 20.).
	국민주택규모 이하의 건설용역을 제공하였다 하더라도 건설산업기본법 등의 법령에 의하여 등록을 한 자에 해당하지 않는다면 부가세 면제대상에 해당하지 않음(국심 2006부3572, 2006. 12. 26.).
	아파트 건설업체의 주택분양계약과는 별도로 수분양자와 발코니새시 등의 시공계약을 개별적으로 체결하고 주택공급 및 분양대금과는 별도로 공급·수령한 것은 부가가치세 과세대상임(국심 2005중3823, 2006. 6. 22.).
	사업자가 국민주택규모 이하의 아파트를 신축하여 분양하면서 주택분양계약과는 별도로 수분양자와 발코니새시 설치계약을 체결하고 주택공급과 함께 발코니새시 설치용역을 제공하면서 그 대가를 주택분양가액에 포함하여 받지 아니한 경우에 있어서 당해 발코니새시의 설치용역은 주택공급과는 별개의 공급으로서 부가가치세법 제12조 제3항의 규정을 적용하지 아니함(재소비-159, 2004. 2. 12.).
국민주택 및 당해 주택의 건설 및 리모델링용역	국민주택규모의 아파트를 신축하여 분양하는 사업자가 아파트 공급시 분양가액에 가구, 가전, 위생용품 등 선택품목을 포함시키지 아니하고 동 선택품목을 원하는 계약자에 대하여는 별도의 계약을 체결하여 공급하고 그 대가를 받는 경우에는 주택공급과는 별개의 공급으로서 부가가치세가 과세되는 것이며, 이 경우 공급받는 자가 최종소비자인 경우에는 부가가치세법 제32조 제1항 및 동법시행령 제79조의2 제1항의 규정에 의하여 영수증을 교부할 수 있음(서면3팀-1960, 2004. 9. 23.).
	원룸이란 단독세대를 이루고 있는 자들이 상시 주거용으로 사용하는 것으로 주택에 해당하므로 국민주택규모 이하인 경우 부가가치세를 면제함(심사부가 2005-138, 2005. 8. 22.).
	부가가치세가 면제되는 국민주택건설용역은 건설산업기본법·전기공사업법·소방법·정보통신공사업법·주택법 및 오수·분뇨 및 축산폐수의 처리에 관한 법률에 의하여 등록을 한 사업자가 국민주택 건설용역 및 국민주택에 부수되는 부대시설에 대한 건설용역을 하도급 또는 재하도급을 받아 공급하는 경우와 당해 국민주택의 건설용역에 부수하여 모델하우스의 건설용역을 제공하는 경우에 조세특례제한법 제106조 제1항 제4호 및 동법 시행령 제106조 제4항 규정에 의하여 부가가치세가 면제되어 계산서 교부대상 거래에 해당하는 것이나, 이 경우 하도급을 받은 건설업자가 당해 모델하우스 건설용역만을 별도로 제공하는 경우에는 부가가치세가 과세되는 것임. 또한, 국민주택규모 이하의 주택을 분양하거나 당해 국민주택규모 이하의 건설용역을 제공하는 사업자가 교부받은 세금계산서의 매입세액은 부가가치세법 제17조 제2항 제4호의 규정에 의하여 매출세액에서 공제하지 아니하는 것임(서면3팀-649, 2005. 5. 11.).

구 분	내 용
국민주택 및 당해 주택의 건설 및 리모델링용역	건설산업기본법·주택법에 의하여 등록을 한 사업자가 정비사업조합 등과 계약을 체결하여 조세특례제한법 제106조 제1항 제4호의 규정에 따라 면세되는 국민주택 건설용역을 공급함에 있어서 입주(예정)자와 개별적인 계약에 의해 옵션품목을 설치해 주고 그 대가를 별도로 받는 경우에는 부가가치세를 면제하지 아니함(서면3팀-451, 2005. 3. 31.).
	실제 소요된 공사비가 아닌 특정금액을 지급받기로 한 도급공사로서 면세대상인 국민주택건설용역이지만 일정한 요건을 갖추지 못한 무자격업자일 경우에는 면세 대상에서 제외함(대법원 2004. 2. 12. 선고 2003두11643 판결).
	건축사법에 의하여 등록을 한 자가 공급하는 국민주택설계용역은 대통령령 제17829호 (2002. 12. 30.)로 개정된 조세특례제한법 시행령 제106조 제4항의 규정에 따라 부가가치세가 면제되는 것이며, 동 개정규정은 2003. 7. 1. 이후에 부가가치세법 제9조에 의한 공급시기가 도래하는 분부터 적용하는 것임. 국민주택공사감리용역과 건축사법에 의하여 등록을 한 자에 해당하지 아니한 자가 제공하는 국민주택설계용역은 조세특례 제한법 시행령 제106조 제4항 제3호의 규정에 의한 부가가치세가 면제되는 설계용역의 범위에 포함되지 아니하는 것임(서삼 46015-11107, 2003. 7. 11.).
	도시재개발법(현 도시 및 주거환경정비법) 제8조의 규정에 의한 재개발조합이 조합원 으로부터 재개발구역 안의 건축물 등을 인도받아서 재개발사업을 시행하여 신축한 건축물 등을 종전의 소유자인 조합원에게 분양하는 경우에는 부가가치세법 제6조 규정의 '재화의 공급'에 해당하지 아니하는 것이며, 조세특례제한법 제106조 제1항 제4호의 규정에 의하여 부가가치세가 면제되는 국민주택규모의 판단은 동법 시행령 제51조의2 제3항의 규정에 의하여 '주거전용면적'을 기준으로 하는 것임(재소비 46015-206, 2002. 8. 6.).
	부가가치세가 면제되는 국민주택규모 이하의 건설용역이라 함은 조세특례제한법 시행령 제106조 제4항의 규정에 의하여 '건설산업기본법 등의 규정에 의하여 등록을 한 자'가 공급하는 국민주택건설용역을 말하는 것임(재소비 46015-103, 2002. 4. 16.).
	조세특례제한법 시행령 제106조의 규정에 의한 건설산업기본법·전기공사업법·소방 법·전기통신공사업법 및 주택건설촉진법(현 주택법)에 의하여 등록을 한 자에 해당하지 아니하는 자가 국민주택건설용역을 공급하는 경우에는 부가가치세가 면제되지 아니하는 것임(재소비 46015-181, 2000. 6. 17.).
	건설산업기본법에 의하여 등록한 자가 점포와 점포에 딸린 가구당 전용면적이 국민주택규모 이하인 다가구주택에 대한 건설용역을 제공하는 경우, 당해 건설용역 중 다가구주택의 건설용역에 해당하는 부분은 조세특례제한법 제106조 제1항 및 동법 시행령 제106조 제4항의 규정에 의하여 부가가치세가 면제되는 것임. 이 경우 과세되는 점포의 건설용역과 면세되는 다가구주택의 건설용역의 대가가 구분되는 경우 당해 점포의 건설용역에 대한 부가가치세 과세표준은 구분된 점포건설용역에 대한 구분된 대가인 것이나, 당해 점포에 대한 건설용역대가와 당해 다가구주택에 대한 건설용

구 분	내 용
	역대가의 구분이 불분명한 경우 점포건설용역에 대한 부가가치세 과세표준은 당해 건설용역을 공급받는 자의 면세예정면적과 과세예정면적의 총예정면적의 비율에 따라 계산한 것임(부가 46015-897, 2000. 4. 21.).
	건설산업기본법에 의하여 전문건설업(비계·구조물 해체공사업) 면허를 받은 건설업자가 주택재건축조합과 계약을 체결하고 제공하는 국민주택규모 이하의 주택을 건설하기 위한 기존 건축물 철거용역은 조세감면규제법 제100조 제1항 제1호의 규정에 의하여 부가가치세가 면제되는 국민주택건설용역에 해당하는 것임(재소비 46015-348, 1997. 12. 11.).
	질의대상인 유료노인복지주택이 주택건설촉진법 시행령(현 주택법 시행령) 제30조 제1항 단서의 규정에 의한 국민주택규모(1세대당 전용면적이 85제곱미터 이하)이고 사실상 상시 주거용으로 사용되는 경우에는 조세감면규제법(현 조세특례제한법) 제100조 제1항 제1호의 규정에 의하여 부가가치세가 면제됨(재소비 46015-199, 1997. 6. 20.).
국민주택 및 당해 주택의 건설 및 리모델링용역	① 군인 또는 군인가족이 사용하는 군관사는 부가가치세법 제12조 제11호의 상시 주거용으로 사용하는 건물(주택)에 해당되어 임대료가 면세되며, 국방부에 군관사를 기부채납한 SPC 건설단계에서 부담한 매입세액은 공제되지 아니함. ② 조특법 제106조의 규정에 따라 공동주택에 해당하는 관리운영비의 경우, 주택법 시행령 별표 5의 각 항목별로 구분·판단하여야 하며, 관리비 중 위탁관리수수료를 제외한 일반관리비, 경비비 항목에 대해서는 부가세가 면제되고, 동 내용은 관리주체인 SPC가 위탁한 시설운영기관에도 동일하게 적용하는 것임(재부가-857, 2007. 12. 17.).
	공동주택 경비용역에 대한 위탁관리업체 또는 경비용역업체가 2004. 1. 1. 이후 제공하는 경비용역에 대하여는 2003. 12. 30. 개정된 조세특례제한법(법률 제7003호)에 의하여 부가가치세가 과세됨. 다만, 입주민이 자치관리하면서 경비원을 고용하는 경우에 당해 경비원이 제공하는 용역은 고용관계에 의한 근로제공으로서 부가가치세법 제7조 제3항의 규정에 의하여 부가가치세가 과세되지 아니함(재소비-89, 2004. 1. 29.).
	주택건설촉진법 제3조 제4호의 규정에 의한 관리주체 중 주택관리업자 및 사업주체가 공급하는 동법 동조 제3호의 규정에 의한 공동주택의 관리용역(조세특례제한법 시행령 제106조 제4항에서 규정하는 일반관리비 등의 비용을 받고 제공하는 용역에 한한다)에 대하여는 조세특례제한법 제106조 제1항 제4호의2·제4호의3의 규정에 의하여 부가가치세가 면제됨. 이 경우 공동주택은 건축법 시행령 [별표 1]의 제2호 가목 내지 다목에서 규정하는 공동주택(아파트, 연립주택, 다세대주택)을 말하며, 건축법 시행령 [별표 1]의 제10호에서 규정하는 업무시설인 오피스텔(업무와 주거를 함께 할 수 있는 건축물로서 건설교통부장관이 고시하는 것을 말한다)은 공동주택의 범위에 해당하지 아니함(재소비 46015-136, 2003. 5. 21.).

구 분	내 용
국민주택 및 당해 주택의 건설 및 리모델링용역	조세특례제한법 제106조 제1항의 개정으로 경비업법 제4조 제1항의 규정에 의해 허가를 받은 법인이 공동주택에 공급하는 경비용역이 면세전환된 경우 부가가치세법 제6조 제2항의 규정에 의해 면세전용으로 인한 재화의 공급에 해당되므로 같은법 제17조 제5항의 규정에 따라 납부세액 또는 환급세액으로 재계산하는 것이며, 경비업자가 공동주택에 거주하는 개별세대와 독립적으로 용역계약을 체결하고 경비용역을 공급하는 경우는 조세특례제한법 제106조 제1항에서 규정하는 공동주택의 관리용역에 해당하지 아니하는 용역으로 부가가치세법 제7조 제1항의 규정에 의해 부가가치세가 과세되는 것임(재소비 46015-267, 2002. 10. 19.).
	지역농협이 차도선형여객선으로 차량이나 화물을 운송하는 용역을 조합원에게 공급하고 그 대가를 받는 경우 「조세특례제한법」 제106조 제1항 제6호의 규정에 의하여 부가가치세를 면제하는 것이나, 비조합원의 경우에는 동 규정을 적용하지 아니하는 것임(재부가-422, 2007. 6. 1.). ⇒ 지역농협이 도서지방에서 조합원에게 차도선형여객선으로 차량 및 화물운송용역을 제공하는 사업은 「농업협동조합법」 제57조 제1항 제2호 라목의 규정에 의한 당해 조합원의 사업 또는 생활에 필요한 공동이용시설 운영사업으로서 이는 「조세특례제한법」 제106조 제8항의 규정에 의하여 지역농협의 고유의 목적사업에 해당하나, 비조합원의 경우에는 이에 해당하지 아니함.
정부업무를 대행하는 단체가 제공하는 재화 또는 용역	지방공기업법 제76조의 규정에 의하여 설립된 지방공단이 지방자치단체로부터 거주자우선주차와 공영주차장사업의 운영·관리를 위탁받아 당해 지방공단이 자기의 명의와 계산으로 당해 사업을 영위하면서 그 수입금액을 자기의 수입금액으로 계상하는 경우 당해 거주자우선주차와 공영주차장사업은 지방자치단체가 공급하는 용역에 해당하지 아니하는 것이나, 당해 지방공단은 단순히 주차요금의 징수업무를 대행하고 거주자우선주차와 공영주차장사업은 지방자치단체의 명의와 계산으로 하는 경우 당해 거주자우선주차와 공영주차장사업은 지방자치단체가 공급하는 용역에 해당하여 부가가치세법 제12조 제1항 제17호의 규정에 의하여 부가가치세를 면제하는 것이며, 이 경우 지방공단이 공급하는 대행용역은 조세특례제한법 제106조 제1항 제6호의 규정에 의하여 부가가치를 면제하는 것임(서면3팀-448, 2005. 3. 31.).
	폐기물관리법에 의한 허가를 받지 아니하는 사업자가 지방자치단체로부터 광역생활폐기물 소각장시설의 관리·운영을 위탁받아 제공하는 관리·운영용역은 부가가치세법 제1조의 규정에 의하여 부가가치세가 과세되며, 당해 사업자가 지방자치단체로부터 당해 시설물의 관리·운영에 대한 대가로 받는 운영비 등은 명목여하에 불구하고 부가가치세법시행령 제48조 제1항의 규정에 의해 과세표준에 포함됨(재소비 46015-147, 2003. 5. 29.).

구 분	내 용
정부업무를 대행하는 단체가 제공하는 재화 또는 용역	농업협동조합이 전국자치복권행정협의회로부터 전국자치복권판매업무를 위탁받아 이를 대행하고 받는 수수료는 조세특례제한법 제106조 제1항 제6호, 동법 시행령 제106조 제6항 및 동법 시행규칙 제48조 제1항에 의거 부가가치세가 면제되는 것이나, 농업협동조합이 전국자치복권행정협의회로부터 전국자치복권판매업무를 위탁받은 제일은행과 위탁계약을 체결하여 복권판매업무를 대행하고 받는 수수료는 농업협동조합이 당해 복권판매업무를 전국자치복권행정협의회로부터 위탁받은 것으로 인정되는 경우(예: 제일은행이 농업협동조합에 복권판매업무를 위탁한 것이 민법 제682조에 의한 복위임에 해당하는 경우)에 한하여 부가가치세가 면제되는 것임(재소비 46015-15, 2001. 1. 11.).
	전기통신사업법 제4조 제3항의 규정에 의한 '별정통신사업자'가 제공하는 가입전화용역은 부가가치세 과세됨(재소비 46015-170, 1999. 12. 30.).
한국철도시설공단이 국가에 공급하는 철도시설	「조세특례제한법」 제106조 제1항 제7호의 규정을 적용하여 부가가치세가 면제되는 재화 또는 용역을 공급하는 사업에 관련된 매입세액은 「부가가치세법」 제17조 제2항 제4호에 따라 매출세액에서 공제하지 아니하는 것임(재부가-369, 2007. 5. 9.).
	경부고속철도 2단계 사업과 관련된 건설단계의 매입세액은 부가가치세가 면제되는 사업과 관련된 매입세액으로서 매입세액으로 공제되지 아니함(국심 2006전3877, 2007. 4. 17.).
학교시설을 이용하여 제공하는 용역	민간사업시행자가 학교법인의 명의로 건물준공(현금투자) 후 학교법인으로부터 일정기간 관리운영권을 부여받는 방식은 「조세특례제한법」 제106조 제1항 제8호에서 규정하는 「사회기반시설에 대한 민간투자법」 제4조 제1호에 의한 민간투자방식사업에 해당되며, 학교법인이 민간사업시행자가 기부채납(현금투자 포함)하는 대가로 사업시행자에게 관리운영권을 부여하는 관리운영권(간주임대료)의 경우 부가가치세가 면세되는 것임(재부가-401, 2007. 5. 23.).
	대학교 기숙사(○○회사)가 기숙사운영권을 부여받아 당해 기숙사를 이용하여 제공하는 재화 또는 용역은 부가가치세가 면세됨. 한편, ○○대학교 기숙사(○○회사)가 2005. 12. 31.까지 투입한 건설비 등으로 공제(환급)받은 매입세액은 「조세특례제한법」 부칙 제46조(2005. 12. 31. 개정)에 의하여 「부가가치세법」 제6조 제2항 및 동법 제17조 제5항의 규정이 적용되지 아니함(재부가-68, 2007. 2. 1.).
사회기반시설인 민간유치시설의 사용료 수입	※ 1999. 12. 31. 현재 면세받은 경우에 한하여 계속 면세함(법률 제6045호 부칙 제15조, 1999. 12. 28.). 사회간접자본시설에 대한 민간투자법(현 사회기반시설에 대한 민간투자법) 제22조의 규정에 의하여 국가 또는 지방자치단체에 귀속된 사회기반시설을 이용하여 제공하는 재화 또는 용역에 대하여는 부가가치세를 면제한다(구 조특법 §106① 5). 여기서 부가가치세가 면제되는 '사회기반시설을 이용하여 제공하는 재화 또는 용역'은 사회간접자본시설에 대한 민간투자법 제2조 제2호의 규정에 의한 제1종 시설을 이용하여 제공하는 것을 말한다(구 조특령 §106⑤).

구 분	내 용
음식용역	국가시책에 의하여 돌발적으로 발생한 국가 위기상황에서 전투경찰의 위탁급식을 제공한 경우 조특법 제106조 제1항 제2호의 규정이 적용되지 아니함(서면3팀-2762, 2007. 10. 8).
조특법상 면세의 경우 면세포기 가능 여부	사업자가 공급하는 재화 또는 용역이 조특법에 의하여 부가가치세가 면제되고 부가가치세법에 의하여 영세율 적용이 되는 경우 당해 재화 또는 용역의 공급에 대하여 면세포기신고를 한 때에는 영세율이 적용되나, 면세포기를 하지 아니한 때에는 부가가치세가 면제됨(재무부 부가 1265.2-1024, 1983. 9. 27.).

6 | 주요 개정연혁

1. 부가가치세 면제대상 국민주택의 정의 명확화(조특령 §106 ④, 조특칙 §48 ①)

(1) 개정내용

종 전	개 정
□ 부가가치세 면제대상 ㅇ 대통령령으로 정하는 국민주택 및 그 주택의 건설용역 　- 국민주택 : 「조세특례제한법 시행령」 제51조의2 제3항에 규정된 규모* 이하의 주택 　　* 「주택법」상 국민주택 규모	□ 면세대상 국민주택의 정의 명확화 ㅇ (좌　동) 　- 국민주택 : 「주택법」 제2조 제1호에 따른 주택으로서, 그 규모가 같은 조 제6호에 따른 국민주택규모* 이하인 주택 　　* 「건축법 시행령」에 따른 다가구주택(한가구가 독립하여 거주 가능한 구획을 각각 하나의 주택으로 간주)은 가구당 전용면적을 기준으로 판단

(2) 개정이유

ㅇ 면세대상 국민주택의 개념을 명확히 규정

2. 면세대상 희귀의약품 범위 조정(조특령 §106⑭)

(1) 개정내용

종 전	개 정
□ 부가가치세 면제대상 희귀병 치료제 　ㅇ 세레자임 등 고셔병환자 치료제, 혈액응고 인자농축제 등 　ㅇ 발작성 야간 헤모글로빈뇨증(PNH) 환자의 치료에 사용할 치료제 　　　　　〈추 가〉	□ 희귀병 치료제의 부가가치세 면제범위 조정 　(좌 동) 　ㅇ 정형 용혈성 요독증후군(aHUS) 환자의 치료에 사용할 치료제

(2) 개정이유
ㅇ 희귀병 질환자의 치료제 비용부담 완화

(3) 적용시기 및 적용례
ㅇ 2019. 2. 22. 이후 재화를 공급하는 분부터 적용

제106조의2

농업 · 임업 · 어업용 및 연안여객선박용 석유류에 대한 부가가치세 등의 감면 등

1 의 의

농 · 임 · 어업용 석유류에 대한 부가가치세 등의 감면은 농 · 임 · 어업의 생산비 경감을 위한 것으로서, 농어가 인구 감소 및 고령화로 인한 농어업의 기계화 전환에 따라 증가하는 연료비 부담을 경감하고자 하는 것이다. 연안여객선의 경우에는 도서민 등의 여객선이용객의 부담을 줄이고 낙도주민의 생활교통 · 에너지 · 환경세수단 확보를 지원하기 위함이다.

2 면세유

2-1. 면세 석유류 및 적용기한

다음의 어느 하나에 해당하는 석유류(면세유1))의 공급에 대해서는 부가가치세와 제조장 또는 보세구역에서 반출되는 것에 대한 개별소비세, 교통 · 에너지 · 환경세, 교육세 및 자동차 주행에 대한 자동차세를 면제한다. 이 경우 아래의 ①은 2023년 12월 31일까지 공급하는 것에만 적용하고, ②는 2025년 12월 31일까지 공급하는 것에만 적용한다(조특법 §106의2①).

① 농업 · 임업 · 어업용 면세유 : 농민, 임업에 종사하는 자 및 어민이 농업 · 임업 또는 어업에 사용하기 위한 석유류

② 연안여객선박용 면세유2) : 연안을 운항하는 여객선박(관광사업 목적으로 사용되는 여객선박

---

1) 조세특례제한법 제106조의2 제1항의 면세유의 공급과 관련하여 구입한 고정자산 등의 부가가치세 매입세액도 매출세액에서 공제받을 수 있음(재부가-205, 2009. 3. 10.).

2) 내항 부정기 여객운송업에 이용되는 선박이 관광객만을 태우고 부정기적으로 운항하는 경우 연안을 운항하는 여객선박으로 볼 수 없으므로 면세유 대상에서 제외됨(재부가-445, 2009. 6. 29.). 관광유람선업 등록을 받은 일반관광유람선업, 크루즈선박 등 해상관광목적의 여객선박은 면세유가 공급되는 연안운항 여객선박에 해당되지 아니하는 것임(재부가-64, 2009. 2. 2.).

은 제외)에 사용할 목적으로 한국해운조합법에 의하여 설립된 한국해운조합에 직접 공급하는 석유류

2-2. 농어민등의 범위

농업·임업·어업용 면세유 적용대상 농민, 임업에 종사하는 자 및 어민("농어민등")은 농림특례규정 제14조에서 정하는 자를 말한다.

2-3. 농·임·어업용 면세유류의 범위

농업·임업·어업용 면세유는 농림특례규정 제15조에서 정하는 것을 말한다.[3] 한편 면세석유류의 연간 한도량은 농림수산식품부장관 또는 산림청장의 신청을 받아 기획재정부장관이 석유제품별로 이를 정한다.[4]

2-4. 면세유류 구입카드 등

2-4-1. 농기계 등의 보유현황 및 변동내용의 신고

농어민등이 면세유를 공급받기 위하여는 농업협동조합법에 따른 조합, 산림조합법에 따른 조합 및 수산업협동조합법에 따른 조합("면세유류 관리기관인 조합")에 농림특례규정 제15조의3 제1항에서 정하는 농업기계, 임업기계 및 어업기계 또는 선박 및 시설("농기계 등")의 보유 현황과 영농·영림 또는 어업경영 사실을 동 특례규정에 따라 신고하여야 하며, 농기계 등의 취득·양도 또는 농어민 등의 사망, 이농 등으로 그 신고 내용에 달라진 사항이 있으면 그 사유 발생일부터 30일 이내에 그 변동 내용을 신고하여야 한다.[5]

2-4-2. 면세유류 구입카드 또는 출고지시서

농어민등이 농업·임업·어업용 면세유를 공급받으려면 면세유류 관리기관인 조합으로부터 농림특례규정 제16조에서 정하는 면세유류 구입카드 또는 출고지시서("면세유류 구입카드

---

3) 농림특례규정 시행규칙 제7조(농·임·어업용 면세유류의 범위) 및 별표 1[면세유류구입권 등 교부대상 시설(제7조 제1항 관련)], 별표 2[면세유류구입권 등 교부대상 농업기계(제7조 제2항 관련)], 별표 3[면세유류구입권 등 교부대상 임업기계(제7조 제2항 관련)] 참조, 농업기계별, 규격별 연간 공급기준량의 산정 및 면세유류 배정 등에 관한 세부사항은 "농업기계용 면세석유류 공급요령" 참조
4) 농림특례규정 제19조(공급기준량 산정 및 면세유류 배정 등) 참조
5) 농·임·어업용면세유 공급절차 및 면세유류판매업자의 환급(공제) 신청에 따른 감면세액의 환급절차 등 제7조(농업기계 등 보유현황 신고서 서식 등) 및 제8조(농업기계 등의 변동내용 신고서 서식 등) 참조

등")를 발급받아야 한다. 면세유류 관리기관인 조합은 농어민 등의 농기계 등 보유 현황, 영농 · 영림 또는 어업경영규모 등을 고려하여 면세유류 구입카드 등을 발급하여야 한다. 한편, 농업협동조합법에 따른 농업협동조합중앙회, 산림조합법에 따른 산림조합중앙회 및 수산업협동조합법에 따른 수산업협동조합중앙회("면세유류 관리기관인 중앙회")는 배정된 면세유 한도량의 범위에서 면세유류 구입카드 등이 발급 및 사용되도록 관리하여야 한다.[6]

2-4-3. 면세유 사용실적 확인장치의 부착 및 신고

농어민등이 면세유를 농기계 등에 사용하려는 경우에는 사용실적 등을 확인할 수 있는 장치를 부착하고, 사용실적 등을 확인할 수 있는 서류를 면세유류 관리기관인 조합에 제출하여야 한다. 이 경우 농어민등이 서류를 매반기(半期) 마지막 달의 다음 달 말일까지 제출하지 아니한 경우에는 면세유류 관리기관인 조합은 농어민등에게 제출기한부터 1개월이 되는 날("최종 제출기한")까지 해당 서류를 제출할 것을 요구하여야 한다.

2-5. 면세유 공급명세의 공개

면세유류관리기관인 중앙회와 면세유류관리기관인 조합은 농어민등에 대한 면세유의 공급명세를 면세유류관리기관의 홈페이지에 공개할 수 있다.[7]

2-6. 면세유류구입카드 등 발급수수료

농업협동조합법에 의한 조합은 농어민에 대한 면세유류의 공급과 관련하여 면세유류구입카드 등의 교부, 관리대장의 비치, 전산처리 등에 사용되는 비용에 충당하기 위하여 면세유류구입카드 등을 교부받는 자로부터 면세유류 공급가격에 100분의 2를 곱한 금액을 수수료로 징수할 수 있다.[8]

2-7. 석유판매업자의 신고절차 및 구분정리

주유소 등 석유판매업자가 부가가치세, 개별소비세, 교통 · 에너지 · 환경세, 교육세 및 자동차세가 과세된 석유류를 공급받아 농어민등에게 공급한 경우, 해당 석유류가 면세유에 해당하는 경우에 석유판매업자는 그 면세되는 세액을 환급받거나 납부 또는 징수할 세액에서

---

6) 농림특례규정 제20조(면세유류구입카드 등의 교무 및 관리) 및 농 · 임 · 어업용면세유 공급절차 및 면세유류판매업자의 환급(공제) 신청에 따른 감면세액의 환급절차 등 제10조(출고지시서 등) 참조
7) 농림특례규정 제20조의3(면세유 공급명세의 홈페이지 공개) 참조
8) 농림특례규정 제23조(면세유류구입카드 교부수수료) 참조

공제받을 수 있다.9) 본 규정은 면세유를 농어민등에게 판매한 주유소가 직접 감면세액을 환급신청하도록 하여 면세유공급확인서 위·변조를 통한 면세유 부정환급을 방지하고자 2007. 12. 31. 조특법 개정시 도입되었고, 2008. 1. 1. 이후 최초로 환급 등을 신청하는 분부터 적용된다.

2-8. 석유판매업자의 지정 및 취소

2-8-1. 석유판매업자의 지정

면세유류 관리기관인 중앙회는 면세유 관리업무의 효율화 및 부정 유통 방지를 위하여 필요하면 석유판매업자의 신청10)을 받아 농어민등에게 면세유를 판매할 수 있는 석유판매 업자를 지정할 수 있다.

2-8-2. 석유판매업자의 지정취소

석유판매업자가 아래의 어느 하나에 해당하는 경우에는 면세유류 관리기관인 중앙회는 면세유를 판매할 수 있는 석유판매업자의 지정을 취소할 수 있으며, 지정 취소된 석유판매업자는 아래에서 정하는 기간 동안 지정 신청을 할 수 없다.

① 감면세액의 추징 사유(농어민등이 아닌 자가 면세유류 구입카드등을 발급받거나 농어민등 또는 농어민등이 아닌 자가 농어민등으로부터 면세유류 구입카드등 또는 그 면세유류 구입카드등으로 공급받은 석유류를 양수받은 경우 또는 석유판매업자가 신청한 환급·공제세액이 신청하여야 할 환급·공제세액을 초과하는 경우)11)가 생긴 경우: 지정취소일부터 5년간
② 직전 2회계연도의 기간 동안 면세유류 판매실적이 없는 경우: 지정취소일부터 1년간

농어민등이 아닌 자가 면세유류 구입카드 등을 발급·양수받거나 면세유류를 양수하는 경우에 해당하여 감면세액의 추징사유가 생긴 석유판매업자가 그 석유판매업의 전부를 양도하거나 사망한 경우 및 법인인 석유판매업자가 다른 석유판매업자와 합병을 한 경우에는 그 양수인·상속인 또는 합병 후 존속하는 법인이나 합병에 의하여 설립되는 법인에도 이를 준용한다. 다만, 그 양수인(해당 석유판매업자와 친족관계에 있는 자12)는 제외) 또는 법인이 종전 석유판매업자의 감면세액 추징사유가 생긴 것을 알지 못하였음을 증명하는 경우에는 그러하지 아니하다(조특법 §106의2⑭).

---

9) 농림특례규정 제22조(부가가치세 감면 신고절차) 및 제24조(구분경리) 참조
10) 농림특례규정 제20조의2
11) 「조특법」 제106조의2 제12항
12) 「국세기본법 시행령」 제1조의2 제1항

3 | 면세유에 대한 사후관리

3-1. 농어민등이 면세유류를 부정사용하거나 타인에게 양도하는 경우

(1) 농어민등이 교부받은 면세유류 구입카드 등으로 공급받은 석유류를 농업·임업·어업용
    외의 용도로 사용한 경우에는 다음에 따라 계산한 금액의 합계액을 추징한다.
    ① 해당 석유류에 대한 부가가치세, 개별소비세, 교통·에너지·환경세, 교육세 및
       자동차세의 감면세액
    ② 위 ①에 따른 감면세액의 40%에 해당하는 금액의 가산세
(2) 농어민등이 다음 중 어느 하나에 해당하는 경우에는 그 농어민등(그 농어민등과 공동으로
    생산 활동을 하는 배우자 및 직계존비속으로서 생계를 같이하는 자를 포함)은 면세유류
    관리기관이 그 사실을 안 날부터 2년간(③의 경우에는 1년간, ④의 경우로서 추징세액을
    2년이 경과한 날까지 납부하지 아니한 경우에는 그 추징세액을 납부하는 날까지13)) 면세유를
    사용할 수 없다. 다만, 천재지변, 농어민등이 재해를 입거나 도난을 당한 경우, 농어민등
    또는 그 동거가족이 질병이나 중상해로 3개월 이상의 치료가 필요하거나 사망하여
    상중(喪中)인 경우로 변동신고를 하지 못하거나 서류를 최종 제출기한까지 제출하지
    못한 경우에는 면세유를 사용할 수 있다.
    ① 농기계 등 보유현황과 영농·영림·어업경영사실의 신고를 거짓이나 그 밖의 부정한
       방법으로 하거나 변동신고를 하지 아니한 경우
    ② 발급받은 면세유류 구입카드 등과 그 면세유류 구입카드 등으로 공급받은 석유류를
       타인에게 양도한 경우
    ③ 사용실적 또는 생산실적 확인서류를 최종 제출기한까지 제출하지 아니하거나
       거짓으로 제출한 경우
    ④ 감면세액의 추징 사유가 발생한 경우

---

13) 2010. 12. 27. 조특법 개정시 종전 규정에서는 면세유류의 부정사용이 적발되어도 2년이 경과하면 면세유를 공급받을
    수 있어 부정유통 감면추징세액을 납부하지 않는 사례가 발생함에 따라, 이를 방지하고자 2년이 경과 하더라도
    추징세액을 미납하는 경우 면세유류 공급을 중단하도록 개정하였으며, 동 개정규정은 2011. 1. 1. 이후 최초로
    농업·임업·어업용 외의 용도로 사용하는 면세유부터 적용한다.

3-2. 농어민등이 아닌 자가 면세유류 구입카드 등을 발급·양수하거나 면세유류를 양수하는 경우

농어민등이 아닌 자가 면세유류 구입카드 등을 발급받거나 농어민등 또는 농어민등이 아닌 자가 농어민등으로부터 면세유류 구입카드 등 또는 그 면세유류 구입카드 등으로 공급받은 석유류를 양수받은 경우에는 다음에 따라 계산한 금액을 추징한다.

① 조합으로부터 면세유류 구입카드 등을 발급받거나 농어민등으로부터 면세유류 구입카드 등을 양수받은 경우에는 다음 각각에 따라 계산한 금액의 합계액
  ㉠ 발급 또는 양수 당시 면세유류 구입카드 등으로 석유류를 공급받을 경우의 부가가치세, 개별소비세, 교통·에너지·환경세, 교육세 및 자동차세의 감면세액 상당액
  ㉡ 위 ㉠에 따른 감면세액 상당액의 40%에 해당하는 금액의 가산세
② 농어민등으로부터 면세유류 구입카드 등으로 공급받은 석유류를 양수받은 경우에는 다음 각각에 따라 계산한 금액의 합계액
  ㉠ 해당 석유류에 대한 부가가치세, 개별소비세, 교통·에너지·환경세, 교육세 및 자동차세의 감면세액
  ㉡ 위 ㉠에 따른 감면세액의 40%에 해당하는 금액의 가산세

3-3. 농업협동조합중앙회 등이 관리의무를 위반한 경우

면세유류한도량을 초과하여 면세유류 구입카드 등이 발급되어 농업·임업·어업용 석유류가 공급되었을 경우 그 면세유류한도량을 초과하는 석유류에 대해서는 면세유류 관리기관인 농업협동조합중앙회, 산림조합중앙회 및 수산업협동조합중앙회 등이 공급받은 것으로 보아 부가가치세, 개별소비세, 교통·에너지·환경세, 교육세 및 자동차세의 감면세액을 추징한다.

3-4. 농업협동조합 등이 관리의무를 위반한 경우

면세유류 관리기관인 조합이 다음의 ①에 해당하는 경우에는 부가가치세, 개별소비세, 교통·에너지·환경세, 교육세 및 자동차세의 감면세액 상당액의 40%에 해당하는 금액을, 다음의 ②에 해당하는 경우에는 당해 감면세액의 20%에 해당하는 금액을 가산세로 징수한다.

① 거짓이나 그 밖의 부정한 방법으로 면세유류구입카드 등을 교부하는 경우
② 관련 증거서류를 확인하지 아니하는 등 관리 부실로 인하여 농어민등에게 면세유류 구입카드 등을 잘못 발급하거나 농어민등 외의 자에게 면세유류구입카드 등을 발급하는 경우[14]

3-5. 석유판매업자가 감면세액을 부정환급 신고한 경우

관할 세무서장은 석유판매업자가 신청한 환급·공제세액이 신청하여야 할 환급·공제세액을 초과하는 경우에는 다음에 따라 계산한 금액의 합계액을 추징한다. 다만, ②의 경우에는 부당한 방법으로 신청하는 경우에만 적용한다.

① 해당 석유류에 대한 부가가치세, 개별소비세, 교통·에너지·환경세, 교육세 및 자동차세의 감면세액

② 위 ①에 따른 감면세액의 40%에 해당하는 금액의 가산세

3-6. 연안여객선박용 면세유의 용도변경 등에 의한 징수 등

연안여객선박용 면세유의 경우에는 면세로 반입한 날부터 5년 이내에 당해 용도에 사용하지 아니하거나 양도한 경우 그 면세된 세액을 징수한다.

4 │ 절차

(1) 면세유류관리기관인 조합은 면세유 관리업무를 함에 있어서 감면세액 또는 가산세의 추징사유가 발생하였음을 알았을 때에는 면세유류 구입카드 등의 발급 및 사용을 즉시 중지시키고 지체 없이 그 사실을 관할 세무서장에게 알려야 한다. 또한 관할 세무서장이 감면세액 추징사유 등이 발생하였음을 알았을 때에는 지체 없이 면세유류관리기관인 조합과 자동차세의 특별징수의무자에게 그 사실을 알려야 한다.

(2) 면세유류관리기관은 면세유 관리업무를 효율적으로 수행하기 위하여 행정기관 등에게 농어민등의 사망에 관한 자료, 농어민등의 전입신고에 관한 자료, 어선위치발신장치의 선박위치 관련 자료, 추징세액의 납부여부에 관한 자료, 농어민등이 보유한 화물자동차의 전산자료(자동차등록번호, 소유자 성명 및 주민등록번호를 포함한 자동차등록의 신규·이전·변경·말소에 관한 자료)를 요청할 수 있으며, 요청받은 행정기관 등은 정당한 사유가 없으면 면세유류관리기관에 요청받은 자료를 제출하여야 한다.

---

14) 관리 부실로 면세유류 구입카드 또는 출고지시서를 잘못 교부·발급한 경우 가산세 징수를 규정한 조세특례제한법 제106조의2 제11항 제2호 위헌소원(헌재 2018헌바338) 〈합헌〉: 어업용 면세유의 부정 유통을 사전에 방지함으로써 어업용 면세유 제도의 실효성을 확보하고 조세정의를 실현하고자 하는 공익은 면세유류 관리기관인 수협이 관리부실로 인하여 감면세액의 일부에 해당하는 금액을 가산세로 징수당하여 입게 되는 불이익에 비하여 중대하므로, 심판대상조항은 법익의 균형성도 충족한다. 따라서 심판대상조항이 과잉금지원칙에 반하여 청구인들과 같은 면세유류 관리기관인 수협의 재산권을 침해한다고 볼 수 없다.

5 | 과태료

관할 세무서장은 앞의 2-1. ①에 따른 면세유를 공급받은 자로부터 취득하여 판매한 자에게 판매가액의 3배 이하의 과태료를 부과한다(조특법 §106의2㉑).[15]

6 | 관련사례

구 분	내 용
어민의 범위	「조세특례제한법」 제106조의2를 적용함에 있어 「농·축산·임·어업용 기자재 및 석유류에 대한 부가가치세 영세율 및 면세적용 등에 관한 특례규정」 제14조 제3호에서 규정하는 '한국표준산업분류표상 어업으로 분류되는 산업에 종사하는 개인'에는 어업에 종사하면서 타 산업(직업)을 겸영(종사)하는 자를 포함하는 것임(서면3팀-2387, 2007. 8. 24.).
어민들의 명의를 도용	면세유류의 보관 및 관리업무를 담당하는 자가 어민들의 명의를 도용하여 유류를 공급받아 어민이 아닌 자들에게 불법유통 하였으므로 면세유류의 보관 및 관리업무를 담당하는 자에게 교통·에너지·환경세·교육세·부가가치세를 부과한 처분은 정당함(국심 2005전3428, 2005. 11. 30.).
연안을 운항하는 여객선박의 범위	유선 및 도선사업법 제3조 제1항의 규정에 의하여 해양경찰청장의 면허를 받거나 해양경찰청장에게 신고를 한 도선으로서 그 영업구역이 바다인 도선은 조세감면규제법 제100조 제1항 제3호의 규정에 의한 '연안을 운항하는 여객선박'에 해당하는 것임(재소비 46015-271, 1998. 10. 15.).
기 타	직전 연도에 처음으로 면세 석유류를 10킬로리터 이상 공급받은 농민은 「조세특례제한법」 제106조의2 제5항의 규정에 따라 10킬로리터 이상 사용연도의 다음해(이하, 해당년도) 매반기의 생산 실적 등을 확인할 수 있는 서류를 해당년도 매반기 마지막 달의 다음 달 말일까지 면세유류 관리기관인 조합에 최초로 제출하는 것임(기획재정부 부가가치세제과-349, 2020. 8. 12).
	농산물관리원이 농업용 면세유류 공급요령(농식품부 고시사항) 제12조 및 농업용 면세유류 사후관리지침에 의거 적법하게 청구인 주유소의 조특법 제106조의2 규정 위반사실(면세유류의 결제당시에 수요자인 농어민에게 공급하지 아니한 휘발유 127리터의 경우 감면세액의 추징사유가 발생함)을 처분청에 통보하였고, 처분청은 조특법 제106조의2 제12항 및 제13항 규정에 의거 청구인 주유소의 면세유 판매지정 등록을 취소하고 청구인에게 통지하였으므로 처분청의 이 건 처분에는 잘못이 없는 것으로 판단됨(조심 2013구2191, 2013. 7. 8.).

---

15) 2018. 12. 24. 조특법 개정시 신설한 조문이다.

구 분	내 용
기 타	수입업자가 석유류를 수입하여 조특법 제106조의2에 따른 어업용으로 면세공급한 경우 부가가치세법 제17조 제2항 제4호의 규정에 따라 수입시 납부한 부가가치세는 매출세액에서 공제되는 매입세액에 해당하지 아니하는 것임(부가-868, 2007. 12. 20.).
	어민이 면세유류관리기관인 수산업협동조합으로부터 교부받은 출고지시서로 석유류를 공급받아 사용함에 있어 당해 석유류를 동 출고지시서 내용과 다르게 사용하는 것을 발견하는 때에는 「농ㆍ축산ㆍ임ㆍ어업용 기자재 및 석유류에 대한 부가가치세 영세율 및 면세적용 등에 관한 특례규정」 제20조 제6항 및 제7항의 규정에 의하여 출고지시서의 발급을 중지하고 지체 없이 그 사실을 관할 세무서장에게 통보하여야 하는 것임(재소비-664, 2005. 12. 30.).

7 | 주요 개정연혁

1. 연안여객선박용 석유류에 대한 간접세 면제 적용기한 연장(조특법 §106의2)

(1) 개정내용

종 전	개 정
☐ 연안여객선박용 석유류에 대한 간접세* 면제 　* 부가가치세, 개별소비세, 교통ㆍ에너지ㆍ환경세, 　　교육세 및 자동차세 　○ (적용기한) 2022. 12. 31.	☐ 적용기한 연장 　○ 2025. 12. 31.

(2) 개정이유

　○ 도서지역 주민의 해상교통권 및 생활환경 지원

2. 연안여객선박용 면세유 사후관리 강화(농·축산·임·어업용 기자재 및 석유류에 대한 부가가치세 영세율 및 면세 적용 등에 관한 특례규정 §26③, 같은 규정 시행규칙 §12)

(1) 개정내용

종 전	개 정

□ 연안여객선박용 석유류에 대한 간접세* 면제
    * 부가가치세, 개별소비세, 교통·에너지·환경
      세, 교육세 등
	□ 사후관리 강화

□ 면세유 사후관리
   ㅇ 한국해운조합은 직전월 면세유 사용량을 해양
      수산부에 매월 10일까지 보고
 	
            〈추 가〉
	
	   ㅇ (좌 동)
	
	   ㅇ 한국해운조합은 직전연도 면세유 공급 관련
	      명세서를 국세청장에게 매년 3월말까지 제출

(2) 개정이유

   ㅇ 면세유 공급에 대한 투명성 제고

(3) 적용시기 및 적용례

   ㅇ 2021. 2. 17.이 속하는 과세기간에 공급받는 석유류부터 적용

제 106 조의 4

금관련 제품에 대한 부가가치세 매입자 납부특례

1 | 의 의

금지금 거래의 투명화·정상화를 통한 귀금속산업의 발전을 지원하기 위하여 매출자가 거래징수한 부가세를 무납부하는 것을 방지하기 위해 현행 매출자에 의한 거래징수제도를 「매입자납부제도」로 전환하였다. 본조는 2008. 6. 1. 이후 금거래계좌를 개설·신고하고 2008. 7. 1. 이후 최초로 금관련 제품을 공급하거나 공급받는 분부터 적용[1] 한다.

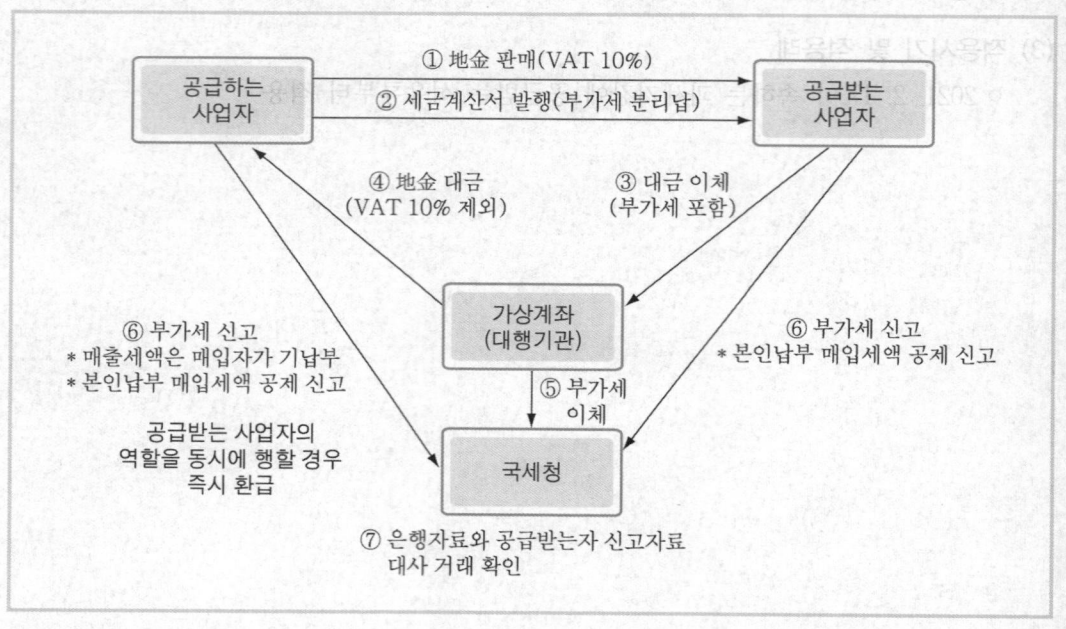

---

1) 조특법 부칙 제1조 단서 및 제39조(2007. 12. 31.)

2 | 요 건

2-1. 대상자

금사업자로서 금관련 제품을 공급하거나 공급받으려는 사업자 또는 수입하려는 사업자가 이에 해당한다(조특법 §106의4①). 즉, 매입자 납부특례 제도는 금사업자간의 거래만 적용되며, 소비자가 금지금을 구입하는 경우에는 적용되지 아니한다.

2-2. 대상물

부가가치세 매입자납부 특례가 적용되는 금관련 제품은 다음 중 어느 하나에 해당하는 것을 말한다(조특령 §106의9①).
① 금지금 : 금괴(덩어리)·골드바 등 원재료 상태로서 순도가 99.5% 이상인 금
② 고금 : 소비자가 구입한 사실이 있는 반지 등 제품 상태인 것으로서 순도가 58.5% 이상인 금
③ 금 함유량이 10만분의 1 이상인 웨이스트와 스크랩

2-3. 「금거래계좌」 개설

금관련 제품을 공급하거나 공급받으려는 금사업자는 본조에 따라 일정 요건을 갖춘 금거래계좌[2]를 개설하여야 하며, 사업자는 사업장별로 둘 이상의 금거래계좌를 개설할 수 있다(조특령 §106의9③). 여기서 금거래계좌는 다음의 요건을 모두 갖춘 것을 말한다(조특령 §106의9②).
① 금융실명거래 및 비밀보장에 관한 법률 제2조 제1호 각 목의 어느 하나에 해당하는 금융기관 중 부가가치세 매입자납부 특례제도를 안정적으로 운영할 수 있다고 인정되어 국세청장이 지정한 금융기관에 개설한 계좌일 것
② 개설되는 계좌의 명의인 표시에 사업자의 상호가 함께 기재될 것(상호가 있는 경우에 한함)
③ 개설되는 계좌의 표지에 "금거래계좌"라는 문구가 표시될 것

한편, 금거래계좌를 이용하여 대금을 결제한 경우에는 「소득세법」 제160조의5에 따라 사업용계좌를 사용한 것으로 본다(조특령 §106의9④).

---

2) 제조회사가 반도체 부품용으로 제조·공급하는 금인 본딩와이어(Gold Bonding Wire), 증착재(Gold Evaporation Material) 및 타켓(Gold Sputtering Target)은 「조세특례제한법 시행령」 제106조의9 제1항 제1호에 따른 금지금이 아니므로, 「조세특례제한법」 제106조의4 제1항에 따른 금거래계좌 사용대상인 금지금에 해당하지 아니하는 것임(재부가-586, 2011. 9. 22.).

3 │ 과세특례의 내용

3-1. 공급자

금사업자가 금관련 제품을 다른 금사업자에게 공급한 때에는「부가가치세법」제31조에도 불구하고 부가가치세를 그 공급을 받는 자로부터 징수하지 아니한다(조특법 §106의4②).

3-2. 공급받는 자(매입자가 직접 납부)

금사업자가 금관련 제품을 다른 금사업자로부터 공급받은 때에는 그 공급을 받은 날(금관련 제품을 공급받은 날이 세금계산서를 발급받은 날보다 빠른 경우에는 세금계산서를 발급받은 날을 말한다)의 다음 날(이하 "부가가치세액 입금기한"이라 한다)까지 금거래계좌를 사용하여 금관련 제품의 가액은 공급한 사업자에게, 부가가치세액[3]은 지정금융기관[4]에 입금하여야 한다. 다만, 다음의 어느 하나에 해당하는 방법으로 금 관련 제품의 가액을 결제하는 경우에는 위의 부가가치세액만 입금할 수 있다[5](조특법 §106의4③, 조특령 §106의9⑤ · ⑥ · ⑬).

① 법 제7조의2에 따른 환어음 · 판매대금추심의뢰서, 기업구매전용카드, 외상매출채권담보대출제도, 구매론제도 및 네트워크론제도
②「전자금융거래법」제2조에 따른 전자채권
③ 외국환은행을 통하여 외화로 대금을 지급하는 거래
④「민법」에 따른 공탁

한편, 제106조의3(금지금에 대한 부가가치세 과세특례)과 제126조의7 제1항 제2호(공급된 후 금 현물시장에서 매매거래되는 금지금)에 따라 부가가치세가 면제되는 경우에는 위의 규정을 적용하지 아니한다(조특법 §106의4⑤).

3-3. 수입자

금지금 수입에 대한 부가가치세는 부가가치세법 제50조에도 불구하고 금거래계좌를 사용하여 수입자가 금지금을 별도로 수입신고하고 그 금지금에 대한 부가가치세를 금관련 제품

---

[3]「부가가치세법」제29조에 따른 과세표준에 같은 법 제30조에 따른 세율을 적용하여 계산한 금액을 말한다.
[4] 금사업자가 금 관련 제품의 가액 및 부가가치세를 입금하여야 하는 금융기관의 지정 등에 관한 고시(국세청 고시 제2015-46호, 2015. 8. 24.) 참조
[5] 기업구매자금대출(구매자금용 대출금은 은행에서 직접 매출기업에 송금되고, 구매기업은 대출금 상환의무가 발생하는 제도)을 받아 금지금 구입대금을 결제하는 귀금속업체의 자금부담 완화(2009. 4. 1. 이후 공급하는 분부터 적용)

매입자의 금거래계좌를 통한 결제 방법에 따라 납부할 수 있다[6] (조특법 §106의4④, 조특령 §106의9⑦).

한편, 상기 수입자의 금거래계좌를 통한 결제 규정은 부가가치세가 면제되는 경우에는 적용하지 아니한다.

4 | 금거래계좌 미사용 등에 대한 제재

4-1. 매입세액불공제

금 관련 제품을 공급받은 금사업자가 금거래계좌를 사용하여 지정금융기관에 부가가치 세액을 입금하지 아니한 경우에는 금 관련 제품을 공급한 금사업자에게서 발급받은 세금계산서에 적힌 세액은 부가가치세법 제37조 및 제38조에도 불구하고 매출세액에서 공제 되는 매입세액으로 보지 아니한다(조특법 §106의4⑥).

4-2. 가산세의 징수

금사업자가 금 관련 제품을 다른 금사업자로부터 공급받은 때에 금거래계좌를 사용하지 아니하고 금 관련 제품의 가액을 결제받은 경우에는 해당 금 관련 제품을 공급한 금사업자 및 공급받은 금사업자에게 제품가액의 10%를 가산세로 징수한다. 다만, 조특법 제106조의4 제1항 제3호의 제품[7]과 조특법 제106조의9 제1항 각 호의 물품(스크랩등)[8]이 혼합된 제품을 공급하거나 공급받으려는 사업자가 같은 항 각 호 외의 부분에 따른 스크랩등거래계좌를 사용하는 경우에는 가산세를 징수하지 아니한다(조특법 §106의4⑦).

4-3. 이자상당액의 징수

관할 세무서장은 금 관련 제품을 공급받은 금사업자가 금거래계좌를 통해 부가가치세액을

---

6) 금지금 수입시 금거래계좌를 통해 부가세액을 납부토록 함에 따라 수입시 납부된 부가가치세액의 실시간 정산 허용(2009. 7. 1. 이후 수입하는 분부터 적용)

7) 금 함유량이 10만분의 1 이상인 웨이스트와 스크랩

8) 1. 「관세법」 제84조에 따라 기획재정부장관이 고시한 「관세·통계통합품목분류표」 중 구리의 웨이스트 및 스크랩과 잉곳(ingot) 또는 이와 유사한 재용해구리의 웨이스트와 스크랩으로부터 제조된 괴상의 주조물
   2. 구리가 포함된 합금의 웨이스트 및 스크랩으로서 구리함유량이 100분의 40 이상인 물품
   3. 「관세법」 제84조에 따라 기획재정부장관이 고시한 「관세·통계통합품목분류표」 중 철의 웨이스트와 스크랩, 철강의 재용해용 스크랩 잉곳 또는 그 밖에 이와 유사한 것으로서 대통령령으로 정하는 물품

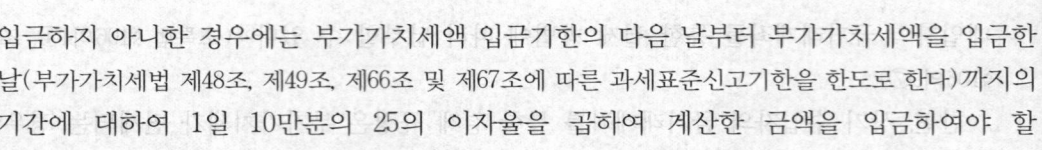

입금하지 아니한 경우에는 부가가치세액 입금기한의 다음 날부터 부가가치세액을 입금한 날(부가가치세법 제48조, 제49조, 제66조 및 제67조에 따른 과세표준신고기한을 한도로 한다)까지의 기간에 대하여 1일 10만분의 25의 이자율을 곱하여 계산한 금액을 입금하여야 할 부가가치세액에 가산하여 징수한다(조특법 §106의4⑧, 조특령 §106의9⑧).

5 | 금거래계좌에 입금된 부가가치세액의 환급

공급받은 자가 입금한 부가가치세액은 금 관련 제품을 공급한 금사업자가 납부하여야 할 세액에서 공제하거나 환급받을 세액에 가산한다. 금거래계좌를 통해 금 관련 제품을 공급받은 금사업자는 금관련 제품의 매출시 그 매입자가 입금한 부가가치세액(매출세액)의 범위에서 금거래계좌를 통해 입금한 부가가치세액(매입세액)을 지정금융기관으로부터 환급받을 수 있다. 다만, 다음의 어느 하나에 해당하는 금액은 해당 사업자가 입금한 부가가치세액(매입세액)으로 보아 환급받을 수 있다(조특칙 §48의4① · ②).

① 금관련 제품 수입시 세관에 납부한 부가가치세액
② 금지금제련업자는 매입자가 입금한 부가가치세액(매출세액)에서 그 제련업자가 입금한 부가가치세액(매입세액)을 뺀 금액의 70%에 해당하는 금액

상기 ①의 금관련 제품 수입업자가 수입시 납부한 부가가치세액을 환급받으려면 금관련 제품 수입업자 부가가치세 환급신청서를 관할 세무서장에게 제출하여야 하며, 제출받은 관할 세무서장은 부가가치세액의 납부 여부를 확인하여 납부한 경우에는 지정금융기관에게 그 사실을 통보하여야 한다(조특칙 §48의4③ · ④).

6 | 부가가치세 환급 보류

관할 세무서장은 해당 예정신고기간 및 확정신고기간 중 금사업자의 금관련 제품의 매출액이 금관련 제품의 매입액에서 차지하는 비율(매출/매입물품)이 100분의 70 이하인 경우에는 환급을 보류할 수 있다. 다만, 다음의 어느 하나에 해당하는 경우에는 환급이 가능하다(조특법 §106의4⑩, 조특령 §106의9⑨).

① 환급받을 세액이 500만원 이하인 경우(조특령 §106의9⑩)
② 체납 · 포탈 등의 우려가 적다고 인정(성실성 인정)되는 경우(조특령 §106의9⑫)

<성실성 인정요건>
금사업자, 금사업자의 대표자 또는 임원이 다음의 요건을 모두 갖춘 경우를 말한다.
㉠ 해당 신고납부기한 종료일 현재 최근 3년간 조세범으로 처벌받은 사실이 없을 것
㉡ 해당 신고납부기한 종료일 현재 최근 1년간 국세를 체납한 사실이 없을 것
㉢ 해당 신고납부기한 종료일 현재 최근 3년간 결손처분을 받은 사실이 없을 것
㉣ 해당 신고납부기한 종료일 현재 최근 1년간 금거래계좌를 이용하지 아니하고 금관련 제품의 거래를 한 사실이 없을 것
㉤ 그 밖에 부가가치세 신고·납부 현황 등을 고려할 때 조세포탈의 우려가 없다고 국세청장이 인정하는 경우

한편, 환급을 보류할 수 있는 기간은 해당 예정신고기한 또는 확정신고기한의 다음 날부터 6개월 이내로 한다(조특령 §106의9⑪).

7 | 주요 개정연혁

1. 부가가치세 매입자납부특례의 거래대금 및 부가가치세액 입금방법 보완
(조특령 §106의9⑥, §106의13⑤)

(1) 개정내용

종 전	개 정
□ 부가가치세 매입자납부특례의 거래대금 및 부가가치세액 입금방법	□ 예외 추가
○ (원칙) 매입자가 금 관련 제품·스크랩 등을 공급받은 경우 거래대금과 부가가치세액을 전용계좌에 납입	○ (좌 동)
○ (예외) 다음의 방법으로 거래가액 결제 시 부가가치세액만 전용계좌에 납입 가능	
- 환어음, 기업구매전용카드 등	
- 전자채권	
- 외국환은행을 통하여 외화로 대금을 지급하는 거래	- (좌 동)
〈추 가〉	- 「민법」에 따른 공탁

(2) 개정이유

○ 매입자납부특례 적용 사업자의 납세협력부담 완화

(3) 적용시기 및 적용례

○ 2019. 2. 12. 이후 재화를 공급받는 분부터 적용

2. 부가가치세 매입자납부특례 관련 지연입금 가산세 인하(조특령 §106의9⑧, §106의13⑦)

(1) 개정내용

종 전	개 정
□ 부가가치세 매입자 납부특례의 부가가치세액 지연입금 가산세 ○ (가산세 부과기간) 부가세액 입금기한*의 다음 날부터 부가가치세액 입금 시까지 ＊ 금 관련 제품 및 스크랩 등을 공급받거나 세금계산서를 발급받은 날의 다음 날 ○ (가산세율) 1일 0.03%	□ 가산세율 인하 ○ (좌 동) ○ 1일 0.03% → 1일 0.025%

(2) 개정이유

○ 가산세 부담 완화

(3) 적용시기 및 적용례

○ 2019. 2. 12. 이후 부과하는 경우부터 적용

제106조의6

금지금 등의 거래내용 제출

1 | 의 의

금지금 제련 및 수입자료 확보를 통한 금지금 거래의 투명화 유도를 위해 금지금 제련업자는 금지금 공급내역을 신고하고 세관장은 수입업자의 금관련제품 수입내역을 사업장 관할 세무서장에게 신고하도록 하였다. 본조는 2008. 7. 1. 이후 최초로 제조반출하거나 수입신고하는 분부터 적용[1]한다.

2 | 대상 및 신고 내용

2-1. 금지금제련업자

금지금제련업자는 「부가가치세법」 제48조, 제49조, 제66조 및 제67조에 따른 부가가치세의 과세표준 신고시 금지금의 제조반출명세서를 과세표준신고서의 첨부서류로 제출하여야 한다(조특법 §106의6①, 조특령 §106의11②). 여기서 "금지금제련업자"란 귀금속·비철금속 광석·괴 및 스크랩 등을 제련하여 금지금을 제조하는 업을 영위하는 자(금지금정련업자는 제외)를 말한다(조특령 §106의11①).

2-2. 세관장

세관장은 금관련 제품이 수입된 경우에는 그 수입신고명세를 수입자의 사업장 관할 세무서장에게 수입신고일의 다음 달 말일까지 제출하여야 한다(조특법 §106의6②).

여기서 "금관련 제품"이란 「관세법」 별표 관세율표 번호 제7108.12호 또는 제7108.13호 (선으로 된 것은 제외한다)의 금을 말한다(조특령 §106의11③).

---

1) 조특법 부칙 제1조 단서 및 제41조(2007. 12. 31.)

제106조의7

일반택시 운송사업자의 부가가치세 납부세액 경감

1 | 의 의

지하철 심야운행·대리운전·자가용 증가 등으로 인하여 택시운송회사의 경영난이 가중되고, 택시기사들의 처우가 열악하여지고 있는바, 이를 감안하여 「여객자동차 운수사업법」상 일반택시 운수사업자에 한하여 부가가치세 납부세액을 경감하는 특례를 인정하고 있다. 2014. 1. 1. 법 개정시 택시 이용 감소에 따른 운수종사자들의 열악한 임금, 복리후생 등 운수종사자 복지향상에 대한 지원필요성을 고려하여 적용기한을 2015. 12. 31.까지 2년 연장하였다.

2014년 8월 정부는 「택시운송사업의 발전에 관한 법률」(이하 "택시 발전법"이라 한다)을 제정하면서 개인택시 면허의 양도·양수를 3회로 제한함과 동시에 업계 자체 부담금과 정부·지자체 감차예산을 공동재원으로 한 자율감차 방안을 마련하였다.

이는 택시업계가 어려움을 겪고 있는 근본적인 원인은 택시의 과잉공급에 있으므로 택시 발전법의 입법취지를 살려 택시와 관련된 사회적 갈등을 해결하기 위해서는 감차사업을 원활하게 진행할 필요가 있고, 개별 사업자로 하여금 감경세액을 감차재원 관리기관에게 납부하게 하기보다는 국가가 그에 상당하는 금액을 예산으로 편성하여 감차재원 관리기관에 지급하는 것이 보다 적합한 지원 방식임을 감안한 것이다.

이에 따라 2014. 12. 23. 조특법 개정시에는 본 제도의 납부세액 경감률을 현행 90%에서 95%로 상향하고, 경감세액 중 부가가치세 납부세액의 5%에 해당하는 금액을 국토교통부장관이 지정하는 택시 감차보상재원 관리기관에 납부하도록 하였으며 2014년 2기 과세기간 경감분부터 적용하도록 하였고, 2015. 12. 15. 조특법 개정시 적용기한을 2018. 12. 31.로 연장하였다.

한편, 2017. 12. 19. 조특법 개정시 본 제도의 납부세액 경감률을 현행 95%에서 99%로 상향하였고, 2021. 12. 28. 조특법 개정시 적용기한을 2023. 12. 31.로 연장하였다.

2 | 요건

「여객자동차 운수사업법」상 일반택시 운송사업자[1])에 대하여 적용한다. 따라서, 자동차 1대를 사업자가 직접 운전하면서 여객을 운송하는 개인택시운송사업자의 경우에는 경감대상에 포함되지 않는다.

3 | 과세특례의 내용

일반택시 운송사업자에 대하여는 부가가치세 납부세액의 99%를 2023. 12. 31.까지 종료하는 과세기간분까지 경감한다(조특법 §106의7①).

> **참고**　일반택시운송사업자 부가가치세 경감세액 등의 감면소득 해당 여부
>
> 여객자동차 운수사업법에 따른 일반택시운송사업자가 「조세특례제한법」 제106조의4의 규정을 적용받아 발생하는 부가가치세 납부세액 경감액과 「여객자동차 운수사업법」에 따라 지급받는 유가보조금은 동법 제7조의 중소기업에 대한 특별세액감면을 적용함에 있어서 감면대상소득에 해당하는 것임(재경부 조세지출예산과 - 642, 2006. 9. 20.).

4 | 경감세액의 사용용도

일반택시 운송사업자는 경감세액 중 부가가치세 납부세액의 90% 상당액을 국토교통부 장관이 정하는 바에 따라 경감된 부가가치세의 확정신고납부기한 종료일부터 1개월(이하 "지급기간"이라 한다) 이내에 「여객자동차 운수사업법」에 따른 일반택시 운수종사자에게 현금으로 지급하여야 한다. 이 경우 일반택시 운송사업자는 지급하는 현금이 부가가치세

---

1) 여객자동차 운수사업법 시행령 제3조【여객자동차운송사업의 종류】여객자동차운송사업은 다음 각 호와 같이 세분한다.
　2. 구역 여객자동차운송사업
　　다. 일반택시운송사업 : 운행계통을 정하지 아니하고 국토교통부령으로 정하는 사업구역에서 1개의 운송계약에 따라 국토교통부령으로 정하는 자동차를 사용하여 여객을 운송하는 사업. 이 경우 국토교통부령으로 정하는 바에 따라 경형·소형·중형·대형·모범형 및 고급형 등으로 구분한다.
　　라. 개인택시운송사업 : 운행계통을 정하지 아니하고 국토교통부령으로 정하는 사업구역에서 1개의 운송계약에 따라 국토교통부령으로 정하는 자동차 1대를 사업자가 직접 운전(사업자의 질병 등 국토교통부령으로 정하는 사유가 있는 경우는 제외한다)하여 여객을 운송하는 사업. 이 경우 국토교통부령으로 정하는 바에 따라 경형·소형·중형·대형·모범형 및 고급형 등으로 구분한다.

경감세액임을 일반택시 운수종사자에게 알려야 한다(조특법 §106의7②).

일반택시 운송사업자는 택시 감차 보상의 재원으로 사용하기 위하여 본조 제1항에 따른 경감세액 중 부가가치세 납부세액의 5%를 국토교통부장관이 정하는 바에 따라 지급기간 이내에 국토교통부장관이 지정하는 기관(이하 "택시 감차보상재원 관리기관"이라 한다)에 지급하여야 한다(조특법 §106의7③).

또한 일반택시 운송사업자는 「택시운송사업의 발전에 관한 법률」 제15조에 따른 택시 운수종사자 복지기금의 재원 마련을 위하여 본조 제1항에 따른 경감세액 중 부가가치세 납부세액의 4%를 국토교통부장관이 정하는 바에 따라 지급기간 이내에 「여객자동차 운수사업법」 제53조 또는 제59조에 따른 택시운송사업자단체 중 「택시운송사업의 발전에 관한 법률 시행령」 제20조에 따라 설립된 기금관리기관에 지급하여야 한다(조특법 §106의7④, 조특령 §106의12①).

5 사후관리

일반택시 운송사업자는 지급기간 종료일부터 10일 이내에 제2항에 따라 일반택시 운송종사자에게 경감세액을 지급한 명세를 국토교통부장관과 일반택시 운송사업자 관할 세무서장에게 각각 제출하여야 한다(조특법 §106의7⑤). 국토교통부장관은 일반택시 운송 사업자가 경감된 세액을 지급기간에 위의 4.에 따라 지급하였는지를 확인하고 그 결과를 지급기간 종료일부터 3개월 이내에 국세청장 또는 일반택시 운송사업자 관할 세무서장에게 통보(이하 "미지급통보"라 한다)하여야 한다. 이 경우 미지급통보 대상이 된 일반택시 운송사업자에게도 그 미지급통보 대상이 되었음을 알려야 한다(조특법 §106의7⑥).

미지급통보를 받은 국세청장 또는 일반택시 운송사업자 관할 세무서장은 다음의 구분에 따라 계산한 금액을 일반택시 운송사업자로부터 추징한다(조특법 §106의7⑦).

① 미지급경감세액[2]을 미지급통보를 한 날까지 지급한 경우 : ㉠ + ㉡

㉠ 이자상당액 = 미지급경감세액 상당액 × 경감된 부가가치세의 신고납부기한 종료일의 다음 날부터
　　　　　　　　지급일까지의 기간(일) × 1일당 10만분의 25[3]
㉡ 가산세 = 미지급경감세액 상당액 × 20%

---

2) 일반택시 운송사업자가 본조 제2항부터 제4항까지의 규정(위 4.)에 따라 지급하지 아니한 경감세액
3) 미지급한 경감세액에 대한 이자상당액 계산의 기준이 되는 기간 중 2019년 12월 31일 이전의 기간에 대한 이자율은 1만분의 3으로 하고, 2020년 1월 1일부터 2020년 3월 31일까지의 기간에 대한 이자율은 10만분의 25로 한다(법률 제16835호, 2019. 12. 31. 부칙 §39).

② 일반택시 운송사업자가 경감세액을 미지급통보를 한 날까지 지급하지 않은 경우
: ㉠ + ㉡ + ㉢

㉠ 미지급경감세액 상당액
㉡ 이자상당액 = 미지급경감세액 상당액 × 경감된 부가가치세의 신고납부기한 종료일의 다음 날부터
　　　　　　　추징세액의 고지일까지의 기간(일) × 1일당 10만분의 25
㉢ 가산세 = 미지급경감세액 상당액 × 40%

또한 국세청장 또는 일반택시 운송사업자 관할 세무서장은 위의 ②-㉠에 따라 미지급경감세액 상당액을 추징한 경우, 일반택시 운수종사자에게 미지급 사실, 지급절차 등에 대하여 통보한 후 미지급통보일부터 3개월 이내에 일반택시 운수종사자에게 추징한 미지급경감세액 상당액을 지급하여야 한다. 다만, 일반택시 운수종사자에 대한 정보가 분명하지 아니한 경우에는 추징된 미지급경감세액은 국고로 귀속시킬 수 있다(조특법 §106의7⑧, 조특령 §106의12③).

6 | 관련사례

구 분	내 용
겸 업	회사운영이 어려워서 회사 내에 장갑제조설비를 갖추어 장갑제조업을 겸업하고 있음. 이 경우 장갑제조업에서 발생된 부가가치세도 조세특례제한법 제106조의4 규정에 의하여 운송사업자가 영업하는 것으로 보아 부가가치세 납부세액의 50% 경감이 가능한지의 여부 : 택시운송사업을 영위하고 있는 사업자에 대한 부가가치세 납부세액의 100분의 50을 경감하는 규정을 적용하는 것은 「여객자동차 운수사업법」상 일반택시운송업에 대하여 부가가치세 납부세액의 100분의 50을 경감하는 것임(서면3팀-496, 2008. 3. 6.).
부가가치세가 구분되어 있지 아니한 경우	부가가치세가 과세되는 재화 또는 용역을 공급하고 그 대가로 받은 금액에 공급가액과 부가가치세액이 별도 표시되어 있지 아니한 경우에는 거래금액 또는 영수할 금액의 110분의 100에 상당하는 금액을 과세표준으로 하는 것임. 한편, 「여객자동차운수사업법상」 일반택시운송사업자에 대하여는 부가가치세 납부세액의 100분의 50을 2006. 12. 31.까지 종료하는 과세기간분까지 「부가가치세법」 제18조 및 제19조의 규정에 의한 예정 및 확정신고시 당초 납부세액에서 경감하는 것이며, 당해 경감세액은 건설교통부장관(현. 국토해양부장관)이 정하는 바에 따라 「여객자동차 운수사업법」상 일반택시운수종사자의 처우개선 및 복지향상에 사용하는 것임(서면3팀-2236, 2006. 9. 25.).

구 분	내 용
고정자산 매출·매입 관련 세액	조세특례제한법 제106조의4에 의한 일반택시운송사업자에 대한 부가가치세 납부세액 100분의 50 경감규정을 적용함에는 운송사업에 관련된 고정자산 매출세액 및 매입세액을 포함하여 계산한 부가가치세 납부세액의 100분의 50을 경감하는 것임(서면3팀-837, 2006. 5. 8.).
경감세액의 사용 용도	여객자동차 운수사업법상 일반택시 운송사업자는 조세특례제한법 제106조의4 규정에 의한 부가가치세 경감세액 상당액을 건설교통부장관이 정하는 바에 따라 일반택시 운송종사자의 처우개선 및 복지향상에 사용해야 하며, 경감세액 상당액을 동 규정의 사용목적에 따라 일반택시 운송종사자에게 개인별로 현금 지급시 당해 종업원의 근로소득에 해당하는 것임(서면1팀-1155, 2005. 9. 29.).
	일반택시운송업을 영위하는 사업체에 고용된 운전기사가 고용관계에 의하여 근로를 제공하고 받는 대가(임금, 보수, 급여 등)에 대하여는 부가가치세법 제7조 제3항 규정에 의하여 부가가치세가 과세되지 아니하는 것임. 한편, 여객자동차 운수사업법상 일반택시운송사업자에 대하여는 부가가치세 납부세액의 100분의 50을 2006. 12. 31.까지 종료하는 과세기간분까지 부가가치세법 제18조 및 제19조의 규정에 의한 예정 및 확정신고시 당초 납부세액에서 경감하는 것이며, 당해 경감세액은 건설교통부장관이 정하는 바에 따라 여객자동차 운수사업법상 일반택시운수종사자의 처우개선 및 복지향상에 사용하는 것임(서면3팀-1177, 2005. 7. 25.).
	간접비용 등 지급간주 합의대상이 된 부분에 관하여는 실제로 운수종사자 등에게 지급되고 또한 그 지급목적이 일반택시 운수종사자의 처우개선이나 복지향상에 해당하는 경우가 아니라면 간주 합의만을 가지고 그에 해당하는 부가가치세 경감세액 상당액이 실질적으로 일반택시 운수종사자의 처우개선이나 복지향상에 사용된 것이라고 평가하기는 어렵다할 것임(대법원 2013. 6. 13. 선고 2010두26261 판결 참조)(조심 2012서0930, 2013. 8. 26.).
운임의 일부를 미입금한 경우	택시운송수입금액 중 일부(귀 질의의 경우 총수입금액의 9~20%)가 일반택시운송사업자에 입금되지 않고 택시기사가 직접 사용하더라도 동 금액은 택시운송용역의 대가로서 택시운송사업자의 부가가치세 과세표준에 포함되는 것임(부가 46015-1885, 2000. 8. 5.).

7 | 주요 개정연혁

1. 일반택시 운송사업자의 부가가치세 납부세액 경감률 확대 등
(조특법 §106의7, 조특령 §106의12)

(1) 개정내용

종 전	개 정
□ 일반택시 운송사업자에 대한 부가가치세 납부세액 경감 ㅇ (경감률) 95% 　－ 경감액은 택시기사에게 현금지급(90%) 및 택시감차보상재원(5%)으로 활용 〈신 설〉 〈신 설*〉 * 현행은 미지급경감세액 상당액에 그 이자상당액과 가산세(40%)를 합한 금액을 추징하는 것만 규정	□ 경감률 확대 등 ㅇ (경감률) 99% 　－ (좌 동) 　－ 추가 경감세액(4%)은 택시운수 종사자 복지기금 재원*으로 활용 　* (재)일반택시 운수종사자 복지재단 ㅇ (경감세액 지급) 택시기사에게 미지급한 경감세액 상당액을 국세청장 또는 관할 세무서장이 직접 종사자에게 지급

(2) 개정이유
ㅇ 택시운수종사자 복지 지원

(3) 적용시기 및 적용례
ㅇ (경감률 확대 등) 2018. 1. 1.이 속하는 과세기간 경감 분부터 적용
ㅇ (경감세액 지급) 2018. 1. 1.이 속하는 과세기간 경감 분에 대해 미지급이 발생하는 경우부터 적용

스크랩등에 대한 부가가치세 매입자 납부특례

1 | 의 의

구리 스크랩등 거래 시 매입자가 부가가치세를 직접 납부하도록 하여 부가가치세 과세체계의 정상화를 도모하기 위해 2013. 5. 10. 구리 스크랩등에 대한 부가가치세 매입자 납부특례 제도가 도입되었는바, 2013. 12. 1. 이후 구리 스크랩등 거래계좌를 개설·신고하고, 2014. 1. 1. 이후 최초로 구리 스크랩등을 공급하거나 공급받는 분 또는 수입신고하는 분부터 적용되었다.

구리 스크랩등을 거래하는 사업자는 구리 스크랩등 거래계좌를 개설하고, 구리 스크랩등을 다른 사업자로부터 공급받았을 때 구리 스크랩등의 가액과 부가가치세액을 거래계좌에 입금하도록 함으로써 구리 스크랩 등을 이용한 부가가치세 매입세액 포탈을 방지하고(조특법 §106의9), 재활용폐자원 등에 대한 부가가치세 의제매입세액공제특례의 적용을 받는 구리 스크랩등 사업자의 경우 확정신고기간이 지나기 전 일정기간마다 환급신고를 할 수 있도록 하여 의제매입세액 환급을 조기에 받을 수 있도록 하며(조특법 §108의2), 구리 스크랩등 사업자의 부가가치세 조기 납부에 따른 조세부담을 완화하기 위하여 예정고지세액에서 구리 스크랩등 거래에 따라 납부할 부가가치세액을 차감하도록 하고(조특법 §108의3), 구리 스크랩등 거래계좌를 통해 거래한 구리 스크랩등의 수입금액 또는 수입금액 증가분에 비례하는 일정 금액을 소득세액 및 법인세액에서 공제하여 구리 스크랩등에 대한 매입자납부특례 도입으로 늘어나는 조세부담을 완화하는 것이 주요 내용이다(조특법 §122의4).

2015. 12. 15. 법 개정시 매입자납부특례 적용대상에 철스크랩을 추가하여 적용대상을 확대하면서, 조특법 제106조의9 조문의 제목을 "스크랩등에 대한 부가가치세 매입자 납부특례"로 개정하게 되었다.

<기본구조> 매입자가 물품 구매시 대금을 금융기관의 전용거래계좌에 입금하면 금융회사가
　　　　　부가가치세를 과세관청에 납부

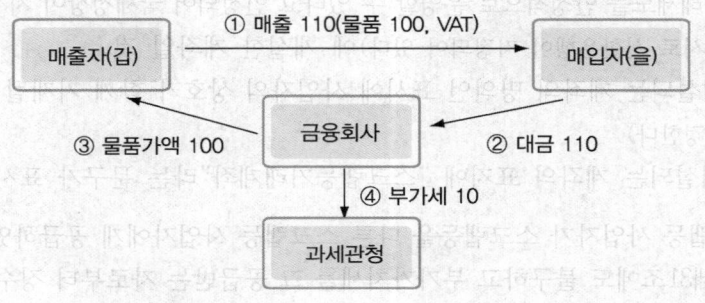

2 | 요 건

2-1. 계좌개설

다음의 어느 하나에 해당하는 물품(이하 "스크랩등"이라 한다)을 공급하거나 공급받으려는 사업자 또는 수입하려는 사업자(이하 "스크랩등 사업자"라 한다)는 스크랩등 거래계좌를 개설하여야 한다(조특법 §106의9①).

① 「관세법」 제84조에 따라 기획재정부장관이 고시한 「관세·통계통합품목분류표」 중 구리의 웨이스트 및 스크랩과 잉곳 또는 이와 유사한 재용해구리의 웨이스트와 스크랩으로부터 제조된 괴상의 주조물

② 구리가 포함된 합금의 웨이스트 및 스크랩으로서 구리함유량이 100분의 40 이상인 물품

③ 「관세법」 제84조에 따라 기획재정부장관이 고시한 「관세·통계통합품목분류표」 중 철의 웨이스트와 스크랩, 철강의 재용해용 스크랩 잉곳 또는 그 밖에 이와 유사한 것으로서 대통령령으로 정하는 물품

여기서, 스크랩등거래계좌는 다음의 요건을 모두 갖춘 계좌를 말하고(조특령 §106의13①) 사업자는 1개의 거래계좌를 2개 이상의 사업장에 대한 거래계좌로 사용할 수 있으며, 사업장별로 2개 이상의 스크랩등거래계좌를 개설할 수 있다(조특령 §106의13②). 또한 스크랩등거래계좌를 이용하여 대금을 결제한 경우에는 「소득세법」 제160조의5에 따라 사업용계좌를 사용한 것으로 본다(조특령 §106의13③).

① 「금융실명거래 및 비밀보장에 관한 법률」제2조 제1호 각 목의 어느 하나에 해당하는 금융기관등 가운데 부가가치세액의 환급 및 국고에의 입금 등 부가가치세 매입자 납부특례제도를 안정적으로 운영할 수 있다고 인정되어 국세청장이 지정한 금융회사등(국세청 고시로 신한은행이 지정되어 있다)에 개설한 계좌일 것
② 개설되는 계좌의 명의인 표시에 사업자의 상호가 함께 기재될 것(상호가 있는 경우로 한정한다)
③ 개설되는 계좌의 표지에 "스크랩등거래계좌"라는 문구가 표시될 것

스크랩등 사업자가 스크랩등을 다른 스크랩등 사업자에게 공급하였을 때에는 「부가가치세법」제31조에도 불구하고 부가가치세를 그 공급받는 자로부터 징수하지 아니한다(조특법 §106의9②).

2-2. 매입가액 및 부가가치세 입금

스크랩등사업자가 스크랩등을 다른 스크랩등사업자로부터 공급받았을 때에는 그 공급을 받은 날(스크랩등을 공급받은 날이 세금계산서를 발급받은 날보다 빠른 경우에는 세금계산서를 발급받은 날을 말한다)의 다음 날(이하 "부가가치세액 입금기한"이라 한다)까지 스크랩등거래계좌를 사용하여 ①의 금액은 스크랩등을 공급한 사업자에게, ②의 금액은 국세청장이 지정하는 자에게 입금하여야 한다. 다만, 환어음·판매대금추심의뢰서, 기업구매전용카드, 외상매출채권담보대출제도, 구매론제도 및 네트워크론제도, 「전자금융거래법」제2조에 따른 전자채권, 외국환은행을 통하여 외화로 대금을 지급하는 거래, 「민법」에 따른 공탁의 방법으로 스크랩등의 가액을 결제하는 경우에는 ②의 금액만 입금할 수 있다(조특법 §106의9③, 조특령 §106의13⑤).
① 스크랩등의 가액
② 「부가가치세법」제29조에 따른 과세표준에 같은 법 제30조에 따른 세율을 적용하여 계산한 금액(이하 "부가가치세액"이라 한다)

공급받은 자가 입금한 부가가치세액은 스크랩등을 공급한 스크랩등 사업자가 납부하여야 할 세액에서 공제하거나 환급받을 세액에 가산한다(조특법 §106의9⑧).

스크랩등 수입에 대한 부가가치세는 「부가가치세법」제50조에도 불구하고 수입자가 스크랩등을 별도로 수입신고하고 그 스크랩등에 대한 부가가치세를 스크랩등 거래계좌를 사용하여 부가가치세액만 입금하는 방법으로 납부할 수 있다.

2-3. 부가가치세의 납부 및 환급

금융회사등은 매입자가 입금한 부가가치세액(매출세액)의 범위에서 해당 사업자가 입금한 부가가치세액(매입세액)을 국세청장이 정하는 바에 따라 해당 사업자에게 환급할 수 있다(조특칙 §48의6①).

다만, 스크랩등을 수입할 때에 세관에 납부한 부가가치세액은 해당 사업자가 입금한 부가가치세액(매입세액)으로 보아 환급할 수 있다(조특칙 §48의6②). 이 경우 세관에 납부한 부가가치세액을 환급받으려면 스크랩등 수입업자 부가가치세 환급신청서를 관할세무서장에게 제출하여야 한다. 다만, 사업자가 스크랩등 수입에 대한 부가가치세를 납부한 사실이 확인되는 경우에는 환급신청서를 제출하지 아니할 수 있다. 환급신청서를 제출받은 관할세무서장은 부가가치세액의 납부 여부를 확인하여 납부한 경우에는 금융회사에게 그 사실을 통보하여야 한다.

금융회사등은 공제하거나 환급받을 세액에 가산한 후의 부가가치세액을 매 분기가 끝나는 날의 다음 달 25일까지 국고에 납부하여야 한다(조특법 §106의9⑩).

3 │ 의무불이행시 제재

스크랩등을 공급받은 스크랩등 사업자가 부가가치세액을 입금하지 아니한 경우에는 스크랩등을 공급한 스크랩등 사업자에게서 발급받은 세금계산서에 적힌 세액은 「부가가치세법」 제38조에도 불구하고 매출세액에서 공제되는 매입세액으로 보지 아니하고(조특법 §106의9⑤), 관할 세무서장은 부가가치세액 입금기한의 다음 날부터 부가가치세액을 입금한 날(「부가가치세법」 제48조, 제49조 및 제67조에 따른 과세표준 신고기한을 한도로 한다)까지의 기간에 대하여 1일 0.025%을 곱하여 계산한 금액을 입금하여야 할 부가가치세액에 가산하여 징수한다(조특법 §106의9⑦, 조특령 §106의13⑦).

스크랩등 거래계좌를 사용하지 아니하고 스크랩등의 가액을 결제받은 경우에는 해당 스크랩등을 공급하거나 공급받은 스크랩등 사업자에게 제품가액의 10%를 가산세로 징수한다. 다만, 조특법 제106조의9 제1항 각 호의 물품(스크랩등)[1]과 조특법 제106조의4 제1항 제3호의 제품(금 관련 웨이스트와 스크랩)[2]이 혼합된 제품을 공급하거나 공급받으려는 사업자가 같은

---

1) 1. 「관세법」 제84조에 따라 기획재정부장관이 고시한 「관세·통계통합품목분류표」 중 구리의 웨이스트 및 스크랩과 잉곳(ingot) 또는 이와 유사한 재용해구리의 웨이스트와 스크랩으로부터 제조된 괴상의 주조물
   2. 구리가 포함된 합금의 웨이스트 및 스크랩으로서 구리함유량이 100분의 40 이상인 물품
   3. 「관세법」 제84조에 따라 기획재정부장관이 고시한 「관세·통계통합품목분류표」 중 철의 웨이스트와 스크랩, 철강의 재용해용 스크랩 잉곳 또는 그 밖에 이와 유사한 것으로서 대통령령으로 정하는 물품

항 각 호 외의 부분에 따른 금거래계좌를 사용하는 경우에는 가산세를 징수하지 아니한다(조특법 §106의9⑥).

4 | 환급보류

관할 세무서장은 해당 예정신고기간 및 확정신고기간 중 스크랩등의 매출액이 스크랩등의 매입액에서 차지하는 비율이 100분의 70 이하인 경우에는 해당 예정신고기한 또는 확정신고 기한의 다음 날부터 6개월 이내에 환급을 보류할 수 있다. 다만, 다음의 어느 하나에 해당하는 경우에는 그러하지 아니하다(조특법 §106의9⑨).

① 환급받을 세액이 500만원 이하인 경우
② 스크랩등 사업자, 스크랩등 사업자의 대표자 또는 임원이 다음의 요건을 모두 갖춘 경우

- 해당 신고납부기한 종료일 현재 최근 3년간 조세범으로 처벌받은 사실이 없을 것
- 해당 신고납부기한 종료일 현재 최근 1년간 국세를 체납한 사실이 없을 것
- 해당 신고납부기한 종료일 현재 최근 3년간 결손처분을 받은 사실이 없을 것
- 해당 신고납부기한 종료일 현재 최근 1년간 스크랩등 거래계좌를 이용하지 아니하고 스크랩등의 거래를 한 사실이 없을 것
- 그 밖에 부가가치세 신고·납부 현황 등을 고려할 때 조세포탈의 우려가 없다고 국세청장이 인정하는 경우

---

2) 금 함유량이 10만분의 1 이상인 웨이스트와 스크랩

제106조의10

신용카드 등 결제금액에 대한 부가가치세 대리납부 등

1 | 의 의

신용카드업자가 특례사업자에 대하여 신용카드 등 결제금액에 대한 부가가치세액을 대리하여 납부하도록 하는 부가가치세 대리납부 제도를 2017년 12월 19일 조특법 개정시 도입하였고, 동 규정은 2019년 1월 1일 이후부터 적용된다.

2 | 요 건

특례사업자가 부가가치세가 과세되는 재화 또는 용역을 공급(신용카드·직불카드 또는 선불카드를 사용한 거래로 한정)하고 신용카드업자로부터 공급대가를 지급받아야 한다(조특법 §106의10①, 조특령 §106의14①).

(1) 신용카드업자

신용카드업자[1]로서 부가가치세 대리납부를 안정적으로 운영할 수 있다고 인정되어 국세청장이 지정한 자를 말한다.

(2) 특례사업자

부가가치세가 과세되는 재화와 용역을 공급하는 사업자로서 다음의 업종을 영위하는 사업자를 말한다. 다만, 간이과세자[2]는 제외한다(조특령 §106의14②).

(가) 일반유흥 주점업(단란주점영업[3] 포함)

(나) 무도유흥 주점업

---

1) 「여신전문금융업법」 제2조 제2호의2
2) 「부가가치세법」 제61조
3) 「식품위생법 시행령」 제21조 제8호 다목

3 | 과세특례의 내용

(1) 대리납부

신용카드업자가 해당 공급대가를 특례사업자에게 지급하는 때에 공급대가의 110분의 4에 해당하는 금액을 부가가치세로 징수하여 매 분기가 끝나는 날의 다음 달 25일까지 대리납부 신고서(신용카드업자의 인적사항, 특례사업자의 인적사항, 대리납부와 관련된 공급가액, 대리납부한 부가가치세액 등이 포함된 신고서)와 함께 신용카드업자의 관할 세무서장에게 납부하여야 한다(조특법 §106의10①, 조특령 §106의14③).

(2) 특례사업자의 납부세액

위에 따라 신용카드업자가 납부한 부가가치세액은 특례사업자가 부가가치세 신고 시[4] 이미 납부한 세액으로 본다(조특법 §106의10②).

(3) 특례사업자에 대한 징수

특례사업자에 대하여 부가가치세를 결정하여 징수[5]하는 경우에는 그 결정세액에서 해당 예정신고기간 또는 예정부과기간 종료일 현재 신용카드업자가 신용카드업자의 관할 세무서장에게 납부할 부가가치세를 뺀 금액을 각각 징수한다. 다만, 그 산정한 세액이 음수인 경우에는 영으로 본다(조특법 §106의10③).

(4) 이자상당액 차감

특례사업자는 신용카드업자가 납부한 부가가치세액에서 100분의 1을 곱한 금액을 부가가치세 신고 시 납부세액에서 공제할 수 있다. 이 경우 해당 공제금액을 차감한 후 납부할 세액[납부세액[6]에서 조특법, 「부가가치세법」 및 「국세기본법」에 따라 빼거나 더할 세액(가산세[7] 제외)을 가감하여 계산한 세액]이 음수인 경우에는 영으로 본다(조특법 §106의10④, 조특령 §106의14④).

4 | 절 차

(1) 국세청장은 신용카드업자가 부가가치세를 납부할 수 있도록 신용카드업자에게 대리납부에 필요한 특례사업자에 대한 정보를 제공하여야 한다(조특법 §106의10⑤).

---

4) 「부가가치세법」 제48조 및 제49조
5) 「부가가치세법」 제48조 제3항 본문 및 제66조 제1항 본문
6) 「부가가치세법」 제37조 제2항
7) 「부가가치세법」 제60조 및 「국세기본법」 제47조의2부터 제47조의4

(2) 국세청장은 신용카드업자에게 납부에 필요한 경비를 지원한다(조특법 §106의10⑥).

(3) 관할 세무서장은 사업자가 대리납부의 적용대상이 되는 특례사업자에 해당하는 경우에는 해당 규정을 적용하여야 하는 과세기간이 시작되기 1개월 전까지 그 사실을 해당 사업자에게 통지하여야 한다. 이 경우 본조가 적용되어야 하는 과세기간이 시작되기 1개월 전까지 해당 사업자가 통지를 받지 못한 경우에는 통지서를 수령한 날이 속하는 달의 다음 달 1일부터 본조를 적용한다(조특령 §106의14⑤).

(4) 관할 세무서장은 신규로 사업을 시작하는 자가 본조의 적용대상에 해당하는 경우에는 사업자등록증[8])을 발급할 때 그 사실을 통지하여야 한다. 이 경우 해당 사업자의 최초 과세기간부터 본조를 적용한다(조특령 §106의14⑥).

5 │ 주요 개정연혁

1. 신용카드 등 결제금액에 대한 부가가치세 대리납부 적용기한 삭제(조특법 §106의10)

(1) 개정내용

종 전	개 정
□ 신용카드 등 결제금액에 대한 부가가치세 대리납부제도	□ 적용기한 삭제
ㅇ (대상업종) 유흥·단란주점업	ㅇ (좌 동)
ㅇ (요건) 소비자가 신용카드(직불·선불카드 포함)로 결제하는 경우	
ㅇ (대리납부자) 신용카드사	
ㅇ (대리납부금액) 신용카드 결제금액의 4/110(공급가액의 4%)	
ㅇ (대리납부 기한) 매 분기가 끝나는 날의 다음 달 25일	
ㅇ (적용기한) 2021. 12. 31.	〈삭 제〉

(2) 개정이유

ㅇ 부가가치세 체납 방지

---

8) 「부가가치세법」 제8조 제6항

제107조

외국사업자 등에 대한 간접세의 특례

1 의 의

국내에서 외국인방문객등의 국내상품 구매를 늘릴 수 있도록 세제상 지원을 하기 위하여 1984. 4. 9. 처음 도입된 제도이다. 1996. 12. 30. 외국사업자와 외교관에 대한 특례가 추가되었다. 이 조에서는 외국인관광객 등에 대한 특례, 외국사업자(외국법인과 비거주자)에 대한 특례, 외교관 등에 대한 환급특례로 구분하여 설명한다.

2 외국인관광객 등에 대한 특례

2-1. 요 건

2-1-1. 외국인관광객 등의 범위

외국인관광객 등의 범위는 외국환거래법에 의한 비거주자이다. 다만, 다음의 자는 제외한다 (외국인관광객규정 §2①).

① 법인
② 국내에 주재하는 외교관(이에 준하는 외국공관원을 포함한다)
③ 국내에 주재하는 국제연합군 및 미국군의 장병 및 군무원

다만, ③의 경우 국제연합군 또는 미국군이 주둔하는 지역 중 관광진흥법에 의한 관광특구 안에서 소매업·양복점업·양장점업 및 양화점업을 영위하는 사업자(관할 세무서장의 지정을 받은 외국인관광객면세판매장을 경영하는 면세판매자에 한한다)로부터 재화를 구입하는 경우에는 적용하지 아니한다(외국인관광객규정 §2②).

2-1-2. 대상재화의 범위

특례 적용대상 재화의 범위는 아래의 재화를 제외한 물품(이하 "면세물품"이라 한다)으로 한다.

① 총포·도검·화약류 등 단속법에 의한 총포·도검 및 화약류
② 문화재보호법에 의하여 문화재로 지정을 받은 물품
③ 약사법에 의한 중독성·습관성 의약품
④ 부가가치세 및 개별소비세(개별소비세에 부과되는 교육세 및 농어촌특별세 포함)를 포함한 1회 거래가액이 3만원에 미달하는 물품
⑤ 법령에 의하여 거래가 제한되는 물품
⑥ 외화도피방지 등의 사유로 판매의 제한이 필요한 것으로서 기획재정부령이 정하는 물품

2-2. 과세특례의 내용

2-2-1. 부가가치세 특례

외국인관광객 등이 국외로 반출하기 위하여 면세판매자로부터 구입하는 재화에 대하여는 외국인관광객이 당해 재화를 국외로 반출하면서 출국항 관할 세관장에게 판매확인서 1부와 구입물품을 제시·확인받고, 면세판매자가 세액상당액을 외국인관광객에게 송금하거나 환급창구운영사업자를 통하여 환급 또는 송금한 것이 확인되는 경우에는 판매확인서 또는 환급·송금증명서를 송달받은 날이 속하는 과세기간의 부가가치세 신고시 당해 판매확인서에 송금증명서 또는 환급·송금증명서를 첨부하여 부가가치세 영세율을 적용받을 수 있다(조특법 §107①).

이 경우 특례적용사업자는 외국인관광객 등에 대한 부가가치세 및 개별소비세 특례규정 제5조 제1항의 규정에 의하여 관할 세무서장의 지정을 받은 외국인관광객 면세판매장을 말한다.

2-2-2. 개별소비세 특례

외국인관광객 등이 국외로 반출하기 위하여 면세판매장에서 상기 면세물품을 구입하여 상기 부가가치세 영세율 적용요건을 만족시킨 경우에는 개별소비세를 면제하거나 개별소비세액을 환급할 수 있다(조특법 §107②).

2-3. 사후관리

정부는 부가가치세 및 개별소비세를 면제(부가가치세 영세율의 적용을 포함한다) 또는 환급받은

재화를 국외로 반출하지 아니하는 경우에는 부가가치세 및 개별소비세를 징수하여야 한다(조특법 §107③).

3 │ 외국사업자(외국법인과 비거주자)에 대한 특례

3-1. 외국사업자에 대한 부가가치세 환급

국내에 사업장이 없는 외국법인[1] 또는 비거주자로서 외국에서 사업을 영위하는 자(이하 "외국사업자[2]"라 한다)가 국내에서 사업상 다음의 어느 하나에 해당하는 재화 또는 용역을 구입하거나 제공받은 때에는 당해 재화 또는 용역과 관련된 부가가치세를 당해 외국사업자에게 환급할 수 있다. 다만, 당해 외국사업자의 1역년의 환급금액이 30만원 이하인 경우에는 그러하지 아니하다(조특법 §107⑥, 조특령 §107① · ⑤).

① 음식 · 숙박용역 ② 광고용역 ③ 전력 · 통신용역 ④ 부동산임대용역
⑤ 외국사업자의 국내사무소의 운영 및 유지에 필요한 재화 또는 용역으로서 다음의 것을 말한다. 다만, 매입세액이 공제되지 아니하는 것[3]을 제외한다(조특칙 §49①).
　㉠ 국내사무소용 건물 · 구축물 및 당해 건물 · 구축물의 수리용역
　㉡ 사무용 기구 · 비품 및 당해 기구 · 비품의 임대용역

이 경우 부가가치세의 환급은 당해 외국에서 우리나라의 사업자 · 외교관 또는 외교사절에게 동일하게 환급하는 경우에 한하여 적용한다(조특법 §107⑧).

한편, 사업자(영수증 발급에 관한 규정이 적용되는 기간에 재화 또는 용역을 공급하는 간이과세자 제외)[4]가 외국사업자에게 위의 재화 또는 용역을 공급하는 때에 해당 외국사업자로부터 세금계산서의 발급을 요구받은 경우에는 이를 발급해야 한다(조특칙 §49②).

---

1) 외국정부 등이 박람회 전시시설 관련 재화 또는 용역을 공급받을 때 부담한 매입세액의 공제 여부 : 국내사업장이 없는 외국사업자가 해당 외국에서 우리나라의 「부가가치세법」 등에 의하여 부가가치세가 면제되는 사업을 영위하는 경우 국내에서 사업상 공급받은 재화나 용역에 관련된 부가가치세를 「조세특례제한법」 제107조 제6항에 따라 환급할 수 있는 것임(재부가 -211, 2011. 4. 7.).
2) 「부가가치세법」 제8조에 따라 사업자등록을 한 사업자(「부가가치세법」 제36조의2 제1항 또는 제2항에 따라 영수증 발급에 관한 규정이 적용되는 기간에 재화 또는 용역을 공급하는 간이과세자를 제외한다)가 외국사업자에게 법 제107조 제6항 각 호의 재화 또는 용역을 공급하는 때에 해당 외국사업자로부터 세금계산서의 발급을 요구받은 경우에는 이를 발급해야 한다(조특칙 §49②).
3) 「부가가치세법」 제39조 제1항 제2호부터 제7호
4) 「부가가치세법」 제8조 및 제36조의2 제1항 또는 제2항 참조. 개정규정(종전 : 「부가가치세법」 제61조 → 개정 : 「부가가치세법」 제36조의2 제1항 또는 제2항)은 2021년 7월 1일부터 시행한다(기획재정부령 제831호, 2021. 3. 16. 부칙 §1 단서).

3 - 2. 부가가치세의 환급신청

부가가치세의 환급을 받고자 하는 외국사업자는 1월 1일부터 12월 31일까지의 부가가치세를 조특령 제107조 제2항에 규정된 서류를 첨부하여 다음 해 6월 30일까지 서울지방국세청장(납세 1과장)에게 신청(시행규칙 제61조 제1항의 별지 제68호 서식에 의한다)하여야 한다.

한편, 국내에 사업장이 없는 외국사업자가 당해 외국에서 영위하는 사업이 우리나라의 부가가치세법 등에 의하여 면세되는 사업인 경우에도 당해 외국사업자가 국내에서 사업상 공급받은 재화나 용역에 관련된 부가가치세를 조특법 제107조 제5항의 규정에 의하여 환급할 수 있다(소비 46015 - 97, 2000. 3. 6.).

그러나 국내에 사업장이 있는 외국법인이 국내에 단순히 연락업무 등만을 수행하는 연락사무소를 별도로 갖고 있는 경우 당해 국내연락사무소의 운영·유지·관리에 따른 매입세액은 당해 국내사업장의 매출세액에서 공제받을 수 있는 것이며, 조특법 제107조 제5항의 규정은 국내에 사업장이 없는 외국법인 또는 비거주자에 대하여만 적용된다(부가 46015 - 1651, 1999. 6. 11.).

또한, 부가가치세 환급신청기한(다음 해 6월 30일까지)을 경과하여 환급신청한 경우에는 조특령 제107조 제2항의 규정에 의한 신청요건을 갖추지 아니한 것으로 보아 부가가치세를 환급받을 수 없다(심사 부가 2001 - 79, 2001. 5. 11.).

환급신청을 받은 지방국세청장은 신청일이 속하는 연도의 12월 31일까지 부가가치세를 외국사업자에게 환급하여야 하며, 외국사업자에 대한 부가가치세 환급과 관련하여 기타 필요한 사항은 조특칙 제49조 제2항 및 제3항에서 규정하고 있다(조특령 §107③·⑥).

4 | 외교관 등에 대한 부가가치세 환급 특례

4 - 1. 부가가치세 환급

우리나라에 주재하거나 파견된 외교관 또는 외교사절과 주한외국공관에 근무하는 외국인으로서 당해 국가의 공무원신분을 가진 자(이하 "외교관 등"이라 한다)가 국세청장이 정하는 바에 따라 관할 세무서장의 지정을 받은 사업장(「개별소비세법 시행령」 제28조의 규정에 의하여 지정을 받은 판매장을 포함하며, 이하 "외교관면세점"이라 한다)으로부터 재화 또는 용역(부가가치세법 제21조부터 제25조까지의 규정을 적용받는 재화 또는 용역을 제외한다)을 구입하거나 제공받는 경우에 부담하는 부가가치세는 연간 200만원을 한도로 하여 당해 외교관 등에게 환급할 수 있다(조특법 §107⑦, 조특령 §108②).

이 경우 부가가치세의 환급은 당해 외국에서 우리나라의 사업자·외교관 또는 외교사절에게 동일하게 환급하는 경우에 한하여 적용한다(조특법 §107⑧).

4-2. 절 차

(1) 외교관면세점이 외교관 등에게 재화 또는 용역을 공급하는 경우에는 외교관면세카드를 통하여 외교관 등의 신분을 확인한 후 국세청장이 정하는 판매확인서를 3매 발행하여 그 중 2매를 외교관 등에게 교부하여야 한다(조특령 §108③).

(2) 재화 또는 용역을 공급받은 외교관 등이 그 재화 또는 용역과 관련된 부가가치세를 환급받고자 하는 경우에는 외교관면세점이 교부한 판매확인서 1매를 외교통상부장관으로부터 법 제107조 제6항에 규정하는 연간환급한도액 이하라는 내용의 확인을 받아 외교관면세점에 제출하여야 하며, 외교관면세점은 20일 이내에 판매확인서에 기재된 부가가치세를 외교관 등에게 환급하여야 한다(조특령 §108④).

(3) 외교관면세점은 부가가치세를 환급한 날이 속하는 과세기간에 대한 부가가치세 신고시 외교관 등에게 부가가치세를 환급한 판매분과 환급금액을 과세되는 과세표준과 세액에서 차감하고 영세율 과세표준에 가산하여 신고할 수 있다(조특령 §108⑤).

5 | 명령사항

국세청장·관할 지방국세청장 또는 관할 세무서장은 부정유통 방지를 위하여 필요하다고 인정되는 경우에는 사업자 또는 판매장에 대하여 필요한 명령을 할 수 있다(조특법 §107⑤).

□ 외국인관광객면세점 명령사항 법률 근거 마련(2007. 12. 31. 신설)

※ 헌재결정(2006헌가10) : 조세범처벌법 제13조 제1호의 "법에 의한 정부의 명령사항"은 내용적으로나 절차적으로 명확히 규정되어 있지 않아 과세관청이 내린 행정적 처분 중 무엇이 이에 해당되는지 법 해석상의 혼란을 일으키므로 위헌

---

6 | 2018 평창 동계올림픽대회 및 동계패럴림픽대회 관련 부가가치세 환급 특례

2018 평창 동계올림픽대회 및 동계패럴림픽대회(이하 "대회"라 한다)의 운영에 직접 관련된 자로서 다음의 어느 하나에 해당하는 외국법인이 2018. 12. 31.까지 대회의 운영과 관련하여 공급받은 음식·숙박용역, 광고용역 등 조특법 제107조 제6항 각 호[5]의 어느 하나에 해당하는 재화 또는 용역과 아래 ②에 해당하는 외국법인이 대회의 방송중계와 관련하여 공급받은 일정 재화 또는 용역에 대해서는 외국사업자에 대한 부가가치세 환급 특례 조항(조특법 §107⑥)을 준용하여 부가가치세를 환급할 수 있다. 다만, 상호주의는 적용하지 않는다(조특법 §107⑨).

① 국제올림픽위원회 또는 국제장애인올림픽위원회

② 각국 올림픽위원회 또는 각국 장애인올림픽위원회

③ 국제올림픽위원회가 대회 방송중계에 필요한 시설과 서비스 제공을 위하여 설립한 올림픽방송제작사 및 국제올림픽위원회와 계약을 맺은 대회의 지역별 독점방송중계권자

④ 국제올림픽위원회와 계약을 통하여 국제올림픽위원회의 휘장을 사용하는 대가로 국제올림픽위원회 또는 대회 조직위원회에 금전, 재화 및 용역을 제공하는 외국법인

⑤ 올림픽 종목별 국제경기연맹 또는 국제장애인경기연맹

⑥ 세계반도핑기구

⑦ 국제스포츠중재재판소

⑧ 국제올림픽위원회가 설립한 올림픽문화유산재단, 방송마케팅사, 올림픽채널서비스사

⑨ 국제장애인올림픽위원회가 장애인 체육활동을 육성·지원하기 위하여 설립한 단체

한편, 위 ②의 각국올림픽위원회 또는 각국 장애인올림픽위원회가 대회의 방송중계와 관련하여 공급받은 일정 재화 또는 용역이란 다음의 어느 하나에 해당하는 것을 말한다. 다만, 「부가가치세법」 제39조 제1항 제2호 및 제4호부터 제7호까지의 규정[6]에 따라 매입세액이

---

5) 1. 음식·숙박용역
   2. 광고용역
   3. 전력·통신용역
   4. 부동산임대용역
   5. 외국사업자의 국내사무소의 운영 및 유지에 필요한 재화 또는 용역으로서 다음 각 호의 것을 말한다. 다만 「부가가치세법」 제39조 제1항 제2호부터 제7호까지의 규정에 따라 매입세액에 공제되지 아니하는 것을 제외한다.
      ㉠ 국내사무소용 건물·구축물 및 당해 건물·구축물의 수리용역
      ㉡ 사무용 기구·비품 및 당해 기구·비품의 임대용역
6) **부가가치세법 제39조【공제하지 아니하는 매입세액】**① 제38조에도 불구하고 다음 각 호의 매입세액은 매출세액에서 공제하지 아니한다.
   2. 세금계산서 또는 수입세금계산서를 발급받지 아니한 경우 또는 발급받은 세금계산서 또는 수입세금계산서에

공제되지 아니하는 것은 제외한다(조특령 §107⑦).

　　㉠ 대회의 방송중계를 위한 시설의 공사·설치 및 해체와 관련된 재화 또는 용역

　　㉡ 방송용 카메라·케이블·차량 등 방송중계장비

　　㉢ 방송·통신 장비 및 차량의 임대·유지·보수용역

　　㉣ 방송중계와 관련한 자문·운송·경비용역

　　㉤ 그 밖에 이와 유사한 것으로서 대회의 방송중계와 관련된 재화 또는 용역

7 | 관련사례

구 분	내 용
라부안 소재 법인의 국내연락사무소의 재화 또는 용역과 관련된 부가세 환급 여부	외국에서 사업을 영위하며 국내에 사업장이 없는 외국법인이 국내에서 「조세특례제한법」 제107조 제5항 각호에 해당하는 재화 또는 용역을 구입하거나 제공받고 부가가치세를 부담한 경우 당해 재화 또는 용역과 관련된 부가가치세를 환급받을 수 있는 것이나, 이러한 환급은 「조세특례제한법」 제107조 제7항 및 동법 시행령 제109조에 따라 당해 외국에서 우리나라 사업자에게 동일하게 환급하는 경우에 한하여 적용하는 것임. 따라서 귀 질의와 같은 말레이시아 라부안 소재 법인의 국내연락사무소가 국내에서 「조세특례제한법」 제107조 제5항 각호에 해당하는 재화 또는 용역을 구입하거나 제공받고 부가가치세를 부담한 경우 당해 재화 또는 용역과 관련된 부가가치세의 환급 여부는 말레이시아에서 우리나라의 부가가치세 또는 이와 유사한 조세를 우리나라 사업자에게 환급하는지 또는 말레이시아에 우리나라의 부가가치세 또는 이와 유사한 조세가 없는지에 따라 결정되는 것임(서면2팀-340, 2007. 2. 26.).
'국내사업장'이 있는 경우와 없는 경우 매입세액 공제방법	국내에 사업장이 있는 외국법인의 경우 당해 국내사업장의 부동산임차료 등 운영에 따른 매입세액은 동 사업장의 매출세액에서 공제받을 수 있는 것이며, 조세특례제한법 제107조 제5항의 규정은 국내에 사업장이 없는 외국법인 또는 비거주자에 대하여 적용하는 것임(서삼 46015-12097, 2002. 12. 6.).

제32조 제1항 제1호부터 제4호까지의 규정에 따른 기재사항(이하 "필요적 기재사항"이라 한다)의 전부 또는 일부가 적히지 아니하였거나 사실과 다르게 적힌 경우의 매입세액. 다만, 대통령령으로 정하는 경우의 매입세액은 제외한다.

4. 사업과 직접 관련이 없는 지출로서 대통령령으로 정하는 것에 대한 매입세액

5. 「개별소비세법」 제1조 제2항 제3호에 따른 자동차(운수업, 자동차판매업 등 대통령령으로 정하는 업종에 직접 영업으로 사용되는 것은 제외한다)의 구입과 임차 및 유지에 관한 매입세액

6. 접대비 및 이와 유사한 비용으로서 대통령령으로 정하는 비용의 지출에 관련된 매입세액

7. 면세사업등에 관련된 매입세액(면세사업등을 위한 투자에 관련된 매입세액을 포함한다)과 대통령령으로 정하는 토지에 관련된 매입세액

구 분	내 용
기한의 특례규정 적용 여부	국세기본법 제5조에 의한 기한의 특례규정과 같은법 제5조의2에 의한 우편신고의 규정은 조세특례제한법 시행령 제107조 제2항에 의한 외국사업자에 대한 부가가치세 환급신청에 대하여도 적용되는 것임(서삼 46019 – 11361, 2002. 8. 19.).
사업자가 당해 판매장에 재화를 공급하는 경우	외국인관광객 등이 국외로 반출하기 위하여 「외국인관광객 등에 대한 부가가치세 및 개별소비세 특례규정」에 의하여 관할 세무서장의 지정을 받은 외국인관광객면세판매장에서 구입하는 재화에 대하여는 같은 규정 제6조의 요건을 갖춘 경우에는 조세특례제한법 제107조 제1항의 규정에 의하여 부가가치세 영세율을 적용하거나 당해 재화에 대한 부가가치세액을 환급할 수 있는 것이나, 사업자가 외국인관광객면세판매장에 재화를 공급하는 것은 당해 규정이 적용되지 아니하는 것임(서삼 46015 – 10271, 2001. 9. 20.).
반출확인서류에 '송품장(INVOICE)' 도 가능함.	외국인관광객 등에 대한 부가가치세 및 개별소비세 특례규정 제9조 제1항의 규정에 의한 세관장의 반출확인을 받기 위해서는 판매확인서 1부와 구입물품을 제시하여야 하는 것이나, 구입물품을 우편 등 기타의 방법으로 송부하는 경우에는 우체국장이 발행하는 소포수령증 또는 관할 세관장이 발급하는 수출신고필증을 구입물품에 갈음하여 제시할 수 있는 것임. 이 경우 관세법 제241조의 규정에 의한 간이한 방법으로 수출신고를 함에 따라 수출신고서 대신 관할 세관장에게 제출하는 서류(귀 질의의 송품장)에 의해서도 반출확인을 받을 수 있음(재소비 46015 – 191, 2001. 7. 27.).
연락사무소 명의로 호텔숙박 용역에 대한 세금 계산서를 수취하여 제출하는 경우	국내에 고정사업장 없이 독일에 본사를 두고 있는 국제항공 외국사업자가 국내에 항공기 기착시 자기승무원에 대한 호텔비를 국내항공권매표 독립대리점으로 하여금 단순대납 후 송금할 매표대금에서 공제하게 하는 경우 당해 대리점이 동 외국법인 본사명의로 세금계산서 교부를 요구하여 수취할 수 있는 것이며, 또한 이 경우 당해 외국사업자가 한국 내에 외국본사의 연락사무소를 두고 고유번호를 부여받아 당해 연락사무소 명의로 호텔숙박용역에 대한 세금계산서를 수취하여 제출하는 경우 당해 용역과 관련된 부가가치세는 조세특례제한법 제107조 제5항과 같은법 시행규칙 제49조의 규정(동 규칙의 단서규정은 제외)에 의하여 환급받을 수 있는 것임(제도 46015 – 12204, 2001. 7. 18.).
국내연락사무소 에서 사용하던 집기비품 등의 자산을 일시적으로 매각하는 경우	국내사업장이 없는 외국법인이 부가가치세법상 사업장에 해당하지 아니하는 자기의 국내연락사무소에서 사용하던 집기비품 등의 자산을 일시적으로 매각하는 경우 부가가치세 납세의무는 없는 것이며, 이 경우 당해 매각거래에 대하여는 법인세법 시행령 제158조 제1항 제1호 라목의 규정에 의하여 법정 지출증빙서류의 수취 및 보관의무 대상에서 제외되는 것임(제도 46015 – 12009, 2001. 7. 9.).
외국사업자가 부가가치세 면세 사업자인 경우	국내사업장 없는 외국사업자가 부가가치세 면세사업자이더라도 국내에서 사업상 공급받은 재화나 용역관련 부가가치세는 '상호주의'에 따라 환급됨(재소비 46015 – 97, 2000. 3. 6.).

구 분	내 용
외국사업자에 대한 부가가치세 환급절차	국내에 사업장이 없는 외국사업자(외국법인 또는 비거주자로서 외국에서 사업을 영위하는 자)가 국내에서 부가가치세를 부담한 경우에 당해 부가가치세의 환급에 대하여는 조세특례제한법 제107조 제5항 및 동법시행령 제107조 및 동법시행규칙 제49조에 규정하고 있으며, 동 규정과 외국사업자에 대한 부가가치세 환급관리규정(국세청고시 제99-30호, 1999. 8. 20.)에 의해 처리함(부가 46015-3945, 1999. 9. 28.).
환급창구 운영사업자	환급창구운영사업자 지정은 환급창구에 대한 지정으로 다른 지방국세청 관할에서 새로운 환급창구를 운영하고자 할 경우 새로운 환급창구 지방국세청장으로부터 별도 지정을 받아야 함(재소비 46015-3, 1999. 9. 1.).

8 │ 주요 개정연혁

1. 외교관 등에 대한 부가가치세 사후환급 한도 상향(조특법 §107⑦)

(1) 개정내용

종 전	개 정
☐ 외교관 등에 대한 부가가치세 사후환급 　ㅇ (한도) 1인당 연 100만원	☐ 부가가치세 사후환급 한도 인상 　ㅇ 연 100만원 → 200만원

(2) 개정이유

　ㅇ 제도시행(1997년) 이후 유지된 외교관 등에 대한 부가가치세 사후환급 한도 현실화

(3) 적용시기 및 적용례

　ㅇ 2019. 1. 1. 이후 재화 또는 용역을 공급하는 분부터 적용

제107조의2

외국인 관광객에 대한 부가가치세의 특례

1 │ 의 의

우리나라 숙박업의 가격경쟁력을 제고하고, 관광산업을 활성화하기 위하여 외국인 관광객이 호텔에 숙박하고 부담하는 부가가치세액을 환급하도록 하는 제도로서, 과거에도 동일한 취지로 외국인 숙박용역에 대한 부가가치세 영세율 제도를 한시적으로 운용한 바 있다.

│ 외국인 관광객 부가가치세 영세율 적용연혁 │

연 도	내 용
○ 1977. 1월	도입 : 외화획득 장려 차원에서 영세율 적용
○ 1991. 7월	폐지
○ 1994. 1월	재도입 : "한국관광의해"를 감안 1년간 영세율 적용
○ 1995. 1월	폐지
○ 2000. 12월	재도입 : 2001년 "한국관광의해"와 2002년 "월드컵" 대비
○ 2002. 12월	적용시한 6개월 연장
○ 2003. 6월	적용시한 6개월 연장
○ 2003. 12월	적용시한 1년 연장
○ 2004. 12월말	영세율 일몰시한 종료
○ 2007. 7월	재도입
○ 2008. 12월	적용시한 1년 연장
○ 2009. 12월	영세율 일몰시한 종료

다만, 2012년 말부터 외국인 관광수입에서 가장 많은 비중을 차지하던 일본인 관광객이 엔화약세 및 한일 양국 사이의 정치적 갈등 등으로 인해 지속적으로 감소하는 추세로서 산업경쟁력을 제고할 필요가 있어 2014. 1. 1. 법 개정시 재도입된 제도이다. 따라서, 중국인 관광객 수의 증가, 일본과의 정치·외교 상황 변환 등을 감안하여 향후 제도를 정비할 여지가 있어 보인다.

2 | 요건

2-1. 외국인관광객 등

부가가치세 환급대상 외국인 관광객 등은 외국인관광객[1] 으로서 비거주자[2] 로 하되 다음의 자를 제외한다(조특령 §109의2①).

① 법인

② 국내에 주재하는 외교관(이에 준하는 외국공관원을 포함한다)

③ 국내에 주재하는 국제연합군 및 미국군의 장병 및 군무원

여기서, 비거주자란 대한민국에 주소 또는 거소를 둔 개인과 대한민국에 주된 사무소를 둔 법인 외의 개인 및 법인을 말한다. 다만, 비거주자의 대한민국에 있는 지점, 출장소, 그 밖의 사무소는 법률상 대리권의 유무에 상관없이 거주자로 본다(「외국환거래법」 §3① 15).

2-2. 숙박 대상 호텔

다음의 요건을 모두 갖춘 관광호텔로서 문화체육관광부장관이 정하여 고시한 호텔("특례적용관광호텔")에서 숙박용역을 공급받아야 한다(조특령 §109의2②).

① 관광객의 숙박에 적합한 시설을 갖추고 숙박에 딸린 음식 · 운동 · 오락 · 휴양 · 공연 또는 연수에 적합한 시설 등을 함께 갖추어 관광객에게 이용하게 하는 호텔(「관광진흥법 시행령」 §2① 2 가목)

② 해당 호텔의 외국인관광객 등에 대한 숙박용역의 객실 종류별(예 트윈룸, 비즈니스룸, 스위트룸 등) 공급가액 평균을 해당 호텔의 전년 또는 전전 연도 같은 기간별 외국인관광객 등에 대한 숙박용역의 객실 종류별 공급가액 평균의 100분의 110보다 높게 공급하지 아니하는 호텔

2-3. 숙박기간 및 기한

2018. 1. 1.부터 2025. 12. 31.까지 30일 이하의 숙박용역("환급대상 숙박용역")을 공급받아야 한다(조특법 §107의2①).

---

1) 「외국인관광객 등에 대한 부가가치세 및 개별소비세 특례규정」 제2조 제1항

2) 「외국환거래법」 제3조 제1항 제15호에 따른 자를 말한다.

3 | 과세특례의 내용

3-1. 외국인관광객 환급

외국인관광객 등은 특례적용관광호텔에서 숙박용역을 공급받은 경우 해당 숙박용역에 따른 부가가치세액을 환급창구운영사업자로부터 환급받을 수 있다[3] (조특령 §109의2④).

3-2. 관광호텔 부가가치세액 공제

특례적용관광호텔 사업자는 외국인관광객 등이 숙박용역을 공급받은 날부터 3개월 이내에 부가가치세액을 환급받은 사실이 확인되는 경우에는 해당 부가가치세액을 공제받을 수 있다(조특령 §109의2⑥).

다만, 다음의 어느 하나에 해당하는 경우에는 특례적용관광호텔 사업자가 납부할 부가가치세액에서 외국인관광객 등이 환급받은 해당 부가가치세액을 공제하지 아니한다 (조특령 §109의2⑧).
① 숙박용역의 공급가액에 관한 요건을 갖추지 못한 경우
② 숙박용역공급확인서를 허위로 적어 교부한 경우

4 | 사후관리

특례적용관광호텔 관할세무서장은 제1항에 따른 환급대상이 아닌 숙박용역에 대하여 외국인관광객 등이 부가가치세를 환급받은 경우에는 해당 외국인관광객 등에게 숙박용역을 공급한 특례적용관광호텔 사업자에게 부가가치세액을 징수하여야 하며(조특법 §107의2②), 그 세액의 결정과 징수 등에 관하여는 「부가가치세법」 제57조, 제58조 및 제60조를 따른다.

국세청장, 관할 지방국세청장 또는 관할 세무서장은 부정 환급 방지를 위하여 필요하다고 인정하면 특례적용관광호텔에 대하여 필요한 명령을 할 수 있다(조특법 §107의2③).

---

3) 이 경우 환급창구운영사업자의 부가가치세액의 환급에 관하여는 「외국인관광객 등에 대한 부가가치세 및 개별소비세 특례규정」 제6조 제2항·제3항 및 제10조의2를 준용하되, "면세물품을 구입하는 경우" 또는 "면세물품을 구입한 때"는 "숙박용역을 공급받은 때"로 본다.

5 │ 절 차

5-1. 외국인관광객 환급

특례적용관광호텔 사업자는 외국인관광객 등에게 숙박용역을 공급한 때에는 숙박용역을 공급받은 외국인관광객 등에게 그 숙박용역 공급 사실을 증명하는 서류(이하 "숙박용역공급확인서"라 한다) 2부를 교부하여야 한다. 다만, 환급창구운영사업자에게 정보통신망을 이용하여 전자적 방식의 숙박용역공급확인서를 전송한 경우에는 숙박용역공급확인서를 교부하지 아니할 수 있다.

여기서, 환급창구운영사업자란 특례적용관광호텔 사업자가 외국인관광객 등이 숙박용역을 공급받은 때에 부담한 부가가치세액을 환급하는 사업을 영위하는 자로서 관할 지방국세청장이 지정한 자를 말한다(외국인관광객규정 §5의2 준용).

환급창구운영사업자는 숙박용역공급확인서를 제출받은 때에는 지체없이 외국인관광객 등이 부담한 부가가치세액을 당해 외국인관광객에게 환급하여야 한다. 환급창구운영사업자가 부가가치세액을 환급 또는 송금하는 때에는 당해 부가가치세액에서 환급 또는 송금에 따른 제비용 등으로서 환급창구운영사업자가 국세청장의 승인을 얻은 금액을 공제할 수 있다(외국인관광객규정 §10의2 준용).

5-2. 관광호텔 부가가치세액 공제

외국인관광객 등에게 부가가치세액을 환급한 환급창구운영사업자는 그 환급 사실을 증명하는 서류("환급증명서")를 특례적용관광호텔 사업자에게 송부하여야 한다.

특례적용관광호텔 사업자가 부가가치세액을 공제받으려는 경우에는 환급증명서를 송부받은 날이 속하는 과세기간의 과세표준과 납부세액 또는 환급세액을 관할 세무서장에게 신고할 때에 숙박용역 공급확인서에 환급증명서를 첨부하여 제출하여야 한다(조특령 §109의2⑦).

기타 특례적용관광호텔의 선정과 환급창구운영사업자의 환급 관련 절차 등에 관하여 필요한 사항은 문화체육관광부장관이 기획재정부장관과 협의하여 고시한다(조특령 §109의2⑫).

6 | 주요 개정연혁

1. 외국인 관광객 숙박용역에 대한 부가가치세 환급 적용기한 연장(조특법 §107의2)

(1) 개정내용

종 전	개 정
□ 외국인관광객 숙박용역에 대한 부가가치세 환급	□ 적용기한 연장
○ (환급대상) 외국인관광객	○ (좌 동)
○ (대상용역) 30일 이하의 관광호텔 숙박용역	
○ (적용기한) 2022. 12. 31.	○ 2025. 12. 31.

(2) 개정이유
○ 관광산업 활성화

2. 외국인관광객의 국내 호텔 숙박요금에 대한 부가가치세 환급 재도입(조특법 §107의2)

(1) 개정내용

종 전	개 정
〈재도입*〉 * 2014. 4월~2015. 3월 시행	□ 외국인관광객의 국내호텔 숙박요금에 대한 부가가치세 환급 ○ (대상) 30일 이하 숙박용역 ○ (특례적용호텔) 전년 또는 전전연도 대비 숙박요금 인상율이 10% 이하인 관광호텔 ○ (적용기한) 2018. 1. 1.~2018. 12. 31.(1년간)

(2) 개정이유
○ 외국인 관광객 유치 지원

(3) 적용시기 및 적용례
○ 2018. 1. 1. 이후 숙박용역을 공급받는 분부터 적용

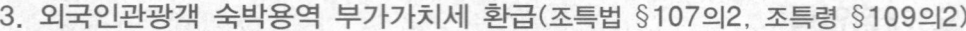

3. 외국인관광객 숙박용역 부가가치세 환급(조특법 §107의2, 조특령 §109의2)

(1) 개정내용

종 전	개 정

〈신 설〉	□ **외국인관광객 관광호텔 숙박요금 부가가치세 환급**
	○ (외국인관광객)「외국인관광객 등에 대한 부가가치세 및 개별소비세 특례규정」에 따른 외국인관광객
	○ (대상 호텔) 대통령령으로 정하는 적격관광호텔
	  –「관광진흥법」에 따른 관광호텔
	  – 전년 동기* 대비 객실 종류**별 외국인관광객 숙박요금을 전혀 인상하지 않는 호텔로서 문광부장관이 지정·고시한 호텔
	   * 2013. 4. 1. ~ 2013. 6. 30. ↔ 2014. 4. 1. ~ 2014. 6. 30.
	    2013. 7. 1. ~ 2013. 9. 30. ↔ 2014. 7. 1. ~ 2014. 9. 30.
	    2013. 10. 1. ~ 2013. 12. 31. ↔ 2014. 10. 1. ~ 2014. 12. 31.
	    2014. 1. 1. ~ 2014. 3. 31. ↔ 2015. 1. 1. ~ 2015. 3. 31.
	   ** (예) 트윈룸, 비즈니스룸, 스위트룸 등
	○ 기준 : 2박 이상 30박 이하 숙박
	  * 30박 초과 숙박시 환급대상에서 제외

〈신 설〉	□ **부가가치세 환급절차 등** ○ 특례적용관광호텔은 외국인관광객에게 숙박용역공급확인서 발급 ○ 외국인관광객은 환급창구운영사업자에게 숙박용역공급확인서를 제출하고 부가가치세 환급 * 출국항 보세구역내 환급창구에서 출국전 환급만 허용 ○ 환급창구운영사업자는 부가가치세 환급실적을 특례적용관광호텔업자에게 통보 ○ 특례적용관광호텔 사업자는 숙박용역 공급일부터 3월 이내 부가가치세 환급받은 경우 부가가치세 신고시 공제
〈신 설〉	□ **특례적용관광호텔 사업자 부가가치세 신고** ○ 부가가치세 신고시 환급증명서 첨부 * 환급증명서 미첨부시 신고 불인정
〈신 설〉	□ **특례적용관광호텔 부당공제·환급시 추징** ○ 분기별·객실 종류별 숙박요금 평균을 전년 동기 대비보다 인상한 경우 ○ 숙박요금을 허위·과다부담한 것으로 한 경우
〈신 설〉	□ **특례적용관광호텔 신청 및 지정, 특례적용관광호텔업자의 준수사항, 환급창구운영사업자 등은 문광부장관이 고시**

(2) 개정이유

○ 외국인관광객 숙박용역 부가가치세 영세율 제도 도입 및 관련 절차규정 마련

(3) 적용시기 및 적용례

○ 2014. 4. 1. 이후 숙박한 분부터 적용

제107조의3

외국인관광객 미용성형 의료용역에 대한 부가가치세 환급 특례

1 | 의 의

2009년 이래 한류문화의 확산 및 우리나라의 수준 높은 의료기술로 인해 중국 여성을 중심으로 한 외국인 환자 의료시장이 지속 성장하였으나, 2015년경 불법브로커 확산과 고액수수료 등 시장질서 교란행위 증가와 메르스 여파 등으로 외국인 환자 의료시장이 위축됨에 따라, 정부는 의료관광객 유치 지원 및 의료기관 과표양성화 등을 위해 외국인관광객 미용성형 의료용역에 대해 부가가치세 사후환급제도를 1년간 한시적으로 도입하였다.

동 과세특례는 2015. 12. 15. 조특법 개정시 신설되었으며, 2016. 4. 1. 이후 외국인관광객에게 미용성형 의료용역을 공급하는 분부터 2017. 3. 31.까지 1년간 적용된다.

다만, 동 제도의 실효성과 관련하여 당해 의료기관이 관계 법령에 따라 보건복지부장관에게 외국인환자 유치에 대한 등록을 하여야 하므로 의료기관등의 참여의지가 선행되어야 하나, 그간 불법브로커를 통한 환자유치로 소득세 등의 탈세가 가능하였던 점을 고려할 때 의료기관의 자발적 세원 공개가 어느 정도 이루어질지 의문이며, 소비자와 불법브로커 간 가격조율이 가능함에 따라 특례적용기관으로의 외국인환자 유치효과가 제한적일 가능성이 있다는 지적이 있다.

2 | 요 건

2-1. 외국인관광객

부가가치세 환급대상 외국인관광객은 「외국환거래법」에 따른 비거주자(거주자 외의 개인 및 법인을 말하되, 비거주자의 대한민국에 있는 지점, 출장소, 그 밖의 사무소는 법률상 대리권의 유무에 상관없이 거주자로 본다)[1]로 하되 다음의 자를 제외한다(조특령 §109의3①).

① 법인

② 국내에 주재하는 외교관(이에 준하는 외국공관원을 포함한다)

③ 국내에 주재하는 국제연합군 및 미국군의 장병 및 군무원

2-2. 특례적용의료기관

외국인관광객이 보건복지부장관에게 등록한 의료기관[2]("특례적용의료기관")에서 아래 2-3.에 해당하는 미용성형 의료용역을 공급받아야 한다.

2-3. 환급대상 의료용역

2025. 12. 31.까지 다음의 어느 하나에 해당하는 경우로서 특례적용의료기관에서 공급받은 의료용역 중 부가가치세가 면제되지 아니하는 의료용역[3]("환급대상 의료용역")을 말하며 (조특령 §109의3②), 쌍꺼풀수술, 코성형, 유방확대·축소술, 지방흡인술, 주름살제거술, 치아성형 등이 이에 해당한다.

① 등록[4]한 의료기관 또는 등록한 외국인환자 유치업자[5]가 직접 외국인관광객을 유치한 경우

② 외국인관광객이 직접 특례적용의료기관에 방문한 경우

3 │ 과세특례의 내용

3-1. 외국인관광객 환급

외국인관광객은 특례적용의료기관에서 환급대상 의료용역을 공급받은 경우 해당 의료용역에 대한 부가가치세액을 환급창구운영사업자로부터 환급받을 수 있다.

---

1) 「외국인관광객 등에 대한 부가가치세 및 개별소비세 특례규정」 제2조 제1항, 「외국환거래법」 제3조 제1항 제15호
2) 「의료 해외진출 및 외국인환자 유치 지원에 관한 법률」 제6조 제1항
3) 「부가가치세법 시행령」 제35조 제1호 각 목 외의 부분 단서
4) 「의료 해외진출 및 외국인환자 유치 지원에 관한 법률」 제6조 제1항
5) 「의료 해외진출 및 외국인환자 유치 지원에 관한 법률」 제6조 제2항

3-2. 특례적용의료기관 사업자 부가가치세액 공제

특례적용의료기관 사업자는 환급창구운영사업자가 외국인관광객에게 환급대상 부가가치세액을 환급 또는 송금하고 특례적용의료기관에 송부한 환급·송금증명서를 송부받은 날이 속하는 과세기간의 과세표준과 납부세액 또는 환급세액을 신고하는 때에 환급대상 부가가치세액을 공제받을 수 있다(조특령 §109의3⑧). 다만, 특례적용의료기관의 사업자가 환급대상 의료용역을 공급한 날부터 3개월이 되는 날이 속하는 달의 다음 달 20일까지 환급·송금증명서를 송부받지 못한 경우에는 환급대상 부가가치세액 공제를 적용하지 아니한다(조특령 §109의3⑪).

세무서장은 특례적용의료기관의 사업자가 정당한 사유없이 환급창구운영사업자에게 환급대상 부가가치세액을 지급하지 아니한 경우에는 위와 같이 공제받은 환급대상 부가가치세액을 납부세액에 가산하거나 환급세액에서 공제하여야 한다(조특령 §109의3⑩).

4 │ 사후관리

특례적용의료기관 관할 세무서장은 환급대상 의료용역이 아닌 의료용역에 대하여 외국인관광객이 부가가치세를 환급받은 경우나 특례적용의료기관이 사실과 다른 의료용역 환급확인서를 교부 또는 전송하는 등 다음 어느 하나에 해당하는 사유에 해당하는 경우에는 해당 특례적용의료기관으로부터 해당 부가가치세액 및 가산세를 징수[6]하여야 한다(조특법 §107의3④, 조특령 §109의3⑫).

① 특례적용의료기관이 사실과 다른 의료용역공급확인서를 교부 또는 전송하여 외국인관광객이 부가가치세액을 환급받은 경우
② 환급대상 의료용역에 해당하지 아니함에도 불구하고 특례적용의료기관이 의료용역 공급확인서를 교부 또는 전송하여 외국인관광객이 부가가치세액을 환급받은 경우

---

6) 이 경우 부가가치세액의 결정과 징수 등에 관하여는 「부가가치세법」 제57조, 제58조 및 제60조를 따른다.

5 | 절차

5-1. 외국인관광객 환급

특례적용의료기관의 사업자는 외국인관광객에게 환급대상 의료용역을 공급한 때에 의료용역공급확인서(기획재정부령 별지 제68호의2 서식)를 해당 외국인관광객에게 교부하고,[7] 외국인관광객이 부담한 부가가치세액을 환급하는 사업을 영위하는 자(환급창구운영사업자)에게 정보통신망을 이용하여 전자적 방식으로 전송하여야 한다(조특법 §107의3②).

여기서, 환급창구운영사업자란 특례적용의료기관 사업자가 외국인관광객이 환급대상 의료용역을 공급받은 때에 부담한 부가가치세액을 환급하는 사업을 영위하는 자로서 관할 지방국세청장이 지정한 자를 말한다(조특령 §109의3③, 외국인관광객규정 §5의2 준용).

환급을 받으려는 외국인관광객은 환급대상 의료용역을 공급받은 날부터 3개월 이내에 환급창구운영사업자에게 해당 의료용역공급확인서를 제출하여야 하며, 외국인관광객으로부터 환급청구를 받은 환급창구운영사업자는 지체없이 외국인관광객 등이 부담한 부가가치세액을 당해 외국인관광객에게 환급하여야 한다. 환급창구운영사업자가 부가가치세액을 환급 또는 송금하는 때에는 당해 부가가치세액에서 환급 또는 송금에 따른 제비용 등으로서 환급창구운영사업자가 국세청장의 승인을 얻은 금액을 공제할 수 있다(조특령 §109의3④, 외국인관광객규정 §10의2 준용).

5-2. 특례적용의료기관 사업자의 부가가치세액 공제

외국인관광객에게 부가가치세액을 환급 또는 송금한 환급창구운영사업자는 「외국인관광객 등에 대한 부가가치세 및 개별소비세 특례규정」 제10조의3에 따른 환급 또는 송금한 사실을 증명하는 서류("환급·송금증명서")를 특례적용의료기관에 송부하여야 하며, 환급창구운영사업자는 외국인관광객에게 환급대상 부가가치세액을 환급 또는 송금한 날이 속하는 분기의 종료일의 다음 달 20일까지 국세청장과 보건복지부장관에게 환급 또는 송금 내역을 각각 제출하여야 한다(조특령 §109의3⑤·⑥).

위와 같이 환급청구운영사업자로부터 환급·송금증명서를 송부받은 특례적용의료기관의 사업자는 환급대상 부가가치세액을 환급창구운영사업자에게 지급하여야 하며(조특령 §109의3⑦), 환급·송금증명서를 송부받은 날이 속하는 날이 속하는 과세기간의 과세표준과 납부세액 또는 환급세액을 신고하는 때에 환급대상 부가가치세액을 공제받을 수 있다. 이때 과세표

---

7) 다만, 특례적용의료기관이 환급창구운영사업자의 가맹점인 경우에는 국세청장이 인정하는 환급전표(정보통신망을 이용하여 전송하는 전자문서를 포함한다)로 갈음할 수 있다(조특칙 §49의2).

준과 납부세액 또는 환급세액 신고시 의료용역공급확인서에 환급·송금증명서를 첨부하여 제출하여야 한다(조특령 §109의3⑧·⑨).

기타 특례적용의료기관의 선정과 환급창구운영사업자의 환급 관련 절차 등에 관하여 필요한 사항은 보건복지부장관이 기획재정부장관과 협의하여 고시한다(조특령 §109의3⑬).

6 │ 주요 개정연혁

1. 외국인관광객 미용성형 의료용역에 대한 부가가치세 환급 적용기한 연장(조특법 §107의3)

(1) 개정내용

종 전	개 정
□ 외국인관광객 미용성형 의료용역에 대한 부가가치세 환급	□ 적용기한 연장
○ (환급대상) 외국인관광객	○ (좌 동)
○ (대상용역) 미용성형 의료용역	
○ (적용기한) 2022. 12. 31.	○ 2025. 12. 31.

(2) 개정이유

○ 관광산업 활성화

2. 외국인관광객 미용성형 의료용역에 대한 부가가치세 사후환급 신설

(조특법 §107의3, 조특령 §109의3)

(1) 개정내용

종 전	개 정
〈신 설〉	□ 외국인관광객 미용성형 의료용역 부가가치세 환급 　○ 대상용역 : 미용성형 의료용역* 　* 쌍꺼풀수술, 코성형, 유방확대 · 축소술, 지방흡인술, 주름살제거술, 치아성형 등 　○ 적용기한 : 2016. 4. 1.~2017. 3. 31.(1년간) □ 부가가치세 환급절차 등 　① 의료기관은 외국인관광객에게 의료용역공급확인서 발급 　② 외국인관광객은 환급창구운영사업자에게 의료용역공급확인서를 제출하고 부가가치세를 환급받음 　③ 환급창구운영사업자는 부가가치세 환급실적을 의료기관과 국세청에 통보 　④ 의료기관은 부가가치세 신고(공제) □ 특례적용의료기관 부당공제시 추징 　○ 의료용역공급확인서를 허위로 적어 교부한 경우 등

(2) 개정이유

　○ 의료관광객 유치 지원 및 의료기관 과표양성화

(3) 적용시기 및 적용례

　○ 2016. 4. 1. 이후 공급하거나 공급받는 분부터 적용

제108조

재활용폐자원 등에 대한 부가가치세 매입세액 공제특례

1 | 의 의

동 제도는 폐자원 등을 수집하는 사업자가 간이과세자 등으로부터 재활용폐자원 등을 구입하는 경우 세금계산서가 없더라도 법정률에 해당하는 금액을 매입세액으로 간주하여 공제할 수 있도록 하여 폐자원 등의 재활용을 촉진시키고 환경보전 등을 지원하기 위한 것이다.

즉, 부가가치세는 매출세액에서 매입세액을 공제하고 납부하는 것이나, 재활용폐자원 및 중고품을 세금계산서를 교부할 수 없는 개인으로부터 구입하는 경우가 많아 재활용폐자원 등을 수집하는 사업자는 매입세액을 공제받지 못해 부가가치세가 급격히 증가하는 문제가 있어 이와 같은 문제를 해결하기 위하여 고철, 폐지 등을 수집·판매하는 사업자는 구입금액의 일정액을 매입세액으로 인정하여 납부세액에서 공제하는 것이다. 재활용폐자원과 달리 중고차 매매에 대하여 공제율을 차등하고 있는 이유는 고철·폐지 등 재활용폐자원은 취득가액, 판매물량 등의 확인이 어려운 점을 악용하여 영수증을 위조(예 '무상구입을 유상구입', '저가구입을 고가구입', '일반과세자로부터 구입을 개인구입'으로 영수증을 위조)하여 부당공제하는 사례가 빈번한 반면에, 중고차 거래의 경우에는 법정서류(매도인 : 자동차등록증·주민등록초본·인감증명서·양도증명서 등, 매수인 : 주민등록등본·자동차보험 가입증명서)를 자동차등록소에 제출하여 신고해야 하고 매매가액에 부과되는 취득세로 인해 취득가액을 과다신고할 가능성이 거의 없기 때문이다.

2014. 1. 1. 법 개정시 재활용업은 폐기물 처리비용 절감, 자원의 효율적 이용, 2차적 환경오염방지 등 긍정적인 외부효과가 큰 산업이고 영세한 폐자원 수집상에 대한 지원 필요성을 고려하여 재활용폐자원의 경우 2016. 12. 31.까지 3년간, 중고자동차의 경우 2014. 12. 31.까지 적용기한을 연장하였다. 다만, 재활용폐자원 등 매입세액 공제특례는 부가가치세의 일반원리에 부합하지 않는 측면이 있고, 1990년대 이후 재활용품 분리수거제도 및 쓰레기 종량제가 보편화되면서 폐기물처리구조가 단순 매립에서 재활용 위주로 재편되어 제도 도입당시의 정책목적이 상당 부분 달성되었음에도 제도와 관련된 조세지출이 지속적으로 증가하는

추세이므로 이를 억제할 필요성이 있어 재활용폐자원에 대한 공제율을 단계적으로 인하하였고, 2014. 1. 1. 이후 취득하는 분부터 적용되었다.

2 | 요 건

재활용폐자원 및 중고자동차를 수집하는 사업자가 세금계산서를 발급할 수 없는 부가가치세 과세사업을 영위하지 아니하는 자(면세사업과 과세사업을 겸영하는 경우 포함)와 영수증 발급에 관한 규정[1]이 적용되는 기간에 재화 또는 용역을 공급하는 간이과세자[2][3]로부터 재활용 폐자원을 2023. 12. 31.까지, 중고자동차를 2025. 12. 31.까지 취득하여 제조 또는 가공하거나 이를 공급하는 경우에 적용한다(조특법 §108①).

여기서 사업자라 함은 부가가치세법상 일반과세자만을 의미하며(재소비 46015-5, 1997. 1. 3.), 재활용폐자원 등을 수집하는 사업자가 간이과세자에서 일반과세자로 전환하는 경우에 과세유형 전환 당시의 재고품에 대하여는 재활용폐자원 등에 대한 부가가치세 매입세액 공제특례규정이 적용되지 않는다(부가 46015-551, 1999. 2. 26.).

> **참고** **과세사업을 영위하지 아니하는 자의 의미**
>
> 조세감면규제법 시행령 제97조(현 조세특례제한법 시행령 제110조) 제1항에서 규정하는 '부가가치세 과세사업을 영위하지 아니하는 자'라 함은 재활용폐자원 및 중고품을 사업상 독립적으로 공급하지 아니하는 가계 등 비사업자와 부가가치세 면세사업에 필수적으로 부수되는 재활용폐자원 및 중고품을 처분하는 자 등으로서 부가가치세법 제2조에서 규정하는 부가가치세 납세의무자에 해당되지 아니하는 자를 말하는 것이므로, 사업상 독립적으로 재활용폐자원 및 중고품을 각 가정에서 수집하여 다른 사업자에게 공급하는 사업자는 동시행령 제97조 제1항에서 규정하는 '부가가치세 과세사업을 영위하지 아니하는 자'에 해당되지 아니하는 것임(국세청 부가 46015-2150, 1998. 9. 23.).

---

1) 「부가가치세법」 제36조의2 제1항 또는 제2항
2) 종전 "「부가가치세법」 제61조에 규정된 간이과세자"에서 "「부가가치세법」 제36조의2 제1항 또는 제2항에 따라 영수증 발급에 관한 규정이 적용되는 기간에 재화 또는 용역을 공급하는 간이과세자"로 개정되었고, 개정규정은 2021년 7월 1일부터 시행(대통령령 제31444호, 2021. 2. 17. 부칙 §1 단서).
3) 청구인이 재활용폐자원으로 공제 받은 차량은 운행된 사실이 전혀 없는 사실상 신차로 확인되고, 청구인이 중고차를 구입한 거래상대방은 조특법상 재활용폐자원공제대상 거래처인 부가세 과세사업을 영위하지 아니하거나 간이과세자에 해당하지 않으므로, 청구주장을 받아들이기 어려움(조심 2012중1183, 2012. 7. 11.).

2-1. 재활용폐자원 및 중고자동차를 수집하는 사업자의 범위

매입세액공제를 받을 수 있는 사업자의 범위는 다음과 같다(조특령 §110③).

① 「폐기물관리법」에 의하여 폐기물중간처리업허가를 받은 자(폐기물을 재활용하는 경우에 한한다) 또는 폐기물재활용신고를 한 자
② 「자동차관리법」에 의하여 중고자동차매매업 등록을 한 자
③ 「한국환경공단법」에 의한 한국환경공단
④ 중고자동차를 수출하는 자4)
⑤ 기타 재활용폐자원을 수집하는 사업자로서 재생재료 수집 및 판매를 주된 사업으로 하는 자(조특칙 §50)

2-2. 재활용폐자원 및 중고자동차의 범위

매입세액공제를 받을 수 있는 재활용폐자원 및 중고자동차(이하 "재활용폐자원 등"이라 한다)의 범위는 다음과 같다(조특령 §110④).

1. 재활용폐자원
가. 고 철
나. 폐 지
다. 폐유리5)
라. 폐합성수지
마. 폐합성고무
바. 폐금속캔6)7)
사. 폐건전지8)
아. 폐비철금속류
자. 폐타이어

---

4) 내국신용장에 의해 중고자동차를 공급하는 자가 수출하는 자에 해당하는지 여부 : 사업자가 내국신용장 또는 구매확인서에 의하여 중고자동차를 수출업자에게 공급하는 경우 당해 사업자는 영 제110조 제3항 제4호에서 규정하는 수출하는 자에 해당한다(조기통 108-110…1).
5) 공병은 해당하지 않음(재경부 소비세제과-574, 2005. 12. 13.).
6) 폐알루미늄캔도 포함함(국세청 부가 46015-1114, 1996. 6. 7.).
7) 단순한 세척가공을 걸쳐 재활용이 가능한 폐드럼통(폐유, 폐유기용제 및 페인트 등을 함유하고 있는 금속성용기)은 재활용폐자원 매입세액공제를 적용받을 수 없음(감심 2007-71, 2007. 7. 12.).
8) 폐배터리는 포함되지 아니함(재경부 소비 46015-9, 2002. 1. 8.).

차. 폐섬유

카. 폐유[9]

2. 「자동차관리법」에 따른 자동차 중 중고자동차.[10][11][12][13][14] 다만, 다음의 자동차는 제외한다.

　　가. 수출되는 중고자동차로서 「자동차등록령」 제8조에 따른 자동차등록원부에 기재된 제작연월일부터 같은 영 제32조에 따른 수출이행여부신고서에 기재된 수출신고 수리일까지의 기간이 1년 미만인 자동차

　　나. 세금계산서를 발급할 수 없는 면세사업자 등이 해당 자동차 구입과 관련하여 「부가가치세법」 제38조에 따라 매입세액공제를 받은 후 중고자동차를 수집하는 사업자에게 매각한 자동차(해당 면세사업자 등에 따른 자를 대신하여 그 밖의 다른 관계인이 해당 자동차 구입과 관련하여 매입세액공제를 받은 경우를 포함한다). 다만, 「부가가치세법」 제63조 제3항에 따라 간이과세자가 매입세액을 공제받은 경우는 제외한다.

여기서 자동차관리법에 의한 중고자동차라 함은 자동차의 제작·조립 또는 수입을 한 자로부터 자동차를 취득한 때부터 사실상 그 성능을 유지할 수 없을 때까지의 자동차를 말한다(조기통 108-110…3).

위에서 재활용폐자원 등에 대한 부가가치세 매입세액이 공제되는 고철·폐비철금속류라 함은 파손, 절단 기타 사유로 원래의 용도대로 사용할 수 없는 것을 의미하므로 물품이 본래

---

9) 폐식용유를 포함함(재경부 소비 46015-94, 1996. 4. 12.).

10) 조세특례제한법상의 의제매입세액을 공제할 대상인 '중고품'으로서 '중고자동차'에 해당하는지의 여부는 구체적, 개별적으로 그리고 엄격하게 판단하여야 할 것이고, 구 자동차관리법상의 규정만을 들어 자동차제조회사로부터 매수하여 취득한 때부터 이를 중고품이라고 보아 바로 의제매입세액을 공제할 대상인 '중고자동차'에 해당한다고 볼 수는 없음(국승)(광주지법 2011구합983, 2012. 6. 7.).

11) 공제신고서에 기재된 차량들은 화물용 차량으로서 사업용으로 사용되는 것이 일반적이고, 그러한 경우 특별한 사유가 있지 않는 한 일반과세사업자 여부를 확인하는 것이 불가능하다고 보이지 아니하므로, 처분청이 공제신고서에 기재된 중고자동차에 대하여 재활용폐자원 등에 대한 부가가치세 매입세액을 불공제함은 타당함(조심 2011부4991, 2012. 1. 26.).

12) 신차를 수출하면서도 중고자동차를 수출하는 것처럼 형식상 중간취득자를 내세운 거래에 대하여 의제매입세액을 공제하여 주는 것은 재활용폐자원 등에 대한 부가가치세 매입세액 공제특례제도의 취지에 정면으로 반하는 것임(국승)(서울고법 2010누25185, 2011. 2. 15.).

13) 제작회사로부터 출고되었으나 운행된 사실이 없는 차량까지 재활용폐자원인 중고자동차로 볼 수는 없으므로 부가가치세 매입세액공제 특례가 적용될 수 있는 재활용폐자원 등인 중고자동차에 해당하지 아니함(조심 2010중1167, 2010. 8. 31.).

14) 자동차수출업자가 개인으로부터 출고된 이후 운행한 사실이 없는 신차를 구입한 경우에는 재활용폐자원 등에 대한 매입세액공제를 받을 수 없음(재부가-662, 2009. 9. 29.).

용도대로 재사용이 가능한 것이라면 본조에 의한 매입세액공제를 받을 수 있는 재활용폐자원에 해당되지 아니한다(조기통 108 – 110…2).

3 | 과세특례의 내용

3 – 1. 간주매입세액공제액

취득가액에 다음의 공제율을 곱하여 계산한 금액을 「부가가치세법」 제37조 제1항 및 같은 법 제38조에 따라 매출세액에서 매입세액으로 공제할 수 있다[15][16][17][18] (조특법 §108①).
① 재활용폐자원 : 103분의 3(2014. 1. 1.~2015. 12. 31.까지 취득하는 경우에는 105분의 5)
② 중고자동차 : 110분의 10

3 – 2. 간주매입세액공제액의 한도 및 정산

재활용폐자원을 수집하는 사업자가 재활용폐자원에 대한 부가가치세 매입세액 공제특례를 적용받는 경우에는 부가가치세 확정신고를 할 때 해당 과세기간에 해당 사업자가 공급한 재활용폐자원과 관련한 부가가치세 과세표준에 100분의 80(2007. 12. 31.까지 취득한 재활용폐자원에 대해서는 100분의 90을 적용한다)을 곱하여 계산한 금액에서 세금계산서를 발급받고 매입한 재활용폐자원 매입가액(해당 사업자의 사업용 고정자산 매입가액은 제외한다)을 뺀 금액을 한도로 하여 계산한 매입세액을 매출세액에서 공제할 수 있다. 이 경우 「부가가치세법」 제48조에 따른 예정신고 및 같은 법 제59조 제2항에 따른 환급신고를 할 때 이미 재활용폐자원 매입세액 공제를 받은 경우에는 같은 법 제49조에 따른 확정신고를 할 때 정산하여야 한다(조특법 §108②).

---

15) 거래상대방으로부터 4천8백만원 미만으로 재활용 폐자원을 매입하였다면 일반과세자라 하더라도 선의의 거래 당사자로 보아 재활용폐자원 부가세 매입세액을 공제함이 타당함(국심 2007중4919, 2008. 11. 6.).

16) 재활용폐자원 및 중고품을 공급하는 자가 청구인에게 공급한 대가가 4,800만원 미만인 경우 공급자가 4,800만원을 초과하여 매입세액을 불공제하더라도 신고불성실 가산세를 적용할 수 없음(조심 2008중2901, 2009. 4. 1.).

17) 재활용품거래확인증 등 증빙에 따라 재활용업체가 아파트부녀회로부터 실지로 헌옷을 수거하여 온 것으로 보여지는 점, 영세사업자로서 조세탈루목적으로 고의로 사실과 다르게 신고를 한 것으로 보이지 않아 매입세액 불공제처분을 취소함(조심 2009서1367, 2010. 7. 22.).

18) 과세관청의 경정시 이를 대체할 목적으로 실거래처와 맺은 계약서, 송금증 등의 거래증빙서류를 세무서장에게 제출하여 실지거래로 확인된 경우의 매입세액공제 여부 : 재활용폐자원을 수집하는 사업자가 「조세특례제한법」 제108조의 매입세액공제를 받기 위하여 재활용폐자원 매입세액공제신고서에 공급자의 인적사항을 허위로 기재하여 매입세액을 공제받은 후, 관할 세무서장의 조사에서 그 사실이 밝혀져 매입세액공제가 부인됨에 따라 이를 대체하기 위해 실거래처로부터 교부받은 증빙서류를 제시한 경우에는 매입세액공제를 받을 수 없는 것임(재부가-277, 2009. 4. 2.).

4 | 절 차

재활용폐자원 및 중고자동차에 대한 매입세액공제를 받고자 하는 자는 「부가가치세법」 제48조 또는 제49조에 따른 신고시 재활용폐자원 등의 매입세액공제신고서에 「소득세법」 제163조 또는 「법인세법」 제121조의 규정에 의한 매입처별계산서합계표 또는 영수증을 첨부하여 제출(국세정보통신망에 의한 제출을 포함한다)하여야 한다. 이 경우 재활용폐자원 등의 매입세액공제신고서에 다음의 사항이 기재되어 있지 아니하거나 그 거래내용이 사실과 다른 경우에는 매입세액을 공제하지 아니한다(조특령 §110⑤).

① 공급자의 등록번호(개인의 경우에는 주민등록번호)와 명칭 및 대표자의 성명(개인의 경우에는 그의 성명)
② 취득가액

재활용폐자원 및 중고자동차에 대한 매입세액의 공제에 관하여는 부가령 제74조를 준용한다(조특령 §110⑥). 즉, 국기령 제25조 제1항의 규정에 의하여 과세표준수정신고서와 함께 제출하는 경우, 경정청구서와 함께 제출하여 경정기관이 경정하는 경우, 기한 후 과세표준신고서와 함께 제출하여 관할 세무서장이 결정하는 경우, 발급받은 세금계산서에 대한 매입처별 세금계산서합계표의 거래처별 등록번호 또는 공급가액이 착오로 사실과 다르게 기재된 경우로서 교부받은 세금계산서에 의하여 거래사실이 확인되는 경우, 경정기관의 확인을 거쳐 정부에 제출하는 경우에도 재활용폐자원 등의 매입세액공제가 가능하다.[19]

---

19) 조기통 108-110…4【공제하지 아니한 재활용폐자원 매입세액의 구제방법】「부가가치세법」 제18조 또는 같은 법 제19조에 따른 신고시 공제하지 아니한 재활용폐자원 등에 대한 매입세액은 다음 각 호와 같이 재활용폐자원 등의 매입세액공제신고서에 「소득세법」 제163조 또는 「법인세법」 제121조에 따른 매입처별계산서합계표 또는 영수증을 제출하는 경우에는 재활용폐자원 등에 대한 매입세액을 공제할 수 있다.
  1. 「국세기본법 시행령」 제25조 제1항에 따른 과세표준수정신고서와 함께 제출하는 경우
  2. 「국세기본법 시행령」 제25조의3에 따른 경정청구서와 함께 제출하여 경정기관이 경정하는 경우
  3. 「국세기본법 시행령」 제25조의4에 따른 기한 후 과세표준신고서와 함께 제출하여 관할 세무서장이 결정하는 경우
  4. 「부가가치세법」 제21조의 경정에 있어서 발급받은 계산서 또는 영수증을 경정기관의 확인을 거쳐 정부에 제출하는 경우

5 | 관련사례

구 분	내 용
재활용폐자원 사업자의 범위	폐백금류를 비사업자(간이과세자 포함)가 아닌 일반과세사업자인 수집상으로부터 구입하여 재활용폐자원 등에 대한 부가세 매입세액 공제특례를 적용하지 아니함(국심 2007전1300, 2007. 6. 29.).
	처분청은 이들 공급자들이 청구법인 외에 재활용폐자원 사업자들에게 폐자원을 공급하여 그 공급대가의 총액이 부가가치세법상 간이과세규모를 상회하는 것을 밝히지 않고 단순히 이들을 미등록사업자로 보고 청구법인의 부가가치세 매입세액 공제특례를 배제한 것은 사실 확인의 소홀 내지는 관련 법령을 오해한 결과로 보여지므로 ○○○ 외 29명으로부터 매입한 폐자원에 대해서는 이들의 1역년 동안 공급대가 총액이 간이과세규모를 넘는다는 입증이 없는 한 최초 과세기간에 폐자원 매입세액 공제특례 적용이 가능한 것으로 판단됨(국심 2003중194, 2003. 4. 25., 국심 98부1667, 1999. 3. 13.).
	일반과세자로부터 중고자동차를 매입하는 경우에는 매입세액을 공제받을 수 없다 할 것이나, 거래상대방이 일반과세자일지라도 사업용으로 사용하지 아니한 중고자동차의 경우에는 재활용폐자원 등의 매입세액공제를 받을 수 있음(국심 2000중2581, 2002. 10. 19., 국세청 심사부가 2003-2019, 2003. 6. 30.).
	중고자동차를 수출하는 사업자가 당해 중고자동차를 국가·지방자치단체와 부가가치세 과세사업을 영위하지 아니하는 자 및 간이과세자로부터 공급받아 수출하는 경우에는 조세특례제한법 제108조 및 동법시행령 제110조의 규정에 의한 재활용폐자원 등에 대한 부가가치세 매입세액공제를 받을 수 있는 것이나, 자동차관리법에 의하여 중고자동차 매매업등록을 한 일반과세사업자로부터 중고자동차를 공급받은 경우에는 동 규정에 의한 매입세액 공제규정을 적용하지 아니하는 것으로서, 귀 질의의 경우 중고자동차를 수출하는 사업자가 중고자동차를 사업자가 아닌 일반개인으로부터 공급받은 것인지 중고자동차 매매업등록을 한 일반과세사업자로부터 공급받은 것인지는 계약내용, 대금지급내역 및 거래사실관계 등을 종합적으로 검토하여 사실판단할 사항인 것임(국세청 부가 46015-806, 2001. 5. 30.).
	사업자등록한 바 없는 영세업자라도 과세사업자에 해당하므로 과세사업자로부터 고철을 매입한 경우로서 부가가치세 매입세액 공제특례규정 적용대상이 안 되며, 과세사업자인 줄 몰랐다거나 모른 데 대한 과실이 없다는 사정 등과는 관계없음(대법원 1999. 9. 17. 선고 98두16705 판결).
	자동차폐차업을 영위하는 사업자가 수집한 폐차를 폐비철금속류와 고철로 분리하여 판매하는 경우 조세특례제한법 제108조의 규정에 의하여 재활용폐자원 등에 대한 부가가치세 매입세액 공제특례를 적용받을 수 있는 것임(국세청 부가 46015-1039, 1999. 4. 10.).

구 분	내 용
재활용폐자원 사업자의 범위	자동차관리법에 의한 중고자동차매매업허가를 받은 사업자가 사업폐업자의 중고자동차를 법원 등으로부터 경락받았으나, 거래상대방의 폐업으로 세금계산서를 교부받지 못하였을 경우에는 조세감면규제법 제102조의 규정에 의하여 재활용폐자원 등에 대한 매입세액을 공제받을 수 있는 것이나, 이 경우 폐업하지 아니한 일반사업자의 당해 재화를 경락 받은 경우 법원 또는 당해 사업자로부터 세금계산서를 교부받지 못한 경우에는 매입세액을 공제받을 수 없는 것임(국세청 부가 46015-1739, 1997. 7. 28.).
	제조업을 영위하는 사업자 중 조세감면규제법 시행령(현 조세특례제한법 시행령) 제97조 제2항의 규정에 해당하지 아니하는 제조업자가 부가가치세 과세사업을 영위하지 아니하는 자로부터 재활용폐자원 및 중고품을 취득하여 제조 또는 가공하거나 이를 공급하는 경우에는 조세감면규제법 제102조의 규정에 의한 매입세액공제를 받을 수 없는 것임(재무부 소비 46015-287, 1994. 10. 11.).
재활용폐자원 및 중고품의 범위	「자동차관리법」에 의하여 중고자동차매매업 등록을 한 사업자가 국가·지방자치단체와 부가가치세 과세사업을 영위하지 아니하는 자 등 조세특례제한법 시행령 제110조 제1항에서 규정하는 자로부터 같은법령 제4항 제2호의 규정에 의한 「자동차관리법」에 따른 중고자동차를 취득하여 공급하는 경우에는 조세특례제한법 제108조 제1항의 규정에 의하여 재활용폐자원 등에 대한 부가가치세 매입세액공제를 할 수 있는 것이나, 일반과세자의 사업용 중고자동차를 취득하여 공급하는 경우에는 당해 규정을 적용하지 아니하는 것으로서, 귀 질의의 중고자동차의 경우 단순히 개인적인 용도로 사용한 것인지, 자기의 사업용으로 사용하던 것인지는 당해 자동차의 운행내용, 사업자의 장부내용 등에 따라 사실판단하여야 할 사항임(서면3팀-421, 2006. 3. 7.).
	폐토너카트리지는 매입세액을 공제받을 수 있는 재활용폐자원의 범위에 포함되지 아니함(국심 2005구2813, 2005. 11. 28.).
	※ 매입세액공제를 받을 수 있는 재활용폐자원의 범위는 조세특례제한법 시행령 제110조 제4항 및 동시행규칙 제50조 제2항에 구체적으로 열거되어 있고, 폐토너카트리지에 대하여는 위 규정에 구체적으로 열거되어 있지 아니하다.
	재활용폐자원이라 함은 파손, 절단 기타 사유로 원래의 용도대로 사용할 수 없는 것을 의미하므로 본래 용도대로 재사용이 가능한 것은 재활용폐자원 매입세액 공제대상이 아님(감심 2005-78, 2005. 8. 18.).
	청구인은 ○○○자동차 영업사원 및 개인들로부터 이미 출고된 차를 구입하였으므로 중고자동차를 매입한 것이라고 주장하고 있으나, 조세특례제한법의 입법취지는 재활용이 가능한 폐자원 및 중고품의 수집과 재활용을 촉진하고자 하는 것이고, 제작회사로부터 출고되었으나 운행된 사실이 전혀 없는 차량까지 재활용폐자원인 중고자동차로 볼 수는 없으므로 사실상 신차에 대하여는 매입세액 공제특례 적용을 배제하는 것이 실질과세의 원칙에 부합한다고 할 것인바, 청구인이 양수하여 수출한 자동차는 제3자의 명의로 임시운행허가증만 발급받았을 뿐 자동차제작회사로부터 출고받은 제3자가 운행한 사실이 없는 사실상의 신차에 해당하므로 조세특례제한법에 의하여 부가가치세 매입세액 공제특

구 분	내 용
재활용폐자원 및 중고품의 범위	례가 적용될 수 있는 재활용폐자원인 중고자동차에 해당하는 것으로 보기 어렵다 할 것임(국심 2004서2107, 2004. 10. 11.).
	조세특례제한법상 부가가치세 매입세액이 공제되는 고철·폐비철금속류라 함은 파손, 절단 기타 사유로 원래의 용도대로 사용할 수 없는 것을 의미하므로 귀 질의의 물품이 본래 용도대로 재사용이 가능한 것이라면 조세특례제한법 제108조의 규정에 의한 매입세액 공제를 받을 수 있는 재활용폐자원의 범위에 해당되지 아니하는 것임(재소비 46015-200, 2000. 7. 5.).
	조세특례제한법 제108조의 재활용폐자원 등에 대한 부가가치세 매입세액 공제특례규정은 같은법 시행령 제110조 제3항에 규정된 사업자가 국가·지방자치단체, 기타 대통령령이 정하는 자(부가가치세 과세사업을 영위하지 아니하는 자)와 간이과세자로부터 같은법 시행령 제110조 제4항에 규정된 재활용폐자원 등을 취득하여 제조 또는 가공하거나 이를 공급하는 경우에 적용되는 것으로, 귀 질의의 경우에는 같은법 시행령 제110조 제4항에 규정된 재활용폐자원의 범위에 열거되지 아니한 재활용카트리지를 분해·세척조립 등을 한 후에 그대로 재사용하는 것은 재활용폐자원 등에 대한 부가가치세 매입세액 공제특례규정이 적용되지 아니하는 것임(재소비-534, 2005. 6. 1.).
	휴대폰에 사용하던 폐배터리는 조세특례제한법 시행령 제110조 제4항에 규정하는 재활용폐자원 등에 해당되지 아니함(재소비 46015-9, 2002. 1. 8.).
	'유권해석' 변경 여부와 관계없이 '중고이륜자동차'는 자동차관리법상 중고자동차로서 부가가치세 매입세액 공제특례 적용대상인 '재활용폐자원 등'에 해당함(감심 2001-112, 2001. 10. 9.).
	축전지(자동차용 폐배터리)는 조세특례제한법 시행령 제110조 제4항에 규정된 재활용폐자원 및 중고품의 범위에 포함되지 아니하는 것임(국세청 부가 46015-285, 2000. 2. 11.).
	'폐컨테이너'는 조세특례제한법 시행령 제110조 제4항의 규정에 의하여 매입세액공제를 받을 수 있는 재활용폐자원 등의 범위에 포함되지 아니하는 것임(부가 46015-181, 1999. 1. 20.).
	중기관리법에 등록된 중고중기는 매입세액공제되는 재활용폐자원 등이 아님(국세청 부가 46015-2080, 1993. 8. 27.).
	중고건설기계를 구입하여 수출하는 경우 중고건설기계는 재활용폐자원 및 중고품의 범위에 해당 안 됨(국세청 부가 46015-775, 1997. 4. 10.).
	조세감면규제법 시행령 제97조 제3항에 규정하는 사업자가 일반가정 또는 아파트부녀회로부터 헌옷, 헌이불, 헌가방(섬유제품)을 구입하여 제조, 가공하거나 공급(수출 포함)하는 경우에는 조세감면규제법 제102조 제1항 규정에 의한 재활용폐자원 등에 대한 부가가치세 매입세액을 공제받을 수 있는 것임. 이 경우 아파트부녀회가 헌이불, 헌옷 등을 자치적으로 수집하여 일시적·우발적으로 그 구성원 명의로 판매하는 경우는 동법시행령 제97조 제1항에서 규정하는 부가가치세 과세사업을 영위하지 아니하는 자에 포함하는 것이나, 동 부녀회가 이에 해당하는지 여부는 관련 거래사실에 따라 판단할 사항임(국세청 부가46015-2223, 1996. 10. 24.).
	폐가죽은 재활용폐자원 및 중고품에 해당 안 됨(국세청 부가 46015-481, 1993. 4. 16.).

구 분	내 용
매입세액공제 방법	「조세특례제한법」 제108조의 규정에 의한 매입세액공제를 받고자 하는 자는 「부가가 치세법」 제18조 또는 동법 제19조의 규정에 의한 신고시 재활용폐자원 등의 매입세액공제신고서에 「소득세법」 제163조 또는 「법인세법」 제121조의 규정에 의한 매입처별계산서합계표 또는 영수증을 첨부하여 제출(국세정보통신망에 의한 제출을 포함)하여야 하는 것이며, 이 경우 재활용폐자원 등의 매입세액공제신고서에 공급자의 등록번호(개인의 경우에는 주민등록번호)와 명칭 및 대표자의 성명(개인의 경우에는 그의 성명), 취득가액이 기재되어 있지 아니하거나 그 거래내용이 사실과 다른 경우에는 매입세액을 공제하지 아니하는 것임(서면3팀-227, 2007. 1. 23.).
매입세액 적용 시기	사업자가 관계법령에 의한 허가·신고·설립 등의 절차를 거치기 전에 취득한 폐자원 등에 대하여 매입세액공제를 받을 수 있는 사업자가 아닌 상태에서 취득한 것에 대하여는 매입세액공제를 받을 수 없음(재무부 부가 46015-129, 1993. 7. 19.).

6 │ 주요 개정연혁

1. 중고자동차 의제매입세액공제 특례 적용기한 연장(조특법 §108①)

(1) 개정내용

종 전	개 정
□ 중고차 의제매입세액공제	□ 적용기한 연장
○ (요건) 세금계산서를 발급할 수 없는 개인 등으로부터 중고차를 취득하여 제조·가공·공급하는 경우	○ (좌 동)
○ (공제대상) 중고차 취득가액	
○ (공제율) 10/110	
○ (적용기한) 2022. 12. 31.	○ 2025. 12. 31.

(2) 개정이유

○ 중고차 시장 활성화

2. 재활용폐자원 및 중고차 의제매입세액공제 특례 적용요건 정비 등

(조특법 §108조, 조특령 §110 ①)

(1) 개정내용

종 전	개 정
□ 재활용폐자원·중고차에 대한 부가가치세 의제 매입세액공제	□ 적용요건 정비 및 적용기한 연장
○ (적용요건) 재활용폐자원, 중고차 사업자가 세금계산서를 발급할 수 없는 다음의 자로부터 재활용폐자원 및 중고차를 취득하여 제조·가공·공급	(좌 동)
– 과세사업을 영위하지 않는 자 (과·면세사업 겸영자 포함)	– 「부가가치세법」 제36조에 따라 영수증을 발급하여야 하는 간이과세자*
– 「부가가치세법」 제61조에 따른 간이과세자	* 공급받는 자의 요구에 따라 세금계산서를 발급하여야 하는 사업자는 제외
○ (공제대상) 재활용폐자원·중고차 취득가액	
○ (공제율)	
– 재활용폐자원 : 3/103	(좌 동)
– 중고차 : 10/110	
○ (적용기한)	
– 재활용폐자원 : 2021. 12. 31.	
– 중고차 : 2020. 12. 31.	– 중고차 : 2022. 12. 31.

(2) 개정이유

○ 중고자동차 매매 사업자 지원 및 간이과세제도 개편에 따른 조문 정비

(3) 적용시기 및 적용례

○ (적용요건 정비) 2021. 7. 1. 이후 구입하는 분부터 적용

제108조의2

스크랩등사업자의 스크랩등에 대한 부가가치세 매입세액 공제특례

1 │ 의 의

재활용폐자원 등에 대한 부가가치세 의제매입세액공제특례의 적용을 받는 스크랩등사업자의 경우 확정신고기간이 지나기 전 일정기간마다 환급신고를 할 수 있도록 하여 의제매입세액 환급을 조기에 받을 수 있도록 하고(조특법 §108의2), 스크랩등사업자의 부가가치세 조기 납부에 따른 조세부담을 완화하기 위하여 예정고지세액에서 스크랩등 거래에 따라 납부할 부가가치세액을 차감하도록 하는 제도로서(조특법 §108의3) 2013. 5. 10. 도입되어, 2014. 1. 1. 이후 최초로 스크랩등을 공급하거나 공급받는 분 또는 수입신고하는 분부터 적용된다.

2 │ 특례 내용

스크랩등사업자가 스크랩등에 대하여 재활용폐자원 등에 대한 부가가치세 매입세액 공제특례(조특법 §108①)를 적용받는 경우에는 예정신고기간("특례기간")이 끝나는 날의 다음 날부터 25일 이내에 사업장 관할 세무서장에게 신고할 수 있다. 스크랩등사업자는 해당 신고와 함께 특례기간에 대한 납부세액을 사업장 관할 세무서장에게 납부하여야 한다.

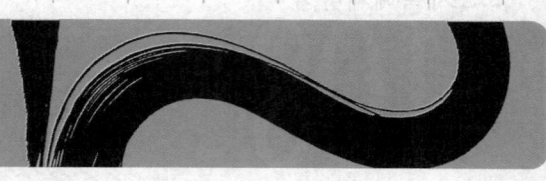

조세특례제한법

제108조의3

금사업자와 스크랩등사업자의 부가가치세 예정부과 특례

1 │ 의 의

본조는 금거래계좌 또는 스크랩등거래계좌를 사용하는 금사업자와 스크랩등사업자의 부가가치세 예정부과 특례로 2015년 12월 15일 조특법 개정시 부가가치세 예정부과 특례 적용대상에 철스크랩 등 사업자를 추가하였다.

2 │ 부가가치세 예정부과 특례

(1) 금사업자 또는 스크랩등사업자에 대하여 부가가치세를 결정하여 징수[1]하는 경우 그 결정세액에서 그 예정신고기간 또는 예정부과기간 종료일 현재 금거래계좌 또는 스크랩등거래계좌에서 국고에 납부할 부가가치세를 뺀 금액을 각각 징수한다. 다만, 그 산정한 세액이 음수인 경우에는 "0"으로 본다(조특법 §108의3①).

(2) 금사업자 또는 스크랩등사업자가 부가가치세를 신고납부[2]하는 경우 그 예정신고기간 또는 예정부과기간 종료일 현재 금거래계좌 또는 스크랩등거래계좌에서 국고에 납부할 부가가치세를 뺀 금액을 각각 신고납부한다. 다만, 그 산정한 세액이 음수인 경우에는 "0"으로 본다(조특법 §108의3②).

---

1) 「부가가치세법」 제48조 제3항 본문 및 제66조 제1항 본문
2) 「부가가치세법」 제48조 제4항 및 제66조 제2항

제108조의4

소규모 개인사업자에 대한 부가가치세 감면

1 의 의

  본조는 코로나바이러스감염증−19로 인해 어려움을 겪고 있는 영세 개인사업자를 지원하기
위해 소규모 개인사업자에 대한 부가가치세 납부세액을 간이과세자 수준으로 감면하는
규정으로 2020년 3월 23일 조특법 개정시 신설되었고, 동 규정은 2020년 3월 23일이 속하는
과세기간부터 적용한다.

2 요 건

  다음의 요건을 모두 갖춘 사업자가 2020년 12월 31일까지 재화 또는 용역을 공급한 분에
대하여 확정신고[1]를 하여야 한다(조특법 §108의4①).

  (1) 일반과세자[2]로서 개인사업자일 것
  (2) 감면받으려는 과세기간의 재화 또는 용역의 공급가액을 합한 금액(사업자가 둘 이상의
      사업장을 경영하는 경우에는 그 둘 이상의 사업장의 공급가액을 합한 금액)이 4천만원 이하일
      것. 다만, 해당 과세기간이 6개월 미만(1개월 미만의 끝수가 있으면 1개월로 한다)인 경우에는
      6개월로 환산한 금액을 기준으로 한다.
  (3) 감면배제사업이 아닌 사업을 경영할 것. "감면배제사업"이란 다음의 사업을 말한다
      (조특령 §110의3①).
      (가) 부동산 임대 및 공급업
      (나) 과세유흥장소를 경영하는 사업[3]

---

1) 「부가가치세법」 제49조
2) 「부가가치세법」 제2조 제5호
3) 「개별소비세법」 제1조 제4항

3 과세특례의 내용

부가가치세 감면세액은 다음 계산식에 따라 계산한 금액(해당 금액이 음수인 경우에는 영으로 본다)으로 한다(조특법 §108의4①, 조특법 §108의4③). 한편, 사업자가 둘 이상의 서로 다른 사업을 경영하는 경우에는 감면배제사업이 아닌 사업에 한정하여 부가가치세를 감면한다(조특법 §108의4②).

> 감면세액 = 일반과세방식 세액(A) - 간이과세방식 세액(B)
> A : 납부세액4) - 신용카드 등의 사용에 따른 세액공제 등 공제세액5)
> B : 공급대가의 합계액6)(영세율이 적용되는 재화 또는 용역의 공급분 제외) × 업종별 부가가치율 × 10퍼센트

(1) 공제세액

"공제세액"이란 다음의 어느 하나에 해당하는 세액을 말한다(조특령 §110의3②).

(가) 신용카드 등의 사용에 따른 공제세액7)

(나) 전자신고에 대한 공제세액8)

(다) 일반택시 운송사업자에 대한 경감세액9)

(라) 현금영수증사업자 및 현금영수증가맹점에 대한 공제세액10)

(2) 업종별 부가가치율(조특령 §110의3③)

구 분	북가가치율
1. 전기 · 가스 · 증기 및 수도 사업	5퍼센트
2. 소매업, 도매업 및 음식점업	10퍼센트
3. 농 · 임업 및 어업, 제조업, 숙박업, 운수업 및 정보통신업	20퍼센트
4. 건설업, 광업, 창고업, 금융 및 보험업, 그 밖의 서비스업	30퍼센트

---

4) 「부가가치세법」 제37조 제2항

5) 「부가가치세법」 제46조

6) 해당 과세기간의 재화와 용역의 공급에 대가(부가가치세가 포함된 대가)를 말한다.

7) 「부가가치세법」 제46조 제1항

8) 조특법 제104조의8 제2항

9) 조특법 제106조의7 제1항

10) 조특법 제126조의3 제1항

(3) 예정신고를 한 경우

본조를 적용할 때 부가가치세 예정신고[11]를 한 경우에는 예정신고한 과세표준, 납부세액 또는 환급세액 및 공제세액을 포함하여 감면세액을 계산한다(조특령 §110의3④).

(4) 감면세액의 세부 계산방법

(가) 감면배제사업과 감면대상사업 겸영시

사업자가 감면배제사업과 감면배제사업 외의 사업("감면대상사업")을 함께 경영하는 경우 본조에 따른 감면세액은 다음 계산식에 따라 안분하여 계산한다(조특령 §110의3⑤).

$$감면세액 = [A \times (B / C)] - D$$

A : 납부세액에서 공제세액을 뺀 금액[12]
B : 감면대상사업의 공급가액의 합계액
C : 총 공급가액의 합계액
D : 감면대상사업에 대한 간이과세방식 세액

(나) 서로 다른 감면대상사업 경영시

사업자가 둘 이상의 서로 다른 감면대상사업을 경영하는 경우 본조에 따른 간이과세방식 세액은 사업 종류별로 구분하여 계산한 금액의 합계액으로 한다(조특령 §110의3⑥).

4 | 절 차

본조의 감면을 적용받으려는 사업자는 부가가치세 확정신고[13]를 할 때 납세지 관할 세무서장에게 부가가치세 신고서와 함께 소규모 개인사업자 부가가치세 감면신청서를 첨부하여 감면신청을 하여야 한다(조특법 §108의4④, 조특령 §110의3⑦).

---

11) 「부가가치세법」 제48조
12) 「부가가치세법」 제37조 제2항
13) 「부가가치세법」 제49조

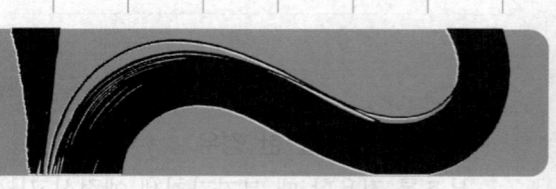

제 **108** 조의5

간이과세자에 대한 부가가치세 납부의무의 면제 특례

1 | 의 의

본조는 코로나바이러스감염증－19로 인해 어려움을 겪고 있는 영세사업자를 지원하기 위해 부가가치세 납부의무가 면제되는 간이과세자의 공급대가 기준금액을 한시적으로 상향하는 규정으로 2020년 3월 23일 조특법 개정시 신설되었고, 동 규정은 2020년 3월 23일이 속하는 과세기간부터 적용한다.

2 | 요 건

다음의 요건을 모두 갖춘 사업자가 2020년 12월 31일까지 재화 또는 용역을 공급한 분에 대하여 적용한다(조특법 §108의5①).

(1) 간이과세자일 것[1]
(2) 납부의무를 면제받으려는 과세기간의 공급대가의 합계액이 3천만원 이상 4천800만원 미만일 것
(3) 감면배제사업이 아닌 사업을 경영할 것

3 | 과세특례의 내용

본조의 요건을 갖춘 간이과세자에 대하여는 부가가치세 납부의무를 면제한다. 다만, 납부세액에 더하여야 할 세액[2]은 그러하지 아니한다(조특법 §108의5①). 본조를 적용할 때 사업자가 둘 이상의 서로 다른 사업을 경영하는 경우에는 감면배제사업이 아닌 사업에 한정하여

---

1) 「부가가치세법」 제2조 제4호
2) 「부가가치세법」 제64조

부가가치세 납부의무를 면제한다(조특법 §108의5②).

　한편, 사업자가 감면배제사업을 함께 경영하는 경우 납부의무를 면제하는 세액은 다음 계산식에 따라 안분하여 계산한다(조특령 §110의4).

> 납부의무 면제세액 = [A × (B / C)]
>
> A : 납부세액에서 공제세액을 차감한 금액[3]
> B : 감면대상사업에 대한 납부세액의 합계액
> C : 총 납부세액의 합계액

4 | 준용규정

　납부의무 면제에 관하여는 간이과세자에 대한 가산세 규정, 공급대가 환산 기준, 납부한 금액의 환급규정을 준용[4]한다(조특법 §108의5③).

---

3) 부가가치세법 제63조 제2항에 다른 납부세액에서 같은 조 제3항, 같은 법 제65조 및 그 밖에 조특법 및 다른 법률에서 정하는 공제세액을 차감한 금액을 말한다.
4) 「부가가치세법」 제69조 제2항부터 제4항

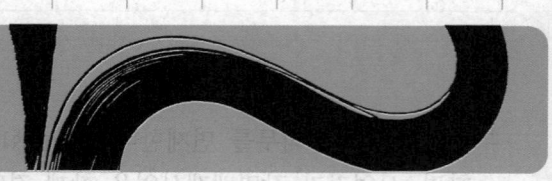

조세특례제한법

제109조

환경친화적 자동차에 대한 개별소비세 감면

1 | 의 의

고유가·기후변화협약 및 미래 자동차산업 변화에 세제 측면에서 대응하기 위해 도입되었고 2009. 7. 1.부터 2018. 12. 31.까지 제조장·보세구역 반출 또는 수입신고분에 대하여 적용한다. 2016. 12. 20. 조특법 개정시 연료전지자동차(2018. 12. 31. 법 개정시 "수소전기자동차"로 개정)에 대한 개별소비세 감면 조항을 신설하였다.

2 | 하이브리드 자동차에 대한 개별소비세 감면

하이브리드 자동차[1]로서 환경친화적 자동차의 요건[2]을 갖춘 자동차에 대하여는 2009. 7. 1.부터 2024. 12. 31.까지 제조장 또는 보세구역으로부터 반출되는 분에 대하여 각각 다음과 같이 개별소비세를 감면한다(조특법 §109①~③).
① 개별소비세액이 100만원 이하인 경우에는 개별소비세액 전액
② 개별소비세액이 100만원을 초과하는 경우에는 100만원

---

1) 휘발유·경유·액화석유가스·천연가스 또는 산업통상자원부령으로 정하는 연료와 전기에너지(전기 공급원으로부터 충전받은 전기에너지를 포함한다)를 조합하여 동력원으로 사용하는 자동차
2) 「환경친화적 자동차의 개발 및 보급 촉진에 관한 법률」 제2조 제2호 각 목

3 | 전기자동차에 대한 개별소비세 감면

전기자동차[3])로서 환경친화적 자동차의 요건[4])을 갖춘 자동차에 대하여는 2012. 1. 1.부터 2024. 12. 31.까지 제조장 또는 보세구역으로부터 반출되는 분에 대하여 각각 다음과 같이 개별소비세를 감면한다(조특법 §109④~⑥).

① 개별소비세액이 300만원 이하인 경우에는 개별소비세액 전액

② 개별소비세액이 300만원을 초과하는 경우에는 300만원

4 | 수소전기자동차에 대한 개별소비세 감면

수소전기자동차[5])로서 요건[6])을 갖춘 자동차에 대하여는 2017. 1. 1.부터 2024. 12. 31.까지 제조장 또는 보세구역에서 반출되는 분에 대하여 각각 다음과 같이 개별소비세를 감면한다(조특법 §109⑦~⑨).

① 개별소비세액이 400만원 이하인 경우에는 개별소비세액 전액

② 개별소비세액이 400만원을 초과하는 경우에는 400만원

---

3) 전기 공급원으로부터 충전받은 전기에너지를 동력원(動力源)으로 사용하는 자동차
4) 「환경친화적 자동차의 개발 및 보급 촉진에 관한 법률」 제2조 제2호 각 목
5) 수소를 사용하여 발생시킨 전기에너지를 동력원으로 사용하는 자동차
6) 「환경친화적 자동차의 개발 및 보급 촉진에 관한 법률」 제2조 제2호 각 목

5 │ 관련사례

구 분	내 용
대상 차량	「조세특례제한법」상 감면대상은 지식경제부장관이 환경부장관과 협의하여 고시한 자동차만이 해당되는 것으로서 「환경친화적 자동차의 요건 등에 관한 규정」(지식경제부 고시)상 개별소비세 감면대상 하이브리드자동차는 에너지소비효율의 기준과 기술적 세부사항을 만족하는 "토요타 PRIUS"로 한정하고 연식은 규정하지 아니한 점, 연식을 규정한 2009. 10. 30. 시달된 지식경제부 공문(자동차조선과-679)은 처분청에서 인지하지 못하여 2011. 4. 1. 쟁점차량 수입통관시 개별소비세를 면제한 사실이 있고, 동 공문내용은 행정기관이 결정한 사항으로서 고시하여 공식적으로 일반인에게 널리 알려야 하나 고시가 되지 아니하였고, 국가기관간의 협조공문에 불과하여 이를 청구인이 인지하기 어려울 뿐만 아니라 쟁점차량은 일반 수입물품이 아닌 개인이 사용하다 반입한 이사물품인 점 등을 종합적으로 고려해 보면, 처분청이 쟁점차량을 개별소비세 감면대상이 아니라고 보아 개별소비세 등을 부과한 처분은 잘못이 있다고 판단된다(조심 2013관79, 2013. 7. 2.).
용도변경 등	자동차대여사업에 사용할 목적으로 반입하여 개별소비세를 면제받은 하이브리드자동차가 5년 이내에 용도변경 등의 사유가 발생하여 자동차대여사업자로부터 개별소비세를 징수하는 경우 징수세액의 계산방법(재환경에너지-203, 2010. 4. 16.) : 용도변경하여 징수하는 경우 반입시의 면제받은 세액에서 「조세특례제한법」 제109조에 따른 감면세액을 차감한 후 차량 잔존가치율에 따라 개별소비세를 징수 ＊ 개별소비세 징수세액 ＝ 〔(취득가격 × 세율－감면세액) ÷ 세율 × 경과연수별 잔존가치율〕 × 세율

6 │ 주요 개정연혁

1. 전기자동차에 대한 개별소비세 감면 적용기한 연장(조특법 §109)

(1) 개정내용

종 전	개 정

□ 전기자동차 개소세 감면
   * 개소세 : 5%, 교육세 : 개소세액 × 30%
   ○ (감면한도) 대당 300만원(교육세 포함 시 390만원)
   ○ (적용기한) 2020. 12. 31.
	□ 적용기한 연장
	
	   ○ (좌 동)
	
	   ○ 2022. 12. 31.

(2) 개정이유

○ 온실가스 감축, 에너지 절감을 위한 친환경차 지원

노후경유자동차 교체에 대한 개별소비세 감면

1 | 의 의

　　본조는 노후경유자동차량의 신규차량 교체를 유도하여 완성차업계와 중소부품업체들에 대한 지원과 경기활성화를 도모하고, 대기오염배출을 줄여 대기환경 개선을 유도하기 위해 도입되었다.

　　당초 조특법상 노후자동차 교체에 대한 개별소비세 감면 제도는 2009. 5. 1.~2009. 12. 31. 중 제조장에서 출고 또는 수입신고된 차량으로서 2009. 5. 1.~2009. 12. 31. 중 취득하여 등록된 차량에 한하여 적용하도록 규정하였으나, 2016. 12. 20. 조특법 개정시 노후경유자동차 교체에 대한 개별소비세 감면 제도를 신설하여 2006. 12. 31. 이전에 신규등록된 경유자동차를 2016. 6. 30. 현재 소유하고 있는 자가 이를 폐차 또는 수출하고 노후경유자동차의 말소등록일 전후 2개월 내에 신차를 본인 명의로 신규등록하는 경우 개별소비세액의 70%를 감면하도록 하였다.

　　2019년 조특법 개정시 노후경유자동차에서 노후자동차로 범위가 변경되었다.[1]

2 | 요건 및 과세특례의 내용

2-1. 노후경유자동차의 범위

　　2009년 12월 31일 이전에 신규등록된 자동차를 말하며, 이륜자동차와 자동차매매업으로

---

1) 개정규정은 2020년 1월 1일부터 2020년 6월 30일까지 신차를 제조장에서 반출하거나 수입신고하여 같은 기간 동안 신규등록하는 경우에 한정하여 적용한다. 한편, 2019년 12월 31일 이전에 제조장 또는 보세구역으로부터 반출되어 개별소비세가 납부되었거나 납부될 승용자동차를 2019년 12월 31일 현재 보유하고 있는 제조업자, 도·소매업자 또는 수입업자 등 사업자는 해당 승용자동차에 대한 판매확인서, 재고물품확인서, 환급신청서 등 국세청장 또는 관세청장이 정하는 증거서류를 첨부하여 관할세무서장 또는 관할세관장의 확인을 받으면 해당 승용자동차는 2020년 1월 1일 이후에 제조장 또는 보세구역으로부터 반출된 것으로 보아 본조에 따라 감면, 환급 또는 공제받을 수 있다(법률 제16835호, 2019. 12. 31. 부칙 §32, §52).

등록한 자가 매매용으로 취득한 중고자동차는 제외한다(조특법 §109의2①).

2-2. 감면요건 및 내용

노유자동차를 2019년 6월 30일 현재 소유(등록일 기준)하고 있는 자(법인 포함)가 노후자동차를 폐차 또는 수출하고 노후자동차의 말소등록일을 전후하여 2개월 이내에 승용자동차(신차 : 신조차(新造車)[2] 중 경유를 사용하는 승용자동차를 제외한 승용자동차에 한정)를 본인의 명의로 신규등록하는 경우에는 개별소비세액의 100분의 70을 감면한다. 이 경우 노후자동차 1대당 신차 1대에 한정(1대당 감면액이 100만원을 초과하면 100만원을 감면)하여 개별소비세를 감면한다(조특법 §109의2① · ②).

3 | 사후관리

관할 세무서장 또는 관할 세관장은 감면요건을 갖추지 아니한 자가 개별소비세를 감면받은 경우에는 납세의무자에게 다음에 따라 계산한 금액의 합계액을 추징한다(조특법 §109의2③ 본문).

① 감면세액(노후자동차 1대당 신차 2대 이상을 감면받은 경우에는 신차 모두에 해당하는 감면세액으로 함)

② 위 ①에 따른 감면세액의 10%에 상당하는 금액의 가산세(노후자동차 1대당 신차 2대 이상을 감면받은 경우에는 감면세액의 40%에 상당하는 금액으로 함)

추징세액 = 감면세액 + 가산세(감면세액 × 10% 또는 40%)

다만, 다음의 사유에 해당하는 경우에는 신차구입자를 납세의무자로 본다(조특법 §109의2③ 단서, 조특령 §111⑦).

① 노후자동차의 말소등록일 전후 2개월 이내에 신차를 본인의 명의로 신규등록하지 아니한 경우

② 노후자동차 1대당 2대 이상의 신차에 대하여 감면을 받은 경우로서 노후자동차교체 확인시스템에 최초로 등록한 해당 신차 1대에 대한 감면세액 및 가산세의 경우

③ 신차의 신규등록일 후 2개월 이내에 노후자동차를 말소등록하지 아니한 경우

---

[2] 「자동차관리법」 제2조 제7호

④ 그 밖에 자동차등록원부 위조 등 신차구입자가 감면요건을 충족하는지 여부를 납세의무자가 확인하기 어렵다고 인정되는 경우

한편, 다음의 불가피한 사유가 있는 경우는 감면세액 및 가산세를 추징하지 아니한다(조특법 §109의2④, 조특령 §111⑧).

① 신차의 신규등록일부터 2개월 이내에 신차구입자가 사망하거나 천재지변이 발생하여 노후자동차를 폐차 또는 수출하지 못한 경우
② 신차의 신규등록일부터 2개월 이내에 자동차해체재활용업자에게 노후경유자동차의 폐차를 요청하였으나 폐차 절차의 지연 등으로 해당 노후경유자동차가 신차의 신규등록일부터 2개월 후에 말소등록된 경우

위와 같이 감면세액을 추징한 경우 해당 세무서장 및 세관장은 추징자료를 추징일이 속하는 달의 다음 달 말일까지 신차구입자의 취득세 납세지를 관할하는 시장·군수·구청장에게 통보하여야 한다(조특령 §111⑩).

4 │ 절 차

(1) 개별소비세를 감면받으려는 신차구입자는 납세의무자에게 감면신청을 하여야 하며, 신차의 세금계산서 교부일부터 2개월이 되는 날이 속하는 달의 말일까지 노후자동차 교체감면신청서와 노후자동차 및 신차의 자동차등록원부, 주민등록증 사본(사업자인 경우에는 사업자등록증 사본, 운전면허증, 여권, 국내거소신고증, 공무원증으로 주민등록증 사본을 대체할 수 있다), 노후자동차의 자동차등록원부에 적힌 주민등록번호, 사업자등록 번호 또는 상호가 신차의 신규등록일 당시 주민등록번호, 사업자등록번호 또는 상호와 다른 경우에는 주민등록표 초본, 등기사항증명서 등 노후자동차와 신차의 등록자가 동일인 또는 동일법인임을 확인할 수 있는 자료 등 증명자료를 납세의무자에게 제출하여야 한다(조특령 §111①, 조특칙 §50의2).
(2) 납세의무자가 신차구입자로부터 감면신청을 받은 경우에는 노후자동차의 자동차등록 원부의 차대번호, 차량번호, 최초등록일 및 2019. 6. 30. 현재 신차구입자의 노후자동차 소유 여부 등을 확인하여 노후경유자동차교체확인시스템에 등록하여야 한다(조특령 §111②).
(3) 납세의무자는 신차구입자로부터 감면신청을 받은 경우에는 감면받은 세액을 적용하여 신차를 판매하고 세금계산서에 '노후자동차교체용'이라고 표시하며 노후자동차교체용 차량확인서(개별소비세를 납부하는 경우에 한정함)를 세금계산서와 함께 신차구입자에게

교부하여야 한다(조특령 §111③).

(4) 납세의무자는 신차구입자로부터 자료를 제출받아 감면요건을 충족하는지 여부를 확인하고 해당 자료("수동서식") 및 수동서식을 디스켓·디스크 등 전자적 형태로 변환한 자료를 신차의 세금계산서 교부일부터 2개월이 되는 날이 속하는 달의 말일의 다음 달 25일까지 관할 세무서장 및 통관지 세관장에게 제출한다. 다만, 수동서식은 신차를 판매한 장소를 관할하는 세무서장 및 세관장에게 제출할 수 있다(조특령 §111④).

(5) 감면신청을 한 신차구입자가 이미 개별소비세 및 교육세가 납부된 승용자동차를 구입하는 경우에는 납세의무자 또는 신차구입자에게 해당 승용자동차를 판매한 자는 차액에 대하여 노후자동차교체환급(공제)신청서를 신차의 세금계산서 교부일이 속하는 달의 다음 달 25일(국내에서 제조되어 반출된 경우에는 매 분기의 다음 달 25일)까지 해당 신차의 개별소비세 및 교육세를 징수한 세무서장 및 세관장에게 제출하여 차액을 환급·공제받아야 한다(조특령 §111⑥).

(6) 국세청장 및 관세청장은 신차구입자가 감면요건을 충족하는지 여부를 확인하기 위하여 국토교통부장관에게 자동차등록원부 자료의 제공을 요청하고, 국토교통부장관은 해당 자료를 국세청장 및 관세청장에게 제공하여야 한다(조특령 §111⑨).

여수세계박람회용 물품에 대한 개별소비세 면제

1 | 의 의

본조는 국가적 행사인 여수세계박람회의 성공적 개최를 세제측면에서 지원하기 위하여 도입되었다.

2 | 여수세계박람회용 물품에 대한 개별소비세 면제

다음 중 어느 하나에 해당하는 물품에 대하여는 2010. 1. 1. 이후 반출하거나 수입신고하는 분부터 개별소비세를 면제한다(조특법 §109의3① · ②).

① 2012여수세계박람회조직위원회 또는 박람회 참가자가 「여수세계박람회 지원 및 사후활용에 관한 특별법」 제2조 제2호에 따른 박람회 직접시설의 제작 · 건설 및 박람회 운영에 사용하기 위하여 구입하는 물품으로서 국내제작이 곤란한 물품

② 여수세계박람회가 끝난 후 박람회 참가자가 박람회장 관리주체에게 무상으로 양도하는 출품물

여기서 박람회 참가자란 다음 중 어느 하나에 해당하는 자를 말하며, 박람회장 관리주체란 2012여수세계박람회조직위원회 또는 2012여수세계박람회조직위원회가 해산된 후 그 박람회장 관련 사업 및 자산을 관리하기 위한 법인이 설립되는 경우에는 그 법인을 말한다(조특령 §111의2① · ②).

① 2012여수세계박람회조직위원회와 박람회 참가계약(위락시설의 제작, 건설 또는 운용에 대한 참가계약 및 상업시설의 운영에 대한 참가계약은 제외)을 체결한 자

② 상기 ①에 따른 참가자 또는 2012여수세계박람회조직위원회와 「여수세계박람회 지원 및 사후활용에 관한 특별법」 제2조 제2호에 따른 박람회 직접시설의 제작 · 건설에 관하여 도급계약을 체결한 자

제110조

외교관용 등 승용자동차에 대한 개별소비세의 면제

1 | 의 의

승용자동차는 「개별소비세법」[1] 제1조에서 개별소비세의 과세대상으로 규정되어 있지만, 이 조는 외교관 및 외국민간원조단체가 구입하는 국산승용자동차에 대하여 개별소비세를 면제하도록 하여 「개별소비세법」의 예외규정에 해당한다.

2 | 요 건

2-1. 대상자

2-1-1. 국내주재 외국외교관

국내에 주재하는 외교관이 구입하는 국산승용자동차에 대해 개별소비세를 면제하는바, 대상이 되는 외교관의 범위는 다음과 같다(조특법 §110①, 조특령 §112①, 개별소비세법 시행령 §25②).

① 「개별소비세법 시행령」 제25조 제1항[2]에 따른 기관의 소속 직원으로서 해당 국가로부터 공무원 신분을 부여받은 자
② 외교부장관으로부터 ①에 준하는 신분임을 확인받은 자 중 내국인이 아닌 자

---

1) 법명 변경(특별소비세법 → 개별소비세법)
2) 개별소비세법 시행령 제25조 【주한외교공관 등의 범위】 ① 법 제16조 제1항 제1호에서 "대통령령으로 정하는 기관"이란 우리나라에 상주하는 영사기관(명예영사관원을 장으로 하는 영사기관은 제외한다), 국제연합과 이에 준하는 국제기구(우리나라가 당사국인 조약과 그 밖의 국내법령에 따라 특권과 면제를 부여받을 수 있는 경우만 해당한다)를 말한다.

2-1-2. 외국민간원조단체

협정에 의하여 등록된 외국민간원조단체가 주무부장관의 추천을 받아 그 사업용으로 구입하는 국산승용자동차도 개별소비세가 면제된다.

2-2. 대상물품

국산승용자동차에 한한다.

3 │ 과세특례의 내용

위 외교관 및 외국민간원조단체가 구입하는 국산승용자동차에 대하여 개별소비세를 면제한다.

4 │ 면세구입한 승용자동차 양도시의 과세표준

면세로 구입한 자동차를 구입한 날로부터 5년 이내에 타인에게 양도한 경우에는 「개별소비세법」 제16조 제2항(또는 「개별소비세법」 제18조 제3항)을 준용하여 그 양수인(또는 반입자)으로부터 면세된 세액을 징수하며 이때의 과세표준은 같은 법 시행령 제12조 제3호(또는 같은 법 시행령 제12조 제8호)에 따라 양수금액(또는 판매가격에 상당하는 금액)으로 한다(조기통 110-0…1).

5 │ 면세구입물품의 폐기[3]

면세로 구입한 날로부터 5년(국세청장이 기간을 정하는 물품의 경우에는 그 정한 기간) 이내에 부패·파손 또는 이와 유사한 사유로 소정의 용도에 계속하여 사용할 수 없게 되어 이를 폐기하고자 하는 경우 「개별소비세법 시행령」 제33조 제3항 또는 「교통·에너지·환경세법 시행령」 제23조 제3항을 준용하여 소관세무서장의 승인을 얻은 때에는 당해 면세된 세액을 징수하지 아니한다(조기통 109-0…1).

---

3) 조특법 제109조 내지 제111조에서 같다.

6 | 절 차

개별소비세가 면제되는 국산승용자동차를 제조장에서 반출하고자 하는 내국인은 관할 세무서장의 승인을 얻어야 한다(조특법 §110②).

이 경우 승인신청에 관하여는 「개별소비세법 시행령」 제23조 또는 동 시행령 제30조의 규정을 준용한다.

7 | 관련사례

구 분	내 용
등록 전 외투법인의 국산승용차	외자도입법에 의하여 인가받은 외국인 투자기업은 등록 전이라도 등록된 외국투자법인과 같은 세법을 적용받는 것이므로 외국인용 승용차구입에 따른 개별소비세는 감면하여야 함(심사 89-420, 1989. 5. 11.). ※ '외국인투자기업이 구입하는 국산승용자동차의 특별소비세 면제' 회신문에서 '조세감면규제법 제77조 제2항의 규정에 의하여 특별소비세를 면제받을 수 있는 외국인투자기업이라 함은 외자도입법 제7조에 의하여 인가받은 외국인투자기업을 말하는 것'이라고 회신하고 있는바, 청구법인이 1987. 3. 12. 외자도입법 제7조 제1항에 의거 재무부로부터 투자인가를 받았고, 1987. 6. 19. 주금납입완료하였으며, 1987년 7월 외국인용으로 국산승용자동차 최초 구입증명원을 ○○세무서장으로부터 발급받아 특별소비세를 면제받고 자동차를 출고하였던 사실은 전시한 법조에 비추어 달리 잘못이 있어 보이지 아니하며, 처분청에서 외국인투자기업을 재무부에 등록된 기업이라고 해석하여 이 건 특별소비세를 추징함은 잘못된 처분이라고 판단됨(재무부 국조 22601-156, 1989. 2. 8.).

제111조

석유류에 대한 개별소비세의 면제

1 │ 의 의

군부대용 석유류에 대해서는 조특법 제105조에 따라 부가가치세 영세율이 적용됨은 물론 본조에 따라 개별소비세가 면제된다. 그 취지는 군부대 자체가 국가기관이므로 간접세를 징수할 경우 다시 예산지원을 하여야 하므로 재정운용의 효율성이 낮아지기 때문인 것으로 보인다.

도서지방의 자가발전에 사용할 석유류의 경우 조특법 제106조에 따라 2025. 12. 31.까지 부가가치세가 면제되고 본조에 따라 개별소비세도 면제된다.

2 │ 면제대상 석유류

다음의 어느 하나에 해당하는 석유류에 대하여는 개별소비세를 면제한다. 이 경우 도서지방의 자가발전에 사용할 석유류는 2025. 12. 31.까지 제조장 또는 보세구역으로부터 반출되는 분에 한하여 적용한다(조특법 §111① 본문).

2-1. 군부대용 석유류

부가가치세 영세율이 적용되는 국군조직법에 의하여 설치된 부대 또는 기관에 공급하는 석유류1)에 대하여는 개별소비세를 면제한다(조특법 §111① 1).

2-2. 도서지방의 자가발전에 사용할 석유류

「전기사업법」 제2조에 따른 전기사업자가 전기를 공급할 수 없거나 상당기간 전기공급이 곤란한 도서로서 산업통상자원부장관(동법 제98조의 규정에 의하여 위임을 받은 기관을 포함한다)이

---

1) 조특법 제105조 제1항 제2호

증명하는 도서지방의 자가발전에 사용할 목적으로 「수산업협동조합법」에 의하여 설립된 수산업협동조합중앙회에 직접 공급하는 석유류에 대하여는 개별소비세를 면제한다. 이 경우 면제 석유류는 2025. 12. 31.까지 제조장 또는 보세구역으로부터 반출되는 분에 한하여 적용한다.

2 - 3. 바이오디젤

「석유 및 석유대체연료 사업법」 제29조 제2항 제6호[2]에 따라 산업통상자원부장관이 고시한 석유제품을 대체하여 사용할 수 있는 연료에 혼합되어 있는 바이오디젤에 대해서는 2011. 12. 31.까지 제조장 또는 보세구역에서 반출되는 것만 개별소비세를 면제한다[3] (조특법 §111②).

3 | 절 차

이 조에서 규정하는 개별소비세 면제 석유류에 대한 면세절차 · 세액징수 세액의 환급 및 공제절차에 대하여는 제113조에 대한 해설을 참조하기 바란다.

4 | 관련사례

구 분	내 용
운반편의상 다른 장소로 이송하는 경우	교통세 조건부 면세받은 물품을 운반편의상 정유공장의 파이프라인과 탱크 및 부두시설을 이용해 다른 장소로 이송하는 경우 교통세법 제15조 제4항 및 동법 부칙 제3항에 의하여 면세로 재반출이 가능함(재소비 46016 - 341, 1998. 12. 16.).
석유류제조회사 대리점의 경유공급	구 조세감면규제법 제11조 제12항 내지 제16항의 규정에 의한 특별소비세의 면제(또는 환급)는 석유류제조장이나 제조자가 직영하는 저유소에서 공급하는 경우에 한하며, 제조자의 대리점에서 공급하는 때에는 면제되지 않는 것임(소비 1265.3 - 401, 1981. 3. 4.).

---

2) 석유 및 석유대체연료 사업법 제29조 【가짜석유제품 제조 등의 금지】 ② 제1항에도 불구하고 다음 각 호의 경우는 제1항에 따른 가짜석유제품의 제조 등의 행위로 보지 아니한다.
  6. 그 밖에 석유제품을 대체하여 사용할 수 있는 연료로서 산업통상자원부장관이 그 이용 · 보급을 확대할 필요가 있다고 인정하여 기획재정부장관과의 협의를 거쳐 이용 · 보급의 방법, 대상 및 절차 등을 고시한 경우
3) 신설 : 2007. 12. 31.

제111조의2

자동차 연료에 대한 개별소비세의 환급에 관한 특례

1 의 의

고유가 상황의 지속이 가계의 유류비 부담 증가, 산업생산성의 둔화, 물가상승 등으로 이어져 국민경제 전반에 부담을 주게 되지만 유류세의 일괄적인 인하는 막대한 세수감소를 초래함과 동시에 주유소별 가격자율화로 인하여 가격인하 효과가 불투명할 뿐만 아니라 가격이 인하되더라도 그 혜택이 유류를 많이 소비하는 대형차량 운전자나 부유층에 더 많이 돌아가는 결과를 초래하는 현실을 감안하여, 배기량 1,000cc 미만의 경형자동차를 소유하고 있는 서민들이 사용하는 연료에 부과된 유류세를 환급해 주는 제도를 도입하였다.

주로 서민들이 사용하는 경차에 대한 유류비 부담을 경감해줌으로써 유류세 인하의 역진성 보완 및 경차 사용 확대를 유도하기 위한 제도이다. 2008. 5. 1. 이후 구매하는 분부터 적용되었다.

2 요 건

2-1. 환급대상자

기준이하 자동차를 소유하는 자로서 다음의 모두를 충족하여 개별소비세를 환급받고자 하는 자이다(조특법 §111의2①, 조특령 §112의2②).

여기서 "기준이하 자동차"란 「자동차관리법」 제3조 제1호부터 제3호까지 및 제5호의 규정에 따른 승용자동차, 승합자동차, 화물자동차 또는 이륜자동차로서 배기량 1,000cc 미만인 길이 3.6m, 너비 1.6m, 높이 2.0m 이하인 자동차를 말한다(조특령 §112의2①).

① 해당 환급대상자동차 소유자 및 그의 주민등록표상 동거가족이 소유한 승용자동차 수의 합계 또는 승합자동차 수의 합계가 각각 1대일 것
② 「에너지 및 자원사업 특별회계법 시행령」제3조 제1항 제10호의 2의 석유가격구조개편에 따른 지원사업의 수혜대상자인 장애인이나 국가유공자가 아닐 것

2-2. 대상유류

다음의 유류를 말한다(조특법 §111의2③).
① 휘발유 또는 경유
② 석유가스 중 부탄

2-3. 환급용 유류구매카드

환급대상자는 신용카드업자[1])로부터 환급을 위한 환급용 유류구매카드를 발급받아야 한다(조특법 §111의2④). 이 경우 하나의 신용카드업자로부터만 환급용 유류구매카드를 발급받아야 한다. 이를 위하여 환급대상자는 신용카드업자에게 환급을 위한 환급용 유류구매카드의 발급을 신청하여야 한다(조특령 §112의2⑤). 환급용 유류구매카드를 발급받은 자가 환급대상자에 해당되지 아니하게 된 때에는 즉시 신용카드업자에게 환급용 유류구매카드를 반납하여야 한다. 이 경우 신용카드업자는 지체 없이 이를 국세청장에게 통보하여야 한다(조특법 §111의2⑥).

3 │내 용

3-1. 환급(공제)세액의 계산

환급용 유류구매카드를 발급받은 환급대상자가 2023. 12. 31.까지 해당 자동차 연료로 사용하기 위하여 해당 카드로 환급대상 유류를 구매하는 경우, 신용카드업자는 관할 세무서장에게 해당 유류에 대하여 세액 환급을 신청하여 환급세액을 환급받거나 납부할 세액에서 공제받을 수 있다. 이 경우, 신용카드업자 사업장의 관할 세무서장은 해당 연료에 부과된 개별소비세를 환급할 수 있다(조특법 §111의2①).

다음에 따른 세액을 환급하며, 연간 환급 한도액은 30만원이다. 이 경우 연간 환급 한도액의 산정은 2022년 1월 1일부터 2022년 12월 31일까지의 기간 및 2023년 1월 1일부터 2023년 12월 31일까지의 기간을 각각 기준으로 한다(조특법 §111의2③, 조특령 §112의2③).
① 휘발유 또는 경유의 경우 : 리터당 250원의 개별소비세
② 석유가스 중 부탄의 경우 : 해당 물품에 부과된 개별소비세 전액

---

1) 국세청장이 지정하는 「여신전문금융업법」 제2조 제2호의2에 따른 신용카드업자를 말한다.

3-2. 환급대상 유류에 대한 환급신청

환급세액을 환급받거나 납부할 세액에서 공제받으려는 신용카드업자는 매월 환급대상자가 환급용 유류구매카드를 통해 구입한 환급대상 유류에 대하여 다음 산식에 따른 수량 및 환급세액 등을 적은 신청서 및 증거서류를 다음 달 10일까지 관할 세무서장에게 제출하여야 한다(조특령 §112의2⑪, 조특칙 §50의3 1호).

> 환급대상 유류의 수량 = (환급용 유류구매카드를 통하여 구매한 유류 금액) / (한국석유공사가 조사·공표하는 해당 주유소 또는 충전소 소재 특별시·광역시·특별자치시·도·제주특별자치도의 단위당 주유소 또는 충전소의 평균판매가격)

환급신청을 받은 세무서장은 그 달 말일까지 신용카드업자에게 환급세액을 환급하거나 납부할 세액에서 공제한다(조특령 §112의2⑫).

4 | 사후관리

4-1. 경형자동차 외 사용

환급대상자의 주소지 관할 세무서장은 환급대상자가 환급용 유류구매카드로 구입한 유류를 **해당 자동차 연료 외의 용도로 사용**하는 경우에는 다음에 따라 계산한 금액의 합계액을 징수한다(조특법 §111의2⑦).
① 해당 자동차 연료 외의 용도로 사용하는 유류의 환급세액
② 위 ①에 따른 환급세액의 40%에 상당하는 금액의 가산세

4-2. 용도 위반 등의 경우 환급대상자에서 제외

국세청장 또는 신용카드업자는 환급대상자가 환급용 유류구매카드로 구입한 유류를 해당 자동차 연료 외의 용도로 사용하거나 타인에게 환급용 유류구매카드를 양도하는 경우 그 사실을 안 날부터 **환급대상자에서 제외**한다(조특법 §111의2⑧).

4-3. 신용카드업자의 부당 환급

관할 세무서장은 신용카드업자가 거짓이나 그 밖의 부정한 방법으로 환급세액을 과다하게

환급 또는 공제받은 경우에는 과다환급세액과 과다환급세액의 40%에 상당하는 금액의
가산세의 합계액을 징수한다(조특법 §111의2⑨).

4-4. 환급대상자 외의 자가 사용한 경우 등

다음의 어느 하나에 해당하는 자의 주소지 관할 세무서장은 환급세액과 환급세액의 40%에
상당하는 금액의 가산세의 합계액을 징수한다(조특법 §111의2⑩).
① 환급대상자로부터 환급용 유류구매카드를 양수하여 사용한 경우
② 환급대상자 외의 자가 환급용 유류구매카드를 발급받아 사용한 경우
③ 환급용 유류구매카드를 발급받은 자가 환급대상자에 해당되지 아니하게 된 이후에 환급용
　 유류구매카드를 사용한 경우

5 환급용 유류구매카드의 신청 및 발급

(1) 환급대상에 해당하여 본조에 따라 개별소비세를 환급받으려는 자(이하 "환급대상자"라고
　 한다)는 국세청장이 지정하는 신용카드업자로부터 환급을 위한 환급용 유류구매카드를
　 신청하여 발급받아야 하며, 이 경우 환급용 유류구매카드는 하나의 신용카드업자로
　 부터만 발급받아야 한다. 이때 국세청장은 신용카드업자를 지정함에 있어 환급용
　 유류구매카드에 대하여 연회비를 받지 아니할 것을 조건으로 할 수 있다(조특령
　 §112의2④).
(2) 환급대상자는 국세청장이 지정하는 신용카드업자에게 환급용 유류구매카드의 발급을
　 신청하여야 한다(조특령 §112의2⑤).
(3) 경형자동차 연료에 대한 환급 신청인 경우 신용카드업자는 제공받은 정보를 바탕으로
　 환급대상자 적격 여부를 판단한 후 신청을 받은 날부터 15일 이내에 신청인에게 환급용
　 유류구매카드를 발급하거나 발급대상이 아님을 통지하여야 한다(조특령 §112의2⑨).

한편, 환급용 유류구매카드의 신청 및 발급과 관련하여 시행령에서 정하고 있지 아니한
사항은 「여신전문금융업법」에 따른 신용카드 및 직불카드의 신청 및 발급의 예에 따른다(조특령
§112의2⑯).

6 | 절 차

6-1. 환급대상자의 환급용 유류구매카드의 반납 및 통보

환급용 유류구매카드를 발급받은 자가 환급대상자에 해당되지 아니하게 되었을 때에는 즉시 신용카드업자에게 환급용 유류구매카드를 반납하여야 한다. 이 경우 신용카드업자는 지체 없이 이를 국세청장에게 통보하여야 한다(조특법 §111의2⑥).

6-2. 국세청장 또는 신용카드업자의 통보 등

국세청장 및 신용카드업자는 다음 중 어느 하나에 해당되는 경우 즉시 서로 통보하여야 하고, 신용카드업자는 지체 없이 해당자의 환급용 유류구매카드의 기능을 정지하여야 한다(조특령 §112의2⑬).

① 환급용 유류구매카드를 발급받은 자가 환급대상자에 해당되지 아니하게 된 경우
② 환급대상자가 환급대상자에서 제외된 경우
③ 환급대상자 외의 자가 환급대상자로부터 환급용 유류구매카드를 양수 또는 발급받아 사용한 경우

또한 신용카드업자는 환급대상자에게 환급용 유류구매카드를 발급할 때 부당하게 발급받거나 부정사용할 경우 받을 수 있는 불이익에 대하여 상세히 설명하여야 한다(조특령 §112의2⑮).

6-3. 경형자동차 환급대상자의 적격 여부 확인

(1) 국세청장은 경형자동차 환급대상자의 적격 여부 확인을 위하여 국가보훈처장 및 환급대상자의 주소지 관할 특별자치도지사·시장·군수·구청장("관할관청")에게 주민등록 전산정보자료, 「자동차관리법」 제69조 제2항에 따른 자동차 등록 전산자료, 석유가격구조개편에 따른 지원사업의 수혜대상자인 국가유공자 및 장애인 명부 등 환급대상자 적격 여부 확인에 필요한 정보를 환급용 유류구매카드의 신청을 받은 신용카드업자에게 제공할 것을 요청할 수 있다. 한편, 요청을 받은 국가보훈처장 및 관할관청은 즉시 관련 정보를 제공하여야 하며, 이 경우 관할관청은 환급대상자 해당 여부만을 전자적 방법으로 제공한다(조특령 §112의2⑥).

(2) 주민등록 전산정보자료 등 환급대상자 적격 여부 확인에 필요한 정보에 변경이 있는 경우 정보제공의 요청 및 제공에 관하여는 상기 '(1)'을 준용한다(조특령 §112의2⑧).

(3) 국토교통부장관은 위 (1)·(2)에 따른 업무를 위하여 자동차 등록 전산자료를 관할관청에 제공하여야 한다(조특령 §112의2⑭).

7 │ 주요 개정연혁

1. 유류세 환급 대상 확대를 위한 근거 마련(조특법 §111의2, 조특령 §112의2)

(1) 개정내용

종 전	개 정
□ 경차 연료에 대한 교통·에너지·환경세 및 개별소비세 환급	□ 환급 대상 위임 근거 신설
○ (요건) 1,000cc 미만 경형 승용·승합차 보유자	○ (요건) 경형 자동차 등 대통령령으로 정하는 자동차* * 배기량 1,000cc 미만 & 길이 3.6m, 너비 1.6m, 높이 2.0m 이하인 승용·승합차
○ (대상) 세대가 소유한 승용·승합차 각각의 합이 1대일 것 등 ※ 당초 법률에 규정된 사항을 시행령으로 이관	○ (대상) 자동차 보유 대수 등 대통령령으로 정하는 요건을 갖춘 자* * 세대가 소유한 승용·승합차 각각의 합이 1대일 것 등
○ (환급액) 휘발유·경유 : 250원/ℓ, LPG부탄 : 전액 * 세율 : (휘발유) 529원/ℓ (경유) 375원/ℓ (LPG 부탄) 161원/ℓ ○ (한도) 연간 30만원 ○ (적용기한) 2023. 12. 31.	○ (좌 동)

(2) 개정이유
○ 서민, 자영업자 등 유류비 부담 지원을 위한 위임근거 신설

(3) 적용시기 및 적용례
○ 2023. 4. 1. 이후 제조장 반출 분부터 적용

제111조의3

택시연료에 대한 개별소비세 등의 감면

1 | 의 의

택시운송사업용 차량에 사용되는 LPG에 대하여 개별소비세를 부과하는 것은 택시업계 뿐만 아니라 서민들에게도 경제적 부담이 되고 있으므로, 택시 LPG에 대한 개별소비세를 감면함으로써 택시 사업자의 경영난을 해소하고 택시운송종사자에게 보다 실질적인 경제적 혜택이 주어질 수 있도록 지원하기 위하여 도입되었다. 적용시기는 2008. 5. 1. 이후 구매하는 분부터 적용한다.

2 | 요건 및 과세특례의 내용

「여객자동차 운수사업법」 제3조 제2항과 「여객자동차 운수사업법 시행령」 제3조 제2호 다목 및 라목에 따른 일반택시운송사업 및 개인택시운송사업("택시운송사업")에 사용하는 자동차에 2023. 12. 31.까지 공급하는 석유가스 중 부탄에 대해서는 킬로그램당 개별소비세 및 교육세 합계액 중 킬로그램당 40원을 감면한다(조특법 §111의3①).

3 | 사후관리

3-1. 택시운송사업자의 해당 용도 외 사용시

택시운송사업자의 주소지 관할 세무서장은 택시운송사업자가 택시면세유류구매카드로 구입한 부탄을 택시운송사업용 외의 용도로 사용하는 경우 다음의 ①에 ②를 합산한 금액을 징수한다(조특법 §111의3⑤).

① 택시운송사업용 외의 용도로 사용하는 부탄에 대한 감면액

② 위 ①에 따른 감면액의 40%에 상당하는 금액의 가산세

택시운송사업자가 택시면세유류구매카드로 구입한 부탄을 택시운송사업용 외의 용도로 사용하거나 타인에게 택시면세유류구매카드를 양도하는 경우, 국세청장 또는 신용카드업자는 그 사실을 안 날부터 택시면세유류구매카드 발급대상자에서 제외한다(조특법 §111의3⑥).

3-2. 신용카드업자의 부정한 과다환급(공제)

주소지 관할 세무서장은 신용카드업자가 거짓이나 그 밖의 부정한 방법으로 해당 감면액을 과다하게 환급 또는 공제받은 경우에는 과다환급세액과 과다환급세액의 40%에 상당하는 금액의 가산세의 합계액을 징수한다(조특법 §111의3⑦).

3-3. 택시운송사업자 외의 자에 대한 사후관리

다음 중 어느 하나에 해당하는 자의 주소지 관할 세무서장은 해당 감면액과 감면액의 40%에 상당하는 금액의 가산세의 합계액을 징수한다(조특법 §111의3⑧).

① 택시운송사업자로부터 택시면세유류구매카드를 양수하여 사용한 경우

② 택시운송사업자가 아닌 자가 택시면세유류구매카드를 발급받아 사용한 경우

③ 택시면세유류구매카드를 발급받은 자가 택시운송사업자에 해당되지 아니하게 된 이후에 택시면세유류구매카드를 사용한 경우

4 | 환급신청

환급세액을 환급받거나 납부할 세액에서 공제받으려는 신용카드업자는 매월 택시운송사업자가 택시면세유류구매카드를 통하여 구입한 감면대상 부탄에 대하여 다음 산식에 따른 수량 및 환급세액 등을 적은 신청서 및 증거서류를 다음 달 10일까지 관할 세무서장에게 제출하여야 한다(조특령 §112의3③, 조특칙 §50의3 2호).

> 면제대상 부탄의 수량 = (택시면세유류구매카드를 통하여 구매한 부탄의 금액) / (한국석유공사가 조사·공표하는 해당 충전소 소재 특별시·광역시·특별자치시·도·제주특별자치도의 단위당 충전소의 평균판매가격)

환급신청을 받은 세무서장은 그 달 말일까지 신용카드업자에게 감면세액을 환급하거나 납부할 세액에서 공제한다(조특령 §112의3④).

5 │ 협력의무

5-1. 택시운송사업자의 협력의무

택시면세유류구매카드를 발급받은 자가 택시운송사업자에 해당되지 아니하게 되었을 때에는 즉시 신용카드업자에게 택시면세유류구매카드를 반납하여야 한다. 이 경우 신용카드업자는 지체 없이 이를 국세청장에게 통보하여야 한다.

5-2. 국세청장 또는 신용카드업자의 협력의무

(1) 특별시장·광역시장·도지사(도지사의 권한이 시장·군수에게 위임된 경우에는 시장·군수를 말한다)·특별자치도지사("택시면허 관할관청"), 국세청장 및 신용카드업자는 다음의 어느 하나에 해당되는 경우 즉시 서로 통보하여야 하고, 신용카드업자는 지체 없이 해당자의 택시면세유류구매카드의 기능을 정지하여야 한다(조특령 §112의3⑤).
  ① 택시운송사업자가 폐업 또는 면허양도 등으로 더 이상 택시운송사업자에 해당되지 아니하게 된 경우
  ② 택시운송사업자가 조특법 제111조의3 제6항(택시면세유류구매카드로 구입한 부탄을 택시운송사업용 외의 용도로 사용하거나 타인에게 택시면세유류구매카드를 양도함)에 따라 택시면세유류구매카드 발급대상자에서 제외된 경우
  ③ 택시운송사업자로부터 택시면세유류구매카드를 양수하여 사용한 경우 또는 택시운송사업자가 아닌 자가 택시면세유류구매카드를 발급받아 사용한 경우[1]
(2) 신용카드업자는 택시운송사업자에게 택시면세유류구매카드를 발급할 때 부당하게 발급받거나 부정사용할 경우 받을 수 있는 불이익에 대하여 상세히 설명하여야 한다(조특령 §112의3⑥).

---

1) 조특법 제111조의3 제8항 제1호 또는 제2호에 해당되는 경우

6 | 택시면세유류구매카드의 신청 및 발급

본조에 따라 개별소비세 및 교육세를 감면받으려는 택시운송사업자는 국세청장이 지정하는 「여신전문금융업법」 제2조 제2호의2에 따른 신용카드업자로부터 택시면세유류구매카드를 발급받아야 한다(조특법 §111의3②).

6-1. 택시면세유류구매카드의 신청

개별소비세 및 교육세를 감면받으려는 택시운송사업자는 국세청장이 지정하는 신용카드업자에게 택시면세유류구매카드의 발급을 신청하여야 한다(조특령 §112의3①).

6-2. 발급적격 여부의 확인 및 통지

신용카드업자는 신청을 받은 날부터 15일 이내에 신청한 택시운송사업자가 택시면허 관할관청에게 택시운송사업자 적격 여부를 확인한 후 택시면세유류구매카드를 발급하거나 발급대상이 아님을 통지하여야 한다(조특령 §112의3②).

택시면세유류구매카드의 신청 및 발급과 관련하여 「조세특례제한법 시행령」 제112조의3에서 정하고 있지 아니한 사항은 「여신전문금융업법」에 따른 신용카드 및 직불카드의 신청 및 발급의 예에 의한다(조특령 §112의3⑦).

제111조의4

외교관용 등 자동차 연료에 대한 개별소비세 등의 환급 특례

1 의 의

외교관용 면세유 구매절차를 개선하고 관리를 체계화하기 위해 2013. 1. 1. 신설된 제도로서, 2013. 7. 1. 이후 구입하는 유류분부터 적용된다.

2 과세특례의 내용

다음의 어느 하나에 해당하는 주한외교공관, 주한외교관 등(이하 "환급대상자"라 한다)이 유류구매카드를 사용하여 환급대상자의 자동차에 사용되는 석유류를 구입하는 경우 신용카드업자는 세액 환급을 신청하여 해당 석유류에 부과되는 개별소비세액, 교통·에너지·환경세액, 교육세액, 자동차 주행에 대한 자동차세액 및 부가가치세액을 환급받거나 납부할 세액에서 공제받을 수 있다.

① 우리나라에 상주하는 외교공관, 영사기관(명예영사관원을 장으로 하는 영사기관은 제외한다), 국제연합과 이에 준하는 국제기구(우리나라가 당사국인 조약과 그 밖의 국내 법령에 따라 특권과 면제를 부여받을 수 있는 경우만 해당한다)

② 위 ①에 따른 기관의 소속 직원으로서 해당 국가로부터 공무원 신분을 부여받은 자 또는 외교부장관으로부터 이에 준하는 신분임을 확인받은 자 중 내국인이 아닌 자

이 경우 해당 석유류에 대해서는 「개별소비세법」 제16조 제1항 제3호 또는 「교통·에너지·환경세법」 제14조 제1항에 따른 면세 및 「부가가치세법」 제24조 제1항에 따른 영세율을 적용하지 아니한다.

3 │ 사후관리

다음의 어느 하나에 해당하는 자에 대해서는 환급세액을 징수한다. 다만, ②의 경우에는 환급세액의 40%에 상당하는 금액의 가산세를 포함하여 징수한다.

① 환급대상자가 유류구매카드로 구입한 석유류를 환급대상자의 자동차에 대한 연료 외의 용도로 사용하는 경우

② 환급대상자가 아닌 자가 유류구매카드를 발급받거나 양수하여 그 유류구매카드로 석유류를 구입하는 경우

신용카드업자 사업장의 관할 세무서장은 신용카드업자가 거짓이나 그 밖의 부정한 방법으로 환급세액을 과다하게 환급받거나 공제받은 경우에는 과다환급세액과 과다환급세액의 40%에 상당하는 금액의 가산세를 합친 금액을 징수한다.

환급세액은 위 ①, ②에 해당하는 자의 주소지 관할 세무서장이 징수한다. 다만, 자동차 주행에 대한 자동차세액의 환급세액은 울산광역시장이 징수한다.

4 │ 절 차

환급대상자는 외교부장관이 환급대상자에 해당됨을 확인하는 서류를 첨부하여 국세청장이 지정하는 신용카드업자로부터 환급을 위한 유류구매카드 발급을 신청하여야 한다.

신용카드업자는 그 신청을 받은 날로부터 15일 이내에 신청인에게 유류구매카드를 발급하여야 하고, 유류구매카드를 발급할 때 부당하게 발급받거나 부정사용할 경우 받을 수 있는 불이익에 대하여 상세히 설명하여야 한다.

환급세액을 환급받거나 납부할 세액에서 공제받으려는 신용카드업자는 매월 환급대상자가 유류구매카드를 통하여 구입한 환급대상 석유류의 종류, 수량 및 환급세액 등을 적은 신청서 및 증거서류를 다음 달 10일까지 관할 세무서장에게 제출하여야 한다.

> 환급대상 수량 = (유류구매카드를 통하여 구매한 석유류 금액) ÷ (「석유 및 석유대체연료 사업법」 제38조의2 제3항 및 같은 법 시행령 제42조의2 제5항에 따라 한국석유공사가 조사·공표하는 해당 주유소 또는 충전소 소재 특별시·광역시·특별자치시·도·제주특별자치도의 석유류 단위당 주유소 또는 충전소의 평균판매가격)(조특칙 §50의3 3호)

국세청장은 유류구매카드를 발급할 「여신전문금융업법」 제2조 제2호의2에 따른 신용카드업자를 지정한다. 이 경우 국세청장은 신용카드업자를 지정할 때 유류구매카드에 대하여 연회비를 받지 아니할 것을 조건으로 할 수 있다(조특령 §112의4②).

세무서장이 환급 또는 공제를 한 경우에는 조특칙 별지 제69호의6 서식을 환급일의 다음 달 10일까지 울산광역시장에게 통보하여야 하고, 울산광역시장은 환급신청한 날의 다음 달 20일까지 자동차 주행에 대한 자동차세액을 신용카드업자에게 환급하여야 한다(조특령 §112의4⑦).

외교부장관, 국세청장, 울산광역시장 및 신용카드업자는 다음의 어느 하나에 해당되는 경우 즉시 서로 통보하여야 하고, ① 또는 ②에 해당되는 경우 신용카드업자는 유류구매카드의 기능을 정지하여야 한다(조특령 §112의4⑨).

① 유류구매카드를 발급받은 자가 환급대상자에 해당되지 아니하게 된 경우
② 환급대상자가 아닌 자가 유류구매카드를 발급받거나 양수하여 사용한 경우
③ 환급대상자가 유류구매카드로 구입한 유류를 해당 자동차 연료 외의 용도로 사용하는 경우

국세청장은 환급대상자에 대한 관리를 효율적으로 수행하기 위하여 관계 행정기관 등으로 하여금 필요한 자료를 국세청장 또는 신용카드업자에게 제공할 것을 요청할 수 있으며, 요청받은 관계 행정기관 등은 정당한 사유가 없으면 이에 따라야 한다(조특법 §111의4⑤).

제111조의5

연안화물선용 경유에 대한 교통·에너지·환경세 감면

1 | 의 의

본조는 환경규제 강화에 따라 중유에서 경유로 유종 전환한 선박들의 유류비 부담 증가를 한시적으로 완화하여 주기 위하여 내항 화물운송사업용 선박에 사용할 목적으로 공급하는 경유에 부과되는 교통·에너지·환경세, 교육세 등 유류세를 2021년 1월 1일부터 2022년 12월 31일까지 2년간 15퍼센트 감면하는 제도로 2020년말 조특법 개정시 신설되었고, 개정규정은 2021년 1월 1일 이후 한국해운조합에 직접 공급하는 경우부터 적용된다.[1]

2 | 요 건

내항 화물운송사업자[2]가 해당 사업용으로 운항하는 선박에 사용할 목적으로 2025년 12월 31일까지 한국해운조합에 직접 공급하는 경유[3]에 대하여 적용한다(조특법 §111의5①).

3 | 과세특례의 내용

연안화물선용 경유에 대하여 교통·에너지·환경세액을 리터당 56원 감면한다(조특법 §111의5①). 한편, 납세의무자[4]가 감면대상에 해당하는 경유에 대하여 감면받지 못한 경우에는 법소정의 절차에 따라 세액을 환급받거나 납부 또는 징수할 세액에서 공제받을 수 있다(조특법 §111의5②).

---

1) 법률 제17759호, 2020. 12. 29. 부칙 §28
2) 「해운법」 제24조 제1항에 따라 내항 화물운송사업자로 등록한 자를 말한다.
3) 「교통·에너지·환경세법」 제2조 제1항 제2호
4) 「교통·에너지·환경세법」 제3조

4 │ 사후관리

(1) 내항 화물운송사업자

내항 화물운송사업자가 감면, 환급 또는 공제받은 경유를 해당 사업 이외의 다른 목적에 사용한 경우에는 다음의 (가)와 (나)에 따른 금액의 합계액을 추징한다(조특법 §111의5③).

(가) 해당 경유에 대한 교통·에너지·환경세, 교육세 및 자동차 주행에 대한 자동차세의 감면세액

(나) 위 (가)에 따른 감면세액의 100분의 40에 해당하는 금액의 가산세

(2) 한국해운조합

교통·에너지·환경세가 감면된 경유를 공급하는 한국해운조합이 관련 증거서류를 확인하지 아니하는 등 부실관리로 내항 화물운송사업자가 아닌 자에게 감면, 환급 또는 공제받은 경유를 공급한 경우에는 한국해운조합으로부터 감면세액의 100분의 20에 해당하는 금액을 가산세로 징수한다(조특법 §111의5④).

(3) 추징

감면세액 및 가산세("감면세액등")는 다음의 구분에 따라 추징한다(조특령 §112의7⑤).

(가) 해당 경유에 대한 교통·에너지·환경세 및 그에 따른 교육세의 감면세액등 : 관할 세무서장이 국세징수의 예에 따라 추징

(나) 해당 경유에 대한 자동차세의 감면세액등 : 자동차세특별징수의무자[5]가 지방세징수의 예에 따라 추징

5 │ 절 차

(1) 납세의무자[6]가 본조에 따라 교통·에너지·환경세의 감면세액을 환급받거나 납부 또는 징수할 세액에서 공제 받으려면 한국해운조합에 매월 공급한 경유의 수량과 유류공급명세 및 환급세액 등이 기재된 신청서를 다음 달 10일까지 관할 세무서장에게 제출해야 한다[7](조특령 §112의7①). 이에 환급 신청을 받은 세무서장은 그 달의 25일까지

---

5) 「지방세법」 제137조 제1항에 따른 자동차세의 특별징수의무자를 말한다.

6) 「교통·에너지·환경세법」 제3조에 따른 납세의무자를 말한다.

7) 제16조(연안화물선용 경유에 대한 교통·에너지·환경세 환급 등에 관한 특례) 「교통·에너지·환경세법」 제3조에 따른 납세의무자가 2021년 1월 1일부터 2021년 3월 31일까지 조특법 제111조의5 제1항에 따라 한국해운조합에 직접 공급한 경유에 대하여 교통·에너지·환경세를 납부했거나 납부할 세액이 있는 경우로서 조특령 제112조의7 제1항의 개정규정에 따른 신청서를 2021년 4월 10일까지 관할 세무서장에게 제출하는 경우에는 감면분에 해당하는

납세의무자에게 교통·에너지·환경세 및 그에 따른 교육세의 감면세액을 환급해야 한다(조특령 §112의7②).

(2) 세무서장이 납세의무자에게 감면세액을 환급한 경우에는 자동차 주행에 대한 자동차세 감면세액의 환급을 위하여 이와 관련한 자료를 환급일이 속하는 달의 다음 달 10일까지 울산광역시장에게 통보해야 한다(조특령 §112의7③). 이에 따라 통보를 받은 울산광역시장은 환급신청한 날이 속하는 달의 다음 달 20일까지 자동차 주행에 대한 자동차세의 감면세액을 납세의무자에게 환급해야 한다(조특령 §112의7④).

(3) 한국해운조합은 본조에 따라 감면, 환급 또는 공제받은 경유가 내항 화물운송사업[8] 외의 용도로 사용된 사실을 알게 되었을 경우 공급을 즉시 중지하거나 해당 경유의 사용을 즉시 중지하도록 요구하고, 지체 없이 그 사실을 관할 지방해양수산청장과 관할 세무서장 및 자동차세특별징수의무자에게 통보해야 한다(조특령 §112의7⑥).

(4) 한국해운조합은 감면, 환급 또는 공제받은 경유의 직전 월 공급량을 매월 10일까지 해양수산부장관에게 보고해야 한다(조특령 §112의7⑦). 또한, 한국해운조합은 감면, 환급 또는 공제받은 경유의 직전 연도 공급량 등의 명세서를 매년 3월 31일까지 국세청장에게 제출해야 한다(조특령 §112의7⑧).

(5) 한편, 위의 사항 외에 감면, 환급 또는 공제받은 경유의 적정한 공급 및 관리에 필요한 사항은 해양수산부장관이 기획재정부장관과 협의하여 정할 수 있다(조특령 §112의7⑨).

6 | 관련사례

구 분	내 용
감면 여부	「항만운송사업법」상 항만운송사업(선박연료공급업)으로 등록한 사업자가 「해운법」 제24조 제1항에 따른 내항운수사업으로 등록을 하여 연료공급 목적으로 운항하는 선박에 공급받는 경유에 대해서는 「조세특례제한법」 제111조의5에 따른 감면이 적용되지 않는 것임(기획재정부 환경에너지세제과-261, 2021. 6. 10.).

세액을 환급받거나 납부 또는 징수할 세액에서 공제받을 수 있다(대통령령 제31444호, 부칙 §16).
8) 「해운법」 제24조 제1항

7 | 주요 개정연혁

1. 연안화물선용 경유에 대한 유류세 감면 적용기한 연장(조특법 §111의5)

(1) 개정내용

종 전	개 정
□ 연안화물선용 경유에 대한 유류세 감면	□ 적용기한 연장
ㅇ (대상) 중유에서 경유로 유종 전환한 선박에 사용할 목적으로 공급하는 경유	ㅇ (좌 동)
ㅇ (감면액) 경유에 부과되는 교통·에너지·환경세 56원/ℓ 감면	
ㅇ (적용기한) 2022. 12. 31.	ㅇ 2025. 12. 31.

(2) 개정이유

ㅇ 환경규제 강화에 따른 유류비 부담 완화

2. 연안화물선용 경유에 대한 유류세 감면 신설(조특법 §111의5)

(1) 개정내용

종 전	개 정
〈신 설〉	□ 연안화물선용 경유에 대한 유류세 감면 ㅇ (감면대상) 연안화물선용 경유 ㅇ (감면내용) 경유에 부과되는 유류세 15% 감면 ㅇ (적용기간) 2021. 1. 1. ~ 2022. 12. 31.(2년)

(2) 개정이유

ㅇ 선박 연료유 전환(중유→경유) 지원

(3) 적용시기 및 적용례

ㅇ 2021. 1. 1. 이후 연안화물선용으로 공급된 분부터 적용

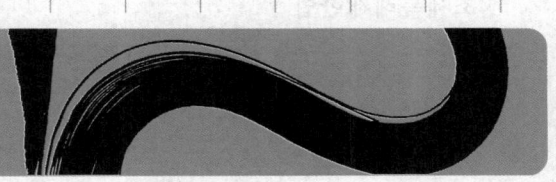

제112조

위기지역 소재 골프장에 대한 개별소비세 감면

1 의 의

본조는 내수경제 활성화를 위해 위기지역 골프장에 대한 개별소비세를 한시적으로 감면하는 제도로 2019년 12월 31일 조특법 개정시 도입되었고, 동 규정은 2020년 1월 1일 이후 입장행위를 하는 분부터 적용한다.

2 과세특례의 내용

위기지역에 있는 골프장 입장행위(2021년 12월 31일까지 입장하는 경우만 해당)에 대해서는 3천원의 세율[1]을 적용한다(조특법 §112).

---

1) 「개별소비세법」 제1조 제3항 제4호(골프장 : 1명 1회 입장에 대하여 1만2천원)에 대한 특례 규정이다.

개별소비세의 감면절차 등

1 | 의 의

농·어업용 및 연안여객선박용 석유류에 대한 개별소비세의 감면[1]·외교관용 등 승용자동차에 대한 개별소비세 면제[2]·석유류에 대한 개별소비세 면제[3]에서는 개별소비세의 면제대상에 대하여만 규정하고 있을 뿐, 절차에 대하여는 규정하고 있지 아니하다.

따라서, 이 조에서 위 법조문의 대상물품에 대한 개별소비세 면제절차, 세액의 징수 또는 환급에 관하여 공통되는 절차에 대해 일괄적으로 정하고 있다.

2 | 용도변경 등에 의한 징수

아래의 물품을 면세(세액을 감면받은 경우를 포함)로 반입한 날부터 5년(조특법 제110조에 따른 국산승용자동차로서 외교관이 구입한 경우는 3년) 이내에 당해 용도에 사용하지 아니하거나 양도한 경우에는 그 면세된 세액을 징수한다. 다만, 국산승용자동차로서 외교관이 구입한 경우에는 외교관이 본국이나 제3국으로 이임하는 경우, 외교관의 직무가 종료되거나 직위를 상실한 경우, 외교관이 사망한 경우에는 그 면세된 세액을 징수하지 아니한다(조특법 §113①).

① 연안을 운항하는 여객선박(「관광진흥법」 제2조에 따른 관광사업 목적으로 사용되는 여객선박은 제외한다)에 사용할 목적으로 「한국해운조합법」에 따라 설립된 한국해운조합에 직접 공급하는 석유류(조특법 §106의2① 2)

② 외교관으로서 우리나라에 주재하는 자가 구입하는 국산승용자동차와 협정에 의하여 등록된 외국 민간 원조단체가 주무부장관의 추천을 받아 그 사업용으로 구입하는 국산승용자동차(조특법 §110)

---

1) 「조특법」 제106조의2 제1항 제2호
2) 「조특법」 제110조
3) 「조특법」 제111조

③「국군조직법」에 따라 설치된 부대 또는 기관에 공급하는 석유류(조특법 §105① 2)

④「전기사업법」 제2조에 따른 전기사업자가 전기를 공급할 수 없거나 상당한 기간 전기 공급이 곤란한 도서(島嶼)로서 산업통상자원부장관(같은 법 제98조에 따라 위임을 받은 기관을 포함한다)이 증명하는 도서지방의 자가발전에 사용할 목적으로「수산업협동조합법」에 따라 설립된 수산업협동조합중앙회에 직접 공급하는 석유류(조특법 §106① 1)

3 │ 환급 또는 공제

개별소비세가 과세된 석유류가 아래에 해당하는 경우 그 면세되는 세액을 환급하거나 납부 또는 징수할 세액에서 공제할 수 있다(조특법 §113②).

① 농어민등이 농업·임업 또는 어업에 사용하기 위한 석유류(조특법 §106의2① 1, 같은 조 제2항에 따라 환급 또는 공제받는 경우는 제외한다)

② 연안을 운항하는 여객선박(「관광진흥법」 제2조에 따른 관광사업 목적으로 사용되는 여객선박은 제외한다)에 사용할 목적으로「한국해운조합법」에 따라 설립된 한국해운조합에 직접 공급하는 석유류(조특법 §106의2① 2)

③ 제111조에 따른 면세(군부대 석유 위 2-③ 및 도서지방 석유 위 2-④)에 해당되는 경우

□ 개별소비세법 기본통칙 20-34…13【당해 사실을 증명하는 서류】

조세특례제한법 제113조 제2항의 규정에 의하여 세액의 공제 또는 환급을 신청하는 경우에는 영 제34조의 규정을 준용하되, 당해 사실을 증명하는 서류는 다음 각 호에 의한다.

1. 조세특례제한법 제111조 제1호의 경우에는 국방부 조달본부장 또는 군단위부대의 장이 발행한 납품증명서
2. 조세특례제한법 제111조 제2호의 경우에는 산업자원부장관 또는 그 위임을 받은 기관의 장이 발행한 증명서 및 수산업협동조합중앙회장이 발행한 구입증명서와 발전기 소유자별 공급명세서

---

4 │ 절 차

위 개별소비세의 면세절차(면세절차를 이행하지 아니한 경우의 처리를 포함한다)와 세액의 징수, 환급 또는 세액공제의 절차는 해당 물품에 따라「개별소비세법」을 준용한다[4](조특법 §113③).

---

4) 조기통 113-0…1【면세 및 환급절차의 준용】① 법 제113조 제3항에 규정하는 면세절차 및 세액징수에 관하여는 「개별소비세법」 제18조를 준용한다.
② 법 제113조 제3항에서 규정하는 세액의 환급 또는 공제절차에 관하여는 「개별소비세법」 제20조를 준용한다.

면세유등의 공급에 대한 통합관리

1 │ 의 의

본조는 면세유 공급실적 관리 및 전산대사를 통한 부정수급 방지를 위하여 도입된 제도로 2013년 1월 1일 조특법 개정시 신설되었다.

2 │ 통합관리

(1) 대상 석유류

국세청장은 다음에 해당하는 석유류[1] ("면세유등")의 공급내역 등을 통합적으로 관리하기 위한 전산시스템을 구축하여야 한다(조특법 §113의2).

　　(가) 조특법 제106조의2 제1항에 따른 석유류

　　(나) 조특법 제111조 제1항에 따른 석유류

　　(다) 「개별소비세법」 제16조 제1항 제3호 및 「교통·에너지·환경세법」 제14조 제1항에 따른 자동차용 석유류

　　(라) 「개별소비세법」 제18조 제1항 제9호 및 「교통·에너지·환경세법」 제15조 제1항 제3호에 따른 외국항행선박 또는 원양어업선박에 사용하는 석유류

(2) 자료 제공 요청

국세청장은 전산시스템 구축 및 운영을 위하여 필요한 경우에는 자료제출 기관에게 면세유등의 공급내역 등 필요한 정보 또는 자료의 제공을 요청할 수 있다. 이 경우 요청을 받은 자는 정당한 사유가 없으면 이에 따라야 한다(조특법 §113의2).

---

1) 「석유 및 석유대체연료 사업법」에 따른 석유 및 석유제품을 말한다.

(가) 자료제출 기관

다음의 어느 하나에 해당하는 기관 또는 단체 등을 말한다(조특령 §112의6①).

1) 중앙관서(중앙관서의 업무를 위임받거나 위탁받은 기관 포함)[2]
2) 농업협동조합 및 중앙회
3) 산림조합 및 중앙회
4) 수산업협동조합 및 중앙회
5) 한국해운조합
6) 석유류에 대해 면세를 받거나 세액의 환급 또는 공제를 받는 자[3]

(나) 자료의 종류 등

다음의 어느 하나에 해당하는 정보 또는 자료를 말한다(조특령 §112의6②).

1) 면세유류 구입카드 또는 출고지시서의 발급내역 및 거래내역[4]
2) 면세유류공급증명서의 발급내역[5]
3) 납품(사실)증명서 발급내역[6]
4) 외국항행선박·원양어업선박에 사용되는 석유류에 대한 적재확인서 발급내역[7]
5) 석유류("면세유등")[8]를 부정한 방법으로 공급받거나 해당 용도 외의 다른 용도로 사용·반출 또는 판매한 사실 등의 적발·단속내역
6) 그 밖에 본조 따른 전산시스템의 구축 및 운영을 위하여 필요하다고 인정되어 국세청장이 정하는 면세유등의 거래내역

(3) 자료의 제출방법 및 제출주기 등

자료의 제출을 요구받은 기관이나 단체의 장은 분기별 자료를 그 분기의 다음 달 말일까지 국세청장에게 국세정보통신망을 통하여 제출하여야 한다. 다만, 관련 자료의 생산빈도와 활용시기 등을 고려하여 국세청장은 자료의 제출시기를 달리 정할 수 있다(조특령 §112의6③). 한편, 자료의 제출서식, 제출절차 등 그 밖에 필요한 세부사항은 국세청장이 정한다(조특령 §112의6④).

---

2) 「국가재정법」 제6조
3) 「개별소비세법」 또는 「교통·에너지·환경세법」에 따라 면세 또는 환급·공제 받은 자를 말한다.
4) 「조특법」 제106조의2 제4항
5) 「농·축산·임·어업용 기자재 및 석유류에 대한 부가가치세 영세율 및 면세 적용 등에 관한 특례규정」 제22조
6) 「개별소비세법 시행령」 제20조 제3항 제3호, 제34조 제3항 제4호 및 「교통·에너지·환경세법 시행령」 제17조 제3항 제2호, 제24조 제2항 제2호
7) 「수출용 원재료에 대한 관세 등 환급에 관한 특례법」 제4조 제4호
8) 「조특법」 제113조의2 제1항에 해당하는 석유류를 말한다.

제114조

군인 등에게 판매하는 물품에 대한 개별소비세와 주세의 면제

1 │ 의 의

군이 직영하는 매점에서 군인·군무원과 태극·을지무공훈장수훈자에게 판매하는 물품으로서 국내에서 제조된 물품에 대하여는 개별소비세와 주세를 면제한다.

2006. 2. 9. 시행령 개정시 조특령 제113조에서 개별소비세와 관련된 부분이 모두 삭제됨에 따라, 2006. 2. 9. 이후에는 주세의 면제에 관한 사항만 규정되어 있다.

2 │ 요건 및 과세특례의 내용

군이 직영하는 매점에서 군인 등에게 판매하는 물품(국내에서 제조된 물품에 한한다)에 대하여는 개별소비세와 주세를 면제한다(조특법 §114①).

2-1. 군인 등의 범위

다음에 해당하는 자에게 판매하여야 한다(조특령 §113①).

① 군인·군무원은 「군인사법」 또는 「군무원인사법」에 규정하는 자와 「병역법」에 의하여 입영군사교육을 받는 병역준비역의 군간부후보생 및 병력동원훈련소집 또는 군사교육소집 중에 있는 자

② 태극·을지무공훈장 수훈자는 태극무공훈장 또는 을지무공훈장을 받은 자로서 「국가유공자 등 예우 및 지원에 관한 법률 시행령」 제11조 제1항의 규정에 의하여 생활이 어려운 자로 국가보훈처장이 인정하는 자

2-2. 면세대상물품

주세가 면제되는 물품은 주류로 한다. 이 경우 「군인사법」에 의한 병(지원에 의하지 아니하고 임용된 하사를 포함한다)·사관생도·사관후보생 및 부사관후보생과 「병역법」에 의하여 입영군사교육을 받는 병역준비역의 군간부후보생 및 병력동원훈련소집 또는 군사교육소집 중에 있는 자에 대하여는 주류로서 영내에서 음용되는 것에 한한다(조특령 §113②).

3 | 면세한도량

국방부장관은 기획재정부장관과 협의하여 매년도분의 물품별 면세한도량을 그 전년도 12월 31일까지 결정하여야 한다(조특법 §114②).

4 | 면세물품에 대한 표시

주세가 면제되는 물품에 대하여는 국세청장이 정하는 바에 따라 당해 물품 또는 그 포장 및 용기에 면세물품임을 표시하여야 한다(조특법 §114③).

5 | 면세주류의 원료용 주류에 대한 주세액 환급 등

면세되는 주류의 원료용 주류의 주세액에 상당하는 금액은 이를 환급 또는 공제하되, 이에 관하여는 「주세법」 제19조 제3항의 규정을 준용한다(조특법 §114④).

6 | 면세절차

주세의 면제에 관하여는 수출·납품주류의 면세승인신청[1]를 준용한다. 이 경우, 매점 또는 인도장소에서 품질불량으로 제조장에 반송하거나 재해 또는 그 밖의 부득이한 사유로 멸실된 것으로서 관할세무서장의 확인을 받은 것에 대해서는 그에 상당하는 수량에 대한 주세를 면세받아 다시 반출할 수 있다[2](조특령 §113③).

---

1) 「주세법 시행령」 제20조

7 │ 면세된 주세의 징수

주세가 면세된 물품에 대하여 다음의 사유가 있는 때에는 당해에 규정된 자로부터 그 면세된 주세를 징수한다(조특령 §113④).

① 면세대상자 외의 자에게 판매하거나 인도한 때(면세대상자의 가족임이 증명될 수 있는 자에게 인도하는 경우를 제외한다)에는 그 판매자 또는 인도자

② 면세대상자가 구입한 면세물품을 국방부장관이 정하는 기간[3] 내에 양도한 때에는 그 양도자

③ 면세한도량을 초과한 수량을 계약하여 면세반출한 때에는 그 구매계약자

④ 면세물품납품계약상의 수량을 초과하여 면세반출한 때에는 그 반출자

⑤ 국세청장이 정하는 면세물품의 인도장소 외의 장소에서 면세물품을 인도한 때에는 그 인도자

국방부장관은 면세물품납품계약을 체결한 때 또는 위에 해당하는 사유가 발생한 때에는 그 내용을 지체 없이 국세청장에게 통지하여야 한다(조특령 §113⑤).

---

2) 조기통 114-113…1【제조장에 환입한 군납물품의 재반출 절차】영 제113조 제3항의 규정에 의하여 매점 또는 인도장소에서 품질불량으로 제조장에 환입하거나 재해 기타 부득이한 사유로 인하여 멸실된 것에 대하여 그에 상당하는 대치품을 반출하고자 하는 경우에는 다시 면세반출승인을 얻어야 한다.

3) 조기통 114-113…2【군납물품반입자의 양도금지 기간】영 제113조 제4항 제2호에서 "국방부장관이 정하는 기간"이라 함은 다음 각호의 기간을 말한다.
   1. 공기조절기·플라즈마 영상표시방식의 텔레비전수상기 등 내구소비재 : 구입한 날로부터 5년
   2. 주류 : 구입한 날로부터 6월

제115조

주세의 면제

1 │ 의 의

주세법상 주류(알콜분 1도 이상의 음료)는 12종으로 분류되며 주류의 종류에 따라 세율을 달리 적용한다. 본조는 주한외국군인 및 외국인선원 전용의 유흥음식점 등에서 제공하는 주류에 대하여는 주세를 면제하여 외화획득을 지원하고 있는 제도이다.

2 │ 면세 주류

2-1. 주한외국군인 및 외국인선원 전용의 유흥음식점에서 제공하는 주류

「관광진흥법」 제3조 제1항 제3호에 따른 관광객 이용시설업 중 주한외국군인 및 외국인선원 전용 유흥음식점업을 경영하는 자가 해당 음식점에서 제공하는 주류에 대하여는 주세를 면제한다(조특법 §115① 1).

2-2. 외국인관광객 등이 주류 제조장을 방문하여 구매하는 주류

외국인관광객 등[1]이 다음의 어느 하나에 해당하는 주류 제조장을 방문하여 구매하는 주류(방문한 주류 제조장에서 제조한 것으로 한정한다)에 대하여는 주세를 면제한다(조특법 §115① 2, 조특령 §113의2).[2]

① 소규모 주류 제조장(「주류 면허 등에 관한 법률 시행령」 제2조 제3항에 따른 소규모주류제조자가

---

1) 「조특법」 제107조에 따른 외국인관광객 등을 말하고, 그 범위에 대하여는 제107조 해설을 참고하기로 한다.

2) 2020년말 조특법 개정시 전통주 또는 소규모 주류의 판로확대 및 관광산업 활성화를 위하여 주세 면세 대상에 전통주 또는 소규모 주류제조장을 방문한 외국인 관광객에게 해당 제조장에서 제조한 주류를 판매하는 경우를 추가하였고, 개정규정은 2021년 1월 1일 이후 주류 제조장에서 반출하는 분부터 적용한다(법률 제17759호, 2020. 12. 29. 부칙 §30).

운영하는 제조장으로서 같은 영 별표 1 제4호에 따른 시설기준을 갖춘 주류 제조장)

② 전통주를 제조하는 주류 제조장[3]

3 | 면세주류의 원료용 주류

면세되는 주류의 원료용 주류의 주세액에 상당하는 금액은 이를 환급 또는 공제하되, 이에 관하여는 「주세법」 제19조 제3항의 규정을 준용한다(조특법 §115②).

4 | 절 차

주세의 면제절차는 「주세법」 제20조의 규정을 준용한다(조특법 §115③).

5 | 관련사례

구 분	내 용
외국산주류	관광진흥법에 의한 관광객이용시설업 중 주한외국군인 및 외국인선원 전용의 유흥음식점업을 영위하는 자가 당해 음식점에서 제공하는 주류에 대하여는 조세특례제한법 제115조 및 주세법 시행령 제31조의 규정에 의하여 주류를 면세로 구입할 수 있으나, 주류의 수입에 대한 주세면세는 주세법 제31조 제2항의 규정에 한하는 것이므로 주한외국군인 및 외국인선원 전용 유흥음식점에서는 외국산주류를 주세면세로 구입할 수 없는 것임(제도 46016-12412, 2001. 7. 26.).
관세법에 의해 운영하는 외교관 전용 면세점	한국보훈복지공단이 관세법에 의해 운영하는 외교관 전용면세점은 주세를 면세할 수 있는 대상에 해당되지 않음(재소비 46016-320, 2000. 10. 30.).
외국인 전용 관광사업 지정서 사본	조세감면규제법 제8조(현 조세특례제한법 제115조)의 규정에 의한 특수유흥음식점에서 제공되는 주류에 대한 주세의 면제절차는 주세법 시행규칙상(현 주세법 제30조)의 면세절차를 준용하도록 되어 있으므로 내국수출용 주류구입신청서에 첨부하는 내국수출입허가증 사본 대신에 외국인 전용 관광사업 지정서 사본을 첨부하는 것임(재간세 1235-3204, 1977. 9. 19.).

---

3) 「주세법」 제2조 제8호

구 분	내 용
수출의 범위	조세감면규제법 제8조(현 조세특례제한법 제115조)에서 규정하는 관광휴양업소에 주류를 납품하는 것은 주세법 시행령 제32조 제1항 제1호 내지 제4호(현 제29조 제1항 제1호 내지 제3호)에서 규정하는 수출의 범위에 해당하지 않는 것임(재간세 1235-334, 1975. 2. 22.).

6 | 주요 개정연혁

1. 전통주 · 소규모 주류제조장 방문 외국인 판매 주류 면세(조특법 §115, 조특령 §113의2)

(1) 개정내용

종 전	개 정
□ 외국인에 판매하는 면세대상 주류 ○ 「관광진흥법」상 관광객 이용시설업 중 주한 외국군인 및 외국인선원 전용 유흥음식점에서 판매하는 주류 〈추 가〉	□ 면세대상 주류 범위 확대 ○ (좌 동) ○ 소규모 주류 제조장* 및 전통주 제조장을 방문한 외국인 관광객에게 판매하는 주류 * 「주류면허 등에 관한 법률 시행령」 별표 1 제4호에 따른 제조장 시설기준을 갖춘 소규모주류 제조자가 운영하는 제조장

(2) 개정취지

○ 전통주 · 소규모 제조 주류의 판로 확대 및 관광산업 활성화

(3) 적용시기 및 적용례

○ 2021. 1. 1. 이후 주류제조장에서 반출(판매)하는 분부터 적용

제116조

인지세의 면제

1 | 의 의

재산권에 관련된 일정한 문서에 대하여는 그 기재금액에 따라 혹은 문서의 종류에 따라 일정액의 인지세를 납부하도록 되어 있으나 본조의 서류에 대하여는 작성자 전원에 대하여 인지세를 면제한다.

2 | 면제대상 및 일몰기한

다음의 어느 하나에 해당하는 서류에 대하여는 인지세를 면제한다(조특법 §116① · ②).

① 신용협동조합법에 따라 설립된 신용협동조합의 조합원 또는 새마을금고법에 따라 설립된 새마을금고의 회원 또는 농업협동조합법에 따라 설립된 조합, 수산업협동조합법에 따라 설립된 조합 및 어촌계, 엽연초생산협동조합법에 따라 설립된 엽연초생산협동조합 및 산림조합법에 따라 설립된 산림조합의 각 조합원(회원 또는 계원을 포함함)이 해당 조합(어촌계를 포함함) 또는 중앙회(「농업협동조합법」에 따른 농협은행과 「수산업협동조합법」에 따른 수협은행을 포함함)로부터 융자(동일인의 융자금액의 합계액이 1억원 이하인 융자에 한함)를 받기 위하여 작성하는 금전소비대차에 관한 증서로서 2023. 12. 31.까지 작성하는 것

② 어린이예금통장과 신용협동조합법에 따라 설립된 신용협동조합, 새마을금고법에 따라 설립된 새마을금고, 농업협동조합법에 따라 설립된 조합, 수산업협동조합법에 따라 설립된 조합 및 어촌계, 엽연초생산협동조합법에 따라 설립된 엽연초생산협동조합, 산림조합법에 따라 설립된 산림조합이 작성하는 해당 조합원(준조합원은 포함되지 아니함. 수산업협동조합법에 따른 어촌계의 계원을 포함한다)의 예금 및 적금증서와 통장으로서 2023. 12. 31.까지 작성하는 것

③ 농어촌정비법에 따라 시행되는 농어촌정비사업과 한국농어촌공사 및 농지관리기금법

제10조 제1항에 따라 시행되는 농지의 매매, 임대차, 교환, 분리·합병 등 농지은행사업 및 농어촌발전특별조치법에 따라 시행되는 농어촌정주생활권사업과 자유무역협정체결에 따른 농어업인 등의 지원에 관한 특별법 제5조에 따라 지원되는 농지의 구입·임차 등 농업경영·어업경영규모의 확대 사업에 따른 재산권의 설정·이전·변경 또는 소멸을 증명하는 증서 및 서류로서 2023. 12. 31.까지 작성하는 것

④ 농업협동조합법에 따라 설립된 조합으로부터 농촌주택개량자금을 융자받거나 주택건축용 자재를 외상으로 구입하기 위하여 작성하는 서류로서 2023. 12. 31.까지 작성하는 것

⑤ 공유수면매립법에 따라 시행되는 농지조성사업과 관련하여 작성하는 서류로서 2023. 12. 31.까지 작성하는 것

⑥ 중소기업창업지원법에 따른 창업자(같은 법 제3조[1])의 업종을 창업한 자만 해당함)가 창업일부터 2년 이내에 금융기관으로부터 융자를 받기 위하여 작성하는 증서, 통장, 계약서 등으로서 2023. 12. 31.까지 작성하는 것

⑦ 국제경기대회 지원법 제9조에 따라 설립된 2024강원동계청소년올림픽대회조직위원회가 작성하는 서류로서 2024. 12. 31.까지 작성하는 것

□ 조기통 116 - 0…2 【융자금액의 합계액 산정방법】

① 법 제116조 제1항 제5호 단서에서 '동일인이 받는 융자금액의 합계액이 5천만원을 초과하는 경우'라 함은 1회의 융자금액이 5천만원을 초과하는 경우와 동일인에 대한 기융자금액 중 미상환잔액과 신규로 융자하는 금액을 합산하여 5천만원을 초과하는 경우를 말한다.

② 추가융자로 인하여 융자금액의 합계액이 5천만원을 초과하는 경우에 있어서의 과세대상문서는 그 추가융자시 작성하는 문서에 한하고 당해 문서의 기재금액은 다음 각호에 의하여 산정한다.

1. 추가로 받는 융자금액만을 표기한 경우 : 그 추가융자금액
2. 이미 받은 융자금액과 추가로 받는 융자금액을 병기하거나 합계하여 기재한 경우 : 기융자금액과 추가융자금액과의 합계액
3. 이미 받은 융자금액미상환잔액과 추가로 받는 융자금액을 병기하거나 합계하여 기재한 경우 : 미상환금액과 추가융자금액의 합계액
4. 이미 받은 융자금액미상환잔액 및 추가로 받는 융자금액을 각각 구분하여 기재한 경우 : 미상환잔액과 추가융자금액의 합계액

---

1) 중소기업창업지원법 제3조 【적용범위】 ① 이 법은 창업에 관하여 적용한다. 다만, 사행산업 등 경제질서 및 미풍양속에 현저히 어긋나는 업종의 창업에 관하여는 적용하지 아니한다.
② 제1항 단서에 따른 업종의 범위는 대통령령으로 정한다.

3 | 관련사례

구 분	내 용
새마을금고연합회와 새마을금고 간에 작성하는 금전소비대차증서	새마을금고연합회가 새마을금고법 제54조 제1항 제5호의 규정에 의하여 금고에 대출시 작성하는 금전소비대차증서는 인지세법 제3조 제1항 제2호에 규정한 과세문서에 해당함. 또한 인지세법 시행령 제2조의2에 규정한 금융·보험기관이 차주입장에서 금전소비대차계약서를 작성하고 서명·날인하는 경우 인지세 과세대상임. 그리고 새마을금고연합회와 새마을금고 간에 작성하는 금전소비대차증서는 조세특례제한법 제116조 제1항 제5호의 규정이 적용되지 아니하는 것임(재소비 46016-20, 2003. 1. 14.).
인지세가 면제되는 어린이예금통장	1. 조세특례제한법 제116조 제1항 제6호의 규정에 의하여 인지세가 면제되는 어린이예금통장이라 함은 금융상품의 명칭 여하에 불구하고 통장의 형식으로 어린이예금주에게 발행하는 것을 말하며, 통장이라 함은 하나의 문서로서 반복적인 거래사실을 표시할 수 있도록 편철된 문서를 말함. 2. 어린이예금통장 예금주가 초·중·고등학생에 해당되는지 여부는 객관적인 자료에 의하여 판단하는 것으로 아래 예시를 참고하시기 바람 (예시) ① 학생증, 재학증명서, 기타 학교장이 증명하는 서류에 의하는 경우 : 사본(원본) 징취 ② 예금주가 예금신청서에 학교, 학년, 반을 기재하여 제출하는 경우 : 학교학적담당자(또는 담임)에 그 사실을 확인(확인방법은 전화, 서면조회에 의하고 전화확인시에는 송·수화자의 직, 성명, 확인목적·내용·일시를 예금신청서에 기록관리) 3. 통장의 인지세 납세의무성립시기는 하나의 통장이 최초로 작성될 때(거래사실을 당해 통장에 처음 기록시)임. 따라서 통장에 대한 인지세 감면 여부는 납세의무성립시기인 하나의 통장이 작성될 때마다 판정하는 것이며, 어린이예금통장의 경우에도 신규·기존예금, 신규·이월통장 여부에 불구하고 매번 하나의 통장이 최초로 작성될 때마다 예금주가 초·중·고등학생에 해당되는 경우에 한하여 인지세가 감면되는 것임(소비 46430-334, 1999. 7. 9.).

4 | 주요 개정연혁

1. 농·수협 등의 조합원이 작성하는 금전소비대차증서의 인지세 면제한도 상향
   (조특법 §116① 5)

(1) 개정내용

종 전	개 정
□ 인지세 면제 　○ 농협, 수협 등 조합원이 조합 또는 중앙회 (농협은행 포함)로부터 융자를 받기 위해 작성하는 소비대차증서 및 어음약정서 　　– 다만, 동일인이 받는 융자금액의 합계액이 5천만원을 초과하는 경우 과세	□ 인지세 면제 한도 인상 　○ 농협, 수협 등 조합원이 조합 또는 중앙회 (농협은행, 수협은행 추가)로부터 융자를 받기 위해 작성하는 금전소비대차증서 　　– 5천만원 → 1억원으로 인상

(2) 개정이유
　○ 농어민 부담 경감

(3) 적용시기 및 적용례
　○ 2018. 1. 1. 이후 과세문서를 작성하는 분부터 적용

제 117 조

증권거래세의 면제

1 │ 의 의

벤처기업 활성화와 주식시장의 안정적 수요기반 확충을 위하여 벤처기업·신기술사업자 등에의 투자 및 기금의 주식투자 확대 등에 대하여 증권거래세를 면제하는 조세지원제도를 운영하고 있다.

2 │ 증권거래세 면제대상

다음의 어느 하나에 해당하는 경우에는 증권거래세를 면제한다(조특법 §117①).

① 중소기업창업투자회사, 창업기획자 또는 벤처투자조합이 창업자 또는 벤처기업에 직접 출자함으로써 취득한 주권 또는 지분을 양도하는 경우

② 신기술사업금융업자 또는 신기술사업투자조합이 신기술사업자에게 직접 출자함으로써 취득한 주권 또는 지분을 양도하는 경우

③ 농식품투자조합이 창업자 또는 벤처기업에 직접 출자함으로써 취득한 주권 또는 지분을 양도하는 경우

④ 중소기업창업투자회사, 신기술사업금융업자, 창업기획자 또는 ①·②·③·④에 따른 투자조합이 코넥스상장기업(상장 후 2년 이내의 중소기업에 한한다)에 직접출자함으로써 취득한 주권 또는 지분을 양도하는 경우

⑤ 금융투자업자로서 시장조성자[1]가 파생상품시장을 조성하기 위하여 파생상품에 대한 다음의 구분에 따른 주권을 위험회피거래 대상주권(주식파생상품 또는 주가지수파생상품으로서 시장조성계약의 대상이 되는 주식파생상품의 기초자산이거나 주가지수파생상품의

---

[1] 「자본시장과 금융투자업에 관한 법률」 제8조 제1항, 제8조의2 제4항 제2호, 법률 제11845호 자본시장과 금융투자업에 관한 법률 일부개정법률 부칙 제15조 제1항 참조. 시장조성자는 거래소 결제회원이면서 시장조성 업무를 담당하는 자를 소속 임원·직원 중에서 지정할 것의 요건도 갖추어야 한다(조특칙 제50조의6①).

기초자산인 주가지수를 구성하는 주권)만을 거래하는 계좌를 통하여 양도하는 경우(조특령 §115①~④).2)

㉠ 주가지수를 기초자산으로 하는 파생상품의 경우 : 해당 파생상품의 기초자산인 주가지수를 구성하는 주권

㉡ 위 ㉠ 외의 파생상품의 경우 : 해당 파생상품의 기초자산인 주권

⑥ 금융투자업자로서 시장조성자가 증권시장을 조성하기 위하여 아래의 주권을 제외한 주권을 시장조성계약의 대상이 되는 주권만을 거래하는 계좌를 통하여 양도하는 경우(조특령 §115⑤ · ⑧, 조특칙 §50의6⑤~⑦).3)

㉠ 유동성평가기간 종료일 현재 시가총액이 1조원 이상인 주권

㉡ 유동성평가기간 중 해당 종목의 매매거래일 기준으로 다음의 계산식에 따라 계산한 율이 유가증권시장과 같은 조 제3호가목에 따른 코스닥시장에서 거래되는 주권 중 각 시장별로 회전율이 가장 높은 종목부터 상위 100분의 50에 해당하는 비율 이상인 주권

> 회전율 = 거래량(당일 정규시장의 매매거래시간 중 개별경쟁매매의 방법에 의한 거래량으로 한정) / 상장주식수

⑦ 창업 · 벤처전문 경영참여형 사모집합투자기구가 창업자, 벤처기업 또는 코넥스상장기업(상장 후 2년 이내의 중소기업에 한정한다)에 직접 또는 투자목적회사4)를 통하여 출자함으로써 취득한 주권 또는 지분을 양도하는 경우

⑧ 우정사업총괄기관5)과 기금관리주체6)가 장내파생상품7)으로서 다음의 어느 하나에 해당하는 파생상품8)과 해당 파생상품의 기초자산이 주가지수인 경우 해당 지수를 구성하는 주권의 가격 차이를 이용한 이익을 얻을 목적으로 파생상품의 거래와 연계하여 기초자산인 주권(기금관리주체의 경우 코스닥시장에 상장된 주권에 한정)을 양도9)하는 경우

---

2) 개정규정은 2021년 4월 1일부터 시행한다(법률 제17759호, 2020. 12. 29. 부칙 §1 단서, 대통령령 제31444호, 2021. 2. 17. 부칙 §1 단서). 대상이 되는 파생상품의 범위 등에 대하여는 조특령 §115(①~④) 및 조특칙 §50의6(①~④)을 참고하기로 한다.
3) 개정규정은 2021년 4월 1일부터 시행한다(법률 제17759호, 2020. 12. 29. 부칙 §1 단서).
4) 「자본시장과 금융투자업에 관한 법률」 제249조의23 제3항
5) 「우정사업 운영에 관한 특례법」 제2조 제2호
6) 「국가재정법」 별표 2에 규정된 법률에 따라 설립된 기금을 관리 · 운영하는 법인
7) 「자본시장과 금융투자업에 관한 법률」 제5조 제2항 제1호
8) 「조특령」 제115조 제8항
9) 우정사업총괄기관 또는 기금관리주체가 차익거래전용계좌를 통하여 주권을 양도하는 등 특정 요건을 갖추어야

㉠ 주식선물 ㉡ 코스피200선물 및 미니코스피200선물
㉢ 코스닥150선물 ㉣ 합성선물[10]

한편, 우정사업총괄기관 또는 기금관리주체는 과세특례를 적용받기 위해서는 금융투자업자를 통하여 차익거래 전용 계좌를 개설하여야 한다(조특령 §115⑨).

⑨ 부실금융기관 또는 부실농협조합[11]이 보유하고 있던 주권 또는 지분을 적기시정조치[12] 또는 계약이전결정에 따라 양도하는 경우 및 적기시정조치 또는 계약이전결정에 따라 부실금융기관 또는 부실농협조합으로부터 주권 또는 지분을 양도받은 금융기관 또는 조합 및 중앙회[13]가 다시 이를 양도하는 경우

⑩ 부실수협조합[14]이 보유하고 있던 주권 또는 지분을 적기시정조치 또는 계약이전결정에 따라 양도하는 경우 및 수산업협동조합 또는 중앙회가 적기시정조치 또는 계약이전결정에 따라 부실수협조합으로부터 주권 또는 지분을 양도받은 후 다시 양도하는 경우

⑪ 부실산림조합[15]이 보유하고 있던 주권 또는 지분을 적기시정조치 또는 계약이전결정에 따라 양도하는 경우와 산림조합법에 따른 조합 또는 중앙회가 적기시정조치 또는 계약이전결정에 따라 부실산림조합으로부터 주권 또는 지분을 양도받은 후 다시 양도하는 경우

⑫ 예금보험공사 또는 정리금융회사[16]가 부실금융회사의 정리업무 등[17]을 수행하기 위하여 다음의 어느 하나에 해당하는 금융회사로부터 인수한 부실채권의 출자전환으로 취득하거나 직접 취득한 주권 또는 지분을 양도하는 경우

㉠ 부실금융회사[18] ㉡ 부실우려금융회사[19] ㉢ 자금지원을 받는 금융회사[20]

⑬ 한국자산관리공사가 부실금융기관 정리업무를 수행하기 위하여 부실금융기관으로부터 인수한 부실채권의 출자전환으로 취득하거나 직접 취득한 주권 또는 지분을 양도하는 경우

하는바 이에 대하여는 조특령 제115조 제10항을 참조하기로 한다.

10) 조특칙 제50조의7 제1항 : 콜옵션을 매도하고 풋옵션을 매수하는 것, 콜옵션을 매수하고 풋옵션을 매도하는 것
11) 「농업협동조합의 구조개선에 관한 법률」 제2조 제3호에 따른 부실조합 또는 같은 법 제2조 제4호에 따른 부실우려조합
12) 「농업협동조합의 구조개선에 관한 법률」 제4조에 따른 적기시정조치를 포함한다.
13) 「농업협동조합의 구조개선에 관한 법률」 제2조 제1호 및 제2호
14) 「수산업협동조합의 구조개선에 관한 법률」 제2조 제3호에 따른 부실조합 또는 같은 법 제2조 제4호에 따른 부실우려조합
15) 「산림조합의 구조개선에 관한 법률」 제2조 제3호에 따른 부실조합 또는 같은 조 제4호에 따른 부실우려조합
16) 「예금자보호법」 제36조의3에 따른 정리금융회사
17) 「예금자보호법」 제18조 제1항 제6호 또는 동법 제36조의5 제1항
18) 「예금자보호법」 제2조 제5호
19) 「예금자보호법」 제2조 제6호
20) 「예금자보호법」 제38조

⑭ 현물출자에 따른 신설법인의 설립, 과세특례 요건을 갖춘 합병, 과세특례 요건을 갖춘 분할 또는 자산양도차익상당액의 손금 산입 요건을 갖춘 물적분할, 과세특례 요건을 갖춘 자산의 포괄적 양도, 과세특례 요건을 갖춘 주식의 포괄적 교환·이전을 위하여 주식을 양도하는 경우

⑮ 금융기관등의 주주21) 및 금융기관22) 및 금융업의 영위와 밀접한 관련이 있는 회사의 주주 또는 금융지주회사가 주식을 이전하거나 주식을 교환23)하는 경우

⑯ 상호금융예금자보호기금 및 농업협동조합자산관리회사가 부실농협조합의 정리업무를 수행하기 위하여 부실농협조합으로부터 인수한 부실채권의 출자전환으로 취득하거나 직접 취득한 주권 또는 지분을 양도하는 경우

⑰ 상호금융예금자보호기금이 부실수협조합의 정리업무를 수행하기 위하여 부실수협조합으로부터 인수한 부실채권의 출자전환으로 취득하거나 직접 취득한 주권 또는 지분을 양도하는 경우

⑱ 상호금융예금자보호기금이 부실산림조합의 정리업무를 수행하기 위하여 부실산림조합으로부터 인수한 부실채권의 출자전환으로 취득하거나 직접 취득한 주권 또는 지분을 양도하는 경우

⑲ 상장지수집합투자기구24)가 추종지수의 구성종목이 변경되어 이를 반영하기 위하여 증권시장 또는 다자간매매체결거래를 통하여 주권을 양도하는 경우

⑳ 농협금융지주회사가 한국산업은행으로부터 현물출자받은 주권 또는 지분을 농협은행 등 농협금융지주회사의 자회사에게 양도하는 경우25)

㉑ 기업재무안정 경영참여형 사모집합투자기구26)가 재무구조개선기업 중 다음의 기업27)에 직접 또는 투자목적회사를 통하여 투자·출자하여 취득한 주권 또는 지분을 양도하는 경우

ⓐ 부실징후기업28)

---

21) 금융기관 등의 주주에는 상법·증권거래법 규정에 따라 적법하게 자기주식을 취득하여 보유하는 금융기관 등도 포함됨. 다만, 금융기관 등의 주식(자기주식 포함)의 이전·교환대가를 지주회사 주식이 아닌 금전으로 교부받는 경우는 조특법 제52조의2의 규정에 의한 주식교환·이전에 해당되는 것으로 볼 수 없으므로 조특법 제117조 제1항 제16호의 증권거래세 면제규정이 적용되지 않음(재재산－753, 2007. 6. 29.).

22) 「금융지주회사법」 제2조 제1항 제1호

23) 「조특법」 제38조의2

24) 「자본시장과 금융투자업에 관한 법률」 제234조 제1항

25) 법률 제10522호 농업협동조합법 일부개정법률 부칙 제3조

26) 「자본시장과 금융투자업에 관한 법률」 제249조의22 제1항

27) 「조특령」 제115조 제14항

28) 「기업구조조정 촉진법」 제2조 제5호

ⓑ 법원에 회생절차개시를 신청한 기업[29]
ⓒ 법원에 파산을 신청한 기업[30]
ⓓ 구조조정 또는 재무구조개선 등을 하려는 기업[31]
㉒ 사업재편계획[32]에 따라 주권 또는 지분을 양도하는 경우

위의 면제사항은 다음에 규정한 기한까지 양도·인출·편입·현물출자·주식이전·주식교환하는 분에 한하여 증권거래세 면제를 적용한다(조특법 §117②).

대상항목	기 한
①~⑦(③ 제외)	2025. 12. 31.
⑧, ⑮, ㉑, ㉒	2023. 12. 31.

3 | 절 차

증권거래세의 면제를 적용받고자 하는 자는 증권거래세과세표준신고서와 함께 세액면제신청서를 제출하여야 한다(조특령 §115⑱).

4 | 관련사례

구 분	내 용
ETF증권	조특령§ 115②에 따른「위험회피거래 대상주권」을 ETF설정하여 취득한 ETF증권을「위험회피거래 대상주권」거래계좌에서 관리하는 경우 위험회피거래 대상 주권 및 ETF증권이 모두 시장조성 목적에 이용되는 경우, 특례대상 양도에 해당됨(기획재정부 금융세제과-288, 2020. 11. 11).
조합원 각자가 주권을 양도하는 경우	기업구조조정조합의 해산에 따라 당해 주권이 출자금 비율로 각 조합원에게 배분된 후 조합원 각자가 동 주권을 양도하는 경우에 조합원의 주권 양도에 대하여는 증권거래세가 과세되는 것임(재소비-105, 2007. 3. 15).
예금보험공사가 보유하던 지주 주식을 양도하는 경우	예금보험공사가 보유하던 ○○증권지주 주식을 양도하는 경우 조세특례제한법 제117조 제1항 제8호의 규정에 의하여 증권거래세가 면제되지 않음(재소비-51, 2007. 2. 2).

---

29) 「채무자 회생 및 파산에 관한 법률」 제34조 또는 제35조
30) 「채무자 회생 및 파산에 관한 법률」 제294조 또는 제295조
31) 「자본시장 및 금융투자업에 관한 법률」 제249조의22 제1항 제5호
32) 「조특법」 제121조의30 제1항

구 분	내 용
'직접출자'의 범위	조세특례제한법 제117조 제1항 제2호의 규정을 적용함에 있어 유상증자, 전환사채의 출자전환, 기존대출금의 출자전환, 무상증자(무상증자 원인이 직접출자인 경우에 한한다)는 직접출자에 해당하는 것임(재재산 46014-98, 2001. 4. 4.).
	조세특례제한법 제117조 제1항 제1호의 규정을 적용함에 있어 직접출자란 유상증자, 무상증자, 전환사채의 전환에 의하여 주권 또는 지분을 취득한 경우를 포함하며, 타인의 지분을 양수한 경우를 제외하는 것임(재재산 46014-281, 2000. 10. 4.).

5 | 주요 개정연혁

1. 증권거래세 면제 적용기한 연장 및 시장조성 상품 재설계(조특법 §117① 2의5·3)

(1) 개정내용

종 전	개 정
□ 시장조성자의 주식양도에 대한 증권거래세 면제 ○ (파생상품시장조성자) 파생상품의 기초자산인 주권(위험회피 목적) ○ (증권시장조성자)증권시장을 조성하기 위한 주권 ○ 적용기한 : 2020. 12. 31.	□ 감면액의 범위 명확화 증권거래세 면제 종목을 대통령령으로 지정 ○ 적용기한 : 2022. 12. 31.

(2) 개정이유

○ 주식·파생상품시장 거래활성화 지원

(3) 적용시기 및 적용례

○ 2021. 4. 1. 이후 양도하는 분부터 적용

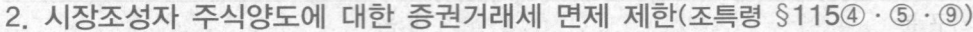

2. 시장조성자 주식양도에 대한 증권거래세 면제 제한(조특령 §115④·⑤·⑨)

(1) 개정내용

종 전	개 정
□ 시장조성자의 주식양도에 대한 증권거래세 면제 〈신 설〉	□ 증권거래세 면제범위 제한 ○ 파생상품 중 제외대상 　- 유동성평가 기간 중 거래대금의 비중 또는 거래대금이 기획재정부령으로 정하는 비율 또는 금액 이상인 상품 (단, 개별선물상품은 기초자산별로 하나의 상품으로 봄)
〈신 설〉	○ 주식 중 제외대상 　- 유동성평가 기간 종료일 현재 시가총액 또는 유동성평가 기간 중 회전율이 기획재정부령으로 정하는 금액 또는 회전율 이상인 주권 　※ 유동성평가 기간 : 직전년 9월부터 이전 1년간

(2) 개정이유

○ 시장조성자의 증권거래세 면제 범위를 유동성이 부족한 종목 등으로 제한

(3) 적용시기 및 적용례

○ 2021. 4. 1. 이후 양도하는 분부터 적용

3. 연기금의 코스닥 관련 차익거래 증권거래세 면제 신설(조특법 §117①)

(1) 개정내용

종 전	개 정
□ 증권거래세 면제 ○ 우정사업본부 차익거래 등 〈추 가〉	□ 면제대상 추가 ○ (좌 동) ○ 연기금의 코스닥 관련 차익거래* 　* 주식의 선물과 현물의 가격차이가 커질 때 그 차익을 얻기 위한 수익거래 　- (적용기한) 2021. 12. 31.

(2) 개정이유

○ 코스닥시장 활성화 지원

(3) 적용시기 및 적용례

○ 2019. 1. 1. 이후 거래하는 분부터 적용

4. 창업·벤처전문PEF 및 기업재무안정PEF 증권거래세 면제 확대(조특법 §117① 4, 23)

(1) 개정내용

종 전	개 정
□ 창업·벤처전문PEF, 기업재무안정PEF가 투자·출자한 주식 양도시 증권거래세 면제 　○ 창업·벤처전문PEF : 창업자·벤처기업·코넥스상장기업(상장 2년 이내)에 직접 출자 　○ 기업재무안정PEF : 재무구조개선기업에 직접 투자·출자 　　　　　〈추 가〉	□ 면제 적용대상 확대 　(좌 동) 　○ 투자목적회사*를 통하여 간접투자·출자한 주식 추가 　　* PEF가 주주 또는 사원인 경우 　　　(출자비율 50% 이상)

(2) 개정이유

○ 창업·벤처기업 투자 활성화 및 구조조정 시장 활성화 지원

(3) 적용시기 및 적용례

○ 2018. 1. 1. 이후 양도하는 분부터 적용

조세특례제한법

제118조

관세의 경감

1 의 의

수입물품에 대하여는 물품의 성질과 그 수량에 의하여 관세가 부과되도록 되어 있으나 공익 및 조세정책상 필요에 의하여 조특법에 열거한 것 중 국내 제작이 곤란한 물품에 대하여는 관세를 경감하고 있다.

2 관세경감물품 및 경감률

2-1. 관세경감물품

본조의 규정이 적용되는 관세경감물품은 다음과 같으며, 관세가 경감되는 물품의 구체적인 내역은 조특법 시행규칙 별표 13에서 나열하고 있다(조특법 §118①, 조특칙 §50의4①).

① 2023. 12. 31.까지 중소기업 또는 중견기업이 수입하는 신에너지 및 재생에너지의 생산용기자재 및 이용기자재 또는 전력계통 연계조건을 개선하기 위한 기자재(그 기자재 제조용 기계 및 기구를 포함한다)

② 포뮬러원국제자동차경주대회조직위원회·지방자치단체 또는 대회 관련 시설의 시공자가 「포뮬러원 국제자동차경주대회 지원법」에 따른 포뮬러원 국제자동차경주대회 운영에 사용하거나 같은 법 제18조 제1항에 따른 대회 관련 시설의 제작·건설에 사용하기 위하여 수입하는 물품

③ 보세공장 설치·운영에 관한 특허를 받은 중소기업 및 중견기업이 물품의 제조·가공 등에 사용하기 위하여 2022년 12월 31일까지 수입하는 기계 및 장비

④ 「국제경기대회 지원법」 제9조에 따라 설립된 2024강원동계청소년올림픽대회조직위원회, 지방자치단체 또는 같은 법 제2조 제2호에 따른 대회관련시설의 시공자가 그 대회관련시설의 제작·건설에 사용하거나 경기운영에 사용하기 위하여 수입하는

물품(같은 대회 참가선수의 과학적 훈련용 기자재를 포함한다)

2-2. 관세경감률

관세를 경감하는 물품에 대한 관세경감률은 해당 관세액의 100분의 50으로 한다(조특법 §118②, 조특칙 §50의4②).

3 | 경감관세의 추징

본조에 따라 관세를 경감받은 물품을 수입신고 수리일부터 3년의 범위에서 관세청장이 정하는 기간에 경감받은 용도 외에 사용한 때, 관세청장이 정하는 기간 동안 당해 용도에 계속하여 사용하지 아니한 때 및 경감받은 용도 외에 사용할 자에게 양도하였을 때에는 그 용도 외에 사용한 자 또는 양도인으로부터 경감된 관세를 즉시 징수하며, 양도인으로부터 그 관세를 징수할 수 없을 때에는 양수인으로부터 경감된 관세를 즉시 징수한다. 다만, 재해나 그 밖의 부득이한 사유로 멸실되었거나 미리 세관장의 승인을 받아 없애버렸을 때에는 그러하지 아니하다(조특법 §118③).

관세를 추징하는 경우에는 「관세법」 제103조 제1항 단서규정[1])을 적용하지 않도록 규정하고 있다(조특법 §118④). 따라서 위에 따라 관세를 추징하는 경우에도 물품의 용도 외 사용자 또는 용도 외에 사용할 목적으로 양수한 자가 그 새로운 용도에 사용하기 위하여 관세경감물품을 수입하는 때에 법령 등에 의하여 관세의 감면을 받을 수 있는 물품인 경우에는 「관세법」 제103조 제1항 본문의 규정에 따라 관세의 감면을 받을 수 있다.

---

1) 관세법 외의 법령, 조약, 협정 등에 따라 그 감면된 관세를 징수할 때에는 관세를 감면할 수 없다는 조항임.

4 | 관련사례

구 분	내 용
경감물품	일반적으로 공기조화기능이라 함은 온도, 습도, 기류, 박테리아, 먼지, 유해가스 등의 조건을 실내에 있는 사람이나 물품에 대하여 가장 좋은 조건으로 유지하는 것을 말하므로 공기조화장치는 냉난방기능, 습도조절기능, 청정환기방향조절기능을 하는 종합적인 설비를 총칭한다고 보여진다. 한편, 청구법인은 감면규칙상 Airconditioning Unit의 부분품은 감면대상에서 제외한다는 규정이 없으므로 쟁점물품을 Airconditioning Unit이라고 보지 않는다 하더라도 감면대상에서 제외할 이유가 없다고 주장하나, 2001. 11. 건설교통부장관이 발부한 '도입물품확인서'에서 관세를 경감하는 물품은 완제품임을 언급하고 있어 이는 감면규칙상 대상물품인 Airconditioning Unit의 완제품으로 해석되며 도입물품확인서의 구성품목록에 들어 있는 Evaporator Unit의 완제품으로 해석하기는 어렵다고 보아진다. 따라서 청구법인이 객차공기조화장치의 조립을 위해 객차공기조화장치의 부분품으로 수입한 쟁점물품은 관세감면대상에 해당하지 않는다고 판단된다. 청구법인은 쟁점물품을 수입하는 업체는 청구법인 1개업체이며, 청구법인과 고속철도공단 간에 수입물품을 결정한 후에 감면규칙에 규정하였으므로 감면규칙상의 표현에 일부 문제가 있다 하더라도 이를 수용하는 것이 타당하다고 주장하나, 조세관련규정은 엄격하게 해석하는 것이 타당하다고 판단된다(국심 2002관259, 2003. 9. 27.).
	주축이란 블레이드 회전으로 발생하는 회전력을 증속기로 전달하는 기능이 중요하고 그 형태는 다양할 수 있고 관련기관 등에서 Hub Spacer가 주축의 역할과 기능을 수행한다는 의견을 제시하고 있는 점 등에 비추어 쟁점물품은 조특법상 감면대상으로 규정하고 있는 풍력발전기의 주축에 사용되는 대형 구름베어링에 해당함(조심 2012관33, 2012. 5. 31.).

해외진출기업의 국내복귀에 대한 관세감면

1 │ 의 의

　해외진출기업의 국내복귀 지원을 통한 국내투자 활성화 및 일자리 창출을 지원하기 위하여 2013. 1. 1. 제104조의24 규정의 개정과 함께 신설되었다.

　2016. 12. 20. 조특법 개정시 국내 일자리 창출을 위하여 해외진출기업의 국내복귀에 대한 관세감면 대상을 중소기업에서 중견기업까지 확대하고, 감면받는 관세 합계액의 한도를 2배로 상향조정하였다. 관세감면 대상을 중견기업까지 확대한 조특법 제118조의2 제1항의 개정 규정은 2017. 1. 1. 이후 국내에서 창업하거나 사업장을 신설 또는 증설하는 경우부터 적용하고, 관세 감면 합계액 한도를 2배로 상향조정한 같은 조 제2항의 개정 규정은 2017. 1. 1. 이후 수입신고하는 경우부터 적용한다.

2 │ 요 건

2-1. 대한민국 국민

　본조의 적용대상은 국외에서 2년 이상 계속하여 경영하던 사업장을 소유하거나 실질적으로 지배하는 대한민국 국민(「재외동포의 출입국과 법적 지위에 관한 법률」 제5조에 따른 재외동포체류자격을 부여받은 재외동포 포함) 또는 대한민국 법률에 따라 설립된 법인(「외국인투자 촉진법」 제2조 제6호에 따른 외국인투자기업 포함)을 말한다(조특법 §118의2① · §104의24①, 조특령 §104의21①).

2-2. 해외사업장 철수 및 이전 방식

　아래 하나의 요건을 갖추어 국외(「개성공업지구 지원에 관한 법률」 제2조 제1호에 따른 개성공업지구를 포함)에서 2년 이상 계속하여 운영하던 사업장을 국내(수도권과밀억제권역은 제외한다)로 이전하여 2024. 12. 31.까지 창업하거나 사업장을 신설한 기업이어야 한다(조특법 §118의2① 1·§104의24① 1, 조특령 §104의21①·④).
　① 수도권과밀억제권역 밖의 지역에 창업하거나 사업장을 신설하여 사업을 개시한 날부터 4년 이내에 국외에서 운영하던 사업장을 양도하거나 폐쇄할 것
　② 국외에서 운영하던 사업장을 양도하거나 폐쇄한 날부터 3년 이내에 수도권과밀억제권역 밖의 지역에 창업하거나 사업장을 신설할 것

2-3. 해외사업장 유지 및 복귀방식

국외(「개성공업지구 지원에 관한 법률」 제2조 제1호에 따른 개성공업지구를 포함)에서 2년 이상 계속하여 경영하던 사업장을 부분 축소 또는 유지하면서 국내로 복귀하는 내국인으로서 국내에 사업장이 없는 경우1)에도 감면 적용이 가능하다(조특법 §118의2① 1·§104의24① 2, 조특령 §104의21④).

2-4. 동일 업종 영위

한국표준산업분류에 따른 세분류를 기준으로 이전 전의 사업장에서 영위하던 업종과 이전 후의 사업장에서 영위하는 업종이 동일하여야 한다(조특법 §118의2① 2).

2-5. 자본재

다음의 요건을 모두 갖춘 자본재이어야 한다(조특령 §115의3①).
　① 국내 사업장에서 직접 사용하기 위해 필요한 자본재(「외국인투자 촉진법」 제2조 제1항 제9호에 따른 "자본재"를 말한다)로서 산업통상자원부장관이 확인한 물품
　② 산업통상자원부장관으로부터 관세감면을 받을 수 있는 기업으로 확인받은 날부터 5년(공장설립 승인의 지연이나 그 밖의 부득이한 사유가 있다고 산업통상자원부장관이 확인한 경우에는 6년) 이내에 「관세법」에 따라 수입신고한 자본재

2-6. 적용기한

2024. 12. 31.까지 수입신고하는 자본재에 대하여 관세를 감면할 수 있다.

---

1) 「해외진출기업의 국내복귀 지원에 관한 법률」 제7조 제1항 제2호에 따른 기준에 따라 국외에서 경영하던 사업장의 생산량을 100분의 50 이상 축소한 경우로서 산업통상자원부장관이 확인하는 경우에는 국내에 사업장이 있는 경우를 포함한다.

3 | 과세특례 내용

3-1. 해외사업장 철수 및 이전방식

수입하는 자본재에 대한 관세의 100%를 감면한다(조특법 §118의2② 1).

3-2. 해외사업장 유지 및 복귀방식

수입하는 자본재에 대한 관세의 50%를 감면한다(조특법 §118의2② 2).

4 | 사후관리

4-1. 폐업, 법인 해산

감면받은 자가 해당 사업을 폐업하거나 법인이 해산한 경우 폐업일 등 계속하여 사업을 운영할 수 없게 된 날로부터 소급하여 3년 이내에 조특법 제118조의2 제1항에 따라 감면받은 관세를 납부하여야 한다.

4-2. 사업 미개시

다음의 어느 하나에 해당하는 경우로서 사업장을 국내로 이전하거나 복귀하여 사업을 개시하지 아니한 경우 감면받은 관세를 납부하여야 한다.
① 산업통상자원부장관으로부터 관세감면을 받을 수 있는 기업으로 확인한 내용이 사실과 다른 경우
② 관세를 감면받은 자 중 해외사업장 철수 및 이전방식으로 사업장을 국내로 이전하는 자가 철수 및 이전요건을 갖추지 못한 경우

4-3. 자본재 처분 등

관세감면을 받고 도입한 자본재를 「관세법」에 따른 수입신고 수리일부터 3년 이내에 처분하거나 양도 또는 대여하는 경우 해당 자본재에 대하여 감면받은 관세를 납부하여야 한다.

제 **5** 장

외국인투자 등에 대한 조세특례

외국인투자 등에 대한 조세특례

1 | 의의

1997년 외환위기가 끝났는가의 여부에 관계없이 외국인투자 유치는 우리 경제의 생존과 지속적인 발전을 위해 절실하다고 할 수 있다.[2)]

우리나라에 있는 외국인투자기업은 '우리 기업'으로서 고용, 수출 등 대부분의 기업경영 과실은 우리나라에 남게 되며, 장기 실물투자형인 외국인투자의 경우 배당소득 또는 자산양도차익의 획득보다는 일반적으로 이윤의 재투자과정을 통하여 장기적인 기업가치의 극대화에 주력하게 된다.

외자유치를 통하여 우리 기업, 나아가 경제 전체에 대한 대외신인도가 제고되면 모든 자산가치가 동시에 상승되고 우리 경제의 총체적인 자산가치는 증가할 것이다.

이에 비하여 외자유치에 성공하지 못하여 기업구조조정에 실패하게 되면 우리 경제의 대외신인도가 하락하고 그 결과 기업의 가치가 크게 낮아지는 것은 물론, 우리 경제 전체의 자산가치도 하락하기 때문에 크게 보아 외국인투자 유치는 국부의 증가를 가져온다고 할 수 있다.

국경의 구분 없이 경쟁이 심화되고 세계 초일류 기업들도 전략적 제휴를 통하여 생존하는 상황에서 '민족주의적 생존방식'으로는 번영과 발전이 불가능하다고 할 수 있다.

따라서, 우리에게 필요한 선택은 어떻게 하면 서로의 필요에 따라 상대방의 장점을 최대한 활용할 것인가이며, 이런 측면에서 볼 때 우리 경제에 일석오조(안정적인 외자도입, 생산 및 고용창출, 첨단기술·경영기법 이전, 기업경영의 투명성 제고, 국제수지 개선)의 순기능이 기대되는 외국인투자의 적극적인 유치는 생존의 지혜라고 할 수 있다.

외국인투자에 대한 조세특례제도는 외국인투자자가 가장 많이 활용하는 인센티브 제도로서 경제적 파급효과가 큰 우수기술을 수반한 외국인투자 유치 촉진에 기여하였으며, 외국인투자를

---

1) 이 장에서는 외국인투자 감면 조문의 유기적 연계성과 효율적인 이해를 감안하여 조문별로 나누지 않고 일괄하여 설명하고자 한다.
2) 외국인투자 유치 현황과 정책방향(산업자원부, 1999. 9. 8.)

우리 산업구조 고도화 및 취약한 부품·소재산업부문의 경쟁력 제고 및 전략산업화에 적극 활용할 필요가 있다고 할 것이다.

이런 관점에서 외국인투자에 대하여 조세특례제한법에서는 다양한 세제 인센티브를 조세특례제한법 제121조의2부터 제121조의7까지 부여하고 있다.

2 | 외국인투자의 정의

외국인투자와 관련된 용어의 정의는 「외국인투자 촉진법」[3] (이하 "외투법")상의 정의에 따르고 있으며, 조특법에서 정하고 있는 조세지원과 관련된 외국인투자라 함은 외투법 제2조 제1항 제4호에서 정한 외국인의 직접투자(Foreign Direct Investment)를 말한다.

> **참고** **조세감면대상 외국인투자**
>
> 외국인투자촉진법에 규정된 외국인투자 중 조세감면대상은 신주 취득에 의한 외국인투자만을 의미한다. 따라서 기발행주식을 외국인이 매입하거나, 장기차관을 제공하는 것은 조세감면대상 투자에 해당하지 않는다. 이때 신주를 취득한다 함은 원시투자와 증액투자를 모두 포함한다.

2-1. 외국인투자

'외국인투자'라 함은 다음의 어느 하나에 해당하는 것을 말한다(외투법 §2① 4, 외투령 §2② · ③).
① 외국인이 대한민국법인(설립 중인 법인을 포함) 또는 대한민국국민이 경영하는 기업의 경영활동에 참여하는 등 당해 법인 또는 기업과 지속적인 경제관계를 수립할 목적으로 그 법인이나 기업의 주식 또는 지분을 소유하는 것
② 외국인투자기업의 해외모기업, 그 모기업과 자본출자관계가 있는 기업, 외국투자가 및 그 외국투자가와 자본출자관계가 있는 기업이 해당 외국인투자기업에 대부하는 5년 이상의 차관(최초의 대부계약 시에 정해진 대부기간을 기준으로 한다)

---

3) 외국인투자에 대한 조세감면규정의 이관
  ① 외국인투자촉진법 제9조 내지 제12조 및 제26조에 규정되어 있던 외국인투자에 대한 조세감면규정이 1999. 5. 24.자로 정부조직법 부칙에 의하여 조세특례제한법으로 이관되었으며, 정부조직법 부칙에 의하여 개정되는 조세특례제한법에 의한 조세감면은 1999. 5. 24. 이후 최초로 조세감면신청 또는 조세면제신청을 한 것부터 적용함.
  ② 개정 전의 외국인투자촉진법에 의하여 조세감면결정 또는 조세면제결정을 받은 것에 대해서는 개정 후의 조세특례제한법에 의한 조세감면결정 또는 조세면제결정을 받은 것으로 보는 것임.

2-2. 외국인

'외국인'이라 함은 외국의 국적을 보유하고 있는 개인, 외국의 법률에 의하여 설립된 법인 및 외국정부의 대외경제협력업무 등을 대행하는 기관을 말한다(외투법 §2① 1).

2-3. 외국투자가

'외국투자가'라 함은 외투법에 의하여 주식 등을 소유하고 있는 외국인을 말한다(외투법 §2① 5).

2-4. 외국인투자기업

'외국인투자기업'이라 함은 외국투자가가 출자한 기업을 말한다(외투법 §2① 6).

2-5. 출자목적물

'출자목적물'이라 함은 외투법에 의하여 외국투자가가 주식 등을 소유하기 위하여 출자하는 것으로서 다음의 어느 하나에 해당하는 것을 말한다(외투법 §2① 8).
① 외국환거래법에 의한 대외지급수단 또는 이의 교환으로 생기는 내국지급수단
② 자본재
③ 외투법에 의하여 취득한 주식 등으로부터 생긴 과실
④ 산업재산권, 저작권법에 의한 저작권 중 산업활동에 이용되는 권리와 「반도체집적회로의 배치설계에 관한 법률」 제2조 제5호의 규정에 의한 배치설계권, 기타 이에 준하는 기술과 이의 사용에 관한 권리
⑤ 외국인이 국내에 있는 지점 또는 사무소를 폐쇄하여 다른 내국법인으로 전환하거나 외국인이 주식 등을 소유하고 있는 내국법인이 해산하는 경우 해당 지점·사무소 또는 법인의 청산에 따라 당해 외국인에게 분배되는 남은 재산
⑥ 외투법 제2조 제4호 나목의 규정에 의한 차관 기타 해외로부터의 차입금의 상환액
⑦ 다음의 주식
　㉠ 외국의 유가증권시장에 상장 또는 등록된 외국법인의 주식
　㉡ 외투법 또는 외국환거래법에 따라 외국인이 소유하고 있는 주식
⑧ 국내에 소재하는 부동산
⑨ 외투법 및 외국환거래법에 따라 외국인이 소유하고 있는 대한민국법인 또는 대한민국국민

이 경영하는 기업의 주식 또는 지분과 부동산을 처분한 대금

2-6. 자본재

'자본재'라 함은 산업시설(선박·차량·항공기 등을 포함)로서의 기계·기자재·시설품·기구·부분품·부속품 및 농업·임업·수산업의 발전에 필요한 가축·종자·수목·어패류 기타 주무부장관(당해 사업을 관장하는 중앙행정기관의 장을 말한다)이 당해 시설의 첫 시험운전(시험사업을 포함)에 필요하다고 인정하는 원료·예비품 및 이의 도입에 따르는 운임·보험료와 시설을 하거나 조언을 하는 기술 또는 용역을 말한다(외투법 §2① 9).

2-7. 기술도입계약

'기술도입계약'이라 함은 대한민국국민 또는 대한민국법인이 외국인으로부터 산업재산권 기타 기술을 양수하거나 그 사용에 관한 권리를 도입하는 계약을 말한다(외투법 §2① 10).

3 │ 외국인투자기업에 대한 조세특례

3-1. 대상사업의 범위(조특법 §121의2①)

3-1-1. 신성장동력산업기술을 수반하는 사업

2016. 12. 20. 조특법 개정시 외국인투자에 대한 감면 대상이 되는 사업을 기존의 산업지원서비스업 및 고도기술 수반사업에서 국내산업구조의 고도화와 국제경쟁력 강화에 긴요한 신성장동력·원천기술을 수반하는 사업으로 개정하였다. 신성장동력·원천기술이란 조특령 별표 7에 따른 신성장동력·원천기술 분야별 대상기술 및 이와 직접 관련된 소재, 생산공정 등에 관한 기술로서 조특칙 별표 14에 따른 기술("신성장동력산업기술")을 말한다.

3-1-2. 외국인투자지역에 입주하는 외국인투자기업이 경영하는 사업

외국인투자지역[4] (특정지역에 대규모로 공단을 조성한 후 외국인투자를 유치하던 종래의 방식에서 탈피하여 외국투자가가 입주를 희망하는 지역을 대상으로 하여 외국인투자위원회의 심의를 거쳐 시·도지사가 지정)에 입주하는 외국인투자기업이 경영하는 사업 및 외국인투자기업이 경영하는 사업으로서 경제자유구역위원회, 새만금위원회, 제주특별자치도지원위원회, 제주국제자유

---

4) 외투법 제18조 제1항 제2호

도시종합계획심의회의 심의·의결을 거치는 사업이 그 대상이다. 여기서 법인세·소득세·취득세 및 재산세를 감면하는 외국인투자는 외국인투자지역 안에서 새로이 시설을 설치하는 것으로서 다음의 어느 하나에 해당하는 것으로 한다(조특법 §121의2① 2. 조특령 §116의2③).

① 외국인투자금액이 미화 3천만불 이상으로서 다음의 어느 하나에 해당하는 사업을 영위하기 위한 시설을 새로 설치하는 경우
  ㉠ 제조업
  ㉡ 컴퓨터프로그래밍, 시스템통합 및 관리업
  ㉢ 자료처리·호스팅 및 관련 서비스업

② 외국인투자금액이 미화 2천만불 이상으로서 다음의 어느 하나에 해당하는 사업을 경영하기 위한 시설을 새로이 설치하는 경우
  ㉠ 관광호텔업, 수상관광호텔업 및 한국전통호텔업[5]
  ㉡ 전문휴양업,[6] 종합휴양업 및 종합유원시설업
  ㉢ 국제회의시설
  ㉣ 휴양콘도미니엄업[7]
  ㉤ 청소년수련시설[8]

③ 외국인투자금액이 미화 1천만불 이상으로서 다음의 어느 하나에 해당하는 사업을 경영하기 위한 시설을 새로이 설치하는 경우
  ㉠ 복합물류터미널사업
  ㉡ 공동집배송센터를 조성하여 운영하는 사업
  ㉢ 항만시설을 운영하는 사업과 항만배후단지에서 경영하는 물류산업
  ㉣ 공항시설을 운영하는 사업 및 공항구역 내에서 경영하는 물류산업
  ㉤ 민간투자사업 중 사회기반시설사업[9](사회기반시설의 신설·증설·개량 또는 운영에 관한 사업)에 의한 귀속시설을 조성하는 사업

④ 사업을 위한 연구개발활동을 수행하기 위하여 연구시설을 새로이 설치하거나 증설하는 경우로서 다음의 요건을 갖춘 경우
  ㉠ 외국인투자금액이 미합중국 화폐 2백만불[10] 이상일 것
  ㉡ 사업과 관련된 분야의 석사 이상의 학위를 가진 자로서 3년 이상 연구경력을 가진

---

5) 한국전통호텔업 추가(2008. 2. 22. 개정)
6) 전문휴양업 추가(2008. 2. 22. 개정)
7) 2010. 2. 18. 이후 최초로 외국인투자신고를 하는 분부터 적용한다.
8) 2010. 2. 18. 이후 최초로 외국인투자신고를 하는 분부터 적용한다.
9) 「사회기반시설에 대한 민간투자법」 제2조 제3호
10) 5백만불 → 2백만불(2008. 2. 22. 개정)

　　연구전담인력의 상시 고용규모가 10인 이상일 것
⑤ 동일한 외국인투자지역에 입주하는 2 이상의 외국인투자기업이 경영하는 사업으로서
　　다음의 요건을 갖춘 경우
　　㉠ 외국인투자금액의 합계액이 미화 3천만불 이상일 것
　　㉡ 상기 ①부터 ④까지 규정하는 사업을 경영하기 위한 시설을 새로이 설치하는 경우일 것

> **참고** **외국인투자지역과 기존 공단과의 차이점**
>
> | 구 분 | 외국인투자지역 | 기존 지방산업단지 |
> |---|---|---|
> | 지정권자 | 시·도지사
(외국인투자위원회 심의) | 시·도지사
(건설교통부 산업입지 정책심의회 심의) |
> | 지정방식 | 사후지정 | 사전지정 |
> | 입주업종 | 제조업, 고도기술수반사업, 산업지원서비스업,
관광업 | 제조업 위주 |

　　한편, 법률 제5982호 정부조직법 중 개정법률 부칙 제5조 제3항의 규정에 의하여
외국인투자지역으로 보는 종전의 수출자유지역은 외투법 제18조 제1항 제2호의 규정에 의한
외국인투자지역으로 하며, 이 지역에서 공장시설을 설치하는 경우에는 제3항의 규정에
불구하고 조특법 제121조의2 내지 제121조의7의 규정을 적용한다(조특령 §116의2④).

> **참고** **법률 제5982호(1999. 5. 24.) 정부조직법 중 개정법률 부칙 제5조 제3항**
>
> 이 법 시행 당시 수출자유지역설치법에 의하여 설치된 수출자유지역은 부칙 제3조 제69항의
> 규정에 의하여 개정되는 조세특례제한법 제5장의 개정규정에 의한 조세감면에 있어서는 이를
> 외국인투자지역으로 본다.

3-1-3. 경제자유구역[11])에 입주하는 외국인투자기업이 경영하는 사업

　　경제자유구역에 입주하는 외국인투자기업이 경영하는 사업이 이에 해당한다. 여기에서
법인세·소득세·취득세 및 재산세를 감면하는 외국인투자는 경제자유구역 안에서 새로이
시설을 설치하는 것으로서 다음의 어느 하나에 해당하는 것으로 한다(조특령 §116의2⑤).
① 외국인투자금액이 미화 1천만불 이상으로서 제조업을 경영하기 위하여 새로이
　　공장시설을 설치하는 경우

---

11) 경제자유구역은 외국인투자기업의 경영환경과 외국인의 생활여건을 개선하기 위하여 조성된 지역으로서
　　기획재정부장관이 대상구역의 시·도지사가 제출한 경제자유구역개발계획의 심의·의결절차를 거쳐 확정 및
　　지정하는 지역을 말한다.

② 외국인투자금액이 미화 1천만불 이상으로서 다음의 어느 하나에 해당하는 사업을 경영하기 위한 시설을 새로이 설치하는 경우
  ㉠ 관광호텔업, 수상관광호텔업 및 한국전통호텔업[12]
  ㉡ 전문휴양업,[13] 종합휴양업 및 종합유원시설업
  ㉢ 국제회의시설
③ 외국인투자금액이 미화 5백만불 이상으로서 다음의 어느 하나에 해당하는 사업을 경영하기 위한 시설을 새로이 설치하는 경우
  ㉠ 복합물류터미널사업
  ㉡ 공동집배송센터를 조성하여 운영하는 사업
  ㉢ 항만시설을 운영하는 사업과 항만배후단지에서 경영하는 물류산업
  ㉣ 공항시설을 운영하는 사업 및 공항구역 내에서 경영하는 물류산업
④ 외국인투자금액이 미화 5백만불 이상으로서 「경제자유구역의 지정 및 운영에 관한 특별법」 제23조 제1항의 규정에 따라 새로이 의료기관을 개설하는 경우
⑤ 상기 '3-1-1.'의 사업을 위한 연구개발활동을 수행하기 위하여 연구시설을 새로이 설치하거나 증설하는 경우로서 다음의 요건을 갖춘 경우
  ㉠ 외국인투자금액이 미합중국 화폐 1백만불 이상일 것
  ㉡ 사업과 관련된 분야의 석사 이상의 학위가 있는 자로서 3년 이상 연구경력이 있는 자를 상시 10인 이상 고용할 것
⑥ 외국인투자금액이 미화 1천만불 이상으로서 다음의 어느 하나에 해당하는 사업을 영위하기 위하여 시설을 새로 설치하는 경우
  ㉠ 엔지니어링사업
  ㉡ 전기통신업
  ㉢ 컴퓨터프로그래밍·시스템 통합 및 관리업
  ㉣ 정보서비스업
  ㉤ 그 밖의 과학기술서비스업
  ㉥ 영화·비디오물 및 방송프로그램 제작업, 영화·비디오물 및 방송프로그램 제작 관련 서비스업, 녹음시설 운영업, 음악 및 기타 오디오물 출판업
  ㉦ 게임 소프트웨어 개발 및 공급업
  ㉧ 공연시설 운영업, 공연단체, 기타 창작 및 예술 관련 서비스업

---

12) 한국전통호텔업 추가(2008. 2. 22. 개정)
13) 전문휴양업 추가(2008. 2. 22. 개정)

3-1-4. 경제자유구역 개발사업시행자에 해당하는 외국인투자기업이 경영하는 사업

「경제자유구역의 지정 및 운영에 관한 특별법」 제8조의3 제1항 및 제2항에 따른 개발사업 시행자에 해당하는 외국인투자기업이 경영하는 사업이 이에 해당한다. 여기서 법인세·소득세·취득세 및 재산세를 감면하는 외국인투자는 경제자유구역개발계획에 따라 경제자유구역을 개발하기 위하여 기획·금융·설계·건축·마케팅·임대·분양 등을 일괄적으로 수행하는 개발사업으로서 다음의 어느 하나에 해당하는 것으로 한다(조특령 §116의2⑥).

① 외국인투자금액이 미화 3천만불 이상인 경우

② 외국인투자비율이 50% 이상으로서 당해 경제자유구역의 총개발사업비가 미화 5억불 이상인 경우

3-1-5. 제주투자진흥지구의 개발사업시행자에 해당하는 외국인투자기업이 경영하는 사업

「제주특별자치도 설치 및 국제자유도시 조성을 위한 특별법」 제162조에 따라 지정되는 제주투자진흥지구의 개발사업시행자에 해당하는 외국인투자기업이 경영하는 사업이 이에 해당한다. 여기서 법인세·소득세·취득세 및 재산세를 감면하는 외국인투자는 「제주특별자치도 설치 및 국제자유도시 조성을 위한 특별법」 제162조의 규정에 의한 제주투자진흥지구를 개발하기 위하여 기획·금융·설계·건축·마케팅·임대·분양 등을 일괄적으로 수행하는 개발사업으로서 다음의 어느 하나에 해당하는 것으로 한다(조특령 §116의2⑦).

① 외국인투자금액이 미화 1천만불 이상인 경우

② 외국인투자비율이 50% 이상으로서 당해 제주투자진흥지구의 총개발사업비가 미화 1억불 이상인 경우

3-1-6. 외국인기업전용단지에 입주하는 외국인투자기업이 경영하는 사업

「외국인투자촉진법」 제18조 제1항 제1호에 따른 외국인투자지역에 입주하는 외국인투자기업이 경영하는 사업이 이에 해당한다. 여기서 법인세·소득세·취득세 및 재산세를 감면하는 외국인투자는 외투법 제18조 제1항 제1호[14])의 규정에 의한 외국인투자지역 안에서 새로이 시설을 설치하는 것으로서 다음의 어느 하나에 해당하는 것으로 한다(조특령 §116의2⑯).

① 외국인투자금액이 미화 1천만불 이상으로서 제조업을 경영하기 위하여 새로이 공장시설을 설치하는 경우

---

14) 외투법 제18조 제1항 제1호의 규정에 의한 외국인투자지역은 산업입지 및 개발에 관한 법률 제6조의 규정에 의한 국가산업단지 및 동법 제7조의 규정에 의한 일반지방산업단지 중 외국인투자기업에 전용으로 임대 또는 양도하기 위하여 지정하는 지역을 대상으로 하여 외국인투자위원회의 심의를 거쳐 지정하게 된다.

② 외국인투자금액이 미화 5백만불 이상으로서 다음의 어느 하나에 해당하는 사업을 경영하기 위한 시설을 새로이 설치하는 경우

㉠ 복합물류터미널사업

㉡ 공동집배송센터를 조성하여 운영하는 사업

㉢ 항만시설을 운영하는 사업과 항만배후단지에서 경영하는 물류산업

3-1-7. 기업도시개발구역[15])에 입주하는 외국인투자기업이 경영하는 사업

「기업도시개발 특별법」 제2조 제2호에 따른 기업도시개발구역("기업도시개발구역")에 입주하는 외국인투자기업이 경영하는 사업이 이에 해당한다. 여기서 법인세ㆍ소득세ㆍ취득세 및 재산세를 감면하는 외국인투자는 투자금액이 미화 1천만불 이상(아래 ②의 경우에는 미화 2백만불 이상, ③의 경우에는 미화 5백만불 이상)으로서 「기업도시개발 특별법」 제2조 제2호의 규정에 의한 기업도시개발구역 안에서 다음의 어느 하나에 해당하는 사업을 경영하기 위하여 시설을 새로이 설치하는 경우를 말하며, 감면대상이 되는 사업을 경영함으로써 발생한 소득은 기업도시개발구역 안에 설치된 시설로부터 직접 발생한 소득에 한한다(조특령 §116의2⑰).

① 제조업

② 연구개발업

③ 다음의 어느 하나에 해당하는 사업

㉠ 복합물류터미널사업

㉡ 공동집배송센터를 조성하여 운영하는 사업

㉢ 항만시설을 운영하는 사업과 항만배후단지에서 경영하는 물류산업

④ 다음의 어느 하나에 해당하는 사업

㉠ 엔지니어링사업

㉡ 전기통신업

㉢ 컴퓨터프로그래밍ㆍ시스템 통합 및 관리업

㉣ 정보서비스업

㉤ 그 밖의 과학기술서비스업

㉥ 영화ㆍ비디오물 및 방송프로그램 제작업, 영화ㆍ비디오물 및 방송프로그램 제작 관련 서비스업, 녹음시설 운영업, 음악 및 기타 오디오물 출판업

㉦ 게임 소프트웨어 개발 및 공급업

㉧ 공연시설 운영업, 공연단체, 기타 창작 및 예술 관련 서비스업

---

15) 산업입지와 경제활동을 위하여 민간기업이 산업ㆍ연구ㆍ관광ㆍ레저ㆍ업무 등의 주된 기능과 주거ㆍ교육ㆍ의료ㆍ 문화 등의 자족적 복합기능을 고루 갖춘 기업도시를 조성하기 위한 기업도시개발사업을 시행하기 위하여 지정ㆍ고시된 구역을 말한다.

⑤ 다음의 어느 하나에 해당하는 사업
   ㉠ 관광호텔업·수상관광호텔업·한국전통호텔
   ㉡ 전문휴양업·종합휴양업·관광유람선업·관광공연장업. 다만, 전문휴양업과 종합휴양업 중 골프장업은 제외한다.
   ㉢ 국제회의시설업 ㉣ 종합유원시설 ㉤ 관광식당업
   ㉥ 노인복지시설을 운영하는 사업 ㉦ 청소년수련시설을 운영하는 사업
   ㉧ 궤도사업 ㉨ 신에너지·재생에너지를 이용하여 전기를 생산하는 사업

3-1-8. 기업도시개발사업시행자로 지정된 외국인투자기업이 경영하는 기업도시개발 사업

기업도시 개발사업의 시행자로 지정된 외국인투자기업이 경영하는 사업으로서 기업도시개발사업을 말한다. 여기서 법인세·소득세·취득세 및 재산세를 감면하는 외국인투자는 기업도시개발계획에 따라 기업도시개발구역을 개발하기 위한 개발사업으로서 다음의 어느 하나에 해당하는 것을 말한다(조특령 §116의2⑱).
① 외국인투자금액이 미화 3천만불 이상인 경우
② 외국인투자비율이 100분의 50 이상으로서 당해 기업도시개발구역의 총개발사업비가 미화 5억불 이상인 경우

3-1-9. 새만금사업지역에 입주하는 외국인투자기업이 경영하는 사업

새만금사업지역 안에서 새로 시설을 설치하는 것으로서 다음의 어느 하나에 해당하는 것을 말한다(조특법 §121의2① 2의8, 조특령 §116의2⑤·⑥).
① 외국인투자금액이 미화 1천만불 이상으로서 제조업을 영위하기 위하여 새로이 공장시설을 설치하는 경우
② 외국인투자금액이 미화 1천만불 이상으로서 다음 어느 하나에 해당하는 사업을 영위하기 위한 시설을 새로이 설치하는 경우
   ㉠ 관광호텔업, 수상관광호텔업 및 한국전통호텔업
   ㉡ 전문휴양업, 종합휴양업 및 같은 항 제5호 가목에 따른 종합유원시설업
   ㉢ 국제회의시설 ㉣ 휴양콘도미니엄업 ㉤ 청소년수련시설
③ 외국인투자금액이 미화 5백만불 이상으로서 다음의 어느 하나에 해당하는 사업을 영위하기 위한 시설을 새로이 설치하는 경우
   ㉠ 복합물류터미널사업
   ㉡ 공동집배송센터를 조성하여 운영하는 사업

ⓒ 항만시설을 운영하는 사업과 항만배후단지에서 영위하는 물류산업

ⓔ 공항시설을 운영하는 사업 및 공항구역내에서 영위하는 물류산업

④ 외국인투자금액이 미화 5백만불 이상으로서 새로이 의료기관을 개설하는 경우

⑤ 산업지원서비스업, 고도기술수반사업 중 어느 하나의 사업을 위한 연구개발 활동을
수행하기 위하여 연구시설을 새로 설치하거나 증설하는 경우로서 다음의 요건을 모두
갖춘 경우

㉠ 외국인투자금액이 미합중국 화폐 1백만불 이상일 것

㉡ 동 사업과 관련된 분야의 석사 이상의 학위가 있는 자로서 3년 이상 연구경력이
있는 자를 상시 10인 이상 고용할 것

⑥ 외국인투자금액이 미화 1천만불 이상으로서 다음의 어느 하나에 해당하는 사업을 영위하기
위하여 시설을 새로 설치하는 경우

㉠ 엔지니어링사업

㉡ 전기통신업

㉢ 컴퓨터프로그래밍·시스템 통합 및 관리업

㉣ 정보서비스업

㉤ 그 밖의 과학기술서비스업

㉥ 영화·비디오물 및 방송프로그램 제작업, 영화·비디오물 및 방송프로그램 제작
관련 서비스업, 녹음시설 운영업, 음악 및 기타 오디오물 출판업

㉦ 게임 소프트웨어 개발 및 공급업

㉧ 공연시설 운영업, 공연단체, 기타 창작 및 예술 관련 서비스업

3-1-10. 「새만금사업 추진 및 지원에 관한 특별법」 제8조 제1항에 따른 사업시행자에
해당하는 외국인투자기업이 경영하는 사업

기본계획에 따라 새만금사업지역을 개발하기 위하여 기획·금융·설계·건축·마켓팅·
임대·분양 등을 일괄적으로 수행하는 개발사업으로서 다음의 어느 하나에 해당하는 것을
말한다.

① 외국인투자금액이 미화 3천만불 이상인 경우

② 외국인투자비율이 50% 이상으로서 당해 경제자유구역의 총개발사업비가 미화 5억불
이상인 경우

3-1-11. 외국인투자유치를 위하여 조세감면이 불가피한 사업

'외국인투자유치를 위하여 조세감면이 불가피한 사업'이라 함은 다음의 어느 하나에 해당하는 사업을 말한다(조특법 §121의2① 3, 조특령 §116의2⑨).

① 「자유무역지역의 지정 및 운영에 관한 특별법」 제10조 제1항 제2호에 따른 입주기업체의 사업(제조업으로 한정)

② 「자유무역지역의 지정 및 운영에 관한 법률」 제10조 제1항 제5호에 따른 입주기업체의 사업

한편, 위에 따라 법인세·소득세·취득세 및 재산세를 감면하는 외국인투자는 다음의 기준에 해당하는 공장시설을 새로이 설치하는 경우로 한다(조특령 §116의2⑩).

㉠ 위 ①에 의한 사업 : 외국인투자금액이 미화 1천만불 이상일 것
㉡ 위 ②에 의한 사업 : 외국인투자금액이 미화 5백만불 이상일 것

3-2. 법인세·소득세의 감면

외국인투자기업에 대한 법인세 및 소득세("법인세 등")의 감면은 감면대상이 되는 사업에서 발생한 소득에 대한 법인세 등 상당액에 외국인투자비율을 곱하고 당해연도의 감면율을 곱한 금액을 감면한다.

> 감면대상세액 = 감면대상소득에 대한 법인세 등 상당액 × 외국인투자비율 × 당해 연도 감면율

3-2-1. 감면대상소득

외국인투자기업에 대한 법인세의 감면은 조특법상 조세감면 결정을 받은 사업(종전 외자도입법상 인가영업)에서 발생한 소득을 말한다.

3-2-2. 감면대상사업과 비감면사업의 판정기준

조세감면이 되는 사업의 범위는 법에 규정되어 있으며, 조세감면 여부는 조세감면신청서와 첨부서류에 의하여 기획재정부장관이 결정16)하게 된다. 감면대상사업과 비감면사업의 구분 판정에 대한 유권해석은 다음과 같다(투진일 322-1440, 1976. 6. 2.).

---

16) 감면대상(인가영업)의 범위를 해석함에 있어서 합작투자계약서의 규정에 따라 결정할 것이 아니며, 사업계획서 및 인가조건 등을 종합하여 합목적적으로 결정하여야 한다(투진일 322-1624, 1975. 5. 23.).

감면대상 사 업	① 신고한 사업계획서에 기재된 생산제품 ② 신고제품 제조과정에서 필연적으로 발생하는 부산물(부설물 및 폐물) ③ 신고제품 매출에 따른 애프터서비스 ④ 기타 사업목적에 부합된다고 인정되는 사업 ⑤ 사업목적 수행상 불가피하게 일괄매각한 재고자산 등으로부터 발생하는 손익
비감면 사 업	① 타인의 생산제품을 매입·판매하는 도·소매 및 무역 ② 가공 없이 반입원료를 그대로 판매하는 도·소매 및 무역 ③ 증권투자·부동산투기·고리대금 등 인가사업과 관련이 없다고 인정되는 내용

3-2-3. 사례별 감면대상(인가영업)소득 여부의 판정

구 분	해당 여부[17]
① 수탁가공에서 생긴 소득[18]	
㉠ 임가공행위가 일시적이고 부수적으로 이루어지는 경우의 소득	○
㉡ 기타(인가제품이 아닌 다른 제품을 가공생산하거나 인가제품의 중간제품을 위탁받아 가공하는 행위 등)	배제
② 조세감면대상사업 경영과정에서 개발한 신기술을 외국법인에게 사용하도록 허여하고 지급받는 대가(국일 46017-88, 1997. 10. 14.)	○
③ 이자수익[19]	
㉠ 단체퇴직보험의 확정배당금(투진일 361-1375, 1980. 6. 17.)	○
㉡ 당초 감면결정받은 사업추진을 위한 특정 자산을 취득할 경우 부대하여 필수적으로 취득하게 되는 채권 등에 의하여 발생되는 이자[20] (업무용 건물 및 자동차 구입시 취득한 주택채권 및 지하철공채 등의 이자)	○
㉢ 리스업을 경영하는 외국인투자기업의 국공채 이자수익[21]	○
㉣ 양도성 정기예금(CD)의 이자수익[22]	○

---

17) 감면대상사업은 '○'로, 비감면사업은 '배제'로 표시

18) 수탁가공행위가 인가영업에 해당하기 위해서는 다음의 두 가지 조건을 만족시켜야 한다(외인 1264-2315, 1984. 7. 11.). ① 일시적이고 부수적인 행위일 것 ② 인가제품과 동일한 제조공정에 의한 동일한 제품을 생산할 것

19) 외국인투자기업이 인가사업의 영업활동에서 발생한 여유자금을 은행 및 단기금융회사 등 금융기관에 예치하여 발생되는 이자소득은 인가 내 영업소득에 해당되나, 외국인투자기업의 사업목적 추진과는 관계없는 각종 채권이나 증권 등에서 발생하는 고율의 이자수익 등은 특정 목적의 자금활용이라는 점에서 인가 외 영업소득에 해당된다(국일 46017-78, 1996. 2. 24.).

20) 투진 361-3474, 1982. 12. 14.

21) 투진 361-3474, 1982. 12. 14.

22) 외인 1264-2384, 1984. 7. 19.

구 분	해당 여부
⑫ 어음관리구좌(CMA)에 예탁함으로써 발생되는 이자수익	○
⑬ 감면대상사업의 영업활동에서 발생한 여유자금의 예치로 인하여 금융기관으로부터 받은 이자	○
⑭ 매출채권의 회수기한연장에 따른 이자수입23)	
– 채권의 발생원천이 감면대상사업인 경우	○
– 채권의 발생원천이 비감면사업인 경우	배제
– 소비대차로 전환된 경우 수입이자	배제
⑮ 상호신용금고로부터 받은 이자24)	배제
⑯ 외국환 금융채권과 환매조건부 채권 등의 이자수익25)	배제
⑰ 신탁이익 및 투자신탁회사에의 예탁수익26)	배제
⑱ 통화안정증권이자, 회사채이자, 상업어음이자, 외환채권이자27)	배제
⑲ 증권회사 BMF(Bond Management Fund) 이자수익28)	배제
⑳ 종업원에게 주택자금을 대여하고 받은 이자수익29)	배제
㉑ 기타 이자	배제
④ 영업외수익	
㉠ 보험차익(외인 1264–3812, 1981. 10. 31.)	○
㉡ 부산물매각이익(외인 1264–4002, 1981. 11. 19.)	○
㉢ 자산수증익(투진 361–693, 1982. 9. 25.)	○
㉣ 손해배상금(외인 1264–4148, 1981. 12. 2.)	○
㉤ 외환차익(외인 1264–4426, 1982. 12. 28.)	○
㉥ 링크불 매각이익(국심 83서1022, 1983. 7. 22.)	배제
㉦ 주식양수도 관련 채무면제익(외인 2260.1–1518, 1985. 5. 21.)	배제

---

23) 투진 361–3474, 1982. 12. 14.
24) 투진 361–3474, 1982. 12. 14.
25) 투진 361–144, 1983. 1. 20.
26) 투진 361–235, 1983. 9. 8.
27) 국심 83서2353, 1984. 1. 30.
28) 국일 22601–140, 1988. 4. 13.
29) 국일 22601–300, 1987. 6. 24.

구 분	해당 여부
⑤ 추가 허가사업(구 외자도입법 제13조 제2항)30)	배제
⑥ 자산 임대수입	배제
㉠ 호텔 감면대상사업	○
㉡ 기타 영업	배제
⑦ 배당에서 생긴 소득	배제

3-2-4. 감면대상과 감면대상 외(인가 내·외) 사업의 겸업시 공통손익의 안분

외국인투자기업이 인가사업과 인가 외 사업을 겸업하는 경우 공통손익은 법인세법의 구분경리31) 방법을 준용하여 안분계산한다32)(법인칙 §75② · ⑥ 및 ⑦).

상기 안분계산방법을 요약하면 다음과 같다.

① 각 계정과목별 식별가능한 개별 손익을 구분한다.

② 세무조정사항 중 식별가능한 개별 손익금을 구분한다.

③ 공통익금을 매출액비율로 안분한다. 이때 공통익금에는 세무조정사항 중 익금산입 및 익금불산입사항이 포함된다.

④ 공통손금을 다음과 같이 안분한다. 이때 공통손금에는 세무조정사항 중 손금산입 및 손금불산입사항이 포함된다.

　㉠ 인가사업과 인가 외 사업이 한국표준산업분류 소분류상 같은 업종인 경우 : 매출액 비율로 안분

　㉡ 기타의 경우 : 개별손금비율로 안분한다. 개별손금비율이란 식별가능한 개별손금의 총합계를 의미한다.

---

30) 국일 46017-675, 1996. 12. 16.

31) 감면대상 사업과 기타의 사업을 겸영하는 외국인투자기업이 비감면 대상 공정과 감면대상 공정을 순차적으로 거쳐 제품을 생산하는 경우, 조특법 제143조의 규정에 따라 감면대상 사업과 기타사업을 구분하여 경리하여야 하며, 감면대상 소득은 각 공정별로 귀속되는 소득을 합리적으로 구분계산하여 산출한다(조기통 121의2-0…2).

32) 외인 1234-1918, 1974. 8. 22.

3-2-5. 감면기산일 및 감면종료일

3-2-5-1. 조세감면의 기산일

감면기산일은 감면대상이 되는 사업을 개시한 후 당해 사업에서 최초로 소득이 발생한 과세연도(사업개시일부터 5년이 되는 날이 속하는 과세연도까지 당해 사업에서 소득이 발생하지 아니한 때에는 5년이 되는 날이 속하는 과세연도)의 개시일이다. 이때 사업개시일이란 부가가치세법상의 사업개시일을 말한다(부가령 §6).

유상증자시 조세감면의 기산일은 자본증가에 관한 변경등기를 한 날이다(1991. 3. 1. 이후).

3-2-5-2. 조세감면의 종료일

(1) 정상적인 감면 종료시

감면종료일은 50%의 감면을 받는 최종사업연도의 종료일이다.

(2) 인가 취소시

조세감면의 종료일은 조세감면이 끝나는 날을 말한다. 따라서 감면법인이 감면기간 중 인가가 취소된 경우에는 인가 취소일 전일이 종료일이 된다(직세 1234.21-287, 1970. 2. 20.).

(3) 외국투자가의 소유주식 매각에 따른 감면기간

외국인투자가가 매각한 주식 또는 지분을 내국인이 매수한 경우 매각일의 전일이 종료일이 된다(국조 1234-4143, 1977. 11. 12.).

(4) 감면기간 중 휴업한 경우

법인세 등 감면기간 중 휴업한 경우 감면기간에는 휴업기간이 포함되는 것(국조 1234-1903, 1975. 8. 30.)이므로 휴업기간으로 인해 감면기간이 연장되지 않는다.

3-2-6. 감면대상세액

2018. 12. 31.까지 조특법 제121조의2 제6항에 따른 조세감면신청을 한 외국인투자기업에 대해서는 감면대상이 되는 사업을 함으로써 발생한 소득[33]에 대하여 다음의 구분에 따른 세액을 감면한다. 이 경우 감면대상이 되는 세액을 산정할 때 외국인투자기업이 감면기간 중에 내국법인(감면기간 중인 외국투자기업은 제외한다)과 합병하여 해당 합병법인의 외국인투자비율이 감소한 경우에는 합병 전 외국투자기업의 외국인투자비율을 적용[34]

---

[33] 조특법 제121조의2 제1항 제1호에 따른 감면대상 사업의 경우 해당 사업을 함으로써 발생한 소득(이하 "감면대상소득"이라 한다)을 말한다. 다만, 조특법 제121조의2 제2항 및 같은 조 제12항 제1호에 따른 감면기간 중 감면대상소득이 감면대상소득과 감면대상 사업과 직접 관련된 사업을 함으로써 발생한 소득의 합이 100분의 80 이상인 경우에는 해당 과세연도의 감면대상소득과 감면대상 사업과 직접 관련된 사업을 함으로써 발생한 소득의 합을 감면대상소득으로 본다(조특령 §116의2).

한다(조특법 §121의2②).

① 신성장동력산업기술을 수반하는 사업(조특법 §121의2①) 및 외국인투자지역에 입주하는 외국인투자기업이 경영하는 사업(조특법 §121의2②)을 함으로써 발생한 소득 : 다음의 구분에 따른 세액

㉠ 해당 사업을 개시한 후 그 사업에서 최초로 소득이 발생한 과세연도(사업개시일부터 5년이 되는 날이 속하는 과세연도까지 그 사업에서 소득이 발생하지 아니한 경우에는 5년이 되는 날이 속하는 과세연도를 말한다)의 개시일부터 5년 이내에 끝나는 과세연도까지 : 해당 사업소득에 대한 법인세 또는 소득세 상당금액(총산출세액에 조특법 제121조의2 제1항 각 호의 사업을 함으로써 발생한 소득이 총 과세표준에서 차지하는 비율을 곱한 금액을 말한다)에 외국인투자비율을 곱한 세액(이하 "감면대상세액"이라 한다)의 전액

㉡ 위 ㉠의 기간 이후 2년 이내에 끝나는 과세연도까지 : 감면대상세액의 100분의 50에 상당하는 세액

② 그 밖의 감면대상 사업(조특법 §121조의2 제1항 제2호의2부터 제2호의9까지 및 제3호에 따른 감면대상이 되는 사업)을 함으로써 발생한 소득 : 다음의 구분에 따른 세액

㉠ 해당 사업을 개시한 후 그 사업에서 최초로 소득이 발생한 과세연도(사업개시일부터 5년이 되는 날이 속하는 과세연도까지 그 사업에서 소득이 발생하지 아니한 경우에는 5년이 되는 날이 속하는 과세연도를 말한다)의 개시일부터 3년 이내에 끝나는 과세연도까지 : 감면대상세액의 전액

㉡ 위 ㉠의 기간 이후 2년 이내에 끝나는 과세연도까지 : 감면대상세액의 100분의 50에 상당하는 세액

여기서 '외국인투자비율'[35])이라 함은 외투법 제5조 제3항의 규정에 의한 외국인투자비율을

---

34) 합병으로 인하여 외국인투자비율이 감소하는 경우 합병을 기피하여 구조조정을 저해하는 요인으로 작용할 수 있는 문제점을 해소(2001. 1. 1. 이후 최초로 합병하는 분부터 적용)

35) 합병전 합병법인이 피합병법인의 외국인투자자로부터 피합병법인 주식을 취득하는 대신 자기주식과 교환할 수 있는 교환사채를 발행·교부하였고, 합병 후 그 외국인투자자가 교환권을 행사하여 합병법인 주식을 취득한 경우(귀속 : 2010사업연도부터 2012사업연도), 교환사채 발행 전 피합병법인의 외국인투자비율에 따라 외국인투자세액감면을 적용받을 수 있는지 여부(쟁점①)와 교환사채의 교환권행사를 주식의 회복으로 보아 회복된 외국인투자비율에 따라 외국인투자세액공제를 적용하여야 하는지 여부(쟁점②)가 문제된 사안에서 조세심판원은 아래와 같은 이유등으로 청구주장을 받아들이지 아니하였다(조심 2016중1726, 2017. 8. 23).
〈쟁점①〉 : 조특법 시행령 제116조의2 제14항, 외투법 제5조 제1항 및 제2조 제1항 제4호 가목에 의하면 "외국인투자비율"이라 함은 "외국인투자기업의 주식 또는 지분에 대한 외국인투자자가 소유 주식 또는 지분의 비율"을 의미하는 것으로 규정하고 있는바, 합병등기일 당시 외국인투자자가 보유한 쟁점교환사채는 주식교환권을 행사하기 전까지는 위 규정상 주식 또는 지분에 해당된다고 해석하기 어렵다 할 것이어서 동 사채를 주식 또는 지분으로 보아 외국인투자비율을 산정할 수는 없으므로 쟁점발행거래 이후 외국인투자자가 보유한 피합병법인의 주식 또는 지분에 따라 외국인투자비율을 산정하여야 함.
〈쟁점②〉 : 쟁점교환거래로 인하여 외국인투자자가 보유하던 피합병법인 주식을 회복한 것으로 본다면 합병비율에

말한다. 다만, 외국인투자가가 회사정리계획인가를 받은 내국법인의 채권금융기관이 회사
정리계획에 따라 출자하여 새로이 설립한 내국법인(이하 "신설법인"이라 한다)에 대하여 2002.
12. 31.까지 외국인투자를 개시하여 동 기한까지 출자목적물의 납입을 완료하는 경우로서
당해 신설법인의 부채가 출자전환(2002. 12. 31.까지 출자전환되는 분에 한한다)됨으로써 우선주가
발행되는 때에는 다음의 비율 중 높은 비율을 그 신설법인의 외국인투자비율로 한다(조특령
§116의2⑭).

① 우선주를 포함하여 외투법 제5조 제3항의 규정에 따라 계산한 외국인투자비율
② 우선주를 제외하고 외투법 제5조 제3항의 규정에 따라 계산한 외국인투자비율

3-2-7. 원시투자시 감면세액

$$감면대상세액 = (총산출세액 \times \frac{감면대상사업으로\ 발생한\ 소득}{총과세표준}) \times 감면비율$$

$$감면비율 = 외국인투자비율 \times 당해연도\ 감면율(100\%,\ 50\%)$$

$$외국인투자비율 = \frac{감면대상\ 외국인투자가\ 자본금}{총자본금}$$

3-2-8. 유상증자시 감면세액(「법인세법 시행규칙」 별지 제8호 서식 부표 4)

① 일반적인 경우

$$감면세액 = (산출세액 \times \frac{감면대상사업\ 과세표준}{총과세표준}) \times 감면비율$$

$$감면비율 = \frac{(증자\ 전\ 외투자본금 \times 감면율 + 증자시\ 외투자본금 \times 감면율)}{총자본금}$$

㉮ 감면율 : 감면기간에 따라 100%, 50%, 0%가 적용
㉯ 외국인투자비율 : 외국인투자기업의 주식 등에 대한 외국투자가 소유의 주식 등의
   비율(외투법 §5①)
   - 외국인투자비율 : (증자 전 외자 + 증자 시 외자) / 총자본금

따라 외국인투자자는 청구법인 주식 8백만주를 취득하여야 함에도 실제 취득한 주식은 7백7십만주에 불과하여
보유하던 피합병법인 주식의 회복이 아니라 새롭게 주식을 취득한 별개의 거래로 보아야 하고 이는 조특법 제121조의2
제9항에서 외국인투자세액감면을 배제하는 외투법 제6조의 기존주식 등의 취득에 해당하므로 쟁점교환거래 이후에도
3.39%의 외국인 투자비율을 적용하여 외국인투자세액감면을 적용하여야 함.

- 다만, 「조세특례제한법」에서 감면배제되는 외국인투자자본금인 기존주식에 의한 투자분(조특법 §121의2⑨), 내국인의 우회투자분(조특법 §121의2⑪)은 동 외국인투자비율에서 제외됨.

㉰ 증자 사업연도의 일수 : 감면대상 외국투자가자본금과 총자본금은 증자등기일 이후의 일수를 적용

② 예외(비감면대상에 증자시)

$$감면세액 = (산출세액 \times \frac{감면대상사업\ 과세표준}{총과세표준}) \times 감면비율$$

$$감면비율 = \frac{(증자\ 전\ 감면외자 \times 감면율 + 증자\ 감면외자 \times 감면율)}{감면대상\ 외국투자가자본금} \times 외국인투자비율$$

* 감면외자 : 감면대상 외국투자가자본금

㉮ 감면율 : 감면기간에 따라 100%, 50%, 0%가 적용. 다만, 외국인투자기업의 증자를 통하여 감면율이 둘 이상인 경우 각 증자시 감면외자로 안분하여 계산한 평균적인 감면율을 적용

$$평균적인\ 감면율 = \frac{(증자\ 전\ 감면외자 \times 감면율 + 증자\ 감면외자 \times 감면율)}{감면외자}$$

* 감면외자 = 증자 전 감면외자 + 증자 감면외자

※ 비감면대상 외국투자가자본금은 포함하지 않음.

㉯ 외국인투자비율 및 증자한 사업연도의 일수 적용은 일반적인 경우와 동일

③ 외국인투자기업이 유상감자(주식 등의 유상소각, 자본감소액의 반환 등에 의하여 실질적으로 자산이 감소되는 경우를 말한다)를 한 후 5년 이내에 증자하여 조세감면 신청을 하는 경우에는 그 감자 전보다 순증가하는 부분에 대한 외국인투자비율에 한하여 감면한다(조특령 §116의6①). 또한, 증자분에 대한 조세감면결정을 받은 외국인투자기업이 당해 유상증자 후 7년 내에 유상감자를 하는 경우 최근의 유상증자분(외투법 제7조 제1항 제1호에 따른 준비금·재평가적립금 그 밖의 다른 법령에 의한 적립금의 자본전입으로 인하여 주식이 발행되는 형태의 증자를 제외)부터 순차적으로 감자[36]한 것으로 간주한다(조특령 §116의6③).

---

36) 외국인투자기업이 유상증자시 유상증자분에 대한 법인세 등의 감면기간이 연장되는 점을 이용한 조세회피를 방지하기 위해 유상증자 후 일정기간(7년) 내에 감자를 실시하는 때에는 최근 유상증자한 자본금부터 순차적으로 감자한 것으로 간주하여 감면연장 효과를 제거

④ 증자의 조세감면에 따라 외국인투자기업에 대한 감면대상세액을 계산하는 경우 감면기간이 종료된 사업(조특법 §121의2)의 사업용 고정자산을 증자분에 대한 조세감면을 받는 사업(이하 "증자분사업"이라 한다)에 계속 사용하는 경우 등 다음의 요건을 모두 충족하는 경우에는 아래 계산식에 따라 계산한 금액을 증자분사업에 대한 감면대상세액으로 한다(조특법 §121의4④, 조특령 §116의6④).

　㉠ 외국인투자기업이 증자 전에 외국인투자에 대한 법인세 등의 감면대상 사업(조특법 제121조의2 제1항 각 호, 이하 "증자전감면사업"이라 한다)에 대한 감면을 받고 그 감면 기간이 종료된 경우로서 증자를 통하여 외국인투자에 대한 법인세 등의 감면대상 사업 (조특법 제121조의2 제1항 각 호, 이하 "증자분감면사업"이라 한다)에 대한 감면결정을 받았을 것

　㉡ 감면기간이 종료된 증자전감면사업의 사업용 고정자산을 증자분감면사업에 계속 사용하는 경우로서 자본증가에 관한 변경등기를 한 날 현재 증자분감면사업에 계속 사용되는 감면기간이 종료된 증자전감면사업의 사업용 고정자산의 가액이 증자분감면 사업의 사업용 고정자산의 총가액에서 차지하는 비율이 30% 이상일 것

$$증자분사업에 \ 대한 \ 감면대상세액 = 감면대상세액 \times \frac{자본증가에 \ 관한 \ 변경등기를 \ 한 \ 날 \ 이후 \ 새로 \ 취득 \cdot 설치되는 \ 사업용 \ 고정자산의 \ 가액}{증자분사업의 \ 사업용 \ 고정자산의 \ 총가액}$$

⑤ 증자분에 대하여 조세감면을 적용하는 경우 외국인투자비율을 계산할 때 해당 증자분 감면대상 사업을 그 밖의 사업과 구분경리하여 과세표준신고를 하는 경우에는 해당 증자분 감면대상 사업을 기준으로 외국인투자비율을 계산한다(조특령 §116의6⑤).

⑥ 증자분에 대하여 조세감면을 적용할 때 감면한도 계산시 외국인투자누계액은 당초 감면대상 사업에 대한 외국인투자누계액과 해당 증자분 감면대상 사업에 대한 외국인투자누계 액으로 각각 구분하여 계산한다. 다만, 감면결정을 받았으나 감면기간이 종료되어 0%의 감면율이 적용되는 외국인투자누계액은 제외한다(조특령 §116의6⑥).

⑦ 증자분에 대하여 조세감면을 적용하는 경우 감면한도 계산시 상시근로자 수는 당초 감면대상 사업장의 상시근로자 수와 해당 증자분 감면대상 사업장의 상시근로자 수로 각각 구분하여 계산한다. 다만, 감면결정을 받았으나 감면기간이 종료되어 0%의 감면율이 적용되는 사업장의 상시근로자 수는 제외한다(조특령 §116의6⑦).

3-2-9. 무상증자(또는 주식배당)시 감면세액

무상증자 또는 주식배당 등에 의한 증자분인 다음의 주식 등에 대해서는 그 발생근거가 되는 주식 등에 대한 감면의 예에 따라 그 감면기간의 남은 기간과 남은 기간의 감면비율에 따라 감면하므로, 증자 또는 주식배당 전후의 감면비율이 변동되지 않는다(조특법 §121의4②).
① 외국인투자촉진법 제7조 제1항 제1호에 따라 준비금·재평가적립금과 그 밖에 다른 법령에 따른 적립금이 자본으로 전입됨으로써 외국투자가가 취득한 주식 등
② 외국인투자촉진법 제7조 제1항 제4호에 따라 외국투자가가 취득한 주식 등으로부터 생긴 과실(주식 등으로 한정함)을 출자하여 취득한 주식 등

3-2-10. 개발사업시행자의 감면소득 계산특례

경제자유구역개발사업시행자, 새만금사업지역개발사업시행자, 제주투자진흥지구개발사업시행자 또는 기업도시개발사업시행자가 감면대상이 되는 사업을 경영함으로써 발생한 소득은 ①의 금액에 ③의 금액 중 ②의 금액이 차지하는 비율을 곱하여 산출한 금액으로 한다(조특령 §116의2⑧).
① 해당 과세연도에 경제자유구역·새만금사업지역·제주투자진흥지구 또는 기업도시개발구역의 개발사업을 경영함으로써 발생한 총소득
② 해당 과세연도에 외국인(외국인투자기업을 포함한다)에게 경제자유구역·새만금사업지역·제주투자진흥지구 또는 기업도시개발구역 내의 시설물(개발사업으로 새로이 설치한 시설물을 말하며, 당해 시설물과 함께 거래되는 부수토지를 포함한다)을 양도함으로써 받은 수입금액과 임대함으로써 받은 임대료수입액의 합계액
③ 해당 과세연도에 경제자유구역·새만금사업지역·제주투자진흥지구 또는 기업도시개발구역 내의 시설물을 양도함으로써 받은 수입금액과 임대함으로써 받은 임대료수입액의 합계액
위에서 '당해 시설물과 함께 거래되는 부수토지'라 함은 당해 시설물의 부수토지로서 시설물이 정착된 면적에 다음의 지역별 배율을 곱하여 산정한 면적 이내의 토지를 말한다(조특칙 §51의2).
㉠ 도시지역 내의 토지 : 5배
㉡ 도시지역 외의 토지 : 10배

3-2-11. 감면한도

감면기간 동안 감면받는 소득세 또는 법인세의 총합계액이 다음의 ①과 ②를 합한 금액을 초과하는 경우에는 그 합한 금액을 한도(이하 "감면한도"[37])라 한다)로 하여 세액을 감면한다

(조특법 §121의2⑭). 이때 각 과세연도에 감면받을 소득세 또는 법인세에 대하여 감면한도를 적용할 때에는 ①의 금액을 먼저 적용한 후 ②의 금액을 적용한다(조특법 §121의2⑮).

① 투자금액을 기준으로 한 한도로서 다음의 구분에 따른 금액
   ㉮ 신성장동력산업기술을 수반하는 사업 및 외국인투자지역에 입주하는 외국인투자기업이 경영하는 사업의 경우38) : 외국인투자누계액 × 50%39)
   ㉯ 그 외의 경우40) : 외국인투자누계액 × 40%
② 고용을 기준으로 한 다음의 금액을 합한 금액. 다만, 신성장동력산업기술을 수반하는 사업의 경우에는 외국인투자누계액의 100분의 50에 상당하는 금액을 한도로 하고, 외국인투자지역에 입주하는 외국인투자기업이 경영하는 사업의 경우에는 외국인투자누계액의 100분의 40에 상당하는 금액을 한도로 하며, 그 밖의 경우 및 조특법 제121조의2 제12항 제1호의 경우에는 외국인투자누계액의 100분의 30에 상당하는 금액을 한도로 함.
   ㉮ 해당 과세연도의 해당 외국인투자기업의 상시근로자 중 산업수요맞춤형고등학교의 졸업생 수 × 2천만원
   ㉯ 해당 과세연도의 해당 외국인투자기업의 ㉮항 외의 상시근로자 중 청년근로자, 장애인근로자, 60세 이상인 근로자 수 × 1천500만원
   ㉰ (해당 과세연도의 상시근로자 수 − ㉮에 따른 졸업생 수 − ㉯에 따른 청년근로자, 장애인근로자, 60세 이상인 근로자 수) × 1천만원

여기서 외국인투자누계액이란 「외국인투자촉진법」 제2조 제1항 제4호에 따른 외국인투자자로서 조세감면결정을 받아 감면기간 중 해당 과세연도 종료일까지 해당 외국인투자기업에 납입된 자본금41)(기업회계기준에 따른 주식발행초과금 및 감자차익을 가산하고 주식할인발행차금 및 감자차손을 차감한 금액)을 말한다. 또한, 상시근로자42)의 범위 및 상시근로자 수의 계산방법에 관하여는 조특령 제27조의4 제7항부터 제9항까지의 규정을 준용한다(조특령 §116의2㉒·㉔). 한편, 고용기준을 적용받아 소득세 또는 법인세를 감면받은 외국인투자기업이 감면받은

---

37) 지원한도를 신설하여 투자금액에 비하여 과다하게 조세감면을 받는 사례를 방지하고 고용인센티브를 신설하여 외투기업의 고용증대를 유도(2011. 1. 1. 이후 조세감면을 신청하는 분부터 적용)
38) 조특법 제121조의2 제1항 제1호 및 제2호의 경우
39) 개별형 등 대규모 외투기업 및 고도기술수반사업의 경우 외국인투자누계액의 70%, 단지형 등 중규모 외투기업의 경우 외국인투자누계액의 50%
40) 조특법 제121조의2 제1항 제2호의2부터 제2호의9까지, 제3호 및 제12항 제1호의 경우
41) 외국인투자촉진법상의 외국인투자자로서 조세감면 결정을 받아 해당 과세연도 종료일까지 외투기업에 납입된 자본금. 단, ① 기존주식 취득에 의한 외국인투자, ② 내국인의 직·간접 우회투자, ③ 장기차관에 의한 외국인투자, ④ 감면기간이 종료한 외국인투자자는 제외
42) 상시근로자 범위 : 1년 이상 근로계약을 체결한 내국인 근로자

$$상시근로자 \ 수 \ 계산방법 = \frac{해당 \ 기간 \ 매월 \ 말 \ 현재 \ 상시근로자 \ 수의 \ 합}{해당 \ 기간의 \ 개월 \ 수}$$

과세연도 종료일부터 2년이 되는 날이 속하는 과세연도 종료일까지의 기간 중 각 과세연도의 상시근로자 수가 감면받은 과세연도의 상시근로자 수보다 감소한 경우에는 다음의 계산식에 따라 계산한 금액(그 수가 음수이면 영으로 보고, 감면받은 과세연도 종료일 이후 2개 과세연도 연속으로 상시근로자 수가 감소한 경우에는 두 번째 과세연도에는 첫 번째 과세연도에 납부한 금액을 뺀 금액)을 상시근로자 수가 감소된 과세연도의 과세표준을 신고할 때 소득세 또는 법인세로 납부하여야 한다(조특법 §121의2⑯, 조특령 §116의2㉓).

> 해당 기업의 상시근로자 수가 감소된 과세연도의 직전 2년 이내의 과세연도에 고용기준에 따라 감면받은 세액의 합계액 − (상시근로자 수가 감소된 과세연도의 해당 외국인투자기업의 상시근로자 수 × 1천만원)

3-3. 관세 등의 면제

3-3-1. 관세·개별소비세·부가가치세의 면제

다음의 자본재[43] 중 법정 자본재[조특법 제121조의2의 규정에 의하여 법인세 또는 소득세가 감면되는 사업에 직접 사용되는 것으로서 외투법 제5조에 따른 신고를 한 날부터 5년(공장설립승인의 지연 기타 부득이한 사유로 인하여 위 기간 이내에 수입신고를 완료할 수 없는 경우로서 그 기간이 종료되기 전에 기획재정부장관에게 연장신청하여 승인을 받은 경우에는 6년으로 한다) 이내에 「관세법」에 의한 수입신고가 완료되는 것으로 한다(조특령 §116의5①)]가 외투법 제2조 제1항 제4호 가목 1)에 따른 외국인투자를 하기 위하여 같은 법 제5조 제1항 및 제2항에 따라 신고된 내용에 따라 도입되는 경우에는 관세·개별소비세 및 부가가치세를 면제한다(조특법 §121의3①).

① 외국인투자기업이 외국투자가로부터 출자받은 대외지급수단 또는 내국지급수단으로 도입하는 자본재
② 외국투자가가 외투법 제2조 제1항 제8호에 해당하는 출자목적물로 도입하는 자본재

한편, 외투법 제6조(기존 주식 등의 취득에 의한 외국인투자)의 규정에 의한 외국인투자에 대하여는 관세·개별소비세 및 부가가치세를 면제하지 않는다(조특법 §121의3④).

3-3-2. 관세의 면제

조특법 제121조의2 제1항 제2호의2(경제자유구역의 지정 및 운영에 관한 특별법 제2조 제1호에 따른 경제자유구역에 입주하는 외국인투자기업이 경영하는 사업)·제2호의3(경제자유구역의 지정 및 운영에 관한 특별법 제9조 제1항에 따른 경제자유구역 개발사업시행자에 해당하는 외국인투자기업이

---

43) 외투법 제2조 제1항 제9호에 따른 "자본재"를 말한다.

경영하는 사업)·제2호의4(「제주특별자치도 설치 및 국제자유도시 조성을 위한 특별법」 제162조에 따라 지정되는 제주투자진흥지구의 개발사업시행자에 해당하는 외국인투자기업이 경영하는 사업)·제2호의5(외투법 제18조 제1항 제1호에 따른 외국인투자지역에 입주하는 외국인투자기업이 경영하는 사업)·제2호의8(새만금사업지역에 입주하는 외국인투자기업이 경영하는 사업), 제2호의9 (「새만금사업 추진 및 지원에 관한 특별법」 제8조 제1항에 따른 사업시행자에 해당하는 외국인투자기업이 경영하는 사업) 및 제3호(기타 외국인투자유치를 위하여 조세감면이 불가피한 사업)의 사업에 소요되는 자본재 중 특정 자본재[외국인투자기업이 외국투자가로부터 출자받은 대외지급수단 또는 내국지급수단으로 도입하는 자본재 또는 외국투자가가 외투법 제2조 제1항 제7호에 해당하는 출자목적물로 도입하는 자본재 중 법 제121조의2의 규정에 의하여 법인세 또는 소득세가 감면되는 사업에 직접 사용되는 것으로서 외투법 제5조의 규정에 의한 신고를 한 날부터 5년(공장설립승인의 지연 및 그 밖의 부득이한 사유로 인하여 동 기간 이내에 수입신고를 완료할 수 없는 경우로서 그 기간이 종료되기 전에 기획재정부장관에게 연장신청하여 승인을 받은 경우에는 6년으로 한다) 이내에 「관세법」에 의한 수입신고가 완료된 것을 말한다(조특령 §116의5②)]가 외투법 제2조 제1항 제4호 가목 1)에 따른 외국인투자를 하기 위하여 같은 법 제5조 제1항 및 제2항에 따라 신고된 내용에 따라 도입되는 경우에는 관세를 면제한다(조특법 §121의3②).

3-3-3. 면제 한도

면제대상 자본재는 외국인투자기업이 외국투자가로터 출자받은 대외지급수단 또는 내국지급수단의 범위에서 도입하는 자본재로 하며, 해당 한도금액은 외국인투자기업이 감면대상 해당 여부 결정 이후 면제대상 자본재를 최초로 도입하는 때에 선택하는 통화(이하 "기준통화"라 한다)를 기준으로 산정한다. 이 경우 외국인투자기업이 기준통화와 다른 통화로 자본재를 도입하는 경우 관세·개별소비세 및 부가가치세 면제에 있어서 그 자본재의 가액은 면제대상 자본재 도입 시 「관세법」 제18조에 따라 관세청장이 정하는 환율을 이용하여 기준통화와 자본재 도입대가 지급 통화 간 환율을 산정하여 이에 따라 기준통화로 환산한 금액으로 한다(조특령 §116의5③·④).

3-3-4. 면제신청

외국투자가 또는 외국인투자기업이 관세·개별소비세 및 부가가치세를 면제받고자 할 때에는 관세·개별소비세·부가가치세 면제신청서에 다음의 서류를 첨부하여 세관장에게 제출하여야 한다(조특법 §121의3③, 조특칙 §51의5).

① 당해 사업이 법인세 등의 감면대상이 되는 사업임을 증명하는 서류 사본
② 당해 자본재가 관세 등의 면제에 해당하는 것임을 증명하는 서류 사본
③ 「외국인투자촉진법 시행령」 제38조 제2항의 규정에 의한 확인을 받은 자본재의

도입물품명세확인서 사본

3-4. 지방세의 감면

3-4-1. 사업개시일 후에 취득·보유하는 재산

2019년 12월 31일까지 제6항에 따른 조세감면신청을 한 외국인투자기업에 대해서는 해당 외국인투자기업이 신고한 사업(새만금 관련 사업은 제외)을 경영하기 위하여 취득·보유하는 재산에 대한 취득세 및 재산세에 대하여는 다음과 같이 그 세액을 감면하거나 일정금액을 과세표준에서 공제한다. 다만, 지방자치단체가 조례가 정하는 바에 따라 감면기간 또는 공제기간을 15년까지 연장하거나 연장한 기간 내에서 감면비율 또는 공제비율을 높인 때에는 ① 및 ②에 불구하고 그 기간 및 비율에 따른다(조특법 §121의2④).

① 취득세 및 재산세는 사업개시일부터 5년 이내에 있어서는 당해 재산에 대한 산출세액에 외국인투자비율을 곱한 금액("감면대상세액")의 전액을, 그 다음 2년 이내에 있어서는 감면대상세액의 50%에 상당하는 세액을 감면. 다만, 경제자유구역에 입주하는 외국인투자기업이 경영하는 사업·경제자유구역 개발사업시행자에 해당하는 외국인투자기업이 경영하는 사업·제주투자진흥지구의 개발사업시행자에 해당하는 외국인투자기업이 경영하는 사업·외국인기업전용단지에 입주하는 외국인투자기업이 경영하는 사업·기업도시개발구역에 입주하는 외국인투자기업이 경영하는 사업·기업도시개발사업시행자로 지정된 외국인투자기업이 경영하는 기업도시개발사업·새만금사업지역에 입주하는 외국인투자기업이 경영하는 사업·새만금사업 추진 및 지원에 관한 특별법 제8조 제1항에 따른 사업시행자에 해당하는 외국인투자기업이 경영하는 사업 및 외국인투자유치를 위하여 조세감면이 불가피한 사업에 따른 감면대상이 되는 사업을 경영하기 위하여 취득·보유하는 재산에 대한 취득세 및 재산세는 사업개시일부터 3년 이내에 있어서는 감면대상세액의 전액을, 그 다음 2년 이내에 있어서는 감면대상세액의 50%에 상당하는 세액을 각각 감면한다.

② 토지에 대한 재산세는 사업개시일부터 5년 동안은 당해 재산의 과세표준에 외국인투자비율을 곱한 금액("공제대상금액")의 전액을, 그 다음 2년 동안은 공제대상금액의 50%에 상당하는 금액을 과세표준에서 공제. 다만, 제1항 제2호의2(경제자유구역에 입주하는 외국인투자기업이 경영하는 사업)·제2호의3(경제자유구역 개발사업시행자에 해당하는 외국인투자기업이 경영하는 사업)·제2호의4(제주투자진흥지구의 개발사업시행자에 해당하는 외국인투자기업이 경영하는 사업)·제2호의5(외국인기업전용단지에 입주하는 외국인투자기업이 경영하는 사업)·제2호의6(기업도시개발구역에 입주하는 외국인투자기업이

경영하는 사업)·제2호의7(기업도시개발사업시행자로 지정된 외국인투자기업이 경영하는 기업도시개발사업)·제2호의8(새만금사업지역에 입주하는 외국인투자기업이 경영하는 사업)·제2호의9(새만금사업 추진 및 지원에 관한 특별법 제8조 제1항에 따른 사업시행자에 해당하는 외국인투자기업이 경영하는 사업) 및 제3호(외국인투자유치를 위하여 조세감면이 불가피한 사업)에 따른 감면대상이 되는 사업을 경영하기 위하여 취득·보유하는 토지에 대한 재산세는 사업개시일부터 3년 동안은 공제대상금액의 전액을, 그 다음 2년 동안은 공제대상금액의 50%에 상당하는 금액을 과세표준에서 각각 공제한다.

3-4-2. 사업개시일 전에 취득·보유하는 재산

2019년 12월 31일까지 조세감면신청을 한 외국인투자기업에 대해서는 해당 외국인투자기업이 사업개시일 전에 감면대상사업에 사용할 목적으로 취득·보유하는 재산이 있는 경우에는 위(3-4-1.)에 불구하고 당해 재산에 대한 취득세 및 재산세에 대하여 다음과 같이 그 세액을 감면하거나 일정금액을 그 과세표준에서 공제한다. 다만, 지방자치단체가 「지방세특례제한법」 제4조에 따른 조례가 정하는 바에 따라 감면기간 또는 공제기간을 15년까지 연장하거나 연장한 기간 내에서 감면비율 또는 공제비율을 높인 때에는 ② 및 ③에 불구하고 그 기간 및 비율에 의한다(조특법 §121의2⑤).

① 조세감면결정을 받은 날 이후에 취득하는 재산에 대한 취득세는 감면대상세액의 전액을 감면

② 재산세는 당해 재산을 취득한 날부터 5년 동안은 감면대상세액의 전액을, 그 다음 2년 동안은 감면대상세액의 50%에 상당하는 세액을 감면. 다만, 제1항 제2호의2(경제자유구역에 입주하는 외국인투자기업이 경영하는 사업)·제2호의3(경제자유구역 개발사업시행자에 해당하는 외국인투자기업이 경영하는 사업)·제2호의4(제주투자진흥지구의 개발사업시행자에 해당하는 외국인투자기업이 경영하는 사업)·제2호의5(외국인기업전용단지에 입주하는 외국인투자기업이 경영하는 사업)·제2호의6(기업도시개발구역에 입주하는 외국인투자기업이 경영하는 사업)·제2호의7(기업도시개발사업시행자로 지정된 외국인투자기업이 경영하는 기업도시개발사업)·제2호의8(새만금사업지역에 입주하는 외국인투자기업이 경영하는 사업)·제2호의9(새만금사업 추진 및 지원에 관한 특별법 제8조 제1항에 따른 사업시행자에 해당하는 외국인투자기업이 경영하는 사업) 및 제3호(외국인투자유치를 위하여 조세감면이 불가피한 사업)에 따른 감면대상이 되는 사업을 경영하기 위하여 취득·보유하는 재산에 대한 재산세는 당해 재산을 취득한 날부터 3년 동안은 감면대상세액의 전액을, 그 다음 2년 동안은 감면대상세액의 50%에 상당하는 세액을 각각 감면한다.

③ 토지에 대한 재산세는 당해 재산을 취득한 날부터 5년 동안은 공제대상금액의 전액을,

그 다음 2년 동안은 공제대상금액의 50%에 상당하는 금액을 과세표준에서 공제. 다만, 제1항 제2호의2(경제자유구역에 입주하는 외국인투자기업이 경영하는 사업)·제2호의3(경제자유구역 개발사업시행자에 해당하는 외국인투자기업이 경영하는 사업)·제2호의4(제주투자진흥지구의 개발사업시행자에 해당하는 외국인투자기업이 경영하는 사업)·제2호의5(외국인기업전용단지에 입주하는 외국인투자기업이 경영하는 사업)·제2호의6(기업도시개발구역에 입주하는 외국인투자기업이 경영하는 사업)·제2호의7(기업도시개발사업시행자로 지정된 외국인투자기업이 경영하는 기업도시개발사업)·제2호의8(새만금사업지역에 입주하는 외국인투자기업이 경영하는 사업)·제2호의9(새만금사업 추진 및 지원에 관한 특별법 제8조 제1항에 따른 사업시행자에 해당하는 외국인투자기업이 경영하는 사업) 및 제3호(외국인투자 유치를 위하여 조세감면이 불가피한 사업)에 따른 감면대상이 되는 사업을 경영하기 위하여 취득·보유하는 토지에 대한 재산세는 해당 재산을 취득한 날부터 3년 동안은 공제대상금액의 전액을, 그 다음 2년 동안은 공제대상금액의 50%에 상당하는 금액을 과세표준에서 각각 공제한다.

3-5. 조세감면신청 등

3-5-1. 조세감면신청 및 변경신청

외국투자가 또는 외국인투자기업이 감면을 받고자 할 때에는 당해 외국인투자기업의 사업개시일이 속하는 과세연도의 종료일까지 기획재정부장관에게 감면신청을 하여야 한다.

조세감면결정을 받은 사업내용을 변경한 경우 그 변경된 사업에 대한 감면을 받고자 할 때에는 당해 변경사유가 발생한 날부터 2년이 되는 날까지 기획재정부장관에게 조세감면내용 변경신청을 하여야 하며, 이에 따른 조세감면내용 변경결정이 있는 경우 그 변경결정의 내용은 당초 감면기간의 잔여기간에 한하여 적용된다(조특법 §121의2⑥).

기획재정부장관은 조세감면신청 또는 조세감면내용의 변경신청이 있는 때에는 당해 신청이 조세감면기준에 해당되는지의 여부 등을 검토하여 20일 이내에 감면 여부 또는 감면내용의 변경 여부를 결정하고 이를 신청인에게 통지하여야 한다(조특령 §116의3①).

하지만, 기획재정부장관이 조특법 제121조의2 제1항 제1호의 사업(국내산업의 국제경쟁력 강화에 긴요한 산업지원서비스업 및 고도의 기술을 수반하는 사업)에 대하여 조특법 제121조의2 제6항에 따른 신청을 받아 비감면대상사업으로 결정하려는 때에는 해당 신청일부터 20일 이내에 결정예고통지를 하여야 한다(조특령 §116의3②).

결정예고통지를 받은 자는 기획재정부장관에게 그 통지를 받은 날부터 20일 이내에 통지내용에 대한 적정성 여부에 대한 심사를 소명자료를 첨부하여 서면으로 요청할 수 있다(조특령 §116의3③).

기획재정부장관은 요청을 받은 날부터 20일 이내에 감면 여부 또는 감면내용의 변경 여부를 결정하고 그 결과를 신청인에게 통지하여야 한다(조특령 §116의3④).

기획재정부장관은 감면 여부 또는 감면내용의 변경 여부를 결정하는 경우 부득이하게 장기간이 소요된다고 인정되는 때에는 20일의 범위 내에서 그 처리기간을 연장할 수 있다. 이 경우에는 그 사유 및 처리기간을 신청인에게 통지하여야 한다(조특령 §116의3⑤).

기획재정부장관은 조세감면 또는 조세감면내용의 변경을 결정한 때에는 그 사실을 국세청장·관세청장 및 당해 공장시설을 관할하는 지방자치단체의 장에게 통보하여야 한다(조특령 §116의3⑥).

3-5-2. 사업개시의 신고 등

사업개시일(「부가가치세법」 제8조 제1항의 규정에 의한 사업개시일을 말한다) 이전에 조세감면 결정을 받은 외국인투자기업은 사업개시일부터 20일 이내에 그 사업장을 관할하는 세무서장에게 사업개시의 신고를 하여야 한다(조특령 §116의4①). 신고를 받은 세무서장은 당해 외국인 투자기업의 사업개시일의 적정 여부를 확인하여야 한다(조특령 §116의4②). 한편, 사업개시일 이전에 조세감면결정을 받고 신고를 하지 아니한 외국인투자기업 또는 사업개시일 후에 조세감면결정을 받은 외국인투자기업의 사업개시일은 그 사업장을 관할하는 세무서장이 이를 조사·확인한다(조특령 §116의4③). 세무서장이 외국인투자기업의 사업개시일을 확인한 때에는 지체 없이 이를 당해 외국인투자기업 및 그 사업장을 관할하는 지방자치단체의 장에게 통보하여야 한다(조특령 §116의4④). 조세감면결정을 받은 외국인투자기업은 감면받은 과세연도의 과세표준을 신고할 때 그 사업장을 관할하는 세무서장에게 투자명세서를 제출하여야 한다(조특령 §116의4⑤).

3-5-3. 사전확인신청

외국인·외국투자가 또는 외국인투자기업은 외투법 제5조 제1항의 규정에 의한 신고를 하기 전에 그 경영하고자 하는 사업이 감면대상에 해당하는지의 여부를 확인하여 줄 것을 기획재정부장관에게 신청할 수 있다(조특법 §121의2⑦).

위 '3-5-1.'의 절차는 조세감면대상 해당 여부의 사전확인신청에 관하여 이를 준용한다(조특령 §116의3⑦).

3-5-4. 감면·감면내용변경·감면대상 해당 여부의 통지

기획재정부장관은 조세감면신청 또는 조세감면내용 변경신청을 받거나 사전확인신청을 받은 때에는 관계 중앙관서의 장(조특법 제121조의2 제4항, 제5항, 제12항 제3호 및 제4호에 따른 취득세 및 재산세의 감면의 경우에는 해당 사업장을 관할하는 지방자치단체의 장을 말한다)과 협의하여 그 감면·감면내용변경·감면대상 해당 여부를 결정하고 이를 신청인에게 통지하여야 한다. 다만, 조특법 제121조의2 제1항 제1호(신성장동력산업기술을 수반하는 사업)에 따른 감면에 대해서는 그 감면·감면내용변경·감면대상 해당 여부를 결정할 수 있다(조특법 §121의2⑧).

한편, 외국인투자신고 후 최초의 조세감면결정 통지일부터 3년이 되는 날 이전에 외국인투자기업이 조세감면결정 시 확인된 외국인투자신고금액의 범위에서 증자하는 경우에는 조특법 제121조의2 제6항에 따른 감면신청을 하지 아니하는 경우에도 그 증자분에 대하여 조특법 제121조의2 제8항에 따른 감면결정을 받은 것으로 본다(조특법 §121의4⑤).

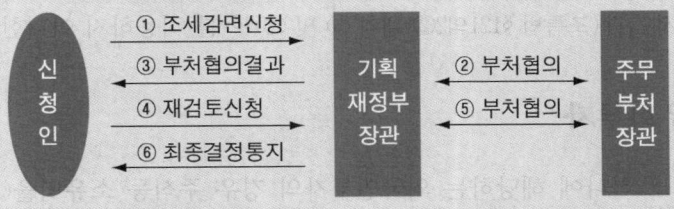

참고 외국인투자시 조세감면신청 및 결정절차(국내산업의 국제경쟁력 강화에 긴요한 산업지원서비스업 및 고도의 기술을 수반하는 사업)

① 신청인 → 기획재정부장관에게 조세감면신청
② 기획재정부장관 → 주무부처 의견 조회
③ 기획재정부장관 → 부처협의결과 신청인에게 1차 통지
④ 신청인 → 20일 이내 기획재정부장관에게 재검토신청
   ※ 이의 없는 경우 : 기획재정부장관이 조세감면 해당 여부 최종결정통지
⑤ 기획재정부장관 → 주무부처와 의견재검토 협의
⑥ 기획재정부장관 → 조세감면 해당 여부 최종결정통지

3-5-5. 감면신청기한이 경과한 후 감면신청한 경우

외국투자가 또는 외국인투자기업이 감면신청기한이 경과한 후 감면신청을 하여 감면결정을 받은 경우에는 그 감면신청일이 속하는 과세연도와 그 후의 잔존감면기간에 한하여 과세특례(조특법 §121의2① 내지 ⑤ 및 ⑫)[44]의 규정을 적용한다. 이 경우 외국인투자가 또는 외국인투자기업이 감면결정을 받기 이전에 이미 납부한 세액이 있는 때에는 당해 세액은 환급하지 아니한다(조특법 §121의2⑩).

---

44) 해당 사업, 감면대상세액, 배당소득 감면, 지방세 감면, 사업양수방식 투자

3-5-6. 조세감면결정의 효력 상실 등

외국인투자신고 후 최초의 조세감면결정 통지일부터 3년이 경과하는 날까지 최초의 출자(증자를 포함한다)가 없는 경우에는 조세감면결정의 효력은 상실되며, 외국인투자신고 후 최초의 조세감면결정 통지일부터 3년 이내에 최초의 출자를 한 경우로서 최초의 조세감면결정 통지일부터 5년이 되는 날까지 사업을 개시하지 아니한 경우에는 최초의 조세감면결정 통지일부터 5년이 되는 날을 그 사업을 개시한 날로 본다[45](조특법 §121의2⑬).

3-6. 배 제

외투법 제2조 제1항 제8호 사목(① 외국의 유가증권시장에 상장 또는 등록된 외국법인의 주식, ② 외투법 또는 「외국환거래법」에 따라 외국인이 소유하고 있는 주식) 또는 동법 제2조 제1항 제4호 가목 2), 제5조 제2항 제1호 및 제6조(기존 주식 등의 취득에 의한 외국인투자)에 따른 외국인투자에 대하여는 과세특례(조특법 §121의2② 내지 ⑤ 및 ⑫)[46]를 적용하지 아니한다(조특법 §121의2⑨).

3-7. 우회투자

다음의 어느 하나에 해당하는 외국인투자의 경우 주식등 소유비율(소유비율이 100분의 5 미만인 경우에는 100분의 5로 본다) 상당액 또는 대여금 상당액 또는 외국인투자금액에 대해서는 조세감면대상으로 보지 아니한다(조특법 §121의2⑪).
   ① 외국법인 또는 외국기업(이하 "외국법인등"이라 한다)이 외국인투자를 하는 경우로서 다음의 어느 하나에 해당하는 경우
   ㉠ 대한민국 국민(외국에 영주하고 있는 사람으로서 거주지국의 영주권을 취득하거나 영주권을 갈음하는 체류허가를 받은 사람은 제외한다) 또는 대한민국 법인(이하 "대한민국국민등"이라 한다)이 해당 외국법인등의 의결권 있는 주식등의 100분의 5 이상을 직접 또는 간접으로 소유하고 있는 경우
   ㉡ 대한민국국민등이 단독으로 또는 다른 주주와의 합의·계약 등에 따라 해당 외국법인등의 대표이사 또는 이사의 과반수를 선임한 주주에 해당하는 경우

---

45) 외국인투자 신고 후 조세감면결정을 받은 외국인투자기업이 증자를 하는 경우 증자시마다 증자분에 대한 조세감면결정을 받도록 되어 있는 제도를 개선하여 조세감면 결정통지일로부터 3년 이내의 증자분에 대하여는 조세감면신청 및 결정 면제함으로써 외국인투자 활성화 지원. 단 외국인투자 신고 후 최초의 조세감면결정 통지일부터 3년 이내에 최초의 출자(증자 포함)가 없는 경우 조세감면결정 효력 상실(2006. 1. 1. 이후 최초로 증자하는 분부터 적용)

46) 감면대상세액, 배당소득 감면, 지방세 감면, 사업양수방식 투자

② 다음의 어느 하나에 해당하는 자가 「외국인투자 촉진법」 제2조 제1항 제5호에 따른 외국투자가("외국투자가")에게 대여한 금액이 있는 경우

　　㉠ 외국인투자기업

　　㉡ 외국인투자기업의 의결권 있는 주식등을 100분의 5 이상 직접 또는 간접으로 소유하고 있는 대한민국국민등

　　㉢ 단독으로 또는 다른 주주와의 합의·계약 등에 따라 외국인투자기업의 대표이사 또는 이사의 과반수를 선임한 주주인 대한민국국민등

③ 외국인이 「국제조세조정에 관한 법률」 제2조 제1항 제7호에 따른 조세조약 또는 투자보장협정을 체결하지 아니한 국가 또는 지역(조특령 별표 13)을 통하여 외국인투자를 하는 경우

조특령 [별표 13] (2014. 2. 21. 신설)

외국인투자 조세감면 배제국가(조특령 제116조의2 제13항 관련)

1. 레바논	2. 보츠와나	3. 도미니카 연방
4. 과테말라	5. 나우루	6. 니우에
7. 트리니다드 토바고	8. 키프로스	9. 세이셸

여기서, 주식의 직접 또는 간접소유비율은 조특법 제121조의2(외국인투자에 대한 법인세 등의 감면), 조특법 제121조의3(관세 등의 면제), 조특법 제121조의4(증자의 조세감면)에 따라 조세감면 또는 조세면제의 대상이 되는 당해 조세의 납세의무 성립일을 기준으로 산출한다(조특령 §116의2⑪).

한편, 위의 주식의 간접소유비율은 다음의 구분에 따라 계산한다(조특령 §116의2⑫).

① 대한민국국민 등이 외국법인 등의 주주 또는 출자자인 법인(이하 "주주법인"이라 한다)의 의결권 있는 주식의 50% 이상을 소유하고 있는 경우에는 주주법인이 소유하고 있는 당해 외국법인 등의 의결권 있는 주식이 그 외국법인 등이 발행한 의결권 있는 주식의 총수에서 차지하는 비율(이하 "주주법인의 주식소유비율"이라 한다)을 대한민국국민 등의 당해 외국법인 등에 대한 간접소유비율로 한다.

② 대한민국국민 등이 외국법인 등의 주주법인의 의결권 있는 주식의 50% 미만을 소유하고 있는 경우에는 그 소유비율에 주주법인의 주식소유비율을 곱한 비율을 대한민국국민 등의 당해 외국법인 등에 대한 간접소유비율로 한다.

③ 위 ① 및 ②를 적용함에 있어서 주주법인이 둘 이상인 경우에는 ① 및 ②에 따라 각 주주법인별로 계산한 비율을 합계한 비율을 대한민국국민 등의 당해 외국법인 등에

대한 간접소유비율로 한다.

④ 위 ①부터 ③까지의 계산방법은 외국법인 등의 주주법인과 대한민국국민 등 사이에 하나 이상의 법인이 게재되어 있고 이들 법인이 주식소유관계를 통하여 연결되어 있는 경우에 이를 준용한다.

3-8. 사업양수방식에 의한 외국인투자

국내산업의 국제경쟁력 강화에 긴요한 산업지원서비스업 및 고도의 기술을 수반하는 사업에 대한 외국인투자 중 그 사업에 관한 권리와 의무를 포괄적 또는 부분적으로 승계하는 것에 대하여는 다음에서 정하는 바에 따라 법인세·소득세·취득세 및 재산세를 각각 감면한다. 다만, '3-8-2-1.' 및 '3-8-2-2.'를 적용함에 있어서 지방자치단체가 조례가 정하는 바에 따라 감면기간 또는 공제기간을 10년까지 연장하거나 연장한 기간 내에서 감면비율 또는 공제비율을 높인 때에는 '3-8-2-1.' 및 '3-8-2-2.'에 불구하고 그 기간 및 비율에 의한다(조특법 §121의2⑫).

3-8-1. 법인세 및 소득세의 감면

2018. 12. 31.까지 조세감면신청을 한 외국인투자기업에 대한 법인세 및 소득세는 국내산업구조의 고도화와 국제경쟁력 강화에 긴요한 신성장동력산업에 속하는 사업으로서 감면대상이 되는 사업을 경영함으로써 발생한 소득에 한하여 감면하되, 당해 사업을 개시한 후 당해 사업에서 최초로 소득이 발생한 과세연도(사업개시일부터 5년이 되는 날이 속하는 과세연도까지 당해 사업에서 소득이 발생하지 아니한 때에는 5년이 되는 날이 속하는 과세연도)의 개시일부터 3년 이내에 종료하는 과세연도에 있어서는 감면대상세액의 50%를, 그 다음 2년 이내에 종료하는 과세연도에 있어서는 감면대상세액의 30%에 상당하는 세액을 각각 감면한다.

3-8-2. 지방세의 감면

3-8-2-1. 사업개시 후 취득·보유재산

2019년 12월 31일까지 조세감면신청을 한 외국인투자기업이 국내산업의 국제경쟁력 강화에 긴요한 산업지원서비스업 및 고도의 기술을 수반하는 사업을 경영하기 위하여 취득·보유하는 재산에 대한 취득세 및 재산세는 다음의 구분에 따라 그 세액을 감면하거나 과세표준에서 공제한다.

㉠ 취득세 및 재산세는 사업개시일부터 3년 이내에 있어서는 감면대상세액의 50%를, 그 다음 2년 동안은 감면대상세액의 30%에 상당하는 세액을 각각 감면한다.

ⓛ 토지에 대한 재산세는 사업개시일부터 3년 동안은 공제대상금액의 50%를, 그 다음 2년 동안은 공제대상금액의 30%에 상당하는 금액을 과세표준에서 각각 공제한다.

3-8-2-2. 사업개시 전 취득보유재산

2019년 12월 31일까지 조세감면신청을 한 외국인투자기업이 사업개시일 전에 국내산업의 국제경쟁력 강화에 긴요한 산업지원서비스업 및 고도의 기술을 수반하는 사업에 사용할 목적으로 취득·보유하는 재산이 있는 경우의 취득세 및 재산세는 다음의 구분에 따라 그 세액을 감면하거나 과세표준에서 공제한다.

ⓐ 조세감면결정을 받은 날 이후에 취득하는 재산에 대한 취득세는 감면대상세액의 50%를 감면한다.

ⓛ 재산세는 당해 재산을 취득한 날부터 3년 동안은 감면대상세액의 50%를, 그 다음 2년 동안은 감면대상세액의 30%에 상당하는 세액을 각각 감면한다.

ⓒ 토지에 대한 재산세는 당해 재산을 취득한 날부터 3년 동안은 공제대상금액의 50%를, 그 다음 2년 동안은 공제대상금액의 30%에 상당하는 금액을 과세표준에서 각각 공제한다.

3-9. 추 징

3-9-1. 법인세 또는 소득세

법인세 또는 소득세를 감면(조특법 §121의2②·⑫)받은 외국인투자기업은 다음의 어느 하나에 해당하는 사유가 발생한 경우 사유가 발생한 날이 속하는 과세연도의 과세표준신고시 감면된 세액('3-9-4.' 참조)에 이자상당가산액을 가산하여 소득세 또는 법인세로 납부하여야 하며, 당해 세액은 「소득세법」 제76조 또는 「법인세법」 제64조의 규정에 의하여 납부하여야 할 세액으로 본다(조특법 §121의5①).

① 외투법에 따라 등록이 말소된 경우

② 조특법 제121조의2 제1항 본문의 규정에 의한 조세감면기준에 해당하지 아니하게 된 경우

③ 신고한 내용을 이행하지 아니하여 외투법 제28조 제5항의 규정에 의한 시정명령을 받은 자가 이를 이행하지 아니한 경우

④ 외국투자가가 이 법에 의하여 소유하는 주식 등을 대한민국국민 또는 대한민국법인에게 양도하는 경우

⑤ 당해 외국인투자기업이 폐업하는 경우

⑥ 외국인투자기업이 외국인투자신고 후 5년(고용 관련 조세 감면기준은 3년) 이내에 출자목적물의 납입 및 외투법 제2조 제1항 제4호 나목에 따른 장기차관의 도입 또는

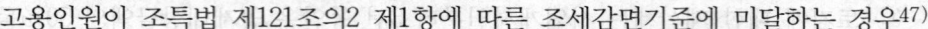

고용인원이 조특법 제121조의2 제1항에 따른 조세감면기준에 미달하는 경우47)

3-9-2. 관세·개별소비세 및 부가가치세

세관장 또는 세무서장은 다음의 어느 하나에 해당하는 경우에는 면제된 관세·개별소비세 및 부가가치세를 추징('3-9-4.' 참조)한다(조특법 §121의5②).

① 외투법에 따라 등록이 말소된 경우
② 출자목적물이 신고된 목적 외의 목적에 사용되거나 처분된 경우
③ 외국투자가가 이 법에 의하여 소유하는 주식 등을 대한민국국민 또는 대한민국법인에게 양도하는 경우
④ 당해 외국인투자기업이 폐업하는 경우
⑤ 외국인투자기업이 외국인투자신고 후 5년(고용 관련 조세 감면기준은 3년) 이내에 출자목적물의 납입 및 외투법 제2조 제1항 제4호 나목에 따른 장기차관의 도입 또는 고용인원이 조특법 제121조의2 제1항에 따른 조세감면기준에 미달하는 경우

3-9-3. 취득세 및 재산세

지방자치단체의 장은 다음의 어느 하나에 해당하는 경우에는 감면된 취득세 및 재산세를 추징('3-9-4.' 참조)한다. 이 경우 ①에 해당하는 경우에는 그 미달된 비율에 상응하는 금액에 해당하는 세액을 추징한다(조특법 §121의5③).

① 조특법 제121조의2 제5항 및 제12항의 규정에 의하여 조세가 감면된 후 외국투자가의 주식 등의 비율이 감면 당시의 주식 등의 비율에 미달하게 된 경우
② 조특법 제121조의2 제4항 및 제12항의 규정에 의하여 조세가 감면된 후 외국투자가가 이 법에 의하여 소유하는 주식 등을 대한민국국민 또는 대한민국법인에게 양도하는 경우
③ 외투법 제21조 제3항의 규정에 의하여 등록이 말소된 경우
④ 당해 외국인투자기업이 폐업하는 경우
⑤ 외국인투자기업이 외국인투자신고 후 5년(고용 관련 조세 감면기준은 3년) 이내에 출자목적물의 납입 및 외투법 제2조 제1항 제4호 나목에 따른 장기차관의 도입 또는 고용인원이 조특법 제121조의2 제1항에 따른 조세감면기준에 미달하는 경우

---

47) 외국인투자지역에 입주한 외국인투자기업과의 형평을 도모하고 외국인투자금액을 조기에 유치토록 하기 위해 외국인투자신고를 하고 3년 이내에 출자목적물의 납입, 장기차관의 도입금액이 조세감면 해당 기준금액에 미달하는 경우(예 : 신고금액은 감면요건에 해당하는 1천만불로 하여 감면을 받으면서 실제 납입금액이 5백만불인 경우) 감면받은 법인세 등 추징(2005. 1. 1. 이후 최초로 외국인투자 신고분부터 적용)

3-9-4. 감면된 세액

감면된 세액의 추징범위는 아래와 같다(조특령 §116의7①, §116의8, §116의9).

감면된 세액이란 해당 기준일부터 소급하여 5년이 되는 날이 속하는 과세연도 및 그 이후의 과세연도의 소득에 대하여 감면된 세액을 말하며, 각 사유가 동시에 발생하는 경우 세액이 큰 사유를 적용하고 순차적으로 발생하는 경우에는 감면받은 세액의 범위에서 발생순서에 따라 먼저 발생한 사유부터 순차적으로 적용한다(조특령 §116의7④·⑤).

추징사유	대상조세	감면된 세액(추징범위)
등록말소 또는 폐업하는 경우	법인(소득)세, 관세, 개별소비세, 부가가치세, 취득세, 재산세	말소일·폐업일부터 소급하여 5년(관세는 3년) 이내에 감면된 세액
감면기준에 해당되지 않는 경우	법인(소득)세	조세감면기준(조특령 제116조의2 제1항, 제3항, 제5항부터 제7항까지, 제9항, 제10항 및 제16항부터 제21항까지에 규정되어 있는 조세감면대상이 되는 사업요건, 최소 외국인투자금액요건, 상시고용인원요건 등을 말한다)에 해당되지 아니하게 된 날부터 소급하여 5년 이내에 감면된 세액
신고내용 불이행에 대한 시정명령 불이행	법인(소득)세	시정명령기간 만료일부터 소급하여 5년 이내에 감면된 세액
소유주식을 대한민국국민 또는 대한민국법인에게 양도하는 경우	법인(소득)세, 관세, 개별소비세, 부가가치세	주식등의 양도일부터 소급하여 5년 이내에 감면된 세액에 감면 당시의 외국투자가 소유의 주식등에 대한 양도주식등의 비율을 곱하여 산출한 세액(조특법 제121조의2 제2항 또는 제12항에 따른 감면기간 중에 주식등을 양도하는 경우에 한정한다)
	취득세, 재산세	외국투자가가 관세 등의 면제일부터 3년 이내에 법에 의하여 소유하는 주식등을 양도하는 경우 외국투자가의 주식등의 양도 후 잔여 출자금액 범위를 초과하는 자본재에 대하여 감면된 세액추징(주식 양도일에 가까운 날 감면받은 세액부터 추징한다)

추징사유	대상조세	감면된 세액(추징범위)
외국인투자신고 후 5년(고용과 관련된 조세감면기준에 미달하는 경우에는 3년) 이내의 실제 투자금액이 조세감면기준에 미달하는 경우	법인(소득)세, 관세, 개별소비세, 부가가치세, 취득세, 재산세	외국인투자신고 후 5년(고용과 관련된 조세감면기준에 미달하는 경우에는 3년)이 경과한 날부터 소급하여 5년(고용과 관련된 조세감면기준에 미달하는 경우에는 3년) 이내에 감면된 세액

3-9-5. 이자상당가산액

외국인투자기업에 대한 법인세 또는 소득세의 추징사유가 발생한 경우에는 다음에 따라 계산한 이자상당액을 가산하여 법인세 또는 소득세로 납부하여야 하며, 당해 세액은 법인세법 또는 소득세법에 의한 납부할 세액으로 본다(상기 '3-9-1.' 참조, 조특령 §116의7③).

> 감면세액 × 25/100,000 × 감면받은 과세연도의 과세표준신고일의 다음 날부터 추징사유가 발생한 날이 속하는 과세연도의 과세표준신고일까지의 기간

3-9-6. 조세추징의 배제

다음의 어느 하나에 해당하는 경우에는 그 감면된 세액을 추징하지 아니할 수 있다(조특법 §121의5⑤, 조특령 §116의10).

추징 배제사유	대상조세
① 외국인투자기업이 합병으로 인하여 해산됨으로써 외국인투자기업의 등록이 말소된 경우	법인(소득)세, 취득세, 재산세, 종합토지세, 관세, 개별소비세, 부가가치세
② 관세 등을 면제받고 도입되어 사용 중인 자본재가 천재지변 기타 불가항력의 사유가 있거나, 감가상각, 기술진보 기타 여건의 변동 등으로 그 본래의 목적에 사용할 수 없게 되어 기획재정부장관의 승인을 얻어 본래의 목적 외의 목적에 사용하거나 처분하는 경우	관세, 개별소비세, 부가가치세
③ 「자본시장과 금융투자업에 관한 법률」에 따라 해당 외국인투자기업을 공개하기 위하여 주식 등을 대한민국국민 또는 대한민국법인에게 양도하는 경우	법인(소득)세, 취득세, 재산세, 관세, 개별소비세, 부가가치세
④ 「외국인투자 촉진법」에 따라 시·도지사가 연장한 이행기간 내에 출자목적물을 납입하여 해당 조세감면기준을 충족한 경우	법인(소득)세, 취득세, 재산세, 관세, 개별소비세, 부가가치세

추징 배제사유	대상조세

⑤ 기타 조세감면의 목적을 달성하였다고 인정되는 다음의 경우
   ⑦ 신성장동력산업기술을 수반하는 사업에 투자한 외국투자가가 그 감면사업 또는 소유주식 등을 대한민국국민 또는 대한민국법인에게 양도한 경우로서 당해 기업이 그 신성장동력산업기술을 수반하는 사업에서 생산되거나 제공되는 제품 또는 서비스를 국내에서 자체적으로 생산하는 데 지장이 없다고 기획재정부장관이 확인하는 경우
   ⓒ 외국투자가가 소유하는 주식 등을 다른 법령이나 정부의 시책에 따라 대한민국국민 또는 대한민국법인에게 양도한 경우로서 기획재정부장관이 확인하는 경우
   ⓒ 경제자유구역 개발사업시행자가 경제자유구역의 개발사업을 완료한 후 조세특례제한법 제121조의5 제1항부터 제3항에 따른 조세의 추징사유가 발생한 경우
   ⓔ 제주투자진흥지구 개발사업시행자가 제주투자진흥지구의 개발사업을 완료한 후 조세특례제한법 제121조의5 제1항부터 제3항에 따른 조세의 추징사유가 발생한 경우
   ⓜ 기업도시 개발사업시행자가 기업도시개발구역의 개발사업을 완료한 후 조세특례제한법 제121조의5 제1항부터 제3항에 따른 조세의 추징사유가 발생한 경우[48]
   ⓗ 새만금사업지역개발사업시행자가 새만금사업지역의 개발사업을 완료한 후 조세특례제한법 제121조의5 제1항부터 제3항까지에 따른 조세의 추징사유가 발생한 경우
   ⓢ 외국투자가가 소유하는 주식등을 대한민국 국민 또는 법인에 양도한 후 양도받은 대한민국 국민 또는 법인이 7일 이내에 다른 외국투자가에게 양도한 경우로서 당초 사업을 계속 이행하는 데 지장이 없다고 기획재정부장관이 확인하는 경우
	법인(소득)세, 취득세, 재산세, 관세, 개별소비세, 부가가치세

---

[48] 경제자유구역 개발사업시행자 등과 동일하게 단기간의 개발사업을 완료한 이후에는 당해 개발사업을 진행한 법인을 청산하는 것이 일반적이므로 법인해산으로 추징사유가 발생하더라도 개발사업이라는 조세감면의 목적을 달성한 것으로 보아 추징면제

3-9-7. 감면세액 추징면제절차

외국투자자가 대한민국 국민 또는 대한민국 법인에게 주식 등을 양도한 경우로서 조세추징면제를 위해 확인을 받고자 하는 자는 감면사업 또는 주식 및 지분의 양도일부터 2월 이내에 조세추징 면제사유를 증명할 수 있는 서류를 첨부하여 조세추징면제 여부 확인신청서를 기획재정부장관에게 제출하여야 한다(조특령 §116의10③).

이에 따라 조세추징 여부 확인신청을 받은 기획재정부장관은 주무부장관과 협의하여 조세추징면제 여부를 확인하고 신청을 받은 날부터 30일 이내에 그 결과를 신청인에게 통지하며, 그 사실을 국세청장·관세청장 및 당해 외국인투자기업의 사업장을 관할하는 지방자치단체의 장에게 통보하여야 한다. 다만, 부득이한 사정이 있을 때에는 30일의 범위 내에서 그 처리기간을 연장할 수 있으며 이 경우 그 사실 및 처리기간을 신청인에게 통지하여야 한다(조특령 §116의10④·⑤).

3-9-8. 조세추징사유의 통보 등

기획재정부장관·산업통상자원부장관·세무서장·세관장 및 지방자치단체의 장과 외투법 시행령 제40조 제2항의 규정에 의하여 산업통상자원부장관의 권한을 위탁받은 대한무역투자진흥공사의 장 및 외국환은행의 장은 조특법 제121조의5 제1항 내지 제3항에 따른 조세의 추징사유가 발생한 사실을 안 때에는 이를 지체 없이 해당 추징권자에게 통보하여야 한다(조특령 §116의11①).

산업통상자원부장관·세무서장·세관장 및 지방자치단체의 장과 외투법 시행령 제40조 제2항의 규정에 의하여 산업통상자원부장관의 권한을 위탁받은 대한무역투자진흥공사의 장 및 외국환은행의 장은 위의 추징사유발생을 통보하거나 조특법 제121조의5 제1항 내지 제3항에 따른 조세의 추징을 한 경우에는 그 사실을 지체 없이 기획재정부장관에게 통보 또는 보고하여야 한다(조특령 §116의11②).

한편, 조특법 제121조의5 제1항 제5호·동조 제2항 제4호 및 동조 제3항 제4호에 따른 외국인투자기업의 폐업일은 「부가가치세법」 제8조 제6항 및 제7항에 따른 폐업일과 말소일 중 빠른 날로 한다(조특령 §116의11③).

세무서장은 외국인투자기업의 폐업일을 확인한 때에는 기획재정부장관 및 산업통상자원부장관에게 보고하고, 외투법 시행령 제40조 제2항의 규정에 의하여 당해 외국인투자기업의 사후관리를 위탁받은 수탁기관의 장과 당해 외국인투자기업의 사업장을 관할하는 세관장 및 지방자치단체의 장에게 이를 지체 없이 통보하여야 한다(조특령 §116의11④).

3-10. 기 타

3-10-1. 최저한세의 적용 배제

1998. 4. 10. 이후 최초로 과세표준 신고기한이 도래하는 과세연도분부터는 최저한세[49] 대상에서 제외되었다.

3-10-2. 중복지원의 배제

제127조(중복지원의 배제)의 해설을 참조하기 바란다.

> **참고** **조기통 127-0…4【외국인투자에 대한 감면과 투자세액공제의 선택적용】**
>
> 법 제121조의2 또는 제121조의4의 법인세 등의 감면대상에 해당하여 감면결정을 통지받은 법인이 실제 조세감면을 받지 아니한 경우에는 법 제5조, 제11조, 제24조 내지 제26조, 제94조, 법률 제4666호 조세감면규제법 개정법률 부칙 제14조 또는 법률 제5584호 조세감면규제법 개정법률 부칙 제12조 제2항(종전 제37조의 개정규정에 한한다)의 세액공제를 전액 받을 수 있다.

> **참고** **조기통 127-0…3【내국인투자자의 소유주식 등의 비율계산】**
>
> 사업연도 중 내국인투자자지분이 변경된 경우에 법 제127조 제3항의 규정에 의한 내국인투자자의 소유주식 등의 비율은 다음 산식에 따라 계산한 당해 사업연도 중 평균자본금 비율에 의한다.
>
> $$\frac{(변경\ 전\ 내국인자본금 \times 변경\ 전\ 일수) + (변경\ 후\ 내국인자본금 \times 변경\ 후\ 일수)}{(변경\ 전\ 총자본금 \times 변경\ 전\ 일수) + (변경\ 후\ 총자본금 \times 변경\ 후\ 일수)}$$

3-10-3. 감가상각의 의제 및 감가상각방법의 변경

3-10-3-1. 감가상각의 의제

조특법 제121조의2 제2항(외국인투자기업에 대한 법인세 감면)에 따라 각 사업연도의 소득에 대한 법인세를 감면받은 외국인투자기업은 그 감가상각자산에 대한 감가상각비를 계산하여 이를 손금으로 계상하여야 한다(법인령 §30).

만약, 감가상각자산에 대한 감가상각비를 손금으로 계상하지 아니한 법인은 그 후 사업연도의 상각범위액 계산의 기초가 될 자산의 가액에서 그 감가상각비에 상당하는 금액을 공제한

---

49) 1990. 12. 31. 이전까지는 법인세·소득세가 전액 면제되는 경우에도 최소한 방위세 부담(법인 : 소득의 6~11.25%, 개인 : 산출세액의 15~30%)은 하고 있었으나 방위세가 폐지됨에 따라 향후에는 전혀 세부담을 하지 않게 되는 문제점이 있어 정책목적상 세금을 감면해 주는 경우라도 세부담의 형평성, 국민개납, 재정확보의 측면에서 소득이 있으면 누구나 최소한의 세금을 내도록 하는 최저세 제도(Minimum Tax)를 도입하였다.

잔액을 기초가액으로 하여 상각범위액을 계산한다.

3-10-3-2. 감가상각방법의 변경

내국법인의 감가상각방법의 변경은 원칙적으로 허용되지 않지만 외투법에 의하여 외국투자자가 내국법인의 주식 등을 20% 이상 인수 또는 보유하게 된 경우에는 납세지 관할 세무서장의 승인을 얻어 그 감가상각방법을 변경할 수 있다.

상각방법의 변경승인을 얻고자 하는 법인은 그 변경할 상각방법을 적용하고자 하는 최초 사업연도의 종료일 이전 3월이 되는 날까지 감가상각방법변경신청서를 납세지 관할 세무서장에게 제출(국세정보통신망에 의한 제출을 포함)하여야 한다.

4 │ 권한의 위임 등

기획재정부장관은 이 장의 규정에 따른 권한의 일부를 국세청장, 관세청장 기타 외국인투자 관련 기관의 장에게 위임 또는 위탁할 수 있다(조특법 §121의7).

기획재정부장관은 자유무역지역에서의 외국인투자에 대하여는 조세감면신청·감면내용 변경신청 또는 사전확인신청의 접수, 조세감면·감면내용변경·감면대상 해당 여부의 결정 및 통지에 관한 권한을 관리권자에게 위탁한다. 이에 따라 권한을 위탁받은 주무부장관 및 관리권자는 위탁받은 사무의 처리내용을 기획재정부장관에게 통보하여야 한다(조특령 §116의13②·③).

5 | 관련사례

구 분	내 용
조세감면의 기준	○ 외국인투자촉진법 제5조에 따른 신주 등의 취득에 의한 외국인투자 신고시 및 같은 법 제18조에 따른 외국인투자지역 지정시의 외국인투자금액이 서로 다른 경우 조세특례제한법 제121조의2 제6항에 따른 조세감면 신청시 적용하는 외국인투자금액은 외국인투자지역 지정시의 외국인투자금액으로 하는 것임(재국조−465, 2011. 10. 5.). ○ 처분청은 쟁점부품이 범용성 부품이고 청구법인이 주요공정을 수행한 것으로 볼 수 없다 하여 쟁점소득이 감면대상이 아닌 것으로 보았으나, 쟁점부품은 청구법인의 건설기계장비에만 사용되고 호환성이 없어 비범용성 부품에 해당하는 것으로 보이는 점, 청구법인은 쟁점부품에 대하여 핵심공정인 기획, 구체화, 시제품제작, 양산도면 확정 등의 단계를 수행하고, 협력업체의 제조과정을 지휘·감독·통제하며, 생산된 물량을 전량 매입하여 품질을 검사한 후 청구법인의 상표로 수출하고 있는 것으로 보이는 점, 청구법인은 처분청의 2005사업연도 법인세 불복청구 결과에 대한 재조사시 사실관계 및 기술적 사양을 잘못 확인한 부분을 구체적으로 적시하면서 부품업체의 사실확인서를 제시하고 있는 점 등으로 보아 이 건은 청구법인이 제시하는 자료를 근거로 쟁점소득이 감면소득인지 여부를 재조사하고 그 결과에 따라 과세표준 및 세액을 경정하여야 할 것으로 판단됨(조심 2011부4731, 2012. 4. 23.). ○ 외국인투자기업이 내국인지분주식을 감자함에 따라 외국인의 지분율이 증가한 경우 감자에 따른 자본금변경등기일 이후의 외국인투자비율 계산은 감자 전의 외국인투자비율이 아닌 자본금변경등기일 이후의 외국인투자비율로 계산함(국제세원−168, 2011. 4. 13.). ○ 외국인투자기업이 「외국인투자촉진법」 제18조 제1항 제2호에 규정에 의한 외국인투자지역에 새로이 공장시설을 설치하기 위하여 외국인투자에 의한 증자를 함에 있어 외국인 투자가가 해외로 송금되지 않은 현금배당금을 출자목적물로 하여 미화 3천만불 이상의 외국인투자를 하는 경우 「조세특례제한법」 제121조의2 제1항 제2호와 같은 법 제121조의4 제1항에 따른 감면대상에 해당하는 것임(국제세원−591, 2011. 12. 29.).
감면대상소득	○ 주무부장관이 조세면제대상(고도기술수반사업)이라고 확인한 경우 신고절차나 주무부처의 판단에 중대한 하자가 없는 한 해당 주무부장관이 결정한 조세면제 확인을 취소할 수 없음(국심 2005부1339, 2006. 3. 17.). ○ 최초 외국인투자 신고시 조세감면대상 기술이었다가 감면규정 개정으로 조세감면대상 기술에서 제외된 경우 : 조세감면기준을 충족하지 않아 청구인의 신뢰보호이익을 침해한 것으로 보기도 어려움(감심 2006−126, 2006. 11. 16.).

구 분	내 용
감면대상소득	○ 외국인이 100%의 지분을 소유하고 있는 내국법인은 외국인투자촉진법 제2조 제1항 제1호의 규정에 의한 외국인에 해당하지 아니하는 것이나, 동 내국법인과 동 내국법인의 자회사인 외국법인이 함께 투자하면서 외국인투자촉진법 시행령 제2조 제2항에 따라 투자하는 경우 출자를 받은 대한민국법인 또는 대한민국국민이 경영하는 기업은 외국인투자기업에 해당하는 것임(서면2팀-2118, 2006. 10. 19.). ○ 조세특례제한법 제121조의2의 규정에 의한 조세감면을 받고 있는 외국인투자법인이 영업활동으로부터 발생한 잉여자금을 사업목적과 관련없이 특정목적의 자금을 활용하기 위하여 국외(미국)에 소재하는 은행이 운용하는 금융상품(MMF : Money Market Fund)에 예치하고 이로부터 이자수익을 수취하고 있는 경우, 동 이자수익은 같은법 제121조의2 제2항의 규정에 의한 감면대상이 되는 사업을 영위함으로써 발생한 소득에 해당되지 않는 것임(서면2팀-1662, 2004. 8. 12.). ○ 외국인투자기업의 인가내용을 해석함에 있어서는 당초 인가조건, 사업계획서, 사업목적 등을 종합하여 결정하여야 하는 것이므로 생산된 제품의 규격이 사업계획서에 기재된 규격과 다르다고 할지라도 당초의 인가조건, 사업목적 및 인가제품의 성능·용도·특성에 비추어 동일한 제품으로 인정된다면 인가제품으로 보는 것이며, 인가제품 매출을 위하여 부득이 추가되는 제품의 포장공정행위는 당초 인가된 특성과 용도를 유지하는 범위 내에서 기타 사업목적에 부합된다고 인정되는 사업으로 보는 것임(외인 1264-570, 1984. 2. 14.). ○ 토지 등 양도차익이 인가영업에서 발생한 소득에 해당하느냐 하는 문제는 이를 획일적으로 판단 적용하기보다는 인가된 사업목적의 수행상 당해 기업이 처한 특수여건이나 불가피한 사유 등을 종합적으로 검토하여 해당 여부를 결정하여야 함(관리사 361-2040, 1980. 8. 5.). ○ 기인가받은 사업목적을 성실히 수행하는 과정에서 새로운 기술혁신이나 모델 개발에 따른 투자재원의 확보를 위하여 취해진 경우나, 기업의 경영합리화 방안의 일환으로 기존 시설을 자동화시설로 개체하기 위하여 2개 공장을 1개로 단일화하는 경우 등은 그 매각행위의 동기나 목적에 있어서 당초 인가받은 사업목적 수행을 전제로 이를 보다 효율적으로 추진하기 위하여 취해진 것으로 볼 수 있기 때문에 이는 기타 사업목적 수행상 불가피하다고 인정되는 것이나, 투자가의 출자금 회수 등을 목적으로 하는 사업추진의 포기 또는 영업활동의 종결을 의미하는 것으로 기인가받은 사업목적의 수행과는 전혀 관계가 없는 경우에는 감면대상에 해당하지 않음(투진 361-3357, 1982. 12. 1.). ○ 외국인투자기업의 의도와는 상관없이 정부시책(도시계획)에 기인하여 양도함으로써 발생한 양도차익이나, 국가 등의 강제수용으로 인하여 발생한 양도차익도 감면대상에 해당함(투진관 322-1482, 1977. 7. 23., 관리삼 361-34, 1981. 1. 10.). ○ 외국인투자기업에 대한 법인세 등의 감면은 감면대상사업을 영위함으로써 발생한 각 사업연도소득에 대한 산출세액을 그 대상으로 하고 있으므로 청산소득에 대한 법인세 및 특별부가세는 감면대상에 해당하지 않음(국조 1234-817, 1978. 4. 23.).

구 분	내 용
감면대상소득	ㅇ 감면되는 산출세액에는 구법인세법 제56조의 규정에 의한 적정유보초과소득에 대한 산출세액도 포함시켜 계산하여야 하며, 행정벌적 성격인 가산세는 감면되지 않음(국조 1234-551, 1974. 4. 19.). ㅇ 인가사업의 과세표준은 인가사업소득금액에서 인가사업에서 발생한 이월결손금 및 소득공제를 차감하여 계산한다. 한편, 인가사업과 인가 외 사업을 겸영하는 외국인투자자기업의 감면소득 구분계산시 증자소득공제액은 각 사업연도 소득금액에 비례하여 안분계산하는 것임(외인 1264-2271, 1982. 7. 8.).
법인세 및 소득세의 감면	ㅇ 「조세특례제한법」 제121조의2 제2항에 따른 외국인 투자에 대한 조세감면은 감면대상 사업을 함으로써 발생한 소득에 대하여 적용하는 것으로, 같은 조 제14항 제2호에 따라 고용기준 감면한도를 계산할 때 외국인투자자기업의 상시근로자에는 감면대상이 아닌 사업장의 상시근로자는 포함되지 않는 것임(기획재정부 국제조세제도과-210, 2022. 6. 16.). ㅇ 외국인투자비율은 당해 법인의 자본금 중 외국인투자자기업이 소유한 지분을 의미하는 것으로서 자본금에 주식발행초과금은 제외되는 것으로 보아야 함(조심 2012중51, 2012. 6. 27.). ㅇ 명백히 특례규정이라고 볼 수 있는 감면요건은 엄격하게 해석하는 것이 조세공평의 원칙에도 부합한다 할 것인바, 자본금은 「조세특례제한법」에서 달리 규정하지 않는 한 발행주식의 액면가액으로 보아야 할 것이므로, 동 자본금에 주식발행초과금이 포함되어야 한다는 청구주장은 받아들이기 어려움(조심 2011중5038, 2012. 4. 27.). ㅇ 각 사업을 별개의 독립된 기업 간의 거래로 보아 각 사업에서 사용하는 제품의 통상거래시 가격(시가)을 적용하여 각 사업의 소득을 계산하여야 하는지 아니면 각 사업의 최종제품을 만들기 위한 한 단계로 보아 해당 제품의 원가를 적용하여야 하는지 : 조세특례제한법 제63조의2의 규정에 의하여 수도권외의 지역으로 공장을 전부 이전하여 이전 후 공장에서 생산한 제품 중 일부를 회사 내 다른 사업장의 재료비로 대체하는 경우, 이전 후의 공장에서 발생한 소득금액의 계산시 다른 사업장에 대체된 제품을 독립된 사업자 간에 통상의 거래조건에 따라 매매할 경우 적용하는 시가에 의하여 계산한 금액을 이전 후 공장에서 발생한 소득에 포함하는 것임(국제세원-84, 2012. 2. 23.). ㅇ 감면사업을 영위하는 외국인투자자기업이 2011. 1. 1. 이후 증자분 감면사업에 대한 조세 감면을 신청하여 당초분 감면사업소득과 증자분 감면사업소득이 발생하는 경우에는 이를 구분 경리하여 2011. 1. 1. 이후 증자분 감면사업소득에 대하여 감면한도를 계산하는 것임(법규국조 2012-48, 2012. 2. 16.). ㅇ 최저한세 적용대상인 임시투자세액공제를 최저한세 적용대상이 아닌 외국인 투자에 대한 법인세 등의 감면보다 우선 적용하는 것임(조심 2011부3754, 2011. 12. 28.).

구 분	내 용
법인세 및 소득세의 감면	○ 외국인투자기업이 「외국인투자촉진법」 제18조 제1항 제2호에 의한 외국인투자지역 내에서 제조업을 영위하기 위하여 내부유보금과 차입금으로 새로 공장시설을 설치하는 중에 증자에 의한 미화 3천만불 이상의 외국인투자가 있는 경우 조세감면결정 통지일로부터 3년 이내에 출자가 이루어지고 동 투자금이 공장시설 설치와 공장시설 설치에 사용된 차입금의 상환 등에 사용되는 경우에는 「조세특례제한법」 제121조의2 제1항 제2호와 같은 법 제121조의4 규정에 따른 조세감면이 적용되는 것임(법규국조 2011-366, 2011. 12. 1.). ○ 조특법 개정으로 최저한세 적용대상인 공제감면세액을 우선 적용하도록 분명히 하였고, 그 이전에도 법인규칙 등이 동일한 취지로 규정한 점, 최저한세의 입법목적 등을 종합할 때, 최저한세 적용대상인 임시투자세액공제를 먼저 적용하여 과세한 처분은 정당함(조심 2011중2645, 2011. 11. 22.). ○ 외국인투자기업이 외국법인으로부터 받는 연구개발용역수입은 해당 수입에 대응되는 용역이 해당 외국인투자기업이 조세특례제한법 제121조의2 제1항에 따라 고도기술수반사업으로 감면승인을 받은 사업에 해당하는 경우에는 법인세법 시행령 제69조 제1항에 따른 용역제공 등에 의한 손익의 귀속사업연도에 조세특례제한법 제121조의2 제2항에 따른 감면사업의 익금으로 계산하는 것임(재국조-228, 2011. 5. 23.). ○ 「조세특례제한법」 제121조의2에 따라 조세감면을 적용받는 외국인 투자기업이 다른 내국법인과 합병한 경우에는 「법인세법 시행령」 제96조 제2항 제1호에 따라 합병법인이 합병 전 외국인투자기업으로부터 승계받은 감면사업에서 발생한 소득에 대하여 잔존감면기간 동안 감면을 적용받을 수 있는 것이며, 다른 내국법인으로부터 승계받은 과세사업에서 발생한 소득은 감면되지 아니하는 것임. 한편 「조세특례제한법」 제121조의2에 따라 조세감면을 적용받는 외국인 투자기업이 동일사업을 영위하는 다른 과세법인과 합병한 경우에는 「법인세법 시행규칙」 제75조 제2항에 따라 같은 법 시행규칙 제75조 제1항과 제76조 제6항 및 제7항의 규정을 준용하여 구분경리하여야 하는 것임(재국조-448, 2009. 11. 2.). ○ 고도기술 사업 영위로 외국인투자에 대한 법인세 감면결정을 받은 외국인투자기업이 2006. 5. 증자(외국인투자)하였으나, 동 증자에 대하여 기획재정부장관으로부터 조세감면 결정을 받지 못하고 당해 증자금액을 기존 감면사업 공장의 증설에 사용한 경우, 2008사업연도(2007. 10. 1.~2008. 9. 31.)의 감면대상 소득이 증설 전 시설에서 발생한 소득인지, 증설 후 시설에서 발생한 모든 소득인지 여부 및 증설 전 시설에서 발생한 소득만이 감면대상 소득인 경우 감면소득과 비감면소득의 구분경리(소득구분) 방법 : 증설 후 시설에서 발생한 모든 소득이 감면소득임(재국조-273, 2009. 6. 11.).

구 분	내 용
법인세 및 소득세의 감면	○ 「조세특례제한법」 제121조의2에 의한 법인세 등의 감면대상이 되는 외국인투자자는 같은 조 제1항에 따라 「외국인투자촉진법」 제2조 제1항 제4호에 따른 외국인투자를 말하는 것으로서 같은 법 제121조의2 제6항에 따른 조세감면 신청일 전에 출자가 이루어진 경우에도 세액감면 대상 외국인투자에서 제외되는 것은 아님. 다만, 같은 법 제121조의2 제13항에 따라 외국인투자의 신고 후 조세감면결정통지일부터 3년이 경과한 날까지 최초의 출자(증자를 포함)가 없는 경우에는 조세감면결정의 효력이 상실되는 것임(재국조-96, 2009. 3. 8.). ○ 외국인투자기업이 「외국인투자촉진법」 제18조 제1항 제2호에 따른 외국인투자지역 내에 사내 유보금 및 국내차입금 등으로 공장설치를 완료한 이후 외국인투자신고 후 3년 이내에 출자목적물의 납입 및 외국인투자촉진법 제2조 제1항 제4호 나목에 따른 차관의 도입이 행해지고 동 투자금이 공장설치에 사용된 차입금의 상환 등에 사용되는 경우, 「조세특례제한법」 제121조의2 제1항 제2호에 따른 조세감면이 적용됨(재국조-89, 2009. 3. 4.). ○ 외국인투자기업이 상법 제345조에 따라 이익배당에 관하여 우선적 내용이 있는 종류의 주식을 이익으로써 소각한 경우 조세특례제한법 제121조의2 제2항에 따른 외국인투자비율은 이익으로써 소각된 주식을 차감한 잔여주식을 기준으로 계산함(재국조-2, 2009. 1. 5.).
외국인투자가의 배당소득 과세방법	○ 감면이 종료된 사업에 투자한 기존주식과 신규 감면사업에 투자한 증자주식을 보유하고 있던 외국투자가가 신규 감면사업에서 발생한 잉여금을 재원으로 하여 배당을 받은 경우, 전체 주식에 대한 배당금을 기준으로 감면대상 배당금을 산정하여야 하는지, 증자주식에 대한 배당금을 기준으로 감면대상 배당금을 산정하여야 하는지 여부 : - 기획재정부 국제조세제도과-652(2018. 7. 4.) : 외국인투자기업이 증자를 하고, 증자분 관련사업과 기타사업을 구분경리한 경우에 그 증자분과 관련된 구「조세특례제한법」(2014. 1. 1. 법률 제12173호로 개정되기 전의 것) 제121조의2 제3항에 따른 외국투자가의 배당소득에 대한 법인세 또는 소득세 감면이 적용되는 배당금은 「외국인투자촉진법」 제2조 제1항 제5호에 따른 외국투자가가 취득한 주식 또는 출자지분(외국투자가가 증자 전에 취득한 주식 또는 출자지분을 포함한다)에서 생기는 배당금에 해당 외국인투자기업의 각 과세연도의 소득에 대하여 그 기업이 같은 조 제1항에 따라 법인세 또는 소득세 감면대상이 되는 사업을 함으로써 발생한 소득의 비율과, 같은 조 제2항에 따라 법인세 또는 소득세 감면대상세액의 전액이 감면되는 동안은 100분의 100을, 100분의 50에 상당하는 세액이 감면되는 동안은 100분의 50을 곱하여 산정하는 것임.

구 분	내 용
외국인투자자의 배당소득 과세방법	- 조심 2015전5463(2018. 12. 14.) : 〈기각〉 위 기획재정부 유권해석에서는 "외국투자가가 증자 전에 취득한 주식 또는 출자지분을 포함한다"라고 하였는데, 이때 "외국투자가가 증자 전에 취득한 주식 또는 출자지분"이란 감면기간이 종료되기 이전분을 의미한다고 제한적으로 해석하는 것이 타당해 보이고, 그렇지 않으면 기존에 감면이 진행 중인(또는 이미 종료된) 자본금의 감면기간이 새로운 증자금의 감면기간에 맞추어 연장(또는 부활)되는 결과가 발생하여 조특법 제121조의2 제3항 후문이 사문화되고 조문 전체의 유기적 해석에도 어긋나는 점 등에 비추어 청구주장을 인정하기 어려움. ○ 내국법인이 수도권과밀억제권역에 있는 공장 또는 본사를 양도함으로써 발생한 양도차익에 대한 법인세를 조세특례제한법 제62조의2 제5항에 따라 과세이연하는 경우에도 조세특례제한법 제121조의2 제3항에 따른 외국투자가의 배당금 세액감면 규정을 적용할 수 있는 것임(법인-811, 2012. 12. 28.). ○ 「조세특례제한법」 제121조의2 제3항에 규정된 '발생된 소득'이란 각 사업연도의 배당가능소득을 말하는 것이며, '배당가능소득'이란 각 사업연도에서 사외유출된 금액과 배당불가능소득을 차감한 소득을 말하는 것임. 국내 고정사업장이 없는 외국인투자자가 「조세특례제한법」 제121조의2의 규정에 의하여 감면사업을 영위하는 외국인투자법인으로부터 배당금을 수취시 원천징수의무자가 원천징수할 금액은 같은 법 같은 조 제3항의 감면율(100%, 50%)이 상이하게 적용되는 배당액별로 감면 후의 세액과 조세협약상 제한세율을 적용한 세액 중 적은 금액을 원천징수하는 것임(법규-3785, 2006. 9. 13.).
감면신청	○ 외국인투자에 대한 감면세액을 추징할 수 있는 경우를 규정한 조세특례제한법에는 외국인투자기업의 등록말소사유를 '외국투자가가 등록말소를 신청한 경우'로 한정적으로 규정하고 있을 뿐이므로 외국인투자기업이 등록말소를 신청하여 산업자원부장관이 이를 말소하거나 직권으로 말소한 경우도 포함된다고 볼 수 없음(국패)(수원지법 2011구합2027, 2012. 7. 5.). ○ 구 외자도입법(1992. 12. 8. 법률 제4519호로 개정되기 전의 것, 이하 '법'이라 한다) 제14조 제5항은 "외국투자가 또는 외국인투자기업이 제2항 내지 제4항의 규정에 의한 감면을 받고자 할 때에는 재무부장관에게 감면신청을 하여야 한다."라고 규정하고 있고, (중략) 외국인투자기업이 외국인의 투자비율에 따른 법인세의 감면을 받기 위해서는 반드시 정해진 기간 내에 기획재정부장관에게 감면신청을 하여 감면결정을 받아야만 하는 것이며 그렇지 아니하면 조세감면을 받을 수 없다고 보아야 한다고 판단하여 법 제14조 제5항의 '조세감면신청'에 대한 규정은 납세의무자의 협력의무를 규정하고 있는 훈시규정에 불과한 것으로 보아야 한다는 원고의 주장을 배척하였는바, 원심판결이유를 기록 및 관련 법령에 비추어 살펴보면, 원심의 판단은 정당한 것으로 수긍이 가고, 거기에 상고이유에서 주장하는 바와 같은 조세감면요건에 관한 법리오해 등의 위법이 있다고 할 수 없다(대법원 2005. 10. 27. 선고 2005두6799 판결).

구 분	내 용
감면신청	○ 외국인투자기업의 감면신청규정은 법인세 감면을 위한 필요적 절차규정이므로 감면신청 이전 기간에 대한 감면은 허용될 수 없지만, 감면신청기한 경과 후에 감면신청을 하여 감면결정을 받은 경우에는 그 감면신청일이 속하는 과세연도와 그 후의 잔존감면기간에 한하여 감면규정을 적용함(대법원 2004. 10. 27. 선고 2003두12035 판결).
취득세ㆍ재산세 ㆍ종합토지세의 감면	○ 외국인투자와 관련하여 취득세 및 재산세가 감면되는 재산이란 기획재정부장관이 감면대상으로 정한 사업외의 여타 기술사업을 포함하는 전체 공장시설이 아닌, 외국인투자에 해당하는 사업을 영위하는 공장시설에 한정되는 것임(지방세운영 -5034, 2011. 10. 26.). ○ 고도의 기술을 수반하는 사업 등 기획재정부 장관이 정하는 감면대상 사업시설과 기타사업시설 사업장이 혼재되어 구분이 어려운 경우 재산세 감면대상 범위는 법인세의 감면비율 산정방식(감면사업 소득÷법인세 과세표준)에 따라 적용함이 타당함(지방세운영 -3384, 2011. 7. 14.). ○ 2008. 10. 23. 외국인투자기업의 증자등기는 등록세 감면대상이라고 회신하였으므로 2009. 12. 18.자의 변경된 유권해석은 그 이후 납세의무가 성립하는 분부터 적용하는 것이 타당함(조심 2010지595, 2011. 3. 10.). ○ 조세특례제한법 제121조의2 제1항 제1호의 고도의 기술을 수반하는 외국인투자 기업이 기획재정부장관으로부터 조세감면결정 통보를 받았을 당시의 당초 공장입지를 타 지역으로 변경하였을 경우에도 조세감면대상으로 결정통보받은 사업을 영위하기 위하여 취득하는 부동산이면 취득세 등의 감면대상에 해당됨 (세정 -729, 2005. 5. 17.). ○ 조세특례제한법 시행령 제116조의2 제1항 및 제2항의 규정에 의하면 외국인 투자기업이 '신고한 사업을 영위하기 위하여 취득하는 재산'은 공장시설(제조업 외의 사업의 경우에는 사업장) 등을 말하며 골프회원권은 사업용재산에 해당되지 않음(세정 -1683, 2004. 6. 22.). ○ 청구인은 이 사건 건축물을 2000. 3. 22. 신축한 후 일부는 그로부터 3일 후인 2000. 3. 25.에 청구 외 (주)○○○○○정유에게 임대하였고, 일부는 3개월이 경과할 무렵인 2000. 6. 17.(3일 경과)에 청구 외 (주)○○캐피탈에 임대한 사실을 볼 때, 임대부분은 취득시점부터 신고된 사업을 영위하기 위하여 취득한 재산으로 인정할 수 없다 하겠으므로, 처분청이 이러한 임대부분에 대하여 감면한 취득세 등을 추징한 처분은 잘못이 없는 것이라 하겠음(지방세심사 2004-129, 2004. 5. 31.). ○ 외국인투자기업이 기획재정부장관에게 신고한 사업을 영위하기 위하여 취득ㆍ 보유하는 재산은 등록세감면대상이 되나 국내법인과 합작투자설립등기에 따른 등록세는 상기 규정에 의한 감면대상이 되지 않는 것임(세정 -624, 2004. 3. 29.). ○ 조세특례제한법 제121조의2 제4항 단서에 따라 지방자치단체 감면조례가 정하는 취득세 및 등록세 감면은 농어촌특별세법시행령 제4조 제6항 제1호에 따라 농어촌특별세 비과세 대상에 포함됨(재조특 -290, 2009. 3. 23.).

구 분	내 용
관세 등의 감면	○ 조세특례제한법 제121조의3에 따라 관세 등을 감면받은 자본재를 양도담보 또는 판매후리스 거래를 통해 금융기관에 양도 또는 판매하는 행위가 외국인투자기업이 조세특례제한법 제121조의2에 따라 감면승인된 사업에 해당 자본재를 계속 사용하면서 기업회계기준에 따라 외국인투자기업의 재무상태표의 자산으로 계상하고 감가상각하는 등 해당 자본재의 소유에 따른 위험과 보상이 해당 거래에 따른 계약 전·후 변함없이 동일하게 유지되어 해당 자본재를 사실상 차입거래의 담보로 해당 금융기관에 제공한 경우에는 조세특례제한법 제121조의5 제2항 제2호에 따른 해당 자본재의 관세 등 감면세액의 추징사유에 해당하지 않는 것임(재국조-266, 2011. 6. 15.). ○ 수입물품의 도입에 따른 관세 등을 면제받기 위해 수입신고수리 전에 관계 서류를 첨부하여 세관장에게 면제신청을 아니한 경우 관세의 부과는 정당함(대법원 2009. 7. 23. 선고 2007두1170 판결). ○ 조세특례제한법 제121조의3 제1항 제1호 및 같은법 시행령 제116조의5 제3항에 따라 관세 등이 감면되는 대외지급수단 또는 대내지급수단의 범위에서 도입하는 자본재의 가액에는 관세의 과세가격 결정시 제외되는 수입물품 수입 후의 국내용역대가는 포함되지 않는 것임(재국조-175, 2009. 4. 16.).
감면 배제	○ 종업원에게 제공하기 위하여 취득한 사택(다른 주거선택의 여지가 없는 경우는 제외)은 외국인투자와 관련된 사업용자산에 해당하지 않아 취득세 등의 감면을 배제함. ※ 조세특례제한법 제121조의2 제4항의 규정에 따르면 외국인투자기업이 신고한 사업을 영위하기 위하여 취득·보유하는 재산에 대한 취득세·등록세 등에 대하여 일정기간 감면하도록 되어 있는바, 여기서 감면대상이 되는 재산은 그 위치가 공장구역 밖이라 하더라도 외국인투자기업이 신고한 사업을 영위하는 데 필요불가결한 것이라면 사업용재산으로 봄이 타당하다. 그러므로 복리후생시설용도로 취득한 이 사건 주택과 청구법인의 외국인투자 신고사업과의 연관성 정도가 중요한 판단요인이라 하겠음(감심 2005-94, 2005. 9. 8.). ○ 외국인투자지역에 입주한 외국인투자기업의 영위 업종이 '제조업'이 아닌 타인이 생산한 제품을 단순히 매입·판매하는 '도·소매업(무역업)'이라 하여 법인세 감면을 배제한 처분은 정당함(국심 2005부1715, 2007. 2. 14.).
증자의 조세감면	○ 증자를 통하여 감면대상 사업을 영위하는 외국인투자기업이 새롭게 조세감면결정을 받은 증자분 감면대상 사업을 영위하는 경우「조세특례제한법」제121조의4에 따라 새로운 증자분 감면대상 사업에 대한 조세감면을 적용할 수 있는 것이며, 새로운 증자분 감면대상 사업을 기존의 증자분 감면대상 사업과 구분경리하여 과세표준 신고를 하는 경우에는 해당 새로운 증자분 감면대상 사업을 기준으로 감면세액을 계산할 수 있는 것임(법규국조 2013-64, 2013. 2. 25.).

구 분	내 용
증자의 조세감면	○ 조특법 제121조의4 제1항에서 외국인투자기업이 증자하는 경우 감면대상으로 하는 재산에 대한 등록세는 재산에 관한 등기에 대한 등록세를 의미하는 것으로 자본증가에 따른 회사등기는 감면대상이 아님(감심 2011-142, 2011. 7. 29.). ○ 외국인투자법인이 증자를 함에 있어 국내사업장이 없는 미국소재 외국법인으로부터 현금납입이 아닌 외국인투자촉진법 제2조 제7호에 의한 기술을 현물출자받고 그 대가로 신주를 교부하는 경우에는 그 주식가액에 대하여 법인세법 제93조 제9호에 해당하는 소득으로 같은법 제98조 제1항 및 한·미조세조약 제14조에 의하여 원천징수하는 것이며, 동 기술의 현물출자로 인하여 교부받은 주식가액은 외국인투자촉진법 제30조 제4항 및 상법 제299조의2의 규정에 의하여 감정한 당해 기술의 감정가액에 해당하는 동 주식의 발행가액을 말하는 것임. 또한, 동 기술의 현물출자로 인하여 교부받은 주식가액(기술도입대가)에 대하여도 조세특례제한법 제121조의6에 의한 조세면제규정이 적용되는 것이며, 이와 더불어 외국인투자기업의 증자의 조세감면에 관한 조세특례제한법 제121조의4의 규정도 적용되는 것임(서이 46017-10059, 2004. 1. 9.). ○ 외국인투자기업이 증자하는 경우에 당해 증자분에 대한 조세감면에 대하여는 제121조의2 및 제121조의3의 규정을 준용한다고 규정하고 있는바, 외국인투자기업의 자본증자 등기도 외국인투자비율에 따라 등록세를 감면하는 것임(세정-1495, 2004. 6. 8.).
추 징	○ 외국인투자에 대한 감면세액을 추징할 수 있는 경우를 규정한 조세특례제한법에는 외국인투자기업의 등록말소사유를 '외국투자가가 등록말소를 신청한 경우'로 한정적으로 규정하고 있을 뿐이므로 외국인투자기업이 등록말소를 신청하여 산업자원부장관이 이를 말소하거나 직권으로 말소한 경우도 포함된다고 볼 수 없음(대법원 2013. 6. 13. 선고 2013두4286 판결). ○ 외국인투자기업이 「조세특례제한법」 제121조의2에 따라 법인세 또는 소득세를 감면받은 후 외국투자가가 소유하는 주식 등을 대한민국 국민 또는 대한민국 법인에 양도하여 「외국인투자촉진법」에 따라 등록이 말소된 경우에는 「조세특례제한법」 제121조의5 제1항 제4호에 따라 감면받은 법인세 또는 소득세를 추징하는 것임(재국조-425, 2012. 9. 3.). ○ 외국인투자가가 소유한 외국인투자기업의 주식 일부를 관세 등의 면제일로부터 3년 이내에 내국법인에게 양도한 경우 「조세특례제한법」 제121조의3에 따라 면제된 부가가치세 등은 같은 법 제121조의5 제2항 제3호 및 같은 법 시행령 제116조의8 제1항 제3호 및 같은 조 제2항에 따라 추징되는 것임(재국조-463, 2010. 10. 29.). ○ 조세감면결정을 받은 외국인투자지역 입주기업이 증자를 통해 장기차관을 자본화하는 과정에서 일시적으로 조세감면기준에 미달하더라도 외국인투자 신고 후 3년 이내에 출자목적물의 납입 등으로 조세감면기준을 충족하는 경우에는 「조세특례제한법」 제121조의5 제1항에 따른 감면세액 추징사유에 해당하지 않음(재국조-327, 2009. 7. 21.).

구 분	내 용
	○ 「조세특례제한법 시행령」(2008. 2. 22. 대통령령 제20620호로 개정된 것) 제116조의 10 제2항 제1호는 동 시행령의 시행일인 2008. 2. 22. 이후 최초로 감면사업을 양도하는 분부터 적용되며, 사업양도 후 국내에서 감면사업에서 생산되거나 제공되는 제품 또는 서비스를 국내에서 자체적으로 생산하는 데 지장이 없다고 기획재정부장관이 확인하는 경우에는 감면사업을 포괄적으로 양도하는 경우가 아니라도 동 규정이 적용됨(재국조-48, 2009. 2. 4.).
	○ 금융업을 영위하고 있는 외국법인이 내국법인과의 통화스왑거래 계약에서 발생하는 소득의 구분은 당해 통화스왑거래가 당해 외국법인이 영위하는 금융업의 범위에 포함되는 경우에는 사업소득에 해당하는 것임. 「조세특례제한법 시행령」(2008. 2. 22. 대통령령 제20620호로 개정된 것) 제116조의10 제2항 제1호는 동 시행령의 시행일인 2008. 2. 22. 이후 최초로 감면사업을 양도하는 분부터 적용되며, 사업양도 후 국내에서 감면사업에서 생산되거나 제공되는 제품 또는 서비스를 국내에서 자체적으로 생산하는 데 지장이 없다고 기획재정부장관이 확인하는 경우에는 감면사업을 포괄적으로 양도하는 경우가 아니라도 동 규정이 적용됨(재국조-48, 2009. 2. 5.).
추 징	○ 조세특례제한법 제121조의2 제2항 및 제12항에 따라 법인세를 감면받은 외국인투자기업이 외국인투자촉진법 제21조 제3항의 규정에 의하여 등록이 말소된 경우에는 「채무자 회생 및 파산에 관한 법률」상의 회생절차에 따라 외국인투자지분이 전량 무상소각된 경우라 하더라도 조세특례제한법 제121조의5에 따라 등록이 말소된 날이 속하는 과세연도의 과세표준 신고시 감면 추징세액에 이자상당액을 가산하여 법인세로 납부하는 것임(재국조-271, 2008. 10. 29.).
	○ 조세특례제한법 제121조의5 제1항 제6호에서 규정하는 제121조의2 제1항의 규정에 의한 조세감면기준이란 조세특례제한법 제121조의2 제1항의 규정에 따라 조세감면을 받기 위한 최소투자금액기준을 말하므로, 출자목적물의 납입 및 외국인투자촉진법 제2조 제1항 제4호 나목의 규정에 의한 차관의 도입이 외국인투자신고금액에는 미달하였으나 조세감면 기준금액 이상인 경우 제121조의5 제1항 제6호에 따른 추징대상이 아님(재국조-233, 2008. 10. 2.).
	○ 「조세특례제한법」 제121조의5 제1항 제6호의 규정을 적용함에 있어 외국인투자 기업이 최초 외국인투자신고 후 증자하는 경우, 당해 최초 외국인투자 또는 증자분 각각에 대한 외국인투자신고 후 3년 이내에 출자목적물의 납입이 완료되어야 하는 것임(서면2팀-1329, 2006. 7. 12.).
	○ 조세특례제한법 제32조에서 규정한 현물출자 및 사업양수도 방법에 의하여 법인으로 전환한 사업자가 등기일부터 2년 이내에 정당한 사유 없이 당해 사업을 폐지하거나 당해 재산을 처분(임대를 포함)한 경우 조세특례제한법 제119조 제4항 및 제120조 제5항 단서규정에 의하여 감면된 취·등록세가 추징되는 것이나, 부동산임대업을 영위하는 자가 현물출자한 당해 재산을 임대한 경우라면 추징사유에 해당되지 아니함이 타당한 것으로 판단됨(세정-198, 2005. 1. 12.).

구 분	내 용
'원천징수이행상황 신고서'를 제출하지 않은 경우	○ 원천징수의무자에게 부과하는 각종 원천세는 납부의무만 있고 신고의무는 없는 것으로 보아야 할 것이고, 그렇다면 원천징수의무자가 '원천징수이행상황신고서'를 법정기한 내에 제출하지 않았다고 하더라도 이를 무신고로 보아 국세부과제척기간을 5년이 아닌 7년으로 연장할 수 없다고 판단된다. 따라서 청구법인이 1998. 5. 12. 지급한 쟁점기술도입료에 대한 법정납부기한은 1998. 6. 10.이고, 국세부과제척기간은 위 법정납부기한의 다음 날부터 기산하여 5년이 되는 2003. 6. 10.에 만료되었음에도 처분청이 2003. 8. 10. 부과한 이 건 법인세(원천분)의 고지처분은 국세부과제척기간이 도과된 이후의 처분으로 부적법하다고 할 것임(국심 2003전1907, 2003. 12. 6., 국심 2003중3447, 2004. 2. 12.).
권한의 위임 등	○ 기획재정부장관은 조세특례제한법 제121조의7(권한의 위임 등)과 이 법 시행령 제116조의13 제1항의 규정에 의하여 기술도입대가에 대한 조세면제의 신청접수 및 제116조의12 제2항·제3항의 규정에 의한 조세면제의 확인 및 대지에 관한 권한을 주무부장관에게 위탁하고 있으므로 신고절차나 주무부처의 판단에 중대한 하자가 없는 한 해당 주무부장관이 결정·처리한 조세면제확인을 과세관청이 취소 또는 무효로 할 수는 없는 것임(재조세-169, 2003. 11. 7.).

제121조의2~7 외국인투자 등에 대한 조세특례 • 1605

6 │ 주요 개정연혁

1. 고도기술 수반사업 등에 대한 외투기업 세제지원을 신성장산업 위주로 개편
(조특법 §121의2, 조특령 §116의2)

(1) 개정내용

종 전	개 정
□ 세제지원 기간 ○ 5년간 100%, 2년간 50% 감면	□ (좌 동)
□ 세제지원 대상 ○ 제조업 전반의 고도기술 등* 　* 650개 기술(고도기술 497개, 산업지원 　　서비스기술 153개)	□ 지원 대상 개편 ○ 신성장산업 분야로 집중 　－ 신성장동력·원천기술 R&D 세액공제 　　대상과 동일하게 규정
□ 지원 대상 소득 범위 및 한도 ○ (범위) 지원 대상 사업의 소득 중 개별기술이 　사용된 비율만큼만 감면 ○ (한도) 외국인투자금액의 90% 　－ 투자금액기준 50% + 고용기준 40%	□ 소득 범위 및 한도 확대 ○ (범위) 일정요건* 충족시 소득 전부에 대해 　감면 　* 지원 대상 사업의 소득 중 개별기술이 사용된 　　비율이 80% 이상인 경우 ○ (한도) 외국인투자금액의 100% 　－ 투자금액기준 50% + 고용기준 50%
□ 지원기준 및 심사방식 ○ (지원기준) 시행령*에서 정하는 기준에 　해당할 것 　* 시설 기준 : 사업을 위한 공장시설·사업장을 　　설치·운영할 것 　〈신　설〉 ○ (심사) 개별기술 소관부처와 협의하여 　지원여부 결정	□ 지원기준 및 심사방식 개편 ○ (좌 동) 　－ 최소 투자금액 등의 기준 추가 ○ (심사) 신성장기술은 시행령에서 정하는 　위원회를 거쳐 결정

(2) 개정이유
○ 신성장산업에 대한 외국인투자 유도

(3) 적용시기 및 적용례
○ 2017. 1. 1. 이후 신청하는 분부터 적용

2. 외국인투자기업에 대한 내국인 등의 우회투자 방지 강화
(조특법 §121의2⑪, 조특령 §116의2⑪)

(1) 개정내용

종 전	개 정
□ 외국인투자기업에 대한 내국인 등의 우회투자 감면배제 대상	□ 우회투자 감면배제 대상 확대
○ 다음에 해당하는 외국법인이 외국인투자시 내국인 지분상당 투자액 i. 내국인이 직·간접 10% 이상 지분 소유	○ 조세감면이 배제되는 외국법인 (외국투자가)요건 강화 i. 내국인이 직·간접 5% 이상 지분 소유 ii. 내국인이 실질적인 영향력* 행사 * 대한민국 국민 등이 임원의 임면(任免) 등의 방법으로 중요한 경영사항에 대하여 사실상의 영향력을 행사하는 경우 − 내국인이 실질적인 영향력을 행사하나 지분비율이 5% 미만인 경우 투자액 5% 상당액에 대해 조세감면 배제
○ 다음에 해당하는 자가 외국투자가에게 대여한 금액 i. 외국인투자기업 ii. 외국인투자기업의 지분을 10% 이상 소유한 내국인	○ 조세감면이 배제되는 대여금 요건 강화 i. 외국인투자기업 ii. 외국인투자기업의 지분을 직·간접 5% 이상 소유한 내국인 iii. 외국인투자기업에 실질적인 영향력을 행사하는 내국인

(2) 개정이유
○ 내국인의 우회투자를 통한 부당한 조세감면 방지

(3) 적용시기 및 적용례
○ 2016. 1. 1. 이후 개시하는 과세연도부터 적용

3. 외국인투자 이행지연 방지제도 개선(조특법 §121의2⑬)

(1) 개정내용

종 전	개 정
□ 외국인투자 이행지연 방지 　ㅇ 조세감면결정 통지일부터 3년 이내 　　최초출자가 없는 경우 : 감면결정 효력 상실 　　　　〈추　가〉	□ 투자 이행지연 방지 강화 　ㅇ 출자는 하였으나 조세감면결정 통지일로부터 　　5년 이내 사업개시를 안하는 경우 : 5년이 되는 　　날부터 사업개시를 한 것으로 간주

(2) 개정이유

　ㅇ 외국인투자 이행 촉진

(3) 적용시기 및 적용례

　ㅇ 2016. 1. 1. 이후 조세감면을 신청하는 분부터 적용

4. 외국인투자 조세감면한도 산정 시 고용부분 비중 확대(조특법 §121의2⑭)

(1) 개정내용

종 전	개 정
□ 외국인투자기업에 대한 소득세ㆍ법인세 　감면한도 : ①+② 　① 금액기준 　　- 7년형 감면 : 외국인투자금액×70% 　　- 5년형 감면 : 외국인투자금액×50% 　② 고용기준 　　- 외국인투자금액의 20% 한도로 다음 　　　금액을 합한 금액 　　(i) 마이스터고ㆍ특성화고 졸업생 등 　　　 : 1인당 2천만원 　　(ii) 청년근로자ㆍ장애인ㆍ60세 이상 　　　 : 1인당 1천5백만원 　　(iii) 기타 : 1인당 1천만원	□ 감면한도 산정시 고용부분 비중 확대 　① 금액기준 　　- 7년형 감면 : 외국인투자금액×50% 　　- 5년형 감면 : 외국인투자금액×40% 　② 고용기준 　　- 7년형 감면 외국인투자금액의 40%, 5년형 　　　감면 외국인투자금액의 30% 한도로 다음 　　　금액을 합한 금액 　　(좌　동)

(2) 개정이유

○ 외국인투자기업의 고용창출 유인을 강화

(3) 적용시기 및 적용례

○ 2016. 1. 1. 이후 조세감면을 신청하는 경우
○ 2016. 1. 1. 이전에 조세감면을 신청하였으나 아직 최초의 출자를 하지 아니한 경우부터 적용

5. 증자 관련 감면세액의 계산방식 적정화(조특령 §116의6⑥·⑦)

(1) 개정내용

종 전	개 정
□ 증자시 감면액 계산 ○ (구분경리 안하는 경우) 감면대상 사업의 과세표준에 감면기간이 종료된 사업의 과세표준을 포함 ※ 계산식 $$\frac{감면}{세액} = \frac{산출}{세액} \times \frac{감면대상사업\ 과세표준^*}{총과세표준}$$ $$\times \frac{\Sigma(외국투자가\ 자본금 \times 당해연도\ 감면율(100\%,\ 50\%))}{총자본금}$$ * 감면기간이 종료된 사업의 과세표준 포함	□ 감면세액 계산방식 적정화 〈삭 제〉
○ (구분경리 하는 경우) 별도 법인 신설과 동일효과를 가져올 수 있도록 증자분 감면사업만 별도 계산 $$\frac{감면}{세액} = \frac{산출}{세액} \times \frac{증자분\ 감면대상사업 과세표준}{총과세표준}$$ $$\times \frac{증자분\ 감면대상사업\ 외투자본금 \times 당해연도\ 감면율(100\%,\ 50\%)}{증자분\ 감면대상사업\ 총자본금}$$	○ (좌 동)

종 전	개 정
☐ 외투기업의 감면한도(①+②)	☐ 증자시 감면세액 계산방식 변경에 따라 외투기업의 감면한도 계산 변경
① 투자기준 감면한도 　– 외투누계액 × 50%(단지형), 70%(개별형, 　　고도기술)	① 투자기준 감면한도 　– (좌　동)
– 증자시 외투누계액 　• 증자분 감면사업 별도 계산시 　　: 증자분 사업의 외투누계액 　• 그 외의 경우 : 당초분과 합산	– 증자시 외투누계액 　• 증자분 감면사업 별도 계산시 　　: (좌　동) 〈삭　제〉
② 고용기준 감면한도 　– 상시근로자 수×1천만원(외투누계액의 　　20%내)	② 고용기준 감면한도 　– (좌　동)
– 증자시 상시근로자 수 　• 증자분 감면사업 별도 계산시 　　: 증자분 사업의 상시근로자 수 　• 그 외의 경우 : 당초분과 합산	– 증자시 상시근로자 수 　• 증자분 감면사업 별도 계산시 　　: (좌　동) 〈삭　제〉

(2) 개정이유

　○ 감면사업에 대한 구분경리 일반원칙에 맞게 증자분 사업의 감면세액 및 한도를 계산

(3) 적용시기 및 적용례

　○ 2014. 1. 1. 이후 개시하는 과세연도분부터 적용

제5장의2

제주국제자유도시 육성을 위한 조세특례

제5장의2

제주국제자유도시 육성을 위한 조세특례

제121조의8

제주첨단과학기술단지 입주기업에 대한 법인세 등의 감면

1 │ 의 의

　조특법에서는 제주도를 국제자유도시로 개발하여 국가발전에 기여하고, 제주도에 생명공학과 IT산업을 중심으로 한 첨단산업의 육성과 제조·물류기반 확충을 위한 제도적 기반을 제공하기 위하여 다양한 조세특례제도를 규정하고 있다. 주요한 사항으로는 제주첨단과학기술단지, 제주투자진흥지구와 제주자유무역지역의 입주기업에 대하여 소득세·법인세를 감면하고, 이들 기업이 도입하는 연구기자재(과학기술단지) 및 초기 도입 자본재(투자진흥지구)에 대하여 관세를 면제하는 등의 특례제도가 있다.

2 │ 요 건

2-1. 제주첨단과학기술단지에 입주

　이 조의 과세특례를 적용받기 위하여는 제주첨단과학기술단지에 입주하여야 하는바 "제주첨단과학기술단지"라 함은 「제주특별자치도 설치 및 국제자유도시 조성을 위한 특별법」의 규정에 의하여 지정된 제주첨단과학기술단지를 말하는 것(조특법 §121의8①)으로, 동법 제216조에 따르면 국토교통부장관은 제주자치도에 생물산업·정보통신산업 등 첨단지식산업의 육성과 관련기술의 연구촉진 및 전문인력 양성 등을 위하여 「산업입지 및 개발에 관한 법률」 제6조의 규정에 의한 국가산업단지인 제주첨단과학기술단지를 조성할 수 있도록 규정하고 있다.

2-2. 감면대상사업

본조의 감면대상사업은 다음 중 어느 하나에 해당하는 산업을 영위하여야 한다(조특령 §116의14①).

① 「생명공학육성법」 제2조의 규정에 의한 생명공학과 관련된 산업(종자 및 묘목생산업, 수산물부화 및 수산종자생산업을 포함)

② 「정보통신산업 진흥법」 제2조 제2호에 따른 정보통신산업

③ 「정보통신망 이용촉진 및 정보보호 등에 관한 법률」 제2조 제1항 제2호에 따른 정보통신서비스를 제공하는 산업

④ 「산업발전법」 제5조 제1항의 규정에 의하여 산업통상자원부장관이 고시한 첨단기술 및 첨단제품과 관련된 산업

3 | 과세특례의 내용

제주첨단과학기술단지에 2023. 12. 31.까지 입주한 기업이 감면대상사업을 영위하는 경우 감면대상사업에서 발생한 소득에 대하여 사업개시일 이후 당해 사업에서 최초로 소득이 발생한 과세연도의 개시일부터 3년 이내에 종료하는 과세연도에 있어서는 법인세 또는 소득세의 100분의 100에 상당하는 세액을, 그 다음 2년 이내에 종료하는 과세연도에 있어서는 법인세 또는 소득세의 100분의 50에 상당하는 세액을 각각 감면한다(조특법 §121의8①).

감면기간	법인세 또는 소득세 감면세액
사업개시일 이후 당해 사업에서 최초로 소득이 발생한 과세연도의 개시일부터 3년 이내에 종료하는 과세연도	100%
그 다음 2년 이내에 종료하는 과세연도	50%

이 경우 사업개시일부터 5년이 되는 날이 속하는 과세연도까지 해당 사업에서 소득이 발생하지 않은 경우에는 5년이 되는 날이 속하는 과세연도부터 감면기간을 기산한다.

4 | 감면한도

제12조의2(연구개발특구에 입주하는 첨단기술기업 등에 대한 법인세 등의 감면)의 해설을 참고하기로 한다.

ㅇ 연구개발특구 등에 입주하는 기업에 대한 법인세 등 감면한도 적용 제외대상 보완(2010. 12. 27. 법률 제10406호, 부칙 제54조, 제63조, 제64조 및 제66조) : 연구개발특구 · 제주첨단과학 기술단지 · 제주투자진흥지구 · 제주자유무역지역 또는 아시아문화중심도시 투자진흥지구 입주기업 등에 대한 감면한도 적용 제외대상을 2010. 12. 31.까지 입주한 기업에서 2010. 1. 1. 전에 연구개발특구 등에 입주하기 위하여 입주협약 또는 양해각서를 체결하고 2012. 12. 31.까지 연구개발특구 등에 입주한 기업도 포함되도록 보완함.

① 제54조【연구개발특구에 입주하는 첨단기술기업 등에 대한 법인세 등의 감면에 관한 경과조치】이 법 시행 전에 연구개발특구에 입주한 기업 및 2010. 1. 1. 전에 연구개발특구에 입주하기 위하여 입주협약 또는 양해각서를 체결하고 2012. 12. 31.까지 연구개발특구에 입주하는 기업 및 2010. 1. 1. 전에 연구개발특구에 입주하기 위하여 입주협약 또는 양해각서를 체결하고 2012. 12. 31.까지 연구개발특구에 입주하는 기업에 대하여는 제12조의2 제1항 및 제3항부터 제6항까지의 개정규정에도 불구하고 종전의 규정에 따른다(2011. 12. 31. 개정).

② 제63조【제주첨단과학기술단지 입주기업에 대한 법인세 등의 감면에 관한 경과조치】이 법 시행 전에 제주첨단과학기술단지에 입주한 기업 및 2010. 1. 1. 전에 제주첨단과학기술단지에 입주하기 위하여 입주협약 또는 양해각서를 체결하고 2012. 12. 31.까지 제주첨단과학기술 단지에 입주하는 기업에 대하여는 제121조의8 제2항부터 제5항까지의 개정규정에도 불구하고 종전의 규정에 따른다(2011. 12. 31. 개정).

③ 제64조【제주투자진흥지구 또는 제주자유무역지역 입주기업에 대한 법인세 등의 감면에 관한 경과조치】이 법 시행 전에 제주투자진흥지구 또는 제주자유무역지역에 입주한 기업 및 2010. 1. 1. 전에 제주투자진흥지구 또는 제주자유무역지역에 입주하기 위하여 입주협약 또는 양해각서를 체결하고 2012. 12. 31.까지 제주투자진흥지구 또는 제주자유무역지역에 입주하는 기업에 대하여는 제121조의9 제1항, 제4항부터 제7항까지의 개정규정에도 불구하고 종전의 규정에 따른다(2011. 12. 31. 개정).

④ 제66조【아시아문화중심도시 투자진흥지구 입주기업 등에 대한 법인세 등의 감면 등에 관한 경과조치】이 법 시행 전에 아시아문화중심도시 투자진흥지구에 입주한 기업 및 2010. 1. 1. 전에 아시아문화중심도시 투자진흥지구에 입주하기 위하여 입주협약 또는 양해각서를 체결하고 2012. 12. 31.까지 아시아문화중심도시 투자진흥지구에 입주하는 기업에 대하여는 제121조의20 제1항, 제4항부터 제7항까지의 개정규정에도 불구하고 종전의 규정에 따른다(2011. 12. 31. 개정).

5 | 절 차

본조의 규정에 따라 법인세 또는 소득세를 감면받고자 하는 자는 과세표준신고와 함께 세액감면신청서를 납세지 관할 세무서장에게 제출하여야 한다(조특령 §116의14⑤).

6 | 조세특례제한 등

6-1. 중복지원의 배제

6-1-1. 동일 과세연도에 세액공제와 중복배제

내국인이 동일한 과세연도에 본조의 제주첨단과학기술단지 입주기업에 대한 법인세 등의 감면과 조특법 제127조 제4항에 열거된 조세특례(세액공제)가 동시에 적용되는 경우에는 그 중 하나만을 선택하여 적용받을 수 있다.

6-1-2. 동일 사업장에서 동일 과세연도에 세액감면과 중복지원 배제

동일한 사업장에 대하여 동일한 과세연도에 본조의 제주첨단과학기술단지 입주기업에 대한 법인세 등의 감면과 조특법 제127조 제5항에 열거된 조세특례(세액감면)가 동시에 적용되는 경우에는 그 중 하나만을 선택하여 적용받을 수 있다.

6-2. 추계과세시 등의 감면배제

6-2-1. 무신고 결정 및 기한 후 신고에 대한 감면배제

소득세 또는 법인세의 무신고에 따른 결정(소법 §80①, 법인법 §66①)과 기한 후 신고(국기법 §45의3)를 하는 경우에는 본조의 세액감면을 적용하지 아니한다.

6-2-2. 경정 및 수정신고시 감면배제되는 경우

소득세 또는 법인세의 신고 내용에 오류 등이 있어 경정(소법 §80②, 법인법 §66②)하는 경우와 과세표준 수정신고서를 제출한 과세표준과 세액을 경정할 것을 미리 알고 제출한 경우에는 과소신고금액(조특령 §122)에 대한 본조의 세액감면을 적용하지 아니한다.

6-2-3. 사업용 계좌개설 등 불이행시 감면배제

사업자가 다음의 어느 하나에 해당하는 경우에는 본조의 제주첨단과학기술단지 입주기업에 대한 법인세 등의 감면규정을 적용하지 아니한다.
① 사업용 계좌를 개설하여야 할 사업자가 이를 이행하지 아니한 경우
② 현금영수증가맹점으로 가입하여야 할 사업자가 이를 이행하지 아니한 경우
③ 신용카드가맹점사업자(현금영수증가맹점사업자)가 신용카드매출전표(현금영수증)의 발급요청을 거부하거나 사실과 다르게 발급한 경우

6-3. 최저한세 및 구분경리

본조의 규정에 의한 세액감면은 외국인 투자의 유인을 세제상 지원하기 위하여 최저한세의 적용을 배제하며, 세액감면 규정을 적용받는 사업과 기타 사업을 겸영하는 경우에는 법인세법 제113조의 규정을 준용하여 구분경리하여야 한다.

7 | 관련사례

구 분	내 용
요건 및 과세특례의 내용	○ 제주첨단과학기술단지에 입주한 내국법인이 영위하는 감면대상사업(정보통신서비스 사업)에서 발생한 소득에 대한 「조세특례제한법」 제121조의8에 따른 법인세 감면은 해당 단지 내에 입주한 사업장에서 발생한 소득에 대해서만 적용하는 것임. 따라서, 1) 해당 단지 내의 사업장에서 감면대상사업의 활동이 모두 이루어져 발생한 소득, 2) 해당 단지 내의 사업장에서 감면대상사업의 활동이 대부분 이루어지고 해당 단지 외의 장소는 사업장으로 볼 수 없는 경우에 발생한 소득, 3) 해당 단지 내의 사업장에서 감면대상사업의 활동이 일부 이루어지고 해당 단지 외의 사업장에서도 일부 사업활동이 이루어지는 경우 해당 단지 내 사업장의 사업활동에 따라 발생한 것으로 구분되는 소득분 등이 감면대상이 되는 것임(재조특-266, 2012. 3. 30.). ○ 인터넷 정보서비스의 제공업을 영위하는 법인이 제주첨단과학기술단지 내의 사업장에 본사가 입주하여 인터넷 정보시스템의 개발·운영 등 감면 대상 사업활동의 대부분을 수행하나, 동 단지 외의 장소에서 본사의 지시에 따라 단순히 계약수주 및 홍보활동 등 감면대상 사업의 부수적인 업무의 일부를 수행함으로써 동 단지외의 장소를 사업장으로 볼 수 없는 경우에는 감면 규정을 적용받을 수 있는 것임(서면2팀-1175, 2008. 6. 11.).

구 분	내 용
요건 및 과세특례의 내용	○ 「정보화촉진기본법」 제2조 제3호의 규정에 의한 정보통신산업을 영위하는 기업이 광고주 또는 타 기업으로부터 서비스 제공의 대가로 받는 수수료는 감면대상소득에 해당함. 또한 동 감면은 제주첨단과학기술단지 내에 입주한 사업장에서 발생한 소득에 대해서만 적용함(재조예 −10, 2008. 1. 3.).
감면소득의 계산	제주첨단과학기술단지에 입주한 내국법인이 영위하는 감면대상사업(정보통신서비스사업)에서 발생한 소득에 대한 「조세특례제한법」 제121조의8에 따른 법인세 감면은 해당 단지 내의 사업장에서 감면대상사업의 활동이 일부 이루어지고 해당 단지 외의 사업장에서도 일부 사업활동이 이루어지는 경우 해당 단지 내 사업장의 사업활동에 따라 발생한 것으로 구분되는 소득분 등이 감면대상이 되는 것임. 다만, 감면대상사업의 활동이 해당 단지 내 사업장과 해당 단지 외의 사업장에서 공통적으로 이루어지면서 사업장별로 구분되지 않는 소득은 법인세법 시행규칙 제76조 제6항의 규정에 따라 수입금액 또는 매출액, 국세청장이 정하는 작업시간·사용시간·사용면적 등의 기준에 의하여 안분계산하는 것이며, 이를 모두 적용할 수 없거나 적용하는 것이 불합리한 경우에는 근무인원의 기준에 의해서 감면대상소득을 안분계산할 수 있는 것임(재조특 −661, 2013. 7. 31.).

8 | 주요 개정연혁

1. 제주 투자진흥지구·첨단과학기술단지 입주기업 등에 대한 감면 적용기한 연장 등

(조특법 §121의8·§121의9·§121의10·§121의11, 조특령 §116의14·§116의15)

(1) 개정내용

종 전	개 정
□ 제주 투자진흥지구·첨단과학기술단지 입주기업 등 감면 ○ (대상) 　– 제주투자진흥지구·제주자유무역지역 입주기업, 제주투자진흥지구 개발사업시행자 　– 제주첨단과학기술단지 입주기업 ○ (감면율) 법인세·소득세 3년간 100% + 2년간 50%(사업시행자는 3년간 50% + 2년간 25%)	□ 감면한도 재설계, 적용기한 연장 (좌 동)
○ 감면한도 　– 일반 : 투자누계액 50% + 　　Min(①상시근로자수 × 1,000만원, 　　②투자누계액 × 20%) 　– 서비스업 : 일반 감면한도와 　　Min(①상시근로자수 × 2,000만원, 　　②투자누계액 × 100%) 중 큰 금액	○ 고용친화적으로 개편 　– 투자누계액 50% + 상시근로자수 × 1,500만원(청년 및 서비스업 상시근로자 2,000만원)
〈신 설〉	○ 청년상시근로자의 범위 　– 상시근로자 중 15~29세(병역이행기간은 연령에서 빼고 계산)인 근로자
〈신 설〉	○ 청년상시근로자의 수 계산방법 　$\dfrac{\text{해당 과세연도의 매월말 현재 청년상시근로자 수의 합}}{\text{해당 과세연도의 개월 수}}$
○ (적용기한) 2018. 12. 31.* 　* 사업시행자는 적용기한 없음	○ 2021. 12. 31. 　* (좌 동)
□ 제주첨단과학기술단지 및 제주투자진흥지구 입주기업이 수입하는 물품에 대한 관세면제 ○ (적용기한) 2018. 12. 31.	□ 적용기한 연장 ○ 2021. 12. 31.

(2) 개정이유

　ㅇ 제주도 지역에 대한 투자 활성화 및 일자리 창출 지원

(3) 적용시기 및 적용례

　ㅇ 2019. 1. 1. 이후 입주하는 분부터 적용

　　(사업시행자는 2019. 1. 1. 이후 투자하는 분부터 적용)

제주투자진흥지구 또는 제주자유무역지역 입주기업에 대한 법인세 등의 감면

1 | 개 요

본조는 제주국제자유도시의 관광사업 투자유치 및 제조·물류기반 확충을 위하여 제주도 내 투자진흥지구 및 자유무역지역을 설치·운영하고 동 지구 등의 입주기업에 대해 조세지원을 강화하기 위해 도입되었고, 2002. 4. 20.이 속하는 과세연도분부터 적용한다. 주요 내용은 제주투자진흥지구 등에 입주하는 기업이 영위하는 사업을 위한 투자로서 감면기준에 해당하는 투자에 대하여는 법인세·소득세·취득세·재산세를 각각 감면한다.

2 | 감면대상사업

2-1. 제주투자진흥지구의 경우

「제주특별자치도 설치 및 국제자유도시 조성을 위한 특별법」 제162조에 의하여 지정되는 투자진흥지구(이하 "제주투자진흥지구"라 한다)에 2023. 12. 31.까지 입주하는 기업이 해당 구역의 사업장에서 하는 사업이 감면대상이며, 본조의 과세특례가 적용되는 제주투자진흥지구에 대한 투자는 다음의 어느 하나에 해당하는 투자를 말한다(조특법 §121의9① 1, 조특령 §116의15①).

① 투자금액이 미합중국화폐 2천만달러 이상으로서 다음의 어느 하나에 해당하는 사업을 경영하기 위한 시설을 새로 설치하는 경우

㉮ 「관광진흥법 시행령」 제2조 제1항 제2호에 따른 관광호텔업·수상관광호텔업·한국전통호텔. 다만, 「관광진흥법」 제3조 제1항 제5호에 따른 카지노업 및 「관세법」 제196조에 따른 보세판매장을 경영하는 사업은 제외한다.

㉯ 「관광진흥법 시행령」 제2조 제1항 제3호에 따른 전문휴양업·종합휴양업·관광유람선업·관광공연장업. 다만, 전문휴양업과 종합휴양업 중 「관광진흥법」 제3조

제1항 제2호 나목에 따른 휴양 콘도미니엄업 및 「체육시설의 설치·이용에 관한 법률」 제10조 제1항 제1호에 따른 골프장업은 제외한다.

㉔ 「관광진흥법 시행령」 제2조 제1항 제4호에 따른 국제회의시설업

㉕ 「관광진흥법 시행령」 제2조 제1항 제5호에 따른 종합유원시설

㉘ 「관광진흥법 시행령」 제2조 제1항 제6호에 따른 관광식당업

㉗ 「마리나항만의 조성 및 관리 등에 관한 법률」 제2조 제5호에 따른 마리나업

② 투자금액이 미합중국화폐 500만달러 이상으로서 다음의 어느 하나에 해당하는 사업을 경영하기 위한 시설을 새로 설치하는 경우

㉮ 「문화산업진흥 기본법」 제2조 제1호에 따른 문화산업

㉯ 「노인복지법」 제31조에 따른 노인복지시설을 운영하는 사업

㉰ 「청소년활동 진흥법」 제10조 제1호에 따른 청소년수련시설을 운영하는 사업

㉱ 「궤도운송법」 제2조 제7호에 따른 궤도사업

㉲ 「신에너지 및 재생에너지 개발·이용·보급 촉진법」 제2조 제1호 및 제2호에 따른 신에너지·재생에너지를 이용하여 전기를 생산하는 사업

㉳ 「제주특별자치도 설치 및 국제자유도시 조성을 위한 특별법」 제216조에 따른 자율학교, 같은 법 제217조에 따른 국제고등학교, 같은 법 제220조에 따른 외국교육기관 및 같은 법 제223조에 따른 국제학교

㉴ 「제주특별자치도 설치 및 국제자유도시 조성을 위한 특별법」 제307조에 따른 외국의료기관과 「의료법」 제33조에 따라 개설된 의료기관(의원, 치과의원, 한의원 및 조산원은 제외한다)

㉵ 「건축법 시행령」 별표 1 제10호 나목에 따른 교육원(연수원, 그 밖에 이와 비슷한 것을 포함한다)

㉶ 「산업발전법」 제5조에 따른 첨단기술을 활용한 산업

㉷ 「보건의료기술 진흥법」 제2조 제1항 제1호에 따른 보건의료기술에 관한 연구개발사업과 기술정보 제공, 컨설팅, 시험·분석 등을 통한 보건의료기술에 관한 연구개발을 지원하는 연구개발서비스업

㉸ 「산업집적활성화 및 공장설립에 관한 법률」에 따른 공장 중 식료품 제조업(동물성 및 식물성 유지 제조업, 곡물 가공품·전분및 전분제품 제조업, 기타 식품 제조업, 동물용 사료 및 조제식품 제조업은 제외한다)과 음료 제조업(알코올 음료 제조업은 제외한다)

㉹ 「화장품법」에 따른 화장품제조업

㉺ 「산업발전법」 제5조에 따른 첨단기술을 활용한 산업, 「화장품법」에 따른 화장품제조업, 식료품 제조업, 음료 제조업 사업에 관한 연구개발업

2-2. 제주자유무역지역의 경우

「자유무역지역의 지정 및 운영에 관한 법률」 제4조에 따라 제주특별자치도에 지정되는 자유무역지역(이하 "제주자유무역지역"이라 한다)에 2021. 12. 31.까지 입주하는 기업이 해당 구역의 사업장에서 하는 사업이 감면대상이며, 본조의 과세특례를 적용받는 제주자유무역지역에 대한 투자는 다음의 어느 하나에 해당하는 것으로 한다(조특법 §121의9① 2, 조특령 §116의15②).

① 총사업비가 미합중국 화폐 1천만불 이상이고 해당 입주기업의 신규의 상시근로자 수가 100명 이상으로서 「자유무역지역의 지정 및 운영에 관한 법률」 제10조 제1항 제1호에 해당하는 사업을 영위하기 위한 시설을 새로이 설치하는 경우

② 총사업비가 미화 5백만불 이상으로서 「자유무역지역의 지정 및 운영에 관한 법률」 제10조 제1항 제5호에 해당하는 사업을 영위하기 위한 시설을 새로이 설치하는 경우

2-3. 제주투자진흥지구 개발사업시행자의 경우

제주투자진흥지구의 개발사업시행자가 제주투자진흥지구를 개발하기 위하여 기획·금융·설계·건축·마케팅·임대·분양 등을 일괄적으로 수행하는 개발사업이 감면대상이며, 본조의 과세특례를 적용받는 투자는 총개발사업비가 1천억원 이상인 경우를 말한다(조특법 §121의9① 3, 조특령 §116의15③).

3 │ 과세특례의 내용

위의 감면대상사업에서 발생한 소득에 대해서는 사업개시일 이후 그 감면대상사업에서 최초로 소득이 발생한 과세연도(사업개시일부터 5년이 되는 날이 속하는 과세연도까지 그 사업에서 소득이 발생하지 아니한 경우에는 5년이 되는 날이 속하는 과세연도)의 개시일부터 3년 이내에 끝나는 과세연도에 있어서 위의 2-1. 및 2-2.의 경우에는 법인세 또는 소득세의 100분의 100에 상당하는 세액을, 위의 2-3.의 경우에는 법인세 또는 소득세의 100분의 50에 상당하는 세액을 각각 감면하고, 그 다음 2년 이내에 끝나는 과세연도에 있어서 위의 2-1. 및 2-2.의 경우에는 법인세 또는 소득세의 100분의 50에 상당하는 세액을, 위의 2-3.의 경우에는 법인세 또는 소득세의 100분의 25에 상당하는 세액을 각각 감면한다(조특법 §121의9②).

감면기간	법인세 또는 소득세 감면세액
사업개시일 이후 당해 사업에서 최초로 소득이 발생한 과세연도의 개시일부터 3년 이내에 종료하는 과세연도	100(50)%
그 다음 2년 이내에 종료하는 과세연도	50(25)%

4 | 감면한도

제12조의2(연구개발특구에 입주하는 첨단기술기업 등에 대한 법인세 등의 감면)의 해설을 참고하기로 한다.

5 | 절 차

본조에 따른 법인세 또는 소득세를 감면받고자 하는 자는 과세표준신고와 함께 세액감면신청서를 납세지 관할 세무서장에게 제출하여야 한다(조특령 §116의15⑦).

6 | 사후관리 : 감면세액의 추징

세무서장·세관장 또는 지방자치단체의 장은 일정한 사유가 발생한 경우에는 법 본조의 규정에 의하여 감면된 법인세·소득세를 추징한다. 감면세액의 추징에 대한 사항은 별도의 조항(조특법 §121의12)에서 규정하고 있는바, 이에 대한 자세한 설명은 제121조의12에서 설명하도록 한다.

7 | 조세특례제한 등

7-1. 중복지원의 배제

7-1-1. 동일 과세연도에 세액공제와 중복배제

내국인이 동일한 과세연도에 본조의 제주첨단과학기술단지 입주기업에 대한 법인세 등의 감면과 제127조 제4항에 열거된 조세특례(세액공제)가 동시에 적용되는 경우에는 그 중 하나만을 선택하여 적용받을 수 있다.

7-1-2. 동일 사업장에서 동일 과세연도에 세액감면과 중복지원 배제

동일한 사업장에 대하여 동일한 과세연도에 본조의 제주첨단과학기술단지 입주기업에 대한 법인세 등의 감면과 제127조 제5항에 열거된 조세특례(세액감면)가 동시에 적용되는 경우에는 그 중 하나만을 선택하여 적용받을 수 있다.

7-1-3. 동일 사업장에서 동일 과세연도에 지방세감면의 중복적용 배제

동일한 사업장에 대하여 동일한 과세연도에 본조의 제주투자진흥지구 또는 제주자유무역지역 입주기업에 대한 취득세·재산세의 감면·공제규정과 제127조 제6항에 열거된 취득세· 재산세의 감면규정이 동시에 적용되는 경우에는 그 중 하나만을 선택하여 이를 적용받을 수 있다.

7-2. 추계과세시 등의 감면배제

7-2-1. 무신고 결정 및 기한 후 신고에 대한 감면배제

소득세 또는 법인세의 무신고에 따른 결정(소법 §80①, 법인법 §66①)과 기한 후 신고(국기법 §45의3)를 하는 경우에는 본조의 세액감면을 적용하지 아니한다.

7-2-2. 경정 및 수정신고시 감면배제되는 경우

소득세 또는 법인세의 신고 내용에 오류 등이 있어 경정(소법 §80②, 법인법 §66②)하는 경우와 과세표준 수정신고서를 제출한 과세표준과 세액을 경정할 것을 미리 알고 제출한 경우에는 과소신고금액(조특령 §122)에 대한 본조의 세액감면을 적용하지 아니한다.

7-3. 최저한세 및 구분경리

본조에 따른 세액감면은 외국인투자의 유인을 세제상 지원하기 위하여 최저한세의 적용을 배제하며, 세액감면의 규정을 적용받는 사업과 기타 사업을 겸영하는 경우에는 법인세법 제113조의 규정을 준용하여 구분경리하여야 한다.

8 관련사례

구 분	내 용
감면대상의 요건 및 내용	○ 신탁계약에 의하여 재산권이 수탁자에게 이전된 경우 그 신탁재산은 수탁자에게 절대적으로 이전되어 대내외적으로 수탁자(B신탁회사)에게 소유권이 있는 점(대법원 2008. 1. 13. 선고 2007다54276 판결 등 참조), 신탁관계는 내부적인 사유로 위 규정의 천재·지변·화재 그밖에 이에 준하는 불가항력적인 정당한 사유로 볼 수 없는 점, 제주특별자치도 관광진흥조례 제27조 제1항에서 호텔 등 관광숙박시설을 건설·분양하기 위해서는 해당 시설이 건설되는 대지의 소유권 확보를 규정하고 있는 점 등에 비추어, 당해 투자진흥지구 지정권자도 위탁자인 A사에게 사업부지에 대한 소유권 없다고 판단하여 당해 등기부상 소유자(B신탁회사)와 투자진흥지구 지정 신청자(B신탁회사) 간의 일치를 요구하였던 점, 투자진흥지구로 지정받을 것을 전제로 사업부지에 대한 취득세 등을 감면받은 A사가 투자진흥지구 지정 신청을 자진 철회한 점 등을 종합적으로 고려해 볼 때, A사의 경우 위 규정상 "투자진흥지구로 지정받지 못한 경우"에 해당된다고 봄이 타당하다고 판단되나, 이에 해당하는지의 여부는 과세권자가 사실조사 후 최종 결정할 사항이라 할 것임(지방세운영−1852, 2010. 5. 3.). ○ 제주투자진흥지구 지정이 있고 개발사업 승인내용에 따라 공사착공을 하여 일부 지역에서 관광사업등록을 하여 영업을 하는 경우 지구 내 토지 전체를 재산세 과세기준일 현재 사업을 개시한 것으로 봄이 타당함(조심 2009지151, 2009. 9. 8.). ○ 조세특례제한법 제121조의9 제3항의 사업개시일은 관할 세무서장에게 사업자 등록을 한 후 교부받은 사업자등록증상의 사업개시일(개업일) 등을 참작하여 지방세 과세권자가 판단하는 것임(지방세운영−1781, 2008. 10. 14.). ○ 취득일 당시 투자진흥지구의 감면대상사업에 직접 사용할 목적으로 취득한 사실이 확인된 경우 당해 부동산의 취득일부터 3년 이내에 투자진흥지구로 지정된 재산에 한하여 취·등록세 감면대상으로 보아야 함(지방세운영−848, 2008. 8. 28.). ○ 제주투자진흥지구 내에 부지조성공사 후 조성된 부지를 매각하거나 건설한 시설을 매각하여 발생한 소득은 감면을 받을 수 없는 것임(서면2팀−2388, 2006. 11. 21.). ○ '골프장업'은 제주투자진흥지구 또는 제주자유무역지역 입주기업에 대한 법인세 등의 감면대상사업에는 해당하지 않음(서이 46017−11628, 2002. 9. 2.).

9 | 주요 개정연혁

1. 제주투자진흥지구 입주기업 세액감면 대상 업종 조정(조특령 §116의15)

(1) 개정내용

종 전	개 정

□ 제주투자진흥지구 입주기업 소득세·법인세 감면 대상 업종
ㅇ 투자금액 2천만달러 이상
  – 관광호텔업
  – 전문휴양업(골프장업 제외)
  – 국제회의시설업, 종합유원시설,
    관광식당업 등
〈추 가〉
 	
ㅇ 투자금액 500만달러 이상
  – 문화산업, 노인복지시설, 국제학교,
    청소년수련시설, 교육원, 의료기관 등
  – 궤도사업, 신·재생에너지를 이용한
    전기생산업 등
	□ 세액감면 대상 업종 조정
	
	ㅇ 마리나업 추가 등 업종조정
	  – 카지노업, 보세판매장 제외
	  – 휴양콘도미니엄업 제외
	  – (좌 동)
	
	  – 마리나업 추가
	
	  (좌 동)

(2) 개정이유

ㅇ 제주투자진흥지구 세제지원 합리화

(3) 적용시기 및 적용례

ㅇ 2021. 2. 17. 이후 제주투자진흥지구에 입주하는 경우부터 적용

제주첨단과학기술단지 입주기업 수입물품에 대한 관세의 면제

1 │의의

본조는 제주첨단과학기술단지에 입주하는 기업이 연구개발을 위하여 2023. 12. 31.까지 수입하는 물품 및 제주투자진흥지구에 입주하는 기업이 수입하는 자본재에 대해 관세를 면제함으로써 투자유치가 활성화될 수 있도록 지원하기 위한 목적으로 도입되었고, 2002. 4. 20. 이후 수입하는 분부터 적용된다.

주요 내용은 「제주특별자치도 설치 및 국제자유도시 조성을 위한 특별법」 제216조에 따라 지정된 제주첨단과학기술단지에 입주한 기업이 연구개발에 사용하기 위하여 수입하는 물품 중 관세법에 따라 관세가 감면되는 물품에 대하여는 관세를 면제한다(조특령 §116의16①).

2 │면제대상물품

본조에 따라 관세가 면제되는 물품은 관세법에 따라 관세가 감면되는 물품으로 다음과 같다(관세법 §90① 4, 관세법 시행규칙 §37④).

① 산업기술의 연구·개발에 사용하기 위하여 수입하는 별표 1의2의 물품

② 시약 및 견품

③ 연구·개발 대상물품을 제조 또는 수리하기 위하여 사용하는 부분품 및 원재료

④ ①의 물품을 수리하기 위한 목적으로 수입하는 부분품

3 | 절 차

본조의 규정에 의하여 관세의 면제를 받고자 하는 자는 관세감면신청서(관세법 시행령 §112)에 제주첨단과학기술단지의 입주기업임을 증명하는 서류를 첨부하여 세관장에게 제출하여야 한다(조특칙 §51의7 1호).

4 | 사후관리

관세를 면제받은 물품을 그 수입신고수리일부터 3년의 범위 안에서 관세청장이 정하는 기간 내에 전술한 용도 외에 사용한 때(관세청장이 정하는 기간 동안 당해 용도에 계속하여 사용하지 아니한 경우 포함) 또는 그 용도 외에 사용할 자에게 양도한 때에는 그 용도 외에 사용한 자 또는 그 양도인으로부터 면제된 관세를 즉시 징수하며, 양도인으로부터 당해 관세를 징수할 수 없는 때에는 양수인으로부터 면제된 관세를 즉시 징수한다. 이 내용은 조특법 제118조 제3항 및 제4항의 규정을 준용한 것이므로, 이에 대한 자세한 내용은 제118조의 해설을 참고하기로 한다.

조세특례제한법

제121조의 11

제주투자진흥지구 입주기업 수입물품에 대한 관세의 면제

1 | 의 의

「제주특별자치도 설치 및 국제자유도시 조성을 위한 특별법」 제162조의 규정에 따라 지정되는 제주투자진흥지구 입주기업이 감면대상사업에 직접 사용하기 위하여 2023. 12. 31.까지 수입하는 자본재(「외국인투자촉진법」 제2조 제1항 제9호의 규정에 따른 자본재를 말하며, 수리용 또는 개체용 물품은 제외) 중 일정요건을 충족한 물품의 경우에는 관세를 면제한다.

2 | 요건 : 면제대상물품

관세의 면제대상 수입 자본재는 다음의 요건을 충족하여야 한다.
① 제주투자진흥지구로 지정된 날부터 3년 이내에 수입신고되는 물품으로서 제주특별 자치도지사가 확인한 물품일 것(조특령 §116의16②)
② 외국투자가 또는 외국인투자기업이 외국인투자의 목적으로 수입하는 물품을 제외하고는 국내제작이 곤란한 물품일 것(조특법 §121의11①)

3 | 절 차

본조에 따른 관세의 면제를 받고자 하는 자는 관세감면신청서(관세법 시행령 §112)에 다음의 서류를 첨부하여 세관장에게 제출하여야 한다(조특칙 §51의7 2호).
① 제주특별자치도지사가 확인한 서류
② 당해 물품이 국내제작이 곤란한 물품임을 당해 물품의 생산을 관장하는 중앙행정기관의 장 또는 중앙행정기관의 장이 지정한 자가 확인한 서류(외국투자자 또는 외국인투자기업이

외국인투자의 목적으로 수입하는 물품인 경우 제외)

4 | 관세경감의 추징

관세를 면제받은 물품을 그 수입신고수리일부터 3년의 범위 안에서 관세청장이 정하는 기간 내에 전술한 용도 외에 사용한 때(관세청장이 정하는 기간 동안 당해 용도에 계속하여 사용하지 아니한 경우 포함) 또는 그 용도 외에 사용할 자에게 양도한 때에는 그 용도 외에 사용한 자 또는 그 양도인으로부터 면제된 관세를 즉시 징수하며, 양도인으로부터 당해 관세를 징수할 수 없는 때에는 양수인으로부터 면제된 관세를 즉시 징수한다. 이 경우 관세법 제103조 제1항 단서의 규정은 적용하지 아니한다(조특법 §121의11②). 이 내용은 조특법 제118조 제3항 및 제4항의 규정을 준용한 것이므로, 이에 대한 자세한 내용은 본서 제118조의 해설을 참고하기로 한다.

제주투자진흥지구 또는 제주자유무역지역 입주기업에 대한 감면세액의 추징

1 의의

조세특례제도는 국가의 특정 정책목표를 효과적으로 달성하기 위하여 조세의 형평성과 중립성의 희생을 감수하면서까지 취하는 적극적인 정책행위라 할 수 있다. 그러나 납세자가 조세특례의 수혜를 받은 이후 본래의 정책이 의도하는 방향과 다른 상황에 있거나, 다르게 행동하는 경우 조세특례제도는 그 정당성을 잃게 된다. 따라서, 제주국제자유도시 육성을 위한 다양한 조세특례제도의 경우에도 본래의 정책목표와 다른 상황에 놓여 있을 경우(법 소정의 추징사유) 세무서장·세관장 또는 지방자치단체의 장은 조특법 제121조의9 또는 법 제121조의11의 규정에 따라 감면된 법인세·소득세 및 관세를 추징하는 사후처리에 관한 규정을 두고 있다.

2 추징사유 및 추징방법

추징되는 사유와 추징방법은 다음과 같다(조특법 §121의12①, 조특령 §116의17①).

추징사유	추징방법
① 제주특별자치도 설치 및 국제자유도시 조성을 위한 특별법 제163조에 따라 제주투자진흥지구의 지정이 해제된 경우 ② 자유무역지역의 지정 및 운영에 관한 법률 제15조에 따라 입주계약이 해지된 경우 ③ 해당 제주투자진흥지구 또는 제주자유무역지역 입주기업이 폐업한 경우 　* 폐업일은 부가가치세법 제8조 제6항에 따라 신고한 폐업일이며, 세무서장은 폐업일을 확인한 때에는 당해 기업의 사업장을 관할하는 세관장 및 지방자치단체의 장에게 이를 지체 없이 통보하여야 함(조특령 §116의18③ · ④).	지정해제일, 입주허가취소일 또는 폐업일부터 소급하여 3년 이내에 감면된 세액추징 * 추징관세액의 계산은 관세법 제100조(손상감세) 제2항 준용

추징사유	추징방법
④ 해당 감면대상사업에서 최초로 소득이 발생한 과세연도(사업개시일부터 3년이 되는 날이 속하는 과세연도까지 해당 사업에서 소득이 발생하지 아니한 경우에는 3년이 되는 날이 속하는 과세연도) 종료일 이후 2년 이내에 제121조의9 제1항에 따른 조세감면기준에 해당하는 투자가 이루어지지 아니한 경우 ＊ 해당 과세연도와 남은 감면기간 동안 법인세 등 감면 적용하지 아니함(조특법 §121의12②).	감면받은 세액 전액 추징

관세의 감면을 받은 물품에 대하여 관세를 추징하는 경우 물품이 변질 또는 손상되거나 사용으로 인하여 당해 물품의 가치가 감소된 때에는 관세법 시행령 제118조에서 정하는 바에 의하여 그 관세를 경감할 수 있다(조특령 §116의17④, 관세법 §100②).

3 │ 절차 : 추징사유의 통보 등

3-1. 조세추징사유의 통보

산업통상자원부장관·국토교통부장관·세무서장·세관장 및 지방자치단체의 장은 본조의 규정에 의한 조세의 추징사유가 발생한 사실을 안 때에는 이를 지체없이 해당 추징권자에게 통보하여야 한다(조특령 §116의18①).

3-2. 조세추징의 통보

세무서장·세관장 및 지방자치단체의 장은 본조의 규정에 의하여 조세의 추징을 한 경우에는 그 사실을 지체없이 제주특별자치도지사에게 통보하여야 한다(조특령 §116의18②).

제주도여행객 면세점에 대한 간접세 등의 특례

1 의 의

본 제도는 제주특별자치도에 대하여 내국인 면세점제도를 도입하여, 연간 총 6회를 한도로 제주도여행객이 1인당 1회 400달러 이하의 물품을 구매하여 반출하는 경우, 부가가치세·개별소비세·주세·담배소비세를 면제하여, 제주특별자치도의 관광진흥 효과와 아울러 제주도개발센터의 운영 및 사업자금 조달을 목적으로 하고 있다. 다만, 면세점 이용품목의 주종을 이룰 것으로 보이는 고급주류와 담배 등 사회적으로 비가치재인 주류와 담배의 소비를 증가시키는 측면도 있어 바람직하지 못한 사회문화적 효과를 수반할 소지도 있다고 본다.

2014. 12. 23. 조특법 개정시 면세한도를 600달러 이하로 상향조정하였고, 2022. 12. 31. 조특법 개정시에는 면세한도를 800달러 이하로 추가 상향조정하여 제주특별자치도 개발재원 조성을 지원하였다.

2 제주도여행객에 대한 간접세 특례

2-1. 개 요

제주도여행객이 「제주특별자치도 설치 및 국제자유도시 조성을 위한 특별법」 제255조의 규정에 의한 면세품판매장(이하 "지정면세점"이라 한다)에서 면세물품을 구입하여 제주도 외의 다른 지역으로 휴대하여 반출하는 경우에는 당해 물품에 대한 부가가치세·개별소비세·주세·관세 및 담배소비세를 면제(부가가치세의 경우 영세율 적용)한다(조특법 §121의13①).

2-2. 제주도여행객의 범위

제주특별자치도에서 제주특별자치도 외의 지역으로 다음에 해당하는 항공기 또는 선박에 의하여 출항하는 19세 이상(만 19세에 도달하는 해의 1월 1일을 맞이한 자를 포함)의 내국인 및 외국인(제주특별자치도에 주소 또는 거소를 두고 있는 자를 포함)을 말한다(제주도여행객에 대한 면세점특례규정 §2).

① 항공운송사업의 면허를 받거나 등록을 마친 자가 운항하는 항공기
② 해상여객운송사업의 면허를 받은 자가 운항하는 여객선

2-3. 면세물품

주류, 담배, 시계, 화장품, 향수, 핸드백, 지갑, 벨트, 선글라스, 과자류, 인삼류, 넥타이, 스카프, 신변장식용 액세서리, 문구류, 완구류, 라이터, 기획재정부장관이 정하여 고시하는 신변잡화류, 그 밖에 제주특별자치도 조례가 정하는 물품 등이다. 여기에 관한 사항은 제주도여행객에 대한 면세점특례규정 제4조에서 정하고 있다.

2-4. 면세품판매장 : 지정면세점

지정면세점이란 면세품판매장[1])을 말하며, 지정면세점을 운영하는 자는 제주국제자유도시개발센터가 된다(제주도여행객에 대한 면세점특례규정 §3). 또한, 지정면세점은 세관장의 특허를 받은 보세판매장으로 본다. 이 경우 당해 보세판매장에서는 제주도 외의 다른 지역으로 휴대하여 반출하는 면세물품을 판매할 수 있다(조특법 §121의13②).

2-5. 면세물품 판매 및 구매한도

2-5-1. 판매가격

지정면세점에서 판매할 수 있는 면세물품은 판매가격이 미합중국화폐 800달러 이하의 것을 말한다(제주도여행객에 대한 면세점특례규정 §5①).

2-5-2. 구입 금액한도 및 수량

제주도여행객이 지정면세점에서 구입할 수 있는 면세물품의 금액한도는 1인 1회당 미합중국화폐 800달러 이하의 금액으로 하며, 연도별로 6회까지 구입할 수 있다. 다만, 아래의 주류 및 담배는 금액한도 계산에서 제외한다(조특법 §121의13⑤, 제주도여행객에 대한 면세점특례규정 §5③).

---

1) 「제주특별자치도 설치 및 국제자유도시 조성을 위한 특별법」 제177조

구 분	수 량			비 고
주류	2병			2리터 이하이고, 미합중국 화폐 400달러 이하인 것으로 한정한다.
담배	궐련		200개비	1회에 한가지 종류로 한정한다.
	엽궐련		50개비	
	전자 담배	궐련형	200개비	
		니코틴용액	20밀리리터	
		기타유형	110그램	
	그밖의 담배		250그램	

3 | 지정면세점에 공급하는 사업자에 대한 간접세 특례

3-1. 개 요

사업자가 제조장에서 제조·가공한 내국물품을 지정면세점에 직접 반출한 경우에는 부가가치세·개별소비세·주세 및 담배소비세를 면제(부가가치세의 경우 영세율 적용)한다.

구 분	주요 내용
외국물품	외국물품은 지정면세점에 반입된 물품에 한하여 부가가치세·개별소비세·주세·관세 및 담배소비세를 면제(부가가치세의 경우 영세율 적용)한다. 이 경우 외국물품은 제주도여행객이 면세물품을 구매하는 때에 수입신고를 한 것으로 보고, 공항이나 항만에서 당해 물품을 구매한 제주도여행객에게 인도하는 때에 수입신고가 수리되어 내국물품이 된 것으로 본다(제주도여행객에 대한 면세점특례규정 §7①, §9).
내국물품	사업자가 제조장에서 제조·가공한 물품을 지정면세점에서 직접 반출한 경우에는 부가가치세·개별소비세·주세 및 담배소비세를 면제(부가가치세의 경우 영세율 적용)한다(제주도여행객에 대한 면세점특례규정 §7②).

3-2. 사업자의 의무

지정면세점에 내국물품을 공급하는 사업자는 당해 면세물품의 공급과 관련하여 다음과 같은 의무를 이행하여야 한다(제주도여행객에 대한 면세점특례규정 §7②).

① 부가가치세 신고시 국세청장이 정하는 제주도여행객 면세점 공급실적명세서에 당해 신고기간의 면세물품의 공급실적을 기록·작성하여 면세점운영자의 확인을 받아 사업장

관할 세무서장에게 제출하여야 한다.

② 개별소비세 과세대상물품의 경우에는 「개별소비세법 시행령」 제26조(외국인전용판매장에서 판매할 물품의 면세승인신청), 주류의 경우에는 「주세법 시행령」 제30조(수출·납품주류의 면세승인신청) 제1항 및 제2항, 담배의 경우에는 「지방세법」 제233조(담배의 반출신고)의 규정을 각각 준용하여 처리하여야 한다.

3-3. 면세점운영자의 의무

3-3-1. 주류반입 신고 및 장부의 기록·보관

면세점운영자는 부가가치세 및 주세가 면제된 주류를 지정면세점에 반입한 때에는 반입한 날부터 5일 이내에 국세청장이 정하는 제주도여행객 지정면세점 주류반입신고서를 관할 세무서장에게 제출하여야 하며, 면세물품의 구입·판매사항 등과 관련하여 관세청장이 정하는 바에 의하여 장부를 기록하고 5년간 이를 보관하여야 한다(제주도여행객에 대한 면세점특례규정 §7④, §15).

3-3-2. 구매자의 신분확인 등

면세점운영자가 제주도여행관광객에게 면세물품을 판매하는 때에는 주민등록증(신분을 확인할 수 있는 각종 신분증 포함) 또는 여권 등에 의하여 당해 물품을 구입하는 자의 신분을 확인한 후 판매하여야 한다(제주도여행객에 대한 면세점특례규정 §8①).

또한, 면세물품의 판매 및 인도절차 등에 대하여 필요한 사항은 보세판매장에서 판매하는 물품의 판매 및 인도방법, 반입·반출의 절차 등에 준하여 관세청장이 정하도록 하고 있으나, 단, 내국물품의 판매 및 인도절차 등에 관하여 필요한 사항은 따로 국세청장이 정할 수 있다(제주도여행객에 대한 면세점특례규정 §8).

4 │ 사후관리

4-1. 감면·환급세액의 추징

타인의 명의로 부정하게 면세물품을 구입하거나 면세물품을 부정유출한 경우 외국물품은 관할 세관장이, 내국물품은 관할 세무서장이 감면·환급받은 부가가치세 등을 타인의 명의로 면세물품을 구입한 자 또는 면세물품을 부정유출한 자로부터 징수하여야 한다(제주도여행객에 대한 면세점특례규정 §10).

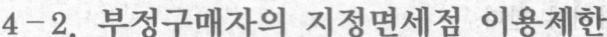

4-2. 부정구매자의 지정면세점 이용제한

면세점운영자는 다음과 같은 부정구매자에 대하여는 당해 면세물품 구입일로부터 1년간 지정면세점의 이용을 제한하여야 하며, 부정구매자에 대한 인적 사항 등을 기록·관리하여야 한다(제주도여행객에 대한 면세점특례규정 §14).

① 타인의 명의로 면세물품을 구매한 자
② 지정면세점에서 구입한 면세물품을 타인에게 판매한 자
③ 면세물품의 구입을 위하여 타인에게 명의를 대여한 자

5 | 주요 개정연혁

1. 제주도 지정면세점 면세한도 상향(조특법 §121의13, 제주도면세점규정 §5)

(1) 개정내용

종 전	개 정
□ 제주도 지정면세점 면세한도	□ 면세한도 상향
○ (기본 면세한도) $600 이하	○ $800 이하
○ (별도 면세한도) 술·담배에 대해 별도 한도 적용	○ (좌 동)
- (술) 1병(1ℓ · $400 이하)	- 2병(2ℓ · $400 이하)
- (담배) 200개비	- (좌 동)

(2) 개정이유

○ 여행자 편의 제고

(3) 적용시기 및 적용례

○ 2023. 1. 1. 이후 판매·구매하는 분부터 적용

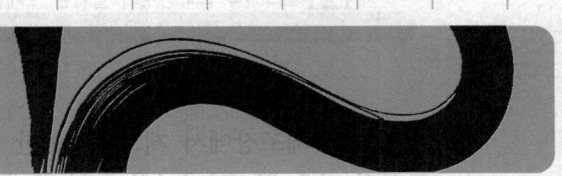

입국경로에 설치된 보세판매장 등의 물품에 대한 간접세의 특례

1 의 의

본조는 입국장 면세점 이용 활성화, 입국장 인도장 활성화 및 소비증진 등을 위하여 보세판매장에서 구입하여 입국장 인도장에서 인도받는 물품에 대하여 부가가치세 영세율을 적용하고 주세를 면제하고자 도입되었다.

2 요 건

입국경로에 설치된 보세판매장 등의 물품에 해당되어야 한다.

3 과세특례의 내용

(1) 보세판매장에서 물품[1]을 판매하는 경우에는 그 물품에 대한 부가가치세 및 주세("부가가치세등")를 면제(부가가치세의 경우에는 영세율을 적용하는 것)한다(조특법 §121의14①).

(2) 보세판매장[2]에서 우리나라로 입국하는 자에게 물품을 판매하는 경우에는 그 물품에 대한 부가가치세등을 면제한다(조특법 §121의14②).[3]

---

1) 「관세법」 제196조 제1항 제1호 단서 및 같은 조 제4항 단서
2) 「관세법」 제196조 제2항
3) 제31조(입국경로에 설치된 보세판매장 등의 물품에 대한 주세의 면제에 관한 적용례) 제121조의14 제1항부터 제3항까지의 개정규정은 이 법 시행 이후 보세판매장에 공급하거나 주류 제조장에서 반출하는 분부터 적용한다(법률 제17759호, 2020. 12. 29. 부칙 §31).

(3) 사업자가 제조장에서 제조·가공한 물품("내국면세물품")[4]을 보세판매장[5]에 직접 공급한 경우에는 부가가치세 및 주세를 면제(부가가치세의 경우에는 영세율을 적용하는 것)한다(조특법 §121의14③, 조특령 §116의19①).

4 | 사후관리

본조에 따라 부가가치세 및 주세를 면제받는 물품이 다음의 어느 하나에 해당하는 경우에는 관할 세무서장이 감면받거나 환급받은 부가가치세 및 주세를 그 행위를 한 자로부터 징수해야 한다(조특령 §116의19⑤).
(1) 보세판매장에서 타인의 명의로 물품을 구입하는 경우
(2) 보세판매장 운영자가 물품을 부정유통하는 경우
(3) 국내 입국자가 구입한 물품을 타인에게 판매하는 경우
(4) 국내 입국자로부터 물품을 구입하는 경우[물품을 판매한 위 (3)의 국내 입국자가 외국에 거주하는 외국인인 경우에 한정한다]

5 | 절 차

(1) 본조에 따라 부가가치세를 면제받으려는 자는 부가가치세 과세표준과 납부세액 또는 환급세액을 신고하는 때에 국세청장이 정하는 보세판매장 공급실적 명세서에 해당 신고기간의 내국면세물품 공급실적을 기록·작성하여 특허를 받은 자[6]("보세판매장 운영자")의 확인을 받아 사업장 관할 세무서장에게 제출해야 한다(조특령 §116의19②).
(2) 본조에 따라 주세를 면제받으려는 자는 해당 주류의 면세승인신청서를 관할 세무서장에게 제출해야 한다[7](조특령 §116의19③).
(3) 보세판매장 운영자는 부가가치세 및 주세가 면제된 주류를 보세판매장에 반입한 때에는 반입한 날부터 5일 이내에 국세청장이 정하는 보세판매장 주류반입신고서를 관할 세무서장에게 제출해야 한다(조특령 §116의19④).

---

4) 「관세법」 제2조 제5호
5) 「관세법」 제196조 제1항 제1호 단서 또는 같은 조 제2항
6) 「관세법」 제176조의2 제1항 단서
7) 「주세법 시행령」 제20조 제1항 및 제2항을 준용

6 | 주요 개정연혁

1. 입국장 면세점 부가가치세 및 주세 면제 대상 등 명확화(조특법 §121의14 ①)

(1) 개정내용

종 전	개 정
□ 입국장 면세점에서 구입하는 물품에 대한 면세 　○ 대상물품 : 내국물품 　○ 대상물품 구입·반입시 　○ 부가가치세(영세율) 및 주세 면제	□ 면제대상 등 명확화 　○ 대상물품 : 내국물품, 외국물품 　○ 대상물품 구입시 　○ (좌　동)

(2) 개정이유

○ 입국장 면세점 이용 활성화

2. 입국장 인도장 부가가치세 및 주세 면제(조특법 §121의14②·③)

(1) 개정내용

종 전	개 정
〈신　설〉	□ 입국장 인도장에 대한 부가가치세 등 면제 　○ 입국장 인도장 인도를 조건으로 보세판매장에서 판매하는 물품(내국물품, 외국물품)에 대하여 　　- 부가가치세(영세율) 및 주세 면제 　○ 사업자가 입국장 인도장 인도용으로 보세판매장에 공급하는 내국물품에 대하여 　　- 부가가치세(영세율) 및 주세 면제

(2) 개정이유

○ 입국장 인도장 활성화 및 소비증진

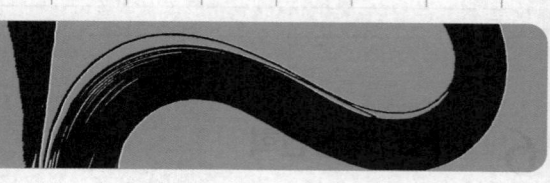

제 121 조의 15

제주특별자치도 소재 골프장에 대한 개별소비세 감면

1 | 의 의

본조는 내수경제 활성화를 위해 제주도 소재 골프장에 대한 개별소비세를 한시적으로 감면하는 제도로 2019년 12월 31일 조특법 개정시 도입되었고, 동 규정은 2020년 1월 1일 이후 입장행위를 하는 분부터 적용한다.

2 | 과세특례의 내용

제주특별자치도에 있는 골프장 입장행위(2021년 12월 31일까지 입장하는 경우만 해당)에 대해서는 3천원의 세율1)을 적용한다(조특법 §121의15).

---

1) 「개별소비세법」 제1조 제3항 제4호(골프장 : 1명 1회 입장에 대하여 1만2천원)에 대한 특례 규정이다.

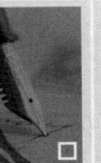

제5장의3

기업도시 개발과 지역개발사업구역 등 지원을 위한 조세특례

제121조의17

기업도시개발구역 등의 창업기업 등에 대한 법인세 등의 감면

1 │ 의 의

기업이 자발적인 투자계획을 가지고 필요한 지역에 직접 도시를 개발할 수 있도록 제정된 「기업도시개발 특별법」을 조세정책 측면에서 지원하기 위하여 법인세 감면 등의 조세특례를 인정하려는 것으로, 「기업도시개발 특별법」에 의하여 기업도시개발사업을 시행하는 기업 및 개발구역 안에서 사업을 영위하는 기업이 개발사업시행 및 사업을 영위함으로써 발생한 소득에 대하여 5년간 법인세 및 소득세 등을 감면할 수 있도록 하는 내용을 중심으로 2004. 12. 31. 조특법에 '기업도시개발을 위한 조세특례'라는 별도의 장(제5장의3)이 신설되었다. 본 규정으로 「기업도시개발 특별법」에 의한 기업도시개발사업에 대한 민간투자가 활성화되는 효과가 있을 것으로 기대된다.

2 │ 법인세 등의 감면요건

2-1. 신규투자기업에 대한 법인세 등의 감면

2-1-1. 기업도시개발구역, 지역개발사업구역 · 지역활성화지역 · 공여구역주변지역등 사업범위 및 해양박람회특구, 새만금투자진흥지구의 범위

(1) 기업도시개발구역이라 함은 기업도시를 조성하기 위한 사업, 즉 기업도시개발사업을 시행하기 위하여 「기업도시개발 특별법」 제5조의 규정에 의하여 지정 · 고시된 지역을 말한다.[1]

(2) 지역개발사업구역은 「지역 개발 및 지원에 관한 법률」 제11조에 따라 지정된 지역을

---

1) 「기업도시개발 특별법」 제2조

말한다.

(3) 지역활성화지역은 「지역 개발 및 지원에 관한 법률」 제67조에 따라 지정된 지역을 말한다.

(4) 공여구역주변지역 등 사업범위는 「지역 개발 및 지원에 관한 법률」 제2조 제5호에 따른 낙후지역 내에서 「주한미군 공여구역주변지역 등 지원 특별법」 제11조 및 같은 법 시행령 제12조에 따라 사업승인 고시된 범위를 말한다.

(5) 해양박람회특구는 「여수세계박람회 기념 및 사후활용에 관한 특별법」 제15조 제1항에 따라 지정·고시된 특구를 말한다.

(6) 새만금투자진흥지구는 「새만금사업 추진 및 지원에 관한 특별법」 제11조의5에 따라 지정된 특구를 말한다.

2-1-2. 감면대상사업 및 투자의 범위

(1) 우선 다음의 감면대상사업을 하기 위한 투자에 해당하여야 한다(조특법 §121의17①·1·3·5·8).

① 기업도시개발구역에 2023년 12월 31일까지 창업[2]하거나 사업장을 신설(기존 사업장을 이전하는 경우는 제외)하는 기업이 그 구역의 사업장에서 하는 사업

② 「지역 개발 및 지원에 관한 법률」 제11조에 따라 지정된 지역개발사업구역(같은 법 제7조 제1항 제1호에 해당하는 지역개발사업으로 한정) 또는 같은 법 제67조에 따른 지역활성화지역에 2023년 12월 31일까지 창업하거나 사업장을 신설(기존 사업장을 이전하는 경우는 제외)하는 기업(법률 제12737호 「지역 개발 및 지원에 관한 법률」 부칙 제4조에 따라 의제된 지역개발사업구역 중 「폐광지역 개발 지원에 관한 특별법」에 따라 지정된 폐광지역진흥지구에 개발사업시행자로 선정되어 입주하는 경우에는 「관광진흥법」에 따른 관광숙박업 및 종합휴양업과 축산업을 경영하는 내국인을 포함)이 그 구역 또는 지역 안의 사업장에서 하는 사업과 「지역 개발 및 지원에 관한 법률」 제2조 제5호에 따른 낙후지역 중 「주한미군 공여구역주변지역 등 지원 특별법」 제8조에 따른 종합계획 및 제9조에 따른 사업계획에 따른 공여구역주변지역등사업범위[3] 안에서 2023년 12월 31일까지 창업하거나 사업장을 신설(기존 사업장을 이전하는 경우는 제외)하는 기업이 그 구역 안의 사업장에서 하는 사업[4]

---

2) 창업의 범위에 대하여는 제6조 제6항의 해설을 참고하기로 한다.

3) 조특령 §116의21⑨

4) 개정규정은 2019년 1월 1일 이후 창업하거나 사업장을 신설한 경우부터 적용하고, 2019년 1월 1일 전에 창업하거나 사업장을 신설한 경우에는 개정규정에도 불구하고 종전의 「조세특례제한법」(법률 제16009호로 개정되기 전의 것을 말한다)에 따른다(법률 제17759호, 2020. 12. 29. 부칙 §32, §50①).

③ 「여수세계박람회 기념 및 사후활용에 관한 특별법」 제15조 제1항에 따라 지정·고시된 해양박람회특구에 2023년 12월 31일까지 창업하거나 사업장을 신설(기존 사업장을 이전하는 경우는 제외한다)하는 기업이 그 구역 안의 사업장에서 하는 사업

④ 「새만금사업 추진 및 지원에 관한 특별법」 제11조의5에 따라 지정되는 새만금 투자진흥지구에 2025. 12. 31.까지 창업하거나 사업장을 신설(기존 사업장을 이전하는 경우는 제외한다)하는 기업이 해당 구역 안의 사업장에서 하는 사업

(2) 법인세 또는 소득세를 감면하는 투자는 신규투자기업이 다음에 열거된 감면대상사업 중 어느 하나의 사업을 영위하기 위하여 구역 또는 지구 내에 시설을 새로이 설치하는 것이어야 하며, 그 구역에 있는 사업장에서 경영하는 사업의 감면대상소득은 해당 감면대상사업을 경영하기 위하여 그 구역에 투자한 시설에서 직접 발생한 소득을 말한다(조특령 §116의2⑰, 조특령 §116의21① · ③).

① 제조업

② 연구개발업

③ 다음의 어느 하나에 해당하는 사업(조특령 §116의2③ 3 가목~다목)

　　㉠ 복합물류터미널사업

　　㉡ 공동집배송센터를 조성하여 운영하는 사업

　　㉢ 항만시설을 운영하는 사업과 항만배후단지에서 영위하는 물류산업

④ 다음의 어느 하나에 해당하는 사업(조특령 §116의2⑤ 6 각 목)

　　㉠ 엔지니어링사업

　　㉡ 전기통신업

　　㉢ 컴퓨터프로그래밍·시스템 통합 및 관리업

　　㉣ 정보서비스업

　　㉤ 그 밖의 과학기술서비스업

　　㉥ 영화·비디오물 및 방송프로그램 제작업, 영화·비디오물 및 방송프로그램 제작 관련 서비스업, 녹음시설 운영업, 음악 및 기타 오디오물 출판업

　　㉦ 게임 소프트웨어 개발 및 공급업

　　㉧ 공연시설 운영업, 공연단체, 기타 창작 및 예술 관련 서비스업

⑤ 다음의 어느 하나에 해당하는 사업(조특령 §116의15① 1 가목~마목·2 나목~마목)

　　㉠ 관광호텔업·수상관광호텔업·한국전통호텔,[5] 전문휴양업·종합휴양업·관광 유람선업·관광공연장업,[6][7] 국제회의시설업,[8] 종합유원시설,[9] 관광식당업[10]

---

5) 「관광진흥법 시행령」 제2조 제1항 제2호

6) 「관광진흥법 시행령」 제2조 제1항 제3호

ⓛ 노인복지시설을 운영하는 사업
ⓒ 청소년 수련시설을 운영하는 사업
ⓔ 궤도사업
ⓜ 신에너지·재생에너지를 이용하여 전기를 생산하는 사업

2-1-3. 투자금액

투자는 다음의 어느 하나를 충족하여야 한다(조특령 §116의21①).

① 2-1-2.의 (2)-②에 해당하는 사업 : 투자금액이 5억원 이상이고 상시근로자 수가 10명 이상일 것

② 2-1-2.의 (2)-③에 해당하는 사업 : 투자금액이 10억원 이상이고 상시근로자 수가 15명 이상일 것

③ 2-1-2.의 (2)-①, ④, ⑤에 해당하는 사업 : 투자금액이 20억원 이상이고 상시근로자 수가 30명 이상일 것

2-2. 개발사업시행자에 대한 법인세 등의 감면

2-2-1. 감면대상사업 및 투자의 범위

(1) 우선 다음의 감면대상사업을 하기 위한 투자에 해당하여야 한다(조특법 §121의17① 2·4·6·7, 조특령 §116의21②).

① 1. 「지역 개발 및 지원에 관한 법률」 제19조에 따라 지정된 사업시행자가 지역개 발사업구역 또는 지역활성화지역을 개발하기 위한 지역개발사업

2. 「지역 개발 및 지원에 관한 법률」 제2조 제5호에 따른 낙후지역 내에서 「주한미군 공여구역주변지역 등 지원 특별법」 제10조 제1항에 따른 사업시행자가 같은 조 제2항에 따라 시행하는 사업

기업도시개발사업 시행자가 하는 사업으로서 「기업도시개발 특별법」 제2조 제3호에 따른 기업도시개발사업

② 「지역 개발 및 지원에 관한 법률」 제11조(같은 법 제7조 제1항 제1호에 해당하는 지역개발사업으로 한정한다)에 따른 지역개발사업구역과 같은 법 제67조에 따른

---

7) 다만, 전문휴양업과 종합휴양업 중 「체육시설의 설치·이용에 관한 법률」 제10조 제1항 제1호에 따른 골프장업은 제외한다.
8) 「관광진흥법 시행령」 제2조 제1항 제4호
9) 「관광진흥법 시행령」 제2조 제1항 제5호
10) 「관광진흥법 시행령」 제2조 제1항 제6호

지역활성화지역에서 같은 법 제19조에 따라 지정된 사업시행자가 하는 지역개발
사업과 「지역 개발 및 지원에 관한 법률」 제2조 제5호에 따른 낙후지역 내에서
「주한미군 공여구역주변지역 등 지원 특별법」 제10조 제1항에 따른 사업시행자가
하는 같은 조 제2항에 따른 사업[11]

③ 「여수세계박람회 기념 및 사후활용에 관한 특별법」 제18조 제1항에 따른 사업시행자가
박람회 사후활용에 관하여 시행하는 사업

④ 「새만금사업 추진 및 지원에 관한 특별법」 제8조 제1항에 따라 지정된 사업시행자가
하는 새만금사업

2-2-2. 투자금액(총개발사업비)

법인세 등의 감면특례를 받기 위해서는 총개발사업비가 500억원 이상이어야 하며(조특령
§116의21②), 총개발사업비에는 보상비, 공사비, 조사비, 설계비, 장치구입비, 부담금 등이
포함된다.

3 | 법인세 등의 감면특례

감면요건을 충족하는 기업의 감면대상사업에서 발생한 소득에 대하여는 사업개시일 이후
그 감면대상사업에서 최초로 소득이 발생한 과세연도(사업개시일부터 5년이 되는 날이 속하는
과세연도까지 그 사업에서 소득이 발생하지 아니한 때에는 5년이 되는 과세연도)의 개시일부터 3년
이내에 끝나는 과세연도에 있어서 법인세 또는 소득세의 100%(개발사업시행자의 경우 50%)에
상당하는 세액을, 그 다음 2년 이내에 끝나는 과세연도에 있어서는 법인세 또는 소득세의
50%(개발사업시행자의 경우 25%)에 상당하는 세액을 각각 감면한다(조특법 §121의17②).

4 | 감면한도

제12조의2(연구개발특구에 입주하는 첨단기술기업 등에 대한 법인세 등의 감면)의 해설을
참고하기로 한다.

---

11) 개정규정은 「주한미군 공여구역주변지역 등 지원 특별법」 제10조 제1항에 따른 사업시행자가 2021년 1월 1일
이후 투자를 개시하는 분부터 적용하고, 2021년 1월 1일 전에 투자를 개시한 「주한미군 공여구역주변지역 등
지원 특별법」 제10조 제1항 제5호에 따른 사업시행자에 대해서는 개정규정에도 불구하고 종전의 규정에 따른다(법률
제17759호, 2020. 12. 29. 부칙 §32, §50②).

5 │사후관리

5-1. 고용기준 위반

본조 제4항 제2호를 적용받아 소득세 또는 법인세를 감면받은 기업이 감면받은 과세연도 종료일부터 2년이 되는 날이 속하는 과세연도 종료일까지의 기간 중 각 과세연도의 감면대상 사업장의 상시근로자 수가 감면받은 과세연도의 상시근로자 수보다 감소한 경우에는 대통령령으로 정하는 바에 따라 감면받은 세액에 상당하는 금액을 소득세 또는 법인세로 납부하여야 한다(조특법 §121의17⑥).12)

5-2. 기타 추징사유

후술하는 조특법 제121조의18의 해설을 참고하기 바란다.

6 │절 차

법인세 또는 소득세를 감면받고자 하는 경우에는 과세표준신고와 함께 세액감면신청서를 납세지 관할 세무서장에게 제출하여야 한다(조특령 §116의21⑦).

7 │조세특례제한 등

7-1. 중복지원의 배제

7-1-1. 동일 과세연도에 투자세액공제와 중복배제

내국인이 동일한 과세연도에 본조의 기업도시개발구역 입주기업 등에 대한 법인세 또는 소득세의 감면규정과 조특법 제127조 제4항에 열거된 조세특례(투자세액공제)가 동시에 적용되는 경우에는 그 중 하나만을 선택하여 적용받을 수 있다.

---

12) 이에 대한 상세한 해설은 제12조의2(연구개발특구에 입주하는 첨단기술기업 등에 대한 법인세 등의 감면)의 해설을 참고하기로 한다.

7-1-2. 동일 사업장에서 동일 과세연도에 세액감면과 중복지원 배제

동일한 사업장에 대하여 동일한 과세연도에 본조의 감면규정과 조특법 제127조 제5항에 열거된 조세특례(세액감면)가 동시에 적용되는 경우에는 그 중 하나만을 선택하여 적용받을 수 있다.

7-2. 추계과세시 등의 감면배제

7-2-1. 무신고 결정 및 기한 후 신고에 대한 감면배제

소득세 또는 법인세의 무신고에 따른 결정(소법 §80①, 법인법 §66①)과 기한 후 신고(국기법 §45의3)를 하는 경우에는 본조의 세액감면을 적용하지 아니한다.

7-2-2. 경정 및 수정신고시 감면배제되는 경우

소득세 또는 법인세의 신고 내용에 오류 등이 있어 경정(소법 §80②, 법인법 §66②)하는 경우와 과세표준 수정신고서를 제출한 과세표준과 세액을 경정할 것을 미리 알고 제출한 경우에는 과소신고금액(조특령 §122)에 대하여 본조의 세액감면을 적용하지 아니한다.

7-3. 최저한세 및 구분경리

7-3-1. 최저한세

본조의 규정에 의한 세액감면에 관한 조세특례에 관하여는 조특법 제132조의 최저한세 규정을 적용받아 그 특례범위가 제한된다. 이에 대하여는 제132조 해설을 참조하기로 한다.

7-3-2. 구분경리

본조 제2항의 기업도시개발구역 입주기업 등에 대한 법인세 또는 소득세의 감면규정을 적용받는 사업과 기타 사업을 겸영하는 경우에는 법인세법 제113조의 규정을 준용하여 구분경리하여야 한다. 이에 대한 자세한 설명은 제143조의 해설을 참조하기로 한다.

8 | 관련사례

구 분	내 용
감면한도	○ 법인이 2011. 3. 11. 기업도시개발구역에 입주하기 위해 양해각서를 체결하고 공장을 신설하여 2012년 상반기에 입주하는 경우, 「조세특례제한법」(법률 제9921호, 2010. 1. 1.) 부칙 제78조(2010. 12. 27. 개정)에 따라 기업도시개발구역 입주기업에 대한 법인세 감면 대상이 되는 것이나, 같은 법(법률 제10406호, 2010. 12. 27.) 부칙 제65조에 따라 같은 법 제121조의17 제4항의 감면한도를 적용하는 것이며, 법인이 2010. 1. 1. 전에 기업도시개발구역에 입주하기 위해 양해각서를 체결하고 2012. 12. 31.까지 입주하는 경우, 「조세특례제한법」(법률 제9921호, 2010. 1. 1.) 부칙 제78조(2010. 5. 14. 개정)에 따라 기업도시개발구역 입주기업에 대한 법인세 감면 대상이 되고, 같은 법(법률 제10406호, 2010. 12. 27.) 부칙 제65조에 따라 같은 법 제121조의17 제4항의 감면한도를 적용하지 않는 것임(법인-305, 2011. 4. 26.). ○ 「조세특례제한법 시행령」 제116조의21를 적용함에 있어 기존 사업장 투자분을 처분하고 「기업도시개발특별법」 제2조 제2호에 따른 기업도시개발구역 안에서 제116조의2 제17항 각 호에 해당하는 사업을 영위하기 위하여 시설을 새로이 설치하는 경우의 '투자금액'은 기존 사업장에 투자한 시설의 처분 금액과는 상관없이 도시개발구역 안의 사업장에 투자한 금액을 말하는 것임(법인-1159, 2009. 10. 15.).
법인세 및 소득세의 감면	○ 「조세특례제한법」 제121조의17에 따른 '기업도시개발구역 등의 창업기업 등에 대한 법인세 감면'을 적용함에 있어 법인이 기업도시개발구역에서 같은 법 시행령 제116조의2 제17항 각 호에 해당하는 사업(감면대상사업)을 경영하기 위하여 시설을 새로이 설치하는 경우, 같은 법 시행령 제116조의21 제1항에 따라 감면대상사업별로 정한 금액 이상 투자(2개 이상의 감면대상사업을 경영하고 각각의 사업에서 발생하는 소득에 대해 감면을 적용받고자 하는 경우에는 각 업종별로 정한 투자금액 이상 각각 투자)하는 경우에 한하여 그 투자시설에서 직접 발생한 해당 업종별 소득에 대하여 법인세 감면을 적용받을 수 있는 것임(법인-537, 2011. 7. 29.). ○ "수도권 과밀억제권역(경기 성남)에 본사 및 제1공장 소재, 성장관리권역(경기 화성)에 제2공장 소재"하는 기업이 각 사업장을 원주기업도시로 통합하여 이전하는 경우 원주 통합 사업장에서 발생하는 소득을 '성남사업장 이전분'과 '화성사업장 이전분'으로 구분경리하여 각각 감면소득별로 감면규정을 적용하는 것임(법인-361, 2009. 1. 28.).

9 │ 주요 개정연혁

1. 새만금투자진흥지구 창업기업 등 세액감면 신설(조특법 §121의17, §121의19, 조특령 §116의21)

(1) 개정내용

종 전	개 정
□ 지역특구 세액감면 제도	□ 새만금투자진흥지구 창업기업 세액감면 신설
○ (감면내용) 특구 내 창업 또는 사업장 신설 기업 등에 대해 일정 기간 소득·법인세를 감면	○ (좌 동)
○ (감면적용 특구)	○ (좌 동)
– 기업도시, 지역개발사업구역 등	
〈추 가〉	– 새만금투자진흥지구
○ (투자·고용요건)	○ (좌 동)
– (연구개발업) 투자금액 5억원, 상시근로자 10명 이상	
– (물류·유통업) 투자금액 10억원, 상시근로자 15명 이상	
– (제조업 등) 투자금액 20억원, 상시근로자 30명 이상	
○ (감면율) 3년 100% + 2년 50% (사업시행자는 3년 50% + 2년 25%)	○ (좌 동)
○ (적용기한) 2023. 12. 31.	○ (좌 동)
〈추 가〉	– 새만금투자진흥지구의 경우 2025. 12. 31.

(2) 개정이유
○ 국가균형발전을 위해 새만금지역 투자 유인 제고

(3) 적용시기 및 적용례
○ 2023. 1. 1. 이후 새만금투자진흥지구에 창업 또는 사업장을 신설하는 기업부터 적용

2. 기업도시개발구역 등의 창업기업에 대한 감면 적용기한 연장 등

(조특법 §121의17, 조특령 §116의21)

(1) 개정내용

종 전	개 정
☐ 기업도시개발구역 등 창업기업(사업장 신설기업) 감면	☐ 감면대상 확대, 감면요건 조정, 감면한도 재설계 등
○ (대상) 기업도시개발구역·낙후지역(지역개발사업구역)·여수해양박람회특구 창업기업 및 사업시행자, 새만금 사업시행자	○ 낙후지역 감면대상에「미군공여구역법」상 발전종합계획에 따른 창업(사업장 신설 포함) 기업과 사업시행자 추가
○ 감면요건 　- 제조업 등 : 100억원 이상 투자	○ 투자금액기준 인하, 고용요건 신설 　- 제조업 등 : 20억원 이상 투자 + 30명 이상 상시근로자 고용
- 복합물류터미널사업 등 : 50억원 이상 투자	- 복합물류터미널사업 등 : 10억원 이상 투자 + 15명 이상 상시근로자 고용
- 연구개발업 : 20억원 이상 투자	- 연구개발업 : 5억원 이상 투자 + 10명 이상 상시근로자 고용
- 사업시행자 : 총 개발사업비 1천억원 이상	- 사업시행자 : 총 개발사업비 500억원 이상
○ (감면율) 법인세·소득세 3년간 100% + 2년간 50%(사업시행자는 3년간 50% + 2년간 25%)	○ (좌 동)
○ 감면한도 　- 일반 : 투자누계액 50% + Min(①상시근로자수×1,000만원, ②투자누계액×20%) 　- 서비스업 : 일반 감면한도와 Min(①상시근로자수×2,000만원, ②투자누계액×100%) 중 큰 금액	○ 고용친화적으로 개편 　- 투자누계액 50% + 상시근로자수×1,500만원(청년 및 서비스업 상시근로자 2,000만원)
〈신 설〉	○ 청년상시근로자의 범위 　- 상시근로자 중 15~29세(병역이행기간은 연령에서 빼고 계산)인 근로자
〈신 설〉	○ 청년상시근로자의 수 계산방법 　$$\dfrac{\text{해당 과세연도의 매월말 현재 청년상시근로자 수의 합}}{\text{해당 과세연도의 개월 수}}$$

종 전	개 정

○ (적용기한) 2018. 12. 31.*
   * 사업시행자는 적용기한 없음
	○ 2021. 12. 31.
	   * (좌 동)

(2) 개정이유

○ 국가균형발전·낙후지역 지원 및 일자리 창출 지원

(3) 적용시기 및 적용례

○ 2019. 1. 1. 이후 창업하거나 사업장을 신설하는 분부터 적용
(사업시행자는 2019. 1. 1. 이후 투자하는 분부터 적용)

관광 중심 기업도시 내 골프장에 대한 개별소비세 감면

1 | 의 의

관광진흥 및 지역개발 등을 위한 관광 중심 기업도시의 건설을 유도하기 위하여 관광 레저형 기업도시를 포함한 관광 중심 기업도시에 설치된 골프장의 입장행위에 대하여는 개별소비세를 부과하지 아니한다.

2 | 관광 중심 기업도시 내 골프장의 입장에 대한 개별소비세의 면제

관광 중심 기업도시에 설치된 골프장의 입장행위(2015. 12. 31.까지 입장하는 경우만 해당)에 대하여는 개별소비세법상 과세대상에 해당(개별소비세법 §1③ 4)됨에도 불구하고 개별소비세를 부과하지 아니한다.

3 | 사후관리

관광 중심 기업도시를 관할하는 광역시장·시장 또는 군수(광역시 관할 구역에 있는 군의 군수는 제외)는 관광 중심 기업도시 안의 골프장에 대한 개별소비세의 면제가 기업도시의 관광진흥에 기여하도록 다음의 조치를 하여야 한다(조특령 §116의22).
① 관광 중심 기업도시 내에 설치된 골프장의 입장요금에 조특법 제121조의18 제1항의 규정에 의한 조세인하분의 반영 여부를 심의하기 위하여 골프장입장요금심의위원회의 설치·운영
② 골프장입장요금심의위원회가 골프장 입장요금에 조세인하분이 적정하게 반영되지 아니한 것으로 인정한 경우에는 이에 대한 가격인하 등의 시정권고

제 121 조의 19

감면세액의 추징 등

1 | 의 의

본 조문은 앞서 설명한 기업도시개발구역 입주기업 등에 관한 조세특례(조특법 §121의17, §121의18)의 정책목표를 담보하기 위한 사후관리에 대한 규정으로, 제도 신설시 별도의 조문으로 규정된 것이다. 즉, 조세감면을 받은 기업 등이 특정한 사유(이하에서 서술함)에 해당하는 경우에는 감면된 법인세 등을 추징하며, 또한 법인세 등을 감면받은 입주기업 등에게 추징사유가 발생된 사실을 알게 된 지방자치단체장 등은 지체 없이 관할 세무서장에게 그 사실을 통보하여야 한다. 다만, 저자의 견해로는 입법기술측면에서 추징 규정을 별도의 조문으로 규정하기보다는 각 해당 조문에 별도의 항으로 규정하는 것이 효율적이고, 납세자의 이해가능성 측면에서도 더욱 효과적일 것으로 생각한다.

2 | 법인세 또는 소득세의 추징

세무서장은 다음의 추징사유에 해당하는 경우에는 기업도시개발구역 입주기업 등에 대한 법인세 등의 감면규정(조특법 §121의17)에 의하여 감면된 법인세 또는 소득세를 추징한다(조특법 §121의19①, 조특령 §116의23).

추징사유	추징세액
① 기업도시개발구역의 지정이 해제(기업도시개발 특별법 §7)된 경우	지정해제일부터 소급하여 5년 이내에 감면된 세액
② 지역개발사업구역 또는 지역활성화지역의 지정이 해제된 경우	지정해제일로부터 소급하여 5년 이내에 감면된 세액

추징사유	추징세액
③ 해당 감면대상사업에서 최초로 소득이 발생한 과세연도(사업개시일부터 3년이 되는 날이 속하는 과세연도까지 당해 사업에서 소득이 발생하지 아니한 때에는 3년이 되는 날이 속하는 과세연도) 종료일 이후 2년 이내에 조세감면기준1)에 해당하는 투자가 이루어지지 아니한 때	감면받은 세액 전액2) * 이 경우 당해 과세연도와 잔존감면기간 동안 세액감면 미적용(조특법 §121의19②)
④ 기업도시개발구역에 창업한 기업이 폐업하거나 신설 사업장을 폐쇄한 경우	폐업일 또는 폐쇄일로부터 소급하여 5년 이내에 감면된 세액
⑤ 지역개발사업구역3), 지역활성화지역4)에 창업한 기업이 폐업하거나 신설한 사업장을 폐쇄한 경우	폐업일 또는 폐쇄일로부터 소급하여 5년 이내에 감면된 세액
⑥ 해양박람회특구5)에 창업한 기업이 폐업하거나 신설한 사업장을 폐쇄한 경우	폐업일 또는 폐쇄일로부터 소급하여 5년 이내에 감면된 세액
⑦ 「주한미군 공여구역주변지역 등 지원 특별법」 제11조 제6항에 따라 사업의 시행승인이 취소된 경우	시행승인 취소일부터 소급하여 5년 이내에 감면된 세액
⑧ 「주한미군 공여구역주변지역 등 지원 특별법」 제8조에 따른 종합계획 및 제9조에 따른 사업계획에 의한 사업의 구역에 창업한 기업이 폐업하거나 신설한 사업장을 폐쇄한 경우6)	폐업일 또는 폐쇄일로부터 소급하여 5년 이내에 감면된 세액
⑨ 「새만금사업 추진 및 지원에 관한 특별법」 제11조의6에 따라 새만금투자진흥지구의 지정이 해제된 경우	지정해제일로부터 소급하여 5년 이내에 감면된 세액
⑩ 「새만금사업 추진 및 지원에 관한 특별법」 제11조의5에 따라 지정·고시된 새만금투자진흥지구에 창업한 기업이 폐업하거나 신설한 사업장을 폐쇄한 경우	폐업일 또는 폐쇄일로부터 소급하여 5년 이내에 감면된 세액

---

1) 조특법 제121조의17 제1항
2) 이 경우 조특령 제116조의21 제1항 각 호의 고용인원 기준은 해당 감면대상사업에서 최초로 소득이 발생한 과세연도(사업개시일부터 3년이 되는 날이 속하는 과세연도까지 해당 사업에서 소득이 발생하지 아니한 경우에는 3년이 되는 날이 속하는 과세연도) 종료일 이후 2년 이내의 과세연도 종료일까지의 기간 중 하나 이상의 과세연도에 충족해야 한다(조특령 §116의23 2호).
3) 「지역 개발 및 지원에 관한 법률」 제11조(같은 법 제7조 제1항 제1호에 해당하는 지역개발사업으로 한정)
4) 「지역 개발 및 지원에 관한 법률」 제67조
5) 「여수세계박람회 기념 및 사후활용에 관한 특별법」 제15조 제1항에 따라 지정·고시된 해양박람회특구
6) 개정규정은 2019년 1월 1일 이후 창업하거나 사업장을 신설한 경우부터 적용하고, 2019년 1월 1일 전에 창업하거나 사업장을 신설한 경우에는 개정규정에도 불구하고 종전의 「조세특례제한법」(법률 제16009호로 개정되기 전의 것을 말한다)에 따른다(법률 제17759호, 2020. 12. 29. 부칙 §32, §50①).

3 | 조세추징 사유의 통보

1) 국토교통부장관 및 지방자치단체의 장은 감면된 법인세 또는 소득세의 추징사유가 발생한 사실을 안 때에는 이를 지체없이 관할 세무서장에게 통보하여야 한다(조특령 §116의24①).

2) 창업기업등(기업도시개발구역, 지역개발사업구역, 지역활성화지역, 해양박람회특구 및 공여구역 주변지역등사업범위에 창업하거나 사업장을 신설한 기업)[7]의 폐업일 또는 폐쇄일은 신고한 폐업일[8]로 한다(조특령 §116의24②).

3) 세무서장은 창업기업등의 폐업일 또는 폐쇄일을 확인한 때에는 당해 기업의 사업장을 관할하는 지방자치단체의 장에게 이를 지체 없이 통보해야 한다(조특령 §116의24③).

---

7) 조특법 제121조의19 제1항 제4호 · 제5호 · 제6호 및 제8호
8) 「부가가치세법」 제8조 제7항

제5장의4

아시아문화중심도시 지원을
위한 조세특례

제121조의20

아시아문화중심도시 투자진흥지구 입주기업 등에 대한 법인세 등의 감면 등

1 | 의 의

본조는 아시아문화중심도시 육성을 위하여 아시아문화중심도시 투자진흥지구 안 입주기업 등에 대한 법인세 등의 감면 혜택을 부여하기 위해 2009. 1. 30. 조특법 개정시 신설되었으며, 2009. 1. 30. 이후 최초로 입주하는 기업(2009. 1. 29. 이전에 아시아문화중심도시의 투자진흥지구 안에 소재하는 기업이 2009. 1. 30.부터 2012. 12. 31.까지의 기간에 증자 또는 출자하는 경우 그 증자 또는 출자분을 포함함)부터 적용한다.

그 주요내용은 「아시아문화중심도시 조성에 관한 특별법」 제16조에 따른 투자진흥지구에 2023. 12. 31.까지 입주하는 기업이 그 지구 안에서 사업을 영위하기 위한 투자로서 업종 및 투자금액이 일정 기준에 해당하는 투자에 대해서는 법인세 또는 소득세를 감면한다.

2 | 요 건

「아시아문화중심도시 조성에 관한 특별법」 제16조에 따른 투자진흥지구에 2023. 12. 31.까지 입주하는 기업이 그 지구 안에서 사업을 영위하기 위한 투자로서 다음의 어느 하나에 해당하는 투자로 한다(조특법 §121의20①, 조특령 §116의25①).

① 투자금액이 5억원 이상으로서 다음 중 어느 하나에 해당하는 사업을 영위하기 위한 시설을 새로 설치하는 경우
  ㉠ 출판업
  ㉡ 영상·오디오 기록물 제작 및 배급업(비디오물 감상실 운영업은 제외한다)
  ㉢ 방송업

　　　㉣ 컴퓨터 프로그래밍, 시스템통합 및 관리업

　　　㉤ 정보서비스업(뉴스제공업은 제외한다)

　　　㉥ 광고업

　　　㉦ 전문디자인업

　　　㉧ 전시, 컨벤션 및 행사대행업

　　　㉨ 창작 및 예술관련 서비스업(자영예술가는 제외한다)

　② 투자금액이 30억원 이상으로서 다음 중 어느 하나에 해당하는 사업을 영위하기 위한
　　시설을 새로 설치하는 경우

　　　㉠ 「관광진흥법」 제3조 제1항에 따른 관광숙박업, 관광객 이용시설업(「체육시설의
　　　　설치·이용에 관한 법률」 제10조 제1항 제1호에 따른 골프장을 설치하여 관광객에게 이용하게
　　　　하는 경우는 제외), 국제회의업, 유원시설업, 관광 편의시설업을 운영하는 사업

　　　㉡ 「청소년활동 진흥법」 제10조 제1호에 따른 청소년수련시설을 운영하는 사업

　　　㉢ 「건축법 시행령」 별표 1 제10호 나목에 따른 교육원(연수원, 그 밖에 이와 유사한 것을
　　　　포함)을 운영하는 사업

3 | 과세특례의 내용

　　사업개시일 이후 해당 감면대상사업에서 최초로 소득이 발생한 과세연도(사업개시일부
터 5년이 되는 날이 속하는 과세연도까지 해당 사업에서 소득이 발생하지 아니한 때에는 5년이
되는 날이 속하는 과세연도)의 개시일부터 3년 이내에 종료하는 과세연도의 법인세·소득
세의 100%에 상당하는 세액을, 그 다음 2년 이내에 종료하는 과세연도의 법인세·소득
세의 50%에 상당하는 세액을 감면한다(조특법 §121의20②).

4 | 감면한도

　　제12조의2(연구개발특구에 입주하는 첨단기술기업 등에 대한 법인세 등의 감면)의 해설을
참고하기로 한다.

5 | 사후관리

5-1. 고용기준 위반

고용기준 감면한도를 적용받아 법인세·소득세를 감면받은 기업이 감면받은 과세연도 종료일부터 2년 되는 날이 속하는 과세연도 종료일까지의 기간 중 각 과세연도의 감면대 상사업장의 상시근로자 수가 감면받은 과세연도의 상시근로자 수보다 감소한 경우에는 감면받은 세액에 상당하는 금액을 상시근로자 수가 감소된 과세연도의 과세표준을 신고할 때 법인세·소득세로 납부하여야 한다(조특법 §121의20⑥, 조특령 §116의25③). 이에 대한 상세한 내용은 제12조의2(연구개발특구에 입주하는 첨단기술기업 등에 대한 법인세 등의 감면)의 해설을 참고하기로 한다.

5-2. 투자기준 위반

세무서장은 해당 감면대상사업에서 최초로 소득이 발생한 과세연도(사업개시일부터 3년이 되는 날이 속하는 과세연도까지 해당 사업에서 소득이 발생하지 아니한 경우에는 3년이 되는 날이 속하는 과세연도) 종료일 이후 2년 이내에 조세감면기준에 해당하는 투자가 이루어지지 아니한 경우에는 기감면된 법인세·소득세의 전액을 추징하고, 해당 과세연도와 남은 감면기간 동안 감면을 적용하지 아니한다(조특법 §121의20⑧·⑨, 조특령 §116의25⑤).

6 | 절차

본조에 따라 법인세·소득세를 감면받으려는 자는 과세표준신고와 함께 세액감면신청서를 납세지 관할 세무서장에게 제출하여야 한다(조특령 §116의25⑥).

7 | 주요 개정연혁

1. 연구개발특구 · 아시아문화중심도시 입주기업에 대한 감면 적용기한 연장 등
(조특법 §12의2 · §121의20, 조특령 §11의2 · §116의25)

(1) 개정내용

종 전	개 정
□ 연구개발특구 · 아시아문화중심도시 입주기업 감면 ○ (대상) - 연구개발특구법에 따른 첨단기술기업, 연구소기업 - 아시아문화중심도시조성법에 따른 투자지구 입주기업 ○ (감면율) 법인세 · 소득세 3년간 100% + 2년간 50%	□ 감면한도 재설계, 적용기한 연장 등 (좌 동)
○ 감면한도 - 일반 : 투자누계액 50% + Min(①상시근로자수×1,000만원, ②투자누계액×20%) - 서비스업 : 일반 감면한도와 Min(①상시근로자수×2,000만원, ②투자누계액×100%) 중 큰 금액	○ 고용친화적으로 개편 - 투자누계액 50% + 상시근로자수×1,500만원 (청년 및 서비스업 상시근로자 2,000만원)
〈신 설〉	○ 청년상시근로자의 범위 - 상시근로자 중 15~29세(병역이행기간은 연령에서 빼고 계산)인 근로자
〈신 설〉	○ 청년상시근로자의 수 계산방법 해당 과세연도의 매월말 현재 청년상시근로자 수의 합 / 해당 과세연도의 개월 수
○ (적용기한) 2018. 12. 31.	○ 2021. 12. 31.

(2) 개정이유
○ 과학기술 혁신생태계 · 아시아문화중심도시 조성 및 일자리 창출 지원

(3) 적용시기 및 적용례
○ 2019. 1. 1. 이후 입주하는 분부터 적용

제5장의5

금융중심지의 조성과 발전을 위한 조세특례

제121조의21

금융중심지 창업기업 등에 대한 법인세 등의 감면 등

1 의 의

본조는 금융중심지 창업기업 등을 지원하기 위하여 도입되었다. 다만 투자금액·고용 기준을 설정하여 동 제도가 조세회피 수단으로 악용되는 것을 방지하였다. 이 제도는 2010. 5. 14. 이후 최초로 창업하거나 사업장을 신설하는 기업부터 적용된다.

2 요 건

(1) 「금융중심지의 조성과 발전에 관한 법률」 제5조 제5항에 따라 지정된 금융중심지 (수도권과밀억제권역 안의 금융중심지는 제외)에 2023. 12. 31.까지 창업하거나 사업장을 신설(기존 사업장을 이전하는 경우는 제외)할 것(조특법 §121의21①)

  * 금융위원회가 '금융중심지'로 고시한 2개 지역(서울 여의도, 부산 문현동) 중 수도권과밀권역 外 지역인 '부산 문현동'이 해당됨.

(2) 해당 구역 안의 사업장(감면대상사업장)에서 해당 기업의 투자금액이 20억원 이상이고 해당 구역의 사업장에서 근무하는 상시근로자 수가 10명 이상인 금융 및 보험업(감면 대상사업)을 영위할 것(조특령 §116의26①)

여기서 "상시근로자 수"란 근로기준법에 따라 근로계약을 체결한 내국인 근로자를 말하며, 다음 중 어느 하나에 해당하는 사람은 제외한다(조특령 §116의26⑤·§11의2⑤·§23⑩).

① 근로계약기간이 1년 미만인 근로자. 다만, 근로계약의 연속된 갱신으로 인하여 그 근로계약의 총 기간이 1년 이상인 근로자는 제외한다.

② 근로기준법 제2조 제1항 제9호에 따른 단시간근로자. 다만, 1개월간의 소정근로시간이 60시간 이상인 근로자는 제외한다.

③ 법인세법 시행령 제40조 제1항 각 호의 어느 하나에 해당하는 임원

④ 해당 기업의 최대주주 또는 최대출자자(개인사업자의 경우에는 대표자)와 그 배우자
⑤ 위 ④에 해당하는 자의 직계존비속 및 친족(국세기본법 시행령 제1조의2 제1항에 해당하는 사람)과 그 직계존비속의 배우자
⑥ 소득세법 시행령 제196조에 따른 근로소득원천징수부에 의하여 근로소득세를 원천징수한 사실이 확인되지 아니하고, 다음의 어느 하나에 해당하는 보험료 등의 납부사실도 확인되지 아니하는 자
　㉠ 국민연금법 제3조 제1항 제11호 및 제12호에 따른 부담금 및 기여금
　㉡ 국민건강보험법 제62조에 따른 직장가입자의 보험료

3 │ 과세특례의 내용

금융중심지 구역 안 사업장의 감면대상사업에서 발생한 소득에 대하여는 사업개시일 이후 해당 감면대상사업에서 최초로 소득이 발생한 과세연도(사업개시일부터 5년이 되는 날이 속하는 과세연도까지 해당 사업에서 소득이 발생하지 아니한 때에는 5년이 되는 날이 속하는 과세연도)의 개시일부터 3년 이내에 종료하는 과세연도의 법인세 또는 소득세의 100%에 상당하는 세액을 감면하고, 그 다음 2년 이내에 종료하는 과세연도의 법인세 또는 소득세의 50%에 상당하는 세액을 감면한다(조특법 §121의21②). 금융중심지 구역 안 사업장의 감면대상사업에서 발생한 소득이란 감면대상사업을 경영하기 위하여 그 구역에 투자한 사업장에서 직접 발생한 소득을 말한다(조특령 §116의26②).

4 │ 감면한도

제12조의2(연구개발특구에 입주하는 첨단기술기업 등에 대한 법인세 등의 감면)의 해설을 참고하기로 한다.

5 │ 사후관리

(1) 상시근로자 수가 감소한 경우

소득세 또는 법인세를 감면받은 기업이 감면받은 과세연도 종료일부터 2년이 되는 날이 속하는 과세연도 종료일까지의 기간 중 각 과세연도의 감면대상사업장의 상시근로자 수가

감면받은 과세연도의 상시근로자 수보다 감소한 경우에는 감면받은 세액에 상당하는 금액을 소득세 또는 법인세로 납부하여야 한다(조특법 §121의21⑥, 조특령 §116의26④). 상시근로자의 범위 및 상시근로자 수의 계산방법에 관한 자세한 내용은 조특법 제26조의 해설을 참조하기로 한다(조특법 §121의21⑦, 조특령 §116의26⑤).

(2) 조세감면기준에 해당하는 투자가 이루어지지 아니한 경우

세무서장은 해당 감면대상사업에서 최초로 소득이 발생한 과세연도(사업개시일부터 3년이 되는 날이 속하는 과세연도까지 해당 사업에서 소득이 발생하지 아니한 경우에는 3년이 되는 날이 속하는 과세연도) 종료일 이후 2년 이내에 조세감면기준(해당 기업의 투자금액이 20억원 이상이고 해당 구역의 사업장에서 근무하는 상시근로자 수가 10명 이상)에 해당하는 투자가 이루어지지 아니한 경우에는 감면된 법인세 또는 소득세 전액을 추징한다. 이 경우 해당 과세연도와 남은 감면기간 동안 법인세·소득세의 감면규정은 적용하지 아니한다(조특법 §121의21⑧·⑨, 조특령 §116의26⑥).

6 | 절차

(1) 본조에 따라 법인세 또는 소득세 감면신청을 하려는 자는 과세표준신고와 함께 세액감면신청서를 납세지 관할 세무서장에게 제출하여 감면신청을 하여야 한다(조특령 §116의26⑨).

(2) 금융위원회위원장, 국토교통부장관 및 지방자치단체의 장은 상기 '5. (2)'에 따른 추징사유가 발생한 사실을 알았을 때에는 이를 지체없이 관할 세무서장에게 통보하여야 한다(조특령 §116의26⑦).

(3) 세무서장은 금융중심지 창업기업 등의 폐업일 또는 폐쇄일을 확인하였을 때에는 해당 기업의 사업장을 관할하는 지방자치단체의 장에게 이를 지체없이 통보하여야 한다(조특령 §116의26⑧).

7 │ 조세특례의 제한 등

7-1. 중복지원의 배제

내국인이 동일한 과세연도에 본조의 감면규정과 조특법 제127조 제4항에 열거된 조세특례가 동시에 적용되는 경우에는 법 제127조 제4항의 규정에 의하여 그 중 하나만을 선택하여 적용받을 수 있다. 이에 대한 내용은 법 제127조 제4항 해설을 참조하기로 한다.

7-2. 추계과세시 등의 감면배제

소득세법 제80조 제1항 또는 법인세법 제66조 제1항의 규정에 의하여 결정을 하는 경우와 국세기본법 제45조의3의 규정에 의하여 기한 후 신고를 하는 경우에는 상기 '3.'에 따른 법인세·소득세의 감면 규정을 적용하지 아니한다. 이에 대한 자세한 내용은 제128조 제2항의 해설을 참조하기로 한다.

7-3. 구분경리

본조의 규정을 적용받는 사업과 기타 사업을 겸영하는 경우에는 법인세법 제113조의 규정을 준용하여 구분경리하여야 한다. 이에 대한 자세한 설명은 제143조의 해설을 참조하기로 한다.

8 | 주요 개정연혁

1. 금융중심지 창업기업에 대한 감면 적용기한 연장 등(조특법 §121의21, 조특령 §116의26)

(1) 개정내용

종 전	개 정
□ 금융중심지 창업기업 등 감면	□ 감면한도 재설계, 적용기한 연장 등
○ (대상) 금융중심지(수도권과밀억제권역 제외) 창업기업(사업장 신설 포함)	
○ (요건) 금융 및 보험업으로서 20억원 이상 투자 + 10명 이상 고용	(좌 동)
○ (감면율) 법인세·소득세 3년간 100% + 2년간 50%	
○ 감면한도 - 일반 : 투자누계액 50% + Min(①상시근로자수 × 1,000만원, ②투자누계액 × 20%) - 서비스업 : 일반 감면한도와 Min(①상시근로자수 × 2,000만원, ②투자누계액 × 100%) 중 큰 금액	○ 고용친화적으로 개편 - 투자누계액 50% + 상시근로자수 × 1,500만원 (청년 및 서비스업 상시근로자 2,000만원)
〈신 설〉	○ 청년상시근로자의 범위 - 상시근로자 중 15~29세(병역이행기간은 연령에서 빼고 계산)인 근로자
〈신 설〉	○ 청년상시근로자의 수 계산방법 $$\dfrac{\text{해당 과세연도의 매월말 현재 청년상시근로자 수의 합}}{\text{해당 과세연도의 개월 수}}$$
○ (적용기한) 2018. 12. 31.	○ 2021. 12. 31.

(2) 개정이유
○ 금융중심지 조성 및 일자리 창출 지원

(3) 적용시기 및 적용례
○ 2019. 1. 1. 이후 창업하거나 사업장을 신설하는 분부터 적용

제5장의6

첨단의료복합단지 및 국가식품클러스터
지원을 위한 조세특례

제**121**조의22

첨단의료복합단지 및 국가식품클러스터 입주기업에 대한 법인세 등의 감면

1 | 의 의

본조는 의료산업 경쟁력 향상을 위해 첨단의료복합단지 입주기업에 대한 지원의 필요성으로 인해 도입되었으며, 2012. 1. 1. 이후 최초로 입주하는 기업부터 적용되었다. 2014. 1. 1. 법 개정시 사후관리 기간을 확대하고 2014. 1. 1. 이후 개시하는 과세연도에 감면받는 분부터 적용하도록 하였으며, 적용기한을 2016. 12. 31.까지 3년 연장하였다.

2016. 12. 20. 조특법 개정시에는 첨단의료복합단지 입주기업에 대한 지속 지원을 위해 적용기한을 2019. 12. 31.까지 연장하였다. 2019년말 조특법 개정시 국가식품클러스터 입주기업으로 지원대상이 확대되었고, 2021. 12. 28. 조특법 개정시에는 일몰기한을 2023. 12. 31.까지 연장하였다.

2 | 요 건

다음의 어느 하나에 해당하는 사업인 감면대상사업을 하여야 한다(조특법 §121의22①).

(1) 첨단의료복합단지에 2023년 12월 31일까지 입주한 기업이 첨단의료복합단지에 위치한 사업장에서 하는 보건의료기술과 관련된 사업을 하는 경우에 해당할 것(조특령 §116의27①)

(2) 국가식품클러스터에 2023년 12월 31일까지 입주한 기업이 국가식품클러스터에 위치한 사업장에서 하는 식품산업과 그에 관련된 사업[1]을 하는 경우에 해당할 것(조특령 §116의 27②)

---

1) 「농업·농촌·식품산업 기본법」 제3조 제8호

3 │ 과세특례의 내용

감면대상사업장의 감면대상사업에서 발생한 소득에 대하여는 사업개시일 이후 해당
감면대상사업에서 최초로 소득이 발생한 과세연도(사업개시일부터 5년이 되는 날이 속하는
과세연도까지 해당 사업에서 소득이 발생하지 아니한 때에는 5년이 되는 날이 속하는
과세연도)의 개시일부터 3년 이내에 끝나는 과세연도의 소득세 또는 법인세의 100%, 그 다음 2년 이내에
끝나는 과세연도의 소득세 또는 법인세의 50%에 상당하는 세액을 감면한다(조특법 §121의22②).

4 │ 감면한도

제12조의2(연구개발특구에 입주하는 첨단기술기업 등에 대한 법인세 등의 감면)의 해설을
참고하기로 한다.

5 │ 사후관리

상시근로자 수 기준한도를 적용받아 소득세 또는 법인세를 감면받은 기업이 감면받은
과세연도 종료일부터 3년이 되는 날이 속하는 과세연도 종료일까지의 기간 중 각 과세연도의
감면대상사업장의 상시근로자 수가 감면받은 과세연도의 상시근로자 수보다 감소한 경우에는
다음 계산식에 따라 계산한 금액(그 수가 음수인 경우에는 영으로 보고, 감면받은 과세연도 종료일
이후 3개 과세연도 연속으로 상시근로자 수가 감소한 경우에는 세 번째 과세연도에는 첫 번째 과세연도와
두 번째 과세연도에 납부한 금액의 합을 뺀 금액을 말하고, 2개 과세연도 연속으로 상시근로자 수가
감소한 경우에는 두 번째 과세연도에는 첫 번째 과세연도에 납부한 금액을 뺀 금액)을 상시근로자
수가 감소된 과세연도의 과세표준을 신고할 때 소득세 또는 법인세로 납부하여야 한다(조특법
§121의22⑤, 조특령 §116의27③).

> 추징세액 = 해당 기업의 상시근로자 수가 감소된 과세연도의 직전 3년 동안의 과세연도에 법 제121조
> 의22 제3항 제2호에 따라 감면받은 세액의 합계액 − 〔상시근로자 수가 감소된 과세연도
> 의 감면대상 사업장의 상시근로자 수 × 1천5백만원(청년상시근로자와 법 제121조의22
> 제3항 제2호의 서비스업의 경우에는 2천만원으로 한다)〕

6 | 절 차

본조에 따라 소득세 또는 법인세를 감면받으려는 자는 과세표준신고와 함께 세액감면 신청서를 납세지 관할 세무서장에게 제출하여야 한다(조특령 §116의27⑤).

7 | 조세특례의 제한 등

7-1. 중복지원의 배제

내국인이 동일한 과세연도에 본조의 감면규정과 조특법 제127조 제4항에 열거된 세액공제가 동시에 적용되는 경우에는 그 중 하나만을 선택하여 적용받을 수 있다.

본 감면규정과 조특법 제121조의2(외국인투자에 대한 법인세 등의 감면) 또는 제121조의4 (증자의 조세감면)에 따른 소득세 또는 법인세의 감면규정 중 둘 이상의 규정이 적용될 수 있는 경우에는 그 중 하나만을 선택하여 적용받을 수 있다. 이에 대한 자세한 내용은 제127조 제4항 및 제5항의 해설을 참조하기로 한다.

7-2. 추계과세 시 등의 감면배제

다음에 해당하는 경우에는 본조의 감면 규정을 적용하지 아니한다. 추계신고를 하는 경우에는 본 감면규정이 적용되는 것이 특징이다. 이에 대한 자세한 내용은 제128조의 해설을 참조하기로 한다.
① 결정을 하는 경우와 기한 후 신고를 하는 경우
② 경정을 하는 경우와 과세표준 수정신고서를 제출한 과세표준과 세액을 경정할 것을 미리 알고 제출한 경우로서 부당과소신고과세표준에 대하여
③ 사업용계좌 개설의무 또는 현금영수증가맹점 가입의무를 불이행한 경우
④ 신용카드에 의한 거래 또는 현금영수증의 발급요청을 거부하거나 신용카드매출전표·현금영수증을 사실과 다르게 발급한 경우로서 일정 요건에 해당하는 경우

7-3. 최저한세의 적용

본조의 소득세 또는 법인세의 감면 규정에 따른 조세특례는 제132조의 최저한세 규정을 적용받아 그 특례범위가 제한된다. 이에 대한 자세한 설명은 제132조의 해설을 참조하기로 한다.

7-4. 구분경리

본조의 소득세 또는 법인세의 감면 규정을 적용받는 사업과 기타 사업을 겸영하는 경우에는 구분경리 하여야 한다. 이에 대한 자세한 설명은 제143조의 해설을 참조하기로 한다.

8 주요 개정연혁

1. 첨단의료복합단지 입주기업에 대한 감면한도 재설계(조특법 §121의22, 조특령 §116의27)

(1) 개정내용

종 전	개 정
□ 첨단의료복합단지 입주기업 감면 ㅇ (대상) 첨단의료복합단지 입주기업 ㅇ (업종) 보건의료기술 관련업 ㅇ (감면율) 법인세·소득세 3년간 100% + 2년간 50%	□ 감면한도 고용친화적 재설계 (좌 동)
ㅇ 감면한도 - 일반 : 투자누계액 50% + Min(①상시근로자수 × 1,000만원, ②투자누계액 × 20%) - 서비스업 : 일반 감면한도와 Min(①상시근로자수 × 2,000만원, ②투자누계액 × 100%) 중 큰 금액	ㅇ 고용친화적으로 개편 - 투자누계액 50% + 상시근로자수 × 1,500만원 (청년 및 서비스업 상시근로자 2,000만원)
〈신 설〉	ㅇ 청년상시근로자의 범위 - 상시근로자 중 15~29세(병역이행기간은 연령에서 빼고 계산)인 근로자
〈신 설〉	ㅇ 청년상시근로자의 수 계산방법 해당 과세연도의 매월말 현재 청년상시근로자 수의 합 ───────────── 해당 과세연도의 개월 수
ㅇ (적용기한) 2019. 12. 31.	ㅇ (좌 동)

(2) 개정이유 : 일자리 창출 지원

(3) 적용시기 및 적용례 : 2019. 1. 1. 이후 입주하는 분부터 적용

농업협동조합중앙회 구조개편을 위한 조세특례

농업협동조합중앙회의 분할 등에 대한 과세특례

1 의 의

　기존에 금융, 농업경제, 축산경제, 교육지원이라는 4개 부문이 농협중앙회라는 하나의 실체 내에 공존하던 농협은 2011. 3. 31. 농업협동조합법의 개정과 함께 2012년 6월까지 농협중앙회를 농협경제지주회사(예하 13개 법인)와 농협금융지주회사(예하 7개 법인)로 분할하는 대대적인 구조개편을 결정하였다. 2011. 12. 31. 조특법 개정시 농협중앙회의 구조개편을 지원하고 농업인을 위해 사용되어야 할 막대한 재원이 국가에 귀속되어 사업구조개편의 효과가 훼손되는 것을 방지하고자 본조를 신설하였다. 농협중앙회의 사업구조개편이 완료되어 2012. 6. 30.로 적용기한이 종료되었다가 2014. 1. 1. 조특법 개정시에는 농민 지원을 위한 안정적인 재원 마련과 농협중앙회의 원활한 사업구조개편 지원을 위해 적용기한을 폐지하는 등 특례를 계속 유지해 오고 있다.

2 농업협동조합중앙회의 분할 등에 대한 과세특례

　농업협도조합의 분할에 의한 조직개편에 따라 발생하는 법인세, 부가가치세 등의 과세특례의 개괄적인 내용은 다음과 같다.
　① 법인세 및 부가가치세법 상 적격분할의 의제 : 2012. 3. 2. 이후 최초로 분할하는 분부터 적용한다.
　② 주식의 포괄적 교환 · 이전에 대한 과세특례의 적용요건 완화 : 2012. 3. 2. 이후 주식의 포괄적 교환을 하는 분부터 적용한다.
　③ 고유목적사업준비금 계산의 특례 : 2012. 3. 2.이 속하는 사업연도분부터 적용한다.
　④ 고유목적사업준비금의 사용에 대한 특례 : 2012. 3. 2.이 속하는 사업연도분부터 적용한다.
　⑤ 부당행위계산의 부인 적용배제 : 2012. 3. 2. 이후 최초로 지급하는 분부터 적용한다.

⑥ 법 소정 용역의 공급에 대한 부가가치세의 면제 : 2012. 3. 2. 이후 최초로 용역을 공급하거나 공급받는 분부터 적용한다.

⑦ 농협보험의 교육세 과세표준 계산의 특례 : 2012. 3. 2.이 속하는 과세기간분부터 적용한다.

2-1. 법인세 및 부가가치세법상 적격분할의 의제

농업협동조합법에 따른 농업협동조합중앙회가 2012. 3. 2.부터 2017. 12. 31.까지 농업협동조합법 제161조의2, 제161조의10부터 제161조의12까지와 법률 제10522호 농업협동조합법 일부개정법률 부칙 제6조에 따라 분할하는 경우에는 법인세법 제47조 제1항의 요건을 갖춘 분할로 보아 조특법과 법인세법의 분할에 관한 규정을 적용하고, 이를 부가가치세법 제9조 및 제10조에 따른 재화의 공급으로 보지 않는다(조특법 §121의23①).

2-2. 주식의 포괄적 교환·이전에 대한 과세특례의 적용요건 완화

농업협동조합법 제161조의10에 따른 농협금융지주회사가 농협중앙회와 2012. 3. 2.부터 2012. 6. 30.까지 상법 제360조의2에 따른 주식의 포괄적 교환을 하는 경우에는 조특법 제38조 제1항 제1호의 요건을 갖춘 것으로 본다(조특법 §121의23②). 주식의 포괄적 교환·이전에 대한 과세특례에 대한 자세한 내용은 제38조의 해설을 참조하기로 한다.

2-3. 양도차익 과세이연

농업협동조합법 제161조의2에 따른 농협경제지주회사("농협경제지주회사")가 농업협동조합중앙회와 2017. 12. 31.까지 상법 제360조의2에 따른 주식의 포괄적 교환을 하는 경우에는 조특법 제38조 제1항 제1호의 요건을 갖춘 것으로 보아 주식의 포괄적 교환 특례를 적용한다(조특법 §121의23③).

농협협동조합중앙회가 분할로 인하여 취득한 주식에 대하여 분할 당시 발생한 자산의 양도차익에 상당하는 금액으로서 손금에 산입하여 과세를 이연받은 금액은 해당 분할로 취득한 주식을 농협경제지주회사와 주식의 포괄적 교환을 하는 경우에 대통령령으로 정하는 바에 따라 다시 과세를 이연받을 수 있다(조특법 §121의23④). 이 경우 다시 과세를 이연받는 금액은 조특법 제121조의23 제1항에 따른 분할로 취득한 주식에 계상된 압축기장충당금에 상당하는 금액으로 한다(조특령 §116의28①).

2-4. 농협경제지주회사의 농·축협 지도·지원사업 비용 지출에 대한 과세특례

농협경제지주회사와 법률 제10522호 농업협동조합법 일부개정법률 부칙 제6조에 따른 분할로 설립된 그 자회사가 다음의 사업을 위한 목적으로 「농업협동조합법」에 따라 설립된 조합(조합원 및 조합공동사업법인 포함)에 지출하는 금전, 재화 또는 용역에 대해서는 「법인세법」 제24조, 제25조 및 제52조를 적용하지 아니한다(조특법 §121의23⑤, 조특령 §116의28②).
① 「농업협동조합법」 제134조 제1항 제2호 나목·다목 및 같은 항 제3호 나목의 사업 중 지원 및 지도 사업
② 「농업협동조합법」 제161조의4 제1항 제6호에 따른 경제사업 활성화에 필요한 자금지원 사업
③ 「농업협동조합법 시행령」 별표 4 제3호에 따른 사업 중 지원 및 지도 사업

2-5. 고유목적사업준비금 계산의 특례

농협협동조합중앙회는 법인세법 제29조를 적용하는 경우 다음의 금액을 합한 금액의 범위에서 고유목적사업준비금을 손금에 산입할 수 있다(조특법 §121의23⑥, 조특칙 §51의9).
① 법인세법 제29조 제1항 제1호 가목 및 나목에 따른 소득금액
② 농업협동조합법 제159조의2에 따라 농업협동조합의 명칭을 사용하는 법인에 대해서 부과하는 농업지원사업비 수입금액의 100%
③ 위 ① 및 ②에 규정된 것 외의 수익사업에서 발생한 소득에 50%를 곱하여 산출한 금액

2-6. 고유목적사업준비금의 사용에 대한 특례

농협중앙회에 대하여는 법인세법 제29조를 적용할 때 다음의 계산식에 따라 계산된 금액을 고유목적사업준비금으로 세무조정계산서에 계상하면 해당 금액은 손금으로 계상한 것으로서 고유목적사업에 지출 또는 사용된 금액으로 본다(조특법 §121의23⑦, 조특령 §116의28③).

고유목적사업 지출의제액 = 다음 사업연도의 회원배당금 + 과거 미사용 회원배당금

* 다음 사업연도의 회원배당금 : 농업협동조합중앙회가 「농업협동조합법」 제161조에 따라 같은 법 제68조를 준용하여 해당 사업연도의 다음 사업연도에 회원에게 배당하는 금액
* 과거 미사용 회원배당금 : 2012. 3. 2. 이후 개시하는 사업연도부터 해당 사업연도까지 회원배당금의 합계액에서 2012. 3. 2.이 속하는 사업연도부터 해당 사업연도의 직전 사업연도까지 고유목적사업준비금으로 세무조정계산서에 계상된 금액의 합계액을 뺀 금액(그 수가 음수이면 0으로 봄)

2-7. 명칭사용용역 등에 대한 과세특례

구조개편 이후 실질적인 수입원이 없어지는 중앙회는 산지유통 활성화 등 회원과 조합원에 대한 지원 및 지도 사업의 수행에 필요한 재원을 안정적으로 조달하기 위하여 농업협동조합의 명칭을 사용하는 지주회사 및 자회사(영리법인에 한함) 등에 대하여 영업수익 또는 매출액의 2.5% 범위에서 농업지원사업비를 부과할 수 있게 되었다. 이렇게 공익목적의 농업지원사업비 등 용역수입에 대하여 법인세, 부가가치세 등이 부과되는 경우 농업인을 위해 사용되어야 할 재원이 국가로 귀속되는 것을 방지하기 위하여 농업협동조합법 제159조의2에 따른 농업지원사업비에 대해서는 부당행위계산의 부인규정을 적용하지 아니한다(조특법 §121의23⑧).

2-8. 부가가치세 면제

농업협동조합중앙회가 「농업협동조합법」 제159조의2에 따라 공급하는 명칭사용용역에 대해서는 부가가치세를 면제한다(조특법 §121의23⑨).
또한 다음의 어느 하나에 해당하는 전산용역에 대해서는 2021. 12. 31.까지 부가가치세를 면제한다(조특법 §121의23⑩).

① 농업협동조합중앙회가 「농업협동조합법」 제161조의2, 제161조의10부터 제161조의12까지의 규정에 따른 법인(법률 제10522호 농업협동조합법 일부개정법률 부칙 제6조 제3항에 따른 농업협동조합중앙회의 자회사를 포함한다)에 공급하는 전산용역

② 「농업협동조합법」 제161조의11에 따른 농협은행이 다음 각 목의 법인에 공급하는 전산용역
    가. 농업협동조합중앙회
    나. 「농업협동조합법」 제161조의10에 따른 농협금융지주회사 또는 같은 법 제161조의12에 따른 농협생명보험 및 농협손해보험

2-9. 농협보험의 교육세 과세표준 계산의 특례

2012. 3. 2.이 속하는 과세기간분부터 농업협동조합법 제161조의12 제1항에 따른 농협생명보험과 농협손해보험(이하 "농협보험"이라 한다)의 교육세 과세표준을 계산할 때 농협보험 설립 전에 체결한 공제계약으로부터 발생하는 수익금액은 제외한다(조특법 §121의23⑪).

공적자금 회수를 위한 조세특례

공적자금 회수를 위한 합병 및 분할 등에 대한 과세특례

1 | 의 의

공적자금 회수 지원을 위해 2014. 12. 23. 조특법 개정시 신설되어 2014. 5. 1. 이후 최초로 등기하는 분할·합병 분부터 적용되었다.

2 | 요건 및 과세특례의 내용

2-1. 금융지주회사의 분할에 대한 과세특례

예금보험공사가 발행주식총수 또는 출자총액의 50퍼센트 이상을 출자한 「금융지주회사법」에 따른 금융지주회사가 「공적자금관리 특별법」에 따라 공적자금을 회수하기 위하여 2016. 4. 30.까지 분할하는 경우에는 「법인세법」 제46조 제2항 각 호의 요건을 모두 갖춘 분할로 보아 이 법과 「법인세법」, 「소득세법」 및 「부가가치세법」의 분할에 관한 규정을 적용하고, 「법인세법」 제46조의3 제3항 및 제4항은 적용하지 아니한다.

2-2. 금융지주회사의 합병에 대한 과세특례

예금보험공사가 발행주식총수 또는 출자총액의 50퍼센트 이상을 출자한 「금융지주회사법」에 따른 금융지주회사(위 분할로 설립된 금융지주회사를 포함한다)가 「공적자금관리 특별법」에 따라 공적자금을 회수하기 위하여 2016. 4. 30.까지 그 금융지주회사의 자회사(「금융지주회사법」에 따른 자회사를 말한다)와 합병하는 경우에는 「법인세법」 제44조 제2항 각 호의 요건을 모두 갖춘 합병으로 보아 이 법과 「법인세법」, 「소득세법」 및 「부가가치세법」의 합병에 관한 규정을 적용하고, 「법인세법」 제44조의3 제3항 및 제4항은 적용하지 아니한다.

예금보험공사가 발행주식총수 또는 출자총액의 50퍼센트 이상을 출자한 「금융지주회사법」

에 따른 금융지주회사가 「공적자금관리 특별법」에 따라 공적자금을 회수하기 위하여 2016. 4. 30.까지 그 금융지주회사의 자회사와 합병하는 경우에는 금융지주회사가 보유한 자회사 주식과 관련한 세무조정사항(위 분할을 통하여 분할법인인 금융지주회사에서 분할신설법인인 금융지주회사에 승계된 주식과 관련하여 분할법인의 각 사업연도의 소득금액 및 과세표준을 계산할 때 익금 또는 손금에 산입하거나 산입하지 아니하여 위 분할 시 분할신설법인인 금융지주회사에 승계된 금액과 위 분할 시 자회사 주식과 관련하여 발생한 자산조정계정을 포함한다)은 모두 소멸하는 것으로 한다.

수산업협동조합중앙회 구조개편을
위한 조세특례

제121조의25

수산업협동조합중앙회의 분할 등에 대한 과세특례

1 │ 의 의

기존 수산업협동조합중앙회의 신용사업 부문은 금융기관의 역할을 수행하고 있었으나, 협동조합의 사업 부문체제로는 국제결제은행(BIS)이 정한 금융기관의 자기자본비율규제에 관한 기준을 충족하기 어려워 수산업협동조합중앙회와 신용사업을 분리하여 관리할 필요가 있다는 지적이 제기되었다. 이에 정부는 2015년 수산업협동조합중앙회의 신용사업 부문을 분리하여 수협은행으로 설립하되, 수산업협동조합중앙회는 수협은행에 대한 출자 등을 통하여 수협은행이 국제적인 금융기관의 자기자본비율규제에 관한 기준을 충족할 수 있도록 사업구조를 개편하는 내용의 「수산업협동조합법」 일부개정법률안을 제출하였으며, 본 과세특례는 「수산업협동조합법」의 개정을 전제로, 이와 같은 수산업협동조합중앙회의 사업구조개편을 지원하기 위하여 2015. 12. 15. 조특법 개정시 신설되었다. 본 과세특례는 법인세 부분은 2016. 10. 4.이 속하는 과세연도 분부터 적용되고, 부가가치세 부분은 2016. 10. 4. 이후 공급분부터 적용된다.

2 │ 요건 및 과세특례의 내용

2-1. 수산업협동조합중앙회의 분할에 대한 과세특례

(1) (분할에 따른 양도차익 과세이연) 「수산업협동조합법」에 따른 수산업협동조합중앙회 (이하 "수산업협동조합중앙회"라 한다)가 2016. 12. 31.까지 「수산업협동조합법」 제141조의4 제1항에 따라 신용사업을 분리하여 수협은행을 설립하는 경우에는 「법인세법」 제47조 제1항의 요건을 갖춘 분할로 보아 이 법과 「법인세법」의 분할에 관한 규정을 적용하고, 이를 「부가가치세법」 제9조 및 제10조에 따른 재화의 공급으로 보지 아니한다(조특법 §121의25①, 조특령 §116의29①).

(2) **(공적자금 상환을 위한 매각시 과세이연 지속 적용)** 위 분할에 따라 신설된 자회사(이하 "수협은행"이라 한다)가 「공적자금관리 특별법」제2조 제1호에 따른 공적자금(이하 "공적자금"이라 한다)으로서 「예금자보호법」제3조에 따른 예금보험 공사가 「수산업협동조합법」제153조에 따라 수산업협동조합중앙회에 출자한 자금의 상환을 위하여 위 분할로 승계된 자산을 처분하는 경우에는 「법인세법」제47조 제2항 제2호를 적용하지 아니하므로 분할시 받은 과세이연을 지속 적용받게 된다(조특법 §121의25②).

2-2. 수산업협동조합중앙회의 분할 이후 수산업협동중앙회 사업운영 지원을 위한 과세특례

(1) **(고유목적사업준비금 손금산입 특례)** 수산업협동조합중앙회에 대해 「법인세법」 제29조를 적용하는 경우 다음의 금액을 합한 금액의 범위에서 고유목적사업준비금을 손금에 산입할 수 있다(조특법 §121의25④).
① 「법인세법」제29조 제1항 제1호 가목 및 나목에 따른 소득금액
② 「수산업협동조합법」제162조의2 제1항에 따라 수산업협동조합의 명칭을 사용하는 법인에 대하여 부과하는 명칭사용료 수입금액에 100분의 100을 곱하여 산출한 금액
③ 기타 수익사업에서 발생한 소득에 100분의 50을 곱하여 산출한 금액

(2) **(고유목적사업 사용간주)** 수산업협동조합중앙회에 대해서는 「법인세법」제29조를 적용하는 경우 다음의 금액을 고유목적사업준비금으로 세무조정계산서에 계상하면 해당 금액은 손금으로 계상한 것으로서 고유목적사업에 지출 또는 사용된 금액으로 본다(조특법 §121의25⑤, 조특령 §116의29② · ⑤).
① 수산업협동조합중앙회가 「수산업협동조합법」제166조에 따라 회원에게 배당하는 금액으로서 같은 법 제168조에 따라 같은 법 제71조를 준용하여 해당 사업연도의 다음 사업연도에 회원에게 배당하는 금액
② 공적자금으로서 「예금자보호법」제3조에 따른 예금보험공사가 「수산업협동조합법」 제153조에 따라 수산업협동조합중앙회에 출자한 자금의 상환을 위하여 지출하는 금액
③ 수산업협동조합중앙회가 2022년에 공적자금 상환을 위해 지출한 금액 중 고유목적 사업준비금 한도를 초과한 금액은 2023년 1월 1일부터 2028년 12월 31일까지의 기간 중 각 사업연도에 균분한 금액을 고유목적사업에 사용된 금액으로 본다.

(3) **(명칭사용료에 대한 부당행위계산 부인 적용 배제)** 「수산업협동조합법」 제162조의2 제1항에 따라 수산업협동조합의 명칭을 사용하는 법인이 지출하는 명칭사용료에 대해서는 「법인세법」 제52조를 적용하지 아니한다(조특법 §121의25⑥, 조특령 §116의29⑥).

(4) **(명칭사용용역 및 전산용역에 대한 부가가치세 면제)** 수산업협동조합중앙회가 2023. 12. 31.까지 「수산업협동조합법」 제162조의2 제1항에 따라 수산업협동조합의 명칭을 사용할 수 있도록 하는 용역(명칭사용용역)에 대해서는 부가가치세를 면제하고(조특법 §121의25⑦, 조특령 §116의29⑦), 수산업협동조합중앙회가 2023. 12. 31.까지 수협은행에 공급하는 전산용역에 대해서는 부가가치세를 면제한다.

2-3. 수산업협동조합중앙회의 분할 이후 수협은행의 사업운영 지원을 위한 과세특례

(1) **(접대비, 기부금, 부당행위계산부인 적용 배제)** 수협은행이 다음 각 사업을 위한 목적으로 「수산업협동조합법」에 따라 설립된 조합(조합원을 포함한다)에 지출하는 금전, 재화 또는 용역에 대해서는 「법인세법」 제24조, 제25조 및 제52조를 적용하지 아니한다(조특법 §121의25③).

① 「수산업협동조합법」 제2조 제4호에 따른 조합(이하 "조합"이라 한다)이 같은 법 제141조의9 제1항 제4호에 따라 수협은행에 위탁하는 사업

② 「수산업협동조합법」 제141조의9 제1항 제7호의 사업 중 조합의 전산시스템 위탁운영 및 관리에 관한 사업

(2) **(전산용역에 대한 부가가치세 면제)** 수협은행이 다음의 어느 하나에 해당하는 전산용역 으로서 2023. 12. 31.까지 공급하는 것에 대해서는 부가가치세를 면제한다(조특법 §121의25 ⑧, 조특령 §116의29⑧·⑨).

① 수협은행이 조합에 공급하는 다음 중 어느 하나에 해당하는 전산용역

ㄱ 수협은행이 「수산업협동조합법」 제141조의9 제1항 제4호에 따라 수산업협동 조합중앙회로부터 위탁받은 같은 법 제138조 제1항 제1호 라목의 정보망 구축을 위하여 공급하는 용역

ㄴ 수협은행이 「수산업협동조합법」 제141조의9 제1항 제7호에 따라 조합에 공급하는 전산시스템의 위탁운영 및 관리에 대한 용역

② 수협은행이 「수산업협동조합법」 제141조의9 제1항 제7호에 따라 수산업협동 조합중앙회에 공급하는 전산시스템의 위탁운영 및 관리에 대한 용역

사업재편계획을 위한 조세특례

제121조의26

내국법인의 금융채무 상환 및 투자를 위한 자산매각에 대한 과세특례

1 의의

종전에 조특법에 따른 구조조정 지원세제는 부실이 현실화된 부실기업만을 그 대상으로 하고 있었으나, 부실이 발생한 후 사후적으로 구조조정을 하려면 공적자금 투입, 실업발생 등 막대한 사회경제적 비용을 초래할 수 있으므로, 「기업 활력 제고를 위한 특별법」에 따른 정상기업의 선제적·자율적 구조조정에도 세제지원을 확대 적용함으로써 한계기업의 구조조정을 촉진하고 이를 통해 기업 경쟁력을 제고하기 위하여 사업재편계획을 위한 조세특례 제도를 신설하였으며, 2015. 12. 15. 조특법 개정시 제121조의26부터 제121조의31까지 일괄 신설하였다.

한편, 종전에 부실기업에 대해서만 각종 세제혜택을 부여한 취지는, 부실기업의 경우 채권자 및 이해관계자 보호를 위하여 조속한 구조조정이 요구되고, 부실기업은 구조조정 과정에서 발생하는 세금을 부담할 능력이 부족하다는 점을 고려하였기 때문인데, 정상기업의 경영상 판단에 의하여 전략적으로 이루어지는 구조조정에 대해서까지 부실기업과 동일한 세제혜택을 부여하는 것은 과도하다는 지적도 있다.

동 과세특례는 조특법 제34조의 내용을 사업재편계획에 따른 선제적 구조조정에 적용한 것으로, 내국법인이 금융채무 상환을 위해 사업재편계획에 따라 2023. 12. 31. 이전에 자산을 양도하는 경우 양도차익을 4년 거치 후 3년 분할익금산입할 수 있도록 하는 특례를 내용으로 하고 있다.

2 | 요건

2-1. 내국법인이 금융채무 상환을 위해 자산을 양도할 것

내국법인이 재무건전성 향상을 위하여 자산을 양도한 날[장기할부조건의 경우에는 각 회의 할부금(계약금은 첫 회의 할부금에 포함)을 받은 날을 말하며, 금융채권자[1]가 금융채권자채무를 상환한 금액(채무상환액)을 수령할 수 없는 사정이 있어서 상환이 불가능한 경우에는 그 사유가 종료된 날을 말한다]부터 다음의 어느 하나에 해당하는 기한까지 채무를 상환한다는 내용이 포함되어 있는 사업재편계획에 따라 2023. 12. 31. 이전에 자산을 양도하는 경우여야 한다(조특법 §121의26①, 조특령 §116의30①~③).

① 금융채권자가 채무상환액을 수령할 수 없는 사정이 있어서 상환이 불가능한 경우에는 그 사유가 종료된 날이 자산을 양도한 날(자산양도일)부터 3개월이 되는 날보다 나중에 오는 경우에는 그 사유가 종료된 날의 다음 날

② 그 외의 경우에는 자산양도일부터 3개월이 되는 날

여기서 금융채권자가 채무상환액을 수령할 수 없는 사정이란 금융채권자의 영업정지 등을 말하며, 사업재편계획이란 다음의 내용이 포함[2]되어 있는 것으로서 주무부처의 장(사업재편계획 승인권자[3])이 승인한 계획(사업재편계획)을 말한다(조특령 §116의30① · ④).

① 자산의 양도를 통하여 상환할 금융채권자채무 총액 및 내용

② 자산의 양도를 통하여 투자할 자산 총액 및 내용

③ 위 ①에 따른 금융채권자채무 상환계획 또는 ②에 따른 투자계획

④ 양도할 자산의 내용 및 양도계획

자산양도일에 관하여는 대금을 청산한 날이 분명하지 아니한 경우 등기부 · 등록부 또는 명부 등에 기재된 등기 · 등록접수일 또는 명의개서일 등[4]으로 하되, 장기할부조건의 양도의 경우에는 각 회의 할부금(계약금은 첫 회의 할부금에 포함)을 받은 날을 말한다(조특령 §116의30⑦).

2-2. 채무의 범위

사업재편계획에 채무의 내용 및 자산의 양도를 통한 채무의 상환계획이 명시되어 있는

---

1) 「기업구조조정 촉진법」 제2조 제2호
2) 「기업 활력 제고를 위한 특별법」 제9조 제2항 각 호
3) 「기업 활력 제고를 위한 특별법」 제10조
4) 「소득세법 시행령」 제162조를 준용

것으로서 다음의 금액(금융채권자채무)으로 한다(조특령 §116의30⑧).

① 금융채권자로부터 사업과 관련하여 차입한 차입금

② 위 차입금에 대한 이자

③ 해당 내국법인이 자금조달의 목적으로 발행한 회사채로서 금융채권자가 매입하거나 보증한 금액

④ 해당 내국법인이 자금조달의 목적으로 발행한 기업어음으로서 금융채권자가 매입한 금액

3 | 과세특례의 내용

해당 자산을 양도함으로써 발생하는 양도차익 중 채무상환액에 상당하는 금액(결손금을 초과하는 금액으로 한정)에 대해서 해당 사업연도와 해당 사업연도의 종료일 이후 3개 사업연도의 기간 중 익금에 산입하지 아니하고 그 다음 3개 사업연도의 기간 동안 균분한 금액 이상을 익금에 산입할 수 있다(조특법 §121의26①).

여기서 "채무상환액에 상당하는 금액으로서 결손금을 초과하는 금액"이란 다음의 산식에 따라 계산한 금액(양도차익상당액)을 말한다(조특령 §116의30②).

[해당 자산의 양도에 따른 양도차익 − 자산양도일이 속하는 사업연도의 직전 사업연도 종료일 현재 「법인세법」 제13조 제1항 제1호에 따른 결손금("이월결손금")5)] × [(계획채무상환액 + 계획투자금액)/양도가액]

위 산식을 적용할 때 계획채무상환액 및 계획투자금액은 양도가액 중 기획재정부령으로 정하는 채무상환 및 투자(계획) 명세서에 기재된 채무·투자 금액을 말한다.

4 | 사후관리

위 과세특례를 적용받은 내국법인이 다음의 어느 하나에 해당하게 된 경우에는 해당 사유가 발생한 사업연도의 소득금액을 계산할 때 위 과세특례에 따라 익금에 산입하지 아니한 금액을 익금에 산입하여야 하며, 다음의 구분에 따라 계산한 금액을 익금에 산입하는 방법에 따른다(조특법 §121의26②, 조특령 §116의30⑨). 이 경우 이자상당가산액6)을 법인세에 가산하여

---

5) 이 경우 해당 내국법인이 무상으로 받은 자산의 가액이나 채무의 면제 또는 소멸로 인한 부채의 감소액으로 먼저 이월결손금을 보전하는 경우에는 이월결손금에서 그 보전액을 뺀 금액으로 한다.

납부하여야 하며, 해당 세액은 「법인세법」 제64조에 따라 납부하여야 할 세액으로 본다.

① 사업재편계획에 따라 채무를 상환하지 아니하거나 투자가 이루어지지 아니한 경우

$$\left[A \times \frac{B}{(B+C)} \times \frac{(B-D)}{B} \right] + \left[A \times \frac{C}{(B+C)} \times \frac{(C-E)}{C} \right]$$

A: 양도차익 상당액, B: 계획채무상환액, C: 계획투자금액, D: 양도가액 중 실제 채무상환액
E: 양도가액 중 실제 투자금액

② 자산을 양도한 내국법인의 부채비율이 자산 양도 후 3년 이내의 기간(둘 이상의 내국법인이 공동으로 수립한 사업재편계획에 따라 자산을 양도하는 경우에는 1년) 중 기준부채비율보다 증가하게 된 경우

$$A \times \frac{B}{(B+C)} \times \frac{D}{B} \times E \quad (\text{A~D는 위 산식과 동일})$$

E: 부채비율에서 기준부채비율을 뺀 비율이 기준부채비율에서 차지하는 비율(1을 초과하는 경우 1로 본다)

③ 사업재편계획에 따른 투자로 취득한 자산을 4년 이내에 처분하는 경우

$$A \times \frac{C}{(B+C)} \times \frac{D}{C} \times \frac{E}{D} \quad (\text{A~C는 위 산식과 동일})$$

D: 양도가액 중 실제 투자금액, E: 조특법 §121조의26② 3에 따라 처분한 자산의 취득가액

④ 해당 자산을 양도한 날부터 3년 이내에 해당 사업을 폐업하거나 해산한 경우로서 합병법인 등 사업재편계획에 따라 합병·분할 등 해당 사업을 승계하는 법인7)이 해당 사업을 승계한 경우가 아닌 경우 : 양도차익상당액 중 익금에 산입하지 아니한 금액 전액
⑤ 사업재편계획의 승인이 취소된 경우8) : 양도차익상당액 중 익금에 산입하지 아니한 금액 전액

---

6) 법인세에 가산하여 납부하여야 하는 이자상당가산액은 각각 자산양도일이 속하는 사업연도에 익금에 산입하지 아니하여 발생한 법인세액의 차액에 아래 ①에 따른 기간과 ②에 따른 율을 곱하여 계산한 금액을 말한다(조특령 §116의30⑩).
　① 자산양도일이 속하는 사업연도 종료일의 다음 날부터 익금에 산입하는 사업연도의 종료일까지의 기간
　② 1일 10만분의 25
7) 「기업 활력 제고를 위한 특별법」 제2조 제2호 가목
8) 「기업 활력 제고를 위한 특별법」 제13조 제1항

다만, 위 ④의 경우 부득이한 사유가 있는 경우에는 이자상당가산액을 가산하지 아니하도록 하고 있는바, 부득이한 사유는 파산선고를 받은 경우와 천재지변이나 그 밖에 이에 준하는 사유로 사업을 폐지한 경우가 해당한다(조특령 §116의30⑰).

또한, 위 ①, ②, ③의 경우 해당 금액을 익금에 산입하기 전에 기익금산입액이 있으면 먼저 익금에 산입한 순서대로 기익금산입액을 위 ①, ②, ③에 따른 익금산입액으로 보며, 익금에 산입한 사업연도까지의 기간을 기준으로 이자상당가산액을 계산한다(조특령 §116의30⑪). 위 ②의 경우를 적용함에 있어 부채비율 및 기준부채비율의 구체적인 산정방법은 다음과 같다.

5 | 부채비율 및 기준부채비율의 산정방법

5-1. 부채비율의 계산

자산을 양도한 내국법인의 부채비율은 각 사업연도 종료일 현재 부채(자산양도일과 채무상환일이 서로 다른 사업연도에 속하는 경우로서 자산양도일이 속하는 사업연도의 부채비율을 산정하는 경우에는 채무상환 예정가액을 뺀 금액)를 재무상태표의 자기자본으로 나누어 계산한다(조특령 §116의30⑬).

5-1-1. 부채의 범위

"부채"란 각 사업연도 종료일 현재 재무상태표상의 부채의 합계액 중 타인으로부터 조달한 차입금의 합계액을 말한다. 다만, 다음의 어느 하나에 해당하는 자산을 신규로 취득하기 위해 증가한 차입금으로서 사업재편계획승인권자의 확인을 받은 것은 제외한다(조특칙 §51의11①).
① 통합투자세액공제 공제대상 자산[9]
② 제조장 또는 자동차정비공장으로서 제조 또는 사업단위로 독립된 사업용 공장[10]
③ 사업용 공장의 부속토지.[11] 다만, 해당 부속토지가 사업용 공장의 바닥면적의 3배를 초과하는 경우 그 초과하는 부분은 부속토지로 보지 않는다.

5-1-2. 자기자본의 범위

자기자본은 각 사업연도 종료일 또는 기준부채비율산정기준일 현재의 자산총액에서 부채

---

9) 조특법 제24조 제1항 제1호
10) 조특령 제54조 제1항
11) 조특칙 제51조의11 제1항 제2호

총액(각종 충당금을 포함하며 미지급법인세는 제외)을 공제하여 계산한다. 이 경우 자산총액을 산정함에 있어 각 사업연도 종료일 또는 기준부채비율산정기준일 전에 해당 법인의 보유자산에 대하여 「자산재평가법」에 따른 재평가를 한 때에는 재평가차액(재평가세를 공제한 금액)을 공제한다(조특칙 §51의11②).

다만, 금융채권자부채를 상환한 후 3년 이내에 결손금의 발생으로 각 사업연도의 자기자본이 직전 사업연도 또는 기준부채비율산정기준일 현재의 자기자본보다 감소한 경우에는 직전 사업연도의 자기자본과 기준부채비율산정기준일 현재의 자기자본 중 큰 금액을 기준으로 부채비율을 계산한다(조특칙 §51의11③).

5-1-3. 납입자본금의 범위

부채비율 및 기준부채비율을 산정함에 있어서 납입자본금은 각 사업연도 종료일 또는 기준부채비율산정기준일 현재의 납입자본금을 기준으로 하되, 해당 내국법인이 각 사업연도 종료일 이전에 무상감자를 한 경우에는 해당 감자금액을 납입자본금에 가산한다(조특칙 §51의11④).

5-1-4. 외화표시자산등

외화표시자산등을 원화로 평가하는 때에는 다음의 구분에 따른 기준일 현재의 매매기준율 또는 재정(裁定)된 매매기준율 등에 따른 환율[12]에 의한다(조특칙 §51의11⑥).

① 부채비율을 산정하는 경우 : 각 사업연도 종료일. 다만, ㉮에 따른 부채비율이 ㉯에 따른 부채비율보다 낮은 경우에는 ㉮에 따른 기준일로 한다.

　㉮ 기준부채비율산정기준일 현재의 통화별 외화표시자산등의 금액 범위안의 외화표시 자산등에 대하여는 기준부채비율산정기준일 현재의 환율로 평가하고, 그 외의 외화표시자산등에 대하여는 각 사업연도 종료일 현재의 환율로 평가한 부채비율

　㉯ 전체 외화표시자산등을 각 사업연도 종료일의 환율로 평가한 부채비율

② 기준부채비율을 산정하는 경우 : 기준부채비율산정기준일(채무상환분에 대하여는 상환한 날)

5-2. 기준부채비율의 계산

내국법인의 기준부채비율은 다음 ①의 비율에서 ②의 비율을 뺀 비율로 한다(조특령 §116의30⑭).

---

12) 「법인세법 시행령」 제76조 제1항에 따른 화폐성외화자산·부채와 통화선도등에 적용되는 환율을 말한다.

① 사업재편계획이 최초로 승인된 날이 속하는 사업연도의 직전 사업연도 종료일(기준부채비율산정기준일) 현재의 부채를 기준부채비율산정기준일 현재의 자기자본으로 나누어 계산한 비율. 이 경우 기준부채비율산정기준일 이후 사업재편계획이 최초로 승인된 날의 전날까지의 기간 중 어느 한 날을 기준으로 사업재편계획의 수립을 위하여 평가한 부채 및 자기자본으로서 사업재편계획승인권자가 확인한 경우에는 그 부채 및 자기자본을 사용하여 계산할 수 있다.

② 채무상환액(자산양도일과 채무상환일이 서로 다른 사업연도에 속하는 경우로서 자산양도일이 속하는 사업연도의 기준부채비율을 산정하는 경우에는 채무상환 예정가액)을 위 ①에 따른 자기자본으로 나누어 계산한 비율

한편, 기준부채비율산정기준일 이후 합병한 경우 기준부채비율을 산정할 때에는 기준부채비율산정기준일 현재 피합병법인(합병으로 인하여 소멸 또는 흡수되는 법인) 및 합병법인(합병으로 인하여 신설 또는 존속하는 법인)의 재무상태표상의 부채 및 자기자본을 각각 합하여 합병법인의 기준부채비율을 계산한다(조특칙 §51의11⑤).

6 │ 절 차

6-1. 사업재편계획서 및 사업재편계획이행보고서의 제출

사업재편계획을 승인받은 내국법인(사업재편계획 승인내국법인)은 사업재편계획승인권자의 확인을 받아 사업재편계획서 및 사업재편계획이행보고서를 다음의 구분에 따른 기한까지 납세지 관할 세무서장에게 제출하여야 한다(조특령 §116의30⑲).

① 사업재편계획서 : 사업재편계획 승인내국법인의 사업재편계획 승인일이 속하는 사업연도 종료일

② 사업재편계획이행보고서 : 다음에 해당하는 사업연도의 과세표준 신고기한 종료일
  ㉠ 자산양도일이 속하는 사업연도
  ㉡ 금융채권자채무를 상환한 날(채무상환일) 또는 사업재편계획에 따른 투자로 자산을 취득한 날(투자실행일)이 속하는 사업연도(자산양도일과 채무상환일 또는 투자실행일이 서로 다른 사업연도에 속하는 경우에 한정한다)
  ㉢ 채무상환일이 속하는 사업연도의 다음 3개 사업연도
  ㉣ 투자실행일이 속하는 사업연도의 다음 4개 사업연도

6-2. 과세특례의 신청

동 과세특례를 적용받으려는 내국법인은 자산양도일이 속하는 사업연도의 과세표준신고를 할 때 양도차익명세서, 분할익금산입조정명세서 및 채무상환(예정)명세서를 납세지 관할 세무서장에게 제출하여야 한다. 다만, 자산양도일과 채무상환일이 서로 다른 사업연도에 속하는 경우에는 채무상환일이 속하는 사업연도의 과세표준 신고시에 채무상환명세서를 함께 제출하여야 한다(조특령 §116의30⑳).

7 | 주요 개정연혁

1. 사업재편 과세이연 특례 대상 확대 및 적용기한 연장(조특법 §121의26, 조특령 §116의30, 조특칙 §61)

(1) 개정내용

종 전	개 정
□ 사업재편 과정에서 자산매각 시 양도차익 4년 거치 3년 분할과세	□ 과세이연 대상 확대, 요건 완화 및 적용기한 연장
○ (대상) 금융채무 상환계획*이 포함된 「기업 활력 제고를 위한 특별법」상 사업재편계획에 따라 양도한 자산의 양도차익상당액**	○ 투자계획*이 포함된 「기업 활력 제고를 위한 특별법」상 사업재편계획에 따라 양도한 자산의 양도차익상당액**에 대해서도 과세이연 적용
* 상환할 금융채무 총액 및 내용, 상환계획(3개월 이내 상환), 양도할 자산의 내용 및 양도계획	* 투자할 자산 총액 및 내용, 투자계획(1년 이내 투자), 양도할 자산의 내용 및 양도계획
** (양도차익－이월결손금) × (양도가액 중 채무상환액) ÷ (양도가액)	** (양도차익－이월결손금) × (양도가액 중 투자사용액) ÷ (양도가액)
○ (사후관리) 다음 요건 해당 시 과세이연된 차익의 일정금액 과세	○ (좌 동)
❶ 계획대로 채무를 상환하지 않은 경우	❶ 계획대로 채무를 상환하지 않거나 투자하지 않은 경우
❷ 자산양도 후 3년 이내에 부채비율이 증가한 경우	❷ 자산양도 후 3년 이내에(공동사업 재편의 경우 1년) 부채비율이 증가한 경우
〈신 설〉	❸ 투자로 취득한 자산을 4년 이내에 처분한 경우
❸ 사업의 해산·폐업 또는 사업재편계획 승인 취소	❹ (좌 동)
○ (적용기한) 2021. 12. 31.	○ 2023. 12. 31.

(2) 개정이유

○ 사업재편을 통한 기업활력 제고 및 상생협력 지원

(3) 적용시기 및 적용례

○ 2022. 1. 1. 이후 자산을 양도하는 경우부터 적용

2. 사업재편 과세특례 사후관리 요건 완화(조특칙 §51의11)

(1) 개정내용

종 전	개 정

□ **부채의 범위***
 	
    * 사업재편 과세특례에 대한 사후관리 요건
  ○ 차입금의 합계액
    – 다만, 사업용 자산(토지·건축물 제외)을 신규 취득하기 위한 차입금은 제외
	□ **부채의 범위 축소**
	
	    – 다만, ①통합투자세액 공제대상자산, ②사업용 공장 및 ③그 부속토지(공장 바닥면적의 3배)를 신규 취득하기 위한 차입금은 제외

(2) 개정이유

○ 원활한 사업재편 지원

(3) 적용시기 및 적용례

○ 2021. 1. 1. 이후 개시하는 과세연도 분부터 적용

채무의 인수 · 변제에 대한 과세특례

1 | 의 의

종전에 조특법에 따른 구조조정 지원세제는 부실이 현실화된 부실기업만을 그 대상으로 하고 있었으나, 부실이 발생한 후 사후적으로 구조조정을 하려면 공적자금 투입, 실업발생 등 막대한 사회경제적 비용을 초래할 수 있으므로, 「기업 활력 제고를 위한 특별법」에 따른 정상기업의 선제적 · 자율적 구조조정에도 세제지원을 확대 적용함으로써 한계기업의 구조조정을 촉진하고 이를 통해 기업 경쟁력을 제고하기 위하여 사업재편계획을 위한 조세특례 제도를 신설하였으며, 2015. 12. 15. 조특법 개정시 제121조의26부터 제121조의31까지 일괄 신설하였다.

한편, 종전에 부실기업에 대해서만 각종 세제혜택을 부여한 취지는, 부실기업의 경우 채권자 및 이해관계자 보호를 위하여 조속한 구조조정이 요구되고, 부실기업은 구조조정 과정에서 발생하는 세금을 부담할 능력이 부족하다는 점을 고려하였기 때문인데, 정상기업의 경영상 판단에 의하여 전략적으로 이루어지는 구조조정에 대해서까지 부실기업과 동일한 세제혜택을 부여하는 것은 과도하다는 지적도 있다.

동 과세특례는 조특법 제39조의 내용을 사업재편계획에 따른 선제적 구조조정에 적용한 것으로, 자회사 양도 등을 위해 주주(법인에 한정)가 사업재편계획에 따라 2023. 12. 31.까지 해당 법인의 채무를 인수 · 변제하는 경우 모회사의 채무 인수 · 변제금액을 손금산입하고, 자회사의 채무면제이익을 4년 거치 3년 분할 익금산입할 수 있도록 하며, 채무의 인수 · 변제로 인한 다른 주주등이 얻는 이익을 상증법상 증여로 보지 않도록 하고 있다.

2 | 요 건

2-1. 내국법인의 주주 또는 출자자가 해당 법인의 채무를 인수·변제하려는 경우일 것

내국법인의 주주 또는 출자자(법인인 경우로 한정한다. 이하 "주주등"이라 한다)가 해당 내국법인의 채무를 인수·변제하는 경우로서 아래 2-2.의 요건을 갖춘 경우 과세특례를 적용받을 수 있다. 채무의 범위는 사업재편계획에 채무의 내용 및 주주등의 채무인수·변제 계획이 명시되어 있는 것으로서 다음의 금액(이하 "금융채권자채무"라 한다)으로 한다(조특법 §121의27①, 조특령 §116의31② · §116의30⑧).

① 금융채권자로부터 사업과 관련하여 차입한 차입금
② 위 차입금에 대한 이자
③ 해당 내국법인이 자금조달의 목적으로 발행한 회사채로서 금융채권자가 매입하거나 보증한 금액
④ 해당 내국법인이 자금조달의 목적으로 발행한 기업어음으로서 금융채권자가 매입한 금액

채무의 인수·변제는 주주등이 단독 또는 공동으로 하나의 계약에 따라 일시에 인수·변제하는 것에 한정한다.

2-2. 사업재편계획에 따라 지배주주 등의 소유주식 또는 출자지분을 특수관계인 외의 자에게 전부 양도할 것

사업재편계획[1]에 따라 2023. 12. 31.까지 해당 내국법인의 지배주주·출자자 및 그 특수관계인[2](이하 "지배주주등"이라 한다)의 소유 주식 또는 출자지분을 특수관계인[3] 외의

---

1) 사업재편계획이란 「기업 활력 제고를 위한 특별법」 제9조 제2항 각 호에 다음의 내용이 포함되어 있는 것으로서 같은 법 제10조에 따라 주무부처의 장(이하 "사업재편계획승인권자"라 한다)이 승인한 계획을 말한다(조특령 §116의31③).
　① 주주등이 인수·변제할 금융채권자채무의 총액 및 내용
　② 주주등의 채무인수·변제 계획
　③ 지배주주등의 소유 주식 또는 출자지분 양도 계획
2) 지배주주·출자자 및 그 특수관계인이란 다음 어느 하나에 해당하는 자로 한다(조특령 §116의31④).
　① 「법인세법 시행령」 제43조 제7항에 따른 지배주주등
　② 「법인세법 시행령」 제43조 제8항에 따른 특수관계에 있는 자
3) 해당 내국법인 또는 지배주주등과 「법인세법 시행령」 제2조 제5항 각 호의 어느 하나에 해당하는 관계에 있는

자에게 전부 양도하여야 한다(조특법 §121의27①).

3 │ 과세특례의 내용

3-1. 채무를 인수·변제한 법인의 주주

　채무를 인수·변제한 내국법인의 주주등은 해당 내국법인의 채무금액 중 해당 주주등이 인수·변제한 금액에 대하여, 해당 연도 주주등의 소득금액을 계산할 때 해당 주주등이 채무를 인수·변제함에 따라 채무가 감소한 내국법인(이하 "양도대상법인"이라 한다)의 금융채권자채무 중 해당 주주등이 인수·변제한 금액을 한도로 손금에 산입한다(조특법 §121의27①).

3-2. 양도대상법인

　채무가 인수·변제되어 채무가 감소한 양도대상법인은 소득금액을 계산할 때 채무의 감소액4)을 해당 사업연도와 해당 사업연도의 종료일 이후 3개 사업연도의 기간 중 익금에 산입하지 아니하고 그 다음 3개 사업연도의 기간 동안 균분한 금액 이상을 익금에 산입한다(조특법 §121의27②).

3-3. 기타 특례

　법인의 양도·양수에 있어서 양도대상법인의 자산부족액5)을 익금에 산입하여 이를 「법인세법」 제67조에 따라 처분하는 경우 해당 양도대상법인은 「소득세법」에도 불구하고 그 처분금액에 대한 소득세를 원천징수하지 아니한다(조특법 §121의27④). 한편 법인의 채무가 인수·변제됨에 따라 해당 법인의 다른 주주 등이 얻는 이익에 대해서는 「상속세 및 증여세법」에 따른 증여로 보지 아니한다. 다만, 채무를 인수·변제한 주주등의 특수관계인6)에 대해서는

자를 말한다(조특령 §116의31⑤).

4) 채무인수·변제를 받은 금액에서 「법인세법 시행령」 제16조 제1항에 따른 결손금(이월결손금)을 뺀 금액을 말한다. 이 경우 양도대상법인이 무상으로 받은 자산의 가액과 채무의 면제 또는 소멸로 인한 부채의 감소액(채무인수·변제를 받은 금액은 제외)으로 먼저 이월결손금을 보전하는 경우에는 이월결손금에서 그 보전액을 제외한 잔액을 뺀 금액을 말한다(조특령 §116의31⑦).

5) 법인의 양도·양수의 경우 양도대상법인의 자산부족액은 해당 주식양도계약에 자산의 실사에 대한 내용이 포함되어 있는 경우로서 주식양도일 현재 자산부족액을 양도대상법인이 「금융위원회의 설치 등에 관한 법률」 제19조에 따라 설립된 증권선물위원회에 요청하여 지명을 받은 회계법인으로부터 확인받아 수정하여 회계처리한 것에 한정한다.

그러하지 아니하다(조특법 §121의27⑤).

4 | 사후관리

위 과세특례를 적용받은 내국법인이 다음의 어느 하나에 해당하게 된 경우에는 해당 사유가 발생한 사업연도의 소득금액을 계산할 때 위 과세특례에 따라 익금에 산입하지 아니한 금액을 익금에 산입[7]하여야 한다. 이 경우 주주등이 감면받은 법인세액[8] 및 이자상당가산액[9]을 법인세에 가산하여 납부하여야 하며, 해당 세액은 「법인세법」 제64조에 따라 납부하여야 할 세액으로 본다(조특법 §121의27③).

　① 양도대상법인의 부채비율이 채무 인수·변제 후 3년[10] 이내의 기간 중 기준부채
　　　비율[11]보다 증가하게 된 경우

---

6) 채무인수·변제를 한 주주등과 「상속세 및 증여세법 시행령」 제2조의2 제1항 각 호의 어느 하나에 해당하는 관계에 있는 자를 말한다(조특령 §116의31⑰).
7) 양도대상법인이 익금에 산입하여야 할 금액은 다음 각 호의 방법으로 계산한 금액을 말한다(조특령 §116의31⑧).
　1. 조특법 제121조의27 제3항 제1호에 해당하는 경우 : 다음의 산식에 따라 계산한 금액
　　채무감소액 × 부채비율에서 기준부채비율을 뺀 비율이 기준부채비율에서 차지하는 비율(이 비율이 1을 초과하는 경우에는 1로 본다)
　2. 조특법 제121조의27 제3항 제2호부터 제4호까지의 규정 중 어느 하나에 해당하는 경우 : 채무감소액 중 익금에 산입하지 아니하는 금액 전액
8) 법인세에 가산하여 납부하여야 할 주주등이 감면받은 법인세액은 다음 각 호의 방법에 따라 계산한다(조특령 §116의31⑨).
　1. 조특법 제121조의27 제3항 제1호에 해당하는 경우 : 다음의 산식에 따라 계산한 금액
　　채무인수·변제액을 손금에 산입함에 따라 발생한 법인세 차액 × 부채비율에서 기준부채비율을 뺀 비율이 기준부채비율에서 차지하는 비율(이 비율이 1을 초과하는 경우에는 1로 본다)
　2. 조특법 제121조의27 제3항 제2호부터 제4호까지의 규정 중 어느 하나에 해당하는 경우 : 채무인수·변제액을 손금에 산입한 사업연도에 채무인수·변제액을 손금에 산입함에 따라 발생한 법인세 차액
9) 이자상당가산액이란 다음 각 호의 금액을 합산한 금액으로 한다(조특령 §116의31⑩).
　1. 채무인수·변제를 받은 날이 속하는 사업연도에 제8항에 따라 익금에 산입하여야 할 금액을 익금에 산입하지 아니함에 따라 발생한 법인세액의 차액에 가목에 따른 기간과 나목에 따른 율을 곱하여 계산한 금액
　　가. 채무인수·변제를 받은 날이 속하는 사업연도의 종료일의 다음 날부터 제8항에 따라 익금에 산입하여야 할 금액을 익금에 산입하는 사업연도의 종료일까지의 기간
　　나. 1일 10만분의 25
　2. 제9항에 따라 납부하여야 할 세액에 가목에 따른 기간과 나목에 따른 율을 곱하여 계산한 금액
　　가. 채무인수·변제를 한 날이 속하는 사업연도의 종료일의 다음 날부터 제9항에 따라 납부하여야 할 세액을 납부하는 사업연도의 종료일까지의 기간
　　나. 1일 10만분의 25
10) 채무인수·변제를 한 날부터 해당 사업연도 종료일까지의 기간을 1년으로 보아 3년의 기간을 계산한다(조특령 §116의31⑪).

② 채무를 인수·변제한 날부터 3년 이내에 해당 사업을 폐업하거나 해산한 경우로서 사업재편계획에 따라 합병·분할 등「기업 활력 제고를 위한 특별법」제2조 제2호 가목의 방식에 따라 해당 사업을 승계하는 법인이 해당 사업을 승계한 경우가 아닌 경우. 다만, 파산 등 부득이한 사유[12]가 있는 경우에는 주주등이 감면받은 법인세액 및 이자상당가산액을 가산하지 아니한다.

③ 사업재편계획에 따라 지배주주등의 소유 주식 또는 출자지분을 특수관계인[13] 외의 자에게 전부 양도하지 아니한 경우

④「기업 활력 제고를 위한 특별법」제13조 제1항에 따라 사업재편계획의 승인이 취소된 경우

5 | 절 차

5-1. 사업재편계획서 및 사업재편계획이행보고서의 제출

사업재편계획을 승인받은 내국법인(이하 "사업재편계획 승인내국법인"이라 한다)은 사업재편계획승인권자의 확인을 받아 기획재정부령으로 정하는 사업재편계획서 및 사업재편계획이행보고서를 다음의 구분에 따른 기한까지 납세지 관할 세무서장에게 제출하여야 한다(조특령 §116의31⑱).

① 사업재편계획서 : 사업재편계획 승인내국법인의 사업재편계획 승인일이 속하는 사업연도 종료일

② 사업재편계획이행보고서 : 다음에 해당하는 사업연도의 과세표준 신고기한 종료일
  ㉠ 채무인수·변제를 한 날이 속하는 사업연도
  ㉡ 주식등을 양도한 날이 속하는 사업연도(㉠의 사업연도와 다른 경우에 한정한다)
  ㉢ 주식등을 양도한 날이 속하는 사업연도의 다음 3개 사업연도

---

11) 부채비율 및 기준부채비율의 산정에 관하여는 조특령 제116조의30 제13항 및 제14항을 준용한다. 이 경우 "채무상환액"은 "채무인수·변제를 받은 금액의 합계"로 본다(조특령 §116의31⑫).
12) "파산 등 대통령령으로 정하는 부득이한 사유"란 다음 각 호의 어느 하나에 해당하는 경우를 말한다(조특령 §116의31⑭).
  1. 파산선고를 받은 경우
  2. 천재지변이나 그 밖에 이에 준하는 사유로 사업을 폐지한 경우
13) 해당 내국법인 또는 지배주주등과「법인세법 시행령」제2조 제5항 각 호의 어느 하나에 해당하는 관계에 있는 자(조특령 §116의31⑤)

5-2. 과세특례의 신청

조특법 제121조의27 제1항을 적용받으려는 주주등은 채무인수·변제를 한 날이 속하는 사업연도의 과세표준신고를 할 때 기획재정부령으로 정하는 법인양도·양수계획서, 채무인수·변제명세서 및 세액감면신청서를 납세지 관할 세무서장에게 제출하여야 한다(조특령 §116의31⑲).

조특법 제121조의27 제2항을 적용받으려는 양도대상법인은 채무인수·변제를 받은 날이 속하는 사업연도의 과세표준신고를 할 때 기획재정부령으로 정하는 법인양도·양수계획서, 채무인수·변제명세서 및 분할익금산입조정명세서를 납세지 관할 세무서장에게 제출하여야 한다(조특령 §116의31⑳).

제121조의28

주주등의 자산양도에 관한 법인세 등 과세특례

1 | 의 의

종전에 조특법에 따른 구조조정 지원세제는 부실이 현실화된 부실기업만을 그 대상으로 하고 있었으나, 부실이 발생한 후 사후적으로 구조조정을 하려면 공적자금 투입, 실업발생 등 막대한 사회경제적 비용을 초래할 수 있으므로, 「기업 활력 제고를 위한 특별법」에 따른 정상기업의 선제적·자율적 구조조정에도 세제지원을 확대 적용함으로써 한계기업의 구조조정을 촉진하고 이를 통해 기업 경쟁력을 제고하기 위하여 사업재편계획을 위한 조세특례제도를 신설하였으며, 2015. 12. 15. 조특법 개정시 제121조의26부터 제121조의31까지 일괄하여 신설하였다.

한편, 종전에 부실기업에 대해서만 각종 세제혜택을 부여한 취지는, 부실기업의 경우 채권자 및 이해관계자 보호를 위하여 조속한 구조조정이 요구되고, 부실기업은 구조조정 과정에서 발생하는 세금을 부담할 능력이 부족하다는 점을 고려하였기 때문인데, 정상기업의 경영상 판단에 의하여 전략적으로 이루어지는 구조조정에 대해서까지 부실기업과 동일한 세제혜택을 부여하는 것은 과도하다는 지적도 있다.

동 과세특례는 조특법 제40조의 내용을 사업재편계획에 따른 선제적 구조조정에 적용한 것으로, 재무건전성 목표 달성을 위해 주주가 자산 증여시 수증법인의 자산수증이익을 4년 거치 3년 분할익금산입하고, 자산을 증여한 주주등의 증여재산가액을 손금산입하며, 주주가 자산을 양도하고 양도대금을 증여하는 경우는 양도차익을 익금불산입할 수 있도록 하는 것을 내용으로 하며, 적용기한은 2023. 12. 31.이다.

2 | 요 건

내국법인이 주주 또는 출자자("주주등")로부터 2023. 12. 31. 이전에 다음의 요건을 모두 갖추어 자산을 무상으로 받은 경우에 과세특례를 적용받을 수 있다(조특법 §121의28①, 조특령 §116의32④).

① 사업재편계획[1]에 따라 주주등의 자산증여[2] 및 법인의 채무상환이 이루어질 것
② 사업재편계획에는 금전의 경우 법인이 해당 금전을 받은 날부터 2023. 12. 31. 이내에서 다음의 어느 하나에 해당하는 날까지, 금전 외의 자산의 경우에는 해당 자산을 양도한 날(이하 "자산양도일"이라 한다)[3]부터 2023. 12. 31. 이내에서 다음의 어느 하나에 해당하는 날까지의 기한까지 그 양도대금을 금융채권자[4]에 대한 부채의 상환[5]에 전액 사용(부득이한 사유가 있는 경우에는 그 사유가 종료한 날의 다음 날에 부채의 상환에 전액 사용을 말한다)한다는 내용이 포함되어 있을 것

　　㉠ 부득이한 사유(금융채권자가 채무상환액을 수령할 수 없는 사정이 있어서 상환이 불가능한 경우로 금융채권자의 영업정지 등을 들 수 있다)가 있는 경우로서 그 사유가 종료된 날이 금전을 받은 날 또는 자산양도일부터 3개월이 되는 날보다 나중에 오는 경우에는 그 사유가 종료된 날의 다음 날

　　㉡ 그 외의 경우에는 금전을 받은 날 또는 자산양도일부터 3개월이 되는 날

3 | 과세특례의 내용

3-1. 자산을 증여받은 내국법인

내국법인이 과세특례의 요건을 갖추어 주주등으로부터 자산을 무상으로 받은 경우에는 해당 사업연도의 소득금액을 계산할 때 해당 자산가액[6]은 자산을 증여받은 날이 속하는

---

1) 조특령 §116의32 제3항
2) 자산의 증여는 주주 또는 출자자가 단독 또는 공동으로 하나의 계약에 의하여 일시에 증여하는 것에 한정한다(조특령 §116의32①).
3) 장기할부조건의 경우에는 각 회의 할부금(계약금은 첫 회의 할부금에 포함되는 것으로 한다)을 받은 날을 말한다(조특령 §116의32⑤).
4) 「기업구조조정 촉진법」 제2조 제2호에 따른 금융채권자(이하 "금융채권자"라 한다)를 말한다(조특령 §116의32⑥).
5) 상환하는 채무는 사업재편계획에 채무의 내용 및 주주 등의 자산 증여를 통한 상환계획이 명시되어 있는 것으로서 금융채권자채무를 말한다(조특령 §116의32⑧).
6) 증여받은 자산가액에서 이월결손금을 뺀 금액을 초과하는 금액("자산수증익")으로 한정한다. 이 경우 해당 내국법인이 무상으로 받은 자산의 가액과 채무의 면제 또는 소멸로 인한 부채의 감소액(증여받은 자산가액은 제외)으로 먼저

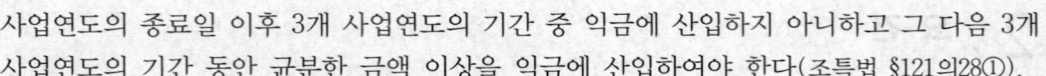

사업연도의 종료일 이후 3개 사업연도의 기간 중 익금에 산입하지 아니하고 그 다음 3개 사업연도의 기간 동안 균분한 금액 이상을 익금에 산입하여야 한다(조특법 §121의28①).

3-2. 자산을 증여한 주주인 법인

자산을 증여한 주주등(법인인 경우에 한정)의 경우 증여한 자산[7]의 장부가액("자산증여액")을 해당 사업연도의 소득금액을 계산할 때 손금에 산입한다(조특법 §121의28②, 조특령 §116의32⑨).

3-3. 주주등이 자산을 양도하고 그 양도대금을 증여하는 경우

주주등이 법인에 자산을 증여할 때 소유하던 자산을 양도하고 2023. 12. 31. 이전에 그 양도대금을 해당 법인에 증여하는 경우에는 해당 자산을 양도함으로써 발생하는 양도차익 중 증여금액에 상당하는 금액("양도차익상당액")은 다음에 해당하는 방법으로 양도소득세를 감면하거나 같은 금액을 익금에 산입하지 아니할 수 있다(조특법 §121의28③).

양도차익상당액(조특령 §116의32⑪) = 양도한 자산의 양도차익 × [해당 자산의 양도가액 중 내국법인에게 증여한 금액 / (해당 자산의 양도가액 − 양도한 자산의 양도차익에 대하여 해당 법인이 납부한 농어촌특별세액)]

3-3-1. 거주자
양도차익상당액에 대한 양도소득세의 100분의 100에 상당하는 세액을 감면

3-3-2. 내국법인
양도차익상당액을 해당 사업연도의 소득금액을 계산할 때 익금에 불산입

3-4. 기타 과세특례

과세특례에 따라 법인이 주주 등으로부터 자산을 무상으로 받음으로써 해당 법인의 다른 주주 등이 얻는 이익은 증여로 보지 아니한다. 다만, 자산을 증여한 주주 등의 특수관계인[8]에

이월결손금을 보전하는 경우에는 이월결손금에서 그 보전액을 제외한 잔액을 뺀 금액을 말한다(조특령 §116의32②).

7) 자산의 양도시기에 대하여는 「소득세법 시행령」 제162조를 준용한다. 다만, 장기할부조건의 양도의 경우에는 각 회의 할부금(계약금은 첫 회의 할부금에 포함되는 것으로 한다)을 받은 날로 한다(조특령 §116의32⑩).

8) 자산을 증여한 주주등과 「상속세 및 증여세법 시행령」 제2조의2 제1항 각 호의 어느 하나에 해당하는 관계에 있는 자를 말한다(조특령 §116의32㉒).

대해서는 그러하지 아니하다(조특법 §121의28⑤).

4 │ 사후관리

자산을 증여받은 법인이 다음의 어느 하나에 해당하는 경우에는 해당 사유가 발생한 사업연도의 소득금액을 계산할 때 과세특례에 따라 익금에 산입하지 아니한 금액을 익금에 산입[9]한다. 이 경우 주주등이 감면받은 세액[10] 및 이자상당가산액[11]을 법인세에 가산하여 납부하여야 하며, 해당 세액은 납부하여야 할 세액으로 본다(조특법 §121의28④).

① 사업재편계획에 따라 채무를 상환하지 아니한 경우

② 해당 법인의 부채비율이 채무 상환 후 3년[12] 이내의 기간 중 기준부채비율[13]보다 증가하게 된 경우

③ 증여받은 내국법인이 자산을 증여받은 날부터 3년 이내에 해당 사업을 폐업하거나 해산한 경우로서 사업재편계획에 따라 합병·분할 등 해당 사업을 승계하는 법인(조특령 §116의32⑱)이 해당 사업을 승계한 경우가 아닌 경우. 다만, 파산 등 부득이한 사유[14]가 있는 경우에는 제2항 및 제3항에 따라 감면한 세액 및 이자상당가산액을 가산하지 아니한다.

④ 사업재편계획의 승인이 취소된 경우

---

9) 조특령 §116의32 제12항, 조특령 §116의32 제21항

10) 조특령 §116의32 제13항, 조특령 §116의32 제14항

11) 조특령 §116의32 제15항

12) 사업연도 중에 채무를 상환한 경우에는 채무를 상환한 날부터 해당 사업연도 종료일까지의 기간을 1년으로 보아 3년의 기간을 계산한다(조특령 §116의32⑯).

13) 부채비율 및 기준부채비율의 산정에 관하여는 조특령 제116조의30 제13항 및 제14항을 준용한다. 이 경우 "채무상환액"을 "양수자산가액 중 채무상환에 사용한 금액"으로 본다(조특령 §116의32⑰).

14) 조특령 §116의32 제19항

5 | 절 차

5-1. 사업재편계획서 및 사업재편계획이행보고서의 제출

사업재편계획을 승인받은 내국법인은 사업재편계획승인권자의 확인을 받아 사업재편계획서 및 사업재편계획이행보고서를 다음의 구분에 따른 기한까지 납세지 관할 세무서장에게 제출하여야 한다(조특법 §121의28⑥, 조특령 §116의32㉓).

① 사업재편계획서 : 사업재편계획 승인내국법인의 사업재편계획 승인일이 속하는 사업연도 종료일

② 사업재편계획이행보고서 : 다음에 해당하는 사업연도의 과세표준 신고기한 종료일

㉠ 자산증여일이 속하는 사업연도

㉡ 채무상환일이 속하는 사업연도(자산증여일과 채무상환일이 서로 다른 사업연도에 속하는 경우에 한정한다)

㉢ 채무상환일이 속하는 사업연도의 다음 3개 사업연도

5-2. 과세특례의 신청

본조를 적용받으려는 내국법인은 자산증여일이 속하는 사업연도의 과세표준신고를 할 때 수증자산명세서, 채무상환(예정)명세서 및 분할익금산입조정명세서를 납세지 관할 세무서장에게 제출하여야 한다. 다만, 자산증여일과 채무상환일이 서로 다른 사업연도에 속하는 경우에는 채무상환일이 속하는 사업연도의 과세표준 신고시에 채무상환명세서를 함께 제출하여야 한다(조특령 §116의32㉔).15)

---

15) 주주등은 조특령 §116의32 제25항 및 제26항 참조

사업재편계획에 따른 기업의 채무면제익에 대한 과세특례

1 | 의 의

종전에 조특법에 따른 구조조정 지원세제는 부실이 현실화된 부실기업만을 그 대상으로 하고 있었으나, 부실이 발생한 후 사후적으로 구조조정을 하려면 공적자금 투입, 실업발생 등 막대한 사회경제적 비용을 초래할 수 있으므로, 「기업 활력 제고를 위한 특별법」에 따른 정상기업의 선제적·자율적 구조조정에도 세제지원을 확대 적용함으로써 한계기업의 구조조정을 촉진하고 이를 통해 기업 경쟁력을 제고하기 위하여 사업재편계획을 위한 조세특례제도를 신설하였으며, 2015. 12. 15. 조특법 개정시 제121조의26부터 제121조의31까지 일괄하여 신설하였다.

한편, 종전에 부실기업에 대해서만 각종 세제혜택을 부여한 취지는, 부실기업의 경우 채권자 및 이해관계자 보호를 위하여 조속한 구조조정이 요구되고, 부실기업은 구조조정 과정에서 발생하는 세금을 부담할 능력이 부족하다는 점을 고려하였기 때문인데, 정상기업의 경영상 판단에 의하여 전략적으로 이루어지는 구조조정에 대해서까지 부실기업과 동일한 세제혜택을 부여하는 것은 과도하다는 지적도 있다.

동 과세특례는 조특법 제44조의 내용을 사업재편계획에 따른 선제적 구조조정에 적용한 것으로, 내국법인이 금융채권자로부터 채무의 일부를 면제받는 경우 채무면제이익을 과세이연하고 채무를 면제한 금융채권자에 대해서는 동 채무면제 상당액을 손금으로 인정하도록 하고 있으며, 적용기한은 2023. 12. 31.이다.

2 요건

사업재편계획[1]을 이행 중인 내국법인이 금융채권자로부터 채무의 일부를 2023. 12. 31.까지 면제받은 경우여야 한다(조특법 §121의29①).

3 과세특례의 내용

3-1. 내국법인의 채무면제액에 대한 과세이연

내국법인이 금융채권자로부터 채무의 일부를 면제받은 경우 소득금액을 계산할 때 그 면제받은 채무에 상당하는 금액(이월결손금을 초과하는 금액[2]에 한정, "채무면제익")은 해당 사업연도와 해당 사업연도의 종료일 이후 3개 사업연도의 기간 중 익금에 산입하지 아니하고 그 다음 3개 사업연도의 기간 동안 균분한 금액 이상을 익금에 산입한다(조특법 §121의29①).

3-2. 금융채권자의 채무면제 상당액에 대한 손금산입

채무를 면제(채무의 출자전환으로 채무를 면제한 경우 포함)한 금융채권자는 해당 사업연도의 소득금액을 계산할 때 그 면제한 채무에 상당하는 금액을 손금에 산입한다(조특법 §121의29③).

4 사후관리

채무를 면제받은 내국법인이 다음의 어느 하나에 해당하는 경우에는 그 사유가 발생한 날이 속하는 사업연도의 소득금액을 계산할 때 익금에 산입하지 아니한 금액 전액을 익금에 산입한다. 이 경우 이자상당가산액[3]을 법인세에 가산하여 납부하여야 하며, 해당 세액은 납부하여야 할 세액으로 본다(조특법 §121의29②).

① 채무면제익 전액을 익금에 산입하기 전에 사업을 폐업하거나 해산하는 경우로서 사업재편계획에 따라 합병·분할 등 해당 사업을 승계하는 법인이 해당 사업을 승계한

---

[1] 「기업 활력 제고를 위한 특별법」 제9조 제2항 각 호에 채무면제의 내용이 포함되어 있는 것으로서 같은 법 제10조에 따라 주무부처의 장(이하 "사업재편계획승인권자"라 한다)이 승인한 계획을 말한다(조특령 §116의33①).
[2] 조특령 §116의33 제2항
[3] 조특령 §116의33 제3항

경우가 아닌 경우. 다만, 파산 등 부득이한 사유4)가 있는 경우에는 이자상당가산액을 가산하지 아니한다.

② 사업재편계획의 승인이 취소된 경우

5 │ 절 차

5-1. 사업재편계획서 및 사업재편계획이행보고서의 제출

사업재편계획을 승인받은 내국법인은 사업재편계획승인권자의 확인을 받아 사업재편계획서 및 사업재편계획이행보고서를 다음의 구분에 따른 기한까지 납세지 관할 세무서장에게 제출하여야 한다(조특법 §121의29④, 조특령 §116의33⑦).

① 사업재편계획서 : 사업재편계획 승인내국법인의 사업재편계획 승인일이 속하는 사업연도 종료일

② 사업재편계획이행보고서 : 채무를 면제받은 날이 속하는 사업연도의 과세표준 신고기한 종료일

5-2. 과세특례의 신청

본조를 적용받으려는 내국법인 및 금융채권자는 각각 채무면제일이 속하는 사업연도의 과세표준신고를 할 때 채무면제명세서를 채무를 면제받은 법인별로 작성하여 납세지 관할 세무서장에게 제출하여야 한다(조특령 §116의33⑧).

---

4) 조특령 §116의33 제5항

제121조의30

기업 간 주식등의 교환에 대한 과세특례

1 │ 의 의

　종전에 조특법에 따른 구조조정 지원세제는 부실이 현실화된 부실기업만을 그 대상으로 하고 있었으나, 부실이 발생한 후 사후적으로 구조조정을 하려면 공적자금 투입, 실업발생 등 막대한 사회경제적 비용을 초래할 수 있으므로, 「기업 활력 제고를 위한 특별법」에 따른 정상기업의 선제적·자율적 구조조정에도 세제지원을 확대 적용함으로써 한계기업의 구조조정을 촉진하고 이를 통해 기업 경쟁력을 제고하기 위하여 사업재편계획을 위한 조세특례 제도를 신설하였으며, 2015. 12. 15. 조특법 개정시 제121조의26부터 제121조의31까지 일괄하여 신설하였다.

　한편, 종전에 부실기업에 대해서만 각종 세제혜택을 부여한 취지는, 부실기업의 경우 채권자 및 이해관계자 보호를 위하여 조속한 구조조정이 요구되고, 부실기업은 구조조정 과정에서 발생하는 세금을 부담할 능력이 부족하다는 점을 고려하였기 때문인데, 정상기업의 경영상 판단에 의하여 전략적으로 이루어지는 구조조정에 대해서까지 부실기업과 동일한 세제혜택을 부여하는 것은 과도하다는 지적도 있다.

　동 과세특례는 조특법 제46조의 내용을 사업재편계획에 따른 선제적 구조조정에 적용한 것으로, 지배주주가 사업재편계획에 따라 주식 전부를 다른 내국법인의 주식과 교환시 주식양도차익에 대한 과세를 교환주식 처분시까지 이연하고, 증권거래세를 면제하는 것을 내용으로 하고 있다.

2 | 요 건

내국법인("교환대상법인")의 지배주주·출자자 및 그 특수관계인[1]("지배주주등")이 2023. 12. 31. 이전에 사업재편계획[2]에 따라 그 소유 주식 또는 출자지분("주식등") 전부를 양도하고 교환대상법인의 특수관계인[3]이 아닌 다른 내국법인("교환양수법인")의 주식등을 다음의 어느 하나에 해당하는 방법으로 그 소유비율에 따라 양수하여야 한다(조특법 §121의30①).

① 교환양수법인이 이미 보유하거나 새롭게 발행한 주식등을 양수하는 방법

② 교환양수법인의 지배주주등이 보유한 주식등의 전부를 양수하는 방법(교환대상법인 및 교환양수법인이 서로 다른 기업집단[4]에 소속되어 있는 경우로 한정한다)

위 주식등의 양도·양수는 교환대상법인의 주식등을 양도한 지배주주등 간의 해당 법인 주식등의 보유비율에 따라 교환양수법인의 주식등이 배분되어야 한다(조특령 §116의34④).

3 | 과세특례의 내용

3-1. 주식양도차익에 대한 과세이연

과세특례의 요건에 따라 주식등을 양도함에 따라 발생한 양도차익(교환양수법인 및 교환양수법인의 지배주주등에 발생하는 양도차익 포함)에 상당하는 금액에 대한 양도소득세 또는 법인세에 대해서는 양수한 주식등을 처분(상속·증여 포함)할 때까지 과세를 이연받을 수 있다(조특법 §121의30①, 조특령 §116의34⑤).

3-1-1. 지배주주등이 거주자인 경우

주식등을 양도할 때 양도소득세를 납부하지 아니하고 양수한 교환양수법인의 주식등을 처분할 때에 다음의 계산식에 따라 산출한 금액을 취득가액으로 보아 양도소득세를 납부하는 방법

---

1) 조특령 §116의34 제1항

2) 「기업 활력 제고를 위한 특별법」 제9조 제2항 각 호에 지배주주등이 보유한 주식 또는 출자지분의 양도·양수계획이 포함되어 있는 것으로서 사업재편계획승인권자가 승인한 계획을 말한다(조특령 §116의34②).

3) 조특령 §116의34 제3항

4) 「독점규제 및 공정거래에 관한 법률」 제2조 제2호에 따른 기업집단을 말한다.

양수한 교환양수법인의 주식등 중 양도한 주식등의 취득가액 - 〔주식등을 양도할 때에 발생하는 소득(「소득세법」 제94조 제1항 제3호에 따른 소득을 말한다. 이하 "과세이연소득"이라 한다) × 양도한 교환양수법인의 주식등의 수/양수한 교환양수법인의 주식등의 수〕

3-1-2. 지배주주등이 내국법인인 경우 : 다음의 방법에 따라 과세를 이연받는 방법

① 주식등을 양도함에 따라 발생한 양도차익은 주식등의 양도 당시의 시가[5]에서 양도일 전일의 장부가액을 뺀 금액(양수한 교환양수법인의 주식등의 가액을 한도, "과세이연금액")으로 하되, 그 금액은 양수한 교환양수법인의 주식등의 압축기장충당금으로 계상하여야 한다.

② 위 ①에 따라 계상한 압축기장충당금은 양수한 교환양수법인의 주식등을 양도, 상속 또는 증여[6]("처분")하는 사업연도에 이를 익금에 산입하되, 일부 주식등을 처분하는 경우에는 다음 산식에 의하여 계산한 금액을 익금에 산입한다.

익금산입액 = 압축기장충당금 × 양수한 교환양수법인의 주식등 중 처분한 주식등의 수 / 양수한 교환양수법인의 주식등의 수

3-1-3. 내국법인이 현물출자 또는 물적분할로 취득한 주식등을 다시 교환하는 경우

내국법인이 물적분할 또는 현물출자로 취득한 주식등의 전부를 다른 법인의 주식등과 교환하는 경우에 현물출자 또는 물적분할 당시 자산의 양도차익에 상당하는 금액으로서 손금에 산입하여 과세를 이연받은 금액은 다시 과세를 이연받을 수 있다(조특법 §121의30④).

3-1-4. 기타 과세특례

3-1-4-1. 원천징수 특례

교환대상법인의 양도 · 양수에 있어서 나타난 해당 법인의 자산부족액[7]을 익금에 산입하여 이를 소득처분[8]하는 경우 해당 법인은 그 처분금액에 대한 소득세를 원천징수하지

---

5) 「법인세법」 제52조 제2항에 따른 시가를 말한다.

6) 조특법 제121조의30 제1항에 따라 양수한 주식등 외에 다른 방법으로 취득한 주식등이 있으면 같은 항에 따라 양수한 주식등을 먼저 양도, 상속 또는 증여한 것으로 본다.

7) 자산부족액은 교환대상법인과 교환양수법인의 기업교환계약에 자산의 실사에 대한 내용이 포함되어 있는 경우로서 주식등을 양도 · 양수한 날 현재의 자산부족액을 해당 법인이 「금융위원회의 설치 등에 관한 법률」 제19조에 따라 설립된 증권선물위원회에 요청하여 지명을 받은 회계법인으로부터 확인받아 수정하여 회계처리한 것에 한정한다(조특령 §116의34⑥).

8) 「법인세법」 제67조

아니한다(조특법 §121의30②).

3-1-4-2. 증권거래세 면제

과세특례의 요건에 따라 주권 또는 지분을 양도하는 경우에는 증권거래세를 면제한다(조특법 §117㉔).

4 | 사후관리

주식등을 양도한 교환대상법인의 주주 등이 다음의 어느 하나에 해당하게 된 경우에는 거주자는 해당 사유 발생일이 속하는 반기의 말일부터 2개월 이내에 납부하지 아니한 세액을 납부하여야 하며, 내국법인은 해당 사유가 발생한 사업연도의 소득금액을 계산할 때 손금에 산입한 금액을 익금에 산입하여야 한다. 이 경우 이자상당가산액[9]을 가산하여 양도소득세 또는 법인세로 납부하여야 하며 해당 세액은 납부하여야 할 세액으로 본다(조특법 §121의30③).

① 주식등을 양도한 사업연도의 종료일 이후 5년 이내에 교환대상법인이 속하였던 기업집단에 교환대상법인과 동일한 업종[10]을 경영하는 법인이 속하게 되는 경우

② 주식등을 양도한 사업연도의 종료일 이후 5년 이내에 지배주주등이 교환대상법인의 주식등을 다시 보유하게 되는 경우

③ 사업재편계획의 승인이 취소된 경우

5 | 절 차

5-1. 사업재편계획서 및 사업재편계획이행보고서의 제출

사업재편계획을 승인받은 내국법인("사업재편계획 승인내국법인")은 사업재편계획승인권자의 확인을 받아 기획재정부령으로 정하는 사업재편계획서 및 사업재편계획이행보고서를 다음의 구분에 따른 기한까지 납세지 관할 세무서장에게 제출하여야 한다(조특법 §121의30⑤, 조특령 §116의34⑪).

① 사업재편계획서 : 사업재편계획 승인내국법인의 사업재편계획 승인일이 속하는 사업연도 종료일

---

9) 조특령 §116의34 제7항
10) 업종의 분류는 한국표준산업분류의 소분류에 따른다(조특령 §116의34⑧).

② 사업재편계획이행보고서 : 다음 각 목에 해당하는 사업연도의 과세표준 신고기한 종료일
   ㉠ 주식등을 양도·양수한 날이 속하는 사업연도
   ㉡ 주식등을 양도·양수한 날이 속하는 사업연도의 다음 3개 사업연도

5 - 2. 과세특례의 신청

동 과세특례를 적용받으려는 지배주주등은 주식등을 양도·양수한 날이 속하는 과세연도의
과세표준신고를 할 때 기업교환계약서, 주식등 양도·양수명세서, 과세이연신청서를 납세지
관할 세무서장에게 제출하여야 한다(조특령 §116의34⑫).

제121조의31

합병에 따른 중복자산의 양도에 대한 과세특례

1 │ 의 의

종전에 조특법에 따른 구조조정 지원세제는 부실이 현실화된 부실기업만을 그 대상으로 하고 있었으나, 부실이 발생한 후 사후적으로 구조조정을 하려면 공적자금 투입, 실업발생 등 막대한 사회경제적 비용을 초래할 수 있으므로, 「기업 활력 제고를 위한 특별법」에 따른 정상기업의 선제적·자율적 구조조정에도 세제지원을 확대 적용함으로써 한계기업의 구조조정을 촉진하고 이를 통해 기업 경쟁력을 제고하기 위하여 사업재편계획을 위한 조세특례 제도를 신설하였으며, 2015. 12. 15. 조특법 개정시 제121조의26부터 제121조의31까지 일괄하여 신설하였다.

한편, 종전에 부실기업에 대해서만 각종 세제혜택을 부여한 취지는, 부실기업의 경우 채권자 및 이해관계자 보호를 위하여 조속한 구조조정이 요구되고, 부실기업은 구조조정 과정에서 발생하는 세금을 부담할 능력이 부족하다는 점을 고려하였기 때문인데, 정상기업의 경영상 판단에 의하여 전략적으로 이루어지는 구조조정에 대해서까지 부실기업과 동일한 세제혜택을 부여하는 것은 과도하다는 지적도 있다.

동 과세특례는 조특법 제47조의4의 내용을 사업재편계획에 따른 선제적 구조조정에 적용한 것으로, 2015. 12. 15. 제도 신설 당시에는 합병 후 중복자산을 처분하고 새로운 사업용고정자산 취득시 자산양도차익을 3년 거치 3년 분할익금산입하는 과세이연 혜택을 부여하는 것을 내용으로 하고 있었다가, 2016. 12. 20. 조특법 개정시 원활한 기업 구조조정 지원을 위해 새로운 사업용고정자산 취득 요건을 삭제하고, 철강 및 석유화학 업종을 추가하였으며, 「법인세법」상 적격합병시 사후관리의 특례로서 사업재편계획에 따른 합병으로 발생한 중복자산을 승계한 고정자산에서 제외하는 규정을 신설하였다.

2 요건

사업재편계획[1]에 따라 내국법인 간에 2023. 12. 31.까지 합병(분할합병을 포함)함에 따라 중복자산이 발생한 경우로서 합병법인이 합병등기일부터 1년 이내에 그 중복자산을 양도하여야 한다(조특법 §121의31① 전단).

여기서 중복자산이라 함은 합병당사법인(분할합병의 경우를 포함)의 사업에 직접 사용되던 자산으로서 그 용도가 동일하거나 유사한 사업용유형고정자산을 말한다(조특령 §116의35②).

3 과세특례의 내용

이상의 요건을 충족한 경우 당해 중복자산을 양도함에 따라 발생하는 양도차익(당해 중복자산에 대한 합병평가차익 및 분할평가차익 포함)에 대하여는 다음 ① 및 ②에 따른 금액을 합한 금액을 해당 사업연도의 소득금액을 계산할 때 익금에 산입하지 아니할 수 있다. 이 경우 해당 금액은 양도일이 속하는 사업연도의 종료일 이후 3년이 되는 날이 속하는 사업연도부터 3개 사업연도의 기간 동안 균등한 금액 이상을 익금에 산입하여야 한다(조특법 §121의31①, 조특령 §116의35④).

① 중복자산의 양도가액에서 장부가액과 중복자산의 양도일이 속하는 사업연도의 직전사업연도 종료일 현재 이월결손금의 합계액을 차감한 금액. 이 경우 해당 내국법인이 무상으로 받은 자산의 가액이나 채무의 면제 또는 소멸로 인한 부채의 감소액으로 먼저 이월결손금을 보전하는 경우에는 이월결손금에서 그 보전액을 뺀 금액으로 한다.

② 피합병법인으로부터 승계받은 중복자산의 경우 해당 자산에 대한 합병평가차익상당액 및 분할평가차익상당액

4 사후관리

과세특례를 적용받은 내국법인이 합병등기일부터 3년 이내에 해당 사업을 폐지 또는 해산한 경우 등[2]에는 해당 사유가 발생한 날이 속하는 사업연도의 소득금액을 계산할 때 양도차익을 익금에 산입하지 아니한 경우에는 익금에 산입하지 아니한 금액 전액을 익금에 산입한다(조특법

---

1) 합병당사법인 간의 합병계획이 포함되어 있는 것으로서 사업재편계획승인권자가 승인한 계획을 말한다.
2) ① 합병등기일부터 3년 이내에 해당 사업을 폐지하거나 해산한 경우
   ②「기업 활력 제고를 위한 특별법」제13조 제1항에 따라 사업재편계획의 승인이 취소된 경우

§121의31②, 조특령 §116의35⑥).

이 경우 이자상당가산액(양도차익을 익금에 산입하지 아니한 사업연도 종료일의 다음 날부터 익금에 산입하는 사업연도의 종료일까지의 기간 × 1일 10만분의 25)을 법인세에 가산하여 납부하여야 하며, 해당 세액은 납부하여야 할 세액으로 본다(조특법 §121의31②).

5 | 절 차

5-1. 사업재편계획서 및 사업재편계획이행보고서의 제출

사업재편계획을 승인받은 내국법인은 사업재편계획승인권자의 확인을 받아 사업재편계획서 및 사업재편계획이행보고서를 다음의 구분에 따른 기한까지 납세지 관할 세무서장에게 제출하여야 한다(조특법 §121의31③, 조특령 §116의35⑨).
① 사업재편계획서 : 사업재편계획 승인내국법인의 사업재편계획 승인일이 속하는 사업연도 종료일
② 사업재편계획이행보고서 : 다음 각 목에 해당하는 사업연도의 과세표준 신고기한 종료일
  ㉠ 합병등기일이 속하는 사업연도
  ㉡ 합병등기일이 속하는 사업연도의 다음 3개 사업연도

5-2. 과세특례의 신청

동 과세특례를 적용받으려는 내국법인은 중복자산 양도일이 속하는 사업연도의 과세표준신고를 할 때 양도차익명세 및 분할익금산입조정명세서를 제출하여야 납세지 관할 세무서장에게 제출하여야 한다(조특령 §116의35⑩).

제121조의32

사업재편계획에 따른 합병 시 주식교부비율 특례

1 의 의

본조는 사업재편계획에 따른 합병 시 적격합병 또는 적격분할 과세특례를 적용하기 위한 주식교부비율 요건을 완화하는 특례 제도로 2016년 12월 20일 조특법 개정시 신설되었고, 동 규정은 2017년 1월 1일 이후 합병하는 분부터 적용한다.

2 과세특례의 내용

주무부처의 장이 승인한 사업재편계획[1]에 따라 내국법인 간에 2021년 12월 31일까지 합병(분할합병 포함)하는 경우 적격합병 또는 적격분할시 적용되는 주식교부비율[2]에 대하여 "100분의 80"을 "100분의 70"으로 본다(조특법 §121의32).

---

1) 「기업 활력 제고를 위한 특별법」 제10조
2) 「법인세법」 제44조 제2항 제2호 및 제46조 제2항 제2호

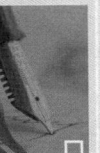

제**6**장

그 밖의 조세특례

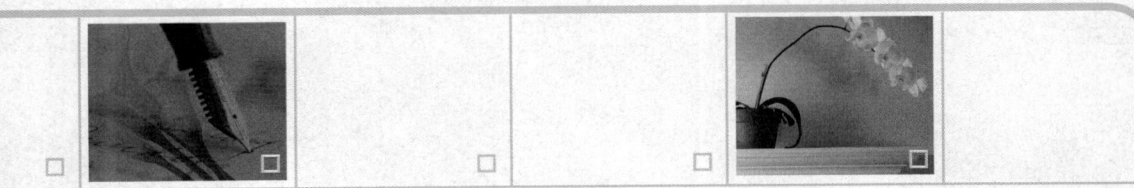

| 제 1 절 |

과세표준 양성화를 위한 조세특례

제1절

도서관 활성화를 위한 조사 결과

제122조의3

성실사업자에 대한 의료비 등 공제

1 의 의

그동안 근로자에게만 적용되던 의료비공제와 교육비공제를 거래내역이 노출되어 회계의 투명성이 보장되는 성실사업자 등에게도 허용하여 과표양성화에 따른 세부담을 경감할 목적으로 도입되었다. 2013. 8. 13. 조특법 개정으로 총소득금액 4천만원 이하인 성실사업자의 경우 월세 소득공제가 적용되도록 개정되어 2013. 8. 13. 이후 최초로 월세를 지급하는 분부터 적용되었다. 소득세법상 자녀관련 인적공제, 특별공제 등 각종 공제제도가 과세형평 제고를 위해 세액공제 제도로 대폭 전환됨에 따라 2014. 1. 1. 조특법이 개정되어 성실사업자 등에 대한 의료비 및 교육비 소득공제도 세액공제 제도로 전환되어 2014. 1. 1. 이후 지출분부터 적용되었다. 동 세액공제 제도 전환으로 인해 종전 소득공제 제도에서는 공제대상 금액에 자신의 한계세율(6~38%)만큼 절세효과가 있었으나, 개정된 세액공제 제도에서는 공제대상 금액에 세액공제율(12%, 15%)만큼 절세효과가 발생하게 되어 고소득자는 불리해지고 저소득자는 유리하게 되었다.

2020년말 조특법 개정시 월세액에 대하여 12%의 세액공제율을 적용받을 수 있는 종합소득금액 기준 요건을 종전의 4천만원 이하에서 4천500만원 이하로 완화하였고, 2022년말 조특법 개정시에는 공제율을 17%로 인상하였다.

2 요 건

성실사업자(사업소득이 있는 자에 한함) 또는 성실신고확인대상사업자로서 수입금액 요건 및 사업기간 요건을 모두 충족하고, 국세의 체납사실 등이 없는 경우에 한하여 의료비, 교육비 및 월세를 2023. 12. 31.이 속하는 과세기간까지 해당 과세기간의 사업소득금액에서 공제한다.

2-1. 성실사업자 또는 성실신고확인대상사업자 요건

2-1-1. 성실사업자의 범위

(1) 다음의 어느 하나에 해당하는 사업자일 것(조특법 §122의3①, 소법 §59의4⑨, 소령 §118의8, 소칙 §58의2)

① 신용카드가맹점 및 현금영수증가맹점으로 모두 가입한 사업자. 다만, 해당 과세기간에 신용카드 결제 거부 또는 사실과 다르게 발급하여 관할 세무서장으로부터 해당 사실을 통보받은 사업자는 제외한다.

② 전사적(全社的) 기업자원 관리설비 또는 판매시점정보관리시스템설비를 도입한 사업자

③ 영화진흥위원회가 운영하는 영화상영관입장권통합전산망에 가입한 사업자

④ 전자상거래사업을 영위하는 사업자로서 다음의 어느 하나에 해당하는 사업자

ㄱ 여신전문금융업법에 따른 결제대행업체를 통해서만 매출대금의 결제가 이루어지는 사업자

ㄴ 납세지 관할 세무서장에게 신고한 사업용 계좌를 통해서만 매출대금의 결제가 이루어지는 사업자

ㄷ 위 ㄱ 및 ㄴ의 방식으로만 매출대금의 결제가 이루어지는 사업자

⑤ 지방자치단체의 장의 주관 하에 수입금액이 공동으로 관리·배분되는 버스운송사업을 영위하는 사업자

⑥ 수출에 의해서만 거래가 이루어지는 사업자

⑦ 납세지 관할 세무서장에게 신고한 사업용 계좌를 통해서만 매출 및 매입대금의 결제가 이루어지는 사업자

⑧ 인적용역을 제공하고 그 수입금액이 원천징수되는 사업자

(2) 장부를 비치·기록하고, 그에 따라 소득금액을 계산하여 신고할 것(추계조사결정이 있는 경우 해당 과세기간은 제외)

(3) 사업용계좌를 신고하고, 해당 과세기간에 사업용계좌를 사용하여야 할 금액의 3분의 2 이상을 사용할 것

2-1-2. 성실신고확인대상사업자의 범위

성실신고확인대상사업자로서 성실신고확인서를 제출한 자를 말한다(조특법 §122의3①).

2-2. 수입금액 요건

해당 과세기간의 수입금액으로 신고한 금액이 직전 3개 과세기간의 연평균수입금액(과세기간이 3개 과세기간에 미달하는 경우에는 사업의 개시일이 속하는 과세기간과 직전 과세기간의 연평균수입금액을 말한다)의 50%를 초과하는 경우에 한하여 수입금액 요건을 충족한 것으로 본다(조특법 §122의3① 2).

2-3. 사업기간 요건

해당 과세기간 개시일 현재 2년 이상 계속하여 사업을 경영하는 경우에 한하여 의료비 등을 해당 과세기간의 사업소득금액에서 공제한다(조특법 §122의3① 3).

2-4. 국세의 체납사실 등이 없는 경우

국세의 체납사실 등이 없는 경우라 함은 다음의 요건에 모두 해당하는 경우를 말한다(조특법 §122의3① 4, 조특령 §117의3④).
① 해당 과세기간의 법정신고 납부기한 종료일 현재 국세의 체납사실이 없을 것
② 해당 과세기간의 법정신고 납부기한 종료일 현재 최근 3년간 조세범으로 처벌받은 사실이 없을 것
③ 사업자가 해당 과세기간의 법정신고 납부기한 종료일 현재 최근 3년간 다음 중 어느 하나에 해당하지 아니할 것
  ㉠ 세금계산서를 교부하지 아니하거나 허위기재하여 교부한 경우
  ㉡ 매출처별세금계산서합계표를 허위기재하여 제출한 경우
  ㉢ 세금계산서를 교부받지 아니하거나 허위기재의 세금계산서를 교부받은 때 또는 허위기재한 매입처별세금계산서합계표를 제출한 경우
  ㉣ 재화 및 용역을 공급하지 아니하고 세금계산서 또는 계산서를 교부하거나 교부받은 경우
  ㉤ 재화 및 용역을 공급하지 아니하고 매출·매입처별세금계산서합계표 또는 매출·매입처별계산서합계표를 허위기재하여 제출한 경우
④ 해당 과세기간의 개시일 현재 직전 3개 과세기간에 대한 세무조사 결과 과소신고한 소득금액이 경정된 해당 과세기간 소득금액의 10% 미만일 것

3 │ 과세특례의 내용

3-1. 의료비·교육비 세액공제와 월세세액공제

의료비 및 교육비를 2023. 12. 31.까지 지출한 경우 그 지출한 금액의 15%(미숙아·선천성 이상아 의료비의 경우 20%, 난임시술비의 경우에는 30%)를 사업소득에 대한 소득세에서 세액공제한다(조특법 §122의3①).

사업자의 의료비 공제금액의 계산은 근로자의 의료비 공제금액의 계산을 준용한다. 이 경우 "총급여액"은 "사업소득금액"으로 보며, "총급여액 7천만원"은 "사업소득금액 6천만원"으로 본다(조특법 §122의3②, 조특령 §117의3⑤).

또한, 해당 과세연도의 종합소득과세표준에 합산되는 종합소득금액이 6천만원 이하인 성실사업자 또는 성실신고확인대상사업자로서 성실신고확인서를 제출한 자가 월세액을 2023. 12. 31.이 속하는 과세연도까지 지급하는 경우 그 지급한 금액의 100분의 15(해당 과세연도의 종합소득과세표준에 합산되는 종합소득금액이 4천500만원[1]) 이하인 성실사업자 또는 성실신고확인대상사업자로서 성실신고확인서를 제출한 자의 경우에는 100분의 17)에 해당하는 금액("월세세액공제금액")을 해당 과세연도의 소득세에서 공제한다. 다만, 해당 월세액이 750만원을 초과하는 경우 그 초과하는 금액은 없는 것으로 한다(조특법 §122의3③).

3-2. 세액공제의 한도

의료비등 세액공제금액과 월세세액공제금액의 합계액이 해당 사업자의 해당 과세연도의 소득세를 초과하는 경우 그 초과금액은 없는 것으로 한다(조특법 §122의3④).

4 │ 사후관리(공제세액의 추징)

사업자가 다음 중 어느 하나에 해당하는 경우에는 해당 공제받은 금액에 상당하는 세액을 전액 추징한다(조특법 §122의3⑤).

① 해당 과세기간에 대하여 과소신고한 수입금액이 경정(수정신고로 인한 경우를 포함)된 수입금액의 20% 이상인 경우

② 해당 과세기간에 대한 사업소득금액 계산 시 과대계상한 필요경비가 경정(수정신고로

---

[1] 종전 4천만원에서 2020년말 조특법 개정시 4천500만원으로 변경. 개정규정은 2021년 1월 1일 이후 연말정산 또는 종합소득과세표준을 확정신고하는 분부터 적용한다(법률 제17759호, 2020. 12. 29. 부칙 §18②).

인한 경우를 포함)된 필요경비의 20% 이상인 경우

위에 따라 공제받은 세액이 추징된 사업자에 대해서는 추징일이 속하는 다음 과세기간부터 3개 과세기간 동안 의료비 등 공제를 적용하지 아니한다(조특법 §122의3⑥).

5 │ 절 차

본조에 따라 의료비, 교육비 및 월세액 공제를 받으려는 자는 소득세과세표준확정신고를 할 때 다음의 서식을 제출하여야 한다(조특칙 §52의2).
① 의료비공제를 받으려는 경우 : 의료비지급명세서, 의료비부담명세서
② 교육비공제를 받으려는 경우 : 교육비납입증명서

6 │ 주요 개정연혁

1. 성실사업자 등에 대한 의료비 세액공제율 상향(조특법 §122의3①)

(1) 개정내용

종 전	개 정
□ 성실사업자 등*에 대한 의료비 세액공제 　* 성실사업자(조특법), 성실신고확인대상자 ㅇ 세액공제율 　- 일반의료비 : 15% 　　　〈신　설〉 　- 난임시술비 : 20%	ㅇ 의료비 세액공제 확대 　- 일반의료비 : 15% 　- 미숙아·선천성이상아 의료비 : 20% 　- 난임시술비 : 30%

(2) 개정이유
ㅇ 미숙아·선천성이상아 의료비 및 난임시술비 지원 확대

(3) 적용시기 및 적용례
ㅇ 2023. 1. 1. 이후 신고하는 분부터 적용

2. 월세 세액공제 확대(조특법 §95의2 · §122의3③, 조특령 §95)

(1) 개정내용

종 전	개 정
□ 월세 세액공제	□ 세액공제율 상향 및 대상 주택기준 완화
○ (대상) 총급여 7천만원(종합소득금액 6천만원) 이하 무주택근로자 및 성실사업자	○ (좌 동)
○ (공제율) 월세액의 10% 또는 12%* * 총급여 5,500만원 또는 종합소득금액 4,500만원 이하자	○ 월세액의 15% 또는 17%* * 총급여 5,500만원 또는 종합소득금액 4,500만원 이하자
○ (공제한도) 750만원	○ (좌 동)
○ (대상 주택) 국민주택규모(85㎡) 이하 또는 기준시가 3억원 이하	○ 국민주택규모(85㎡) 이하 또는 기준시가 4억원 이하

(2) 개정이유

○ 서민 주거비 부담 완화

(3) 적용시기 및 적용례

○ 공제율 상향 : 2023. 1. 1. 이후 신고하거나 연말정산하는 분부터 적용
대상주택 확대 : 2023. 1. 1. 이후 발생하는 소득분부터 적용

3. 의료비·교육비 세액공제 대상 성실사업자 범위 확대(조특법 §122의3①)

(1) 개정내용

종 전	개 정
□ 의료비·교육비 세액공제 적용대상 성실사업자 요건	□ 성실사업자 요건 완화
① 사업용계좌 미사용액이 1/3을 초과하지 않을 것	
② 신용카드·현금영수증 가맹점 가입 및 발급 의무 준수	(좌 동)
③ 최근 3년간 세금계산서 및 계산서 교부·수취의무 준수	
④ 최근 3년간 세무조사 결과 과소신고 소득금액이 경정된 해당 과세기간 소득금액의 10% 미만	
⑤ 복식부기 신고	○ 간편장부 신고 추가
⑥ 해당 과세기간 개시일 현재 3년 이상 계속사업	○ 3년 → 2년
⑦ 해당 과세기간의 수입금액 〉 직전 3년 평균 수입금액 × 90%	○ 90% → 50%* 　* 직전 과세기간이 3년에 미달하는 경우에는 사업영위 과세기간 평균수입금액

(2) 개정이유
　○ 성실사업자의 세부담 경감

(3) 적용시기 및 적용례
　○ 2018. 1. 1. 이후 개시하는 과세기간 분부터 적용

제122조의4

금사업자와 스크랩등사업자의 수입금액의 증가 등에 대한 세액공제

1 | 의 의

구리 스크랩등 거래계좌를 통해 거래한 구리 스크랩등의 수입금액 또는 수입금액 증가분에 비례하는 일정 금액을 소득세액 및 법인세액에서 공제하여 구리 스크랩등에 대한 매입자 납부특례 도입으로 늘어나는 조세부담을 완화하기 위해 2013. 5. 10. 도입되었으며, 2013. 12. 1. 이후 구리 스크랩등 거래계좌를 개설·신고하고, 2014. 1. 1. 이후 최초로 구리 스크랩등을 공급하거나 공급받는 분 또는 수입신고하는 분부터 적용된다.

2 | 세액공제 내용

금사업자(제품을 공급하거나 공급받으려는 사업자 또는 수입하려는 사업자로 한정) 또는 스크랩등사업자가 과세표준신고를 할 때 신고한 사업장별 익금 및 손금("익금 및 손금")에 각각 금거래계좌나 스크랩등거래계좌를 사용하여 결제하거나 결제받은 익금 및 손금 ("매입자납부 익금 및 손금")이 포함되어 있는 경우에는 2023. 12. 31. 이전에 끝나는 과세연도까지 다음의 어느 하나를 선택하여 그 금액을 해당 과세연도의 소득세 또는 법인세에서 공제받을 수 있다. 이 경우 공제세액은 해당 과세연도의 종합소득 산출세액 또는 법인세 산출세액에서 직전 과세연도의 종합소득 산출세액 또는 법인세 산출세액을 공제한 금액을 한도로 한다.

① 과세표준신고를 할 때 신고한 사업장별 매입자납부 익금 및 손금을 합친 금액이 직전 과세연도의 매입자납부 익금 및 손금을 합친 금액을 초과하는 경우에는 그 초과금액 (사업장별 익금 및 손금을 합친 금액의 증가분을 한도로 한다)의 100분의 50에 상당하는 금액이 익금 및 손금을 합친 금액에서 차지하는 비율을 종합소득세 산출세액 또는 법인세 산출세액에 곱하여 계산한 금액. 이 경우 직전 과세연도의 매입자납부 익금 및 손금을 합친 금액이 없는 경우에는 직전 과세연도의 익금 및 손금을 합친 금액을 직전 과세연도의

매입자납부 익금 및 손금을 합친 금액으로 한다.

② 과세표준신고를 할 때 신고한 사업장별 매입자납부 익금 및 손금을 합친 금액의 100분의 5에 상당하는 금액이 익금 및 손금을 합친 금액에서 차지하는 비율을 종합소득세 산출세액 또는 법인세 산출세액에 곱하여 계산한 금액

위 ①의 경우는 세액공제를 받으려는 과세연도의 직전 과세연도 종료일부터 소급하여 1년 이상 계속하여 해당 사업을 영위한 자에 한정하여 적용하고, 직전 과세연도의 매입자 납부특례 적용 개월수가 사업자의 과세연도부터 짧을 경우에는 직전 과세연도의 매입자납부 익금 및 손금을 합친 금액은 매입자납부 익금 및 손금을 합친 금액에 사업자의 과세연도 개월수를 곱한 금액을 납부특례 적용 개월수로 나눈 금액으로 한다. 이 경우 개월수는 역(曆)에 따라 계산하되 1개월 미만의 일수는 1개월로 한다(조특령 §117의4① · ②).

매입자납부 익금 및 손금의 합계액이 변경되거나 해당 과세연도의 과세표준과 세액이 경정되어 세액공제액이 감소되는 경우에는 소득세 또는 법인세에서 공제금액을 다시 계산한다(조특령 §117의4③).

3 | 절 차

동 세액공제를 받고자 하는 자는 종합소득 과세표준확정신고 또는 법인세 과세표준신고와 함께 수입증가 등 세액공제신청서, 매입자납부 익금 및 손금명세서를 납세지 관할 세무서장에게 제출하여야 한다.

4 | 주요 개정연혁

1. 매입자 납부특례 대상 사업자의 수입금액 증가등에 대한 세액공제 요건 추가
(조특령 §117의4)

(1) 개정내용

종 전	개 정
□ 수입금액 증가 등에 대한 세액공제 (「조세특례제한법」 제122조의4 제1항 제1호 적용 요건) ㅇ 세액공제를 받으려는 과세연도의 직전 과세연도 종료일부터 소급하여 1년 이상 계속하여 해당 사업을 영위한 자에 한정 〈추 가〉	□ 세액공제 요건 추가 ㅇ (좌 동) ㅇ 직전 과세연도의 매입자 납부특례 적용월수가 사업자의 과세연도보다 짧은 경우 직전 과세연도의 매입자납부 익금 및 손금을 합친 금액을 사업자의 과세연도 단위에 해당하는 금액으로 환산하여 계산

(2) 개정이유
ㅇ 매입자 납부특례 대상 사업자의 과다한 세액공제 방지

(3) 적용시기 및 적용례
ㅇ 2016. 1. 1. 이후 공급하는 분부터 적용

제 **126** 조의 2

신용카드 등 사용금액에 대한 소득공제

1 │ 의 의

본 제도는 1999년 「중산층 및 서민생활 안정대책」에 포함되어 있는 내용으로서, 신용카드사용에 대한 유인으로 과세자료의 투명성을 높인다는 것과 세원 투명화로 증가된 세수를 소득공제의 혜택을 부여함으로써 중산층에게 돌아가게 하려는 두 가지 목적에 따라 1999년 8월에 신설되었다. 이 제도는 조특법에 있는 많은 조세지원 제도들 중 가장 성공한 제도라는 평가가 있을 정도로 그동안 당초의 정책목적에 부응하는 방향으로 운영되어 왔다. 다만, 현재에는 신용카드의 보편화로 신용카드사용의 유인효과가 지속적으로 감소되어, 이제는 단순히 근로소득자의 세부담을 감소시키는 역할만 한다는 지적도 있다. 따라서 정부는 본 제도의 일몰기한이 도래할 때마다 소득공제율을 조정시켜 연장하는 등의 조치를 취하고 있다. 다만, 본 제도의 폐지는 시기상조라는 여론이 있고, 현금영수증 등의 사용이 신용카드보다 늦게 시행되고 있는 점을 감안할 때, 폐지에 대한 국민적 공감대가 형성될 때까지는 본 제도가 지속적으로 운영될 것으로 판단된다.

한편, 2022년 12월 조특법 개정시 내수경기 활성화 차원에서 도서·공연등 사용분 대상에 영화관람료를 추가하였고, 항목별 공제한도 등 복잡한 제도를 통합·단순화하여 납세자가 쉽게 이해하고 활용할 수 있도록 하였다.

2 │ 신용카드 등 사용금액

2-1. 일반사항

근로소득이 있는 거주자(일용근로자를 제외)가 법인(외국법인의 국내사업장 포함) 또는 사업자(비거주자의 국내사업장 포함)로부터 2025년 12월 31일까지 재화나 용역을 제공받고 다음에서 열거하는 신용카드 등을 사용하여 그 대가로 지급하는 금액("신용카드등사용금액")을 의미한다(조특법 §126의2①).

① 신용카드[1]를 사용하여 그 대가로 지급하는 금액

② 현금영수증(조특법 §126의3)의 기재금액(현금거래사실을 확인받은 것을 포함)

③ 직불카드, 기명식선불카드(조특령 §121의2①), 직불전자지급수단,[2] 기명식선불전자지급수단, 기명식전자화폐를 사용하여 그 대가로 지급하는 금액

□ 소득공제가 되는 신용카드 등 사용금액확인 등에 대한 고시(2020. 9. 1. 국세청고시 제2020 - 33호)

제1조【목적】이 규정은 「조세특례제한법」 제126조의2 제6항 및 같은 법 시행령 제121조의2 제5항부터 제9항에 따라 소득공제 대상이 되는 신용카드 등의 사용기간, 신용카드 등의 사용금액의 통지 및 신용카드 등의 사용금액에 대한 소득공제에 관하여 필요한 사항을 정하는 것을 목적으로 한다.

제2조【소득공제대상 신용카드 등의 사용기간】해당 연도의 소득공제대상 신용카드 등의 사용금액은 해당연도 1월 1일부터 12월 31일까지 사용금액으로 한다.

제3조【신용카드업자의 신용카드 등 사용금액 확인 및 통보】

① 신용카드업자는 신용카드회원 등에게 신용카드 등 사용금액의 합계액(제4조 및 제5조의 금액 제외한다. 이하, 이 조에서 같다) 및 소득공제대상금액에 대해 「조세특례제한법 시행규칙」 별지 제74호의5 서식 「신용카드 등 사용금액 확인서」에 의하여 지체 없이 이를 발급해 주어야 한다. 다만, 신용카드회원 등이 사전에 발급 거부 의사를 표시한 경우에는 그러하지 아니한다.

② 신용카드업자는 신용카드회원 등의 신용카드 등 사용금액확인서 발급요청이 없는 경우에도 해당 연도 사용금액 및 소득공제대상금액을 「신용카드 등 사용금액 확인서」에 의하여 다음연도 1월 15일까지 통보해 주어야 한다.

③ 신용카드업자 및 여신금융협회 등은 신용카드 등 사용금액 확인서의 작성 및 통보절차 등과 관련하여 필요한 조치를 취하는 경우에는 사전에 국세청과 협의하여야 한다.

제4조【현금영수증 기재금액의 확인】「조세특례제한법」 제126조의3의 규정에 따른 현금영수증에 기재된 금액은 국세청장이 운영하는 정보통신망(http://hometax.go.kr)에서 확인하여야 한다.

제5조【신용카드 등 소득공제 신청서 제출】신용카드 등 사용금액에 대한 소득공제를 받고자 하는 경우에는 『신용카드 등 사용금액 확인서』와 「조세특례제한법 시행규칙」 별지 제74호의6 서식 『신용카드 등 소득공제 신청서』를 원천징수의무자에게 제출하여야 한다.

제6조【재검토기한】「훈령・예규 등의 발령 및 관리에 관한 규정」(대통령 훈령 제394호)에 따라 이 고시 발령 후의 법령이나 현실여건의 변화 등을 검토하여 이 고시의 폐지, 개정 등의 조치를 하여야 하는 기한은 2023년 8월 31일까지로 한다.

---

1) 「여신전문금융업법」 제2조에 따른 신용카드
2) 「전자금융거래법」 제2조에 따른 것을 말한다.

2-2. 신용카드등사용금액에 포함되는 금액

근로소득이 있는 거주자의 배우자 또는 직계존비속(배우자의 직계존속 포함)으로서 다음에 해당하는 자의 신용카드등사용금액은 당해 거주자의 신용카드등소득공제금액에 이를 포함시킬 수 있다(조특법 §126의2③, 조특령 §121의2③).

① 거주자의 배우자로서 연간소득금액의 합계액이 100만원 이하인 자(총급여액 500만원 이하의 근로소득만 있는 배우자를 포함한다)

② 거주자와 생계를 같이하는 직계존비속3)4)(배우자의 직계존속과 동거입양자5)를 포함하되, 다른 거주자의 기본공제를 적용받은 자는 제외)으로서 연간소득금액의 합계액이 100만원 이하인 자(총급여액 500만원 이하의 근로소득만 있는 직계존비속을 포함한다)

2-3. 신용카드등사용금액에 포함되지 않는 금액

신용카드등사용금액이 다음의 어느 하나에 해당하는 경우에는 이를 신용카드등사용금액에 포함하지 아니한다(조특법 §126의2④ 본문, 조특령 §121의2④·⑥). 다만, 아래 ③의 경우로서 자동차 중 중고자동차를 신용카드, 직불카드, 직불전자지급수단, 기명식선불카드, 기명식 선불전자지급수단, 기명식전자화폐 또는 현금영수증으로 구입하는 경우에는 중고자동차 구입금액의 100분의 10을 신용카드등사용금액에 포함한다(조특법 §126의2④ 단서, 조특령 §121의2⑭·⑮)

① 사업소득과 관련된 비용 또는 법인의 비용에 해당하는 경우

---

3) 주민등록표상의 동거가족으로서 당해 거주자의 주소 또는 거소에서 현실적으로 생계를 같이하는 자(직계비속의 경우는 그러하지 아니하며, 「소득세법」 제53조 제2항 및 제3항에 해당하는 경우에는 생계를 같이하는 자로 봄)로 하며, 생계를 같이하는지 여부의 판정은 당해 연도의 과세기간 종료일(과세기간 종료일 전에 사망한 자인 경우에는 사망일 전일) 현재의 상황에 의함(조특령 §121의2③).

4) 「소득세법」 제53조

5) 민법 또는 입양촉진 및 절차에 관한 특례법에 따라 입양한 양자 및 사실상 입양상태에 있는 자로서 거주자와 생계를 같이하는 자를 말함(소령 §106⑦).

② 물품의 판매 또는 용역의 제공을 가장하는 등 신용카드·직불카드·직불전자지급수단·기명식선불카드·기명식선불전자지급수단·기명식전자화폐 또는 현금영수증의 비정상적인 사용행위로서 다음에 해당하는 경우

㉠ 물품 또는 용역의 거래 없이 이를 가장하거나 실제 매출금액을 초과하여 신용카드 등에 의한 거래를 하는 행위

㉡ 신용카드 등을 사용하여 대가를 지급하는 자가 다른 신용카드·직불카드가맹점 또는 현금영수증가맹점 명의로 거래가 이루어지는 것을 알고도 신용카드 등에 의한 거래를 하는 행위. 이 경우 상호가 실제와 달리 기재된 매출전표 등을 교부받은 때에는 그 사실을 알고 거래한 것으로 본다.

③ 자동차를 신용카드·직불카드·직불전자지급수단·기명식선불카드·기명식선불전자지급수단·기명식전자화폐 또는 현금영수증으로 구입하는 경우

④ 「국민건강보험법」, 「노인장기요양보험법」 또는 「고용보험법」에 따라 부담하는 보험료, 「국민연금법」에 의한 연금보험료, 보험계약의 보험료 또는 공제료[6]

⑤ 학교[7](대학원 포함) 및 어린이집에 납부하는 수업료·입학금·보육비용 기타 공납금

⑥ 정부 또는 지방자치단체에 납부하는 국세·지방세, 전기료·수도료·가스료·전화료(정보사용료·인터넷이용료 등 포함)·아파트관리비·텔레비전시청료(종합유선방송의 이용료 포함) 및 도로통행료[8]

⑦ 상품권 등 유가증권 구입비

⑧ 리스료(자동차대여사업의 자동차대여료 포함)

⑨ 취득세 또는 등록에 대한 등록면허세가 부과되는 재산(중고자동차 제외)의 구입비용

⑩ 우정사업조직이 제공하는 용역 및 부동산임대업, 도매 및 소매업, 음식점업·숙박업, 골프장 및 스키장 운영업, 기타 스포츠시설 운영업[9]에 해당하는 업종 외의 업무를 수행하는 국가·지방자치단체 또는 지방자치단체조합(의료기관 및 보건소는 제외)에 지급하는 사용료·수수료 등의 대가

⑪ 차입금 이자상환액, 증권거래수수료 등 금융·보험용역과 관련한 지급액, 수수료, 보증료 및 이와 비슷한 대가

⑫ 정당(후원회 및 각 급 선거관리위원회 포함)에 신용카드, 직불카드, 기명식선불카드, 직불전자지급수단, 기명식선불전자지급수단 또는 기명식전자화폐로 결제하여 기부하는

---

6) 「소득세법 시행령」 제25조 제2항

7) 「유아교육법」, 「초·중등교육법」, 「고등교육법」 또는 특별법

8) 종전에는 고속도로통행료로 규정되어 있었는데 2011년 조특법 개정시 고속도로통행료를 포함하여 도로통행료가 공제대상에서 제외됨을 명확화(2012. 2. 2.이 속하는 과세기간 분부터 적용)

9) 「부가가치세법 시행령」 제46조 제1호 및 제3호

정치자금(조특법 제76조에 따라 세액공제 및 소득공제를 적용받은 경우에 한한다)

⑬ 세액공제를 적용받은 월세액10)

⑭ 보세판매장,11) 지정면세점,12) 선박 및 항공기에서 판매하는 면세물품의 구입비용

관련예규

• 종업원이 사용자로 지정된 법인신용카드를 발급받아 일정한도를 복리후생목적으로 사용하게 하고 법인이 그 대금을 지급하는 경우 소득공제대상 신용카드 사용금액이 아님(서면1팀-348, 2007. 3. 14.).

• 주택신축판매업자가 발코니 확장 및 섀시 설치 공사를 하고 현금영수증을 발급하였을 때 그 대가가 등록세 과세표준에 포함되는 경우에는 소득공제 사용금액에 포함되지 아니함(서면3팀 -903, 2006. 5. 17.).

• 신용카드 사용금액에 대한 소득공제에 있어 직계존비속(배우자의 직계존속 포함)의 연령은 제한이 없는 것임(서이 46013-10660, 2001. 12. 5.).

3 | 소득공제금액의 계산

신용카드등사용금액의 연간 합계액(국외에서 사용한 금액은 제외)이 해당 과세연도의 총급여액13)의 100분의 25("최저사용금액")를 초과하는 경우 신용카드등소득공제금액을 해당 과세연도의 근로소득금액에서 공제한다(조특법 §126의2①). 이 경우 신용카드 등사용금액은 해당 과세기간에 사용한 금액, 기재된 금액 또는 납부한 금액의 합계액으로 한다(조특법 §126의2⑧).

신용카드등소득공제금액은 ①부터 ⑤까지의 합계액(해당 과세연도의 총급여액이 7천만원을 초과하는 경우에는 ①·②·④ 및 ⑤의 금액의 합계액)에서 ⑥의 금액을 뺀 금액으로 하되, 한도 적용을 받는다. 이 경우 신용카드등사용금액이 ①·②·③의 금액에 중복하여 해당하는 경우에는 그 중 하나에 해당하는 것으로 보아 소득공제를 적용한다(조특법 §126의2②).

① 전통시장14)과 전통시장 구역 안의 법인 또는 사업자(준대규모점포15) 또는 사업자 단위 과세 사업자16)로서 전통시장 구역 안의 사업장과 전통시장 구역 밖의 사업장의 신용카드

---

10) 「조특법」 제95조의2

11) 「관세법」 제196조

12) 「조특법」 제121조의13

13) 「소득세법」 제20조 제2항

14) 「전통시장 및 상점가 육성을 위한 특별법」 제2조 제1호

15) 「유통산업발전법」 제2조 제4호에 따른 준대규모점포

사용금액이 구분되지 아니하는 사업자 제외[17])로부터 재화 또는 용역을 제공받은 대가에 해당하는 금액으로서 전통시장사용분 × 100분의 40

② 대중교통수단을 이용한 대가에 해당하는 금액 × 100분의 40(2023년 1월 1일부터 2023년 12월 31일까지 사용한 대중교통이용분의 경우에는 100분의 80)

③ 다음에 해당하는 금액("도서등사용분") × 100분의 30

㉮ 간행물[18])(유해간행물 제외)을 구입하거나 신문을 구독하거나 공연[19])을 관람하기 위하여 문화체육관광부장관이 지정하는 법인 또는 사업자에게 지급한 금액("도서·신문·공연사용분")

㉯ 박물관 및 미술관·영화상영관에 입장하기 위하여 문화체육관광부장관이 지정하는 법인 또는 사업자에게 지급한 금액("박물관·미술관·영화상영관사용분")

④ 2-1.의 ② 및 ③의 금액("직불카드등사용분 : 해당 과세연도의 총급여액이 7천만원 이하인 경우에는 전통시장사용분·대중교통이용분 및 도서등사용분에 포함된 금액은 제외하고, 해당 과세연도의 총급여액이 7천만원을 초과하는 경우에는 전통시장사용분 및 대중교통이용분에 포함된 금액은 제외한다) × 100분의 30

⑤ 신용카드등사용금액의 합계액에서 전통시장사용분, 대중교통이용분, 직불카드등사용분을 뺀 금액("신용카드사용분" : 해당 과세연도의 총급여액이 7천만원 이하인 경우에는 도서등사용분을 추가로 뺀 금액) × 100분의 15

⑥ 다음의 구분에 따른 금액. 다만, ㉰의 경우 2023년 1월 1일부터 2023년 12월 31일까지 사용한 신용카드등사용금액에 대한 신용카드등소득공제금액을 계산하는 경우에만 적용한다.

㉮ 최저사용금액이 신용카드사용분보다 작거나 같은 경우 : 최저사용금액 × 100분의 15

㉯ 최저사용금액이 신용카드사용분보다 크고 신용카드사용분과 직불카드등사용분을 합친 금액(해당 과세연도의 총급여액이 7천만원 이하인 경우에는 도서등사용분을 추가로 합친 금액)보다 작거나 같은 경우 : 신용카드사용분 × 100분의 15 + (최저사용금액 − 신용카드사용분) × 100분의 30

㉰ 최저사용금액이 신용카드사용분과 직불카드등사용분을 합친 금액보다 큰 경우(2023년 1월 1일부터 2023년 12월 31일까지 사용한 신용카드등사용금액에 대한 신용카드등소득공제금액을 계산하는 경우에는 최저사용금액이 신용카드사용분, 직불카드등사용분과 전통시장사용분을 합친 금액보다 작은 경우로 한정한다) : 다음 구분에 따른 금액

---

16) 「부가가치세법」 제8조 제3항에 따른 사업자 단위 과세 사업자
17) 「조특령」 제121조의2 제2항
18) 「출판문화산업 진흥법」 제2조 제3호
19) 「공연법」 제2조 제1호

1) 해당 과세연도의 총급여액이 7천만원 이하인 경우 : 신용카드사용분 × 100분의 15 + (직불카드등사용분 + 도서등사용분) × 100분의 30 + (최저사용금액 − 신용카드사용분 − 직불카드등사용분 − 도서등사용분) × 100분의 40

2) 해당 과세연도의 총급여액이 7천만원을 초과하는 경우 : 신용카드사용분 × 100분의 15 + 직불카드등사용분 × 100분의 30 + (최저사용금액 − 신용카드사용분 − 직불카드등사용분) × 100분의 40

㉑ 최저사용금액이 신용카드사용분, 직불카드등사용분과 전통시장사용분을 합친 금액보다 큰 경우 : 다음 구분에 따른 금액

1) 해당 과세연도의 총급여액이 7천만원 이하인 경우 : 신용카드사용분 × 100분의 15 + (직불카드등사용분 + 도서등사용분) × 100분의 30 + 전통시장사용분 × 100분의 40 + (최저사용금액 − 신용카드사용분 − 직불카드등사용분 − 도서등사용분 − 전통시장사용분) × 100분의 80

2) 해당 과세연도의 총급여액이 7천만원을 초과하는 경우 : 신용카드사용분 × 100분의 15 + 직불카드등사용분 × 100분의 30 + 전통시장사용분 × 100분의 40 + (최저사용금액 − 신용카드사용분 − 직불카드등사용분 − 전통시장사용분) × 100분의 80

다만, 위 신용카드등소득공제금액은 연간 250만원(해당 과세연도의 총급여액이 7천만원 이하인 경우에는 300만원)을 한도로 한다. 다만, 신용카드등소득공제금액이 한도를 초과하는 경우에는 그 한도를 초과하는 금액과 ①(전통시장사용분), ②(대중교통이용분) 금액의 합계액[연간 200만원을 한도로 하되, 해당 과세연도의 총급여액이 7천만원 이하인 경우에는 ③(도서등사용분) 금액을 추가로 합쳐 연간 300만원을 한도로 한다] 중 작거나 같은 금액을 신용카드등소득공제금액에 추가한다(조특법 §126의2⑳).

4 | 절 차

4-1. 신용카드 사용금액의 확인

4-1-1. 국세청장의 확인

국세청장은 신용카드업자, 전자금융업자 및 전자금융보조업자에 대하여 신용카드 등 사용금액의 통지 등 신용카드등사용금액에 대한 소득공제에 필요한 사항을 명할 수 있다(조특법 §126의2⑥).

4-1-2. 신용카드업자의 확인

신용카드업자등[20]은 신용카드회원등[21]이 신용카드등사용금액확인서[22]의 발급을 요청하는 경우에는 지체없이 이를 발급하여야 한다. 다만, 신용카드업자등은 신용카드회원등의 편의를 위하여 신용카드등사용금액확인서의 발급요청이 없는 경우에도 이를 발급·통지할 수 있다(조특령 §121의2⑦).

4-2. 비정상적인 신용카드 사용행위의 통보

국세청장 및 신용카드업자등은 비정상적인 신용카드 사용행위가 있음을 안 경우 다음과 같이 통보하여야 한다(조특령 §121의2⑩·⑪).

구 분	통보할 곳	통보기간
국세청장	해당 신용카드업자등	7일 내
신용카드업자등	해당 신용카드회원등	30일 내

또한, 신용카드업자등은 신용카드등사용금액확인서를 발급하는 때에 동 금액을 소득공제 대상 신용카드등사용금액에서 제외하여야 하며, 신용카드업자가 신용카드등사용금액확인서 발급 후에 비정상적인 신용카드 사용행위가 있음을 안 경우에는 당해 금액을 다음 과세연도의 소득공제대상 신용카드등사용금액에서 제외하여야 한다(조특령 §121의2⑪).

---

20) 「여신전문금융업법」에 의한 신용카드업자(직불카드업자 및 기명식선불카드업자를 포함한다), 「전자금융거래법」에 따른 금융기관 및 전자금융업자
21) 신용카드회원·직불카드회원·기명식선불카드회원·직불전자지급수단이용자·기명식선불전자지급수단이용자·기명식전자화폐이용자
22) 신용카드 등 사용금액의 합계액 및 소득공제 대상금액이 기재된 확인서

4-3. 소득공제신청

신용카드등사용금액에 대한 소득공제를 적용받고자 하는 자는 소득공제금액을 소득세법 제140조 제1항의 규정에 의한 근로소득자소득공제신고서에 기재하고, 근로소득자소득공제 신고서를 원천징수의무자에게 제출하는 때에는 신용카드등소득공제신청서와 신용카드등사용 금액확인서를 함께 제출하여야 한다. 다만, 신용카드등사용금액확인서에 전통시장사용분, 대중교통이용분, 도서등사용분이 누락된 경우 영수증, 승차권, 입장권 등 전통시장사용분, 대중교통이용분, 도서등사용분임을 증명할 수 있는 자료를 제출함으로써 신용카드등 사용금액에 대한 소득공제를 신청할 수 있다(조특법 §126의2⑦, 조특령 §121의2⑧).

이때 일정 매출액 기준 이하의 사업자(도서 또는 신문[23])을 취급하는 사업자 : 3억원, 공연 관람권 또는 박물관 및 미술관 입장권을 취급하는 사업자 : 7,500만원,[24] 도서 또는 신문을 취급하는 사업자의 경우 해당 매출액이 전체 매출액의 100분의 90 이상인 경우로 한정)로부터 발급받은 영수증 등에 대해서는 도서등사용분과 그 밖의 사용분이 명확하게 구분되지 않는 경우에도 그 전체를 도서등사용분으로 본다(조특령 §121의2⑨). 다만, 소득공제증빙서류가 국세청장에게 제출되는 경우[25]에는 신용카드사용금액확인서를 대신하여 서류를 제출할 수 있다(조특령 §121의2⑫).

4-4. 원천징수납부 등 불성실가산세의 적용배제

2-3.의 ②를 적용할 때 근로소득금액을 지급하는 자(원천징수의무자[26]))가 근로자소득공제 신고서 및 신용카드소득공제신청서에 기재된 신용카드등사용금액에 대한 소득공제금액에 신용카드등사용금액에 포함되지 않는 금액(2-3.)이 포함되어 있음을 근로소득세액의 연말정산시까지 확인할 수 없는 경우에는 원천징수하여야 할 세액에 미달하여 세액을 납부한 경우에도 원천징수납부 등 불성실가산세를 부과하지 아니한다(조특법 §126의2⑤, 조특령 §121의2⑤, 국기법 §47의5①).

---

23) 2021년 1월 1일 이후 신문 구독료를 지급하는 분부터 적용한다(대통령령 제31444호, 부칙 §13).

24) 「조특칙」 제52의3 제1항

25) 「소득세법 시행령」 제216조의3

26) 2020년말 조특법 개정시 「소득세법」 제127조 제7항에서 「소득세법」 제127조 제8항으로 변경되었고, 개정규정은 2023년 1월 1일부터 시행한다(법률 제17759호, 2020. 12. 29. 부칙 §1 단서).

5 │ 관련사례

구 분	내 용
생계를 같이하는 직계존비속	○ 근로자와 생계를 같이하는 직계존비속으로서 연간소득금액이 100만원 이하인 자가 사용한 신용카드 등 사용금액은 기본공제 대상자가 아닌 경우에도 당해 근로자의 신용카드 등 사용금액에 대한 소득공제의 적용대상임(재소득-649, 2006. 10. 24.). ○ 배우자의 연간소득금액(종합·퇴직·양도·산림 소득금액 합계액으로, 비과세·분리과세 소득 제외)이 100만원 이하인 경우에 한해, 다른 배우자(근로소득자)의 공제대상 신용카드 등 사용금액에 포함시킬 수 있음(서이 46013-12306, 2002. 12. 23.).
소득공제대상 여부	○ 공무원이 직접 전용 온라인 쇼핑몰에서 공무원 복지포인트로 재화 또는 용역을 구매하면서 현금영수증을 발급받은 경우, 해당 현금영수증 사용액에 대해 『조세특례제한법』 제126조의2에 따른 신용카드 등 사용금액에 대한 소득공제를 적용받을 수 있는 것임(기획재정부 소득세제과-570, 2020. 11. 16.). ○ 취득세 또는 등록세가 부과되는 재산의 구입비용에 해당하는 발코니 확장공사는 소득공제대상에 포함되지 아니하므로 현금영수증 발급대상이 아님(조심 2009서1372, 2009. 10. 5.). ○ 증권매매수수료 지급에 대하여 현금영수증을 수취한 경우 신용카드 등 사용금액 소득공제를 적용받을 수 있음(서면1팀-1187, 2005. 10. 6.). ○ 주식매매에 대한 수수료를 증권회사에 현금으로 지급하고 현금영수증을 교부받은 경우 신용카드 등 사용금액 소득공제를 적용받을 수 있는 것임(서면1팀-1033, 2005. 9. 2.). ○ 철도이용요금은 현금영수증 등의 소득공제대상에 포함됨(서면1팀-320, 2005. 3. 22.). ○ 종업원이 복리후생비를 먼저 지출하고 그 영수증을 회사가 제출받아 정산한 후 '급여'로 지급하는 경우, 손금산입 및 신용카드 사용금액은 소득공제되며, 지급시에 원천징수함(서이 46013-10871, 2003. 4. 29.). ○ 신용카드에 의해 아파트자치관리기구에 납부한 아파트관리비는 신용카드 등 사용금액에 대한 소득공제대상에 포함하지 않음(재소득 46073-159, 2002. 11. 28.). ○ 사용인 개인의 신용카드를 사용해 지출한 출장여비도 손금산입할 수 있으나, 사용인이 법인의 업무에 사용한 신용카드 사용금액에 대하여는 '신용카드 등 사용금액에 대한 소득공제' 적용이 안 됨(법인 46012-3630, 1999. 10. 4.).

6 | 주요 개정연혁

1. 신용카드등 사용금액 소득공제 지원 강화(조특법 §126의2)

(1) 개정내용

종 전	개 정
□ 신용카드등 사용금액 소득공제	□ 공제체계 단순화, 영화관람료 신규공제 및 적용 기한 연장 등

종전:

○ (공제대상) 총급여의 25% 초과 사용금액
○ (공제율) 결제수단·대상별 차등

구 분	공제율
❶ 신용카드	15%
❷ 현금영수증·체크카드	30%
❸ 도서·공연·미술관·박물관 등*	30%
❹ 전통시장·대중교통	40%

* 총급여 7천만원 이하자만 적용

〈신 설〉

○ (공제한도) 급여수준·항목별 차등

공제한도 \ 총급여	7천만원 이하	7천만원 ~1.2억원	1.2억원 초과
기본공제 한도	Min(총급여× 20%, 300만원)	250	200
추가 공제 한도 — 전통시장	100	100	100
대중교통	100	100	100
도서공연등	100	–	–

○ (적용기한) 2022. 12. 31.

개정:

○ (좌 동)
○ 대중교통 사용분 및 영화관람료 공제율 적용

구 분	공제율
❶ 신용카드	15%
❷ 현금영수증·체크카드	30%
❸ 도서·공연·미술관·박물관·영화관 람료 등*	30%
❹ 전통시장·대중교통 (7. 1.~12. 31. 대중교통 사용분)	40% (80%)

* (좌 동)

- 2022년도 신용카드 및 전통시장 소비증가 분에 대한 소득공제 신설
 • 2021년 대비 5% 초과 증가분에 대하여 20% 공제율 적용(공제한도 : 100만원)

○ 공제한도 통합·단순화

공제한도 \ 총급여	7천만원 이하	7천만원 초과
기본공제 한도	300	250
추가 공제 한도 — 전통시장	300	200
대중교통		
도서공연등		–

○ 2025. 12. 31.

(2) 개정이유

○ 제도 단순화 및 영화관람료·대중교통비 부담 경감

(3) 적용시기 및 적용례

○ (공제한도) 2023. 1. 1. 이후 발생하는 소득 분부터 적용
(대중교통 사용분) 2023. 1. 1. 이후 연말정산하는 분부터 적용
(영화관람료 사용분) 2023. 7. 1. 이후 사용하는 분부터 적용

2. 신용카드등 소득공제한도 한시 상향(조특법 §126의2)

(1) 개정내용

종 전	개 정
□ 신용카드등 사용금액 소득공제 ○ (공제대상) 총급여의 25% 초과사용금액 ○ (공제율) 결제 수단·대상에 따라 차등	□ 2020년 소득공제 한도상향

구분	~'20.2월	3월	4~7월	'20.8월~
신용카드	15%	30%		15%
현금영수증·체크카드 등	30%	60%	80%	30%
도서·공연·미술관 등*	30%	60%		30%
전통시장·대중교통	40%	80%		40%

(좌 동)

* 총급여 7천만원 이하 자만 적용

○ (공제한도) 급여수준별로 200~300만원

총급여 기준	한도
7천만원 이하	300만원
7천만원~1.2억원	250만원
1.2억원 초과	200만원

* 도서·공연·미술관 등, 전통시장, 대중교통은 각각 100만원씩 한도 추가

○ (적용기한) 2022. 12. 31.

○ 2020년의 경우 30만원 상향

총급여 기준	한도 '20년	한도 '21·'22년
7천만원 이하	330만원	300만 원
7천만원~1.2억원	280만원	250만원
1.2억원 초과	230만원	200만원

* 도서·공연·미술관 등, 전통시장, 대중교통은 각각 100만원씩 한도 추가

○ (좌 동)

(2) 개정이유

○ 소비 활성화 유도

(3) 적용시기 및 적용례

- ㅇ 2021. 1. 1. 이후 연말정산 또는 종합소득 과세표준 신고하는 분부터 적용

3. 2021년 소비증가분에 대한 신용카드 추가 소득공제 신설(조특법 §126조의2)

(1) 개정내용

종 전	개 정
□ 신용카드등 사용금액 소득공제	□ 소비증가분에 대한 공제 신설
ㅇ (공제대상) 총급여의 25% 초과사용금액	
ㅇ (공제율) 결제 수단·대상에 따라 차등	(좌 동)

구 분	공제율
❶ 신용카드	15%
❷ 현금영수증·체크카드	30%
❸ 도서·공연·미술관 등*	30%
❹ 전통시장·대중교통	40%

* 총급여 7천만원 이하 자만 적용

〈신 설〉

- 2021년 소비금액* 중 2020년 대비 5%를 초과하여 증가한 금액 : 10%
  * ❶~❹ 금액의 합계액

- ㅇ (공제한도) 급여수준별 차등

총급여 기준	한도
7천만원 이하	300만원
7천만원~1.2억원	250만원
1.2억원 초과	200만원

- (추가한도) 항목별* 100만원
  * 도서·공연·미술관 등 사용분, 전통시장 사용분, 대중교통 사용분

- ㅇ (적용기한) 2022. 12. 31.

- ㅇ (좌 동)

- 소비증가분에 대한 공제금액도 추가 100만원 적용

- ㅇ (좌 동)

(2) 개정이유

- ㅇ 소비 활성화 지원

(3) 적용시기 및 적용례

- ㅇ 2021년 소득에 대해 연말정산하는 분부터 적용

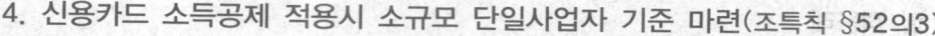

4. 신용카드 소득공제 적용시 소규모 단일사업자 기준 마련(조특칙 §52의3)

(1) 개정내용

종 전	개 정
〈신 설〉	□ 소규모 단일사업자*의 매출액 기준 * 별도 가맹분리가 없어도 해당 사업장 매출액 전액을 소득공제 대상 매출로 인정 ① 도서·신문 : 3억원 이하 * 도서·신문 매출 비중이 90% 이상인 경우인 경우에 한정 ② 공연·박물관·미술관 : 7,500만원 이하

(2) 개정이유

○ 기재부-문체부 장관 협의로 정하고 있는 사항을 상향 입법으로 명확히 규정하여 납세자 이해도 제고

(3) 적용시기 및 적용례

○ 2021. 1. 1. 이후 개시하는 과세연도 분부터 적용

현금영수증사업자 및 현금영수증가맹점에 대한 과세특례

1 의 의

본 제도는 현금을 통한 B2C(Business To Customer) 거래의 투명성 및 자영사업자 등에 대한 세원투명성 제고를 위해 도입된 현금영수증제도를 뒷받침하고자 2003. 12. 30. 조특법 개정시 신설된 조항으로 국세청장으로부터 현금영수증사업의 승인을 얻은 현금영수증사업자는 현금영수증 발급장치 설치건수 및 국세청에 전송한 현금영수증가맹점의 현금영수증 결제건수에 따라 국세청장이 정한 일정 금액을 당해 과세기간의 부가가치세 납부세액에서 공제받거나 환급세액에 가산받을 수 있다.

2 현금영수증제도의 의의

2-1. 현금영수증제도

현금영수증제도는 주로 현금수입업종을 영위하는 사업자(현금영수증가맹점)와 거래상대방 (현금영수증이용자)의 현금거래내역이 현금영수증사업자에 의하여 국세청에 전송되고 현금영수증을 받은 거래상대방은 국세청이 제공하는 이용실적에 의하여 소득공제 등의 세제상 혜택을 부여받는 제도를 말한다. 이 제도는 주로 현금매출이 많은 업종에 대하여 과세표준 양성화를 유도하기 위하여 도입되었다.

2-2. 현금영수증의 개념

현금영수증이라 함은 현금영수증가맹점이 재화 또는 용역을 공급하고 그 대금을 현금으로 받는 경우 당해 재화 또는 용역을 공급받는 자에게 현금영수증 발급장치에 의해 발급하는 것으로서 거래일시·금액 등 결제내역이 기재된 영수증을 말한다(조특법 §126의3④, 조특령 §121의3⑪).

2-3. 국세청장의 현금영수증제도 운영

국세청장은 현금영수증을 발급받은 자의 소득공제 등 현금영수증제도의 운영을 위하여 필요한 경우에는 「신용정보의 이용 및 보호에 관한 법률」 제23조의 규정에 따라 성명·주민등록번호 등 정보의 제공을 동법 제2조의 규정에 의한 신용정보제공·이용자에게 요청할 수 있으며, 현금영수증을 발급받은 자에 대한 현금영수증 사용금액의 합계액 및 소득공제대상금액의 통보 등에 관한 사항은 국세청장이 정하는 바(국세청고시 제2019-23호, 2019. 6. 12.)에 의한다(조특법 §126의3⑤, 조특령 §121의3⑬).

3 | 현금영수증사업자(VAN사업자)에 대한 관리

3-1. 현금영수증사업자의 의무

현금영수증 결제를 승인하고 전송할 수 있는 시스템을 갖춘 사업자로서 국세청장으로부터 현금영수증사업의 승인을 받은 현금영수증사업자("현금영수증사업자")는 거래일시·금액·거래자의 인적 사항 및 현금영수증가맹점의 인적사항 등 현금결제와 관련한 세부내역을 국세청장에게 전송하여야 한다(조특법 §126의3①·③). 국세청장은 현금영수증제도의 효율적인 운영을 위해 현금영수증사업자가 지켜야 할 사항을 현금영수증심의위원회의 심의를 거쳐 고시(국세청고시 제2019-23호, 2019. 6. 12.)하였다.

3-2. 현금영수증가맹점의 현금영수증 발급의무

신용카드단말기 등에 현금영수증발급장치를 설치한 사업자(이하 "현금영수증가맹점"이라 한다)는 재화나 용역을 공급하고 지급받는 현금거래금액에 대하여 현금영수증 발급장치에 의하여 거래일시·금액 등 결제내역이 기재된 현금영수증을 재화 또는 용역을 공급받는 자에게 발급하여야 한다(조특법 §126의3①, 조특령 §121의3⑪).

4 | 과세특례의 내용

4-1. 현금영수증 결제건수에 대한 부가가치세 세액공제

현금영수증사업자가 현금영수증가맹점의 현금영수증 결제건수에 대하여 그 거래일시·금액·거래자의 인적사항 및 현금영수증가맹점의 인적사항 등 현금결제와 관련한 세부내역을 국세청장에게 전송한 경우 그 현금영수증 결제 건수(2025년 12월 31일까지[1] 결제하는 분에 한정한다) 및 지급명세서 건수(2025년 12월 31일까지 제출하는 분에 한정한다)[2]에 따라 국세청장이 정한 금액(결제건수당 12원을 기준으로 30%를 가감[3]한 범위 안에서 조정하여 산정)을 당해 과세기간의 부가가치세 납부세액에서 공제하거나 환급세액에 가산할 수 있다(조특령 §121의3⑦·⑧).

4-2. 현금영수증가맹점에 대한 소득세 세액공제

현금영수증가맹점이 거래건별 5,000원 미만의 현금영수증(발급승인시 전화망을 사용한 것을 말함)을 발급하는 경우 해당 과세기간별 현금영수증 발급건수에 20원을 곱한 금액(공제세액)을 산출세액에서 공제받을 수 있다. 이 경우 공제세액은 산출세액을 한도로 한다(조특법 §126의3②, 조특령 §121의3⑩).

5 | 절 차

5-1. 현금영수증의 대리발급

통신판매업자(부가령 §14① 11)가 「전기통신사업법」 제5조에 따른 부가통신사업을 영위하는 사업자(부가통신사업자)가 운영하는 「전자상거래 등에서의 소비자보호에 관한 법률」 제2조 제4호에 따른 사이버몰을 이용하여 재화 또는 용역을 공급하고 그 대가를 부가통신사업자를

---

1) 2020년말 조특법 개정시 현금영수증사업자가 현금영수증가맹점의 현금영수증 결제 건수 등에 따라 부가가치세액을 공제받을 수 있는 과세특례의 적용기한을 2022년 12월 31일까지로 신설하였고, 2022년말 개정시 적용기한을 3년 연장하였다.

2) 소득세법 제164조 3항 후단에 따른 방법으로 제출하는 지급명세서의 건수

3) 종전에는 "가산한"으로 규정되어 현금영수증 결제건수에 따른 세액공제금액을 기준금액(건당 18원)에서 원가변동요인을 감안하여 가산할 수는 있으나, 원가가 감소하는 경우 공제금액을 차감할 수 없는 문제가 있어 이를 조정할 필요에 따라 "가감한"으로 개정하였다. 이는 2012. 1. 1. 이후 공제금액을 결정하는 분부터 적용한다.

통하여 받는 경우에는 부가통신사업자가 해당 통신판매사업자의 명의로 현금영수증을 발급할 수 있다. 이 경우 현금영수증에는 통신판매업자의 등록번호(부가법 §8⑤)가 포함되어야 한다(조특령 §121의3⑫).

5-2. 공제신청

세제지원을 받고자 하는 현금영수증사업자는 현금영수증사업자 부가가치세 세액공제신청서를 국세청장에게 제출하여야 한다(조특령 §121의3⑨).

6 | 관련사례

구 분	내 용
과세특례의 요건 및 내용	○현금영수증 가맹점이 재화·용역을 공급하고 그 대가의 전부 또는 일부를 마일리지(적립금, 포인트, 사이버머니, 쿠폰 등)로 결제하는 경우 당해 마일리지 결제금액에 대하여는 현금영수증을 발급할 수 없음(전자세원-571, 2010. 10. 22.). ○외국인이 현금영수증의 발급을 요청하는 경우에는 당해 외국인이 제시하는 외국인등록번호 등의 신분인식수단으로 현금영수증을 발급하여야 함(전자세원-531, 2010. 9. 29.). ○외국인이 현금영수증의 발급을 요청하는 경우에는 당해 외국인이 제시하는 외국인등록번호 등의 신분인식수단으로 현금영수증을 발급하여야 함(전자세원-531, 2010. 9. 29.). ○국외공항사업자를 위하여 징수대행하는 세금·공항이용료는 현금영수증 발급 대상에 해당하지 아니함(전자세원-607, 2009. 9. 15.). ○신용카드단말기에 현금영수증 발급장치를 설치한 사업자가 최종 소비자에게 재화를 공급하고 폐업일 이후에 그 대금을 현금으로 받는 경우 현금영수증은 발급할 수 없음(전자세원-313, 2009. 5. 13.). ○국가 등이 부가가치세가 과세되는 부동산임대, 도·소매업 등의 재화 또는 용역을 공급하는 경우에 현금영수증의 발급이 가능함(전자세원-207, 2009. 4. 1.). ○문화체육관광부가 출국납부금을 현금으로 영수하는 경우에는 현금영수증 발급 대상 거래에 해당하지 아니함(전자세원-958, 2008. 7. 22.). ○물품수입대행 및 배송대행용역을 제공하고 그 수수료를 받는 경우 현금영수증은 수입대행 및 배송대행에 대한 대가에 대하여 발급하는 것임(부가-1957, 2008. 7. 11.).

7 | 주요 개정연혁

1. 현금영수증 사업자에 대한 부가가치세 과세특례 적용기한 신설(조특법 §126의3)

(1) 개정내용

종 전	개 정

□ 현금영수증사업자*에 대한 부가가치세액 공제
  * 현금영수증가맹점으로부터 현금결제내역을 수집하여
    국세청으로 전송
	□ 적용기한 신설

○ (공제대상) ①현금영수증가맹점의 현금영수증 결제건수, ②현금영수증 발급장치를 통해 제출하는 지급명세서 건수
○ (공제액) 건당 시행령으로 정하는 금액*
  * 국세청 고시로 위임(종이발급 : 9.4원,
    온라인발급 : 8.4원)
 	
〈신 설〉
	○ (좌 동)
	
	○ (적용기한) 2022. 12. 31.

(2) 개정이유

○ 조세특례에 대한 주기적 성과평가 실시

현금거래의 확인 등

1 | 의 의

현금영수증제도는 2003년 시행 후 발급건수, 발급금액 등 외형상으로는 빠른 속도로 정착하고 있으나 대형 할인점, 공공기관 등 과세표준 양성화가 이미 이루어진 사업장을 위주로 발행되고 있고, 집단상가와 전문직 사업자 등 과세표준 양성화가 필요한 곳에서의 사용실적은 아직까지 미약한 것이 현실이다. 따라서 현금영수증제도 활성화를 통한 세원투명성 제고를 위하여는 현금영수증 발급을 거부하는 경우 어느 정도의 제재장치의 필요성이 인정됨에 따라 본 제도가 도입되었다.

2 | 현금거래 신고 · 확인제도의 개요

조특법 제126조의2(신용카드 등 사용금액에 대한 소득공제)에 따라 사용금액에 대하여 소득공제를 받을 수 있는 재화나 용역을 제공하는 사업자로부터 재화 · 용역을 공급받은 자가 그 대가를 현금으로 지급하였으나 현금영수증을 교부받지 못한 경우에도 현금거래사실에 관하여 관할 세무서장의 확인을 받은 때에는 현금영수증가맹점 가입 여부에 관계없이 신청인이 현금영수증으로 교부받은 것으로 보며, 신청인은 연말정산시 소득공제를 받을 수 있다. 이 경우 현금영수증을 교부하지 아니한 사업자에 대하여는 신용카드 등의 사용에 따른 세액공제를 적용하지 아니한다(조특법 §126의5①ㆍ②, 조특령 §121의5①ㆍ⑥).

3 │ 현금거래 신고 및 확인의 절차

3-1. 현금거래사실의 신청

현금거래사실의 확인을 신청하려는 자는 거래일부터 3년 이내에 현금거래확인신청서에 거래사실을 객관적으로 입증할 수 있는 거래증빙을 첨부하여 세무서장·지방국세청장 또는 국세청장에게 제출하여야 하며, 현금거래확인신청서를 접수받은 세무서장·지방국세청장 또는 국세청장은 거래사실의 확인이 요청된 재화·용역을 공급한 자(공급자)의 관할 세무서장에게 해당 현금거래확인신청서 및 거래증빙을 송부하여야 한다(조특령 §121의5 ②·③).

3-2. 현금거래사실의 확인

신청서를 송부받은 공급자의 관할 세무서장은 신청인의 신청내용, 제출한 증빙자료를 검토하여 현금거래사실을 확인(거래사실의 존재 및 그 내용에 대한 입증책임은 신청인에게 있음)하여 신청일의 다음 달 말일까지 그 사실을 신청인에게 통지하여야 한다. 다만, 사업자의 일시부재 등 다음에 해당하는 불가피한 사유가 있는 경우에는 거래사실 확인기간을 20일 이내의 범위에서 연장할 수 있다(조특령 §121의5④·⑤, 조특칙 §52의4).
① 공급자의 부도, 질병, 장기출장 등으로 거래사실 확인이 곤란하여 공급자가 연기를 요청한 경우
② 세무공무원이 거래사실의 확인을 위하여 2회 이상 공급자를 방문하였으나 폐문·부재 등으로 인하여 공급자를 만나지 못한 경우

3-3. 수입금액명세서를 이용한 현금거래 확인

3-3-1. 수입금액명세서의 입력분에 대한 현금거래 확인

사업자가 제출한 현금매출명세서(부가법 §55)에 기재[1]된 수입금액 중 세금계산서, 신용카드매출전표 또는 현금영수증을 받지 아니한 현금수입금액을 납세지 관할 세무서장이 부가가치세 예정신고기한 또는 확정신고기한의 종료일의 다음 달 말일까지 국세청 현금영수증

---

1) 전문직사업자의 현금거래에 대한 현금영수증 교부 시기 : 현금영수증 발급시기는 원칙적으로 현금을 지급받은 때에 교부하나 전문직사업자가 부가가치세 신고시 제출한 수입금액명세서상의 현금거래내역에 대하여 「조세특례제한법 시행령」 제121조의5 제7항에 의해 현금영수증을 교부받은 것으로 보는 것이며, 실제 용역대가를 받는 시점에서는 현금영수증 교부대상에 해당하지 아니함(전자세원-1614, 2008. 10. 29.).

시스템에 입력한 경우 그 거래에 대하여는 관할 세무서장의 확인을 받은 현금영수증을 발급받은 것으로 본다(조특령 §121의5⑦, 조특칙 §52의5).

3-3-2. 수입금액명세서 누락분에 대한 현금거래 확인

사업자로부터 재화 또는 용역을 공급받은 자가 현금영수증시스템 입력기한(앞의 3-3-1.)의 다음 날부터 입력내용을 조회한 결과 현금거래수입금액 명세가 누락되거나 수입금액이 실제보다 적게 입력된 것을 안 때에는 거래일로부터 3년 이내에 현금거래 사실의 확인을 신청할 수 있다(조특령 §121의5⑧).

제126조의6

성실신고 확인비용에 대한 세액공제

1 │ 의 의

본조는 성실신고확인대상사업자가 성실신고확인서를 제출하는 경우 납세자의 부담이 급격하게 증가될 수 있음을 고려하여 세부담 완화 차원에서 도입되었다.

2 │ 요건 및 과세특례의 내용

성실신고확인대상사업자 및 성실신고확인대상 내국법인("성실신고확인대상자")이 성실신고 확인서를 제출(둘 이상의 업종을 영위하는 성실신고확인대상사업자가 일부 업종에 대해서만 성실신고확인서를 제출한 경우를 포함한다)하는 경우에는 성실신고 확인에 직접 사용한 비용의 100분의 60에 해당하는 금액을 해당 과세연도의 소득세[사업소득(부동산임대업에서 발생하는 소득)에 대한 소득세만 해당한다] 또는 법인세에서 공제한다. 다만, 공제세액의 한도는 120만원(성실신고확인대상 내국법인의 경우에는 150만원)으로 한다(조특법 §126의6①, 조특령 §121의6①).

3 │ 공제세액 추징 및 공제배제

3-1. 공제세액 추징

본조의 세액공제를 적용받은 성실신고확인대상자가 해당 과세연도의 사업소득금액(법인인 경우에는 「법인세법」 제13조에 따른 과세표준을 말한다. 이하 "사업소득금액등")을 과소 신고한 경우로서 그 과소 신고한 사업소득금액등이 경정(수정신고로 인한 경우를 포함한다)된 사업소득금액등의 100분의 10 이상인 경우에는 제1항에 따라 공제받은 금액에 상당하는 세액을 전액 추징한다(조특법 §126의6②).

3-2. 공제세액 배제

위 "3-1."에 따라 사업소득금액등이 경정된 성실신고확인대상자에 대하여는 경정일이 속하는 과세연도의 다음 과세연도부터 3개 과세연도 동안 성실신고 확인비용에 대한 세액공제를 하지 아니한다(조특법 §126의6③).

4 | 절 차

본조를 적용받으려는 자는 성실신고확인서를 제출할 때 성실신고 확인비용세액공제 신청서를 납세지 관할 세무서장에게 제출하여야 한다(조특령 §121의6②).

5 | 주요 개정연혁

1. 성실신고 확인비용 세액공제 적용 배제기준 합리화(조특법 §126의6③)

(1) 개정내용

종 전	개 정

□ 성실신고 확인비용 세액공제
  ㅇ (공제금액) 확인비용의 60%, 100만원 한도
  ㅇ (세액추징) 과소신고비율* 10% 이상
    * 과소신고금액÷경정된 사업소득금액
	ㅇ (좌 동)

ㅇ (적용배제) 추징일이 속하는 과세연도의 다음 과세연도부터 3개 과세연도	ㅇ 추징일 → 경정일

(2) 개정이유

ㅇ 성실신고 확인비용 세액공제 배제기준 합리화

(3) 적용시기 및 적용례

ㅇ 2015. 1. 1. 이후 성실신고확인서를 제출하는 분부터 적용

제 126 조의 7

금 현물시장에서 거래되는 금지금에 대한 과세특례

1 │ 의 의

  면세 금지금·금 사업자 매입자 납부특례 등 금 거래 양성화를 위한 다양한 제도를 시행하였음에도 금의 음성거래를 통해 세금을 포탈하고 부당이익을 편취하려는 관행이 광범위하게 남아 있다.[1] 국내 금 거래시장은 양성화된 제련금·수입금·일부 정련금 시장과 음성화된 정련금·밀수금 시장으로 이원화되어 있다. 밀수금을 제외한 국내 금 유통규모는 2013년 기준 연간 100~110톤 내외로 추정되며, 이 중 음성거래 규모가 55~70톤에 달하는 것으로 추산된다. 현황이 파악되지 않아 거래규모를 추산하기 어려운 밀수금을 포함할 경우 음성거래 비중은 더욱 높아질 것으로 전망된다.[2]

  금 현물시장은 상품거래소의 한 종류이다. 상품거래소란 거래상품의 단위, 거래시간 등이 표준화, 규격화되어 특정상품이 대량으로 유통되는 시장을 말하며, 금융거래소와 달리 실체가 있는 상품을 기반으로 하기 때문에 상품 품질관리·유통·보관 등과 관련한 인프라가 필요하다. 금 현물시장은 한국거래소에 증권시장과 유사한 형태로 개설되고, 금융위원회가 한국거래소와 한국예탁결제원의 금 현물 거래관련 업무를 승인하였다. 한국거래소는 금 현물시장의 운영에 관한 약관을 제정하고 상품 매매계약의 체결과 청산 등 운영전반을 담당한다. 한국예탁결제원은 금 상품의 보관·인출을 담당하고, 한국조폐공사는 금 생산업체에 대한 평가 및 품질인증을 담당한다. 재무요건, 과세실적 등 일정요건을 갖춘 금 관련 사업자[3] 금융기관 등이 금 현물시장 회원으로 가입할 수 있으며 회원은 현물시장에서 직접 금을 매매하거나, 비회원을 위해 현물시장에서의 거래를 중개할 수 있다. 개인투자자는 회원인 금융투자업자의 중개를 통해 금 현물시장에서 금을 매매할 수 있다. 금 현물시장은 증권시장과 같이 경쟁매매방식으로 거래가 이루어지며 개인투자자의 참여를 확대하기 위해서 매매단위는 1~10g으로 설정된다. 다만, 금 실물의 인출은 소유자가 인도를 요청한 경우에 한하여 1kg 단위로만 허용된다.

---

1) 금융위원회 보도자료, 「금 현물시장 개설 등을 통한 금 거래 양성화 방안」, 2013. 7. 22.
2) 한국귀금속유통협회는 세금계산서 등이 발행되지 않는 무자료 거래가 전체 거래의 60% 이상인 것으로 추산
3) 제련, 정련, 수입업자, 도·소매 등 유통업자, 세공업자 등

금 관련 조세지원제도를 금 현물시장에 대한 부가가치세 면세제도로 일원화시키기 위하여 조특법 제106조의3에 따른 면세 금지금 제도의 일몰기한을 금거래소가 출범하는 2014. 3. 31.까지만 연장하였다. 면세 금지금 제도는 승인받은 금 세공업자 등이 수입하는 금지금, 금지금 도매업자 및 금융기관이 면세추천을 받은 금 세공업자 등에게 공급하는 금지금 및 파생상품거래에 의하여 공급되는 금지금에 대해서 부가가치세를 면제하는 제도이다. 금지금 거래를 양성화하고, 금지금 관련 금융시장의 활성화를 촉진하기 위하여 2003. 7. 1.부터 시행되었으나 2012년 기준 조세지출 실적이 113억원에 불과하여 조세감면의 목적을 달성하지 못하였다.

금 현물시장 지원을 위한 조세특례의 주요 내용은 다음과 같다.

예탁결제원 등에 보관된 금지금을 인출하지 않고 그 소유권만 현물시장에서 거래하는 경우에는 부가가치세를 과세하지 않도록 하고, 금지금이 예탁결제원 등 보관기관에서 인출되는 시점에 보관기관이 부가가치세를 징수·납부하도록 하여 금지금이 인출된 이후 거래는 정상과세되도록 하였다. 금 보관기관에 금지금을 예치하고 현물시장에서 최초로 공급하는 경우 해당 금지금과 관련된 매입세액공제를 허용하였다. 면세재화와 관련된 부가가치세 매입세액은 공제하지 않는 것이 원칙이지만 장외거래와의 균형을 유지하기 위하여 매입세액공제 특례를 인정한 것이다. 금 현물시장에 최초로 공급하는 금지금에 대해서는 영세율이 적용되는 결과가 발생한다. 금 현물시장 이용을 촉진하기 위하여 금 사업자들이 금 현물시장에 자신이 임치한 금지금을 공급한 금액과 금 현물시장에서 매입한 금지금을 인출한 금액에 일정 비율을 곱한 금액을 금 사업자의 법인세 또는 사업소득세에서 공제한다. 금 현물시장에서 매매할 목적으로 수입하는 금지금에 대해서는 2015년까지 관세를 면제하고, 관세를 면제받은 금지금을 금 현물시장에서 매매하지 않을 경우 면제된 관세를 추징한다.

금 현물시장의 조성으로 금의 수요·공급자가 가격과 품질에 대한 신뢰를 가지고 안정적으로 금을 거래할 수 있는 여건이 조성되고, 금과 관련된 과세체계를 단순화[4]할 수 있으며 증권거래소와 예탁결제원 등이 금 거래정보를 체계적으로 관리하고 필요할 때마다 국세청·관세청 등과 거래정보를 공유하여 금과 관련된 탈세를 억제하는 효과가 있게 된다.

본 제도는 2014. 1. 1. 이후 보관기관에 임치된 금지금으로서 금 현물시장에서 공급하거나 공급받는 분이 속하는 과세연도부터 적용되었다.

---

4) 금 현물시장 거래는 부가가치세를 면세하고, 금 현물시장 밖에서 이루어지는 금 거래는 모두 부가가치세를 과세함.

2 요건 및 과세특례의 내용

2-1. 금지금공급사업자 면세

금지금5)으로서 다음의 어느 하나에 해당하는 금지금의 공급에 대해서는 부가가치세를 면제한다.

① 한국거래소의 약관으로 정하는 금지금공급사업자가 한국예탁결제원에 금지금을 임치한 후 임치된 금지금을 매매거래하기 위하여 금 현물시장에서 매매거래를 통하여 최초로 공급하는 금지금. 이 경우 해당 금지금에 대하여 금지금공급사업자가 부담한 부가가치세 매입세액은 「부가가치세법」 제38조(공제하는 매입세액)의 공제되는 매입세액으로 본다. 이 경우 금거래계좌를 사용하여 부가가치세 매입세액의 공제 또는 환급에 대한 특례를 적용받을 수 있다. 금지금공급사업자는 금 현물시장에서 매매거래 후 결제가 완료되는 때에 한국예탁결제원을 공급받는 자로 하여 세금계산서를 발급하여야 한다. 이 경우 공급가액은 결제가 완료된 매매가액으로 하고, 부가가치세액은 영(零)으로 한다. 한국예탁결제원은 부가가치세 과세표준에 세율을 적용하여 계산한 금액을 제외하고 금 관련 제품의 가액만을 입금하는 방법으로 금지금의 가액을 결제하여야 한다.

② ①에 따라 공급된 후 금 현물시장에서 매매거래되는 금지금. 이 경우 계산서를 발급하지 아니한다.

2-2. 금지금 인출시 과세

한국예탁결제원에 임치된 금지금을 금 현물시장에서 매매거래를 통하여 공급받아 보관기관으로부터 인출하는 경우 해당 금지금의 인출은 재화의 공급으로 본다. 이 경우 한국예탁결제원은 금지금을 인출하는 자에게 이동평균법을 준용하여 산출한 평균단가에 인출하는 금지금의 수량을 곱한 금액을 과세표준으로 하여 「부가가치세법」 제30조에 따른 세율을 적용한 금액("부가가치세액")을 거래징수하여 납부하여야 한다. 다만, 금지금을 인출하는 자가 금사업자인 경우에는 부가가치세액만을 입금하는 방법으로 납부할 수 있다.

---

5) 금괴(덩어리)·골드바 등 원재료 상태로서 순도가 1만분의 9999 이상인 금

2-3. 금거래소 이용 금지금에 대한 세액공제

금지금공급사업자가 금지금을 한국예탁결제원에 임치하고 해당 금지금을 금 현물시장에서 매매거래를 통하여 2019. 12. 31.까지 공급하거나 금 현물시장에서 금지금을 매수한 금지금매수사업자가 해당 금지금을 한국예탁결제원에서 2019. 12. 31.까지 인출하는 경우 해당 공급가액 및 매수금액("금 현물시장 이용금액6)")에 대해서는 다음 ①, ② 중에서 선택하는 어느 하나에 해당하는 금액을 공급일 또는 매수일이 속하는 과세연도의 사업소득에 대한 소득세 또는 법인세에서 공제한다. 다만, 직전 과세연도의 금 현물시장 이용금액이 전전 과세연도의 이용금액보다 적은 경우 ②만 적용한다.

$$① \ 산출세액 \times \frac{해당\ 과세연도의\ 금\ 현물시장\ 이용금액 - 직전\ 과세연도의\ 금\ 현물시장\ 이용금액}{해당\ 과세연도의\ 금\ 현물시장\ 이용금액} \times$$

$$\frac{해당\ 과세연도의\ 금\ 현물시장\ 이용금액}{해당\ 과세연도의\ 매출액} \times 100\%$$

직전 과세연도 금 현물시장 이용금액이 없는 경우로서 금 현물시장을 최초로 이용한 경우에는 해당 과세연도의 금 현물시장 이용금액을 이용금액 초과분으로 본다.

$$② \ 산출세액 \times \frac{해당\ 과세연도의\ 금\ 현물시장\ 이용금액}{해당\ 과세연도의\ 매출액} \times 5\%$$

2-4. 수입금지금 관세 면제

금지금공급사업자7)가 금 현물시장에서 매매거래를 하기 위하여 2023. 12. 31.까지 수입신고하는 금지금에 대하여는 그 관세를 면제한다. 관세를 면제받은 자는 해당 금지금을 수입신고수리일의 다음 날까지 보관기관에 임치하여야 하고, 수입신고수리일부터 3년 이내에

---

6) 금지금공급사업자와 금지금매수사업자가 「소득세법 시행령」 제98조 제1항 및 「법인세법 시행령」 제2조 제5항에 따른 특수관계인의 관계에 있는 경우 해당 금액은 제외하고, 해당 금액의 평가는 「소득세법 시행령」 제92조 제2항 제4호에 따른 총평균법을 준용한다.

7) 한국거래소의 약관에 따라 금지금을 수입하여 금 현물시장에서 매매할 수 있는 자격을 부여받은 자로서 한국거래소의 장의 추천을 받은 자

금 현물시장에서 매매거래를 하여야 한다. 세관장은 관세를 면제한 사실을 한국거래소 및 한국예탁결제원에 지체 없이 알려야 하고, 한국거래소 및 보관기관은 해당 금지금에 대하여 면제받은 관세를 징수하여야 하는 사유가 발생하는 경우에는 그 사실을 세관장에게 즉시 알려야 한다. 관세 징수금액 계산 관련 구체적인 사항은 세법을 참고하기 바란다.

3 | 절 차

한국거래소, 보관기관, 금 현물시장에서의 거래에 참가할 수 있는 자로서 한국거래소의 약관으로 정하는 자(금지금중개회원 포함)는 금지금의 임치·거래·보관·인출명세 등("거래명세 등")을 유지·보관하여야 하며, 국세청장 또는 관세청장(관할 세무서장과 세관장을 포함)이 과세에 필요한 자료의 제출을 요구하는 경우 이를 제출하여야 한다. 이 경우 금지금의 거래명세 등은 증명서류로 본다.

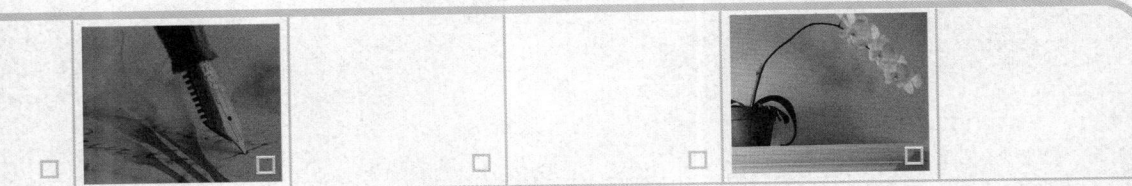

| 제 2 절 |

조세특례제한 등

제 2 장

조세특례제한법 등

제127조

중복지원의 배제

1 의의

조특법은 조세의 감면에 관한 체계적이고 통합적인 관리를 통하여 과세의 공평을 기하고, 세수를 적절하게 조절하여 조세감면제도의 유효성을 높이는 데 그 궁극적인 목적이 있다. 따라서, 원칙적으로는 조특법 이외의 법률에서는 조세에 관한 감면사항을 규정할 수 없다(제3조 해설 참고). 그러나, 조세감면에 관한 내용이 다른 법률에서 규정되어 있지 않은 경우에도 조특법은 정책적 필요에 따라 중소기업, 연구 및 인력개발, 투자촉진, 기업구조조정, 국가균형발전, 공익사업, 농어민 등 사회 취약층 등 다양한 분야에 대하여 지원하고 있기 때문에 때로는 조특법 내에서 그 내용이 중복적으로 규정되어 과도한 조세지원이 발생할 수 있다. 본조는 조특법상 조세지원이 중복적으로 적용됨으로써 발생하는 과다한 조세지원을 적절하게 조절하여 조특법 본래 취지인 조세감면의 체계적 관리를 유지하기 위하여 중복지원 배제를 규정하고 있다.

2014. 1. 1. 법 개정시 예산지원과 세제지원의 중복을 배제하고 자체비용으로 투자하는 기업과의 형평성 제고를 위해 국가 등의 지원금으로 시설투자한 금액에 대해서는 세제지원을 배제하도록 하였고, 2014. 1. 1. 이후 투자하는 분부터 적용되었다.

2 조세지원의 "중복" 또는 "동시적용"이란?

중복지원이란 2개 이상의 조세지원이 동시에 적용되는 것으로서, 이에 대한 판단에 있어 핵심쟁점은 동시적용 "단위"를 어떻게 판단할 것인가에 대한 사항이다.

동시적용 단위는 인격·사업장·소득구분·특정자산·특정행위 등 개별 조세지원 제도의 고유 특성에 따라 다양하게 판단할 수 있고, 동일 단위에 2개 이상의 조세지원이 동시에 적용될 때 비로소, 실질적인 중복이라고 판단할 수 있을 것이며, 동일 단위가 아니라면 2개 이상의 조세지원이 적용되더라도 실질적인 중복으로 보지 않아야 하고, 현행 법령 및 해석도 동일한 입장을 취하고 있다.

① 세액감면은 사업장별로 서로 다른 세액감면을 적용하면 2개 이상의 감면이 적용되더라도 중복이 아니며,

② 세액공제도 투자한 자산이 상이하다면, 2개 이상의 세액공제가 적용되더라도 중복이 아니다.

③ 다만, 세액감면과 세액공제가 함께 적용될 때는 세액감면을 적용받는 사업과 그 밖의 사업을 구분경리하는 경우로서 그 밖의 사업에 공제규정이 적용되는 경우에는 해당 세액감면과 공제는 중복지원에 해당하지 아니한다(조특법 §127⑩).

이하에서는 각 조세지원제도별로 중복에 대한 기준과 해석에 대해 구분하여 설명하도록 한다.

3 ┃ 세액공제에 대한 제한

3-1. 예산지원과 조세지원 간 중복적용 배제

내국인이 조특법에 따라 투자한 자산에 대하여 상생협력을 위한 기금 출연 등에 대한 세액공제·통합투자세액공제·고용창출투자세액공제[1]를 적용받는 경우 다음의 금액을 투자금액 또는 취득금액에서 차감한다(조특법 §127①, 조특령 §123).

① 내국인이 자산에 대한 투자를 목적으로 국가 등(국가, 지방자치단체, 「공공기관의 운영에 관한 법률」에 따른 공공기관, 「지방공기업법」에 따른 지방공기업)으로부터 출연금 등의 자산을 지급받아 투자에 지출하는 경우 : 출연금 등의 자산을 투자에 지출한 금액에 상당하는 금액

② 내국인이 자산에 대한 투자를 목적으로 금융회사등[2]으로부터 융자를 받아 투자에 지출하고 금융회사등에 지급하여야 할 이자비용의 전부 또는 일부를 국가등이 내국인을 대신하여 지급하는 경우 : 국가등이 지급했거나 지급하기로 약정한 이자비용의 합계액

③ 내국인이 자산에 대한 투자를 목적으로 국가등으로부터 융자를 받아 투자에 지출하는 경우 : 다음의 계산식에 따라 계산한 금액(해당 금액이 음수인 경우 영으로 본다)

---

1) 조특법 제8조의3 제3항, 제24조 및 제26조
2) 「금융실명거래 및 비밀보장에 관한 법률」 제2조 제1호 각 목

④ 내국인이 전기 및 도시가스사업 등[3])에 필요한 자산에 대한 투자를 목적으로 해당 자산의
   수요자 또는 편익을 받는 자로부터 같은 항에 따른 공사부담금을 제공받아 투자에 지출하는
   경우 : 공사부담금을 투자에 지출한 금액에 상당하는 금액

| 투자ㆍ취득금액 차감 대상 공제제도 |

공제제도 유형	조문	세액공제대상	공제율
① 상생협력을 위한 기금 출연 등에 대한 세액공제	§8의3③	• 위탁기업이 수탁기업에 설치하는 검사대 또는 연구시설	• 대기업 1% • 중견기업 3% • 중소기업 7%
② 통합투자세액공제	§24	• 기계장치 등 사업용 유형자산(토지와 건축물 등 제외) • 연구ㆍ시험, 직업훈련, 에너지 절약, 환경보전 또는 근로자복지 증진 등의 목적으로 사용되는 사업용자산 • 운수업을 경영하는 자가 사업에 직접 사용하는 차량 및 운반구 등 자산	• 기본공제 : 1~10%(신성장ㆍ원천 기술 : 3~12%, 국가 전력기술 : 8~16%)) • 추가공제 : 3~4%(한도: 기본공제 금액의 2배)
③ 고용창출투자세액공제	§26	• 사업용자산	• 기본공제 : 1~3% • 추가공제 : 3~7%

3-2. 동일자산에 대한 투자세액공제 간 중복적용 배제

내국인이 투자한 동일한 자산에 대하여 다음의 투자세액공제 규정이 동시에 적용되는
경우에는 그 중 하나만을 선택하여 적용받을 수 있다(조특법 §127②).

---

3) 「법인세법」 제37조 제1항

| 동일자산에 대한 중복적용 배제 |

공제제도 유형	조문	세액공제대상	공제율
① 상생협력을 위한 기금 출연 등에 대한 세액공제	§8의3③	• 위탁기업이 수탁기업에 설치하는 검사대 또는 연구시설	• 대기업 1% • 중견기업 3% • 중소기업 7%
② 통합투자세액공제	§24	• 기계장치 등 사업용 유형자산(토지와 건축물 등 제외) • 연구·시험, 직업훈련, 에너지 절약, 환경보전 또는 근로자복지 증진 등의 목적으로 사용되는 사업용자산 • 운수업을 경영하는 자가 사업에 직접 사용하는 차량 및 운반구 등 자산	• 기본공제 : 1~10%(신성장·원천기술 : 3~12%, 국가전략기술 : 8~16%) • 추가공제 : 3~4%(한도 : 기본공제 금액의 2배)
③ 고용창출투자세액공제	§26	• 사업용자산	• 기본공제 : 1~3% • 추가공제 : 3~7%

관련통칙

• 동일한 투자자산이 임시투자세액공제와 동시에 다른 투자세액공제 적용대상자산에 해당하는 경우, 임시투자세액공제 적용기간 외에 투자되는 금액은 다른 투자세액공제를 적용받을 수 있음(조기통 127-0…1).

3-3. 동일고용에 대한 세액공제 간 중복적용 배제

3-3-1. 제19조 제1항과 제29조의4의 중복적용 배제

내국인이 동일한 과세연도에 제19조 제1항(성과공유 중소기업의 경영성과급에 대한 세액공제)과 제29조의4(근로소득을 증대시킨 기업에 대한 세액공제)가 동시에 적용되는 경우에는 그 중 하나만을 선택하여 적용받을 수 있다(조특법 §127②).

| 동일 고용에 대한 중복적용 배제 |

투자세액공제 유형	조문	세액공제대상	공제율(금액)
① 성과공유 중소기업의 경영성과급에 대한 세액공제	§19①	• 상시근로자에게 지급하는 경영성과급	15%
② 근로소득을 증대시킨 기업에 대한 세액공제	§29의4	• 직전 3년 평균 초과 임금증가분	• 중견기업 10% • 중소기업 20%

3-3-2. 제26조와 제29조의5, 제30조의4의 중복적용 배제

내국인이 동일한 과세연도에 제26조(고용창출투자세액공제)와 다음의 공제규정이 동시에 적용되는 경우에는 그 중 하나만을 선택하여 적용받을 수 있다(조특법 §127②).

| 동일 고용에 대한 중복적용 배제 |

투자세액공제 유형	조문	세액공제대상	공제율(금액)
① 청년고용을 증대시킨 기업에 대한 세액공제	§29의5	• 청년고용 증가인원 수	• 대기업 300만원 • 중견기업 700만원 • 중소기업 1,000만원
② 중소기업 고용증가 인원에 대한 사회보험료 세액공제	§30의4	• 고용증가인원 수	고용증가인원 × 사회보험료 × 50·75·100%

3-4. 외국인투자기업 등에 대한 투자세액공제의 제한

내국인에 대하여 동일한 과세연도에 제8조의3 제3항, 제24조, 제26조, 제29조의5, 제29조의7, 제29조의8 제1항,[4] 제30조의4, 제104조의14 및 제104조의15의 세액공제를 적용함에 있어서 외국인투자에 대한 법인세 등의 감면(조특법 §121의2) 또는 증자의 조세감면(조특법 §121의4)의 규정에 의하여 외국인투자기업에 대한 소득세 또는 법인세를 감면하는 경우 공제세액은 공제할 세액에 당해 기업의 총주식 또는 총지분에 대한 내국인투자자의 소유주식 또는 지분의 비율을 곱하여 계산한 금액을 공제한다(조특법 §127③).

여기서, 소득세 또는 법인세를 감면하는 경우라 함은 당해 기업이 실제로 감면받은 경우를 의미한다. 따라서, 외국인투자기업에 대한 법인세 등의 감면대상에 해당하여 감면결정을 통지받은 법인이 실제 조세감면을 받지 아니한 경우에는 상기의 투자세액공제를 전액 받을 수 있다(조기통 127-0…4).

$$\text{세액공제액} = \text{공제할 세액} \times \frac{\text{내국인투자자의 소유주식 또는 지분}}{\text{당해 기업의 총주식 또는 총지분}}$$

이 경우 사업연도 중 내국인투자자의 소유주식 또는 지분이 변경된 경우 내국인투자자의 소유주식 또는 지분의 비율은 다음 산식에 따라 계산한 당해 사업연도 중 평균자본금 비율에 의한다(조기통 127-0…3).

---

4) 「조세특례제한법」 제127조 제11항(조특법 제29조의7 또는 제30조의4와 중복적용 배제)

$$\frac{(\text{변경 전 내국인자본금} \times \text{변경 전 일수}) + (\text{변경 후 내국인자본금} \times \text{변경 후 일수})}{(\text{변경 전 총자본금} \times \text{변경 전 일수}) + (\text{변경 후 총자본금} \times \text{변경 후 일수})}$$

| 외국인감면에 따른 세액공제 적용 배제 |

공제제도 유형	조문	세액공제대상	공제율
① 상생협력을 위한 기금 출연 등에 대한 세액공제	§8의3③	• 위탁기업이 수탁기업에 설치하는 검사대 또는 연구시설	• 대기업 1% • 중견기업 3% • 중소기업 7%
② 통합투자세액공제	§24	• 기계장치 등 사업용 유형자산(토지와 건축물 등 제외) • 연구·시험, 직업훈련, 에너지 절약, 환경보전 또는 근로자복지 증진 등의 목적으로 사용되는 사업용자산 • 운수업을 경영하는 자가 사업에 직접 사용하는 차량 및 운반구 등 자산	• 기본공제 : 1~10%(신성장·원천기술 : 3~12%, 국가전략기술 : 8~16%) • 추가공제 : 3~4%(한도: 기본공제 금액의 2배)
③ 고용창출투자세액공제	§26	• 사업용자산	• 기본공제 : 1~3% • 추가공제 : 3~7%
④ 청년고용을 증대시킨 기업에 대한 세액공제	§29의5	• 청년고용 증가인원 수	• 대기업 300만원 • 중견기업 700만원 • 중소기업 1,000만원
⑤ 고용을 증대시킨 기업에 대한 세액공제	§29의7	• 상시근로자 증가인원 수	해당 법조 해설 참고
⑥ 통합고용세액공제	§29의8①	• 상시근로자 증가인원 수	해당 법조 해설 참고
⑦ 중소기업 사회보험료 세액공제	§30의4	• 상시근로자 증가인원 수	고용증가인원 × 사회보험료 × 50·75·100%
⑧ 제3자 물류비용에 대한 세액공제	§104의14	• 당해연도 증가된 제3자 물류비용	• 대기업 및 중견기업 3% • 중소기업 5%
⑨ 해외자원개발투자에 대한 과세특례	§104의15	• 해외 광업권·조광권 등	3%

관련예규

- 외국인투자기업에 대한 법인세를 감면(50% 또는 100% 감면 여부 불문)하는 경우에는 당해 규정에 의하여 공제할 세액에 당해 기업의 총주식 또는 총지분에 대한 내국인투자자의 소유주식 또는 지분의 비율을 곱하여 계산한 금액을 공제하는 것임(서면2팀 – 151, 2006. 1. 18.).
- 외국인투자기업이 「조세특례제한법」 제10조의 연구 및 인력개발비 세액공제를 적용함에 있어서 같은 법 제121조의2의 규정에 의하여 법인세를 감면받는 경우에도 당해 공제할 세액은 외국인투자비율에 제한 없이 전액을 세액공제대상으로 하는 것임(서이 46012 – 10448, 2003. 3. 7.).

4 | 세액감면에 대한 제한

4-1. 동일 과세연도에 세액감면과 세액공제의 중복적용 배제

내국인이 동일한 과세연도에 아래 1의 세액감면과 아래 2의 세액공제가 동시에 적용 가능한 경우에는 그 중 하나만을 선택하여 적용받을 수 있다(조특법 §127④). 다만, 세액공제액이 조특법 제132조의 규정에 의한 최저한세의 적용 또는 결손금의 발생으로 인해 이월된 경우에는 동일 과세연도에도 최저한세의 범위 내에서 아래 1의 세액감면과 동 이월 세액공제액은 중복하여 적용이 가능하다(서이 46012 – 11761, 2003. 10. 10.). 이는 중복 여부를 감면사업을 한 과세연도와 투자가 이루어진 과세연도의 중복 여부로 판단하기 때문인 것으로 풀이된다.

종전에는 기간세액감면의 경우 감면기간 중 투자세액공제의 선택이 가능한 것인지에 대한 논란이 있었으나, 중복적용 배제의 요건을 동일 과세연도로 한정하여 기간세액감면의 적용 중에도 세액감면을 적용받지 않고, 투자세액공제를 선택하여 적용받는 것이 가능하도록 명문화하였다.

1. 세액감면 제도

세액감면·면제 유형	조문	주요 내용	공제율
① 창업중소기업 등에 대한 세액감면	§6	• 창업중소기업 창업 • 창업보육센터사업자 창업 • 창업벤처기업 창업	5년간 50·75·100%
② 중소기업 등에 대한 특별세액감면	§7	• 제조업 등을 영위하는 중소기업의 당해 사업소득	(규모·지역별) 5~30%
③ 연구개발특구에 입주하는 첨단기술기업 등에 대한 법인세 등의 감면	§12의2	• 첨단기술기업의 입주 • 연구소기업의 입주	3년간 100%, 2년간 50%
④ 창업중소기업 등의 통합에 대한 세액감면 승계	§31 ④·⑤	• 창업중소기업 세액감면(§6) • 지방이전 중소기업 세액감면(§63) • 농공단지입주기업 세액감면(§64) • 농업회사법인 세액감면(§68)	잔존기간 내 감면적용
⑤ 창업중소기업 등의 법인전환에 대한 세액감면승계	§32④	• 창업중소기업 세액감면(§6) • 지방이전 중소기업 세액감면(§63) • 농공단지입주기업 세액감면(§64) • 농업회사법인 세액감면(§68)	잔존기간 내 감면적용
⑥ 공공기관이 혁신도시 등으로 이전하는 경우 법인세 등 감면	§62④	• 공공기관 혁신도시 이전시	3년간 100%, 2년간 50%
⑦ 수도권 밖으로 공장을 이전하는 기업에 대한 세액감면 등	§63①	• 수도권 밖으로 공장을 이전하여 사업개시	7년간 100%, 3년간 50%
⑧ 수도권 밖으로 본사를 이전하는 법인에 대한 세액감면 등	§63의2 ①	• 수도권 밖으로 본사를 이전하여 사업개시	7년간 100%, 3년간 50%
⑨ 농공단지 입주기업 등에 대한 세액감면	§64	• 농공단지에서 농·어촌소득개발 사업 영위하는 법인 등	5년간 50%
⑩ 영농조합법인 등에 대한 법인세 면제 등	§66	• 농업소득 : 전부 면제 • 농업소득 외 소득 : 일정 한도 내 면제	
⑪ 영어조합법인 등에 대한 법인세 면제 등	§67	• 면제한도 : 1,200만원 × 조합원 수 × 사업연도 / 12	
⑫ 농업회사법인에 대한 법인세 면제 등	§68	• 농업소득 : 전부 면제 • 농업 외 소득 : 5년간 50%	
⑬ 사회적기업 및 장애인표준사업장에 대한 법인세 등의 감면	§85의6 ①·②	• 사회적기업 등으로 인증받은 후 발생하는 소득	3년간 100%, 2년간 50%

세액감면·면제 유형	조문	주요 내용	공제율
⑭ 신축주택 등 취득자에 대한 양도소득세의 과세특례	§99의2②	• 신축주택 등 양도소득	5년간 100%
⑮ 감염병 피해에 따른 특별재난지역의 중소기업에 대한 법인세 등의 감면	§99의11①	• 특별재난지역에 사업장을 둔 중소기업	소기업 : 60% 중소기업 : 30%
⑯ 해외진출기업의 국내 복귀에 대한 세액감면	§104의24①	• 복귀 후 발생하는 사업소득	5년간 100%, 2년간 50%
⑰ 제주첨단과학기술단지 입주기업에 대한 법인세 감면	§121의8	• 생물산업, 정보통신산업 등 영위	3년간 100%, 2년간 50%
⑱ 제주투자진흥지구 또는 제주자유무역지역 입주기업에 대한 법인세 등의 감면	§121의9②	• 제주투자진흥지구 또는 제주자유무역지역 입주기업	3년간 100(50)%, 2년간 50(25)%
⑲ 기업도시개발구역 등의 창업기업 등에 대한 법인세 등의 감면	§121의17②	• 기업도시개발구역 입주기업 • 기업도시개발사업시행자(1/2혜택)	3년간 100(50)%, 2년간 50(25)%
⑳ 아시아문화중심도시 투자진흥지구 입주기업 등에 대한 법인세 등의 감면	§121의20②	• 투자진흥지구 입주기업	3년간 100%, 2년간 50%
㉑ 금융중심지 창업기업 등에 대한 법인세 등 감면	§121의21②	• 금융중심지에 창업하여 금융·보험업 영위 사업자	3년간 100%, 2년간 50%
㉒ 첨단의료복합단지 입주기업에 대한 법인세 등 감면	§121의22②	• 첨단의료단지 입주자	3년간 100%, 2년간 50%

2. 세액공제 제도

공제제도 유형	조문	세액공제대상	공제율
① 상생협력을 위한 기금 출연 등에 대한 세액공제	§8의3	• 내국법인 출연금	1~10%[5]
② 내국법인의 벤처기업 등에의 출자에 대한 과세특례	§13의2	• 주식 또는 출자지분	취득가액의 5%

---

5) 자세한 내용은 제8조의3 해설을 참고하기 바란다.

공제제도 유형	조문	세액공제대상	공제율
③ 통합투자세액공제	§24	• 기계장치 등 사업용 유형자산(토지와 건축물 등 제외) • 연구·시험, 직업훈련, 에너지 절약, 환경보전 또는 근로자복지 증진 등의 목적으로 사용되는 사업용자산 • 운수업을 경영하는 자가 사업에 직접 사용하는 차량 및 운반구 등 자산	• 기본공제 : 1~10%(신성장·원천기술 : 3~12% 국가전략기술 : 8~16%) • 추가공제 : 3~4%(한도 : 기본공제 금액의 2배)
④ 영상콘텐츠 제작비용 세액공제	§25의6	• 방송프로그램, 영화	• 대기업 3% • 중견기업 7% • 중소기업 10%
⑤ 고용창출투자세액공제	§26	• 사업용자산	• 기본공제 : 1~3% • 추가공제 : 3~7%
⑥ 중소기업 사회보험료 세액공제 (§7와 동시에 적용되는 경우 제외)	§30의4	• 고용증가인원 수	고용증가인원 × 사회보험료 × 50·75·100%
⑦ 제3자 물류비용에 대한 세액공제	§104의14	• 당해연도 증가된 제3자 물류비용	• 대기업 및 중견기업 3% • 중소기업 5%
⑧ 해외자원개발투자에 대한 과세특례	§104의15	• 해외 광업권·조광권 등	3%
⑨ 기업의 운동경기부 설치·운영에 대한 과세특례	§104의22	• 운동경기부 운영비용	10·20%
⑩ 석유제품 전자상거래에 대한 세액공제	§104의25	• 석유 공급가액	0.3%
⑪ 금사업자와 스크랩등사업자의 수입금액의 증가 등에 대한 세액공제	§122의4 ①	• 매입자납부금액	해당 법조 해설 참고
⑫ 금 현물시장에서 거래되는 금지금에 대한 과세특례	§126의7 ⑧	• 금 현물시장 거래 금지금	해당 법조 해설 참고

● |주요 입법취지| **기간감면 적용 중 세액감면과 세액공제의 선택적용 가능**

□ 중복적용 배제의 취지를 살리면서 기업의 조세감면방법의 선택범위를 명확히 하여 납세편의를 도모하고 조세지원효과를 제고하기 위하여
   ○ 동일 과세연도 내에서는 각종 투자세액공제 간, 세액감면과 투자세액공제 간의 중복적용은 배제하되, 다른 과세연도 간에는 다른 감면제도를 적용받을 수 있도록 명문화

사례

세액감면과 투자세액공제의 중복적용 여부

구 분	창업중소기업 세액감면	고용창출투자 세액공제
1차 연도	적용	
2차 연도	적용	
3차 연도	배제	적용
4차 연도	적용	

○ 창업중소기업 세액감면의 적용을 받던 중소기업이
   - 전체 감면기간이 종료되기 전(3차 연도)에 고용창출투자세액공제를 받을 수 있는지 여부
→ 종전 : 가능 여부가 명확하지 않음.
→ 개정 : 동일 과세기간에 세액감면과 세액공제가 중복되어 적용되지 않는 한 선택적용 가능

관련예규

- 조세특례제한법 제127조 규정은 동일한 과세연도 내에서 각 조세감면 규정 간의 중복적용이 배제되나, 각 과세연도를 달리해서는 다른 감면제도를 선택하여 적용할 수 있으므로, 법인의 공장 및 본사의 수도권지역 외의 지역으로의 이전에 대한 임시특별세액감면과 공장 이전일 이전 과세연도에 공제받은 임시투자세액공제는 중복지원의 배제에 해당되지 않는 것임(서면2팀 -423, 2005. 3. 18.).
- 조세특례제한법 제127조 제4항에 따라 세액감면과 투자세액공제가 동일 사업연도에 발생하여 적용할 수 있는 경우에는 그 중 하나만을 선택하여 적용받을 수 있으며, 투자세액공제는 당해연도 이전에 발생하여 이월된 것이고, 세액감면 사업연도에 발생한 경우에는 두 가지를 동시에 적용할 수 있는 것임(서면2팀 -18, 2005. 1. 3.).

기획재정부 유권해석 해설

질의 창업중소기업 세액감면 적용기간 중 시설투자를 하여 투자한 당해 과세연도에 임시투자
세액공제의 적용을 받은 경우 그 후 사업연도 중 잔존감면기간에 세액감면을 다시 적용받을 수 있는지?

회신 재경부 조세지출예산과 46019-18, 2003. 1. 16.

○ 세액감면과 투자세액공제 간 중복적용 배제 여부 판정은 '과세연도 단위'로 결정하는 것으로서,
   창업중소기업 세액감면기간 중 임시투자세액공제는 과세연도별로 선택적용 가능

저자의 견해

○ 세액감면과 세액공제 간 중복적용 배제는 세액감면과 세액공제를 중복하여 받지 말라는 것이지
   둘 중 하나를 선택하는 것은 가능

○ 조세지원제도가 조세유인 효과(인센티브)를 극대화하기 위해서는 세액감면기간 중 시설투자를
   많이 한 경우에는 투자세액공제를, 시설투자를 적게 한 경우에는 다시 세액감면을 받게 하는
   것이 바람직함.

○ 창업중소기업 세액감면기간에서 '그 기간 동안 감면을 받을 수 있다'는 의미는 일종의 권리이지
   의무가 아니기 때문에, 특정 연도에 당해 세액감면을 적용받지 아니하였다고 하여 잔존감면기간
   동안 세액감면이 배제되는 것이 아니라, 당해 감면을 특정 연도에 포기할 수도 있고, 원하는
   경우 잔존감면기간 동안 다시 감면을 받을 수도 있는 의미로 해석함이 타당

○ 따라서, 원칙적으로 세액감면과 투자세액공제 간에는 동일 과세연도 단위로 중복적용이 배제될
   뿐, 둘 중 어느 조세지원을 받을 것인지 여부는 당해 납세자의 선택사항으로 보는 것이 타당함.

4-2. 세액감면 간 중복적용 배제

내국인이 동일한 사업장에 대하여 동일한 과세연도에 다음의 세액감면 중 둘 이상의 규정이
적용될 수 있는 경우에는 그 중 하나만을 선택하여 적용받을 수 있다(조특법 §127⑤).

1991년 이전에는 내국인이 동일한 공장에 대하여 창업중소기업에 대한 5년간 세액감면
등의 각종 일정기간 세액감면제도 중 하나를 적용받은 경우에는 감면기간이 종료된 후에도
여타 일정기간 세액감면제도는 적용받을 수 없도록 하고 있었다.

이는 동일한 공장에 대하여 과도한 지원을 배제하기 위한 것이나 이와 같이 운영하는 경우,
예를 들어 수도권지역에서 창업한 기술집약형중소기업이 일정기간 세액감면을 적용받은
후에는 여타 일정기간 세액감면제도를 활용(예 : 농공단지에 입주)할 유인이 없어지게 되는
등 각종 일정기간 세액감면 제도를 운영하는 취지에 배치되는 문제점이 있었다.

이러한 문제점을 감안하여 특정사유로 인해 일정기간 세액감면제도를 적용받은 기업이
당해 감면기간이 종료된 후에는 여타 일정기간 세액감면제도를 활용할 수 있도록 하되, 동일한

과세연도에 둘 이상 과세감면제도를 중복하여 적용받을 수 없도록 보완한 것이 본 제도의 취지이다.

세액감면·면제 유형	조문	주요 내용	공제율
① 창업중소기업 등에 대한 세액감면	§6	• 창업중소기업 창업 • 창업보육센터사업자 창업 • 창업벤처기업 창업	5년간 50·75·100%
② 중소기업 등에 대한 특별 세액감면	§7	• 제조업 등을 영위하는 중소기업의 당해 사업소득	(규모·지역별) 5~30%
③ 연구개발특구에 입주하는 첨단기술기업 등에 대한 법인세 등의 감면	§12의2	• 첨단기술기업의 입주 • 연구소기업의 입주	3년간 100%, 2년간 50%
④ 창업중소기업 등의 통합에 대한 세액감면 승계	§31 ④·⑤	• 창업중소기업 세액감면(§6) • 지방이전 중소기업 세액감면(§63) • 농공단지입주기업 세액감면(§64) • 농업회사법인 세액감면(§68))	잔존기간 내 감면적용
⑤ 창업중소기업 등의 법인 전환에 대한 세액감면 승계	§32④	• 창업중소기업 세액감면(§6) • 지방이전 중소기업 세액감면(§63) • 농공단지입주기업 세액감면(§64) • 농업회사법인 세액감면(§68))	잔존기간 내 감면적용
⑥ 공공기관의 혁신도시 이전 하는 경우 법인세 등 감면	§62④	• 공공기관의 혁신도시 이전시	3년간 100%, 2년간 50%
⑦ 수도권 밖으로 공장을 이전 하는 기업에 대한 세액감면 등	§63①	• 수도권 밖으로 공장을 이전하여 사업개시	7년간 100%, 3년간 50%
⑧ 수도권 밖으로 본사를 이전 하는 법인에 대한 세액감면 등	§63의2 ①	• 수도권 밖으로 본사를 이전하여 사업개시	7년간 100%, 3년간 50%
⑨ 농공단지입주기업 등에 대한 조세감면	§64	• 농공단지에서 농·어촌소득개발사업 영위하는 법인 등	5년간 50%
⑩ 사회적기업 및 장애인표준 사업장에 대한 법인세 등의 감면	§85의6 ①·②	• 사회적기업 등으로 인증받은 후 발생하는 소득	3년간 100%, 2년간 50%
⑪ 신축주택 등 취득자에 대한 양도소득세의 과세특례	§99의2 ②	• 신축주택 등 양도소득	5년간 100%

세액감면·면제 유형	조문	주요 내용	공제율
⑫ 감염병 피해에 따른 특별재난지역의 중소기업에 대한 법인세 등의 감면	§99의11①	• 특별재난지역에 사업장을 둔 중소기업	소기업 : 60% 중소기업 : 30%
⑬ 해외진출기업의 국내복귀에 대한 세액감면	§104의24①	• 복귀 후 발생하는 사업소득	5년간 100%, 2년간 50%
⑭ 제주첨단과학기술단지 입주기업에 대한 법인세 감면	§121의8	• 생물산업, 정보통신산업 등 영위	3년간 100%, 2년간 50%
⑮ 제주투자진흥지구 또는 제주자유무역지역 입주기업에 대한 법인세 등의 감면	§121의9②	• 제주투자진흥지구 또는 제주자유무역지역 입주기업	3년간 100(50)%, 2년간 50(25)%
⑯ 기업도시개발구역 입주기업 등에 대한 법인세 등의 감면	§121의17②	• 기업도시개발구역 입주기업 • 기업도시개발사업시행자(1/2혜택)	3년간 100(50)%, 2년간 50(25)%
⑰ 아시아문화중심도시 투자진흥지구 입주기업 등에 대한 법인세 등의 감면	§121의20②	• 투자진흥지구 입주기업	3년간 100%, 2년간 50%
⑱ 금융중심지 창업기업 등에 대한 법인세 등 감면	§121의21②	• 금융중심지에 창업하여 금융·보험업 영위 사업자	3년간 100%, 2년간 50%
⑲ 첨단의료복합단지 입주기업에 대한 법인세 등 감면	§121의22②	• 첨단의료단지 입주자	3년간 100%, 2년간 50%
⑳ 외국인투자에 대한 법인세 등의 감면	§121의2	• 산업자원서비스, 고도기술수반 • 외국인투자지역 입주 외투기업 • 경제자유구역 입주 외투기업	해당 법조 해설 참고
㉑ 외국인투자기업 등에 대한 증자의 조세감면	§121의4	• 외국인투자기업의 증자, 자본전입시 감면적용	해당 법조 해설 참고

관련통칙

• 동일부지 내에 공장이 있더라도 각 제품별로 제조설비 및 공장건물을 별도로 설치하고 제조공정이 서로 무관한 제품을 생산하여 구분경리가 가능한 경우에는 공장별로 각각 다른 감면을 선택하여 적용받을 수 있음(조기통 127-0…2).

질 의 지방과 수도권에 각각 공장을 1개식 운영(각각의 공장에 대해 별도로 사업자등록)하던 중소사업자가 각각의 사업장에 대해 매년 중소기업특별세액감면을 적용받아 오던 중 수도권 공장을 지방공장으로 이전한 경우 감면 적용방법?

회 신 재경부 조세지출예산과 46019-281, 2000. 8. 9.

○ 수도권과 수도권 외 지역에서 각각 별도의 공장을 운영하면서 중소기업특별세액감면의 적용을 받던 중소기업이 수도권 안 공장의 지방이전으로 지방소재 공장과 동일부지 내에 입지하게 된 경우 각 제품별로 제조설비 및 공장건물을 별도로 설치하고 제조공정이 서로 무관한 제품을 생산하여 구분경리가 가능한 경우에는 기존의 공장은 중소기업특별세액감면을 계속 적용받을 수 있는 것이며, 이전 후 공장은 중소기업특별세액감면(§7)과 지방이전세액감면(§63) 중 선택하여 적용가능한 것임.

저자의 견해

○ 지방이전세액감면의 적용단위는 "공장"으로 수도권공장과 지방공장이 수도권공장의 이전으로 통합된 경우에는 어느 하나의 감면을 적용받아야 할 것이나, 이 경우 기존에 중소기업특별세액감면의 적용을 받아오던 지방공장에 대해서는 감면을 배제하는 결과가 되어 동일 부지 등 연접한 사업장이 아닌 곳으로 지방이전한 사업자와 불형평이 발생

○ 따라서, 비록 2개의 공장이 하나의 공장으로 통합되었다 하더라도 동일 부지 내에 각 제품별로 제조설비 및 공장건물을 별도로 설치하고 제조공정이 서로 무관한 제품을 생산하여 구분경리가 가능한 경우에는 기존 공장부분에 대하여는 기존의 감면을 계속 적용하고 이전 공장부분에 대하여는 기존의 감면과 지방이전 감면분 중 선택하여 적용하는 것이 합리적임.

질 의 제조업을 영위하는 중소기업이 외국인 투자 사업을 위해 기존 공장건물의 유휴공간에 기존의 제조업(비외국인투자사업)과 상이한 제조설비를 설치하고 제조공장이 서로 무관한 제품을 생산함으로써 외투사업과 비외투사업을 구분경리하고 소득구분이 가능한 경우에 구분된 소득별로 외국인투자세액감면과 중소기업특별세액감면을 선택하여 적용받을 수 있는지 여부?

〈갑설〉 구분경리된 소득별로 별도의 감면 선택 가능

〈을설〉 외투사업부분과 기타사업부분을 구분하지 않고 중소기업 전체 소득에 대해 외국인투자세액감면 또는 중소기업특별세액감면 중 하나만 적용

회 신 재경부 조세지출예산과 46019-157, 2002. 10. 5.

○ 외국인투자사업과 기타사업을 영위하는 중소기업이 각 사업별로 상이한 제조설비와 제조공정을 설치하여 서로 무관한 제품을 생산하면서 외투사업과 기타사업을 명확히 구분경리하고 소득구분이 가능한 경우에는 구분된 소득별로 조특법상 외국인투자에 대한 법인세감면(§121의2)과 중소기업특별세액감면을 각각 적용받을 수 있음.

저자의 견해

○ 중복지원 배제 규정에 따르면 동일한 사업장에 대하여 동일한 과세연도에 둘 이상의 감면규정이 동시에 적용될 수 있는 경우에는 하나의 감면만 선택하여 적용하고 있으나, 동일한 사업장이라 하더라도 각 사업별로 소득이 명확하게 구분되는 경우에는 각 사업별로 별도의 세액감면이 적용되더라도 중복문제가 발생하지 아니하는 바(구재경부 조예 46019-281, 2000. 8. 9),

○ 이와 같이 별도의 공장을 두지 않더라도 외국인투자사업과 비외국인투자사업 간 구분경리를 하고 소득구분이 가능한 경우에는 외국인투자사업부분에 대하여 비외국인투자사업과 별도의 세액감면을 적용하더라도 동 부문에 대하여는 다른 감면이 추가로 적용되지는 아니하므로 동일한 감면대상에 이중으로 조세감면을 받는 것을 제한하여 과도한 조세감면을 지양하려는 조특법의 중복적용배제 규정의 입법취지에는 합당함.

○ 따라서, 동일한 사업장 내에 별도의 공장건물을 두지 않더라도 외투사업에 대하여 제조설비가 상이하고 제조공정이 서로 무관한 제품을 생산함으로써 소득의 구분경리가 가능한 경우에는 감면적용의 작위성과 임의성을 배제할 수 있는 최소한의 요건을 갖춘 것으로 보아 구분된 소득별로 각각 선택 적용받을 수 있는 것이 중복지원 배제 규정의 당초 취지, 감면적용의 형평성 등을 감안할 때 타당할 것으로 판단됨.

기획재정부 유권해석 해설

질의 동일한 사업장에서 제조업으로 창업하고, 도매업을 추가하여 겸영하는 경우 세액감면의 중복적용 여부?

회신 재경부 조세지출예산과-17, 2005. 1. 7.

○ 제조업으로 창업 후 도매업을 추가로 겸영하는 사업자가 구분경리가 되어 있는 경우 제조업소득은 창업중소기업 세액감면을 적용받고 도매업소득은 중소기업 특별세액감면을 적용받을 수 있는 것임.

저자의 견해

○ 동일한 사업장에서 창업중소기업 세액감면과 중소기업 특별세액감면이 동시에 적용가능한 경우 그 중 하나만을 선택하여 적용받을 수 있도록 규정하고 있으나,

○ 구분경리를 통하여 소득구분이 명확히 가능함에도 동일한 사업장이라 하여 중복적용을 배제하면 불합리한 결과가 발생
  * 2개의 건물로 구성된 동일한 사업장에서 각각 제조업과 도매업을 영위 → 중복적용 배제
  * 하나의 건물에서 제조업(1층)과 도매업(2층)을 각각 영위 → 각각 세액감면 적용가능

○ 중복지원 배제(조특법 §127)의 입법취지는 동일한 조세감면대상에 대하여 이중으로 조세감면을 받는 것을 제한하여 과도한 조세감면이 되지 않도록 하려는 것이므로,

○ 동일 사업장 내에서도 업종이 상이하여 구분된 소득별로 감면을 각각 적용받을 수 있는 것으로 해석하더라도 입법취지에 부합하고, 감면적용의 형평에 크게 어긋나지 않는 것으로 판단됨.

질의) 중소기업이 과세연도 중에 수도권과밀억제권역 외 지역으로 공장을 이전한 경우 이전 전 소득에 대하여는 중소기업 특별세액감면을 적용하고, 이전 후 소득에 대하여는 수도권과밀억제권역 외 지역 이전 세액감면을 각각 적용받을 수 있는지 여부?

회신) 재경부 조세지출예산과-241, 2006. 4. 26.

○ 중소기업이 과세연도 중에 수도권과밀억제권역 외 지역으로 공장을 이전한 경우, 이전 전 소득은 중소기업 특별세액감면을, 이전 후 소득은 수도권과밀억제권역 외 지역 이전 중소기업세액감면을 각각 적용할 수 있음.

저자의 견해

○ 수도권과밀억제권역 외 지역 이전에 대한 세액감면의 감면대상은 이전 후 공장에서 발생한 소득이므로, 이전한 당해 연도의 경우 이전 후 소득에 대하여만 중복지원 문제 발생

○ 따라서, 중복지원 문제가 없는 이전 전 소득에 대하여는 이전 후 소득과 구분경리하여 중소기업 특별세액감면을 적용할 수 있는 것이며, 이전 후 소득은 두 개의 감면 중 하나를 선택하여 적용하는 것임.

○ 납세자의 행위에 따른 각각의 감면목적(중소기업지원 및 수도권기업의 지방 이전 촉진)을 달성하기 위해서는 감면대상 소득이 중복되지 않는 한 납세자에게 유리한 방식으로 적용하는 것이 바람직함.

○ 세액감면은 감면대상 소득을 기준으로 감면소득의 일정부분에 해당하는 세액을 감면하는 것으로, 세액감면의 중복지원 여부를 판정하는 기준은 단순히 1개 사업연도에 2개 이상의 세액감면이 적용된다는 사실만으로 중복지원에 해당한다고 판정하기보다는 해당 감면세액의 기준이 되는 감면대상 소득이 동일한지 여부로 판정함이 합리적임.

○ 본 건의 경우 이전 전 소득과 이전 후 소득을 구분경리하여 각각 세액감면을 적용하는 경우 형식적으로는 1개 사업연도에 2개의 세액감면이 적용되는 것이나, 각각의 세액감면의 대상이 되는 감면대상 소득 자체가 상이하므로, 세액감면의 중복지원으로 보기 곤란함.

5 | 세액공제와 세액감면의 중복에 대한 추가 해설

세액감면을 적용받는 사업과 그 밖의 사업을 구분경리하는 경우로서 그 밖의 사업에 공제규정이 적용되는 경우에는 해당 세액감면과 공제는 중복지원에 해당하지 아니한다(조특법 §127⑩). 이는 조문상 조세지원의 중복여부를 "내국인", 즉 인별로 판단하는 것으로 오인할 소지가 있어 감면사업, 투자자산 등 조세지원 단위가 중복되지 않고 구분경리가 가능한 경우 중복으로 볼 수 없음을 법률로 명확히 한 것이다.[6]

---

6) 내국인이 동일한 과세연도에 세액감면과 세액공제를 동시에 적용받을 수 있는 경우에는 그 중 하나만을 선택하여

사 례

○ 내국법인 갑

구분	A사업장	B사업장	법인 전체
소득	300	100	400
조세지원	고용창출 세액공제	지방이전 세액감면	중복 적용 아님

○ A, B사업장을 구분경리하여 산출세액을 A, B로 구분가능할 경우 공제·감면의 기초단위가 중복되지 않으므로 내국법인 갑이 공제와 감면을 모두 적용받더라도 중복적용이 아님.

5-1. 세액감면과 세액공제

세액감면과 세액공제의 동시적용 단위와 중복 여부를 판단하기 위해 각각 제도의 특성을 먼저 살펴볼 필요가 있다. 각각의 조세지원 제도는 해당 감면·공제액이 얼마인지를 계산하는 공제·감면액의 결정단계와 결정된 금액을 산출세액에서 차감하는 실질적인 적용단계를 거친다.

결정단계(세액감면과 세액공제 간 구조적 차이점 발생)에서의 차이점을 살펴보면, 먼저, 세액감면은 소득의 종속변수로 감면대상 소득이 전제되어야 세액감면액을 결정할 수 있으며, 또한, 세액감면의 적용을 위해서는 구분경리가 반드시 필요하다. 반면, 세액공제는 소득과 무관한 독립변수로 소득파악이 없더라도 투자한 자산의 가액으로 세액공제액의 결정이 가능하며, 소득과 무관하게 결정되므로, 구분경리 절차가 필요하지 않은 특성이 있다.

다음으로 적용단계에서 양자간 차이를 분석하면, 결정단계에서 계산된 세액감면액과 세액공제액 모두 산출세액에서 차감된다는 점에서 동일하다. 즉, 결정단계에서 구조적인 차이가 있을 뿐 실제 세액에서 차감된다는 점에서는 세액감면과 세액공제가 본질적으로 동일하다고 볼 수 있다. 다만, 세액감면은 소득에 종속되므로 산출세액을 초과하지 않고, 원칙적으로 구분된 소득 내에서 모두 차감되므로 이월되는 사례는 없는[7] 반면, 세액공제액은 관련 소득과 무관하게 결정되므로, 관련 소득에 대한 산출세액을 초과할 수 있으며, 이월이 발생할 수 있다는 차이가 있다.

적용하여야 함. 다만, 제조공정이 서로 무관한 2개의 공장을 영위하는 법인이 각각의 공장을 서로 구분하여 경리함에 따라 산출세액 중 사업장별로 귀속되는 세액을 합리적으로 구분할 수 있는 경우, 1개의 공장에서 세액감면을 적용하고 있더라도 다른 공장에 투자를 함에 따라 발생한 투자세액공제는 다른 공장에 귀속되는 세액을 한도로 공제할 수 있음(재경부 조세특례제도과-284, 2010. 3. 24.).

7) 단, 최저한세가 적용되는 경우에는 예외적으로 모두 차감되지 않을 수도 있다.

5-2. 구분경리와 세액감면·세액공제와의 관계

구분경리는 사업자가 서로 성격이 상이한 2개 이상의 사업을 영위할 때 각각의 사업을 구분·관리할 목적으로 도입되었으며, 그 근거는 법인세법령에 근간을 두고 조특법에서는 감면대상사업과 그 밖의 사업을 구분할 목적으로 이를 준용하고 있다.

세액감면은 2개 이상의 감면을 적용되더라도 감면대상 사업별로 구분경리를 함으로써 중복문제가 해결되며, 구분경리로 세액감면의 중복문제가 해결되는 이유는 세액감면은 관련 소득의 종속변수로서 이를 초과하여 감면될 수 없기 때문이다. 결과적으로, 세액감면은 구분된 관련 소득에 귀속되는 세액 내에서만 차감되기 때문에 세액감면 상호간에 실질상 중복이 발생하지 않는 것으로 보는 것이다.

반면, 세액공제는 구분경리를 하더라도 관련 소득에 귀속되는 세액 내에서만 차감된다고 보장할 수 없기 때문에 구분경리 자체만으로는 세액공제의 중복 현상의 방지가 담보된다고 볼 수 없다. 그러나, 구분경리된 소득 내에서만 세액공제액이 차감된다면 실질상 중복이 아닌 것으로 보아야 하며, 이를 세액감면과 다르게 판단할 이유는 없다고 판단된다.[8]

따라서, 구분경리와 세액감면·세액공제 간 상호관계 및 역할과 의미는 다음과 같이 정리할 수 있을 것이다.

① 세액감면 : 구분경리 자체만으로도 중복 여부를 자동으로 방지하는 담보 수단이 되므로, 동시적용 단위로 사용 가능하다.

② 세액공제 : 구분경리만으로는 세액공제의 중복을 자동으로 방지할 수 없으므로, 동시적용 단위로 사용하기에는 어려울 것이다.

구분경리를 통해 세액공제의 중복현상을 자동으로 제어할 수는 없으나, 세액공제가 세액감면과 실질상 중복이 되는지를 판단하는 수단으로서의 가치는 충분히 있다고 판단된다.

5-3. "감면대상소득"만 구분경리의 대상이 되는가?

구분경리를 세액감면의 중복 여부를 판단하는 기준일 뿐 세액공제의 중복을 판단하는 기준은 될 수 없다는 견해[9]가 있는데, 구분경리가 세액공제 간 중복 여부를 판단하는 기준으로는 적절한 수단이 될 수 없을 것이나, 세액감면 간 중복은 물론 세액감면과 세액공제 간 중복판정에도 매우 유효한 수단이 될 수 있다.

---

8) 세액감면과 세액공제는 결정단계에서 서로 상이한 면이 있으나, 결국 관련 소득의 산출세액에서 차감(적용단계)된다는 점에서는 동일하다고 볼 수 있다.

9) 세액공제는 소득의 종속변수도 아니며 소득과 즉시 연동되지도 않으므로, 세액공제 간 중복은 투자한 자산의 동일성 여부로 판정함이 타당하며, 구분경리하고는 무관함.

그 근거는 "감면대상사업"과 "그 밖의 사업"을 구분경리하도록 규정하고 있는데, 이에 따르면 감면대상사업을 구분경리함에 따라 그 밖의 사업은 자동으로 구분경리되는 결과가 되므로, 세액감면과 세액공제가 서로 다른 사업일 경우 본 규정에 따라 세액공제 사업도 구분경리하여야 한다는 결과가 된다고 볼 수 있다.

감면대상소득을 구분경리하는 이유는 감면대상 소득만을 별도로 구분하여 그 소득에 대해서만 세액감면을 적용하면 그 밖의 소득과 관계없이(그 밖의 소득에 다른 감면을 적용하더라도) 감면대상소득의 세액감면은 유효하다는 것을 의미한다. 따라서, "그 밖의 사업"이 세액공제 사업으로서 그 사업 내에서만 세액공제를 적용하면 감면대상 사업과 중복된다고 볼 수 없으며, 구분경리는 세액감면과 세액공제가 중복이 되는지 여부를 판단하는 합리적인 수단이 될 수 있다고 판단된다.

5-4. 세액감면과 세액공제 간 중복판정의 단위

세액감면의 동시적용 단위는 "사업장"이나, 세액공제의 동시적용 단위는 "투자 자산"이므로, 상호간에는 동시적용 단위가 상이하여, 중복 판정이 곤란해 단순 획일적으로 모두 중복으로 판정할 수밖에 없다고 볼 수 있으나, 이러한 견해는 합리적인 판단으로 보기 곤란하다.

논리적으로 접근해 보면, A와 B가 서로 독립인지 여부를 판정할 때 A와 B를 개별적으로 판단하여 각각의 독립 여부를 판정할 수도 있으나, A만 독립 여부를 판정하여도 A가 독립임이 명확하다면, B는 당연히 독립이 되는 것으로, A의 독립만으로, B에 대한 별도의 판정 없이 A와 B 상호간은 서로 독립된 관계라는 것을 판정할 수 있다.

세액감면과 세액공제의 중복 여부를 판정할 때에도 구분경리가 세액감면만을 위한 것이라 하더라도, 세액감면은 구분경리를 통해 자체적으로 중복 여부의 명확한 판정이 가능한 바, 세액감면이 중복이 아니라면 그 밖의 사업에 해당하는 부분에 세액공제 또는 세액감면 등이 적용되고 있더라도 양자 간에는 서로 중복되지 않는 다는 판정이 가능한 것이다. 따라서, 세액감면과 세액공제의 동시적용 단위의 합리적인 도출 방안은 구분경리된 "감면대상소득"이 해당 세액감면에 한해서만 독립적으로 차감되고 있는지 여부로 봄이 타당하다.

5-5. 세액감면과 세액공제 중복판정의 정책적 타당성

세액감면과 세액공제가 함께 적용될 경우 실질적 중복 여부와 관계없이 무조건 단순 획일적으로 중복으로 판정하여야 한다는 주된 이유는 세액공제와 세액감면을 함께 적용함으로써 과도한 조세지원이 발생하기 때문이다.

그러나, 조세정책을 입안·운용하는 관점에서는 조세지원에 따른 세수감도 물론 고려하여야 하나, 세수감에 따라 조세유인 효과가 추가로 달성되는지 여부에도 주목할 필요가 있으며, 이 또한 매우 중요한 요소라고 볼 수 있다. 만약, 세액감면과 세액공제를 함께 적용하였음에도 추가적인 조세유인 효과가 달성되지 않고 단순히 세수감만 유발하는 결과가 되는 것이라면, 세액감면과 세액공제는 단순하게 함께 적용될 경우 모두 중복지원이라고 판정하는 것이 보다 타당할 것이다.

그러나 다음과 같은 사례를 통해 세수감을 통한 조세유인 효과가 발생한다는 점을 쉽게 입증할 수 있으며, 조세지원 제도를 운영하는 정책 당국 입장에서는 이와 같은 조세유인의 불형평 문제도 소홀하게 볼 수 없다.

사 례

세액공제의 중복적용에 대한 타당성 분석

	A법인			B법인
	1사업장	2사업장	법인 전체	
소득	300	100	400	300
조세지원	?	세액감면 적용	중복 적용?	세액공제 적용

* A법인의 1사업장과 B법인은 동일한 업종 동일한 규모라고 가정

- B법인이 고용증대를 통해 세액공제를 적용받았고, A법인은 B법인과 동일한 업종, 동일한 규모의 1사업장을 영위하고 있음에도, 1사업장과는 별도의 업종을 영위하는 2사업장이 추가로 있다고 가정할 때
- 2사업장이 지방으로 이전하여 지방이전세액감면을 적용받으면서(물론, 2사업장의 감면은 2사업장 소득에서만 차감) 1사업장에서 B법인과 동일한 규모로 고용을 증대하려고 할 때 세액공제를 허용하는 것이 타당한지 아니면 이를 과도한 조세지원으로 보아 허용하지 않는 것이 타당한지를 판단할 필요

모든 조세지원 제도는 국고 입장에서는 세수감이 유발되나, 고용증대 등 보다 큰 가치창출을 위해 세수감을 희생하고 추진하는 조세지원의 정책적인 측면을 고려할 때 별도의 사업장에서 세액감면이 적용되더라도, 그 감면액이 해당 사업장에서만 차감된다면(물론, 세액감면의 본질상 해당 사업장에서만 차감됨) 다른 사업장의 고용증대에 따른 세액공제는 허용하는 것이 합리적인 조세정책의 운용이며, 세액공제를 허용하지 않을 경우 A법인은 B법인과 달리 고용증대에 따른 인센티브가 전혀 없게 되어, 조세지원 정책 운용에 있어 심각한 불균형이 발생하는 문제점이 야기될 것이다.

5-6. 구분된 산출세액을 초과하는 세액공제액의 이월문제

서로 다른 독립된 사업장에서 각각 세액감면과 세액공제를 적용하더라도 둘 간의 소득이 구분되어 각각 독립적으로 차감된다면, 중복 문제가 발생하지 않는 것으로 보는 것이 타당하며, 이는 사업장별로 세액감면을 각각 적용할 때 세액감면이 서로 중복이 되지 않는 것과 본질적으로 동일한 것이라고 볼 수 있다.

다만, 세액공제는 세액감면과 달리 관련 소득(구분된 사업장에 귀속되는 소득)의 산출세액에서만 차감되는 것이 아니기 때문에 세액공제액이 귀속 산출세액을 초과하는 경우 초과된 세액공제액을 어떻게 취급할지 여부가 문제가 될 수 있다.

5-5.에서 제시한 사례를 놓고 판단해 보면, B법인의 세액공제액은 산출세액을 초과할 경우 이월공제 규정에 따라 이월이 허용되나, A법인의 1사업장의 세액공제액이 1사업장 귀속 산출세액을 초과할 경우(2사업장에는 세액감면 적용 후에도 귀속 산출세액이 남아 있다고 가정) 초과된 세액공제액을 이월시킬 수 있을 것인가에 대한 판단이 필요한 것이다.[10]

5-7. 세액공제의 적용단위

조세지원 제도를 도입할 때 세액공제로 할지, 세액감면으로 할지는 원칙의 문제가 아닌 입법 선택의 문제[11]로서, 세액공제와 세액감면은 구조적인 면에서 다소의 차이는 있으나, 법인이 부담할 세액을 덜어주는 조세지원이라는 측면에서 본질적으로 동일하다. 다만, 하나의 인격에 2개의 세액감면을 적용하더라도 독립적으로 적용된다면 중복으로 보지 않듯이 세액공제와 세액감면의 경우에도 각각 독립적으로 적용된다면 동일하게 봄이 타당하며, 세액감면 2개가 적용되는 경우와 다르게 볼 합리적 이유가 없을 것이다.

조세지원의 중복 판정은 인격보단 소득으로 판정하는 것이 조세법 원칙에도 충실하며(조세부담은 인격보다 소득에 따라 결정되는 점을 감안할 때 당연한 결과이다. 2개 법인의 소득합계보다 1개 법인의 소득이 많을 수 있으므로 조세지원도 인격단위보단 실질적 세부담 단위(소득)에 비례함이 타당), 소득세에서 근로소득, 사업소득, 기타소득 등 각 소득에 따라 별도의 공제 또는 감면제도를 각각 적용하고 있으며, 이를 중복지원으로 보지 않듯이(소득세와 법인세는 소득원천설과 순자산증가설에 따라 소득이 발생하는 것으로 차이를 두고 있으나, 소득세제라는 본질적 측면에서 동일) 법인의 소득도 개별 소득의 특성에 따라 명확하게 구분하여 각 소득에 따라 공제·감면을

---

10) 「조세특례제한법」 제121조의2에 의한 외국인투자에 대한 법인세 등의 감면이 적용되지 않는 사업에서 발생한 같은 법 제26조에 의한 고용창출투자세액공제액 중 비감면사업에 귀속되는 산출세액이 없어 공제받지 못한 세액은 해당 사업연도의 다음 사업연도 개시일부터 5년 이내에 끝나는 각 사업연도에 이월하여 그 이월된 각 사업연도의 비감면사업에 귀속되는 산출세액의 범위 안에서 공제함(조심 2015전5379, 2018. 8. 24.).

11) 투자 발생시 투자와 관련된 소득에 대하여 투자금액에 비례한 세액감면 제도를 도입할 수도 있음.

독립적으로 적용한다면 이를 중복으로 보는 것은 바람직하지 않다고 판단된다.

6 | 기타 중복적용 배제 사항

6-1. 동일 사업장·동일 과세연도에 지방세 감면의 중복적용 배제

내국인이 동일한 사업장에 대하여 동일한 과세연도에 다음의 지방세 감면이 동시에 적용되는 경우에는 그 중 하나를 선택하여 적용하여야 한다(조특법 §127⑥).

지방세 감면 유형	조 문
외국인투자자에 대한 법인세 등의 감면	§121의2
증자의 조세감면	§121의4

6-2. 동일한 토지 등의 양도에 대한 양도소득세 감면의 중복적용 배제

거주자가 토지 등을 양도하여 둘 이상의 양도소득세 감면규정을 동시에 적용받는 경우에는 당해 내국인이 선택하는 하나의 감면규정만을 적용한다. 다만, 토지 등의 일부에 대하여 특정의 감면규정을 적용받는 경우에는 잔여부분에 대하여 다른 감면규정을 적용받을 수 있다(조특법 §127⑦).

6-3. 공익사업용 토지에 대한 중복적용 배제

거주자가 토지 등을 양도하여 다음의 감면규정이 동시에 적용되는 경우에는 그 중 하나만을 선택하여 적용받을 수 있다(조특법 §127⑧).

감면 유형	조 문
공익사업용 토지 등에 대한 양도소득세의 감면	§77
공익사업을 위한 수용 등에 따른 공장 이전에 대한 과세특례	§85의7

6-4. 동일한 주택 양도시 양도소득세 중복적용 배제

거주자가 주택을 양도하여 다음의 과세특례가 동시에 적용되는 경우에는 그 중 하나만을 선택하여 적용받을 수 있다(조특법 §127⑨).

감면 유형	조 문
지방 미분양주택 취득에 대한 양도소득세 등 과세특례	§98의2
미분양주택의 취득자에 대한 양도소득세의 과세특례	§98의3

7 | 관련사례

구 분	내 용
투자세액공제 간 중복적용	○ 동일 기계장치에 대해 중소기업 투자세액공제와 임시투자세액공제가 동시에 적용되는 경우, 그중 하나만을 선택적용하는 것이며, 여러 가지 자산에 투자한 경우에는 그 투자별로 조세특례제한법에 의한 각종 투자세액공제 중 하나만을 선택하여 적용하는 것임(서일 46011-11737, 2003. 12. 1.). ○ 임시투자세액공제와 동시에 다른 투자세액공제 적용대상자산에 해당시, 임시투자세액공제 적용기간 외에 투자되는 금액은 다른 투자세액공제 적용가능함(법인 46012-582, 2001. 3. 22.). ○ 여러 가지의 자산투자를 한 경우에는 그 투자별로 조세감면규제법에 의한 각종 투자세액공제 중 하나만을 선택하여 적용하는 것임(법인 46012-467, 1996. 2. 10.). ○ 법인 본사의 수도권 밖 이전에 따라 「조세특례제한법」 제63조의2 제2항 제2호에 따라 감면소득을 산정하여 세액감면을 적용받은 내국법인은 동일한 과세연도에 동법 제25조에 따른 세액공제를 동시에 적용받을 수 없는 것입니다(기획재정부 조세특례제도과-895, 2020. 12. 3.). ○ 조세특례제한법상 이월된 투자세액공제와 당기 발생한 세액감면은 중복적용 가능함(서면2팀-18, 2005. 1. 3.). ○ 내국법인은 동일 과세연도에 중소기업 특별세액감면과 임시투자세액공제 중 하나만을 적용받을 수 있고, 이 경우 동일 과세연도 해당 여부는 투자시점을 기준으로 판단함(서면2팀-1894, 2004. 9. 10.). ○ 동일 과세연도에 임시투자세액공제와 중소기업 특별세액감면이 동시에 적용되는 경우, 그 중 하나만을 선택 적용함(서면2팀-601, 2004. 3. 26.). ○ 최저한세의 적용으로 인하여 이월된 임시투자세액 공제액은 중소기업에 대한 특별세액감면과 중복하여 적용가능함(서이 46012-11761, 2003. 10. 10.). ○ 중소기업 특별세액감면대상이나 이를 적용받지 않은 경우에는 임시투자세액공제 적용가능함(서이 46012-10786, 2003. 4. 16.).

구 분	내 용
투자세액공제와 세액감면 간 중복적용	○ 조세특례제한법 제130조의 규정에 의한 수도권 외의 지역에서 수도권으로 이전시 같은법 제26조의 세액공제요건을 충족하여 기 공제받은 임시투자세액공제액의 경우에는 투자자산의 이전일 이전에 이미 종전 사업장에서 투자가 완료되어 사업에 사용하던 자산에 한하여 세액 추징이 배제되며, 동 세액이 이월된 경우에는 중소기업 특별세액감면과 중복하여 적용받을 수 있는 것임(서이 46012-10142, 2003. 1. 22.). ○ 임시투자세액공제의 이월분과 중소기업 투자세액감면이 중복되는 중소기업이 임시투자세액공제를 적용받지 아니하고 법인세신고를 한 경우 경정청구를 할 수 있음(서면2팀-2152, 2005. 12. 22.). ○ 임시투자세액공제액이 발생되었으나 최저한세의 적용으로 인하여 이월된 공제세액이 있는 경우, 동 이월공제세액은 중소기업에 대한 특별세액감면과 중복하여 적용받을 수 있는 것임(서면2팀-759, 2004. 4. 12.). ○ 수도권과밀억제권역 외 지역 이전 중소기업에 대한 세액감면과 임시투자세액공제의 중복적용 배제 여부 판정은 과세연도 단위로 결정하는 것임(서이 46012-11897, 2003. 10. 31.). ○ 2000. 12. 31. 이전 개시 사업연도에 발생된 임시투자세액공제액이 최저한세 적용으로 인해 이월된 경우, 2001. 1. 1. 이후 개시 사업연도에 중소기업 특별세액감면과 중복적용 가능함(서이 46012-10786, 2003. 4. 16.). ○ 임시투자세액의 이월공제세액이 있는 경우, 중소기업 특별세액감면과 중복적용 가능함(서이 46012-10293, 2003. 2. 10.). ○ 2000. 12. 31. 이전에 개시한 사업연도에 발생한 '임시투자세액공제액'의 최저한세 적용으로 인한 이월공제세액은 2001. 1. 1. 이후 개시한 사업연도에 '중소기업 특별세액감면'과 중복적용 가능함(서이 46012-10337, 2002. 2. 27.).
세액감면 간 중복적용	○ 쟁점①토지와 같이 당초부터 감면세액이 감면한도액에 미달하지 아니하는 범위 내에서 8년 자경감면과 수용감면을 동시에 적용받을 수 있는 경우에는 하나의 감면규정만을 적용하는 것이 타당하다고 보임(조심 2009중3425, 2009. 12. 28. 참조)(조심 2013중0280, 2013. 8. 14.). ○ 합병법인과 피합병법인의 사업을 구분경리한 경우 합병법인은 중소기업 특별세액감면을 적용받고 피합병법인은 잔존감면기간 동안 창업중소기업 세액감면을 동시에 적용받을 수 있는 것임(서면2팀-1654, 2005. 10. 17.). ○ 제조업과 도매업을 겸영하는 중소기업이 창업중소기업 세액감면규정과 중소기업특별세액감면규정을 동시에 적용받을 수 있는 경우에는 동일한 사업장별로 그중 하나만을 선택하여 적용받을 수 있음(서면2팀-1445, 2004. 7. 12.). ○ 중소기업이 수도권 안의 본사 및 공장을 수도권 외에 있는 기존 공장으로 이전한 경우, 중소기업 특별세액감면과 지방 이전 임시특별세액감면의 중복적용 여부(서이 46012-10818, 2003. 4. 19.)

구 분	내 용
외투기업 등 중복적용	○ 외국인투자기업에 대한 세액감면적용 대상기간이 경과한 경우의 외국인투자지분에 대한 투자세액공제분은 중복적용 배제대상에 해당하지 않음(서면2팀-763, 2007. 4. 27.). ○ 조세특례제한법 제121조의2 또는 제121조의4의 규정에 의하여 외국인투자기업에 대한 세액감면 적용대상기간 중 동 세액감면을 적용받지 아니한 경우에는 임시투자세액공제를 적용받을 수 있는 것임(서면2팀-511, 2005. 4. 8.). ○ 외국인투자기업에 대한 세액감면 적용대상기간이 경과한 경우 및 내국인이 소유하던 지분을 양수한 경우의 외국인투자지분에 대한 투자세액공제분은 '중복지원 배제대상' 아님(서이 46017-11547, 2003. 8. 25.). ○ 외자도입법상 법인세 등 감면대상으로서 그 감면결정을 통지받은 법인이 실제는 감면받지 않은 경우는 생산성향상시설 투자세액공제 가능함(재국조 46017-66, 1996. 4. 17.). ○ 외국인투자사업과 기타사업(외국인투자 외 사업으로 중소기업특별세액감면 적용대상)을 영위하는 중소기업이 각 사업별로 상이한 제조설비와 제조공정을 설치하여 서로 무관한 제품을 생산하면서 외국인투자사업과 기타사업을 명확히 구분경리하고 소득구분이 가능한 경우에는 구분된 소득별로 조세특례제한법 제121조의2의 외국인투자자에 대한 법인세감면과 동법 제7조의 중소기업에 대한 특별세액감면을 각각 적용받을 수 있는 것임(서이 46012-10853, 2003. 4. 24.). ○ 조세특례제한법 제121조의2 제1항의 규정에 의한 외국인투자에 대한 감면사업(이하 "감면사업"이라 한다)과 기타사업을 영위하는 법인이 동일한 사업장 내에 각 사업별로 상이한 제조설비와 제조공정을 설치하여 각각 다른 제품을 생산하면서 감면사업과 기타사업을 명확히 구분경리하는 경우 각각의 사업에 투자된 자산에 대하여 투자세액공제를 적용함에 있어서 감면사업에 투자한 자산에 대하여는 같은 법 제127조 제3항의 규정에 의한 내국인투자비율을 곱하여 계산한 금액을, 기타사업에 투자한 자산에 대하여는 전액을 세액공제 적용할 수 있는 것임(서이 46012-11924, 2002. 10. 21.). ○ '중소기업에 대한 특별세액감면'과 '외국인투자기업에 대한 법인세 감면'이 동시에 적용되는 경우 그 중 하나만을 선택해 적용함(제도 46017-10441, 2001. 4. 4.).
변경신고 등	○ 과세표준신고서를 법정신고기한 내 제출한 자는 조세특례제한법 규정의 세액공제를 세액감면으로 변경하여 경정청구 가능함(서면1팀-199, 2004. 2. 6.). ○ 중소기업이 중간예납세액계산시 임시투자세액공제를 한 경우에도 법인세 신고시 임시투자세액공제를 적용하지 않고 중소기업 특별세액감면 적용가능함(서이 46012-11649, 2002. 9. 30.). ○ 세액공제신청을 하였더라도 실제로 세액공제를 적용받지 못하였다면 중복적용 배제대상이 아니며, 중소제조업 특별세액감면을 적용받을 수 있음(재조세 46070-6, 1998. 1. 8.).

8 | 주요 개정연혁

1. 국가등의 지원금으로 시설투자한 금액에 대한 세제지원 배제(조특법 §127)

(1) 개정내용

종 전	개 정

☐ 투자세액공제
○ 사업용자산* 및 기능별자산**에 대한 시설투자시 세액공제
  * 고용창출투자세액공제(§26),
   중소기업투자세액공제(§5)
** 생산성향상시설(§24), 안전설비(§25),
   에너지절약시설(§25의2),
   환경보전시설(§25의3),
   의약품품질관리시설(§25의4), R&D설비(§11),
   근로자복지증진시설(§94), R&D시설 기부
   (§104의18)
○ 투자자금의 출처와 관계없이 세액공제 허용
	☐ 투자세액공제제도 합리화
	
	○ 국가, 지방자치단체, 공공기관, 지방공기업의 보조금 등에 대한 세제지원 배제
	 – (보조금 등을 받은 경우)
	   지원받은 보조금 상당액
	 – (저리융자 등을 받은 경우)
	   이자지원금 상당액
	
	▪ 이자지원금 = 융자받은 시점에 시가인 이자율*을 적용하여 계산한 원리금 합계액 − 융자받은 시점에 실제 융자받은 이자율을 적용하여 계산한 원리금 합계액
	
	* 융자받은 시점의 법인세법 시행령 제89조 제3항에 따른 이자율

(2) 개정이유

○ 중복지원을 배제하고 자체비용으로 투자하는 기업과의 형평성 제고

(3) 적용시기 및 적용례

○ 2014. 1. 1. 이후 투자하는 분부터 적용

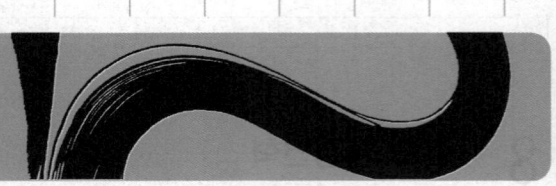

제128조

추계과세 시 등의 감면배제

1 │ 의 의

　　세법은 납세의무의 성실한 이행을 확보하기 위해 다양한 협력의무를 부여하고 있다. 이러한 세법상의 의무를 위반한 경우에는 국세기본법 및 세법에서 가산세를 부과할 수 있는 장치를 두고 있다(국기법 §47①). 이와 동일한 취지로 조세특례 사항을 규정하고 있는 조특법에서는 납세자가 세법상의 의무를 이행하지 아니한 경우에는 조세지원제도의 적용을 배제하여 성실한 납세의무의 이행 확보를 간접적으로 강제하고 있으며, 협력의무를 위반하거나, 부당한 과세신고 등 세법상 부정한 행위가 있는 경우에는 조세특례의 적용이 배제된다.

2 │ 추계과세 시 세액공제 배제

　　추계결정[1]을 하는 경우에는 다음의 조세지원제도를 적용하지 아니한다.

　　다만, 다만, 추계를 하는 경우에도 거주자에 대해서는 제24조(통합투자세액공제) 및 제26조(고용창출투자세액공제)를 투자에 관한 증거서류를 제출하는 경우로 한정하여 적용한다(조특법 §128① 단서).

---

1) 추계결정 사유(소법 §80③ 단서, 법인법 §66③ 단서)
　　소득세법 제80조 제3항 단서 : ① 과세표준을 계산함에 있어서 필요한 장부와 증빙서류가 없거나 중요한 부분이 미비 또는 허위인 경우, ② 기장의 내용이 시설규모·종업원수·원자재·상품 또는 제품의 시가·각종 요금 등에 비추어 허위임이 명백한 경우, ③ 기장의 내용이 원자재사용량·전력사용량 기타 조업상황에 비추어 허위임이 명백한 경우
　　법인세법 제66조 제3항 단서 : ① 소득금액을 계산함에 있어서 필요한 장부 또는 증빙서류가 없거나 그 중요한 부분이 미비 또는 허위인 경우, ② 기장의 내용이 시설규모, 종업원수, 자재·상품·제품 또는 각종 요금의 시가 등에 비추어 허위임이 명백한 경우, ③ 기장의 내용이 원자재사용량·전력사용량 기타 조업상황에 비추어 허위임이 명백한 경우

| 추계결정시 적용 배제되는 조세지원제도 |

조세지원제도	조 문
1. 기업의 어음제도 개선을 위한 세액공제	§7의2
2. 상생결제 지급금액에 대한 세액공제	§7의4
3. 상생협력을 위한 기금 출연 등에 대한 세액공제	§8의3③
4. 연구·인력개발비에 대한 세액공제	§10
5. 기술취득금액에 대한 과세특례	§12②
6. 기술혁신형 합병에 대한 세액공제	§12의3
7. 기술혁신형 주식취득에 대한 세액공제	§12의4
8. 내국법인의 벤처기업 등에의 출자에 대한 과세특례	§13의2
9. 내국법인의 소재·부품·장비전문기업에의 출자·인수에 대한 과세특례	§13의3
10. 성과공유 중소기업의 경영성과급에 대한 세액공제 등	§19①
11. 통합투자세액공제	§24
12. 영상콘텐츠 제작비용 세액공제	§25의6
13. 고용창출투자세액공제	§26
14. 산업수요맞춤형고등학교등 졸업자를 병역 이행 후 복직시킨 중소기업에 대한 세액공제	§29의2
15. 경력단절 여성 재고용 중소기업에 대한 세액공제	§29의3
16. 근로소득을 증대시킨 기업에 대한 세액공제	§29의4
17. 청년고용을 증대시킨 기업에 대한 세액공제	§29의5
18. 고용을 증대시킨 기업에 대한 세액공제	§29의7
19. 통합고용세액공제	§29의8
20. 고용유지중소기업 등에 대한 과세특례	§30의3
21. 중소기업 사회보험료 세액공제	§30의4
22. 상가임대료를 인하한 임대사업자에 대한 세액공제(간편장부대상자 제외)	§96의3
23. 선결제 금액에 대한 세액공제	§99의12
24. 제3자 물류비용에 대한 세액공제	§104의14
25. 해외자원개발투자에 대한 과세특례	§104의15
26. 석유제품 전자상거래에 대한 세액공제	§104의25
27. 우수 선화주기업 인증을 받은 화주 기업에 대한 세액공제	§104의30
28. 금사업자와 구리 스크랩등사업자의 수입금액의 증가 등에 대한 세액공제	§122의4①
29. 금 현물시장에서 거래되는 금지금에 대한 과세특례 중 소득세·법인세 세액공제	§126의7⑧

3 | 결정 및 기한 후 신고의 경우 감면배제

결정 및 기한 후 신고[2][3]를 하는 경우에는 다음의 조세지원제도를 적용하지 아니한다(조특법 §128②).

결정 및 기한 후 신고시 적용 배제되는 조세지원제도	
세액감면 · 면제 유형	조 문
① 창업중소기업 등에 대한 세액감면	§6
② 중소기업 등에 대한 특별세액감면	§7
③ 기술이전 및 기술취득 등에 대한 과세특례	§12① · ③
④ 연구개발특구에 입주하는 첨단기술기업 등에 대한 법인세 등의 감면	§12의2
⑤ 창업중소기업 등의 통합에 대한 세액감면 승계	§31④ · ⑤
⑥ 법인전환에 대한 양도소득세의 이월과세	§32④
⑦ 공공기관(성장관리권역 소재)이 혁신도시로 이전하는 경우 법인세 등 감면	§62④
⑧ 수도권 밖으로 공장을 이전하는 기업에 대한 세액감면 등	§63①
⑨ 수도권 밖으로 본사를 이전하는 법인에 대한 세액감면 등	§63의2①

---

2) 결정(소법 §80①, 법인법 §66①), 기한 후 신고(국기법 §45의3)
   결정(소법 §80①, 법인법 §66①) : 납세지 관할 세무서장 또는 지방국세청장은 소득세법 또는 법인세법의 규정에 따라 과세표준확정신고 등을 하여야 할 자가 그 신고를 하지 아니한 때에는 당해 거주자 및 법인의 당해 연도의 과세표준과 세액을 결정함.
   기한 후 신고(국기법 §45의3) : 법정신고기한 내에 과세표준신고서를 제출하지 아니한 자는 관할 세무서장이 세법에 의하여 당해 국세의 과세표준과 세액(가산세 포함)을 결정하여 통지하기 전까지 기한 후 과세표준신고서를 제출할 수 있음.

3) 조심 2017광2575(2017. 9. 20.) : 청구인의 이 건 종합소득세 신고가 당초 양도소득세 예정신고를 한 사항에 대하여 처분청이 감사지적에 의거 소득구분을 수정하여 신고하도록 안내함에 따라 이루어진 사실에서 법 소정의 기한 후 신고에 해당한다고 보기는 어려운 점, 처분청이 이전에도 청구인의 양도소득세 신고사항에 대하여 사업소득으로 안내하거나 경정하지 않고 신고를 시인하였을 뿐만 아니라 청구인이 부동산매매업으로 사업자등록을 한 사실이 없어 청구인이 고의로 소득구분을 달리하여 종합소득세 신고를 누락하였다고 보기는 어려운 점, 소득구분의 착오로 종합소득세 신고를 하지 않은 경우 과세표준 확정신고의 예외 규정을 준용하는 것이 합리적으로 보이는 점 등에서 청구인의 이 건 종합소득세 신고는 과세표준 수정신고에 갈음한다고 하겠으므로 처분청이 쟁점감면(중소기업특별세액감면)을 배제하고 이 건 종합소득세를 부과한 처분은 잘못이 있음 → 이 건은 부동산매매업 사업자등록을 하지 않은 청구인이 다수의 부동산을 매매하고 양도소득세로 신고한 것에 대하여, 처분청 감사과정에서 이를 확인하고 청구인을 부동산매매업자로 보고 기존에 양도소득세로 신고한 것을 무시한 채 사업소득에 대해서는 무신고했다고 본 사안(무신고가 될 경우 감면 배제)으로, 조세심판원은 소득의 구분을 잘못 알고 양도소득세로 신고해 온 경우에 그것이 고의적인 조세포탈의도를 가지고 신고한 것이 아니라면 이를 종합소득세 무신고로 보기 어렵다고 판단하여 왔는바(국심 2001중2457, 2002. 5. 30., 국심 2005중787, 2005. 12. 29., 조심 2014중2084, 2016. 5. 24., 조심 2003중693, 2003. 6. 19., 조심 2014광2439, 2014. 12. 26. 외), 이 건의 경우도 이러한 취지의 연장선에서 인용결정한 것으로 보임.

세액감면·면제 유형	조 문
⑩ 농공단지입주기업 등에 대한 조세감면	§64
⑪ 영농조합법인 등에 대한 법인세 면제 등	§66
⑫ 영어조합법인 등에 대한 법인세 면제 등	§67
⑬ 농업회사법인에 대한 법인세 면제 등	§68
⑭ 사회적기업 및 장애인 표준사업장에 대한 법인세 등의 감면	§85의6① · ②
⑮ 소형주택 임대사업자에 대한 세액감면	§96
⑯ 상가건물 장기 임대사업자에 대한 세액감면	§96의2
⑰ 위기지역 창업기업에 대한 법인세 등의 감면	§99의9②
⑱ 산림개발소득에 대한 세액감면	§102
⑲ 해외진출기업의 국내복귀에 대한 세액감면	§104의24①
⑳ 제주첨단과학기술단지 입주기업에 대한 법인세 감면	§121의8
㉑ 제주투자진흥지구 또는 제주자유무역지역 입주기업에 대한 법인세 등의 감면	§121의9②
㉒ 기업도시개발구역 등의 창업기업 등에 대한 법인세 등의 감면	§121의17②
㉓ 아시아문화중심도시 투자진흥지구 입주기업 등에 대한 법인세 등의 감면 등	§121의20②
㉔ 금융중심지 창업기업 등에 대한 법인세 등의 감면 등	§121의21②
㉕ 첨단의료복합단지 입주기업에 대한 법인세 등의 감면	§121의22②

4 │ 경정 및 경정을 미리 알고 수정신고 시 감면배제

다음의 어느 하나에 해당하는 경우에는 과소신고금액(국기법 §47의3② 1)에 대하여 위(3. 결정 및 기한 후 신고 시 감면배제)에서 열거한 조세지원제도를 적용하지 아니한다(조특법 §128③, 조특령 §122①).

① 경정4)하는 경우. 다만, 아래 5. 사업용계좌개설 등 불이행시 감면배제의 어느 하나에 해당되어 경정하는 경우는 제외한다.

② 이미 제출한 과세표준과 세액을 경정할 것을 미리 알고5) 과세표준 수정신고서를 제출한 경우6)

---

4) 경정(소법 §80②, 법인법 §66②) : 납세지 관할 세무서장 또는 지방국세청장은 소득세법에 따른 과세표준확정신고를 한 자가 경정사유(신고내용에 탈루 또는 오류가 있는 때 등)가 있는 경우 당해 연도의 과세표준과 세액을 경정함.

5) 경정과 달리 수정신고는 과세관청의 의사표시 없이 납세자가 스스로 당초 신고내용의 탈루 또는 누락 부분을 인정하고 이를 바로잡아 신고하는 제도임을 감안할 때 납세자가 과세관청이 경정할 것을 미리 알고 수정신고하는 경우가 아니라면, 과세관청의 경정과 다르게 취급하여 세액감면이 가능한 것으로 보는 것이 타당함(재경부 조세지출예산과 46019-88, 2003. 3. 29. 참조).

5 │ 사업용계좌개설 등 불이행시 감면배제

사업자가 다음 중 어느 하나에 해당하는 경우에는 해당 과세기간의 해당 사업장7)8)에 대하여 위(3. 결정 및 기한 후 신고 시 감면배제)에서 설명한 조세지원제도를 적용하지 아니한다(조특법 §128④, 조특령 §122②).

배제사유		적용시기
① 사업용계좌를 개설하여야 할 사업자가 이를 이행하지 아니한 경우(소법 §160의5③)	다만, 의무 불이행 사유가 정당한 경우에는 제외	2008. 1. 1. 이후
② 현금영수증가맹점으로 가입하여야 할 사업자가 이를 이행하지 아니한 경우(소법 §162의3①, 법인법 §117의2①)		
③ 신용카드가맹점 또는 현금영수증가맹점으로 가입한 사업자가 신용카드에 의한 거래 또는 현금영수증의 발급을 거부하거나 신용카드매출전표 또는 현금영수증을 사실과 다르게 발급한 경우로서 그 횟수·금액 등을 고려하여 다음의 경우에 해당하는 경우 ㉠ 해당 과세연도(신용카드에 의한 거래를 거부9)하거나 신용카드매출전표를 사실과 다르게 발급한 경우 및 현금영수증의 발급요청을 거부하거나 사실과 다르게 발급한 경우가 속하는 해당 과세연도)에 신고금액을 3회 이상 통보받은 경우로서 그 금액의 합계액이 100만원 이상인 경우 ㉡ 해당 과세연도에 신고금액을 5회 이상 통보받은 경우		2007. 7. 1. 이후

---

6) 범칙사건 조사 등 세무조사 사전통지 없이 세무조사하는 경우 납세자가 이러한 사실을 알고 수정신고하는 경우에는 세액감면을 배제하기 어려워 조세회피 소지가 있는 점을 감안하고, 「국세기본법」 제48조의 경우에도 경정이 있을 것을 미리 알고 수정신고서를 제출한 경우 가산세 감면 대상에서 제외(2012. 1. 1. 이후 최초로 수정신고하는 분부터 적용)

7) 다수의 사업장이 있는 사업자의 경우 일부 사업장에 대해 사업용계좌를 미신고하거나 현금영수증가맹점에 가입하지 않을 경우 해당 사업장에 대한 감면 혜택을 배제한다는 점을 명확히 하여 사업자가 과도하게 불이익을 받는 경우를 사전에 차단하도록 2011년 말 개정(2012. 1. 1. 이후 불이행하는 소득분부터 적용)

8) 처분청은 「조세특례제한법」 제128조 제4항에 의한 조세감면 배제는 사업자별로 적용하여야 한다는 의견이나, 「소득세법」 제160조의5 제3항에서 사업용계좌는 사업장별로 관할 세무서장에게 신고하도록 규정하고 있고, 중소기업에 대한 특별세액감면 규정은 국민경제의 기반이라 할 수 있는 중소기업의 육성 및 발전에 그 제도의 취지가 있는 점 등을 감안할 때, 사업자가 복수의 사업을 영위하는 경우에는 사업용계좌를 개설하지 아니한 사업장에 대하여만 중소기업에 대한 특별세액감면이 배제되는 것으로 봄이 타당하다 할 것임(조심 2010서3177, 2011. 2. 2.).

9) "신용카드매출전표 발급거부"를 신용카드로 결제를 한 후 신용카드매출전표를 발급하지 않는 경우로 해석함에 따라 재화·용역의 공급이 이루어진 후 사업자가 신용카드 결제 자체를 거부하더라도 사실상 가산세를 부과하지 못하는 경우가 발생하여 이를 미연에 방지(2009. 1. 1. 이후 신용카드에 의한 거래를 거부하는 분부터 적용)

6 | 관련사례

구 분	내 용
추계과세시 감면 배제	○ 청구인이 사업용계좌를 개설하였다 하더라도 복식부기의무자로서 사업용계좌를 처분청에 신고할 의무가 있음에도 신고하지 아니한 것으로 나타나므로, 조세특례제한법 제128조 제4항 제1호에 따라 중소기업 특별세액 감면을 배제함이 타당함(조심 2011부 3086, 2011. 12. 8.). ○ 당초 장부에 근거한 외부조정으로 종합소득세 과세표준확정신고를 하고 추후 추계에 의한 방법으로 수정신고를 하는 경우 증액 신고된 중소기업에 대한 특별세액감면 배제는 정당함(조심 2009중3399, 2009. 12. 23.). ○ 청구인이 수정신고시 계상한 소득금액과 필요경비가 같아 청구인이 당초 종합소득세 과세표준확정신고시 「조세특례제한법」 제7조에 의하여 계산·적용한 중소기업에 대한 특별세액감면 대상세액 이외에 추가로 특별세액감면대상이 되는 세액이 증가되었다고 볼 수 없으며, 처분청이 당초 종합소득세 과세표준확정신고한 것을 수정하여 다시 신고한 것에 대하여 처분청이 「소득세법」 제80조 제2항에 의하여 필요경비를 부인하여 경정·고지하였는 바, 이는 「조세특례제한법」 제128조 제3항에서 규정하는 추계과세시 등의 감면배제사유에 해당되는 것으로 볼 수 있으므로 청구구장은 받아들이기 어려운 것으로 판단됨(조심 2008서1851, 2008. 12. 17.). ○ 부당과소신고금액으로서 과세관청이 중소기업특별감면을 배제하고 이를 경정·고지한 것을 다시 경정청구를 통해 추가로 중소기업특별감면을 적용할 수는 없음(심사법인 2007-118, 2007. 12. 28.). ○ 부당과소신고금액으로서 과세관청이 중소기업특별감면을 배제하고 이를 경정·고지한 것을 다시 경정청구를 통해 추가로 중소기업특별감면을 적용할 수는 없음(심사법인 2007-118, 2007. 12. 26.). ○ 경정을 하는 경우와 세무조사 사전통지를 받은 후 수정신고하는 경우 감면배제되나 기타 사유로 수정신고하는 경우에는 감면배제 적용되지 않는 것임(서면2팀-1804, 2006. 9. 15.). ○ 관할 세무서장으로부터 과세자료 소명 안내문을 송달받은 후 과소신고소득금액을 수정신고하는 경우에는 조세특례제한법 제128조 제3항 규정의 감면배제사유에 해당하지 아니함(서면2팀-6, 2006. 1. 3.). ○ 세무조사 사전통지 전에 수정신고를 하는 경우 과소신고금액에 대하여도 창업중소기업 등에 대한 세액감면을 적용받을 수 있는 것임(서면1팀-1103, 2005. 9. 20.). ○ 재화 또는 용역을 공급하고 그 대가를 과소계상함에 따라 익금산입된 금액은 중소기업 특별세액감면적용을 배제함(심사부가 2004-7076, 2005. 5. 17.).

구 분	내 용
추계과세시 감면 배제	○ 과세관청이 경정을 하는 경우에는 과소신고금액에 대하여 중소기업에 대한 특별세액감면을 적용받을 수 없는 것이나, 수정신고를 하는 경우는 과소신고금액에 대하여도 중소기업에 대한 특별세액감면을 적용받을 수 있는 것임(서면1팀-1493, 2004. 11. 5.). ○ 경정시 감면세액을 재계산하는 경우에 법인세법 시행령 제118조의 규정에 의한 부당과소신고금액에 대하여는 조세특례제한법 제128조 제3항의 규정에 의하여 당해 감면대상소득에서 제외됨(서면2팀-2133, 2004. 10. 22.). ○ 제휴업무자문계약서상에 신주발행금액의 3%로 책정된 자문수수료는 그 실질이 신주의 발행과 직접적인 관련 없이 발생한 대가이므로 그 용역제공이 완료된 날이 속하는 사업연도의 손금에 산입함(국심 2003전3080, 2004. 3. 23.). ○ 청구법인의 매출자료 등을 근거로 매출누락액에 대하여 재조사 요하며, 법인세 경정시 부당과소신고금액에 대하여는 중소기업 특별세액감면이 인정되지 아니함(심사법인 2003-71, 2003. 11. 24.). ○ 부당행위계산부인금액, 과다계상경비, 업무무관경비 등의 익금산입 및 손금불산입으로 인한 소득금액은 '부당과소신고금액'에 해당돼 '중소제조업 특별세액감면' 대상에서 배제됨(국심 2002부1600, 2003. 1. 21.). ○ 허위계상한 손금을 익금산입한 금액은 '부당과소신고금액'으로서 '중소제조업 특별세액감면' 배제됨(국심 2002전2653, 2003. 1. 21.).

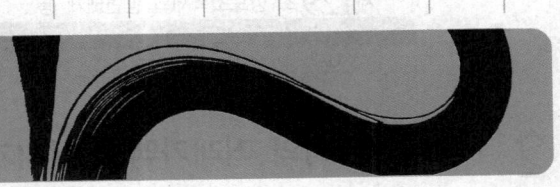

조세특례제한법

제**129**조

양도소득세의 감면배제 등

1 | 의 의

　미등기부동산의 양도는 부동산거래 질서 문란행위로서 세법에서는 각종 조세혜택을 배제하고 있다. 다만, 본 규정은 소득세법 제91조의 규정[1])과 중복되는 측면이 있다.

　한편, 2010. 12. 27. 조특법 개정시 투명성 제고를 통한 실거래가 과세제도 정착을 위해 매매계약서의 거래가액을 실지거래가액과 다르게(Up·Down) 적은 경우에도 본조가 적용될 수 있도록 허위계약서 작성시 양도세 비과세·감면 제한 규정을 신설하였다. 이는 2011. 7. 1. 이후 양도·취득분부터 적용된다.

> **참고**　**미등기자산 양도시 불이익**
>
> ① 양도소득세 비과세 적용배제
> ② 필요경비 개산공제액 적용시 저율의 개산공제율 적용
> ③ 장기보유특별공제·양도소득 기본공제 배제
> ④ 양도소득세율 적용시 최고세율 적용

---

1) 소득세법 제91조【양도소득세 비과세 또는 감면의 배제 등】① 제104조 제3항에서 규정하는 미등기양도자산에 대하여는 이 법 또는 이 법 외의 법률 중 양도소득에 대한 소득세의 비과세에 관한 규정을 적용하지 아니한다.
② 제94조 제1항 제1호 및 제2호의 자산을 매매하는 거래당사자가 매매계약서의 거래가액을 실지거래가액과 다르게 적은 경우에는 해당 자산에 대하여 이 법 또는 이 법 외의 법률에 따른 양도소득세의 비과세 또는 감면에 관한 규정을 적용할 때 비과세 또는 감면받았거나 받을 세액에서 다음 각 호의 구분에 따른 금액을 뺀다.
1. 이 법 또는 이 법 외의 법률에 따라 양도소득세의 비과세에 관한 규정을 적용받을 경우 : 비과세에 관한 규정을 적용하지 아니하였을 경우의 제104조 제1항에 따른 양도소득 산출세액과 매매계약서의 거래가액과 실지거래가액과의 차액 중 적은 금액
2. 이 법 또는 이 법 외의 법률에 따라 양도소득세의 감면에 관한 규정을 적용받았거나 받을 경우 : 감면에 관한 규정을 적용받았거나 받을 경우의 해당 감면세액과 매매계약서의 거래가액과 실지거래가액과의 차액 중 적은 금액

2 │ 매매계약서의 거래가액을 실지거래가액과 다르게 적은 경우

소득세법 제94조 제1항 제1호 및 제2호에 따른 자산[2]을 매매하는 거래당사자가 매매계약서의 거래가액을 실지거래가액과 다르게 적은 경우에는 2011. 7. 1. 이후 최초로 매매계약하는 해당 자산에 대하여 소득세법 제91조 제2항에 따라 이 법에 따른 양도소득세의 비과세 및 감면을 제한한다(조특법 §129①).

3 │ 미등기자산에 대한 조세특례 적용배제 등

소득세법 제104조 제3항에 의한 미등기자산(소득세법 제94조 제1항 제1호 및 제2호에서 규정하는 자산)을 양도할 경우 조세특례제한법상 양도소득세의 비과세와 감면을 적용하지 않는다(조특법 §129②).

> **참고** **미등기자산 양도로 보지 않는 경우(소령 §168①)**
>
> ① 장기할부조건으로 취득한 자산으로서 계약조건에 의하여 양도 당시 당해 자산의 취득에 관한 등기가 불가능한 자산
> ② 법률의 규정·법원의 결정에 의하여 양도 당시 당해 자산의 취득에 관한 등기가 불가능한 자산
> ③ 교환·분합으로 양도소득세 비과세대상이 되는 농지의 양도, 8년 이상 계속하여 직접 경작한 토지, 농지대토로 양도한 토지
> ④ 1세대 1주택으로서 「건축법」에 의한 건축허가를 받지 아니하여 등기가 불가능한 자산
> ⑤ 상속에 의한 소유권이전등기를 하지 아니한 자산으로서 「공익사업을 위한 토지 등의 취득 및 보상에 관한 법률」 제18조의 규정에 의하여 사업시행자에게 양도하는 것
> ⑥ 「도시개발법」에 따른 도시개발사업이 종료되지 아니하여 토지 취득등기를 하지 아니하고 양도하는 토지
> ⑦ 건설업자가 「도시개발법」에 따라 공사용역 대가로 취득한 체비지를 토지구획환지처분공고 전에 양도하는 토지

---

2) **소득세법 제94조 【양도소득의 범위】** ① 양도소득은 해당 과세기간에 발생한 다음 각 호의 소득으로 한다.
  1. 토지[「측량·수로조사 및 지적에 관한 법률」에 따라 지적공부(地籍公簿)에 등록하여야 할 지목에 해당하는 것을 말한다] 또는 건물(건물에 부속된 시설물과 구축물을 포함한다)의 양도로 발생하는 소득
  2. 다음 각 목의 어느 하나에 해당하는 부동산에 관한 권리의 양도로 발생하는 소득
    가. 부동산을 취득할 수 있는 권리(건물이 완성되는 때에 그 건물과 이에 딸린 토지를 취득할 수 있는 권리를 포함한다)
    나. 지상권
    다. 전세권과 등기된 부동산임차권

제129조의2

저축지원을 위한 조세특례의 제한

1 의 의

본조는 조특법상 과도한 이자소득 또는 배당소득에 대한 과세특례를 제한하고자 2020. 12. 29. 신설되었다. 개정규정은 2021년 1월 1일 이후 가입·보유·취득·연장하는 경우부터 적용한다.[1]

2 저축지원 제한제도

본조의 적용대상이 되는 저축지원을 위한 조세특례는 아래와 같다(이하 모두 합하여 "저축지원 제한제도"라 칭한다).

저축지원제도	내 용	조문(조특법)
청년우대형주택청약 종합저축	해당 저축에서 발생하는 이자소득의 합계액 500만원까지 비과세	제87조 제3항
농어가목돈마련저축에 대한 비과세	해당 농어민 또는 그 상속인이 법소정의 사유로 저축을 해지하여 받는 이자소득 등에 대하여 비과세	제87조의2
공모부동산집합투자기구의 집합투자 증권의 배당소득에 대한 과세특례	거주자가 공모부동산집합투자기구의 집합투자증권 중 거주자별 투자금액의 합계액이 5천만원을 초과하지 않는 범위에서 지급받는 배당소득에 대하여 100분의 9의 세율로 분리과세	제87조의7
비과세종합저축에 대한 과세특례	거주자(65세 이상인 거주자, 장애인, 독립유공자 등 법소정에 해당하는 자) 1명당 저축원금이 5천만원 이하인 비과세종합저축에서 발생하는 이자소득 또는 배당소득에 대하여 비과세	제88조의2

---

1) 법률 제17759호, 2020. 12. 29. 부칙 §34

저축지원제도	내 용	조문(조특법)
우리사주조합원 등에 대한 과세특례	우리사주조합원이 우리사주조합을 통하여 취득한 후 증권금융회사에 예탁한 우리사주의 배당소득에 대한 소득세 비과세 등	제88조의4
조합 등 출자금 등에 대한 과세특례	농민·어민 등을 조합원·회원 등으로 하는 금융기관에 대한 출자금으로서 1명당 1천만원 이하의 출자금에 대한 배당소득 등에 대하여 소득세 비과세 등	제88조의5
조합등예탁금에 대한 저율과세 등	농민·어민 등을 조합원·회원 등으로 하는 조합 등에 대한 예탁금으로서 가입 당시 19세 이상인 거주자가 가입한 예탁금(1명당 3천만원 이하)에서 발생하는 이자소득에 대한 비과세 등	제89조의3
개인종합자산관리계좌에 대한 과세특례	거주자의 개인종합자산관리계좌에서 발생하는 이자소득과 배당소득의 합계액에 대해서 비과세 한도금액(400만원/200만원)까지 소득세 비과세하고 비과세 한도금액을 초과하는 금액에 대해서는 100분의 9의 세율로 분리과세	제91조의18
장병내일준비적금에 대한 비과세	현역병 등이 장병내일준비적금 가입하는 경우 가입일부터 복무기간 종료일까지 해당 적금(모든 금융회사에 납입한 금액의 합계액 기준으로 월 40만원 한도)에서 발생하는 이자소득에 대하여 소득세 비과세	제91조의19
청년형 장기집합투자증권저축에 대한 소득공제	일정 요건을 충족하는 청년이 청년형장기집합투자증권저축에 가입하는 경우 계약기간 동안 각 과세기간에 납입한 금액의 100분의 40에 해당하는 금액을 해당 과세기간의 종합소득금액에서 공제	제91조의20
청년희망적금에 대한 비과세	일정 요건을 충족하는 청년으로서 전용계좌를 통하여 청년희망적금에 가입하여 받는 이자소득에 대해 비과세	제91조의21
청년도약계좌에 대한 비과세	일정 요건을 충족하는 청년으로서 청년도약계좌에 가입하는 경우 해당 계좌에서 발생하는 이자소득과 배당소득의 합계액에 대해서는 소득세 비과세	제91조의22

3 │ 조세특례의 내용

저축지원 제한제도에 따라 이자소득 또는 배당소득에 대한 과세특례를 적용받는 계좌의 가입일(공모부동산집합투자기구의 집합투자증권는 최초 보유일. 우리사주조합의 경우 우리사주조합을 통한 취득일) 또는 연장일이 속한 과세기간의 직전 3개 과세기간 중 1회 이상 금융소득종합과세 대상자[2)]는 해당 과세특례를 적용하지 아니한다(조특법 §129의2①).

---

2) 「소득세법」 제14조 제3항 제6호에 따른 소득의 합계액이 같은 호에 따른 이자소득등의 종합과세기준금액을 초과한 자

4 | 금융소득종합과세 대상자 여부의 확인 방법 및 절차 등

(1) 금융회사등의 설명

금융회사등[3]과 저축취급기관[4]은 해당 계좌에 가입하거나 계약기간을 연장하려는 자에게 금융소득종합과세 대상자는 해당 과세특례 적용이 제한되며 비과세 또는 감면받은 세액 상당액이 추징된다는 것을 설명해야 한다(조특령 §123의2①).

(2) 국세청장의 통지

국세청장은 금융소득종합과세대상자 확인에 필요한 과세기간별 금융소득종합과세 대상자의 주민등록번호를 가입일·연장일이 속하는 연도의 다음 연도 4월 30일까지 전국은행연합회에 통지해야 한다. 다만, 결정 또는 경정 등[5]으로 금융소득종합과세대상자 여부가 변경되는 경우에는 가입일·연장일이 속하는 연도의 다음 연도 10월 31일까지 재통지할 수 있다(조특령 §123의2②, 조특칙 §52의6①).

(3) 저축취급기관의 대상자 확인

저축취급기관은 전국은행연합회를 통해 금융소득종합과세대상자 여부를 확인할 수 있다(조특령 §123의2③). 한편, 저축취급기관은 금융소득종합과세대상자를 확인한 날부터 14일 이내에 해당 계좌보유자에게 통보해야 한다(조특령 §123의2④).

(4) 국세청장에게 의견제시

금융소득종합과세대상자로 통보를 받아 국세청장에게 의견을 제시하려는 자는 통보를 받은 날부터 14일 이내에 납세지 관할 세무서장에게 의견서를 제출해야 한다. 국세청장은 의견제시를 받은 날부터 14일 이내에 계좌보유자 및 저축취급기관에 수용 여부를 통보해야 한다(조특령 §123의2⑤, 조특칙 §52의6②). 한편, 금융소득종합과세대상자로 통보를 받은 자가 사망, 해외 장기출장 또는 그 밖의 부득이한 사유로 기간 이내에 의견서를 제출하지 못한 경우에는 그 사유가 끝난 날부터 7일 이내에 의견서를 제출할 수 있다(조특칙 §52의6③).

---

3) 본조의 계좌를 취급하는 「금융실명거래 및 비밀보장에 관한 법률」 제2조 제1호에 따른 금융회사등을 말한다.

4) 「군인공제회법」에 따른 군인공제회, 「한국교직원공제회법」에 따른 한국교직원공제회, 「대한지방행정공제회법」에 따른 대한지방행정공제회, 「경찰공제회법」에 따른 경찰공제회, 「대한소방공제회법」에 따른 대한소방공제회, 「과학기술인공제회법」에 따른 과학기술인공제회

5) 「소득세법」 제80조

5 │ 주요 개정연혁

1. 저축지원을 위한 금융소득 과세특례 합리화(조특법 §129의2, 조특령 §123의2)

(1) 개정내용

종 전	개 정
□ 금융소득 종합과세대상자의 경우 적용을 제한하는 이자·배당소득 과세특례	□ 신규 가입가능한 모든 이자·배당소득 과세특례로 확대 　* 조특법§87③, §87의2, §87의7, §88의2, §88의4, §88의5, §89의3, §91의18, §91의19
○ 비과세 종합저축 　* 가입일 직전3개 과세기간 중 1회 이상 금융소득종합과세 대상자 ○ 개인종합자산관리계좌 　* 가입일 직전 과세기간 금융소득 종합과세 대상자	○ 가입일 또는 연장일 직전 3개 과세기간 중 1회 이상 금융소득종합과세 대상자
□ 금융소득종합과세 대상자 확인절차 ○ 국세청장은 소득요건을 갖추었는지 확인하여 금융기관에 통보 　※ 확인기한 　(ISA) 가입·연장 다음해 2월말 　(비과세종합저축) 가입·연장 다음해 4. 15.	□ 확인절차 및 확인기한 조정 ○ 국세청장은 금융소득종합과세 대상자 여부를 은행연에 통보하고, 금융기관은 은행연을 통해 조회 　※ 확인기한 : 가입·연장 다음해 4. 30.* 　* 4. 30.일 이후 경정 등으로 금융소득이 변경되는 경우 10.31일까지 재확인
○ 금융소득종합과세 대상자로 통보받은 자는 통보받은 날로부터 2개월 이내에 의견제시 가능 　- 단, 사망, 해외 장기출장등 부득이한 사유가 있는 경우 사유가 끝난 날부터 7일	○ 14일 이내에 의견 제시 가능 　　　　(좌 동)

(2) 개정이유

○ 저소득층의 자산형성 지원을 위한 제도 취지를 감안하여 고소득·대자산가인 금융소득 종합과세 대상자에 대한 비과세 혜택 배제 및 금융소득종합과세 대상자 확인 절차 효율화

(3) 개적용시기 및 적용례

○ 2021. 1. 1. 이후 가입·보유·취득·연장분부터 적용

수도권과밀억제권역의 투자에 대한 조세감면배제

1 | 의 의

　수도권과밀억제권역은 인력, 교통, 교육 등 양호한 인프라가 구축되어 있어 수도권에서 창업하는 신설법인 등의 비중이 지방에 비하여 여전히 높은 편이며, 우리나라는 급속한 경제성장과정에서 유발된 수도권 과밀과 지방 침체라는 양극화 현상이 발생하여 수도권에서의 지가상승에 따른 주택난, 교통혼잡비용의 증가, 환경오염 등 향후 국가경쟁력의 하락 요인으로 작용할 우려도 있다. 이에 따라 지방과 수도권의 상생발전을 위하여 수도권 투자분에 대한 조세감면을 배제하여 수도권 투자를 지방 투자로 유도하기 위하여 본 제도가 도입되었다.

| 수도권과밀억제권역 투자에 대한 세액공제 적용 여부 |

구 분	1990. 1. 1. 이후 사업개시		1989. 12. 31. 이전 사업개시	
	증설투자	대체투자1)	증설투자	대체투자
일반기업	×	×	× (산업단지·공업지역 ○)	○ (일반, 중소기업 모두 가능)
중소기업		○2)		

---

1) 노후설비를 생산능력이 유사한 설비로 교체하는 투자
2) 중소기업의 투자를 지원하기 위하여 1990년 이후 설치사업장이라고 하더라도 과밀억제를 유도하는 증설투자는 계속 적용배제하되, 기존시설을 단순히 대체하는 투자에 대해서는 세액공제를 적용(2004. 1. 1. 이후 투자하는 분부터 적용)

| 판정기준 |

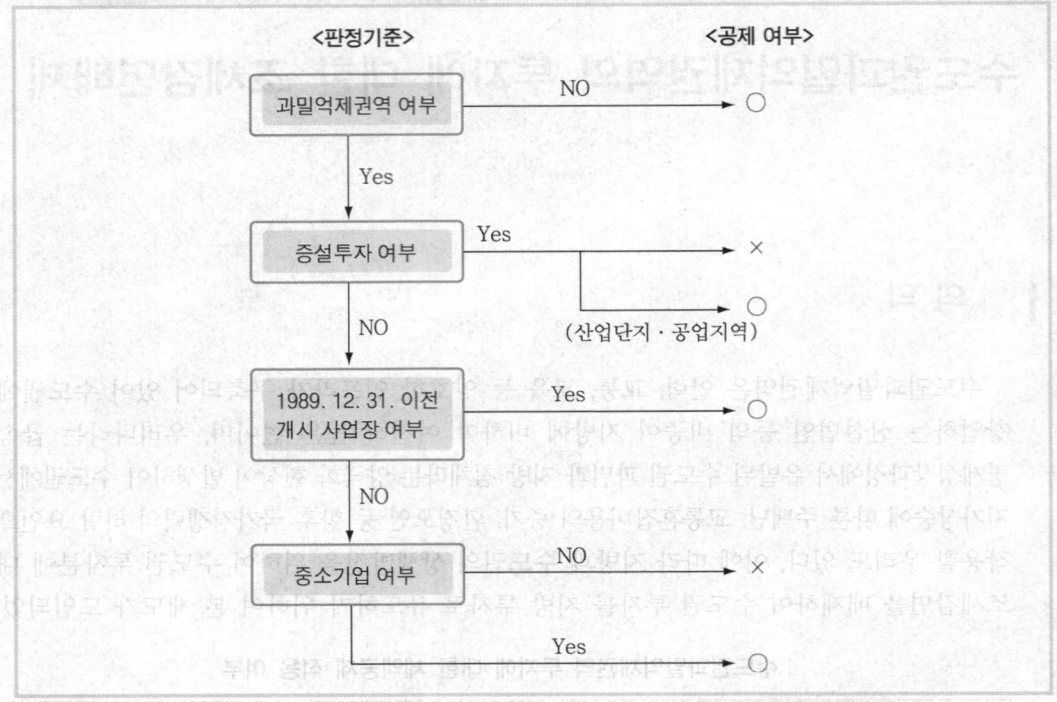

2 │ 수도권과밀억제권역의 증설투자에 대한 감면배제

2-1. 대상자

조세감면배제 대상자는 다음에 해당하는 자로서 수도권과밀억제권역에서 증설투자를 하는 자이다(조특법 §130①).

① 1989. 12. 31. 이전부터 수도권과밀억제권역에서 계속하여 사업을 경영하고 있는 내국인
② 1990. 1. 1. 이후 수도권과밀억제권역3)에서 새로 사업장을 설치하여 개시하거나 종전의 사업장(1989. 12. 31. 이전에 설치한 사업장 포함)을 이전하여 설치하는 중소기업

---

3) 수도권과밀억제권역 밖의 항만에 등록한 선박이 본점이 수도권과밀억제권역 안에 소재한 경우 임시투자세액공제 적용 여부(조심 2010서1427, 2011. 7. 26., 조심 2012서2641, 2012. 8. 17.) : 해외화물운송업을 영위하는 중소기업으로서 사업용 고정자산인 선박의 경우 통상 수도권과밀억제권역이 아닌 해외운송이나 부산항에서 사용되므로 수도권과밀억제권역 내 사업시설의 집중 등을 유발하지 아니하는데도, 본점의 소재지가 수도권과밀억제권역 내에 있다 하여 「조세특례제한법」 제130조 제1항을 적용하여 조세감면을 배제할 경우 그 입법취지나 기업의 설비투자를 촉진하고자 하는 같은 법 제26조(임시투자세액공제)의 취지에 부합하지 아니한다 할 것이다.

또한, ①에 해당되는 법인이 사업부문을 분할하여 동일한 장소에서 분할 전 사업을 계속 영위하는 분할신설법인은 새로이 사업장을 설치하여 사업을 개시한 것으로 보지 아니한다(조기통 130-0…1).

2-2. 대상자산

수도권과밀억제권역 안에 소재하는 사업장에 사용하기 위하여 취득한 사업용고정자산이 다음과 같은 증설투자에 해당하는 경우에는 조세감면을 배제한다(조특령 §124①, 조특칙 §53).
① 「산업집적활성화 및 공장설립에 관한 법률」 제2조 제1호에 의한 공장에 사업용고정자산을 새로이 설치함으로써 당해 공장의 연면적[4]이 증가되는 투자
② 기타 공장 외의 사업장에 사업용고정자산을 새로이 설치함으로써 사업용고정자산의 수량 또는 사업장의 연면적이 증가되는 투자

2-3. 조세감면이 배제되는 투자세액공제

해당 사업장에서 사용하기 위하여 취득하는 사업용 고정자산으로서 증설투자에 해당하는 것에 대해서는 통합투자세액공제(조특법 §24)를 적용하지 아니한다.

2-4. 감면배제에서 제외되는 경우

취득한 고정자산이 다음에 해당하는 경우에는 수도권과밀억제권역에서 증설투자하는 경우에도 조세감면이 적용된다(조특법 §130① 단서).
① 수도권과밀억제권역 안에 소재하는 산업단지, 공업지역 및 지구단위계획구역 중 산업시설의 입지로 이용되는 구역에서 증설투자하는 경우(조특령 §124②)
② 다음 어느 하나에 해당하는 사업용 고정자산(조특령 §124③)
㉮ 디지털방송장비 : 디지털방송을 위한 프로그램의 제작·편집·송신 등에 사용하기 위하여 취득하는 방송장비
㉯ 정보통신장비 : 「전기통신사업 회계정리 및 보고에 관한 규정」 제8조에 따른 전기통신설비 중 교환설비, 전송설비, 선로설비 및 정보처리설비[5][6]

---

4) 공장의 연면적은 공장부지면적 또는 공장부지 안에 있는 건축물 각층의 바닥면적을 말하며, 식당·휴게실·목욕실·세탁장·의료실·옥외체육시설 및 기숙사 등 종업원의 후생복지증진에 공여되는 시설의 면적과 대피소·무기고·탄약고 및 교육시설의 면적은 당해 공장의 연면적에서 제외함(조특칙 §53).

5) 정보통신설비(교환설비, 전송설비, 선로설비)는 수도권 과밀 유발과 관련이 적은 점을 감안(2005. 1. 1. 이후 투자하는 분부터 적용)

㉓ 연구·시험, 직업훈련, 에너지 절약, 환경보전 또는 근로자복지 증진 등의 목적으로 사용되는 사업용자산으로서 연구·시험 및 직업훈련시설, 에너지절약 시설, 환경보전시설, 근로자복지 증진 시설, 안전시설[7)]

㉔ 다음의 어느 하나에 해당하는 사업용 고정자산(조특칙 §54)

㉠ 에너지절약시설(조특칙 별표 7)[8)]

㉡ 신에너지 및 재생에너지를 생산하기 위한 시설을 제조하는 시설(조특칙 별표 7의2)[9)]

㉢ 의약품 품질관리 개선시설(조특칙 별표 11)

대법원 판례 해설

판결 내용 대법원 2005. 10. 7. 선고 2004두8231 판결
수도권 안의 투자에 대한 조세감면배제 적용시 '수도권 안에 소재하는 당해 사업용고정자산'은 당해 고정자산을 사용하기 위한 사업장이 수도권 안에 소재하는 경우를 의미함.

저자의 견해

○ 수도권과밀억제권역 안 투자에 대한 조세감면배제의 입법취지가 수도권 안의 투자에 대하여 조세감면의 혜택을 배제함으로써 산업시설과 기업활동이 수도권으로 집중되는 것을 억제하고 수도권 소재 기업의 지방 이전을 촉진하고자 하는 데 있음에 비추어 볼 때, 위 조항에 규정된 "수도권 안에 소재하는 당해 사업용고정자산"의 해석에 있어서, 건설업·운수업에서 사용되는 건설기계나 자동차 등과 같은 기계류의 경우에는 당해 고정자산인 기계류 자체가 수도권 안에 소재하는 것을 의미하는 것이 아니라 당해 고정자산을 사용하기 위한 사업장이 수도권 안에 소재하는 경우를 의미한다고 보아야 할 것이다.

---

6) 「전기통신사업 회계정리 및 보고에 관한 규정」 제8조에 따른 전기통신설비 중 같은 조 제1호부터 제3호까지 및 제5호에 따른 교환설비, 전송설비, 선로설비 및 정보처리설비
7) 조특령 제21조 제3항 제1호에 해당하는 자산으로서 구체적인 범위는 조특칙 제12조 제2항을 참고하기로 한다.
8) 조특칙 제13조의10 제3항
9) 조특칙 제13조의10 제4항

| 수도권과밀억제권역의 투자에 대한 조세감면배제 흐름도 |

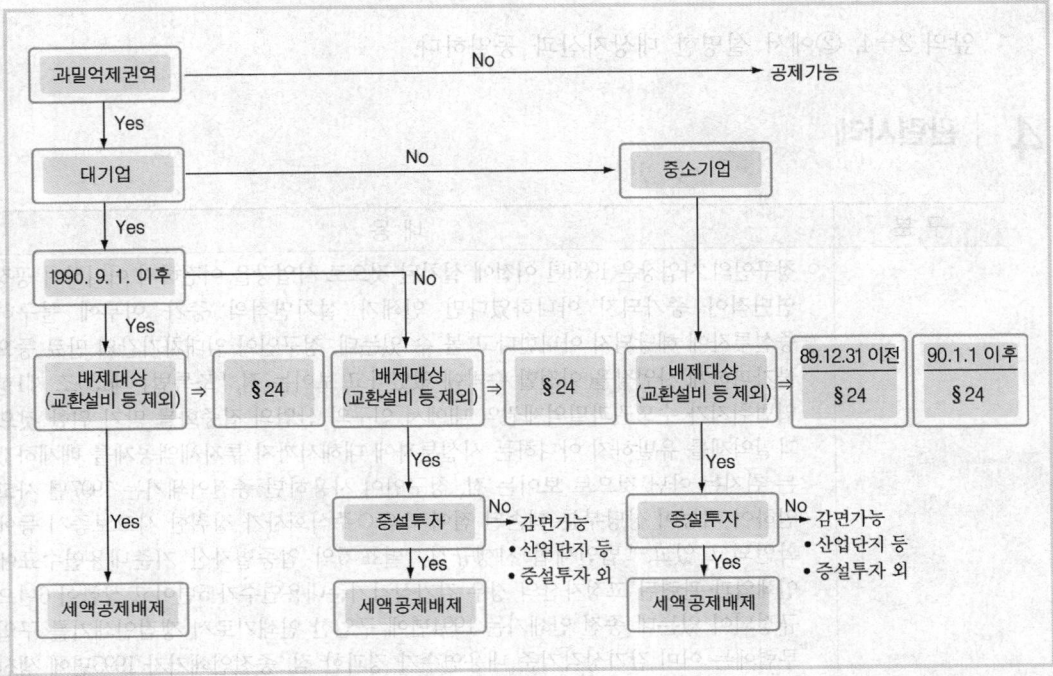

3 │ 수도권과밀억제권역 사업장설치 후 투자에 대한 조세감면 배제

3 - 1. 대상자

중소기업이 아닌 자로서 1990. 1. 1. 이후 수도권과밀억제권역에서 새로 사업장을 설치하여 사업을 개시하거나 종전의 사업장(1989. 12. 31. 이전에 설치된 사업장 포함)을 이전하여 설치하는 자를 말한다(조특법 §130②).

3 - 2. 대상자산

위의 대상자(3-1.)가 수도권과밀억제권역에 소재하는 해당 사업장에서 사용하기 위하여 취득하는 사업용 고정자산에 대해서는 통합투자세액공제(조특법 §24)를 적용하지 아니한다 (조특법 §130②).

3-3. 감면배제에서 제외되는 경우

앞의 2-4, ②에서 설명한 대상자산과 동일하다.

4 | 관련사례

구 분	내 용
수도권 투자세액 공제 배제	○ 청구인의 사업장은 1989년 이전에 설치된 것으로 사업장을 이전하지 아니하여 공장의 연면적이 증가되지 아니하였다면 인쇄기 설치면적의 증가 여부에 불구하고 증설투자에 해당되지 아니한다고 볼 수 있는데, 청구인이 임대차기간의 만료 등으로 불가피하게 사업장을 이전할 수밖에 없었다고 보이는 점, 「조특법」 제130조 제1항의 입법취지가 수도권과밀억제권역 내에서 인구와 산업의 집중화를 막기 위한 것으로, 과밀억제를 유발하지 아니하는 시설투자에 대해서까지 투자세액공제를 배제하겠다는 취지는 아닌 것으로 보이는 점, 청구인이 사용하던 종전인쇄기는 1997년 사고로 인하여 기능이 상당부분 훼손된 점이 ○○○주식회사가 징취한 사고보증서 등에서 확인되고 있고, 「법인세법 시행규칙」 별표 5의 업종별자산 기준내용연수표에서 인쇄업과 관련된 고정자산의 경우 감가상각기준내용연수가 5년이고 상한이 6년으로 규정되어 있는데 종전 인쇄기는 1994년에 구입한 인쇄기로서 쟁점인쇄기를 구입할 무렵에는 이미 감가상각기준 내용연수가 경과한 점, 종전인쇄기가 1995년에 생산이 중단된 기종이라고 ○○○의 ○○○ 국내총판대리점인 ○○○(주)의 대표이사 김○○이 확인하고 있는 점, 청구인의 결산서상 매출액의 변동추이에서 쟁점인쇄기를 구입하기 전후에 크게 매출액에 차이가 발생한 것으로 보여지지 아니하는 점, 청구인이 사업장을 이전하기 전에 쟁점인쇄기를 구입한 점, 청구인이 불가피하게 사업장만 이전하지 아니하였다면 공장 연면적의 증가 없이도 종전사업장에서 쟁점인쇄기를 충분하게 설치할 수 있었을 것으로 보이는 점 등을 감안하면, 청구인이 증설투자를 목적으로 쟁점인쇄기를 취득하였다기보다는 종전인쇄기를 대체할 목적으로 쟁점인쇄기를 취득하면서 동시에 사업장을 이전한 것에 불과하다고 보는 것이 합리적이라고 보여진다. 따라서, 쟁점인쇄기의 구입과 관련된 투자에 대하여는 임시투자세액공제를 적용을 적용하는 것이 타당하다고 판단됨(조심 2011중515, 2011. 12. 9.). ○ 1989. 12. 31. 이전부터 수도권과밀억제권역 안에서 계속하여 사업을 영위하고 있는 법인이 수도권과밀억제권역 안에 소재하는 사업장에서 사용하기 위하여 취득한 사업용고정자산에 증설투자한 경우 임시투자세액공제가 가능함(서면2팀-2186, 2005. 12. 28.). ○ 연구 및 인력개발을 위한 설비투자세액공제 중 조세특례제한법 제11조 제2항 제3호의 규정에 의한 사업용자산에 대하여는 동법 제130조의 규정에 의한 세액공제 배제가 적용됨(서면2팀-2189, 2005. 12. 28.).

구 분	내 용
수도권 투자세액공제 배제	○ 수도권과밀억제권역 외의 지역에 있는 법인의 하치장에서 직접 사용하기 위하여 취득하는 사업용고정자산은 법인의 업무총괄장소가 수도권과밀억제권역 안에 있는 경우에도 수도권과밀억제권역 안의 투자에 대한 조세감면배제가 적용되지 아니함(서면2팀 – 2030, 2005. 12. 12.). ○ 1989. 12. 31. 이전부터 수도권과밀억제권역 안에서 계속하여 사업을 영위하고 있는 내국인이 당해 사업장에서 사용하기 위하여 취득하는 사업용고정자산의 투자는 임시투자세액공제 적용이 가능함(서면1팀 – 1433, 2005. 11. 24.). ○ 수도권과밀억제권역 외의 지역에서 제조업인 당해 사업장에 사용하기 위하여 취득하는 사업용고정자산의 투자는 임시투자세액공제 적용이 가능함(서면1팀 – 1433, 2005. 11. 24.). ○ 해상화물운송업을 영위하는 중소기업이 취득한 선박이 본점소재인 수도권과밀억제권역 내에서 사용하지 않는 사업용자산인 경우 중소기업 투자세액공제를 적용받을 수 있음(서면2팀 – 1070, 2005. 7. 12.). ○ 수도권과밀억제권역 외의 지역에 있는 법인의 사업장에서 직접 사용하기 위하여 취득하는 사업용고정자산은 당해 법인의 업무를 총괄하는 장소가 수도권과밀억제권역 안에 있는 경우에도 투자에 대한 조세감면배제규정이 적용되지 아니함(서면2팀 – 2457, 2004. 11. 26.). ○ 법인의 본점이 수도권과밀억제권역 안에 있는 경우에도 수도권과밀억제권역 외의 지역에 있는 사업장에서 직접 사용하기 위하여 취득하는 경우 조세감면배제하지 않음(서이 46012 – 11841, 2003. 10. 23.). ○ 1989. 12. 31. 이전부터 수도권과밀억제권역 안에서 여객운송업 영위 중소기업이, 기존 영업용차량의 노후로 폐차하고 신규차량 등록시는 중소기업 투자세액공제 가 적용되나, '증차'에 의해 취득한 차량은 '증설투자'에 해당돼 적용배제됨(재조예 46019 – 101, 2003. 4. 23.). ○ 수도권 외의 지역에서 임시투자세액공제를 받고 일부가 이월공제된 상태에서 수도권으로 사업장 이전시, 추징 및 이월공제와 중소기업 특별세액감면과 중복적용 가능 여부(서이 46012 – 10142, 2003. 1. 22.) ○ 1989. 12. 31. 이전 수도권 내에 설치된 사업장(A)을 2002. 1. 1. 이후 수도권 내 다른 사업장(B)으로 이전설치하면서 A의 투자자산을 B로 이전하는 경우, 임시투자세액공제 여부(재조예 46019 – 180, 2002. 10. 25.) ○ 1990. 1. 1. 이후 수도권 안에서 본점소재지를 두고 건설업을 영위하는 중소기업이 건설현장에 사용하는 사업용자산에 투자하는 경우에는 '임시투자세액공제' 적용하지 않음(서이 46012 – 10461, 2002. 3. 12.). ○ 1990. 1. 1. 이후 수도권 안에서 창업하는 기업은 임시투자세액공제 적용배제되는바, 이 경우 '수도권'의 범위는 시행령 [별표 7]에 의함(국심 2001중3235, 2002. 3. 11.).

구 분	내 용
수도권 투자세액 공제 배제	○ 1989. 12. 31. 이전부터 수도권 안에서 계속 사업영위 법인이 1990. 1. 1. 이후 수도권 안의 다른 지역으로 사업의 동일성을 유지하면서 사업장을 이전하는 경우, 수도권 안의 투자에 대한 조세감면을 배제하는 '창업'에 해당하지 않음(재조예 46019-212, 2001. 12. 17.). ○ 과밀억제권역 외의 지역에 있는 법인의 사업장에서 직접 사용하기 위하여 취득하는 사업용고정자산은 업무를 총괄하는 장소가 과밀억제권역 안에 있는 경우에도 조세감면배제규정이 적용되지 아니함(서면2팀-810, 2006. 5. 11.). ○ 수도권과밀억제권역 안에서 기존 사업용자산의 수량 변동 없이 기능이 향상된 동일 종류의 사업용자산으로 교체하는 경우에는 임시투자세액공제가 가능한 것이나, 기존 사업용자산을 폐기하고 다른 종류의 사업용자산을 구입하는 것은 증설투자로 보아 임시투자세액공제가 배제됨(서면1팀-355, 2005. 3. 31.).

제132조

최저한세액에 미달하는 세액에 대한 감면 등의 배제

1 의 의

1990. 12. 31. 이전까지는 특정 기업이 각종 조세감면을 받는 경우에는 조세지원의 종합한도제도가 적용되어 방위세가 비과세ㆍ감면세액에 할증과세됨에 따라 최소한의 세금부담이 있었다. 즉, 조세지원제도에 따라 법인세를 전액 감면받는 법인이더라도 방위세법에 의하여 방위세가 일반기업보다 50% 할증하여 납부함에 따라 국민개세의 원칙에 부합하였다. 그런데, 1991년부터 방위세법이 폐지됨에 따라 종전의 최소한의 방위세 부담(법인 : 소득의 6~11.25%, 개인 : 산출세액의 15~30%)조차 안 하게 됨에 따라 정책목적상 세금을 감면해 주는 경우라도 세부담의 형평성, 국민개납, 재정확보 측면에서 소득이 있으면 누구나 최소한의 세금을 내도록 최저한세 제도(Minimum Tax)를 도입하였다.

대기업의 실효세율을 높이기 위하여 2013. 1. 1. 조특법 개정시 과세표준 100억원 이상 기업에 대한 최저한세율을 1~2%p 인상한데 이어, 2014. 1. 1. 조특법 개정시도 국정과제와 복지정책 추진 등을 위한 재원마련과 재정 건전성 확보를 위해 과세표준 1,000억원 초과 대법인에 대한 최저한세율을 1%p 추가 인상하였다.

2 법인의 최저한세

2-1. 대상 법인

내국법인 또는 국내원천소득이 종합과세되는 외국법인(법인법 §91①)이 적용대상이며, 당기순이익 과세규정을 적용받는 조합법인(조특법 §72①)은 제외한다(조특법 §132①).

2-2. 대상 법인세

각 사업연도소득에 대한 법인세와 외국법인의 경우 종합과세되는 각 사업연도의 국내원천소득에 대한 법인세이다. 법인세 중 다음은 최저한세 대상에서 제외한다(조특법 §132①).

① 토지 등 양도소득에 대한 법인세(법인법 §55의2)

② 외국법인의 지점세[1] (법인법 §96)

③ 투자 · 상생협력 촉진을 위한 과세특례를 적용하여 계산한 법인세

④ 가산세

⑤ 사후관리에 따라 추징 · 납부하는 감면세액 · 이자상당가산액(조특령 §126①)

⑥ 최저한세 적용대상으로 열거(조특법 §132① 3 · 4)되지 않은 세액공제 · 세액제도(조특령 §126②)

①~④에 해당하는 것은 최저한세 적용과는 관계없이 별도로 납부해야 하는 것들로서 결국, 의무불이행에 따른 가산세 등은 법인세 납부액으로 인정하지 않겠다는 것이며, 가산세뿐만 아니라 이미 감면된 법인세 등을 추징하는 경우 추징 본세도 최저한으로 요구하는 납부세액으로 인정하지 않겠다는 것을 의미한다.

2-3. 최저한세의 적용

법인이 부담할 법인세는 다음 2가지 방법에 의하여 계산된 법인세액 중 큰 금액이 된다(조특법 §132①).

> Max(①, ②)
> ① 각종 감면 전 과세표준 × 17%〔(과세표준 100억원 초과 1천억원 이하 부분은 12%, 100억원 이하 부분은 10%, 중소기업[2]은 7%, 8%, 9%[3])〕(=최저한세)
> ② 각종 감면 후 법인세액

---

1) 지점세는 법인세 납부 후의 잉여금에 대해 배당과세적 성격을 가지는 것으로 법인세에 해당하지 않으며, 지점과 자회사의 과세상 중립성을 확보하기 위해 최저한세 계산시 지점세를 적용대상 법인세에서 제외(2005. 1. 1. 이후 최초로 개시하는 사업연도분부터 적용)

2) 2010. 12. 27. 조특법 개정시 중소기업 졸업시의 최저한세율 인상에 따른 세부담 증가를 완화하여 중소기업에서 중견기업으로의 성장을 지원하고자 중소기업 졸업시 최저한세율을 단계적으로 인상하도록 하였다. 동 개정규정은 2011. 1. 1. 이후 개시하는 과세연도분부터 적용한다.

3) 규모의 확대 등으로 중소기업에 해당하지 아니하는 경우 중소기업에 해당하지 아니하게 된 사유가 발생한 날이 속하는 과세연도와 그 다음 3개 과세연도가 경과한 과세연도부터 3년간 8% 그 다음 2년 이내에 끝나는 과세연도는 9% 적용(조특령 §126②)

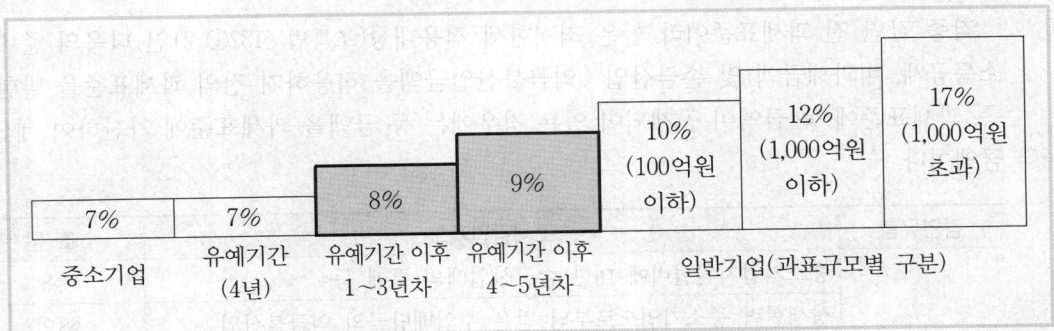

| 중소기업 최저한세율[4] |

- 7% 중소기업
- 7% 유예기간 (4년)
- 8% 유예기간 이후 1~3년차
- 9% 유예기간 이후 4~5년차
- 10% (100억원 이하)
- 12% (1,000억원 이하)
- 17% (1,000억원 초과)
- 일반기업(과표규모별 구분)

예규해설

질의 「조특법」제9조에 따라 손금산입한 연구·인력개발준비금을 관련 규정에 따라 환입하여 익금에 산입하는 경우 동 익금산입액을 「조특법」제132조에 따른 최저한세 기준금액에 포함하여야 하는지 여부

회신 법령해석과-2642, 2015. 10. 8.

○ 「조특법」제132조 제1항에 따른 최저한세액 계산시 '제1호 및 제2호에 따른 손금산입 및 소득공제 등을 하지 아니한 경우의 과세표준'에는 '같은 법 제9조에 따라 각 사업연도의 소득금액계산을 할 때 손금으로 산입한 연구·인력개발준비금을 관계규정에 따라 익금에 산입한 금액'을 포함함.

저자의 견해

○ 과세이연 제도에 따라 기 손금산입한 금액을 일정기간 이후 익금 산입하는 금액은 「법인세법」상 익금으로 각 사업연도 소득금액에 포함되어 최저한세액을 계산하는 기준이 되는 과세표준에 해당

○ 「조특법」제9조의 '연구·인력개발준비금의 손금산입 특례' 규정도 과세이연제도의 일종으로, 기 손금산입한 금액을 일정기간 이후 익금산입하는 금액도 여타 과세이연제도와 동일하게 최저한세액을 계산하는 기준이 되는 과세표준에 포함됨이 타당

○ 「조특법」제132조 제1항에서 최저한세액을 계산하는 기준이 되는 과세표준에 연구·인력개발준비금의 익금산입한 금액을 포함하는 것으로 명확하게 규정

○ 손금시점에서 최저한세 적용으로 감면(손금)배재된 준비금은 이후 익금대상에서 제외되는 바, 추후 익금시점에서 익금산입된 것은 이미 손금산입된 금액이 환원되는 것이므로, 이중과세에 해당하지 않음.

---

4) 중소기업 졸업시의 최저한세율 인상에 따른 세부담 증가를 완화하여 중소기업에서 중견기업으로의 성장 지원(2011. 1. 1. 이후 최초로 개시하는 과세연도분부터 적용)

2-3-1. 각종 감면 전 과세표준

각종 감면 전 과세표준이라 함은 최저한세 적용대상(조특법 §132① 2)인 다음의 준비금, 소득공제, 비과세금액 및 손금산입·익금불산입금액을 적용하기 전의 과세표준을 말한다. 즉, 과세표준에 동 금액이 공제되어 있는 경우에는 동 금액을 과세표준에 가산하여 계산한 금액이다.

감면유형	조세감면제도	조 문
소득공제, 손금산입, 익금불산입, 비과세	중소기업지원설비에 대한 손금산입액의 특례 등	§8
	상생협력 중소기업으로부터 받은 수입배당금의 익금불산입	§8의2
	연구개발관련 출연준비금 등의 과세특례	§10의2
	중소기업창업투자회사 등의 주식양도차익 등에 대한 비과세	§13
	중소기업창업투자회사 등에의 출자에 대한 과세특례	§14
	서비스업 감가상각비의 손금산입특례	§28
	중소·중견기업 설비투자자산의 감가상각비 손금산입 특례	§28의2
	설비투자자산의 감가상각비 손금산입 특례	§28의3
	자기관리부동산투자회사 등에 대한 과세특례	§55의2④
	공장의 대도시 외 지역 이전시 양도차익에 대한 법인세 과세이연 (5년거치 5년균등 익금산입)	§60②
	법인본사의 수도권과밀억제권역 외 지역 이전시 양도차익에 대한 법인세 과세이연(5년거치 5년균등 익금산입)	§61③
	공공기관이 혁신도시로 이전하는 경우 양도차익에 대한 법인세 과세이연(5년거치 5년균등 익금산입)	§62①
	법인의 공장을 수도권 밖으로 이전시 양도차익에 대한 법인세 과세이연(5년거치 5년균등 익금산입)	§63④
	법인의 본사를 수도권 밖으로 이전시 양도차익에 대한 법인세 과세이연(5년거치 5년균등 익금산입)	§63의2④

2-3-2. 각종 감면 후 법인세액

감면 후 법인세액이라 함은 이 법 또는 타법상의 모든 손금산입, 공제감면 등을 적용한 후의 법인세액이어야 하겠으나, 여기에서 말하는 각종 감면 후 법인세액이라 함은 최저한세와의 비교대상으로서의 법인세액이므로, 법인세법상 공제·감면 제도와 최저한세 적용대상에서 열거되지 않은 조세지원제도 등 최저한세와 관계없이 적용가능한 조세지원제도는 적용되지 않은 금액을 말한다.

| 최저한세 계산구조 |

```
     결산서상 당기순이익
 ±   세무조정(익금·손금)
 =   각 사업연도 소득금액
 −   이월결손금·비과세·소득공제
 =   과세표준
 ×   세율
 =   산출세액
 −   최저한세 적용대상 공제·감면세액    → 최저한세 적용대상(2-3-3.에서 설명)
 =   차감세액
 −   최저한세 적용배제 공제·감면세액    → 최저한세 적용제외(2-3-2.)
 +   가산세액
 =   총부담세액
```

2-3-3. 최저한세 적용대상 조세지원제도

감면유형	조세감면제도	조 문
① 소득공제, 손금산입, 익금불산입, 비과세	'2-3-1'의 조세감면제도와 동일	§8 외
② 세액공제	기업의 어음제도 개선을 위한 세액공제	§7의2
	상생결제 지급금액에 대한 세액공제	§7의4
	대·중소기업 상생협력을 위한 기금 출연 시 세액공제	§8의3
	연구 및 인력개발비에 대한 세액공제(중소기업이 아닌 자만 해당)5)	§10
	기술이전소득 등에 대한 과세특례	§12②
	기술혁신형 합병에 대한 세액공제	§12의3
	기술혁신형 주식취득에 대한 세액공제	§12의4
	내국법인의 벤처기업 등에의 출자에 대한 과세특례	§13의2
	내국법인의 소재·부품·장비전문기업에의 출자·인수에 대한 과세특례	§13의3
	성과공유 중소기업의 경영성과급에 대한 세액공제 등	§19①
	통합투자세액공제	§24

---

5) 2011. 12. 31. 조특법 개정시 R&D에 대해서는 충분히 세제지원을 하고 있는 점 및 다른 세액공제와의 과세형평
   등을 고려하여 대기업의 석·박사 연구인력 인건비에 대해서도 최저한세를 적용하도록 개정하였으며, 동 개정규정은
   2012. 1. 1. 이후 최초로 개시하는 과세연도분부터 적용한다.

감면유형	조세감면제도	조 문
② 세액공제	영상콘텐츠 제작비용에 대한 세액공제	§25의6
	고용창출투자세액공제	§26
	산업수요맞춤형고등학교등 졸업자를 병역 이행 후 복직시킨 중소기업에 대한 세액공제	§29의2
	경력단절 여성 재고용 중소기업에 대한 세액공제	§29의3
	근로소득을 증대시킨 기업에 대한 세액공제	§29의4
	청년고용을 증대시킨 기업에 대한 세액공제	§29의5
	고용을 증대시킨 기업에 대한 세액공제	§29의7
	통합고용세액공제	§29의8
	고용유지중소기업 등에 대한 과세특례	§30의3
	중소기업 고용증가 인원에 대한 사회보험료 세액공제	§30의4
	중소기업 간의 통합에 대한 양도소득세의 이월과세 등	§31⑥
	법인전환에 대한 양도소득세의 이월과세	§32④
	선결제 금액에 대한 세액공제	§99의12
	전자신고에 대한 세액공제	§104의8
	제3자 물류비용에 대한 세액공제	§104의14
	해외자원개발투자에 대한 과세특례	§104의15
	기업의 운동경기부 설치·운영에 대한 과세특례	§104의22
	석유제품 전자상거래에 대한 세액공제	§104의25
	우수 선화주기업 인증을 받은 화주 기업에 대한 세액공제	§104의30
	금사업자와 스크랩등사업자의 수입금액의 증가 등에 대한 세액공제	§122의4①
	금 현물시장에서 거래되는 금지금에 대한 과세특례 중 소득세·법인세 세액공제	§126의7⑧
③ 세액면제 및 감면	창업중소기업 등에 대한 세액감면(같은 조 제1항 또는 제6항에 따라 법인세의 100분의 100에 상당하는 세액을 감면받는 과세연도의 경우와 같은 조 제7항에 따라 추가로 감면받는 부분은 제외)	§6
	중소기업에 대한 특별세액감면	§7
	기술이전 및 기술취득 등에 대한 과세특례	§12①·③
	연구개발특구에 입주하는 첨단기술기업 등에 대한 세액감면(법인세의 100분의 100에 상당하는 세액을 감면받는 과세연도의 경우는 제외)	§12의2
	국제금융거래에 따른 이자소득 등에 대한 법인세의 면제	§21
	창업중소기업 등의 통합에 대한 세액감면 승계	§31④·⑤

감면유형	조세감면제도	조 문
③ 세액면제 및 감면	창업중소기업 등의 법인전환에 대한 세액감면 승계	§32④
	공공기관이 혁신도시로 이전하는 경우 법인세 감면	§62④
	수도권과밀억제권역 외 지역 이전 중소기업에 대한 세액감면 (다만, 수도권 밖으로 이전하는 경우는 제외)	§63
	농공단지 입주기업 등에 대한 세액감면	§64
	농업회사법인에 대한 법인세의 면제(작물재배업 외의 소득에 한함)	§68
	소형주택 임대사업자에 대한 세액감면	§96
	상가건물 장기 임대사업자에 대한 세액감면	§96의2
	위기지역 창업기업에 대한 법인세 등의 감면(법인세의 100분의 100에 상당하는 세액을 감면받는 과세연도의 경우는 제외)	§99의9
	산림개발소득에 대한 세액감면	§102
	제주첨단과학기술단지 입주기업에 대한 법인세 등의 감면(법인세의 100분의 100에 상당하는 세액을 감면받는 과세연도의 경우는 제외)	§121의8
	제주투자진흥지구 또는 제주자유무역지역 입주기업에 대한 법인세 등의 감면(법인세의 100분의 100에 상당하는 세액을 감면받는 과세연도의 경우는 제외)	§121의9
	기업도시개발구역 등의 창업기업 등에 대한 법인세 등의 감면(법인세의 100분의 100에 상당하는 세액을 감면받는 과세연도의 경우는 제외)	§121의17
	아시아문화중심도시 투자진흥지구 입주기업 등에 대한 법인세 등의 감면 등(법인세의 100분의 100에 상당하는 세액을 감면받는 과세연도의 경우는 제외)	§121의20
	금융중심지 창업기업 등에 대한 법인세 등의 감면 등(법인세의 100분의 100에 상당하는 세액을 감면받는 과세연도의 경우는 제외)	§121의21
	첨단의료복합단지 입주기업에 대한 법인세 등의 감면(법인세의 100분의 100에 상당하는 세액을 감면받는 과세연도의 경우는 제외)	§121의22

3 개인의 최저한세

3-1. 적용대상소득

거주자의 사업소득[중소기업창업투자조합 출자 등에 대한 소득공제(조특법 §16)를 적용받는 경우에만 해당 부동산임대업에서 발생하는 소득을 포함한다]과 비거주자의 국내사업장에서 발생한 사업소득에 대한 소득세가 그 대상이다(조특법 §132②).

따라서, 개인의 경우 최저한세의 적용대상은 사업소득만이 해당하고, 그 외 부동산소득 등 종합소득은 그 대상이 아니며 양도소득에 대하여는 사업소득자와의 형평을 위하여 조특법 제133조 양도소득세 감면의 종합한도 규정에서 별도로 규정하고 있다.

또한, 법인에 대한 최저한세에서 가산세 등이 제외되는 것과 동일하게 개인에게도 다음의 소득세에 대하여는 최저한세의 적용을 받지 않는다.

① 가산세
② 사후관리에 따라 추징·납부하는 감면세액·이자상당가산액(조특령 §126①)
③ 최저한세 적용대상으로 열거(조특법 §132② 3·4)되지 않은 세액공제·세액면제 및 감면 제도(조특령 §126④)

3-2. 최저한세의 적용

개인이 부담할 사업소득세는 다음의 2가지 방법에 의하여 계산된 세액 중 큰 금액이 된다.

> Max(①, ②)
> ① 각종 감면 전 사업소득에 대한 산출세액 × 45%(산출세액이 3천만원 이하인 부분은 35%)
> ② 각종 감면 후 사업소득에 대한 소득세

3-2-1. 각종 감면 전 사업소득에 대한 산출세액

사업소득에 대한 산출세액은 다음과 같이 계산하며, 각종 감면 전 사업소득에 대한 산출세액이라 함은 최저한세 적용대상(조특법 §132② 2)인 다음의 소득공제, 손금산입 등을 적용하지 아니한 산출세액을 말한다.

즉, 사업소득금액에 동 금액이 공제되어 있는 경우에는 동 금액을 사업소득에 가산하여 계산한 금액이다.

> 사업소득에 대한 산출세액 = 종합소득산출세액 × (사업소득금액 / 종합소득금액)

| 사업소득금액 가산 대상 감면제도 |

감면유형	조세감면제도	조 문
손금산입 및 소득공제	중소기업지원설비에 대한 손금산입액의 특례 등	§8
	연구개발관련 출연준비금 등의 과세특례	§10의2
	중소기업창업투자조합 출자 등에 대한 소득공제	§16
	서비스업 감가상각비의 손금산입특례	§28
	중소·중견기업 설비투자자산의 감가상각비 손금산입 특례	§28의2
	설비투자자산의 감가상각비 손금산입 특례	§28의3
	소기업·소상공인 공제부금에 대한 소득공제 등	§86의3
	소득세 소득공제 등의 종합한도	§132의2

3-2-2. 각종 감면 후 사업소득에 대한 소득세

각종 감면 후 사업소득에 대한 소득세라 함은 최저한세와의 비교대상으로서의 사업소득에 대한 소득세를 뜻하는 것으로, 최저한세와 관계없이 적용가능한 다음의 조세지원제도는 적용되지 않은 금액을 말한다.

① 최저한세 적용시 배제되는 각종 조세지원제도
② 소득세법상 사업소득에 대한 세액공제

3-2-3. 사업소득에 대한 세액공제의 계산

소득세법상 사업소득에 대한 세액공제는 다음과 같이 계산한다(조특칙 §55).

(1) 외국납부세액공제(소법 §57)

① 개인의 소득금액을 과세표준으로 하여 과세된 세액과 그 부가세액에 해당되는 경우(소령 §117① 1)

$$외국납부세액 \ 또는 \ 외국납부의제세액 \times \frac{과세대상 \ 국외원천소득 \ 중 \ 사업소득}{과세대상 \ 국외원천소득}$$

② 위와 유사한 세목에 해당하는 것으로서 소득 외의 수입금액 기타 이에 준하는 것을 과세표준으로 하여 과세된 세액에 해당하는 경우(소령 §117① 2)

$$\text{외국납부세액 또는 외국납부의제세액} \times \frac{\text{국외에서 발생한 과세대상 수입금액 중}}{\text{국외에서 발생한 과세대상 수입금액}}$$

(2) 재해손실세액공제(소법 §58)

① 재해발생일 현재 과세하였거나 과세할 소득세로서 납부하여야 할 소득세액(가산금 포함)에 해당하는 경우(소법 §58① 1)

$$\text{종합소득에 대한 미납부세액(가산금 포함)} \times \text{재해상실비율} \times \frac{\text{당해 미납부세액이 있는 과세연도의 사업소득}}{\text{당해 미납부세액이 있는 과세연도의 종합소득}}$$

② 재해발생일이 속하는 연도의 소득에 대한 소득세액에 해당하는 경우(소법 §58① 2)

$$\text{종합소득 산출세액} - \left(\text{재해손실세액공제 외 종합소득의 세액공제액} + \text{종합소득 세액감면액}\right) + \text{종합소득 가산세액} \times \text{재해상실비율} \times \frac{\text{재해발생 과세연도의 사업소득금액}}{\text{재해발생 과세연도의 종합소득금액}}$$

3-2-4. 최저한세 적용대상 조세지원제도

감면유형	조세감면제도	조 문
① 손금산입 및 소득공제	3-2-1의 조세감면제도와 동일	§8 외
② 세액공제	기업의 어음제도 개선을 위한 세액공제	§7의2
	상생결제 지급금액에 대한 세액공제	§7의4
	상생협력을 위한 기금 출연 등에 대한 세액공제	§8의3③
	연구 및 인력개발비에 대한 세액공제	§10
	기술이전소득 등에 대한 과세특례	§12②
	성과공유 중소기업의 경영성과급에 대한 세액공제 등	§19①
	통합투자세액공제	§24

감면유형	조세감면제도	조 문
② 세액공제	영상콘텐츠 제작비용에 대한 세액공제	§25의6
	고용창출투자세액공제	§26
	산업수요맞춤형고등학교등 졸업자를 병역 이행 후 복직시킨 중소기업에 대한 세액공제	§29의2
	경력단절 여성 재고용 중소기업에 대한 세액공제	§29의3
	근로소득을 증대시킨 기업에 대한 세액공제	§29의4
	청년고용을 증대시킨 기업에 대한 세액공제	§29의5
	고용을 증대시킨 기업에 대한 세액공제	§29의7
	정규직 근로자로의 전환에 따른 세액공제	§30의2
	고용유지중소기업 등에 대한 과세특례	§30의3
	중소기업 고용증가 인원에 대한 사회보험료 세액공제	§30의4
	중소기업 간의 통합에 대한 양도소득세의 이월과세 등	§31⑥
	법인전환에 대한 양도소득세의 이월과세	§32④
	선결제 금액에 대한 세액공제	§99의12
	전자신고에 대한 세액공제	§104의8
	제3자 물류비용에 대한 세액공제	§104의14
	해외자원개발투자에 대한 과세특례	§104의15
	석유제품 전자상거래에 대한 세액공제	§104의25
	우수 선화주기업 인증을 받은 화주 기업에 대한 세액공제	§104의30
	성실사업자에 대한 의료비 등 공제	§122의3
	금사업자와 구리 스크랩등사업자의 수입금액의 증가 등에 대한 세액공제	§122의4①
	현금영수증가맹점에 대한 세액공제	§126의3②
	금 현물시장에서 거래되는 금지금에 대한 과세특례 중 소득세·법인세 세액공제	§126의7⑧
③ 세액면제 및 감면	창업중소기업 등에 대한 세액감면(같은 조 제1항 또는 제6항에 따라 소득세의 100분의 100에 상당하는 세액을 감면받는 과세연도의 경우와 같은 조 제7항에 따라 추가로 감면받는 부분은 제외)	§6
	중소기업에 대한 특별세액감면	§7
	기술이전 및 기술취득 등에 대한 과세특례	§12①·③
	연구개발특구에 입주하는 첨단기술기업 등에 대한 세액감면(법인세의 100분의 100에 상당하는 세액을 감면받는 과세연도의 경우는 제외)	§12의2
	국제금융거래에 따른 이자소득 등에 대한 법인세 등의 면제	§21
	창업중소기업 등의 통합에 대한 세액감면 승계	§31④·⑤

감면유형	조세감면제도	조 문
③ 세액면제 및 감면	창업중소기업 등의 법인전환에 대한 세액감면 승계	§32④
	수도권과밀억제권역 외 지역 이전 중소기업에 대한 세액감면 (다만, 수도권 밖으로 이전하는 경우 제외)	§63
	농공단지 입주기업 등에 대한 세액감면	§64
	소형주택 임대사업자에 대한 세액감면	§96
	상가건물 장기 임대사업자에 대한 세액감면	§96의2
	위기지역 창업기업에 대한 법인세 등의 감면(법인세의 100분의 100에 상당하는 세액을 감면받는 과세연도의 경우는 제외)	§99의9
	산림개발소득에 대한 세액감면	§102
	제주첨단과학기술단지 입주기업에 대한 법인세 등의 감면(법인세의 100분의 100에 상당하는 세액을 감면받는 과세연도의 경우는 제외)	§121의8
	제주투자진흥지구 또는 제주자유무역지역 입주기업에 대한 법인세 등의 감면(법인세의 100분의 100에 상당하는 세액을 감면받는 과세연도의 경우는 제외)	§121의9
	기업도시개발구역 등의 창업기업 등에 대한 법인세 등의 감면(법인세의 100분의 100에 상당하는 세액을 감면받는 과세연도의 경우는 제외)	§121의17
	아시아문화중심도시 투자진흥지구 입주기업 등에 대한 법인세 등의 감면 등(법인세의 100분의 100에 상당하는 세액을 감면받는 과세연도의 경우는 제외)	§121의20
	금융중심지 창업기업 등에 대한 법인세 등의 감면 등(법인세의 100분의 100에 상당하는 세액을 감면받는 과세연도의 경우는 제외)	§121의21
	첨단의료복합단지 입주기업에 대한 법인세 등의 감면(법인세의 100분의 100에 상당하는 세액을 감면받는 과세연도의 경우는 제외)	§121의22

4 │ 최저한세로 부인되는 감면·공제의 적용순서

최저한세의 적용으로 감면 등이 배제되는 경우에는 기업이 임의로 감면배제항목을 선택할 수 있고, 다만 법인세를 경정하는 경우에는 조세특례제한법 시행령 제126조 제5항에서 규정하는 순서에 따라 배제하도록 하고 있다. 한편, 본조에 열거된 감면 등(최저한세가 적용되는 감면 등, 2-3-3. 및 3-2-4. 참조)과 그 밖의 감면 등이 동시에 적용되는 경우 그 적용순위는 최저한세가 적용되는 감면 등을 먼저 적용한다(조특법 §132③).6)7)8)

---
6) 최저한세가 적용되는 감면 등과 적용되지 않는 감면이 동시에 적용될 때 이에 대한 적용순서에 대한 명확한 규정이 없어 이를 명문화(최저한세가 적용되는 감면 등을 먼저 적용하여 공제하고, 최저한세가 적용되지 않는 감면 등을

4-1. 일반적인 신고납부의 경우

소득세 및 법인세는 신고·납부하거나 수정신고하는 경우에는 각종 감면제도 중에서 납세자가 이용할 수 있는 것을 임의로 선택하여 적용할 수 있다. 이에 따라 해당 납세자는 본인의 입장에서 가장 유리한 감면방법을 선택할 수 있으므로 결국 경제적 조세부담을 최소화할 수 있는 세무의사결정이 필요하다고 할 수 있다. 즉, 최적의 의사결정은 기업의 자금부담, 재무구조, 직접감면, 간접감면, 감면의 이연효과, 이월공제 등을 감안하여 결정되는 바 통상 준비금 특별상각, 세액공제, 감면세액 순으로 배제하는 것이 유리하겠고 이것은 다음에서 설명할 정부가 경정하는 경우에 적용되는 순서와 거의 일치한다.

나중에 공제, 2010. 1. 1. 이후 최초로 개시하는 과세연도분부터 적용)

7) 법인세법 제59조(감면 및 세액공제액의 계산) ① 이 법 및 다른 법률을 적용할 때 법인세의 감면에 관한 규정과 세액공제에 관한 규정이 동시에 적용되는 경우에 그 적용순위는 별도의 규정이 있는 경우 외에는 다음 각 호의 순서에 따른다. 이 경우 제1호와 제2호의 금액을 합한 금액이 법인이 납부할 법인세액(제55조의2에 따른 토지등 양도소득에 대한 법인세액, 「조세특례제한법」 제100조의32에 따른 투자·상생협력 촉진을 위한 과세특례를 적용하여 계산한 법인세액 및 가산세는 제외한다)을 초과하는 경우에는 그 초과하는 금액은 없는 것으로 본다.
  1. 각 사업연도의 소득에 대한 세액 감면(면제를 포함한다)
  2. 이월공제(移越控除)가 인정되지 아니하는 세액공제
  3. 이월공제가 인정되는 세액공제. 이 경우 해당 사업연도 중에 발생한 세액공제액과 이월된 미공제액이 함께 있을 때에는 이월된 미공제액을 먼저 공제한다.
  4. 제58조의3에 따른 세액공제. 이 경우 해당 세액공제액과 이월된 미공제액이 함께 있을 때에는 이월된 미공제액을 먼저 공제한다.
② 제1항 제1호에 따른 세액 감면 또는 면제를 하는 경우 그 감면 또는 면제되는 세액은 별도의 규정이 있는 경우를 제외하고는 산출세액(제55조의2에 따른 토지등 양도소득에 대한 법인세액 및 「조세특례제한법」 제100조의32에 따른 투자·상생협력 촉진을 위한 과세특례를 적용하여 계산한 법인세액은 제외한다)에 그 감면 또는 면제되는 소득이 제13조에 따른 과세표준에서 차지하는 비율(100분의 100을 초과하는 경우에는 100분의 100)을 곱하여 산출한 금액(감면의 경우에는 그 금액에 해당 감면율을 곱하여 산출한 금액)으로 한다.

8) 최저한세 적용시 임시투자세액공제와 외국인투자감면의 적용순서 : 구 조특법 제132조 제1항의 최저한세 규정이 적용되는 임시투자세액공제 등과 위 최저한세 규정이 적용되지 아니하는 외국인투자감면이 동시에 적용되는 경우 법인세법 제59조 제1항에 따라 임시투자세액공제 등에 앞서 외국인투자감면을 먼저 하여야 할 것임(대법원 2012. 8. 30. 선고 2012두10697 판결).
  ※ 기획재정부 유권해석(재경부 조세지출예산과-112, 2005. 2. 5.)에서는 법인칙 별지 제3호 서식을 "별도의 규정"으로 보아 임시투자세액공제 이월액과 공장 및 본사의 이전에 대한 임시특별세액감면을 동시에 적용받는 경우 이월된 임시투자세액공제를 먼저 적용하는 것으로 보았으나, 사법부는 법인칙 별지 제3호 서식을 단순한 행정규칙의 성질을 가지는 데 불과하여 과세관청이나 일반국민을 기속하는 것이 아닐 뿐 아니라, 상위법령인 법인세법 제59조 제1항이 정한 세액감면 및 공제의 순서에 대하여 예외를 정하고 있는 특별규정이라고도 볼 수 없다는 이유로 별도 규정으로 인정하지 아니함.

4-2. 정부가 소득세 및 법인세를 경정하는 경우

최저한세의 적용으로 감면 등이 배제되는 경우에는 기업이 임의로 감면배제항목을 선택할수 있으나, 정부가 소득세 및 법인세를 경정하는 경우에는 다음의 순서에 따라 배제하도록하고 있다(조특령 §126⑤).

① 준비금의 손금산입(조특법 §132① 1 · ② 1)

② 손금산입 및 익금불산입(조특법 §132① 2 · ② 2)

③ 세액공제(조특법 §132① 3 · ② 3). 이 경우 동일 조문에 의한 감면세액 중 이월된 공제세액이있는 경우에는 나중에 발생한 것부터 적용배제한다.

④ 법인세 또는 소득세의 면제 및 감면(조특법 §132① 4 · ② 4)

⑤ 소득공제 및 비과세(조특법 §132① 2 · ② 2)

5 | 관련사례

구 분	내 용
최저한세 적용방법	○ 중소기업이 아닌 내국법인이 2011. 12. 31. 이전 개시하는 사업연도에 발생한 연구·인력개발비 세액공제 대상금액에서 석사 및 박사 인건비로 발생한 금액이 차지하는 비율을 곱하여 산출된 금액이 공제받지 못하고 「조세특례제한법」 제144조 제1항에 따라 이월공제받는 경우 해당 이월공제받는 연구·인력개발비 세액공제액은 「조세특례제한법」(2011. 12. 31. 법률 제11133호로 개정된 것) 제132조 제1항 제3호에 따라 2012. 1. 1. 이후 최초로 개시하는 사업연도부터 최저한세가 적용되는 것임 (법규과-28, 2013. 1. 14., 기획재정부 조세특례제도과-36, 2012. 1. 20.도 같은 취지임). ○ 2011. 12. 31. 이전에 발생한 연구·인력개발비 세액공제 중 석·박사 인건비 해당액을 2012. 1. 1. 이후 개시된 사업연도의 법인세 신고시 이월공제하는 경우, 최저한세 적용대상인지 여부 : 2008~2011사업연도에 공제받지 못한 쟁점이월공제액을 2012~2015사업연도에 공제받을 경우 그 법인세 납세의무는 2012~2015사업연도 각 종료시에 성립되는 것이어서 개정 조특법에 따라 쟁점이월공제액을 최저한세 적용대상으로 보는 것이 타당한 점, 개정 조특법 제132조 제1항 제3호의 중소기업 외의 기업에 대한 석·박사 인건비에 대한 세액공제를 최저한세 적용대상에 포함하는 취지는 '연구·인력개발비에 대하여 충분히 세제지원하고 있어 다른 세액공제와의 과세형평성 등을 고려하여 대기업의 석·박사 인건비 해당액에 대한 세액공제에 대하여 최저한세를 적용하고자 하는 것'에 있다고 보이는 점, 개정 조특법 제132조 제1항 제3호에 따라 청구법인의 석·박사 인건비 해당액에 대하여 최저한세가 적용되어 공제받지 못한 세액이 생긴다고 하여도 그 공제받지 못한 세액은 석·박사

구 분	내 용
	인건비 해당액이 발생한 과세연도의 다음 과세연도 개시일부터 5년 이내에 끝나는 과세연도까지 이월하여 공제받을 수 있어서 이를 반드시 청구법인에게 불이익한 세법의 해석·적용이라고 하기는 힘든 점, 중소기업과 그 외의 기업에 모두 적용되는 「법인세법 시행규칙」 별지 제8호 서식이 연구·인력개발비 세액공제를 최저한세 적용대상과 제외대상으로 나누어 중소기업을 최저한세 적용 제외대상으로 하고 그 외의 기업을 적용대상으로 기재하도록 한 점 등을 고려하면 처분청이 쟁점이월공제액을 최저한세 적용대상으로 하여 과세한 당초 처분에 달리 잘못이 없음(조심 2018구 2378, 2018. 10. 17.).
최저한세 적용방법	○ 2010. 12. 27. 법률 제10406호로 개정된 「조세특례제한법」 부칙 제51조에서 2011. 1. 1. 이후 개시하는 사업연도의 중간예납세액을 계산할 때에 해당 사업연도의 직전 사업연도의 최저한세액은 제132조 제1항의 개정규정을 적용하여 계산하되, 감면된 법인세액은 제132조 제1항의 개정규정을 적용하여 계산한 금액으로 한다고 규정하고 있어 중간예납법인세액 계산시 당해연도에 법인세율 인하에 따른 공제감면세액을 재계산하여 이를 법인세 산출세액에서 차감하는 것이 타당함(조심 2013중2810, 2013. 9. 4.). ○ 세액공제 및 감면을 적용할 때에 사업자의 신청 목적에 따라 공제감면의 순서가 달라지지 않으며, 최저한세 대상 공제감면인 고용증대특별세액공제 및 임시투자세액 공제를 최저한세 배제 공제감면인 외국인투자기업 법인세 감면보다 우선 적용하여야 함(조심 2011중2766, 2011. 12. 5.). ○ 구 「조세특례제한법」(2009. 5. 21. 법률 제9671호로 일부개정되기 전의 것) 제26조에 따른 임시투자세액공제의 이월액과 구 「조세특례제한법」(2005. 12. 31. 법률 제7839호로 일부개정되기 전의 것) 제121조의2에 따른 외국인투자에 대한 법인세 등의 감면이 동시에 적용되는 경우 그 적용순위는 구 「조세특례제한법」(2005. 12. 31. 법률 제7839호로 일부개정되기 전의 것) 제132조 제1항 제3호에 따른 임시투자세액공제를 먼저 적용하는 것임(재조특-1125, 2011. 12. 1.). ○ '최저한세 대상 공제감면'인 임시투자세액공제 등을 '최저한세 배제 공제감면'인 외국인투자법인 법인세감면보다 우선 적용하여 농어촌특별세를 부과한 처분은 정당함(조심 2009중2396, 2011. 5. 2.). ○ 새로운 세법해석이 종전의 해석과 상이한 경우에는 새로운 해석이 있은 날 이후에 납세의무가 성립하는 분부터 새로운 해석을 적용하는 것이나 종전의 해석이 명백히 법령을 위반한 경우는 그러하지 아니함(심사법인 2010-6, 2010. 5. 10.). ○ 2003. 12. 30. 법률 제7003호로 개정되어 2004. 1. 1.부터 시행된 조세특례제한법(이하 '개정법'이라 한다) 제132조를 적용함에 있어, 개정법의 시행일 이전에 최저한세가 적용되어 공제받지 못한 제10조(연구 및 인력개발비에 대한 세액공제)에 의한 세액공제액의 이월공제액은 개정법 제132조에 의한 최저한세 적용에서 제외됨(재조특-665, 2009. 7. 9.).

구 분	내 용
최저한세 적용방법	○ 최저한세 적용으로 공제받지 못한 2003년 이전 발생 중소기업의 연구 및 인력개발비세액공제액의 이월세액공제액은 개정법률(2003. 12. 30. 법률 제7003호로 개정된 구 조세특례제한법)에 따라 2004 과세연도부터는 최저한세의 제한을 받지 아니함(대법원 2009. 6. 11. 선고 2007두7727 판결). ○ 성실신고사업자의 요건을 갖춘 간편장부대상자가 조특법(§122의2)에 따른 기장세액공제를 받는 경우 소득세법(§56)에 따라 계산한 기장세액공제액을 초과하는 금액은 최저한세의 적용대상임(서면1팀-484, 2006. 4. 18.). ○ 성실신고사업자에 대한 소득세 등 과세특례에 의하여 세액공제를 적용받는 부동산임대소득 및 산림소득에 대하여는 최저한세가 적용되지 아니함(서면1팀-219, 2006. 2. 17.). ○ 소득세법상 재해손실세액공제와 임시투자세액공제가 동시에 적용되는 경우 임시투자세액공제에 대해 먼저 최저한세를 계산하고 재해손실세액공제액을 차감하여 납부할 세액을 산출하는 것임(서면1팀-804, 2005. 7. 8.). ○ 연구 및 인력개발비 세액공제는 전기에 이월된 최저한세 대상 공제액을 최저한세 범위 내에서 먼저 공제하고 당기에 발생된 세액을 공제하여 납부할 법인세액 및 이월될 세액공제액을 계산함(서면2팀-9, 2005. 1. 3.). ○ 거주자의 '사업소득에 대한 최저한세' 계산시 다른 종합소득이 있는 경우, '사업소득에 대한 산출세액' 계산방법(재조예 46019-4, 2003. 1. 4.) ○ 중간예납기간에 투자한 임시투자세액을 차감해 법인세 중간예납이 가능하나, 중간예납세액이 직전 사업연도 최저한세(실제적용 여부 불문)의 50%에 미달시는 미달세액에 상당하는 임시투자세액은 차감대상이 아님(서이 46012-10934, 2002. 5. 1.).

6 | 주요 개정연혁

1. 대법인 최저한세율 인상(조특법 §132)

(1) 개정내용

종 전			개 정		
□ 법인세 최저한세율(일반기업)			□ 대법인 최저한세율 인상		
과세표준	세 율		과세표준	세 율	
100억원 이하	10%		100억원 이하	10%	
100억원~1,000억원	12%		100억원~1,000억원	12%	
1,000억원 초과	16%		1,000억원 초과	17%	

(2) 개정이유

  ○ 감면법인 간 형평성 제고 및 재정건전성 강화를 위해 최저한세율 조정

(3) 적용시기 및 적용례

  ○ 2014. 1. 1. 이후 개시하는 과세연도분부터 적용

소득세 소득공제 등의 종합한도

1 의 의

고소득자에 대한 과도한 소득공제 적용을 배제하기 위하여 2013. 1. 1. 신설되어, 2013.
1. 1. 이후 발생하는 소득분부터 적용된다.

다만, 2012년까지 지급한 지정기부금, 창투조합등 출자공제분은 공제한도를 적용받지 않는다.

2013년 소득공제의 세액공제 전환으로 본 종합한도를 적용받던 중요 소득공제 제도가 대부분
사라졌다. 특히, 종합한도 적용을 받던 필요경비에 산입하는 지정기부금의 경우 2014. 1. 1.
후 최초로 신고하는 분부터 종합한도를 적용하지 않게 되었다.

2 소득공제 등의 종합한도

2-1. 종합한도의 적용대상

종합한도 적용대상 제도는 다음과 같다.

종합한도 적용대상 소득공제	조 문
① 특별소득공제. 다만, 보험료 소득공제는 포함하지 아니한다.	소법 §52
② 중소기업창업투자조합 출자 등에 대한 소득공제 다만, 아래의 출자 또는 투자[1]는 제외되어 종합한도를 적용받지 않는다. ⓐ 「벤처기업육성에 관한 특별조치법」 제13조에 따른 조합에 출자한 금액을 벤처기업등에 투자하는 경우 ⓑ 벤처기업등에 투자하는 경우 ⓒ 온라인소액투자중개의 방법으로 모집하는 창업 후 7년 이내의 중소기업의 지분증권에 투자하는 경우	법 §16①
③ 소기업·소상공인 공제부금에 대한 소득공제	법 §86의3

종합한도 적용대상 소득공제	조 문
④ 청약저축 등에 대한 소득공제	법 §87②
⑤ 우리사주조합 출자에 대한 소득공제	법 §88의4①
⑥ 장기집합투자증권저축 소득공제	법 §91의16
⑦ 신용카드 등 사용금액에 대한 소득공제	법 §126의2

2-2. 종합한도의 계산

거주자의 종합소득에 대한 소득세를 계산할 때 종합한도의 적용대상 공제금액 및 필요경비의 합계액이 2천500만원을 초과하는 경우에는 그 초과하는 금액은 없는 것으로 한다.

---

1) 조특법 제16조 제1항 제3호, 제4호 또는 제6호에 따른 출자 또는 투자를 말한다.

제133조

양도소득세 및 증여세 감면의 종합한도

1 의 의

부동산 양도차익 등은 자본이득으로 정책목적상 감면해 주는 경우라도 다른 소득에 비해 과세형평성을 저해할 요인이 크다고 할 수 있다. 특히, 한 사람의 양도소득에 대하여 모두 감면해 주는 것은 고소득자에게 지나친 혜택을 주어 형평성 문제가 있고, 또한 방위세 폐지에 대한 보완규정인 최저한세의 신설로 동 규정이 적용되는 개인의 사업소득세와 과세형평을 유지하기 위한 것이라 할 수 있다.

2 양도소득세 감면의 종합한도

2-1. 종합한도의 적용대상

다음의 규정에 의하여 감면받을 양도소득세액의 합계액으로 한다.

종합한도 적용대상 감면제도	조 문
① 사업전환 무역조정지원기업에 대한 과세특례	§33
② 구조조정대상부동산의 취득자에 대한 양도소득세의 감면	§43
③ 영농조합법인 등에 대한 법인세의 면제 등	§66
④ 영어조합법인 등에 대한 법인세의 면제 등	§67
⑤ 농업회사법인에 대한 법인세의 면제 등	§68
⑥ 자경농지에 대한 양도소득세의 감면	§69
⑦ 축사용지에 대한 양도소득세의 감면	§69의2
⑧ 어업용 토지등에 대한 양도소득세의 감면	§69의3
⑨ 자경산지에 대한 양도소득세의 감면	§69의4
⑩ 농지대토에 대한 양도소득세 감면	§70

종합한도 적용대상 감면제도	조 문
⑪ 공익사업용 토지 등에 대한 양도소득세의 감면	§77
⑫ 대토보상에 대한 양도소득세 과세특례	§77의2
⑬ 개발제한구역 지정에 따른 매수대상토지 등에 대한 양도소득세의 감면	§77의3
⑭ 국가에 양도하는 산지에 대한 양도소득세의 감면	§85의10
⑮ 아파트형공장의 감면 다음의 어느 하나에 해당하는 아파트형공장 설립을 위하여 2002. 1. 1. 당시 건축허가를 받은 거주자에 대하여는 아파트형 공장을 설립한 후 2003. 12. 31. 이전에 임대를 개시하여 5년 이상 임대한 후 양도함으로써 발생하는 소득에 대하여 양도소득세 또는 특별부가세의 100분의 50에 상당하는 세액을 감면한다. ㉠ 공업배치 및 공장설립에 관한 법률 제28조의2의 규정에 의하여 2001. 5. 7. 이후 설립한 아파트형공장 ㉡ 공업배치 및 공장설립에 관한 법률 제28조의2의 규정에 의하여 2001. 5. 7. 전에 설립한 아파트형공장으로서 설립 후 입주한 사실이 없는 것	법률 제6538호 부칙 §29

2-2. 종합한도액의 계산

개인이 각 과세기간별로 종합한도 적용대상으로 감면받을 양도소득세액의 합계액 중에서 다음의 금액 중 큰 금액은 감면하지 아니한다. 이 경우 감면받는 양도소득세액의 합계액은 자산양도의 순서에 따라 합산한다(조특법 §133①).

① 종합한도 적용대상에 따라 감면받을 양도소득세액의 합계액이 과세기간별로 1억원을 초과하는 경우에는 그 초과하는 부분에 상당하는 금액

② 5개 과세기간의 합계액으로 계산된 다음의 금액 중 큰 금액

　이 경우 5개 과세기간의 감면받을 양도소득세액의 합계액은 당해 과세기간에 감면받을 양도소득세액과 직전 4개 과세기간에 감면받은 양도소득세액의 합계액으로 계산한다.

　㉠ 농지대토에 대한 양도소득세 감면에 따라 감면받을 5개 과세기간의 양도소득세액의 합계액이 1억원을 초과하는 경우에는 그 초과하는 부분에 상당하는 금액

　㉡ 다음에 따라 감면받을 5개 과세기간 양도소득세액의 합계액이 2억원을 초과하는 경우에는 그 초과하는 부분에 상당하는 금액

종합한도 적용대상 감면제도	조 문
① 영농조합법인 등에 대한 법인세의 면제 등	§66
② 영어조합법인 등에 대한 법인세의 면제 등	§67
③ 농업회사법인에 대한 법인세의 면제 등	§68
④ 자경농지에 대한 양도소득세의 감면	§69
⑤ 축사용지에 대한 양도소득세의 감면	§69의2
⑥ 어업용 토지등에 대한 양도소득세의 감면	§69의3
⑦ 자경산지에 대한 양도소득세의 감면	§69의4
⑧ 농지대토에 대한 양도소득세 감면	§70
⑨ 공익사업용 토지 등에 대한 양도소득세의 감면	§77
⑩ 대토보상에 대한 양도소득세 과세특례	§77의2

3 | 증여세 감면의 종합한도

조특법 제71조(영농자녀가 증여받는 농지 등에 대한 증여세의 감면)에 따라 감면받을 증여세액의 5년간 합계액이 1억원을 초과하는 경우에는 그 초과하는 부분에 상당하는 금액은 감면하지 아니한다. 이 경우 증여세감면한도액은 그 감면받을 증여세액과 해당 증여일 전 5년간 감면받은 증여세액을 합친 금액으로 계산한다[1](조특법 §133②).

---

1) 후계농업인의 원활한 농업 승계를 지원하되, 양도세 회피행위 방지를 위해 감면한도 신설(2007. 1. 1. 이후 증여하는 분부터 적용)

4 │ 관련사례

구 분	내 용
종합한도	○ 2006년 이전에 자경농민이 영농자녀에게 농지를 증여하고 법률 제5584호 「조세감면규제법 개정법률」 부칙 제15조에 따라 증여세를 면제받은 경우 해당 증여세액은 「조세특례제한법」 제133조 제2항에 따른 증여세감면한도액 계산시 합산하지 아니하며, 질의 2)의 경우 2006년 이전에 자경농민이 영농자녀에게 농지를 증여하고 법률 제5584호 「조세감면규제법 개정법률」 부칙 제15조에 따라 증여세를 면제받은 경우 해당 증여재산가액은 「상속세 및 증여세법」 제47조 제2항에 따라 증여세 과세가액에 가산하는 것임(재산 - 11, 2012. 1. 10.). ○ 8년 이상 자경농지의 양도소득세 감면한도 산정에 관하여 5개 과세기간의 감면받을 양도소득세액의 합계액을 계산함에 있어 구법 부칙 제36조 제2항을 적용하지 아니함이 타당함(서울고법 2010누38020, 2011. 7. 12.). ○ 조세특례제한법 제133조 제2항의 5개 과세기간 농지감면 세액 합산시 2005년 이전 감면세액을 합산하여 감면한도를 계산한 것은 정당함(조심 2009서2747, 2010. 1. 27.). ○ 거주자가 2필지 이상의 토지를 같은 날 양도하여 각각의 감면규정을 적용받는 경우 감면받는 양도소득세액의 합계액은 당해 거주자가 선택하는 순서에 따라 합산함(재산 - 355, 2009. 10. 1.). ○ 8년 이상 자경 농지를 농업법인에게 현물출자하는 경우 1억원 한도 내에서 양도소득세가 감면됨(서면4팀 - 726, 2007. 2. 27.).

기업업무추진비의 손금불산입 특례

1 │ 의 의

'기업업무추진비'란 접대, 교제, 사례 또는 그 밖에 어떠한 명목이든 상관없이 이와 유사한 목적으로 지출한 비용으로서 내국법인이 직접 또는 간접적으로 업무와 관련이 있는 자와 업무를 원활하게 진행하기 위하여 지출한 금액을 말한다(법인법 §25①). 이것은 업무와 관련된 순자산의 감소액이므로 원칙적으로 손금으로 인정한다. 다만, 기업업무추진비의 과다지출은 사회적으로 바람직하지 않을 뿐 아니라 기업의 재무구조를 약화시킬 우려가 있으므로, 법인세법은 한도액을 두어 그 손금산입을 제한하고 있다. 이에 덧붙여 조특법에서는 경쟁체제하에 있는 민간기업과는 달리 접대의 필요성이 상대적으로 적은 정부투자기관에 대하여는 기업업무추진비 손금한도액을 더욱 축소할 목적으로 본 규정을 도입하였다.

또한, 기업이 일정금액 이상을 문화비로 지출한 비용에 대해서는 현행 기업업무추진비 한도액에 불구하고 기업업무추진비 한도액의 10% 범위 내에서 추가로 손금산입할 수 있는 특례를 2014년말까지 한시적으로 운영하고 있다. 많은 문화예술단체가 비영리단체이고 문화예술시장의 규모도 크지 않아 결손법인이 많은 상황에서 문화예술단체에 대한 직접적인 지원보다는 문화예술의 수요자에 대한 간접지원을 통하여 지원의 실효성을 제고할 수 있고, 본조의 특례 도입으로 음주·유흥 등 향응성 기업업무추진비 지출을 공연·전시회·경기 등의 문화성 기업업무추진비로 전환하도록 유도함으로써 건전한 접대문화의 조성에 기여할 것으로 기대된다.

2014. 1. 1. 조특법 개정시 기업업무추진비 총액의 1% 초과요건을 삭제하였고, 2016. 12. 20. 조특법 개정시 「법인세법」 및 「소득세법」에서 규정하고 있던 중소기업 기업업무추진비 한도 특례를 조특법으로 이관하였으며, 2022년말 조특법 개정시 기존 접대비 명칭을 기업업무추진비로 변경(2024. 1. 1. 이후 시행)하고 적용기한을 2025. 12. 31.까지로 연장하였다.

	문화접대비 손금산입특례 연혁	

연도	내용
2007 개정	문화접대비 손금산입특례제도 신설
2010 개정	문화접대비 인정범위 확대 : 문화관광축제 및 관광공연장 입장권 구입 비용 추가
2012 개정	문화접대비 손금산입 금액 확대 : 접대비 총액 3% 초과 금액 → 접대비 총액 1% 초과 금액
2013 개정	문화접대비 손금산입 금액 확대 : 접대비 총액 1% 초과 금액 → 문화접대비 전액
2022 개정	접대비 명칭을 기업업무추진비로 변경(2024. 1. 1. 이후 시행)

2 | 정부기관 기업업무추진비에 대한 손금한도 축소

다음의 정부출자기관이 각 사업연도의 소득금액[1]을 계산할 때 손금에 산입하는 기업업무추진비의 금액은 일반법인 기업업무추진비 한도액의 70%만을 인정한다(조특법 §136②).

① 정부가 20% 이상을 출자한 정부출자기관. 다만, 공기업·준정부기관[2]이 아닌 상장법인은 제외[3](조특령 §130③).

② 상기 ①의 법인이 최대주주로서 출자한 법인(조특령 §130④)

3 | 문화비로 지출한 기업업무추진비 손금불산입 특례

내국인이 2025. 12. 31. 이전에 다음의 국내 문화관련 용도로 지출한 기업업무추진비에 대하여는 내국인의 기업업무추진비 한도액[4]에 불구하고 해당 과세연도의 소득금액 계산시 내국인의 기업업무추진비 한도액의 20%에 상당하는 금액의 범위 안에서 손금에 산입한다 (조특법 §136③, 조특령 §130⑤·⑥, 조특칙 §57).

---

1) 「법인세법」 제25조 제4항

2) 「공공기관의 운영에 관한 법률」 제5조

3) 정부출자법인 중 상대적으로 공공성이 강한 공기업, 준정부기관에 해당하지 않는 법인으로서 시장기능에 의한 감시가 적용되는 상장법인에 대해 일반법인과 동일한 수준으로 접대비 한도 인정(2008. 1. 1. 이후 최초로 개시되는 사업연도분부터 적용)

4) 「법인세법」 제25조 제4항 각호의 금액(특례 적용 전 수입금액별 한도)을 합한 금액[부동산임대업을 주된 사업으로 하는 등 「법인세법 시행령」 제42조 제2항에 따른 내국법인(지배주주등이 보유한 주식등의 합계가 50% 초과, 부동산임대업을 주된 사업으로 하거나 매출액이 70% 이상, 상시근로자 수가 5명 미만)의 경우에는 그 금액에 100분의 50을 곱한 금액] 또는 「소득세법」 제35조 제3항 각호의 금액을 합한 금액을 말한다.

① 문화예술의 공연이나 전시회[5) 또는 박물관의 입장권 구입

② 체육활동의 관람을 위한 입장권의 구입[6)

③ 비디오물의 구입[7)

④ 음반 및 음악영상물의 구입[8)

⑤ 간행물의 구입[9)

⑥ 문화체육관광부장관이 지정한 문화관광축제의 관람 또는 체험을 위한 입장권·이용권의 구입[10)

⑦ 관광공연장 입장권의 구입[11)

⑧ 2012년에 개최되는 여수세계박람회의 입장권 구입

⑨ 지정문화재 및 등록문화재의 관람을 위한 입장권의 구입[12)

⑩ 문화예술 관련 강연의 입장권 구입 또는 초빙강사에 대한 강연료 등[13)

⑪ 자체시설 또는 외부임대시설을 활용하여 해당 내국인이 직접 개최하는 공연 등 문화예술행사비

⑫ 문화체육관광부의 후원을 받아 진행하는 문화예술, 체육행사에 지출하는 경비

⑬ 미술품의 구입(취득가액이 거래단위별로 1백만원 이하인 것으로 한정한다)

4 │ 기업업무추진비 수입금액별 한도 특례

내국인이 2020년 1월 1일부터 2020년 12월 31일까지 지출한 기업업무추진비로서 기업업무추진비를 손금 또는 필요경비에 산입하지 아니하는 금액[14)을 계산할 때 수입금액별 한도는 다음 표에 규정된 비율을 적용하여 산출한다[15) (조특법 §136④).

---

5) 「문화예술진흥법」 제2조

6) 「국민체육진흥법」 제2조

7) 「영화 및 비디오물의 진흥에 관한 법률」 제2조

8) 「음악산업진흥에 관한 법률」 제2조

9) 「출판문화산업 진흥법」 제2조 제3호

10) 「관광진흥법」 제48조의2 제3항

11) 「관광진흥법 시행령」 제2조 제1항 제3호 마목

12) 「문화재보호법」 제2조 제2항 및 제3항

13) 「문화예술진흥법」 제2조

14) 「법인세법」 제25조 제4항 및 「소득세법」 제35조 제3항

15) 「법인세법」 제25조 제4항 제2호의 표 및 「소득세법」 제35조 제3항 제2호의 표에도 불구하고 적용한다.

수입금액	비 율
100억원 이하	0.35퍼센트
100억원 초과 500억원 이하	3천5백만원 + (수입금액 - 100억원) × 0.25퍼센트
500억원 초과	1억3천5백만원 + (수입금액 - 500억원) × 0.06퍼센트

한편, 위 수입금액별 한도를 적용할 때 2020년이 2개 이상의 사업연도에 걸쳐 있는 내국법인의 경우에는 다음 계산식에 따라 수입금액별 한도를 산출한다(조특법 §136⑤).[16]

위 표의 수입금액별 한도 × (해당 사업연도 중 2020년에 속하는 일수 / 해당 사업연도의 일수) + 특례 적용 전 수입금액별 한도[17] × (해당 사업연도 중 2020년에 속하지 않는 일수 / 해당 사업연도의 일수)

5 | 관련사례

구 분	내 용
손금불산입 특례의 범위	○ 내국법인이 문구, 음료, 간식 등을 구입할 수 있는 상품권을 취득하여 접대비로 사용하는 경우 문화접대비에 해당하지 않음(법인-205, 2012. 3. 21.). ○ 내국인이 2011. 12. 31. 이전에 문화예술진흥법 제2조에 의한 문화예술의 공연이나 전시회의 입장권을 구입하는 경우 문화접대비에 해당함(법인-280, 2009. 1. 22.). ○ 문화접대비의 손금산입 한도액을 계산함에 있어 "접대비로 지출한 총 금액"이란 문화접대비로 지출한 금액을 포함하고, 손금에 산입하지 아니하는 접대비를 제외한 총 금액을 말함(법인-230, 2009. 1. 19.). ○ 영화상영입장권으로만 교환이 가능한 상품권(영화상영업법인이 발행)을 구입하여 접대비로 사용한 경우 문화접대비로 볼 수 있음(법인-3032, 2008. 10. 23.).

---

16) 「조특법」 제136조 제4항 및 제5항의 개정규정은 시행일(2020. 3. 23.)이 속하는 과세연도 분부터 적용한다(법률 제17073호, 2020. 3. 23. 부칙 §7).

17) 「법인세법」 제25조 제4항 제2호에 따른 수입금액별 한도를 말한다.

6 | 주요 개정연혁

1. 문화접대비 손금산입특례 적용기한 연장(조특법 §136)

(1) 개정내용

종 전	개 정
□ 문화비로 지출한 접대비 손금산입 과세특례	□ 적용기한 연장
ㅇ (추가한도) 일반접대비의 20%	ㅇ (좌 동)
ㅇ (적용기한) 2022. 12. 31.	ㅇ 2025. 12. 31.

(2) 개정이유

ㅇ 문화예술서비스 지원

2. 중소기업 접대비 한도특례 적용기한 연장(조특법 §136① 신설)

(1) 개정내용

종 전	개 정
□ 중소기업 접대비 손금인정 기본한도 한시적 증액	□ 적용기한 연장 (법인세·소득세법 → 조세특례제한법으로 이관)
ㅇ (특례) 1천800만원 → 2천400만원	ㅇ (좌 동)
ㅇ 적용기한 : 2016. 12. 31.이 속하는 사업연도까지	ㅇ 적용기한 : 2018. 12. 31.이 속하는 사업연도까지

(2) 개정이유

ㅇ 중소기업 지원

조세특례제한법

제138조

임대보증금 등의 간주익금

1 | 의 의

비영리내국법인이 아닌 법인으로서 부동산임대업을 주업으로 하는 법인이 부동산 또는 그 부동산상의 권리 등을 대여하고 받은 보증금 등에서 발생한 수입금액이 동 보증금 등에 대한 정기예금이자상당액에 미달하는 경우에는 시행령이 정하는 일정 금액을 각 사업연도 소득금액 계산상 익금에 산입한다. 동 규정은 임대보증금을 이용하여 세부담 없이 부동산투자를 계속하는 것을 방지하고, 개인사업자와의 세부담형평을 위하여 임대보증금에 정기예금이자율을 곱하여 계산한 금액상당액은 임대수입으로 보아 과세하려는 것이다.

2 | 요 건

간주익금 적용대상은 ① 차입금 과다 보유 내국법인으로서, ② 부동산임대업을 주업으로하며, ③ 부동산 등을 대여하고 보증금 등을 받은 경우여야 한다. 이하에서 각 요건에 대하여 자세히 알아본다.

2-1. 차입금 과다 보유 내국법인일 것

'차입금 과다 보유 내국법인'은 자기자본의 2배에 상당하는 금액을 초과하여 차입금을 보유하고 있는 내국법인을 말한다. 이 경우 차입금과 자기자본은 적수로 계산하되, 사업연도 중 합병·분할하거나 증자·감자 등에 따라 자기자본의 변동이 있는 경우에는 당해 사업연도 개시일부터 자기자본의 변동일 전일까지의 기간과 그 변동일부터 당해 사업연도 종료일까지의 기간으로 각각 나누어 계산한 자기자본의 적수를 합한 금액을 자기자본의 적수로 한다(조특령 §132①).

2-1-1. 자기자본 계산방법

자기자본 = Max(①, ②)
① 당해 사업연도 종료일 현재 대차대조표상의 자산의 합계액에서 부채(충당금을 포함하며, 미지급 법인세를 제외한다)의 합계액을 공제한 금액
② 당해 사업연도 종료일 현재의 납입자본금*
*납입자본금 = 자본금 + 주식발행액면초과액 + 감자차익 − 주식할인발행차금 − 감자차손

2-1-2. 차입금

차입금은 다음의 차입금(법인령 §53④)과 지급이자가 이미 손금불산입된 차입금(법인령 §55)과 「주택도시기금법」에 따른 국민주택기금으로부터 차입한 금액을 제외한다(조특령 §132②).

법인 종류	제외되는 차입금
금융기관	① 「공공자금관리기금법」에 따른 공공자금관리기금 또는 「한국은행법」에 의한 한국은행으로부터 차입한 금액 ② 국가 및 지방자치단체(지방자치단체조합 포함)로부터 차입한 금액 ③ 법령에 의하여 설치된 기금으로부터 차입한 금액 ④ 「외국인투자촉진법」 또는 「외국환거래법」에 의한 외화차입금 ⑤ 수신자금
내국법인	내국법인이 한국은행총재가 정한 규정에 따라 기업구매자금대출에 의하여 차입한 금액

2-1-3. 자기자본 계산특례

당해 기간에 해당하는 자기자본은 당해 사업연도 종료일 현재 대차대조표상의 자산의 합계액에서 부채(충당금 포함, 미지급법인세 제외)의 합계액을 공제한 금액에서 증자액 또는 감자액을 차감 또는 가산하여 계산할 수 있다(조특령 §132①).

관련예규

• 임대보증금 등에 대한 간주익금 계산대상이 되는 차입금 과다법인의 그 '차입금'이란 지급이자를 부담하지 않는 것은 제외하며, 소비대차로 전환되어 지급이자를 지급하는 임대보증금은 포함됨(법인 46012-794, 2000. 3. 28.).

2-2. 부동산임대업을 주업으로 할 것

'부동산임대업을 주업으로 하는 법인'이라 함은 당해 법인의 사업연도 종료일 현재 자산총액 중 임대사업에 사용된 자산가액이 100분의 50 이상인 법인을 말한다. 이 경우 자산가액의 계산은 기준시가(소법 §99)의 규정에 의하며, 자산의 일부를 임대사업에 사용할 경우 임대사업에 사용되는 자산가액은 다음과 같이 계산한다(조특령 §132③, 조특칙 §59①).

$$\text{임대사업에 사용되는 자산가액} = \text{일부를 임대사업에 사용하고 있는 자산의 가액} \times \frac{\text{임대사업에 사용하고 있는 부분의 면적}}{\text{당해 건물의 면적}}$$

관련예규

- 간주임대료 산식 중 자산총액에는 주택 등을 포함하며, 임대자산가액은 미임대부분도 포함한 임대용 부동산 전체가액임(법인 46012-2896, 1996. 10. 18.).
- 토지임차하여 지상권 설정 후 상가신축 임대시 임대사업자산이 총자산의 50/100 이상인 경우에는 임대보증금 등의 간주익금 계산규정 적용함(법인 46012-853, 1996. 3. 16.).

2-3. 부동산 등을 대여하고 보증금 등을 받을 것

'부동산 등을 대여하고 보증금 등을 받은 경우'라 함은 주택과 그 부속토지(다음의 면적 중 넓은 면적 이내의 토지)를 제외한 부동산 또는 그 부동산에 관한 권리 등을 대여하고 보증금·전세금 또는 이에 준하는 것을 받은 경우를 말한다(조특령 §132④).
① 주택의 연면적(지하층의 면적, 지상층의 주차용으로 사용되는 면적 및 「주택건설기준 등에 관한 규정」 제2조 제3호의 규정에 따른 주민공동시설의 면적 제외)
② 건물이 정착된 면적에 5배(도시지역 밖의 토지의 경우에는 10배)를 곱하여 산정한 면적

3 | 간주익금의 계산

3-1. 개 요

익금에 가산할 금액은 다음의 산식에 의하여 계산한다. 이 경우 익금에 가산할 금액이 영보다 적은 때에는 이를 없는 것으로 보며, 적수의 계산은 매월 말 현재의 잔액에 경과일수를 곱하여 계산할 수 있다(조특령 §132⑤).

$$\left(\begin{array}{c}\text{당해 사업연도의}\\\text{보증금 등 적수}\end{array} - \begin{array}{c}\text{임대용 부동산의}\\\text{건설비상당액 적수}\end{array}\right) \times 1/365^{1)} \times \begin{array}{c}\text{정기예금}\\\text{이자율}\end{array} - \begin{array}{c}\text{당해 사업연도의 임대사업}\\\text{부분에서 발생한 수입이자}\\\text{와 할인료·배당금·신주}\\\text{인수권처분익 및 유가증권}\\\text{처분익의 합계액}\end{array}$$

3-2. 당해 사업연도의 보증금 등의 적수

당해 사업연도의 보증금 등의 적수라 함은 임대사업과 관련하여 수입한 보증금 등의 적수를 말하며, 각 사업연도 중에 임대사업을 개시한 경우에는 임대사업을 개시한 날부터 적수를 계산한다(조특칙 §59⑥). 다만 부동산을 임차하여 임대하는 경우에 보증금 등의 적수는 전대임대보증금 등의 적수에서 임차보증금 등의 적수를 차감하여 계산한다(조특칙 §59③).

임대보증금의 적수계산시 임대사업 개시 전에 임대용역의 제공이 없는 상태에서 부동산이 완공되면 임대하기로 하고 받은 계약금·선수보증금 등은 임대개시 전에는 임대용역이 제공된 것으로 보지 않으므로 적수에 포함되지 않으며 임대개시일 이후부터 간주익금을 계산한다(조기통 138-132…1 ②).

관련예규

• 부동산을 임차하여 전대하는 법인이 임대사업자에게 지급한 임대보증금은 간주익금 계산시 '임차보증금 등'으로 보는 것이나 임차료는 이에 해당하지 아니함(서면2팀-1394, 2007. 7. 30.).

3-3. 임대용 부동산의 건설비상당액의 적수

3-3-1. 국가 등에 기부채납 후 이를 임대하는 경우

지하도를 건설하여 「국유재산법」 기타 법령에 의하여 국가 또는 지방자치단체에 기부채납하고 지하도로 점용허가(1차 무상점유기간에 한함)를 받아 이를 임대하는 경우에는 당해 건축물(지하도)의 취득가액(자본적 지출액 포함, 재평가차액 제외)을 건설비상당액으로 보며, 그 적수는 다음의 산식에 의하여 계산한 금액으로 한다. 이 경우 면적의 적수의 계산은 매월 말 현재의 잔액에 경과일수를 곱하여 계산할 수 있다(조특령 §132⑥ 1, 조특칙 §59②).

---

1) 윤년인 경우에는 366으로 한다.

$$\text{건설비상당액의 적수} = \text{지하도의 건설비 적수총계} \times \frac{\text{임대면적의 적수}}{\text{임대가능면적의 적수}}$$

3-3-2. 일반 임대용 부동산의 경우

기부채납 후 임대하는 경우(3-3-1.) 외의 임대용 부동산에 있어서는 당해 건축물의 취득가액(자본적 지출액 포함, 재평가차액 제외)을 건설비상당액으로 하되, 1991. 1. 1. 이후에 개시하는 사업연도 이전에 취득·건설한 임대용 부동산의 경우에는 다음 중 큰 금액을 건설비상당액으로 한다(조특령 §132⑥ 2, 조특칙 §59② · ⑦).

① 당해 부동산의 취득가액(취득가액이 확인되지 아니하는 때에는 기준시가(소법 §99)를 그 취득가액으로 함)

② 당해 부동산의 연면적 × 1990. 12. 31.이 속하는 사업연도 종료일 현재의 단위면적당 임대보증금

적수의 계산은 다음 산식에 의하여 계산하며, 면적의 적수의 계산은 매월 말 현재의 잔액에 경과일수를 곱하여 계산할 수 있다.

$$\text{건설비상당액의 적수} = \text{임대용 부동산의 건설비 적수총계} \times \frac{\text{임대면적의 적수}}{\text{건물 연면적의 적수}}$$

관련예규

• 일반 임대용 부동산의 건설비상당액의 적수를 계산함에 있어 임대면적의 적수는 임대보증금(전세금 포함)을 받는 임대면적의 적수와 임대보증금 없이 임대료만을 받는 임대면적의 적수를 합하여 계산하는 것이며, 여러 개의 독립된 부동산을 임대하는 경우 익금에 가산할 금액은 임대용 부동산 전체를 합하여 계산하는 것임(서면2팀-295, 2004. 2. 26.).

3-4. 정기예금이자율

기준수입금액 계산시 적용할 정기예금이자율은 법인세법 시행규칙 제6조의 규정에 따른 이자율을 말하며, 현재 2.1%[2])이다(조특칙 §59④, 법인칙 §6).

---

2) 2019. 3. 20. 기획재정부령 제730호로 일부개정된 것

3-5. 임대사업부분에서 발생한 수입이자 · 할인료 · 배당금 · 유가증권 처분익 등

임대사업부분에서 발생한 수입이자 등은 당해 사업연도의 임대사업부분에서 발생한 수입이자와 할인료, 배당금, 신주인수권처분익 및 유가증권처분익의 합계액을 말하고 동 합계금액이 상기의 기준수입에 미달하는 경우 동 미달금액을 익금에 산입한다.

임대보증금과 관련하여 발생한 수입금액이므로, 결국 금융자산의 취득으로 인한 수입금액을 말하며, 금융자산소득 이외의 소득, 즉 임대료수입, 고정자산처분이익 등은 보증금에서 발생한 수입금액으로 보지 아니한다.

수입금액 중 유가증권처분익이라 함은 유가증권의 매각익에서 매각손을 차감한 금액을 말하며(조특칙 §59⑤), 당해 사업연도의 임대사업부분에서 발생한 유가증권처분익의 합계액이 "부수(-)"인 때에는 이를 "0"으로 하여 간주익금을 계산한다(조기통 138-132…1 ①).

4 │ 조세특례제한 등

임대사업과 임대사업 이외의 사업을 겸업하는 경우 임대사업개시 후 차입금상환액, 임대사업부분에서 발생한 수입이자 등을 계산하기 위해서는 당해 법인의 자산, 부채, 손익을 구분하여 경리하여야 하는 바 구분경리의 구체적 방법에 대하여는 제143조의 해설을 참고하기 바란다.

해저광물자원개발을 위한 과세특례

1 │ 의 의

본 제도는 당초 세법이 아닌 일반법률(해저광물자원개발법)에서 규정하고 있던 것을 1998년 조특법을 전면 개편하면서 조특법 제140조로 이관한 규정이다. 즉, 1998년 이전에는 「해저광물자원개발법」에서 해저광물의 탐사 및 채취사업을 수행하는 자에 대하여는 법인세를 중과(50% 세율 적용)하되, 동 사업수행과 관련된 간접세 등 세부담(부가가치세, 주민세, 사업소세, 관세, 특별소비세 및 교통세)은 면제하는 특례규정이 있었다. 이를 조세감면제도 통합관리 차원에서 조특법으로 이관하면서 일몰기한을 2003년 말로 규정하였고, 2003년 말 일몰 도래시 5년간 추가 연장(2008년까지)하면서 기존에 중과되고 있던 법인세율까지 일반세율로 과세하도록 개정하여 조세지원을 강화하였다.

당시 개정취지는 국내 해저광물자원개발이 담보상태에서 수익발생 없이 높은 투자비용 및 실패율을 보이고 있다는 판단하에, 기존의 법인세 중과를 일반과세로 전환하고 부가가치세 등 각종 기존의 조세지원제도는 연장하여 투자비 부담을 경감함으로써 석유 등 해저광물의 자주적인 개발을 촉진할 목적이었으며, 2007년 세법 개정시에는 본 제도의 부가가치세가 면세 특례가 중간단계에서 지원되어 환수효과 발생으로 오히려 사업자 및 소비자가 불리해지는 문제가 있어 부가가치세 면세특례 규정을 삭제하였다.

2014. 1. 1. 법 개정시 예산 및 금융지원 등이 중복되는 점 등을 감안하여 해저조광권자의 경우 관세와 부가가치세만 면제하도록 하고 2014. 1. 1. 이후 수입신고하는 분부터 적용하도록 하였으며, 2022. 12. 31. 조특법 개정시 적용기한을 2025. 12. 31.로 3년 연장하였다.

2 │ 요건 : 대상자

해저조광권자가 본 제도의 수혜대상이며, 해저조광권자란 설정행위에 의하여 국가소유인 해저광구에서 해저광물을 탐사·채취 및 취득하는 권리[1]를 가진 자를 말한다.

3 │ 과세특례의 내용

3-1. 해저조광권자에 대한 조세면제

해저조광권을 가지고 있는 자가 해저광물자원의 탐사 및 채취사업에 사용하기 위하여 2025. 12. 31.까지 수입하는 기계는 기계·장비 및 자재에 대한 관세와 부가가치세를 면제한다(조특법 §140①).

> **관련예규**
>
> • 사업자가 해저조광권자에게 해저광물의 개발을 위한 조사·설계 및 건설용역을 공급하는 경우에는 부가가치세가 과세되고, 해저조광권자에게 해저광물의 탐사 및 채취사업에 사용되는 기계·장비 및 자재를 공급하는 경우에는 부가가치세가 면제됨(조기통 140-0…1).
> • 탐사 및 채취사업에 직접 사용되는 부분에 한하여 면제되는 것이며, 이에 부수되는 수송·저장시설에 대한 사용은 면제대상에서 제외됨(세정 13407-284, 2003. 4. 17.).

3-2. 해저조광권자의 대리인 또는 도급업자에 대한 조세면제

해저조광권자의 대리인 또는 도급업자가 해저광물의 탐사 및 채취사업에 직접 사용하기 위하여 2025. 12. 31.까지 그 해저조광권자의 명의로 수입하는 기계·장비 및 자재에 대한 관세와 부가가치세를 면제한다(조특법 §140②).

---

1) 「해저광물자원개발법」 제2조 제5호

4 | 절차

본조의 규정에 의하여 조세특례의 적용을 받고자 하는 해저조광권자, 해저조광권자의 대리인 또는 도급업자는 조세의 면제확인신청서를 작성하여 산업통상자원부장관의 확인을 받아 관할 세무서장·세관장 또는 지방자치단체의 장에게 신청하여야 한다(조특령 §133의2, 조특칙 §59의2).

관련예규

- 해저조광권을 가진 사업자가 해저광물의 탐사 및 채취사업과 관련하여 재화 또는 용역을 공급하고 조특법 시행령에 따른 감면신청을 하지 아니한 경우에도 조세감면을 받을 수 있음(서면3팀-2288, 2006. 9. 26.).

5 | 주요 개정연혁

1. 해저광물자원 개발에 대한 과세특례 적용기한 연장(조특법 §140)

(1) 개정내용

종 전	개 정
□ 해저조광권자 조세 면제 　ㅇ 탐사·채취사업 관련 관세·부가가치세· 　　개별소비세 　ㅇ 고용하는 외국인에게 지급하는 급여에 대한 　　소득세 면제	ㅇ 탐사·채취사업 관련 관세·부가가치세만 　　면제 　　　　　〈삭　제〉
□ (적용기한) 2013. 12. 31.	□ (적용기한) 2016. 12. 31.(3년)

(2) 개정이유

　ㅇ 해저광물자원 개발을 지원하기 위해 과세특례 적용기한 연장

(3) 적용시기 및 적용례

　ㅇ 2014. 1. 1. 이후 수입신고하는 분부터 적용

제141조

부동산실권리자 명의등기에 대한 조세부과의 특례

1 | 의 의

　부동산실명제도란 부동산에 관한 물건(소유권, 전세권, 지상권 등)은 반드시 실제 권리자의 이름으로만 등기하도록 한 제도이다. 명의신탁은 부동산을 남의 이름을 빌어 등기함으로써 부동산투기, 세금탈루 또는 재산을 감추는 수단으로 이용되어 각종 부정과 부조리의 원인이 되어 왔다. 부동산실명제는 부동산에 관한 권리는 반드시 자신의 이름으로 등기하도록 함으로써, 명의신탁을 이용한 부동산투기를 없애서 부동산 거래질서를 바로잡는 한편 각종 부정·부조리를 제거하고 부동산 거래의 투명성을 확보하기 위해 도입된 제도이다. 따라서 부동산실명제도에서 명의신탁과 장기미등기 등은 규제대상이 되며, 명의신탁한 부동산을 실명으로 전환하는 과정에서 누락된 세금이 밝혀지는 경우 원칙적으로 모두 추징한다.

　다만, 부동산실명제의 전면 도입에 따라 일시적인 충격을 완화하고자 명의신탁한 부동산이 1건이고 그 가액이 5천만원 이하인 경우에는 종전에 1세대 1주택의 취급을 받아 비과세 받은 양도소득세와 증여로 간주(조세회피 목적으로 명의신탁을 하는 경우)되어 부과되는 증여세를 추징하지 않는 특례를 인정하였다. 본 제도는 본래 부동산실권리자 명의등기에 관한 법률 제13조에서 규정하고 있던 것을 1998. 12. 28. 조세특례제한법 전면개정에 따라 조세부과의 특례를 세제 적용의 일원화를 도모하기 위하여 본법 제141조로 이관하였다.

2 | 과세특례의 내용

2-1. 요 건

2-1-1. 실명등기를 한 부동산이 1건일 것

　'실명등기를 한 부동산이 1건'이라 함은 「부동산실권리자 명의등기에 관한 법률」(1995. 12. 30. 법률 제4944호로 개정된 것을 말함) 시행 전에 명의수탁자 명의로 등기한 부동산이 1필지(서로 인접한 수필지의 토지 포함) 또는 1동의 건물(당해 건물의 부속건물 및 건물에 부수되는 토지와 「주택법」에 의한 공동주택의 경우에는 1세대의 구분건물 및 그 부수토지)로서 이를 실명등기한 경우를 말한다(조특령 §134①).

2-1-2. 부동산가액이 5천만원 이하일 것

부동산가액은 「부동산실권리자 명의등기에 관한 법률」 시행일 현재 다음의 방법에 의하여 평가한 금액으로 5천만원 이하이어야 한다(조특령 §134②).

① 소유권의 경우에는 「소득세법」 제99조의 규정에 의한 기준시가
② 소유권 외의 물권의 경우에는 「상속세 및 증여세법 시행령」 제51조 및 제63조에서 정하는 평가방법

2-2. 실명등기시 조세추징 배제

「부동산실권리자 명의등기에 관한 법률」 제11조의 규정에 의하여 실명등기를 한 부동산이 1건이고 그 가액이 5천만원 이하인 경우로서 다음의 어느 하나에 해당하는 경우에는 이미 면제되거나 적게 부과된 조세 또는 부과되지 아니한 조세는 이를 추징하지 아니한다(조특법 §141①).

① 「소득세법」 제89조 제3호의 규정에 의하여 명의신탁자 및 그와 생계를 같이하는 1세대가 이 법 시행 전에 1세대 1주택의 양도에 따른 비과세를 받은 경우로서 실명등기로 인하여 당해 주택을 양도한 날에 비과세에 해당하지 아니하게 되는 경우
② 종전의 「상속세법」(1996. 12. 30. 법률 제5193호로 개정되기 전의 것) 제32조의2의 규정에 의하여 명의자에게 「부동산실권리자 명의등기에 관한 법률」 시행 전에 납세의무가 성립된 증여세를 부과하는 경우

비거주자 등의 보세구역 물류시설의 재고자산
판매이익에 대한 과세특례

1 | 의 의

본조는 외국법인의 보세구역 내 물류시설 이용에 따른 원천징수 부담을 해소하여 인천공항 등의 물류 허브화를 지원하고자 도입되었고, 외국법인이 고정사업장에 해당하지 아니하는 보세구역 내 물류시설에서 재고자산을 보관 후 양도하는 경우 국외에서 직접 양도한 경우와 동일하게 취급한다. 이 제도는 2009. 1. 1. 이후 최초로 소득을 지급하는 분부터 적용한다.

2 | 요건 및 과세특례의 내용

소득세법 제120조 또는 법인세법 제94조에 따른 국내사업장이 없는 비거주자 또는 외국법인이 국외에서 제조하거나 양도받은 재고자산을 보세구역 물류시설에 보관한 후 양도함에 따라 발생하는 소득세법 제119조 제5호 또는 법인세법 제93조 제5호의 국내원천소득(재고자산 판매이익)에 대해서는 해당 국내원천소득에 대한 비거주자 등의 소득세·법인세를 면제한다. 이때 보세구역 물류시설이란 관세법 제154조에 따른 보세구역 또는 자유무역지역의 지정 및 운영에 관한 법률 제2조 제1호에 따른 자유무역지역에 소재하는 물류정책기본법 제2조 제1항 제4호에 따른 물류시설을 말한다(조특법 §141의2①).

3 | 절 차

본조에 따라 소득세·법인세의 원천징수를 면제받으려는 비거주자 등은 비거주자 등의 보세구역 물류시설의 재고자산 판매이익 원천징수면제신청서에 보세구역 물류시설의 재고자산 입·출고내역을 첨부하여 매분기 종료일의 다음 달 말일까지 보세구역 물류시설을 운영하는 자의 납세지 관할 세무서장에게 제출하여야 한다(조특령 §134의2①). 이때 소득세 또는 법인세의 원천징수면제신청서는 보세구역 물류시설을 운영하는 자가 제출할 수 있다(조특령 §134의2②).

제 **7** 장

보 칙

조세특례의 사전 · 사후관리

1 | 의 의

정부는 조세감면의 효율적 운용을 위해 조세감면 건의도 세출예산편성에 준하는 절차를 준용하도록 조특법 제142조에 조세특례의 사전 · 사후관리 규정을 1998년 조특법 전면개편시 도입하였다. 기획재정부장관은 본 규정에 근거하여 매년 조세감면에 관한 기본계획을 수립하는데, 조세감면 기본계획은 비과세 · 감면제도 운용의 기본방향, 현행 비과세 · 감면제도의 평가지침 등을 제시하며, 각 중앙행정기관의 조세감면 건의 시 우선순위를 정하는 기준 및 조세감면 평가의 기본틀로 활용된다. 2014. 1. 1. 법 개정시 신설 · 일몰도래하는 조세감면제도에 대한 성과평가를 의무화하고, 조세지출 평가 결과를 국회에 제출하도록 의무화하여 조세특례제도 심사시 합리성을 제고하도록 하였으며 2015. 1. 1.부터 적용되도록 하였다.

2 | 사전관리

기획재정부장관은 매년 「조세특례 및 제한에 관한 기본계획」을 수립하고 국무회의의 심의를 거쳐 3월 31일까지 중앙행정기관의 장에게 통보하여야 한다(조특법 §142①).

중앙행정기관의 장은 경제 · 사회정책 등의 효율적 수행을 위하여 조세감면이 필요하다고 인정되는 사항에 대하여 조세감면의 목적, 조세감면으로 인하여 기대되는 정책효과, 연도별 예상 세수효과 및 관련 통계자료 등을 포함한 조세감면에 관한 건의를 매년 4월 30일까지 기획재정부장관에게 하여야 한다(조특법 §142②).

3 | 사후관리

조세감면의 사후관리를 위하여 중앙행정기관의 장은 조세감면으로 인한 효과분석 및 조세감면제도의 존치 여부 등에 대한 의견을 매년 4월 30일까지 기획재정부장관에게 제출하여야 하며 그 조세특례사항의 범위는 다음과 같다(조특법 §142③, 조특령 §135).

① 해당 과세연도에 적용기한이 종료되는 조세특례사항
② 시행 후 2년이 경과되지 아니한 조세특례사항
③ 기존의 조세특례사항 중 그 범위를 확대하고자 하는 사항
④ 조세특례 및 제한에 관한 기본계획에 재검토가 필요한 사항으로 열거된 조세특례사항

4 | 성과관리

기획재정부장관은 주요 조세특례에 대한 평가를 실시할 수 있다. 다만, 해당 연도에 적용기한이 종료되는 사항(지원대상의 소멸로 조세특례의 폐지가 명백한 사항 등은 제외)으로서 연간 조세특례금액이 300억원 이상인 조세특례에 대해서는 예산의 범위 내에서 전문적인 조사·연구기관이 목표달성도, 경제적 효과, 소득재분배효과, 재정에 미치는 영향 등에 대해 평가한 결과를 회계연도 개시 120일(2015년 제출 평가결과는 110일) 전까지 국회에 제출하여야 한다(조특법 §142④).

기획재정부장관은 다음의 어느 하나에 해당하는 조세특례에 대해서는 종합적인 평가를 실시할 수 있다(조특령 §135②).

① 분야별로 일괄하여 평가가 필요한 사항
② 향후 지속적 감면액 증가가 예상되어 객관적 검증을 통해 조세지출 효율화가 필요한 사항
③ 그 밖에 기획재정부장관이 심층적인 분석·평가가 필요하다고 인정하는 사항

정부는 연간 조세특례금액이 300억원 이상인 조세특례를 신규로 도입하는 법률안을 제출하는 경우에는 전문적인 조사·연구기관에서 조세특례의 필요성 및 적시성, 기대효과, 예상되는 문제점 등 대통령령으로 정하는 내용에 대해 평가한 결과를 첨부하여야 한다. 다만, 다음의 어느 하나에 해당하는 사항은 그러하지 아니하다(조특법 §142⑤).

① 경제·사회적 상황에 대응하기 위하여 도입하려는 경우로서 국무회의의 심의를 거친 사항
② 남북교류협력에 관계되거나 국가 간 협약·조약에 따라 추진하는 사항

③ 국제대회나 국가행사 등 지원 기간이 일시적이고 적용기한이 명확하며 사업의 추진을 위하여 시급히 도입할 필요가 있는 사항

④ 평가 결과를 반영하여 기존 조세특례를 개선하려는 경우로서 평가 내용에 조세특례의 필요성 및 적시성, 기대효과, 예상되는 문제점 등이 포함된 것으로 인정하는 사항

기획재정부장관은 중앙행정기관의 조세감면에 관한 건의 및 평가의견에 대해 전문적인 조사·연구를 수행할 기관을 지정하고 그 운영 등에 필요한 경비를 출연할 수 있으며(조특법 §142⑥),[1] 중앙행정기관의 의견제출 및 평가와 관련하여 필요하다고 인정할 때에는 관계 행정기관의 장 등에게 의견 또는 자료의 제출을 요구할 수 있다. 이 경우 관계 행정기관의 장 등은 특별한 사유가 있는 경우를 제외하고는 이에 따라야 한다(조특법 §142⑦).

---

1) 조특령 제135조의2(조세특례 평가 등에 대한 전문적인 조사·연구기관의 지정) 기획재정부장관은 법 제142조 제6항에 따라 다음 각 호의 어느 하나에 해당하는 기관을 전문적인 조사·연구를 수행할 기관으로 지정할 수 있다.
   1. 「정부출연연구기관 등의 설립·운영 및 육성에 관한 법률」에 따라 설립된 한국조세재정연구원
   2. 「정부출연연구기관 등의 설립·운영 및 육성에 관한 법률」에 따라 설립된 한국개발연구원
   3. 그 밖에 조세특례의 평가 등과 관련하여 기획재정부장관이 전문 인력과 조사·연구 능력 등을 갖춘 것으로 인정하는 기관

제142조의2

조세지출예산서의 작성

1 | 의 의

"조세지출"이란 조세감면·비과세·소득공제·세액공제·우대세율적용 또는 과세이연 등 조세특례에 따른 재정지원을 말하고, "조세지출예산서"란 직전 연도 실적과 해당 연도 및 다음 연도의 추정금액을 기능별·세목별로 분석한 보고서를 말한다. 기획재정부장관은 조세지출예산서를 작성하여야 하는바, 이는 종전의 1999~2009년까지 직전연도와 당해연도의 국세감면 실적 및 추정금액을 조세지출보고서로 작성해 공표해 온 것을 발전시킨 것으로, 1996년 경제협력개발기구(OECD) 가입을 계기로 재정의 투명성을 높이고 국가재원을 보다 효율적으로 운용하기 위한 노력의 일환이다. 조세지출예산서는 '국가재정법'에 따라 2010년부터 예산안과 함께 국회에 제출되고 있다.

2 | 조세지출예산서의 작성

(1) 조세지출에는 조세특례 중 특정 산업 또는 경제활동에 대한 지원 여부, 조세특례의 폐지가능성 등을 고려하여 기획재정부장관이 조세지출예산서에 포함할 필요가 있다고 인정하는 사항을 포함한다(조특령 §135의3①).

(2) 기획재정부장관은 조세지출예산서를 작성할 때에는 다음의 내용을 포함하여 작성해야 한다(조특령 §135의3②).
(가) 세출예산 항목별로 집계한 기능별 분석
(나) 세목(稅目)별로 집계한 세목별 분석
(다) 조세특례의 감면방법별 분석
(라) 조세특례 예비타당성평가 면제내역 및 사유 : 아래[1]의 어느 해당하여 조세특례에

---

1) 조특법 제142조 제5항 각 호

대한 평가를 실시하지 않은 경우 해당 조세특례의 내용과 평가를 실시하지 않은 사유[2]

1) 경제·사회적 상황에 대응하기 위하여 도입하려는 경우로서 국무회의의 심의를 거친 사항
2) 남북교류협력에 관계되거나 국가 간 협약·조약에 따라 추진하는 사항
3) 국제대회나 국가행사 등 지원 기간이 일시적이고 적용기한이 명확하며 사업의 추진을 위하여 시급히 도입할 필요가 있는 사항
4) 조세특례에 대한 평가 결과를 반영하여 기존 조세특례를 개선하려는 경우로서 기획재정부장관이 평가 내용에 조세특례의 필요성 및 적시성, 기대효과, 예상되는 문제점 등의 내용이 포함된 것으로 인정하는 사항

3 | 자료제출 요청

기획재정부장관은 조세지출예산서를 작성하기 위하여 필요할 때에는 국세청장, 관세청장, 그 밖에 조세지출과 관련된 중앙행정기관의 장에게 자료제출을 요청할 수 있다. 이 경우 요청을 받은 관계 중앙행정기관의 장 등은 특별한 사유가 있는 경우를 제외하고는 이에 따라야 한다(조특법 §142의2②, 조특령 §135의3③).

한편, 자료제출을 요청받은 관계 중앙행정기관의 장 등은 제출기한이 따로 명시되지 아니한 경우에는 그 요청을 받은 날부터 10일 이내에 해당 의견 또는 자료를 제출하여야 한다. 다만, 그 요청을 받은 날부터 10일 이내에 제출하기 어려운 경우에는 기획재정부장관과 협의하여 그 기간을 연장할 수 있으며, 해당 자료가 보관·관리되지 아니하거나 생산할 수 없는 것인 경우에는 그 사유와 향후 관리계획을 기획재정부장관에게 통보하여야 한다(조특령 §135의3④).

---

2) 조특령 제135조의3 제2항 제4호의 개정규정은 2021. 2. 17. 이후 조세지출예산서를 작성하는 분부터 적용한다(대통령령 제31444호, 부칙 §14).

조세특례제한법

제143조

구분경리

1 │ 의 의

구분경리란 구분할 사업, 자산 또는 수입별로 자산과 부채 및 수입과 비용을 각각 독립된 계정과목에 구분하여 기장하는 것을 말한다. 구분경리는 법인세법과 조특법에서 각각 규정하고 있으며, 조특법상 구분경리는 주로 조세지원대상(감면) 사업과 기타의 사업을 겸영하는 경우 감면대상소득의 정확한 계산을 위한 것이며, 법인세법에서 규정하고 있는 구분경리에 관한 규정을 준용하도록 규정하고 있다(조특령 §136). 구분경리에 대한 상세한 내용은 법인세법 해설 책자를 참고하기 바란다.

현행 법인세법 및 조특법상 구분경리의 대상이 되는 사업 또는 소득의 종류를 요약하면 다음과 같다.

법인세법상 구분경리(§113)	조특법상 구분경리(§143)
① 비영리법인의 수익사업과 그 밖의 사업	① 감면대상사업과 그 밖의 사업
② 법인의 신탁재산에 귀속되는 소득과 그 밖의 소득	② 소비성서비스업과 그 밖의 사업
③ 피합병법인의 이월결손금을 공제받고자 하는 합병법인의 승계사업과 그 밖의 사업	
④ 분할법인 등의 이월결손금을 공제받고자 하는 분할신설법인 등의 승계사업과 그 밖의 사업	
⑤ 피합병법인의 이월결손금을 공제받고자 하는 연결모법인의 승계사업과 그 밖의 사업	

2 │ 감면사업과 기타 사업의 구분경리

내국인은 조특법상 세액감면을 적용받는 사업[1] (감면비율이 2개 이상[2]인 경우 각각의 사업을 말하며, 이를 "감면대상사업"이라 한다)과 그 밖의 사업을 겸영하는 경우에는 법인세법 제113조 및 소득세법 제19조의 규정을 준용하여 구분하여 경리하여야 한다(조특법 §143①, 조특령 §136① · ②).[3] 감면대상사업과 기타의 사업을 겸영하는 경우에 있어서 구분경리에 관하여는 「법인세법 시행령」 제156조 및 같은 법 시행규칙 제75조의 규정을 준용하는 것으로 구분경리 대상법인의 익금과 손금의 구분계산은 조특법 및 다른 법에 특별히 정한 것을 제외하고는 법인세법 기본통칙 113 – 156…6에 의한다(조기통 143 – 0…1).

> **법인세법 기본통칙 113－156…6 【개별손익 · 공통손익 등의 계산】** 규칙 제75조 제2항의 규정에 의하여 법인세가 감면되는 사업과 기타사업을 겸영하는 법인의 익금과 손금의 구분계산은 법에 특별히 규정한 것을 제외하고는 다음과 같이 계산한다.
> 1. 개별익금
>   가. 매출액 또는 수입금액은 소득구분계산의 기준으로서 이는 개별익금으로 구분한다.
>   나. 감면사업 또는 과세사업에 직접 관련하여 발생하는 부수수익은 개별익금으로 구분하며, 예시하면 다음과 같다.
>   (1) 부산물 · 작업폐물의 매출액

---

1) 종전의 감면 제도별 열거규정에서 포괄규정 방식으로 전환
2) 감면소득별 감면율이 서로 상이[특별세액감면(§7)에서는 감면사업에 따라 5～30%의 단계적 감면율 적용]한 경우 감면소득 원천별 추가 구분경리 불가피하므로 이를 보완
3) 조특법 제63조의2 제2항 제2호에 근거하여 본사의 지방이전에 대한 세액감면("쟁점세액감면"이라 한다)을 적용하던 중 지방으로 이전하지 않은 다른 사업장에서 에너지절약시설 등을 투자하였을 경우 이와 관련된 투자세액공제 등을 적용할 수 있는지 여부. 즉, 본사의 소득으로 구분된 부분("쟁점구분소득")이 조특법 제143조 제1항에 따라 구분경리된 소득에 해당하는지 여부 : 본사는 공장 등 개별 사업장과 달리 법인 전체 사업을 총괄 · 관리하는 역할이므로, 본사에 국한된 소득(매출 및 비용을 구분경리)을 계산하는 기준이 정립되었다고 보기 어렵고, 본사의 소득을 구분하는 방법에는 지방으로 이전한 인원의 비율 외에도 사업장별 매출 및 비용 발생 비율 또는 보유자산 비율 등 여러 기준으로 계산이 가능하므로, 지방으로 이전된 인원 비율로 안분하여 계산된 금액이 본사에 귀속된 소득이라고 단정하기 어려운 점, 「법인세법」상 구분경리도 각 사업별로 발생한 익금과 손금을 별도로 구분하여 독립적으로 회계처리를 하여야 할 것인데, 쟁점구분소득은 법인의 익금 · 손금을 하나의 사업으로 보아 회계처리한 소득을 지방으로 이전한 인원 비율로 안분한 것에 불과한바, 사업별로 구분경리된 소득으로 볼 수 없는 점 등에 비추어 처분청이 청구법인의 경정청구를 거부한 처분에는 달리 잘못이 없다(조심 2018부5004, 2019. 5. 23).
   ※ 한편, 공장의 지방이전에 대한 세액감면(조특법 제63조의2 제2항 제1호)과 세액공제등을 동시에 적용하더라도 지방으로 이전한 공장에서 발생한 소득을 구분경리하여 그 소득에 대하여는 세액감면만 적용하고, 그 외의 소득에 귀속되는 세액에 한정하여 세액공제등을 적용하면 조세지원 간 실질적인 중복이 발생되지 아니하므로 동시 적용이 가능(대법원 2015. 5. 14. 선고 2014두47662 판결)하다는 사례가 있는데, 이는 본사가 아닌 공장이 이전된 사실이 다르다는 차이점이 있다.

  (2) 채무면제익
  (3) 원가차익
  (4) 채권추심익
  (5) 지출된 손금 중 환입된 금액
  (6) 준비금 및 충당금의 환입액
 다. 영업외수익과 특별이익 중 과세사업의 개별익금으로 구분하는 것을 예시하면 다음과
   같다.
  (1) 수입배당금
  (2) 수입이자
  (3) 유가증권처분익
  (4) 수입임대료
  (5) 가지급금인정이자
  (6) 고정자산처분익
  (7) 수증익
 2. 공통익금
  감면사업과 과세사업에 공통으로 발생되는 수익이나 귀속이 불분명한 부수수익은 공통익금으로
  구분하며, 예시하면 다음과 같다.
  가. 귀속이 불분명한 부산물·작업폐물의 매출액
  나. 귀속이 불분명한 원가차익, 채무면제익
  다. 공통손금의 환입액
  라. 기타 개별익금으로 구분하는 것이 불합리한 수익
 3. 개별손금
  가. 감면사업 또는 과세사업에 직접 관련하여 발생한 비용은 당해 사업의 개별손금으로 구분하며,
   예시하면 다음과 같다.
  (1) 매출원가
  (2) 특정사업에 전용되는 고정자산에 대한 제비용
  (3) 특정사업에 관련하여 손금산입하는 준비금·충당금전입액
  (4) 기타 귀속이 분명한 제비용
  나. 영업외비용과 특별손실 중 과세사업의 개별손금으로 구분하는 것을 예시하면 다음과
   같다.
  (1) 유가증권 처분손
  (2) 고정자산 처분손
 4. 공통손금
  감면사업과 과세사업에 공통으로 발생되는 비용이나 귀속이 불분명한 비용은 공통손금으로
  구분하며, 예시하면 다음과 같다.
  가. 사채발행비 상각
  나. 사채할인발행차금 상각
  다. 기타 개별손금으로 구분하는 것이 불합리한 비용

5. 지급이자

차입금에 대한 지급이자는 그 이자의 발생장소에 따라 구분하거나 그 이자전액을 공통손금으로 구분할 수 없으며, 차입한 자금의 실제 사용용도를 기준으로 사실판단하여 과세 및 감면사업의 개별 또는 공통손금으로 구분한다.

6. 외환차손익

가. 감면사업 또는 과세사업에 직접 관련되는 외환차손익은 당해 사업의 개별손익으로 구분한다.

나. 외상매출채권의 회수와 관련된 외환차손익(공사수입의 본사 송금거래로 인한 외환차손익 포함)은 외국환은행에 당해 외화를 매각할 수 있는 시점까지는 당해 외상매출채권이 발생된 사업의 개별손익으로 하고 그 이후에 발생되는 외환차손익은 과세사업의 개별손익으로 구분한다.

다. 외상매출채권을 제외한 기타 외화채권과 관련하여 발생하는 외환차손익은 과세사업의 개별손익으로 구분한다.

라. 외상매입채무의 변제와 관련된 외환차손익은 당해 외상매입 채무와 관련된 사업의 개별손익으로 구분한다.

마. 외상매입채무를 제외한 기타 외화채무와 관련하여 발생하는 외환차손익은 외화채무의 용도에 따라 감면사업 또는 과세사업의 개별손익으로 구분하고, 용도가 불분명한 경우에는 공통손익으로 구분한다.

바. 외환증서, 외화표시예금, 외화표시유가증권 등과 관련하여 발생하는 외환차손익은 과세사업의 개별손익으로 구분한다.

사. 감면사업의 손익수정에 따른 외환차손익은 감면사업의 개별손익으로 구분한다.

2-1. 자산 및 부채의 구분경리

감면사업과 기타사업의 구분경리는 법인세법상 비영리법인의 수익사업과 비수익사업의 구분경리규정을 준용한다. 구분경리의 대상이 되는 감면사업에 귀속되는 자산·부채가 개별적으로 파악이 가능한 경우 이를 장부상 각각 독립된 계정과목에 의하여 구분기장하여야 한다. 감면사업에 속하는 자산과 부채란 감면사업의 수익을 획득하기 위하여 직접 생산활동에 공하거나 용역을 제공하는 자산과 감면사업소득을 발생시키는 원천에 직접 또는 간접으로 관련하여 발생하는 부채를 말한다. 이때 감면사업과 기타사업에 공통되는 자산과 부채는 이를 전부 기타사업에 속하는 것으로 한다(법인칙 §76①).

2-2. 손익의 구분경리

특정의 수익·비용이 구분하여야 할 사업에서 발생하였음이 분명한 경우에는 개별익금 또는 개별손금이라 하며 그 발생원천이 불분명한 수익 또는 비용을 공통손금 또는 공통익금이라 한다. 이때 공통익금 및 손금은 다음에 한하는 것을 말한다. 한편, 구분경리 또는 구분계산의 대상이 되는 익금과 손금은 개별 또는 공통을 불문하고 모두 세무조정을 마친 후의 금액을 대상으로 한다는 점에 유의하여야 한다. 공통손익금은 구분경리의 대상이 되지 아니하여 사업연도 중에는 이를 사업별로 구분하지 아니하고 하나의 계정과목에 합계기장하였다가 결산시 구분계산의 방법에 따라 감면사업과 기타사업에 각각 귀속시켜야 한다.

3 │ 소비성서비스업의 겸영법인의 구분경리

소비성서비스업과 그 밖의 사업을 함께 하는 내국인은 법인세법 제113조 및 소득세법 제19조의 규정을 준용하여 자산·부채 및 손익을 각각의 사업별로 구분하여 경리하여야 한다(조특법 §143②).

4 │ 구분경리 사업간 결손통산

조특법에 따라 세액감면을 적용받는 사업(감면비율이 2개 이상인 경우 각각의 사업을 말한다)의 소득금액을 계산할 때 구분하여 경리한 사업 중 결손금이 발생한 경우에는 해당 결손금의 합계액에서 소득금액이 발생한 사업의 소득금액에 비례하여 안분계산한 금액을 공제한 금액으로 한다[4](조특법 §143③).

---

4) 2010. 1. 1. 조특법 개정시 일부 사업에서만 결손금이 발생한 경우 다른 사업의 소득금액 비율로 안분하여 통산함을 명확히 규정

5 | 관련사례

구 분	내 용
구분경리 방법	○ 「법인세법」 제25조 제1항 제1호의 중소기업 간에 합병하여 같은 법 제113조 제3항 단서에 따라 피합병법인으로부터 승계받은 사업에 속하는 것과 그 밖의 사업에 속하는 것을 구분경리하지 아니한 합병법인이 「조세특례제한법」에 따른 감면대상사업과 그 밖의 사업을 겸영하는 경우에는 같은 법 제143조에 따라 구분하여 경리하여야 함(법인-762, 2011. 10. 14.). ○ 외국인투자기업이 경제자유구역위원회 등의 의결을 거쳐 특정 사용용도를 지정하여 지급받는 보조금을 비감면사업의 개별익금으로 계상한 이후 특정된 용도에 부합하게 지출하고 계상한 손금은 비감면사업의 개별손금임(국제세원-5, 2010. 1. 7.). ○ 외국인투자기업이 감면사업만을 위한 건물 및 설비의 투자를 위하여 사용한 외화차입금에 대한 외화환산손익은 감면사업의 개별손익으로 구분하는 것임(서면2팀-894, 2005. 6. 23.). ○ 농업회사법인이 농업소득에서 발생한 매출채권 지연회수시 받는 연체이자상당액은 수입이자로서 농업 외 소득의 개별익금에 해당하는 것임(서면2팀-839, 2005. 6. 17.). ○ 새로운 고도기술을 도입한 경우라도 생산제품이 고도기술 도입 이전과 동일하며, 제조공정에 새로운 고도기술이 도입됨으로써 추가로 새로운 원재료가 투입되는 경우에는 새로운 원재료의 사용비율을 기준으로 감면대상 익금·손금을 구분할 수 있는 것임(서면2팀-2246, 2004. 11. 4.). ○ 경정시 감면세액을 재계산하는 경우에 법인세법 시행령 제118조의 규정에 의한 부당과소신고금액에 대하여는 조세특례제한법 제128조 제3항의 규정에 의하여 당해 감면대상소득에서 제외됨(서면2팀-2133, 2004. 10. 22.). ○ 법인의 사업과 직접 관련 없이 지출한 기부금은 감면사업과 기타 사업의 공통손금에 해당함(서면2팀-1043, 2004. 5. 19.). ○ 감면사업과 기타 사업을 구분하여 손익을 계산하는 경우 이월결손금의 공제순서는 이월결손금이 발생한 사업부문의 소득에서 먼저 공제하는 것이며, 법인세법 시행규칙 제82조 [별지 제48호 서식] 소득구분계산서상의 '이월결손금'란과 '과세표준'란을 작성함에 있어서도 위와 같이 구분계산하여 해당 금액을 기입하는 것임(서이 46017-11424, 2003. 7. 29.). ○ 소득 구분 시 중계무역(도매업) 수입금액이 발생되는 경우, 공통익금은 수입금액(중계무역수입 포함)에 비례하여, 공통손금은 감면과 기타 사업의 개별손금에 비례하여 안분함(서이 46012-11271, 2003. 7. 7.).

구 분	내 용
구분경리 방법	○ 여러 업종을 겸영하는 법인의 공통손익은 먼저 업종별로 안분계산한 후 동일 업종 내의 공통손익을 안분계산하며, 공통손금은 업종별 개별손금액에 비례하여 안분계산함(서이 46012-11261, 2003. 7. 4.). ○ 외국인투자기업이 자금을 정기예금 또는 외화정기예금에 예치하여 수입이자 또는 외화환산손익이 발생한 경우 동 소득이 감면대상소득에 해당하는지 여부는 자금의 원천이 인가사업과 직·간접으로 관련되거나 인가사업목적 수행과정에서 발생하였는지 여부에 따라 판단하여야 하는 것이며, 감면대상사업에 사용한 기계장치를 매각하여 고정자산처분손익이 발생한 경우 고정자산처분손익이 감면대상이 되는 인가사업과 연관을 갖고 정상적인 업무수행과정에서 발생하였거나 당초 인가사업의 원활한 추진을 위하여 매각함에 따른 것임이 인정되는 경우에는 감면대상소득에 해당하는 것임(재국조 46017-44, 2003. 3. 31.). ○ '창업중소기업 세액감면'의 구분경리시, 국고보조금 및 이자수익 등은 감면소득에 포함하지 않으며, 지급이자는 실제 사용용도를 기준으로 함(서이 46012-10642, 2003. 3. 28.). ○ 감면소득 구분계산시, '고정자산의 처분손익'은 그 고정자산의 감면사업 또는 과세사업의 사용 여부에 불구하고 '과세사업의 개별손익'으로 구분계산함(심사법인 2002-29, 2003. 3. 28.). ○ 감면사업과 기타의 사업(과세사업)을 겸영하는 외국인투자법인의 소득구분계산에 있어 이월결손금 공제 시, 이월결손금이 발생한 사업부문의 소득에서 공제함(서이 46017-10971, 2002. 5. 7.). ○ '본사 이전일'은 이전등기일(이전등기일 이후 실제 이전 시는 실제로 이전한 날)을 말하며, 본사 이전에 대한 세액감면만 해당시는 본사 이전일이 속하는 과세연도에는 이전 전·후의 과세표준에 대한 구분경리는 하지 않음(법인 46012-586, 2001. 3. 22.). ○ 법인 본사 지방 이전 후, 합병 또는 사업의 양수로 기존사업을 승계·인수한 사업분에서 발생하는 소득은 감면대상이 아니므로 '구분경리'해야 함(재조예 46019-42, 2001. 3. 7.). ○ 감면사업과 과세사업의 소득구분시 유가증권처분손은 과세사업의 개별손금이며, 이월결손금은 이월된 결손금의 범위 내에서 이월결손금이 발생한 사업의 소득에서 공제함(법인 46012-1136, 2000. 5. 12.). ○ 감면사업과 기타 사업에 공통발생 지급이자는 그 사업별 개별손금에 비례하여 구분계산함(법인 46012-3475, 1996. 12. 13.). ○ 화재로 인한 재해손실은 '중소제조업 특별세액감면'규정의 제조업 소득계산에 있어 개별손금임(법인 46012-728, 1996. 3. 7.).

세액공제액의 이월공제

1 │ 의 의

　세액공제는 정상적으로 계산된 산출세액에서 특정 정책목적을 위하여 일정한 요건과 방법에 따른 세액의 일부를 공제하는 제도이다. 조특법에서는 주로 특정 투자행위에 대하여 그 투자금액을 대상으로 일정률을 세액에서 공제하는 방법으로 지원하고 있다. 이러한 투자세액공제는 기업의 투자규모(또는 지출규모)에 비례한 지원이 가능하기 때문에 기업의 투자 촉진을 유도하는 유효한 정책수단으로 활용되고 있다. 다만, 세액공제는 세액감면과는 달리 소득 발생 여부와 관계없이 투자(지출) 행위에 따라 발생하므로, 기업이 투자를 완료한 과세연도에 소득이 발생하지 아니하여 납부할 세액이 없거나 또는 납부할 세액이 있다 하더라도 최저한세가 적용되는 경우에는 세액공제를 받지 못하는 경우가 발생할 수 있다. 이러한 경우 세액공제의 조세유인 효과가 반감될 수 있으므로, 조특법에서는 일정한 세액공제제도를 법에 규정(열거)하여, 당해 사업연도에 공제받지 못한 부분에 상당하는 금액은 당해 사업연도의 다음 과세연도 개시일부터 5년 이내에 종료하는 사업연도까지 이월하여 공제받을 수 있도록 규정하고 있다. 이 제도를 세액공제액의 이월공제라 한다. 2014. 1. 1. 법 개정시 중소기업의 창업 초기 투자를 지원하기 위하여 이월공제 기간을 연장(5년→7년)하였으며(2014. 1. 1. 이후 투자하는 분부터 적용), 2015. 12. 15. 법 개정시 창업초기 중소기업의 R&D 투자를 지원하기 위해 제10조의 연구·인력개발비 세액공제액에 대해서는 10년으로 이월공제 기간을 연장하였다(2016. 1. 1.이 속하는 과세연도에 이월하여 공제받는 분부터 적용). 2020년말 조특법 개정시 투자세액공제 등의 실효성을 제고하기 위하여 납부세액이 없거나 최저한세가 적용되어 공제받지 못한 모든 공제세액의 이월공제기간을 10년으로 대폭 확대하였다.

2 │ 세액공제액의 이월공제

다음에 해당하는 세액공제액의 합계액이 당해 과세연도에 납부할 세액이 없거나 최저한세의 적용으로 공제받지 못한 부분에 상당하는 금액은 당해 과세연도의 다음 과세연도의 개시일로부터 10년[1] 이내에 종료하는 기간까지의 각 과세연도에 이월하여 법인세 또는 사업소득[2]에 대한 소득세에서 공제한다(조특법 §144①). 이월공제기간은 사업연도와 무관하게 연도기준으로 적용되므로, 사업연도가 6월인 법인의 경우 2배수의 사업연도까지 이월가능하다. 또한, 당초 신고시 최저한세 적용으로 이월공제액이 발생한 경우로서 수정신고·경정결정으로 인하여 당해 사업연도의 공제한도가 증가하는 경우에는 이를 추가로 공제하여 경정·결정할 수 있다(조기통 144-0…1).

① 기업의 어음제도 개선을 위한 세액공제(조특법 §7의2)

② 상생결제 지급금액에 대한 세액공제(조특법 §7의4)

③ 상생협력을 위한 기금 출연 등에 대한 세액공제(조특법 §8의3)

④ 연구·인력개발비에 대한 세액공제(조특법 §10)

⑤ 기술취득금액에 대한 과세특례(조특법 §12②)

⑥ 기술혁신형 합병에 대한 세액공제(조특법 §12의3)

⑦ 기술혁신형 주식취득에 대한 세액공제(조특법 §12의4)

⑧ 내국법인의 벤처기업 등에의 출자에 대한 과세특례(조특법 §13의2)

⑨ 내국법인의 소재·부품·장비전문기업에의 출자·인수에 대한 과세특례(조특법 §13의3)

⑩ 성과공유 중소기업의 경영성과급에 대한 세액공제 등(조특법 §19①)

⑪ 통합투자세액공제(조특법 §24)

⑫ 영상콘텐츠 제작비용에 대한 세액공제(조특법 §25의6)

⑬ 고용창출투자세액공제(조특법 §26)

⑭ 산업수요맞춤형고등학교 등 졸업자를 병역 이행 후 복직시킨 중소기업에 대한 세액공제(조특법 §29의2)

---

1) 종전 규정 : 5년(제5조에 따른 중소기업 투자 세액공제액으로서 중소기업이 설립일로부터 5년이 되는 날이 속하는 과세연도까지 공제받지 못한 부분에 상당하는 금액은 해당 과세연도의 다음 과세연도 개시일부터 7년, 제10조에 따른 중소기업 연구·인력개발비 세액공제액으로서 중소기업이 설립일부터 5년이 되는 날이 속하는 과세연도까지 공제받지 못하는 부분에 상당하는 금액과 신성장·원천기술 연구개발비는 해당 과세연도의 다음 과세연도 개시일부터 10년) ⇒ 2020년말 개정 : 10년

   ※ 10년의 이월공제의 기간에 관한 부분은 2021년 1월 1일 이후 과세표준을 신고하는 경우부터 적용하고, 2021년 1월 1일 전에 종전의 이월공제 기간(법률 제16009호 부칙 제52조에 따라 적용받는 이월공제기간을 포함)이 지나 이월하여 공제받지 못한 세액에 대해서는 개정규정에도 불구하고 종전의 규정에 따른다(법률 제17759호, 2020. 12. 29. 부칙 §35, §51).

2) 조특법 제126조의6을 적용하는 경우에는 「소득세법」 제45조 제2항에 따른 부동산임대업에서 발생하는 소득을 포함한다.

⑮ 경력단절 여성 재고용 중소기업에 대한 세액공제(조특법 §29의3)

⑯ 근로소득을 증대시킨 기업에 대한 세액공제(조특법 §29의4)

⑰ 청년고용을 증대시킨 기업에 대한 세액공제(조특법 §29의5)

⑱ 고용을 증대시킨 기업에 대한 세액공제(조특법 §29의7)

⑲ 통합고용세액공제(조특법 §29의8)

⑳ 고용유지중소기업 등에 대한 과세특례(조특법 §30의3)

㉑ 중소기업 고용증가 인원에 대한 사회보험료 세액공제(조특법 §30의4)

㉒ 상가임대료를 인하한 임대사업자에 대한 세액공제(조특법 §96의3)

㉓ 선결제 금액에 대한 세액공제(조특법 §99의12)

㉔ 전자신고에 대한 세액공제(조특법 §104의8)

㉕ 제3자 물류비용에 대한 세액공제(조특법 §104의14)

㉖ 해외자원개발투자에 대한 과세특례(조특법 §104의15)

㉗ 기업의 운동경기부 설치·운영에 대한 과세특례(조특법 §104의22)

㉘ 석유제품 전자상거래에 대한 세액공제(조특법 §104의25)

㉙ 우수 선화주기업 인증을 받은 화주 기업에 대한 세액공제(조특법 §104의30)

㉚ 용역제공자에 관한 과세자료의 제출에 대한 세액공제(조특법 §104의32)

㉛ 금사업자와 스크랩등사업자의 수입금액의 증가 등에 대한 세액공제(조특법 §122의4①)

㉜ 성실신고 확인비용에 대한 세액공제(조특법 §126의6)[3]

㉝ 금 현물시장에서 거래되는 금지금에 대한 과세특례(조특법 §126의7⑧)

㉞ 산업합리화에 따른 사업전환 또는 주력업종시설에 대한 투자세액공제(구법 §37)(법률 제5584호 부칙 §12②)

3 │ 이월공제의 순서

전 과세연도에서 공제받지 아니한 이월공제액과 당해 과세연도에 계산된 아래의 세액공제액이 중복되는 경우에는 이월공제액을 먼저 공제하고 이월된 미공제액 간에 중복되는 경우에는 먼저 발생한 것부터 순차로 공제한다(조특법 §144②).

① 기업의 어음제도 개선을 위한 세액공제(조특법 §7의2)

② 상생결제 지급금액에 대한 세액공제(조특법 §7의4)

③ 내국인이 수탁기업에 설치하는 시설에 대한 투자세액공제(조특법 §8의3③)

④ 연구·인력개발비에 대한 세액공제(조특법 §10)

---

3) 2013. 1. 1. 이후 발생하는 비용 분부터 적용

⑤ 기술취득금액에 대한 과세특례(조특법 §12②)

⑥ 기술혁신형 합병에 대한 세액공제(조특법 §12의3)

⑦ 기술혁신형 주식취득에 대한 세액공제(조특법 §12의4)

⑧ 내국법인의 벤처기업 등에의 출자에 대한 과세특례(조특법 §13의2)

⑨ 내국법인의 소재·부품·장비전문기업에의 출자·인수에 대한 과세특례(조특법 §13의3)

⑩ 성과공유 중소기업의 경영성과급에 대한 세액공제 등(조특법 §19①)

⑪ 통합투자세액공제(조특법 §24)

⑫ 영상콘텐츠 제작비용에 대한 세액공제(조특법 §25의6)

⑬ 고용창출투자세액공제(구 임시투자세액공제)(조특법 §26)

⑭ 산업수요맞춤형고등학교 등 졸업자를 병역 이행 후 복직시킨 중소기업에 대한 세액공제(조특법 §29의2)

⑮ 경력단절 여성 재고용 중소기업에 대한 세액공제(조특법 §29의3)

⑯ 근로소득을 증대시킨 기업에 대한 세액공제(조특법 §29의4)

⑰ 청년고용을 증대시킨 기업에 대한 세액공제(조특법 §29의5)

⑱ 고용을 증대시킨 기업에 대한 세액공제(조특법 §29의7)

⑲ 통합고용세액공제(조특법 §29의8)

⑳ 고용유지중소기업 등에 대한 과세특례(조특법 §30의3)

㉑ 중소기업 고용증가 인원에 대한 사회보험료 세액공제(조특법 §30의4)

㉒ 상가임대료를 인하한 임대사업자에 대한 세액공제(조특법 §96의3)

㉓ 선결제 금액에 대한 세액공제(조특법 §99의12)

㉔ 전자신고에 대한 세액공제(조특법 §104의8)

㉕ 제3자 물류비용에 대한 세액공제(조특법 §104의14)

㉖ 해외자원개발투자에 대한 과세특례(조특법 §104의15)

㉗ 석유제품 전자상거래에 대한 세액공제(조특법 §104의25)

㉘ 우수 선화주기업 인증을 받은 화주 기업에 대한 세액공제(조특법 §104의30)

㉙ 용역제공자에 관한 과세자료의 제출에 대한 세액공제(조특법 §104의32)

㉚ 금사업자와 스크랩등사업자의 수입금액의 증가 등에 대한 세액공제(조특법 §122의4①)

㉛ 성실신고 확인비용에 대한 세액공제(조특법 §126의6)4)

㉜ 금 현물시장에서 거래되는 금지금에 대한 과세특례(조특법 §126의7⑧)

㉝ 산업합리화에 따른 사업전환 또는 주력업종시설에 대한 투자세액공제(구법 §37)(법률 제5584호 부칙 §12②)

---

4) 2013. 1. 1. 이후 발생하는 비용 분부터 적용

4 | 고용창출투자세액공제의 이월공제한도

위의 내용에도 불구하고 고용창출투자세액공제 추가공제의 단서에 규정된 한도를 초과하여 해당 투자가 이루어진 과세연도에 공제받지 못한 금액과 고용창출투자세액공제의 사후관리에 따라 소득세 또는 법인세로 납부한 금액은 다음의 계산식에 따라 계산한 금액을 한도로 하여 해당 투자가 이루어진 과세연도의 다음 과세연도 개시일부터 5년 이내에 끝나는 각 과세연도에 이월하여 그 이월된 각 과세연도의 사업소득에 대한 소득세 또는 법인세에서 공제한다. 이 경우 이월공제받는 과세연도의 상시근로자 수는 ① 내지 ③에 따른 상시근로자 수 중 큰 수를 초과하여야 한다(조특법 §144③).

> 이월공제받는 과세연도에 최초로 근로계약을 체결한 상시근로자 중 산업수요맞춤형고등학교 등의 졸업생 수 × 2,000만원(중소기업의 경우는 2,500만원) + 이월공제받는 과세연도에 최초로 근로계약을 체결한 산업수요맞춤형고등학교 등의 졸업생 외의 상시근로자 중 청년근로자, 장애인근로자, 60세 이상인 근로자 수 × 1,500만원(중소기업의 경우는 2천만원) + (이월공제받는 과세연도의 상시근로자 수 − 산업수요맞춤형고등학교 등의 졸업생 수 − 산업수요맞춤형고등학교 등의 졸업생 외의 상시근로자 중 청년근로자, 장애인근로자, 60세 이상인 근로자 수 − 다음 ①, ②, ③ 중 큰 수) × 1,000만원(중소기업의 경우는 1,500만원)
>
> ① 이월공제받는 과세연도의 직전 과세연도의 상시근로자 수
> ② 이월공제받는 금액의 해당 투자가 이루어진 과세연도의 직전 과세연도의 상시근로자 수
> ③ 사후관리에 따라 상시근로자 수가 감소하여 소득세 또는 법인세를 납부한 경우 그 상시근로자 수가 감소한 과세연도(2개 과세연도 연속으로 상시근로자 수가 감소한 경우에는 두 번째 과세연도)의 상시근로자 수

여기서 '산업수요맞춤형고등학교 등의 졸업생 수'는 근로계약 체결일 현재 산업수요맞춤형고등학교 등을 졸업한 날부터 2년 이상 경과하지 아니한 상시근로자 수(이월공제받는 과세연도의 상시근로자 수에서 상기 ① 내지 ③의 수 중 큰 수를 뺀 수를 한도로 한다)로 하고, '청년근로자 수'는 근로계약 체결일 현재 15세 이상 29세 이하인 상시근로자 수(이월공제받는 과세연도의 상시근로자 수에서 상기 ① 내지 ③의 수 중 큰 수 및 산업수요맞춤형고등학교 등의 졸업생

수를 뺀 수를 한도로 한다)로 한다. '상시근로자'의 범위 및 '상시근로자 수'의 계산방법은 조특령 제23조 제10항부터 제13항까지의 규정을 준용하며, 상시근로자의 범위 및 상시근로자 수의 계산방법에 관한 자세한 내용은 제26조의 해설을 참조하기로 한다(조특령 §136의2① · ② · ⑤).

5 │ 관련사례

구 분	내 용
이월공제 가능 여부	○ 합병시 피합병법인이 공제받지 못한 임시투자세액공제 이월액은 합병과세이연 요건을 충족하는 경우 합병법인이 피합병법인으로부터 승계받은 사업과 구분 없이 이월공제를 적용받을 수 있음(법인 - 313, 2010. 3. 31.). ○ 지점 제조시설에 대한 이전 없이 본점과 지점(수도권과밀억제권역 밖)의 사업장 만 각각 변경한 경우 당초 지점의 사업용 자산에 대해 이월공제를 받던 임시투자 세액공제를 계속 공제가 가능한지 여부 : 「수도권정비계획법 시행령」 제9조에 따른 수도권과밀억제권역에 소재하는 내국법인의 본점과 수도권과밀억 제권역 밖에 소재하는 지점간의 사업장 소재지를 서로 변경하는 경우에 있어서, 임시투자세액공제를 받아온 지점의 사업용 자산을 이전하지 아니하고 본점의 이 전 후 사업에 계속하여 사용하는 때에는 종전의 지점 사업장에서 발생한 임시투 자세액공제를 「조세특례제한법」 제144조에 따라 이월하여 적용받을 수 있는 것 임(법인 - 1236, 2009. 11. 6.). ○ 임시투자세액공제를 적용받을 수 있었으나 세액공제를 신청하지 않은 경우 미공제분을 이월공제 가능기간에는 투자세액의 공제신청서를 제출하여 경정받을 수 있음(서면2팀 - 589, 2007. 4. 3.). ○ 법인세 신고시 신청하지 아니한 연구 및 인력개발비 세액공제에 대하여 경정청구기간 은 경과하였으나 과세관청의 경정처분에 대한 불복청구 기간 내에 이월세액으로 공제하는 것은 타당함(국심 2005구2799, 2006. 6. 30.). ○ 직전 연도에 부동산임대소득 · 사업소득에 대한 수입금액이 없는 거주자가 상속으로 사업을 승계한 경우에는 단순경비율 적용대상자에 해당하며, 피상속인의 사업을 승계받은 상속인은 피상속인의 임시투자세액공제 이월공제액을 공제받을 수 없음(서면1팀 - 707, 2006. 5. 30.). ○ 2004년도에 일반기업의 최저한세 적용으로 공제받지 못한 부분에 상당하는 금액은 2005년도에 중소기업에 해당하는 경우 중소기업에 대한 최저한세 범위 내에서 이월공제받을 수 있음(서면2팀 - 574, 2006. 4. 3.). ○ 전자신고 세액공제는 법인세 과세표준 및 세액신고서상의 산출세액의 범위에서 공제하는 것이며, 산출세액이 없거나 최저한세의 적용으로 공제받지 못한 부분은 이월공제가 가능함(서면2팀 - 250, 2006. 2. 1.). ○ 투자세액공제 이월공제 규정 적용시 당해 사업연도에 납부할 세액이 없거나 최저한세의 적용으로 공제받지 못한 금액은 당해 사업연도에 세액공제신청서를

구 분	내 용
이월공제 가능 여부	제출하지 아니하고 지연하여 제출한 경우에도 이월하여 공제받을 수 있음(서면2팀 -457, 2005. 3. 29.). ○ 12월 결산법인의 경우, 2003 사업연도분 법인세 신고시 최저한세의 적용으로 공제받지 못한 연구 및 인력개발비 세액공제와 중소기업 투자세액공제의 이월공제기간은 각각 7년과 4년이 적용됨(서면2팀-2504, 2004. 11. 30.). ○ 조세특례제한법 제7조의2의 기업 어음제도 개선을 위한 세액공제 규정 적용시 당해 사업연도의 산출세액이 없는 경우에는 같은법 제144조의 규정에 의해 이월되는 세액공제액이 없는 것임(서면2팀-1528, 2004. 7. 20.). ○ 수도권 외의 지역에서 수도권으로 이전시 기 공제받은 임시투자세액공제액의 경우 에는 투자자산의 이전일 이전에 이미 종전 사업장에서 투자가 완료되어 사업에 사 용하던 자산에 한하여 세액 추징이 배제되며, 동 세액이 이월된 경우에는 중소기업 특별세액감면과 중복하여 적용받을 수 있는 것임(서이 46012-10142, 2003. 1. 22.). ○ 사업용자산 등에 투자한 법인이 당해 투자자산과 그 투자자산이 속한 사업부문을 분할하거나 포괄양도하는 경우, 그 투자세액공제는 사업용자산 등에 투자한 당해 법인이 받는 것임(재조예 46019-31, 2002. 3. 8.). ○ 임시투자세액공제에 있어 납부할 세액이 없거나 최저한세 적용으로 공제가 안 된 경우, 당해 사업연도에 세액공제신청서를 제출하지 않고 지연제출시에도 이월공제됨 (법인 46012-892, 2000. 4. 6.).
이월공제 적용순서	○ 조특법상 이월공제는 적법하게 공제가능한 세액 중 당해 과세연도에 납부할 세액이 없거나 최저한세의 적용으로 공제받지 못한 부분에 대하여 이월공제를 허용하는 것으로, 중복지원이 배제되는 법인세 감면과 공제 중 하나만을 선택하여 적용받는 경우에는 이월공제 대상에 해당하지 아니함(조심 2011전2847, 2011. 12. 27.). ○ 최저한세 대상 공제감면인 임시투자세액공제 등을 최저한세 배제 공제감면인 외국인투자세액감면보다 우선 적용하여 과세한 처분은 잘못이 없음(조심 2010중381, 2011. 6. 24.). ○ 최저한세 적용(전기이월분) 및 적용배제(당기발생분)되는 R&D 세액공제액이 함께 있는 경우, 전기이월된 세액공제액을 최저한세 범위 내에서 먼저 공제하여 납부할 법인세 및 이월공제세액을 계산하는 것임(서면2팀-2764, 2004. 12. 28.). ○ 임시투자세액공제액이 발생되었으나 납부할 세액이 없거나 최저한세의 적용으로 인하여 해당 공제세액이 이월된 경우, 동 이월공제세액은 세액감면과 동시에 적용 받을 수 있는 것이며, 이 경우 세액감면과 세액공제의 적용순위는 법인세법 제59조의 규정에 의하여야 하는 것임(서면2팀-2577, 2004. 12. 8.). ○ 최저한세의 적용이 배제되는 연구 및 인력개발비 세액공제와 임시투자세액공제가 함께 있는 경우 적용순서는 법인이 선택하여 적용받을 수 있음(서면2팀-2373, 2004. 11. 17.). ○ 세액공제 종류가 다른 경우 이월된 미공제금액의 세액공제 순서는 납세자 선택에 따름(서면2팀-1246, 2004. 6. 16.).

6 │ 주요 개정연혁

1. 「조세특례제한법」상 세액공제의 이월공제기간 확대(조특법 §144①)

(1) 개정내용

종 전	개 정
□ 세액공제액의 이월공제	□ 조세특례제한법상 모든 세액공제의 이월공제기간을 10년으로 확대
○ (대상) 납부세액이 없거나, 최저한세가 적용되어 공제받지 못한 세액공제액	○ (좌 동)
○ (이월공제기간) 5년 －창업 초기 중소기업(설립일로부터 5년 이내)의 경우 • 중소기업 투자세액공제 : 7년 • R&D비용 세액공제 : 10년 －신성장·원천기술 R&D비용 세액공제 : 10년	○ 10년

(2) 개정이유

○ 세액공제의 실효성 제고

(3) 적용시기 및 적용례

○ 2021. 1. 1. 이후 과세표준 신고시 이월공제기간이 경과하지 않은 분부터 적용

제146조

감면세액의 추징

1 의의

투자세액공제 등의 적용을 받은 자가 투자완료일부터 일정기간이 경과되기 전에 당해 자산을 처분하거나 임대하는 경우에는 처분일이 속하는 과세연도의 과세표준 신고시에 당해 자산에 대한 세액공제액상당액 및 이자상당가산액을 소득세 또는 법인세에 가산하여 지체 없이 납부하여야 한다.

조특법은 특정한 자산의 투자를 촉진하기 위하여 각종 투자세액공제제도를 두고 있으나, 투자세액공제의 적용을 받은 자가 당해 자산을 일정한 기간이 경과되기 이전에 처분하거나 임대 등 다른 목적에 전용하는 경우에는 당초 투자세액공제라는 조세지원의 취지[1]에 반하는 결과가 되므로, 이를 방지하고자 본 제도와 같은 사후관리 규정을 두고 있다.

2014. 12. 23. 법 개정시 다른 사업용 자산과 달리 건물·구축물은 다른 목적으로 전용 또는 처분, 임대 등이 용이한 점을 감안하여 연장건물 및 구축물의 사후관리기간을 2년에서 5년으로 연장하여 사후관리를 강화하였다.

아울러, 근로자복지 증진을 위한 시설투자에 대한 세액공제(조특법 §94)의 경우도 본 제도와 동일하게 감면세액의 추징규정을 3년으로 별도로 규정하였으나 2014. 12. 23. 법 개정시 동일하게 5년으로 개정되었다.

---

1) **국세기본법 제17조【조세감면의 사후관리】** ① 정부는 국세를 감면한 경우에 그 감면의 취지를 성취시키거나 국가정책을 수행하기 위하여 필요하다고 인정하는 때에는 세법이 정하는 바에 의하여 감면한 세액에 상당하는 자금 또는 자산의 운용범위를 정할 수 있다.

② 제1항의 규정에 의한 운용범위에 따르지 아니한 자금 또는 자산에 상당하는 감면세액은 세법이 정하는 바에 의하여 감면을 취소하고 징수할 수 있다.

※ 조세는 재정수요를 충족시키기 위함이 주된 목적이다. 그러나 중소기업 육성, 성장잠재력 확충을 위한 연구개발 지원, 지역간 균형발전, 인구집중의 분산 등 부차적 목적으로 이용되어 조세를 감면하는 경우가 많다. 조세감면은 공평과세보다는 조세정책의 필요성에 더 무게를 두는 것으로 이러한 감면세액이 생산적이고 당초 목적에 부합하는 방향으로 사용되도록 유도하기 위하여 감면세액의 운용범위를 정하고 있다. 따라서 국세기본법 제17조는 감면세액이 비생산적이며 국가목적에 반하는 방향으로 소비되는 경우 이를 추징하는 근거규정이 된다. 한편 조세감면의 사후관리에 관한 규정은 국세기본법 제3조에 따라 세법이 우선하므로 세법이 정하는 바에 따라야 한다.

한편, 투자자산의 사용과 관련하여 조특법에 의한 투자세액공제는 시설에 투자한 내국인이 당해 시설의 사용자인 경우에 한하여 적용한다(조기통 5-0…4). 다만, 법 제25조 제1항 제4호에 해당하는 경우와 자기가 제품을 직접 제조하지 아니하고 투자세액공제 적용 시설을 수탁가공업체의 사업장에 설치하고 그 시설에 대한 유지·관리비용을 부담하면서 생산한 제품을 전량 인수하여 자기 책임하에 직접 판매하는 경우에는 당해 시설을 설치한 자가 사용한 것으로 본다.

2 | 감면세액의 추징

2-1. 적용대상 세액공제

다음의 세액공제의 규정에 따라 소득세 또는 법인세를 공제받은 자가 투자완료일부터 2년[2] 이 경과되기 전에 당해 자산을 처분[3] 한 경우(임대하는 경우 포함)에는 처분한 날이 속하는 과세연도의 과세표준신고시에 당해 자산에 대한 세액공제액상당액을 소득세 또는 법인세로 납부하여야 하며, 당해 세액은 소득세법 또는 법인세법에 따라 납부하여야 할 세액으로 본다(조특법 §146).

① 상생협력을 위한 기금 출연 등에 대한 세액공제(조특법 §8의3③)
② 통합투자세액공제(조특법 §24)
③ 고용창출투자세액공제(조특법 §26)
④ 산업합리화에 따른 사업전환 또는 주력업종시설에 대한 투자세액공제(구법 §37)(법률 제5584호 부칙 §12②, 종전 제37조의 개정규정만 해당한다)

다만, 다음의 건물과 구축물은 위 사후관리기간이 투자완료일부터 5년이다(조특법 §146①, 조특령 §137③, 조특칙 §59의3·§12의3).

---

2) 기술의 급격한 발전 등으로 설비의 수명 주기가 단축되고 있는 점을 감안하여 종전 3년에서 2년으로 개정하였다(2005. 1. 1. 이후 처분하는 분부터 적용).
3) 2021년 1월 1일 전에 해당 자산을 처분한 경우에는 개정규정에도 불구하고 종전의 규정에 따른다(법률 제17759호, 2020. 12. 29. 부칙 §52). ⇒ 2020년말 삭제된 규정 및 신성장기술 사업화 시설투자 세액공제 사후관리기간(3년) 삭제 등이 해당된다.

〈사후관리 대상 건물 또는 구축물(조특칙 §12의3)〉
① 근로자복지 증진 시설(조특칙 §12② 4)
  - 무주택 종업원(출자자인 임원은 제외)에게 임대하기 위한 「주택법」에 따른 국민주택 규모의 주택
  - 종업원용 기숙사
  - 장애인·노인·임산부 등의 편의 증진을 위한 시설 또는 장애인을 고용하기 위한 시설로서 별표 3(조특칙)에 따른 시설
  - 종업원용 휴게실, 체력단련실, 샤워시설 또는 목욕시설(건물 등의 구조를 변경하여 해당시설을 취득하는 경우 포함)
  - 종업원의 건강관리를 위해 개설한 부속 의료기관[4]
  - 직장어린이집[5]
② 유통산업합리화시설 중 창고시설 등(조특칙 §12③ 4)
③ 숙박시설, 전문휴양시설(골프장 시설은 제외) 및 종합유원시설업의 시설[6](조특칙 §12③ 6)

감면세액 추징 대상인 '임대하는 경우'는 당초 감면대상 업종인 제조업에 사용하지 아니하고 기계장치임대업에 전용하는 것을 의미하므로, 당해 법인이 제조업을 영위하는 데 필수적인 공정을 임가공하기 위해 수탁기업체에 설치·임대하는 경우는 감면세액을 추징하는 임대에 해당하지 않는다. 즉, 투자세액공제 적용자산을 설치한 기업이 그 시설에 대한 유지·관리비용을 부담하면서 임가공업체에 원재료를 제공하고 전량 납품받아 사실상 당해 기업의 제조업에 사용하는 경우에는 세액공제를 적용함이 타당하다.[7]

2-2. 감면세액 추징 적용이 제외되는 사유

다음의 사유에 해당하여 자산을 처분[8]한 경우에는 공제세액을 추징하지 아니한다[9](조특령 §137①).

---

4) 「의료법」 제35조

5) 「영유아보육법」 제10조 제4호

6) 「관광진흥법 시행령」 제2조 제1항 제3호 가목 및 제5호 가목

7) 같은 취지의 유권해석(재경부 조세지출예산과-398, 2005. 11. 2.) : 임시투자세액공제 적용자산을 수탁가공업체에 임대형식으로 설치한 경우라도 투자기업이 시설의 유지·관리비를 부담하고, 수탁가공업체는 동 자산을 투자기업의 제품생산에만 사용하며 동 제품을 투자기업에 전량 납품하는 경우에는 기 감면세액이 추징되지 않는 것이다.

8) 고의가 아닌 화재로 당해 투자자산이 소실된 경우에는 이를 자산의 처분으로 보지 아니한다(조기통 146-0…1).

9) 임시투자세액공제 적용자산을 수탁가공업체의 사업장에 임대형식으로 설치한 경우에도 투자기업이 시설의 유지·관리비용을 부담하거나 그 비용을 임대료 또는 가공료 등에 반영하고, 수탁가공업체는 동 자산을 투자기업의 제품생산에만 사용하여 그 제품을 투자기업에 전량 납품하는 경우에는 조특법 제146조의 규정에 의한 감면세액 추징사유에 해당되지 않는다(조기통 146-0…2).

① 현물출자, 합병, 분할, 분할합병, 「법인세법」 제50조의 적용을 받는 교환, 통합, 사업전환 또는 사업의 승계로 인하여 당해 자산의 소유권이 이전되는 경우. 이런 이유로 당해 자산의 소유권이 이전되는 경우에는 당해 사업의 계속성과 불가피성을 인정하는 측면에서 추징사유에 해당하지 않는 것으로 규정하고 있다.

② 내용연수가 경과된 자산을 처분하는 경우

③ 국가·지방자치단체 또는 학교 등[10]에 기부하고 그 자산을 사용하는 경우[11]

내국법인이 투자세액공제를 적용받은 **사업용자산을** 투자를 완료한 날이 속하는 과세연도 종료일부터 2년 이내에 해외의 자회사에게 현물출자한 경우 감면세액의 추징 제외사유에 해당하지 않는다.[12] 그 이유는 투자세액공제는 기본적으로 **내국인**[13]**에 한하여 적용하고 있고,** 감면세액 추징배제 사유도 "국내 경기회복과 성장기반 확충"이라는 입법취지에 부합하는 측면도 고려되어야 할 것이므로 외국법인(해외자회사)에 현물출자하는 경우에는 감면세액 추징사유에 해당하는 것으로 판단된다.

2-3. 이자상당가산액의 납부

공제세액이 위(2-1.)에서 설명한 바와 같이 추징되는 경우에는 세액공제상당액에 이자상당가산액을 가산하여 납부하여야 한다. 이자상당가산액은 다음과 같이 계산한다(조특령 §137②).

> 공제받은 세액 × ① 기간 × ② 율
> ① 공제받은 과세연도의 과세표준신고일의 다음 날부터 법 제146조의 사유가 발생한 날이 속하는 과세연도의 과세표준신고일까지의 기간
> ② 1일 10만분의 25의 율

---

10) 「법인세법 시행령」 제39조 제1항 제1호 나목

11) 투자세액공제는 당해 시설에 투자한 내국인이 당해 시설의 사용자인 경우 적용하는 것으로 기부채납에 따른 사용수익기부자산으로 사업을 영위하는 경우에는 추징사유에 해당되지 않음을 명확히 함.
    * 취득 후 국가 등에 기부채납하고 사업에 사용한 자산에 대하여 기부채납을 처분으로 보지 아니하고 임시투자세액공제 허용(수원지방법원 2007구합987, 2007. 10. 17.)
    * 리스회사에 매각하고 동시에 금융리스하여 사용하는 경우 추징사유인 '처분'에 해당하지 아니함(대법원 1998. 8. 21. 선고 97누19649 판결).

12) 재경부 조세지출예산과-501, 2004. 7. 19. 같은 뜻

13) 법인의 경우 내국법인, 즉 국내에 본점 또는 주사무소를 둔 법인에 한하여 인정하고 있고, 국내사업장이 있는 외국법인의 경우에도 인정하지 아니한다.

3 | 관련사례

구 분	내 용
감면세액의 추징	o 내국법인이 신기술을 기업화하기 위한 사업용자산에 투자를 진행하면서「조세특례제한법」제11조에 따른 연구 및 인력개발을 위한 설비투자에 대한 세액공제를 받다가 건설 중인 해당 자산을 다른 내국법인에 현물출자하는 경우에는 같은 법 시행령 제137조 제1항 제1호에 해당하여 같은 법 제146조에 따른 감면세액의 추징대상이 되지 아니하는 것임(서면법규-225, 2013. 3. 5.). o 구「조세특례제한법」제26조(2008. 12. 26. 법률 제9272호로 개정되기 전의 것) 및 구「조세특례제한법 시행령」제23조(2008. 10. 7. 대통령령 제21064호로 개정되기 전의 것)에 따라 임시투자세액공제를 적용하는 자산에는 같은 법 제146조에 따른 감면세액의 추징기간이 경과된 자산을 화재로 소실한 경우로서 해당 자산과 관련하여 지급받은 보험금으로 그 소실한 자산을 대체하여 취득한 것이 포함되는 것임(재조특-887, 2011. 9. 28.). o 내국법인이 연구개발을 위해 전담부서에서 직접 사용하기 위한 연구시험용 시설에 투자하고「조세특례제한법」제11조의 규정에 따라 세액공제를 적용받다가 연구개발 완료로 인해 더 이상 필요없는 당해 시설을 투자완료일부터 2년이 지나기 전에 공장으로 이전하여 생산시설로 전용한 경우에는 같은 법 제146조의 감면세액 추징 규정을 적용할 수 없는 것임(법인-1008, 2010. 10. 29.). o「관광진흥법」에 따른 휴양 콘도미니엄업을 영위하는 자가 당해 사업에 직접 사용하는 사업용자산(건축물)에 투자하여「조세특례제한법」제26조에 따른 임시투자세액 공제를 적용받은 후, 해당 사업용자산을「관광진흥법」에 따른 공유제 방식으로 분양한 경우에는「조세특례제한법」제146조(감면세액의 추징)의 규정을 적용하지 않음(재조특-90, 2010. 2. 9.). o 선박을 제조하는 법인이「조세특례제한법」제26조의 규정에 의하여 임시투자세액 공제를 받은 사업용 고정자산이 투자완료일부터 2년이 경과되기 전에 천재지변에 속하는 강풍에 훼손되어 동 자산을 폐기처분하는 경우에는 이를 같은 법 제146조에서 규정하는 자산의 처분으로 보지 아니하는 것임(법인-1118, 2009. 10. 12.). o 조세특례제한법 시행령 제23조 제1항에 따른 교육서비스업(컴퓨터학원에 한정)을 영위하는 내국인이 고유사업(컴퓨터 교습)에 직접 사용할 목적으로 취득하는 컴퓨터는 조세특례제한법 시행규칙 제14조에 따른 사업용자산에 해당함. 위에 해당하는 컴퓨터의 취득에 필수적으로 부수되는 재화 또는 용역으로서 당해 대가가 컴퓨터의 취득대가에 통상적으로 포함(설치비용, 인터넷 연결비용 등)되거나 거래 관행상 통상적으로 컴퓨터와 함께 취득(스피커, 소프트웨어, 프린터, 컴퓨터용 책상 및 의자 등)되는 경우 당해 재화 또는 용역의 가액은 컴퓨터의 취득가액에 포함되는 것으로 봄. 위에 해당하는 컴퓨터(부수 재화 또는 용역 포함)를 초·중등교육법 또는 고등교육 법에 따른 학교에 기부하고 그 자산을 사용하는 경우에는 조세특례제한법 제146조에 따른 "당해 자산을 처분한 경우"에 해당하지 아니함(재조특-422, 2009. 4. 22.).

구 분	내 용
감면세액의 추징	○ 갑법인이 투자중인 에너지절약시설 또는 사업용자산을 을법인이 양수하여 투자를 완료하고 해당 시설을 사업에 사용하는 경우로서 갑법인의 양도가 「조세특례제한법」 제146조에 따른 감면세액 추징사유에 해당하는 경우 에너지절약시설투자세액공제 또는 임시투자세액공제 방법은 양수법인인 을법인이 양수금액을 포함한 전체 투자금액에 대하여 에너지절약시설투자세액공제 또는 임시투자세액공제를 적용하고, 양도법인인 갑법인에는 감면세액을 추징하는 것임(법인-908, 2009. 3. 5.). ○ 사업용자산 등에 투자한 법인이 당해 투자자산과 그 투자자산이 속한 사업부문을 분할하거나 포괄양도하는 경우 「조세특례제한법 시행령」 제137조 제1항 제1호의 사업의 승계에 해당하는 것임(법인-4072, 2008. 12. 18.). ○ 임시투자세액공제를 적용받은 내국법인이 해산으로 청산 중인 경우 투자완료일부터 2년이 경과되기 전에 실질적으로 사업을 폐지한 경우라면 감면세액을 추징하는 것임(서면2팀-2230, 2006. 11. 1.). ○ 감면세액의 추징이 배제되는 사업의 승계란 사업의 계속성을 유지하기 위하여 계약의 명칭이나 형식에 관계없이 사업장별로 그 사업에 관한 모든 권리·의무일체를 포괄적으로 양도하는 것을 의미함(서면1팀-486, 2006. 4. 18.). ○ 투자세액공제를 받은 자산을 규정한 기간이 경과하기 전에 법인이 의뢰한 제품만 임가공하는 법인에게 임대하는 경우 감면세액 추징사유에 해당하지 않음(서면2팀-1825, 2005. 11. 11.). ○ 제조업(선박건조)과 건설업을 영위하는 법인이 제조업의 사업용자산으로 임시투자세액공제를 받은 해상크레인을 운휴기간 중 일시적으로 건설업에 사용하는 경우 사용시간 또는 사용정도를 비교하여 감면세액 추징 여부를 판단하는 것임(서면2팀-1615, 2005. 10. 10.). ○ 법인이 보유 중인 예금을 단순히 특수관계자의 금융기관 대출담보로 제공하였다 하여 업무무관가지급금에 해당하지 아니하며, 임시투자세액공제를 받은 후 3년 이내에 기계장치를 해외법인에 현물출자한 것은 공제받은 세액을 추징하는 것임(국심 2004중3621, 2005. 6. 22.). ○ 조세특례제한법 제146조의 규정에 따라 기공제·감면분에 대한 추징세액에 이자상당가산액을 가산하여 납부하는 세액은 납부하는 사업연도의 본세에 해당하는 것이므로 농어촌특별세의 환급도 본세를 납부하는 사업연도를 기준으로 결정 또는 경정하여야 하는 것임(서면2팀-2434, 2004. 11. 24.). ○ 투자세액공제를 받은 법인이 투자를 완료한 날이 속하는 사업연도의 종료일로부터 3년이 경과되기 전에 영업 환경의 악화 등으로 인하여 당해 생산라인을 창고 등에 보관하는 경우는 '처분'으로 보지 아니함(서면2팀-35, 2004. 1. 16.). ○ 감면세액의 추징시기 납부한 농어촌특별세는 환급받을 수 있는 것임(서이 46012-11422, 2003. 7. 29.). ○ 임시투자세액공제를 적용받은 자산을 3년이 경과되기 전에 임대목적으로 사용하는 경우 '처분'으로 보아 감면받은 세액과 이자상당가산액을 납부해야 함(재조예 46070-30, 2001. 2. 15.).

구 분	내 용
감면세액의 추징	○ 자산의 투자가 완료된 과세연도에 당해 투자사업부문을 분할하는 경우 '분할법인'이 임시투자세액공제를 적용받으며, 법인분할로 인한 자산 양도는 추징사유인 '처분'에 해당하지 않음(법인 46012 – 1876, 2000. 9. 5.). ○ 각종 투자세액공제를 받은 법인이 3년 내에 분할 또는 분할합병 등의 사유로 당해 자산의 소유권이 이전되는 경우는 추징 안 됨(법인 46012 – 1937, 1999. 5. 24.). ○ 택시운수업 법인이 중소기업투자세액공제를 받고 교통사고로 부득이 폐차처분하는 것은 '처분'에 해당 안됨(법인 46012 – 3102, 1996. 11. 6.). ○ 임시투자세액공제 후 화재로 기계장치 소실되었다면 추징사유에서 제외됨(법인 46012 – 3154, 1993. 10. 19.).

4 | 주요 개정연혁

1. 건물·구축물에 대한 각종 투자세액공제 사후관리기간 연장(조특법 §146, §94)

(1) 개정내용

종 전	개 정

□ 감면세액의 추징(§146)
 ○ 각종 투자세액공제*를 받은 후 투자완료일로부터 2년이 지나기 전에 해당 자산을 처분·임대한 경우
   – 세액공제액 및 이자상당액 추징
     * 생산성향상시설·안전설비·에너지절약 시설·고용창출 투자세액공제 등
 	
 □ 근로자복지증진시설 투자세액공제의 감면세액의 추징(§94)
 ○ 해당 자산의 준공일 또는 구입일로부터 3년 이내에 그 자산을 다른 목적으로 전용한 경우
   – 세액공제액 및 이자상당액 추징
	□ 건물·구축물* 사후관리기간 연장
	 ○ 2년(또는 3년) → 5년
	   * ① 고용창출투자세액공제 : 숙박시설, 전문휴양시설, 박물관·미술관, 공연장 등
	   ② 근로자복지증진시설 투자세액공제 : 무주택종업원용 임대주택, 기숙사, 직장어린이집, 사내 부속의료기관
	   ③ 안전설비 등 투자세액공제 : 창고시설

(2) 개정이유

○ 처분·전용이 용이한 점을 감안하여 사후관리 강화

(3) 적용시기 및 적용례

○ 2015. 1. 1. 이후 투자하는 분부터 적용

제146조의2

이자 · 배당 · 금융투자소득 비과세 · 감면세액의 추징

1 | 의 의

본조는 조특법상 이자소득 또는 배당소득에 대한 과세특례 적용 요건을 갖추지 못한 경우 원천징수의무자가 비과세 또는 감면받은 세액 상당액을 즉시 추징하여 추징일이 속하는 달의 다음 달 10일까지 원천징수 관할 세무서장에게 납부하도록 하는 제도로서 2020년 12월 29일 신설되었고 2021년 1월 1일부터 시행한다.

2 | 감면세액의 추징 등

2-1. 적용대상 금융소득

금융소득 종류	내 용	조문(조특법)
특정사회기반시설 집합투자기구 투자자에 대한 과세특례	거주자가 전용계좌를 통하여 특정사회기반시설 집합투자기구로부터 지급받는 배당소득에 대하여 9% 세율로 분리과세	§26의2
투융자집합투자기구 투자자에 대한 과세특례	거주자가 투융자집합투자기구로부터 받는 배당소득에 대하여 분리과세	§27
사회기반시설채권의 이자소득에 대한 분리과세	발행일부터 최종 상환일까지의 기간이 7년 이상인 사회기반시설채권의 이자와 할인액은 종합소득과세표준에 합산되지 않고 14%의 세율로 원천징수된 후 분리과세	§29
영농조합법인의 조합원의 배당소득세에 대한 면제 등	영농조합법인의 조합원이 영농조합법인으로부터 받는 배당소득 중 식량작물재배업소득에서 발생한 배당소득 전액과 식량작물재배업소득 외의 소득에서 발생한 배당소득 중 법소정의 금액에 대한 소득세 면제 및 5% 분리과세 등	§66
영어조합법인의 조합원의 배당소득세에 대한 면제 등	영어조합법인의 조합원이 영어조합법인으로부터 받는 배당소득 중 법소정의 금액에 대한 소득세 면제 및 5% 분리과세 등	§67

금융소득 종류	내 용	조문(조특법)
농업회사법인에 출자한 거주자에 대한 배당소득세 면제 등	농업회사법인에 출자한 거주자가 받는 배당소득 중 식량작물재배업소득에서 발생한 배당소득 전액에 대해서는 소득세를 면제하고, 식량작물재배업소득 외의 소득 중 법 소정의 소득에서 발생한 배당소득은 분리과세	§68
장기주택마련저축의 이자소득과 배당소득에 대한 소득세 비과세 등	장기주택마련저축의 이자소득과 배당소득에 대한 소득세 비과세 및 청년우대형주택청약종합저축에서 발생하는 이자소득의 합계액에 대해서는 500만원까지 소득세 비과세	§87
농어가목돈마련저축에 대한 비과세	농어민이 농어가목돈마련저축에 가입한 경우 해당 농어민 또는 그 상속인이 저축계약기간이 만료되거나 가입일부터 1년 이후 법소정의 사유로 저축을 해지하여 받는 이자소득세 비과세	§87의2
선박투자회사의 주주에 대한 과세특례	거주자가 선박투자회사로부터 2015년 12월 31일 이전에 받는 선박투자회사별 액면가액(額面價額) 5천만원 이하 보유주식의 배당소득에 대해서는 100분의 9의 세율을 적용(액면가액이 2억원 이하인 보유주식의 배당소득은 분리과세)	§87의5
부동산집합투자기구등 집합투자증권의 배당소득에 대한 과세특례	거주자가 부동산집합투자기구등으로부터 받는 액면가액 합계액이 2억원 이하인 집합투자증권의 배당소득에 대한 분리과세(부동산집합투자기구등별 액면가액 합계액이 5천만원 이하인 집합투자증권의 배당소득에 대해서는 5% 세율 적용)	§87의6
공모부동산집합투자기구의 집합투자증권의 배당소득에 대한 과세특례	거주자가 공모부동산집합투자기구의 집합투자증권에 투자하여 해당 거주자가 보유하고 있는 공모부동산집합투자기구의 집합투자증권 중 거주자별 투자금액의 합계액이 5천만원을 초과하지 않는 범위에서 지급받는 배당소득은 9%의 세율로 분리과세	§87의7
비과세종합저축에 대한 과세특례	거주자가 1명당 저축원금이 5천만원 이하인 비과세종합저축에 가입하는 경우 해당 저축에서 발생하는 이자소득 또는 배당소득에 대해서는 소득세 비과세	§88의2
우리사주조합원 등에 대한 과세특례	우리사주조합원이 우리사주조합을 통하여 취득한 후 증권금융회사에 예탁한 우리사주의 배당소득에 대한 소득세 비과세 등	§88의4
조합 등 출자금 등에 대한 과세특례	농민·어민 등을 조합원·회원 등으로 하는 금융기관에 대한 출자금으로서 1명당 1천만원 이하의 출자금에 대한 배당소득 등에 대하여 소득세 비과세 등	§88의5

금융소득 종류	내 용	조문(조특법)
세금우대종합저축에 대한 과세특례	거주자가 세금우대종합저축에서 발생하는 이자소득 및 배당소득에 대하여 9% 세율로 원천징수 및 분리과세 등	§89
조합등예탁금에 대한 저율 과세 등	농민·어민 등을 조합원·회원 등으로 하는 조합 등에 대한 예탁금으로서 가입 당시 19세 이상인 거주자가 가입한 예탁금(1명당 3천만원 이하)에서 발생하는 이자소득에 대한 비과세 등	§89의3
해외자원개발투자회사 등의 주식의 배당소득에 대한 과세특례	해외자원개발투자회사등의 주식을 보유한 거주자가 받는 해외자원개발투자회사등별 액면가액 합계액이 2억원 이하인 보유주식의 배당소득은 분리과세(액면가액 합계액이 5천만원 이하인 보유주식의 배당소득에 대해서는 9% 세율 적용)	§91의6
재외동포전용 투자신탁 등에 대한 과세특례	국내사업장이 없는 재외동포가 재외동포전용 투자신탁등으로부터 받는 배당소득 중 해당 재외동포전용 투자신탁등별로 투자금액 1억원까지에서 발생하는 배당소득에 대해서 비과세(1억원 초과분에서 발생하는 배당소득은 100분의 5의 세율을 적용)	§91의12
재형저축에 대한 비과세	거주자의 재형저축에서 발생하는 이자소득과 배당소득에 대해서는 소득세 비과세	§91의14
고위험고수익투자신탁 등에 대한 과세특례	거주자의 경우 1명당 투자금액이 3천만원 이하인 고위험고수익투자신탁에서 받는 이자소득 또는 배당소득은 분리과세하고, 종합과세되는 비거주자가 1명당 투자금액 5천만원 이하인 고위험고수익투자신탁에서 받는 이자소득 또는 배당소득에 대해서 분리과세	§91의15
해외주식투자전용집합투자기구에 대한 과세특례	거주자가 해외주식투자전용집합투자기구의 집합투자증권에 투자하는 경우 가입일부터 10년간 해외주식투자전용집합투자기구가 해외상장주식의 매매 등으로 인하여 발생한 손익을 해당 해외주식투자전용집합투자기구로부터 받는 배당소득금액에 불포함	§91의17
개인종합자산관리계좌에 대한 과세특례	거주자의 개인종합자산관리계좌에서 발생하는 이자소득과 배당소득의 합계액에 대해서 비과세 한도금액(400만원/200만원)까지 소득세 비과세하고 비과세 한도금액을 초과하는 금액에 대해서는 100분의 9의 세율로 분리과세	§91의18
장병내일준비적금에 대한 비과세	현역병 등이 장병내일준비적금 가입하는 경우 가입일부터 복무기간 종료일까지 해당 적금(모든 금융회사에 납입한 금액의 합계액 기준으로 월 40만원 한도)에서 발생하는 이자소득에 대하여 소득세 비과세	§91의19

금융소득 종류	내 용	조문(조특법)
청년희망적금에 대한 비과세	일정 요건을 충족하는 청년으로서 전용계좌를 통하여 청년희망적금에 가입하여 받는 이자소득에 대해 비과세	§91의21
청년도약계좌에 대한 비과세	일정요건을 충족하는 청년으로서 청년도약계좌에 가입하는 경우 해당 계좌에서 발생하는 이자소득과 배당소득의 합계액에 대해서는 소득세 비과세	§91의22

2-2. 원천징수의무자의 비과세 또는 감면받은 세액 상당액 추징

적용대상 금융소득(이자소득 또는 배당소득)에 대한 과세특례 적용 요건을 갖추지 못한 경우 원천징수의무자는 비과세 또는 감면받은 세액 상당액을 즉시 추징하여 추징일이 속하는 달의 다음 달 10일까지 원천징수 관할 세무서장에게 납부하여야 하고, 해당 소득이 속하는 과세연도의 종합소득과세표준은 법소정의 방식[1]에 따라 계산한다(조특법 §146의2①). 이 경우 원천징수의무 자는 가입자가 과세특례 적용 요건을 갖추지 못한 것이 확인된 날("부적격판정일")에 계약기간이 만료된 것으로 보아 비과세 또는 감면받은 세액 상당액을 추징해야 한다(조특령 §137의2①).

2-3. 세액추징 예외

원천징수의무자는 다음의 어느 하나에 해당하는 이자소득 또는 배당소득에 대해서는 비과세 또는 감면받은 세액 상당액을 추징하지 않는다(조특령 §137의2②).

(1) 부적격판정일 전 계좌를 해지하여 지급한 소득. 다만, 청년우대형주택청약종합저축의 원천징수의무자는 가입자가 해당 저축을 해지하는 시점까지 주택을 소유하지 않은 세대의 세대주에 해당하는지를 국토교통부장관으로부터 통보받지 못한 경우와 청년우대형주택청약종합저축의 요건[2]을 갖추었는지를 국세청장으로부터 통보받지 못한 경우에는 해지 시점에 이자소득에 대해 비과세된 세액 상당액을 추징해야 한다. 다만, 다음의 요건을 모두 충족하는 경우에는 추징된 금액을 환급한다(조특령 §137의2③).
　(가) 해당 저축을 해지한 후 1개월 이내에 환급신청서를 원천징수의무자에게 제출할 것
　(나) 원천징수의무자가 청년우대형주택청약종합저축의 요건[3]을 갖춘 것으로 확인될 것

---

1) 「소득세법」 제14조(비거주자의 경우 같은 법 제122조)
2) 「조특법」 제87조 제10항 제3호 및 같은 조 제3항 제1호 각 목
3) 「조특법」 제87조 제3항 제1호

(2) 계좌 해지를 위해 자산을 환매·매도하여 계약기간 만료일부터 30일까지 지급하는 소득(조특칙 §60①)

(3) 계약기간 연장일부터 부적격판정일까지 발생한 소득. 다만, 가입일부터 최초 계약기간 만료일까지 발생한 소득과 계약기간 연장일부터 부적격판정일까지 발생한 소득을 구분할 수 있는 경우 등 부적격판정일 직전 계약기간 만료일까지 발생한 소득이 원천징수된 경우는 제외한다(조특칙 §60②).

2-4. 소액 부징수 및 가산세

본조를 적용시 원천징수세액이 1천원 미만인 경우 등 소액 부징수 규정[4]을 적용하고, 가산세(무신고가산세, 과소신고·초과환급신고가산세, 납부지연가산, 원천징수 등 납부지연가산세)[5]의 규정은 적용하지 아니한다(조특법 §146의2④).

3 | 원천징수의무자의 납부

원천징수의무자가 추징한 세액을 기한 내에 납부하지 아니하거나 납부하여야 할 세액에 미달하게 납부한 경우에는 그 납부하지 아니한 세액 또는 미달하게 납부한 세액의 100분의 10에 해당하는 금액을 추가로 납부하여야 한다(조특법 §146의2③).

4 | 절 차

원천징수의무자는 과세특례를 적용받은 자에게 추징한 세액 및 그 산출근거를 즉시 통보하여야 한다(조특법 §146의2②).

---

4) 「소득세법」 제86조
5) 「국세기본법」 제47조의2부터 제47조의5

5 │ 주요 개정연혁

1. 이자·배당소득 비과세·감면세액의 추징 통합·명확화(조특법 §146의2, 조특령 §137의2)

(1) 개정내용

종 전	개 정
□ 이자·배당소득에 대한 과세특례별 추징규정	□ 모든 이자·배당소득에 대한 과세특례*의 추징규정 통합 ＊ 조특법 §26조의2, §27, §29, §66부터 §68, §87, §87의2, §87의5부터 §87의7, §88의2, §88의4, §88의5, §89, §89의3, §91의6, §91의12, §91의14, §91의15, §91의17부터 §91의19
○ (주택청약종합저축) 의무저축기간 미충족 시 이자·배당소득에 대해 감면받은 세액 추징 ○ (공모리츠) 의무보유기간 미충족 시 이자·배당소득에 대해 감면받은 세액 추징 ○ (재형저축) 의무보유기간 미충족시 이자·배당소득에 대해 감면받은 세액추징 ○ (하이일드펀드) 의무계약기간 미충족 시 과세특례 미적용 ○ (ISA) 의무계약기간 미충족시 과세특례를 적용받은 세액상당액 추징 ○ (장병내일준비적금) 의무기간 미충족시 과세특례를 적용받은 세액 상당액 추징	○ 이자·배당소득에 대한 과세특례 적용 요건을 갖추지 못한 경우, 비과세 또는 감면받은 세액 상당액 추징
○ (청년주택청약종합저축) 무주택 세대주 여부 등을 통보받지 못한 경우 해지 시 비과세된 세액 상당액을 추징한 후, 　－ 요건 충족여부를 확인하며 추징된 금액을 환급	○ (좌 동)

종 전	개 정
〈신 설〉	□ 원천징수의무자가 추징하지 않는 경우 ① 부적격판정일 전 계좌를 해지하여 지급한 소득 ② 자산을 환매·매도하여 계약기간 만료일로부터 최대 30일까지 지급하는 소득 ③ 계약기간 연장일부터 부적격 판정일까지 발생한 소득 　－단, 가입일부터 최초 계약기간 만료일까지 발생한 소득과 계약기간 연장일부터 부적격 판정일까지 발생한 소득을 구분할 수 있는 경우 제외

(2) 개정이유

　○ 이자·배당소득 과세특례 추징규정 통합 및 원천징수의무자의 추징 제외 사유 명확화

제147조

무액면주식의 가액 계산

1 | 의 의

2011년 개정상법에서 무액면주식을 도입함에 따라 세법상 무액면주식의 가액을 법률로서 명확히 규정하였으며, 동 개정규정은 2012. 4. 15. 이후 최초로 개시하는 과세연도분부터 적용한다.

2 | 무액면주식의 가액 계산

다음의 조세특례규정을 적용할 때 무액면주식의 경우에는 배당기준일 현재(④의 경우에는 발행일 현재) 해당 주식을 발행하는 법인의 자본금을 발행주식총수로 나누어 계산한 금액을 액면가액으로 본다.

① 부동산집합투자기구 등 집합투자증권의 배당소득에 대한 과세특례(조특법 §87의6①)

② 우리사주조합원이 우리사주조합을 통해 취득한 우리사주 배당소득에 대한 과세특례 (조특법 §88의4⑨ 3)

③ 농업협동조합법과 수산업협동조합법에 따라 자사주를 취득한 근로자가 보유하고 있는 자사지분 배당소득에 대한 과세특례(조특법 §88의4⑩ 2)

④ 우리사주조합원이 퇴직을 원인으로 인출하여 우리사주조합에 양도하는 자사주 양도 소득에 대한 과세특례(조특법 §88의4⑭ 3)

⑤ 해외자원개발투자회사 등의 주식의 배당소득에 대한 과세특례(조특법 §91의6①)

폐지된 제도[1)]

법조문	제 목	일몰
§5	【중소기업 등 투자 세액공제】	2020. 12. 29.
§5의2	【중소기업 정보화 지원사업에 대한 과세특례】	2015. 12. 31.
§7의2	【기업의 어음제도개선을 위한 세액공제】 중소기업을 영위하는 내국인 등이 중소기업에게 지급한 구매대금 중 환어음 등 지급금액(현금성 결제)을 이용하여 지급한 금액이 있는 경우 일정금액을 소득세(사업소득에 대한 소득세만 해당) 또는 법인세에서 공제(10% 한도)	2013. 12. 31.
§8	【중소기업 지원설비에 대한 손금산입의 특례 등】	2012. 12. 31.
§8의2	【상생협력 중소기업으로부터 받은 수입배당금의 익금불산입】 내국법인이 상생협력 중소기업에 출자하여 받은 수입배당금액(의결권 없는 주식으로 받은 것만 해당)에 대하여 익금불산입	2013. 12. 31.
§25	【특정 시설 투자 등에 대한 세액공제】	2020. 12. 29.
§25의4	【의약품 품질관리 개선시설투자에 대한 세액공제】	2020. 12. 29.
§25의5	【신성장기술 사업화를 위한 시설투자에 대한 세액공제】	2020. 12. 29.
§25의7	【초연결 네트워크 구축을 위한 시설투자에 대한 세액공제】	2020. 12. 29.
§30의2	【정규직 근로자로의 전환에 다른 세액공제】	2021. 12. 31.
§33의2	【사업전환 중소기업 및 무역조정지원기업에 대한 세액감면】	2020. 12. 29.
§43	【구조조정대상 부동산 취득자에 대한 양도소득세의 감면 등】 구조조정대상 부동산을 1999년 12월 31일 이전에 취득한 자가 취득한 날부터 5년 이내에 양도시 양도소득세의 50%를 세액감면하며, 그 구조조정대상 부동산을 취득한 날부터 5년이 지난 후에 양도하는 경우에는 그 구조조정대상 부동산을 취득한 날부터 5년간 발생한 양도소득금액의 100분의 50에 상당하는 금액을 양도소득세 과세대상 소득금액에서 차감	2004. 12. 31.
§45	【감자에 대한 과세특례】 내국법인이 재무구조개선계획에 따라 주주등으로부터 해당 법인의 주식등을 무상으로 받아 소각하는 경우 해당 주식등의 가액은 해당 사업연도의 소득금액을 계산할 때 익금불산입	2012. 12. 31.

---

1) 일몰 종료된 제도, 사실상 실효성이 없는 제도, 일몰은 도래하였으나 처분시까지 과세이연되어 실효성이 있는 제도 등을 포함한다. 여기에서 언급된 일몰제도는 주로 각 조문해설에 없는 것으로 구성하였고, 비록 일몰이 종료되었다고 하더라도 사후관리, 부과제척기간 또는 경정청구 이유 등으로 참고할 만한 조문해설은 그대로 두었음을 밝혀둔다.

법조문	제 목	일몰
§45의2	**【공공기관의 구조개편을 위한 분할에 대한 과세특례】** 공공기관이 민영화 등의 구조개편을 위하여 분할하는 경우로서 그 분할이 법소정의 요건을 갖춘 경우에는 적격분할로 보아 이 법과 「법인세법」 및 「부가가치세법」의 분할에 관한 규정 적용	2010. 12. 31.
§46의2	**【벤처기업의 전략적 제휴를 위한 주식교환 등에 대한 과세특례】** 제휴법인 주식에 대한 양도차익에 대해서 취득한 벤처기업의 주식을 처분할 때까지 양도소득세 과세이연	2009. 12. 31.
§46의3	**【물류기업의 전략적 제휴를 위한 주식교환 등에 대한 과세특례】** 제휴물류법인의 주주가 소유하는 제휴물류법인의 주식을 제휴상대 물류법인이 보유한 자기주식과 교환하거나 제휴상대물류법인에 현물출자하고 그 법인으로부터 출자가액에 상당하는 주식을 새로 받음으로써 발생하는 양도차익에 대해서는 그 주주가 주식교환 또는 현물출자로 인하여 취득한 제휴상대물류법인의 주식을 처분할 때까지 양도소득세 과세이연	2009. 12. 31.
§46의4	**【자가물류시설의 양도차익에 대한 법인세 과세특례】** 1년 이상 계속하여 사업을 한 중소기업에 해당하는 내국법인이 자가물류시설을 양도함으로써 발생하는 양도차익에 상당하는 금액에 대해서 익금불산입 후 3년거치 3년 균분 익금산입	2013. 12. 31.
§46의5	**【물류사업 분할에 대한 과세특례】** 내국법인이 요건을 갖추어 물류사업 부문을 분할한 후 물류전문법인과 합병하는 경우로서 분할로 신설되는 법인 또는 분할합병의 상대방 법인이 분할법인 또는 소멸한 분할합병의 상대방 법인의 자산을 평가하여 승계한 경우 그 승계한 자산의 가액 중 해당 자산에 대한 분할평가차익에 상당하는 금액은 분할등기일이 속하는 사업연도의 소득금액을 계산할 때 손금에 산입할 수 있음	2009. 12. 31.
§46의6	**【물류법인의 합병 시 이월결손금의 승계에 대한 과세특례】** 물류법인이 다른 물류법인을 합병하는 경우로서 요건을 갖춘 경우 피합병법인의 결손금을 합병법인의 각 사업연도의 과세표준을 계산할 때 공제 가능	2009. 12. 31.
§47의3	**【벤처기업의 합병 시 이월결손금의 승계에 대한 과세특례】** 법인이 벤처기업을 합병하는 경우로서 적격합병 요건을 갖춘 경우 합병등기일 현재 피합병법인의 결손금은 합병법인의 각 사업연도의 과세표준을 계산할 때 공제 가능	2012. 12. 31.
§48	**【구조개선적립금에 대한 과세특례】** 상호저축은행중앙회가 부실상호 저축은행의 구조개선사업에 사용하기 위하여 구조개선 적립금을 적립하는 경우 해당 사업연도의 소득금액을 계산할 때 그 적립금 상당액을 손금 산입	2013. 6. 30.
§57	**【증권시장안정기금 등에 출자함으로써 발생하는 손익의 귀속사업연도】** 법인이 상장유가증권 투자 등을 통한 증권시장 또는 투자신탁시장의 안정을 목적으로 설립된 조합에 출자함으로써 발생하는 손익의 귀속사업연도는 그 조합으로부터 그 손익을 실제로 배분받는 날이 속하는 사업연도로 함	2004. 12. 31. (출자기준)

법조문	제 목	일몰
§85의5	【어린이집용 토지 등의 양도차익에 대한 과세특례】 직장어린이집을 운영하는 자가 종전어린이집을 양도하고 양도일부터 1년 이내에 새로운 직장어린이집을 취득하는 경우 종전어린이집을 양도함에 따라 발생하는 양도차익에 상당하는 금액에 대해서 익금불산입 또는 과세이연	2009. 12. 31.
§87의5	【선박투자회사의 주주에 대한 과세특례】 거주자가 선박투자회사로부터 받는 선박투자회사별 액면가액 5천만원 이하 보유주식의 배당소득에 대해서는 100분의 9의 세율을 적용하고, 액면가액이 2억원 이하인 보유주식의 배당소득은 종합소득과세표준에 합산하지 아니함	2015. 12. 31.
§91의6	【해외자원개발투자회사 등의 주식의 배당소득에 대한 과세특례】 해외자원개발투자회사 및 해외자원개발투자전문회사의 주식을 보유한 거주자가 해외자원개발투자회사등으로부터 받는 해외자원개발투자회사등별 액면가액 합계액이 2억원 이하인 보유주식의 배당소득은 종합소득과세표준에 합산하지 아니하고, 해외자원개발투자회사등별 액면가액 합계액이 5천만원 이하인 보유주식의 배당소득에 대해서는 100분의 9의 세율을 적용	2016. 12. 31.
§91의12	【재외동포전용 투자신탁등에 대한 과세특례】 재외동포전용 투자신탁등에 가입하여 받는 배당소득 중 해당 재외동포전용 투자신탁등별로 투자금액 1억원까지에서 발생하는 배당소득에 대해서는 비과세하고 「소득세법」 제156조 제1항 제3호에도 불구하고 소득 투자금액이 1억원을 초과하는 경우 그 초과하는 금액에서 발생하는 배당소득에 대해서는 100분의 5의 세율을 적용	2012. 12. 31.
§99의7	【목돈 안드는 전세에 대한 과세특례】 거주자가 법소정의 요건을 모두 갖춘 방식으로 주택을 임대하고 해당 차입금 이자를 지급하였을 때에는 해당 과세기간에 지급한 이자상환액의 100분의 40에 해당하는 금액을 그 과세기간의 종합소득금액에서 공제, 한도 연 300만원	2015. 12. 31.
§100	【근로자의 주거안정 지원을 위한 과세특례】 사업주가 주택이 없는 근로자에게 국민주택 규모 이하 주택의 취득 또는 임차에 드는 자금을 보조하는 경우 그 보조금을 손금에 산입하고, 무주택근로자가 사업주로부터 받는 해당 주택보조금에 대해서는 소득세 비과세	2009. 12. 31.
§104의2	【어업협정에 따른 어업인에 대한 지원】 어업자가 받는 지원금에 대한 소득세 또는 법인세 비과세 등	2009. 12. 31.
§104의9	【여수세계박람회 참가준비금의 손금산입】 2012여수세계박람회 조직위원회와 박람회 참가계약을 체결한 내국법인이 각 사업연도에 참가준비금을 손금으로 계상한 경우에는 해당 사업연도의 소득금액을 계산할 때 그 금액을 손금에 산입	2011. 12. 31.

법조문	제 목	일몰
§104의11	【금융기관의 신용회복목적회사 출자·출연시 손금산입 특례】 금융기관이 2021. 12. 31.까지 금융소외계층에 대한 신용보증을 지원하기 위하여 신용회복목적회사에 출연하는 경우 그 출연금액을 해당 사업연도의 소득금액을 계산할 때 해당 금융기관의 손금에 산입 ※ 2021. 12. 28. 전문개정 : 【한국자산관리공사의 신용회복목적회사 출연 시 손금 산입 특례】	2021. 12. 31.
§104의17	【금융기관의 휴면예금 출연 시 손금산입 특례】 금융기관이 휴면예금을 휴면예금관리재단에 출연하는 경우 그 출연금액을 해당 과세연도의 소득금액을 계산할 때 손금에 산입	2008. 12. 31.
§104의18	【대학 맞춤형 교육비용 등에 대한 세액공제】	2020. 12. 29.
§104의20	【산업단지 개발사업 시행에 따른 양도소득세 과세특례】 산업단지 개발사업의 시행에 따라 이주자가 이주대책으로 분양받은 이주택지(분양가격이 1억원 이하인 경우로 한정)를 양도함으로써 발생하는 소득에 대해서는 일반세율 적용	2012. 12. 31.
§104의23	【국제회계기준 적용 내국법인등에 대한 대손충당금 환입액의 익금불산입】 내국법인등이 2014년 12월 31일이 속하는 사업연도 이전에 국제회계기준을 최초로 적용하는 경우 해당 사업연도의 소득금액 계산을 할 때 법소정의 금액을 익금불산입 가능	2014. 12. 31.
§104의29	【2019광주세계수영선수권대회에 대한 과세특례】 사업자가 2019광주세계수영선수권대회 조직위원회에 공급하는 재화 또는 용역의 대가로 2019광주세계수영선수권대회 조직위원회가 지정한 대회 관련 권리 등을 공급받는 경우에는 그 공급가액에 109분의 9를 곱하여 계산한 금액을 매출세액에서 매입세액으로 공제 가능	2009. 12. 31.
§106의3	【금지금에 대한 부가가치세 과세특례】 면세금지금의 공급에 대해서 부가가치세 면제 및 부가가치세법상 특례 적용	2014. 3. 31.
§109의4	【자동차에 대한 개별소비세 감면】 개별소비세 과세대상 자동차를 2020년 3월 1일부터 2020년 6월 30일까지 제조장에서 반출하거나 수입신고를 하는 경우 개별소비세액의 100분의 70을 감면(한도 100만원)	2020. 6. 30.
§111의6	【석유제품 생산공정용 원료로 사용하는 석유류에 대한 개별소비세 면제】 2022년 12월 31일까지 석유제품 생산공정용 원료로 사용하기 위하여 반입지에 반입하는 석유류에 대해서 개별소비세 면제	2022. 12. 31.
영 §138	【기업공개시 자산재평가에 관한 특례】 한국증권거래소에 처음으로 주식을 상장하고자 하는 법인이 자산재평가법에 의한 재평가 후 재평가일로부터 2003년 12월 31일까지 한국증권거래소에 주식을 상장하지 아니하는 경우에는 이미 행한 재평가는 자산재평가법에 의한 재평가로 보지 아니한다(법률 제4285호 조세감면규제법중 개정법률 부칙 제23조 제1항)	2003. 12. 31.

|저|자|소|개|

■ 윤충식

- (현) 세무법인 스카이원 대표세무사
- (전) 법무법인(유) 율촌 조세그룹 파트너
- (전) 국무총리 조세심판원 심판부 및 행정실 근무
- (전) 기획재정부 세제실 조세특례제도과에서 조세특례제한법에 대한 기획·입안을 총괄하면서 같은 법에 대한 예규 업무 담당
- 세무학 박사 / 제45회 세무사 자격시험 합격

■ 장태희

- (현) 국무총리 조세심판원 심판부 근무
- (전) 기획재정부 세제실 조세특례제도과에서 조세지출보고서를 기획·총괄하면서 조세특례제한법에 대한 예규 업무 담당
- 제35회 세무사 자격시험 합격

■ 한민희

- (현) 국세청 동울산세무서 근무
- (전) 기획재정부 세제실 법인세제과, 소득세제과 등에서 조세 기획·입안 및 관련 예규 업무 담당
- 제43회 세무사 자격시험 합격

개정증보판 **조세특례제한법 해설과 실무**

2007년 11월 29일 초판 발행
2023년 9월 13일 11판 발행

저　　　자 윤충식·장태희·한민희
발 행 인 이　희　태
발 행 처 **삼일인포마인**
서울특별시 용산구 한강대로 273 용산빌딩 4층
등록번호 : 1995. 6. 26 제3－633호
전　　　화 : (02) 3489－3100
F A X : (02) 3489－3141
I S B N : 979－11－6784－192－6　93320

저자협의
인지생략

♣ 파본은 교환하여 드립니다.

정가 100,000원